CURSO DE DIREITO FINANCEIRO

FSC
www.fsc.org
MISTO
Papel | Apoiando o manejo florestal responsável
FSC® C111076

A Editora Fórum, consciente das questões sociais e ambientais, utiliza, na impressão deste material, papéis certificados FSC® (*Forest Stewardship Council*).

A certificação FSC é uma garantia de que a matéria-prima utilizada na fabricação do papel deste livro provém de florestas manejadas de maneira ambientalmente correta, socialmente justa e economicamente viável.

REGIS FERNANDES DE OLIVEIRA

CURSO DE DIREITO FINANCEIRO

10ª edição

Belo Horizonte

FÓRUM
CONHECIMENTO JURÍDICO

2025

FÓRUM
CONHECIMENTO JURÍDICO

Luís Cláudio Rodrigues Ferreira
Presidente e Editor

Coordenação editorial: Leonardo Eustáquio Siqueira Araújo / Thaynara Faleiro Malta
Revisão: Cristhiane Maurício
Capa e projeto gráfico: Walter Santos
Diagramação: Formato Editoração

Rua Paulo Ribeiro Bastos, 211 – Jardim Atlântico – CEP 31710-430
Belo Horizonte – Minas Gerais – Tel.: (31) 99412.0131
www.editoraforum.com.br – editoraforum@editoraforum.com.br

Técnica. Empenho. Zelo. Esses foram alguns dos cuidados aplicados na edição desta obra. No entanto, podem ocorrer erros de impressão, digitação ou mesmo restar alguma dúvida conceitual. Caso se constate algo assim, solicitamos a gentileza de nos comunicar através do *e-mail* editorial@editoraforum.com.br para que possamos esclarecer, no que couber. A sua contribuição é muito importante para mantermos a excelência editorial. A Editora Fórum agradece a sua contribuição.

Dados Internacionais de Catalogação na Publicação (CIP) de acordo com ISBD

O48c Oliveira, Regis Fernandes de
Curso de Direito Financeiro / Regis Fernandes de Oliveira. - 10. ed. - Belo Horizonte : Fórum, 2025.
1157 p. 17x24cm.

ISBN impresso 978-65-5518-935-3
ISBN digital 978-65-5518-938-4

1. Direito. 2. Direito Financeiro. 3. Direito Administrativo. 4. Direito Constitucional. 5. Filosofia. 6. Direito Tributário. 7. Constitucional. I. Título.

CDD 343.8103
CDU 351.72

Elaborado por Vagner Rodolfo da Silva - CRB-8/9410

Informação bibliográfica deste livro, conforme a NBR 6023:2018 da Associação Brasileira de Normas Técnicas (ABNT):

OLIVEIRA, Regis Fernandes de. *Curso de Direito Financeiro*. 10. ed. Belo Horizonte: Fórum, 2022. 1157p. ISBN 978-65-5518-935-3.

Às quatro mulheres da minha vida: Marilene, minha esposa, Melissa e Giovana minhas filhas, e Helena, minha neta. A meus netos, Antonio e Bernardo. A meus pais, Jayme e Ada, que, de algum lugar do espaço, olham por nós.

SUMÁRIO

8

REGIME CONSTITUCIONAL DO DIREITO FINANCEIRO

9

ENTRADA E RECEITA

10

RECEITAS PÚBLICAS TRIBUTÁRIAS

15

DESPESA PÚBLICA

20

A SUBVENÇÃO NO DIREITO BRASILEIRO

21

FISCALIZAÇÃO FINANCEIRA E ORÇAMENTÁRIA

22

A LEI DE RESPONSABILIDADE FISCAL

26
PRECATÓRIO

28

DÍVIDA PÚBLICA E OPERAÇÕES DE CRÉDITO

30

DIREITO E TEMPO

31

A VEDAÇÃO AO RETROCESSO NO DIREITO FINANCEIRO

32

O INVISÍVEL E O VULNERÁVEL NO DIREITO FINANCEIRO. A RENDA BÁSICA (EC Nº 114)

APRESENTAÇÃO DA 10ª EDIÇÃO

São dois anos da última edição. Neste interregno, diversas Emendas Constitucionais foram promulgadas. Inúmeras leis alteraram outras sobre Direito Financeiro. Novos textos sobre precatórios, mudanças na Lei de Responsabilidade Fiscal, decisões do Supremo Tribunal Federal que deram novas interpretações sobre situações parcialmente consolidadas e, por fim, diversas decisões do Supremo Tribunal Federal sobre matéria de Direito Financeiro. Por fim, a reforma tributária que ainda deverá ser complementada por leis complementares.

Novas situações, novos estudos e novas soluções. O mundo está em plena mudança. O direito obrigatoriamente deve ser alterado. Não é imutável. Ao contrário, está em constante evolução. Acompanha a evolução social e as estruturas do Estado.

Tudo isso obriga o intérprete a estar sempre desperto para a análise das transformações sociais e legais.

Daí termos estudado as alterações surgidas para traduzir as novidades de forma palatável.

O texto sobre Direito Tributário trouxe novidades que alcançam o Direito Financeiro.

Temos que atualizar o leitor. É o que procuramos fazer.

A Editora Fórum confiou em nova edição do Curso. A obra carecia de ampla atualização. Dedicamo-nos a isso e aí está seu novo texto, bastante completo e atual em sua 9ª edição.

O Direito Financeiro adquiriu nova dimensão na realidade jurídica. A Lei de Responsabilidade Fiscal, as "pedaladas", o teto, os subsídios, a dinâmica do orçamento, que se tornou obrigatório apenas para satisfação dos parlamentares, novas descobertas de minerais e petróleo, a participação popular na elaboração das despesas, o contingenciamento, enfim, inúmeras inovações deram ao direito financeiro novas perspectivas. Não se pode falar no Brasil, hoje, sem referência às normas fiscais e financeiras.

Mais recentemente, alterações foram feitas no pagamento dos precatórios. As emendas orçamentárias passaram a ser vinculativas para parlamentares, bancadas, e surgiu o "orçamento secreto", tudo a dar novo corpo ao Direito Financeiro.

A nova edição acompanha todas as alterações. Os sistemas de compliance, as operações financeiras, o débito público, a corrupção dos agentes públicos. Tudo vem comentado no texto, ao lado de novas Emendas Constitucionais, como a mudança no pagamento de precatórios e as emendas orçamentárias.

Como se isso não bastasse, há análise filosófica, histórica e sociológica do Estado e de seus agentes, analisando-os psicologicamente em suas ações. Suas emoções, sentimentos e paixões redundam em consequências jurídicas, o que não pode ser desconhecido pelos comentadores.

Impunha-se urgente atualização para trazê-la à realidade mais efetiva do Brasil. Comentamos e analisamos inúmeros aspectos da vida financeira do Estado com o objetivo de dotar o estudioso de instrumentos para compreender o fenômeno financeiro.

Boa leitura!

1

ESTADO E DOMINAÇÃO

1.1 Dominação

Os autores são pródigos em identificar, na literatura, especialmente, o poder de dominação de animais sobre outros e de homens sobre seus semelhantes.

Toda a história da Humanidade se desenvolve, de uma forma ou de outra, através do domínio de um grupo por outro. Desde a Antiguidade, em que tribos agrediam tribos e com elas guerreavam, os vencedores impunham seu modo de viver, tomavam dos dominados suas mulheres e obrigavam os homens ao trabalho.

Na Antiguidade grega não foi diferente. Os vencedores submetiam as cidades, recolhendo escravos. Em Roma, os exércitos romanos dominaram todo o mundo conhecido da época, e é famosa a passagem de César conquistando a Gália e enjaulando Vercingetorix.

Posteriormente, Alexandre dominou todo o mundo, indo até a Ásia.

A Idade Média, igualmente, é toda uma história de conquistas, sujeições, violências, agressões, rebeliões e guerras. Homens e mulheres se matando e subjugando as hordas de bárbaros que se matavam.

Na Idade Moderna as coisas não mudaram. países com extremos interesses em outros os invadem sob os mais grotescos argumentos. Limitam comércio. Declaram restrições e embargo, com franca hostilidade sobre direitos humanos.

Na Antiguidade grega há o exemplo de Hesíodo, que relata, em *Os trabalhos e os dias*, a parábola do gavião que carrega em suas garras a cotovia e lhe diz que ela morrerá quando ele quiser. Tem-na presa em suas garras e diz que esse é o direito que ele tem, isto é, o direito do mais forte de fazer o que lhe apetecer.

La Fontaine tem fábulas sobre o assunto e ressalta o poder do mais forte. É o lobo confrontando o cordeiro; é o leão repartindo o resultado da caça e ficando com todas as partes do butim.

É Hobbes que firma a tese de que o homem é o lobo do homem, copiando a frase de Plauto (*Asinaria* é uma peça do teatrólogo latino Plauto, crítico acerbo dos costumes de sua época.).

É isso que consta de Derrida (*La Bete et le Souverain*).

É Karl Marx que identifica o Estado como o direito que a classe dominante se arroga de fazer com os outros o que ela quiser.

E. H. Carr, em *Vinte Anos de Crise – 1919-1939*, no capítulo intitulado "Os Fundamentos do Direito", afirma que "o Direito está, portanto, totalmente divorciado da Ética. Pode ser opressivo ou, mesmo, imoral. É tido por obrigatório porque existe uma autoridade que força sua obediência. É uma expressão da vontade do Estado, e é utilizado pelos que controlam o Estado como um instrumento de coerção contra os que se opõem a seu poder".[1]

O Direito seria a arma do mais forte. Esse pensador contraditório que foi Rousseau, em certas partes, trata o Direito como antítese do despotismo, mas registrou sua opinião em termos enfáticos: "O espírito das leis de todos os países é sempre o de favorecer o forte contra o fraco, o que possui contra o que não possui. Essa desvantagem é inevitável, e não comporta exceções".[2]

Um dos objetos mais instigantes que aguçam nossa mente, recentemente, é a presença do Estado como ente abstrato, pessoa jurídica e titular dos interesses da sociedade. Daí avultam questões essenciais para visualizarmos sob que espectro nos encontramos: O que é o Estado? A quem ele serve? É, efetivamente, titular dos interesses da sociedade? Quais são eles? Qual seu poder de interferência em cada um de nós e em todos como coletividade? Até que ponto pode o Estado intervir em minha individualidade, impondo-me obrigações e deveres?

Tais questões espicaçam o espírito. Se quero jogar, pode o Estado proibir-me? Pode dizer quais os jogos que são permitidos ou proibidos? Pode proibir-me de fumar maconha? Pode proibir a prostituição? Pode impedir viagens locais ou internacionais, criando embaraços? Pode impedir que eu faça aplicações em moeda estrangeira ou que as compre? Pode limitar a livre manifestação dos instintos? Pode vedar-me a viver no ócio e criar o crime ou a contravenção de vagabundagem? Cabe-lhe limitar o acesso às informações eletrônicas?

As questões seriam infinitas. Este ensaio tentará esboçar quais os limites da ação do Estado.

1.2 O Estado

Este é fruto de pacto, na posição de diversos autores, ou é dominação, como querem outros?

A opinião que se me afigura adequada é a segunda, por uma série de razões, que exponho.

Se é dominação, todo o raciocínio em torno de dívida, endividamento, operações de financiamento, etc. muda de figura, e sua abordagem dá-se por outros instrumentos.

---

1 Brasília, UnB, 1981, p. 228.

2 ROUSSEAU, Émile, Livro IV.

Hume anota: "Quase todos os governos que existem atualmente ou de que resta registro na História se fundaram originalmente na usurpação, na conquista ou em ambas, sem nenhum pretenso consentimento justo ou sujeição voluntária do povo".[3]

O homem, então, habilidoso, "pode facilmente recorrer à violência ou a falsas promessas para instituir seu domínio sobre um povo cem vezes mais numeroso que seus partidários."[4] O autor não nega, eventualmente, que possa ter existido, em dado momento histórico, um acordo de sujeição. O que afirma é que tal fato é irrelevante.

Lênin[5] invoca Engels para dizer que o Estado não é um poder imposto de fora da sociedade. Mas está ela envolvida em processo de contradição. Esta é inconciliável. Afirma: "Segundo Marx, o Estado é um organismo de dominação de classe, um organismo de opressão de uma classe por outra; é a criação de uma ordem que legaliza e fortalece esta opressão diminuindo o conflito de classes".[6]

Há sempre uma dominação, embora possa ser disfarçada por uma série de armadilhas e trapaças.

O Estado foi analisado por inúmeros autores. Mas analisemos a obra de Spinoza.

1.3 O Estado em Spinoza

Há pontos essenciais a serem analisados na obra *Tratado Teológico-Político*, de Spinoza. Em primeiro lugar, há o consentimento de que todos vivam juntos. "Tudo aquilo que um indivíduo, considerado como submetido unicamente ao império da natureza, julga que lhe útil, seja em função da reta razão ou da violência das suas paixões, está no pleno direito natural de o cobiçar e pode licitamente obtê-lo, seja pela razão, seja pela força, a astúcia, as preces, enfim, pelo processo que lhe parecer mais fácil, e considerar, por conseguinte, como seu inimigo quem quiser impedir de satisfazer o seu intento".[7]

Os homens unem-se, pois, para a satisfação de seus desejos. Aceitam a união porque lhes é útil e conveniente, seja pela razão, seja pela violência de suas paixões.

Ocorre que "a natureza humana, porém, não tolera ser totalmente coagida e, como diz Sêneca, o Trágico, nunca um poder violento se aguentou por muito tempo; um poder moderado, pelo contrário, é duradouro. Na verdade, quando os homens agem apenas por medo, fazem o que menos gostariam de fazer e não se importam com a utilidade nem com a necessidade do que fazer, procurando unicamente não pôr a cabeça em risco, isto é, não se expor aos castigos".[8]

Como diz Spinoza, se os homens apenas se orientassem pela reta razão, não haveria necessidade de governo. "Quão diferente, porém, é a constituição da natureza humana! Todos procuram, de fato, o que lhes é útil, mas quase nunca segundo os preceitos da reta razão; pelo contrário, a maioria das vezes desejam as coisas e consideram-nas úteis unicamente por capricho e por paixão, sem olhar para o futuro nem para razões de

---

3 HUME. *Ensaios políticos*. São Paulo: Martins Fontes, 2003, p. 231. (Clássicos Cambridge de Filosofia Política).

4 *Idem, ibidem*.

5 LÊNIN, *O Estado e a revolução*. Rio de Janeiro, Vitória, 1961, p. 11.

6 *Idem*, p. 13.

7 SPINOZA. *Tratado teológico-político*. 2. ed. São Paulo: Martins Fontes, 2008, p. 236.

8 *Idem*, p. 86.

nenhuma outra espécie. Daí que nenhuma sociedade possa subsistir sem o poder e a força, nem, consequentemente, sem leis que moderem e coíbam o desejo e os desenfreados impulsos dos homens".[9]

Vê-se, claramente, quanto o autor desconfia da reta razão. Os homens, em verdade, são movidos pelo desejo, pelas paixões; e, pois, é necessário que sejam previstas sanções para o descumprimento dos deveres dentro do Estado.

Mesmo porque, como diz Spinoza em outra parte de seu tratado, o fim último do Estado é a liberdade. O fundamento do Estado é "libertar o indivíduo do medo a fim de que ele viva, tanto quanto possível em segurança".[10] E sua conclusão: "o verdadeiro fim do Estado é, portanto, a liberdade".[11]

Impõe-se breve análise sobre a origem do Estado para que possamos, então, tirar algumas conclusões sobre o que se entende por dominação.

1.4 A origem do Estado

Poderíamos identificar duas formas de instituição do Estado: (a) a *romântica ou não violenta*, que tem no pacto sua origem; ou (b) a *não romântica ou violenta*, embasada na conquista.

A primeira advém de um pacto originário, ou seja, as pessoas, inicialmente vivendo sós ou em tribos que, aos poucos vão se somando, por decorrência da morte violenta, de confrontos sem fim e fundados no medo, vão eliminando concorrentes ou inimigos, até que celebrem um *pacto*. Este pacto decorre de as pessoas se reunirem para estabelecer um acordo de convivência. Evita-se, com isto, a morte violenta.

Hobbes salienta que teria, efetivamente, havido tal pacto em que todos abriram mão de seus direitos (*pactum societatis*) para se submeterem a um ente maior. Seria o *pactum subjectionis*. A sujeição seria integral, o que levaria ao nascimento do Estado totalitário e do autoritarismo. Locke, na sequência, estabeleceu que houve o pacto, mas que os indivíduos não renunciaram a seus direitos, mantendo-os íntegros, nascendo daí o liberalismo.

Rousseau, igualmente, cuida do pacto que seria meramente imaginário e que teria ocorrido paulatinamente na vida da sociedade, o que justificaria a afirmação de que *a soberania se assenta no povo*.

Mais recentemente, John Rawls refere-se ao *véu de ignorância* que acoberta a ocorrência do pacto.

Em suma, sob tal ângulo é analisada a *origem romântica* do Estado, que teria nascido da boa vontade dos homens, que se teriam reunido e aceitado a convivência pacífica sob a égide de um Estado protetor.

Em tal sentido, a segurança seria o bem primeiro a ser tutelado. Garantida a segurança de todos, as inúmeras potencialidades dos indivíduos estariam preservadas, com o que cada qual poderia ter a atividade que quisesse no interior de cada comunidade.

---

9 *Idem*, p. 85-86.

10 *Idem*, p. 302.

11 *Idem, ibidem*.

A segunda hipótese, da sociedade não romântica ou *violenta*, teria nascido da guerra de todos contra todos, na afirmação de Hobbes, isto é, a natureza bélica do homem levaria a uma constante agressão recíproca. O pacto teria servido para terminar tal estado de instabilidade. Ocorre que as coisas não teriam se passado assim. A saber: como o homem, naturalmente, é guerreiro, quando confronta outra tribo, domina-a pela violência e impõe suas regras.

Fica bem claro, *não houve pacto*, mas *guerra de sujeição*. Esta seria outra forma de origem das sociedades e formação do Estado.

Assim entendem Karl Marx, Friedrich Engels, Spinoza, Maquiavel e Foucault, para dizer o nome de alguns autores. Mesmo eles não analisam as coisas sob tal óptica, mas é o que se deduz de suas lições. Maquiavel, logo ao início de sua obra *O Príncipe*, diz que "todos os Estados e todos os governos que exerceram ou exercem certo poder sobre a vida dos homens foram e são repúblicas ou principados".

Vê-se que tal forma de Estado se origina da violência de um sobre o outro ou de um grupo sobre outro. A violência encontra-se na origem. É o domínio pela guerra. Os indivíduos nada pactuam. Ao contrário, são, mesmo contra sua vontade, conquistados. A seguir, aceitam ou se sujeitam às regras impostas pelo dominador.

Claro que no interior de tal Estado e com a formação de tal sociedade, organizada em sua base por dominados e dominadores, não haverá, jamais, tranquilidade. Os primeiros aguardarão sempre a oportunidade da rebelião, da revolta, do motim, das guerrilhas, da resistência, o que manterá o Estado em constante convulsão política.

A única hipótese de que tal não ocorra é a mescla efetiva e total dos dominados com os dominadores. Quando ocorre tal possibilidade? Lembremo-nos do episódio romano rotulado como "o rapto das sabinas". Em tal narrativa, as mulheres que haviam sido sequestradas pelos romanos passaram a conviver pacificamente com eles, e quando os sabinos vieram buscá-las elas próprias saíram em ação pelo não ataque, porque já haviam gerado descendentes dos romanos. Plutarco, em *Vidas Paralelas*, II, 15 e 19, relata o fato de que os primeiros romanos liderados por Rômulo não tinham mulheres e sequestraram as dos sabinos. Posteriormente houve a guerra, e as mulheres intervieram para a cessação das hostilidades.

Há outras hipóteses de sujeição que jamais lograram a absorção dos conquistados. Podem ser mencionados os armênios, os curdos, diversas comunidades indígenas que, apesar de integrarem países modernos, mantêm suas tradições e culturas, recusando-se a incorporar a nova cultura.

Daí a sujeição pela morte violenta.

Surgido o Estado, pode-se dominar a sociedade por diversas formas.

1.5 Formas de dominação. A dominação simbólica

Diante de tal quadro sociológico, o Estado passa a ser dominado por um líder ou por um grupo. Impõem-se, desde logo, suas regras e instituem-se sanções.

Sabidamente, no Direito não há norma desprovida de sanção institucionalizada (Norberto Bobbio). A sanção pode existir no campo ético, mas a reprovação não é imposta por alguém credenciado pelo ordenamento jurídico. A sanção jurídica é aplicada por órgão institucionalizado.

Criam-se, já que a dominação pela morte violenta está afastada, mecanismos de controle que *disfarcem* a sujeição. Ninguém gosta de ser escravo. Na personalidade humana há os que nascem preparados para serem aguerridos e outros que possuem personalidade mais fraca. Notáveis estudos foram feitos, neste campo, não apenas pela Psicologia (Freud, Jung, Lacan, etc.), mas também pela Filosofia (Spinoza, Schopenhauer, Nietzsche, Foucault).

Ser só aguerrido não resolve o problema. Pode sofrer sanção da sociedade e se afastar da luta pela conquista do poder.

O poder seduz. Tanto quanto outras manifestações humanas, como sexo, força, vaidade, luxo, dinheiro, etc., o poder, igualmente, é um fator que delicia o ser humano.

O poder pode ser entendido como a possibilidade que alguém tem de interferir legitimamente na esfera jurídica do outro. O poder, em sua manifestação bruta, independe das características de legitimidade e juridicidade. É a interferência por si só. É o poder do bandido em todas as suas espécies. É o criminoso, o infrator, o estuprador, etc. Violência pela violência. É o sequestrador que mantém a vítima sob a mira de uma arma. O poder legítimo vem ancorado em princípio ou norma incorporada pela sociedade.

O poder tem natureza crua. Para se tornar legítimo, ampara-se nos costumes, princípios e regras adotados, em determinado momento histórico, por determinada sociedade.

Quem legitima o poder? A questão é atroz para ser compreendida. Caímos em petição de princípio. Alguém legitima. Este alguém é o próprio detentor do poder. Portanto, está legitimando a si próprio. É a dura lógica das coisas.

Daí ser insuficiente analisarmos apenas o número de instituições que se inserem na estrutura do poder, tal como família, polícia, justiça, exército, universidade, etc. O que importa não é olhar o aparelho do Estado tal como está estruturado e organizado em sua burocracia. Como diz Foucault, "talvez não baste dizer que, por trás dos aparelhos de Estado, há a classe dominante; é preciso situar o ponto de atividade, os lugares e as formas sob as quais se exerce essa dominação. E porque essa dominação não é simplesmente a expressão, em termos políticos, da exploração econômica, ela é seu instrumento, e, em ampla medida, condição que a torna possível; a supressão de uma se realiza pelo discernimento exaustivo da outra".[12]

Apura-se do dito que não se pode analisar apenas o resultado da dominação, seus objetivos, seus instrumentos. É importante que se apure o que está *por detrás* da máquina governamental.

Normalmente, quem domina não quer aparecer como tal. Nem estabelecer vínculos mais fortes, o que pode redundar em rejeição pelo dominado. Não pode deixar que transpareça o poder que emana. Se explicita, por palavras, gestos ou atitudes, que o outro está subordinado, corre o risco de sublevação.

Viu-se a vergonha da escravidão, tendo o poeta clamado para que se arrancasse o pendão dos ares e pedido pelo fechamento da porta dos mares (Castro Alves, em

[12] FOUCAULT. *Estratégia, poder-saber*: ditos e escritos. v. IV. Rio de Janeiro, Forense Universitária, 2010, p. 114.

Navio Negreiro). A subordinação negra era total. Violência crua e explícita. A que levou? À rejeição das Nações da época (Inglaterra, em especial), que passaram a atacar os navios negreiros. Repulsa da consciência que se forma aos poucos contra a forma de discriminação, de preconceito e de violência.

Posteriormente passa-se a uma dominação cultural. O dominado passa a aceitar a cultura do dominador. Não porque ele a imponha de forma autoritária, mas porque faz despertar, pela educação, pela linguagem, por comodidades que apresenta, pela sedução de valores, que tal forma de comportamento ou de vida é mais digna ou compatível. Daí a aculturação do dominado pela cultura do dominante. É o índio que passa a aceitar os valores cristãos, deuses, linguagem, moda, etc. do homem branco.

É o negro que, aos poucos, se integra na sociedade e vai encampando os mesmos valores que antes repudiava. Machado de Assis, em *Memórias Póstumas de Brás Cubas*, menciona o menino que brincava com o escravo e o montava como se muar fosse, e este, depois de forro, passa a ter seu escravo e o faz, igualmente, de coisa, agredindo-o em plena via pública. São hábitos que se incorporam. Quais? Os até então repudiados, e que formam a cultura do dominador.

A dominação não se faz, então, pela violência, mas por discursos, por meios sutis, por valores já incorporados na sociedade dominante.

Bourdieu ressalta que o campo jurídico é "o lugar de concorrência pelo monopólio do direito de dizer o Direito".[13] Os agentes defrontam-se na maneira de interpretar. Têm, também, o que rotula "da ilusão da sua autonomia absoluta em relação às pressões externas".[14] O que está em jogo é a apreensão da força simbólica que se encontra no texto.

O autor define o poder simbólico como "o poder de construção da realidade que tende a estabelecer uma ordem *gnosiológica*".[15] Os símbolos integram o social. As ideologias "servem a interesses particulares que tendem a apresentar como interesses universais, comuns ao conjunto do grupo".[16]

O campo define um espaço estrutural de posições com definição dos objetos em disputa e dos interesses em relação a tais objetos. Ao delimitar, não exclui. Ao contrário, inclui na análise, sem perder o objetivo. Há sempre uma tensão de força. Aquele que domina tende a ter uma atitude conservadora de manutenção. Daí se impor um estudo do Direito como libertação.

1.6 O Direito como possível instrumento de libertação

Quando se estrutura a sociedade, esta se forma não só pela união dos indivíduos. É absolutamente essencial que se organize a forma de convivência. Como explica Freud em *O Mal-Estar na Civilização*,[17] a civilização nasce com a repressão. Quando os instintos começam a ser refreados e controlados pela ameaça da sanção, nasce a civilização.

---

13 BOURDIEU. *O poder simbólico*. 11. ed. Rio de Janeiro: Bertand Brasil, 2007, p. 212.

14 *Idem, ibidem.*

15 *Idem*, p. 9.

16 *Idem*, p. 10.

17 FREUD, Sigmund. *O mal-estar na civilização*. v. XXI. Rio de Janeiro: Imago, 1996.

O homem é ser instintivo, e apenas se distingue dos animais pela inteligência (Rousseau fala em "perfectibilidade"). De dentro dele brotam os mais diversos afetos (Spinoza), que vão se manifestar na forma incontrolada da própria natureza. A vontade (Schopenhauer) não tem limites. Em longo estudo sobre a natureza humana, Hume vai salientar o confronto interno que se opera entre os diversos sentimentos que brotam do interior do indivíduo.

Cada qual, pois, tende a manifestar tais afetos de forma natural. Ocorre que eles sofrerão impacto com outros afetos de outros indivíduos. É o encontro com o outro. Afeto disputa afeto. Sentimentos chocam-se no seio da coletividade. Por vezes, e com frequência, o homem deseja a mesma coisa que outro. Surgem os conflitos pelos bens da vida. Cada qual busca o melhor para si e sua família. É a busca pelo prazer, na preciosa definição freudiana. Este prazer redunda em felicidade, que seria o bem mais intenso de busca por todos os indivíduos.

Da manifestação exteriorizada dos afetos surgem conflitos. A sociedade não pode com eles conviver de forma a desnaturar até a própria sociedade. Daí impor-se a instituição de sanções.

Sanção significa a reação da sociedade (ordem normativa) às agressões praticadas pelos indivíduos contra o que se estabeleceu como o que seria o *razoável* e *aceitável* para a convivência. Serão mais ou menos graves, na dependência de serem mais ou menos repudiadas pela sociedade, e quanto maior for o valor agredido.

Quem decide o que é razoável e aceitável para a sociedade? O grupo que se apropria dos mecanismos de poder. Sempre alguém manda, como vimos, uma pessoa ou um grupo. Por vezes é alguém carismático que ultrapassa as convenções políticas e se destaca na sociedade como valoroso. É o mais rico, o mais carismático, o mais inteligente, o mais forte. O carisma identifica alguém que tem uma linguagem mais compreensível ou tem ideias mais absorvíveis por todos, ou tem inteligência acima da média ou tem um discurso sedutor. Enfim, não é uma pessoa comum. Tem qualidades que todos apreciam. Ele decidirá o que é razoável e aceitável. É a dominação carismática.

Pode ser, também, alguém que institua uma estrutura de tal forma, de pequenos focos de decisão, e que os domina por inteiro, com pessoas que imprimirão um discurso por todos querido. É a dominação burocrática. A prevalência da lei, normas rigorosas, pontos de decisão para aplicação daqueles valores inseridos nas normas. Tudo leva a um controle bastante rigoroso dos comportamentos. Bentham a isso deu o nome de "panóptico". É o controle da prisão por mecanismos tais, que dela ninguém escapa e se pode ter ciência de todo comportamento de forma imediata e efetiva. É a dominação racional.

Pode-se dominar, também, pela tradição, isto é, pelos costumes dos antepassados que vão sendo repassados de geração a geração. É a dominação tradicional.

Estes são os três tipos de dominação imaginados por Max Weber.

Pode-se ou não aceitar a classificação weberiana. O que ocorre, no entanto, é que em sociedade complexa como a nossa as manifestações são as mais diversas e plurais possíveis. Em termos de micro-organizações pode-se falar em dominação pela moda, pelo discurso, pelo dinheiro, por pessoas exemplares (não exatamente carismáticas, dependendo de qual o sentido que se dá a tal palavra). Em termos políticos ou macro, igualmente se pode falar em tipos de dominação.

O que vale notar, no entanto, é que a força bruta que dominava na origem (*violência física*), que sujeitava o mais fraco ao mais forte, passa a ter outra estrutura, ou seja, ela toma formas civilizadas. Não mais a agressão, a conquista, a violência explícita, mas o discurso, a norma, a sedução, etc.

Daí se origina o Direito, ou seja, o conjunto de normas que traduz o acobertamento de um comportamento querido pelo grupo dominante e que deve ser cumprido pelos indivíduos, para permitir a convivência social, sob pena de uma sanção.

Atenção: não é só reprimir comportamentos que não se queira, mas é também uma forma de manter a dominação do grupo.

Neste sentido, a democracia não tem mais o doce sabor do governo da maioria, que se renova periodicamente com responsabilidade dos governantes e que preserva os direitos individuais, coletivos e sociais. É isto também. No entanto, há a ilusão da massa. Esta crê que é a titular do poder ("soberania", na expressão de Rousseau). O titular é um grupo que assume o poder pelo voto. Dir-se-á: então, o povo é o soberano. Em termos de discurso político, com certeza. Em termos de realidade política, é a miragem do oásis que é retirado a todo instante por aquele que domina.

Como disse Foucault: temos que analisar o que está por detrás de quem domina. Um grupo que encampa determinados valores e sob sua capa esconde a vontade real e efetiva de tomar o poder. Já se disse que o partido é o instrumento para a tomada do poder e que a luta política é a luta exclusiva pelo poder. Só que ela vai asfaltada por uma camada de valores escondidos. É um discurso de valores que se joga nos comícios, na propaganda escrita, falada, eletrônica e televisada que recobre as reais intenções dos que buscam o poder.

Alguns estarão com boas intenções (admitamos!); outros, com más (cremos!), mas todos terão que *vender* a imagem para chegarem ao poder. Para tanto, valem-se de todos os instrumentos midiáticos disponíveis, de dirigentes especializados em comunicação social e em discursos que captam a vontade da população. Mistificadores. Taumaturgos.

Assim se forma o Direito. Normas repletas de conteúdos valorativos e que retratam as pretensões dos grupos dominantes de momento. Em regime autoritário o Direito representará, sempre, a possibilidade da continuação. Expressões são reprimidas, ostensivamente ou não. Valores são amordaçados. Manifestações são proibidas. Impõe-se uma só vontade: a do governante.

Em regimes democráticos a dominação já é mais complicada e complexa. O poder pode estar diluído em mãos de muitos. Daí a imperiosidade de se fazerem acordos, pactos nem sempre nobres, acertos, composições políticas de ocupação de cargos, de liberação de emendas e de recursos orçamentários para atendimento de bases políticas, etc.

Esta é a lógica da dominação política. Começa pelo domínio do partido, daí à obtenção de meios de comunicação. Os políticos passam a ser donos de jornais, emissoras de rádio, canais de televisão, etc., que redundarão no controle da mídia. A vontade popular, então, não mais é autêntica, mas tende a refletir o que se contém nos discursos diários dos denominados *formadores da opinião*, que são servis aos donos do poder.

A *opinião pública* forma-se, então, com todas as deficiências estruturais por força das informações que recebe dos órgãos midiáticos, que, como se viu, se encontram em mãos dos políticos. Estes formam alianças.

Quando eleitos, unem-se em grupos partidários que se organizarão em conjugações políticas para tomada do poder.

Daí, imporão suas regras. Assim sendo, as normas jurídicas que daí advierem integram-se na própria inspiração que levou os partidos à união, ou seja, normas com conteúdo para servirem ao grupo dominante.

O Legislativo, assim, sujeita-se ao Executivo, porque a ele deve a eleição, necessita de cargos e precisa de recursos para sua reeleição. É a lógica perversa que hoje domina a estrutura política do país. O Judiciário aplicará princípios e normas instituídos pelo grupo dominante, e, neste sentido, quanto mais aplica a norma, mais reflete e mantém a estrutura de dominação de quem tomou o poder.

É complicado, em tal estado de coisas, fazer tais afirmações. Ocorre que assim se passam as coisas.

A dominação mais eficaz é a que não deixa rastro e a que o dominado se submete voluntariamente pela conquista de sua vontade. O governando o faz através da estratégia.

1.7 A estratégia

Como se disse, a sujeição dos indivíduos não pode ser violenta, nem ser de tal ordem que revele a sujeição.

Para fazermos um paralelo. Na religião passa-se o mesmo. A saber: quem detém o poder de se comunicar com o Além são alguns poucos, os sacerdotes. Estes se rotulam mensageiros de um Deus. Eles podem ler o texto sagrado e interpretá-lo. Da mesma forma que o juiz lerá o código e dará a interpretação veraz. Ambos têm ritos. Ambos têm procedimentos e rituais para se consagrarem na sociedade.

Ambos não se podem dizer mensageiros de nada. Ao contrário, limitam-se a ler as escrituras e os códigos, daí tirando a verdadeira interpretação. O povo, normalmente ignorante, admira e aplaude a solução dada, porque num caso é emanação do divino, e no outro produto dito racional.

Na política, verdadeira estrutura de domínio, eliminada a possibilidade da morte violenta, nascem códigos de vida em comum. Todos devem obedecer a eles para que seja possível a convivência.

Como se mandar sem ferir suscetibilidades? Através da *estratégia*. O que é a estratégia? São mecanismos de disfarce da dominação. Não se pode sufocar nem impor ordens desagradáveis a toda uma comunidade. Mas se pode, através de mecanismos suasórios, fazer-se respeitar.

Assim, criam-se mecanismos *democráticos* de eleição dos governantes. A população crê que é livre para escolher seus dirigentes. Escolhe quem? Apenas aqueles que já lograram dominar ou influenciar o partido (primeira etapa, como de destacou). Em segundo plano, souberam *vender* um discurso para obter os votos necessários para lograr o mandato. Em terceiro lugar, compuseram com outros integrantes do partido para ocupar cargos de expressão e que possam gerar prestígio ou dinheiro.

Pronto. A estratégia deu certo. Obteve destaque. Resta, agora, obter normas que serão atendidas pela população. Destinar recursos para suas bases e obter daí apoio político. Manter discurso adequado. Celebrar acordos. Estes, no mais das vezes, são feitos nos desvãos, nas madrugadas, em quartos fechados, no silêncio da noite. Jamais a população deles saberá. Salvo se for alguém que está sendo apeado do poder (Roberto Jefferson) e não quer cair. Então, ataca a estrutura. Gera simpatia. É também uma estratégia para não sumir do circo político.

Os acordos que vêm à tona são os possíveis (nem sempre lícitos). Em sua maioria são feitos a portas fechadas, misteriosos, codificados, sem diálogo, para evitar a gravação ou a leitura labial.

Acordos obtusos, secretos, etc. Tudo em surdina, para que a estratégia não seja descoberta.

Há um pêndulo. Confio na impunidade, ajo de forma ilegal; tenho medo da sanção, não ajo. Na luta interna dos instintos, prevalece aquele que não for atemorizado pela descoberta ou, confiante na impunidade, arrisca a vantagem ilícita.

Impõe-se o disfarce. A antiga máscara grega (*persona*), que servia de biombo para os atores, hoje tem uso político indiscriminado. A pantomima serve de cena para que acordos sejam desfeitos ou celebrados.

Sempre prevalece a estratégia. A suavidade de impor decisões à população.

Ocorre que os instrumentos formais estão à disposição da sociedade.

1.8 Estado, Direito e dominação

Instituído o Estado, na forma como se viu, titulariza os interesses públicos e deve exercer o poder coativo (através dos aparatos estatais da Polícia, Ministério Público, Justiça, etc.) para impor a ordem e a obediência a todos. Em tal sentido, o Direito oficial do Estado outra coisa não significa que o instrumento codificado de dominação da sociedade.

O Estado encampa os interesses que quer. Declara-os em documento constitucional (rotulado de "pacto político") e cria princípios e regras que impõe à obediência do povo. Como tal, pode manejar os interesses à vontade. Pode, sob alegação de razão de Estado, criar segredo sobre determinados assuntos. Gerencia os interesses internacionais de acordo com a intenção do governante (muda-se o relacionamento internacional dependendo do grupo que assume o poder – daí inexistir uma política internacional, sem embargo do art. 4º da CF/1988). No campo nacional, manipula-se o discurso da forma que possa satisfazer os interesses hipostasiados pela maioria governante, de forma a iludir a população, que, inocentemente, passa a aceitar os valores colocados nas normas como seus.

O Direito, então, em tal sentido, é o instrumento de dominação da sociedade.

O Estado é o titular da dominação através das pessoas que detêm a titularidade das decisões.

Pode-se, então, afirmar que o Estado, ao invés de evidenciar uma pessoa moral ou jurídica, é presentado por uma pessoa física que lhe dita o tom. Hobbes bem fez em escrever, no primeiro capítulo do *Leviatã,* sobre o homem e, depois, sobre o Estado. A significar que o Estado é o homem.

Muito já se leu e se discutiu o *Leviatã,* mas ninguém se lembrou de que o texto reflete, antes, o Estado como ser de dominação. A força bruta iniciadora da civilização não deixou de existir. Continua, não na pessoa física do dominador, mas na pessoa jurídica do Estado, só que através de estratagemas de ludíbrio com que ilude a coletividade.

Diz-se que contrato é manifestação *livre* da vontade. Nem sempre é assim, no entanto.

1.9 Os *specula principum*

O assunto de que tratavam os *specula principum* era um esquema para permitir aos homens que se conhecessem. "Ele não se inscreve numa relação narcísica consigo mesmo, mas numa prática ascética."[18] Os espelhos dirigem-se "ao príncipe, a quem expõem regras de conduta e exemplos de virtude".[19]

Surgem na Idade Média e vão orientar os príncipes durante bom tempo.

A imagem que se vê no espelho é de si próprio, mas também se visualiza os que estão atrás e dentro do total do espaço transmitido, as coisas que ali estão. O príncipe tem, então, ideia de todo o reino e se vê nele para bem gerir seu trabalho.

Tinham caráter pedagógico na educação dos príncipes. Eram instruções para serem seguidas pelo governante. Michel Senellart aponta diversos livros que, à época, cuidaram do assunto.

Sêneca, em *De Clementia,* cuida do assunto ao orientar Nero, seu discípulo, e cuida da clemência para desempenhar a "função de espelho", isto é, para orientar Nero sobre a condução do Império.

A figura do espelho transmite bem a ideia de como deve o governante exercer seu cargo ou mandato. Visualiza todos os problemas do reino, examina-os e deve a eles dar o encaminhamento adequado e solucioná-los da melhor forma possível. Com prudência. Com cautela. Exercendo a virtude.

Em relação à assunção de dívidas, o governante apenas pode se comprometer dentro das disponibilidades de caixa permitidas. Deve assumi-las quando tiver, realmente, necessidade para atender a interesses da população. Descabido e ilegal será tomar empréstimos desnecessários e que não atendam às finalidades públicas.

Para isso, o símbolo do espelho é de grande utilidade. A visão da inteireza dos problemas da Administração Pública dá a dimensão das necessidades a que deve atender e dos caminhos a seguir para superar dificuldades que aparecem. Estas são naturais, mas podem e devem ser solucionadas.

Os espelhos indicavam caminhos virtuosos ao governante.

No caso do crédito público, o espelho indica o que pode e o que não pode o governante realizar. Assumir obrigações quando necessárias. Neste passo, *A Cidade de Deus,* de Agostinho, pode ser considerado o primeiro espelho a ser seguido pelo príncipe. Este tem que se portar com lisura e atender aos interesses da população.

---

[18] SENELLART, Michel. *As artes de governar*. São Paulo: Editora 34, 2006, p. 53.

[19] *Idem,* p. 54.

Os contratos podem ser celebrados de forma secreta, dependendo de seu conteúdo e de encontrar respaldo na Constituição Federal. Normalmente invocam-se os *arcana imperii* para justificar tais atos.

1.10 Os *arcana imperii*. A Lei nº 12.527, de 18 de novembro de 2011

Situação que merece análise diante do que se vem expondo diz respeito ao que se rotula de *arcana imperii*. O rótulo significa que deva haver algum segredo do Estado que não possa ser revelado à sociedade. Evidente que aí está embutida uma concepção aristocrática da vida política, porque não se pode revelar à plebe situações que ocorrem no interior do governo.

A origem de tal comportamento busca suas raízes na Igreja da Idade Média. Kantorowicz aponta sua origem eclesiológica medieval.[20] Quanto mais misteriosas as coisas do Estado, mais curiosidade e mais respeito despertam. Assim age e agiu a Igreja durante os séculos.

Os Estados enfrentaram e agora, com muito maior razão, enfrentam problemas com seus sigilos. Com os modernos mecanismos eletrônicos de comunicação e de controle, os segredos dos Estados passaram a ser devassados por outros, com o intuito de saber seus passos e preparar contraespionagem sobre os comportamentos dos primeiros. Há verdadeiro confronto de informações. Outrora os países trocavam informações e fiscalizavam os alinhados e procuravam obter todos os comportamentos dos inimigos. Na denominada "guerra fria" havia uma tentativa global de controle.

Dificilmente se pode manter alguma coisa secreta, hoje. Os Estados tornam-se criptoestados para poder fazer sobreviver seus segredos. Criam-se verdadeiras exceções ao Estado Democrático de Direito. Por formas ilegais, e ao arrepio do direito positivo, os países tentam, por todos os meios, suplantar barreiras para atingir os segredos dos outros Estados. É uma luta constante.

Os segredos são classificados em absolutos, relativos e parciais. Os primeiros não admitem qualquer quebra. São essenciais ao Estado. Sua sobrevivência. Os segundos podem ser verificados pelos cidadãos e até por governos estrangeiros, mas algum sigilo é por eles mantido. Os terceiros podem ser de conhecimento público, mas não podem ser divulgados.

A palavra "mistério" vem do grego *Mysthes*, que significa o insondável, o indizível, o intocável. *Mystérion* é coisa sagrada. Dentre todos os mistérios da antiga Grécia, os que ficaram conhecidos são os de Elêusis. Era uma cidade que ficava próxima a Atenas. Quem introduzia o rito era o *hierofante*. A ele cabia conferir o grau iniciático. Realizava-se uma procissão. De archotes em punho buscavam Demeter. O iniciado contempla os não iniciados. Grande movimentação e agitação. Exasperação ao máximo, até culminar na visão de uma espiga de trigo. Como diz Junito de Souza Brandão,[21] os mistérios foram realmente um mistério. Não há palavra sobre o rito. E finaliza: "o grande segredo foi certamente sepultado no silêncio e nas trevas de cada iniciado".

---

20 KANTOROWICZ. *Mourir pour la Patrie*. Paris: PUF, 1984, p. 75-103, capítulo "Mistères de l'État" (Collection Pratiques Théoriques).

21 BRANDÃO, Junito de Souza. *Mitologia grega*. 22. ed. Petrópolis: Vozes, 2010, p. 321.

O mistério era o mistério.

No mundo dos homens não deve haver mistério. Especialmente em um governo democrático.

Tudo nasce com a Igreja. Ela que esconde seus segredos, exatamente para se manter distante da população. O segredo desperta curiosidade e respeito. Firma dogmas que são indiscutíveis. Assenta ser o Papa infalível (Concílio Vaticano I, realizado em 1870). Para quê? Para que suas ordens e deliberações não possam ser conhecidas (se não preciso discutir, não preciso divulgar – basta dar a determinação).

Michel Senellart distingue os *mistérios*, o *segredo* e o *estratagema*.[22] Há uma discussão sobre se os mistérios da Igreja são os arcanos. Há muita semelhança. Os mistérios pagãos aproximam-se dos da Igreja. O catecúmeno é o iniciante. Há uma pedagogia progressiva como nos mistérios de Elêusis. Em relação ao governo, diz, há uma área que é separada. Os *mistérios* são inacessíveis. Os *segredos* não têm a concepção "mágico-religiosa, mas científica, técnica ou ordinária do termo".[23] O *estratagema* é projeto que deve permanecer afastado do conhecimento do público.

Senellart menciona e explica a posição de Arnoldi Clapmar (1605) em seus *De Arcanis Rerum Publicarum*. Vale, aqui, a menção ao estudo. O que se indaga no tratado é como assegurar a conservação do Estado e como garantir a segurança dos que governam.

Senellart faz a distinção entre os *arcana* e os mistérios: "Enquanto os mistérios procedem de um poder oculto, inacessível ao discurso racional, os *arcana* inscrevem-se na economia regular de toda disciplina".[24] Não são, pois, mistérios que possam inspirar terror.

A epifania do poder não pode levar à pura violência contra os administrados. Estes, numa democracia, são os titulares do poder, é o poder soberano, como ensinava Rousseau. Logo, nada pode ficar longe de seu alcance. O povo tem o direito de saber o que se passa com ele e sobre ele. Daí os questionamentos sobre a disciplina normativa que vige hoje no Brasil.

No Brasil de hoje, a Lei 12.527/2011 disciplina e regula o acesso à informação. Todos os órgãos públicos estão a ela subordinados. O acesso a informações e documentos públicos deve ser o mais amplo possível. No entanto, a lei estabelece algumas restrições. Em primeiro lugar, há documentos "imprescindíveis à segurança da sociedade ou do Estado" (art. 23 da lei), e, pois, sofrem resistência ao acesso amplo. Fala-se em "segurança da sociedade ou do Estado", o que é bastante vago.

As informações são classificadas em "ultrassecreta, secreta ou reservada" (art. 24 da lei em comento).

Daí a indagação que vem a pelo: cabe uma de tais classificações aos contratos de financiamento que o Estado Brasileiro, Estado-membro ou Município celebrar?

Se houver um financiamento, por exemplo, em benefício do país, mas destinado a uso das Forças Armadas e que envolva a segurança nacional, sem dúvida que a informação poderá ser reservada. Eventualmente, em financiamento obtido por contrato externo e destinado a desenvolvimento científico que envolva problemas estratégicos

[22] SENELLART, Michel. *As artes de governar*, *op. cit.*, p. 267.

[23] *Idem*, p. 272.

[24] *Idem*, p. 283.

ou para desenvolver aprimoramento tecnológico que diga respeito à segurança, à evolução técnica ou, enfim, que possa significar preservação do patrimônio nacional, as informações poderão ser classificadas de acordo com a lei. Será o acesso, então, reservado, secreto ou ultrassecreto.

Em suma: caberá aos órgãos especializados (técnicos, militares ou científicos) afirmar o sigilo das informações e documentos respectivos.

A Administração Pública somente pode agir mediante publicidade de seus atos (art. 37 da CF/1988). O único segredo que se pode impor é de atos que possam fragilizar o Estado ou a sociedade perante outro Estado ou outra sociedade. O mais é público. O juiz do segredo, evidentemente, há de ser o governante. É verdade que, como se vem dizendo, as paixões é que governam. Logo, o governante pode mascarar, hipostasiar razões mesquinhas e menos nobres, para esconder contratos celebrados pelo Estado.

Em tal hipótese, caberá ao Judiciário estabelecer os limites da ação secreta do Estado. Se este não se contém nos limites da estrita legalidade, cabe a invasão de outra esfera do Estado para controlar os segredos.

Tudo ficará, então, como nos mistérios de Elêusis – coberto pelo sigilo. Apenas se permitirá a visão de Aristófanes, em *As Rãs*. A ópera wagneriana pode fornecer informações a respeito.

1.11 A dominação na ópera

A ópera também nos dá exemplos notáveis de dominação. Wagner, com seu gênio intempestivo, ao estudar a mitologia nórdica, imaginou uma dominação completa de Wotan, o rei dos deuses, ao lado de Erda, deusa da sabedoria, de Fricka, esposa de Wotan, de Loki, semideus, e dos nibelungos (anões que vivem sob a terra), das valquírias, especialmente de Brunhilde, predileta e perseguida por Wotan. Há, pois, como se vê, toda uma sorte de estruturas de dominação. O símbolo de tudo é o *anel dos nibelungos*, que dá origem e mantém toda a trama até o final. O símbolo da dominação como hoje podemos ver através de cargos, verbas orçamentárias, droga, etc. É o jogo do desejo e da ambição dos homens.

A construção e a destruição de Valhala é ponto que concentra a ambição da conquista e a destruição pela vaidade humana. O anel é estigma da morte. Sobre ele gira toda a ambição das pessoas. É o poder que é cobiçado e escorregadio ao mesmo tempo.

As manipulações ocorrem em quase toda produção artística.

1.12 A violência instauradora e mantenedora. Dominação. Walter Benjamin e Foucault

A violência pode ser vista como agressiva à intimidade das pessoas ou como necessária para manutenção das coisas. A violência pode ser física ou moral. A primeira impõe constrangimento físico a outro. A segunda pode agredir apenas o comportamento.

Como bem disse Walter Benjamin, "a violência só pode ser procurada na esfera dos meios, não dos fins".[25] No início da civilização a violência era bruta. Manutenção do espaço produtivo. Preservação do domínio.

Como diz Baruch de Spinoza, "o direito natural de cada homem determina-se, portanto, não pela reta razão, mas pelo desejo e pela violência".[26] Daí a instituição do Estado, que a institucionaliza. E há "*violação do direito* quando um cidadão ou súdito é obrigado a sofrer da parte de outro qualquer dano em contravenção ao direito civil, ou seja, ao édito da suprema autoridade".[27]

Assim, diz Benjamin, "fins justos podem ser alcançados por meios justificados, meios justificados podem ser aplicados para fins justos. O direito natural almeja 'justificar' os meios pela justiça dos fins; o direito positivo, 'garantir' a justiça dos fins pela 'justificação dos meios'".[28]

A violência em si não é condenável. O problema é a violência utilizada contra os fins do Direito. "A violência que mantém o Direito é uma violência que ameaça."[29] "O entendimento, porém, deve tentar se aproximar o mais decididamente possível dessas condições, se quiser levar a termo tanto a crítica da violência que instaura o Direito como a crítica da violência que o mantém."[30]

Houve uma violência originária, isto é, a fundadora de uma ordem qualquer. Teria provindo de algum acontecimento ou de um procedimento ao longo do tempo. De qualquer forma, houve uma violência para celebrar um pacto. Posteriormente o Direito se revela, a todo instante, através de violências sequenciais.

Não haveria outros meios para solução dos interesses em conflito que não a violência? Ainda que existam os pactos e as convenções jurídicas ocorrentes entre as partes, sempre há a possibilidade do uso da violência caso haja o rompimento do pacto. Da mesma forma, o "poder (*macht*) que garante o contrato de Direito é, por sua vez, de origem violenta, mesmo que este poder não tenha sido introduzido no contrato pela violência".[31]

A resolução não violenta dos conflitos é possível? "Sem dúvida", responde Benjamin.[32] A sujeição aos pactos firmados, seu cumprimento, a "autocomposição" do conflito, todas são formas de cumprimento do Direito.

Entende Benjamin que toda violência mantenedora do Direito acaba "enfraquecendo indiretamente, no decorrer do tempo, a violência instauradora do Direito por ela representada".[33] As violências se sucedem no tempo, a todo instante. A violência é imprescindível ao Direito.

A esta altura, interessante se torna voltar para Foucault quando observa que a sociedade cria a desigualdade. Rousseau é quem trata do assunto ao observar, na

---

25 BENJAMIN, Walter. *Escritos sobre mito e linguagem*. São Paulo: Editora 34, 2011, p. 127.

26 SPINOZA, Baruch de *Tratado teológico-político, op. cit.*, 2. ed. p. 235.

27 *Idem*, p. 243.

28 BENJAMIN, Walter. *Escritos sobre mito e linguagem, op. cit.*, p. 124.

29 *Idem*, p. 133.

30 *Idem*, p. 135.

31 *Idem*, p. 137.

32 *Idem*, p. 138.

33 *Idem*, p. 155.

primeira parte de seu *Discurso sobre a Origem e os Fundamentos da Desigualdade entre os Homens*, que há dois tipos de desigualdade: uma que é natural ou física, que consiste na diferença "des ages, de la santé, des forces du corps, et des qualités de l'Esprit ou de l'Âme".[34] Outra que se pode denominar moral ou política, porque "dépend d'une sorte de convention, et qu'elle est établie, ou du moins autorisée par le consentmente des Hommes".[35] A propósito, faz longa análise sobre o assunto.

Foucault, sem desconhecer as desigualdades naturais, também afirma que é a sociedade que cria as desigualdades sociais.[36] Claro que para refazer a igualdade depende também da sociedade. Mas, como esta aceita uma sociedade desigual, "on ne pourra rétablir l'égalité que par violence".[37]

Hanna Arendt ressalta que há diferença entre o antigo conceito "de igualdade e a noção moderna de que os homens são feitos ou nascem iguais e se *tornam desiguais em virtude de instituições sociais e políticas, ou seja, criadas pelos homens*".[38]

Voltando-nos ao estudo do objeto proposto, temos que apenas através da violência é que se podem restabelecer os contratos. Apenas pela violência é que se pode reinstaurar a ordem jurídica contratual.

O crédito é gerado através de uma série de providências por parte daqueles que procuram o Estado e por parte deste. O Estado igualmente se relaciona com outro Estado quando de tal tipo de empréstimo se cuide.

Os contratantes, ao chegarem a determinado tipo de acordo, celebram o contrato de financiamento estabelecendo as condições de entrega do dinheiro e da forma de pagamento. Manifestação de vontade sendo exercida sob a lei disciplinadora.

Pode-se fazer uma análise de como as coisas funcionam antes da celebração do contrato. No entanto, deixemos tal para outra oportunidade. O que vale, agora, é o estudo da violência.

Pressuposto evidente do descumprimento do pactuado é o uso da denominada violência restauradora. Ao longo da História há inúmeros fatos em que a violência física foi utilizada para receber o dinheiro mutuado. Estados invadiam Estados, ocupavam outros, deliberavam a cessão de terceiros.

Apenas para dar um exemplo, veja-se o pacto Molotov-Ribbentrop, que se constituiu em tratado de não agressão firmado às vésperas da II Grande Guerra Mundial. Por força do resultado da I Guerra, os bolcheviques lutavam pela sobrevivência da Revolução de 1917. Viram-se forçados a abrir mão e reconhecer a independência de todos os países do Báltico. Assinaram o Tratado de Brest-Litovsk. Posteriormente, em 24.8.1939, foi firmado o tratado Molotov-Ribbentrop, através do qual se efetuou uma partilha do território europeu. A Polônia deixa de existir. Os países Bálticos (Lituânia, Letônia e Estônia) eram transferidos para a Rússia.

Sabemos qual foi a conclusão de tal pacto e sua dissolução pelo resultado da II Guerra.

---

34 ROUSSEAU. *Discurso sobre a origem e os fundamentos da desigualdade entre os homens*. Paris: Flammarion, 2008, p. 64.

35 *Idem, ibidem*.

36 FOUCAULT. *La Grande Étrangère*. Paris: Éditions EHESS, 2013, p. 206 (Coleção Audiographie. v. 7).

37 *Idem, ibidem*.

38 ARENDT, Hanna *Sobre a revolução*. São Paulo: Cia. das Letras, 2011, p. 59.

Dívidas foram cobradas a todo instante. Era comum que um Estado invadisse outro para cobrança de seus créditos. O resultado foi o prevalecimento da Doutrina Drago, ou seja, não mais seria admissível a cobrança forçada, bruta e violenta dos débitos assumidos por Estados. A solução arbitral era o único veículo apropriado. Tal foi a tese aprovada nas Nações Unidas.

O Fundo Monetário Internacional (FMI), órgão que disciplina o atendimento a países em crise, a todo instante intervém em países, de forma pacífica, mas violenta (sem qualquer contradição), para reordenar as finanças, e impõe obrigações que devem ser cumpridas. Hoje se assiste à sujeição da Grécia, de Portugal e da Espanha a imposições da Comunidade Europeia. Violência.

Para quem ainda não entendeu a violência de que aqui se trata, não é mais a física, mas aquela feita por meios (a violência está nos meios, diz Benjamin) de constrangimento ao Estado para que aceite a intervenção de orientação de especialistas para a reordenação de suas finanças.

Há violência, mesmo, de cunho pacífico, que invade o Estado devedor, impõe a edição de leis adaptativas e de restrição a endividamento particular, a pagamento de servidores, diminuição de vencimentos, redução do número de funcionários, tudo de forma a permitir a manutenção do Estado na ordem europeia.

Violência restauradora ou mantenedora. É a violência sendo utilizada de forma a restaurar a ordem jurídica e permitir que o Estado que agrediu regras institucionais possa retornar à sua antiga situação de beneficiário da estrutura coletiva.

A violência pertence à ordem simbólica do Direito. Está hipostasiada sob a forma da autoridade.

Como diz Foucault, é a sociedade que cria a desigualdade. É, pois, natural restabelecer a igualdade no interior da sociedade. "Or, comme la societé ne veut pas, puisqu'elle repose elle-même sur une inégalité, que les hommes soient égaux, on se pourra rétablir l'égalité que par la violence."[39]

Autores como Derrida também analisam os desvios do poder e a força que está por detrás dele.

1.13 Justiça e força em La Fontaine. Derrida, *État voyous, rogue State*

Justiça e força estão intimamente ligadas. Na preciosa lição de Pascal, "a justiça sem a força é impotente; a força sem a justiça é tirânica. A justiça sem força é contradita, porque sempre há homens maus; a força sem a justiça é acusada. É preciso, pois, colocar juntas a justiça e a força; e, para fazê-lo, que aquilo que é justo seja forte, ou que aquilo que é forte seja justo" (item "Justiça, Força", nos *Pensamentos* de Pascal).[40]

A lei só mantém sua força não porque é justa, mas porque é lei. "É o fundamento místico de sua autoridade, elas não têm outro (...)."[41]

39 FOUCAULT, Michel. *La Grande Étrangère, op. cit.*, p. 206.

40 PASCAL, Blaise. *Pensamentos*. 2. ed. Martins Fontes, 2005, 103, p. 36.

41 MONTAIGNE. *Ensaios III*. São Paulo: Martins Fontes, 2001. Capítulo XIII – Da Experiência.

Como afirma Jacques Derrida, "não obedecemos a elas porque são justas, mas porque têm autoridade".[42]

É La Fontaine quem dá o aspecto moral da fábula *O Lobo e o Cordeiro*, dizendo: "a razão do mais forte é sempre a melhor".

Ao efetuar o que denomina de *desconstrução do Direito*, Derrida afirma que a justiça não é apenas a "conformidade, na atividade conservadora e reprodutora do julgamento",[43] mas, em primeiro, exige a singularidade, em segundo lugar, a interpretação da invenção do Direito a cada caso.

Em estudo interessante sobre o trabalho que já mencionamos de Benjamin, Derrida se debruça sobre o mesmo tema, qual seja, a violência restauradora e a violência instauradora. Afirma que "a violência conservadora, aquela ameaça que não é intimidação, é uma ameaça *do* Direito".[44]

Em outro texto Jacques Derrida esclarece o que é a violência, que mais se caracteriza como sutileza para fazer prevalecer a justiça com o uso da força. É o que rotula *pas de loup*, ou seja, é avançar sem ruído, de forma silenciosa, invisível, inaudível, imperceptível.[45]

Tal situação faz desembocar naqueles Estados que não respeitam a lei ou o direito internacional. São os denominados *États voyous*. Em Inglês tal Estado é denominado de *rogue State*, ou seja, o Estado canalha, o Estado hipócrita e criminoso.

Isso se desenvolve a criar verdadeiro terror. O medo que se encontra na origem da lei. "Excède la presence corporelle", diz Derrida.[46] Prossegue afirmando que "le peur est une passion *moins* encline, *moins* propice à l'infraction des lois, elle est la plus propice, voire la seule propice à leur conservation – sauf exception, et l'exception c'est le cas si rare de 'natures nobles' qui peuvent affirmer les lois sans peur, qui peuvent conserver les lois ou ne pas les enfreindre autrement que par cette réactivité négative qu'est la peur".[47]

É o medo que retém as pessoas. É o temor que impede a infração.

Quando o Estado não tem limites, nasce o Estado ao lado da lei e acima dela. Não apenas pela opressão dos cidadãos e de todos os seus habitantes, mas passa a ser o que se rotula de Estado-terrorista. Pode até chegar a invocar razões nobres para seu comportamento, mas, no fim, o que busca é a desconsideração total de todos em benefício de uma elite dominante. É o Estado fora da lei. É o Estado *loup-garou*.

Este é o Estado que não paga o que deve. É o Estado acima de tudo. É o Estado criminoso.

Ao lado deste, há outro tipo que também não paga suas dívidas, mas por outros motivos, e que são justificáveis. É o caso de excessos cometidos por um governo opressor que assume dívidas absurdas para beneficiar determinado setor da elite. Quando sobrevém uma revolução e assumem os que estão sintonizados com os interesses da população, não há falar em pagamento de dívida. Pode eventualmente honrá-la. No

---

42 DERRIDA. *Força da lei*. São Paulo: Martins Fontes, 2007, p. 21.

43 *Idem*, p. 44.

44 *Idem*, p. 97.

45 DERRIDA. *La Bête et le Souverain*. v. I. Paris: Galilée, 2008, p. 21.

46 *Idem*, p. 70.

47 *Idem*, p. 71.

entanto, se os financiadores sabiam do estado das coisas, e ainda assim prosseguiram no financiamento, com juros extorsivos, tendo como garantia um *État voyous*, não podem utilizar argumentos contrários em tribunais internacionais, e muito menos valer-se da força para obrigar o pagamento.

Tal Estado, o segundo, está coberto por leis internacionais ou tem o direito de declarar à comunidade internacional que não cumprirá o pactuado porque o empréstimo foi fruto de desvios de comportamento, mesmo porque o Estado financiador sabia ou deveria saber da situação do Estado devedor e dos limites do endividamento e da insuficiência das forças para honrar o pactuado. Se o Estado financiador prossegue no empréstimo, fá-lo por sua conta e risco, sem poder alegar desconhecimento das coisas.

Todos podem confiar na palavra dada e na fidelidade do cumprimento dos compromissos assumidos.

Nenhum Estado pode agir como *bête* ou como animal. Este Estado não pode merecer a consideração dos demais. Por aí se podem questionar as afirmações de Maquiavel de que a *virtù* do príncipe é sempre se manter no poder a qualquer custo. Para ele, o príncipe pode comportar-se como *bête*. O soberano deve ter, para Maquiavel, a dupla identidade, ou seja, da besta e do homem. Orientado pelo centauro Quirão, manifesta sua força através do aspecto animal e sua astúcia através do homem. Mesmo a astúcia está na pele do lobo. Deve ter a astúcia do lobo e a força do leão.

O saber deve estar representado pelo *renard* (raposa). "Le renard est l'animal qui sait mentir."[48] "Cette aptitude à feindre, ce pouvoir du simulacre, c'est ce que le prince doit acquérir pour s'affubler des qualités et du renard et du leon."[49]

O fingimento, o disfarce, o transformismo, o ilusionismo, a falsidade, a ocultação das ideias, tudo é próprio de tal soberano. O fingimento passa a ser característica dele.

Evidente está que tudo isso se reflete nos atos praticados pela Administração Pública, e especialmente, diga-se, nos contratos por ela firmados.

Diz o autor que o que separa o homem e a besta é a lei.[50] A besta não comete crime. O homem pode obedecer ou não à lei. Somente ele tem tal liberdade. "La bête peut tuer et faire ce qui nous paraît mal ou méchant, mais elle ne sera pas tênue pour criminelle."[51] O homem começa com a lei e o crime.

Da mesma forma nasce a noção *do semblable*. É o outro que nos irá dar os limites do homem. O animal nunca será presa da linguagem.

Notável a distinção que faz entre *feindre* e *tromperie*. O animal finge (raposa), mas não sabe que o faz. O homem tem o *fingimento estratégico*. O animal é astucioso, mas ignora sê-lo. O homem, pois, tem o fingimento, a mentira em segundo grau, com consciência. Como diz Derrida, um animal "ne feint pas de feindre".[52] O animal não finge o fingimento. Quem finge é o homem, e, pois, o poeta, como nos diz Fernando

---

[48] *Idem*, p. 132.
[49] *Idem, ibidem.*
[50] *Idem*, p. 147.
[51] *Idem, ibidem.*
[52] *Idem*, p. 172.

Pessoa: "o poeta é um fingidor, finge tão completamente que chega a pensar que é dor a dor que deveras sente".[53]

Ademais, o animal, ao fingir, não apaga seus rastros. A raposa, ao fingir para tomar sua presa, pode quebrar galhos no mato e deixar marcas de sua passagem. O homem pode apagar os rastros.

No orçamento, na assunção de dívidas, na celebração de pactos, nos desvios funcionais que comete, o infrator tenta apagar os passos que teve para chegar ao resultado desviante. Ele, diferentemente do animal, tenta apagar suas pegadas.

1.13.1 A fábula de La Fontaine (*Le Loup et L'Agneau*)

A razão moral da fábula é que "a razão do mais forte é sempre a melhor". O cordeiro encontrou o lobo no riacho. O lobo reclama que ele está sujando a água que irá beber. "– Como posso fazê-lo, se estou abaixo de você e a água corre daí para cá?" – indaga o cordeiro. "– Você a suja – diz o lobo –, e já o fez no ano passado". "– Como posso tê-lo feito se não era nascido?" – afirma, humilde, o cordeiro. "– Se não foi você, foi seu irmão" – critica o lobo. "– Eu não tenho irmão" – replica. "– Se não foi seu irmão, foi um dos seus" – é incisivo o lobo. Ao final, diz La Fontaine: "Le loup l'emporte, et puis le mange, sans autre forme de procès".

Em outra fábula La Fontaine retrata episódio semelhante em *La Genisse, la Chèvre et la Brebis en Société avec le Lion*, animais que resolvem ir à caça em sociedade. Ao fazerem a repartição do produto da caça, o leão tem uma série de argumentos de força que o levam a se apoderar de tudo.

Os sentimentos são retratos e instantâneos do que se passa na mente humana. Importante termos ideia de como os afetos são filtrados por ela.

1.14 A importância do estudo da mente humana

Não falo em alma, porque pode dar ideia de transcendência. Não se cogita disso. Pode-se pensar nos conceitos ideais estudados por Platão. Mas disso não se trata. Pode-se pensar, aí, na hipótese de criação do mundo, e, pois, a alma estaria vinculada ao corpo ou ela que o criaria, porque nele se incorporaria. Não se irá tratar de tal assunto. Daí preferir o uso da palavra "mente", porque se tem como vínculo corporal e imanente.

A mente humana trabalha com seus neurônios, sinapses, e é objeto de todas as reações do corpo humano e por ela são detectados todos os sentimentos. Pode-se falar que se localizam no coração ou em outros pontos do corpo. No entanto, é através da mente que são aferidos, burilados, trabalhados, e os fenômenos, então, fazem com que a mente reaja.

De início os fatos existentes no mundo entram em contato com o corpo através dos sentidos. É o início do conhecimento das coisas. O conhecimento empírico é importante. Aliás, Kant diz que o primeiro conhecimento ocorre através dos sentidos. Depois é que a razão, em seu entender, confirma ou não o fenômeno recebido.

---

53 *O Eu profundo e os outros "Eus"*. 20. ed. Rio de Janeiro: Nova Fronteira, 1950. Poema "Autopsicografia", p. 104.

Em suma, o corpo de cada pessoa entra em contato, a todo instante, e recebe impulsos e reações do mundo. De toda espécie. Nosso organismo reage por diversos meios, positiva ou negativamente. Os impactos ocorrem a todo instante.

O homem, diante das mensagens diárias que o corpo recebe, a elas reage. Ou tem reações internas, através do pensamento, que, de igual maneira, provoca o indivíduo. A resposta do organismo pode dar-se, como se disse, de forma positiva ou negativa.

Desde o início da vida o ser humano vem sendo preparado para o futuro e para o imediato. Em primeiro lugar, o meio em que nasce dá uma resposta. Depois, a família, e em primeiro lugar a mãe, dá à criança a presença do outro. A princípio a criança tem ideia de si, mas de forma distorcida, como ensina Lacan. Depois, vê-se no espelho de modo incompleto e, por fim, constata a existência do outro. Vai, então, formando seu conhecimento do mundo. Posteriormente passa a ter contato com outros e vai se reconhecendo.

Recebe, na sequência, a informação da escola, dos amigos, de terceiros, e passa a conhecer o mundo.

Dependendo de todas as circunstâncias, forma-se, complexamente, o ser humano que irá responder adequada ou inadequadamente a todos os impulsos que recebe.

Ademais, as reações que terá diante dos diversos acontecimentos que com ele vão entrando em contato podem ser da mais variada espécie. Daí surgem o amor, o ódio, a inveja, a glória, todos sentimentos que afligem o ser humano. Ele é o centro de todas suas emoções – de todas as pulsões, no dizer freudiano.

Daí entra em questão uma das grandes questões: devemos reprimir as paixões ou deixá-las livres em toda sua expressão?

Convém acompanhar o raciocínio de Baruch de Spinoza. A natureza é o que é. Não muda. Tem suas regras e leis. Diz ele que "a natureza é sempre a mesma, e uma só e a mesma, em toda parte, sua virtude e potência de agir. Isto é, as leis e as regras da natureza, de acordo com as quais todas as coisas se produzem e mudam de forma, são sempre as mesmas em toda parte".[54] A "Proposição 1" da "Terceira Parte" assinala que "a nossa mente, algumas vezes, age; outras, na verdade, padece. Mais especificamente, à medida que tem ideias adequadas, ela necessariamente age; à medida que tem ideias inadequadas, ela necessariamente padece". Se a ideia está adequada à natureza (a que Spinoza denomina "Deus"), está em sintonia com o mundo e, pois, é leve; se a ideia é contrária à natureza, a mente padece.

Qualquer coisa pode ser causa de alegria, de tristeza ou de desejo (Proposição 15", p. 109). Se o que ama é destruído, há tristeza ("Proposição 19"); se o que é destruído é o que odeia, há alegria ("Proposição 20").

Das tristezas e das alegrias surgem os desejos ("Proposição 37").

Há, pois, os confrontos dos afetos. Daí nasce o desejo. "Desejo é a própria essência do homem, enquanto esta é concebida como determinada, em virtude de uma dada afecção qualquer de si própria, a agir de alguma maneira" ("Proposição 59", item 1).[55] O desejo de sua manutenção na vida é o que denomina *conatus*.

---

[54] SPINOZA. Ética. Belo Horizonte: Autêntica, 2009, p. 98. Prefácio à Terceira Parte – A origem e a natureza dos afetos.

[55] *Idem*, p. 139.

Spinoza define todos os desejos e cuida dos *afetos*.

Surge, então, o que chama de *servidão*, ou seja, "a impotência humana para regular e refrear os afetos".[56]

Spinoza estabelece, então, que o homem é escravo de seus afetos, que se constituem em reações adequadas ou não das relações que enfrenta com o mundo.

Hume afirma que no combate entre paixão e razão todos dão preferência à razão para justificar a virtude. Irá, então, procurar "provar, *primeiramente*, que a razão, sozinha, não pode nunca ser motivo para uma ação da vontade; e, em *segundo* lugar, que nunca poderia se opor à paixão na direção da vontade".[57] Apenas ludibrio as paixões através da sociedade por "meio mais artificial e refinado".[58] É a moral que desperta paixões e "produz ou impede ações".[59] Elas, por si, não são conclusões da razão.

O filósofo tenta mostrar que o homem não é dirigido pela razão, mas pelas emoções.

Schopenhauer fala da "vontade", que é a essência íntima e incompreensível daquelas exteriorizações e ações de seu corpo, justamente uma força, uma qualidade ou um caráter, porém sem obter dessas coisas nenhuma intelecção mais profunda.[60]

Essa vontade é irresistível e aflora em todos os momentos. A vontade é integralmente livre, não se podendo falar em outro tipo de liberdade por força de reflexão. Apenas posteriormente é que o intelecto experiência as decisões da vontade.

Em contrapartida, Adam Smith sustenta a possibilidade do autodomínio.[61] Reconhece, no entanto, que as paixões só podem ser refreadas por um momento e exigem considerável esforço de autodomínio; outras podem ser refreadas por tempo maior.

As paixões são fortes sentimentos que podem servir de fundamento e base para manifestações do Estado, inclusive através dos contratos que celebra.

1.15 As paixões

O Direito tem sido visto, desde há muito tempo, a partir de Kant e de Kelsen, como um conjunto de princípios e regras que disciplina o comportamento humano. Se fosse somente isso, qualquer conjunto seria Direito e seria confundido com a lei. Seria o Estado de legalidade, mas não o de legitimidade. Tal acréscimo significa que se pode falar em norma boa ou má, de forma a garantir os direitos mais íntimos e sagrados do homem. Não se confundindo o conceito de legalidade (estrito advento de leis) com o de legitimidade (conjunto de leis que garante o Estado de Direito pelo enobrecimento do homem), a Modernidade busca garantir a inviolabilidade dos denominados direitos humanos.

O ensino jurídico marca sua mediocridade pela mera transferência de conhecimentos. O professor conhece os textos (Constituição, códigos e leis esparsas) e busca transmiti-los a seus alunos, cumprindo sua função. Satisfaz, assim, a atividade de informar, sem

---

56 *Idem*. Prefácio à Quarta Parte – A servidão humana ou a força dos afetos.

57 HUME. *Tratado da natureza humana*. 2. ed. São Paulo: Unesp, 2009, p. 449.

58 *Idem*, p. 565.

59 *Idem*, p. 497.

60 SCHOPENHAUER. *O mundo como vontade e como representação*. 2. reimpr. São Paulo: UNESP, 2005, p. 156.

61 SMITH, Adam. *Teoria dos sentimentos morais*. São Paulo: Martins Fontes, 2002, p. 297.

a preocupação de formar ou de permitir que o aluno pense com sua própria cabeça. Criamos, assim, uma geração de papagaios.

Por vezes, algum aluno mais rico ou mais esperto tem acesso a alguma teoria de outro país que vem a conhecer, e, então, brilha mais que outro. Quando é dado a alguns professores estudar em universidade estrangeira, trazem consigo mais conhecimentos que os demais, destacando-se, seja por falarem uma língua, seja por conhecerem discussões mais modernas sobre alguns temas. Especialmente quando o país é mais avançado e já teve oportunidade de discutir questões que para nós ainda são ignoradas.

O aluno e o professor ficam num mundo dogmático, sem conhecer a verdade da vida. O dogmatismo significa retirar da Constituição algum conceito, dando-lhe maior densidade valorativa, e, então, descobrir que se pode amparar o ser humano de alguma forma. O dogmático brinca com relações meramente formais, isto é, conecta o dispositivo constitucional com outro legal e, eventualmente, outro sublegal, retirando daí um significado juridicamente aproveitável.

Ambos buscam na jurisprudência do STF algo de novo (aborto, uso de células-tronco, infidelidade partidária, percentual de despesa condominial, ausência de norma reguladora do pagamento de *royalties*, etc.) e fazem seu comentário, seguindo a orientação anglo-saxônica.

O que tentarei transmitir aqui é uma ideia de Direito que se pode adaptar aos nossos tempos. Não há inovação, uma vez que retirei de diversos autores a visão de que o Direito como dimensão cultural só pode ser analisado à luz dos sentimentos humanos.

Desde Freud o homem é visto como um ser pulsional, isto é, cheio de sentimentos que vão do amor ao ódio. O homem não nasce à imagem do Criador. O homem é o que é. Cada qual é diferente do outro. A Humanidade é, pois, absolutamente desigual. Tornar a todos iguais é irreal. Tratá-los de forma igual também não é real. Pode ser romântico ou cristão, mas não reconhece, em cada qual, as desigualdades de que são formados.

O *id* freudiano é um desconhecido que tem toda sorte de impulsos. Com a repressão nasce a civilização. A repressão recai sobre os impulsos, para torná-los passíveis de convivência. O homem que cede a seus sentimentos pode agredir a moral média, que é fruto, dizem, de consenso. Daí a repressão, para que se enquadre nos padrões éticos vigentes.

Como não se consegue reprimir os impulsos através de controle interno do próprio ser humano, a sociedade o faz. Daí podem nascer o recalcado e o neurótico. Para o equilíbrio, surgem códigos de valores e a crença em outro mundo. A comparação com valores ideais é que vai servir de contraste para o domínio dos humanos.

Se pensarmos o ser humano apenas como humano, tem ele a substância igual a tudo na Terra. Tudo é uma substância. Cada animal, vegetal ou as demais coisas, cada uma tem sua substância. Assim, a evolução vai alterando as coisas e, inclusive, o homem. A natureza tem sua alteração constante e disforme. O mundo é o caos e prossegue com o caos. Cada coisa existe por si mesma.

Se for assim, o ser humano é tocado pelo mundo e toca o mundo a todo instante. Vive, pois, em constante alteração. A cada minuto já não é mais o mesmo, como diria Heráclito, um dos filósofos gregos. Como veio ao mundo, tem que viver. Não pode renunciar à vida. Se crê em um mundo superior (de ideia, de deuses ou de Deus, etc.), então, passa a vida a buscar esse outro mundo e fazer por merecê-lo. Daí ser obediente a padrões de comportamentos que lhe são ditados não por sua vida, mas pela vida dos outros. Estas são as normas editadas pelo Estado e que devem ser cumpridas.

Se imaginar que tem que viver, deve manter-se cheio de vida. No entanto, é movido por seus apetites, desejos e vontades. É natural que o homem queira aquilo que mandam seus sentimentos. O desejo é sua própria essência. Como não quer sofrer, busca alegria. Quando passa frio, busca o calor. Quando quer ter as coisas, assume o consumismo (próprio dos dias atuais).

De qualquer maneira, se não assumir um mundo ideal (alguma religião), vê-se massacrado pela vida. Fica só (a vida lhe dá náusea – Sartre). Então, pode ter sentimentos contraditórios e sentir o pessimismo à Schopenhauer. É que o homem não consegue refrear os afetos, como afirma Spinoza.

Diante de tal perspectiva (de se sentir só, de ter desejos que ficam reprimidos, de eventualmente não crer na religião e num mundo pós-morte) é que o homem se junta em sociedade. Não da maneira romântica pensada por Hobbes, Rousseau e Locke. O pacto social não decorre do movimento anímico de todos, em determinada ocasião, que efetuam uma renúncia de sua natureza para conviver em sociedade. O Estado não nasce de tal maneira. Ao contrário, o Estado nasce de conflitos, de conquistas, da guerra.

Não há uma ruptura do homem da natureza com o homem civilizado, de forma que um era o selvagem e passa a ser o civilizado, em golpe estratégico de inteligência. Ao contrário, as tribos de outrora eram guerreiras que impunham a dominação sobre as outras. Quem era mais forte vencia e impunha seu modo de vida. Nascem Estados, costumes, morais, etc. Era a lei do mais forte. Daí Hobbes ter dito que "o homem é o lobo do homem". Grande verdade.

Como se pode entrever, o Direito não mais é visto como mero conjunto de normas, mas como instrumento de dominação. O poder, que no estado de natureza era o direito de matar, passa a ser o direito de manter vivo. O poder no estágio primário era a força bruta, e passa a ser dominação disfarçada.

O Estado, em tal situação, não mais é apenas decomposto em seus elementos (território, povo e governo), mas visto como o Estado-governante, isto é, aquele que titulariza interesses dos outros. É que os conquistou. A conquista pode ter ocorrido na Idade Média ou em decorrência das Grandes Guerras, pela força que se materializa em tratados. Modernamente o Estado significa o domínio do vencedor, que impõe suas regras. Ou é a mera imposição da vontade do vencedor ou a vontade dos fracos que se organizam para dominar o mais forte. É o que se vê nas grandes comunidades de países que se organizam (União Europeia, ALCA, Tigres Asiáticos) para dominar economicamente os outros (China).

O Direito passa a significar outra maneira "civilizada" de fazer a guerra, como disse von Clausewitz. Daí por que o Estado é o titular da violência. Exatamente para poder impor seus valores (aqueles que a classe dominante quer). A lei não é a expressão da vontade comum e imposta à obediência de todos. É simplesmente a concretização da não violência.

O homem em estado natural tem seus impulsos, como se viu, e não abre mão deles. Simplesmente se submete (*pactum subjectionis*) ao mais forte, ou o mais forte que sucumbe ante a união dos fracos. Clausewitz afirmou que a guerra não passa da política continuada por outros meios.

A relação jurídica, hoje, outra coisa não significa senão a relação de dominação-sujeição. Toda lei reflete uma dessas relações. Seja condominial, seja familiar, contratual, tributária, penal, etc. Todo relacionamento é impositivo e prevê sanções para o descumprimento do preceito.

Como é importante que a população não sinta tal sujeição, instituiu-se a violência simbólica (Bourdieu), isto é, as pessoas podem votar, ser votadas, sujeitam-se ao salário-mínimo, recebem vencimentos incompatíveis, não têm saúde ou ensino de qualidade, mas pensam que serão satisfeitas e que seus filhos alcançarão tais bens. Vivem com liberdade (ainda que a sociedade não seja democrática), pensam que as instituições estão funcionando a contento, mas não têm uma sociedade democratizada e de pleno amparo aos anseios. Ficam na ilusão.

Ocorre que, se não se mantiverem como "rebanho" (expressão de Nietzsche), sofrerão repressão. Se começarem a fazer passeatas de reivindicação, sentirão o peso dos cassetetes. Se buscarem alterar a ordem política, serão reprimidas. Têm que se comportar.

Veja-se, pois, que a ordem é manter o rebanho unido através do Direito. Neste sentido é que se diz que o Direito é mera dominação através de códigos de persuasão. Nem por outro motivo é que a política outra coisa não significa senão a captação da vontade através de signos (liberdade, honestidade, direitos humanos, igualdade etc.), ainda que estes nunca se realizem.

O poder, então, é alcançado por aqueles que possuírem a melhor estratégia (valores, códigos, mensagens midiáticas, etc.) de conquista.

Se é assim, como aceitar que o Direito nas escolas seja dado como era nos séculos anteriores? Mera repetição de lições vetustas, desconectadas com a vida real, com a vida vivida nas ruas ou descoberta nos bastidores.

Como disse Marcuse, nossa civilização, "em termos genéticos, está fundada na supressão dos instintos".[62] É verdade. Grande verdade. É o homem que vem sendo reprimido e iludido com o valor de sua posição social, de sua família, de sua segurança, etc. É o homem que se deixa marcar na porteira com o ferro da igualdade para integrar o grande gado humano.

Em suma, o Direito romântico é importante e deve ser estudado para se compreender a estrutura do Estado e seu desenvolvimento, inclusive no Judiciário, que é o mais importante dos órgãos institucionais de repressão. No entanto, não se pode olvidar que o Direito não é apenas a estrutura, mas a essência, isto é, a gênese da dominação dos instintos.

A guerra existe em todos os atos sociais e jurídicos, e é o instrumento da dominação. Em tal passo, o Direito funciona também como instrumento de dominação, porque mantém subjugados homens e mulheres que não venceram a guerra. O vencedor impõe sua verdade (Nietzsche) e suas regras, bem como as sanções em caso de infração. As ideologias, neste passo, são fortes modos de captação da vontade ou da sensibilidade das pessoas. Servem de estratégias para obtenção do poder.

[62] *Eros e civilização*. 8. ed. Rio de Janeiro: LTC – Livros técnicos e científicos editora S/A, 1999, p. 85.

Daí ser importante a todos não se limitar a estudar o Direito na forma convencional. Importante é questionar sobre os assuntos do dia a dia. Foucault ensinava que o problema é de estratégia. Fundamental, pois, que a teoria das paixões penetre nas salas de aula, para que haja oxigenação do ensino jurídico no país.

O homem busca a alegria em contato com o mundo. Este nem sempre é amigo. Por vezes prepara decepções, dor, tristeza. O homem busca superar tais desencontros não pela fuga ou pela ilusão, mas pelo enfrentamento das tristezas, intensificando, assim, a vida.

A universidade deve estar preparada para orientar os alunos não apenas a conter seus desejos para permitir a convivência social, mas para adaptar a expansão dos desejos aos encontros dolorosos. O encontro doloroso de quem vai à faculdade e vê que nada a ele se acrescentou, senão o conhecimento teórico que lhe permitirá, eventualmente, ingressar em concurso público ou sair da escola com uma "envernizada" nos conhecimentos, mas não lhe dará o instrumento mais poderoso, que é o de poder lidar com os poderes, com a dominação, com a guerra do dia a dia, com a sedução dos discursos políticos, etc.

A busca pelo conhecimento jurídico passa pela leitura de autores que não são apenas dogmáticos, mas que podem trazer ao aluno notícias de fatos outros que são jurígenos, mas que não se colhem nas aulas formais.

O Direito é paixão. O Direito é vida. Vida vivida nas ruas, nos cárceres, nos laboratórios, na família, no comércio, nas discussões, no Parlamento, no Executivo, no Judiciário. O Direito é tudo isso. Motivo pelo qual a teoria das paixões não pode ficar fora do ensino jurídico.

Da mesma forma, dessacralizou-se o mito para a introdução de outro ente sagrado, ou seja, o dinheiro. Este é que comanda a sociedade, hoje. Como deixar seu estudo, em todas as suas formas, de lado? Não sob o aspecto da leitura dos contratos, dos tratados, do direito cambial, mas da estrutura de dominação que está por trás. O dinheiro comanda as grandes corrupções. O dinheiro seduz tudo e todos. Como desconhecer, hoje, este poderoso instrumento de dominação?

Veja-se como tudo é paixão (no sentido amplo da palavra em relação aos instintos), que deve imperar na análise do fato jurídico que enseja a incidência da norma. Não apenas do ângulo da subsunção, mas do aspecto do que está hipostasiado no fato empírico.

O Direito, pois, não deve ser visto como mera forma. É guerra, dominação, poder e estratégia. Assim deve ser ensinado nas escolas e deve ser analisado nos contratos e tribunais. O Direito é, pois, regido pelas paixões humanas, e de tal modo deve ser analisado nas universidades.

1.15.1 Considerações sobre a importância da dominação no tema analisado

Evidente está que não é possível uma análise jurídica sem se atentar para o comportamento dos governantes em todas as suas ações. Agem motivados por interesses às vezes nobres, outras, mesquinhos. Prevalece, sempre, a emoção que os atinge no exato instante em que editam o ato. No caso dos contratos de empréstimo, que ensejam o crédito público e dão origem à dívida respectiva, podem eles sofrer toda sorte de influência.

É sob tal impacto e tal orientação que serão analisados o crédito e a dívida pública. Como se passa a fazer.

1.16 Estados fortes e fracos. Exploração. A pobreza. A paixão compensadora

Os denominados Estados fortes e ricos buscam, como é próprio de seus objetivos, ficar cada vez mais fortes e ricos. É de sua natureza. Ao lado de tal fim que assumem, têm a característica de que seus dirigentes são seres humanos, com todas as virtudes e todos os defeitos que lhes são próprios. A vaidade, por exemplo, pode levar o homem a práticas mais ousadas. Os fins são seu interior e sua estabilidade emocional. Não têm, então, caridade que possa resistir à tentação do poder.

Estados fortes e ricos tendem a dominar os fracos e pobres. A experiência universal é bastante grande. As fases da conquista e da colonização foram dramáticas. A conquista levou ao aniquilamento das forças dos países latino-americanos.[63] A brutalidade com que espanhóis e portugueses invadiram o novo Continente é detalhada em inúmeras obras. Violência, conquista, desejo, descoberta, etc.

Na América Espanhola havia o desejo de libertação dos astecas (México e países da América Central) e dos incas (América do Sul). Submetendo povos autóctones de então, a vinda dos espanhóis significa a libertação do jugo a que estavam submetidos. "La llegada de los españoles parece una liberación a los pueblos sometidos por los aztecas".[64]

Havia necessidade de investir para dominar todo o Continente, o mesmo sucedendo com os ingleses em face da América do Norte.

De outro lado, a conquista do Continente Africano e a exploração sistemática de seus recursos naturais levaram tais países ao empobrecimento e à escravidão.

Mesmo no Continente Europeu, e também no Asiático, os exemplos são fartos de guerras de conquista. Sempre os povos são submetidos a algum aguilhão.

De tudo, resulta a pobreza retratada por Hanna Arendt em página candente: "A pobreza é mais do que privação, é um estado de carência constante e miséria aguda cuja ignomínia consiste em sua força desumanizadora; a pobreza é sórdida porque coloca os homens sob o ditame absoluto de seus corpos, isto é, sob o ditame absoluto da necessidade que todos os homens conhecem pela mais íntima experiência e fora de qualquer especulação".[65]

O que leva a tal situação em relação aos países e mesmo dentro deles são Administrações desastrosas, ditaduras cruéis e escárnio de uma elite dominante. Mas, de outro lado, também há o empobrecimento pela assunção de obrigações e venda *gratuita* do patrimônio público (minerais, madeira e obrigação de sujeição a contratos vergonhosos).

O patrimônio de alguns países foi aniquilado por força de obrigações pecuniárias assumidas com outros. Sujeição descabida, mas real, a existente. Todos foram obrigados a assumir pactos que sabidamente não poderiam satisfazer. O Brasil assumiu obrigação

---

63 GALEANO, Eduardo. *As veias abertas da América Latina*. São Paulo: Paz e Terra, 1978; FUENTES, Carlos. *El espejo enterrado*. México: Taurus, 1992.

64 PAZ, Octavio. *El laberinto de la soledad*. 3. ed. México: Fondo de Cultura Económica, 1990, p. 10.

65 ARENDT, Hanna. *Sobre a revolução, op. cit.*, p. 93.

pecuniária com a Inglaterra para poder ser reconhecido por ela em sua independência. É a *mão invisível* de Adam Smith. É o que foi descrito por Mandeville (*La Fable des Abeilles*), que ressalta o vício e a paixão por bens materiais e do luxo.

Interessante a tese desenvolvida por Albert O. Hirschman. Professor em Princeton, economista, fez excelente análise sobre as paixões e os interesses. Cuida do que denomina o "princípio da paixão compensadora". A saber: as paixões são detidas por elas próprias. São seu próprio contrapeso. Elas se contradizem e, pois, se compensam. Daí entende que as paixões são contidas pelos interesses. Assim, o desejo da violência pode ser contido pelo interesse em dominação permanente. No mesmo livro critica a avidez com que governantes assumem dívida pública mediante emissão de títulos.[66] Acrescenta: "Mais donner au pouvoir la possibilité de recourir aux grands emprunts pour financer ses opérations c'est augmenter sa capacité de prendre de telles initiatives arbitraires, c'est le renforcer à tous égards".[67]

A liberdade de contratar, hoje, tal como diz o art. 421 do CC/2002, "será exercida em razão e nos limites da função social do contrato". Tal dispositivo adveio em face do caráter social que se deve ter mesmo no relacionamento diário e constante entre as pessoas. A interpretação deverá ser dada sob tal fundamento. Não mais pode prevalecer o direito de usar, gozar e dispor aleatória e arbitrariamente de sua vontade. Movimentos sociais e econômicos orientados pelo marxismo impuseram a denominada dialética da necessidade. Hegel foi quem deu nova direção à filosofia da história como movimento dos acontecimentos sociais.

Ao lado de tal restrição, que deve ser entendida em toda sua inteireza, surgem restrições pessoais que impõem a análise do comportamento psíquico dos governantes. Não se pode deixar livremente agir sob o controle ou descontrole de seus instintos.

Historicamente, os países ricos e fortes, diretamente ou através de organismos internacionais por eles dominados (FMI, por exemplo), interferiram diretamente em inúmeros países, impondo-lhes a aceitação de situações vexatórias e humilhantes, como empréstimos a juros extorsivos. O Brasil passou por tal situação até algumas décadas atrás. Outros tantos países também se submeteram à orientação econômica. Estados africanos foram vilipendiados em seu patrimônio mineral e obrigados a firmar contratos sem qualquer sustentação jurídica, salvo o peso do constrangimento econômico.

A diferença entre os Estados gera grandes desequilíbrios no concerto das Nações. Por vezes, algumas, para compensar tais diferenças, ou passando por momentos complexos, se vêm obrigadas a buscar empréstimos patrióticos.

1.17 Poder constituinte

Como ensina J. J. Gomes Canotilho,[68] existe um *impulso* constituinte que conduz à existência de um *poder*. Aquele é o fato não necessariamente revolucionário. Evidente que o fato revolucionário não decorre de qualquer fundamento jurídico (é curiosa a pergunta dos militares ao jurista, quando informam que irão deflagrar uma revolução

66 HIRSCHMAN, Albert O. *Les passions et les intérêts*. Paris: Quadrige, 2011, p. 71-72.

67 *Idem*, p. 72.

68 CANOTILHO, J. J. Gomes. *Direito constitucional*. Coimbra: Livraria Almedina, 1991, p. 96.

e indagam se será constitucional, ou não). A noção tradicional tem sido debatida, e há alguns que sustentam a possibilidade da valorização jurídica das revoluções.

Instituída uma (ou nova) ordem jurídica, firmam-se poderes e deveres, direitos e obrigações, que são exaustiva ou sinteticamente arrolados no texto do documento básico originário que se denomina Constituição. A exceção vem do ordenamento inglês, em que as normas não têm a mesma natureza, ora jurídica, ora política, e não nascem num só momento.[69]

As características normais que ao poder constituinte se apontam são o fato de ser *inicial, autônomo* e *supremo*. Inicial, por inexistir antes dele qualquer outro. Autônomo, porque a decisão de como, quando e de que forma deve instituir uma Constituição não sofre limitação; e, por fim, supremo, ou incondicionado, por não estar subordinado a fórmulas predeterminadas, nem a outro poder jurídico.

O fruto final da elaboração será a Constituição.

O poder constituinte é *autêntico* quando advém de revolução, que rompe com a ordem jurídica anterior, instaurando outra; *ou reformador*, quando simplesmente busca alterar pontos da Constituição posta, incluindo-se o advindo de pacto social.

1.18 Constituição

Nem sempre o resultado, a Constituição, vai espelhar o que a sociedade (grupo) gostaria ou queria quando da movimentação social para alteração da ordem jurídica então posta. Pode ser vista como *documento* solene, resultado final do trabalho constituinte. Em seu aspecto *formal*, tudo que dela conste será constitucional, independentemente do conteúdo dos preceitos. Cria normas jurídicas superiores à lei. *Materialmente*, a Constituição deve disciplinar o poder, seus órgãos de exercício, seus limites, os direitos e garantias constitucionais e a forma de alteração de seu próprio texto. A *matéria* constituinte seria esta, e, fundamentalmente, a regra do jogo do poder. De outro lado, há a visão *sociológica* da Constituição, ou seja, apenas seria constitucional aquilo que *efetivamente* é atendido pela população (um dos elementos do Estado). Há de existir correspondência entre o que se encontra consignado no texto e o que é cumprido pela sociedade.

Na precisa lição de Ferdinand Lassalle, "a verdadeira Constituição de um país só reside nos fatores reais e efetivos de poder que nesse país vigem; e as Constituições escritas não têm valor nem são duradouras senão quando dão *expressão fiel* aos fatores de poder imperantes na realidade social".[70]

A Constituição pode ser *rígida*, exigindo um procedimento especial e *quorum* qualificado para sua alteração, enquanto a *flexível* pode ser alterada pela legislação inferior (que não será, evidentemente, inferior).

No Estado Brasileiro a Constituição tem a característica rígida, ou seja, sua alteração depende de requisitos rigorosos (exige-se proposta de um terço dos membros de uma das Casas do Parlamento – art. 60, I; ou do Presidente – art. 60, II; ou de mais da metade das Assembleias Legislativas de cada unidade federativa, mediante maioria relativa de seus

---

[69] MUNRO, Colin R. *Studies in constitutional law*. 2. ed. Londres: Butterworths, 2002, p. 8-9.

[70] LASSALE, Ferdinand. *Que es una Constitución?*. Buenos Aires: Siglo Veinte, 1975, p. 70/71.

membros – art. 60, III) e apenas será aprovada a emenda se obtiver, em ambas as Casas do Congresso, "três quintos dos votos dos respectivos membros" (§2º do art. 60 da CF).

Vê-se que nossa Constituição é rígida, ou seja, não pode ser alterada pela lei ordinária, apenas podendo sê-lo por emenda, com os requisitos apontados.

1.19 Noção de Constituição

O documento solene e básico que forma o Estado; constitui-se num complexo de princípios e regras disciplinadoras do exercício do poder, aprovados mediante procedimento específico.[71] Todo Estado é constituído por um plexo de princípios e regras. Na Constituição, no entanto, devem estar garantidos os direitos e a separação dos Poderes (art. 16 da Declaração do Homem e do Cidadão de 1789), bem como sua estruturação e sua limitação. Em verdade, a Constituição moderna deve abarcar conteúdos políticos, econômicos e sociais, constituindo-se o reflexo da realidade em determinado momento histórico. Há de ser a concreção de cada povo.

1.20 Estado (Democrático) de Direito

Há sérias discussões sobre a origem do Estado. Teria tido um início? Como se teria formado? O homem estaria em seu estado natural e os confrontos se sucediam, com a guerra permanente de todos contra todos. Teria surgido um primeiro pacto? As teorias divergem. Hobbes fala em um pacto inicial "para garantir nossa segurança".[72] Tudo teria ocorrido como se cada homem dissesse: "Autorizo e desisto do direito de governar a mim mesmo a este homem, ou a esta assembleia de homens, com a condição de que desistas também do teu direito, autorizando, da mesma forma, todas as suas ações".[73]

Locke igualmente entende pela existência do pacto, mas com outra visão, de que "ninguém deveria ofender a outro na sua vida, propriedade, liberdade e saúde".[74] No estado natural, "o homem deve estar livre de todo e qualquer poder sobre a terra, e não deve estar sujeito à vontade ou autoridade legislativa do homem, devendo ter somente a lei natural como guia".[75] Como sua vida particular está cheia de sustos e perigos contínuos, o homem "procura, e quer unir-se em sociedade com outros que já estão unidos, ou que tencionam unir-se, a fim de conservarem mutuamente suas vidas, liberdades e bens, a que dou o nome genérico de 'propriedade'".[76]

Para ambos há o pacto, só que para Hobbes o homem *renuncia* a seus direitos e para Locke o homem mantém integralmente sua liberdade. Ambos são clássicos e, ao mesmo tempo, românticos. Entendem que os homens estabelecem quais são seus direitos, declaram-nos e se comprometem a respeitá-los através do que se denomina Estado. Este seria uma entidade ideal ou moral que englobaria todos os interesses

---

[71] FERREIRA FILHO, Manoel Gonçalves. *Curso de direito constitucional*. 18. ed. São Paulo: Saraiva, 1990, p. 10.

[72] HOBBES, Thomas. *Leviatã*. São Paulo: Ícone, 2000, Parte II, p. 123. (Coleção Fundamentos do Direito).

[73] *Idem*, p. 126.

[74] LOCKE, John. *Ensaio sobre a verdadeira origem, extensão e fim do governo civil*. Lisboa: Edições 70 (Textos Filosóficos), 1999, p. 36.

[75] *Idem*, p. 47.

[76] *Idem*, p. 105.

individuais, traduzindo-os em direitos coletivos ou sociais, de modo a se comprometer a respeitá-los e garanti-los.

Modernamente, John Rawls adota a teoria contratualista. No entanto, diverge, no sentido de que se pode pensar numa *posição original* coberta sob *um véu de ignorância*. Daí nascer o que rotula de "princípios da justiça", ou seja, "aqueles que pessoas racionais preocupadas em promover seus interesses consensualmente aceitariam em condições de igualdade nas quais ninguém é consciente de ser favorecido ou desfavorecido por contingências sociais e naturais".[77]

Daí teria nascido o pacto, mas com outro sentido, isto é, sob o pálio da igualdade em que todos se encontram na posição original e aceitam um pacto sob um "véu de ignorância".

Em verdade, não cremos que as coisas se tenham passado da forma descrita pelos autores citados, como já se viu. Não houve pacto. O que existia, no início, era a guerra natural de tribos contra tribos, de homem contra homem. E, na medida em que uns vão dominando os outros, impõem suas regras, ficam com suas mulheres, mesclam suas gerações, seu sangue, e passam a dominar. Os dominados resistem, na medida em que conseguem. Sujeitos, obedecem. Acolhem, ainda que com ressaibos, a nova ordem implantada. O Estado, então, nasce do predomínio de alguém que é o mais forte ou o líder dos mais fracos, que se impõe. É esta, em princípio, a teoria marxista-leninista que prega que o Estado é sempre o domínio do mais forte.

As visões iniciais não analisam a natureza humana. Esta é fruto dos afetos que se modificam a cada instante em face do contato imediato com o mundo. As paixões estão em ebulição no interior do homem. Manifestam-se através de comportamentos nem tão refletidos. A sociedade é que será o controlador dos impulsos. A subordinação não advém, pois, de um acordo, mas do domínio do que detém a força.

Assim se forma o Estado, fruto do potencial agressivo dos homens e que, em sua própria administração, vai refletir o caráter conquistador e belicoso.

Exata a definição de Foucault no sentido de que não há uma essência de Estado[78] e que "o Estado não é nada mais que o efeito móvel de um regime de governamentalidades múltiplas".[79]

Em suma, e para finalizar: o Estado não tem essência. É móvel de acordo com a vontade do governante dominante. Deve, no entanto, ter alguns objetivos: garantir a segurança sua e de todos, para permitir que as potencialidades se manifestem.

Daí a noção imediata que surge, isto é, do denominado Estado (Democrático) de Direito. A guerra originária da vida natural prossegue após a instituição da sociedade e do Estado. É feita de outro modo, mas sempre está presente a dominação de uns sobre outros.

Aqui, permeia a ideologia. Não aceitamos que qualquer Estado seja de Direito só pelo fato de ter um conjunto de regras escritas. Há que existir um mínimo de vontade popular, de garantias da liberdade e igualdade de direitos assegurados por jurisdição independente, para que assim possa ser entendido. Como não entendemos o Direito sem

[77] RAWLS, John. *Uma teoria da justiça*. São Paulo: Martins Fontes, 2002, p. 21.

[78] FOUCAULT, Michel. *Nascimento da biopolítica*. São Paulo: Martins Fontes, 2008, p. 1.050. (Coleção Tópicos).

[79] *Idem*, p. 106.

que se dirija ele a uma dada realidade, com visão estritamente humanista, é inadmissível que o Estado relegue os direitos humanos para plano meramente formal ou teórico. Para que exista o Estado de Direito, em seu aspecto de legitimidade, um juízo estritamente valorativo, é fundamental que os direitos humanos sejam assegurados e plenamente exercidos em democracia.

Se nos ativermos ao aspecto de mera forma, todo Estado que possua um conjunto de normas e a ele se submeta, bem como à jurisdição independente, será um Estado de Direito. É a lição de G. Balladore Pallieri.[80]

Ademais, tal expressão foi cunhada para identificar um tipo de Estado em que as leis são estabelecidas por assembleia livremente eleita.

1.21 Interpretação do ordenamento jurídico e a garantia do administrado

Ensina J. J. Gomes Canotilho que "o princípio da unidade da Constituição ganha relevo autônomo como princípio interpretativo quando com ele se quer significar que o direito constitucional deve ser interpretado de forma a evitar contradições (antinomias, antagonismos) entre as suas normas, e, sobretudo, entre os princípios jurídico-políticos constitucionalmente estruturantes".[81] Como tal, vê-se o intérprete levado a considerar o ordenamento normativo como um todo. Não se pode fugir dos princípios constantes do art. 1º da CF, ou seja, que o Brasil é um Estado Democrático de Direito e tem como *fundamentos*: "I – a soberania; II – a cidadania; III – a dignidade da pessoa humana; IV – os valores sociais do trabalho e da livre iniciativa; V – o pluralismo político". Tais valores têm que ser considerados para qualquer interpretação possível do ordenamento jurídico.

Dispõe o inciso II do art. 5º da CF que "ninguém será obrigado a fazer ou deixar de fazer alguma coisa senão em virtude de lei". É a consagração do denominado princípio de legalidade. Nada nem ninguém podem obrigar o indivíduo a qualquer comportamento, salvo em virtude de lei. Logo, todas as obrigações devem estar previstas em texto legal. A *garantia* do cidadão é esta. Não ser compelido a qualquer conduta, salvo existência de lei.

Toda interpretação que fuja de tais coordenadas está fadada ao insucesso. Como esclarece Paulo de Barros Carvalho, "não é difícil distribuir os citados *métodos de interpretação* pelas três plataformas de investigação linguística. Os métodos literal e lógico estão no plano sintático, enquanto o histórico e o teleológico influem tanto no nível semântico quanto no pragmático. O critério sistemático da interpretação envolve os três planos e é, por isso mesmo, exaustivo da linguagem do Direito. Isoladamente, só o último (sistemático) tem condições de prevalecer, exatamente porque antessupõe os anteriores. É, assim, considerado o método por excelência".[82] Realmente, assim deve ser. A interpretação por apenas um dos métodos conhecidos levará o exegeta a situações de difícil compreensão.

A simples interpretação tem que levar em conta também, como ressalta Eros Grau, que "a aplicação do Direito – e este ato supõe interpretação – não é mera dedução dele,

---

80 PALLIERI, G. Balladore. *Diritto costituzionale*. 11. ed. Milão: Giuffrè, 1976, p. 116.

81 CANOTILHO, J. J. Gomes. *Direito constitucional, op. cit.*, p. 232.

82 CARVALHO, Paulo de Barros. *Curso de direito tributário*. 4. ed. São Paulo: Saraiva, 1991, p. 76.

mas, sim, processo de contínua adaptação de suas normas à realidade e seus conflitos. Da mesma forma, a ordem jurídica, no seu envolver em coerência com as necessidades reais, embora haja de respeitar a Constituição, não se resume a uma mera dedução dela".[83]

O Direito é um todo harmônico, mas sujeito às vicissitudes do momento. A Constituição é prenhe de conteúdo, a partir de seus princípios programáticos. Todas as normas jurídicas devem ser interpretadas de acordo com o que se contém na Constituição. É ela a fonte inspiradora e integradora de todo o Direito. Por vezes, basta atentar ao conteúdo para que bem se possa interpretar o problema concreto.

Com as transcrições anteriores, e sem dedicar tempo ao estudo dos métodos de interpretação, mas levando em conta o campo de aplicação prática dos conceitos utilizados nas descrições normativas, vê-se que somente se pode interpretar a Constituição e o todo normativo através de elementos que integram a realidade jurídica.

No tema que se irá analisar, sobre receitas e despesas, não nos importa estudar o que faremos apenas incidentalmente – quais as prerrogativas do Estado na arrecadação e qual a força jurídica que possui o Poder Público para abastecer seus cofres. O centro das preocupações incidirá sobre os meios de defesa que pode possuir o indivíduo para fazer com que o Estado tenha sua atividade limitada aos exatos contornos fixados na Constituição Federal.

É que, como ensina García de Enterría, "o cidadão não é um simples instrumento do poder, está na origem do poder".[84]

Se o ordenamento normativo encampa, de plano, valores essenciais e humanos, não tem sentido deixar a critério dos governantes qualquer tomada de decisão, sem atentar aos interesses maiores da sociedade e da população. A relação semântica (ordenamento-sociedade) não pode ser alterada em nome da preponderância dos interesses do Estado.

Como já se disse, os interesses do Estado, consagrados no ordenamento jurídico, não são os dos governantes. Quase sempre, aliás, são estes colidentes com os interesses da comunidade. Nem se diga que a análise é metajurídica ou meramente sociológica. Incide sobre elementos jurídicos exclusivamente, ou seja, aqueles consagrados nas normas, mas jamais desapegados de uma realidade palpitante, a que elas se dirigem.

1.22 Repartição das funções. Liberdades e poder tributário

Uma vez definida a Constituição e colocada em vigência, traça ela os objetivos do Estado. De um lado, o povo, titular essencial da soberania, e, de outro, os titulares do exercício do poder formal, em seus três órgãos: o Legislativo, o Executivo e o Judiciário.

De acordo com o art. 3º da CF, os objetivos fundamentais do Estado Brasileiro são: "I – construir uma sociedade livre, justa e solidária; II – garantir o desenvolvimento nacional; III – erradicar a pobreza e a marginalização e reduzir as desigualdades sociais e regionais; IV – promover o bem de todos, sem preconceitos de origem, raça, sexo, cor, idade e quaisquer outras formas de discriminação".

Prenhe de conteúdo ideológico e valorativo, o preceito retrata os objetivos do Estado.

---

83 GRAU, Eros. *A ordem econômica na Constituição de 1988*. 19. ed. São Paulo: Malheiros, 2018, p. 162.

84 GARCÍA DE ENTERRÍA, Eduardo. *Hacia una nueva justicia administrativa*. Madri: Civitas, 1989.

O ideário contido em norma constitucional somente pode se tornar eficaz diante da disponibilidade de meios aptos a gerir os interesses definidos como próprios na Constituição Federal.

A Constituição define os Poderes do Estado (art. 2º). Ocorre que eles não são estanques. O critério de distinção das funções já foi amplamente por nós analisado em *Ato Administrativo*.[85] O critério foi o da específica eficácia jurídica, tal como analisado por Guido Zanobini.[86]

Assim, resumindo, a específica eficácia jurídica do ato legislativo constitui-se na inovação primária da ordem jurídica, através de processo próprio (daí a concepção constitucional de que apenas a lei sujeita as pessoas). O ato jurisdicional tende a produzir a coisa julgada, também mediante processo próprio, e o ato administrativo tem a específica eficácia da presunção de legitimidade, cuidando-se de edições sublegais. Ao lado destes estariam os denominados atos políticos, que advêm diretamente da Constituição Federal, em número e limites por ela própria previstos.

Dir-se-á que, em sua função típica, o Legislativo apenas expede leis. No mais, exerce função marginal administrativa, o mesmo fazendo o Judiciário, ao lado das decisões. O Executivo é quem apenas administra, produzindo atos infralegais dotados da força de presunção de legitimidade – ou seja, o ato vale independentemente de qualquer outra força, e quem pretender discuti-lo deve dirigir-se ao Judiciário ou à Administração, para questionar sua validade ou eficácia. Eventualmente, inicia o processo legislativo, seja pela competência privativa, seja pelas medidas provisórias.

O Estado tem, em consequência, um aparato burocrático para assegurar os direitos que a ordem constitucional estabeleceu. O choque permanente entre o asseguramento dos direitos contra as prerrogativas do Estado faz com que os juristas reclamem de mecanismos de garantia dos cidadãos. Como dizia Montesquieu, é uma experiência eterna que todo aquele que detém o poder tende a dele abusar. Daí, impõem-se a instituição e a previsão de freios e de instrumentos de controle do poder.

De outro lado, o Estado tem que se instrumentalizar para o atendimento dos fins traçados no ordenamento normativo. O Estado não existe por si só, como entidade lúdica. Tem um destino a cumprir e deve satisfação às finalidades encampadas no ordenamento normativo. Sua razão de ser está definida na própria Constituição.

O poder constituinte traça para o Estado quais os objetivos que deve alcançar. De seu turno, fixa as liberdades individuais e públicas; estas "inscritas na Constituição são as mais expressivas balizas ao poder do Estado. Configura usurpação, constitui-se na mais grave violação constitucional, o exercício – seja pelo Legislativo, seja pelo Executivo, seja pelo Judiciário – de ato de poder de todo tipo, ou de qualquer ato de força, voltado contra os cidadãos, ultrapassando essas mesmas barreiras".[87]

Ao lado dos direitos expressamente consagrados, o Estado tem seus objetivos fixados na Constituição Federal. Em consequência, para atendê-los, deve ter os meios necessários para estruturar seu aparato burocrático.

---

85 OLIVEIRA, Regis Fernandes de. *Ato administrativo* 6. ed. São Paulo: RT, 2014, p. 22-41.

86 ZANOBINI, Guido. *Corso di diritto amministrativo*. t. IV. Milão: Giuffrè, 1958, p. 1-22.

87 ATALIBA, Geraldo. *República e Constituição*. 3. ed. São Paulo: Malheiros, 2011, p. 164.

Daí ser permitido ao Estado lançar mão de seus instrumentos para alcançar os particulares e deles haver o necessário para abastecimento de seus cofres. Como esclarece Ataliba, "num primeiro momento, o Direito atribui determinada importância ao Poder Público, importância esta pertencente a uma pessoa privada. Num segundo momento, determina que esta ou outra pessoa leve esta importância e a entregue a um agente público, com destino aos cofres públicos".[88]

Sendo assim, da mesma forma que o Estado tem finalidades a alcançar, deve ter os meios necessários para satisfazer os objetivos da comunidade. Claro que tudo dependerá do grupo dominante em determinado momento histórico.

Ao lado, pois, dos aspectos de soberania do Estado, que inadmite força superior a si, no concerto internacional dos Estados, também não admite nenhuma força igual a si no interior de seu ordenamento normativo, a exteriorização da força jurídica (poder) manifesta-se através de atos já mencionados. Junto deles há a estrutura administrativa para o desempenho de diversas atividades.

A justa ponderação entre os direitos do indivíduo *x* o poder tributário deve ser preocupação do jurista. Até que ponto é possível invadir a intimidade do cidadão, buscando em seu bolso e patrimônio recursos para desenvolvimento do Estado? Deve o indivíduo ter direito aos serviços públicos? Até que ponto deve tê-los bem prestados? Quais os limites de suas garantias?

1.23 A regra da subsidiariedade

Qual o tamanho do Estado, hoje?

Seguem-se questões não menos difíceis: Até que ponto é lícito ao Estado ingressar em minha intimidade, proibindo-me ou obrigando-me a determinado comportamento? Até que ponto cabe sua ingerência? Até que ponto há sujeição do indivíduo ao Estado? Quem ou o que é o Estado, hoje? O Estado é uma pessoa jurídica ou há, nele hipostasiado, alguém com todos os seus preconceitos, sentimentos, virtudes, descalabros afetivos? Em suma: até que ponto somos livres? Até que ponto o Estado pode nos sujeitar às suas ordens? Quem dá tais ordens?

Paralelamente, mas não menos importante, é o que se rotula de "princípio da subsidiariedade". O que significa? Qual o seu conteúdo? Briga com o conceito de Estado?

Obviamente que tais indagações sugerem, cada qual, uma pesquisa detalhada e de estudo percuciente. Todas, altas questões de filosofia política. Impõe-se, num primeiro momento, uma análise histórica, porque a História outra coisa não é senão o estudo das liberdades do homem. Até que ponto ele cedeu e até que ponto recupera seus direitos, se é que os há.

Este trabalho se propõe a enfrentar os angustiantes problemas colocados. Mas façamos breve retrospecto do ser humano.

O que se irá discutir, em verdade, será a manutenção do Estado interventor e dirigente ou a instituição de um Estado parceiro e moderno.

---

[88] ATALIBA, Geraldo. *Hipótese de incidência tributária*. 6. ed. 17. tir. São Paulo: Malheiros Editores, 20185, p. 30.

O modelo do Estado interveniente em todas as manifestações possíveis está superado. O Estado ditador, autoritário e absoluto (à imagem da antiga URSS e da atual estrutura cubana) está superado. Não que se deva abandonar a figura prestadora de atividades essenciais à população. O Estado continua sendo a parte forte e que titulariza os interesses públicos. Assume, em sua estrutura jurídica (Constituição), uma série de deveres que deve desempenhar em prol da coletividade.

De outro lado, não pode deixar de saber da evolução do mundo e da formação dos Estados, de forma a entender que não pode ser total. A sociedade, então, passa a reger-se por dispositivos (Foucault) inerentes a seus desejos e busca ter suas próprias atividades. O esfacelamento da família permite que surjam grupos (tribos) com necessidades específicas que ao Estado não cabe, e este nem deve prover. Primeiro, porque a estrutura do Estado é insuficiente; segundo, porque estes grupos sociais repudiam a intervenção estatal (associações, clubes, empresas, etc.).

O que está em xeque é a figura do Estado provedor. O "Leviatã", monstro (*Behemot*) que a tudo devora, tem suas horas contadas. A moderna análise pressupõe um debruçar-se sobre a iniciativa democrática, a participação efetiva da sociedade civil (Bobbio), da livre associação e dos valores de iniciativa particular associativa. A subsidiariedade envolve a ausência do Estado e a assunção da pessoa individual capaz de escolhas próprias.

Não se trata, como se verá, de um *princípio da subsidiariedade,* já que se cuida de mera gestão administrativa. Não se pode falar em princípio. Este deve ser afastado da análise jurídica.

Para compreender o presente, é imprescindível que estudemos o passado. Os mitos, as religiões, o teatro e a literatura antiga, todo ramo de conhecimento, podem nos fornecer preciosos subsídios para compreender o que seja o rotulado princípio. Vejamos algumas noções da Antiguidade.

1.23.1 Genealogia

Convém, em todo estudo jurídico, perquirir a origem dos hábitos, costumes e leis que ensejam o nascimento de determinada solução, ideia ou esquematização mental dos problemas que surgem.

No mundo grego o sentimento mítico era antropomórfico, isto é, os deuses do Olimpo imiscuíam-se na vida dos humanos. Tinham com eles amores, relacionamentos sexuais, paixões, etc., a ponto de Zeus, o deus dos deuses, ter tido, a despeito dos ciúmes de Hera, inúmeros casos com deusas e humanas, deixando ampla prole.

Coisa diferente não se passou na guerra de Troia. Os precedentes do conflito foram dirigidos pelos deuses, a começar pelo julgamento de Páris. Em pleno casamento de Peleu e Tétis, compareceu, apesar de não ter sido convidada, a deusa da discórdia, Éris, que arremessou um pomo (maçã) que deveria ser destinado "à mais bela". Disputaram o troféu Hera, Atena e Afrodite. Zeus deveria escolher, mas transferiu a escolha a um mortal, Páris. Hera ofereceu-lhe um trono; Atena prometeu torná-lo mais sábio; e Afrodite garantiu-lhe a mulher mais bonita. Páris deu a maçã a Afrodite. A mulher mais bonita era Helena, mulher de Menelau. Páris sequestra Helena. Daí a origem da guerra de Troia.

Vê-se a interferência dos deuses. A partir daí, dividiram-se em grupos. Cada qual tentando proteger os átridas ou os helenos.

Quando principiou a guerra, Tétis foi a Zeus e suplicou que seu filho fosse honrado (Aquiles). Iniciou-se pesada discussão entre os deuses. Estes influenciaram para que houvesse vento para a partida dos navios gregos, após o sacrifício de Ifigênia, filha de Agamenon e Clitemnestra. Depois, intervieram sobre cada herói, para fazê-los vencer suas lutas.

Diante das diversas e inúmeras intervenções, Zeus convoca a assembleia do Olimpo e determina: "Escutai-me todos vós, ó deuses, e todas vós, ó deusas, para que eu diga o que no peito me inspira o coração. Nenhuma divindade, feminina ou masculina, tente anular minhas palavras; mas, todos, em conjunto, aprovai-as para que o mais cedo possível eu conclua este *negócio. O deus que eu vir, separando-se dos outros, ir voluntariamente em socorro dos troianos ou dos dânaos será impiedosamente abatido e voltará para o Olimpo"*.[89]

Eis aí o começo do denominado princípio da subsidiariedade. Nenhuma intervenção. O problema deve ser solucionado pelos humanos. Sem interferência. A escala menor de ação deve resolver o problema, sem influência do anel maior de atribuições.

Aristóteles chega a dizer que a tarefa do poder é permitir a felicidade, "mantendo-se supletivo e não criador da sociedade" (*Política*).

A se aceitar a tese da origem religiosa do Estado, também se pode afirmar a origem da subsidiariedade. É o que nos informa Fustel de Coulanges, ao dizer que a cidade "não teve, a princípio, o direito de intervir nos negócios particulares de cada um desses pequenos corpos. A cidade nada tinha a ver com o que se passasse no seio de cada família".[90]

Muitas vezes, para se compreender um instituto é importante aplicar o ensinamento de Walter Benjamin ao retratar o *Anjo da História*, desenho de Klee. Fica com as costas para o futuro e analisa o passado. Não para ficar com horror do passado, mas para melhor compreender o futuro e suas instituições.

Politicamente, trata-se de uma separação dos âmbitos de liberdade em que cada pessoa pode exercer sua atividade sem que outra intervenha. Como disse Cervantes: "La libertad, Sancho, es uno de los más preciosos dones que a los hombres dieron los cielos; con ella no pueden igualarse los tesoros que encierra la tierra ni el mar encubre; por la libertad así como por la honra se puede y debe aventurar la vida, y por el contrario, el cautiverio es el mayor mal que puede venir a los hombres" (Capítulo LVIII).

Cada ente político, pois, tem sua esfera de atuação delimitada no interior do ordenamento jurídico. Por vezes, com exclusividade; noutras, com cumulatividade. Quando a competência é exclusiva, dúvida não há,[91] pois afasta qualquer outra. O problema emerge quando as atribuições são cumulativas. Nesta hipótese há que se impor delimitação de ação.

---

89 HOMERO. *Ilíada*. São Paulo: Círculo do Livro, p. 118 (Canto VIII, segundo parágrafo).

90 COULANGES, Fustel de. *A cidade antiga*. 12. ed. São Paulo: Hemus, 1996, p. 102.

91 CARRIÓ, Genaro. *Notas sobre derecho y lenguaje*. Buenos Aires: Abeledo-Perrot, 1973.

1.23.2 A subsidiariedade no Direito. O Tratado da União Europeia. Pertinência interventiva e o critério da prevalência do interesse

Ao se falar em subsidiariedade já se pressupõem centros de tomada de decisões. Grupos que intervêm no processo do discurso. O grupo maior se abstém da execução se o menor puder resolver a dificuldade por sua conta. Impotente, cabe ao grupo maior intervir e solucionar o problema.

Subsidiário é o secundário. As sociedades modernas são plurais. Inúmeros interesses nelas são conflitantes. Contrapõem-se conflitos étnicos, sexuais, idiossincráticos, mentais, políticos e sociais. Enumeração não exaustiva.

O Estado, como se disse, é o titular da solução dos conflitos, a partir do instante em que se estatiza sua composição. Ocorre que, especialmente em Estados Federais, as competências se repartem, e a cada centro federativo é atribuído um plexo de atribuições que deve desempenhar. Muitas vezes há competências concorrentes e cumulativas.

O primeiro passo é separar e identificar critérios para que cada um possa exercer suas atribuições sem a interferência do outro. A superioridade do interesse dominante ou preponderante é um deles, e talvez o mais forte. Se o objeto da ação diz respeito a todo o povo, a competência segue para o ente federativo maior; se é parcial, ao ente intermediário; se pequeno, ao ente local. O critério espacial também pode ser invocado. A imediatidade da solução exige celeridade e rapidez no atendimento emergencial de determinado assunto. O critério hierárquico também pode ser invocado.

Em suma, o desfazimento de antinomias é fundamental. A colmatação de lacunas também. Se o ordenamento deve ser um todo organicamente completo ou doutrinariamente completável, o Direito tem mecanismos para superação da subsidiariedade.

A subsidiariedade tem grande aplicação nos domínios das competências partilhadas. É o caso do Estado Federal. O art. 5º do Tratado da União Europeia assegura toda competência aos Estados-membros. Secundariamente, pode agir a Comunidade Europeia. Há que existir a *atribuição* da competência para que se possa atuar.

O preceito busca estabelecer o nível de intervenção pertinente nas denominadas competências compartilhadas.

Critério que é invocado diz respeito à *pertinência* da ação para atender ao que se postula. No caso de imigração, por exemplo, de países africanos, como tem ocorrido com maior intensidade na Itália, a competência inicial para resolver o assunto é da Itália. Na hipótese de atentado aos direitos da Comunidade, ou diante da impotência da Itália de cuidar do assunto, pode haver a intervenção *subsidiária* da Comunidade Europeia.

Os Estados-membros são autônomos, soberanos, livres e independentes para decidir os problemas locais. A Comunidade só interfere quando a matéria ultrapassa os lindes de cada Estado e passa a exigir esforço do ente coletivo, como na hipótese referida no parágrafo anterior. As migrações constituem matéria de competência de todos, e não apenas de um Estado.

Em sua aplicação inicial, é assim que funciona.

Diga-se o mesmo no Direito Brasileiro. Na segurança pública o dever é do Estado (= Federal) (art. 144 da CF/1988), mas cabe às Polícias Militares "a polícia ostensiva e a preservação da ordem pública" (§5º do art. 144) e à Polícia Civil "as funções de polícia judiciária e a apuração de infrações penais" (§4º do art. 144).

Segurança pública é, pois, um bem coletivo, necessidade intrínseca da convivência social e que decorre da deliberação pactual do início da civilização.

Deve ser exercida, em caráter exclusivo, pelas corporações e instituições identificadas no art. 144 da CF/1988. Ocorre, no entanto, que nem sempre o Município, o Estado-membro ou a União têm condições, por si sós, de solucionar e resolver problemas que surgem no interior de cada ente federativo.

Aí intervém o princípio da subsidiariedade, entendido como atuação supletiva da vontade inicialmente acionada para atender ao problema surgido no seio da coletividade.

Ao lado da pertinência surge o problema da *prevalência do interesse*, a saber, como as competências podem ser concêntricas, prevalece o interesse maior sobre o menor. A ação é sempre da esfera direta. Apenas prevalece outro interesse quando a matéria a ser resolvida transcende o íntimo das atribuições menores.

Competente não é quem quer, mas aquele a quem a norma deferiu a atribuição. O Estado, para bem funcionar, ou qualquer entidade, aplica o que se denomina de repartição dos encargos ou repartição do trabalho. No âmbito econômico, Adam Smith afirma que, para produzir um alfinete, se apenas um operário dele fosse encarregado, pouco conseguiria. No entanto, se cada um participasse da etapa de produção, milhares de alfinetes poderiam ser produzidos, no mesmo tempo e com mais eficiência.

Logo, ao lado da competência exclusiva atribuída a um ente, tem este que ter mecanismos adequados para operar no mundo fático e produzir os resultados desejados.

1.23.3 A regra da subsidiariedade no Direito Brasileiro

1.23.3.1 No Legislativo

Neste passo, a atribuição subsidiária da União é ofuscante. No âmbito da competência concorrente (art. 24 da CF/1988) sobre a matéria identificada nos diversos incisos do referido artigo a competência da União é restrita à edição de *normas gerais*, ficando a competência para edição de leis sobre matéria específica aos Estados-membros e ao Distrito Federal (§1º do art. 24).

A competência dos Estados é suplementar (§2º do art. 24). Na ausência de norma geral os Estados exercem competência plena (§3º do art. 24); sobrevindo norma geral federal a norma estadual fica suspensa, "no que lhe for contrário" (§4º do art. 24).

Estes rigores de competência, em verdade, cedem diante da realidade. Nem sempre os conteúdos estão claros, o que gera uma infinidade de conflitos. A partir daí, cabe ao Judiciário apartar o que cabe a cada um.

O assunto foi por nós delineado neste *Curso de Direito Financeiro*, no Capítulo 7, item 7.1 Entendi, então, que norma geral significa princípio, e este tem conteúdo mais amplo que a mera regra contendo valores esparsos no ordenamento jurídico. A explicitação se encontra no item 7.4, quando falamos dos princípios.

Alexy fala em mandamentos de otimização.[92]

[92] ALEXY. *Tres escritos sobre los derechos fundamentales y la teoría de los principios*. Trad. Carlos Bernal Pulido. Bogotá: Universidad Externado de Colombia, 2003, p. 841.

1.23.3.2 No âmbito administrativo. Rawls e Amartia Sen. As políticas públicas (noção inicial)

Na partilha federativa a União tem sua competência governamental e administrativa estabelecida na Constituição Federal (art. 21) e também sua competência legislativa (art. 22), exclusiva de qualquer outra. Os Municípios também têm expressa sua competência tanto legislativa (inciso I do art. 30) como administrativa (demais incisos do art. 30).

A competência subsidiária em tal campo é do Estado, tal como dispõe o §1º do art. 25: "São reservadas aos Estados as competências que não lhes sejam vedadas por esta Constituição".

No campo econômico ressalta o que vem estabelecido no art. 173 da CF/1988, no sentido de que "a exploração direta da atividade econômica pelo Estado só será permitida quando necessária aos imperativos da segurança nacional ou a relevante interesse coletivo, conforme definidos em lei". Percebe-se que a atividade econômica do Estado no Brasil é supletiva aos particulares. Cabe a estes, primordialmente, a atividade econômica. Se não for desempenhada a contento, se a atuação for frustrante, se estiver em risco a segurança nacional ou *relevante interesse* nacional, cabe a intervenção *subsidiária* do Estado.

O dispositivo tem sido questionado de forma ideológica. Pouco importa. Argumentemos. Como salienta Amartya Sen, a fome continua em todo o mundo, causando subnutrição, nanismo mental, morte prematura, etc.[93] Pode o Estado assistir a tudo passivamente? Pode a comunidade internacional cruzar os braços? Daí a interessante equiparação que faz de que o desenvolvimento econômico se equipara com a liberdade, uma vez que esta é substantiva.

Rawls cuida da liberdade positiva, que não tem apenas o aspecto negativo (no sentido de que se tem o direito de fazer algo e o governo a obrigação "legal de não criar obstáculos"),[94] mas em que é ela definida por instituições.[95]

Combinando a posição dos autores, tem-se que "a privação de liberdade vincula-se estreitamente à carência de serviços públicos e assistência social".[96]

Vê-se que o dispositivo constitucional mencionado deve ter sua intelecção imediatamente vinculada à percepção da realidade social. A iniciativa privada está atendendo, e de forma satisfatória, ao abastecimento da economia brasileira? Se a resposta é positiva, não há como infringir o artigo. Em caso contrário cabe ao governo brasileiro agir, porque estará denegando liberdade à sua população. É problema não só de eficácia (formal) da norma. Mas de lhe dar eficiência no mundo fático.

A ação *subsidiária* passa, então, a ser principal, diante do bem jurídico tutelado e dos interesses em jogo. Os indivíduos podem estar manipulando o regime econômico para obter maiores lucros ou para propiciar situação difícil ao país, com o que poderão obter lucros excessivos. Cabe, positivamente, a intervenção primária do Estado.

---

93 SEN, Amartya. *Desenvolvimento com liberdade*. São Paulo: Cia. das Letras, 2002, p. 29.

94 RAWLS, John. *Uma teoria da justiça, op. cit.*, p. 219.

95 *Idem*, p. 262.

96 SEN, Amartya. *Desenvolvimento com liberdade, op. cit.*, p. 18.

1.23.3.2.1 As denominadas políticas públicas

Política é forma de atuação do poder dentro da sociedade. É agir na *polis*. É intervir positivamente para atender às determinações constantes do pacto federativo. Políticas públicas porque exercidas pelo governo, que, em determinado momento histórico, representa o Estado. O governo pode agir de forma centralizada por seus próprios órgãos ou descentralizar as atividades através de entes que ele próprio cria (entidades da Administração indireta) ou terceiros devidamente qualificados e credenciados (concessão, permissão, etc.).

O art. 227 da CF cuida de formas de atendimento à família, à criança, ao adolescente, ao jovem e ao idoso. Tal cuidado cabe, basicamente, aos sentimentos afetivos e de comiseração das pessoas. No entanto, na hipótese de o atendimento prestado pelos particulares se mostrar insuficiente, cabe a ação *subsidiária* do Estado. São hipóteses em que o amparo da família é primordial; fracassada a família, a sociedade, por seus diversos dispositivos, pode e deve agir, organizando-se através de associações, de casas de repouso, clínicas, orfanatos, casas do idoso, asilo, casas de convivência, etc., para propiciar atendimento às pessoas identificadas no texto.

Por vezes, o rótulo "políticas públicas" esconde discurso político apenas para sedução de eleitores. Nem sempre significa efetiva vontade de realização em benefício da coletividade

Em outros tópicos cabe ao Estado, em colaboração com a sociedade, prestar diversos serviços. Dentre eles a educação (art. 205), que é "promovida e incentivada com a colaboração da sociedade", a cultura (art. 215), cabendo ao Estado apoiar e incentivar "a valorização e a difusão das manifestações culturais", o desporto, que lhe cabe "fomentar" (art. 217), a ciência e a tecnologia, a que cabe promover e incentivar, a saúde, impondo ao setor público exercer tal atividade "diretamente ou através de terceiros" (art. 197).

Profundas alterações sociais ocorridas neste século e em séculos passados obrigaram o Estado a ter forte interferência na sociedade. Não como agente principal, mas secundário, mas com o objetivo de assegurar e garantir a prestação de tais políticas públicas.

1.23.3.3 No direito econômico

Fala-se sobre a atividade subsidiária (não em princípio, como se verá adiante) nos casos em que há a liberdade para o desenvolvimento da atividade particular, e não pública, no campo da economia. A iniciativa privada tem primazia sobre a atividade estatal. Quando o Estado estiver desenvolvendo determinada atividade econômica e o particular assume a condição de prestá-la, o Estado deve deixar de exercê-la.

A atividade do Estado é *subsidiária*, ou seja, complementar da particular. É livre este na exploração da atividade econômica. O Estado é mero indutor, incentivador, financiador, mas não pode concorrer com os particulares.

Na hipótese de deficiente a iniciativa privada, o Estado pode subsidiar ou até assumir determinado setor da economia.

Vê-se que se cuida de mera *atividade subsidiária*, sem se poder falar, em princípio, com o sentido de orientadora das atividades econômicas.

É mera *ação*, como se viu, não um valor intrínseco do ordenamento jurídico, no sentido de incorporação de mecanismos axiológicos no Direito.

Não se trata, propriamente, de opção pelo liberalismo ou pelo intervencionismo econômico. Não há discussões sobre marxismo ou liberalismo. Simplesmente foi a opção adotada pelo legislador constituinte, que, embora seja diretiva, não impede que o governo, dependendo de circunstâncias demonstráveis, possa agir de forma diferente.

Reconhece-se, aqui, a supremacia do ser humano em toda sua dignidade. O Estado apenas pode interferir quando imprescindível e necessário à manutenção da segurança dos indivíduos. Não se cuida de opção pelo liberalismo. Longe disso. Simplesmente se reconhece a superioridade do ser humano em toda a sua potencialidade. É um novo humanismo, a que se refere Luc Ferry. Este pressupõe a dignificação do homem em todos os seus vetores.

Positivamente, no entanto, não se pode falar em princípio da subsidiariedade. É mera opção política do legislador constituinte no campo econômico.

Decorre o posicionamento do governo de homens livres. Entre a sujeição do homem à autoridade e a liberdade, opta-se por esta. Hanna Arendt diz que governar é garantir a liberdade, bem último da política. Aristóteles fala em garantia da felicidade.

A doutrina da subsidiariedade advém da Encíclica papal *Quadragesimo Anno*, do Papa Pio XI, ao falar que, "como é injusto subtrair aos indivíduos o que eles podem efetuar com a própria iniciativa e capacidade, para confiar à coletividade, do mesmo modo passar de uma sociedade maior e mais elevada o que as sociedades menores e inferiores podiam conseguir é uma injustiça, um grave dano e perturbação social".

Referida *Encíclica* de 1931 vinha em contraponto ao fascismo, que estava para ser implantado na Itália.

Vê-se que o problema tem seu cunho ideológico, assumindo caráter religioso.

1.23.3.4 No Judiciário

No interior do Poder Judiciário não há muito espaço para que se possa exteriorizar o princípio. É que o primeiro requisito para que o juiz decida qualquer ação é que seja competente para tanto. É pressuposto de sua atuação. Ademais, a competência de um juiz exclui a de outro. Não há competências concorrentes.

Os códigos de processo explicitam, com detalhes e exaustivamente, a competência de cada Justiça (Eleitoral, Civil, Penal, Tributária, Administrativa, Familiar, de Recuperação, etc.). A subdivisão territorial (comarcas) igualmente é excludente.

A matéria impede qualquer colisão de competências. Os graus também (recursos que envolvem o exaurimento da competência).

Pode haver a prática de atos que são transferidos pelo tribunal a algum juiz. Surgem as cartas de ordem, as convocações de juízes perante os tribunais, etc. Mas tudo dentro da maior obediência às competências estabelecidas na Constituição e nas leis.

Logo, não há falar da aplicação da regra no interior do Poder Judiciário.

1.23.4 Os limites da ação do Estado

Este assunto é da maior complexidade. Cremos que depende da ideia que se tem do Estado para se compreender quais os seus limites. A se aceitar a tese de que o Estado nasce de um contrato social historicamente indeterminado, mas existente, temos que analisar qual o pacto que teria sido celebrado. Se os homens abriram mão de seus direitos e se submeteram integralmente ao Estado, este pode determinar a forma de vida, através de leis, sem que possa existir o direito à resistência e à rebeldia. É que, se todos os direitos foram entregues ao Estado, que deles se obriga a cuidar, sem nada remanescer ao indivíduo, realizou-se um terrível *pactum subjectionis*.

Em tal hipótese, ao indivíduo cabe apenas submeter-se.

De outro lado, se houve o pacto, mas o indivíduo, ao celebrá-lo, não renunciou a seus direitos, ditos naturais, cabe ao Estado apenas e tão somente garantir a segurança dos indivíduos, que de nenhum direito se privaram. A situação é totalmente inversa. Na primeira hipótese os indivíduos teriam aberto mão de seus direitos de forma integral. Abandonaram-se ao Estado. Surge, por tal noção, o absolutismo. Na segunda hipótese mantiveram íntegros seus direitos, e apenas abriram mão de sua liberdade da morte violenta para entregar ao Estado unicamente cuidar da segurança de todos.

Ressalte-se daí que as consequências serão absolutamente diversas.

A evolução do pensamento político dá bem mostra das consequências. Num primeiro plano, havia a consagração do homem (pensamento grego). Este era o centro de tudo, e os primeiros pensadores indagaram-se da origem do cosmos. Pensavam no mundo, como ele funcionava, e imaginaram deuses antropomórficos que com eles dialogavam, interferiam em suas vidas e davam soluções a serem seguidas através de transes mediúnicos. Posteriormente, na civilização romana, o homem passa a ter preocupação consigo, em sua vida física, e arroja-se nas guerras de conquista.

Falava-se em direito (especialmente em Roma), mas de forma a alcançar apenas uma parte da população (mulheres, escravos, crianças e estrangeiros estavam fora da tutela legal e da aquisição de direitos).

Em ambos os casos o Estado não tinha limites. Era a honra tanto do grego como do romano contribuir para o Estado apenas na hipótese em que este estivesse em crise. Pagar tributos era uma vergonha para a elite social de então. Quando havia risco ao Estado, ambos eram os primeiros a oferecer suas fortunas para sua salvação.

A Idade Média assistiu ao completo domínio do cristianismo, e o Estado passou a ser pensado de forma estoica e cristã. Apenas tinha sentido o que era respeitado por ter direta conexão com o transcendente.

No Renascimento o homem volta a ser o centro do Universo, mas já os valores cristãos estavam cristalizados como fundamentais na sociedade.

Na Modernidade há um confronto fundamental que se instaura, não propriamente na história atual, mas vem de longos anos. É a luta do indivíduo contra os poderes do Estado.

Daí a pergunta crucial para este trabalho: Quais os limites da ação do Estado? Até que ponto pode o Estado invadir a intimidade do indivíduo para obrigá-lo a fazer ou não alguma coisa ou a ter determinado comportamento?

Nascem os diversos conceitos em relação ao Estado: absolutismo, totalitarismo, autoritarismo ou liberalismo e anarquismo.

Como dizia Aristóteles, a virtude deve estar no meio.

O homem, a nosso ver, centro do Universo ou, mais propriamente, o *conflito* como centro do Universo, deve ter papel prevalente nas inúmeras controvérsias que surgem em relação ao confronto Estado/indivíduo.

Não há o transcendente. Logo, toda concepção que coloque em contato a sociedade com uma sociedade ideal (platônica) ou mesmo cristã ou deísta fica fora de qualquer análise.

O importante é o *homem*. Pouco importa, em tal ponto, como nasce o Estado. Ele existe, sendo irrelevante se é uma ideia (Hegel), se uma pessoa jurídica (positivismo), um contrato (teoria contratualista). Não importa. O que vale e o que conta é que o Estado existe de forma autônoma dos indivíduos, tem um governo, partidos que disputam a hegemonia do poder (Gramsci) e, estabelecidas as regras, são elas aplicadas para que alguém exerça o poder (governo).

O *primeiro limite* que nasce é que os homens resolveram elaborar um pacto, escrito ou não (Constituição costumeira ou positivada), que vai reger sua vida futura. Evidente que tal pacto é vazado com o uso de palavras denominadas vagas (ou seja, de conteúdo aberto), que alcança uma série indeterminada e indeterminável de comportamentos.

A *segunda fonte* é a lei. Obra humana que deve guardar sintonia com a Constituição e a ela se sujeitar por todos os ângulos (formais e de conteúdo). A lei é a forma genérica e abstrata de instituir obrigações originárias no nível das relações intersubjetivas. Dizendo de outra forma: é o preceito geral e abstrato que inova a ordem jurídica, impondo a todos obrigações e constituindo direitos.

Irrelevantes são, a nosso ver, para a análise que ora nos propusemos (sem prejuízo de ser importante em outro nível de indagação), as demais normas secundárias (decretos, sentenças, contratos, etc.).

Dentro de tal óptica, portanto, o Estado apenas pode exercer atribuições que lhe estejam expressamente permitidas ou previstas na Constituição. Evidente que não se pretende uma interpretação restritiva e malformada, a impor limites estreitos ao Estado como titular dos interesses públicos. Podemos invocar, a esta altura, o que se rotula de *teoria dos poderes implícitos*. A saber: também são deferidas ao Estado todas as competências necessárias para desempenhar seus deveres (competências estabelecidas na Constituição). Sempre conectadas com as finalidades apontadas no texto constitucional.

Há, pois, limites jurídicos traçados no ordenamento, de obrigatório e cogente cumprimento por parte do Estado.

Quem irá fixar os parâmetros é o grupo dominante, já que o Direito provém dele. Pode imiscuir-se na intimidade do indivíduo, na medida em que tenha interesse. Cessado este, volta a integralidade do Direito.

1.23.5 Quem elabora a Constituição e quem faz as leis?

Perquirição que se impõe é saber quem pactua a Constituição e quem elabora as leis.

Ora, pode-se pensar a Constituição como pacto, como antes me referi. Ocorre que as coisas não se passam de forma romântica, a erigir ou construir um Estado ideal.

A concepção que agora gostaria de referir diz respeito ao Estado/dominação. Volto à notável contribuição de Hesíodo, que relata o diálogo da águia com o rouxinol. Preso a suas garras, a águia dizia ao rouxinol que faria dele o que quisesse, porque o tinha preso em suas garras e era seu direito fazer o que lhe aprouvesse, sem que o rouxinol pudesse emitir qualquer resistência (*Os Trabalhos e os Dias*). Platão nos transmite a mesma ideia quando Trasímaco responde à indagação do que era justiça: "É o direito do mais forte". La Fontaine, em duas fábulas, relata o poder dado ao lobo frente ao cordeiro e do leão no repartir os despojos da caça. O lobo iria comer o cordeiro de qualquer jeito, porque tinha fome, pouco importando as alegações em contrário; e o leão repartiu a caça em quatro e ficou com todos os pedaços, porque era o rei da floresta, era o leão, era o mais belo e, por fim, era o mais forte.

Na Antiguidade pode-se comprovar o poder absoluto de tiranos, ditadores, césares, culminando com Alexandre da Macedônia, conquistador do mundo então conhecido, etc. Posteriormente, imperadores (Idade Média) não tinham limites a seus desejos e vontades. Depois, reis divinizados e absolutos, culminando com Luís XIV (Rei Sol), que se expressou na famosa frase: "L'État c'est moi".

Não havia limites. Surgem as concepções de limitação do poder (teoria da tripartição mencionada por Platão e Aristóteles e desenvolvida por Montesquieu). Em verdade, nascem os denominados *direitos burgueses*, rotulados de primeira geração, depois os sociais, de segunda, os de terceira (comunitários), e já se fala nos de quarta. Todos na intenção de limitar os poderes do Estado.

Ocorre que quem elabora tanto a Constituição como as leis é sempre um grupo de dominação. Surge, então, o que se denomina de origem do Estado pela *dominação*. Volta-se à origem dos tempos, para saber que os homens estão no que se rotula de *estado de natureza* e têm como único direito o de não serem mortos de forma violenta. Quando entram em conflito, impõem seus costumes e seus hábitos. A eles os demais se submetem. Por força do que se rotulou de *servidão voluntária*, os submetidos sujeitam-se ao comando do conquistador.

Assim teria nascido o Estado/dominação. Quem domina manda. Impõe suas ideias, subjuga, determina seu comportamento, impõe condutas, dá ou retira direitos. Em suma, dispõe da melhor (para ele) forma de convivência social.

O dominador é a águia de Hesíodo, o leão ou a raposa das fábulas de La Fontaine, o Trasímaco platônico. Mais recentemente os dominadores tomam o nome de burguesia (Karl Marx, Engels, Lênin, Lukacz, Althusser, Gramsci e, atualmente, Slavoj Zizek).

O Estado, então, é o domínio da burguesia que oprime a classe operária. É o que afirma a linguagem marxista.

Superadas eventuais divergências terminológicas, podemos afirmar que a dominação, hoje, assume o caráter do domínio de um grupo político sobre outros e sobre a sociedade.

Não mais, o medo da morte violenta, mas, de qualquer maneira, a sujeição ao mais forte.

Quem faz a Constituição *não é o povo*. Este é utilizado como massa de manobra. É instrumento útil nas mãos de quem manda. Quem faz a Constituição-*cidadã* não é o indivíduo, nem a sociedade. Quem a elabora são *grupos de pressão*. Para o bem e para o mal. Como diz Ernst Cassirer: "Ninguém jamais duvidou que a *vida* política, na realidade presente, está cheia de crimes, traições e felonias".[97]

Quem faz as leis são os *representantes do povo*. Será que há representação? O que existe, em verdade, no sistema político é uma estrutura de persuasão das camadas inferiores da população ou dos chamados desvalidos, desamparados, descamisados, ou seja lá que nome tenham, que têm sua capacidade eleitoral seduzida e tomada por discursos falsos e sofismáticos.

A representação política é absolutamente precária. A população é dócil presa de engodo em benefício de associações, sindicatos, igrejas, poderio econômico, entidades representativas de segmentos sociais.

As leis não são feitas em benefício de todos. Alcançam alguns que são beneficiados, setorialmente. Toda lei é desequiparadora de direitos. Toda lei desequilibra a sociedade e todo projeto é encaminhado por setores da sociedade nem sempre compromissados com os reais interesses desta.

1.23.6 Existe o princípio da subsidiariedade? Princípios, regras e valor. Relações e situações jurídicas. Barroso e Alexy

O que é subsidiário, como se viu, não é o principal. É o que segue para solucionar eventual conflito de competências cumulativas. No campo do direito econômico há uma ilusão de que a atuação do Estado é subsidiária à do particular. A participação econômica é própria dos particulares e meramente indutiva para o Estado. A este cabe incentivar, estimular e até financiar a iniciativa privada. Pode, também, ser autor do processo econômico, tal como prevê a Constituição Federal.

Em verdade, não se pode falar em subsidiariedade. A competência para exploração da atividade econômica é reservada aos particulares, e se o Estado busca nela ingressar deve ser repelido. Não há que se falar, pois, em competências concorrentes neste passo. Há atribuições delimitadas e *excludentes*.

As competências, mesmo as cumulativas, são antinômicas. Pode haver uma zona cinzenta – v. Genaro Carrió (*Notas sobre derecho y linguaje*) – em que as atribuições podem não ficar claras. Como dizia o autor, há uma zona bastante clara e de fácil identificação dos comportamentos; eles ocorrem tanto na claridade quanto na absoluta escuridão. No entanto, ao nascer e ao cair do sol há um lusco-fusco que pode confundir.

De qualquer forma, e em qualquer circunstância, o ordenamento normativo estabelece critérios para eliminar as antinomias. Não pode haver regra determinando um comportamento e, ao mesmo tempo, outra o proibindo. Nem pode a mesma norma atribuir competência a duas pessoas (entes federativos) distintas.

O Direito não se compatibiliza com a dualidade de condutas ou de competências. Para ser completo (ou possuir completude), as normas jurídicas obrigam, proíbem ou permitem uma conduta (modais deônticos).

---

97 CASSIRER, Ernst. *O mito do Estado*. São Paulo: Codex, 2003, p. 182.

A deontologia debruça-se sobre comportamentos devidos. De conteúdo ético. No campo do Direito, estuda as condutas devidas ou não. A axiologia preocupa-se com os valores embutidos em determinada sociedade.

São coisas diferentes os *princípios* e os *valores*. Os primeiros são normas orientadoras de outras e se encontram no interior do ordenamento jurídico. Os segundos estão espalhados na sociedade e não necessariamente encontrados nas normas jurídicas. Há axiologia na religião, nas entidades de classe, nas universidades, etc. Os princípios decorrem de codificação de comportamentos genéricos.

Excluindo, pois, o valor como integrante do conteúdo normativo, sobram-nos o *princípio* e a *regra*. Dworkin denomina princípio "um padrão que deve ser observado, não porque vá promover ou assegurar uma situação econômica, política ou social, considerada desejável, mas porque é uma exigência de justiça ou equidade ou alguma outra dimensão da moralidade".[98] As regras disciplinam comportamentos. Uma pode ser mais importante que a outra. Se duas colidem, uma delas deixa o ordenamento (critérios de hierarquia e temporal). Se princípios colidem, prevalece o que se denomina de "otimização", a que alude Alexy, e apenas tem solução na análise do caso concreto.

É verdade que Robert Alexy entende-os como um só, porque ambos admitem *colisão* e *ponderação*. Ademais, aceitam cumprimento parcial e gradual. No entanto, aceita a distinção porque o primeiro (deontológico) contém a ideia do dever-ser, enquanto o outro (axiológico) cuida do bem.

Segundo Luís Roberto Barroso e Ana Paula de Barcellos,[99] "*regras* são, normalmente, relativos objetivos, descritivos de determinadas condutas e aplicáveis a um conjunto delimitado de situações". "*Princípios*, por sua vez, contêm relatos com maior grau de abstração, não especificam a conduta a ser seguida e se aplicam a um conjunto amplo, por vezes indeterminado, de situações".[100]

Analisando friamente, vê-se que pouco acrescentam à interpretação do Direito tais conceitos. Sem dúvida que diante de fatos importantes ou relevantes para o Direito pode haver abrangência maior ou menor do conteúdo legal e maior ou menor importância da situação disciplinada pelo ordenamento normativo. Tal não é suficiente para identificar princípio e norma.

Evidente está que, como o Direito é manipulado pelo dominador ou, mais claramente, por aquele que detém o poder, ele pode eleger uma série de princípios e regras que irão disciplinar a vida da comunidade. Pode alterá-los. Dir-se-á, então, que é o intérprete quem elege os princípios, e não o legislador. A solução cai em petição de princípio (vício de linguagem). É que o intérprete é movido a ideologia, e, pois, transmite para sua interpretação ou versão do conteúdo normativo aquilo que é de seu agrado pessoal ou está conforme com seus desejos políticos.

Alexy afirma que: "Princípios são normas que ordenam que algo seja realizado na maior medida possível, dentro das possibilidades jurídicas e reais existentes. Por isso,

---

98 DWORKIN, Ronald. *Levando os direitos a sério*. São Paulo: Martins Fontes, 2010, p. 36.

99 BARROSO, Luís Roberto; BARCELLOS, Ana Paula de. *A nova interpretação constitucional*. Rio de Janeiro: Renovar, 2003, p. 327 – "O começo da história. A nova interpretação constitucional e o papel dos princípios no direito brasileiro" – e 328.

100 *Idem*, p. 339.

são mandados de otimização, caracterizados pelo fato de que podem ser cumpridos em diferentes graus e que a medida devida de seu cumprimento não só depende das possibilidades reais, mas também das jurídicas. O âmbito do juridicamente possível é determinado pelos princípios e regras opostas".[101]

Através de sua posição, chega à conclusão de que as regras se excluem e devem ser eliminadas do sistema; os princípios, quando confrontantes, eliminam-se pela otimização na aplicação à hipótese concreta.

A partir daí a doutrina perde-se em interminável jogo valorativo e político dos princípios. Traz para o campo do Direito o que é referência social. As regras estão dispostas em normas (fato/consequência) que se excluem pelos critérios de eliminação das antinomias. Os princípios, a se afirmar sua existência, exaurem-se na aplicação ao fato concreto. Excluem-se, mas não se eliminam.

É verdade que depende do intérprete. Pode haver, como há, normas de maior abrangência e maior campo de incidência sobre uma série de fatos. Há, também, maior ou menor relevo de situações concretas que à luz de determinada realidade sobressaem em importância, de forma a impor sua aplicação à relação jurídica ocorrida.

O Direito vive de *relações* jurídicas. Aponta *situações*, ou seja, posição de cada parte na relação. Revela *situações* de *poder*. Este é inexaurível e se reflete em diversas *relações*, mas continua em *situação*. Com o dever ocorre a mesma coisa. Não se esgota em relações. Reproduz-se, em verdade.

Direitos e obrigações extinguem-se. Ensejam *relações* jurídicas. Nascem e morrem.

No primeiro caso de poder/dever há a situação jurídica que não se exaure em seu contínuo afloramento. Firma-se, em verdade, pelo exercício. É o poder do juiz que se exerce a todo instante. É o dever de prestação alimentar. Direito/obrigação extrovertem-se em relações e desaparecem tão logo se consuma seu conteúdo.

Vê-se como o Direito marcha e flui através de infindáveis e infinitas relações sociais. Por isso é que o conjunto normativo não logra disciplinar todas as situações e relações ocorridas na realidade fática. Há a multiplicidade e a inexauribilidade do fático. O conjunto normativo não consegue responder à pluralidade de acontecimentos e fatos.

O fenômeno social é inexaurível. As normas são limitadas pelo possível.

Não se pode falar, pois, em princípio. Este pode variar de acordo com o momento histórico, de acordo com a sociedade, de acordo com os interesses em jogo, de acordo com as situações criadas. A sociedade é múltipla, e não se esgota jamais. O fluxo é contínuo, como predisse Heráclito. Os sistemas da ciência do Direito e do direito positivo não são isomórficos. A ciência do Direito, que é metajurídica, não precisa criar princípios para explicar o ordenamento. Basta-lhe o termo de referência.

Pode-se pensar em princípios como instrumentos de completude do sistema. No entanto, como disse Lourival Vilanova, os casos não abrangidos explícita ou implicitamente pelas normas jurídicas particulares, "os casos não regulados especificamente podem cair em duas órbitas diferentes. Ou no âmbito de validade de uma norma geral (includente) que os toma para sua órbita, considerando que são semelhantes aos casos regulados, ou no âmbito de validade de uma norma geral (excludente) que os remete

[101] ALEXY, Robert. *Teoría de los derechos fundamentales*. Madri: Centro de Estudios Constitucionales, 1997, p. 86.

para fora da incidência da norma particular".[102] Prossegue o autor: "Vê-se que, na aplicação da norma geral includente, usa-se o argumento por analogia. Na aplicação da norma geral excludente, usa-se o argumento *a contrario sensu*".[103]

Diante do que se vem dizendo, as soluções propostas pelo ordenamento eliminam qualquer contradição ou qualquer anomia.

Ainda assim pensamos em falar em princípios?

Claro que eles podem auxiliar a comunicação em relação ao que se pretende transmitir. Mas será que auxiliam, na medida em que cada qual pode eleger seus próprios princípios? Ao escrever este *Curso de Direito Financeiro* falei e continuo falando em princípios. Eles ajudam a explicar o sistema de direito positivo. Mas em nada ajudam a ciência do Direito. Por vezes pode-se falar neles dando-lhes um conteúdo político. Facilita ou prejudica a compreensão jurídica para os alunos.

É verdade que quando vamos a nosso passado recente da doutrina jurídica ficamos entre Cila e Caribdis para saber qual o caminho a tomar. Diante do ensinamento que nos transmitiram dos princípios e regras, repetimos as lições sem atentarmos para elas. Títeres de boa doutrina. Ventríloquos de ensinamentos passados (nem bons nem ruins, sem valoração, mas que refletiam a consciência jurídica de determinado momento).

Daí não se poder falar em princípio da subsidiariedade. Pode-se pensar que Ulisses (Odisseu) invocou o princípio marital para rejeitar o amor de Calipso e tornar-se imortal (*Canto V*, ns. 200/210). Outros autores dirão de outros princípios mais fortes a obrigar o herói a recusar a imortalidade. Nada disso. Simplesmente, a interpretação de comportamentos.

1.23.7 O denominado "princípio" da subsidiariedade e a competência administrativa comum

O ordenamento disciplina as competências jurídicas com bastante distinção. Fala-se nas competências comuns (art. 23 da CF/1988). Ora, se é comum, a competência é de ambas as esferas federativas.

Ainda aqui o argumento da existência do princípio não prospera. Cada ente federativo tem competência própria. Não há quem seja superior a outro. Todos convivem no ordenamento normativo.

A teoria que prevalece é a da *predominância do interesse*.

Os princípios, em sua concepção doutrinária, estão esvaziados de conteúdo. Pode-se instituir um princípio a qualquer instante, dependendo da ideologia de seu criador, da situação momentânea em que se vive, do momento histórico, etc. Daí sua fatuidade, sua inoperância, e apenas serve para despertar dúvida e perplexidade no intérprete.

Daí por que resolvi não tratar de tal assunto. Mesmo no campo da competência concorrente.

A situação apenas será resolvida à luz do caso concreto, como já se falou.

Chega a doutrina italiana a falar em subsidiariedade horizontal e vertical. A vertical é a de que cuidamos até agora, ou seja, o relacionamento entre os entes federativos.

---

102 VILANOVA, Lourival. *As estruturas lógicas e o sistema de direito positivo.* São Paulo: RT, 1977, p. 190.

103 *Idem, ibidem.*

O normal, até pela proximidade dos Municípios com os problemas a resolver, é que a competência inicial seja destes em relação aos questionamentos *locais* (inciso V do art. 30 da CF/1988). A saber: o que ocorrer no *interior do território municipal.*

Já ressaltamos as dificuldades encontradas na interpretação de tal critério, sustentando a doutrina que as soluções são encontradas não apenas no caso concreto, mas pelo critério da predominância do interesse.

A *subsidiariedade horizontal* liga à União a iniciativa privada e terceiros instituídos pelo Estado.

A doutrina italiana não ajuda muito. Ao invés de focalizar o estudo da subsidiariedade pelo ângulo hierárquico, acrescenta uma relação horizontal advinda de atos volitivos (contratuais). Deste ângulo, parece-me que o problema não se coloca, e o ponto de análise se desloca para outro tipo de perquirição. Não se irá tratar de subsidiariedade, mas de relações contratuais e seu desenvolvimento no ângulo de análise jurídica. É que a teoria do contrato passa por reestudo dos juristas, deixando de assumir o caráter de liberdade absoluta dos contratantes, passando a ter um caráter de interesse público. As normas já não são livremente pactuadas, mas instituídas para benefício do Estado (normas impositivas) ou dos particulares (parcerias público-privadas). O equilíbrio também deixa de ser uma exigência, para ser conveniência das partes.

Mesmo do ângulo da relação Fisco-contribuinte as coisas se alteram. É que a legislação moderna permite que o contribuinte possa destinar o que deve pagar a título de imposto, taxa ou contribuição para desenvolver iniciativas privadas e de cunho social. Leve evolução, para permitir que o contribuinte escolha a destinação do que deve pagar ao Estado.

Evidente está que se busca, hoje, garantir direitos dos indivíduos, a ponto de Bobbio exclamar que os direitos já existem e estão declarados; resta garanti-los.

Na competência administrativa comum o que prevalece é a superioridade do interesse da esfera maior, como já se viu.

1.23.8 Considerações finais. A política como liberdade

Resulta interessante do quanto se expôs que o importante é definir sobre que Estado estamos falando e quais as competências que detém. Há, eternamente, um confronto entre o Estado e o indivíduo. Aquele tenta aprisionar o indivíduo em suas teias e fazê-lo subserviente e cordato. Este tenta libertar-se das garras daquele e preservar sua liberdade. É o eterno conflito. Lobo contra lobo. Homem contra homem. Ambição *versus* ambição. Desejo em confronto com desejo. Em qualquer esfera e em qualquer circunstância.

Esta se nos afigura a grande realidade. Acho fantástico que os homens continuem defendendo os denominados direitos humanos, a liberdade, o nome, a consciência, a religião e outros valores que parecem inatos. Não o são, em verdade. Todos os direitos (excluídos os denominados direitos naturais que não existem) estão delimitados pelas diversas ordens normativas. É o que é garantido a cada indivíduo. Os direitos humanos outra coisa não significam senão o *direito à diferença.* O direito é dado pelo homem, e, pois, variável de Estado para Estado.

Ora, o homem é posto no mundo e encontra uma pluralidade de famílias, lares, grupos, associações, etc. Vincula-se ou não a elas, mas passa a fazer parte, na hora em que nasce, de um Estado. Este deflui de um acordo (acordo ou subordinação?) firmado pela sociedade em que se delimitam e restringem direitos. É o nascimento da civilização através da repressão, no exato dizer de Freud.

Daí se reconhecem seus direitos, não os naturais já decantados, mas os que estão previstos na Constituição e nas leis subalternas. Não pode fazer o que quer, mas agir de acordo com o que lhe gizou o ordenamento jurídico.

Tem sua ação livre, seja como indivíduo que quer ficar só, seja o que agirá na sociedade, como pessoa física ou jurídica. Em princípio, não necessita do Estado (direitos negativos), mas pode precisar dele (direitos positivos).

Quando tem sua liberdade garantida (= delimitada), é-lhe assegurado agir *principalmente*. É o ser-em-si. É o ser-por-si.

Entretanto, em seu comportamento e em sua ação, em qualquer ângulo e sob quaisquer perspectivas por que seja sua conduta analisada, pode exigir ou precisar da ação do Estado. Este é o comportamento subsidiário do Estado. A ação principal é do indivíduo. A subsidiária é do Estado.

Isso se passa no relacionamento Estado-indivíduo.

De outro lado, o Estado pode ser fraccionado em unidades autônomas, como ocorre no Estado Federal. Aqui, competências concêntricas se unem e se misturam e ao mesmo tempo se separam. Não se pode falar em esfera de qualificação superior a outra. São iguais dentro de seu âmbito de atribuição.

Ocorre que estas podem depender de outras, para uma série de providências, inclusive para manterem a unidade e a uniformidade de comportamentos.

Pode-se exemplificar com o crédito público. Este é de atribuição de cada ente federativo. Ocorre que a Constituição estabelece uma série de requisitos para que o empréstimo solicitado por um ente federativo menor (Municípios e Estados) passe pelo crivo de órgãos estruturantes do todo federal. Na hipótese, o Senado da República. Daí se afirmar que os entes federativos não têm autonomia em tal matéria, mas dependem da resolução de órgãos que participam da decisão federativa, caso típico do Senado.

Chamar-se-á tal providência de princípio?

Pode-se invocar o desconstrutivismo de Derrida para lidar com o problema. Em verdade, para que se possa falar de princípio leva-se em conta a existência do conjunto de normas. Estas disciplinam os comportamentos. O princípio é um elemento unificador, consagrador de valores superiores e que dão sentido ao ordenamento.

Em verdade, se levarmos o raciocínio a ferro e fogo, poderemos erigir em princípio tudo que queiramos, bastando lidar com o emotivo, com argumento persuasivo e com convicções pessoais. O princípio perde, então, todo seu conteúdo. Fica reduzido a valor e dependente das pretensões pessoais de cada indivíduo. Há, pois, toda sorte de manipulação, que pode servir a qualquer tipo de interesse.

A subsidiariedade é simplesmente uma forma de ação em face de alguém que se encontra impossibilitado, temporariamente, de ter o comportamento exigido pelo ordenamento, para falar em termos jurídicos.

Enquanto os humanos estavam digladiando em princípio de igualdade, Zeus, o deus dos deuses do Olimpo, não interveio. Na medida em que cada deus ou deusa passou a agir em benefício de um ou de outro guerreiro, o deus supremo já não pôde suportar a desigualdade que se instaurou, e proibiu os deuses de intervirem.

Era o denominado princípio da subsidiariedade agindo. Com a proibição, passaram os agentes principais a serem donos de suas próprias ações. Tal como lhes cabia. No mundo dos humanos descabia a intervenção antropomórfica dos deuses.

A pergunta final: quais os limites da ação do Estado? Não há limites. Estes poderiam ser dados pelos direitos fundamentais. Só que o conteúdo prático, eficaz e eficiente destes é dado pelo dominador (os Estados Unidos em Guantánamo e no Iraque; a Rússia em relação a seus ex-países-satélites; a África no confronto permanente e mortal das tribos e países – Ruanda, Somália, etc.; os diversos países da América Latina – Argentina, Brasil, Equador, Venezuela, Cuba, etc.).

Cada qual manipula o rótulo dos *direitos humanos* a seu bel-prazer.

O único limite é a *liberdade*. Como diz Hannah Arendt, "o que a era moderna esperava de seu Estado, e o que esse Estado realizou de fato em ampla medida, foi a liberação dos homens para desenvolverem suas energias socialmente produtivas, para produzirem em comum os bens necessários a uma vida "feliz".[104] A autora é categórica: "O significado da política é a liberdade".[105]

A restrição ao governo diz respeito à limitação "quanto ao uso da força".[106]

Para nós a liberdade tem um conceito negativo. Não o de o Estado fazer alguma coisa, mas se omitir de invadir minha intimidade. Tudo decorre de claro confronto entre a sociedade civil e o Estado. Diversos são os interesses titularizados pelos oponentes. O Estado é dominado por um grupo que busca impor sua vontade. A sociedade busca defender-se da coação que lhe é imposta pelo grupo. Resiste. Forma outros grupos de tensão. É como a corda de violino que vibra ao toque do virtuose.

Nas palavras notáveis de Hanna Arendt, "não se é livre quando se está sujeito à força do outro, mas também, em um sentido mais original, quando se está subjugado pelas necessidades básicas da vida".[107]

A liberdade também não tem cunho universal. Ela é recortada do mundo natural e devolvida em segurança jurídica moldada pelos homens. O recorte natural, com abstração do sagrado, é imposto pela dominação do grupo que detém o poder.

Vê-se, pois, que mesmo a liberdade é manipulada.

1.23.9 Considerações finais sobre a subsidiariedade

No terreno da subsidiariedade não há falar em princípio. É mera forma de gestão do Direito e do Estado.

A forma de sua condução depende, como já se disse, do grupo dominante. Este, não mais pela violência, mas pela estratégia, assume o poder de decidir o que a

---

[104] ARENDT, Hannah. *A promessa da política*. 2. ed. Rio de Janeiro: DIFEL, 2009, p. 200.

[105] *Idem*, p. 161.

[106] *Idem*, p. 201.

[107] *Idem*, p. 207.

comunidade deve fazer. É o titular da definição dos interesses públicos e da forma de sua administração. Impõe, também, as restrições a que devem se submeter os homens.

O Estado, dentro de tal óptica, perde seu caráter romântico de titular de interesses públicos, uma vez que os governantes estão envolvidos por paixões no exercício de suas atribuições. Por "paixões" entende-se tudo aquilo que intervém na conduta humana no dia a dia. São as diversas interferências mentais e corporais a que o homem está submetido a todo instante.

É impossível, assim, traçar um panorama universal de conduta dentro de qualquer Estado, Federal ou não. Tudo depende dos governantes que irão assumir o poder e, então, impor sua *vontade estatal* sobre todos. Esta vontade nada mais é que a *vontade* do governante.

A subsidiariedade decorre de uma partilha de atribuições burocráticas, gerenciais e administrativas no interior de um Estado. Apenas isso.

O resto é teoria sobre o nada... O resto é silêncio...

Convêm algumas palavras sobre o que fica recôndito na teoria estatal e como o sagrado vira profano.

1.24 Sentimentos secretos e causas aparentes. A perspicácia do conhecimento. Necessidade de leitura extrajurídica. O sagrado e a profanação

Os sentimentos influem, decisivamente, na análise do Direito.

Quando Voltaire resolveu discorrer sobre a morte de Marc-Antoine Calas, em que as suspeitas recaíam sobre sua família, e especificamente sobre seu pai, Jean Calas, não foi pesquisar a legislação então vigente. Escreveu vigoroso tratado sobre a intolerância que era "absurde et barbare".[108] Afirmava, com todas as letras, que "tant de causes secretes se mêlent souvent à la cause apparente",[109] que é difícil apurar as reais causas dos fatos.

Com tal análise, o grande filósofo e escritor, de fino espírito crítico, atacava as instituições da época. O que estava por detrás da morte de Jean Calas não era só o Direito escrito e aplicado por homens de fluidez comportamental. Não era só pelo fato de ter optado por ser luterano que o católico iria reagir de tal forma. Eram as causas secretas e absurdas que estavam por trás, a manejar os acontecimentos.

No direito financeiro as normas que o integram nem sempre estão livres de ingerências estranhas, de interesses escusos e de conteúdo manipulado por grupo ou por pessoas que nem sempre objetivam ou buscam alcançar benefícios públicos. É interessante o estudo de causas remotas. O que aparece não retrata como a deliberação econômica surgiu no mundo jurídico.

Dir-se-á que tal análise é indiferente ao Direito, e diz respeito a outros ramos do conhecimento que não o Direito. Ora, tal raciocínio significa apenas conhecer parte do problema ou sonegar a informação sobre o todo.

---

108 VOLTAIRE. *Traité sur la tolérance*. Paris: Gallimard, 1975, p. 41.

109 *Idem*, p. 55.

Não há como ficar apenas no estudo e na análise da lei positiva. Esta alterada, textos hermenêuticos se perdem. Como disse Paul Valéry, "nous sommes, chaque jour, à la merci d'une invention, d'un acident, matériel ou intellectuel".[110] E o ensinamento passado é fundamental para o conhecimento do presente. Ocorre que nos acostumamos a ver o passado como um homem olha uma criança.[111] Vemos o passado sempre como superado, diante das notáveis invenções modernas.

Nossos ancestrais nada sabiam, dizem. Confrontamo-nos com os conhecimentos anteriores e os vemos como superados. Pensamos que com os instrumentos de nossos ancestrais não podemos compreender o mundo moderno. No entanto, até hoje se estudam os clássicos gregos, e até hoje seus ensinamentos dominam o mundo moderno, seja em conhecimentos científicos ou sociais, especialmente no que toca às instituições. Inclusive em relação ao conhecimento do mundo.

Neste passo, convém perquirir o passado para obtermos importantes informações modernas. O conhecimento é fruto de longa maturação decorrente de experiências e formulações de todos os ramos de perquirição intelectual.

É que sempre precisamos de um novo impulso à imagem que nos fornece Hannah Arendt da revolução. Ela exige violência, mas "quando a mudança ocorre no sentido de criar um novo início".[112]

A partir do instante em que tivermos consolidado determinado conhecimento sobre o assunto objeto de nossa curiosidade ou indagação, aí teremos material necessário para o *novo início*. Desbastados vícios que possa ter o raciocínio anterior, depurado o objeto de conhecimento de situações irrelevantes, então, poderemos iniciar novas ponderações, que, por sua vez, poderão nos levar a outras soluções.

Este é o caminho a seguir no Direito. Não a mera repetição de conhecimentos adaptados a determinado momento histórico. Conhecê-lo, eliminar coisas transeuntes, passageiras, e concentrarmo-nos na situação atual, sobre ela ponderar diversas soluções possíveis, eliminar preconceitos, afastar pensamentos contraditórios e, então, descobrirmos o que realmente estava escondido.

Isso é o que deve fazer o jurista que não tem compromissos com ideologias preconcebidas (ainda que tenha a sua) nem esteja filiado ou vinculado a qualquer tipo de grupos de dominação. É buscar não o raciocínio puro, porque impossível, mas o mais adaptado a situações novas. As ferramentas que irá utilizar, então, são novas e moldadas para novos tempos. É conhecer a luz, mas buscar conhecer o que está escondido.

É que ser contemporâneo é – aproveitando-me dos dizeres de Giorgio Agamben – "colui che tiene fisso lo sguardo nel suo tempo, per percepirne non le luci, ma il buio".[113] A saber: compreender a lei não é simplesmente lê-la, mas interpretá-la, buscando o que se encontra hipostasiado em sua declaração normativa. É a perspicácia do conhecimento. "Contemporâneo è, appunto, colui que sa vedere questa oscurità, che è in grado di scrivere intingendo la penna nella tenebra del presente".[114] É perceber o escuro, é

---

110 VALÉRY, Paul. *Le bilan de l'intelligence*. Paris: Allia, 2012, p. 18.

111 *Idem*, p. 9.

112 ARENDT, Hannah. *Sobre a revolução, op. cit.*, p. 64.

113 AGAMBEN, Giorgio. *Nudità*. 2. ed. Roma: Nottetempo, 2013, p. 23.

114 *Idem, ibidem*.

detectar a mancha que obscurece a compreensão adequada e correta do preceito. Mas não é somente isso. É também meter-se a procurar o esclarecimento para o que não se vê. Para tanto, estuda e compara a norma com o que está no passado, procurando, ali, mas só lá, os instrumentos adequados para a interpretação moderna.

Essa magnífica lição tem fina sintonia com o que se vem dizendo. É munir-se de conhecimentos antigos, atualizá-los para poder, com eles, enfrentar o mundo que se abre à nossa frente. O conhecimento dos clássicos é absolutamente importante.

Em *Les Mots* Sartre bem descreve a quantidade de leitura que fez para poder ser alguém que se pudesse conhecer.[115] Teve seus sonhos de infância, mas conhecia, aos 10 anos, boa parte dos clássicos.

Vê-se, claramente, que os autores entendem que não é possível estudar apenas uma parte do Direito, ainda que possa ser a mais nobre. Mas mesmo o estudo da norma não pode ser desligado de outros fatores e fatos que incidem sobre a exata compreensão do fenômeno jurídico. Inclusive para trazer o problema para o mundo dos homens.

Daí devermos quebrar o *estudo sagrado do Direito posto*. Sacras eram as coisas "che appartenevano in qualche modo agli dei".[116] Assim, eram *res extra commercium* e, pois, intocáveis, inatingíveis e não conhecidas pelo comum dos homens. Daí – bem ensina Agamben –, sacrílego era o ato que "violasse o trasgredisse questa loro speciale indisponibilità".[117] O ato de sacrilégio era, pois, fazer vir ao mundo dos homens aquilo que era de Deus. "E se consacrare (*sacrare*) era il termine che designava l'uscita delle cose dalla sfera del diritto umano, profanare significava per converso restituire al libero uso degli uomini".[118]

Acompanhemos de novo Agamben. Nossa Constituição foi rotulada de "cidadã" porque representaria os anseios populares naquele momento histórico de libertação. Passados quase 30 anos, ela é verdadeira colcha de retalhos. O sagrado pacto foi abastardado. A legislação que é dada como grande novidade e avanço no campo que disciplina, por exemplo, o setor do meio ambiente ou das comunicações em pouco tempo já deverá ser atualizada.

É o sagrado "descendo do pedestal". É que o mundo é feito de seres humanos falíveis, frágeis. A transgressão, pois, a profanação do sagrado, deve ser a regra, para que todos os acontecimentos sejam verdadeiramente humanos, demasiadamente humanos.

1.24.1 A quebra do sagrado (Direito posto). O Direito dos homens

Deve-se violentar, profanar, o estudo do Direito para vê-lo com clareza. A proposta, assim, é fazer com que se retire do Estado seu caráter sagrado, intocável e indiscutível, para analisá-lo em toda sua estrutura e em todo seu âmbito na esfera dos humanos. Isto é: o Estado foi criado pelos humanos, e, pois, à sua fiel imagem; não o deifica com suas criaturas.

---

115 SARTRE. *Les Mots*. Paris: Gallimard, 1964.

116 AGAMBEN, Giorgio. *Profanazione*. Roma: Nottetempo, 2005, p. 83.

117 *Idem, ibidem*.

118 *Idem, ibidem*.

É ter uma visão apropriada para enfrentar problemas que ocorrem a todo instante na esfera do público e do privado. Daí a necessidade de se fazer um *sacrifício*, ou seja, praticar uma "mediação entre um sacrificador e uma divindade", no dizer de René Girard.[119] O quase sacrifício de Isaac por Abraão, cujo ato é abortado por um cordeiro e por uma mão "divina" que se interpôs entre eles. A estória é a mesma de Ulisses, que teve que se esconder sob a pele de um carneiro para fugir do Ciclope. Édipo é sacrificado (Sófocles). O mesmo se diga de Orestes e Policine, seus filhos que combatem até a morte (Ésquilo), e a mãe que sacrifica o filho, possuída pelos deuses (*As Bacantes*, de Eurípides).

O sacrifício, então, protege a Humanidade. No ciclo troiano das tragédias gregas pode-se ver Agamêmnon, que sacrifica sua filha Ifigênia para atender aos deuses. Sobre ele vem a fúria de Clitemnestra. A função do sacrifício, então, é "apaziguar as violências intestinas e impedir a explosão de conflitos".[120]

De início a violência era produto da só convivência entre os homens. A vingança era natural. Com o advento do Estado, o *sacrifício* ou a *vingança* passam a ser um problema do coletivo, e não do individual. Surge, então, a estrutura do Poder Judiciário, para impedir o prosseguimento da vingança privada.

Pode-se, pois, analisar a estrutura do poder como coisa feita pelos homens, e, pois, com todos os seus defeitos.

O orçamento é uma peça feita por homens, a instituição dos tributos da mesma forma, as isenções, as imunidades, os financiamentos, as parcerias, as licitações, as despesas e a dívida – para ficarmos no âmbito do direito financeiro –, são instituições, acomodações, acordos, composições políticas todas e tudo feito pelo homem. Logo, indissociável o estudo do Direito fora do campo iníquo dos sentimentos e afetos humanos.

O tema é bastante sugestivo, isto é, combinar o crédito público com a corrupção e com a dominação.

Por primeiro, é terminar o caráter sagrado do Direito e trazê-lo profundamente para o mundo dos homens. Profaná-lo, no dizer de Agamben.

No Brasil recente a sociedade foi para as ruas para protestar contra gastos desproporcionais em benefício do esporte em prejuízo de outros interesses públicos mais importantes como saúde, ensino e obras de infraestrutura. Quem decidiu a respeito? Quais foram os fatores que impuseram a construções de estádios? A vaidade do governante foi imperiosa no sentido de trazer a disputa da Copa do Mundo para o Brasil? Diga-se o mesmo das Olimpíadas? O país poderia optar por gastar os recursos que foram encaminhados para tais interesses para outros, mais importantes? Quem classifica a importância da despesa? Quem permite o endividamento para que estádios se construam? Quem autoriza a celebração de um contrato público? Quais interesses levam os homens à prática de tais atos em desacordo com o atendimento das reais pretensões da população? Quem obriga a população a ficar sob tal tutela?

O capitalismo pode ser levado a sério a ponto tal de sacrificar interesses maiores para o ganho vulgar? Os interesses econômicos estão presentes em tais decisões? Interesses de quem? Quais as corporações que estão por detrás de tais financiamentos, de tais gastos?

---

119 GIRARD, René. *A violência e o sagrado*. 2. ed. São Paulo: Paz e Terra, 1998, p. 17.

120 *Idem*, p. 26.

Em análise bastante interessante sobre o problema das doenças mentais, Michel Foucault estuda o problema do confessor na Idade Média e que prossegue até os tempos de hoje.[121] O confessor tem que ser alguém especial. Tem que ser sábio como o juiz, porque deve saber o que é permitido e o que é proibido. Sábio como o médico, para conhecer não apenas o pecado, mas para saber qual a doença e qual o remédio a ser aplicado. Sábio como o guia, para poder dar a orientação adequada.

No caso dos financiamentos, tudo deve se adaptar à estrutura orgânico-administrativa do conhecimento. Deve ser um técnico, para saber como deverá ser a operação financeira. Deve ser um economista, para saber quais as soluções possíveis para que aquele empréstimo tenha a destinação adequada para produzir determinados resultados. Deve ser um jurista, para saber se a operação se enquadra nos ditames legais. E, por fim, deve ser um político, para saber se o mutuário, o beneficiário, partilha do mesmo ideário do governo e qual o benefício que daí resultará para os cofres públicos e para o desenvolvimento de determinado setor e do país.

Vejam que a análise é a mesma em ambos os casos.

Qual o interesse do confessor? Saber toda a vida de alguém para poder manobrar nos bastidores em face da manutenção do domínio da sociedade. Qual o interesse do financiador (órgão do Estado a quem caberá a liberação de recursos)? A adequação dos interesses do desenvolvimento com o interesse do governante.

De tal financiamento, uma vez deferido, qual será a parcela a ser atribuída a partido político? À estrutura de financiamento de campanha? A algum político em especial? Ao patrocínio de qualquer atividade que possa beneficiar o dono do poder?

Devemos indagar o que é o Estado. Tem ele alguma finalidade? É mero instrumento de dominação? Quem manipula a tomada de decisão? Quem decide está qualificado para tanto? A qualificação é meramente formal? Quais os requisitos psicológicos que estão presentes?

Os problemas da dogmática não se resolvem pela linguagem, mas por significados, pela conexão hierárquica e complexa (Edgar Morin) do conjunto do ordenamento jurídico, por suas fontes, princípios e normas.

Antes da análise normativa impõe-se definir o modelo teórico de análise. Impõe-se, então, a fixação de premissas metajurídicas sobre o homem inserido no mundo. É o ser-aí que nos fornece a visão do todo, com suas influências, seus sentimentos, seu desejo de dominação. Todo o complexo é que irá dar a real dimensão do crédito público, dos empréstimos, da dívida. É o Estado em andamento subordinado a todos os afetos de seus governantes.

Como se disse, impõe-se o estudo precedente da dominação, dos sentimentos nefastos que se revelam com a corrupção e que desembocam na assunção dos compromissos públicos. É a partir da análise da dominação e da corrupção que se assentará o estudo do tema principal.

---

121 FOUCAULT, Michel. *Os anormais*. São Paulo: Martins Fontes, 2010, p. 154.

2

FEDERALISMO FISCAL E PACTO FEDERATIVO

2.1 Origem. A Federação Norte-Americana

Pode-se dizer que a origem da chamada Federação remonta às antigas Colônias inglesas da América do Norte. Havia, até 1773, 13 Colônias, vinculadas à Inglaterra, todas localizadas na Costa Leste do que seriam os Estados Unidos. A Metrópole impôs uma série de ruinosos e impopulares impostos, o que levou a inúmeras manifestações de resistência. Em 4.7.1776, um Congresso proclamou a independência dos Estados Unidos. Na sequência, reuniram-se e adotaram "artigos de uma Confederação e união perpétua" (1778). Houve conflito, que foi resolvido pelo Tratado de Paz de Paris em 1783. Inicialmente, as Colônias reuniram-se sob forma confederativa, e posteriormente, antes da Guerra de Secessão (1861-1865), passaram a Federação (1787).

A pressão sobre as 13 Colônias decorreu da guerra franco-inglesa pela posse do território do que é hoje o Canadá. Tendo perdido a guerra, os ingleses voltaram-se sobre suas Colônias, exigindo mais recursos. Daí a declaração de independência e, posteriormente, a Constituição, discutida e aprovada na Filadélfia em 1787, com 16 artigos. Ausente uma proclamação dos direitos individuais, foram eles publicados e aprovados em 1791, contendo 10 artigos.

Daí nasceu a denominada Federação, na forma que a conhecemos hoje, alterada, ao longo dos anos, por especificidades locais de cada país.

2.2 A Federação Canadense

A história federalista do Canadá é bastante diversa, uma vez que apenas recentemente se desvinculou do Reino Unido (1931), sendo certo que apenas em 1982 sobreveio ato formal de independência.

No entanto, a forma federativa existe em sua Constituição. Como as divergências de colonização eram bastante grandes (tem o Canadá uma parte de língua inglesa e outra francesa), teve que acomodar tal divergência, criando o *Upper Canada* e o *Lower Canada*. Isso atentando para as diferenças linguísticas e culturais. O Senado não representa o Estado, cada Estado tem Legislativo e Judiciário próprios, é possível que cada comunidade rejeite regras da União, desde que incompatíveis com suas peculiaridades.

Forma-se, assim, um Estado Federal, respeitando, no entanto, características de cada grupo étnico, de cada segmento cultural. Com tal cuidado, atentando que não é um só todo, a Federação foi instituída e subsiste, como um dos maiores países do mundo.

2.3 Confederação

O conceito de *Confederação* advém do fato de que deva haver uma união de Estados independentes. São eles soberanos e, por qualquer motivo histórico-político, unem-se na formação de um único Estado. A Confederação não é soberana; é pessoa jurídica de direito público. A atividade confederativa diz respeito aos negócios externos, já que internamente cada Estado é soberano. Os indivíduos guardam a nacionalidade de seu respectivo Estado; os Estados ligam-se por tratado; cada Estado guarda o direito de secessão; têm o direito de se opor a qualquer ato confederativo. Hoje, como exemplo histórico, há os Emirados Árabes Unidos.

2.4 Estado Unitário

No *Estado Unitário* o governo nacional assume, exclusivamente, a direção de todas as atividades. Pode estar dividido em províncias ou circunscrições, mas todas as ordens emanam do poder central.

Nasceu, como se viu, em decorrência da independência norte-americana, um *Estado Federal*, no qual "os poderes não delegados aos Estados Unidos pela Constituição, nem denegados por ele aos Estados, são reservados aos Estados ou ao povo, respectivamente" (art. 10 do *Bill of Rights* americano, de 1791).

Há, assim, o Estado Federal, formado pela união dos Estados-membros, sem que qualquer destes seja soberano. Soberania é do Estado Federal. Os demais são autônomos, seja por competência explícita, seja por reconhecimento implícito.

2.5 Formas de estrutura do Estado Federal

Pode formar-se o Estado Federal por *agregação*, que decorre da reunião de Estados preexistentes (decorrente de força *centrípeta*), como foi o caso norte-americano, e por *segregação*, ou seja, resultante da descentralização de um Estado Unitário, como ocorreu com o Brasil (advindo de força *centrífuga*). Como bem esclarece Oswaldo Aranha Bandeira de Mello, "na maioria das Federações, a começar pelos Estados Unidos, uma força centrípeta impulsionou a modificação dos Estados, pois constituiu um movimento da periferia para o centro, integrando os Estados particulares em um único e novo Estado, com a retirada de vários poderes daqueles, os quais se concretizaram em a nova entidade criada. No México, como no Brasil e na Áustria, uma força centrífuga orientou essa transformação do Estado, que evolveu em uma direção do centro para a periferia, deslocando poderes para as coletividades inferiores".[1]

---

1. BANDEIRA DE MELLO, Oswaldo Aranha. *Natureza jurídica do Estado Federal*. São Paulo: Prefeitura do Município de São Paulo: 1948, p. 73.

2.6 Tipos de Estado Federal

Existem *tipos* de Estado Federal, que decorrem da forma como se compõe a Federação. A teoria *dualista* vê a existência de duas soberanias, a do Estado Federal e a dos Estados-membros. Foi o que existiu no início da Federação Norte-Americana. Posteriormente começou-se a desconhecer o dualismo, passando-se ao que se denominou de *federalismo por cooperação*. Ínsita a necessidade de coordenação entre o exercício de todas as competências, dirigidas pelo Estado Federal. Há a exclusão da soberania, remanescendo aos Estados-membros competências residuais.

Surge o *federalismo de integração*, ou seja, a sujeição da esfera estadual à federal, o que resultaria quase num Estado Unitário constitucionalmente descentralizado, no exato dizer de Manoel Gonçalves Ferreira Filho.[2]

2.7 Breve história da Federação Brasileira

Enquanto nos Estados Unidos da América do Norte o federalismo nasceu de movimento centrípeto, ou seja, veio dos lados para o centro, uma vez que as 13 Colônias passaram a ter poderes soberanos, no Brasil, a origem da Federação é absolutamente diversa. Éramos Colônia, ao início, passando a Reino Unido ao de Portugal e Algarves (1815-1822) e, depois, para sede imperial. As tentativas de colonização passaram pelas Capitanias Hereditárias, pelo Governo Geral (1548) e pelo Vice-Reinado, sempre mantendo o unitarismo das ordens. Posteriormente, com a Independência, passamos a ser Estado Unitário e, num gesto de mágica, com o advento da República dos Estados Unidos do Brasil (15.11.1889), fomos convertidos ao federalismo. O movimento, pois, partiu do centro para a descentralização.

A Constituição imperial de 1824 asfixiou as Províncias, concentrando todos os poderes em mãos do Imperador. O Ato Adicional de 1834 pretendeu dar certa flexibilidade às comunas, o que foi impedido pela Lei de Interpretação (nº 105/1840), que eliminou as inovações trazidas.

A Constituição de 1891 estabeleceu um regime de competências divididas entre a União e os Estados-membros, bem como sistema de repartição de receitas, reservando-se aos Estados-membros competências residuais. No governo Arthur Bernardes, a Reforma de 1926 impôs limitações aos Estados. Após a vigência da Constituição de 1934 foi a Federação de novo violentada com o advento da "Polaca", ou seja, a Carta de 1937, imposta por Getúlio Vargas, que manteve, formalmente, a Federação, sujeita ao denominado Estado Novo.

O retorno à normalidade institucional em 1946 foi interrompido com a Revolução Militar de 1964, que novamente interrompeu o processo de consolidação democrática e federativa.

Com sobressaltos institucionais, períodos nos quais houve interrupção do Estado Democrático de Direito, subsistiu no país a federação, como tipo de Estado.

Nenhum benefício trouxeram a Constituição de 1967 (apenas formalmente aprovada pelo Congresso) e a Emenda Constitucional nº 1/1969.

---

2 FERREIRA FILHO, Manoel Gonçalves. *Curso de direito constitucional*. 18. ed. São Paulo: Saraiva, 1990, p. 63.

Era natural esperar que a Constituição de 1988 fizesse retornar o Estado Brasileiro ao conceito puro de Federação.

2.8 Características do Estado Federal

De acordo com Bandeira de Mello, o Estado Federal tem as seguintes características: "a) o processo de repartição das competências entre a União e os Estados federados; b) a autonomia dos Estados federados; e c) a participação dos Estados federados nas decisões da União".[3]

Não há, como se pretendeu, pensar na divisão da soberania entre os entes federais. A soberania é, essencialmente, indivisível, e, pois, entra na competência de apenas uma pessoa jurídica.

Os Estados-membros não criam novos Estados em situação de superioridade sobre os outros. A União é o conjunto da autonomia de cada Estado, formando-se soberana. Falece aos Estados-membros o direito à secessão.

Assim sendo, há a repartição de competências entre a União, que titulariza os interesses do Estado Federal, as competências próprias de cada Estado-membro e, também, os interesses dos Municípios, que são autônomos. Há necessidade de repartição política no texto da Constituição. Gozam os Estados-membros de "competências exclusivas, tanto na ordem constitucional quanto na administrativa".[4] Tais competências apenas podem ser alteradas por emenda constitucional, ou seja, por consentimento de governantes e governados.

Segunda característica é serem entes autônomos, ou seja, têm eles o direito de regular seus próprios interesses, mediante normas jurídicas por eles próprios editadas. Gozam de competência legislativa e, pois, política própria. Ademais, têm previstos os serviços que devem prestar. De seu turno, não lhes basta cuidar de seus próprios interesses e ter seus próprios serviços. Imprescindível é que possuam receitas suficientes e próprias para buscarem cumprir as finalidades previstas no texto solene da Constituição.

A terceira característica apontada diz respeito à representatividade dos Estados junto à Federação, ou seja, cada Estado tem voz e voto junto às decisões soberanas que se irão tomar. É o que ocorre através do Senado, onde cada Estado coloca seus representantes.

2.9 Competências

As atribuições do Estado Federal e dos Estados-membros são definidas na Constituição da República. Podem ser *exclusivas ou privativas*, o que impede seu exercício por outra esfera federativa. No caso brasileiro, o art. 21 da CF consagra as atribuições afetas à União. No art. 30, as competências dos Municípios; e no §1º do art. 25 encontram-se alinhadas as competências remanescentes dos Estados-membros. A competência, aqui, é excludente. Não pode o Estado-membro ou o Município exercer

[3] BANDEIRA DE MELLO, Oswaldo Aranha. *Natureza jurídica do Estado Federal, op. cit.*, p. 17.

[4] *Idem*, p. 41.

as atribuições conferidas à União. Qualquer invasão dá origem ao direito de postular, em juízo ou politicamente, a paralisação do exercício das atividades.

Podem ser *concorrentes*, ou seja, facultativas. Enquanto um órgão de exercício do poder não as exercer, pode exercê-las o outro. Normalmente a competência concorrente ocorre no âmbito da legislação (art. 24). Aí, compete à União, apenas e tão somente, legislar sobre normas gerais (§1º). Expedidas tais normas, remanesce a competência dos Estados em adaptá-las às suas especificidades (§§2º, 3º e 4º). É o caso do direito tributário, do financeiro, penitenciário, econômico, urbanístico, orçamentário, etc. (incisos do art. 24).

Existem também as competências paralelas ou *comuns* (art. 23), ou seja, aquelas que podem ser exercidas pelas duas entidades federativas, sem exclusão. É o caso da educação (inciso V), saúde (inciso II), meio ambiente (incisos VI e VII), cultura (inciso V), patrimônio (incisos I e IX), etc.

A discriminação, através de Constituição rígida, se impõe, para impedir os confrontos e conflitos de competência que podem surgir.

Tanto os Estados-membros como os Municípios são autônomos, ou seja, têm governo próprio eleito livremente, para exercer a competência fixada na Constituição, e possuem rendas próprias.

2.10 A federação como cláusula pétrea

No Brasil deu-se tal relevo ao princípio federativo, que impõe o vínculo indissolúvel entre União, Estados e Municípios, que foi consagrado como cláusula pétrea (§4º, I, do art. 60), isto é, não pode ser objeto de deliberação qualquer proposta de emenda constitucional tendendo a abolir a Federação.

2.11 A federação e o pacto federativo no Brasil

A Federação Brasileira tipificou-se por incluir, no art. 1º da CF, o Município como integrante do Estado Federal. Embora alguns autores afirmem, taxativamente, que agora o Município integra a Federação, tudo depende do conceito que se tem dela. Entendendo-se que significa apenas um pacto que estabeleça competências próprias às unidades federativas, o Município integra o conceito. Acrescentando-se a imperiosa representação dos Estados-membros nas deliberações da União, os Municípios estão fora do conceito.

Para caracterização do Estado Federal é imprescindível que haja unidades federadas com competência própria estabelecidas no texto constitucional, com governo autônomo e representação junto ao Estado Federal. A competência reflete-se na autonomia política (eleição dos governantes) e administrativa (cuidar de seus próprios interesses sem interferência de outra esfera).

Este é o Estado Federal, em nossa percepção.

2.12 Hierarquia entre entes federais

Não se pode falar em hierarquia entre União, Estados e Municípios. Cada qual é autônomo, dentro das atribuições que lhes estão afetas. Descabe qualquer ato de superioridade da União sobre Estados e destes sobre os Municípios. As únicas possibilidades de intervenção nos Estados e no Distrito Federal decorrem dos expressos termos do art. 34 da CF, ou seja: (a) quando houver necessidade de manter a integridade nacional; (b) para repelir invasão estrangeira ou de uma unidade da Federação em outra; (c) para pôr termo a grave comprometimento da ordem pública; (d) para garantir o livre exercício de qualquer dos Poderes nas unidades da Federação; (e) para reorganização das finanças da unidade da Federação; (f) para prover a execução de lei federal, ordem ou decisão judicial; e, por fim, (g) para assegurar a observância dos princípios da forma republicana, sistema representativo, regime democrático, direitos da pessoa humana, autonomia municipal, prestação de contas e aplicação do percentual mínimo em ações de educação e saúde.

Quanto à possibilidade de intervenção por parte dos Estados e da União nos Municípios (nesta última hipótese, a intervenção da União é permitida apenas naqueles localizados nos Territórios Federais – art. 33, §1º, da CF), é definida pelo art. 35 da CF: (a) deixar de ser paga, sem motivo de força maior, por dois anos consecutivos, a dívida fundada; (b) não forem prestadas contas devidas, na forma da lei; (c) não tiver sido aplicado o mínimo exigido da receita municipal na manutenção e no desenvolvimento do ensino e nas ações e serviços públicos de saúde; (d) o Tribunal de Justiça der provimento a representação para assegurar a observância de princípios indicados na Constituição Estadual ou para prover a execução de lei, de ordem ou de decisão judicial.

A intervenção é mecanismo excepcional e apenas utilizável em situações de instabilidade institucional, tal como descritas no texto constitucional. É essencial para assegurar a regularidade democrática e constitucional do funcionamento dos Poderes e da continuidade e subsistência do próprio Estado.

A Federação deve manter-se intacta, e, pois, é imprescindível um mecanismo que a mantenha íntegra. Logo, a intervenção, embora essencial, é de utilização excepcional, com o único objetivo de fazer funcionar a máquina federativa em seu todo, sem interrupções institucionais.

2.13 O pacto federativo

Denomina-se pacto federativo a forma pela qual se forma e se organiza o Estado Federal. Diz respeito à distribuição de competências entre a União, os Estados-membros e os Municípios.

Em verdade, parece-nos que não temos um Estado Federal, em sua essência, pois este se constituiria no exercício de poderes intangíveis. Temos um Estado Unitário descentralizado. O pacto instaurado com o advento da Constituição de 1988 já sofreu tantas e inúmeras alterações, que os Estados-membros, aos poucos, vão perdendo autonomia. Esta decorre, inequivocamente, da preservação de suas atribuições e manutenção dos recursos que lhes são destinados para que cumpram suas finalidades e atinjam os objetivos que lhes foram traçados. Ora, a todo instante o Estado Federal mutila os Estados-membros.

Nem se diga que o só fato de manter competências próprias, recursos e eleição de seus governantes significa que foi mantida a pureza originária do conceito de Estado Federal.

Dando-se de lambuja que subsiste o Estado Federal, perde-se, aos poucos, no entanto, a visão purista. É que se alarga, em demasia, o plexo de atribuições da União, em detrimento dos Estados-membros. Percebe-se na distribuição das receitas tributárias e nas intenções que cercam todas as reformas constitucionais. Procura-se restringir os recursos estaduais, concentrando-os na União. As regras tributárias buscam esvaziar os conflitos regionais. Ora, isso é próprio da Federação. O confronto e os conflitos dizem respeito à própria essência do princípio federativo; a forma de organização do Judiciário, sua competência; os serviços e servidores públicos; regime previdenciário; polícia – tudo é competência dos Estados. No entanto, aos poucos, frustra-se o pacto federativo. Alarga-se a competência da União, em detrimento dos Estados-membros.

Ao lado da competência fixada no art. 21 e em outros dispositivos da CF, a União busca somar atribuições em detrimento dos Estados. Logo, aos poucos vai se apequenando o Estado. Perde suas competências. Já não pode gerenciar com autonomia, uma vez que lhe faltam recursos. Os serviços interestatais são supridos pela União, que alija os Estados de seu controle. A polícia é reserva do Exército. A legislação é quase toda da União.

Enfim, pouco resta aos Estados. Eles deveriam ter plena liberdade para fixar seus caminhos, estabelecer suas diretivas, buscar recursos, conceder isenções ou outros tipos de renúncia fiscal, organizar o Judiciário e o Ministério Público. No entanto, a todo momento, legislação complementar invade a esfera íntima dos Estados, sob os olhares complacentes do STF.

Federação é união entre Estados que se agregam para formar um só todo, mantendo suas características regionais.

O pacto pode ser examinado por diversos ângulos. Sob o aspecto *político*, há verdadeira deturpação. Embora mantida a competência para eleição de seus governantes, veem-se os governadores como coadjuvantes do Planalto Central.

Do ângulo *tributário*, os Estados estão subordinados à coordenação federal. A última reforma fala em unificação do ICMS, que é o grande responsável pelas receitas do Estado. Fala-se na vedação de incentivos fiscais, o que elimina grande poder do Estado.

Sob a ótica da *administração* e da *previdência*, tudo se concentra em mãos do governo federal. Garroteia o governo local com regras unificadas sobre funcionalismo público e sobre previdência.

No tocante aos *instrumentos de defesa*, há ordens unificadas (processo e procedimento, recursos, etc.). O Direito é todo regulado por leis federais.

O *sistema de controle de contas* é concentrado. Municípios não mais podem ter Tribunais de Contas, e o regime é todo federalizado.

No tocante à *polícia e respectivo armamento*, a ordem é remeter tudo para o âmbito federal.

Federalizado está ficando o Poder Judiciário, aos poucos. Atribuições novas de competência para a Justiça Federal. Diga-se o mesmo do Ministério Público.

Hoje, está deturpado o Estado Federal no tocante à sua origem e à sua pureza conceitual originária.

Pouco resta à competência dos Estados no tocante ao Poder Legislativo. Concentram-se os poderes de iniciativa em mãos do chefe do Poder Executivo e, em segundo lugar, pouco remanesce ao Legislativo para dispor em sua legislação própria.

Entendemos estar descaracterizado o pacto federativo.

Pode-se observar que, ao se falar em reforma tributária, será impossível de ser perpetrada sem um novo pacto federativo, para se saber quais as competências que pertencerão a cada unidade federal. Logo, sem antes repactuar o que é atribuição de cada Estado, como querer repartir as receitas?

Novo pacto federativo advirá do confronto entre os Estados. É patente que cada um deles busca o melhor para si. A fratura ficou exposta quando da discussão dos *royalties* da exploração do pré-sal. As controvérsias ficaram bastante claras. Dois Estados pretenderam continuar recebendo, com exclusividade e em detrimento dos demais, os recursos advindos da exploração do petróleo, seja na plataforma continental, seja no mar territorial.

Qual será a solução? Advirá de negociação, certamente, mas que passa por interesses que não se revelam nem vêm à tona. Na surdina do Palácio serão urdidas formas para que os Estados possam absorvê-las. Cada governador elaborará seu discurso para iludir os governados, violentando-os, de forma simbólica.

Evidente nos parece que a exploração de recursos naturais nacionais, caracterizados como bens públicos, faz parte do patrimônio nacional, integrando-se, pois à disponibilidade financeira do país.

2.14 O federalismo fiscal. A EC nº 132/2023

A Constituição cuidou de estabelecer a competência comum entre os entes federados (art. 23), entendendo que, de acordo com a matéria, daquela expressamente fixada no art. 23 caberia a todos cuidar. Em relação à legislação estabeleceu diversamente. Ao tratar da competência legislativa, dispôs sobre as atribuições apenas da União, dos Estados e Distrito Federal (art. 24).

À União outorgou competência apenas para legislar sobre *normas gerais* (art. 24, §1º). Estas significam princípios, ou seja, valores relevantes que devem vincular os demais entes federados. Tal atribuição não elimina a competência dos Estados (§2º), podendo estes legislar plenamente enquanto não sobrevier a norma federal (§3º). É certo que a superveniência da lei federal sobre normas gerais suspende a eficácia da lei estadual, no que lhe for contrário (§4º).

Sendo assim, o sistema tributário deve ser dividido entre os três entes federativos. Se a Constituição distribui as competências político-administrativas de cada qual, forçosamente deve atribuir os recursos necessários para que possam cumprir suas finalidades. Estas estão definidas no próprio texto constitucional, sem prejuízo de leis que possam determinar competências outras. Logo, imperioso que possuam recursos suficientes para atender a seus fins. Daí a Constituição estabelecer quais os impostos da União (arts. 153 e 154), os pertencentes aos Estados e Distrito Federal (art. 155) e aos Municípios (art. 156).

A EC nº 132/2023 retirou da competência de Estados-membros, Distrito Federal e Municípios a competência privativa de dispor sobre certos tributos. Análise detalhada sobre a referida emenda que trouxe a reforma tributária será feita quando se cuidar de referidas receitas em capítulo próprio. Aqui, importa salientar a extinção e unificação dos denominados impostos sobre o *consumo*. A EC nº 132 extinguiu o IPI, PIS e COFINS, de competência da União, bem como o ICMS e o ISS, de competência, respetivamente, dos Estados e dos Municípios. Dois novos rótulos surgem, a CBS – contribuição sobre bens e serviços e o IBS – imposto sobre bens e serviços. O primeiro de competência da União e o segundo de competência de Estados e Municípios.

Paralelamente, haverá o imposto seletivo, de competência federal que tem por finalidade desestimular o consumo de bens e serviços que sejam prejudiciais à saúde e ao meio ambiente.

Sendo possível ocorrer desequilíbrio na arrecadação, em virtude de fatores socioeconômicos alterarem os ingressos e receitas, a Constituição estabelece forma de repartição das receitas tributárias (arts. 157 a 162). Assim sendo, em tese, cada unidade federada possui a disponibilidade de recursos próprios, cabendo-lhe exercer sua atividade tributária, e, de outro lado, efetua uma racional transferência de recursos, das unidades maiores para as menores, a fim de propiciar a todos os meios necessários para cumprimento de suas atribuições constitucionais.

A matéria foi tratada, o que ainda demanda muitos estudos, nos arts. 6º e 7º da EC nº 132/2023.

A Constituição da República veda que alguns fatos econômicos ou algumas pessoas jurídicas sejam tributados, seja em face de sua relevância dentro da Federação (os próprios entes federados), partidos políticos, suas fundações, entidades sindicais dos trabalhadores, instituições de educação e de assistência social, sem fins lucrativos (alínea "c" do inciso VI do art. 150). Impede a tributação sobre templos, livros, jornais, periódicos e o papel destinado à impressão (alínea "d" do inciso VI). Proíbe que haja tributação sem lei, que ocorra tributação desigual. Institui os princípios da legalidade, da anterioridade e do não confisco.

Ao lado de outras determinações, a Constituição estabelece que a lei complementar deve dispor sobre conflitos de competência entre os entes federativos (inciso I do art. 146). À mesma lei cabe regular as limitações constitucionais ao poder de tributar e dispor sobre: "a) definição de tributos e de suas espécies, bem como, em relação aos impostos discriminados nesta Constituição, a dos respectivos fatos geradores, bases de cálculo e contribuintes; b) obrigação, lançamento, crédito, prescrição e decadência tributários; c) adequado tratamento tributário ao ato cooperativo praticado pelas sociedades cooperativas" (alíneas "a" a "c" do inciso III do art. 146).

Os empréstimos compulsórios somente podem ser instituídos pela União, mediante lei complementar, e nas hipóteses dos incisos I e II do art. 148.

As contribuições sociais também somente podem ser criadas pela União, nos exatos termos do art. 149. A exceção cabe aos demais entes federados, que "poderão instituir contribuição, cobrada de seus servidores, para o custeio, em benefício destes, de sistemas de previdência e assistência social". Outra exceção foi introduzida pela Emenda Constitucional nº 39, de 19.12.2002, e diz respeito à contribuição para o custeio do serviço de iluminação pública (art. 149-A).

Tem-se, pois, aí, uma ideia da repartição das receitas tributárias num Estado Federal.

Os conflitos que surgem dizem respeito a que Estados e Municípios precisam de mais recursos para atender a suas necessidades, enquanto a União busca manter a maior parte do bolo tributário.

O confronto entre entes federativos menores (Estados e Municípios) é próprio da concepção originária do Estado Federal. Este pressupõe desigualdades e divergências de interesses. Daí nasce a União.

A Constituição outorgou *competência tributária* a cada ente federativo para que possa instituir seus próprios tributos, de acordo com a repartição efetuada. Como a Constituição estabeleceu as atribuições de cada ente federal, evidente que deve dar-lhes os instrumentos ou recursos para que possam atendê-las. Quem dá os fins dá os meios, dizia Rui Barbosa. Se, na partilha das competências políticas e administrativas, União, Estados-membros, Distrito Federal e Municípios receberam um plexo de atribuições de que devem cuidar, evidente que a eles devem ser destinados recursos para cumprir suas finalidades.

Dada a complexidade de organização entre três entes federativos, uma vez que há competências privativas, políticas e administrativas (art. 21 – União; art. 30 – Municípios; art. 25 – Estados), há competência legislativa privativa (art. 22 – União; Municípios – inciso I do art. 30; Estados – art. 25), bem como há competências comuns entre as três entidades políticas (art. 23) e legislação concorrente (União, Estados e Distrito federal), nascem problemas, seja no âmbito político, seja no administrativo e também no legislativo. Em verdade, não se constituindo o Estado Federal de um centro único de emanação de normas, podem ocorrer confrontos e conflitos entre os interesses em jogo. No entanto, na medida em que se estabelece a competência de um, cessa a de outro. Onde um tributa, outro não o pode fazer. No campo de exercício de atribuição administrativa de um ente federal outro não pode ingressar. Enfim, há uma complexidade no âmbito de atribuições, como anota Maurício Conti.[5] No entanto, a Constituição da República resolve o problema, seja explícita, seja implicitamente, e onde não o faz nasce a competência do Poder Judiciário, como órgão que dirime conflitos, para pacificá-los.

A superveniência da EC nº 132/2023 altera a repartição tributária entre os entes federativos, determina que tudo seja disciplinado por lei complementar e dá um prazo até 2032 para que sejam instituídos os órgãos de aplicação da reforma. Ao Conselho Gestor (inciso IV do art. 82 do ADCT) caberá a fiscalização e distribuição dos recursos que serão auferidos.

Fixadas as atribuições de cada ente, cabe a distribuição dos recursos. Não pode ocorrer de forma diferente, uma vez que é essencial ao Estado Federal que suas partes funcionem de forma adequada. Há uma partilha de tributos e de recursos não tributários. Os arts. 157 a 162 estabelecem a forma de distribuição dos recursos dos entes federativos maiores. Como diz Roque Carrazza, "é da própria índole de nosso regime federativo

---

5 CONTI, Maurício. *Federalismo fiscal e fundos de participação*. São Paulo: Juarez de Oliveira Editor, 2001, p. 32 e ss.

a coexistência das autonomias federal e estaduais".[6] No dizer de Sacha Calmon, "a tarefa do constituinte, portanto, centra-se na repartição entre as diversas pessoas políticas de parcelas de competência para instituírem as três espécies tributárias antes mencionadas. Para tanto, terá que observar princípios técnicos na estatuição das regras de repartição, sem o quê não seria possível partir e ordenar harmonicamente o poder de tributar, originariamente uno".[7]

Sendo assim, o federalismo fiscal significa a partilha dos tributos pelos diversos entes federativos, de forma a lhes assegurar meios para atendimento de seus fins. Não só dos tributos, no entanto, mas também das receitas não tributárias, como as decorrentes da exploração de seu patrimônio (preço), da prestação de serviços através de concessão ou da partilha do produto da produção de energia elétrica e da produção mineral, na forma do §1º do art. 20 da CF. Faz-se um bolo arrecadatório, destinado a fornecer os meios para que o Estado cumpra suas finalidades, podendo atender aos serviços públicos, exercitando o poder de polícia, intervindo no domínio econômico, preservando situações através de documentos e mantendo sua estrutura, por exemplo, adquirindo imóveis (por compra ou expropriação), móveis, objetos artísticos, monumentos, alugando imóveis, mantendo seu pessoal, etc.

Ao celebrar-se o pacto federativo através da elaboração do pacto político que é a Constituição, deve haver o sopesar das necessidades de cada ente autônomo e os recursos previstos no texto. Se não houver compatibilidade, o pacto é vesgo. Se não se estabelecer razoabilidade entre fins e meios, perecem as soluções democráticas, criando-se odiosa estrutura de dominação dos entes maiores sobre os menores. Deixando-se de atender a critérios equitativos na distribuição de recursos, instaura-se desequilíbrio repugnante entre os centros federativos de poder. Logo, urge que as limitações ao poder de tributar não tornem exangues as fontes dos Municípios e Estados, nem se instituam mecanismos de imunidades de tal ordem que atinjam somente as esferas menores da Federação.

De outro lado, na repartição das receitas tributárias (arts. 157 a 162 da CF) deve caber equilíbrio e bom-senso, de forma a que os entes menores tenham recursos suficientes para atender às suas necessidades.

No Brasil, hoje, o pacto fiscal está torto. Há manifesto desequilíbrio em favor da União. A esta devem ser atribuídos recursos suficientes e necessários para atender às suas finalidades precípuas, quais sejam: segurança externa do país, representação diplomática, Justiça Federal, manutenção da estrutura burocrática dos Ministérios e da Administração direta, recursos instrumentais para pagamento de seus servidores e manutenção de seus equipamentos, prédios, etc. O mais é de ser repassado a Estados e Municípios, uma vez que destes é a dívida maior. Caso tivessem maiores recursos, desnecessários seriam a assunção de suas dívidas pela União ou o repasse anual de fundos perdidos ou de ajuda para obras de saneamento básico, veículos, etc. Meros convênios resolveriam o problema da União. Esta deve ter estrutura mínima de subsistência para garantir o pagamento do endividamento externo, oportunidade em que se instituiria

[6] CARRAZZA, Roque. *Curso de direito constitucional tributário*. 31. ed. São Paulo: Malheiros, 2017, p. 178.

[7] COÊLHO, Sacha Calmon Navarro. *Comentários à Constituição de 1988:* sistema tributário. 5. ed. Rio de Janeiro: Forense, 1993, p. 2-3.

mecanismo para retenção de recursos de Estados e Municípios, para honrar dívidas externas ou internas.

2.15 A guerra fiscal

É próprio do Estado Federal que as unidades federativas queiram progredir, e, portanto, pretendam conceder incentivos de toda espécie para que possa haver o desenvolvimento regional. Evidente que o interesse fiscal de uma unidade pode colidir com o de outra, o que dá origem à guerra fiscal. Será tal conflito inerente à Federação? Parece-nos que sim, uma vez que é própria do sistema federal a preservação das culturas regionais, mantendo os aspectos típicos, históricos, étnicos e sociais, de cada região. No Brasil, dada sua dimensão territorial, há diversidade cultural e histórica entre as regiões, formando-se diferentes polos. A história do Rio Grande do Sul, com a República Piratini, seus conflitos na Bacia do Prata, suas tradições, o tipo de colonização, formam uma unidade diferente da existente na Bahia, cuja tradição é diversa, com cultos de afrodescendentes, com vinculações de história e desenvolvimento na caatinga, fazendo do sertanejo, na precisa definição de Euclides da Cunha, "um forte". O Estado de São Paulo tem tendência cosmopolita, com história de defesa constitucional, com forte influência das colônias italiana e japonesa, formando outros tipos de comportamento. Diga-se o mesmo de Minas Gerais, com sua história de luta pelas liberdades; do Rio de Janeiro, voltado para o samba, futebol, primeiro polo de industrialização com o Barão de Mauá. Enfim, cada segmento do território tem sua própria história, o que faz desembocar em diferentes necessidades, como a Amazônia, por exemplo, com seu destino de preservação da fauna e da flora, da diversidade ambiental, etc. É, pois, ínsito no Brasil que os Estados não são iguais. Ao contrário, são diferentes, cada qual com sua tendência e sua vocação. Logo, igualar a todos é, no mínimo, temerário. As regras devem ser genéricas, para permitir que cada ente federal amolde suas necessidades dentro de finalidades amplas e generosas. No entanto, não se pode vincular e amordaçar as características de cada ente.

A luta, pois, pela captação de recursos privados, a concessão de incentivos, a prática de renúncia fiscal, são perfeitamente amoldáveis no sistema federativo. O que não se pode permitir – e para isso o Estado federal tem que impor limites – é o destino sempre indesejado de todos os recursos apenas para uma ou duas unidades federadas. Logo, importante que se criem regras, até para permitir o desenvolvimento regional. No entanto, não se pode é, a pretexto de evitar os conflitos, eliminar a Federação, retirando desta a possibilidade de buscar recursos particulares, oferecendo vantagens. Para tanto, imprescindível o pacto federativo, que deve orientar ou reorientar incentivos, fixando restrições, amoldando interesses, evitando desgaste que possa redundar em secessão. No entanto, jamais pode mutilar a ação inventiva de cada governante, no sentido de buscar o desenvolvimento de seu Estado, e que Estados se unam para buscar o desenvolvimento regional. Nem sempre se pode recriminar a rotulada "guerra fiscal". Por vezes é nociva aos interesses nacionais e, pois, deve ser reprimida. Por outras, no entanto, é útil, a fim de destinar indústrias ou prestação de serviços a regiões pouco desenvolvidas ou em precárias condições.

A concessão de incentivos fiscais alavanca progresso, estimula a competição, sempre importante em economia de mercado. Não se pode definir, *a priori*, se deve haver a procura de grandes empresas ou de pequenos empreendimentos. Tudo dependerá da situação socioeconômica de determinado Estado, Município ou região. Por isso é que não se pode, de plano, repudiar a luta pelos incentivos ou o estímulo à renúncia fiscal. Tudo dependerá do momento, da época, da situação histórica. A respeito, interessante trabalho foi publicado por Guilherme Bueno de Camargo.[8] Imagina a possibilidade de reestruturação normativa relativa à concessão de incentivos fiscais, reforma institucional do CONFAZ, competência do CADE, obrigatoriedade de transparência e criação de fórum permanente para discussão do tema.[9]

A temática da guerra fiscal, como a maioria dos conflitos sociais, está descambando em inúmeras lides federativas a serem resolvidas pelo STF. Há menção ao tema em inúmeros acórdãos da Corte,[10] já tendo o Tribunal decidido que "consubstancia 'guerra fiscal' o fato de a unidade da Federação reduzir a alíquota do ICMS sem a existência de consenso, mediante convênio, entre os demais Estados",[11] e que é "inconstitucional lei do Estado que, para mitigar pronunciamento do Supremo, implica, quanto a recolhimento de tributo, dispensa de acessórios – multa e juros da mora – e parcelamento".[12]

A guerra fiscal tende a diminuir em face da nova estrutura da organização e distribuição dos tributos entre os entes federativos. É que, com a extinção de tributos federais, estaduais e municipais e a instituição de dois apenas, no que toca ao consumo, a tendência é diminuir as pressões e os conflitos entre os Estados e Municípios.

O que importa notar é que não se podem eliminar os conflitos. São eles próprios de interesses em confronto dentro deste grande país. Dadas as suas diversidades regionais, é absolutamente essencial a possibilidade de que os entes subnacionais mantenham a competência para outorga de incentivos. Inviável será a imposição de grilhões que manietem os interesses regionais. Descaracteriza-se a Federação. Amesquinha-se a distribuição de atribuições. Quebranta-se a competição, que é legítima, entre os Estados.

Evidente está que não se pode estimular a retaliação, a insólita agressão que pode resultar de desmioladas concessões. Tudo há que ter meio-termo. Ponderação. Mas procurar a eliminação total dos conflitos regionais não é próprio das liberdades e do pacto federativo em que se assenta o Brasil.

2.16 A inconstitucionalidade da exigência de unanimidade na aplicação federativa de benefícios fiscais

"Toda unanimidade é burra. Quem pensa com a unanimidade não precisa pensar" – disse Nelson Rodrigues, um dos grandes teatrólogos brasileiros. Parece ter

---

8 CAMARGO, Guilherme Bueno de. A guerra fiscal e seus efeitos: autonomia *x* centralização. *In*: CONTI, José Maurício (coord.). *Federalismo fiscal*. Barueri: Manole, 2003, p. 192-221.

9 *Idem*, p. 220-221.

10 STF, ADI/MC nº 4.705-REF-DF, rel. Min. Joaquim Barbosa, *DJe*, 18.06.2012; ADI nº 2.345-SC, rel. Min. Cézar Peluso, *DJe*, 04.08.2011; ADI nº 2.906-RJ, rel. Min. Marco Aurélio, *DJe*, 28.06.2011; ADI nº 3.674-RJ, rel. Min. Marco Aurélio, *DJe*, 28.06.2011.

11 STF, ADI nº 3.674-RJ, rel. Min. Marco Aurélio, *DJe*, 28.06.2011.

12 STF, ADI nº 2.906-RJ, rel. Min. Marco Aurélio, *DJe*, 28.06.2011.

acompanhado Stalin ao dizer que "não se pode pensar em movimento radical, forte e vivo, onde não haja controvérsia. A unanimidade absoluta só existe nos cemitérios".

Sob a luz de tais pensamentos é que começamos a analisar o conteúdo da Lei Complementar 24/1975, que deflui da alínea "g" do inciso XII do art. 155 da CF/1988, cujo teor é o seguinte: "XII – cabe à lei complementar: (...); g) regular a forma como, mediante deliberação dos Estados e do Distrito Federal, isenções, incentivos e benefícios fiscais serão concedidos e revogados; (...)".

Na sequência de tal disposição adveio a lei federal complementar mencionada, que estabeleceu como deveria ser decidida a situação federativa em relação aos impostos estaduais no tocante a isenções, incentivos e benefícios fiscais. Estabeleceu que "a concessão de benefícios dependerá sempre de decisão unânime" (§2º do art. 2º).

Sem dúvida alguma, a Constituição da República, ao ser elaborada, instituiu como tributo estadual o ICMS, o mais importante dos tributos, mas, de contraparte, encilhou os Estados, ferreteando-os com limitações severas, a ponto de lhes aniquilar a vontade político-tributária. É certo que a Constituição haveria que instituir regras de harmonização dos interesses federativos que fossem conflituosos. Não poderia, de outro lado, destituir os Estados-membros de suas atribuições intrínsecas.

Faremos uma análise da referida lei complementar em seu aspecto de constitucionalidade, seja sobre a exigência da unanimidade da deliberação, seja em relação às sanções que podem ser impostas aos Estados-membros e respectivos contribuintes.

Para tanto, impõe-se uma rememoração do conteúdo do Estado Federal, seu equilíbrio e sua sobrevivência. Em seguida, firmamos posição sobre a inconstitucionalidade do dispositivo (item 2.16.1).

As observações feitas antes da reforma tributária ainda continuam vigentes, porque, em tese, os conflitos devem diminuir ou acabar. No entanto, cremos que a redação dada a diversos dispositivos pode ensejar disputas.

2.16.1 O Estado Federal. A regra de desequiparação. O princípio democrático

O Estado Federal Brasileiro é uma composição de Estados-membros. É verdade que, pela História, o Brasil formou sua Federação sob a caolha óptica de uma Federação centrada na União. Nossa história diverge profundamente em relação à dos Estados Unidos. Lá se constituiu da deliberação das Províncias, reunidas em Virgínia, uma união de Estados, com o objetivo exclusivo de defesa externa, sendo certo que os Estados que então aderiram ressalvaram a manutenção de toda competência legislativa. Cessaram apenas a representação externa e a defesa da incolumidade federativa. Inicialmente formados em Confederação, evoluíram para Federação, respeitada, em qualquer hipótese, a competência política dos Estados.

As antigas 13 Colônias uniram-se e declararam sua independência em 4.7.1776. A reunião em Virgínia foi histórica, porque foi a primeira Colônia britânica nas Américas, em 1606. Eram os colonos tão cientes de seus direitos importados da Pátria-mãe que disseram "não aos impostos sem representação". Declarada a independência, houve a guerra, que se estendeu de 1776 a 1783, e em 3.9.1783 o Reino Unido reconheceu sua derrota e, pelo Tratado de Paris, reconheceu a novel Nação. Sobreveio a Constituição de 1789, e cada Estado precisou ratificar e adotar a Constituição para que ela entrasse em vigor.

Diferentemente ocorreu no Brasil. Força centrífuga fez sair do centro os Estados, cujas Províncias foram neles transformadas por mero decreto, sem que qualquer competência lhes tivesse sido atribuída. O Brasil passou de Colônia a Reino Unido, e depois a Vice-Reino até sua Independência (7.9.1822), como Estado Unitário. Daí adveio a herança da concentração de poderes no centro, e não nos integrantes.

Formação diferente, mas "o uso do cachimbo deixa a boca torta", e assim ficamos desde o começo da República. Concentração excessiva de poderes na União, a ponto de nos transformarmos num Estado Unitário descentralizado. Esta é a verdadeira caracterização política do Brasil. hoje. Não imitamos a República paradigma, dela apenas recolhendo num primeiro instante, e por obra de Rui Barbosa, o nome de Estados Unidos do Brasil, o que consta de sua primeira Constituição.

Como disse, "a boca ficou torta", e ainda hoje pagamos o preço da sujeição a uma União forte e a Estados fracos.

Dir-se-á que temos uma Federação? No papel sim, mas não em termos políticos, econômicos e jurídicos.

Se compararmos nossa Federação à Canadense, ficaremos com inveja. Claro que não se podem comparar coisas desiguais. Mas não custa lamentar à distância. Através do Acordo de Meech Lake caberia o direito de veto às reformas constitucionais que "a Província considerasse contrárias a seu interesse".[13] Como anota Janice Helena Ferreri Morbidelli, "o dispositivo constitucional, exigindo unanimidade das Províncias para a reforma constitucional, tornou complexo encontrar um ponto de equilíbrio".[14] Daí ter sido o acordo de Charlottetown rejeitado em *referendum*.[15]

Hoje, não só na interpretação dos tribunais, mas também na acomodação dos conflitos, prevalece o interesse do Estado Federal, havendo *consultas* entre os Estados "sobre atividades relacionadas, elaborando políticas conjuntas e criando um processo de cooperação intergovernamental".[16]

Em verdade, o federalismo envolve harmonia do sistema em relação à participação dos entes federados. O que não tem sentido é amordaçar um ou alguns dos Estados-membros e prejudicá-los com a exigência da unanimidade.

Como diz José Afonso da Silva: "(...). A repartição regional de poderes autônomos constitui o cerne do conceito de Estado Federal. (...)".[17] Etimologicamente, o termo provém de *foedus*, ou seja, "aliança", "pacto". É um concerto entre diversas partes para formar um todo. O conceito nasce com a Federação Norte-Americana através das lições inexcedíveis de *O Federalista* redigido por Alexandre Hamilton, John Jay e James Madison, publicadas na imprensa entre 27.10.1787 e 4.4.1788, todas assinadas com o pseudônimo de Publius. Originariamente, os Estados Unidos se constituíram em Confederação (união de Estados soberanos em que cada um mantém sua liberdade e

[13] MORBIDELLI, Janice Helena Ferreri. *Um novo pacto federativo para o Brasil*. São Paulo: Celso Bastos Editor, 1999, p. 92.

[14] *Idem*, p. 98.

[15] *Idem*, p. 97.

[16] *Idem*, p. 106.

[17] SILVA, José Afonso da. *Comentário contextual à Constituição*. 9. ed. São Paulo: Malheiros, 2014, p. 35.

sua independência – art. 2º do Tratado de Confederação) e, comprovada a insuficiência do tipo de Estado, resolveram adotar a forma de Federação.

Deixa de existir um tratado, e passa a viger uma Constituição. Neste Estado, segundo Dalmo de Abreu Dallari, "as atribuições da União e das unidades federadas são fixadas na Constituição por meio de distribuição de competências".[18] Acrescenta o autor que é imprescindível assegurar uma fonte de renda a quem detém os encargos, "pois do contrário a autonomia política se torna apenas nominal, pois não pode agir, e agir com independência, quem não dispõe de recursos próprios".[19]

No artigo publicado no *Correio de Nova York* em 1.1.1788, Hamilton, sob o pseudônimo de Publius, afirmou: "Um governo deve deter em si todos os poderes necessários para a plena realização dos fins que estão sob seu cuidado, e para desempenhar exaustivamente os encargos de que é responsável, com liberdade de qualquer restrição que não seja o acatamento do bem público e os desejos do povo".[20]

Diante das lições trazidas, assentemos algumas premissas: (a) a Federação é integrada por Estados-membros; (b) a competência é repartida entre a União, os Estados-membros e, no caso brasileiro, os Municípios; (c) a competência diz respeito não apenas ao exercício de atribuições, mas à arrecadação de tributos compatíveis para bem cumprir as finalidades estabelecidas na Constituição; (d) deve haver equilíbrio e harmonia entre as partes; (e) tal decorre da manutenção da União; (f) há que se atentar às peculiaridades locais, em face das necessidades e interesses específicos.

Ante tais ensinamentos, apura-se que não há como se agrilhoar cada unidade federativa numa camisa de força de decisão unânime sobre interesses específicos. Aliás, a Constituição garante as diferenças (parte final do inciso I do art. 151) e exige lei para que as diferenças sejam manifestadas (§6º do art. 150).

Nem por outro motivo é que, à luz das duas Casas Congressuais, a competência para dispor sobre a Federação (daí por que o Senado é quem representa os Estados) cabe ao Senado Federal. A ele cabe "autorizar operações externas de natureza financeira" (inciso V do art. 52 da CF/1988), "fixar, por proposta do Presidente da República, limites globais para o montante da dívida consolidada da União, dos Estados, do Distrito Federal e dos Municípios" (inciso VI do art. 52 da CF/1988), "dispor sobre limites globais e condições para as operações de crédito externo e interno da União, dos Estados, do Distrito Federal e dos Municípios, de suas autarquias e demais entidades controladas pelo Poder Público Federal" (inciso VII do art. 52 da CF/1988), "dispor sobre limites e condições para a concessão de garantia da União em operações de crédito externo e interno" (inciso VIII do art. 52 da CF/1988) e, por fim, "estabelecer limites globais e condições para o montante da dívida mobiliária dos Estados, do Distrito Federal e dos Municípios" (inciso IX do art. 52 da CF/1988).

A saber: o Senado Federal disciplina a movimentação financeira dos recursos públicos, mas – observe-se – sempre através de maioria qualificada; nunca por unanimidade de seus integrantes.

---

18 DALLARI, Dalmo de Abreu. *Elementos de teoria geral do Estado*. 24. ed. São Paulo: Saraiva, 2003, p. 259.

19 *Idem, ibidem*.

20 HAMILTON. *El federalista*. México: Fondo de Cultura Económica, 1957, p. 124.

É também atribuição do Senado Federal estabelecer "(...) as alíquotas aplicáveis às operações e prestações, interestaduais e de exportação", através de resolução mediante *maioria absoluta* de seus membros (inciso IV do §2º do art. 155 da CF/1988). Também pode o Senado Federal estabelecer "alíquotas mínimas nas operações internas" por iniciativa de *um terço* e aprovada *pela maioria absoluta de seus membros* (alínea "a" do inciso V do §2º do art. 155 da CF/1988). Para fixar alíquotas máximas em tais operações para resolver "conflito específico que envolva interesse de Estados", também a Constituição exige "maioria absoluta e aprovada por dois terços de seus membros" (alínea "b" do inciso V do §2º do art. 155 da CF/1988).

Ora, o órgão representativo da Federação é o Senado. No dizer de José Afonso da Silva, "a dogmática federalista firmou a tese da necessidade do Senado no Estado Federal como Câmara representativa dos Estados Federados".[21]

Para as deliberações do Senado objetivando a manutenção da *unidade da Federação* em relação ao poder tributário há necessidade de decisão por *dois terços de seus membros*. Daí a incongruência não admitida pela Constituição Federal de que as decisões do CONFAZ se façam por unanimidade.

Ora, se o órgão de representação política dos Estados pode e deve decidir por maioria absoluta ou de dois terços, como resulta da transcrição dos artigos que se fez e em relação à matéria tributária, nenhuma lógica estrutural ou sentido jurídico tem a exigência de unanimidade prevista para as deliberações do CONFAZ em relação à outorga de *benefícios*.

Não se deduz, com todo respeito a vozes divergentes, da arquitetura constitucional que possa lei ou, mesmo, lei complementar (cuja diferença é apenas de conteúdo, e não de hierarquia) estabelecer a exigência de unanimidade para deliberação de órgão administrativo, o que pode resultar em prejuízo a qualquer unidade federativa, que é ente federativo e político.

A regra da *unanimidade* é incompatível com o Estado federativo, que pressupõe, até mesmo por decorrência histórica, a desigualdade de seus integrantes.

Daí se conclui pela *absoluta inconstitucionalidade* do §2º do art. 2º da Lei Complementar 24/1975.

Ademais, os critérios são soberbos e revelam não a *discrição* do legislador, mas sua arbitrariedade. Recolhe a unanimidade para a concessão de benefícios, mas maioria de quatro quintos para revogação.

Para que tal ocorresse impunha-se fosse apontado o *discrímen* para o tratamento desigual de coisas iguais. Evidentemente que se aceita a discriminação, e toda lei é discriminatória. O que não se pode aceitar é a discriminação sem que se indique qual o critério de desequilíbrio. Mesmo a norma geral e abstrata pode causar discriminação inconstitucional se ela diz respeito a pessoas que são desiguais. É o caso da norma em tela, que unifica, à força, situações absolutamente diversas, sob o cutelo da unanimidade. É que as pessoas a quem a norma se dirige não são iguais. Amarrá-las sob o mesmo fecho é dar-lhes tratamento desigual. O critério de discriminação, então, não está na norma, que é genérica e abstrata, mas nas pessoas sobre as quais incide.

---

21 SILVA, José Afonso da. *Comentário contextual à Constituição, op. cit.* 9. ed. p. 398.

De se salientar que o *princípio democrático* é completo. Acolhe a existência de órgãos representativos, eleições periódicas, pluralismo partidário, separação de Poderes, periodicidade dos governantes, participação do cidadão nos processos de decisão, regras de controle das decisões, ao lado de outras que possam ser criadas pela moderna doutrina. A democracia não impõe um esquema organizacional pronto. Está sempre em formação. Como salienta J. J. Gomes Canotilho, "o princípio democrático aponta, porém, no sentido constitucional, para um *processo de democratização*".[22] É um procedimento que está se formando, sempre se fazendo, sempre se autoconstituindo. É procedimento em marcha.

Ao lado dos requisitos apontados, "existe uma conexão intrínseca entre o princípio democrático e o princípio maioritário. As raízes do princípio maioritário reconduzem-se aos princípios da igualdade democrática e da liberdade de autodeterminação".[23]

O princípio da igualdade consolida-se não só na igualdade dos indivíduos entre si e perante o Estado, mas também na igualdade dos Estados integrantes da Federação.

Vê-se, pois, que a doutrina insere a regra da maioria na tomada de decisões como substancial ao regime democrático.

Aprende-se com o tempo que o convívio social tende à observância de que há uma maioria que decide, sempre procurando obter o consenso. Entretanto, o dissenso é parte do procedimento democrático. Jamais pode haver uma só voz de forma a impor um comando a todos, nem se pode exigir que haja sintonia de vontades de todos, a demonstrar uma unanimidade absoluta no consenso. Ambas as soluções são contraditórias e avessas ao processo democrático.

Não se pode entender o processo democrático como o *absolutismo da maioria*. Democracia pressupõe diálogo, convencimento, persuasão, métodos dialéticos de confronto de ideias para que se apure um consenso. Jamais a imposição da maioria. Como esclarece Canotilho, "o princípio maioritário assenta politicamente num 'relativismo pragmático' e não num 'fundamentalismo de maiorias'".[24]

Vê-se, pois, que o princípio da decisão da maioria é democrático, não o sendo a decisão imposta pelo absolutismo da maioria e também a exigência de unanimidade. Ambas são repugnantes ao princípio democrático.

Ao lado da extinção do CONFAZ, todas as decisões serão tomadas pelo Conselho Gestor que terá a participação de Estados e Municípios. O critério eleito é mais justo. Combina a quantidade de votos dos entes federativos com a população de cada Estado. Aí, as entidades federadas terão mais voz e o peso da população terá força. O critério é bem mais razoável do que a exigência de unanimidade delas, o que era inconstitucional.

2.16.2 A Lei Complementar nº 24/1975. O convênio. Ratificação por decreto. Exigência de ato legislativo. O art. 4º

A superveniência da Lei Complementar nº 24, de 7.1.1975, causou uma série de controvérsias a respeito de sua aplicação integral aos Estados.

---

22 CANOTILHO, J. J. Gomes. *Direito constitucional*. Coimbra: Livraria Almedina, 1991, p. 421.

23 *Idem*, p. 460.

24 *Idem*, p. 461.

O sistema foi instituído em relação às seguintes operações: (a) redução da base de cálculo; (b) devolução total ou parcial do tributo a contribuinte, responsável ou terceiro; (c) concessão de créditos presumidos; e (d) quaisquer outros incentivos fiscais ou financeiro-fiscais – incisos I a V do parágrafo único do art. 1º. O *caput* do mesmo artigo cuida das isenções do imposto.

As situações descritas apenas podem ser instituídas ou liberadas através de *convênio* (art. 1º) que será ratificado pelos Estados, e a concessão dos benefícios dependerá de *decisão unânime* dos Estados representados, enquanto a *revogação total ou parcial* depende de aprovação de quatro quintos dos representantes presentes (§2º do art. 2º da lei em análise).

A *ratificação* ocorre por *decreto do Poder Executivo* (art. 4º) no prazo de 15 dias.

O convênio é aprovado se receber a ratificação expressa ou tácita de todas as unidades da Federação (§2º do art. 4º). Na hipótese de revogação, opera-se através de quatro quintos das unidades presentes (parte final do §2º do art. 4º).

Convênio administrativo é acordo firmado por entidades públicas ou entre estas e particulares para a realização de objetivos comuns dos participantes. Não se cuida de contrato. Neste, os interesses são divergentes e convergem para pontos comuns e buscam prestações recíprocas (pagamento, de um lado, ou outra prestação e atividade, de outro lado). No convênio os interesses são comuns e não conflitantes.

Por consequência, e não havendo vínculo obrigacional divergente, qualquer parceiro pode se retirar do convênio, sem maiores consequências. Como diz Hely Lopes Meirelles, "a liberdade de ingresso e a retirada dos partícipes do convênio é traço característico dessa *cooperação associativa*, e, por isso mesmo, não admite cláusula obrigatória da permanência ou sancionadora dos denunciantes".[25]

Daí surge uma primeira dificuldade colocada pelo art. 4º da Lei Complementar nº 24/1975. É que para consumação e a efetivação do convênio exige apenas decreto do Poder Executivo ratificando o convênio. Ora, na lição do mesmo autor, "o convênio e o consórcio são sempre atos gravosos que extravasam dos poderes normais do administrador público e, por isso, dependem da aquiescência do Legislativo".[26]

No caso do convênio, diante da reunião dos representantes dos Estados, passa a integrar uma fase do processo legislativo. Revela a manifestação do Estado-membro na aquiescência para firmar determinado ato, que apenas se consolida com a aprovação pela *Assembleia Legislativa* de cada Estado.

O primeiro passo é a discussão entre agentes do Executivo para chegarem a um acordo que se consolida em *convênio*. A partir daí, o ato do Executivo, ainda ato administrativo, tem que se consolidar no encaminhamento ao Poder Legislativo, para que este faça integrar a vontade do Estado-membro. Esta, em termos legislativos, somente se consolida com a manifestação da Assembleia Legislativa. No dizer de Roque Carrazza, "o conteúdo dos convênios só passa a valer como *Direito interno* dos Estados e do Distrito Federal ao depois da ratificação, que é feita por meio de *decreto legislativo*".[27]

---

[25] MEIRELLES, Hely Lopes. *Direito administrativo brasileiro*. 43. ed. São Paulo: Malheiros Editores, 2018, p. 536.

[26] *Idem*, p. 537.

[27] CARRAZZA, Roque. *Curso de direito constitucional tributário*. 31. ed. *op. cit.*, p. 255.

É certo, pois, que não é o convênio que concede a isenção ou qualquer outro benefício ou restrição, tal como apontado na Lei Complementar nº 24/1975. É ato inaugural do processo legislativo, típico do Imposto sobre Circulação de Mercadorias, que deflagra e obriga o ato sequencial, qual seja, a recepção pelo Executivo e sua confirmação pelo Legislativo. A partir daí esta integra a vontade do Estado, que só se consolida com a ratificação através do Poder Legislativo competente.

Fica bastante claro que o convênio não cria nem extingue qualquer obrigação vinculativa de caráter tributário aos Estados. A ratificação do convênio *não pode se dar* por ato do governador, mas apenas por sua Casa Parlamentar. O convênio é mero pressuposto (sem ele não se pode gerar a obrigação da manifestação parlamentar estadual) do processo legislativo, é requisito para a deflagração deste.

É o que deflui do ensinamento de Alcides Jorge Costa,[28] Geraldo Ataliba,[29] Roque Carrazza[30] e José Souto Maior Borges.[31]

Paulo de Barros Carvalho diz que "qualquer das pessoas políticas de direito constitucional interno somente poderá impor obrigações aos particulares mediante expedição de lei".[32] Afirma categoricamente que, "sem lei anterior que descreva o fato, não nasce a obrigação",[33] e sustenta o mesmo em relação à subsunção do evento descrito à hipótese normativa.

Vê-se que não há séria discrepância entre os renomados autores no sentido de exigir a edição de lei para que nasça a obrigação tributária. No caso em análise, o art. 4º da Lei Complementar nº 24/1975 exige apenas *decreto* do chefe do Poder Executivo. Ora, nenhuma obrigação pode ser imposta aos Estados por ato do Poder Executivo, ainda que em decorrência de convênio firmado por todos os Estados. Exige-se ato legislativo, mesmo que não seja lei, mas *decreto legislativo*, ou seja, ato da Assembleia Legislativa do Estado que, pela vontade dos representantes do povo, faça inserir o ato convenial ao Direito interno.

2.16.3 A desigualdade garantida. A unanimidade. A Lei Complementar nº 160/2017

O inciso I do art. 151 da CF garante a desigualdade em relação ao tema ora tratado. Fixa a vedação da instituição de tributo desigual para o território nacional, "admitida a concessão de incentivos fiscais destinados a promover o equilíbrio do desenvolvimento socioeconômico entre as diferentes regiões do país".

Cabe aos Estados e Municípios, desde que o façam por lei, conceder qualquer "subsídio ou isenção, redução de base de cálculo, concessão de crédito presumido, anistia ou remissão, relativo a impostos, taxas ou contribuições" (§6º do art. 150 da CF).

---

28 COSTA, Alcides Jorge. *ICM na Constituição e na lei complementar*. São Paulo: Resenha Tributária, 1979, p. 130.

29 ATALIBA, Geraldo. Convênios interestaduais. Separata da *RDP*, São Paulo, Ed. RT, 67/5.

30 CARRAZZA, Roque. *Curso de direito constitucional tributário*. 31. ed. *op. cit.*, p. 255-256.

31 BORGES, José Souto Maior. *Lei complementar tributária*. São Paulo: Ed. RT, 1975, p. 173.

32 CARVALHO, Paulo de Barros; MARTINS, Ives Gandra da Silva. *Guerra fiscal*: reflexões sobre a concessão de benefícios no âmbito do ICMS. São Paulo: Noeses, 2012, p. 34.

33 *Idem, ibidem*.

Em consequência de tais dispositivos é que se pode ler a alínea "g" do inciso XII do §2º do art. 155 da CF/1988, que estabelece caber à lei complementar "regular a forma como, mediante deliberação dos Estados e do Distrito Federal, isenções, incentivos e benefícios fiscais serão concedidos e revogados".

Não é possível a interpretação isolada de cada um dos dispositivos. Eles se interpenetram.

Exatamente por estarmos em uma Federação é que não há como se aceitar constitucional a *exigência da unanimidade* para concessão de *benefícios*, tal como prevê o §2º do art. 2º da Lei Complementar nº 24/1975.

É que a Federação pressupõe unidades desiguais. Cada um tem seus interesses, sua forma de constituição das necessidades, modelos diversos de solução das divergências, confrontos e contrastes entre as diversas regiões. O Brasil é uma unidade federativa formada por unidades desiguais. Nada têm de comum o Paraná com o Amazonas, Alagoas com São Paulo e Minas Gerais com Mato Grosso. Peculiaridades locais e regionais percorrem todos os Estados. O sotaque linguístico é diverso.

Ives Gandra da Silva Martins vê a exigência da unanimidade dos Estados "para não provocar favorecimento que desse a qualquer um deles maior competitividade, no mercado interno, o que resta reforçado pela disposição de que as alíquotas internas não sejam inferiores às definidas para as operações interestaduais".[34]

Entende o digno autor que a unanimidade não decorre da legislação, mas do texto constitucional.[35]

É verdade que o STF vem exigindo o convênio como ato de nascimento do vínculo obrigacional.[36]

Pela leitura dos julgados percebe-se que todos exigem o convênio, mas não se falou sobre a *unanimidade*, como necessidade de inserção no ordenamento normativo.

Ives Gandra da Silva Martins, com a percuciência que lhe é própria e fruto de sua enorme cultura, termina sua afirmação da seguinte forma: "A unanimidade exigida para a concessão de incentivos, estímulos ou benefícios fiscais de todos os Estados e Distrito Federal é, a meu ver, cláusula pétrea constitucional, não podendo ser alterada nem por legislação inferior e nem por emenda constitucional, por força do §4º, inciso I, do art. 60 da CF".[37]

Com o devido respeito, não se pode falar em cláusula pétrea. Esta vem prevista no §4º do art. 60 da CF. Ali seu conteúdo se esgota. Não existe cláusula pétrea dedutível do ordenamento normativo infraconstitucional. Caso contrário, é fruto da engenhosidade dos juristas brasileiros, poderíamos engendrar quantas cláusulas pétreas conviessem a nossos interesses e conveniências doutrinários. A manipulação dos conceitos poderá levar a soluções não convenientes na preservação do todo federativo.

---

[34] CARVALHO, Paulo de Barros; MARTINS, Ives Gandra da Silva. *Guerra fiscal*: reflexões sobre a concessão de benefícios no âmbito do ICMS, *op. cit.*, p. 6.

[35] *Idem*, p. 9.

[36] STF: ADI nº 2.688-PR, rel. Min. Joaquim Barbosa; ADI nº 3.664-RJ, rel. Min. Cézar Peluso; e ADI nº 3.674-RJ, rel. Min. Marco Aurélio – todas julgadas no dia 1º.6.2011.

[37] CARVALHO, Paulo de Barros; MARTINS, Ives Gandra da Silva. *Guerra fiscal*: reflexões sobre a concessão de benefícios no âmbito do ICMS, *op. cit.*, p. 22.

Evidentemente que a inteligência dos mais renomados autores poderia servir de instrumento para forjar outras tantas cláusulas pétreas quantas admissíveis pelo engenho humano, na precisa lição de Miguel de Cervantes. Os moinhos se converteriam em verdadeiros demônios não ilusórios, mas tendentes a formar maioria jurisprudencial.

Paulo de Barros Carvalho entende que o tema "não deva ser tratado com tamanha rigidez".[38] Argumenta com o fato de que à luz da Carta de 1967 o contexto socioeconômico era diverso, e esclarece: "Se, àquela época, a aprovação por unanimidade era requisito indispensável para conferir ao ICM a uniformidade então constitucionalmente preconizada, hoje esse pressuposto não deve estar presente com tanta rigidez, sendo admissível mitigá-lo em situações peculiares, quando as disparidades socioeconômicas dos Estados e o objetivo de reduzi-las assim justificarem".[39]

A Constituição então vigente era a de 1967, com a Emenda Constitucional nº 1, de 17.10.1969, que inseriu o texto invocado pelo ilustre autor. Ocorre que, seja na Constituição de 1967 com a redação dada pela Emenda Constitucional nº 1/1969, seja à luz da Constituição atual, não se admite a unanimidade, independentemente da situação política, social e econômica analisada.

É que, como se viu, a unanimidade não pode ser admitida, em qualquer hipótese, no interior de um Estado Federal que alberga diferenças em sua essência. A regra deve ser a mesma do Estado Democrático de Direito, ou seja, a da maioria ou da maioria qualificada, como constar do texto complementar. Jamais a unanimidade.

O texto invocado estabelece a forma federativa do Estado. Ora, é justamente aí que reside o busílis da questão. É que a configuração do Estado Federal é, a nosso ver, outra, ou seja, que privilegia a autonomia do Estado, sem lhe admitir a secessão, mas que lhe garanta a busca da melhor posição dentro das unidades federativas.

Não se pode aceitar que um Estado possa se beneficiar da inconstância dos demais, ou de alguns, e prejudicar-se em razão disso.

Para solucionar, parcialmente, o problema sobreveio a Lei Complementar 160, de 7.8.2017, que em seu art. 2º estabelece que o convênio poderá ser aprovado e ratificado com o voto favorável de, no mínimo, "I – 2/3 (dois terços) das unidades federadas; e II – 1/3 (um terço) das unidades federadas integrantes de cada uma das 5 (cinco) regiões do país".

Houve a ratificação dos acordos celebrados até então e nova "reinstituição das isenções, dos incentivos e dos benefícios fiscais ou financeiro-fiscais referidos no inciso I deste artigo que ainda se encontrem em vigor" (inciso II do art. 1º) pode ser aprovada na forma acima mencionada.

O texto afastou também restrições decorrentes do art. 14 da Lei Complementar nº 101/2000 (Lei de Responsabilidade Fiscal) que possam comprometer a implementação das disposições inovadoras.

Vê-se que a disposição quebra a regra inicial e prestigia a decisão democrática da maioria. Continuamos a sustentar a inconstitucionalidade do dispositivo original.

---

38 CARVALHO, Paulo de Barros; MARTINS, Ives Gandra da Silva. *Guerra fiscal*: reflexões sobre a concessão de benefícios no âmbito do ICMS, *op. cit.*, p. 56.

39 *Idem*, p. 55.

O art. 3º da Lei Complementar nº 160/2017 estatui algumas condicionantes para que possa o convênio ser aprovado ou reinstituído.

O art. 4º afasta restrições decorrentes da incidência do art. 14 da Lei Complementar nº 101/2000.

Em verdade, num Estado Democrático a regra sempre foi a da maioria. A unanimidade para decisões sobre interesses de cada Estado ou de uma região impede o desenvolvimento de interesses de outros ou outras, o que não pode subsistir.

Nem se pode admitir a perpetuidade da guerra fiscal entre os Estados. A solução legal contorna, parcialmente, as dificuldades então encontradas.

A matéria, quando a reforma tributária entrar integralmente em vigência, com edição das leis complementares, será resolvida pelo Comitê Gestor. Um único órgão terá a incumbência de resolver todas as pendências que surgirem entre as unidades federativas.

2.16.4 Psicanálise dos representantes dos Estados

Psicanalisando os representantes dos diversos Estados, podemos ter em mente que cada um deles estará defendendo seu espaço territorial, ao invés dos grandes interesses nacionais. É normal que assim ajam. Os sentimentos obscuros da mente que se manifestam não só no comportamento, mas também nas intenções das pessoas.

Como diz Hume: "Nada é mais comum na Filosofia, e mesmo na vida corrente, que falar no combate entre a paixão e a razão, dar preferência à razão e afirmar que os homens só são virtuosos quando se conforma a seus preceitos. Afirma-se que toda criatura racional é obrigada a regular suas ações pela razão".[40] Esclarece que a razão sozinha não pode ser motivo para uma ação da vontade.[41] A razão é sequencial à explosão da paixão.

O homem age movido pela vontade = a coisa em si. Freud a isso denominada "libido". Spinoza dá o nome de *conatus*, ou seja, o instinto, a pulsão, o impulso ou a movimentação anímica que nasce do interior do homem e se explicita em comportamentos. Nietzsche a isso chama de "desejo de vontade". Enfim, o nome varia, mas a essência é a mesma, ou seja, o homem é um ser desejante.

Schopenhauer fala da vontade: "A vontade, que, considerada puramente em si, destituída de conhecimento, é apenas um ímpeto cego e irresistível – como vemos aparecer na natureza inorgânica e na natureza vegetal, assim como na parte vegetativa de nossa própria vida –, atinge, pela entrada em cena no mundo como representação desenvolvida para o seu serviço, o conhecimento de sua volição e daquilo que ela é e quer, a saber, nada senão este mundo, a vida, justamente como este existe".[42] A vontade é livre em seu nascimento, mas a pessoa não é racionalmente livre.[43] Posteriormente à ação o intelecto não faz "senão clarear a natureza dos motivos em todos os seus

---

40 HUME, David. *Tratado da natureza humana*. 2. ed. São Paulo: UNESP, 2009, p. 448-449.

41 *Idem*, p. 449.

42 SCHOPENHAUER. *O mundo como vontade e como representação*. 2. ed. São Paulo: UNESP, 2005, p. 357.

43 *Idem*, p. 374.

aspectos, porém sem ter condições de ele mesmo determinar a vontade, pois esta lhe é completamente inacessível, sim, até mesmo, como vimos, insondável".[44]

Pelos autores citados, contra os quais outros se lhes podem opor com raciocínio diametralmente oposto, em face do apelo à razão, vê-se que todos os homens, inclusive os representantes dos Estados, agirão motivados pela defesa dos interesses locais, e não dos federais. É plausível que cada um deles tenda a proteger sua unidade federativa (por razões de obediência ao governador, por problemas político-eleitorais, por conveniências ocasionais, por circunstâncias fortuitas ou, mesmo, por motivos egoísticos).

Este mundo é indevassável, e apenas o descobrimos através dos atos que se extrovertem no mundo exterior.

O que impede que o representante legal aja com consciência manifesta de prejudicar a Federação? Vamos melhorar, e supor que alguém aja com o intuito de prejudicar o outro Estado, seu concorrente na produção de algum bem de grande valor econômico, na exportação de algo, na comercialização de algum produto. Vamos adiante, e supor que o representante de uma unidade seja desafeto pessoal de outro representante de entidade concorrente. Como agirá? Evidentemente, despejando nos comportamentos, nos conchavos, nas tratativas de acordo, toda sua diligência, seus ardis, seus motivos primários e egoístas. Para quê? Com a finalidade de prejudicar alguém que se destaque por suas qualidades pessoais e morais. Pode pretender que o acordo não se consume até que o governo federal atenda a uma pretensão retida e que dependa de ato do presidente. Pode utilizar-se de seu poder de *veto* para impedir a consecução de benefícios a todo o país, porque alguém de seu Estado de origem pretenda disputar o governo federal ou o estadual.

Disse Shakespeare: "O homem que não tem música dentro de si e que não se emociona com um conjunto de doces acordes é capaz de traições, de conjuras e de rapinas". Em outro lugar afirma que "se os homens fossem constantes seriam perfeitos".

O bardo britânico retratou, melhor que ninguém, em suas inumeráveis peças, a natureza humana, sua fragilidade, seu interior, sua inconstância, sua imperfeição.

Como pretender que os representantes dos Estados, nas diversas discussões que têm sobre o objeto do convênio, sejam plausíveis e perfeitos? Podemos até imaginar uma hipótese que convenha a determinada região do país e que as demais não se sintam atingidas por ela. Poderá haver consenso. Mas, convenhamos, o dissenso é a regra. A inconstância é a regra do ser humano.

Como é possível combinar os sentimentos e as paixões humanas com a unanimidade federativa?

Poderíamos multiplicar as citações de diversos autores e grandes literatos. Limitamo-nos, no entanto, aos mencionados, que bem estudaram e analisaram a alma humana, de forma a extrair dela o que Freud identificou como *id*, incontrolável pelo *superego* que deixa louco o *ego* da convivência.

[44] *Idem*, p. 377.

2.16.5 O princípio da não cumulatividade a justificar o dispositivo complementar

Evidente que o convênio tem sentido à luz da regra da não cumulatividade do tributo. O ICMS é de competência dos Estados-membros, submetidos a regras gerais constitucionais estabelecidas no §2º do art. 155 da CF.

A não cumulatividade pressupõe a existência de uma operação mercantil precedente sobre a qual incidirá a regra tributária. Há, pois, uma relação mercantil entre dois particulares. Uma compra e venda. Sobre ela recai o tributo. Nasce, pois, uma relação tributária exigível pelo Estado-membro sobre o alienante. O adquirente, ao realizar nova operação, receberá o crédito do que pagou na primeira relação, de forma a eliminar o acréscimo do tributo incidente sobre a operação originária.

O receio que se possa ter na prática é de que poderá haver, caso inexista o convênio, prejuízo a um dos Estados porque, se foi dada isenção à operação originária, não haverá tributo a ser pago quando da segunda transferência. Se a operação é interestadual, em tese, pode ocorrer dano a uma unidade federativa.

Pode ocorrer que à luz de incentivo dado por um Estado o outro não tenha crédito de tributo a receber.

Ora, tal situação faz parte do que se denomina Estado Federal.

A matéria aqui cuidada será disciplinada de forma diferente com a reforma tributária. Não haverá a cumulatividade. Ademais, a cobrança do tributário cabe ao Estado de consumo e não ao de produção. Há manifesta simplificação.

O texto continua no livro para memória e comparação entre os diversos sistemas.

2.16.6 As sanções. O art. 8º. Inconstitucionalidade. Autotutela

Como ensina Kelsen, "uma determinada conduta apenas pode ser considerada, no sentido dessa ordem social, como prescrita – ou seja, na hipótese de uma ordem jurídica, como juridicamente prescrita – na medida em que *a conduta oposta é pressuposto de uma sanção*".[45] Garante-se a higidez normativa através da sanção, ou seja, a reação do ordenamento jurídico a uma conduta contrária à previsão do comportamento devido.

O Direito é formado por um conjunto de princípios e normas que rege a conduta humana. Assim, prevê o ordenamento uma estrutura comportamental de formas deônticas. A saber: é obrigatório, é proibido e é permitido. Outra hipótese não se dá. O comportamento contrário ao obrigatório enseja uma reação do ordenamento, de maior ou menor gravidade. O comportamento proibido, a mesma coisa. Apenas se tem liberdade no comportamento permitido, que se pode dividir em permissões fracas e fortes.

Como já escrevi: "Só se pode falar em sanção jurídica quando é ela *externa*, ou seja, não dirigida ao interior do indivíduo, mas extroverte-se, bem como é *institucionalizada*, isto é, desde que quem a aplica tenha competência para tanto, mediante procedimento próprio".[46]

---

45 KELSEN, Hans. *Teoria pura do direito*. Coimbra: Arménio Amado Editor, 1960, p. 49.

46 OLIVEIRA, Regis Fernandes de. *Infrações e sanções administrativas*. 3. ed. São Paulo: Ed. RT, 2012, p. 27.

Temos, pois: (a) um regramento disciplinador das condutas humanas; (b) as previsões normativas podem ser obrigatórias, proibitivas e permissivas; (c) a conduta contrária àquela devida agride o ordenamento; (d) este reage através de *sanções*, que significam a resposta dada pelo órgão competente ao comportamento infrator.

A sanção não é apenas a aplicada pelo Estado-jurisdição, mas por qualquer órgão fragmentário do Estado-Administração.

Ora, estabelece o art. 8º da Lei Complementar nº 24/1975 que "a inobservância dos dispositivos desta Lei acarretará, cumulativamente: I – a nulidade do ato e a ineficácia do crédito fiscal atribuído ao estabelecimento recebedor da mercadoria; II – a exigibilidade do imposto não pago ou devolvido e a ineficácia da lei ou ato que conceda remissão do débito correspondente".

Imaginemos que uma unidade federativa conceda um benefício fiscal a determinada categoria de contribuintes de forma independente e autônoma. Tal ato se constitui em legítimo procedimento em defesa da unidade federativa. Se não houver repercussão em outra unidade o procedimento é legítimo e independe de qualquer interferência do CONFAZ. Se produzir efeitos, a discussão pode instaurar-se perante o STF, órgão competente para deslegitimar atos agressivos ou lesivos dos interesses federativos em confronto.

Diz Paulo de Barros Carvalho que a lei, ao dispor sobre sanções aos contribuintes, procedeu com "total agressão ao ordenamento jurídico pátrio".[47] O vício de nulidade ocorreria de per si, ou seja, imediatamente, sem qualquer juízo valorativo do tribunal competente. "Tal conclusão – afirma o autor citado – não encontra respaldo no sistema constitucional brasileiro, que reserva ao Judiciário a apreciação de toda e qualquer lesão ou ameaça de lesão a direito, afastando completamente a figura da autotutela".[48]

Concorda-se com a conclusão do autor, sem compromisso com a fundamentação. É que entendemos possível ao legislador criar a figura da desconstituição automática e autofágica do ordenamento jurídico, independentemente de um ato que a reconheça. Isto pode ocorrer quando a invalidade é evidente, indisputável, cristalina. É o caso, por exemplo, de uma escritura, e registro consequente, que entenda nulo o ato que não contenha limites. Por exemplo, a matrícula de um imóvel sem limites.

Como já se disse, o ordenamento normativo repudia de forma mais ou menos acerba as diversas agressões que se lhe façam. Para pequenas infrações, sanções moderadas; as mais graves têm repulsa maior. As gravíssimas sofrem forte repúdio. Existe, pois, a autotutela dos atos administrativos. Se, por exemplo, o ato é praticado por quem não é titular da competência, pode o agente a quem a norma atribuiu a competência desfazer o ato antecedente, sem necessidade de qualquer recurso ao Poder Judiciário.

"Nulo é o ato que não pode, de acordo com a regra de Direito, produzir os efeitos a que estava preordenado."[49] O importante é que o órgão próprio possa retirá-lo, e não só isto, mas tem o dever de fazê-lo. Assim, o que se retira do mundo jurídico são os efeitos por ele produzidos. O ato existe e deflagra uma série de efeitos, ainda que

47 CARVALHO, Paulo de Barros; MARTINS, Ives Gandra da Silva. *Guerra fiscal*: reflexões sobre a concessão de benefícios no âmbito do ICMS, *op. cit.*, p. 72.

48 *Idem, ibidem.*

49 OLIVEIRA, Regis Fernandes de. *Ato administrativo.* 6. ed. São Paulo: RT, 2014, p. 140.

nulo, mas o que se postula, então, é que, por ato próprio da Administração ou através de decisão judicial, ele cesse de produzi-los *ex tunc*.[50]

Ademais, o sistema constitucional brasileiro, ao contrário do que se afirma, atribui de forma difusa a toda e qualquer autoridade a competência para desconsiderar normas inconstitucionais. O agente público tem o dever de fazê-lo. Eventualmente, dependendo da disposição legal, pode não ter competência para desconstituir a norma, mas pode e deve, quando chamado a aplicá-la, representar ao agente hierarquicamente superior para não aplicar a norma. Há toda uma sorte de controle pulverizado de constitucionalidade das normas jurídicas no Direito Brasileiro. Não se acha ele inscrito apenas na pessoa do STF. Mesmo o mais alto órgão jurisdicional do país, que detém a competência concentrada, pode, em determinadas situações (hipótese de arguição incidental), limitar-se a comunicar ao Senado da República para que este, então, suspenda a execução de lei declarada inconstitucional (inciso X do art. 52 da CF).

Sendo assim, o controle é muito mais complexo, mas, evidentemente, encarta-se na competência administrativa a competência para declarar a inconstitucionalidade de atos normativos.

Como escrevi: "A mais alta Corte de Justiça do país decidiu que a anulação do ato administrativo ocorre por ato da própria Administração nos casos de erro ou ilegalidade, o que é inerente ao poder de autogestão, exercitável de ofício (*RT* 665/173). No mesmo sentido *RT* 747/195".[51] Neste mesmo sentido é a posição de Celso Antônio Bandeira de Mello.[52]

Com todo o respeito a autores que pensam de forma diferente, reforçado em Celso Antônio, entendo que, dentro da esfera de suas atribuições, cada Estado-membro pode tomar as medidas administrativas que entende devidas. Apenas após o confronto dos interesses é que cabe ao Judiciário se pronunciar. Nem teria sentido negar-se à unidade federativa que aja em defesa de seus interesses. Sem prejuízo, evidentemente, de que cada uma delas faça uso do caminho judicial para reconhecer e fazer prevalecer seus direitos.

Há inúmeras pessoas competentes para exercer seus direitos junto ao STF. Todos os legitimados para a ação declaratória de constitucionalidade ou para a ação direta de inconstitucionalidade dos atos administrativos (art. 103 da CF).

O fato de a autoridade administrativa tomar qualquer providência que entenda devida em benefício dos interesses e direitos da unidade federada não exclui, evidentemente, por força do monopólio jurisdicional, do Judiciário a possibilidade de decidir a respeito. Não se pode confundir *declaração incidental de inconstitucionalidade praticada por autoridade administrativa, que depende de futura confirmação pelo Judiciário, se a questão for levada a seu julgamento*, com a *declaração definitiva de inconstitucionalidade pelo Poder Judiciário*.

Uma coisa é a competência difusa do reconhecimento da inconstitucionalidade (*incidenter tantum*); outra é a declaração definitiva do vício através do STF.

---

50 *RT* 657/176 e 747/195.

51 OLIVEIRA, Regis Fernandes de. *Ato administrativo, op. cit.* 6. ed. p. 144.

52 BANDEIRA DE MELLO, Celso Antônio. *Curso de direito administrativo*. 33. ed. 2. tir. São Paulo: Malheiros Editores, 2017, p. 501.

Diversamente ocorre com as sanções. Estas necessitam ter um agente competente para sua aplicação. O art. 8º da lei complementar em comento não indica quem seja a autoridade competente para aplicar a sanção de nulidade. Pressupõe-se, diante da dicção normativa, que seja alguém da unidade federativa que aplicará a nulidade do ato e a ineficácia do crédito fiscal e que reconhecerá a exigibilidade do imposto não pago ou devolvido e a ineficácia da lei ou ato que concedeu remissão do débito correspondente, nos exatos termos dos incisos I e II do artigo referido.

Ademais, estabelece o parágrafo único do art. 8º que: "Às sanções previstas neste artigo poder-se-ão acrescer a presunção de irregularidade das contas correspondentes ao exercício, a juízo do Tribunal de Contas da União, e a suspensão do pagamento das quotas referentes ao Fundo de Participação, ao Fundo Especial e aos impostos referidos nos itens VIII e IX do art. 21 da Constituição Federal".

Aqui, realmente, o legislador extrapolou, em muito, sua competência constitucional de dispor sobre o assunto. É que está atribuindo ao TCU uma competência que não está prevista no rol das constitucionalmente estabelecidas ao Tribunal mencionado pelo art. 71 da CF/1988. Ora, sabidamente, se a Constituição fixou a competência do órgão em nível constitucional, descabe à lei acrescentar outra. O legislador constituinte quis ser específico, e exauriu a competência do órgão na previsão constitucional.

Em segundo lugar, descabe a suspensão do pagamento das quotas, porque não pertence à arrecadação tributária transferida à União. A dicção do art. 158 da CF é bastante precisa: "Pertencem aos Municípios". Logo, o que pertence aos Municípios não pode ser suspenso pela União ou por qualquer outro órgão integrante de sua estrutura administrativa.

Se o art. 8º da Lei Complementar nº 24/1975 é manifestamente inconstitucional, diga-se o mesmo do art. 9º, que reproduz a sanção em relação aos Municípios.

Os entes federativos, embora unidades menores, haurem sua competência no interior da Constituição Federal, sendo sua autonomia garantida por força do seu art. 29 em relação a sua administração própria, tributos próprios e representação política própria. Tais características dão aos Municípios identidade federativa própria.

2.16.7 Conclusões

Do quanto se disse, apura-se: (a) a exigência de unanimidade para aprovação dos convênios é inconstitucional; (b) a exigência confronta com o disposto no inciso III do art. 3º da CF/1988 e com o inciso I do art. 151 do mesmo texto; (c) o cabimento de competência plena a Estados e Municípios para legislarem sobre o assunto, desde que não causem danos a terceiros (regra máxima do Direito que é a de não lesar os outros); (d) cabe a qualquer órgão o reconhecimento de inconstitucionalidade de ação tomada por uma unidade federativa, cabendo-lhe desfazer atos que lhe forem lesivos; (e) eventuais conflitos resolvem-se em composição de danos a ser praticada entre os próprios Estados; (f) tendo havido intervenção do STF, Estados e Municípios devem cumprir a decisão tomada, providenciando acerto financeiro entre as unidades federativas; (g) o Estado Federal admite competências implícitas que robustecem o comportamento dos Estados-membros e dos Municípios.

As conclusões aqui apontadas cedem ante as novas disposições da reforma tributária. Reservamo-nos a efetuar comentários complementares no capítulo próprio do tributo. Não há mais exigência de unanimidade, o que elimina a inconstitucionalidade aqui analisada. Estados e Municípios não terão mais competência plena para legislar sobre tributos, o que passa a ser do Comitê Gestor.

Em suma, a Lei Complementar 24/1975 está em descompasso com o ordenamento jurídico brasileiro, não guardando compatibilidade vertical com a Constituição da República em relação ao §2º do art. 2º, ao art. 4º e ao art. 8º, dentro dos aspectos examinados.

Não fizemos análise mais detalhada dos demais dispositivos, mas estes são os essenciais, que estruturam a competência do CONFAZ.

2.17 A "cortesia com chapéu alheio"

Outra questão interessante na temática do federalismo fiscal é a da chamada "cortesia com chapéu alheio", que consiste na concessão de incentivos fiscais, por parte de determinado ente da Federação, que implique diminuição de receitas transferidas para outros entes.

Trata-se de questão polêmica. A renúncia fiscal em relação a tributos que tenham suas receitas repartidas entre entes da Federação não é vedada pelo direito financeiro brasileiro. Contudo, a prática indiscriminada de concessão de incentivos fiscais que impliquem perda de receitas para outros entes pode efetivamente prejudicar a autonomia financeira destes entes e levar a preocupantes desequilíbrios federativos.

Em julgamento pioneiro sobre a matéria, em junho/2008, o STF decidiu que a quota do ICMS arrecadado pelos Estados e repassada aos Municípios não pode ser modificada em virtude de concessões de incentivos fiscais por parte dos primeiros. O Min. Ricardo Lewandowski, Relator do caso, defendeu que a autonomia política dos entes federados depende da autonomia financeira, razão pela qual os entes responsáveis pelos repasses estariam impedidos de adotar medidas arbitrárias em relação aos tributos arrecadados por eles.[53]

Esse posicionamento do STF, além de ter repercutido em outros julgados subsequentes,[54] fundamentou novas discussões doutrinárias sobre a prática da "cortesia com o chapéu alheio". Ainda que a decisão pioneira da Corte tenha versado sobre caso em que houve concessão de diferimento no recolhimento do ICMS, e não propriamente redução dos valores arrecadados, tal decisão tem sido tomada como base para o ataque às renúncias de receita que impliquem, efetivamente, redução na arrecadação tributária e, consequentemente, nos repasses federativos.[55]

Nesse contexto, os entes federativos menores poderão encontrar motivação para procurar o Poder Judiciário, a fim de exigir as receitas partilhadas que não tenham

---

53 STF, RE nº 572.762-SC. No caso concreto, que envolvia o Estado de Santa Catarina e o Município de Timbó, o primeiro havia concedido incentivos fiscais de ICMS, comprometendo as receitas que seriam transferidas ao último.

54 STF, RE nº 531.566, RE nº 477.811, RE nº 477.854, RE nº 504.626, RE nº 495.576, RE nº 499.613, RE nº 565.201.

55 Cf.: CRISTO, Alessandro. Municípios vão à Justiça contra isenções fiscais. Disponível em: www.conjur.com.br/2009-out-02/decisao-stf-leva-municipios-justica-reducao-ipi-ir. Acesso em: 12 dez. 2009.

sido repassadas em razão da renúncia de receitas por parte dos entes maiores. A título de exemplo, pode-se citar o caso das desonerações de IPI colocadas em prática pelo governo federal em 2009 (com o objetivo de fomentar as vendas de automóveis e eletrodomésticos), que implicaram diminuição de repasses aos Estados e Municípios.

De fato, já se nota uma tendência de ajuizamento de ações por parte de inúmeros Municípios, pleiteando o direito de receber a proporção dos valores referentes à renúncia de receita pelos Estados ou pela União que, na ausência da prática de renúncia, teriam sido transferidos àqueles entes da Federação. Tais pleitos fundamentam-se no argumento de que o repasse de receitas tributárias partilhadas aos entes subnacionais, determinado pela Constituição Federal, não poderia se sujeitar às condições de tais incentivos.[56]

A matéria aqui tratada foi alterada pela EC132/2023. Serão mantidas, na nova edição, os comentários anteriores, apenas para memória do que se discutiu e se analisou.

2.18 Redução de renúncias fiscais. Plano de equilíbrio fiscal (Lei Complementar nº 178/2020) e aplicação da EC nº 109/2021

A análise que será feita incide, basicamente, sobre o comportamento fiscal federal e respinga nos demais entes federativos. Em relação ao primeiro, incide o art. 4º da EC nº 109/2021 que determina redução parcial dos incentivos e benefícios fiscais. Paralelamente, adveio a lei complementar nº 178/2020 que impôs obrigações fiscais a Estados e Municípios.

Os preceitos se complementam, embora a lei complementar seja anterior à EC nº 109.

Com o passar dos anos União, Estados e Municípios perderam-se na concessão de vantagens fiscais retratadas em benefícios o que leva a grande perda na arrecadação tributária. Com isso o Poder Público fica prejudicado em sua ação de execução de políticas públicas. Perde recursos e, pois, deixa de atender à população mais carente, ao lado de beneficiar empresas e empresários que nem sempre utilizam as vantagens recebidas em benefício da população.

O governo perdeu o rumo. Não sabe mais a quem concede vantagens e os motivos que as embasam. A confusão burocrática é permanente e desorganiza o Estado.

Em boa hora a EC nº 109/2021 determina que o Presidente apesente ao Congresso Nacional um "plano de redução gradual de incentivos e benefícios federais de natureza tributária" (art. 4º). Primeiro, a ordem normativa alcança apenas a União. Segundo, incide apenas sobre benefícios de *natureza tributária*. São os chamados *gastos tributários* (até hoje não entendi o que significam). As palavras se usam sem tecnicidade. Outras receitas estão excluídas da norma constitucional.

No exercício a redução deve ser de dez por cento (10%) de modo que no prazo de oito (8) anos não ultrapasse 2% (dois por cento) do PIB.

Ocorre que, no mesmo instante que emite determinação importante, afasta da incidência da redução determinados setores e atividades, tal como previsto no parágrafo 2º do art. 4º da EC nº 109/2021, o que reduz a quase nada as reduções determinadas. É que as exceções alcançam os setores mais importantes da economia. Assim, não reduzir

56 *Idem, ibidem.*

incentivos e benefícios da Zona Franca de Manaus, de programas de bolsas de estudo, da cesta básica, concedidos a entidades sem fins lucrativos significa, na prática, atingir atividades de pouca relevância, o que diminui o alcance das reduções. Provavelmente importe em zerar os demais benefícios concedidos, atingindo setores sensíveis como saúde e educação.

Provavelmente, o advento de lei complementar possa auxiliar na interpretação do texto. Esse superveniente texto estabelecerá critérios objetivos, metas de desempenho, regras de avaliação periódica e a redução gradual dos incentivos fiscais de natureza tributária. É o que dispõe o parágrafo 4º do art. 4º da referida Emenda Constitucional.

O que ocorre se o Presidente não envia o plano a que alude o preceito constitucional? Eventualmente, poderá ser enquadrado em crime de responsabilidade. Hipótese difícil. Assim, existirá uma obrigação sem sanção.

De outro lado, não há um alinhamento entre a redução e a possível eficiência da ação pública. Quais os impactos econômicos que resultarão? Sobram números sem explicitação sobre sua governança.

O risco que se tem é a existência de mais uma norma constitucional sem que se possa aquilatar o valor de sua eficiência.

Como reiteradamente temos falado, a Constituição virou ato jurídico menor, insignificante, porque passou a conter matéria referente a normas de reduzida importância, mas que ficam consagradas na Carta Magna. Paciência. Natureza tributária. É o que dispõe o parágrafo 4º do art. 4º da referida Emenda Constitucional.

A matéria igualmente foi alterada pela EC nº 132/2023. É que Estados e Municípios não mais poderão conceder, livremente, quais vantagens ou incentivos. Tudo passa a depender do Comitê Gestor. Os comentários ficam valendo como parte histórica.

2.19 O Programa de Recuperação Fiscal. Introdução

O Programa de Recuperação Fiscal dos Estados e do Distrito Federal foi instituído pela Lei Complementar nº 159, de 19 de maio de 2017. Ninguém ignora a balbúrdia financeira em que se encontram Estados, Distrito Federal e Municípios. Sem embargo do advento da Lei Complementar nº 101/2000, os entes federativos não cuidaram de suas finanças e estão comprometidos em sua possibilidade de investir, de suportar gastos com servidores e serviços públicos. Impunha-se, então, que a União pudesse chamar a si a responsabilidade de possibilitar a eles que se reorganizassem em benefício de dar higidez e saúde fiscal a todos os integrantes da federação brasileira.

No interregno sobreveio a Lei Complementar nº 173, de 27 de maio de 2020, que instituiu o Plano de Combate ao Coronavírus, que agora também é modificada naquilo que sobejou de sua vigência temporária.

Insatisfeita com os resultados alcançados, sobrevêm, no início de 2021, inúmeras modificações daquela lei complementar e na Lei Complementar nº 101/2000, para permitir a recuperação financeira dos Estados, Distrito Federal e Municípios. A Lei Complementar nº 178/2020 tem o objetivo de dar maior transparência fiscal aos entes federativos e criar instrumentos para compatibilizar as políticas fiscais destes com a da União.

O Brasil é uma República Federativa, tal como estabelecido na Constituição brasileira (art. 1º) e formado pela união indissolúvel de todos os Estados e Municípios. De um lado, temos o Estado Federal, que é o todo de todas as competências e vem titularizado pela União. Dividido ficou o território com a instituição de diversos Estados (entidades autônomas, com atribuições políticas, financeiras e jurídicas próprias) bem como dos Municípios (entes federativos com competência restrita a seu território, naquilo que diga respeito a seus assuntos internos).

Ao longo dos tempos, cada um, por força das atribuições que detêm, instituíram inúmeras leis sobre finanças públicas. Muitas divergindo de outras, criaram sistemas de controle diversos, de forma que, no âmbito de uma federação, fica complicado estabelecer normas aplicáveis a todos. Daí o advento da Lei Complementar nº 178/2021, que altera as Leis Complementares nºs 101/2000 e 159/2017. Como tal, ela alcança todos os entes federativos. Trata-se de lei nacional, e não meramente federal.

O desequilíbrio financeiro é considerado sério quando a receita corrente líquida (RCL) é menor do que a dívida consolidada ao término do exercício financeiro. Quando o desequilíbrio – soma de despesas com pessoal, juros e amortizações – atinge 70% da RCL está evidente a possibilidade de que o ente federativo não cumpra com suas obrigações financeiras e necessita de uma intervenção.

No Estado Democrático de Direito e em face do regime federativo descabe qualquer intervenção da União nos Estados ou destes nos Municípios. Logo, tinha que ser instituído um regime próprio de recuperação financeira e de equilíbrio fiscal.

O programa ora atualizado pela Lei Complementar nº 178/2020 deverá ser avaliado e atualizado periodicamente e divulgado pelos meios eletrônicos disponíveis, podendo estabelecer metas e compromissos para os entes estaduais, distritais e municipais.

Surge aqui um primeiro problema. A lei complementar pode estabelecer metas e compromissos aos entes federativos. Sem a anuência deles, qualquer obrigação invadirá a intimidade das atribuições federativas. A União não pode hostilizar aquilo que, por força da distribuição constitucional, coube a Estados, Distrito Federal e Municípios. Esbarra-se num primeiro ponto inconstitucional.

2.19.1 Necessidade de adesão ao Plano

Deve haver *adesão* ao Programa (art. 2º da Lei Complementar nº 159/2017, com redação dada pela Lei Complementar nº 178/2020). Sem a anuência dos entes federativos, qualquer constrangimento agredirá a intimidade federativa.

É interessante a previsão de limites de endividamento correspondente ao "percentual da receita corrente líquida, de acordo com a capacidade de pagamento". Igualmente depende de adesão das entidades federadas. Nada lhes pode ser imposto, mas se aderirem, tratar-se-á de obrigação *contratual* e, pois, obriga. Não se cuida, claro está, de contrato regido pelo Direito Civil ou Comercial, mas de contrato de natureza pública a vincular duas esferas públicas de atribuições.

Todos os entes poderão aderir, com maior ou menor vinculação, e dependerá da edição de normas e padrões mais ou menos simplificados do Programa.

Estabelece o parágrafo 6º do art. 1º da Lei Complementar nº 178/2020 que a *adesão* ao Programa é *condição para a pactuação*. Sem dúvida, assim há de ser.

A metodologia para fins de classificação da capacidade de pagamento depende de consulta pública e de manifestação dos entes que se vincularem. Para tanto, será feito exame prévio de todas as informações que os entes federativos enviarem à Secretaria do Tesouro Nacional.

O Plano de Promoção conterá o conjunto de metas e compromissos pactuados para vigência temporária entre União e demais entes federativos. A União poderá dar garantia para liberação de recursos financeiros e, em contrapartida, dará contragarantia, inclusive com vinculação de tributos para pagamento do débito assumido perante a União.

A liberação de recursos depende do cumprimento das metas e compromissos estabelecidos no pacto firmado. Será importante o estabelecimento de limite para despesa total com pessoal. Os recursos poderão ser utilizados para pagamento de despesas correntes ou de capital.

Os Planos e o Programa. O pedido de adesão de Estados e Distrito Federal ao Regime de Recuperação Fiscal instituído pela Lei Complementar nº 159/2017 extingue o Plano de Promoção do Equilíbrio Fiscal.

2.19.2 Dos contratos de refinanciamento com a União

Há o estabelecimento de limites individualizados, ou seja, para cada ente federativo, para contratação de dívida.

Como todos os contratos, há encargos moratórios, ou seja, juros e eventualmente correção monetária. Haverá novos cálculos do que estiver incorporado ao montante inicial contratado.

Poderá ser firmado termo aditivo englobando todos os débitos, penalidades, podendo haver prorrogação.

O que se apura da linguagem técnica utilizada pelo legislador é que haverá uma consolidação dos débitos existentes, seja a título de principal, financiamento, juros correção e far-se-á uma atualização, tudo tendo em vista as possibilidades financeiras do ente federativo comparadas com a receita líquida. Enquanto tudo se processa, não haverá sanções por descumprimento de prazo ou de pagamentos.

De outro lado, o texto busca dar praticidade na tramitação de papéis e documentos.

2.19.3 Das alterações do regime de recuperação fiscal (art. 2º da LC nº 159, com redação da 178). Requisitos

Quando se fala em Estado o montante do débito alcança todos os órgãos e pessoas jurídicas instituídas pelo ente federativo. A inovação é salutar (Lei Complementar nº 178/2020, que deu nova redação ao parágrafo 3º do art. 1º da Lei Complementar nº 159/2017).

Na hipótese de desequilíbrio financeiro diagnosticado e reconhecido, a entidade federativa se obriga a desfazer-se de sua participação societária em empresas públicas e sociedades de economia mista, bem como de efetuar a concessão de serviços e ativos, liquidação ou extinção de tais empresas.

Obrigam-se também a manter: a) serviço previdenciário próprio, b) redução de pelo menos vinte por cento (20%) de incentivos ou benefícios fiscais concedidos, c) revisão de benefícios funcionais dados a servidores públicos, d) instituição de regras para limitar o crescimento anual das despesas primárias, e) leilões para pagamento com o critério de maior desconto, f) adoção de gestão financeira concentrada no Poder Executivo, g) instituição de regime de previdência complementar.

A Lei Complementar nº 159, que foi alterada (178/2020), passou a adotar uma série de outras providências para regularização fiscal dos Estados-membros e dos Municípios.

O prazo de vigência do Regime de Recuperação Fiscal será de nove (9) exercícios financeiros. Terá o controle do Ministério da Economia.

2.19.4 Da habilitação

O ente federativo que atender aos requisitos estabelecidos nos incisos I a III do art. 3º da Lei Complementar nº 159 estará credenciado a se submeter ao regime. Espécie de controle remoto da União sobre Estados e Distrito Federal e Municípios. Fará solicitação ao Ministério de Economia apresentando uma série de documentos exigidos. Satisfeitas as exigências legais, estará incluído no Regime de Recuperação Fiscal, devendo ser monitorado.

Com parecer favorável do Ministério da Economia, o Presidente da República editará ato disciplinador do regime.

2.19.5 Supervisão

Foi instituído um Conselho Supervisor a quem caberá solicitar informações, acompanhar o cumprimento das obrigações assumidas, apresentar relatórios, recomendar ao Ministério da Economia qualquer providência que seja necessária para adequar o cumprimento das obrigações ou impedir que ocorram descumprimentos.

A legislação pertinente arrola uma série de providências, do que se inclui no controle, de eventual inadimplência, bem como estabelece vedações ao Estado, entre as quais, criação de cargo, emprego ou função que implique aumento de despesa, estruturação de carreira que igualmente envolva maior despesa, vedação de criação de cargos de chefia, realização de concurso público e, o pior, criação de despesa obrigatória de caráter continuado (inciso VII do art. 8º da LC nº 159/2017). Isso, ao lado de outros impedimentos instituídos, todos destinados a permitir a recuperação financeira do ente federativo.

De outro lado, o Estado detém prerrogativas de reduzir prestações relativas a contratos de dívidas, de pagar, em seu nome, prestações de operação de crédito com o sistema financeiro (art. 9º da LC nº 159/2017).

2.19.6 Dos financiamentos

Evidente, se o que se pretende é a recuperação financeira dos Estados, não há sentido em falar que possa contrair outras dívidas, mas para programa de desligamento voluntário (PDV), contratação de auditoria, financiamento de leilões, reestruturação de dívidas, modernização da administração fazendária e antecipação de receita da alienação de participação societária poderá ser admitida a assunção de novos financiamentos.

Pode haver o refinanciamento conforme disposto no art. 9-A introduzido pela Lei Complementar nº 178/2020.

2.19.7 Do encerramento do regime de recuperação fiscal

Se todas as obrigações assumidas forem cumpridas, voltando o Estado à higidez financeira, será declarado extinto o programa, recuperando o Estado a plena condução de suas atribuições fiscais. Os arts. 12 e 13 da Lei Complementar nº 178/2020 estabelece as hipóteses.

2.19.8 Do inadimplemento e respectivas sanções

Evidente que, tendo o Estado assumido uma série de obrigações face à União, deve cumpri-las. Na hipótese de descumprimento, sofrerá as sanções correspondentes estabelecidas. O art. 17-A é bastante rigoroso, inclusive em relação às sanções penais.

2.19.9 O art. 15 da Lei Complementar nº 178/2020 dispõe sobre medidas de reforma à responsabilidade fiscal

Há detalhamento bastante específico em relação às providências que devem ser tomadas.

Diante do fato de a norma entrar em especificações próprias de quase regulamento, torna-se desnecessário comentário detalhado. São providências administrativas e técnicas afetas à área financeira e não jurídica.

2.19.10 Considerações finais

Pelo que se vê do texto ora em vigor, propicia-se que Estados, Distrito Federal e Municípios que estejam em dificuldades financeiras possam aderir ao Programa lançado pelo governo federal, a fim de resolver seus problemas. A lei alcança todos os Estados, o Distrito Federal e os Municípios, sendo que os que tenham até 500 mil habitantes poderão ser admitidos por ato do Secretário do Tesouro Nacional (parágrafo 5º do art. 1º da Lei Complementar nº 178/2020).

A situação dos Municípios e Estados ficou de tal ordem prejudicada, diante dos desmandos de seus respectivos dirigentes, que é imprescindível que se faça sua recuperação. As providências estão tomadas. Resta aos entes federativos a adesão para retorno à higidez das finanças.

Todos deverão seguir as normas de padronização editadas pelo Conselho de Gestão Fiscal. Podem surgir questionamentos em face de o referido Conselho invadir atribuições próprias dos Tribunais de Contas.

A legislação restringe, igualmente, a apuração de despesa com pessoal. Ademais, a providência atinge a todos os órgãos.

Todas as observações efetuadas nos itens anteriores ainda subsistem por força da adequação dos termos da reforma tributária. As leis complementares que serão editadas darão corpo à reforma e a tornarão de eficácia plena. Os dois regimes tributários continuarão juntos por algum tempo. Logo, as observações feitas ainda terão validade.

3

FORMAS DE ATIVIDADE DA ADMINISTRAÇÃO

Após deixarmos claro que o Estado exerce suas atividades por meio de três órgãos do exercício do poder, impõe-se solucionar os problemas: (1) o que ele pode fazer; e (2) sob quais formas pode agir.

Primeiramente, pode participar do processo produtivo, intervindo no domínio econômico.

3.1 Intervenção do Estado no domínio econômico. Fundamentos e acepções

Todo estudo sobre qualquer instituto ou questão jurídica há de partir necessariamente da Constituição Federal para que possa produzir resultados eficazes, sem prejuízo de posterior análise das distorções práticas, já sob o ângulo sociológico.

É inviável analisar apenas do ponto de vista fático. É verdade que o fenômeno da positivação parte de certo modelo empírico ao qual está referido. O relacionamento semântico entre fato e norma vai permitir aproximação e preenchimento dos conceitos, tendo em vista seu conteúdo.

A perspectiva apenas fática é afastada do jurista. Isto porque o modelo normativo filtra os fatos, inclusive distorcendo-os, para dar-lhes determinadas consequências captadas nos mandamentos. Assim, hipótese e mandamento da norma estão vinculados a determinada realidade. Esta é empiricamente inexaurível e inesgotável. Daí por que o Direito filtra a realidade empírica, enquadrando-a dentro dos preceitos normativos. Nem tudo, na realidade, está no mundo jurídico. É o que Lourival Vilanova denomina de "esquematização ou tipificação do fáctico".[1] A tal "alienação do plano jurídico", a que Santi Romano chama de "anomia" jurídica. Em visão estritamente dogmática, inexiste o *não jurídico*, de vez que todos os comportamentos humanos estão previstos deonticamente, em seus functores.

No Direito Brasileiro a regra geral excludente do plano meramente fático faz parte do sistema positivo: o inciso II do art. 5º da CF fornece completude ao sistema. De seu lado, o monopólio jurisdicional do Estado inadmite o obscuro, *o non liquet*, o que demanda a existência de uma dogmática jurídica, não em termos de positivação, mas em termos de solução de todas as questões; daí ser dogmático o Direito.

1 VILANOVA, Lourival. *As estruturas lógicas e o sistema do direito positivo*. São Paulo: RT, 1977, p. 154.

O sistema fechado de direito positivo exaure-se na previsão dos comportamentos. Quando surge algum comportamento não previsto, não se cuidará de lacuna (em seu sentido técnico), de vez que esta apenas vai existir quando do julgamento do juiz. Este, ficando em dúvida, quando da adoção do argumento *a contrario* e do *a símile*, interpreta sobre qual o modal deôntico disciplinador do comportamento. A lacuna, assim, na visão de Norberto Bobbio, deixa de ser a *não referibilidade* a certo comportamento, mas dúvida na escolha do argumento de solução.[2]

Tal visão do ordenamento jurídico como uma totalidade tem por base os preceitos constitucionais. A Constituição fornece o critério máximo de validade das demais normas que compõem o ordenamento. A compatibilidade vertical das normas inferiores encontra sua cúspide na norma constitucional: só podem ser produzidas normas com ela compatíveis.

De outro lado, o sistema inadmite antinomias, ou seja, eventuais discordâncias entre dois preceitos normativos resolvem-se por estruturas previstas dentro do próprio sistema. A eliminação das antinomias encontra amparo na ordem posta.

Numa visão sintética, o escalonamento sistemático tende à rigidez normativa. Dentro desta perspectiva, percebe-se a referibilidade à realidade empírica, mas todos os comportamentos acham-se previstos nas normas. Eventuais dúvidas serão solucionadas pela vedação ao *non liquet*.

Independentemente dos conteúdos, pois, deve ser analisada a Constituição. Inobstante, como documento solene, o texto constitucional é fruto dos valores imperantes em dado momento histórico.

É verdade que o que se passa antes da colocação de dada Constituição é momento pré-normativo, e, pois, visualizado sob outros ângulos do conhecimento humano. Mas não se pode negar que as influências sociais, psicológicas, religiosas, políticas, econômicas, impõem suas respectivas manifestações no conteúdo interno das normas. Todo ato normativo é fruto de colocações extrajurídicas; toda norma deflui e é filha dos sentimentos políticos, das pressões econômicas e dos sentimentos sociais que dominam determinada comunidade.

Ainda que pré-jurídicas, tais manifestações fornecem subsídio para a exata compreensão dos conteúdos legais. Quanto mais no que tange ao entendimento da própria Constituição, expressão máxima dos sentimentos nacionais e fruto das pressões da época e da realidade vivida pela comunidade.

Tendo em vista tal condicionamento dos valores econômicos ao viés jurídico é que se pode partir para a interpretação de princípios e regras da Constituição, para que se habilite a perquirir o conteúdo das regras que dizem respeito à ordem econômica inseridas no corpo da Constituição Federal.

O conteúdo do conceito "econômico" pode ser deduzido da realidade econômica, mas o critério aglutinante das diversas disposições normativas a ele pertinentes é o de buscar no próprio texto constitucional as normas que digam respeito a tal conceito aglutinador. Conclui-se, dessa análise jurídica do conceito de "econômico", que ele se refere à disponibilidade dos bens e valores que interessam às pessoas. Comodidades

2 Cf. nosso "Lacuna e sistema normativo", *RJTJSP* 53/13-30; *RTDP* 24/34-53. São Paulo: Malheiros, 1998.

egoísticas e coletivas que dizem respeito ao patrimônio e sua respectiva transferência de pessoa a pessoa.

De tal ponto de partida, teremos que analisar até que limite o Estado, através de suas entidades políticas e, mesmo, das meramente administrativas, pode interferir no denominado "domínio econômico".

O ponto de partida é a primeira parte do art. 173 da CF, que assim dispõe: "Ressalvados os casos previstos nesta Constituição, a exploração direta de atividade econômica pelo Estado só será permitida (...)".

Ante texto claro, parece inarredável que a atividade econômica é preferencialmente desenvolvida pelos particulares. Aí está consagrado o princípio da liberdade econômica. É o fulcro do regime capitalista; é o germe do Estado não intervencionista.

Ocorre que a análise jurídica comporta diversos pontos de partida. Pode-se ver simplesmente, como se vinha expondo, o Direito em seu ângulo sintático, e, pois, cuida-se do inter-relacionamento dos signos entre si, cujo estudo, agora, não nos vai interessar. Também a análise semântica não será objeto de estudo específico, de vez que cuida do relacionamento do signo com alguma coisa para a qual se dirige. Interessa-nos no momento o ângulo pragmático. Isto é, o estudo de determinado conteúdo comportamental em relação ao usuário, ou, mais precisamente, o problema econômico do ângulo da comunicação humana, vista como interação de sujeitos que trocam mensagens entre si.

Dentro da *complexidade* de situações objeto de análise, escolhemos a situação interativa de conteúdo econômico. Operamos, pois, uma *seleção*, para fins de indagação científica de conteúdo estritamente jurídico.

Cuidando-se a sociedade de uma série de indivíduos inter-relacionados, vinculados por suas ações, colocam-se tais indivíduos em certas *situações*. Como ensina Tércio Sampaio, "definamos comportamento com um 'estar em situação'. Quem está em situação transmite mensagens, quer queira, quer não queira".[3] A troca de mensagens significa que os indivíduos estão em "interação".

"Interagir" é, pois, trocar mensagens. E as mensagens são transmitidas pelo que se denomina de nível *cometimento* e nível *relato*. O primeiro implica aquilo que se transmite, e o segundo o modo de transmissão. Imprimimos um *sentido* ao que se transmite.

Isso só não basta. É necessário, também, contar com a *contingência*, ou seja, com a possibilidade de não sermos entendidos; com a possibilidade da desilusão. A desilusão é a frustração da mensagem.

Os sistemas sociais – dentre eles o Direito – garantem-nos contra as desilusões e reduzem as complexidades. Daí por que as expectativas normativas garantem os indivíduos contra a desilusão fática. A norma mantém-se contra o fato. Este não revoga aquela. Ao contrário, serve para que seja apurado se a norma se mantém, apesar do fato.

A expectativa que se tem – em face da norma constitucional retro transcrita – é a de que o Estado não intervenha na economia. Deve abster-se de interferir, salvo para estimular e apoiar a iniciativa privada.

Mister sabermos do que se cuida quando utilizamos a expressão "domínio econômico".

---

3 FERRAZ JR., Tércio Sampaio. *Função social da dogmática jurídica*. São Paulo: Ed RT, 1980, p. 101.

Entendemos que o Estado assume ou é obrigado a assumir, por disposição constitucional, diversos *deveres*. Em decorrência de dispositivo expresso, tem o dever de prestar serviços públicos. Não tem escolha, nem fica a seu alvedrio prestá-los ou não. Tem que fazê-lo.

De outro lado, "a ordem econômica, fundada na valorização do trabalho humano e na *livre iniciativa*" (art. 170 da CF), "tem por fim assegurar a todos existência digna, conforme os ditames da justiça social, (...)". E os princípios arrolados no mesmo dispositivo asseguram a *livre concorrência*.

Complementa o art. 173 da CF que, "ressalvados os casos previstos nesta Constituição, *a exploração direta da atividade econômica pelo Estado* só será permitida quando necessária aos imperativos da segurança nacional ou a relevante interesse coletivo, conforme definidos em lei". A atividade econômica é livre aos particulares e vedada, salvo as exceções previstas na própria Constituição, ao Estado. Daí resulta claramente o regime capitalista da economia, sem embargo do aspecto social a que ela própria faz menção.

Atividade econômica típica significa, pois, a produção de bens com o objetivo de obter lucro. Este é ínsito no conceito da economia. Há todo o processo produtivo, que passa pela comercialização até o consumo. Como ensina Milton Friedman, o objetivo do governo deve ser limitado: "Sua principal função deve ser a de proteger nossa liberdade contra os inimigos externos e contra nossos próprios compatriotas; preservar a lei e a ordem; reforçar os contratos privados; promover mercados competitivos".[4] Não por ideologia, mas por análise do que dispõe nosso texto constitucional, assevera-se que o Estado não pode explorar diretamente a atividade econômica; não pode ingressar livremente no mercado para produzir riquezas (pode e deve reservar a si parte delas, por vias obrigatórias e legais, a fim de perseguir seus objetivos). Não é essa, por definição constitucional, sua missão. Uma vez instituído o Estado, traça ele, no ordenamento jurídico, quais as finalidades que deve alcançar. Fixa, pois, os lindes de sua atividade. Apenas por lei específica e tendo em vista *imperativos de segurança nacional* ou atendendo a *relevante interesse coletivo*, tal como a lei definir, é que pode ingressar no processo de produção.

Pode-se chegar à noção da atividade econômica até por eliminação das atividades do Estado. O que não for serviço público e estiver fora das demais preocupações do Estado será a atividade econômica. Eros Grau, em seu *A Ordem Econômica na Constituição de 1988*, ensina que, "'ao afirmar que *serviço público* é tipo de *atividade econômica*, a ele atribui a significação de gênero no qual se inclui a *espécie, serviço público*'".[5]

A saber: o autor engloba ambas as noções no gênero *atividade econômica em sentido amplo*, dele destacando as espécies *serviço público* e *atividade econômica em sentido estrito*.

Embora não se possa negar que o serviço público também leva ao processo econômico, parece-nos mais técnica a separação entre serviço público e atividade econômica, porque nesta está sempre presente o intuito de lucro, que é irrelevante para o primeiro. Pode o lucro estar ou não presente na prestação de serviços públicos, não sendo seu componente necessário.

---

4 FRIEDMAN, Milton. *Capitalismo e liberdade*. Rio de Janeiro: Artenova, 1977, p. 15.

5 GRAU, Eros. *A ordem econômica na Constituição de 1988*. 19. ed. São Paulo: Malheiros Editores, 2018, p. 98.

A distinção, na verdade, vai assentar-se na titularidade Estado/particular e no regime jurídico. Daí preferirmos separar no texto constitucional as atividades, em decorrência do critério do *dever* e da *faculdade*.

Ao lado de ser a economia livre para os particulares, o Estado pode nela exercer função de fiscalização, incentivo e planejamento. Dispõe o art. 174 da CF: "Como agente normativo e regulador da atividade econômica, o Estado exercerá, na forma da lei, as funções de fiscalização, incentivo e planejamento, sendo este determinante para o setor público e indicativo para o setor privado". Intervir significa atuar na área de outrem. Logo, percebe-se que, não sendo o domínio econômico área do Estado, pode ele – em decorrência de expressa disposição constitucional – intervir naquele.

Como salienta Tércio Sampaio, "no uso da palavra 'intervenção' está contida uma determinação significativa de natureza ideológica". Observemos, assim, que esta expressão só tem sentido numa sociedade de economia liberada aos particulares. "(...). Isto quer dizer que, de pronto, está excluída uma interpretação marxista, que exigiria uma estatização monopolista."[6] *A contrario sensu*, pode-se dizer que nossa economia é nitidamente capitalista, isto é, o domínio econômico pertence aos particulares, às empresas privadas, e não ao Estado.

Temos, então: (a) domínio livre aos particulares na exploração das atividades econômicas. Somente em caráter excepcional e atendendo a requisitos constitucionais é que pode o Estado *prestá-las*; e (b) pode o Estado *intervir* no domínio econômico para regular tal atividade, inclusive reprimindo "o abuso do poder econômico que vise à dominação dos mercados, à eliminação da concorrência e ao aumento arbitrário dos lucros" (§4º do art. 173 da CF).

Com relação ao item "b", ou seja, a intervenção regulatória do Estado, anotou Eros Grau que, "no que tange ao art. 174, no entanto, a expressão *atividade econômica* é utilizada em outro sentido. Alude, o preceito, a *atividade econômica em sentido amplo*. Respeito à globalidade da atuação estatal como agente normativo e regulador. A atuação normativa reclama fiscalização que assegure a efetividade e eficácia do quanto normativamente definido – daí por que, em rigor, nem seria necessária a ênfase que o preceito adota ao expressamente referir a função de fiscalização. A atuação reguladora há de, impõe a Constituição, compreender o exercício das funções de incentivo e planejamento. Mas não apenas isso: a atuação reguladora reclama também fiscalização e, no desempenho de sua ação normativa, cumpre também ao Estado considerar que o texto constitucional assinala, como funções que lhe atribui, as de incentivo e planejamento".[7]

3.2 Ideologia e intervenção

Ideologicamente, a estruturação normativa consubstanciada na Constituição Federal nem sequer se aproxima do modelo marxista, sequer mantém ranço de liberalismo egoístico do *laisser-faire, laisser-passer* dos fisiocratas franceses. Buscou-se meio-termo compatível com os interesses subjacentes nas mais diversas camadas sociais. Assim

[6] FERRAZ JR., Tércio Sampaio. Fundamentos e limites constitucionais da intervenção do Estado no domínio econômico. *RDP*, São Paulo, RT, 47-48/265, jul.-ago. 1978.

[7] GRAU, Eros. *A ordem econômica na Constituição de 1988, op. cit.*, p. 103-104.

sendo, ao mesmo tempo em que liberou o particular para esgotar-se em suas condições pessoais, intelectuais e econômicas, podendo ascender na escala social, colocou o Estado como balança de tais possibilidades, assegurando, em tese, a vida harmônica e pacífica dentro do jogo de interesses.

Sob nosso ângulo de análise, centrar-nos-emos na redução do Estado a seu limite normativo, liberando o homem na expansão de suas potencialidades.

3.3 Meio de dominação

A própria ideologia encartada nos preceitos básicos da organização jurídica do Estado serve como meio para o asseguramento do controle da sociedade. O Direito deixa aqui, então, de ser uma análise estritamente jurídica da disciplina comportamental, para ser visto como forma de dominação da sociedade a que se dirige. Como afirma Max Weber, "debe entenderse por dominación, de acuerdo con la definición ya dada, la probabilidad de encontrar obediencia dentro de un grupo determinado para mandatos específicos".[8]

Importa hoje, a dominação denominada *burocrática* (além da racional e da carismática), na qual prevalecem as ideias de que: (a) todo Direito pactuado ou outorgado pode ser estatuído de forma racional (com vista a fins ou a valores) com intenção de ser respeitado; (b) todo Direito é um cosmos de regras abstratas; (c) o soberano manda, mas obedece a ordens impessoais; (d) o que obedece só o faz enquanto membro da associação e só obedece ao Direito.

Como bem afirma Sérgio Buarque de Holanda, "no Brasil, pode dizer-se que só excepcionalmente tivemos um sistema administrativo e um corpo de funcionários puramente dedicados a interesses objetivos e fundados nesses interesses. Ao contrário, é possível acompanhar, ao longo de nossa história, o predomínio constante das vontades particulares que encontram seu ambiente próprio em círculos fechados e pouco acessíveis a uma ordenação impessoal".[9]

Sendo assim, o Estado exerce a fiscalização das atividades econômicas desenvolvidas pelos particulares. Por antecipação, ao regulá-las pode intervir no processo produtivo, impondo *limitações* à liberdade estabelecida aos particulares. Para tais limitações, seja ao processo ordenador e regulador da atividade econômica, seja na repressão ao abuso do poder econômico, o Estado é dotado de plexo de competências para assim agir. Daí o *condicionamento* que opera na liberdade e propriedade dos indivíduos, para compatibilizá-las com o desenvolvimento normal da sociedade. É o que decorre dos §§4º e 5º do art. 173 da CF.

Todo nosso raciocínio está baseado em que o Estado não foi precedido de qualquer pacto, mas gerado por dominação de grupos e guerras ao longo da História. Hoje permanece assim, embora politicamente a guerra seja feita de outra maneira. Não nos alongaremos no assunto, porque já foi debatido longamente ao estudarmos o Estado.

---

8 WEBER, Max. *Economía y sociedad*. 2. ed. México: Fondo de Cultura Económica, p. 170.

9 HOLANDA, Sérgio Buarque de. *Raízes do Brasil*. 11. ed. Rio de Janeiro: José Olympio, 1977, p. 106.

3.4 Incentivo da atividade econômica

Da mesma forma que o Estado pode *condicionar* comportamentos, tem importante atribuição (dever) de *incentivar* e *planejar* o desenvolvimento da atividade econômica. Como ressaltou Eros Grau, o planejamento é "forma de ação racional caracterizada pela previsão de comportamentos econômicos e sociais futuros, pela formulação explícita de objetivos e pela definição de meios de ação coordenadamente dispostos, (...)".[10]

O incentivo impõe o financiamento, a orientação, a indução do produtor a determinada atividade.

O planejamento não significa que o Estado possa intervir no fator produtivo; vai apenas orientá-lo.

Pode o Estado, como agente produtivo, ao lado de incentivar e planejar o desenvolvimento da atividade econômica, criar *empresas públicas, sociedades de economia mista* ou *outras entidades*, para exploração da atividade econômica (§1º do art. 173 da CF). Em tal caso, sujeitam-se elas ao direito privado, sofrendo o impacto de alguns princípios de direito público. Não deixam de ser empresas estatais, uma vez que mantêm vínculo jurídico tutelar com o Estado; todavia, no exercício de suas atividades, são empresas como quaisquer outras, não podendo usufruir de qualquer privilégio (§2º do art. 173).

Assim, por exemplo, para desenvolver campo que não esteja suficientemente explorado pela iniciativa particular, ou em que esteja ela ausente, poderá ser criada empresa estatal, para típica prestação de atividade econômica.

3.5 Administração indireta. Autarquia. Empresa pública. Sociedade de economia mista. Fundação. Agência. Organizações sociais e franquias

Na realidade, o Estado cria entidades da Administração com a intenção óbvia de interferir no jogo econômico. E quando menos para que tenha, dentro dos quadros administrativos, cargos e funções para distribuição quando de eleições. Há sempre a saída de que se cuida de emprego em "comissão". Sob a capa da necessidade de criação de entidade da Administração descentralizada, para efeito de organizar ou explorar atividade econômica, vai junto a intenção de procurar lugares para colocação de pessoal apaniguado (contra a qual se insurgiu o STF, por meio de sua Súmula Vinculante 13). É evidente a distorção, dentro da realidade social.

A criação de órgãos especializados em estatística, por exemplo, pode servir para apresentar quadro incompatível com a necessidade real do Poder Público. Serve para manipulação de tais dados, favorecendo as iniciativas oficiais.

O domínio do mercado financeiro por meio de bancos oficiais destina-se a fortalecer determinados setores da economia nacional, em prejuízo de outros pontos. Afirma Tércio Sampaio que, "com isto, na prática da ordem econômica, que exige decisões rápidas e imediatas, revela-se relativamente fácil dizer qual o fundamento da intervenção, mas extremamente difícil apontar em que casos ela não cabe. Em consequência, o que vemos é, de fato, o Conselho Monetário Nacional, que detém, por lei, o poder normativo em matéria de moeda, crédito e instituições financeiras, deixando para o Banco Central

10 GRAU, Eros. *A ordem econômica na Constituição de 1988, op. cit.*, p. 144.

a tomada de resoluções, redação e publicação delas. E o poder de execução que a lei atribui ao Banco Central assume excessiva amplitude, que alcança até a própria norma a que deve ater-se o executor".[11] Está evidente que tudo há que estar regrado e previsto em lei anterior.

Da mesma forma, o mercado pode ser subsidiado não pelas reais necessidades de agricultores, comerciantes e industriais, mas em virtude de amizades e interesses jamais prestigiados pelo ordenamento jurídico. Personaliza-se o domínio, e a assessoria sempre joga com suas conveniências pessoais, que nem sempre são as comuns.

Os interesses de empresas multinacionais pressionam setores governamentais para favorecimento em prol de vantagens econômicas. Inclusive, com tal procedimento opera-se verdadeira sangria na economia interna. Por vezes conveniências econômicas atingem o próprio equilíbrio ecológico e a instalação de indústrias em polos de preservação nem sempre é obtida por meios jurídicos.

A realidade jurídica é uma; a realidade social é outra. Normalmente o Direito expede normas hábeis ao controle das distorções verificadas. Às vezes o veículo normativo serve de instrumento para que interesses pessoais e particulares suplantem os interesses reais da comunidade. Dentro da visão weberiana, "desde el punto de vista puramente 'conceptual' el 'Estado' en ninguna parte es necesario, por tanto, para la economía".[12] A economia desenvolve-se paralelamente ao Estado, tenta este segurá-la dentro de certos limites, impondo restrições, inclusive, quando se vale de seu poder de polícia ao cuidar da economia, pode utilizar os mais diversos meios de pressão para subjugar a sociedade civil, esgotando seus recursos.

O Poder Público pode prestar suas atividades através de autarquias, sociedade de economia mista, empresas públicas, fundações de direito público e agências. Tais entidades são criadas pelo Estado e cada uma tem sua configuração jurídica específica, como se passa a expor.

Celso Antônio define as *autarquias* como "pessoas jurídicas de direito público de capacidade exclusivamente administrativa".[13]

A *fundação* é "a entidade dotada de personalidade jurídica de direito privado, sem fins lucrativos, criada em virtude de autorização legislativa, para o desenvolvimento de atividades que não exijam execução por órgãos ou entidades de direito público, com autonomia administrativa, patrimônio gerido pelos respectivos órgãos de direção, e funcionamento custeado por recursos da União e de outras fontes" (é o que dispõe o Decreto-lei 200/1967, com a alteração introduzida pela Lei 7.596/1987). Refere-se o texto, obviamente, à fundação federal. O conceito, no entanto, aplica-se a todas as que forem instituídas no âmbito dos entes federativos.

Empresa pública é entidade de direito privado, com patrimônio próprio e capital exclusivo da União, criada por lei, para exploração de atividade econômica que o governo venha a exercer por contingência ou conveniência administrativa, podendo

---

[11] FERRAZ JR., Tércio Sampaio. Fundamentos e limites constitucionais da intervenção do Estado no domínio econômico, *op. cit.*, *RDP* 47-48/270-271.

[12] WEBER, Max *Economía y Sociedad*, *op. cit.*, p. 272.

[13] BANDEIRA DE MELLO, Celso Antônio. *Curso de direito administrativo*. 33. ed. 2. tir. São Paulo: Malheiros, 2017, p. 164.

adquirir qualquer forma admitida em Direito. Conceito extraído do mesmo Decreto-lei 200/1967, com a redação dada pelo Decreto-lei 900/1969. O capital, como se vê, é formado exclusivamente por pessoas jurídicas de direito público (sociedade de economia mista, outra empresa pública, autarquia ou o patrimônio do Poder Público: União, Estado ou Município).

Sociedade de economia mista é dotada de personalidade jurídica de direito privado, criada por lei para exploração de atividade econômica, sob forma de sociedade anônima, cujas ações com direito a voto pertençam em maioria ao ente instituidor. O capital deve ser público e privado. A forma é exclusivamente de sociedade anônima, mas o controle é do ente federativo instituidor.

Todas podem prestar serviços públicos. Algumas podem intervir no domínio econômico. Outras podem exercer atividade de polícia. Tudo dependerá do ato de criação (sempre por lei).

As *agências reguladoras* surgiram no Direito Brasileiro com a Lei 9.649/1998. No art. 21, XI, da Constituição da República foi estabelecida a "criação de órgão regulador", que cuidaria dos serviços de telecomunicações, instituindo-se a Anatel (Lei 9.472/1997). O art. 177, §2º, III, da CF estabeleceu a criação de "órgão regulador do monopólio da União" para cuidar da exploração do petróleo.

Duas agências, que seriam criadas como órgãos, tal como dispõe a dicção constitucional. Foram criadas, então, pessoas jurídicas, por lei. Entendemos que nada impede que se criem agências a quem sejam atribuídas funções próprias de desenvolvimento de políticas públicas determinadas pelo Ministério competente.

O que é regulação? Como se disse, cada Ministério, dentro de suas atribuições, determina a política pública em relação à matéria de sua competência. Posteriormente cria-se uma agência para fiscalizar a execução da política. Pouco importa a forma de que se revista. Expedirá, por força do ato ou da lei de sua criação, as normas, os regulamentos, etc. que entender convenientes. Inclusive, pode criar obrigação nova, se estiver dentro de sua atribuição. Não pode criar obrigação inconstitucional nem ilegal. No entanto, ela é competente para dispor dentro daquilo que lhe foi atribuído.

De seu turno, quem tem o poder de fiscalizar tem o poder de sancionar. A agência é incumbida de fiscalizar os serviços prestados dentro de sua área de atuação, tendo a competência de controle e fiscalização. Em decorrência de tal atribuição, cabe-lhe a aplicação de sanções pertinentes e previamente estabelecidas por ato próprio. É que as entidades, empresas, pessoas físicas ou jurídicas que se inserirem sob aquela estrutura de atribuições já terão ciência de que deverão cumprir tais atividades, sob pena de receberem sanções correspondentes.

Toda agência reguladora está subordinada a um Ministério; é o que se denomina tutela.

Normalmente cabe ao Poder Público designar os dirigentes da entidade. Por vezes há o compartilhamento das deliberações com entidades de classe, sindicatos ou membros da sociedade civil. Tudo depende do ato instituidor. O pessoal será admitido através de regime jurídico único dos servidores públicos. Em edição anterior afirmamos que a Lei nº 9.986/2000, no seu art. 1º, estabelecia o regime jurídico celetista no âmbito das agências reguladoras. Referido dispositivo foi declarado inconstitucional pela ADI nº

2.310-1-DF. A Lei nº 10.871/2004 revogou o referido art. 1º e estabeleceu o regime dos servidores públicos.

As *organizações sociais* estão disciplinadas pela Lei nº 9.637/1998. Cabe ao Poder Executivo "qualificar" pessoas jurídicas de direito privado, sem fins lucrativos, cujas finalidades sejam dirigidas ao ensino, à pesquisa científica, ao desenvolvimento tecnológico, à proteção e preservação do meio ambiente, à cultura e à saúde, havendo, assim, a delimitação de sua matéria.

Há requisitos estabelecidos em lei (art. 1º da lei mencionada). O procedimento de habilitação fica a critério do Poder Público. É essencial a participação da sociedade civil na estrutura interna da organização social. Os espaços públicos abrem-se ao particular. Onde a experiência tem sido bem-sucedida, com alguns obstáculos, é no setor da saúde. Hospitais têm passado às mãos de particulares. Quando bem administrados, produzem bons resultados.

Toda novidade causa apreensão. Fala-se em privatizar o Estado. Ora, determinadas atividades que não são próprias do Estado, aquilo que não pode ser transferido ao particular por força de disposição constitucional (representação externa, Judiciário, Polícia, etc.), podem ser repassadas para pessoas jurídicas privadas.

Transferida a administração de uma instituição do Estado, passa-se à gerência particular. Recebe, evidentemente, verbas públicas, devendo prestar contas sobre o montante recebido. No entanto, a administração é toda particular, seus empregados, forma de gestão, tudo assume característica privada.

A *franquia* também vem sendo utilizada pelo Poder Público. No direito privado trata-se de contrato através do qual uma empresa utiliza a marca da outra, utilizando seu conhecimento da na área mediante pagamento. O franqueado irá utilizar a marca para seu uso pessoal, valendo-se de sua notoriedade ou boa fama para extrair lucros. O Poder Público também pode projetar marcas. A Empresa Brasileira de Correios e Telégrafos, por exemplo, constitui-se em um nome cobiçado no meio do mercado. Cede o uso da marca a terceiros, sob determinadas condições. Transfere parcela de atividade a terceiro, que passa a usar a sigla, o nome, cor, etc.

É mais uma inovação que facilita a mobilidade com que deve o Poder Público agir.

Entendemos constitucional a prestação de atividades através de particulares, mediante contrato de franquia. No entanto, deve ser precedida de licitação. A atividade de correio, embora seja típica de Estado, não é exclusiva, nem há impedimento constitucional para que possa ser prestada por terceiros. Tanto que vem tendo boa aprovação. O problema é a parte pública dos Correios, e não as franquias.

Pela dicção constitucional cabe à União "manter o serviço postal e o correio aéreo nacional" (inciso X do art. 21 da CF). Cabe-lhe manter, com certeza. Significa que é obrigada a ter o serviço postal. Não estabelece a forma. Pode haver opção administrativa? Entendemos que sim, uma vez que não se impediu que o Estado agisse por outra forma.

3.6 Atuação direta

É fundamental sabermos que espécie de intervenção pressupõe *agir na esfera do privado*.

Tem o Estado seu campo de atuação gizado na prestação de serviços públicos. A esfera do domínio econômico, em princípio, é-lhe vedada. Todavia, bem diz o art. 173 da CF que a "exploração direta" da atividade econômica "só será permitida" em face da presença dos valores *segurança nacional* e *relevante interesse coletivo*, tal como "definidos em lei". O limite de atuação, pois, é a lei. Somente ela pode habilitar o Estado a intervir no domínio econômico.

Com base no art. 173, a CF ressalva outros casos. São aqueles mencionados no art. 177 e no art. 21, XXIII.

A vedação atinge as estatais, uma vez que devem se submeter "ao regime jurídico próprio das empresas privadas, inclusive quanto aos direitos e obrigações civis, comerciais, trabalhistas e tributários" (inciso II do §1º do art. 173), não podendo usufruir de certos privilégios fiscais (§2º do art. 173). Haverá responsabilidade nos casos de abuso (§4º do mesmo dispositivo constitucional).

De outro lado, pode o Estado exercer o que Eros Grau denomina de intervenção "por direção" e "por indução". No primeiro caso (intervenção por direção) "exerce pressão sobre a economia"; e no segundo (intervenção por indução) "manipula os instrumentos de intervenção".[14] É a ação de regulação da atividade. Pode reprimir o abuso do poder econômico (§4º do art. 173) e, "como agente normativo e regulador da atividade econômica, o Estado exercerá, na forma da lei, as funções de fiscalização, incentivo e planejamento, sendo este determinante para o setor público e indicativo para o setor privado" (art. 174 da CF).

Pode haver a intervenção sob regime de monopólio, nos exatos termos do art. 177 da CF, como esclarece Hely Lopes Meirelles: "*Monopólio* é a exclusividade de domínio, exploração ou utilização de determinado bem, serviço ou atividade. Característica do monopólio é a privatividade de algum direito ou de alguma atividade para alguém. Monopólio estatal é a reserva para o Poder Público de determinado setor do domínio econômico".[15]

O monopólio só pode ocorrer em relação à matéria discriminada no art. 177 da CF. Caso assim não fosse teríamos a exclusividade sobre todo o domínio econômico, o que daria como consequência a alteração do regime de governo, esvaindo-se a economia privada, passando-se a regime tipicamente socialista.

Anota o eminente autor citado que pode se constituir em monopólio toda matéria discriminada no art. 21, VII, X, XI e XII.[16]

Observa-se aqui que o monopólio somente pode ocorrer em atividade que não seja própria do Estado. Nos casos mencionados pelo autor todas representam deveres que o Estado presta ao indivíduo. Logo, pode exercer tais atividades de forma exclusiva ou não.

Ao nos referirmos a monopólio queremos significar que o Estado pode prestar atividade típica dos particulares, e não monopolizar as próprias. Daí ensinar Ataliba que não tem cabimento falar em monopólio no caso de serviço público.[17]

---

14 GRAU, Eros. *A ordem econômica na Constituição de 1988, op. cit.*, p. 141-142.

15 MEIRELLES, Hely Lopes. *Direito administrativo brasileiro*. 43. ed. São Paulo: Malheiros, 2018, p. 806.

16 *Idem*, p. 807.

17 ATALIBA, Geraldo. SABESP – Serviço público – Delegação a empresa estatal – Imunidade a impostos – Regime de taxas. *RDP*, São Paulo, RT 92/87, 1989.

As atividades econômicas previstas no art. 177 da CF devem ser prestadas pelo Estado em regime de monopólio.

Cuida-se de típica atividade econômica, agindo o Estado no mesmo nível de qualquer particular. Assim, quando o Estado institui um banco (Banco do Brasil S/A, Caixa Econômica do Estado de São Paulo S/A, por exemplo) não está prestando qualquer serviço público, mas exercendo típica atividade econômica.

3.7 Exercício do poder de polícia

Dispõe o inciso II do art. 145 da CF que a União, os Estados, o Distrito Federal e os Municípios poderão instituir, além dos impostos, taxas "em razão do exercício do poder de polícia".

Ainda que o termo tenha sido objeto de muitas críticas, questionando-se inclusive sua utilidade, nossa Constituição dele se vale para tê-lo como um dos fatos geradores da cobrança de taxas. Embora não seja objeto específico de nosso estudo, impõe-se conceituá-lo, apartando-o dos demais conceitos, para que possamos limitar nosso objeto de análise. Alf Ross fala da inutilidade de certas expressões,[18] o mesmo fazendo Agustín Gordillo ao afirmar que "não existe hoje em dia uma 'noção' autônoma e suficiente de 'poder de polícia'; não existe porque essa função distribui-se amplamente dentro de toda a atividade estatal".[19]

Diante da extensão do conceito, que abarca inúmeras situações distintas (por exemplo, haveria o poder de polícia sobre a economia, sobre a pesca, a caça, o urbanismo, a segurança, a estética, etc.), seria ele inútil, na medida em que para saber os limites de determinada atividade se tem que analisar um sem-número de leis, e as conclusões nem sempre são as mesmas. Daí apregoam os autores a desnecessidade do conceito "poder de polícia".

Sem embargo de assim ser, o mesmo se podendo dizer do direito subjetivo, da propriedade, etc. Em verdade, serve de importante ferramenta para que distingamos situações, prevenindo problemas, e, fundamentalmente, para que classifiquemos e ordenemos o raciocínio em torno de inúmeros questionamentos jurídicos.

Demais disso, existe o conceito em nosso Direito, e, por isso, impõe-se analisá-lo. Mesmo porque serve de fato gerador de um tributo denominado *taxa*.[20]

Limitações podem ser impostas à liberdade e à propriedade dos indivíduos, sujeitando-os à adequação de comportamentos hábeis à convivência em sociedade. Apenas pode haver plenas condições para o desenvolvimento das potencialidades humanas se os comportamentos forem adequados à vida em sociedade. Os lindes do permitido devem ser fixados pelo Poder Público nas leis, preservando o exercício saudável dos direitos.

O Estado disciplina comportamentos humanos, restringindo-os ou fazendo com que sejam exercidos nos limites do permitido pelo ordenamento jurídico: daí o poder

---

[18] ROSS, Alf. *Tû-Tû*. Buenos Aires: Abeledo-Perrot, 1976.

[19] GORDILLO, Agustín. *Tratado de Derecho Administrativo*: Parte General. t. II. Buenos Aires: Macchi-Lopez, 1975, Capítulo X, 11-7.

[20] A propósito, nosso livro sobre *Taxas de polícia*. 2. ed. São Paulo: RT, 2004.

de polícia. Como ensinava Ruy Cirne Lima, significa "toda restrição ou limitação coercitivamente posta pelo Estado à atividade ou propriedade privada, para o efeito de tornar possível, dentro da ordem, o concorrente exercício de todas as atividades e a conservação perfeita de todas as propriedades privadas".[21]

Diga-se, por fim, que o exercício do poder de polícia é atividade privativa do Poder Público.

Após realizar análise sobre esse instituto, finalizamos colacionando o entendimento segundo o qual o poder de polícia pode ser entendido "como a atividade da Administração Pública destinada a limitar o exercício da atividade dos particulares, adequando-a aos interesses encampados no sistema normativo, impondo-lhes uma abstenção".[22]

Hoje fazemos restrição à "abstenção", uma vez que o exercício do poder de polícia pode impor uma obrigação de fazer ou de suportar.

Sendo assim, espraia-se a atividade administrativa em uma série de campos de ingerência, limitando e adequando comportamentos.

3.8 Documentação jurídica

O Estado, diante da relevância de certos comportamentos, deve preservar os documentos por ele emitidos ou, diante da importância de alguns fatos sociais (nascimento, morte) geradores de efeitos jurídicos, atribui-lhes a necessidade de que fiquem autenticados em repartições do próprio Estado ou de particulares, devidamente credenciados (expressão ampla) para esse mister. Da mesma forma, assegura "privilégio" para utilização de inventos industriais e protege "marcas" ou "signos distintivos" (inciso XXIX do art. 5º da CF), que devem ser registrados. Cabe-lhe proteger documentos históricos (inciso III do art. 23). Dispõe que os serviços notariais e de registro são exercidos "em caráter privado, por delegação do Poder Público" (art. 236 da CF).

Em suma: é importante para a preservação de atos e fatos reputados de importância, e que possam produzir efeitos jurídicos, que o Estado assegure sua perpetuidade, preservando-os da ação do tempo.

3.9 Atividades instrumentais

O Estado estrutura-se voluntária ou compulsoriamente utilizando agentes e recursos materiais necessários ao implemento de todas as suas atribuições principais. Para tanto, adquire imóveis, móveis, semoventes; expropria bens; requisita coisas ou serviços; por meio de licitação, contrata serviços e coisas de que tem necessidade; realiza concursos para composição de seu aparato burocrático ou admite para exercício de cargos em comissão.

Sem tal atividade secundária, a que denominamos *instrumental*, não poderia funcionar. No desempenho de seus misteres, definidos como necessidades a que deve

---

21 LIMA, Ruy Cirne. *Princípios de direito administrativo brasileiro*. 2. ed. São Paulo: RT, 1982, p. 96.

22 OLIVEIRA, Regis Fernandes de. *Taxas de polícia, op. cit.*, p. 35.

atender, o Estado não prescinde de agentes e meios materiais, que serão imprescindíveis para cumprir as finalidades públicas.

Em alguns casos impõe, em consequência, sacrifícios de direitos, como a desapropriação de bens, a servidão compulsória, etc. Deve arrecadar tributos, e, para tanto, precisa manter a máquina burocrática em funcionamento.

Está o Estado, também, credenciado a requisitar serviços (militar, Júri, eleitoral). Em suma: não são essas suas atividades essenciais, a que denominamos *finalidades públicas*, mas deve exercê-las, para manter em funcionamento toda a estrutura.

3.10 Serviços públicos

Por último, no rol das atividades do Estado, presta ele *serviços públicos*. A noção que ora se analisa será de fundamental importância para a elaboração do raciocínio que se desenvolverá, e será básica para a compreensão da matéria objeto de análise.

A definição de serviço público tem sido bastante discutida entre os autores que trataram do tema. Não há consenso sobre o que seja, e muito menos acordo sobre o critério a ser eleito para sua identificação. Já se falou, em França, da crise da noção do serviço público.[23]

Autores há que procuram obtê-la tentando enfocar a *substância* da noção. Buscam o conceito ontológico de serviço público. Outros procuram sua identificação subjetiva, de forma a identificar a mera prestação por parte do Estado a qualificar o conceito. Assim sendo, todo cometimento constituiria serviço público. Tal noção seria supérflua, uma vez que se confundiria com a de função administrativa.

Para nossa convicção, buscaremos o conceito de serviço público a partir do *ordenamento jurídico*. Não estará, então, na essência da atividade, mas na determinação constitucional ou legal de assim ser, sem embargo do substrato material sobre que ela recairá.

Em verdade, o importante é que se esclareça ao interlocutor sobre o que se fala. Entendemos, na esteira de Celso Antônio, que o ordenamento normativo giza a conduta do Estado e fixa-lhe determinados comportamentos que lhe são obrigatórios. Assim, quando lhe impõe um *dever* de prestar determinada atividade, e esta vai beneficiar materialmente alguém ou toda a sociedade, possibilitando-lhes usufruir comodidades, fala-se em *serviço público*.[24] O dever de prestar pressupõe a sujeição do Estado a determinado *regime jurídico* que consagra, diante dos objetivos que tem que alcançar, o uso de determinadas "prerrogativas".

Não se pode ver a expressão "prerrogativa" como própria do Estado em *detrimento* da sociedade. Nem há choque com a orientação inicial imposta ao trabalho de visualização do particular em relação com o Estado. É que, como tem ele, Estado, que cuidar de interesses coletivos, denominados públicos, deve gozar de determinados *poderes* para o atingimento de suas finalidades.

---

[23] CORAIL, Jean-Louis. *La crise de la notion juridique de service public en droit administratif français*. Paris: LGDJ, 1954; WALINE, Marcel. Vicissitudes récentes de la notion de service public. *La revue administrative*, Paris, PUF, 5/23, 1948.

[24] BANDEIRA DE MELLO, Celso Antônio. *Curso de direito administrativo, op. cit*, p. 698.

Assim sendo, quando se fala em "privilégios" não se está falando na fruição de benesses e benefícios, mas na configuração de *deveres*, gizados pela competência expressamente fixada na Constituição Federal ou nas normas complementares. O magistrado, quando tem prerrogativas funcionais, não as usufrui em benefício próprio, mas da função que exerce.

Em suma, há estreita relação entre os privilégios usufruídos pela Administração Pública com os objetivos que tem a alcançar. Caso deles se desvie, haverá vício no comportamento administrativo.

Quando, pois, a Constituição Federal menciona que "compete à União", outra coisa não está dizendo senão que tem ela o *dever* ou *poder-dever* de atingimento das finalidades que o ordenamento arrola. Assim, presentes os pressupostos fáticos, tem o dever de declarar a guerra e de celebrar a paz (inciso II do art. 21). Não é faculdade que fica ao alvedrio do administrador ou do agente político, mas dever de exercer determinada atividade. Aqui, pode-se falar no desenvolvimento de uma atividade tipicamente política, que não é administrativa. Daí não a termos arrolado como forma de atividade.

Dispondo o inciso X do art. 21 que compete à União "manter o serviço postal e o correio aéreo nacional", significa que tem ela o *dever* da prestação de determinada atividade. Tem que manter o serviço postal, não pode deixar de mantê-lo. Assim, nenhuma outra entidade estatal pode prestar o serviço de correios: a União, e apenas ela (dentre as entidades estatais), é que tem a prerrogativa de criar e movimentar o serviço postal.

Em suma, quando o Estado, por meio de seu instrumento de criação, determina a prestação de certa atividade, há *serviço público*, que configura *dever*.

Aos Estados cabe a competência remanescente daquela reservada à União (§1º do art. 25 da CF), e especialmente a distribuição do gás canalizado (§2º).

Ao Município incumbe a eleição dos serviços públicos locais (inciso V do art. 30), sendo que o de transporte tem caráter essencial.

Observe-se o curioso: desde logo a Constituição estabelece a prestação dos serviços de distribuição de gás aos Estados e de transporte aos Municípios, cabendo às entidades políticas fixarem o mais que deverão prestar através de suas Constituições e leis orgânicas.

Entendemos que a melhor noção sobre serviços públicos foi dada por Celso Antônio Bandeira de Mello. Afirma que "é toda atividade de oferecimento de utilidade ou comodidade material destinada à satisfação da coletividade em geral, mas fruível singularmente pelos administrados, que o Estado assume como pertinente a seus deveres e presta por si mesmo ou por quem lhe faça as vezes, sob um regime de direito público – portanto, consagrador de prerrogativas de supremacia e de restrições especiais –, instituído em favor dos interesses definidos como públicos no sistema normativo".[25]

Em interpretação livre, podemos asseverar que o conceito de serviço público não pode ficar sujeito a qualquer ideologia, nem àquilo que deveria ser serviço público, assim considerado como real necessidade dos particulares. Não se pode ter uma noção metajurídica ou meramente estipulativa ou opinativa. Caso contrário não teremos segurança nas afirmações. Importa saber a quem cabe definir quais os objetivos que o

---

[25] *Idem*, p. 699.

Estado deve atingir e deve procurar. Apenas assim é que poderemos saber o que pode o Estado cobrar em face de sua prestação.

O estudo sobre as atividades do Estado e sobre o significado dos serviços públicos é fundamental para colocarmos as coisas em seus devidos lugares.

Joguemos as dificuldades para depois tentar resolvê-las. Dispõe o art. 145 da CF que a União, os Estados, o Distrito Federal e os Municípios poderão instituir os seguintes *tributos*: "I – impostos; II – taxas, em razão do exercício do poder de polícia ou *pela utilização, efetiva ou potencial, de serviços públicos específicos e divisíveis*, prestados ao contribuinte ou postos à sua disposição; (...)".

A ideia primeira é a de que, prestando a Administração Pública serviços, o pagamento deles somente pode ocorrer mediante *taxa*. Esta é espécie tributária e sujeita ao regime jurídico próprio dos tributos, como será posteriormente analisado.

Ocorre que o art. 175 da CF dispõe que "*incumbe ao Poder Público*, na forma da lei, *diretamente ou sob regime de concessão ou permissão*, sempre através de licitação, *a prestação de serviços públicos*".

A prestação direta dos serviços sempre acarreta a cobrança da taxa? E a prestação no regime de concessão, permissão ou autorização? O que é concessão, e quando ela ocorre? Todas as atividades administrativas podem ser concedidas? Há limitação?

A concessão enseja a prestação de atividade aos usuários, e, pois, poderia haver alteração do valor dos serviços (estamos evitando o emprego de palavras de conteúdo emotivo comprometido) mediante decreto ou mera portaria? Por que motivo o inciso III do parágrafo único do art. 175 fala em "política tarifária"? Significaria que pode haver cobrança de preço em face da prestação de serviços públicos? Qual o vínculo existente entre poder concedente em relação ao concessionário e deste com o usuário? Todos são regidos pelo direito público, ou há diferença? Pode haver serviço público renumerado por preço?

Tais indagações são relevantes para o presente trabalho.

Em primeiro lugar, deve-se buscar uma noção jurídica do que é o serviço público. Agustín Gordillo, crítico das noções inúteis em direito administrativo, aponta que o conceito está em "crise", o que leva os autores ou a propor concepções existenciais do serviço ou a abandonar a expressão. Taxativamente, assevera: "Parece que não se pode admitir a noção virtual, funcional ou existencial do serviço público, com o alcance de que possa haver atividades que sejam um serviço público por sua própria natureza, independentemente de um ato expresso de reconhecimento por parte do Estado, pois nessa hipótese já a noção perdeu limites concretos e seu âmbito de aplicação praticamente pode abarcar qualquer atividade humana, haja ou não vontade estatal de considerá-la serviço público".[26]

Afastada a noção "livre" do serviço público, resta indagar se convém abandonar o conceito. Vê-se que, pelos próprios dispositivos constitucionais já mencionados, a noção existe no Direito Brasileiro, cabendo ao jurista apartá-la de outras que com ela possam confundir-se e dar-lhe o significado jurídico que deva ter. A dificuldade não pode levar à desistência do enfrentamento.

---

[26] GORDILLO, Agustín. *Tratado de derecho administrativo:* Parte General, *op. cit.*, t. II, Capítulo XIII, p. 9.

Na esteira de Celso Antônio, podemos afirmar que se cuida de atividade material do Estado que fornece ao administrado uma comodidade usufruível materialmente. Assim, ao levantarmo-nos, acionamos o interruptor e acende-se a luz. Há evidente comodidade. Abrimos o chuveiro e sai água. São comodidades que nos são fornecidas pelo Estado.

Pode o serviço ser prestado pelo próprio Estado, diretamente ou sob regime de delegação, por meio das entidades da Administração indireta, ou sob regime de concessão, permissão ou autorização, conforme será aclarado posteriormente.

Na sequência, arma-se que é imperioso um ato, seja ele a norma consagradora do serviço no nível constitucional, seja em nível legal. De qualquer maneira, é imprescindível uma manifestação do Estado que delibere sobre a prestação de determinada atividade, contida ela em texto normativo. Há, pois, a definição dos interesses do Estado, na forma prevista no ordenamento normativo.

Quando a Constituição da República determina que *compete à* União "manter o serviço postal e o correio aéreo nacional" (inciso X do art. 21), óbvio está que não deixou margem de escolha (ou de discricionariedade, como quisermos) para que fosse tal atividade (evita-se falar em serviço) prestada pelo Estado. Criou conduta obrigatória. Não pode o Estado deixar de ter o comportamento. É seu *dever* prestar a atividade definida na Constituição Federal.

Quando a Constituição, por decisão constituinte, estatui quais os fins que devem ser atendidos ou, por definição do legislador ordinário, determina ao Estado que deva prestar determinada atividade, *institui um serviço público.*

Dentre os modais deônticos, o Estado vê-se obrigado a manter o serviço postal e o correio aéreo nacional: ainda que não o queira, tem uma finalidade a cumprir.

Poder-se-ia dizer que quando a Constituição fixa a competência das diversas entidades públicas simplesmente pretende apartar, no grande plano das atividades estatais, quais seriam da União, dos Estados-membros e dos Municípios. Por ser federativo o Estado, teria havido mera delimitação de competência.

O argumento é bom, mas padece de fundamento, a nosso ver.

Em primeiro lugar, ao atribuir competência, fixa dever. Este dever impõe necessidade de comportamento, que é obrigatório à atividade.

Não há, pois, mera repartição de competência, que é pressuposto do exercício da atividade. Mas, em tese, não obrigaria à ação. Por nosso enfoque, a fixação da competência impõe o dever de agir. Logo, dá instrumento e conteúdo ao poder competente. Fixa-lhe comportamento ativo e obrigatório.

Em segundo lugar, as normas constitucionais não se destinam à repartição de competências, senão para delimitar ou atribuir ações.

Por último, o que importa é o regime jurídico a que se submete a atividade: se outorga comodidade, sob regime de direito público, há o serviço qualificado do Estado.

Além de tal definição constitucional ou legal, discute-se se é importante o regime jurídico, entendido este como consagrador de prerrogativas de supremacia e de restrições especiais.

Ora, o regime jurídico tem sido bastante criticado. Fazemos ressalva à consagração de prerrogativas. Mas elas existem. Por exemplo, se for necessária a desapropriação de determinado imóvel ou determinada área para a instalação dos serviços, o Poder Público pode lançar mão de tal rompimento dominial para haver a área. É prerrogativa que o particular não tem. Não é ela dada em face de interesses pessoais, mas em razão de titularizar conveniências coletivas ou sociais. Como personifica ou personaliza interesses de todos, ao Estado são deferidos poderes para que os utilize em prol da prossecução de suas finalidades. Não é pelo Estado enquanto Estado, mas como cumpridor de determinações constitucionais e legais.

Vista assim a noção de serviço público, pode-se dizer, com Waline, que é ela, "à tort ou à raison, une question politique et non juridique".[27] Sem dúvida, tem razão o autor francês. Tanto é política que vem sendo definida politicamente. Não cabe a qualquer um entender o que é serviço público. O rol dos serviços públicos vem estabelecido na Constituição da República ou na lei, e, como tal, cuida-se de decisão política. Todavia, juridicamente verificável.

Daí a consequência de que, quando o ordenamento normativo determina ao Estado a prestação de determinada atividade que ofereça ao indivíduo e a toda a coletividade uma prestação materialmente fruível, se está diante de um serviço público. A noção é política, no dizer de Waline, na medida em que vem definida em texto normativo. Não fica ao alvedrio do jurista decidir o que é o serviço, bastando identificar traços diferenciais de outras atividades prestadas pelo Estado.

Afirma Sainz de Bujanda que "o que bate no fundo de todas estas teorias é o conceito de serviço público, ao que vai associado o conceito de taxa, pois todos estes pretensos critérios de distinção se baseiam na realidade em notas características do serviço público no sentido tradicional".[28] Assinala Gaston Jèze, no original, que "il faut observer que la notion de tâche essentielle est tout à fait relative: elle varie d'aprés les Pays et les époques. Les services (...) de santé publique sont ils des tâches essentialles de l'État? *Cela dépend des Pays e des époques*".[29]

É, sem dúvida, eleição política (José Juan Ferreiro Lapatza).[30] No Brasil a posição é a mesma. Afirma Ruy Cirne Lima que o conceito de serviço público é "essencialmente variável no tempo e no espaço".[31] Marco Aurélio Grecco ensina que "seriam serviço público as atuações, prestações que, num dado momento histórico, se tornassem importantes e necessárias para a coletividade".[32]

Como se deixou apontado, não se pode entrever o serviço público por sua substância. Pode-se entender o que significa e dar-lhe contorno jurídico. Todavia, definir fora do ordenamento jurídico o que seja o serviço ou o que não seja é matéria que deve ser excluída das cogitações jurídicas. Não há o serviço essencial para determinada sociedade. Como afirma Jèze, tal especificação depende do país e da época.

---

27 WALINE. *Traité élémentaire de droit administratif.* 6. ed. Paris: Recueil Sirey, s/d., p. 287.

28 BUJANDA, Sainz de. *Notas de direito financeiro:* introdução e parte geral (redigidos no Seminário de Direito Financeiro). v. 2, t. I. Madri: Universidad de Madrid, 1967, p. 102.

29 JEZE, Gaston. *Cours élémentaire de science des finances et de législation financière française.* 5. ed. Paris: Giard, 1912, p. 336-337.

30 LAPATZA, José Juan Ferreiro. Tasas y precios: los precios públicos. *In: Tasas y precios en el ordenamiento jurídico español:* Madri: Marcial Pons, 1991, p. 39.

31 LIMA, Ruy Cirne. *Princípios de direito administrativo brasileiro, op. cit.,* 2. ed., p. 85.

32 GRECCO, Marco Aurélio. *Norma jurídica tributária.* São Paulo: Saraiva, 1974, p. 63.

Determinada atividade do Estado pode estar descrita no ordenamento jurídico como dever do Estado e, após alteração do momento histórico, passa-se a entender que não mais é dever do Estado aquela atividade anteriormente definida como tal.

Em suma, não se pode utilizar o que denominaremos de *critério material* – isto é, valermo-nos da essência de determinada atividade – para podermos fixar seu verdadeiro conteúdo. A definição do que seja serviço público depende fundamentalmente do ordenamento normativo. É ele quem giza os interesses primordiais do Estado e determina os serviços que o Estado deve prestar à sociedade.

Com felicidade absoluta, Seligman põe a nu o problema da definição política. A página é de tal felicidade que convém transcrevê-la na tradução francesa de Louis Suret, para que bem se saiba sobre o que controvertem os autores.

Afirma o autor que:

> Nous arrivons maintenant à un dernier problème qui a suscité des difficultés considérables. Où classerons-nous le payement des services rendus par certaines entreprises gouvernementales, comme les canaux, la poste, les télégraphes et les chemins de fer? Y a-t-il là des impôts, des taxes, des payements obligatoires, ou, plutôt, n'y a-t-il pas là ce que l'on peut appeler des prix (*prices*), susceptibles d'être rangés parmi les revenus contractuels de l'État?
> Certains auteurs disent que, si le gouvernement s'occupe d'une entreprise publique telle que la poste, les droits perçus sont obligatoires, mais que, s'il dirige une affaire privée, comme une fabrique de chaussures ou un dépôt de charbon, le revenu fait partie du domaine industriel. Nous semble qu'il y a là une erreur très nette, car il n'existe pas une ligne de démarcation aussi profonde entre une affaire naturellement publique et une affaire naturellement privée. *Tout dépend de l'idée du moment à l'égard de la politique d'intervention gouvernementale*. La poste est partout entre les mains du gouvernement, simplement parce que cette entreprise naquit à une époque où l'on ne discutait pas la dite politique. Les télégraphes, les téléphones et encore plus les chemins de ler sont administrés par le gouvernement dans certains Pays et par des institutions privées dans des autres, parce que ces industries se sont développées après la discussion relative aux limites de l'intervention de l'État.[33]

Continua o autor, indagando se "y aurait-il une difference de principe si le gouvernement s'immisçait dans les affaires de charbon ou chaussures, pour imposer les gens qui servent de charbon ou de chausures? Ce peut, il est vrai, être une três mauvaise politique pour le gouvernement d'étendre des fonctions, mais il n'existe pas de ligne naturelle et immutable de séparation entre une affaire publique et une affaire privée, entre le monopole du tabac et le monopole du ler ou du pain. *Le limite est toujours fixée d'après le sentiment public temporaire à l'égard de la bonne politique sociale mais la question de saivoir jusqu'à quel point les intérêts publics vitaux sont en jeu a été résolue et le sera toujours d'une façon différent dans les différents pays et aux diffërentes époques*".[34]

Fazendo-se tradução livre, temos:

> Onde classificaremos o pagamento de serviços realizados por certas empresas governamentais, como os canais, o correio, os telégrafos e os trens? Há impostos, taxas, pagamentos obrigatórios

[33] SELIGMAN. *Essais sur l'Impôt*. t. II. Paris: M. Giard & É. Brière, 1914, p. 159-160.

[34] *Idem, ibidem*.

ou, então, não há o que se pode chamar de preços (*prices*), suscetíveis de serem colocados entre as receitas contratuais do Estado?

Certos autores dizem que, se o governo se ocupa de uma empresa pública como o correio, os direitos percebidos são obrigatórios, mas que, se ele dirige um trabalho particular, como uma fábrica de calçados ou um depósito de carvão, a receita faz parte do domínio industrial. Parece que há um erro muito claro, pois não existe uma linha de demarcação muito profunda entre um trabalho naturalmente público e um trabalho naturalmente privado. Tudo depende da ideia do momento da visão da política de intervenção governamental. O correio está sempre nas mãos do governo simplesmente porque esta empresa nasceu numa época onde não se discutia a dita política. Os telégrafos, os telefones e ainda os trens são administrados pelo governo em alguns Países e por instituições privadas em outros, porque estas indústrias são desenvolvidas segundo a discussão relativa aos limites de intervenção do Estado.

E continua indagando se "haveria uma diferença de princípio se o governo se imiscuísse nas atividades de carvão ou de sapatos, para impor aos trabalhadores que se servem de carvão e de sapatos? Pode, é verdade, ser uma péssima política para o governo dedicar-se a tais funções, mas não há linha natural e imutável de separação entre uma atividade pública e uma atividade particular, entre o monopólio do tabaco e o monopólio do ferro ou do pão. *O limite é sempre fixado segundo o sentimento público temporário à luz da boa política social, mas a questão de saber até que ponto os interesses públicos vitais estão em jogo foi resolvida, e o será sempre, de um modo diferente nos diferentes Países e nas diferentes épocas*". Acrescenta o autor que o mesmo serviço em países diferentes poderá ser remunerado por taxa ou por preço.[35] A seguir, busca o "sentimento dos cidadãos"[36] para idealizar sua teoria e sua classificação dos preços.

A conclusão óbvia tirada pelo autor deveria ter sido a de que o que distingue o preço da taxa é exatamente o regime jurídico. Este não é dado pela legislação, mas pela análise dos princípios que orientam determinada instituição.

Fala ele no "sentimento" público que vai definir a necessidade. Modernamente, poderíamos assimilar tal orientação com a prévia definição das necessidades públicas que é feita pelo poder constituinte.

Seja na Constituição, seja nas leis inferiores, quem define a necessidade do serviço é o legislador. Independe da vontade ou da ideologia de cada um a definição dos interesses públicos satisfeitos, em parte, pelos serviços públicos: a definição encontra-se na legislação e, acima dela, na própria Constituição da República.

Importante notar, de outra parte, que a Administração Pública, ao prestar os serviços que lhe são atribuídos, pode optar por dois caminhos: valer-se do regime de direito privado, através da concessão ou delegação, ou utilizar-se do direito público, prestando diretamente a atividade. Tal característica não retira, todavia, do usuário o direito a que o serviço lhe seja prestado, nem seu caráter público.

35 *Idem*, p. 159 e 160 e 161.

36 *Idem*, p. 165.

3.11 Planejamento estratégico financeiro da Administração Pública

3.11.1 Introdução. Pertinência do tema ao direito financeiro

Ainda que o tema não fira diretamente o direito financeiro, porque o entendemos objeto de estudo da denominada ciência de administração, em verdade, hoje, já não se pode entender qualquer tema jurídico alheio à perquirição de qualquer dos *ramos* do conhecimento. A multidisciplinariedade é uma realidade. Nenhum objeto pode ser analisado à luz apenas de um foco. Todos devem verter suas atenções para aspectos polimorfos de sua realidade.

A globalização, a integração e a própria rivalidade obrigam o estudioso a indagar e estudar os mais diversos aspectos do comportamento humano. Ainda que o interior da alma seja objeto da Psicanálise em relação à conduta individual, menos verdade não é que as pulsões são explicitadas em ações que interferem na intersubjetividade. Indissociável, então, é o relacionamento das efusões da alma com os acontecimentos materiais. Na preciosa lição de Freud, "na vida psíquica do indivíduo, o outro entra em consideração de maneira bem regular como modelo, objeto, ajudante e adversário, e, por isso, desde o princípio, a psicologia individual também é ao mesmo tempo psicologia social nesse sentido ampliado, porém inteiramente legítimo".[37]

Citando Rudolf Eisler,[38] afirma que "por trás dos motivos confessos de nossas ações sem dúvida existem razões secretas que não confessamos, mas por trás delas há razões ainda mais secretas que nem sequer conhecemos".[39]

Vê-se que há um imbricamento inafastável entre a intimidade do ser humano e as ações que explicita.

Daí por que se impõe, no ângulo do Direito, e especialmente do direito financeiro, que se estudem as diversas manifestações do Estado. Suas ações não podem ser de qualquer espécie. O Estado tem que buscar sempre o resultado ótimo. Nem por outro motivo é que o art. 37 da CF fala na busca do princípio da *eficiência*. Por menos que se queira aceitar, o vocábulo tem um conteúdo mínimo e vinculativo à atuação da Administração Pública. Não é, pois, qualquer opção que ela pode ter no quadro das possibilidades fáticas. Toda conduta *tem que ser eficiente*.

O desapego aos efetivos interesses públicos, tais como definidos no ordenamento normativo, tem levado países a agir de forma antípoda à realidade existente. Dados empíricos mostram o desacerto do administrador, do mau agente público.

Nem sempre o agente político objetiva atender aos interesses públicos. Por uma diversidade de razões, atende a interesses pessoais, de grupos que representa ou com que se identifica, de coletividades, etc. Nem sempre nobres. Por vezes, escusos e sombrios.

É, pois, importante que sejam traçados alguns lindes para compartimentar e delimitar a ação do Estado.

É bem verdade que não se pode confundir o Estado, pessoa jurídica, com o governo, pessoas físicas que agem em seu nome. O Estado, em tal sentido, não é um ser ósseo.

[37] FREUD. *Psicologia das massas e análise do eu*. "Introdução".

[38] EISLER, Rudolf. *Psicologia das massas*. 2. ed. 1912.

[39] FREUD. *Psicologia das massas e análise do eu, op. cit.*, Capítulo II.

Ao contrário, é dirigido por pessoas físicas. Estas que *criam* a vontade coletiva e a ele a imputam. Confundem-se? Em hipótese alguma. Este é dado que foge à maioria dos autores. Falam do Estado referindo-se aos agentes políticos. Mesmo porque o Estado é apenas uma estrutura.

Sendo assim, e tendo-se em conta que a Administração Pública é titular de diversos deveres que decorrem do texto constitucional, tem que se preparar para atendê-los da melhor forma possível.

No mundo de hoje nada se pode fazer de improviso. O pior agente é o que atua de tal forma.

Como diz Michel Foucault, há a ideia de que "não pode haver governo sem que os que governam indexem suas ações, suas opções, suas decisões, a um conjunto de conhecimentos verdadeiros, de princípios racionalmente fundados ou de conhecimentos exatos, os quais não decorrem simplesmente da sabedoria em geral do príncipe ou da razão pura e simples, mas de uma estrutura racional que é própria de um domínio de objetos possível e que é o Estado".[40] Prossegue afirmando que "o governo governa não de acordo com a sabedoria geral, mas com a verdade, isto é, de acordo com o conhecimento exato dos processos que caracterizam essa realidade que é o Estado – essa realidade que constitui uma população, uma produção de riquezas, um trabalho, um comércio – se ele governa de acordo com a verdade, menos terá a governar".[41]

3.11.2 Fases do planejamento. O conhecimento técnico e o conhecimento popular. O mundo globalizado

Em primeiro lugar, não há possibilidade de começar qualquer atividade sem que se saiba do que se trata. A *informação* é essencial para o agir administrativo. Os agentes públicos devem reunir todas as informações possíveis para ter a visão global do problema ou da atribuição que têm que cuidar. A prospecção é importante. Sem estarem municiados de todos os dados sobre determinada situação, sem pesquisar todos os ângulos do problema, sem terem contatos diversos com a dificuldade a ser superada, não se pode dar início à fase sequencial, que é a da *colheita (ou coleta) de opiniões*.

Opinião (*doxa* em Grego) é um palpite. Ainda não é uma decisão. Mas são propostas, elucubrações, discussões de toda ordem e profusão de palpites que podem levar a uma ponderação razoável. Razoabilidade é um fator que pesa. A concretização da decisão assenta-se na razoabilidade das ponderações. Opiniões contraditórias ajudam. Não é de se desprezar qualquer delas.

Como já se disse, a sabedoria popular pode ser útil. Muitas vezes a soberba intelectual abandona uma boa ideia, apenas porque partiu de quem não está qualificado pela academia a emitir um juízo. A presunção da sabedoria negligencia ideias surgidas no meio do comum dos homens. Sabidamente, o conhecimento empírico é a origem do conhecimento intelectivo. A solução de um problema prosaico pode estar na mesa de um bar, mas a pretensão intelectual desconsidera a opinião, por não vir estribada em conceitos precisos de uma lógica adequada, mas nem sempre a melhor.

---

40 FOUCAULT, Michel. *Do governo dos vivos*. São Paulo: Martins Fontes, 2014, p. 14.

41 *Idem, ibidem*.

Muitos dirão que basta a proposta do técnico. Não é bem assim. Quando se busca a *virtude cívica*, "esfera em que podem ser inteiramente norteadas pela Justiça e o bom-senso, as pessoas admitem naturalmente o aconselhamento de quem quer que seja, na medida em que se pensa que todos são aquinhoados com essa virtude, pois caso contrário os Estados não existiriam".[42]

Acrescenta o filósofo que: "Este é, portanto, meu primeiro ponto, ou seja, é razoável admitir que *todos os homens* sejam conselheiros no que toca a essa virtude, na medida em que todos creem que todos os seres humanos possuem alguma parcela dela".[43]

Vê-se, pois, que o conhecimento técnico pressupõe o estudo sobre determinado tema. No entanto, quando se cuida de virtude cívica, isto é, de decidir o futuro dos que estão preocupados com a vida em sociedade, cada um, por menor que seja na escala social, por mais ínfimo conhecimento que possa ter, por leitura e estudos, tem a *expertise* do relacionamento humano, do contato com pessoas, com sofrimentos, com angústias. Esse conhecimento é adquirido ao longo da vida e durante ela. Finaliza Platão dizendo que todos "possuem algum quinhão de justiça, ou não pertenceriam à espécie humana".[44] O pior cientista é aquele que não conhece seu objeto de análise. Delimitado e focalizado o objeto, há que sobre ele fazer incidir o plexo de normas adequado, o maior número de opiniões, a discussão em grupo, aprender a dar valor a opiniões desamparadas do aval acadêmico, efetuar ponderação de todas as possibilidades, antever o que pode suceder no futuro. Enfim, a busca da decisão pode levar algum tempo, mas é melhor deixá-la fluir de alguma ideia consistente e amparada por soluções sólidas.

Daí surge o que se rotula de *planejamento*. Planejar é estudar as possibilidades do agir antes da tomada de uma decisão. Planejar é analisar todos os caminhos possíveis, diminuindo as chances de um fracasso. Planejar é levar em conta todas as propostas (nenhuma deve ser afastada, por mais absurda que pareça, porque pode ser a solução que se busca) e extrair delas seus equívocos, titubeios e buscar aquela que mais convém no momento.

Ademais, todas as soluções são *temporárias*. Naquele determinado momento histórico há conveniência em se adotar uma trilha. Em outro, alterada a situação de fato, aquela imaginada pode ser a pior. A dinâmica da sociedade envolve conflitos permanentes. Sua superação encontra-se em determinado ponto a ser levado em consideração. Não há na Administração Pública soluções permanentes.

O mundo encontra-se interligado. A comunicação é instantânea. Os confrontos entre países se sucedem. Dentro de um país há conflitos de toda ordem entre organizações, grupos, partidos políticos, associações, sindicatos, etc. Dentro deles, pequenos grupos que se engalfinham. No interior destes grupos estão famílias. Dentro delas, pessoas. Cada qual com seu interesse. Volta-se à interligação do coletivo com o individual.

Como se pretender uma solução permanente, se não apenas os seres humanos se alteram a cada instante, como também as descobertas científicas, os avanços tecnológicos, os critérios de avaliação de determinados acontecimentos? Tudo muda. Quem não se atualiza junto com o mundo fica no passado.

42 PLATÃO. *Protágoras*. São Paulo: Edipro, item 323 a, p. 269.
43 *Idem*, item 323 d, p. 269.
44 *Idem, ibidem*.

Toda tomada de decisão envolve *riscos*. A previsibilidade dos acontecimentos é incerta. Mudam ao sabor das circunstâncias mencionadas. O risco é inerente à ação. Os riscos devem fazer parte das ponderações dos deliberantes. Integram os fatores que devem ser levados em conta. A mutação da sociedade é importante dado a ser ponderado por quem tem o dever de decidir.

3.11.3 Legalidade

O primeiro passo na deliberação do agente público é questionar a *legalidade* de seu ato. Será ele válido para sobreviver no mundo jurídico? Atende aos preceitos constitucionais para alicerçar os atos executórios que serão praticados? Caso contrário todo o edifício intelectual que está sendo construído padece de sustentação. Rui. Caí no vazio. No desconhecimento.

Assentada a legalidade da atuação, submetida a ideia ao confronto de outras ideias, apresentados os argumentos em favor e contrários à proposta, todos estarão em termos de deliberar diminuindo a margem de erro.

Legalidade significa a subordinação hierárquica da norma inferior à superior que lhe dá suporte. É sujeição vertical que mostra a adaptação ao mundo jurídico.

A esta altura estamos em condições de saber o que é o *planejamento estratégico*.

3.11.4 Planejamento estratégico. O Estado e a empresa privada. A estratégia

Superadas as fases anteriores é que estão os agentes públicos em condições, ainda insuficientes, mas alicerçados em algumas premissas, de organizar o que se rotula de *planejamento estratégico*.

Os servidores do Estado estão em permanente troca de informações. Todos são *servidores*, e, como tais, possuem vínculo de subordinação com o destinatário dos serviços, que é o usuário. Têm comportamento passivo, porque devem servir. E ativo, porque devem agir. Não apenas em situação hierarquicamente subordinada, mas têm que cumprir os deveres assumidos quando assumiram o cargo e entraram em exercício. Ação e subordinação identificam o comportamento dos agentes públicos (não políticos).

Nas empresas privadas (não vinculadas de qualquer maneira ao Estado) as soluções são de mercado. O dono da empresa delibera sozinho. Se a empresa for uma sociedade anônima ou tiver outra forma de pulverização das decisões, prevalece o que for decidido em assembleia. De qualquer maneira, há uma ponderação sobre riscos, e o bem da empresa prevalece sobre qualquer outro interesse. Sempre o objetivo é o lucro. O bom desempenho leva em conta a situação do mercado, os valores em conflito, os caminhos a percorrer e a preservação do patrimônio e também o atingimento das finalidades específicas da empresa.

Já aqui surge uma diferença que se nos afigura essencial a distinguir o Estado da empresa particular. É o objetivo de *lucro*. Este está sempre presente na empresa privada. É inafastável desta o agir lucrativo. Nas empresas estatais (autarquias, empresas públicas, fundações, sociedades de economia mista e agências reguladoras) o lucro não é o objetivo, mas não é despiciendo. O bom administrador é o que não causa prejuízo ao Estado.

Nem sempre pode gerar lucro. Este, pois, não é afastado da ação estatal. Pode haver, inclusive, situações em que o prejuízo deve ser assimilado e absorvido pelo Estado.

Não é recomendável que o Estado atue com prejuízo. Mas não se pode afastar situações em que deva assumir o risco (por exemplo: o transporte de população de baixa renda; o Estado pode suportar a conta da tarifa, então rotulada de *social*).

Dentro do planejamento estratégico, pois, surgem *etapas* a serem seguidas, como se vem verificando pela exposição.

3.11.4.1 O que significa a estratégia

Há diversos modos de agir. O sorrateiro. O pleno de embustes. O hipócrita. De outro lado, o adequado, o correto. A Administração Pública não pode escolher qualquer estratégia que fira a ética e a lei.

Ocorre que há caminhos que pode perseguir de desenvolvimento, com incentivo a diversos setores da economia e também no ângulo dos serviços públicos. Um não elimina o outro. Ao contrário, a boa prestação dos serviços ou o efetivo desempenho do exercício do poder de polícia dão celeridade para o bom alcance da atividade estatal.

Esclareçamos: a busca do incentivo da vinda de empresas para o Brasil através de incentivos, de empréstimos, etc. pressupõe a agilidade na abertura e fechamento de empresas, a rapidez de obtenção de documentos, etc. Sem isso, já o planejamento não funciona. Em tal aspecto, a *desburocratização* é fator importantíssimo para o desenvolvimento estratégico.

Não se advoga, por óbvio, uma estratégia sorrateira. Ao contrário, o administrador tem que ser como a mulher de César, não apenas ser sério, como demonstrar que o é. Assim, todas as etapas de captação de empresas para investirem no Brasil hão de ser transparentes.

A estratégia, então, significa a escolha de procedimentos céleres, rápidos e eficazes para o desempenho da atividade estatal.

O usuário não se conforma com a má prestação de serviços públicos. O empresário não aceita o excesso de burocracia.

É essencial agradar a todos para que o país se desenvolva. Logo, embaraços burocráticos devem ser superados com racionalidade.

As exigências formais devem ser afastadas, para que se logre eficiência no desenvolvimento da economia. Os portos, aeroportos, a fiscalização alfandegária, enfim, todo o procedimento de ingresso e saída de bens e pessoas deve ser o mais rápido. Rápido sem perder a qualidade.

A estratégia não pode ser a da raposa que busca apanhar o cordeiro. O *pas de loup* não pode ser aceito por uma Administração séria. Não é com alicantina que se logra obter o sucesso de um país. Nem com o descumprimento de contratos. É que o homem tem que mostrar que está agindo de forma limpa e decente. O homem e mais ainda o servidor público. Este não pode, de forma alguma, tergiversar. É que, como disse Derrida, o lobo ou a raposa são capazes de fingir (andar sobre a caça de forma disfarçada), mas apenas o homem é capaz de fingir o fingimento. Tal como Fernando Pessoa disse em seu notável poema ("O poeta é um fingidor. Finge tão completamente, que chega a fingir que é dor a dor que deveras sente").

O agente público não pode agir de tal forma. Logo, pressuposto é que a estratégia seja transparente e conste de todas as etapas para aferir a vontade da ação administrativa.

Estratégias são mecanismos de atuação utilizados, sabiamente, para obter o resultado desejado. Na Administração Pública, se o caminho não funcionar, temos que estudar outras possibilidades. Neste passo, o agente político há que ter a inteligência para resolver problemas, inclusive os de ordem burocrática.

O agente deve empregar toda sua *expertise*, seus conhecimentos em diversas áreas, para implantar o trabalho de forma rápida, segura e eficiente.

Estratégia é ter o conhecimento prévio (não futurologista) das ocorrências possíveis e saber utilizar meios para driblar dificuldades que possam aparecer. Não ser um arúspice ou xamã, mas saber dos possíveis acontecimentos que podem dificultar a aprovação de uma lei, de um procedimento, etc. A habilidade do agente consiste em superar as dificuldades, tendo em vista a finalidade a ser alcançada. Eis a estratégia.

3.11.5 Etapas do planejamento

Assentar o *objeto da deliberação* (serão serviços de saúde, de educação, culturais, atividades de meio ambiente, saneamento básico, etc.). *Colher opiniões* de técnicos, dos agentes envolvidos em cada uma das atividades que cabe ao Estado. *Ponderar propostas* que buscam identificar soluções. Calcular *riscos*. *Organizar* a forma de ação (envolver o maior número de agentes). *Analisar as despesas* que estarão envolvidas. *Saber dos recursos*, ou seja, indagar dos agentes que cuidam das finanças se há recursos para se realizar o empreendimento. *Verificar* se os diversos orçamentos (Plano Plurianual, Lei de Diretrizes Orçamentárias e Orçamento Anual) contemplam aquela modalidade de despesas e se há recursos suficientes. *Colher a informação do ordenador da despesa*, porque este será o responsável por suportar futuros débitos. *Questionar* se os resultados serão efetivamente obtidos, isto é, calcular a eficiência da ação (art. 37 da CF).

O planejamento não pode levar em conta o benefício individual para quem quer que seja. A atividade administrativa é exercida em benefício da coletividade, sem especificação de pessoas. É o que decorre do rotulado *princípio da impessoalidade* (art. 37, *caput*, da Constituição da República). Discorda-se de rotular tal providência como princípio. Este não está nas relações decorrentes da aplicação de um fator eleito pelo legislador. Assim, melhor rotular de *regra da impessoalidade*, tanto quanto todos os demais itens arrolados pelo constituinte no art. 37.

A *moralidade* é parte integrante de toda e qualquer ação governamental. O exercício de atividades públicas com *virtude*, tal como a entendia Aristóteles. É a excelência da ação. É a situação do meio que "existe entre duas perversões: a do excesso e a do defeito".[45]

Toda atuação do Poder Público deve ser retratada à sociedade. Não há atos secretos para o administrado. A Administração tem o dever de explicitar as razões, fundamentar seus atos e controlá-los em toda a sequência dos procedimentos. Deve atender à *regra da publicidade*, igualmente estampada no art. 37 da CF.

[45] ARISTÓTELES. *Ética a Nicômaco*. São Paulo: Atlas, 2009, item 1.107 a, p. 49.

Apenas após detida análise de todos estes aspectos é que pode o agente público iniciar a ação para atendimento dos objetivos traçados e desejados pela Administração Pública e pela população.

Posteriormente sujeita-se o agente público a constatação e verificação dos resultados obtidos, e também está subordinado à prestação de contas. Esta decorre do só contato do agente com recursos públicos.

3.11.6 Participação da cidadania. Massa e sociedade civil

Tudo isso passa pela *participação da cidadania*. O Estado não tem o condão de dar sempre a melhor solução para todas as circunstâncias. Daí ser imperativo que colha a posição da população.

Faz-se aqui uma distinção entre a denominada *massa* do que se rotula *sociedade civil organizada*. A massa é a parte inconsciente da sociedade. São os marginalizados, os sem-camisa, os sem-teto, aqueles que se limitam a trabalhar e nos finais de semana, sem ter o que fazer, ficam em botecos. São inertes e inermes. São massa de manobra nos períodos eleitorais. São molambos. Não estão estruturados. São de fácil manipulação, até que se unem para se rebelar contra o estado das coisas.

A *sociedade civil* é composta da classe média ou, mesmo, da classe menos abastada, mas consciente. Busca informações. Procura respostas. Objetiva melhorar de vida. Cuida dos filhos e tenta dar-lhes uma vida melhor. Mas é também a classe informada, que lê jornal, que se organiza em associações, que se filia a sindicados, que se instrumentaliza para participar das eleições, cujos membros se tornam cabos eleitorais e participam das eleições como candidatos.

São setores diferentes. Ambos importantes. Aquele constituído de milhões de pessoas que estão alienadas e alijadas dos bens da vida. Este é o que busca alterações na sociedade.

Ambos são fundamentais para a busca de *planejamento estratégico*. A *massa* tem que ser atendida de alguma forma. Seus membros constituem-se em fatores de ebulição social. São pontos de inconformidade, mas facilmente manipuláveis. Logo, os setores de estudo estratégico têm que levá-los em consideração, a eles destinando recursos que esvaziem as bolhas de insatisfação. Creches, escolas, um hospital ou unidades básicas de saúde que possam ser construídos aliviam a tensão existente. Por vezes vão para as ruas e mostram sua inconformidade, fechando ruas, queimando objetos, etc. Urge atender a alguma de suas reivindicações. Satisfeita alguma exigência, há uma folga para o agente político. Tem tempo, então, para se dedicar a outras atividades, até que novos bolsões de inconformidade surjam.

A sociedade civil é mais difícil de ser atendida, mas também é dócil. A consciência que seus membros possuem de seus direitos faz aflorar as inconformidades com setores de prestação de serviços. É o transporte coletivo, é o sistema de saúde, são escolas que deixam a desejar. A sociedade organizada mostra seu descontentamento. Agita-se, manifesta sua inconformidade. Impõe-se, então, atendê-la de alguma forma. Da mesma maneira que a solução antecedente, impõe-se refrear seu ânimo.

Evidente está que os agentes políticos têm que levar em conta tais fatores para alocar recursos no orçamento.

3.11.7 As leis orçamentárias

Pelo *Plano Plurianual* o agente político busca traçar normas de médio prazo para atendimento de determinados setores em que há *insatisfação* da sociedade civil. O governante, ao assumir suas funções, deve explicitar à sociedade quais serão suas prioridades, quais os setores em que investirá mais pesadamente. Quais os que entende prioritários, para dedicar maior tempo na solução dos problemas que apresentam.

O Plano Plurianual constitui-se quase numa explicitação das promessas formuladas em campanha. Nesta, há o planejamento eleitoral, que nada tem a ver com o administrativo-financeiro. Este é o centro das atenções do agente político após as eleições e a posse. Terá que apresentar à coletividade uma série de atuações que deve prestar a partir daquela data.

Tal assunto será examinado no item próprio. A ele remetemos o leitor (Capítulo 18, nº 18.9.1). Estabelece a Constituição que "a lei que instituir o Plano Plurianual estabelecerá, de forma regionalizada, as diretrizes, objetivos e metas da Administração Pública Federal para as despesas de capital e outras delas decorrentes e para as relativas aos programas de duração continuada". Estados e Municípios seguem a mesma determinação.

Ora, o Plano Plurianual se constitui da explicitação trazida à comunidade política do que o ente federativo irá cuidar. Quais são os planos, as metas e os objetivos. Nada se pode fazer sem programação, mesmo porque são *programas de duração continuada*.

No Brasil tais determinações são olvidadas. O agente político teima em não planejar, em confiar em suas próprias deliberações, em se sentir *dono* da coisa pública, em desconsiderar o coletivo, em considerar que, por ter sido eleito, nenhum obstáculo se antepõe à sua vontade. É o dono da verdade. O plenipotenciário. A chave do Erário. Aquele que não erra.

Ocorre que, por ser lei, o Plano Plurianual tem eficácia, ainda que no interior de seus dizeres. Mas vincula tanto a Lei de Diretrizes Orçamentárias como a Lei Orçamentária Anual.

Segue-se a Lei de Diretrizes Orçamentárias/LDO, que deve manter sintonia com o Plano Plurianual, mas é, diferentemente deste, anual. Deve ser aprovada no primeiro semestre e ordenará a Lei Orçamentária Anual. É norma mais consolidada e estabelece as coordenadas de cumprimento obrigatório da Lei Orçamentária Anual.

Esta, de seu turno, dispõe sobre a previsão das receitas e a especificação das despesas. A *previsão de receitas* integra o todo do planejamento orçamentário. Os técnicos elaboram uma previsão dos recursos. Impõe-se a análise da situação econômica mundial e local, para se estabelecer onde serão alocadas verbas para atendimento das necessidades eleitas pelo agente político. Haverá crescimento demográfico? Onde? Ocorrerá em todas as regiões do país? O que fazer para melhorar a saúde, a educação, para minorar os problemas urbanos, para incentivar investimentos na área de infraestrutura, com saneamento de córregos, no combate a endemias, etc.? Tudo faz parte das cogitações técnicas.

Não só a situação econômica. Hoje é importante deter-se sobre as decisões do Poder Judiciário. Por vezes há decisões que este órgão toma que repercutem profundamente na economia brasileira. Serve de exemplo a declaração de inconstitucionalidade da emenda constitucional do precatório. A Suprema Corte determinou que todos os precatórios devem ser pagos até 2020. Como isso repercutirá nos orçamentos das três esferas políticas? Quais os caminhos para satisfazer e cumprir a decisão? Evidente que tem impacto financeiro decisivo nas deliberações do governante.

Não só isso. O Parlamento frequentemente tem para sua análise uma série de vantagens financeiras destinadas a funcionários ou mesmo de obrigatoriedade de despesas para o governo. Qual o impacto que isso terá nas receitas orçamentárias?

Em suma, nada pode escapar ao juízo do técnico. Ele instruirá o político a tomar as decisões que as circunstâncias exigem. Há a discricionariedade técnica, mas ela é levada em contas para municiar o político de informações. A decisão é deste, e não daquele.

A situação mundial, pois, é absolutamente preocupante para o agente político. Ninguém está alienado no mundo. Ninguém está só. Qualquer alteração da situação econômica da China ou dos Estados Unidos repercute na economia brasileira. Quem não estiver preparado para absorver tais dados e tomar decisões certas, que possam aliviar eventual recessão externa ou eventual explosão do mercado interno, fará padecer o país por não ter tomado medidas adequadas no momento próprio.

Revelar-se-á, então, o mau gestor. Aquele que recebeu ou compreendeu de forma equivocada os dados que lhe foram apresentados. O bom gestor interpreta os dados com faro de administrador, e acerta nas medidas.

Há que estar preparado para o enfrentamento de períodos de turbulência, de transição e de incertezas. Há que existir reservas financeiras para suportar momentos de dificuldade. Bem andou José do Egito ao dizer ao faraó que reservasse a quinta parte de tudo que se produzisse no país para suportar os anos de dificuldade. Fez isso interpretando o sonho faraônico das sete vacas gordas e sete vacas magras. Está aí o exemplo do administrador prudente. Mas que não se valha de sonhos, que analise a dura realidade.

O *planejamento estratégico* é fundamental para todas as organizações, sejam as que operam no mercado, sejam as estatais. Traçados os objetivos a serem atingidos, define-se o planejamento como a escolha de instrumentos de intervenção econômica, de previsão e de gestão, para organizar as atividades necessárias à execução de atividades destinadas a fins previamente delimitados.

Modernamente é descabido falar em administração sem planejamento. Administrar impõe uma série de tomada de decisões com o fim de atender aos interesses públicos primários. Distinguem-se estes dos secundários, que se limitam ao abastecimento dos cofres públicos de recursos. Interesse secundário é a recolha de tributos e outras receitas para que possam se destinar ao atendimento dos primários. Estes se constituem nos serviços, obras e atividades que o Estado deve prestar aos administrados.

3.11.8 O ser humano e a busca pela felicidade

O centro de interesse é o ser humano. Objeto principal da atuação do Estado. A busca permanente é propiciar *felicidade* ao ser humano. Não o prazer erótico e apaixonado de Sardanapalo, mas, como diz Aristóteles, "a perícia política e o que ela visa a atingir bem como sobre qual será o mais extremo dos bens suscetível de ser obtido pela ação humana. Quanto ao nome desse bem, parecer haver acordo entre a maioria dos homens. Tanto a maioria como os mais sofisticados dizem ser a *felicidade*, porque supõem que ser feliz é o mesmo que viver bem e passar bem".[46]

Este é o ponto central do atendimento das necessidades públicas, e a escolha das soluções deve recair sobre a busca da felicidade individual e pública. A felicidade geral, aliás, foi muito bem tratada por Hanna Arendt.[47]

Os órgãos de exercício do poder gozam de autonomia em suas deliberações. O Estado, como pessoa jurídica, é um só. No entanto, a Administração Pública não pode estar centralizada em apenas um órgão de decisão. Ao contrário, comporta *descentralização*, ou seja, a criação, por lei, de pessoas jurídicas que ficam encarregadas de exercer, em nome do Estado, por sua conta e risco, atividades que lhes forem transferidas para execução. Não perde o Estado a titularidade da atividade; transfere apenas seu exercício, mas todas as pessoas jurídicas estão subordinadas a um vínculo de *tutela* por parte do poder central.

Assim, todas as entidades devem trabalhar em sintonia com diretivas estabelecidas pelo Estado. São, todas as pessoas jurídicas por ele criadas, entes vinculados à estrutura estatal e submetidas às diretrizes por ela traçadas.

3.11.9 Descentralização e desconcentração. Serviços públicos e exercício da atividade econômica

De outro lado, ocorre a *desconcentração*, que significa a transferência de atribuições para centros periféricos de decisão. Esta há que estar mais próxima ao indivíduo. Não pode perder-se em emaranhados de burocracia, nem em intrincados caminhos. As decisões devem estar próximas dos cidadãos, para atender às suas necessidades.

Logo, é essencial que tais aspectos, a *descentralização e a desconcentração*, sejam levados em conta pelos agentes políticos.

Tanto as pessoas jurídicas instituídas pelo Estado como a desconcentração dos poderes de decisão guardam pertinência com a Modernidade. A Administração Pública estabelece as metas que devam ser atingidas pelas entidades criadas ou pela transferência de autonomia a agentes públicos, e resta a ela fiscalizar e exigir seu cumprimento.

Há, pois, que se apartar a *prestação de serviços públicos* da *intervenção do Estado na economia*. Os primeiros podem ser prestados pela Administração direta ou indireta e cuidam de atividades essenciais delimitadas na Constituição e nas leis para satisfação dos interesses públicos. A segunda impõe uma participação efetiva do Estado na produção de bens.

---

46 ARISTÓTELES. *Ética a Nicômaco*, *op. cit.*, p. 20 e 1.095-1.420.

47 ARENDT, Hannah. *Sobre a revolução*. São Paulo: Cia. das Letras, 2011, p. 158-187.

Em relação à União Federal, no art. 21, em seus diversos incisos, vem estabelecido o que cabe realizar, seja pessoalmente (Administração direta), seja através de pessoas jurídicas instituídas para os fins que indica (Administração indireta). A transferência da atividade pode ocorrer através de concessão, permissão e autorização, tal como resulta dos incisos XI e XII. A concessão opera por contrato e gera direitos e obrigações recíprocos; a permissão é ato unilateral, mas que gera, também, obrigações e pode ser revogado; a autorização é o reconhecimento de que o particular pode exercer determinada atividade, preenchidos os requisitos legais.

No mesmo dispositivo constitucional vem estabelecida a obrigatoriedade de a Administração Pública exercer planejamento. O inciso XVIII cuida da defesa permanente contra calamidades públicas, especialmente secas e inundações. O planejamento de recursos hídricos consta no inciso XIX, do desenvolvimento urbano no inciso XX, do sistema nacional de viação no inciso XXI.

Tais atividades, que exemplificamos, constituem comportamento do Estado, e, como tais, ao defini-las em texto constitucional, estabelecem-se prestações obrigatórias, a título de serviço (prestações de propiciam comodidade ao usuário). Não são limitativas da conduta estatal, o que identificaria o *exercício do poder de polícia*, mas fixam deveres que o Estado deve prestar. Não limitações (exercício do poder de polícia), mas atuação em prol do indivíduo (serviços públicos).

De outro lado, o art. 174 da CF é fulcral na análise de qualquer planejamento de cunho econômico. Sabidamente, o Estado não pode produzir bens no mercado, salvo quando este não atende satisfatoriamente às suas necessidades. Em tal campo o Estado é *agente normativo e regulador da atividade econômica*. Exerce, então, as funções de *fiscalização, incentivo* e *planejamento*.

A atividade do Poder Público é meramente *indutora* do setor privado. Em tal passo está identificado o sistema capitalista de produção. A atividade é privativa para os particulares, cabendo ao Estado intervir como agente indutor.

É, pois, possível ao Poder Público estabelecer regras para o desenvolvimento do sistema econômico. Pode intervir regulando moeda, mas não lhe cabe produzir, diretamente, bens. Cabe-lhe planejar, organizar, fiscalizar e induzir a produção.

Em relação aos diversos serviços que o Estado deve prestar, a maioria deles vem discriminada não apenas no art. 21, como também nos arts. 193 e ss. da CF.

3.11.10 Planejamento na prestação de serviços e na atividade econômica. Os mitos do Estado

Em relação à *seguridade social*, cabe ao Estado organizá-la, atendidos os requisitos estabelecidos no art. 194 da Constituição da República. No tocante à educação a situação é a mesma (art. 206). Não fogem à regra a cultura (art. 215), o desporto (art. 217), a ciência e tecnologia (art. 218), a comunicação social (art. 220), o meio ambiente (art. 225), a família (art. 226) e, por fim, a proteção dos índios (art. 231).

Todos são pontos essenciais da prestação estatal.

Seja na atividade econômica, seja na prestação de serviços, não pode haver qualquer atuação que não seja precedida de programação.

A Administração Pública não pode cometer excessos nem permitir carências. É o meio-termo que dá a medida das coisas, no dizer aristotélico. Diz o notável Estagirita que a excelência "está situada no meio e é definida relativamente a nós pelo sentido orientador, princípio segundo o qual também o sensato a definirá para si próprio. A situação do meio entre duas perversões: a do excesso e a do defeito".[48]

O agente público deve buscar, pois, através da ponderação de suas decisões, a *melhor solução*.

Na atividade econômica o procedimento é similar. Na prestação dos serviços, ou o Estado os presta pessoalmente (atividade direta) ou os transfere a terceiros – pessoa jurídica que o próprio Estado institui ou a particulares. Pela primeira via há a atividade indireta. Pela segunda, a descentralizada, mediante concessão, permissão ou autorização.

Na atividade econômica o papel do Estado é mais delimitado pela Constituição Federal, já que está subordinado aos grandes princípios norteadores da ordem econômica insculpidos nos incisos I a IX do art. 170 da CF. Na exploração direta terá como lindes "os imperativos da segurança nacional" e o "relevante interesse coletivo, conforme definidos em lei" (art. 173 da Constituição da República).

Vê-se que o planejamento tem que se adaptar a cada uma das necessidades do Estado. Não pode eleger seus caminhos. Tem os que são estabelecidos no texto da Lei Primeira da República.

O mito que atravessa os tempos tem como significado uma verdade que retrata uma explicação para os mistérios da vida. O mito da criação do mundo, seja no campo hebraico-cristão, seja nas religiões orientais ou na mitologia greco-romana, tem um significado explicativo de tal fato.

Em relação ao Estado ocorre o mesmo. Nas atividades que "não necessitam de esforços especiais e excepcionais, nem de qualquer coragem ou resistência especial, não encontramos nem magia nem mitologia".[49] Daí, "se a razão nos abandona, resta sempre a *ultima ratio*, o poder miraculoso e do misterioso".[50]

Muitas vezes as pessoas procuram *sacralizar* as decisões do Estado, mantendo-as distantes do comum delas. Isso busca apenas valorizá-las. No fundo, nada têm de sigilosas. Se assim se procede, busca-se ocultar a incompetência. Daí ser importante, como diz Giorgio Agamben, *profanar* o sagrado e os mitos, para que passem a ser situações do dia a dia, compreensíveis pelo comum dos homens. A eles se destinam as decisões de governo, e, pois, nada lhes pode ser sonegado.

Como diz Cassirer, "os deuses e diabos que encontramos nas sociedades primitivas nada mais são do que os desejos coletivos personificados".[51] Significado: todas as decisões retratam os sentimentos ocultos de seus governantes.

O mito moderno desaparece sob tal óptica. Ele se desnuda aos olhos da comunidade. Nada mais pode ficar na penumbra, nos desvãos, nos espaços recônditos. Tudo, no Estado moderno, é escancarado à população.

---

[48] ARISTÓTELES. *Ética a Nicômaco, op. cit.*, p. 49.

[49] CASSIRER, Ernst. *O mito do Estado.* São Paulo: Codex, 2003, p. 323.

[50] *Idem, ibidem.*

[51] *Idem*, p. 325.

3.11.11 Participação da comunidade em busca de soluções. Mecanismos de controle

Busca-se o que se rotula de *democracia participativa*. Não mais as decisões tomadas em gabinetes e ao sabor de ar-condicionado, com refrescos e serviçais. Tal período da História está superado. Prevalece, hoje, a busca de participação com a sociedade consciente. Não só na saúde (inciso III do art. 198 da CF) é que se impõe a chamada à "comunidade", mas se institui uma regra de atendimento permanente, qual seja: a sociedade deve ser sempre ouvida. Não mais se admite a decisão autoritária.

A oitiva da coletividade para que se busque uma solução para todos os problemas enfrentados pelo Estado é absolutamente essencial. Definitivamente, democracia não se faz em escritórios fechados. A sociedade deve ser chamada a compor a decisão. A busca deve ser permanente na integração indivíduo/coletividade/Estado. Toda solução unilateralmente imposta é fadada ao insucesso.

Pressuposto de toda atuação estatal é que haja um controle. Este se efetua dentro da própria estrutura do Estado ou pode advir de fatores externos. Daí existirem (a) o controle interno e (b) o controle externo.

A fiscalização deve ser rígida (art. 70 da CF) de forma contábil, financeira, orçamentária, operacional e patrimonial. Todos se sujeitam a ela, entes políticos, órgãos da Administração e todos aqueles que, de alguma forma, manipulam dinheiro público.

Para o desempenho do controle *interno*, a lei deve estabelecer um órgão que integra a estrutura do ente político, estabelecer seu exercício e as formas pelas quais irá operar. O controle *externo* é exercido pelo Tribunal de Contas.

Muito se discute, hoje, sobre a autonomia dos Tribunais de Contas. Partilhamos da opinião de que é órgão autônomo, com competência constitucional própria, e não órgão auxiliar ou subordinado do Congresso Nacional. Tanto assim é que suas atribuições não podem ser atribuídas a outros órgãos nem avocadas pela Comissão Mista de Orçamento do Congresso Nacional.

Sendo assim, pode sustar atos administrativos ilegais (inciso X do art. 71) e comunicar ilegalidades ao órgão competente nos demais casos (inciso XI do art. 70).

As atribuições do TCU estão taxativamente previstas nos incisos do art. 71 da CF.

Logo, o controle do planejamento, as despesas necessárias para determinada obra ou serviço, tudo se submete ao controle do Poder Público.

3.11.12 Os Estados-membros

Se a União não pode ficar alheia à participação popular, menos ainda os Estados e os Municípios. Aos Estados-membros competem todas as atribuições que não lhes forem vedadas. É o que se rotula de *competência residual ou remanescente*. Aquilo que não estiver taxativamente previsto como de atribuição dos Municípios e da União cabe ao Estado.

Como parte da Federação, e submetido aos mesmos princípios da União, cabe aos Estados ampliar a participação de todos nos procedimentos deliberativos e programar suas intervenções, no atingimento dos objetivos que lhes cabem.

3.11.13 Os Municípios. O Plano Diretor

Em relação a estes a incidência de normas constitucionais é mais evidente. Cabe-lhes a legislação sobre suas competências, a eleições política de seus dirigentes e a prestação dos serviços locais (inciso V do art. 30 da CF).

Incumbe-lhes também promover o adequado ordenamento territorial, mediante "planejamento" e controle do solo urbano. A previsão do dispositivo é obrigatória para os Municípios. Deverão, de outro lado, manter "cooperação das associações representativas no planejamento municipal" (inciso XII do art. 29).

O planejamento municipal redundará na edição de um Plano Diretor, obrigatório para Municípios de mais de 20 mil habitantes. É por ele que se traça o futuro de cada Município. É o que estabelece o art. 182 da CF, em seu §1º.

Como já assinalei,[52] "o planejamento parte da ideia de que é necessário dar sintonia e coordenação à ocupação do espaço de uma cidade". Deve ser dinâmico e interativo. Cada Município terá suas especificidades. Não é possível desenhar um Plano Diretor de caráter geral e que se possa aplicar a todos os Municípios. Alguns são estâncias hidrominerais; outros têm aspectos turísticos; terceiros estão destinados a serem cidades-dormitório de outras grandes e próximas; muitas viverão do comércio local e da indústria extrativa. Por fim, a identidade é dada pelas peculiaridades próprias.

3.11.14 A CEPAL. Plano de metas

Um dos órgãos de maior destaque da ONU, e que diz respeito a nosso país, foi a Comissão Econômica para a América Latina/CEPAL. Estabeleceu o planejamento como principal motor do desenvolvimento.

O Brasil engajou-se sob as coordenadas expedidas e procurou incentivar o desenvolvimento. Criado em 1948, virou grande centro de debates em toda a América Latina. Influenciou o denominado "Plano de Metas" do Presidente Juscelino Kubitschek. Este significou acolher o planejamento como procedimento político de sociedades que buscam transformações em suas estruturas econômicas e sociais.

3.11.14.1 A experiência brasileira

Como diz Gilberto Bercovici, "a experiência brasileira de planejamento antes da Constituição de 1988 é marcada por três grandes momentos, dos quais apenas um foi uma experiência bem-sucedida. Estes momentos são representados pelo Plano de Metas (1956-1961), pelo Plano Trienal (1962-1963) e pelo II Plano Nacional de Desenvolvimento (1975-1979)".[53]

Com o Plano de Metas houve a grande pretensão brasileira de fazer 50 anos em 5. Mas, como diz Carlos Lessa, "forjou-se, do ponto de vista sociológico, uma nova estrutura institucional, com a presença do Estado 'desenvolvimentista', sem as correspondentes

[52] OLIVEIRA, Regis Fernandes de. *Comentários ao Estatuto da Cidade*. 2. ed. São Paulo: RT, 2005, p. 35.

[53] BERCOVICI, Gilberto. *Constituição econômica e desenvolvimento*. São Paulo: Malheiros Editores, 2005, p. 71.

mudanças no plano jurídico. Viu-se que este Estado se montou, na prática, quase que à margem dos textos legais".[54]

O problema no Brasil é que há grande distância entre os economistas e técnicos, de um lado, e os juristas, de outro. Aqueles pensam de forma a superar estruturas burocráticas e legais; estes buscam empecilhos para que as coisas fluam de forma permanente.

O Brasil procurou modernizar-se buscando conceitos e estruturas estrangeiros (as agências reguladoras outra coisa não são que cópia das agências norte-americanas, sem, no entanto, ter a mesma flexibilidade e sem estar sob o controle total do Estado). A técnica orçamentária (dos três orçamentos – Plano, Diretrizes e Orçamento Anual) igualmente deixa a desejar na flexibilidade exigida no mundo atual. Daí é comum que o Executivo busque instrumentos para se liberar da rigidez normativa.

O texto constitucional é outro obstáculo a que haja um desenvolvimento adequado. A rigidez das Constituições brasileiras impede reformas absolutamente necessárias. Refletindo o momento em que foi elaborada a Constituição de 1988, tudo foi parar em seu conteúdo. Dispositivos desnecessários lá figuram, de forma a empecer a celeridade que o mundo exige. Proporíamos o retorno à discussão entre *matéria* e *forma constitucional*. Em seu texto deveriam apenas constar a estrutura do poder, a forma de seu exercício e os direitos individuais, contraponto àquela; como pode o Estado agir, seus limites e a não tangência dos direitos fundamentais. O mais deve ser resolvido pelos instrumentos legais.

Como bem anota Gilberto Bercovici, "as divisões internas da Administração Pública constituem um sério entrave ao sucesso de uma política de desenvolvimento".[55] O formato tradicional "gerou um dos maiores obstáculos a uma estrutura voltada para o desenvolvimento, que é o mito da neutralidade da Administração Pública".[56] Outra questão colocada pelo ilustre jurista é a redução do planejamento ao orçamento. Entende-se que o único instrumento disponível para as reformas futuras e sua aplicação prática é o orçamento. Trata-se de visão caolha.

É evidente que o orçamento é poderoso instrumento de incidência das políticas públicas. Mas não o único.

Por fim, a visão neoliberal de gestão administrativa tem atrapalhado o uso dos aparelhos colocados à disposição do Estado.

3.11.15 O indivíduo

O centro propulsor e o ponto de atração de todas as atenções de planejamento são o ser humano. Nada se pode pensar ou agir sem que ele seja visto como o ponto de aglutinação das preocupações do Estado.

Tal fator sobressai quando se analisa a perspectiva mitológica de Ulisses (Odisseu). Na *Odisseia*, quando Calipso oferece a imortalidade ao grande herói da guerra de Troia, desde que com ela fique esquecendo-se de sua ilha (Ítaca), de sua mulher (Penélope) e

[54] LESSA, Carlos. *Quinze anos de política econômica*. 4. ed. São Paulo: Brasiliense, 1983, p. 99-117.

[55] BERCOVICI, Gilberto. *Constituição econômica e desenvolvimento*, *op. cit.*, p. 77-78.

[56] *Idem*, p. 78.

de seu filho (Telêmaco), e o herói opta por viver a vida humana, mas que vale a pena ser vivida, desistindo da vida imortal, deu margem a que a interpretação moderna ali visse um novo humanismo.

Ulisses, o homem dos mil ardis, deixa claro que não pretende uma vida imortal ao lado dos imortais. Ao contrário, escolhe viver mortalmente, com todas as aventuras imagináveis.

Logo, todas as reformas que são feitas e as que, no futuro, virão devem ter em mira que o centro de tudo é o ser humano. Ao se falar em *privatização*, o que importa saber é se tal providência irá redundar em melhores serviços públicos para o indivíduo. Não importa que seja apenas um mecanismo a mais a abreviar dissabores aos governantes. O que vale indagar é em que o indivíduo será beneficiado com tal providência. Os serviços sofrerão melhoras? Haverá maior emprego? As pessoas viverão mais felizes, como se colocou no início? O país alcançará melhores níveis de desenvolvimento? Serão abertas maiores possibilidades de serviço?

Hoje há uma dicotomia e um antagonismo nas ações do Estado. De um lado, as pretensões de seus governantes que procuram meios de "bem" administrar, impondo suas ideias à máquina estatal. Não indagam se esse é o melhor caminho, se redundará em algum benefício à sociedade e se isso melhorará a vida das pessoas. O que vale é a vaidade pessoal de ter realizado algumas alterações. Pode haver, quiçá, alguma melhora imediata. No entanto, posteriormente pode haver retrocesso no desenvolvimento dos interesses públicos. Como agir?

A terceirização das atividades-fim é um bom instrumento de progresso? Aliviará a máquina estatal para agir bem e melhor? As empresas privadas sofrerão melhora com tal providência? O que parece é que os governantes simplesmente impõem determinada ideia, ouvindo alguns setores da sociedade e não todos, e impingem uma solução que pode ser a antípoda daquela pretendida pela coletividade.

O usuário dos serviços públicos é o destinatário deles? De que forma se pode ter instrumentos hábeis para que o usuário possa discutir sua atribuição na máquina pública e de que forma pode auxiliar na tomada de posições?

3.11.16 O orçamento participativo

Uma das grandes inovações recentes quanto à maneira de programar o futuro do país foi abrir a possibilidade de que os particulares, através de audiências públicas, possam discutir os caminhos de investimento de verbas públicas em determinados setores da sociedade.

Logo se antepuseram algumas dificuldades. Como aferir, realmente, a manifestação de vontade da coletividade? Até que ponto a vontade da população sofreria manipulações? Como deixar o livre fluxo dos debates atingir, realmente, detalhes importantes para as comunidades? Quem são os reais representantes delas para manifestarem sua opinião?

Sem dúvida, há forte ingrediente democrático na inquirição da sociedade para que ela se manifeste e ajude a decisão estatal. Normalmente há uma distância grande entre os agentes públicos e os usuários dos serviços prestados. Por vezes há interesses antagônicos. Como aferir isso?

O orçamento participativo é instrumento sedutor de manifestação da sociedade. O importante é não permitir que seja manipulado ou deturpado por manuseios políticos.

A matéria está desenvolvida nos itens 17.5 e 18.20, onde é examinada em detalhes.

3.11.17 O Estatuto da Cidade

A Lei 10.257/2001, que disciplinou os arts. 182 e 183 da CF, trouxe alguns instrumentos de intervenção urbana bastante importantes para a modernização das grandes e médias cidades. O uso do tributo de competência dos Municípios para servir de instrumento de modificação na ocupação e uso de imóveis foi um grande avanço.

O IPTU progressivo veio a dar aos Municípios um instrumento poderoso de intervenção urbana. A progressividade de suas alíquotas, tendo em vista fins extrafiscais – ou seja, impulsionadores dos comportamentos de proprietários imobiliários que se mantêm alheios aos interesses coletivos, apenas procurando vantagens pessoais –, foi passo decisivo no progresso das coletividades.

Não se pode ignorar a desapropriação com pagamento em títulos resgatáveis em mais de 10 anos, a usucapião especial de imóveis urbanos, a concessão de uso especial, o direito de superfície, o direito de preempção, a outorga onerosa do direito de construir – tudo veio a resultar em instrumentos de planejamento. Pode-se, hoje, tendo em vista a edição do Plano Diretor e a previsão dos instrumentos de intervenção urbana, estabelecer diretrizes para o crescimento das cidades. Evidente que isso redunda em melhoria aos Estados-membros e, por consequência, ao país.

3.11.18 Conclusões

Do quanto se viu, é importante aos Estados modernos que programem sua vida financeira. Hoje, nenhum país pode dar-se ao luxo de ser sozinho. Todos os interesses estão imbricados. Todos dependem de todos, por mais insignificante que seja a economia do país. Há uma vinculação estreita entre os países.

Impõe-se, pois, que cada uma das esferas federativas e o Estado Federal se preparem para realizar um planejamento adequado. Tenha a dimensão temporal que tenha. Pouco importa. Vale a pena planejar a vida estatal para cinco anos? Que seja. Para dois, somente? Também é importante. O que não se pode deixar de fazer é planejar.

4

AS NECESSIDADES PÚBLICAS E A ATIVIDADE FINANCEIRA DO ESTADO

4.1 As necessidades públicas

Com o agigantamento do Estado e sua intervenção em quase todas as atividades humanas cresce a importância do estudo das *necessidades públicas*. Cuida-se, antes de tudo, para preenchimento do conceito, de uma *decisão política*. O Estado é quem vai dizer, para usar verbo vicário, no texto constitucional e nas leis posteriores, quais as necessidades que vai encampar como públicas.

Evidente está que, para aqueles que perfilham filosofia de que existem necessidades intrínsecas do ser humano, o Estado não pode deixar de atender a alguns interesses básicos. Todavia, pondere-se que entre o *ser* e o *dever-ser* há bastante distância. Entre o que deve o Estado atender, seja por definição jusnaturalista, seja por posição positivista, e aquilo que dentro da realidade pode ele resolver ficam os imponderáveis econômico, político e social.

Em verdade, quando da entrada em vigor do texto constitucional, com a definição das estruturas políticas, das regras de competência, da repartição dos interesses, as pressões sociais e econômicas, os jogos de grupo, as conveniências ocasionais, os ideais religiosos, tudo entra em jogo na batalha dos interesses, dando causa ou origem a um conglomerado de normas que passam a disciplinar a vida em sociedade. A definição constitucional deve também estabelecer quais os interesses que ao Estado incumbe zelar. A saber: na grande massa de possibilidades interventivas do Estado, tem ele o dever de atender a determinados interesses imediatos, que devem ser definidos na Constituição Federal e nas leis subsequentes.

Dentro da competência da União, tal como delimitada no art. 21 da CF, há determinadas atividades que propiciam coordenadas de desenvolvimento, disciplinam a circulação da moeda, preservam a união dos Estados ou prestam determinados serviços à coletividade. Há toda uma sorte de interesses que são repartidos no âmbito da Constituição Federal entre as unidades federadas (Estados-membros), as autonomias administrativas e políticas (Municípios) e a própria União.

Quando a Constituição Federal estabelece que à União *compete* cuidar de determinado assunto, cria um *dever*, no sentido de que esta passa a estar obrigada a fazer determinada atividade. Ao estabelecer que compete à União "assegurar a defesa nacional" (inciso III do art. 21 da CF), o texto pressupõe que existam pessoas a quem incumbirá o atendimento do mandamento constitucional. Será necessidade pública, pois, para preservação do território nacional, que haja o Exército, a Marinha e a Aeronáutica, dotados de meios materiais suficientes ao cumprimento de tal tarefa. Haverá necessidade da contratação de homens e de equipamentos, de prédios, etc. Há a *necessidade-fim*, ou seja, o bem jurídico-político, no caso, tutelado, e a imperiosidade da *existência das necessidades-meio*, para que a primeira possa ser prestada.

Quem define as necessidades públicas é a Constituição e as leis que a complementam. A definição é jurídica e depende do momento histórico. Não existem necessidades indefinidas, etéreas e que ficam ao sabor dos literatos. No art. 21 da CF define-se a competência da União para o que deve curar. No art. 30 ficam estabelecidas as atribuições dos Municípios e no § 1º do art. 25 o que cabe aos Estados realizar. Assente-se, em definitivo, que não se podem confundir as *necessidades do Estado* com as *necessidades públicas*, pois nem sempre significam a mesma coisa. As primeiras podem hipostasiar interesses de determinado governante em certo momento histórico. As segundas refletem os reais interesses da sociedade.

O necessário na Filosofia é o que é e não pode ser de forma diferente. O contingente é o que pode mudar ou ser mudado. O necessário reflete a essência; o contingente, o acessório.

Tais reflexões podem ser úteis para um raciocínio preciso. Aqui, cuida-se do que o Estado precisa para atingir suas finalidades. O Estado define, na Constituição e nas leis, o que vai cuidar. Se utilizarmos os conceitos filosóficos, os fins serão sempre contingentes, porque podem mudar de acordo com o tempo, com as vicissitudes, com as alterações dos interesses.

A necessidade, no ângulo jurídico, tem conteúdo daquilo que, por força de preceito jurídico ou de evento excepcional, obriga à atuação do Estado.

É bom aclarar os conceitos, para evitar confusão.

4.2 Interesses privados e coletivos

Deixando de lado indagações extrajurídicas, surge em determinado momento histórico a definição das necessidades públicas. Os particulares têm-nas, mas, primeiramente, procuram satisfazer seus interesses privados, que podem, inclusive, ter conteúdo egoístico, como, por exemplo, se alguém passa a ter interesse em adquirir algum imóvel com o único intuito de se vingar de outrem. Pode-se perceber, aí, o dissenso entre as normas jurídicas e as eminentemente morais. Por outro lado, ao Estado tal comportamento é vedado, mesmo porque o art. 37 da CF dispõe que "a Administração Pública direta e indireta de qualquer dos Poderes da União, dos Estados, do Distrito Federal e dos Municípios obedecerá aos princípios de legalidade, *impessoalidade, moralidade*, publicidade e eficiência (...)".

Vê-se que, embora possam ser coincidentes, os interesses públicos e os privados não se confundem. De seu turno, também não se confundem com os coletivos, pois estes pertencem a determinados setores bem definidos. Por exemplo, os interesses de um condomínio, de um clube, de uma associação. Os interesses podem ser convergentes com aqueles encampados pelo Estado, mas fatalmente confrontar-se-ão em certos pontos, como o querer de um clube em manter em funcionamento um prédio que, por interesse público (possibilidade de desmoronamento), deve ser interditado e demolido.

As necessidades públicas são anônimas, embora possam alcançar apenas uma parcela da comunidade. O que vale é que haja uma decisão política que se juridicize com a inserção dos interesses em norma jurídica, seja de nível constitucional, seja de nível infraconstitucional. Não pode haver, diga-se de passagem, qualquer atuação do Estado sem que ínsito esteja o interesse público. Nesse ponto, ambos são absolutamente coincidentes. O Estado jamais age no atendimento de interesse estritamente particular.

4.3 Conceito amplo de necessidade pública

Amplamente, pois, pode-se falar que tudo aquilo que incumbe ao Estado prover, em decorrência de uma decisão política inserida em norma jurídica, é necessidade pública.

Cabe ao Estado prestar serviços públicos (art. 21 – União; art. 30, V – Municípios; e art. 25, § 2º – Estados-membros), regular a atividade econômica (art. 174), prestar serviços públicos mediante permissão ou concessão (art. 175), explorar a atividade econômica (art. 173), inclusive em regime de monopólio (art. 177), exercer o poder de polícia (arts. 192, 182 e outros) e documentar a vida política, econômica e pessoal da Nação, etc.

4.4 A atividade financeira do Estado

Celso Bastos define a atividade financeira do Estado como "aquela marcada ou pela realização de uma receita ou pela administração do produto arrecadado ou, ainda, pela realização de um dispêndio ou investimento".[1]

Na medida em que se tem a necessidade pública como objetivo a ser satisfeito pelo Estado, de acordo com as definições constitucionais e legais, a atividade financeira deste buscará obter recursos para atender a tais necessidades.

Interessante a observação de J. J. Ferreiro Lapatza de que, ao se falar em Fazenda Pública, se quer significar direitos e obrigações que se podem expressar em uma quantidade de dinheiro.[2]

Em primeiro lugar refere-se ao órgão ou conjunto de órgãos do Estado que realizam os ingressos e gastos públicos. Em segundo, o conjunto de direitos e obrigações de conteúdo financeiro do Estado. Em terceiro, ao exercício ou realização de tais direitos e obrigações.[3]

Daí definir o direito financeiro como "el ordenamiento jurídico de la Hacienda Pública, de su organización, de su situación jurídica como titular de derechos y obligaciones, de sus acciones y relaciones jurídicas".[4]

---

1 BASTOS, Celso. *Curso de direito financeiro e tributário*. 9. ed. São Paulo: Celso Bastos Editor, 2002, p. 5.

2 LAPATZA, J. J. Ferreiro. Derecho financiero: dinero público y política fiscal. *RDTributário*, São Paulo, Malheiros, 100, 79-85, 2008.

3 *Idem*, p. 80.

4 *Idem, ibidem*.

O ordenamento normativo traça os fins; o direito financeiro busca os meios para dar condições a que sejam eles satisfeitos. Busca as receitas, administra-as e gasta os recursos, para cumprir os fins do Estado.[5]

Está no conteúdo do direito financeiro a possibilidade de traçar política fiscal, isto é, utilizar os conceitos e conteúdos econômicos para estabelecer o desenvolvimento do país. Ao se falar em gestão financeira, está aí embutida a consideração de que os momentos econômicos se entrelaçam com tais políticas.

A atividade financeira é precedida pela definição das necessidades públicas. Conhecendo-as, passam a existir três momentos distintos: (a) o da obtenção de recursos; (b) o de sua gestão (intermediado pelo orçamento: aplicação, exploração dos bens do Estado, etc.); e (c) o do gasto, com o qual se cumpre a previsão orçamentária e se satisfazem as necessidades previstas.

Atividade financeira é, pois, a arrecadação de receitas, sua gestão, fiscalização e a realização do gasto, a fim de atender às necessidades públicas.

Por força didática, o denominado *direito bancário* não está incluído no denominado direito financeiro, em razão de seu maior vínculo com o direito comercial. Reconhecemos, no entanto, que de finanças públicas se cuida. Mas se tem entendido que tal matéria deve estar afeta ao direito comercial, e, pois, não a trazemos para análise.

5 BORGES, José Souto Maior. *Introdução ao direito financeiro*. São Paulo: Max Limonad, 1998, p. 27.

5

HISTÓRIA E DESENVOLVIMENTO DA ATIVIDADE FINANCEIRA

5.1 A importância do desenvolvimento histórico para a compreensão do fenômeno financeiro

Para que bem se compreenda, hoje, o poder impositivo do Estado, suas necessidades, a forma de arrecadação e a busca no atingimento dos interesses públicos é imprescindível que saibamos um pouco da evolução histórica do nascimento das necessidades coletivas e públicas, bem como os instrumentos de que o Estado dispõe para lograr seus objetivos.

Só se pode compreender o direito positivo de um povo quando se atenta para o fato de que o Direito não é mero conjunto de normas conectado estaticamente. Não é um conjunto inexpressivo e arbitrário de normas. Ao contrário, plasma-se num todo uniforme e sistemático que vai informar a vida de determinada comunidade. Só tem sentido se há o destino de disciplinar a vida em sociedade e permitir que a liberdade e a vida mantenham sua expressão máxima.

Traçados os fins do Estado, que são os mais diversificados possível, tal como estabelecido na Constituição, resulta imprescindível que necessite de recursos para cumprir suas finalidades. Essencial para sua vida que haja o aparato de servidores, os prédios onde desenvolve suas atividades, o atendimento aos serviços de saúde, educação, habitação, vias públicas, etc. Para atender a tudo isso necessita de recursos que irá tomar dos particulares, por meio de imposições que cria na lei, às quais se dá o nome de *tributos*. Também obtém recursos pela exploração de seu patrimônio. Em suma, quem dá os fins dá os meios, já dizia Rui Barbosa.

5.2 O tributo na Bíblia

A *Bíblia* já entendia da viabilidade da cobrança de tributos da população, como se vê da passagem do *Gênesis*, quando traz o relato do diálogo entre o Faraó e José. Diz-lhe este: "Faz isso Faraó, e ponha governadores sobre a terra, e tome a *quinta parte* da terra do Egito nos sete anos de fartura" (*Gênesis*, 41.34). Em outra parte, relatada por Mateus, os apóstolos são indagados se Jesus não pagava tributos e, questionado, manda que se vá ao mar, tirando um peixe, e será encontrada uma moeda, através da qual será pago o tributo (*Mateus*, 17.24-27). Adiante, em outra passagem, igualmente relatada por Mateus, diz Jesus a conhecida frase, quando lhe apresentaram a moeda e lhe indagaram se é correto pagar o tributo, ao dizer: "Dai, pois, a César o que é de César, e a Deus o que é de Deus" (*Mateus*, 22.21).

5.3 Grécia antiga

No início dos tempos, com o surgimento do Estado, ao lado das necessidades particulares nascem as necessidades públicas. Na *Grécia antiga*, na denominada Cidade-estado, encontram-se os albores de um Fisco organizado, inspirado no princípio do interesse público.[1] Não brota a concepção de um sistema fiscal; nasce a noção de coerção que não atinge a liberdade individual do grego. Como tem ele a necessidade de se defender ou de atacar nos casos de guerra, a contribuição surge como dever para com a comuna (ainda não se podia falar em "Estado" no sentido moderno, ou em termos cujo conteúdo se preenche em épocas posteriores). O cidadão, dada sua elevada concepção de deveres para com a Cidade-estado, rejeita qualquer ingerência sobre seu patrimônio ou seus bens, uma vez que instauraria uma relação de servidor, o que era inaceitável. Em verdade, a relação que nasce é de auxílio ao Estado na perseguição do bem público, que era a defesa. No dizer de Sainz de Bujanda, "os ideais democráticos de Atenas levaram ao primeiro plano da realidade política ao cidadão, ao homem livre e honorável que entrega tudo quanto tem – sua vida, seus bens, suas ideias – ao serviço da comunidade".[2]

O tributo básico na Grécia era o *eisphora*, imposto direto, pago pelos cidadãos, e recaía sobre o patrimônio, para suportar os gastos de guerra. Xenofonte escreveu sobre a cobrança de tributo dos ricos para distribuição aos pobres, indicando que na exploração das minas de prata Éubulo cobraria por braço escravo como meio de alimentar os pobres.[3]

Embora se tratasse de um *tributo como dever à comuna*, Manuel De Juano aí entrevê a existência de um imposto territorial, tipo progressivo, outro de caráter aduaneiro e vários de consumo.[4]

5.4 O tributo no Império Romano

No Direito Romano o sentimento era o mesmo. Como assinala Theodor Mommsen, "a contribuição romana (*tributus*) não era propriamente um imposto, pelo menos na cobrança dos cidadãos em geral, mas um desembolso forçado que, em caso de necessidade, se exigia à cidadania, da comunidade".[5] Quando havia déficit, este se repartia "entre os cidadãos na proporção de seus patrimônios, para o qual se atendia

1 MORSELLI. *Corso di scienza della finanza pubblica*. Pádua: CEDAM, 1949, p. 21.

2 BUJANDA, Sainz de. *Hacienda y derecho*. v. 1. Madri: Instituto de Estudios Políticos, 1962, p. 139.

3 BALEEIRO, Aliomar. *Uma introdução à ciência das finanças*. 16. ed. Rio de Janeiro: Forense, 2004, p. 13.

4 DE JUANO, Manuel. *Curso de finanzas y derecho tributario*: parte geral. t. I. Rosário: Molachino, 1972, p. 233.

5 MOMMSEN, Theodor. *Compendio del derecho público romano*. Trad. de P. Dorado. Madri: 1999, p. 469.

aos dados adquiridos sobre os mesmos, pelos censores".[6] Sainz de Bujanda assinala que "Roma criou tributos e classificou os cidadãos, segundo sua fortuna, para medir seus deveres fiscais".[7]

Vê-se, pois, que o sentimento era o mesmo nas duas civilizações. Isto ocorria, evidentemente, no meio dos cidadãos. Não é o que ocorria, por exemplo, sobre as terras conquistadas. Estas eram obrigadas ao pagamento de determinadas quantias para o sustento de Roma. Daí se fala em *extorsão sobre os povos* no que toca às receitas públicas. Com a conquista, os súditos eram obrigados a pagar contribuições *in natura,* ou seja, percentuais sobre colheita, produção, animais, etc.

Convém lembrar que a palavra *fiscum*, em Latim, designa o cesto de junco ou vime em que o coletor de impostos romano ia colocando o dinheiro que recolhia.

De outro lado, houve evolução no tocante à distinção entre o patrimônio dos reis e o do Estado,[8] afirmando Theodor Mommsen que se passa a distinguir o *fiscus Caesaris* do *aerarium populi romani*. Separa-se o patrimônio privado do Imperador do patrimônio público.

O primeiro passo foi o tributo *ex censu,* decorrido da classificação atribuída pelo Censo que efetuava o governo, contando os cidadãos romanos. Em decorrência da posse dos bens incidia a alíquota para o pagamento do tributo. Depois nasce a capitação, o *tributum civium,* ou seja, o imposto extraordinário sobre a fortuna.

Os romanos tiveram que superar o dilema: como conciliar a coação, representada pelo tributo, com a liberdade? Para contornar tal dificuldade jurídica optaram por um empréstimo, e assim era rotulado porque haveria, para o Estado, o dever de devolver.

Sainz de Bujanda faz curiosa análise dos motivos da riqueza dos meios para fazer a guerra e da resistência para entregar dinheiro em tempos e tarefas de paz.[9]

Com a cunhagem da moeda é que surgem algumas exigências sobre direitos aduaneiros ou de mercado, taxas judiciais, etc., e também em decorrência da riqueza mineira. Para compensar a penúria dos tributos ordinários surgem os extraordinários, que servem, como anota o mesmo autor, "primeiro, para preparar a guerra; depois, para alimentá-la e, mais tarde, para fazer possível o trânsito à economia de paz, até que o trágico ciclo volte a pôr-se em movimento".[10]

Já no fim do Império Romano houve a reforma fiscal de Diocleciano, que incrementou a arrecadação de recursos, fixando o que o Estado deveria receber anualmente, com simplificação das bases fiscais. Instituiu-se a fiscalização sobre o não pagamento. Como os maiores tributos incidiam sobre a terra, os proprietários passaram a produzir e tentavam sonegar o pagamento.

---

6 *Idem, ibidem.*

7 BUJANDA, Sainz de. *Hacienda y derecho, op. cit.*, v. 1, p. 153.

8 DE JUANO, Manuel. *Curso de finanzas y derecho tributario*: parte geral, *op. cit.*, p. 233; MOMMSEN, Theodor. *Compendio del derecho público romano, op. cit.*, p. 473.

9 BUJANDA, Sainz de. *Hacienda y derecho, op. cit.*, v. 1, p. 143.

10 *Idem, ibidem.*

5.5 O Império Macedônico

No *Império Macedônico*, sob Alexandre Magno, a subsistência advinha da extorsão sobre povos conquistados. Todos eram obrigados ao pagamento de riquezas em gado, trigo, etc., ou mediante moeda cunhada. Com a morte prematura de Alexandre, o Império dividiu-se em três reinados: o Egito, sob Ptolomeu, a Síria e a Mesopotâmia, sob Selêuco, e o Macedônico, sob Antígono, levando à dispersão e queda do Império.

Na divisão do Império em satrapias, o objetivo dos sátrapas era "a arrecadação do tributo das populações submetidas – tributo em dinheiro, ou mais comumente em bens nas Províncias orientais".[11] Da mesma forma, suportavam tributos pela entrada e saída de produtos.[12] Por vezes cidades não eram invadidas mediante o pagamento de produtos e reféns.[13]

5.6 O governo visigodo

Com a tomada de parte da Europa Central pelos visigodos, estes fixaram: (a) a autonomia do patrimônio fiscal; (b) o fundamento do dever de contribuir como obrigação geral do súdito.

Sobrevindo a conquista árabe, instituíram-se os *contratos de feudos*, o *benefício* e a *vassalagem*, tendo tais noções prevalecido em praticamente toda a Idade Média. O *feudo* era a atribuição de área para cultivo de alguém. O *benefício* era a cessão de bens por prazo incerto e revogável. A *vassalagem* era uma relação de sujeição entre homens livres, mediante a qual um jurava fidelidade ao outro, comprometendo-se a servi-lo na guerra, e recebia do outro seu sustento.

Eram diversos os deveres dos súditos, sobrelevando o *tributum* ou *censum* pago ao Rei pelos cultivadores dos domínios fiscais. Fala-se nos ingressos de caráter público, ou seja, impostos estabelecidos pelo Rei, derivados da soberania. Os impostos de circulação e consumo foram tolerados pela população sem grave resistência.

5.7 Primeiro período da Idade Média

No período primeiro da Idade Média "se experimenta um retrocesso nas finanças estatais sustentadas por recursos impositivos, retornando as incidentes sobre recursos patrimoniais, gabelas, taxas de pedágio, etc.",[14] tornando-se cada vez menos suportáveis. Proliferaram exigências.

5.8 A chamada Idade Média Alta

Posteriormente, no segundo período da Idade Média, subsistiam exigências absurdas, o que tornava cada vez mais difícil o relacionamento entre Rei e povo.

---

11 MOSSÉ, Claude. *Alexandre, o Grande*. Trad. de Anamaria Skinner. São Paulo: Estação Liberdade, 2004, p. 75.

12 *Idem*, p. 151.

13 *Idem*, p. 61.

14 DE JUANO, Manuel. *Curso de finanzas y derecho tributario*: parte geral, *op. cit.*, p. 233.

Como resultado da divisão de terra, ocorreu a fragmentação do poder político, decorrendo a falta de unidade das exigências fiscais. A supremacia financeira que decorria da supremacia política fragiliza-se diante da rarefação da unidade arrecadatória e do poder de mando.

Os principais tributos então cobrados eram: (a) a *corveia*, ou seja, o trabalho forçado dos servos nas terras senhoriais, para preservar o castelo, muralhas, etc.; (b) a *talha*, pagamento devido pela proteção e que incidia sobre parte da produção; (c) *banalidades*, pelo uso do forno, do moinho, da forja, da prensa de olivas e uvas; (d) *taxa de casamento*, no caso de o servo se casar fora do domínio; (e) a *mão-morta*, devido em decorrência de herança, uma vez que o senhor é o herdeiro, e para ficar com bens que já eram seus o servo paga; (f) o *dízimo*, 10% dos rendimentos, devido à Igreja; (g) *péage* (pedágio), pelo uso dos caminhos do senhor; (h) *gabela*, taxa sobre o sal, instituída em 1.341; (i) *chévage*, imposto por cabeça sobre servos e alforriados; etc.

5.9 A Magna Carta

A Idade Média dá sólido exemplo de resistência dos barões quando se impõe à assinatura do Rei a denominada Magna Carta, firmada por João-Sem-Terra em 1215. Fábio Konder Comparato esclarece que "as Cláusulas 12 e 14 contêm, em sua essência, o princípio básico de que o exercício do poder tributário deve ser consentido pelos súditos, anunciando, portanto, *ante litteram*, o brocardo *no taxation without representantion* (não haverá tributação sem que os contribuintes deem o seu consentimento, por meio de representantes), que está na origem do moderno sistema parlamentar do governo".[15]

5.10 Os mercantilistas

Na Inglaterra, William Petty escreveu seu *Treatise of Taxes and Contributions*, sendo de se mencionar David Hume. Na França, Jean Bodin escreveu que sete seriam os procedimentos para arrecadar fundos para a República: "O primeiro é o patrimônio da República; o segundo, as conquistas aos inimigos; o terceiro, os presentes dos amigos; o quarto, as pensões ou tributos dos aliados; o quinto, o tráfico comercial; o sexto, os direitos sobre as exportações e importações; e o sétimo, os impostos sobre os súditos".[16] O mercantilismo preconiza para o Estado a maior posse de recursos possível, acreditando que aí resida a prosperidade. Daí propugnar pela maior disponibilidade de recursos e permanente saldo favorável na balança de comércio. Em termos de finanças públicas, propugnam os mercantilistas pela maior expansão das despesas, com o incremento da tributação. Buscam o Estado forte. Tal política foi imposta à França por Colbert (1619-83) e pelo Marquês de Pombal, em Portugal (1699-1782).

---

15 COMPARATO, Fábio Konder. *A afirmação histórica dos direitos humanos*. São Paulo: Saraiva, 1999, p. 66.

16 BODIN, Jean. *Los seis libros de la República*. 3. ed. Trad. de Pedro Bravo Gaba. Madri: Tecnos, 1997, p. 267.

5.11 O liberalismo

A postulação é diversa da anterior. Procura-se frear a ânsia intervencionista do Estado. O mais antigo e famoso é Adam Smith, com seu *An Inquiry into the Nature and Causes of Wealth of Nations* (1776). Chegam ao extremo dos fisiocratas (Quesnay, Gournay, Mirabeau, Turgot, Dupont du Nemours). É a teoria do *laissez faire, laissez passer*. Propugnam pela menor intervenção do Estado na economia, liberando os particulares para nela investirem. O Estado seria mero ordenador de alguns valores essenciais.

5.12 O *Bill of Rights*

É o primeiro documento solene de afirmação do direito à participação do povo, por meio de seus representantes, para que tivesse legitimidade a tributação. O *Bill of Rights* de 1689 estabelece que a exigência de tributo por um período mais longo ou por modo diferente do autorizado pelo Parlamento é ilegal.

Como salientado por Sainz de Bujanda, no século XIII os reis inventaram nova fórmula para acrescentar recursos ao Fisco: pedi-los aos súditos.[17] Eis aí, diz o autor, o "gérmen, um regime financeiro radicalmente novo: autorização do imposto; fiscalização do gasto".[18]

O confronto permanente entre os Reinos e os súditos no tocante à matéria tributária deixou clara a necessidade de se criar novas soluções. Na Inglaterra adveio a solução com o Parlamento. Na França, com a Revolução Francesa de 1789 nascem o princípio da legalidade (arts. 4º, 5º, 6º, 7º e 8º da Declaração dos Direitos do Homem e do Cidadão) bem como a estrita legalidade na criação e cobrança de tributos (arts. 13 e 14).

5.13 A Declaração da Virgínia

Posteriormente, a Declaração dos Direitos da Virgínia, de 1787, igualmente prevê em seu art. 6º que não há tributação sem o consentimento do povo "ou de seus representantes eleitos".

Como diz Manuel De Juano, há três fases que podem ser identificadas: (a) o período em que a exigência de impostos se efetua sob o signo da violência e da arbitrariedade; (b) o em que há algum sentimento de regularidade, identificando-se os contribuintes; e (c) o período que descansa em princípios, tais como os da uniformidade e da generalidade.[19]

5.14 As modernas democracias

Com o advento das modernas democracias a exigência da legalidade da tributação passa a ser essencial na vida civilizada dos povos. Tendo o Estado necessidade de cumprir suas finalidades, é imprescindível que, para isso, disponha de recursos.

---

17 BUJANDA, Sainz de. *Hacienda y derecho, op. cit.*, v. 1, p. 243.

18 *Idem*, p. 244.

19 DE JUANO, Manuel. *Curso de finanzas y derecho tributario*: parte geral, *op. cit.*, p. 234.

Após longa evolução, firma-se o tributo como necessidade dos governos de arrecadarem recursos para o abastecimento de seus cofres. A própria subsistência dos Estados vem definida pela cobrança tributária, sendo certo que sua instituição depende de aprovação prévia pelo Poder Legislativo, que o identifica, fixando a hipótese de incidência e todos os seus elementos. Paralelamente, dá-se a garantia da não tributação no mesmo exercício, instituindo-se o princípio da anterioridade, ao lado de outros, tais como os da legalidade, da tipicidade, irretroatividade, não confisco. Embora de maneira diversa, são estes os arrolados por Paulo de Barros Carvalho.[20]

Prepara-se toda uma armadura de produção ao contribuinte, à diferença do que ocorria no passado, como se vê do breve relato histórico.

5.14.1 O excesso tributário como fonte de guerras e revoltas

O materialismo histórico marxista é excelente enfoque para que se analise a cobrança excessiva de tributos. A espoliação sobre os povos leva à resistência. A História serve para que analisemos o passado e evitemos erros futuros. O Estado deve buscar apenas o montante necessário para o atingimento de suas finalidades. Havendo o suficiente para sua estruturação e o atendimento de suas necessidades materiais, não deve sufocar a sociedade com tributação excessiva.

Sempre que isso ocorre há resistência, que, consequentemente, leva à desqualificação do governante. Daí as guerras e confrontos. A ambição desmedida por petróleo, minas, riquezas minerais de forma geral e o controle de riquezas leva o mais forte a se impor ao mais fraco.

Desde os gregos e romanos havia a pilhagem, daí passando-se à empírica tributação.[21] A sujeição à arrecadação advinha da conquista. Ardant relata diversas revoltas fiscais em decorrência da pressão fiscal.[22] O mesmo autor indaga se tais numerosas rebeliões não seriam decorrência da luta de classes. Suponho que o problema seja o mesmo, isto é, ao se falar em luta de classes fala-se no direito de não pagar tributos e no esmagamento das classes produtoras e laborais. Ao final, conclui que tudo se deve ao peso da carga tributária.[23]

Em verdade, não só as guerras de libertação decorreram dos pesados ônus que recaíam sobre os povos dominados, o que bem se vê pela independência dos Estados Unidos, do México e do Brasil. Sempre e sempre as resistências destinam-se à liberação dos encargos de pagamento que devem os povos submetidos aos outros. No fundo, tudo fica sendo uma questão financeira.

---

20 CARVALHO, Paulo de Barros. *Curso de direito tributário*. 4. ed. São Paulo, Saraiva, 1991, p. 97-104.

21 Gabriel ARDANT, *Histoire de l'Impôt*, Paris, Fayard, 1971, p. 310.

22 *Idem*, p. 399-428.

23 *Idem*, p. 438.

5.15 A evolução dos tributos no Brasil

Daí o advento das mesmas garantias no direito brasileiro, tal como ocorre com o disposto no art. 5º, II, e art. 150, I, ambos da CF, ao lado de outras garantias estampadas nos incisos e parágrafos do mesmo artigo.

No entanto, nem sempre foi assim, como o demonstra a história financeira de nosso país.

5.15.1 Período colonial

No Brasil houve, no início, a exigência ou arrecadação de todos os produtos e extrações. Diante das dificuldades atravessadas por Portugal, a alternativa era a exploração da Colônia. De início a preocupação era manter a posse das terras. Em seguida passou-se, mediante *concessões*, à cobrança da exploração do pau-brasil ou ao *monopólio*, ficando aquele que o detivesse obrigado a pagar o *quinto*. Como narra Bernardo Ribeiro de Moraes, "em 1502, o comércio do pau-brasil foi arrendado a um cristão-novo, Fernão de Noronha, que ficou obrigado a enviar em cada ano uma frota de seis navios, a explorar também anualmente trezentas léguas da costa e a instalar feitorias nos lugares mais apropriados".[24] O pagamento não era apenas em moeda, podendo ser efetuado também em mercadorias.

Cabia à Câmara a cobrança dos tributos, que eram insuficientes,[25] uma vez que um terço de qualquer receita pertencia à Coroa.

No período das Capitanias Hereditárias (1532-1548) havia a outorga de *cartas de doação*, por meio das quais se davam poderes para administração geral, e das *cartas de foral*, dando aos outorgados o direito sobre rendas, direitos e foros. Deveriam dar conta à Coroa Portuguesa do que arrecadavam, pagando o direito das alfândegas reais (10%), o quinto dos metais e a dízima do pescado e das colheitas.

Surge a figura do *contratador*, que, na verdade, era um concessionário de direitos reais, cabendo-lhe pagar uma quantia fixa à Coroa, podendo explorar a terra, em todas as suas potencialidades. As concessões, no dizer de Raymundo Faoro, eram "formas de delegação de gestão econômica de bens que se articulam no conceito moderno – das quais a de mineração era a mais importante modalidade, que se dilui, apesar de seus caracteres iniciais, no tráfico de escravos, engenhos de açúcar e regime de sesmarias".[26] Salienta, ainda, que "o mais pitoresco desses contratadores será o desembargador João Fernandes, contratador dos diamantes do Tijuco, afortunado amante de Chica da Silva, cujos encantos um venerando historiador nega com veemência – 'não possuía graças, não possuía beleza, não possuía espírito, não tivera educação, enfim, não possuía atrativo algum, que pudesse justificar uma forte paixão'".[27] A menção é feita na obra de Joaquim Felício dos Santos.[28]

---

24 MORAES, Bernardo Ribeiro de. *Sistema tributário da Constituição de 1969*. Rio de Janeiro: Forense, 1960, p. 34.

25 LEAL, Victor Nunes. *Coronelismo, enxada e voto*. São Paulo: Alfa-Ômega, 1975, p. 136.

26 FAORO, Raymundo. *Os donos do poder*. 8. ed. v. 1, Porto Alegre, Globo, 1989, p. 221.

27 *Idem*, p. 222.

28 SANTOS, Joaquim Felício dos. *Memórias do Distrito Diamantino da Comarca de Serro Frio*. Rio de Janeiro: Nova Edição, 1924, p. 129.

Com o nascimento das culturas da cana, da pesca, da extração de metais, tudo passa a ser cobrado, seja por percentuais da moenda, pelo quinto da extração do pau-brasil e dos metais preciosos, bem como o direito da barcagem, isto é, da passagem pelos rios. Victor Nunes Leal identifica os seguintes tributos: "Os foros, concessão de venda de aguardente, imposto sobre engenho de aguardente, taxa de transporte em barco da Câmara, imposto de navegação, privilégio de prioridade em transporte, coletas especiais (fintas) para despesas determinadas, como pontos, caminhos, edifícios públicos, fontes de uso comum, etc.".[29]

5.15.2 Governo Geral (1548-1763)

O documento já não era a carta de doação, mas o *Regimento.* No Governo Geral nasce a figura dos provedores, a quem competia fiscalizar e arrecadar os tributos. Tomé de Souza, primeiro Governador-Geral, tributa toda a produção, fazendo incidir, mais ou menos, os mesmos tributos, quais sejam: dízimos, quinta, selo, passagem. Não havia qualquer preocupação com a capacidade contributiva do contribuinte.

Desnecessário dizer que a corrupção corria solta. Sonegações de todo tipo, com conivência dos arrecadadores. A distância, o Reino assistia a tudo, sem poder tomar providências. Por vezes, concediam-se *isenções pessoais.* O contrabando imperava como necessidade, a ponto de existir uma sociedade de contrabandistas.[30] Nasce a corrupção de servidores, dando origem ao denominado "crime de lesa-majestade", uma vez que se considera como do Rei o tesouro do Estado. Daí a origem também do "santo do pau oco", ou seja, trabalhava-se a imagem de um santo e era ele oco para que em seu interior fosse colocado ouro para realizar o contrabando.

Nasceram outros tipos de tributo, todos injustos, mas que se destinavam a abastecer os cofres públicos (e também os particulares). Surge a *finta,* ou seja, um pagamento para custear obras de uso comum, como pontes e estradas. A *derrama,* de tanta história no Brasil Colonial, como a finta, era exigida sobre rendimentos, da forma mais arbitrária possível. *A barcagem,* que incidia sobre a passagem dos rios. *A redízima,* que representa nova dízima do que já fora tributado pela dízima (é a décima parte da dízima). Os tributos passam a alcançar também o tabaco e o sal.

5.15.3 Vice-Reinado (1763-1808)

O General Gomes Freire de Andrade foi nomeado Vice-Rei do Brasil. No campo fiscal, como narra Bernardo Ribeiro de Moraes,[31] surge o *subsídio literário,* para custeio dos mestres-escola, incidente sobre cada rês abatida, aguardente destilada ou carne verde.

Com a Restauração, ou seja, com a volta do comando do Reino a um Rei português, livrando-se do domínio espanhol, houve necessidade de pagamento de indenização à Espanha, e mais uma vez os recursos foram buscados no Brasil. A Cia. Geral do Comércio do Brasil recebe o monopólio da exploração sobre os recursos existentes na

---

29 LEAL, Victor Nunes. *Coronelismo, enxada e voto, op. cit.,* p. 136.

30 POMBO, Rocha *História do Brasil.* v. 2. Rio de Janeiro: W. M. Jackson Inc., 1935, p. 174-175.

31 MORAES, Bernardo Ribeiro de. *Sistema tributário da Constituição de 1969, op. cit.,* p. 41.

Colônia, sendo conhecido o denominado *estanco do Maranhão*, ou seja, o monopólio de todos os produtos daquela Província.

Agrava-se o problema com o terremoto que abalou Lisboa em 1755, assumindo as finanças públicas o Marquês de Pombal. Mais uma vez a Colônia tinha que suportar a sede.

5.15.4 A Corte no Brasil (1808-1815)

A invasão de Portugal pelas tropas napoleônicas, pelo General Junot, impôs a vinda da Corte para o Brasil, o que ocasionou verdadeira revolução na Colônia, uma vez que vieram cerca de 15 mil pessoas, dando origem à liberalização dos portos, à criação do Banco do Brasil, da Imprensa Régia, do Tesouro Nacional, etc. Para sustentar a Corte, novas contribuições foram criadas, tais como o direito de guindaste, décima dos prédios urbanos, pensão para a capela imperial e a sisa.

5.15.5 O Reino Unido (1815-1822)

Por intermédio da Carta de Lei de 1815, o Brasil foi elevado a Reino Unido a Portugal e Algarves, não tendo havido alteração em matéria fiscal.

5.15.6 Manifestações e revoltas na luta pela independência

Começam a surgir as primeiras resistências às exigências tributárias, como a Revolta de Vila Rica, de Filipe dos Santos, e a queda da arrecadação não foi levada à conta da reduzida produção de minérios, mas à sonegação, o que levou ao crescimento da repressão. Não mais ficavam satisfeitos com o pagamento da quinta parte, mas passou-se a exigir o pagamento *per capita* em relação aos escravos, o que criava situação injusta. O ponto culminante, ao lado de outras revoltas, foi a denominada Inconfidência Mineira, de 1789. O problema surgiu com os impostos atrasados. O Marquês de Pombal resolveu exigir os tributos em atraso, num total de 596 arrobas de ouro, a que se deu o nome de *derrama*. A Colônia deveria remeter 100 arrobas de ouro por ano. Realizou-se uma contagem e se detectou o atraso mencionado. Daí o nascimento da pressão e da reação, com a consequente Revolta Mineira, que levou a julgamento e morte os inconfidentes. Após a delação tendo havido o perdão da dívida, além do pagamento de prêmio, ou seja, o recebimento dos bens dos conjurados, tudo de acordo com as resoluções do Visconde de Barbacena, que governa a Província de Minas Gerais.

Na sequência sobrevieram a Conjuração dos Alfaiates (1798), a Revolução Pernambucana de 1817, a Cabanagem (1840), no Pará, a Guerra dos Farrapos (1835/1845), no Rio Grande do Sul, chegando a Santa Catarina, onde se declara a República Juliana (1837/1838) – e outras revoltas.

Fato curioso de nossa história foi a denominada *Guerra do Vintém*, que se passou em 1879 quando uma multidão liderada por Lopes Trovão pedia a revogação de uma taxa de 20 Réis (1 Vintém) sobre o transporte urbano (bondes puxados a burro). Houve resistência do Exército, que foi ajudar as tropas da Polícia. Houve confronto e espancamento dos dois lados.

5.15.7 Independência. A Carta outorgada

Com a Independência (1822) é outorgada a Carta de 1824, em que se estruturam os tributos, que incidem sobre terras, mercadorias e escravos. Estabeleceu o art. 179, nº 15: "Ninguém será isento de contribuir para as despesas do Estado em proporção dos seus haveres".

Inúmeras rebeliões dirigem-se contra o Imperador, D. Pedro I, que era nascido em Portugal, o que o obriga a abdicar, em favor de seu filho, D. Pedro II, que contava, à época, com apenas cinco anos de idade, passando-se, então, ao período da Regência.

A Carta que houvera sido outorgada foi modificada pelo que se denominou de Ato Adicional de 1834, efetuando-se transferência de competência para as Câmaras Municipais. Como assinala Boris Fausto, as Câmaras podiam arrecadar recursos, contanto que não prejudicassem o poder central. "Essa fórmula vaga de repartição de impostos permitiu às Províncias a obtenção de recursos próprios, à custa do enfraquecimento do governo central."[32]

Alguns tributos são extintos; nascem outros, como anotado no excelente livro que serviu de guia para estas notas.[33] Nascem o imposto de indústria e profissões, incidente sobre toda e qualquer atividade industrial ou profissional, o imposto do selo, a décima urbana, as loterias, o imposto de docas e capatazias, o imposto sobre os vencimentos, sobre exportação, etc.[34]

5.15.8 O Império (1822-1889)

Proclamada a Independência, foi outorgada a Carta Imperial, de 25.3.1824, após dissolução da Constituinte. As Províncias eram governadas por presidentes nomeados pelo Imperador. As vilas eram administradas pela Câmara. O reinado tinha que manter toda sua Corte, seus apaniguados, com o pagamento de tenças de fidalgos (pensão periódica, normalmente em dinheiro, que alguém recebe do Estado ou de particular para seu sustento particular – a título de exemplo, em período anterior, D. Sebastião concedeu a Camões uma tença anual de 15 mil Réis), mercês (recompensa por um trabalho normalmente pago de uma só vez), ao lado de sustentar toda sua estrutura burocrática, bem com os investimentos.

Surgem novos tributos, tal como o direito de passagem, que dá origem ao *pedágio*, incidindo sobre passageiros e cargas; os *direitos de entrada*, incidentes sobre a circulação e o peso das mercadorias, efetuando-se seu pagamento mediante emissão de nota promissória; os *emolumentos*, que recaíam sobre certidões, de polícia, etc. *Imposto sobre bebidas espirituosas, sobre barcos do interior, sobre despachantes e corretores, sobre lojas, seges, carruagens e carrinhos, sobre legados e heranças, sobre escravos ladinos*. Também era comum a cobrança de percentagem sobre os escravos. Para que se efetuasse o pagamento do *dízimo*, envolvia-se o Estado com a Igreja, ou seja, apregoava-se que o não pagamento

---

32 FAUSTO, Boris. *História concisa do Brasil*. São Paulo: EDUSP, 2001, p. 87.

33 AMED, Fernando José; NEGREIRO, Plínio José Labriola de Campos. *História dos tributos no Brasil*. São Paulo: SINAFRESP, 2000.

34 *Idem*, pp. 216-219.

caracterizava o pecado de furto contra a Igreja. Os dízimos eram reais, por incidentes sobre prédios ou terras, pessoas, décima parte dos frutos do trabalho e mistos, advindos do trabalho humano e da terra. Sagrado e profano misturavam-se para obter recursos.

Ainda não havia uma adequada distribuição entre Império, Províncias e Vilas.

5.15.9 A República

Após a proclamação da República em 1889 é elaborada a Constituição de 1891. Tendo prevalecido o ideal federalista, o texto constitucional dividiu o país em Estados e, com isso, tornou-se imprescindível que se lhes atribuíssem determinados impostos para garantir a subsistência e para preservação da autonomia. O art. 7º da Constituição estabelecia os tributos federais; o art. 9º dispunha sobre os tributos estaduais; e também os Municípios foram aquinhoados com autonomia financeira.[35]

Nasce em 1922 o que se rotulou de "imposto sobre a renda" (Lei de Orçamento nº 4.625/1922), que viria consolidar um dos tributos mais fortes e rigorosos do país nos dias de hoje.

5.15.10 O Estado Novo

Na Era Vargas (1930/1945), que tomou o poder pela força, uma vez superado nas urnas por Júlio Prestes, foi determinada a elaboração de outra Constituição, o que culminou, em 1934, com a denominada "Constituição Polaca" (1937). Sobre a partilha tributária nesta Constituição fez Bernardo Ribeiro de Moraes as seguintes anotações: "a) ampliação do elenco dos tributos da União (imposto de consumo e imposto de renda); b) Estados contemplados com o imposto de vendas e consignações; c) Municípios tiveram impostos privados definidos. Foi a primeira Constituição a dar aos Municípios um lugar na partilha tributária; d) há clareza na discriminação das rendas tributárias entre as três esferas do governo; e) consignou-se um conceito de bitributação, proibindo-a; f) não era mais possível o exercício cumulativo, prevalecendo o imposto da União".[36]

Anota Victor Nunes Leal que "o resultado a que chegou a conduzir essa política, seguindo o quadro fartamente glosado na Constituinte de 1933-1934, falava por si: enquanto a União arrecadava 63% do total dos impostos, os Estados só percebiam 28% e aos Municípios tocava a miséria de 9%".[37]

5.15.11 Normalização democrática

Com a queda da ditadura, Dutra vence as eleições para a Presidência da República, dando origem à Constituição de 1946, tida como a mais liberal das nossas Constituições, elaborando-se distinção dos tributos entre os entes federados.[38] Os tributos começam a sofrer adulterações de toda ordem, especialmente com as rotuladas "caudas

[35] AMED, Fernando José; NEGREIRO, Plínio José Labriola de Campos. *História dos tributos no Brasil, op. cit.*, p. 234-235.

[36] MORAES, Bernardo Ribeiro de. *Sistema tributário da Constituição de 1969, op. cit.*, p. 67-68.

[37] Quadro organizado pelo Deputado Cincinato Braga e mencionado por LEAL, Victor Nunes. *Coronelismo, enxada e voto, op. cit.*, p. 148.

[38] LEAL, Victor Nunes. *Coronelismo, enxada e voto, op. cit.*, p. 271-272.

orçamentárias", em que se vinculavam recursos a diversas entidades e criavam-se os denominados "Fundos", podendo ser contados 22,[39] o que distorcia a destinação histórica destes. De outro lado, neste período há a distinção das espécies tributárias em impostos, taxas e contribuição de melhoria.[40]

5.15.12 O Regime Militar

O Regime Militar instaurado em 1964, com força ditatorial, efetua uma Reforma Tributária em 1965 (por meio da Emenda Constitucional nº 18/1965), para obter maiores recursos, surgindo fortes críticas relatadas por Bernardo Ribeiro de Moraes: "(...). A tributação era ampla e variada, permitindo incidências tributárias sobre pessoas, bens, valores, atos e papéis; as áreas de incidência baseavam-se em distinções meramente jurídicas, não refletindo uma situação econômica; b) a discriminação de rendas tributárias era meramente empírica, não decorrendo de análise econômica dos encargos das entidades políticas, colocando em risco o funcionamento econômico e harmônico do regime federativo".[41] Na mencionada Reforma Tributária, o governo ditatorial discriminou os impostos relacionados a suas bases econômicas, fixou nomes de impostos, suprimindo alguns, disciplinou a competência tributária e estabeleceu os recursos que cabiam a cada entidade federada.

Como havia amplo domínio sobre o Poder Legislativo, o governo fez aprovar inúmeras leis, instituindo diversos tributos, além de fundos. Com verdadeiro furor legislativo, instituiu-se o Código Tributário Nacional, a Lei nº 5.172, de 25.10.1966, que subsiste até hoje, como lei ordinária, mas absorvido pelo ordenamento jurídico superveniente. Sobrevieram a Constituição de 1967, que foi remendo sobre a anterior, e a Emenda Constitucional nº 1/1969, outorgada pela Junta Militar. Poucas foram as alterações tributário-financeiras nesse período.

5.15.13 Retorno à democracia e a Constituição atual. A Emenda Constitucional nº 42/2003

Com a sobrevinda da Constituição de 1988, que pôs fim ao período ditatorial no qual o Brasil atravessou lamentável período de instabilidade institucional, foram restaurados os direitos e a autonomia dos Municípios e dos Estados, que voltaram a ter eleições livres e diretas.

O país passou a respirar liberdade, a ter a possibilidade de escolhas válidas. Se somente tenho à disposição a opção por um caminho, cessa a *liberdade* e se inicia a escravidão, renascendo, portanto, a ditadura. Tais possibilidades de escolha não são só subjetivas ou individuais, refletem-se também no campo social e político.

É aí que se firma o universo das grandes opções e se manifestam, em todas as dimensões, os direitos humanos, inclusive o de não sofrer constrangimento sobre seus bens e patrimônio e poder reter o Estado nos limites traçados na Constituição, mesmo no que concerne ao recebimento de receitas públicas.

---

39 *Idem*, p. 277.

40 Partilha que se vê na p. 275-277 do texto acima mencionado.

41 MORAES, Bernardo Ribeiro de. *Sistema tributário da Constituição de 1969*, *op. cit.*, p. 91.

A partir da Constituição Federal de 1988 o sistema tributário está estruturado na divisão das competências impositivas entre os entes federativos, contendo os princípios protetores dos contribuintes. A legalidade vem a ter duas proteções (inciso II do art. 5º e inciso I do art. 150); a tipicidade e a anterioridade foram consignadas no texto constitucional. Houve repartição das receitas tributárias entre os três entes federais, abrindo-se ampla e democrática porta de discussão dos tributos perante o Poder Judiciário, seja pelo controle direto de constitucionalidade perante o STF, seja pelo controle difuso, frente a qualquer juiz. Garantem-se as liberdades públicas, nascendo instrumentos diversos de proteção à intimidade e à individualidade do cidadão.

Como dito acima, a Constituição atual resguarda o cidadão, repartindo os tributos entre União, Estados-membros e Municípios, estabelecendo quais podem ser cobrados, e, grandiosamente, fixa as limitações ao poder de tributar (arts. 150 e 151). Preserva a legalidade, a igualdade dos contribuintes, a anterioridade da exigência, proíbe o confisco, veda o estabelecimento de limitações à liberdade de tráfego de pessoas ou bens, institui imunidades recíprocas entre os entes federados e suas autarquias e fundações, etc. Em suma, grande é o rol dos direitos e garantias dos contribuintes. Há rígida distribuição dos impostos, o que impede a bitributação.

O Congresso Nacional aprovou a Emenda Constitucional nº 42/2003, que realizou minirreforma tributária. Por meio da Emenda, estabeleceu o tratamento diferenciado e favorecido das microempresas e das empresas de pequeno porte (alínea "d" do inciso III do art. 146), para facilitar a vida e o funcionamento de tais entidades. Lei complementar poderá estabelecer tais garantias, o que irá se constituir em verdadeiro estatuto tributário das micro e pequenas empresas, facilitando seu funcionamento e sua vida. Hoje a matéria é disciplinada pela Lei Complementar 123/2006.

Por outro lado, as Contribuições de Intervenção no Domínio Econômico/CIDEs foram completamente adulteradas em relação à sua pureza doutrinária original. Em sua origem apenas poderiam ser criadas para o atendimento de determinada finalidade ou determinada categoria. A receita, pois, era vinculada a objetivos traçados na própria Constituição e dependia de instituição por meio de lei. Agora haverá repartição de recursos com os Estados apenas e tão somente para equilibrar suas finanças. É que, como a União se vê obrigada, na criação ou aumento de qualquer tributo, a efetuar o repasse aos Estados-membros e aos Municípios, malandramente, passou a, ao invés de criar impostos, instituir contribuições, o que evitaria a obrigação da distribuição. Só que a pressão dos governadores foi de tal ordem que, adulterando a conceituação constitucional das contribuições, destinou parte de seu produto aos Estados (inciso III do art. 159, agora com redação dada pela Emenda Constitucional nº 44/2004) e aos Municípios (§4º do art. 159), o que significaria a disponibilidade destes em gastar os recursos da forma que quisessem. Será isso possível? Criou-se uma figura diversa da anterior, já que, do ângulo financeiro, há nova repartições de recursos.

Com a inclusão da alínea "c" ao inciso III do art. 150, o tributo não só não pode ser cobrado no mesmo exercício em que foi instituído ou aumentado, bem como, no exercício seguinte ao em que deve entrar em vigor, não pode ser cobrado antes de 90 dias da publicação da lei instituidora ou aumentadora. A saber: se o tributo foi instituído ou aumentado em novembro, por exemplo, apenas poderá ser cobrado a partir de fevereiro (a depender do dia da vigência da lei). É pequeno aumento na garantia do contribuinte.

Mas como "a mão que leva o violão é a mesma que faz a guerra", no dizer do cancioneiro brasileiro, disso temos exemplo na atual redação dada ao §1º do art. 150, que aumenta os casos de não incidência do princípio da anterioridade. Sob esta modificação, a discussão que surgirá será saber se a alteração das garantias do contribuinte não encontra repulsa na preservação dos direitos individuais e se pode o constituinte derivado alterá-las. Parece-nos que não é possível ao constituinte derivado efetuar alterações substanciais que esvaziem os direitos constitucionais previstos no art. 5º da CF.

Quanto a outros pontos relevantes: as alterações ao art. 153 foram benéficas, sendo de rigor estudar o impacto financeiro que terão.

Prevê a atual redação do art. 155 (inciso X, alínea "a") a não incidência sobre operações de remessa de mercadorias e serviços para o exterior, o que desonera a exportação, facilitando a vida dos produtores e exportadores.

O imposto sobre a propriedade rural tornou-se optativo ao Município, nos termos do inciso III do §4º do art. 153, combinado com o inciso II do art. 158.

Passou-se a permitir cobrança de contribuições sociais do importador de bens ou serviços do exterior (inciso IV do art. 195, introduzido pela Emenda 42/2003) e se transferiu à lei quais setores de atividade econômica poderão ser tributados.

O parágrafo único do art. 204 abriu a possibilidade de Estados e Distrito Federal vincularem a programa de apoio à inclusão e promoção sociais até 0,5% de sua receita tributária líquida, sendo vedada a utilização dos recursos para pagamento de despesas com pessoal e encargos sociais, pagamento do serviço da dívida e "qualquer outra despesa corrente não vinculada diretamente aos investimentos ou ações apoiados". De igual maneira poderão vincular recursos a fundo estadual de fomento à cultura (§6º do art. 216), com as mesmas vedações acima mencionadas.

As Emendas Constitucionais nºs 42/2003 e 56/2007 deram nova redação ao art. 76 do ADCT, nos seguintes termos: opera-se a Desvinculação de Receitas da União/DRU, o que significa que o Presidente da República terá a liberdade de efetuar nova destinação das receitas tributárias (evidente que tal liberdade não afeta a distribuição de recursos a Estados, Distrito Federal e Municípios). A Emenda Constitucional nº 42/2003 modificou o §1º do art. 82 do ADCT, que destina recursos para financiamento dos fundos estaduais e distrital.

Já o art. 3º da EC nº 42/2003 acrescentou os arts. 90 a 94 ao ADCT: (a) prorrogou o prazo da agora extinta CPMF até dezembro/2007 (art. 90 do ADCT); (b) chegou ao absurdo de prorrogar vigência de lei (da Lei nº 9.311/1996 – art. 90, §1º); (c) previu, no art. 91, divisão de créditos decorrentes de aquisições destinadas a ativo permanente com Estados e Distrito Federal; (d) o art. 92, acrescido ao ADCT, estabeleceu que a Zona Franca de Manaus terá mais 10 anos de vigência.

Vê-se, pois, que a Emenda Constitucional nº 42/2003 efetuou algumas alterações, não se constituindo em reforma, mas horrível remendo para atender a interesses institucionais e políticos emergenciais e momentâneos, e, em consequência, sujeita a sofrer todas as críticas da Oposição e de todos aqueles que se preocupam com uma ordem constitucional permanente e garantidora de direitos.

A Emenda Constitucional nº 56/2007 prorrogou a DRU até 31.12.2011, o que é horrível remendo para dar guarida a pretensões do Chefe do Executivo.

A Constituição não pode, a toda hora, ser emasculada, alterada ao sabor das conveniências dos governantes de plantão; a ordem constitucional deve preservar os direitos e dar garantias de que eles não serão alterados por qualquer vontade momentaneamente vencedora. Daí ser essencial, imperioso, que nasça uma consciência sobre o constitucionalismo, ou seja, as manifestações dos Poderes Públicos somente podem estar de acordo com o que está consignado na Constituição, pois esta é o documento solene de declaração dos direitos, e deve ser preservada, não podendo ser costurada, remendada e alterada a qualquer momento.

Até lá, conduzir-nos-ão os humores do presidente e do estamento burocrático superior. Os queixumes de governadores e as dores dos prefeitos. Quem reclamar mais, ou tiver maior poder de movimentação política poderá alterar a ordem constitucional a seu sabor. É lamentável, mas verdadeiro; pungente, mas real.

CIÊNCIA DAS FINANÇAS E DIREITO FINANCEIRO

6.1 Ciência das finanças

A palavra "finanças" vem do Latim *finis*, que significa "fim", "termo" – ou seja, impõe o fim de uma operação que se desenvolve pelo pagamento. Segundo Aliomar Baleeiro, a ciência das finanças "é a disciplina que, pela investigação dos fatos, procura explicar os fenômenos ligados à obtenção e dispêndio do dinheiro necessário ao funcionamento dos serviços a cargo do Estado, ou de outras pessoas de direito público, assim como os efeitos outros resultantes dessa atividade governamental".[1]

Só pela definição já se vê que se cuida de atividade pré-normativa, ou seja, não pertence ao mundo do Direito, mas ao mundo da Economia, do estudo dos fenômenos sociais, econômicos, estatísticos, que podem fornecer elementos para a estrutura da *política financeira* do Estado. De posse dos dados apurados em pesquisas, de como obter meios, de como prestar da melhor forma os serviços a cargo do Estado, enfim, após efetuar estudo global e amplo de todas as necessidades da sociedade e dos meios aptos a atendê-los, o Estado opta por determinada atuação – efetua decisões políticas e nesse campo desenvolve sua atividade. Tal comportamento nada tem de jurídico: é apenas político, em sentido amplo.

A ciência das finanças é, antes de tudo, informativa. Fornece dados ao político para que ele decida. Procura os fenômenos econômicos, por exemplo, que possam servir de incidência para alguma norma tributária, fornecendo meios arrecadatórios ao Estado; estuda as reais necessidades da sociedade, os meios disponíveis para atendimento dos interesses públicos, sob os mais variados aspectos, e municia os agentes públicos para que possam decidir sobre os mais variados temas, inclusive de política fiscal. É gama enciclopédica de conhecimentos sobre uma série de possibilidades disponíveis.

O ponto central da ciência das finanças incide sobre a atividade fiscal, ou seja, a desempenhada com o propósito de obter recursos para o custeio das atividades estatais.

Por ser ciência pré-jurídica, não é objeto de estudo dos juristas, servindo apenas como ponto de partida para fornecimento de meios destinados ao estudo do fenômeno financeiro.

---

1 BALEEIRO, Aliomar. *Uma introdução à ciência das finanças*. 16. ed. Rio de Janeiro: Forense, 2004, p. 8.

Problema sério, também, com que se bate a ciência das finanças é a repartição dos encargos entre as pessoas.

Daí a definição de Geraldo Ataliba de que "a ciência das finanças é um conjunto enciclopédico de conhecimentos e meditações sociológicos, políticos, econômicos, administrativos, psicológicos, etc., que servem de instrumentação política para o legislador".[2]

A expressão "finanças públicas" até parece mais apropriada do que se falar em ciência. Sempre foi utilizada para identificar o conjunto dos meios econômicos utilizados pelo Estado para satisfação de seus fins. Modernamente, pode-se dizer que designa uma "actividade económica de um ente público tendente a afectar bens à satisfação de necessidades que lhe estão confiadas".[3] É também a definição que lhe dá Sousa Franco.[4]

Diz-se que "a característica essencial das finanças públicas, e talvez sua principal vantagem, reside em sua heterogeneidade e sua complexidade assim que, faz-se alusão, nas prevenções, até mesmo a recusa de as considerar como um fenômeno político no sentido amplo do termo".[5] Os autores buscam dar às finanças públicas o caráter científico.[6]

Afirmam o caráter político das finanças públicas, que também reconhecemos. Através da disponibilidade de recursos é que se pode controlar o órgão de autorização das despesas, que no Brasil é o Congresso Nacional. Por elas é que se podem criar distinções entre os Estados brasileiros. Pelo seu uso é que se podem manipular os governantes.

Os autores, no entanto, observam a necessidade de estudar as finanças públicas vinculadas com a ética política.[7] É imperioso que sejam consideradas como criadoras de valor para o indivíduo e o grupo. Da incidência da ética no relacionamento financeiro resulta sua transparência.[8]

A ética revela-se através do relacionamento humano. Um de seus apanágios, como se viu, é a transparência. Por consequência, dela advém a responsabilidade política de quem com ela lida. De idêntica maneira se devem desenvolver técnicas de controle da gestão. A transparência e o controle são atributos do Estado de Direito.

Daí impor-se a exigência ética no comportamento dos governantes. Lidam com dinheiro público, com saúde da população, educação, etc., o que aumenta a responsabilidade de todos os agentes políticos.

Evidente está que já não se pode falar em um objeto específico de análise. É que o fenômeno financeiro é percebido por uma série de outros mecanismos políticos e jurídicos. Pode-se identificar o objeto de análise, mas não se o pode isolar do mundo e da multiplicidade de fatores que sobre ele incidem. Ele só pode ser conhecido à luz da

---

2 ATALIBA, Geraldo. *Apontamentos de ciência das finanças, direito financeiro e tributário*. São Paulo: RT, 1969, p. 50.

3 SOUSA, Domingos Pereira de. *Finanças públicas*. Lisboa: Instituto Superior de Ciências Sociais e Políticas, 1992, p. 22.

4 FRANCO, Sousa. *Finanças públicas e direito financeiro*, p. 3, *apud* SOUSA, Domingos Pereira de. *Finanças públicas*, *op. cit*.

5 BOUVIER, Michel; ESCLASSAN, Marie-Christine; LASSALE, Jean-Pierre. *Finances publiques*. 8. ed. Paris: LGDJ, 2006, p. 10.

6 *Idem*, p. 3.

7 *Idem*, p. 17.

8 *Idem, ibidem*.

Economia, da Política, da História, da Sociologia, da Psicologia, e também pelo enfoque jurídico. Impossível isolá-lo.

Dizem os autores citados que "o poder financeiro está, desde suas longínquas origens, estreitamente imbricado com o poder político e ele lhe determina a qualidade".[9]

A saber: indissociável o exercício da atividade financeira, ou seja, o recebimento e gasto de recursos arrecadados da população ou do patrimônio do Estado, da absoluta abertura para o controle, seja de mecanismos institucionais, seja de entidades não governamentais que se dedicam ao controle e à fiscalização das atividades estatais.

Daí ser imperioso que o manejo de recursos seja disciplinado pelo Direito, que pressupõe instrumentos de controle.

6.2 Direito Financeiro

6.2.1 Conceito

6.2.1.1 O que não é Direito Financeiro

Nele não se compreende o que se rotula de *direito bancário*, afeto ao câmbio, seu controle, as instituições oficiais de crédito da União e o órgão encarregado de tal atribuição, que é o Banco Central. Ainda que se possa dizer que de finanças se cuida, didaticamente, tal matéria não entra no âmbito do conceito, uma vez que se trata de finanças que digam respeito à estrutura e à disponibilidade de recursos do Estado, e não à emissão e ao controle da moeda, câmbio e bancos. Tal estudo mais se aproximaria do direito econômico. Entretanto, não há repulsa em enquadrar o denominado direito bancário, monetário e cambial no âmbito do Direito Financeiro.

Do âmbito do *Direito Financeiro* também escapa, didaticamente, o denominado *Direito Tributário*, isto é, o ramo do Direito que regula os mecanismos jurídicos necessários para a transferência compulsória de recursos para os cofres públicos, sem que os mesmos sejam decorrentes de atividade ou de ato considerados ilícitos.

O art. 163 da CF, ao exigir *lei complementar* para exaurimento de seu comando normativo, não impõe que haja uma só lei a respeito. Tanto assim é que o legislador dispôs sobre as *matérias ali disciplinadas* em leis diferentes. Uma delas disciplina o orçamento, e outra o denominado *direito bancário*, com ramificações sobre o Banco Central e as operações de câmbio.

São, pois, matérias diferentes, e exigem tratamento normativo diferente.

Sendo assim, pode-se fazer a exclusão do que não está afeto ao Direito Financeiro: (a) os tributos; (b) o câmbio; (c) a moeda; e (d) o sistema bancário.

O que está incluído no Direito Financeiro: a) as receitas não tributárias; (b) as despesas; (c) o orçamento; (d) o controle orçamentário, que engloba os Tribunais de Contas; (e) a dívida pública; e (f) a responsabilidade fiscal.

---

9 *Idem*, p. 18, em tradução livre.

6.2.1.2 Visão de diversos autores

Pode-se, pois, falar em *Direito Financeiro* como o conjunto de princípios e regras que disciplinam a arrecadação das receitas não tributárias, as despesas, o orçamento, a dívida pública, a gestão financeira e a responsabilidade fiscal.

Edgar Allix dá noção bastante ampla do que entende por "ciência financeira", dizendo que é a ciência "qui étude les différents moyens par lesquels les personnes publiques – État, département, commune, etc. – se procurent les ressources nécessaires à la satisfation des besoins collectifs auxquels elles sont chargées de pouvoir, et les régles qui doivent présider à leurs services de dépenses et des recettes".[10]

Definição excessivamente genérica, mas que dá a compreensão dos limites propostos para o Direito Financeiro. A um tempo, não dá a dimensão do que efetivamente se cuida, uma vez que na definição estão ausentes duas propostas fundamentais, quais sejam: a gestão dos recursos públicos e a responsabilidade fiscal. Por outro lado, não abarca as receitas não tributárias, porque fala em fontes *carregadas de poder* no tocante à arrecadação. Por fim, não cuida do orçamento. É verdade que fala nas regras que devem presidir os *serviços* da despesa e das receitas, tocando no problema orçamentário.

Opera-se a desconstrução (à Derrida) da definição para saber que ela não se enquadra na exigência do Direito Brasileiro atual. No conteúdo do livro, no entanto, o autor cuida de todas as matérias que estão faltando na definição. A saber: a definição não retrata o conteúdo.

François Deruel entende as finanças públicas sob a óptica do regime jurídico e fala do objeto das despesas orçamentárias, do imposto e das fontes extrafiscais,[11] sem oferecer um conceito sobre o tema.

Maurice Duverger, ao cuidar da noção moderna de *finanças públicas*, afirma que se coloca em causa a cobertura das despesas por uma igual repartição de seus pesos entre os cidadãos.[12] A análise, pois, não tem caráter jurídico de focalizar o problema financeiro à luz dos princípios e regras que incidem sobre a ciência das finanças, mas trata destas, em momento pré-jurídico.

Louis Trotabas e Jean-Marie Cotteret, ao cuidarem do Direito, falam apenas do *fiscal*, ou seja, da matéria que cuida especificamente dos tributos.[13]

Mais recentemente, Jacques Grosclaude e Philippe Marchessou cuidam do problema estritamente tributário, sem se ocuparem com o aspecto do ângulo financeiro.[14]

Nos dias de hoje, Michel Bouvier, Marie-Christine Esclassan e Jean-Pierre Lassale rotulam seu livro de *Finances Publiques*.[15]

Gastón Jèze trata a matéria em seu notável livro *Cours Élémentaire de Science des Finances et de Législation Financière Française*,[16] apontando apenas para a identificação

[10] ALLIX, Edgar. *Traité Élémentaire de science des finances et de législation financière française*. 6. ed. Paris: Librairie Arthur Rousseau – Russesau & Cie., 1931, p. XI.

[11] DERUEL, François. *Finances publiques*. Paris: Dalloz, 1967, p. 4-5.

[12] DUVERGER, Maurice. *Les finances publiques*. Paris: PUF, 1964 (Collection Que Sais-Je?), p. 9.

[13] TROTABAS, Louis; COTTERET, Jean-Marie. *Droit fiscal*. Paris: Dalloz, 1973.

[14] GROSCLAUDE, Jacques; MARCHESSOU, Philippe. *Droit fiscal general*. 4. ed. Paris: Dalloz, 2001.

[15] BOUVIER, Michel; ESCLASSAN, Marie-Christine; LASSALE, Jean-Pierre. *Finances publiques, op. cit.*, 2006.

[16] JEZE, Gaston. *Cours Elémentaire de science des finances et législation financière française*. Paris: V. Giard & E. Brière, 1909.

da matéria e seu tratamento à luz da legislação francesa, sem apartar a ciência das finanças do Direito Financeiro.

Mencionei Jèze após os autores anteriormente citados para voltar à atualidade. Realmente, a matéria é tratada como "finances publiques" na França.[17] Afirmam os autores que se cuida de ciência complexa, decorrente da heterogeneidade dos assuntos de que trata. Entendem que se cuida de ciência não dogmática.[18]

Para nós o tratamento que os autores estão dando à matéria deve ser visto à luz do que no Brasil se rotula de "ciência das finanças". Menciona-se o relacionamento com outras matérias, cuidando dos fenômenos financeiros como fenômenos políticos, no que não deixam de ter certa razão. A partir de uma noção introdutória, passam a cuidar das despesas, do contexto internacional e europeu, do mercado, do orçamento e, ao final, estudam o problema do imposto.

No Brasil os autores apartam o que é *ciência das finanças* e o que é *Direito Financeiro*. Evidente está que as noções estão visceralmente ligadas, uma vez que ambas analisam e exploram o mesmo fenômeno, ou seja, a *atividade financeira* do Estado. Só que o fato financeiro é observado de maneiras diferentes pela ciência das finanças e pelo Direito Financeiro. A primeira o focaliza da ótica de como os fatos realmente ocorrem na realidade. Como ilustra Aliomar Baleeiro, a atividade financeira consiste "em obter, criar, gerir e despender o dinheiro, indispensável às necessidades, cuja satisfação o Estado assumiu ou cometeu àqueloutras pessoas de direito público".[19] Definido o que se denomina de *necessidades públicas*, ou seja, como as atribuições que cabe ao Estado desempenhar, cabe estruturar como e com que recursos.

Daí a noção ampla que dá Baleeiro ao conceituar a atividade financeira. Sobre ela debruça-se o cientista político ao analisar as necessidades públicas em si e como resolver problemas econômicos, políticos, históricos, psicológicos e sociais. O enfoque, como se vê, incide sobre a realidade social. De outro lado, ao se falar em *Direito*, o âmbito de análise fica restrito à incidência da norma sobre o fenômeno financeiro, através da subsunção do fato à norma. Como se sabe, a norma é composta por sua *hipótese*, que capta a realidade, e pela *consequência*, que faz produzir um efeito jurídico. A saber: cria uma *situação* (de dever e de poder) que deflagra, por consequência, uma *relação*, ou seja, uma intersubjetividade da qual se extrairá uma consequência.

Temos no Brasil maior pureza, diria, no expungir aquilo que é, a nosso aviso, o Direito Financeiro e separá-lo dos demais ramos do Direito, e, inclusive, da ciência das finanças.

O importante é esclarecer ao leitor o que se entende por *atividade financeira do Estado*. Fonrouge esclarece que a atividade financeira "tiene por finalidad hacer posible el cumplimiento de los objetivos del Estado".[20] A ciência das finanças cuida da distribuição dos gastos e indica condições para sua aplicação.[21] O Direito Financeiro

---

17 BOUVIER, Michel; ESCLASSAN, Marie-Christine; LASSALE, Jean-Pierre. *Finances publiques, op. cit.*, 2006.

18 *Idem*, p. 13.

19 BALEEIRO, Aliomar. *Uma introdução à ciência das finanças, op. cit.*, p. 4.

20 FONROUGE, Carlos M. Giuliani. *Derecho financiero*. 7. ed. v. 1. Buenos Aires: Despalma, 2001, p. 13.

21 *Idem*, p. 13.

expõe "las normas jurídicas de las leyes que determinan la distribución de las cargas públicas, con el objeto de indicar su exacta interpretación".[22]

Griziotti define a atividade financeira como "el conjunto de los medios preordenados por el Estado para sus finanzas".[23]

Founrouge define o Direito Financeiro: "tiene como finalidad estudiar el aspecto jurídico de la actividad financiera del Estado en sus diversas manifestaciones, y tanto por su naturaleza y contenido, como por su objeto, constituye disciplina integrante del derecho público".[24]

Horacio Guillermo Corti deduz a atividade econômica do setor público de um esquema de cinco elementos: "a) el Estado como sujeto protagónico; b) las necesidades públicas; c) los bienes (y servicios) públicos; d) los gastos públicos; y e) los recursos públicos".[25]

Eis um panorama geral do que existe sobre o Direito Financeiro, em termos históricos e modernos.

Poderíamos arrolar uma série de outros autores. No entanto, seria demasia. Inutilidade.

Para não ficar de fora nossa mãe-Pátria, João Ricardo Catarino define as finanças públicas como "área do conhecimento científico que se refere à atividade econômica dos entes públicos visando à afetação de recursos ou bens à satisfação das necessidades coletivas".[26] Entende o Direito Financeiro como "complexo de normas jurídicas que regula a obtenção dos meios financeiros necessários ao financiamento dos entes públicos e ainda à gestão dos demais bens que são propriedade de tais entes".[27] Define-o como "o ramo do Direito que regula a atividade financeira do Estado através de regimes próprios para tutela de interesses públicos coletivos relevantes".[28]

6.2.1.3 A matéria no Brasil

No Direito Brasileiro mencionarei apenas dois autores. Kiyoshi Harada define o Direito Financeiro como "ramo do direito público que estuda a atividade financeira do Estado sob o ponto de vista jurídico".[29] Ricardo Lobo Torres define o Direito Financeiro, em seu aspecto objetivo, como "conjunto de normas e princípios que regulam a atividade financeira",[30] e por atividade financeira entende "o conjunto de ações do Estado para obtenção da receita e a realização dos gastos para o atendimento das necessidades públicas".[31]

---

22 *Idem, ibidem*, invocando a lição de Griziotti, *Diritto finanziario, scienza delle finanze ed economia finanziaria*, citado na nota de rodapé 43 do mesmo texto que se menciona.

23 GRIZIOTTI. *Principios de la ciencia de las finanzas*. 6. ed. Trad. italiana de Dino Jarach. Buenos Aires: Depalma, 1959, p. 4.

24 FONROUGE. *Derecho financiero, op. cit.*, p. 29.

25 CORTI, Horacio Guillermo. *Derecho financiero*. Buenos Aires: Abeledo-Perrot, 1997, p. 54.

26 CATARINO, João Ricardo. *Finanças públicas e direito financeiro*. Coimbra: Livraria Almedina, 2012, p. 18.

27 *Idem*, p. 20.

28 *Idem, ibidem*.

29 HARADA, Kiyoshi. *Direito financeiro e tributário*. 11. ed. São Paulo: Atlas, 2003, p. 17.

30 TORRES, Ricardo Lobo. *Curso de direito financeiro e tributário*. 10. ed. Rio de Janeiro: Renovar, 2003, p. 12.

31 *Idem*, p. 3.

6.2.1.4 Conceito analítico de Direito Financeiro

Seriam desnecessárias, bem sabemos, a exaustiva menção de diversos autores e a ociosa transcrição de definições. No entanto, a experiência vale para sabermos da diversidade de opiniões a respeito do tema.

Em verdade, podemos tratar as coisas como segue:

(1) O Estado, uma vez instituído, encampa uma série de atividades de que deve cuidar. As mais variadas, dependendo de país para país e de determinado momento histórico. As necessidades e interesses podem se alterar imensamente.

(2) Em um Estado Federal as atribuições estão divididas entre os diversos entes instituídos.

(3) As competências podem se exaurir no bojo da Constituição ou ficar dispersas em leis.

(4) Fixam-se as necessidades, e para que o Estado e as entidades que vão fazer suas vezes possam cuidar delas necessitam de recursos.

(5) Estes, subordinados aos princípios que identificam o sistema tributário, vão ser arrecadados ou dos particulares (tributos), ou do patrimônio do Estado (preços, *royalties*).

(6) Estabelecidos os fins do Estado e de posse dos recursos, este realiza os gastos para cumprir suas finalidades e atender às necessidades da população.

(7) Para tanto, necessita efetuar um planejamento e, como os recursos são finitos e as necessidades infinitas, elaborar um orçamento, que equilibra receitas e despesas, autorizando que estas se realizem.

(8) Imprescindível que haja um controle sobre todas as operações econômico-financeiras que o Estado irá desempenhar, o que gera a necessidade de órgãos e instrumentos de controle (Tribunais ou Conselhos de Contas e formas de se operar a fiscalização, correições e controle).

(9) A gestão da arrecadação e das despesas públicas impõe a responsabilidade funcional do agente ordenador das despesas, instituindo a lei requisitos para o gasto público e identificando agentes responsáveis por elas.

Tal é o conteúdo do Direito Financeiro. Podemos entendê-lo, então, como o ramo do direito público que disciplina a atividade financeira do Estado, como já abordado no item 4.4 desta obra. Em seguida definimos o que se entende por *atividade financeira do Estado*, ou seja, a ação deste na obtenção de receitas, em sua gestão e nos gastos para o desenvolvimento de suas funções.

Podemos definir o Direito Financeiro como *o conjunto de princípios e regras que dispõem sobre a arrecadação de receitas tributárias, patrimoniais, advindas do patrimônio privado e de sanções, coloca-as no orçamento, estabelece as despesas, realiza-as, controla-as por seus órgãos e instrumentos de controle, administra receitas e despesas, distribui-as entre os diversos entes federativos, exige responsabilidade na aplicação dos recursos e impõe sanções às infrações cometidas*.

No campo estrito do direito financeiro não entram as receitas tributárias, objeto específico do direito tributário. Mas são receitas que fazem parte do orçamento e das políticas públicas objeto da ação do governo.

Pode-se acrescentar que o Direito Financeiro objetiva a destinação de recursos para atender aos interesses da sociedade como um todo, respeitados princípios éticos.

Como o administrador lida com dinheiro, a grande tentação e o deus da Modernidade, compõem a definição igualmente não apenas os objetivos a serem atingidos como o comportamento ético dos agentes.

Trata-se de definição analítica que decompõe, no seu teor, as diversas matérias de que cuida referido ramo do Direito.

É como conceituamos o Direito Financeiro que se acha influenciado por normas e princípios de direito público.

6.2.2 Autonomia

Para se traçar o regime constitucional do Direito Financeiro é importante identificar as normas que lhe são próprias, criando um regime jurídico autônomo. Impõe-se apartar a matéria específica sobre a qual incidirá um plexo de princípios e normas que lhe deem certa identidade.

É o Direito Financeiro ramo do direito público, isto é, o participante da relação jurídica (como se viu no item anterior) é o Estado. O direito privado disciplina relações entre os particulares, embora por vezes algumas normas de direito público possam incidir sobre elas. No direito público o agente é o Estado ou ente por ele criado que faça as suas vezes.

6.2.2.1 Linguagem (linguagem e dominação)

Em primeiro lugar, diga-se que há uma textura aberta na linguagem do Direito Financeiro. Não há como instituir uma linguagem precisa no identificar o fenômeno financeiro e suas consequências no mundo jurídico. Necessariamente, há conteúdos em aberto que necessitam de precisões a todo instante e dependem do momento histórico por que se passa. Ao se falar em despesa, por exemplo, seu conteúdo dependerá das necessidades albergadas pelo Estado. De seu turno, as necessidades também são detectáveis com o passar dos tempos. O que era necessidade na Grécia Antiga (v. *A República*, de Platão) deixa de sê-lo em Roma. Na Idade Média já muda o fim do Estado de então, que não é o mesmo do Estado Moderno. Logo, a linguagem do Direito Financeiro deve manter-se aberta para a realidade social.

Genaro R. Carrió esclarece em relação à linguagem com a seguinte metáfora: "Hay un foco de intensidad luminosa donde se agrupan los ejemplos típicos, aquellos frente a los cuales no se duda que la palabra es aplicable. Hay una mediata zona de oscuridad circundante donde caen todos los casos en los que no se duda que no lo es. El tránsito de una zona a otra es gradual; entre la total luminosidad y la oscuridad total hay una zona de penumbra sin límites precisos. Paradójicamente ella no empieza ni termina en ninguna parte, y sin embargo existe".[32]

Existe, como nos diz o autor, uma *vaguedad potencial* das linguagens naturais. A linguagem jurídica não só se vale da linguagem natural, como é natural que assim o

[32] CARRIÓ, Genaro R. *Notas sobre derecho y lenguaje*. Buenos Aires: Abeledo-Perrot, 1973, p. 31-32.

faça. Deve ser entendida. Destina-se a um plexo de destinatários que sequer conhecem o linguajar comum, imagine a linguagem jurídica.

São utilizáveis as denominadas palavras *teoréticas*, ou seja, que têm um conteúdo exatamente definido. Por exemplo, aposentadoria aos 70 anos. A situação é inequívoca. Não dá margem a dúvida. No entanto, este é o emprego excepcional dos termos jurídicos.

Nem sempre, também, o termo de uso comum corresponde ao que se usa no trato do fenômeno jurídico. Diga-se o mesmo das expressões do direito comparado. Palavras de significado estrito na França, na Alemanha ou na Itália, ou mesmo em outros países do Continente Americano, não terão o mesmo conteúdo utilizado no Brasil.

Os símbolos são diferentes. Cassirer disse que o homem é seu símbolo e a Humanidade apenas se distingue do mundo animal através da simbologia que utiliza. Assim é, uma vez que significados podem ser extraídos da acústica, da cor, de sinais, de gestos, etc. Compreensíveis no mundo real; nem sempre utilizados no jurídico.

Nem sempre se deve utilizar um termo de uso comum e dar-lhe um significado especial. Pode ser assim desde que se comunique ao interlocutor do que se trata ou em que sentido o termo está sendo utilizado. Se falo de preços exigidos pelo Estado, tenho que esclarecer que não é o preço de um vaso, de um tecido ou de uma bebida. Importante que seja ele precisado em sua significação e que o interlocutor (usuário do serviço, por exemplo) seja informado do que se fala e sobre o que se fala.

É verdade que há certa flexibilidade no uso dos conceitos. Têm que ser operacionais, isto é, posso utilizá-los para identificar determinada situação e dali extrair alguns efeitos. Seria desassisado empregar um termo em sentido diametralmente oposto ao que tem no linguajar comum. Corre-se o risco de não ser entendido.

Algumas palavras são tiradas do direito administrativo, outras do Direito Tributário, e assim por diante. No entanto, sempre que as utilizarmos devemos identificar seu significado, se houver dúvida. Há palavras correntes e que todos os que lidam com a matéria saberão do que se trata. Mas sempre que o conceito for empregado com sentido diverso é imprescindível que o autor esclareça sobre o que está falando.

Não podemos nos esquivar de algumas considerações sobre o uso da linguagem como instrumento de dominação. Qualquer setor do conhecimento humano destina-se a subjugar. Um encontro romântico se constitui em objeto de conquista (dominação pela sedução). Palavras ditas à luz de velas, palavras amorosas, gestos de persuasão, tudo leva à quebra da vontade do outro.

Apenas uma breve menção à educação como instrumento de conquista. O expoente máximo de tal proposta foi Paulo Freire: "A pedagogia do oprimido, como pedagogia humanista e libertadora, terá dois momentos distintos. O primeiro, em que os oprimidos vão desvelando o mundo da opressão e vão comprometendo-se, na práxis, com a sua transformação; o segundo, em que, transformada a realidade opressora, esta pedagogia deixa de ser do oprimido e passa a ser pedagogia dos homens em processo permanente de libertação".[33]

O texto desenvolve-se em notável exposição sobre a aquiescência primeira da orientação do opressor (conquistador) e, depois, sobre as tentativas de libertação.

---

33 FREIRE, Paulo. *Pedagogia do oprimido*. Rio de Janeiro: Paz e Terra, 1997, p. 97.

Distante não fica o texto do notável linguista e filósofo Mikhail Bakhtin intitulado *Marxismo e filosofia da linguagem.*[34] As primeiras edições dessa obra eram atribuídas a Volochínov, discípulo de Mikhail Bakhtin. Aponta que "a palavra está sempre carregada de um conteúdo ou de um sentido ideológico ou vivencial".[35]

O autor estuda a linguagem como instrumento de dominação. Vêm as palavras carregadas de ideologia. Há um confronto na comunicação. Efetuou uma ruptura com os linguistas denominados clássicos, que procediam a um corte na língua para analisá-la de forma abstrata. Sustentou que a linguagem só pode ser estudada "por seu contexto".[36] Pontifica: "A ideologia do cotidiano constitui o domínio da palavra interior e exterior desordenada e não fixada num sistema, que acompanha cada um dos nossos atos ou gestos e cada um dos nossos estados de consciência".[37]

Mencione-se também Wittgenstein, que pretendeu reduzir a filosofia aos limites da linguagem.

Vê-se que a linguagem tanto quanto a educação e outras manifestações intelectuais (Literatura, Teatro, Poesia, Arquitetura, Pintura, Música, etc.) podem servir de instrumento para dominação e sujeição dos povos.

Sendo assim, as definições, os conceitos e palavras da vida comum devem ser empregados pelo cientista do Direito ou por seu estudioso em seu significado corrente, salvo hipóteses específicas e identificadas.

6.2.2.1.1 Linguagem jurídica e metalinguagem

Podemos descrever o fenômeno empírico bem como o jurídico. Relata-se um dado fato histórico (Revolução Francesa), ou seja, transmitimos informações sobre como o fato ocorreu. Nenhuma consequência, nem apreciação crítica.

Podemos utilizar a linguagem no sentido de impor determinado comportamento. Como o Direito disciplina o relacionamento humano, impõe aos indivíduos determinado comportamento (omissivo, obrigatório ou meramente permissivo), vale-se de uma linguagem *prescritiva*, ou seja, impõe a conduta desejada.

Como ensina Lourival Vilanova, "as *normas* estão no mundo do direito positivo, e as *descrições de normas* no nível do conhecimento jurídico. Linguagem *descritiva* aqui; linguagem *prescritiva* ali".[38]

Decorre daí o que os autores rotulam de juízos *ônticos*, ou seja, descrição da realidade, e juízos *deônticos*, isto é, os que prescrevem comportamentos. É o que ensina Vilanova.[39]

Na própria estrutura da norma há a hipótese e a consequência, como já se deixou claro.

A linguagem que prescreve comportamentos é a *jurídica*. A que analisa a prescrição jurídica e sobre ela discorre é a *metalinguagem*.

---

[34] BAKHTIN, Mikhail. *Marxismo e filosofia da linguagem*. 14. ed. São Paulo: Hucitec, 2010.

[35] *Idem*, p. 99.

[36] *Idem*, p. 109.

[37] *Idem*, p. 123.

[38] VILANOVA, Lourival. *As estruturas lógicas e o sistema do direito positivo*. São Paulo: RT, 1977, p. 25.

[39] *Idem*, p. 33.

6.2.2.2 Identificação constitucional do Direito Financeiro

O art. 24, I, da CF estabelece que cabe à União, aos Estados e ao Distrito Federal legislar *concorrentemente* sobre Direito Financeiro.

Estabelece, pois, uma fonte originária de dimanação das normas financeiras. Entende Aliomar Baleeiro que daí surge sua autonomia financeira.[40]

Um ramo do Direito apenas possui autonomia quando logra apresentar um objeto que lhe seja próprio, ou seja, uma parte seccionada da realidade sobre a qual faz incidir um plexo de princípios e regras. Sigo afirmando que há requisitos para a identificação, quais sejam: (a) ter como objeto de estudo um segmento da realidade perfeitamente cognoscível; e (b) apresentar um conjunto de princípios e regras projetáveis em tal realidade seccionada.

No Direito Financeiro apenas se pode falar da autonomia didática, jamais científica. A matéria sobre a qual incide o estudo do Direito Financeiro é fluida, ou seja, varia de acordo com certas concepções econômicas e sociais, e, de outro lado, vale-se o estudioso de palavras, conceitos de outros ramos, o que faz com que o Direito Financeiro não tenha autonomia científica. Bem fez Alfredo Augusto Becker em dizer que a autonomia "de qualquer ramo do direito positivo é sempre e unicamente didática para, investigando-se os efeitos jurídicos resultantes da incidência de determinado número de regras jurídicas, descobrir a concatenação lógica que as reúne num grupo orgânico e que une este grupo à totalidade do sistema jurídico".[41]

É verdade que pode e deve ser identificado um plexo relacional fático sobre o qual irá incidir outro plexo de normas e princípios. Sem isso o estudioso fica completamente perdido. Não saberá o que analisar e com que ferramentas. Mas até hoje há dúvidas sobre o âmbito de incidência do Direito Financeiro. A emissão de moeda é matéria de Direito Financeiro? O controle cambial faz parte de tal ramo do Direito? O controle constitucional do endividamento é matéria de Direito Financeiro ou constitucional? Há algumas indagações que causam dúvidas no espírito do exegeta.

De outro lado, e como se isso não bastasse para negar a autonomia científica do Direito Financeiro, quais as estruturas lógicas de que se valem os estudiosos para a análise do fenômeno financeiro? Têm que tomar emprestados conceitos do direito constitucional, do Direito Tributário, do direito administrativo, etc. para compor plenamente o estudo? Expressões como "poder de polícia", "serviço público", "lançamento", "orçamento participativo", "crédito" e "débito", etc. guardam conteúdos de Direito Financeiro?

6.2.2.3 Necessidades primárias e secundárias

O Direito Financeiro cuida do aspecto meramente arrecadatório ou tem finalidades públicas que deve perseguir? Diga-se, por primeiro, que é imprescindível que o ordenamento jurídico indique o que cabe ao Estado e a seus entes paraestatais cuidar. A Constituição Federal contém normas estritamente de competência, ou seja, estabelece,

[40] BALEEIRO, Aliomar. *Uma introdução à ciência das finanças, op. cit.*, p. 34-35.

[41] BECKER, Alfredo Augusto. *Teoria geral do direito tributário*. 2. ed. São Paulo: Saraiva, 1972, p. 27.

dentro do Estado Federal, a qual ente federativo cabe prestar determinada atividade. Em segundo lugar, o que cabe a cada um.

Ao lado das necessidades denominadas primárias de cada indivíduo (segurança, saúde, educação, etc.), devem ser identificadas as *necessidades primárias públicas*. Em relação à União as mencionadas no art. 21, e outras esparsas ao longo da Constituição (saúde, educação, ensino, cultura, etc.).

Estes são objetivos que o Estado busca atingir. Mas, como disse Rui Barbosa, quem dá os fins dá os meios. Não é possível estabelecer deveres ao Estado sem que ele detenha recursos para atendê-los.

Daí o conceito de *necessidades secundárias* ou *instrumentais*, isto é, o Estado deve manter uma estrutura arrecadatória (inciso XXII do art. 37 da CF) para alimentar os cofres públicos de recursos, que, por sua vez, serão utilizados na prestação de atividades tendentes a atender às necessidades primárias.

6.2.2.4 Regime jurídico

Pode-se identificar no texto constitucional uma série de princípios que dão amparo ao Direito Financeiro. Como a atividade que será desenvolvida por meio do Direito Financeiro é basicamente administrativa, em relação à despesa, dúvida não deve haver de que os princípios estabelecidos no art. 37 da CF devem ser atendidos.

Percebe-se que a Administração Pública não é só potência, mas basicamente ação. Potencialmente, tem a competência para agir, mas é imprescindível que desenvolva atos, ações e políticas para cumprir os deveres que estão estabelecidos no ordenamento jurídico.

6.2.2.4.1 Princípios (regras) financeiros

Para manter a sintonia sobre o que se entende por princípio (v. item 7.4), daremos o tratamento de regra para o que outrora de denominava princípio. Prefiro, hoje, o rótulo de *ideia reguladora*, utilizada por Kant (Immanuel Kant. *Crítica da razão pura*. 9. ed. Fundação Calouste Gulbenkian. p. 40, Introdução, item III).

A regra da *legalidade* é básica na estrutura funcional do Estado. Legalidade entendida como sujeição à lei em relação ao Estado e aos administrados. Estes somente podem ser obrigados a fazer ou deixar de fazer alguma coisa em virtude de lei (inciso II do art. 5º da CF). Atente-se para que se faça distinção entre *lei*, comando advindo do Poder Legislativo, e *norma*, comando genérico que tem diversas fontes de emanação e que também sujeitam o indivíduo, mas, basicamente, voltam-se para se impor ao próprio Estado.

A regra da *impessoalidade* é fundamental, ou seja, não pode haver identificação do sujeito agente. Deve comportar-se de forma a que aja o Estado, e não o indivíduo que titulariza um plexo de poderes conferidos por normas jurídicas para a consecução das finalidades do Estado, e não de seus interesses pessoais.

A regra da *moralidade* norteia a atuação do agente público, no sentido de que seu comportamento deve guardar fina sintonia com o que há de moral no corpo social. Deve guardar padrões éticos de atuação.

A regra da *publicidade* estabelece que nenhum ato ou comportamento da Administração Pública pode ser sigiloso ou secreto, salvo aqueles de segurança nacional, expressamente excepcionados pela Constituição Federal (art. 5º, XXXIII). O administrado tem o direito de saber o que se passa no exercício de todas as atividades administrativas do Estado, como se vê da Lei 12.527/2011, que cuida do procedimento de acesso às informações que devam ser prestadas por ele.

Por fim, a regra da *eficiência* tem como norte a atividade administrativa que produza resultados. A eficiência é detectável no agir funcional. É a satisfação efetiva dos interesses públicos tutelados pelo ordenamento normativo.

Estas regras formam o que se denomina de *princípios jurídicos* sob o quais a atividade administrativa deve ser desempenhada.

Observe-se: o Direito regente da atividade administrativa é o direito administrativo. O controle, a satisfação das despesas com eficiência, isto é matéria de Direito Financeiro. Os ramos se interpenetram para obtenção plena da satisfação dos interesses em jogo, e que cabe ao Estado tutelar.

6.2.2.5 Matéria pluridisciplinar

Vê-se, pois, que o Direito Financeiro não tem autonomia científica, mas tão somente didática. A matéria está relacionada com todos os ramos de Direito, em verdade. Tem nobreza constitucional, por estar na Constituição sua previsão. Relaciona-se com o direito administrativo, pois nele tem sua fonte de inúmeros conceitos. Do Direito Tributário tem parte de suas receitas, a mais importante que é o tributo. Da Economia empresta conceitos valiosos. No direito comercial busca elementos preciosos.

Enfim, mescla-se com diversos ramos de conhecimento. Inclusive, na História capta a origem de seus institutos, como, por exemplo, o orçamento, cuja origem remonta ao Direito Inglês da Idade Média.

6.2.3 Fontes

Podemos cuidar do assunto em dois aspectos: *fontes supranacionais* e *fontes nacionais*.

6.2.3.1 Fontes supranacionais

Nenhum Estado está sozinho, no mundo globalizado de hoje. Todos estão ligados por razões econômicas, de comércio, de financiamento, de sujeição a interesses humanitários, por disposições vinculativas de caráter internacional. Os Estados procuram ligar-se cada vez mais, para superar problemas internos, de fronteiras e de garantia de sua soberania. Aliás, o ato de se vincular internacionalmente é manifestação plena da soberania.

O Estado Federal Brasileiro rege-se, em suas relações internacionais, pela independência nacional, prevalência dos direitos humanos, autodeterminação dos povos, não intervenção, igualdade dos Estados, defesa da paz, solução pacífica dos conflitos, repúdio ao terrorismo e ao racismo, cooperação para o progresso da Humanidade e pela concessão de asilo político. É o rol dos princípios previsto no art. 4º da Constituição da República.

Vê-se, pois, que o que estiver em consonância e em sintonia com tais preceitos pode e deve ser incorporado ao Direito interno, bem como o determina o comportamento brasileiro em termos de relacionamento externo. Hoje, em nosso ordenamento jurídico, há normas que se podem incorporar ao Direito interno desde que tais preceitos sejam "aprovados, em cada Casa do Congresso Nacional, em 2 (dois) turnos, por três quintos dos votos dos respectivos membros" (§3º do art. 5º da CF).

Desnecessário ressaltar a importância do direito internacional e também do direito comunitário na formação dos conceitos que importarão ao Direito Financeiro.

Basta observar que o conceito de "crédito" advém dos contratos internacionais que, na origem do Brasil, foram celebrados pelo novel Império. Outro exemplo é o fato de que para o reconhecimento do Brasil como país independente foi necessária a assunção de débito financeiro com a Inglaterra. Daí se tiram as noções de repúdio, de empréstimos internacionais, de não intervenção, uma vez que, na História, o Ministro Blanco defendeu tal direito da Argentina nas Cortes internacionais.

6.2.3.1.1 Tratados

Inúmeros tratados bilaterais foram firmados, inclusive de possível intervenção na economia interna do Brasil, como ocorreu com o Fundo Monetário Internacional e ocorre hoje com a Grécia.

O Brasil tem subscrito diversos tratados e acordos internacionais sobre os mais diversos temas, inclusive no que diz respeito à matéria financeira.

Pode ocorrer conflito entre o Direito interno e os tratados de que o Brasil passa a ser subscritor. O art. 96 do CTN dispõe que "legislação tributária" compreende todos os atos normativos nacionais e internacionais. A lei vai além, e estabelece que os tratados e convenções internacionais revogam ou modificam a legislação interna (art. 98). Sobre os tratados escreverei detalhadamente no Capítulo 10, item 10.4. Antecipo que, meditando sobre o assunto, passamos a entender que o tratado, uma vez incorporado ao Direito interno, entra num plano de eficácia superior ao das normas (leis complementares, leis ordinárias e medidas provisórias), apenas podendo ser revogado por outra norma pactuada internacionalmente. Acrescentei que, após firmado, o pacto insere-se no Direito interno, criando uma expectativa de estabilidade no relacionamento dos países. Nenhum sentido tem, pois, que, posteriormente, por ato interno, se revogue, unilateralmente e para surpresa do Estado ou dos Estados pactuantes, a norma então celebrada.

De forma a demonstrar tal orientação sobreveio a Emenda Constitucional nº 45/2004, que inseriu o §3º do art. 5º da CF, sobrepondo os tratados internacionais que cuidarem de direitos humanos às leis, dando a eles *status* constitucional, uma vez aprovados nas mesmas condições das demais emendas constitucionais (§3º do art. 5º, combinado com o art. 60, ambos da CF).

Não apenas os tratados a respeito de direitos humanos são relevantes para o Direito Financeiro, mas também o são aqueles que cuidam do combate à corrupção, à "lavagem" de dinheiro, ao tráfico de drogas, etc.

6.2.3.1.1.1 Sanções

Podem ser aplicadas a empresas brasileiras ou estrangeiras, por força de norma prevista em tratado internacional? Seguramente, imaginemos que por meio de tratado se obrigue o governo brasileiro a impedir a prestação de serviços de empresas internacionais que forem sancionadas em países signatários da norma internacional. A empresa "A" hostilizou o Direito interno do país "B". Este, valendo-se de norma vigorante e advinda de tratado internacional, aplica sanção de suspensão da prestação de serviços em seu país e exige que os demais países signatários façam o mesmo, pressupondo-se que tal dever conste do tratado. Evidente está que o país signatário deve ter o comportamento exigido pelo tratado, ainda que possa discordar da solução tomada pelo país sancionador ou que esta lhe possa ocasionar algum dano (serviços em andamento, etc.).

Indubitável, em consequência, que os pactos internacionais se incorporam ao Direito interno. Daí se constituírem em fonte para o Direito Brasileiro.

6.2.3.1.1.2 Derrogação

Se determinado tratado se encontra em vigor e vem a ser expressamente revogada em sua inteireza, cessando de produzir qualquer efeito, a nova norma se constitui em fonte primária de direitos e obrigações.

6.2.3.2 Fontes nacionais

6.2.3.2.1 Constituição Federal

A Constituição é fonte primária de Direito, inclusive no que toca às competências que estabelece. Um país que passou por turbulências constitucionais e sociais bastante graves, quando tem a oportunidade de ter um texto garantidor de segurança jurídica e que torna mais difícil qualquer retorno à anormalidade institucional, busca aperfeiçoar seu sistema de controle.

Daí se entende ser a Constituição a maior fonte do Direito Financeiro, tal como será exposto com maiores detalhes no Capítulo 8, abaixo. Quando da análise do regime constitucional do Direito Financeiro aponto as diversas normas que incidem sobre o fenômeno em análise. Inicialmente verifica-se a distribuição das competências dentre todas as entidades federativas. Tal preliminar é importante, porque em um Estado Federal cada entidade possui competências próprias.

No texto mencionado procedeu-se a uma análise dos princípios que norteiam toda a atividade financeira. O primeiro deles é o da *superioridade e da indisponibilidade do interesse público*. O segundo é a *probidade* que orienta todo o agir administrativo. Segue-se o princípio da *transparência*.

No item 8.2 faz-se uma análise de todos os dispositivos constitucionais que informam o referido ramo do Direito.

Os poderes do Estado estão submetidos à Constituição. O Brasil tem uma Constituição *formal*, ou seja, nela se contém não apenas o que se denomina *matéria* constitucional (estrutura do poder, órgãos de seu exercício e a explicitação dos direitos e garantias individuais), mas tudo aquilo que o legislador originário entendeu importante colocar em seu texto. A superioridade da Constituição impõe que todas as leis sejam a ela inferiores. Seus comandos alcançam e limitam o exercício legiferante. Todas as normas devem submissão ao contido na Lei Maior. Quando alguma lei viola qualquer de seus preceitos, deve ser retirada do mundo jurídico, pelos mecanismos por ela própria previstos. A saber: o reconhecimento da inconstitucionalidade, que pode ser declarada por qualquer juiz em controle difuso ou pelo STF em controle concentrado. Da mesma forma, mesmo a autoridade administrativa encontra-se autorizada a deixar de aplicar preceito que se mostre incompatível com os comandos constitucionais.

Além de sua supremacia e de não conter normas de mera recomendação, pois não seriam normas jurídicas, na esteira já sustentada por Hans Kelsen, são elas imperativas, isto é, impõem-se por si sós. Muitas delas contêm preceito de aplicação imediata, independentemente de norma que lhes dê eficácia. Outras necessitam de leis complementares para adquirirem plena incidência. Mesmo a ausência de tais leis complementares, se não editadas, não impede que se usufrua dos direitos consagrados no ordenamento constitucional. É que, deixando de legislar, como compete ao Poder Legislativo, ou, eventualmente, dependendo a norma de decreto regulamentar, a não superveniência da norma complementar não obsta ao exercício dos direitos. Poderão ser utilizados, em tais casos, o mandado de injunção (inciso LXXI do art. 5º da CF) e a declaração de inconstitucionalidade por omissão (§2º do art. 103 da CF). O primeiro decorre da falta de norma regulamentadora que torne inviável o exercício de direitos políticos. Na segunda hipótese há a obrigação de o Poder Legislativo emitir o comando normativo, e este não o faz. É que se o Legislativo, ao editar as leis que lhe cabe, não pode cometer qualquer inconstitucionalidade, não pode cometer a mesma infração institucional ao deixar de legislar. Vê-se, pois, que, mesmo na hipótese de se cuidar de norma de eficácia retida, adquire ela, no caso concreto, a imperatividade plena, porque ninguém pode ser prejudicado pela inércia legislativa.

Todas as normas constitucionais, pois, são normas jurídicas. Contêm a *hipótese* que capta fatos da vida institucional do país e o *mandamento* do qual se retira a consequência jurídica pretendida.

Vê-se do art. 1º da Lei Maior que: "A República Federativa do Brasil, formada pela união indissolúvel dos Estados e Municípios e do Distrito Federal, constitui-se em Estado Democrático de Direito (...)". Este dispositivo é prenhe de conteúdo, pois nenhuma norma poderá ser editada contrariamente ao conceito de República, não pode contrariar o preceito de Federação e, igualmente, não pode ferir o Estado de Direito. Vejam, aí, como os direitos se complementam, ou seja: nenhuma lei pode agredir a determinação do art. 1º da CF. Antigamente falava-se em normas programáticas, ou seja, que continham mero programa de governo. Hoje, tais normas, ainda que possam ser assim rotuladas (não briguemos por rótulos), são imperativas e impedem a edição de qualquer norma que lhes seja contrária.

6.2.3.2.2 Estados-membros no Estado Federal

Exatamente por se cuidar de Estado Federal, há que se respeitar os denominados Estados-membros. O conceito de Federação pressupõe a existência de entes federativos menores, que haurem sua nobreza institucional do próprio texto da Constituição, com competências próprias, podendo construir a legitimidade de sua representação política e possuir arrecadação própria. Tal lhes dá a característica de entes federativos.

Mesmo assim, com competências políticas, administrativas e tributárias próprias, estão sujeitos à Lei Maior. Nada podem além, pois têm suas limitações previstas também na Constituição Federal.

6.2.3.2.3 Lei

A lei é a segunda fonte de Direito. Lei editada pelo Parlamento, com subordinação ao processo legislativo previsto na Carta Maior. Tem que atender a todas as exigências, isto é, respeitar o poder de iniciativa das autoridades mencionadas, ter o procedimento adequado, ser aprovado pelo *quorum* fixado e, posteriormente, ser sancionada pelo Presidente da República. Promulgação e publicação são integrantes da existência formal da lei no mundo jurídico. Uma vez publicado o comando, ingressa ela no patrimônio subjetivo de cada um, impondo obrigações ou criando direitos.

A função legislativa é de tal ordem importante que tem toda sua disciplina calcada na Constituição do país. Os Estados-membros têm competência para instituir suas próprias leis, respeitada a competência dos Municípios e da União. Daí a existência de leis federais, aquelas que alcançam apenas a *matéria* reservada à União, tal como *royalties* advindos da exploração do petróleo, cuja competência é da União; de leis *municipais*, que incumbem aos entes federativos menores (mas não menos importantes), cuja matéria vem delineada no art. 30, I, da CF; e de leis *estaduais*, cuja matéria é remanescente das competências estabelecidas para a União e para os Municípios (§1º do art. 25 da CF).

Podem existir *leis federais nacionais*, ou seja, leis que são editadas pelo Congresso Nacional e que se impõem a Estados e Municípios. No mais das vezes são leis complementares ou, mesmo, leis ordinárias cujo conteúdo deve alcançar Estados e Municípios.

Exemplo bem marcante vem previsto no §9º do art. 165 da CF, que assim dispõe: "Cabe à lei complementar: I – dispor sobre o exercício financeiro, a vigência, os prazos, a elaboração e a organização do Plano Plurianual, da Lei de Diretrizes Orçamentárias e da Lei Orçamentária Anual; II – estabelecer normas de gestão financeira e patrimonial da Administração direta e indireta, bem como condições para a instituição e funcionamento de fundos; III – dispor sobre critérios para a execução equitativa, além de procedimentos que serão adotados quando houver impedimentos legais e técnicos, cumprimento de Restos a Pagar e limitação das programações de caráter obrigatório, para a realização do disposto no §11 do art. 166". A Lei de Responsabilidade Fiscal (Lei Complementar nº 101/2000) é a prova mais contundente de dispositivo complementar que alcança todos os entes da Federação.

Completa-se, assim, o ciclo de emanação de normas jurídicas que têm o poder e a força de invadir a esfera jurídica de todos em *nível primário*, ou seja, com força de criar e impor obrigações.

Existe também o que se rotula de *atos políticos ou de governo*, ou seja, atos que haurem sua força jurídica diretamente da Constituição da República, independentemente de norma intermediária. São encontrados no art. 84 da CF. Realizei análise deles no último capítulo do livro *Atos administrativos*.[42]

6.2.3.2.4 Regulamentos

Na hierarquia da força jurídica e logo sob a lei vêm os regulamentos, ou seja, normas de caráter explicitador do comando normativo que produz efeitos diretos e aplicam o conteúdo nelas contido. Não têm o caráter inovador das leis, mas complementam seu conteúdo e dirigem-se, normalmente, aos agentes administrativos, para facilitar a aplicação dos preceitos normativos.

O regulamento é subalterno à lei e não pode inovar no mundo jurídico. Qualquer excesso regulamentar deve ser coibido ou pelo Judiciário, no controle da legalidade, ou pelo próprio Parlamento. Assim, dispõe o inciso V do art. 49 da CF que é da competência do Congresso Nacional "V – sustar os atos normativos do Poder Executivo que exorbitem do poder regulamentar ou dos limites de delegação legislativa".

Vê-se, claramente, que cabe ao Congresso Nacional cortar eventuais excessos da competência regulamentar do Presidente da República. Se o decreto regulamentar criar obrigações novas, restringir direitos ou dispuser de forma diversa daquela contida na lei, ou o Judiciário eliminará o excesso, reconhecendo a ilegalidade ou inconstitucionalidade, ou incumbe ao Poder Legislativo sustar o excesso cometido pelo Executivo.

De outro lado, em relação aos demais órgãos de emanação dos poderes do Estado (Judiciário, Executivo, Tribunal de Contas, Ministério Público, entidades estatais), cabe também ao Legislativo "zelar pela preservação de sua competência legislativa em face da atribuição normativa dos outros Poderes" (CF, inciso XI do art. 49).

Sabidamente, no exercício de sua atividade cada um dos Poderes do Estado pode exercer *funções atípicas*, ou seja, o Judiciário, ao lado de proferir sentenças com força definitiva, expede normas regulamentares, ou de seus serviços, ou da disciplina interna para manter o exercício do poder de polícia. De seu turno, o Executivo igualmente expede normas disciplinadoras de seus serviços. Em ambos os casos, podem, a pretexto de dispor sobre matéria interna, criar obrigações que apenas por lei podem ser criadas, o que infringe o princípio da separação dos Poderes.

Descabe, evidentemente, ao Parlamento sustar sentenças ou normas dos Tribunais de Contas, Ministério Público e outros órgãos de exercício do poder. No entanto, estes últimos, quando do exercício de sua função administrativa, podem pretender estabelecer normas que ultrapassem os limites de sua competência e invadam a competência legislativa cabível apenas ao Parlamento. Em tal hipótese o dispositivo constitucional é bastante claro. O Legislativo pode sustar normas editadas por órgãos de outros Poderes. Por exemplo, o Conselho Nacional de Justiça ou o Conselho Nacional do Ministério Público, os tribunais administrativos de tributos, os Conselhos de Contas, enfim, todo aquele que detém poder normativo (não legislativo) pode ter a compulsão de ultrapassar seus limites.

[42] OLIVEIRA, Regis Fernandes de. *Atos administrativos*. 5. ed. São Paulo: RT, 2007.

O regulamento, pois, pode dispor sobre toda a matéria de competência de cada órgão de poder. Não pode, no entanto, instituir obrigação nova. Descabe-lhe inovar na ordem jurídica, criando obrigações originárias.

Existem os denominados *regulamentos de execução*, de que cuidamos anteriormente, mas cuja terminologia vem à tona. A saber: destinam-se a criar condições para que os comandos normativos sejam cumpridos. Não são requisito para que a lei possa ser cumprida. Mesmo ausentes ou não editados ou publicados com defeitos, a lei deve ser cumprida, porque descabe ao Executivo restringir ou limitar a aplicação da lei.

Observe-se que o regulamento de execução se destina a impor obrigações à própria Administração, e não a terceiros. Cabe-lhe, pois, tão somente estabelecer a *forma* como a lei será aplicada. Fixando a lei o pagamento dos *royalties*, cabe ao regulamento de execução estabelecer a oportunidade do recolhimento, a guia hábil para que seja recolhido, a repartição a que se deve dirigir. Nada mais. Apenas instrumentaliza a Administração a consumar o que em lei está previsto.

6.2.3.2.5 Outras fontes

Pode-se falar em *costumes*, que têm forte espeque na cultura passada; em *jurisprudência*, que cria o precedente e pode ser invocada pelo administrado; nos *princípios jurídicos*, ou seja, sobrenormas que orientam a formação de outras normas com base em valores relevantes para a sociedade; *doutrina*, que examina os comandos constitucionais e legais, fazendo sua crítica.

6.2.3.2.5.1 Costume

O costume pode ser revogado a qualquer hora, porque é prática que se faz automaticamente. Pierre Bourdieu a isso denomina *habitus*, que com o costume não se confunde, porque se cuida de prática reiterada de determinados comportamentos que se tem como normal, criando a obrigatoriedade daquela conduta. É bastante semelhante ao costume. Este igualmente representa a prática de determinados comportamentos *tidos como obrigatórios* (que não é o caso do *habitus*, que cria comportamentos habituais independentemente de sua obrigatoriedade).

6.2.3.2.5.2 Jurisprudência

A jurisprudência invoca o precedente. Não obriga, mas serve de esteio para persuadir alguém de que aquele comportamento é o adequado.

6.2.3.2.5.3 Doutrina

A doutrina significa a opinião de algum doutor, ou seja, pessoa credenciada pelo ordenamento normativo que comenta determinado assunto e tem a pretensão de ser seguido.

6.2.3.2.5.4 Princípios

Os princípios jurídicos nem sempre estão escritos. Podem ser implícitos e dedutíveis de outros (§2º do art. 5º da CF brasileira). No entanto, constituem-se em fortes orientações para a interpretação de regras. Por vezes estão acima das fontes anteriores. No entanto, modernamente tudo virou princípio, de forma a esvaziar seu conteúdo. Há *valores* que são albergados pelo ordenamento normativo e que estão acima dos meros procedimentos.

Estes são *fontes* não só do Direito Financeiro, mas de todos os ramos do Direito Brasileiro e que formam o ordenamento normativo.

6.2.3.2.5.5 Necessidade

Pode a necessidade constituir-se em fonte de Direito? Ela pode subverter todo o Estado. A avaliação de sua presença é juízo político. No entanto, é importante mencioná-la, porque em determinadas circunstâncias pode ocorrer determinado fato que compele a ação imediata do agente político.

Estaria ela fora do Direito? É outra indagação que se impõe. Evidente que o Direito não pode prever quando a necessidade ocorrerá. Independentemente da ação humana ou por causa dela, podem acontecer no mundo fático circunstância que signifique urgência absoluta e circunstâncias ameaçadoras que envolvam o rompimento da ordem jurídica. É o estado de exceção, a justificar tomada imediata de posição e de solução que possa, até, manter o ordenamento jurídico.

Não se pode descartar a necessidade como um dos fundamentos ou fonte da expedição de determinada norma de cunho financeiro. Ela pode transcender o jurídico, mas a ele se impor.

7

NORMAS GERAIS DE DIREITO FINANCEIRO

7.1 Normas gerais de Direito Financeiro

De acordo com o art. 24 da CF, "compete à União, aos Estados e ao Distrito Federal legislar concorrentemente sobre: I – direito tributário, *financeiro*, (...)".

Vê-se, de plano, que ficaram bem apartados os ramos tributário e financeiro. Não mais se pode falar que um é mais amplo que o outro. Outrora afirmava-se que o Direito Financeiro englobava o direito tributário. Em verdade, o que se afirmava é verdadeiro erro de visão total do fenômeno jurídico. O ordenamento normativo contém normas de toda espécie. Num mesmo texto de lei pode existir dispositivo sobre matéria de direito civil e, ao mesmo tempo, de direito administrativo: as normas sobre construção e direito de vizinhança, por exemplo. É que passa despercebido que o fenômeno jurídico é um só. Para que um ramo do Direito adquira autonomia científica é fundamental que tenha estrutura própria, recebendo, então, ainda que didaticamente, um tratamento à parte.

Como ensina Celso Antônio Bandeira de Mello, "diz-se que há uma disciplina jurídica autônoma quando corresponde a um conjunto sistematizado de princípios e normas que lhe dão identidade, diferenciando-a das demais ramificações do Direito".[1]

Não se pode falar, em relação ao direito tributário, em disciplina jurídica autônoma. Tem objeto distinto de todas as outras disciplinas – ou seja, o tributo –, mas os princípios e normas pertencem seja ao direito administrativo, seja ao Direito Financeiro. Este, de seu turno, tem os princípios básicos não só no direito constitucional, onde todos os ramos buscam sua fonte, como também no direito administrativo. Logo, não se pode falar em disciplina autônoma.

Didaticamente, todavia, é importante seu estudo em separado, porque isso torna claros certos aspectos do fenômeno jurídico. Para seu melhor discernimento, é importante o estudo distinto do Direito Financeiro.

Como se cuida de legislação concorrente, "a competência da União limitar-se-á a estabelecer normas gerais" (§1º do art. 24 da CF).

Impõe-se, pois, saber o que são *normas gerais*, para que possamos perceber se a norma estadual eventualmente editada é ou está compatível com a norma federal. É que

1 BANDEIRA DE MELLO, Celso Antônio. *Curso de direito administrativo*. 33. ed. 2. tir. São Paulo: Malheiros, 2017, p. 53.

"a competência da União para legislar sobre normas gerais não exclui a competência suplementar dos Estados" (§2º do art. 24). Complementa o §3º do mesmo dispositivo constitucional que, "inexistindo lei federal sobre normas gerais, os Estados exercerão a competência legislativa plena, para atender a suas peculiaridades".

Assim, temos: (a) há competência concorrente em matéria de Direito Financeiro entre União, Estados e Distrito Federal; (b) à União somente compete a expedição de normas gerais; (c) a edição destas não exclui a competência dos Estados; (d) caso não haja legislação federal, os Estados terão competência plena; e (e) sobrevindo legislação federal, a estadual, se existente, terá sua eficácia suspensa por conflito com a norma geral (§4º do art. 24).

É fundamental saber o que significa *norma geral em matéria de Direito Financeiro*, para, inclusive, saber quando haverá incompatibilidade vertical com a norma federal e qual o limite da competência da União.

7.2 Estado Federal

Para que se possa captar o sentido das palavras, é fundamental, primeiramente, saber o que é o Estado Federal. No Estado Unitário o problema inexiste. É que o centro de emanação de normas será um só, com obediência para as demais unidades administrativas. O Estado Federal pressupõe a representatividade dos Estados perante a União e a divisão política das competências reservadas em nível constitucional. Para melhor leitura, veja-se o Capítulo 2.

O problema surgiu na Constituição Federal/1946, que dispunha sobre a competência da União para legislar sobre "normas gerais de Direito Financeiro" (art. 5º, XV, "b"). A Constituição/1967, no art. 8º, XVII, "c", dispôs da mesma forma. A Emenda Constitucional nº 1/1969 estabeleceu a competência para legislar sobre "normas gerais sobre orçamento, despesa e gestão patrimonial e financeira de natureza pública; (...) de Direito Financeiro; (...)" (art. 8º, XVII, "c").

Assim desembocou o problema no texto atual, já transcrito.

7.3 Leis federais e nacionais

De outro lado, não se pode esquecer da existência de leis *nacionais*, ou seja, as que, expedidas pelo Congresso Nacional, valem para todo o território nacional, alcançando todas as pessoas que nele estejam, e que são de cumprimento obrigatório pelos Estados, Municípios, Distrito Federal e Territórios (caso do Código Civil e do Código de Processo Civil, por exemplo). Ao lado delas existem as leis *federais*, as quais, editadas pela mesma Casa de Leis, apenas alcançam as pessoas vinculadas à União, sem vínculo, portanto, para as demais entidades federadas. O Estatuto dos Funcionários Públicos Civis da União, por exemplo, é federal, ou seja, tem seu âmbito de incidência limitado àqueles que mantêm vínculo funcional estatutário com a União. Não alcança qualquer outro servidor público. Como ensina Kelsen, o âmbito espacial de validade e o âmbito pessoal são diferentes.

Há de se precisar, também, que não se pode falar em hierarquia entre as leis. Cada qual tem seu campo próprio de conteúdo e de incidência. A lei nacional, no caso em tela, somente pode dispor sobre *normas gerais*. Aquelas específicas de algum Estado serão por este editadas. Segundo Rubens Gomes de Souza, parece, à primeira vista, que somente sejam "normas gerais" as que se dirijam por igual à União, ao Estado e ao Município, porque qualquer "norma geral" ditada pela União que só atinja o Estado ou só o Município seria uma invasão daquela competência legislativa institucional do Estado ou do Município em matéria financeira.[2]

O conteúdo de tais normas somente poderá atingir o que diga respeito ao âmbito do Direito Financeiro, ou seja, as entradas e receitas originárias, o crédito público, a despesa, o orçamento, a fiscalização orçamentária e financeira, a recepção de fundos e as formas de participação nos produtos arrecadados.

Como pode surgir incompatibilidade vertical entre a regra emitida pela União, que pode não ser geral, e aquela expedida pelos Estados, impõe-se saber qual a que pode prevalecer.

7.4 Princípios. Classificação

A palavra "princípio" tem diversos significados. Aponta-os Aristóteles em sua *Metafísica*,[3] Livro V, item 1. Sem prejuízo de serem todos importantes para compreensão do que se pretende analisar, o que importa é caracterizar o princípio como: (a) algo que *organiza* e *fundamenta* determinado conjunto de realidades; (b) que não se possa confundir com o que fundamenta e organiza; e (c) que seja autárquico.

Eliminam-se outros sentidos, tais como o primeiro movimento, o ponto de origem de algo, o surgimento de alguma coisa, o nascimento e procedência, etc. Tem-se que o princípio é um *ponto de partida*. Logo, não pode estar na sequência daquilo que origina.

Lucrécio, em seu notável "Da Natureza",[4] afirma que "nada se pode criar do nada". Cada coisa tem sua origem, causa, início.

Dentre as possibilidades apontadas por Aristóteles há o princípio que significa "aquilo a partir de que uma coisa começa a ser compreensível".[5]

Segundo Miguel Reale, "princípios, portanto, são verdades ou juízos fundamentais, que servem de alicerce ou de garantia de certeza a um conjunto de juízos, ordenados em um sistema de conceitos relativos a dada porção da realidade".[6]

O *princípio* diz respeito, pois, a determinado e delimitado universo de coisas. No campo do Direito Financeiro há que se atentar para o que é fundamental para apartar a matéria sobre a qual incidirá o raciocínio jurídico e sobre quais coisas terá influência.

Modernamente entendo que a melhor forma de cuidar do assunto é tratá-lo como *ideia reguladora*, no dizer de Kant, como se viu anteriormente.

---

2 SOUZA, Rubens Gomes de. Normas gerais de direito financeiro, *RF*, 155/21.

3 ARISTÓTELES. *Metafísica*. 2. ed. São Paulo: Edipro, 2012.

4 *In*: *Epicuro, Lucrécio*, Cícero, Sêneca e Marco Aurélio. São Paulo: Abril Cultural, 1980, p. 33 (Coleção Os Pensadores).

5 ARISTÓTELES. *Metafísica*, *op. cit.*, p. 132.

6 REALE, Miguel. *Filosofia do direito*. v. 1. São Paulo: Saraiva, 1957, p. 76.

O princípio está *antes* da coisa ou das coisas que disciplina e a que serve de fundamento. Com ela ou elas não se confunde, nem passa a fazer parte delas. Estar-se-ia cometendo erro de lógica confundindo a origem com a coisa originada.

Por fim, o princípio *independe de outro*. É suficiente por si. É autárquico.

Por *princípio* entendo o que é fundante em raciocínio jurídico compreensivo em determinada matéria. No Direito há os princípios lógicos, comentados por Reale na mesma obra, e que excluem outras possibilidades de conclusão. Mas não estamos tratando dos princípios lógicos, e sim dos que estão na base e são antecedentes ao enfoque de determinada matéria.

Referimo-nos ao fundamento imanente (o que afasta qualquer raciocínio transcendente) ao Direito e que dá a garantia da compreensão da matéria enfocada.

Ao se falar em direitos humanos, por exemplo, o princípio que irá embasar tal afirmação, a se aceitar o *direito do humano*, é saber o que é o humano. Direito do homem, pois.

Ao se cuidar do Direito como disciplinador da conduta humana, há que se estabelecer o que é o comportamento e qual seu fundamento, podendo nos valer das parêmias latinas. O *neminem laedere* exige o entendimento do que é prejudicar (causar dano). O *suum cuique tribuere* exige a compreensão do que é de alguém.

Sem o estudo do princípio fica-se sem o elemento principal do conhecimento humano.

O princípio do Direito é o humano. Daí espraia-se uma série de comportamentos que, por comodidade didática, são apartados para fazer incidir não regras especiais, mas um conjunto de dados que deem uma compreensão sobre o objeto de análise.

Em relação ao Direito Financeiro impõe-se, em primeiro lugar, apartar o que é o financeiro. A partir do momento em que isolamos, por motivos didáticos (já que o Direito é um só), determinada matéria, impõe-se saber o que é que vem em primeiro lugar, ou seja, qual o princípio ou quais os princípios que orientarão a análise daquela matéria apartada das outras.

Todas as matérias tidas por jurídicas estão relacionadas entre si. O apartar de algumas apenas ocorre por questão didática. Facilidade de estudo e compreensão.

Se o Direito Financeiro cuida das denominadas finanças públicas, temos que saber que há receitas e despesas entremeadas por um orçamento que objetiva ordenar a ação do Estado para atender aos interesses que lhe foram confiados.

Há um vetor que indica que se deve retirar da sociedade apenas o que seja necessário para atender à própria sociedade, figurando o Estado como intermediário. Daí a limitação na cobrança dos tributos.

Em tal passo, pode-se ter a *limitação na cobrança de tributos* como fundamento do direito tributário. No anverso da medalha há a boa aplicação dos tributos na satisfação das necessidades públicas.

Pode-se falar em princípio, aí? Absolutamente, não. A limitação é exigência de política adequada para não exaurir as forças da sociedade; a boa aplicação é também política apropriada para atendê-la. Meras regras de convivência sociedade/Estado.

Princípio é fundamento.

O que é o fundamento no direito das gentes? Há diversas declarações que estabelecem alguns direitos e garantias do ser humano. São princípios *de* Direito. Há outros documentos solenes (a Constituição brasileira, por exemplo) que indicam os princípios *do Direito Brasileiro*. Por fim, há princípios que podem orientar e fundar determinado instituto jurídico.

Três níveis. Mas é imprescindível muita atenção, para que não confundamos os campos. São matérias diversas.

Trazendo a controvérsia para o Direito Financeiro. Podemos falar em princípios do Direito Financeiro? Não vejo possibilidade, porque os *princípios do Direito Brasileiro* são os mesmos que incidirão sobre o Direito Financeiro, que, como se viu, integram um só corpo, apenas delimitado por questão didática.

Ao se tratar, no entanto, de determinado instituto, como licitação, processo, procedimento, orçamento, etc., podemos falar em princípios, mas apenas para dar conotação de identificação e apartamento de outros ramos ou de outros institutos. Não posso falar em princípio do contraditório ao cuidar do processo, porque já está previsto na Constituição, como princípio do Direito Brasileiro.

Falar em princípios de determinado ramo do Direito é resvalar para identificar coisas que já estão previstas na própria Constituição Federal. Não se pode, da mesma forma, falar em princípios do direito constitucional, porque a Constituição é um todo, e seu fundamento está em seu próprio texto, com força jurídica própria.

Houve, de algum tempo a esta data, uma vulgarização no uso da palavra "princípio", de forma a torná-la praticamente vazia de conteúdo. Daí ser imprescindível que busquemos seu sentido básico na filosofia aristotélica, que até hoje fundamenta o raciocínio filosófico.

Há total confusão de princípios com meras regras jurídicas.

O único princípio de que se pode cuidar no Direito Financeiro é o da garantia e da execução dos direitos fundamentais. O eixo em torno do qual gira toda a discussão sobre receitas e despesas não é outro que não seja os direitos fundamentais. Estes estão estampados na Constituição Federal e mudam de acordo com o Estado. Não há uma globalização de direitos, porque cada Estado encampa aquilo que entende essencial para a manutenção do tecido social e democrático. O que é fundamental em dado ordenamento normativo pode não o ser em outro.

Expliquemo-nos: o princípio, o impulso inicial, o centro do Direito Financeiro, são os direitos fundamentais. Evidente que o Estado Brasileiro tem outros princípios, diferentes, mas essenciais para a manutenção da sociedade e do Estado. Estes estão previstos nos arts. 1º e 3º bem como esparsos ao longo da CF.

Especificamente em relação ao Direito Financeiro, o foco de incidência é cada um dos direitos estampados na Constituição. É o centro de aglutinação. Ao seu redor giram todas as *regras, que com os princípios não se confundem*.

Diga-se, inicialmente, que existem os princípios, ou seja, generalizações obtidas das regras do sistema. Como afirma Manoel Gonçalves Ferreira Filho, as normas gerais não podem "mais do que fixar certos princípios, certas normas uniformes, certas diretrizes".[7] A norma deverá atingir todas as entidades políticas de maneira uniforme.

Servirão os princípios, aqui equiparados às normas gerais, como indicadores específicos no âmbito do Direito Financeiro. Há princípios genéricos, como, por exemplo, a Federação e a República. Todavia, existem princípios específicos a algum grupo (sobre funcionários, por exemplo). No caso em estudo, os princípios (normas gerais) serão aqueles que devem atingir todas as unidades políticas e administrativas do Estado Federal, evitando-se especificidades locais ou regionais.

Está evidente que um governo não pode limitar a ação do outro. A União não pode interferir nos Estados, sob pena de agredir a autonomia que lhes é assegurada. Logo, apenas preceitos amplos e genéricos poderão obrigar às unidades federadas.

Já definimos o princípio como "a norma que orienta a elaboração de outras de primeiro grau, extraída, por dedução, do sistema normativo, operando limitação das próprias normas e autointegração do sistema".[8] Por aí bem se vê que é uma generalização extraída do próprio corpo do ordenamento jurídico, evitando o problema das lacunas (operando autointegração do sistema) e limitando outras normas, ou seja, cingindo o conteúdo das normas estaduais.

Como ensina Agustín Gordillo, a norma dá o limite da ação de alguém, enquanto o princípio dá o limite e o conteúdo.[9]

Seguindo a orientação transcrita, o princípio elimina a possibilidade de edição de outras normas gerais pelos Estados e, ao mesmo tempo, cerceia o conteúdo de tais normas. Valem as genéricas expedidas pela União, de âmbito nacional.

As normas gerais são regras expedidas pelo Congresso Nacional e aplicáveis a Estados, Distrito Federal e Municípios, cuidando de Direito Financeiro, dele orientadoras, e operando a integração do sistema.

Em excelente estudo sobre os princípios jurídicos e o positivismo jurídico, Genaro Carrió esclarece que há nada menos que sete focos de significação do que seja um princípio.[10] Cuida do tema, levando-o, metaforicamente, ao âmbito esportivo do futebol, e esclarece que a regra em tal esporte, é: todo aquele que agride, por qualquer forma, o adversário tem contra si assinalada uma falta. Ocorre que os árbitros passaram a perceber que caso marcassem sempre a falta, independentemente de qualquer circunstância, estariam cometendo injustiça, pois o jogador agredido poderia superar-se e continuar com a bola. Defluiu daí o que se rotula de "lei da vantagem", a qual está acima das meras regras. Trata-se, na verdade, de um princípio. Seu sentido está no interior das pautas normativas. Está no corpo do Direito. Celso Antônio sustenta que princípio "é, por definição, mandamento nuclear de um sistema, verdadeiro alicerce dele, disposição fundamental que se irradia sobre diferentes normas compondo-lhes o espírito e servindo de critério para sua exata compreensão e inteligência exatamente por definir a lógica e

---

7 FERREIRA FILHO, Manoel Gonçalves. *Comentários à Constituição Brasileira de 1988*. v. 1. São Paulo: Saraiva, 1993.

8 OLIVEIRA, Regis Fernandes de. *Licitação*. São Paulo: RT, 1981, p. 27, nota de rodapé.

9 GORDILLO, Agustín. *Introducción al derecho administrativo*. 2. ed. Buenos Aires: Abeledo-Perrot, 1966, p. 176-177.

10 CARRIÓ, Genaro. *Principios jurídicos y positivismo jurídico*. Buenos Aires: Abeledo-Perrot, 1970, p. 34-36.

a racionalidade do sistema normativo, no que lhe confere a tônica que lhe dá sentido harmônico. (...)".[11] Fala-se, também, que são mandamentos de otimização.[12]

Bom *critério* para a classificação dos princípios é o da *gravidade da lesão à ordem jurídica*. Pode-se, daí, falar em *princípios fundamentais de Direito*. Estariam estes albergados nos grandes diplomas internacionais de amparo aos direitos humanos. Ao lado de outros, pode-se mencionar a Declaração Universal dos Direitos Humanos de 1948. Por ali se vê o direito à liberdade, à vida, à segurança, a ser reconhecido como pessoa humana, etc. São os direitos dos povos, das gentes. São universais.

Na sequência, pode-se falar dos *princípios fundamentais do Direito Brasileiro*. Estes são explicitados no ordenamento positivo brasileiro, como os individuais e coletivos, que se encontram unidos no art. 5º e em outros dispositivos esparsos, como a dignidade da pessoa humana (inciso III do art. 1º) e a prevalência dos direitos humanos (inciso II do art. 4º). Garantem o indivíduo, antes de mais nada. São sobreprincípios que não podem ser sequer objeto de emenda constitucional (inciso IV do §4º do art. 60). Há os direitos políticos, rotulados "de segunda geração", tais como os previstos nos arts. 14 a 16 e incisos II e V do art. 1º da CF (da mesma forma albergados como sobreprincípios, uma vez que não podem ser alterados, nos exatos termos do inciso II do §4º do art. 60). Por fim, os "de terceira geração", que são os direitos sociais (arts. 6º a 11 da CF).

Seguem-se os *princípios de asseguramento da ordem constitucional*, tais como a soberania (inciso I do art. 1º), a Federação (art. 1º) e a República (art. 1º), a independência nacional (inciso I do art. 4º), a igualdade entre os Estados (inciso V do art. 4º), todos alcançados pela imutabilidade, nos termos da previsão dos incisos I e III do §4º do art. 60 da CF.

Existem os *princípios de subsistência dos Estados-membros*, que garantem a Federação (art. 1º, combinado com o inciso I do §4º do art. 60, da CF).

Por fim, há os *princípios específicos*, que não são estruturais, mas localizados. Temos os princípios do processo civil, do direito privado, do direito administrativo, etc.

Nenhum deles exclui a admissibilidade dos denominados *princípios implícitos* (§2º do art. 5º), que estão presentes em todos os anteriores e dão fecho e completude ao ordenamento normativo.

7.4.1 A regra da eficiência no Direito Financeiro

O princípio da eficiência foi introduzido no Direito Brasileiro pela Emenda Constitucional nº 19/1998. Pode-se dizer que antes de tal data não tinha aplicação no sistema nacional? Podia o administrador público ser ineficiente? Podia negligenciar no uso dos recursos públicos? Podia utilizá-los de qualquer maneira, de forma a desviá-los dos objetivos da política pública? Podia o agente administrativo ser perdulário?

Quem quer que analise o tema não deixará de afirmar que a resposta a tais questionamentos só pode ser negativa. O servidor público ou os órgãos de decisão somente podem agir em benefício dos reais interesses da coletividade.

---

11 BANDEIRA DE MELLO, Celso Antônio. *Curso de direito administrativo, op. cit.*, p. 990-991.

12 ALEXY, Robert. *Tres escritos sobre los derechos fundamentales y la teoría de los principios*. Trad. Carlos Bernal Pulido. Bogotá: Universidad Externado de Colombia, 2003, p. 841.

O que teve de novo a inserção desse princípio da eficiência? O princípio da moralidade não era visto como um princípio, mas apenas como regra de boa administração, isto é, o agente era obrigado a agir com correção. A inovação trazida pela Emenda nº 19/1998 obrigou, a partir de então, o jurista a saber quais os limites exatos do que significam não só o princípio da moralidade, mas também o da eficiência.

A matéria já era objeto de estudo por parte de Hely Lopes Meirelles, que ensina que o princípio "exige que a atividade administrativa seja exercida com presteza, perfeição e rendimento funcional".[13]

Já não se pode fazer diferença essencial entre a aplicação do princípio no campo do direito administrativo e da ciência da administração pública. Esta vem informada por ações práticas de realização do bem público. De seu turno, o direito administrativo significa a exata realização do preceito, combinando a realidade empírica e sua configuração legal.

Do ângulo do Direito Financeiro o que vale é não só a preexistência da definição constitucional ou legal do gasto, sua definição prioritária, como também o exame real da técnica empregada em sua execução e os resultados obtidos. No dizer de Hely, a verificação da eficiência "atinge os aspectos quantitativo e qualitativo do serviço, para aquilatar do seu rendimento efetivo, do seu custo operacional e da sua real utilidade para os administrados e para a Administração".[14]

Não se trata, exclusivamente, da verificação empírica dos resultados. Significa o exame da solução dada a determinado problema enfrentado pela Administração Pública e a consequência obtida.

Nesse passo, não se pode descurar da eficiência do uso do recurso público. Hoje, mais que nunca, deve ser estudada, antes da receita, a despesa. A primeira envolve toda uma análise constitucional e legal de obtenção de recursos, seja do ângulo tributário, seja do ângulo das demais receitas obtidas. O que importa na análise do princípio da eficiência é não só a definição do gasto, mas como ele é feito. Embutida se encontra a análise da modicidade do dispêndio.

Não se pode dizer que se constitua apenas no uso dos meios empregados para obter determinado resultado. Mesmo porque o meio não é da escolha do administrador, considerando que ele já está previsto na norma jurídica, normalmente através das regras sobre licitação. Realmente, o instrumento pelo qual se chega ao gasto, e apenas posteriormente é que podemos aquilatar sobre a eficiência, é o procedimento. Este significa uma sequência lógica de atos entrelaçados que desemboca em ato final. Logo, os meios utilizados já se acham embutidos em determinado procedimento, sequência de atos administrativos.

A primeira opção do administrador em relação à eficiência diz respeito à escolha do gasto. Entendemos que esta é sempre uma decisão política. A saber: diante das alternativas que tem o Estado na definição de suas prioridades, deve fazer a opção por qualquer interesse que objetiva tutelar. Dentre os valores albergados no sistema e as finalidades que tem que atingir, o constituinte define as prioridades. Com razão, pois, escolheu a educação como finalidade máxima, tanto que predeterminou o montante a

---

13 MEIRELLES, Hely Lopes. *Direito administrativo brasileiro*. 43. ed. São Paulo: Malheiros, 2018, p. 103.

14 *Idem*, p. 115.

ser nela gasto (art. 212 da CF). Tal foi obra do constituinte originário. Posteriormente, optou pela saúde (§2º do art. 198, alterado pela Emenda Constitucional nº 29/2000).

Como se vê, dois grandes valores foram encampados pelo constituinte. Em segundo plano, cabe ao legislador definir as demais finalidades do Poder Público. Define-as, normalmente, em leis esparsas ou as consolida nas leis orçamentárias.

Observe-se que se cuida, tipicamente, de definição política, a ser fixada a critério do agente político. Pode entender que básico é a infraestrutura urbana, ou o transporte ou os serviços energéticos, etc. A definição dos interesses públicos, pois, é politicamente prévia.

Posteriormente, dada a importância do que foi estabelecido, e por ordem de grandeza, destina ao atendimento de cada valor apontado as quantias correspondentes para que seja satisfeito.

Não se pode dizer, pois, que sejam importantes os meios escolhidos. A opção do administrador é prévia. Posteriormente estabelece o *momento* em que irá atender a determinado interesse. Pode haver prioridade para a saúde, por exemplo, ou a infraestrutura urbana. É nova definição que se irá travar no seio da Administração.

Não se pode dizer também que a eficiência vem satisfeita no conteúdo do ato administrativo. O ato é forma de expressão da vontade administrativa. Pode ser o ato formal (exigência de determinada solenidade) ou mera explicitação da vontade. Nele não se situa o atendimento a interesses de eficiência.

Nem se pode dizer que o princípio se realize através de mecanismos de procedimento licitatório. Este é, como se viu, a concatenação de atos sequenciais (a edição de um obriga à prolação de outro, o que constitui seu efeito característico). A eficácia do anterior pressupõe a prática do ulterior. Não é utilizando-se de determinado procedimento que o Poder Público assegurará o melhor ou o meio mais eficiente para a obtenção de resultados.

A forma da licitação vem previamente estabelecida através de quantias e tipos de operacionalização. Não é aí que se situa o problema.

Não se pode delimitar, de outra parte, a incidência do princípio a determinada atuação do Poder Público. Não se pode verificar a incidência do princípio na prestação dos serviços públicos ou procurá-lo com exclusividade no exercício do poder de polícia, nem na documentação imprescindível à memória de fatos e coisas e também na atividade econômica. O princípio da eficiência permeia toda a ação administrativa. Pode ser analisado, evidentemente, em cada uma das atividades administrativas, mas não é exclusivo de qualquer delas.

O princípio em análise somente pode ser estudado com proficiência ao vinculá-lo ao Direito Financeiro, isto é, na análise da gestão da coisa pública tendo em vista a despesa destinada a suportar o gasto. No equilíbrio entre o montante destinado ao dispêndio e o resultado obtido é que incide o princípio. Não é em outro lugar. É a análise da adequação da despesa ao atingimento da finalidade. É o custo-benefício da despesa. Ademais, sua análise torna imprescindível a conexão lógica do que se gasta com a satisfação dos interesses da sociedade.

Em face de assim ser, pode-se dizer que o princípio: (a) *alcança toda e qualquer atividade administrativa*; (b) *busca ação ímproba e parcial*; (c) *deve ser transparente*, (d) *desburocratizado*, (e) *equânime*; e (f) *deve atingir os resultados esperados*.

Explicitando. Toda a ação administrativa, independentemente de suas manifestações, deve ser eficiente. De seu turno, não se pode admitir que haja qualquer desvio de comportamento na prestação das atividades. A corrupção deve ser impositivamente afastada.

Deve ser parcial, no sentido de que o Estado age como parte. A imparcialidade é típica e identifica a ação do Poder Judiciário. Jamais a do administrador, que age como parte interessada na persecução dos interesses públicos. Não pode ser imparcialmente, exatamente porque se transforma em parte de uma relação administrativa e financeira. Fala-se assim é porque o agente titulariza interesses específicos e discriminados na Constituição e nas leis. Jamais interesses particulares. Logo, não pode deixar de agir em prol dos interesses cultivados pela Administração.

Não deve haver qualquer segredo no exercício da atividade financeira. Todos os gastos, todos os comportamentos, devem ser expostos à opinião pública e podem ser censurados pelos agentes sociais. Os mais diversos segmentos podem e devem intervir na fiscalização do gasto público.

De outro lado, a ação não pode ser burocratizada, no sentido de que não se pode "criar dificuldades para vender facilidades". Ou seja: o atendimento dos interesses públicos não pode ser colocado em segundo lugar, em benefício da formalidade. A forma é essencial na medida em que baliza o comportamento administrativo. Nada mais. É instrumento de realização das necessidades públicas.

Por último – e tão importante, que irá servir de parâmetro à plena incidência do princípio –, o atingimento dos resultados.

Deixamos, por fim, a análise da equanimidade, para ressaltar que o princípio não estará atendido se houver pesado dispêndio em *supérfluo* em detrimento do *essencial*.

Em suma, o princípio concretiza-se pela obediência à economicidade e pela real satisfação dos interesses definidos na Constituição ou nas leis.

Recapitulando. Em primeiro lugar, a definição política. A seguir, a escolha do instrumento (que não é decidido pelo agente). Em terceiro plano, a análise do comportamento do agente (probidade e transparência). E, por fim, a obtenção do resultado.

Diz-se que não se trata de um princípio de direito administrativo, mas de ciência da administração. Mais sensato será que se cuide de princípio de Direito Financeiro.

Bem se vê, pois, que não se pode entrever o estudo à luz do resultado, mas também em sua transcendência constitucional, isto é, se o gasto foi eficiente, mas em relação ao todo da população. Não basta apenas que tenha sido importante em determinada área do país, do Estado ou do Município. Deve ser analisado também o destinatário do recurso. Assim, por exemplo, se a Administração Pública despende grande parte de seus recursos para o atendimento de áreas mais favorecidas da cidade, ou seja, em bairros nobres, não se pode dizer que o princípio foi atendido. Importante analisar se houve equitatividade em relação às diversas partes do todo. Somente se pode dizer que houve dispêndio eficaz e eficiente se se atentou ao espectro dos direitos constitucionais. Como um dos pontos capilares do sistema de direito positivo é a redução de desigualdades, a eficiência deve ser também procurada dentro de tais parâmetros.

Será que o princípio está atendido quando se investe, na cidade de São Paulo, grande quantia em calçamento na Avenida Paulista e menor montante em esgoto sanitário no Itaim Paulista, para erradicar moléstias tropicais?

Não deverá haver equilíbrio no atendimento às diversas classes sociais?

Impende observar também que o gasto deve ser solidário, no sentido de que artigos de luxo não servem à Administração Pública. Melhor dizendo: pode buscar obras de arte, mas apenas para engrandecer a cultura e propiciar satisfação estética à população. Daí por que não podem ficar escondidas do povo. Não podem enfeitar salas dos agentes políticos, de restrito acesso à população, mas ficar abertas à visitação de todos. O gasto que envolveu sua aquisição deve retornar em cultura à grande massa dos habitantes.

Resulta evidente que não basta apenas a análise da ação, sem se atentar para o agente. Este é o que fala em nome do órgão. Por consequência, deve agir apenas e tão somente no cumprimento do dever legal. Daí não ser eficiente o servidor que maltrata o usuário do serviço ou quem que busca o exercício da atividade de polícia e é mal atendido. O servidor relapso que não comparece à repartição no horário de trabalho, que busca atestado médico para não comparecer ao serviço, que frauda o ponto, de forma a permitir maior folga no horário, que não fiscaliza convenientemente a prestação de serviços por parte de concessionários ou permissionários, deixa de atingir índices razoáveis de eficiência.

Contraponto essencial é que a Administração Pública estabeleça índices que devem ser buscados no comportamento do servidor. A exigência de pontos que devem ser obtidos para analisar sua conduta; a reciclagem do preparo do servidor no tratamento com o público; a busca de informações para prestá-las eficazmente aos usuários – tudo faz parte do preparo do agente. Este, que está em contato permanente com a população, deve procurar mais que o estrito cumprimento do dever legal. Isso não basta. Impõem-se a cortesia, a urbanidade, o fácil trato, a delicadeza – apanágios que devem ser buscados. Há que se lembrar, sempre, que o servidor é pago pelos usuários, e a eles deve respeito.

A complexidade na análise do princípio não está apenas, como se vê, na prestação das atividades públicas, mas também no exercício dos poderes transferidos ao agente. Ele as presta como titular da transmissão dos deveres administrativos. Quando entra em contato com o destinatário, deve estar consciente de sua missão.

Como é o servidor quem decide, por vezes com parâmetros prefixados, e por vezes deve fazer a escolha na hora (agir com discricionariedade), há que pautar sua conduta dentro do princípio da razoabilidade. Com ele, atinge seus objetivos. Imaginemos que haja uma cobrança de valor ínfimo, que, para exigi-lo administrativamente ou em juízo, o aparelho estatal despenderá mais recursos do que se desistir de cobrar o montante devido. É o caso das anistias que por vezes se concedem. A instrumentação processual e procedimental suportará gasto muito maior do que na hipótese de desistência da quantia.

Há que se ter bom-senso, prudência, no linguajar dos gregos da Antiguidade. Na hipótese figurada, o agente público há que dosar o custo e o objetivo a ser atingido. Se chegar à conclusão de que não vale a pena ou de que é absurda e não razoável a ação de cobrança, deve propor a renúncia (pautada pelo que dispõe a Lei de Responsabilidade Fiscal) da cobrança.

Bem se vê que não há um princípio apenas a orientar a ação administrativa. Há um plexo de orientações que pautam a ação administrativa. O princípio da razoabilidade, o princípio da economicidade – todos estão interligados, de forma a propiciar ao agente público uma teia de opções que o leve à escolha do melhor resultado.

O agente público que em período inflacionário não aplica os recursos disponíveis em conta bancária, deixando que se desvalorizem frente aos padrões monetários, age com ineficiência.

O servidor público burocrata que exige reconhecimento de firma onde ela não é necessária, ou rejeita cópia de documento por ser cópia velha, é ineficiente. O que vale é a busca da solução de eventual conflito ou eventual atendimento a uma reivindicação colocada perante o administrador.

Revela-se também o princípio quando da tomada de decisão. Por exemplo: o administrador pode ser levado a optar pela reparação de buracos nas estradas de rodagem ou pelo recapeamento. Há que se fazer nova pista, o que demandará tempo, ou basta a cobertura dos buracos abertos pela chuva ou pela falta de controle do uso da rodovia por caminhões com peso acima do permitido? A decisão a ser dada é não somente política, mas técnica. Seria razoável que o agente decidisse pela cobertura de buracos apenas, diante da proximidade de pleito eleitoral, quando, sabidamente, em pouco tempo o problema voltará?

O agente há que ter a *melhor* escolha – e não uma qualquer. Daí por que afirma Celso Antônio que a discricionariedade existe "por definição, *única e tão somente para proporcionar em cada caso a escolha da providência ótima,* isto é, aquela que realize superiormente o interesse público almejado pela lei aplicanda".[15]

É que a competência não é dada ao agente para que decida de qualquer maneira, mas daquela que for ótima para a boa prestação dos interesses albergados pelo Estado.

Em tal passo, a descentralização e a desconcentração dos poderes decisórios são instrumentos da eficiência. De pouco vale uma estrutura formosa e linda se a população está distante do centro de decisão. Se todos os interesses não forem atendidos ou resolvidas as pendência de maneira célere, há ineficiência. O centro de decisão deve estar junto aos problemas que dela necessitam. Assim sendo, não se pode manter todas as decisões concentradas em determinada repartição de difícil acesso ou de difícil contato pela população. A desconcentração é forte instrumento de realização do princípio da eficiência.

A delegação de competência pode ser poderoso instrumento de celeridade na decisão das pendências ou pretensões da população. De igual teor, por exemplo, quando a matéria vem sendo decidida de maneira não uniforme por diversos agentes, impõe-se a imediata avocação e decisão do superior, para que se pacifiquem os conflitos.

Em termos de prestação dos serviços de saúde, há que se optar pela compra de determinado aparelho ou pelo deslocamento do usuário para hospital próximo? Uma das alternativas será a melhor. Será mais conveniente gastar os recursos na aquisição de

[15] BANDEIRA DE MELLO, Celso Antônio. *Curso de direito administrativo, op. cit.*, p. 448.

uma ambulância para deslocamento do usuário ou é melhor utilizá-los na compra do aparelho, com o que se evita a movimentação das pessoas? Tais definições são diárias, o que dá bem a dimensão da análise do princípio da eficiência em face das prestações que devem ser dadas pelo Estado e das opções que remanescem à discrição do agente.

Na hipótese levantada, importante analisar quantos são os usuários, qual a população daquela parte do território do Estado ou do Município, qual o gasto com combustível e com pessoal de transporte, qual a idade da ambulância, o tempo que se usa para a transferência do paciente. Tudo há que ser levado em conta para a tomada de decisão. Daí por que é essencial que o Estado ofereça tais dados aos fiscais e controladores públicos (sistema interno de controle e Tribunais de Contas), para que possam aquilatar a eficiência da decisão tomada.

O mesmo se passa nos serviços educacionais. É mais importante fazer grande obra para ocupação em parte do tempo por alunos ou será mais conveniente celebrar convênio com "mães-crecheiras" e contratar seus serviços? O que é mais razoável: o gasto com a obra ou o atendimento imediato a crianças? Todas as decisões são importantes e devem ser tomadas a tempo e a hora pelo agente público.

Os exemplos podem se multiplicar, nas inúmeras áreas de atuação do Poder Público.

Este é um problema tipicamente de Direito Financeiro. A saber: os recursos públicos são finitos e as necessidades públicas se multiplicam. Impõe-se, pois, diariamente, a tomada de decisões para o atingimento das finalidades constitucionais e legais. Quais os critérios, quais os caminhos, o que orienta as decisões?

Sabidamente, o Direito não é ente para si. Ao contrário, ao lado de ser um instrumento de pacificação social, dá os meios para que as coisas se realizem.

Analisemos, agora, o princípio da eficiência à luz dos princípios que norteiam o Direito Financeiro.

Em primeiro lugar, o princípio da eficiência não é de direito administrativo, mas de Direito Financeiro. Sua inserção no art. 37 da CF significa que é parte da ação administrativa, mas numa perspectiva financeira. Para que a máquina administrativa funcione, e atinja e satisfaça os interesses públicos, é mister que existam recursos para tanto. Daí ser importante, mas se constitui em *atividade secundária*. Os interesses primários são os definidos na Constituição e nas leis. Só que eles, sem arrecadação, ficariam em mero rol de princípios. Há que se lhes dar, pois, eficácia.

O exercício da atividade tributária é visto como *interesse secundário*. A administração deve exercê-la, mas em caráter secundário de mero abastecimento dos cofres públicos. Só que sem os recursos a Administração seria inoperante.

Obtidos os recursos, impõe-se destiná-los à satisfação dos *interesses primários* insculpidos na Constituição e nas leis. Impõe-se tornar efetivos os direitos constitucionais. Como bem diz Horacio Guillermo Corti, "assim como em nível dos ingressos o princípio da igualdade se sustenta no conceito da capacidade contributiva, ao nível dos gastos se sustenta no conceito da efetividade dos direitos constitucionais".[16] É a aplicação do princípio da igualdade.

---

16 GUILLERMO CORTI, Horacio. *Derecho financiero*. Buenos Aires: Abeledo-Perrot, 1997, p. 191.

De outro lado, a atividade financeira deve ser solidária. No que a doutrina espanhola denomina *erogación*, isto é, a repartição dos caudais, das receitas. Quando há impedimento a que as pessoas exerçam direitos constitucionais, como habitação, saúde, educação, direito a meio ambiente, etc., têm elas direito a exigir que eles se cumpram. A distribuição dos recursos deve ser equitativa.

Da mesma maneira que do ângulo da arrecadação deve haver igualdade entre os contribuintes, por força de sua capacidade tributária, de reverso, é forçoso que tenham todos acesso aos bens da vida e realizem os direitos constitucionais. Como ensina Guillermo Corti, enquanto a "igualdade impõe reduzir desigualdades, a equidade impõe ampliar o espectro e grau desse exercício igual".[17]

O mesmo autor coloca a solidariedade como princípio da atividade financeira, isto é, deve haver uma sorte comum de todos. Os recursos não devem ser expropriados por parcela da população, mas deve haver a comunhão entre todos. Os mais carentes devem ter direito ao maior destino de receitas, uma vez que estão distantes na realização dos direitos constitucionais. Enquanto os abastados podem resolver seus problemas na distância do Estado, os demais, afastados dos bens da vida, devem ter direito à melhoria de seu nível. Daí a solidariedade envolver um grande princípio, que é a justa repartição das receitas dentre todos, na medida em que se distanciam suas necessidades.

Vê-se, pois, que o Direito prefigura um princípio no reverso daquele da capacidade contributiva, que é o da *capacidade receptiva*. Ainda que a expressão não seja a melhor, foi a que me pareceu mais ajustada à hipótese. Significa o direito de receber mais em relação aos outros. É o direito de exigir do Estado que cumpra suas obrigações básicas. É exigir do Estado que seja eficiente no gasto público.

Daí se impor lançar os olhos sobre tal princípio como de Direito Financeiro, e não de direito administrativo. Enquanto este visualiza a ação estatal pelo ângulo da estática, ou seja, enquanto norma posta a controlar a ação administrativa, o Direito Financeiro opta por estudar o comportamento em ação. Ambos têm a mesma direção, isto é, observam a atividade administrativa do ângulo normativo. No entanto, o que vale sob o aspecto financeiro é o estudo da eficiência no gasto público. É de resultado que se cuida. É a finalidade que se observa. É a dimensão humana que entra em atenção, mas tendo em vista o gasto público. É a realização da despesa com o objetivo de concretizar a redução das desigualdades, tal como se vê da Constituição (inciso III do art. 3º), e dar todo o esplendor à dignidade da pessoa humana (inciso III do art. 1º).

O Direito Financeiro analisa o Direito em marcha e na satisfação efetiva dos mandamentos constitucionais. Não apenas os limites traçados pelo constituinte ou pelo legislador. Não apenas a garantia dos administrados. Vê a execução efetiva do mandamento constitucional.

O Direito Financeiro, neste passo, aproxima-se da boa gestão da coisa pública, como princípio de ciência administrativa. Rege o comportamento do agente na busca incessante da consagração e da realização dos direitos constitucionais.

Podemos falar, pois, que em relação ao gasto público o *princípio da eficiência* é um dos apanágios da defesa da cidadania e da República.

[17] *Idem*, p. 193.

7.4.2 A regra da boa-fé objetiva

A boa-fé objetiva é princípio geral que se constitui em norma de conduta a que se hão de ajustar todas as pessoas em suas relações.

Os valores que compõem tal princípio devem ser compreendidos em cada sociedade e momento histórico – compreensão, esta, que se completa por meio da atuação judicial. Estes valores traduzem-se em um conjunto de direitos e deveres que incumbem às partes de qualquer relação jurídica, com base na exigência genérica de comportamento compatível com critérios de retidão e lealdade.

A origem da boa-fé objetiva moderna pode ser encontrada na *bona fides* do Direito Romano, noção fundada na *fides*, instituição que pressupunha a manutenção da palavra dada e a lealdade nas relações públicas e privadas de Roma.[18]

Tradicionalmente inserido no âmbito do direito privado, o princípio da boa-fé objetiva também se estende ao direito público, atuando como cânone hermenêutico e como limite ao exercício de posições subjetivas.

Nesse contexto, a atuação do Poder Público deve respeitar a boa-fé, pautando-se por lealdade, confiança, moralidade, coerência e respeito às legítimas expectativas geradas para os cidadãos.

Trata-se de princípio essencial para que se garanta a imparcialidade no desenvolvimento das atividades do Estado, promovendo-se a igualdade, a segurança jurídica e a justiça necessárias ao bem comum. Afinal, o ordenamento jurídico deve preservar a harmonia da coexistência entre os direitos dos cidadãos e prerrogativas estatais, em benefício da manutenção dos direitos e da pacificação social.[19]

De fato, a estabilidade e a lealdade, inerentes ao Direito como um todo e ao Direito Financeiro em particular, pressupõem que se observem a retidão nas relações jurídicas e a manutenção das expectativas legítimas das partes destas relações.

A boa-fé irradia-se nos mais diversos campos do Direito Financeiro, com destaque para os orçamentos públicos, os mecanismos de gestão fiscal responsável, os empréstimos públicos, as subvenções e o federalismo fiscal, conforme explica Flávio Rubinstein em estudo detalhado sobre o tema.[20]

Para o mencionado autor as normas orçamentárias configuram planos de governo impositivos, implicando claras alterações na realidade jurídica, impondo à Administração a obrigação de perseguir as finalidades expressas em tais normas. Assim, as legítimas expectativas da coletividade e os objetivos do planejamento, em consonância com os valores da boa-fé objetiva, não podem ser arbitrariamente frustrados pelo Poder Público.

Se de todos os agentes do Estado é exigida a atuação em conformidade com a boa-fé objetiva – anota o mesmo autor –, pode ser considerada ainda mais relevante ao interesse público a observância dos valores da boa-fé por parte dos agentes responsáveis pela aplicação do dinheiro público. Este princípio, aliás, exerce relevante papel no controle da execução orçamentária, com destaque para os processos de julgamentos de contas.

---

18 Cf.: RUBINSTEIN, Flávio. *Boa-fé objetiva no direito financeiro e tributário*. São Paulo: Quartier Latin, 2009, p. 20.

19 Cf. OLIVEIRA, Regis Fernandes de. A proteção da boa-fé no direito administrativo. *RT*, São Paulo, RT, 688/268.

20 RUBINSTEIN, Flávio. *Boa-fé objetiva no direito financeiro e tributário*, *op. cit.*, p. 98-164.

Quanto às subvenções, nos casos em que, por motivos diversos que interessem à Administração, elas não possam ser de fato concedidas, então, a boa-fé poderá ser traduzida na indenização cabível em face da frustração da confiança do particular. Para tanto é preciso que se esteja diante de previsão real de subvenção, bem como se verifique a ausência de seriedade na intenção e no comportamento do governante que não a concedeu.

No âmbito das transferências intergovernamentais a boa-fé encontra aplicação relevante naquelas situações em que um ente maior da Federação procura utilizar em seu próprio interesse receitas tributárias alheias retidas, pertencentes a ente federativo menor. Tal conduta pode ser considerada como uma violação a tal princípio, por ser contrária aos deveres de atuação leal, colaborativa e previsível, exigidos de todos os entes federativos.

Ainda, as operações de crédito público, tanto internas quanto externas, devem ser pautadas pelos valores de lealdade, coerência e colaboração, que inspiram o princípio da boa-fé objetiva.

Ressalte-se, por fim, que nas relações financeiras dificilmente podem ser delimitados *a priori* os efeitos da quebra dos deveres aqui analisados – delimitação, esta, que apenas pode ser alcançada a partir de uma adequada ponderação dos valores da boa-fé em relação às nuanças e circunstâncias de cada caso concreto, revestindo-se de especial relevância, para tanto, a aplicação judicial deste princípio.[21]

Caso se verifique a violação do princípio da boa-fé objetiva em determinada situação fática, será possível, em tese, cogitar de eventual responsabilidade do Estado, a qual dependerá de uma análise criteriosa do caso concreto e da comprovação dos danos que efetivamente foram causados por tal violação, bem como a imputação destes danos ao Estado.[22]

7.4.3 A regra da impessoalidade

Das regras insculpidas no art. 37 da CF, algumas dizem respeito a todo o Direito (como a da legalidade, por exemplo), outras alcançam algum de seus ramos. Comentamos, aqui, a da eficiência, estritamente regra financeira, como também a da boa-fé. Restam-nos algumas palavras sobre a regra da impessoalidade.

O próprio nome diz: o que se faz em nome da Administração Pública é anônimo. Assim devia conservar-se o agente político que exerce o cargo público.

Infelizmente, as pessoas alçam-se a um cargo ou função para, imediatamente, pretender outra, mais elevada. Sempre buscam degrau mais alto. O cargo público deveria vir revestido do caráter sacrificial, isto é, alguém o exerce para atingir finalidades públicas, com dedicação especial, porque, ao invés de cuidar de alguém, responde por todos. Deveria ser honorífico. Deveria ser cargo que as pessoas viessem a ocupar em nome comum. Daí, não deveria ter, em qualquer momento, seu nome divulgado para aplauso ou vaia. É o exercício de função por ela própria, e não para vaidade pessoal.

[21] Cf.: RUBINSTEIN, Flávio. *Boa-fé objetiva no direito financeiro e tributário, op. cit.*, p. 57 e 89.
[22] *Idem*, pp. 89-95.

De qualquer maneira, as pessoas que os ocupavam não se despiam do orgulho próprio e colocavam seu nome com destaque em todas as obras, reformas, serviços, etc. Isto é, pessoalizavam o feito, quando aquilo era dinheiro público que foi gasto. Não podia haver qualquer vaidade. A pessoa estaria exercendo um *múnus*, isto é, um encargo público honroso. Tinha merecido o apoio popular, o voto de confiança da maioria ou de um grupo grande de pessoas. Os excessos foram tantos, que o constituinte derivado entendeu de proibir tal prática.

De tal arte, não pode haver privilégios que divulguem a pessoa ou restrições odiosas. O interesse é sempre público. É alguém, em nome do coletivo, que está realizando o feito. Quem? Não importa. A vontade é estatal. É da sociedade. É do povo. Não é a pessoa física de quem quer que seja que se possa identificar.

Evidente que os atos rotineiros devem ser identificados, para que se saiba quem é a autoridade explicitadora deles. Até para que se saiba quem é para efeito de responsabilidade em caso de conduta ilegal. Aí cessa a identificação da autoridade. No mais, quem faz é a pessoa jurídica que despende os recursos.

Os homens públicos devem vestir a toga dos "varões de Plutarco", expressão que identifica aqueles que agem desinteressadamente em prol dos interesses públicos.

Absurdo é que tenha havido necessidade de emenda constitucional para que os agentes tivessem a obrigatoriedade de não colocar seus nomes em placas ou em qualquer outra identificação pública que pudesse apontar seu autor. É o farrapo constitucional servindo para obstar a ações indignas.

Até o STF já foi chamado a se pronunciar sobre o alcance da regra, deixando claro que a publicidade está vinculada a caráter educativo, informativo e de orientação social, o que é "incompatível com a menção de nomes, símbolos ou imagens, aí incluídos *slogans*, que caracterizem promoção pessoal ou de servidores públicos" (RE nº 191.668). Da mesma forma, a proibição alcança o partido político que o agente integra. Regra importante de moralidade.

A regra está integralmente relacionada com o Direito Financeiro. Quem gasta não gasta por virtude própria, mas porque houve uma autorização legislativa e existem recursos para tanto. Gesto quase automático. Vinculado à lei. Obrigatório. Não há vaidade pessoal ou glória em realizar o ato. É obrigação do agente. Logo, não há por que se efetuar a identificação.

É bom ressaltar que não se cuida de princípio, mas de mera regra de conduta de cumprimento obrigatório pelos agentes públicos. A noção de princípio é muito mais abrangente que tal tipo de regra de conduta.

7.4.4 A regra da segurança jurídica

7.4.4.1 Conceito

É a certeza e a garantia no exercício dos direitos. Significa segurança dos direitos essenciais. Em qualquer tipo de Estado são imprescindíveis, para que ele se desenvolva, a certeza, a legalidade, a objetividade das relações jurídicas e a previsibilidade na ação do Estado. É a garantia de que as expectativas serão asseguradas. As modernas Constituições arrolam alguns direitos (outros podem ser deles deduzidos – §2º do art.

5º da CF), e seu exercício deve ser garantido não apenas pelo Estado, mas também pelo outro (pessoas jurídicas e físicas de qualquer espécie).

Segundo Jürgen Habermas, o poder político colabora para a função própria do Direito, "que é a de estabilizar expectativas de comportamento", e passa a consistir, a partir deste momento, no desenvolvimento de uma *segurança jurídica* que permite aos destinatários do Direito calcular as consequências do comportamento próprio e alheio. "Sob esse ponto de vista, as normas jurídicas têm que assumir a figura de determinações compreensíveis, precisas e não contraditórias, geralmente formuladas por escrito."[23] Não podem ter validade retroativa, e têm que ser de tal forma que possam "ser aplicadas da mesma maneira a todas as pessoas e a todos os casos semelhantes".[24]

7.4.4.1.1 A segurança é um princípio? O que é princípio e como diferenciá-lo da regra?

Um primeiro critério é a abstração. Os princípios alcançam âmbito maior de abrangência; normas têm âmbito menor. O segundo: os princípios carecem de intermediação legal; as regras têm que ter aplicação direta. Terceiro: os princípios fundamentam o sistema; as regras são modificáveis. Quarto: os princípios fundamentam as regras; estas são subalternas. Quinto: os princípios são irrevogáveis e devem ser harmonizados; as regras são revogáveis.

7.4.4.1.1.1 Confronto de princípios e regras

Os princípios convivem no sistema, mesmo que contraditórios. Harmonizam-se e um se sobrepõe ao outro pela otimização. As regras são retiradas do sistema pelos critérios da hierarquia, da sucessão no tempo e da incompatibilidade de conteúdo.

7.4.4.2 A segurança na mitologia

A segurança inicia-se na mitologia grega. De início era o Caos. Depois vieram os deuses não olímpicos, isto é, Urano (Céu) e Gaia (Terra), que geraram os titãs, que eram desprezados pelo pai. Viviam em eterna união (coito). Era a eternidade. Apenas o titã Cronos se revoltou e decepou o pênis e os testículos paternos, jogando-os ao mar. Houve um grito pavoroso, mas despregou-se da terra, gerando o tempo. Cronos acreditava na predição de que seu filho iria matá-lo. Passou a devorar todos os filhos. Reia, sua esposa, conseguiu salvar seu sexto filho, Zeus, escondendo-o na Ilha de Creta. Uma vez chegado à fase adulta, Zeus travou com o pai terrível luta e o venceu.

Zeus foi o inteligente, dividiu o poder com dois de seus irmãos, Poseidon (Netuno) e Hades (Plutão). Ao primeiro deu o mar; ao segundo, as profundezas; e escolheu Hera (Juno), sua irmã, para deusa suprema.

Nasceu, então, a ordem no mundo. Foi dada segurança, instaurou-se a hierarquia.

---

23 HABERMAS, Jürgen. *Direito e democracia*. v. I. Rio de Janeiro: Tempo Brasileiro, 2010, p. 183 (Biblioteca Tempo Universitário).

24 *Idem, ibidem*.

7.4.4.3 A segurança decorrente de um pacto. Origem

Teria o homem estabelecido um pacto para que pudesse ter sua segurança e a de seus familiares ou de sua tribo garantida para conviver em sociedade? Estaria a comunidade assentada em um pacto social em que se definiriam o *jus societatis* e o *jus subjectionis*? Seria o princípio da segurança jurídica essencial à convivência em comum?

Diz Freud que os homens atemorizados e vivendo permanentemente com medo da morte violenta se teriam reunido e aceitado submeter-se a uma autoridade que lhes garantisse a tranquilidade para a convivência. Daí nasce o mal-estar na civilização, ou seja, a civilização teria nascido com a repressão.

7.4.4.3.1 A segurança decorrente da dominação

Corrente que a esta contraria entende que sempre houve a dominação. Originariamente, pela violência. Posteriormente, por códigos de conduta que surgiram no seio da sociedade, tais como religião, tabus, preconceitos, ideologias. Todos tendem a dominar o outro. Com a evolução não se justificava a violência. Nascem a persuasão (dominação por códigos de atração – igualdade, segurança, garantias, propriedade, etc.), a sedução (o código de dominação no amor é também uma estrutura de dominação), a estratégia (caminhos de ludíbrio para lograr conquistar a aquiescência), por estruturas formais (Legislativo, Judiciário e Executivo), pela linguagem (persuasão por meio da sedução emotiva).

7.4.4.4 A evolução da dominação

Não se tem dúvida de que a estrutura de todos os países é de estrita dominação. Em algumas oportunidades pela violência. É a invasão de países, é a guerra civil, é a base de Guantánamo, é a venda de imagem inexistente (motivo anglo-saxão para invadir o Iraque, com a suposta existência de bombas e armas letais), é a religiosidade que busca impor sua "ideologia", é a imposição da violência sob o argumento de quebra do princípio da autoridade.

No início do mundo, ainda o homem no estado natural, havia o medo dos animais e das demais tribos. O medo era o sentimento natural da segurança. Com a estruturação das tribos em cidades, era imperioso construir muros (que hoje admiramos por sua solidez nas notáveis cidades que ainda os mantêm) para a defesa.

Aos poucos nascem as cidades-estados (como exemplo, temos na Itália as cidades de Gênova, Veneza, Milão, etc.). Combatiam entre si, até que se submeteram a um governo unificado, originariamente pela força. Depois por ideias difusas de pátria, lar, sedutoras para manter a união. Diga-se o mesmo dos Estados Unidos (as antigas Colônias que se uniram). O Brasil serve de exemplo. A Espanha também – e por aí afora. Esta se uniu para a libertação dos mouros.

7.4.4.4.1 Os Estados

O nascimento dos Estados unificados faz quebrar as dissidências internas. Impunha-se a unidade para resistir às agressões de outros (tal como as tribos de outrora).

Nunca, em verdade, houve um pacto, como pretendido por autores como Hobbes, Locke, Rousseau e Montesquieu e, modernamente, Rawls, Nozick e Dworkin.

Passou a existir uma dominação disfarçada por discursos.

7.4.4.4.2 Os pactos modernos

Depois das guerras de dominação (I e II Grandes Guerras), que envolveram o mundo em cruento embate, sobrevieram pactos sociais (Liga das Nações e ONU). Evidente está que algumas Nações mais privilegiadas dominam a organização. Não dizem que pela violência, mas pela dominação de sua estrutura (ou contribuem com mais recursos, ou estimulam outros Estados a votarem de acordo com o que pretendem). Sempre o domínio.

7.4.4.4.3 Positivação

As modernas Constituições contêm o rol dos direitos individuais (de primeira geração), sociais (segunda geração) e políticos (terceira geração). Vê-se a *segurança* como um *valor* incorporado à Constituição.

7.4.4.4.4 Valor ou princípio?

Princípio é norma geral, positivada ou não, que preside a criação de outros princípios ou normas. Os princípios são dedutíveis do ordenamento. O *valor* deflui do elemento ético da sociedade e é assumido pela comunidade. Princípios são exigências de garantia constitucional. Os valores estão esparsos nos inúmeros segmentos sociais.

Sendo assim, dependendo da filosofia ou da religiosidade, o homem elege seus valores. Para alguns a ética se sobrepõe a tudo. O bem-estar, a integridade física, a prática do bem, o amor ao próximo, o prazer, etc. são valores que a sociedade incorpora ou não. O princípio é fundamento de uma estrutura jurídica. O princípio aponta para a *deontologia,* isto é, o mundo do dever-ser, independentemente do conteúdo valorativo que contenha. Outro campo é o da *axiologia,* que encampa aquilo que em determinada época é aceito e praticado pela sociedade.

Não é simples distingui-los, no entanto.

7.4.4.4.4.1 O princípio da segurança e não o valor. O valor é idealizado. O princípio é positivado ou dedutível

Nem sempre os autores os distinguem. É o caso de Robert Alexy. Há correlação entre eles.

É que a segurança, embora não venha explicitada no rol do art. 5º da Constituição da República, é dele dedutível.

7.4.4.5 Princípios decorrentes do princípio da segurança jurídica

O primeiro deles é a *legalidade*, como expressão máxima de que é o povo que explicita sua vontade (ao menos de forma teórica, por meio de seus representantes). É o que vem estabelecido no inciso II do art. 5º da CF. O segundo é o *direito adquirido, o ato jurídico perfeito e a coisa julgada* (inciso XXXVI do art. 5º da CF), ou seja, tais bens jurídicos estão imunizados inclusive contra a lei. Esta não pode prejudicá-los. Outro preceito essencial é a *universalidade da jurisdição*, garantida pelo inciso XXXV do art. 5º da CF ao estabelecer: "a lei não excluirá da apreciação do Poder Judiciário lesão ou ameaça a direito".

Seguem-se daí a ampla defesa (inciso LV do art. 5º), a anterioridade da previsão criminal (inciso XXXIX do art. 5º) e a irretroatividade da lei penal (inciso XL do art. 5º).

Como diz Geraldo Ataliba, "este conjunto harmônico de princípios é a fiel tradução do significado da segurança jurídica, (...)".[25]

Estes são os denominados direitos burgueses, e decorrentes da primeira geração. Sobrevêm os direitos políticos, ou seja, de segunda geração, que decorrem do princípio republicano, quais sejam: liberdade de consciência, de pensamento, de informação, inviolabilidade de correspondência, liberdade de exercício profissional, de reunião, de associação, representação e petição e ação popular.

7.4.4.5.1 Segurança e garantia

Sendo um princípio, a segurança necessita, para sua explicitação, de garantias que protejam as liberdades públicas.

7.4.4.5.2 Segurança e liberdade

Uma é pressuposto da outra. Como Jano, uma é a contraface da outra.

7.4.4.5.3 Segurança e justiça

A segurança não é apanágio da sociedade. Ao contrário, deflui da Constituição. Logo, emana sua força dos três Poderes da República. O Legislativo deve garanti-la através de normas estáveis. O Executivo, através de comportamento uniforme. O Judiciário, através de decisões consentâneas e inalteráveis, que perdurem através do tempo.

7.4.4.5.4 Segurança jurídica

Melhor será utilizarmos a palavra "previsibilidade" para identificar o objeto de estudo. O cidadão e o indivíduo têm que ter a previsão não só da ação do particular, mas também dos agentes públicos. O princípio é ter uma *ordem jurídica* estável.

7.4.4.5.5 Vedação da surpresa

Desde que sobrevindo o pacto social, não pode o indivíduo ter qualquer surpresa em relação à conduta do outro.

---

25 ATALIBA, Geraldo. *República e Constituição*. 3. ed. São Paulo: Malheiros, 2011, p. 179.

7.4.4.5.6 Negócios do Estado

Toda ação do Estado, independentemente de por quem for praticada, deve ser pública. As hipóteses de ações sigilosas (*arcana imperii*) somente são admitidas como exceções e com fundamento constitucional para segurança do próprio Estado.

7.4.4.5.7 A razão de Estado

Razão de Estado é algo que permite infringir todas as leis públicas, particulares, fundamentais, de qualquer espécie que sejam.[26] Assim, o Estado "vai agir de si sobre si, rápida, imediatamente, sem regra, na urgência e na necessidade, dramaticamente, e é isso o golpe de Estado".[27]

Carl von Clausewitz afirmou: "A guerra é a continuação da política por outros meios". Foucault alterou: "A política é continuação da guerra por outros meios".

7.4.4.6 Previsibilidade da ação do Estado

Notável o estudo de Geraldo Ataliba, em *República e Constituição*,[28] exatamente sobre o tema.

7.4.4.6.1 Previsibilidade no Executivo

A garantia do constitucionalismo e da República é a de, como disse Geraldo Ataliba, criar "um sistema absolutamente incompatível com a surpresa".[29] "(...). A previsibilidade da ação estatal é magno desígnio que ressuma de todo o contexto de preceitos orgânicos e funcionais postos no âmago do sistema constitucional."[30]

A Administração é pública. Os negócios do Estado também. A imprensa é livre.

A Administração tem que planificar sua ação (não à imagem dos planos do regime soviético), mas dizer à sociedade o que fará, como fará, em que condições agirá e quais as regras jurídicas que disciplinarão sua atuação.

Tem que ser como a mulher de César: não só proceder de forma correta, mas demonstrar que assim o faz, à luz da publicidade, requisito essencial para o estabelecimento das formas de comportamento.

7.4.4.6.2 Previsibilidade no Legislativo. Alteração da Constituição

A Constituição Federal não pode ser tão acintosamente alterada como tem sido. Por força de milhares de propostas de emendas constitucionais, tem sofrido constantes e desnecessárias alterações. A Constituição escrita e analítica obriga a ser constantemente atualizada, em face da mudança da sociedade, o que, de seu turno, cria instabilidade jurídica. A todo instante os direitos estão sendo alterados.

---

[26] FOUCAULT, Michel. *Segurança, território, população*. 2. tir. São Paulo: Martins Fontes, 2009, p. 349.

[27] *Idem*, p. 350.

[28] ATALIBA, Geraldo. *República e Constituição*, *op. cit.*, p. 169-176.

[29] *Idem*, p. 169.

[30] *Idem*, p. 170.

7.4.4.6.2.1 Alterações legais

Diga-se o mesmo da legislação infraconstitucional. Os códigos estão sendo alterados (já se fez reforma do Código Penal e já se fala de novas alterações); o Código de Processo Penal foi inteiramente reformulado; o Código de Processo Civil, além de passar por constantes modificações, foi substituído por novo diploma processual; o Código Civil também passou por modificações.

No campo do direito tributário as garantias são: generalidade, tipicidade e legalidade da imposição, ao lado da isonomia.

Pode-se falar na *proibição de leis retroativas*.

Leis esparsas de toda ordem sobrevêm no mundo jurídico modificando estruturas já estabelecidas.

Há, pois, insegurança em relação ao Poder Legislativo.

7.4.4.6.3 Previsibilidade no Judiciário

As decisões do Judiciário devem ser consolidadas e insculpidas em súmulas, para que todos possam lê-las e estabelecer sua inalterabilidade, o que garante o exercício do Direito.

Não se pretende, por óbvio, congelar o Direito ou tornar imutável qualquer decisão que não possa posteriormente, por razões superiores, ser alterada.

7.4.4.6.4 Controle sobre os atos do Poder Político

A segurança é atributo imprescindível do exercício do poder. É a garantia do pleno exercício dos direitos. Como decidiu o STF: "Incolumidade de situações jurídicas definitivamente consolidadas, tais como previstas no inciso XXXVI do art. 5º da Lei Fundamental, como expressão concretizadora do princípio constitucional da segurança jurídica".[31]

Em caso de concurso público o STF entendeu que os candidatos têm direito à nomeação, em homenagem ao princípio da segurança.[32]

Entendeu também o STF que "a cognominada 'Lei da Ficha Limpa' não era aplicável às eleições realizadas no ano de 2010 por força da incidência do art. 16 da CF e dos princípios constitucionais da segurança jurídica e da proteção da confiança legítima que asseguram a estabilidade nas regras do processo eleitoral".[33]

Agora surge o problema na aprovação das contas. A Lei nº 9.504/1997, alterada pela Lei nº 12.034/2010, não prevê a "não aprovação de contas" como causa impeditiva de filiação partidária e de candidatura. Indagado sobre a questão, o STF proferiu decisão, por quatro votos a três, reconhecendo aquela hipótese como causa impeditiva. Percebe-se, nesse exemplo, uma total instabilidade jurídica promovida pelo atuar dos órgãos estatais.

---

31 STF, AgR no RE nº 596.673-RS, rel. Min. Celso de Mello.

32 STF, RE nº 598.099-MS, rel. Min. Gilmar Mendes, j. 10.08.2011.

33 STF, RE nº 633.703-MG.

7.4.4.7 Previsibilidade no sistema econômico

Uma Constituição que tem como normas diretivas a livre iniciativa, a concorrência e a propriedade privada garante, em tudo e por tudo, o sistema econômico contra qualquer atuação de surpresa do Poder Público.

7.4.4.8 Previsibilidade contratual

O contrato é lei entre as partes. Pressupõe, pois, que, uma vez assumidas as obrigações consignadas no instrumento do contrato, sejam elas cumpridas à exaustão. Cada parte deve ter ciência integral do que foi pactuado e cumprir com as obrigações assumidas.

7.4.4.9 Previsibilidade na sociedade de risco

Desde o aparecimento da sociedade industrial cria-se o risco da atuação. Daí emerge o processo produtivo como uma cadeia de subsidiariedades que identifica o indivíduo no início de todo o processo e como centro produtor de tudo. É o esplendor do homem, em detrimento do sagrado.

Nesta sociedade surge o confronto (alguns chamam de ambivalência) entre a execução das políticas públicas desenvolvidas pelo Estado e o consenso dos cidadãos. Distribuem-se benefícios e malefícios (proximidade do transporte que acarreta o surgimento da poluição do combustível; a escola e a algazarra que dela provém; a delegacia com a cadeia; a rodovia e o barulho; o edifício e o desassossego, limpeza e criação de lixões, etc.).

Os riscos de trânsito compensam-se com os seguros. A preservação do meio ambiente é contraposta ao desenvolvimento.

Como diz Amartya Zen, "o desenvolvimento requer que se removam as principais fontes de privação de liberdade: pobreza e tirania, carência de oportunidades econômicas e destituição social sistemática, negligência dos serviços públicos e intolerância ou interferência excessiva de Estados repressivos".[34]

7.4.4.10 Basta a declaração de direitos?

Como diz Norberto Bobbio, apesar de todas as declarações de direitos, nada impede que "eles sejam continuamente violados".[35] Afirma que "o problema grave de nosso tempo, com relação aos direitos do homem, não era mais o de fundamentá-los, e sim o de protegê-los".[36]

Em termos de Direito Financeiro, os princípios e orientações arrolados até o momento são de plena incidência neste ramo. Toda despesa tem que estar previamente prevista em lei para que possa ser exigida. Da mesma forma, em relação ao orçamento,

---

[34] SEN, Amartya. *Desenvolvimento como liberdade*. São Paulo: Cia. das Letras, 2002, p. 18.

[35] BOBBIO, Norberto. *A era dos direitos*. Rio de Janeiro: Campus, 1992, p. 25.

[36] *Idem, ibidem*.

os recursos têm que estar nele estabelecidos, o mesmo se falando em relação às despesas. Estas têm que ser executadas em fiel cumprimento ao que se estabeleceu no orçamento. Os planos do governo, as políticas públicas, a realização de obras e serviços, todas as previsões criam para a União, os Estados-membros, os Municípios, as entidades paraestatais e também para cidadão ou o indivíduo a expectativa de que as despesas se realizem. Criam a perspectiva de uma alteração do mundo fático que possa melhorar a vida das pessoas. Em consequência, todos os princípios de que se cuidou têm imediata incidência na expectativa de que receitas e despesas estabelecidas no orçamento terão a finalidade para a qual foram previstas.

O Estado não pode agir com o elemento surpresa. Não pode fraudar as expectativas nele depositadas. Não pode criar coisas novas. Não pode inovar sem o consentimento legal. Tudo há que ser previsto para que possa ser executado.

Em suma, o princípio da segurança jurídica, deduzido do ordenamento normativo, é essencial ao bom funcionamento do Estado, em suas esferas de poder.

O legislador, de igual maneira, não pode alterar o orçamento no meio de sua execução. Daí afirmarmos que não pode haver o contingenciamento de recursos sem antes se saber da realização das receitas. É verdade que a peça orçamentária pode ser alterada, seja por nova proposta que modifique alguns aspectos do orçamento como também para adaptá-lo a uma nova realidade econômica que possa surgir.

O chefe do Executivo, através de decreto, pode solicitar créditos orçamentários ou adicionais. Não haverá, aí, alteração, mas mera adaptação dos recursos à realidade fática.

O Judiciário, por idênticas razões, não pode alterar decisões já consolidadas. Deve criar súmulas e sedimentar sua jurisprudência, para garantir determinado grau de certeza às partes. É verdade que a realidade é mutável e, como tal, as decisões não ficam petrificadas. Mas não pode haver a instabilidade de forma a criar incerteza na sociedade.

Apenas assim se poderá dar tranquilidade a todos, que poderão investir e inovar no mundo das realidades com a plena certeza de que suas expectativas não serão traídas. A economia ganha muito com isso. Investidores da mesma forma.

8

REGIME CONSTITUCIONAL DO DIREITO FINANCEIRO

8.1 Introdução. Autonomia

Traçar o regime constitucional do Direito Financeiro significa identificar as normas que lhe são próprias, não criando um regime jurídico autônomo, mas apartando matéria específica e fazendo incidir sobre ela um plexo de princípios e regras que lhe dão certa identidade. É como se um facho de luz recaísse sobre determinado ponto, iluminando-o, dando-lhe claridade e apartando-o dos demais. A partir daí identifica-se um feixe de assunto que é diferente dos demais.

Bem assinala A. D. Giannini que o Direito Financeiro não constitui um sistema orgânico, senão um conjunto de relações diversas que apenas têm em comum a referência aos ingressos e gastos do Estado, distinguindo-se apenas pela unidade da matéria: "Não constitui um sistema orgânico de relações homogêneas, senão um conglomerado de relações de natureza diversa, cujo único elemento comum consiste em referir-se materialmente a uma múltipla atividade que o Estado desenvolve no campo financeiro (...)."[1] No mesmo sentido Berliri.[2] Apenas tem sido aceita a autonomia didática,[3] o que revela a conveniência do estudo. Da mesma opinião Sergio Francisco De la Garza,[4] ao dizer que o Direito Financeiro carece de autonomia estrutural e de autonomia dogmática.

A discussão que se coloca é se o Direito Financeiro se constitui em ramo independente, gozando de autonomia didática e científica, ou apenas subsiste a primeira. Um ramo do Direito apenas possui autonomia quando logra apresentar um objeto que lhe seja próprio, ou seja, uma parte seccionada da realidade sobre a qual faz incidir um plexo de princípios e regras. Requisitos, pois, para se ter identidade própria: (a) ter como objeto de estudo um segmento da realidade perfeitamente cognoscível e (b) apresentar um conjunto de princípios e regras projetáveis em tal realidade seccionada.

---

1 GIANNINI, A. D. *Istituzioni di diritto tributario.* Milão: Giuffrè, 1968, p. 4.

2 BERLIRI. *Principi di diritto tributario.* 2. ed. v. 1. Milão: Giuffrè, 1967, p. 3-5.

3 V. HERRERA MOLINA, Pedro Manuel *Metodología del derecho financiero y tributario.* México: Editorial Porrúa, 2004, p. 77.

4 DE LA GARZA, Sergio Francisco. *Derecho financiero mexicano.* 4. ed. México: Porrúa, 1969, p. 31.

Pode-se apontar uma matéria própria do Direito Financeiro na medida em que se ressaltam a obtenção de receitas e os gastos finalísticos, intermediados por um orçamento, tudo submetido a controle público e social.

Há opiniões de todos os ângulos, alguns sustentando a tese da autonomia, outros dela discordando. Nossa opinião é a de que é possível detectar uma matéria própria, que outorga certo significado didático de análise ao Direito Financeiro. No entanto, não se logra apontar um plexo de princípios e regras próprios que lhe possam dar autonomia científica.[5]

Vem a calhar a afirmativa de Alfredo Augusto Becker no sentido de que o vocábulo "autonomia" não é do mundo jurídico e que os juristas "propagam a demência tributária e cometem, com catedrática gravidade, erros jurídicos de um empirismo larvar".[6] Finaliza dizendo que a autonomia (no sentido de independência relativa) "de qualquer ramo do direito positivo é sempre e unicamente didática para, investigando-se os efeitos jurídicos resultantes da incidência de determinado número de regras jurídicas, descobrir a concatenação lógica que as reúne num grupo orgânico e que une este grupo à totalidade do sistema jurídico".[7]

O que vale assinalar é não se poder enfocar as *prerrogativas* do Poder Público na arrecadação, seja financeira, seja tributária, sem atentar às garantias do indivíduo frente ao poder de arrecadação. O básico, hoje, é ver o indivíduo como centro de direitos, e não apenas como mero ponto de incidência tributária. Semelhante valor tem o ângulo dos gastos, que envolve as garantias dos cidadãos e seus direitos. Imprescindível a análise da justiça social, para que bem se possa compreender o fenômeno financeiro. Embora seja o tributo fonte básica para abastecer o Estado de recursos, não se pode deixar de lado as finalidades a que este busca atender. A arrecadação está vinculada ao gasto, que, por sua vez, tem estreita conexão com os objetivos básicos do Estado.

Basicamente, o Direito Constitucional Financeiro cuida das receitas e despesas dos entes federativos e entidades estatais, dos meios de arrecadação, da disciplina orçamentária, da fiscalização financeira e orçamentária, do controle do gasto público, da dívida e do endividamento (operações de crédito) dos entes federativos e de entidades por eles criadas e do pagamento dos débitos do Poder Público. Sobre tal massa de informações recai a responsabilidade fiscal, pressuposto de tudo isso.

O Estado, através da Constituição da República, fixa a quais fins irá atender, ou seja: (a) a prestação dos serviços públicos; (b) o exercício do poder de polícia; (c) a intervenção no domínio econômico; (d) a manutenção da estrutura do Estado, máquinas, móveis, servidores; e, também, (e) a identificação e preservação da memória e da história. Tendo o Estado todas estas atribuições, deve apresentar uma estrutura mínima para atender a estes deveres que lhe são impostos. Como dizia Rui Barbosa, quem dá os fins dá os meios.

Pela leitura dos arts. 21, 24, §1º, 30, 196, 205, 215, 217, 218 e 225, dentre outros, todos da CF, que cuidam das competências das três entidades federadas, vê-se que a elas é atribuído um plexo de atribuições a desempenhar. Daí o aspecto *subjetivo* do Direito Financeiro. Por consequência, o mesmo texto prevê a estrutura e os meios para

---

5 *Idem, ibidem.*

6 BECKER, Alfredo Augusto. *Teoria geral do direito tributário.* 2. ed. São Paulo, Saraiva, 1972, p. 27.

7 *Idem*, p. 28-29.

que estas entidades prestem tais atividades. Daí nasce o Direito Financeiro, ou seja, um complexo de princípios e normas que regem a atividade financeira do Estado. Este é seu aspecto *objetivo*.

Atividade financeira significa o conjunto das atividades do Estado e dos entes por ele criados para a obtenção de receitas e realização de despesas, no cumprimento de suas atividades essenciais. Caráter *misto* que combina pessoas com o objetivo a cuidar. Como diz Aliomar Baleeiro "a atividade financeira consiste em obter, criar, gerir e despender o dinheiro indispensável às necessidades cuja satisfação o Estado assumiu ou cometeu àqueloutras pessoas de direito público".[8]

Pior cientista é o que não sabe seu objeto de análise. Para tanto, e para não fugirmos de um enfoque adequado, o importante é saber quem age, no campo financeiro, e sobre o que se age. Nada impede que se indague a forma de agir. Tudo é objeto de estudo do que se tem por Direito Financeiro.

Destacado do Direito Financeiro, nasce o Direito Tributário, que cuida especificamente do tributo. É o que dá especificidade a tal matéria, identificando-se com a obrigação de entregar dinheiro aos cofres públicos.

O Direito Financeiro alcança não só as receitas tributárias, mas as advindas da produção de petróleo, da energia elétrica (§1º do art. 20 da CF), da prestação pelos serviços de entidades estatais (art. 175 da CF), da exploração do patrimônio público (concessão ou permissão de bens públicos), etc. Temos as receitas provindas de doação, de legados, de herança jacente – enfim, de fatos que não dizem respeito ao direito público, mas que constituem entradas de Direito Financeiro.

Quando se estrutura um rol de princípios e regras que disciplinam este tipo de entrada e a saída do dinheiro, inclusive mediado pelo orçamento, tem-se a matéria que serve de incidência das normas de Direito Financeiro.

Importante, para se ter um panorama geral, é que se analisem os diversos dispositivos constitucionais, independentemente de onde topicamente se encontrem, para que possamos ter uma visão interpenetrada do conjunto.

O que vale na análise da matéria apartada, sistematicamente, do todo do ordenamento jurídico é saber quais os princípios e normas que sobre ela incidem.

O Estado deve cuidar das atividades rotuladas *essenciais*, que atendem a *interesses primários da Administração Pública*. A Constituição Federal identifica aqueles fins que o Estado deve curar. Dentre eles a educação, a saúde, a segurança pública, a justiça, etc. O Estado nasce exatamente para evitar os conflitos individuais e cuidar daquilo que é importante para a subsistência da sociedade. Não se efetua uma aferição subjetiva, mas são os interesses primários estabelecidos em documento solene, que é a Constituição.

De outro lado, necessita de recursos para que possa cumprir seu dever básico, que é o de cuidar dos interesses primários encampados pelo ordenamento jurídico. Diga-se que as atividades de arrecadação dos recursos e de destinação da receita são *meramente instrumentais, identificadas pelos denominados interesses secundários*. Tão importante quanto saber as finalidades que deve a Administração Pública curar é estudar os meios que possui para cumpri-las. Não só instrumentais, mas têm o condão também de conformar

---

8 BALEEIRO, Aliomar. *Uma introdução à ciência das finanças*. 16. ed. atualizada por Dejalma de Campos. Rio de Janeiro: Forense, 2004, p. 4.

comportamentos às necessidades públicas. Já não se pode dizer, hoje, que os instrumentos arrecadatórios sejam atividade exclusivamente procedimental do Estado, nem que envolvam apenas mecanismos de abastecimento dos cofres públicos.

A distinção entre *atividades essenciais* e *instrumentais do Estado*, no sentido de que as finalidades identificam atividades-fim, enquanto a estrutura de arrecadação implica mera atividade-meio, ainda subsiste no Direito Financeiro, mesmo que possa estar prejudicada diante do plexo de normas que disciplinam o Direito Tributário. É que, por força dos instrumentos tributários, pode-se buscar a identificação de comportamentos desejáveis e imprescindíveis para o Poder Público.

Assinala Pedro Manuel Herrera Molina que a existência de "fins sociais e extrafiscais nas normas impositivas" não supera o caráter instrumental do Direito Financeiro.[9] Tem sentido tal afirmação. Separando-se o Direito Financeiro do tributário e tendo objetivos distintos, pode-se afirmar que prevalece no âmbito do primeiro a distinção clássica de atividades *essenciais* e *instrumentais*.

Tal circunstância em nada desmerece o Direito Financeiro, pois revela um enfoque que de modo algum prejudica o caráter de persecução das finalidades sociais ou extrafiscais das normas. A legislação pode buscar diversos objetivos, ao lado da obtenção de recursos para sua execução.

No ordenamento normativo pode-se identificar, no entanto, princípios e regras que buscam atender aos interesses primários e outros que disciplinam os meios de que se vale o Estado para arrecadar e, pois, ter recursos para o atendimento dos interesses primeiros.

Basicamente, o objetivo da arrecadação de receitas é o de abastecer os cofres públicos para permitir ao Estado que cumpra suas finalidades, embora não se possa desconhecer a faceta da extrafiscalidade, que tem como objetivo exigir comportamentos adequados ou desestimular comportamentos indesejáveis.

Devemos rastrear os princípios que servem de amparo a uma estrutura do Direito Financeiro – não que este venha a constituir um ramo independente do Direito – e se sobressaiam à luz dos princípios gerais.

Buscaremos apenas aqueles que, de alguma forma, têm vínculo com tal ramo do Direito. Os denominados *princípios gerais* não serão objeto de análise.

À luz de tal critério, podemos falar em *princípios específicos implícitos* (estes referem-se a determinadas situações, falando-se em princípios do direito Processual, do Tributário, Civil, Financeiro, etc.).

Em relação ao Direito Financeiro podemos mencionar alguns princípios que são do Direito Brasileiro como um todo e alguns que dizem respeito mais especificamente ao Direito Financeiro. Façamos sua análise, embora afirmemos que não há princípios específicos que possam dar identidade ao Direito Financeiro. E assim, por não contar com um plexo de princípios e normas que o separem dos demais ramos do Direito, não se constitui em disciplina jurídica autônoma. Passemos, pois, a identificar alguns princípios que são mais próximos do Direito Financeiro.

9 HERRERA MOLINA, Pedro Manuel. *Metodología del derecho financiero y tributario, op. cit.*, p. 80.

Para cumprir a tarefa de abastecimento dos cofres públicos, é essencial mencionar os *princípios da superioridade e da indisponibilidade do interesse público*, presentes na atividade arrecadatória. É que, devendo atingir determinadas finalidades, o Poder Público tem que estar aparelhado para tanto, mas é essencial que prepondere o interesse público, titularizado pela Administração Pública.

Esta afirmação constitui apenas meia-verdade, porque, diante de determinadas realidades, o interesse particular tem prevalência e pode restringir o interesse público. Hoje, os direitos humanos, os individuais e os públicos encampados pelo sistema normativo servem de limite à atuação do Estado. Logo, o interesse público prevalece sempre que a Constituição não ampare, contra este, um direito do cidadão.

Demais disso, não pode o agente dispor dos interesses que lhe cabe cuidar. A competência lhe é dada para atingir os objetivos que a lei traçou, e não para com eles transigir. Se lhe foi dada atribuição para arrecadar recursos, encontrando o fato gerador de tal determinação, não pode a ela se furtar. Deve praticar o ato. Não lhe é dado negligenciar com os interesses que deve preservar. Se desvia os recursos, agride direitos fundamentais do cidadão.

Pode-se dizer que a Administração Pública está regida pelos princípios mencionados no art. 37 da Constituição da República. Ali se depara com os princípios da legalidade, da impessoalidade, da moralidade, da publicidade e da eficiência.

A legalidade não é princípio específico do Direito Financeiro, mas de todo o Direito. O da impessoalidade impede que o servidor aproveite sua atividade para fazer promoção de si próprio. O servir pressupõe anonimato. O da moralidade é que ornamenta o comportamento do agente público, mas não diz respeito apenas aos servidores que cuidam da atividade de arrecadação. O da publicidade busca a explicitação dos atos para propiciar o controle; e o da eficiência exige dos servidores a boa administração.

Pode-se mencionar o da *probidade*, que é, em verdade, pressuposto do comportamento dos agentes no exercício de cargos públicos, o que é dedutível do inciso V do art. 85 da CF. Todos devem ser probos quando cuidam dos interesses públicos e com eles lidam. Não é apanágio nem glória exercer a função pública com dignidade e com probidade. É dever funcional.

Terceiro princípio que se nos afigura imprescindível é o da *transparência*, decorrente do da publicidade (art. 37 da Constituição da República). A dignidade do serviço público advém da responsabilidade dos agentes. Estes devem ser como Pompeia, uma das mulheres de Caio Júlio César, que, ao ser vista conversando com Clódio, na Corte, foi imediatamente repudiada por César, sob o argumento de que sua mulher não só deveria ser séria, como deveria comportar-se como tal. O mesmo ocorre com os servidores. Têm o dever de ser sérios e demonstrar que o são. A transparência permite que sobre eles e sobre sua atividade se exerça o controle.

Diferentemente do comportamento particular, em que a conduta pode ser censurada pela sociedade ou por entes privados, a transparência identifica a seriedade do agente e possibilita que a sociedade possa sobre ele exercer controle. Na captação de recursos e no destino a suas finalidades deve haver a imprescindível publicidade, para que se dê transparência ao exercício da função, permitindo o controle. Assim, publicidade, transparência e controle andam juntos. Cada qual identificando uma etapa do procedimento administrativo-financeiro e possibilitando que haja não só o controle interno e hierárquico, mas também o controle social.

Não se pode excluir qualquer outro princípio de, eventualmente, incidir ou disciplinar relações financeiras. No entanto, não são próprios do Direito Financeiro. Nem os que foram mencionados são exclusivos.

Cabe, no entanto, afirmar que na atividade financeira o Estado deve preservar a superioridade dos interesses públicos sobre os privados, e jamais pode dispor deles sem a devida autorização legislativa. De outro lado, o trinômio publicidade-transparência-controle é essencial na prática financeira.

Apontaríamos, pois, em consequência, alguns princípios que estão intimamente relacionados com o Direito Financeiro, sem prejuízo de outros que possam ser identificados. No entanto, relacionamos aqueles que estão diretamente focados em tal ramo do Direito: (a) princípio da superioridade e da indisponibilidade do interesse público, com as ressalvas feitas; (b) probidade; (c) o trinômio publicidade, transparência e controle. Outros tantos poderiam ser arrolados, de acordo com a ótica de cada autor. Contudo, estes têm maior ênfase no enfoque, à óptica do pragmatismo.

O que não se pode e não se deve é confundir o Direito Financeiro com o denominado *direito fiscal* ou *tributário*, que tem um único objeto de estudo: o tributo. Sobre ele rodopiam os tributaristas a analisar o fenômeno de sua produção e de sua ingerência na intimidade do bolso dos indivíduos e dos brasileiros, especificamente. Também não se confunde o Direito Financeiro com a ciência das finanças, ramo pré-normativo que analisa o fenômeno financeiro antes do fato normativo e que procura identificar a obtenção e a aplicação dos recursos para o custeio da rede de atividades públicas.

Reitere-se que não é o Direito Financeiro ramo jurídico autônomo com princípios e regras próprios. Daí por que se encontra estritamente imbricado com todos os demais ramos do Direito. Efetuaremos, agora, uma busca dos preceitos que se encontram na Constituição Federal, para apontar a matéria sobre a qual incide o estudo do Direito Financeiro.

8.2 O Direito Financeiro no quadro da ciência jurídica

Evidente que o Direito Financeiro não é por si suficiente para existir no Direito. Está umbilicalmente vinculado a quase todos os demais ramos do Direito.

Há vínculo estreito com o Direito Constitucional, de onde provém toda a sua estrutura. Basta mencionar os ingressos não tributários (§1º do art. 20 da CF), os tributários (arts. 145 a 162 da CF), a disciplina orçamentária (arts. 165 a 169 da CF), o controle externo (arts. 71 a 75 da CF), o controle da dívida através do Senado (art. 52, V, VI, VII, VIII e IX), a execução dos créditos contra o Estado (art. 100 da CF, com redação determinada pela Emenda Constitucional nº 62/2009), etc.

Do Direito Administrativo é parente próximo e assimila as noções de procedimento administrativo, de lançamento, nota de empenho, liquidação, pagamento, de sanções, do conceito de ato administrativo (financeiro), a dívida ativa, o contrato administrativo que se verifica na celebração dos empréstimos públicos, a revogação dos contratos, sua alteração, etc. Enfim, há toda uma gama de conceituação que vem imbricada nos dois ramos.

Com o Direito Processual guarda os conceitos de garantias dos administrados, seus direitos hauridos na Constituição, as peças procedimentais, os princípios garantidores da ampla defesa e dos recursos a ela inerentes, os recursos, o direito à justiça fiscal, etc.

Com o Direito Tributário, é sua porta de entrada. Este é parte integrante do Direito Financeiro, em relação a todos os ingressos. No âmbito orçamentário, aquele é tributário deste. Nenhum tributo poderá ser exigido se não estiver previamente previsto no orçamento, salvo a exceção da Súmula nº 66 do STF.

Com o Direito Civil e Comercial, ou seja, com o que se tem por direito privado, tem as entradas não tributárias, como doação, herança vacante, legado, etc., ao lado da formação de títulos executivos próprios advindos de relacionamento com o direito comercial, isto é, títulos que podem ser emitidos contra o Estado, para pagamento posterior, mediante nota de empenho. O próprio ato de pagamento das dívidas públicas, etc.

Estreita sua relação com o Direito Penal, existindo o crime de responsabilidade do Presidente da República se descumprir a "Lei Orçamentária" (inciso VI do art. 85 da CF). A Lei de Responsabilidade Fiscal (Lei Complementar nº 101/2000) contém todo um plexo de normas penais introduzido pela Lei 10.028/2000, que abriu um capítulo sobre os "Crimes Contra as Finanças Públicas", o qual passou a integrar o Código Penal (arts. 359-A a 359-H).

Desnecessário ser minudente no arrolar todos os vínculos existentes com os demais ramos do Direito. Não se pode olvidar, no entanto, que faz parte de um todo de princípios e regras a dar-lhe consequências jurídicas específicas.

Hoje o Direito Financeiro adquire ares de importância extrema no mundo jurídico. Os governos estão girando em torno dele. O arcabouço jurídico do Estado assenta-se nas regras de finanças. As normas regentes do novo Estado estão calcadas em seus interesses fiscais. Incentivos, financiamentos e benefícios de toda ordem instruem o Estado moderno. O Direito Financeiro é central na análise do Estado.

ENTRADA E RECEITA

9.1 Entrada e receita

Historicamente, pode-se dizer que o patrimônio público era formado de terras. A União disciplina o que lhe pertence (art. 20 da CF). Com o correr dos tempos, para manter seu aparato e atender às necessidades públicas, passou a ter necessidade de *dinheiro*. Como diz Geraldo Ataliba, de "duas formas pode o Estado obter recursos: auferindo lucros, na venda de bens e serviços, ou usando de seu poder para exigir o concurso compulsório das pessoas sujeitas a seu poder, para as necessidades públicas".[1]

Ensina Aliomar Baleeiro que, "para auferir o dinheiro necessário à despesa pública, os governos, pelo tempo afora, socorrem-se de uns poucos meios universais: a) realizam extorsões sobre outros povos ou deles recebem doações voluntárias; b) recolhem as rendas produzidas pelos bens e empresas do Estado; c) exigem coativamente tributos ou penalidades; d) tomam ou forçam empréstimos; e) fabricam dinheiro metálico ou de papel".[2]

A História fornece-nos exemplos inúmeros de transferência de recursos através de domínio de guerras de conquista. Basta lembrar-se da expansão grega, do Império Romano, de Alexandre e seu Império Macedônico, de todas as conquistas da Idade Média, do ciclo das Grandes Descobertas, pontificando Espanha e Portugal, com a exploração exaustiva da América Latina, das conquistas napoleônicas, em especial do Egito, em que fortunas históricas foram transferidas para a França, das duas Grandes Guerras, em que territórios foram repartidos e bens explorados, e, por fim, dos conflitos contemporâneos, as secessões de Estados (União Soviética, Iugoslávia, etc.).

Na América Latina os exemplos são fartos. No México houve a matança de todo um povo, civilizações diversas que ali habitavam. O golpe final foi dado sobre Moctezuma, no Festival de Tlatelolco. Cortez fê-lo prisioneiro e derreteu todos os objetos de ouro que encontrou.[3] No Peru houve a conquista por Pizarro, que capturou e executou Atahualpa em 1532 e depois fez o mesmo com Tupac Amaru. Com a vinda dos conquistadores na

1 ATALIBA, Geraldo. *Apontamentos de ciências das finanças, direito financeiro e tributário*. São Paulo: RT, 1969, p. 25.

2 BALEEIRO, Aliomar. *Uma introdução à ciência das finanças*. 16. ed. atualizada por Dejalma de Campos. Rio de Janeiro: Forense, 2004, p. 115.

3 FUENTES, Carlos. *El espejo enterrado*. México: Taurus, 1992, p. 158.

América Espanhola, Felipe II tinha necessidade de recursos e sobrecarregou seus súditos com pesadas transferências em ouro do centro mineiro de Potosi.[4] Anota o autor que "os europeus trasladaram à América os sonhos de suas próprias utopias fracassadas, e estas se converteram em pesadelos, na medida em que o poder colonial se estendeu e, em vez de serem os beneficiários da utopia, os povos aborígenes das Américas se converteram em vítimas do colonialismo, despojados de sua antiga fé e de suas terras hereditárias".[5]

Em relação à exploração patrimonial dos bens públicos, basta recordar, hoje, as grandes empresas estatais e a exploração dos recursos minerais, petrolíferos e energéticos do país.

Como diz Raimundo Faoro, as "rendas econômicas, ao contrário das rendas tributárias, são o instrumento tradicional da execução da política do Estado. Enquanto as rendas tributárias, com seu caráter de permanência e continuidade, se destinam às despesas ao aparelhamento burocrático, as outras, sempre mal individuadas de sua origem patrimonial, prestam-se às aventuras e aos riscos do negócio. Os monopólios, as companhias privilegiadas e as concessões sustentaram um rumo de exploração colonial, com métodos revigorados de sistemas decadentes no Reino e na Europa".[6]

Quando o Estado investe sobre o patrimônio particular, prestando ou não uma atividade específica, mas sempre exigindo determinada quantia em dinheiro, fala-se em *tributo*. Age valendo-se de seu poder constritivo sobre os particulares. De outro lado, pode, no exercício de diversas atividades, cobrar *preços*, assim denominados genericamente, que são pagos desde que alguém utilize um serviço ou uma atividade econômica (industrial, extrativa, comercial, etc.) do Estado.

Todo e qualquer dinheiro que ingressa nos cofres públicos, seja a que título for, denomina-se *entrada*. Alguns autores falam em *ingresso* (entradas provisórias), distinguindo-o da *entrada*. Utilizaremos as expressões como sinônimas.

Nem todo ingresso, todavia, *constitui receita*. Há entradas que ingressam provisoriamente nos cofres públicos, podendo neles permanecer ou não. Destinam-se a ser devolvidas. Daí as *entradas provisórias*. Por exemplo: em dada licitação o Estado exige um *depósito*, como garantia da proposta ou do contrato. O depósito ingressa nos cofres públicos, mas, uma vez mantida a proposta ou adimplido o contrato, é ele devolvido ao proponente-adjudicatário. Se, todavia, houver inadimplemento, poderá resultar em imposição de sanção, com decretação da perda parcial do depósito. Aí haverá transformação do depósito em *receita*.

As *fianças* igualmente destinam-se a devolução. Diga-se o mesmo dos empréstimos públicos. Veja-se o disposto no §8º do art. 165 da CF. Necessitando, pode o Poder Público realizar operação de crédito para antecipação da receita. Uma vez obtido empréstimo, como contrato que é, impõe-se seu pagamento. Sendo assim, vê-se que há relações do Estado que operam ingressos, mas se destinam a pagamento posterior. Logo, não há *ingresso definitivo*. Também o mesmo se pode dizer dos *depósitos*. Por exemplo, quando se

---

4 *Idem*, p. 221.

5 *Idem*, p. 280. Relato bastante vivo da exploração europeia da América Latina dá Eduardo Galeano em *As veias abertas da América Latina*. Rio de Janeiro: Paz e Terra, 1978.

6 FAORO, Raimundo. *Os donos do poder*. 8. ed. v. 1. Porto Alegre: Globo, 1989, p. 224.

faculta o depósito para evitar a correção monetária do débito. Solucionada a pendência, se vencedor o contribuinte, é seu valor devolvido.

Também é provisória a entrada do dinheiro arrecadado a título de empréstimo compulsório, tal como prevê o art. 148 da CF. É compulsório porque o particular não pode se recusar a pagá-lo. Todavia, por ser empréstimo, deve ser devolvido, em condições que a lei instituidora previr. Sempre, no entanto, há de ser devolvido. E, nesta hipótese, o ingresso do dinheiro é provisório.

Ao lado das entradas provisórias há as *definitivas*, ou seja, as que advêm do poder constritivo do Estado sobre o particular, sejam independentes de qualquer atuação (imposto), sejam dela dependentes (taxa) ou em decorrência da realização de obras públicas (contribuição de melhoria), nos exatos termos do art. 145 da CF, bem como as multas. Pode-se dizer o mesmo das contribuições previstas no art. 149. Tais entradas são definitivas. Daí tomarem o nome de *receita*.

Em suma, há *entradas provisórias* e *entradas definitivas*, denominadas *receitas*.

Em quadro sinótico, podem as entradas assim ser vistas:

Entradas	*Provisórias* – depósitos, cauções, fianças, empréstimos e empréstimo compulsório, indenizações, etc.
	Definitivas – receitas tributárias, patrimoniais, sanções, preços, etc.

9.2 A receita pública

Destinando-se determinada entrada a permanecer em definitivo nos cofres públicos, tem a denominação de *receita*.

De Plácido e Silva define a *receita pública* como "o complexo de valores recebidos pelo Erário Público, sejam provenientes de rendas patrimoniais, sejam resultantes de rendas tributárias, destinados a fazer frente à despesa pública".[7]

Sinteticamente, pode-se dizer que *receita é a entrada definitiva de dinheiro e bens nos cofres públicos*.

Afirma-se que há inúmeras formas de receita. Esclarece Griziotti[8] que pode haver *doação*, proveniente de liberalidade dos particulares ou de outros entes públicos, inclusive internacionais (ajuda prestada por países mais ricos a outros, seja em dinheiro, seja em mercadorias, alimentos, remédios, etc.). É comum tal tipo de receita quando das grandes catástrofes que abalam certas regiões de países.

Pode haver o recebimento de bens através de *extorsão* sobre outros Estados. Quando em estado de beligerância, é comum a invasão do território de outro país, e todos os bens que estão sobre ele – imóveis, rebanhos, veículos, safras pendentes – ingressam, a título de receita, no patrimônio do país dominante. Pode haver a devolução posterior, o que decorrerá das regras de direito internacional.

---

7 SILVA, De Plácido e. *Noções de finanças e direito fiscal*. 3. ed. Curitiba: Guaíra, p. 130.

8 GRIZIOTTI. *Principios de la ciencia de las finanzas*. 6. ed. Trad. italiana de Dino Jarach. Buenos Aires: Depalma, 1959, p. 31.

Existe o ingresso através do *uso de bens públicos*, como, por exemplo, o que se paga a título de concessão de uso de *box* de mercado público ou de estacionamento em via pública, de rendas que ingressam pela exploração de estabelecimentos comerciais, industriais ou agrícolas do Poder Público. Da mesma forma, pode haver ingresso de dinheiro através da cobrança de multas pecuniárias, bem como pela cobrança de tributos.

Em suma, pode haver a entrada de dinheiro por uma série enorme de razões, em decorrência do gigantismo do Estado.

9.3 Classificação das receitas

Historicamente, autores fizeram classificações de receitas com base em conhecimentos prévios à noção jurídica. Por mera notícia histórica, faz-se uma síntese delas, apanhadas em Aliomar Baleeiro e Geraldo Ataliba. Baleeiro aponta a classificação de Gaston Jèze, que leva em conta a divisão dos serviços. Se há serviços administrativos de interesse geral que provocam despesa, mas não produzem quaisquer receitas, temos os *impostos*. Se há serviços de interesse geral, mas que aproveitam mais a alguns, havendo tributação especial, temos as *taxas*. Havendo serviços comerciais e industriais de fim financeiro em regime de livre concorrência, temos os *preços*. Se há explorações comerciais ou industriais destinadas à obtenção do maior proveito fiscal possível em regime de monopólio, tem-se o tipo híbrido preço-imposto.

Seligman classificou as receitas em razão da vantagem auferida pelo Poder Público. Daí falar em: I – *preços quase privados*: vantagem particular como consideração exclusiva, ao lado de interesse público acidental; II – *preços públicos*: vantagem particular menor, mas preponderante, ao lado de interesse público de alguma importância; III – *taxas*: vantagem particular mensurável, associada a interesse público ainda mais importante; IV – *contribuições especiais*: alguma vantagem particular, associada com interesse público preponderante; e V – *impostos*: interesse público como consideração exclusiva e vantagem particular apenas acidental.[9]

Luigi Einaudi fala em *preço quase privado*, quando a necessidade é privada, mas satisfaz necessidade prevalentemente pública; em *preço público*, quando se provê por meio de ferrovia estatal a satisfação de necessidade individualizável; em *preço político*, quando há subsídio por parte do Poder Público, que não deseja preço elevado; em *contribuição*, quando provida necessidade comum a todos, indivisível; em *imposto*, quando satisfaz necessidades comuns a todos, indivisíveis, por exemplo a segurança nacional. A orientação provém de Geraldo Ataliba.[10]

Como se vê, são classificações que levam em conta motivos extrajurídicos. Não são estruturadas com base no que ocorre no mundo do Direito, mas no mundo das realidades fáticas. As necessidades são reais, e podem ou não estar amparadas no mundo jurídico.

Mera notícia histórica das classificações, insista-se.

As classificações, ensina Genaro Carrió, "não são verdadeiras nem falsas, são *úteis ou inúteis*; suas vantagens ou desvantagens estão submissas ao interesse que guia a quem as formula, e à sua fecundidade para apresentar um campo de conhecimento de

---

9 SELIGMAN. *Essais sur l'impôt*. t. II. Paris: M. Giard & É. Brière, 1914, p. 123 e ss. e 174.

10 ATALIBA, Geraldo. *Apontamentos de ciências das finanças, direito financeiro e tributário, op. cit.*, p. 16-18.

uma maneira mais facilmente compreensível ou mais rica em consequências práticas desejáveis".[11] O que importa é a escolha do *critério*, para que se possa chegar a uma classificação útil.

Vê-se, pois, que o fundamental na classificação é a escolha do critério de discriminação que será utilizado para apartar o objeto de estudo. Não haverá, nunca, a certeza da classificação. Para nós o que vale é trazermos uma classificação que seja, ao mesmo tempo, útil e jurídica. A discriminação deve levar em conta o rigor jurídico.

Daí por que abandonamos qualquer estudo sobre as classificações de E. R. Seligman,[12] de Gaston Jèze[13] e de Einaudi,[14] uma vez que nada acrescentam de útil na apreciação do fenômeno jurídico financeiro.

Sob o ângulo da periodicidade, os autores classificam as receitas em *extraordinárias* e *ordinárias*.

As primeiras decorrem da iminência ou do caso de guerra externa que motive o Estado a exigir "impostos extraordinários, compreendidos ou não em sua competência tributária, os quais serão suprimidos, gradativamente, cessadas as causas de sua criação" (inciso II do art. 154 da CF). Ocorre o ingresso excepcional de dinheiro para atendimento de situação de absoluta anormalidade no plano institucional.

As *ordinárias* são as receitas havidas com regularidade, isto é, aquelas recebidas no desenvolvimento normal da atividade estatal.

Em relação à *origem* da receita, pode ela ser classificada em *originária, derivada* e *transferida*.

A *receita originária* decorre da exploração, pelo Estado, de seus próprios bens ou quando pode exercer atividade sob o que se denomina de direito público disponível. Esclarece Geraldo Ataliba que as receitas são assim denominadas "conforme provenham da exploração, pelo Estado, de seus instrumentos (bens ou serviços), ou provenham do uso de seu poder de constranger os submetidos à sua força ao concurso compulsório".[15]

A *receita derivada* provém do constrangimento sobre o patrimônio do particular. É o *tributo*. Divide-se ele em imposto, taxa e contribuição de melhoria, podendo, ainda, o Estado cobrar as denominadas contribuições parafiscais, hoje denominadas sociais ou de intervenção no domínio econômico e de interesse das categorias profissionais ou econômicas (v. o art. 149 da CF).

Incluem-se como receita derivada a cobrança das sanções e também o perdimento decorrente de contrabando, apreensão de armas de criminosos, etc.

Em suma: as receitas originárias provêm do próprio patrimônio público do Estado ou de relação disciplinada pelo direito privado, ao passo que as derivadas advêm do patrimônio ou rendas particulares.

Há receitas que denominamos de *transferidas* porque, embora provindas do patrimônio particular (a título de tributo), não são arrecadadas pela entidade política que vai utilizá-las. De acordo com os arts. 157 a 162 da CF, a *competência* para instituição

---

11 CARRIÓ, Genaro. *Notas sobre derecho y lenguaje*. Buenos Aires: Abeledo-Perrot, 1973, p. 72.

12 SELIGMAN. *Essais sur l'Impôt*, *op. cit.*, t. II.

13 JEZE, Gaston. *Cours élémentaire de finances publiques*. Paris: LGDJ, 1937, p. 317 ss.

14 EINAUDI. *Principi di scienza delle finanze*. 4. ed. Giulio Einaudi Editore, 1949.

15 ATALIBA, Geraldo. *Apontamentos de ciências das finanças, direito financeiro e tributário*, *op. cit.*, p. 26.

do tributo pode ser, por exemplo, da União, só que não se destina a ela o produto da arrecadação: tem de transferi-lo seja aos Estados, seja aos Municípios ou ao Distrito Federal. Assim, o dinheiro ingressa nos cofres públicos de Estados e Municípios não em virtude de *seu* poder constritivo sobre o particular, nem por exploração de *seus* próprios bens, mas recebem o dinheiro em decorrência do exercício da competência de outra entidade política que, por disposição constitucional, o transfere aos cofres de Estados e Municípios. Veja-se o inciso II do art. 159 da CF, que prevê a repartição entre União, Estados e Distrito Federal do produto da arrecadação do IPI. Os Estados-membros, de seu turno, repassarão aos Municípios parte do que receberam (§3º do mesmo artigo).

As classificações não são certas ou erradas – são úteis ou inúteis, na medida em que servem para identificar melhor o objeto de análise.[16]

No nosso caso é importante a classificação, para apartarmos as receitas provenientes do patrimônio particular daquelas advindas do patrimônio público. Temos aí a possibilidade de separar as receitas tributárias do denominado preço público, que tem desafiado a argúcia do jurista. O critério que se vai utilizar é o da *fonte*. Se advinda de relação de direito privado, de empresas estatais e do patrimônio público, é *receita originária*. Se do público (englobando tributos, guerra de conquista e sanções), é *receita derivada*; e a arrecadada por um ente estatal e encaminhadas a outro, tributária ou não, é *receita transferida*.

Sinoticamente, podemos efetuar a classificação das receitas do seguinte modo:

<table>
<tr><td></td><td>Movimento de caixa (entradas com destino de saída)</td><td></td><td>empréstimos, restituições, depósitos, indenizações, etc.</td></tr>
<tr><td rowspan="3">Entradas ou Ingressos</td><td rowspan="3">Receitas (entradas definitivas)</td><td>Originárias = não tributárias (relações de direito privado e de direito público disponível)</td><td>doações – legados – bens vacantes – uso de bens públicos – preço – extensão – descoberta – prescrição aquisitiva – advindas de empresas estatais, royalties, etc.</td></tr>
<tr><td>Derivadas = tributárias e outras (relação de direito público)</td><td>tributos (impostos, taxas, contribuições de melhoria e empréstimo compulsório) – penalidades – reparações de guerra – perdimento, etc.</td></tr>
<tr><td>Transferidas</td><td>(a) tributárias
(b) não tributárias (petróleo e outros recursos minerais, energia elétrica, etc.)
(c) voluntárias</td></tr>
</table>

[16] CARRIÓ, Genaro. *Notas sobre derecho y lenguaje, op. cit.*, p. 72.

9.4 Movimentos de caixa. Depósitos judiciais

Há *entradas* que não constituem *receitas*. Estas, como se viu, são entradas definitivas. Ocorre que há ingressos que se destinam a devolução ou constituem mera movimentação de caixa. Se o Poder Público obtém *empréstimo* por antecipação da receita (§8º do art. 165 da CF), terá que devolvê-lo à entidade financeira. Logo, há a entrada para posterior retorno. Da mesma forma, se em determinado pleito há exigência de *depósito*, ingressa ele nos cofres públicos. Vencendo o litigante o feito, deverá ele retornar ao patrimônio particular. Vencido na demanda, não pode o Estado apropriar-se do dinheiro, de vez que possui meios próprios para cobrança. Logo, não há ingresso definitivo.

Como leciona Aliomar Baleeiro, "exemplificam esses 'movimentos de fundos' ou simples 'entradas de caixa', destituídas de caráter de receitas, as cauções, fianças e depósitos recolhidos ao Tesouro; os empréstimos contraídos pelos Estados, ou as amortizações daqueles que o governo acaso concedeu; enfim, as somas que se escrituram sob reserva de serem restituídas ao depositante ou pagas a terceiro por qualquer razão de direito e as indenizações devidas por danos causados às coisas públicas e liquidados segundo o direito civil".[17]

Vê-se, pois, que parte do dinheiro público ingressa para depois sair do patrimônio público. Logo, não são receitas, tal como definidas.

A classificação menciona a hipótese de *indenização*. Há casos que não são de exigência de taxa, nem de cobrança de preço. Suponha-se que alguém possua terreno e não o limpe adequadamente, como determina a lei. Ao lado de eventual sanção que pode sofrer em face de descumprimento de preceito legal, bem como de IPTU acrescido (extrafiscalidade), constrangendo o proprietário ou possuidor a mantê-lo limpo, pode a própria Prefeitura efetuar a limpeza do terreno e cobrar o montante do responsável.

A que título pode fazê-lo?

O Poder Público não goza de força jurídica para constranger materialmente o proprietário ou possuidor a efetuar a limpeza do terreno. Como, todavia, não pode ficar impedido de manter ordem na cidade, por imposições sanitárias ou de segurança, deve ter meios para compeli-lo ao cumprimento do comando normativo.

Não se cuida, no caso que se analisa, de serviço público, ou seja, não se está prestando qualquer comodidade usufruível pelo administrado. Nem é exercício do poder de polícia, de vez que não se está condicionando a propriedade do indivíduo. Daí não se poder falar em *taxa*.

Poder-se-ia indagar se não está presente a hipótese de exercício do poder de polícia, uma vez que há a atividade sanitária (limpeza do terreno). No entanto, o exercício do poder de polícia decorre de atividade imposta ao próprio Estado. No caso, a limpeza do terreno é dever do particular. O descumprimento do comando normativo é que enseja a intervenção subsidiária do Estado.

De outro lado, não se pode falar em *preço*. Este advém de formação livre da vontade das partes e se subordina ao direito privado. Não é a hipótese que se analisa.

---

17 BALEEIRO, Aliomar. *Uma introdução à ciência das finanças, op. cit.*, p. 116.

Cuida-se, no caso, de obrigação *ex lege*, imposta ao particular, mas "em decorrência de uma atividade que a este competia, ou seja, manter o *seu* terreno em perfeitas condições de limpeza, de acordo com as exigências de higiene e estética urbanas".[18]

Tendo a Administração Pública realizado uma atividade supletiva da que incumbia ao particular, sofreu uma *despesa* que deve ser recomposta. Os cofres públicos não podem ficar desfalcados por atividade desenvolvida em direção a determinado particular.

Como decorre da força própria da atividade administrativa do Poder Público a possibilidade de interferência na esfera íntima do particular, para lhe impor um encargo, em respeito ao interesse da coletividade, o Poder Público tem que recompor seu patrimônio, que se viu desfalcado pela prestação de uma atividade ao indivíduo.

Daí resulta que *a contraprestação a tal atividade subsidiária daquela imposta ao particular é mera indenização do encargo suportado pelo Poder Público*. Como indenização, tem seu custo previsto em decreto, sem qualquer problema jurídico de maior realce. É cálculo aferível administrativamente, independentemente de previsão legal. Observe-se: o comportamento tem que estar previsto em lei, bem como a sanção e o consequente ressarcimento das despesas. O valor do encargo é aferível mediante mera atividade administrativa. E, por consequência, através de mero decreto é possível a fixação do montante de despesa.[19]

Acrescentaríamos que qualquer ato administrativo será suficiente para que se exija o montante do particular. Evidente está que deve haver pertinência entre o valor da cobrança e o serviço efetuado.

Cuida-se do que denominamos execução subsidiária por parte do Poder Público, diante do descumprimento da obrigação imposta ao particular. Em face da renitência no cumprimento do comando legal, executa a Administração Pública o contido na norma, ressarcindo-se, posteriormente, das despesas havidas.

Da mesma forma, ingressam na categoria "indenização" as cobranças que se fazem em virtude de alguém colidir e destruir poste público, defensas nas estradas, etc.

Trata-se, como se vê, de mero movimento de caixa, inexistindo acréscimo patrimonial do ente estatal. Daí por que não se cuida de preço, nem de taxa, mas de mera indenização (entrada).

Em relação à entrada que se destina a atender aos danos praticados por terceiros, e, pois, consistente em mera indenização, podemos mencionar o montante da condenação em ação civil pública (Lei nº 7.347, de 24.7.1985). Quando da ocorrência de dano ao patrimônio público, especialmente ecológico, pode a ação terminar na imposição de condenação ao causador do dano. O montante que for fixado reverterá a um fundo destinado à reconstituição dos bens lesados, conforme o art. 13 da lei mencionada. O parágrafo único do mesmo artigo dispõe que, "enquanto o fundo não for regulamentado, o dinheiro ficará depositado em estabelecimento oficial de crédito, em conta com correção monetária".

Vê-se, pois, que há ingresso, mas tendente a sair, isto é, destina-se à recuperação do bem lesado. Logo, não se pode falar em receita, mas em entrada.

---

[18] V. nosso "Limpeza de terreno, taxa ou preço?", *RDTributário*, São Paulo, RT, 44, 70-71, 1988.

[19] *Idem*, p. 71.

As *cauções* e *fianças* da mesma forma destinam-se a devolução. A garantia que se oferece para proposta em licitação deve ser restituída uma vez superado o objeto da garantia. A fiança dada para mantença de algum comportamento será restituída tão logo perdido o objeto a que se destinava.

Em suma: os movimentos de caixa constituem-se em entradas provisórias, isto é, ingressam nos cofres públicos por alguma razão jurídica, mas neles não permanecem, devendo o Estado restituir seu montante a quem de direito, ou há mera troca de valores. Não se pode falar que haja lucro. Se o Estado adquiriu um bem, despendeu dinheiro, e, pois, contabilmente, não há aumento nem redução patrimonial. Caso haja *lucro* na alienação, aferido em razão de pesquisa de mercado, tratando-se de "bom" negócio, pode-se dizer que houve *receita*. Em tese, todavia, houve mero movimento de caixa. Portanto, não pode dispor das quantias como se suas fossem, uma vez que devem ser restituídas tão logo superado o motivo que as ensejou.

9.4.1 Depósitos judiciais

Interessante questão sobreveio com a edição da Lei Complementar nº 151, de 5.8.2015, que alterou a Lei Complementar nº 148/2014. O art. 2º da referida lei complementar determinou que os depósitos judiciais e administrativos em dinheiro referentes a processos judiciais ou administrativos devem ser efetuados em instituição financeira oficial. Até aí, sem novidade. O problema surge em face do art. 3º, que determinou a transferência de 70% dos depósitos judiciais e administrativos tributários ou não tributários para a conta única do Tesouro do Estado, do Distrito Federal ou do Município. Em tese, os recursos passariam a ser do Estado, diante da perspectiva de julgamento favorável.

Questionado o texto junto ao STF, o Congresso Nacional aprovou e promulgou a Emenda Constitucional nº 94/2016, instituindo a disponibilidade do referido depósito.

Já não era mera lei complementar, mas adveio o §2º do art. 101 do ADCT, introduzido com a Emenda Constitucional nº 94/2016, que dispôs sobre a disponibilidade de parte dos depósitos judiciais para pagamento de precatórios. O dispositivo teve sua inconstitucionalidade arguida perante o STF (ADI nº 5.679) e se entendeu que não havia motivo para sua suspensão imediata, pois havia acautelamento prévio mediante a constituição de um fundo. Os depósitos judiciais de qualquer natureza não são receitas. Ocorre que o §3º do art. 3º da lei complementar em análise determina que a instituição financeira oficial *transfira* os recursos para a conta única do Tesouro do Estado. Converte-se em receita o que receita não é. O restante dos depósitos vira *fundo de reserva* (§1º do art. 3º). Mas, para não manipular com tanta ostensividade os conceitos de Direito Financeiro, a lei determina que a instituição financeira trate *de forma segregada os depósitos judiciais e administrativos*. Descobriu-se como fazer o ovo parar de pé (sem quebrá-lo)...

O mais é matéria de procedimento. Mas as disponibilidades financeiras destinam-se ao pagamento de precatórios, dívida pública fundada, despesas de capital e recomposição de fluxos (art. 7º).

O art. 8º descobre o óbvio, a ponto de gritarmos *eureka*. É que determina que, encerrado o processo com ganho de causa para o depositante, ele possa levantar o valor adequado.

Cria-se uma receita provisória e outra definitiva, se o Poder Público for litigante vencedor.

Pior é o teor do inciso I do §2º do art. 101 do ADCT, introduzido pela Emenda Constitucional nº 94/2016, que permite a conversão até 20% dos *demais depósitos judiciais da localidade*.

Estabelecer a disponibilidade financeira de depósitos efetuados por terceiros que nada têm a ver com o Poder Público é demais. Os juristas não se cansam (mas já estão extenuados) de apontar inconstitucionalidades nos verborrágicos projetos de lei e nela convertidos.

Em relação aos processos entre particulares, não se pode tocar nos ativos depositados, porque estão à disposição do juízo e a ele cabe movimentá-los. Como retirar das mãos do Judiciário o que é próprio dele para colocar nas mãos de administradores irresponsáveis? Quem garante que o fundo instituidor de garantia será suficiente? E se os entes políticos não cumprirem com suas obrigações e defraudarem as disponibilidades financeiras alocadas em suas mãos?

Entendemos, pois, que tais providências são absolutamente inconstitucionais.

Contrariamente a nosso entendimento, o STF entendeu constitucional a EC nº 94/2016 (ADI nº 5.679, Rel. Min. Roberto Barroso, 18.10.2023). Paciência.

9.5 Receitas originárias

As receitas, como se viu, foram divididas em *originárias, derivadas* e *transferidas*. As primeiras decorrem de relação de direito privado ou público disponível, enquanto as segundas decorrem exclusivamente de direito público. As últimas são meramente transferidas.

A separação público e privado no Direito, hoje, não tem o alcance de outrora, mesmo porque surgiram as normas de ordem pública inseridas no campo de direito privado, mas obrigatórias a todos, o que passou a tornar mesclados os direitos. Todavia, como critério orientador do gênio romano, ainda auxilia como arquétipos mentais de raciocínio. Ajuda no separar as coisas.

Para o efeito aqui desejado, basta afirmarmos que as receitas originárias advêm de vínculo nos termos que serão definidos. Encontram-se os interessados em nível horizontal de interesses, apenas ocorrendo relação entre eles caso haja bilateralidade de intenções. Não falamos em contrato, porque nem sempre haverá comutatividade de obrigações. Mas em bilateralidade se pode falar, uma vez que os comportamentos são confluentes para a formação de um vínculo.

Em relação ao critério para distinção das receitas, não podemos ficar apenas na bipartição de direito público e direito privado. Já Marco Aurélio Greco coloca em xeque a separação.[20]

[20] GRECO, Marco Aurélio. *Dinâmica da tributação e procedimento*. São Paulo: RT, 1979, p. 22-29.

Não pretendemos discutir o problema, diante de sua irrelevância para o questionamento. Entretanto, não deixamos de admitir que o Estado pode utilizar seu patrimônio imobiliário de forma a arrecadar dinheiro, sem que com isso se dispa de sua personalidade própria (sujeição do direito público).

Daí as bem escritas noções de Ingrosso ao afirmar que o Estado tem, como proprietário, uma fonte de entrada constituída de rendas produzidas por seus bens "através de procedimentos próprios da economia privada (locação de bens rústicos ou urbanos, enfiteuse, venda de mercadoria, etc.)".[21] Acrescenta que as rendas patrimoniais demandam precisões: "Segundo a nossa teoria, do patrimônio do Estado fazem parte também os bens dominiais. Fazem parte, segundo o sistema acolhido do Código Civil, os bens patrimoniais indisponíveis. Aqueles e estes (exemplo: os minérios, os canais patrimoniais) dando lugar às entradas que não têm caráter jurídico de renda; e de fato chamam-se *entradas dominiais*. Assim é mais exato completar a definição corrente sobre dados: entradas patrimoniais de *direito privado*".[22]

Para o autor as entradas originárias sujeitam-se ao direito privado. Ora, para nós não será exatamente isso, mas aproximamo-nos da orientação do autor. Em verdade, não se cuida de entrada de direito privado, uma vez que não aceitamos falar em locação de bem público, mas em concessão, permissão, autorização, etc., e, pois, todos os vínculos subordinados e regidos pelo direito público. Todavia, embora presentes o interesse público e sua indisponibilidade, é preciso aceitar que pode o Estado dispor de seus bens, explorá-los, cedendo-os para uso dos particulares. Não os aliena, observe-se, mas permite seu uso ou o concede. Para tanto, encontra-se no mesmo nível dos particulares. Que diferença pode haver entre estacionar o veículo em propriedade particular ou na pública? O relacionamento não é o mesmo? Será que a presença do Estado em um dos polos da relação jurídica altera o vínculo jurídico? Positivamente, não.

Sendo assim, quando as entradas advêm do patrimônio do Estado (independentemente de ser disponível, pois assim não podem ser qualificadas as ruas e praças públicas, onde se permite o uso de bem comum do povo), são elas originárias, constituindo-se em preços. Estes, pois, podem advir de relações obrigacionais de direito privado ou de direito público.

9.6 Doação. A doação de Constantino (que não houve). Fomento

A *doação* tem seu figurino normativo disciplinado pelos arts. 538 a 564 do CC (Lei nº 10.406, de 10.1.2002), cuidando-se de "contrato em que uma pessoa, por liberalidade, transfere do seu patrimônio bens ou vantagens para o de outra". Pode o particular efetuar doação de seus bens ou quaisquer vantagens à Administração Pública, que dirá se as aceita ou não. Uma vez operando a aceitação expressa ou tácita, passa o bem a integrar o patrimônio público, constituindo receita.

Excelente o texto de Luma Scaff.[23] Nele a autora efetua análise adequada do instituto à luz dos princípios e regras de direito público.

---

21 INGROSSO. *Diritto finanziario*. Nápoles: Jovene, 1956, p. 92.

22 *Idem, ibidem*.

23 *Doação de direito público e direito financeiro*. Lumen juris, 2017.

Pode ocorrer doação *com encargo* ou modal, hipótese em que, ao lado da aceitação, deve o donatário satisfazer o encargo. Por exemplo, a doação de determinado numerário para que o Município construa uma escola para deficientes. Haverá doação no interesse geral (art. 553), podendo seu cumprimento ser exigido pelo Ministério Público (parágrafo único). Haverá revogação da doação nas hipóteses comuns aos demais contratos ou por ingratidão do donatário (arts. 555 e 557 do CC). Imagine-se que o donatário, por lei, já que doado um imóvel ao Poder Público, casse título de cidadania honorária ao doador, sob alegação de se cuidar de pessoa de caráter duvidoso. Em tal caso poderá haver a revogação, deixando o bem o patrimônio público.

Em síntese: a doação é receita originária de bens ou valores que ingressam no patrimônio público.

Apenas para deixar o registro, vale a menção à famosa doação de Constantino. O Imperador Constantino I (306-307 d.C.) teria doado ao Papa Silvestre I terras e prédios dentro e fora da Itália. Surgiu séria controvérsia sobre a autenticidade da doação. Nos debates medievais a *donatio* era conhecida, mas desacreditada e tida como falaz. Hoje já não se fala nela. Mas como registro histórico é interessante sua menção, para se saber de uma doação que nunca ocorreu.

Por outro lado, tem-se o denominado *fomento*, tema que não tem recebido tratamento uniforme e adequado na doutrina.

O fomento decorre do disposto no art. 174 da CF/1988, que dispõe: "Como agente normativo e regulador da atividade econômica, o Estado exercerá, na forma da lei, as funções de fiscalização, incentivo e planejamento, sendo este determinante para o setor público e indicativo para o setor privado". Fiscalização é atividade de controle. Planejamento é atividade de estruturar planos de ação (saindo da potência, na linguagem aristotélica). Incentivo, como diz José Afonso da Silva, "é o velho *fomento*, conhecido dos nossos ancestrais, que consiste em *proteger, estimular, promover, apoiar, favorecer e auxiliar*, sem empregar meios coativos, as atividades particulares que satisfaçam necessidades ou conveniências de caráter geral".[24]

A intervenção estatal na ordem econômica pode ocorrer pela atuação direta do Estado, pela edição de normas jurídicas que estabeleçam a atuação dos particulares e pela atividade de *fomento*. Esta é a atividade administrativa que estimula o particular, mediante contrapartida pública, para assumir atitudes que atendam ao interesse público.

Desmontemos a definição, para submetê-la à análise: é uma *atividade administrativa*, ou seja, o particular é concitado, estimulado, incentivado, a ter uma atitude em relação a determinado assunto (esportivo, cultural, desenvolvimentista, etc.) que irá beneficiar determinada coletividade (encarnada no interesse público). O particular é despertado para praticar um ato que caberia à Administração. Como esta pretende não o fazer diretamente, acena para o particular, para que ele ajude determinada atividade.

A *atividade administrativa* busca *estimular o particular* à prática de uma *atitude*. O estímulo advém de uma vantagem oferecida ao particular. Pode se constituir em benefício tributário, por exemplo. É o que ocorre com a Agência Nacional do Cinema/

[24] SILVA, José Afonso da. *Comentário contextual à Constituição*. 9. ed. São Paulo: Malheiros, 2014, p. 736.

ANCINE – no caso do cinema, vejam-se as Leis nºs 8.313/1991 (Lei Rouanet) e 8.685/1993 (Lei do Audiovisual) e a Medida Provisória nº 2.228-1/2001 – e com os incentivos florestais.

Atividade administrativa que estimula o particular, mediante contrapartida pública. A contrapartida é exatamente o *incentivo* a que alude o art. 174 da CF/1988. Incentivar mediante isenções, outorgas, etc. Vantagens que são oferecidas pelo Poder Público para que o particular se estimule a colaborar.

E tal estímulo resulta em *atitudes que atendam ao interesse público*. No caso da ANCINE, o Estado não quer patrocinar diretamente a filmagem, a produção ou tudo que diga respeito ao incentivo cinematográfico. Pode-se pensar, mais amplamente, na Lei Rouanet, de estímulo cultural, agora estendido a outras atividades. Tais comportamentos particulares redundarão em *interesse público*, ou seja, beneficiarão o público de forma indireta. Poderão assistir a bons filmes, a produções tecnicamente bem-estruturadas, a bons espetáculos públicos, como teatros, óperas, etc.

É uma forma de colaboração estimulada do particular com o Poder Público. É o *fomento*, isto é, o estímulo para a participação particular.

Como aponta José Vicente Santos de Mendonça,[25] o fomento atende a seis chamadas: (a) é exercido sem coerção; (b) não há constrangimento sobre o particular; c) não é liberalidade pública; (d) é seletivo; (e) é unilateral; e (f) é transitório.

Ao dissecar cada um dos itens, afirma que "o fomento público não é uma doação de direito público".[26] Falta-lhe o *animus donandi* característico da mera liberalidade.

Vê-se que a atividade de fomento não parte de qualquer benefício direto do Poder Público, mas é uma forma de este intervir no comportamento do particular e estimulá-lo a participar com seus recursos de uma área que interessa e merece amparo da Administração.

Do fomento decorre um ato do particular. Parte do estímulo que lhe oferece o Estado.

O ato do particular pode ocorrer de uma *doação*. Esta vem inteiramente disciplinada pelo Código Civil. De acordo com o art. 538: "Considera-se doação o contrato em que uma pessoa, por liberalidade, transfere do seu patrimônio bens ou vantagens para o de outra"; e se complementa através de "(...) escritura pública ou instrumento particular" (art. 541).

O ato de disponibilidade de bens em decorrência de um incentivo público continua sendo uma doação?

Em Direito Financeiro a *doação* é receita advinda de uma relação de direito privado

A Constituição fala em "incentivo" (art. 174). A lei fala que tal incentivo pode decorrer de uma *doação*. A doação se mantém pura como doação ou assume característica de fomento, e, pois, perderia a característica de uma doação sob o direito privado?

O Código Civil diz que doação é um *contrato* e que ele se consuma através de *escritura pública ou instrumento particular*.

Não se estabelece um *contrato* entre Estado e particular. A liberalidade não tem a amplitude exigida pelo Código Civil. A liberalidade vem entusiasmada por uma vantagem oferecida ao particular. Portanto, não é ato de mera liberalidade, porque há

25 MENDONÇA, José Vicente Santos de. Uma teoria do fomento público: critérios em prol de um fomento público democrático, eficiente e não paternalista. *Revista de Direito da Procuradoria-Geral*, Rio de Janeiro, 65/135, 2010.

26 *Idem*, p. 137.

o contra-ato que é vantagem oferecida. Nem há o *instrumento de contrato*. A aplicação do recurso incentivado é destinada à atividade prevista em lei. Ao doador falta o *animus donandi*, ou não partiu dele a oferta. Foi estimulado a abrir mão de determinado recurso, em prol de uma vantagem buscada.

Fomento é, pois, ato de incentivo que parte do Poder Público. Um dos atos que identifica o fomento é a doação. Mas não no sentido que lhe dá o Código Civil, mas no sentido vulgar da palavra, em termos de *dar alguma coisa*. Tem mais o sentido de *aplicação do recurso destinado ao incentivo cultural*, por exemplo.

Em Direito Financeiro, no entanto, a doação identifica-se com movimentação de caixa, ou seja, ela ingressou no Poder Público, mas com destinação específica de sair. É o que se rotula de *entrada*. Não entra nos cofres públicos. Não passa a fazer parte do dinheiro público. Nem tem previsão ou autorização orçamentária. Simplesmente, *deixa* de entrar nos cofres públicos e vai estimular uma atividade particular (espetáculo teatral, alguma exibição artística, um filme, uma manifestação esportiva, etc.).

Não se pode qualificar a doação feita sob forma de fomento como *receita*, porque ela não entra definitivamente nos cofres públicos. Nem passa pelo orçamento. Mero movimento de caixa. Por vezes, sequer ingressa nos cofres do Estado.

Assim, não se pode confundir a doação que deriva de algum incentivo fiscal de fomento com a doação característica e advinda do Código Civil. Ambas não se confundem e não se identificam.

9.6.1 Doação de presentes e bens a chefe de Poder e altas autoridades

Em viagens ao exterior os ex-presidentes e altas autoridades governamentais normalmente recebem presentes. Faz parte das gentilezas e formalidades que cercam o relacionamento diplomático. Ao recebê-los os dignitários estrangeiros deixam-nos para serem expostos em museus. Os presidentes e primeiros ministros sentem-se na obrigação de entendê-los como doações ao país que representam. Jamais se apropriam dos objetos ganhos.

Na Malásia, a Galeria Perdana instituída por Tur Mahathir Mohamad, em 1995, contém todos os objetos doados aos representantes políticos do país. É documentação da História viva.

De igual maneira, em Belgrado, na Sérvia, todos os bens recebidos por Josef Bros Tito, que dirigiu a antiga Iugoslávia, se encontram expostos em uma galeria ao lado de seu memorial.

São exemplos que, infelizmente, não são seguidos por outros países, tal como o nosso.

No Brasil não consta que algum dos representantes políticos tenha deixado alguma coisa em prol do patrimônio público. É que há uma cultura de confundir o público com o privado.

Quando representantes brasileiros se dirigem ao estrangeiro em visita oficial, é praxe que recebam presentes dos chefes de Estado. Normalmente são lembranças caras, obras de arte que se destinam não a agradar o governante que as recebe, mas ao Estado que ele representa.

Façamos uma análise de que tipo de ingresso é este e até que ponto pode o governo brasileiro exigir dos agentes políticos que terminam o exercício de seus mandatos, a devolução das doações recebidas.

Em primeiro lugar, de se afirmar que se trata de uma entrada, ou seja, ingresso de um bem no patrimônio público. Depois, asseverar que se cuida de receita, ou seja, entrada em caráter definitivo. Em seguida, impõe-se deslindar se o ingresso se dá em benefício pessoal do governante ou o presente (doação) é ofertado ao Estado, momentaneamente representado (melhor dito, presentado) pelo agente político.

Assenta-se que, em princípio, o ingresso é dado ao mandatário *no exercício* de mandato político. Logo, a homenagem do país estrangeiro é ao Estado visitante. Não a seu representante. É a pessoa jurídica que é aquinhoada; não a pessoa física do mandatário.

Tão logo haja o recebimento da doação (presente) ao presidente ou a ministro de Estado, a oferta é ao país, e, pois, o bem móvel se traduz em receita. Sabidamente ela pode consistir em dinheiro ou bens. Todos identificam valores patrimoniais.

A partir daí é que se pode analisar o problema.

Todos os bens que não forem dados em caráter pessoal (exemplo: roupas, cigarro, etc.) são bens públicos e inapropriáveis pelo agente político.

O chefe do Executivo, quando visita país estrangeiro, não o faz em seu nome, mas em representação diplomática do Estado. Obras de arte, tapetes, esculturas, pinturas, veículos, animais, etc. integram, a partir de sua entrega, o Estado. Se o chefe do Executivo, ao terminar seu mandato, os retira do prédio público, comete o crime de apropriação indébita. Além de poder ser responsabilizado criminalmente, sofre as consequências de ser obrigado a devolver os bens ou sofrer condenação em processo civil de reparação de danos.

É muito comum que o governante confunda o patrimônio público com o seu, particular. É que o espírito público ainda não tomou conta do gestor público. Pensa que pelo fato de ter sido eleito ou sucedido o governante passa a ser "dono" da *res publica*.

O espírito público, tão caro em alguns países, ou pelo menos a alguns governantes, não pode ser tido como a regra nas modernas democracias latino-americanas. Os governantes se apropriam dos objetos ganhos em viagens ao exterior sem se importar ou sem ter a consciência de que pertencem ao Estado.

A Procuradoria-Geral da União e seus correspondentes nos Estados devem ingressar com ações para exigir dos ex-mandatários os objetos recebidos de governantes estrangeiros ou de outros Estados brasileiros que compõem o patrimônio cultural brasileiro. É também questão moral. Ocorre que os ingressos públicos independem de lei que assim determine. Basta que sejam entregues a representantes (agentes políticos), que as doações passam a integrar o ativo do Estado.

A doação tem seu figurino normativo traçado pelos arts. 538 a 564 do CC. Vem definida como "contrato em que uma pessoa, por liberalidade, transfere do seu patrimônio bens ou vantagens para o de outra" (art. 538).

Tal definição cuida da doação no direito privado. No direito público não há o caráter de contrato. Não se celebra um contrato (escrito ou verbal) entre as partes. São dois Estados. Ainda que o ente político federativo possa celebrar contrato, não é disso que se cuida. Um Estado, por liberalidade e pretendendo homenagear o outro, entrega um bem ao visitante estrangeiro. Há a transferência de propriedade ou posse de um bem.

Há uma homenagem. A quem? Ao Estado ou à pessoa física do agente político? Indisputavelmente, cuidando-se de um objeto de valor, ele integra o patrimônio público.

As doações caracterizam-se como *receitas originárias*, ou seja, não se trata de entradas decorrentes de receitas tributárias. Como já esclarecemos no item 9.5, as receitas originárias decorrem de relação de direito privado ou público disponível.[27]

O que se assiste, hoje, é reminiscência de passado remoto em que a pessoa do príncipe se confundia com a do Estado. Outrora, o *aerarium* cabia ao Senado e o *fiscus* integrava o patrimônio do príncipe. Diz Sainz de Bujanda que "lo grave fue que los recursos del Estado Romano se confundieron con la fortuna particular del Emperador, y que éste se acostumbró a manejar los caudales públicos como cosa de su pertenencia".[28]

À época em que os costumes eram outros e que o que valia era a lei da espada, que sustentava o poderoso Império Romano, a confusão *aerarium/fiscus* era possível. O Imperador sentia-se dono do Erário.

Na Idade Média podemos aceitar que os reis e imperadores ainda se apropriavam do público. Na estrutura hierarquizada da sociedade de então até que se podia admitir a apropriação do público pelo privado.

Com o advento das modernas democracias o sentido do Estado adquire caráter ético. Outrora o vínculo ético-jurídico que ligava o indivíduo ao Estado podia ser rompido pela *voluntas* do Imperador. O Estado Moderno rejeita o despotismo, ainda que esclarecido. As decisões passam a ser tomadas pela *maioria*, e a *coisa pública* adquire significado mais complexo. Não se exaure na soma dos interesses particulares, mas busca a orientação finalista do Estado. Identifica-se com o sentimento prevalecente dos interesses individuais. Os indivíduos, como membros de uma sociedade, manifestam sentimentos que correspondem aos da maioria.

Desaparece a *voluntas* do Imperador e nasce o interesse de uma coletividade que se retrata da comunhão da sociedade. Esta, então, rejeita a prevalência da vontade régia. O Estado e o interesse da sociedade estão acima da prevalência de *uma vontade* individual, por mais qualificada que seja pelo ordenamento jurídico.

Interesse público e interesse social, aqui, se misturam, tornando-se uma só coisa. A prevalência do todo, que é maior que a soma das partes. Como diz Fábio Konder Comparato, "o bem comum republicano, no quadro da legitimidade política moderna, aponta sempre para o futuro. A República preserva os bons valores e as boas instituições já existentes na sociedade, mas procura sempre transformá-las em função de certos objetivos considerados fundamentais. O espírito republicano é uma exigência permanente de aperfeiçoamento ético da sociedade".[29]

Vê-se que o mundo sofre transformação permanente. De um início de desconhecimento com o público à prevalência deste, que ainda precisa ser aperfeiçoada.

---

27 OLIVEIRA, Regis Fernandes de. *Curso de direito financeiro*. 9. ed. São Paulo: RT, 2015, item 9.5.

28 BUJANDA, Sainz de. *Hacienda y derecho*. v. I. Madri: Instituto de Estudios Políticos, 1961, p. 168.

29 COMPARATO, Fábio Konder. Ética: direito, moral e religião no mundo moderno. 3. ed. São Paulo: Cia. das Letras, 2011, p. 622.

De qualquer maneira, a Lei nº 8.394, de 30.12.1991, dispôs sobre os "acervos documentais privados" do Presidente da República. Integram o "patrimônio cultural brasileiro" (art. 3º). Mas não é disso que se trata. Aqui, cuida a lei de documentos, isto é, textos, livros, cartas, correspondência, instrumentos de sua realização (máquinas, etc.). O objetivo do trabalho é outro. No texto, cuida-se de dados biográficos, bibliográficos, manuscritos, fotográficos, filmográficos, videográficos, cartográficos, fitas eletromagnéticas, etc.

O Decreto nº 4.344/2002, ao disciplinar a lei, acrescenta, no art. 3º, que os acervos documentais privados do Presidente da República incluem também "obras de arte e objetos tridimensionais". O decreto excluiu documentos bibliográficos e museológicos recebidos em cerimônias de "troca de presentes" nas audiências com chefes de Estado e de governo por ocasião das visitas oficiais.

Daí a distinção a se fazer entre os objetos recebidos em âmbito pessoal, que são disciplinados pela Lei nº 8.394/1991 e que constituem "acervos documentais privados" do Presidente da República, mas que integram o "patrimônio cultural brasileiro", dos presentes recebidos em audiência pública de troca de presentes, que integram não o acervo documental privado, mas o patrimônio público. Na hipótese de apropriação por parte do Presidente de tais objetos recebidos, tipificado está o crime.

O Código de Ética dos Agentes Públicos em exercício na Presidência e Vice-Presidência da República (Decreto nº 4.081/2002) igualmente estabelece a conduta que deve ter o agente político. Pautar-se de acordo com os princípios da moral e da razão. O aético não é o recebimento de presentes. É sua apropriação.

Todo e qualquer objeto de valor que seja entregue a Presidente da República passa a integrar o *patrimônio público,* sendo indisponível para qualquer agente apropriar-se dele. Mais do que todos, o chefe de Estado tem que dar o exemplo de desprendimento e de estrito cumprimento às leis. Obras de valor (de arte, tais como pinturas, esculturas, históricas, reprodução delas, etc.) que sejam entregues ao agente político *em razão de seu cargo* a ele não pertencem, mas ao Poder Público.

Sendo assim, os objetos doados em audiência de troca de presentes vêm, imediatamente, a integrar o patrimônio público, constituindo-se em receita pública originária. Tombados, passam a constituir o patrimônio cultural do país.

Se o chefe de Estado deles se apropria, comete crime e infração administrativa. Improbidade administrativa é o mínimo que se pode dizer em face de conduta tão reprovável.

9.7 Sucessão legítima e testamentária

Outra forma de ingresso originário é a sucessão legítima (art. 1.829 do CC) e a testamentária (art. 1.857). A Fazenda Pública concorre à sucessão legítima, nos termos do art. 1.844 do CC, que assim dispõe: "Não sobrevivendo cônjuge, ou companheiro, nem parente algum sucessível, ou tendo eles renunciado a herança, esta se devolve ao Município ou ao Distrito Federal, se localizada nas respectivas circunscrições, ou à União, quando situada em território federal". Os herdeiros necessários são aqueles mencionados no art. 1.845 do CC. Já, para adquirir por testamento, podem fazê-lo as pessoas jurídicas (art. 1.857), salvo as de direito público externo, que não podem adquirir (§2º do art. 11 da Lei de Introdução às Normas do Direito Brasileiro).

Como bem anota Maria Helena Diniz, não se pode confundir herança com legado. A herança, afirma, "compreende a sucessão legal ou testamentária, incidindo na totalidade dos bens do *de cujus* ou numa quota-parte ideal deles, embora, com a partilha, o direito do herdeiro fique circunscrito aos bens que lhe forem atribuídos. Dessa maneira, o herdeiro sucederá o *auctor successionis* em seus direitos, obrigações, e até mesmo em seus débitos, desde que não sejam superiores às forças da herança. Já o legado é típico da sucessão testamentária, recaindo, necessariamente, sobre uma coisa certa e determinada ou uma cifra em dinheiro, sendo, por isso, uma sucessão *causa mortis* a título singular, assemelhando-se a uma doação, dela diferindo pelo fato de ser ato unilateral e produzir efeitos apenas com o falecimento do *de cujus*".[30]

Pode o legado (o que se transmite por testamento) ser simples ou "sob condição para certo fim ou modo ou por certo motivo" (art. 1.897 do CC).

Há inúmeros problemas relativos ao legado (caducidade, tipos, etc.) que não interessam à matéria enfocada, por se cuidar apenas da *entrada* de algum bem ou coisa no patrimônio público.

9.8 Herança vacante

Outra forma de receita pública originária é a *herança vacante*. Primeiramente, falecendo alguém e inexistindo herdeiros, nem testamento, a herança é declarada *jacente*, depois de um ano (art. 1.820 do CC). Haverá herança jacente quando não houver herdeiro legítimo ou testamentário (art. 1.819 do CC).

Depois de cinco anos de abertura da sucessão os bens arrecadados passarão ao domínio do Município ou do Distrito Federal, se localizados nas respectivas circunscrições, ou ao da União, quando situados em território federal (art. 1.822 do CC).

Havia obrigação de os bens ou dinheiro serem destinados ao ensino universitário (Decreto-Lei nº 8.207/1945, art. 3º), nos seguintes termos: "Adquirindo o domínio dos bens arrecadados, a União, o Estado ou Distrito Federal ficam obrigados a aplicá-los em fundações destinadas ao desenvolvimento do ensino universitário, e o Ministério Público respectivo velará por essa aplicação". Posteriormente foi determinado que os bens passassem aos Municípios ou ao Distrito Federal (Lei nº 8.049/1990, que deu nova redação ao art. 1.594 do antigo CC), e, agora, o CC/2002 disciplina em definitivo a matéria, no art. 1.822.

9.9 Receitas derivadas

Como se vê do item 9.3, a *receita derivada* provém de constrangimento sobre o patrimônio particular. A principal das receitas derivadas é o *tributo*, que merece tratamento à parte e será analisado no Capítulo 10. Aqui, de tributo não se trata, porque advém de incidência da constrição legal sobre um fato econômico e se destina a abastecer os

[30] DINIZ, Maria Helena. *Curso de direito civil brasileiro*. v. 6. São Paulo: Saraiva, 2010, p. 255.

cofres públicos. Ocorre que há outros acontecimentos que são igualmente relevantes, mas provêm de consequência de infrações penais, perdimento e multas e produtos abandonados.

9.9.1 Do perdimento

As penas criminais são aplicadas sobre a pessoa física do criminoso. Ele sofrerá o constrangimento pessoal e o encarceramento. A pena não pode passar da pessoa do condenado. O mesmo não ocorre em relação aos bens que sejam produtos da atividade criminosa. Em consequência da condenação, a autoridade judiciária poderá decretar o *perdimento* dos bens aferidos em decorrência dela.

Fala-se igualmente em *confisco* para significar a perda de bens em favor do Estado e como indenização de danos causados por ação criminosa, ou de mercadorias e produtos abandonados.

A reparação dos danos decorre da condenação criminal, e deve haver reparação se possível integral dos prejuízos causados. Por eles responde o patrimônio dos sucessores. Dispõe o inciso XLV do art. 5º da CF: "Nenhuma pena passará da pessoa do condenado, podendo a obrigação de reparar o dano e a decretação do perdimento dos bens ser, nos termos da lei, estendidas aos sucessores e contra eles executadas, até o limite do valor do patrimônio transferido".

O artigo resguarda a personalização da pena restritiva de liberdade e estende aos sucessores a responsabilidade patrimonial "até o limite do valor do patrimônio transferido" (parte final do artigo citado).

O fruto do crime perde-o o criminoso. É o *perdimento*, ou seja, forma de sanção penal em que se decreta a perda dos bens utilizados para a prática do crime ou havidos em decorrência do ilícito. Assim, veículos, carros, barcos e aviões, etc. terão sua propriedade perdida se utilizados para a prática do crime. Se, em decorrência da atividade criminosa, houve aquisição de bens (imóveis, móveis, joias, etc.) e isso vem a ser demonstrado, da mesma forma ocorrerá o perdimento.

A determinação constitucional vem reforçada pelo inciso imediato, isto é, o inciso XLVI do art. 5º da CF, ao dispor que "a lei regulará a individualização da pena e adotará, entre outras, as seguintes: a) privação ou restrição da liberdade; b) perda de bens; c) multa; d) prestação social alternativa; e) suspensão ou interdição de direitos".

Perda de bens e *perdimento* têm o mesmo significado. O perdimento de bens em decorrência de condenação penal é decretado em benefício do Fundo Penitenciário Nacional. Na hipótese de enriquecimento ilícito por força de exercício de mandato, cargo, emprego ou função, os recursos vão para os cofres públicos (art. 12 da Lei nº 8.429/1992).

No caso de condenação criminal, todo o produto dos bens decorrentes de tráfico de substâncias entorpecentes ou drogas afins, terrorismo, contrabando, tráfico de armas e extorsão mediante sequestro, contra a Administração Pública ou contra o Sistema Financeiro, irá para os cofres públicos. No caso de tráfico de entorpecentes (Lei nº 11.343/2006) os bens perdidos irão para o Fundo Nacional Antidrogas/FUNAD. Deve, claro, o juiz decretar a apreensão de móveis, imóveis ou valores (art. 60 da mesma lei).

Em suma, os bens apurados em decorrência do perdimento ou irão para fundos específicos ou para os cofres da União. Na hipótese de ser lesado o patrimônio público de Estados, Distrito Federal ou Municípios os bens serão a eles entregues.

A Lei nº 14.651/2023 prevê julgamento em dupla instância recursal no caso de mercadorias apreendidas na aduana. Em hipótese de julgamento contrário à pena, a mercadoria é imediatamente liberada. Com julgamento contrário, a mercadoria é incorporada ao patrimônio público.

9.9.2 Bens abandonados

É frequente o abandono de bens em aeroportos, portos, ruas públicas, etc. Veículos abalroados são abandonados em pátios da Polícia Rodoviária, malas se perdem em portos e aeroportos e materiais são esquecidos.

Passado certo tempo, depois de esgotados os meios de localização dos respectivos proprietários ou possuidores, outro procedimento não resta à Administração Pública senão leiloar os bens abandonados (*res delerictae*).

Assim, mercadorias abandonadas, veículos (que não sejam produto de atividade criminosa), devem ir a leilão, porque a Administração Pública não tem obrigação de guardá-los indeterminadamente. Assim, vende-os em leilão público e aufere receitas que ingressam nos cofres públicos.

9.9.3 Multas

As sanções pecuniárias resultam de diversos tipos de infração. Podem ser tributárias, impostas em acordo de leniência, por infrações de trânsito, etc. De qualquer forma, são reações a atos infracionais praticados.

As multas aplicadas em decorrência de crime destinam-se a abastecer o Fundo Penitenciário Nacional. Ademais, por força do art. 51 do CP (Decreto-Lei nº 2.848/1940), a multa é tida como *dívida de valor*. O que significa isso? As dívidas podem ser em dinheiro, quando só se satisfazem mediante pagamento em espécie, ou de valor, quando o dinheiro não é objeto da prestação, mas apenas representa seu valor. A dívida alimentar, por exemplo, pode ser paga de diversas maneiras, tendo como referencial o montante em dinheiro.

Na hipótese de degradação ambiental as multas podem ser destinadas ao Fundo Nacional de Meio Ambiente, instituído pela Lei nº 7.797/1989.

De qualquer forma, as multas constituem-se em receitas pecuniárias decorrentes de sanções aplicadas pela autoridade administrativa ou judicial.

Mais recentemente adquirem importância as multas aplicadas em decorrência de acordos de leniência (que examinamos no item 14.18).

9.10 Receitas transferidas (repartição constitucional)

As receitas, como se vê do quadro constante do item 9.3, podem ser tributárias ou não, dependendo do regime jurídico a que se submetem as atividades. Algumas se denominam *transferidas*, isto é, são arrecadadas pela pessoa jurídica competente para a tributação, mas a ela não pertencem, devendo ser transpassadas a outras pessoas jurídicas menores (Estados e Municípios).

Os arts. 157 a 162 da CF cuidam da *repartição das receitas tributárias*, de forma exaustiva. Ao Distrito Federal e aos Estados pertencem o denominado imposto sobre a renda arrecadado na fonte e 20% dos impostos que forem instituídos, nos termos do art. 154, I (incisos I e II do art. 157).

Aos Municípios cabem o imposto sobre a renda arrecadado na fonte em relação aos rendimentos por eles pagos, bem como 50% do imposto sobre a propriedade territorial rural, além de 50% do imposto sobre a propriedade de veículos automotores/IPVA e 25% sobre a arrecadação do ICMS (incisos I a IV do art. 158).

Do cobrado em relação ao imposto sobre a renda a União deve entregar 21,05% ao Fundo de Participação dos Estados e do Distrito Federal e 22,05% ao Fundo de Participação dos Municípios (alíneas "a" e "b" do inciso I do art. 159 da CF). A Emenda Constitucional nº 55, de 20.9.2007, aumentou o Fundo de Participação dos Municípios em 1%, passando a 48% para a receita transferida, mediante acréscimo da alínea "d" ao dispositivo. Fixou que o percentual será entregue no primeiro decêndio do mês de dezembro de cada ano. Às Regiões Norte, Nordeste e Centro-Oeste, 3% para aplicação em financiamento ao setor produtivo (alínea "c").

Da arrecadação do imposto sobre produtos industrializados/IPI, 10% são entregues aos Estados e ao Distrito Federal, proporcionalmente ao valor das respectivas exportações de produtos industrializados. Os Estados, de seu turno, entregarão aos Municípios 25% dos recursos assim recebidos (inciso II do art. 159, c/c o §3º do mesmo artigo).

Interessante questão diz respeito ao que estabelece o art. 160, com a redação dada pela Emenda Constitucional nº 29/2000, que estabelece a vedação da retenção ou qualquer restrição à entrada e ao emprego dos recursos atribuídos aos Estados, Distrito Federal e Municípios. Na sequência, estabelece o parágrafo único que "a vedação prevista neste artigo não impede a União e os Estados de condicionarem a entrega de recursos: I – ao pagamento de seus créditos, inclusive de suas autarquias; II – ao cumprimento do disposto no art. 198, §2º, incisos II e III". O inciso II cuida do repasse de recursos para o denominado Fundo da Saúde, ou seja, destinados a assegurar recursos mínimos para recuperação da saúde no país. O inciso I cuida do pagamento dos créditos da União e dos Estados.

A regra é a vedação de retenção de qualquer recurso. É que são eles titularizados pelos diversos entes federados. Embora a União ou o Estado arrecadem o tributo, a eles não pertence, devendo parte do valor arrecadado ser entregue às entidades federadas menores. Logo, a titularidade do tributo é do Estado ou do Município, dependendo do tipo de imposto. No entanto, a exceção está aberta.

A retenção é incondicionada? É possível reter o imposto para pagamento de seus créditos ou de suas autarquias? Ora, o que está escrito é a possibilidade de ocorrer o *condicionamento* da entrega, o que não significa *retenção*. Pode-se condicionar mediante obrigação de alocação de recursos na próxima proposta orçamentária, por exemplo. Jamais reter, sem causa constitucional (inciso I do parágrafo único do art. 160). Poder-se-ia argumentar que há ruptura do pacto federativo? Pode-se sustentar que o dispositivo não deveria sequer ter sido objeto de deliberação, por agredir cláusula pétrea prevista no §4º do art. 60 da CF? Em verdade, não nos parece que assim seja. O que a norma constitucional sinaliza é a sanção para o não cumprimento de obrigação assumida com a garantia de outro ente federado. Aquele que assume obrigação jurídica deve cumpri-la. Caso não o faça, deve sujeitar-se a sanção. Assim funciona o Direito. Se o ente federado obteve empréstimo, por exemplo, junto a banco estrangeiro, obtendo aval do governo federal, e não satisfez a obrigação no termo, não há como deixar de sustentar que pode este constrangê-lo ao pagamento. Por que forma? Pela via judicial somente, ou seria lícito aceitar que dispositivo constitucional permitisse o recebimento, mediante retenção de recursos que devem ser repassados? Ora, nada impede que a Constituição, em seu bojo, estipule a forma de cobrança, dando os meios necessários para receber seu crédito, uma vez que honrou compromisso assumido por ente federal menor. O dispositivo, no entanto, apenas admite o condicionamento, não a satisfação do próprio crédito.

Os demais dispositivos cuidam de normas complementares (art. 161) e regras a respeito da forma de destinação das verbas e respectiva divulgação de dados. De outro lado, do produto arrecadado em atividades particulares do Poder Público pode haver também a transferência de fundos, o que constituiria a *receita não tributária*.

Dispõe o §1º do art. 20 da CF que "é assegurada, nos termos da lei, aos Estados, ao Distrito Federal e aos Municípios, bem como a órgãos da Administração direta da União, participação no resultado da exploração de petróleo ou gás natural, de recursos hídricos para fins de geração de energia elétrica e de outros recursos minerais no respectivo território, plataforma continental, mar territorial ou zona econômica exclusiva, ou compensação financeira por essa exploração".

Observe-se, aí, um tipo de receita transferida não tributária. A pesquisa e a lavra de recursos minerais dependem de autorização ou concessão da União (§1º do art. 176), uma vez que a ela pertencem (art. 176), como propriedade distinta da do solo.

Há duas situações distintas: (a) participação ou (b) compensação, na forma que dispuser a lei.

Da mesma forma, há o monopólio da pesquisa e da lavra de petróleo e gás natural e outros hidrocarbonetos fluidos (inciso I do art. 177).

Observa-se que não há serviço público aqui, uma vez que se fala em monopólio. Este ocorre em relação a atividades dos particulares, no campo econômico. Sendo assim, do produto de tal arrecadação há participação dos Estados, Distrito Federal e Municípios, nos exatos termos do §1º do art. 20.

Vê-se que não se cuida de tributo, mas de exploração de atividade econômica.

As receitas tributárias serão estudadas em capítulo próprio.

As receitas transferidas são arrecadadas por uma unidade federativa e repassadas a outra, na forma disciplinada pelos arts. 157 a 162 da CF.

Existem as receitas transferidas *obrigatórias*, isto é, cujo titular da arrecadação não é, necessariamente, o titular do tributo. A este pertence a titularidade, seja para permanecer com a maior parte, seja para repassá-lo aos demais entes federativos, de acordo com a partilha feita na Constituição. Não pode reter o produto arrecadado, nem deixar de repassá-lo às unidades federadas, salvo para solver débitos com a União, nos exatos termos do §4º do art. 167.

Ao lado das obrigatórias, há as receitas transferidas *voluntárias*, ou seja, receitas que as entidades menores vão buscar junto às maiores, a título de ajuda. É o que se denomina de *transferência corrente*. São dotações às quais não corresponde uma contraprestação, e podem ocorrer entre as unidades federadas. É o caso da transferência de um veículo para o Município, tal como uma ambulância, ou da destinação de recursos para recuperação de vias, para obras de saneamento, etc.

Assim dispõe o §1º do art. 20 da CF: "É assegurada, nos termos da lei, aos Estados, ao Distrito Federal e aos Municípios, bem como a órgãos da Administração direta da União, participação no resultado da exploração de petróleo ou gás natural, de recursos hídricos para fins de geração de energia elétrica e de outros recursos minerais no respectivo território, plataforma continental, mar territorial ou zona econômica exclusiva, ou compensação financeira por essa exploração".

9.11 A Lei Complementar nº 101/2000 e a receita pública

É requisito essencial da responsabilidade que o Poder Público institua, preveja e arrecade "todos os tributos da competência constitucional do ente da Federação" (art. 11 da Lei Complementar nº 101/2000). Evidente que nada pode ficar de fora. Como é o agente público responsável pelo destino dos recursos arrecadados, deve ser responsável pela previsão da receita. Como a lei estabelece todos os recursos do ente federativo, deve exercer o poder tributário em toda sua plenitude. Omitir-se na arrecadação também enseja responsabilidade.

Há alguns Municípios que, por comodidade, por excesso de arrecadação ou por obter muitas receitas transferidas, deixam de instituir os tributos que lhes competem, não estabelecendo, por lei, a cobrança, por exemplo, do imposto sobre propriedade territorial urbana. Se for assim, o parágrafo único do art. 11 veda a "realização de transferências voluntárias para o ente que não observe o disposto no *caput*, no que se refere aos impostos". Não há como confundir a transferência voluntária com a obrigatória, decorrente de previsão constitucional. A voluntária decorre de repasse de recursos entre níveis de governo, sem que haja imposição constitucional ou legal. Ocorre quando o governo do Estado remete recursos a determinado Município para que este realize evento cultural, por exemplo. Neste caso há vedação da remessa. Logo, as transferências que realiza por determinação constitucional ou legal não são passíveis de retenção ou de não envio.

O tema é analisado quando cuidamos da Lei de Responsabilidade Fiscal (Capítulo 22), sustentando a constitucionalidade da exigência. Há a obrigatoriedade no cumprimento da norma e respectiva sanção em seu descumprimento.

9.12 Renúncia de receita. Incentivos e benefícios fiscais

9.12.1 Noções gerais

A renúncia de receita gera crescente rivalidade entre Municípios e entre Estados, os quais abrem mão de parte da receita do ICMS, redundando em confrontos inconvenientes, mas que compõem o todo federativo. A Lei Complementar nº 101/2000 deu grande passo na limitação de possíveis conflitos. A renúncia de receita, através de concessão ou ampliação de incentivo ou benefício de natureza tributária, deve estar acompanhada de estimativa do impacto orçamentário-financeiro no exercício em que deva iniciar sua vigência.

As formas de renúncia de receita podem levar a odiosas situações, normalmente em prejuízo do Erário ou em detrimento de entidade federativa. Objetivam, evidentemente, melhoria de situações específicas e locais. No entanto, as medidas são feitas de forma atrabiliária e sem fundamento legal. Basta a elas o cunho político irresponsável. Agora, a lei corta quaisquer tentativas de benefício indevido, em detrimento de outro ente federativo ou, mesmo, em prejuízo da União ou do Estado, que, ao final, irá suportar a renúncia mediante repasse de seus recursos. Poder-se-ia ter a ideia, num primeiro momento, de que renunciar ao direito de ingresso nos cofres públicos de qualquer quantia que fosse seria absolutamente prejudicial ao Estado e, via de consequência, ao interesse público e à sociedade como um todo.

Ocorre que importantes estudos econômicos realizados nos Estados Unidos da América na década de 1970 comprovaram a relevância e a pertinência de uma planejada e adequada *tax expenditure* ("renúncia de receita"). Constatou-se que através de incentivos fiscais, via renúncia de receita, se poderia ter o potencial de produzir os mesmos benefícios atingidos com os gastos.[31]

O texto constitucional traz disposições relativas ao tema. Tem-se que é vedado instituir tratamento desigual entre contribuintes que se encontrem na mesma situação (art. 150, II, da CF) e a necessidade de lei específica para concessão de qualquer benefício (art. 150, §6º, da CF). Ademais, cabe aos Tribunais de Contas fiscalizar a aplicação das regras (art. 70 da CF).

Nas disposições infraconstitucionais a norma geral regulamentadora encontra-se no art. 14, §1º, da Lei de Responsabilidade Fiscal, prevendo quais medidas estatais se encontram abarcadas como renúncia de receita ("a renúncia compreende anistia, remissão, subsídio, crédito presumido, concessão de isenção em caráter não geral, alteração de alíquota ou modificação de base de cálculo que implique redução discriminada de tributos ou contribuições, e outros benefícios que correspondam a tratamento diferenciado").

A busca do conceito de *renúncia de receita* não deve se esgotar no que dispõe o mencionado preceito normativo infraconstitucional, que é meramente exemplificativo. O conceito provoca dúvidas doutrinárias.

9.12.2 Requisitos

O art. 14 da Lei Complementar nº 101/2000 contém as disposições legais gerais relativas à matéria, e traz como requisitos para a concessão:

(i) a realização da "estimativa do impacto orçamentário-financeiro no exercício em que deva iniciar sua vigência e nos dois seguintes, (...)";

(ii) a necessidade de atenção ao que dispõe a Lei de Diretrizes Orçamentárias e pelo menos uma das seguintes condições: (ii.1) "demonstração pelo proponente de

[31] TORRES, Ricardo Lobo. *Tratado de direito constitucional financeiro e tributário*: o orçamento na Constituição. 3. ed. v. V. Rio de Janeiro: Renovar, 2003, p. 74.

que a renúncia foi considerada na estimativa de receita da lei orçamentária, na forma do art. 12, e de que não afetará as metas de resultados fiscais previstas no anexo próprio da Lei de Diretrizes Orçamentárias"; (ii.2) "estar acompanhada de medidas de compensação, no período mencionado no *caput*, por meio do aumento de receita, proveniente da elevação de alíquotas, ampliação da base de cálculo, majoração ou criação de tributo ou contribuição", caso no qual "o benefício somente entrará em vigor quando implementadas" as referidas medidas (art. 14, §2º).

O texto constitucional prevê a necessidade de lei específica para a concessão de todo e qualquer benefício (art. 150, §6º, da CF).

Os gestores públicos devem prestar especial atenção às disposições acima apresentadas, pois a não observância delas implica ato de improbidade administrativa, conforme dispõe o art. 10, VII, da Lei nº 8.429/1992.[32]

Como bem salienta Marcelo Figueiredo:

> A rigor, não é o agente público, como é curial, que concede benefícios a particulares ou terceiros. É a lei que autoriza a concessão desse ou daquele 'benefício'. Novamente a lei utiliza da linguagem leiga e popular. Ao que parece, procura reforçar a ideia de que somente a lei pode estabelecer condições mais favoráveis (...).
>
> (...). A regra é salutar, porquanto, normalmente, a lei que concede 'benefícios fiscais' é vinculada a algum projeto mais amplo, desdobrado em fases, remetendo ao agente sua fiscalização e liberação em parcelas ou vantagens fiscais. Eis a oportunidade de abuso que a lei procura evitar. (...).[33]

Os requisitos devem estar atendidos quando da edição de lei específica ou, existindo previsão genérica, na edição do ato.

É essencial que o agente público explicite seu comportamento através de condutas sérias, induvidosas, e não se pode valer de competência estabelecida em lei para a prática de qualquer ato desconforme com o Direito. Ao contrário, a permissão de conceder liberalidades tem respaldo constitucional, mas deve encontrar respaldo na realidade fática. Os requisitos devem estar previstos na lei, mas existentes quando da expedição do ato de execução.

9.12.3 Espécies

O art. 14 da Lei de Responsabilidade Fiscal especifica não toda e qualquer renúncia de receita, mas somente a "concessão ou ampliação de incentivo ou benefício de natureza tributária". E na sequência (§1º do art. 14) traz quais figuras jurídicas estão enquadradas como renúncia de receita para os seus fins, quais sejam: "A renúncia compreende anistia, remissão, subsídio, crédito presumido, concessão de isenção em caráter não

[32] Lei nº 8.429/1992: "Art. 10. Constitui ato de improbidade administrativa que causa lesão ao Erário qualquer ação ou omissão, dolosa ou culposa, que enseje perda patrimonial, desvio, apropriação, malbaratamento ou dilapidação dos bens ou haveres das entidades referidas no art. 1º desta Lei, e notadamente: (...); VII – conceder benefício administrativo ou fiscal sem a observância das formalidades legais ou regulamentares aplicáveis à espécie; (...)".

[33] FIGUEIREDO, Marcelo. *Probidade administrativa*: comentários à Lei 8.429/92 e legislação complementar. 6. ed. São Paulo: Malheiros, 2009, p. 105.

geral, alteração de alíquota ou modificação de base de cálculo que implique redução discriminada de tributos ou contribuições, e outros benefícios que correspondam a tratamento diferenciado".

Deve-se perceber que tal rol legal é meramente exemplificativo, haja vista que o próprio art. 14, §1º, assim determina ("e outros benefícios que correspondam a tratamento diferenciado"). Dessa forma, para fins do que dispõe a Lei de Responsabilidade Fiscal, renúncia de receita compreende qualquer benefício de natureza tributária que importe tratamento diferenciado.

A legislação prevê casos de exclusão e de extinção. Faremos a análise de cada um dos itens em separado, como segue.

9.12.3.1 Anistia

A anistia é benefício tributário que visa à exclusão, total ou parcial, do crédito tributário no que toca exclusivamente às multas aplicadas a determinado contribuinte por infrações cometidas anteriormente à vigência da lei que a concede (art. 175, II, c/c o art. 180, do CTN). No referido dispositivo estão previstas duas hipóteses de exclusão: a isenção e a anistia (incisos I e II do art. 175 do CTN). Exclusão de crédito não quer dizer nada. A isenção não permite que nasça o crédito. A anistia extingue-o.

A anistia fiscal é, segundo o Código Tributário Nacional, uma causa de exclusão da exigibilidade do crédito tributário (art. 175, II, do CTN), que é hipótese legal diversa da extinção do crédito (art. 156 do CTN). Não se extingue o crédito, porque este adviria de ato do pagamento ou de outra das modalidades previstas no art. 156 do CTN. Aqui, a exclusão provém da lei. Neste caso a desculpa "recai sobre o ato da infração ou sobre a penalidade que lhe foi aplicada".[34] A anistia não extingue o crédito, mas dispensa o pagamento das multas decorrentes de infrações administrativas.

A anistia pode ocorrer após o lançamento do tributo? A anistia pressupõe a ocorrência de fato infracional. No lançamento o agente pode detectar infração anterior a ele e aplicar sanções. As infrações também podem ocorrer após o lançamento. A exclusão pode ocorrer em qualquer hipótese.

9.12.3.2 Isenção

A isenção é privilégio fiscal no qual ocorre a suspensão da eficácia da hipótese de incidência da norma tributária mediante lei específica. Ocorre a dispensa do pagamento de um tributo que em princípio seria devido. A hipótese de incidência está na lei. O legislador, por uma série de razões, impede que ela atue. É instrumento de extrafiscalidade.

Ressalte-se que a Lei de Responsabilidade Fiscal se atém exclusivamente às isenções concedidas em caráter geral, sendo que "a isenção, quando não concedida em caráter geral, é efetivada, em cada caso, por despacho da autoridade administrativa, em requerimento com o qual o interessado faça prova do preenchimento das condições e do cumprimento dos requisitos previstos em lei ou contrato para sua concessão" (art. 179 do

[34] CARVALHO, Paulo de Barros. *Curso de direito tributário*. 22. ed. São Paulo: Saraiva, 2010, p. 571.

CTN). Assim, *a contrario sensu*, as isenções concedidas em caráter geral não são legalmente consideradas como renúncia de receita, nos termos da Lei de Responsabilidade Fiscal.

A partir daqui seguem-se hipóteses de *extinção do crédito tributário*. Análise individual será feita.

9.12.3.3 Remissão

A remissão é o perdão da dívida que termina por extinguir o crédito tributário (art. 156, IV, do CTN); neste caso, nas palavras de Paulo de Barros Carvalho, ocorre o perdão "do débito do tributo, abrindo mão do seu direito subjetivo de percebê-lo".[35]

Não se confunde com a anistia, porque esta se refere às sanções aplicadas por infrações cometidas pelo contribuinte, enquanto a remissão atinge o débito relativo ao valor do tributo.

9.12.3.4 Subsídio

O subsídio traduz a ideia de auxílio de caráter eminentemente econômico, concedido pelo Estado a determinados destinatários, geralmente através da entrega de quantia em dinheiro. Nas palavras de Carlos Valder do Nascimento, compreende "todas as ações que buscam socorrer determinadas situações em que o Estado entenda imprescindível ao cumprimento de seus desígnios constitucionais, que é de satisfação das necessidades públicas".[36]

Os instrumentos orçamentários destinados a cumprir tais funções são as subvenções sociais (art. 12, §3º, I, da Lei nº 4.320/1964) e econômicas (art. 12, §3º, II, da Lei nº 4.320/1964).

9.12.3.5 Crédito presumido

Constitui-se em técnica que importa englobar diversos créditos que poderiam ser apurados em um só. Por consequência, a Administração Tributária renuncia à apuração efetiva de seu crédito.

9.12.3.6 Alíquota zero

Isenção equipara-se com alíquota zero. A instituição dela elimina a possibilidade de nascimento da obrigação tributária. Como diz Regina Helena Costa, "a alíquota zero é categoria mais singela, pois traduz a redução de uma das grandezas que compõem o aspecto quantitativo, restando preservada a hipótese de incidência tributária".[37]

A identificação opera-se na eliminação da exigência tributária. Há o fato gerador, mas o Estado não o exige, seja concedendo isenção ou, nas hipóteses permitidas, aplicando alíquota zero.

---

35 *Idem, ibidem.*

36 NASCIMENTO, Carlos Valder do. *Comentários à Lei de Responsabilidade Fiscal*. 4. ed. São Paulo: Saraiva, 2009, p. 106.

37 COSTA, Regina Helena. *Curso de direito tributário*. 2. ed. 2. tir. São Paulo: Saraiva, 2012, p. 298, item 9.2.4.

9.12.3.7 Redução de alíquota

Na lição de Geraldo Ataliba, a alíquota "é a quota (fração), ou parte da grandeza contida no fato imponível que o Estado se atribui",[38] ou seja, é o percentual, ou valor fixo, que incide sobre a base de cálculo para fins de exata aferição da quantia devida.

A renúncia de receita através de redução de alíquota é incentivo fiscal que incide sobre o modo do cálculo relativo à aferição da quantia tributária devida. A obrigação tributária persiste, mas ocorre uma redução dos valores devidos.

9.12.3.8 Redução da base de cálculo

A redução da base de cálculo é o incentivo fiscal mediante o qual ocorre a redução, por lei, da base tributável através de uma minoração do percentual ou pela exclusão de qualquer dos elementos que a constituem.

9.12.3.9 Suspensão

O instituto da suspensão, não obstante não constar no rol do art. 14 da Lei de Responsabilidade Fiscal, constitui uma hipótese de renúncia de receita, haja vista ser benefício que impõe tratamento diferenciado, pois adia a incidência do tributo – o que, ao fim e ao cabo, termina por reduzir, ou por vezes eliminar, uma obrigação de conteúdo tributário.

A suspensão ocorre quando a legislação específica estabelece que a incidência do tributo depende da concretização de evento futuro e incerto. Ocorre a transferência da obrigação tributária para momento posterior àquele no qual ocorreria normalmente, sem alteração da sujeição passiva.

9.12.3.10 Diferimento

É a transferência da responsabilidade pelo cumprimento das obrigações tributárias para fase posterior à efetiva ocorrência no mundo dos fatos da hipótese tributária. Um exemplo é o caso do ICMS, no qual por vezes o responsável pelo pagamento será o adquirente da mercadoria ou o destinatário.

9.12.3.11 Transação

A transação é figura de caráter de direito privado, mas encontra aplicação no direito público. Significa a possibilidade de concessões mútuas (art. 840 do CC). Normalmente se aplica a relações patrimoniais de caráter privado.

Não se pode, no entanto, repelir sua aplicação no campo tributário ou no de receitas não tributárias. Ocorre que em determinadas circunstâncias o Estado pode querer livrar-se de inúmeras e intermináveis execuções propostas contra devedores inadimplentes. Elas oneram os cofres públicos, obrigam à contratação de mais profissionais (procuradores e pessoal administrativo) para cuidar de tais assuntos. Os débitos cobrados, no mais das vezes, são de valores ínfimos, e fazem o Estado executar com prejuízo. Por vezes a

[38] ATALIBA, Geraldo *Hipótese de incidência tributária*. 6. ed. 17. tir. São Paulo: Malheiros, 2018, p. 114.

liberação de acréscimos e do próprio débito é inferior ao que se cobra. Torna a cobrança onerosa, o que é incompatível com os princípios de boa gestão da coisa pública. Tem, pois, aplicação ao direito público, dispensada até lei que estabeleça a respeito, bastando comprovação apropriada e justificada da onerosidade da cobrança. Em tal caso renuncia-se a possível receita, em homenagem à despesa que sobrecarrega os cofres públicos.

Ademais, tem-se entendido que determinadas cobranças não são tributárias, o que mais justifica o encerramento das cobranças fiscais.

9.12.4 Incentivos e benefícios previstos na EC nº 109/2021.

A situação dos incentivos e benefícios fiscais outorgados pelas três esferas de governo chegou a tal ponto que se perdeu completo controle das dispensas de pagamento de tributos.

O Estado vive de acordo com a receita que aufere dos administrados. Se exigir tudo que por lei é devido pode causar dificuldades em alguns setores produtivos. Em consequência, a legislação estabelece uma série de facilidades que o Estado pode propiciar a pessoas, coisas ou situações. Deixa, então, de arrecadar.

Ocorre que com o passar dos tempos os entes federativos perdem o controle das diversas vantagens que outorga. Já não mais sabe o que foi dado, qual o setor beneficiado, quais as pessoas que usufruem de alguns favores legais. É que pode ocorrer causas ocasionais, situações emergenciais. Situações que, por vezes, se tornam permanentes e injustificadas.

Considera-se incentivo ou benefício, nos termos constitucionais, os decorrentes da previsão do parágrafo 6º do art. 165 da Constituição Federal (parágrafo 3º do art. 4º da EC nº 109/2021).

Impõe-se, então, a tomada de providências ora articuladas no art. 4º da EC nº 109/2021, como se passa a analisar.

O Presidente da República terá um prazo de seis meses para encaminhar ao Congresso Nacional um plano de "redução gradual" de incentivos e benefícios federais de natureza tributária. No mesmo instante apresentará as correspondentes proposições legislativas e as estimativas dos respectivos impactos financeiros.

Deverá haver, no conjunto, redução gradativa dos benefícios concedidos. Para o exercício de 2021, haverá uma redução de pelo menos dez por cento (10%). As providências serão paulatinas até atingir 2% (dois por cento) do PIB.

O parágrafo 2º do art. 4º da EC nº 109/2021 estabelece de onde não se poderá reduzir. São casos que guardam pertinência com outros valores que a própria Constituição busca preservar. Por exemplo, benefícios que objetivam prevenir desequilíbrios de concorrência, que alcancem entidades sem fim lucrativo, estímulo ao Norte e Nordeste, zonas francas, produtos da cesta básica e bolsas de estudo.

Para as finalidades discriminadas, seria insensato retirar os benefícios a elas dirigidas, porque guardam pertinência lógica com o que se objetiva discriminar.

A norma constitucional determina que lei complementar tratará dos critérios para outorga de novos "incentivos ou benefícios "de natureza tributária, financeira ou creditícia" (parágrafo 4º do art. 4º da EC nº 109/2021), bem como regras para avaliação periódica e sua redução gradual.

O que importa é que a Constituição agora deixa claro que não se pode conceder quaisquer vantagens de ordem tributária, financeira e creditícia sem critérios.

O que se exige, minimamente, é que o administrador público seja sério e demonstre sê-lo, explicitando os motivos de qualquer concessão que faça à custa dos cofres públicos. No final das contas, quem suporta o custo é a população. Ela tem o direito de saber quais os ônus que lhe estão sendo impostos.

9.13 Teoria dos preços. Características

São inúmeras as divergências que se colocam nos tribunais a propósito destes dois conceitos, "taxa" e "preço". Todo conceito tem limites, incumbindo ao cientista do Direito diferenciá-los e dar-lhes o conteúdo jurídico que têm, à luz do sistema normativo de direito positivo.

As controvérsias que se instauram, mesmo em face dos conceitos doutrinários, levam o Judiciário a verdadeira perplexidade ao cuidar dos temas relativos a tais espécies.

A taxa *é* espécie tributária (inciso II do art. 145 da CF), e, pois, subordinada aos princípios e às restrições constitucionais. Os preços são convencionais, no tocante ao vínculo que os vai ligar a atividades próprias do concessionário.

A taxa é tributo vinculado ou dependente de uma atuação estatal. Só pode ser exigida dos particulares "em razão do exercício do poder de polícia ou pela utilização, efetiva ou potencial, de serviços públicos específicos e divisíveis, prestados ao contribuinte ou postos à sua disposição" (art. 145, II, da CF).

Os fatos geradores ou imponíveis da taxa são o *exercício do poder de polícia* ou o *serviço público*.

Cuidando-se de *serviço público* prestado ao contribuinte ou posto à sua disposição, apenas pode o Poder Público exigir *taxa, sempre que o prestar diretamente*. O serviço público tem sido conceituado como atividade estatal posta à disposição do contribuinte ou que lhe é efetivamente prestada, fornecendo-lhe uma comodidade materialmente fruível, sob regime de direito público. É a lição de Celso Antônio Bandeira de Mello.[39] Trata-se de serviço público quando o Poder Público age com prerrogativas próprias de órgão emanador de poder (possibilidade de interferência na esfera jurídica alheia), constrangendo o particular a fazer ou deixar de fazer alguma coisa. *É atividade própria do Poder Público*. Por força de preceitos constitucionais ou legais, ao Poder Público são impostos *deveres* que a ele compete exercer. Se a Constituição ou as leis impõem um dever aos órgãos de emanação de poder, tem-se o conceito de serviço público. Este não é o que, em nível metajurídico, se pretende conceituar. Busca-se seu conceito em decorrência da indagação, à luz do direito positivo, de qual a atividade que foi imposta ao Poder Público e que em decorrência dela é fornecida uma comodidade ao particular. Só assim é que se tem uma visão jurídico-positiva do conceito de serviço público. Qualquer indagação sobre a real prática do serviço, em desatendimento ou desatenção

[39] BANDEIRA DE MELLO, Celso Antônio. *Curso de direito administrativo*. 33. ed. 3. tir. São Paulo: Malheiros, 2018, p. 699.

ao conjunto normativo, será metajurídica, e, pois, inservível. Será útil sob outro nível do conhecimento, isto é, sob visão política, econômica, social, religiosa, etc., mas não sob a ótica específica do Direito.

Assim, quando a atividade é própria do Poder Público, fornecendo comodidade aos indivíduos, e é exercida com prerrogativa de poder, tem-se o serviço público. Em decorrência de tal atividade, pode exigir *taxa de serviço.*

De outro lado, quando a atividade é própria do particular, mas, por dever carreado ao Estado pela Constituição ou pelas leis, igualmente tem o Poder Público de cuidar para que a atividade do particular se desenvolva em nível de boa ordem para a convivência coletiva, impondo restrições aos particulares, tem-se o *exercício do poder de polícia.* A pronta restauração da ordem jurídica lesada ou a prevenção de tais comportamentos antijurídicos implicam atuação estatal dirigida a propósito de um contribuinte. Por tal atividade é que pode ser exigida a denominada *taxa de polícia.* A limitação imposta por lei a alguém implica atuação estatal em prol de determinado administrado.

Ressalte-se: no serviço público a atividade é específica e própria do Estado (é dever que lhe é imposto em decorrência constitucional ou legal); o exercício do poder de polícia decorre da restrição à livre atividade do particular, que incumbe ao Poder Público disciplinar.

Ambas as taxas decorrem de uma *atividade estatal.* Daí se cuidar de tributo vinculado ou dependente de uma atuação do Estado. *Descabida,* pois, *qualquer exigência tributária que se calque em taxa independentemente de atuação do Estado.* Ou presta ele um serviço público, ou exerce atividade de polícia. Sem a comprovação efetiva da prestação de uma atuação em face de determinado contribuinte, descabido falar-se em cobrança de taxa. Poderá exigir o Estado um imposto, de vez que este não pressupõe qualquer atuação específica do Estado. Jamais se pode falar em taxa. Atente-se: não basta a mera existência do aparelho burocrático. Necessária a efetiva atuação do Estado.

Sempre que o Estado deva agir, em face de alguém (administrado), pode ele exigir pagamento de uma taxa, porque despendeu atividade específica a determinado contribuinte.

Será que o Estado, desvestindo a roupagem de órgão público e criando uma entidade da Administração descentralizada, ficará livre para cobrar o que entender, aumentando os valores devidos? Será que, assumindo personalidade de direito privado, fica livre dos princípios tributários?

Tais questões não vêm sendo devidamente enfrentadas pelos tribunais. O caminho adequado para o Poder Público abastecer seus cofres e, em decorrência do que arrecada, prestar as atividades que lhe são próprias é a cobrança de tributos. É através deles que o Estado se aparelha para o desempenho das atividades que lhe são próprias. A só circunstância de pretender prestar algumas atividades vestindo roupagem de direito privado não implica descumprimento e desobediência do atendimento às garantias constitucionais. É direito do cidadão se ver tributado pelas formas que a própria Constituição estabelece. Caso contrário o inciso I do art. 150 da CF seria letra morta. O contribuinte tem o direito de apenas se ver constrangido em sua esfera jurídica patrimonial pelo modo, tempo e local previstos e estabelecidos no ordenamento jurídico.

A só circunstância de o Estado assumir forma de direito privado não o exonera de cumprir o preceituado na Constituição Federal. Se presta serviço público ou se exerce poder de polícia, apenas pode cobrar taxa. Nada mais.

É verdade que, em face do art. 175 da CF, as três entidades políticas podem criar entidades da Administração descentralizada para prestar serviços públicos ou, então, transferir a entidades privadas (concessionárias) a prestação de tais serviços.

Concessão de serviço público, no exato dizer de Celso Antônio, é "o ato complexo através do qual o Estado atribui a alguém o exercício de um serviço público e este aceita prestá-lo em nome do Poder Público sob condições fixadas e alteráveis unilateralmente pelo Estado, mas por sua conta, risco e perigos, remunerando-se pela cobrança de tarifas diretamente dos usuários do serviço e tendo a garantia de um equilíbrio econômico-financeiro".[40]

O concessionário, em sua origem, era o *particular* que assumia a prestação de serviços públicos. No entanto, com o desenvolvimento histórico das grandes civilizações, passou o Estado a criar entidades que fizessem o mesmo serviço sob natureza de regime de direito privado (v. os arts. 173 e 175 da CF). Quando uma das entidades políticas cria determinada entidade, a ela atribuindo caráter de direito privado e servindo esta como prestadora de serviços públicos pertencentes a outra entidade política, tem-se também a noção de concessionária (por exemplo, a CESP, que é sociedade de economia mista do Estado de São Paulo, mas concessionária de serviço público federal). Tal entidade, embora componente da estrutura estatal, pertence a uma entidade política, mas é concessionária de serviço público de outra. Tem-se, aí, a conceituação delas como concessionárias, embora não sejam particulares, mas criadas ou instituídas pelo Estado. Verifica-se a concessão a entidades estatais.

Quando, no entanto, o próprio Estado cria tais entidades, mas prestam elas serviços a ele afetos, tem-se mera *delegação de serviço*. Não se cuida de concessionária (embora para alguns efeitos legais uma isenção tributária, por exemplo, possa fazer parte do conceito). Trata-se, aí, da denominada *descentralização administrativa* (criação de uma entidade, por lei, para prestação de serviços públicos ou, então, para intervenção no domínio econômico).

Nesse caso, nenhuma prerrogativa possuem, de ordem privada. Continuam vinculadas ao Estado e, se prestadoras de serviço público, se submetem ao mesmo regime imposto ao Estado.

Não se pode aceitar que, tendo a Constituição Federal estabelecido certo figurino ao Estado, possibilitando a ele a prestação de suas atividades por entidades da Administração indireta, possa, por mero conforto, descaracterizar o próprio Estado. A saber: se há uma roupagem tributária para exigência de arrecadação financeira, não pode o Estado travestir-se em pessoa jurídica de direito privado para frustrar as determinações constitucionais. Não poderia, jamais, desconhecer ou ludibriar o que consta da Constituição Federal constituindo, para o exercício de funções que lhe são próprias, pessoas jurídicas componentes da Administração indireta, transpassando a atividade a terceiros apenas e tão somente para fugir do sistema tributário.

---

[40] BANDEIRA DE MELLO, Celso Antônio. *Prestação de serviços públicos e administração indireta*. São Paulo: RT, 1973, p. 35.

A leitura atenta do art. 21, X, da CF, por exemplo, faz-nos sentir que apenas o Estado, ou entidade por ele criada (autarquia, sociedade de economia mista, empresa pública ou fundação), pode manter o serviço postal e o correio aéreo nacional. Não há possibilidade, inclusive, de conceder o serviço, porque é dever que o Estado o preste, seja pessoalmente, seja através de entidade de Administração indireta.

O fato de constituir uma pessoa jurídica de direito privado, nos moldes do art. 175 da CF, não significa que desvestiu o rígido modelo estatal. É que são três os vínculos que passam a disciplinar a vida das entidades estatais. *Um* deles vincula o Estado à empresa, o que será disposto em lei (§3º do art. 173), subordinando-se ao elo de tutela ou controle. *Outro* é a relação que se instaura entre a entidade e o usuário. O *terceiro* diz respeito à vida da sociedade em face dos negócios que passa a gerir, e terá sua atuação sujeita "ao regime jurídico próprio das empresas privadas, inclusive quanto aos direitos e obrigações civis, comerciais, trabalhistas e tributários" (§1º, II, do art. 173). Observe-se, todavia, que isso alcança apenas as entidades que "explorem atividade econômica", e não aquelas que prestam serviços públicos. Assim sendo, o Banco do Brasil S/A tem seu figurino jurídico inteiramente amoldado ao feitio privado. O que cobra em decorrência de suas atividades financeiras é preço. Já, de seu turno, a Cia. do Metropolitano desenvolve serviço público de transporte coletivo, tal como determinado na legislação própria.

O que vale frisar é que as entidades da Administração indireta e fundacional não podem prestar serviços de concessionária à própria entidade que as cria. Sendo o poder concedente o titular do serviço, devendo prestá-lo, por determinação constitucional ou legal, *não pode concedê-lo* às entidades que ele próprio criou, se houve vedação constitucional. Havendo permissão é possível a concessão, mas isso não descaracteriza o regime jurídico de direito público em que o serviço será prestado, e a relação concessionária-usuário é de direito público.

Caso o Poder Público conceda o serviço a um particular, a relação jurídica muda totalmente. Muda porque assim determina a Constituição Federal. A concessão pode operar-se, pois, de duas formas: (a) ou há a entrega do serviço a entidade da Administração descentralizada, sem que haja possibilidade de alterar a relação Estado-particular (continua ela a mesma e a contraprestação do serviço prestado será sempre taxa); (b) ou a concessão é feita a particular, hipótese em que será cobrado preço público.

Justifica-se a alteração. Primeiro, o Estado não pode desvestir o figurino de pessoa jurídica de direito público. Segundo, não está a seu critério adotar o regime que quiser, mas já vem este previsto na Constituição. Terceiro, é direito do cidadão se ver cobrado por tributo quando a Constituição assim determina. Se a transferência é operada ao particular, há a política tarifária (parágrafo único, III, do art. 175 da CF), devendo haver serviço adequado. Não há sujeição ao regime rigoroso tributário, porque a empresa particular está livre para disciplinar, no regime capitalista encampado pelo ordenamento jurídico, suas necessidades, seus gastos, suas despesas, seus lucros, limitando-se, obviamente, sua atividade pelo interesse público.

Impõe-se observar, todavia, que pode haver a concessão operada de uma entidade política para um ente administrativo pertencente a outra entidade política. Exemplificando: a Cia. Energética do Estado de São Paulo/CESP é empresa pública do Estado de São Paulo exercendo atividade concedida pela União. Isto é, cuida-se de empresa pertencente a uma entidade política (São Paulo), mas exercendo serviço público pertencente à União (alínea "b" do inciso XII do art. 21 da CF).

Aí prevalece a solução econômica do contrato de concessão. O Poder Público pode conceder o serviço, uma vez que está expressamente autorizado pela Constituição Federal, fazendo-o através de licitação a empresa privada ou entidade da Administração indireta de outra entidade política.

Existe concessão: (a) quando o exercício do serviço é outorgado a particular; (b) quando é contratado por entidade da Administração descentralizada de outra entidade política.

Quando o Poder Público presta diretamente os serviços públicos, indiscutível que o que cobra por eles é taxa. Quando, no entanto, os serviços são prestados por concessionários ou permissionários criados pelo Estado ou por particulares, há um aparente conflito de normas. O art. 145, II, da CF determina que, cuidando-se de serviços públicos, somente se pode cobrar taxa, enquanto o art. 175 estabelece que a prestação de serviços pode ocorrer mediante concessão ou permissão, estabelecendo-se "política tarifária" (inciso III do parágrafo único).

Não há contradição entre os preceitos. Ao contrário, harmonizam-se. Na prestação direta, induvidoso que somente pode haver cobrança de taxa. Será que, concedendo o serviço, fica o usuário privado de suas garantias constitucionais de se ver cobrado através do regime próprio, que é o tributário? Não, os valores representativos do preço hão de estar em contrato, fiscalizado pelo Poder Público, que assegurará "os direitos dos usuários" (inciso II do parágrafo único do art. 175), bem como deverá o concessionário "manter serviço adequado" (inciso IV).

Indisputável que quem estabelece quais são os serviços públicos é a Constituição e leis que sobrevenham, complementares ou ordinárias. A forma de prestá-los, no entanto, pode ser estabelecida pelo legislador que subjuga o agente público na estipulação de como desempenhar sua atividade.

O regime jurídico, em última análise, é que vai informar qual a contraprestação a ser dada à prestação do serviço.

Poder-se-ia dizer que é irrelevante quem presta o serviço. O critério subjetivo seria superado. Não é bem assim. Não é apenas o sujeito que muda; é o regime jurídico que fica alterado, em face da incidência de outros dispositivos constitucionais que irão reger o vínculo usuário-concessionário. Nenhum direito do usuário poderá ser comprometido. Fica a ele assegurado o regime constitucional em vigor. Poder-se-á dizer que perde ele a garantia de apenas ser cobrado no exercício seguinte àquele em que for instituída a cobrança. Ora, não se cuidando de regime tributário, mas contratual, não há a incidência de tal norma, mesmo porque em benefício do contribuinte é que o Estado não mais está investindo no serviço. Fá-lo o particular concessionário ou estatal/concessionária, que usa seus próprios recursos para prestar o serviço e tem que ser remunerado pelo preço cobrado dos usuários.

O que deve o Estado zelar é pela razoabilidade do valor que está sendo cobrado na prestação dos serviços. Deve ser o valor de mercado, deixando o Estado de suportar qualquer prejuízo em decorrência de eventual *déficit* na operação.

Vê-se, pois, que não é desarrazoado, juridicamente, aceitar tese oposta à que se sustentou por muito tempo. Entende-se que a Constituição não pretendeu manietar o Estado, cingindo-o a camisa de força no tocante à prestação de serviços. Ao contrário, deu-lhe instrumentos, mecanismos jurídicos e fáticos, para que pudesse bem prestar serviços à comunidade. Não se preocupou com a forma, mas com a garantia do cidadão.

RECEITAS PÚBLICAS TRIBUTÁRIAS

10.1 Introdução

Como já se viu, existem receitas que são entradas decorrentes de relação de direito privado ou do que rotulamos de direito público disponível e receitas que ingressam por força da ação constritiva do Estado. Dentro da competência que lhe é fixada pela Constituição da República, o Estado pode e deve agir para receber seus tributos. Ao mesmo tempo em que tem objetivos a alcançar, ou seja, à medida que deve prestar as atividades que lhe são gizadas na Constituição, é dotado do poder de auferir recursos para atender a seus deveres constitucionais.

Existem, pois, *receitas tributárias* e *receitas não tributárias*. Destas tratamos em livro próprio, cujo título é exatamente *Receitas Não Tributárias*.[1] São entradas decorrentes de atividade do Estado submetida ao direito privado (como, por exemplo, receitas decorrentes de contratos, de herança vacante, de doações, legados, etc.) ou, então, do que se rotulou *direito público disponível*, ou seja, advindo da exploração do patrimônio do Estado (vias públicas, mercados, espaços em aeroportos, estradas, etc.), ou em decorrência de serviço público prestado por concessionário.

Como as *receitas não tributárias* foram objeto de estudo à parte, agora cuidaremos apenas das *receitas tributárias*. Têm previsão constitucional no art. 145. Por ali se vê que aos entes federativos cabe instituir os seguintes *tributos*: impostos, taxas e contribuição de melhoria.

10.2 Competência tributária. Capacidade

No Estado Federal Brasileiro, em que são quatro os entes federados – União, Estados, Distrito Federal e Município –, cada qual, para sua sobrevivência e para atender às finalidades que lhes são traçadas na Constituição, tem que dispor de recursos para tanto. A Constituição distribui, pois, dentre eles a competência para a instituição e a arrecadação dos tributos. Prevê uma partilha do produto da arrecadação. A competência tributária é, pois, a aptidão para instituir tributos.

[1] OLIVEIRA, Regis Fernandes de. *Receitas não tributárias (taxas e preços públicos)*. 2. ed. São Paulo: Malheiros, 2003.

O critério na repartição tributária decorre da vontade política do constituinte. Ao repartir, através do pacto político solene (Constituição), as atribuições que cada qual deve prestar, partilha os meios, ou seja, os recursos que irá buscar para atender a suas finalidades.

Efetuada a partilha, deve haver o exercício da competência, ou seja, a instituição dos tributos. Através da lei, o ente federal cria os tributos, no montante e nos limites estabelecidos na Constituição, efetuando a arrecadação. Posteriormente os destina, através do orçamento, para as necessidades que entenda adequadas.

O não exercício da competência tributária por parte de uma entidade política não a transfere a outra. É indelegável e intransferível. O que se pode transferir é a atribuição de arrecadar ou fiscalizar. Jamais a de instituir o tributo. Segundo Regina Helena Costa, "o dispositivo reafirma que a competência tributária, como espécie de competência legislativa, é indelegável; por ser o seu exercício facultativo, é imprescritível, em caso de não exercício não está autorizada a sua utilização por nenhuma outra pessoa política".[2]

Capacidade é a aptidão para figurar no polo ativo da relação tributária. Distingue-se da competência, porque esta é a aptidão para instituir ou criar o tributo. A capacidade é mera perspectiva de figurar no polo ativo da relação jurídico-tributária, exigindo o pagamento do tributo, de tal forma que o ente que instituiu o tributo (pelo exercício da competência tributária) pode não figurar como sujeito ativo de uma relação jurídico-tributária (CTN, art. 7º) cujo objeto seja uma prestação pecuniária (obrigação principal, nas palavras do CTN, art. 113, §1º, primeira parte).

10.3 Tributo

Tributo, na precisa definição de Geraldo Ataliba, é a "obrigação jurídica pecuniária, *ex lege*, que se não constitui em sanção de ato ilícito, cujo sujeito ativo é uma pessoa pública (ou delegado por lei desta), e cujo sujeito passivo é alguém nessa situação posto pela vontade da lei, obedecidos os desígnios constitucionais (explícitos ou implícitos)".[3] A definição coincide com a contida no art. 3º do CTN.

Desde tempos imemoriais os povos sempre cobraram por suas guerras de conquista. Na Roma Antiga as Colônias dominadas eram obrigadas a pagar tributos, ou seja, uma quantidade calculada em pecúnia ou em bens (produtos agrícolas, gado, etc.) ou em serviços (escravos que prestavam serviços abrindo estradas, limpando as propriedades, etc.). Tais prestações irradiaram-se através da Idade Média, apenas adquirindo contornos jurídicos e restrições através dos pactos de conquistas dos direitos humanos, tais como a Carta Magna, a *Petition of Rights*, a Revolução Francesa, a Independência Americana e as Constituições que se seguiram (francesa, norte-americana, mexicana, Weimar), bem as das modernas democracias ocidentais.

Decompondo a definição, pode-se dizer que o tributo não é o pagamento, mas a *obrigação* de entregar dinheiro (pecuniária) aos cofres públicos. Hoje é pacífico na doutrina que a obrigação é em pecúnia. Diverge da maioria Alfredo Augusto Becker,

---

[2] COSTA, Regina Helena *In*: FREITAS Vladimir Passos de (Coord.). *Código Tributário Nacional comentado*. São Paulo: RT, 1999, p. 29.

[3] ATALIBA, Geraldo. *Hipótese de incidência tributária*. 6. ed. 17. tir. São Paulo: Malheiros, 2018, p. 34.

para quem a obrigação tributária pode ser através da desapropriação, quando se retira um bem móvel ou imóvel do indivíduo, ou mediante requisição de bens ou serviços (militar, Júri, etc.).[4] No Direito brasileiro a discussão é estéril, ainda que não o seja doutrinariamente, uma vez que há definição legal (CTN, art. 3º).

A obrigação tributária apenas decorre de lei expressa. É o que vem estabelecido no art. 5º, II, da CF, que dispõe que "ninguém será obrigado a fazer ou deixar de fazer alguma coisa senão em virtude de lei"; bem como no inciso I do art. 150, que estabelece que é vedado "exigir ou aumentar tributo sem lei que o estabeleça".

Coloca-se a discussão sobre se é possível instituir ou aumentar tributo através de medida provisória. Os casos de vedação expressa para a edição de medida provisória encontram-se nos incisos I a IV do §1º do art. 62 da CF. Há admissão da edição de medida provisória em matéria tributária, obedecendo-se ao princípio da anterioridade, salvo os casos ressalvados na própria Constituição, quais sejam, os tributos previstos nos incisos I, II, IV e V do art. 153 e no inciso II do art. 154.

O tributo não pode constituir-se em *sanção de ato ilícito*. Para esta existe a multa, ou seja, a prática de ato ilícito pressupõe o descumprimento de uma norma jurídica, isto é, ter um comportamento contrário ao previsto na lei. Nesta hipótese, a reação do ordenamento jurídico ocorre através de uma *sanção*. Se a repulsa ao comportamento antijurídico é a sanção, não há possibilidade de, em razão dele, se exigir um tributo.

O que dizer se a renda, por exemplo, é produto de ato ilícito? Há a lição de que "o dinheiro não cheira" (*non olet*). Ainda que os "bingos" não sejam regulares (os que funcionavam por força de liminares), produziam receitas, ocupavam prédios e empregavam pessoas. Cabia cobrar tributos deles? Com certeza. A casa de prostituição que produz receita deve pagar imposto de renda ou IPTU pelo imóvel que ocupa? Com certeza. O fato é que não se está cobrando tributo *sobre atividade ilícita*, mas em decorrência de receitas que ela produz. Não se cobra pela prostituição; no entanto, se em razão do comportamento houve receita aferível, devido é o imposto sobre a renda.

Só pode exigir o tributo a *pessoa jurídica de direito público competente*. Não é quem quer, mas aquela pessoa a quem o ordenamento jurídico atribuiu a competência. A exigência nasce com a lei. Pode ocorrer que a pessoa competente convenie a cobrança do tributo. No entanto, a competência continua sendo da pessoa jurídica a quem a ordem jurídica a atribuiu. Pode ser, mediante delegação ou convênio, que outra pessoa jurídica exija o tributo. No entanto, não há perda da competência. Mera transferência provisória das atribuições para cobrança do tributo.

O *sujeito passivo* é o obrigado ao pagamento do tributo. Sua identificação deve estar também prevista na lei. Pode ser o responsável direto, por estar em conexão íntima com o fato gerador. Nada impede, no entanto, que a lei eleja outro responsável ou substituto para o pagamento do tributo. É o que dispõe o §7º do art. 150 da CF, ao estabelecer que a "lei poderá atribuir a sujeito passivo de obrigação tributária a condição de responsável pelo pagamento de imposto ou contribuição, cujo fato gerador deva ocorrer posteriormente, assegurada a imediata e preferencial restituição da quantia

---

4 BECKER, Alfredo Augusto. *Teoria geral do direito tributário*. 2. ed. São Paulo: Saraiva, 1972, p. 578-580, nº 169.

paga, caso não se realize o fato gerador presumido" (com a redação dada pela Emenda Constitucional nº 3/1993).

10.4 Tratados e convenções (superioridade hierárquica da norma internacional incorporada)

O art. 96 do CTN estabelece que "a expressão 'legislação tributária' compreende as leis, os tratados e as convenções internacionais, os decretos e as normas complementares que versem, no todo ou em parte, sobre tributos e relações jurídicas a eles pertinentes".

Importantíssimo para a compreensão dos dispositivos internos é o art. 98 do CTN. Diz: "Os tratados e as convenções internacionais revogam ou modificam a legislação tributária interna, e serão observados pela que lhes sobrevenha". Cabe ao Presidente da República "celebrar tratados, convenções e atos internacionais, sujeitos a referendo do Congresso Nacional" (inciso VIII do art. 84 da CF). Ao Congresso Nacional cabe "resolver definitivamente sobre tratados, acordos ou atos internacionais que acarretem encargos ou compromissos gravosos ao patrimônio nacional" (inciso I do art. 49 da CF).

Diga-se, inicialmente, que o constituinte não foi técnico ao discriminar tratados e convenções. Os pactos internacionais celebram-se por quaisquer meios, sendo irrelevante o rótulo. Em verdade, o país, através de seu agente designado ou do próprio chefe do Executivo, discute o pacto e firma a intenção de torná-lo norma interna, e, pois, obedecida em cada Estado. A competência do Presidente da República é *privativa* (inciso VIII do art. 84). Há, no entanto, uma fase de integração. No caso de se cuidar de matérias que "acarretem encargos ou compromissos gravosos ao patrimônio nacional" (inciso I do art. 49), há necessidade da concordância do Congresso Nacional, que emite sua vontade através de decreto legislativo. No caso de não haver encargos ou compromissos gravosos ao patrimônio nacional, a manifestação do Congresso não é definitiva. Com a aprovação do texto do tratado ou do convênio internacional, o mesmo é encaminhado ao Presidente da República para que, por exercício de poder inerente às suas atribuições, mediante decreto, as normas jurídicas ingressem no ordenamento brasileiro. É o que consta de voto do Min. Celso de Mello ao dizer que "o item procedimental de incorporação dos tratados internacionais conclui-se com a expedição, pelo Presidente da República, de decreto, de cuja edição derivam três efeitos básicos que lhe são inerentes: a) a promulgação do tratado internacional; b) a publicação oficial de seu texto; e c) a executoriedade do ato internacional, que passa, então, e somente então, a vincular e a obrigar no plano do direito positivo interno".[5]

Caso o Congresso rejeite o pacto, não há necessidade de publicar decreto legislativo. Simplesmente comunica a rejeição ao Presidente da República.[6]

A mera assinatura do pacto apenas produz o efeito de trazê-lo à apreciação interna. Nada mais. Daí, segue o procedimento mencionado: (a) envio ao Congresso Nacional para aprovação e, publicado o decreto legislativo de aprovação, segue para (b) expedição do decreto presidencial, com o que se integra a norma ao Direito interno.

---

5 STF, ADI nº 1.480-DF, *Informativo STF* 135.

6 A propósito, v. OLIVEIRA Regis Fernandes de; FERREIRA, José Rodrigues. *Processo legislativo:* uma contribuição ao debate. Brasília: Centro de Documentação e Informação da Câmara dos Deputados, 1996, p. 87.

A intervenção do Congresso Nacional apenas é imprescindível nos casos de acordos ou atos internacionais "que acarretem encargos ou compromissos gravosos ao patrimônio nacional" (inciso I do art. 49 da CF). Nos demais casos o Presidente da República tem exclusividade na competência para firmá-los e fazê-los ingressar no mundo jurídico brasileiro.

Tema que desperta grande interesse é o da eficácia jurídica do ato internacional no Direito interno. Celso de Mello, na mesma decisão, afirma que, "no sistema jurídico brasileiro, os atos internacionais não dispõem de primazia hierárquica sobre as normas de Direito interno".[7]

Já escrevemos sobre o assunto, acompanhando tal posição,[8] entendendo que, incorporado o texto do pacto ao Direito interno, o faz com a força da lei ordinária, e, pois, *lex posterior derogat legi priori*.

Em verdade, indiscutível estarem os tratados sob a força da Constituição da República. Incorporando-se os textos ao Direito interno, sujeitam-se aos princípios e normas constitucionais. A dúvida parece nascer quando de sua incompatibilidade com norma interna que dispõe em sentido contrário. Pode-se adotar a regra de que, dispondo novamente sobre a mesma matéria, o texto do tratado revoga a norma interna, quando incompatível. O que fica difícil aceitar é o contrário, isto é, quando a norma interna sobrevém ao pactuado internacionalmente. Prevalece o texto do tratado, ou é revogado pela norma posterior?

Meditando sobre o assunto, passamos a entender que o tratado, uma vez incorporado ao Direito interno, entra num plano de eficácia superior ao das normas (complementares, ordinárias e medidas provisórias), apenas podendo ser revogado por outra norma pactuada internacionalmente. Em verdade, o Brasil, quando entra no entrelaçamento das Nações, apresenta-se como Estado soberano. Se ali pactua o que lhe convém ou convém para a Humanidade, está em plano bastante superior e devidamente autorizado pela Constituição do país. Presenta-se com a seriedade que se requer num relacionamento internacional. Ora, após firmar o pacto, insere-o no Direito interno, criando uma expectativa de estabilidade no relacionamento dos países. Nenhum sentido tem, pois, que posteriormente, por ato seu, interno, revogue, unilateralmente, e para surpresa do Estado ou dos Estados pactuantes, a norma então celebrada. Tanto quanto o Direito interno necessita de estabilidade, mais ainda o requer o relacionamento internacional. De outro lado, a República Federativa do Brasil é dotada de personalidade jurídica internacional e de soberania, o que pressupõe seriedade nos pactos internacionais. Assumido compromisso internacional, pode ser alterado ou rejeitado até que seja firmado em caráter definitivo. Pode haver a denúncia do tratado, retirando-se o Estado do que pactuara, sofrendo as consequências político-econômicas que tal comportamento impõe. No entanto, admitir a instabilidade permanente dos pactos é sem sentido jurídico.

Vem tomando corpo a orientação jurídica de que a vigência dos pactos internacionais sobre direitos humanos independe de declaração em qualquer texto internacional ou

---

7 *Informativo STF*, n. 135.

8 OLIVEIRA, Regis Fernandes; FERREIRA, José Rodrigues. *Processo legislativo:* uma contribuição ao debate, *op. cit.*, p. 91.

nacional.[9] A Emenda Constitucional nº 45/2004 inseriu o §3º ao art. 5º da CF, estabelecendo: "Os tratados e convenções internacionais sobre direitos humanos que forem aprovados, em cada Casa do Congresso Nacional, em 2 (dois) turnos, por três quintos dos votos dos respectivos membros, serão equivalentes às emendas constitucionais". Diante de norma expressa, cessa a discussão.

No entanto, não são apenas os tratados que dizem respeito aos direitos humanos. Têm eles força de norma superior à legislação comum, por disposição expressa no §2º do art. 5º da Constituição da República. Realmente, dispõe que "os direitos e garantias expressos nesta Constituição não excluem outros decorrentes do regime e dos princípios por ela adotados, ou dos *tratados internacionais em que a República Federativa do Brasil seja parte*". Tal dispositivo dá plena eficácia aos tratados internacionais que se incorporarem ao Direito interno brasileiro. Fixa-lhes superioridade normativa em relação às normas brasileiras. Ficam revogadas, naquilo que incompatíveis com os termos dos tratados.

Vê-se, pois, que o art. 98 do CTN outra coisa não faz senão encontrar compatibilidade vertical com o §2º do art. 5º da CF, revogando normas internas, devendo os tratados internacionais ser observados pela legislação que sobrevier.

10.5 O Código Tributário Nacional e seu conteúdo

O Código Tributário Nacional veio ao mundo jurídico em 25.10.1966, através da Lei ordinária nº 5.172. A Constituição Federal de 1988, no entanto, estabeleceu que *lei complementar* disporia sobre os assuntos por ele cuidados. Vale a lei? Vale, na medida em que, anterior ao texto constitucional, foi por ele recebida.

Cabe ao Código Tributário Nacional "dispor sobre conflitos de competência, em matéria tributária, entre a União, os Estados, o Distrito Federal e os Municípios" (inciso I do art. 146 da CF). Como estamos em Estado Federal, com três entes superpostos, pode acontecer que haja incidência de tributos diversos sobre o mesmo fato. Cabe ao Código a disciplina de tais conflitos, a fim de harmonizar as leis e evitar as antinomias (v. arts. 6º a 8º).

Deve regular as "limitações constitucionais ao poder de tributar" (inciso II do art. 146). Fê-lo o CTN nos arts. 9º a 15, constituindo-se nas imunidades constitucionais, nos princípios da legalidade, da irretroatividade, do tratamento desigual entre entes federados e do tratamento desigual entre bens em razão de sua procedência ou destino.

Cabe à legislação complementar estabelecer *normas gerais*, que, a nosso ver, se confundem com os princípios, sobre "definição de tributos e de suas espécies, bem como, em relação aos impostos discriminados nesta Constituição, a dos respectivos fatos geradores, bases de cálculo e contribuinte" (alínea "a" do inciso III do art. 146 da CF). Entende-se, pois, que, como *normas gerais*, por disposição constitucional, ainda que o não sejam, a definição do fato gerador, da base de cálculo e a identificação do contribuinte podem ser feitas pelo Código Tributário Nacional, o que não agride a intimidade dos entes federativos.

---

[9] COMPARATO, Fábio Konder. *A afirmação histórica dos direitos humanos*. São Paulo: Saraiva, 1999, p. 210; PIOVESAN, Flávia. *Direitos humanos e o direito constitucional internacional*. São Paulo: Max Limonad, 1996, p. 111.

Também lhe cabe definir "obrigação, lançamento, crédito, prescrição e decadência tributários" (alínea "b" do inciso III do art. 146 da CF). Em princípio, caberia à legislação de cada Estado e cada Município a descrição de tais fatores. No entanto, a Constituição expressamente os enquadra na competência da lei complementar federal.

Por fim, cabe à lei complementar cuidar do "adequado tratamento tributário ao ato cooperativo praticado pelas sociedades cooperativas" (alínea "c" do inciso III do art. 146 da CF).

10.6 Regras tributárias

Princípios são regras básicas de um sistema. Diz-se que são regras porque contêm comandos que se individualizam. Conceituamos o princípio como "norma que orienta a elaboração de outras normas, de primeiro grau, extraída, por dedução, do ordenamento normativo, operando limitação das próprias normas e autointegração do sistema".[10] É norma porque contém comando de cumprimento obrigatório. Só que norma de cunho superior, estando acima de outras. Tais normas estão explicitadas no texto ou implícitas no sistema. Posso, caso não escritas, deduzi-las do ordenamento. São princípios que são compatíveis com outros (§2º do art. 5º da CF). Limitam outras normas, impondo ao Poder Legislativo a edição de leis compatíveis, sob pena de invalidade, restringindo, na sequência, o conteúdo de outras leis. Se incompatíveis, o ordenamento tem mecanismos de sua supressão, seja mediante revogação (no caso, ato do próprio Legislativo) ou anulação (por decisão judicial de inconstitucionalidade).

Pode-se falar no *princípio da legalidade* (inciso I ao art. 150 da CF), ou seja, a instituição ou aumento do tributo apenas pode decorrer de lei, ressalvados casos de medida provisória (art. 62, com redação dada pela Emenda Constitucional nº 32/2001).

Os princípios estão sendo tratados neste tópico com as observações feitas no item 7.4. Procurou-se efetuar uma distinção entre princípio, regra geral e regra, a fim de evitar o tumulto de compreensão que vem tomando conta do Direito Brasileiro. Buscou-se apartar os conceitos para torná-los mais claros.

O *princípio* (regra) *da igualdade* dos contribuintes (decorrência do princípio geral da isonomia), sendo vedada qualquer distinção em razão de ocupação profissional ou função (inciso II do art. 150 da CF).

O *princípio* (regra) *da prévia existência da norma* (*inadmissibilidade da retroação*) instituidora ou aumentadora do valor do tributo. Não é possível fazer incidir exigência tributária antes da existência da norma que a tenha instituído ou aumentado. Não é possível falar em retroatividade quando da instituição de tributo. Claro, se não havia o tributo não é possível fazer retroagir o fato gerador. Em relação ao aumento prevalece o princípio. Deste decorre o da *tipicidade*, ou seja, a hipótese de incidência deve conter todos seus elementos, o que torna típico o tributo.

O *princípio (regra) da anterioridade*, ou seja, não se pode instituir ou aumentar tributo que possa ser exigido no mesmo exercício em que instituído ou aumentado (alínea "b" do inciso III do art. 150). Instituído ou aumentado o tributo no mês de março,

---

[10] OLIVEIRA, Regis Fernandes de. *Receitas não tributárias (taxas e preços públicos), op. cit.*, p. 82.

somente pode ser exigido a partir de janeiro do exercício seguinte. A norma tributária é vocacionada a alcançar fatos geradores ocorrentes apenas no exercício posterior ao em que a norma viger. A regra não se aplica aos impostos de importação, exportação, produtos industrializados e operações de crédito, câmbio e seguros (incisos I, II, IV e V do art. 153); no caso de guerra iminente (inciso II do art. 154) e no caso de despesas decorrentes de calamidade pública e guerra externa ou sua iminência (inciso I do art. 148), nos exatos termos do que dispõe o §1º do art. 150. Como bem anota Luciano Amaro, "alguns tributos escapam à aplicação do princípio da anterioridade. Trata-se de exações que, por atenderem a certos objetivos extrafiscais (política monetária, política de comércio exterior), necessitam de maior flexibilidade e demandam rápidas alterações".[11] As exceções significam que a exigência tributária no tocante às contribuições pode entrar em vigor no mesmo exercício, mas 90 dias após a instituição ou majoração (§6º do art. 195).

O inciso III, "c", do art. 150 da CF, acrescentado pela Emenda Constitucional nº 42/2003, estabeleceu que não se pode cobrar tributos "antes de decorridos 90 (noventa) dias da data em que haja sido publicada a lei que os instituiu ou aumentou, observado o disposto na alínea 'b'".

O inciso IV do art. 150 proíbe que haja cobrança de tributo com efeito de confisco. É o *princípio (regra) do não confisco* (sobre o tema, v. excelente livro de Estevão Horvath).[12] Significa que o montante do tributo não pode ser de tal forma que imponha o não pagamento, pela insuficiência de capacidade contributiva, ou que, ao longo do tempo, implique a tomada de qualquer bem por parte do Estado.

Há *a regra da liberdade de tráfego de pessoas ou bens*, que não pode ser limitada em decorrência de tributos interestaduais ou intermunicipais (inciso V do art. 150). O pedágio não entra na restrição, não só por disposição expressa (observar o dispositivo em comento), bem como por se cuidar de exploração de patrimônio público. Por estarmos em Estado Federal, nenhuma restrição, ainda que tributária, pode impedir a locomoção de pessoas ou bens. Nenhum sentido teria, por estarmos num só país, proibir que pessoas pudessem ter livre deslocamento para outra região. Seria odiosa discriminação. Diga-se o mesmo em relação aos bens. É que nada impede que, produzidos em dado Estado, sejam vendidos em outro. Ao contrário, encontra amparo econômico e social.

A regra da capacidade contributiva emerge do concerto constitucional como absolutamente justo. Segundo Ricardo Lobo Torres o princípio manda que "cada qual pague o imposto de acordo com a sua riqueza, atribuindo conteúdo ao vetusto critério de que a justiça consiste em dar a cada um o que é seu (*suum cuique tribuere*) e que se tornou uma das 'regras de ouro' para se obter a verdadeira justiça distributiva". Em tese, os mais ricos pagam mais tributo, enquanto os mais pobres suportam carga menor. No entanto, em decorrência de leis de privilégio, tal fato não ocorre. No Brasil, os servidores públicos e os assalariados pagam, com certeza, uma vez que o desconto do imposto de renda é na fonte. Outros, através de inúmeras isenções e incentivos fiscais, deixam de pagar imposto, o que cria odiosas situações.

Chegar-se a um sistema adequado e correto é trabalho de análise financeira e de complexos mecanismos de arrecadação.

---

11 AMARO, Luciano. *Direito tributário brasileiro*. São Paulo: Saraiva, 1997, p. 121.

12 HORVATH, Estevão. *O princípio do não confisco no direito tributário*. São Paulo: Dialética, 2002.

Em verdade, cada qual deve pagar de acordo com sua capacidade econômica. Deve contribuir na proporção de suas rendas e haveres.

10.7 Regras decorrentes do princípio federativo. A regra da unanimidade na concessão de estímulos fiscais

Embora o princípio federativo não seja especificamente incidente sobre os princípios tributários, uma vez que alcança todo o âmbito de incidência do ordenamento jurídico, dele decorrem alguns princípios importantes.

A regra da uniformidade sobre todos os tributos vem expressamente determinado (inciso I do art. 151 da CF), ou seja, não há possibilidade de se dar preferência ou distinção a qualquer pessoa ou bem em relação ao Estado, Distrito Federal ou Município em detrimento de outro. O que se admite são incentivos fiscais. No entanto, mesmo em relação a estes há restrições previstas na Lei de Responsabilidade Fiscal (Lei Complementar nº 101/2000).

Há *a regra da intributabilidade das obrigações da dívida pública* pela União dos demais entes federados, bem como da *remuneração e proventos dos respectivos agentes públicos* "em níveis superiores aos que fixar para suas obrigações e seus agentes" (inciso II do art. 151).

Não pode a União instituir isenções de tributos da competência dos Estados, do Distrito Federal ou dos Municípios (inciso III do art. 151). É *a regra da inadmissibilidade das isenções restritivas a entes federativos menores.*

Por fim, em obediência ao princípio federativo, a Constituição proíbe que Estados, Distrito Federal e Municípios estabeleçam diferença tributária entre bens e serviços, de qualquer natureza, em razão de sua procedência ou destino (art. 152).

O Estado Federal deve funcionar sem ódios, sem restrições, sem limitações de origem ou destino. Logo, ampla é a circulação de todos e de tudo, sem qualquer possibilidade de restrições ou limites.

O problema adquire nova visão à vista da vigência da EC nº 132/2023, que unificou alguns tributos federais, estaduais e municipais. Logo, há restrição à concessão de benefícios tributários por entes federativos. O problema passa a ser do Comitê Gestor e da forma como está organizado.

10.8 Imunidade

No dizer de Pontes de Miranda, "a regra jurídica de imunidade é regra jurídica no plano da competência dos Poderes Públicos – obsta à atividade legislativa impositiva, retira do corpo que cria impostos qualquer competência para pôr na espécie".[13] A imunidade significa a inadmissibilidade da instituição da hipótese de incidência do imposto. Imunidade é a proibição ao poder impositivo. O legislador não pode exercer sua competência, porque esta não lhe foi dada. O problema situa-se no plano da competência, isto é, a Constituição impede que o legislador possa instituir ou criar o tributo. No dizer de Luciano Amaro, é "a qualidade da situação que não pode ser atingida

13 MIRANDA, Pontes de. *Comentários à Constituição de 1946*. v. 1. São Paulo: Max Limonad, 1953, p. 156.

pelo tributo, em razão de norma constitucional que, à vista de alguma especificidade pessoal ou material dessa situação, deixou-a fora do campo sobre que é autorizada a instituição do tributo".[14] Na precisa lição de Aliomar Baleeiro, "a imunidade é de ordem constitucional e dirige-se ao legislador tributário, impedindo-o de decretar tributos, geralmente impostos, nos casos expressos".[15]

O legislador não pode criar o imposto. Não tem competência para fazê-lo. A Constituição, ao dispor sobre os tributos e distribuir as competências entre os entes federativos, entendeu de não admitir a instituição de impostos sobre certos fatos. Assim, não pode instituí-los sobre patrimônio, renda ou serviços dos demais entes federados (alínea "a" do inciso VI do art. 150 da CF). É o que se denomina de *intributabilidade recíproca*. A União não pode tributar patrimônio, renda ou serviços de Estados, Distrito Federal e Municípios, bem como estes não podem instituir impostos sobre o patrimônio, renda ou serviço da União. A imunidade aqui prevista alcança as autarquias e as fundações instituídas e mantidas pelo Poder Público, "no que se refere ao patrimônio, à renda e aos serviços, vinculados a suas finalidades essenciais ou às delas decorrentes" (§2º do art. 150). O dispositivo apenas imuniza as autarquias e fundações, não servindo para as sociedades de economia mista e empresas públicas, que têm figurino privado e, pois, sujeitas às exigências tributárias (§2º do art. 173).

De outro lado, a vedação não se aplica ao patrimônio, à renda e aos serviços "relacionados com exploração de atividades econômicas regidas pelas normas aplicáveis a empreendimentos privados, ou em que haja contraprestação ou pagamento de preços ou tarifas pelo usuário, nem exonera o promitente comprador da obrigação de pagar imposto relativamente ao bem imóvel" (§3º do art. 150). Como se vê, a imunidade é restritiva. Se o bem estiver destinado a exploração econômica – por exemplo, prestação de serviços de transporte coletivo –, pode haver a cobrança dos impostos.

O STF entendeu haver imunidade recíproca de IPTU sobre imóveis cedidos pela União afetados a uso particular nos RE nºs 594.015, 601.720 e 434.251.

Descabe incidência de impostos sobre templos de qualquer culto (alínea "b" do inciso VI do art. 150). A Constituição assegura a liberdade de consciência e de crença (inciso VI do art. 5º), "sendo assegurado o livre exercício dos cultos religiosos e garantida, na forma da lei, a proteção aos locais de culto e a suas liturgias". A liberdade de crença envolve a intributabilidade dos templos. A liberdade religiosa não é somente íntima ou interior. Deve ser exterior, e, pois, ainda que se possa pregar em praças públicas, deve o crente ter local garantido onde possa exteriorizar seus valores religiosos. Caso se permitisse a exigência de impostos, poderia o poder político exacerbá-los a ponto de impedir ou dificultar o exercício de um direito constitucional. Na sequência, seria permitir o leilão de templos, o que se constituiria em inadequado procedimento, embora haja separação entre o temporal e o religioso. No entanto, a Constituição impede qualquer ingerência ou intervenção sobre o templo religioso, de qualquer culto.

Imunes são o patrimônio, a renda e os serviços dos partidos políticos, inclusive suas fundações, das entidades sindicais dos trabalhadores, das instituições de educação e de assistência social, sem fins lucrativos, atendidos os requisitos da lei (alínea "c"

[14] AMARO, Luciano. *Direito tributário brasileiro, op. cit.*, p. 145.

[15] BALEEIRO, Aliomar. *Direito tributário brasileiro*. 11. ed. Rio de Janeiro: Forense, 2004, p. 518.

do inciso VI do art. 150). A justificativa da imunidade parece óbvia. Impede que haja perseguição política por parte de qualquer partido que assuma o poder. Eventualmente, poder-se-iam instituir impostos, de forma a impossibilitar o funcionamento da Oposição.

É essencial, em relação às instituições de educação e de assistência social, que não tenham finalidade lucrativa – o que não se confunde com gratuidade. Essenciais afiguram-se a finalidade pública e a ausência de capacidade contributiva. Podem ser destinadas exclusivamente a seus empregados. Nos exatos termos do art. 194 da CF, "a seguridade social compreende um conjunto integrado de ações de iniciativa dos Poderes Públicos e da sociedade, destinadas a assegurar os direitos relativos à saúde, à previdência e à assistência social". Sendo assim, a entidade que busque tal finalidade e não tenha fins lucrativos encontra-se albergada pela norma imunizante.

As pessoas jurídicas relacionadas nas alíneas "b" e "c" do inciso VI do art. 150 da CF apenas se beneficiam da imunidade em relação a seu patrimônio, renda e serviços desde que "relacionados com as finalidades essenciais das entidades nelas mencionadas". Por consequência, a casa de moradia do pastor ou a casa paroquial do padre, o barracão da mãe de santo ou do pai de santo ou de qualquer sacerdote não estão amparados. Excelente análise faz Sacha Calmon Navarro Coêlho ao afirmar que, "desde que uns na sociedade possuam fé comum e se reúnam em lugar dedicado exclusivamente ao culto de sua predileção, este lugar há de ser um templo e gozará de imunidade tributária. Os terreiros da religião afro-brasileira funcionam, muitas vezes, agregados à casa do pai de santo. Comumente é um barracão nos fundos do terreno. Pois bem, a imunidade colhe apenas o barracão. E a casa do padre? Esta também não goza de imunidade. Não é templo, é moradia".[16]

A imunidade também alcança "os livros, jornais, periódicos e o papel destinado à sua impressão" (alínea "d" do inciso VI do art. 150). Questão interessante é saber se os livros, jornais e periódicos podem ter finalidade imoral ou contrária aos bons costumes, e ainda assim estariam alcançados pela regra impeditiva. O constituinte não excluiu qualquer hipótese, nem outorgou ao intérprete qualquer critério restritivo de aferição. A norma é incondicionada. Aliás, há casamento pleno com o inciso IX do art. 5º da CF. A revista técnica está imune.[17]

10.9 Aspectos da hipótese de incidência

A hipótese de incidência é a previsão abstrata do nascimento da obrigação tributária. Em linguagem sempre precisa, Geraldo Ataliba ensinava que há "dois momentos lógicos (e cronológicos): primeiramente, a lei descreve um fato e di-lo capaz (potencialmente) de gerar (dar nascimento a) uma obrigação. Depois, ocorre o fato; vale dizer: acontece, realiza-se".[18]

A *hipótese de incidência*, pois, contém a descrição de fatos que podem dar origem à obrigação de pagar o tributo. No dizer de Ataliba, a hipótese de incidência "é primeiramente a descrição legal de um fato: é a formulação hipotética, prévia e genérica,

---

16 COÊLHO, Sacha Calmon Navarro. *Curso de direito tributário brasileiro*. 3. ed. Rio de Janeiro: Forense, 1999, p. 269.

17 *RTJ*, 72/189 e 87/608.

18 ATALIBA, Geraldo. *Hipótese de incidência tributária, op. cit.*, p. 55.

contida na lei, de um fato (é o espelho do fato, a imagem conceitual de um fato: é seu desenho)".[19] A ocorrência fática é o *fato gerador*, isto é, a verificação, na realidade empírica, da ocorrência de um fato captado pela norma do qual se origina a obrigação de efetuar o pagamento do tributo.

Quando da ocorrência do fato imponível, isto é, do fato previsto como gerador da obrigação tributária, opera-se a *subsunção*, ou seja, o fato é captado pela hipótese da norma e, pois, trazido para o mundo jurídico, estabelecendo-se uma consequência. Diz Ataliba que "subsunção é o fenômeno de um fato configurar rigorosamente a previsão hipotética da lei".[20]

O *aspecto pessoal da hipótese de incidência* identifica os sujeitos passivo e ativo da relação tributária. Do lado ativo, em princípio, encontra-se o Poder Público titular da competência e credor da obrigação tributária (são os entes públicos). Do passivo, o contribuinte ou o devedor da obrigação tributária. É a pessoa física ou jurídica que desencadeia a materialidade do fato previsto como gerador da obrigação. A lei deve identificá-los com precisão.

O *aspecto temporal* da hipótese de incidência prevê o momento da ocorrência do fato gerador. A lei deve descrever, com exatidão, quando nasce a obrigação do pagamento do tributo. Há a fotografia do momento e de suas circunstâncias. O legislador prevê um momento temporal exato em que o devedor fica obrigado ao pagamento do tributo. *Tempus regit factum*.

O *aspecto espacial* significa onde nasce a obrigação tributária. Mercadorias e pessoas mudam de lugar a todo instante. É importante, pois, que a lei indique não só o momento, mas o local onde surge o fato imponível. Discute-se, recentemente, onde deve ser pago o ICMS, se no local da origem da mercadoria ou em seu local de destino. Tal fato tem relevância absoluta para a cobrança do tributo e para o enriquecimento ou empobrecimento de determinados Estados. Daí sua relevância.

O *aspecto material* ganha relevo, uma vez que identifica o que será tributado: a propriedade imobiliária, o patrimônio, a renda, a produção, o consumo, os serviços, etc.

A *base imponível* ou *base de cálculo* é o fator mensurável sobre o qual incidirá a exigência do tributo. Por exemplo, o valor da mercadoria, o valor venal do imóvel, seu valor fundiário, etc.

Alíquota "é o percentual incidente sobre a base de cálculo, ou um valor prefixado para os chamados tributos fixos".[21] A alíquota fornece o quanto a pagar. Incide sobre a base de cálculo. Por exemplo, no ICMS a lei estabelece um percentual, imaginemos de 17%, a incidir sobre o valor da mercadoria, que dará o montante a pagar.

10.10 Isenção. Incidência e não incidência. Anistia. Remissão

O poder de isentar decorre do poder de tributar. Enquanto a imunidade vem prevista na Constituição, a isenção decorre de lei. Outrora a isenção amparava odiosos privilégios e tinha cunho político. A infiltração de poderosos nos desvãos do Estado facilitava a

[19] *Idem*, p. 58.
[20] *Idem*, p. 69.
[21] HARADA, Akiyoshi. *Direito financeiro e tributário*. 11. ed. São Paulo: Atlas, 2003, p. 438.

obtenção de favores inconcebíveis. Privilégios como isenções em importações, não tributação de supérfluos, etc. Hoje a isenção tem previsão legal (CTN, art. 176). Isenção significa a não incidência do tributo em decorrência de norma específica. Aclarando o problema: a norma instituidora do tributo sofre um corte em sua incidência, a fim de permitir que em determinadas circunstâncias, e em consequência de fatores existentes, se elimine a exigência tributária. Baleeiro afirma que a isenção "decorre de lei e dirige-se à autoridade administrativa, excluindo do tributo decretado determinadas situações pessoais ou reais".[22] No dizer de Roque Carrazza, "isenção é uma limitação legal do âmbito de validade da norma jurídica tributária, que impede que o tributo nasça".[23]

As isenções podem ser gratuitas, isto é, sem qualquer contraprestação do contribuinte, ou onerosas, quando concedidas a termo, sob contraprestação ou sob obrigação de investimento (art. 179 do CTN). Se condicional, a isenção gera direito ao contribuinte (art. 178 do CTN) e, ainda que revogada, garante direito líquido e certo de fruição. As isenções não condicionadas ou concedidas por prazo indeterminado podem ser revogadas, sem gerar direitos.

Também podem ser subjetivas ou objetivas. As primeiras excluem a incidência sobre certas pessoas indicadas na lei. As segundas incidem sobre mercadorias ou coisas.

A *incidência* é a previsão deôntica do comportamento. Para que possa nascer o tributo é essencial que o ente político exerça sua competência, elaborando lei que estabeleça a previsão do pagamento. Na preciosa definição de Geraldo Ataliba, "é o fenômeno especificamente jurídico da subsunção de um fato a uma hipótese legal, como consequente e automática comunicação ao fato das virtudes jurídicas previstas na norma".[24]

Não incidência é decorrente da ausência da norma instituidora do tributo. O fato é possível de ser hipótese de incidência tributária. No entanto, o legislador não exerce sua competência, deixando de instituir a possibilidade da cobrança do tributo. Pode fazê-lo a qualquer momento, criando a hipótese de incidência.

Anistia é a exclusão legal de infrações cometidas. O contribuinte que deixa de recolher o tributo, recolhe-o de forma errada ou sonega o pagamento do tributo comete infrações. É, no dizer de Hugo de Brito Machado, "a exclusão do crédito tributário relativo a penalidades pecuniárias".[25] Lei pode eliminar o comportamento infracional, mediante anistia, isto é, concede o perdão da penalidade imposta ao contribuinte ou retira o caráter infracional.[26] Pode ser geral ou limitada (art. 181 do CTN). A geral decorre de lei, diante de certas circunstâncias. A limitada decorre de despacho que atenda a situações descritas na lei.

A *remissão*, na precisa definição de Roque Carrazza, "é o perdão legal do débito tributário".[27] Enquanto a anistia alcança as penalidades impostas, a remissão faz desaparecer o tributo já nascido. Decorre de lei.

---

22 BALEEIRO, Aliomar. *Direito tributário brasileiro, op. cit.*, p. 518.

23 CARRAZZA, Roque. *Curso de direito constitucional tributário*. 31. ed. São Paulo: Malheiros, 2017, p. 1.067.

24 ATALIBA, Geraldo. *Hipótese de incidência tributária, op. cit.*, p. 45.

25 MACHADO, Hugo de Brito. *Curso de direito tributário*, Rio de Janeiro: Forense, 1981, p. 123.

26 Cuidamos do tema em nosso livro *Infrações e sanções administrativas*. 3. ed. São Paulo: RT, 2012, p. 104.

27 CARRAZZA, Roque. *Curso de direito constitucional tributário, op. cit.*, p. 1.108.

10.11 Fiscalidade. Extrafiscalidade (conceito, políticas públicas, os fatores extrafiscais; a Constituição Federal e a extrafiscalidade; o poder de polícia, incentivos ao meio ambiente, incentivos ou desincentivos urbanos; política fiscal; não basta arrecadar, mudança cultural) e parafiscalidade

A *fiscalidade* é o comportamento do Poder Público com único intuito de abastecimento dos cofres públicos. É o poder de instituição de tributos, desprovido de qualquer finalidade que não a arrecadatória.

10.11.1 A extrafiscalidade

Como já se afirmou, a cobrança do tributo é denominada de fiscal e busca seus recursos no patrimônio particular. "Extrafiscalidade é a utilização do tributo como meio de fomento ou de desestímulo a atividades reputadas convenientes ou inconvenientes à comunidade."[28] É ato de política fiscal.

J. R. Caldas Furtado afirma que o tributo é extrafiscal "quando seu objetivo principal não é simplesmente arrecadar divisas para o Tesouro, mas interferir no domínio econômico, sendo instrumento de política econômica".[29]

Já a defini como "a utilização de instrumentos tributários para a tomada de medidas ordinatórias no campo social, político e econômico".[30]

Com o abastecimento de seus cofres o Estado cumpre suas atribuições constitucionalmente previstas. Através do orçamento distribuiu seus recursos de forma a atender ao que a sociedade pede e precisa. São escolas, creches, asfalto, transporte, educação, saúde, etc. Enfim, todas as atribuições que lhe foram constitucionalmente dadas. Há receita, de um lado, e despesa, de outro.

Hoje, apenas atender à despesa prevista não basta. A ordem econômica (art. 170 da CF/1988) exige mais. Ao lado de seu papel de partícipe na economia, tem atribuições maiores, como induzir a produção econômica. Dificilmente poderia participar como participante exclusivo, porque a economia no Brasil é livre a particulares. Mas nada impede que o Estado a estimule, a incentive, a induza e, por vezes, dependendo de seu interesse, tal como constitucionalmente previsto, intervenha e participe.

Não se pode negar que o tributo tenha um fundamento ético. Como bem afirma Alberto Deodato, "há impostos cuja finalidade não é render: é deixar de render, nada arrecadar para o Fisco. Quando se estabelece um imposto contra o luxo ou contra o álcool; quando se cria uma tarifa alta para certas mercadorias importadas; quando se diminui o imposto sobre as novas construções, não se tem em vista arrecadar, aumentar a receita. A finalidade é impedir o luxo, a bebida e a importação excessiva e incentivar as construções. Entre o dinheiro que devia entrar para o Fisco e os efeitos do não rendimento, o Estado prefere a segunda hipótese".[31]

---

28 MEIRELLES, Hely Lopes. *Finanças municipais*. São Paulo: RT, 1979, p. 57.

29 FURTADO, J. R. Caldas. *Direito financeiro*. 3. ed. Belo Horizonte: Fórum, 2012, nº 5.7.2.3, p. 352.

30 OLIVEIRA, Regis Fernandes de. *Taxas de polícia*. 2. ed. São Paulo: RT, 2004, p. 68.

31 DEODATO, Alberto. *Manual de ciência das finanças*. São Paulo: Saraiva, 1974, p. 116.

Nas hipóteses imaginadas pelo autor o tributo não tem finalidade de tão somente abastecer os cofres ou de seu desabastecimento, mas é o Estado utilizando de seu poder de tributar para incentivar comportamentos ou desestimular outros. Hely assevera que "os tributos são usados como instrumento auxiliar do poder regulatório do Estado sobre a propriedade particular e as atividades privadas que tenham implicações com o bem-estar social".[32]

O Estado que se originou da mera repressão dos conflitos particulares passou a ter, modernamente, não apenas o papel de agente burocrático e contábil de administrador de receitas e despesas. Ao contrário, passa a ter novas atribuições na sociedade contemporânea.

Em cumprimento às suas funções, pode e deve agir para orientar comportamentos e desestimular outros. Pode aumentar, como se viu, o imposto de importação para auxiliar o produtor interno. Hoje, inclusive, há confrontos diários com a China, por exemplo, que por força tenta impor desenvolvimento a qualquer custo, desonera a produção ou deixa de pagar direitos trabalhistas, o que lhe permite concorrer contra produtos de inúmeros países. Tal fato envolve a defesa que deve fazer o Brasil de seu patrimônio e de sua produção. Utiliza, pois, o imposto de importação com caráter extrafiscal.

De outro lado, pode forçar proprietários de terrenos que não possuem muro de fecho aumentando o IPTU para constrangê-los a realizar a obra. Eleva o ICMS sobre bebidas alcoólicas não apenas para aumentar a receita, mas para desestimular o consumo.

Ao estudar o que rotula de *ecofiscalidad*, Horacio Guillermo Corti esclarece que há diversas formas de estimular a manutenção do meio ambiente e evitar sua degradação, e "la tarifa del impuesto debe ser determinada por los objetivos fundamentales y nor por consideraciones fiscales".[33]

Em suma: a arrecadação tributária tem que estar conectada com os *reais interesses da população*. Já não basta ser diligente na cobrança dos tributos e manter toda uma estrutura de arrecadação tributária com privilégios orçamentários (inciso XXVII do art. 37 da CF/1988). É essencial que o olhar do administrador se dirija aos objetivos essenciais de políticas públicas.

10.11.2 As políticas públicas

As políticas públicas estão vivamente acostadas com a extrafiscalidade. O estabelecer e direcionar recursos para as populações mais carentes, desenvolver setores que são insuficientes, estimular outros que estão abandonados, constituem finalidades primeiras do bom administrador. Administrar com recursos é relativamente fácil quando há aliança com honestidade. Os problemas surgem quando o Poder Público abandona setores de que deve cuidar.

Todos fazem política a todo tempo. Na medida em que o homem se relaciona com outros e não pode matá-los nem pode praticar qualquer violência sobre eles ou outro grupo, por força da repressão estatal, tem que conviver com todos. A convivência já impõe uma série de limitações e abstenções nos comportamentos. Isso já é política.

---

32 MEIRELLES, Hely Lopes. *Finanças municipais, op. cit.*, p. 58.

33 CORTI, Horacio Guillermo. *Derecho financiero*. Buenos Aires: Abeledo-Perrot, 1997, p. 279.

Quando se conversa com as pessoas e do diálogo nascem algumas soluções possíveis, isto também é política. Quando você participa das discussões de seu condomínio, de soluções para sua família, quando participa de clubes, academia, entidades religiosas, culturais, etc., tudo é política.

Quando, no entanto, se cuida de qualificar a política e tê-la como pública, tal fator envolve significação que inclui a coletividade. Guimarães Rosa, com seu linguajar notável, deixou claro que "viver é muito perigoso; e não é não. Nem sei explicar estas coisas. Um sentir é o do sentente, mas outro é o do sentidor" (*Grande Sertão Veredas*). Na sequência diz que "tudo é pacto. Todo caminho da gente é resvaloso". O notável autor dá mostra de como é difícil a convivência. Pior, ainda, é cuidar do coletivo. Levinas entende que estamos junto com o outro, pois "a coletividade em que eu digo 'tu' e 'nós' não é um plural de 'eu'".[34] Não estamos sozinhos. Estamos com o outro, e todos sob o Estado. Este é o Leviatã que temos que encarar, sempre na busca de fazê-lo cumprir seus deveres constitucionais.

Ao se falar, pois, de política pública abandona-se o individual para se cuidar do coletivo. Ao cuidar de coletividade, tem que existir alguém que comanda. Caso contrário, estaríamos na presença do caos. Há que existir uma ordem, regramento de obediência para que a convivência seja possível, ordenada, evitando-se confrontos. A busca do poder é inerente à comunidade. É o que apontamos como pacto de subjugação.

Na opinião de Foucault, o poder se dilui em inúmeras relações. O autor abandona a ideia de um poder concentrado. Encontram-se relações de poder, e não o poder unificado sob o mando de alguém. No entanto, não podemos desconhecer a existência de um poder jurídico que concentra a emanação coercitiva de ordens. Da mesma forma não podemos ignorar que em todas as relações humanas prevalecem e existem confrontos pelo poder (clubes, associações, sindicatos, etc., que dão bem a ideia do que se refere).

No caso que estamos examinando volta-se à noção de poder central que impõe tributos, exige-os, cobra-os e os destina de acordo com a conexão com as despesas previamente estabelecidas.

Ocorre que, da mesma forma em que se estipula no que se deve gastar, os microssistemas de poder que estão na sociedade podem conduzir a tomada da decisão central para outras direções. Sindicatos podem rebelar-se; associações buscam outros modelos de atuação; indígenas buscam manter as áreas que já possuem e pleiteiam amparo fiscal; o denominado agronegócio se rebela com a falta de proteção e com a tributação excessiva; corporações se revoltam com incidências tributárias. Enfim, há uma mistura de interesses dentro das diversas relações de poder.

Embora a política envolva a busca do poder, há um confronto de poderes na sociedade. Dentro da estrutura que se colocou. Uma estrutura hierárquica e outra vertical ou circular, como queiram. Em verdade, elas entram em sintonia e, ao mesmo tempo, em confronto.

Em apropriada análise, João Ricardo Catarino afirma que "convém reter que o fenômeno financeiro é social porque permeia a atividade de todos e cada sujeito,

[34] LEVINAS, Emmanuel. *Totalidade e infinito*. Lisboa: Edições 70, 2008, p. 25.

influindo de diversos modos na sua vida pessoal e profissional. Mas é também político, porque envolve a ação dos órgãos do Poder Público".[35]

É sob tal óptica que se pretende visualizar o problema da extrafiscalidade. Sob o ângulo do confronto de interesses. Nem sempre, como se disse, o Estado é livre para atender a determinadas reivindicações. Por vezes é forçado.

É inviável analisar o problema, hoje, sem o estudo dos sentimentos e dos afetos humanos.

10.11.3 Os fatores extrafiscais

O *poder de polícia* e tudo que possa influenciar a adoção de medidas extrafiscais entra na composição da decisão política. A globalização reduziu o âmbito de atuação de cada Estado. Envolveu limitação das decisões, porque as tomadas em outros países podem repercutir fortemente no Brasil. A sujeição a órgãos internacionais (OMC, OIT, etc.) obriga a que o país não só atenda aos fatores endógenos, como também se submete a circunstâncias exógenas. Impõe-se a proteção da produção nacional agrícola ou fabril, e, pois, utiliza-se o imposto de importação para dosagem de ingresso de mercadorias estrangeiras concorrentes no Brasil ou se eliminam entraves para a exportação de produtos nacionais.

O *combate ao luxo ou sua facilitação* são fatores de influência. A concorrência com patentes estrangeiras de remédios caros. Tudo leva, eventualmente, à quebra das patentes, à isenção de tributos sobre medicamentos genéricos, etc. A produção de alimentos mais nutritivos, bem como a importação de produtos ou remédios que combatem a obesidade, tudo deve ser considerado.

A fragmentação de latifúndios para combater a ociosidade na exploração de terras; os incentivos para que se produza mais e melhor e produtos agrícolas mais diversificados também estão na pauta de decisão dos governos.

Eventualmente, pode haver incentivos à natalidade ou sua limitação diante de problemas demográficos que pode estar vivendo o país. É recorrente, por exemplo, que o estímulo do "Bolsa Família" tenha levado as famílias a estimularem a procriação, com o que receberiam mais recursos. Tal deve ser desestimulado ou se constitui desvio dos objetivos primeiros do programa.

O estabelecimento de novas indústrias pode contar com incentivos fiscais de partilha de tributos, de isenções tributárias ou de empréstimos a juro subsidiado. Tudo faz parte de políticas fiscais extrafiscais.

Estímulos para construção de casas destinadas a populações carentes.

Permissão restritiva para jogos de azar. Incentivo à instalação de cassinos e outros jogos em estabelecimentos apropriados, objetivando o incentivo ao turismo.

Tributação sobre grandes fortunas, com o que se evita a concentração de grandes riquezas e a vinda de recursos particulares para o mercado produtor.

A tributação de grandes heranças, de forma a desestimular também a concentração de fortunas e sua apropriação pelo Estado ou pela doação a entidades de benemerência

35 CATARINO, João Ricardo. *Finanças públicas e direito financeiro*. Coimbra: Livraria Almedina, 2012, p. 94.

dos recursos advindos da ociosidade de famílias. Aristóteles apontava as diferenças sociais como causa de competições políticas.[36]

Tais fatores analisados em conjunto fornecem boa visão de como deve ser efetivada a extrafiscalidade.

Políticas públicas adequadas, bem dialogadas com a sociedade, e incentivos fiscais destinados à extinção dos gargalos do desenvolvimento nacional serão bem-vindos.

É notório que o país não tem infraestrutura de portos e aeroportos, bem como de estradas, hidrovias, etc. Nada mais adequado que a destinação de recursos para incentivo na construção de tais estruturas essenciais para o desenvolvimento.

O poder de polícia é inerente à soberania[37] e privativo do Poder Público. "Constituiu-se em imposição de restrições ou limitações aos administrados",[38] não é insitamente nem discricionário nem vinculado e se manifesta por atos e regulamentos.

Através dele se pode dar finalidade extrafiscal às taxas.

Vê-se que não apenas o imposto pode ser instrumento extrafiscal, mas também a taxa (espécie tributária) pode ser utilizada como desestímulo ou estímulo a determinados comportamentos. A manipulação da taxa de serviço de coleta de lixo, por exemplo, pode ensejar mudança de comportamento do contribuinte.

10.11.4 A Constituição Federal e a extrafiscalidade

Leitura mais apressada poderia ensejar a conclusão de que a Constituição Federal não ampara o uso de tributos para atividades extrafiscais ou de conformação de comportamentos, o que adquire cunho social. É o contrário, como veremos.

Ao cuidar especificamente dos tributos, a CF determina, na alínea "d" do inc. III do art. 146, que deve haver "tratamento diferenciado e favorecido para as microempresas e para as empresas de pequeno porte". Vê-se, claramente, que o legislador optou por privilegiar e amparar tais empresas com tratamento tributário diferenciado. De igual maneira, pode haver instituição de impostos mais simples, como recolhimento unificado e opcional para o destinatário da norma (parágrafo único do mesmo artigo).

O art. 146-A dispõe que "lei complementar poderá estabelecer critérios especiais de tributação, *com o objetivo de prevenir desequilíbrios da concorrência*" (grifos nossos). O texto é de suma importância, porque evita a concorrência lesiva.

Poderá a União intervir, também, mediante instituição de contribuições sociais no domínio econômico (§2º do art. 149).

O impedimento de "utilizar tributo com efeito de confisco" (inc. IV do art. 150) é outra norma de efeito extrafiscal, porque limita o poder tributante.

O §6º do art. 150 prevê as formas através das quais se podem dar incentivos fiscais e exige lei específica.

O imposto de importação de produtos estrangeiros, o de exportação, o de produtos industrializados e o de operações de crédito ficam atendidos pela possibilidade de o Poder Executivo "alterar as alíquotas" (§1º do art. 153).

---

[36] ARISTÓTELES. *Política*. Livro VI, Capítulo III, §1º, e Livro III, Capítulo V, §7º.

[37] NOGUEIRA, Ruy Barbosa. *Comentários à Constituição Federal brasileira*. v. 5, p. 314; ATALIBA, Geraldo, *in RDP*, 9/47.

[38] OLIVEIRA, Regis Fernandes de. *Taxas de polícia, op. cit.*, 2004.

O IPI obedece a uma sistemática própria (§3º do art. 153), com o que se beneficia a exportação dos produtos nacionais, não alcança bens de capital e é seletivo (inciso I). Tais fatores tornam o tributo altamente extrafiscal.

O imposto sobre a propriedade rural é progressivo, "de forma a desestimular a manutenção de propriedades improdutivas" (inciso I do §4º do art. 153), ao mesmo tempo em que não incide sobre "pequenas glebas rurais, definidas em lei, quando as explore o proprietário que não possua outro imóvel" (inciso II do §4º do art. 153).

O quadro apenas esboçado dos tributos federais dá bem a ideia de como se pode utilizá-los para atendimento de importantes soluções nos campos social, cultural, político, ecológico, etc.

Ademais, na função de regulador, incentivador e indutor da atividade econômica (art. 174), o Estado pode intervir na economia através do uso de tributos para induzir, favorecer ou dificultar a prática da atividade econômica. Sem dúvida, o uso dos tributos para incentivos ou desincentivos é extremamente importante para a atividade estatal.

Deverá o Estado, de igual forma, dar às microempresas e às empresas de pequeno porte "tratamento jurídico diferenciado, visando a incentivá-las pela simplificação de suas obrigações administrativas, tributárias, previdenciárias e creditícias", inclusive eliminando exigências ou tributação (art. 179).

Não se pode esquecer dos incentivos ao turismo, tal como prevê o art. 180 da CF/1988.

No que se refere à política urbana, cabem restrições às propriedades ociosas, podendo o Estado determinar, além de providências administrativas (inciso I do §4º do art. 182) de parcelamento ou edificação compulsórios, a tributação sobre a "propriedade predial e territorial urbana" progressiva no tempo (inciso II do §4º do art. 182). Já nos debruçamos sobre o tema em nosso *Comentários ao Estatuto da Cidade*.[39]

Cabe a isenção de impostos federais, estaduais e municipais sobre "as operações de transferência de imóveis desapropriados para fins de reforma agrária" (§5º do art. 184). Tal providência estimula a desapropriação para fins de reforma agrária. Num país tão grande quanto o Brasil é bastante razoável que assim se proceda.

Para o pleno atendimento à política agrária cabe a manipulação de "instrumentos creditícios e fiscais" (inciso I do art. 187).

Em relação à seguridade social igualmente a Constituição Federal mostrou-se bastante flexível em permitir benefícios fiscais (art. 195). Diga-se o mesmo em relação à previdência social (art. 201) e à assistência social (arts. 203 e 204).

Os serviços de saúde têm contado com recursos próprios, constituindo-se exceção à vedação obrigatória de recursos orçamentários (exceção ao princípio da não vinculação).

O ensino, tal como a saúde, tem recursos próprios (outra exceção ao princípio da não vinculação orçamentária), tal como dispõe o art. 212 da CF/1988.

A cultura gozará de incentivos, na forma prevista no §3º do art. 216. O desporto também (§3º do art. 217). A ciência e a tecnologia seguem a mesma orientação (art. 218).

---

[39] OLIVEIRA, Regis Fernandes de. *Comentários ao Estatuto da Cidade*. 2. ed. São Paulo: RT, 2005.

10.11.4.1 Incentivos ao meio ambiente

O meio ambiente goza de proteção especial "para as presentes e futuras gerações" (art. 225). Como ensina Horacio Corti: "A partir de los trabajos ya clásicos sobre economía del bienestar de Pigou, se ha propuesto el establecimiento de un impuesto sobre el contaminador que grave su actividad de manera proporcional al daño marginal que causa el nivel eficiente de producción".[40] Outra forma de incentivo "es la de *pagar* al contaminador para que deje de hacerlo".[41]

A partir de tais ideias do jurista argentino, pode-se afirmar que o meio ambiente tem que gozar de sólida proteção do Estado, com especial atenção ao caráter intergeracional.

Evidente que o mundo todo precisa de água, de floresta para a respiração transcontinental, da limpeza dos oceanos, da manutenção de flora e fauna. Tudo é importante para que tenhamos um meio ambiente equilibrado em benefício de todos. Toda degradação ambiental deve sofrer fiscalização, limitações, restrições e sanções necessárias para que o meio ambiente seja preservado.

Para tanto, há sanções que se estabelecem no campo administrativo sobre o desmatamento, deterioração de nascentes, maltrato ou morte de animais, tudo de forma a manter a vida animal e vegetal sobre a terra.

De outro lado, não só as sanções servem de desincentivo. Mas incentivos fiscais podem se constituir em sólido instrumento que beneficie a manutenção de mananciais, por exemplo, ou a preservação de matas. A desoneração tributária pode ser bem utilizada, ou a tributação exacerbada também pode servir de desestímulo a determinadas práticas.

Quando se fala em meio ambiente estamos pensando em termos mais amplos possíveis. É a forma de preservação de toda forma de vida existente no Planeta. O patrimônio genético deve gozar de proteção especial. A preservação das diferentes espécies animais e vegetais que cobrem nossas matas, e não só nas matas, as florestas gigantescas que o Brasil possui, tudo deve ser devidamente preservado e combatida sua degradação.

Neste passo, o tributo pode ser poderosa forma de estímulo a que boas práticas sejam desenvolvidas e também que más práticas sejam castigadas e desestimuladas. Pode-se, evidentemente, combinar o desenvolvimento agrícola e pecuário com a preservação de matas e nascentes de água.

Exonerar tributos sobre pequenos fazendeiros que mantêm matas ciliares, por exemplo, é incentivo não desprezável. Exonerar proprietários de pequenos mananciais para que mantenham a limpidez das fontes também é prática que deve ser incentivada.

Deve haver, evidentemente, compatibilidade lógica entre o que se busca discriminar e o objeto da discriminação na concessão de incentivos ou na aplicação de sanções. Sem a compatibilidade do discrímen qualquer decisão pode ser objeto de impugnação judicial e crítica política.

---

[40] CORTI, Horacio. *Derecho financiero, op. cit.*, p. 279.

[41] *Idem*, p. 280.

10.11.4.2 Incentivos ou desincentivos urbanos

Da mesma forma que os tributos podem interferir fortemente na preservação do meio ambiente, podem ser importante forma de problemas urbanos.

A poluição é, hoje, um dos males que atingem os grandes centros. Ora, pode-se tributar mais fortemente os veículos poluidores que os demais. Tributação pesada sobre a gasolina pode estimular a venda de carros a álcool e, pois, diminuir a poluição nas cidades. As taxas de licenciamento podem ser acrescidas de valores para desestimular o uso de veículos particulares e melhorar o transporte público.

A cobrança de *pedágio* urbano nos centros das grandes Capitais pode desestimular a vinda dos carros para tais cidades.

De igual maneira, as indústrias poluidoras devem ser desestimuladas a operar ou estimuladas à colocação de filtros antipoluentes. Estes poderiam gozar de incentivos fiscais e, mesmo, com a diminuição do imposto predial e territorial urbano.

O lixo, enquanto não for suficientemente tratado pelo Poder Público, pode ser tratado como instrumento de agressão ao meio ambiente urbano. O lixo hospitalar deverá contar com restrições inclusive tributárias.

Para transitar pelas rodovias pode ser estimulado que o condutor deixe sua residência em horários diferenciados, para evitar congestionamentos. O pagamento de IPVA menor, por exemplo, desde que comprove que utiliza a rodovia em horários alternativos. O pedágio também pode ser incentivado. Mais barato em horários de pico.

Supermercados, padarias, farmácias e outros estabelecimentos podem ser desestimulados a utilizar sacos plásticos, que demoram a desaparecer no meio ambiente ou entopem ralos.

Em suma: pode haver uma série de comportamentos que podem ser induzidos para a mudança através de incentivos ou sanções tributárias.

10.11.4.3 A política fiscal

Já se falou em políticas públicas como forma de ação do Estado para cumprimento de suas finalidades. Em tal passo, para que o governante não apenas aja em função de bons sentimentos e com decisões que busquem o bem-estar da população, é imprescindível que saiba utilizar a política fiscal.

Esta é vista como o uso dos tributos não apenas para o desenvolvimento do país no que toca à sua economia, mas também para objetivos sociais, culturais, ambientais, previdenciários, assistenciais, etc. Muda-se, então, o, foco. O Estado Liberal ficaria na primeira hipótese e se dedicaria apenas e tão somente ao atendimento da produção em seu sentido lato, de forma que, andando bem a economia, haveria pleno emprego. A riqueza produziria mais riqueza, e ela seria compartilhada por todos.

Sabidamente, não é assim. Quanto mais o dinheiro busca dinheiro, mais ele procura aumentar. Nem todos pensam em ter a sorte do *Conde de Monte Cristo*, de Alexandre Dumas.

O Estado deve assumir, no esgotamento do conceito de Estado Liberal, funções de intervenção no domínio econômico. Nem sempre na produção de riquezas, mas como seu indutor. Usa, por consequência, os recursos que estão à sua disposição. Fá-lo através de isenções, incentivos, exonerações tributárias. Por vezes o Estado deve assumir a posição de vilão, quando aplica pesadas sanções, objetivando desestimular comportamentos.

10.11.5 Não basta arrecadar. Mudança cultural

Com instrumentos de arrecadação funcionando plenamente, através de servidores competentes e conscienciosos, a máquina de cobrança tributária coloca nos cofres públicos muitos recursos. Todos têm que estar previstos em lei, como já se viu. Ocorrido o fato gerador, nasce a obrigação tributária, e, pois, a obrigação de efetuar o pagamento do tributo. Pode advir de cobrança em folha (na origem) ou para satisfação posterior. De qualquer forma, já nasceu o vínculo que une Estado e contribuinte.

Todos os tributos juntamente com os demais ingressos do Estado (patrimoniais ou advindas de vínculo de direito privado, como se viu) formam uma massa de receitas que dará ao Poder Público um leque de escolhas de onde gastar. Há as denominadas receitas vinculadas (ensino e saúde), por força de eleição do constituinte.

O que remanesce deve ser distribuído através do orçamento anual para as finalidades precípuas do Estado. Estas vêm definidas também na Constituição ou brotam de leis específicas.

De qualquer maneira, ao lado de dispor de seus recursos da melhor forma possível, o Estado tem que ficar atento à maneira de melhor utilizá-los ou de lhes dar o destino condizente com as necessidades. Nem sempre a melhor escolha é simplesmente mais tributar ou deixar de fazê-lo, simplesmente. Daí nasce o Estado indutor.

Há países que têm dificuldades em estruturar ou reestruturar sua equipe de tributação. Esse é um dos fatores que podem implicar dificuldades, o que vai redundar em baixa arrecadação. Outro ponto de dificuldade é a evasão fiscal. Esta se constitui no uso de comportamento ilícito para obstar ao pagamento do tributo. Vejam como as coisas estão vinculadas. Na medida em que tenho estrutura precária de agentes de cobrança, a evasão é uma de suas consequências. Esta terá que ter servidores bem pagos e utilizar fortemente, no mundo de hoje, a Informática.

Possíveis reformas para melhorar o conceito dos países envolve o aumento de despesas com o auxílio aos carentes. Não só os alimentando, mas dando-lhes moradia condigna e emprego regular. Isso só se obtém com a maior participação do Estado no domínio econômico, não como produtor, mas como incentivador (liberação de recursos para construção de casas populares – não só dá o imóvel, como também o emprego).

Outra reforma possível é o término da complexidade da tributação. O fim de privilégios inaceitáveis. A desburocratização de criação e do término de pequenas e médias empresas. A descentralização é importante.

Aumento do número de contribuintes, com redução da complexidade das declarações de rendimentos.

Com a diminuição de favores fiscais a setores específicos, tais como indústrias, pecuária, agricultura e segmentos profissionais.

Tributar mais a renda de capital que a de produção.

Impedir, por todas as formas, a evasão fiscal.

Parece que um dos fortes instrumentos de mudança de atitude é, exatamente, o investimento forte em ensino público de boa qualidade ou o subsídio ao ensino privado de boa qualidade para todos, especialmente para os menos favorecidos.

Somente com a mudança da cultura é que poderemos ter a *conscientização no pagamento dos tributos*. Hoje a cultura é da sonegação, do não pagamento. Por quê? Porque o brasileiro sabe que o que paga não terá destino adequado (falta de políticas públicas claras e eficientes), porque o governo é corrupto (tal consciência está arraigada na cultura da população) e porque os serviços públicos são de péssima qualidade (há ciência de que há desvios de todos os lados).

Tais fatores levam à evasão. Os produtores de qualquer espécie sonegam porque não recebem tratamento adequado, e dizem que se forem efetuar o pagamento de todos os tributos não têm condições de concorrer com o produto externo ou, então, de manter a subsistência da própria empresa.

Ademais, as sanções tributárias não são aplicadas com rigor, e sempre há o "quebra-galho" de retirar da incidência da pena o comportamento praticado. Prevalece a fraude tributária porque é mais cômodo não pagar que se subordinar à fiscalização.

Ao lado disso, há outra cultura, que é a da tolerância com a sonegação. Faz parte do comportamento do brasileiro.

Diga-se o mesmo em relação aos *royalties*, que agora assumem nova dimensão por força da descoberta do pré-sal. Embora leis destinem os recursos para educação e saúde, convém aguardar para sabermos a que ponto será a intervenção efetiva do Estado Federal.

O art. 47 da Lei nº 12.351/2010 destina os recursos advindos do pré-sal para uma série de finalidades sociais. Em verdade, são eles destinados à União, Estados e Municípios a quem caberá dar-lhes a devida destinação. A Lei nº 13.365/2016 não alterou a matéria.

10.11.6 Conclusão

Viu-se que não apenas a tributação é forma de abastecimento dos cofres públicos. É a forma principal, ao lado de outras receitas do Estado. No entanto, recursos podem ser destinados a atividades essenciais do Estado e fazendo-os sobrar, mediante incentivos e sanções a determinadas atividades.

É o que se tem por *extrafiscalidade*. Esta se caracteriza no uso do poder tributário que deixa de ser arrecadatório para estimular ou desestimular comportamentos em benefício de interesses públicos.

Sem embargo da forte influência dos sentimentos humanos na tomada de decisões, há como se dirigir, através de políticas públicas, recursos para o atendimento de objetivos primários do Estado, como seja o de dar respaldo àqueles que dele necessitam. As populações marginalizadas são as primeiras a poder contar com estímulos fiscais e extrafiscais.

Apenas assim é que o Estado dará cabo das atribuições constitucionalmente estabelecidas.

A *parafiscalidade* é fenômeno que atribui ao titular da competência tributária a nomeação de outro sujeito ativo, atribuindo-lhe a disponibilidade dos recursos. Assim, as contribuições previdenciárias (a União delega ao INSS a cobrança e o uso dos recursos; a cobrança de pedágio por concessionárias de uso de obra). No sentir de Geraldo Ataliba, consiste "em a lei atribuir a titularidade de tributos a pessoas diversas do Estado, que os arrecadam em benefício das próprias finalidades".[42]

Antigamente dava-se tal nome às contribuições arrecadadas pelo SESI, SESC, SENAC, SEBRAE, etc. Outrora eram contribuições parafiscais. É o que decorre do art. 240 da CF, ao estabelecer que, ao lado das contribuições sociais, há as "contribuições compulsórias dos empregadores sobre a folha de salário, destinadas às entidades privadas de serviço social e de formação profissional vinculadas ao sistema sindical".

Podemos denominar de tributos (contribuições), apenas para efeitos didáticos, as destinadas a órgãos públicos e de contribuições parafiscais as que se destinam a entidades privadas, nos exatos termos do art. 240 da CF.

10.12 Lançamento. Decadência e prescrição

Segundo o art. 142 do CTN, "compete privativamente à autoridade administrativa constituir o crédito tributário pelo lançamento, assim entendido o procedimento administrativo tendente a verificar a ocorrência do fato gerador da obrigação correspondente, determinar a matéria tributável, calcular o montante do tributo devido, identificar o sujeito passivo e, sendo caso, propor a aplicação da penalidade cabível". Cuida-se de atividade vinculada e obrigatória (parágrafo único do art. 142). Lançamento não é um ato, mas um procedimento. O ato é a manifestação volitiva da Administração Pública. O procedimento é série concatenada de atos. A Administração Pública tem que, primeiramente, detectar, na realidade fática, a ocorrência de um fato que é captado pela norma jurídica de incidência. Uma alienação de um bem, por exemplo. Deste fato resultam consequências jurídicas, e pode ser gerador de uma obrigação tributária. Há, na sequência, uma operação ou série de operações para verificar quem é o sujeito ativo, ou seja, quem pode cobrar o tributo, quem deve pagá-lo, quanto deve pagar, quando nasce a obrigação, etc. Tais atividades da Administração Pública constituem o lançamento.

É bom destacar que não é pacífica na doutrina a questão da natureza jurídica do lançamento. Alguns tributaristas classificam-no como ato jurídico administrativo. Alberto Xavier define-o como "ato administrativo de aplicação da norma tributária material".[43] O complexo de procedimentos anteriores à emissão do ato não é levado em conta. O que vale é o ato em si.

Subsumida a hipótese fática à normativa, deve ser o sujeito passivo notificado da ocorrência do fato gerador para que nasça a obrigação do pagamento. O ato é declaratório da existência de um crédito, do qual nasce a obrigação do pagamento. É, pois, declaratório-constitutivo.

Pode haver o lançamento por *declaração*, ou seja, quando a obrigação é deixada a cargo do sujeito passivo (caso do imposto de renda). Existe o lançamento *por arbitramento* no caso em que os dados de que se vale a Administração são omissos ou não mereçam fé os documentos apresentados pelo sujeito passivo. Faz-se o lançamento, acertando-se, posteriormente, eventual diferença. Há o lançamento *de ofício*, ou seja, quando o Fisco

---

42 ATALIBA, Geraldo. *Hipótese de incidência tributária, op. cit.*, p. 85.
43 XAVIER, Alberto. *Do lançamento.* São Paulo: Resenha Tributária, 1977, p. 58.

aponta ao sujeito passivo o quanto este lhe deve. Ocorrendo dúvida, procede-se à revisão. Por fim, há o lançamento *por homologação*, hipótese em que o montante a pagar e demais dados são prestados pelo contribuinte e a Administração Pública homologa o quanto lhe foi encaminhado.

A Fazenda Pública tem o prazo de cinco anos (art. 173 do CTN) para constituir o crédito tributário. O termo *a quo* é o "primeiro dia do exercício seguinte àquele em que o lançamento poderia ter sido efetuado" (inciso I do art. 173) ou a "data em que se tornar definitiva a decisão que houver anulado o lançamento, por vício formal" (inciso II do art. 173). A primeira hipótese é mais importante. O termo inicial da *decadência* refere-se à constituição do crédito. É a perda do direito que tem o Poder Público de criar a obrigação tributária. Não diz respeito à ação de execução. É a perda do direito de instituir o título de cobrança. O prazo decadencial não se interrompe, nem se suspende.

Constituído o crédito tributário, tem a Fazenda o prazo de cinco anos para cobrá-lo, "contados da data de sua constituição definitiva"(art. 174 do CTN).

A constituição definitiva ocorre com o lançamento ou após decisão de eventual recurso administrativo.

Os casos de interrupção da prescrição estão previstos no parágrafo único do art. 174.

A propósito efetuei estudo mais detalhado sofre a influência do tempo no direito. Acrescentei o capítulo 30 ao texto. Nele, apreciei quais as consequências do decurso temporal nas relações jurídicas.

10.13 Espécies tributárias

O tributo é o gênero, de que são espécies, o imposto, a taxa, a contribuição de melhoria (incisos I a III do art. 145 da Constituição), o empréstimo compulsório (art. 148) e as contribuições especiais (art. 149, com a redação da EC nº 33/2001; destinada às entidades de serviço social, art. 240; decorrente de intervenção sobre o domínio econômico, art. 177, §4º; de previdência social, art. 202). Cinco, pois, são as espécies tributárias. Hoje, tal divisão é quase unanimemente aceita.

10.14 Imposto. Classificação

Espécie de tributo que *independe* de uma atividade do Estado. Assim, quando compro uma camisa, um veículo, quando aufiro renda, em nada o Estado ajudou para que houvesse a transação ou a renda. No entanto, por força de lei, sou obrigado a pagar imposto. A obrigação tributária nasce, pois, independentemente de qualquer atividade do Estado.

Este tributo é o que maiores meios fornece ao Estado para abastecimento de seus cofres e para cumprimento de suas finalidades. A Constituição da República reparte os impostos dentre as três esferas federais. O art. 153 estabelece quais os impostos da competência da União. São: impostos de importação (inciso I), de exportação (inciso II), sobre a renda (inciso III), sobre produtos industrializados (inciso IV), sobre operações de crédito, câmbio e seguro ou relativas a títulos ou valores mobiliários (inciso V), sobre a propriedade territorial rural (inciso VI) e sobre grandes fortunas (inciso VII). Dos Estados e Distrito Federal (art. 155, CF): imposto sobre transmissão *causa mortis* e doação de quaisquer bens ou direitos (inciso I), ICMS, sobre circulação de mercadorias e serviços (inciso II), IPVA (propriedade de veículos automotores – inciso III). O Município pode instituir os seguintes impostos (art. 156 da CF): IPTU (imposto sobre a propriedade territorial urbana – inciso I), transmissão *inter vivos*, a qualquer título (inciso II), ISS (sobre serviços – inciso III).

No dizer de Eliana Calmon, "o imposto tem como base fática um comportamento do contribuinte, ou uma situação jurídica na qual ele se encontre. Em outras palavras, o imposto, para existir, exige sempre um fato qualquer em que esteja envolvido o particular, sem a participação estatal".[44]

Os impostos, tendo em vista o aspecto da incidência, podem ser *diretos*, que alcançam situações permanentes – como, por exemplo, o imposto de renda, que recai sobre a receita de alguém obtida no exercício anterior –, ou *indiretos* – que incidem sobre situação instantânea e suportados por terceiro (por exemplo, ao comprar uma mercadoria há o contribuinte de fato, que é o comprador; no entanto, quem paga o imposto é o comerciante, que é o contribuinte de direito). A classificação é financeira, uma vez que para o Direito é irrelevante quem suporta o imposto.

Os impostos podem ser *reais*, ou seja, levam em conta a matéria tributária, e, *pessoais*, que buscam as condições pessoais do contribuinte.

Fala-se também nos impostos *fixos*, ou seja, o montante é certo, como no ISS; *proporcionais*, cuja alíquota observa a base de cálculo, como, por exemplo, no ICMS; e *progressivos*, em que a alíquota é estabelecida em percentagens variáveis, como é o caso do imposto sobre a renda.

A enumeração dos impostos é exaustiva, ou seja, não há como instituir outros, salvo se emendada a Constituição.

10.15 Taxas

A taxa é o tributo que *depende* de uma atividade do Estado.

As taxas podem ser cobradas em decorrência do *exercício do poder de polícia* e pela *prestação efetiva ou potencial de serviço público específico e divisível*. Duas são as taxas: de polícia e de serviço.

As atividades públicas são suportadas, normalmente, pelos impostos gerais cobrados dos contribuintes. Assim, a segurança, a saúde, a habitação, etc., todas as atividades e serviços prestados pelo Estado são suportadas pelos impostos. No entanto, quando há um serviço *específico* e *divisível*, quando se é possível mensurá-lo, nasce a possibilidade da cobrança da taxa.

Em relação às taxas de polícia,[45] impõe-se anotar que se cuida de *polícia administrativa*, nada tendo a ver com a Polícia Civil e Militar. Em segundo lugar, é essencial que haja o *exercício* da estrutura do Estado, não havendo qualquer razão para decisões que se assentam na mera existência dos mecanismos estatais de fiscalização para autorizar a cobrança. Há equívoco conceitual. Ademais, as taxas de polícia não podem ser cobradas

---

44 CALMON, Eliana. *In*: FREITAS Vladimir Passos de (Coord.). *Código Tributário Nacional comentado*. São Paulo: RT, 1999, p. 45.

45 Remetemos o leitor à leitura do livro *Taxas de polícia*, de nossa autoria, *op. cit.*, (2. ed. 2004).

pela atividade potencial, o que se admite nas de serviço. O poder de polícia impõe limitações ao direito de liberdade e propriedade. A taxa é devida pelo "sim" ou "não" da Administração Pública. A noção de poder de polícia vem dada pelo art. 78 do CTN. Muito já se criticou o instituto, entendendo-se que é vazio de conteúdo, e palavras que tais só problemas trazem ao intérprete. No entanto, a palavra tem previsão constitucional e legal, cabendo ao intérprete fixar o conteúdo do conceito.

As taxas de serviço pressupõem a mensuração da atividade prestada. Decorrem da prestação específica e divisível de um serviço público. Este é atividade materialmente prestada a alguém que ocasione uma comodidade. Se o serviço ocasiona um dano ou um mal não há que se falar em cobrança da taxa.

Se o serviço é prestado pelo Estado, não há dúvida de que o que se cobra é taxa. No entanto, se o serviço é transferido a terceiros, através de concessão, muda-se a perspectiva da cobrança, e é devido o *preço*. Esclareçamos: quando a atividade é diretamente prestada somente pode instituir-se taxa. Se a prestação do serviço pode ser transferida a terceiros, a incidência dos princípios e regras jurídicas é diversa. No primeiro caso disciplina a hipótese o art. 145, II, da Constituição da República. No segundo incide o art. 175, que assegura a revisão permanente dos contratos, tendo em vista a equação econômico-financeira. Enquanto na cobrança da taxa há uma série de garantias em relação ao contribuinte de que não sofrerá qualquer excesso de tributação, tendo em vista as garantias constitucionais e restrições na cobrança dos tributos (princípios), no caso dos preços a garantia reside no contrato. Ao celebrar o contrato de concessão o Poder Público se reserva a revisão periódica das *tarifas* (parágrafo único do art. 175), mediante política adequada. Demais disso, a lei disporá sobre o regime das concessionárias e permissionárias, devendo estabelecer "o caráter especial de seu contrato e de sua prorrogação, bem como as condições de caducidade, fiscalização e rescisão da concessão ou permissão" (inciso I do parágrafo único do art. 175).

No Direito, quando um instituto jurídico é regido por princípios e normas diversos não há como se igualarem as situações. O plexo de normas que incide sobre ele é diferente, e, pois, diversas são as consequências jurídicas.

Diferentemente dos impostos, as taxas não são *numerus clausus*, ou seja, não estão todas previstas na Constituição. Na medida em que nascem novas atividades e o Estado moderno as reclama, surgem novas taxas. Se há a instituição de uma atividade de polícia ou um serviço prestado pelo Estado, possível é a instituição de nova exigência tributária. Cada unidade federativa pode criar a sua, desde que o exercício do poder de polícia ou o serviço se incluam em sua competência.

A taxa não pode ter a mesma base de cálculo ou fato gerador idêntico aos que correspondam a imposto (parágrafo único do art. 77 do CTN). Se a atividade já é tributada por imposto, não há como ser instituída taxa sobre ela. Seria inconstitucional. O STF já assentou, por exemplo, ser inconstitucional a "taxa municipal de conservação de estradas de rodagem, cuja base de cálculo seja idêntica à do imposto territorial rural" (Súmula nº 595).

10.15.1 Taxa de iluminação. Contribuição instituída pelos Municípios

Daí não poder ser cobrada a denominada taxa sobre o fornecimento dos serviços de iluminação pública.

Insiste-se que a obra necessária para a prestação do serviço nada tem a ver com este.[46] Afirma Ruy Barbosa Nogueira: "Dentro da lei e da lógica ou harmonia do Sistema Tributário Nacional, entendemos cabível a contribuição de melhoria para indenizar os custos da obra pública de iluminação e dos estamentos desta, entendemos que não é constitucional, legal ou juridicamente possível a cobrança de taxa dos Municípios para custear a manutenção do serviço comum da iluminação pública. O custo dessa manutenção é despesa geral, a ser custeada com a arrecadação dos impostos".[47] Já se entendeu contrariamente, afirmando-se sua possibilidade, desde que possibilite a quantificação econômica e se distribua proporcionalmente o benefício.[48]

Hely Lopes Meirelles sustenta não se poder cobrar a taxa, porque é ela *uti universi*, e não *uti singuli*.[49] Joaquim de Castro Aguiar tem a mesma orientação.[50]

Em artigo que escrevemos sobre o assunto[51] entendemos pela impossibilidade da cobrança da denominada taxa de iluminação, diante do fato de não ser serviço divisível e específico, tal como exige o inciso II do art. 145 da CF. Daí ser inadmissível sua exigência.

A Emenda Constitucional nº 39, de 19.12.2002, a fim de contornar as dificuldades de estipulação legal da base de cálculo, terminou por autorizar a instituição de uma *contribuição* para o custeio do serviço de iluminação pública. Como se vê, mais um desmando tributário, mais uma exigência infeliz, mais um assalto aos bolsos dos contribuintes. Evidente que os Municípios e o Distrito Federal deverão exercitar o poder tributário, instituindo a contribuição através de lei respectiva.

A EC nº 132/2023 (reforma tributária) renovou a possibilidade de os Municípios instituírem contribuição, "para custeio e melhoria dos serviços de iluminação pública e de sistemas de monitoramento para segurança e preservação de logradouros públicos".

10.16 Taxa e preço. Tarifa

Vimos o que é taxa e como se subdivide no Direito brasileiro. Há bastante confusão em relação ao preço. O STF já deixou firmado que "preços de serviços públicos e taxas não se confundem, porque estas, diferentemente daqueles, são compulsórias e têm sua cobrança condicionada a prévia autorização orçamentária, em relação à lei que as instituiu" (Súmula nº 545).

Na prática, há muita confusão a respeito do tema, não se uniformizando os autores sobre o assunto.[52] Para deixar clara a posição, conforme já indicamos anteriormente, a

---

46 MORAES, Bernardo Ribeiro de. *Doutrina e prática das taxas*. São Paulo: RT, 1976, p. 152.

47 NOGUEIRA, Ruy Barbosa. Contribuição de melhoria e taxa de iluminação pública. *Revista da Faculdade de direito da USP* LXXVI/278, jan./dez. 1981.

48 *RDP*, 18/298.

49 MEIRELLES, Hely Lopes. *Finanças públicas*. São Paulo: RT, 1979, p. 15, nota 14.

50 AGUIAR, Joaquim de Castro. *Regime jurídico das taxas municipais*. Rio de Janeiro: IBAM, 1982, p. 100-101.

51 OLIVEIRA, Regis Fernandes de. *RDP*, 79/195-197.

52 Para maiores detalhes, remetemos a nosso trabalho *Receitas não tributárias (taxas e preços públicos), op. cit.*, 2. ed. onde focalizamos o assunto.

taxa decorre de serviço prestado diretamente pelo Estado. Quando concedido, cobra-se o preço.

De outro lado, no caso de o Estado explorar seus bens a cobrança opera-se por preço. Não há possibilidade de cobrança de taxa, porque seria tributação atípica. Por exemplo, a Zona Azul, *box* em mercados municipais, espaços aeroportuários, pedágio. Tudo é remunerado por preço.

Por fim, *tarifa* é o preço ou taxa tabelado. Não entendemos tarifa com conteúdo semântico próprio. Juridicamente, significa tabela, isto é, proporção entre o valor do serviço ou do bem e a atividade prestada. O resultado é taxa ou preço. Segundo anota Hely Lopes Meirelles, a palavra vem do pagamento que a cidade de "Tarife", fundada pelos mouros nas proximidades de Gibraltar, exigia dos mercadores que atravessavam aquele estreito com suas embarcações.[53]

10.17 Contribuição de melhoria

A contribuição de melhoria "é instituída para fazer face ao custo de obras públicas de que decorra valorização imobiliária, tendo como limite total a despesa realizada e como limite individual o acréscimo de valor que da obra resultar para cada imóvel beneficiado" (art. 81 do CTN). Esta espécie tributária não se confunde com as anteriores, uma vez que tem como fato gerador a obra pública. Não basta esta, no entanto. Imprescindível que haja beneficiamento ou melhoria nos imóveis alcançados.

Se a obra causa dano ou desvalorização dos imóveis lindeiros não se pode falar em cobrança do tributo. Ao contrário, cabível é ação de indenização em decorrência de comportamento legítimo do Poder Público ("Minhocão", na Capital de São Paulo, ou fechamento de vias públicas para construção do "Metrô").

O texto constitucional fala apenas na possibilidade de cobrança de contribuição de melhoria "decorrente de obras públicas" (inciso III do art. 145). Não se pode depreender que não haja ausência de limite na cobrança, pelo custo total. Não se pode ter como extinta a exigência do limite da cobrança ao custo da obra. Nada justifica eventual excesso na cobrança, acima do custo. Imprescindível a existência da obra que cause melhoria. É tributo sinalagmático.

A atual redação constitucional em nada alterou a substância do tributo. Três são os aspectos imprescindíveis para caracterização do tributo: (a) a existência de uma obra; (b) desta deve resultar um benefício (ou melhoria) ao imóvel; (c) os limites da cobrança são: o valor do acréscimo e o custo da obra.

Pode haver cobrança do tributo antes da realização da obra, durante sua construção ou após seu término? O Decreto-Lei nº 195/1967, ainda em vigor, cria uma série de dificuldades para a cobrança do tributo. Basicamente, determina a publicação de edital, com certos requisitos, sendo que os contribuintes podem impugná-lo, inclusive seus valores. Posteriormente, solvidas as dúvidas e terminada a obra, faz-se o lançamento. Este apenas pode ocorrer, em nosso entendimento, após o término da obra e uma vez apurado o benefício auferido pelo imóvel. O art. 82 do CTN cria tantas formalidades, tornando quase impossível a cobrança do tributo.

---

53 MEIRELLES, Hely Lopes. *Finanças municipais*, *op. cit.*, p. 20, nota 19.

10.18 Empréstimo compulsório

Quarta espécie tributária vem prevista no art. 148 da CF. É o empréstimo compulsório. Já se disse que não se cuida de tributo, porque este não é empréstimo, e não é empréstimo porque é compulsório. Em verdade, deixando de lado filigranas, desde que haja a obrigação legal de entregar dinheiro aos cofres públicos, de tributo se cuida. É irrelevante para sua natureza jurídica a destinação legal do produto da arrecadação (inciso II do art. 4º do CTN). Segundo observa Regina Helena Costa, tal aspecto é "desinfluente na sua qualificação".[54]

O STF já entendeu que "o empréstimo compulsório é espécie tributária".[55]

O empréstimo compulsório apenas pode ser exigido mediante lei complementar. Distingue-se esta da ordinária pela especificidade da matéria. A Constituição, quando exige a lei complementar, prevê expressamente. Quando o texto constitucional fala que *lei* disciplinará o assunto, refere-se à lei ordinária. No entanto, dependendo das hipóteses, exige *lei complementar*, ou seja, está impondo um *quorum* específico para aprovação. É o que dispõe o art. 69, ao estabelecer que "as leis complementares serão aprovadas por maioria absoluta", a saber, metade mais um dos parlamentares. Exige-se votação nominal.

Cabe a exigência "para atender a despesas extraordinárias, decorrentes de calamidade pública, de guerra externa ou sua iminência" (inciso I do art. 148). A calamidade pública deve ser reconhecida por decreto presidencial. É o caso de grave convulsão intestina, levantes, greves, perturbações de toda ordem, que coloquem em risco a normalidade do funcionamento das instituições. Da mesma forma, pode surgir em decorrência de perturbação sísmica, inundações, tormentas que causem grave perturbação da ordem, risco à saúde, etc. Em tais casos é admissível a cobrança do tributo. Como o Estado deverá suportar despesas excessivas para conter ou solucionar os problemas, necessita de recursos para repor seu caixa.

Está sua cobrança sujeita ao princípio da anterioridade? Como a Constituição não abriu qualquer exceção, há sujeição ao princípio da anterioridade, ou seja, a cobrança somente se inicia no exercício seguinte ao da instituição. Ainda que possa existir incoerência na previsão, uma vez que recursos para a guerra não podem aguardar o decurso do exercício, a Constituição não prevê o contrário. Daí Roque Carrazza entender que deverá ser aguardado o próximo exercício financeiro para incidir.[56] Ricardo Lobo Torres entende não incidir o princípio da anterioridade[57] em relação ao primeiro item e incidir no segundo. Em verdade, é absurdo que, para atender a exigência iminente, como é a despesa de guerra, haja necessidade de se atender a princípio tributário. No entanto, em tal caso pode ocorrer situação que exija o decreto de "estado de defesa e o estado de sítio" (inciso IX do art. 84), hipótese em que se dispensarão requisitos

---

54 COSTA, Regina Helena. *In*: FREITAS Vladimir Passos de (Coord.). *Código Tributário Nacional comentado, op. cit.*, p. 21. Do mesmo sentir Alfredo Augusto Becker (*Teoria geral do direito tributário, op. cit.*, p. 359) e Roque Carrazza (*Curso de direito constitucional tributário, op. cit.*, p. 675).

55 *RDA*, 200/129, rel. Min. Celso Mello. No mesmo sentido: *RDA*, 190/82 e *RTJ*, 126/330 e 127/1.087.

56 CARRAZZA, Roque. *Curso de direito constitucional tributário, op. cit.*, p. 669.

57 TORRES, Ricardo Lobo. *Curso de direito financeiro e tributário*. 10. ed. Rio de Janeiro: Renovar, 2003, p. 377.

constitucionais. Mas em situação de normalidade institucional há que prevalecer o que contém a norma constitucional, e, pois, deve ser atendido o princípio da anterioridade.

Da mesma forma, cabe o empréstimo compulsório no caso de "investimento público de caráter urgente e de relevante interesse nacional, observado o disposto no art. 150, III, 'b'" (inciso II do art. 148).

No caso de ser declarado inconstitucional o empréstimo compulsório, cabe a repetição do indébito, com devolução imediata,[58] restituição que se operará com juros e atualização monetária.[59]

A devolução do tributo arrecadado deverá realizar-se em dinheiro, e não em títulos da dívida pública.[60] Restituí-lo em quotas ou notas da dívida pública ou letras do Tesouro não será possível, uma vez que, se houve cobrança do empréstimo em dinheiro, em dinheiro deve ele ser devolvido.

Diversamente, não se pode instituir *capitalização compulsória* para atender a situações outras ou financiar empreendimentos, como observa Roque Carrazza.[61]

10.19 Contribuições sociais, de intervenção no domínio econômico e de interesse de categorias profissionais ou econômicas

Última espécie tributária é a denominada *contribuição*. Tem assumido gigantescas proporções e sido alvo de distorções no abastecimento dos cofres públicos da União.

As contribuições previstas no art. 149 sujeitam-se às normas gerais editadas em lei complementar pela União (inciso III do art. 146), cabendo haver definição do fato gerador, base de cálculo e identificação dos contribuintes, da obrigação, do lançamento, do crédito, da prescrição e decadência. Exige lei, não podendo incidir sobre fatos anteriores ao início de sua vigência ou no mesmo exercício financeiro (incisos I e III do art. 150).

O STF efetuou uma classificação das contribuições e assim deixou decidido: "c) as contribuições, que podem ser assim classificadas: c.1 de melhoria (CF, art. 145, III); c.2 parafiscais (CF, art. 149), que são: c.2.1 sociais, c.2.1.1 de seguridade social (CF, art. 195, I, II, III), c.2.1.2 outras de seguridade social (CF, art. 195, §4º), c.2.1.3 sociais gerais (o FGTS, o salário-educação, CF, art. 212, §5º, contribuições sociais para o SESI, SENAI, SENAC, CF, art. 240), c.3 especiais: c.3.1 de intervenção no domínio econômico (CF, art. 149) (...)".[62] Em verdade, as contribuições destinadas à seguridade social somente podem ser as advindas do art. 195, uma vez que o §4º do mesmo artigo apenas se refere a "outras fontes", ou seja, outros fatos que possam servir de base para a incidência da contribuição. Logo, não é contribuição nova.

As contribuições sociais podem ser instituídas para a *seguridade social*, nos exatos termos do art. 195, e devidas pelo empregador e incidentes sobre a folha de salários e demais rendimentos do trabalho (inciso I, "a"), sobre a receita ou o faturamento (inciso I, "b"), e sobre o lucro (inciso I, "c"), pelo trabalhador e sobre os demais segurados (inciso II) e sobre receita de concursos de prognósticos (inciso III do art. 195); e sobre

---

[58] STF, RE nº 136.805, rel. Min. Francisco Rezek, *DJU*, 26.8.1994, p. 21.891.

[59] STF, RE nº 121.336, rel. Min. Sepúlveda Pertence, *DJU*, 11.10.1990.

[60] STF, RE nº 121.336, rel. Min. Sepúlveda Pertence, *DJU*, 26.6.1992, p. 10.108, e *RTJ*, 139/624.

[61] CARRAZZA, Roque. *Curso de direito constitucional tributário, op. cit.*, 31. ed. p. 671.

[62] STF, *RDA* 190/82, rel. Min. Carlos Velloso.

o importador de bens ou serviços do exterior, ou de quem a lei a ele equiparar (inciso IV do art. 195).

O orçamento previdenciário é destacado (§2º do art. 195). A pessoa em débito com a Previdência Social não pode contratar com o Poder Público, nem receber benefícios ou incentivos fiscais ou creditícios (§3º).

As contribuições previdenciárias somente podem ser exigidas após 90 dias da data da publicação da lei que as houver instituído ou modificado (§6º). É a aplicação moderada do princípio da anterioridade. A contribuição apenas é exigível após 90 dias de sua instituição ou majoração.

Ricardo Lobo Torres entende que tal tipo de receita é parafiscal e não tem natureza de tributo, porque se destina "a fornecer recursos para atividades inessenciais do Estado ligadas à garantia dos direitos sociais, e não à proteção dos direitos fundamentais".[63]

As contribuições são: *diretas*, cobradas dos empregadores, dos empregados, dos autônomos e dos servidores públicos (INSS, FUNRURAL, SAT e FGTS); *indiretas*, incidentes sobre receita ou faturamento (PIS/PASEP e Cofins), sobre lucro (CSLL), sobre receita de concurso de prognósticos (Loteria) e sobre movimentação financeira (CPMF).

Há *contribuições sociais* exigíveis de empregados e empregadores destinadas não à contribuição previdenciária, mas à garantia do serviço (FGTS), e o salário-educação, destinado ao ensino fundamental (§5º do art. 212).

Os Estados também podem instituir as referidas contribuições, cobradas dos servidores, "para o custeio, em benefício destes, do regime previdenciário de que trata o art. 40 (...)" (§1º do art. 149, com a redação determinada pela Emenda Constitucional nº 41/2003).

Há as *contribuições de intervenção no domínio econômico*/CIDEs. Como anota Ricardo Lobo Torres, "o fato gerador da CIDE é a intervenção do Estado no domínio reservado pelos cidadãos, no pacto constitucional, para o exercício das atividades econômicas".[64] Diante da relevância de certas situações, o legislador recorta o fato econômico próprio dos particulares e sobre ele faz incidir uma alíquota, que resultará no montante a pagar. Limita-se o texto constitucional a vedar a incidência da contribuição sobre "as receitas decorrentes de exportação" (inciso I do §2º do art. 149, com a redação dada pela Emenda Constitucional nº 33/2001). O inciso II do §2º do art. 149 foi acrescentado pela Emenda Constitucional nº 42/2003, que estabeleceu a incidência sobre "a importação de produtos estrangeiros ou serviços". A redação anterior, dada pela Emenda nº 33/2001, fazia incidir a contribuição sobre o petróleo e seus derivados, gás natural e seus derivados e álcool combustível. A Lei nº 10.336/2001 instituiu a CIDE sobre a importação e a comercialização de petróleo e seus derivados e álcool etílico combustível. Em tal hipótese incidem as restrições previstas no §4º do art. 177 da CF. Agora, a redação dada pela Emenda Constitucional nº 42/2003 ampliou as hipóteses de incidência da contribuição, dando maior elasticidade ao legislador para a criação de fatos geradores. A previsão constitucional era, em princípio, desnecessária, uma vez que, instituída a norma exceptiva (modal deôntico – proibido), o mais era permitido. Estabelece o inciso III do §2º do art. 149, nos termos da redação dada pela Emenda Constitucional nº 33/2001,

63 TORRES, Ricardo Lobo. *Curso de direito financeiro e tributário, op. cit.*, p. 371.

64 *Idem*, p. 372.

que as alíquotas podem ser *ad valorem*, tendo por base o faturamento, a receita bruta ou o valor da operação e, no caso de importação, o valor aduaneiro (alínea "a"); alíquota específica, tendo por base a unidade de medida adotada (alínea "b").

Podem existir as *contribuições de interesse de categorias profissionais ou econômicas*, tal como prescreve o art. 149. As primeiras refletem interesse, normalmente, de sindicatos e têm previsão constitucional no inciso IV do art. 8º, ao estabelecer que compete à assembleia-geral fixar a "contribuição que, em se tratando de categoria profissional, será descontada em folha, para custeio do sistema confederativo da representação sindical respectiva, independentemente da contribuição prevista em lei". Observe-se que, pela dicção do artigo, há a contribuição confederativa e a contribuição que venha a ser instituída por lei, para manutenção do respectivo sindicato e para atendimento de seus objetivos de representação. No âmbito rural existe a contribuição própria.

Podem ser instituídas contribuições de interesse de categoria econômica.

Resta comentar a *contribuição para o custeio do serviço de iluminação pública*, prevista no art. 149-A, acrescentado pela Emenda Constitucional nº 39/2002. Escandalosamente, a Constituição tem sido malferida pelo constituinte derivado, a ponto de inserir novos artigos onde já não mais cabe algum. Ridículo procedimento, com o objetivo único de atender aos prefeitos que não lograram êxito em suas inúmeras tentativas de instituir a taxa de iluminação pública, porque não conseguiam estabelecer uma base de cálculo divisível e específica, tal como exige o inciso II do art. 145 da CF. Assim, atendendo aos clamores municipais, resolveu-se remendar a Constituição e introduzir o malfadado artigo, que prevê a possibilidade de Municípios e Distrito Federal instituírem "contribuição, na forma das respectivas leis, para o custeio do serviço de iluminação pública". Para facilitar, mais ainda, a vida dos prefeitos, facultou-se a cobrança da contribuição "na fatura de consumo de energia elétrica" (parágrafo único do art. 149-A). Assim sendo, a titularidade do tributo continua sendo dos Municípios, mas a cobrança poderá ser feita pelo fornecedor, público ou particular, dos serviços de energia.

Tal contribuição enseja discussão, pois já se afirma que falta o pressuposto básico da contribuição, "que é exatamente o benefício diferenciado dos demais (não contribuintes)".[65]

Em boa hora foi extinta a Contribuição Provisória sobre Movimentação Financeira/CPMF. Fora instituída pela Emenda Constitucional nº 12/1996 para viger por 2 anos, teve sua vigência prorrogada por 36 meses pela Emenda Constitucional nº 21/1999 e, depois, pelas Emendas nºs 37/2002 e 42/2004 até 2007.

O governo pretendeu a prorrogação do texto ainda uma vez, o que foi barrado pelo Senado Federal.

10.20 O tributo no direito comparado

Nenhum ordenamento constitucional do mundo é tão pormenorizado em matéria tributária quanto o brasileiro. O contribuinte é cercado de muitas garantias e há inúmeras restrições ao Estado. Todos os sistemas são *abertos*, ou seja, transferem à legislação a instituição das garantias do contribuinte em face da Administração Pública.

---

[65] HARADA, Kiyoshi. *Direito financeiro e tributário, op. cit.*, p. 327.

A Constituição de *Portugal*, por exemplo, no item 1º do art. 106º, dispõe que "o sistema fiscal será estruturado por *lei* (...)", e seu item 2 estabelece que "os *impostos são criados por lei*, que determina a incidência, a taxa, os benefícios fiscais e as garantias dos contribuintes" (Constituição de 25.4.1976).

A da *Espanha* dispõe que "la potestad originaria para establecer los tributos corresponde exclusivamente al Estado, *mediante ley*, (...)" (art. 133 da Constituição de 27.12.1978).

A da *Itália* contém dispositivo semelhante, ao dispor que "nenhum tributo pessoal ou patrimonial pode ser imposto a não ser com base na lei" (art. 23 da Constituição de 1948, com as alterações de 1963 e 1967), sendo o sistema tributário informado pela progressividade (art. 53).

A da *Suíça* contém dispositivos específicos dirigidos aos diversos Cantões disciplinando a tributação de produtos (itens 1 a 9 do art. 32) (Constituição de 29.5.1874, com emendas até 1985).

A Carta Magna inglesa de 1215 prevê que o imposto deva ser moderado (art. 14), enquanto a Declaração de Direitos de 13.2.1689 estabelece que "a cobrança de impostos para uso da Coroa, a título de prerrogativa, sem autorização do Parlamento e por um período mais longo ou por modo diferente do que tenha sido autorizado pelo Parlamento, é ilegal".

Na *França*, compete apenas ao Parlamento votar leis que estabeleçam regras relativas "à coleta, às taxas e aos modos de cobrança de quaisquer impostos, assim como ao regime de emissão de moeda" (art. 34 da Constituição de 1958).

Na *Alemanha* (antiga Ocidental) havia disposição no sentido de que apenas a lei podia ordenar o pagamento de impostos (art. 105.2 do texto de 1949, com as alterações de 1983).

Nos *Estados Unidos* apenas o Congresso pode lançar e arrecadar tributos (Seção 8).

Na *América Latina* as disposições são semelhantes. No *Chile*, a Constituição dispõe a previsão de lei e a repartição dos encargos públicos, devendo os tributos ser proporcionais e justos (item 20 do Capítulo III, que dispõe sobre "Los Derechos y Deberes Constitucionales", 8.10.1981).

Na *Argentina*, apenas lei pode prever a instituição de tributos (art. 67). O mesmo dispõe a Constituição do *Uruguai* de 1967 (com as modificações plebiscitadas de 26.11.1989, 26.11.1994 e 08.12.2004), em seu art. 85, que fixa a competência da assembleia-geral.

Vê-se, em consequência da exaustiva transcrição ou menção de textos constitucionais de países diversos, que inexiste específica discriminação das restrições constitucionais à atividade tributária do Estado, salvo a necessidade de lei, que é garantia comum.

Reconhecendo a importância do assunto, a União Europeia começa a se preocupar com as soluções financeiras diante dos problemas que surgirão em face da união econômica. Em 13.3.1990 firmou-se o Tratado da Comunidade Econômica Europeia, que, no art. 201, dispõe sobre *arancel*, ou seja, taxas aduaneiras. O orçamento da União Europeia começa a se tornar importante. Discute-se a quota tributária. Ainda não existe dimensão para que se possa falar em sistematização dos denominados "ingressos comunitários". Entretanto, o assunto começa a ser discutido, merecendo, no âmbito deste trabalho, menção como notícia e como pesquisa.[66]

10.20.1 Substancial diferença com o sistema brasileiro

Nos países mencionados o Estado é livre para optar pela escolha do tributo, como forma de abastecimento dos cofres públicos, ou optar pela prestação informal de qualquer atividade, com o que se despe das prerrogativas próprias de Poder Público, passando a ter condições de cobrar preços pelas atividades que presta. Há liberdade política de escolha da forma e dos meios de que se vai valer para abastecimento do Erário.

Diversamente ocorre no Brasil, onde há toda uma legislação restritiva ao exercício da competência tributária.

Em outras palavras: nos diversos países o Estado tem caminhos alternativos de atuar na prestação de serviços públicos, podendo escolher a forma de fazê-lo.

Inúmeros autores não atentaram para a circunstância de que, enquanto nos países mencionados o legislador é livre para estabelecer diversidade de cobrança em relação aos tributos, diante da não restrição das Constituições e de ter o poder constituinte relegado a disciplina tributária ao Poder Legislativo, no Brasil a situação é diferente.

Percebe-se que não há limites de opção ao legislador nos países mencionados. Pode ele estabelecer que haverá cobrança apenas de impostos. Outros poderão dispor sobre taxas e impostos, dispensando a contribuição de melhoria. Terceiros poderão estabelecer que os serviços serão remunerados por preço ou taxa. É-lhes indiferente, uma vez que o poder constituinte não traçou limites rigorosos ao legislador, exigindo apenas e tão somente que a instituição tributária se faça por lei. Erige-se a lei como ponto central da garantia do cidadão em relação à matéria tributária. É seu limite e sua garantia.

Diversamente ocorre no Brasil. Os contornos tributários estão rigorosamente traçados na Constituição. Há três espécies tributárias e dá-se às contribuições o mesmo regime tributário das espécies mencionadas.

De outro lado, a denominada contribuição de melhoria tem rigor dogmático.

O imposto tem seus limites também fixados.

Por último, as taxas, que apenas são devidas em face das atividades estabelecidas na Constituição Federal.

Sendo assim, o denominado sistema de preços deve ter entre nós outra visão que não a importada de países europeus ou americanos.

Há rigor no tratamento do sistema tributário, e não pode o intérprete perder tal situação de vista, sob pena de tratar da diferença entre ingressos públicos sob análise de regime jurídico diverso e sob o ângulo de ordenamento jurídico que não é o nosso. Evidentes os erros que serão cometidos e óbvios os equívocos a que ele será levado.

Sob tal precaução é que analisaremos as receitas públicas não tributárias.

---

[66] V.: ABAD FERNÁNDEZ, Mariano. Tasas y precios públicos en la Comunidad Europea. *In*: *Tasas y precios públicos en el ordenamiento jurídico español*. Madri: Instituto de Estudios Fiscales/Marcial Pons, 1991, p. 551-564.

10.20.2 Evolução das normas no Brasil

Normalmente os juristas escreveram sobre o assunto que se tem sob estudo à luz da Constituição de 1946, que tinha o seguinte dispositivo: "Art. 30. Compete à União, aos Estados, ao Distrito Federal e aos Municípios cobrar: I – contribuição de melhoria, quando se verificar valorização do imóvel, em consequência de obras públicas; II – taxas; III – *quaisquer outras rendas* que possam provir do exercício de suas atribuições e da utilização de seus bens e serviços" (grifamos).

Em gostosa observação, Geraldo Ataliba escreve que o dispositivo significa levar em conta como espécie tributária o branco, o preto e *qualquer cor*. Assinala que "o inciso III tornava inócuos, inúteis e insignificantes os incisos I e II. Todo o artigo tem seu sentido reduzido à significação de mera autorização para outras receitas, além dos impostos".[67] Acrescenta que, "nesse clima, não tinha importância distinguir taxa de preço. Livre o legislador, a doutrina refletia, sem estranheza, tal liberdade, do mesmo modo que a jurisprudência".[68]

A maioria dos escritos foi produzida sob a égide de tal dispositivo constitucional. Ocorre que em 5.12.1965 sobreveio a Emenda Constitucional nº 18, que, no art. 18, determinou a incidência de taxas "em função do exercício regular do poder de polícia, ou pela utilização, efetiva ou potencial, de serviços públicos específicos e divisíveis, prestados ao contribuinte ou postos à sua disposição".

A Constituição de 1967 dispôs que: "Art. 19. Compete à União, aos Estados, ao Distrito Federal e aos Municípios arrecadar: I – os impostos previstos nesta Constituição; II – taxas pelo exercício regular do poder de polícia ou pela utilização de serviços públicos de sua atribuição, específicos e divisíveis, prestados ao contribuinte ou postos à sua disposição; III – contribuição de melhoria dos proprietários de imóveis valorizados pelas obras públicas que os beneficiaram".

A Emenda Constitucional nº 1/1969 assim estabeleceu, a propósito dos tributos: "Art. 18. Além dos impostos previstos nesta Constituição, compete à União, aos Estados, ao Distrito Federal e aos Municípios instituir: I – taxas arrecadadas em razão do exercício do poder de polícia ou pela utilização efetiva ou potencial de serviços públicos específicos e divisíveis, prestados ao contribuinte ou postos à sua disposição; II – contribuição de melhoria, (...)".

A atual CF/1988 assim dispôs: "Art. 145. A União, os Estados, o Distrito Federal e os Municípios poderão instituir os seguintes tributos: I – impostos; II – taxas, em razão do exercício do poder de polícia ou pela utilização, efetiva ou potencial, de serviços públicos específicos e divisíveis, prestados ao contribuinte ou postos à sua disposição; III – contribuição de melhoria, decorrente de obras públicas".

Observa-se que não mais há a liberdade existente na Constituição de 1946 para dispor sobre a forma e meios de obtenção de "rendas" públicas. Enquanto sob aquele texto fácil era ao Poder Público a invasão da intimidade jurídica dos indivíduos, para lhes retirar dinheiro, já o mesmo não acontece a partir da Emenda Constitucional nº 18/1965, que traçou normas rigorosas para a cobrança de tributos.

---

67 *Hipótese de incidência tributária, op. cit.*, p. 163.

68 *Idem, ibidem.*

O desenvolvimento de raciocínio sob determinado regime jurídico sedimenta determinadas convicções, tornando difícil qualquer alteração posterior. A mudança de posições nem sempre é cômoda, e a manutenção de orientações dificulta o raciocínio jurídico.

Daí por que, embora se possa aceitar que é mais cômodo ao Estado cobrar livremente por seus serviços denominados industriais ou comerciais, não se logra detectar quem tenha tido sucesso na delimitação dos campos de incidência. De um lado, o serviço público relativo à soberania, como pretendem alguns – e, pois, não passível de concessão –, e, de outro, os denominados serviços industriais e comerciais, sujeitos a concessão. Ainda que assim se pudesse argumentar, não se pode conceber que a transmissão da forma de prestação do serviço, ou, por outra, a mera mudança da pessoa jurídica encarregada de sua prestação, possa alterar o vínculo a que estão sujeitos os indivíduos e, mais sério ainda, possa romper com as garantias constitucionais.

Assinalam Hamilton Dias de Sousa e Marco Aurélio Greco que à luz da Constituição de 1946 não estavam às taxas "correlacionados nem o serviço público, nem o exercício do poder de polícia, tarefa reservada ao legislador ordinário. Por isso, ao legislador ordinário era deferida larga margem de escolha na disciplina do serviço público e sua remuneração".[69]

À luz de tal disciplina normativa surgiu a Súmula nº 545 do STF, que assim dispôs: "Preços de serviços públicos e taxas não se confundem, porque estas, diferentemente daqueles, são compulsórias e têm sua cobrança condicionada à prévia autorização orçamentária em relação à lei que as instituiu". Ora, tal orientação sumulada, hoje, já não tem qualquer repercussão, nem pode continuar orientando os julgamentos. Primeiro porque a Súmula nº 66 do mesmo STF já firmou que "é legítima a cobrança do tributo que houver sido aumentado após o orçamento, mas antes do início do respectivo exercício financeiro". Em segundo lugar porque a facultatividade e a compulsoriedade não estremam os preços e taxas, mesmo porque cuidam de matéria relativa à ciência das finanças, ou seja, firmam soluções desapegadas do que a respeito dispõe o sistema normativo. Buscam soluções na realidade empírica. A invocação de autores é buscada nos que escreveram sobre conhecimentos enciclopédicos da realidade, e não sobre o ordenamento jurídico. O critério distintivo servia à luz de ordenamento jurídico anterior.

Daí afirmarem Hamilton Dias de Souza e Marco Aurélio Greco que "toda a discussão doutrinária a respeito da distinção entre taxa e preço público não pode mais calcar-se na compulsoriedade ou facultatividade da figura, pela simples razão de que a discussão tinha origem num dispositivo constitucional que não mais existe".[70] E acrescentam que, "se o dado normativo mudou – e substancialmente –, a interpretação do direito positivo não pode permanecer a mesma".[71]

Em relação ao tema ora desenvolvido, naquilo que mais se relaciona com as receitas não tributárias, temos as taxas que estão disciplinadas nos arts. 77 a 80 do CTN (Lei nº 5.172, de 25.10.1966), que, embora anterior à Constituição de 1988, foi recebido

[69] SOUSA Hamilton Dias de; GRECO, Marco Aurélio. *A natureza jurídica das custas judiciais*, Resenha Tributária/OAB, 1982, p. 106.

[70] *Idem*, p. 110-112.

[71] *Idem*, p. 111.

pela ordem jurídica posterior, diante da inexistência de antinomias. Ressalvam-se, evidentemente, aquelas que, por se contraporem às normas constitucionais, ficaram revogadas. A incompatibilidade vertical leva à supressão das regras. É uma das formas de superação das antinomias, ou seja, a revogação por hierarquia (força intrínseca dentro do ordenamento normativo).

No caso das taxas as disposições subsistem.

Assim se delineia a contextura normativa constitucional e legal a respeito das taxas.

10.20.3 Introdução. Emenda Constitucional nº 132/2023. Forma federativa do Estado

Há muito se exigia uma reforma tributária que facilitasse a vida dos contribuintes e da ação administrativa tributária, especialmente a fiscalizatória. Diante da excrescência do sistema até agora vigente, surgiram reclamações de todos os lados exigindo revisão do sistema. Existia todo tipo de evasão e sonegação. Aceita a primeira e rejeitada a segunda, há verdadeira insanidade tributária.

Ainda que o texto final desagrade a alguns, foi o possível. Avanço da sociedade brasileira, dos empresários, contribuintes ou não.

Impunha-se a reforma. O sistema adotado foi o IVA vigente em inúmeros países. Propicia facilidade no recolhimento tributário e o controle do pagamento.

A reforma não é a ideal. Ocorre que nada que tenha que passar pelo Congresso Nacional é ideal. Simplesmente o real, porque atende a todo tipo de interesse (nobre ou não) e acomoda todos os conflitos em jogo.

Inúmeras entidades organizadas buscaram preservar os benefícios fiscais de que usufruíam. Movimentaram-se, organizaram-se, formaram *lobbies* de atuação, dialogaram com senadores e deputados e lograram manter situação privilegiada.

É criticável a atuação de tais setores da sociedade, mas é compreensível numa democracia em que as corporações têm voz e vez.

Alguns problemas. Um problema delicado é que se alardeia uma *reforma tributária*, mas o que se vê é uma *reforma tributária parcial e sobre tributos indiretos*, pois inúmeros tributos ficaram de fora, como o imposto sobre a renda.

Outro problema igualmente e mais delicado é o *estremecimento do pacto federativo*, porque retira dos governos estaduais o comando de suas receitas. Houve compreensão de unificação dos tributos e, num Estado Federal, havia de se sacrificar os Estados para agigantarem-se os poderes da União.

Por força disso, é inconstitucional a reforma? Assim não nos parece, mas aguardemos a decisão do Supremo Tribunal Federal sobre o assunto. É que o sistema federativo tem nuances. Maior ou menor autonomia aos Estados-membros é questão tratada na Constituição Federal. Se esta estabelece novo regime tributário, mas iguala a todos os Estados e Distrito Federal, não há problema jurídico. Estaria o vício de inconstitucionalidade presente se outorgasse privilégio a algum Estado em detrimento de outro. Mas, como os trata de forma equânime, não se pode divisar aí quebra ao princípio federativo de forma a hostilizar o parágrafo 4º, inciso I do art. 60 da Constituição Federal.

Terceiro drama é que não se sabe qual a alíquota incidirá sobre os tributos. Fala-se entre 25 a 27%. Há quem entenda que será maior. Dúvida atroz e legítima.

É a reforma ideal? Não. É a possível. Os relatores têm que ceder. Caso contrário, não se avança nas alterações pretendidas. Juristas, economistas, grandes empresas reclamam e criticam a reforma proposta e agora aprovada em ambas as Casas do Congresso Nacional. Não conhecem o jogo que se instaura no Congresso Nacional. Luta de todos contra todos. Mas, o que saiu é bastante razoável. Daí as seguintes conclusões:

1. Há consenso entre juristas e sociedade de que a estrutura tributária brasileira estava defasada. Era complexa (inúmeros tributos), desigual (alcança pobres e ricos em conjunto), de difícil compreensão (emaranhado de impostos que se acumulam) e complica a vida de empresas e empresários.

2. Impôs-se a reforma e a sociedade reclamava por ela. Anos e anos de propostas de alteração constitucional foram consumidos em discussão entre juristas, economistas, empresários e segmentos da sociedade que litigavam entre si (industriais, comerciantes, agricultores e empresários de toda sorte e profissionais liberais).

3. A racionalidade era exigida. Algumas propostas foram apresentadas, discutidas e aprovou-se uma mescla de dispositivos existente no conjunto delas.

Analisemos as alterações propostas e como fica o texto. O sistema dual impôs ampla base de incidência e alíquota única no país. Terminam, assim, as divergências estaduais e as discussões existentes no Confaz. O IVA inovador não compõe sua própria base, terminando o método *gross-up* (termina o imposto embutido). Há a substituição dos tributos sobre o consumo, instituindo-se apenas um federal (CBS) e outro estadual (IBS).

As alíquotas ainda serão definidas, mas será uma só e, dependendo dos casos, como será analisado, haverá alíquota reduzida ou alíquota zero. As reduzidas alcançam uma série de produtos, como é identificado no texto, 40% ou zero (tal como a cesta básica e outras hipóteses igualmente indicadas). O imposto pode ser seletivo. Institui-se o *cashback* para proteção dos invisíveis. Subvenção atenderá zonas francas. Teremos regimes especiais. Regimes específicos. Benefícios à indústria automobilística e projetos novos. Os tributos serão administrados por Comitê. Termina a guerra fiscal entre os Estados.

Como as mudanças são inúmeras, evidente que pode haver equívoco na apreciação do total, porque são inovações que alteram por completo o sistema tributário brasileiro.

Já se pode antever a judicialização das divergências que surgirão entre os Estados e na aplicação das normas constitucionais.

10.20.4 Art. 1º da EC nº 132/2023. Sustentabilidade ambiental – arts. 43 e 225

O dispositivo efetua diversas modificações no texto constitucional permanente. Altera o parágrafo 4º do art. 43, que dispõe sobre a sustentabilidade ambiental e redução de emissão de carbono na hipótese de concessão de incentivos fiscais.

O art. 225 tem nova redação para garantir recursos para sua manutenção de acordo com as novas regras.

É acrescido ao art. 225 e ao seu parágrafo 1º o inciso VIII, com objetivo de proteção ao meio ambiente. Há o regime especial para os biocombustíveis e para o hidrogênio de baixa emissão de carbono, para garantir tributação inferior aos combustíveis fósseis.

É importante e absolutamente apropriado que o meio ambiente seja protegido em todos seus aspectos. A tributação aí funciona como situação *extrafiscal*. Ao tributar com menor alíquota ou mesmo não tributar biocombustíveis e o hidrogênio que tenha baixa emissão de carbono, o país está contribuindo para menor carga de poluição nos ares.

O Brasil, ao lado da proteção de seu bioma, especialmente a floresta amazônica, tem o dever de dar tratamento diferenciado a combustíveis que contenham menos potencial poluente. É forma de se proteger o meio ambiente.

10.20.5 Convocação do Presidente do Comitê Gestor

O art. 50 é alterado para permitir convocação de Ministro de Estado, de quaisquer titulares de órgãos subordinados à Presidência da República e do Presidente do Comitê Gestor a prestarem informações.

10.20.6 Competência do STJ

Cabe ao STJ resolver conflitos entre entes federativos e o Comitê Gestor relacionados aos tributos IBS e CBS (letra "j" do art. 105).

10.20.7 Princípios

Dispõe o parágrafo 3º do art. 145 que o sistema tributário deve observar os princípios da simplicidade, da transparência, da justiça tributária e da defesa do meio ambiente. Principiologia despida de conteúdo, mas que serve para balizar a compreensão na incidência aplicada pela Administração Tributária e pelo Judiciário.

O parágrafo 4º estabelece que eventuais alterações na legislação tributária buscarão "atenuar efeitos regressivos".

No direito as denominadas palavras *vagas* sempre trazem problemas.

Os princípios da mesma forma são de difícil aplicação, embora sejam sentidos empiricamente. O que é simplicidade? O que é transparência? O que é justiça tributária? Seu sentido apenas é verificável na prática em contraste com a situação efetiva. É o que Aristóteles denomina de *equidade,* como se lê no Livro V da *Ética a Nicômaco.*

10.20.8 Ato cooperativo

As letras "c" e "d" do inciso III do art. 146 da Constituição ficam alterados para que haja adequado tratamento tributário para o ato cooperativo em relação aos tributos ora instituídos.

10.20.9 Microempresas e empresas de pequeno porte

O art. 146, letra "d", é adaptado às novas normas para alcançar as microempresas e empresas de pequeno porte em relação aos tributos agora criados (IBS e CBS) e também das contribuições previstas no art. 195, I e V.

A *microempresa* identifica, de acordo com a Lei nº 9.841/1999, empresas que faturam até R$360 mil e que têm até nove (9) pessoas no comércio e serviços ou até 19 (dezenove) na indústria. As de pequeno porte têm faturamento até R$4,8 milhões e empregam de 10 a 49 pessoas no comércio e serviços e de até 20 a 99 na indústria.

O que as distingue é o número de pessoas empregadas e o faturamento anual.

Elas terão tratamento diferenciado e favorecido, tal como prevê o inciso "d" do art. 146 da Constituição.

10.20.10 Contribuição sobre iluminação pública

A Constituição passa a ser acrescida do art. 149-A, que estabelece a possibilidade de os entes federativos municipais e distrital instituírem *contribuição* para "custeio, expansão e melhoria do serviço de iluminação pública", respeitados os incisos I a III do art. 150. Breve alteração feita para que não só haja cobrança para o *custeio*, mas para *expansão e melhoria*.

10.20.11 Regras tributárias

Os conceitos teóricos da tributação não sofrem alteração. É o que vem previsto no art. 149-B. Daí prevalecem os conceitos de fato gerador, base de cálculo, hipóteses de não incidência e sujeitos passivos (inciso I), imunidades (II), regimes específicos, diferenciados ou favorecidos de tributação (inciso III). Regras de não cumulatividade e creditamento (inciso IV).

10.20.12 Produto de arrecadação. Operações estatais com alíquotas zero

O art. 149-C estabelece que o imposto previsto no 156-A (IBS) e a contribuição prevista no art. 195, V sobre incidentes sobre operações contratadas pela Administração Pública direta, autarquias e fundações públicas, inclusive suas importações, será destinado ao ente federativo contratante, mediante redução *zero* das alíquotas incidentes sobre referidos tributos. Poderão, de outra forma, ter alíquotas reduzidas (parágrafo 1º).

10.20.13 Imunidade de templos religiosos. Crítica

A reforma aumenta a incidência da imunidade. Alcança os templos e "suas organizações assistenciais e beneficentes" (letra "b" do art. 150). O dispositivo merece todas as críticas. Somente veio ao texto por pressão da bancada evangélica seguida pelas demais religiões. É que, insatisfeitas com a imunidade que alcança o templo (o que em tese tem justificativa), agora a imunidade recai também sobre organizações sociais e beneficentes.

Estado laico não pode conceder qualquer "favor" à Igreja. Já tivemos amarga experiência no passado em que as igrejas confrontavam o poder político. O poder religioso não se confunde com o terreno e não pode obter deste qualquer favor. Há contrassenso na medida.

10.20.14 Serviço postal

O parágrafo 2º do art. 150 é alterado para abranger a imunidade recíproca entre os entes federativos para inserir a "empresa pública prestadora de serviço postal.

Estranha-se o dispositivo, porque o serviço postal está sendo superado pela correspondência celular. Cartas e outras mensagens que eram fantásticas e correntes em tempos anteriores e que serviram até para romances epistolares, ficaram superadas pelas mensagens via computador ou celular. A tendência era de privatizar tal serviço, que apenas ficará robusto caso possa transportar bens. Mas as pressões sindicais dos agentes dos correios prevaleceram.

10.20.15 Arts. 3º e 4º da EC nº 132/2023 no texto permanente da Constituição. Arts. 3º e 4º da Emenda Constitucional nº 132/2023. Administração tributária e direitos dos servidores

O art. 37 é acrescido do parágrafo 17 que dispõe sobre lei complementar que estabelecerá normas aplicáveis às administrações tributárias dos entes federativos, bem como direitos e deveres dos servidores públicos.

A norma é desnecessária. Isso já existe. Basta que se envie projeto de lei. O texto é ocioso.

10.20.16 Restrição a benefícios fiscais

O parágrafo 6º do art. 150 passa a ter nova redação no sentido de limitar qualquer benefício fiscal que possa ser dado, poderá ser concedido por lei ordinária, de vez que se excluiu a exigência de lei complementar, como impunha o art. 155, XII.

10.20.17 Tributo sobre seguro

O art. 153, inciso V retira a possibilidade de a União instituir tributo sobre o seguro.

10.20.18 Não cumulatividade

O art. 156-A foi incluído pela EC nº 132/2023 e seu parágrafo primeiro, inciso IX, que institui o IBS e determina que referido tributo não "integrará sua própria base de cálculo nem de outros tributos". É a não cumulatividade presente.

10.20.19 Distribuição obrigatória por parte dos Estados

O parágrafo 3º do art. 159 tem apenas a redação alterada para remeter a outro dispositivo (art. 158, parágrafo 2º).

10.20.20 Incidência sobre faturamento. Não cumulatividade e regime de devolução para redução das desigualdades

O parágrafo 9º do art. 195 dá nova redação a este dispositivo e retira a possibilidade de incidência de alíquotas diferenciadas sobre a receita e o faturamento das empresas. Permanece a incidência sobre folha de salários e lucro.

Seguindo a nova filosofia das exigências tributárias, a contribuição não poderá integrar sua própria base de cálculo, nem a dos impostos previstos no arts. 153, VIII e 156-A (parágrafo 17).

O parágrafo 19 remete-se ao 18, que determina a devolução da contribuição prevista no inciso V a pessoas físicas "com o objetivo de reduzir as desigualdades de renda". O 19 estabelece que a devolução "não será computada na receita corrente líquida da União para fins do regime especial para pagamento de precatórios e emendas individuais, de bancada e nos restos a pagar (parágrafos 9º, 12 e 17 do art. 166 e para fins de aplicação em serviços de saúde (art. 198, parágrafo 2º).

10.20.21 Proteção ao meio ambiente

É acrescido ao art. 225 e seu parágrafo 1º, o inciso VIII com objetivo de proteção ao meio ambiente. Há o regime especial para os biocombustíveis e para o hidrogênio de baixa emissão de carbono, para garantir tributação inferior aos combustíveis fósseis.

É importante e absolutamente apropriado que o meio ambiente seja protegido em todos seus aspectos. A tributação aí funciona como situação *extrafiscal*. Ao tributar com menor alíquota ou mesmo não tributar biocombustíveis e o hidrogênio que tenha baixa emissão de carbono, o país está contribuindo para menor carga de poluição nos ares.

O Brasil, ao lado da proteção de seu bioma, especialmente a floresta amazônica, tem o dever de dar tratamento diferenciado a combustíveis que contenham menos potencial poluente. É uma forma de se proteger o meio ambiente.

10.20.22 Novo tributo. Bens e serviços prejudicais à saúde ou meio ambiente

O art. 153, em seu inciso VIII, prevê novo tributo, qual seja, o incidente sobre a "produção, extração, comercialização ou importação de bens e serviços prejudiciais à saúde ou ao meio ambiente, nos termos de lei complementar".

Ao lado do rol estabelecido no art. 153, que são os tributos de competência da União que podem instituir sua hipótese de incidência, a reforma acrescenta mais um. Evidente o interesse aí de limitar tais bens e serviços porque são prejudiciais à saúde ou ao meio ambiente.

O parágrafo 6º introduzido pela reforma estabelece casos de não incidência do tributo.

10.20.23 Tributo sobre veículos automotores

O parágrafo 6º do art. 155 cuida da tributação sobre veículos (art. 155, II) que poderá ter alíquotas diferenciadas em função do tipo, do valor, da utilização e do impacto ambiental.

Incidirá sobre veículos terrestres, mas também sobre aquáticos e aéreos. As letras "a", "b", "c" e "d" excluem alguns veículos da exigência tributária.

10.20.24 Tributo municipal. IPTU

O inciso III do art. 1º do art. 156 é acrescentado para prever atualização da base de cálculo do IPTU.

Ora, isso já é feito pelos Municípios que periodicamente atualizam a Planta Genérica de Valores através de aerofotogrametria.

10.20.25 Financiamento do Programa de Formação do Patrimônio do Servidor Público. Art. 239

O art. 239, que cuida do Pasep, passa a ter recursos na ordem de 18% da contribuição prevista no art. 195, V que financiarão o programa do seguro-desemprego. Aos empregados que recolhem contribuição de até dois salários-mínimos de remuneração mensal será assegurado o pagamento de um salário-mínimo anual.

10.20.26 Regra da educação

A letra "c" do inciso II do art. 212-A remete que ao Fundo de Manutenção e Desenvolvimento da Educação Básica e de Valorização dos Profissionais da Educação – Fundeb serão constituídos os recursos aludidos na nova redação da letra "c" acima mencionada (desnecessário discriminar, já que o cálculo é meramente matemático).

10.20.27 O Fundo de Manutenção e Desenvolvimento da Educação Básica e de Valorização dos Profissionais da Educação – Fundeb

Referidos fundos (instituídos em cada Estado) recebem 20% (vinte por cento) das parcelas dos Estados arrecadadas pelo IBS, do Distrito Federal, imposto sobre herança incidente sobre o quinhão legado, sobre doação e IPVA, IPTU.

O Fundo é essencial para manutenção e desenvolvimento do ensino e para valorização dos profissionais da educação. Hoje é absolutamente indispensável para a manutenção dos serviços educacionais.

10.20.28 Normas alteradas no corpo da Constituição. Inovações

Como sempre as corporações entram em campo para beneficiar-se das alterações.

10.20.29 O IVA dual

As principais alterações são: a) base ampla e alíquota ***única;*** *b) fim do* gross up, *isto é, não haverá imposto embutido, c) não cumulatividade; d) recolhimento no destino.* A reforma adapta-se ao que há de mais moderno no mundo das tributações dos países mais avançados. Extinguem-se diversos tributos e passamos a ter apenas dois. O IBS (IVA subnacional), que será partilhado por Estados, Distrito Federal e Municípios, e a CBS (IVA nacional), que será de competência da União.

A reforma sobre o **consumo** extingue cinco tributos – ISS, ICMS, IPI, Cofins e PIS. Criam-se dois. O IBS e a CBS. O primeiro estadual e municipal e o segundo federal. De outro lado, cria-se o IS (imposto seletivo), que incidirá sobre bens e serviços nocivos à saúde ou ao meio ambiente. Passa a existir o *imposto seletivo* que recai sobre o antigo IPI.

Os impostos federais IPI, PIS e Cofins serão substituídos pela CBS, enquanto o ICMS e o ISS serão substituídos pelo IBS.

10.20.30 O que ocorrerá? O IVA

O modelo é o IVA – Imposto de valor agregado. Vantagens: a) desaparece a cumulatividade, b) incide sobre todos os bens e serviços, c) mesmo fatos geradores, bases de cálculo, sujeitos passivos, d) sem incentivos, ressalvados os casos especificados e) não oneração da importação e exportação.

10.20.31 Valor agregado

É tudo que adere ao produto para dar-lhe eficiência, aparência e que melhore sua *performance*.

10.20.32 Tributo estadual sobre doações e sucessões (transmissão de bens)

O TCMD passa a ser progressivo (inciso VI do art. 153) com alíquotas maiores para as grandes heranças. O índice de progressividade alcança o *quinhão* e não sobre a herança em sua totalidade. Diminui-se o valor da base de cálculo e passa a ser mais razoável alcançar cada um dos beneficiários. A ideia de fazer recair sobre o quinhão é útil.

Interessante a distinção entre *herança* e *valor do quinhão*.

O tributo não incidirá sobre as transmissões e doações para instituições sem fins lucrativos (inciso VII).

Ainda em relação a tributos estaduais, o parágrafo 3º dispõe que além dos tributos que já incidem sobre operações relativas a energia elétrica e serviços de telecomunicações, "nenhum outro imposto poderá incidir sobre operações relativas a derivados de petróleo, combustíveis e minerais do país". A saber, o Estado fica privado de instituir qualquer outro tributo.

A determinação está em consonância com a unificação dos tributos operada pela Emenda Constitucional nº 132/2023.

10.20.33 Princípios

Dispõe o parágrafo 3º do art. 145 que o sistema tributário deve observar os princípios da simplicidade, da transparência, da justiça tributária e da defesa do meio ambiente. Principiologia despida de conteúdo, mas serve para balizar a compreensão na incidência aplicada pela Administração Tributária e pelo Judiciário.

10.20.34 Taxas e contribuição de melhoria

As taxas e as contribuições de melhoria que incidem sobre obras públicas não são alteradas. Permanece o texto do art. 145 como na origem, isto é, as taxas são devidas à entidade federativa que instituir um serviço específico ou realizar uma atividade de polícia própria.

Também subsiste a contribuição de melhoria decorrente de obra pública, que não se confunde com a contribuição sobre iluminação pública disciplinada no art. 149-A, como já se anotou.

10.20.35 Imposto de competência compartilhada entre Estados, Distrito Federal e Municípios. Art. 156-A. O IBS. Recolhimento no destino. Lei complementar integrativa. Regimes especiais

Grande alteração ocorre com a instituição do IBS (Imposto sobre Bens e Serviços), que é compartilhado entre Estados, Distrito Federal e Municípios. Será instituído por lei complementar (art. 156-A). Abre-se a Seção V-A na Constituição para albergar a alteração.

A mudança é feita no sistema de pagamento do tributo. Hoje o pagamento ocorre no Estado e Município *produtor* de bens e serviços. A partir da vigência da reforma, o recolhimento ocorrerá no Estado e Município *do destino* (inciso VII do art. 156-A).

Haverá alíquota padrão a ser definida em lei complementar.

Informa-o o princípio da *neutralidade* (art. 156-A). Significa que o Estado não deva se intrometer no domínio econômico. Toda sua aplicação deve centrar para não interferir nas decisões dos agentes econômicos, não apenas sobre o crédito, mas desoneração de bens de capital, no tratamento isonômico na importação e exportação.

O imposto incide sobre operações com bens materiais ou imateriais, inclusive direitos ou com serviços (inciso I). A importação igualmente estará subordinada a ele (inciso II). Não incide sobre exportações (inciso III), cabendo o aproveitamento de créditos.

O imposto terá legislação uniforme e única (inciso IV), sendo certo que cada ente fixará sua alíquota por lei específica (inciso V) e será sempre a mesma para todas as operações.

Caberá a cobrança pelo somatório das alíquotas ao Estado ou Município de destino da operação (inciso VII). Aqui se opera grande alteração, porque o recolhimento ocorria no local da produção ou do consumo; agora é o local do *destino*.

O imposto será *não cumulativo*. O *imposto cumulativo* incide em duas ou mais etapas de sua circulação. O *não cumulativo* incide apenas sobre o valor agregado entre uma operação e outra. Se um bem foi adquirido por 10 e vendido por 12, o tributo apenas incide sobre a diferença. No cumulativo incide sobre o total, ou seja, 12.

O imposto compensa-se sobre o "montante cobrado sobre todas as operações nas quais seja adquirente de bem material ou imaterial, inclusive direito ou de serviço" (inciso VIII).

Não integra sua própria base de cálculo nem dos tributos mencionados no item IX do artigo em comento.

Não pode ser objeto de incentivos e benefícios financeiros ou fiscais relativos ao imposto ou de regimes específicos, diferenciados ou favorecidos de tributação (inciso X).

Não incidirá sobre prestações de serviços de comunicação nas modalidades de radiodifusão sonora e de sons e imagens de recepção livre a gratuita (XI).

Aqui se estabelece um caso de imunidade, isto é, não pode ser instituída a tributação sobre tais serviços. A imunidade impede a instituição do tributo. Difere da isenção cuja incidência é temporariamente suspensa.

A alíquota de referência do imposto será fixada por Resolução do Senado Federal para cada esfera federativa, que será aplicada à falta de outra do próprio ente (inciso XII).

O parágrafo 2º do art. 156-A dispõe sobre o Distrito Federal que, claro, acumula as atribuições do Estado-Membro e do Município e, pois, exercerá ambas as competências.

O parágrafo 3º do mesmo dispositivo estabelece que a lei complementar poderá definir como sujeito passivo do imposto a pessoa que concorrer para a realização, execução ou o pagamento da operação, mesmo residente no exterior.

O parágrafo 4º cuida da distribuição do produto da arrecadação do imposto. Cabe ao Comitê Gestor. Reterá o montante equivalente ao saldo dos créditos (inciso I) e distribuirá o produto da arrecadação (inciso II) ao ente federativo do *destino* das operações.

Todas as operações, incidência, recolhimento, distribuição do IBS serão operadas através de *Lei complementar*. O parágrafo 5º do mesmo artigo disciplina a matéria. Caberá à Lei Complementar dispor sobre: a) forma de cálculo, b) tratamento em relação às operações em que o imposto não for recolhido tempestivamente, c) regras de distribuição aos regimes favorecidos.

Disporá, também, sobre o regime de compensação desde que: a) o adquirente possa efetuar o recolhimento do imposto incidente nas suas aquisições de bens ou serviços e b) o recolhimento do imposto ocorra na liquidação financeira da operação (letras "a" e "b" do inciso II do parágrafo 5º).

Cabe igualmente à Lei Complementar estabelecer a forma e o prazo para ressarcimento de créditos acumulados pelo contribuinte (inciso III) e os critérios para definição do destino da operação (inciso IV).

De outro lado, impõe-se a desoneração sobre *aquisição de bens de capital* (inciso V). A indústria brasileira pagou caro preço ao ser tributada na aquisição de bens de capital. Quando se instituiu a alíquota zero e foi bem manobrada, o parque fabril cresceu, tornando-se o parque industrial dos mais modernos. Posteriormente, com controle infeliz, diminuiu a indústria brasileira. É importante que haja incentivo para a modernização do parque fabril.

10.20.36 Regimes especiais

Foram instituídos regimes especiais de tributação, mas sem os resultados esperados. Agora, busca-se eliminar a incidência de tributos na aquisição de bens de capital.

Outras disposições de caráter formal serão previstas na Lei Complementar.

Regimes aduaneiros especiais e zonas de processamento de exportação terão previsão especial (inciso VI) mediante diferimento ou desoneração do imposto.

Terão previsão igualmente normas sobre processo administrativo (VII), devolução do imposto a pessoas físicas (VIII), obrigações tributárias acessórias (IX).

Lei complementar também disporá sobre *regimes específicos* de tributação para combustíveis e lubrificantes (I), serviços financeiros, operações de bens imóveis, planos de assistência à saúde e concursos de prognósticos (inciso II), sociedades cooperativas (III), serviços de hotelaria, parques de diversão e parques temáticos, restaurantes e aviação regional (IV), operações alcançadas por tratado ou convenção internacional (V), serviços de saneamento e de concessões de rodovias (VI), serviços de transporte coletivo de passageiros, rodoviário, ferroviário, hidroviário e aéreo (VII) e operações de estrutura compartilhada dos serviços de telecomunicações (VIII). É o que dispõe o parágrafo 6º do art. 156-A da Constituição, em seus diversos incisos.

O parágrafo 7º do art. 156-A dispõe sobre isenção e imunidade, as quais não implicarão crédito para compensação e acarretarão anulação do crédito.

O parágrafo 8º dispõe sobre o conceito de operações com serviços.

O parágrafo 9º contém dispositivo importante. Estabelece que qualquer alteração na legislação federal que reduza ou eleve a arrecadação do imposto deverá ser compensada por Resolução do Senado e somente entrará em vigor com o início da produção de efeitos (incisos I e II).

Os Estados podem optar por vincular sua alíquota à de referência estabelecida pelo Senado Federal (parágrafo 10).

Qualquer alteração de arrecadação do imposto será precedida de estimativa de impacto fiscal (parágrafo 11).

10.20.37 Art. 156-B. Comitê Gestor do IBS (art. 156-B). Os conflitos federativos

A experiência com o Confaz não foi aprovada, embora tenha funcionado por muitos anos no sentido da unificação das decisões dos governos estaduais. O que se busca é um Conselho Gestor com representantes de todos os Estados (27) e de Municípios (27).

O Conselho não terá poder de iniciativa de leis, o que fora cogitado. A atribuição básica é a de arrecadar o imposto, efetuar as compensações e distribuir o produto entre Estados, Distrito Federal e Municípios.

Terá que editar um regulamento para uniformizar a interpretação das leis que deva aplicar (inciso I). Cabe-lhe arrecadar o imposto, efetuar as compensações e distribuir o produto (inciso II), bem como decidir o contencioso administrativo (III).

A existência do Conselho Gestor será crucial para a boa aplicação das inovações constitucionais e legais, bem como para fazer funcionar o sistema. Constitui-se em *entidade pública sob regime especial* (o que não quer dizer muito) e terá "independência técnica, administrativa, orçamentária e financeira".

O Conselho Gestor estará subordinado à fiscalização dos Tribunais de Contas dos Estados e dos Municípios.

O Presidente do órgão será sabatinado pelo Senado Federal e poderá ser convocado em qualquer circunstância pelo Congresso Nacional.

Terá independência técnica. Os Estados têm representação paritária (inciso I do parágrafo 10). A presidência será alterada entre a representação dos Estados e dos Municípios (inciso II). Seus recursos decorrem de um percentual do produto da arrecadação (inciso III). O controle externo cabe aos Tribunais de Contas estaduais e municipais (inciso IV). Os procedimentos de fiscalização, de lançamento e de cobrança serão efetuados pela respectiva entidade federativa (V), os servidores serão representados perante o Conselho Gestor (VI). A disciplina interna será estabelecida por regimento.

O parágrafo 3º do art. 156-B dispõe sobre a participação dos entes federativos. Aos Estados e Distrito Federal cabem 27 membros (inciso I); outros 27 representarão os Municípios (inciso II); 14 representantes com base nos votos de cada Município (a) e outros 13 com base nos votos ponderados pelas respectivas populações (b).

As deliberações serão pelo critério da maioria absoluta. O parágrafo 4º do art. 156-B dispõe como serão as deliberações. Serão aprovadas no tocante a Estados e Distrito

Federal pelo voto da maioria absoluta e de votações que correspondam a mais de 50% da população do país. Em relação aos Municípios e Distrito Federal, pela maioria absoluta de seus representantes.

Nesse passo será fundamental a participação dos Estados e dos Municípios. Aqui é que se concentram os eventuais conflitos federativos e que serão decididos pelo Comitê Gestor. Dir-se-á que o Comitê não substitui os Estados e com razão. A federação é composta por estes e não por um Comitê Gestor. Mas com a forma de se administrar os recursos agora unificados e através do Comitê é que o Estado terá que questionar sua autonomia administrativa. Em termos de receitas tributárias, perdem sua autonomia e o que tiver que ser pleiteado se sujeitará à deliberação do Conselho.

Em termos de *pureza* federativa, os argumentos são válidos. Em termos *conceituais de moderna federação*, os argumentos cedem.

Extingue-se a unanimidade que era exigida para as deliberações do Confaz, o que, a nosso ver, era inconstitucional. A democracia sempre deliberou pela maioria simples ou absoluta; jamais pela unanimidade. Mas, isso fica superado.

No mais, caberá à lei complementar dispor a respeito (parágrafo 5º do mesmo artigo). As deliberações ocorrerão pelo voto da maioria absoluta que corresponde à metade mais um. Há critérios previstos no parágrafo 4º. No caso dos Estados será de 14 (13,5) ou pelo critério populacional (mais de 50% da população do país).

O Presidente do Comitê Gestor deverá ter "notórios conhecimentos de administração tributária" (parágrafo 5º). O que isso significa? Deverá demonstrar que, primeiro, entende de tributos (eventualmente ser advogado que milita na área, economista que cuida do assunto ou que conheça administração tributária.

Os órgãos e entidades federais deverão compartilhar informações fiscais (parágrafo 6º) e decidir e implementar soluções comuns para administração e cobrança dos tributos (parágrafo 7º).

Lei complementar poderá prever a integração do contencioso (parágrafo 8º).

O Comitê Gestor deverá reter os repasses previstos no parágrafo 2º do art. 158 da Constituição, isto é, os que couberem aos Municípios na partilha do IBS para adequada distribuição de acordo com a população e percentual arrecadatório.

10.20.38 Receita Municipal. Partilha

O art. 158 da Constituição Federal, que cuida da repartição das receitas tributárias, ganha nova redação à luz dos novos tributos.

Ao Município caberá 50% dos recursos cobrados sobre veículos automotores licenciados em seus territórios, mais sobre veículos aquáticos e aéreos, cujos proprietários sejam domiciliados em seus territórios. A novidade está na incidência tributária sobre veículos aquáticos e aéreos (inciso III).

Na partilha do IBS aos Municípios, caberá a cota-parte de 25% das operações relativas à circulação de mercadorias e sobre serviços de transporte (letra "a" do inciso IV). Do produto do IBS, as parcelas serão creditadas no percentual de 80% (oitenta por cento) em proporção à população (inciso I) e 10% com base em indicadores da melhoria nos resultados de aprendizagem e de aumento da equidade, considerado o nível socioeconômico dos educandos, de acordo com o que dispuser lei estadual (inciso

II), 5% de indicadores de preservação ambiental (inciso III) e 5% em montantes iguais para todos os municípios do Estado (inciso IV).

Introduz-se, de outro lado, o que se rotulou de ICMS-Verde. A saber, embora não seja essa a sigla, busca-se recompensar os Municípios que preservem recursos naturais. De igual maneira, o transporte coletivo pode ser beneficiado com o financiamento e aprimoramento do transporte sem emissão de gases poluentes e causadores do efeito estufa.

Os Estados ficam com 75% do tributo arrecadado. Os Municípios com 25%.

Vê-se que alcança o antigo ICMS, IPI (inciso I do parágrafo primeiro) e ISS (*idem*), importação (inciso II), exportação (inciso II), extinguindo-os e criando um só tributo.

A legislação é única e uniforme em todo território nacional (inciso IV).

Sobre a renda e IPI (art. 159), sobrevém a partilha aí prevista de que 50% ficam com os Municípios. Serão entregues aos Estados e ao Distrito Federal 10% e da CIDE 29%. Os Estados repassam 25% aos Municípios.

10.20.39 Fundo Nacional de Desenvolvimento Regional. Meio ambiente

Institui-se um Fundo para reduzir desigualdades regionais e sociais (art. 159-A), cabendo-lhe realizar estudos, fomentar atividades produtivas e promover ações para o desenvolvimento científico e tecnológico (incisos I a III). Terá sempre objetivo de proteção do meio ambiente (parágrafo 2º). A destinação dos recursos é dada pelos Estados e Distrito Federal.

O Fundo é um meio de partilha que não tem personalidade jurídica. Mera conta corrente. Entradas e saídas.

Os recursos são divididos em relação à população (peso de 30%) e coeficiente individual de participação dos entes em 70%). A União repassa para Estados e Municípios para que realizem as finalidades previstas nos incisos e parágrafos do referido artigo. A distribuição ocorrerá igualmente em função da população.

O dispositivo igualmente prioriza a preservação ambiental como fundamento para distribuição dos recursos.

Cabe ao TCU a regulamentação e o cálculo dos coeficientes de participação de cada ente federativo (parágrafo 5º).

10.20.40 Vinculação de receita para pagamento de débitos com a União (art. 167)

O art. 167 da Constituição Federal cuida das vedações orçamentárias. A inovação constitucional destina-se apenas a adaptar as alterações realizadas à exceção da vedação de garantias. Estados-membros, Distrito Federal e Municípios podem realizar operações financeiras e endividar-se perante organismos nacionais ou internacionais. Necessitando de garantia da União para sua consecução, devem estar cientes de que, se a União honrar o compromisso e o ente federativo não lograr cumprir sua parte, caberá a vinculação de receitas para o pagamento dos débitos insatisfeitos.

10.20.41 Art. 177, parágrafo 4º, inciso II, letra "d". CIDE.

Há acréscimo da letra "d" ao inciso II do parágrafo 4º para permitir que a CIDE se destine também ao pagamento de subsídios a tarifas de transporte público coletivo de passageiros.

10.20.42 Seguridade social. Art. 195

É alterado de forma a permitir que a contribuição social incida sobre bens e serviços, nos termos que dispuser lei complementar (inciso V) e poderá ter sua alíquota fixada em lei ordinária (parágrafo 15).

10.20.43 A CBS federal. *Cashback*

Ao lado do IBS, que será repartido entre Estados, Distrito Federal e Municípios, institui-se a CBS, por força do inciso V do art. 195, que unifica o IPI, o PIS e o Cofins. Incide sobre bens e serviços e será instituída pela mesma lei que dispuser sobre o IBS.

A alíquota será fixada em lei ordinária (parágrafo 15). Os dispositivos ora criados para a disciplina do IBS aplicam-se à CBS. É que a unificação dos tributos envolve a mesma sistemática. A lei que disciplinar o IBS será a mesma a estruturar a CBS. É o que determina o art. 195, em seu parágrafo 16.

O cashback. Tendo em vista a redução das desigualdades de renda, haverá devolução da contribuição cobrada (parágrafo 18 do art. 195).

10.20.44 Tributo sobre seguridade social

O IBS, tributo incidente sobre bens e serviços, compõe a receita da seguridade social e sujeita-se a regras comuns em relação a: a) fatos geradores, bases de cálculo, hipóteses de não incidência e sujeitos passivos; b) imunidades, c) regimes específicos, diferenciados ou favorecidos de tributação e d) regras de não cumulatividade e creditamento. É o que consta do art. 149-B e seus incisos.

As imunidades são as previstas no art. 150, VI, não se aplicando as isenções que alcançam as entidades beneficentes.

O produto da arrecadação pertence ao ente federativo contratante.

Os serviços de saúde recebem os recursos previstos na nova redação do inciso II do parágrafo 2º do art. 198, no caso de Estados e Distrito Federal. Municípios e Distrito Federal igualmente recebem receitas (inciso III).

10.20.45 Regimes específicos de tributação

O parágrafo 6º do art. 156-A prevê regime específico para inúmeros bens, tais como: a) combustíveis, que terão alíquotas estabelecidas por Resolução do Senado Federal (inciso I); b) serviços financeiros, operações com imóveis, planos de saúde e concursos de prognósticos (inciso II); c) sociedades cooperativas (inciso III); d) serviços de hotelaria, parques de diversão e temáticos, agências de viagens e turismo, bares e restaurantes e aviação regional (inciso IV); e) operações alcançadas por tratado internacional (inciso V); f) serviço de saneamento e concessão de rodovias (inciso VI); g) serviços de transporte coletivo de passageiros (de rodoviário a aéreo – inciso VII); h) operações compartilhadas de serviços de telecomunicações (inciso VIII).

Dada a relevância das atividades previstas no art. 156-A, deve haver maleabilidade para enfrentar diversas situações. Bem andou o legislador em excepcioná-las para que tenham disciplina normativa própria.

Isso diminui a reforma? Não. Dá ao legislador certa margem de atendimento a situações específicas.

10.20.46 Imposto seletivo

O art. 153 ganha um inciso que estabelece a possibilidade de a União instituir imposto sobre: "VIII - produção, extração, comercialização ou importação de bens e serviços prejudiciais à saúde ou ao meio ambiente". A instituição decorrerá de lei complementar, provavelmente a mesma que instituir o IBS e a CBS.

Terá finalidade extrafiscal e não incidirá sobre operações de energia elétrica e telecomunicações (inciso I do parágrafo 6º do art. 153). Poderá recair sobre armas e munições (inciso II), poderá ter o mesmo fato gerador e base de cálculo de outros tributos (inciso VI).

A extrafiscalidade significa que a incidência do tributo pode ser utilizada para conformar comportamentos. Estimulá-los ou dissuadi-los.

10.20.47 Imposto estadual e distrital sobre bens móveis, títulos e créditos

Ao Estado cabe instituir o tributo (art. 155, parágrafo 1º, inciso II). Será progressivo em razão do "valor do quinhão, do legado ou da doação". Interessante a previsão. É que não incide o tributo sobre o total da herança, mas sobre o quinhão, o que "barateia" o tributo. De outro lado, não incide nas transmissões para instituições sem fins lucrativos, organizações assistenciais e beneficentes de entidades religiosas e institutos científicos e tecnológicos.

10.20.48 Repartição de outras receitas. Veículos, transporte e renda

Cinquenta por cento (50%) do imposto sobre veículos automotores pertencem aos Estados (art. 158, III) e vinte e cinco por cento (25%) sobre transporte. Sobre o total arrecadado pela nova sistemática, o tributo será entregue aos Municípios na proporção de 80% na proporção da população, 10% com base nos resultados de aprendizagem, 5% com base em indicadores de preservação ambiental e 5% em montantes iguais a todos os Municípios.

A matemática é complicada e o Comitê Gestor juntamente com os Tribunais de Contas terão imenso trabalho para resolver sobre tudo isso. Pode-se imaginar quantas ações serão apresentadas ao Judiciário.

O art. 159 dispõe sobre a distribuição dos impostos sobre a renda e IPI na proporção de cinquenta por cento (50%). A CIDE terá distribuição de 29% aos Estados. E os Municípios repassam 25% aos Municípios.

10.20.49 Vinculação para pagamentos de débitos com a União

Continua a possibilidade de a União vincular receitas para pagamentos de débitos com a União, bem como de prestar garantia e contragarantia (parágrafo 4º do art. 167).

10.20.50 Art. 2º da Emenda Constitucional nº 132/2023. O Ato das Disposições Constitucionais Transitórias – ADCT

O art. 2º da Emenda Constitucional nº 132/2023 altera dispositivos do ADCT. Como as alterações serão paulatinas, houve ampla modificação, alteração e inserção de artigos no ADCT. É parte fundamental para a compreensão da transformação do sistema tributário.

As disposições transitórias, como o nome diz, explicita a forma da passagem de um sistema para outro. Toda a parte revogada das receitas públicas dão origem à nova tributação. Os tributos antigos subsistem durante determinado período e, com o passar do tempo, são extintos, outros surgindo em seu lugar.

Haverá uma gradativa transferência de competências e incidências tributárias, de acordo com a legislação complementar e ordinária que se seguirá. A transição ocorrerá dentro de dez (10) anos, em sua maioria, quando serão extintos tributos como ICMS e ISS.

A complexidade da reforma obtida após muitos acordos e transações, ao lado das composições políticas, exige um período de transição, como se verá em seguida.

10.20.51 Desvinculação de receitas – DRU

Parte da receita é desvinculada para livre aproveitamento pelo Poder Executivo (nova redação dada aos artigos 76-A e 76-B do ADCT). A previsão anterior é de que isso terminaria em 2023. Agora segue até 2032. Mais dez (10) anos em que o governo terá disponibilidade de dispor de tal montante a seu bel prazer.

A DRU, ainda que seja uma excrescência em termos fiscais, torna-se necessária para que o governo tenha certa discricionariedade no gasto. Por força de problemas passados, as receitas passaram a estar vinculadas a algum objetivo, em detrimento de políticas públicas. Instituiu-se, então, a DRU que significa deixar que o Executivo tenha margem de escolha sobre onde aplicar os recursos. A vinculação, em determinados setores, é essencial (educação, saúde), mas deve estar livre para escolha diante das necessidades que são múltiplas.

10.20.52 Zona Franca de Manaus

Continua a existir. Estará sujeita à Cide. Fiscalização será feita pelo Fundo de Sustentabilidade e Diversificação Econômica do Estado do Amazonas. O art. 92-B do ADCT dispõe sobre os privilégios atribuídos à Zona Franca de Manaus.

A Zona Franca teve bastante utilidade no passado para despertar o país para a industrialização da Amazônia e que ela se tornasse um polo de atração para investimentos. Hoje é uma realidade. Só que, se houver concorrência externa e sem maior ajuda financeira, poderá entrar em colapso. Daí a providência do art. 92-B do ADCT, que mantém a Zona Franca e determina a instituição de um Fundo de Sustentabilidade e

Diversificação Econômica do Estado do Amazonas. Será instituído por lei complementar com objetivos definidos no parágrafo 2º do art. 92-B do ADCT.

A Amazônia é uma das regiões mais cobiçadas do mundo. Não só por sua biodiversidade, mas pela riqueza do bioma. Riqueza mineral, reserva de madeira, "pulmão do mundo", tudo leva ao desejo de diversos países de se apropriarem dela, obterem patentes de remédios, em detrimento do país. Daí ser importante a preservação da Zona Franca que deve ser aprimorada e aperfeiçoada.

O Fundo servirá também para compensar eventual perda de receita do Estado do Amazonas (inciso II do parágrafo 3º).

10.20.53 Fundo de Desenvolvimento Sustentável dos Estados da Amazônia Ocidental e do Amapá

Por circunstâncias próximas, o Amapá passa a ser beneficiado por um Fundo (parágrafo 6º do 92-B do ADCT) que será criado por Lei Complementar.

Os argumentos são os mesmos, embora em menor extensão de terra. Trata-se de zona franca criada pela Lei nº 8.387/1991 e tem como substrato a manutenção de área verde.

10.20.54 Pagamento de precatórios

O inciso IV do art. 104 do ADCT mantém a retenção de parte dos repasses a Estados e Municípios para pagamento de precatórios que serão depositados em conta prevista no art. 101 do ADCT.

10.20.55 Fundo de combate à pobreza. Art. 82 do ADCT

Continua o referido Fundo, que conta com a participação da sociedade civil. A adaptação é apenas para ajustar a incidência dos tributos que compõem o Fundo de acordo com as novas disposições legais. Ademais, Estados, Distrito Federal e Municípios devem instituir referidos Fundos.

Para custear os respectivos Fundos, "poderá ser destinado percentual" do IBS. A fonte é a mesma, só que alterada para os novos tributos instituídos.

10.20.56 Leis complementares supervenientes

O art. 6º da Emenda Constitucional estabelece que, enquanto não sobrevier lei complementar a respeito dos novos temas, vigoram, na transição, as regras previstas no referido art. 6º.

As leis complementares terão bastante eficácia. São elas que disciplinarão toda a transição e a instituição dos novos tributos.

10.20.57 Período de transição

Como se percebe, haverá uma longa transição de um regime para outro. Nem era de se esperar outra coisa. Primeiro há que se esperar uma mudança de comportamento. Os contribuintes deverão estar bem informados sobre as alterações que se operarão.

Segundo, a fiscalização deve se reestruturar para evitar sanções e estar preparada para orientação. Logo, impõe-se longo período de preparação.

Há todo um detalhamento de coparticipação dos regimes (vigente e futuro) e as regras estão detalhadas na Constituição, tudo necessitando de leis complementares que advirão para racionalizar a transferência.

Todo o art. 2º da Emenda Constitucional nº 132/2023 destina-se, de maneira matemática e detalhada, a esclarecer a forma e como se opera a extinção gradativa dos tributos atuais e o surgimento dos futuros. Não há determinação súbita, mesmo porque há uma grande alteração de perspectiva, o que necessita de tempo para absorção das alterações.

Evidente, por certo, que muitas discussões surgirão com problemas federativos, e a judicialização será fatal.

A partir do art. 124 do ADCT, estabelece-se a previsão da mudança de um regime fiscal para outro, até o art. 137, todos constituindo novo corpo do ADCT.

A matéria poderia ficar relegada ao âmbito da lei complementar. Mas foi bom que constasse do texto constitucional para evitar controvérsias que, fatalmente, surgirão na criação das leis complementares.

Em 2026, algumas providências serão tomadas (art. 125 do ADCT), como a redução do imposto atual e início de vigência do tributo criado. Em 2027, outras (art. 126). No período de 2027 e 2028, outras soluções são aplicadas (art. 127 do ADCT). De 2029 a 2032, entram em vigor uma série de disposições (art. 128 do ADCT). A partir de 2033, ficam extintos inúmeros impostos.

O PIS, a Cofins e o IPI são extintos em 2027, IBS e CBS começam a ser aplicados. Paralelamente há a redução do ICMS e do ISS, que serão extintos em 2033. Sua redução é escalonada.

Durante os períodos de incidência recíproca, os impostos criados não comporão a base de cálculo uns dos outros. Excluem-se.

O Senado Federal terá ativa participação nas providências a serem adotadas. Caberá a ele fixar alíquotas de diversos tributos (art. 130).

De 2029 a 2078, passa a incidir a distribuição dos recursos na forma determinada no art. 131 do ADCT. Outras providências são dadas pelo art. 132 do ADCT, o mesmo sucedendo com os arts. 133 e 134 do ADCT. O mesmo ocorre com os arts. 135 e 136 do ADCT.

10.20.58 Fundo de Compensação de Benefícios Fiscais ou Financeiros Fiscais

O art. 12 da EC cria referido fundo. É que, na transição, haverá perda para alguns Estados e Munícipios, e benefícios para outros. Assim, institui-se referido Fundo para compensar as perdas.

10.20.59 O art. 6º da Emenda Constitucional nº 132/2023

Estabelece o texto inovador providências até que advenham a lei complementar que discipline o IBS e a CBS. Tais regras disciplinam o regramento transitório.

São especificidades que não necessitam de comentários. Basta providências de caráter administrativo e contábil.

10.20.60 Art. 7º da Emenda Constitucional nº 132/2023. Compensação financeira

Como a Emenda Constitucional estabeleceu alteração do local de pagamento dos tributos, alguns Estados sofrerão perda de arrecadação. O art. 7º institui regras de compensação. Estabelece como se procede em relação a que nenhum ente federativo seja prejudicado até que as respectivas arrecadações se consolidem.

10.20.61 Art. 8º da Emenda Constitucional nº 132/2023. Alíquotas reduzidas. Cesta básica. Alíquota zero

Institui a EC a Cesta Básica Nacional de Alimentos, que levará em conta a diversidade regional e cultural na alimentação do país, em cumprimento ao contido no art. 6º da Constituição Federal, que estabelece o direito social à alimentação.

De acordo com o parágrafo único do art. 8º, as alíquotas dos tributos serão reduzidas a *zero*. Embora a lei complementar que definirá quais produtos serão listados para compor a cesta básica, pode-se adiantar que carne, leite, feijão, arroz, farinha, batata, tomate e pão, café, banana, açúcar e óleo devem integrá-la.

Deverá haver, suponho, uma identificação de produtos, para que não se isente de tributação os que comporão a mesa dos ricos. Não será todo arroz nem todo feijão, mas aqueles mais em conta no mercado. Com isso não se desmerece a alimentação do pobre, mas identificam-se produtos que ele possa alcançar.

10.20.62 Art. 9º do ADCT. Regime diferenciado (Alíquotas reduzidas). *Cashback*

Há situações em que o tributo é diminuído ou não incide. Caso da cesta básica.

O parágrafo 1º do referido artigo explicita quais são os produtos que terão *regime diferenciado*. A redução será de sessenta por cento (60%). São eles: I – serviços de educação; II, III, IV e V – saúde, dispositivos médicos e de acessibilidade para deficientes, medicamentos; VI – saúde menstrual; VII – transporte rodoviário, ferroviário e hidroviário; VIII – alimentos destinados ao consumo humano; IX – produtos de higiene pessoal e limpeza consumidos por família de baixa renda; X – produtos agropecuários, aquícolas, pesqueiros, florestais e extrativistas vegetais *in natura*; XI – insumos agropecuários e aquícolas; XII – produções artísticas, culturais, de eventos, jornalísticas e audiovisuais nacionais, atividades desportivas e comunicação institucional; XIII – bens e serviços relacionados à soberania e segurança nacional, à segurança da informação e à segurança cibernética.

Aqui houve forte participação dos *lobbies* e das atividades que estavam estruturadas para impor suas pretensões. Ao lado de importante redução, como saúde, educação, saúde menstrual, transportes, ao mesmo tempo entraram facilidades para produtos agropecuários, aquícolas, atividades jornalísticas e audiovisuais. Vê-se que nem tudo são flores.

Lei complementar preverá hipóteses de isenção à saúde menstrual (inciso I). Da mesma forma, outros produtos gozarão da redução de 100% das alíquotas dos tributos, tais como produtos hortícolas, frutas e ovos (letra "b"), serviços prestados por instituição científica, tecnológica e de inovação sem fins lucrativos (letra "c"), automóveis de passageiros (letra "d").

Não se trata de discricionariedade administrativa. A Constituição fala que lei complementar *preverá*, isto é, não é mera permissão, mas o comando normativo é determinativo.

O inciso III do parágrafo 3º do art. 9º do ADCT prevê também redução de 100% (cem por cento) da alíquota da contribuição de que trata o art. 195, V, para serviços de educação de ensino superior, por termos do Prouni, instituído pela Lei nº 11.096/2005.

Haverá isenção ou redução em até cem por cento (100%) da alíquota dos tributos para atividades de reabilitação urbana de zonas históricas e de áreas críticas de recuperação e reconversão urbanística (inciso IV).

O inciso III não gera tantas dúvidas, mas definir o que significa zonas histórias e áreas críticas de recuperação e reconversão depende de estudos técnicos e determinação de órgãos especializados de ministérios ou secretarias determinadas.

Abre espaço para redução ao produtor rural, pessoa física ou jurídica, que obtiver receita anual inferior a 3.600.000,00 (três milhões e seiscentos mil reais), atualizados anualmente pelo IPCA, e o produtor integrado poderá optar pelo regime especial (parágrafo 4º do artigo 9º do ADCT).

O mesmo dispositivo, no parágrafo 5º, autoriza a concessão de crédito ao adquirente de bens e serviços de produtor rural. Haverá fiscalização do Poder Executivo da União e do Comitê Gestor e revisão do valor do crédito presumido. Em suma, o produtor rural de médio porte se vê aquinhoado com uma série de possibilidades.

Outras atividades serão beneficiadas com crédito (parágrafo 6º e 7º).

Tais benefícios, se concedidos, sujeitam-se ao art. 149-B da Constituição, ou seja, estarão subordinados às regras gerais de imunidade, fato gerador, base de cálculo, hipóteses de não incidência e sujeitos passivos, não cumulatividade e creditamento.

O dispositivo afigura-se inócuo, porque o art. 149-B cuida dos princípios gerais que se aplicam a toda e qualquer hipótese de incidência. Logo, atinge as modificações que forem feitas no texto Constitucional.

Avaliação periódica. O regime especial submete-se a revisões periódicas a cada cinco anos de custo-benefício. Deverá atentar à igualdade de homens e mulheres (parágrafo 10).

A lei complementar igualmente beneficiará com redução de trinta por cento (30%) das alíquotas incidentes sobre prestação "de serviços de profissão intelectual, de natureza científica, literária ou artística, submetidas à fiscalização do Conselho profissional" (parágrafo 12).

Igualmente são alcançadas pelo artigo em comento as "composições para nutrição enteral ou parenteral e as composições especiais e fórmulas nutricionais destinadas às pessoas com erros inatos do metabolismo" (inciso I do parágrafo 13º) e os alimentos destinados ao consumo humano, sucos sem adição de açúcares e conservantes (inciso II).

Enfim, há um número imenso de pessoas físicas e jurídicas que são contempladas com benefícios fiscais. Em vez de todos entrarem na reforma, sem qualquer privilégio, infelizmente as pressões sobre os respectivos relatores levam a benefícios indevidos. Diremos até devidos, mas que dependeriam de apreciação futura e individualizada. Todos deveriam dar sua contribuição a uma grande reforma e que não se perca George Orwell com sua previsão de que na democracia sempre alguns serão mais beneficiados que outros. Ele se refere a um regime de igualdade que nunca se alcança.

Cesta básica. A cesta básica será tributada com *alíquota zero*. Em relação a ela, introduz-se o *cashback*, isto é, haverá mecanismo para devolução do tributo pago às pessoas mais necessitadas. Não há rol de produtos que comporão a cesta básica, mas atende-se às diversidades regionais. O *cashback* é obrigatório nas contas de luz e botijão de gás e produtos alimentícios.

Terão imposto reduzido as montadoras do Nordeste, Norte e Centro-Oeste, veículos híbridos e carros flex. Permanece redução para pessoas com deficiência e para taxistas. Igualmente, remédios estarão inseridos em regime especial.

O art. 8º da Emenda Constitucional institui a cesta básica de alimentos que "considerará a diversidade regional e cultural da alimentação do país". Caberá à lei complementar definir os produtos destinados à alimentação humana.

10.20.63 Art. 10 da EC nº 132/2023. Serviços financeiros

O art. 10 cuida dos serviços financeiros. Identifica-os no inciso I do artigo, letras "a" e "b". Percebe-se que se está cuidando de valores financeiros identificados em moeda corrente.

Identifica, no inciso II, as operações imobiliárias (letras "a" até "d"). A menção a eles deve-se ao fato de que, ao fazer incidir o IBS sobre tais operações, dispõe-se qual será seu regime jurídico.

Não terá aplicação, nos termos do inciso I do parágrafo 1º do art. 10 do ADCT, "aos serviços remunerados por tarifas e comissões". O inciso II é mais específico sobre vigência das alíquotas e bases de cálculo.

10.20.64 Art. 11 da EC nº 132/2023. Contribuições sobre receita

Dispõe que a revogação do art. 195, I, "b" não produz efeitos sobre as contribuições incidentes sobre a receita ou o faturamento. Há outra forma substitutiva.

10.20.65 Art. 12 da EC nº 132/2023. Fundo de Compensação de Benefícios Fiscais ou Financeiro-Fiscais.

Poderosa regra de transição é prevista no art. 12 da EC nº 132. Institui um Fundo que fará compensação, entre 1º de janeiro de 2029 e 31 de dezembro de 2032, a pessoas físicas ou jurídicas beneficiárias de isenções e benefícios financeiro-fiscais. A partir do parágrafo 1º estabelece os valores que disciplinarão a transição (incisos I a VIII).

Trata-se de regra de *compensação* para que programas, construções e realizações de toda espécie não sejam prejudicados, por força de alteração do imposto. Com a substituição dos impostos por força da incidência do art. 156-A que passa a viger, aqueles beneficiários de vantagens e benefícios dos tributos até então vigentes passam a ter *compensação*. Parece evidente que empresários e todos que usufruíam de algum benefício não podem ser prejudicados pela alteração brusca ou paulatina do tributo. Assim, prorroga-se ao longo do tempo para que não possa haver prejuízo.

Lei complementar estabelecerá os critérios e os limites para apuração do nível de benefícios reduzidos. Caso haja insuficiência de recursos para a compensação, caberá à União efetuar a complementação do montante que falta. Na hipótese de saldo, será transferido a outro Fundo (parágrafo 9º).

10.20.66 Art. 13 da EC nº 132/2023

Os recursos tratados pelo art. 159-A – Fundo Nacional de Desenvolvimento Regional, que tem por objetivo reduzir as desigualdades regionais, têm seus valores indicados nos incisos do art. 13, na ordem de vigência da Emenda Constitucional e por exercício financeiro, a se iniciar em 2029 e irá até 2043.

10.20.67 Art. 14 da EC nº 132/2023. Ônus da União com o Comitê Gestor

Estabelece o artigo que cabe à União suportar as despesas com a instalação do Comitê Gestor, com posterior ressarcimento.

10.20.68 Art. 15 da EC nº 132/2023. Compensações

O art. 15 estabelece forma de solução de compensações entre recursos entregues na forma do art. 159-A com o objeto de não haver prejuízo para as emendas parlamentares (EC nº 126/2022).

10.20.69 Art. 16 da EC nº 132/2023. Incidência do imposto causa mortis e doação

Até a superveniência de lei complementar que regulamentar o imposto sobre transmissão *causa mortis* e doação, o imposto caberá em relação aos imóveis ao Estado da situação do bem ou ao Distrito Federal (inciso I). Se o doador tiver domicílio ou residência no exterior, cabe ao Estado ou Distrito Federal (letra "a") do donatário. Se este residir no exterior, ao Estado em que se encontre o bem (II, "a" e "b").

Sobre os bens do exterior, cabe o tributo no Estado onde era domiciliado ou domínio do sucessor ou legatário (inciso III).

10.20.70 Art. 17 da EC nº 132/2023

A previsão do artigo diz respeito ao art. 155, parágrafo 1º, II e aplica-se às sucessões abertas a partir da publicação da Emenda.

10.20.71 Art. 18 da EC nº 132/2023. Prazos impostos ao Executivo para encaminhamento de projetos de lei

O artigo estabelece prazos para que o Executivo encaminhe projetos de lei ao Congresso Nacional prevendo a tributação sobre a renda (inciso I), em noventa (90) dias e, para os demais projetos previstos na Emenda, em cento e oitenta (180) dias, e em até noventa (90) dias para projeto de lei que reforma a tributação da folha de salários.

Caberá compensação entre os incisos I e III no caso de arrecadação adicional.

10.20.72 Art. 19 da EC nº 132/2023. Crédito presumido. Veículos automotores

Projetos que gozam de benefícios do crédito presumido sobre IPI, nos termos da Lei nº 9.440/97 com a redação dada pela Lei nº 13.755/2018, alcançam produtos novos, e haverá incentivos de veículos especificados no inciso I do parágrafo 1º do artigo em comento.

De seu lado, a Lei nº 9.826/1999 com alterações posteriores cuida de incentivos fiscais para o desenvolvimento regional em relação ao IPI. Os benefícios fiscais previstos terão prazo de duração e os novos aprovados até 2025 poderão ter sua manutenção condicionada à realização de investimentos produtivos em pesquisa e desenvolvimento de inovação tecnológica.

Posteriormente, haverá compensação de créditos com débitos relativos a tributos administrados pela Secretaria Especial da Receita Federal.

No caso de montadores de veículos, deve-se ter iniciado a produção de veículos até janeiro de 2028.

10.20.73 Art. 20 da EC nº 132/2023. Forma de cobrança do PASEP

Na transição a cobrança da contribuição será feita com base na lei em vigor (Lei nº 9.715/1998).

10.20.74 Art. 21 da EC nº 132/2023

Dispõe o artigo que lei complementar *poderá estabelecer* instrumentos de ajustes nos contratos firmados anteriormente à entrada em vigor dos novos tributos.

10.20.75 Arts. 22 e 23 da EC nº 132/2023

Os artigos finais do ADCT dispõem sobre a revogação de dispositivos constitucionais que se contrapõem às novas normas e estabelece prazo para sua revogação.

10.20.76 Algumas considerações finais

O texto, em seu conjunto, é bom, por mais que seja criticado. Haverá mudança de mentalidade e de comportamento. Longo período de adaptação. Em verdade, facilita-se o controle dos tributos. A ideia é que diminua a sonegação. Com isso, aumenta a arrecadação.

Críticas advirão de qualquer maneira. Há impropriedade? Tenho que sim, mesmo porque a lista de produtos e atividades beneficiadas com tributação diminuída é muito grande.

Em verdade, todos especulam em torno do futuro das relações tributárias e criticam-nas sem aguardar o futuro. O que sair do Congresso Nacional será a reforma possível. Jamais a perfeita. Todos desejamos que seja a melhor de todas. Mas, no

Parlamento brasileiro nada funciona assim. Estive lá e sei como são as coisas. Há muitas tratativas, concessões, acordos para se chegar a um resultado razoável. Não esperem outra coisa.

Todo trabalho, após sua aprovação definitiva, será o acerto que deverá ser feito na edição das leis complementares. Estas é que darão a conformidade desejada. União, Estados e Municípios devem dialogar muito para que se consiga avançar na reforma.

Ocorre que, como disse o poeta Antonio Machado: "caminante, no hay camino, el camino se hace al andar". É assim que construiremos nosso futuro.

10.20.77 O Comitê Gestor do IBS. Introdução

O centro das divergências e da convergência na reforma tributária será a instituição e a composição do Comitê Gestor. A ela caberá determinar os destinos e desatinos tributários. Terá a enorme tarefa de compor interesses e, na pior das hipóteses, decidir contra ou a favor de algum Estado-Membro, o que causará surpresa e, ao menos, perplexidade, revolta ou alegria de governadores.

Sua estrutura depende da lei complementar que advirá para dar-lhe corpo. Há discriminação de sua composição e de sua competência, mas falta a identificação da lei.

O Presidente que vier a ser indicado deverá submeter-se à audiência pública perante o Senado Federal e demonstrar notórios conhecimentos de administração tributária e será aprovado pela maioria absoluta dos senadores.

A previsão de sua criação está no art. 156-B da Constituição, introduzido pela Emenda Constitucional nº 132/2023. É definido como *entidade pública sob regime especial*. Falar em entidade não significa muita coisa. Será uma *pessoa pública*. O direito público vem se complicando a cada dia. No início, eram três as entidades públicas – autarquia, sociedade de economia mista e empresa pública. Depois, vieram as concessionárias de serviço público. Mais recentemente, foram instituídas as *agências governamentais*. Agora, vem a Constituição falar em *entidade pública* e, não só isso, mas submetido a um *regime especial*.

Como defini-lo? Como enquadrá-lo num dos conhecidos escaninhos das pessoas jurídicas de direito público ou como pensar na criação de um outro ente? Para isso, teríamos que apontar características próprias que o distingue das demais pessoas por ora conhecidas. Primeiro, é entidade de nível nacional (não federal), porque cuidará de todos os Estados-Membros, Distrito Federal e Municípios, além da União. Logo, a identificação adequada é que se cuida de um *ente nacional*.

Segundo, é *pessoa de direito público*. Na dicção constitucional, ao falar em "entidade pública", está significando que as regras incidentes sobre ela serão de *direito público*, a saber: a) em primeiro lugar, a *indisponibilidade do interesse público*, isto é, no caso em estudo, deve sempre a entidade procurar atingir o interesse público e, segundo, ele é indisponível, a saber, não se pode transacionar com ele; b) a *obediência irrestrita à lei*, ou seja, a norma jurídica é o parâmetro a ser seguido; c) a *publicidade*, isto é, não há atos sigilosos, tudo é explicitado pelo agente público, o que redunda na *transparência de sua atuação*; d) *impessoalidade* que é marco da seriedade de comportamento no exercício de cargos públicos; e) *moralidade*, pressuposto da atuação governamental. No caso em exame, prevalecerá, também, o princípio da *isonomia* dos entes federativos.

Uma das características mais importantes é a *imperatividade* que significa serem os atos emitidos pelo Comitê de força própria e que invade a esfera íntima de todos os envolvidos, isto é, os entes federativos. Inclusive no que tange à interpretação dos conflitos.

A *interpretação* alcança tanto as divergências internas relativas aos interesses federativos como as externas que atinjam terceiros.

Pode-se entrever, igualmente, a *executoriedade*? Poderiam ser executados independentemente de confirmação judicial? Quem se sentir prejudicado pode ir ao Judiciário para discutir a constitucionalidade dos atos emitidos.

Poderá criar seu próprio crédito que terá força executória. Não significa que possa executá-los, ou seja, constranger o patrimônio de alguém por ato próprio. Nesse passo, tudo há que passar pelo Judiciário.

Aí está a identificação do que é um ente público. Vejamos do que se cuida ao falar em *regime especial*. Caracteriza-se pela constituição de um colegiado composto pelos entes federativos estaduais e representantes dos entes federativos municipais. É *especial* porque é criada na própria Constituição. Coisa rara. Normalmente, as pessoas são instituídas por lei ordinária. Como disse Montesquieu, "je ne traite point des lois, mais de l'esprit des lois" (*De l'esprit des lois*, Flamarion, 1979, v. I, p. 129).

O *regime especial* caracteriza-se pela competência que lhe foi atribuída de "editar regulamento único" (inciso I do art. 156-B), e de "uniformizar a interpretação e a aplicação da legislação do imposto" (parte final do mesmo dispositivo. As atribuições são enormes, ou seja, terá a insana tarefa de uniformizar a legislação do imposto. Como se sabe, o campo tributário é campo minado, cheio de interpretações e brilhantes juristas o analisam, despejando sobre ele todo seu conhecimento jurídico. Como o direito utiliza palavras *vagas* em suas previsões legais, tudo é interpretável e, sabidamente, os humores, as tendências ideológicas, tudo entra a formar um caldeamento de visões. Daí a dificuldade que terá a *entidade pública* de dispor sobre o tema.

De outro lado, cabe-lhe "arrecadar o imposto", "efetuar as compensações" e "distribuir o produto da arrecadação entre os entes federativos" (inciso II do art. 156-B). A arrecadação compete a toda estrutura federal, estadual e municipal. Milhares de agentes da mais diversa formação cultural estarão em jogo. Uma pontinha de corrupção pode surgir em algum recanto do enorme país. A função de arrecadar não é só trazer dinheiro aos cofres públicos, mas também a orientação da forma e do procedimento que deve ser seguido pelos contribuintes, bem como da assistência a eles.

Caberá ao Comitê Gestor igualmente apurar responsabilidades dos agentes em questão. Aqui, incumbe ao ente federativo que integra seu corpo funcional a apuração e punição das responsabilidades. Não pode haver duplicidade nas apurações. Aquilo que disser respeito a atos emanados do Comitê Gestor, a ele cabe instaurar inquérito para apuração da responsabilidade; no que disser respeito aos entes federativos a eles incumbe verificar o que sucedeu.

Arrecadado o tributo, caberá efetuar compensações. Aqui se cuida de observar os interesses de todas as unidades federadas. A reforma instituiu um complexo sistema de arrecadação no destino e não mais no local de produção. Logo, muda-se completamente a lógica que imperava anteriormente. Por consequência, deverá haver o repasse das compensações por força da perda de arrecadação dos Estados e Municípios que eram produtores e passam a consumidores. Tal definição é importantíssima, para que haja a escorreita aplicação da lei.

A atividade compensatória envolve todos os pedidos que dizem respeito à arrecadação, fornecendo instruções sobre montantes. Nada pode ser subtraído ao conhecimento dos contribuintes e entes federativos. Não é o Comitê Gestor entidade acima das leis. Ao contrário, sujeita-se como todos os demais ao ordenamento jurídico. Deve justificar todas as compensações e igualmente os pedidos de restituição. Qualquer excesso deve ser corrigido para manter a harmonia dos procedimentos.

Por fim, cabe-lhe distribuir o produto da arrecadação. Aqui não é apenas uma operação aritmética de soma e subtração, mas complexo sistema de distribuição. Claro que os novos sistemas de Inteligência Artificial poderão ajudar e muito. Sem eles, as dificuldades seriam maiores.

A distribuição deverá passar pelo crivo dos Tribunais de Contas, que elaborarão fórmulas de compensação e controle.

Em relação ao *contencioso administrativo*, devem ser instaurados órgãos decisórios de primeiro e segundo graus. O primeiro impacto é resolvido por órgãos federativos instaurados pelos entes federativos. Depois, haverá um grau de recurso. O Comitê deverá criar órgão apropriado para isso e com número de integrantes suficientes para propiciar rapidez e segurança nos julgamentos.

As atuais instâncias existentes nos entes federativos poderão ser transformadas em órgãos de primeiro grau de decisão administrativa.

Referido Comitê será dotado de "independência técnica, administrativa, orçamentária e financeira" (parágrafo 1º do art. 156-B). A independência técnica parece surgir da própria instituição. Deverão os cargos que forem criados ser preenchidos por pessoal altamente qualificado. A autonomia administrativa será concretizada na elaboração do regulamento a ser editado. Descabe a qualquer outro órgão intervir na estruturação das atribuições internas para pleno exercício das atividades.

A independência orçamentária resulta da possibilidade de encaminhar sua proposta orçamentária ao Congresso Nacional. Como é ao Executivo que cabe averiguar os recursos financeiros disponíveis, a dotação orçamentária deverá ser compatível com as necessidades do órgão. Independência orçamentária significa não necessitar de qualquer outra instância para atender a suas finalidades. Portanto, cabe ao Congresso Nacional avaliar, embora possa o Comitê apresentar sua proposta, estabelecer as verbas necessárias para que o Comitê funcione a contento. A responsabilidade que terá, a partir de seu funcionamento, é imensa, cabendo-lhe gerir todos os recursos financeiros do país.

A independência financeira significa dispor por recursos que forem alocados à entidade como for melhor e mais conveniente. O único juiz das decisões de gastos e empenhos é do Comitê Gestor e de mais ninguém. Dar destinação aos recursos disponíveis é de sua estrita competência.

O Comitê deve ter sua estrutura bem delimitada, mesmo porque seus integrantes serão representantes dos Estados-Membros e Distrito Federal, bem como dos Municípios.

10.20.78 Estrutura do Comitê Gestor

O parágrafo 2º do art. 156-B da Constituição Federal disciplina a organização do Comitê Gestor, o que será efetivado mediante edição de lei complementar.

Deverão participar os entes federativos: Estados-Membros, Distrito Federal e Municípios. Em relação aos Estados não há dificuldade, porque têm representação paritária, isto é, cada Estado terá seu representante. Eles formarão a instância máxima deliberativa do Comitê. Como é assim, a Presidência obriga-se à alternância, isto é, durante um período será dirigida por um representante dos Estados e, na sequência, por representante dos Municípios.

A estrutura será financiada por "percentual do produto de arrecadação do imposto destinado a cada ente federativo" (inciso III do parágrafo 2º ora em análise). Cabe à lei complementar estabelecê-lo. O controle externo será exercido pelos entes federativos que o integram. Isso não afasta a competência dos Tribunais de Contas.

As providências de fiscalização, lançamento, cobrança e representação administrativa e judicial serão realizadas pelas administrações tributárias e procuradorias dos Estados, Distrito Federal e dos Municípios. Entre si podem transferir atribuições, delegando ou compartilhando competências (inciso V do parágrafo 2º do art. 156-B).

A representação dos Estados e do Distrito Federal é tranquila. Cada qual terá um representante. A representação dos Municípios será paritária à dos Estados, ou seja, terão 27 representantes. Serão eleitos: 14 com base nos votos de cada Município. Todos iguais. Outros 13 com base nos votos de cada Município de acordo com as respectivas populações.

Num primeiro momento, todos os Prefeitos votarão em prefeitos (prefeituras) que escolherem. Haverá uma disputa entre os Estados, para unirem seus Municípios e votarem em um Município apenas. De outro lado, o segundo voto será dado pelo tamanho da população. Os Municípios maiores terão vantagem, claro. Mas é democrático.

Compostos os 54 membros, a deliberação levará em conta, em cada decisão, aquele que alcançar a maioria absoluta de seus representantes (inciso I, letra "a").

Toda a matéria será disciplinada em lei complementar. O Congresso ainda não aprovou as leis disciplinadoras da reforma tributária.

10.20.79 Lei Complementar nº 214/2025

Foi publicada a Lei Complementar n. 214, de 16 de janeiro de 2025, que disciplina a reforma tributária em sua parte essencial e institui o IBS e o CBS, conforme já comentado.

TEORIA DOS PREÇOS

11.1 Linhas iniciais sobre preço

Desde logo afastamos qualquer qualificação dos preços. Não há em Direito preços privados, quase privados ou públicos, como pretenderam diversos autores.

As classificações teorizadas por Einaudi, Seligman e Jèze tiveram por base noções meramente financeiras, ou seja, da realidade de outro ramo de conhecimento, independentemente do que a respeito dos preços dispunha o ordenamento normativo. Eram visões de ciência das finanças, e, pois, desajustadas dos conhecimentos jurídicos.

Ademais disso, levavam em conta a maior ou menor intensidade do interesse público. A maior relevância para o Estado e menor para os particulares. Os critérios classificatórios são fluidos e não oferecem ao jurista qualquer interesse. Para este interessam apenas as significações jurídicas, representadas em seus efeitos ou da forma como o ordenamento jurídico as recepcionou em suas normas. Fora daí não há critério juridicamente útil.

Como ensina Geraldo Ataliba, "sob a perspectiva da ciência das finanças – isto é, no plano pré-jurídico – as taxas se podem confundir com as tarifas (preços). O princípio financeiro que as informa é o mesmo: remuneração de despesa estatal, ressarcimento, etc.".[1]

Como ensina Antonio Amorth, "o preço é noção atinente à ciência econômica e de natureza complexa, ligada pela sua formação a múltiplos elementos (andamento do mercado, relação entre demanda e oferta, valores intrínsecos de um bem, etc.), mas que pode ser genericamente definido como o correspectivo, normalmente erigido em dinheiro, para a aquisição de um bem ou para o gozo de um serviço ou de uma prestação".[2]

Como se percebe, o *preço* tem conteúdo basicamente privatístico. Cuida-se de noção fundada em relações que se formam por meio da vontade dos que afluem para a formação de determinado vínculo. Podem ser bi ou multilaterais, fundadas em situações obrigacionais. Assentam-se, basicamente, na *vontade* das pessoas e na autonomia para a formação dos vínculos. Como bem assinala Plínio Gustavo Prado Garcia, "a liberdade

1 ATALIBA, Geraldo. *Hipótese de incidência tributária.* 6. ed. 17. tir. São Paulo: Malheiros, 2018, p. 165.

2 AMORTH, Antonio. Prezzi (disciplina dei). *Enciclopedia del diritto.* v. XXXV, Varese/Itália: Giuffrè, 1986, p. 431.

de contratar pressupõe, *ipso facto*, a liberdade de não contratar. Qualquer interpretação em sentido contrário resultaria em tornar essa liberdade em liberdade apenas relativa, o que, em última instância, significaria a anulação dessa própria liberdade".[3]

Inúmeros autores transcrevem as classificações de Einaudi, Seligman e Jèze. Dispensamo-nos de fazê-lo, não sem anotar que tiveram seu papel histórico, mas foram fundadas em conceitos da ciência das finanças e pouco podem contribuir para o aprimoramento do tema.

O critério de Einaudi foi o das necessidades públicas. Afirmou a existência do preço quase privado "quando, por exemplo, os homens provêm, através do Estado, a satisfação de suas necessidades por meio da lenha".[4] Afirma que "se tem o preço público quando os homens provêm, por meio de uma ferrovia do Estado, a satisfação de suas necessidades individualizáveis e divisíveis de viagem ou quando expedem mercadorias".[5] É interesse privado, mas que é satisfeito através de empresa do Estado. O preço político quando, ao lado da satisfação do interesse privado, há interesses comuns a todos. Há contribuição quando, ao lado de satisfazer interesse comum, satisfaz, em segundo lugar, interesses particulares, individualizáveis e divisíveis. Dá como exemplo a construção de uma estrada. Por fim, fala em imposto quando satisfaz interesses comuns a todos e indivisíveis, dando como exemplo a defesa nacional.[6]

O mesmo autor anota a imprecisão terminológica, que não deve confundir as pessoas. Esclarece que nos países de língua inglesa a palavra "taxa" é usada como sinônimo de tributo. No Direito Italiano a mesma palavra "taxa" é usada para identificar diversos institutos, como o próprio imposto, o preço público, o preço político e a contribuição.[7]

A propósito, observa Genaro Carrió que "os problemas deste tipo são analisados e estudados sob o rótulo de 'ambiguidade' das linguagens naturais";[8] e acrescenta que "as dificuldades práticas podem superar-se se tomamos a precaução de precisar, em todos os casos de possível dúvida, o sentido com que temos empregado tal ou qual palavra ou expressão".[9]

É ilusão que cada palavra tenha apenas um significado. No mais das vezes, como são palavras do mundo das realidades, pode ocorrer – e é frequente que ocorra – de uma só palavra servir de rótulo para diversos conteúdos. São rótulos que apomos às garrafas que não mudam, todavia, o vinho. O fato de utilizarmos uma palavra não garante que estejamos nos referindo à mesma coisa. Daí, é fundamental que antes do discurso normativo esclareçamos ao interlocutor sobre o que se vai falar e em que sentido utilizaremos determinada palavra.

Não nos podemos perder pelos rótulos, nem é conveniente qualquer discussão jurídica sobre eles.

---

[3] GARCIA, Plínio Gustavo Prado. *Taxa ou preço público*: a defesa do consumidor. São Paulo: Resenha Tributária, 1985, p. 32-33.

[4] EINAUDI. *Principi di scienza delle finanze*. 4. ed. Giulio Einaudi Editore, 1949, p. 7.

[5] *Idem, ibidem.*

[6] Tal classificação encontra-se no livro mencionado, p. 7-8.

[7] EINAUDI. *Principi di scienza delle finanze, op. cit.*. 4. ed. p. 9.

[8] CARRIÓ, Genaro. *Notas sobre derecho y lenguaje*. Buenos Aires: Abeledo-Perrot, 1973, p. 28.

[9] *Idem.*

Assim, quando utilizamos a palavra "preço", significamos a entrada que advém de um relacionamento privado, embora possa estar do outro lado do vínculo jurídico o Estado ou direito disponível pertencente ao Poder Público. O que vai ensejar a cobrança advém de um relacionamento fundado em permissão ou concessão de serviço, calcado no direito privado, ou quando o Poder Público utiliza seus próprios bens para auferir renda. Como assinala Aliomar Baleeiro, "o Estado, quando cobra preços pela venda de coisas, entrega unidades de seu patrimônio, como terras dominiais, edifícios, navios ou veículos imprestáveis ao serviço público, etc., ou os frutos e produtos desse patrimônio, como reprodutores bovinos, equinos de suas fazendas-modelo ou estações experimentais, plantas enxertadas, obras de ferro semiacabado (Volta Redonda), livros e jornais, adubos, lenha de suas florestas, etc.".[10]

Agindo assim o Estado simplesmente aufere preços, sem qualquer *qualificação*. Esta, aderida ao preço, não tem sentido jurídico. Limita-se ao campo econômico. Assim, por exemplo, o *preço político* significa apenas que o Estado, por qualquer conveniência, não pretende sua elevação, porque quer atender ao maior número de usuários de determinada atividade. Pode existir a *taxa* ou *preço político*, o que ocorre quando o Estado, não pretendendo aumentar seu valor ao nível real, subsidia a empresa, para que o montante da passagem não onere excessivamente o trabalhador. Assim ocorre com as passagens de transporte coletivo, com os selos dos correios, etc. O preço quase privado é preço, apenas. O preço público inexiste, cedendo lugar apenas ao *preço*. Poder-se-á falar em preço público na relação Estado/particular nos casos de concessão ou permissão de serviço público. No entanto, ressalte-se, a distinção é financeira, e não jurídica.

Insista-se em que as classificações dos autores sobre os preços financeiros baseiam-se em situações típicas de outros países, que nada têm a ver com a moldura jurídica dada aos tributos no Brasil. Os escritores analisaram outros regimes jurídicos, e com base neles criaram a teoria dos preços. Todavia, não serve ela para o Brasil, cuja disciplina constitucional é completamente diferente da de outros países.

Seligman, da mesma forma, levou em conta a "vantagem do particular" e a "vantagem pública" em relação aos ingressos para classificar as receitas. Daí falar em preços quase privados, que levam em conta a vantagem particular com exclusividade e a pública de forma apenas acidental. Os preços públicos têm diminuída a vantagem particular – preponderando o interesse público. As taxas têm a vantagem particular vinculada a interesse público maior. As contribuições diminuem a vantagem particular, sendo superior a pública. E, por fim, os impostos, em que há consideração exclusiva do Poder Público, sendo a do particular apenas incidental.

Vê-se, da mesma forma, que a classificação atende a critério não jurídico. A preponderância não está na Constituição. Ademais, constitui-se em conceito fluido, ficando a critério de cada estudioso saber o que deve preponderar e, com base em seus preconceitos, orientar, arbitrariamente, a classificação. Veja-se que não se fala em conceitos jurídicos, mas em preconceitos, o que anula a boa visão das coisas jurídicas.

---

10 BALEEIRO, Aliomar. *Uma introdução à ciência das finanças*. 16. ed. atualizada por Dejalma de Campos. Rio de Janeiro: Forense, 2004, p. 122. Atente-se para o fato de que alguns dos exemplos elencados por Baleeiro não mais se inserem na ordem constitucional e econômica vigente, servindo-nos para aclarar situações similares futuras.

A classificação de Jèze não fica atrás. Tem em conta o mesmo critério, e o próprio autor reconhece que sua classificação não tem rigor jurídico.[11] As classificações, como já se observou, não são certas ou erradas. São úteis ou inúteis, na medida em que podem servir como esquema mental de raciocínio, na forma de apresentação das coisas.

O que nos interessa para o trabalho diz respeito à afirmação de que, cuidando-se de preços, não estão eles adstritos à rigidez dos princípios da legalidade e da anterioridade. Em consequência, como afirma Aliomar Baleeiro, "podem ser criados ou majorados em qualquer época do ano".[12]

O grande problema é este: se se chega à conclusão de que o que se cobra por determinados serviços públicos é *preço*, onde está a garantia do administrado? Como pode ele resistir à tentação do Poder Público de sufocá-lo mediante desmedida elevação de seus valores?

Escreveu Jèze ser "necessário não esquecer que, frequentemente, conscientemente ou inconscientemente, as soluções preconizadas ou adotadas em matéria de imposto são inspiradas por interesses de classes. E, então, sob o nome pomposo de *princípios de justiça em matéria de impostos*, são formuladas as regras as mais diversas, o que leva os autores a afirmarem todo seu cuidado de interesse geral e da justiça, mas tendem frequentemente a cuidar mais ou menos de uma classe, a proteger, a garantir mais ou menos, uma categoria de indivíduos. Examinando o sistema de impostos em vigor em um País e em dada época, pode-se dizer, seguramente, qual é a classe que possui o poder político".[13]

Sem embargo de o poder tributário refletir determinada ideologia dominante em determinado país, não se pode esquecer a famosa e célebre frase de Marshall de que "the power to tax involves the power to destroy". A jurisprudência norte-americana foi suavizada depois, possibilitando ao Fisco o abastecimento dos cofres públicos com elevação das alíquotas. Todavia, não se pode, a pretexto de arrecadação, lesar o contribuinte. Da mesma forma, não pode o Estado deixar de lado os princípios tributários a pretexto da necessidade de dinheiro. A Constituição da República fixa balizas. Dentro delas pode o poder tributário ser exercido. Nada mais. Inclusive, a transferência de determinada atividade para o regime privado não tem o condão de retirar o direito do indivíduo de se ver constrangido financeiramente através dos veículos constitucionalmente previstos, ou seja, através de tributos. O que pode ocorrer, o que ainda deve ser discutido, é a obrigação de o Estado suportar quaisquer necessários acréscimos decorrentes de problemas de natureza social, política e econômica. Deve ele, diante de situação que obriga à elevação do preço do serviço público concedido, suportar o acréscimo? Não nos parece ser esta a solução, uma vez que, de qualquer forma, será a população que suportará o acréscimo. A garantia do cidadão está em se ver tributado de acordo com o modelo constitucionalmente previsto. Não se pode dele fugir.

Da mesma forma, não se pode cobrar preço no lugar de taxa. Aquele tem seus limites no interior do mercado. Esta tem seus limites na Constituição Federal.

---

[11] JÈZE. *Cours élémentaire de finances publiques*. Paris: LGDJ, 1937, p. 532.

[12] BALEEIRO, Aliomar. *Uma introdução à ciência das finanças, op. cit.*, p. 127.

[13] JEZE. *Cours Élémentaire de finances publiques, op. cit.*, p. 4.

Como diz Ramón Valdés Costa, "os preços são contraprestações relacionadas com prestações de caráter econômico, realizadas pelo Estado; isto é, prestações que proporcionam ao cocontratante – de acordo com o Código – uma 'vantagem ou proveito' e – de acordo com a terminologia econômica – uma utilidade que leva o usuário a demandar voluntariamente o bem ou o serviço e a prestar seu consentimento para pagar um preço".[14]

De acordo com Carlos Palao Taboada, a figura dos preços públicos somente em data recente passou a figurar no Direito Espanhol. Diz o autor: "A finales de la década de 1980 hizo su aparición en el derecho financiero español una nueva figura de ingreso público a la que se dió el nombre de 'precio público'".[15]

Acrescenta o autor que taxa e preço se distinguem no Direito Espanhol da seguinte maneira: "os serviços que constituem o pressuposto de fato (*Tatbestand*) das taxas devem reunir *simultaneamente* as notas de ser de solicitação ou recepção obrigatória e não poder prestar-se pelo setor privado por implicar o exercício de autoridade ou estar reservado ao setor público (monopólio de direito) (art. 6º LTPP). O conceito de preço público se define em geral, de acordo com o antes indicado, pela concorrência do recíproco de qualquer das notas anteriores (art. 24 LTPP).[16]

O que se percebe é que tanto aqui como na Espanha há uma confusão não só terminológica, mas também conceitual, a propósito do tema e da busca para se apartar a taxa do preço.

11.2 Limites de seu valor

Aceitando-se o preço como termo referencial nas relações de mercado, cabe indagar se há limites para sua instituição e sua exigência. Negativamente respondem Alcides Jorge Costa;[17] Américo Lourenço Masset Lacombe;[18] Aurélio Pitanga Seixas Filho,[19] lembrando que o limite é o da livre concorrência; Carlos da Rocha Guimarães;[20] Edvaldo Brito,[21] anotando que há apenas a necessidade de compatibilização com a justa remuneração das concessões e o melhoramento e expansão dos serviços; Gilberto de Ulhôa Canto;[22] Hugo de Brito Machado,[23] afirmando que os limites se encontram nos

---

14 COSTA, Ramón Valdés. *Curso de derecho tributario*. v. 1. Montevideo: Uruguaya Combino, 1970, p. 158-159.

15 TABOADA, Carlos Palo. Precios públicos: una nueva figura de ingresos públicos en el derecho tributario español. *Revista Española de Derecho Financiero*, 111/445-460, 2001.

16 *Idem*, p. 447.

17 COSTA Alcides Jorge. *In*: MARTINS, Ives Gandra da Silva (Org.). *Caderno de pesquisas tributárias*, 10/6, (Taxa e preço público). São Paulo: Resenha Tributária/CEEU, 1991.

18 LACOMBE, Américo Lourenço Masset. *In*: MARTINS, Ives Gandra da Silva (Org.). *Caderno de pesquisas tributárias*, 10/22, *op. cit*.

19 SEIXAS FILHO Aurélio Pitanga. *In*: MARTINS, Ives Gandra da Silva (Org.). *Caderno de pesquisas tributárias*, 10/36, *op. cit*.

20 GUIMARÃES, Carlos da Rocha. *In*: MARTINS, Ives Gandra da Silva (Org.). *Caderno de pesquisas tributárias*, 10/46, *op. cit*.

21 BRITO, Edvaldo. *In*: MARTINS, Ives Gandra da Silva (Org.). *Caderno de pesquisas tributárias*, 10/82, *op. cit*.

22 CANTO, Gilberto de Ulhôa. *In*: MARTINS, Ives Gandra da Silva (Org.). *Caderno de pesquisas tributárias*, 10/108, *op. cit*.

23 MACHADO, Hugo de Brito. *In*: MARTINS, Ives Gandra da Silva (Org.). *Caderno de pesquisas tributárias*, 10/150, *op. cit*.

lindes do serviço prestado; Ives Gandra da Silva Martins,[24] esclarecendo que os limites à cobrança do preço estão nas exigências do asseguramento da justa remuneração do capital, em relação à concessão de serviço público; José Eduardo Soares de Melo,[25] esclarecendo que o limite deve ser o do "dispêndio da atividade"; Toshio Mukai,[26] também levando em conta o caráter contratual da concessão; Wagner Balera;[27] Ylves José de Miranda Guimarães,[28] entendendo que o limite da exigência se encontra na "capacidade econômica do usuário"; Zelmo Denari,[29] afirmando que há limites de política fiscal.

Observa-se, pela exaustiva menção a autores, que não apontam eles limites jurídicos à sua instituição ou ao dimensionamento de seu montante. Aqueles que tentaram cerceá-lo indicam a hipótese da concessão de serviço público como ponto de chegada da exigência.

Como asseveramos, a *taxa* subordina-se aos limites do direito tributário e a seus princípios, depende de lei e se sujeita ao princípio da anterioridade. De seu turno, o *preço*, tal como foi por nós conceituado, é aferível, no mais das vezes, de acordo com as regras do mercado, flutuando ao sabor das conveniências, das regras de oferta e procura, dos interesses em jogo, dos esquemas de natureza social, política e econômica vigentes na sociedade. O montante do preço surgirá de acordo com as necessidades de cada qual. É o que afirma Miguel Carrobé Gené à luz do Direito Espanhol e em relação ao uso do bem público.[30]

Modernamente os preços já não mais estão "livremente fixados pelo mercado", o que vem confirmar a falácia da afirmativa, como esclarece Sacha Calmon Navarro Coêlho.[31] Há a intervenção do Estado no âmbito da economia, fixando preços, desmesurada e descabidamente; mas, entretanto, continua fixando-os. Demais, nos modernos contratos de serviços já não mais há a discussão do preço; há mera adesão pacífica a ele.

Nada obstante, os preços têm que ter limites. Normalmente, fluem de acordo com o mercado. Por exemplo, na cobrança pelo estacionamento na via pública, se o Poder Público aumenta o valor exageradamente, o cidadão opta pelo estacionamento particular. Pode ocorrer, todavia, que não haja alternativa, ou seja ela precária, como a passagem por única estrada pública. Se houve concessão, o limite será a justa remuneração do capital empatado mais o asseguramento do lucro, pelo prazo fixado no contrato. Logo, há restrições palpáveis. Cuidando, de outro lado, de estrada pública explorada pelo próprio Poder Público, o montante será o necessário para a conservação da estrada

---

24 MARTINS, Ives Gandra da Silva. *IN*: MARTINS, Ives Gandra da Silva (Org.). *Caderno de pesquisas tributárias*, 10/184, *op. cit*.

25 MELO, José Eduardo Soares de. *In*: MARTINS, Ives Gandra da Silva (Org.). *Caderno de pesquisas tributárias*, 10/214, *op. cit*.

26 MUKAI, Toshio. *In*: MARTINS, Ives Gandra da Silva (Org.). *Caderno de pesquisas tributárias*, 10/250, *op. cit*.

27 BALERA, Wagner. *In*: MARTINS, Ives Gandra da Silva (Org.). *Caderno de pesquisas tributárias*, 10/293, *op. cit*.

28 GUIMARÃES, Ylves José de Miranda. *In*: MARTINS, Ives Gandra da Silva (Org.). *Caderno de pesquisas tributárias*, 10/319, *op. cit*.

29 DENARI, Zelmo. *In*: MARTINS, Ives Gandra da Silva (Org.). *Caderno de pesquisas tributárias*, 10/348, *op. cit*.

30 GENÉ, Miguel Carrobé. La base imponible en las tasas y precios públicos. *In*: *Tasas y precios públicos en el ordenamiento jurídico español*. XV Jornadas Latinoamericanas de Derecho Tributario. Madri: Ministerio de Economía y Hacienda, Instituto de Estudios Fiscales/Marcial Pons, Ediciones Jurídicas y Sociales, 1991, p. 296.

31 COÊLHO, Sacha Calmon Navarro. *In*: MARTINS, Ives Gandra da Silva (Org.). *Caderno de pesquisas tributárias*, 10/223, *op. cit*..

ou via pública como, também, a vantagem auferida pelo particular (encurtamento de distância, etc.).

Enfim, o particular não fica ao desamparo. Todo exercício de atividade pública ou destinada ao público tem limites. Não pode o particular ficar inerte e à mercê seja do particular, seja do Poder Público. Sempre há regras que disciplinam os comportamentos, tornando-os rígidos na fixação dos lindes de agressão à individualidade do cidadão.

Estes são os limites do Estado na fixação do preço, podendo ser objeto de exame pelo Poder Judiciário.

11.3 Relação entre taxa e preço

Todos os autores apontam as dificuldades em encontrar critérios distintivos e anotam que se "trata de um setor particularmente delicado, já que frequentemente a linha de separação entre ela e as relações contratuais é muito sutil, que não fica fácil dizer se se encontra frente a um ou a outro dos dois institutos: uma relação de taxa ou de um contrato".[32] Do mesmo sentir é A. D. Giannini ao afirmar que, embora os conceitos de direito público e privado sejam claros e precisos, "a discriminação, em contrato, de uma ou outra espécie de entrada oferece, como veremos em pouco, as maiores dificuldades".[33] O mesmo diz Héctor B. Villegas.[34] Giuliani Fonrouge retrata sua perplexidade em relação ao tema afirmando que, ao lado do que ensina Giannini, deve-se efetuar análise "del desarrollo histórico de la institución".[35]

Em interessante decisão da Corte Constitucional italiana a dicotomia taxa-direito público/preço-direito privado sofreu forte questionamento. A decisão é de 1969, sobre matéria de tarifa telefônica, tendo havido substancial modificação da orientação até então dada: "A dicotomia ingresso de direito público/ingresso de direito privado perdeu eficácia delimitadora em uma sociedade onde interesse comum e interesse particular se imbricam em uma *desdibujada maraña*; em um ordenamento onde, como corolário, normas públicas e privadas, ambas aplicadas em âmbitos tradicionalmente vetados, insistem em prevalecer. A dualidade tributo/prestação contratual, fundamentada no critério da coação, perdeu substantividade".[36] Acrescenta o autor que se observa, em certas ocasiões, "sujeitos supostamente privados exercitarem efetivos poderes de supremacia sobre outros, que não se plasmam como tais no Direito".[37]

Não mais se pode lidar com o problema em sua pureza conceitual inicial, nem com os conceitos advindos da ciência das finanças. A matéria deve ser resolvida à luz de modernas dificuldades, em que os escaninhos mentais anteriores não mais resolvem problemas ocorridos hoje, em sociedade diferente e de necessidades cada vez mais complexas.

---

32 BERLIRI, Antonio *Principi di diritto tributario*. 2. ed. v. 1. Milão: Giuffrè, 1967, n. 67, p. 295.

33 GIANNINI, A. D. *Istituzione di diritto tributario*. Milão: Giuffrè, 1968, n. 18, p. 35.

34 VILLEGAS, Héctor B. *Manual de finanzas públicas*. Buenos Aires: Depalma, 2000, p. 265-267.

35 FONROUGE, Giuliani. *Derecho financiero*. v. 2. Buenos Aires: Depalma, 1970, p. 991.

36 AVILÉS, Angel Aguallo. Un criterio jurídico para delimitar tasas y precios. *In*: *Tasas y precios en el ordenamiento jurídico español*. Madri: Instituto de Estudios Fiscales/Marcial Pons, 1991, p. 155.

37 *Idem, ibidem*.

No Direito brasileiro os autores afirmam que é tarefa das mais difíceis apartar taxa de preço. A jurisprudência é bastante indefinida, e embora afirme, por vezes, cuidar-se de preço, diante de relação jurídica privada, ao mencionar serviços fundamentais, como os de transporte, água e esgotos, etc., afirma cuidar-se de serviços industriais ou comerciais e aceita a cobrança de preços. Daí a tentativa que se faz no sentido de deixar clara a distinção entre ambos.

A grande discussão sobre os fundamentos das taxas e preços foi resumida por Sacha Calmon da seguinte forma: "a) O preço decorreria do livre encontro das vontades (contrato). A taxa – espécie tributária – proviria da 'vontade da lei' (tributo). O primeiro é autonômico, a segunda heterônoma. b) No preço predominaria a 'facultatividade', na taxa – tributo –, a 'compulsoriedade'. c) No preço, de origem sempre contratual, haveria a possibilidade do 'desfazimento do pactuado' e, ainda, antes disso, a recusa da cobrança, só possível após a acordância do usuário. Na taxa, ao revés, predominaria a vontade da lei e a obrigação, às vezes existindo apenas a simples disponibilidade do serviço, só seria elidível pela revogação da norma legal, irrelevante o querer do obrigado. d) O preço seria *ex contractu*, por suposto, e a taxa – tributo –, *ex lege.* e) Em consequência, o preço reger-se-ia pelos preceitos do direito privado, com influxos, aqui, e acolá, do direito administrativo (preços públicos), e a taxa reger-se-á pelas regras do direito público, e, portanto, estaria sujeitada aos princípios constitucionais da legalidade, anterioridade e anualidade. f) Os preços seriam do *jus gestionis*, e as taxas, *jus imperii.* g) Os preços, por isso que contratuais, sinalagmáticos, não comportariam 'extrafiscalidade', esta típica da ação governamental via tributos (inclusive taxas), tese, de resto, polêmica no respeitante às taxas, nos contrafortes do próprio direito tributário, em razão da natureza 'contraprestacional' desta. h) Os preços seriam adequados para remunerar atividades estatais delegáveis, impróprias, ao passo que as taxas seriam utilizáveis para remunerar serviços estatais 'próprios', indelegáveis, tipo 'polícia', 'justiça', 'Fisco', etc. Os preços estariam livres do controle congressual, possuindo maior elasticidade. As taxas, ao contrário, porque seriam tributos, estariam sujeitas ao controle do Legislativo, daí a maior rigidez do seu regime".[38]

Aí estão os fundamentos tradicionais do embate sobre o assunto taxa e preço. Observemos o que dizem alguns autores a respeito.

Berliri afirma que é possível a formação de vínculo obrigacional com o Estado e seus cidadãos, independentemente de se cuidar de uma relação subordinada ao direito privado. Da mesma forma o fato de se cuidar o serviço público de coisa fora do comércio, ainda que aja o Poder Público em sua personalidade particular. Dá o exemplo de um menor ou interdito que coloca o selo na carta e a coloca no correio. Seria nulo o contrato? Evidentemente, não, uma vez que não é relevante a manifestação da vontade, mas o fato de que a carta esteja colocada nas dependências da repartição pública, devidamente endereçada e selada.[39]

Assegura, da mesma forma, que não é necessário o pedido do particular. Cuida-se de obrigação decorrente da própria coisa, isto é, do serviço que está prestando.

---

[38] COÊLHO, Sacha Calmon Navarro. *In*: MARTINS, Ives Gandra da Silva (Org.). *Caderno de pesquisas tributárias*, 10/55-56, *op. cit.*

[39] BERLIRI. *Principi di diritto tributario, op. cit.*, p. 298-299.

Se, em caso tal, tem o contribuinte o dever de pagar – afirma Berliri –, nasce uma taxa. Caso contrário, uma entrada de direito privado.

Villegas diz que os serviços inerentes à soberania é que identificam a possibilidade da cobrança da taxa.[40] Afirma que "existem atividades que só o Estado pode executar, porque não se concebe as mesmas levadas a cabo por particulares, e que, por outra parte, é obrigatório para o Estado prestá-las".[41] Exemplifica com os ataques externos, a administração da justiça, o poder de polícia e a ordem interna.[42]

A posição do autor, a nosso ver, significa, simplesmente, deslocar o eixo da controvérsia. A dificuldade de se encontrar o regime jurídico dos preços e distanciá-lo do das taxas levaria à dificuldade de saber o que são serviços inerentes à soberania. Daí, elimina, tirando os acima mencionados, todos os demais serviços como ensejadores da cobrança de taxas.

Alberto Xavier, embora reconheça a dificuldade da distinção, entende que ela há de se buscar na "essência da titularidade do Estado, de acordo com a concepção política dominante numa sociedade".[43] Afirma que os preços "correspondem a bens ou serviços que não são por essência da titularidade do Estado, de acordo com a concepção política dominante, e que são objeto de oferta e procura, dada a sua suscetibilidade de avaliação nos termos que são próprios do regime de mercado".[44]

Vê-se que a posição do último autor coincide com a de Villegas, só que com alteração da terminologia.

É nesse sentido, também, a posição de Armando Giorgetti,[45] acompanhando Giannini.

Rubens Gomes de Souza ensina que "são preços públicos as exações instituídas pelo Estado para custear atividades que, por sua natureza, não sejam específicas das funções do Estado em sua qualidade de entidade soberana de direito público; por outras palavras, atividades que, por sua natureza intrínseca, seriam próprias da atividade particular, mas cujo exercício é avocado pelo Estado em razão do interesse público que exija a sua instituição, o seu efetivo exercício ou a sua difusão. Em resumo, o preço público é o próprio preço privado, sempre que perca esse caráter privado em razão do monopólio legalmente instituído pelo Estado".[46]

A doutrina francesa igualmente refere que sobre os serviços obrigatórios ou quando exigidos pelo uso normal de dependências de uso público cobra-se *taxa.* Já, quando se fala em liceus escolares, serviço de água, ônibus, gás, etc., tem-se *preço.* Quando o serviço é não obrigatório não se cuida de imposto ou taxa. É a orientação de Gaston Jèze.[47] No mesmo sentido Louis Trotabas, ao dizer que "la contreprèstation d'un service publique *obligatoire* ou de l'usage normal du service publique" é o que se denomina taxa.[48]

---

40 VILLEGAS. *Manual de finanzas públicas, op. cit.*, p. 257.

41 *Idem, ibidem.*

42 *Idem, ibidem.*

43 XAVIER, Alberto *Manual de direito fiscal.* v. 1, Lisboa: Tipografia Guerra, 1974, p. 54.

44 *Idem, ibidem.*

45 GIORGETTI, Armando. *Lezioni di Scienza delle Finanze e di Diritto Finanziario.* v. 1, Pádua: CEDAM, 1972, p. 104.

46 SOUZA, Rubens Gomes de Parecer, *RDA*, 26/364-385.

47 JÈZE, Gaston. Nota de jurisprudência. *Révue de science et de législation financières*, p. 362-372.

48 TROTABAS. *Précis de science et législation financières.* 10. ed. Paris: Dalloz, 1950, p. 164.

A dificuldade em concordar com a doutrina francesa diz com o que é obrigatório. Obrigatório a quem? Destina-se à prestação obrigatória do serviço, por parte do Estado, ou ao uso obrigatório por parte do administrado? Poderia o Estado deixar de exercer o serviço público? Fica a seu critério prestar utilidades aos cidadãos? Está nele a escolha?

Fica-se, evidentemente, sem saber o que é serviço público. Mais que isso, as garantias dos cidadãos são relegadas a segundo plano.

Demais disso, em pleno inverno, seria possível deixar de fornecer gás ou energia elétrica para o aquecimento dos imóveis? Poderia o Estado cessar, se quisesse, o fornecimento de água?

Como fazer com o princípio denominado de continuidade da prestação de serviços públicos?

Uso terminológico inadequado bastante grande é feito por Giuseppe Ugo Papi[49] ao falar sobre os preços que rotula de públicos e neles engloba o imposto. Para nós, a confusão terminológica, aí, fica completa, embora o problema esteja sendo analisado à luz da economia e da ciência das finanças. Bastaria, então, falar-se em meras entradas, independentemente de qualquer outro qualificativo.

José Luiz Pérez de Ayala e Eusebio González, após estudarem a taxa, definem-na "como um tributo que se estabelece expressamente por lei a favor do Estado ou outro ente público e exigível quando se *presta* um determinado serviço, sendo o prestatário o obrigado ao pagamento do tributo".[50]

11.3.1 Babel de enfoques

Na doutrina brasileira reina confusão generalizada. Tanto que alguns autores publicaram texto sobre a distinção entre taxa e preço e chegaram às mais diversas conclusões. Alcides Jorge Costa esclarece que, *de lege ferenda*, deveriam "excluir-se do campo das taxas os serviços denominados industriais, como, por exemplo, o fornecimento de água, correios e telégrafos";[51] mas reconhece a dificuldade no tratamento do tema. Américo Lourenço Masset Lacombe é taxativo: "Sempre que o Estado exige uma prestação como decorrência de um serviço público prestado ou posto à disposição do obrigado, estaremos diante de uma taxa".[52] No mesmo sentido a posição de Aurélio Pitanga Seixas Filho,[53] distinguindo taxa e preço em razão do regime jurídico. Carlos da Rocha Guimarães busca no serviço o critério distintivo.[54] Edvaldo Brito sustenta tratar-se de taxa sempre que a atividade do Estado se destinar a custear função pública, seja qual for o instrumento utilizado.[55] Gilberto de Ulhôa Canto calca seu critério de

---

49 PAPI, Giuseppe Ugo. *In*: *Novissimo digesto italiano*, na rubrica Prezzi (economia e scienza delle finanze). v. 13. Turim: UTET, 1976, p. 826.

50 PÉREZ DE AYALA, José Luis; GONZÁLEZ, Eusebio. *Curso de derecho tributario*. v. 1, Madri: EDERSA (Editoriales de Derecho Reunidos), 1975.

51 COSTA, Alcides Jorge. *In*: MARTINS, Ives Gandra da Silva (Org.). *Caderno de pesquisas tributárias*, 10/5, *op. cit.*

52 LACOMBE, Américo. *In*: MARTINS, Ives Gandra da Silva (Org.). *Caderno de pesquisas tributárias*, 10/15, *op. cit.*

53 SEIXAS FILHO, Aurélio Pitanga. *In*: MARTINS, Ives Gandra da Silva (Org.). *Caderno de pesquisas tributárias*, 10/28, *op. cit.*

54 GUIMARÃES, Carlos da Rocha. *In*: MARTINS, Ives Gandra da Silva (Org.). *Caderno de pesquisas tributárias*, 10/42, *op. cit.*

55 BRITO, Edvaldo. *In*: MARTINS, Ives Gandra da Silva (Org.). *Caderno de pesquisas tributárias*, 10/77, *op. cit.*

enfoque da matéria sob o ângulo da "natureza das atividades, sob o prisma da inerência às funções do Estado".[56] Hamilton Dias de Souza e Marco Aurélio Greco alteraram ligeiramente sua posição anterior, admitindo que o legislador possa disciplinar o serviço à sua maneira, mas afirmando que, se o fizer, entendendo-o como serviço público, a remuneração será taxa.[57]

Hugo de Brito Machado afirma que não é razoável admitir que o Poder Público preste diretamente serviços remunerados mediante preços.[58] Ives Gandra da Silva Martins firma suas conclusões em admitir relação de subordinação e falta de alternativa da utilização, por parte do usuário, do serviço público.[59] José Eduardo Soares de Melo esclarece que as taxas remuneram serviços públicos previstos constitucionalmente, enquanto os preços remuneram os serviços prestados sob regime de direito privado.[60] Sacha Calmon Navarro Coêlho submete a taxa aos princípios da anterioridade e da legalidade, enquanto os preços públicos podem ser fixados e cobrados compulsoriamente, caindo por terra a falácia de que são sempre definidos pelo mercado.[61] Toshio Mukai fala na função essencial do Poder Público para identificar a taxa.[62] Wagner Balera coloca o problema no provir a taxa da lei e o preço de acordo de vontades.[63] Ylves José de Miranda Guimarães afirma que o preço público tem em vista o regime jurídico público, equivalendo a tributo.[64] Zelmo Denari afirma que as taxas são tributos vinculados à atuação estatal, enquanto os preços são receitas expressivas de serviços prestados por entidades governamentais ou concessionárias de serviço.[65]

Ainda que exaustiva a menção a todos os autores que meditaram sobre o tema, de acordo com as monografias publicadas no *Caderno de Pesquisas Tributárias* 10, sob o rótulo "Taxa e Preço Público", a pesquisa valeu para que fossem apontadas as divergências com que cada autor focalizou o assunto. É que, dependendo do enfoque e da ideologia com que cada qual analisa o problema, chega a conclusões distintas.

Evidente está que havemos de nos definir, teoricamente, para que possamos chegar a nossas conclusões, em face da detida análise do ordenamento jurídico.

Assinala Caio Tácito que "podemos concluir, consequentemente, que no plano da elaboração legislativa, como no da exegese jurisdicional, a noção de *preços públicos* já adquiriu foros de autonomia, inconfundindo-se com o conteúdo das *taxas*. Ambas

---

56 CANTO, Gilberto de Ulhôa. *In*: MARTINS, Ives Gandra da Silva (Org.). *Caderno de pesquisas tributárias*, 10/90, *op. cit.*

57 SOUZA, Hamilton Dias de; GRECO, Marco Aurélio. *In*: MARTINS, Ives Gandra da Silva (Org.). *Caderno de pesquisas tributárias*, 10/124-125, *op. cit.*

58 MACHADO, Hugo de Brito. *In*: MARTINS, Ives Gandra da Silva (Org.). *Caderno de pesquisas tributárias*, 10/149, *op. cit.*

59 MARTINS, Ives Gandra da Silva. *In*: MARTINS, Ives Gandra da Silva (Org.). *Caderno de pesquisas tributárias*, 10/178, *op. cit.*

60 MELO, José Eduardo Soares de. *In*: MARTINS, Ives Gandra da Silva (Org.). *Caderno de pesquisas tributárias*, 10/201, *op. cit.*

61 COÊLHO, Sacha Calmon Navarro. *In*: MARTINS, Ives Gandra da Silva (Org.). *Caderno de pesquisas tributárias*, 10/223, *op. cit.*

62 MUKAI, Toshio. *In*: MARTINS, Ives Gandra da Silva (Org.). *Caderno de pesquisas tributárias*, 10/247, *op. cit.*

63 *Idem*, p. 267.

64 GUIMARÃES, Ylves José de Miranda. *In*: MARTINS, Ives Gandra da Silva (Org.). *Caderno de pesquisas tributárias*, 10/317, *op. cit.*

65 DENARI, Zelmo. *In*: MARTINS, Ives Gandra da Silva (Org.). *Caderno de pesquisas tributárias*, 10/346, cit.

correspondem à apropriação de bens ou serviços divisíveis e caracterizados. Mas, enquanto as taxas pressupõem a *obrigatoriedade* e dispensam a utilização efetiva (é necessário, apenas, que os serviços se encontrem à *disposição* dos usuários), os preços públicos equivalem a serviços facultativos e não se impõem senão em virtude do ato direto de uso ou aquisição".[66]

Termina por concluir que as "tarifas" dos serviços públicos concedidos são preços.[67] Acrescenta que "o fato de que as *tarifas* constituam emanação da vontade do Estado não é suficiente para lhes imprimir natureza tributária. Falta-lhes, de uma parte, o liame a um serviço público obrigatório, oriundo da soberania do Estado".[68] Esclarece que os preços podem ser fixados independentemente de qualquer lei, uma vez que, não se cuidando de taxa, fora estão das restrições tributárias (*no taxation without representation*).

Em contrapartida, afirma Eros Grau que "nisso, pois, uma determinação impositiva, enunciada pela Constituição: serviços públicos específicos e divisíveis devem ser remunerados através da arrecadação de taxas";[69] e, em seguida, categoricamente, afirma que "custos do exercício da atividade de poder de polícia e da prestação de serviços públicos – não importa se facultativos ou compulsórios, desde que específicos e divisíveis – *devem e só podem ser remunerados através da arrecadação de taxas*".[70]

Como bem salientado, estão presentes a supremacia do interesse público e sua indisponibilidade. Ao Estado não é dado transigir com ele. Vem definido na Constituição e nas leis. Logo, se o interesse público é indisponível, não pode a atividade prestada pelo Estado estar submetida a regime contratual. Como ensina Marco Aurélio Greco, "se o serviço público se qualifica pelo regime jurídico próprio (o administrativo), se o princípio basilar do regime administrativo é o da indisponibilidade do interesse público (negador da liberdade contratual – o administrador não é dono, logo, não é livre), se a força propulsora (fundamento) da atuação estatal é a lei, via de consequência, o pagamento a cargo do particular que se utiliza do serviço é *consequência da atuação* e não compõe a hipótese de prestação de serviço". Esta se dará tendo por fundamento único e exclusivo a lei: "Assim, se o serviço público se caracteriza pelo regime jurídico, e este não se constitui em regime de direito privado, logicamente não pode dar ensejo a um *preço*, que é a figura mais típica e expressiva da relação de direito *privado*".[71]

Conclusivamente, afirma o autor que, "em outras palavras, em nosso modo de ver, *afirmar que um serviço público está sendo remunerado por preço é contradição nos termos*".[72]

Vê-se, pois, que, cuidando-se de serviço público específico e divisível, somente é possível a cobrança de taxas, ressalvada a hipótese de ser ele prestado mediante permissão ou concessão, casos em que a retribuição será mediante preço.

---

66 TÁCITO, Caio. Parecer sobre: Taxa, imposto e preço público – Tarifa – Preço público no serviço concedido – Direito do concessionário à renda do serviço – Desvio de poder. *RDA*, 44/518-534, especialmente p. 528.

67 *Idem, ibidem*.

68 *Idem*, p. 529.

69 GRAU, Eros. Taxa e serviço público. *RDTributário*, São Paulo, RT, 52/86-96, especialmente p. 95.

70 *Idem*, p. 96.

71 GRECO, Marco Aurélio. Tributos e preços públicos. *RDTributário*, 11-12/276-283, especialmente p. 282. São Paulo: Ed. RT.

72 *Idem, ibidem*.

Caso se cuide de serviço indivisível – por exemplo, a segurança pública –, a cobrança não pode ser efetuada individualmente, sendo os serviços suportados pelos impostos.

Daí a irrefutável conclusão de Marco Aurélio Greco ao afirmar que "o critério distintivo de preço e tributo não se encontra – como afirmam certos autores – no regime da entrega do dinheiro, mas no regime a que se submete a atividade desenvolvida pelo Estado".[73]

11.4 Possibilidade de opção do legislador. Poder, dever, direito, obrigação

Não se pode aceitar, em hipótese alguma, a opção do legislador para fixar o que vai cobrar,[74] a não ser que a definição do que seja serviço público fique ao exclusivo alvedrio do intérprete. O serviço público vem emoldurado na Constituição Federal. Dão-lhe conteúdo os diversos artigos e parágrafos normativos que consagram os deveres do Estado.

Como já escrevemos, "por *poder*, no âmbito do direito público, entendemos *a possibilidade de um centro de imputação normativa interferir na esfera jurídica do outro*. Isto é, se alguém pode *constranger* outrem a fazer ou deixar de fazer alguma coisa ou abster-se de fazê-la, em decorrência de autorização contida em norma integrante do sistema normativo, possui poder. É *situação jurídica*. Logo, não relacional. Sempre que alguma pessoa tenha *competência* (limite de poder, de vez que a garantia de todos estará em que o poder seja utilizado de acordo com a competência estabelecida) para criar vínculo jurídico, independentemente do consentimento de outra, extrapolando o linde traçado no interior de sua própria esfera jurídica, alcançando outro centro de imputação normativa, estamos perante um centro emanador de poder. Não tem sentido unidirecional".[75] Como afirma Santi Romano, "poderes em sentido estrito são aqueles de desenvolvimento da capacidade jurídica qualificada numa das suas direções ou aspectos genéricos".[76]

O poder é visto desse ângulo estático. No direito público não basta que o Estado seja um dos sujeitos, "senão que cabalmente há de aparecer em sua condição de 'Poder Público'".[77]

O *dever* igualmente tem sentido estático e *implica* limitação ou supressão de atuação na ordem jurídica. O sistema determina obediência à norma. Quando se afirma que o Poder Público tem o dever de licitar, quer-se dizer que sua atuação está limitada às próprias normas que disciplinam sua atividade. Não pode agir livremente. Sua ação tem peias. Curiosamente, a *restrição do dever* coloca a pessoa jurídica na situação de *poder*. Ou seja: tendo o dever de fazer alguma coisa (por exemplo, o serviço público), a ordem jurídica concede o poder correlato.

---

73 GRECO, Marco Aurélio. *Norma jurídica tributária*. São Paulo: Saraiva, 1974, p. 76.

74 Correta a observação de ATALIBA, Geraldo. *In*: SABESP – Serviço público – Delegação a empresa estatal – Imunidade a impostos – Regime de taxas, *RDP*, São Paulo, RT, 92/89, 1989.

75 OLIVEIRA, Regis Fernandes de. *Licitação*. São Paulo: RT, 1981, p. 10.

76 ROMANO, Santi. *Princípios de direito constitucional geral*. Tradução de Maria Helena Diniz. São Paulo: RT, 1977, p. 138.

77 FALLA, Garrido. *Tratado de derecho administrativo*. Madri: Instituto de Estudios Políticos, 1976, p. 410.

Tanto o poder como o dever representam *situações jurídicas*. Ambos não se exaurem e não se extinguem pelo exercício, possuindo caráter estável e permanente, podendo ser fonte ou causa de uma série indefinida de relações.[78]

Quem tem *poder*, está em dada *situação*. Assim, os órgãos do Poder (Legislativo, Executivo e Judiciário) sempre estão sobranceiros, podendo fazer uso do poder a qualquer tempo, investindo no íntimo da esfera jurídica de terceiros.

Na situação jurídica, as características são as seguintes: (a) é genérica; (b) não se esgota; (c) não diz respeito a objeto específico; (d) não tem correlata obrigação; (e) é prévia à relação decorrencial; e (f) é o órgão emanador que possui força imperativa.

Assim se caracterizando as situações, o administrado apenas tem direito de exigir que o Estado limite sua ação à moldura dos poderes e deveres traçados. É garantia sua de que não extravase o poder, limitado pela competência, e aja nos moldes dos deveres impostos.

No caso que se analisa, tem a Administração Pública o *dever*, isto é, limitação de agir. Somente pode prestar as atividades dentro dos esquemas traçados na Constituição Federal, prevendo a ordem normativa o *poder correlato*, para atingimento dos desideratos traçados na Constituição.

Encontrar-se em *situação* jurídica significa que sempre ensejará afluência de *relações* geradoras de direitos e obrigações. Consoante já escrevemos, na estrutura jurídica do Estado, assume ele "como dever a perseguição de determinadas finalidades (ou valores). O que tem que prestar, por força de imposição em nível constitucional ou legal, de vez que a enumeração constitucional não é exaustiva, constitui-se em serviço público".[79]

Ao ingressar na relação, gera o Estado direitos subjetivos, tendo como correspectivo as obrigações. O direito subjetivo serve para identificar um sem-número de relações e situações, sendo palavra ambígua, já tendo sido descartada de utilidade por Alf Ross, ao afirmar que "não é nada em absoluto, é simplesmente uma palavra, uma palavra vazia desprovida de toda referência semântica".[80] Ao depois, afirma que "o conceito de direito subjetivo é um instrumento para a técnica de apresentação que serve exclusivamente a fins sistemáticos e que em si não significa nem mais nem menos que *tû-tû*".[81]

Tentamos analisar o direito subjetivo como certa situação em que alguém esteja em posição de supremacia e outrem em posição de inferioridade. Necessária a existência de um *título especial*. Alguém tem que sacrificar seu interesse em atendimento à posição de superioridade em que se encontra o titular do direito subjetivo e atender ao que lhe manda a ordem normativa, seja voluntária, seja coercitivamente, através do Judiciário (que tem poder, isto é, está qualificado a investir contra a esfera jurídica de alguém). É a *obrigação*.

A situação jurídica é não relacional e a relação jurídica (manifestada por direitos e obrigações) é sempre vinculativa de alguém a outrem, ligados por um *título*. Significa esse o elo que vai unir dois centros subjetivados de interesses em torno de um *bem da*

---

[78] ROMANO, Santi. *Princípios de direito constitucional geral*, *op. cit.*, p. 137.

[79] OLIVEIRA, Regis Fernandes de. *Licitação*, *op. cit.*, p. 23.

[80] ROSS, Alf. *Tû-Tû*. Buenos Aires: Abeledo-Perrot, 1976, p. 22.

[81] *Idem*, p. 42.

vida, seja pela convergência das pretensões, seja por sua divergência, com o que se instaura a lide, mas, de qualquer forma, ungidos em torno de *um objeto jurídico*.

Como bem assinala Santi Romano, "o Direito implica sempre uma determinada relação e dela é elemento; o poder pode compreender-se em relações, mas permanece fora delas. O Direito, como nas relações reais, pode ter um objeto ou pode, como nas relações pessoais, constituir uma 'pretensão', de um sujeito para com outro que, em correlação, tem um dever. O poder não tem nunca um objeto específico e não se resolve em pretensões".[82]

Poder e dever não se exaurem pelo uso, enquanto direito e obrigação extinguem-se, seja pelo cumprimento espontâneo ou pela perda do objeto ou, ainda, pelo reconhecimento e satisfação da pretensão através do Poder Judiciário.

O que se diz é que, tendo o Estado o dever de prestar determinada utilidade aos indivíduos, não pode deixar de fazê-lo. O serviço público é dever do Estado. Em seu exercício, desenvolve obrigações em face dos administrados e, de seu turno, dá origem a direitos subjetivos, como o direito subjetivo ao serviço público.

Seria possível, em face do que se vem dizendo, fazer com que o Estado opte pela forma de prestação do serviço?

Em voto proferido no STF, o Min. Xavier de Albuquerque afirmou: "Não aceito a doutrina de que o legislador possa, a seu arbítrio, qualificar certo encargo como taxa ou como preço. Poderia admiti-la, atendendo às conhecidas dificuldades que a identificação das duas espécies oferece, se a qualificação fosse indiferente para o direito constitucional e o direito tributário nacionais. Mas não posso consentir em que o legislador, no uso desse propugnado arbítrio, possa, transmudando-a em preço, livrar determinada taxa da rígida disciplina a que está submetida pela Constituição e pelo Código Tributário Nacional, que uma e outra encerram o estatuto do contribuinte".[83]

Como ensina Gordillo, a ordem "jurídica constitucional, ao criar o Estado e lhe reconhecer certas faculdades frente aos habitantes, estabelece e reconhece também os direitos que os indivíduos possuem frente ao Estado".[84] E continua o Mestre afirmando que "a enunciação dos direitos dos indivíduos não é uma mera declaração programática: é uma norma jurídica imperativa, imposta pelo povo ao Estado *a que também reconhece* aquelas faculdades".[85] Em seguida afirma que "os limites que o Estado de Direito impõe são estendidos à própria lei; se diz então, como já vimos, que também a lei deve respeitar princípios superiores".[86]

Como se vê, não pode o Estado, a pretexto de facilitar a prestação dos serviços públicos ou de melhorá-los, estabelecer normas infraconstitucionais que possam esvaziar o conteúdo dos princípios e direitos constitucionais. Nem pode alterar o regime da prestação de serviços, para efeito de tornar os direitos assegurados meras regras desprovidas de conteúdo garantidor. Tal não se passa quando o Estado, por decorrência do disposto no art. 175, transpassa serviços, mediante permissão ou concessão. Atuando dentro da

---

82 ROMANO, Santi. *Princípios de direito constitucional geral, op. cit.*, p. 141.

83 *RDA* 135/48.

84 GORDILLO. *Princípios gerais de direito público.* São Paulo: RT, 1977, p. 66.

85 *Idem, ibidem.*

86 *Idem*, p. 68.

previsão constitucional não lesa direitos, nem agride a intimidade dos usuários. Os direitos constitucionalmente assegurados servem de limite à ação do Estado. Este pode tentar, por todos os meios, diminuir a robustez dos direitos estabelecidos. Todavia, deve o Judiciário restaurá-los.

Sendo assim, pode-se afirmar que, cuidando-se de serviços públicos, na forma conceituada e delimitada, não tem o Estado opção legislativa. A única alternativa vem prevista no art. 175 da CF quando admite que serviços públicos possam ser prestados mediante permissão ou concessão, casos em que se assegurará legítima "política tarifária" – o que significa garantir os ganhos aos permissionários ou concessionários de serviços públicos, mediante contraprestação que os remunere, de acordo com o pactuado em contrato.

A lição de Geraldo Ataliba tem sido apontada como a de autor que permite a escolha por parte do legislador sobre a incidência de taxa ou de preço, diante do texto contido em seu trabalho sobre "Considerações em torno da teoria jurídica da taxa".[87] O que diz o autor é que seria lícito ao legislador alterar ou dispor sobre o tipo da contraprestação se não houvesse restrições, como há no Brasil. Daí afirmar: "Ou se trata de relação contratual, na qual a base da obrigação de pagar está na vontade das partes, ou a relação surge em virtude da lei, relegadas as vontades das partes à mera função de movimentar o mecanismo previsto na lei".[88]

Em suma, não há escolha.

A propósito da denominada taxa de remoção do lixo, entendeu o STF que não podia o Município cobrar "tarifa" dos contribuintes, uma vez que o serviço de coleta de lixo é serviço público e que a contraprestação admitida constitucionalmente é apenas a taxa. Entendeu que sua utilização é compulsória.[89]

Conclusivamente, não tem o Estado opção legislativa para instituir taxa ou exigir preços por atividades obrigatórias que tem que prestar.

O sentido da ação do Estado tem conteúdo e limites fixados e traçados na Constituição da República, descabendo qualquer alteração em nível legislativo.

---

87 ATALIBA, Geraldo. *RDP*, 9/43-54, em especial p. 51.

88 *Idem*, p. 52.

89 *RDA*, 160/80, rel. Min. Oscar Corrêa.

RECEITAS PÚBLICAS NÃO TRIBUTÁRIAS

12.1 O patrimônio da União

O art. 20 da CF dispõe:

> Art. 20. São bens da União: I – os que atualmente lhe pertencem e os que lhe vierem a ser atribuídos; II – as terras devolutas indispensáveis à defesa das fronteiras, das fortificações e construções militares, das vias federais de comunicação e à preservação ambiental, definidas em lei; III – os lagos, rios e quaisquer correntes de água em terreno de seu domínio, ou que banhem mais de um Estado, sirvam de limites com outros países, ou se estendam a território estrangeiro ou dele provenham, bem como os terrenos marginais e as praias fluviais; IV – as ilhas fluviais e lacustres nas zonas limítrofes com outros países; as praias marítimas; as ilhas oceânicas e as costeiras, excluídas, destas, as que contenham a sede de Municípios, exceto aquelas áreas afetadas ao serviço público e a unidade ambiental federal, e as referidas no art. 26, II; V – os recursos naturais da plataforma continental e da zona econômica exclusiva; VI – o mar territorial; VII – os terrenos de marinha e seus acrescidos; VIII – os potenciais de energia hidráulica; IX – os recursos minerais, inclusive os do subsolo; X – as cavidades naturais subterrâneas e os sítios arqueológicos e pré-históricos; XI – as terras tradicionalmente ocupadas pelos índios.
>
> §1º. É assegurada, nos termos da lei, aos Estados, ao Distrito Federal e aos Municípios, bem como a órgãos da Administração direta da União, participação no resultado da exploração de petróleo ou gás natural, de recursos hídricos para fins de geração de energia elétrica, e de outros recursos minerais no respectivo território, plataforma continental, mar territorial ou zona econômica exclusiva, ou compensação financeira por essa exploração.
>
> §2º. A faixa de até 150 km de largura, ao longo das fronteiras terrestres, designada como faixa de fronteira, é considerada fundamental para defesa do território nacional, e sua ocupação e utilização serão reguladas em lei.

A origem de todo o patrimônio do Poder Público advém de terras, prédios, bens móveis e semoventes, que historicamente eram terras, minas, florestas e rebanhos. Os Estados-membros têm o domínio das terras devolutas situadas em seus territórios.

Muitos bens, ao longo da História, foram adquiridos por guerras de conquista. Interessantes, a respeito, as páginas de Sainz de Bujanda, em seu *Hacienda y Derecho*.[1]

Pode o Estado, ao lado de manter seu patrimônio imobiliário, utilizá-lo mediante concessão, permissão ou autorização de uso, obtendo renda. Alberto Deodato divide o patrimônio em público e privado. Para obtenção de receitas dele provenientes a distinção é irrelevante.[2]

Embora o art. 87 do Decreto-Lei nº 9.760/46 fale em "locação" de bens imóveis, de locação não se cuida, mas das diversas formas possíveis de uso e ocupação do patrimônio imobiliário do Poder Público, mediante pagamento de um preço, tanto que é feita a locação através de licitação, "pelo maior preço" (arts. 95, parágrafo único, e 94, §1º, do Decreto-Lei nº 9.760/1946). A observação de Hely Lopes Meirelles é exata ao procurar evitar confusão terminológica.[3]

Fala-se, então, em autorização de uso, permissão de uso, concessão de uso e concessão de direito real de uso. As duas primeiras são precárias e não geram direitos. Podem ser remuneradas. A autorização beneficia exclusivamente o particular (retirada de água de fonte pública, por exemplo). A permissão tem interesse coletivo (é o caso de mercados públicos ou áreas de instalação de feirantes, estacionamento de táxis, etc.). A concessão tem caráter contratual (concessão de minas, de águas, áreas de aeroportos, de terrenos de cemitérios, etc.). A concessão do direito real de uso ocorre quando a Administração transfere o uso de terreno a particular, como direito real resolúvel. É o caso dos terrenos de marinha.

O que vale dizer é que o Poder Público pode outorgar (expressão genérica, de forma a abarcar todas as modalidades de cessão) o uso de seus bens a particular, mediante o pagamento de determinado valor.

É entrada *originária*, uma vez que advinda de bem público. Irrelevante cuidar-se de ato unilateral ou bilateral (contratual). Na verdade, a vontade do particular apenas vai concorrer para a formação do vínculo.

Em tais casos o pagamento é *preço*, de vez que se o realizará nos termos e de acordo com as regras normais do mercado ou em decorrência de lei, como é o caso do aforamento.

Assim, pagar-se-á *preço* pela autorização, pela permissão de uso, pela concessão ou pela concessão do direito real de uso. No caso de ser perpétua, no cemitério, por exemplo, paga-se o preço real do imóvel. É como se fora uma compra e venda. Só que, cuidando-se de terreno público destinado a uso exclusivo e privativo de particular, ocorre a concessão mediante o pagamento de um preço. São livres a oferta e a procura.

Concedia-se a enfiteuse ou aforamento – art. 678 do CC/1916 –, incidindo dois titulares sobre o mesmo imóvel (o enfiteuta e o senhorio direto). O atual Código Civil extinguiu o instituto, como se vê do disposto no art. 2.038. Da mesma forma o aforamento. Não mais se pode cobrar o laudêmio (inciso I do §1º do mesmo artigo), ficando ressalvadas as enfiteuses anteriormente existentes, que continuam disciplinadas pelo Código revogado (art. 2.038). Melhor fica a concessão do direito real de uso, em

---

1 BUJANDA, Sainz de. *Hacienda y derecho* v. 1. Madri: Instituto de Estudios Políticos, 1962, p. 140-308.

2 DEODATO, Alberto. *Manual de ciência das finanças*. São Paulo: Saraiva, 1974, p. 34-35.

3 MEIRELLES, Hely Lopes. *Direito administrativo brasileiro*. 43. ed. São Paulo: Malheiros, 2018, nota de rodapé 18 do Capítulo VIII – Domínio Público, p. 673.

moderna técnica administrativa. Pela ocupação paga-se o foro, a saber, "contribuição anual e fixa que o foreiro ou enfiteuta paga ao senhorio direto, em caráter perpétuo, para o exercício de seus direitos sobre o domínio útil do imóvel".[4] O *laudêmio* "é a importância que o foreiro ou enfiteuta paga ao senhorio direto quando ele, senhorio, renuncia ao seu direito de reaver esse domínio útil, nas mesmas condições em que o terceiro adquire".[5] Cuidava-se, aqui, de imóveis situados em terrenos de marinha ou foreiros em que, por se constituírem em concessão de direito real de uso (art. 678 do antigo CC), o concessionário era obrigado a pagar o foro e, na hipótese de alienação, o laudêmio. Já se decidiu que "a taxa de ocupação de terreno de marinha não é tributo, mas preço público"[6] – com o que se concorda.

Em relação aos imóveis públicos, a Lei nº 9.636/1998 disciplina a matéria, com algumas alterações legislativas, especialmente a Lei nº 14.011/2020, como se comenta brevemente. O aforamento significa a permissão para que o proprietário possa atribuir a outrem o domínio útil do imóvel, pagando um foro anual. É a transferência do domínio útil de imóvel público à posse de particular.

Há diversas formas administrativas para se permitir o uso do bem público. São *cessões de uso*, que podem assumir algumas feições (arts. 18 a 21 da Lei nº 9.636/1998, com alterações da Lei nº 11.481/2007). A *autorização*, que é ato unilateral e precário pelo qual se investe alguém na prática de determinada atividade individual em um bem público. Pode existir a autorização de uso especial prevista no art. 9º da Medida Provisória nº 2.220/2001, que permite ao ocupante possuir área de até 250 m², em área urbana, para fins comerciais. Há a *permissão de uso*, que é ato discricionário e precário pelo qual se autoriza alguém a utilizar um bem público. É ato negocial e revogável. A *concessão de uso* é contrato pelo qual alguém se investe na posse exclusiva do bem dominial.

De seu turno, é admissível a alienação dos bens públicos (art. 23 da Lei nº 9.636/1998), com as cautelas e providências previstas nos arts. 24 e ss. Também são possíveis a permuta (art. 30) e a doação (art. 31).

Alguns autores confundem a cobrança de tais valores, que são preços, por provirem da disponibilidade de bens patrimoniais do Estado, com as denominadas taxas de polícia. O poder de polícia destina-se a "condicionar a liberdade e a propriedade, ajustando-as aos interesses coletivos".[7] No caso que se analisa, as entradas são originárias, por provirem da "exploração" do patrimônio público, e, pois, não se confundem com as taxas, como se verá oportunamente, em maior riqueza de detalhes.

Pode também o Poder Público *alienar* (art. 23 da Lei nº 9.636/1998) seus bens, quando, então, haverá *ingresso* de dinheiro. Como é de sabença comum, os bens públicos diferem dos particulares, diante do regime jurídico que os ornamenta. Gozam de certas características (inalienabilidade, imprescritibilidade e impenhorabilidade). Todavia, uma vez desafetados (arts 100 e 101 do CC) do uso comum ou do uso especial, caem na categoria de dominiais, e, daí, pode ocorrer sua venda (art. 24 da Lei nº 9.636/1998).

---

4 *Idem*, p. 677.

5 *Idem, ibidem*.

6 TFR, rel. Min. Carlos Velloso, cit. na *RDA*, 153/88.

7 BANDEIRA DE MELLO, Celso Antônio. *Curso de direito administrativo*. 33. ed. 3. tir. São Paulo: Malheiros, 2018, p. 851.

Isto em relação aos imóveis. Já, móveis e semoventes não têm regras rígidas para sua alienação, mas exigem avaliação prévia (inciso II do art. 17 da Lei nº 8.666/1993).

Os bens públicos podem ser "de uso comum do povo, (...)" (inciso I do art. 99 do CC), "os de uso especial, (...)" (inciso II) e "os dominicais, (...)" (inciso III). A alienação opera-se mediante avaliação (art. 17 da Lei nº 8.666/1993), depois de desafetados.

Depende a alienação de autorização legal, avaliação prévia e licitação, se imóvel (inciso I do art. 17 da Lei nº 8.666/1993, com alterações posteriores), e avaliação prévia e licitação, se móvel (inciso II).

Há legislação específica a respeito das alienações (art. 23 da Lei nº 9.636/1998). Todavia, o que nos importa é saber as formalidades iniciais e que o resultado final será um preço, obtido mediante aferição no mercado livre. Trata-se de ato administrativo em sua origem (liberação) e contrato civil em seu resultado.[8]

A disciplina normativa das alienações, por quaisquer de suas formas, vem prevista no art. 17 da Lei nº 8.666/1993 (Lei de Licitações). O que importa para o Direito Financeiro não é a forma pela qual ocorre a alienação, se móvel ou imóvel, se há doação, dação em pagamento, permuta, aforamento, autorização, permissão ou concessão de uso, mas o ingresso de receita.

A lei em tela estabelece requisitos e exigências para que haja a saída valorativa de bens móveis ou imóveis, bem como o ingresso de receitas. Para o Direito Financeiro vão interessar não só a obediência aos preceitos em questão, mas basicamente o momento da entrada da receita. No caso, qualificada como patrimonial, uma vez que advém de alienação de patrimônio público, trata-se de receita originária.

Como esclarece Sainz de Bujanda, "o que interessa aqui destacar é que nas alienações de bens do Estado a lei, quando seja necessária, não constitui o título de transmissão. O título de transmissão é o título privado (venda, permuta, etc.). A lei de transmissão é o título de legitimação do órgão administrativo que concorre a dito negócio privado. *Esta é a justificação de que o produto de alienações constitua um ingresso de direito privado*".[9]

Tanto quanto a venda resulta em *preço*, de igual maneira as demais formas de exploração do patrimônio público, que, ao lado de serem entradas originárias, resultam sempre em preço.

As *fazendas* do Poder Público, destinadas à exploração econômica quando da venda de seus produtos, recebem preços, concorrentes no mercado livre. Por exemplo, se produzem ovos, semoventes e árvores de qualquer espécie, uma vez alienados no mercado, o ingresso é originário e denomina-se *preço*.

Os recursos minerais pertencem à União, inclusive os do subsolo (inciso IX do art. 20 da CF).

Para a expedição do alvará de autorização de pesquisa (art. 176, §§1º e 2º, da CF) e, posteriormente, a concessão para exploração da jazida em lavra há necessidade do pagamento de determinado valor, que é um preço. Cuida-se de exploração dos bens públicos. É ato constitutivo de direito outorgado ao particular que possibilita a exploração do bem público, tal como definido na Constituição Federal.

[8] *RTJ*, 32/352 e *RDA*, 46/192.

[9] BUJANDA, Sainz de. *Notas de derecho financiero*: introdución y parte general (redigidos no Seminário de Direito Financeiro) v. 2, t. I. Madri: Universidad de Madrid, 1967, p. 98.

Em relação ao mar territorial, disciplinado pela Lei nº 8.617/1993, exige a União o registro das embarcações estrangeiras, o que dimana do exercício do poder de polícia em relação à pesca. Fica ela reservada às embarcações brasileiras.

Passam a compor o patrimônio do Estado, caracterizando entradas, as denominadas *áreas institucionais* decorrentes do pedido de aprovação de loteamentos. A inscrição do loteamento no cartório de registro de imóveis competente "transfere para o domínio público do Município as vias de comunicação e as áreas reservadas constantes do memorial e da planta, independentemente de qualquer outro ato alienativo".[10] Anota o ilustre autor que algumas leis municipais exigem a doação da área, entendendo legítimo tal procedimento, que, inclusive, tem efeito de transferência, "com validade inequívoca".[11] Trata-se de receita pública.

12.1.1 Direito de propriedade. Concessões florestais

O *direito de propriedade* no Direito Romano era visto como o direito de usar, gozar e abusar da coisa, o que revelava o sentido individualista da propriedade. Em todas as modernas Constituições vem ele assegurado, o que acontece em nosso texto (inciso XXII do art. 5º da CF), mas limitado pelo atendimento à sua função social (inciso XXIII).

No direito privado a definição legal assegura "a faculdade de usar, gozar e dispor da coisa e o direito de reavê-la do poder de quem quer que injustamente a possua ou detenha" (art. 1.228 do CC).

Problema maior surge no direito público quando se fala em propriedade do Estado, a fim de distingui-la da particular, negando diversos autores que o Estado seja proprietário de seus bens. Inúmeras são as teorias para a caracterização do regime jurídico que exerce o Estado em relação a seu patrimônio,[12] vendo alguns o domínio público como insuscetível de propriedade. Outros visualizam um direito de polícia ou de "guarda e superintendência". Evidente está que não se pode admitir um direito individualista sobre o domínio do Estado, nem se rege ele pelos mesmos princípios e regras de direito privado. Não mais se pode entrever no conceito de propriedade o conteúdo individualista do Direito Romano, nem do Estado Liberal.

Nada impede, todavia, que o Estado possa explorar os bens pertencentes a seu domínio e as utilidades econômicas que o bem possa conter. Não tem ele o direito de extrair do bem a fruição econômica que possa ter? Tem o dever de zelar por isso. Como diz Laubadère, "é a coletividade proprietária que intervém quando se trata de extrair as consequências da propriedade, por exemplo, de receber as rendas que a dependência dominial é suscetível de produzir sem entravar a afetação".[13]

Nem se pode confundir a propriedade particular com a pública, porque esta tem destinação específica. Não há um bem público que não esteja vinculado a um objetivo

---

10 SILVA, José Afonso da. *Direito urbanístico brasileiro*. 8. ed. São Paulo: Malheiros, 2018, p. 342.

11 *Idem*, p. 343.

12 V.: MEIRELLES, Hely Lopes. *Direito administrativo brasileiro*, *op. cit.*, nota de rodapé 2 do Capítulo VIII – Domínio Público, p. 658.

13 LAUBADERE. *Manuel de droit administratif spécial*. 11. ed. 1978, ed. LGDJ, p. 149.

especial ou público. É o que se denomina de "propriedade afetada".[14] Nem se podem subtrair do domínio público as características de inalienabilidade e imprescritibilidade. Pelo mesmo princípio, pode-se entrever a desafetação como aspecto inverso da destinação, tornando livre o bem para comércio.

A inalienabilidade pressupõe que não se pode vender o bem, nem o dar, sem que sofra o processo da desafetação. Da mesma forma, proíbe de submetê-lo aos denominados direitos reais em proveito de terceiros. A imprescritibilidade pressupõe que o domínio não possa ser perdido pela prescrição aquisitiva ou pelo desuso.

Respeitados os requisitos acima, que inexistem no direito privado, evidente está que há o exercício do direito de propriedade, mas com aspectos específicos.

Como ensina Celso Antônio, a substância do uso e gozo do bem está vinculada à ideia de funcionalidade: "Entende-se por funcionalidade a aptidão natural do bem em conjugação com a destinação social que cumpre, segundo o contexto em que esteja inserido".[15] Assim realmente é. Os bens de uso comum do povo, "tais como os mares, rios, estradas, ruas e praças" (inciso I do art. 99 do CC), destinam-se a não sofrer qualquer tipo de impedimento para fruição de qualquer do povo. Nem pelo fato de o Poder Público, por lei, destiná-los a alguma atividade se esvai seu caráter de funcionalidade, ou seja, não perde sua aptidão natural, e tem destinação social, possibilitando à Administração obter rendimentos que o bem, naturalmente, pode oferecer.

Deve a Administração Pública explorar os bens que constituem verdadeira riqueza, podendo orientar-se para obter sua melhor utilização econômica.

A relação que se forma, pois, entre o Poder Público e *seus bens* é de propriedade. Não é propriedade regida pelo direito privado, mas o que se denomina *propriedade administrativa*, o que lhe dá o direito de dela retirar as utilidades econômicas. Diga-se o mesmo em relação aos denominados bens de uso especial. Pode destinar os *boxes* de um mercado, por exemplo, à permissão de uso, havendo dos permissionários o pagamento mensal ou anual, tal como dispuser a lei. Embora provenha a relação de um vínculo regido pelo direito público, nem por isso se pode entender cuidar-se de pagamento de taxa; ao contrário, de preço se cuida. É que não se pode falar nem em poder de polícia, nem em serviço público, mas em típica relação de "locação", decorrente da exploração pelo Estado de seus bens, advinda de um vínculo de propriedade.

Maior razão se tem quando se reafirma a premissa em face dos denominados bens dominicais.

Aliás, não foi por outro motivo que o art. 103 do CC dispôs que "o uso comum dos bens públicos pode ser gratuito ou retribuído, conforme estabelecido legalmente pela entidade a cuja Administração pertencem".

Vê-se que os bens podem ter destinação gratuita – permissão de estacionar, independentemente de qualquer retribuição – ou pode ser exigido preço, em decorrência não do exercício do poder de polícia desenvolvido pela circulação de veículos, mas pelo uso especial que alguém faz de um bem de uso comum do povo. Os escaninhos mentais cedem ante as exigências de novos tempos e diante de nova interpretação que se

---

14 *Idem*, p. 134.

15 BANDEIRA DE MELLO, Celso Antônio. Natureza jurídica do zoneamento: efeitos. *In*: *Estudos de Direito Público* 1/10, ano 1, Revista da Associação dos Advogados da Prefeitura do Município de São Paulo, 1982.

deve dar às normas. As afirmativas de que os bens públicos não podem ser explorados pelo ente a que pertencem cedem ante exigências modernas. Daí a caracterização do vínculo ser outra.

Qual o fundamento de não poder o Estado "locar" ou, mais tecnicamente, dar "autorização", ou "permissão" ou "concessão" do uso de seus próprios bens? Não só pode, como deve, diante de novas exigências econômicas da sociedade. De repente, os estacionamentos particulares tornaram-se onerosos e o número de veículos aumentou, de tal sorte que se impôs nova solução de aproveitamento das vias públicas. Em consequência, nada impede que o Poder Público as utilize e exija retribuição pelo uso do bem público, ainda que de uso comum do povo. Resulta claro, em consequência, que a relação que se instaura entre o usuário do bem e o Poder Público é de propriedade e disponibilidade do bem. É a posição de Hely Lopes Meirelles.[16]

A Lei nº 11.284, de 2 de março de 2006, dispôs sobre a gestão das florestas públicas para a produção sustentável. Ao mesmo tempo criou o Serviço Florestal Brasileiro (SFB) na estrutura do Ministério do Meio Ambiente e criou o Fundo Nacional de Desenvolvimento Florestal (FNDF).

Não comentaremos a lei em seu todo. Vamos ao que diz respeito ao Direito Financeiro. Só a criação do órgão envolve despesa para sua estrutura e manutenção. Admissão de servidores é indispensável para que as finalidades se concretizem. A Administração poderá ser direta instituindo-se florestas nacionais, estaduais ou municipais, mas poderá firmar convênios, termos de parceria, contratos ou instrumentos similares com terceiros (art. 5º).

O governo poderá efetuar *concessão florestal* que "será autorizada em ato do poder concedente e formalizada mediante contrato" (art. 7º). O procedimento da outorga exige edital de licitação (art. 12) e tem como objeto a "exploração de produtos e serviços florestais" (art. 14). O edital poderá exigir garantias, nos termos do parágrafo 2º do art. 21.

O art. 36 dispõe sobre "o regime econômico e financeiro da concessão florestal" e compreende (inciso I) pagamento de preço pelas despesas com edital e (inciso II) preço calculado em função da quantidade de produto ou serviço auferido. Referidos preços serão destinados ao órgão gestor (inciso I, letra "a" do art. 39), ao IBAMA (inciso I, letra "b"). O preço recebido será destinado a Estados (letra "a" do inciso II), Municípios (letra "b") e Fundo Nacional de Desenvolvimento Florestal (letra "c").

Os valores financeiros que ingressam como receita são decorrentes da outorga da concessão a que alude a lei como preço público.

Além dos preços arrecadados, poderão ser cobradas taxas de fiscalização e controle das atividades desenvolvidas (art. 50) por força do exercício do poder de polícia.

12.1.2 Patrimônio mobiliário

No conjunto do patrimônio público encontram-se bens de toda espécie. O mais representativo é o imobiliário. Todavia, pode o Estado possuir obras de arte de toda espécie colocadas em museu e expostas a visitação pública ou em repartições. Também

16 MEIRELLES, Hely Lopes. *Direito administrativo brasileiro, op. cit.*, p. 658.

pode possuir ações representativas de capital social de empresas, seja por aquisição, seja por doações ao Poder Público.

Há outras formas de receita que advêm de diversos comportamentos do Estado. A cultura não ingressa entre suas atividades obrigatórias. O art. 215 da CF apenas determina que devam ser garantidos o exercício dos direitos culturais e o acesso às fontes de cultura nacional, cabendo o apoio, o incentivo, a valorização e a difusão das manifestações culturais. Não fixa a atividade como serviço público ou como dever do Estado. Logo, trata-se de atividade livre à iniciativa privada, que pode explorar tal domínio. Cabe-lhe a preservação do patrimônio, na forma determinada no §1º do art. 216 da CF. Em consequência do que se vem dizendo, pode o Estado promover recitais de música, bem como peças de teatro, festivais de ópera onde seja contratado o tenor Plácido Domingo, ou qualquer outro espetáculo. Da mesma forma, pode manter museus, seja para preservação da própria história, seja de Arte, Antropologia, História Natural, etc. Em tais casos age no mesmo nível da atividade privada, podendo os particulares manter museus ou locais de espetáculos públicos ou zoológicos, etc. O que se cobra em razão de tal atividade é *preço*.

Diga-se o mesmo dos casos de serviços que presta a particulares, mas em concorrência com estes, tais como o serviço de reprodução de cópias gráficas, ou quando, embora unilateralmente, vende para recomposição de seus custos a "pasta" contendo edital e anexos de procedimento licitatório.

Salienta Celso Bastos que "é sempre encontrável no patrimônio dos Estados uma certa quantidade de títulos representativos de crédito ou mesmo de parte do capital de empresas – 'ações'. São múltiplas as razões que levam o Poder Público a deter esses papéis; por vezes em decorrência do direito sucessório. A ausência de herdeiros e legatários faz reverter ao patrimônio público os bens vacantes, e, dentre estes, podem figurar valores mobiliários cuja administração e exploração o Estado tem que cumprir".[17]

É comum que o Estado assuma o controle acionário de algumas empresas que possam estar em dificuldade financeira. Eventualmente assume-as para aumento do patrimônio ou para exploração da atividade por elas desenvolvida. Da mesma forma, como assinala o mesmo Celso Bastos, pode ocorrer que o Estado componha capitais particulares (tornando-os mistos) para regularizar a exploração de atividades econômicas. É comum que assim proceda.

Tais ações rendem frutos civis ao Estado, na forma de juros ou correção monetária ou, também, dividendos. Tudo ingressa para o patrimônio público, formando a massa de receitas.

Os Estados podem receber ações, seja a que título for, e, vendê-las, desfazendo-se de seu patrimônio mobiliário, caso não possam mantê-las.

Auferem, também, rendas financeiras decorrentes de ações, que são, na terminologia legal, "receitas correntes, da espécie 'patrimonial'" (§4º do art. 11 da Lei nº 4.320/1964, com a redação dada pelo Decreto-Lei nº 1.939/1982), bem como recebem frutos civis de aplicações bancárias, advindos, então, de "receitas de capital".

[17] BASTOS, Celso. *Curso de direito financeiro e de direito tributário*. 9. ed. São Paulo: Celso Bastos Editor, 2002, p. 42.

A legislação efetua classificação das receitas que não é jurídica, mas advinda de conceitos econômicos.

O montante de tais bens móveis forma o patrimônio mobiliário do Poder Público; possui, também, como mencionado, móveis, quadros, objetos de arte de qualquer espécie, tudo formando seu patrimônio, que pode ser trocado, alienado ou alugado, o que gera receita; pode o Estado, por exemplo, alugar diversos quadros para exposição em algum lugar ou em outro país. De tal relação resulta receita originária.

12.1.3 Privatização

O Estado, ao longo dos anos, deixou de adotar o regime capitalista, tal como determinaram as diversas Constituições (arts. 163 da CF/1967, com a Emenda Constitucional nº 1/1969, e 170, c/c o art. 173, ambos da vigente CF), passando a intervir, decisivamente, na economia. De instrumento de *estímulo* e apoio ao desenvolvimento nacional, passou a ser seu *propulsor* quase exclusivo. De *agente de incremento*, tornou-se *produtor*.

Inflou o Estado, em franca hostilidade aos preceitos constitucionais, passando a intervir em todos os domínios da vida econômica do país: adquiriu siderúrgicas, passou ao monopólio do petróleo, criou estatais de toda sorte. Enfim, passou a ostensivo gerador de riquezas; inseriu-se em todo o setor produtivo, passando a desenvolver o capitalismo de Estado.

Evidente que houve uma distorção. De liberal-burguês, o Estado passou a dominador total da economia, antípoda do que lhe determinou o Texto Maior. O setor produtivo sempre foi, de acordo com o ordenamento normativo brasileiro, campo próprio aos particulares. Era exatamente o que caracterizava o regime capitalista; mas, em manifesto desvio de poder, agigantou-se o Estado, de forma a ocupar espaço que não lhe cabia.

Com tais distorções, criaram-se estatais sem o menor controle, todas destinadas ao processo produtivo, mas a má gestão, a falta de meios eficazes de controle, a notícia de dotações orçamentárias globais, levaram ao descompasso completo entre os objetivos do Estado e à interferência indevida na economia. Passaram as empresas do Estado a servir de dóceis instrumentos na mão de políticos inábeis, gananciosos e irresponsáveis, de sorte a transformarem as estatais em quintais de cooperação e desvio de verbas públicas. Já não preponderavam nobres interesses, nem estavam eles alinhados com reais necessidades públicas. Ao contrário, ignobilmente, eram bens e serviços das entidades gastos em serviços particulares e escusos, tornando as empresas altamente deficitárias.

Com tal perfil, era necessário injeção de recursos do Estado, que a elas destinava parte substancial das receitas públicas, como subsídio, fazendo sangrar os cofres públicos. Não menos vezes eram empréstimos nacionais ou internacionais que faziam horrorosa sangria no Erário, sempre em detrimento dos interesses maiores do Estado e normalmente em benefício de interesses escusos de administradores incompetentes e corruptos.

Agigantou-se o Estado, em tal ordem, que passou a ter interferência em toda a vida nacional. Excrescente a tarefa do Estado, com indevida interferência no domínio econômico, em detrimento da prestação efetiva de serviços públicos. Estes, de seu turno, não tinham verbas suficientes, porque eram desviadas para cobrir *o déficit* das estatais.

Chegou-se a tal ponto que era necessária a "privatização", palavra que chegou com a chamada *modernização do Estado*. Na verdade, não se cuida de modernização, mas, apenas e tão somente, trata-se de cumprir o que já estava no texto do ordenamento normativo, pois até então o que ocorreu foi que os órgãos de controle não tinham controle; aqueles que deviam zelar pelos interesses públicos não o faziam. Somando-se a isso, havia uma insuficiência instrumental processual para coibir abusos e desmandos. A ação popular servia apenas a interesses mesquinhos e politiqueiros, e inexistiam os modernos instrumentos processuais (ação civil pública, legitimação extraordinária, mandado de segurança coletivo), a ensejar que instituições como o Ministério Público pudessem agir com maior eficiência.

Desmandos de toda ordem foram cometidos, sem que os instrumentos de defesa da sociedade tivessem sido acionados. Daí a geração de um sem-fim de abusos. Não se chamava ninguém à responsabilidade, e os desvios de comportamento cresceram, de sorte a fazer do Brasil o país de uma das maiores dívidas internacionais do mundo.

Evidente está que a ação contrária à Constituição, mas obediente a critérios políticos e econômicos, nem sempre sadios, levou o Estado a se tornar paquidérmico e caótico. O descontrole das despesas leva à mistificação dos interesses, o que atinge facilmente a corrupção.

Em outros termos: o rótulo "modernização" do Estado outra coisa não significa senão trazer o Estado para dentro das balizas do permitido constitucionalmente.

Se o Estado não pode gerir a atividade econômica, senão aquela "necessária aos imperativos da segurança nacional ou a relevante interesse coletivo", conforme contido na Constituição (art. 173), óbvio está que tudo o que daí exceder será excrescente ao leito do permitido. Deve, em consequência, abandonar a intervenção desmedida e retornar ao constitucionalmente permitido.

Tem que funcionar o Estado na fiscalização, no incentivo e planejamento do setor privado (art. 174 da CF).

Evidente que o Estado tem interesse na condução correta da economia do país. Não pode, todavia, desviar-se de seus fins, atingindo objetivos diversos. Ao se falar, agora, em *privatização*, está o Estado cumprindo o que manda a Constituição. Não é porque quer, mas porque se desviou de seus objetivos.

Com a privatização, o Estado dá origem ao ingresso de *receitas originárias*, objetivo deste trabalho.

As formas de desestatização estão compreendidas no art. 2º da Lei nº 9.491/1997, consistindo a desestatização na "alienação, pela União, de direitos que lhe assegurem, diretamente ou através de outras entidades, preponderância nas deliberações sociais e o poder de eleger a maioria dos administradores da sociedade" (alínea "a" do §1º) ou na "transferência, para a iniciativa privada, da execução de serviços públicos explorados pela União, diretamente ou através de entidades controladas, bem como daqueles de sua responsabilidade" (alínea "b" do §1º).

O problema da privatização, ou não, do patrimônio público não é uma questão ideológica. É problema basicamente financeiro, que vai depender dos interesses em jogo. A prevalência é evidente do interesse público. O que se pode criticar é a forma como foi ela feita, com dilapidação do patrimônio público. Por exemplo, a venda da Cia.

Vale do Rio Doce foi feita sem qualquer discussão com a sociedade, de forma açodada, alienando-se, assim, reservas estratégicas de minerais e transferindo-se ao patrimônio particular empresa que, comprovadamente, era bem administrativa e trazia receita ao Poder Público.

Enfim, o que se discute não é a privatização. É a alienação inconsequente e sem que tivesse havido plano apropriado para a amortização da dívida pública ou o investimento em outras empresas, para recuperá-las ou adequá-las aos planos econômicos do governo.

O confronto mais agudo ocorre entre as ideologias. Uma pretende estatizar ou manter as empresas gerenciadas pelo Estado; outra busca a desestatização a qualquer custo. Alguns argumentam que o Estado é mau gerente; outros, que a privatização irá dilapidar o patrimônio público.

Em verdade, a matéria não deveria assentar sob o ângulo ideológico, mas pragmático. O que é essencial que permaneça sob controle do Estado e diga respeito a sua subsistência? A exploração do petróleo deve permanecer estatal? E o fornecimento da energia elétrica (a Eletrobras) deve estar na estrutura do Estado?

O Estado deve definir o que deve ser seu. A mera exploração econômica de determinadas atividades, *sob controle e fiscalização do Estado*, pode ser privatizada. Não é imprescindível que ele mantenha as empresas como estatais e sob sua administração. Muitas vezes, elas causam prejuízos, devendo o Estado suportá-los, o que é incongruente, pois isso redunda em deslocar recursos necessários para atendimento da população carente para suportar despesas de empresas ineficientes. Não é objetivo do Estado manter empresas falidas. Ao contrário, o bom administrador busca o lucro (claro que depende do objetivo da empresa).

Não nos posicionamos contra a privatização. Ela pode ocorrer desde que não cause prejuízo à população. Se necessário, o Estado pode desestatizá-la. São opções que podem ocorrer a qualquer momento da vida institucional e política do país. Não pode prevalecer em tal matéria o tudo ou nada. Estamos no domínio do depende.

12.2 Uso de bem público. A chamada "Zona Azul"

Geraldo Ataliba afirma que pode o Município exigir "taxa de polícia para disciplinar o estacionamento em vias públicas suas".[18] Continuando seu estudo, afirma que, "se o direito constitucional brasileiro (art. 18, I *[a Constituição é a anterior]*) não admite as taxas por uso de bem público, consente, porém, nas taxas por serviços de quadro *[sic]* de veículos, para os casos em que o Município os organize. Quanto às zonas azuis, é lícita a taxa cobrável, por exemplo, a cada duas horas de estacionamento em via pública, a título de taxa de polícia. É que, se todos são iguais perante a lei (art. 153, §1º *[a remissão também é à Constituição anterior]*), todos têm direito de estacionar seus veículos nas vias públicas. Para que isso seja possível, é mister que, no uso do seu poder de polícia, o Município regulamente tal estacionamento e o limite, de modo a permitir o exercício de igual direito por todos os cidadãos. E, para assegurar a eficácia dessa disciplina, deverá

[18] ATALIBA, Geraldo. Taxa de estacionamento em via pública. *RDP*, São Paulo, RT, 69/287.

fiscalizar sua observância. Essa atividade de fiscalização configura exercício de poder de polícia".[19] É essa, também, a posição de Roque Carrazza.[20]

Sem embargo do peso das autoridades mencionadas, não podemos com elas concordar. Em primeiro lugar, diga-se que se cuida de entrada originária, e não derivada. A saber: a receita não advém do patrimônio particular, mas da exploração do bem público. A utilização do bem público para gerar riquezas por parte do Estado é perfeitamente possível. Em segundo lugar, não está o Estado delimitando comportamentos, com o que estaria no exercício do poder de polícia. É que este se destina a conformar condutas particulares em benefício do pleno desenvolvimento da sociedade. No caso em análise, disso não se cuida. Como o Estado é o titular do domínio das vias públicas (no caso do Município), pode explorar seus próprios bens, em seu benefício. Daí, fixa caso de ocupação de bem público ou de seu uso em prol de particulares, que irão pagar o preço adequado e previamente fixado pelo ente público.

Não se pode falar em poder de polícia, porque não está restringindo o direito de propriedade, nem a liberdade dos indivíduos. Simplesmente, explora seu próprio bem, possibilitando que os indivíduos, durante certo tempo, o usem, em seu prol, mediante o pagamento de um preço. O exercício do poder de polícia estará na fiscalização de trânsito, que é da competência do Município (inciso V do art. 30 da CF), e não no uso do espaço físico de estacionamento.

Nada impede que o Poder Público utilize seu bem para exploração econômica. Ao contrário, deve fazê-lo, diante dos problemas financeiros que pode encontrar.

No caso de outorga de bem público para uso de particular, fica o usuário subordinado à fiscalização do Estado. Em decorrência dela, pode exigir a cobrança de uma *taxa*. Mas, como bem ensina Maria Sylvia Zanella Di Pietro, "essa taxa não se destina a retribuir o *uso* consentido, tanto assim que, independentemente de sua cobrança, pode o usuário ficar sujeito ao pagamento de importância correspondente ao uso da coisa pública".[21] Em seguida, afirma que "a remuneração do uso privativo não corresponde a taxa nem a qualquer outra forma de tributo, basta lembrar que o *quantum* dessa remuneração é, em grande parte dos casos, estabelecido no próprio ato administrativo de outorga ou no contrato celebrado entre a Administração e o particular, o que não seria possível em se tratando de tributo, em decorrência do princípio da legalidade".[22]

Em seguida, afirma Maria Sylvia que "o usuário pode estar sujeito ao pagamento de taxa, como ocorre com qualquer particular que exercite atividade fiscalizada pelo Poder Público. Mas essa taxa não tem por fato gerador o uso privativo de bem público, e sim o exercício do poder de polícia do Estado. A taxa não visa a remunerar o uso; a contraprestação deste constitui *preço* público".[23]

No caso das denominadas "Zonas Azuis", em que particulares pagam para estacionar seus veículos, não concordamos com a posição dos autores antes mencionados

---

19 *Idem*, p. 288.

20 CARRAZZA, Roque. Remuneração pelo estacionamento de veículos em logradouros públicos: natureza tributária: taxa. *RDTributário*, São Paulo, RT, 4/292-299.

21 DI PIETRO, Maria Sylvia Zanella. *Uso privativo de bem público por particular*. São Paulo: Atlas, 1983, p. 53.

22 *Idem, ibidem*.

23 *Idem*, p. 55.

e corroboradas por Maria Sylvia[24] ao afirmar que "não há o uso privativo, mas uso comum remunerado, regulamentado e limitado pelo poder de polícia do Estado".[25]

Ora, independentemente de se cuidar de uso privativo ou comum, há exploração, pelo Estado, de seu domínio. Nada impede – ao contrário, recomenda – que este explore seu domínio. O bem dominial presta-se a isso, podendo os demais ser explorados pela Administração Pública.

O que se cobra em decorrência de tal permissão não é taxa. Esta pode decorrer da fiscalização a que se encontram submetidas tais pessoas. Todavia, o que se cobra é o uso do bem público, pouco importando que se cuide de uso privativo ou não.

Assim sendo, toda vez que o Poder Público autorize, permita ou conceda o uso de bem público pode e deve cobrar por tal outorga, fazendo-o através de preços. Quando outorga atos para uso de bancas de jornal, de *box* em mercados públicos, estacionamento de táxis, bares de calçadas ou vias públicas, bancas em feiras livres, terreno em cemitério público, apenas pode cobrar preços. Assim afirma Maria Sylvia, orientando, inclusive, para o mau emprego da palavra "taxa".[26]

Em todas as hipóteses em que o Estado outorga o uso de seus bens, cobra *preços*. É o que conclui Maria Sylvia, ao afirmar que "o uso privativo pode ser *gratuito ou remunerado*; neste último caso, a contribuição paga pelo usuário como contraprestação pela ocupação do bem público tem a natureza de receita originária, resultante da exploração econômica do patrimônio público".[27]

Já julgou o STF que "é preço público e não taxa a quantia cobrada para a manutenção e conservação de estação rodoviária".[28]

No mesmo sentido leciona Ramón Valdés Costa, ao afirmar que "as entradas do Estado pela ocupação de bens públicos têm a mesma natureza da dos bens fiscais. Há só uma acentuação dos caracteres do direito público, mas não uma transformação de preços em tributo. O Estado não recorre à sua soberania financeira; obtém uma remuneração ou contraprestação pela concessão do usufruto de seu patrimônio, seja este alienável ou inalienável".[29]

Bem anota Geraldo Ataliba que *não se pode cobrar taxa por uso de bem público*.[30]

12.3 Receitas decorrentes de obras públicas

Ensina Hely Lopes Meirelles que *obra pública* "é toda realização *material* a cargo da Administração ou de seus delegados (...)".[31] A alteração material da realidade é a obra. Pode constituir-se em construção, isto é, erigir uma edificação ou qualquer alteração no mundo empírico. Pode constituir-se, também, em reforma, ou seja, o melhoramento nela introduzido, sem aumentar sua área ou capacidade, e em ampliação, que, como o

---

24 *Idem*, p. 78.
25 *Idem, ibidem*.
26 *Idem*, p. 98-99.
27 *Idem*, p. 133.
28 *RDA*, 103/78, rel. Min. Luiz Gallotti. Anteriormente assim já decidira (*RTJ*, 53/500).
29 COSTA, Ramón Valdés. *Curso de derecho tributario. op. cit.* v. 1, p. 179, nota 29.
30 ATALIBA, Geraldo. Taxa de estacionamento em via pública, *op. cit.*, *RDP*, 69/287.
31 MEIRELLES, Hely Lopes. *Direito administrativo brasileiro, op. cit.*, p. 290-291.

nome indica, impõe o aumento da área ou capacidade da construção. As noções foram colhidas do mesmo autor.

Poderia haver alguma cobrança em razão da obra pública?

O Estado pode realizar a obra diretamente ou mediante concessão. Alguns autores, outrora, negavam a possibilidade de tal tipo de contrato. Todavia, hoje já se admite sua celebração, sem maiores problemas. Segundo Maria Sylvia Zanella Di Pietro, "tem por objeto a execução de uma obra, sendo secundária a prestação ou não de um serviço público".[32] No caso da concessão, "ao concessionário é assegurado o direito de administrar o serviço pelo tempo necessário para recuperar o capital que investiu e ainda obter um lucro".[33] Dá como exemplos a construção de uma ponte, de um viaduto, de uma estrada em que "se assegurasse ao concessionário o direito de cobrar pedágio durante certo tempo, para ressarcimento dos gastos efetuados, ou, ainda, a construção de um estacionamento, que fosse administrado posteriormente pelo mesmo concessionário que o construiu".[34]

Saliente-se que, cuidando-se de serviço público, a contraprestação é *taxa*. Em relação à obra pública paga-se, pelo seu uso ou exploração, o preço. É que para este não há qualquer restrição de direito constitucional ou legal. No entanto, a lei pode estabelecer limites a seu valor para compatibilizá-lo à exigência patrimonial.

Afirma, categoricamente, Celso Antônio que "o que descabe é tomar a obra, em si mesma, como fonte de obrigação tributária".[35] Após tal assertiva, admite que se possa captar, através de um serviço público, recursos para amortização ou custeio da obra necessária a seu desempenho. Afirma que "o que se proíbe é erigir a obra em hipótese de incidência tributária (hipótese 'a'). Não se proíbe, nem teria sentido fazê-lo, erigir um serviço público em hipótese de incidência, angariando através da taxa recursos que custeiem todas as despesas que lhe são inerentes, inclusive as obras necessárias (hipótese 'b')".[36]

Temos dificuldade em aceitar a afirmação. Se o autor entende inviável a cobrança de taxas decorrentes da construção, ampliação ou reforma, nenhum sentido teria admitir pudesse haver cobrança, por meio dos serviços, para suportar o peso da obra. Seria o mesmo que não se admitir, admitindo. Daí por que divergimos, neste passo, da orientação do Mestre. É que, ou é possível a cobrança, ou não. Se não é, nenhum sentido teria embutir seu valor na cobrança dos serviços, suportando, de qualquer maneira, o contribuinte o valor das obras em decorrência de subterfúgio administrativo. O comportamento administrativo estaria viciado por desvio de poder.

Em outros países é comum a concessão de obras públicas para exploração por particulares de estradas ou de estacionamentos em grandes centros. A obra é entregue ao particular, que a constrói, por sua conta e risco, mediante exploração dela durante determinado tempo. São comuns, especialmente na Europa, tais tipos de prestação

---

32 DI PIETRO, Maria Sylvia Zanella. *Direito administrativo*. 16. ed. São Paulo: Atlas, 2003, p. 222.

33 *Idem, ibidem*.

34 *Idem, ibidem*.

35 BANDEIRA DE MELLO, Celso Antônio. Taxa de serviço. *RDTributário*, São Paulo, RT, 9-10/28.

36 *Idem*, p. 29.

de atividades ao particular mediante a construção de obra pública. Não se cogita da cobrança de *taxa*. Nem está submetida ao princípio tributário.

Como advertência para que não nos percamos pelos rótulos, anote-se que James M. Buchanan, da Universidade de Virgínia, entende as grandes estradas como serviço público.[37] Não nos parece que o serviço está na própria obra. Ao transitarmos pelas vias públicas não nos pode ser cobrado qualquer tributo que diga respeito ao *próprio uso da obra*.

12.3.1 Pedágio

Muito já se discutiu o que se cobra em razão do pedágio e sobre a constitucionalidade da exigência.

Hely Lopes Meirelles faz longa análise sobre seu nascimento e desenvolvimento.[38] Busca a etimologia da palavra (*pedaticum* – "onde se põe o pé"), mencionando a origem da cobrança em relação às carruagens e os valores cobrados (*toll*) para construção das rodovias norte-americanas (1940), da Itália (1923) e da França (1955).

O art. 27 da CF/1946 dispunha que "é vedado à União, aos Estados, ao Distrito Federal e aos Municípios estabelecer limitações ao tráfego de qualquer natureza por meio de tributos interestaduais ou intermunicipais, *ressalvada a cobrança de taxas, inclusive pedágio, destinadas exclusivamente à indenização das despesas de construção, conservação e melhoramento de estradas*".

Ressalta o autor que "a inclusão do pedágio dentre as *taxas* deveu-se, evidentemente, a um erro de técnica do constituinte de 1946, não muito afeito à moderna terminologia dos tributos e preços".[39]

O erro foi transmitido para a Constituição de 1967 (inciso II do art. 20), sendo corrigido pela Emenda Constitucional nº 1/1969.

O atual texto, a propósito de dizer que é vedada a limitação ao tráfego de pessoas ou bens, abriu a exceção e permitiu a "cobrança de pedágio pela utilização de vias conservadas pelo Poder Público" (inciso V do art. 150). Ora, não está a dizer que se cuida de taxa. Ao contrário, está aceitando que se cobre pela "utilização" da obra, o que não significa possibilidade de cobrar taxa.

O saudoso Mestre afirmou que tarifa "não é taxa; não é imposição fiscal compulsória e dependente de autorização constitucional para sua fixação e arrecadação. É um preço público de livre pagamento por quem utiliza o bem ou serviço oferecido aos interessados na sua fruição".[40]

Do mesmo sentido a opinião de Aliomar Baleeiro, que, após efetuar estudo sobre a origem do pedágio ou "rodágio", afirma cuidar-se de preço.[41] Entende Sacha Calmon Navarro Coêlho que em relação ao pedágio é possível a cobrança seja de taxa ou preço,

[37] BUCHANAN, James H. *Hacienda pública*. Madrid: Editorial de Derecho Financiero, 1968 p. 627.

[38] MEIRELLES, Hely Lopes. Pedágio: condições para sua cobrança. *Estudos e Pareceres de Direito Público*, v. 1, p. 323-335.

[39] *Idem*, p. 328.

[40] *Idem*, p. 329.

[41] BALEEIRO, Aliomar. *Uma introdução à ciência das finanças*. 16. ed. atualizada por Dejalma de Campos. Rio de Janeiro: Forense, 2004, p. 240-241.

dependendo do regime jurídico. Todavia, esclarece que, "seja lá como for, o uso em si das estradas não caracteriza o fato gerador das taxas, tal como prescrito pela Constituição. Esta autoriza a instituição de taxa pela *prestação de serviços públicos, específicos e divisíveis, prestados ao contribuinte ou postos à sua disposição*, certo ainda que, nesta última hipótese, a utilização tem que ser declarada *compulsória* para que se apropósite a cobrança pela mera disponibilidade do serviço de utilidade".[42] Afirma, todavia, que "o que autoriza a cobrança do pedágio – melhor seria chamá-lo rodágio, como quis Baleeiro – é o uso da via, e os serviços prestados".[43]

Julgando o RE nº 181.475-6-RS, em 4.5.1999, rel. Min. Carlos Velloso, o STF entendeu que o pedágio tem natureza de taxa. Os argumentos básicos: em primeiro lugar, a alocação topográfica do artigo, inserto nas limitações constitucionais ao poder de tributar. O argumento não colhe, porque não é sua colocação topográfica no corpo da Constituição que lhe pode dar natureza jurídica. É um argumento; não decisivo; o segundo é que nenhum sentido teria qualquer limitação caso se cuidasse de preço. Entendemos diversamente; o preço, especialmente contratado pelo Poder Público, pode ter limites, como é o caso da subvenção a entidade da Administração indireta ou a concessionário para manter determinado preço dentro dos limites do razoável e suportado pelo povo.

Dir-se-á que a fato gerador é o serviço de conservação das estradas. Tentou-se instituir uma taxa, fixando tal fato gerador. No entanto, o que se cobra, em verdade, é o uso da obra pública. Em suma, sem embargo da orientação da colenda Corte, seguimos com nossa orientação.

Sustentamos que o que se cobra em razão do denominado pedágio é preço; isto porque se cuida de disponibilidade patrimonial do Poder Público em relação aos particulares, e, sendo o fato gerador o uso do bem público, cabe cobrar o preço daqueles que se utilizam da estrada; os serviços de auxílio ao usuário, de telefones para chamadas de veículos de apoio, fazem parte do valor que se paga pelo uso do imóvel. Daí nada poder ser cobrado pela disposição do serviço. Em verdade, o montante pago destina-se à manutenção da rodovia em boas condições de uso. O que embasa a cobrança é o uso da obra pública. Por esta não está limitado o legislador, de vez que a Constituição determina a cobrança de taxa em face de serviços públicos. Nada mais. Diversamente entende o ilustre tributarista Sacha Calmon.[44]

Sem embargo do respeito pelos argumentos, estamos convencidos de que não se cobra pelos serviços, nem pela obra. Em verdade, pela construção da obra, como já vimos, apenas é possível cobrar contribuição de melhoria, nos exatos termos constitucionais. O uso que dela se faz posteriormente e a utilização dos serviços que ela pode fornecer são remunerados por preço, uma vez que o que se está usando é o patrimônio do Estado. Em verdade, não se paga pelo potencial serviço de guinchamento, de socorro, de reboque, de iluminação, de segurança, ou seja lá o que for. Paga-se pela utilização da obra pública. Por isto, não se pode pagar taxa, por falta de previsão constitucional.

---

42 COÊLHO, Sacha Calmon Navarro. *Comentários à Constituição de 1988*: sistema tributário. 5. ed. Rio de Janeiro: Forense, 1993, p. 69.

43 *Idem, ibidem.*

44 *Idem*, p. 70.

Seguindo o raciocínio que se vem desenvolvendo, chega-se à conclusão de que se cuida de preço. Não se pode dizer que há exercício do poder de polícia para controle do tráfego, nem que se está prestando serviço público. A diferença entre serviço e obra vem demonstrada pelo fato de que a obra altera o mundo material. O serviço é mera prestação de comodidade. Ensina Celso Antônio que "obra pública é construção, edificação, reparação, ampliação ou manutenção de um bem imóvel pertencente ou incorporado ao patrimônio público. Serviço público, no sentido restrito em que foi tomado pelo Código Tributário Nacional – e que, aliás, coincide com o sentido que se lhe atribui ao distinguirem-se os institutos da concessão de *serviço público* e concessão de obra pública –, vem a ser o *desempenho* de uma atividade material, consistente em prestação de um comportamento *cuja atuação proporciona* uma utilidade pública ao administrado".[45]

Sendo assim, a obra constitui alteração no mundo físico. O serviço não. É necessária, por vezes, a realização de uma obra para que posteriormente se preste o serviço (exemplo: canalização para posterior prestação dos serviços de água e esgotos). Enquanto se constrói se pode cobrar contribuição de melhoria pela decorrente valorização; posteriormente, somente o serviço. Mas obras há que serão utilizadas pela população (as estradas, por exemplo), e, em decorrência do uso que delas pode fazer o cidadão, legítima a cobrança do denominado pedágio, para que o uso da obra seja permitido.

O TJSP, em sessão plenária, entendeu cuidar-se de preço, e não de taxa.[46]

A reforçar o entendimento, dispõe o inciso V do art. 150 da CF que é vedado à União, aos Estados, ao Distrito Federal e aos Municípios "estabelecer limitações ao tráfego de pessoas ou bens, por meio de tributos interestaduais ou intermunicipais, ressalvada a cobrança de pedágio pela utilização de vias conservadas pelo Poder Público". Com base no texto, afirma Ives Gandra que "a natureza da taxa fica definitivamente consagrada no atual texto constitucional".[47]

Ao contrário, entendemos que fica consagrada a natureza de preço. Em primeiro lugar porque não se cuida de serviço público constitucionalmente estabelecido. Em segundo, a inserção da exceção no dispositivo constitucional deveu-se à circunstância de evitar discussão jurídica a respeito de sua natureza, como se vê de acórdão constante da *RDA*, 121/311, através do qual o STF foi chamado a definir a admissibilidade da cobrança do pedágio. Em terceiro, porque, geograficamente, não havia lugar para inserir a exceção senão onde se cuida da vedação da limitação de tráfego de pessoas ou bens.

Há exploração pelo Estado de seus próprios bens, cuidando-se de *receita originária*. Advém ela da exploração do uso de bem do Estado. Não há constrangimento sobre o particular. Como ele vai utilizar uma obra pública, para sua maior comodidade, deve suportar o pagamento de um *preço* para a manutenção da obra (sua conservação, etc.) e, até, para prestação de um serviço (o de socorro a veículos avariados, guinchamento, etc.).

---

45 BANDEIRA DE MELLO, Celso Antônio. Taxa de serviço, *op. cit.*, *RDTributário*, 9-10/29.

46 *RJTJSP*. 37/184 e 40/124.

47 MARTINS. Ives Gandra da Silva. *Comentários à Constituição do Brasil*. v. 6. t. I. São Paulo: Saraiva, 1990, p. 166.

Inúmeros autores têm sustentado a natureza híbrida (taxa ou preço), dependendo das circunstâncias.[48]

Ora, não podem ficar ao alvedrio do legislador os critérios instituidores de taxa ou preço. Estão eles previstos na Constituição da República e não podem ser alterados.

Como entendemos que não se pode cobrar taxa pelo uso de bem público, porque se cuida de exploração do próprio patrimônio, trata-se, na espécie, de *preço*.

12.4 O suposto contrato de transporte público

Alguns autores afirmam que o transporte, enquanto serviço, é remunerado por *preço*, celebrando o usuário um contrato com a Administração Pública. O só fato de se afirmar que se cuida de um serviço público tem, implícita, a consideração de que não se pode falar de verdadeiro contrato, nem de preço. Assinala Alessi que não se aceita que "um serviço público por parte da Administração possa ter natureza privatística, enquanto que faltam as condições necessárias para sujeitá-lo ao direito privado, ou seja, a consideração de um interesse subjetivo, patrimonial (em sentido amplo), a satisfazer".[49] Se se cuida, todavia, de um banco, com interesse tipicamente econômico, fala-se, tranquilamente, em preço, advindo das inúmeras relações creditícias com os particulares (títulos de crédito, aplicações, investimentos, etc.). Por isso não se cogita de *contrato*, mas de *admissão* ao serviço público.

Se o serviço inexiste, não há como falar em direito público subjetivo à sua prestação. Todavia, consumada a admissão, transforma-se em direito à prestação. Não se obrigou a Administração Pública ao impossível. Tem o dever de prestar o serviço, e deve fazê-lo da melhor forma. Todavia, pode se deparar com a impossibilidade material de fazê-lo. Daí não haver como constranger a Administração a prestar o serviço que se pretende. Mas, uma vez consumada a estrutura para sua prestação e a ele admitido o particular, indiscutível surgir direito de usufruir dele.

O mesmo ocorre nas relações entre usuário e concessionário. Não tendo o particular participado do vínculo da concessão, subordinado a contrato, onde, embora discutam as partes suas cláusulas, há o núcleo contratual, ou seja, inalterável ao arbítrio do Poder Público, surge o vínculo decorrente entre usuário e concessionário. Nasce o que se denomina de *negócio jurídico unilateral*, isto é, declaração unilateral da Administração Pública prestando o serviço em favor da generalidade dos particulares. Afirma Fragola que "não se pode falar de contratualismo onde existe uma relação jurídica, essencialmente regulada por normas de direito público".[50] Entende melhor a expressão "negócio jurídico", uma vez que o serviço é abstratamente prestado, isto é, em "favor do público".[51]

Poder-se-ia admitir que se cuida de contrato de adesão. Tal teoria não impressiona, porque não há possibilidade da discussão das cláusulas. Nem mesmo de horários, pontos de tomada, demora entre um veículo e outro, tipo de iluminação, tempo do traslado,

---

48 AZEVEDO, Eurico de Andrade. Pedágio – Natureza jurídica – Constitucionalidade – Legalidade, *RDP*, São Paulo, RT, 16/410-414; FAGUNDES, Seabra. Pedágio: constitucionalidade: Legalidade, *RDP*, São Paulo, RT, 18/330-334.

49 ALESSI, Renato. *Principi di diritto anmministrativo*. Milano: Dott. A. Giuffrè, 1974. v. 1, p. 469.

50 FRAGOLA, Umberto. *Gli atti aniministrativi*. 2. ed. Ed. Jovene, 1964, p. 63.

51 *Idem*, p. 65.

etc. Não se pode discutir com o titular do serviço, seja o Estado, seja o concessionário, a inalterabilidade das cláusulas. Há, então, situação regulamentar de adesão, subordinada ao direito administrativo, derivando os direitos e deveres do que estiver expresso em contrato firmado entre o concedente e o concessionário.

Notavelmente, esclarece Orlando Gomes que "a abertura do serviço ao público não é oferta a pessoa indeterminada, obrigação legal de contratar, ou promessa unilateral ao público, senão uma obrigação de natureza peculiar de direito público que deriva do princípio da necessária atuação do fim. A Administração Pública tem liberdade para assumir ou não o propósito de obter determinados fins, mas, se assume, fica vinculada à sua consecução. Não pode, por conseguinte, recusar-se a prestar o serviço que abriu ao público. Cumpre-lhe, desse modo, admitir, um por um, o usuário eventual. Todo indivíduo possui, em tese, o direito de ser admitido, que se traduz no direito a adquirir um direito à prestação de dois elementos: de um lado, uma manifestação de vontade do particular dirigida a solicitar a admissão; do outro, uma manifestação de vontade da Administração dirigida a concedê-la. O encontro dessas duas vontades não significa que os dois elementos se fundem num acordo de natureza contratual. Originam dois atos unilaterais: o ato de admissão praticado pela Administração e o ato de requerê-la, que não passa de ato preparatório da providência ou medida administrativa".[52]

Ressalva-se, apenas, a faculdade de a Administração assumir o serviço. Se está ele previsto, há *dever*, não faculdade.

Não nos preocupamos com a efetividade, ou não, do serviço, nem com sua regularidade e os direitos do usuário em relação a ele. O objeto da preocupação diz respeito ao que se paga em decorrência da prestação do serviço. Se se cuidasse de contrato típico, inclusive, como afirmam alguns, de adesão, teríamos a contraprestação do preço. Todavia, como se vê, não se cuida de contrato, mas de sujeição a determinado serviço expressamente disciplinado através do regulamento constante de contrato firmado entre poder concedente e concessionário.

Em excelente estudo sobre a "Situação jurídica do usuário do serviço público", Odília Ferreira da Luz Oliveira rejeita a tese da estipulação em favor de terceiro e a tese contratual, aderindo à da situação legal e regulamentar.[53] Não há o contrato de adesão, diante do fato da ausência do debate sobre as cláusulas; e, ainda que isso fosse possível, o concessionário estaria vinculado ao contrato firmado com o concedente, tornando-se inadmissível, ainda que o queira, alterar o já convencionado. Vê-se, pois, que não há contrato e não se pode falar em preço. Cuidando-se de relação adesiva de caráter regulamentar, pode-se asseverar que o que se paga pela admissão ao serviço público de transporte, como a qualquer outro, é taxa, inexistindo escolha da Administração para alterar a prestação.

Problema curioso vem colocado por Alessi sobre a incapacidade legal ou a natural. Observa que, embora verificado tal defeito, é ele irrelevante para a admissão no serviço público.[54] Assim sendo, nenhum requisito de capacidade ou de vontade para ser

---

[52] GOMES, Orlando. *Contrato de adesão*. São Paulo: RT, 1972, p. 69-70.

[53] OLIVEIRA, Odília Ferreira da Luz. Situação jurídica do usuário do serviço público, *RDP*, 69/45-69. São Paulo: RT.

[54] ALESSI, Renato. *Principi di diritto anmministrativo*, cit. v. 1, p. 481.

admitido ao serviço é necessário.[55] Evidente que tal forma ou desconhecimento de eventual vício de vontade são ignorados no direito privado, mas plenamente receptivos no direito público.

Com notável percepção do problema, e analisando os ângulos da controvérsia, afirma Alessi, após elaborar distinção entre taxa e preço – para quem a primeira é correspectivo de serviço público e preço tem seu vínculo à relação privada –, que "a ideia de *preço* vincula-se essencialmente com as relações privatísticas, enquanto que a de *taxa* a relações publicistas: posta, portanto, para nós a natureza essencialmente publicista das relações de prestação administrativa, daí deriva a essencial natureza de taxa da contribuição pecuniária posta a cargo do particular utente".[56]

Daí a seguinte consequência: a taxa pode não representar o efetivo equivalente econômico. Pode-se falar em *taxa política*. Caso se cuidasse de preço, haveria a cobrança de acordo com o valor de mercado ou se valeria o Estado do preço político.

O serviço de transporte foi elevado expressamente à categoria de *serviço* público, diante de disposição constitucional (alíneas "d" e "e" do inciso XII do art. 21 da CF). Mais que isso, foi o transporte coletivo erigido a *serviço essencial* do Município, evidentemente quando por este prestado (inciso V do art. 30). Dispõe referido dispositivo legal que compete ao Município organizar e prestar, diretamente ou sob regime de concessão ou permissão, "os serviços públicos de interesse local, incluído o de *transporte coletivo, que tem caráter essencial*".

Como se pode aceitar que, sendo o transporte coletivo de caráter essencial, assim determinado pela própria Constituição Federal, possa o prefeito, juntamente com a Câmara, por lei, conceder o serviço e se ver a população desprovida de qualquer garantia de que os valores cobrados em decorrência de sua prestação não sejam alterados a qualquer tempo, inclusive tornando impossível ou extremamente difícil sua utilização por parte das camadas mais pobres da população?

Estaria na vontade do administrador a possibilidade de inviabilizar, por excessiva elevação dos valores cobrados, a própria prestação de serviços públicos? Imagine-se que os munícipes tenham o valor do transporte como componente de seu orçamento, já limitado pelos baixos salários que recebem. Como tal, e não sofrendo aumento o orçamento pessoal ou familiar no correr do mês, como admitir possa o Poder Executivo, por ato seu, alterar os valores cobrados, tornando insuportável, para o orçamento familiar, o uso do transporte coletivo? Será que estaria na livre disposição de uma só pessoa alterar aquilo que a Constituição consagrou como essencial? Não está o dispositivo constitucional limitando o agente administrativo e também o Poder Legislativo, de forma tal que não podem esvaziar o conteúdo do direito que o Texto Maior consagrou?

Pensamos que não pode haver alteração a qualquer tempo, porque de taxa se cuida. Como tal, sujeita-se aos princípios tributários, e, por consequência, ao da anterioridade. Logo, para que houvesse aumento no curso do ano fiscal seria imprescindível que a lei previsse os reajustes, tornando clara a pretensão do Executivo. Em verdade, como durante muitos e longos anos houve a excrescência do Poder Executivo em detrimento dos outros dois Poderes, aceitou-se que pode o chefe de tal Poder comportar-se de qualquer forma,

---

55 *Idem*, p. 482.

56 *Idem*, p. 488.

inclusive alterando direitos. Na esteira de George Orwell, em *A revolução dos bichos*, o que ocorre é que perdemos a visão das coisas corretas, diminuindo nossa sensibilidade jurídica. A dimensão constitucional do problema tem sido negligenciada. Não basta que se altere o rótulo da cobrança, de taxa para preço, nem basta dizer que se cuida de serviço concedido, para que os direitos caiam por terra. Não se cuida, em verdade, de desprestigiar direitos. O que vale é a forma alternativa da prestação de serviços, ficando mudada a composição dos interesses em jogo e todos constitucionalmente acolhidos.

É imperioso que não percamos a visualização de nossa realidade, permitindo que, ao se dizer que o transporte coletivo não é serviço público, mas mera prestação de atividade comercial do Poder Público, os direitos se desmanchem.

O serviço público, como já se viu, implica garantia de que o cidadão o tenha, e dentro de determinados parâmetros de garantia constitucional. É importante a visão que se dá ao problema.

Não mais nos preocupa a taxa enquanto contraprestação pecuniária, mas o dever do Estado de prestar serviços. Pode-se dizer que o cidadão tem a faculdade de não usufruir deles (por exemplo, o de não apanhar um ônibus ou o "Metrô" para se dirigir à sua casa). O que se tem em mente é o dever de colocar em ordem os serviços públicos, de prestá-los aos indivíduos, de mantê-los em estado adequado. Daí não se cuidar de relação meramente contratual. A liberdade de não usufruir do serviço público, como diz Pugliese, "tem um conteúdo puramente ilusório, porque significa a liberdade (quando não seja verdadeira coação direta) de renunciar a uma boa parte dos benefícios da vida social".[57] Não é que não se queira utilizar o serviço, pois a Administração Pública, no sistema brasileiro, é obrigada a colocar o serviço à disposição do cidadão, não importando se este irá utilizá-lo ou não. A vontade do obrigado é irrelevante para ensejar o nascimento da obrigação. Pode ela surgir contra sua vontade quando, por exemplo, ao morar em longínquo rincão, não tem alternativa senão a de apanhar o trem ou o ônibus para sua locomoção.

O que está por detrás do problema, em verdade, não é mais o fato de se cuidar de serviço obrigatório ou não. Nem de serviços essenciais ou imprescindíveis à manutenção da soberania, como querem alguns.

O problema crucial é a *coação*, que vamos denominar de pressão endógena ao indivíduo, como pressão psicológica à necessidade de se valer do serviço público. Por exemplo, o de iluminação particular. Pode haver opção de não se servir do fornecimento de energia elétrica no Estado atual? Não há opção. Há constrangimento. Ao lado do endógeno, há o exógeno, que parte da própria Administração Pública. Esta, como detém a necessidade e o dever de prestar os serviços, presta-os à sua vontade, interferindo na vida do indivíduo e tornando-os essenciais à sua subsistência, ao menos em uma sociedade de comodidade média.

Ora, deixar de utilizar o serviço do Estado é abster-se de usufruir ou privar-se de "une activité indispensable ou très utile".[58] A afirmação vem reforçada por García de Enterría ao dizer que a liberdade de não usar os serviços públicos "é ilusória, pois

---

57 PUGLIESE. *Le tasse nella scienza e nel diritto positivo italiano*. Pádua: CEDAM, 1930, p. 36.

58 TROTABAS, Louis. *Finances publiques*. 3. ed. Paris: Dalloz, 1969, p. 90.

significa a liberdade de renunciar a uma parte fundamental da vida social".[59] No mesmo sentido Falcón y Tella, para quem, "se este bem ou serviço torna-se essencial para alcançar uma liberdade real ou efetiva, sob a óptica da 'procura existencial', e especialmente quando o Estado monopoliza a prestação do mesmo, não cabe dúvida de que se trata de uma voluntariedade fictícia, e, nesse sentido, devem considerar-se incluídas no âmbito da reserva da lei, pois na realidade são prestações 'impostas' ao cidadão, já que a liberdade de renunciar a uma parte importante da vida social torna-se ilusória".[60] Gustavo Ingrosso chega a afirmar que basta ter a Administração Pública o "monopólio" de determinada atividade para que se tenha a configuração do tributo.[61]

Excelente julgado da *Corte Costituzionale* da Itália retrata bem a preocupação atual daquele país em relação ao problema de que se cuida. Em decisão sobre os serviços telefônicos afirmou a Corte que "o caráter impositório da prestação não é excluído pelo só fato de que a promessa do serviço dependa da vontade do particular"; e argumenta com o fato de que, se um serviço tem considerável importância e é reservado ao Poder Público, o exercício da liberdade do particular é quase nulo. Conclui que, "se é verdade, com efeito, que o cidadão é livre de estipular ou não o contrato, é, assim mesmo, certo que essa liberdade se reduza à possibilidade de escolher entre a renúncia à satisfação de uma necessidade essencial e a aceitação de condições e de obrigações unilaterais autoritariamente fixadas".[62]

Vê-se que a coação se exerce sobre o particular, que não tem escolha. Não se está pensando na classe alta brasileira, nem na classe média alta. Pensa-se na grande massa de coitadinhos que formam o grosso do país. A grande massa de sem-teto, sem-terra, etc., que perambulam pelo país afora, formando a periferia das grandes cidades, as favelas, os cortiços, os mocambos. Já não se pode falar em ajudá-los. Perderam eles, de tal forma, a identidade, que deve a vontade dos abnegados sociais substituí-la. Dar a mão é pouco. É cuidar deles.

Zanobini, ao efetuar uma distinção entre as entradas, afirma que a doutrina as separa em duas categorias fundamentais: entradas de direito público e de direito privado: "as primeiras tratam das rendas dos bens patrimoniais e das indústrias próprias do Estado, as segundas, efeito do exercício, de parte dele, do Poder Público de império".[63]

O que caracteriza o valor a pagar em decorrência do serviço não é só o fato de ser cobrado pelo Estado. Pugliese dá exemplo do que se paga ao Estado em face do sal e do tabaco. Tal circunstância é insuficiente para caracterizar a taxa.[64] O mesmo autor diz que os serviços prestados pelo Estado podem distinguir-se em dois grupos: "Aqueles que o Estado presta na sua qualidade e por causa de sua qualidade de soberano de direito público – aqui, corresponde o pagamento a um tributo; e àqueles que o Estado

59 GARCÍA DE ENTERRÍA. Sobre la naturaleza de la tasa y las tarifas de los servicios públicos. *Revista de Administración Publica*, n. 12, p. 138, 1953.

60 FALCÓN Y TELLA, Ramón. La finalidad financiera en la gestión del patrimonio. *Civitas – Revista Española de Derecho Financiero*, 35/384-385, 1982.

61 INGROSSO, Giovanni. *Corso di finanza pubblica*. Ed. Jovene, 1969, p. 87.

62 LEVI, F. Imprese pubbliche e servizi pubblici esenziali tra l'art. 23 e Fart. 43 Cos. *Giurisprudenza costituzionale*, p. 1.080-1.082.

63 ZANOBINI. *Corso di diritto amministrativo*. t. IV. Milão: Giuffrè, 1958, p. 335.

64 PUGLIESE. *Le tasse nella scienza e nel diritto positivo italiano, op. cit.*, p. 69.

presta substituindo-se às empresas privadas, por motivos de oportunidade política ou de conveniência econômica, corresponde o pagamento de um preço".[65] Afirma o mesmo autor que a taxa deriva de uma prestação obrigatória paga ao Estado por aquele que frui em modo particular dos serviços jurídico-administrativos inerentes à soberania do Estado.[66]

Há serviços que em determinado período histórico a consciência coletiva considera sua prestação como dever absoluto do Estado.[67]

Afirmar que o preço advém de relação contratual, e não a taxa, não significa que todas as relações como o transporte coletivo, a compra de selos para o envio de carta pelo correio, possam servir de alegação para que a relação tributária não seja contratual. É que não podemos confundir os institutos. Exemplo típico dá Berliri ao estudar as taxas, como já mencionamos, do caso de menor que adquire selo e, após jogar o envelope na caixa, descabe à Administração recusar recebê-lo sob alegação de provir de um incapaz. Esclarece que "o que determina a obrigação da Administração não é a manifestação de vontade do contribuinte, mas o fato de que esteja a carta destinada em envelope registrado".[68]

Alguma atividade da Administração Pública pode advir sem nenhum preventivo pedido do particular. Pode-se falar aqui, como ensina Santi Romano, em *obligatio ex re*, isto é, independe da vontade do contribuinte, advindo da própria coisa, ou seja, do serviço público.[69]

Não se pode falar, então, de contrato na relação de direito tributário, de que advém a obrigação do pagamento de uma taxa. Fala-se em adesão a regulamento. O serviço público advém ou da prestação pessoal e direta do Poder Público ou de concessão de serviço. Em tal hipótese a prestação vem disciplinada em regulamento. O contrato celebra-se entre o poder concedente e o concessionário, através do qual vêm discriminadas as obrigações de ambos. Estipulam-se, por exemplo, em concessão de transporte coletivo através de ônibus, o horário, os pontos de parada, a regularidade, o estado de conservação, a lotação, etc. O usuário simplesmente adere à disciplina regulamentar. Há o dever do serviço, que é retribuído por taxa, e a sujeição a ele, denominando-se de *adesão regulamentar*.

Como ensina Giannini, "ou se trata de uma relação contratual, em que a obrigação do pagamento da soma devida ao ente público tem sua base na vontade das partes, ou trata-se, ao invés, de uma relação que surge em virtude da lei, não tendo a vontade do particular outra serventia senão aquela de colocar em movimento o mecanismo legislativo: no primeiro caso trata-se de uma entrada de direito privado; no segundo, uma taxa".[70]

---

65 *Idem*, p. 30.

66 *Idem*, p. 47.

67 *Idem*, p. 32.

68 BERLIRI. *Principi di diritto tributario*. 2. ed. v. 1. Milão: Giuffrè, 1967, p. 299.

69 ROMANO, Santi. *Principi di diritto amministrativo*, p. 353.

70 GIANNINI, Massimo Severo. *Principi di diritto amministrativo*. v. 1. Milano: Dott. A. Giuffrè ed., 1970, p. 48.

12.5 Serviço de fornecimento de água e esgoto

O problema da saúde pública tem sido preocupação do governante. Negligenciado há muito tempo, especialmente em relação à população carente, que se vê abandonada e obrigada a suportar ratos, pernilongos e todo tipo de insetos, sobreveio a Lei nº 14.026, de 15 de julho de 2020, que atualiza o marco legal do saneamento básico.

A prestação de serviços públicos está prevista no art. 175 da Constituição Federal, e o problema das águas e saneamento básico era disciplinado por leis que necessitavam atualização. Foi o que ocorreu.

À Agência Nacional de Águas (ANA) caberá desempenhar a atividade administrativa para concessão dos serviços a particulares. Aí as possibilidades de que haja injeção de recursos para melhoria e saneamento de córregos é fundamental. Une-se o esforço do Estado com a participação de concessionários. Estes prestarão serviços mediante lucro, que está ínsito na concessão.

De qualquer forma, abre-se nova possibilidade para que se resgate a dignidade dos moradores periféricos, que podem ser beneficiados com as novas formulações.

Como preliminar à prestação do serviço, há necessidade de que o Estado construa a rede de galerias, de fornecimento, de limpeza, para posteriormente prestar o serviço. Em decorrência da construção da rede pluvial apenas pode ser exigida contribuição de melhoria, tal como previsto no inciso III do art. 145 da CF, ou seja, há a possibilidade da cobrança "decorrente de obras públicas". Como já dissemos o que se entende por obra, basta que o Estado efetue a construção da rede para que possa exigir o tributo denominado contribuição de melhoria.

Uma vez construída, surge a prestação do serviço. Discutem doutrina e jurisprudência o que pode ser cobrado em decorrência de tal atividade. Para alguns cuida-se de taxa; para outros, de preço.

Diante da ótica que se vem dando ao presente trabalho, somente pode ser cobrada *taxa*.

Diversamente entendia o professor Oswaldo Aranha Bandeira de Mello.[71] Afirmou, todavia, que "o preço público não passa de preço de atividade industrial jurídico-privada da Administração Pública, autorizada por lei a prestar determinados serviços públicos, mediante cobrança de tarifas fixadas por decreto executivo, como seu pagamento".[72] Deixou o eminente autor bem clara a distinção de preço, contratual, e de taxa, obrigação decorrente de lei.

Na jurisprudência há manifesta confusão em relação aos conceitos básicos, o que gera decisões ora afirmando cuidar-se de preço, ora de taxa. Em antigo julgado decidiu o extinto 1º TASP que se cobra taxa, porque a "rede de esgoto e o abastecimento de água constituem serviços eminentemente públicos".[73] Tal decisão recebeu elogioso comentário do professor Caio Tácito.[74] No mesmo sentido decisão do STF (rel. Min. Sydney Sanches), ao entender que "a conservação das redes de água e esgoto não é

---

71 BANDEIRA DE MELLO, Oswaldo Aranha. Tarifa de água. *RDP*, São Paulo, RT, 20/365-378.

72 *Idem*, p. 373.

73 *RDA*, 64/96.

74 Comentário na mesma revista, p. 99-104.

obra pública, mas, sim, um serviço público. Cabível, portanto, a cobrança através de taxa".[75] Em outra decisão do extinto 1º TASP afirmou-se que "não se trata de tarifa, mas de taxa, a retribuição paga, obrigatoriamente, pelos serviços de fornecimento de água e esgoto".[76] Em outro julgado houve excelente análise de Carlos Ortiz reconhecendo ser "inconstitucional a majoração da taxa de água por decreto do Executivo".[77]

Há julgados em sentido contrário,[78] e o próprio STF já entendeu que o que se paga é preço. Afirmou que "a tarifa paga pelo fornecimento de água é preço público".[79] Há acórdãos anteriores.[80] Contrariando a posição do próprio STF, há decisão sustentando que "a majoração da taxa de água e esgoto, em virtude de sua natureza tributária, depende de lei"[81] – acórdão alterado em embargos.[82]

A doutrina segue a orientação jurisprudencial, não se firmando em qualquer dos sentidos. Caio Tácito afirma cuidar-se de preço, e sua conclusão é a de que "as tarifas de fornecimento em causa têm a natureza jurídica de preços públicos, não representando obrigação tributária".[83] No mesmo sentido parecer de José Afonso da Silva.[84]

Inúmeros autores entendem que o serviço de água, como serviço típico, é remunerado por taxa.[85] Já em decisão publicada na *RDTributário*, 5/285-290, expunha minha posição a respeito do assunto. A decisão é de 1978. Há mais de 30 anos entrevia na prestação de serviços por parte do Estado apenas a possibilidade da cobrança de taxa. A sentença mereceu comentário do professor Geraldo Ataliba, que endossou o que foi decidido. Entendia, à época, que, cuidando-se de serviço público, como o de fornecimento de água, apenas caberia a exigência tributária, não se podendo falar em preço.

Coerente com o que se vem dizendo ao longo do trabalho, cuidando-se de serviço público, a contraprestação somente pode ser taxa. Caso haja concessão do serviço, como fica? O raciocínio é o mesmo que se vem desenvolvendo ao longo do trabalho, ou seja: na imbricação dos serviços que podem ser desempenhados através de concessão, o valor pode vir a ser um preço, alterável, pois, dependendo da situação econômica por que passar o país.

Dizem alguns que o serviço de fornecimento de água e esgoto não é serviço público, mas atividade comercial do Município ou do Estado. Ora, se o Município, através de sua Lei Orgânica ou através de lei própria, define-o como serviço que deva ser prestado aos munícipes, não pode, posteriormente, cobrar preço, nem o elevar a qualquer tempo, como tem sido feito.

---

[75] *RT*, 646/216,

[76] *RDA*, 124/86.

[77] *RDA*, 109/71 e *RT* 435/150.

[78] *RDA*, 146/246.

[79] *RDA*, 133/135, rel. Min. Leitão de Abreu.

[80] *RTJ*, 33/147 e 465.

[81] *RDA*, 75/98, rel. Min. Luiz Gallotti.

[82] *RDA*, 82/62.

[83] TÁCITO, Caio. Parecer, *RDA*, 146/265-272.

[84] SILVA, José Afonso da. Parecer, *RDA*, 146/273-289.

[85] BECKER, Augusto. *Teoria geral do direito tributário*. 2. ed. São Paulo: Saraiva, 1972, n. 106, p. 348; CAVALCANTI, Themístocles Brandão. *Tratado de direito administrativo*. v. 2. Rio de Janeiro: Freitas Bastos, 1964, p. 207, Capítulo V. E outros mencionados no excelente acórdão constante da *RT* 435/150, rel. Des. Carlos Ortiz.

O que vale notar é a definição normativa de se cuidar de serviço público. O que é fundamental é a definição normativa de ser atividade própria do poder municipal. O mais fica em mera opinião.

12.6 Anuidades escolares

Cuida-se a educação de um serviço público, tal como define o art. 205 da CF: "A educação, direito de todos e *dever do Estado* e da família, será promovida e incentivada com a colaboração da sociedade, visando ao pleno desenvolvimento da pessoa, seu preparo para o exercício da cidadania e sua qualificação para o trabalho". Determinando o legislador constituinte que se cuida de um *dever* do Estado, transforma-a em serviço público.

Determina, ainda, o texto constitucional que "o dever do Estado com a educação será efetivado mediante a garantia de: I – educação básica obrigatória e gratuita dos 4 (quatro) aos 17 (dezessete) anos de idade, assegurada inclusive sua oferta gratuita para todos os que a ela não tiveram acesso na idade própria; II – progressiva universalização do ensino médio gratuito; (...)" (art. 208, com redação das Emendas Constitucionais n°s 59/2009 e 14/1996).

De outro lado, estabelece o §1º do art. 208 que "o acesso ao ensino obrigatório e gratuito é direito público subjetivo".

Atente-se a que a Constituição da República institui o ensino primário e o médio (incisos I e II do art. 208) como dever do Estado, e, pois, *serviço público*. Estabeleceu sua gratuidade.

No curso universitário, que deve manter – ao lado da iniciativa privada (art. 209 da CF) –, o ensino é também gratuito (inciso IV do art. 206).

Há tempos discutiu a jurisprudência o que se deveria cobrar para a admissão a tal serviço, tendo firmado orientação de que se cuida de preço, e não de taxa. Decidiu o STF que "as anuidades escolares não constituem taxa e sim preço público".[86] Este entendimento quedou-se ultrapassado, pelos fatos que passamos a expor (e que já expúnhamos em edições anteriores).

A se entender devida a anuidade em estabelecimento de ensino público superior, não se pode aceitar a afirmação dos eminentes Ministros. Assentaram as decisões na facultatividade da prestação. É que remanesce a opção do aluno em frequentar uma escola particular. Ora, nada mais enganoso. A distinção entre preço e taxa não se encontra no seu caráter facultativo ou obrigatório. Afirma Bilac Pinto em seu voto que, "se o estudante preferir estudar em ginásio particular, estará obviamente dispensado de recolher a contribuição a que se refere a portaria, e isso pela razão essencial de que ela não é uma taxa – que se revestiria de caráter obrigatório – mas um preço, que, sendo de natureza contratual, é facultativo".[87]

Ninguém pode ser obrigado a ser comerciante ou industrial, mas o ICMS e o IPI não deixaram de ser tributos. O erro é de visão, pois a facultatividade jamais define o caráter do vínculo.

---

[86] *RDA*, 111/89, rel. Min. Bilac Pinto, e 111/92, rel. Min. Luiz Gallotti.

[87] *RDA*, 111/91.

Não nos parece correto o raciocínio. Já em outro ponto discorremos sobre o serviço de transporte, em determinadas regiões do país há casos em que o transporte é obrigatório para quem queira se locomover. Não há opção. No caso do ensino, diante de o indivíduo não possuir dinheiro, meios para frequentar colégio particular, terá (obrigatoriedade, por impossibilidade material) que frequentar o colégio do Estado, diante de sua gratuidade. A opção não está na própria coisa, mas nas possibilidades do cidadão.

Nem se diga que, se não frequentar, não está obrigado a pagar o montante e que, no caso, a taxa apenas poderá ser cobrada se houver efetiva prestação de serviços. Não poderá haver cobrança pela sua potencialidade.

Como se vê, cuidando-se de serviço público, não é que tenha ele que ser obrigatório. É obrigatório para o Poder Público, e não para o indivíduo. Para este será obrigatório o pagamento da taxa caso se matricule no estabelecimento de ensino.

Oportuna contribuição ao entendimento da matéria oferece Giorgio Stefani. Após entender a taxa como contraprestação do serviço público, dá como exemplo o pagamento da instrução pública, a instrução elementar, afirma, é gratuita. Para "a instrução secundária e superior é requerido o pagamento de uma taxa, que cresce para os estudos universitários".[88] Acrescenta: "Similarmente diga-se em relação aos outros serviços que os cidadãos obtêm pagando as taxas judiciárias, as taxas administrativas, etc.".[89] Posteriormente – com o que não concordamos – afirma que se cuida de taxa, em nossa terminologia, apenas quando o pagamento é inferior ao custo do serviço.[90] Aí, quebra o sistema que vimos sustentando.

Não se pode deixar de argumentar com a realidade do Brasil. Se tem o Estado o dever de prestar ensino, tem que fazê-lo, não se constituindo em sua opção: há dever. De outro lado, os indivíduos têm o direito de exigir sua prestação, diante do fato de ser serviço público. Apenas não há o dever no âmbito do ensino universitário. Aqui, a grande parte da coletividade fica marginalizada. A grande frequência das universidades públicas é de pessoas de posse, uma vez que, tendo feito cursos de primeiro e segundo graus melhores, estão mais aptas a alcançar a universidade. Logo, curiosamente, no Brasil quem frequenta a escola universitária pública são filhos de famílias abastadas.

Embora haja seleção dos mais aptos, não se pode falar em facultatividade, uma vez que é possível a frequência à universidade particular. No mais das vezes o indivíduo não tem condições de pagar o curso para o filho, e somente em escola pública poderia haver continuidade da educação cultural. Como se vê, o argumento da facultatividade é falho e hipócrita. Não há opção: ou frequenta escola pública, ou não continua seus estudos em grau universitário.

O STF pôs fim a qualquer discussão ao editar a Súmula Vinculante nº 12, nos seguintes termos: "A cobrança de taxa de matrícula nas universidades públicas viola o disposto no art. 206, IV, da Constituição Federal".

---

[88] STEFANI, Giorgio. *Corso di finanza pubblica*, Pádua, CEDAM, 1970, p. 161.

[89] *Idem*, p. 162.

[90] *Idem*, p. 163.

12.6.1 Escolas particulares

Ao lado do ensino público, é ele "livre à iniciativa privada, atendidas as seguintes condições: I – cumprimento das normas gerais da educação nacional; e II – autorização e avaliação de qualidade pelo Poder Público" (art. 209 da CF).

Para funcionamento de escola particular é imprescindível que haja ato de autorização. A autorização é ato que cria direito, ao ampliar as faculdades jurídicas de quem a recebe.[91] Vê-se, pois, que é imprescindível a existência de um ato recognitivo do direito.

Pressuposto do cumprimento das normas gerais da educação é o poder de fiscalizar o funcionamento das escolas, aí se extingue a competência estatal. Após constatar a existência de pressupostos para expedição da autorização de funcionamento e podendo exigir o cumprimento das normas gerais da educação nacional e a avaliação de qualidade, a partir daí cessa a competência do Poder Público. Percebe-se, claramente, que não há a menor possibilidade de o Estado ingressar na esfera jurídica íntima do relacionamento escola/particular.

Diferentemente do ordenamento jurídico anterior, não há obediência estatal na relação mencionada. Dispunha o §2º do art. 176 da CF/1967, com modificações advindas da Emenda Constitucional nº 1/1969: "Respeitadas as disposições legais, o ensino é livre à iniciativa particular (...)". Vê-se que a disposição legal poderia determinar o que quer que fosse. A emissão da lei não se continha em qualquer restrição; desde que fosse por lei, o Estado poderia determinar normas de comportamento às escolas particulares. Já a dicção do atual texto é diversa, o ensino é livre à iniciativa privada, atendidas as condições estabelecidas no art. 209 da CF.

Não há outra restrição que possa ser imposta, nem há condicionantes fixadas em lei. O texto constitucional revela a concessão de liberdade às escolas, que podem dispor sobre a melhor forma de organização de seu ensino, submetendo-se apenas aos preceitos gerais da educação nacional e sujeitando-se à avaliação de qualidade pelo Poder Público.

Em consequência do quanto se vem dizendo, pode-se afirmar que não há possibilidade de o Estado se imiscuir na intimidade da escola para fixar padrões de mensalidades, pois estas são livremente estipuladas pelas escolas, a quem, de acordo com o poder aquisitivo dos alunos, incumbirá a dosagem dos salários de seus professores. A equação possibilidade do aluno/necessidade da escola fica a critério desta. Os limites são os da possibilidade do aluno.

É correto que se deve desvincular o paternalismo estatal que vigora entre nós. A escola oferece determinado padrão de ensino, e, se o aluno não está satisfeito, muda; formam-se movimentos entre os pais para melhoria de ensino. O pai discute com a direção da escola os aumentos das mensalidades e retira o filho se entender que a cobrança é muito alta. Enfim, é a livre iniciativa gerindo a economia de mercado no pertinente à educação.

---

91 BANDEIRA DE MELLO, Oswaldo Aranha. *Princípios gerais de direito administrativo*. 3. ed. 2. tir. v. 1. São Paulo: Malheiros, 2010, p. 562.

12.7 Custas e emolumentos judiciais e extrajudiciais

Entende Sacha Calmon Navarro Coêlho que o que se cobra a título de custas judiciais e também de emolumentos é taxa. Afirma: "A prestação dos serviços públicos judiciais e notariais possa servir de suporte à cobrança de taxa é algo que refulge com inteira pertinência, pois são serviços públicos, que ensejam *apropriação individualizada*, apropositando aquela *atuação estatal*, tida por *fato gerador genérico das taxas*".[92] Do mesmo sentir é Bernardo Ribeiro de Moraes ao dizer que "são taxas remuneratórias, devidas sempre que o Poder Público presta ao particular um serviço que o favorece de modo especial".[93] É o que sustenta a doutrina.[94]

As custas são valores cobrados pelo Estado para prestação de serviços judiciais e extrajudiciais, englobando em seu montante os emolumentos. Estes se destinam à remuneração dos serventuários que prestam os serviços extrajudiciais. De qualquer maneira, como constituem prestações cobradas de quem se vale do serviço, cuida-se de taxa.

Arruda Alvim também afirma que "as custas são taxas",[95] o mesmo fazendo Humberto Theodoro Jr.[96]

Torna-se irrelevante para Sacha Calmon a destinação das custas, seja ao tabelião, seja a alguma caixa de assistência de advogados. Entende irrelevante o destino que a elas se dê.[97]

Alcides Jorge Costa ensina que "o Estado organiza os serviços de sua Justiça no exercício da sua competência, podendo, pois, cobrar taxas (CTN, art. 80), com o que exercita sua competência tributária".[98]

Assinalam Hamilton Dias de Sousa e Marco Aurélio Greco que, "apesar de outras teorias que possam ser lembradas em sentido contrário, não vemos como deixar de concluir que a atividade de administração da Justiça é um serviço público, conscientes da advertência de Carlos Maximiliano quanto ao papel e importância das decisões judiciais para compreender o alcance e sentido das normas constitucionais, o que se aplica *in casu* à determinação do significado da expressão 'serviço público' (...)".[99]

Na doutrina estrangeira não há divergência sobre o caráter de taxa das custas judiciais.[100] Entre nós não diverge a opinião dos autores.[101]

---

92 COÊLHO, Sacha Calmon Navarro. *Comentários à Constituição de 1988*: sistema tributário, *op. cit.*, p. 66.

93 MORAES, Bernardo Ribeiro de. *Doutrina e prática das taxas*. São Paulo: RT, 1976, p. 93.

94 CAVALCANTI, Amaro. *Elementos de finanças*. Ed. Imprensa Nacional, 1896, p. 170; TEIXEIRA, J. H. Meirelles. *Estudos de direito administrativo*. São Paulo: Procuradoria Administrativa do Município, 1949. v. 1, p. 180.

95 ALVIM, Arruda. *Código de processo civil comentado*, v. 2, p. 172.

96 THEODORO JR., Humberto. *Digesto de processo*, v. 2, p. 352.

97 COÊLHO, Sacha Calmon Navarro. *Comentários à Constituição de 1988:* sistema tributário, *op. cit.*, p. 67.

98 COSTA, Alcides Jorge. Imposto sobre serviços. Não incidência sobre serviços notariais, *RDP*, São Paulo, RT, 4/106.

99 SOUZA, Hamilton Dias de; GRECO, Marco Aurélio. *A natureza jurídica das custas judiciais*. São Paulo: *Resenha Tributária*/OAB, 1982, p. 7.

100 GIANNINI, A. D. *Istituzioni di diritto tributario*. Milão: Giuffrè, 1968, p. 504; VILLEGAS, Héctor. *Curso de finanzas, derecho financeiro y tributário*. Buenos Aires: Depalma, 1972, p. 81; XAVIER, Alberto. *Manual de direito fiscal. v.* 1. Lisboa: Tipografia Guerra, 1974, p. 49.

101 BARROS, Theotônio Monteiro de. *As taxas e seus principais problemas teóricos*. São Paulo: RT, 1941, p. 61; CAMPOS, Francisco. Tributação de bens, rendas e serviços da União, dos Estados e dos Municípios; impostos e taxas. *In*:

Em notável estudo sobre o assunto, os autores já mencionados Hamilton Dias de Souza e Marco Aurélio Greco terminam por afirmar que as custas e emolumentos "são taxas pela prestação de serviço público específico e divisível".[102] Do mesmo sentir é Yonne Dolácio de Oliveira ao asseverar que "é irrefutável que custas e emolumentos são taxas remuneratórias de serviços públicos".[103]

Na jurisprudência, notável voto do Min. Moreira Alves esgotou o assunto, deixando assentado que "taxa judiciária é tributo da espécie taxa".[104] Anteriormente tal caráter já havia sido assinalado.[105]

Irrelevante o fato de se tratar de atividade exercida em caráter privado (art. 236 da CF) quando se cuida de serviços notariais e registrais. É que há a *delegação*, matéria até agora não explicada. De qualquer maneira, é obrigação pecuniária que decorre de lei, à vista de um ato do Estado.

12.8 Prescrição aquisitiva. Extensão. Invenção

Pode ocorrer receita originária a partir da denominada prescrição aquisitiva. Embora os civilistas discutam sobre a propriedade da expressão, em verdade, pode ocorrer que o Estado ocupe um imóvel por tempo suficiente para adquiri-lo pelo que se denomina aquisição originária – ou seja, rompe com a cadeia de aquisições anteriores, criando novo título para o titular do domínio. Pode haver a aquisição de bens patrimoniais, seja incidente sobre móveis ou imóveis. Basta o decurso do prazo estabelecido em lei, aliado à inércia do titular, para que possa haver a aquisição do domínio.

Importante atentar que os bens do Poder Público são imprescritíveis,[106] nos exatos termos do §3º do art. 183, c/c o parágrafo único do art. 191, ambos da CF. Todavia, pode ele adquirir pela prescrição aquisitiva. O veículo é o usucapião, que significa, no dizer de Clóvis Beviláqua, a "aquisição de domínio pela posse prolongada".[107]

O Poder Público adquire também pela mera ocupação de área. O art. 35 do Decreto-Lei nº 3.365/1941 inadmite o retorno de bens expropriados. É verdade que se admite a retrocessão,[108] mas, ocorrendo a mera ocupação de imóvel, que fica destinado a finalidade pública, tem entendido a jurisprudência que descabe a reivindicação do bem, resolvendo-se o problema em perdas e danos.

Embora se afirme que a denominada desapropriação indireta constitua esbulho possessório, a orientação doutrinária é no sentido do descabimento da reivindicação, e, assim, a ocupação torna-se forma ordinária de aquisição imobiliária.[109] Diga-se o mesmo

---

Direito constitucional. Freitas Bastos, 1956 v. 1, p. 253; NASCIMENTO, Theodoro. *Preços, taxas e parafiscalidade*. Rio de Janeiro: Forense, 1977, p. 110.

102 SOUZA, Hamilton Dias de; GRECO, Marco Aurélio. *A natureza jurídica das custas judiciais, op. cit.*, p. 127.

103 OLIVEIRA, Yonne Dolácio de. *A natureza jurídica das custas judiciais*, p. 143.

104 *RDA*, 158/21.

105 *RTJ*, 67/327 e ss. e 112/499, rel. Min. Djaci Falcão.

106 *RDA*, 28/222.

107 BEVILÁQUA, Clóvis. *Comentários ao Código Civil*. Ed. Francisco Alves, 1958. v. 3, obs. ao art. 550 do CC.

108 *RTJ*, 104/468 e nosso A retrocessão no direito brasileiro, *RDP*, 77/47 e *RDA*, 166/17.

109 MEIRELLES, Hely Lopes. *Direito administrativo brasileiro, op. cit.*, p. 763.

do denominado "direito de extensão", ou seja, a inclusão obrigatória na desapropriação de bem inutilizado para aproveitamento. É o que ensina Hely Lopes Meirelles.[110]

Da mesma forma, pode haver o usucapião de bens móveis (art. 1.260 do CC), seja ordinariamente, por prazo de três anos, ou de forma extraordinária, no prazo de cinco anos, independentemente de boa-fé (art. 1.261 do CC).

O *perdimento* de bens e valores em prol da Fazenda Pública constitui-se em instrumento de ingresso de receitas nos cofres públicos. O perdimento tem fundamento constitucional (alínea "b" do inciso XLVI do art. 5º da CF) no caso de produto de crime. Nada impede, no entanto, que a legislação institua outras formas de perda de produtos e bens em prol da Fazenda Pública, uma vez que haja a ocorrência de infração penal ou, mesmo, abandono de coisas em vias e qualquer outro local público.

A Lei nº 10.833/2003, dando nova redação ao Decreto-Lei nº 37/1966, estabelece o perdimento em face de mercadorias importadas (art. 104, parágrafo único, I), o mesmo sucedendo com a legislação do imposto sobre a renda (art. 19 da Lei nº 9.779/1999).

Em relação a servidores públicos, a lei estabelece o sequestro e o perdimento dos objetos adquiridos com enriquecimento ilícito (art. 16 da Lei nº 8.429/1992).

Em âmbito estadual, por exemplo, diversos atos administrativos dispõem sobre o procedimento e a perda dos objetos abandonados junto às repartições da Receita.

Em relação a valores recolhidos aos cofres públicos e não reclamados em cinco anos, são declarados de posse do Poder Público (art. 2º do Decreto nº 22.468/1933).

Também a legislação civil dispõe sobre a indenização em prol do que descobre alguma coisa (art. 1.234 do CC). Todavia, "pertencerá o remanescente ao Município em cuja circunscrição se deparou o objeto perdido" (parte final do art. 1.237 do CC). O excedente referido diz respeito à alienação do bem.

Vê-se que há diversas formas de aquisição de bens móveis e imóveis, todos eles passando a compor o patrimônio público.

Todos os ingressos constituem receitas originárias, porque advêm de relação regida pelo direito privado.

12.9 Receitas comerciais e industriais. Fazenda. Loteria (serviço público?)

Como já se viu, o Estado pode intervir na produção econômica. A participação impõe que existam os requisitos da "segurança nacional" ou "relevante interesse coletivo", conforme definição legal, nos exatos termos do art. 173 da CF.

Pode o Estado produzir armamentos, tal como for deliberado em lei federal (inciso XXVIII do art. 22 da CF) ou em lei federal ou estadual, no caso de relevante interesse público. É o que assinala Eros Grau, ao dizer: "Daí a conclusão de que essa *lei*, que definirá *relevante interesse coletivo*, tanto poderá ser *lei federal* quanto *lei estadual*. A esta cumprirá defini-lo desde a perspectiva do interesse (coletivo) predominantemente estadual".[111]

O Decreto-Lei nº 3.688/1941, em seu art. 18, impede a fabricação de armas sem a devida autorização da autoridade competente, e a Lei nº 10.826/2003 (Estatuto do Desarmamento) dispõe sobre o porte de arma de fogo.

---

[110] *Idem*, p. 778.

[111] GRAU, Eros. *A ordem econômica na Constituição de 1988*. 19. ed. São Paulo: Malheiros, 2018, p. 278.

De outro lado, as empresas públicas e as sociedades de economia mista poderão explorar a atividade econômica, nos mais diversos setores.

Como já foi por nós entendido, as entidades poderão participar do processo produtivo, sem que usufruam de qualquer privilégio. Terão personalidade jurídica de direito privado, apenas podendo, a partir da Constituição/1988, ser criadas por lei específica (inciso XIX do art. 37), não podendo as sociedades de economia mista e as empresas públicas gozar de qualquer privilégio fiscal não extensivo ao setor privado (§2º do art. 173 da CF).

No processo produtivo agem tais entidades como quaisquer outras. Os exemplos são inúmeros: bancos estatais, como o Banco do Brasil, empresas dos Estados, empresas produtoras de aço, armamentos, aviões, etc.

Todas as receitas daí advindas são, inequivocamente, *preços*. Não se pode falar em taxa. Nenhuma de tais entidades desenvolve qualquer serviço público, nem fornece utilidade materialmente usufruível pelos particulares. São empresas comuns que agem perante o Estado como qualquer outra, desmerecedoras de privilégios ou vantagens econômicas e fiscais.

Por serem entidades comerciais ou industriais do Estado é que têm seus produtos pagos mediante *preço*. Aqui se pode falar no livre mercado e em preços estabelecidos de acordo com as leis da produção (oferta e procura). Conforme sintetiza Aliomar Baleeiro, o grupo das receitas originárias "compreende as rendas provenientes dos bens e empresas comerciais ou industriais do Estado, que os explora à semelhança de particulares, sem exercer os seus poderes de autoridade, nem imprimir coercitivamente a exigência de pagamentos ou a utilização dos serviços que os justificam, embora, não raro, os institua em monopólios. A essas receitas originárias corresponderia a noção de 'preços', mais adiante exposta".[112]

Possui também o Estado suas fazendas, nelas podendo produzir o que bem entender, com técnicas aprimoradas, e o fruto de tal atividade terá, da mesma forma, um preço. Por exemplo, produz reprodutores bovinos, plantas enxertadas, sêmen de animais, etc. Tudo tem preço de mercado e pode ser vendido, até para o próprio autossustento. O que arrecada é preço.

Pode também participar dos seguros e resseguros, dividindo a fatia do mercado com as demais empresas do setor. Nenhum privilégio pode ter, luta no campo econômico como qualquer outro.

Daí por que se pode falar na responsabilidade objetiva das entidades prestadoras de serviços públicos, e não daquelas que participam do processo econômico, na conceituação exata do disposto no §6º do art. 37 da CF.

Observe-se, atentamente, que a separação dos campos de atividade é importante também e por causa das consequências que pode ter a distinção. Em relação às prestadoras de serviço público, entende a doutrina que é cabível a responsabilidade subsidiária do Estado, o mesmo não sucedendo com as demais. É o que ensina Celso Antônio,[113] afirmando que apenas há responsabilidade subsidiária quando as entidades prestarem serviços públicos.

---

112 BALEEIRO, Aliomar. *Uma introdução à ciência das finanças, op. cit.*, p. 117.

113 BANDEIRA DE MELLO, Celso Antônio. *Curso de direito administrativo, op. cit.*, p. 1.041.

As loterias constituem fonte de renda retribuível por preços. Como ensina Aliomar Baleeiro, "a exploração das loterias pelo Estado, ou por um concessionário deste, constitui negócio puramente comercial".[114] E, a seguir, esclarece que, "do ponto de vista financeiro, a loteria deve ser classificada entre as rendas comerciais ou industriais do governo".[115] No mesmo sentido Ricardo Lobo Torres.[116] O mesmo Baleeiro narra que, "de começo, havia livre competição entre os sorteios e tômbolas do príncipe e os de seus súditos. Posteriormente, os monarcas transformaram esse negócio em direito regaliano e fundaram as 'loterias reais' em regime de monopólio".[117]

Aos poucos as loterias foram sendo admitidas em quase todos os países do mundo. O caráter aleatório do jogo não existe para o concessionário de loterias que opera sob a base de cálculos atuariais, segundo as leis da probabilidade. O lucro é sempre certo para quem se entrega a tal negócio em bases racionais.

Sobre a "receita de concursos de prognósticos" poderá ser instituída uma contribuição previdenciária, tal como dispõe o inciso III do art. 195 da CF. Aí, adquire caráter de tributo, porque compulsório e decorrente de obrigação legal, fugindo apenas dos rigores do princípio anual da anterioridade, mas obedecendo ao prazo de 90 dias (§6º do art. 195).

A disciplina normativa é dada pelo Decreto-Lei nº 204/1967, que define a loteria como "serviço público exclusivo da União" (art. 1º), o que constitui disparate. Tal circunstância foi detectada por Valmir Pontes Filho.[118] O destino das receitas é para aplicação "de caráter social e de assistência médica" (parágrafo único do art. 1º). As receitas são distribuídas para o sistema de seguridade social (art. 4º, modificado pelo Decreto-Lei nº 717/1969), havendo um Fundo Especial da Loteria Federal (art. 27), repartindo-se as receitas ao Fundo Especial de Financiamento da Assistência Médica, Fundo Especial de Desenvolvimento das Operações das Caixas Econômicas Federais, Fundo Especial de Serviços Públicos e Investimentos Municipais, Fundo Especial de Manutenção e Investimentos, Fundo Nacional de Desenvolvimento da Educação e Fundo Especial de Alimentação Escolar/FEAE (art. 28, com a redação da Lei nº 5.525/1968).

Não se cuida, evidentemente, de serviço público, o que admite sua exploração pelos particulares, mediante autorização do Poder Público. Daí caracterizar atividade meramente contratual (do revendedor com o adquirente do bilhete ou congênere).

O STF, em três ações (ADPFs nºs 492 e 493 e ADI nº 4986), entendeu que a exploração de loterias ostenta natureza jurídica de serviço público (art. 175 da CF). De outro lado, julgou que não há exclusividade da União na exploração das loterias, pois os arts. 1º e 32 do Decreto-Lei nº 204/1967 não foram recepcionados pela Constituição de 1988. A competência é privativa da União para legislar sobre o tema, mas não afasta a competência de Estados de instituir loterias dentro das balizas federais.

---

114 BALEEIRO, Aliomar. *Uma introdução à ciência das finanças, op. cit.*, p. 142.

115 *Idem, ibidem.*

116 TORRES, Ricardo Lobo. *Curso de direito financeiro e tributário*. 10. ed. Rio de Janeiro: Renovar, 2003, p. 172.

117 BALEEIRO, Aliomar. *Uma introdução à ciência das finanças, op. cit.*, p. 152.

118 PONTES FILHO, Valmir. Loterias: sua exploração por particulares. *RTDP*, São Paulo, Malheiros, 22/40-45, 1998.

A conclusão da Suprema Corte é controvertida. Faz distinção entre a noção subjetivista e a formal. Assim, como assinalado no acórdão, "o que define o serviço público não é a avaliação subjetiva da relevância social da atividade, mas antes o próprio regime jurídico de direito público ou privado que lhe é correlato" (acórdão mencionado – ADPF nº 493, rel. Min. Gilmar Mendes).

Sem prejuízo da respeitabilidade da decisão, assim não nos parece. Uma coisa é o regime formal; outra é a essencialidade do que se entende por serviço público. A Constituição define em seus artigos, embora não organizados, quais são as atribuições do Estado (por seus entes federativos) e a elas imputa a obrigatoriedade de sua prestação. Assim, o Estado é obrigado a prestar serviços de saúde, educação, saneamento básico. Ele pode ser compelido a fazê-lo. É esse o regime jurídico que define a prestação de determinada atividade – a possibilidade de ser exigida sua prestação de forma compulsória. Não é este o caso da loteria. Sua atividade se enquadra na perspectiva econômica da exploração material do Estado.

É uma das formas que o Estado tem de receber receita – o credenciamento de particulares para explorar a atividade lotérica. Não presta serviço público algum; simplesmente, explora atividade econômica.

Não é o rótulo que dá essência às coisas. Nem se pode rotular coisas diferentes de forma a que se equiparem. Não há no direito um outro mundo.

Como resulta da decisão do STF, os Estados podem criar suas próprias loterias. É que a competência da União em legislar sobre o tema não exclui a competência material dos Estados para explorar as atividades lotéricas nem para regulamentá-las.

Apenas merece menção, por fim, a Súmula Vinculante nº 2 do STF, de 6.6.2007, redigida nos seguintes termos: "É inconstitucional a lei ou ato normativo estadual ou distrital que disponha sobre sistemas de consórcios e sorteios, inclusive bingos e loterias".

A Lei nº 14.790, de 29 de dezembro de 2023, estabeleceu a modalidade loteria denominada aposta de quota fixa. Isso significa que é "o fator de multiplicação do valor apostado que define o montante a ser recebido pelo apostador, em caso de premiação, para cada unidade de moeda nacional apostada" (inciso II do art. 2º da lei mencionada). O apostador sabe qual o montante de retorno no momento da aposta.

Passaram a ser legais as apostas esportivas *on-line*. Trouxe para o Brasil o que já existia internacionalmente. Os jogadores apostavam em *sites* localizados no exterior. Isso nada rendia ao Brasil. Agora, os prêmios líquidos estão sujeitos à alíquota de 15% (art. 31 da referida lei).

Ao lado do pagamento do tributo, há a exigência do pagamento da outorga (parágrafo único do art. 12) para autorização de funcionamento da casa apostadora (exploradora).

Mais receitas que se somam a tantas outras provenientes dos tributos e da exploração patrimonial do Estado.

12.10 Transporte aéreo, aeroespacial e a infraestrutura aeroportuária

Na alínea "c" do inciso XII do art. 21 da CF encontram-se outros serviços que são qualificados como públicos. Nem pelo fato de a Constituição não utilizar a expressão "serviços" se poderá deixar de assim entender. Posição contrária seria adoção de interpretação literal, que, como já se viu, não tem prevalência nem aceitação na doutrina moderna.

Diga-se o mesmo da alínea "f" deste mesmo dispositivo constitucional. O STF entendeu que a cobrança é feita por preço público.[119] Mais recentemente identificou o denominado Adicional de Tarifa Portuária como contribuição de intervenção no domínio econômico.[120]

Em excelente estudo, o professor Haroldo Valladão afirma que "as contribuições devidas pelos que se utilizam das instalações dos serviços do aeroporto e pagas às respectivas administrações são preços públicos e não taxas no sentido técnico dos tributos".[121]

O antigo TFR entendeu que o que se paga pela utilização de espaço aeroportuário não é taxa, mas preço;[122] decisão que foi mantida pelo STF.[123] Consta do voto do Min. Orozimbo Nonato que "o Estado pode vender, alugar ou dispor dos bens ou utilidades de sua propriedade como se fosse um particular. O preço respectivo não corresponde a um tributo; não decorre do poder fiscal, de soberania, mas de simples exercício do direito de propriedade". Em seguida, arremata afirmando que "são rendas do Estado, sem esse caráter, decorrentes da utilização de bens e serviços industriais e comerciais do mesmo Estado. Não têm feição compulsória; são cobradas somente dos que se utilizam dos mesmos serviços e bens".[124]

O STF chegou, inclusive, a consolidar em Súmula o entendimento de que "legítimo o aumento de tarifas portuárias por ato do Ministro da Viação e Obras Públicas" (Súmula nº 148).

Em outros acórdãos o mesmo Pretório Excelso entendeu cuidar-se de taxa.[125] Embora com outro argumento, entende A. Theodoro Nascimento que se cuida de taxa, por definição legal.[126]

Se a infraestrutura aeroportuária compõe o complexo das atividades que devem ser desenvolvidas pelo Estado, não há como deixar de entender cuidar-se de preço. É típica exploração de bem público. Na prestação de serviço de transporte aéreo, ou marítimo, fluvial ou lacustre, por qualificarem serviço público, o que se cobra é taxa.

É o que vem disposto na alínea "c" do inciso XII do art. 21 da CF. Não há como fugir de seu imperativo. Cuida-se de atividade vinculada a serviço. É um dos casos em que a Constituição a eleva à categoria de obra obrigatória destinada a serviço público.

Pelos mesmos motivos afirma-se que o transporte aéreo é elevado à categoria de serviço público. Não se trata de opção do doutrinador, mas de determinação constitucional, de acordo com a metodologia até aqui seguida.

---

119 *RDA*, 76/42.

120 STF, RE nº 209.365-3-SP, rel. Min. Carlos Velloso, que entendia cuidar-se de taxa, ficando vencedores os votos de Ilmar Galvão e Nelson Jobim, j. 4.3.1999.

121 VALLADÃO, Haroldo. *RDA*, 20/351-361.

122 *RDA*, 27/170.

123 *RDA*, 37/195.

124 *Idem, ibidem.*

125 *RDA*, 84/75 e 94/75; *RTJ* 67/506.

126 NASCIMENTO, A. Theodoro. *Preços, taxas e parafiscalidade, op. cit.*, p. 183.

No período pandêmico, foi editada a Lei nº 14.034, de 5 de agosto de 2020, que dispôs sobre medidas emergenciais para suportar o prejuízo dos serviços e disciplinar o uso adequado dos aparelhos.

12.10.1 Serviços e instalações nucleares

Cabe também ao Estado a exploração dos serviços e instalações nucleares. A relevância da atividade leva o constituinte a albergá-la sob o manto do Poder Público, atribuindo à União a exploração dos serviços e instalações nucleares (inciso XXIII do art. 21 da CF).

Cabe à União não só a exploração dos serviços e das instalações nucleares de qualquer natureza, como também exercer o monopólio estatal sobre a pesquisa, a lavra, o enriquecimento e reprocessamento, a industrialização e o comércio de minérios nucleares e seus derivados. A atividade nuclear só será admitida para fins pacíficos e mediante aprovação do Congresso Nacional (alínea "a" do inciso XXIII do art. 21 da CF).

O desastre nuclear ocorrido no Japão em fevereiro/2011 levou o mundo todo a rever sua política nuclear. O Brasil tem a Usina de Angra dos Reis. É essencial, agora, verificar a segurança energética como fator prioritário para o país. Novos estudos sobre as vantagens econômicas devem ser feitos, não só analisando o aspecto segurança, mas também o econômico, o custo social e o aspecto ambiental. Tudo conectado com os riscos que da instalação de novas usinas advêm.

Em verdade, não há falar em *royalties* decorrentes da exploração de serviços e instalações nucleares. É que o dispositivo está longe de ser cuidado de forma conjunta com o §1º do art. 20, porque não se cuida de bem da União que deva ser explorado, como também tem topicamente alocação diversa. Pelo parágrafo mencionado há a previsão de participação de terceiros nos resultados de "recursos hídricos para fins de geração de energia elétrica" e de "outros recursos minerais". Estes últimos devem ser tratados do ângulo de sua extração, e não da exploração do mineral para fins de energia nuclear. As coisas são bem distintas.

A exploração e os "serviços e instalação nucleares" (inciso XXIII do art. 21) são atribuições típicas de segurança do Estado, e, pois, não são compartilhadas por particulares.

Em nenhum momento a Constituição libera a atividade nuclear para que terceiros a explorem, sob forma de concessão ou permissão.

Logo, não se deve cogitar sobre o pagamento de *royalties*, uma vez que o fornecimento de energia elétrica provinda de recursos nucleares é atividade típica do Poder Público, e o que se cobra em decorrência dele é taxa.

Da mesma forma, e aplicando o elemento teórico que se assentou sobre a utilização de radioisótopos (alínea "b" do inciso XXIII do art. 21), chega-se à conclusão de que, no tocante aos serviços, a contraprestação é taxa; no tocante às instalações, se dadas em permissão ou concessão de uso, cuida-se de preço.

12.11 O serviço postal e a taxa (selo)

Pensa-se que o serviço postal é remunerado por preço e que pode seu valor ser alterado a todo instante. O raciocínio é equivocado, e somente pode ser validado pela ciência das finanças, jamais pelo jurista que se debruça sobre a Constituição Federal. O inciso X do art. 21 dispõe que é da competência da União "manter o serviço postal e o correio aéreo nacional".

Pelo rigor metodológico que nos impusemos e pelo raciocínio jurídico desenvolvido, cuida-se de serviço público. A circunstância de estar sendo prestada a atividade por empresa pública é irrelevante. Cuida-se de mera delegação, e não de concessão de serviço, uma vez que a entidade compõe a Administração indireta.

Não se pode falar em monopólio do serviço, uma vez que seria contradição nos termos. Como ensina Geraldo Ataliba, "não tem cabimento mencionar-se a expressão monopólio, nos casos de serviço público, já que se refere a realidades jurídicas excludentes uma da outra. Por definição, o serviço público pertence ao Poder Público (arts. 145, II, e 175 da CF de 1988) e jamais poderia estar ínsito na esfera de atividades dos particulares. Daí a imprópria e absurda invocação da expressão monopólio para explicar os correios".[127]

Cuidando-se, como se cuida, de serviço público, a contraprestação somente pode ser taxa. Não se pode falar em preço. O montante representado no selo identifica o valor da taxa.

O serviço de correios passa por inúmeras dificuldades diante dos modernos meios de comunicação. O período romântico de envio de cartas (que ensejaram diversos romances epistolares) está em crise. Hoje, o envio de SMS e as mensagens através dos celulares tornaram as cartas obsoletas. A celeridade da chamada telefônica, o envio de *e-mails* e de mensagens eletrônicas levam as empresas de correios a crise séria.

Fala-se insistentemente na privatização de tais serviços. Perdeu sua potencialidade econômica e passa a ser portadora de mercadorias.

O selo passará a servir apenas a colecionadores.

12.12 Serviço de radiodifusão sonora, sons e imagens e demais serviços de telecomunicações

Nos termos da alínea "a" do inciso XII do art. 21 da CF, os serviços de radiodifusão sonora, de sons e imagens e demais serviços de telecomunicações constituem dever do Estado, e, pois, serviço público. A outorga de concessão altera a natureza do vínculo jurídico que une concedente e concessionário, continuando o serviço a ser público, devendo o assunto ser estudado caso a caso, para se saber se é matéria, ou não, de concessão.

O que se vai cobrar do anunciante nos canais de televisão é matéria típica de direito privado, uma vez que será relacionamento entre particulares.

O relacionamento de direito público ocorre entre o concessionário do canal televisivo ou radiofônico e o usuário. Este tem direito ao serviço e o montante será taxa,

[127] ATALIBA, Geraldo. SABESP: serviço público: delegação a empresa estatal: imunidade a impostos: regime de taxas, *RDP*, São Paulo, RT, 92/70-95, 1989, especialmente p. 87.

tanto quanto a assinatura de TV a cabo. Como o Poder Público tem o dever de prestar a atividade e a concede, o vínculo não fica frustrado com a liberação da intermediação do concessionário.

A tese central que se vem desenvolvendo perdura à análise de tal tipo de serviço, isto é, o de transmissão de imagens através de televisão, que suporta a incidência da taxa. Aliás, o STF já decidiu que é cabível a cobrança do tributo, diante da prestação de um serviço à comunidade.[128]

A Lei nº 9.612/1998, que disciplina o serviço de radiodifusão comunitária, faz referência a "taxa simbólica" a ser estabelecida pelo poder concedente (art. 24).

12.13 Serviços de telefonia e telegrafia. Energia elétrica

Os serviços telefônicos e telegráficos foram erigidos, expressamente, pelo texto constitucional em serviços públicos (inciso XI do art. 21).

Sendo assim, todos os dados teóricos já firmados aplicam-se ao serviço de telefonia e telegrafia. A contraprestação ao serviço é taxa, pelos pressupostos já assentados.

Todo material teórico anterior tem sentido para solução dos serviços aqui mencionados. O problema é o mesmo, e igual a conclusão.

Da mesma forma, aplicável o esquema aos serviços e instalações de energia elétrica (alínea "b" do inciso XII do art. 21).

A matéria constante do último item será analisada posteriormente, quando se indagará do que se cobra pelo fornecimento de energia elétrica (13.3).

12.14 Concessões florestais

A Lei nº 11.284, de 2 de março de 2006, dispôs sobre a gestão das florestas públicas para a produção sustentável. Ao mesmo tempo criou o Serviço Florestal Brasileiro – SFB – na estrutura do Ministério do Meio Ambiente e criou o Fundo Nacional de Desenvolvimento Florestal (FNDF).

Não comentaremos a lei em seu todo. Vamos ao que interessa ao Direito Financeiro, em termos de receita e despesa. Evidente que a só criação de órgãos envolve despesa para sua estrutura e manutenção. A admissão de servidores será indispensável para que os objetivos se concretizem. A Administração poderá ser direta instituindo-se florestas nacionais, estaduais ou municipais, mas poderá firmar convênios, termos de parceria, contratos ou instrumentos similares com terceiros (art. 5º da lei).

O governo poderá efetuar *concessão florestal* que "será autorizada em ato do poder concedente e formalizada mediante contrato" (art. 7º). O procedimento da outorga exige edital de licitação (art. 12). Tem como objeto a exploração "de produtos e serviços florestais" (art. 14). O edital poderá exigir garantias, nos termos do parágrafo 2º do art. 21.

O art. 36 dispõe sobre "o regime econômico e financeiro da concessão florestal" e compreende (inciso I) o pagamento de preço pelas despesas com edital e (II) preço calculado em função da quantidade de produto ou serviço auferido. Referidos preços serão destinados ao órgão gestor (inciso I, letra "a" do art. 39), ao IBAMA (inciso I, letra

---

[128] *RDP*, 130/101, rel. Min. Rodrigues de Alckmin.

"b"). O preço pago será destinado a Estados (letra "a" do inciso II), Municípios (letra "b") e Fundo Nacional de Desenvolvimento Florestal (letra 'c").

Os valores financeiros que ingressam como receita são decorrentes da outorga da concessão a que a alude a lei, como preço por exploração patrimonial dos bens da União, Estados ou Municípios.

Os recursos financeiros oriundos da concessão serão destinados ao Instituto Chico Mendes, aos Estados, Municípios e FNDF, na forma estabelecida pelo art. 39.

Além dos preços arrecadados, poderão ser cobradas taxas pela fiscalização e controle das atividades desenvolvidas (art. 50) por força do exercício do poder de polícia.

12.15 Instrumentos processuais de defesa do administrado

Em face de receber recursos e deles se utilizar no cumprimento de seus objetivos, pode o Estado extravasar ou ultrapassar os limites do permitido.

Imaginemos que haja cobrança excessiva de preços, quando estes estejam em desacordo com os limites da própria prestação dos serviços ou quando ultrapassem os lindes do razoável.

Não estamos pensando nas hipóteses em que a cobrança atenda aos valores de mercado. Em tal caso as regras não invadem a vontade livre dos contratantes, não havendo como dizer que agridam os valores protegidos no ordenamento normativo. Pode-se pensar no desequilíbrio entre as partes provocado por vício de consentimento. Até aí não há novidade, porque o ato ou contrato pode ser desfeito pela anulatória de ato jurídico.

O que se pretende saber é: qual ou quais os veículos processuais que tem o contribuinte para se defender de eventual exagero do Estado?

Imaginemos que, de repente, e movido por intuitos meramente especulativos ou emulatórios, o Estado resolva elevar enormemente o preço do pedágio, de forma a torná-lo insuportável para os proprietários de veículos automotores. O exemplo pode ser multiplicado no caso de áreas públicas. Imaginemos que haja elevação do preço pago em virtude de ocupação de lojas em mercados públicos ou estações rodoviárias. Suponha-se que o prefeito de pequeno Município queira elevar o preço de *box* em mercado, motivado por perseguição política. Os permissionários fazem movimento contra ele ou apoiam moção de impedimento. Em represália, o prefeito baixa decreto elevando o preço bastante acima do suportável, manipulando os valores. Claro está que o permissionário poderá discutir em juízo o montante fixado, buscando anular o ato abusivo.

Como desenvolvemos a tese no sentido de visualizar sempre o indivíduo como centro de interesses e merecedor da proteção constitucional e legal, vendo-o não como mero destinatário das normas, mas como emanador delas, evidente está que tem toda sorte de remédios processuais à sua disposição para fazer com que o Estado restrinja sua atuação aos lindes do legalmente permitido.

Em consequência, poderá o indivíduo impetrar mandado de segurança para lograr o desfazimento do ato constrangedor de sua intimidade jurídica (inciso LXIX do art. 5º da CF), desde que a lesão a direito provenha de autoridade pública ou agente de pessoa jurídica no exercício de atribuições do Poder Público. A proteção diz respeito a direito líquido e certo, ou seja, o direito que advém de fatos certos e documentalmente demonstrados, subsumidos a princípios ou regras jurídicas, de tal operação surgindo a pretensão objetivada no pedido.

Cuidando-se de direito que possa alcançar uma sorte de pessoas, como uma associação ou sindicato de trabalhadores em mercado municipal, cabe o mandado de segurança coletivo (inciso LXX do art. 5º da CF), com o que haverá proteção a direito não individual, mas pertencente a certa coletividade.

Caso haja dano ao patrimônio público, cabe o ingresso de ação popular (inciso LXXIII do art. 5º da CF). Dependendo da hipótese, cabível será a ação civil pública.

Em todos os casos até aqui mencionados deve o juiz conceder, de imediato, a medida liminar, decisão vinculada, sustando os efeitos do ato ou comportamento apontado como ilegal.

Não podendo os fatos merecer demonstração imediata, possível será o ingresso com ação anulatória da decisão administrativa, que terá rito ordinário ou sumaríssimo, dependendo do enquadramento da hipótese.

Em quaisquer dos casos mencionados o Poder Judiciário poderá e deverá resguardar os direitos dos administrados.

Da mesma forma, caberá o ingresso com defesa administrativa para revisão da decisão que tiver sido dada. Em suma: contra os abusos e ilegalidades praticados pelo Poder Público cabe a pronta ação do particular, na salvaguarda de seus direitos, seja pela via administrativa, seja pela via jurisdicional.

12.16 Conclusões

À luz do quanto se expôs no capítulo, podemos chegar a algumas conclusões.

Para análise dos valores cobrados pelo Estado inexiste conceito universal sobre os serviços públicos. Trata-se de decisão política. A Constituição e as leis definirão os meios de arrecadação do Poder Público.

Embora seja legítimo o estudo do direito comparado, não serve ele de paradigma para a análise das receitas originárias brasileiras.

O estudo das formas de atividade do Estado é importante para a análise teórica das diversas entradas.

A possibilidade constitucional prevista para que o Estado dê em concessão algum serviço público não só sofre limitações na própria Constituição, como também não tem o condão de alterar as garantias asseguradas aos indivíduos. O vínculo continua sendo de serviço público. Nas hipóteses de permissão e concessão, diante do art. 175 da CF, pode-se cobrar preço.

Não é admissível ao Estado optar pela cobrança de preços quando prevista a taxa, salvo no caso de serviços permitidos ou concedidos; o inverso é possível.

Os serviços públicos estão constitucionalmente expressos, admitindo-se outros em decorrência de criação legislativa, e constituem-se em dever do Estado. São eles a este obrigatórios, podendo gerar ou não relacionamento obrigatório com os particulares.

Há direito dos indivíduos de que a cobrança dos valores devidos se faça de acordo com certos cânones e limites.

A prestação de serviço público enseja apenas e tão somente a cobrança de taxa, sujeita aos princípios constitucionais, exceto no caso de permissão ou concessão, quando se cobra preço.

Pela exploração de seu patrimônio, em relação de propriedade, o Estado pode cobrar preços. O uso de obras públicas enseja a cobrança de preços. A prestação de serviços industriais e comerciais do Estado, seja diretamente ou pelas entidades da Administração indireta, enseja a cobrança de preços, o mesmo ocorrendo quando o Estado intervém no domínio econômico.

13

RECEITAS PROVENIENTES DE MINERAIS E ENERGIA ELÉTRICA

13.1 Competência

É da competência da União a exploração dos serviços e instalações de energia elétrica (alínea "b" do inciso XII do art. 21 da CF), tendo o monopólio da "pesquisa e a lavra das jazidas de petróleo e gás natural e outros hidrocarbonetos fluidos" (inciso I do art. 177), pertencendo-lhe também "as jazidas, em lavra ou não, e demais recursos minerais e os potenciais de energia hidráulica" (art. 176, com a redação dada pela Emenda Constitucional nº 6/1995), constituindo-se em propriedade distinta da do solo.

É que integram o patrimônio da União "os recursos naturais da plataforma continental e da zona econômica exclusiva" (inciso V do art. 20), "os potenciais de energia hidráulica" (inciso VIII do art. 20) e "os recursos minerais, inclusive os do subsolo" (inciso IX do art. 20), a ela cabendo sua exploração.

De outro lado, aos Estados-membros compete "registrar, acompanhar e fiscalizar as concessões de direitos de pesquisa e exploração de recursos hídricos e minerais em seus territórios" (inciso XI do art. 23).

13.2 Patrimônio público. Bens públicos

Hely Lopes Meirelles define *domínio público* como "o poder de dominação ou de regulamentação que o Estado exerce sobre os bens do seu patrimônio (bens públicos), ou sobre os bens do patrimônio privado (bens particulares de interesse públicos), ou sobre as coisas inapropriáveis individualmente, mas de fruição geral da coletividade (*res nullius*)".[1]

A relação que se instaura entre o Poder Público e seus bens é de propriedade administrativa, ou seja, deles pode dispor e deve explorá-los, como bom gestor.

Há o *domínio eminente*, que se revela na sujeição sobre todos os bens dentro do território nacional. Como o Poder Público titulariza direitos públicos e deve zelar pelo patrimônio histórico, artístico, imobiliário, mobiliário, estético, etc., é dotado de poderes para preservá-los. De outro lado, há o *domínio patrimonial*, ou seja, direito de propriedade,

1 MEIRELLES, Hely Lopes. *Direito administrativo brasileiro.* 43. ed. São Paulo: Malheiros, 2018, p. 658.

de forma a dispor e usufruir de todas as potencialidades que os bens podem possuir. Assim, destina-os ao uso comum do povo (inciso I do art. 99 do CC), ora vincula-os a um uso especial (inciso II do art. 99 do CC) e, por fim, possui os denominados bens dominicais (inciso III do art. 99 do CC). Os dois primeiros são inalienáveis (art. 100 do CC), salvo se desafetados, ou seja, se retirados da finalidade à qual se acham destinados. Os últimos são disponíveis desde logo, na forma do que dispõe o parágrafo único do art. 99 do CC, ao estabelecer que, "não dispondo a lei em contrário, consideram-se dominicais os bens pertencentes às pessoas jurídicas de direito público a que se tenha dado estrutura de direito privado". Referidos bens "podem ser alienados, observadas as exigências de lei" (art. 101).

Os bens públicos, salvo se destinados a determinada atividade, podem e devem ser explorados pela entidade titular. A boa Administração revela-se não só na idoneidade, mas também pela capacidade de fazer com que o patrimônio dê lucro. Não pode abandonar seus bens, nem permitir que sejam ocupados ou usufruídos por terceiros. Ao contrário, tem que fazê-los produzir, dar renda, aproveitando-os de forma a que possam gerar receitas, revertendo-as em proveito da comunidade. Não é pressuposto da noção de serviço público a ideia de prejuízo. Não lhe é estranha a de lucro.

Daí por que a Constituição estabelece estarem compreendidos no patrimônio da União não só os bens que hoje lhe pertencem (inciso I do art. 20 da CF), as terras devolutas (inciso II), os lagos e rios que banhem mais de um Estado, sirvam de limites com outros países ou se estendam a território estrangeiro ou dele provenham (inciso III), as ilhas fluviais e lacustres nas zonas limítrofes com outros países, as praias marítimas, as ilhas oceânicas e as costeiras (inciso IV), os recursos naturais da plataforma continental e da zona econômica exclusiva (inciso V), o mar territorial (inciso VI), bem como os terrenos de marinha (inciso VII). Ao lado destes igualmente se compreendem nos bens da União, "os potenciais de energia hidráulica" (inciso VIII) e os recursos minerais, inclusive o subsolo (inciso IX). Demais disso, as cavidades naturais subterrâneas e os sítios arqueológicos e pré-históricos (inciso X), bem como as terras ocupadas pelos índios (inciso XI).

O Patrimônio Histórico e Artístico Nacional tem sua disciplina normativa no Decreto-Lei nº 25, de 30.11.1937, sendo certo que o Decreto-Lei nº 9.760, de 5.9.1946, dispõe sobre os bens imóveis da União. A Lei nº 8.617, de 4.1.1993, dispõe sobre o mar territorial, a zona contígua, a zona econômica exclusiva e a plataforma continental brasileiros. Em relação à regularização, administração, ao aforamento e alienação de bens imóveis do domínio da União, tudo foi disciplinado pela Lei nº 9.636, de 15.5.1998, regulamentada pelo Decreto nº 3.725/2001.

Mar territorial é a faixa de 12 milhas marítimas de largura, a contar do litoral (art. 1º da Lei nº 8.617/1993). *Zona contígua* é a faixa de 12 a 24 milhas marítimas contadas a partir das linhas de base que servem para medir a largura do mar territorial (art. 4º da mesma lei). *Zona econômica exclusiva* é a faixa de 12 a 200 milhas marítimas contadas a partir das linhas de base que servem para medir a largura do mar territorial (art. 6º do mesmo texto legal). *Plataforma continental* é o leito e o subsolo das águas submarinas que se estendem além do seu mar territorial, em toda a extensão do prolongamento natural de seu território continental, até 200 milhas marítimas (art. 11 da mesma lei).

Como se disse, os entes federados têm o dever de bem explorar seus bens e fazê-los produzir para suportar as despesas públicas, não só em sua manutenção, mas também para que deem lucro ao Poder Público. Assim, podem conceder, permitir ou autorizar seu uso, que são as formas pelas quais pode haver a outorga de uso de bem público.

13.3 Águas públicas. Energia elétrica. Partilha em sua exploração

Dentre os bens que cabe ao Poder Público explorar e gerir encontram-se as águas, que podem ser *internas* e *externas*. As primeiras banham apenas o interior do território ou são limítrofes a outros Estados. As segundas contornam o país.

Não se vai examinar o regime jurídico das águas, cingindo-se o estudo sobre as quedas d'água como *potenciais de energia elétrica*, nos exatos termos do art. 176 da CF, que são "propriedade distinta da do solo, para efeito de exploração ou aproveitamento, e pertencem à União, garantida ao concessionário a propriedade do produto da lavra". O aproveitamento das águas somente poderá ocorrer mediante autorização ou concessão da União (§1º do art. 176). O proprietário do solo participa dos resultados da exploração. As águas minerais têm disciplina especial, cabendo à União legislar sobre águas e energia (inciso IV do art. 22 da CF). Sobre o produto da exploração há a partilha dos resultados, nos exatos termos do §1º do art. 20.

Pelo aproveitamento das quedas d'água e uso das turbinas, produz-se energia elétrica. Esta é vendida à população através das linhas de transmissão, não só nas vias públicas, como também nas propriedades e residências urbanas ou rurais. Do produto de tal venda é que há a partilha dos resultados.

Alguns diplomas jurídicos foram produzidos para disciplinar a exploração, mediante concessão, dos serviços públicos de energia elétrica bem como para cuidar da Política Nacional de Recursos Hídricos e de coordenação do Sistema Nacional de Gerenciamento de Recursos Hídricos. Sobreveio a Lei nº 9.427, de 26.12.1996, alterada pela Lei nº 10.848/2004 e posteriormente pela Lei nº 12.111/2009, em seu art. 3º, dando novas atribuições ao poder concedente frente aos concessionários, que criou a Agência Nacional de Energia Elétrica/ANEEL, autarquia sob regime especial, na definição legal (art. 1º). De outro lado, sobreveio a Lei nº 9.984, de 17.7.2000, através da qual se criou a Agência Nacional de Águas/ANA, do mesmo figurino jurídico que a anterior (art. 3º). Esta última lei alterou o disposto no art. 17 da Lei nº 9.648, de 27.5.1998, determinando nova partilha dos Estados e Municípios no tocante à participação prevista no §1º do art. 20 da CF. Assim, o art. 28 das "Disposições Finais e Transitórias" da Lei nº 9.984/2000 estabeleceu que a compensação financeira será de "6,75% (seis inteiros e setenta e cinco centésimos por cento) sobre o valor da energia elétrica produzida, a ser paga por titular de concessão ou autorização, aos Estados, ao Distrito Federal e aos Municípios em cujos territórios se localizarem as instalações destinadas à produção de energia elétrica, ou que tenham áreas invadidas por água dos respectivos reservatórios, e a órgãos da Administração direta da União". Do percentual, 6% serão distribuídos a Estados e Municípios e órgãos da Administração direta da União e 0,75% serão entregues ao Ministério do Meio Ambiente (incisos I e II do art. 28 da Lei nº 9.984/2000).

Há, como se vê, uma *compensação pela utilização de recursos hídricos* e outra *compensação financeira* (art. 28 da Lei nº 9.984/2000, que deu nova redação ao art. 17 da Lei nº 9.648/1998), que vem a ser a *partilha*. Neste sentido, dispõe o art. 29 da Lei nº 9.984/2000 que "o art. 1º da Lei nº 8.001, de 13 de março de 1990, com a redação dada pela Lei nº

9.433, de 1997, passa a vigorar com a seguinte redação: 'Art. 1º. A distribuição mensal da compensação financeira de que trata o inciso I do §1º do art. 17 da Lei n. 9.648, de 27 de maio de 1998, com a redação alterada por esta Lei, será feita da seguinte forma: I – 45% (quarenta e cinco por cento) aos Estados; II – 45% (quarenta e cinco por cento) aos Municípios; III – 4,4% (quatro inteiros e quatro décimos por cento) ao Ministério do Meio Ambiente; IV – 3,6% (três inteiros e seis décimos por cento) ao Ministério de Minas e Energia; V – 2% (dois por cento) ao Ministério da Ciência e Tecnologia'" – sendo certo que o Distrito Federal receberá a parte de Estados e Municípios.

Havendo energia que é produzida por particular e para seu uso, nos limites de sua propriedade, quando aproveitada para uso externo de serviço público recaem 6% sobre o valor da energia, "correspondente ao faturamento calculado nas mesmas condições e preços do concessionário do serviço público local". Se o uso da energia fica no interior da propriedade e apenas para uso do permissionário não incide a partilha.

No caso de o aproveitamento do potencial hidráulico atingir mais de um Estado ou Município, "a distribuição dos percentuais referidos nesta Lei será feita proporcionalmente, levando-se em consideração as áreas inundadas e outros parâmetros de interesse público regional ou local" (art. 5º da Lei nº 7.990/1989).

13.4 Isenção de partilha

Pode-se utilizar o termo, ainda que de tributo não se cuide, para significar que não há a obrigação da repartição do produto quando houver baixa produtividade (inferior a 10.000 kW) (inciso I do art. 4º da Lei nº 7.990/1989). Da mesma forma, não caberá a partilha cuidando-se de consumo privativo de produtor, no limite de seu consumo próprio, em processo industrial (inciso II do art. 4º da Lei nº 7.990/1989). No caso de as instalações industriais se localizarem em outro Estado a compensação será devida ao Estado onde estiverem as instalações de energia elétrica (parte final do inciso II). Terceira hipótese vem prevista no inciso III do art. 4º da Lei nº 7.990/1989, e se cuida do caso de energia gerada e consumida para uso privado do produtor, "quando a instalação consumidora se localizar no Município afetado". Observe-se que, embora haja dano, não há, no caso, obrigatoriedade da partilha do produto.

13.5 Partilha da produção mineral. Petróleo, gás natural e hidrocarbonetos fluidos. Contrato de concessão

Os recursos minerais são bens da União (inciso IX do art. 20 da CF), cabendo-lhe legislação privativa (inciso XII do art. 22), sendo de competência comum com os Estados o registro, o acompanhamento e a fiscalização das concessões de direitos de pesquisa e exploração (inciso XI do art. 23).

A matéria não é nova, tanto que já "os veeiros e as minas de ouro, prata ou qualquer outro metal constituíam, no regime das Ordenações Filipinas (Livro II, Título XXVI, n. 16), direito real, o que significa que o soberano deles pode dispor, tal como se fossem, para usar de exemplo legislado, portos de mar. As minas se distinguiam do solo, certo que as doações de terras não compreendiam as jazidas nelas existentes (idem, Título XXVIII). Preocupado com o enriquecimento que as minas trariam, o Soberano – de acordo com o Alvará de 17.12.1557, depois incorporado às Ordenações – liberalizou as licenças aos pesquisadores, com promessa de prêmios".[2] Prossegue o autor afirmando que o rei auferiu o "quinto", em salvo de todos os custos (Ordenações Filipinas, Título XXXIV). Daí adveio o Regimento de Terras Minerais do Brasil, datado de 15.8.1603.

As jazidas, em lavra ou não, e demais recursos minerais são propriedade distinta da do solo para efeito de exploração ou aproveitamento (art. 176 da CF). Sua exploração imprescinde da competente autorização ou concessão da União. Ao proprietário do solo é assegurada participação (§2º do art. 176 da CF).

Nos exatos termos do art. 177 da CF, há o monopólio da União em relação à pesquisa e à lavra das jazidas de petróleo e gás natural e outros hidrocarbonetos fluidos (inciso I), em relação à refinação do petróleo nacional ou estrangeiro (inciso II), à importação e exportação de tais produtos (inciso III), ao transporte marítimo ou por meio de conduto (inciso IV) e também à pesquisa, à lavra, ao enriquecimento, ao reprocessamento, à industrialização e ao comércio de minérios e minerais nucleares e seus derivados (inciso V).

Com a palavra "petróleo" indicam-se substâncias minerais líquidas que estão no subsolo, dando-se o nome de hidrocarboneto. É formado de substâncias orgânicas em decomposição, especialmente de organismos marinhos. Constitui-se em lagos subterrâneos. Furando-se a camada impermeável do subsolo encontra-se o petróleo. Este é conduzido por oleodutos até portos de embarque em petroleiros e enviado às refinarias, para o preparo. Daí resultam a nafta, petróleo para iluminação, óleos lubrificantes, vaselina, parafina e asfalto.

O *monopólio* não pode ser de serviço público, evidentemente, porque o serviço público já é do Poder Público. Ocorre o monopólio quando se cuida de atividade particular e o Poder Público, em face da importância que a atividade tem para ele, concentra-a em suas mãos. Monopólio é a exclusividade na exploração de determinada *atividade econômica*.

Em relação aos recursos minerais incidirá o percentual de 3% "sobre o valor do faturamento líquido resultante da venda do produto mineral, obtido após a última etapa do processo de beneficiamento adotado e antes de sua transformação industrial" (art. 6º da Lei nº 7.990/89).

O art. 7º da Lei nº 7.990/1989 alterou leis anteriores (nºs 2.004/1953, 3.257/1957, 7.453/1985 e 7.525/1986), estabelecendo que "a sociedade e suas subsidiárias ficam obrigadas a pagar a Estados, Distrito Federal e Municípios 5% (cinco por cento) sobre o valor do óleo bruto, do xisto betuminoso e do gás extraídos de seus respectivos territórios onde se fixar a lavra do petróleo ou se localizarem instalações marítimas ou terrestres de embarque ou desembarque de óleo bruto ou de gás natural", operados pela Petrobras, sendo distribuídos 70% para os Estados produtores, 20% para os Municípios produtores e 10% ao Município onde se localizarem as instalações.

Da mesma forma a partilha era devida no caso de extração da plataforma continental dos mesmos minerais, sendo 1,5% aos Estados e Distrito Federal e 0,5% aos Municípios onde se localizam as instalações; 1,5% aos Municípios produtores e respectivas áreas geoeconômicas; 1% ao Ministério da Marinha, para atender a encargos de fiscalização

2 FAORO, Raymundo. *Os donos do poder*. 8. ed. v. 1. Porto Alegre: Globo, 1989, p. 229.

e proteção das atividades econômicas nas áreas referidas; e 0,5% para constituição de fundo especial a ser distribuído entre Estados e Municípios (§4º do art. 27 da Lei nº 2.004/1953, hoje revogada pela Lei nº 9.478/1997, com alterações posteriores, de acordo com a redação dada pelo art. 7º da Lei nº 7.990/89).

A Lei nº 8.001/1990 definiu os percentuais da distribuição da compensação financeira de que tratam a Constituição da República e também a Lei nº 7.790/1989. Estabeleceu os percentuais cabíveis a Estados (45%) e Municípios (45%) e ao Ministério do Meio Ambiente e ao de Minas e Energia (3% para cada um) e 4% ao Fundo Nacional de Desenvolvimento Científico e Tecnológico (incisos I a V do art. 1º)

De outro lado, estabeleceu percentuais específicos pela extração de minerais e pedras preciosas (art. 2º).

Atualmente, a disciplina da distribuição dos *royalties* é dada pelo art. 49 da Lei nº 9.478/1997 (modificado pela Lei nº 11.921/2009), que criou o Conselho Nacional de Política Energética/CNPE (art. 2º) e a Agência Nacional do Petróleo, Gás Natural e Biocombustíveis/ANP (art. 7º, com a redação dada pela Lei nº 11.097/2005, regulamentada pelo Decreto nº 5.448/2005), distribuindo a participação de 5% entre Estados (52,5%), Municípios (15%) onde ocorrer a produção, 7,5% aos Municípios que sejam afetados pelas operações de embarque e desembarque e 25% ao Ministério de Ciência e Tecnologia, quando a lavra ocorrer em terra, lagos, rios, ilhas fluviais e lacustres. Quando, no entanto, a exploração ocorrer na plataforma continental, a partilha será de 22,5% aos Estados produtores confrontantes, 22,5% aos Municípios, 15% ao Ministério da Marinha, 7,5% aos Municípios em decorrência de operação de embarque e desembarque, 7,5% ao Fundo Especial a ser distribuído entre todos os Estados, Territórios e Municípios e 25% ao Ministério de Ciência e Tecnologia (inciso II do art. 49 da Lei nº 9.478/1997, com alterações promovidas pela Lei nº 11.921/2009).

Referida lei teve sua constitucionalidade questionada pelas ADI nº 3.273 e nº 3.366, propostas pelo governo do Estado do Paraná e pelo Partido Democrático Trabalhista/ PDT. Por voto vencedor do Min. Eros Grau, ambas foram julgadas improcedentes, subsistindo a lei em seu inteiro teor. Entendeu-se que, como é a União proprietária exclusiva do subsolo e das reservas minerais, nada impede que atribua a terceiros o resultado da propriedade da lavra das jazidas de produtos minerais. Esclarece que seria impossível a concessão sem que o proprietário se apropriasse do produto da exploração das jazidas, o que também se daria quanto ao produto resultante das contratações.

Constitucional, pois, a Lei nº 9.478/1997, que disciplina a exploração dos resultados do petróleo.

Bem anotou Kiyoshi Harada o fato de ter sido omitida a compensação financeira em relação às explorações feitas no mar territorial e na zona econômica exclusiva.[3] É irrelevante que a lei não disponha a respeito, uma vez que o §1º do art. 20 da CF não fez exceção. Logo, devida é a repartição das receitas decorrentes da extração.

A Lei nº 7.990/1989 dispunha, em seu art. 8º, sobre a partilha ou compensação financeira a Estados e Municípios, a ele tendo sido dada nova redação pelo art. 3º da Lei nº 8.001/1990.

---

[3] HARADA, Kiyoshi. *Direito financeiro e tributário*. 11. ed. São Paulo: Atlas, 2003, p. 70.

Em discussão levada ao STF, entendeu o órgão de jurisdição serem constitucionais os dispositivos de ambas as leis, porque o fato de se tratar de prestação pecuniária compulsória não transforma, necessariamente, a obrigação em tributária.[4]

Merece ser analisado que espécie de relação se instaura entre o Poder Público, a Agência Nacional de Petróleo/ANP e o concessionário da exploração. O vínculo entre o Poder Público e a ANP é de controle, rotulado de *tutela*. Tem o Poder Público a titularidade da exploração, atendendo aos interesses nacionais, tais como definidos no art. 177 da CF. Dada sua relevância no mundo atual, alguns aspectos da exploração do petróleo são monopolizados. Logo, a Agência não fica ao largo dos interesses públicos tutelados pela Constituição. Nem o só fato da instituição de uma entidade estatal significa sua desvinculação no complexo de interesses do país. Ao contrário, titulariza interesses não próprios, mas vinculados aos objetivos maiores do Brasil.

De outro lado, nasce um contrato que é firmado entre a Agência e as concessionárias. Edita, então, o Estado diretivas legislativas, estipulando apenas o conteúdo essencial. É o que se rotula de lei-quadro (*loi-cadre* na doutrina francesa). É uma aberta mensagem normativa, que deixa o preenchimento dos demais dados à regulação, que deverá ser emitida pela Agência. A complexidade técnica relativa a setores suscetíveis de rápidas mudanças não admite o engessamento em regras específicas. Prevê, em termos bastante amplos e genéricos, a orientação geral, remanescendo ao órgão executor da política pública a disponibilidade de especificar a forma da operação. No mais das vezes há interesses fugazes que não podem ser enquadrados em lei. Transfere-se ao órgão regulador a edição de normas específicas, mas nem por isso menos vinculativas de obrigações ao concessionário.

Demais disso, a edição de tais normas é imprescindível não apenas para estabelecer direitos e deveres, mas também para assegurar a forma de execução de determinada atividade. É imperioso, pois, que remanesça disponibilidade regulamentar ao órgão executor, para que cumpra sua finalidade. Aquilo que não estiver pré-normatizado pela lei é passível de ser instituído pela Agência reguladora, inclusive criando cláusulas contratuais adaptadas à realidade.

As leis não são as únicas fontes emanadoras de Direito. Detém o Estado o monopólio da legislação; não do Direito. Este é mais amplo, e brota do relacionamento humano, empresarial e social. A lei assegura direitos ou os restringe diante de valores. No entanto, prevalece a norma geral negativa, a saber, o que não está proibido ou obrigado é facultativo. Neste aspecto, privilegia-se o indivíduo em toda sua potencialidade, no sentido de fazer ou deixar de fazer alguma coisa. Daí o significado da norma regulamentar, que é limitativa da atuação do concessionário, em benefício dos interesses do Estado.

Impende, agora, analisar o contrato que se estabelece entre a Agência e o concessionário. Diga-se que a exploração de petróleo no Brasil não é serviço público. Se o fosse, não seria monopólio. Logo, é atividade econômica. Segue-se que o contrato de concessão é de direito privado, com normas de direito público. Tem natureza híbrida. Há o interesse do Estado, que deve ser prestigiado. Nem por isso há o rigor de contrato de direito público. É essencialmente de direito privado, com inserção de normas de direito

[4] STF, RE nº 228.800-DF, rel. Min. Sepúlveda Pertence, *DJU*, 16.11.2001.

público, naquilo que não forem contrariadas com o que constar da lei instituidora da agência específica.

No exato dizer de Alexandre Santos de Aragão, o que não é "de qualquer forma admissível é se presumir e inferir de uma suposta e a nosso ver inexistente natureza jurídica de direito público do contrato de concessão petrolífera prerrogativas administrativas e sujeições do concessionário não previstas no marco regulatório, que decorreriam automática e implicitamente apenas de tal natureza do contrato".[5]

Pode-se dizer que se cuida de contrato de concessão de exploração de atividade econômica, firmado sob normas de direito privado, com algumas inserções de normas de direito público. Em que limite? Na exata proporção da preservação do que consta da Constituição.

13.6 Partilha dos recursos minerais. Base de cálculo. Decadência e prescrição dos créditos de receita patrimonial

A orientação é semelhante àquelas adotadas nos demais produtos explorados. O art. 6º da Lei nº 7.990/1989 estabelece que a compensação financeira pela exploração de recursos minerais, para fins de aproveitamento econômico, será de 3% sobre o valor do faturamento líquido resultante da venda do produto mineral obtido após a última etapa do processo de beneficiamento adotado e antes de sua transformação industrial. A Lei nº 8.001/1990 estabeleceu novos percentuais.

O art. 7º da mesma lei estabelece que 5% sobre o valor do óleo bruto, do xisto betuminoso e do gás extraído de seus respectivos territórios serão partilhados com os Estados e Municípios, na proporção de 70% aos Estados produtores e 20% aos Municípios produtores, sendo que os restantes 10% serão destinados aos Municípios "onde se localizarem instalações marítimas ou terrestres de embarque ou desembarque de óleo bruto e/ou gás natural".

A lei dispõe, ainda, sobre a exploração ocorrida na plataforma continental.

A base de cálculo, ou seja, a medida da grandeza do fato gerador, é o elemento econômico sobre que incide a alíquota para indicar a quantia a pagar.

De acordo com o art. 2º da Lei nº 8.001/1990, "para efeito do cálculo de compensação financeira (...), entende-se por faturamento líquido o total das receitas de vendas excluídos os tributos incidentes sobre a comercialização do produto mineral, as despesas de transportes e as de seguros". O faturamento líquido, que é a base de cálculo da incidência da compensação, resulta da "venda do produto mineral obtido após a última etapa do processo de beneficiamento adotado e antes de sua transformação industrial" (art. 6º da Lei nº 7.990/1989).

Excluem-se, como se vê, os tributos incidentes sobre a comercialização do produto (ICMS, PIS, COFINS, IOF e outros), as despesas de transporte (frete) e o seguro.

A Lei nº 10.852/2004 alterou o disposto no art. 47 da Lei nº 9.636/1998 e estabeleceu prazos para a decadência e a prescrição da cobrança de créditos originários de receita patrimonial.

---

5 ARAGÃO, Alexandre Santos de. O contrato de concessão de exploração de petróleo e gás. *RDA*, FGV, 239/430, jan./mar. 2005.

Assim, o prazo decadencial é de 10 anos a partir do fato gerador (extração), e ocorre mediante lançamento. A saber: é o prazo que o Poder Público tem para constituir o crédito. Ocorrido seu fato gerador (realidade fática), passa a fluir o prazo. Parte do conhecimento da Administração ou de comunicação do interessado. Não efetuado o lançamento, não pode haver a constituição do crédito. A partir do lançamento inicia-se a contagem do prazo prescricional, que é de cinco anos.

Nem sempre há os 5 anos para cobrança. É que o lançamento (ato constitutivo) pode ocorrer a qualquer tempo após a ocorrência do fato gerador. Efetuado o lançamento, que é o ato administrativo constitutivo do direito de cobrar o crédito, inicia-se a fluência do prazo de prescrição.

13.7 Forma de pagamento. Receita bruta ou líquida. Sanções

O pagamento será efetuado mensalmente, em conta direta a Estados, Distrito Federal e Municípios e aos demais órgãos mencionados em lei, até o último dia útil do segundo mês subsequente ao fato gerador.

Os recursos transferidos não podem ser destinados ao pagamento de pessoal ou da dívida (art. 8º).

Do que recebe, a União deve repassar para Estados, Distrito Federal e Municípios determinado percentual sobre a receita bruta e não efetuar qualquer desconto a título de despesas com a arrecadação. O ônus do recebimento das receitas é da União, não podendo repassá-lo às outras entidades federadas. Qualquer orientação em contrário será inconstitucional.[6] Mais recentemente houve decisão no mesmo sentido.[7]

No caso de retardamento na transferência, cabe a multa de mora, que será aplicada pela agência encarregada, podendo o Estado ou o Município postular seu recebimento, uma vez que o atraso pode ter prejudicado o pagamento de débitos públicos.

Em verdade, Estados e Municípios não têm vínculo jurídico em relação à exploração dos serviços por parte dos concessionários. Há o elo entre União e concessionário. Estados e Municípios são credores da União, em relação à compensação. Logo, podem dela reclamar o que entenderem devido.

13.8 Natureza jurídica da partilha de receitas. Compensação

Embora de pouca exploração doutrinária, nasce controvérsia sobre a natureza jurídica da "participação" ou da "compensação" do resultado da exploração de petróleo ou gás natural, de recursos hídricos para geração de energia elétrica e de outros recursos minerais, tal como previsto no §1º do art. 20 da CF.

O parágrafo 1º do art. 20 da Constituição Federal foi alterado por força da EC nº 102, de 26 de setembro de 2019. Originariamente, era "assegurada, nos termos da lei, aos Estados, ao Distrito Federal e aos Municípios a participação no resultado da exploração de petróleo ou gás natural, de recursos hídricos para fins de geração de energia elétrica

6 *Revista Trimestral de Jurisprudência do STF*, 134/526.

7 ACO nº 412-SP, rel. Min. Maurício Corrêa, *DJU*, 25.10.2002, p. 23, v. 2.088, p. 28.

e de outros recursos minerais no respectivo território, plataforma continental, mar territorial ou zona econômica exclusiva, ou compensação financeira por essa exploração".

A EC nº 102/2019 acrescentou a participação da União em tais resultados. Apenas os bens eram federais; a União não detinha qualquer percentual. Agora, faz parte da partilha.

Pode-se pensar que se cuide de *tributo*. Como ensinava Geraldo Ataliba, toda vez que alguém se depare com "uma situação em que alguém esteja colocado na contingência de ter o comportamento específico de dar dinheiro ao Estado (ou entidade dele delegado por lei), deverá inicialmente verificar se se trata de: a) multa; b) obrigação convencional; c) indenização por dano; d) tributo".[8]

Alberto Xavier sustenta tratar-se de tributo.[9] No mesmo sentido a posição de Roque Carrazza ao afirmar que "a lei obrigará a pessoa ou a empresa que explora, mediante autorização ou concessão, os recursos minerais a pagar esta compensação financeira, mas por meio de tributo".[10]

Tal posição afirma que, havendo uma obrigação legal de pagamento, de tributo se cuida. No entanto, como bem salientou Kiyoshi Harada, não se pode aí ver imposto se há contraprestação pela exploração de bens pertencentes à União.[11] No mesmo sentido Aurélio Pitanga Seixas Filho quando afirma que o que "descaracteriza totalmente a compensação financeira de ser um tributo (ou contribuição para intervenção do domínio econômico) é que a causa de seu pagamento é a *exploração* (lavra, extração, industrialização e venda) *de um bem público*, de um bem pertencente à União, e não a venda ou circulação econômica de uma mercadoria ou produto de *propriedade* do explorador do bem público".[12]

Em excelente análise, Heleno Taveira Tôrres separa a compensação financeira e a participação nos resultados dos conceitos de tributo, de indenização e de preço.[13] Na sequência de seu estudo afirma que a compensação financeira não se confunde com a noção de tributo "por se qualificar preliminarmente como uma *receita pública* típica, autônoma, independente da noção de tributo, assim como da noção de preço e de indenização".[14] Afasta, de outro lado, qualquer confusão com a contribuição social de intervenção no domínio econômico.

Não há confusão possível, de vez que a contribuição prevista pelo §4º do art. 177 da CF, com a redação dada pela Emenda Constitucional nº 33/2001, tem por hipótese de incidência as "atividades de importação ou comercialização de petróleo e seus derivados, gás natural e seus derivados e álcool combustível", nos exatos termos da dicção constitucional, não se confundindo com a exploração e a extração do petróleo.

---

8 ATALIBA, Geraldo. *Hipótese de incidência tributária*. 6. ed. 17. tir. São Paulo: Malheiros, 2018, p. 36.

9 XAVIER, Alberto. Natureza jurídica e âmbito de incidência da compensação financeira por exploração de recursos minerais. *Revista Dialética de Direito Tributário*, São Paulo, Dialética, 29/11.

10 CARRAZZA, Roque. Natureza jurídica da 'compensação financeira pela exploração de recursos minerais'. Sua manifesta inconstitucionalidade. *Justitia*, MP de São Paulo, 1955, p. 88/116

11 HARADA, Kiyoshi. *Direito financeiro e tributário, op. cit.*, p. 72.

12 SEIXAS FILHO, Aurélio Pitanga. Natureza jurídica da compensação financeira por exploração de recursos minerais. *In*: *Grandes questões atuais do direito tributário*. São Paulo: Dialética, 1998, p. 33.

13 TÔRRES, Heleno Taveira. A compensação financeira devida na exploração de petróleo e recursos minerais e na geração de energia elétrica. *RDTributário*), São Paulo, Malheiros, 74/69 (Cadernos de Direito Tributário).

14 *Idem*, p. 71.

Heleno Taveira Tôrres ainda afasta do conceito o denominado preço público. Disso não se cuida, positivamente, uma vez que não há "qualquer relação jurídica consensual que permita à contraprestação ser qualificável como tal".[15]

Na sequência, elabora o autor quadro das diversas hipóteses de incidência tanto da energia elétrica como do petróleo, para bem esclarecer a diversidade dos conceitos.

A *multa* é sanção de ato ilícito, do que não se cuida, uma vez que a previsão é constitucional.

O *tributo* é obrigação pecuniária decorrente de lei que não constitua sanção de ato ilícito e cobrado mediante atividade administrativa plenamente vinculada. É, em termos aproximados, a definição constante do art. 3º do CTN. De tributo não se cuida, uma vez que, caso assim fora, o comportamento deveria ter sido instituído por lei pelo agente competente. A obrigação tributária não decorre diretamente da Constituição, como se fora ato de governo. Imprescindível é o ato de intermediação legal. No preciso dizer de Ataliba, "o conceito de tributo é constitucional", não podendo ser alargado por qualquer lei, cuidando-se de "conceito-chave para demarcação das competências legislativas e balizador do 'regime tributário', conjunto de princípios e regras constitucionais de proteção do contribuinte (...)".[16]

O STF já teve oportunidade de decidir a respeito da natureza jurídica da receita, firmando orientação no sentido de que o fato de se tratar de "prestação pecuniária compulsória instituída por lei não faz necessariamente um tributo da participação nos resultados ou da compensação financeira prevista no art. 20, §1º, da CF, que configuram receita patrimonial".[17]

No mesmo sentido a ADI nº 2.586-DF,[18] ao sustentar que na exploração, pelo particular, de bem da União nasce preço, e não taxa.

A *obrigação convencional* decorre de acordo de vontades, que não se cuida. No caso, decorre ela *ex lege*, o que se distingue da prevista no texto constitucional, uma vez que a *obligatio* decorre de preceito normativo.

Resta a *indenização por dano*, a que alude Ataliba,[19] que, no caso, é presumido. Em verdade, a construção de usinas para produção de energia elétrica envolverá a tomada de terrenos de Municípios e Estados, remoção de grandes quantidades de terra, problemas sérios ou eventuais de impacto ambiental, danos possíveis à jusante, quiçá preocupações com o ecossistema, etc.

No dizer de Ricardo Lobo Torres, tais verbas "têm a natureza de indenização pela perda de recursos naturais situados em seus territórios ou de contraprestação pelas despesas que as empresas exploradoras de recursos naturais causam aos Poderes Públicos (...)".[20]

Afirma Kiyoshi Harada que a receita pública pressupõe acréscimo ao patrimônio, enquanto a compensação financeira decorreria de indenização, não se podendo falar em

---

15 *Idem*, p. 77.

16 ATALIBA, Geraldo. *Hipótese de incidência tributária, op. cit.*, p. 32-33.

17 STF, RE nº 228.800-DF, rel. Min. Sepúlveda Pertence, *DJU*, 16.11.2001, p. 21, v. 2.052, p. 471.

18 Rel. Min. Carlos Velloso, *DJU*, 1º.8.2003.

19 ATALIBA, Geraldo. *Hipótese de incidência tributária, op. cit.*, p. 36.

20 TORRES, Ricardo Lobo. *Curso de direito financeiro e tributário*. 10. ed. Rio de Janeiro: Renovar, 2003, p. 171.

receita, mas apenas em entrada. Entende cuidar-se de receita patrimonial no que toca à União e de natureza contraprestacional em relação às demais entidades políticas.[21]

A indenização decorrerá não de comportamento infracional, de ato ilícito ou de conduta legítima que ocasione dano. Advirá de comportamento plenamente legítimo, quando é cabível a atuação, mas que em decorrência dele há dano a alguém. Logo, é dano decorrente de comportamento lícito do Poder Público.

Tratando-se de bem público da União, que pode e deve explorá-lo, este ente federativo vê-se na contingência, em decorrência de obrigação legal, de repartir as receitas que daí advêm. Cuida-se, pois, de exploração patrimonial lícita, que onera outros entes federativos, pela construção de obras de arte. Da exploração de seu bem a União aufere rendimentos, que, por previsão constitucional, deve repartir com os demais entes federativos.

Há, pois, que se bipartir a análise do dispositivo constitucional. Ao falar o §1º do art. 20 da CF em "participação", estabeleceu uma *receita patrimonial* originária dos bens da União, e, por determinação constitucional, deve haver uma partilha dos recursos daí auferidos, na forma legal.

Ao falar o mesmo texto em "compensação financeira", pressupõe que, em decorrência de tal exploração, causou danos ao Estado e ao Município em que se situa a exploração patrimonial, e, pois, a compensação destina-se a indenizar eventuais prejuízos ocasionados. Importante observar que se cuida de indenização decorrente de *ato lícito do Poder Público*. Como é obrigado a extrair de seus bens, de acordo com nosso entendimento, já manifestado em outro texto,[22] todas as suas potencialidades, pode causar dano, e, em contrapartida, fica obrigado a efetuar compensação financeira, na dicção constitucional. A reparação, então, far-se-á de acordo com as normas da legislação civil apropriada.

Bem enfocou o problema o Min. Sepúlveda Pertence ao salientar, em seu voto que "a compensação financeira se vincula, a meu ver, não à exploração em si, mas aos problemas que gera. Com efeito, a exploração de recursos minerais e de potenciais de energia elétrica é atividade potencialmente geradora de um sem-número de problemas para os entes públicos, especialmente para os Municípios onde se situam as minas e as represas. Problemas ambientais – como a remoção da cobertura vegetal do solo, poluição, inundação de extensas áreas, comprometimento da paisagem e que tais –, sociais e econômicos, advindos do crescimento da população e da demanda por serviços públicos. Além disso, a concessão de uma lavra ou a implantação de uma represa inviabilizam o desenvolvimento de atividades produtivas na superfície, privando Estados e Municípios das vantagens delas decorrentes".[23]

---

[21] HARADA, Kiyoshi. *Direito financeiro e tributário, op. cit.*, p. 72-73.

[22] OLIVEIRA, Regis Fernandes de. *Receitas não tributárias (taxas e preços públicos)*. 2. ed. São Paulo: Malheiros, 2003, p. 121-125.

[23] STF, RE nº 228.800-DF, *DJU*, 16.11.2001.

13.9 Participação ou compensação?

A dicção do texto pode ensejar dúvidas. Participação decorre de associação. Basta que alguém integre alguma sociedade ou associação de interesses que fará jus à partilha, seja de lucros, seja de prejuízos. Bem andou Manoel Gonçalves Ferreira Filho ao afirmar que "a norma distingue entre participação e compensação. Esta última pressupõe um 'prejuízo' decorrente da exploração. Já a participação constitui uma associação de benefícios".[24]

Embora a propriedade seja da União, nos exatos termos do art. 176 da CF, efetua o texto uma partilha quando se cuida da exploração mineral ou de energia elétrica. A *participação* decorre do texto constitucional, e a lei deve fixar os percentuais que cabem a cada um dos entes federativos. A propriedade é da União. No entanto, ao lado de se encontrar a jazida no Estado Federal, está em um dos Estados-membros e dentro de determinado Município. Logo, os três entes federais repartem o resultado da exploração.

De acordo com Ricardo Lobo Torres, "a participação é representada pelas importâncias calculadas sobre o resultado da exploração de petróleo ou gás natural, etc., matéria ainda não regulamentada".[25] Já, a compensação tem natureza indenizatória, segundo o mesmo autor.

É ingresso originário, uma vez que advém do patrimônio da própria União. Por força do dispositivo constitucional, do resultado participam Estados (Distrito Federal) e Municípios.

De seu turno, *a compensação* advém do dano possível ou real que o ente federativo possa sofrer. Como já disse, em virtude das obras para exploração de energia elétrica ou de qualquer exploração mineral, incluindo petróleo e gás natural, decorrem danos momentâneos ou permanentes para o Município. Num alagamento de área há óbvio prejuízo ao Município; o mesmo se diga da constante exploração mineral, com destruição ambiental, movimentação de veículos, colocação de postes ou estruturas metálicas de qualquer natureza, movimentação de terras, possível poluição ambiental – enfim, há um prejuízo, que deve ser indenizado.

A lei fixa montantes para compensar os prejuízos ou os incômodos causados pela exploração mineral ou energética.

De se estranhar, como o faz Manoel Gonçalves Ferreira Filho, que haja compensação em plataforma continental ou mar territorial. Afirma ser "menos aceitável é que faça jus a uma participação quando a exploração se der na plataforma continental, mar territorial ou zona econômica exclusiva, que não integram o território".[26]

Cremos que o constituinte não foi técnico ou juridicamente preciso ao utilizar os termos constantes do §1º do art. 20 da CF. Ambos quiseram referir-se à mesma coisa, ou seja, quando houver a exploração mineral ou de energia elétrica, dos resultados financeiros daí advindos haverá a divisão (partilha ou compensação) entre os entes federados. Não haveria como disciplinar nova partilha, por outra lei, de forma a ensejar

---

24 FERREIRA FILHO, Manoel Gonçalves. *Comentários à Constituição Brasileira de 1988*. v. 1. São Paulo: Saraiva, 1993, p. 154.

25 TORRES, Ricardo Lobo. *Curso de direito financeiro e tributário, op. cit.*, p. 171.

26 FERREIRA FILHO, Manoel Gonçalves. *Comentários à Constituição Brasileira de 1988, op. cit.*, v. 1, p. 154.

participação, uma vez que a Lei nº 7.990/1989 fala em compensação, mas dispõe sobre partilha. Nem por outro motivo é que fala em produção particular, onde não há falar em compensação, mas há participação no faturamento por parte dos entes federativos. Logo, entendemos que o constituinte utilizou duas palavras sem lhes dar conteúdo específico e jurídico, querendo dizer que nas hipóteses mencionadas haverá divisão dos resultados da produção.

13.10 Participação de órgãos da Administração direta da União

É sem sentido que assim se estabeleça, uma vez que órgão da União não pode receber recursos diretamente. No caso de se cuidar de zoneamento indígena, por exemplo, tal como dispõe o art. 231 da CF, "o aproveitamento dos recursos hídricos, incluídos os potenciais energéticos, a pesquisa e lavra das riquezas minerais em terras indígenas só podem ser efetivados com autorização do Congresso Nacional, ouvidas as comunidades afetadas, ficando-lhes assegurada participação nos resultados da lavra, na forma da lei" (§3º).

Em tal caso, embora incumba à Fundação Nacional do Índio/FUNAI a preservação das culturas indígenas bem como cuidar de todos os seus interesses, os recursos não podem ser a ela canalizados, uma vez que devem eles integrar o caixa único da União, para posteriormente haver a alocação deles nos diversos itens orçamentários bem como sua destinação às diversas pessoas jurídicas integrantes da Administração indireta.

Ricardo Lobo Torres afirma a participação do Ministério da Marinha.[27] Manoel Gonçalves Ferreira Filho salienta a aberração da previsão,[28] o mesmo sucedendo com Kiyoshi Harada.[29]

O legislador constituinte não é técnico, e, pois, utiliza palavras em desconexão jurídica. Ora, nenhuma vinculação é permitida, nos exatos termos do inciso IV do art. 167 da CF, preservadas as exceções referidas. Demais, todos os recursos são dirigidos diretamente ao orçamento, e não há qualquer possibilidade de destinar verbas a um órgão com predestinação. Mesmo porque todos os recursos vão para um caixa único para que, depois, possam ser distribuídos. Descabida a possibilidade de destinar recursos a um órgão, salvo a existência de fundo.

As diversas leis que disciplinam o assunto "distribuem" os recursos ao Ministério do Meio Ambiente (inciso III do art. 1º da Lei nº 8.001/1990, com a redação dada pelo art. 29 da Lei nº 9.984/2000), ao Ministério de Minas e Energia, ao denominado Fundo Nacional de Desenvolvimento Científico e Tecnológico (art. 2º da Lei nº 9.993/2000, que deu nova redação à Lei nº 8.001/1990), ao Ministério da Ciência e Tecnologia (inciso V do art. 1º da Lei nº 8.001/1990, com a redação dada pelo art. 29 da Lei nº 9.984/2000).

Em suma: quando a Constituição determina que haja participação nos resultados, está a impor ao Poder Executivo, quando da elaboração da proposta orçamentária, que destine, obrigatoriamente, recursos para as populações indígenas ou para órgãos que a lei estabeleça. No entanto, não há a vinculação prévia; nasce a obrigatoriedade de

[27] TORRES, Ricardo Lobo. *Curso de direito financeiro e tributário, op. cit.*, p. 171.
[28] FERREIRA FILHO, Manoel Gonçalves. *Comentários à Constituição Brasileira de 1988, op. cit.*, v. 1, p. 154.
[29] HARADA, Kiyoshi. *Direito financeiro e tributário, op. cit.*, p. 69.

previsão orçamentária de recursos. O comando normativo constitucional dirige-se ao legislador para que, quando da elaboração das leis orçamentárias, distribua recursos em percentual estabelecido em regulamento ou em percentual que for atribuído em decorrência de ato inserto no orçamento anual.

13.11 O problema dos Estados e Municípios

Como se viu, aos Estados e Municípios cabe "registrar, acompanhar e fiscalizar as concessões de direitos de pesquisa e exploração de recursos hídricos e minerais em seus territórios" (inciso XI do art. 23 da CF).

É competência comum. Não há competência privativa da União. Na definição de André Ramos Tavares, *competência comum* "é aquela pela qual todos os entes federativos detêm, concomitantemente, idêntica competência".[30] Esclarece o mesmo autor que, "no âmbito da competência comum, todos os entes federativos podem atuar administrativamente. Assim, tanto a União quanto os Estados-membros, Municípios e Distrito Federal encontram-se aptos a realizar atividades quanto às matérias mencionadas".[31]

A solução é a do princípio da predominância do interesse.

Ora, se Estados e Municípios podem efetuar registros das concessões concedidas pela União, a quem cabe efetuar a outorga, podem fiscalizar tais atos. Ademais, como têm participação no "resultado da exploração de petróleo ou gás natural, de recursos hídricos para fins de geração de energia elétrica e de outros recursos minerais no respectivo território, plataforma continental, mar territorial ou zona econômica exclusiva" (parte central do §1º do art. 20), têm o direito de acompanhar a exploração e a geração respectivas.

Daí ter o STF decidido que, "embora os recursos naturais da plataforma continental e os recursos minerais sejam bens da União (CF, art. 20, V e IX), a participação ou compensação aos Estados, Distrito Federal e Municípios no resultado da exploração de petróleo, xisto betuminoso e gás natural são receitas originárias destes últimos entes federativos (CF, art. 20, §1º)".[32] No acórdão entendeu-se que descabia a fiscalização do TCU sobre referidas receitas, apenas cabível quando vão ter aos cofres dos entes federativos mediante convênio, acordo ou ajuste (inciso VI do art. 71 da CF).

Afigura-se que devem zelar, em seu benefício, por dois pontos. O primeiro é o da legalidade da concessão. Terão legítimo interesse em acompanhar e fiscalizar tais providências. Segundo dado que podem e devem fiscalizar é a correta e adequada partilha das receitas daí provenientes. Seria inadmissível que ente federativo fosse credor de determinada receita não tributária e não pudesse fiscalizar seu recolhimento ou a produção mineral ou geração de energia elétrica, na preservação de seu interesse.

Os órgãos da Administração direta da União nenhum interesse terão, uma vez que integram uma só pessoa jurídica. No entanto, Estados e Municípios são entes federativos, dotados de personalidade jurídica de direito público. Logo, aptos a exercerem seus direitos no mundo do Direito.

---

[30] TAVARES, André Ramos. *Curso de direito constitucional*. 2. ed. São Paulo: Saraiva, 2003, p. 838.

[31] *Idem, ibidem*.

[32] STF, MS nº 24.312-DF, rela. Min. Ellen Gracie, *DJU*, 19.2.2003.

De outro lado, aos Estados-membros (aqui os Municípios não têm competência) cabe legislar, concorrentemente com a União, sobre direito financeiro (inciso I do art. 24 da CF).

Ora, o campo específico do direito financeiro diz respeito às entradas e saídas de recursos. Dentre estes, englobam-se as receitas tributárias e também as meramente financeiras, como é o caso em análise, ou seja, receitas que advêm da exploração do patrimônio público. Como já definimos, "o direito financeiro é, por fim, o estudo da atividade financeira do Estado quando encampada pela norma jurídica".[33] Cabe, pois, aos Estados-membros e aos Municípios curar de tais assuntos, juntamente com a União. Não pode esta pretender qualquer privilégio ou exclusividade para decidir sobre o problema.

Ainda que possa daí advir algum confronto de competência, resulta inequívoco que têm Estados e Municípios legitimidade constitucional para discutir o ato de concessão bem como para fiscalizar a exploração que em seu território ocorra, uma vez que são coparticipantes dos recursos daí advindos.

Logo, podem Estados e Municípios solicitar da empresa exploradora ou da União quaisquer informações que pretendam.

Se a Estados e Municípios cabe fiscalizar as concessões outorgadas pela União (inciso XI do art. 23 da CF), pressupõe-se que podem exigir documentos relativos a exploração, volume da extração, etc. Ensina Hely Lopes Meirelles que "*fiscalizar* é vigiar permanentemente os atos praticados pelos subordinados, com o intuito de mantê-los dentro dos padrões legais regulamentares instituídos para cada atividade administrativa".[34]

A fiscalização pressupõe o dever de controlar. Todos os que agem em decorrência de uma fração de poder do Estado estão submetidos a permanente fiscalização dos diversos órgãos titulares da competência específica. Dever, por direito próprio ou que lhe é atribuído, significa que a pessoa é responsável pelo que faz, o que não a desobriga do dever de prestar contas. Ademais, se cabe a um ente federativo ou a determinada pessoa jurídica o poder de fiscalização, trata-se de dever constitucional ou legal. Não é mera opção do ente ou do órgão, mas vínculo normativo que obriga a agir. Não fiscalizar é descumprir preceito constitucional ou legal.

Decorrente do dever de fiscalizar é o de impor sanção. Esta advém do descumprimento da norma. Ter conduta contrária à devida é infringir dever legal de ter aquele comportamento. Logo, no exato dizer de Kelsen,[35] a prática de conduta oposta à prevista ou exigida é o pressuposto de uma sanção. Institui-se, pois, uma estrutura de preservação do sistema normativo que conduz a sociedade. A cada infração, uma sanção.

A quem cabe o dever de fiscalizar incumbe o dever de punir na hipótese de uma conduta infracional.[36] Na origem, "a cobrança dos quintos subordinou a região das

---

[33] OLIVEIRA, Regis Fernandes de; HORVATH, Estevão. *Manual de direito financeiro*. 3. ed. São Paulo: RT, 2000, p. 28.

[34] MEIRELLES, Hely Lopes. *Direito administrativo brasileiro, op. cit.*, p. 148.

[35] HANS Kelsen. *Teoria pura do direito*. Coimbra: Armênio Amado editor. 3. ed. 1974, p. 170)

[36] OLIVEIRA, Regis Fernandes de. *Infrações e sanções administrativas*. 3. ed. São Paulo: RT, 2012, p. 2-3.

minas a uma vigilância severa, de caráter militar, com o controle dos caminhos e da entrada e saída de pessoas".[37]

Como se percebe, inarredável que Estados e Municípios têm competência originariamente fixada pela Constituição da República para acompanhar e fiscalizar as concessões de direitos de pesquisa outorgadas pela União naquilo que contende com a exploração de recursos hídricos e minerais em seus territórios. É o que decorre do inciso XI do art. 23 da CF.

Não há como conceber fiscalizar sem o poder de controle e este sem o poder de sanção. Conformam a exata estrutura do funcionamento do ordenamento jurídico, em todas as suas direções. Um dos poderes vem imbricado no outro, de modo a formarem um todo único.

Não se pode ignorar que, tanto para disciplinar o exercício de sua competência constitucional como para prever sanções, os Estados-membros devem editar suas leis procedimentais. Referidas normas, ao lado de estabelecerem o caminho para o desenvolvimento da atividade do Estado, ditam restrições a serem obedecidas pelo próprio Estado.

Nada impede, de outro lado, que o concessionário da lavra possa efetuar os pagamentos diretamente à entidade beneficiária, independentemente de proceder a recolhimento dos *royalties* através da entidade que a instituiu. O recolhimento em caixa único apenas se destina ao controle dos demais entes federativos. Se, no entanto, sabe-se o *quantum* a pagar e sabe-se quem é o credor, nada impede que haja transferência direta das receitas.

A responsabilidade civil é exclusiva do concessionário. Por ser pessoa jurídica independente e titular de direitos e obrigações, não se pode acionar o Estado em decorrência de qualquer comportamento danoso do concessionário. Somente na hipótese de exaurimento de suas forças financeiras é que se poderá, em tese, acionar o Estado, por força de responsabilidade subsidiária em decorrência de *culpa in eligendo*. O réu será, então, o concedente, e não os Estados e Municípios, meros destinatários da receita, que não participaram do ato de concessão.

13.12 O pré-sal

13.12.1 Introdução

O Brasil, por suas empresas, descobriu gigantescas reservas de petróleo no mar territorial, sob camadas de sal. A extensa área já delimitada, considerada estratégica para o país, será explorada por meio de um *modelo de partilha de produção*.

A exploração do pré-sal ainda depende do desenvolvimento de tecnologia altamente especializada, restando pendente a viabilidade econômica do barril de petróleo extraído, a que se soma grande volume de gás. O cenário atual acena para a viabilidade do negócio, que envolverá bilhões de Reais – em investimentos e retorno.

O pré-sal começou a ser explorado e houve alteração legal (Lei nº 13.365, de 29.11.2016). A Petrobrás não suportou os custos impostos pela lei anterior que obrigava

---

[37] FAORO, Raymundo. *Os donos do poder, op. cit.*, p. 230.

sua participação em todos os contratos. O que era obrigação passou a ser faculdade, embora com participação mínima de 30%. Ficou a empresa liberada para atuar ou não como operadora dos blocos. Manifesta sua opção e em caso contrário fica com a participação mínima.

Vê-se, pois, que houve substancial alteração na atuação da estatal brasileira.

13.12.2 O marco regulatório anterior e o atual

O marco atual da exploração de petróleo e gás é disciplinado pela Lei nº 9.478/1997, que retratou a época vivida pelo país, qual seja, de dependência de importação de petróleo do exterior. Qualquer elevação do preço do barril significa alta do custo de vida no Brasil.

Lei posterior (Lei nº 9.847/1999) dispôs sobre a fiscalização das atividades relativas ao abastecimento nacional de combustíveis, considerado como de "utilidade pública" (§1º do art. 1º). O abastecimento foi definido como alcançando todas as etapas, desde a produção até sua comercialização, o que alcança estocagem, refino, transporte, etc.

Em quase todos os seus dispositivos há previsão de infrações e sanções.

A Lei nº 9.478/1997 deu passo decisivo para disciplinar a política energética nacional. O objetivo da política energética é garantir o suprimento de energia necessário para o desenvolvimento econômico do país.

O básico é a preservação do interesse nacional. Este sobreleva a todos os demais, o que, por si só, já impõe uma alteração no sistema de distribuição da partilha dos recursos. Estes se destinam a promover o desenvolvimento nacional, ampliar o mercado de trabalho e valorizar os recursos energéticos.

Paralelamente, deve haver proteção dos direitos do consumidor e do meio ambiente. O consumidor deve ser protegido contra adulterações dos produtos, abusos na cobrança de preços, regular distribuição, etc. E o meio ambiente tem que ser preservado para as futuras gerações, tal como determina o art. 225 da CF.

Como a lei em comento não trata apenas do petróleo, mas de recursos energéticos, prevê especial incremento da utilização do gás natural. Este não é poluente, o que estabelece vantagem sobre todos os demais produtos naturais.

Foi criado na mesma lei o Conselho Nacional de Política Energética (CNPE). Suas atribuições foram definidas expressamente no texto normativo, cabendo-lhe "promover o aproveitamento racional dos recursos energéticos do país" (inciso I do art. 2º).

O art. 4º define o monopólio da União sobre o petróleo, gás natural e hidrocarbonetos fluidos.

O art. 5º é que estabelece o marco regulatório como a "concessão ou autorização por empresas constituídas sob as leis brasileiras, com sede e administração no país". A concessão é contrato que estabelece as bases da equação econômico-financeira da exploração. A autorização é ato unilateral e precário. Ocorre que este ato tem fixado prazo de sua validade, o que desnatura sua característica. Torna-o uma concessão. Basta ser dada a termo que não pode ser precária.

Criou-se também a Agência Nacional do Petróleo (ANP) (art. 7º) como pessoa jurídica a quem cabe regular a indústria do petróleo e do gás natural. A lei estabelece sua competência e sua estrutura.

O art. 21 foi taxativo ao estabelecer que "todos os direitos de exploração e produção de petróleo, de gás natural e de outros hidrocarbonetos fluidos em território nacional, nele compreendidos a parte terrestre, o mar territorial, a plataforma continental e a zona econômica exclusiva, pertencem à União, cabendo sua administração à ANP, ressalvadas as competências de outros órgãos e entidades expressamente estabelecidas em lei" (redação dada pela Lei nº 12.351/2010).

O art. 23 determina que "as atividades de exploração, desenvolvimento e produção de petróleo e de gás natural serão exercidas mediante contratos de concessão, precedidos de licitação, na forma estabelecida nesta lei, ou sob o regime de partilha de produção nas áreas do pré-sal e nas áreas estratégicas, conforme legislação específica" (redação dada pela Lei nº 12.351/2010).

A concessão, como se viu, é contrato onde se prevê sua equação econômico-financeira. Assim, o concessionário sabe exatamente quais são seus direitos e suas obrigações constantes de um contrato. Não é qualquer um que pode concorrer, mas apenas os que demonstrarem condições técnicas e econômicas, ao lado dos requisitos jurídicos.

Edital instaurará a abertura de licitação para outorga dos contratos (art. 36 da lei).

Todas as exigências contratuais estão estabelecidas no art. 43 e há cláusulas essenciais, o que significa que são vinculantes "tanto para o Poder Público, redator do edital, como para o particular, que a ele adere e formula a sua proposta técnica e comercial".[38]

As obrigações do concessionário vêm estabelecidas no art. 26: "(...) explorar por *sua conta e risco* e, em caso de êxito, produzir petróleo ou gás natural em determinado bloco, *conferindo-lhe a propriedade desses bens*, após extraídos, com os encargos relativos ao pagamento dos tributos incidentes e das participações legais ou contratuais correspondentes" (grifos nossos). Celebrado o contrato, defluem outras obrigações do concessionário, já não decorrentes da exploração, mas do que assumiu contratualmente.

Observa-se que age ele por sua conta e risco, isto é, deve investir todo o capital necessário à prospecção da mina e, em caso de êxito, extrair o petróleo ou o gás natural, adquirindo sobre eles a *propriedade*. Como anota Maria D'Assunção Costa, por força de tal regime jurídico, o que for extraído "passa a ser *propriedade exclusiva do concessionário* para todos os efeitos legais. Esta passagem de titularidade só se concretiza após a respectiva medição na boca do poço para o pagamento devido das participações governamentais e dos demais tributos incidentes sobre essa atividade".[39]

Houve uma ação direta de inconstitucionalidade (ADI nº 3.273-DF) que discutiu a constitucionalidade de tal dispositivo, ou seja, a transferência da propriedade do petróleo e do gás natural para o concessionário. Entendeu-se constitucional o dispositivo.

A digressão que se faz sobre o regime de concessão será importante para efetuarmos comparação com o regime agora imposto, que é o da partilha, que será analisado em seguida.

---

38 COSTA, Maria D'Assunção. *Comentários à Lei do Petróleo: Lei Federal n. 9.478, de 6.8.1997*. 2. ed. São Paulo: Atlas, 2009, p. 216.

39 *Idem*, p. 191.

Extingue-se a concessão, na forma do art. 28 da lei em comento, pelo vencimento do prazo contratual (inciso I), por acordo (inciso II), por motivos de rescisão previstos no contrato (inciso III), ao término da fase de exploração sem qualquer resultado (inciso IV) e pela desistência do concessionário e devolução das áreas (inciso V).

Em 2007 o país deu decisivo passo para a liberação da exportação com a descoberta de petróleo e gás natural na Bacia de Santos, o que praticamente libertou o Brasil da dependência da importação estrangeira.

Com a descoberta do pré-sal impunha-se a definição de novo *marco regulatório*.

13.12.3 O regime de concessão

No regime atual, denominado de *concessão*, o concessionário, ao descobrir jazidas de petróleo ou gás natural, torna-se proprietário da produção.

Anota Maria D'Assunção Costa que, "na chamada Lei do Petróleo, apenas a exploração, desenvolvimento e produção de petróleo e gás natural são objeto de *contrato de concessão*, por envolverem os direitos exploratórios de bens exclusivos da União, ou seja, os recursos minerais do subsolo e os do mar territorial, da plataforma continental e da zona econômica exclusiva".[40]

Para compensar, o titular da mina paga *royalties* e as demais participações governamentais (ocupação da área, participação especial a órgãos e entes públicos). É que, diante da carência de produção, era conveniente que os concessionários investissem seus próprios recursos e distribuíssem receitas.

Ressalte-se que não poderá haver alteração nos contratos de concessão já firmados e em plena execução. Tal providência seria aceitar a ruptura do contrato com indenização correspondente, o que seria absurdo. Diga-se o mesmo dos blocos já concedidos, isto é, os que já tiverem sido pactuados assim em relação ao pré-sal. A partir daí, não mais haverá concessão na área definida como estratégica.

13.12.4 O marco regulatório atual e o novo sistema de partilha. A partilha como opção, e não como obrigação. Preferência. Lei nº 13.365, de 29.11.2016

Com a nova descoberta, impõe-se novo marco regulatório, tendo sido instituído o *sistema de partilha*.

A Lei nº 12.351, de 22.12.2010, instituiu novo marco regulatório, que será não mais o de concessão, mas o de partilha. Considera-se *partilha de produção* o "regime de exploração e produção de petróleo, de gás natural e de outros hidrocarbonetos fluidos no qual o contratado exerce, por sua conta e risco, as atividades de exploração, avaliação, desenvolvimento e produção e, em caso de descoberta comercial, adquire o *direito à apropriação do custo em óleo, do volume da produção correspondente aos* royalties *devidos, bem como de parcela do excedente em óleo, na proporção, condições e prazos estabelecidos em contrato*" (art. 2º, I).

---

[40] *Idem*, p. 69.

Referida lei foi alterada por força da Lei nº 12.734, de 30.12.2012, que modificou o sistema de partilha de *royalties*. Sua vigência foi suspensa por decisão liminar da Suprema Corte,[41] que será analisada adiante.

Altera-se completamente a forma da exploração. No sistema de concessão anterior o concessionário adquiria a *propriedade da produção*. Agora, por sua conta e risco na busca do produto, adquire o *direito à apropriação do custo em óleo*. Vê-se, pois, que não será mais o proprietário do petróleo ou do gás, mas receberá sua parte em óleo.

Neste sistema há uma repartição, entre União e contratado, do produto extraído da área. Na exploração, o contratado assume o risco da prospecção e da extração. Nada encontrando ou sendo inviável ou não conveniente a exploração, suporta o prejuízo. Em caso positivo, descontados os investimentos e custos, o que se produz é dividido entre União e contratado. O pagamento ao contratado será feito em óleo. O excedente é partilhado. Pode haver a alteração dos percentuais pactuados, dependendo da eficiência econômica, rentabilidade, do volume de produção, etc.

Com a titularidade do controle da área pela Petrobras não haverá volta de monopólio. Este foi desfeito, e não mais poderá retornar. O que há é a participação efetiva da empresa nas operações em águas profundas, que é de sua especialidade. Haverá, sim, cooperação da empresa brasileira para exploração, representando os interesses brasileiros.

O normal no mundo todo é o regime de concessão. Alguns governos, no entanto, adotam o regime de partilha, tais como Rússia, Angola, Líbia e Cazaquistão.

É cabível a existência de dois modelos no Brasil? Sem qualquer problema, uma vez que o regime de concessão perdurará naqueles casos em que já há contrato, pois *pacta sunt servanda*, isto é, os pactos devem ser preservados tal como firmados. O regime de partilha é plenamente aceito para exploração de alto risco.

O Brasil começa a receber sua parte quando da exploração, de forma imediata. Não há que se efetuar, primeiro, o pagamento dos investimentos da contratada. Desde logo os resultados já beneficiam o país. Imediatamente poderá exportar o excedente.

Ressalte-se que todos os investimentos são da contratada, que pode ser também a Petrobras S/A. Aqui, haverá capitalização da União à empresa, para que ela possa executar todas as atribuições que lhe serão por lei conferidas.

De outro lado, todos os equipamentos pertencem ao contratado. Findo o contrato, poderá haver renovação ou não, hipótese última em que haverá reversão dos bens em favor da União.

Importante ressaltar que a União nada investe, salvo em dotar a Petrobras de instrumentos necessários para a concorrência que se instaurará.

A União poderá exigir a aquisição de bens e serviços no país, desde que haja condições para tanto.

A União "não assumirá os riscos das atividades de exploração, avaliação, desenvolvimento e produção decorrentes dos contratos de partilha de produção" (art. 5º da Lei nº 12.351/2010).

---

41 STF, ADI nº 4.917-DF, rela. Min. Carmen Lúcia.

A norma é salutar, uma vez que anteriormente, em paralelo com os demais exploradores, a União podia correr o risco da exploração. Agora, nas áreas do pré-sal e em outras áreas estratégicas não mais correrá qualquer risco.

Toda a atividade na região do pré-sal é da Petrobras, que será a operadora de todos os blocos.

A lei disciplina a competência do Conselho Nacional de Política Energética (CNPE) (art. 9º), do Ministério de Minas e Energia (art. 10) bem como da ANP (art. 11).

Poderá a Petrobras ser contratada diretamente pela União (art. 12). No mais, será aberta licitação para os blocos. Os licitantes poderão se organizar em consórcio (arts. 19 e ss.).

O contrato de partilha terá duas fases (art. 27). A primeira é de "exploração, que incluirá as atividades de avaliação de eventual descoberta de petróleo ou gás natural, para determinação de sua comercialidade" (inciso I), e a fase de produção, "que incluirá as atividades de desenvolvimento" (inciso II).

O art. 29 determina as cláusulas essenciais. O art. 32 prevê as hipóteses de extinção do contrato.

Como o sistema instituído pela lei da partilha se mostrou de difícil cumprimento, por causa dos problemas revelados pela Petrobras, sobreveio a Lei nº 13.365, de 29.11.2016, que facultou à Petrobras "o direito de preferência para atuar como operador e possuir participação mínima de 30% (trinta por cento) nos consórcios formados para exploração de blocos licitados no regime de partilha da produção".

A lei atual alterou a anterior e desobrigou a Petrobras de participar da exploração de todos os campos ofertados. A lei anterior obrigava a companhia à participação compulsória em todos os leilões. Agora, a Petrobras escolhe se quer ou não operar blocos de exploração. Não se exclui a entidade de participar dos leilões. O CNPE oferece à Petrobras a preferência na operação. Pode ou não aceitar (art. 4º da lei anterior, com a redação ora dada pelo art. 2º da Lei nº 13.365/2016). A Petrobras tem o prazo de 30 dias para se manifestar. Se aceitar, terá participação mínima de 30%.

A grande alteração foi passar o comportamento de obrigatório para facultativo. A partir desse novo marco, há grande expectativa de atrair investidores e deslanchar a exploração do petróleo.

13.12.5 A ANP e o Ministério de Minas e Energia

Haverá, necessariamente, licitação, para que as empresas se habilitem à exploração na área do pré-sal (art. 8º, II, da Lei nº 12.351/2010). O critério para a escolha é o de maior parcela do excedente em óleo para a União (art. 18). A licitação será realizada pela Agência Nacional do Petróleo/ANP (art. 11, III), que atenderá às orientações estabelecidas pelo Ministério de Minas e Energia (art. 10, IV).

Importante será também a participação do Conselho Nacional de Política Energética/CNPE, que, como órgão de assessoria, proporá os blocos destinados à contratação direta com a Petrobras e os que serão objeto de licitação, estabelecerá parâmetros para os contratos, sugerirá a delimitação de outras áreas do pré-sal e proporá a política de comercialização do petróleo e do gás (art. 9º). O Ministério de Minas e Energia, igualmente, terá participação ativa na exploração do pré-sal, fiscalizando as licitações (art. 10, IV).

A ANP tem atribuições específicas diante da nova situação (art. 11). Como se sabe, a denominada Agência reguladora tem papel de execução da política estabelecida pelo governo. A fiscalização e a regulação são suas atribuições intrínsecas.

13.12.6 A Petrobras S/A

A Petrobras será a operadora de todos os blocos contratados. Em cada um deles é-lhe garantida a participação mínima de 30%. Segundo orientação do governo, é prática que as empresas nacionais tenham tratamento diferenciado nos contratos e partilha. Como empresa estatal, tem a Petrobras alto conhecimento de exploração de petróleo em águas profundas.

O calço constitucional seria o §1º do art. 177, que estabelece poder a União "contratar com empresas estatais ou privadas a realização das atividades previstas nos incisos I a IV deste artigo, observadas as condições estabelecidas em lei". Ora, tal dispositivo nada acrescenta para análise jurídica. A permissão é sempre cabível. O problema é atribuir prioridade ou exclusividade à Petrobras, independentemente de procedimento licitatório.

A partir daí, a empresa forma consórcios para que tenham robustez financeira para a exploração.

Interessante questão de caráter constitucional surge diante da análise do art. 173 da CF. Dispõe o §1º que a lei estabelecerá o estatuto das entidades estatais que explorem atividade econômica. Se a Petrobras fosse prestadora de serviços públicos, como o são outras tantas estatais, nenhum problema teríamos, uma vez que a elas podem ser atribuídas vantagens legais. Já, às intervenientes na atividade econômica não, porque se sujeitam "ao regime jurídico próprio das empresas privadas, inclusive quanto aos direitos e obrigações civis, comerciais, trabalhistas e tributários" (inciso II do §1º do art. 173).

Ao estabelecer que a União cederá à Petrobras, dispensada a licitação, o exercício das atividades de pesquisa e lavra de petróleo, de gás natural e outros hidrocarbonetos fluidos em áreas não concedidas e localizadas no pré-sal, não estaria a União privilegiando uma entidade estatal, sem poder fazê-lo, à luz da Constituição?

13.12.6.1 Discussão sobre a inconstitucionalidade das prerrogativas da Petrobras

Evidente que a União está tendo por finalidade a busca da melhor solução para o país. No entanto, é constitucional tal comportamento? O art. 8º da Lei nº 12.351/2010 estabeleceu que "a União, por intermédio do Ministério de Minas e Energia, celebrará os contratos de partilha de produção: I – diretamente com a Petrobras, dispensada a licitação; (...)".

Parece-nos que há o problema da inconstitucionalidade. Invocou-se o acórdão proferido na ADI nº 3.366, julgado em 2.3.2007 (rel. Min. Eros Grau), como paradigma a ser seguido na hipótese. Ocorre que a decisão do STF não alterou, nem podia, o texto constitucional. O que se limitou a dizer foi que, por força do disposto no art. 176, há o monopólio da pesquisa e lavra de recursos minerais. Constituem propriedade distinta da do solo para efeito de exploração ou aproveitamento. Assim, foi o que se decidiu, que há distinção entre "atividade e propriedade que permite o domínio do resultado da lavra das jazidas de petróleo, de gás natural e de outros hidrocarbonetos fluidos possa ser atribuída a terceiros pela União, sem qualquer ofensa à reserva de monopólio (art. 177 da CF/1988)".

Acrescenta que a propriedade do produto da lavra pode ser concedida ao concessionário. Há, pois o monopólio da atividade e o monopólio da produção. São coisas distintas.

Tal decisão, no entanto, não elimina a inconstitucionalidade de não poder a Petrobras ser cessionária do exercício das atividades de pesquisa e lavra dos produtos mencionados, sem qualquer licitação. É que, como vem referido no texto do próprio acórdão proferido pela colenda Corte, a Petrobras é prestadora de serviço público. "Explora atividade econômica em sentido estrito, sujeitando-se ao regime jurídico das empresas privadas (§1º, II, do art. 173 da CB/1988). Atua em regime de competição com empresas privadas que se disponham a disputar no âmbito de procedimentos licitatórios (37, XXI, da CB/1988) as contratações previstas no §1º do art. 177 da Constituição do Brasil" (ADI nº 3.366).

Sendo assim, não pode a lei outorgar competência exclusiva à Petrobras. Por mais relevante que sejam a participação e a atuação de tal empresa para o Brasil, em verdade, não está imune à sujeição às regras estabelecidas na Constituição Federal.

O fundamento explicitado pela União para outorgar à Petrobras o exercício das atividades de pesquisa e lavra foi o de fortalecer a empresa e dotá-la com recursos para exploração, pela possibilidade de rentabilidade e baixo risco exploratório.

O que se denomina de *capitalização da Petrobras* ocorrerá pela negociação dos direitos de exploração a serem a ela transferidos. Como haverá aumento de capital, a União integraliza a parcela, com títulos da dívida pública federal. Em contrapartida, a Petrobras pagará pela cessão onerosa dos direitos de exploração utilizando-se dos títulos da dívida pública mobiliária federal.

Observe-se que não haverá onerosidade para qualquer lado, uma vez que os mesmos títulos serão devolvidos à União. A operação será neutra pelo aspecto orçamentário. O mesmo se diga em relação ao aspecto financeiro. O importante é que, havendo a capitalização, os demais acionistas terão que ingressar com igual parcela de recursos, o que revitalizará o capital social da empresa. Quem não o fizer verá sua participação reduzida.

De seu turno, a Petrobras pagará os aportes financeiros que forem realizados através de títulos da dívida pública mobiliária.

13.12.7 A Empresa Brasileira de Administração de Petróleo e Gás Natural S/A – Pré-Sal Petróleo S/A (PPSA)

Ao lado da Petrobras S/A, nasceu a Empresa Brasileira de Administração de Petróleo e Gás Natural S/A – Pré-Sal Petróleo S/A (PPSA) (Lei nº 12.304, de 2.8.2010), sociedade de economia mista que terá por objeto a gestão dos contratos de partilha de produção celebrados pelo Ministério de Minas e Energia e a gestão dos contratos para a comercialização de petróleo, de gás natural e de outros hidrocarbonetos fluidos da União (art. 1º).

Ressalte-se que não será responsável pela execução das atividades de exploração, desenvolvimento, produção e comercialização dos produtos (parágrafo único do art. 2º). Não concorrerá com a Petrobras.

Cabe-lhe representar os interesses da União perante terceiros, avaliar os planos de exploração dos produtos, bem como monitorar e auditar a execução dos projetos, fazendo o mesmo com os custos e investimentos relacionados aos contratos. Cabe-lhe também celebrar contratos com agentes comercializadores, monitorar os custos e preços da venda da produção e analisar dados sísmicos da ANP (inciso I, "a" a "f", do art. 4º).

Como entidade estatal de gestão, tem dispensada a licitação para desenvolver suas atividades (art. 5º).

Será dirigida, segundo dispõem os arts. 9º e 10, por conselho de administração e diretoria executiva, sendo estes nomeados pelo Presidente da República. Os integrantes do conselho serão eleitos pela assembleia-geral.

O regime de seu pessoal é trabalhista, mas com ingresso sujeito a processo seletivo simplificado (art. 15).

Como entidade estatal, está subordinada ao Ministério de Minas e Energia, tendo suas contas fiscalizadas pela Controladoria-Geral e pelo TCU (art. 17).

Na "Exposição de Motivos" encaminhada ao Congresso Nacional estão relacionadas a competência e a necessidade da criação da nova entidade.

Poderia a Petrobras executar as atribuições conferidas à Pré-Sal Petróleo S/A? Em tese, sim. Só que se cuida de competências diferentes. Enquanto a primeira tem por objetivo a busca de lucro, realizando interesses econômico-financeiros, a Pré-Sal Petróleo tem por finalidade os resultados econômicos para todo o país. Uma é empresa interventora no domínio econômico, objetivando lucro a seus acionistas. A segunda é empresa toda dirigida à gestão dos contratos, para obter rendimento em prol do país.

A Lei nº 14.134, de 8 de abril de 2021, dispôs sobre as atividades de transporte de gás natural por meio de condutos bem como sobre importação e exportação de gás. Haverá cobrança de tarifas (parágrafo 3º do art. 13).

13.12.8 O Fundo Soberano (extinto) e o Fundo Social do Brasil

A ideia é a de constituir um fundo de poupança pública de longo prazo. Os recursos serão os provenientes da exploração do pré-sal. De igual maneira, servirá para evitar impactos provenientes de possíveis crises econômicas que sobrevenham.

O Brasil instituiu o Fundo Social do Brasil (Lei nº 12.351/2010), que tem "natureza contábil e financeira, vinculado ao Ministério da Fazenda, com as finalidades de promover investimentos em ativos no Brasil e no exterior, formar poupança pública, mitigar os efeitos dos ciclos econômicos e fomentar projetos de interesse estratégico do país localizados no exterior" (art. 47).

Fora também instituído o Fundo Soberano pela Lei nº 11.887/2008, agora extinto por força da Medida Provisória nº 830, de 21 de maio de 2018.

Os recursos do Fundo Social serão utilizados nas políticas arroladas no art. 47.

O Fundo Social/FS, "de natureza contábil e financeira, vinculado à Presidência da República, com a finalidade de constituir fonte de recursos para o desenvolvimento social e regional, na forma de programas e projetos nas áreas de combate à pobreza e de desenvolvimento" (art. 47 da Lei nº 12.351/2010).

Segundo admite o governo, com a descoberta realizada, os recursos provenientes da exploração dos poços serão multiplicados por mais de 10 vezes. Há cálculos que falam em 32 bilhões de Reais por ano de receita líquida. Daí a importância de uma poupança.

Os recursos serão aplicados em educação, cultura, esporte, saúde pública, ciência e tecnologia, meio ambiente e mitigação e adaptação às mudanças climáticas (incisos I a VII do art. 47).

Os recursos advirão (art. 49): (a) do bônus de assinatura dos contratos de partilha (valor fixo devido à União pelo contratado, a ser pago no ato da celebração do respectivo contrato de partilha de produção); (b) da parcela dos *royalties* que cabe à União; (c) da receita advinda comercialização do petróleo, gás e outros hidrocarbonetos; (d) de aplicações financeiras, etc.

O Fundo Social será gerido por um Comitê de Gestão Financeira (art. 52) e também um Conselho Deliberativo (art. 58)

Há dificuldades que serão enfrentadas, tais como: (a) a volatilidade dos preços do petróleo, e, se não houver poupança adequada, os benefícios se perdem; (b) os recursos não são renováveis e se extinguem, o que impõe cautela em seu uso; (c) a venda externa do petróleo na pauta de exportações resultará em impacto sobre a taxa de câmbio, dado o volume de ingressos de moeda estrangeira.

Tais preocupações levaram à instituição do Fundo. Destacam-se os recursos dos demais ingressos, parte das reservas destinada a aplicações no exterior e no Brasil.

Na prática, torna-se um orçamento paralelo. O Congresso aprova as alocações financeiras, ficando as prioridades e a gestão a critério do Executivo. Serão atendidas as leis orçamentárias.

Os recursos para investimentos serão apenas o resultante do retorno sobre o capital. Com tal providência elimina-se o risco do desperdício.

13.12.9 Os *royalties* e bônus de assinatura

O que mais interessa ao direito financeiro na discussão do pré-sal é o resultado da exploração, isto é, os recursos que daí advirão, em face de se constituir *receita originária* provinda do patrimônio público. A Lei nº 12.351/2010 dispôs sobre o assunto. Esta lei foi alterada pela de nº 12.734, de 30.11.2012, que estabeleceu mudanças das regras de distribuição dos *royalties* e participações especiais de Estados e Municípios. O Governador do Estado do Rio de Janeiro ingressou com a ADI nº 4.917, e a Ministra-Relatora, Carmen Lúcia, em análise liminar, suspendeu parcialmente os efeitos do diploma legal.

A questão que se coloca diz respeito à nova distribuição dos *royalties*. É que os denominados Estados produtores (em cuja costa – mar territorial, plataforma continental e zona econômica exclusiva – foi descoberto o denominado pré-sal) entendem que as regras anteriores (concessão) devem ser mantidas. Mesmo as receitas futuras não devem ser partilhadas com todos os Estados e Municípios, porque são os Estados produtores que suportam o risco da extração petrolífera.

Há forte sustentação jurídica em relação aos contratos anteriormente firmados, porque se criou o direito de aqueles Estados receberam as vantagens patrimoniais decorrentes da exploração do petróleo. Constituir-se-ia em ato jurídico perfeito. Com solução contrária haveria ruptura do pacto federativo.

Em verdade, pode-se afirmar que quanto às relações já constituídas sob regime da lei anterior os denominados Estados produtores têm direitos assegurados, por força do princípio da segurança jurídica. Em relação ao pré-sal, ou seja, ao novo sistema de compartilhamento com os extratores, nenhuma inconstitucionalidade pode ser atribuída à nova repartição das receitas patrimoniais da União.

A decisão proferida é apenas em caráter liminar e dependerá, ainda, de decisão colegiada do STF. Por ora, o regime anterior está mantido.

A disciplina de caráter constitucional é posta pelo §1º do art. 20 da CF: "É assegurada, nos termos da lei, aos Estados, ao Distrito Federal e aos Municípios, bem como a órgãos da Administração direta da União, participação no resultado da exploração de petróleo ou gás natural, de recursos hídricos para fins de geração de energia elétrica e de outros recursos minerais no respectivo território, plataforma continental, mar territorial ou zona econômica exclusiva, ou compensação financeira para essa exploração".

Este é o dispositivo constitucional que disciplina a partilha dos *royalties* no Brasil. Há lei que efetua sua distribuição entre os Estados e Municípios e órgãos da Administração, tal como resulta da dicção do artigo.

A polêmica que se instaurou foi sobre a expressão "no respectivo território", em que deputados de alguns Estados se arvoraram em reservar para si maiores parcelas, porque se entendem como "Estados produtores".

Celso Antônio Pacheco Fiorillo e Renata Marques Ferreira entendem que a distribuição dos *royalties* a apenas alguns Estados é inconstitucional, porque o petróleo é bem de uso comum do povo.[42] Afirmam que, "ainda que pudéssemos apontar com a máxima boa vontade certa semelhança do instituto antes mencionado com o de uso dos bens ambientais, resta absolutamente inconstitucional e incompatível o dispositivo apontado, vez que acaba por delimitar tão somente a alguns espaços territoriais brasileiros e seus respectivos governos o resultado do precioso hidrocarboneto, em absoluta injustiça geográfica".[43]

Em primeiro lugar, não há produção, mas extração. Em segundo, a riqueza do subsolo pertence à União. Por determinação constitucional, há uma distribuição do resultado da extração em caráter obrigatório a tais Estados, o que não elimina o direito de outros Estados, uma vez que todos, em conjunto, compõem um todo. Não há Estados privilegiados. O que sobreleva é a "compensação financeira" prevista no final do artigo, uma vez que, ao lado da partilha do produto final, há uma compensação, qual seja, eventual indenização, pois o artigo fala em "participação no resultado da exploração" ou "compensação financeira". A primeira é a denominada partilha. A segunda é a indenização por riscos e danos.

Ora, os investimentos que se operarão – e não serão poucos – são da União. Ela capitalizará a Petrobras, ela terá todos os encargos da administração e fiscalização. Logo, é o dinheiro nacional que está sendo investido, e não de alguns Estados, apenas.

---

42 FORILLO, Celso Antônio Pacheco; FERREIRA, Renata Marques. *Curso de direito da energia*. São Paulo: Saraiva, 2009, p. 185.

43 *Idem, ibidem*.

Ademais, os denominados "Estados produtores" não produzem nada. De acordo com a dicção do dispositivo constitucional, há obrigatoriedade de distribuição de *royalties* aos Estados cujos "respectivos territórios" estão na zona do pré-sal. O que não elimina, evidentemente, o direito dos demais. Alguns Estados receberão obrigatoriamente a partilha do resultado da extração. Outros poderão receber. Com o advento da lei que disciplina o pré-sal, evidente que nada impede que todos recebam em partes iguais.

No sistema de concessão há percentuais de partilha. Depende se a exploração é em terra ou no mar (o que resulta na dificuldade da exploração e da extração). É o que vem definido no art. 176 da CF, ao dispor que "as jazidas, em lavra ou não, e demais recursos minerais e os potenciais de energia hidráulica constituem propriedade distinta da do solo, para efeito de exploração ou aproveitamento, e pertencem à União, garantida ao concessionário a propriedade do produto da lavra" (redação decorrente da Emenda 6/1995).

Ao lado da participação dos entes federativos, a Constituição também assegura a do "proprietário do solo nos resultados da lavra" (§2º do art. 176).

Vê-se, pois, que não há como pretender o recebimento maior de *royalties*, uma vez que a Constituição garante a partilha em relação aos Estados em cujo território está a jazida, mas não dá a eles qualquer exclusividade. Ao contrário, a riqueza é nacional.

Observe-se que os contratos já celebrados sob outra modalidade em nada são alterados, nem podem ser. É que o ato jurídico perfeito não pode ser prejudicado por lei posterior.

Observe-se, de início, que não haverá receita, mas mera movimentação de caixa, uma vez que o contratado extrai o óleo e recebe em óleo. O Brasil fornece a exploração da jazida; o contratado, por sua conta e risco, efetua toda a operação e, ao final, recebe em óleo. O país, posteriormente, com a venda do produto, realizará dinheiro (no entanto, cuida-se de mera operação de caixa, uma vez que sai petróleo e entra dinheiro).

O art. 42 da Lei nº 12.351/2010 garante as seguintes receitas governamentais: (a) *royalties*; e (b) bônus de assinatura.

Os *royalties* "correspondem à compensação financeira pela exploração de petróleo, de gás natural e de outros hidrocarbonetos fluidos de que trata o §1º do art. 20 da Constituição, vedada sua inclusão no cálculo do custo em óleo" (§1º do art. 42 da Lei nº 12.351/2010). Trata-se de receita líquida. Os custos da exploração não participam de seu montante.

Os *royalties* devidos pelo contratado serão pagos mensalmente, em moeda nacional, a partir da data do início da produção comercial. Os critérios para pagamento serão definidos por decreto presidencial.

Haverá, a partir daí, a partilha entre Estados e Municípios, produtores ou não.

Há diferença na distribuição de *royalties* quando a lavra ocorrer em terra ou na plataforma continental. É que o investimento para tal hipótese é muito maior, e, pois, cai a participação de cada qual. "O contrato de partilha de produção, quando o bloco se localizar em terra, conterá cláusula determinando o pagamento, em moeda nacional, de participação equivalente a até 1% (um por cento) do valor da produção de petróleo ou gás natural aos proprietários da terra onde se localiza o bloco" (art. 43).

O *bônus de assinatura* (inciso II do art. 42) é o valor pago pela concessionária vencedora de licitação de campos de petróleo ou gás natural. Trata-se, pois, de receita originária, isto é, advinda ao patrimônio público.

O bônus de assinatura "não integra o custo em óleo, corresponde a valor fixo devido à União pelo contratado e será estabelecido pelo contrato de partilha de produção, devendo ser pago no ato de sua assinatura" (§2º do art. 42).

13.12.10 Conclusão

Como vimos, o denominado "pré-sal" trará, se possível for sua exploração técnica, inúmeras alegrias aos brasileiros. Poderá ser o centro de uma grande evolução nas finanças públicas. Muitos recursos serão carreados para fundos que poderão alavancar as finanças brasileiras, bem como envolver incentivos enormes a inúmeras atividades.

Com a instituição do Fundo Social poderá haver maior estabilidade na tomada de decisões e nos investimentos, ao lado de solidificar as finanças do país ao enfrentar situações de crise.

O grande problema a ser enfrentado são as dificuldades técnicas na exploração de recursos em alto-mar. Correntes marítimas poderão deslocar plataformas, danos ambientais sérios poderão ocorrer, como o que aconteceu no Golfo do México. Para tanto, é imprescindível que haja aperfeiçoamento técnico, ao lado da sabedoria em utilizar o Fundo Social.

Sem dúvida que os contratos de partilha de produção podem substituir com vantagens os contratos de concessão. Afasta-se o risco do país na exploração do petróleo e do gás, deixando com os concessionários todos os encargos, e seu pagamento será feito em óleo, ficando toda a produção para a União, que partilhará com Estados, Municípios e órgãos governamentais o resultado da extração.

Entendemos que há avanços consideráveis na legislação brasileira a respeito do assunto.

14

A CORRUPÇÃO COMO DESVIO DE RECURSOS PÚBLICOS (A AGRESSÃO AOS DIREITOS HUMANOS)

14.1 Introdução. Conceito

O normal na vida das pessoas é o pagamento dos tributos, quando devidos. Todos têm o dever de colaborar para o suporte das despesas que o Estado tem no cumprimento de suas obrigações constitucionais.

Ocorre que, de uma forma ou de outra, as pessoas procuram caminhos (ou descaminhos) de elisão, evasão ou quaisquer outros meios para não arcar com a carga tributária. Não só a elisão ou evasão, repita-se, mas valem-se dos meandros, dos desvãos comportamentais, para não pagarem os impostos. Sonegam seu pagamento, desviam mercadorias, buscam receber serviços em moeda estrangeira, mantendo contas no exterior, ou cooptam agentes públicos para que evitem exigir o imposto, quando devido, ou, por fim, valem-se, em colaboração com estes, dos mais diversos meios para ilaquear a boa-fé, obter vantagem indevida, e sempre causam danos ao Erário. É a corrupção.

No conceito de Samuel P. Hutington, é "o comportamento de autoridades públicas que se desviam das normas aceitas, a fim de servir a interesses particulares".[1] Repare-se que não são só as autoridades que se envolvem, mas também seus agentes. O servir a interesses particulares pode ser para obtenção de alguma vantagem ou não, e independe de causar ou não lesão ao patrimônio público. Manoel Gonçalves Ferreira Filho define a corrupção como "a conduta de autoridade que exerce o poder de modo indevido, em benefício de interesse privado, em troca de uma retribuição de ordem material".[2] No dizer de Michael Johnston, de forma ampla, pode-se defini-la como "o abuso de funções ou de recursos públicos, ou como o uso de meios ilegítimos de influência política por membros das esferas pública e privada".[3]

---

1 HUTINGTON, Samuel P. *A ordem política nas sociedades em mudança*. Rio de Janeiro: Forense Universitária, 1975, p. 72.

2 FERREIRA FILHO, Manoel Gonçalves. A corrupção como fenômeno social e político, *RDA*, 185/1-18, jul./set. 1991.

3 JOHNSTON, Michael. Agentes públicos, interesses particulares e democracia sustentável: quando política e corrupção se unem. *In*: ELLIOT, Kimberly Ann (Org.). *A corrupção e a economia global*. Tradução de Marsel Nascimento Gonçalves de Souza. Brasília: UnB, 2002, p. 104-105.

Manoel Gonçalves Ferreira Filho indaga dos motivos que levam à corrupção, e esclarece ser o mesmo que saber por que se peca: "Fato é que sempre houve quem corrompesse e quem se corrompesse em todas as sociedades conhecidas. Para isto, fatores pessoais e circunstâncias que é impossível resumir sempre contribuem. Entretanto, há fatores gerais que a isso estimulam, como há outros que a tanto desencorajam, os quais se identificam com um pouco de bom-senso e alguma experiência de vida".[4]

Pode-se indagar das causas da corrupção. Sem pretensão de esgotar a matéria, é ela identificável nas dificuldades criadas pelos governos para obtenção de documentos ou autorizações; na amplitude dos poderes detidos pelos governantes; restrições comerciais (que levam ao descaminho e ao contrabando); rigores fiscais excessivos (que levam à sonegação); ausência de controle democrático das instituições; restrições à imprensa; subsídios governamentais, que levam à renda improdutiva; controle de preços; baixos salários do funcionalismo.[5] Escreve o autor que, "quando os funcionários públicos não recebem remuneração suficiente para que se mantenham, é possível que sejam obrigados a fazer valer suas posições para a coleta de propinas, principalmente quando a expectativa de custo de flagrante e de demissão é baixa".[6]

Estas são algumas das causas, sem prejuízo de outras tantas que possam ser arroladas.

14.2 Psicologia do brasileiro

Como bem anota Marcos Fernandes da Silva,[7] o brasileiro tem comportamento paradoxal. É crítico acerbo da conduta antiética, pública ou privada. No entanto, ao mesmo tempo comete comportamentos aéticos diariamente, quando busca dar propina para guardas de trânsito, no caso de infração, para evitar a aplicação de multa; paga servidores públicos para não ser autuado; admite a sonegação como necessária para sobrevivência de empresas; exerce atividades onde a lei municipal proíbe. Cria um escudo que não o atinge, sendo crítico do comportamento do outro, mas descobrindo desculpas para aliviar sua consciência. Acrescenta o autor que "Brazilians ignore or tolerate corruption or just accept it as a cultural feature of the *homus brasiliensis*".[8]

De outro lado, é bom anotar que o problema não é brasileiro, mas universal.

Um dos estímulos é a impunidade. Da mesma forma o grau de reprovação. Se nada acontece ao servidor que recebe vantagem indevida estando ciente seu colega, fica este estimulado a ter o mesmo comportamento, vendo o "sucesso" financeiro do outro. De outro lado, se a convivência continua e o corrupto se aproxima do centro de poder, dele tornando-se íntimo, sem qualquer reprovação, há o estímulo para que o colega também se corrompa. Multiplicam-se as hipóteses, os seres humanos e os interesses nada nobres.

---

4 FERREIRA FILHO, Manoel Gonçalves. Corrupção e democracia, *RDA*, 226/213.

5 MAURO, Paolo. Os efeitos da corrupção sobre crescimento, investimentos e gastos do governo: uma análise de Países representativos, *In*: ELLIOT, Kimberly Ann (Org.). *A corrupção e a economia global*. Tradução de Marsel Nascimento Gonçalves de Souza. Brasília: UnB, 2002, p. 139.

6 *Idem, ibidem*.

7 SILVA, Marcos Fernandes da. The political economy of corruption in Brazil. *Revista de Administração de Empresas*, FGV, n. 3, 39/26-41, set. 1999.

8 *Idem*, p. 30.

14.3 Democracia e corrupção

Nenhuma razão há para que se possa afirmar a existência de elo entre democracia e corrupção. Ao contrário, quanto mais forte a dose de democracia, menos possibilidade têm os comportamentos ilícitos de prosperar. Nas ditaduras é que ela pode germinar e, sub-repticiamente, estender seus tentáculos em todas as áreas, minando a Administração Pública. Mediante resistência e lutando pela liberdade de expressão é que se pode controlar condutas antijurídicas. Sem dúvida alguma que só a democracia não é suficiente para eliminar a corrupção. Esta anda no submundo, na calada das noites, nos desvãos de mentes pervertidas. Logo, ao lado da democratização das instituições, impõe-se democratizar a sociedade e permitir a participação desta nas estruturas burocráticas.

O mencionado autor conclui seu estudo afirmando que a corrupção "is an institutional phenomenon, and the Brazilian case confirms this assertion",[9] produzindo consequência, como fato econômico.

É verdade que a corrupção não existe apenas em regimes antidemocráticos. No entanto, "nenhuma democracia é livre de corrupção, e alguns regimes autoritários (chamam a atenção, nesse caso, a Cingapura e o Chile) registraram baixos índices. Mas em Estados antidemocráticos os líderes tendem a não prestar contas aos cidadãos comuns. Se a corrupção ocorre e em que grau de disseminação são, nessas circunstâncias, fatores que dependem bastante da honestidade pessoal dos ocupantes do alto comando e de seus aliados".[10]

14.4 Formas de prejuízos

A consequência da corrupção no setor público redunda em sérios prejuízos para o país. Decorrência de comportamentos ilegais significa menos pagamento de tributos ou não ingresso de receitas, o que causa amargo prejuízo aos objetivos públicos. É que, tendo o Poder Público como objetivos fundamentais a educação, a saúde, a defesa externa, a justiça, a habitação e o transporte, tudo fica muito prejudicado, uma vez que, não tendo recursos há fatal prejuízo à boa prestação de tais serviços. Em suma: há sério prejuízo à população diante dos desvios dos ingressos públicos que, em decorrência da corrupção, deixam de vir para os cofres do Estado.

Os prejuízos decorrem não só do não ingresso, mas de despesas aumentadas – o que ocorre, por exemplo, com a elevação dos valores de venda apresentados ao Poder Público em licitações. Como há a institucionalização dos "20%" que devem ser pagos aos agentes políticos ligados à obra, ao serviço ou à compra, os valores formulados nas propostas comerciais normalmente estão acima do mercado, o que obriga a maior dispêndio de recursos para obter o mesmo bem. Muitas vezes os editais já são preparados para que determinada empresa ganhe o objeto do contrato, o que, evidentemente, irá encarecer seu montante. De outro lado, as "revisões" dos valores contratuais, ainda que com previsão em lei, superam os parâmetros de mercado. Susan Rose-Ackerman

---

9 *Idem*, p. 39.

10 JOHNSTON, Michael. Agentes públicos, interesses particulares e democracia sustentável: quando política e corrupção se unem, *op. cit. in* ELLIOT, Kimberly Ann (Org.). *A corrupção e a economia global*, p. 113.

salienta que, "quando o governo está na posição de comprador ou na de fornecedor, surgem diversas razões para o pagamento de propinas aos agentes públicos. Primeira: uma companhia pode pagar para que seja incluída no rol dos concorrentes habilitados. Segunda: essa companhia pode pagar para que os agentes organizem as especificações da concorrência de tal modo que a empresa corrupta seja a única a atender aos requisitos. Terceira: a companhia pode pagar para ser selecionada como vencedora da concorrência. Finalmente: uma vez selecionada, a empresa pode pagar para obter preços inflacionados ou para poupar em qualidade".[11]

Também pode a corrupção decorrer de renúncia fiscal, ou seja, incentivos que são outorgados a determinadas pessoas ou em razão de algum fato, que significam menos recursos que irão abastecer os cofres públicos.

Como anotou Susan Rose-Ackerman, "como os impostos são sempre onerosos, é possível que empresas e indivíduos se mancomunem com arrecadadores fiscais para diminuir os valores arrecadados".[12]

O agente público pode praticar atos que prejudiquem o patrimônio público, seja conluiado com outros agentes, seja com particulares. De qualquer forma, seu comportamento implica dano ao Erário. A Lei nº 8.429/1992 estabelece as diversas formas de ação ou de omissão através das quais pode haver lesão ao patrimônio público. Em termos de direito financeiro, podemos falar que tais atos envolvem desvio de recursos do povo.

Imaginemos uma licitação em que haja conluio entre o agente que prepara o edital para que determinada empresa seja a vencedora, ou em que haja conluio entre os licitantes, e no seio deles já estejam delimitados os trechos da obra que irão realizar. É comum, especialmente em grandes empreendimentos, que a obra seja repartida em segmentos. Normalmente os interessados resolvem entre eles e já sabem sobre qual trecho apresentarão as respectivas propostas, ou seja, não haverá confronto, e, sabedores das propostas dos outros, apresentarão as suas. Logo, cada qual ficará com seu quinhão. Diga-se o mesmo em relação a outras compras, obras ou serviços de que necessita o Poder Público. São formas difíceis de combater. Em todas haverá sobrepreço, uma vez que já se sabe quem irá vencer e, pois, haverá evidente lesão aos cofres públicos, à medida que se obterá serviço por preço acima do mercado.

Em trabalho formulado pelo Fundo Monetário Internacional/FMI datado de 1997, rotulado *Why Worry about Corruption?*, escrito por Paolo Mauro, apurou-se que a perda de receita pode decorrer da evasão fiscal, da concessão de isenções indevidas, da redução da cobrança de tributos ou do aumento do nível das despesas públicas.

14.5 Convenção da OCDE, a Convenção Interamericana e a Lei nº 10.467, de 11.6.2002

No âmbito da OCDE, a "Convenção sobre o Combate da Corrupção de Funcionários Públicos Estrangeiros em Transações Comerciais Internacionais" foi firmada pelo Brasil, na França, em 1997, teve a ratificação autorizada pelo Decreto Legislativo nº 125/2000

[11] ROSE-ACKERMAN, Susan. A economia política da corrupção. *In*: ELLIOT, Kimberly Ann (Org.). *A corrupção e a economia global*. Tradução de Marsel Nascimento Gonçalves de Souza. Brasília: UnB, 2002, p. 64.

[12] *Idem*, p. 67.

e foi promulgada pelo Decreto Presidencial nº 3.678, de 30.11.2000. Obriga à edição de lei sobre a corrupção relativa a crimes praticados por particular contra a Administração Pública estrangeira.

O Brasil aprovou a Convenção Interamericana contra a Corrupção, celebrada em Caracas, por meio do Decreto Legislativo nº 152, de 25.6.2002, e promulgada pelo Decreto nº 4.410/2002, entrando em vigor. Em tal documento, os membros signatários estavam convencidos de que "a corrupção solapa a legitimidade das instituições públicas e atenta contra a sociedade, a ordem moral e a justiça, bem como contra o desenvolvimento integral dos povos". Reconheceram a corrupção no exercício das funções públicas que resulta em distorção na economia. No art. VI a Convenção identifica os atos de corrupção no exercício de função pública, esclarecendo sobre os atos praticados pelos funcionários.

Em cumprimento ao ditado nas Convenções, em que se obrigavam os países signatários a editar lei sobre a corrupção de funcionários públicos estrangeiros em transações comerciais, o Brasil editou a Lei nº 10.467, de 11.6.2002. Acrescenta a lei dispositivos ao Código Penal, instituindo os crimes contra a Administração Pública estrangeira. Foram acrescentados os arts. 337-B, 337-C e 337-D, tipificando os crimes de vantagem indevida a funcionário público estrangeiro, direta ou indiretamente. Fixa a lei os tipos ativo e passivo, considerando "funcionário público estrangeiro, para os efeitos penais, quem, ainda que transitoriamente ou sem remuneração, exerce cargo, emprego ou função pública em entidades estatais ou em representações diplomáticas de país estrangeiro" (art. 337-D). Equipara a tais servidores "quem exerce cargo, emprego ou função em empresas controladas, diretamente ou indiretamente, pelo Poder Público de país estrangeiro ou em organizações públicas internacionais" (parágrafo único do art. 337-D).

No Direito brasileiro a noção de função pública significa a possibilidade jurídica de agir, mediante dever jurídico da ação, em atendimento e em cumprimento a determinada finalidade insculpida em norma jurídica que giza sua atribuição. Isto é: pressupõe um direcionamento a determinada finalidade e impõe a norma o dever de agir. Já, no tocante ao funcionário, as noções variam e têm dimensões diferentes, dependendo do contexto em que se inserem. Assim, uma é a definição do Código Penal (art. 327); outra se destina à titularização de direitos; terceira, à identificação de todos que mantêm qualquer vínculo com a Administração Pública (agentes administrativos); outros são os agentes políticos; há os empregados e também aqueles que são particulares em colaboração com o Poder Público.

A legislação penal no caso do *funcionário estrangeiro* sobreveio em cumprimento ao dispositivo convencional internacional, dando outra concepção, de forma a incluir vínculo com empresas do Estado e em organizações públicas internacionais.

A Convenção Interamericana define a função pública como "toda atividade temporária ou permanente, remunerada ou honorária, realizada por uma pessoa física em nome do Estado ou a serviço do Estado ou de suas entidades, em qualquer de seus níveis hierárquicos". Define bens, fixa os propósitos, prevê medidas preventivas, institui mecanismos para tornar efetivo o cumprimento das normas de conduta. No Brasil já existem o Código de Ética do Servidor Público Civil do Poder Executivo Federal (Decreto nº 1.171/1994); a Lei de Improbidade Administrativa (Lei nº 8.429/1992); a Lei nº 8.730/1993, que obriga os servidores a apresentar declaração de bens, com indicação das fontes de renda; a Lei de Licitações (Lei nº 8.666/1993); os Tribunais de Contas; a Ouvidoria da República; a Lei nº 9.613/1998, sobre repressão da "lavagem" de dinheiro; a Lei de Crimes de Responsabilidade Fiscal (Lei nº 10.028/2000).[13]

Em suma: dispositivos constitucionais e legais existem de sobra para prevenir e reprimir comportamentos antiéticos, ilícitos civis e penais. Resta que os governos disponibilizem mecanismos e instrumentos de prevenção e repressão dos ilícitos de toda ordem, devolvendo a seriedade que o comportamento público exige.

14.6 Comportamentos corruptos. O agente público (sujeito ativo da infração administrativa e do crime)

A conduta pode resultar de ação ou omissão. Imaginemos a venda de patrimônio público. Pode ocorrer o procedimento infracional na avaliação dos ativos da empresa, aumento ou diminuição do valor, para permitir eventual permuta ou locação. Dentre os comportamentos que podem ensejar lesão ao Erário estão: o superfaturamento (aumento artificial de preços de bens ou serviços, com o intuito de propiciar lucros às empresas em troca de propina); agilização de pagamentos (apressar a liberação de verbas); intermediação para obtenção de contratos; preparo de editais (arrumar dificuldades para afastar concorrentes); fraude nas licitações (seja no conluio, prévio à apresentação de propostas, seja no acerto posterior, obtendo composição na subempreitada); manipulação de regras (concessão de incentivos não previstos ou maquiados, para favorecer alguém); venda de informação (dar informação privilegiada sobre taxas de câmbio, juros, medidas específicas do governo); empréstimo de máquina ou bens; tolerância na realização de jogos de azar, casas de prostituição, redução sobre quantidade de peso, medidas, etc., compra de nota fiscal, sem a entrada da mercadoria; omissão na fiscalização do número de varrição na coleta de lixo; redução de peso; omissão na fiscalização ou na restauração de bens históricos, obras artísticas, pinturas, esculturas, etc.; operação financeira sem as devidas formalidades, aceite de garantias insuficientes ou de contragarantias inidôneas.

Em suma: os exemplos podem ser multiplicados, mas não exauridos, diante da inventividade do brasileiro.

Na hipótese de uma licitação bem-feita e idoneamente preparada não haverá prejuízo para o Poder Público e restarão recursos para outro investimento. No caso de comportamento infracional outros serviços deixarão de ser atendidos.

O sujeito ativo da corrupção é o agente público, que pode agir sozinho ou em cooperação, parceria ou coautoria com terceiros. Pesquisa da ONU aponta que 21% dos servidores públicos estão envolvidos em suborno na América Latina.[14] Para espanto de todos, 30 bilhões de Dólares de ajuda à África foram desviados para contas em bancos estrangeiros. A ONU perdeu 48 bilhões de Dólares por causa da corrupção.

---

[13] Citem-se também: Lei nº 8.027/1990 (Código de Ética dos Servidores Públicos Civis da União, das Autarquias e das Fundações Públicas), Lei nº 8.112/1990 (Estatuto do Servidor Público) e Decreto nº 6.029/2007 (Institui Sistema de Gestão da Ética do Poder Executivo Federal).

[14] *Jornal da Tarde*, 14.4.2000.

Antenor Batista faz menção a inúmeros fatos mundiais de corrupção na Geórgia, Rússia, Azerbaijão, China, Estados Unidos, Japão, Irã, Coreia do Sul, etc.[15]

14.7 Propina. Conceito. Obrigação natural. A improbidade como corrupção

Propina, no exato dizer de Maria Helena Diniz, é "ato vedado ao agente público, que consiste no fato de ele receber, direta ou indiretamente, em razão de suas funções, alguma vantagem econômica indevida para praticar, omitir ou retardar algum ato de suas atribuições (...)".[16] É a denominada "caixinha" do funcionalismo público, já cantada em música por Juca Chaves.

A seguir, efetua a autora a enumeração dos requisitos imprescindíveis para a caracterização da propina como ato de improbidade. São: "a) relação entre agente público e terceiro; b) vantagem patrimonial indevida oferecida àquele agente pelo administrado (terceiro); c) aceitação da dádiva pelo agente público, sem embargo da vedação legal; d) ausência de qualquer fundamento jurídico justificativo daquela vantagem ofertada; e) nexo causal entre o benefício indevido e o comportamento do agente público e de terceiro ofertante que o corrompe".[17] A Lei nº 8.429/1992 especifica quais os comportamentos que caracterizam atos de improbidade. A previsão identifica alguns atos de improbidade, que não esgotam os de corrupção. No preciso dizer de Caio Tácito, "a probidade administrativa é, em suma, a norma que rege a conduta do agente público como elemento subjetivo na prática do serviço público, cuja violação caracteriza o instituto da improbidade administrativa".[18] A improbidade decorre da moralidade, estando as condutas infracionais previstas na lei própria.

O favor não precisa ser necessariamente o benefício pecuniário. Pode ser um presente de qualquer ordem, ou menos, um encontro sexual. O induzimento do particular não tem limites. Favores para a família, por exemplo, uma internação em hospital, uma consulta com renomado especialista, etc.

14.8 A corrupção no Legislativo e no Judiciário

A corrupção não existe só no Executivo. No Legislativo é pródiga, no sentido de apresentação de projetos ou na sua aprovação ou rejeição. Nas oportunidades das votações o parlamentar procura obter liberação de verbas ou recebe vantagens pecuniárias. Das leis podem advir prejuízos ao Poder Público (concessão de isenções, anistias, alteração de alíquotas, alteração de planos de uso e ocupação de solo, etc.).

Diga-se o mesmo quando das eleições. Até que o patrocínio venha a ser público, os diversos candidatos buscam aqueles que podem dispor seja de recursos financeiros, seja de camisetas, painéis, papel para edição de panfletos, cessão de veículos, gasolina,

---

15 BATISTA, Antenor. *Corrupção*: fator de desenvolvimento?. São Paulo: Letras e Letras, 1991, p. 53-60.

16 DINIZ, Maria Helena. Um breve estudo filosófico-jurídico sobre a natureza jurídica da propina. *In*: BANDEIRA DE MELLO, Celso Antônio (Org.). *Estudos em homenagem a Geraldo Ataliba 2*: Direito Administrativo e Constitucional. São Paulo: Malheiros, 1997, p. 506.

17 *Idem*, p. 507.

18 TÁCITO, Caio. Improbidade administrativa como forma de corrupção. *Revista Diálogo Jurídico*, Ano 1, Bahia, 1/1-4, nov. 2001.

etc. Tais doações propiciam troca futura de favores, ainda que de forma sub-reptícia ou subliminar. Fica a gratidão, que deve ou tem que ser paga.

No Judiciário pode ocorrer a obtenção de liminares, de sentenças e acórdãos, mediante pagamento de propina. Ocorre tanto no meio dos servidores como também entre juízes, desembargadores e ministros.

Aqui pode haver a intermediação mediante pedidos, insinuações por parentes e amigos, alegações extra-autos.

A prática, dada a possibilidade de interposição de recursos e a existência permanente de advogados de ambos os lados ou do Ministério Público, torna muito mais difícil a existência da corrupção. No entanto, não se pode descartar sua existência.

14.9 A corrupção como crime

A corrupção é punida na legislação penal (art. 317 do CP), que consigna o seguinte tipo: "Solicitar ou receber, para si ou para outrem, direta ou indiretamente, ainda que fora da função ou antes de assumi-la, mas em razão dela, vantagem indevida, ou aceitar promessa de tal vantagem". Na legislação administrativa a prática de atos criminosos significa a aplicação de sanção administrativa, ou seja, pode culminar com a demissão do cargo, função ou emprego.

Excelente trabalho realizou Waldo Fazzio Jr. em seu livro *Corrupção no Poder Público* ao cuidar da corrupção ativa e passiva, da concussão, da prevaricação e do peculato. Analisa as diversas facetas de tais tipos penais.

Corrupção, para o autor mencionado, "designa a ação de apodrecer, estragar ou desnaturar. Há quem o entenda (o termo) como depravação, suborno, desmoralização. Contudo, hoje em dia, apresenta-se afetado por conotação moral, por sentido metafórico que traduz um distanciamento de conduta em relação a determinado padrão tido por correto, um desvio de atuação. No uso vulgar, cifra-se na falta de honestidade, precisamente o atributo que deve ornamentar o desempenho das funções públicas".[19] No dizer de Jesús González Pérez, "a corrupção consiste, precisamente, na utilização de poderes públicos para interesses particulares, qualquer que seja a forma de se manifestar, seja em benefício próprio ou de terceiro ou do partido político; seja por razão de amizade ou por dinheiro ou por outras prestações".[20]

Evitando ou buscando evitar a ocorrência da corrupção, protegem-se o bem jurídico da boa ordem na Administração Pública e também o patrimônio público. Este nem sempre é atingido, porque pode haver consequências danosas apenas para a ética governamental, sem que seja atingido o patrimônio público.

Salienta Waldo Fazzio Jr. que "a corrupção não se confina à ilicitude de conduta isolada. Não é solitária, não se isola; a capacidade de contágio é-lhe imanente. Perfaz o ilegítimo quando promove a edificação de um sistema contra o interesse social. Não pode ser entendida, restritivamente, como simples questão política, em que o interesse do aparato estatal (interesse público secundário) é submetido ao império do interesse privado. Trata-se da submissão deliberada do comunitário ao singular, acrescentando

---

19 FAZZIO JR., Waldo. *Corrupção no poder público*. São Paulo: Atlas, 2002, p. 162.

20 GONZÁLEZ PÉREZ, Jesús. *La ética en la administración pública*. 2. ed. Madri: Civitas, 2000, p. 64.

à desviação de poderes administrativos uma desviação da moral social. Tal é o caso do ocupante de cargo público que o concebe como posto de maximização de lucros".[21]

Outro ponto é a corrupção dentro da corrupção. Caso é da formação de quadrilhas em que diversos servidores se unem para uma prática delituosa, ou quando concertam que todos cobrarão o mesmo "pedágio". Caso de se figurar, igualmente, é o de "criar dificuldades para obter facilidades", isto é, simular exigências desnecessárias para provocar o aumento ou a situação de propiciar o recebimento ou a oferta de propinas.

14.10 O desvio de recursos no Brasil

No mundo todo fala-se que se desperdiça entre 5% a 10% do PIB. São cerca de 4 a 8 bilhões de Dólares perdidos ou desviados dos cofres públicos (há estudo elaborado por Paolo Mauro, economista do FMI, a respeito – *Why worry about corruption*). Excelente estudo foi feito por Marcos Fernandes Gonçalves da Silva, que foi publicado pelo SENAC (*A economia política da corrupção no Brasil*, ed. Senac, 2000).

No Brasil a corrupção tem aumentado. Em estudo feito pela ONG Transparência Internacional (TI) o Brasil aparece em seu relatório em 80º lugar dos países *menos corruptos* do mundo, com nota 3.5 (*ranking* com contagem de 0 a 10 pontos, sendo os de maior índice países com menor grau de corrupção).[22]

Os dados, como se vê, não são animadores.

De tudo resulta grave prejuízo para o Brasil, que perde recursos, na medida em que contrata acima de preços de mercado; contrata sem querer ou, querendo, contrata mal; dá incentivos fiscais que serão desvirtuados; frauda licitações; exige propinas; vende informações – tudo em detrimento do Erário público, chegando, segundo pesquisas, a prejuízos de cerca de 5% do PIB.

Desnecessário dizer que os desvios de recursos públicos significam perda para a denominada sociedade civil. Com tais mecanismos inescrupulosos e criminosos, as verbas não chegam a seu destino. Assim, dos 25% das receitas dos impostos que Estados, Distrito Federal e Municípios devem destinar à educação, valor mais protegido e privilegiado pelo constituinte, cerca de 5% são desviados de seu destino. Da determinação de investimento em saúde, tal como estabelecido pela Emenda Constitucional nº 29/2000, percentuais significativos são também surrupiados. Diga-se o mesmo dos recursos destinados a habitação, saneamento básico e justiça. Logo, nascem a má prestação dos serviços jurisdicionais, os movimentos dos sem-teto, os movimentos dos sem-terra, crianças sem aula e famílias sem atendimento médico adequado.

Os percentuais podem ter se alterado para mais ou para menos, mas o problema continua.

No Brasil a "flexibilidade" do comportamento moral é o grande incentivar das condutas desviantes. É o que salienta Manoel Gonçalves Ferreira Filho ao afirmar que talvez no Brasil o fator que "mais favorece a corrupção seja a tolerância da sociedade para com ela".[23]

---

21 FAZZIO JR., Waldo. *Corrupção no poder público*, p. 35.

22 Disponível em: http://www.transparency.org/news_room/in_focus/2008/cpi2008/cpi_2008_table. Acesso em: 04 maio 2011.

23 FERREIRA FILHO, Manoel Gonçalves. A corrupção como fenômeno social e político, *op. cit.*, *RDA*, 185/15.

No exato dizer de Antenor Batista, "como se vê, somos todos partícipes da corrupção; ora somos réus ou corréus; ora somos autores ou coautores; ora somos vítimas; ora somos omissos. Ora oponentes ativos de suas práticas".[24]

14.11 A corrupção como agressora dos direitos humanos

Se entendermos os direitos humanos como aqueles bens da vida consagrados nas Constituições e que permitem uma vida digna, inequívoca a conclusão de que a corrupção impede a plena preservação dos direitos sagrados do indivíduo. Os direitos fundamentais vêm consignados nos textos formais das Constituições das grandes democracias. Só que o desvio dos recursos impede a plena execução material dos direitos consagrados nos modernos diplomas legais.

Os direitos humanos são obra de milênios de luta na briga pela preservação da integridade física e moral do ser humano. Sevícias da Idade Média, agressões de toda ordem, Inquisição, insegurança, despotismo, ditaduras sem fim, que violentam as liberdades, o autoritarismo, o analfabetismo, o absolutismo, a fome, tudo leva à segregação das pessoas, que, desvalidas, não podem exercer o mínimo de seus direitos. Os direitos à vida, à dignidade, ao trabalho, à moradia, à justiça social, à liberdade e, por fim, o pressuposto de todos, à alimentação, tudo dá respeitabilidade ao homem.

O Estado não pode ser inimigo da sociedade civil. Ao contrário, complementa-se com esta e é seu representante. A sociedade, de seu turno, é a destinatária natural dos recursos obtidos pelo Estado. A finalidade precípua do Estado é assegurar o bem-estar das pessoas, dar-lhes dignidade de vida. Valendo-se de sua atividade instrumental, de arrecadação de recursos, tem que destiná-los à prestação de serviços, ao exercício do poder de polícia e à intervenção no domínio econômico. Enfim, estruturar-se para o atingimento de sua finalidade primeira, qual seja, prestar atividades ao indivíduo.

Consequência evidente da corrupção é a agressão aos direitos humanos. Na medida em que os recursos públicos são desviados para pagamento de propinas, para extorsão de servidores, para fraudes, para compra de consciências, para liberação acelerada de verbas, para ganho em licitações, para não pagamento de tributos, para sonegação – enfim, para deturpação de qualquer espécie –, o lesado não é o governo, mas o ser humano.

Se um serviço sai mais caro do que o preço de mercado, menos recursos chegam, por exemplo, para a construção de escolas, de creches, de postos de saúde e hospitais. Como as empresas sabem que terão que "molhar a mão" de servidores, já vem embutido um sobrepreço para suportar tal "excesso". Logo, a obra sai mais cara, o que retira recursos de outros serviços. Diga-se o mesmo do atraso do governo em liberar recursos, o que obriga os empreiteiros a efetuar o pagamento de propina para receberem o que é seu, uma vez que o serviço já foi feito ou a obra já foi concluída.

Se é assim, evidente está que com receitas que poderiam gerar mais hospitais, creches, escolas, merenda escolar, leite, cestas básicas, etc., e como são elas desviadas de seus objetivos para atender a comportamentos corruptos, há o que se pode rotular de disfunção da função. No dizer de Bobbio, "a disfunção pertence à patologia da função e a função negativa à fisiologia (...). A disfunção refere-se ao funcionamento de uma

[24] BATISTA, Antenor. *Corrupção*: fator de desenvolvimento?, *op. cit.*, p. 17.

determinada instituição e a função negativa à sua funcionalidade. Uma instituição com funcionalidade positiva pode funcionar mal sem que sua função se faça negativa por isto, assim como um instituto com funcionalidade negativa pode funcionar bem sem que sua função se faça positiva".[25] A disfunção refere-se à anomalia no exercício da função.

Ora, o vício na função prejudica a boa ordem dos serviços e atividades da Administração Pública. A disfunção revela o desvio na conduta. Logo, o que poderia estar servindo aos relevantes interesses da Administração servirá como instrumento para comportamento desviante. Logo, os mais sagrados objetivos da sociedade estarão comprometidos pela conduta desviante. Por consequência, os recursos que foram gerados pelo Poder Público para o cumprimento de suas finalidades ficam em mãos espúrias.

Daí não termos dúvida em afirmar que a corrupção violenta os direitos humanos.

Como assinala Susan Rose-Ackerman, "na Índia e no Paquistão a corrupção nos sistemas de irrigação faz que aqueles que se situam na base do sistema corram o risco de obter muito menos água do que aquela de que precisam mesmo para a lavoura de subsistência".[26] Outra informação importante provém da Nigéria, onde boa parte do petróleo "foi dissipada pela corrupção".[27] De outro lado, "a exportação de subornos é uma forma de fuga de capital que costuma sair cara para os cidadãos do país".[28] Assinala a mesma autora que "uma parcela da riqueza do país é distribuída para pessoas do sistema e para concorrentes corruptos, o que contribui para as desigualdades de renda".[29]

Indisputável, em conclusão, que a corrupção impõe pesadas perdas na arrecadação pública. São trágicos os desvios de recursos que poderiam estar sendo destinados à consecução dos objetivos primeiros do Estado. No entanto, alimentam triste mercado paralelo da dignidade humana.

14.12 A corrupção como fator de desenvolvimento social

É comum que chefes do Executivo se sintam estimulados a construir obras públicas, uma vez que aumentam os benefícios de que irão usufruir percentualmente através do "pedágio", isto é, da propina que lhes será encaminhada, por vezes em vantagens materiais (apartamento em nome de terceiro ou em moeda estrangeira, depositada no exterior ou para guarda pessoal). No entanto, com a realização da obra beneficiam-se o transporte, os prédios públicos e as residências que venham a ter as vias públicas asfaltadas, etc.

Se há busca de recursos minerais e são descobertos, pode haver participação do agente político, o que estimula a liberação de alvarás de lavra, etc.

A disponibilidade de recursos para construção de prédios particulares, apartamentos e casas leva o servidor a se entusiasmar com a liberação rápida de alvarás de licença para construção ou de localização.

---

[25] BOBBIO, Norberto. *Contribución a la teoría del derecho*. Valência: Fernando Torres, 1980, p. 271.

[26] ROSE-ACKERMAN, Susan. A economia política da corrupção. *In*: ELLIOTT, Kimberly Ann (Org.). *A corrupção e a economia global, op. cit.*, p. 78.

[27] *Idem, ibidem.*

[28] *Idem*, p. 77.

[29] *Idem*, p. 78.

Em suma: benefícios privados, corrupção pública, que pode levar, no entanto, ao desenvolvimento social. Vícios privados podem redundar em benefícios públicos. Muito interessante a análise que faz Eduardo Giannetti da Fonseca ao estudar a ética na riqueza das Nações. Interessante o relato que faz sobre Bernard de Mandeville ao defender a prostituição em nome da proteção da castidade sexual e criticar a educação popular em nome da preservação da felicidade do povo – "a ignorância servindo, no caso, como uma espécie de ópio capaz de trazer contentamento e alegria aos menos favorecidos".[30] Chega a afirmar que "a virtude era o crime bem-sucedido".[31] O autor relata a vida de uma colmeia, pujante, vibrante, cheia de vícios, e os trabalhos eram sempre para sobrepujar vícios anteriores: "A economia da colmeia girava alimentada pelos vícios que moviam as abelhas como consumidoras e produtoras".[32] Eram "escravas da volúpia, do exibicionismo e do capricho da moda".[33] As abelhas não eram apenas aproveitadoras, corruptas e egoístas; eram míopes e incapazes de ver que "o esplendor econômico da colmeia, do qual tanto se orgulhavam, resultava precisamente de seus vícios e taras".[34] Em suma: o esplendor da colmeia era tal, que cada abelha se achava acima das demais e acima de toda desonestidade e depravação que percebia à sua volta. Acrescenta o autor que "a cada nova denúncia, a cada novo escândalo, ao menor incidente que se tornasse público, as abelhas embarcavam numa verdadeira orgia de insultos, acusações e recriminações mútuas, cada uma clamando por mais honestidade e rezando pela regeneração moral das demais".[35] Ocorre – acrescenta o autor – que Júpiter baixa um decreto eliminando qualquer traço de egoísmo, oportunismo e corrupção da colmeia. A primeira consequência que surge é um sentimento de vergonha. Posteriormente, cai a máscara da hipocrisia e despencam os preços, os tribunais se esvaziam, os devedores pagam suas dívidas, o sistema judicial torna-se ocioso, o clero fica inútil, porque não há pecados a perdoar. No setor público, a economia experimenta uma brutal contração. Os cargos, antes ocupados por três abelhas, "que assistiam à canalhice umas das outras", esvaziam-se. Deixam a mamata. Políticos tornam-se frugais, vivendo com seus salários.[36] Declinam o comércio, a produção, e sem guerra não há indústria de armamentos e sem vaidade não há produção e comércio de bens de luxo. Mandeville faz uma análise de sua própria obra, mostra a impossibilidade de usufruir os elegantes confortos da vida e ser abençoado com toda a virtude e inocência. Exibe, então, a insensatez dos que, desejosos de pertencer a um povo florescente, próspero e sequioso dos benefícios que podem receber enquanto tal, estão sempre murmurando e condenando aqueles vícios "que desde o início do mundo até o dia presente sempre foram inseparáveis de todos os reinos e Estados que se renomaram pelo seu poderio, riqueza e refinamento ao mesmo tempo".[37]

30 FONSECA, Eduardo Giannetti da. *Vícios privados, benefícios públicos?*. São Paulo: Cia. das Letras, 1994, p. 135.

31 *Idem*, p. 136.

32 *Idem, ibidem.*

33 *Idem, ibidem.*

34 *Idem, ibidem.*

35 *Idem*, p. 137.

36 *Idem, ibidem.*

37 *Idem*, p. 138, citando Bernard de Mandeville e seu livro *A fábula das abelhas ou vícios privados, benefícios públicos.*

Chega-se à conclusão de que a completa virtude leva à estagnação. Afirma Eduardo Giannetti da Fonseca que "o vício benéfico se mostra, quando pela justiça podado e limitado".[38] Tirando os excessos (virtude absoluta) em contraponto com o vício completo, há que se ponderar, como faz Eduardo Giannetti da Fonseca, que "afirmar que a virtude pura não funciona na economia, o que é verdadeiro, de forma alguma significa dizer que o vício puro funcione, o que é falso".[39]

É paradoxal, mas verdadeiro.

De outro lado, afirma Paolo Mauro que "recentes evidências empíricas sugerem que a corrupção reduz o crescimento econômico", o mesmo sucedendo com "os investimentos".[40] Prova "perdas na arrecadação tributária quando assume a forma de evasão de impostos ou o uso indevido de isenções arbitrárias na tributação".[41] De igual maneira afeta a "composição das despesas do governo".[42]

Não se pode confundir o exercício da prática política com a corrupção. Aquela envolve negociações, transações, acertos. Tudo no sentido nobre do termo. O *lobby* nos Parlamentos é absolutamente adequado e correto, desde que utilizado no sentido de convencimento do parlamentar. Bandeia para a corrupção quando algo é ofertado e aceito.

Temos que encontrar o ponto de equilíbrio entre o sopesamento da natureza humana, que é frágil em ceder às tentações do fácil e do ganho imediato, ao lado de estimular a vaidade, e o regramento dos comportamentos éticos e econômicos que devem balizar a vida das Nações.

14.13 As multinacionais e a corrupção

Esclarecem Patrick Glynn, Stephen J. Kobrin e Moisés Naim que com a globalização, com a era da informação, os instrumentos corruptivos também aprimoraram seus métodos de ação. Anotam que "em nenhum setor da economia mundial os *bits* tomaram o lugar dos átomos na mesma proporção que no mercado financeiro internacional. Hoje o sistema financeiro internacional engloba centenas de milhares de computadores, ligados a satélites, em comunicação instantânea entre si. Tais computadores possuem ligação mais estreita que a das barracas da feira de uma aldeia. O volume que transita por essa rede é quase incalculável: bem superior a 1 trilhão de Dólares por dia, somente nas transações cambiais".[43] Em tais casos basta um toque para que tudo se altere. As autoridades governamentais são obrigadas a ir atrás de tal dinheiro, no mais das vezes provindo de recursos sujos.

Acrescentam que, "à exceção das multinacionais dos Estados Unidos, que criminalizaram essa prática há quase 20 anos, é costume de as multinacionais instaladas em países industriais oferecer propinas a autoridades de países em desenvolvimento como mecanismo para firmar acordos comerciais. Muitos países desenvolvidos não só

---

38 *Idem*, p. 140.

39 *Idem*, p. 144.

40 MAURO, Paolo. Os efeitos da corrupção sobre crescimento, investimentos e gastos do governo: uma análise de Países representativos. *In*: ELLIOT, Kimberly Ann (Org.). *A corrupção e a economia global*, *op. cit.*, p. 140.

41 *Idem*, p. 141.

42 *Idem, ibidem.*

43 GLYNN, Patrick J.; KOBRIN, Stephen; NAIM, Moisés. A globalização da corrupção. *In*: ELLIOT Kimberly Ann (Org.). *A corrupção e a economia global*, *op. cit.*, p. 37.

autorizam, e por meios legais, essa prática de suborno, como também permitem que as empresas deduzam as propinas como despesas legítimas do negócio".[44]

Em 1993 um grupo de ex-executivos do Banco Mundial fundou a "Transparência Internacional", que se dedica à luta contra a corrupção nas transações comerciais e financeiras internacionais. O grupo tem tido muito sucesso. No entanto, os desvãos do crime são bastante grandes e buscam meios de lograr a fiscalização, seja dos Estados, seja de ONGs que têm por objetivo o combate à corrupção.

De qualquer maneira, tentativas existem, e devem ser estimuladas.

É comum que grandes empresas, querendo iniciar suas operações comerciais em determinado país, busquem, por todos os meios, caminhos lícitos ou ilícitos para superar qualquer dificuldade. Buscam alguém ligado ao governo, com forte relacionamento, primeiro para iniciar o *lobby*. Depois, para propiciar reuniões, jantares, presentes, etc., com o que "minam" inicial resistência. Posteriormente oferecem recepções, viagens, etc. No terceiro momento vem o bote. Normalmente a presa cede e se corrompe. Como dizem Dani Rodrik e James E. Rauch, "nas licitações do governo, o suborno ou o tráfico de influência é comum até mesmo nos países industrializados mais desenvolvidos. Com frequência faz confusão em relação à linha que divide subornos e contribuições políticas legais. No país do qual tenho maior conhecimento, ou seja, os Estados Unidos, os incidentes da seleção de empreiteiros com base nas contribuições de campanha (normalmente irregulares) podem ser observados desde a esfera municipal até o governo federal".[45]

É comum que funcionários públicos deixem seus empregos para atuarem como empregados de multinacionais que participam de licitações junto a órgãos públicos. É o que se denomina de "porta giratória". Os Estados têm tentado instituir a conhecida "quarentena", isto é a proibição de ex-servidores se empregarem em empresas durante certo tempo.

14.14 O primeiro criminoso moral

Quando a dominação é absoluta ou, mesmo não o sendo, quando ela decorre da estratégia do governante para iludir os governados, fácil é àquele que detém o poder dele abusar. Montesquieu, em frase famosa, disse: "C'est une expérience étternelle que ce qui a le pouvoir tient a en abuser".

Evidente que, se as coisas públicas não são abertas, se não são transparentes, fácil é ao governante fraudar os cofres públicos, seja por ato próprio, seja através dos fornecedores, dos concessionários, dos permissionários, de empreiteiras de obras públicas, etc. Todos aqueles que lidam com o dinheiro público têm interesse em receber corretamente, a tempo e no prazo. O que deveria ser o normal em qualquer administração passa a ser exceção para justificar a superação das dificuldades. É criá-las para poder obter facilidade.

---

[44] *Idem*, p. 41.

[45] RODRIK, Dani; RAUCH, James E. *In*: ELLIOT, Kimberly Ann (Org.). *A corrupção e a economia global, op. cit.*, p. 175.

Para se passar a um comportamento corrupto não é necessária muita coisa. Na sociedade capitalista na qual vivemos, em que o consumo passa a ser prioridade e a sedução da propaganda tem o condão de conquistar a tudo e a todos, a possibilidade que o agente público tem de se envolver na busca de dinheiro é bem elevada. Ressalvam-se os que têm couraça defensiva de dignidade, que não se envolvem em falcatruas, em desvio de recursos e, enfim, em comportamento corruptivo.

Em excelente análise sobre a patologia dos comportamentos humanos (*Os Anormais*), Foucault afirma que "o primeiro monstro moral que aparece é o monstro político".[46] Assim, "o primeiro monstro moral que aparece no fim do século XVIII, em todo caso o mais importante, o mais notável, é o criminoso político";[47] é aquele que, "rompendo o pacto que subscrevera, prefere seu interesse às leis que regem a sociedade de que é membro".[48] Prossegue o mesmo autor afirmando que, "como o crime é uma espécie de ruptura do pacto, condição do interesse pessoal em oposição a todos os outros, vocês estão vendo que o crime é essencialmente da ordem do abuso do poder".[49] O autor equipara o crime de assassinato ao da ordem arbitrária da direção governamental.

Na essência, diferença não existe. Ambos os comportamentos são agressões à ordem jurídica. Enquanto o crime comum atinge determinado setor da comunidade, o crime político alcança toda a dimensão da sociedade. Também menos verdade não é que, uma vez institucionalizada a sanção pelo Estado, todos os crimes atingem a coletividade como um todo. Um é o criminoso comum e o outro é o moral. Assim, para Foucault, o pior criminoso "é o que infringe o pacto social fundamental. O primeiro monstro é o rei".[50]

Seguindo as pegadas do autor, realmente, a gravidade dos crimes praticados contra o denominado pacto originário (em cuja existência não cremos) são mais graves que os crimes tipificados e praticados pelo comum dos homens. Uma coisa é alguém se investir de autoridade pública para praticar atos, outra é a prática de crime no dia a dia da sociedade. O assassino, embora tire a vida de alguém e atinja a ordem jurídica como um todo, atinge uma família específica. Aquele que assume um cargo público, seja por concurso, seja por confiança, seja por eleição, tem a grave competência de tomar conta dos interesses coletivos. Qualquer ordem que der contra a normalidade administrativa atingirá uma série indeterminada e indeterminável de pessoas. O bem jurídico aqui é muito maior e mais grave que o atacado por um furto de pequeno valor.

Daí ser interessante a afirmação de Sade, para quem apenas a lei cria o crime. Onde não há lei, não há crime.[51] A afirmação sadeana é mais forte, diz que não existe o crime: "La où il n'y a pas de loi, il n'y a pas de crime". É, pois, o homem quem faz as leis, e porque as faz é que deve a elas ter o maior e mais profundo respeito. A infração da lei praticada pelo político, isto é, alguém que tem a responsabilidade maior da direção da coisa pública, é mais grave.

---

46 FOUCAULT. *Os anormais*. 2. ed. São Paulo: Martins Fontes, 2010, p. 78-79.

47 *Idem*, p. 79.

48 *Idem, ibidem*.

49 *Idem, ibidem*.

50 *Idem*, p. 80.

51 FOUCAULT, Michel *La grande étrangère*. Paris: Éditions EHESS, 2013 (Coleção Audiographei, vol. 7), p. 170.

14.15 Corrupção. Desenvolvimento

Onde há a presença do ser humano há corrupção. A frase pode parecer dura, mas é real. Como se viu anteriormente, o ser humano é movido por emoções, sentimentos que defluem do recôndito de sua mente e de outros órgãos explicitadores dos comportamentos impróprios. Mesmo o rubor na face pode transmitir ou o recato ou o pecado.

Susan Rose-Ackerman inicia seu livro *Corruption and government – causes, consequences and reform* com a seguinte afirmação: "Poverty, poor health, low life expectancy, and unequal distribution of income and wealth are endemic throughout the world".[52]

Os Estados desenvolvem atividades em todos os setores: controlam benefícios, distribuem custos, realizam investimentos, obras, etc. Todos os que contratam com a Administração Pública recebem pagamentos. Se tudo ocorresse regularmente, não haveria qualquer ilegalidade. No entanto, antes da realização dos gastos, pode haver interesses escusos a deflagrar o procedimento licitatório e posteriormente contratual: conluios anteriores ao início de qualquer despesa, acertos no curso do procedimento, formas de deliberação por comissões ou agentes públicos, pagamento final, tudo está submetido, por força dos desejos que imperam e dirigem os comportamentos, à corrupção.

Os recursos arrecadados pelos Estados, tributários ou não, são escassos, finitos. As necessidades a serem atendidas são infinitas. Logo, o governante tem que optar pelo atendimento de políticas públicas. Esta opção já vem marcada por interesses escusos: ou os critérios são legais, ou ficam na dependência da vontade do administrador – surgem as propinas (*bribes, payoff*). Todo aquele que tem qualquer interesse junto à Administração Pública busca resolvê-lo. Diante da estrutura burocrática, criam-se dificuldades, atrasos, problemas e toda sorte de complicações – mas sempre aparece alguém que irá superá-los. Surge o comportamento desviante.

Há uma série de exemplos no livro de Susan Rose-Ackerman que bem ilustram os diversos comportamentos infracionais. Ao cuidar de demandas fixas[53] a autora fala em *faster moving queue* (que se pode traduzir por "furar a fila"), ou seja, pagamentos que são feitos para dar preferência àquele que paga a propina ao invés do que aguarda, serenamente e em cumprimento às regras de cidadania, o atendimento na ordem de chegada. São preferências dadas aos que têm amizade com "figurões" do governo, aos que estão próximos dos agentes públicos, aos que estão qualificados socialmente, aos que são ricos, aos protegidos, aos cabos eleitorais, etc.

Obtenção rápida de documentos, tais como passaporte, licença para dirigir veículos, certidões cartorárias, cancelamento de multas de trânsito, interferência junto às autoridades policiais, etc., tudo significa o pagamento de suborno a burocratas. Como diz Susan Rose-Ackerman, "since time is money, firms and individuals will pay to avoid delay. In many Countries a telephone, a passport, or a driver's license cannot be obtained expeditiously without a payoff".[54] Pode-se pagar para reduzir custos, para evitar taxas ou incômodas exigências aduaneiras.

---

[52] ROSE-ACKERMAN, Susan. *Corruption and government*: causes, consequences and reform. Cambridge University Press, 1999, p. 1.

[53] *Idem*, p. 12.

[54] *Idem*, p. 15.

O crime organizado tem forte participação nos desvios de comportamento. Normalmente procura a corrupção policial, de políticos e juízes que permitam tirar proveito de seus negócios.[55] Busca a deficiência e o arbítrio de alguns governos.

A "grande corrupção" está presente nos mais altos níveis do governo, e envolve os grandes programas do Estado. Pagamentos corruptos buscam obter concessões e as grandes obras dos governos. Atinge as altas esferas do governo. Agentes públicos menores aceitam propina e buscam partilhá-las com seus superiores.[56] A corrupção normalmente alcança o governo na aquisição de bens e serviços.[57]

Um dos pontos centrais do livro diz respeito à reforma do serviço civil. Responsabilidade, bons vencimentos, estrutura e hierarquia funcional, revisão de conceitos, tudo colabora para que a corrupção diminua no escalão burocrático.

Corrupção é a mistura do poder público com ganhos privados. Há diferença entre ambos, mas estão conectados. Os pagamentos podem ocorrer não apenas em dinheiro, mas também com presentes, viagens, patrocínios, etc.

No âmbito político é importante haver o discurso livre, a proteção das liberdades civis, o que redunda na transparência do governo.

A autora distingue a *cleptocracia*, "where corruption is organized at the top of government",[58] e Estados em que a propina está enraizada em grande número de agentes de escalão inferior. Um dos maiores escândalos é a *máfia*, definida como "grupo criminoso organizado que providencia serviços de proteção que substituem os prestados pelo Estado nas sociedades comuns" (definição de Diego Gambetta).[59]

A autora passa a examinar a democracia e a corrupção: a democracia propicia estabilidade na atividade econômica (se as bases são sólidas, há decréscimo de comportamentos antiéticos). No entanto, políticos podem aceitar propinas e financiamento ilegal de campanha, tolerando pagamentos "por fora" e pagamentos de grupos ricos.

Nas democracias a corrupção está associada ao financiamento de campanhas, e precisam encontrar meios de financiamento com desestímulo aos contribuintes. Os parlamentares eleitos precisam estar distantes dos interesses patrocinados pelos contribuintes. Ao receberem dinheiro privado, fica evidente o vínculo político com o patrocinador, que irá cobrar comportamento compatível com seus interesses.[60]

A autora apresenta as seguintes propostas para diminuição da corrupção mencionada: (a) limitação do tempo da campanha; (b) regras claras para a campanha; (c) limitação de doações; e (d) fontes alternativas, como o fundo público para patrocínio das campanhas.[61] Além disso, o federalismo também limita a ação corrupta, pois cada um age dentro de seus limites territoriais e pode haver limitação do aparato governamental.

No Poder Judiciário deve haver controle na riqueza e no poder dos juízes, que podem explorar suas posições para ganhos privados. A corrupção no Judiciário é custosa para a democracia, porque se perde a confiança nas instituições – investimentos desaparecem

---

55 *Idem*, p. 23.
56 *Idem*, p. 49.
57 *Idem* p. 59.
58 *Idem*, p. 114.
59 *Idem*, p. 121.
60 *Idem*, p. 127-137.
61 *Idem*, p. 140.

quando não há segurança e certeza jurídicas. As organizações não governamentais podem ser importantes instrumentos para a redução da corrupção, desde que seja permitido a elas agir livremente e denunciar os comportamentos. A mídia exerce papel preponderante,[62] podendo facilitar a discussão pública; mas os meios de comunicação não podem estar associados a partidos políticos.

A corrupção também tem a ver com a relação internacional. Cabe o controle dos interesses internacionais e de grandes empresas que afluem para os países. A autora calcula que 20% dos recursos sumam nas tratativas. Eles não representam apenas as propinas em si, mas contratos inflados, perda de equipamento e outros desvios decorrentes de propinas toleradas.[63] Como bem diz a autora, "corruption involves a buyer and a seller".[64]

A "lavagem" de dinheiro é um grande perigo, mas campanhas internacionais, ligação entre os países e decência das empresas podem limitar o problema. É fácil "lavar" dinheiro em Estados limítrofes. "Thus strong international action against money laundering can help mitigate both problems."[65] Impõe-se grande reforma. O sistema eleitoral precisa ser revisto na América Latina.

Em conclusão, a autora pondera que interesses pessoais e interesses públicos frequentemente conflitam. Logo, há reclamações sobre propinas, pequenas ou grandes; contudo, os servidores públicos acreditam que tais ofertas são normais, não emprestam qualquer eficiência à máquina pública. Ao contrário, o desvio significa que os interesses públicos não são atendidos.

Trata-se de problema econômico e problema político, ambos arraigados na cultura. A corrupção não é problema que possa ser atacado isoladamente. Não basta a punição criminal, que alcança pequeno montante. Claro que o governo deve demonstrar rigor. Não há apenas uma resposta para solucionar o problema. Para essas alterações é fundamental que haja mudança no alto governo e vontade de esforços anticorrupção. Só mudanças estruturais não eliminam nem diminuem o problema.

Em livro rotulado *The History of Corruption in Central Government* (série de artigos sobre corrupção encabeçada por Seppo Tiihonen, Ministro de Finanças da Finlândia) há um artigo introdutório escrito pelo coordenador e outros que analisam a situação da corrupção em diversos países. O autor define a corrupção como "a disease of public power is an indication of bad governance".[66] Corrupção é, no mundo globalizado, um perigo estrutural. Os fatores que podem diminuir a corrupção são: democracia, leis e direitos civis.

Há instrumentos que podem ser utilizados pelo governo e que imporão limites aos comportamentos desviantes. Identifiquemos alguns instrumentos anticorrupção: (a) obstáculos institucionais – (1) Poder Judiciário independente e efetivo; (2) Legislativo insuspeito; (3) persecução independente; (b) responsabilidade política – (1) partidos políticos confiáveis; (2) transparência no financiamento partidário; (3) votos parlamentares

62 *Idem*, p. 165.
63 *Idem*, p. 179.
64 *Idem*, p. 185.
65 *Idem*, p. 190.
66 TIIHONEN, Seppo (ed.). *The history of corruption in central government*. Ed. Tihonen, 2003, p. 1.

abertos; (4) declaração patrimonial; (c) participação da sociedade – (1) liberdade de informação; (2) audiências públicas; (3) trabalho de organizações não governamentais; (d) setor privado competitivo – (1) reforma econômica; (2) reestruturação de monopólios; (3) simplicidade de procedimentos; (4) transparência na administração das empresas; (5) trabalhos colegiados; (e) organização no setor público – (1) servidores públicos submetidos à meritocracia com pagamentos condignos; (2) orçamento balanceado; (3) controle de tributos e alfândegas; (4) prestação de bons serviços; e (5) descentralização com responsabilidade. Este é o quadro que o autor apresenta para eliminação (debilitação, ao menos) das práticas corruptas.

Comumente a corrupção é vista como "dar propina ou recebê-la". O autor fala em "bribery, extortion, influence peddling, nepotism, fraud, speed money and embezzlement".[67] E arrola as diversas formas de corrupção. É questão de indivíduos ou de sistemas políticos? Existe o comportamento desviante desde a Antiguidade e surge individualmente bem como no meio de organizações, empresas e âmbito político. Define, então, a corrupção como (em tradução livre) "abuso da autoridade pública, em favor de especiais interesses, para obter benefícios pessoais ou benefícios para uma organização".[68]

Na Administração Central a corrupção tem suas raízes no sistema político. A corrupção no coração das sociedades é silenciada pela prática "which all know of, but nobody speaks about".[69] A má administração é decorrência da traição, do entorpecimento moral das autoridades e da ausência de providências. Provém também da fraqueza humana.

O autor divide a história em períodos da civilização. O liberalismo introduziu alguns pontos importantes: o sufrágio geral, a igualdade e a separação dos Poderes. Os partidos políticos funcionam como associações, a liberdade de imprensa e as eleições parlamentares ajudam na restrição a comportamentos desviantes e, por fim, na redefinição do papel do Estado.

Seppo Tiihonen aponta uma série de medidas que podem ser tomadas contra a corrupção e contra a má administração: (a) controle e responsabilidade sobre os métodos adotados; (b) padrões éticos; (c) discussão na imprensa livre; (d) padrões para o comportamento de servidores; (e) proibição de mais de um serviço público; (f) proibição de aceitação de presentes, patrocínio de viagens; (g) proibição do uso de propriedade do governo para propósitos pessoais; (h) proibição do nepotismo; (i) padrões de incapacidade; (j) abertura de interesses pessoais; (k) declaração de interesses privados e renda quando da aceitação do emprego público; (l) fixação de impedimentos quando da saída do serviço público; (m) relatório e registro de firmas envolvidas em corrupção; e (n) mecanismos de aplicação da lei.[70] Ao final, o autor esclarece que seus registros apontam que a corrupção está conectada a relações da Administração, políticas, econômicas e com a sociedade.[71] O texto é bastante rico em informações.

---

67 *Idem*, p. 5.

68 *Idem*, p. 12.

69 *Idem, ibidem*

70 *Idem*, p. 29.

71 *Idem*, p. 31.

O livro ainda examina a corrupção em países como a Austrália, o Canadá, a Finlândia, a Alemanha, a Grécia, a Itália, a Holanda e os Estados Unidos. Vê-se, pois, que há bastante informação a respeito do tema. Quando cresce a corrupção, os agentes públicos celebram ou buscam celebrar contratos secretos – invocam a *razão de estado* para se subtraírem à investigação democrática. Em largos termos, é o que se pode deduzir da leitura dos autores.

14.16 A corrupção na literatura. Shakespeare. Sófocles, Gogol e Machado de Assis

14.16.1 O dinheiro em Shakespeare

Não foi só o grande escritor alemão a se preocupar com a parte financeira do Estado. Fê-lo também o bardo inglês. Nasceu em Stratford upon Avon e casou-se aos 18 anos com Anne Hathaway. Dedicou-se ao teatro, tornando-se proprietário e sócio de alguns deles. Sua existência foi posta em dúvida, mas hoje já se assentou não só sua vida, como também sua notável produção intelectual.

O autor utiliza diversos nomes para identificar as moedas (Gustavo Franco fala em 36 nomes diferentes).[72] Em *King Lear* o autor se refere à imunidade que o rei se outorga, não apenas em termos de edição de moedas, como também em face da lei criminal ("Não, não poderão pegar-me por cunhar moedas, sou o rei" – Ato IV, Cena 82). A palavra que identifica a moeda é *coinage*.

14.16.2 O teatro elisabetano como empresa

Shakespeare refere-se muito ao mercado e o incorpora ao teatro. Este era um dos grandes empreendimentos que os empresários podiam fazer. Sofreu forte abalo sob o governo de Cromwell, quando os espetáculos públicos foram proibidos.[73] Tudo era tolerado em caráter precário. Apenas os ricos podiam investir no teatro. Ao monarca cabia atender ou não ao funcionamento. Assim, sob Elisabeth I, "o patronato de um nobre ou a própria coroa era elemento fundamental para salvaguardar, no plano político e regulatório, a integridade operacional das atividades de uma companhia de teatro".[74] O teatro era um bom negócio.

14.16.3 Contratos

Na obra de Gustavo Franco e Henry W. Farnam, *Shakespeare e a Economia* – em que os autores e escreveram capítulos próprios – o assunto foi tratado com mais detença. Shakespeare cuidou de diversos temas relacionados à economia.[75] Em *O Mercador de Veneza* o tema é amplamente tratado com Antônio, empresário que patrocina os amores de seu amigo Bassânio, emitindo título de crédito, dando como garantia seu próprio corpo. Há invocação do episódio bíblico de Jacó, que justificaria a usura (Ato I, Cena III).

---

72 FRANCO, Gustavo; FARNAM, Henry W. *Shakespeare e a economia*. Rio de Janeiro: Zahar, 2009, p. 29.

73 *Idem*, p. 58.

74 *Idem*, p. 60.

75 FRANCO, Gustavo; FARNAM, Henry W. *Shakespeare e a economia, op. cit.*

É dinheiro que gera dinheiro. Antônio, aliás, tinha frota de navios mercantes (Ato III, Cena II). Há menção ao financiamento de estudantes em *Os Dois Cavalheiros de Verona* (Ato I, Cena III, 6-10).

14.16.4 Corrupção, empresas e empresários

Em *Medida por Medida*, há invocação da corrupção, ao dizer: "Onde vi fervilhar a corrupção que manda tudo" (Ato V, Cena I). Há menção ao contrato de seguro ("putter-out of Five for one" – *A Tempestade*, p. 131). Em *A Megera Domada*, Trânio, fazendo-se passar por Lucentio, fala que o pai possui "três caravelas, mais dois galeões, e doze barcos leves" (Ato II, Cena I). Há o comércio de tabaco (*Rei João* – Ato V, Cena IV) ao falar: "mas mesmo nesta noite, cujo hálito negro venenoso já enfumaça a crista flamejante do sol velho, fraco e cansado do trabalho diurno".

Em *Antônio e Cleópatra* há a afirmação de que: "Sou só uma mulher e sujeitada às mesquinhas paixões da que ordenha ou faz tarefas vis" (Ato IV, Cena XV). Em *Conto do Inverso*: "e que o leite coalha, mete-se no pilão e na moenda, põe ranço na manteiga da fazenda". Cuida de mãos que trabalham (*Como Quiserem* – Ato III, Cena II), de carneiros (*Conto de Inverno*, Ato IV, Cena III) e abelhas (*Bom é o que Acaba Bem* – Ato I, Cena II), ao dizer: "Já que não trago mais nem mel nem cera, devo sumir depressa da colmeia, dar vez a quem trabalha". Outra menção há em *Henrique IV* (Ato I, Cena V).

Em relação ao direito financeiro, há a arrecadação: "a sexta parte de cada! Que imposto apavorante! É como se tirássemos de cada árvore a copa, a casca e parte do tronco. E, embora deixássemos a raiz, mutilada assim, o ar absorverá a seixa" (*Henrique VIII*, Ato I, Cena II).

Henry W. Farnam cuida, especificamente, da análise na obra do grande teatrólogo e poeta inglês do problema da *economia social*. Ressalva as críticas que foram dirigidas a Shakespeare por George Bernard Shaw e por Liev Tolstoi (duras críticas).

14.16.5 O cenário político shakespeariano de privilégios

Shakespeare viveu em época do predomínio de ricos e da classe cheia de privilégios.[76] Em *King Lear* critica duramente a não distribuição da receita, onde se lê: "Que o homem satisfeito e luxurioso, que abusa de ti e não quer ver, porque não sente, sinta o teu poder! A distribuição anula o excesso e serve a todos". Em seguida, afirma: "Nisto se vê a grande imagem da autoridade: um cão é obedecido se ocupa um cargo, meirinho vil, para essa mão sangrenta". E, na sequência: "Poderás, qual político, fugir que vês o que não vês" (*Lear* – Ato IV, Cena VI). Critica o governante que "o fim do bem-estar geral esqueceu do começo" (*A Tempestade* – Ato II, Cena I).

14.16.6 Diferença entre ricos e pobres. Corrupção e as políticas públicas

Entende Shakespeare que ricos e pobres são iguais: "juntos, pobre e rico, apodrecem no mesmo pó. Respeito, o anjo do mundo, é que os distingue e coloca alto e baixo" (*Cimbeline* – Ato IV, Cena II). Notável a afirmativa que se encontra em *Péricles*, ao dizer:

---

76 FRANCO, Gustavo. *Shakespeare e a economia, op. cit.*, p. 196.

"Como os homens na terra; os grandes comem os pequenos. Nada parece tanto com nossos avarentos ricos quanto uma baleia: brincam, empurram os pobres dos pequenos, até engolirem todos de uma vez. Já ouvi falar de baleias, que só fecham a boca depois de engolir a paróquia, a igreja, campanário, sinos e tudo" (Ato II, Cena I). Em *Coriolano*, a fala deste personagem histórico é gritante no sentido de desmerecer o povo: "Deixem-nos passar fome, com os armazéns atulhados de grãos" (Ato I, Cena I).

Em suma, o grande poeta inglês deixou-nos – embora não tivesse sido esta sua preocupação primeira – grandes textos em face da economia e também em relação às finanças públicas e ao Estado. Sua grande preocupação foi retratar caracteres à luz das emoções. Identificou personagens típicos, egoístas, maldosos, poderosos, escarnecedores da população, traidores, etc. Em relação ao Estado fez a mesma coisa, apontando os crápulas no exercício de atribuições públicas em face do desvio de recursos públicos. Apontou exemplos típicos de corrupção e egoísmo – *Coriolano* é exemplo disso.

Em *King Lear* é que se vê com mais detalhes a atuação do direito financeiro. Pode-se dizer que há a importância da distribuição de receitas para atender às políticas públicas. O ponto central é a distribuição que *anula o processo* e *serve a todos*. A saber: o Estado tem que mirar sempre o atendimento aos desvalidos. Não é o caso de *Coriolano*, que detesta a plebe, busca apenas sua glória pessoal e o favorecimento da Pátria. Detesta o povo, tanto que não é eleito para o Senado, que tanto almejava, e volta-se contra o Estado Romano.

Vê-se quão ricos em informações interessantes para todos os ramos do Direito são os autores, que já se ocupavam de matérias curiosas. O aprofundamento em temas como estes pode nos dar boas lições de Direito. Não fica de fora o direito financeiro. A literatura é farta no sentido de propiciar ao estudioso o estudo da corrupção.

O Inspetor Geral, de Gogol é um dos exemplos na literatura russa. Trata do indivíduo que chega a determinado lugar precedido de fama de inspetor rigoroso (nem inspetor é, mas é tido como tal por erro de informação) e passa a ser tratado pela comunidade como tal, sendo suscetível de corrupção. Oferecem-lhe dinheiro, moradia, etc., enquanto escondem as coisas para que não veja (hospital, escola, etc.). Ao final, não é nem inspetor, e foge com todo o dinheiro recebido.

Em *Filoctetes*, de Sófocles, Odisseu (Ulisses) coopta o filho de Aquiles, que deverá seduzir Filoctetes a ir para a frente da batalha. Ele havia sido abandonado pelo próprio Ulisses e por outros chefes dos guerreiros gregos, porque tinha sido picado por uma cobra e estava com a perna intumescida, putrefata e malcheirosa. Deixaram-no numa ilha, sozinho e abandonado. O oráculo informa que ele deve ir à guerra para que os gregos vençam pela força de seu arco. Ulisses convence, por raciocínio persuasivo e corrupto, que o filho de Aquiles vá até Filoctetes, prometendo sua volta ao lar, quando, em verdade, é para levá-lo à guerra. A frase em que há o sucumbir é trágica: "Sepulto...".

Em *Quincas Borba*, a sutileza de Machado de Assis nos faz antever e entrever a perspicácia corrupta de Palha, que aos poucos toma conta da fortuna de Rubião, a quem fora deixada a fortuna de Quincas, sob o compromisso de cuidar do cachorro. Palha fará vistas grossas da paixão mostrada por Rubião sobre sua mulher Sofia, que deixa entrever seu colo. Aos poucos Palha consegue ficar depositário dos títulos de Rubião. Quando solicitado, afirmava que Rubião ia perdê-los e teimava em permanecer com a custódia. Certa oportunidade, Rubião diz: "– Sofia (...)", disse de repente Rubião. E continuou, com pausa, "– Sofia, os dias passam, mas nenhum homem esquece a mulher que verdadeiramente gostou dele; ou então não merece o nome de homem". Aos poucos Palha tira tudo de Rubião, a ponto de fazê-lo vender a casa nobre para instalá-lo em modesta casa. Aos poucos Rubião endoidece (paixão frustrada?) e morre sem nada.

14.17 Medidas de combate à corrupção

O combate à corrupção faz-se através da educação da população, bem como pela democratização das instituições. Os sistemas de controle devem sobrevir, não só para modernizar o serviço público, mas para fazê-lo permeável a eles, possibilitando a participação da população. De outro lado, a livre imprensa tem papel importante, através da denúncia de fatos ou atos ilícitos.

Enumeremos comportamentos que podem resultar em redução efetiva da corrupção: (a) participação dos cidadãos nos instrumentos de controle da Administração Pública; (b) recuperação ética no funcionamento das instituições; (c) transparência na gestão pública; (d) instituição de mecanismos efetivos de controle do gasto público, seja através de organismos fortes e eficazes, seja pela redução da discricionariedade orçamentária; (e) tomada de contas, não pelos instrumentos atuais, mas através da efetiva demonstração do gasto público; (f) vontade política efetiva; (g) instituição de mecanismos de controle, tais como Defensoria do Povo, *Ombusdman*, Corregedoria do Serviço, ou outros assemelhados; (h) transparência nas práticas empresariais, com contabilidade que seja fiscalizada ou que obedeça a regras normativas; (i) combate duro e permanente ao tráfico de drogas; (j) educação e informação à população, através de programas de alfabetização e de educação para a cidadania; (k) criação de normas e procedimentos eficazes e rápidos para a apuração de desvios e sua respectiva punição; (l) regulamentação adequada do sistema bancário nacional, para o controle de transações acima de determinados limites; (m) estrutura policial bem paga e unificada; (n) sistema judicial preparado para julgamento e aplicação de sanções, com preponderância sobre outros casos de menor importância; (o) estímulo à crença religiosa.

14.18 Receitas provindas de acordo de leniência

14.18.1 Origem

O pacto de leniência surge no direito norte-americano, sendo que o programa para corporações data de 1993 e para indivíduos de 1994. A gênese do programa data de 1978 e se atribuiu competência ao Departamento de Justiça (Divisão Antitruste) para apurar os fatos e operar o acordo.

Diante dos inúmeros problemas de corrupção e de desvios que o Estado enfrentou, resolveu-se conceder ao que lograsse identificar empresas ou indivíduos que estivessem burlando regras econômicas e ocasionando danos ao Erário que efetuasse uma denúncia, evitando sofrer sanções. Assim funcionariam as coisas: alguém envolvido em qualquer operação ilegal com prejuízos à livre concorrência poderia denunciar outros envolvidos nas mesmas práticas; se da indicação de indícios se comprovassem os danos, lavrar-se-ia o pacto de leniência, através do qual a empresa (ou indivíduo) signatária apontaria elementos identificadores do prejuízo à livre concorrência. Se de tal identificação resultasse a comprovação da participação das empresas e dos danos acarretados, o signatário se livraria das sanções e evitaria a prisão.

14.18.2 Legislação brasileira

A prática produziu bons resultados, e o Brasil importou a ideia, disciplinando o acordo de leniência no art. 35-B da Lei nº 10.149, de 21.12.2000. Na sequência, a Lei nº 12.846, de 1.8.2013, dispôs sobre a responsabilidade administrativa e civil das pessoas jurídicas pela prática de atos contra a Administração Pública. O pressuposto é que a empresa tenha praticado infração à ordem econômica. Inspecionada ou apurada a prática da infração, ela passa a colaborar com as investigações. Se tal colaboração lograr a identificação de outros coautores (inciso I do art. 35-B) e resultar na "obtenção de informações e documentos que comprovem a infração noticiada ou sob investigação" (inciso II), lavra-se o pacto.

Há, pois, requisitos imprescindíveis para a identificação da lavratura do acordo.

A lei, em seu art. 5º, arrola os atos que reputa lesivos à Administração Pública. Como consequência, surgem a sanção pecuniária e a publicação extraordinária da decisão condenatória (incisos I e II do art. 6º). Uma série de circunstâncias é levada em conta para imposição da multa (parágrafos do art. 6º e art. 7º, em seus incisos).

14.18.3 Requisitos

O acordo de leniência só poderá ser celebrado se a empresa ou pessoa física for "primeira a se qualificar com respeito à infração objeto da investigação" (inciso I do §2º do art. 35-B da Lei nº 10.149/2000), cessar seu envolvimento (inciso II) na prática infracional, a Secretaria de Desenvolvimento Econômico/SDE não disponha de elementos que identifiquem a prática abusiva (inciso III) e, por fim, havendo confissão da participação da empresa ou pessoa física no ilícito e cooperação com a apuração (inciso IV).

De teor semelhante o art. 16 da Lei nº 12.846/2013, tendo "a autoridade máxima de cada órgão ou entidade pública" a atribuição de celebrar o acordo de leniência.

As exigências podem ser cumulativas e não exclusivas, ou seja: a empresa que busca o benefício do pacto deve atender a todos os requisitos previstos na lei.

14.18.4 Procedimento

Ao ter ciência da prática da infração, cabe ao órgão administrativo instaurar apuração a respeito. No início, mero procedimento administrativo (que é o instrumento adequado para se apurar uma infração). Identificados os autores e comprovada uma falta, instaura-se, então, processo administrativo (art. 8º da Lei nº 12.846/2013). A diferença reside no fato de que no procedimento há uma série de atos imbricados no tempo para apuração da prática da autoria de um ilícito bem como da ocorrência fática da infração. Identificado o autor e apurado o fato infracional, instaura-se, então, o processo administrativo, instrumental hábil de acusação e defesa.

No âmbito federal cabe à Controladoria-Geral da União a competência para instaurar os processos respectivos (art. 8º, §2º).

Desnecessário dizer que o processo administrativo deve assegurar todas as garantias constitucionais à empresa.

14.18.5 O acordo de leniência

No interior do processo administrativo é que cabe o denominado *acordo de leniência*, isto é, a confissão do ato infracional pela empresa (ou indivíduo) e sua disposição de ajudar na identificação de outras empresas que igualmente praticaram atos contra a ordem econômica e apontar quais atos foram praticados. Não basta a intenção de colaboração. Hão de ser identificados empresas e atos infracionais.

Para Modesto Carvalhosa o acordo de leniência consiste em "um pacto de colaboração firmado entre a autoridade processante e a pessoa jurídica indiciada ou já processada, através do qual se estabelece a promessa de serem abrandadas as penalidades aqui instruídas (art. 6º) uma vez alcançada a maior abrangência do concurso delitivo em termos de pessoas jurídicas e/ou agentes públicos envolvidos, sabendo-se que estes últimos não integram, como sujeitos ativos, o devido processo penal-administrativo, como reiterado".[77]

Interessante frisar que os deveres das partes pactuantes se dão em momentos distintos. Para as pessoas jurídicas, a partir da assinatura do acordo nasce o dever de fornecer informações que auxiliarão a investigação. Já, para o Poder Público, seu dever de atenuar a pena só nasce a partir do momento em que comprova como úteis as informações fornecidas pelo infrator.

O efetivamente decisivo para a celebração do pacto é o atendimento às exigências constantes do art. 16, I e II, da Lei nº 12.846/2013, ou seja, a identificação de outros (ou outro) envolvidos na infração ou documentos que comprovem, acima de qualquer dúvida, o ato corruptivo.

A partir daí é que se efetua o pacto de leniência. As regras informadoras de tal acordo são as mesmas que identificam a denominada delação premiada no campo penal. O importante é que do comportamento da empresa resulte avanço nas investigações e se logre, de forma efetiva, a identificação de outras empresas envolvidas em desvios econômicos ou descumprimento das leis a respeito e haja identificação de atos praticados por elas.

A ideia de conceder benefícios àqueles infratores que pretendem auxiliar a investigação de delitos de ordem econômica, ou, mais precisamente, àqueles relacionados à livre concorrência, se dá a partir do fato de que são delitos difíceis de investigar sem o auxílio dos envolvidos, uma vez que ocorrem em caráter silencioso e fraudulento.

O acordo deverá ser sigiloso. O sigilo se dá às informações fornecidas pela pessoa jurídica e à investigação com base nas informações recebidas. Não se pode confundir com a aceitação de realizar o acordo de leniência, pois a informação de que determinada empresa realizou o acordo de leniência é pública, com base no disposto no art. 6º da Lei nº 12.846/2013.

---

[77] CARVALHOSA, Modesto. *Considerações sobre a Lei Anticorrupção das Pessoas Jurídicas*: Lei nº 12.846, de 2013. São Paulo: RT, 2015, p. 371.

A manutenção do sigilo da proposta de acordo apresentada pelo infrator tem como finalidade precípua a preservação do colaborador de possível confissão quanto à matéria e reconhecimento da ilicitude da conduta em caso de não recebimento da proposta do acordo.

14.18.6 As multas. O *compliance* – Seu aspecto jurídico

Embora o acordo de leniência busque a suavização da punibilidade do infrator que teve participação na atividade ilícita contra a Administração Pública em troca da colaboração com as investigações, há a necessidade de pagamento de multa e implementação de política interna de *compliance*. A palavra outra coisa não significa senão o procedimento para o cumprimento das leis e demais normas.

Compliance (provém do Inglês *to comply* – "agir de acordo com a regra") é a obrigação da pessoa jurídica de obedecer a todas as normas desenvolvidas pelos órgãos de regulamentação de seu segmento. A política é obrigatória a partir da complexidade de normas regulatórias para diversas atividades, com o objetivo-fim de evitar problemas jurídicos e de imagem.

O setor que iniciou com o *compliance* foi o das instituições financeiras, que, no pós-crise de 2008 e dos escândalos de governança corporativa, viram a necessidade de desenvolver mecanismos de monitoramento interno das empresas.

As empresas desenvolvem tal política em quatro vertentes: (a) treinamento de empregados em todos os níveis sobre a política anticorrupção; (b) desenvolvimento de um código interno de condutas que verse sobre tratamento com clientes, com prestadores de serviços, entre os funcionários, etc.; (c) criação de canais internos e externos que facilitem a comunicação sobre atos suspeitos; e (d) controle de atos que se desviem dos objetivos do *compliance* dentro da empresa.

Não há uma estrutura-padrão para a política de cumprimento de lei; em regra, ela se guiará pela complexidade da atividade da empresa e pelas normas regulatórias do setor, com o objetivo final não só de cumprir com as normas regulatórias, mas também de evitar a incidência em tipos penais.

A política de *compliance* busca coibir, de outro lado, a reincidência de atos criminosos junto à Administração Pública. Retrata a expectativa do legislador de conter a corrupção a partir da prevenção interna das empresas que contratam com o Poder Público.

As penalidades previstas na lei são duas: *multa* e *publicação da decisão condenatória* – o que não impede que o infrator responda por sanções civis.

O acordo de leniência "recompensa" o infrator que auxilia nas investigações com a redução da pena de multa em até dois terços do total e isenta a pessoa jurídica das sanções de publicação extraordinária da decisão administrativa. Existem outros benefícios possíveis no âmbito civil, tais como isenção da proibição de receber do governo federal incentivos, subsídios e empréstimos, entre outros.

As *multas* são sanções. Não têm natureza tributária. Sancionam o descumprimento dos deveres jurídicos.

Para o direito penal a multa é caracterizada como pena de cunho pecuniário. Como já afirmamos, a *multa* "é sanção de tipo pecuniário que atinge o patrimônio do transgressor de uma norma administrativa, a título de dano presumido da infração, ou de cunho meramente punitivo".[78]

O acordo de leniência ocorre antes do início do processo penal. A condenação na pena *multa* não seguirá exatamente a mesma natureza jurídica com a mesma destinação das penas de multa provenientes da condenação em processo penal.

As *multas* derivadas de processo administrativo também têm natureza jurídica sancionatória. O que as difere das multas aplicadas a partir do processo penal é a destinação dos valores. Enquanto no processo penal os valores são destinados ao Fundo Penitenciário, no caso que se analisa as receitas ingressam nos cofres públicos.

As multas são (a) coercitivas e (b) compositivas de danos. No primeiro caso objetivam forçar o infrator a não reincidir. No segundo visam a compor os danos causados. No caso em estudo o caráter é cumulativo.

Ademais, as multas não gozam do atributo da executoriedade.

As administrativas, já afirmamos, podem ser transmitidas a herdeiros e sucessores: "as *multas administrativas* não se confundem com as penas. Ambas podem ser aplicadas a pessoas jurídicas, mas apenas as administrativas são transmissíveis a terceiros, responsáveis civis pela infração".[79]

De outro lado, devem ter seu valor atualizado pelos índices oficiais.

O *compliance* merece algumas palavras em complementação do raciocínio já desenvolvido.

Precedentes. A expressão *compliance* tem sido empregada para determinar o comportamento adequado de uma empresa e se estende para o Estado. Espécie de constrangimento a pessoas físicas, que se devem comportar adequadamente, bem como ao Estado, que deve pautar suas ações de acordo com o que está determinado em lei e agir sempre de forma a cumprir seus deveres constitucionais e legais.

Qualquer desvio do cumprimento do modal deôntico contido nas normas é suficiente para que o mesmo ordenamento jurídico se revolte e busque afastar a conduta ilícita, ao mesmo tempo em que o sanciona.

O problema, ao lado do jurídico, é ético.

Ética. O centro das indagações e análises recai sobre a ética. Como disse Aristóteles "a excelência é, portanto, uma disposição do caráter escolhida antecipadamente. Ela está situada no meio e é definida relativamente a nós pelo sentido orientador, princípio segundo o qual também o sensato a definirá para si próprio. A situação do meio existe entre duas perversões: a do excesso e a do defeito".[80]

É o agir sem excesso e sem defeito. Como a lei não pode prever tudo (por impossibilidade física ou material e jurídica), o ser humano deve agir com a necessária e imprescindível prudência. É como opera a régua de Lesbos.[81]

Claro está que o sentimento ético se refere a *valores*. Como diz Marilena Chauí "os juízos éticos de valor são também *normativos*, isto é, enunciam normas que determinam o *dever ser* de nossos sentimentos, nossos atos, nossos comportamentos. São juízos

---

[78] OLIVEIRA, Regis Fernandes de. *Infrações e sanções administrativas*. 3. ed. São Paulo: RT, 2012, p. 142.

[79] *Idem*, p. 143.

[80] *Ética a Nicômaco*. São Paulo: Atlas, 2009, p. 49, livro II, item 5.

[81] Cf. ARISTÓTELES, *op. cit.*, p. 125, livro V, item 30.

que enunciam obrigações e avaliam intenções e ações segundo o critério do correto e incorreto".[82]

Origem. O cumprimento das normas jurídicas ou dos costumes da época sempre existiu. Não há se apontar uma origem. Alguns afirmam que teria surgido por criação do Banco Central dos Estados Unidos na década de 1970.

Ora, a exigência ética do comportamento sempre existiu. Desde gregos e romanos, de acordo com as regras de comportamento da época, até no interior dos mosteiros da Idade Média. Prosseguiu com o advento da modernidade. Existe no meio indígena de todas as épocas e em qualquer país. As regras de comportamento não são invenção da modernidade, mas são fluidas, dependendo da época em que foram instituídas. Tempo e espaço são requisitos importantes para compreensão da ética existente.

Ética individual. No campo da individualidade, cada qual responde por seus atos frente aos preceitos legais que exigem comportamento legal. As leis preveem e punem atos em desacordo com as normas jurídicas. Os desvios de comportamento, como falsificação, inadimplemento contratual, agressões, apenas para exemplificar, são sancionados no âmbito do relacionamento privado. O Direito Civil pune as más práticas ou os desvios de conduta.

Ética empresarial. A repulsa de condutas empresariais em desacordo com as leis do mercado leva as empresas a se submeterem às sanções previstas (a parte comercial do Código Civil, bem como leis esparsas estabelecem as repressões). Mais recentemente, diante dos inúmeros casos de corrupção que ocorreram por parte de grandes empresas junto aos órgãos públicos, o legislador editou normas mais rígidas em relação ao relacionamento mencionado.

O desrespeito ético no relacionamento que deve imperar entre Estado e empresas levou o Poder Legislativo a editar uma série de normas sancionadoras de condutas criminosas. Faremos análise da legislação mais adiante.

Ética estatal. Pior do que as anteriores, uma vez que os homens agem movidos por paixões, seja no campo de sua individualidade, seja no campo da cobiça empresarial, pior quando tal comportamento atinge o Poder Público. Este que deveria manter uma burocracia profissional, deixa-se levar por engodos e pela sedução do ganho fácil, e passa a comprometer toda a estrutura estatal. O Estado vira bandido, por força do desvio de conduta de seus agentes. Aqueles que deveriam titularizar os mais nobres interesses coletivos passam a ter conduta criminosa.

Reação do mundo jurídico. Os desmandos agigantam-se e passam a prejudicar toda a vida da coletividade. Corrupção ativa e passiva, peculato, extorsão e diversos outros tipos penais passam a fazer parte do dia a dia da população, que a tudo assiste ansiosa, preocupada e revoltada.

Há uma angústia que cresce no meio dos arranha-céus. Há uma inconformidade que grassa por toda a sociedade. A grita chega ao Parlamento e este dá resposta através de um plexo de leis que busca não apenas prevenir, mas reprimir os comportamentos desviantes.

---

82 *Convite à filosofia*. Ática, 2002, p. 337.

Como utilizar os mecanismos de *compliance*? As empresas particulares estatuem regras de comportamento interno para seus dirigentes e demais empregados. Após tantos problemas vividos pelo Brasil e pelo mundo, as empresas passaram a instituir mecanismos de controle mais rígidos.

Empresas familiares são mais difíceis de delimitação, porque as decisões são tomadas pelo chefe da família ou pelos familiares, que apenas levam em conta os interesses pessoais da companhia, ainda que isso vá contra todos os preceitos éticos. O que prevalece é o lucro da empresa, e, pois, todo e qualquer comportamento, ainda que ilegal, é validado antecipadamente. Para vencer uma licitação, podem ser utilizados todos os meios legais e ilegais (fornecimento de propina para o agente público). O que vale é o sucesso da empresa. Pouco importam os meios.

O lucro anestesia a conduta ética. Pouco importam as regras legais. O que vale é a obtenção do contrato, o lucro, o pagamento de propina, o bem-estar pessoal da diretoria. Às favas com regramentos "mesquinhos" que impedem a empresa de crescer. É quase a adoção weberiana da tese da "ética do capitalismo". Evidente que Weber não convoca ao descumprimento das regras. Ao contrário. O que quer dizer é que a busca do lucro, a glória do sucesso da empresa, neutraliza qualquer sentimento mais nobre.

Depois do desabamento ético da empresa, depois que o nome foi ridicularizado no meio empresarial, depois de ofensas lançadas aos presidentes e diretores das companhias, depois de esgarçada a moral, depois de revelados os bastidores das falcatruas, as empresas, agora, reposicionam suas condutas para adequá-las às leis e aos princípios éticos que deveriam tê-las norteado de antemão.

Então, o *compliance* não nasce modernamente. Sempre existiu. Quando as entranhas da corrupção foram reveladas é que o assunto tomou assento nos meios empresariais e jurídicos.

Mecanismos internos de controle. Paixões internas. Normalmente as empresas possuem equipes de auditoria. Verificação de contabilidade, de reabastecimento de material, de distribuição de produtos. Isso é uma coisa. Outra, bem diversa, é saber ou aprimorar o funcionamento da empresa. É cuidar para que os empregados e diretores não se corrompam nem se deixem corromper. O mecanismo de controle é diferente.

Assim, as empresas constituem um ramo de controle sobre possível corrupção praticada por seus subordinados. Desde o presidente, os diretores dos diversos setores e os empregados devem se submeter a determinados vetores de conduta.

Em primeiro lugar, instituir um órgão de controle dos comportamentos éticos. Insista-se: não se cuida de controlar o funcionamento da empresa, mas de como ela age em face das condutas ilegais ou imorais.

Todos são seres humanos e vêm-se seduzidos pelos mais diversos interesses. A um apetece o lucro fácil; a outro, a ascensão nos quadros da empresa; terceiro quer prestígio junto à diretoria; últimos podem desejar a formação de patrimônio. Todas as vaidades devem ser consideradas pelos órgãos de controle.

Freud nos ensinou que no interior de cada ser humano há um *id* indevassável. Em contato com a vida está o *ego*, centro de confronto, e, por fim, o *superego*, que é a sociedade repressora. Os seres humanos balançam entre tais limites. Diante de cada situação, vê-se tentado a agir negativamente (*esperança que nada aconteça*) ou positivamente (*temor da repressão).* Se tem esperança que nada irá acontecer, o ser humano avança e ultrapassa os limites da ética e invade o da corrupção (acha que não há gravação ou testemunhas); se acredita que poderá ser pego, pensa em sua situação familiar e se detém nos limites do lícito. É a inolvidável lição de Spinoza ("Ética").

As empresas têm, então, que monitorar, por órgãos que institui, toda tramitação de sua produção, do contato com outras empresas e com os diversos entes federativos. Tem que estar atenta para que as coisas se desenvolvam por preços justos e adequados às tratativas que enceta.

Os diretores devem exigir dossiês dos órgãos de controle. Gráficos, indicação de situações sensíveis e conter informações financeiras, jurídicas e criminais sobre todo o andamento da empresa. Grande ou pequena, pouco importa. As tentações estão em todas as portas.

A diretoria deve estar atenta porque a tentação à fraude, à manipulação de números, de resultados, tudo pode estar sendo alterado para mistificar a conduta e dar transparência de seriedade quando, em verdade, empregados mal-acostumados buscam vantagens indevidas.

Por que é importante o *compliance*? Hoje, as empresas e o Estado devem apresentar-se de maneira hígida no mundo econômico. Devem demonstrar, qual mulher de César, não só serem bem-intencionadas e puras, mas serem-no, efetivamente.

Por tal razão é que devem instituir mecanismos internos de controle para se apresentarem perante os que com elas vão contratar ou manter qualquer relacionamento, que são idôneas e assim se apresentam.

É que o mundo todo exige tal prática. Se, num exame interno, permitido pela empresa ou pelo Estado ficar demonstrado que se mantém rigoroso controle de práticas e condutas, a entidade se apresenta absolutamente proba perante terceiros. Isso tem valor de mercado.

Práticas regulatórias. Prevenção de risco. As práticas regulatórias são *internas* ou *externas*. Prevenir sempre foi melhor que remediar. A existência de mecanismos internos de controle é essencial na sobrevida de uma empresa. Deve instituir, por qualquer meio formal, a presença de órgão de controle. Alguma autoridade há de fiscalizar, controlar e determinar retificações de comportamentos. A só presença de tal órgão será bastante indicativa de que determinada empresa cuida da seriedade da prática de seus atos, de sua produção e de suas vendas.

De outro lado, a seriedade na expedição de ordens de serviço, de documentos fiscais, de certificado de mercadoria será indicativa da seriedade externa da empresa. Dentro dela, os *stakeholders*, ou grupos de interesse que afetam o planejamento, dão seriedade ao comportamento empresarial.

Podem surgir pontos de conflito entre diversas áreas. Deve existir alguém na instância intermediária para corrigir os rumos e aparar as diferenças. Confrontos surgem em qualquer hipótese. O importante é não deixar que os desencontros se alastrem de forma a macular o funcionamento da estrutura. Daí a importância de órgãos de solução rápida dos conflitos que surjam.

Toda estrutura se destina a prevenir *riscos*, ou seja, a vida empresarial há de ser a mais correta possível. O *risco* pode causar danos à empresa. Não o risco comum dos negócios, a álea existente em todos os relacionamentos humanos, e especialmente os contratuais. A *gestão de prevenção do risco* se destina a evitar possíveis perdas materiais ou humanas. Os sistemas devem estar interligados para serem acionados a qualquer risco. Se uma peça não funciona impõe-se sua troca. Para a empresa o que interessa é a *eficiência econômica* com o mínimo de risco. Sua prosperidade financeira depende de que tudo funcione a contento. Há que existir prevenção de risco e mecanismos que o detectem tão logo possam surgir e que sejam evitados ou consertados.

O direito administrativo. Formas de controle. A existência de normas de controle de todas as atividades empresariais se aplica ao direito administrativo. Nem mais nem menos. A diferença é que as primeiras incidem sobre a atividade empresarial e servem para qualquer empresa, enquanto as demais dizem respeito ao Estado.

As portas da Administração Pública foram arrombadas diante do quadro calamitoso constatado nas gestões Lula e Dilma. Nenhuma indicação de ideologia política, mesmo porque a corrupção sempre grassou no interior da Administração Pública. Tenho afirmado que basta uma investigação detalhada sobre qualquer Ministério ou Secretária da União, Estados-membros, Distrito Federal e Municípios, para que se constate o estado lastimável do interior da Administração Pública. Aparecerá, então, uma situação cancerosa, pútrida e corroída pela corrupção.

A colusão foi quase perfeita. Agentes públicos e privados se uniram para literalmente roubar (em sua expressão mais significativa e popular) o Erário. Forjavam-se contratos, superfaturavam valores, emitiam notas fiscais frias e realizavam todo tipo de procedimento para fraudar os costumes e os recursos públicos. Como dizia o Padre Vieira em um de seus sermões dirigidos ao rei, em que afirmava que os exploradores vinham ao Brasil não para querer "nosso bem, mas nossos bens".

O conluio que se operava entre meliantes do lado empresarial e bandidos do lado do Estado resultava em odioso conúbio para o assalto aos cofres públicos.

Todo esse período foi esgarçado durante a denominada Operação Lava-Jato, que desnudou perante a população brasileira a ladroagem escancarada da classe política e da estrutura empresarial.

O que mais é necessário para que o Estado exerça controle adequado e preciso sobre as contas públicas?

Em complemento a tais determinações sobreveio a Lei de Responsabilidade Fiscal (Lei Complementar nº 101/2000) que outorgou ao Estado instrumentos hábeis de controle de todas as despesas públicas e respectivos controles.

O que se diz é que de normas estamos satisfeitos. Resta executá-las e pô-las em prática.[83]

O que ocorre, no entanto, a ponto de termos que nos debruçar sobre desvios de comportamento de toda ordem, por parte dos agentes públicos e pelas empresas que buscam exaurir o Erário?

Tudo deveria funcionar adequadamente. Os servidores públicos deveriam dignificar as funções e cargos que ocupam e, pois, impedir que pudesse existir qualquer desvio

[83] BOBBIO, Norberto. *A era dos direitos*. Campus, 1992, p. 25.

de recursos. De seu lado, os empresários igualmente deveriam comparecer perante o Poder Público para disputar seus contratos com dignidade e lisura.

Vê-se, no entanto, que não é o que sucede. Desvios de comportamentos existem de parte a parte. Como fazer para controlá-los? Através do *compliance*.

O que ocorre em empresa privada? Seus próprios donos (Odebrecht é caso típico), no afã de lucrarem o mais possível à custa do Estado, cooptam servidores e com eles celebram pactos indecorosos e corruptos.

Há aliança entre os desejos particulares com a ganância de agentes públicos. Tudo se consuma. O importante é relacionar os mecanismos de controle com os diversos tipos penais que existem.

Em que áreas se pode aplicar o *compliance?* Em todas aquelas que demandam fluência de dinheiro. O bom comportamento que desenvolve práticas de controle incide sobre *a área empresarial*, por exemplo. Mas não só. Aplica-se às *relações de trabalho* para definir direitos e obrigações de todos os servidores, desde diretores de empresa, servidores da alta administração até os empregados. Sem se deter em qualquer das escalas.

Ademais, propicia que o agente público tenha um instrumento de denúncia e que possua comunicação fácil com as estruturas de controle da empresa. Durante todo o período de trabalho, o empregado está ciente que tem que se comportar dentro de padrões éticos traçados pela empresa e que qualquer desvio dele ou dos demais empregados pode redundar em prejuízo de todos. O resultado dá a ele segurança e proporciona efeitos produtivos.

Do ângulo *tributário*, há também a responsabilidade de cumprir normas de cunho ético. O recolhimento do tributo a tempo é dever do contribuinte. De outro lado, a concessão de benefícios tributários e financeiros, tais como isenções, subsídios, pode ensejar desvios indesejáveis para pessoas físicas e jurídicas.

Da mesma forma, no cumprimento de *obrigações acessórias*, o *compliance* funciona de forma a propiciar o armazenamento de documentação fiscal, adequada emissão de notas fiscais e acompanhamento do cumprimento de todas as obrigações.

Os exemplos se multiplicam e são aplicáveis no direito esportivo, no penal, carcerário e todos os seus demais ramos.

O controle de tudo busca refrear o ânimo das pessoas na prática de crimes e infrações administrativa. Vejamos como elas funcionam.

Lavagem de dinheiro e terrorismo. Os desvios de recursos públicos podem servir para bancar atividades terroristas. Os ataques de 11 de setembro nos Estados Unidos serviram para despertar o mundo para o problema da lavagem de dinheiro que estaria propiciando recursos para financiar o terrorismo. A sequência de atentados em todo o mundo fez com que os Estados despertassem para a gravidade do problema e instituíssem mecanismos de controle sobre a internacionalização de ativos financeiros.

Através da Lei nº 13.260/2016, o Brasil incorporou diretrizes internacionais. Transferências bancárias, empréstimos pessoais, auxílios sociais viraram práticas passíveis de controle. O COAF é o órgão a quem cabe detectar tais problemas e acusar lavagem de dinheiro e financiamento de terrorismo.

14.18.7 A pena pecuniária de caráter penal e a decorrente de infração administrativa

As sanções penais e administrativas em âmbito estrutural não trazem divergências; ambas são consequências do descumprimento de comportamentos previstos.

A sanção nada mais é que a consequência pelo descumprimento da norma. O objetivo é a intimidação.

Não há que se confundir as penalidades pecuniárias de caráter penal e as de caráter administrativo. Zanobini[84] distingue umas das outras a partir de alguns critérios: (a) no direito penal somente as pessoas físicas estão a elas sujeitas; no direito administrativo as pessoas jurídicas também são passíveis de penas; (b) o elemento subjetivo do ilícito administrativo não é dolo nem culpa, como é no direito penal, mas a simples voluntariedade da ação; (c) a pena pecuniária no direito administrativo não tem o caráter personalíssimo; portanto, pode ser cobrada de herdeiros e sucessores.

Para o estudo do acordo de leniência cabe mencionar que se trata de pena pecuniária decorrente de infração administrativa, o que não quer dizer que a empresa colaboradora não poderá responder por conduta criminosa e, consequentemente, ficar sujeita a pena pecuniária de caráter penal.

Impõe-se saber, agora, ante o pagamento da sanção pecuniária, como entra para os cofres públicos do ângulo financeiro.

14.18.8 A multa como receita financeira

As multas aplicadas em decorrência de acordos de leniência não são meras entradas (ingressos destinados a devolução). Constituem receitas, isto é, entradas definitivas aos cofres públicos. Enquadram-se no conceito de receitas derivadas, ou seja, decorrem de relação de direito público. Na precisa classificação de Aliomar Baleeiro, as "multas, penalidades e confisco" estão previstas como receitas derivadas.[85] Assim também tratamos a matéria.

Baleeiro ensina que "a perda de bens ou a exigência de uma quantia, por determinação legal, a título de penalidade, representa pequena parcela das receitas derivadas".[86] Acrescenta que "as multas ora indenizam um prejuízo do Fisco, como as da mora no pagamento de tributos, ora são métodos de repressão (multas pela sonegação de impostos) e de intimidação pelo perigo potencial resultante do procedimento do indivíduo (infrações de tráfego, por exemplo). E também são penas das leis criminais".[87]

Não se trata – é bom frisar – de *reparação de dano*. Se assim fosse a hipótese se encartaria em mero *movimento de caixa*, e não identificaria receita pública.

A hipótese é de intimidação, de constrangimento, ao infrator. É punitiva de comportamento inapropriado, infracional e ilícito.

---

[84] ZANOBINI, Guido. *Corso di diritto amministrativo*. 4. ed. t. I. Milão: Giuffrè, 1945, p. 322, reportando-se a obra especializada, *Le sanzioni amministrative*. Turim: Fratelli Bocca, 1924.

[85] BALEEIRO, Aliomar. *Uma introdução à ciência das finanças*. 16. ed. atual. por Dejalma de Campos. Rio de Janeiro: Forense, 2004, p. 131.

[86] *Idem*, p. 161.

[87] *Idem*, p. 161-162.

Na Argentina já se consolidou a orientação de que as multas têm caráter "represivo o punitorio de los mencionados recargos".[88]

O acordo de leniência efetua-se nas hipóteses de *infração à ordem econômica* e de *atos contra a Administração Pública*.

A aplicação da multa é a reação do ordenamento jurídico ao ilícito. É a sanção pecuniária. Tem conteúdo meramente recuperatório.

Classificam-se as sanções, em razão do seu conteúdo – isso é, aquilo que o ato dispõe, prescreve, determina, contém, etc. –, da seguinte forma: (a) *repressivas*, englobando a advertência e a repreensão, que constituem admoestação ao infrator; aí também se inclui a censura; (b) *suspensivas* ou *privativas de atividades* (inabilitação, perda ou suspensão de habilitação de motorista, fechamento provisório ou definitivo de indústria, cassação de licença, caducidade das concessões, demissão de funcionário, etc.); (c) *pecuniárias*, quando da aplicação de multas; (d) *privativas de bens* (quando da apreensão de mercadorias, prisão, como no caso do regime militar, em que o policial pode ser preso diante da gravidade da infração, etc.).[89]

São também *punitivas* ou *recuperatórias*, de acordo com a *finalidade*. Se o objeto é simplesmente infligir um castigo ao infrator, temos as primeiras; se é restaurar o dano econômico, temos as segundas.

A imposição da sanção retributiva não gera, do ponto de vista jurídico, qualquer benefício à vítima da conduta delituosa, pois "materialmente non restaura l'offesa recata dal delinquente alla vittima e, traverso questa, alla società" – na lição de Zanobini.[90]

Independentemente da espécie, "a finalidade da sanção retributiva, penal ou administrativa, é preventiva: pune-se para prevenir a ocorrência de novas infrações, desestimulando a prática de comportamentos tipificados como ilícitos".[91]

Os recursos que dela advêm ingressam nos cofres públicos no caixa geral. Não têm destinação específica. Ingressam como receitas para compor o bolo das receitas derivadas, e cabe ao Executivo, através da proposta orçamentária, dar o destino que quiser, dentro da discricionariedade que lhe cabe na predisposição das políticas públicas.

Embora seja irrelevante a análise do caráter da sanção para os efeitos de caracterizá-la como receita pública, o fato é que ainda está por se estudar a teoria das multas no direito financeiro.

De qualquer forma, as penalidades pecuniárias ingressam nos cofres públicos em caráter definitivo, e, pois, identificam *receitas públicas derivadas*. Tão logo ingressam nos cofres públicos, misturam-se com as demais receitas.

Salvo as que são destinadas a *fundos específicos*, como, por exemplo, a Recomposição do Meio Ambiente, o Fundo Penitenciário, etc., as receitas decorrentes de multas ingressam como receitas derivadas.

O *fato gerador* da obrigação financeira é a prática de ilícito reconhecido. Por ele surge a possibilidade de um *acordo*, que será a *hipótese de incidência*.

---

88 FONROUGE, Giuliani. *Derecho financiero*. 7. ed. v. 2. Buenos Aires: Depalma, 2001, p. 727.

89 OLIVEIRA, Regis Fernandes de. *Infrações e sanções administrativas, op. cit.*, p. 96.

90 MELLO, Rafael Munhoz de *apud* ZANOBINI, Guido. *Le sanzioni amministrative*. Milão: Giuffrè, 1936, p. 25.

91 *Idem, ibidem*.

O *aspecto pessoal* da hipótese de incidência identifica os *sujeitos da obrigação financeira*. A saber: (a) sujeito ativo – o Estado, através da Secretaria de Desenvolvimento Econômico/SDE; e (b) o sujeito passivo – a pessoa física ou jurídica autora de infração à ordem econômica.

O *aspecto material* é a descrição dos aspectos substanciais do fato.[92] No caso, a infração à ordem econômica e a colaboração efetiva em sua apuração, investigação e identificação de outros infratores. A lei estabelece requisitos para que se consume o acordo.

O *aspecto temporal* é a data da celebração do acordo, que marca o início dos benefícios postulados pelo sujeito passivo bem como o exato instante em que deve haver o ingresso da receita.

O *aspecto espacial* indica a circunstância de lugar relevante para a configuração do fato imponível. Se o acordo é celebrado em determinado lugar (Município em que é lavrado), é ali que nasce e pode ser exigido o montante da multa aplicada.

A *base imponível* identifica a dimensão sobre a qual incidirá o montante financeiro a ser pago. A saber: diante da gravidade da lesão e da colaboração prestada pela pessoa física ou jurídica infratora, haverá de ser acordado um montante a ser pago (a título de multa).

A *alíquota*, na hipótese, é prevista em apenas um momento, pois que está embutida na base imponível. Alíquota e base fundamentam um só movimento do Estado. Seu montante resulta da sintonia de vontades da Administração Pública e do infrator.

Assim é que se operam os vetores da incidência da exigência financeira.

Ressalte-se que não se pode confundir o tributo com o ingresso financeiro. Na hipótese, a entrada resulta de *acordo*, e, pois, não age o Estado com sua imperiosidade, a tornar exigível e executório o comportamento de entregar dinheiro aos cofres públicos.

Eis como o pacto se resolve em ingresso financeiro.

A aplicação das multas e seu ingresso no patrimônio público fazem parte do direito financeiro. Dá-se a elas o tratamento de ingresso de dinheiro nos cofres públicos não decorrentes de incidência tributária.

Resultam de comportamento infracional. É o comportamento contrário ao comportamento exigido, que faz surgir à Administração Pública o direito de apurar o fato e, para minorar o efeito da aplicação de sanções, celebrar o acordo de leniência.

Do assentimento do Estado e da concordância do infrator que colabore efetivamente (e mediante produção de resultados), com a indicação de outros infratores, daí resultando benefício à moralidade administrativa e diminuição de prejuízos econômicos ao Erário, procede a celebração do pacto.

Os ingressos que daí advêm são receitas. Não decorrem de condutas legítimas e que sobre elas incida ou não a norma tributária. A origem é, exatamente, a conduta contrária àquela exigida pela lei. Assim, o *fato gerador* é a conduta contrária à devida. É atípico.

Normalmente a norma que propicia à Administração Pública a exigência de receitas é o comportamento legítimo subsumido à norma. No pacto seu fundamento é a conduta ilícita.

---

92 OLIVEIRA, Regis Fernandes de. *Taxas de polícia*. 2. ed. São Paulo: RT, 2004, p. 27.

O Estado *depura* a conduta ilegítima, transmudando-a em permissão de acordo que não elimine o crime ou infração, mas que sirva de fundamento para exigência de nova receita.

14.19 Conclusões sobre a corrupção

Não se alteram comportamentos mediante legislação, apenas. Embora possa ter caráter educativo, não resolve o problema. A mudança de comportamento é obra de sedimentação da cultura de um povo. Os exemplos vão se multiplicando, vão sendo divulgados, os feitos heroicos e patrióticos vão sendo exibidos, as condutas dignas vão sendo elogiadas. Assim, mediante a democratização não só das instituições, mas da sociedade, é que as camadas segmentadas vão adquirindo a consciência de que um país e uma Nação apenas se fazem com educação e com um povo alimentado e que tem orgulho próprio.

Não existem taumaturgos, não sobrevivem os ilusionistas permanentes da vontade popular. A boa-fé e a crença em valores nascem e sobrevivem à custa de exemplos e de conscientização das mais diferentes camadas da população.

A fábula das abelhas não pode servir de exemplo para que os povos se multipliquem e vivam à margem das regras jurídicas. A ordem normativa é essencialmente para a disciplina do povo. Um sistema judiciário forte. Instituições duradouras e respeitadas. Políticos que não usufruam indevidamente do governo, nem que tenham sua conduta deteriorada. Tudo se faz com vigilância permanente nas instituições, na eliminação das ervas daninhas, na segregação de bandidos que saqueiam os cofres públicos, não só agredindo o Erário, mas também retirando das populações menos favorecidas os benefícios públicos que os recursos podem propiciar. A falta de planejamento, a desordem burocrática, os desmandos administrativos, os editais de licitação preparados para predispor o vencedor, a propina institucionalizada, a percepção de recursos vindos de condutas ilícitas, dinheiro para campanhas eleitorais, com assunção de compromissos escusos ou menos nobres, nem sempre destinados ao amparo popular.

Em suma, a história da vida pública brasileira vem recheada de maus exemplos e de condutas desviantes dos operadores políticos. Tudo em detrimento da nossa imagem como um país sério.

Como dissemos, um país não se faz apenas com legislação. É necessário mais para que se construa uma Nação e um povo forte em princípios. Antes de qualquer coisa, imperioso que se democratize a sociedade, propiciando a todos o acesso aos bens da vida. Depois, que se consiga alimentar a população. Apenas com educação e um povo alimentado é que se pode pensar no restante. Não apenas um povo alfabetizado, mas preparado para o exercício da cidadania. Aí, os ilaqueadores da boa-fé desaparecerão, os maquiadores da vontade popular serão eliminados, os incautos poderão valer-se das autoridades públicas para que os ampare. Nosso povo ainda depende de esperança, já que a realidade lhe é tão crua. Essa realidade buscada, hoje antípoda dos desejos, é fruto da redução – para não dizermos da eliminação – da praga que é a corrupção dos servidores públicos, e especialmente da classe política.

Com tais ponderações, resta deixar escrito o desejo de que este país mude, evidentemente, para melhor. Apenas de tal forma é que se poderá crer que os direitos humanos serão mais tutelados. É que, deixando de *roubar* os cofres públicos, haverá recursos para que se humanizem os serviços de saúde, educação e habitação, três dos grandes valores perseguidos pela grande massa de nossa população.

15

DESPESA PÚBLICA

15.1 Conceito de despesas públicas

De acordo com Aliomar Baleeiro, há dois conceitos de despesa pública. O primeiro dispõe que se trata do "conjunto dos dispêndios do Estado, ou de outra pessoa de direito público, para o funcionamento dos serviços públicos".[1] O outro, estipula, trata-se da "aplicação de certa quantia, em dinheiro, por parte da autoridade ou agente público competente, dentro duma autorização legislativa, para execução de fim a cargo do governo".[2]

Ambas as definições apresentam bem a noção de despesa pública. Após traçar as finalidades que devem ser atendidas – qualificadas como de interesse público –, o Estado tem necessidade de se abastecer monetariamente para financiar o atendimento e o cumprimento de seus objetivos. Após a entrada de dinheiro, por arrecadação, deve aplicá-lo nos fins previamente traçados. Daí a despesa.

Em tempos remotos era dispensável a arrecadação de dinheiro, porque o Estado (embora não tivesse as conformações do Estado Moderno) satisfazia suas necessidades mediante requisições de serviços ou bens. Se houvesse necessidade de abrir uma estrada, determinava-se aos aldeões ou escravos que a abrissem (requisição de serviço), e se precisasse de alimentação para a Corte determinava-se a entrada da colheita ou de animais (requisição de bens). Assim, satisfazia suas necessidades, não se preocupando com os interesses individuais dos súditos.

Com a crescente politização das camadas populares e o avanço dos direitos e garantias fundamentais, torna-se intocável a liberdade pessoal, que apenas pode ser tangenciada havendo expressa disposição constitucional. O patrimônio particular apenas pode servir como base de arrecadação pelo Estado quando houver expressa previsão constitucional e nos limites por ela traçados.

Posteriormente passou-se por fase intermediária, em que os agentes públicos eram diretamente remunerados pelos usuários (até hoje ainda existem os denominados

---

1 BALEEIRO, Aliomar. *Direito tributário brasileiro*. 11. ed. Rio de Janeiro: Forense, 2004, p. 65.

2 *Idem, ibidem*.

emolumentos de cartórios extrajudiciais, isto é, o que se paga ao escrivão por serviço prestado).

15.2 Decisão política

A decisão de gastar é fundamentalmente uma *decisão política*. O administrador elabora um plano de ação, descreve-o no orçamento, aponta os meios disponíveis para seu atendimento e efetua o gasto. A decisão política já vem inserta no documento solene de previsão de despesas. Dependendo das convicções políticas, religiosas, sociais, ideológicas, o governante elabora seu plano de gastos. Daí a variação que pode existir de governo para governo, inclusive diante das necessidades emergentes. As opções podem variar: hospital, maternidade, posto de puericultura, escolas, rodovias, aquisição de veículos, contratação de pessoal, etc.

Uma vez estabelecidas as prioridades, mediante autorização legislativa (aprovação da Lei Orçamentária ou de créditos especiais e complementares), opera-se a despesa (saída de dinheiro), pelas formas estabelecidas em lei, e que serão adiante analisadas.

15.3 Requisitos para a despesa. Vinculação constitucional

Por expressa disposição constitucional, "a União aplicará, anualmente, nunca menos de 18 (dezoito), e os Estados, o Distrito Federal e os Municípios 25% (vinte e cinco por cento), no mínimo, da receita resultante de impostos, compreendida a proveniente de transferências, na manutenção e desenvolvimento do ensino" (art. 212, *caput*, da CF). Para o ensino tem o governo que despender os percentuais previstos (dependendo do nível da entidade estatal). Poderá haver afetação para a prestação de garantias de financiamento por antecipação da receita. É o que dispunha o inciso IV do art. 167 da CF, com a redação dada pela Emenda Constitucional nº 29/2000, que estabeleceu vinculação de recursos para assegurar os recursos mínimos para o financiamento das ações e serviços públicos de saúde. Com o advento da Emenda Constitucional nº 42/2003 as hipóteses foram aumentadas para a administração tributária e a prestação de garantias às operações de crédito por antecipação de receita e pagamento de débito para com a União.

A despesa é vinculada em relação ao ensino e também no tocante à saúde. Deve o administrador efetuar o pagamento das despesas legais, tais como os servidores públicos, bem como o serviço da dívida, que não pode ser contingenciado. De outro lado, deve efetuar previsão orçamentária do pagamento dos serviços públicos e consumá-lo. Logo, pouco resta ao Poder Público como eleição de despesa, tirantes obras e serviços e compras que deva realizar.

O Poder Público elege, então, politicamente, quais os rumos a dar à economia. Sofre, todavia, algumas restrições. Todas as despesas têm de estar devidamente autorizadas pelo Congresso Nacional, quando da aprovação da Lei Orçamentária (arts. 165, §§5º, 6º e 9º, 167 e 169, todos da CF). Os dispositivos mencionados estão em consonância com os incisos V a IX do art. 52 da CF.

Nenhuma despesa pode ser efetuada sem a prévia autorização do Poder Legislativo.

Outra restrição que se impõe à despesa é que "as obras, serviços, compras e alienações serão contratados mediante processo de licitação pública que assegure igualdade de condições a todos os concorrentes, com cláusulas que estabeleçam obrigações de pagamento, mantidas as condições efetivas da proposta, nos termos da lei, o qual somente permitirá as exigências de qualificação técnica e econômica indispensáveis à garantia do cumprimento das obrigações" (art. 37, XXI, da CF).

Ao lado da *autorização legislativa,* torna-se imprescindível que o Estado realize suas obras, seus serviços e compras mediante *licitação.* Sem obediência ao processo da licitação a aquisição poderá ser anulada. O texto que disciplina a licitação, hoje, é a Lei nº 8.666/1993.

Evidente está que há certas despesas que dispensam a licitação. A própria lei disporá sobre as causas de exclusão (impossibilidade da licitação) e de dispensa (hipóteses de desnecessidade). Apenas a título de exemplo, pode-se mencionar determinado objeto único (a espada da proclamação da Independência) ou despesa ínfima (a aquisição de uma lâmpada para substituição em escola de distrito, no interior). Em tais casos a licitação pode ser impossível ou dispensável.

Além de tais exigências, todas as despesas devem estar devidamente *documentadas.* Toda despesa, além de prevista, deve estar *empenhada.* De acordo com o art. 58 da Lei nº 4.320/1964, "o empenho de despesa é o ato emanado de autoridade competente que cria para o Estado obrigação de pagamento pendente ou não de implemento de condição". O art. 60, *caput,* da mesma lei estabelece taxativamente que "é vedada a realização de despesa sem prévio empenho".

Formalmente, pode operar-se a despesa através de *contrato* (hipóteses de licitação-concorrência, tomada de preço), por *nota de empenho* e por *comprovantes de entrega de material* ou da *prestação de serviços* (art. 63, §2º, I a III, da Lei nº 4.320/1964).

Daí ser viável exercer o controle rígido sobre a despesa realizada. Importante, todavia, que esse controle não se limite a seu exame formal, mas, fundamentalmente, abranja o atendimento da finalidade.

Enfim, efetuamos estudo sobre a vinculação das despesas à luz do novo conceito de orçamento que propomos, chegando à conclusão de que, ao lado das vinculações constitucionais, outras há, decorrentes da Lei de Responsabilidade Fiscal, do orçamento participativo, dos fundos de destinação, etc., tal como exposto em outro capítulo.

15.4 Classificação das despesas

Como já foi dito anteriormente, as classificações não são "certas ou erradas", elas são úteis ou inúteis, na medida em que logram transmitir claramente o pensamento ou facilitar o entendimento do objeto de classificação.

Primeiro, considerando-se sua *periodicidade,* os gastos podem ser *ordinários* ou *extraordinários.* De acordo com Griziotti, "os gastos ordinários devem sustentar-se com recursos que possam renovar-se a cada orçamento, isto é, com os recursos ordinários proporcionados às disponibilidades da renda nacional que podem destinar-se às finanças públicas".[3] Já, os extraordinários atendem a questões momentâneas, ou seja, de caráter esporádico.

Esta classificação é importante, por servir ao agente público como fundamento para a eleição dos recursos que devem ser direcionados para tais despesas.

Utilizando-nos de classificação legal, disposta na Lei nº 4.320/1964, é possível distinguir as despesas em *correntes* e *de capital* (art. 12).

As primeiras são as de *custeio* (pessoal civil, militar, material de consumo, serviços de terceiros e encargos diversos) e de *transferências correntes* (subvenções sociais, econômicas, inativos, pensionistas, salário-família e abono familiar, juros da dívida pública, contribuições de previdência social e diversas). As *de capital* comportam os *investimentos* (obras, serviços em regime de programação especial, equipamentos e instalações, material permanente, participação em constituição ou aumento de capital de empresas ou entidades industriais ou agrícolas), as *inversões financeiras* (aquisição de imóveis, participação em aumento ou constituição de capital de empresas ou entidades comerciais ou financeiras, aquisição de títulos representativos de capital de empresas em funcionamento, constituição de fundos rotativos, concessão de empréstimos e diversos) e as *transferências de capital* (amortização da dívida pública, auxílios para obras públicas, auxílios para equipamentos e instalações, auxílios para inversões financeiras e outras contribuições).

Por último, tendo-se em conta a *competência*, as despesas podem ser federais, estaduais e municipais, conforme o ente responsável por sua implementação.

15.5 Geração das despesas públicas à luz da Lei de Responsabilidade Fiscal

Como mencionado anteriormente, todas as despesas devem encontrar respaldo constitucional ou legal, necessário que gerem benefício ao Poder Público, seja como aumento patrimonial, seja como retribuição a serviços prestados ou compra de bens ou serviços, etc. Assim, serão consideradas "não autorizadas, irregulares e lesivas ao patrimônio público a geração de despesa ou assunção de obrigação que não atendam o disposto nos arts. 16 e 17" (art. 15 da Lei Complementar nº 101/2000).

"A criação, expansão ou aperfeiçoamento de ação governamental que acarrete aumento da despesa será acompanhado de: I – estimativa do impacto orçamentário-financeiro no exercício em que deva entrar em vigor e nos dois subsequentes" (art. 16, *caput* e inciso I, da Lei Complementar nº 101/2000). Caso o governo delibere realizar qualquer atividade, deverá ter em mente o que isso gerará de despesa. Por exemplo: o prefeito do Município "X" resolve estruturar um serviço de fornecimento de dados a outros Municípios e necessita estimar o custo da iniciativa por três anos, bem como verificar se há dotação para tanto. A exigência de estimativa do impacto deve vir acompanhada de "declaração do ordenador da despesa de que o aumento tem adequação orçamentária e financeira com a Lei Orçamentária Anual e compatibilidade com o Plano Plurianual e com a Lei de Diretrizes Orçamentárias" (art. 16, II).

---

3 GRIZIOTTI, *Principios de la ciencia de las finanzas*. 6. ed. Tradução italiana de Dino Jarach. Buenos Aires: Depalma, 1959, p. 61.

A despesa há de estar adequada, ou seja, com dotação específica e suficiente, ou, tratando-se de previsão genérica, deve estar acobertada entre as despesas realizadas e a realizar, não ultrapassando os limites estabelecidos para o exercício (art. 16, §1º, I). Exige-se, ainda, que seja compatível com o Plano Plurianual e com a Lei de Diretrizes Orçamentárias, adaptada a objetivos, prioridades e metas previstos em tais instrumentos (art. 16, §1º, II).

Sendo assim, classifica-se a despesa, de acordo com a lei, tendo em vista o critério de adequação ou não às leis anteriores, como: (a) adequada; (b) compatível; e (c) irrelevante.

Nos termos do art. 16, §4º, da Lei Complementar nº 101/2000, as normas analisadas constituem condição prévia para: "I – empenho e licitação de serviços, fornecimento de bens ou execução de obras" e "II – desapropriação de imóveis urbanos a que se refere o §3º do art. 182 da Constituição".

Veja-se que a lei reitera seu rigor em suas diversas disposições. Especificamente em relação à despesa, exige compatibilidade vertical com normas anteriores, ao lado de ter previsão de impacto não apenas no exercício em que deva entrar em vigor, como também nos dois seguintes.

Apenas depois de atendidos tais requisitos é que haverá empenho e licitação, bem como a desapropriação de imóveis urbanos.

15.6 Despesa obrigatória de caráter continuado

Será *obrigatória de caráter continuado* a despesa "corrente derivada de lei, medida provisória ou ato administrativo normativo que fixem para o ente a obrigação legal de sua execução por um período superior a 2 (dois) exercícios" (art. 17 da Lei Complementar nº 101/2000).

Desta norma decorre a imprescindibilidade de que a despesa ocorra por no mínimo três exercícios, uma vez que a lei expressamente menciona período *superior* a dois exercícios.

Sobre o tema, análise mais detalhada será feita no capítulo sobre a Lei de Responsabilidade Fiscal.

15.7 Despesas com pessoal

Todas as restrições a despesas com pessoal passaram a ser disciplinadas pela Lei Complementar nº 101/2000. O art. 18 considera despesa total com pessoal, de cada ente federativo: (a) o somatório dos gastos do ente da Federação com os ativos, os inativos e os pensionistas; b) os gastos relativos a mandatos eletivos, cargos, funções ou empregos, civis, militares e de membros de Poder, com quaisquer espécies remuneratórias, tais como vencimentos e vantagens, fixas e variáveis, subsídios, proventos da aposentadoria, reformas e pensões, inclusive adicionais, gratificações, horas extras e vantagens pessoais de qualquer natureza; (c) encargos sociais e contribuições recolhidas pelo ente às entidades de previdência; e, por fim, (d) os valores de contratos terceirizados de mão de obra (§1º) substitutiva de servidores e empregados públicos.

15.8 Do controle da despesa total com pessoal

A lei estabelece casos de nulidade de ato que provoque aumento de despesa com pessoal (art. 21 da Lei Complementar nº 101/2000);[4] tal invalidade pressupõe que esse ato tenha sido praticado em desobediência a preceito constitucional ou legal. A norma teve nova redação dada pela LC nº 178/2021

Caso haja excesso na despesa com pessoal, deverá ocorrer redução desta aos limites estabelecidos em lei nos dois quadrimestres seguintes, sendo ao menos um terço no primeiro quadrimestre, podendo, inclusive, ser adotada exoneração de estáveis, tal como previsto nos §§3º e 4º do art. 169 da CF (art. 23). A LC nº 178/2021 estabeleceu novas restrições para a concessão de vantagens a servidores, para, a todo custo, restringir ou limitar aumento de despesa.

Em primeiro lugar, deve haver redução de despesas com cargos em comissão e funções de confiança (art. 169, §3º, I, da CF). Este é um dos maiores cancros da Administração Pública brasileira. Embora devam existir, porque são mais bem remunerados e se destinam a provimento por pessoas capacitadas, os políticos deturparam os denominados cargos em comissão ou de confiança. É que ali são colocados apaniguados políticos e todo tipo de pessoa que só irá servir para trabalhar "politicamente", com manifesto prejuízo para a Administração Pública e para as exigências de seriedade no trato com as coisas do Estado.

Em segundo lugar, devem ser exonerados os não estáveis. Ora, se já se sabe que haverá excesso na despesa, ultrapassando os limites legais, não poderá haver nomeação. O curioso é que se decreta a nomeação para dali a um tempo descobrir que ela não poderia ter ocorrido, exonerando-se o não estável. Sabidamente, a estabilidade é adquirida após três anos de efetivo exercício para os nomeados para cargo de provimento efetivo em virtude de concurso público (art. 41 da CF).

Apenas depois de tais providências é que o estável poderá ser atingido, e o será nos termos dos §§4º e 5º do art. 169 da CF. Ainda assim tem aplicação a Lei nº 9.801/1999 (menor tempo de serviço, maior remuneração, menor idade, etc.).

Qualquer descumprimento das normas criará impedimento para o recebimento de verbas tributárias transferidas.

As disposições relativas às despesas com pessoal são e devem ser severas. Há Municípios que se endividam ou fazem política mesquinha de inchaço dos quadros públicos, na expectativa sórdida de fazer "média" com os recursos públicos. A prática remonta ao coronelismo, dando margem ao surgimento do compadrio, do filhotismo e do nepotismo, o que arruína os cofres públicos. Municípios vivem na expectativa de repasses de verbas dos Estados e da União. Como os tributos transferidos já se mostram insuficientes, efetuam nomeações irresponsáveis, gerando obrigação dos entes maiores de socorrer os menores. Tal prática tende a terminar com a severidade no cumprimento das obrigações legais que regem o equilíbrio financeiro dos entes federativos. A gerência pública é coisa bastante séria para ficar em mãos menores.

[4] O STF, na ADI nº 2.238-5 (acórdão publicado no *DJe*, 12.09.2008), conferiu, liminarmente, interpretação conforme à Constituição Federal ao inciso II do art. 21 da Lei Complementar nº 101/2000, para que se entenda como limite legal o previsto em lei complementar.

15.9 Despesas com seguridade social

A seguridade social compreende um conjunto integrado de iniciativa dos poderes públicos e da sociedade, destinadas a "assegurar os direitos relativos à saúde, à previdência e à assistência social" (art. 194 da CF). Para sustentar tal conjunto de propostas e atividades, o Estado deve abastecer seus cofres, cobrando contribuições (art. 195). Daí destiná-las às finalidades previstas na Constituição, controlando não só sua arrecadação, mas também seu emprego, vinculando os recursos às atividades previstas.

15.10 Democratização do gasto público

15.10.1 Constitucionalismo. Direitos negativos e positivos

Discussão que vem tomando corpo na doutrina diz respeito ao denominado *constitucionalismo* ou *neoconstitucionalismo*. Significa o apogeu da Constituição escrita. Tudo que rege a sociedade deve estar em um texto de maior prestígio. Parte-se do pressuposto de que deve haver: (a) o reconhecimento da força normativa da Constituição; (b) a jurisdição constitucional; (c) a superioridade dos comandos nela contidos, que englobam valores sociais e éticos.

Todos os ramos do Direito passam a ser refletidos no texto da Lei Maior, inspirando-se nos valores por ela encampados. Em sua gigantesca dimensão, a Constituição acolhe, em seu texto, valores da mais diversa espécie e tipo, alcançando o direito privado e o público. Estes já não se sentem separados, mas imbricados em interesses comuns.

Essa moderna tendência deveria ser alterada, para se iniciar movimento contrário. Pensa-se na constitucionalidade do Direito para restringir a discricionariedade do Poder Legislativo, impondo-lhe deveres para emissão de comandos, disciplinando direitos, obrigações e programas no mundo da sociedade. Limita o Poder Executivo no tocante à escolha de opções em relação às políticas públicas, instituindo atuações ou omissões, e, por fim, fixa parâmetros de interpretação ao Poder Judiciário.

Ocorre que o mundo contemporâneo exige tomada imediata de decisões, de vinculações internacionais, rapidez na adoção de políticas públicas, na solução de conflitos, etc. O ideal seria o movimento inverso, isto é, o esvaziamento dos comandos constitucionais, transferindo-se para a legislação e para os regulamentos o atendimento das necessidades públicas.

Voltaríamos à velha discussão acerca da *Constituição material*, sem se pensar na real, idealizada por Lassalle. Devemos incentivar o país a se desenvolver com celeridade e a tomar soluções rápidas no que concerne à essência da Constituição. Não nos devemos preocupar com o que Nietzsche rotulava de "múmias conceituais". O problema é saber o que é a Constituição e sua necessidade para a vida do Estado e dos indivíduos. O que, em verdade, interessa é saber até que ponto o indivíduo se sente garantido em face da norma jurídica e até que momento ele logra defender-se das mãos do Estado. Para tanto, basta a fixação de como o poder estatal é exercido, quem o exerce, quais seus limites, e a fixação dos direitos da pessoa humana. Estabelecido tal equilíbrio no texto constitucional, o mais é norma sem substância, mero procedimento, mera pertinência com outros direitos menores, cuja alocação na norma primeira é sem sentido.

Nascem daí a atual discussão sobre o *substancialismo*, que vê a Constituição como o conjunto de valorações essenciais, e o *procedimentalismo*, que vê o funcionamento da participação democrática, podendo alterar o texto, diante de mudanças no contexto histórico.

Em verdade, Constituição é o arcabouço essencial do Estado, estrutura substancial de determinado agrupamento político, e, assim, não pode e não deve dispor sobre outras garantias, direitos e deveres que não caibam na essência do relacionamento garantidor do indivíduo contra o Estado. Nesta dialética conflitual é que se insere o ser humano a ser assegurado e amparado. Sem prejuízo das definições do que cabe ao Estado realizar, traçando suas finalidades, explicitar a maneira como o faz e traçar as limitações da contribuição do cidadão, enquanto sustentador da estrutura do Estado.

15.10.1.1 Direitos negativos e positivos

A proteção dos direitos fundamentais do indivíduo pressupõe ora omissão (direitos negativos), ora ação, do Estado (direitos positivos). Em seu aspecto negativo, basta não agir para não interferir na liberdade do indivíduo. Garante pela inação. Do ângulo positivo, vê-se obrigado a desenvolver políticas públicas, ou seja, atos e ações imprescindíveis para a prestação de serviços públicos, de limitação de excessos, de disciplinar a ordem econômica, de garantia do meio ambiente e da solução dos conflitos. De seu turno, para exercitar tais atividades depende de pessoas, aparelhos, instrumentos, veículos e edifícios. No complexo da atuação do Estado deve haver equilíbrio entre as receitas e as despesas. Não se deve tirar nada mais do indivíduo do que o necessário para que aja o Estado.

Mister, antes de prosseguir, delimitar o conceito do *interesse primário*, titularizado pela sociedade como um todo, não apenas a denominada sociedade civil, mas também a grande massa da população, englobada com o rótulo de povo ou de população no censo, do *interesse secundário*, de competência do Estado. Obviamente que, para atender ao interesse primário, deve abastecer-se de recursos tomados da sociedade.

Estabelecidos os direitos ou consagrados em norma jurídica, nasce o que há de mais difícil, no dizer de Bobbio, ou seja: é preciso garanti-los e assegurar que sejam exercidos. Exigem-se, em consequência, omissões e ações do Estado. Deve haver omissões no sentido de permitir o exercício de um direito. Não pode haver ação do Estado no sentido de proibir a liberdade de expressão (inciso IX do art. 5º), de pensamento (inciso IV), de crença (inciso VI), de reunião pacífica (inciso XVI), etc. Em dadas situações, pois, será a omissão do governo que assegurará o pleno exercício de um direito. Como anota Luís Roberto Barroso, o dever jurídico, "correspectivo do direito assegurado, consiste não em uma atuação, mas em uma omissão, um *não fazer*, normalmente dirigido ao Estado".[5]

Em outras circunstâncias depende de uma ação positiva do Estado, o que ocorre na educação, saúde, habitação, etc. Todos dependem, basicamente, de atuação, seja propiciando escolas, centros de saúde e hospitais ou financiando a construção de casas populares ou construindo-as.

---

[5] BARROSO Luís Roberto. *O direito constitucional e a efetividade de suas normas*. 7. ed. Rio de Janeiro/São Paulo: Renovar, 2003, p. 108.

15.10.2 As políticas públicas

As receitas obtidas pelo Estado destinam-se ao atendimento das finalidades traçadas na Constituição da República. O federalismo impõe o fracionamento do exercício do poder. As três entidades políticas repartem, nos exatos termos da partilha constitucional, não apenas os objetivos, mas os recursos. Nem sempre a divisão é adequada e correta. No caso brasileiro há verdadeira distorção em benefício da União, que fica com a parte do leão, cabendo ao Município muito pouco e o restante aos Estados-membros. O desequilíbrio reflete o sentido de dominação (verdadeira violência simbólica) existente entre os entes políticos. A União, por deter maiores recursos, obriga Estados e Municípios a pedirem recursos, instituindo dominação política não querida, mas existente. Diga-se o mesmo no relacionamento Estado-Município.

A economia apresenta modelos de desenvolvimento. O destino dos recursos públicos não mais pode estar dirigido ao universo dos indivíduos, mas deve focalizar sua ação para os mais carentes, para os mais necessitados. A lógica da decisão sobre o destino de recursos deixa de ter como centro o global do Estado, dirigindo-se aos problemas sociais. O Estado, modernamente, deve ser inclusivo, não só democratizando as instituições, mas, essencialmente, a sociedade. Logo, o direcionamento dos recursos não mais pode ser efetuado às classes organizadas e mandantes, mas aos que necessitam do amparo do Estado. Este deixa de atender às oligarquias dominantes, calcadas na indústria e no agronegócio, para o sentido de terem as políticas públicas o caráter compensatório do abandono a que as classes menos favorecidas foram relegadas.

A Constituição não se restringe à declaração de direitos. Contém imperativos de sua realização. Se é assim, nascem obrigações que podem ser extraídas de seus ditames, ao que correspondem ações para exigir seu cumprimento. Cabe ao Poder Público: (a) "preservar e restaurar os processos ecológicos essenciais e prover o manejo ecológico das espécies e ecossistemas" (inciso I do art. 225); (b) "preservar a diversidade e a integridade do patrimônio genético do país e fiscalizar as entidades dedicadas à pesquisa e manipulação de material genético" (inciso II); (c) "proteger a fauna e a flora, vedadas, na forma da lei, as práticas que coloquem em risco sua função ecológica, provoquem a extinção de espécies ou submetam os animais a crueldade" (inciso VII). Para cumprir tais determinações constitucionais, essencial é que existam meios disponíveis ao Estado para desempenhar tais atribuições.

Neste passo assenta-se a discussão em como efetuar o gasto público e como dar preferência a determinadas finalidades encampadas no ordenamento normativo. Tomar providências para que os direitos se realizem, para que as satisfações sejam atendidas, para que as determinações constitucionais e legais saiam do papel e se transformem em utilidades aos governados é o que se rotula de *políticas públicas*. Em última análise, cabe ao Executivo implementar os direitos formalmente previstos na Constituição. Cabe-lhe concretizar a previsão normativa, cumprindo o papel do Estado. Dar realidade aos preceitos asseguradores dos direitos é, basicamente, a finalidade do ente político. Transformar em proveito social e individual os direitos traçados como essenciais à vida em sociedade. Dar educação, saúde, habitação, saneamento básico, transporte, iluminação, etc. é propiciar a todos o que se rotula de política pública.

Evidente está que, para atender a toda a estrutura traçada na Constituição, o Estado necessita de recursos que serão gastos na manutenção dos órgãos de exercício do Poder – Judiciário, Legislativo e Executivo, ao lado do Ministério Público, da Advocacia-Geral –, na remuneração de seus integrantes e na aquisição e manutenção das instalações físicas necessárias para o desempenho de seus objetivos. Ao lado e além de tal atendimento, urge implementar ações para o atendimento das necessidades básicas da população, propiciando serviços públicos, no sentido amplo da expressão.

De pouco vale a existência de *instituições* livres e democráticas sem que exista uma *sociedade* livre e democrática. A falta de estrutura impede que parte da sociedade tenha acesso aos bens da vida, tornando-se injusta sua existência. Daí, ao lado de liberdades políticas, deve haver a segurança econômica, "oportunidades sociais (na forma de serviços de educação e saúde)", facilidades econômicas e transparência na gestão pública. É o que nos ensina Amartya Sen.[6] O desafio da democracia, hoje, é garantir seu funcionamento efetivo para as pessoas comuns.

Como fazê-la funcionar e efetuar a inclusão social, se os recursos de que dispõem os entes políticos são finitos? A finitude de receita pressupõe escolha, isto é, opção política sobre como e onde gastar. A complexidade de uma sociedade de massas impõe novos gastos. A população conscientizada de seus direitos não só exige a satisfação de seus interesses como busca o bem-estar. Não mais serve de massa de manobra e não mais assiste passivamente à fluência dos acontecimentos: quer deles participar, passa a ter consciência de seus direitos, vai às ruas, organiza-se e busca a efetivação dos direitos individuais, sociais e difusos previstos nas Constituições atuais.

Há uma assimetria entre recursos e gastos. Nasce, por consequência, a perquirição pelo conceito de *necessidade*, que terá conteúdo econômico, em verdade. Revela a busca por um bem da vida em determinado momento histórico. Diz respeito à correlação entre o interesse e a disponibilidade. Juridicamente, vem delimitado pela Constituição, ao encampar uma série de providências que o Estado tem que curar. No Estado Federal tripartem-se os objetivos e as finalidades. No entanto, há alguns valores que dizem respeito ao Estado Federal como um todo. É o caso da dignidade da pessoa humana, tida como um dos fundamentos da República Federativa do Brasil (art. 1º, III). O princípio é prenhe de significados. De menor carga valorativa não é um dos objetivos fundamentais do Brasil, qual seja, o de "construir uma sociedade livre, justa e solidária" (inciso I do art. 3º), bem como o de "erradicar a pobreza e a marginalização e reduzir as desigualdades sociais e regionais" (inciso III do art. 3º).

Tais vetores não são meras declarações, nem se constituem em diretrizes ou regras de aconselhamento. Ao contrário, são princípios jurídicos inseridos na Constituição, que encampam valores imensos, de grande carga social, e que se constituem em objetivos básicos da nacionalidade brasileira. São princípios impositivos e jurídicos, a saber, são dotados do mínimo de eficácia exigido para consolidação dos direitos encampados no Texto Maior.

[6] SEN, Amartya. *Desenvolvimento como liberdade*. São Paulo: Cia. das Letras, 2002, p. 25.

A aglomeração e a concentração das massas em grandes cidades, o abandono do campo, a universalização da educação, saúde e cultura fazem com que grandes contingentes busquem as melhorias sociais.

A globalização impõe aprimoramento na produção de bens e valores, o que faz com que haja aperfeiçoamento dos instrumentos de trabalho e refinamento no relacionamento internacional. O crescimento de moléstias, sua vulgarização, epidemias, fenômenos naturais, desmatamento irracional, secas, violência urbana, a necessidade de transitar pelos grandes centros, a locomoção para o trabalho, a favelização de grandes quantidades de pessoas, o crescimento de necessidades de todos, em diversos sentidos, faz com que os recursos sejam insuficientes para o atendimento e a realização efetiva das políticas públicas.

Como as necessidades aumentam e o mesmo não ocorre com o ingresso de recursos, há um descompasso entre as necessidades públicas e a finitude das receitas, o que impõe a tomada de decisão política. Anota Luís Roberto Barroso que os limites econômicos "derivam do fato de que certas prestações hão de situar-se dentro da 'reserva do possível', das disponibilidades do Erário".[7]

A efetivação dos direitos fundamentais e democráticos pressupõe a escolha dos instrumentos e a liberação de verbas para o atendimento e a realização das políticas públicas. O atendimento dos interesses básicos da sociedade pressupõe a tomada de uma decisão política do gasto. Este é, essencialmente, uma deliberação política, isto é, fundada na conveniência e oportunidade do interesse público. Como os recursos são finitos, a arte de bem administrar pressupõe a boa decisão na escolha.

Os problemas ocorridos na França em novembro/2005 mostram os resultados de uma política mal dirigida. Os *banlieus* foram sacudidos por onda incrível de violência que manifestou a rejeição às políticas públicas até então desenvolvidas. A população mais pobre sentiu-se discriminada e descarregou toda sua inconformidade em incêndios patrimoniais. O mesmo poderia ter ocorrido na Inglaterra, país que conserva verdadeiros guetos de estrangeiros vivendo à parte da sociedade inglesa. Os exemplos poderiam ser dados com base em quase todo o Continente europeu cujos países mantêm imigrantes marginalizados, embora sejam úteis ao desenvolvimento regional, por se sujeitarem a executar serviços braçais humilhantes.

Em razão disso, renasce a noção de *discriminação positiva*, ou seja, a realização de políticas públicas que visam a fazer mais pelos que têm menos. Os investimentos, pois, devem ocorrer para igualar homens e mulheres, para inserir deficientes, para realizar política de inclusão de negros, árabes, homossexuais, etc. Sem falar em grandes contingentes de imigrantes de diversas nacionalidades que ficam segregados em países tidos de primeiro mundo. O Estado deve ser o vetor da promoção social em todos os setores.

Políticas de discriminação positiva podem ser adotadas, pagando mais a quem se credencia a servir em situações difíceis, bairros longínquos e de alto índice de criminalidade; remunerando melhor os professores que ali possam servir ou policiais que possam ter maior dedicação, etc.

---

7 BARROSO, Luís Roberto. *O direito constitucional e a efetividade de suas normas, op. cit.*, p. 109.

Sem dúvida alguma, pode-se dizer que a discriminação positiva é, na situação que ocorre em diversos países, imperiosa necessidade e obrigação do bom governante.

A matéria de que aqui se cuida foi objeto de exame detalhado em livro por nós publicado[8] em que se estudou a despesa à luz da biopolítica de Foucault. Ali se enfoca o gasto com os menos favorecidos e o exame detalhado que deve ser feito pelo Estado em busca de finalidades públicas espalhadas no todo do sistema normativo.

15.10.3 O orçamento e felicidade

15.10.3.1 Orçamento e felicidade. Fato social. Futebol e samba

Tudo começa com a definição política dos interesses que o Estado deve cuidar. Normalmente, quando se elabora a Constituição, tais objetivos são identificados pelo que se denomina poder constituinte. Em Estado Federal como o nosso a cada ente federativo cabe cuidar de alguma coisa.

Nem sempre isso ocorre de forma pacífica. Há uma verdadeira *luta pelos interesses em jogo*. É que o Parlamento é composto de pessoas eleitas e compromissadas com determinados esquemas sociais. Há o grupo dos sindicalistas, dos ruralistas, dos médicos, dos religiosos, etc. Cada segmento luta para inserir no texto os valores em que acredita.

Todos os desejos são disfarçados por discursos "em favor do povo". Este é o grande "destinatário" de tudo que se fala. Este vira o "Grande Cidadão". Só que nasce um enorme jogo de compromissos e de interesses escusos que vão, sub-reptícia e silenciosamente, se impondo. A arte do diálogo é dominada magistralmente pelos líderes dos diversos segmentos. Não há dialética, mas a fácil afirmação de que sempre o povo está em primeiro lugar é utilizada à maneira dos sofistas. Encobre-se a verdade. Simula-se. Nos desvãos é que nascem e se implantam as "reais" propostas.

Delimitada a grande obra e rotulada como "Constituição-cidadã", entra ela a reger os destinos do que denomina Estado. Agrupamento de indivíduos em um território e dominado por um governo. Alguns serão os dominantes; a maioria, os dominados. Estes aceitam a estrutura, desde que tenham um mínimo de felicidade, como a casa entregue a dona Maria.

Dona Maria, ao ter sido sorteada para adquirir uma casa, ficou contente porque foi beneficiada, num golpe de sorte, dentre milhões de brasileiros, pela deusa Fortuna.

Homens e mulheres nascem como seres desejosos. Quando crianças ainda não dominam seus sentimentos. São mandados pelos adultos. Desde cedo, no entanto, começam a aflorar os afetos que estão contidos em seu interior. É que as pessoas passam a conhecer o mundo, em primeiro lugar, por seus sentidos. O conhecimento empírico é o primeiro. Em seguida, começam a efetuar raciocínios através da mente. Sempre no âmbito material. Não se pensa em alma, como pertencente a outro mundo, etéreo, ignorado e não conhecido.

Não podemos nos esquecer de que o Brasil, ao lado de suas carências como a relatada, é o país do futebol e do samba. país alegre e descontraído, as pessoas ficam

---

8 OLIVEIRA, Regis Fernandes de. *Gastos públicos*. São Paulo: RT, 2012.

absorvidas com o circo. Neste aspecto, o esporte e os divertimentos assumem papel importante nas despesas públicas.

O país já patrocinou um campeonato mundial de futebol e perdeu na final para o Uruguai (1950) na inauguração do Maracanã. Em 2014, de novo, outro campeonato, envolvendo novas despesas.

Pode-se indagar: era o momento de investir pesadas quantias em futebol, ao invés de cuidar de outros valores maiores, tais como o combate à mortalidade infantil, a imunização contra doenças, a construção de hospitais, etc.?

É o que se está discutindo sobre a busca da felicidade. Claro está que a morte de uma criança por falta de vaga em hospital é assustadora. No entanto, enquanto o drama está sendo vivido por uma família ou por grande coletividade, outros procuram anestesiar-se dos dramas cotidianos pela busca de divertimento. Ainda que transitório e passageiro. Verdadeiro "eterno retorno" nietzschiano. É a alienação momentânea. Estesia fortuita.

Da mesma parte no que se refere ao samba. Música nacional, de grande apelo erótico. Nasceu no morro, invadiu os salões da elite e da burguesia dominante e mexeu com a sensibilidade de todos. Impôs-se à Colônia e prosseguiu na República como miscigenação de brancos e negros, a formar o caráter nacional.

Por consequência, a despesa seja com o futebol, seja com o samba, justifica-se na medida em que ambos formam a personalidade do conjunto dos brasileiros.

É que a busca da felicidade de todos passa pelo futebol e pelo samba.

Neste diapasão pode-se afirmar que os parlamentares estão sempre atentos em relação ao orçamento, porque este é o instrumento de que se valem para angariar votos e obter recursos para sua base eleitoral, como se passa a analisar.

15.10.3.2 A bancada parlamentar, confrontos e seus gastos

Cada bancada de parlamentares quer levar para seu Estado o maior número possível de recursos. Nasce entre eles, embora não digam ou não percebam, a disputa para levar recursos a suas bases eleitorais. É do que vão viver futuramente, ao lado da necessidade de obtenção de recursos para bancar as respectivas campanhas.

Tudo vai se passar, agora, dentro do orçamento. É aí que surgem os conflitos efetivos, embora disfarçados. Orçamento é uma peça de despesas e receitas em que se delibera onde e como se vai gastar. É uma lei. Formal, não importa.

A disputa inicia-se por quais os parlamentares que irão compor a Comissão Mista. Os partidos disputam a palmo a presidência e a relatoria do orçamento. São cargos importantes em prestígio e disponibilidade de recursos. Prestígio, porque terão a atenção do governo e de seus pares, e disponibilidade, porque cabe a eles a distribuição dos recursos dentro do projeto de lei.

Composta a Comissão Mista, começa verdadeira guerra campal para saber o quanto cabe a cada Estado. Nascem as negociações com o governo, porque há planos, há obras que durarão mais de um exercício, há projetos que devem ser iniciados, há investimentos que se buscam para cada Estado. O governo precisa fazer usina. Onde? Em que parte do território? E os presídios que ninguém quer, onde serão feitos? E universidades federais, que todos querem, a quem caberá?

Os conflitos instauram-se no interior dos partidos. Entre governo e Parlamento. Entre Oposição e Situação. Entre bancadas de cada Estado. Há uma guerra surda, mas imperceptível.

No mundo dos afetos, todos se sentem tocados por alegrias e tristezas. Afirma Freud: "o que decide o propósito da vida é simplesmente o programa do princípio do prazer".[9] A vida para as pessoas deve ser prazerosa. A busca da felicidade é uma constante. No entanto, a vida real nos impinge, por vezes, muita tristeza. É a perda de um ente querido, é a doença, é um amor frustrado, etc. A cada instante estamos tendo afetos que nos alegram ou nos entristecem. Buscamos sempre afastar os tristes e buscar os alegres.

Voltemos ao confronto dos parlamentares. Silenciosamente, cada qual trabalha para obter o melhor para si. É a forma de ser do Parlamento. É o trabalho surdo para obtenção de alegrias. É um discurso bem encaixado. É aparecer na TV Câmara. É uma participação de sucesso na comissão que integra. O pequeno mundo íntimo é atendido pelos prazeres imediatos de uma vitória qualquer. Por menor que seja.

Quando se participa da discussão orçamentária, então, os desejos aumentam. Os decibéis do coração não deixam cortar a corrente sanguínea. É puro fluxo. O mesmo fluxo que nos leva à velhice e nos entristece.

Na discussão orçamentária estará alguém preocupado com a casa da dona Maria? Positivamente, não. Há um plexo de políticas sociais a que o governo deve estar atento. Um dos mais angustiantes problemas por que passa o país é a saúde. O povo se entristece a cada ida a um hospital ou posto de saúde público. Ali, é mal atendido. Deve aguardar bastante tempo para ser recebido pelo médico. Os funcionários tratam a população de forma deficiente. Não há creches, o que entristece as mães que querem trabalhar. Não há escolas à altura, o que idiotiza a população carente, não permitindo que haja ascensão social. Não há atividade esportiva nas escolas, o que leva os jovens a ficar sem nada o que fazer a maior parte do dia. Juntam-se para imaginar sacanagens. Não há bibliotecas à disposição. Ainda que houvesse, ler o quê? Qual o livro apropriado para o estágio daquele rapaz ou daquela moça?

O governo fica sem dar resposta, e tais comportamentos são altamente entristecedores. Fica-se sem saber o que fazer. Na periferia é o dia a dia das pessoas. Ficar num bar. Jovens masculinos e adultos. As meninas perambulam. São preparadas para fazer a alegria de alguém em relações sexuais múltiplas.

"– Bem" (perguntaria o leitor), o que isto tem a ver com o orçamento?"

"– Calma, estamos preparando o clima para focalizar o problema de frente", respondo eu.

Pois é. Na elaboração do orçamento os parlamentares preocupam-se, em primeiro lugar, com suas emendas, através das quais logram fazer a alegria de suas comunidades ou, como se diz, de suas bases eleitorais. Quando logram obter a liberação da emenda, maravilha, propiciam à população um evento musical, um minicampo de futebol, um aparelho hospitalar, uma quadra de esportes, computadores para salas de aula, etc.

---

9 FREUD. *Psicologia das massas e análise do eu*. Porto Alegre: L & M Pocket, 2013. v. 1106, p. 84.

Darão alegria a muitas pessoas. Imaginem um campo de bocha num clube da terceira idade. Todos os idosos se alegrarão.

A alegria, no entanto, ainda não é a felicidade. Alegria é momentânea, tal como um genial orgasmo. Ela se acaba. Foi fantástico. Mas acabou. A felicidade é mais permanente. Ela se prolonga no tempo. É um relacionamento duradouro e prazeroso. É um imóvel que prorroga o bem-estar. É a casinha da dona Maria. Houve a alegria momentânea, mas ela se prolonga com a disponibilidade diária da casa. Até o momento em que começa a dar problemas (vazamento, quebra do reboco, etc.).

Depois das emendas atendidas ou não (hipótese de tristeza do parlamentar, porque é cobrado pela sua base) vêm os grandes embates das alocações de recursos para os Estados. Cada qual postula uma coisa. O Rio de Janeiro quer recursos para defesa da população em face da criminalidade e instalação das UPPs. O Maranhão quer o estímulo de seu turismo. Minas Gerais busca a exploração de seus recursos minerais. São Paulo quer aeroportos e portos para escoar sua produção, o mesmo querendo Mato Grosso do Sul e Goiás.

15.10.3.3 Recursos vinculados

Em verdade, como a Constituição estabelece recursos vinculados à educação (art. 212) e saúde (art. 195), tais áreas haverão de ser atendidas em sua totalidade. Os fundos de destinação também. Deve haver previsão de recursos para pagamento dos precatórios. Os servidores públicos devem receber seus vencimentos. Porém, os recursos para investimentos são finitos. Nasce, então, o conflito para obtê-los.

Como os programas sociais estão previamente delimitados, impõe-se a alocação de recursos para seu atendimento. Quanto? A matéria é discutida no âmbito do governo, em primeiro plano, e posteriormente na Comissão Mista do Parlamento. Os interesses, então, se avolumam.

O orçamento, tal como todas as leis, passa por um filtro. Há verbas vinculadas e, mesmo, recursos obrigatórios para determinados pagamentos. No entanto, o que sobra é disputado não só pelo governo federal, que deve ter a maioria parlamentar para aprovação de seus planos, mas também pelos governos locais e pelos parlamentares. Por aí se evidencia o conflito, isto é, a dominação da maioria parlamentar pelo governo. Nem se diga que a Oposição é pura. É da mesma natureza, só que não está no governo.

Mantida a maioria parlamentar (à custa de nomeação de ministros, diretores e presidentes de estatais, cargos de representação nos Estados, etc.), a guerra que se instaura, então, é entre os próprios parlamentares. O governo pode até ter interesse em que tal ocorra, porque, enquanto disputam sobras, os grandes nacos ficam cobertos.

O Parlamento deve, em tese, destinar recursos para fazer a felicidade das pessoas. A saber: verbas destinadas (e que cheguem ao local) à saúde, com as quais se construirão hospitais, dirigidos por pessoas eficientes (e felizes com o que fazem), em que haja médicos, bons aparelhos para exames clínicos e, por fim, remédios para serem entregues às pessoas pobres. Deve haver verbas para a construção e manutenção de creches e escolas públicas. Estas devem contar com segurança, bons professores e bem remunerados, etc. Pura utopia?

Ao menos dois valores foram encampados pelo constituinte: ensino e saúde. Estes, mesmo que vinculados aos serviços de educação e saúde, nem sempre chegam aos beneficiários. É que é muito comum que haja desvios. Em Municípios a compra de sacos de cimento pode facilmente servir não apenas à construção da creche ou da escola, mas também a outras obras, ou entregue a particulares.

Digamos que o vereador tem interesse em atender com dois sacos de cimento a um seu correligionário. Quando os sacos de cimento saírem do almoxarifado para a obra da escola, dois sacos serão, candidamente, entregues em outro endereço. O trabalhador que recebe os sacos de cimento na obra pública não sabe quantos sacos saíram do almoxarifado, e, pois, há o desvio do recurso público.

Mais uma vez os interesses privados prevalecendo sobre o público.

Há, no entanto, diferenças que devem ser levadas em conta.

15.10.3.4 Tony Judt e ricos e pobres

Como afirmou Tony Judt, "os ricos não querem a mesma coisa que os pobres. Quem depende do trabalho para sustentar a família não quer a mesma coisa que quem vive de investimentos e dividendos. Quem não precisa dos serviços públicos – pois pode adquirir transporte, educação e segurança privadas – não busca o mesmo que as pessoas que dependem exclusivamente do setor público".[10]

Não se pretende, por óbvio, falar na sociedade ideal, mas na possível. Devemos atentar a que as pessoas são movidas por interesses nem sempre os melhores. Como não vivemos entre deuses, mas entre humanos ("Oxalá fosse assim que todos reconhecessem a própria natureza humana! Vale assinalar as palavras de Álvaro de Campos, pseudônimo de Fernando Pessoa, que no 'Poema em linha reta', após apontar a ausência de defeitos morais aparentes em seus conhecidos, muitas vezes por nós mesmos ocultados ou relegados, assim conclama: 'arre, estou farto de semideus! Onde é que há gente no mundo?'"), e, pois, corruptíveis, deve nascer o respeito pelo outro (consciência) e termos a "capacidade de discernimento ético e uma visão compartilhada do que é lícito e ilícito do ponto de vista moral".[11]

O Parlamento, como órgão, e o parlamentar, como pessoa física, não pensam na felicidade da população. Dizem que o fazem. O governo alardeia a mesma coisa e também não age em tal direção. Uma coisa é o discurso através do qual se comunicam, lançando afirmações que são deglutidas pela mídia (paga). Outra coisa, bem diferente, é como agem na composição de interesses pessoais, seus, do partido e do governo (ou do antigoverno).

Assim, vê-se que ricos e pobres são tratados de forma diferente. O rico pouco precisa da estrutura do Estado. O pobre precisa sempre. Cada qual quer coisa diferente.

A natureza será sempre assim. Ela é desigual. O importante é que a estrutura do Estado deve tratar também de forma diferente as categorias sociais. Uma precisa mais da máquina estatal que outra. O político tem que ter a sensibilidade para distinguir tais coisas.

---

10 JUDT, Tony. *O mal ronda a terra*. São Paulo: Objetiva, 2010, p. 157.

11 FONSECA, Eduardo Giannetti da. *Vícios privados, benefícios públicos*. São Paulo: Cia. das Letras, 1994, p. 62.

Daí ser fundamental que tenha em mente o que são os direitos sociais e como atendê-los.

15.10.3.5 Os direitos sociais e o gasto

Desnecessário definir, explicar ou identificar quais são os denominados direitos humanos individuais, coletivos ou sociais. Depreendem-se do ordenamento normativo.

Todos têm aplicação imediata, independentemente de qualquer legislação complementar. Eventualmente, alguns exigem lei intermediária. No entanto, se o legislador não exerce sua competência, eles não podem ser negados pelos tribunais sob o pretexto de não legislarem, pois não podem frustrar o exercício de direitos essenciais da pessoa humana.

O problema é que para o exercício de todos os direitos é imprescindível que haja recursos.

Por meio do orçamento os recursos são destinados às necessidades assumidas pelo Poder Público. Há uma prévia definição do que deve ser atendido, porque o agente político deve escolher dentre as diversas opções que tem e a que prioridades dará atenção. As necessidades são ilimitadas e infinitas. Diante da assunção, pelo Estado, de inúmeras atribuições, o que se verifica pela só análise da Constituição, o agente público deve identificar onde alocará os recursos disponíveis. Não tem como atender a tudo e a todos. Logo, elege prioridades.

Os direitos sociais são tidos como de segunda geração. Os de primeira são os individuais, oriundos da herança liberal. De qualquer forma, do ângulo jurídico não há qualquer distinção. Ambos devem ser atendidos e priorizados. A distinção é que em relação ao indivíduo os gastos são menores, mesmo porque são atendidos com a só omissão do Poder Público. Já, os direitos sociais exigem atividade da Administração. Educação, saúde, trabalho, moradia, meio ambiente, segurança, cultura, previdência e assistência aos desamparados impõem despesas enormes.

15.10.3.6 A pobreza e o gasto público

15.10.3.6.1 A pobreza como problema jurídico

O Direito não costuma tratar temas fora dos conceitos normativos. Entendem todos que a pobreza, por exemplo, não é *matéria jurídica*. O assunto desbordaria para o nível sociológico, ficando fora da incidência de regras jurídicas.

Ora, o art. 6º da CF estabelece como direito social a "assistência aos desamparados". O art. 1º do mesmo diploma dispõe que a *dignidade da pessoa humana* é um dos fundamentos da República Federativa do Brasil; e o art. 3º tem a *erradicação da pobreza* como um dos objetivos fundamentais do mesmo Estado.

Como se isso não bastasse, o mesmo art. 3º considera um dos objetivos fundamentais construir uma sociedade (...) *justa e solidária*", que busca "reduzir as desigualdades sociais".

O art. 23 da Lei Maior estabelece que é da competência comum dos três entes federativos "combater as causas da pobreza e os fatores de marginalização, promovendo a integração social dos setores desfavorecidos".

Para cumprir tais disposições constitucionais foi que se criou o Fundo de Combate e Erradicação da Pobreza, através dos arts. 79 a 83 do Ato das Disposições Constitucionais Transitórias/ADCT. Originariamente destinado a viger até 2010, foi prorrogado pela Emenda Constitucional nº 67/2010 por tempo indeterminado.

Vê-se, pelos dispositivos invocados (além do inciso LXXIV do art. 5º, que cuida de assistência jurídica, e do inciso LXXVI do mesmo artigo, que trata da gratuidade de atos registrários, do art. 134, que cuida da Defensoria Pública para defesa dos necessitados, e também do art. 203, que trata da assistência social a quem dela necessitar), que o Estado moderno opta por reequilibrar a sociedade através de políticas retributivas.

Vê-se que o assunto é estritamente jurídico, e como tal deve ser tratado.

Desnecessária uma definição de pobreza. Ela é real. Seu contrário é a riqueza. O ordenamento normativo não busca amparar a riqueza, mas contém inúmeros preceitos para assistir à pobreza.

Como disse Rousseau nas primeiras linhas de seu discurso sobre *A Origem da Desigualdade Entre os Homens*, "concebo na espécie humana duas espécies de desigualdade. Uma, que chamo de natural ou física, porque é estabelecida pela natureza, e que consiste na diferença das idades, da saúde, das forças do corpo e das qualidades do espírito ou da alma. A outra, que pode ser chamada de desigualdade moral ou política, porque depende de uma espécie de convenção, e que é *estabelecida ou pelo menos autorizada pelo consentimento dos homens*. Esta consiste nos diferentes privilégios de que gozam alguns em prejuízo dos outros, como ser mais ricos, mais honrados, mais poderosos do que os outros ou mesmo fazer se obedecer por eles".[12]

A pobreza criada pelos homens irá necessitar, a partir da instituição do Estado, de ações positivas que busquem atenuar, compensar ou extinguir o fosso social que se abre entre ricos e pobres.

15.10.3.6.2 Espécies: individual, coletiva e social

Podemos visualizar alguns tipos de pobreza: a) a individual; (b) a coletiva; e (c) a social. Todas eles merecem a atuação do Estado.

15.10.3.6.2.1 Pobreza individual

A pobreza *individual* deixa claro que deve se caracterizar como involuntária. A saber: há determinadas pessoas que voluntariamente optam por viver na pobreza, seja por votos religiosos prestados ou por convicção pessoal de desprendimento. Com tal tipo de pobreza não se envolve o Estado, porque integra as diversas opções que o indivíduo faz em sua vida. Respeitadas devem ser sua privacidade e sua liberdade. Se escolhe um caminho de humildade, de renúncia aos bens da vida, de desapego a bens materiais, o Estado não pode intervir. Exige-se dele uma omissão. Estará cumprindo sua missão constitucional não intervindo na intimidade da pessoa. Mas tais casos constituem exceção.

---

12 ROUSSEAU. *A origem da desigualdade entre os homens*. São Paulo: Escala, p. 27.

O cuidado do Estado começa com a pobreza involuntária individual. Essa exige providências do Estado. De duas, uma: ou o indivíduo provoca a atuação estatal ou esta, espontaneamente, vai até ele. Se uma pessoa está abandonada nas ruas da cidade, tem o Estado o dever de recolhê-la, alimentá-la e dar-lhe abrigo. Se o indivíduo busca órgão municipal, estadual ou federal, esse tem que atendê-lo.

No caso de não ser atendido, busca a gratuidade da Defensoria Pública para obrigar, através do Judiciário, a ação. Para Aristóteles, "*potência* significa o princípio do movimento ou da mudança existente em alguma coisa distinta da coisa mudada, ou nela enquanto outra".[13] O filósofo valeu-se dos ensinamentos anteriores de Heráclito e Parmênides. O primeiro dizia que tudo se movimenta; o segundo, que nada se movimenta. O "*ato* significa a presença da coisa, não no sentido em que entendemos potência. Dizemos que uma coisa está presente potencialmente como Hermes está presente na madeira ou a semilinha no todo, porque são indissociáveis, e até o homem que não está estudando chamamos de estudioso desde que seja capaz de estudar".[14] O exemplo didático é representado pela semente e a árvore. O ato é representado pela semente (coisa já existente); a potência é a possibilidade de a semente virar árvore.

O Estado, através de seus inúmeros órgãos de atuação, é mera potência enquanto não acionado ou enquanto não entra em ação. Ao se movimentar seus atos viram atos vivos de transformação da realidade.

O indivíduo é inerte e inerme. Mero ato. Ao se movimentar e buscar a ação (potência) do Estado, também vira potência.

Pode-se estabelecer diferença entre indigência e pobreza? Zanobini afirma que a indigência é uma situação permanente e mais grave; a pobreza é ocasional e superável.[15] Podemos dizer que a indigência é mais duradoura. Tal afirmação não firma critério ponderável nem aceitável de distinção. Ambas são situações conflitivas dentro da sociedade. Ambas envolvem e necessitam da atuação ou da sociedade, ou do Estado.

A exceção vem mencionada com notável alusão à figura do *muçulmano* no campo de concentração, tão bem retratada por Giorgio Agamben.[16] O abandono individual significa a perda completa da dignidade. É a negação da vida. Somente o amparo do Estado pode recuperar a dignidade e também a vida.

15.10.3.6.2.2 Pobreza coletiva

O mesmo ocorre quando se cuida da pobreza coletiva: favelas, cortiços, invasões múltiplas de área, "Cracolândia", etc. Agrupamentos abandonados que nascem ao arrepio das ações governamentais e contra essas e se impõem na sociedade.

Aqui o problema já não é cuidar de um indivíduo apenas, mas de um aglomerado que tem o mesmo problema. Subalimentação, falta de atendimento médico, doenças, promiscuidade, perda do sentido do social, tudo caracteriza a pobreza coletiva.

---

13 ARISTÓTELES. *Metafísica*. 2. ed. São Paulo: Edipro, 2012, Capítulo V, 12, p. 149.

14 *Idem*, Capítulo IX, 6, p. 236.

15 ZANOBINI. *Corso di diritto amministrativo*, t. V, Milão, Giuffrè, 1952, p. 334.

16 AGAMBEN. *O que resta de Auschwitz*. São Paulo: Boitempo, 2010, Capítulo 2 (Homo Sacer III).

O grupo sente-se em *apartheid*, fora da incidência do regramento jurídico. Aqui não é apenas o indivíduo, mas uma coletividade mais ou menos grande. De qualquer forma, carente. Acha-se fora do alcance dos mecanismos do Estado. Não há trabalho, não há água potável, não há saneamento básico, não há transporte, não há assistência médica. Nada. Abandono completo.

15.10.3.6.2.3 Pobreza social

Por fim, na identificação feita, há a pobreza da sociedade. Não mais indivíduos ou grupos, mas a maioria ou grande parte da sociedade está alijada dos bens da vida. Daí a importância de uma *política social* no exato dizer de Foucault, quando escreve que é "uma política que se estabelece como objetivo de uma relativa repartição do acesso de cada um aos bens de consumo".[17] Socializa-se o consumo. O governo tem que intervir "nessa sociedade para que os mecanismos concorrenciais, a cada instante e em cada ponto da espessura social, possam ter o papel de reguladores – e é nisso que a sua intervenção vai possibilitar o que é o seu objetivo: a constituição de um regulador de mercado geral da sociedade".[18]

O que está em jogo aqui é uma política pública do Estado em face de toda uma sociedade. Já não mais a solução pontual de uma situação dada, nem a de atendimento a um grupamento, mas a toda a sociedade, que está desequilibrada. É o que se pode rotular de *pobreza difusa*. Está permeada no seio da coletividade como um todo.

Pode-se dizer que a sociedade está em situação de vulnerabilidade na hipótese em que há muita desigualdade econômica. Amartya Sen, em seu *Desenvolvimento como Liberdade*, assinala bem a regra moral aplicável a todos e que a ninguém é dado fugir.

Vistos os três tipos de pobreza, passemos à análise de como deve o Estado agir e o que pode fazer para diminuir os níveis de tensão existentes na sociedade e fazer com que se reduzam os conflitos.

15.10.3.6.2.4 Capacidade contributiva tributária e receptiva financeira. Políticas públicas e destinatários

Um primeiro ponto é o sistema de arrecadação. Este deve levar em conta o que os juristas chamam de *capacidade contributiva*. É essencial na compreensão do problema. De forma positiva, significa que cada indivíduo que tenha recursos e os aufira no seio da sociedade em que vive tem uma obrigação moral de contribuir para que as desigualdades diminuam.

Há sérios problemas éticos envolvidos. Até que ponto se pode obrigar alguém a contribuir para ajudar terceiros? Há no interior da sociedade tal obrigação, a exigir uma conduta ética neste sentido? Ora, o Estado não é integrado apenas de ricos, com exclusão dos pobres, ou dos pobres, com exclusão dos ricos. Todos estão integrados em determinada sociedade. Todos, nesse sentido, são *responsáveis* por ela. Todos contribuem para a riqueza total do país. Quem pode mais, paga mais; quem pode menos, contribui

[17] FOUCAULT. *Nascimento da biopolítica*. São Paulo: Martins Fontes, 2008, p. 194 (Coleção Tópicos).
[18] *Idem*, p. 199.

com menos. Mas – pode-se questionar – esta regra é compatível com a disciplina da sociedade?

Temos que é dever ético de todos que convivem não serem obrigados a sustentar os mais pobres, mas devem colaborar para que a sociedade os ampare. É que usufruem todos, indistintamente, dos benefícios públicos. Boas estradas, bons divertimentos, bons sistemas de saúde, de educação, etc. beneficiam a todos. Moléstias transmissíveis atingem a todos, sem indagar se são pobres ou ricos. Outros males como a dengue, por exemplo, são "democráticos". Logo, o viver em comunidade pressupõe responsabilidades divididas.

Assentada tal premissa, o pagamento de tributos é dever de todos. Pode-se dizer, até, que é dever bíblico. Ora, viver em determinado Município, Estado-membro ou país significa que a pessoa a eles se acha integrada. Logo, todos devem pagar de acordo com sua capacidade e quando da ocorrência das hipóteses de incidência.

Deve haver uma relação entre o que se arrecada e o Produto Interno Bruto (PIB). Exaurir as forças produtivas da sociedade não é o caminho. O capital busca mais capital e mais lucro. Não vê o problema social. Nem quer saber dele. Quer que o Estado não atrapalhe a empresa. De outro lado, a população afastada do emprego não quer incomodar o capital, mas dele precisa. Nasce relação altamente tensional. Invasões de terras, ocupação de imóveis particulares e públicos, passeatas, confusões, incêndios de pneus em vias públicas, depredação de empresas, etc. Atos de vandalismo que buscam conforto e apoio no descompasso dos níveis sociais de compreensão.

O dono do capital não quer a convivência em tal estado de coisas. Tem que proteger seu capital, sua empresa e sua família. Logo, tem obrigação moral de contribuir mais fartamente para o bolo da receita.

As receitas, como disse, não podem tirar do dono do capital todo seu potencial. Ao contrário, devem existir estímulos quando os empresários tiverem dificuldade, por força do relacionamento internacional ou, mesmo, em face de dificuldades climáticas, cambiais, etc. Tem, também, que existir relação entre o PIB e a capacidade contributiva do todo da sociedade.

Como disse Bernardo Giorgio Mattarella, "la povertà è un problema non solo per chi ne è vittima, ma per tutta la società, e non solo in termini morali o estetici, ma anche in termini molto materiali".[19]

Se o problema é de toda a sociedade e o capital deve participar de sua solução, todos devem estar englobados na luta pela diminuição das desigualdades.

Daí a atuação potencial do Estado.

Primeiramente, deve atuar de forma a prevenir que as desigualdades se aprofundem. No combate ao tráfico e ao consumo de drogas, importante estabelecer política integrada dos entes federativos. A prevenção (combate do tráfico nas fronteiras, por exemplo) é essencial. Depois, buscar a cura e a repressão. Mas anteriormente é fundamental que medidas preventivas possam diminuir ou impedir a entrada de drogas no Brasil.

---

19 MATTARELLA, Giorgio. Il problema della povertá nel diritto amministrativo. *Rivista Trimestrale di Diritto Pubblico*, Milão, Giuffrè, 2/368, 2012.

O consumo de drogas, por exemplo, é "democrático". Atinge com mais força os ricos, que têm poder de adquirir qualquer tipo de estupefacientes. Os demais cingem-se a drogas baratas (*crack*, por exemplo).

Ressalta-se, com tal dado, a importância de todos estarem dispostos a participar no pagamento dos tributos (evitando-se a evasão, a elisão e todos os mecanismos de redução de seu pagamento).

Amparado o cofre público com recursos correlativos com o PIB (o Brasil tem excessiva cobrança, o que diminui a perspectiva do crescimento do país), o governo tem que pensar no destino a ser dado aos tributos arrecadados.

Daí é que se deve pensar no *efeito distributivo* dos recursos arrecadados. Os *destinatários*, então, é a outra face da moeda, os pobres. Se aos ricos se aplica a regra da *capacidade contributiva* em relação aos impostos, aos pobres se aplica a regra da *capacidade receptiva*. Tendo o governo a disponibilidade de caixa, cabe-lhe discutir com a sociedade (rica e pobre) onde, como e quando investir nas denominadas políticas públicas.

Na estrutura orgânica do Estado há uma série de atribuições distribuídas entre os entes públicos. Cada qual tem competência para agir em busca de soluções públicas. Em relação ao tema da distribuição dos recursos públicos e sua aplicação em benefício do indivíduo, das coletividades e da sociedade surgem as denominadas *políticas públicas*. Estas outras coisas não são que agir no espaço vazio e necessário. São as ações do Estado em benefício ou em direção às necessidades que foram definidas no ordenamento jurídico.

Evidente que há um ideal (pode-se dizer "platônico"): pleno emprego, ninguém abandonado, todos com moradia, usufruindo de bom sistema de transporte, saúde, educação, etc. Tal Estado é apenas o ideal. Mas, como se viu, a realidade é mais dura e contundente. As desigualdades estão evidentes e crescem a cada dia. Há um poder de concentração de capital em mãos de poucos. A grande maioria da sociedade vive marginalizada. É o que se vê no dia a dia de nossas cidades, pequenas ou grandes.

Os distanciamentos aumentam. Cada qual quer cuidar de sua própria vida, sem ser perturbado pelos outros. O egoísmo cresce, o cuidado de si mesmo se agiganta e a cura do coletivo é completamente abandonada. A sociedade sente-se absolutamente em confronto com o Estado. Este, como é composto por pessoas, age em função de suas pulsões e de seus sentimentos. Nem sempre nobres. Nem sempre controlados. A proximidade do dinheiro público entorpece os sentimentos de solidariedade e de benemerência, fazendo estimular tudo que há de menos elevado.

Não queremos – nem há espaço para – estudar os sentimentos que fluem no interior das pessoas. Análise psicanalítica, mas importante para analisar os fatos sociais. É que quem exerce poderes no Estado são pessoas. Plexos de sentimentos conflituosos. De fluência perversa e que busca valer-se dos bens do Estado, na saborosa crítica do Padre Vieira (no sermão do bom ladrão).

A literatura estrangeira é farta em estudar as desigualdades sociais. Situações de fome foram retratadas por Zola, Dostoievski, etc. A brasileira não fica atrás, especialmente quando do realismo (Aloísio de Azevedo, Graciliano Ramos). O ciclo da cana-de-açúcar não fica atrás.

Um dos papéis da literatura é denunciar ou descrever fatos agudos da realidade. O do governante é buscar resolvê-los.

De posso dos recursos, então, e através do orçamento, irá efetuar sua redistribuição, tendo em vista os problemas sociais existentes. O bom governante não pode ignorar sua realidade. Tem que saber dos desníveis em que os grupos (as "tribos", no dizer de Michel Maffesoli)[20] se encontram. Daí nasce a *decisão política* do gasto. É *deliberação* da mais alta importância. Através dela é que dará destino adequado aos tributos e demais receitas arrecadadas.

A *capacidade receptiva* decorre de um *direito à prestação* do Estado, e ela se qualifica em face dos diversos dispositivos constitucionais que disciplinam a matéria. Tal direito decorre de se encontrar o credor (ou beneficiário) na situação de risco ou de vulnerabilidade descrita no todo constitucional.

Os *destinatários* devem se encontrar naquelas situações descritas antes: pobreza individual, coletiva ou social. Desnecessário efetuar um detalhamento ou buscar no ganho individual a identificação do necessitado. A lei, por vezes, cria critérios para identificação do pobre.

15.10.3.6.2.5 O fundo de erradicação da pobreza. A linha de pobreza

A Lei Complementar nº 111, de 6.7.2001, disciplinou os arts. 79, 80 e 81 do ADCT. Estabelece que tem o objetivo de viabilizar *a todos os brasileiros* o acesso a ações suplementares de "nutrição, habitação, saúde, educação, reforço de renda familiar" (art. 1º).

A lei complementar utiliza palavras vagas para localizar os destinatários. Fala, por exemplo, em famílias que tenham renda "inferior à linha de pobreza" (inciso I do art. 3º), ou de populações "que apresentem condições desfavoráveis" (inciso II do art. 3º).

A *linha de pobreza* é critério que vem sendo utilizado para identificar situações de risco social absoluto. É o que recebe menos de 1 Dólar (indigência) por mês ou 2 Dólares (pobreza), de acordo com critério do Banco Mundial.

Vê-se que a redação legal utiliza palavras vagas (não teoréticas) e, pois, ao governante é dada ampla margem de discricionariedade para aplicar o texto normativo. O resultado é o abuso e critérios subjetivos que podem surgir na aplicação da lei.

Pode-se entender que o governo tenha discrição e discernimento na escolha das situações tensionais que enfrenta e a elas destine os recursos necessários para a diminuição ou eliminação das tensões. Políticas habitacionais, alimentares, sanitárias, de transporte, etc. devem estar na mente dos governantes. Doentes, idosos, deficientes, desempregados, todas estas pessoas e situações em que se encontram são reais, e não imaginários.

Diante de tais critérios imprecisos, pode-se falar em pobreza relativa e absoluta ou extrema. Quais os critérios de distinção? É linha tênue de raciocínio que nos irá levar a eles. A segunda é o abandono total dos bens da vida. Não há remédio, nem escola, nem hospital, nem transporte, nem moradia. Nada. É o exangue. Não tem mais poder de recuperação. Encontra-se totalmente desnorteado, sem possibilidade de reação. É o muçulmano descrito por Agamben. A pobreza relativa pode ser identificada como

---

[20] O tempo das tribos: o declínio do individualismo nas sociedades de massa. 5. ed. Rio de Janeiro: Forense Universitária, 2014, p. 129/132.

aquele indivíduo ou agrupamento que ainda é possível encontrar um lugar para dormir num albergue ou uma alimentação frugal em casa de recolhimento.

Ambas são dramáticas. Situações dantescas.

Importante que o Estado, diante delas, busque minorar sua brutalidade destinando-lhes recursos.

15.10.3.6.2.6 O diálogo necessário

Essencial, também, é que o Estado dialogue com a sociedade. Não pode buscar soluções imperativas e ditatoriais, sem qualquer conversa com grupos que se ocupam da pobreza, ou seja, organizações não governamentais. A responsabilidade é do Estado, sem dúvida, mas estas coletividades, estas associações, estudam tais problemas, buscam intervenção na sociedade, tratam de apresentar soluções alternativas. O Estado não pode buscar distância delas. Ao contrário, o diálogo é sempre importante, ainda que, depois de ouvi-las tome outras decisões. Sempre há uma contribuição a ser dada.

Imperioso que o Estado, quando da deliberação sobre o gasto público, ouça a sociedade, por seus diversos segmentos. O Estado não detém o poder da onisciência, nem lhe é cabível ter posição de distanciamento das outras emanações de conhecimento sobre a realidade que governa. Humildade, e não prepotência, é o sentimento que deve imperar em tais deliberações.

Os governantes devem evitar pesadelos.

15.10.3.6.2.7 A opinião pública (Habermas) e as paixões (Hirschman). A linguagem em Bakhtin

A pobreza é a realidade gritante no meio da sociedade, especialmente da brasileira. Há um distanciamento enorme entre os problemas sociais existentes e o centro de deliberação sobre o destino dos gastos públicos. O orçamento participativo pode ajudar, desde que não seja manipulado pelo governo. A praça pública nem sempre é o melhor lugar para se colher a melhor opinião, sem embargo dos profundos estudos de Habermas.

As paixões humanas é que têm que ser dominadas no processo de busca das soluções sociais. É que os sentimentos assaltam os homens, turbando seu raciocínio. Interesses prevalecem sobre os bons sentimentos. O interessante estudo de Hirschman sobre os interesses econômicos que devem restringir ou controlar as paixões reflete apenas a versão de um economista liberal.[21]

O que prevalece, a nosso sentir, é a manipulação de recursos para atender a classes mais favorecidas (é incrível, mas assim é), numa inversão total do papel do Estado e também de todos os preceitos constitucionais que mencionamos no início deste trabalho. Os preceitos aludidos, e que traçam os objetivos fundamentais do Estado Brasileiro e também servem de fundamento político de nossa estrutura federativa, têm destino certo: a busca de uma sociedade mais igualitária.

O comportamento dos governantes que até agora os aplicaram atua em sentido antípoda ao previsto na Constituição.

---

[21] HIRSCHMAN, Albert O. *Les passions et les intérêts*. Paris: Quadrige, 2011.

A pobreza é, pois, característica que existiu e sempre existirá na realidade mundial. Cabe a intervenção do Estado, no exercício de uma política distributiva, com o objetivo de diminuir as diferenças entre pessoas, classes, categorias, que permeia em toda a sociedade.

O bom governante tem que aplicar as normas jurídicas existentes no complexo estrutural do sistema brasileiro. Como tal, tem que saber que há uma sociedade desigual e que ele tem o dever ético de buscar alterar a realidade através de atos dirigidos à diminuição da fome no Brasil.

A análise de Bakhtin[22] mostra-se preciosa para o desenvolver do raciocínio. Faz o autor corte brusco na teoria da linguagem, para entender que não se pode analisá-la de forma abstrata. O estudo também é pertinente, mas quando se pretende estudar uma linguagem deve-se descer ao nível dialógico. A saber: é à luz da linguagem falada que se pode ter a visão de como ela se mostra como organismo vivo. Não se pode aplicar um "corte" para isolar o objeto de análise. Ao contrário, só podemos estudar uma língua à vista de como ela é falada.

Estuda a palavra "fome", que tem conotações diversas dependendo da situação em que é pronunciada. "Estou com fome" é uma coisa; "vamos almoça porque estamos famintos", expressão do pai de família em sua casa, tem outro sentido; "o povo está faminto" tem conotação forte. Logo, dependendo de onde se usa a palavra, quando é utilizada, a situação em que é proferida, tudo muda de sentido.

Superada a fome, o passo seguinte é a diminuição das desigualdades sociais como objetivo fundamental.

15.10.3.6.2.8 As rebeliões

Apenas as rebeliões é que logram atingir o governo em sua inércia. Grupos organizados podem muito bem dinamitar as estruturas sociais através de passeatas, discursos, reuniões, congressos, busca de adesão de intelectuais, esportistas, atores e atrizes – enfim, gente de boa popularidade, para que sejam pensadores de tais problemas para acionar o governo.

Enquanto não houver isso os governantes não se mexem. Fazem-no apenas em campanhas, e viram as costas ao depois da eleição, para se dedicarem às próximas eleições, à colocação de seus apaniguados e à burla da destinação dos recursos públicos.

A corrupção, os desmandos, os desvios de recursos, seu mau emprego, a incompetência, tudo se une para fazer com que a pobreza continue. É marcha incontrolada e contínua das desigualdades sociais. Estas persistem graças à incompetência, que gera uma expectativa frustrada de solução dos problemas.

Em suma: não há solução para a pobreza, sem embargo dos caminhos que apontamos para sua diminuição. Isso enquanto persistirem os sentimentos maldosos que ganham a luta no interior dos humanos.

---

22 BAKHTIN, Mikhail. *Marxismo e filosofia da linguagem*. 14. ed. São Paulo: Hucitec, 2010.

15.10.4 O gasto constitucional, o legal e o político. Reserva do possível.

Griziotti[23] esclarece que o fim da atividade financeira consiste na satisfação das necessidades que o Estado estima dever prover com os gastos. A predefinição é política, tendo em vista como o particular se comportaria na escolha de suas próprias necessidades. Nega, todavia, que o Estado deva atender a indivíduos particularmente. Nega que o Estado se preocupe com cidadãos *uti singuli* e trate de valorar apreciações que estes fazem do dinheiro. Afirma que o Estado considera os cidadãos enquanto coletividade.

Divergem R. Musgrave e P. Musgrave.[24] Buscam assegurar recursos para o que a sociedade considera justo e equitativo. Dividem os bens em sociais e privados. Os primeiros não podem ser providos pelas regras de mercado. Logo, têm que ter prevalência nas precisões orçamentárias.

A decisão de gastar é, em essência, política. É o aferir das necessidades públicas que leva à decisão da despesa. Programados os recursos e elaborada estimativa de seu *quantum*, resta a opção, dentre as inúmeras finalidades estatais, sobre em que gastar e como fazê-lo.

A decisão de alocação das prioridades de despesas, ao lado das finalidades encampadas no ordenamento normativo, pode sofrer flutuações ao longo da execução orçamentária. É que a mutação das situações, a alteração das conveniências mundiais, a mudança dos interesses, podem ocorrer durante o exercício financeiro. A realidade fática é mutável empiricamente. A previsão do homem é limitada. Podem surgir situações emergenciais ou, mesmo, a falta de uma adequada alocação de recursos. Tudo a impor alterações ao longo da execução do orçamento. Isso leva a uma contingência[25] não prevista, o que obriga à alteração do gasto. Por isso é que há a previsão dos *créditos adicionais*.

A Lei Orçamentária Anual admite a autorização para abertura de créditos suplementares (§8º do art. 165). O crédito suplementar é apenas o destinado ao reforço de dotação orçamentária (inciso I do art. 41 da Lei nº 4.320/1964). É que a previsão pode ter sido insuficiente, o que obriga à suplementação. Como tem previsão na Lei Orçamentária Anual, é aberto por ato do chefe do Executivo, mediante decreto. O mesmo não se pode dizer dos demais créditos que obrigam à edição de lei, tal como os especiais e extraordinários (os primeiros que não têm dotação orçamentária específica e os segundos são destinados a despesas urgentes e imprevistas).

Diante de situações imprevistas, soluções não previstas. No entanto, como não há previsão constitucional, há necessidade de lei.

A despesa pública assenta-se sobre uma decisão prévia: deve atender aos interesses do Estado, provendo sua subsistência, ou deve atender ao direito dos habitantes? Se há inação por parte do Estado, podem ocorrer diversas lesões a direitos dos indivíduos. Assim, o Estado deve prover-se. É o caso do cachorro que quer morder o próprio rabo. Sem dotação orçamentária não pode funcionar, e se há dotação institui-se o Estado

---

23 GRIZIOTTI. *Principios de política, derecho y ciencia de la hacienda*. Madri: Reus, 1935.

24 MUSGRAVE, R.; MUSGRAVE, P. *Hacienda pública teórica y aplicada*. México: McGraw Hill, 1992.

25 Sobre contingenciamento, v. o item 15.11 deste capítulo.

Democrático de Direito, ou seja, o que deve atender à sociedade, dirigindo seus recursos aos mais fracos.

O constituinte originário efetuou a primeira decisão sobre o valor que deveria pairar sobre os demais: estabeleceu no art. 212 da CF o dever da União de aplicar nunca menos de 18% e os Estados, Municípios e o Distrito Federal 25%, no mínimo, "da receita resultante de impostos, compreendida a proveniente de transferências, na manutenção e desenvolvimento do ensino".

Logo, o valor maior encampado pelo constituinte originário foi o do ensino. Privilegiou-o inequivocamente com a maior dotação orçamentária e estabeleceu exceção ao princípio da não vinculação orçamentária. A decisão cabia exclusivamente ao órgão originário que instaurou a Constituição, sendo-lhe lícita tal opção, por não estar restrito a qualquer força anterior, nem limitado por outra que lhe fosse superior.

Tal gasto é obrigatório e decorre de determinação constitucional. Logo, não há como se furtar ao cumprimento da norma, incumbindo a toda a sociedade o controle de tal aplicação, mas especificamente ao Legislativo e ao Tribunal de Contas respectivo a verificação do atendimento do preceito.

Na sequência, o constituinte derivado, por força da Emenda Constitucional nº 29/2000, assegurou recursos específicos às ações e serviços públicos de saúde (art. 198). O §2º do art. 198 estabelece a forma de vinculação de recursos a tais ações e serviços. Abriu-se nova exceção ao princípio da não vinculação de impostos (inciso IV do art. 167 da CF). A segunda opção do constituinte foi destinada às ações e serviços de saúde. Elencou, pois, dois direitos que entende serem essenciais, quais sejam: educação e saúde. Dois valores a que deu relevância constitucional.

Em terceiro lugar, dispositivos transitórios e posteriormente emendas constitucionais destinaram recursos ao atendimento de alguns fundos. O primeiro foi o Fundo de Manutenção e Desenvolvimento do Ensino Fundamental, tal como previsto no §1º do art. 60 do ADCT.

O art. 71 do ADCT, introduzido e alterado pelas Emendas Constitucionais 1/1994, 10/1996 e 17/1997, criou o Fundo Social de Emergência, com o objetivo de saneamento financeiro e estabilização econômica da União. Posteriormente tomou o nome de Fundo de Estabilização Fiscal. Na sequência foi alterado para Fundo Social de Emergência, por força do art. 72 do ADCT.

O art. 79 do ADCT instituiu o Fundo de Combate e Erradicação da Pobreza, com o objetivo de "viabilizar a todos os brasileiros acesso a níveis dignos de subsistência", na forma do art. 80 do ADCT.

Os fundos são admitidos no corpo da Constituição e destinam-se ao atendimento de determinados valores igualmente encampados no ordenamento, e, como tais, estão acima de outros, também importantes, mas dogmaticamente não tão favorecidos.

A Constituição ainda estabeleceu a necessidade do pagamento em decorrência de débitos transitados em julgado em ações movidas contra o Poder Público. É o que se rotula de *precatórios*. A eles deu tratamento especial, obrigando ao pagamento, nos exatos termos do art. 100 da CF. É verdade que no momento da vigência de seu texto permitiu descabida moratória (art. 33 do ADCT) e, posteriormente, nova e indecente prorrogação (Emenda Constitucional nº 30/2000), e hodiernamente a inconstitucional prorrogação, com a criação de regime especial para pagamentos dos precatórios (Emenda Constitucional nº 62/2009). No entanto, tem que haver a previsão de recursos orçamentários para seu pagamento.

Na sequência de uma esteira hierarquicamente proposta, vem o pagamento das obrigações legais do ente, na forma disposta no §2º do art. 9º da Lei de Responsabilidade Fiscal. Cessadas as deliberações e determinações de cunho constitucional, sobrelevam as de força legal. A lei que estabelece as boas práticas fiscais identificou no pagamento dos gastos legalmente assumidos o privilégio do pagamento, uma vez que estabelece não serem tais despesas objeto de limitação. É o que ocorre com o pagamento dos servidores públicos. Passa, assim, a ter eficácia maior na satisfação dos débitos públicos o pagamento dos servidores ativos e inativos.

Em seguida vem o pagamento do "serviço da dívida", na forma identificada no mesmo dispositivo legal (§2º do art. 9º). Outra opção válida do legislador infraconstitucional.

Pode-se indagar se tal opção é constitucional.

Se os recursos são finitos, e, pois, impõe-se a escolha do gasto, beneficiando determinados credores ou políticas e desprestigiando outros, vale a afirmativa de que a escolha é legítima desde que compatível com os desígnios e os valores previstos na Constituição da República.

É possível sacrificar o interesse da sociedade em benefício de credores contratuais ou quirografários? É legítimo beneficiar credores da dívida fundada em detrimento dos valores encampados na Constituição?

A resposta só pode ser negativa. Ao cuidar da ordem social (Título VIII) o constituinte estabeleceu como essenciais a seguridade social (Capítulo II do Título VIII), nela englobando a saúde (Seção II), a previdência (Seção III) e a assistência sociais (Seção IV). Assegurou que a saúde é um direito de todos e dever do Estado (art. 196) e a assistência social será prestada a quem dela necessitar (art. 203). Garantiu a educação como direito de todos e dever do Estado (art. 205). Fez o mesmo com a cultura (art. 215), com o desporto (art. 217) e com o meio ambiente (art. 225). De outro lado, estabeleceu a segurança pública como dever do Estado (art. 144), ao lado da obrigação de garantir a prestação jurisdicional (inciso XIII do art. 21), a Defensoria Pública (art. 134) e demais atividades que incumbem à União (art. 21), aos Municípios (art. 30), aos Estados (§2º do art. 25) e ao Distrito Federal (art. 32, §1º).

Ao lado dos valores insculpidos nos arts. 1º e 3º da CF há outros tantos, como mencionado, que amparam essencialmente os direitos da pessoa humana.

Por consequência, a opção feita pelo legislador do pagamento da dívida pública em detrimento da consecução dos fins constitucionalmente estabelecidos é inconstitucional. Como pode haver alternativa ao legislador para escolha quando a CF estabeleceu vetores nos arts. 1º e 3º, bem como em outros esparsos, todos destinados a amparar o ser humano em sua essência e existência?

Nem por outro motivo é que há superioridade jurídica da Constituição na orientação de todo o sistema. Os valores por ela encampados e positivados hão de ser atendidos, não deixando ao legislador, nesta hipótese, margem de escolha possível. A opção já vem traçada na estrutura dos direitos humanos estabelecida em seu conteúdo.

Diante da finitude dos recursos financeiros, nasce a dúvida sobre o que deve ser atendido com prioridade. A Constituição elenca alguns valores que devem ser priorizados, enquanto a legislação erige outros. Nesta sequência é que deve haver a alocação dos recursos no momento político da decisão orçamentária.

No confronto entre prioridades do Estado *versus* direitos dos indivíduos, que sejam qualificados como humanos, não há dúvida de que estes prevalecem. Isto é: diante dos vetores estabelecidos na Constituição, que decorrem de opção política do constituinte originário ou derivado, não pode o legislador escolher outra alternativa, incompatível com os valores encampados pelo constituinte. A opção há de ser aquela compatível e sujeita ao que o constituinte estabeleceu.

Daí a discussão que se assenta em saber, já eleitas as despesas que devem ser feitas, o que fazer se não houver recursos para atendimento individual. A saber: o interesse público está dotado na peça orçamentária, ou seja, há recursos para saúde, educação, saneamento básico, iluminação, habitação, etc. No entanto, em determinada situação não há recursos para o atendimento individual, no sentido de uma internação, de uma vacina, de um tratamento específico que depende de remédios importados ou de operação que só pode ocorrer no exterior. Em tais casos, como fazer e como compatibilizar os valores, diante da finitude dos recursos disponíveis? Qual o valor que deve ter prioridade?

A discussão recairá para o tema da importância do valor albergado diante da situação de fato. Se em determinado instante a situação do indivíduo é de vida ou morte, não havendo outro caminho a seguir, salvo o atendimento imediato daquele bem, que em hipótese contrária perecerá, a solução é o imediato atendimento.

Não se trata de sopesar valores, de compará-los, de entendê-los empatados, jogar com lesão mínima, média ou grave. O que importa é saber que, diante daquela realidade, diante daquela situação específica, haverá perecimento do direito. Nessas circunstâncias, age o Estado para salvar o valor encampado na norma.

Nem se diga que haverá quebra de valores ou de garantias. Nem que o direito de um prevalece sobre o de outro. Em verdade, todos os bens jurídicos protegidos pela Constituição são importantes. No entanto, uns são mais importantes que outros. Não há igualdade real. A igualdade é conceito relativo, que depende das circunstâncias de fato e dos critérios de discriminação eleitos pela norma jurídica.

Naquele instante, diante da situação dramática em que se encontram os interesses, não há como confrontá-los. Um deve prevalecer sobre o outro. Apenas a prática é que dará a rotulada otimização do princípio, no dizer de Alexy.[26]

15.10.5 Mecanismos e instrumentos de controle

Em verdade, a Constituição, ao estabelecer que o Estado deve uma prestação a alguém, previu um serviço público que tem que ser desempenhado. Não pode dar-se ao luxo de deixar de prestar a atividade que pela Constituição lhe foi imposta. Não se cuida de norma de mera recomendação, uma vez que esta inexiste no Direito Brasileiro.

---

26 ALEXY, Robert. Tres escritos sobre los derechos fundamentales y la teoría de los principios. Tradução de Carlos Bernal Pulido. Ed. Universidad Externado de Colombia, 2003.

Toda norma é dotada de eficácia jurídica, e, pois, possui um mínimo exigível, no dizer kelseniano.

Se é assim, o Estado não pode deixar de cumprir as determinações constitucionais, sob pena de poder ser acionado em juízo. Tem o dever da prestação positiva.

Como controlar o Estado para que cumpra suas obrigações? Em primeiro lugar, existe o Legislativo, que participa da elaboração do orçamento e, pois, pode ser forte parceiro na implementação de políticas públicas, ao menos em termos de previsão orçamentária. Em segundo lugar, cabe-lhe divulgar informações a respeito do andamento da execução dos gastos públicos.

Antes de mais nada, a discussão prévia à elaboração do orçamento é essencial nos Estados Democráticos, não só em decorrência de preceito legal (parágrafo único do art. 48 da Lei de Responsabilidade Fiscal), como também pelo inciso II do art. 2º da Lei nº 10.257/2001 (Estatuto da Cidade), que determina a realização de audiências, debates e consultas como condição obrigatória para aprovação do orçamento pela Câmara.

A decisão autoritária que era tomada anteriormente cede espaço à decisão democrática, com a oitiva da população, por meio de seus segmentos politizados e organizados.

Cabe, pois, estabelecer que a decisão tomada através de audiências, debates e consulta torna-se *obrigatória* ao Poder Público. De que adiantaria realizar tais movimentações populares se, ao final, o agente político pudesse desconhecer o que foi deliberado em tais discussões? Como se disse, toda norma tem um mínimo de eficácia; e, se assim é, não pode o agente político desconhecer o que se passou na manifestação democrática direta. Logo, deve acolher ao menos uma das prioridades indicadas pela população em suas reuniões deliberativas.

Há, pois, parâmetros de identificação do encaminhamento que se deve dar às políticas públicas.

O segundo controle é feito pelo Tribunal de Contas. Ainda que meramente formal, uma vez que se limita a controle posterior ao gasto, é relevante instrumento, como forma de constranger o administrador público, que não pode agir impunemente. Inclusive, a ele é atribuído o poder de aplicar sanções, como meio coercitivo de obrigar ao cumprimento da norma.

Interessante instrumento de controle é o acesso à informação. A transparência é assegurada através de ampla divulgação, inclusive em meios eletrônicos de acesso ao público (arts. 48 e 48-A, ambos da Lei de Responsabilidade Fiscal). Evidente está que, por se cuidar de matéria excessivamente técnica, fica difícil o controle do material divulgado. O relatório da execução orçamentária é técnico. No entanto, o relatório da gestão fiscal pode ser elaborado em linguagem de leitura fácil.

O essencial é que a sociedade organizada, por intermédio das organizações não governamentais, de lideranças políticas e entidades interessadas, possa ter acesso às informações expedidas pelos órgãos públicos. Poderá conferi-las e analisá-las.

Não nos esqueçamos também do Ministério Público, órgão encarregado de investigar e apurar todos os desencontros normativos e verificar a correção do comportamento dos agentes públicos. É instrumento essencial na democracia moderna.

15.10.6 O direito de exigir o cumprimento do dever constitucional

Diante da finitude dos recursos e dos direitos assegurados, é possível exigir em juízo o cumprimento dos deveres constitucionalmente impostos? É possível exigir prestações positivas do Estado?

Efetuamos ligeira análise do assunto quando cuidamos da Lei de Responsabilidade Fiscal. A questão que agora emerge diz respeito à possibilidade de a sociedade exigir o cumprimento dos deveres impostos ao Estado em confronto com os recursos finitos de que dispõe. Como fica o balanço de tais valores em confronto?

Ante o fato de se cuidar de norma constitucional de eficácia plena, isto é, que independe da expedição de norma complementar, como ficam os direitos por ela garantidos?

Anota Luís Roberto Barroso que "os limites econômicos derivam do fato de que certas prestações hão de situar-se dentro da 'reserva do possível', das disponibilidades do Erário. Atente-se bem para esta questão delicada: a ausência da prestação será sempre inconstitucional e sancionável; mas determinar se ela é plenamente satisfatória é tarefa árdua muitas vezes, impossível outras tantas".[27]

Os direitos previstos na Constituição da República não admitem qualquer contestação. Devem ser inequivocamente assegurados pelo Poder Público, na forma nela estabelecida. São direitos imediatamente usufruíveis, independentemente de qualquer norma que lhes venha a dar eficácia. São diretamente aplicáveis do texto da Lei Maior. Desnecessária qualquer integração legislativa.

Ao Poder Judiciário, pois, cabe assegurar a plena execução dos direitos fundamentais insculpidos na Constituição. O único obstáculo será a explanação ampla e convincente da autoridade pública no sentido de demonstrar a impossibilidade material do cumprimento. É que, como já se ressaltou, os recursos são finitos, e, pois, não há como atender a tudo e a todos de forma plena. Por consequência, deve haver por parte do Estado o atendimento a todos os direitos assegurados. A única escusa é a impossibilidade financeira diante do caso concreto.

Imaginemos que alguém solicite ao Judiciário que lhe garanta determinado remédio inexistente no Brasil. Não havendo previsão orçamentária de aquisição de tal remédio, como se fará? A ordem deverá ser inserida na previsão orçamentária do exercício seguinte, para atendimento posterior. Compliquemos o problema: e se houver risco de morte para o requerente, devidamente demonstrado? Apenas se exonerará o Poder Público no caso de insuficiência de previsão financeira. Nasce daí a tese do financeiramente possível, diante da finitude de recursos.

Em excelente excerto, afirma Horacio Guillermo Corti que "sempre que se afete um direito abre-se a possibilidade judicial do controle de constitucionalidade: sem embargo, em virtude daquele suposto, entende-se que a atividade orçamentária é um assunto puramente 'interno' de Estado e ante o qual os 'particulares administrados' não são normalmente alheios. Mas a isso se opõe toda a lógica da Constituição, na qual estão esgarçados de maneira contínua a declaração de direitos, o acordo constitucional e as cláusulas financeiras. De tal forma, quando o Poder Judiciário intervém controlando

[27] BARROSO, Luís Roberto. *O direito constitucional e a efetividade de suas normas, op. cit.*, p. 109.

a constitucionalidade do orçamento (ou das decisões em matéria de gasto público), não está cumprindo o papel de árbitro, senão, ao contrário, está realizando a mesma tarefa que normalmente leva a cabo: proteger os direitos constitucionais frente às ações e omissões que os vulneram e, por isso, avaliando o direito infraconstitucional do ponto de vista das exigências constitucionais. Não há de dúvida deque é atribuição exclusiva do órgão legislativo selecionar os meios que considere adequados, mas seja qual for o meio eleito ele deve estar de acordo com pautas, princípios ou critérios que a Constituição estabelece".[28]

Pinto Ferreira tem valioso escólio sobre o direito à educação, afirmando que "o direito à educação surgiu recentemente nos textos constitucionais. Os títulos sobre ordem econômica e social, educação e cultura revelam a tendência das Constituições em favor de um Estado Social. Esta clara opção constitucional faz deste ordenamento econômico e cultural um dos mais importantes títulos das novas Constituições, assinalando o advento de um novo modelo de Estado, tendo como valor-fim a justiça social e a cultura, numa democracia pluralista exigida pela sociedade de massas do século XX".[29] No mesmo sentido Celso Lafer, ao analisar o direito à educação como direito de segunda geração e ter como sujeito passivo o Estado, porque, "na interação entre governantes e governados, foi a coletividade que assumiu a responsabilidade de atendê-los. O titular desse direito, no entanto, continua sendo, como nos direitos de primeira geração, o homem na sua individualidade".[30]

Pinto Ferreira, no mesmo artigo, afirma que "o direito à educação necessita ter eficácia. Sendo considerado como um direito público subjetivo do particular, ele consiste na faculdade que tem o particular de exigir do Estado o cumprimento de determinadas prestações".[31]

Diante de tais dados, o Poder Judiciário não pode omitir-se de assegurar ou tornar efetivos os direitos assegurados na Constituição.[32] Se assim não for restarão comprometidas a inteireza e a eficácia dos preceitos constitucionais. Em decisão do STF o Min. Celso Mello assinala que "não se ignora que a realização dos direitos econômicos, sociais e culturais – além de caracterizar-se pela gradualidade de seu processo de concretização – depende, em grande medida, de um inescapável vínculo financeiro subordinado às possibilidades orçamentárias do Estado, de tal modo que, comprovada, objetivamente, a alegação de incapacidade econômico-financeira da pessoa estatal, desta não se poderá razoavelmente exigir, então, considerada a limitação material referida, a imediata efetivação do comando fundado no texto da Carta Política".[33]

Em texto que diz respeito à celebração da justiça como um dos fundamentos da sociedade, John Rawls fala que o conceito de justiça "se define pela atuação de seus princípios na atribuição de direitos e deveres e na definição da divisão apropriada das vantagens sociais".[34]

---

[28] CORTI, Horacio Guillermo. *Derecho financiero*. Buenos Aires: Abeledo-Perrot, 1997, p. 246.

[29] FERREIRA, Pinto. Educação e constituinte. *Revista de Informação Legislativa*, 92/171-172.

[30] LAFER, Celso. *A reconstrução dos direitos humanos*. São Paulo: Cia. das Letras, 1988, p. 127 e 139-131.

[31] FERREIRA, Pinto. Educação e constituinte, *Revista de Informação Legislativa*, 92/171-173.

[32] *RTJ*, 175/1.212-1.213, rel. Min. Celso de Mello.

[33] STF, RE nº 436.996, *Informativo STF*, 407, 24.1 a 4.11.2005.

[34] RAWLS, John. *Uma teoria da justiça*. São Paulo: Martins Fontes, 2002, p. 11.

Esclarece o mesmo autor que na posição originária (suposto contrato social) "desigualdades econômicas e sociais, por exemplo, desigualdades de riqueza e autoridade, são justas apenas se resultam em benefícios compensatórios para cada um, e particularmente para os membros menos favorecidos da sociedade".[35]

É o que rotula de "princípio da diferença", o que significa que, embora a riqueza possa não ser igual, "ela deve ser vantajosa para todos".[36]

Acrescenta que, de acordo com o princípio da diferença, "a desigualdade é justificável apenas se a diferença de expectativas for vantajosa para o homem representativo que está em piores condições, neste caso o trabalhador representativo não especializado".[37]

É essa a correta análise do confronto suscitado entre os direitos previstos na Constituição da República, rotulados de segunda geração (ou mesmo os de primeira), e a limitação financeira constante da dotação orçamentária.

15.10.7 Regras jurídicas tributárias das receitas e regras financeiras dos gastos

Os tributaristas arrolam um plexo de princípios (tidos como regras) que orientam o sistema tributário, a saber, princípios (regras) que limitam a atividade do Estado no que tange ao abastecimento dos cofres públicos. Pode haver uma simetria entre os vetores que orientam a captação de recursos com as orientações básicas que presidem o gasto?

Temos que colocar as seguintes e importantes indagações: É legítimo, diante da ordem constitucional, impor um direito mesmo na ausência de recursos? É correto deixar de exercer um direito sob alegação de inexistência de receitas? A inadequada ou insuficiente arrecadação de recursos pode levar à frustração de direitos constitucionalmente assegurados? Pode a insuficiência de receitas obstar ao exercício de direitos constitucionais? O conceito de necessidade, de caráter econômico, tem o condão de esvaziar o conteúdo de direitos insculpidos na Constituição? O devido pelo Estado e tido por justo pode submeter-se ao despotismo da necessidade econômica?

O Estado, como titular dos interesses públicos, tem o dever de cuidar deles. Ele é o protagonista da atividade financeira, e a captação de recursos deve atender não apenas à manutenção da malha estatal, em seu macroconjunto de bens, instalações, serviços, pessoal, instrumentos, etc., mas também deve ter em vista os interesses sob sua responsabilidade.

O Estado não deve estar a reboque da estrutura financeira. Sua atividade econômica é um subsistema do sistema econômico. Evidente está que no mundo de hoje não há como o país alienar-se do grande conjunto de Nações. Não está só: faz parte do grande concerto de países que compõem o Universo ou, ao menos, de um bloco econômico que o ajuda a sobreviver. Pouco adianta ter produção interna se não logra comercializá-la, de modo que é natural os países se incorporarem a blocos comerciais, buscando subsistir da melhor forma. É verdade que o Estado pode isolar-se e elaborar apenas produção

---

[35] *Idem*, p. 16.
[36] *Idem*, p. 65.
[37] *Idem*, p. 82.

para subsistência interna; no entanto, não progredirá. Passa a ser natural, hoje, que os países se aproximem e liberem suas fronteiras.

É verdade, de outro lado, que tanto a teoria das receitas como a das despesas têm que se assentar na análise de garantias constitucionais. A maior parte da arrecadação estatal diz respeito ao campo tributário, e é sobre ele que deitaremos nossa análise.

O direito tributário vem amparado por inúmeros princípios, que os autores rotulam de: legalidade, tipicidade, isonomia, capacidade econômica, progressividade, não confisco, etc. (sem nenhuma pretensão de esgotar o rol). De seu turno, da mesma forma, o gasto público vem acompanhando a evolução dos mesmos princípios (que na verdade são regras): proporcionalidade, legalidade, isonomia, anualidade, capacidade econômica, eficiência, etc. Todo gasto tem previsão constitucional, porque está imbricado com a receita. Arrecada-se para gastar, para dar cumprimento às necessidades públicas. Tributa-se para que o Estado cumpra seus fins.

Sendo assim, os recursos devem ser equiparados aos fins titularizados pelo Estado. A legalidade é inarredável na teoria do gasto. A tipicidade requer estejam contidos todos os pressupostos legais para que o gasto ocorra. A isonomia alcança igualmente a todos. Se todos são desiguais no campo da realidade empírica (ainda que iguais em termos de realidade jurídica), devem receber os recursos de forma desigual. A saber: os mais carentes têm que receber mais do Estado em termos de retribuição tributária. Se, da mesma forma, têm menor capacidade econômica para contribuir, devem receber mais, pois são economicamente debilitados.

Efetuemos uma análise sobre alguns dos princípios norteadores do direito financeiro.

15.10.8 Ainda as regras e a justa distribuição dos recursos. A regra da proporcionalidade. O princípio da legalidade. A regra da anualidade. O princípio da isonomia. A regra da capacidade receptiva. A regra da eficiência

Como se vê, há um reverso que é coerente com a teoria jurídica do gasto. A classe menos favorecida, órfã dos investimentos públicos, dos serviços de segurança pública, dos benefícios de asfalto, luz, energia elétrica, etc., pode e deve exigir em juízo que os mesmos benefícios usufruídos pela classe alta e média a ela sejam estendidos.

Não se pode esquecer, como tem sido feito pela teoria do direito tributário, que se, em tese, há justiça na tributação, deve haver justiça no gasto.

A carência de recursos e de investimentos junto à população de baixa renda pode significar deturpação na gestão da coisa pública. Pode ocorrer que, a pretexto de "privilegiar privilegiados", o chefe do Executivo se deixe levar pela má alocação de recursos. Premida pelo jogo político, a cúpula que detém o poder de decisão sobre a colocação das receitas, pode estar, sub-repticiamente, buscando atender a interesses poderosos em detrimento dos mais necessitados. Será que haveria decisão aberrante ou não prevista? Será que as coisas não se passam de tal forma, ficando as finalidades sociais ao oblívio em determinado contexto político?

Seguindo tal ordem de ideias, pode ocorrer que a má distribuição dos recursos seja causa da insuficiência de recursos para atendimento dos setores menos favorecidos da população. A concentração do poder de decisão em mãos de alguns poucos pode gerar a desconexão com a real necessidade da população. A decisão autoritária do gasto pode resultar em odiosa proteção a interesses que dela menos necessitam. A falta de democratização na decisão do gasto pode resultar em grotesca falta de proteção aos direitos humanos constitucionalmente assegurados.

Sob tal ótica, isto é, de privilegiar os mesmos princípios (regras) que amparam o contribuinte ativo, a orientação deve beneficiar o recebedor dos recursos. É o outro lado da moeda. Literalmente falando, a mesma moeda que ingressa nos cofres públicos deve ter a contraface do benefício social a que se refere.

Nem por outro motivo é que Horacio Guillermo Corti define a atividade financeira como "a atividade encaminhada à obtenção de ingressos e realização de gastos com o objetivo de fazer efetivos os procedimentos (democráticos) e os direitos (fundamentais) constitucionalmente estabelecidos".[38]

Sob tal ângulo, é possível dar novo enfoque ao direito financeiro, qual seja: o de, mediante justa distribuição dos recursos, atender a *princípios de garantia do indivíduo*. Assim, quando se pensa no atendimento do direito à saúde não se está cumprindo mera função estatal, mas garantindo uma necessidade essencial a todos os habitantes do país. Superiormente, responde o mesmo autor que resulta "claro, se não óbvio, que não tem habitantes que por exemplo devido a circunstâncias, fáticas e aleatórias, de nascimento tenham *mais* direito à saúde que outros".[39]

Vê-se como as regras tributárias se encontram vinculadas aos princípios do direito financeiro. Apenas a eles se fez menção para equipará-los, embora tenhamos outra classificação e identificação dos princípios do direito financeiro.

Ao falarmos em princípios estamos nos referindo às regras (tal como foi analisado anteriormente). É que o princípio passa a ter uma conotação muito mais nobre do que anteriormente se pensava.

Não se pode aceitar, pois, que haja absoluta sujeição do Direito aos ditames da economia, uma vez que há diferença não apenas conceitual, mas de fundo, entre a economia de mercado e a economia do setor público. Assim sendo, os princípios que informam a tributação não podem estar alheios aos mesmos princípios que amparam o direito financeiro. Neste campo, os princípios de direito financeiro devem estar calcados nos mesmos princípios que ornamentam a Constituição da República, isto é: os da dignidade da pessoa humana (inciso III do art. 1º), da construção de uma sociedade livre, justa e solidária (inciso I do art. 3º), da erradicação da pobreza, da marginalidade e redução de desigualdades sociais e regionais (inciso III do art. 3º). Desnecessário qualquer acréscimo afetivo ou emotivo a tais princípios, prenhes de conteúdo social.

De que valeria a atividade financeira senão para dar eficácia a tais princípios? Instituído o Estado, definem-se – por documento solene – os direitos e deveres de cada indivíduo que sob ele estará, seja nacional ou estrangeiro. Esses direitos, frutos de longeva conquista, inclusive regada pelo sangue de mártires, não são meros pedaços de papel. Consubstanciam importante conteúdo de asseguramento da ordem jurídica.

Modernamente o Direito outra coisa não pode ter em mente senão a dimensão da pessoa humana. Não mais pode subsistir o mero aspecto sintático de conexão de

---

[38] CORTI, Horacio Guillermo. *Derecho financiero, op. cit.*, p. 98.

[39] *Idem*, p. 99.

normas, desprovida de conteúdo sensível. Em verdade, o conjunto normativo dirige-se a uma sociedade identificada por uma série de ideais, de cultura, de folclore, de emoções coletivas, tudo a identificar uma Nação. Esta não pode ser tratada como punhado de ignorantes ou, então, como com mais privilegiados de um lado e abandonados de outro. Há de se instaurar uma justa distribuição de recursos, para que haja a democratização da sociedade. Isto se faz com a democratização dos gastos.

O objetivo, pois, do direito financeiro é dar efetividade aos direitos constitucionais. Não se está mencionando o direito à prestação negativa do Estado; o que se tem em mira é a eficácia das políticas públicas, obrigando-se o Estado a ações positivas.

A atividade financeira há de ser solidária e justa, seguindo o que dispõe o inciso I do art. 3º da CF, que é um dos objetivos fundamentais da República Federativa do Brasil. Logo, o gasto há que atentar aos menos favorecidos. Seria descabido, por exemplo, emprego excessivo de recursos em publicidade, ainda que obrigatória (§1º do art. 37), em relação ao investimento no sentido de preservar a dignidade da pessoa humana (inciso III do art. 1º). Daí privilegiar-se o princípio da proporcionalidade na distribuição dos gastos públicos.

A regra da proporcionalidade não pode ser descurada: na oportunidade da escolha política para prover as necessidades públicas, o administrador, ouvida a sociedade, não pode descurar de atentar à proporcionalidade que deve imperar na repartição dos recursos. A regra da razoabilidade ou da proporcionalidade – tomadas como sinônimos – não está expresso na Constituição, mas deflui dos fundamentos de justiça. Na partilha dos recursos, tendo em vista que são insuficientes para o atendimento pleno de toda a sociedade, deve o administrador escolher em que irá despendê-los. Deve sopesar, neste momento deliberativo, a importância dos valores (no sentido axiológico) a que deve atender, tendo em vista a disposição constitucional. As finalidades ali encampadas são prenhes de valoração. Logo, deve haver o equilíbrio entre os inúmeros pontos entre os quais distribuir o faturamento tributário e extrafiscal.

No confronto dos interesses, poderá haver a escolha ponderada e razoável dos objetivos a alcançar.

Tendo em vista o bolo arrecadatório, há uma segunda fase, que é a de efetuar as escolhas daquilo que deve ser atendido. Tirantes as vinculações orçamentárias constitucionais e as obrigações legais que devem ser atendidas, há uma margem de escolha do administrador no tocante à distribuição dos recursos. Aí incide o princípio da proporcionalidade, como um critério que deve pesar na decisão do chefe do Executivo.

Deve, pois, haver ponderação sobre como gastar e escolher no que gastar. Evidente que as necessidades se alteram na medida em que a sociedade muda. Diante de determinado momento histórico pode ser mais conveniente o investimento público em saneamento básico (há proximidade de epidemia divulgada pela mídia, calcada em pareceres de técnicos) do que em asfaltamento de vias públicas. Assim, córregos que recebem captação de dejetos a céu aberto podem exigir rápida canalização, enquanto o asfalto da via pública pode aguardar momento mais propício.

De seu turno, pode o Executivo entender que deva asfaltar todos os córregos, desprezando o atendimento em postos de saúde, para o quê, em determinada oportunidade, alocará quantidade mínima de recursos. Tal desproporcionalidade ou irrazoabilidade poderá ser questionada, obrigando a transposição de valores para o atendimento de situações tão urgentes quanto a outra. Dir-se-á que o critério é exclusivamente político, descabendo qualquer interferência do Poder Judiciário no saneamento da alocação dos recursos.

A afirmativa é apenas meia verdade. Se houver manifesta desproporção entre as diversas alocações, caberá a interferência do Judiciário apenas no momento da definição legal. Diferente é o entendimento de Horacio Guillermo Corti, para quem "as atividades tributária e de despesa são de diferentes naturezas. Uma jurídica, a outra política. Portanto, são diferentes os momentos do controle: a tributação está sujeita ao controle judicial, a distribuição de receitas não".[40]

Caberia o apelo ao Judiciário já em momento de tramitação legislativa do projeto de Lei Orçamentária? Entendemos que sim, dependendo da situação concreta específica. Evidentemente, não cabe ao juiz interferir nas inúmeras ponderações político-administrativas que devem ser efetuadas pelo administrador na decisão de alocação de recursos. No entanto, diante de determinada hipótese, tendo em vista os princípios constitucionais e demonstrados à saciedade que estará agredido o princípio da proporcionalidade (ou razoabilidade) ou o descumprimento de comandos normativos constitucionais, caberá a intervenção, e não será desarrazoada.

O *princípio da legalidade* é aquele que dá garantia ao contribuinte de apenas ser tributado em decorrência da representação política (inciso I do art. 150 da CF), é o mesmo que assegura ao indivíduo postular a justa distribuição das receitas. O gasto público decorre exclusivamente da lei (art. 165).

Ainda que não exclusivo do direito financeiro, o princípio da legalidade é, na verdade, regra-vetor de todo o sistema jurídico. Como decorrência, aplica-se ao gasto público, ou seja, somente por lei é que se gasta.

A regra da anualidade é a que orienta a elaboração orçamentária, estabelecendo que a lei anual "não conterá dispositivo estranho à previsão da receita e à fixação da despesa" (§8º do art. 165). Inúmeros outros dispositivos regem a receita, reforçando o sentido do princípio, como, por exemplo, o início de programas ou projetos não incluídos na Lei Orçamentária Anual (inciso I do art. 167), a realização de despesas que excedam os créditos orçamentários ou adicionais (inciso II do art. 167), a realização de operações de crédito que excedam o montante das despesas de capital (inciso III do art. 167). Qualquer aumento a servidores apenas pode ser feito se houver prévia dotação orçamentária (inciso I do §1º do art. 169). Desnecessário apontar todos os artigos que disciplinam o princípio da anterioridade. O que não se pode é gastar sem prévia autorização orçamentária.

O *princípio da isonomia*, visto da ótica tributária, tem o condão de impedir que contribuintes em situações iguais possam ter tratamento desigual (inciso II do art. 150).

No campo da despesa o princípio é de extrema aplicação, uma vez que, obedecido o tratamento isonômico em relação aos contribuintes, deve guardar a mesma fina sintonia com os contribuintes, à luz da distribuição dos recursos. Se todos são iguais perante a lei, significa que o gasto deve privilegiar aqueles que estão distantes dos bens da vida. Os recursos devem atender aos valores encampados no sistema normativo, privilegiando as

[40] *Idem*, p. 522.

classes menos favorecidas, para que se caminhe à sociedade justa e solidária prevista no inciso I do art. 3º da CF e para que se inicie a erradicação da pobreza e da marginalização, com redução das desigualdades sociais e regionais (inciso III do art. 3º).

Como se fossem dois lados da mesma moeda, o contribuinte não pode estar sujeito ao pagamento de mais do que aquilo que o outro também possa suportar. Por consequência, e inversamente, os recursos devem ter justa distribuição, para que se possa atingir os objetivos traçados.

O *princípio da capacidade receptiva*, em relação ao contribuinte, vem estampado no §1º do art. 145, rotulado de capacidade contributiva, ao estabelecer que, "sempre que possível, os impostos terão caráter pessoal e serão graduados segundo a capacidade econômica do contribuinte, (...)". Segundo Roque Carrazza, tal princípio "hospeda-se nas dobras do princípio da igualdade e ajuda a realizar, no campo tributário, os ideais republicanos. Realmente, é justo e jurídico que quem, em termos econômicos, tem muito pague, proporcionalmente, mais imposto do que quem tem pouco. Quem tem maior riqueza deve, em termos proporcionais, pagar mais imposto do que quem tem menor riqueza. Noutras palavras, deve contribuir mais para a manutenção da coisa pública".[41] Idêntico raciocínio deve ser seguido em face da despesa pública.

De igual sintonia o efeito reverso da capacidade receptiva, isto é, os recursos devem ser distribuídos de acordo com a menor capacidade contributiva do indivíduo. Aqueles que têm menos devem ser aquinhoados pelo Estado com maior aplicação de recursos, exatamente para que se possa atender aos princípios republicanos inseridos no art. 1º da CF, dentre eles o da dignidade da pessoa humana, e aos *objetivos fundamentais* da República Federativa do Brasil, nos exatos termos do art. 3º.

A regra da eficiência reflete a situação de operosidade e da formulação de resultados por parte da Administração Pública. A produtividade passa a ser ideia-matriz da ação administrativa. É comportamento a que repugnam a negligência, a lentidão, a morosidade, o descaso, o desleixo. O servidor, que é o instrumento para acionar a máquina administrativa, deve ser valorizado. No entanto, dele devem ser exigidas presteza na solução dos problemas, discussão dos assuntos e rapidez na busca de soluções.

Cuida-se de princípio relativo à boa gestão da coisa pública; norte da ótima condução dos negócios públicos. A tomada de soluções deve ser sempre a melhor, aquela que atende aos interesses da comunidade, dos diversos segmentos a serem beneficiados, etc.

Induvidosamente, em relação ao gasto é um princípio norteador dos demais, pois exige diligência na tomada da decisão ótima.

Daí a importância na escolha das despesas públicas, dos objetivos a serem atingidos e do controle que sobre o gasto se vai exercer.

John Rawls também comenta o princípio e esclarece que se trata da otimização. "O princípio afirma que uma configuração é eficiente sempre que é impossível mudá-la de modo a fazer com que algumas pessoas (pelo menos uma) melhorem a sua situação sem que, ao mesmo tempo, outras pessoas (pelo menos uma) piorem a sua".[42] Termina afirmando que "uma distribuição de bens ou um esquema de produção é ineficiente

---

41 CARRAZZA, Roque. *Curso de direito constitucional tributário*. 31. ed. São Paulo: Malheiros, 2017, p. 103.

42 RAWLS, John. *Uma teoria da justiça*, *op. cit.*, p. 71.

quando há modos de fazer algo ainda melhor para alguns indivíduos sem fazer nada pior para os outros".[43]

Fizemos ligeira menção aos princípios no item 7.4, onde os classificamos e cuidamos dos princípios da eficiência, da boa-fé objetiva e da impessoalidade, a cuja leitura remetemos o leitor.

15.10.9 Distribuição racional de recursos

Ao mesmo tempo em que a decisão de gasto é basicamente política, é também racional. Política no sentido de atender a critérios flutuantes, ao sabor das necessidades, e atender a critérios exclusivamente de conveniência. No entanto, o sistema normativo é essencialmente racional. É sistema lógico de proposições.[44] "Sistema implica ordem, isto é, uma ordenação das partes constituintes, relações entre as partes ou elementos. As relações não são *elementos* do sistema. Fixam, antes, sua forma de composição interior, sua modalidade de ser *estrutura*".[45]

O constituinte elege valores e os coloca no texto constitucional: saúde (art. 196), assistência social (art. 203), educação (art. 205), cultura (art. 215), desporto (art. 217), ciência e tecnologia (art. 218) e meio ambiente (art. 225), além de outros, tidos como serviços públicos, e os reparte pelos três entes federativos. O problema que terá o agente político é distribuir os recursos de forma compatível e de maneira a atender a todos os bens que elegeu como aqueles que têm ele o dever de cuidar.

Em relação a alguns (educação e saúde) fixa percentuais constitucionais para seu atendimento. Elegeu-os como os de maior conteúdo valorativo. No entanto, em relação a todos os demais deve atentar à adequada distribuição, de forma a que sejam bem atendidos.

Seria ilícito defender uma irracional distribuição das receitas. Não basta o encaminhamento tempestivo dos projetos de Lei Orçamentária. Tem-se que elaborar estudo adequado das diversas necessidades que deve tutelar e efetuar uma racional distribuição de atendimento. Não basta só o gesto formal de iniciativa para se desincumbir de competência constitucional. O conteúdo orçamentário deve guardar compatibilidade com os valores a que deve, racionalmente, atender.

De outro lado, há que se efetuar o adequado exame do confronto entre os direitos humanos e os interesses do Estado. Este não pode descurar de dar racional alocação aos recursos, para que possa funcionar razoavelmente, provendo-se de instrumentos, hospitais, escolas, centros de saúde, creches, museus, prisões, quartéis, estádios, teatros, veículos, prédios para o funcionamento burocrático da Administração, etc. Ao lado disso, deve remunerar convenientemente seus servidores, escaloná-los em ordem hierárquica pertinente, prepará-los para o atendimento ao público.

Toda estrutura administrativa deve dirigir suas atenções para o objetivo final de sua própria existência que é atender à comunidade a que serve. Não há Administração

[43] *Idem, ibidem.*

[44] VILANOVA, Lourival. *As estruturas lógicas e o sistema de direito positivo*. São Paulo: RT, 1977, p. 115.

[45] *Idem*, p. 116.

para si própria. Dirige-se ao atendimento dos segmentos sociais de que deve curar, e nos limites de sua competência.

Se há número suficiente de servidores, deve direcionar os recursos para sua atividade-fim, qual seja, o atendimento das pessoas que com ela entrem em relacionamento. Tudo dependerá, evidentemente, do momento por que se passa. As necessidades são variáveis e mutáveis de acordo com determinada situação.

O momento da deliberação é crucial para o atendimento dos interesses públicos. Daí ser importante o cumprimento da Lei de Responsabilidade Fiscal (incisos do parágrafo único do art. 48 e art. 48-A) e do Estatuto da Cidade (art. 44) no que toca à realização de audiências públicas, de debates, de consultas e inquirições de pessoas do ramo, para que a própria comunidade aponte suas prioridades a serem atendidas. Obriga-se o agente político ao acolhimento de alguma das prioridades apontadas, para que sejam inseridas no orçamento.

É verdade que remanesce área íntima e indevassável do administrador público para escolher prioridades. No entanto, a tomada de decisão está ficando cada vez mais racional, em vez de remanescer integralmente no âmbito volitivo do chefe do Executivo. A decisão autoritária é insensata. A decisão tomada a portas fechadas leva ao erro. A solução democrática de deliberação sobre o gasto público é exigência do atual estágio da civilização.

O racional é menos atributivo de equívoco. A ponderação supera o irracional, levando o político a ter critérios de escolha antes de efetuar a decisão de qualquer gasto apenas para se livrar de encargo constitucional de encaminhamento ou a decisão irracional de prejudicar desafetos políticos.

As diretivas estão dadas pelo texto constitucional e também pelo texto legal (art. 9º da Lei de Responsabilidade Fiscal). O mais é tomada de decisão sob o império de atendimento dos valores estampados e albergados na Constituição da República.

15.10.10 Crises

No mundo atual é bastante comum que ocorram momentos de crise. Hoje, mais do que nunca, diante da globalização da economia, pode surgir situação anômala, que imponha soluções anômalas, o que irá repercutir na decisão do gasto público. Por exemplo, uma gripe asiática (aviária) pode impor deliberação de investimento no setor de estudos de vacina e sua produção em massa, para evitar epidemia.

Podem surgir desentendimentos com vizinhos próximos sobre fronteiras, sobre imigração, de forma a impor a necessidade de deslocamento de tropas para determinada região do país. Convulsões internas de conflitos entre facções poderão levar a saques e a desequilíbrios sociais que necessitem de atendimento urgente.

Podem surgir situações de emergência provocadas por fenômenos naturais, o que obrigará o gestor da coisa pública à necessidade de direcionar recursos para o atendimento de tal fenômeno.

Enfim, inúmeras situações podem representar verdadeira crise, seja no direcionamento do gasto, seja na entrada de recursos, o que obriga a uma providência de contingenciamento. Tais oportunidades não são previstas nem previsíveis, o que pode redundar em decisões anômalas e revela estado de desequilíbrio entre recursos e necessidades a serem atendidas.

Diante de tais acontecimentos inesperados, o governo tem que agir rápido, isto é, deve tomar decisões imediatas para contornar os problemas que daí surgem. A primeira solução está no remanejamento de itens orçamentários, deslocando recursos para as finalidades que deve curar. Por exemplo, no setor de segurança pública haverá necessidade de investimento imediato na compra de melhores e mais eficientes armas, de aparelhos para proteção dos policiais, viaturas, etc. Diante de possível epidemia, pode requerer solução urgente na aquisição de remédios, de desenvolvimento de vacinas, compra delas do exterior, etc.

Segunda solução está no uso de benefícios fiscais para facilitar a importação, por exemplo, ou investimentos que possam resultar em aprofundamento de pesquisas, o que permitirá a descoberta de antídotos.

Em suma: diante de situações de crise, a solução envolverá remanejamento de recursos e a tomada de decisão deverá ser imediata, para evitar o crescimento de problemas sociais que possam surgir.

15.10.11 A extrafiscalidade como solução ou problema?

A extrafiscalidade consiste, no precioso dizer de Geraldo Ataliba, "no uso de instrumentos tributários para a obtenção de finalidades não arrecadatórias, mas estimulantes, indutoras ou coibidoras de comportamentos, tendo em vista outros fins, a realização de outros valores constitucionalmente consagrados".[46] Utiliza-se o mecanismo tributário para obtenção de finalidades diversas da mera arrecadação. Busca-se determinado comportamento, incentivando-o ou inibindo-o.

Pode-se utilizar o instrumento inibidor ou incentivador concedendo-se isenções políticas, diminuindo alíquotas, possibilidade de dedução de despesas, etc.

Tais mecanismos tributários são importantes para estimular comportamentos, ao mesmo tempo em que envolvem redução de arrecadação.

A extrafiscalidade é sempre importante instrumento para a melhoria de todos os problemas. Há situações em que é extremamente justa, como, por exemplo, a isenção no pagamento do IPTU a proprietários ou possuidores de imóveis de pequeno poder aquisitivo.

De outro lado, envolverá redução na possibilidade de gastos. Estes, no entanto, são compensados por se permitir o incentivo a empresários que invistam em maior produção e, pois, propiciem maior arrecadação.

A extrafiscalidade é, pois, poderoso instrumento tributário no estímulo à produção e ao consumo.

---

[46] ATALIBA, Geraldo. IPTU e progressividade, *RDP*, São Paulo, RT, 93/233.

15.10.12 O gasto com os valores constitucionais. O meio ambiente. A educação (Fundeb) – EC nº 108/2020

Como foi dito, o constituinte elege valores e os protege no texto constitucional. Mais a uns que a outros. Para alguns, determina a pré-orientação de quantias que devem ser obrigatoriamente gastas. A outros, simplesmente coloca-os como essenciais, mas não lhes destina verbas específicas. Logo, fica ao sabor do chefe do Executivo a maior ou menor destinação de recursos para atendimento daquele valor.

Como já se afirmou, no confronto Estado *versus* direitos humanos o constituinte fez inequívoca opção pelo segundo valor.

Hoje, coloca-se a ecologia ou o meio ambiente como valor absolutamente essencial para esta e para as futuras gerações. O art. 225 da CF tem a seguinte redação: "Todos têm direito ao meio ambiente ecologicamente equilibrado, bem de uso comum do povo e essencial à sadia qualidade de vida, impondo-se ao Poder Público e à coletividade o dever de defendê-lo e preservá-lo para as presentes e futuras gerações". Na sequência, estipula os caminhos que devem ser seguidos para o atendimento da finalidade principal.

Como bem essencial que é, os doutrinadores debruçam-se sobre fórmulas tributárias como instrumentos de preservação do meio ambiente. De tal ordem, as políticas ambientais devem utilizar-se não só dos instrumentos tributários, mas também dos financeiros, para incentivar o atendimento aos princípios delineados na Constituição. Podemos fazer uso de tributos, subsídios, depósitos em garantia, ao início da atividade poluidora, disciplina das licenças e prêmios ou sanções na proteção da natureza.

A propósito do assunto, Consuelo Yatsuda Moromizato Yoshida realizou excelente análise dos instrumentos disponíveis para intervenção na preservação do meio ambiente.[47]

Sem prejuízo da análise tributária e seus inúmeros aspectos, releva notar que a preservação do meio ambiente, o uso de materiais, móveis, máquinas, utensílios, veículos e pessoas dependem do gasto que se irá despender para preservação do meio ambiente.

Essencial que os governos compreendam a grandeza da responsabilidade que devem ter na preservação ambiental e se mostrem dispostos a investir em tal valor consolidado na Constituição.

A EC nº 108/26-08-2020 disciplinou o funcionamento do Fundo de Manutenção e Desenvolvimento da Educação Básica (FUNDEB), ao mesmo tempo que valorizou os profissionais de educação.

O FUNDEB é essencial para que o país venha a ter uma educação de qualidade. Passa a fazer parte dos dispositivos permanentes da Constituição. Não mais tem prazo de vigência. Será norma de incidência contínua. Haverá maior participação recursal da União. Parte dos recursos do Estado provém da arrecadação do ICMS. O novo FUNDEB leva em conta o custo aluno-qualidade como parâmetro.

De outro lado, haverá melhor pagamento dos profissionais da área, reivindicação há muito tempo desejada.

---

47 YOSHIDA, Consuelo Yatsuda Moromizato. A efetividade e a eficiência ambiental dos instrumentos econômico-financeiros e tributários. Ênfase na prevenção. A utilização econômica dos bens ambientais e suas implicações. *In*: TÔRRES, Heleno Taveira (org.). *Direito tributário ambiental*. São Paulo: Malheiros, 2005, p. 527-564.

Foi alterado o art. 212 da Constituição e acrescido do art. 212-A que deu nova cara ao Fundo e a ele destinou recursos.

15.10.13 O mau uso das receitas públicas

Não basta dizer que os recursos devem ser gastos em benefício dos objetivos fundamentais do Brasil, nem que os destinatários devem ser os menos aquinhoados pelos benefícios governamentais. É importante, também, que haja bom uso das receitas públicas e que possa haver efetivo controle sobre a formalização dos gastos.

Vinod Thomas, ex-diretor do Banco Mundial,[48] esclarece que uma das metas que o Brasil deve seguir é fazer com que os investimentos na área social a ela efetivamente cheguem. Esclarece que há mais gasto em educação e saúde, comparativamente, que na Coreia do Sul e China, respectivamente, só que os índices apresentados por aqueles países são extremamente superiores aos do Brasil, o que significa que está havendo mau investimento. Estudo do Banco Mundial realizado em 2003 mostrou que apenas 13 centavos de cada Real investido na área social chegam às pessoas pobres situadas na faixa de 20% de renda mais baixa.[49] Da mesma forma, há gasto em educação superior desmesurado em relação ao gasto nos ensinos infantil, fundamental e médio.

Diga-se o mesmo em relação à previdência social, na qual são investidos recursos que amparam os idosos e que não têm o resultado que se pode esperar. Sem contar que cerca de 60% dos brasileiros estão na economia informal e não são cobertos pela previdência, o que significa que os benefícios estão concentrados em proveito de poucos.

Em tal área convém que existam controles informais sobre o gasto público, como por entidades não governamentais, formadas com a participação dos usuários dos serviços, de participantes dos planos de previdência, de contribuintes, etc. A participação deve alcançar não apenas a discussão sobre como arrecadar e como distribuir recursos no interior do orçamento, mas também conferir como, de que forma e para quem é realizado o gasto público.

O controle da eficiência, agora inserido como um dos princípios administrativos, sujeita a Administração Pública a um controle de qualidade. A saber: não é só gastar os recursos; deve gastá-los bem e de forma apropriada, tendo em vista sempre os interesses públicos inseridos na Constituição. Demais disso, a comprovação não pode ser apenas vista sob o aspecto formal, mas exibir-se em termos de resultados. O princípio da eficiência deve resultar na exata aplicação dos recursos naquilo que é essencial e importante para a população, não apenas em termos de despesa, mas pelo rendimento, pelo atendimento às necessidades sociais.

Trata-se, antes de tudo, de um princípio de gestão da coisa pública, isto é, de demonstração da operatividade e da boa alocação dos recursos, com os resultados exigidos. A Administração Pública deve demonstrar que utilizou bem o recurso e apresentar os resultados exigidos. Para isso, tem que traçar *metas de operosidade*. Deve

[48] THOMAS, Vinod. *O Brasil visto por dentro*: desenvolvimento em uma terra de contrastes. São Paulo: José Olympio Editor, 2005.

[49] *O Estado de S. Paulo*, 27.11.2005, J3.

ser eficiente no uso da máquina administrativa, que deve produzir, estatisticamente, soluções e diminuir as desigualdades sociais.

15.11 Contingenciamento de despesas

15.11.1 Localização do problema. Conceito

O governo de qualquer esfera tem, em princípio, o dever de aplicar os recursos realizados durante a gestão orçamentário-financeira. Se a despesa vem prevista no orçamento e a receita existe faticamente, não há qualquer motivo para que não seja realizada e executada.

O problema que ocorre, na prática, situa-se no fato de que, não se realizando a receita, não se pode ter a despesa. Daí a possibilidade legal de ocorrer o denominado *contingenciamento*, a saber, deixar de atender à despesa prevista.

Estabelece o §2º do art. 165 da CF que a Lei de Diretrizes Orçamentárias disporá sobre as metas e prioridades da Administração Pública.

A discussão acentuou-se com o advento do art. 9º da Lei de Responsabilidade Fiscal, ao estabelecer que: "Se verificado, ao final de um bimestre, que a realização da receita poderá não comportar o cumprimento das metas de resultado primário ou nominal estabelecidas no Anexo de Metas Fiscais, os Poderes e o Ministério Público promoverão, por ato próprio e nos montantes necessários, nos 30 (trinta) dias subsequentes, limitação de empenho e movimentação financeira, segundo critérios fixados pela Lei de Diretrizes Orçamentárias". De seu turno, o §2º dispôs que não poderão ser "objeto de limitação as despesas que constituam obrigações constitucionais e legais do ente, inclusive aquelas destinadas ao pagamento do serviço da dívida, e as ressalvadas pela Lei de Diretrizes Orçamentárias".

Por defeituosa interpretação do dispositivo em análise é que se afirma que há a possibilidade permanente do contingenciamento em quaisquer circunstâncias, o que não é factível.

No caso do descumprimento de metas cabe a limitação. É obrigatória, em verdade, uma vez que, ocorridos os pressupostos de sua emanação, deve advir o ato de restrição à despesa. Restabelecendo-se a receita, libera-se o gasto (§1º do art. 9º da Lei de Responsabilidade Fiscal).

Quem deve fazer a limitação é cada órgão de poder, uma vez que o STF, na ADI nº 2.238-5 (rel. Min. Ilmar Galvão), declarou inconstitucional o §3º do art. 9º, que autorizava ao Executivo limitar as despesas dos demais Poderes. Tal fato não desonera os demais Poderes de efetuar a limitação por ato próprio. Estabeleceu-se descaber ao Executivo tomar a providência frente a eles, o que não os desobriga de cumprir o *caput* do art. 9º.

Sendo assim, é imperioso o contingenciamento de despesas quando não atingidas as metas. Pode ocorrer gasto excessivo em determinada situação ou em certo ponto e inexistirem recursos para cumprimento das obrigações assumidas. A regra de boa gestão financeira estabelece que em tais casos se susta a despesa até que se recomponham os recursos e, então, se possa de novo deflagrar o cumprimento do que se obrigara.

Tal comportamento não tem qualquer novidade do ângulo financeiro. Não se gasta mais do que se arrecada. No campo do relacionamento privado é o que ocorre.

Todo aquele que gastar mais do que recebe não terá condições de cumprir as obrigações assumidas. Daí ser de boa cautela e é comportamento de racional e responsável gestão de recursos públicos que haja a limitação dos empenhos.

Contingenciar é controlar ou limitar despesas previstas no orçamento para evitar desequilíbrio durante o exercício financeiro.

15.11.2 Requisitos. O art. 9º da Lei de Responsabilidade Fiscal

A limitação de empenho apenas pode ocorrer, como se vê, a partir da análise de possível não cumprimento das metas. Não se pode efetuar o contingenciamento a qualquer hora e indistintamente, sem razões hábeis e fundamentação adequada. Na precisa dicção do art. 9º da Lei de Responsabilidade Fiscal, apenas poderá ocorrer o contingenciamento se verificado, ao final de um bimestre, que a realização da receita não poderá comportar o cumprimento das metas de resultado primário ou nominal.

A frustração do cumprimento de metas pode ocorrer de duas maneiras: (a) diminuição de receitas ou (b) aumento de despesas. A primeira hipótese vem expressamente prevista no texto do art. 9º, ao dizer que *a realização da receita poderá não comportar o cumprimento das metas*... A segunda decorre da flutuação das necessidades públicas diante de fatores desconhecidos ou não previstos. Busca-se, então, o aumento do superávit primário para atender ao aumento de despesas obrigatórias.

Decorre que a proposta orçamentária apresentada pelo governo há de ser, antes de mais nada, adequada e plausível, buscando balancear recursos e despesas, implementado com o desejado equilíbrio fiscal. Bem de perto vêm o planejamento, princípio consagrado na gestão pública, bem como o controle e a prevenção de eventuais desequilíbrios das contas públicas. Sequência natural do que se vem dizendo foi o advento do art. 11 da Lei de Responsabilidade Fiscal, que determina ao ente federativo que institua todos os tributos a que tem direito e receba por distribuição das competências, em termos constitucionais.

Antes do advento da Lei de Responsabilidade Fiscal era comum que se aguardasse um decreto que limitasse as despesas, para buscar algum intuito menos nobre ou, então, a busca de superávit primário. Nos exercícios de 2000 e 2001 houve necessidade do contingenciamento, que atendeu rigorosamente ao disposto na Lei de Responsabilidade Fiscal, uma vez que houve frustração da receita. No entanto, a partir de então o governo realiza contingenciamento sem qualquer cautela ou prudência.

De outro lado, o contingenciamento, diante da previsão legal, deve ser comunicado aos demais Poderes, para que efetuem também, no interior de seus orçamentos, as respectivas limitações.

Com o advento da Lei de Responsabilidade Fiscal, pois, apenas há uma possibilidade de contingenciamento, qual seja, quando a realização da receita não for a prevista. A Lei Orçamentária Anual é compreensiva de todas as receitas, contendo nela todos os orçamentos de todas as pessoas jurídicas, órgãos, fundos e entidades da Administração indireta. Nada foge à sua previsão, por força do princípio da universalidade (§5º do art. 165 da CF). De seu turno, as receitas constituem-se em mera previsão, nos exatos termos do §8º do mesmo dispositivo.

15.11.3 Legalidade de sua adoção frente à não realização das receitas

Como se vê, a legalidade do contingenciamento apenas ocorre quando houver a não realização das receitas; jamais por outra causa. Não é o que vem sendo feito pelo governo federal, que busca efetuar a limitação diante do aumento de gastos obrigatórios por ele mesmo efetuados.

A única situação fática que legitima o contingenciamento é a arrecadação abaixo da previsão orçamentária.

O contingenciamento é importante instrumento para o planejamento e para o equilíbrio orçamentário, estabelecendo gestão responsável.

O que foge aos bons princípios da gestão pública é o contingenciamento a qualquer tempo e sem fundamento. Tem sido comum que, após aprovado o orçamento, depois de tantas e tão prolongadas discussões, o governo baixe decreto estabelecendo, meses após, o contingenciamento de tantos bilhões. Tal prática é inconcebível. Pior ainda é prevê-la em texto na Lei de Diretrizes Orçamentárias. Por vezes estabelece o critério de contingenciar montante para investimento em obras ou atividades.

Demais disso, o contingenciamento não pode sobrevir em relação a toda e qualquer despesa. Deve haver critérios para que isso ocorra. O uso desmedido e genérico da previsão pode redundar em graves danos para a correta aplicação dos recursos. O critério poderia ser específico ou, então, transferir às diversas unidades orçamentárias as balizas de limitação. Alcançar uma obra em pleno andamento é desestimular o cocontratante e pode resultar em sanções ou cobranças por parte dos particulares, em detrimento do patrimônio público.

Bem mais racional seria transferir às diversas unidades, diante da quebra de arrecadação apenas, o momento e as hipóteses em que efetuariam as respectivas limitações. Alcançar genericamente, por um só ato, é ocasionar eventualmente injustiças e causar danos a determinadas obras ou atividades.

15.11.4 A falsa previsão de receitas

Verifica-se a importância de se elaborar um orçamento adequado e não inflado por quaisquer questões. É comum que Municípios aumentem suas receitas para efeito de se enquadrarem dentro dos limites de endividamento estabelecidos nas resoluções do Senado Federal. Também buscam o mesmo artifício para revisão de sua dívida, o que os deixa em padrões confortáveis. Tal prática é danosa à boa gestão da coisa pública.

15.11.5 Momento apropriado para o procedimento

O momento adequado para que haja a baixa de ato limitador da despesa é o previsto na lei, ou seja, o final do bimestre (cf. art. 9º da Lei de Responsabilidade Fiscal). Logo, não é adequado que o governo insira a previsão na Lei de Diretrizes Orçamentárias, nem o faça a qualquer instante. Deve atender, rigorosamente, ao que vem preceituado na Lei de Responsabilidade Fiscal, isto é, eventual contingenciamento decorrente de frustração de receitas apenas pode ocorrer ao final de cada bimestre, e não a qualquer tempo, como tem sido feito.

15.11.6 Contingenciamento das receitas transferidas obrigatórias

Anote-se, por apropriado, que não há como fazer contingenciamento das denominadas receitas obrigatórias. Têm elas previsão constitucional (educação no art. 212 e saúde no §2º do art. 198) e legal (pagamento obrigatório e decorrente de lei dos servidores públicos), ao lado do pagamento do serviço da dívida (art. 9º da Lei de Responsabilidade Fiscal). Tais despesas são constitucionais ou legalmente obrigatórias, o que envolve a inadmissibilidade de sua limitação. Os demais gastos podem ser restringidos quando haja insuficiência na arrecadação das receitas, única hipótese de viabilidade do contingenciamento.

Se a restrição não pode alcançar gastos obrigatórios ou vinculados, que constituem exceção ao princípio da não vinculação orçamentária, tal como previsto no inciso VI do art. 167 da CF, somente pode recair sobre despesas discricionárias. Ao se falar em atividade discricionária quer-se referir às que envolvem atos de opção do administrador. A atividade vinculada vem previamente delineada na Constituição ou nas leis, de forma a impedir que haja qualquer escolha por parte do agente público. A atividade discricionária admite opção por um ou outro caminho. Sendo assim, pode haver escolha pelo não pagamento provisório de determinadas despesas que especifica. Descabe a restrição genérica e incondicionada.

15.11.7 Cancelamento de empenhos

Ressalte-se, também, que não há que se falar em cancelamento de empenhos já efetuados. O empenho significa a ordem de pagamento a um serviço, obra ou fornecimento ao Poder Público. Gera justa expectativa de recebimento do montante devido. Expede-se a nota que instrumentaliza a ordem do gasto público. Apenas pode ser cancelado se ocorrer alguma nulidade superveniente. Só se revogam atos válidos e só se anulam atos inválidos. Ora, se o empenho ocorreu de forma legal, não há como se efetuar seu cancelamento.

Limitar empenho é outra coisa. Trata-se de instrumento adequado à boa gestão da coisa pública, diante da ocorrência de insuficiência de recursos no caixa do ente público.

Tendo em vista tais conceitos, o que se pode afirmar é que a restrição somente pode incidir sobre a atividade discricionária legítima. O interesse público prevalece sobre a atividade discricionária. Esta apenas pode ser exercida em busca do interesse público tutelado pelo ordenamento normativo. O interesse público não é o que cada um entende que seja, mas aquele previamente definido na Constituição ou na lei como tal. Os interesses albergados pelo sistema normativo estão explícita ou implicitamente estabelecidos no ordenamento. Por consequência, o denominado contingenciamento de recursos apenas pode servir de amparo e ter embasamento legal quando buscar atingir interesses públicos. Nem sempre o interesse público se confunde com o interesse governamental, e os instrumentos governamentais não podem ser utilizados contra a lei ou contra o interesse público.

15.11.8 Pressuposto

Sendo assim, a limitação de empenho apenas pode decorrer da insuficiência de recursos para o atingimento dos interesses públicos. Evidente está que, se a lei definiu em que circunstância pode ocorrer e fixou o momento adequado para que ocorra, óbvio que trabalhar de outra forma é agredir o ordenamento jurídico.

Na hipótese de circunstâncias estranhas que venham a ocorrer no mercado mundial ou, mesmo, qualquer abalo que venha a existir no mercado interno, qualquer problema intestino que possa alterar as finanças públicas, nasce a reação adequada do governo, que, na hipótese versada, é o contingenciamento. Excetuadas tais circunstâncias, que podem ser comprovadas faticamente, não há como o governo agir acima e sobre os textos normativos editados pelo Congresso Nacional.

Surge, então, a importância da atividade congressual na apreciação dos diversos projetos orçamentários.

O Congresso Nacional não trabalha com dados empíricos. Serve-se dos documentos e de todas as informações fornecidos pelos órgãos técnicos do Poder Executivo para elaborar a peça orçamentária. Pode realizar diligências, solicitar informações e documentos. O que não deve é se deixar levar por qualquer projeção a maior de arrecadação para forçar determinados programas ou para que posteriormente possa limitar os gastos em função de critérios não declinados.

Função básica do Executivo é trabalhar com seriedade. São apanágios da ação administrativa a correção de propósitos, a dignidade e a probidade. Logo, jamais pode trabalhar e mal informar o Legislativo para adulterar, posteriormente, os dados.

Nenhum sentido tem que possa limitar posteriormente as despesas previstas, salvo na hipótese de não realização da receita. Embora nos filiemos à corrente que entende seja impositivo o orçamento, não se trata de tal questão. Em verdade, cuida-se de mero cumprimento de lei, ou seja, se há previsão de determinado gasto e realizada foi a receita, impõe-se o dispêndio. Não há como fazer contingenciamento de qualquer maneira ou sustar cumprimento de contratos ou, por fim, anular empenhos.

15.12 Novas perspectivas sobre o gasto público. Visão filosófica e sociológica

15.12.1 Introdução. O gasto formal

Ao se falar em gasto público, as primeiras observações dirigem-se à estrutura orçamentária, à disponibilidade financeira, às necessidades públicas e ao equilíbrio do orçamento. A análise limita-se, assim, à *forma de ação do Estado*, sem qualquer preocupação com a população.

Os estudos jurídicos debruçam-se sobre a análise dos interesses constitucionalmente garantidos, os limites estabelecidos com determinadas finalidades públicas, e, a partir daí, com a localização da despesa nos diversos itens, tornando-a individualizada.

Não foi outra coisa que foi feita neste capítulo. Aqui apresenta-se um conceito de despesa pública, que é fruto de decisão política e tem certos limites constitucionais, tais como a vinculação em educação e saúde, além dos fundos e pagamento de precatórios. Faz-se classificação das despesas, e são elas analisadas à luz da Lei de Responsabilidade

Fiscal (Lei Complementar nº 101/2000). Foram analisados a despesa com pessoal, o limite da despesa, as que ocorrem com a seguridade social. Cuidou-se da democratização do gasto. Fez-se análise das denominadas políticas públicas e foram analisados os mecanismos de controle. Fez-se análise dos princípios que rotulam o assunto, tentando o estabelecimento de uma teoria do gasto público.

Vê-se que se desenvolveu um estudo da despesa à luz do ordenamento normativo brasileiro.

Não é esse o objetivo deste item. O enveredar por outros caminhos de raciocínio, o passo é diferente. Cuidar do pequeno gasto, daqueles desimportantes para o controle, dos que fogem a ele e sobre os quais as autoridades não se debruçam. Passam desconhecidos e ignorados, porque julgados irrelevantes. Ademais, quem deles precisa é o denominado "povão". Daí uma nova proposta de estudo. Não estaremos atentos (embora tenhamos, por vezes, que fazê-lo) à estrutura jurídico-política do Estado. Não estudaremos a estrutura formal do Estado, nem as despesas que tem para se manter.

Em verdade, tudo não passa de forma assustadoramente indiferente à população. Elabora-se um orçamento que tem alguns recursos já previamente destinados, por força de preceito constitucional, e outros conformados à lei. Do remanescente é que cabe a decisão política sobre "para quem", "para quê" e "para onde" destinar os demais recursos. Quem decide onde gastar? Quem decide o destino dos recursos? Quais as motivações que levam o ator político a enviar recursos para atender "a" ou "b"? Quais as influências que o agente político recebeu para decidir de tal forma? Quais seus interesses mais remotos no atendimento de determinado assunto? Quem está por detrás dele a municiá-lo de informações ou de pressões para que se decida de tal maneira? Quais os sentimentos (ódio, medo ou esperança) que fizeram com que agisse assim? Quais as forças subversivas que estão em ação?

Tais questões ficam sem resposta na análise estritamente formal das despesas públicas. Poderiam ser desprezadas no estudo do Direito? Podemos dizer que tais forças insidiosas, secretas, são indiferentes na formação da vontade do Estado? Existe uma vontade do Estado?

Daí a análise que ora se pretende fazer, alterando o enfoque do estudo jurídico. É o que se irá estudar, a partir de agora.

15.12.2 O aumento constante das despesas. Novas necessidades

O evolver social obriga-nos, a todo instante, à revisão das perspectivas do enfrentamento Estado *x* indivíduo. Este procura solucionar seus problemas pessoais (emprego, alimentação, bem-estar) com decisões pessoais ou com participação de amigos e familiares. Quando o assunto toma dimensão coletiva ou social, imprescindível que outros órgãos sejam chamados à decisão. Num condomínio, os condôminos são ouvidos sobre o que fazer em relação à segurança do edifício ou do condomínio horizontal, gerador para energia, embelezamento do prédio. Ampliando-se o âmbito das necessidades, surgem órgãos estatais ou mesmo o Estado a decidir de forma macro os angustiantes problemas que nascem da vida em sociedade.

No início da civilização a segurança era básica. Posteriormente, educação, saúde, meios de comunicação, etc. passam a ser importantes para a vida em sociedade. Gaston

Jèze estuda o assunto e aponta quatro causas principais de aumento das despesas públicas.[50]

A primeira é *econômica*, e em seu âmbito está o aumento das necessidades públicas por força "do progresso da riqueza econômica e da cultura intelectual dos indivíduos".[51]

Quanto mais a população é rica, mais ela tem interesses a satisfazer, o que exige qualidade do serviço. O nível intelectual também tem sua importância. É o que Amartya Sen chama de "ilusão objetiva", ou seja, a conscientização maior leva à maior exigência de atendimento de necessidades.[52]

Diga-se o mesmo da urbanização das cidades e, por fim, da concorrência econômica.

Segunda causa é a *ordem social*. O *temperamento* nacional força despesas por causa do *paternalismo*, por exemplo.[53] Pode-se falar, também, na *solidariedade* social, o que impõe a assistência pública.

O aumento demográfico pode envolver deslocamento de despesas de um lugar para outro. É bastante comum que surjam migrações internas nos países, ou até externas. Podemos com facilidade visualizar a emigração no país em guerra. Da mesma forma nos que estão assolados pela fome. Consequência é que haja maior investimento público para o atendimento das necessidades básicas daquela comunidade em deslocamento.

Terceira causa é de *ordem política*. Assim, as instituições democráticas são favoráveis ao aumento da despesa. O exercício do voto universal impõe despesas, a assistência pública, a previdência social, a limitação das horas de trabalho, cláusulas de proteção ao trabalho (redução de hora, pagamento de horas extras, etc.). Como se vê, o Estado Social obriga ao aumento das despesas públicas.

Neste item, fala Jèze na pureza dos costumes como sistema econômico, uma vez que se elimina a corrupção.

A descentralização tem forte influência no aumento ou redução das despesas. Quanto mais a decisão for levada para próximo do que se deve decidir, maior redução de despesa haverá.

Influência também há no relacionamento político internacional. Quando os países se veem obrigados a ir à guerra o custo aumenta. Quando há paz diminuem as despesas com produção de engenhos bélicos, defesa de fronteiras, etc.

A quarta causa é *financeira*, diz Jèze.[54] Ocorre com o equilíbrio das despesas com as receitas. Impõe-se, então, o balanceamento das despesas com as receitas, ou seja, sugere-se um orçamento responsável.

Nota-se que as observações tecidas pelo autor ainda encontram aplicação na realidade moderna. Quanto mais o Estado intervém na economia, mais despesa tem que efetuar. Não se pode pregar, evidentemente, que o Estado não deva ter nela qualquer interferência. Por força do art. 170 da CF/1988, o Estado funciona como indutor da economia. Mas não se pode olvidar que, no congresso internacional das Nações, os países, hoje, mantêm comércio com quase todos os demais. Dependem de uma moeda estável,

---

50 JEZE, Gaston. *Cours élémentaire de science des finances et de législation financière française*. Paris: V. Giard & E. Brière, 1909.

51 *Idem*, p. 382.

52 SEN, Amartya. *A ideia de justiça*. São Paulo: Cia. das Letras, 2011, p. 197.

53 JEZE, Gaston. *Cours Élémentaire de science des finances et de législation financière Française*, *op. cit.*, p. 382.

54 *Idem*, p. 395.

de produção industrial, de exportação de matérias-primas, etc. Não estamos isolados no mundo. Ao contrário, com as modernas máquinas de comunicação, os interesses se agigantam e diminui a possibilidade de decisões, obrigando-nos a soluções rápidas e imediatas. Quando o problema é diplomático, pode haver troca de informações, adoção de comportamentos prudenciais, etc., mas no que tange aos problemas econômicos a tomada de decisão é, por vezes, imediata.

O importante é sabermos levar em conta, na órbita internacional, o que é melhor para o país. Claro que tudo dependerá do maior *foco de informação* de que o governante é detentor. Deverá ter bom-senso político, aliado a um plexo enorme de informações sobre as causas, por exemplo, do mercado imobiliário americano, os empréstimos *sub prime* e o que pode ocorrer, de imediato e no futuro, com o inadimplemento generalizado. A decisão deverá levar em conta as informações que possui.

Em termos de economia interna, o que vale é assestar sua decisão no interior de um conhecimento exaustivo da realidade brasileira e induzir a economia naquilo que for mais importante naquele dado momento histórico.

As despesas atenderão, assim, a *realidades econômicas objetivas*. Sem dúvida que a tomada de decisão é subjetiva, mas cercada pelo máximo de objetividade possível, ou seja, informações sobre o mercado, como ele está funcionando, quais as paralelas imprescindíveis para o encaminhamento econômico do país.

Não se pode desconhecer a *realidade social*. O Estado pode optar pela maior ou menor interferência na sociedade. Pode entender que ela deva ter vida própria e garantir-lhe segurança, transporte e iluminação, por exemplo, deixando que ela resolva, por si própria, os problemas educacionais e de saúde. São dados em que a situação encaminha a solução. Tomada a solução adequada, há que estabelecer os limites de gasto para cada interesse público eleito.

Importante ressaltar que a todo instante as necessidades sociais se avolumam. Ora é o esporte que adquire interesse fundamental para o país, especialmente o nosso, em que o futebol é paixão nacional. Misturam-se interesses particulares dos clubes com os do Estado que aceita o patrocínio de uma Copa do Mundo (por interesses como o de imunizar qualquer crítica ao governo) e investe-se na construção de estádios. No mesmo diapasão, o raciocínio serve para as Olimpíadas. Deixam-se de lado investimentos em saúde, educação, transporte, etc., para despender em estádios, ginásios de esportes, piscinas olímpicas, pistas de atletismo, etc.

Com o aumento de idade da população cresce a pressão para o amparo de idosos, e, pois, surgem exigências de manutenção da pensão equiparada ao salário, de aumento real da renda, etc. A previdência social impõe uma solução rápida, para permitir sua subsistência. Tudo a forçar que se achem recursos do Tesouro para suportar tais despesas.

Com o envelhecimento da população, problemas com moléstias naturais decorrentes da idade surgem a todo instante. O uso de bebida alcoólica tem matado pessoas e aleijado outras tantas. Tudo a significar despesas com saúde. O uso de entorpecentes obriga ao investimento maciço em casas de tratamento.

O aumento da delinquência provocado pelas bebidas alcoólicas, o uso de drogas, insatisfação social, etc. levam à necessidade de aumento de grandes penitenciárias.

Prisões menores surgem em toda parte. Prisões para presos de alta periculosidade. Prisões especiais para mulheres.

A inconsequência de gravidez de pessoas sem o menor recurso. Por vezes, gravidez não querida, que provoca o aborto. Tudo obriga à intervenção do Estado. Caberia à estrutura oficial garantir a realização do aborto nos hospitais públicos?

O excesso de velocidade nas estradas, a imprudência na direção de veículos nas grandes cidades, a inobservância das regras de trânsito por parte de motoristas irresponsáveis, tudo leva a um aumento abusivo de acidentes. Por vezes, grandes acidentes, com mortes e lesões graves, que obrigam ao aumento de despesas nos estabelecimentos públicos de saúde.

No *campo político* os problemas não são diferentes. Com a forte interferência do Estado em quase todos os aspectos da vida social, a influência política se faz presente. Já se viu que o aspecto político entra no esportivo. Entra de igual maneira nos grandes contratos. Por exemplo, a necessidade de produzir energia elétrica leva à abertura de licitações de enorme porte, com gasto gigantesco, de forma a despertar a cobiça de empreiteiras que tudo fazem para obter o contrato. Passando por cima de tudo que for razoável, como tentativa de interferir na elaboração do edital, criando cláusulas excludentes ou exclusivas, celebram conluios de forma a repartir o bolo antes sequer da publicação do edital. Sempre há a interferência de um agente político ou público. Por *agente político* entendemos aquele que exerce a administração de decisão no interior do Estado. O *agente público* é o que ocupa cargo criado por lei, pago pelos cofres públicos, e teve acesso a ele por meio de concurso. Não só isso, mas o ocupante de cargo em comissão ou função de confiança. Sempre há a participação deste.

Para a ocorrência da corrupção há sempre o corruptor e o corrompido. São partes da mesma maquinação político-econômica.

Curiosamente, a acrasia política – ou seja, a fraqueza de vontade –, como bem visto por Amartya Sen,[55] pode levar à economia, isto é, à não realização da despesa por parte do Estado. Muitas vezes, por causa da inapetência política, pode ser que haja recursos em caixa e, no entanto, se deixa de atender a relevantes interesses populares, como, por exemplo, a construção de uma creche, onde necessário; não se adquire remédio popular de grande interesse da população.

O *paternalismo* a que se refere Jèze foi bem retratado por Raymundo Faoro em seu *Os Donos do Poder*, que tem como subtítulo *A Formação do Patronato Político Brasileiro*. Por aí bem se vê a influência lusitana no comportamento político brasileiro, com todos os seus defeitos. O Padre Antônio Vieira dirigia sua lança oratória contra os abusos do sistema português quando escreveu: "Perde-se o Brasil, Senhor (digamo-lo em uma palavra), porque alguns ministros de Sua Majestade não vêm cá buscar o nosso bem, vêm cá buscar nossos bens...".[56]

O paternalismo confunde o Erário com o Fisco, como o faziam antigamente os romanos. Posteriormente fizeram a separação entre o Erário, que suportava as festas e caprichos dos governantes, e o Fisco, que era o que cabia ao povo.

---

55 SEN, Amartya. Desenvolvimento como liberdade. Cia. das Letras, 2000, p. 31 e 55.

56 FAORO, Raymundo. *Os donos do poder*. 8. ed. v. 1. Porto Alegre: Globo, 1989, p. 173.

Não estamos muito distantes de tal confusão, embora hoje seja evidente que são coisas diversas. No entanto, todo e qualquer contrato serve para que se desvie recurso público. Do grande ao pequeno. Das estruturas governamentais às estatais (todas, autarquias, sociedades de economia mista, empresas públicas, fundações, agências). Nenhuma delas escapa da sanha do mau político.

O paternalismo, o filhotismo, o compadrio, tudo leva à sublevação dos recursos que deveriam ter destinação pública e esbarram ora em formalidades absurdas, ora em formalidades interessantes para que haja o desvio.

Em suma: o Estado agigantou-se, e não toma conta de si, influenciado pela natureza humana, que é pródiga em revelar instrumentos de desvio de recursos. O que se deveria constituir em obra, fornecimento de material ou mercadoria, aquisição de bens, tudo leva ao desmando e ao desvio de recursos. As necessidades se agigantam, dado o gigantismo que assume o Estado Moderno. Com ele crescem as perversidades dos que ocupam cargos e funções públicos. O que deveria ser retidão de caráter passa a ser desvio de comportamento, anestesiado pela moral pública. Esta admite determinados desvios de comportamentos, "desde que não sejam graves".

Daí ser imprescindível que se ataque o mal na raiz, isto é, no interior do homem.

15.12.3 Alteração de perspectiva. O objetivo do estudo. O cotidiano

A proposta que se contém no presente trabalho é de analisar o fato social puro. O que é isto? É a circunstância fática vivida pelas pessoas comuns, sem qualificação social. É o ser humano que se vê afastado dos benefícios da vida, e que compõe a maioria da população.

O mundo sempre foi assim: um pequeno grupo de privilegiados que, por fortuna, por mérito ou por desvio de comportamento, se alçou à condição de elite, apartada do todo. Beneficiários de todos os confortos sociais, de todos os bens que lhes possam dar comodidade e riqueza de vida abastada, não têm preocupações com a sobrevivência.

É pequena casta. Obtiveram fortuna seja por meio de comportamentos nada nobres, por acaso ou, alguns, por mérito. Por força disto, vivem à parte da grande massa da comunidade. Frequentam escolas de primeira qualidade, têm planos de saúde que lhes garantem atendimento de altíssimo nível, nos mais modernos hospitais, usufruem dos melhores restaurantes, possuem os melhores carros blindados, habitam os melhores lugares e em apartamentos ou casas rodeados de segurança e instrumentos de garantia da incolumidade do imóvel e das pessoas.

Esta classe privilegiada dispensa a intervenção do Estado. Dele não precisa para qualquer coisa. Basta que o Estado não interrompa seu ciclo produtivo ou de riqueza, que cada vez mais enriquecerão. Não precisam dos serviços públicos, salvo os absolutamente indispensáveis (estradas, iluminação, etc.).

O objetivo do estudo é debruçar sobre a situação da grande massa da população que necessita, em tudo e por tudo, dos serviços públicos. Seja o transporte, para se locomover de um ponto a outro, indo e vindo do trabalho, a saúde, valendo-se dos hospitais públicos, a segurança pública, de forma geral, as estradas, a necessidade de iluminação, de creches, de escola pública para seus filhos. É o desconhecido, o sem-nome, o anônimo. É para ele que nos debruçaremos sobre o gasto público. Ele é o destinatário de nossas preocupações.

Evidente que, como tal, estudaremos o macromundo de suas necessidades e o micromundo dos gastos que lhe dizem respeito.

Como garantir que não haja desvios nos grandes gastos para construção de estradas de rodagem, de canalização de córregos e rios, iluminação pública, construção de escolas, postos de saúde (UBS, UBA, etc.) e hospitais? Não só as grandes despesas, mas também o que é cobrado para a merenda nas pequenas escolas, o uso de mertiolate nos prontos-socorros, o gasto na iluminação de determinada via pública, os bancos a serem colocados numa pequena praça.

Enfim, queremos indagar da vida como ela é. Reconhecer e pensar o gasto público com olhos para analisar o desespero dos farrapos humanos, a angústia dos sem-terra, a preocupação dos sem-teto, aqueles que sofrem nas filas de hospitais e as famílias que não têm onde deixar os filhos para que as mães possam trabalhar.

É o estudo da atividade estatal para os sem-nada.

Em suma: o objeto das perquirições será a respeito do gasto público em relação aos desprovidos do amparo dos Poderes Públicos. É pensar no controle das despesas a partir dos pequenos gastos com pequenas necessidades das – não por isso – pequenas pessoas.

A preocupação que ora propomos é com a vida como ela é e colhida nos desvãos, nos corredores dos hospitais, na incongruência das escolas que nada ensinam. É no controle dos pequenos gastos que entendemos possível pensar e controlar os grandes.

A ideia é que poderíamos rotular de *tolerância zero com o gasto público*. Somente a partir daí é que poderemos imaginar uma teoria da despesa pública que possa, realmente, ser importante para não apenas pensarmos na própria despesa, como em seu controle.

O estudo terá por objeto a *vida nua* de Agamben ou a *biopolítica* de Foucault.[57] Através de tais preocupações jurídico-filosóficas é que poderemos apontar eventuais soluções modernas de controle do gasto, ainda que por meio das estruturas formais do Estado.

Interessante notar que ninguém se debruça sobre a denominada vida cotidiana. "Ninguém consegue identificar-se com sua atividade humano-genética a ponto de poder desligar-se inteiramente da cotidianidade. E, ao contrário, não há nenhum homem, por mais 'insubstancial' que seja, que viva tão somente na cotidianidade, embora essa o absorva preponderantemente".[58]

"A vida cotidiana é a vida do indivíduo. O indivíduo é sempre, *simultaneamente, ser particular e ser genérico*. Considerado em sentido naturalista, isso não o distingue de nenhum outro ser vivo. Mas, no caso do homem, a particularidade expressa não apenas seu ser 'isolado', mas também seu ser 'individual'".[59]

O indivíduo que nos interessa é o ser meramente vivente. Aquele que vive o dia a dia de sua vida, estando moldado a uma determinada situação repetitiva de todos os dias, e também o indivíduo que consegue se sobressair de tal circunstância, dominando os diversos contingentes de sua vida.

57 AGAMBEN, Giorgio. *Homo sace*. 2. ed. Belo Horizonte: Ed. UFMG, 2010, p. 14-15, onde faz remissão a FOUCAULT, Michel. *História da sexualidade*. 20. reimp. Rio de Janeiro: Graal, 2010, v. 1, p. 102-105.

58 HELLER, Agnes. *O cotidiano e a história*. 8. ed. Rio de Janeiro: Paz e Terra, 2008, p. 31.

59 *Idem*, p. 35.

No cancioneiro brasileiro, quem retratou bem tais aspectos foi Adoniran Barbosa, em *Saudosa Maloca* e especialmente em *Despejo na Favela*. Nesta retrata a ordem judicial de retirada das pessoas da favela e a derrubada dos barracos. Afirma que muitos tinham como se arrumar de outra forma, mas indaga: "Mas, e essa gente aí, hein, como é que faz?".

É sobre essas pessoas que o item recai. A investigação incide sobre os que nada têm.

O estudo que faremos não é o do indivíduo isolado, mas em "função de sua liberdade fática ou de suas possibilidades de liberdade".[60] Também podemos vê-lo do ângulo da homogeneização, a saber, enquanto identificado em determinada atividade.

15.12.4 A despesa como investimentos para eliminação da pobreza e a ignorância do ser humano. Amartya Sen. Observação de Comte-Sponville

Amartya Sen foi feliz ao escrever seu livro *Desenvolvimento como Liberdade*.[61] O profundo estudo retrata a perspectiva do Estado em crescer sem atentar para o que há de mais nobre em seu interior, ou seja, o ser humano. Esclarece que em países que já não são devastados por fomes coletivas "a subnutrição pode afetar numerosos seres humanos vulneráveis".[62] "Além disso, muitas pessoas têm pouco acesso a serviços de saúde, saneamento básico ou água tratada, e passam a vida lutando contra uma morbidez desnecessária, com frequência sucumbindo à morte prematura."[63]

O autor está retratando as hipóteses como *formas de privação de liberdade*. Vejam como ele coloca as coisas. Vício absoluto de decisões políticas inadequadas e destinadas a atender à população.

Não se pode dizer que tais desvios comportamentais nas decisões do Estado se devem ao fato de se cuidar de Estados autoritários. Claro que estes não têm estímulo "para tomar providências preventivas oportunas".[64] Daí a superioridade da democracia. O que, por si, não garante a superação das dificuldades.

Ressalta a importância da despesa pública em direção à erradicação da pobreza, porque aumenta a expectativa de vida, o aumento de dispêndio com serviços de saúde e por meio do êxito na eliminação da pobreza.[65]

Amartya Sen assinala que "a pobreza deve ser vista como privação de capacidades básicas em vez de meramente como baixo nível de renda, que é o critério tradicional de identificação da pobreza".[66]

O combate à pobreza não se faz mais decididamente porque há risco de déficits orçamentários e de inflação. "Outro problema é o dos incentivos e efeitos que um

---

60 *Idem*, p. 37.
61 SEN, Amartya. *Desenvolvimento como liberdade, op. cit.*, 2002.
62 *Idem*, p. 29.
63 *Idem, ibidem.*
64 *Idem*, p. 30.
65 *Idem*, p. 61.
66 *Idem*, p. 109.

sistema de custeio público pode produzir, desincentivando a iniciativa e distorcendo os esforços individuais."[67]

Ora, o investimento na erradicação da pobreza somente pode resultar em benefícios coletivos. Saneamento básico, incentivo a pequenos grupos de produção, artesanato familiar, etc. podem levar a bons resultados econômicos. Não haverá o déficit temido, e muito menos inflação. Ademais, os incentivos são importantes. O problema é o desvio comportamental, que resultará em fracasso da política.

Amartya Sen colocou um problema crucial: "Se aos pobres for dado escolher entre ter liberdades públicas e satisfazer necessidades econômicas, eles invariavelmente escolherão a segunda alternativa".[68] O problema na perspectiva do autor é que não há o dilema, uma vez que pode haver total coerência entre os valores. Não há evidência política de que o autoritarismo pode superar problemas com o desenvolvimento econômico. Nos regimes autoritários as pessoas não precisam pensar; basta obedecer. É reduzir a natureza humana à triste condição de escravo.

O texto do autor procura demonstrar que o desenvolvimento social é buscado através da sustentação das liberdades individuais. Busca afastar a afirmativa de que em Estados autoritários as decisões são mais eficientes.

Em verdade, adequada e correta a posição do autor, uma vez que os sentimentos das pessoas tendem à felicidade. Ninguém é feliz preso ou sujeito a um ambiente de força. Parece, pois, acertado falar que o desenvolvimento é compatível com a liberdade.

A esse propósito, Comte-Sponville faz interessante observação sobre o tema: "Nem todo Estado é totalitário: cabe a nós impedi-lo, de parte de *qualquer* governo, cabe a nós lhe impor, como seu 'exterior', o espaço livre de nossa ação – o que chamamos de *direitos humanos*, que nunca são nada mais do que os fazemos ser, antes de mais nada, as próprias forças do indivíduo, tais como são *limitadas e protegidas* pelas forças do Estado contra todas as forças (inclusive estatais) que a ameaçam. Desespero: o *Direito* não passa de um *fato* de forças".[69]

Diante destes fatos, impõe-se indagar os motivos pelos quais o Estado *deve* atender a tais ou quais necessidades, e por quê. É o que se passa a analisar, buscando suas origens.

15.12.5 A genealogia do gasto. A segurança

Evidente está que os estudos relativos às despesas públicas ainda dependem da verificação originária da assunção pelo Estado de atividades que outrora cabiam aos particulares.

Desprezado o pacto social, uma vez que a hipótese apenas serve como raciocínio para depuração do conceito, resta indagar quais obrigações realmente cabem ao Estado.

Não se pretende fazer um histórico do surgimento do Estado com todas as suas obrigações. Apenas impende analisar o que a ele cabe em face de assunção de deveres estampados na Constituição. Nossa Carta estabelece um rol de competências atribuídas à União, aos Estados-membros, ao Distrito Federal e aos Municípios. São atribuições

---

67 *Idem*, p. 155.

68 *Idem*, p. 176.

69 COMTE-SPONVILLE, André. *Tratado do desespero e da beatitude*. São Paulo: Martins Fontes, 2006, p. 114.

estabelecidas pelo constituinte. Entendeu, dentro do Estado federativo, o que deveria caber a cada um dos entes.

Nem sempre foi assim.

Na origem, cada qual cuidava de seus próprios interesses, protegendo os integrantes de sua tribo. Com a dominação subsequente, e em decorrência das conquistas sobre as demais tribos, foram sendo criados interesses de defesa externa, ou seja, a construção de estruturas que pudessem resistir a outras tribos. Cada qual contribuiria com seu trabalho. Posteriormente, com o aumento da complexidade das relações que se iniciavam, três coisas aparecem, simultaneamente: (a) a segurança da coletividade, (b) o medo da morte violenta e (c) a contribuição de cada qual.

Cada integrante da coletividade deveria desempenhar um papel atribuído pela liderança, que assume os interesses comuns. A alguns caberia o trabalho braçal; a outros, obras de defesa externa; terceiros se incumbiriam de coordenar a interiorização da *polis*. Por aí afora. Cada qual estaria prestando seu trabalho a todos.

De outro lado, o objetivo maior era a segurança interna e externa. Fundamentalmente, aliás, a externa. Era imperioso, pois, que houvesse a prestação de serviços à coletividade. Nasce daí a noção de *tributo*. Pode-se supor que o tributo teria origem na entrega de coisas. Negativo. A origem é o trabalho. Era este o tributo que deveria ser prestado pelos primeiros habitantes.

Posteriormente evolui-se para o conceito de entrega de alguma coisa ao Estado, podendo ser bens, inicialmente, e dinheiro, em um segundo momento.

As denominadas guerras de conquista vêm desde tempos imemoriais, com os povos da Antiguidade. Culminam com guerras modernas, de que são exemplos o colonialismo na América Latina por portugueses e espanhóis, em todo o Continente africano pelos países europeus, passando pelas guerras napoleônicas (espoliação de obras egípcias, quadros, etc.) e, na contemporaneidade, com disputas sobre petróleo e posições estratégicas.

A organização social principia, pois, tendo como *primeiro gasto* as despesas com *segurança*, ou seja, dar estabilidade política ao agrupamento, para que este pudesse se organizar.

A defesa externa era fundamental para que a tribo não fosse atacada. A defesa interna, para tranquilizar a população. Gastos, pois, eram essenciais para a segurança pública.

Com a disciplina interna das cidades surgiram outras necessidades e, pois, novas despesas, tais como a disciplina urbana, a saúde, construção de estradas, criação de estrutura de segurança, etc.

O gasto público nasceu, então, de uma necessidade obrigatória, e posteriormente cresce com as necessidades coletivas e públicas que vão emergindo da só vida em sociedade.

Daí se poder afirmar que a decisão sobre onde e como gastar é estritamente política.

No entanto, pode-se indagar: quem decide? Embora perdido nas brumas da História, alguém decidiu em primeiro lugar. Quem? O dominador.

De lá para cá alterou-se muito a figura de quem sobrepaira para deliberar sobre o gasto? Sofisticou-se a solução, mas pode-se responder que quem decide ainda hoje é o dominador.

A despesa inicial com *segurança* teria começado com o pacto social.

15.12.6 O pacto social e o gasto com segurança. Hobbes e Locke

É comum que escritores se debrucem sobre a obra de Hobbes (*Leviatã*) e sobre ela tirem as mais diversas conclusões.

No Capítulo XIII Hobbes afirma que os homens são desiguais, igualando-se, eventualmente, pela sagacidade ou pelo conjunto. Ocorre que os bens da vida são comuns e podem ser apropriados. Surge o conflito quando dois pretendem a mesma coisa. Há, segundo Hobbes, *três* causas de discórdia: a *competência*, que impulsiona os homens a se atacarem para lograr algum benefício; a *desconfiança*, que garante a segurança; e a *glória*, que busca a reputação. Com base nelas o homem concorre.

Daí nasce a guerra de todos contra todos. A essência do homem é a paixão. Ele é ser desejante. Não é intrinsecamente ruim ou bom. Simplesmente é o que é.

O direito natural é assim, isto é, cada homem vive por sua conta e risco, enfrentando o outro quando o encontra. A lei da natureza "é a norma ou regra geral estabelecida pela razão, que proíbe o ser humano de agir de forma a destruir sua vida ou privá-lo ou fazê-lo omitir os meios necessários à sua preservação".[70]

Há a proibição, pois, de destruição da vida ou de privar o homem dos meios necessários para sua preservação. O básico, pois, é a vida. Como no estado natural todos podem matar para exercer seu poder sobre o outro, o direito natural é o de matar. Daí ser o direito "a liberdade de agir ou de omitir, enquanto a lei obriga a agir ou omitir".[71]

Daí celebrarem um pacto.[72] Este pacto envolve a renúncia dos direitos para que um homem ou uma assembleia garanta sua segurança. Termina o autor afirmando a essência do Estado é assim: "Uma pessoa, pelos atos de uma grande multidão, mediante pactos recíprocos uns com os outros, como autora, da modo a poder usar a força e os meios de todos, da maneira que achar conveniente para assegurar a paz e a defesa comum".[73]

Este é o pensamento hobbesiano explicado em síntese.

Como relacionar tal pensamento com a despesa pública?

Pode-se afirmar que o pacto põe em destaque a *segurança*. A pessoa abre mão de todos os seus direitos em benefício de alguém que lhe dará segurança, na condição de que todos façam o mesmo.

Em princípio, pois, de acordo com tal posicionamento político, o básico é a segurança de todos, para que o ser humano possa, a partir daí, desenvolver os demais direitos que possuía quando em estado de natureza.

Ocorre que ao início do Capítulo XVII, Hobbes estatui como fim do Estado a própria conservação das pessoas "e a garantia de uma vida mais feliz".

---

70 HOBBES. *Leviatã*. São Paulo: Ícone, 2000, Capítulo XIV. (Coleção Fundamentos do Direito).

71 *Idem, ibidem*.

72 *Idem*, Capítulo XVII.

73 *Idem, ibidem*, parte final.

Podemos tentar elencar alguns interesses comuns: (a) segurança; (b) conservação própria; (c) vida mais feliz; e (d) paz.

As despesas públicas têm que atingir, pois, alguns objetivos que o pacto estabeleceu, quais sejam: basicamente, a segurança externa e a interna. Externamente, porque é imprescindível evitar agressões de outros Estados. Tal situação era bastante sentida quando das tribos. As agressões eram permanentes. De outro lado, como o ser humano abre mão de seus direitos para evitar a morte violenta por parte do outro, impõe-se que o Estado garanta a segurança interna.

Vê-se, pois, que, expressamente, o autor opta por despesas obrigatórias e destinadas a garantir o pacto originário.

Na sequência, a garantia de "uma vida mais feliz". Tal frase está prenhe de significados, não apenas ter segurança, mas tudo aquilo que a envolve. A saber: saneamento básico, saúde, ensino, etc.

Ora, dir-se-á, Hobbes não disse nada disso. O autor não escreve para ser lido, mas para ser interpretado. Se tenho outras necessidades presentes que posso deduzir da segurança, impõe-se que sejam alocados recursos para atendê-las.

Tudo em benefício da consagração máxima da finalidade do Estado, que é a paz. Como diz o autor, é de sua essência.[74]

Como houve a deliberação de indicar um homem ou uma assembleia para quem abriu mão de todos os seus direitos, cabe a esta decidir o gasto, sem que se possa reclamar a respeito. Isto porque "nenhum súdito pode libertar-se da sujeição, sob qualquer pretexto de infração, pois, dado que o direito de representar a pessoa de todos é conferido àquele se se torna soberano, mediante um pacto celebrado apenas entre cada um e cada um, e não entre o soberano e cada um dos outros, não pode haver quebra do pacto por parte do soberano".[75]

Vê-se, pois, que *não há um pacto com o soberano*, mas *o pacto é efetuado entre os homens*. Daí por que não pode haver quebra do pacto. Este não é firmado com o soberano, mas com a maioria dos indivíduos. O soberano irá cumprir o pacto.

As despesas públicas destinam-se, pois, a garantir a segurança de todos e, na sequência, tudo aquilo que com ela se relacionar, tendo em vista a felicidade e a paz.

Locke partilha da posição da ocorrência de um pacto de que resultou o governo. No entanto, enquanto Hobbes sustenta a renúncia de direitos como base do "contrato social", Locke esclarece que os homens procuram unir-se em sociedade "a fim de conservarem mutuamente as suas vidas, liberdades e bens, a que eu dou o nome genérico de propriedade".[76]

Qual o direito que tem o ser humano, que se une por contrato a outro, de exigir do Estado os bens da vida? Na hipótese hobbesiana, nenhum, porque ele renuncia a seus direitos em benefício de sua segurança. No entender lockeano, o homem mantém íntegros seus direitos, podendo opô-los ao próprio Estado.

---

[74] *Idem*, Capítulo XVII.

[75] *Idem*, Capítulo XVIII.

[76] LOCKE. *Ensaio sobre a verdadeira origem, extensão e fim do governo civil*. Lisboa: Edições, 1999, p. 105. 70 (Textos Filosóficos).

Ora, em termos de despesa tal fator é importante. Esclareçamos o problema: a se aceitar a ocorrência de um pacto social, temos os seguintes parâmetros: (1) estabeleceram os homens um acordo em que buscam segurança em todos os sentidos, incluindo a existência de pessoas que garantam a solução dos litígios; (2) os homens têm o direito de exigir, segundo se infere do pensamento de Hobbes, apenas e tão somente a despesa com segurança, e nada mais; (3) têm, na segunda óptica, a garantia de que o Estado deve ser o provedor de todas as suas exigências, porque não abriram mão de quaisquer direitos que possuíam no estado de natureza. Em consequência, podem exigir do Estado que garanta não só sua segurança, mas tudo aquilo que se fizer necessário a seu bem-estar e sua felicidade.

Logo, a se entender existente o pacto, as soluções que daí advierem serão diversas.

De qualquer maneira, o Estado terá que garantir a convivência pacífica da sociedade. É verdade que, daí em diante, os argumentos se diversificam. Por exemplo: para garantir a segurança, não tenho que prover iluminação? Também não é essencial a existência de aparatos burocráticos de justiça, de órgão acusatório e de órgão de defesa? Igualmente não será importante a pavimentação de vias, a canalização de rios, ensino (com a educação as pessoas saberão se comportar de forma mais adequada e, pois, melhora o nível de segurança)? E a saúde, não estará no rol das prioridades?

Vejam que os argumentos podem se desenvolver de forma plural, a ponto de alcançar diversas e inúmeras situações.

De outro lado, se sustento o liberalismo (hipótese lockeana), apenas posso exigir do Estado que municie seu aparelho para que não me incomode. Dificilmente poderia exigir dele o que se denomina de direitos positivos, ou seja, os que dependam de uma ação.

O pacto se firma, supondo-o, por um acordo, mas o homem não é só passividade. Ele é um centro de impulso, de sentimentos e de paixões, como se verá.

15.12.7 Freud e o instinto desejante

Antes de conviver em sociedade, quando aprende ou é compelido a reprimir seus instintos, o homem é um ser dotado de pulsões. Há, entretanto, uma fase intermediária ou concomitante, qual seja, a em que o homem é instintivo. Ele é um ser desejante, e quer as coisas que lhe deem prazer. Seja o que for. Objeto ou outro humano. Nada difícil imaginar que alguns homens ou mulheres podem desejar coisas que os outros também desejam, nascendo daí o conflito.

"A vida, tal como a encontramos, é árdua demais para nós; proporciona-nos muitos sofrimentos, decepções e tarefas impossíveis."[77] O ser humano entra em contato a todo instante com o mundo. Este o agride permanentemente, com o frio, com o calor, com a chuva, por meio dos animais, das doenças, de bichos de toda ordem. De outro lado, propicia a ele prazeres, contatos bons com o mundo.

Daí a análise que Freud faz de que buscamos sempre o prazer. Ninguém gosta da dor. Diz ele: "O que decide o propósito da vida é simplesmente o programa do princípio do prazer".[78] Vemos que nosso corpo está destinado à destruição. Os outros

---

77 FREUD, Sigmund. *O mal-estar na civilização*. v. XXI. Rio de Janeiro: Imago, 1996, p. 83.
78 *Idem*, p. 84.

seres humanos nem sempre são pacíficos. Temos que conviver com suas manifestações negativas. O contato com o mundo e com os outros nem sempre é prazeroso. Muitas vezes é doloroso.

Neste encontro diário e constante com o mundo e com as pessoas temos alegrias e tristezas (afetos primários), prazer e dor. O que vai decidir nossa vida, pois, é a busca do prazer. Mais amplamente, diríamos a busca da felicidade.

Como não podemos procurá-la sozinhos, reunimo-nos em totalidades para conquistá-la juntos. Os seres humanos vão organizando tribos, clãs, hordas (cada qual com seu significado emotivo, mas que buscamos identificar como aproximações). Neles buscam evitar tristezas e dores.

15.12.8 A culpa freudiana a ensejar a despesa pública

Freud analisou detidamente o que significa a *culpa*, ou seja, o sentimento que remanesce internalizado diante de determinado acontecimento marcante na vida de cada qual. Há, como assinala o notável autor, a *culpa* que envolve a sanção social e a *culpa* subjetiva. Esta decorre de comportamentos reprimidos em quaisquer circunstâncias e que, como não explodem na conduta da pessoa, são armazenados em seu íntimo. Esta pulsão fica guardada, pronta a explodir a qualquer tempo. A culpa civilizatória nasce do medo da autoridade; a outra, do medo do "superego". Os desejos proibidos não têm como fugir. O desejo continua vivo.

Ora, tal sentimento reflete-se na elaboração das despesas públicas. Pode parecer estranho que alguém analise o *id* do indivíduo na forma descrita por Freud para buscar o resultado da concretização de um gasto. Ocorre que a situação não é tão estranha. Em verdade, aquele sentimento represado pode emergir em circunstâncias de atender ou não a um inimigo político, a uma obra, a um serviço, no atendimento de determinada empresa que pertence a alguém a quem se "deve" algo ou a quem se quer impor uma "punição".

Dependendo da realidade, os recursos serão ou não liberados.

Imaginemos que em determinada situação alguém foi menosprezado, humilhado e abandonado por outrem. Futuramente, este que foi rejeitado ascende a um posto que lhe permite decidir alguma coisa. Assume a titularidade de determinada situação jurídica que envolva a decidibilidade de despesas públicas. Ora, o sentimento de culpa que restava escondido em algum desvão dos afetos vem à tona e influencia a tomada da decisão. Esta não será racional. Ao contrário, deflui dos sentimentos afetivos que brotam do interior do agente público.

Em pequenas comunas a extroversão da culpa fica mais patente. Podemos supor facilmente que o prefeito, ao deliberar sobre a despesa, procurará saber da existência de seus desafetos políticos para não os atender em áreas sensíveis de oposição. De outro lado, busca conhecer onde se situam seus apaniguados para beneficiá-los. É da natureza humana.

15.12.9 A busca da felicidade como fundamento para a despesa

É a busca da felicidade ditada por Freud, em assertiva inatacável, qual seja: a de que o ser humano busca sempre o prazer e a rejeição da dor. O ser humano que busca a *eudaimonia* aristotélica, que busca seu espaço no cosmos, que quer evitar a infelicidade para poder suportar "a insuportável leveza do ser", tem que ter seu espaço junto à estrutura do poder.

A felicidade não pode ser definida nem pelo Estado, nem por quem detenha o poder de decisão. A felicidade é individual, e não coletiva. Esta pode ser retratada na busca de conforto material, que dá ideia de dimensão hedonística, mas que não se reflete na individualidade.

Logo, se a felicidade é sentida de forma individual, se a finalidade é ínsita ao ser humano, se ela se retrata em cada um, apenas ouvindo a sociedade em sua inteireza é que poderão ser definidas as políticas públicas. Não será a vontade hierarquizada que a definirá. Não é o dono do poder que pode submeter os indivíduos. Não é o soberano que tem o poder de escolha sobre o que deve fazer. As necessidades devem partir daquele de quem emana o sentimento mais profundo de se satisfazer.

Sendo assim, sem que a coletividade seja ouvida não há como aferir a destinação dos gastos.

O orçamento participativo, em tal sentido, seria solução para o problema? Não. Ele responde também a uma estrutura formal de decisão. Na medida em que o governante dita o que quer, na medida em que faz participar das reuniões formais seus agentes, e uma vez que pode manipular os resultados, o orçamento participativo, ainda que tenha sido um grande avanço, fica a meio caminho de responder às necessidades específicas da população.

Haveria outro caminho a ser percorrido para aferir o sentimento da vida nua, do homem comum, do indivíduo que se encontra só no mundo, do solitário, do abandonado, do afastado dos bens da vida? Temos que ser criativos para buscar soluções para os problemas.

Em verdade, de duas, uma: ou o governo abre um canal de comunicação com a população em seu todo, de forma a aferir, efetivamente, o que quer a população, ou se busca outra forma de pesquisar o sentimento do menor dos seres humanos, do mais humilde, do mais pobre, para saber como lhe dar felicidade.

Assinala Aristóteles que "a ciência política utiliza as demais ciências e, ainda, legisla sobre o que devemos fazer e sobre o que devemos nos abster; a finalidade dessa ciência deve necessariamente abranger a finalidade das outras, de maneira que essa finalidade deverá ser o bem humano".[79] Em consequência, afirma que "quase todos estão de acordo, pois tanto o vulgo como os homens de cultura superior dizem que esse bem supremo é a *felicidade*".[80]

Em seguida Aristóteles passa a enunciar o que entende por *felicidade*, que é "a mais nobre e a mais aprazível coisa do mundo".[81] No entanto, necessita ela de algumas

---

[79] ARISTÓTELES. *Ética a Nicômaco*. São Paulo: Martins Claret, 2007, p. 18.

[80] *Idem*, p. 19.

[81] *Idem*, p. 30.

coisas, "mais justas, e a melhor é a saúde".[82] Aponta outras coisas, tais como a riqueza e o poder político, estirpe, boa descendência e beleza.[83]

Acrescenta que "o político deve ter algum conhecimento do que diz respeito à alma, assim como deve conhecer o corpo todo aquele que se propõe a estudar e curar os olhos, e com maior razão ainda porque a Política é mais louvada e melhor que a Medicina".[84] "O político, então, deve estudar a alma tendo em vista os objetivos que mencionamos, e apenas o quanto baste para o entendimento das questões que estamos discutindo."[85]

O homem deve ser virtuoso para conseguir o que objetiva: "A virtude é, então, uma disposição de caráter relacionada com a escolha de ações e paixões, e consistente numa mediania, isto é, a mediania relativa a nós, que é determinada por um princípio racional próprio do homem dotado de sabedoria prática".[86]

A busca da felicidade é dado importante na administração do Estado. Como agir, daí em diante? É a resposta que nos dará a biopolítica.

15.12.10 A biopolítica de Foucault

Muitos dizem que a vida é princípio essencial ao Direito, pois sem ela não existiriam as normas. Vida seria, então, pressuposto da catedral jurídica. Ao se falar em vida, normalmente as preocupações voltam-se para seu início. Fixando-o através da análise científica (cada qual atendendo a seu credo religioso), os estudiosos dirigem seus olhos para os efeitos que daí advêm.

Quem desenvolveu estudo sobre o assunto foi Michel Foucault. Iniciou suas pesquisas na *História da Sexualidade*, vol. 3, último capítulo, e o desenvolveu no *Em Defesa da Sociedade* – livros que ocuparão parte das perquirições que aqui se farão.

A preocupação da sociedade não incide mais sobre as relações de poder, mas sobre a espécie humana. Propõe o autor a análise de dois sistemas de poder. A *teoria da soberania* assenta-se na estrutura legal do proibido/permitido. De um lado o poder legítimo da soberania, e de outro a obrigação legal da obediência.

Segunda hipótese de análise é a *teoria da dominação* ou da disciplina, isto é, já não se cogita mais da imposição da soberania, mas o poder se dissolve em relações de dominação. O básico é o poder de punir. Compõe-se de instituições para efetivar os aparelhos efetivos de punição. Diz Foucault que "o poder, acho eu, deve ser analisado como uma coisa que circula, ou, melhor, como uma coisa que só funciona em cadeia".[87] "O poder funciona. O poder se exerce em rede, e, nessa rede, não só os indivíduos circulam, mas estão sempre em posição de ser submetidos a esse poder e também de exercê-lo. Jamais eles são o alvo inerte ou consentidor do poder, são sempre seus intermediários. Em outras palavras, o poder transita pelos indivíduos, não se aplica a eles".[88]

---

82 *Idem, ibidem.*
83 *Idem, ibidem.*
84 *Idem*, p. 37.
85 *Idem, ibidem.*
86 *Idem*, p. 49.
87 FOUCAULT. *Em defesa da sociedade*. 4. tir. São Paulo: Martins Fontes, 2005, p. 35.
88 *Idem, ibidem.*

A biopolítica cuida da vida. Afirma Foucault que a velha "potência da morte em que se simbolizava o poder soberano é agora, cuidadosamente, recoberta pela administração dos corpos e pela gestão calculista da vida. Desenvolvimento rápido, no decorrer da época clássica, das disciplinas diversas – escolas, colégios, casernas, ateliês; aparecimento, também, no terreno das práticas políticas e observações econômicas, dos problemas de natalidade, longevidade, saúde pública, habitação e migração; exploração, portanto, de técnicas diversas e numerosas para obterem a sujeição dos corpos ao controle das populações".[89] Daí falar em biopolítica "para designar o que faz com que a vida e seus mecanismos entrem no domínio dos cálculos explícitos, e faz do poder-saber um agente de transformação da vida humana; não é que a vida tenha sido exaustivamente integrada em técnicas que a dominem e gerem; ela lhes escapa continuamente".[90] Agora, segundo o autor, "o homem moderno é um animal, em cuja política sua vida de ser vivo está em questão".[91]

O âmbito de intervenção da biopolítica abrange o conhecimento dos nascimentos e dos óbitos, da reprodução, da fecundidade, velhice, etc. "A biopolítica lida com a população, e a população como problema político, como problema a um só tempo científico e político, como problema biológico e como problema de poder, acho que aparece nesse momento."[92]

Para efeito de política pública, "o poder é cada vez menos o direito de fazer morrer e cada vez mais o direito de intervir para fazer viver, e na maneira de viver, e no 'como' da vida, a partir do momento em que, portanto, o poder intervém sobretudo nesse nível para aumentar a vida, para controlar seus acidentes, suas eventualidades, suas deficiências, daí por diante a morte, como termo da vida, é evidentemente o termo, o limite, a extremidade do poder".[93]

Verifica-se, pois, que o *objeto de incidência* das preocupações jurídicas não mais incide sobre o poder enquanto tal, isto é, enquanto dono da vida e da morte, mas enquanto obrigação de fazer viver e manter a vida. Torna-se, pois, imprescindível que haja mecanismos políticos (política pública) que devem subsistir para preservação da vida, em todas as suas dimensões. Não apenas a preocupação com saúde, mas preocupação com boas rodovias, para que se evitem colisões, boa segurança pública, para evitar mortes, boa educação, para preparar as pessoas para respeitar a vida, etc.

Tudo leva à despesa pública, tendo em vista tal dimensão, isto é, a estrutura do poder de decisão funcionando em razão do objetivo maior. Nem por outro motivo é que o *caput* do art. 5º da CF fala, em primeiro ponto, sobre a *inviolabilidade do direito à vida*.

Hannah Arendt não discrepa de tal posicionamento ao afirmar que "a tarefa, a finalidade última, da política é salvaguardar a vida em seu sentido mais amplo".[94]

---

89 FOUCAULT. *História da sexualidade*. v. 1. Rio de Janeiro: Graal, 2010, p. 152.

90 *Idem*, p. 155-156.

91 *Idem, ibidem*.

92 FOUCAULT, *Em defesa da sociedade, op. cit.*, p. 293.

93 *Idem*, p. 296.

94 ARENDT, Hannah. *A promessa da política*. 2. ed. Rio de Janeiro: DIFEL, 2009, p. 169.

A quem compete tal dispositivo? Quem é o titular da norma jurídica? O Poder Público, evidentemente. Qual Poder Público? O encarregado de distribuir recursos para cumprir o mandamento da norma.

Outrora, em decorrência do estudo da história da civilização, o poder era representado no direito de causar a morte. O máximo era deixar viver. Agora, a Modernidade busca caminhos para dar a vida e evitar a morte. O poder muda de foco, para permitir que o bom político seja visto da óptica do garantir a vida realizando políticas públicas.

Inicia-se a era do que Foucault chama de "biopoder".[95] Disputa pela vida no âmbito do poder. As atenções voltam-se para as escolas, saúde, longevidade, previdência, habitação, etc. Tudo de forma a *preservar a vida*. O ângulo da vida passa a ser visto sob nova perspectiva. Ao lado da necessidade de se preparar para a guerra (quem deseja a paz tem que se preparar para a guerra – *si vis pacem para bellum*), o que significa investimento em estrutura militar, as preocupações maiores, hoje, dirigem-se à consagração da vida.

Como diz Foucault, "pela primeira vez na História, sem dúvida, o biológico reflete-se no político; o fato de viver não é mais esse sustentáculo inacessível que só emerge de tempos em tempos, no acaso da morte e de sua fatalidade; cai, em parte, no campo de controle do saber e de intervenção do poder".[96]

O biológico entra também no jurídico, impondo-lhe o termo inicial da vida, as indagações sobre a vontade da morte, a estética preocupação com o corpo, as funções cerebrais, etc.

A vida firma-se como a única preocupação do Direito (em suas diversas manifestações, inclusive com consequência patrimonial). A vida formula-se através do Direito.

Não foi a mera norma que se firmou ao longo do tempo como objeto do Direito. O que está no alicerce do estudo normativo não é outra coisa senão a vida. Os juristas preocuparam-se muito mais com os aspectos sintático (relação entre normas) e semântico (relação norma/realidade) do que com a relação que efetivamente interessa, que é a relação da realidade em torno das relações humanas. O que está na base dos estudos jurídicos não é outra coisa senão a biopolítica ou o biodireito.

Ora, o homem nasceu despido de qualquer comportamento ético. Simplesmente nasceu. Ao entrar em contato com outros, comunica-se através das convenções da linguagem. Inicialmente por gestos ou exemplificações corporais. Posteriormente, quando o domínio da língua passa a ser comum, pode transmitir pensamentos.

Antes de mais nada, o homem passa a ser o objeto de estatísticas, de cálculos, de possibilidade sobre controles de natalidade, de probabilidade de vida, de situações aleatórias. A biopolítica tenta reorganizar o que é real. O que já existe. Apoia-se na liberdade. Daí surgem as normas, e não o contrário.

Do ângulo da teoria da soberania, o homem é apenas um número que vai servir ao governante ou vai ser peça inútil no gigantesco tabuleiro de xadrez. Sob a teoria da dominação, vai ser o que irá suportar a punição pela infração da norma. Não da norma jurídica apenas, mas de todas as normas que brotam no seio da sociedade. Sob a biopolítica ele é a própria dinâmica do poder.

---

95 FOUCAULT. *História da sexualidade, op. cit.*, v. 1, p. 152.

96 *Idem*, p. 155.

As leis da soberania e as normas de dominação não conseguem lidar com a pluralidade da vida. O ser humano é um todo complexo de comportamentos que não se alinham ou se sujeitam a regras específicas. Ele é o aleatório. O imponderável. É instintivo. E disso que se irá cuidar.

15.12.11 O ser humano instintivo. As drogas

O ser humano ainda não deixou a tribo. Continua com seus instintos. Disfarça-os muito bem através de declarações que imunizam os sentimentos coletivos. Direitos humanos, planos de desenvolvimento, políticas públicas, são programas que neutralizam as emoções. As pessoas sentem-se garantidas com tais manifestações e relaxam suas reações contra violências simbólicas.

O ser humano prossegue com seus instintos irracionais. Não logra dominá-los. A civilização prossegue criando novos meios de controle do ser humano. As cadeias são exemplos mais contundentes de tal providência. Antigamente eram os hospícios. Calabouços representam bem a criatividade humana para o domínio dos afetos.

O ser humano prossegue com seus sentimentos nada nobres. Busca sempre e sempre a dominação do outro, por meio ou da força física, empregada em passado não tão remoto (basta lembrar as inúmeras guerras de conquistas), ou mediante "códigos de conduta", técnica mais sofisticada de sujeição.

Como assinala Antônio R. Damásio, é "sabido que, sob certas circunstâncias, as emoções perturbam o raciocínio".[97] Evidente que as emoções interferem no juízo. Esclarece: "Não vou negar que as emoções não controladas e mal orientadas podem constituir uma das principais origens do comportamento irracional".[98]

Assevera que "cérebro e corpo encontram-se indissociavelmente integrados por circuitos bioquímicos e neurais recíprocos dirigidos um para o outro".[99] Daí ser correto deduzir que "a maior parte das ações causadas pelo cérebro e que estão ocorrendo neste precioso momento não são de todo deliberadas".[100]

Evidente está que o homem não é só instinto. Se assim fosse, seria absolutamente equiparado aos animais. A distinção foi bem feita por Rousseau[101] e é patente em todos aqueles que lidam com a natureza humana. O animal é instinto. O homem é instinto e cérebro. Ambos estreitamente ligados, como se viu.

Podemos ser estimulados por determinadas drogas, álcool, tabaco e também poções preparadas (veja-se o Santo Daime, por exemplo), etc. O exemplo mais flagrante é dado em *Tristão e Isolda*, ópera magistral de Wagner, quando Brangena, a criada, troca a poção, preparando uma de amor em lugar do ódio solicitado por Isolda. Daí nascer a paixão no casal.

Os instintos, embora não dominem completamente os homens, têm forte influência na tomada de decisões que redundará em qualquer despesa pública. Alterações por drogas, por exemplo, podem resultar em despesa sequer pensada.

---

97 DAMÁSIO, Antônio R. *O erro de Descartes*. 2. ed. São Paulo: Cia. das Letras, 2010, p. 77.

98 *Idem, ibidem.*

99 *Idem*, p. 113.

100 *Idem*, p. 115.

101 *A origem da desigualdade entre os homens, op. cit.*, p. 37.

"É bem sabido que o tabaco, o álcool e as drogas (medidas ou não) penetram no cérebro e influenciam em seu funcionamento, alterando desse modo também a mente."[102] Não só servirão para alteração de uma decisão ponderada. De outro ângulo, em termos de direito financeiro, deve ser feita a análise das despesas que resultam da ingestão de tais substâncias, para se saber até que ponto oneram, ou não, a sociedade.

Ora, os países vivem de formas diferentes situações complicadas decorrentes do uso de drogas. Alguns preferem incriminar os comportamentos; outros, como Portugal, resolvem tratar o tema como problema de saúde. As abordagens são diversas.

O que nos importa analisar, no entanto, é que o uso de tais substâncias obriga o Estado a pesados encargos públicos, tais como medicamentos, sanatórios especiais, recolhimento de drogados, fiscalização nas vias públicas, controle de remédios, etc. Tudo a envolver pesados investimentos.

Sabe-se que o Estado tem tributado fortemente a bebida e o álcool. Nem por isso o consumo se reduz, o que obriga o Estado à fiscalização permanente. Leis têm sobrevindo, tal como a denominada "Lei Seca", que impede dirigir alcoolizado e aumenta penas a quem assim for encontrado. Para tanto há o deslocamento de policiais e agentes, o que significa gastos pesados em tal sentido. São policiais, bafômetros, viaturas, médicos, etc. que vão às ruas para fiscalização e controle. Tudo envolve gasto.

Há dois aspectos, pois: (a) o consumo de tais substâncias, que obriga o Estado a pesados investimentos na prevenção e repressão, e (b) o consumo por agentes públicos, o que determina adulteração nas decisões tomadas para direcionar as despesas públicas.

O ser humano, livre ou não das drogas, ingressa num mundo de coletividade e de sociedade que irá reprimi-lo. No entanto, por mais que o faça, fica ele pronto e apto para agir, como se vê da análise da civilização e dos afetos spinozanos.

15.12.12 A civilização como repressora dos desejos. Uma pitada de Spinoza

As pessoas são dominadas, então, por seus desejos (os quais, na Filosofia, adquirem diversos nomes – *desejo*, em Maquiavel e Hume; *vontade de viver*, em Schopenhauer; *conatus*, em Spinoza; *libido*, em Freud; *vontade de poder*, em Nietzsche), que estão em conflito em seu interior (o *id* freudiano) e afloram quando decidido o que fazer. Mas não é a razão que decide. É o próprio sentimento, aquele que vence no interior do "eu". Pode ser um sentimento bom ou mau. A mente decidirá, posteriormente, como justificar o comportamento.

Cada pessoa é assim. Um plexo de sentimentos – bons ou maus, não importa. A natureza é assim.

Para que a vida seja possível em coletividade, nasce um bloqueio externo à emoção tida por negativa. Daí a ética. Esta não significa outra coisa senão a disciplina do comportamento humano em sociedade. Freud retrata o antagonismo inescapável entre os desejos dos instintos e as exigências da civilização. Esta serve para "proteger os homens contra a natureza" e "ajustar os seus relacionamentos mútuos".[103]

---

[102] *Idem*, p. 148.

[103] FREUD. *O mal-estar na civilização*, *op. cit.*, v. XXI, p. 96.

A sociedade institui, então, um conjunto de regras de valores sociais e culturais como padrões de conduta, de relações intersubjetivas, para garantir a liberdade das pessoas. Liberdade em todos os sentidos. Neste aspecto, a sociedade é repressiva dos desejos.

Não se pode desconhecer que o homem é corpo e mente ligados. "Quem imagina que aquilo que ama é destruído se entristecerá; se, por outro lado, imagina que aquilo que ama é conservado, se alegrará."[104] De outro lado, "quem imagina que aquilo que odeia é destruído se alegrará".[105]

Fácil perceber que os afetos humanos estão em efervescência durante todo instante. Imaginemos que na composição do orçamento se discute sobre a desapropriação de determinada área urbana que envolverá a derrubada da casa de um desafeto político. A deliberação envolve o sentimento de ódio do governante, que busca destruir o bem de seu inimigo. Alegrar-se-á com a despesa que envolve a desapropriação do imóvel do outro. De outro lado, se o imóvel é de seu amigo e compadre político, se puder intervir para manter o imóvel em pé, isto significará alegria, por outra forma.

É que o Estado outra coisa não significa que a manifestação em ação da potência de agir de seus agentes. Assim, afirma Spinoza: "Se todos os homens bárbaros ou cultivados estabelecem em toda a parte costumes e se dão um estatuto civil, não é dos ensinamentos da razão, *mas da natureza dos homens, isto é, da sua condição, que se devem deduzir as causas e os fundamentos naturais dos Poderes Públicos*".[106]

O ser humano se vê a todo instante afetado pelo mundo, e o afeta. Ambos são modificados. Quando o ser humano ocupa uma posição dentro do Estado, não tem como abandonar seus sentimentos, que são naturais. Vê-se, pois, a todo instante, transformado pelos sentimentos que lhe são próprios, isto é, esperança e medo. Tem que tomar decisões a todo momento. A esperança enseja boas perspectivas. O medo tranca as possibilidades.

Tais momentos poderiam ser multiplicados em seus exemplos no caso de desvio de recursos do Estado. A esperança de não ser descoberto e punido faz com que o agente se corrompa e também o faça com relação aos outros. O medo o refreia.

Por isso é que Spinoza chama de servidão "a impotência humana de regular e refrear os afetos".[107] "Pois o homem submetido aos afetos não está sob seu próprio comando, mas sob o do acaso, a cujo poder está a tal ponto sujeitado que é, muitas vezes, forçado, ainda que perceba o que é melhor para si, a fazer, entretanto, o pior."[108]

O confronto interno, diário e permanente, a que o homem está sujeito leva-o a tomar atitudes que ficam fora de seu controle ou, decididamente, optar por uma ação que nem sempre é a melhor para si e seus familiares. Imaginemos que está para praticar um desvio de dinheiro e pensa nas vantagens que poderá usufruir com ele no bolso: viagens, compra de um carro ou de uma casa, mais conforto para si e sua família. Tais motivos fazem com que o ser humano não tergiverse e pratique o ato. Confia em que não será descoberto. Tem esperança. Age. É descoberto. Vem o medo. É punido.

---

[104] SPINOZA. Ética. Autêntica: Belo Horizonte, 2009. Proposição 19 da Terceira Parte, p. 112.

[105] *Idem*, Proposição 20.

[106] SPINOZA, Baruch de. *Tratado político*. São Paulo: Ícone, 1994, p. 26.

[107] SPINOZA. Ética, *op. cit.*, p. 155.

[108] *Idem, ibidem*.

Assim funcionam os sentimentos, e estes são levados para o interior do Estado através de seus agentes, que praticam os atos envolvendo, por vezes, significativos desvios de recursos públicos.

15.12.13 Alegria e tristeza. A existência sartreana

Quando se logra obter tais recursos, surge a alegria. Em caso contrário, tristezas. Revoltas naturais contra o governo. Pensa-se em votar contra no próximo projeto que for a plenário ou contra o governo nas próximas eleições gerais. Far-se-á obstrução nas comissões. Quem o governo pensa que é? Não pode tratar assim um parceiro político – dizem.

Hobbes já disse que o homem é o lobo do homem (*Leviatã*). Maquiavel ensinou o príncipe a manter o principado *de qualquer maneira*. Enquanto puder ser dócil e bom, deve sê-lo. Caso contrário está autorizado a cometer qualquer ilegalidade ou atrocidade. Manter o principado a qualquer preço. Daí a famosa frase de que os fins justificam os meios. Em verdade, assiste-se, diuturnamente, a um confronto de todos contra todos.

O *bullying* outra coisa não é que o forte humilhando o fraco. A mulher sempre sofreu isto na pele, isto é, o domínio do masculino (Bourdieu). Os negros sofreram em grande parte de sua vida (*apartheid*, discriminação de toda espécie). Os judeus, por razões étnicas, foram levados ao holocausto. Os homossexuais apenas recentemente estão tendo seus direitos reconhecidos. Tudo isso é o confronto do dominador com o dominado.

A dominação reflete o querer do dominante. O ser humano é desejante, e, como tal, ele busca satisfazer seus instintos, desde o mais elementar até o mais inumano.

Diz Sartre que a existência precede a essência (*O Existencialismo é um Humanismo*). Se isso é verdade, diante da inexistência de uma natureza humana, temos que viver o dia a dia. É a condenação à liberdade que nos obriga a decidir a cada instante. Procuramos privilegiar o que nos dá alegria e agir em detrimento de situações que nos dão tristeza. Por consequência, buscamos, sempre, decidir por alguma situação que nos agrade, em desprestígio de outra que nos cause dor. Só que o plexo de nossas decisões é bastante amplo. Daí nasce, na linguagem sartreana, a náusea de termos que decidir a todo instante.

Não há como fugir disso. Logo, temos que escapar de nossas plurais alternativas, diria, até, infinitas, dependendo da situação em que nos encontramos, para diminuir o plexo delas. Aí as situações se tornam suportáveis.

Aquele que irá decidir sobre o gasto público tem as restrições naturais da limitação dos recursos. As escolhas já não serão tantas. O Estado encampou, quando de sua constituição, um gigantesco número de finalidades públicas. Outras surgiram ao longo do exercício de suas competências. Por exemplo, não está dito na Constituição Federal que os Municípios ou os Estados devam desassorear rios. No entanto, tal fato passa a ser uma necessidade diante do assoreamento dos canais, o que torna inviável ou a navegação de cabotagem ou a mera circulação de barcos de pesca. Diante de tal fato, o Estado é obrigado a assumir tal atividade como sua.

Diante da pluralidade de opções, o agente público deve decidir onde e quando ocorrerá o gasto, traçar o caminho dos procedimentos previstos em lei e efetuá-lo. Assim agindo, desempenhará suas atribuições.

Ocorre que os caminhos são plurais e devem reduzir a perplexidade da decisão a limites razoáveis, situação em que optará pelo melhor ou pelo único caminho, dependendo da situação encontrada.

Em verdade, a filosofia existencialista fornece boas pistas para a decidibilidade do homem público. Tem que decidir sempre, e deverá, então, para afastar a angústia, acolher soluções que possam minorar o sofrimento do homem no mundo.

15.12.14 Sentimentos que envolvem situações que levam ao gasto

A filosofia spinozana baseia-se no desejo como impulso que determina a essência do ser humano. É o impulso da vida. É o que denomina *conatus*, isto é, o esforço de manutenção da natureza. "O desejo – diz ele – *é a própria essência do homem*, enquanto esta é concebida como determinada, em virtude de uma dada afecção qualquer de si próprio, a agir de alguma maneira".[109] A *alegria* é o aumento da potência de viver. A *tristeza* é a redução da potência.

Na sequência vêm outros sentimentos, como amor e ódio. O primeiro significa "uma alegria acompanhada da ideia de uma causa exterior", o mesmo se dizendo da tristeza. O primeiro aumenta a potência; o segundo diminui. A partir daí segue-se uma série de outros afetos, ditos derivados (os primeiros são os *primitivos*).

O homem público, aquele encarregado de dispor sobre as despesas públicas, como ser humano que é, é afetado pelos mesmos sentimentos. Em determinadas situações somos atingidos por notícias de imprensa que denunciam o abandono de pessoas ao longo da vida. São moradores de rua, pedintes, pessoas que vivem abandonados, sem família ou lar, com fome, desamparados de toda e qualquer fortuna. A mídia mostra tais fatos e os leva aos centros de decisão (Legislativo e Executivo) orçamentária.

Um sentimento que serve de discurso fácil em vésperas eleitorais é o sentimento denominado por Spinoza de "comiseração", isto é, "uma tristeza acompanhada da ideia de um mal que atingiu um outro que imaginamos ser nosso semelhante".[110] A misericórdia significa o entristecimento com o mal do outro. Vê-se, pois, que os sentimentos atingem os seres humanos em todos os seus momentos e os levam à ação. Carregados, pois, de sentimentos, devem decidir o que fazer com os recursos que estão à disposição do órgão que irá determinar onde serão investidas as receitas.

Não se pode dizer que é ao Estado, pessoa aética, moral, ficção jurídica, que caberá realizar o gasto. O Estado outra coisa não é senão o próprio ser humano com uma instância decisória qualificada. Não se constitui em instância exterior aos indivíduos. Surge o Estado "dos desejos dos homens quando estes se adaptam e se arranjam entre si".[111]

Quem decide pelo Estado é o ser humano. Logo, embora existam na definição de Spinoza os desejos consubstanciados nas paixões, há os desejos advindos da razão. A tendência ou a busca é pela maior potência da natureza, cabendo encontrar um sopesamento entre os desejos.

---

109 *Idem*, Terceira Parte, p. 140.

110 *Idem*, p. 145, Definição 18.

111 BARTUSCHAT, Wolfgang. *Espinosa*. 2. ed. Porto Alegre: Artmed, 2010, p. 120.

O Estado, pois, pode destinar recursos de acordo com os próprios afetos que atingem os governantes. Como seres humanos que são, agem e reagem exatamente igual aos demais, e, pois, carregam para as soluções coletivas os afetos recebidos individualmente.

Comprova-se, ainda uma vez, que os gastos públicos estão na dependência dos sentimentos que coordenam as pessoas.

15.12.15 Quem define prioridades? O Estado, pessoa física ou jurídica? Quem está hipostasiado no Estado? O mito platônico de Giges

Outrora o orçamento era elaborado de forma autoritária. O chefe do Executivo se reunia com seus secretários e assessores e deliberava sobre onde seriam gastas as receitas. "– Quanto existe de receita?" – indagava o prefeito. "Qual a previsão para o próximo exercício?" O Secretário da Fazenda dava a resposta, e a partir daí se deliberava sobre onde seriam despendidas as receitas, evidentemente com o objeto de atender aos interesses eleitorais do prefeito e, eventualmente, de algum vereador da base de governo.

Com o passar do tempo as prioridades passaram a ser estudadas através de contato com entidades de classe, sindicatos, organizações sociais, etc. Instituiu-se o denominado *orçamento participativo*, que prevê a participação das entidades regionais para discussão de prioridades.

Em verdade, tudo não passa de empulhação. São mecanismos de participação que tendem à frustração. No âmbito da União não se faz o rotulado orçamento participativo. Ademais, Legislativo e Judiciário sequer cogitam de realizar reuniões públicas para discutir seus interesses – o que é um erro.

No âmbito estadual ocorre o mesmo. Não se faz a discussão com a sociedade sobre seus interesses regionalizados.

No Município é que se esboça, então, uma tentativa de realizar alguma coisa com seriedade. Especialmente em pequenas comunas. Deve ser previamente designada data, com a participação de diversos setores da comunidade, para que cada qual possa, dentro de determinado âmbito espacial, dizer quais são as prioridades da população daquele local.

A palavra deve ser aberta às entidades credenciadas e devidamente instituídas, mas não apenas a elas, porém a todos que queiram fazer uso dela e esclarecer ao Poder Público as reais necessidades individuais e coletivas.

O Município tem que ouvir, através de seus representantes. Deve receber as reclamações com altivez, recolher as ideias e reivindicações que forem levadas, para posteriormente decidir a respeito.

Vê-se, pois, que, de acordo com a evolução das pretensões sociais, se passa de uma decisão autoritária do gasto público para uma tentativa de democracia.

As prioridades, pois, como resta analisado, não são decididas por ninguém. As vontades são manipuladas ao longo do processo definidor das preferências. Daí resulta que, embora a população tenha formalmente um espaço público de deliberação sobre onde deve haver o gasto público, a decisão é falseada, de forma a envolver outros interesses que se apresentarão no lugar da vontade pública.

Karl Marx afirma que "as funções e atividades do Estado estão vinculadas aos indivíduos (o Estado só é ativo por meio dos indivíduos), mas não ao indivíduo como indivíduo *físico* e sim como indivíduo *do Estado*, à sua *qualidade estatal*".[112] Prossegue o autor afirmando que erra Hegel ao afirmar que a pessoa está vinculada ao Estado "de maneira exterior e acidental". Marx rebate dizendo que esse "disparate advém do fato de Hegel conceber as funções e atividades estatais abstratamente, para si, e, por isso, em oposição à individualidade particular; mas ele esquece que tanto a individualidade particular como as funções e atividades estatais são funções humanas; ele esquece que a essência da 'personalidade particular' não é a sua barba, o seu sangue, o seu físico abstrato, mas sim a sua *qualidade social*, e que as funções estatais, etc. são apenas modos de existência e de atividade das qualidades sociais do homem. Compreende-se, portanto, que os indivíduos, na medida em que estão investidos de funções e poderes estatais, são considerados segundo suas qualidades sociais e não segundo suas qualidades privadas".[113]

É o indivíduo social, e não o físico, com certeza. É aquele qualificado socialmente. No entanto, faltou a Marx acrescentar que este indivíduo qualificado socialmente não se despe das prerrogativas de ser humano, como outro qualquer. A saber: leva para as funções públicas sua própria identidade, seus desejos, suas frustrações e seus instintos. Tais identidades pessoais dele não se destacam, nem se constituem em seres apartados. São ele próprio.

O dominante não aparece como tal. Nem quer. Busca disfarçar sua força. Age nos bastidores. Atua nos desvãos do poder. Não tem qualquer interesse em mostrar seu rosto. É como o rato que corre por encanamentos e esgotos. Calha, aqui, a imagem do poder simbólico de Bourdieu, ainda que não seja, exatamente, o que descreve o autor. No entanto, o poder simbólico "é uma forma transformada, quer dizer, irreconhecível, transfigurada e legitimada, das outras formas de poder: só se pode passar para além da alternativa dos modelos energéticos que descrevem as relações sociais como relações de força e dos modelos cibernéticos que fazem delas relações de comunicação, na condição de se descreverem as leis de transformação que regem a transmutação das diferentes espécies de capital em capital simbólico e, em especial, o trabalho de dissimulação e de transfiguração (numa palavra, de *eufemização*) que garante uma verdadeira transubstanciação das relações de força, fazendo ignorar-reconhecer a violência que elas encerram objetivamente e transformando-as assim em poder simbólico, capaz de produzir efeitos reais sem dispêndio aparente de energia".[114]

Quem está hipostasiado nas decisões do Estado? É o que influencia a decisão do presidente, do governador, do prefeito e também de todos os parlamentares, bem como de todos aqueles que têm qualquer poder de decisão. É o que delibera sobre o gasto público. É o que determina onde será aberta uma estrada. Onde se irá asfaltar? Onde será construído o aeroporto solicitado pela sociedade? Quais vias serão desapropriadas (para que alguém previamente as adquira para depois receber o valor da indenização, que será 10 vezes maior)? E quem delibera sobre o saneamento básico? Sobre a construção de escolas, creches, hospitais? Etc.

---

[112] MARX, Karl. *Crítica da filosofia do direito de Hegel*. São Paulo: Boitempo, 2005, p. 42.
[113] *Idem, ibidem*.
[114] BOURDIEU. *O poder simbólico*. 11. ed. Rio de Janeiro: Bertrand Brasil, 2007, p. 15.

Todas as decisões não são tomadas, propriamente, pelo que se rotula centro duro da decisão. Muitas vezes já vêm deliberadas de antemão por empresários ou por quem os representa na estrutura estatal.

Não há como se evitar ponderar sobre tal análise em relação às despesas públicas, porque isto é real. É palpável.

É frequente que as pessoas dissimulem suas intenções. Platão foi quem bem examinou o problema ao descrever o mito de Giges, um pastor que descobre um anel junto aos mortos e percebe que, ao movê-lo, ele se torna invisível. Dotado de tais poderes, invade o castelo do rei, mata-o e se apodera da rainha.

O mito significa o quê? As pessoas não têm coragem de enfrentar as dificuldades de frente. Disfarçadas, adotam posições por vezes até incompreensíveis. Se tiverem certeza da impunidade, praticam comportamentos surpreendentes. Se estiverem certas de que não serão descobertas, cometem injustiças, agressões, desvios e toda sorte de condutas sórdidas.

Assim é o governante sem caráter, o que redunda em sérios prejuízos para o Erário público. Se tem a certeza de não ser descoberto, dilapida o patrimônio público.

Analisamos, até agora, o ser humano em sua naturalidade. Vícios e virtudes que determinam sua conduta. Situações concretas em que age. Debrucemo-nos, doravante, sobre sua interação com a sociedade.

15.12.16 Maquiavel e o gasto público

Maquiavel não segue distante de Freud. Em seus textos, tanto em *O Príncipe* como em *Ensaio sobre a Primeira Década de Tito Lívio*, busca demonstrar que o príncipe deve ser bom, coerente e religioso. Deve mostrar-se como tal à população. No entanto, terá que estar preparado para ser o contrário de tal comportamento se assim o exigir a situação. Se necessário, será cruel, bandido e facínora. Mas sua virtude estará, exatamente, na manutenção do poder.

Desnecessário será dizer que na visão maquiavélica a despesa pública deverá atender, primeiro, ao interesse do povo. No entanto, se for necessário ao príncipe para efeito de prosseguir na dominação, deverá desfazer tudo o que foi construído. O príncipe não deverá mostrar qualquer pudor e poderá matar, aliciando facínoras, invadir áreas, despejar pessoas – ou seja, fazer tudo aquilo para mostrar sua virtude. Esta se caracteriza apenas e tão somente na manutenção do poder. Deverá gastar de forma ilimitada, mas necessária a fixar-se no comando do principado. Mostrar-se-á à imagem de Quíron (o centauro mitológico que era médico) que dará vazão a seu sentimento de animal (mistura de raposa e leão) para destruir o que foi feito ou construir o que estava errado, mas fará prevalecer sua vontade e sua decisão.

O gasto público, pois, na visão maquiavélica, depende da vontade do príncipe, e as verbas serão utilizadas exclusivamente na manutenção do poder, que caracteriza a *virtù* do dominante.

Certo que a *fortuna* poderá amparar o príncipe. No entanto, não pode depender só dela, porque ela pode não o sustentar. Daí depender da sagacidade da raposa para impor sua dominação.

15.12.17 O caráter sacro que impulsiona a decisão

No livro *Da Horda ao Estado – Psicanálise do Vínculo Social*, Eugene Enriquez afirma que "a religião intervém, assim, para fornecer uma origem divina às prescrições da civilização".[115] O desamparo humano obriga a que o homem se volte para o divino, nele buscando apoio para suportar o desencanto da vida. Daí a crença em uma *ilusão* que se assenta no desejo proeminente.

A cultura "seria um conjunto de renúncias consentidas pelo homem, a fim de viver em comunidade e de reformar progressivamente as instituições sociais que se mostraram necessárias ao trabalho intelectual e à construção da solidariedade humana".[116]

O homem recorta, então, comportamentos impulsivos e que possam colidir com outras condutas contrárias em torno de bens da vida, permitindo que haja repressão a elas. Substituem-se, então, em primeiro lugar, os impulsos para a convivência em comunidade. Em segundo, ingressam as regras religiosas, para deter os instintos. Quando a religião fracassar – o que é previsto por Freud, que afirma ser mera ilusão –, há que surgir nova estrutura a dominar a sociedade. Daí o surgimento do Direito, "a substituição do poder do indivíduo pelo poder de uma comunidade". "A vida em comum só é possível se, ao invés de reinarem as relações de força que fazem prevalecer o arbitrário e as pulsões não domesticadas, dominarem as relações *codificadas*, que designam a cada um seu lugar, suas obrigações e deveres".[117]

A sacralização, primeiro da religião e depois do Direito, leva à preponderância do discurso e do papel que cada qual desempenha na sociedade.

Imaginemos que uma pessoa comum (sem qualificação social) se dirige à Prefeitura de um Município pequeno ou de porte médio pretendendo falar com o prefeito para colocar uma reivindicação pessoal. Com certeza não será atendida. Falta-lhe qualificação social para obter qualquer ação da Administração Pública. Por exemplo, se pretende em época de chuva, que um trator se dirija à estrada rural para manutenção, diante do barro e da lama que tomaram conta da estrada, o que inviabiliza o trânsito. Quando muito chegará a formular o pedido ao quinto assessor do prefeito. Muda a situação se for o juiz local, o padre, o promotor ou a pessoa mais rica que ali habita que formular o mesmo pedido.

Qual a diferença? A qualificação social da pessoa ou a sacralização do cargo envolverá a despesa. Na primeira hipótese, do mero eleitor, não logrará atendimento de sua reivindicação.

Pierre Bourdieu faz excelente análise sobre o tema. Esclarece que os enunciados performativos (que enviam mensagem com força de alteração do mundo) que transmitem dominação simbólica trazem o peso de agentes que "dependem de seu capital simbólico, isto é, do *reconhecimento*, institucionalizado ou não, que recebem de um grupo: a imposição simbólica, esta espécie de eficácia mágica que a ordem ou a palavra de ordem, mas também o discurso ritual ou a simples injunção, até mesmo a ameaça ou o insulto, pretendem exercer só pode funcionar enquanto tal quando estiverem reunidas

---

115 ENRIQUEZ, Eugene. *Da horda ao Estado*: psicanálise do vínculo social. Rio de Janeiro: Jorge Zahar Editor, 1990, p. 85.

116 *Idem*, p. 96.

117 *Idem*, p. 110.

condições sociais inteiramente externas à lógica propriamente linguística do discurso".[118] Esclarece que o enunciado performativo "é o ato jurídico que, quando pronunciado por quem de direito, como convém, ou seja, por um agente que atua em nome de todo um grupo, pode substituir o fazer por um dizer que será, como se diz, consequente".[119]

O mesmo autor afirma que "não há poder simbólico sem uma simbologia do poder".[120] Ora, as pessoas sofrem maior ou menor qualificação pela sociedade. Gestos, palavras, discursos, adoção de ideias que têm aceitação popular, ditos popularescos, falas inflamadas em defesa das políticas públicas de saúde ou de educação – tudo a dar, ao longo do tempo, uma *qualificação social* ao emissor da mensagem. Os interlocutores aceitam-na como "salvação do mundo", "solução do problema", "notável caminho". É o emissor aclamado como tendo encontrado uma saída mágica para determinada dificuldade ou pacificado ânimos que estavam exaltados. As pessoas passam a ter admiração pelo comportamento corajoso, destemido, comedido, pacífico, do emissor. Passa a receber o reconhecimento da coletividade.

Daí afirmar Bourdieu que a especificidade do discurso "de autoridade (curso, sermão, etc.) reside no fato de que não basta que ele seja compreendido (em alguns casos, ele pode inclusive não ser compreendido sem perder seu poder), é preciso que ele seja reconhecido enquanto tal para que possa exercer seu efeito próprio".[121] "Para que o ritual funcione e opere, primeiro é preciso que ele se apresente e seja percebido como legítimo, pois o simbolismo estereotipado contribui exatamente para evidenciar que o agente age na qualidade de depositário provido de um mandato e não em seu próprio nome ou de sua própria autoridade."[122]

Reconhece-se até um *limite arbitrário* no agir da autoridade,[123] e se reconhece o poder através da *investidura*, que "consiste em sancionar e em santificar uma diferença (preexistente ou não), fazendo-a *conhecer e reconhecer*, fazendo-a existir enquanto diferença social, conhecida e reconhecida pelo agente investido e pelos demais".[124]

A instituição, a investidura e o reconhecimento são atos decorrentes da ação social de alguém.

A partir de tais noções, fácil observar que aquele que tem reconhecimento social – ou seja: o policial, o juiz, o promotor, o padre, o pastor, a pessoa mais rica ou quem seja reconhecido como grande poeta, escritor, etc. – terá melhores e adequadas condições para obter qualquer despesa que queira. Seja influenciando uma emenda orçamentária em favor de um hospital (imaginemos um jornalista de língua afiada que postule junto a um parlamentar uma emenda com tal destino), seja solicitando ao prefeito ou a um vereador a realização de uma obra, da inclusão de uma empresa como fornecedora do Município; ambos terão suas reivindicações imediatamente atendidas, o que resultará numa despesa pública.

---

118 BOURDIEU, Pierre. *A economia das trocas linguísticas: o que falar quer dizer*. 2. ed. São Paulo: EDUSP, 2008, p. 60.

119 *Idem*, p. 62.

120 *Idem*, p. 63.

121 *Idem*, p. 91.

122 *Idem*, p. 93.

123 *Idem*, p. 98.

124 *Idem*, p. 99.

A qualificação social envolve a possibilidade de liberação de qualquer recurso com maior facilidade. Imaginemos um pagamento que já tenha sido empenhado, mas ainda não liberado. O ordenador da despesa está com dificuldades momentâneas de caixa e vem atendendo, na medida do possível, à ordem dos empenhos. Basta o telefonema de uma pessoa reconhecida para que haja o imediato pagamento.

O caráter sacro exercido pela autoridade antepõe-se a qualquer outra providência que dependa de agentes públicos. Impõe-se por si só. A qualificação profissional do indivíduo, isto é, seja ele um poeta de largo renome, seja um escritor reconhecido, seja um político no exercício de mandato, qualquer um deles liberará qualquer recurso. Detém o poder de troca social (se for atendido, poderá servir com presteza a uma solicitação de quem acolheu seu pedido). É a troca de favores, que os pobres coitados não têm. Dostoievski, com certeza, liberaria um recurso (pressupondo-se que tivesse sido reconhecido em vida), mas nenhum de seus personagens, humilhados, ofendidos, idiotas, teria qualquer possibilidade de lograr êxito na tentativa de obter a colocação de um banco no jardim para nele dormir.

Além de se ver reconhecido pelo consenso de todos, "a crença de todos, preexistente ao ritual, é condição de eficácia do ritual".[125]

Em suma: o caráter sacro do indivíduo tem forte influência na liberação de recursos que envolvem gastos públicos, investimentos, alocação de recursos, etc.

15.12.18 O espaço público como aferição da decisão. O Íon de Eurípides e opinião pública em Habermas

Desde há tempos coloca-se em pauta a discussão sobre qual o espaço adequado para que ocorram as grandes discussões sobre os interesses públicos.

No campo privado, da intimidade, esta é indevassável, tal como dispõe o inciso X do art. 5º da CF. Intimidade, aqui, tomada em seu mais amplo sentido, de forma a abranger não só a casa, como asilo inviolável (inciso XI do art. 5º), mas também a correspondência, a atividade intelectual, artística, científica e de comunicação (inciso IX do art. 5º), estendendo-se para a crença religiosa, filosófica ou política (inciso VIII do art. 5º).

Em suma: o Estado tem traçados nos contornos da Constituição os limites de sua atuação quando se cuida da vida íntima e particular das pessoas.

Diferentemente ocorre com os espaços públicos.

O que são espaços públicos? São todos os espaços físicos em que se coloque em discussão qualquer assunto qualificado como público. Pode ser, inclusive, no âmbito particular. Por exemplo, num escritório em que as pessoas discutam problemas políticos. Também serve para identificar residências particulares em que pessoas diversas conversem sobre problemas da coletividade. O que importa é que o assunto seja público (e não comentários sobre a vida íntima de um casal ou de particulares).

Na tragédia Íon, Eurípides discutiu a proveniência do filho do Rei de Tebas, casado com Creusa. Esta havia sido estuprada pelo deus Apolo. Daí resultou um filho. Envergonhada, enviou-o para o Oráculo de Apolo em Delfos. O Rei resolveu consultar

[125] *Idem*, p. 105.

o Oráculo para saber se o casal teria um filho e se ele reinaria sobre Atenas. O Oráculo respondeu que o primeiro vivente que fosse encontrado seria filho do Rei. Era Íon. Este recebe toda a alegria do Rei (que não sabia do estupro sofrido pela rainha, há tempos atrás), que pretende levá-lo para Atenas. Em resposta, e não sabendo quem eram seus pais, Íon responde que quando voltar para Atenas "quer ter a palavra livre", o que não ocorreria no caso em que a população não o identificasse como ateniense.

O "ter a palavra livre" significa que a pessoa deve ter ampla liberdade de discussão sobre todo e qualquer tema que possa ser tratado nos espaços de discussão.

Segundo Habermas,[126] os espaços públicos destinam-se, exatamente, às grandes discussões sobre todos os temas que forem apresentados. Espécie de ágora moderna. Neste espaço grego, todos os cidadãos (o que excluía mulheres, escravos, crianças e estrangeiros) podiam falar o que quisessem sobre todos os temas em discussão, inclusive impor o ostracismo a quem o merecesse.

A recuperação de tais espaços leva a sociedade moderna ao máximo da discussão. A sociedade adequada é condição para que ocorram as discussões. Os espaços públicos nascem do confronto da luta de classes. A burguesia derruba a Monarquia e cria condições para as discussões democráticas. O homem deve buscar seus caminhos.

Entende Habermas[127] que a livre discussão leva à formação da opinião pública. Esta é o resultado do livre embate de ideias que são formuladas em tais espaços, daí resultando a opinião adequada. A discussão, enfim, tem que ser feita de forma absolutamente livre e decidida, de forma a propiciar o aparecimento da opinião pública.

Habermas[128] sabe que o comparecimento a tais espaços pode derivar de pressões, de qualificações sociais desniveladas e de pretensões de dominação. No entanto, tudo isto fica superado quando se chega a um consenso.

O importante é o dissenso, para que se possa chegar a um consenso. A liberdade de expressão manifestada leva à apuração da opinião pública. Esta pode ensejar novas discussões sobre outros assuntos e a novas discussões, numa espiral indefinida de formulação de opiniões.

Em verdade, as discussões em espaços públicos nem sempre estão rotuladas com os mesmos códigos. Cada pessoa que ali comparece o faz com uma *intenção* diversa. Uns irão para ouvir, apenas. Outros, para apresentar posições que lhes interessam individualmente ou em benefício de determinado microesquema social. Terceiros, instruídos por alguém para que dominem a discussão. O Estado far-se-á representar por servidores, que igualmente receberão orientação para encaminhar problemas que interessem aos governantes. Ressalte-se, neste passo, que o governo nem sempre se confunde ou tem o mesmo interesse do governante. Os interesses do Estado devem provir da sociedade. Esta não tem condições de se impor ao governo. Este é dirigido por homens. Portanto, com seus próprios interesses, que, no mais das vezes, colidem com os da sociedade.

---

126 HABERMAS, Jürgen. *Mudança estrutural da esfera pública*. São Paulo: Tempo Brasileiro, n. 76, Rio de Janeiro: 2003, p. 42/46.

127 HABERMAS, Jürgen. *Mudança estrutural da esfera pública*, op. cit., p. 42-46

128 HABERMAS, Jürgen. *Mudança estrutural da esfera pública*, op. cit., p. 42-46

Tem-se, pois, que cada um dos participantes da discussão pública no espaço público ali chegará municiado de um plexo de informações diversificado. Cada qual chegará também com seus interesses. Cada um virá com diversa qualificação social. Fácil imaginarmos um mero habitante de um bairro pobre da Zona Leste da Capital de São Paulo. Pobre, ali comparecerá apenas para ouvir, mas repleto de desejos de que as coisas ocorram bem, porque tem necessidade de creche, de escola para seus filhos, de hospital onde seja bem atendido. Este não terá a palavra. Se a tiver, não será ouvido. Se vai à reunião, então, com roupas surradas, calçando sapato com sola furada, com barba por fazer, com o rosto sulcado por rugas e com as mãos calosas, sequer será considerado como alguém participante da reunião. Se insistir em ter a palavra, será afastado, como alguém inconveniente.

Será que estamos imaginando coisas, ou estamos constatando realidades? Será que estamos fora da efetividade do que ocorre em São Paulo e nas demais grandes Capitais e cidades? Será que estamos imaginando utopias? Será que estamos desapegados do que é vivido em tais Metrópoles?

Positivamente, não. Estamos retratando a mais crua e dura realidade. Como dizer, então, que a população discute seus próprios interesses?

Quando surgir a discussão sobre determinados assuntos, suponho que a questão já estará previamente resolvida. É o que aconteceu com Ânio, retratado em *Comentários sobre a Primeira Década de Tito Lívio*, de Maquiavel, ao dizer que teriam os generais que decidir o que dizer antes. Posteriormente enviariam qualquer mensagem.

Pelo lado do governo, as decisões que deverão ser tomadas já estarão previamente resolvidas. Seus representantes já terão orientações sobre o que dizer, como votar e como conduzir as discussões. As entidades de classe já terão sido manipuladas pela estrutura burocrática, com promessas de emprego, de liberação de empréstimos ou de recursos para o clube local, etc.

É verdade que alguns usarão a palavra de forma livre, atacarão o governo, exporão problemas que afligem o bairro e insistirão nas dificuldades efetivas que são vividas por aquela comunidade.

Todos ouvirão com ares de insatisfação, com incontida impaciência, e torcerão para que a palavra seja rapidamente esvaziada. Serão desqualificados através de sons de inconformidade e de repúdio, com manifestações de desconforto, de mudança de lugares, de movimentação inconveniente, e, ao final, só não soarão apupos se a autoridade presidente tiver condições de conter as manifestações de insatisfação.

Ao final será tomada a decisão que já tiver sido decidida pela estrutura governamental. Será a realização de uma despesa qualquer sem que coincida fatalmente com aquela que a comunidade deseja.

A manipulação, a dominação, que ocorre no espaço público advirá de predisposição de atitudes governamentais já tomadas com antecedência.

Em suma: a decisão sobre a despesa pública já estará decidida com antecipação. Estará viciada em todo o processo de colheita de opiniões, que serão divergentes apenas para satisfação de algum preceito legal. A lei será aplicada. Bem perto do que Agamben[129]

129 *Homo sacer*.

chama de "lei sem conteúdo" ou vazia dele. Sua incidência ocorrerá em sua plenitude. Só que a manipulação precedente significará a total ausência de legitimidade. Será legal o ato, revestindo-se de todas as formalidades exigidas. No entanto, faltará legitimidade, isto é, o consenso efetivo da população.

O resultado final será a existência e a ocorrência de vício de essência.

Não nos enganemos facilmente.

Uma coisa é estudarmos o gasto público em sua plenitude legislativa. Primeiro a Constituição da República, com todas as suas disposições, regras, incisos, alíneas, etc. Outra coisa é o pulsar efetivo das ruas.

A decisão do gasto não pertencerá, pois, daquele a quem a ordem jurídica atribuiu legitimidade, e que deve ser o principal ator do jogo jurídico, que é a população. Esta vê-se afastada do jogo real, limitando-se a participar como ator secundário. Apenas comparece ao estádio para aplaudir ou vaiar (nesta última hipótese, se for orientado a fazê-lo). Jamais participa do jogo.

Em suma: a ideia do espaço público como ponto central da produção de discussão que possa conduzir a uma decisão calcada na legitimidade (não na legalidade) do gasto público esvazia-se. A manipulação, o controle da palavra, as manifestações de assentimento ou de discordância, tudo leva a uma decisão diversa daquela que deveria ser a efetiva vontade da população.

A maioria dos brasileiros não está minimamente qualificada a decidir sobre seus próprios interesses. Convém que as verbas da educação não cheguem a seu destino, porque os pequenos podem adquirir consciência política e passar a ter condições intelectuais de questionar a doutrina governamental. Não convém, pois, que haja educação de primeiro mundo, porque as massas continuarão a ser dóceis para manobra dos detentores do poder.

A estrutura do Estado anestesia de tal sorte a opinião das pessoas que a sociedade passa a aceitar a opinião da classe que domina como sendo a sua. Ela encampa os valores dos dominadores e age de acordo com eles.

Não se está tentando conduzir o raciocínio para que o governo democrático não seja o melhor. Ledo engano de quem chegar a conclusões apressadas. É que a decisão da multidão ainda é a melhor. A verdade não pode estar nas mãos de um só, que caracterizaria a Monarquia ou a tirania, nem nas mãos de uma elite poderosa e dominadora, que identificaria a Aristocracia. A massa pode e deve ser consultada. No entanto, sabidamente, não está preparada, e serve de massa de manobra para os que detêm o poder.

O que importa é que possa haver maior e melhor distribuição das receitas públicas em benefício das populações de baixa renda, para que aos poucos, e ao longo de décadas, possam compreender melhor e participar das soluções políticas, opinando e exigindo dos governantes aquilo que é delas.

Vê-se, pois, que a utilização dos espaços públicos não é a melhor forma de aferir a vontade da população. É caminho sedutor, mas lamentavelmente dominado por elites interessadas em manter a estrutura de dominação.

15.12.19 A decisão formada à luz do marxismo

A doutrina de Marx é muito útil na discussão da deliberação sobre o gasto público. Contém inúmeros pontos em que pode ser aproveitada, com bastante fundamento, pela população.

Vejamos. A tese fundamental do marxismo é a existência de uma estrutura econômica que servirá de base para que ocorram todos os fenômenos na superestrutura. Nela ocorrem as relações de produção e da força de trabalho, base da teoria. Na produção existem os meios que a propiciam. Daí, temos a propriedade, bem como todos os instrumentos que estão envolvidos na produção.

Toda superestrutura está municiada e é informada pela infraestrutura no marxismo tradicional, embora tal ideia sofra críticas e mitigações pelos autores que sobre ela se debruçaram. Na superestrutura está a sociedade em todas suas dimensões, a saber: o Direito, a religião e todas as instituições. Na posição clássica é inadmissível pensar a superestrutura sem ter, antes, conhecimento do que se passa na infraestrutura.

Ora, se tudo se concentra na luta de dominação de classes (hoje poderíamos modernizar a linguagem e dizer que se passa na luta de grupos que se manifestam em termos de dominação, tais como partidos políticos, entidades religiosas, grupos acadêmicos, etc.), a análise recai sobre os bens produzidos e sobre a exploração dos dominados.

Por consequência, quando se vai decidir o gasto público, é imprescindível saber quem quer dominar quem. Se é o partido político "A" que está com o domínio do poder, ele destinará recursos apenas e tão somente para os que com ele forem alinhados. Eventualmente poderá atender a determinadas situações específicas, exclusivamente para justificar a continuidade do gasto com os que lhe são fiéis. É que importa não deixar que a dominação transpareça. A violência física é a maior das violências. No entanto, pode-se praticá-la mediante disfarce, ou seja, com forte crítica a alguém ou a alguma empresa, deslegitimando-a.

Se o prefeito de determinado Município é alinhado com o governador, evidente está que a maior parte dos recursos a ele será destinada. Claro que não se pode abandonar o prefeito de facção contrária, porque estará óbvia a violência. Imprescindível, então, que a ele seja também destinado algum recurso, mas em menor quantidade.

Os recursos se destinarão, então, de acordo com a coloração política do agente. Isto influencia fortemente quando da deliberação do gasto.

Diga-se o mesmo da liberação de verbas parlamentares. Os deputados da mesma agremiação política do governador ou do presidente serão os maiores beneficiados. Basta que se levantem os dados dos Ministérios ou das Secretarias para saber quem foram os maiores beneficiados.

Será que estamos falando alguma inverdade? Será que não estamos sendo fiéis com o que se passa na realidade?

A orientação marxista nestas hipóteses tem óbvio fundamento, isto é, a infraestrutura econômica está influenciando a superestrutura e vice-versa. Aqui, avançamos na moderna orientação do marxismo, acolhendo, inclusive, posições mais recentes sobre o tema. A vinculação política estará servindo de base para que haja a movimentação do processo de produção.

A ideologia está presente, influenciando toda a movimentação econômica. Os fatores de produção conduzem ao tratamento diversificado na superestrutura.

15.12.20 A mentira da proibição de despesas com as religiões

O inciso I do art. 19 da CF prescreve que não pode o Estado estabelecer cultos religiosos ou igrejas nem embaraçar-lhes o funcionamento, e muito menos manter com eles ou com seus representantes relações de dependência ou aliança. Vedado é, expressamente, subvencioná-los. O mesmo dispositivo contém uma ressalva, segundo a qual é permitida a "colaboração de interesse público".

Claramente, é vedada qualquer indicação de financiamento, de previsão de receitas orçamentárias que possam beneficiar cultos religiosos ou igrejas. Tal previsão proibitiva significa que não se pode, por qualquer forma, subvencioná-los. No entanto, é possível a colaboração de interesse público.

O intérprete fica pasmo com a redação do texto. Mas evitemos analisá-lo. O que nos interessa é a vida real, e, pois, vamos saber como as coisas se passam na intimidade das igrejas e seu relacionamento com os agentes públicos encarregados de despesa ou que possam, por qualquer forma, influenciar para que recursos possam ser a elas destinados.

É bastante comum que os recursos provindos por meio de emendas sejam destinados à igreja através de interposta pessoa ou que venham através de patrocínio.

Descabe qualquer ajuda financeira a qualquer igreja, de qualquer culto. Mesmo porque magia e religião se confundem. Como anota Ernst Cassirer, "o fracasso e o colapso da magia pavimentaram o caminho para a religião. A magia teve de cair para que a religião pudesse ascender".[130] Ocorre que não há diferença substancial entre ambas. No mito há sempre um ato de crença. O mito interpreta a vida. Seu caráter social é evidente. É produto da emoção. "Não há qualquer diferença radical entre o pensamento mítico e o religioso."[131] Cassirer garante que "o mito é a religião em potencial".[132] Para ambos o fundamento é o sentimento de dependência do homem em relação ao divino.

Criam-se organizações não governamentais/ONGs ou associações vinculadas às igrejas e a elas é remetido o dinheiro através de emendas parlamentares. Verdadeira dissimulação, até criminosa, de desvio de recursos.

Pensamos que magia é fruto de sentimentos grosseiros e mais afetos às classes mais pobres; a religião é fruto da razão, dizem alguns (o que não se pode levar a sério). Ambos, mito e religião, trazem ínsitas uma antropologia e uma cosmologia. Buscam explicações transcendentais.

---

130 CASSIRER, Ernst. *O mito do Estado*. São Paulo: Codex, 2003, p. 155.

131 *Idem*, p. 145.

132 *Idem*, p. 146.

15.12.21 A linguagem como protagonista da despesa. Relativização do princípio da igualdade

Entende Ernst Cassirer que a diferença entre o homem e o animal decorre do conhecimento dos símbolos: "A diferença entre a *linguagem proposicional* e a *linguagem emocional* é a verdadeira fronteira entre o mundo humano e o mundo animal".[133]

Esqueçamos a linguagem como integrante da estrutura gramatical de determinada língua. Não é isto que nos serve de análise.

O que vai nos interessar é a linguagem enquanto transmissora de mensagens. É o vínculo entre o "eu" e o "outro". Embora a linguagem seja utilizada nos pensamentos, o normal é que ela sirva de veículo de comunicação com os outros. Na medida em que transmitimos alguma mensagem, também recebemos mensagens. A interação faz-se por meio da linguagem.

Ocorre que os vocábulos utilizados irão ter diversa carga emotiva ou persuasiva, de acordo com o que se pretende transmitir e dentro da situação comunicativa temporal.

Nem sempre a comunicação é simétrica. As partes podem estar – e normalmente estão – em situação de desequilíbrio. Por exemplo, se o comunicante for uma pessoa rica ou tiver consagração social e o discurso for dirigido a uma pessoa pobre ou que não tenha referida consagração, a mensagem é assimétrica. É o que normalmente ocorre. A carga valorativa produzirá determinado efeito, o que envolverá, em termos de despesa pública, consequências sérias.

Imaginemos que haja um pedido de designação de guardas metropolitanos para fiscalizar uma praça pública ou uma creche. Dependendo da situação da comunicação (podemos cogitar de um espaço na periferia de grande cidade) a despesa nunca ocorrerá, por mais insistência que haja. É que os comunicadores não terão qualificação social ou o desequilíbrio da situação fica patente.

A valoração dependerá, no mais das vezes, da situação comunicacional, do pertencimento a determinada comunidade, da identidade social, etc.

Daí a relativização do princípio de que "todos são iguais perante a lei". É que nem são iguais física ou mentalmente, nem são iguais socialmente, e muito menos no discurso jurídico. Diz-se, para amenizar a desqualificação do princípio da igualdade, que não se realiza no campo físico, mas sim no campo jurídico. Nem no terreno das oportunidades. Isto é, não há igualdade em relação ao gasto público.

É neste sentido que se fala no *princípio da capacidade receptiva*, isto é, a imposição normativa há que estar na dicção da norma constitucional ou legal. Caso contrário ela jamais se realizará.

É verdade que no discurso político e também no social pode haver identidade de comunicação. No entanto, ela será sempre assimétrica, colocando os comunicadores em posição de desigualdade.

A linguagem integra um conjunto de convenção social presente em todas as comunidades. Ocorre que, dependendo da sua intensidade ou de sua fragilidade, a comunicação não chega ou é débil. Ela só pode ser compreendida no interior da

---

[133] CASSIRER, Ernst. *Ensaio sobre o homem*. São Paulo: Martins Fontes, 2005, p. 55.

sociedade. Ademais, os signos nunca são estáticos. Dependem das situações concretas em que está o emissor.

Ademais, a linguagem também é instrumento de dominação. Como já dissemos, depende da situação concreta em que os valores vão impregnar as palavras, de a transmissão atingir ou não determinados receptores. A força da comunicação estará vinculada à situação comunicacional em que se encontram as pessoas.

Ora, num espaço público posso afirmar que as pretensões da população serão levadas em conta pelo governo. Evidente que o governo democrático terá que atender àquelas reivindicações ali colocadas. Que há maior boa vontade na solução daquilo que a comunidade necessita. Como diria Shakespeare: "words... words, words". Nada mais que palavras. A comunidade sairá da reunião amortecida pela transmissão débil da mensagem, suporá estar sendo atendida e ficará, tempos depois, frustrada, porque nada acontecerá.

Promessas que contêm ínsita a dominação. Eventualmente, diante da necessidade de muitas moradias populares, promete-se o atendimento das postulações e se projetam apenas algumas casas. Haverá a neutralização da resistência, e a despesa será muito menor do que a pretendida.

Em suma, a linguagem pode se constituir em forte instrumento de dominação da população e fundamentar promessas de despesa que jamais serão cumpridas.

Como a linguagem é relacional e interativa, é importante uma análise sobre o outro.

15.12.22 O direito financeiro e o outro. As indagações filosóficas iniciais

As indagações filosóficas começaram, no mundo ocidental, pelo cosmos. Os gregos preocuparam-se em indagar de seu início, de sua essência (de que era feito, de água, ar, fogo?), de como era feito, etc. O homem de então olhava para cima e via um enorme infinito. Vastas luzes piscando e correndo pelo céu, sem que pudesse encontrar qualquer explicação para tais fenômenos.

Demócrito viu o átomo. Heráclito, o movimento. Parmênides, a estagnação. Outros discutiram a matéria. Como é feita? Para que serve?

O mundo era perceptível e feito para que fosse utilizado e aproveitado. Os deuses conviviam com os humanos. Tinham filhos juntos. Dialogavam, conversavam. Eram antropomórficos.

Preocuparam-se também com o comportamento humano. Platão retratou tudo em seus *Diálogos*. Questionou a coragem, o amor, o conhecimento, o mundo.

Com o advento do cristianismo e com a divulgação dos relatos paulinos, os comentaristas divisaram a existência de um mundo extraterreno e nela viram uma segunda vida. Para não se enojarem com esta, passaram a crer na existência de um único deus, que prometia uma vida futura e boa para quem seguisse determinados mandamentos (ética).

Já não era este mundo o objeto do conhecimento. Era outro. Transcendental. Um mundo inacessível pelo conhecimento, mas apenas pela fé. Não adiantava querer conhecê-lo. Bastava a crença em sua existência. O conhecimento esbarrava em dogmas. Tudo estava escrito.

15.12.23 O pensamento cristão

Os filósofos que se debruçaram sobre a doutrina cristã passaram a não mais discutir a causa das coisas. A causa era uma só. Tudo provinha de um deus. Ele deliberava sobre tudo e sobre todos. Era o dono da vida e da morte. Era onisciente e onipotente. Todos deviam-lhe irrestrita obediência. Questionamentos não eram permitidos. A obediência era o mandamento primeiro. De pouco adiantava o questionamento, se tudo já estava determinado.

Com a predominância da Igreja Católica durante toda a Idade Média houve um obscurantismo no pensamento.

Desnecessário pensar, porque tudo estava pronto.

O pensamento cristão funda-se, essencialmente, em um sentimento, que é o amor. Este se desenvolve por tratar os outros como a nós mesmos. Em Mateus vemos que Jesus foi posto à prova sobre qual seria o maior mandamento da lei. Jesus respondeu: "Amarás o Senhor teu Deus de todo teu coração, de toda tua alma e de todo teu espírito" (Deut. 6:5). Questionado sobre qual seria o segundo mandamento prioritário, respondeu: "Amarás teu próximo como a ti mesmo" (Lev. 19:18). Por fim, disse: "Desses dois mandamentos dependem toda a lei e os profetas" (Mateus, 22:34-40).

O amor de si próprio está afastado. O pensamento cristão envolve, efetivamente, o relacionamento com as pessoas. É inafastável disso. Logo, o outro entra diretamente como fim da ação cristã.

15.12.24 O pensamento racional

O homem começa a se indagar com Descartes. O *cogito* era o único conhecimento possível. Coloca tudo em dúvida. Posso ser objeto de um deus brincalhão que me ilude. O conhecimento empírico é ilusório. Não tenho certeza de que conheço as coisas. As indagações cartesianas levaram o homem a pensar. A única coisa de que não posso duvidar é que existo. Se existo, penso; se penso, existo.

De outro lado, se o homem é finito, e posso pensar o infinito, deus existe, porque só um ser perfeito pode admitir que eu, imperfeito, pense nele. Assim, conclui Descartes, só tenho certeza de duas coisas, o eu e deus.

Como sua preocupação, o homem passou a pensar em si. O objeto do conhecimento passou a ser o eu. Evidente que deus continuou a ser objeto de indagações, porque passou a existir para muito mais pessoas, e, pois, a crença se generalizou. Não só o deus cristão, mas outros deuses de outras religiões passaram a ter existência no inconsciente das pessoas, e, pois, passaram a ser um objeto de fé. Não de conhecimento.

Ora, o pensamento racional objetiva filtrar ou controlar todos os instintos. A razão funcionaria como instrumento de "julgamento" entre os diversos sentimentos que colidem.

Diante disso, a decisão na escolha de onde serão alocados recursos para atender às diversas necessidades públicas passa por um processo racional de opção. O conhecimento sensível ou empírico seria o primeiro contato com o consciente. Este, após as opções desenhadas, escolhe a melhor solução dentro das possibilidades apresentadas.

Daí o permanente acerto. A razão ouve os sentimentos, divisa as finalidades a serem atingidas e escolhe a opção mais adequada.

Nessa hipótese, a decisão sobre o gasto sempre vem respaldada por escolhas corretas. Se há necessidade de compra de carteiras para determinada escola, ao invés de reforma das atualmente existentes, o processo passa por uma verificação efetiva das vantagens e desvantagens que a situação apresenta, e a escolha será certa. O gasto, então, guardará estreita relação de compatibilidade com a razão e a escolha.

As decisões, então, não prescindem do conhecimento empírico, mas é a razão que faz o processo de escolha, e, pois, o recurso a ser despendido será o que irá atender à finalidade pública prevista no ordenamento normativo.

Claro que tal tipo de procedimento entra em confronto com a escolha movida pelos instintos.

15.12.25 O pensamento psicanalítico e o "eu"

Com as lições de Freud e da Psicanálise, o "eu" passou a não ser apenas uma coisa. Uma instância meditativa, mas um ser em confronto consigo próprio. Não era só um "eu". Freud nos ensina que há três "eus". Um que é o inconsciente, aquele que está em permanente ebulição. Sujeito passivo de afetos. Refém de pulsões. Não pode se controlar e entra em confrontou com outro "eu", o denominado "ego", que fica esticado entre as pulsões do "id" e a repressão do mundo. O "ego" sofre bastante. O "ego" busca deter o "id" que está em permanente disputa interna e, ainda mais, sofre a censura do "superego".

Freud e a Psicanálise despertam o conhecimento para o interior dos homens. Não se esquece, no entanto, de que o "eu" vive em sociedade, e nela é que deve conviver. Volta ao *nosce te ipsum*, isto é, "conhece-te a ti mesmo", socrático. Sei que nada sei. Há a angústia da ignorância e de estar em um mundo sem explicações e soluções.

A partir daí, o homem descobre que entra em contato com outros homens. Sabe que não está só no Universo. Existem outros "eus" que se relacionam. A Sociologia detecta que o homem é um ser social. Convive com outros. Descobre o outro.

Durante toda a história do Universo os homens entram em confronto. O homem parece ter um instinto natural para o conflito. É bélico. Hobbes dirá isto com todas as letras. Talvez não por instinto, mas porque se sente ameaçado.

É curioso como o homem só no Universo é um ser angustiado por não ter o que fazer. O outro vai servir de convivente. No entanto, ao mesmo tempo em que nascem interesses comuns, que podem partilhar, nascem interesses conflitantes. Se desejo construir uma casa, por exemplo, preciso do outro. No entanto, feita a casa, quem nela estará? Eu ou o outro? É fatal que irá ocorrer um conflito sobre os denominados bens da vida.

Referida forma de pensar entra em confronto com o raciocínio racional dedutivo ou indutivo. Uma coisa é a escolha racional que filtra as pulsões. Outra é a solução tomada independentemente da razão. Os sentimentos entram em conflito no interior do sujeito, e quando brota a decisão ela é fundamentada apenas neles.

Por consequência, é essencial que a decisão seja tomada quando a pessoa estiver livre de pressões ou de desejos que afloram a todo instante.

A decisão tomada poderá ser altamente prejudicial aos interesses públicos. É que sentimentos ruins poderão brotar no consciente do sujeito e impulsionar uma solução negativa.

Uma despesa que envolva, por exemplo, a construção de casa popular. Se o agente público mancomunado com o empresário quer uma solução que lhes vá render grande vantagem pecuniária, empregará na construção material de péssima qualidade. O futuro proprietário (pobre, com certeza) receberá sua casa, realizará o sonho de sua vida. Só que o sonho durará pouco, porque, embora a entrega do imóvel ocorra com grande pompa, em pouco tempo a casa se deteriorará.

O que era um sonho passa a ser um pesadelo. Prevaleceu o instinto ruim, a iludir o cidadão que confiou no agente público.

Não é só um a ser iludido, mas muitos. Daí o surgimento do plural.

15.12.26 O aparecimento do "nós"

O "nós" não é o plural do "eu. O "nós" é uma soma de outros "eus" que irão disputar o mesmo lugar no mundo.

Nasce a sociedade de massa, e o "nós" desaparece nela. O "eu" identificado com o ser está tranquilo, ainda que possa ter problemas vivenciais. No entanto, quando entra em contato com o "eu", tem que renunciar a uma série de direitos que poderia exercer. Desde que irá contatar o outro, já não será o mesmo "eu", mas o "eu" com uma série de restrições em seu comportamento. Poderá juntar-se a outro "eu", para viverem juntos. No entanto, cada um manterá sua identidade.

Quando nasce a massa, o homem nela se dilui. Torna-se um anônimo. Um ponto obscuro no Universo. Poucos sobrevivem e adquirem identidade.

Na massa há a indiferença pelo outro. Daí nascerem as grandes guerras e todos os sacrifícios que nelas foram praticados (campos de concentração, remoção de populações inteiras, crimes étnicos, perseguições de homossexuais, de ciganos, negros e judeus). Assemelha-se ao fato do bêbado que se aproxima de uma casa em chamas e indaga se pode nelas acender seu cigarro. É a perda da consciência social e a banalização da violência, no dizer de Arendt.

Daí o renascimento do outro. Preciso procurá-lo, para que possamos conviver. "Eu" sozinho nada sou. O eu consciente em busca do outro.

A criança também passa por fases parecidas às da Humanidade. Primeiramente, tem seu conhecimento fragmentado, porque ainda não adquiriu identidade. Posteriormente vê-se no espelho e adquire a consciência do "eu". Depois, vê seu igual e nele busca sua projeção. A seguir, vê seu diferente, ou seja, o outro sexo, e vai à sua procura. A criança vai depender do outro. Inicialmente na fase de alimentação, depois no andar, na fala, etc. Por fim, descobre o outro.

Todos passam por tais fases, até a descoberta e a busca do outro. Na massa o anônimo desaparece. É um a mais. É um ser ignorado e ignorante. Pode até buscar conhecer-se, mas se perde em indagações desnecessárias e inúteis, voltando a se consumir.

O homem sozinho não é nada. Busca a si próprio e não se acha, seja pela perda da identidade, seja por não poder conhecer todo seu interior. O "id" é objeto de análise profunda de toda a Psicanálise, e há um ponto obscuro e indevassável ao conhecimento humano. É que o mundo das paixões é incognoscível em toda sua inteireza.

O homem na massa é um a mais e inconsciente de toda sua pujança, seja em sentimentos e afetos, seja em participação na orientação de sua vida e na interferência dos outros.

Busca a sociedade. Busca sua identificação. Busca seus iguais. Busca sentimentos comuns. Busca o outro que lhe seja igual. O narcisismo compreende a busca, no outro, de caracteres próprios. O problema ocorre quando o outro é outro. Enquanto busco nele minha identidade e procuro imprimir no outro minhas características, estou sendo egoísta. Quero refletir-me, qual narciso diante do espelho de água, em outra figura. Quando não me encontro no outro, dele me afasto.

Nos relacionamentos afetivos isto é comum.

O "nós" é mais fácil de ser ludibriado. O discurso do político não objetiva alcançar alguém, mas um grande número de pessoas. Ele tem que buscar a palavra fácil para ludibriar o maior número. Daí as promessas.

"Faremos deste um grande país"; "Vamos construir casas para todos"; "Todos receberão educação adequada". Tais frases são muito utilizadas, porque, como o político precisa de votos, usa sempre expressões majestáticas, de grande sabor popular, o que ilude, ao menos durante algum tempo, boa parte de segmentos da população.

Ainda que possa não parecer, a promessa coletiva é mais fácil. Imaginemos que 500 famílias precisem de casa própria (popular, evidentemente). O político consegue a construção de 50 casas. Apenas 10% serão atendidos. No entanto, o fato político (entrega das casas) cria uma expectativa no coletivo e amortece as demais reivindicações.

A bolha de pressão foi esvaziada. Novas pretensões aparecerão para obrigar novas despesas. No entanto, houve protelação no tempo. O que imuniza reivindicações idênticas.

O coletivo (o "nós") só se revolta quando a situação se torna insuportável. Necessita-se forte consciência política para movimentar a massa. No mais, ela se submete a novas promessas...

15.12.27 Os conflitos do "nós"

Em toda aproximação humana há a explicitação narcísica, isto é, o objetivo da dominação. Longe de nós a ideia romântica do nascimento da sociedade e do Estado em termos de um pacto à maneira de Hobbes e Locke. Jamais houve determinado momento histórico em que todos se sentaram à beira de um fogo amigo para discutir como iriam suportar a vida através de pacto de segurança entre eles. Hobbes tem razão no precedente, qual seja: ao discutir o "homem" no primeiro capítulo do *Leviatã* asseverou que há um instinto de dominação sempre presente. A belicosidade era até natural, uma vez que as tribos lutavam pelo espaço próximo à água, bons lugares de defesa, caça farta de animais ou de produtos agrícolas que pudessem obter de forma mais tranquila.

Ocorre – acrescenta – que surge o conflito em torno de lugares, em torno de caça, em torno de mulheres, em torno da necessidade de mão escrava para trabalhos mais complexos. Com o surgimento de armas ainda rudimentares, com a complexidade da vida que passa a ser vivida, isto é, com a necessidade de alimentação da tribo, tudo se complica. O ser responsável pela horda passa a sentir-se impotente sozinho. Outros o auxiliam. Lutam contra terceiros. Dominam. É necessário, inclusive, alimentar os prisioneiros. É preciso mais mão de obra. Mais homens e mulheres copulando, o que significa o crescimento etário da tribo.

Uma tribo busca dominar a outra. Buscam estabilizar-se em determinados pontos em que são mais fáceis a defesa e, eventualmente, água farta, facilidade de caça e de fuga. Começam a nascer estratégias de vida.

Daí a afirmação de que os homens estão em constante e permanente guerra. Uns buscam dominar os outros. Estamos falando do mundo originário. No entanto, com o passar dos tempos nada mudou. Alteraram-se os modos da guerra, as formas de luta, as táticas, etc. Mas, a essência é a mesma.

O homem em estado de natureza estava em conflito. Quando se une em tribos o confronto persiste. Com o nascimento das cidades, os homens passam a ser mais organizados, mas as lutas estão sempre presentes. Com o Estado, que nasce sempre por força de dominação, as guerras nascem e prosseguem, mas não terminam.

A vida é um eterno combate. Sempre inglório. É uma guerra interna, para entender-se. É guerra com o outro e é também guerra com todos.

Como se vê, não só a vida em sociedade depende de um acalmar das paixões, como também a instituição do Estado. A convivência social decorre de uma abstenção de força. Dir-se-á que surgiu um pacto entre os viventes. Não me parece assim. Em verdade, acalmam-se os conflitos por força do domínio em que um grupo ou uma pessoa submete os demais. Alguém mais forte domina e traça as regras de seu império. Nasce o *pactum subjectionis*, isto é, o pacto de submissão a determinada pessoa (Monarquia) ou a um grupo (Aristocracia).

De início, alguém ou um grupo traça as regras sob as quais exercerá seu domínio. Permite que as pessoas se comportem de determinada maneira, impondo condutas exigíveis. Jamais admitirá que alguém divirja ou se levante contra suas ordens (não se admite a insurreição). Deve haver obediência.

Mesmo quando todos podem escolher seus governantes há a dominação. As regras são impostas pelo grupo que as edita. A democracia outra coisa não significa senão a violência disfarçada em seu mais alto grau. No entanto, um grupo é que manda. Outro ou outros obedecem.

O Estado não nasce, pois, da romântica ideia de um pacto em que todos concordam em abrir mão de determinados direitos (que não se sabe quais são) em prol da conformidade social. Hobbes entende que, se o homem se sujeitou ao pacto, dele não pode sair e contra ele não pode se voltar. Locke, pai do liberalismo, afirma que a sujeição ao pacto mantém inteiros seus direitos, os mesmos que possuía quando homem da natureza, isto é, propriedade, vida e liberdade.

Rawls reafirma o pacto, mas de forma diferente, isto é, sob o véu de ignorância, a significar que as pessoas não sabiam, exatamente, quais os direitos que entregavam à coletividade. Sustenta, no entanto, que a entrega à coletividade ocorreu não apenas dos direitos que entende justos, mas também da justa partilha dos bens aos mais necessitados.

Entendo que o pacto não existiu. Pode-se falar em um pacto de sujeição, mas sem que as pessoas tivessem deliberado a respeito e abrindo mão de seus direitos. Estes não existiam no estado de natureza. O que havia no estado de natureza era o comportamento emocional e o exercício da força. Só.

Com a dominação de um pelo outro nasce a sociedade. Podemos entender por sociedade a existência de um agrupamento de interesses comuns. Evidente que ela se organiza. Alguém sempre assume o cuidado com os interesses comuns. Nasce aí o líder, não o chefe de Estado. Na sociedade, aquele que busca cuidar dos interesses comuns tem seus sentimentos mais controlados. Apenas isso.

Com a estrutura do Estado que nasce, como se viu, da dominação de um ou de alguns sobre outros, cabe ao primeiro impor suas regras. Dirá como será a vida em comunidade (não por pacto, mas por imposição), quais serão as regras de convivência, quais as obrigações de cada um. Pode até instaurar normas de diversos tipos para obediência diferente. Não há a igualdade como a concebemos. Há privilégios aos grupos dominantes.

Será que não foi assim que se passou na Idade Média? Será que não é assim que se passa na história da Igreja Católica? Será que não foi assim nos baronatos, nos reinados de outrora? Como nasce a nobreza, senão por ordens superiores? Como surge a obediência, senão pelo medo?

O medo deve ser mais bem estudado por todos, psicólogos, sociólogos e juristas. Na Psicologia é o sentimento que domina os outros impulsos. As pulsões surgem em conjunto e, pois, não há liberdade na decisão interna. Um sentimento domina o outro. Na sociedade o medo predomina no comportamento humano em confronto com outros seres. E no Direito o medo importa restrição à conduta, por receio da sanção.

Em tal estrutura, como a vimos mencionando, sobressai a figura do outro. O outro, e não o Estado, é que vai pautar nossa conduta. Enquanto estamos fazendo autoanálise, apenas estamos procurando nos dominar (vã pretensão!). Quando cuidamos do Estado, temos toda uma concentração de normas que nos impedem de agir, sob pena de punição.

O que nos resta é o outro. Nele é que vamos buscar nossos limites, nossa afeição e nossa responsabilidade. Há como que uma roda gizada ou uma luz imaginária que traça nossos limites em relação ao outro. É o outro que dará nossa dimensão. Evidente está que as normas de comportamento traçadas pelo Estado e pela Ética nos levam à restrição de condutas.

É a repressão, sem dúvida, que nos impõe os limites. O Estado fixou as regras restritivas. No entanto, é o outro, sua visão, que nos dá a dimensão da sanção. É o conhecimento que tenho do outro, de sua só existência, que irá impor o comportamento adequado. Se o outro é mulher, os sentimentos serão mais leves; se homem, há as garras que devo mostrar. Se criança, a simpatia se sobrepõe.

O outro é sempre um indivíduo. Pouco importa quem. Homem ou mulher, criança ou adulto. O outro é o meu limite. Abstraímos o Estado. Pensamos apenas na alteridade. Na intersubjetividade. Como dizia Rimbaud, "o outro é eu". Não em união de corpos. Não é disso que se fala. Também disto. Mas a ambição do relacionamento é maior. É o outro o indivíduo. Não identificado. Pouco importa quem seja. Sem nome.

A regra de comportamento pode estar escrita. As sanções também. Mas não se pensa nisto, agora. O que vale é o relacionamento que mistura medo com dominação.

De lado a lado. Um não quer que o outro invada seus limites. O outro pensa o mesmo. Ambos se respeitam.

Se os limites são obedecidos, há apenas convivência social. Passeiam, trocam ideias, casam-se, convivem, brigam, mas tudo se conforma entre eles. Independentemente do Estado. Este não conta. Os exemplos se multiplicam quando penso no relacionamento comercial. Contratos adimplidos, palavras mantidas, pagamentos efetuados, tudo é pacífico e sem contraste.

Há o respeito pelo outro e reciprocamente as pretensões se acalmam e se resolvem.

Posso ser indiferente ao outro. Ele pode existir, estar a meu lado, e eu o ignoro. É a anomia. Dele não tomo conhecimento. Ele leva sua vida e eu a minha. Cada um dentro de seu mundinho autista. Cada qual com sua viola debaixo do braço. É o relacionamento indiferente. O outro existe e sei de sua presença. Só que a desconheço.

O Direito existe, pois, na forma de sanção, para disciplinar meu comportamento com o outro. É dele que me devo ocupar. É ele que pode ultrapassar a linha demarcada de cada conduta. É seu rosto que está vivo, e sempre disposto a estender seus braços para me abraçar. É dele que provém a pretensão de domínio. É com ele que devo acertar contas. É com ele que tenho que conviver. É dele que tenho medo.

O procedimento a regular nossas condutas está escrito ou é convencional. Em verdade, não há como ultrapassar os limites traçados. Mas quem os traça? Quem domina. Não há nem houve qualquer pacto, seja na imagem hobbesiana, seja na de Rawls. Podemos admitir que em determinado momento histórico, apenas como imagem, nasceu uma convenção rotulada de pacto que disciplina a convivência social. A partir daí deixou de existir a sociedade e passou a existir o Estado. Ambos se separam. Tocam-se, mas não se misturam. Um é poder que busca incessantemente sua presa. Outra (a sociedade) é que pensa disciplinar sua vida em comum, mas é dominada pelo Estado.

15.12.28 O "outro" e a sociedade

Sociedade e Estado, hoje, são noções antitéticas. A sociedade é onde se passam todas as coisas, o comércio, as negociações, a indústria, os casamentos, os relacionamentos de toda ordem, as construções, etc. O Estado é que traça as regras para que tudo seja possível. O governante disciplina o funcionamento da sociedade. Dentro do possível, domina-a de forma contundente. A sociedade por vezes busca alterar as regras do jogo, para sair do sufoco estatal. Poucas vezes consegue.

De vez em quando torna-se insustentável o modo de ser do governo e entra em confronto com a sociedade. Esta, então, se mobiliza (1968 na França é bastante elucidador do que se diz) e busca caminhos para reformar o Estado. Este em algumas vezes é superado. Não mais tem como atender à sociedade ou se torna corrupto a ponto de ter que cessar. Como exemplo temos inúmeras ditaduras no Continente africano e algumas na América do Sul.

Este confronto irá refletir-se no relacionamento do "eu" com o "outro".

O comportamento social reflete sempre determinado momento histórico e certo tipo de Estado e de sociedade. Há que se buscar, todas as vezes, a característica da dominação. Como veio e de que forma se exerce. A sociedade cubana sob Fidel e Raul é massacrada pelo controle policial, tal como sucedera em inúmeros outros países do Leste europeu e da América latina.

As normas processuais e procedimentais irão disciplinar o "eu" e o "outro" quando houver o confronto. Viu-se a anomia e a indiferença, bem como a autocomposição das lides. Até aí, respeito o outro e respeito é recíproco.

Na sociedade, irrelevantes as normas jurídicas, tenho que manter, diariamente, o relacionamento com o outro. Não estou pensando na sociedade de massas. Estas são ignaras e irrelevantes. Somente se movimentam quando, por força do inconsciente coletivo, conseguem ser movimentadas. Vira, então, a turba. Esta é insensata. É plural e inconsequente. É emotiva. Impulsiva. Violenta, dependendo dos motivos que a levam a se movimentar.

15.12.29 O "outro" e o Direito

O "outro", como já disse, é o indivíduo. A alteridade reflete-se nas normas que traçamos, nós mesmos, como exigências de convivência. Irrelevantes as normas do Estado. Retorna-se ao estado de natureza para saber que não podemos agredir nem queremos ser agredidos. Temos medo comum. De atacar e de ser atacado.

O limite do outro sou eu. Eu sou seu linde. Reciprocamente, não podemos quebrar pactos ou acordos. Não os que poderiam ter sido feitos na origem do Estado, mas aqueles traçados pelo olhar. É o caso do confronto que surge no ônibus quando dois compraram a mesma cadeira. Um a quer e o outro também. Não há norma de precedência na aquisição. Houve erro na emissão. Como solucionar o problema? A regra de convivência que traço nos limites do eu com o outro. Não do "nós", mas de um "eu" com outro "eu".

O Direito apresenta-se, assim, não em seu sentido subjetivo do "eu tenho o direito de". O Direito não é reflexivo. Só existe na alteridade. Logo, o "eu" não é fonte de todos os direitos. O direito não é editado para proteger o "eu". O direito subjetivo, em tal sentido, não existe. Quando se fala "eu tenho direito subjetivo a comprar, casar, adquirir, vender, etc.", não há direito subjetivo. O Direito nasce da norma em relação ao outro. Tenho o direito de comprar alguma coisa de outro, de casar com outra, de adquirir alguma coisa de alguém ou de vender algo para quem quiser comprar.

Neste passo, é mero rótulo que engloba uma série indeterminada de relações. Relações no sentido de intersubjetividade, de alteridade. Diferem de situações. Estas não se relacionam. O sujeito está sobranceiro ao contato com o outro. O "eu" gera uma infinidade de relações ou o "eu" não gera relação e não se esgota nelas. É a diferença que se faz entre poder e Direito. Aquele, embora ingresse divergência com o outro, não se esgota quando a divergência desaparece. No Direito as relações se exaurem e se evaporam. É o título de crédito que, solvido, deixa de existir como título exigível.

Em tal sentido, não se pode falar de direito subjetivo, nem de direito que advenha da norma pronta e em abstrato para ser utilizada. O Direito pressupõe o outro e o engloba em relações jurídicas múltiplas.

Diga-se o mesmo em todas as relações jurídicas (estamos pensando, até aqui, do relacionamento entre pessoas).

Meu direito esbarra no limite do direito do outro.

15.12.30 O preconceito e o outro. O homossexual

O preconceito significa a assunção de um estereótipo que nos é imposto. Defluindo de determinados ensinamentos morais, religiosos ou políticos, forma-se uma concepção provisória que significa afastar do alcance de tais ensinamentos determinados comportamentos ou pessoas.

São os preconceitos produtos de determinada época e da vida comum. Crer neles, em determinadas circunstâncias, é cômodo e nos garante de conflitos. Podem ser sociais, que viram tabu, e individuais, fruto do medo ou da mera acomodação racional. Claro que no mais das vezes advêm da classe dominante, que os institui porque lhe é conveniente para dominar. Como analisa Agnes Heller, "o fundamento dessa situação é evidente: as classes dominantes desejam manter a coesão de uma estrutura social que lhes beneficia e mobilizar em seu favor inclusive os homens que representam interesses diversos".[134]

Segundo Hannah Arendt, a função do preconceito "é poupar o indivíduo que julga da necessidade de se abrir e confrontar reflexivamente cada aspecto da realidade".[135] O preconceito prejulga dadas situações e protege a pessoa (o preconceituoso) de outras experiências da realidade. Não nos devemos fiar em visões meramente parciais de qualquer situação. Daí nasce o preconceito.

Daí o desprezo pelo outro. Vincula-se a determinado setor de onde emana o preconceito e esquece o outro, que é diferente de si.

Por aí é que se justifica não se querer aceitar o casal homossexual como dependente previdenciário, porque envolve despesa que poderia estar sendo utilizada em outro setor (família, por exemplo). De igual maneira, se resiste no reconhecimento da união estável para impedir que o patrimônio adquirido em comum possa ficar com o parceiro ao invés de se destinar à família daquele que morre.

O Estado pode ter, inclusive, interesse de que se reconheça herança jacente daquele que falece sem deixar herdeiros. Quanto mais daquele que já está estigmatizado pela sociedade.

A luta contra o preconceito envolve manifestações públicas que obrigam à realização de despesas, tais como a "passeata *gay*", com o deslocamento de policiais, veículos para organização e disciplina do passeio. Sobre o assunto recomendo a leitura do meu livro *Homossexualidade*.[136]

Os agentes políticos deslocam-se para o local onde a passeata se realiza, utilizando veículos públicos e todo o aparato de representação.

15.12.31 A despesa à luz do reconhecimento do outro. O orçamento participativo

É curiosa a análise a partir do fato de que a despesa pública se decide em conjunto, e não de forma individual. Nossos sentimentos egoísticos impedem que vejamos o outro como nosso igual, ao menos em sentido jurídico.

---

134 HELLER, Agnes. *O cotidiano e a história, op. cit.*, 8. ed. p. 77.

135 ARENDT, Hannah. *A promessa da política, op. cit.*, 2. ed. p. 155.

136 OLIVEIRA, Regis Fernandes de. *Homossexualidade*. 2. ed. São Paulo: RT, 2013.

Em primeiro lugar, a decisão sobre onde se gasta deve ser sempre coletiva. Mesmo em Municípios pequenos, em que o prefeito pode ter a veleidade de conhecer todo o território e todas as necessidades municipais para decidir sozinho, é imperioso que haja a influência ao menos de sua mulher, filhos e dos secretários. De qualquer maneira, alguém está junto dele.

O homem é fruto de seu meio. A cada contato com outras pessoas altera sua característica. Ao ouvir uma palestra pode mudar seu pensamento sobre determinado assunto. Ao ver uma determinada ação altruísta, por exemplo, pode por ela se influenciar e ter tocado seu coração. Enfim, o homem tem contato com outro todos os dias.

Nas decisões colhidas em reuniões convocadas para deliberar sobre as prioridades regionais é fundamental que o outro participe. Caso contrário a decisão será simplesmente unilateral. Deve haver ampla convocação de entidades, associações, sindicatos, representantes de classe, etc., todos juntos para deliberar sobre o gasto público. A ideia central do orçamento participativo é a integração com a comunidade e que a decisão deixe de ser autoritária para se tornar democrática.

Logo, é imprescindível que haja a maior divulgação possível para que a sociedade acorra ao local onde se discute o pré-orçamento e, a partir daí, levante as prioridades que devem ser levadas em conta. Após exaustão de debates em que as necessidades locais sejam expostas e discutidas, passa-se à colheita da escolha das prioridades. Pode a posição de cada setor ser levada em conta e, por fim, votada.

De se levar em conta a lição de Hannah Arendt quando escreve que "só se pode ver e experimentar o mundo tal como 'realmente' é entendendo-o como algo que é compartilhado por muitas pessoas, que está entre elas, que as separa e as une, revelando-se de modo diverso a cada uma, enfim, que só é compreensível na medida em que muitas pessoas possam falar *sobre ele* e trocar opiniões e perspectivas em mútua contraposição".[137]

No exato dizer de Hannah Arendt, o fundamento e o significado da política são a liberdade.[138] Se assim é, imprescindível que seja assegurada a palavra livre nas discussões que se travam para as escolhas das prioridades. É elemento essencial que deve estar presente nos debates.

15.12.32 Os bastidores. Mulheres (homens). Amantes. Filhos e parentes

Tanto quanto os agentes, secretários e auxiliares que estão próximos daqueles que podem efetuar o gasto público, algumas pessoas, em especial, podem influir nele. Fácil imaginar que um prefeito (ou prefeita) tenha uma (um) amante. Em maravilhosa noite de amor, o prefeito está se deliciando nos braços dela, e ela, caprichosa e carinhosa, reclama (pede) que sua rua seja asfaltada (que venha a iluminação ou providência semelhante). Não temos dúvida de que imediatamente será atendida. Observe-se que é a máquina administrativa à disposição de vícios privados que o agente político tenha.

Não podem ser desprezadas, de outro lado, as mulheres dos prefeitos ou os maridos das prefeitas (sabidamente, ex-prefeitos que têm seus direitos políticos suspensos elegem

---

137 ARENDT, Hannah. *A promessa da política, op. cit.*, 2. ed. p. 185.

138 *Idem*, p. 161.

suas mulheres para o exercício do cargo). Pela proximidade que têm, a todo instante estão intervindo na Administração Pública, originando despesas. Seja com auxílio para alguma entidade, seja com materiais esportivos para alguma agremiação, seja disponibilidade de viaturas para atender a alguma ocorrência – em todas as atividades o consorte intervém com frequência, gerando despesas.

Observe-se que os fatos se passam na intimidade das pessoas e, no entanto, podem resultar e normalmente resultam em ônus para os cofres públicos. São despesas que ocorrem por força de relacionamento estreito em razão de sexo, família ou amizade.

Podemos imaginar também, para robustecer o raciocínio, que filhos, cunhados, primos de agentes públicos ordenadores de despesa podem valer-se de tal condição para a prática de abusos em detrimento do Erário. Será que estamos falando de alguma coisa que não ocorre no Brasil?

Quantas vezes filhos e parentes de prefeito ou de vereadores ou, mesmo em esfera mais ampla, nos governos dos Estados não se valem de tal condição para favorecer ONGs, clubes de futebol ou outras atividades? Imaginemos que o genro do prefeito seja dedicado ao esporte, seja futebol, vôlei, basquete ou qualquer outro tipo, e vá ao agente público solicitando patrocínio ou que encampe o clube, como sendo importante para a projeção da cidade. Lá se vão recursos públicos...

Se o estádio ou a quadra de esportes não está em condições de uso para competição, vai a influência familiar, de novo, de forma a impor a reforma ou adaptação para fins esportivos. Não era prioridade. No entanto, passou a ser, na medida em que houve a influência familiar ou parental.

É a confusão do público com o privado. É a mescla de interesses, escusos ou não, na ingerência com as atribuições oficiais.

Da mesma forma podem interferir homossexuais em seus legítimos anseios de se firmarem ou ocuparem seus espaços na sociedade. Como minorias perseguidas, lutam pelo reconhecimento de seus direitos, forçando despesas como manifestações públicas, "parada *gay*", o que envolve deslocamento de aparato administrativo para proteção e organização. Ademais, com o reconhecimento de suas uniões como estáveis pelo STF há repercussão de tais decisões na concessão de pensões, auxílios, etc.

Assim se passam as coisas. Embora haja previsão orçamentária, a influência parental envolverá interesses outros (eventualmente corrompidos) que irão tisnar a higidez da despesa.

De qualquer maneira, sempre e sempre há o instinto de buscar a felicidade, evitar a dor e querer o prazer, o que envolverá despesas para seu atendimento e para evitar situações desagradáveis. É o que veremos.

15.12.33 A despesa pública na compra de órgãos humanos

O corpo, como matéria, é igual a qualquer produto. Parte disponível do ser. A matéria suscita uma enorme discussão ética. É iníquo vender partes do corpo, dizem alguns. É antiético, sustentam outros. A religião não admite, afirma a Igreja.

Podemos imaginar a seguinte situação: um pai tem seis filhos e um deles tem moléstia seriíssima e só transplante garante a sobrevida. Foi o que lhe disseram os médicos. O banco de órgãos prevê disponibilidade apenas para dali a três anos. A necessidade é imediata. O pai ou um dos outros filhos podem dispor do órgão. Não podendo, por incompatibilidade, pode o Estado, como garantidor da saúde (que é direito de todos e dever do Estado – art. 196 da CF), comprar o órgão para atender à situação concreta?

Segundo a Lei nº 9.434/1997, apenas é admissível "a disposição gratuita de tecidos, órgãos e partes do corpo humano, em vida ou *post mortem*, para fins de transplante e tratamento" (art. 1º).

Por consequência do que se vê, apenas é admissível no Direito Brasileiro a disposição *gratuita*. Entende o legislador que os órgãos são *res extra commercium*.

Um dos *objetivos fundamentais* da República Federativa do Brasil é a construção de uma sociedade "livre, justa e solidária" (inciso I do art. 3º da CF).

Se sou livre e devo ser solidário, por que não posso dispor de meus órgãos, tecidos ou partes do corpo para destiná-los a salvar uma pessoa? A liberdade pressupõe disponibilidade da vontade para fazer ou não fazer alguma coisa. Sabemos que o direito de liberdade não é incondicionado. Apenas pode existir qualquer restrição à minha liberdade mediante lei (inciso II do art. 5º da CF). Os dispositivos legais são proibitivos, obrigatórios ou permissivos. Se o comportamento não é proibido nem obrigatório, estou liberado para tê-lo. É o que se denomina de *regra geral permissiva*.

Nem estou cogitando neste artigo da *venda a terceiros* e de alguém que compra, digamos, por preço de mercado. O que estou questionando é a possível *compra*, pelo Estado, de órgão, tecido ou parte do corpo humano para salvar vidas.

A saúde é um dever do Estado (art. 196 da CF). O Estado não pode se omitir em prestar serviços que lhe são próprios. Se alguém está colocado em situação de altíssimo risco e não consegue, por suas forças financeiras, resolver o problema, só o podendo fazer o Estado, cabe-lhe atuar como comprador de órgãos, tecidos ou partes do corpo humano?

O problema está, aqui, sendo tratado como financeiro. Não à luz das finanças particulares de alguém que possa adquirir o objeto, mas das finanças públicas, isto é, do ângulo das despesas orçamentárias, para atender a situação de risco de alguém.

Dir-se-á que a lei não permite ao Estado agir de forma antiética. O problema não é ético, mas jurídico. Repito: se a norma não proíbe, permite.

Tal *matéria* (corpo é matéria) é bem comercializável, ou não? É bem fora de comércio? Ora, o corpo humano é matéria pura (alguns dizem que nele há incorporada uma alma), e pode atender a situações dramáticas e desesperadoras, para resolver problemas humanos.

Em tal caso, o Estado pode começar a adquirir partes do corpo humano para salvar vidas. Para tanto, deverá ter um item orçamentário próprio para tal finalidade. É dever do Estado. Não é mera faculdade ou proibição de ação. Tem a obrigação, diante da relação jurídica, de atuar (ação positiva).

Nada há, a nosso juízo, que impeça o Estado de criar banco de órgãos, adquirindo-os no mercado disponível (liberdade de cada um) para atender a situações de risco em que se encontrem as pessoas.

Ocorre uma restrição. O art. 13 do CC estabelece ser defeso "o ato de disposição do próprio corto, quando importar diminuição permanente da integridade física ou contrariar os bons costumes". O art. 14 do mesmo Código apenas admite a disposição *gratuita* do corpo para depois da morte. Não é sobre isso que se discute. Pensa-se na *venda de órgãos, tecidos ou parte do corpo de pessoa falecida*. Se houve disposição de última vontade ou a família se dispôs a alienar parte ou todo o corpo. A discussão pode ser focada sob o ângulo ético. Aqui, discutimos a despesa do Estado na aquisição de órgãos de pessoa falecida.

O §4º do art. 199 da CF estabelece ser vedada a comercialização de órgãos, tecidos e substâncias humanas, salvo para fins de transplante, pesquisa e tratamento. O que é "comercializar"? É alienar. Acordo de vontades. Aqui, o indivíduo realiza um ato de última vontade, a ser cumprido pelos sucessores, família ou responsáveis.

Caso o Estado estabeleça recursos para aquisição de órgãos para salvar outras vidas, superado fica o problema ético, e estará cumprindo suas finalidades.

A indagação é essa: pode o Estado disponibilizar, no orçamento, recursos para aquisição de tais órgãos, inclusive, se for o caso, entrar em leilão para obtê-los?

Pode-se discutir a questão do ângulo ético. Abstraio-me dela e coloco o problema em termos jurídicos. Pode o Estado licitar parte do corpo humano de alguém? Pode realizar previsão orçamentária para sua aquisição? É legal estabelecer item orçamentário na hipótese de salvação de pessoas?

Não se tem dúvida alguma de que o comportamento do Estado será absolutamente legítimo em estabelecer recursos orçamentários para compra de órgãos ou parte deles de pessoa morta.

É que há, de um lado, vidas humanas que devem ser preservadas. O poder do Estado já não é mais o poder de matar (como era outrora), mas o poder de preservar a vida. Antes, quando da época dos reis, imperadores e diante das Monarquias, a finalidade do governante era a de se manter no poder, inclusive matando, nas guerras, os opositores. Modernamente a finalidade do Estado é diversa: é preservar a vida. Muda o enfoque e mudam as consequências jurídicas. Para a primeira ideia os gastos poderiam ser dirigidos para armamentos e artefatos de guerra. Para a segunda, para hospitais e remédios.

Na terminologia de Alexy,[139] qual o princípio mais precioso? Vedar a alienação ou preservar a vida?

No caso que se analisa já não há mais vida. É mera matéria. A intenção é das melhores (amparar a família, e podemos dramatizar com a situação de um dos filhos (as) que tem moléstia crônica e precisa de amparo).

O que impede a venda dos órgãos? Nem a norma constitucional veda.

Logo, lícito é, e até necessário, que o Estado preveja recursos orçamentários para aquisição de órgãos, tecidos ou partes do corpo humano.

Não há vedação ética nem jurídica. Ao contrário, o Estado estará cumprindo seus objetivos primeiros.

---

139 *Op. cit.*

15.13 Covid e suas consequências financeiras

15.13.1 Quadro social dramático (exercício de 2020)

Inúmeras foram as pestes que assolaram o mundo. A primeira delas nos dá notícia Tucídides,[140] em 431/404 a.C. Justiniano nos comunica outra em 541 d.C. A Peste Negra que atingiu a Europa em 1343. Gripe russa (1889), espanhola (1918) e a suína em 2009. Em *A Peste*, Albert Camus cuida da tragédia de Oran, na Argélia. Foram tragédias que abalaram inúmeros países

Desnecessário dizer que a pandemia trouxe ao Estado brasileiro e a todos os países do mundo sérias consequências comportamentais e financeiras. O vírus entrou em nossa vida sem pedir licença. Mudou nossos hábitos. Obrigou o fechamento de bares, restaurantes, cinemas, teatros, escolas, hotéis e limitou a convivência e o contato em público. Todos foram obrigados a usar máscaras e álcool nas mãos. Em muitos lugares ocorreu o *lockdown*, ou seja, a proibição de ir às ruas.

Visitas rarearam. Amigos se distanciaram. As aulas passaram a ser por vídeo. Negócios epistolares passaram a ser frequentes. Escritórios foram fechados. Audiências judiciais apenas por videoconferências. As viagens diminuíram. As companhias aéreas colapsaram. Viagens de ônibus restringidas e as companhias exploradoras viram-se obrigadas a suspender seus serviços e recolher seus veículos. Locação de carros cessou.

Duas atividades continuaram a prestar seus serviços regulares: hospitais e supermercados. As pessoas não podem deixar de se alimentar, e o vírus obrigou a que hospitais públicos operassem no limite e os privados pudessem operar em toda sua capacidade. Inúmeras cirurgias não urgentes foram canceladas.

O transtorno aí retratado obrigou a que todos os países reformulassem suas políticas. Os recursos públicos minguaram. Com a cessação de uma série de atividades econômicas, houve o não recolhimento de tributos. As indústrias restringiram sua produção. Menos recolhimento de IPI. O comércio teve limitadas suas atividades. Menos ICMS. Os serviços diminuíram. Menos ISS. As operações financeiras ficaram restritas a algumas. Menos IOF. As transações imobiliárias sofreram os efeitos da crise. Menos ITBI. Em realidade, a pandemia viral impôs uma pandemia financeira.

Os Estados tiveram que reagir rapidamente. Passaram a se sujeitar a regimes especiais e extraordinários. O estado de calamidade (Mensagem nº 93) foi reconhecido pelo Congresso Nacional (Decreto Legislativo nº 6/2020), o que permitiu ao Executivo a adoção de ações mais rápidas. Sobreveio a EC nº 106/2020. Liberou-se uma ajuda financeira aos que são pobres e desvalidos para permitir sua subsistência. A consequência foi permitir que os setores comerciais não ficassem tão abalados. Licitações foram dispensadas para aquisição de aparelhos, remédios e tudo que se relacionasse com a pandemia.

Diversos hospitais de emergência foram montados. Houve controle do primeiro surto, mas com consequências desastrosas, com milhares de mortes. A desorganização estatal no estado federativo se fez sentir. Ordens confusas partiram tanto do governo central como dos estaduais. Por vezes, houve confronto. As autoridades não souberam

[140] *História da guerra do Peloponeso*, ed. UnB.

lidar com a crise. Demonstraram noviciado na administração pública. Não atentaram para a grandeza do problema nem para a gravidade da situação.

Nenhuma teve a visceral visão de estadista para visualizar não só o problema imediato, mas o mediato e o sequencial. Perderam-se em quizílias mesquinhas.

A grande massa assistia a tudo sem ter a exata noção do que faziam seus dirigentes políticos e não souberam dimensionar as consequências e os males que de tais desencontros adviriam.

Encontramo-nos a meio caminho da crise. O mundo está abalado. A China, exportadora do vírus, parece que o controlou rapidamente. Os Estados Unidos se perderam. A Europa não se deu conta do repique. Os países da América Latina ficaram desamparados. A África parece que não sentiu o baque. Ao menos não se tem informações mais detalhadas. A Ásia ainda sente os efeitos da disseminação do vírus.

A pandemia interrompeu o processo de recuperação fiscal. Tudo passou a ser desimportante diante da vida das pessoas. Em função da deterioração da relação receita/despesa, a dívida bruta do Governo Federal chega a 93,7% em relação ao PIB, no final de 2020.

Os índices de crescimento caíram de forma inesperada. Houve queda do setor automobilístico, mas há projeção de crescimento do terceiro e quarto trimestre. Já não se pode dizer o mesmo do primeiro trimestre de 2021. Há sérias perspectivas de novo desaquecimento em face da segunda onda da epidemia.

O advento de possível vacina irá sanar os problemas? Claro que não. Pode se constituir em alívio contra a propagação do mal. Pode ser uma garantia de que estamos ganhando relativa proteção. Pode ser um avanço no conhecimento da etiologia viral e a descoberta de sua cura. Mas longe de ser solução, por causa da mutação do vírus.

O problema é, superado o mal, como farão os Estados para suportar suas finanças?

O Brasil já não vinha com suas finanças em ordem. A comparação PIB/dívida era e continua preocupante. As receitas não sofrerão imediata recuperação para abastecer os cofres públicos. Por melhor que seja a recuperação da indústria e do comércio, longe estarão as receitas para atender às necessidades do país.

Podemos, pois, sintetizar os problemas surgidos no estado de pandemia: a) falta de uma unidade de comando; b) confrontos entre os Estados-membros e o governo central; c) desorganização nas ordens dadas à população (isolamento social, uso de máscaras, higienização das mãos, das roupas e sapatos), d) perplexidade da população diante de ordens ambíguas provenientes das autoridades públicas, e) ignorância de como se comportar com a invasão do vírus (sua proveniência, grau de letalidade, meios de combate), f) problemas generalizados com a população menos amparada financeiramente, g) parte da população que não crê na gravidade do problema e descumpre as recomendações médicas.

Em face desse quadro, os governos federal, estaduais e municipais não souberam como agir. Ordens desencontradas, providências complexas e desastradas e falta de uniformidade de orientação.

Financeiramente, os Estados ficaram abalados, porque tiveram que fazer frente a um inimigo não previsto e imprevisível. Sem o adequado preparo, todos começaram a improvisar. Algumas providências urgentes foram tomadas, tais como a declaração de estado de emergência, imediatamente reconhecido pelo Congresso. A partir daí, uma série de providências foram adotadas, tais como hospitais de emergência, aquisição de medicamentos, contratação de pessoal.

De seu turno, havia o desconhecido pela frente. Daí uma série de impactos.

15.13.2 Alguns impactos

O primeiro impacto diz respeito à pobreza. O desemprego alcança índices indescritíveis. Não havendo trabalho, não há como ganhar dinheiro. Não tendo dinheiro, as pessoas não podem se alimentar, sustentar uma casa, pagar aluguel. Logo, instaura-se a fome e cria-se uma quantidade de famintos, que a população, por mais solidariedade que tenha, não logrará vencer. O Estado, por sua vez, não terá condições, porque as finanças estão precárias, de suportar mais uma carga de doação à população carente e desempregada.

O segundo problema a enfrentar é o teto constitucional com gastos. Pode-se pensar numa escolha seletiva de tetos, de forma a ensejar que, para algumas necessidades, possa haver o destelhamento da casa? Teto flexível, pensa-se. Alguns serviços obrigatórios, tais como saúde e educação e a realização de algumas obras necessárias poderão ter a restrição superada? Estará o Congresso Nacional disposto a abrir exceções?

O Terceiro impacto diz respeito à produção industrial, agrícola e pecuária. Todos necessitam de benesses do Estado através de benefícios fiscais. Se ele retirar os benefícios, tais setores terão dificuldades; mantê-los é deixar de arrecadar e, pois, voltamos ao segundo problema.

A Quarta situação que merece atenção é a privatização de empresas estatais e venda do patrimônio imobiliário. Há inúmeras empresas que são supérfluas. Outras vivem na dependência de outras empresas estatais (Petrobras, por exemplo) e são desnecessárias para sobrevivência da empresa mãe.

De outro lado, o patrimônio imobiliário é dispersivo, desnecessário e nada traz de bom para a comunidade. Tornam-se cabides de emprego e servem para designação de dirigentes políticos que ali vão para atender a quem o indicou.

O Quinto eixo de preocupação recai sobre a relação Estado e servidores públicos. Sabidamente os vencimentos pagos aos agentes é bastante superior ao que se recebe na vida privada. Legislativo, Judiciário e Executivo deviam dar o exemplo e enxugar seus quadros, bem como restringir aumentos indevidos. A situação impõe.

Há inúmeras anomalias que devem ser revistas. O teto de vencimentos não é cumprido. Emenda constitucional que limitasse os vencimentos ao teto, independentemente do direito adquirido a superá-lo, seria interessante. Surgirão demandas, evidentemente, e se dirá que não é admissível retirar direitos garantidos por cláusula pétrea. Mas será que foi isso que quis o legislador constituinte originário? A manutenção de privilégios incompatíveis com um Estado em crise?

A relação federativa é o sexto impacto. Cada governador resolveu criar sua própria administração independentemente do governo central e dos demais governos descentralizados. Não há diálogo. Normalmente, há confronto. A impressão que se tem é que o português não mais é utilizado, porque não falam a mesma língua.

Os interesses brasileiros passaram a segundo plano. Cada qual quer cuidar de sua província sem se preocupar com a coletividade.

15.13.3 Diante disso, o que fazer?

Lênin, quando assumiu o governo da antiga União Soviética, ainda nos tempos dos bolcheviques, escreveu um texto denominado "Que fazer?".[141] Impôs-se uma série de questões e procurou equacioná-las. É o que devemos fazer no país. Antes de qualquer coisa, analisar a situação socioeconômica e a partir daí buscar soluções.

Lênin escrevia para outra época e em outras circunstâncias, quais sejam, após a revolução de 1917 e assunção do poder pelos bolcheviques. O que disse lá não serve para aqui, mas vale o exemplo da análise das situações e apresentação de soluções.

Não se pode, de abrupto, cessar os inúmeros benefícios fiscais. Podem ser retirados das igrejas, por exemplo, que não há motivo para serem destinatárias, porque não integram o fator produtivo.

a) A *imunidade tributária das Igrejas* é assunto que precisa ser revisto. O Estado é laico e não tem que propiciar qualquer benefício fiscal para os cultos de qualquer espécie. Evidente está que o país é religioso. Predomina o cristianismo, mas o Brasil é um país plural que alberga todo tipo de fé e consciência religiosa. Aqui estão judeus, islâmicos, cultos afros, cristianismo, com suas diversas tendências.

Ocorre que todos os cultos têm recursos próprios e independem da subvenção estatal para sua subsistência. É assunto que deve ir à pauta do Congresso, embora seja dificílima sua aprovação.

b) O *setor bancário* deve ser fortemente tributado. Não pode ter lucros astronômicos enquanto o país está à mingua. É mister a criação de um tributo incidente sobre as transações bancárias, tipo CPMF. Não há mais como fugir disso. Aumentar-se o tributo sobre a riqueza (grandes fortunas, por exemplo, como fez a Argentina) e exonerar ou diminuir o tributo sobre bens de primeira necessidade. Arroz, feijão e carne deveriam ser desonerados. Outros alimentos de consumo privilegiado (frutos do mar, doces, por exemplo) devem ter alíquotas maiores.

c) Os supérfluos devem ser pesadamente tributados, tais como tabaco, bebidas alcoólicas (especialmente importadas).

d) A economia não se movimenta sem o setor produtivo. De tal arte, impõem-se isenções para os setores industrial, agrícola e pecuniário. São a mola que sustenta o Estado.

e) Urge dotar a Polícia Federal e as estaduais com mais recursos para que possa haver combate efetivo à sonegação, ao tráfico de entorpecentes e à vigilância de nosso espaço aéreo e marítimo.

15.13.4 O objetivo do Estado é manter a vida

Como diz Foucault "pode-se dizer que o velho direito de *causar a morte* ou *deixar* viver foi substituído por um poder de *causar* a vida ou *devolver à* morte".[142] Os governantes,

[141] V. LÊNIN, I. *Obras escolhidas*. Lisboa: Avante, 1981, tomo 1, p. 85 e segs.

[142] FOUCAULT, Michel. *História da sexualidade*. v. 1. 20. reimp. Graal, p. 150.

desde sua origem, passando pela Idade Média, até o surgimento do Estado e do Estado de Direito, tinham o poder da violência e da morte. A partir de determinado momento, passa o Estado a ter o *dever da vida*.

O Estado de Direito suprime a pena de morte, transforma-a em isolamento prisional ou busca penas alternativas. Termina a pena de morte como identificação do Estado fracassado. Agora, surge o direito à vida.

A partir de tal visão é que se pode entender o presente do Brasil e iniciar um diálogo para saber como deve ser sua função no futuro. Evidente que há uma fase de transição.

15.13.5 Como fica o Direito Financeiro em face de tais questões?

O Estado, por força de determinação constitucional, é *indutor* da atividade econômica, e não produtor de bens (art. 173 da Constituição Federal).

O Estado não está em condições de suportar o pesado ônus de recuperar a situação econômica. Não será mais conveniente dar-lhe um novo Estado emergencial e dispensá-lo da seriedade da administração da coisa pública. Impõe-se o rigor fiscal.

Se é assim, tem à sua disposição a estrutura tributária que pode funcionar de forma *parafiscal* ou criar incentivos e proibições para que a economia possa deslanchar e trazer recursos para a sociedade. Apenas e tão somente com o incentivo à produção, ao comércio, à prestação de serviços é que ocorrerão fatos econômicos que permitirão a incidência tributária e a arrecadação de tributos.

Sem a dinamização econômica, não surgem empregos. Sem empregos, a população não come e não compra. Sem isso, os bens não circulam. Sem produção e circulação de bens, não ocorre o recolhimento de impostos. Sacrifica-se a sociedade, e o Estado fica sem estrutura para incentivar o ciclo econômico.

Não é o caso de mais um ano de excepcionalidade financeira, ou seja, de novo reconhecimento de Estado de emergência, liberando-se o Estado para agir na informalidade e sem os controles efetivos e necessários sobre sua atuação.

Não se pode descartar, todavia, uma nova situação emergencial. Imaginemos um novo surto da moléstia, milhares sendo internados e necessitando de remédios, internações e aparelhos de recuperação. Como ficamos? Dar-se-á prioridade às contas públicas enquanto morre a população?

Evitemos a dramaticidade da situação. Mas não se pode descartar a hipótese. Em tal situação, teremos que reconhecer novo estado emergencial com as consequências que daí advêm, a saber, dispensa de licitação, aquisição de remédios e aparelhos, com mobilidade da prestação de contas.

Outras consequências recairão sobre o orçamento. A previsão de recursos deve ser alargada. A Lei de Diretrizes Orçamentárias deverá conter elementos mais fluidos para permitir formas diversificadas de ação do Estado.

O princípio básico da Administração Pública é não gastar mais do que arrecada (regra de ouro). Qualquer indivíduo que assim aja desprepara seu futuro. A desorganização financeira leva a desmandos de toda ordem. Recursos com que o Estado pudesse contar escasseiam ou são recusados. O auxílio externo não virá. Empréstimos tornam-se difíceis se o país não apresentar suas contas com absoluto rigor financeiro.

O orçamento desequilibrado leva à fuga de capitais. Investimentos contam com a seriedade do país. Caso contrário, não aportarão por aqui. Todos querem ver a higidez financeira do ente estatal para poder confiar nele.

Não se pode realizar qualquer despesa ou assunção de obrigações que excedam os créditos orçamentários e adicionais. A Constituição Federal tem uma série de restrições que limitam ou impedem o descaso e a falta de seriedade com as contas públicas.

A lei de improbidade aí está para cercear qualquer político doidivanas que vá brincar com as finanças do Estado.

De tal forma, o orçamento deve ser equilibrado. Evidente que se ressalva uma situação excepcional. Em tal caso, adoção de medidas excepcionais se impõe. Mas não se pode liberar os recursos sem que tenham destinação específica.

O Brasil elabora um plano orçamentário através da Lei de Diretrizes Orçamentárias de 2021 (aprovada pelo Congresso Nacional). Isso ainda não significa muita coisa, porque o primeiro passo é a existência de recursos.

Assim, as receitas dependem da ocorrência dos respectivos fatos geradores (ou imponíveis) para que dê nascimento à obrigação tributária e, pois, nasça a obrigação de pagar. Com o pagamento, que quita a responsabilidade tributária é que o recurso chega aos cofres públicos. Não só via tributária, mas através de receitas denominadas derivadas, isto é, que advêm da exploração pelo Estado de seu próprio patrimônio (receitas com extração de minerais, petróleo, bens públicos).

Estando os cofres abastecidos, o governante decide onde gastar. Daí há a eleição de uma série de situações que tem urgência em atender. A saúde ganhou absoluta prioridade. Ocorre que a Lei de Responsabilidade Fiscal determina a responsabilidade do governante que não atender as obrigações constitucionais (educação, saúde, além dos Fundos) e as decorrentes de lei (pagamento dos servidores). O que sobra é o que permite ao governante efetuar escolhas.

Já se disse que a saúde é prioritária. Mas não se pode esquecer a educação, o saneamento básico e outros tantos serviços e atividades que a Constituição entendeu de atribuir ao Poder Público a responsabilidade da prestação.

O frio é muito e o cobertor é curto. Logo, cabe ao governante *eleger prioridades*.

Há uma forte restrição, que é o teto. Pela Emenda Constitucional nº 95/2016, que introduziu o art. 107 ao ADCT, estabeleceram-se limites de gastos públicos em todas as áreas. Muito se discutiu sobre se a saúde e a educação seriam prejudicadas. O problema agora é como costurar os recursos para destiná-los à saúde. A educação e outras finalidades cabentes ao Poder Público sofrerão.

No curso do exercício, nada impede que nova emenda constitucional possa resolver o problema, na hipótese de novo surto epidêmico.

Fala-se na excepcionalidade de introdução de um novo tributo, que incidiria sobre a movimentação financeira em caráter transitório. Há resistência tanto da população como do próprio governo, mas este pode ver-se de tal forma complicado, que poderá lançar mão de uma tributação excepcional e provisória. Isso já aconteceu em governos anteriores.

15.13.6 Combate à pobreza versus rigor fiscal

A não previsão de qualquer distribuição de renda para o exercício que se inicia (2021) causa preocupação. As pessoas menos favorecidas aguardam que o governo lhe dê a mão. Deve ser discutida, com seriedade, a adoção de uma distribuição de renda, independentemente de qualquer comportamento que a economia venha a ter.

Nunca deixou de existir duas faces em qualquer sociedade: ricos e pobres. Aqueles em diminuto número. Estes a imensa maioria. No meio delas há uma classe média, alguns com perspectivas de passarem à classe rica e outros com a tristeza de serem candidatos à pobre.

Jean-Jacques Rousseau diz, na primeira linha de seu *Contrato Social*, que "o homem nasceu livre e, por toda a parte está agrilhoado". É uma verdade eterna que o Estado e sociedade se constituem pelo conflito permanente de dominantes e dominados. O mesmo autor diz em *Discurso sobre a Origem e os Fundamentos da Desigualdade entre os Homens* que "concebo na espécie humana dois tipos de desigualdade: uma que chamo de natural ou física, porque é estabelecida pela natureza e consiste na diferença das idades, da saúde, das forças do corpo e das qualidades do espírito ou da alma; a outra que podemos chamar de desigualdade moral ou política, porque depende de uma espécie de convenção e é estabelecida, ou pelo menos autorizada, pelo consentimento dos homens".

Assim é o mundo, e sempre foram assim as sociedades. O que fazer, então, para diminuir os impactos de tal realidade?

Impõe-se o estabelecimento sério de compatibilidades eletivas entre Executivo e Legislativo. Selecionarem um plexo de interesses comuns que o Brasil reclama: a) uma reforma tributária, para desonerar a produção e onerar a riqueza improdutiva; b) também em relação à reforma tributária, é essencial que seja racionalizada. O que existe hoje é irracional, burocrático e sacrifica setores produtivos; c) implantar reforma política que libere os partidos da arrecadação excessiva e que tais recursos sejam redistribuídos em políticas públicas; d) delinear quais as políticas públicas essenciais: saúde e educação devem ser primordiais. A elas não pode faltar recursos; e) repensar os serviços públicos (pensar seriamente em terceirização de algumas atividades) e reestruturar a relação governo/servidores; f) equacionar de forma definitiva a relação entre Executivo/Legislativo. O confronto não serve a ninguém. Sem emasculação de qualquer dos poderes do Estado e sem subserviência, deve ser encontrado um ponto de equilíbrio entre eles.

A partir daí, estruturar as verbas orçamentárias de forma a dotar desigualmente para setores desiguais, tais como os que mais necessitam de verbas: educação e saúde, como se viu.

Com o prosseguimento da pandemia de coronavírus, o governo deve se preparar para enfrentar novos problemas, não só de combate, mas de estratégia. É o que está faltando. Ao lado de discursos falhos, falta uma estratégia que imponha a derrota à propagação do vírus. Nesse passo, falta, vivamente, uma comunicação com a sociedade. Ela está perdida, sem saber o que fazer e confrontando populismo com ciência. Assim, as *fake news* ganham dimensão nunca vista. Boatos, emissão de falsas notícias, disputa entre comentaristas ignorantes, tudo ganha proporção de disseminação da desinformação.

É importante, pois, que o rigor fiscal não alcance os mais pobres. Obediência ao teto significa cumprimento de metas, o que não proíbe de destinação maior de recursos aos menos favorecidos.

Apenas assim é que se terá maior combate à pobreza, dando, ao menos temporariamente, dignidade aos pobres e desfavorecidos da sorte.

15.13.7 Confronto entre poderes

É sabido que poder não admite vácuo. Daí surgir o conflito agônico que significa o confronto para saber quem ocupa mais espaço. Se o Legislativo não legisla, podemos ter a noção de que não legisla porque não quer ou porque entende que não há necessidade. É uma alternativa. Ocorre que os interessados provocam o Judiciário, que, de seu turno, não pode deixar de dar uma resposta ao pleito. Sabidamente, o Judiciário não age por iniciativa própria. Aguarda que alguém o provoque.

Se o Executivo não executa (assim mesmo), o Legislativo tende a ocupar seu lugar dispondo sobre o tema através de normas gerais e abstratas (leis). O que poderia ser resolvido pela vontade governamental não é atendido. Os parlamentares propõem leis e estas brotam com muita facilidade num Legislativo multifacetado e plural.

De seu turno, o Executivo atua mesmo onde não é chamado e para onde não tem competência, porque a matéria depende de lei.

O confronto serve para que as competências e atribuições sejam consolidadas. Diz-se que a última palavra é do Judiciário. Não é bem assim. Falece ao Judiciário competência para decidir sobre atribuições exclusivas do Executivo ou da lei. Serve como exemplo a nomeação de ministro de Estado. Atribuição exclusiva e privativa do Chefe do Executivo, mas o Judiciário interveio para impedi-la.

É o que os gregos rotulavam de conflito agônico. Posso confrontar permanentemente, mas não posso eliminar o contendor. A luta não para. Prossegue por outras formas, desde que não elimine o inimigo.

A tendência é que as coisas se normalizem e cada qual possa executar suas funções próprias sem invadir a do outro.

15.13.8 Situação de perplexidade

Juristas e economistas estão perplexos. Cada qual fazendo jogo de futurismo. Em verdade, não se sabe o que possa acontecer. São palpites e possibilidades que são aventados, mas sem muita base em dados concretos. Há algumas previsões. Alguns dizem que a economia deslanchará. Outros, que terá novos impactos decorrentes da pandemia. Novos apagões, novos fechamentos, novos isolamentos, *lockdown*, restrição de funcionamento de estabelecidos comerciais. Não funcionamento presencial das escolas e universidades. Tudo levará a nova queda na arrecadação tributária.

Tal é o quadro que se avizinha.

Como estudiosos do Direito Financeiro, resta-nos aguardar como será o desenvolvimento da economia para arriscarmos, com mais concretude, algumas previsões. Tudo dependerá da arrecadação tributária e do desempenho das receitas originárias. Com base em tal perspectiva é que se pode arriscar alguns palpites.

Cremos que a economia dará sinais de fortalecimento. China e Estados Unidos iniciam processo de recuperação, especialmente a primeira potência. Se não criarmos problemas de relacionamento com a China, o desempenho da agricultura e da pecuária poderá sustentar a arrecadação brasileira. Os minérios darão sólida contribuição. A compra de produtos de saúde poderá nos manter próximos da China, bem como a abertura para o 5G. Não podemos eliminar tal possibilidade. A decisão há de ser exclusivamente técnica, e não política.

As vantagens que advirão com a implantação do 5G são inúmeras. Teremos comunicação vinte vezes mais rápida, maior clareza nas transmissões, relacionamento mais eficiente. O que não se pode é abandonar tudo isso para ficarmos à deriva do mundo.

Financeiramente, o governo não pode excluir, de plano, os benefícios fiscais que vem concedendo. Há que cortar alguns, mas não os eliminar de vez. Há que definir quais os setores em que investirá. Deverá manter uma renda básica. Reabrir escolas em todos os graus. Permitir o funcionamento dos estabelecimentos comerciais, ainda que possam sofrer alguma restrição.

Em suma, há boas perspectivas, desde que o governo saiba fazer escolhas certas.

15.13.9 Soluções à vista

Não se sabe ainda a gravidade da segunda onda do vírus. Embora o Presidente diga que a pandemia está no final, não é assim que as coisas se passam. A ignorância, o despreparo e a ingenuidade têm seu preço quando no exercício de cargos diretivos. A população não pode ser sacrificada pela má-fé de seus governantes.

Se o poder central está despreparado, autoridades conscientes têm que tomar a frente das decisões. Ministros e governadores devem ignorar a anemia política e passarem a decidir.

Estaria a solução na busca de empréstimo? É uma alternativa. Diante da exaustão dos cofres públicos, o Estado tem que buscar dinheiro em algum lugar. Ou utiliza suas reservas externas em dólares ou busca empréstimo. O que não pode é deixar a população mais humilde sem qualquer tipo de recurso e sem emprego.

Efetuar urgente reforma tributária para desburocratizar a arrecadação e facilitar o controle. Rever a relação Estado/servidor. Problema crucial é a escolha da terceirização na prestação de serviços públicos. Mantém-se uma unidade burocrática profissional, retirando alguns direitos dos servidores ou se prevê a possibilidade da terceirização?

Quais os setores que devem ser mais tributados e outros menos onerados? A opção é bastante complicada e passa pelos setores emotivos.

Em verdade, o que deve fazer o Executivo é tomar decisões imediatas e drásticas. Deve, no entanto, agir não esperando que o tempo passe e as coisas se acomodem. O político não pode temer a tomada de decisões.

Como disse Pablo Neruda: "Você é livre para fazer suas escolhas, mas é prisioneiro das consequências".

15.14 Relação entre receitas e despesas públicas. Providências adotadas pela EC nº 109/2021 e pelo art. 167-A. Gatilhos

A EC nº 109/2021 trouxe uma série de inovações em termos de relação receita/despesa. É que os entes federativos abusaram de suas prerrogativas de se endividarem sem se importar com a possibilidade de suportar os encargos assumidos. A irresponsabilidade toma conta dos agentes políticos, que sobrepõem a política sobre a responsabilidade financeira. Endividam os entes federativos sem qualquer pudor.

Impunha-se, pois, uma série de providências para colocar nos eixos as finanças estaduais municipais. Daí o advento da Emenda Constitucional nº 109/2021, que introduziu uma série de modificações pertinentes à matéria.

Na hipótese de a despesa corrente superar 95% da receita corrente no período de doze (12) meses, no âmbito de Estados, Distrito Federal e Municípios "é facultado aos poderes do Estado, além do Ministério Público, Tribunal de Contas e Defensoria Pública" aplicar o que se rotula de *ajuste fiscal*.

É a incidência do chamado *gatilho financeiro*. Melhor seria ter havido o disparo quando verificados excessos de gastos no exercício anterior. Pela redação, somente há obrigatoriedade de medidas de contenção se as despesas obrigatórias atingirem 95% do montante das despesas primárias.

Basicamente, a determinação incide na vedação de providências que elevem as despesas de pessoal. Criação de cargos, aumento de remuneração, alteração de carreiras, contratação de pessoal, concursos públicos, instituição de aumento ou vantagens que possam implicar alteração progressiva na carreira.

O governo entende que o funcionalismo constitui pesado ônus. Em parte, é verdade. Só que se ignora que é ele que movimenta a fantástica máquina governamental e que é absolutamente necessário manter uma burocracia confiável, como previu Max Weber.

De outro lado, menos verdade não é que o funcionalismo faz a despesa aumentar por inércia diante de vantagens funcionais decorrentes de adicionais por tempo de serviço ou de elevações funcionais.

Toda e qualquer determinação que possa envolver aumento de despesa com pessoal é proibida (incisos I a VII do art. 167-A). Da mesma forma foram vedadas a criação de despesa obrigatória e sua correção acima da inflação (inciso VII), bem como a criação ou expansão de programas ou linhas de financiamento (inciso IX), "bem como remissão, renegociação ou refinanciamento de dívidas que impliquem ampliação das despesas com subsídios e subvenções".

Fica igualmente proibida a "concessão ou ampliação de incentivo ou benefício de natureza tributária" (inciso X).

As providências determinadas na emenda constitucional atingem de frente a autonomia dos entes federativos. Sabidamente isso constitui providência de ordem financeira para que as entidades sobrevivam de forma saudável. Ocorre que há limitação manifesta de suas atribuições federativas e que identificam a autonomia financeira.

Se a superação for de 85% da receita corrente sem ultrapassar os 95%, as medidas anteriormente alvitradas podem ser adotadas não apenas pelos entes federados, mas também por seus órgãos (parágrafo 1º do art. 167-A). Há necessidade de expedição de um ato (decreto), que será submetido ao Poder Legislativo. Perderá eficácia se rejeitado, não apreciado em cento e oitenta (180) dias.

A apuração do desacerto financeiro será feita bimestralmente.

Enquanto perdurar a situação prevista nesses dispositivos, os poderes e órgãos dos entes federativos não podem conceder garantias ao ente descumpridor das obrigações (inciso I) e não podem realizar qualquer operação de crédito com o outro ente ou com seus órgãos (inciso II).

15.15 EC nº 126/2022 – Arcabouço fiscal. LC nº 200/2023

15.15.1 O que é o arcabouço fiscal?

O que se rotulou como *arcabouço fiscal* é uma estrutura normativa que disciplinará o comportamento do Estado brasileiro pelos próximos exercícios para aliviar a pressão da dívida sobre a economia. Para suportar as despesas que têm que ser feitas, haverá a flexibilização do teto e a possibilidade de investimentos, bem como aumento de despesas. A nova regra substitui o *teto de gastos*, mas não significa que haverá descuido na disciplina das despesas públicas.

O rotulado *arcabouço* é uma reestruturação que, no dizer de Zygmunt Bauman ("Danos colaterais: desigualdades sociais numa era global", ed. Zahar, 2022, p. 58), significa "manipulação das probabilidades (ou seja, tornar alguns eventos altamente prováveis enquanto se reduz a probabilidade de outros" (p. 58).

O advento da iniciativa é dar estabilidade financeira ao Estado e nasce com a aprovação da Emenda Constitucional nº 126, de 21 de dezembro de 2022. Com este texto foram dadas algumas determinações para o exercício de 2023. O ponto fulcral é o art. 6º da Emenda que determinou que o Presidente da República deveria encaminhar ao Congresso projeto de lei complementar com o objetivo de instituir o *regime fiscal sustentável* para garantir a estabilidade macroeconômica do país e criar condições adequadas ao crescimento socioeconômico. Não se deixou de observar a denominada *regra de ouro* prevista no inciso III do art. 167, que cuida das operações de crédito. Estas é que robustecem o endividamento público.

A importância é atribuída à relação *dívida/PIB*. O objetivo é a estabilização da dívida. Para tanto, há que se ter confiança no ajuste e acenar para o mercado que ela não pode aumentar. Ao contrário, deve ter estrutura para sua redução ou, ao menos, estabilização. Os juros devem ser reduzidos, mas depende da política do Banco Central.

A previsão advinda com a instituição do *teto* leva a diversos problemas institucionais e fiscais. O governo não pode atender a situações gritantes, tais como o socorro às áreas de saúde e educação, porque corre o risco de descumprir o orçamento e, pois, incidir em crime de responsabilidade. O teto instituído pela EC nº 95/2016 é fixo e atinge a todas as áreas atendidas pelo governo.

A busca de um modelo de *flexibilização* e de ponderação dos diversos interesses leva ao denominado *arcabouço fiscal*. A expressão serve como referência, mas é vazia de conteúdo.

15.15.2 Ajuste pela receita ou pela despesa?

Para atendimento de todo o complexo, seria conveniente que houvesse um ajuste pelo lado da despesa, a começar pela reforma administrativa em que haveria remanejamento de cargos e vencimentos. Ocorre que num governo de esquerda, preocupado com o social, as coisas não iriam funcionar bem. Logo, tem-se que encontrar caminhos de não haver aumento de receita, porque a sociedade repudia o acréscimo de tributos ou de ônus social.

A melhoria do resultado primário depende de corte de dívida. Assim, o governo tem que acenar para a sociedade, para o mercado e para as estruturas internacionais no sentido de que fará todo o esforço para se enquadrar em parâmetros factíveis. Deveria saborear um pouco a eventualidade de redução de gastos.

15.15.3 Racionalização da compreensão financeira. Busca de teto flexível. A determinação da EC nº 126/2022. Breve análise de seu conteúdo

Busca-se dar maior racionalidade ao comportamento governamental porque se limita o crescimento das despesas a 70% (setenta por cento) da variação da receita dos doze (12) meses anteriores. A saber, troca-se o rótulo, mas o objetivo é o mesmo, só que mais racional. O teto impedia o crescimento de despesas em todos os setores. Agora, haverá uma seleção de despesas que estarão limitadas pelo percentual mencionado e outras que poderão ter tratamento diferenciado, como saúde e educação. Mais adiante examinaremos as *exceções* previstas.

Cumprindo o que foi estabelecido no art. 6º da Emenda Constitucional nº 126/2022, o Presidente da República encaminhou ao Congresso Nacional projeto de lei que foi aprovado como Lei Complementar nº 200, de 31 de agosto de 2023.

Com tal providência, foram revogados os arts. 106,107, 109, 110, 111, 111-A, 112 e 114 (art. 9º da EC nº 126/2023), todos que tratavam do *teto fiscal*.

A EC nº 126/2023 cuidou das emendas individuais ao projeto de lei orçamentária (parágrafo 9º do art. 166) e estabeleceu percentuais a serem utilizados por deputados e senadores (parágrafo 9º e 9-A), reiterando sua obrigatoriedade (parágrafo 11 do art. 166).

O art. 2º da EC nº 126/23 dá nova redação ao art. 76 do ADCT e desvincula da arrecadação da União de órgão, fundo ou despesas as contribuições sociais, a CIDE e as taxas.

Diversas despesas foram excluídas do limite previsto no inciso I do art. 107 do ADCT, despesas com projetos socioambientais, instituições federais de ensino e custeadas com recursos oriundos de transferências.

O art. 107-A introduzido pela EC nº 126/23 cuida dos precatórios e os remete para pagamento em 2027. Limita o montante dos recursos para pagamento dos débitos judiciais.

15.15.4 A Lei Complementar nº 200/2023. Regime fiscal sustentável

A Lei Complementar nº 200/2023 estabelece alguns mecanismos de ajuste e flexibilidade na hipótese de imprevistos. Em picos de crescimento, a despesa não pode crescer mais de 2,5% (dois e meio por cento) ao ano acima da inflação e, na contração, o gasto não pode crescer menos que 0,6 (seis décimos por cento) acima da inflação.

O denominado *regime fiscal sustentável* busca garantir a estabilidade macroeconômica do país. Basta o confronto das receitas e despesas primárias. Há outros componentes. A dívida pública deve ser mantida em níveis sustentáveis. Cabe à Lei de Diretrizes Orçamentárias estabelecer os limites do endividamento e sua compatibilidade. O art. 3º da lei estatui "limites individualizados para o montante global das dotações orçamentárias relativas a despesas primárias. Haverá a imposição de metas".

Cada qual dos entes que possua atribuição de estatuir sobre seu orçamento deverá atentar aos limites legais. É a meta fiscal. Há um limite de tolerância aplicável ao resultado primário. A margem de tolerância é de 0,25% do PIB.

A lei estabelece que as metas a serem obtidas como resultado primário devem ser compatíveis com a trajetória da dívida e que busquem a estabilização da dívida em relação ao PIB. Auxiliar do controle será o Anexo de Metas que passa a ter influência na equação da apuração de resultados. Aliás, o Anexo deveria ter sido sempre o termômetro de tal controle e foi negligenciado ao longo dos tempos.

Os dois anexos – metas e riscos – foram desconsiderados pela Comissão Mista de Orçamento e pelos aplicadores e fiscais das despesas públicas. Meras previsões legais, sem qualquer aplicação prática. Era o que parecia. Agora, assume outro caráter.

Os limites deverão ser cumpridos pelos órgãos de exercício do poder e pelos demais órgãos que gozam de autonomia orçamentária (incisos I a V do art. 3º da lei em comento). Evidente que toda regra tem exceção. É o que fazem os incisos I a IX do parágrafo 2º do art. 3º.

Os limites de pagamento e de movimentação financeira não poderão ultrapassar os limites orçamentários previstos no art. 3º, "exceto quando as estimativas de receitas e despesas durante o exercício indicarem que não haverá comprometimento na obtenção da meta de resultado primário" (parágrafo 7º).

O Poder Executivo deve tomar suas providências e aguardar que os demais sigam seu exemplo, sem que possa interferir no controle dos demais órgãos de poder. Cada qual mantém sua autonomia administrativa e financeira.

Os limites serão atualizados pelos índices do IPCA.

15.15.5 Origem do endividamento e busca de soluções. O novo teto

Todo problema do endividamento surgiu no exercício de 2014 por força da política fiscal.

A variação dos limites da despesa primária será apurada na proporção de 70% no caso de cumprimento da norma (art. 5º da lei 200/2023), e em 50% na hipótese de seu descumprimento.

Na infração dos dispositivos, há mecanismos de sanção que desaceleram os gastos.

Vê-se que há tetos flexíveis. O teto foi superado pelas providências mais atuais e com a revogação dos artigos que a ele se referiam. Assim, na hipótese de descumprimento das *metas estabelecidas*, haverá restrição ao endividamento e aos gastos. O art. 6º é bastante detalhado em relação às providências que serão tomadas. Caso as metas sejam atingidas, a Presidência da República poderá enviar mensagem de projeto de lei complementar com alterações imprescindíveis para preservação dos limites ou para alargamento das possibilidades de gasto.

Como o descumprimento das normas pode ensejar responsabilidade por improbidade administrativa, a legislação ressalva o comportamento do agente político desde que tenha adotado medidas de limitação de empenho e pagamento, não tenha autorizado medida em desacordo com as vedações previstas na lei (art. 7º).

Os dispositivos dão uma espécie de carta de proteção aos agentes políticos. É que eventual descompromisso com as metas poderia caracterizar o que se habitou rotular de *pedaladas fiscais*, o que levou à cassação da ex-presidente Dilma Rousseff. Com a previsão normativa, o agente administrativo fica coberto por incúria, desde que tenha tomado as providências previstas na lei, porque não ficar caracterizada a infração administrativa. É a absolvição antecipada por deslizes fiscais. É a retirada prévia da infração político-administrativa. Não se pode descumprir a lei, mas se não for obedecida, não tem importância. Não há infração.

A legislação ressalva hipótese de calamidade pública de âmbito nacional (parágrafo 1º do art. 7º) e dispõe que o "nível mínimo de despesas discricionárias necessárias ao funcionamento regular da administração é de 75% do valor autorizado na respectiva lei orçamentária anual" (parágrafo 2º do art. 7º).

Quando houver excesso de despesas incompatíveis com a lei e o "resultado primário do Governo Central apurado exceda ao limite superior do intervalo de tolerância", o "Poder Executivo federal poderá ampliar as dotações orçamentárias, em valor equivalente a até 70 (setenta por cento) do montante excedente, por meio de crédito adicional" (art. 9º).

O que isso significa? Continua existindo um *teto*, só que ele não é impeditivo de aumento de gastos, como era o teto anterior. Agora, caso haja crescimento das receitas, o que sobejar do exercício anterior pode ser gasto até 70% com as despesas correntes. As metas continuam existindo, mas de forma flexível sob o rótulo de *bandas*. Em 2024 pode haver variação de 0,5 a 0,25% do PIB. Em 2024 zera. Em 2025 aumento de 0,5%, e em 2026 aumento de 1%. A *banda* ajuda o raciocínio. São as metas fiscais. O investimento será garantido por um piso de 0,6 do PIB.

Premissas de conhecimento do arcabouço: a) há o crescimento do débito baseado no crescimento da despesa; b) gasto de acordo com o que arrecadei no exercício passado; c) vamos crescer em termos reais de gastos públicos se houver *superávit* primário. Variação tolerada através das bandas.

O *teto* é rígido. Só se pode gastar o mesmo do exercício anterior, mais a inflação. Isso foi feito para conter a sangria da dívida pública. Não posso superá-lo, ainda que seja para destinar recursos a serviços básicos como saúde e educação. Chegando ao teto, esbarra-se em elemento insuperável para crescimento das despesas. Daí a dificuldade que o governo Bolsonaro encontrou e teve o país que elaborar uma emenda constitucional para que pudesse haver despesas superando o teto, quando do advento da pandemia (PEC nº 10/2020). Da mesma forma a PEC da transição (PEC nº 32/2022) igualmente descumpriu o teto.

O *teto* prossegue, mas sob outro rótulo e com flexibilidade. Cresce de acordo com o crescimento das receitas.

Se a demanda social avançar e se não há como atendê-la, há o rompimento do teto.

A proposta orçamentária é enviada com a receita anterior com previsão futura, e a despesa pode alcançar os 70% com serviços públicos e investimentos. Os restantes 30% podem ser destinados ao pagamento da dívida pública e dos juros a ela referentes.

O que daí exceder não pode ser utilizado para pagamento de servidores nem débitos previdenciários.

De igual maneira, os dividendos recebidos de empresas estatais não podem se destinar ao pagamento de serviços e a empréstimos.

O orçamento é enviado com base na receita do exercício anterior. A receita cresceu, posso aumentar a despesa. Se houve crescimento de receita, posso despender 70% do resultado da receita primária.

Se houve aumento de receita acima da banda, posso investir; caso contrário, não. Se houver crescimento menor, posso gastar apenas 50%.

Os gastos vão crescer de qualquer maneira, acima de inflação. No máximo de 2,5%. Qual o grande objetivo: equalizar a dívida pública, produzir *superávit* primário, diminuir a dívida pública e a taxa de juros. Assim, disponibilizam-se maiores recursos para a sociedade.

Dados positivos: (i) mantém um teto e busca equalizar a dívida; (ii) meta de resultado primário; (iii) o orçamento é delineado no crescimento de receitas para crescer as despesas. A dificuldade é, como aumentar as receitas? Aumentando tributos? A sociedade não aceita. A outra solução seria o corte de gastos. O governo não aceita.

Dados negativos: (i) a sanção é pequena, mas não há responsabilidade política, nem administrativa; (ii) garantia de crescimento de investimento, mesmo em cenário adverso.

A lei, em seu art. 7º, isenta de responsabilidade o agente público que descumprir a norma, se o cumprimento do limite for inferior à meta do resultado primário, e estabelece algumas condições.

Vê-se, claramente, que há motivos para excluir a caracterização do ilícito político-administrativo.

A Lei Complementar nº 200/2023 altera alguns dispositivos da Lei Complementar nº 101/2000 (Lei de Responsabilidade Fiscal).

15.15.6 Algumas ponderações

O texto da Lei Complementar nº 200/2023 substituiu o teto de gastos introduzido pela EC nº 95/2016. O dispositivo constitucional cumpriu sua missão, embora estrangulasse a aplicação de recursos em políticas públicas básicas para o país. O teto inadmitia qualquer flexibilidade, o que levou os governos a superarem sua determinação com outras emendas constitucionais.

O que foi introduzido é um teto flexibilizado, mais inteligente e que determina que, se houver acréscimo de receita no exercício atual, o que superar os limites do exercício anterior, 70% delas podem ser aplicadas no atendimento das necessidades públicas. Os outros 30% seguem para o abatimento da dívida.

Em verdade, o governo não pode mais suportar o crescimento da dívida, que sufoca investimentos, e vê-se a todo instante obrigado a encaminhar recursos para o abatimento da dívida. Sacrificam-se, pois, os objetivos primeiros do governo.

O centro da ideia é a racionalização do endividamento. Como vinha acontecendo, o país encaminhava-se, cada vez mais, a uma situação perversa de pagamento de juros a todo instante. Agora, impõe-se segurar o crescimento do débito, abatendo-o de forma paulatina. De outro lado, busca-se a sobra de receita para aplicação nos serviços públicos. O que sobejar destina-se ao pagamento da dívida.

A ideia que deveria prevalecer era a da estagnação das despesas. Ocorre que a ideologia predominante é de atendimento às necessidades públicas das populações desfavorecidas. Ora, apenas é possível socorro a elas com gasto. Sem retorno. Ora é o pagamento de renda mínima, tal como previsto pelo parágrafo único do art. 6º da Constituição Federal, ora é o investimento em habitação e fornecimento de alimentação e de transporte a preço subsidiado. É o rotulado preço político.

Logo, a ideia não é poupar ou restringir as despesas. A única saída é o aumento dos tributos, ideia odiosa à denominada direita, e a sociedade não mais suporta aumento de tributos. Logo, difícil a solução. O governo buscou um caminho do meio.

Curioso que algumas receitas não foram incluídas no arcabouço, tais como concessões e permissões, dividendos e participações, *royalties*. Essa massa de recursos pode não ter relevância, mas não é montante desprezível.

É também interessante como muitas despesas ficam fora do regime do arcabouço. Por exemplo, o pagamento dos precatórios que não são tidos como dívida pública, o Fundeb, créditos extraordinários para despesas urgentes, despesas bancadas por doações, o Fundo Constitucional do Distrito Federal, o piso da enfermagem. Enfim, inúmeros itens não foram alcançados pelo regime do arcabouço.

A pretensão é boa. Mas o governo não vive só de pretensões. Vive basicamente de resultados. Se a economia mundial estagnar, se a economia brasileira não despertar para bons resultados e se o governo não cortar gastos, o arcabouço fracassa.

FUNDOS PÚBLICOS FINANCEIROS

16.1 Conceito. Tipos. Fundo garantidor. Criação

Na precisa definição de Hely Lopes Meirelles, *"fundo financeiro* é toda reserva de receita para a aplicação determinada em lei".[1] No dizer de Cretella Jr., "é a reserva, em dinheiro, ou o patrimônio líquido, constituído de dinheiro, bens ou ações, afetado pelo Estado a determinado fim".[2] O art. 71 da Lei nº 4.320/1964, que cuida de normas gerais de direito financeiro, define o fundo como "o produto de receitas especificadas que, por lei, se vinculam à realização de determinados objetivos ou serviços, facultada a adoção de normas peculiares de aplicação". A Constituição da República veda toda forma de vinculação orçamentária (inciso IV do art. 167, com redação determinada pela Emenda Constitucional nº 42/2003), apenas prevendo afetação de recursos para manutenção e desenvolvimento do ensino (art. 212) e para financiar ações e serviços públicos de saúde.

Interessante retrospecto histórico-legal foi feito por Ezequiel Antônio Ribeiro Balthazar.[3]

Quanto aos *tipos*, o vocábulo "fundo" tem dois significados em direito financeiro: (a) vinculação de receitas para aplicação em determinada finalidade; e (b) reserva de recursos para distribuição a pessoas jurídicas determinadas. O primeiro, que se pode rotular de *fundo de destinação*, tem fundamento constitucional no inciso II do §9º do art. 165 da CF. Cabe à lei complementar dispor a respeito de sua instituição e de seu funcionamento. O segundo, denominado *fundo de participação*, tem caráter tributário e tem previsão constitucional nos arts. 157 a 162, sendo de se mencionar o Fundo de Participação dos Estados e o Fundo de Participação dos Municípios.

A CF, no art. 36 do ADCT, extinguiu todos os fundos então existentes, salvo se ratificados pelo Congresso Nacional. A PEC nº 187/2019 pretendeu dar o mesmo efeito que já foi dado pelo art. 36 da ADCT. A propósito fiz comentário sobre o tema na *Revista de Direito Financeiro e Econômico*, nº 16, de 2020, p. 29 e seguintes.

---

1 MEIRELLES, Hely Lopes. *Finanças municipais*. São Paulo: RT, 1979, p. 133.

2 CRETELLA JR., José. *Comentários à Constituição brasileira de 1988*. v. 7, p. 3.718.

3 BALTAZAR, Ezequiel Antônio Ribeiro. Fundos constitucionais como instrumento de redução das desigualdades regionais. *In*: *Federalismo fiscal*. Ed. Manole, 2004, p. 125-128.

Ocorre que a EC nº 109/2021, em seu art. 5º, ao invés de extinguir os Fundos então existentes, resolveu determinar que o superávit apurado das fontes de recursos seja aproveitado para o pagamento da dívida pública do respectivo ente.

Em sendo assim, os Fundos continuarão a existir, mas terão seus respectivos superávits empregados no pagamento da dívida da unidade federativa a que pertençam.

O inciso IV do art. 167 vedou qualquer "vinculação de receita de impostos a órgão, fundo ou despesa (...)". No dizer de Celso Antônio, "órgãos são unidades abstratas que sintetizam os vários círculos de atribuições do Estado".[4] Acrescenta que "os órgãos não passam de simples partições internas da pessoa cuja intimidade estrutural integram, isto é, não têm personalidade jurídica".[5] Despesa é mera operação aritmética do gasto público.

Existem, pois, transferências obrigatórias de receitas arrecadadas por um ente federal para outro, conforme previsão constitucional, e também reservas, que cumprem determinação constitucional para cumprimento de certo objetivo.

Pode-se falar também no *Fundo de Investimento Imobiliário e nos fundos garantidores*. O Fundo garantidor não foge à regra e tem previsão no art. 8º da Lei nº 11.079/2004. Tem as mesmas características dos demais. Já diferente é o de Investimento, que será comentado adiante.

Os Fundos obedecem, na sua criação, a lei complementar, a quem cabe disciplinar sua "instituição e funcionamento" (inciso II do parágrafo 9º da CF). Agora, fica vedada a criação de fundo público "quando seus objetivos puderem ser alcançados mediante a vinculação de receitas orçamentárias específicas ou mediante a execução direta por programação orçamentária e financeira de órgão ou entidade da administração pública" (inserção do inciso XIV ao art. 167 da CF).

É um despropósito total. A Constituição dá orientação administrativa aos entes federativos. É despautério. A Constituição Federal contém regra de aconselhamento.

16.2 Os fundos à luz da Lei nº 4.320/1964 (fundos de participação)

Dispõe o art. 71 da Lei nº 4.320/1964 que "constitui fundo especial o produto de receitas especificadas que, por lei, se vinculam à realização de determinados objetivos ou serviços, facultada a adoção de normas peculiares de aplicação". Exigem-se, pois: (a) receitas especificadas, isto é, a Constituição – ou a lei – deve mencionar expressamente quais receitas são atribuídas à formação de um fundo; (b) vinculação das receitas a determinada finalidade pela mesma lei, ou seja, programas instituídos pela norma, de interesse da Administração Pública; e (c) normas peculiares. Pode a lei dispor sobre a maneira pela qual serão empregados os recursos.

A aplicação das receitas obedecerá ao que estiver estipulado na Lei Orçamentária (art. 72 da Lei nº 4.320/1964). Toda autorização de gasto deve ter previsão orçamentária. Demais, deve haver um plano para o atingimento dos fins estabelecidos.

---

4 BANDEIRA DE MELLO, Celso Antônio. *Curso de direito administrativo*. 33. ed., 2. tir. São Paulo: Malheiros, 2017, p. 144.

5 *Idem, ibidem*.

A receita obtida pelo fundo durante determinado exercício pode passar para o exercício seguinte se sua instituição não estabeleceu termo final. Há balanço patrimonial e financeiro que o demonstra. Não há retorno de recursos ao Erário ao final do exercício. Não tendo prazo de extinção, os recursos passam de um exercício a outro (art. 73 da lei em comento).

As normas peculiares a que se aludiu podem determinar: (a) especificidade na aplicação dos recursos; (b) forma alternativa de controle, prestação e tomada de contas. É o que dispõe o art. 74 da Lei nº 4.320/1964. Evidente que alterar a forma de prestação de contas não significa abdicar da competência do Tribunal de Contas para sua atribuição própria.

Os recursos transferidos para tais fundos podem ser posteriormente repassados, mediante contrato, a empresas, a título de financiamento. Tal circunstância não os desnatura, nem os descaracteriza.

16.3 Fundos de participação

Dentre os primeiros, avultam: (a) o Fundo de Participação dos Estados e do Distrito Federal; e (b) o Fundo de Participação dos Municípios.

Descabe à União e aos Estados estabelecer qualquer condição para o repasse, que é automático.[6]

Em interessante caso envolvendo o Estado de Alagoas o STF decidiu que não é permitido "qualquer bloqueio, sequestro, transferência, desvio e levantamento das receitas próprias ou das cotas do Fundo de Participação ou contas públicas mantidas junto ao Banco do Brasil S/A e à Caixa Econômica Federal, pertencentes ao Estado de Alagoas em decorrência de discussões relativas a contrato de assunção ou refinanciamento de dívida".[7]

No caso acima mencionado, no contrato firmado entre os entes federados havia dúvidas sobre a interpretação de determinadas cláusulas, pois o contrato não previa qualquer limitação de dispêndio e previa o prazo de 120 dias para integral amortização, sendo que o art. 2º, IV, da Resolução 97/1998, do Senado Federal, previa o limite de 15% da Receita Líquida Real do Estado de Alagoas. Assim, mais uma vez o STF reforçou a inviabilidade do bloqueio de recursos oriundos dos fundos de participação.

Os fundos de participação têm previsão constitucional no art. 159. A União distribuirá 50% (o dispositivo foi alterado pela Emenda Constitucional nº 112, de 27 de outubro de 2021) do que arrecada dos impostos sobre a renda e proventos de qualquer natureza e sobre produtos industrializados aos Fundos de Participação Estadual e Municipal e de Desenvolvimento Regional. Estabelece referido dispositivo que a União entregará ao FPE 21,05% do que arrecada a título de imposto sobre a renda e proventos de qualquer natureza e sobre produtos industrializados (alínea "a" do inciso I do art. 159, com alterações introduzidas pela Emenda Constitucional nº 55/2007). Da mesma receita entregará 22,05% ao FPM. Ademais, será entregue 1% ao FPM "no primeiro decêndio do mês de dezembro de cada ano" (alínea "d" do inciso I do art. 159 da CF).

[6] STF, ADI nº 1.106-SE, rel. Min. Maurício Corrêa, *DJU*, 13.12.2002.

[7] STF, AC/MC/QO 549-AL, rel. Min. Ricardo Lewandowski, *DJU*, 26.02.2010.

A EC nº 112/2021 determina que a União destine 1% ao Fundo de Participação dos Municípios, que será entregue no primeiro decêndio do mês de setembro de cada ano do imposto sobre renda e proventos e produtos industrializados.

Esta última alínea citada foi acrescentada pela Emenda Constitucional nº 55/2007, com a qual se aumenta a participação dos Municípios na partilha constitucional. Apanha os Municípios exatamente em época de dificuldades financeiras, isto é, no momento em que devem pagar o 13º salário de seus servidores e também providenciar o pagamento dos débitos assumidos no mesmo exercício, para que não figurem como Restos a Pagar, de forma indevida.

Dispôs o inciso II do art. 161 da CF que lei complementar estabelecerá normas sobre a entrega dos recursos e dos critérios de rateio, "objetivando promover o equilíbrio socioeconômico entre Estados e entre Municípios". Primitivamente, a Lei Complementar nº 62/1989 buscou dar plena eficácia ao contido no artigo. Suas disposições foram substituídas pela Lei Complementar nº 143, de 17.7.2013. O tema será abordado no tópico abaixo.

O STF, em *leading case*, decidiu que "o repasse da quota constitucionalmente devida aos Municípios não pode sujeitar-se à condição prevista em programa de benefício fiscal de âmbito estadual", pois tal conduta por parte de qualquer ente federado se configura como "limitação que configura indevida interferência do Estado no sistema constitucional de repartição de receitas tributárias".[8]

A decisão guarda sintonia com o conceito de Federação. É que a União, ou, como no caso mencionado, um Estado em face de um Município, que figura como órgão de arrecadação dos impostos, deve transferir a Estados e Municípios, respectivamente, o percentual bruto. Descabe-lhe deduzir qualquer parcela a título de incentivos fiscais. Se admissível fosse, poderia reduzir, em muito, as parcelas que cabem aos demais entes federativos, matéria que é de relevo ímpar para o pacto federativo brasileiro. A questão retorna à pauta quando do julgamento do RE nº 705.423-SE, relatado pelo Min. Ricardo Lewandowski, que teve a repercussão geral reconhecida e foi assim ementado: "Constitucional – Tributário – Repartição de receitas tributárias – IR e IPI – Fundo de Participação dos Municípios – Art. 159, I, 'b' e 'd', da CF – Cálculo – Exclusão dos benefícios, incentivos e isenções fiscais concedidos pela União – Repercussão econômica, jurídica e política – Existência de repercussão geral".

Cabe ao TCU o cálculo das quotas e seu controle (parágrafo único do art. 161). A competência é constitucional, descabendo ao STF alterar os cálculos.[9] Os dados são fornecidos pelo Instituto Brasileiro de Geografia e Estatística (IBGE). A regra é que o uso dos dados vigore anualmente. A alteração em seu curso agride direito líquido e certo da unidade federada prejudicada, podendo haver restabelecimento da situação anterior através de mandado de segurança.[10]

A partir do momento em que os recursos são transferidos a Estados e Municípios, cessa a competência do mencionado Tribunal. A contar daí, como receitas próprias

8 STF, Plenário, RE nº 572.762-SC, rel. Min. Ricardo Lewandowski, *DJe*, 05.09.2008.

9 STF, MS nº 22.828, rel. Min. Néri da Silveira, *DJU*, 14.6.2002; MS nº 24.057-DF, rel. Min. Carlos Velloso, *DJU*, 21.6.2002.

10 STF, MS nº 24.098-DF, rel. Min. Cézar Peluso, *Informativo STF* 348/5, 31.05.2004.

que são, a competência é exercida pelo Tribunal de Contas do respectivo Estado ou do Município, onde houver.

Estabelece o §9º do art. 165 da CF, em seu inciso II, que compete à lei complementar "estabelecer normas de gestão financeira e patrimonial da Administração direta e indireta, bem como condições para a instituição e funcionamento de fundos". Sendo assim, supõe-se que lei possa instituir um fundo.

Pode-se concluir que o fundo ou é criado pela norma constitucional ou pela lei. É o que, taxativamente, dispõe o inciso IX do art. 167 da CF ao estabelecer que é vedada "a instituição de fundos de qualquer natureza, sem prévia autorização legislativa". Não é essencial que a lei os institua, basta que autorize sua criação.

Até o ano de 2010, os fundos de participação eram regulamentados pela Lei Complementar nº 62/1989. Ocorre que esta norma foi julgada parcialmente inconstitucional quando do julgamento da ADI nº 875-DF, sob a relatoria do Min. Gilmar Mendes.[11] Tendo em vista a impossibilidade fática e os graves danos que ocorreriam com a declaração de inconstitucionalidade com efeitos *ex tunc*, a Suprema Corte entendeu por bem "declarar a inconstitucionalidade, sem a pronúncia da nulidade, do art. 2º, I e II, §§1º, 2º e 3º, e do Anexo Único, da Lei Complementar nº 62/1989, assegurada a sua aplicação até 31 de dezembro de 2012".

O que sucedeu é que a CF, em seu art. 161, II, definiu que a lei complementar é que cabe estabelecer o critério de rateio entre Estados e Municípios. Sobreveio a Lei Complementar nº 62, que definiu os critérios que deveriam vigorar apenas nos exercícios de 1990 e 1991. A partir de então, outra lei deveria fixá-los. Tal lei não sobreveio. Mesmo porque deveria ela promover o equilíbrio socioeconômico entre Estados e Municípios.

Como deixou claro o Min. Gilmar Mendes: "Vicia o bom-senso imaginar que lei editada em 1989 – apenas com base em médias históricas apuradas à época – ainda possa retratar a realidade socioeconômica dos entes estaduais" (no corpo da ADI nº 875-DF). De tal forma, o inciso II do art. 161 da CF está sendo descumprido. Ocorre que a retirada integral da lei "representaria incomensurável prejuízo ao interesse público e à economia dos Estados, uma vez que o vácuo legislativo poderia inviabilizar, por completo, as transferências de recursos" (trecho no corpo da decisão). Daí ter a Suprema Corte declarado a inconstitucionalidade sem nulidade dos textos mencionados e assegurando a aplicação da norma até 31.12.2012.

Ocorre que o Congresso Nacional, até a data fixada pelo STF, não editou a norma reclamada. Surgiu o vácuo.

O TCU editou solução provisória e precária a fim de garantir o cálculo das quotas dos fundos de participação.

O STF, por meio da ADO/MC nº 23-DF, Relator o Min. Enrique Ricardo Lewandowski, entendeu inadmissível o vácuo legislativo e concedeu mais 150 dias para que o Congresso Nacional superasse o impasse.

O Congresso Nacional novamente não editou a legislação regulamentar.

No início do ano de 2013, encontrava-se a República numa inusitada – para dizer o mínimo – situação de flagrante desrespeito de decisão judicial e de absoluta inércia do

---

11 STF, Plenário, ADI nº 875-DF, rel. Min. Gilmar Mendes, j. 24.2.2010, *DJU*, 30.04.2010.

Poder Legislativo. O governo federal encontrava-se em situação de completa insegurança em relação aos repasses a serem feitos. O TCU, ao arrepio da decisão do STF, realizou os cálculos para o ano de 2013 com base nos critérios da Lei Complementar nº 62/1989 nos autos da TC nº 040.431/2012-6.

Uma coisa é certa: a falta da norma não pode paralisar o país. Os recursos denominados transferidos não pertencem à União, nem por ela podem ser retidos. Logo, o repasse constitucional é obrigatório. Se não pode haver retenção e os recursos devem ser obrigatoriamente transferidos aos Estados-membros e aos Municípios, deve existir uma saída para solução da controvérsia. O problema mais sério, como se tem reiteradamente afirmado, é a constitucionalização de fatos corriqueiros e que não são constitucionais. Tal providência dificulta a vida normal do país.

Diante da anomia (segundo o STF), deve-se buscar a compatibilização do ordenamento e a superação do obstáculo criado. A solução está na regulamentação que deve ser dada pelo TCU. Como a este incumbe gerenciar o fundo, efetuar o controle da distribuição dos recursos e reparar divergências, a ele cabe, até a edição de novo texto, dispor sobre o assunto.

Após o *inusitado* impasse institucional ocorrido no início de 2013, o Congresso editou a Lei Complementar nº 143, de 17.7.2013.

A novel legislação inovou em diversos aspectos da regulamentação jurídica atinente aos fundos de participação, especialmente no que toca ao Fundo de Participação dos Municípios (FPM) e ao Fundo de Participação dos Estados (FPE), tendo revogado os arts. 86 a 89 e 93 a 95 da Lei nº 5.172/1966 – o Código Tributário Nacional –, que tratavam destes fundos e estabeleciam critérios para distribuição dos recursos.

Foram alterados os prazos para que o TCU comunique o Banco do Brasil S/A sobre os coeficientes individuais de participação nos fundos previstos no art. 159, I, "a", "b" e "d", da CF/1988, na forma da nova redação do art. 92 do CTN, com alteração advinda do art. 2º da Lei Complementar nº 143/2013.

O diploma manteve até 31.12.2015 os critérios anteriormente vigentes e declarados inconstitucionais pelo STF, postergando para 1.1.2016 a implementação de novos critérios, na forma do art. 2º, II e III, e §§1º, 2º e 3º, da Lei Complementar nº 143/2013.

O caso demonstra as latentes tensões existentes entre os Poderes Judiciário – que determinou prazo de dois anos para edição de novos critérios – e Legislativo – que desconsiderou a determinação judicial e manteve por mais três anos após o prazo fatal, judicialmente determinado os critérios julgados inconstitucionais.

Encontrava-se pendente de julgamento pelo STF o RE nº 705.423-SE, no qual se reconheceu a repercussão geral da "questão constitucional versada neste recurso", que "consiste em definir, sob o prisma constitucional, até que ponto a concessão de benefícios e incentivos fiscais relativos ao imposto de renda e ao imposto sobre produtos industrializados pode impactar nos valores transferidos aos Municípios a título de participação na arrecadação daqueles tributos".

A matéria foi solucionada pelo Min. Edson Fachin, assentando: "É constitucional a concessão regular de incentivos, benefícios e isenções fiscais relativos ao Imposto de Renda e Imposto sobre Produtos Industrializados por parte da União em relação ao Fundo de Participação de Municípios e respectivas quotas devidas às Municipalidades".

Assim sendo, os Municípios ficam prejudicados diante de incentivos concedidos pela União. Repercute no montante das receitas transferidas.

O tema é fundamental para discussão séria do federalismo fiscal brasileiro, e provocará sérios reflexos em todas as esferas da Federação.

Com o advento da EC nº 132 que extinguiu alguns tributos, o art. 12 do ADCT criou o Fundo de Compensação de Benefícios Fiscais ou Financeiro-Fiscais que compensará arrecadação da vigência da EC até 2032. Com a alteração do tributo a incidir no destino e não no Estado produtor, claro que haverá um descompasso entre a arrecadação de hoje e a de alguns anos. Estados produtores terão redução de receita, enquanto Estados consumidores terão melhoria.

Para evitar distorções, o referido dispositivo equipara os pratos da balança para que não haja prejuízo a qualquer Estado.

Da mesma forma, destina-se a compensar benefícios fiscais até então concedidos por quaisquer Estados. Benefícios concedidos sob condição não podem ser revogados. Agora, com o advento de norma constitucional, as coisas mudam. Fato do príncipe.

Os parágrafos 1º a 10 dispõem sobre a transitoriedade das normas.

16.4 Fundos de destinação

A Constituição instituiu o Fundo de Desenvolvimento das Regiões Norte (FNO), Nordeste (FNE) e Centro-Oeste (FCO) (alínea "c" do inciso I do art. 159). Unem recursos para contribuir com o desenvolvimento econômico e social das regiões que mencionam.

Há fundos que foram criados por emenda constitucional. Assim, a Emenda Constitucional nº 14/1996 criou o Fundo de Manutenção e Desenvolvimento do Ensino Fundamental e de Valorização do Magistério (FUNDEF), que já teve seu conteúdo jurídico expirado. Referido Fundo duraria até 12.09.2006. Sobreveio a Emenda Constitucional nº 53/2006, que instituiu o FUNDEB (Fundo de Manutenção e Desenvolvimento da Educação Básica e de Valorização dos Profissionais da Educação), de natureza contábil.

Sendo assim, desapareceria o FUNDEF e criar-se-ia o FUNDEB.

Foi o texto modificado pela Lei nº 11.494/2007.

Com o advento da reforma tributária (EC nº 132/2023), o Fundeb terá nova composição em suas receitas, conforme dispõe o inciso II do art. 212-A. A vigência é imediata.

Existia o Fundo Social de Emergência (FSE), instituído no art. 71 do ADCT, que foi alterado pela Emenda Constitucional nº 10/1996, passando a se denominar de Fundo de Estabilização Fiscal (FEF). Tem por finalidade a estabilização econômica, mediante aplicação no custeio de ações dos sistemas de saúde e educação.

Há o Fundo Partidário, previsto no §3º do art. 17 da CF.

Foi instituído o Fundo de Combate e Erradicação da Pobreza (FCEP), com a introdução do art. 79 ao ADCT, por meio da Emenda Constitucional nº 31/2000 e regulamentado pela Lei Complementar nº 111/2001. Sua composição é disciplinada pelo art. 80 do ADCT, de acordo com a Emenda Constitucional nº 31/2000. Conta ele também com recursos de desestatização (art. 81 do ADCT, incluído pela Emenda Constitucional nº 31/2000). A finalidade é viabilizar aos brasileiros o acesso à subsistência digna, com aplicação dos recursos em habitação, educação, saúde, etc.

O art. 82 do ADCT teve nova redação para obrigar Estados, Distrito Federal e Municípios a instituir Fundos de Combate à Pobreza.

Em resenha atual, temos: (1) FA – Fundo de Amortização da Dívida Pública Mobiliária Federal; destina-se a efetuar o pagamento da dívida mobiliária; (2) FAT – Fundo de Amparo ao Trabalhador; é vinculado ao Ministério do Trabalho e tem por finalidade custear o Programa do Seguro-Desemprego, o pagamento de abono salarial aos empregados participantes do Fundo e o financiamento de programas de desenvolvimento e aperfeiçoamento dos trabalhadores; (3) FAPI – Fundo de Aposentadoria Programada Individual; constituído sob forma de condomínio de quotas individuais com o objetivo de complementar a aposentadoria do trabalhador, mediante aplicação de recursos no mercado financeiro; (4) FCVS – Fundo de Compensação de Variações Salariais; busca garantir limite de prazo para a amortização de dívidas contraídas por adquirentes de habitações financiadas pelo SFH, cobrindo saldos devedores residuais a agentes financeiros; (5) FPEX – Fundo de Compensação pela Exportação de Produtos Industrializados; busca compensar os Estados pela perda de receita; (6) FDS – Fundo de Desenvolvimento Social; destina-se ao financiamento de projetos de investimento de interesse social nas áreas de habitação e saneamento; (7) FGE – Fundo de Garantia à Exportação; é vinculado ao Ministério da Fazenda e busca dar cobertura às garantias prestadas pela União nas operações de seguro de crédito à exportação; (8) FGDLI – Fundo de Garantia dos Depósitos e Letras Imobiliárias; objetiva garantir os depósitos de poupança e letras imobiliárias; (9) FGPC – Fundo de Garantia para a Promoção da Competitividade; destina-se a garantir riscos nas operações realizadas pelo BNDES e pela FINAME – Agência Especial de Financiamento Industrial; (10) FGTS – Fundo de Garantia do Tempo de Serviço; tem por finalidade remunerar os empregados pelo tempo efetivamente trabalhado; (11) FINAM – Fundo de Investimento da Amazônia; busca acelerar o processo de desenvolvimento da Região Amazônica; (12) FINOR – Fundo de Investimento do Nordeste; tem por objetivo acelerar o desenvolvimento da Região Nordeste; (13) Fundo de Terras e da Reforma Agrária – Fundo da Terra; busca financiar programas de reforma fundiária e os assentamentos rurais; (14) FGC – Fundo Garantidor de Créditos; embora com o nome de Fundo, tem personalidade jurídica de direito privado, o que foge do objeto de nosso estudo. É associação com o nome de Fundo; (15) FND – Fundo Nacional de Desenvolvimento; tem por finalidade propiciar à União recursos para investimento de capital no desenvolvimento nacional.

De se mencionar o "Programa Fome Zero", que não é um fundo, mas estratégia para assegurar o direito humano à alimentação adequada e é coordenado pelo Conselho Nacional de Segurança Alimentar e Nutricional (CONSEA).

Vê-se que referidos fundos, cuja enumeração foi colhida junto ao Banco Central do Brasil, sempre têm uma finalidade específica. Logo, os recursos aportados não podem se destinar a outro objetivo. Observa-se que alguns foram instituídos por preceito constitucional, outros por lei ou mediante decreto ou resolução, criando balbúrdia legal em torno dos fundos. Como se cuida de vinculação de recursos, a rigor, apenas pode existir vinculação exceptiva de disposição constitucional. No entanto, a própria

Constituição admite outros fundos por instituição legal. No mais, frequentemente, quando se fala em fundo, em verdade, cuida-se de mera distribuição de receitas para atender a determinadas finalidades, sem que se possa falar, tecnicamente, em fundo.

A EC nº 132 (reforma tributária) criou o Fundo Nacional de Desenvolvimento Regional, "com o objetivo de reduzir as desigualdades regionais e sociais". Realizar-se-ão estudos, projetos e obras de infraestrutura, serão incentivadas atividades produtivas, o desenvolvimento científico e tecnológico. A destinação atende a população, coeficiente individual de participação do Estado e cabe ao Tribunal de Contas a regulamentação e controle da distribuição dos recursos.

16.4.1 Os fundos ambientais

Referidos fundos têm tido ampla aceitação internacional. Destinam-se a financiar ferramentas de preservação e desenvolvimento sustentável. Primeira preocupação diz respeito ao pagamento dos custos de fiscalização. Quando custa a fiscalização da Amazônia, por exemplo, ao governo brasileiro?

O problema é tipicamente de direito financeiro. Não só efetivar a existência de um fundo, mas como administrá-lo.

Os recursos poderão advir de financiamento internacional, de doações por entidades que se dedicam ao meio ambiente, por contribuições do próprio Estado Brasileiro e, também, por condenações administrativas e judiciais, cujos recursos são destinados a ele.

O fundo ambiental funciona à imagem de qualquer fundo, isto é, verdadeira conta corrente, sob administração competente. A UNICEF cria fundos de proteção à criança. A UNESCO cria fundos educacionais; etc. O ideal é que tenham administração bipartida, isto é, governo e particular, de preferência alguma ONG. Há vantagens e desvantagens em ter a participação do governo. Pesando-as, cremos que não há obstáculo a que se associem a experiência e a dedicação particulares com a estrutura governamental.

Poderão adotar algumas formas: a) *cash fund* ("fundo de caixa"), que é o mais simples. Recebe de doações, pagamento de sanções, etc. e aplica o recurso da forma decidida pelo administrador; (b) *endowment fund* ("fundo de dotação"), que investe os recursos recebidos, aplicando-os e gastando os juros obtidos. Requer maiores recursos, mas é mais sólido; (c) *revolving fund* ("fundo rotativo"), que é uma espécie de fundo de financiamento.

Os fundos não são organismos financeiros. Destinam-se exclusivamente à proteção e também à intensificação das atividades preservativas. Devem definir os objetivos que têm e buscar atingi-los.

Caso houvesse uma consciência pública mundial de preservação do meio ambiente, poder-se-ia pensar no que se rotula *princípio do poluidor-pagador*. O país que busca, sem cautelas, seu desenvolvimento em detrimento de outro que, no entanto, vive no mesmo mundo deve suportar uma carga de recursos maior que os demais. Isso legitimaria o nascimento de tributos que seriam pagos pelo país poluidor em benefício de um caixa único de proteção a ser gerenciado pela ONU.

Em tal hipótese o tributo teria caráter extrafiscal e buscaria que o país poluidor pudesse, ao longo dos anos, e sem prejuízo de sua sustentação econômica, se adaptar às exigências internacionais mínimas de despoluição.

Tal fundo não só serviria de *cash fund*, mas também de fundo investidor.

Seria interessante também o desenvolvimento da política dos créditos de carbono. Constituem-se em certificados expedidos em razão de projetos que, de forma comprovada, utilizassem metodologia para redução ou absorção de gases do efeito estufa. Os compradores são os poluidores que buscam atingir metas de redução. Os vendedores são países que atingiram metas e que buscam preservá-las em benefício de toda a humanidade.

Para facilitar: é nova moeda que entra no mercado ambiental, a qual tem como objetivo auxiliar na redução do aquecimento global. O Protocolo de Quioto de 1997 prevê e ajuda na negociação. Assim, países que têm problemas de poluição (emissão de dióxido de carbono) podem "compensar" suas emissões de gases de efeito estufa comprando créditos de carbono de outros países (e irão diminuir a poluição).

Como se vê, são as finanças públicas (o que se rotula de ciência das finanças) que têm íntimo relacionamento com o meio ambiente. São realidades que se interpenetram. Daí a importância de seu estudo.

16.4.2 O Fundo de Investimento Imobiliário

Inovadora a dissertação de mestrado apresentada por Larissa Braga Macias Casares (*Fundo de investimento imobiliário e bens públicos*, 2020) defendida em 24.7.2020 junto à PUC de São Paulo, sob orientação do Professor Maurício Garcia Pallares Zockun. Participei da banca e achei o trabalho bastante interessante.

Sabidamente, o Estado tem inúmeros imóveis desocupados, mal aproveitados, abandonados e lhe causam diversos prejuízos financeiros. Como administrar tal situação? A ideia proposta é a constituição de um Fundo de Investimento Imobiliário, cuja iniciativa primeira foi pelo Estado de São Paulo, que o instituiu através da Lei Estadual nº 16.388/2016.

Por ela, o Estado desafeta bens de uso comum ou especiais e entrega os dominiais a tal Fundo, que o gerencia da melhor forma possível, para vendê-los ou fazê-los produzir receita. De duas uma: o Estado constitui o Fundo e gerencia-o diretamente, o que ficaria sem sentido, ou entrega seus bens à administração privada. O objetivo do Fundo é alienar ativos imobiliários, priorizando a eficiência no aproveitamento dos imóveis e gerando receita.

O Estado recebe do Fundo (particular) cotas, que servirão para acompanhamento dos resultados e eventual interferência nos resultados. Importante salientar que o Fundo é regido por normas editadas pela Comissão de Valores Mobiliários e, pois, foge ao rigor das normas de direito público (Lei nº 8.668/1993).

O Estado pode a qualquer momento retirar qualquer bem, demonstrada sua necessidade ou, em última análise, expropriá-lo, fazendo-o retornar ao patrimônio público. Pode discutir a administração do Fundo, uma vez que detém cotas e controlar seu funcionamento.

O objetivo primeiro é fazer receita pela alienação de bens. Com isso evita-se toda formalidade inerente aos controles públicos. Claro, os controles renascem do ângulo privado.

16.5 Têm os fundos personalidade jurídica? Finalidade dos fundos

Referidos fundos não têm personalidade jurídica, ou seja, não titularizam interesses próprios. A personalidade jurídica significa que alguém tem direitos e deveres assegurados na ordem jurídica. No caso, os fundos não têm direitos próprios, nem obrigações. Correspondem a meros lançamentos fiscais. No exato dizer de Arnoldo Wald, constituem os fundos "um patrimônio com destino específico, abrangendo elementos ativos e passivos vinculados a um certo regime que os une, mediante a afetação dos bens a determinadas finalidades, que justifique a adoção de um regime jurídico próprio".[12]

Objetivam, ao lado de ter uma finalidade quando de sua instituição, a distribuição de riquezas. "Por meio dos fundos, manifesta-se o objetivo constitucionalmente consagrado de perseguir um desenvolvimento econômico nacional global e harmônico."[13]

O fato de nos encontrarmos em uma Federação significa que existem diversidades regionais. Há regiões de maior potencial de riqueza, outras com vocação turística, de preservação ambiental, etc. Para sobrevivência do Estado Federal, devem ser absorvidas tais tipicidades e providenciada a distribuição adequada de recursos, para que exista harmonia e cada qual siga sua tendência natural ou opcional de crescimento. Os fundos são, neste sentido, forte instrumento de política financeira e se destinam a remanejar recursos de regiões mais fortes para as mais fracas, propiciando desenvolvimento sustentado, ou a buscar recursos para financiamento de empresas que possam se estabelecer em zonas de fraca procura. Com tais providências há racional distribuição de riquezas, para manutenção do crescimento uniforme do país, atendidas as peculiaridades regionais. Assenta-se no princípio da solidariedade, segundo Ezequiel Antônio Ribeiro Balthazar.[14]

16.6 São os fundos dotados de personalidade judiciária?

Embora não sejam dotados de personalidade jurídica, teriam os fundos a denominada *personalidade judiciária*? Afirma Cretella Jr. que, "embora não tenha *personalidade jurídica*, não sendo, pois, nem *fundação*, nem *corporação*, o *fundo* é dotado de *personalidade judiciária*, podendo, assim, figurar, na relação jurídico-processual, como parte, autor ou réu, tal como a herança jacente, o condomínio em edifícios, a massa falida, a Câmara Municipal, o espólio, o consórcio".[15]

---

12 WALD, Arnoldo. Da natureza do fundo imobiliário. *RDM*, São Paulo, RT, 80/15-23.

13 Misabel Derzi, ao atualizar a obra de Aliomar Baleeiro, *Direito tributário brasileiro*. 11. ed. Rio de Janeiro: Forense, 2004, p. 601.

14 BALTAZAR, Ezequiel Antônio Ribeiro. *Federalismo fiscal, op. cit.*, p. 132.

15 CRETELLA JR. *Comentários à Constituição Brasileira de 1988, op. cit.*, v. 7, p. 3.718.

Machado Jr. e Costa Reis, embora reconheçam ser essa posição a majoritária no Direito Brasileiro, anotam posições divergentes.[16] Maurício Conti partilha de posição oposta, afirmando que, "uma vez não configurando qualquer tipo de pessoa jurídica, não tendo personalidade jurídica de qualquer modalidade, e sendo os fundos figuras que, por sua natureza, não praticam nenhuma espécie de ato jurídico, não há que se falar em capacidade postulacional".[17]

A corrente que entende da inexistência seja de personalidade jurídica, seja de personalidade judiciária, é a correta. Em primeiro lugar, os fundos não são titulares de direitos, nem sujeitos de obrigações. Ser pessoa jurídica significa ser centro de imputação normativa, isto é, ter vontade, praticar atos, interferir no centro imputativo de outra pessoa jurídica, poder firmar contratos, ir a juízo, etc. Mas nada disso faz o fundo. De outro lado, não pratica atos jurídicos, e, pois, não pode ser sujeito ativo ou passivo em relação processual.

O fundo tem uma administração e uma fiscalização: digamos que a União deixe de efetuar um repasse para o Fundo de Participação dos Municípios. Quem será titular do direito para exigi-lo? Qualquer Município. Quem seria o sujeito passivo? A União – jamais o Fundo. Diga-se o mesmo do Fundo de Participação dos Estados. Como a distribuição do FPM é pelo número de habitantes (art. 1º da Lei Complementar nº 91/1997) e quem fixa tais dados é a Fundação Instituto Brasileiro de Geografia e Estatística (IBGE), caso haja erro, a disputa será entre o Município e o IBGE. O Fundo é neutro, não tem direito, não cria deveres: nada.

O gerenciamento do fundo será efetuado com base na legislação, ficando assegurada a participação da sociedade civil; nenhum administrador pode sacar contra ele e não pode assumir obrigações em seu nome. Se o fundo não pode assumir obrigações, nem ninguém por ele – e, da mesma forma, não é titular de direitos –, não há como lhe reconhecer personalidade judiciária; tampouco é de ser feita comparação com outras coletividades que podem sofrer constrições na ordem jurídica e, pois, são dotadas de personalidade judiciária.

Imaginemos, por fim, que haja liberação de recursos a maior para um Município, em detrimento de outros. Como os critérios de participação são fixados na Constituição ou nas leis complementares, fáceis a fiscalização e o controle, uma vez que se cuida de mera Aritmética, e, pois, se lida com conceitos teoréticos. Detectado o equívoco, haverá compensação entre os recursos, que será efetuada pelos órgãos de controle interno da Receita Federal do Brasil ou do Ministério da Fazenda, via Banco do Brasil, ou, então, pelo órgão externo de controle, que é o Tribunal de Contas.

Enquanto os recursos dependem de liberação, acham-se em caixa único. Posteriormente, efetuados os cálculos e liberados, são transferidos, imediatamente, a cada entidade federativa.

Imaginemos que determinado Município entenda que recebeu a menor. A quem se dirigirá? De início, ao TCU, encarregado de efetuar o cálculo das quotas e fiscalizar sua distribuição, nos exatos termos do parágrafo único do art. 161 da CF. Caso obtenha resposta negativa, e ainda assim não se conformando, poderá ir a juízo contra o critério

---

[16] MACHADO JR., REIS, Costa. *A Lei 4.320 comentada*. 28. ed. Rio de Janeiro: IBAM, 1997, p. 133.

[17] CONTI, Maurício. *Federalismo fiscal e fundos de participação*. São Paulo: Juarez de Oliveira Editor, 2001, p. 80.

do Tribunal de Contas ou a aplicação equivocada que está fazendo, diante de dispositivo legal. Não poderá acionar o fundo.

O STF decidiu: "O TCU mostra-se em tese como autoridade apontada como coatora, no que haja baixado ato a definir os parâmetros da distribuição do Fundo de Participação dos Municípios". Na sequência, o mesmo Tribunal decidiu que "a aferição do direito líquido e certo relativo à impetração, em que se busca manter quota de distribuição do Fundo de Participação municipal, faz-se a partir dos parâmetros da tutela antecipada".[18] É, pois, contra o Tribunal de Contas que se ingressará com ação, objetivando eventual correção de percentual de modo a disponibilizar a quota de participação.

Em suma: os fundos não são dotados seja de personalidade judiciária, seja de personalidade jurídica. Mera conta corrente, como anota Maurício Conti.[19]

16.7 Fiscalização

Pergunta pertinente é a que indaga a quem compete a fiscalização dos fundos. Ao Tribunal de Contas da União, dos Estados ou dos Municípios? Há duas etapas. Enquanto os recursos estão no Banco do Brasil, prontos para sua distribuição, a apuração das quotas é de competência do TCU. Repassados os recursos para Estados e Municípios, cessa a competência do TCU, nascendo a competência das Cortes Estaduais ou Municipais de Contas. É que, cuidando-se de receitas transferidas, ou seja, arrecadadas pela União (imposto sobre a renda e proventos e IPI, nos termos do art. 159 da CF), mas repassadas a Estados e Municípios, uma vez ocorrida a operação, falece competência ao TCU, já que tais recursos não mais são federais, passando a integrar o orçamento de Estados e Municípios.

Problemas podem surgir em relação aos demais fundos, em que há participação, na formação do bolo arrecadatório, das três entidades federadas. A quem compete a fiscalização? Em relação a estes, a competência é dos dois Tribunais de Contas ou dos três, para os Municípios que os possuem, a quem cabe o controle dos repasses e aplicação de recursos, uma vez que o dinheiro público proveniente de cada ente federado é unido em apenas uma fonte de despesa.

Os cálculos elaborados pelo TCU, nos exatos termos do art. 161 da CF, são anuais, e, pois, outorgam direito ao prejudicado de ir ao Judiciário contra eventual alteração no curso do exercício. Não pode haver qualquer alteração nos índices durante o exercício financeiro, porque prevalece a ideia da anualidade de sua vigência.[20]

De outro lado, o Tribunal de Contas vale-se dos dados que lhe são repassados pelo IBGE. O Tribunal não elabora os índices. Estabelece-os de acordo com o levantamento do que lhe foi passado por outro órgão. Logo, não pode responder por equívoco no levantamento efetuado pelo IBGE. Daí descaber qualquer ação contra o Tribunal por força de equívoco de dados fornecidos por outro órgão.

Pelo descumprimento das normas, malversação de recursos, desvio, apropriação indébita, etc., sujeitam-se os controladores e administradores dos fundos às diversas

---

18 *RT*, 822/178, MS nº 24.472-1-DF, rel. Min. Marco Aurélio.

19 CONTI, Maurício. *Federalismo fiscal e fundos de participação, op. cit.*, p. 80-81.

20 STF, MS nº 24.098-DF, rel. Min. Cézar Peluso.

penalidades administrativas que podem ser aplicadas pelos Tribunais de Contas. Da mesma forma, sujeitos estão à responsabilidade criminal e à civil, de cunho indenizatório, apuradas pela entidade federada que tenha sido prejudicada, por seus órgãos próprios.

16.8 Retenção de recursos

Por fim, impõe-se a análise do art. 160 da CF: "É vedada a retenção ou qualquer restrição à entrega e ao emprego dos recursos atribuídos, nesta Seção, aos Estados, ao Distrito Federal e aos Municípios, neles compreendidos adicionais e acréscimos relativos a impostos". A regra, pois, é a vedação de retenção; os recursos repartidos, de acordo com a Constituição da República, e transferidos às unidades federadas não são passíveis de qualquer restrição, retenção ou resistência ao repasse. É que as entidades federadas maiores funcionam como órgãos de arrecadação, e posteriormente transferem o produto obtido às entidades menores. Vê-se que, por força de dispositivo constitucional, os recursos não pertencem à União, por exemplo. Tem ela a legitimidade arrecadatória, e na sequência efetua a remessa dos recursos ao fundo, para que este os reparta a todos os titulares.

Toda regra tem exceção. Daí não ser aplicável a regra, tornando-se possível o *condicionamento* do repasse enquanto não for efetuado o pagamento dos créditos à União. Esta e Estados-membros podem condicionar a transferência dos recursos "ao pagamento de seus créditos, inclusive de suas autarquias" (inciso I do parágrafo único do art. 160 da CF). O texto fala em "condicionar", o que não significa que possa retê-los, nem haver o autopagamento. Não podem a União e os Estados reter os recursos para satisfação dos créditos que possuam com os Municípios. Supõe-se que os créditos sejam aqueles estabelecidos na própria Seção VI, que está cuidando da repartição dos recursos tributários. Logo, está-se tratando apenas e tão somente de recursos de tal ordem.

A Constituição também admite o condicionamento no caso de não haver aplicação de recursos no Fundo da Saúde instituído pela Emenda Constitucional nº 29/2000, que deu nova redação ao §2º e respectivos incisos do art. 198. Caso não esteja havendo efetiva aplicação dos recursos vinculados ao respectivo Fundo, pode a União reter o repasse que deveria efetuar. A permissão destina-se, pois, a constranger Estados, Distrito Federal e Municípios a aplicarem o que lhes é exigido pela Constituição em ações e serviços públicos de saúde.

Insista-se em que o texto fala que cabe apenas o condicionamento da transferência dos recursos, não podendo a União, na segunda hipótese, utilizar-se da faculdade constitucional para satisfazer possíveis créditos que possua perante as demais entidades federativas.

Na dicção do Código Civil, condição é "a cláusula que, derivando exclusivamente da vontade das partes, subordina o efeito do negócio jurídico a evento futuro e incerto" (art. 121).

"Condicionar", aí, não significa reter, mas subordinar o repasse a evento futuro e incerto.

16.9 Autopagamento mediante vinculação de recursos. Defesa judicial

Estabelece o §4º do art. 167 da CF que "é permitida a vinculação de receitas próprias geradas pelos impostos a que se referem os arts. 155 e 156, e dos recursos de que tratam os art. 157, 158 e 159, I, 'a' e 'b', e II, para a prestação de garantia ou contragarantia à União e para pagamento de débitos para com esta". Cuida o dispositivo de recursos tributários para pagamento de títulos, empréstimos avalizados, etc.

O relacionamento é apenas tributário entre os entes federados, ou seja, o vínculo que pode existir entre União, Estados-membros (o Distrito Federal acha-se a estes equiparado) e Municípios é apenas de titularidade tributária.

O dispositivo em análise significa que a União está dotada de poderes acima do que se admite num Estado Federal? Teria a Emenda Constitucional nº 3/1993 quebrado a regra federativa da autonomia dos Estados-membros? Na dicção constitucional admite-se que a União receba mediante mera determinação financeira, creditando-se nos fundos públicos estaduais, satisfazendo seu crédito diretamente nos recursos estaduais ou municipais?

A forma adequada para exigir o pagamento é a comum, utilizada por todas as pessoas físicas ou jurídicas portadoras de um título, isto é, levá-lo ao Judiciário para apuração de sua liquidez e, então, sujeitar-se à expedição de precatórios, como todo e qualquer mortal. Caso o Estado-membro não reconheça a legitimidade do título jurídico da cobrança ou seu montante, poderá discuti-lo perante o Judiciário, e o linde da controvérsia não fica limitado.

A defesa judicial do Estado-membro, Distrito Federal ou do Município pode centrar-se num dos seguintes argumentos: (a) impossibilidade material do pagamento, por escassez de recursos ou insuficiência para satisfação das obrigações primárias, constitucionais e legais do ente federativo; (b) divergência sobre o montante do débito; e (c) falta de legitimidade do título.

Se a situação de fato se alterou de forma a impossibilitar o cumprimento do contratado, não há como exigir a satisfação do crédito. Como diz Larenz, caso ocorra uma "transformação fundamental das circunstâncias, possibilidade em que não haviam pensado as partes contratantes e que de nenhum modo haviam tido em conta ao ponderar seus interesses e distribuir os riscos, pode ocorrer que o contrato execute-se nas mesmas condições, perca por completo seu sentido originário e tenha consequências totalmente distintas das que as partes haviam projetado ou devessem razoavelmente projetar".[21] Tal circunstância – alteração da situação de fato – pode ser discutida em juízo, de forma a impedir, mediante suspensão liminar, o cumprimento da obrigação.

Havendo divergência em relação ao montante da obrigação, igualmente pode haver a desoneração temporal do pagamento, enquanto é ele discutido.

Por fim, pode ocorrer que falte legitimidade ao título. Por exemplo, pode ocorrer a hipótese da exceção do contrato não cumprido. A saber: o banco ou país credor originário deveria cumprir determinada obrigação – como, por exemplo, participar com investimentos em determinada obra – e, no entanto, deixou de fazê-lo. Claro está que a obrigação contratual ainda seria objeto de discussão em foro estrangeiro ou no

---

21 KARL Larenz. *Base del negocio jurídico y cumplimiento de los contratos*. Editorial Comares, 2003, p. 97-98.

Brasil, e, no entanto, com a satisfação da obrigação, ficou o devedor frustrado de poder discutir o cumprimento de cláusulas.

No entanto, ainda que repugne ao senso jurídico e ao espírito federativo, pode a União quebrar, de forma inconstitucional, em decorrência de um crédito obrigacional, o pacto federativo? Pode a União satisfazer seu crédito nas disponibilidades tributárias, ou não, do ente federativo menor? A abstrusa norma constitucional vigente no Direito Brasileiro necessita de aclaramento.

Na deturpação federativa em que vivemos, basta um dispositivo constitucional que estabeleça poder a União dispor da forma que quiser de todos os recursos que arrecada ou da execução das contragarantias dadas para que se estabeleça sua superioridade federativa. Como anota José Afonso da Silva, "a autonomia das entidades federativas pressupõe repartição de competência para o exercício e desenvolvimento de sua atividade normativa".[22] A seguir afirma que o Estado Federal "assenta no princípio da autonomia das entidades componentes e que se apoia em dois elementos básicos: existência de governo próprio e posse de competência exclusiva".[23] Oswaldo Aranha Bandeira de Mello escreve que "autonomia se conceitua como a faculdade que tem uma comunidade jurídica de regular os seus próprios negócios, mediante normas jurídicas por ela própria editadas".[24] É, em outras palavras, o que dispõe o art. 18 da CF, na redação dada pela Emenda Constitucional nº 15/1996. Autonomia pressupõe autogoverno e autoadministração. Não se confunde com soberania, somente atribuída ao Estado Federal. O autogoverno pressupõe cobrança de tributos e liberdade de administração, com eleição de seus dirigentes. Logo, não há sujeição constitucional de um ente federal a outro. Todos são autônomos, no interior de suas próprias competências. Para manutenção da unidade federativa é que se pode outorgar competências interventivas de um sobre o outro, em hipóteses raras. Nem por outro motivo é que o art. 18 fala na autonomia, "nos termos desta Constituição". Com isso, dá à União a possibilidade de intervir para manter a coesão interna da Federação. Em hipótese alguma – repita-se – isso pode significar qualquer ingerência na intimidade jurídica de outro ente, nem mesmo para cobrar-lhe alguma coisa que é devida.

A vinculação de recursos a que alude o §4º do art. 167 da CF diz respeito, como se vê, aos recursos tributários. A alocação topológica do dispositivo dá o norte para sua interpretação. A seção em que se insere diz respeito aos orçamentos.

Deve a norma ser interpretada. Dispõe sobre permissão (*strong permission*), modal deôntico "é permitido que", para que o ente federativo possa vincular recursos "para a prestação de garantia ou contragarantia à União e para pagamento de débitos para com esta" (parte final do §4º do art. 167 da CF). Não se encontra na dicção do artigo que a União possa apropriar-se dos recursos que deve repassar aos Estados-membros ou aos Municípios para satisfazer eventual crédito que possua. O poder vincular recursos não significa que deva sujeitar seus créditos tributários ou não à sanha de outro poder. Seria incongruente outro entendimento que pudesse aceitar a autossatisfação dos créditos.

---

[22] SILVA, José Afonso da. *Curso de direito constitucional positivo*. 41. ed. São Paulo: Malheiros, 2018, p. 481.

[23] *Idem*, p. 488.

[24] BANDEIRA DE MELLO, Oswaldo Aranha. *Natureza jurídica do estado federal*. São Paulo: Prefeitura do Município de São Paulo, 1948, p. 46.

Há o princípio orçamentário da não vinculação, previsto no inciso IV do art. 167. O §4º do mesmo artigo abre uma exceção à regra orçamentária, isto é, permite, ao lado das vinculações constitucionais orçamentárias à educação e à saúde, que receitas possam destinar-se à garantia de cumprimento de obrigações contratuais. Nada mais. Não se está dizendo que ficará frustrado o conceito federativo, permitindo-se que um dos entes possa satisfazer seu crédito independentemente de se dirigir ao Judiciário, como fazem todas as pessoas físicas e jurídicas. O comportamento permitido não pode constituir-se em restrição à disponibilidade orçamentária dos recursos. É evidente que a norma de cunho orçamentário nada tem a ver com a possibilidade de execução "de mão própria" por parte da União sobre as receitas dos demais entes federativos.

Imagina-se, até, que a intenção do constituinte originário tenha sido movida pelo instinto centralizador dos governos federais brasileiros, a de propiciar à União a satisfação de seu crédito que possua com os demais entes federativos. No entanto, o princípio federativo sobrepaira as interpretações menores, mesmo porque outros princípios podem ser dedutíveis dos constantes na CF, nos exatos termos do §2º do art. 5º. Ocorre que o papel do intérprete é harmonizar os dispositivos, evitando incompatibilidades, antinomias, buscando a interpretação consonante com o todo do texto constitucional. Admitir-se que a União se aproprie de receitas federais para pagamento de créditos que possa ter, independentemente de se dirigir ao Poder Judiciário, é atravessar o Aqueronte. A tarefa hermenêutica é suavizar o todo, é buscar a essência dos princípios e regras. Interpretação contrária é contrariar todos os princípios do Estado federativo, admitindo-se a quebra da unidade.

Dentro da disponibilidade patrimonial de que gozam as entidades federativas, é possível que elas, de livre e espontânea vontade, vinculem receitas próprias ou recursos transferidos para prestação de garantia ou contragarantia à União. Caso a União exija contragarantia de aval prestado para um empréstimo externo, por exemplo, pode haver a vinculação das receitas próprias ou dos recursos transferidos para o garante de tal pagamento. O parágrafo único do art. 160 da CF permite o condicionamento do repasse de tributos transferidos ao pagamento de seus créditos ou de suas autarquias. Jamais admite a satisfação direta sobre créditos existentes nos fundos.

De outro lado, vê-se que há uma conjunção aditiva para admitir o pagamento dos débitos para com esta, o que impõe a conclusão de que as soluções estão separadas. Uma coisa é a garantia dada para pagamento de aval, que deve, uma vez não honrado o pagamento, impor o condicionamento do repasse dos recursos transferidos, tal como determina o art. 160. De outro lado, para pagamento dos débitos para com a União apenas se aceita a vinculação para pagamento de débitos obrigacionais.

Entende-se, pois, que a vinculação de recursos e receitas apenas tem um significado: servir a que se garanta o pagamento. Não há, como pode parecer à primeira vista, uma exceção teratológica ao princípio federativo.

Enfim, os fundos públicos têm o grande objetivo de gerar repartição das riquezas auferidas pelo Estado Federal. Como este se subdivide em entes federativos autônomos, deve haver uma redistribuição dos recursos tributários arrecadados, de forma a propiciar a erradicação da pobreza, a marginalização e a redução "das desigualdades sociais e regionais" (inciso III do art. 3º da CF).

O §4º do art. 167, introduzido pela Emenda Constitucional nº 3/1993, é daqueles que padecem do vício de inconstitucionalidade, uma vez que houve ostensiva quebra do pacto federativo. Não está escrito no §4º do art. 60 que é vedada a deliberação de proposta que extinga a Federação, mas, simplesmente, que tenda a aboli-la. A competência do constituinte derivado encontra limites no conteúdo das cláusulas pétreas; não pode haver um ente federal acima dos outros e que não se submete às mesmas regras a que os demais estão sujeitos; também não há como assegurar a superioridade juridicamente absurda, desconexa e írrita da União sobre os demais entes federados, pois a harmonia é essencial para subsistência do pacto.

Em suma: a possibilidade outorgada pelo §4º do art. 167 é excrescente e deve, em próxima revisão, ser retirada da Constituição. Caso contrário caberá ao STF, como guardião de seu texto, dar-lhe a interpretação adequada, limitando seu conteúdo ao possível, harmonizando o dispositivo com o todo constitucional.

17

ORÇAMENTO: BREVE HISTÓRIA. ESPÉCIES. CONTROLE SOCIAL E AÇÃO DIRETA DE INCONSTITUCIONALIDADE

17.1 A origem do orçamento na evolução histórica. A palavra "orçamento"

A história do orçamento confunde-se com a história da civilização. Trata-se de conquista imprescindível para o exercício dos direitos perante o Estado. Independente dos questionamentos que surgem sobre como nascem os Estados, a discussão não se impõe neste momento. Aqui, o que vale é saber da origem do orçamento. Como ele nasce? Por que surge? A que serve? Que garantias gera?

O orçamento, tal como existe no mundo de hoje, não era conhecido na Antiguidade. Confundia-se o orçamento do rei com o do Estado. O processo inicial era de concentração de poderes nas mãos do Príncipe. Basicamente, existia o *aerarium*, confiado ao Senado, e o *fiscus*, em mãos do rei. Anota Sainz de Bujanda – em tradução livre – que "o grave foi que os recursos do Estado Romano confundiram-se com a fortuna particular do Imperador, e que este se acostumou a manejar os recursos públicos como coisa de sua propriedade".[1] Assim, todos os ingressos que chegavam a Roma eram comuns à caixa de César e do governo de César. Era uma só coisa.

Na Antiguidade, pois, não se pode falar em orçamento nos moldes atuais. Pode-se imaginar seu início em 1215, quando os barões impingiram a Magna Carta a João-sem-Terra. Tributos não lhes poderiam ser exigidos, salvo quando de sua concordância. O texto do art. 12 é o seguinte: "Nenhum tributo ou auxílio será instituído no Reino, senão pelo seu conselho comum, exceto com o fim de resgatar a pessoa do Rei, fazer seu primogênito cavaleiro e casar sua filha mais velha uma vez, e os auxílios para esse fim serão razoáveis em seu montante". Tal dispositivo foi reforçado em 1689 pelo *Bill of Rights*. Esclarece James Giacomoni que, "mesmo antes da implantação do orçamento formal, a Câmara dos Comuns adotou o princípio de só aprovar propostas de despesas oriundas da Coroa. Tal regra visava a respeitar as prerrogativas do Executivo, como o responsável pelas finanças do Estado. Ao Legislativo competia aprovar, reduzir ou rejeitar a despesa proposta, bem como o controle da execução do orçamento. Tal modelo

---

1 BUJANDA, Sainz de. *Hacienda y derecho*. v. 1. Madri: Instituto de Estudios Políticos, 1962, p. 168.

ainda hoje é seguindo, não tendo sofrido modificações sensíveis quando da transferência das atribuições executivas da Coroa para o Gabinete".[2]

No entanto, efetivamente, apenas se pode pensar no orçamento quando do início do regime representativo. O Parlamento passa a ser órgão de controle do Rei e começa a discutir o destino dos recursos públicos. Ignora-se um determinado momento histórico da instituição do orçamento. Anota Griziotti que, "sob o reinado de Carlos II, o princípio de aprovar por lei os recursos para gastos determinados foi formalmente estabelecido como uma das condições nas quais o Parlamento estava disposto a conceder dinheiro para as necessidades do Estado".[3]

Em 1625, quando Carlos I chegou ao trono, viu sua pretensão de tributos recusada pelo Parlamento e teve que se valer de empréstimos.[4]

Na *Petition of Rights* de 1628 e na Declaração de Direitos de 1689 foi estabelecido que as despesas com o Exército deveriam ser aprovadas pelo Parlamento. Na Revolução Francesa (1789) foi que se estabeleceu o princípio da periodicidade da votação e a autorização pelo Parlamento para arrecadação de impostos.

A grande revolução ocorreu com o início do Estado Liberal clássico e término do Estado Absolutista. Este controlava tudo e não prestava contas a quem quer que fosse. Logo, o Erário se confundia com o Fisco, e, pois, despicienda era a ideia de orçamento. A partir do Estado Liberal e do advento da responsabilidade do Estado e de seus governantes nasce o orçamento como noção importante para o controle dos gastos públicos.

Pode-se concluir, seguindo Luiz Emydio F. da Rosa Jr., que a origem do orçamento decorreu de razões políticas, e não financeiras.[5]

Como salienta Aliomar Baleeiro, segundo ocorria na Idade Média, os monarcas necessitavam de recursos e para tê-los precisavam do consentimento dos principais vassalos, e era ele dado por conselhos ou assembleias. Com o tempo tal consentimento tomou o nome de orçamento.[6]

Sobre a origem da palavra, em Francês e em Inglês fala-se em *budget*, que, ao que consta, provém de *bougette*, ou seja, "pequena bolsa de couro". Relata Nelson de Sousa Sampaio que na Inglaterra designava a pasta em que o ministro levava papéis e documentos para seu discurso sobre a proposta orçamentária (*budget speech*). O então Ministro Gladstone, por volta de 1860, utilizava-se de tal expediente. Era hábito que o discurso de apresentação do orçamento durasse bastante, dando-se por certo que o mesmo Ministro discursou por 4 horas e 45 minutos em 18.4.1853, explicando o conteúdo da proposta orçamentária. Já na língua portuguesa provavelmente provenha do Italiano *orzare*. No Brasil identifica o conteúdo da lei que prevê receitas e despesas, traçando um plano de governo.

---

2 GIACOMONI, James. *Orçamento público*, p. 46.

3 GRIZIOTTI, Benvenuto. *Principios de ciencia de las finanzas*. 6. ed. Tradução italiana de Dino Jarach. Buenos Aires: Depalma, 1959, p. 37.

4 MEKHANTAR, Joël. *Finances publiques de l'État*: la LOLF et le Nouveau Droit Budgétaire de la France. Paris: Hachette Supérieur, 2007, p. 8.

5 ROSA JR., Luiz Emydio F. da. *Direito financeiro e direito tributário*. 16. ed. Rio de Janeiro: Renovar, 2002, p. 75.

6 BALEEIRO, Aliomar. *Uma introdução à ciência das finanças*. 16. ed. atualizada por Dejalma de Campos. Rio de Janeiro: Forense, 2004, p. 413.

17.2 Genealogia do orçamento

17.2.1 Inglaterra

Neste passo a Inglaterra avança em precedência. Houve, de início, a garantia de que as pessoas não estariam obrigadas a pagar tributos ao Rei, salvo com o consentimento de seus pares. Era o que dispunha o art. 12 da *Magna Charta Libertatum* de 1215. Como assinala René Stourm, "mucho antes de esta época estaba en práctica el principio de que 'todo impuesto debe estar autorizado por el pueblo'".[7] Ele comentava que na ordem de Guilherme III de Orange de 1688 já se encontrava a prática dos orçamentos na Inglaterra.

Stourm menciona o livro *Essais sur l'Histoire d'Angleterre*, de Lord Macaulay (vol. 8º, Paris, 1854).[8]

Pretendeu-se colocar a realeza acima das leis. Por aí, poderiam exigir o que quisessem, e sem qualquer limite.

Originariamente as despesas ordinárias da realeza eram atribuídas aos reis, com as receitas e privilégios de seu domínio. Para as despesas extraordinárias, no entanto – ou seja, gastos para fins militares (que eram as grandes despesas, por causa das guerras), para os quais era necessário onerar excessivamente os contribuintes –, era necessário o consentimento deles.

Instaurou-se, então, um confronto permanente entre Rei e Parlamento, até que prevaleceu a necessidade de uma autorização orçamentária total, e esta era de competência dos representantes do povo.

Os Comuns não permitiram que isso ocorresse. Convocados foram em 1625 com a ascensão de Carlos I ao trono para concordarem com o aumento de impostos. Rejeitaram a pretensão real. Posteriormente, em segunda convocação, o Parlamento somente autorizou impostos provisionais, "aplazando para su última sesión el formalizarlos definitivamente".[9] Esta é a origem do procedimento que até hoje é seguido na Inglaterra para a votação das leis orçamentárias. Na última sessão parlamentar ocorre a autorização definitiva de todas as autorizações parciais anteriores.

Carlos I não se conformou com o tratamento desrespeitoso e ofendeu o Parlamento. Este resolveu recusar todas as verbas solicitadas. O Rei resolveu realizar empréstimos por sua conta, elaborando distinção entre imposto e empréstimo; e, sutilmente, os juristas da época entenderam que cabia ao Parlamento a instituição dos impostos, mas ao Rei a celebração de empréstimos. Anota Stourm que estes nada mais eram que "impuesto disfrazado, a pesar de los sofismas de las Cédulas reales el pueblo no se engañó y como las ideas de derecho público y de soberanía nacional estaban muy extendidas, se rechazó unánimemente la obediencia à las Cédulas con sello privad que prescribian el empréstimo forzoso".[10]

Em face da guerra contra a França, houve necessidade da convocação pela terceira vez do Parlamento, o que ocorreu em 1628. Carlos I foi desaforado e ameaçou o Parlamento dizendo que, no caso de não ser atendido, teria que empregar outros meios. Consulta

---

7 STOURM, René. *Los presupuestos*. v. I. Madri: La España Moderna, s/d, p. 31.

8 *Idem*, p. 32.

9 *Idem*, p. 33.

10 *Idem*, p. 34.

formulada a juízes chegou à conclusão de que caberia ao Rei, diante da recusa do Parlamento na criação de impostos, exigi-los por si próprio, como prerrogativa da Coroa.

O confronto de Carlos I com o Parlamento levou à formulação da *Petition of Rights*, em que se reiterava a impossibilidade de o Rei exigir, por força da Coroa, qualquer tributo sem o consentimento parlamentar. O Quarto Parlamento convocou funcionários para pedir explicações sobre impostos. Irritado, o Rei dissolveu o Parlamento em 1631.

A partir daí o Rei instituiu novas exigências sem ouvir o Parlamento. Passou a cobrar o *tonnage and poundage*, ou seja, imposto alfandegário sobre o barril (*tun* é uma palavra antiga para identificar o tonel) de vinho e um *ad valorem* sobre todas as mercadorias importadas. Ademais, criou monopólios sobre sabão, couro, sal e bebidas, além de outras mercadorias.[11] Além de tais cobranças, instituiu, por sua conta, um imposto sobre navios, o *ship-money*.

Houve a instauração de processo judicial sobre a cobrança do *ship-money*, e o comerciante perdeu, mas foi a Nação despertada para a inexigibilidade do tributo.

De 1629 até 1640 o Rei não convocou o Parlamento. Fato insólito para o povo inglês. O Rei abusou de seus poderes. Convocado em 1640, houve o comprometimento do Rei de não mais exigir tributos sem o consentimento do Parlamento.

Em 1649 o Rei foi executado.

Evidente que razões políticas outras foram responsáveis pelo trágico destino de Carlos I. No entanto, os confrontos sobre as autorizações orçamentárias, a instituição de novos impostos e o abuso das exigências tributárias contribuíram para os desencontros políticos ingleses.

Voltam os Stuarts. O Parlamento restringe os gastos reais.

Carlos II assume e tem suas rendas pessoais misturadas com as do governo. Busca perante os Comuns separá-las, o que logra e facilita a fiscalização sobre as receitas públicas.

Houve suspensão do pagamento de todos os débitos públicos. Como anota Stourm, "es la única quiebra que Inglaterra tiene que reprocharse en su historia financiera".[12]

Com a subida de Guilherme III, de Orange, há a plena separação do patrimônio do Rei do Erário público. Distinguiram-se os recursos destinados às despesas da Coroa e os do Estado. Anota Stourm que "de un lado, aquello de que el soberano puede disponer a su antojo en provecho personal; de otro, los caudales públicos, cuya gestión y fiscalización corresponden exclusivamente a los representantes del País".[13]

Este foi o primeiro passo para que tudo ficasse separado. Já se analisou que no Direito Romano houve a separação entre o que era *aerarium* e o que era *fiscum*. Tal distinção perdeu-se durante a História, e foi recuperada no Direito Inglês, sob a orientação de Guilherme III, de Orange. A saber: as despesas do soberano não se confundiam com as destinadas à população.

Adveio o *Bill of Rights* de 1689, que atribuiu ao Parlamento a autorização para dispor sobre as despesas públicas, excluídas as pessoais do governante. Este teria sido, segundo anotam Trotabas e Cotteret, um "triomphe parlementaire".[14]

---

[11] V.: GUIZOT, François. *Histoire de la Revolution d'Angleterre 1625-1660*, 6. v. 8.

[12] STOURM, René. *Los presupuestos, op. cit.*, I, p. 40.

[13] *Idem*, p. 42.

[14] TROTABAS, Louis; COTTERET, M. *Droit fiscal*. Paris: Dalloz, 1973, p. 25.

Conclui Stourm que, "desde 1688, advenimiento de Guillermo III, queda definitivamente establecido lo que hemos denominado derecho presupuestal".[15] Gabriel Ardant assinala: "Les 13 articles de la Déclaration des Droits de 1688, véritable pacte entre le Parlement et les nouveaux monarques, consacraient non seulement le pouvoir fiscal de l'assemblée – le roi s'interdisait de lever des impôts ou une armée sans le concours du Parlement – mais aussi son Pouvoir Législatif: le roi ne pouvait dispenser personne de l'observation de la loi".[16]

A atribuição então entregue ao Parlamento constitui um dos grandes baluartes da liberdade. Consagrou-se que apenas a população é que pode autorizar os gastos públicos destinados a ela própria. Cabe a ela, por seus representantes, e não à Coroa (rei, imperador ou presidente – chefes do Executivo), o estabelecimento do quanto e de quando se despendem os dinheiros públicos.

A palavra *budget*, como anotam Louis Trotabas e J.-M. Cotteret,[17] advém do velho francês "bouge, bougette, le petit sac, et ce mot nous est revenu d'Angleterre, où il a pris son sens financier, en évoquant le sac du Roi et le trésor royal qu'il contient". Seu uso na França data do começo do século XIX.

Ao termo desta evolução, o *Chancellor of the Exchequer*, ou seja, o Ministro inglês encarregado da parte financeira, profere o que se rotula de *budget speach*, perante o Parlamento, e apresenta um quadro das receitas e despesas, efetua um relatório sobre o comportamento financeiro dos exercícios anterior e atual e projeta as despesas para o futuro.

17.2.2 Estados Unidos da América

Como já se afirmou, estamos nos orientando pela obra já mencionada de René Stourm.

Sabidamente, a Metrópole (Inglaterra) legislava para a Colônia (Estados Unidos) e a cada instante criava novos tributos. A Colônia criou um imposto sobre o selo e atribuiu sua cobrança a seus próprios agentes. O Parlamento de Virgínia recusou-se a aceitar impostos exigidos pela matriz. Entendeu-se que, como o pagamento à Inglaterra era um donativo livre, era irracional que ela pudesse exigir tributos. A Inglaterra insistiu na ideia de supremacia.

A discussão já não era sobre valores, mas sobre princípios.

Iniciaram-se as revoltas, o que originou a Declaração de Direitos e também as primeiras batalhas pela independência, que ocorreu em 4.7.1776, com a celebração do Tratado de 1782 em que se reconheceu a independência dos Estados Unidos.

Anota Stourm que "primero la creación del impuesto de timbre y después el del té determinaron casi exclusivamente la guerra de la independencia de América, emprendida a costa de inmensos sacrificios por los vasallos de Inglaterra, para conquistar el derecho presupuestal".[18]

---

[15] STOURM, *Los presupuestos, op. cit.*, vol. I, p. 42.

[16] Gabriel ARDANT, *Histoire de l'impôt*. Paris: Fayard, 1971, Livro I (De l'Antiquité au XVIIe Siècle), p. 521.

[17] TROTABAS, Louis; COTTERET, M. *Droit fiscal*. 3. ed. Paris, Dalloz, 1969, p. 21.

[18] STOURM. *Los presupuestos, op. cit.*, v. I, p. 46-47.

Vê-se que o que prevalece em tal discussão é a ideia de consentimento. Aos representantes do povo reunidos em Congresso é que cabe autorizar a instituição de tributos e demais receitas públicas bem como estabelecer as despesas que deverão ocorrer em determinado período.

17.2.3 Prússia

A Prússia foi um dos maiores e mais fortes Estados da Europa. Teve seu apogeu com Bismarck. A Constituição prussiana de janeiro/1850 garantia a aprovação parlamentar para instituição de tributos. Em 1862 houve a supressão da exigência orçamentária. Bismarck retirou o projeto orçamentário e fê-lo aprovar somente pela Câmara dos Lordes, não eleita. A Constituição, no entanto, estabelecia que a não votação do orçamento pela Câmara criava uma situação irregular. Em seguida, com o advento de uma guerra, houve o pedido de perdão do Rei. O Rei Guilherme reconheceu a ilegalidade.

Assinala Stourm que tais fatos demonstram "la importancia que tienen en la vida de los pueblos las cuestiones financieras y el preeminente lugar que ocupa en las Constituciones modernas el derecho presupuestal".[19]

17.2.4 França

As frequentes guerras com a Inglaterra levaram os reis a exigirem do povo cada vez mais impostos e contribuições.

Há três importantes aspectos a ressaltar. Primeiro, a autorização dos tributos. Segundo, a autorização das despesas. E, terceiro, a periodicidade delas.

A origem dos Estados Gerais remonta a 422.[20] Durante séculos impostos foram criados e extintos sem qualquer participação da população. Nobres decidiam. Em algumas reuniões tidas pouco se cuidou do aspecto fiscal. Felipe, o Belo, em 1314 tratou da questão fiscal. No fim de 1355 nova guerra contra a Inglaterra, esgotando-se os recursos financeiros. Cria-se o imposto do sal.

René Stourm faz detalhado levantamento de todas as reuniões havidas, indicando sob o reinado de quem elas se realizaram.[21] Acrescenta que "Rousseau, Condorcet, David Hume, Boulainvilliers, Montesquieu consideram sempre fundamental o Direito da Nação para autorizar os ingressos e gastos públicos".[22]

Em verdade, os Estados Gerais, ao invés de gerenciarem a instituição e a cobrança de tributos, ambicionavam influenciar e imiscuir-se nos negócios governamentais.

No período de 1614 até 1789 governa a Coroa, exclusivamente. Surgem, então, os Parlamentos, que não tinham qualquer legitimidade popular, porque os cargos eram comprados. O Rei aprovava o texto e lavrava-se ata parlamentar. Nisto se resumia a

19 *Idem*, p. 49.
20 *Idem*, p. 51.
21 *Idem*, pp. 55-58.
22 *Idem*, 61.

interferência do Parlamento. Relata Stourm que o Rei, ao final, dizia: "Acabaste de escutar minha vontade, espero que estareis de acordo".[23]

Na *Histoire du Parlement de Paris*, Voltaire relata que o Rei ingressou, certa feita, no Parlamento, em botas de montaria, para dizer do mal que causava a realização das assembleias parlamentares e que cessassem todas as que fossem cuidar das ordens que emitira.[24]

Reinava o poder absoluto do Rei. Parlamento castrado e sem qualquer autoridade. Desconsiderado pelo Rei. Depois de história de grandeza, diminuía-se o Parlamento, e era reduzido a mero homologador da vontade do Rei.

Em começos de 1789 restaura-se a perspectiva de que "nenhum imposto deve ser permitido sem o consentimento da Nação". A Assembleia Nacional edita texto claro e definitivo em que estabelece que cabe exclusivamente aos representantes da Nação o direito de votar os impostos.[25]

Ocorreram casos, no entanto, em que impostos foram criados por decreto. O Imperador criou o imposto do sal, do monopólio do tabaco, das contribuições imobiliárias e contribuições sobre consumo.

Napoleão, ao regressar da batalha de Leipizig, se desculpa por ter desconsiderado o Parlamento.

Assim, garante e se assegura o direito de apenas o Parlamento autorizar a cobrança de qualquer tributo.

Em relação aos gastos havia a firme convicção de que se cuidava de um "direito régio"[26] e que o Poder Executivo, "uma vez votados os créditos pela Nação, não ficava dono de realizar os gastos públicos".

O dever de prestar contas cabia aos ministros.[27]

De início reinava confusão entre os gastos públicos e os gastos da casa do rei e da rainha.

A Assembleia Constituinte de 1791 dispôs, no art. 10: "A Nação atende ao esplendor do trono com uma lista civil, cujo importe assinalará o corpo legislativo em cada reinado, para toda a duração do mesmo".

Prevaleceu durante todo o período absoluta indefinição sobre os gastos. Estabeleceu-se que nenhum Ministério poderia exceder o crédito a ele atribuído. Entendia-se que o Parlamento votava os impostos, mas ao Rei caberia realizar as despesas.

Assim, na França como na Inglaterra, cabe ao rei atender a suas despesas com as rendas ordinárias do Reino.[28] Toda ideia de autorização orçamentária estava descartada entre os séculos XIV e XVII.

---

[23] *Idem*, p. 65.

[24] VOLTAIRE, *Histoire du Parlement de Paris, apud* René Stourm, *Los presupuestos, op. cit.*, vol. I, p. 66.

[25] René STOURM, *Los presupuestos, op. cit.*, vol. I, p. 69.

[26] *Idem*, p. 70.

[27] *Idem*, p. 71.

[28] TROTABAS, Louis; COTTERET, M. *Droit fiscal, op. cit.*, p. 28.

17.2.5 União Europeia

A União Europeia organizou sua integração através de diversos órgãos. A tomada de decisão é feita por algumas instituições, como a Comissão Europeia, o Parlamento Europeu e o Conselho da União Europeia.

A União Europeia é instituição politicamente independente que representa o centro de tomada de decisões. É força que impulsiona o sistema. Cabe-lhe propor a legislação. A cada cinco anos, após a eleição do Parlamento, é nomeada nova Comissão. Os governos designam um novo presidente, após discussão com os Estados-membros. Responde perante o Parlamento, que tem a competência para demiti-la.

Cabe à Comissão Europeia, basicamente: (a) propor leis; (b) gerir e executar as políticas aprovadas; (c) gerir e executar o orçamento; (d) garantir a aplicação do Direito aprovado; e (e) representar a União Europeia internacionalmente.

No que nos interessa, cabe a tal órgão o encaminhamento da proposta orçamentária. A gestão orçamentária é controlada por um Tribunal de Contas.

Encaminhado o orçamento, cabe ao Parlamento discuti-lo e aprová-lo. O Parlamento é composto, atualmente, com o ingresso de diversos Estados, de 786 membros, eleitos na proporção da população de cada país. Tem como principais funções o controle do exercício democrático das demais instituições, especialmente a Comissão, e partilha com o Conselho a execução do orçamento, podendo influenciar a destinação das despesas.

O orçamento é decidido pelo Parlamento e pelo Conselho. O debate realiza-se em duas leituras. Aprovado, é encaminhado para sanção do Conselho. Posteriormente deve decidir se aprova a forma como a Comissão o executou. Recebe o nome de *quitação*.

Enquanto o Parlamento funciona como nossa Câmara de Deputados, o Conselho equipara-se ao Senado. Representa os Estados-membros, e em suas reuniões participa um representante de cada governo integrante da Comunidade. A Presidência do Conselho é rotativa a cada seis meses.

O orçamento é composto de receitas próprias e de outras receitas. As primeiras provêm de rendas de participação dos direitos alfandegários, agrícolas, percentual incidente sobre o imposto sobre o valor agregado e parte da receita nacional bruta de cada Estado. As demais receitas são juros bancários e contribuições de outros países a programas comunitários. Deve haver equilíbrio entre receitas e despesas.

Subordina-se o orçamento aos princípios da unidade, universalidade, anualidade, equilíbrio e especialidade das despesas.

A iniciativa, como se viu, cabe à Comissão, que discute o anteprojeto com todos os países até 15 de junho. Procede-se a uma primeira leitura até 31 de julho e, após debates, é transmitido ao Parlamento na primeira quinzena de setembro. Este efetua a primeira leitura no mês de outubro, sujeitando-se a emendas. Efetua-se a segunda leitura, após um acordo com uma delegação do Parlamento. Pode haver mudanças no texto em função de emendas apresentadas. Efetuadas as alterações, há nova transmissão ao Parlamento em 22 de novembro. É submetido a votação na sessão plenária de dezembro para exame de todas as despesas. É aprovado por 3/5 dos votos. É promulgado pelo Presidente do Parlamento e torna-se executório.

A partir daí, o titular da execução é a Comissão, cabendo-lhe a gestão, sob sua responsabilidade. Pressupõe-se que haja a boa gestão sobre os recursos disponíveis.

Há distinção entre o ordenador da despesa e o controlador financeiro. Ambos são encarregados das diferentes operações de execução, tanto no que concerne à realização das receitas como à efetuação das despesas.

A estrutura do orçamento é revelada por atividades tais como ajuda humanitária, luta contra fraude, pesca, mercado interior, política regional, meio ambiente, pesquisa, agricultura e desenvolvimento rural, tarefas sociais, emprego, etc.

Subordina-se a execução orçamentária a um controle interno através de diversos dispositivos e ao controle externo da Corte de Contas.

A Corte de Contas não tem função jurisdicional e não dispõe de poder sancionatório. Elabora uma relação anual sobre receitas e despesas; realiza auditorias; emite declaração sobre a correção das contas e relata os resultados dos controles executados.

É integrada por um membro de cada Estado-membro que, entre si, indicam o Presidente, por um período de três anos. A principal missão é verificar a boa execução do orçamento.

Emitido o parecer, as contas são remetidas ao Parlamento, para discussão e aprovação.

O procedimento é equiparado ao dos Estados modernos. Cabe-lhe, no entanto, a difícil tarefa de coordenar diversos interesses e eventualmente contraditórios, já que pode haver um confronto de posições entre os Estados-membros.

17.2.6 O orçamento no Brasil

No Brasil ao tempo colonial havia cálculos de receita e despesa, mas ainda não se podia falar em orçamento, nos termos de hoje. A Constituição/1824 dispunha, no art. 172, que "o Ministro de Estado da Fazenda, havendo recebido dos outros ministros os orçamentos relativos às despesas das suas repartições, apresentará na Câmara dos Deputados anualmente, logo que esta estiver reunida, um balanço geral da receita e despesa do Tesouro Nacional do ano antecedente, e igualmente o orçamento geral de todas as despesas públicas do ano futuro, e da importância de todas as contribuições, e rendas públicas". Cabia ao Poder Legislativo a iniciativa sobre impostos (inciso I do art. 36), autorizar a contrair empréstimos (n. 13 do art. 15), estabelecer meios convenientes para pagamento da dívida pública (n. 14 do art. 15). Ainda que Constituição Imperial, e, pois, sob a batuta do Poder Moderador (art. 98), que pairava sobre os demais, nasce alguma restrição ao poder absoluto do Imperador. O orçamento deveria, pois, ser aprovado.

Na República, decretada com base no Decreto nº 1, de 15.11.1889, a Constituição superveniente, de 1891, dispôs caber ao Congresso "orçar a receita e fixar a despesa federal anualmente" (inciso 1º do art. 34), incumbindo o Ministério da Fazenda de "centralizar, harmonizar, alterar ou reduzir os orçamentos parciais dos Ministérios para organizar a proposta" (Lei nº 23, de 30.10.1891, com a redação da Lei nº 30, de 8.1.1892).

A Constituição/1934 já contém uma seção disciplinando a estrutura orçamentária. Será una, contendo todas as receitas e despesas (art. 50).

A Constituição/1937 ("Polaca") dispõe, nos arts. 67 a 72, detalhadamente sobre o orçamento. Foi instituído junto à Presidência da República um Departamento

Administrativo para efetuar estudo pormenorizado da estrutura administrativa, para organizar a proposta orçamentária e fiscalizar a execução orçamentária (alíneas "a" a "c" do art. 67). O orçamento seria uno (art. 68), contendo, pois, todas as receitas e despesas, devendo conter discriminação por órgão. Prevê, também, modificações que devam ocorrer quando da execução orçamentária. Impede qualquer dispositivo estranho à despesa e receita (princípio da exclusividade – art. 70). À época foi criado um Conselho Federal composto de representantes dos Estados e de 10 membros nomeados pelo Presidente da República (art. 50). A este Conselho cabia, após aprovada a proposta orçamentária pelo Legislativo, pronunciar-se a respeito, cabendo à Câmara, então, apreciar as emendas formuladas pelo referido Conselho (art. 71). Terminada a fase de discussão e aprovado o orçamento, era publicado pelo Presidente da República (art. 72). Coube ao antigo DASP/Departamento Administrativo do Serviço Público a elaboração dos estudos orçamentários (criado pelo Decreto-Lei nº 579, de 30.7.1938). Anota James Giacomini que o advento do Estado Novo trouxe a disciplina orçamentária. No entanto, salienta que em 1939 "o regime estado-novista liquidou com o que restava de autonomia dos Estados e Municípios ao transferir ao Presidente da República a prerrogativa de nomear os governadores estaduais (interventores) e a esses a nomeação dos prefeitos".[29] A aprovação dos orçamentos era tarefa estrita ao âmbito administrativo, através do Conselho Administrativo.

Em 1939 o Conselho Técnico de Economia e Finanças do Ministério da Fazenda convoca uma conferência de técnicos em Contabilidade Pública para estudos sobre o orçamento, e mediante o Decreto-Lei nº 1.804, de 24.11.1939, ficou aprovado um projeto de padronização dos orçamentos, até que sobrevém a Lei nº 4.320/1964. Em 21.2.1940, pelo Decreto-Lei nº 2.026, foi criada a Comissão de Orçamento, primeiro órgão central orçamentário.

Retornando o país à normalidade democrática, sobreveio a Constituição/1946, tendo o orçamento ganhado, da mesma forma, feição democrática, isto é, manteve-se, em linhas gerais, a estrutura de aprovação, inexistindo, evidentemente, o Conselho a participar das deliberações do Congresso Nacional. Curiosamente, estabeleceu-se a prorrogação do orçamento anterior caso não tivesse ido à sanção até 30 de novembro (art. 74). Tomou o Tribunal de Contas sua feição atual (arts. 76 e 77).

As Constituições que se seguiram não alteraram o perfil constitucional do orçamento (Constituição/1967, Emenda Constitucional nº 1/1969 e, por fim, a atual Constituição/1988), tendo sido criado o cargo de Ministro Extraordinário de Planejamento e Coordenação Econômica, então ocupado por Celso Furtado, que tinha a competência de coordenar a elaboração e a execução do orçamento geral da União e dos orçamentos dos órgãos e entidades subvencionados pela União, harmonizando-os com o Plano Nacional de Desenvolvimento Econômico (Decreto nº 53.914, de 11.5.1964).

Interessante estudo realizou Mário Sebastião Nogueira de Freitas, economista, sobre a perspectiva histórica do orçamento.[30]

---

[29] GIACOMINI. *Orçamento público, op. cit.*, p. 58.

[30] FREITAS, Mário Sebastião Nogueira de. Uma releitura do orçamento público sob uma perspectiva histórica. *Bahia análise & dados* 12/9-24 (Finanças públicas – Desafios e perspectivas), n. 4, mar. 2003.

Com o advento da Lei nº 4.320/1964 foi que o orçamento adquiriu contorno de transparência. Assim o art. 2º dispõe que "a Lei de Orçamento conterá a discriminação da receita e despesa, de forma a evidenciar a política econômico-financeira e o programa de trabalho do governo, obedecidos os princípios da unidade, universalidade e anualidade".

Em síntese, a história do orçamento, poderoso instrumento de controle do Estado.

17.3 Aspectos do orçamento

Normalmente o orçamento é estudado apenas de seu ângulo financeiro. Indaga-se qual a quantidade de recursos que ingressam em determinado período e quais os gastos necessários no mesmo período. Elabora-se, pois, um balanço de despesas e receitas. Só que o orçamento não tem apenas este caráter *meramente contábil*. Esta é uma de suas facetas. No entanto, não se limita a isso.

Pode-se entrever o orçamento sob *aspecto político*, isto é, como fazer funcionar o respeito ao funcionamento dos três Poderes, assegurando-lhes recursos para que cumpram suas finalidades. De sua elaboração participam todos os Poderes, sendo certo que ao Presidente da República compete encaminhar a proposta orçamentária do Plano Plurianual, do Projeto de Lei de Diretrizes Orçamentárias e as propostas de orçamento (inciso XXIII do art. 84 da CF). Sendo assim, o Poder Executivo, através de seu chefe, tem a competência para iniciar os projetos de Lei Orçamentária. Ao Poder Judiciário, igualmente, é assegurado o poder de iniciativa para elaborar "suas propostas orçamentárias dentro dos limites estipulados conjuntamente com os demais Poderes na Lei de Diretrizes Orçamentárias" (§1º do art. 99 da CF). O Judiciário não elabora o Plano Plurianual, nem a LDO, nem o orçamento anual. Tais leis, como reza o art. 165 da CF, são de iniciativa do Poder Executivo.

Como interpretar harmonicamente o texto se dois são os poderes de iniciativa? Ora, o Executivo é que tem condições de saber quanto irá ser a arrecadação no próximo exercício. Logo, pode melhor que ninguém estruturar as despesas que se seguirão. No entanto, ao Poder Executivo não estão subordinados os demais Poderes, nem se segue que deverão encaminhar ao Executivo as respectivas propostas. São elas encaminhadas diretamente ao Poder Legislativo, o mesmo ocorrendo no caso do Ministério Público (§3º do art. 127 da CF). Cabe ao Legislativo, então, efetuar a composição das receitas e despesas, harmonizando-as.

O Congresso Nacional participa através da deliberação, alteração, modificação e aprovação dos diversos projetos encaminhados (inciso II do art. 48).

Vê-se, pois, que do ângulo político, os três Poderes são chamados a se manifestar e participam, ativamente, da elaboração e aprovação das peças orçamentárias.

De outro lado, pode-se analisar a proposta por seu conteúdo, isto é, pelo que nela se contém, e, pois, ter-se ideia das finalidades que serão atingidas pela destinação de recursos. Assim, um governo tido por socialista e que queira dedicar-se ao atendimento de finalidades sociais destinará maiores recursos ao assentamento de agricultores sem-terra, à habitação, à educação, à saúde – enfim, a áreas que mais carecem de atendimento. Pela destinação de verbas sabe-se qual o caráter ideológico do governo. De outro lado, um governo que apenas pensa em recursos para grandes e faraônicas obras, tais como monumentos, grandes edifícios, estradas, que busca incentivo a indústrias e comércio, etc., terá outra ideologia, buscando a liberdade de mercado e de propulsão dos mecanismos empresariais de produção. O caráter liberal de tal governo marcará sua identidade.

No meio acham-se os temperamentos próprios de tendências mais ou menos socializantes.

A democratização dos mecanismos de controle dará também cunho estritamente político ao orçamento. A ampla publicidade arrecadatória, mecanismos de controle social, tudo leva à verificação dos aspectos políticos do orçamento.

Por fim e essencial é a análise dos encargos que deverão ser suportados pelo contribuinte. Este está do outro lado da instituição de tributos. Logo, impõe-se que se leve em conta a capacidade econômica do contribuinte, o limite que pode suportar em face do planejamento global. Logo, não pode haver carga elevada em face do PIB. Hoje a carga brasileira está por volta de 37%, o que se constitui em escândalo. Logo, deve haver políticas que diminuam a carga tributária, até para permitir que haja maior disponibilidade de moeda em circulação. É essencial que se imponham limites ao Estado, e, pois, que se proteja o contribuinte de sua sanha arrecadatória.

Observe-se que o conteúdo orçamentário deve levar em conta o que denomino de capacidade receptiva, o que identifica o contrário do princípio tributário da capacidade contributiva. A lógica do raciocínio demanda que os que pagam mais recebam menos e os que pagam menos recebam mais dos cofres públicos em termos de benefícios públicos, e são os maiores destinatários das políticas públicas.

Como escreveu Gaston Jèze, "todo governo no poder tem, necessariamente, um plano de ação". No Estado moderno os partidos políticos opõem seus programas e suas concepções. Um governo não está no poder senão para realizar o programa do partido político que o sustenta. Isso é evidente para os governos e partidos de reformas sociais e políticas. Se são conservadores, o programa é de não modificar as instituições existentes e de manter o *status quo*. É um plano de ação.

"A realização do programa político se traduz, necessariamente, em despesas novas ou reduções de despesas. Por outro lado, há que achar os meios de pagar as despesas. Então intervém o problema das receitas, imposto, repartição dos gravames entre os indivíduos. Problema essencialmente político, porque se trata de saber *quem pagará*, em que *medida se pagará, de que maneira se pagará*. Aqui aparecem, em primeiro plano, as concepções políticas de *justiça social, igualdade verdadeira, solidariedade nacional*."[31]

Do ângulo *econômico* verifica-se o equilíbrio que deve imperar entre receitas e despesas, dando a justa medida da ponderação das forças em jogo. É regra da Economia que todo aquele que gasta além do que pode tende a ter dificuldades financeiras, endividando-se a ponto de não poder cumprir suas obrigações. Logo, o equilíbrio é imposto pelas regras econômicas e pelo mercado. De outro lado, há os empréstimos que levam ao endividamento exacerbado, que também merece controle. Outrora era regra de ouro das finanças públicas. Com o tempo os doutrinadores "relegaram a plano secundário a preocupação de evitar-se, à custa de todo o sacrifício, o *déficit*".[32]

---

[31] JEZE, Gaston. *Cours: Théorie Générale du Budget*. Paris: Giard, 1922, p. 34 e ss.

[32] BALEEIRO. *Uma introdução à ciência das finanças, op. cit.*, p. 426.

O orçamento deve atender à conjuntura econômica. Se as finanças particulares vão bem, com pleno emprego, com crescimento alentado, mister que se elabore a peça-meio com os olhares voltados para tais circunstâncias.

Em determinadas situações não convém até que se elabore peça rígida, ausente o déficit. Este, em verdade, nem sempre é ruim. Eventualmente juros baratos podem ser importantes, e, pois, a tomada de empréstimos que eleve a dívida externa pode até ser interessante em determinada circunstância. O crescimento do déficit pode não ser totalmente um mal. No período clássico da análise orçamentária havia repugnância pelo déficit ou pelo superávit. Modernamente entende-se que o equilíbrio orçamentário está jungido à vida econômica do país.

Paralelamente, impõe-se planificação econômica. Não que se deva restringir ou domesticar a economia. O mercado corre livre, mas ao Estado impõe-se que deva planejar seu crescimento. Não se pode dizer ao agricultor o que ele irá ou deverá plantar. No entanto, não se pode deixar de liberar créditos pelos estabelecimentos oficiais de crédito, como os planos para financiamento de recursos a juros subsidiados para incrementar determinada área.

Um orçamento bem organizado pode ser bom suporte para eventuais choques econômicos que possam resultar de desacertos internos ou externos. Eventual alteração na produção do petróleo, em seu custo, crises políticas ou econômicas de países com quem o Brasil mantenha estrita vizinhança e grande comércio podem abalar as estruturas econômico-financeiras do país. Logo, impõe-se a elaboração de plano vinculado às variantes econômicas e que reflita os interesses em jogo em determinado exercício.

Terceiro aspecto é a *técnica orçamentária*, que ressalta o aspecto contábil. Aliam-se os princípios orçamentários com a técnica de elaboração da peça.

17.4 Espécies de orçamento

Pode-se falar em espécies orçamentárias analisando seu conteúdo, ou seja, sobre o que está dispondo o projeto de lei. Assim, há os *tipos* (Plano Plurianual, Diretrizes Orçamentárias e Orçamento Anual) e as *espécies*, que são o Orçamento *Fiscal*, o *de Investimento* e o *de Seguridade Social* (incisos I a III do §5º do art. 165 da CF).

O *Orçamento Fiscal* contém o que se arrecada e o que se gasta, e consiste em mera peça financeira de receita e despesa, sem qualquer tipo de incursão sobre os interesses em jogo. Deve conter toda a arrecadação referente "aos Poderes da União, seus fundos, órgãos e entidades da Administração direta e indireta, inclusive fundações instituídas e mantidas pelo Poder Público" (inciso I do §5º do art. 165 da CF).

O *Orçamento de Investimento* engloba o orçamento das "empresas em que a União, direta ou indiretamente, detenha a maioria do capital social com direito a voto" (inciso II do §5º do art. 165 da CF).

Por fim, existe o *Orçamento da Seguridade Social*, "abrangendo todas as entidades e órgãos a ela vinculados, da Administração direta ou indireta, bem como os fundos e fundações instituídos e mantidos pelo Poder Público" (inciso III do §5º do art. 165 da CF).

Este Orçamento passou a ganhar vulto a partir do déficit crônico de que se revestiram os gastos previdenciários. O sistema previdenciário é superavitário quando de seu início, em que apenas são arrecadados recursos. Claro, somente há contribuições e não há pagamentos. Os participantes do plano são novos, devem suportar pagamentos durante toda a vida para apenas depois de longo tempo começarem a receber quaisquer benefícios (pensão por morte, aposentadoria, pecúlios, dependendo do sistema).

A *Seguridade Social* compreende um "conjunto integrado de ações de iniciativa dos Poderes Públicos e da sociedade, destinadas a assegurar os direitos relativos à saúde, à previdência e à assistência social" (art. 194 da CF). A Seguridade Social "será financiada por toda a sociedade, de forma direta e indireta, nos termos da lei, mediante recursos provenientes dos orçamentos da União, dos Estados, do Distrito Federal e dos Municípios" (art. 195), além das contribuições estabelecidas nos incisos I a IV e respectivos §§do art. 195 da CF.

A Seguridade Social é composta pelos sistemas de saúde (arts. 196 a 200 da CF), de previdência social (arts. 201 e 202 da CF) e de assistência social (arts. 203 e 204 da CF).

17.5 Controle social do orçamento

O controle do gasto público efetuado pelos três Poderes e demais entes e empresas sujeitos à disciplina orçamentária não dispensa a participação social. As estruturas burocráticas são insuficientes para efetuar um adequado e correto controle do gasto público. Da mesma forma se pode dizer da arrecadação da receita.

Sem erro, pode-se afirmar que a democracia moderna não se sustenta na teoria montesquiana de fiscalização recíproca entre os Poderes. Com certeza aceita-se a premissa de que todo aquele que detém o poder tende a dele abusar. É experiência eterna, dizia o grande autor. Logo, não só se impõe que o poder controle o poder, mas que o povo o controle, também.

Não se pensa em dispensar os controles tradicionais (controle hierárquico, Tribunal de Contas, fiscalização legislativa e judicial, por meio de inúmeras ações). Busca-se o controle democrático, para impedir abusos e desmandos que ocorrem. Que todo poder emana do povo é sagração constitucional (parágrafo único do art. 1º). Participa através da eleição dos governantes (art. 14), podendo confirmar leis (inciso I do art. 14), aprová-las ou não (inciso II), propô-las (inciso III), e tal caráter é tão sagrado que não pode sequer ser objeto de emenda constitucional (inciso II do §4º do art. 60). O cidadão é parte legítima para "denunciar irregularidades ou ilegalidades perante o Tribunal de Contas da União" (§2º do art. 74). A Seguridade Social terá caráter democrático (inciso VII do parágrafo único do art. 194), exigindo "gestão quadripartite, com participação dos trabalhadores, dos empregadores, dos aposentados e do governo nos órgãos colegiados" (acrescentado pela Emenda Constitucional nº 20/1998). Em relação à saúde, é obrigatória a "participação da comunidade" (inciso III do art. 198). Há o asseguramento ao participante dos planos de benefícios de entidade de previdência privada "o pleno acesso às informações relativas à gestão de seus respectivos planos" (§1º do art. 202). No tocante à Assistência Social, obrigatória é a "participação da população, por meio de organizações representativas, na formulação das políticas e no controle das ações em todos os níveis" (inciso II do art. 204). Na Educação é imprescindível a "gestão democrática do ensino público" (inciso VI do art. 206).

Fala-se, por ora, no controle social, em termos de dispositivos constitucionais. Inúmeras leis dispõem sobre a gestão democrática, o que vem se acentuando com o advento de leis modernas. Como assinala Juarez Freitas, "o constituinte originário, em boa hora, consagrou tal princípio da participação popular (integrante do nosso conceito de controle social), já numa decorrência do art. 1º, parágrafo único, da CF, já explicitamente, como sucede, apenas para ilustrar, nos arts. 194, VII (caráter democrático da gestão da Seguridade Social), 198, III (participação da comunidade como diretriz do Sistema Único de Saúde/SUS), 204, II (participação da população no controle das ações de assistência social), 206, VI (gestão democrática do ensino público), sem falar de outros instrumentos (por exemplo, os previstos no art. 14 da Lei Maior, tais como o plebiscito e o referendo)".[33]

Não se pode falar em controle social apenas para constar que existe. É comum que haja manipulação da vontade popular e dos segmentos que participam da discussão com o Poder Público. O importante é encontrar mecanismos que possam dar legitimidade à participação popular. No orçamento participativo, por exemplo, em que se torna obrigatória a consulta à população sobre suas necessidades, deve haver instrumentos que possam permitir a livre manifestação da vontade. Não se pode excluir a manifestação da Oposição. O debate e a dialética de argumentação devem fluir, para que se permita a captação da necessidade efetiva e real de determinada comunidade. Certos locais que são dominados por líderes carismáticos ou que manipulam o povo, prestando-lhes serviços comunitários, bancados por políticos, distorcem a vontade popular. Nem se diga que o líder pode compor determinados conselhos ou grupos de debate e decisão que possam ser coordenados por cabos eleitorais predispostos a chegar a determinada proposta. A ilusão de se chegar a determinados valores fica imposta. A vontade fica maquiada pela falsa vontade composta por interesses escusos dominantes. Dir-se-á que democracia é a prevalência da vontade da maioria. Nem sempre, no entanto. Apenas há a prevalência da vontade efetiva da maioria quando esta respeita a minoria. Na medida em que a minoria não reconhece qualificação à maioria, rompe-se o diálogo e perde-se a pureza da participação popular. Enquanto a maioria utiliza métodos persuasivos de captação da vontade da minoria, permitindo a livre fluência do debate, há a qualificação da comunicação. Quando, no entanto, se percebe que a discussão livre das ideias é mera formalidade para que se chegue rapidamente ao resultado final, há farsa. De nada adianta, pois, pretender o controle social se não há mecanismos hábeis e adequados para se chegar à efetiva captação da vontade correta.

Não se pode falar em democracia formal, em que se democratizam as instituições, mas não se democratiza a sociedade. Enquanto esta se vir alijada dos procedimentos decisórios não há democracia. Há arremedo. Há burlesca encenação de episódios. Enquanto apenas poucos se alimentam dos restos que sobram da farta mesa dos ricos não se pode falar em democracia. Esta é luta entre iguais. Esta significa oportunidades que se abrem a todos, selecionando os mais hábeis. A tragédia humana há, pelo menos, que se converter em comédia.

---

[33] FREITAS, Juarez. O controle social do orçamento público. *Interesse público*, Sapucaia do Sul, Notadez, p. 11-15.

Observe-se que não se postula a igualdade absoluta, ideal e romântica. O que se intui é a igualdade de oportunidades, para que todos possam mostrar sua capacidade e, a partir daí, ter chances numa sociedade desigual. Com certeza, não se pode falar na igualdade absoluta quando o indivíduo é desigual. A sociedade reflete a realidade humana. Esta é composta de indivíduos desiguais, e, pois, há de ser desigual. No entanto, deve chegar a um ponto de permitir que as desigualdades se superem ou se aproximem do mínimo aceitável. Dir-se-á que tal expressão ("mínimo aceitável") não tem conteúdo. É verdade que se cuida de expressão vaga. No entanto, tem um mínimo de compreensão e de conteúdo. Significa que todos devam ter ensino oficial de boa qualidade, alimento que lhe permita uma vida saudável e habitar com dignidade. Este é o mínimo. No mais, há a luta permanente das classes, das raças e das cores.

O que não se pode, no entanto, é afastar, *a priori*, a participação popular do controle social. Ao contrário, a Constituição dá as diretivas que devem imperar no orçamento. Se a população pode apresentar projeto de lei, pode apresentar emendas ao orçamento. Aquelas discutidas em comunidade e colhidas pelo Poder Público.

Nem por outro motivo é que o art. 43 do denominado Estatuto da Cidade (Lei nº 10.257/2001) estabeleceu que haja órgãos colegiados, debates, audiências, conferências sobre assuntos de interesse urbano e consultas públicas e iniciativa popular de projeto de lei e planos (incisos I a IV). A elaboração do Plano Diretor dos Municípios exige a "promoção de audiências públicas e debates com a participação da população e de associações representativas dos vários segmentos da comunidade" (inciso I do §4º do art. 40). Pressupõe, para a validade da proposta orçamentária, que haja discussão, debates, audiências e consultas "como condição obrigatória para sua aprovação pela Câmara Municipal" (art. 44).

Vê-se, pois, que no âmbito municipal é imperiosa a participação popular.

Até que ponto o orçamento participativo e os dispositivos que limitam a autonomia municipal podem vincular o Executivo? Ora, se há obrigatoriedade na participação da população, que indica ao Executivo quais suas reais necessidades, pode este ignorar, por completo, as propostas que lhe foram encaminhadas? Entende-se que não. É que não há no ordenamento normativo norma de mera recomendação. Todas são cogentes e contêm um mandamento. Se assim é, nenhum sentido tem que fosse ouvido o povo e que nenhuma de suas pretensões fosse albergada pelo estamento burocrático. A norma não é de recomendação. Toda norma é eficaz, ou possui um mínimo de eficácia, como disse Kelsen. A norma que determina a realização de debates, audiências, discussões, etc. deve impor a aceitação de algumas das propostas apresentadas. Quais? Aquelas que, em primeiro lugar, estiverem em sintonia ou de acordo com o Plano Plurianual. Depois, que estiverem em consonância com a Lei de Diretrizes Orçamentárias. A seguir, deve ser aceita a proposta que realmente reflita os interesses de determinada comunidade. O que é isso? Há a sociedade organizada que discute o tema. As associações comerciais ou industriais, a OAB, os sindicatos, as Igrejas de qualquer culto, as universidades, a imprensa local, as associações de classe e, por fim, as associações de bairro. Todas representam a sociedade. Impossível será a reunião de toda a sociedade, à imagem grega da *Ágora*, para que todos deliberem pessoalmente sobre as decisões da comuna. Se assim é, pode-se afirmar que há um consenso sobre determinadas obras ou serviços que devam ser prestados pelo Poder Público. A imprensa noticia eventuais atropelamentos em determinadas vias públicas que necessitam asfalto ou pontos de travessia segura. Por vezes tornam-se imprescindíveis um viaduto, uma escola, uma creche, um posto de saúde ou um hospital. Enfim, as necessidades são reais, e não fruto do imaginário popular. Logo, sente-se o pulsar da sociedade, que transmite suas apreensões e angústias aos representantes do Poder Público. Estes devem estar capacitados a captar as mensagens do diálogo político e convertê-las em projetos, que serão encaminhados ao Legislativo, para que se transformem em leis.

De seu turno, o Legislativo, verdadeira caixa de ressonância dos anseios populares, deve ter sensibilidade para converter em lei aquilo que o povo reclama. Não só seus representantes podem e devem participar das discussões preparatórias dos projetos de Lei Orçamentária, como podem e devem aprofundar as discussões quando do encaminhamento da proposta. No percurso do projeto, até chegar à votação, deve o Legislativo abrir possibilidades para novas discussões e participação de novos atores sociais. Os que foram excluídos na primeira discussão, isto é, na preparação do anteprojeto das leis orçamentárias, devem ser chamados para a discussão interna no Parlamento.

Nada nem ninguém pode ser excluído, se é que se quer lei que reflita os efetivos interesses sociais.

Embora se possa pensar que apenas no Município é que deva ocorrer a participação popular, tal conclusão é mero engano. Embora seja mais fácil a participação nos Municípios, em verdade deve ser instigada e provocada para se tornar efetiva nos Estados e perante a União. Nem por outro motivo é que a Lei de Responsabilidade Fiscal (Lei Complementar nº 101/2000) cuidou do princípio da *transparência*, ou seja, do ideal da participação social. A transparência será assegurada também mediante: "I – incentivo à participação popular e realização de audiências públicas, durante os processos de elaboração e discussão dos planos, Lei de Diretrizes Orçamentárias e orçamentos; II – liberação ao pleno conhecimento e acompanhamento da sociedade, em tempo real, de informações pormenorizadas sobre a execução orçamentária e financeira, em meios eletrônicos de acesso público; III – adoção de sistema integrado de administração financeira e controle, que atenda a padrão mínimo de qualidade estabelecido pelo Poder Executivo da União e ao disposto no art. 48-A" (com redação dada pela Lei Complementar nº 131/2009). O art. 48-A, por sua vez, tem a seguinte redação: "Para os fins a que se refere o inciso II do parágrafo único do art. 48, os entes da Federação disponibilizarão a qualquer pessoa física ou jurídica o acesso a informações referentes a: I – quanto à despesa: todos os atos praticados pelas unidades gestoras no decorrer da execução da despesa, no momento de sua realização, com a disponibilização mínima dos dados referentes ao número do correspondente processo, ao bem fornecido ou ao serviço prestado, à pessoa física ou jurídica beneficiária do pagamento e, quando for o caso, ao procedimento licitatório realizado; II – quanto à receita: o lançamento e o recebimento de toda a receita das unidades gestoras, inclusive referente a recursos extraordinários". Aí está. Consagra-se, expressamente, a participação popular como instrumento de eficiência administrativa na elaboração dos orçamentos.

De outro lado, *o princípio da eficiência* é decorrência da leitura do art. 37, *caput*, da CF. Ao lado da moralidade, da legalidade, da impessoalidade e da publicidade, a eficiência foi erigida como norma basilar da Administração Pública. O sigilo, o segredo, o cochicho, são incompatíveis com a moderna Administração. Quanto mais cuidando-se do orçamento público, que deve refletir uma determinada situação econômica do país, dos Estados e dos Municípios. O reflexo há de se situar não na visão narcisista dos problemas de cada ente federado, mas na efetiva coleta de receitas e no dispêndio de acordo com as necessidades populares.

De outro turno, o processo de controle não é estático. Na medida em que avançam os conhecimentos técnicos e os instrumentos eletrônicos de facilitação da vida administrativa dos Estados, hão de ser postos à disposição da coletividade. Nem por outro motivo é que se determina que os dados, os projetos, as propostas orçamentárias, sejam divulgados através dos meios eletrônicos de comunicação (§2º do art. 55 da Lei de Responsabilidade Fiscal), inclusive a *Internet*. A rede eletrônica de dados deve ficar à disposição dos administrados, para que possam acessá-los, conferi-los, discuti-los e formular propostas contrárias. Neste passo, as organizações não governamentais podem ter papel de relevo. Desde que conste de seu estatuto social a possibilidade de fiscalização dos entes públicos ou o controle dos atos por estes praticados, poderão ir a juízo para obrigar ao cumprimento da lei.

Em verdade, a população consciente há de se organizar em entidades legitimadas a pressionar os agentes públicos a que disponibilizem dados e informações, para que possam exercer efetivo controle sobre o gasto público e participar da elaboração de projetos de interesse da cidadania.

Falar em cidadania é falar em palavra-chave na discussão democrática. É um dos fundamentos da República Federativa brasileira, tal como insculpido no inciso II do art. 1º da CF. Como relata José Afonso da Silva, Pimenta Bueno falava em "cidadão ativo" para distingui-lo do cidadão em geral.[34] Em verdade, há o cidadão e os direitos a ele inerentes. Cidadão não é só o titular de direitos políticos. Aí a titulação é formal. Pode participar de partidos políticos, votar, ser votado, etc. Não é a isso que me refiro. Cidadania, em nosso entender, tem qualificação de participação e consciência social. Não é só exercitar direitos formais. É a participação que o qualifica. É o ingresso em partido político, mas para exercício de atribuições inerentes ao partidário. É o que ingressa no diretório acadêmico da faculdade. É o que discute em classe. É o que vai às ruas protestar. É o que propugna pela alteração da sociedade. É o que participa de ONGs. É o que ingressa com ação popular. Enfim, na definição de Pimenta Bueno, o cidadão ativo titulariza os direitos políticos que são "as prerrogativas, os atributos, faculdades ou poder de intervenção dos cidadãos ativos no governo de seu país, intervenção direta ou só indireta, mais ou menos ampla, segundo a intensidade do gozo desses direitos".[35]

Assim, o rotulado "cidadão ativo" tem a obrigação e o dever de zelar pelo patrimônio público, pela regularidade do exercício do poder, pela boa gestão da coisa pública. Enfim, pode e deve participar da fiscalização dos atos dos Poderes do Estado. Se a cidadania obriga, por decorrência de preceito constitucional, nenhuma lei pode limitar sua participação.

---

[34] SILVA, José Afonso da. *Curso de direito constitucional positivo*. 41. ed. São Paulo: Malheiros, 2018, p. 349.

[35] BUENO, Pimenta. Direito público brasileiro e análise da Constituição do Império. Rio de Janeiro: Tip. Imp. e Const. de J. Villeneuve e D., 1857, n. 654, p. 458.

Como se disse ao início, o controle social é complementar e subsidiário do controle formal. Um não exclui o outro. Ambos se completam. Estão integrados para a melhoria das atividades públicas.

De outro lado, o incentivo à participação popular tem caráter pedagógico de exercício da cidadania. É o exercício da atividade que dá a dimensão do poder político. Se logra o partidário captar determinada conclusão em seminário interno do partido político, sujeita-se este a acolher a deliberação, e, pois, pode obrigar-se à fiscalização das leis orçamentárias.

O Brasil caminha a passos largos para democratizar as instituições bem como a sociedade e tornar-se permeável à participação popular. Como bem disse Juarez Freitas, "urge, conclusivamente, destacar que o controle social do orçamento público deve, no prisma adotado, assumir condição eminentemente suprapartidária, mostrando-se avesso a qualquer manipulação. Não deve, pois, ser exercido com a mácula de interferências espúrias de natureza grupuscular".[36]

Deduz-se, do quanto se vem dizendo, que a participação popular é imprescindível para inclusão da cidadania nos procedimentos decisórios. Chega a tornar nulas algumas decisões quando não for acionada (caso do orçamento, de acordo com o Estatuto da Cidade). É importante como processo pedagógico de exercício da cidadania, mas também para educar o político a que não deve dar atenção ao povo apenas nas vésperas de pleitos eleitorais. Tem, pois, função bipolar, ou seja, inclui e integra o cidadão na tomada das decisões do Poder Público, o que configura autêntica participação política, e, ao mesmo tempo, redireciona o comportamento do político, que deve tornar efetivas as promessas de palanque.

Enfim, a participação popular na elaboração do anteprojeto orçamentário e a discussão do projeto bem como na tramitação do projeto junto ao Legislativo é essencial para os caminhos seguros da democracia.

Se no orçamento participativo há a obrigatoriedade de participação, pode-se aceitar que nenhuma consequência daí deflua? Pode-se afirmar que o Executivo não está obrigado a aceitar qualquer indicação feita pelos debates que antecederam a formulação da proposta orçamentária? Evidente que, se toda norma tem um mínimo de eficácia, não é possível realizarem-se as audiências públicas apenas por espírito lúdico dos participantes. Evidente que a participação popular produz efeitos e obriga o chefe do Executivo. Não está ele obrigado a seguir, à risca, tudo que foi proposto, mesmo porque tem que adequar as preferências ao disponível financeiramente. No entanto, não pode ignorar o que foi proposto. Como é impossível delimitar, com exatidão, o que deve ser acolhido pelo Executivo, pode-se afirmar que ao menos a primeira prioridade eleita pela microcomunidade deve ser acolhida. Tudo o mais dependerá de disponibilidade financeira e da vontade política do governante. No entanto, não se pode afirmar que tudo dependerá da boa vontade do titular do Executivo. Deve acolher, ainda que seja a primeira prioridade.

Caso não acolha, haverá nulidade do anteprojeto ou do projeto ou da lei? Não se pode falar em nulidade da proposta, mesmo porque a proposição apenas alcança parte

36 FREITAS, Juarez. O controle social do orçamento público, *op. cit.*, *Revista Interesse Público*, 11/13-26, especialmente p. 25.

do projeto ou da lei, se já aprovada. O que se deve ter em mira é a possibilidade de discussão judicial, para inserção da prioridade eleita. Como o problema é de legalidade, poderia a entidade interessada ir a juízo para exigir a colocação de sua prioridade no bojo da proposta orçamentária, o que importaria anulação de algum recurso (como se se cuidasse de emenda parlamentar). No caso de lei já aprovada, caberia a determinação da inclusão da prioridade, mediante anulação que seria feita pelo Executivo, recaindo sobre qualquer previsão orçamentária, a seu critério.

17.6 Ação direta de inconstitucionalidade contra a Lei Orçamentária

Discute-se sobre a possibilidade de interposição da denominada ação direta de inconstitucionalidade/ADI contra as leis orçamentárias. Será possível discutir preceitos da Lei Orçamentária em ação direta de inconstitucionalidade?

Até o ano de 2008 o STF entendia no sentido da impossibilidade do controle concentrado de inconstitucionalidade sobre a Lei Orçamentária, uma vez que se cuida de ato político administrativo, e não normativo.

Decidiu-se que não se pretenderia a declaração de inconstitucionalidade de uma norma, mas da destinação de recursos. Em outro julgado – ADI nº 2.100-RS, rel. Min. Nelson Jobim – o mesmo órgão decidiu que a Lei de Diretrizes Orçamentárias, ao vincular percentuais a programas, contém norma meramente administrativa, o que é incompatível com a ação direta, uma vez que ela somente pode ser dirigida contra norma geral e abstrata. No mesmo sentido o acórdão relatado pelo Min. Maurício Correa na ADI nº 2.057/AP (*DJU*, 31.03.2000), em ação que objetivava a anulação de emenda parlamentar ao projeto de Lei Orçamentária. Decidiu-se que "constitui ato de natureza concreta a emenda parlamentar que encerra tão somente destinação de percentuais orçamentários, visto que destituída de qualquer carga de abstração e de enunciado normativo".

Vê-se, pois, que até 2008 se entendia que não caberia ação direta de inconstitucionalidade em relação a dispositivos da Lei Orçamentária anual, que apenas indica recursos para atendimento a despesas específicas, uma vez que se cuida de ato concreto. No mesmo sentido a emenda parlamentar que altera destino de recursos.

Diversamente, no entanto, já havia entendimento no sentido de que, se "a lei orçamentária revela contornos abstratos e autônomos", haveria possibilidade de controle abstrato de constitucionalidade.[37]

Em outro julgado a Suprema Corte entendeu "inadmissível a ação direta contra disposições insertas na Lei de Diretrizes Orçamentárias, porque reputadas normas individuais ou de efeitos concretos, que se esgotam com a propositura e a votação do orçamento fiscal".[38] No mesmo julgado entendeu-se que "configura norma geral, susceptível de controle abstrato de constitucionalidade, a primeira das regras contidas no dispositivo legal questionado, que institui comissão de representantes dos três Poderes e do Ministério Público à qual confere a atribuição de proceder ao 'criterioso levantamento' dos precatórios a parcelar, conforme a Emenda Constitucional n. 30/2000,

[37] STF, Pleno, ADI nº 2.925, rel. Min. Ellen Gracie, rel. para o acórdão Min. Marco Aurélio, j. 19.12.2003, *DJU*, 04.03.2005.

[38] STF, ADI nº 2.535, rel. Min. Sepúlveda Pertence, *RT* 822/169.

[matéria agora disciplinada pela Emenda Constitucional nº 62/2009] com vistas a 'apurar o seu valor real'". Tal comportamento, no entender da decisão, configura "conduta a ser desenvolvida em relação a cada um dos precatórios a que alude; por outro lado, a determinabilidade, em tese, desses precatórios, a partir dos limites temporais fixados, não subtrai da norma que a todos submete à comissão instituída e ao procedimento de revisão nele previsto a nota de generalidade".

Mas a partir de 14.5.2008, com o julgamento do *leading case* ADI/MC nº 4.048-DF, sob a relatoria do Min. Gilmar Mendes, houve uma revisão do entendimento da Suprema Corte.

Consta na ementa do referido julgado: "Controle abstrato de constitucionalidade de normas orçamentárias – Revisão de jurisprudência. O STF deve exercer sua função precípua de fiscalização da constitucionalidade das leis e dos atos normativos quando houver um tema ou uma controvérsia constitucional suscitada em abstrato, independente do caráter geral ou específico, concreto ou abstrato, de seu objeto – Possibilidade de submissão das normas orçamentárias ao controle abstrato de constitucionalidade".[39]

Pela possibilidade de controle de constitucionalidade, inclusive da Lei de Diretrizes Orçamentárias, tem-se a decisão monocrática prolatada pelo eminente Min. Luiz Fux nos autos da ADI nº 4.663-RO, publicada em 1.2.2012, na qual consta: "Destaco que a admissibilidade de impugnação, em sede de controle abstrato, de leis orçamentárias foi reconhecida por este STF no julgamento da ADI nº 4.048-MC/DF, rel. Min. Gilmar Mendes. Muito embora naquela hipótese estivesse em pauta lei de abertura de crédito extraordinário, de conteúdo diverso, portanto, da Lei de Diretrizes Orçamentárias ora examinada, não parece haver qualquer consequência digna de relevo, para esse fim, fundada na distinção entre os dois diplomas, já que no citado precedente operou-se a virada na tradicional jurisprudência desta Corte para assentar a plena 'possibilidade de submiss*ão* das normas orçament*á*rias ao controle abstrato de constitucionalidade'".

Dessa forma, tem-se que hoje é possível o controle de constitucionalidade de leis orçamentárias em casos excepcionais, o que transparece uma salutar evolução da jurisprudência da Suprema Corte brasileira.

17.7 Orçamento e reserva do possível

O orçamento público é o instrumento jurídico no qual se prevê a efetivação de todo e qualquer direito por parte do Estado. É, e deve ser, no orçamento que o governo expressa de antemão quais direitos serão – ou pelo menos uma tentativa – atendidos. Não é à toa que o Min. Ayres Brito, no julgamento da mencionada ADI/MC nº 4.408-DF, afirmou que o orçamento anual é o diploma normativo mais importante depois da Constituição Federal. E o caso mais delicado para a realidade brasileira é o da efetivação dos direitos sociais, ante a gritante desigualdade social que vigora em *terrae brasilis*.

[39] STF, Pleno, ADI/MC nº 4.048-DF, rel. Min. Gilmar Mendes, j. 14.05.2008, *DJU*, 22.08.2008.

Nesse contexto de efetivação dos direitos sociais, tem-se a lapidar obra *El Costo de los Derechos*: *por que la Libertad Depende de los Impuestos*, dos americanos Stephen Holmes e Cass Sunstein.[40]

Asseveram os autores que "los derechos son costosos porque los remedios lo son. La imposición de las leyes es costosa, sobre todo si ha de ser uniforme y justa; y los derechos legales son vacíos si no existe una fuerza que los haga cumplir. Dicho de otro modo, casi todos los derechos implican un deber correlativo, y los deberes solo se toman en serio cuando su descuido es castigado por el Poder Público con recursos del Erario público. (...). Ningún derecho es simplemente el derecho a que los funcionarios públicos no lo molesten a uno. Todos son reclamos de una respuesta gubernamental afirmativa".[41]

A necessidade da realização de gastos públicos através do orçamento para efetivação dos direitos sociais será abordada no item 22.5 do Capítulo 22 da presente obra, e já foi por mim abordada através de uma ótica além da usual dogmática jurídica.[42]

E mais, "en general los derechos se describen como inviolables, perentorios y concluyentes. Pero está claro que esos adjetivos no son sino floreos retóricos. Nada que cueste dinero puede ser absoluto".[43]

Ocorre que o Tribunal Constitucional Federal da Alemanha construiu a categoria da "reserva do possível", segunda a qual as prestações positivas "estão sujeitas à reserva do possível no sentido daquilo que o indivíduo, de maneira racional, pode esperar da sociedade".[44] E Inocêncio Coelho assenta que "o princípio da reserva do financeiramente possível tem especial incidência no terreno da saúde e da educação",[45] como, por exemplo, no caso do tratamento de portadores de doenças consideradas incuráveis ou no uso de remédios em fase experimental.

Ricardo Lobo Torres sintetiza a figura da reserva do possível: "A reserva do possível não é um princípio jurídico, nem um limite dos limites, mas um conceito heurístico aplicável aos direitos sociais, que na Alemanha não se consideram direitos fundamentais. Equivale a 'reserva democrática', no sentido de que as prestações sociais se legitimam pelo princípio democrático da maioria e pela sua concessão discricionária pelo legislador. Não se confunde com a expressão 'reserva do orçamento', à qual pode se incorporar se a pretensão ao direito social vier a ser concedida pelo Legislativo. Por isso J. Isensee diz que as prestações sociais dependem da 'soberania orçamentária do legislador'".[46]

---

40 HOLMES, Stephen; SUNSTEIN, Cass R. *El costo de los derechos*: por qué la libertad depende de los impuestos. Buenos Aires: Siglo Veintiuno (2011).

41 *Idem*, p. 64.

42 OLIVEIRA, Regis Fernandes de. *Gastos públicos*. São Paulo: RT, 2012, p. 122.

43 HOLMES, Stephen; SUNSTEIN, Cass R. *El costo de los derechos*: por qué la libertad depende de los impuestos, *op. cit.*, p. 119.

44 KRELL, Andreas J. *Direitos sociais e controle judicial no Brasil e na Alemanha*: os (des)caminhos de um direito constitucional "comparado". Porto Alegre: Sérgio Antônio Fabris Editor, 2002, p. 52.

45 BRANCO, Paulo G. G.; COELHO Inocêncio M.; MENDES, Gilmar Ferreira. *Curso de direito constitucional*. 4. ed. São Paulo: Saraiva, 2009, p. 1.420.

46 TORRES, Ricardo Lobo. O mínimo existencial como conteúdo essencial dos direitos fundamentais. *Revista Fórum de Direito Econômico e Financeiro*, Belo Horizonte, Fórum, ano 1, p. 1-159, 2012.

E, para piorar a conjuntura brasileira, e como é de costume quando da "importação" de institutos e conceitos jurídicos alienígenas, no Brasil ocorreu uma "desinterpretação da reserva do possível".[47]

Mas o que deve ficar claro é que a realidade jurídica – vejam-se os objetivos fundamentais da República Federativa do Brasil, encartados na Carta Magna – art. 3º: "Constituem objetivos fundamentais da República Federativa do Brasil: I – construir uma sociedade livre, justa e solidária; II – garantir o desenvolvimento nacional; III – erradicar a pobreza e a marginalização e reduzir as desigualdades sociais e regionais; IV – promover o bem de todos, sem preconceitos de origem, raça, sexo, cor, idade e quaisquer outras formas de discriminação" – e a realidade fática brasileira são absolutamente diversas das que vigoram na Alemanha, país do qual se importou a "reserva do possível".

Por isso, não há como escapar das argutas observações de Fernando Facury Scaff, segundo o qual: "A teoria da reserva do possível é condicionada pelas disponibilidades orçamentárias, porém os legisladores não possuem ampla liberdade de conformação, pois estão vinculados ao princípio da supremacia constitucional, devendo implementar os objetivos estabelecidos na Constituição de 1988, que se encontram no art. 3º, dentre outras normas-objetivo. Esta teoria somente pode ser arguida quando for comprovado que os recursos públicos estão sendo utilizados de forma proporcional aos problemas enfrentados pela parcela da população que não puder exercer sua liberdade jurídica, e de modo progressivo no tempo, em face de não conseguir a liberdade real necessária para tanto (Roberto Alexy), ou não puder exercer suas capacidades para exercer tais liberdades (Amartya Sen)".[48]

Esse entendimento foi sufragado pelo Min. Celso de Mello em decisão monocrática prolatada nos autos da ADPF nº 45, na qual afirmou que: "Não obstante a formulação e a execução de políticas públicas dependam de opções políticas a cargo daqueles que, por delegação popular, receberam investidura em mandato eletivo, cumpre reconhecer que não se revela absoluta, nesse domínio, a liberdade de conformação do legislador, nem a de atuação do Poder Executivo. É que, se tais Poderes do Estado agirem de modo irrazoável ou procederem com a clara intenção de neutralizar, comprometendo-a, a eficácia dos direitos sociais, econômicos e culturais, afetando, como decorrência causal de uma injustificável inércia estatal ou de um abusivo comportamento governamental, aquele núcleo intangível consubstanciador de um conjunto irredutível de condições mínimas necessárias a uma existência digna e essenciais à própria sobrevivência do indivíduo, aí, então, justificar-se-á, como precedentemente já enfatizado – e até mesmo por razões fundadas em um imperativo ético-jurídico –, a possibilidade de intervenção do Poder Judiciário, em ordem a viabilizar, a todos, o acesso aos bens cuja fruição lhes haja sido injustamente recusada pelo Estado".[49]

Por isso, já escrevi que "todos estão obrigados a cumprir suas atribuições tendo em vista o desamparado, o pobre, o abandonado, o sem-terra, o sem-teto, o sem-educação,

---

[47] *Idem*, p. 160.

[48] SCAFF, Fernando Facury. Reserva do possível, mínimo existencial e direitos humanos. *In*: PIRES, Adilson Rodrigues; TÔRRES, Heleno Taveira. *Princípios de direito financeiro e tributário*. Rio de Janeiro: Renovar, 2006, p. 125.

[49] STF, ADPF/MC nº 45-DF, rel. Min. Celso de Mello, j. 29.04.2004, *DJU*, 04.05.2004.

o sem-saúde. Enfim, todos aqueles seres humanos que, por uma série de razões, que não convêm analisar, estão abandonados e afastados dos serviços públicos e carentes dos bens da vida. Aliás, numa visão empírica, é a eles que se destinam as normas protetoras. Nem têm outro sentido. Os carentes é que necessitam da intervenção do Estado".[50]

[50] OLIVEIRA, Regis Fernandes de. *Gastos públicos, op. cit.*, p. 146.

18

O ORÇAMENTO

18.1 Conceito

Classicamente, o orçamento era peça que continha a previsão das receitas e a autorização das despesas, sem preocupação com planos governamentais e com interesses efetivos da população. Era mera peça contábil, de conteúdo financeiro.

Ensina Louis Trotabas que "a noção geral repousa sobre a necessidade de autorização de despesas e das receitas do Estado pelo Parlamento".[1] Esclarece Giuliani Fonrouge que "a evolução das ideias acerca da função do Estado na atividade econômica, singularmente acelerada no correr do século, determinou modificações substanciais no conceito de orçamento. Assim como aquele mudou sua qualidade de espectador, transformando-se em autor do processo vital da Nação, assim também o orçamento deixou de ser um mero documento de caráter administrativo e contábil, para assumir a significação de elemento ativo com gravitação primordial sobre as atividades gerais da comunidade. Poderia dizer-se que adquiriu uma condição dinâmica de que antes carecia, pois em sua concepção tradicional o orçamento equilibrado não era forçosamente neutro em suas repercussões sobre a economia; a diferença sedia-se no que o efeito outrora admitido é, agora, deliberado, intencional, de modo tal que passou a ser um *instrumento* mediante o qual o Estado atua sobre a economia".[2]

Daí o orçamento se constituir em peça importante na vida das Nações. Deixa de ser mero documento financeiro ou contábil para passar a ser o instrumento de ação do Estado. Através dele é que se fixam os objetivos a serem atingidos. Por meio dele é que o Estado assume funções reais de intervenção no domínio econômico. Em suma, deixa de ser mero documento estático de previsão de receitas e autorização de despesas para se constituir no documento dinâmico solene de atuação do Estado perante a sociedade, nela intervindo e dirigindo seus rumos. Assim como tudo na vida, é cíclico, vendo nascer e extinguirem-se relações jurídicas.

---

1 TROTABAS, Louis. *Finances publiques*, 3. ed. Paris: Dalloz, 1969, p. 77.

2 FONROUGE, Giuliani. *Derecho financiero*. 7. ed. v. 1. Buenos Aires: Depalma, 2001, p. 125.

Tem seu aspecto *político*, porque revela desígnios sociais e regionais, na destinação das verbas; *econômico*, porque manifesta a atualidade econômica; *técnico*, com o cálculo de receitas e despesas; e *jurídico*, pelo atendimento às normas constitucionais e legais.

18.2 Evolução do conceito de orçamento

No Direito Romano dá-nos notícia Theodor Mommsen[3] de que havia a cobrança de despojos de guerra, além de pagamentos que se faziam ao Erário. A administração dividia-se em (a) administração dos bens de raiz e móveis da comunidade e (b) administração do caixa respectivo, com inclusão dos créditos e dívidas em dinheiro. A administração patrimonial cabia aos censores, enquanto a administração do caixa aos questores. Não havia, ainda, o denominado orçamento, pelo menos em teoria, ainda que na prática fosse clara uma previsão, embora nada ortodoxa, de despesas. Como vigia a irresponsabilidade do Imperador, não indagava ele, ao declarar guerra ou determinar a construção de aquedutos ou prédios públicos, se havia recursos. Era o início, mas bastante precário, do conceito de orçamento, no qual a autoridade do Imperador era absoluta: ele simplesmente determinava, e quem fosse inteligente que obedecesse.

Jean Bodin afirmava o caráter sacro do patrimônio público. Asseverava haver grande diferença entre a tesouraria nas Monarquias e nos Estados populares: "El príncipe puede tener, como ya he dicho, junto al tesoro particular de su patrimonio, llamado por los antiguos *fiscus*, el tesoro, el *erarium*, perfectamente separado por las leyes antiguas; esto no ocurre en los Estados popular o aristocrático (...) son infinitos los abusos que la República padece debido a la enajenación del patrimonio".[4]

Tanto no Direito Romano como na Idade Média não se podia falar de controle orçamentário, mas era intuitiva a necessidade de abastecimento do Erário para suportar os devaneios do Príncipe. Aos poucos os governantes começaram a ver a necessidade da existência de um controle entre gastos e receitas, passando-se de um Estado Absoluto para o Estado Liberal, em que o ideal era nada ter de imposto e também gastar pouco.[5]

Nasce, em teoria, o conceito de orçamento. Os autores, como René Stourm[6] e Maurice Duverger,[7] definiam-no, originariamente, como "ato contendo a aprovação prévia das receitas e das despesas públicas". No dizer de Sainz de Bujanda, "el presupuesto sigue siendo, como hace un siglo, el medio de que el Estado se sirve para ordenar el mecanismo de sus gastos y de sus ingresos".[8]

No Brasil, afirmou José Afonso da Silva que "o *orçamento clássico*, cuja origem se identifica com a das instituições democráticas representativas, era uma peça de previsão das receitas e autorização das despesas públicas, classificadas estas por *objeto*, sem se cogitar das necessidades reais da Administração e da população, nem dos objetivos

---

3 MOMMSEN, Theodor. *Compendio del derecho público romano*. Tradução de P. Dorado. Madri: Jiménez Gil editor, 1999, p. 453-454 e 473.

4 BODIN, Jean. *Los seis libros de la república*. 3. ed. Tradução de Pedro Bravo Gaba. Madri: Tecnos, 1997, p. 268.

5 SAY, J. B. *Traité d'économie politique*. v. 2. Paris: Institut Coppet, 1814, p. 298.

6 STOURM, René. *Le budget*. 7. ed. Paris: Librairie Félix-Alcan, 1912, p. 4.

7 DUVERGER, Maurice. *Finances publiques*. Paris: PUF, 1963, p. 205.

8 BUJANDA, Sainz de. *Hacienda y derecho*. v. 1. Madri: Instituto de Estudios Políticos, 1962, p. 78.

econômico-sociais a atingir com sua execução".[9] Apontava para a evolução por que passava a Lei de Meios, esclarecendo que, "deixando sua posição de neutralidade em face da economia, as finanças públicas se transformaram em elementos ativos de interferência nas relações de ordem econômica e social. O orçamento, então, como instrumento básico da atividade financeira do Estado, teria que assumir novas funções, para exercer finalidades de política fiscal de relevo nos momentos de depressão ou de prosperidade econômica".[10] A ideia de orçamento-programa surge com a planificação econômico-social, aparecendo na União Soviética como instrumento da planificação da economia. Após a II Guerra Mundial é que se desenvolve a ideia, como meio para a recuperação das economias de diversos países que nela foram envolvidos.

O mesmo autor afirma, ainda, que, sendo o orçamento uma previsão, traz ínsita a noção de *cálculo prospectivo* de receitas e despesas, "denotando o que se há de realizar no *futuro*".[11]

Aliomar Baleeiro afirma que, "sob certo ponto de vista, é um quadro de técnica contábil para coordenar comparativamente despesas e receitas públicas, de sorte que o Estado possa imprimir ordem e método na Administração".[12]

Outro não é o entendimento de Oswaldo Aranha Bandeira de Mello ao definir o orçamento como "ato jurídico em que se faz a previsão da receita, autorizando-se a sua arrecadação, e a fixação da despesa, autorizando-se, outrossim, a sua execução, relativas a determinado exercício financeiro".[13]

O professor José Joaquim Teixeira Ribeiro, Jubilado da Universidade de Coimbra, faz distinção entre orçamento e conta: "O orçamento é uma previsão; se o é, distingue-se da conta. Porque conta é uma efectivação".[14]

O orçamento, enfim, na lição de notáveis especialistas da área, era mero documento de cunho financeiro, a saber, continha a previsão de receitas e despesas, enquadrando-se também como peça contábil – simples lei autorizativa, figurando como previsão de entradas e gastos públicos, sem maior responsabilidade com a vida do país e sem maior relevância na programação da sociedade. Desvinculada de ideário político, continha mera previsão financeira. Logo, era neutra. Não continha quaisquer obrigações, de vez que mera proposta, e tornava o administrador irresponsável, pois ele não era obrigado a exaurir o que na lei se continha. Como lei de previsão, poderiam não se realizar os valores nela contidos, o que desarmava a sociedade de qualquer possível ação para o cumprimento do previsto em lei.

Como ensina Sainz de Bujanda, "en nuestros días esa finalidad estrictamente financiera pálida casi se esfuma, si se la contrasta con los objetivos de política económica y social a que el presupuesto se subordina".[15]

---

9 SILVA, José Afonso da. *Orçamento-Programa no Brasil*. São Paulo: RT, 1973, p. 1.

10 *Idem*, p. 3.

11 *Idem*, p. 38.

12 BALEEIRO, Aliomar. *Uma introdução à ciência das finanças*. 16. ed. atualizada por Dejalma de Campos. Rio de Janeiro: Forense, 2004, p. 412.

13 BANDEIRA DE MELLO, Oswaldo Aranha. *Princípios gerais de direito administrativo*. v. 2. Rio de Janeiro: Forense, 1974, item 20.4, p. 154.

14 RIBEIRO, José Joaquim Teixeira. *Lições de finanças públicas*. 5. ed. Coimbra: Coimbra Editora, 1997, p. 56.

15 BUJANDA, Sainz de. *Hacienda y derecho*, *op. cit.*, v. 1, p. 78.

Como tal, era o que se denomina de *peça de ficção*, ou seja, uma lei para não ser cumprida. Irrelevante, pois, a previsão legal, uma vez que o dirigente poderia atendê-la, caso lhe aprouvesse, ou deixar de executá-la, em obediência a interesses escusos ou menos nobres. Cumpria-se a previsão orçamentária na dependência das conveniências políticas, ou se deixava de cumpri-la ao sabor de interesses políticos. Urgia, pois, alterar o conceito, uma vez que o orçamento atendia apenas ao governante de plantão, e não aos reais interesses da população.

No Brasil, a Constituição do Império, de 1824, fazia menção ao orçamento (art. 172). A primeira Constituição republicana, de 1891, determinava ao Congresso Nacional "orçar a receita, fixar a despesa federal anualmente e tomar as contas da receita e despesa de cada exercício financeiro" (art. 34, §1º). A Constituição/1934 dele cuidou em seção específica (Título I, Capítulo II, Seção IV), e a de 1937 transformou-o em ato administrativo (arts. 67 a 72). Renasce o orçamento na Constituição de 1946, no Título I, Capítulo II, Seção VI. Competia ao Congresso Nacional, com a sanção do Presidente da República, votar o orçamento (art. 65, I). O Congresso votava o orçamento e o Presidente o sancionava.

Com os novos ventos, passa o orçamento a ser visto não mais como peça financeira, mas como um *programa* de governo, através do qual não apenas se havia de demonstrar a elaboração financeira, mas também definir a orientação do governo. Adquire, pois, caráter político. Como assinala Baleeiro, "nasceu a concepção do orçamento moderno, graças ao qual os representantes dos contribuintes condicionavam sua aprovação ao emprego dos fundos aos fins que mais interessam ao povo representado".[16] Acrescenta esse autor que, "de quadro contábil, para o ordenamento racional da Administração e do Tesouro, o *budget* inglês e francês passou ao papel do instrumento do equilíbrio político entre os órgãos executivo e legislativo da soberania nacional. Os reis, os presidentes da República e ministros compreenderam que só por uma transação com os legisladores poderiam obter as autorizações para receitas e gastos sem os quais nenhum governo é praticamente possível".[17]

Gaston Jèze, a propósito do tema, afirma que "todo governo no poder tem necessariamente um plano de ação. No Estado Moderno, os partidos políticos opõem seus programas e suas concepções. Um governo não está no poder senão para realizar o programa do partido político que o sustenta. Isso é evidente para os governos e partidos de reformas sociais e políticas. Se são conservadores, o programa é de não modificar as instituições existentes e de manter o *status quo*. É um plano de ação". E prossegue, afirmando que a realização "do programa político se traduz necessariamente em despesas novas ou reduções de despesas. Por outro lado, há que achar os meios de pagar as despesas. Então, intervém o problema das receitas, imposto, repartição dos gravames entre os indivíduos. Problema essencialmente político, porque se trata de saber *quem pagará, em que medida se pagará, de que maneira se pagará*. Aqui aparecem, em primeiro plano, as concepções políticas de *justiça social, igualdade verdadeira, solidariedade nacional*".[18]

---

[16] BALEEIRO, Aliomar. *Uma introdução à ciência das finanças, op. cit.*, p. 419.
[17] *Idem*, p. 420.
[18] JEZE, Gaston. *Cours: Théorie generale du budget*. Paris: Giard, 1922, p. 34 e ss.

Tal afirmação resulta evidente, como se vê na conjuntura brasileira atual, em que o governo procura deslocar verbas para ações sociais, tais como "Fome Zero", "Bolsa-Família", etc., deixando de lado grandes investimentos. Em 2007, o governo lançou o PAC (Plano de Aceleração do Crescimento), anunciado com grande impacto na mídia. Apresentou poucos resultados e frustrou a comunidade que espera avanços importantes.

O problema é que, no Brasil, sempre os planos tendem ao fracasso. O PAC teve certa importância, mas como tudo, colocado em mãos indignas, soçobra. São ideias importantes, coerentes em princípio, mas quando chega na aplicação prática, no investimento adequado em políticas públicas, sempre há a deturpação dos comportamentos políticos e administrativos. Infelizmente, tudo tende ao insucesso.

Parece bastante claro que o governo não conseguiu fazer o PAC funcionar. Já decorridos 15 anos, poucos são os resultados palpáveis até agora apresentados. Poucas obras. Recursos que não encontram projetos. Incompetência administrativa de gerenciamento. Infraestrutura desatendida. Enfim, o governo revela-se inepto na análise de projetos que possam fazer o país andar. Parece que ainda estamos "deitados eternamente em berço esplêndido", como informa a letra de nosso Hino.

Os governos modernos, pois, já não se satisfazem em manipular os recursos arrecadados. Buscam instrumentos poderosos de intervenção na sociedade, planejando a economia, dando-lhe o rumo que sua ideologia determina.

Vão sendo superados conceitos antigos, com adaptação aos novos tempos, de novas realidades, em que o orçamento vai perdendo seu caráter *fiscal*, isto é, de mero abastecimento dos cofres públicos, para ter caráter *extrafiscal*, ou seja, de conformar comportamentos, de pressionar certas condutas e de encaminhar determinadas soluções. A Economia é trazida para o centro da Política. As vetustas soluções de mera técnica legislativa em relação ao orçamento cedem perante os comandos modernos dos interesses ideológicos em jogo. Os instrumentos partidários e os apelos sociais passam a comandar os conflitos que se instauram não só no seio da sociedade, mas também junto aos parlamentares das mais diversas ideologias. Já não querem os políticos apenas manejar os recursos e, por consequência, a administração. Buscam o controle da economia.

Daí a orientação segundo a qual o orçamento deixa de ser mera peça orçamentária para se tornar poderoso instrumento de intervenção na economia e na sociedade. Passa a ser um programa de governo.

Daí porque Scaff sustenta o atendimento ao mínimo existencial como conceito jurídico. É o atendimento à dignidade da pessoa humana.[19]

A lei francesa que consolidou as mais diversas leis financeiras assim estabelece: "As leis de finanças determinam, para um exercício, a natureza, o montante e a afetação dos recursos e dos encargos do Estado, bem como o equilíbrio orçamentário e financeiro que daí resulta. Eles têm em conta um equilíbrio econômico definido, bem como seus objetivos e os resultados dos programas que determinam" (art. 1º da LOLF/Lei Orgânica Relativa às Leis de Finanças, de outubro/2001).

Pode-se conceituar o orçamento como a lei periódica que contém previsão de receitas e fixação de despesas, programando a vida econômica e financeira do Estado,

[19] *Orçamento republicano e liberdade igual*. Belo Horizonte: Fórum, 2018, p. 317.

de cumprimento obrigatório, vinculativa do comportamento do agente público no atendimento de finalidades sociais.

18.3 Controvérsias sobre a natureza jurídica do orçamento

Prestam-se também as discussões para indagar qual a *natureza jurídica do orçamento*. Instaurou-se a controvérsia. Afirmam alguns que se cuida de simples ato administrativo, sem caráter de lei. Para outros é lei em sentido formal, lei em sentido material, lei material e formal. Por fim, alguns sustentam que é lei em relação à receita e ato administrativo no tocante à despesa. A última classificação que surgiu coloca-o como ato-condição.

O orçamento é, por vezes, designado Lei de Meios. Seria mero instrumento de arrecadação, mesmo porque não diz respeito aos objetivos maiores do Estado. É simples procedimento arrecadatório para que o Estado cumpra suas funções. Cuidar-se-ia de *ato administrativo*. Formalmente, não há distinção das demais leis. É ele aprovado pela mesma forma dos demais projetos (arts. 59 a 69 da CF), ainda que possa ter em seu conteúdo atos específicos. *Formalmente, é lei*. É o que pensa Trotabas.[20]

Se analisarmos o orçamento por outro ângulo, teremos que é lei que difere das outras. Em primeiro lugar, há prazos para que seja encaminhado pelo Executivo ao Legislativo (art. 35, §2º, do ADCT). Demais, não pode ser objeto de lei delegada (art. 68, §1º, III, da CF). O descumprimento da Lei Orçamentária resulta em responsabilidade do Presidente da República (art. 85, VI), cabendo-lhe iniciar o processo legislativo (art. 84, XXIII). Há uma série de restrições previstas na destinação de recursos (art. 167), bem como as emendas são limitadas (art. 166, §3º), e tem tramitação própria perante o Congresso Nacional. Tem conteúdo limitado à despesa e à receita (art. 165, §8º). São estas algumas das peculiaridades orçamentárias, sem prejuízo de outras, existentes em dispositivos esparsos da Constituição. Vê-se, pois, que não é uma lei comum. É uma lei diferente.

De outro lado, pode-se também ver o orçamento como *lei em sentido material* em relação às receitas. É que na previsão dos recursos tributários e das denominadas receitas originárias há a constante possibilidade de cobrança. A previsão legal não se exaure em uma só previsão, mas sua ação-tipo é repetida.

Tem, pois, o caráter de generalidade e abstração, e inova, primariamente, no ordenamento jurídico.

A generalidade vem caracterizada pelo fato de alcançar uma série ou classe de pessoas. Assim, a lei que dispõe sobre os servidores públicos a eles alcança, somente. Já, a legislação processual alcança todo o país. A abstração é identificada pela repetição, sem exaurimento da previsão legal, da denominada ação-tipo. A saber: quando se prevê a hipótese de incidência de um dado tributo, vem ele descrito em todos os seus elementos, e em cada ocorrência fática no mundo empírico incide a norma, sem exaurir seu conteúdo. Operando-se a subsunção, reitera-se a situação jurídica, dando como consequência a operação de nascimento da obrigação tributária. De outro lado, a lei tem o condão de inovar o mundo jurídico, fazendo-o de forma originária, isto é, produz

[20] TROTABAS. *Finances publiques, op. cit.*, p. 79-80.

efeitos na realidade, transmudando direitos ou criando obrigações. Intervém, pois, na realidade, produzindo efeitos.

Não se pode negar que o orçamento opera alterações na realidade jurídica, permitindo que sejam os tributos exigidos, colocando em posição de sujeição aqueles que praticarem fatos geradores, dando nascimento à obrigação tributária. Ademais, permite à Administração efetuar a cobrança, lançar, impor restrições e obrigações. A publicação da Lei Orçamentária coloca a Administração em posição sobranceira na exigência de seus créditos, na medida em que ocorrerem. De seu turno, vê-se na contingência de operar seus instrumentos para realizar seus créditos e, igualmente, nasce para ela a obrigação de perseguir as finalidades ou aplicar os recursos naqueles débitos que a lei previu.

Outro motivo pelo qual o orçamento deixa de ser mera peça financeira para ser plano de governo é que os fins têm de ser buscados tal como previstos pelo legislador. A posição da Administração Pública é, pois, ancilar das determinações constantes da lei específica.

Alguns autores, no entanto, veem na peça orçamentária uma mescla de lei em sentido material e formal. Dizem que é ela lei material em relação às receitas e lei formal no tocante às despesas. Têm alguma razão. É que o aspecto "despesa" da lei vem sempre previsto em um ato administrativo. O ato administrativo é manifestação unilateral do Poder Público, ou de quem faça suas vezes, no exercício de função administrativa, que produz efeitos jurídicos individuais e imediatos.[21] É a posição de Léon Duguit, para quem o orçamento é, na despesa, simples operação administrativa, enquanto a receita é lei.[22]

De seu turno, Gaston Jèze, criador da distinção entre situações gerais e impessoais (ato-regra), atos que geram situações individuais e concretas (ato subjetivo) e, por fim, situações que, para que produzam efeitos, necessitam de situação intermediária (ato-condição), identifica o orçamento com a terceira espécie. Classifica despesa e receita como ato-condição, uma vez que o ato em nada aumenta o conteúdo da lei, mas a torna eficaz para determinadas situações. Assim, as receitas estão previstas em lei e se tornam efetivas por meio de atos dos funcionários. O orçamento autoriza esses atos e dá eficácia à lei. Em relação às despesas maior a razão, uma vez que dependem de expressa previsão legal. De seu turno, as receitas dominiais independem de previsão orçamentária. Daí por que se torna prescindível a previsão orçamentária.

Em suma – e inserindo-nos na discussão –, basta a afirmação de que se cuida de lei em sentido formal, que estabelece a previsão de receitas e despesas, consolidando posição ideológica governamental, que lhe imprime caráter programático. Ao lado de ser lei, é o orçamento um plano de governo, mas que deve possuir previsões efetivas de ingressos públicos e previsões reais de despesas, equilibradas com aqueles.

18.4 Concepção moderna de orçamento

Deixando de lado a controvérsia sobre a natureza jurídica do orçamento, importa notar que vem ele se firmando e evoluindo para uma nova concepção. Já não é somente

---

21 OLIVEIRA, Régis Fernandes de. *Ato administrativo*. 5. ed. São Paulo: RT, 2007, p. 56-57.

22 DUGUIT Léon. *Traité de droit constitutionnel*. 3. ed. Paris: Ancienne Librairie Fontemoing & Cia., Editeurs, E. de Boccard, Successeur, 1928. v. 2, p. 809.

mera peça financeira de previsão de receitas e despesas, nem está simplesmente subordinado à concepção política predominante. Obviamente, sofre tal influência e identifica-se com o governo dominante. No entanto, não é só isso.

É claro que, em relação às receitas, devem elas ter previsão normativa e estar vinculadas, ademais, à previsão no Plano Plurianual, na Lei de Diretrizes e Bases, desembocando na Lei Orçamentária Anual. Todas devem guardar fina sintonia. A ampla previsão na primeira das leis limita a segunda, e esta amarra a terceira, de modo a apenas consentir nos gastos que estiveram taxativamente previstos nas anteriores. Evidente que se cuida o Plano Plurianual de previsão bastante genérica, uma vez que quadrienal. No entanto, tem um mínimo de conteúdo, a produzir eficácia vinculativa ao legislador anual, que, no primeiro semestre, lança as previsões futuras sobre a peça orçamentária anual. Esta, já submetida às leis anteriores, tem o objetivo de explicitar os desejos do Executivo, inseridos na proposta de lei, que será alterada, na medida do possível, pelo legislador, via emendas.

O que se pretende deixar claro, agora, é a nova concepção da lei orçamentária, como vinculativa da ação do Estado. Pinto Ferreira, que propõe uma reforma orçamentária, assinala que sem ela, "sem uma boa disciplina orçamentária, não é possível a restauração do equilíbrio orçamentário e das finanças públicas. É preciso, assim, retificar a elaboração da Lei de Meios: o orçamento não deve continuar a ser uma cornucópia de benesses financeiras e eleitorais, mas um órgão de planejamento".[23]

Com a assunção de novas responsabilidades, a estrutura do Estado Moderno cede a imperativos de boa administração. Já não bastam boas intenções. O Estado, por meio de seus governantes, tem o dever de planificar a peça orçamentária, de forma a identificar a intenção de cumpri-la. Não pode estabelecer previsões irreais ou fúteis, apenas para se desincumbir de determinação constitucional. A peça orçamentária há de ser *real*.

A positivação não só do ideário político, mas da concretude da peça orçamentária, passa vincular a ação administrativa e a ação política. As finalidades que forem inseridas na peça orçamentária deixam de ser mera ação governamental, mas identificam a solidez de compromissos com o cumprimento dos objetivos ali consignados.

Já não se pode admitir um orçamento sem compromissos, apenas para cumprir determinação legal. Já não se aceita o governante irresponsável. Já longe vai o tempo em que se cuidava de mera peça financeira, descompromissada com os interesses públicos. Já é passado o momento político em que as previsões frustravam a esperança da sociedade.

A introdução do orçamento participativo foi o primeiro passo. Para que serve ele? Está o governante obrigado a acolher as propostas que lhe forem apresentadas? Para que ouvir a sociedade? Trata-se de mero jogo lúdico? É mera diversão, tal como os jogos com os cristãos da Antiga Roma, que eram devorados pelos leões para gáudio de uma plateia destituída de sentido ético? Serviria de mera burilação de ocupante desocupado do governo? Mera elucubração mental para brincadeira com os interesses públicos?

A evidência das respostas às questões formuladas leva-nos à conclusão de que o orçamento não pode ser mera peça financeira, nem apenas simples plano de governo, mas representa o compromisso político de cumprimento de promessas sérias levadas

[23] FERREIRA, Pinto. *Curso de direito constitucional*. São Paulo: Saraiva, 2001, p. 497.

ao povo. A previsão desperta esperança, expectativa de satisfação dos compromissos, certeza de que os desejos serão atendidos.

Como disse, o chamado à participação da população para se manifestar sobre os gastos públicos identifica que aquilo que se inserir como previsão na peça orçamentária deve ser atendido pelo governante. Nem por outro motivo é que o Estatuto da Cidade (Lei nº 10.257/2001) estabelece, no art. 44, que, no âmbito municipal, "a gestão orçamentária participativa de que trata a alínea 'f' do inciso III do art. 4º desta Lei incluirá a realização de debates, audiências e consultas públicas sobre as propostas do Plano Plurianual, da Lei de Diretrizes Orçamentárias e do Orçamento Anual, como condição obrigatória para sua aprovação pela Câmara Municipal". É dispositivo inovador e preciso, de alta significação.

Nem tem sentido que a lei determine a participação popular – o que, aliás, deveria ser obrigação do governante, efetuando-se reuniões públicas para discussão sobre onde se deve gastar o dinheiro – para depois enganar a população, pois a participação popular era "de mentirinha". Seria ignóbil fazer comícios, travar discussões, dar a palavra à população, e, ao final, toda essa *mise-en-scène* não produzir qualquer efeito ou ter qualquer utilidade prática. É essencial que a participação democrática não se esgote no mero exercício de escolha dos governantes, mas permita iniciar outro processo, qual seja, o da participação direta. No entanto, não pode esgotar-se a participação no prazer lúdico do palpite. Tem de se consolidar em decisões tomadas na sociedade, incluindo-se elas nas decisões que forem formalizadas pelo governante.

Não se pode brincar impunemente com a população ou colocá-la na mera condição de participante de uma comédia. Se é ela ouvida, devem os gastos ser alocados na denominada Lei de Meios.

É verdade que ao chefe do Executivo resta a última palavra na estruturação e elaboração do orçamento. No entanto, a sensibilidade política impõe que sejam atendidas as reivindicações da população ou que, ao menos, sejam levadas em conta. É imperioso que se passe a um estágio democrático mais adiantado, não só com a participação do povo nas deliberações do governo, como também que seja ele ouvido e atendido em suas angústias e apreensões. Como anota Tarso Genro, "o processo do Orçamento Participativo não se choca somente com a estreiteza e as limitações da democracia representativa. Ele também se diferencia do 'conselhismo puro', aquele processo não regrado, em que os mais hábeis e ativos levam vantagem. E também do 'populismo tradicional', meramente consultivo, no qual a participação popular é um simples *elemento de conhecimento*, para que o Executivo tome as decisões que lhe pareçam mais convenientes".[24]

Decorre daí que o orçamento vai perdendo seu caráter autoritário de mera alocação de recursos onde e naquilo em que o governo tenha interesse. Resta evidente, diante da notável evolução social por que se passa, sensível aos olhos de todos, que já não pode o governante elaborar "o seu" orçamento. O possessivo perde seu caráter. É ele obra da participação popular juntamente com representantes do governo, em saudável mescla democrática, que culmina com a atuação bastante ativa do Parlamento, maior ou

---

[24] GENRO, Tarso. *Orçamento participativo*: a experiência de Porto Alegre. Porto Alegre: Fundação Eliseu Abramo, 1997, p. 34.

menor, na busca de soluções técnicas misturadas com políticas, resultando obra digna das modernas democracias.

Na preciosa lição de Ricardo Lobo Torres, "a vida financeira e orçamentária do país deve se ajustar ao culto da justiça e dos direitos humanos. Com efeito, duas ideias básicas, de conteúdo ético e jurídico, passam a orientar a Humanidade na virada do século e do milênio: a da supremacia dos direitos humanos e a da busca da justiça. O constitucionalismo hodierno não tem por missão apenas garantir uma ordem financeira equilibrada, senão que se orienta no sentido de obtê-la e sustentá-la com vista à defesa dos direitos humanos e à procura da justiça material". Na sequência, o autor enfatiza que não há justiça material se "não se otimizam os direitos sociais, isto é, se não se concedem as prestações estatais, *na via do orçamento ou dos serviços públicos, em sua dimensão máxima, mas possível*".[25]

Daí é que se pode afirmar que a peça orçamentária vem sofrendo inúmeras alterações, transformando-se em algo que envolve a responsabilidade do governante. De mera previsão de despesas e receitas, passa para o estágio de plano de governo, absorvendo as diversas ideologias em jogo. Mais recentemente, já é o orçamento uma peça real de movimentação econômica.

18.4.1 Novas discussões sobre a natureza jurídica. Revendo as discussões antigas e tentando um novo posicionamento

As discussões sobre a natureza jurídica do orçamento parecem intermináveis. Começam na Alemanha, repercutem em todo o mundo, e os autores propõem diversas combinações.

O que vale é relacionar a *palavra* "orçamento" com o significado que a ela se pretende dar. Há íntima relação entre o *nome* e a *coisa*. Quando damos um nome a algo, animal, vegetal ou humano, queremos apartar o objeto e dar-lhe uma identidade ou um significado que o aparte dos demais. Queremos torná-lo único.

Na linguagem mítica o que vale é o poder da metáfora. É o que o mito representa para poder influenciar o humano. No mito ocorre o que se denominou de "deuses momentâneos". Quando os primitivos viam a manifestação do divino, adoravam a *coisa* que operou o milagre. Se colocar-se sob uma árvore provocava a chuva, a árvore era o *deus especial ou momentâneo*. As situações se reproduzem. Em *Ifigênia* de Eurípides a morte da filha de Agamenon propiciou a libertação dos ventos para que os navios fossem ao mar. A morte se sacralizava. A salvação atribuída a um poder qualquer era o deus.

Na linguagem comum a palavra serve para identificar uma coisa sobre a qual queremos transmitir uma mensagem. É ela que une os indivíduos com significados para que a comunicação possa se operar e ser eficaz.

Para tanto, devemos apontar as características da coisa para que ela se aparte das demais e ganhe identificação própria. Como diz Ernst Cassirer, "o conceito constitui-se, costumava ensinar a Lógica, quando certo número de objetos acordantes em determinadas características e, por conseguinte, em uma parte de seu conteúdo, é reunido no pensar;

[25] TORRES, Ricardo Lobo. *Tratado de direito constitucional financeiro e tributário*: o orçamento na Constituição. 3. ed. Rio de Janeiro: Renovar, 2003. v. V. p. 387.

este abstrai as características heterogêneas retém unicamente as homogêneas e reflete sobre elas, de onde surge, na consciência, a ideia geral dessa classe de objetos. Logo, o conceito (*notio, conceptus*) é a ideia que representa a totalidade das características essenciais, ou seja, a essência dos objetos em questão".[26]

Posteriormente, o mesmo autor acrescenta que "a formação de um conceito geral pressupõe a limitação destas características; somente quando existem certos traços fixos, mediante os quais as coisas podem ser reconhecidas como semelhantes ou dessemelhantes, coincidentes ou não coincidentes, torna-se possível reunir em uma classe os objetos similares entre si".[27]

A concepção de *natureza jurídica* advém do que seja a natureza. Esta é o mundo material, o em que vive o ser humano, e que existe independente dele. Ao se acrescentar o adjetivo "jurídica", significa estabelecer o vínculo que o conceito tem no mundo do Direito. Não simplesmente o que existe no mundo empírico, mas o que foi subsumido por uma norma jurídica de qualquer espécie. A natureza jurídica do orçamento, por consequência, importa analisar o que assim foi disposto no ordenamento jurídico sobre ela. Quais seus traços distintivos? Qual sua significação? O que o distingue dos demais conceitos financeiros? Para que serve a identificação da palavra?

É por aqui que começaremos nossa indagação.

O conceito existe no mundo cultural. Faz parte de um ramo do conhecimento, e temos que encontrar nele seu *ponto significativo*. Interessante a observação foi feita ao se estudar os indígenas mexicanos que incluíram as borboletas no conceito de "pássaro". Se entendermos que no conceito de voo aquilo que voa está dentro de um só significado, então, borboleta é pássaro. Modernamente podemos dizer que o avião também é.

Veja-se a importância de encontrar o *ponto significativo*.

Além da amplitude da identificação vocal, os conceitos buscam aproximação com características específicas que os distinguem de outros. Cada qual se aplica, no mundo cultural, às coisas da natureza. A partir do conhecimento empírico vem o *logos*, a poder nos servir para apartarmos uma coisa de outra.

Ademais, não é por ato arbitrário que se dá nome às coisas. Podia ser assim nos tempos primitivos. Hoje as pessoas buscam certa correlação lógica. Assim, Deus é o que não admite redução em seu conceito nem pode ser adjetivado: "Eu sou o que sou". Nada mais. A qualificação poderia desmitificar o divino. Este não pode ser profanado, sob pena de se acabar com a religião.

A aposição de identificadores, de adjetivos ou de qualificações vai definindo o objeto mencionado. Ao lado de tal identificação há a conexão com o símbolo. É o caso do lobo, logo associado à astúcia. O leão, à força. A coruja, à inteligência.

A linguagem mítica pode identificar o múltiplo ou o uno. A convivência dos homens pressupõe a identificação de coisas que assumem feição que as distingue das demais. Um avião não é um pássaro (ainda que os una o voo).

No campo do Direito buscam afastamento o que é do direito privado e do direito público. Ainda que tenha havido institutos que os aproximaram, continuam apartados por traços diferenciadores. Ainda subsiste o conceito romano de Ulpiano, segundo o qual

---

26 CASSIRER, Ernst. *Linguagem e mito*. São Paulo: Perspectiva, 2000, p. 42.

27 *Idem, ibidem*.

"o direito público diz respeito ao estado da coisa romana, à *polis* ou *civitas*; o privado, à utilidade particular" (*Digesto*, 1.1.2).

Como o orçamento diz respeito à *polis* ou, modernamente, ao Estado, está ele submetido ao direito público.

Não há, pois, intervenção do particular em seu procedimento de encaminhamento, discussão, aprovação e transformação em lei do projeto de lei orçamentária. A proposta é do chefe do Executivo, a discussão cabe ao Parlamento, que o aprova, e segue para a sanção presidencial. Por aí já se o aparta da incidência de uma série de normas de direito privado. Não há disponibilidade em sua apresentação, que é obrigatória (constituem crime de responsabilidade os atos do Presidente da República que atentem contra a Lei Orçamentária – inciso VI do art. 85 da CF).

Não há o querer ou não querer que identifica os atos volitivos dos particulares, no âmbito do direito privado.

Feita a introdução de como deve ser encarado o orçamento no Direito Brasileiro e, cremos, em todos os países civilizados do mundo, vejamos como se pode identificar sua natureza jurídica.

Em relação à *origem*, por exemplo, no Estado Federal as leis podem ser federais, estaduais ou municipais. Se utilizo o critério *duração da lei*, entendo poderem ser permanentes (que vigoram até que sejam alteradas ou revogadas) e temporárias (destinadas a viger durante certo período). Posso falar em relação ao *campo de sua abrangência*, e terei leis gerais, especiais e excepcionais ou singulares.

Pode-se falar também no critério legal, e aí teremos as leis complementares, as ordinárias e as delegadas e as medidas provisórias (na Constituição vigente).

Vê-se, pois, que, dependendo do *critério eleito*, tenho espécies de leis.

No caso de se examinar o fato de ser a lei *formal* ou *material* não se cuida de critério de classificação, mas de saber se ela tem conteúdo ou não. Se é importante analisá-lo ou não. Daí termos que analisar o que é importante na Lei Orçamentária.

Pode-se falar em conteúdo no orçamento, ou é ele simplesmente aprovado em atos que se irão esgotar em uma série de receitas e despesas?

O conteúdo mais significativo do orçamento é dispor sobre receitas e despesas, ou seja, recursos financeiros ou não que ingressarão no cofre público e que dele sairão. Daí a determinação básica de que o orçamento anual "não conterá dispositivo estranho à previsão da receita e à fixação da despesa (...)" (§8º do art. 165 da CF).

É uma lei, pois, que contém receitas e despesas.

Pode-se simplificar o raciocínio e dizer que é mera lei formal, ou seja, não importa seu conteúdo, ou que ele se esgota em uma única verificação fática? Não.

Independentemente do que dispõem os diversos dispositivos constitucionais sobre os orçamentos, valem-nos a abstração deles e a análise do que dispõem, efetivamente, as leis orçamentárias.

Em primeiro lugar, em nosso sistema há um Plano Plurianual. O que deve conter? As diretrizes, os objetivos e as metas que devem ser perseguidos durante quatro exercícios financeiros. Ora, o dispositivo, por ser uma lei, é de cumprimento obrigatório. É norma jurídica, e, pois, contém, no caso de comportamento contrário ao previsto, como disse

Kelsen,[28] a sanção correspondente. Se alguma despesa contida na Lei de Diretrizes Orçamentárias ou no Orçamento Anual não se contiver no que foi previsto no Plano Plurianual, caso é de se anular a referida despesa. Por exemplo, não se pode realizar uma parceria público-privada sem que haja previsão no Plano Plurianual.

É conteúdo limitativo bastante incisivo. Logo, há conteúdo a delimitar o conteúdo das demais leis que vêm em sequência.

Não se pode dizer, então, que simplesmente se cuida de lei de caráter formal. Atenção: uma coisa é o aspecto formal da aprovação da lei, outra é a lei em seu sentido meramente formal. Expliquemos: a lei em seu sentido formal é a que esgota seu conteúdo em uma só vez. Por exemplo, a concessão de vantagem pecuniária a alguém que praticou reconhecido dever à Pátria. Por exemplo, o policial que, em cumprimento de seu dever, foi morto em situação de grave risco institucional. O Parlamento pode conceder-lhe um pecúlio. Pago este à viúva ou à família, o *conteúdo* da lei se esgota. Outra coisa é a tramitação formal do projeto de lei encaminhado ao Congresso. Neste aspecto, todas as leis são aprovadas com sujeição às formalidades previstas na Constituição.

Laband entende ser o orçamento simples *plano de gestão,* tirando dele qualquer conteúdo de natureza material, ou seja, não contém preceito jurídico, no sentido de conter uma determinação, vedação ou autorização. O engano do autor é evidente, porque vê no orçamento apenas uma aproximação contábil. Receitas que devem ser despendidas com gastos. Daí o autor fugir à análise do orçamento, porque busca nele apenas o aspecto numérico.

O orçamento contém assertivas, ordens e obrigações que se impõem ao Poder Público como cogentes e imperativas. Como lei, tem que ser cumprida em sua inteireza.

Feita tal distinção, não se pode dizer que o orçamento é lei em seu sentido meramente formal. Submeteu-se ao procedimento legislativo previsto na Constituição, como todos os demais projetos de leis. Mas não é isso que o qualifica como tal.

Afasta-se a afirmação de que o orçamento é lei em sentido formal.

A teoria que afirma que o orçamento tem caráter de *ato-condição* parte do pressuposto de que é ele *condição para a arrecadação e para a realização da despesa.* Não é assim, a criação dos tributos é estabelecida em lei própria. É lei específica que os institui. A previsão no orçamento é mera *estimativa* de quanto se irá arrecadar. Nada tem de condição para sua arrecadação. O tributo é arrecadado independentemente da previsão na Lei Orçamentária. Tanto que, embora não aprovado no prazo previsto na Constituição Federal (até o final da sessão legislativa – inciso III do §2º do art. 35 do ADCT), as hipóteses de incidência ocorrem, dando nascimento à obrigação tributária.

Diz-se que é lei *autorizativa* porque ela dispõe sobre a receita e a despesa. No entanto, a não aprovação tempestiva do orçamento não impede a ocorrência dos fatos geradores, o nascimento da obrigação tributária e o surgimento do dever de pagar o tributo.

De outro lado, as despesas constitucionais (educação e saúde) igualmente não podem ficar paralisadas, e fluem adequadamente, bem como as despesas legais previstas regularmente (pagamento dos servidores) e as assumidas no orçamento anterior.

---

28 *Teoria pura do direito.*

Vê-se, pois, que não há *condição* para a realização de despesas. As que são novas e dependem de licitação e posterior celebração de contratos ainda não podem ser feitas, porque estão vinculadas à aprovação da Lei Orçamentária. *Condição* como cláusula que subordina o efeito do negócio jurídico a evento futuro e incerto (art. 121 do CC).

Jèze entende que é condição porque "suspend la formation des effets juridiques d'un acte de volonté".[29] Já se viu que não é assim. Nem condiciona ou subordina a realização das despesas que são de custeio e de pagamento das obrigações constitucionais e legais.

Atente-se para isso: o orçamento é uma lei, e, pois, enquanto não aprovada não pode produzir ou criar *situações novas;* ou seja: se a lei é que está autorizando a despesa, não pode ela ocorrer sem a aprovação final do orçamento, ainda que ocorrida em exercício posterior.

Cai por terra a afirmação de que o orçamento é ato-condição.

Resta analisar se é *lei em sentido material*. O que se entende por isso? É lei que tem que ser aprovada pela *forma* ou procedimento previsto na Constituição e também tem seu conteúdo. Mas que conteúdo?

Diz-se que a lei em sentido material é a que é *geral e abstrata*. Como diz Celso Antônio, "a lei se diz *geral* quando apanha uma classe de sujeitos" e se diz *abstrata* a norma que "supõe situação reproduzível, ou seja, 'ação-tipo'".[30]

A Lei Orçamentária contém situações de reprodução ao fazer com que, em relação às receitas, os fatos geradores se reproduzam, dando margem à cobrança dos tributos.

Ocorre que, como já se viu, não é a Lei Orçamentária que incide sobre o fato gerador, mas a lei que instituiu o tributo.

De outro lado, também não se pode dizer que ela alcança uma classe de sujeitos, no dizer de Celso Antônio. É que ela é, em tal sentido, enormemente genérica, porque alcança diversas classes de sujeitos, tais como agricultores, pecuaristas, sindicatos, professores, etc. Por ter caráter nacional, ela alcança todos que estão obrigados a pagar tributos aos cofres públicos.

Por fim, em relação às despesas, elas são específicas. Ainda que previstas em caráter genérico, elas não pressupõem situações reproduzíveis, porque se esgotam no pagamento de ações específicas, como, por exemplo, a construção de uma escola ou de um hospital. Efetuado o pagamento, a lei esgota seu conteúdo. Nas hipóteses de pagamento de fornecedores o mesmo ocorre. Efetuada a despesa, não mais se pode falar em ação reprodutiva.

Apura-se também que o orçamento não é lei no sentido material.

O que é, então, a Lei Orçamentária?

A Lei Orçamentária é lei que se distingue de todas as demais. Primeiro, porque tem um conteúdo próprio (receitas e despesas). Segundo, porque é lei temporária. Terceiro, porque tem forma de tramitação congressual diferente das demais (tudo se processa perante a denominada Comissão Mista). Quarto, porque tem prazo delimitado de apresentação e aprovação (art. 35 do ADCT). Quinto, porque seu descumprimento

---

[29] JEZE. *Cours de sciences des finances et de législation financière française*: théorie Générale du Budget. 6. ed. Marcel Giard, 1922, p. 53.

[30] BANDEIRA DE MELLO, Celso Antônio. *O conteúdo jurídico do princípio da igualdade*. 3. ed. 25. tir. São Paulo: Malheiros, 2017, p. 26.

enseja responsabilidade do Presidente da República (como já se viu). Sexto, porque tem conteúdo específico e que é repetido ao longo dos anos. Por fim, porque a não aprovação da Lei de Diretrizes Orçamentárias pode paralisar a pauta do Congresso se não aprovada tempestivamente e impede o recesso parlamentar de julho.

Buscar-se-ia, então, dar-lhe uma natureza jurídica própria. Para quê? A tentativa é ociosa. Que consequências poderiam daí resultar se dissermos que se cuida de lei em sentido formal, material ou ser ato-condição? Nenhuma consequência.

Ora, o Direito lida com significações, a saber, que possam impor uma obrigação, criar um direito ou instituir uma proibição. Sem falar da regra geral exclusiva que consigna a denominada *weak permission* ou a "permissão fraca", isto é, a possibilidade de ação no caso de omissão de um comportamento permitido, obrigatório ou proibido. É regra que fecha o sistema.

O importante é não se deixar levar pelas aparências, como advertiu Shakespeare em *Muito Barulho por Nada*, em que a cena da traição não ocorreu com os personagens mencionados. Levou-se a engano de relacionamento amoroso entre pessoas que não faziam parte da cena. De outro lado, não se pode também deixar levar a enfiar em escaninhos mentais previamente estabelecidos coisas que neles não cabem.

É de mau vezo tentar, diante de uma situação diferente, nova, buscar submetê-la a formatos prévios. Situações novas merecem soluções criativas.

É uma lei. É imperativa. Obriga os agentes públicos a seu cumprimento. É periódica. Serve de instrumento do Estado para instrumentalizar políticas de decisão sobre os interesses públicos.

O orçamento é lei imperativa, estrutural e periódica que prevê receitas e fixa despesas, servindo de instrumento de decisão do Estado para o atendimento das necessidades públicas.

Se quisermos efetuar uma classificação, podemos dizer que o Estado pode editar leis *estruturais* e outras *não estruturais*. O que significa isso? Há leis que não alcançam o todo do Estado. Por exemplo, as leis tributárias são leis de meios. Não identificam objetivos do Estado, limitando-se a permitir o abastecimento dos cofres públicos.

As *leis estruturais* dizem respeito ao arcabouço do Poder Público. As leis relativas ao Poder Judiciário, Legislativo e Executivo permitem aferir seu funcionamento. As leis orçamentárias permitem aferir como será esse funcionamento.

Não se pode ingressar na estéril discussão sobre o tema de sua natureza jurídica. Dá-se sua caracterização e sua identificação no conjunto normativo. É o quanto basta. Poder-se-ia dizer que é importante a discussão sobre a natureza jurídica do orçamento para se saber quais as consequências que daí advirão. Quais? Se se disser é lei em sentido formal, com isso se altera a materialidade de suas previsões de reprodução das exigências tributárias? Se se disser que é lei no sentido material, tal afirmativa inibe a despesa pública de se consolidar em gastos específicos, com o esgotamento do conteúdo da norma, isso altera alguma coisa? Se se disser que é ato administrativo em relação às despesas, isso altera o conteúdo da norma? Ao se afirmar que se cuida ato-condição, a norma não deflagra todos os feitos a que estava predeterminada, porque depende de um acontecimento futuro?

Em suma, nada se altera.

O que importa e é relevante saber é que o orçamento se destina a estabelecer, prever, guiar, proteger, amparar e garantir os *direitos fundamentais*. Neste sentido, não é uma lei anódina, fraca, débil ou meramente formal. É lei estrutural e viabilizadora de todos os denominados direitos fundamentais. Estes estão consolidados no corpo da Constituição. Prenhes de conteúdo.

Insisto: o que vale notar é que a Lei Orçamentária *não é uma lei do Estado*. *É da sociedade*. Em que sentido? Não cabe ao governo dispor dela da forma como lhe aprouver. Deve-lhe obediência integral. É o *povo*, por seus representantes, quem decide o que quer. Por pior que seja o Poder Legislativo, é ele que encarna os sentimentos populares. É através dele que se concretizam as pretensões, as ilusões e as utopias de toda uma população, abandonada, é verdade, mas titular da soberania e das decisões últimas do Estado.

Sabidamente, as decisões encontram-se no desejo de alguém (o dominador), mas é ao povo que se deve satisfação. Nele residindo o poder constituinte, pode, a qualquer tempo, retomar, pela revolução, as rédeas da Nação. Será sempre um povo dominado, mas ilusoriamente acreditando que detém o controle das decisões, ao menos por algum tempo, até que os fervores se arrefeçam.

Em suma: a discussão estéril e inócua leva à conclusão de que o orçamento é peça de garantia da sociedade contra o Estado.

O que realmente vale é que o orçamento é lei de *estrutura* do Estado, que prefixa os desejos da sociedade no buscar o asseguramento dos direitos fundamentais estabelecidos na Constituição Federal. Tem conteúdo fortemente político, de realização dos desejos do povo.

18.4.2 O orçamento impositivo (Emendas Constitucionais nºs 86/2015 e 100/2019 – Emendas individuais e de bancada – EC nº 105/2019 – Transferência obrigatória a entes federados) – As emendas do relator

18.4.2.1 Introdução

Nos últimos anos houve grande discussão na área de finanças públicas no país em torno do caráter autorizativo ou impositivo do orçamento público.

O Congresso Nacional aprovou e promulgou a Emenda nº 86/2015, verdadeiro *remendo*, sem pôr termo à discussão, até então nobre, com argumentos estritamente políticos.

Contingenciando dotações e retendo liberações financeiras, o Executivo direcionava o orçamento segundo seus próprios interesses e conveniências. Na prática, o Poder Executivo dispunha livremente sobre o grau de execução das despesas constantes do orçamento. Os mecanismos para restringir e retardar a realização das despesas consistem no contingenciamento das dotações – do ponto de vista estritamente orçamentário – e na retenção dos recursos do caixa do Tesouro – da ótica essencialmente financeira. Além disso, consideráveis volumes de compromissos assumidos são inscritos em "Restos a Pagar", que às vezes permanecem por anos nessa rubrica e outras tantas vezes são cancelados.

A Emenda nº 86/2015 não visa a obrigar toda a programação orçamentária, mas apenas torna vinculante a execução de emendas individuais de parlamentares, até o limite de 1,2% da Receita Corrente Líquida/RCL realizada no exercício anterior. Trata-se de criar mais um item de despesa obrigatória, mas metade deve ser aplicada em serviços de saúde.

A EC nº 100/2019 acresceu o inciso III ao parágrafo 9º do art. 165 para estabelecer que cabe à lei complementar estabelecer *normas para a execução equitativa* quando houver impedimentos legais ou técnicos, cumprimento de restos a pagar e limitação das programações de caráter obrigatório, para que se cumpra o disposto nos parágrafos 11 e 12 do art. 166. Estes cuidam das emendas individuais dos parlamentares. A lei complementar deverá, então, como proceder em relação aos impedimentos de despesas que ocorrerem durante a execução orçamentária.

O parágrafo 10 é norma de recomendação ética e estabelece que "a administração tem o dever de executar as programações orçamentárias, adotando os meios e as medidas necessários, com o propósito de garantir a efetiva entrega de bens e serviços à sociedade".

É de chorar ao se ler o disposto em norma constitucional, que institui a obrigação de quem tem obrigação de cumprir normas. É patético.

Pode-se entender que tudo resta à Administração é executar toda despesa orçamentária e, pois, é obrigatória. Mas, e o teto? Na execução das emendas parlamentares (individuais ou de bancada) pode haver o contingenciamento. Aqui não. É assim que pode ser lido o dispositivo?

Podemos distinguir entre atividade-fim e atividade-meio para entender o texto? Cremos que tanto o Tribunal de Contas como o Supremo Tribunal Federal saberão "compreendê-lo" para que possa ser aplicado.

Mas, como dissemos, a redação e sua compreensão deixam pasmo o intérprete.

O art. 166 também se viu alterado e acrescido por diversos parágrafos. O parágrafo 11 do art. 166 determinava o cumprimento obrigatório das emendas individuais. Agora, o parágrafo 12 determina que também as *emendas de iniciativa de bancada de parlamentares de Estado ou do Distrito Federal* também sejam cumpridas. Fixa limite – até 1% da receita corrente líquida realizada no exercício anterior.

O parágrafo 13 dispensa o cumprimento, no caso de *impedimentos de ordem técnica*.

Durante a execução deverá ser observado o cronograma para análise e verificação de impedimento das programações (parágrafo 14).

Difícil para um comentador do orçamento brasileiro se deparar com tais dispositivos *constitucionais*. Caso se cuidasse de portarias, regimentos, decretos ou até leis ordinárias, os comentários guardariam sentido. Mas, o difícil é observar a mesquinharia com que se escrevem artigos de uma Constituição, tida como pacto social, como Lei Maior da sociedade.

O cumprimento das Emendas de bancada independe da *adimplência do ente federativo*. As emendas são acertadas pela bancada de cada Estado junto com o governador. Deliberam sobre as necessidades do Estado, naquele momento, a unanimidade ou a maioria da bancada aprova a emenda. Antes do advento da EC nº 100/2019 havia sempre insistência para liberação das verbas, negociações políticas, apurava-se a sintonia do Estado com o governo federal. Agora, as emendas são de cumprimento obrigatório. Mesmo se o Estado estiver inadimplente junto à União. O dispositivo prevê que desimportante é o limite de despesa com pessoal para o pagamento da emenda.

O parágrafo 17 cuida dos restos a pagar sintonizados com cumprimento das emendas de bancada. Estabelece percentuais para que haja sintonia no final do exercício com a satisfação das emendas.

O parágrafo 18 prevê possível redução do montante a ser pago, de acordo com a reestimativa de receita e despesa. Caso se perceba que não dará para cumprir integralmente, efetua-se uma redução do montante das emendas.

O parágrafo 19 estabelece da redução equitativa que deve observar critérios objetivos e imparciais para o atendimento igualitário das emendas.

O parágrafo 20 estabelece a obrigatoriedade de inserção na futura lei orçamentária do exercício seguinte de verba faltante para execução já iniciada. Evidente que não pode resultar obra ou serviço no meio do caminho. A previsão para o próximo exercício será obrigatória.

Com a alteração agora proposta para que vingue o orçamento plurianual o problema estará superado.

O art. 2º da EC nº 100/2019 estabelece o percentual de 0,8 (oito décimos por cento) para pagamento das emendas no exercício subsequente.

O art. 3º da EC nº 100/2019 prevê que "a partir do terceiro ano posterior à promulgação" da EC a execução "corresponderá ao montante de execução obrigatória para o exercício anterior".

As Emendas Constitucionais 86/2015 e 100/2019 atenderam a uma exigência parlamentar. As verbas inseridas pelos parlamentares nos orçamentos anuais serviam de manobra política de subjugação ao Executivo. As emendas buscaram sanar tal distorção política. Criaram outras na verdade, na medida que mutilaram a Constituição. Norma que estabelecesse: "as emendas parlamentares individuais e de bancada" serão de cumprimento obrigatório. Pronto. Estaria resolvido o problema. Bastaria fixar um percentual orçamentário destinado a atendê-las.

A Emenda Constitucional n. 105/2019 (que teve origem na PEC 61/2015 da senadora Gleise Hoffmann) acrescenta parágrafos 19, 20, 21 e 22 ao art. 166 da Constituição Federal. A epígrafe do texto estabelece que se cuida de "transferência de recursos federais a Estados, ao Distrito Federal e a Municípios mediante emendas ao projeto de lei do orçamento anual".

A iniciativa é bastante interessante. Como se estabeleceu a obrigatoriedade do pagamento das emendas parlamentares individuais e de bancada, a presente emenda estabelece que os recursos aí indicados devem ser repassados *diretamente* a Estados, Distrito Federal e Municípios. Como era feito? O parlamentar efetuava suas indicações orçamentárias e ficava na dependência de apresentação ao Ministério competente de projeto para alicerçar a liberação de recursos. Tudo era complexo, demorado e submetia a emenda à boa vontade do terceiro escalão dos Ministérios.

Como início da liberação do Parlamento, fizeram-se duas Emendas Constitucionais. A primeira estabeleceu a obrigatoriedade da liberação das verbas decorrentes de emendas individuais. A segunda, as de bancada. Agora, para complementar a autonomia parlamentar, os recursos serão transferidos, de forma obrigatória diretamente ao ente federativo beneficiário da destinação.

Surge discussão sobre a constitucionalidade do dispositivo porque significa retirar parte dos recursos do Executivo e transferi-los para o Legislativo. Haveria hostilidade na iniciativa do Executivo de propor leis orçamentárias anuais (inciso III do art. 165 da CF).

A matéria merece algumas considerações. O Congresso tem liberdade jurídica para remanejar o destino das verbas orçamentárias. É questão meramente prática. Quem detém os elementos informadores da distribuição dos recursos é o Executivo. Isso deve dar-lhe a titularidade da destinação. Emenda Constitucional pode alterar a forma de distribuição de recursos. Estes continuam sendo encaminhados para atendimento a interesses públicos (incluindo os afetos à União). O que sucede é que os parlamentares estão no envio diretamente aos entes federados complementando as atribuições constitucionais de atender a necessidades públicas.

Simplificou-se tão somente o meio, a forma. A competência da Presidência de estabelecer prioridades e distribuição de recursos continua íntegra. Aliás, o advento da EC nº 105/2019 complementa a harmonia entre os poderes. Ademais, a União não é órgão federativo maior e hierarquicamente superior. Cada qual haure sua competência no texto constitucional que não pode ser modificado. Os recursos são do Estado Federal identificados como do ente federativo União que não tem prevalência sobre os demais.

Foram instituídas duas modalidades: a) transferência por *doação* e b) transferência com *finalidade definida*. Tais recursos não integrarão a base de cálculo da receita do Estado para fins de repartição e para cálculo dos limites de despesa com pessoal ativo e inativo.

Quando a emenda for de *doação* (inciso I do parágrafo 20 do art. 166) não há necessidade de convênio ou instrumento congênere (letra a) e, ocorrida a transferência do recurso, ela é para livre destinação do ente federativo beneficiário.

Se a emenda for de *finalidade definida* (inciso II do parágrafo 20 do art. 166 da CF) a utilização dos recursos fica vinculada à *ação definida na emenda*.

A diferença é que na doação a verba fica à disposição do ente federativo e ele a destina àquilo que estiver necessitando, podendo dar livre curso aos recursos recebidos. Na segunda hipótese, a verba já vem carimbada para determinada finalidade e nela deve ser investida. Se o parlamentar destinou a verba para asfaltamento de via pública, é aí que se despende. Caso contrário, se fez doação, a decisão cabe ao Chefe do Executivo competente.

Uma coisa é certa: não pode o recurso ser empregado como despesa de pessoal de qualquer tipo.

Como as verbas necessitam de acompanhamento, a fiscalização cabe ao órgão local (controle interno) e pelo Tribunal de Contas (controle externo) competente.

A fiscalização integra o controle de qualquer órgão governamental. É da índole do Estado democrático.

O parágrafo 22 era dispensável. Estabelece o óbvio e reforça o que já existe.

De qualquer forma, dá-se ao Parlamento autonomia no plano orçamentário não apenas para indicar emendas individuais e de bancada e dá-lhe força para transferência imediata dos recursos para os entes federativos que representam.

O mecanismo é interessante e elimina a possibilidade de apresentação de projeto junto ao Ministério destinatário dos recursos. A indicação da verba ocorre diretamente ao ente federativo.

Nosso legislador, no entanto, é verborrágico.

O orçamento é o instrumento jurídico, por excelência, de concretização dos direitos fundamentais. Assim, quando a Lei Orçamentária fixa uma despesa pública, surge o dever jurídico para a Administração de realizá-la, conferindo executoriedade e efetividade aos direitos sociais.

18.4.2.2 Limites ao exercício da discricionariedade do Poder Executivo

É razoável atribuir certa margem de liberdade à atuação do administrador. Afinal, a atividade administrativa está sujeita a diversas variáveis, que vão exigir conduta flexível e eficaz por parte do Poder Público.

Nota-se que o problema não está na necessária margem de liberdade concedida ao Executivo para conduzir os gastos públicos, mas na forma abusiva com que a faculdade vem sendo utilizada na elaboração e na execução orçamentárias.

Embora o orçamento seja peça fundamental para o destino da Nação, no plano formal, as disposições orçamentárias convertem-se em mera promessa, expectativas que quase sempre não se realizam.

Nesse cenário, o debate acerca do modelo orçamentário impositivo ganhou força. Nota-se crescente tendência à limitação da margem de discricionariedade administrativa concedida ao Executivo para gerir os recursos públicos, o que pode ser notado, inclusive, pelo aumento gradativo da criação de vinculações orçamentárias, hoje expostas em vários dispositivos do próprio texto constitucional.

Ora, se a gênese do orçamento guarda relação com a autorização dada pelo povo aos seus governantes para a utilização dos recursos públicos, não é errado concluir que quando não se efetiva a aplicação conforme consentido se está agindo à revelia daquilo que foi autorizado. Ao arrepio do regime democrático, que exige a sujeição dos governantes aos objetivos do Estado. O caráter autorizativo do orçamento não pode originar benesse ao Executivo, de forma a ser possível descumpri-lo. Caso contrário voltaríamos à fase anterior à existência do orçamento, com a aplicação arbitrária dos recursos públicos. A discricionariedade administrativa deve ser exercida visando unicamente a cumprir os objetivos encampados na Lei Maior.

Infelizmente, hoje, os parlamentares acabam condicionados pelas barganhas políticas com o Executivo, o que prejudica a atuação da Oposição e compromete o modelo democrático de Estado.

Daí a importância do cumprimento das emendas individuais, que passarão a ser um direito do parlamentar, acabando com as negociações entre partidos e o governo.

O chamado orçamento impositivo, em contraposição ao modelo autorizativo, promove o resgate do relevante papel do Poder Legislativo na elaboração e execução orçamentárias, como legítimo representante dos anseios da sociedade.

O ponto central da Emenda Constitucional nº 86/2015 é acrescentar ao art. 166 da CF os seguintes dispositivos:

> Art. 166. (...)
> (...)
> §9º. As emendas individuais ao Projeto de Lei Orçamentária serão aprovadas no limite de um 1,2% (inteiro e dois décimos por cento) da receita corrente líquida prevista no projeto encaminhado pelo Poder Executivo, sendo que a metade deste percentual será destinada a ações e serviços públicos de saúde.
> (...)
> §11. É obrigatória a execução orçamentária e financeira das programações a que se refere o §9º deste artigo, em montante correspondente a 1,2% (um inteiro e dois décimos por cento) da receita corrente líquida realizada no exercício anterior, conforme os critérios para execução equitativa da programação definidos na lei complementar prevista no §9º do art. 165.

Por eles, torna-se obrigatório o pagamento das emendas individuais de *todos os parlamentares*, inclusive os de Oposição. Tal fator iguala todos. O único impedimento é o aspecto técnico, nos exatos termos do §12 do mesmo artigo, com as cautelas estabelecidas no §14 e seus incisos.

Não nos esqueçamos de que metade dos valores das emendas individuais deve ser destinada a ações e serviços públicos de saúde.

A emenda constitucional em análise tende a ampliar a rigidez orçamentária, à medida que torna obrigatória a execução das emendas parlamentares e amplia a despesa obrigatória mínima em saúde.

18.4.2.3 As emendas parlamentares individuais e de bancada e seus limites (EC nº 86/2015 e 100/2019)

De acordo com a Resolução nº 1/2006 do Congresso Nacional, são três as modalidades de emendas feitas pelo Parlamento ao Projeto de Lei Orçamentária: (1) emendas de Comissões Permanentes do Senado e da Câmara, (2) emendas de Bancadas Estaduais e (3) emendas individuais dos parlamentares. O art. 49 da citada resolução estabelece que cada parlamentar pode apresentar até 25 emendas, cabendo ao Relator-Geral do Orçamento estabelecer, no relatório preliminar, o valor máximo alocado por parlamentar para as emendas individuais (art. 52, II, "i").

De acordo com a Emenda nº 86/2015, o limite de execução obrigatória das emendas passa a ser de 1,2% da RCL.

Contudo, a regra da Emenda Constitucional nº 86/2015 é que 50% das emendas terão que ser obrigatoriamente utilizadas no setor saúde. As despesas do setor saúde tendem a ser de caráter obrigatório (a menos que estejam extrapolando o limite mínimo obrigatório por lei – o que assumiremos, por simplificação, não ser o caso). Assim, com essa hipótese de que toda despesa em saúde é obrigatória, apenas metade das emendas parlamentares converterá despesas discricionárias em obrigatórias, pois a outra metade será feita em uma categoria de despesa já obrigatória.

Ressalte-se, contudo, que a Emenda Constitucional nº 86/2015 abre uma possibilidade de contingenciamento parcial desses recursos, ao estabelecer que:

> Art. 166. (...)
> §17. Se for verificado que a reestimativa da receita e da despesa poderá resultar no não cumprimento da meta de resultado fiscal estabelecida na Lei de Diretrizes Orçamentárias, o montante previsto no §11 deste artigo poderá ser reduzido em até a mesma proporção da limitação incidente sobre o conjunto das despesas discricionárias.

Isso significa que, em caso de haver necessidade de contingenciar a execução de despesas não obrigatórias, o percentual de contingenciamento que incidir sobre tais despesas poderá ser aplicado às emendas parlamentares. Ou seja: as emendas poderão ser contingenciadas, porém na mesma proporção das demais. Não se poderá, como ocorre atualmente, eleger as emendas parlamentares como alvo principal do contingenciamento, protegendo-se outras despesas do orçamento. Isso retira do Poder Executivo o poder discricionário de privilegiar a execução de suas prioridades, em detrimento das prioridades dos parlamentares.

Também fica aberta a possibilidade de o Poder Executivo despender não só com emendas do orçamento do ano em curso, mas também com o pagamento de Restos a Pagar de dotações empenhadas e não pagas em anos anteriores. Isso permitirá que aos poucos o saldo de Restos a Pagar de emendas parlamentares seja reduzido até que, em algum momento no futuro, haja apenas emendas do exercício corrente a serem pagas.

Tal dispositivo é a seguir transcrito:

> Art. 166. (...).
> §16. Os Restos a Pagar poderão ser considerados para fins de cumprimento da execução financeira prevista no §11 deste artigo, até o limite de 0,6% (seis décimos por cento) da receita corrente líquida realizada no exercício anterior.
> (...)
> Outro importante dispositivo é o que dispõe:
> Art. 166. (...)
> §13. Quando a transferência obrigatória da União, para a execução da programação prevista no §11 deste artigo, for destinada a Estados, ao Distrito Federal e a Municípios, independerá da adimplência do ente federativo destinatário e não integrará a base de cálculo da receita corrente líquida para fins de aplicação dos limites de despesa de pessoal de que trata o *caput* do art. 169.

O que esse dispositivo quer dizer é que as emendas parlamentares deixam de ser consideradas como transferências voluntárias da União a Estados e Municípios, passando a ter o *status* de despesa obrigatória.

Isso tem repercussão quando se levam em conta as regras da Lei de Responsabilidade Fiscal acerca das transferências voluntárias contidas no art. 25, ou seja, ao transformar as emendas individuais em despesas obrigatórias. A Emenda Constitucional nº 86/2015 livra Estados e Municípios de terem os recursos das emendas bloqueadas nos casos em que não cumprirem limites máximos de endividamento, despesa com pessoal ou limites mínimos de despesa com saúde e educação, além das outras obrigações legais acima listadas.

Os Estados e os Municípios também poderão receber os recursos das emendas mesmo que não prestem informações fiscais e financeiras ao Poder Executivo Federal para fins de consolidação das contas públicas (art. 51 da Lei de Responsabilidade Fiscal) ou que não instituam e cobrem todos os impostos de sua competência (art. 11 da Lei de Responsabilidade Fiscal).

Há, portanto, um enfraquecimento dos mecanismos de imposição de responsabilidade fiscal aos Estados e Municípios, em prestígio do agente político.

Para complicar ainda mais sobreveio a EC nº 100/2019 que torna obrigatória a execução da programação orçamentária proveniente de emendas de bancada de parlamentares. Como se não bastasse a obrigatoriedade da liberação de verbas para cumprimento de emendas individuais, agora as de bancada igualmente tornam-se obrigatórias.

18.4.2.4 Implicações de ordem política da obrigatoriedade de execução das emendas parlamentares individuais e de bancada

O contingenciamento de emendas parlamentares, em especial das emendas individuais, é normalmente referido como instrumento de barganha política à disposição do Poder Executivo Federal. Sempre que precisa reforçar sua base de apoio no Congresso o Executivo descontingencia parte das emendas em retribuição a voto ou posicionamento favorável do parlamentar.

Pelo lado do parlamentar as emendas são usualmente consideradas importante instrumento eleitoral, porque permitem o atendimento de demandas da sua base política.

Uma interpretação possível é impedir a barganha do voto parlamentar em troca da liberação de emendas, o que aumentaria a independência do Legislativo. Isso fortaleceria a democracia, uma vez que um Poder perderia capacidade de se impor sobre outro.

Nada obstante, a necessidade de formar maiorias continuará a existir. O mais provável é que o mecanismo de barganha por meio de emendas seja substituído por outros tipos de negociação.

O perigo é que os novos mecanismos sejam menos transparentes e mais lesivos à eficiência da ação pública. Não havendo como barganhar via liberação de emendas, pode-se corromper por meio: da oferta de cargos públicos ou de financiamentos subsidiados em bancos federais; da indicação, pelos parlamentares, de empresas a serem contratadas para prestar serviços ao governo; etc.

Ainda que sujeito a várias críticas, o processo de barganha Executivo/Legislativo baseado em emendas parlamentares é transparente. Qualquer jornalista tem acesso às emendas apresentadas pelos parlamentares, podendo acompanhar sua execução e examinar como votou cada deputado e cada senador.

Por outro lado, é possível que, sabendo *a priori* que as emendas individuais serão executadas, o Poder Executivo passe a se mobilizar para fazer uma seleção mais criteriosa das emendas a serem aprovadas.

É possível que a execução obrigatória leve a tratamento mais minucioso das emendas, inclusive pela definição, na Lei de Diretrizes Orçamentárias, de critérios rígidos para sua apresentação, vinculando-as a programas preexistentes do Executivo, inserido em um planejamento de ações que evitaria a dispersão de recursos.

18.4.2.5 A mudança na regra de despesa mínima em ações e serviços públicos de saúde

Conforme vimos, uma das categorias de gastos obrigatórios é a de gastos com a saúde. O art. 198 da CF, combinado com a Lei Complementar nº 141/2012, obriga a União a gastar anualmente em saúde, no mínimo, o montante empenhado no exercício anterior corrigido pela variação nominal do PIB.

A Emenda Constitucional nº 86/2015 altera essa regra e estabelece que o gasto em saúde não será inferior a 15% da RCL, ao alterar o art. 198 da CF para a seguinte redação:

> Art. 198. (...)
>
> §2º. A União, os Estados, o Distrito Federal e os Municípios aplicarão, anualmente, em ações e serviços públicos de saúde recursos mínimos derivados da aplicação de percentuais calculados sobre: I – no caso da União, a receita corrente líquida do respectivo exercício financeiro, não podendo ser inferior a 15% (quinze por cento);

Esse percentual deverá ser alcançado gradativamente, iniciando-se no primeiro ano após a promulgação da Emenda Constitucional nº 86 com 13,2% da RCL, evoluindo até 15% em cinco anos. Para se ter uma ideia do impacto dessa nova regra no aumento da despesa, a despesa da União com saúde em 2012 foi de 80 bilhões de Reais, o que representou 12,5% da RCL daquele exercício. Se tivesse que cumprir o mínimo de 13,2% da RCL previsto (fonte: *Relatório Resumido da Execução Orçamentária de 2012 – Tesouro Nacional* para o primeiro ano após a promulgação da PEC), a União teria gastado, em 2012, 84,3 bilhões de Reais em saúde. Ou seja, um acréscimo de 4,3 bilhões no primeiro ano.

As coisas vão se operando gradativamente. Nada obstante e sem embargo da determinação constitucional, os governos vão protelando ações. O serviço de saúde continua absolutamente abandonado. Desvios incríveis de recursos. Mau atendimento ao público. Descaso contínuo com a população.

O relatado acima serve de exemplo dos desmandos permanentes e da incúria que o governo trata a saúde do brasileiro.

Note-se, contudo, que as emendas parlamentares de execução obrigatória na área de saúde (50% do total das emendas) serão computadas como parte do gasto obrigatório em saúde.

Nos anos seguintes à incidência da norma constitucional não haveria aumentos adicionais no gasto em saúde. Isso porque para medir tal acréscimo seria necessário comparar a evolução da RCL com a evolução do PIB (que era o indexador anterior da despesa em saúde). Se a RCL evoluir mais lentamente que o PIB, a mudança de indexador terá sido ruim para o setor saúde. Se a RCL evoluir mais rápido que o PIB, o aumento de despesa em saúde será mais intenso.

Passada a fase de transição de cinco anos (na qual o percentual aplicado em saúde caminhará em direção a 15% da RCL), e tendo em vista que a carga tributária brasileira já chegou ao seu limite, é provável que, em um horizonte de 10 a 15 anos, a indexação da despesa em saúde pela RCL resulte em menor gasto do que se a indexação permanecesse vinculada ao PIB.

18.4.2.6 Conclusões

Pelo exposto acima, temos que a aprovação da Emenda Constitucional nº 86/2015 elevou a rigidez do orçamento, seja porque as emendas parlamentares não representam um valor elevado em relação ao gasto primário total, seja porque o Executivo conseguiu que parte das emendas fosse direcionada para despesas já obrigatórias na área de saúde.

Em verdade, não houve qualquer melhora nos serviços que deveriam ser prestados.

Do ponto de vista político, há o risco de que o processo de barganha no Parlamento, atualmente feito de forma transparente, por meio da liberação de emendas, passe a se dar com base em procedimentos menos transparentes, e, portanto, fora do poder de fiscalização da mídia.

Quanto à mudança da regra de despesa mínima em saúde, que deixa de ser reajustada pelo PIB nominal e passa a ser vinculada à RCL, haverá um aumento inicial da ordem de 4,3 bilhões de Reais nos gastos no setor no primeiro ano; seguido de alguns acréscimos nos quatro anos seguintes, quando o percentual de comprometimento da RCL crescerá gradativamente até 15%. Todavia, no longo prazo é provável que o uso da RCL como indexador da despesa leve a um crescimento mais lento da despesa, quando comparada com a indexação pela variação do PIB nominal.

É verdade que tudo já é passado. Mas, desastroso. Serviços deixaram de ser prestados e continuam precários e sem perspectiva de melhoria. Como já se disse, o problema não é de normas, mas de ações que as executem. Direitos e garantias existem. O que falta de implementá-los.

O *remendo* é desastroso. Primeiro, porque apenas atendeu a interesses políticos dos parlamentares. Em seguida, porque deixou ao Executivo a mesma margem de discrição que possuía para cumprir, ou não, o restante do orçamento. Terceiro aspecto que impõe ressaltar é que a discussão teórica prossegue: o orçamento tem ou não que ser cumprido em sua inteireza no caso de realização da receita prevista.

Como se isso não bastasse sobreveio a obrigação de satisfação das emendas de bancada de parlamentares (EC nº 100/2015). É o jogo político que fica retratado na Constituição.

Deu-se um passo adiante no sentido de evitar a perniciosa troca de favores e votos às vésperas de votação de projeto de interesse do Executivo. Mas o problema ficou resolvido apenas em parte. É que as tensões futuras continuam.

Enfim, houve um *remendo*.

18.5 Noção moderna de gasto público dentro do orçamento

Continuamos insistindo, como sempre fizemos, que a decisão da despesa é uma decisão política, no sentido de que deve o agente público optar por atender aos reais interesses da sociedade. Só que mais recentemente essa decisão vem sendo restringida de acordo com valores que a Constituição e as leis vão encampando. Por exemplo, quando o art. 212 da CF dispõe que "a União aplicará, anualmente, nunca menos de 18 (dezoito), e os Estados, o Distrito Federal e os Municípios 25% (vinte e cinco por cento), no mínimo, da receita resultante de impostos, compreendida a proveniente de transferências, na manutenção e desenvolvimento do ensino", fez clara opção por privilegiar o ensino como valor básico e pleno da afirmação democrática. Somente através da educação é que o homem e a mulher se tornam cidadãos. Por ela é que as pessoas se valorizam perante si próprias e perante a sociedade. É o único instrumento de capacitação dos indivíduos para a participação democrática. Sem ela o indivíduo é manipulado. É objeto de jogo político mesquinho. É dócil instrumento de manobra nas mãos dos poderosos. É inocente útil na exploração de políticos desonrados, servindo de massa de manobra para intenções menos nobres e corruptas.

De outro lado, a Emenda Constitucional nº 29/2000 alterou os arts. 34, 35, 156, 167 e 198, para permitir e determinar que recursos possam financiar "ações e serviços públicos de saúde". Assim sendo, efetuou a vinculação de recursos destinados ao atendimento da saúde.

Vê-se, pois, que o legislador constituinte, o primeiro originário e o segundo derivado, elegeram valores que entenderam essenciais e primordiais para a subsistência e o desenvolvimento da sociedade.

Já se começa a ver que o legislador, ao estruturar a peça orçamentária, não tem mais a liberdade que possuía. Já está parcialmente *vinculado*.

O que era uma atividade discricionária, que ensejava opções ao político na escolha e destinação das verbas, passa a ser vinculada. Não deixa de ser decisão política, uma vez que o constituinte optou por uma solução dentre várias que possuía. Pode não ser a melhor, nem a menos ruim, mas é a solução que se deu.

De outro lado, há obrigações que decorrem de lei, como, por exemplo, o pagamento dos servidores, tal como deflui do art. 9º, §2º, da Lei de Responsabilidade Fiscal (Lei Complementar nº 101/2000), que dispõe que "não serão objeto de limitação as despesas que constituam obrigações constitucionais e legais do ente, inclusive aquelas destinadas ao pagamento do serviço da dívida, e as ressalvadas pela Lei de Diretrizes Orçamentárias". Tal dispositivo, introduzido na referida lei por obra e graça do Fundo Monetário Internacional/FMI, cria outras limitações ao executor orçamentário, a saber: não pode deixar de pagar as obrigações constitucionais e legais e o "serviço da dívida". Logo, *novas vinculações* surgem, obrigando o agente político a cumprir o orçamento, não podendo contingenciar recursos.

É curioso observar a evolução das obrigações orçamentárias. Como se isso não bastasse, a Lei de Responsabilidade Fiscal obriga a que, juntamente com a proposta do orçamento, sejam enviados o Anexo de Metas e o de Riscos (art. 4º, §§1º e 3º). Servem eles, exatamente, para balizar o comportamento do agente político. Caso deixe de atender às finalidades traçadas na Lei de Diretrizes Orçamentárias, deve demonstrar que não atingiu as finalidades porque ocorreu algum risco fiscal, ou seja, alguma contrariedade fática (exemplo: pesadas chuvas que justifiquem o adiamento de uma obra) ou jurídica (exemplo: concessão de liminar suspendendo edital de licitação e, pois, atrasando o início das fundações de um hospital). Tal balizamento do comportamento administrativo dá bem ideia de como são rigorosos os dispositivos legais. Poder-se-ia dizer que violentas não são as águas que fluem nos rios, mas as margens que limitam sua ação, no precioso dizer de Brecht. No entanto, menos verdade não é que a discrição vem sendo, paulatinamente, substituída pela vinculação da ação administrativa, atingindo os gastos públicos.

Como ensina Ingrosso, "sono *fisse* le spese derivanti da leggi organiche e da obblighi permanenti dello Stato, con scadenze determinate e costanti, che di esse si conosce in via preventiva la data del pagamento, il nome del creditore e, normalmente, l'ammontare (es.: stipendi, pensioni, ecc.)". Adiante afirma que são obrigatórias as despesas "periodiche, necessarie, obbligatorie sono le spese richieste per altri servizi che per il progredire e il perfezionarsi dei bisogni pubblici si sono aggiunti a quelli originari e fondamentali dalla Costituzione e dell'Amministrazione dello Stato, e formano como questi compiti normali e permanenti dell'azzione statale (parechi dei cosi detti servizi di *civiltà* o dell'*attività sociale* dello Stato, quali la pubblica istruzione, la pubblica sanità ecc.".[31]

A disponibilidade dos meios não é absoluta, nem é exclusivamente discricionária. É livre o agente para estabelecer suas prioridades, suas finalidades, mas – aí a ressalva –, se há serviços a atender, se há débitos absolutamente reconhecidos e induvidosos, se há, como disse Ingrosso, o nome do credor, a data do pagamento e o montante a pagar, não há como se subtrair ao comando normativo. Há a vinculação ao pagamento. Atenção: a discrição opera-se no momento intelectivo da escolha das atividades que se irão desenvolver. A vinculação, conhecidos devedor, data do pagamento e montante a pagar, torna-se irreversível.

Na disposição da Lei do Enquadramento do Orçamento do Estado, Lei nº 8/1991, de Portugal, em sintonia com a Constituição daquele país, que no n. 4 do art. 108 dispõe: "O orçamento do Estado deve prever os recursos necessários para cobrir *todas as despesas*" (grifo meu), detecta-se a obrigatoriedade da despesa pública, uma vez realizada a receita. É dispositivo importante no saneamento da gestão pública.

Mais incisivo em sua afirmação de que todas as despesas devem ser pagas é Heinz Haller, ao afirmar que, "si los pagos están unidos a supuestos de hecho totalmente determinados y fijada su cuantía por una ley, entonces se modifica su importe total en el transcurso de las oscilaciones de la coyuntura, en la misma forma automática como se modifica la cuantía de los ingresos tributarios si las leyes tributarias que determinan los supuestos de hecho tributarios y los tipos permanecen invariables". Na sequência de seu pensamento, afirma que, "mediante un cálculo cuidadoso de los tipos correspondientes, puede lograrse esto en cierta medida, si se conoce la cuantía de los gastos estatales que no dependen de la coyuntura".[32]

No correto dizer de Hely Lopes Meirelles, "a *execução do orçamento* é de ser feita com fiel atendimento do que ele dispõe, quer quanto à arrecadação, quer quanto à despesa. *Executar* é cumprir o determinado".[33]

A decisão de gastar, como já se disse, é eminentemente política. Na elaboração da proposta orçamentária, o Executivo juntamente com os demais Poderes iniciam estudos, por seus técnicos, das prioridades que devem atender na distribuição dos recursos. Decorre daí a pesquisa do montante que arrecadarão com os tributos e as demais receitas originárias. Após conhecer o montante das receitas, passam à fase da decisão de quais finalidades, quais setores da Administração, terão de atender. É a fase

---

31 INGROSSO. *Instituzione di diritto finanziario*. 2. ed. Nápoles: Jovene, 1954, p. 641.

32 HALLER, Heinz. *Política financiera*. Tradução de Fernando Sáinz Moreno. Madri: Editorial de Derecho Financiero, 1963, p. 210.

33 MEIRELLES, Hely Lopes. *Direito municipal brasileiro*. 18. ed. São Paulo: Malheiros, 2017, p. 782.

mais importante da elaboração orçamentária. Como diz Baleeiro, "em todos os tempos e lugares, a escolha do objetivo da despesa envolve um ato político, que também se funda em critérios políticos, isto é, nas ideias, convicções, aspirações e interesses revelados no entrechoque dos grupos detentores do poder. Tanto mais lúcidos, cultos e moralizados sejam os governantes quanto mais probabilidades existem de que se realize aquele cálculo da máxima vantagem social".[34]

No curso da decisão política de saber no que gastar entram conhecimentos das mais diversas ciências. Inúmeros ramos do conhecimento norteiam o agente do Executivo a decidir onde e no que gastar. Ocorre que, se houver débitos que deva saldar, o chefe do Executivo não tem opção. Não pode ele, simplesmente, em gesto irresponsável, deixar de pagar.

É pouco comum ver nos comentaristas de direito público que se preocuparam com o orçamento a afirmação de que o gasto previsto deve ser efetuado. Em verdade, chegamos à clara impressão de que o administrador público não tem opção para inserir ou não na Lei Orçamentária Anual, e, pois, nas precedentes leis orçamentárias (Plano Plurianual e Lei de Diretrizes Orçamentárias), débitos já vencidos. Ademais, isso é o que se pode deduzir do texto constitucional quando faz a determinação de que a Lei Orçamentária não conterá dispositivo estranho à *previsão* da receita e à *fixação* da despesa (art. 165, §8º). O verbo "fixar", utilizado para estabelecer as despesas, não se conforma com o sentido pouco estável da mera previsão de despesas. "Fixar" é mais do que lançar provisoriamente no rol de gastos. É séria demonstração de reconhecimento de dívida, só ilidida por motivos relevantes e fundados.

Trotabas ensina que "tout le droit budgétaire repose sur l'idée d'autorisation: le contrôle de l'exécution du budget doit donc assurer la conformité de cette exécution aux autorisations données par le Parlement". Essa autorização dada pelo Legislativo não pode ser desconsiderada sem nenhuma justificativa, sob pena de inteira inutilidade do ato. "Il en résulte que le contrôle budgétaire doit être conçu comme une reddition de comptes par laquelle le gouvernement, qui a reçu les autorisations budgétaires, permet au Parlement de s'assurer que ses décisions on été correctement exécutées. Tel est bien l'esprit général de ce contrôle, avec la loi de règlement".[35]

Se assim é, o controle da execução do orçamento deve ser eficaz, pois, na feliz expressão de Trotabas, "il faut qu'il ne reste pas platonique". Ele pode ser administrativo, político, jurídico e jurisdicional. Se a inexecução puder ser considerada como um excesso de poder, fora de limites discricionários razoáveis, ela pode ser questionada judicialmente por quem tiver interesse jurídico na demanda. Se não existe ato totalmente discricionário, o Executivo sempre deve balizar sua conduta de maneira condicionada ao sistema legal vigente, aí incluindo os princípios expressos no art. 37 da CF. A proposta orçamentária e a autorização do Parlamento vinculam o Executivo à lei formal editada.

Fonrouge entende que "el presupuesto es un acto de trascendencia que regula la vida económica y social del País, con significación jurídica, y no meramente contable; que es manifestación integral de la legislación, de carácter unitario en su Constitución,

---

[34] BALEEIRO, Aliomar. *Uma introdução à ciência das finanças, op. cit.*, p. 78.

[35] TROTABAS Louis ; COTTERET, Jean-Marie. *Droit budgetaire et comptabilite publique*. 5. ed. Paris: Dalloz, 1995, p. 127.

fuente de derechos y obligaciones para la Administración y productor de efectos con relación a los particulares. Como dice Ingrosso, 'es una ley de organización, la mayor entre las leyes de organización'".[36]

Se o orçamento é, ou não, lei formal, constitui-se simples autorização; e, se fosse verdade que em relação às despesas não seria mais que um ato-condição, parece claro que o que pode ou não obrigar o Executivo a executar o orçamento, tal como aprovado e autorizado pelo Legislativo, não é nenhum desses motivos, mas as particularidades de cada caso concreto. Não se pode, objetivamente, sem considerar a realidade dos fatos, obrigar o administrador a cumprir cegamente a Lei Orçamentária, nem deixar a seu arbítrio eleger o que pode, ou não, ser efetivado. Ainda que se admita ser ele uma lei formal, certamente não é simples ato-condição, mero ato administrativo, pois "é inadequado extrair conclusões jurídicas da estrutura externa do orçamento. Não se pode estabelecer uma separação entre a parte que contém o plano financeiro ou as previsões (que seria o *ato administrativo*) e o texto legal que os aprova (lei propriamente dita); porque ambos constituem fragmentos de um *todo orgânico*. A Lei Orçamentária, pois, é um ato unitário e as cifras de gastos ou recursos ostentam caráter substancial e integram o próprio ato".[37]

Nesse exato sentido, José Afonso da Silva realça com precisão que "é certo que os funcionários administrativos devem cumprir as metas previstas na programação orçamentária, e não o podem fazer livremente, mas nos termos e limites fixados na Lei de Orçamento. Não podem deixar de cumprir as atividades e projetos constantes da Lei de Orçamento, sem razão justificativa para tanto, ou com a simples justificativa de que não eram obrigados a executá-los, porquanto a lei não lhes dá mais do que uma autorização para isso, ficando sua efetivação dependendo de sua vontade exclusivamente".[38]

Nem é viável entendimento diverso. Em regra, as despesas autorizadas obrigam o administrador, salvo se demonstrar a impossibilidade ou séria inconveniência de sua efetivação. Evidentemente, tratando-se de despesas continuadas, notadamente se forem essenciais à normal atividade diária do Executivo, não é possível deixar de efetivá-las. Luz, água, gás e outras despesas semelhantes não admitem justificativa capaz de impedir seu consumo. Justificadamente, dentro de limites razoáveis, podem ocorrer situações excepcionais que justifiquem o não pagamento dessas contas em determinado exercício sem que ocorra efetivo controle parlamentar ou judicial. Porém, quando se trata de pagamento que pode interferir na normal prestação de um serviço público essencial, como o abastecimento de água, indispensável ao saneamento e à saúde pública, a situação merece solução totalmente diferente. É que a inadimplência do Estado consumidor, que não paga a água que ele próprio consome, é intrinsecamente diversa da inadimplência do Poder Público Municipal que não paga a água repassada a seus habitantes, rompendo a normal prestação dos complexos serviços de saneamento e saúde públicos. Uma coisa é a Municipalidade não pagar seus próprios gastos, a água que consome; outra, bem diferente, é não pagar o bem utilizado para a preservação da higiene e saúde públicas. Como já dito, não é a relação comercial de consumo

---

36 FONROUGE. *Derecho financiero, op. cit.*, p. 181.

37 *Idem*, p. 179.

38 SILVA, José Afonso da. *Orçamento-programa no Brasil, op. cit.*, p. 272.

que está em jogo, mas a solução de continuidade imposta, em cada inadimplemento, aos mais preciosos serviços públicos. Demais disso, no caso dos grandes Municípios limítrofes o serviço público de saneamento nunca é local, mas regional, com reflexo ambiental nacional, o que explica a impossibilidade de se considerar isoladamente o descumprimento de uma parcela da competência comum para prestá-lo.

Dessa forma, mais convencidos estamos de que é inviável, diante das premissas assentadas na peça orçamental, que possa o chefe do Executivo prever receita para pagamento de serviços públicos essenciais menor que o valor sabidamente certo que deve satisfazer. Sendo assim, o orçamento converte-se em lei real, e não de mera previsibilidade. As entradas são previsíveis, mas não exatas. A liquidação operar-se-á no curso do exercício financeiro. No entanto, há previsão aproximada, salvo evidente risco que se pode converter em sério obstáculo para a satisfação das obrigações assumidas. Não havendo riscos, tem o credor razoabilidade de certeza em receber o montante previsto. Não só isso, mas não há a opção do devedor (União, Estados, Distrito Federal e Municípios) de não prever recursos para pagamento dos serviços públicos que deva suportar.

No exercício de mandato parlamentar (2007-2010) apresentei proposta de lei tornando *impositivo* o orçamento. Não pode o chefe do Executivo contingenciá-lo, uma vez que apenas poderá fazê-lo no caso de não haver realização das receitas. Se o montante das receitas equivale ao das despesas previstas, o cumprimento exato do orçamento torna-se obrigatório. Apenas poderá haver o contingenciamento na hipótese de não realização das receitas. O projeto foi arquivado, como o são todos os projetos não apreciados em uma Comissão até o fim da legislatura.

18.6 As regras administrativas e o art. 37 da CF

A Constituição da República deixou assentes alguns princípios que orientam e servem de base à Administração Pública. Em seu exercício a Administração obedecerá aos princípios (regras) da "legalidade, impessoalidade, moralidade, publicidade e eficiência", ao lado de outros princípios que a norteiam.

Um dos pilares da boa Administração diz respeito ao atingimento de suas finalidades. No exato dizer de Celso Antônio Bandeira de Mello, "implementar uma regra de Direito não é homenagear exteriormente sua dicção, mas dar satisfação a seus propósitos".[39] Na precisa lição de Victor Nunes Leal, se a Administração "não atende ao *fim legal*, a que está obrigada, entende-se que *abusou* de seu poder. (...). O fim legal é, sem dúvida, um limite ao poder discricionário. Portanto, se a ação administrativa desatende a essa finalidade, deve-se concluir que extralimitou de sua *zona livre*, violando uma prescrição jurídica expressa ou implícita, o que a transpõe, por definição, para a *zona vinculada*".[40] O sempre preciso Celso Antônio afirma que tal princípio "impõe que o administrador, ao manejar as competências postas a seu encargo, atue com rigorosa obediência à finalidade de cada qual. Isto é, cumpre-lhe cingir-se não apenas à finalidade

---

[39] BANDEIRA DE MELLO, Celso Antônio. *Curso de direito administrativo*. 33. ed. 2. tir. São Paulo: Malheiros, 2017, p. 80.

[40] LEAL, Victor Nunes. *Problemas de direito público*. Rio de Janeiro: Forense, 1960, p. 285.

própria de todas as leis, que é o interesse público, mas também à finalidade *específica* abrigada na lei a que esteja dando execução".[41]

Aliomar Baleeiro, tratando exatamente do caráter facultativo ou obrigatório das autorizações orçamentárias, abstraindo a obrigação de cobrar as receitas, entende que as despesas variáveis, sem arrimo legal, ficam sujeitas à discricionariedade administrativa, podendo ou não ser pagas, enquanto as fixas, decorrentes de norma constitucional ou legal, criam direito subjetivo em favor do credor, vinculando a competência do agente público. Este autor deixa claro que "o Presidente da República incorrerá em crime de responsabilidade se suspender a realização de tais dispêndios. O próprio Congresso está vinculado e não poderá evadir-se do dever de incluí-las no orçamento".[42]

Como bem anotou esse autor, tratando-se de despesas fixas, a Administração não tem a livre faculdade de incluir ou não as chamadas *despesas obrigatórias* de caráter continuado no orçamento. Essa obrigação decorre do vínculo existente entre o ato da despesa e a lei que obriga o ente federativo a efetivamente realizá-la. Aqui, o vocábulo lei está sendo empregado em sentido genérico, podendo a despesa resultar de norma constitucional, lei ordinária ou simples ato administrativo normativo, todos eles aptos a deferir direito subjetivo público ao beneficiário da obrigação pecuniária.

Como já visto, a não inclusão dos valores referentes ao fornecimento de serviços públicos no orçamento dos Municípios, com o correspondente empenho da despesa, constitui falta que transcende a órbita da questão comercial e pode ser qualificada como uma recusa de cumprimento da competência prevista no art. 23, IX, da CF. Em face desse comando, cuja finalidade é a busca integrada da melhoria das condições de saneamento básico, e aceita a tese de que qualquer membro da Federação que dificulta, retarda ou deixa de cumprir sua parte na complexa prestação de serviços públicos de saneamento estará omitindo ato de sua competência e impedindo que o Estado continue a prestar normalmente suas próprias competências, chega-se à conclusão de que não há justificativa para o administrador recusar-se a prever e, posteriormente, empenhar os valores necessários a esses pagamentos. A despesa decorre de norma constitucional.

Em consequência, pode ser qualificada como despesa obrigatória de caráter continuado. A obrigatoriedade da despesa exclui qualquer juízo de conveniência e oportunidade para realizá-la. Optar pela não efetivação da despesa é optar pela renúncia da prestação dos serviços ao usuário. Não há discricionariedade possível capaz de justificar a não inclusão dessas despesas no orçamento, nem pode o administrador deixar de cumpri-la. Em tese, pode deixar de executá-la na presença de motivos graves e excepcionais, desde que justificadamente expostos.

Ainda assim, o descumprimento da previsão orçamentária não se dá livremente, segundo o juízo do administrador, uma vez que deve ser confrontado com a cabal demonstração da impossibilidade de cumprimento da ordem constitucional, prevista nos arts. 23, IX, e 30 da CF. O administrador não age no vácuo, apreende a existência dos motivos para agir e procede à valoração desses motivos, no sentido de avaliar a necessidade de agir e a razoabilidade, proporcionalidade e moralidade, dentre outros critérios, dos meios empregados para agir e obter a resposta expressa ou implícita na lei.

---

41 BANDEIRA DE MELLO, Celso Antônio. *Curso de direito administrativo, op. cit.*, p. 110.

42 BALEEIRO, Aliomar. *Uma introdução à ciência das finanças, op. cit.*, p. 442.

Assim, a pura e simples omissão do administrador, que deixa de incluir no orçamento a verba necessária para pagamento de serviços públicos, não se sustenta.

Sob outro enfoque, abstraindo-se a questão do compulsório cumprimento de ato decorrente da competência comum acima relatada, constitui, igualmente, despesa de custeio, de obrigatória inclusão no orçamento. Também aqui, se não há discricionariedade de prestar ou não serviços, inexiste discricionariedade para pagar ou deixar de pagar tais despesas. O que se enfatiza é que não se pode falar em discricionariedade para incluir ou não a despesa no orçamento. Não pagar pela utilidade conscientemente adquirida não é uma opção válida.

Excepcionalmente o administrador pode deixar de saldar suas contas justificadamente, quer dizer, na presença de motivos extraordinários que o obriguem a não as pagar. Mesmo nesse caso extremo não há lugar para discricionariedade, pois, se estiverem presentes os motivos determinantes para a não execução do orçamento, não se afiguraria defensável o pagamento. Nesse caso, ressalta-se que a inconveniência do pagamento prende-se à execução do orçamento, relativa a fatos ocorridos após a concretização do negócio, com a emissão da competente nota de empenho. A previsão da verba necessária para efetuar a despesa e sua inclusão no orçamento não admitem justificativa para desconsiderá-la. Se o negócio padecer de algum vício, poderá a Administração posteriormente, em prazo razoável, percorrer os trâmites necessários para anulá-lo.

18.7 Sistema de controle externo do orçamento

Assentada a obrigação de os entes federados incluírem nos seus orçamentos e reservarem verbas para o pagamento de serviços públicos, não importa se em decorrência do exercício da competência comum para prestação do serviço de saneamento ou da inviabilidade da prolongada suspensão dos pagamentos de despesa essencial de custeio, resta demonstrar como é possível fiscalizar a execução do orçamento e obrigá-los a ultimar os pagamentos.

Como o Judiciário não pode examinar o mérito político da decisão do administrador, mas apenas a legalidade do ato, não se pode falar em invasão de competência, pois não há discricionariedade para o Estado agir sem previsão legal ou com excesso do poder. Isso porque a discricionariedade pressupõe liberdade de escolha de soluções possíveis, aceitáveis. Na questão que se analisa, os entes federados estão infringindo um padrão legal, por isso que o Judiciário não pode deixar de apreciar o risco de dano exposto, conforme previsto no art. 2º da CF.

Importante salientar que a vinculação ocorre em face do princípio da legalidade. O vocábulo "legalidade", nesse caso, possui ampla significação, abrangendo todo o sistema normativo, aí incluídos os princípios gerais do direito administrativo, previstos no art. 37 da CF.

O orçamento é um plano de ação exposto à consideração pública. Ele reflete a estratégia política do governo, suas metas, prioridades, política social e econômica. O governo desnuda-se, ao mesmo tempo, diante da comunidade local e nacional, demonstrando as verdadeiras condições econômicas que possui para efetivar suas reformas e promessas. Sob esse prisma, o orçamento pode ser um alerta ou pode ser uma recomendação aos investidores e aos cidadãos, que podem chancelar suas intenções ou exercer pressão política para aparar os excessos e as insuficiências do plano apresentado e reconduzi-lo a patamares aceitáveis de respaldo popular. O orçamento público assemelha-se aos balanços das empresas privadas, só que, ao lado do que foi feito, demonstra-se detalhadamente o que está por fazer. É através deles, verdadeiras radiografias da saúde econômica das empresas e do ente político, que conseguem crédito suficiente para fechar as contas e rolar suas dívidas. Se o governo não inclui despesas feitas e omite provisões de pagamento, mascara uma situação de inadimplência e alardeia uma pujança econômica que não possui. Desse modo, deixa de fornecer dados seguros e confiáveis sobre a racionalidade econômica de seu plano de governo e sua capacidade de endividamento.

Um orçamento sistematicamente descumprido torna-se mera peça de ficção, vã promessa de austeridade, desenvolvimento e igualdade social, que desacredita seus dirigentes e menospreza seus verdadeiros mandantes. Se a reprimenda popular não é suficiente para assegurar o cumprimento das diretrizes previamente traçadas, o controle externo do orçamento deve ter a intensidade suficiente para reconduzir o governo a níveis aceitáveis de subordinação à lei e de credibilidade financeira.

Esse controle é feito pelo Legislativo e pelo seu órgão auxiliar, o Tribunal de Contas, que irão exercer a fiscalização orçamentária não só sob o aspecto estritamente legal, mas segundo critérios de legitimidade e de economicidade.

O fato de a Constituição ter atribuído ao Legislativo a fiscalização do cumprimento da Lei Orçamentária, entretanto, não exclui, por óbvio, o controle judiciário dos atos do governo. Esta é apenas a medida mais rápida para correção das irregularidades, mas não retira de qualquer cidadão a utilização de meios judiciais, como a ação popular, para resguardar interesses coletivos. As portas do Judiciário também estão abertas para resguardar pretensões individuais, desde que a parte seja capaz de demonstrar interesse jurídico para ocupar o polo ativo da demanda. Como o Tribunal de Contas não exerce função jurisdicional, não julga pessoas, mas contas, e o Legislativo não defende interesses individuais, o plano abstrato não resguarda o direito subjetivo que qualquer prejudicado possa eventualmente possuir.

Quais os limites, entretanto, que devem ser colocados à ação do Poder Judiciário para assegurar, ao mesmo tempo, a harmônica independência dos Poderes e a enfática garantia de que "a lei não excluirá da apreciação do Poder Judiciário lesão ou ameaça a direito", conforme previsto no art. 5º, XXXV, da CF?

Há discricionariedade para o cumprimento das previsões orçamentárias, ou o administrador encontra-se vinculado ao disposto na Lei Orçamental, de sua própria iniciativa? Para responder a essa questão é preciso estabelecer, inicialmente, que não há ato inteiramente discricionário. Abstraindo-se o fato de que não é o ato que é discricionário, mas o exercício da apreciação discricionária de que dispõe o administrador, em determinado caso concreto, para decidir conforme as opções admitidas pelo direito, temos que a conduta vinculada submete-se à regra de Direito, enquanto a discricionária sujeita-se ao sistema jurídico, notadamente aos princípios gerais de e do Direito. Não obstante a precisão dessa técnica, não há impropriedade no uso da locução, que significa ato praticado no exercício de atividade discricionária. Não se quer dizer com isso que a Administração não pode utilizar, nunca, critérios subjetivos de conveniência e oportunidade, mas apenas se está afirmando que o administrador, no exercício de sua competência, diante de determinado caso, se encontra inexoravelmente contido pelo sistema de Direito.

Já sustentamos que "o poder discricionário se exterioriza na própria emanação do ato. Quando de sua prática, a Administração, após optar pelo meio ou pelo comportamento previamente validado pelo sistema, fará ingressar o ato no mundo jurídico. Nesta oportunidade é que haverá a exteriorização da discricionariedade. É o ato o seu revelador".[43]

O que importa, deixando de lado aspectos técnicos sobre discricionariedade e vinculação do ato, é que a liberdade outorgada pela lei ao administrador está vinculada à finalidade pública em face da qual foi admitida a discricionariedade. Está, portanto, o poder discricionário sempre manietado pelos objetivos públicos contidos na competência em vista da qual foi o ato expedido. A lei não consegue prever a infinidade de casos que, na prática, podem ocorrer, por isso que, como uma técnica da legalidade, permite à Administração decidir conforme as opções que lhe são previamente facultadas. A forma, os limites da competência, a finalidade, a moralidade e todos os demais princípios de e do Direito vinculam o ato à legalidade. Mesmo dito discricionário, o ato nunca deixa de estar vinculado à ordem jurídica.

Como bem anotou Juarez Freitas, "o engano maior está em supor que a vinculação se dê inteira e exclusivamente em relação ao princípio da legalidade, quando é claro que deve ser mais abrangente, vale dizer, o ato administrativo deve estar ligado à totalidade dos princípios, sendo este um ideal irrecusável de que deve cuidar o estudioso e o aplicador do direito administrativo. Hans Julius Wolff e Otto Bachof bem observaram – e com extrema objetividade – que cada abstrata ou concreta criação de Direito se situa entre os polos da inteira liberdade e da rigorosa vinculação, sem que estas extremas possibilidades jamais se realizem. (...). Simplesmente quer-se afirmar que há uma porção de vinculação que precisa acompanhar a discricionariedade, a qual não se desfaz por esta presença, senão que se legitima, por não se autorreferenciar nem correr o risco de fixar residência no espaço fluido de vontades meramente particulares, incompatíveis, nesta condição, com a índole do Direito, mormente na sua vertente publicista".[44]

Finalisticamente, portanto, todo ato administrativo deve estar vinculado aos princípios expressos ou implícitos na CF, especialmente os contidos nos arts. 37 e 70.

Como já se disse, os autores discutem sobre a natureza jurídica do orçamento. Para nós a discussão é ociosa. Merecem menção reiterada, em breve lanço, algumas teorias.

Para León Duguit o orçamento é, ao mesmo tempo, um ato administrativo em relação aos gastos, porque basta mera operação administrativa para a despesa, e, em relação à arrecadação dos tributos, adquire caráter de lei em seu sentido material, porque gera obrigações fiscais de conteúdo jurídico para o contribuinte e é geral e abstrato.[45]

Para Gaston Jèze, o orçamento, no que respeita a recursos, constitui-se em ato-condição, porque contém mera autorização para recebê-los. Jèze utiliza a classificação

---

[43] OLIVEIRA, Regis Fernandes de. *Ato administrativo, op. cit.*, p. 87.

[44] FREITAS, Juarez. *Estudos de direito administrativo*. 2. ed. São Paulo: Malheiros, 1997, p. 134.

[45] DUGUIT. *Traité de droit constitutionnel*. t. I. Paris: Boccard, 1911, p. 141-142.

dos atos jurídicos de Duguit, para dele discordar. Duguit afirmava que o ato jurídico poderia ser *ato-regra*, que contém normas de Direito em caráter geral e impessoal. A lei e o regulamento são exemplos típicos. O *ato subjetivo* é o que gera direito individual. Os contratos dão bem a ideia do que pensa o autor. Há o *ato-condição*, que está entre os dois anteriores. Tem previsão no ato-regra, mas para gerar situação subjetiva deve passar por situação intermediária. O orçamento funcionaria como condição para a deflagração de todos os efeitos que contém em seu bojo. Como diz Baleeiro, "as receitas tributárias são estabelecidas em leis e tornam-se efetivas pelos atos jurídicos dos funcionários fiscais, que operam os lançamentos e demais formalidades regulamentares. O orçamento autoriza esses atos e torna a lei eficaz cada ano. Funciona, pois, como ato-condição nessa parte".[46]

Há autores que afirmam cuidar-se de mero ato administrativo; outros, que se cuida de decisão política adotada pelo Parlamento, com aparência de lei.[47]

Em verdade, ao jurista importam apenas as consequências jurídicas ou, em mais preciso dizer, a eficácia que determinado ato tenha no mundo do Direito. O Direito lida com significações jurídicas, e não com conteúdos. Sendo assim, e reafirmando o que se disse a propósito no início, o orçamento é *lei*, independentemente de sua qualificação, se material, formal, ordinária ou complementar. No Brasil basta a afirmação de que se cuida de lei. É o que vem estatuído no art. 165 da CF. É lei em seu sentido formal; lei ordinária, uma vez que não precisa de *quorum* qualificado para sua aprovação. É lei temporária, ao menos em relação ao orçamento anual.

18.8 Regras orçamentárias

Por *princípios* entendemos apenas os fundamentos que defluem do todo sistematizado do ordenamento jurídico e que dirigem a sociedade em determinado momento histórico (v. item 7.4). São mais fortes que meras regras, que podem ser destruídas. Os denominados princípios orçamentários são características específicas que tais leis têm e que as tornam distintas das demais e dos outros atos praticados pelo governo.

Apenas se ressalta que são princípios aplicáveis a determinado instituto, como se deixou claro no item 7.4.

Giuliani Fonrouge[48] erige, como primeiro, o princípio do equilíbrio, o que, hoje, está previsto na Lei de Responsabilidade Fiscal (alínea "a" do inciso I do art. 4º). Diremos que não se cuida de princípio. Antes, é pressuposto do orçamento. O equilíbrio deve haver em decorrência lógica da própria existência do orçamento. Se este significa um plano de ação mediante ponderação das receitas e despesas, óbvio está que deve haver equilíbrio entre gastos e receitas, sob pena de aniquilamento do próprio Estado, ou seu endividamento.

46 BALEEIRO. *Direito tributário brasileiro*. 11. ed. Rio de Janeiro: Forense, 2004, p. 416.
47 BUJANDA, Sainz de. *Hacienda y derecho*, *op. cit.*, p. 327.
48 FONROUGE, Giuliani. *Derecho financiero*, *op. cit.*, p. 148.

18.8.1 Regra da universalidade

A regra da *universalidade* significa que todas as receitas e despesas devem estar previstas na Lei Orçamentária. Dispõe o art. 165, §5º, da CF: "A Lei Orçamentária Anual compreenderá: I – o orçamento fiscal referente aos Poderes da União, seus fundos, órgãos e entidades da Administração direta e indireta, inclusive fundações instituídas e mantidas pelo Poder Público; II – o orçamento de investimento das empresas em que a União, direta ou indiretamente, detenha a maioria do capital social com direito a voto; III – o orçamento da seguridade social, abrangendo todas as entidades e órgãos a ela vinculados, da Administração direta ou indireta, bem como os fundos e fundações instituídos e mantidos pelo Poder Público". O princípio ganha novo conteúdo com o advento da Constituição Federal/1988. Não há possibilidade de qualquer exclusão. Tudo deve estar previsto no orçamento.

Ocorre que apenas um ponto rompe com a universalidade. Diz respeito aos tributos que podem ser cobrados de um ano a outro sem que estejam previstos na Lei Orçamentária, pois podem ser previstos posteriormente à aprovação e à sanção da lei própria. É o que consta da Súmula 66 do STF, ao dispor: "É legítima a cobrança do tributo que houver sido aumentado após o orçamento, mas antes do início do respectivo exercício financeiro". É que o tributo se sujeita ao princípio da anterioridade. Basta que tenha sido instituído ou aumentado no exercício anterior para que possa ser cobrado no seguinte. Independe, pois, de previsão na peça orçamentária.

Como afirma Fonrouge, "el principio de *universalidad*, también conocido como del *producto bruto*, exige que no haya compensación o confusión entre gastos y recursos; que tanto unos como otros sean consignados en el presupuesto por su importe 'bruto' sin extraer saldos netos".[49]

18.8.2 Regra da anualidade

A regra significa que o orçamento deva ser atualizado todos os anos, ou seja, que para cada ano haja um orçamento. Dispõe o art. 165, III, da CF que "leis de iniciativa do Executivo estabelecerão: (...); III – os orçamentos anuais". Em verdade, não há princípio, antes periodicidade do orçamento, pois é importante que haja um termo inicial e um final dos gastos e receitas públicos. Inclusive para controle por parte da população. Tal princípio, hoje, está ultrapassado, porque, ao lado do orçamento anual, há o plurianual, denominado "Plano", na Constituição Federal (art. 165, I). Inclusive dentro do orçamento anual há diversos orçamentos (fiscal, de investimento, da seguridade social).

Já não mais se pode tratar a anualidade como princípio.

18.8.3 Regra da exclusividade

Vem ela textualmente prevista no art. 165, §8º, da CF, que dispõe: "A Lei Orçamentária Anual não conterá dispositivo estranho à previsão da receita e à fixação da despesa, não se incluindo na proibição a autorização para abertura de créditos suplementares e

[49] *Idem*, p. 173.

contratação de operações de crédito, ainda que por antecipação de receita, nos termos da lei". A exclusividade significa que não pode o texto da Lei Orçamentária instituir tributo, por exemplo, nem qualquer outra determinação que fuja às finalidades específicas de previsão de receita e fixação de despesa. O próprio dispositivo abre exceções. A operação para antecipação de receita significa que no início do ano, normalmente, o governo não tem caixa para suportar os gastos iniciais, especialmente aqueles relativos ao pagamento do funcionalismo público. Logo, tem de obter financiamento perante bancos comuns para suportar os gastos iniciais, até que haja ingresso de dinheiro. Da mesma forma quando se cuida de crédito suplementar. Isso independe de previsão orçamentária, diante da excepcionalidade do fato.

Em suma, o princípio da exclusividade inadmite exceção, salvo aquelas previstas expressamente.

18.8.4 Regra da unidade

Como diz Fonrouge, "el principio de *unidad* presupuestaria consiste en la reunión o agrupación de todos los gastos y recursos del Estado en un documento único".[50]

Como se vê do §5º do art. 165 da CF, a peça orçamentária deve ser única e uma só, contendo todos os gastos e receitas. Cuida-se de regra formal, isto é, o documento é único.

18.8.5 Regra da não afetação

Dispõe o inciso IV do art. 167 da CF, com redação determinada pela da Emenda Constitucional 42/2003, que são vedados: "IV – a vinculação de receita de impostos a órgão, fundo ou despesa, ressalvadas a repartição do produto da arrecadação dos impostos a que se referem os arts. 158 e 159, a destinação de recursos para as ações e serviços públicos de saúde, para manutenção e desenvolvimento do ensino e para realização de atividades da Administração Tributária, como determinado, respectivamente, pelos arts. 198, §2º, 212 e 37, XXII, e a prestação de garantias às operações de crédito por antecipação de receita, previstas no art. 165, §8º, bem como o disposto no §4º deste artigo".

Há, pois, algumas exceções: a primeira decorrente de previsão do constituinte originário, que diz respeito à vinculação de recursos para o ensino; e a segunda introduzida pela da Emenda Constitucional 42/2003. Não se pode olvidar que a Emenda Constitucional nº 31/2000 instituiu o Fundo de Combate e Erradicação da Pobreza, vinculando verbas federais, estaduais e municipais para a atividade que será desenvolvida. A Emenda Constitucional nº 42/2003 acrescentou vinculação "para realização de atividades da Administração Tributária", o que complementa o inciso XXII do art. 37 da CF, para prestação de garantias às operações de crédito em antecipação de receita previstas no art. 165, §8º, e para atender ao pagamento de débitos para com a União (§4º do art. 167). Vai-se, aos poucos, mutilando o orçamento, voltando-se ao antigo regime das caudas orçamentárias. É lamentável o que vem ocorrendo. A exceção torna-se a regra, e o que deveria ser desenvolvido através de políticas públicas passa a

---

[50] *Idem*, p. 167.

ser fruto de oportunidades momentâneas, ao sabor de acontecimentos fúteis, volúveis e eleitoreiros.

O dispositivo constitucional fala em vinculação de receita de *impostos*, o que significa que será possível vincular taxas e contribuições de melhoria. As exceções estão especificadas, tratando-se dos fundos aludidos nos arts. 158 e 159 e também dos recursos de educação e saúde. Ainda é exceção a prestação de garantias às operações de crédito por antecipação de receita e pagamento de crédito da União. Nada impede, pois, que, ao obter financiamento para atender a algum compromisso financeiro, o Estado, quando da obtenção de dinheiro, destine-o a saldar o compromisso.

A salutar regra significa que não pode haver mutilação das verbas públicas. O Estado deve ter disponibilidade da massa de dinheiro arrecadado, destinando-o a quem quiser, dentro dos parâmetros que ele próprio elege como objetivos preferenciais. Não se pode colocar o Estado dentro de uma camisa de força, minguando seus recursos, para que os objetivos traçados não fiquem ou não venham a ser frustrados. Deve haver disponibilidade para agir.

Estas são as regras que devem ser ressaltados no estudo do orçamento. Alguns autores apontam outras, como, por exemplo, as da especificação, programação, legalidade, sinceridade, clareza, etc.[51] Todavia, aos principais já se fez referência. É o quanto basta.

18.9 As leis orçamentárias

Dispõe o art. 165 da CF que existirão três leis orçamentárias, todas de iniciativa do Executivo: o Plano Plurianual, a Lei de Diretrizes Orçamentárias e a de Orçamentos Anuais.

18.9.1 O Plano Plurianual

O Plano Plurianual corresponde ao desdobramento do orçamento-programa. De acordo com o §1º do art. 165 da CF, "a lei que instituir o Plano Plurianual estabelecerá, de forma regionalizada, as diretrizes, objetivos e metas da Administração Pública Federal para as despesas de capital e outras delas decorrentes e para as relativas aos programas de duração continuada".

A economia mostrou que o orçamento anual é instável e não mais atende às necessidades públicas.[52] Surgem os superávits e déficits, de forma a complicar o orçamento anual com previsão de planos. O mesmo autor citado esclarece que, "com a intervenção estatal na ordem econômica e social, o orçamento passou a ter novas funções, passou a ser um *instrumento de programação econômica, de programação da ação governamental*, em consonância com a economia global da comunidade a que se refere. Visa a influir na economia global do país. É um instrumento de política fiscal, quando procura criar condições para o desenvolvimento nacional, estadual ou municipal, conforme se trate de orçamento federal, estadual ou municipal".[53]

---

51 SILVA, José Afonso da. *Orçamento-programa no Brasil, op. cit.*, p. 104.

52 *Idem*, p. 7 e ss.

53 *Idem*, p. 41.

O Plano Plurianual define o planejamento das atividades governamentais.

Limita o dispositivo às despesas de capital e às delas decorrentes e às relativas aos programas de duração continuada. As despesas de capital constituem-se nos *investimentos*, nas *inversões financeiras* e nas *transferências de capital* (art. 12 da Lei nº 4.320/1964).

Os *investimentos* são as "dotações para o planejamento e a execução de obras, inclusive as destinadas à aquisição de imóveis considerados necessários à realização destas últimas, bem como para os programas especiais de trabalho, aquisição de instalações, equipamentos e material permanente e constituição ou aumento do capital de empresas que não sejam de caráter comercial ou financeiro" (art. 12, §4º, da Lei nº 4.320/1964).

As *inversões financeiras* destinam-se à aquisição de imóveis ou de bens de capital já em utilização, à aquisição de títulos representativos do capital de empresas ou entidades de qualquer espécie, já constituídas, quando a operação não importe aumento do capital, e à constituição ou aumento do capital de entidades ou empresas que visem a objetivos comerciais ou financeiros, inclusive operações bancárias ou de seguros (art. 12, §5º, da Lei nº 4.320/1964).

De outro lado, *transferências de capital* são as dotações para investimentos ou inversões financeiras que outras pessoas de direito público ou privado devam realizar, constituindo-se em auxílios ou contribuições (art. 12, §6º, da Lei nº 4.320/1964).

Quando da construção de uma obra, por exemplo – é o caso típico –, que possa demorar de 5 a 10 anos (Ponte Rio-Niterói, Ferrovia Norte-Sul, Hidrelétrica de Itaipu), é fundamental que exista a previsão da "despesa de capital", que resulta de investimentos e inversão financeira.

"Os planos e programas nacionais, regionais e setoriais previstos nesta Constituição serão elaborados em consonância com o Plano Plurianual e apreciados pelo Congresso Nacional" (art. 165, §4º, da CF).

A Constituição Federal prevê a realização de alguns planos regionais ou setoriais, para efeito de abarcar um complexo geoeconômico e social, objetivando a diminuição das desigualdades regionais (art. 43). Tais planos devem estar harmônicos com aqueles constantes do chamado Plano Plurianual, agora previsto expressamente, que contém a programação governamental por algum tempo.

O objetivo específico de tais Planos Plurianuais, juntamente com aqueles regionais ou setoriais, será o de "reduzir desigualdades inter-regionais, segundo critério populacional" (art. 165, §7º, da CF).

Importante observar que "nenhum investimento cuja execução ultrapasse um exercício financeiro poderá ser iniciado sem prévia inclusão no Plano Plurianual, ou sem lei que autorize a inclusão, sob pena de crime de responsabilidade" (art. 167, §1º, da CF). Com tal determinação cerceia-se a irresponsabilidade do governante. Por mera medida demagógica não é incomum que se iniciem obras apenas com objetivo político. Agora, haverá responsabilidade por tal comportamento.

O que sucede se o Presidente não envia o projeto de Plano Plurianual? Primeira providência seria a instauração de processo por crime de responsabilidade (inciso VI do art. 85 da CF), o que não resolve o problema. A restrição seria a de que não se poderia iniciar qualquer atividade que envolvesse despesas de capital e outras delas decorrentes e para as relativas aos programas de duração continuada, nos exatos dizeres do §1º do art. 165. Toda e qualquer obra ou serviço que envolvesse mais de um exercício não poderia ser iniciada, salvo autorização legislativa.

O que sucede se o Congresso não devolver ou rejeitar o Plano Plurianual? Em ambos os casos o Presidente poderia promulgar seu próprio projeto, assumindo o risco de administrar o país. Outra solução é a de que o Presidente deveria solicitar, desde que incidisse o dispositivo mencionado no parágrafo anterior, autorização legislativa. Desnecessário salientar os empeços que tal solução apresenta. No entanto, juridicamente é plausível e razoável.

Não haveria impedimento de o governo iniciar seus projetos. Exigiriam, evidentemente, autorização legislativa.

De se indagar, também, se pode haver alteração do Plano Plurianual na fluência de seus efeitos, isto durante o período de sua vigência. Se alteradas forem as circunstâncias econômicas e sociais do Estado, nada impede que haja mudança no Plano. Este não é estático, mas dinâmico, objetivando alcançar as novas realidades. Cabe, pois, por novo projeto, encaminhar as mudanças que forem imprescindíveis, com adaptação dos novos rumos do país.

18.9.2 A Lei de Diretrizes Orçamentárias. As metas financeiras. Alteração da EC nº 109/2021

Dispõe o §2º do art. 165 da CF: "A Lei de Diretrizes Orçamentárias compreenderá as metas e prioridades da Administração Pública Federal, incluindo as despesas de capital para o exercício financeiro subsequente, orientará a elaboração da Lei Orçamentária Anual, disporá sobre as alterações na legislação tributária e estabelecerá a política de aplicação das agências financeiras oficiais de fomento".

A EC nº 109/2021 alterou o parágrafo 2º para nele inserir a obrigatoriedade de a lei de diretrizes orçamentárias estabelecer "diretrizes de política fiscal e respectivas metas, em consonância com trajetória sustentável da dívida pública".

O acréscimo objetiva dar sintonia ao texto constitucional já tão retalhado, para que se controle a dívida de Estados e Municípios. Referidos entes perderam o controle de seu endividamento e não logram recursos para elaborar uma política adequada de administração séria. Tudo é improvisado. A própria elaboração orçamentária não é levada a sério e relegada a servidores não habituados a ter leitura das necessidades sociais. Assim, elaboram o texto orçamentário de forma descabida. Consequência: faltam recursos para determinadas atividades, sobram para outras e não há sintonia na verificação e acompanhamento da dívida pública que atinge níveis desastrosos para a Administração Pública. A alteração constitucional (como se fosse necessária) destina-se a exigir responsabilidade dos agentes públicos.

Daí a exigência de que haja monitoramento dos das políticas públicas para que sejam consentâneas com as receitas fiscais (parágrafo 16 do art. 165 inserido pela EC nº 109/2021).

Discute-se sobre a aludida Lei de Diretrizes. Cuida-se de lei anual, porque fala o texto nas "despesas de capital para o exercício financeiro subsequente". Ora, a Lei de Diretrizes – o próprio nome está dizendo – deve traçar regras gerais para aplicação ao Plano Plurianual e aos orçamentos anuais. Deve traçar "metas e prioridades" que deverão constar do Plano Plurianual, orientando "a elaboração da Lei Orçamentária Anual", ou seja, o que deve ela conter. Deverá dispor, também, "sobre as alterações na legislação tributária", isto é, quando pode haver a inserção das receitas.

Como esclarece José Afonso da Silva, "a *Lei de Diretrizes Orçamentárias* compreenderá as metas e prioridades da Administração Pública Federal, incluindo as despesas de capital para o exercício financeiro subsequente, orientará a elaboração da Lei Orçamentária Anual, disporá sobre as alterações na legislação tributária e estabelecerá a política de aplicação das agências financeiras oficiais de fomento (art. 165, §2º). Trata-se de lei anual".[54]

O STF decidiu que a LDO "tem por objeto orientar a elaboração da Lei Orçamentária Anual e dispor sobre as alterações na legislação tributária, além de estabelecer a política de aplicação das agências financeiras oficiais de fomento. A ordinária vinculação da Lei de Diretrizes Orçamentárias a um exercício financeiro determinado lhe define a natureza essencialmente transitória, atribuindo-lhe, em consequência, eficácia temporal limitada. Esse ato legislativo – não obstante a provisoriedade de sua vigência – constitui um dos mais importantes instrumentos normativos do novo sistema orçamentário brasileiro".[55]

A Lei Complementar nº 101/2000 adicionou exigências ao disposto no §2º do art. 165 da CF. Exige do administrador que a Lei de Diretrizes Orçamentárias, ao lado de estabelecer metas e prioridades, orientar a Lei Orçamentária Anual e dispor sobre política de aplicação das agências financeiras oficiais de fomento, trate do "equilíbrio entre receitas e despesas" (art. 4º, I, "a"). É verdade que o equilíbrio orçamentário, visto por alguns como princípio, deve ser *real*. Não mais se pode supor o equilíbrio formal, de maneira a servir de base a "maquiar" a receita e buscar novas operações junto ao Senado Federal, que impõe exigências para endividamento em relação ao produto da receita. O Legislativo também poderá ser envolvido em qualquer disfarce para iludir outros órgãos se não examinar com profundidade os valores que lhe são encaminhados. A tarefa do Legislativo não deve ser vista também como mera formalidade à aprovação do orçamento: deve ele esmiuçar a proposta, estudá-la, uma vez que se cuida de projeção futura, mas deve alicerçar-se em dados concretos e factíveis.

A Lei de Diretrizes Orçamentárias deverá igualmente dispor sobre limitação de empenho. A obrigação de pagamento por parte do Poder Público decorre da lei ou de contrato. A lei fixa, por exemplo, o que se paga ao servidor público, após identificar seu cargo e a posição funcional em que se encontra. O contrato é o instrumento obrigacional decorrente de uma licitação ou de mera convergência de vontades nas hipóteses em que a lei a dispensa. O empenho é, na lição de Hely Lopes Meirelles, "operação financeira de caráter contábil, visando à reserva de numerário para o pagamento da despesa comprometida, dentro da dotação específica".[56] A ser inteligente a lei, melhor seria falar em limitação de obrigações, uma vez que, se decorrentes a liquidação e o pagamento de obrigação legal ou contratual, não há como deixar de cumpri-la. O que se propõe, salvo engano, não é que não se realize a operação financeira, mas que se limite a possibilidade de vinculação pecuniária.

---

[54] SILVA, José Afonso da. *Curso de direito constitucional positivo*. 41. ed. São Paulo: Malheiros, 2018, p. 750.

[55] STF, ADI nº 612-RJ, rel. Min. Celso de Mello, j. 19.09.1997.

[56] MEIRELLES, Hely Lopes. *Direito municipal brasileiro, op. cit.*, p. 305.

O que se veda, na verdade, não é o pagamento que decorre do empenho, mas a assunção de novas obrigações, não se podendo realizar operações de crédito que ultrapassem o limite do possível, em face das disponibilidades orçamentárias. Os critérios exigidos são para o contingenciamento ("congelamento") de dotações.

A mesma Lei de Diretrizes Orçamentárias deverá estabelecer "normas relativas ao controle de custos e à avaliação dos resultados dos programas financiados com recursos dos orçamentos" (art. 4º, I, "e", da Lei Complementar nº 101/2000). Deve ela fixar parâmetros para o administrador, no sentido de que existam critérios para os custos que serão assumidos. Por exemplo, não há sentido algum em que órgãos diversos de determinado Município possam adquirir bens de consumo ou remédios por preços diversos. Demais disso, o custo não pode ser sazonal. É comum na aquisição de alimentação que no dia da cotação haja elevação dos valores na CEAGESP e no dia seguinte os preços retornem a seu equilíbrio. Com tal providência o fornecedor aumenta seus lucros, em detrimento do Poder Público, que passa a adquirir determinada mercadoria por preço acima daquele de mercado.

Da mesma forma, deve prever critérios para aferição de resultados de programas financiados com recursos orçamentários. Não há sentido em financiar um programa qualquer, por exemplo, esportivo, e, depois, não ter qualquer controle sobre ele. Os critérios apontam para uma Administração proba.

A mesma lei deve dispor sobre outras "condições e exigências para transferências de recursos a entidades públicas e privadas" (art. 4º, I, "f", da Lei Complementar nº 101/2000). É comum que normas orçamentárias transfiram recursos para outras entidades públicas ou mesmo de caráter privado. Normalmente operam sem quaisquer condições. Ora, ao transferir recursos que são públicos, o ente pode estabelecer quais requisitos exige para a remessa e, inclusive, suas finalidades. De outro lado, pode estabelecer critérios meramente formais para a transferência, tais como destinação do repasse, metas a serem atingidas, etc.

No que toca ao repasse a entidades públicas isso pode ocorrer em relação às despesas que o Município possa suportar quando da realização de eleições, auxílio a funcionamento de fórum, etc.

Outro dado de importância é a exigência de Anexo de Metas Fiscais, que deve acompanhar o Projeto de Lei de Diretrizes Orçamentárias. Como a Constituição exige que referida lei estabeleça as metas que devem ser atingidas pelo ente estatal, é importante que vá ela acompanhada do Anexo referido, para que fiquem as metas definitivamente estabelecidas. Deve fixar as receitas e despesas, resultados nominal e primário e montante da dívida pública para o exercício a que se referirem e para os dois seguintes (art. 4º, §1º). O Anexo refere-se, então, a três exercícios. É o triênio.

Por *resultado primário* entende-se a diferença entre receita e despesa, excluídos juros e o principal da dívida, tanto pagos como recebidos. O *resultado nominal* é a diferença de todas as receitas e despesas. Assim, para obtenção do resultado primário apura-se o quanto ingressou de receita, a qualquer título, e abatem-se eventuais operações de crédito, Restos a Pagar, receitas obtidas com aplicações financeiras e despesas empenhadas.

O Anexo ainda deverá conter a "avaliação do cumprimento das metas relativas ao ano anterior" (art. 4º, §2º, I). A avaliação deverá conter dados objetivos. Não é mera opinião do Executivo. Deve conter dados objetivos que possam fundamentar qualquer análise. Avaliar pressupõe emitir números, dados, estatísticas, etc. que possam embasar a análise do cumprimento das metas.

A Lei Complementar nº 101/2000 passa a enumerar exigências, todas elas no sentido de robustecer dados para conferência do cumprimento dos objetivos traçados. Deve haver "demonstrativo das metas anuais, instruído com memória e metodologia de cálculo que justifiquem os resultados pretendidos, comparando-as com as fixadas nos 3 (três) exercícios anteriores, e evidenciando a consistência delas com as premissas e os objetivos da política econômica nacional" (art. 4º, §2º, II).

Exige, também, a "evolução do patrimônio líquido, também nos últimos 3 (três) exercícios, destacando a origem e a aplicação dos recursos obtidos com a alienação de ativos" (art. 4º, §2º, III). O patrimônio líquido aí referido é o resultado patrimonial positivo, ou seja, aquilo que se incorporou ao patrimônio público. Além disso, deve mencionar o que foi feito caso tenha havido alienação de qualquer bem integrante do patrimônio. Caso haja resultado patrimonial negativo (passivo real descoberto), também a ele deve haver menção. A alienação de ativos (patrimonial) é importante veículo para reduzir a dívida. É o que ocorre com a denominada privatização.

De igual maneira, o Anexo deve conter "avaliação da situação financeira e atuarial dos regimes geral de previdência social e próprio dos servidores públicos e do Fundo de Amparo ao Trabalhador", bem como "dos demais fundos públicos e programas estatais de natureza atuarial" (art. 4º, §2º, IV, "a" e "b", da Lei Complementar nº 101/2000). Da mesma forma, a avaliação deve conter dados objetivos para análise do Poder Legislativo.

Por fim, o Anexo deve conter "demonstrativo da estimativa e compensação da renúncia de receita e da margem de expansão das despesas obrigatórias de caráter continuado" (art. 4º, §2º, V). A renúncia de receita revela-se através de anistias, remissões, isenções, subsídios, etc., tudo de forma a impor a não entrada de recursos nos cofres públicos. Toda renúncia de receita deve ser compensada por alguma forma. É fundamental que a renúncia não frustre os objetivos propostos da Lei de Diretrizes Orçamentárias ou, então, que a perda da receita seja compensada com aumento da receita tributária própria (não se podendo computar a transferida). A compensação pode operar-se com a isenção a imóveis residenciais de pessoas de baixa renda e com o aumento da alíquota ou dos valores da planta para imóveis de pessoas de alta renda.

A previsão da margem de expansão das despesas obrigatórias de caráter continuado diz respeito, por exemplo, a nomeações de servidores, elevação de padrão, progressividade funcional, aumento de vencimentos, reestruturação de planos de carreira. Tudo deriva de lei e sujeita o Poder Público a seu pagamento. Despesa obrigatória de caráter continuado tem natureza corrente, ou seja, é realizada com a manutenção dos equipamentos e com o funcionamento dos órgãos, e decorre de lei, medida provisória ou ato administrativo normativo, tendo a duração de pelo menos três exercícios (art. 17 da Lei Complementar nº 101/2000). Constando da dicção legal que a obrigação é assumida por "período superior a 2 (dois) exercícios", evidente está que o mínimo é de três exercícios.

O descumprimento das metas sujeitará o infrator às penas estabelecidas em legislação extravagante.

O §3º do art. 4º dispõe que a Lei de Diretrizes Orçamentárias conterá Anexo de Riscos Fiscais, "onde serão avaliados os passivos contingentes e outros riscos capazes de afetar as contas públicas, informando as providências a serem tomadas, caso se concretizem". Os riscos podem se constituir, por exemplo, em elevação excessiva de moeda estrangeira, o que alteraria o câmbio de forma desmesurada. Caso tenha o Município assumido obrigação em moeda estrangeira, há risco que pode afetar as contas públicas. Em tal caso, qual a providência que o Executivo tomará? De outro lado, pode haver o risco de perder determinada ação e sobrevir o precatório. Digamos que a condenação seja bastante elevada, de forma a comprometer o orçamento. O que fazer? Tais providências são importantes, e devem revelar a preocupação do governante na tomada de decisões.

Por último, a Lei de Diretrizes Orçamentárias da União deverá conter "os objetivos das políticas monetária, creditícia e cambial, bem como os parâmetros e as projeções para seus principais agregados e variáveis, e ainda as metas de inflação, para o exercício subsequente" (art. 4º, §4º, da Lei Complementar nº 101/2000). A exigência diz respeito apenas à União, diante dos termos legais, que falam em política monetária, creditícia e cambial, matérias afetas apenas à União, bem como à previsão da inflação, o que diz respeito a tal entidade política.

O que sucede no não encaminhamento, pelo Presidente, do Projeto de Lei de Diretrizes Orçamentárias? Saída possível será a de se efetuar atualização na lei do exercício anterior e o Congresso promulgaria seu texto, sem prejuízo da instauração de processo por crime de responsabilidade. Outra situação complicada ocorrerá quando da apreciação do projeto de orçamento anual. Como não foram instituídos parâmetros pela Lei de Diretrizes Orçamentárias, haverá necessidade de autorização legislativa específica para cada despesa.

O que sucede na não devolução ou rejeição do texto? O Presidente pode promulgar o texto enviado ou se imporá a aplicação do contido no §2º do art. 57 da CF, isto é, "a sessão legislativa não será interrompida sem a aprovação do Projeto de Lei de Diretrizes Orçamentárias". Referida lei é de tal forma importante que não só impede o recesso parlamentar, como obriga à sua apreciação. Decorrência natural de sua não apreciação é a paralisação da pauta, obrigando o Congresso a se manifestar.

Se o projeto for rejeitado, ou haverá publicação do texto pelo Presidente, promulgando-o, ou haverá necessidade de solicitação específica de verbas adicionais a todo instante.

De qualquer forma, haveria uma crise institucional, que apenas teria solução política.

Pode haver alteração da Lei de Diretrizes Orçamentárias durante sua execução? Dificilmente isto pode ocorrer, uma vez que se cuida de lei temporária e aprovada até o término do primeiro período da sessão legislativa e encaminhada para sanção. Logo, em setembro já deve ser encaminhado o Projeto de Lei do Orçamento Anual, que irá guardar compatibilidade vertical com aquele. Daí a dificuldade em sua alteração. Demais disso, não há como fazê-lo, uma vez que já estará disciplinando o conteúdo do projeto orçamentário anual.

O art. 77 do ADCT, introduzido pela Emenda Constitucional nº 29/2000, instituiu recursos próprios para as ações e serviços públicos de saúde. Cuida-se de exceção ao princípio da não vinculação orçamentária. Criou um Fundo de Saúde, que gerirá recursos advindos da União, dos Estados e dos Municípios até o exercício financeiro de 2004. Determinou a edição de lei complementar, tal como estabelecido na atual redação dada ao art. 198 do corpo permanente da CF. Na ausência de tal lei, prevalecerá a disposição transitória, que fica prorrogada por prazo indeterminado (art. 77, §4º, do ADCT).

O dispositivo continuou regulando as ações de saúde, tal como determina o parágrafo 4º do art. 77 do ADCT. Sobreveio, então, a lei complementar n. 141/2012 que regulamentou o art. 198 da CF. Esse dispositivo passa, agora, a dispor sobre percentuais que incidem e carregam recursos para os serviços públicos de saúde.

18.9.2.1 As metas financeiras

Como já se viu, a Lei de Diretrizes Orçamentárias deve dispor sobre as *metas financeiras*. Os governos têm verdadeiro pavor de tal dispositivo, entendendo que podem sofrer represálias e ações de improbidade pelo não cumprimento das metas estabelecidas nas respectivas Leis de Diretrizes.

Assim, ao findar o exercício financeiro e correndo o risco de não cumprir as metas, encaminham-se novos projetos para alteração da Lei de Diretrizes em relação ao possível descumprimento das obrigações assumidas. Tal ocorreu com a Lei nº 13.199, de 3.12.2015, que alterou a Lei nº 13.080, de 2 de janeiro do mesmo exercício. Efetuou-se alteração legal apenas para modificar o montante das metas.

O problema descambou para discussão de cunho político. A análise jurídica ficou hipostasiada. Ninguém discute as prioridades, centrando a preocupação com as metas. Se há descumprimento das metas, descumprem-se prioridades (que têm sentido mais vago).

Analisemos o problema. O estabelecimento de metas surge no direito financeiro pela Lei Complementar nº 101/2000. Esta institui o Anexo de *Metas* e o de *Risco*. Para que servem? Exatamente para que se possa controlar a fluência dos recursos – receitas e despesas. Como a Lei Orçamentária estabelece a *previsão* das receitas e a *fixação* das despesas, pode ocorrer que as receitas não se realizem. Daí, surge o risco.

O estabelecimento de metas e riscos destina-se a atribuir (a) eficiência no desempenho financeiro (art. 37 da CF), (b) equilíbrio orçamentário (regra implícita no §17 do art. 166 da Constituição da República), (c) aos órgãos controladores externos (Tribunal de Contas, Comissão Mista de Orçamento, Judiciário) e internos de cada Poder os instrumentos de conferência e (d) a existência de riscos que possam impedir o devido cumprimento do estabelecido no orçamento anual.

Vê-se que não há ortodoxia. Deve haver o cumprimento das metas estabelecidas. O modal deôntico é claro – é obrigatório. Destina-se a identificar a responsabilidade do governante.

A Lei de Diretrizes – o nome o diz – destina-se a estabelecer um norte para a Administração Pública. Neste passo, os dois Anexos (Riscos e Metas) ensejam o equilíbrio dos gastos. É possível que as receitas se realizem. Podem não se realizar. Se não entra recurso, não se pode cumprir o determinado em lei. Não é mero jogo contábil. Tanto é verdade que o §3º do art. 165 da CF determina a publicação "até 30 (trinta) dias após o encerramento de cada bimestre, do relatório resumido da execução orçamentária". De outro lado, há o relatório de gestão fiscal.

Há, ainda, a atuação do Tribunal de Contas, que deve acionar o sinal amarelo de advertência na hipótese de descumprimento das normas orçamentárias. Diga-se o mesmo da Comissão Mista de Orçamento do Congresso Nacional.

Importante é analisar quais os riscos ocorridos – variação do valor do Dólar, mudança de comportamento nas exportações e importações com outros países, como China e Estados Unidos. Desequilíbrio na arrecadação de tributos – quebra nas safras, desativação de indústrias, aumento de desemprego, redução da comercialização de produtos, etc. Se tais *riscos* ocorrem, não há como se atingir as *metas*.

Daí a indagação crucial: o descumprimento das metas envolve responsabilidade do chefe do Executivo ou algum outro agente político? As *metas* são de cumprimento desejado. Os esforços devem ser desempenhados. Embora a gestão financeira lide com Matemática, o resultado não é matemático, porque depende de fatores fluidos. Imaginemos o orçamento da saúde, por exemplo. Se surgem doenças transmissíveis ou inesperadas – zika, chikungunya, dengue, etc. –, não há como se atingir metas traçadas.

O governante diligente deve estar atento para cumprir a lei. Circunstâncias excepcionais podem, no entanto, impedi-lo de assim agir. O grego denomina a economia como *oikos nomos*, isto é, "administração da casa". O equilíbrio é decorrência da boa gestão. Ocorre que o atingimento da meta é um desejo e um dever do agente público, mas há ocorrências que o impedem de atingi-la. Se não o faz por motivos alheios à boa gestão, não pode ser responsabilizado por eventos excepcionais, imprevistos.

As *metas* e *prioridades* estabelecidas na Constituição da República, se descumpridas, não são de molde a caracterizar, por si sós, crime de responsabilidade. Para sua tipificação é de se perquirir quais as providências adotadas pelo agente político ao longo do exercício financeiro. Se houve prudência, isto é, se percebeu a não realização de receitas e divulgou riscos que ocorreram durante a gestão, não se pode ter tal providência como tipificadora de crime ou de infração político-administrativa.

As alterações legais decorrem do medo que se estabeleceu no país e em decorrência de atos reiterados de corrupção comprovados ou não ao longo de nossa História. O temor do *impeachment* é real por parte do Presidente da República, e, pois, corre para alterar as metas. Ridícula alteração legal para impedir que ocorra fato imputável que se pode superar pela mera publicação dos Anexos de Metas e de Riscos, com divulgação da não realização de receitas.

Metas e prioridades são parâmetros de planejamento desejados na Administração Pública. Se ocorrem, ao longo do exercício financeiro, problemas de fluência de caixa, de desarranjo institucional ou problemas comerciais internacionais e, mesmo, desastre na agricultura, na pecuária ou na indústria, óbvio está que não se pode perquirir a responsabilidade dos governantes, mas identificar as causas de tais perturbações na arrecadação, o que turva o cumprimento de metas.

Disse Maquiavel que o governante tem que ter *virtù* ou *fortuna*. Se tiver ambas, maravilhosa será sua gestão. Mas na falta de uma delas corre o risco de consequências criminais em sua gestão.

O que se busca é esconder erros na Administração, combinados com o medo pessoal. Juridicamente, o não atingimento das metas traçadas não caracteriza qualquer tipo de infração, desde que demonstrado o risco ocorrido no cumprimento da Lei Orçamentária. Alterar a Lei de Diretrizes Orçamentárias para fugir de responsabilidade é, no mínimo, pieguice política. Demonstrada a *virtù*, superada fica a *fortuna*.

As *metas fiscais* são normas de cumprimento possível, se não se constatar qualquer irregularidade na fluência do caixa público. São parâmetros de transparência a serem executados para a boa execução orçamentária. Nada mais.

18.9.3 O orçamento anual (fiscal, de investimento e da seguridade social). A Emenda Constitucional nº 102, de 26.09.2019

A Lei Orçamentária Anual compreende o orçamento *fiscal* (relativo a receita e despesa) de todos os Poderes da União, seus fundos, órgãos e entidades da Administração direta e indireta, inclusive fundações instituídas e mantidas pelo Poder Público (art. 165, §5º, I, da CF).

O dispositivo consagra o princípio da universalidade. Doravante, a peça única (princípio da unidade) conterá o orçamento de todas as entidades que detenham ou recebam dinheiro público.

De igual maneira, conterá "o orçamento de *investimento* das empresas em que a União, direta ou indiretamente, detenha a maioria do capital social com direito a voto" (art. 165, §5º, II). Como se vê, nada fica fora do orçamento anual. As empresas que contem com a participação da União deverão sujeitar-se ao encaminhamento de seu orçamento, na mesma peça. Por aí haverá maior possibilidade do controle sobre elas, inclusive saber de seus planos, para os quais os recursos poderão ser orientados.

Por fim, conterá "o orçamento da *seguridade social*, abrangendo todas as entidades e órgãos a ela vinculados, da Administração direta ou indireta, bem como os fundos e fundações instituídos e mantidos pelo Poder Público" (art. 165, §5º, III, da CF). A seguridade social significa os planos de atuação do Estado relativamente à saúde, à previdência e à assistência social (art. 194 da CF). Os recursos serão repassados pela União (art. 195), devendo constar do orçamento anual.

O §8º do art. 165 confirma e assegura o princípio da exclusividade, já comentado. Somente matéria orçamentária deve figurar no orçamento, ou seja, previsão de receita e destinação da despesa. Nenhuma outra determinação poderá constar do orçamento. As exceções estão previstas no mesmo §8º.

Deveria ter sobrevindo lei complementar que dispusesse sobre as normas orçamentárias, nos exatos termos do art. 165, §9º, I e II, da CF. Logo, os prazos de encaminhamento dos projetos ainda não estão definitivamente resolvidos. O projeto aprovado pelo Congresso Nacional da Lei Complementar nº 101/2000 cuidava dos prazos. O Sr. Presidente da República, no entanto, vetou os dispositivos que deles tratavam. Prevalece, então, o disposto no §2º do art. 35 do ADCT. Estabelece o inciso I desse artigo que o Projeto do Plano Plurianual é encaminhado até o dia 30 de agosto. Deve ele ser encaminhado no primeiro ano do exercício financeiro do mandato do governante, para devolução até o término do encerramento da sessão legislativa. A Lei de Diretrizes Orçamentárias deve ter seu projeto encaminhado até 15 de abril e devolvido para sanção até o término do primeiro período da sessão legislativa (dia 30 de junho). O projeto de lei anual é encaminhado até 30 de agosto e devolvido para sanção até o encerramento da sessão legislativa.

O projeto encaminhado ao Congresso Nacional (Assembleias Legislativas e Câmaras Municipais e Distritais) conterá anexo, "demonstrativo da compatibilidade da programação dos orçamentos com os objetivos e metas constantes do documento" (art. 5º, I, da Lei Complementar nº 101/2000) que consta da Lei de Diretrizes Orçamentárias, a saber, o Anexo de Metas Fiscais. Prevalece, aí, a regra geral, ou seja, que a Lei Orçamentária Anual deve guardar compatibilidade com a LDO. Logo, se nesta consta o Anexo de Metas e elas estão explicitadas, tal como determina o §1º do art. 4º, a lei anual deverá conter anexo compatível. Se na primeira consta um superávit de 5%, a segunda obedecerá a tal determinação. Não pode haver divergência entre os textos.

No projeto deve haver a previsão do caráter compensatório entre a arrecadação e a renúncia de receita. Se houver isenção beneficiando um produto ou algum contribuinte ou grupo destes, deve haver a previsão do aumento de receita, com elevação da alíquota de determinado tributo. Diga-se o mesmo das receitas de caráter continuado. É o que dispõe o inciso II do art. 5º.

O inciso III do art. 5º estabelece a previsão de reserva de contingência (congelamento) para atendimento de "passivos contingentes e outros riscos e eventos fiscais imprevistos" (alínea "b" do inciso III). A reserva de contingência destina-se a garantir pagamentos imprevistos (condenação judicial excessiva, por exemplo).

O Sr. Presidente vetou a alínea "a" do referido inciso, evitando, assim, que houvesse a previsão dos denominados "Restos a Pagar", ou seja, permitindo que houvesse assunção de responsabilidade fiscal acima das disponibilidades financeiras do exercício.

No §1º do art. 5º a lei reitera o princípio da universalidade, tal como estabelecido no §5º do art. 165 da CF. Referido princípio dispõe que todas as receitas e despesas devem estar previstas na lei. O texto da lei determina que "todas as despesas relativas à dívida pública, mobiliária ou contratual, e as receitas que as atenderão, constarão da Lei Orçamentária Anual".

Estabelece o §2º que deve o refinanciamento da dívida constar da lei orçamentária e das leis de crédito adicional. Os créditos adicionais são autorizações de despesas públicas não computadas ou insuficientemente dotadas no orçamento. São de três espécies: (a) o crédito suplementar, que se destina a reforço de dotação insuficiente; (b) o especial, destinado a despesas para as quais não haja dotação específica; (c) o extraordinário, destinado a atendimento de despesas urgentes e imprevisíveis, nos casos de subversão intestina ou externa ou no caso de calamidade pública.

A atualização monetária do principal da dívida mobiliária refinanciada não poderá superar a variação do índice de preços previsto na LDO ou em legislação específica. É o que determina o §3º do art. 5º da Lei Complementar nº 101/2000.

A lei veda qualquer previsão de "crédito com finalidade imprecisa ou com dotação ilimitada" (§4º).

O §5º do artigo em questão repete normas já consagradas. O orçamento anual apenas admite norma para viger no mesmo exercício, salvo aquelas já constantes do Plano Plurianual. Como há a exigência de que a Lei Orçamentária Anual guarde sintonia e compatibilidade com o Plano Plurianual e com a Lei de Diretrizes Orçamentárias, não pode haver qualquer previsão de investimento com duração superior a um exercício financeiro.

O §6º repete outra exigência já consagrada. Determina que todas as despesas do Banco Central devem integrar o projeto. Ora, pelo princípio da universalidade, todas as despesas e receitas, vedada qualquer exceção, devem ter previsão no projeto. Logo, a norma é redundante.

O art. 7º da Lei Complementar nº 101/2000 estabelece que "o resultado do Banco Central do Brasil, apurado após a constituição ou reversão de reservas, constitui receita do Tesouro Nacional, e será transferido até o décimo dia útil subsequente à aprovação dos balanços semestrais". Caso seja negativo o resultado, "constituirá obrigação do Tesouro para com o Banco Central do Brasil e será consignado em dotação específica no orçamento" (§1º). "O impacto e o custo fiscal das operações realizadas pelo Banco Central do Brasil serão demonstrados trimestralmente, nos termos em que dispuser a Lei de Diretrizes Orçamentárias da União" (§2º).

Determina o §3º que "os balanços trimestrais do Banco Central do Brasil conterão notas explicativas sobre os custos da remuneração das disponibilidades do Tesouro Nacional e da manutenção das reservas cambiais e a rentabilidade de sua carteira de títulos, destacando os de emissão da União". A norma é estritamente financeira, e o art. 7º disciplina obrigatoriedade de comportamento do Banco Central. Não é importante em termos de responsabilidade do governante, mas objetiva fiscalizar o Banco Central, no uso de sua política financeira.

Emenda Constitucional nº 102/2019. Antes de ingressar na discussão se a lei orçamentária anual pode ser alterada, convém abrir parênteses para examinar o contido na Emenda Constitucional n. 102/2019.

O art. 165 da Constituição foi acrescido dos parágrafos 11 a 15. O primeiro deles remete ao parágrafo 10, ao estabelecer que a execução das programações orçamentárias, nos termos da lei de diretrizes orçamentárias, subordina-se a dispositivos que estabeleçam metas ou limites de despesas e, se for o caso, opera-se o cancelamento de abertura de créditos adicionais.

É mais uma restrição que se impõe ao cumprimento do orçamento, que deve atender aos limites de despesas. Regra dura, mas que atende ao rigor que deve imperar na execução do orçamento.

A obrigatoriedade do cumprimento da execução, "não se aplica nos casos de impedimentos de ordem técnica devidamente justificados" (inciso II do parágrafo 11). Na hipótese de qualquer obstáculo de ordem técnica devidamente justificado, pode ocorrer o não cumprimento do orçamento anual.

As vedações aplicam-se às "despesas primárias discricionárias" (inciso III do parágrafo 11 da EC nº 102/2019). O que significa? Ao lado das despesas obrigatórias existem as discricionárias, que se constituem em transferências voluntárias da União a Estados e Municípios e dos Estados aos Municípios. As vedações, então, incidem sobre estas. Claro está que as despesas obrigatórias independem da vontade do executor do orçamento.

O parágrafo 12 contém matéria que complementa outra, a saber, a LDO deverá vir acompanhada de "anexo com previsão de agregados fiscais e a proporção dos recursos para investimentos" que serão alocados na lei para continuidade dos investimentos em andamento. O que significa? É que inúmeras obras e aplicações são abandonadas no meio do caminho, deixando rastro de desolação e descumprimento de interesses importantes para determinadas coletividades. Agora, obrigatoriamente se insere na LDO e, depois, no orçamento que passará a ser plurianual, recursos para término das obras pendentes.

O parágrafo 13 estabelece que as regras anteriores são aplicáveis para os orçamentos fiscal e da seguridade social da União.

O parágrafo 14 está, de alguma forma, antecipando o futuro orçamento plurianual, ao determinar que os orçamentos anuais contenham os investimentos que ultrapassarem um exercício fiscal.

O parágrafo 15 do art. 165 estabelece a necessidade de registro centralizado de projetos e investimentos de todos os entes federativos, com "análises de viabilidade, estimativas de custos e informações sobre a execução física e financeira". A centralização de controle é importante. Num imenso país, nem sempre há o controle de tudo que nele se faz ou se constrói. Daí ser essencial que haja o registro nacional de tudo, para que as verbas possam ser melhor aproveitadas, inclusive em auxílio aos demais entes federativos. Coordenam-se, assim, os investimentos que são feitos pelas diversas pessoas jurídicas de direito público.

Pode a Lei Orçamentária Anual ser mudada no curso de sua execução? Entende Gustavo Ingrosso que não há problema, uma vez que, como toda e qualquer lei, pode ser alterada por outra.[57] Há que se distinguir entre a mera *alteração pontual* e a *substituição*. Eventuais problemas no curso da aprovação, dados imprecisos, equivocada previsão de receitas e despesas, podem ser alterados, por outra lei, no curso da execução da Lei Orçamentária Anual. Substituí-la já não será possível, uma vez que, com sua fluência inicial, já produziu efeitos. Ao entrar em vigor ao início do exercício financeiro, pressupõe-se que seja compatível com o PPA e com a LDO. Eventual desvio de previsão ou é inconstitucional ou nulo. Equívocos podem ser corrigidos. Substituição é inadmissível.

18.9.4 A lei complementar financeira

À lei complementar caberá "dispor sobre o exercício financeiro, a vigência, os prazos, a elaboração e a organização do Plano Plurianual, da Lei de Diretrizes Orçamentárias e da Lei Orçamentária Anual" (art. 165, §9º, I, da CF). Para plena eficácia dos dispositivos orçamentários impõe-se a existência de uma lei complementar que disporá sobre a matéria prevista nos três orçamentos e nas respectivas leis.

Incumbe à mesma lei "estabelecer normas de gestão financeira e patrimonial da Administração direta e indireta, bem como condições para a instituição e funcionamento de fundos" (art. 165, §9º, II, da CF).

---

57 INGROSSO. *Diritto finanziario*. Nápoles: Jovene, 1956, p. 67.

18.10 A tramitação legislativa

18.10.1 Iniciativa. Pode um órgão de poder interferir em outro?

O poder de iniciativa é do Presidente da República (art. 84, XXIII, da CF), a ele incumbindo "enviar ao Congresso Nacional o Plano Plurianual, o Projeto de Lei de Diretrizes Orçamentárias e as propostas de orçamento previstos nesta Constituição". Ao Judiciário compete o encaminhamento de proposta orçamentária relativa a seus interesses (art. 99, §1º, da CF), juntamente com o Executivo.

Caberia projeto de iniciativa popular, nos termos do inciso III do art. 14 da CF? A resposta é negativa. A Constituição estabeleceu a competência exclusiva do Presidente da República para iniciar a tramitação dos projetos orçamentários. Em segundo lugar, os projetos são eminentemente técnicos, pressupondo informações sobre arrecadação de recursos e estabelecendo prioridades inseridas na competência do chefe do Executivo. Logo, falece competência à iniciativa popular para iniciar referidos projetos de leis.

Dificilmente poderia ocorrer o plebiscito, uma vez que tal procedimento precede a Lei Orçamentária (cf. Lei nº 9.709/1998). Diga-se o mesmo em relação ao referendo (ato posterior à aprovação da lei), uma vez que sua tramitação é burocrática e perderia qualquer efeito caso aprovado, pois o orçamento já estaria em plena fluência. Não se pode esquecer que a preparação do aparato eleitoral é morosa. Não se pode afastar, de plano, no entanto, a possibilidade de aprovação prévia ou posterior do projeto orçamentário anual pelo povo, onde se assenta o poder soberano (parágrafo único do art. 1º da CF).

Importante ressaltar o descabimento do uso de medidas provisórias no processo orçamentário. É o que dispõe a alínea "d" do inciso I do §1º do art. 62 da CF, sendo vedada a edição de medida provisória sobre "planos plurianuais, diretrizes orçamentárias, orçamento e créditos adicionais e suplementares, ressalvado o previsto no art. 167, §3º". A vedação é taxativa, apenas admitindo exceção no caso de "despesas imprevisíveis e urgentes, como as decorrentes de guerra, comoção interna ou calamidade pública, observado o disposto no art. 62" (§3º do art. 167 da CF). Evidente o sentido do texto, diante de situações absolutamente imprevistas e imprevisíveis. Demandam soluções emergenciais e céleres, não admitindo protelações ou soluções burocráticas.

O STF entendeu descaber medida provisória para abertura de crédito extraordinário para pagamento de "despesas de simples custeio e investimentos triviais, que evidentemente não se caracterizam pela imprevisibilidade e urgência".[58] Há violação ao §3º do art. 167 da CF.

O projeto, unificado, é remetido ao Poder Legislativo para discussão.

De acordo com o §6º do art. 166 da CF, "os projetos de Lei do Plano Plurianual, das Diretrizes Orçamentárias e do Orçamento Anual serão enviados pelo Presidente da República ao Congresso Nacional, nos termos da lei complementar a que se refere o art. 165, §9º". A lei ainda não existe. Todavia, em relação ao orçamento anual, o Presidente da República deverá enviar o projeto até o mês de agosto de cada exercício.

Sob a Constituição anterior discutiu-se o caso de o Presidente da República não remeter o projeto orçamentário no prazo então fixado, que era de até quatro meses

---

[58] STF, ADI/MC nº 4.049-DF, rel. Min. Carlos Britto, j. 05.11.2008.

antes do início do exercício financeiro seguinte (art. 66 da CF/1967, com a Emenda Constitucional nº 1/1969). Sem embargo de responsabilidade do Presidente, a discussão era sobre como resolver o problema. Fica-se sem orçamento? Dispõe o art. 32 da Lei nº 4.320/1964: "Se não receber a proposta orçamentária no prazo fixado nas Constituições ou nas Leis Orgânicas dos Municípios, o Poder Legislativo considerará como proposta a Lei de Orçamento vigente".

Não se deve esquecer a atualização por índices oficiais. Não poderá ser considerada a proposta anterior, sem qualquer correção. Evidente a dificuldade do problema, porque as verbas anteriores que possuíam destinação específica foram gastas e as necessidades atendidas. Aquelas já esvaziadas de conteúdo ficarão como créditos especiais ou suplementares, para atendimento específico, mediante prévia autorização legislativa (art. 166, §8º, da CF). Pode-se extrair daí a conclusão adotada.

A legislação superveniente disporá sobre o prazo que o Presidente terá para envio do projeto e o termo final de sua apreciação. Enquanto não vem a lei complementar, adota-se a solução da Lei nº 4.320/1964.

"O projeto de lei orçamentária será acompanhado de demonstrativo regionalizado do efeito, sobre as receitas e despesas, decorrentes de isenções, anistias, remissões, subsídios e benefícios de natureza financeira, tributária e creditícia" (art. 165, §6º, da CF).

Interessante questão que se coloca diz respeito à possibilidade de, tendo o Poder Judiciário, o Ministério Público e a Defensoria Pública encaminhado, tal como lhes compete (§1º do art. 99, §3º do art. 127 e §2º do art. 134 da CF), as respectivas propostas orçamentárias, o Poder Executivo efetuar cortes nas previsões. O Poder Legislativo procede da mesma forma. Caberia, também, limitar seu orçamento?

Ora, o Presidente da República é o titular exclusivo do encaminhamento dos projetos ao Legislativo (art. 165). O ritual que deve ser seguido é o seguinte: todos os órgãos a quem foi atribuída a iniciativa do Projeto de Lei Orçamentária encaminham ao Executivo suas respectivas propostas, para que haja unidade (§5º do art. 165). Órgãos auxiliares da Presidência da República juntamente com o Ministério do Planejamento uniformizarão as despesas e farão aferição de sua compatibilidade com os recursos disponíveis.

Não cabe ao Poder Executivo mutilar, efetuar cortes ou limitar, de qualquer forma, as propostas dos demais Poderes e órgãos. Embora concentrador das propostas, sua competência se exaure na apuração de receitas disponíveis e disponibilidades de caixa.

Qualquer divergência que ocorra entre os Poderes pode ser solucionada pelo Judiciário. Ainda que o processo legislativo seja ato estritamente político,[59] tal característica não afasta o controle jurisdicional, ainda no que diz respeito à proposta de Lei Orçamentária, no que toca a seus aspectos de previsão genérica.

Como se viu, há o inicial encaminhamento das propostas ao Executivo. Recebidas, elabora o que se denomina de consolidação. Como assentou a Min. Rosa Weber: "O Poder Executivo, a seu turno, somente está constitucionalmente autorizado a promover ajustes nas propostas enviadas pelos demais Poderes e órgãos autônomos da União,

[59] STF, MS nº 32.582, rel. Min. Celso de Mello.

para fins de consolidação, quando as despesas projetadas estiverem em desacordo com os limites estipulados na Lei de Diretrizes Orçamentárias".[60]

O que pode o Executivo fazer? Elaborar uma proposta conciliadora das que lhe foram apresentadas e encaminhá-la ao Legislativo. De seu turno, deve encaminhar também as demais propostas que lhe foram apresentadas. É que cabe ao Legislativo dar a última palavra sobre o destino das verbas orçamentárias.

Para que o Executivo elabora a consolidação? Porque é ele quem detém o conhecimento sobre a previsão das receitas do próximo exercício. Os demais Poderes e órgãos não detêm tais informações. Logo, o que cabe ao Executivo é uma operação matemática, ou seja, limitar as despesas às receitas. Nada mais. Descabe-lhe julgar da conveniência, do excesso de determinadas previsões de outros Poderes ou órgãos.

O STF já havia anteriormente garantido a proposta exclusiva e sem restrições por parte da Defensoria Pública.[61]

Como decidiu a Min. Rosa Weber: "Fica garantido à Presidência da República que o encaminhamento do texto original da proposta orçamentária elaborado pelo Procurador-Geral da República seja acompanhado por todas, quaisquer e cada uma das observações pertinentes à conveniência, à legalidade e à constitucionalidade da pretensão, que a Presidência da República entender cabíveis".[62]

Resulta incontestável que a Presidência da República não é *dona* da proposta orçamentária. Vê-se que, por força de norma constitucional, como já mencionado, cada Poder e alguns órgãos estatais são legitimados a encaminhar suas respectivas propostas orçamentárias. Descabe à Presidência da República fatiá-la, diminuí-la, cortá-la ou, de qualquer forma, *modificar* a proposta original. Cabe-lhe encaminhá-la da forma como recebida. Evidentemente que pode encaminhar a *sua* proposta consolidada. Mas a palavra definitiva será do Poder Legislativo.

Assim se preservam a autonomia e a independência dos Poderes, como é de bom feitio no Estado Brasileiro. Judiciosamente, a Min. Rosa Weber afirmou: "É do Congresso Nacional o papel de árbitro da cizânia, pois, ao examinar, em perspectiva global, as pretensões de despesas dos Poderes e órgãos autônomos da União, exercerá protagonismo que lhe é inerente na definição das prioridades".[63]

18.10.2 Mensagem aditiva

Querendo alterar a proposta, o "Presidente da República poderá enviar mensagem ao Congresso Nacional para propor modificação nos projetos a que se refere este artigo enquanto não iniciada a votação, na Comissão Mista, da parte cuja alteração é proposta" (art. 166, §5º, da CF).

---

[60] STF, MS/MC nº 33.186, rel. Min. Rosa Weber.

[61] STF, ADI nº 3.965, rel. Min. Carmen Lúcia; ADI nº 4.056, rel. Min. Ricardo Lewandowski.

[62] STF, MS nº 31.618-DF, rel. Min. Joaquim Barbosa.

[63] STF, MS nº 33.186-DF.

18.10.3 Comissão Mista

Os projetos serão apreciados "pelas duas Casas do Congresso Nacional, na forma do Regimento comum" (art. 166, *caput*, da CF).

A apreciação incumbirá a uma Comissão Mista Permanente de senadores e deputados (art. 166, §1º, da CF).

De posse do projeto, incumbirá a tal Comissão Mista "examinar e emitir parecer sobre os projetos referidos neste artigo e sobre as contas apresentadas anualmente pelo Presidente da República" (art. 166, §1º, I, da CF). Da mesma forma, incumbirá à Comissão "examinar e emitir parecer sobre os planos e programas nacionais, regionais e setoriais previstos nesta Constituição e exercer o acompanhamento e a fiscalização orçamentária, sem prejuízo da atuação das demais Comissões do Congresso Nacional e de suas Casas, criadas de acordo com o art. 58" (art. 166, §1º, II, da CF).

A criação da Comissão Mista Permanente é de fundamental importância para o controle dos gastos públicos.

Ao Plenário caberá apenas a votação do que contiver o relatório ou substitutivo apresentado.

18.10.4 Emendas

"As emendas serão apresentadas na Comissão Mista, que sobre elas emitirá parecer, e apreciadas, na forma regimental, pelo Plenário das duas Casas do Congresso Nacional" (art. 166, §2º, da CF).

A Constituição, ao se referir ao *Regimento comum*, no art. 166, cabeça, e *na forma regimental*, em seu §2º, transfere à competência do Congresso Nacional dispor sobre a maneira de aprovação das leis orçamentárias e respectivas emendas apresentadas pelos congressistas. Não outorgou competência à Comissão Mista para deliberar em definitivo, limitando a força do parecer. Ao Plenário caberá a última palavra. A Comissão emite parecer. O Pleno aprecia e delibera.

Emendas poderão ser apresentadas na forma prevista, mesmo que não haja poder de iniciativa. Na Constituição anterior o poder de emenda estava excessivamente restrito. Agora há plena liberdade. O canal de sua apresentação, apenas, é que é limitado. Recai na Comissão Mista. A apreciação será pelo Plenário.

A aprovação das emendas dependerá do preenchimento das exigências previstas no §3º do art. 166: "I – sejam compatíveis com o Plano Plurianual e com a Lei de Diretrizes Orçamentárias; (...)". Evidentes estão o sentido e o objetivo do preceito. É que, se houver incompatibilidade, poderá haver falta de sintonia com o que o governo pretende, conspurcando, assim, as diretrizes maiores do Poder Público. Também é exigência que "II – indiquem os recursos necessários, admitidos apenas os provenientes de anulação de despesa, excluídas as que incidam sobre: a) dotações para pessoal e seus encargos; b) serviço da dívida; c) transferências tributárias constitucionais para Estados, Municípios e Distrito Federal; (...)". Há limitação. É importante que a emenda apresentada indique de onde provirão os recursos para atender à emenda proposta. Pode haver "anulação" de despesa (crê-se que não se houve o constituinte com muita tecnicidade, pois apenas se anula o que é incompatível com a norma superior). No caso, é mera alteração de item seu deslocamento, com a transferência de um item para outro. Percebe-se que *não pode haver emenda que objetive aumentar a despesa*. Deve, sempre, haver previsão da transferência que se pretenda efetuar.

Por fim, também pode haver emendas que "III – sejam relacionadas: a) com a correção de erros ou omissões; b) com os dispositivos do texto do projeto de lei". Meras emendas formais, portanto.

Em relação ao Projeto de Lei de Diretrizes Orçamentárias, as emendas "não poderão se aprovadas quando incompatíveis com o Plano Plurianual" (§4º do art. 166 da CF). Devem guardar sintonia com o Plano, não o deformando.

Adquire o Legislativo, com a atual redação, nova dignidade no tocante às emendas sobre o texto do projeto tanto da lei anual como da de diretrizes.

Como não há rito para o andamento dos projetos sobre os orçamentos, "aplicam-se aos projetos mencionados neste artigo, no que não contrariar o disposto nesta Seção, as demais normas relativas ao processo legislativo" (§7º do art. 166). Daí a necessidade da *promulgação* (atestação da existência de lei), da *sanção* (aprovação pelo Executivo) ou *veto* (rejeição pelo Executivo).

Diante de eventual alteração do projeto, pode haver recursos que fiquem sem destinação específica. Daí dispor o §8º do art. 166: "Os recursos que, em decorrência de veto, emenda ou rejeição do Projeto de Lei Orçamentária Anual, ficarem sem despesas correspondentes poderão ser utilizados, conforme o caso, mediante créditos especiais ou suplementares, com prévia e específica autorização legislativa". Evidente está que os recursos não se perdem. Devem ter utilização. Não podendo ter destinação específica, em virtude de problemas surgidos na tramitação legislativa (veto, emenda ou rejeição do projeto de lei anual), serão utilizados como créditos especiais ou suplementares, dependendo de nova autorização legislativa.

18.11 A não devolução do projeto no prazo ou sua rejeição total ou parcial

Poderia o constituinte ter resolvido difícil questão que já foi discutida e proposta perante os tribunais, qual seja: a da rejeição parcial ou total do projeto de lei orçamentária. Qual será a solução?

A Constituição do Estado de São Paulo/1969 dispôs que, "rejeitado o projeto, subsistirá a Lei Orçamentária anterior". Houve também julgamento que assim determinou.[64]

A querela já foi suscitada perante o STF, que entendeu inconstitucional o dispositivo.[65] Afirmou-se que a solução seria a de se entender não devolvido o projeto enviado ao Congresso Nacional.

É que a Constituição Federal/1967, com a Emenda Constitucional nº 1/1969, dispunha que no caso da não devolução para sanção seria o projeto promulgado como lei (art. 66). O dispositivo era o seguinte: "O projeto de Lei Orçamentária Anual será enviado pelo Presidente da República ao Congresso Nacional, para votação conjunta das duas Casas, até 4 (quatro) meses antes do início do exercício financeiro seguinte; *se, até 30 (trinta) dias antes do encerramento do exercício financeiro, o Poder Legislativo não o devolver*

---

[64] *RF*, 207/211.

[65] STF, rel. Min. Thompson Flores, *RDA*, 112/263.

para sanção, será promulgado como lei" (grifos meus). Entendia-se que a disposição valia tanto para a hipótese de não devolução como para a de rejeição.

A matéria foi discutida em acórdão constante da *Revista de Jurisprudência do Tribunal de Justiça de São Paulo* 41/240. O STF entendeu que o projeto não devolvido deveria ser promulgado.[66] O texto da atual Constituição nada dispôs a respeito.

Indisputável tratar-se a Lei Orçamentária de lei *temporária*, e, como tal, tem sua eficácia cessada automaticamente quando da ocorrência de seu termo. Para a prorrogação impõe-se nova lei. À época, José Afonso da Silva, contudo, defendeu a prorrogação da lei.[67] Essa também foi o entendimento do STF, que sustentou que haveria a promulgação pelo Presidente da República. Pontes de Miranda confirma a orientação do Supremo, equiparando a situação da falta de devolução à rejeição total.[68]

A Constituição de 1988 não resolveu o intrincado problema. Certamente o fará a lei complementar.

À luz da Constituição/1988 entende José Afonso da Silva que "a consequência mais séria da rejeição do Projeto de Lei Orçamentária Anual é que a Administração fica sem orçamento, pois não pode ser aprovado outro. Não é possível elaborar orçamento para o mesmo exercício financeiro. A Constituição dá a solução possível e plausível dentro da técnica do direito orçamentário: as despesas, que não podem efetivar-se senão devidamente autorizadas pelo Legislativo, terão de ser autorizadas prévia e especificadamente, caso a caso, mediante leis de abertura de créditos especiais".[69] Trata-se de interpretação diversa da de Ingrosso, que entende ter o problema cunho político, e não jurídico, sem apontar solução.[70]

Assim, José Afonso da Silva sustenta que não pode haver rejeição do Projeto de Lei de Diretrizes Orçamentárias, uma vez que existe previsão de não ininterrupção da sessão legislativa "sem a aprovação do projeto de Lei de Diretrizes Orçamentárias" (art. 57, §2º). "(...). Mas admite a possibilidade da *rejeição do Projeto de Lei Orçamentária Anual* quando, no art. 166, §8º, estatui que os recursos que, em decorrência de veto, emenda ou *rejeição do Projeto de Lei Orçamentária Anual*, ficarem sem despesas correspondentes poderão ser utilizados, conforme o caso, mediante créditos especiais ou suplementares, com prévia e específica autorização legislativa".[71] Afirma o autor, ainda, que a rejeição não pode ser praticada por *vindita* ou por irresponsabilidade de vereadores. A solução que aponta o autor é que as despesas deverão ser "autorizadas prévia e especificamente, caso a caso, mediante leis de abertura de créditos especiais".[72] No mesmo sentido a opinião de Ives Gandra da Silva Martins.[73]

Há duas possibilidades: (a) opera-se o decurso de prazo e o orçamento não é devolvido para sanção ou (b) a proposta orçamentária anual é rejeitada pelo Parlamento.

---

[66] *RDA*, 112/263-268, rel. Min. Thompson Flores.

[67] SILVA, José Afonso da. *Curso de direito constitucional positivo*. 5. ed. São Paulo: RT, 1989, p. 302.

[68] MIRANDA, Pontes de. *Comentários à Constituição de 1967, com a Emenda n. 1 de 1969*. t. 3. São Paulo: RT, 1971, p. 218.

[69] SILVA, José Afonso da. *Curso de direito constitucional positivo, op. cit.*, p. 762.

[70] INGROSSO. *Diritto finanziario, op. cit.*, p. 63.

[71] SILVA, José Afonso da. *Curso de direito constitucional positivo, op. cit.*, p. 762.

[72] *Idem, ibidem.*

[73] MARTINS, Ives Gandra da Silva. *Comentários à Constituição do Brasil*. v. 6, t. II. São Paulo: Saraiva, 1990, p. 327.

Não tendo sido aprovado o orçamento tempestivamente, pode o Congresso Nacional fazê-lo posteriormente, colocando-o em vigor ao início do exercício financeiro. Com tal providência haveria apenas um período em que a Nação estaria sem a Lei Orçamentária. A matéria foi examinada pelo STF, que entendeu ser admissível que a lei estabeleça um período pelo qual a programação constante do projeto de lei pode ser executada por determinado período, suplantado o qual é imprescindível a solicitação de abertura de crédito especial.[74] Em tal hipótese, poderia haver a solicitação de créditos orçamentários. No entanto, subsistindo a ausência de texto, a solução deverá ser outra.

Como se disse, a Constituição não deu solução à controvérsia. Instaura-se, pois, uma lacuna (ausência deôntica de um comportamento). Diante dela, o intérprete há de buscar uma solução razoável. Uma delas é a dada por José Afonso da Silva, qual seja, a de que a cada despesa haverá necessidade de obtenção de lei autorizativa. Tal solução paralisa a Administração Pública. Se a cada despesa o Executivo tiver que buscar a anuência do Legislativo para efetuá-la, comprometida estará a gestão da coisa pública. Especialmente nos dias de hoje, em que as decisões têm que ser tomadas com extrema rapidez.

A solução que se me afigura mais consentânea é buscar no direito interno ou em normas revogadas uma solução plausível. A que mais nos convence é o texto da Constituição anterior, qual seja, a promulgação, por decreto, do texto proposto. É que, se o Legislativo não discutiu tempestivamente o assunto e não ofereceu proposta de lei orçamentária com as alterações que tenha querido fazer, a competência retorna ao Executivo, que, então, administrará o país, o Estado ou o Município por sua conta. Sujeita-se, evidentemente, ao controle do Legislativo. Ademais, assume o risco de seu comportamento. É que, ao elaborar o texto do projeto de lei orçamentário anual, estabeleceu um plano de ação governamental, sujeito, evidentemente, ao controle do Legislativo. Como este se recusou a endossá-lo, compreende-se que renunciou ao direito de emenda e de traçar orientação ao Executivo. Logo, abriu mão do direito de sujeitar o texto às alterações que entendia conveniente. O Executivo, então, assume a gestão do orçamento, por sua conta e risco, sujeitando-se, como se disse, ao controle Legislativo.

Tal era a solução dada pelo direito anterior. Santi Romano focaliza com precisão a questão. Afirma que no caso de rejeição do orçamento ou de não lograr sua aprovação ou quanto não alcance um acordo sobre aqueles pontos em que a aprovação é livre, "a urgência do trabalho das Câmaras impede que elas se ocupem do orçamento dentro do prazo previsto. Seja no caso de rejeição ilícita, seja naquele de falta de aprovação por motivos lícitos, pareceria à primeira vista que a administração financeira do Estado deveria ficar suspensa; não mais poderia arrecadar os tributos que são elementos imprescindíveis desta administração e nem autorizar as despesas. Nesta hipótese, recorrer-se-ia a um daqueles casos de necessidade urgente, que facultaria o Governo a continuar a gestão sob a própria responsabilidade, não segundo o orçamento não aprovado, mas fazendo uso daqueles poderes que às vezes são indispensáveis e que ela poderia atribuir-se com decretos-lei".[75]

---

74 Ação originária nº 547/AL, rel. Min. Nelson Jobim, j. 24.05.1999.

75 *Princípios de direito constitucional geral*, p. 368.

A solução se afigura correta, seja do ângulo da não devolução da proposta, seja pela sua rejeição. Esta pode ocorrer por diversos motivos. Por estar o projeto equivocado e cheio de vícios, hipótese em que caberá ao Parlamento sua adequação ou, então, não ter o Executivo a maioria legislativa e, pois, haverá mutilação da proposta original ou alteração de tal forma a descaracterizá-la, profundamente. Caracterizado estaria o desvio de poder legislativo, de forma a implicar a solução aventada, qual seja, a promulgação da proposta originária.

A competência ao Parlamento é outorgada para que legisle adequadamente e tendo em vista os interesses públicos albergados no sistema normativo. Caso deles se afaste e tenda a prejudicar ou estorvar, de qualquer maneira, a Administração Pública, desviar-se-á de sua função primária, que é de produzir textos normativos. Em tal hipótese, distancia-se de sua competência originária e específica, cabendo ao Executivo executar o orçamento na forma da proposta encaminhada. A competência é dada ao agente público (no caso, a coletividade parlamentar) para que a exerça tendo em vista as finalidades públicas – no caso, a produção adequada e regular de normas jurídicas. Utilizando-se de sua competência para atingir finalidade diversa, qual seja, de prejudicar a Administração Pública, desvia-se de sua competência e, pois, não poderá ser reconhecido como legislador.

Em sendo assim, pode-se afirmar que o Poder Legislativo não pode rejeitar o orçamento por motivos políticos menores. Não pode deturpar a proposta orçamentária, de forma a impedir o exercício administrativo e político da entidade federativa. Não pode adulterar a proposta com propósitos mesquinhos e subalternos.

Em tais hipóteses, autorizado está o Executivo a, preenchendo a lacuna interpretativa, promulgar a proposta orçamentária e executá-la, sujeitando-se, evidentemente, à prestação de contas posterior. Nas hipóteses propostas, a solução será a promulgação, invocando-se texto da Constituição anterior que pode ser buscada à falta de norma vigente.

Como se disse, a lacuna admite diversos critérios de preenchimento. Pode o intérprete valer-se do argumento *a simili*, do argumento *a contrario*, do direito costumeiro, do direito comparado ou da invocação de normas não mais vigentes, mas que em algum momento regeram determinada situação jurídica.

18.12 Vedações orçamentárias. EC nº 109/2021

Dispõe o inciso I do art. 167 da CF que é vedado "o início de programas ou projetos não incluídos na lei orçamentária anual". Visa o dispositivo evitar que a mudança de governo ou mesmo a orientação demagógica de algum político possam adulterar o orçamento. Da mesma forma, evita a ausência de planos e veda a improvisação administrativa. Todo governo deve ser sério, utilizar as verbas orçamentárias de acordo com o que no orçamento ficou estabelecido. Nenhum sentido tem elaborar-se um texto programático e depois olvidá-lo.

É vedada, também: "Art. 167 (...) II – a realização de despesas ou a assunção de obrigações diretas que excedam os créditos orçamentários ou adicionais". Da mesma forma, procura-se limitar o comportamento do administrador. O agente público tem limite em seu gasto. Não pode ultrapassar suas disponibilidades.

Vedada é também "a realização de operações de créditos que excedam o montante das despesas de capital, ressalvadas as autorizadas mediante créditos suplementares ou especiais com finalidade precisa, aprovados pelo Poder Legislativo por maioria absoluta" (inciso III do art. 167 da CF). As despesas de capital já foram objeto de análise. Não pode haver empréstimos excedentes. De qualquer forma, no caso de necessidade, deve haver aprovação pelo Legislativo.

É vedada, também, a vinculação de receita de impostos a órgão, fundo ou despesa, ressalvadas a repartição do produto da arrecadação dos impostos a que se referem os arts. 158 e 159, a destinação de recursos para as ações e serviços públicos de saúde, para manutenção e desenvolvimento do ensino e para realização de atividades da administração tributária, como determinado, respectivamente, pelos arts. 198, §2º, 212 e 37, XXII, e a prestação de garantias às operações de crédito por antecipação de receita, previstas no art. 165, §8º, bem como o disposto no §4º deste artigo (inciso IV do art. 167 da CF, com a redação dada pela EC nº 42/2003). A vedação incide sobre a vinculação da receita do imposto. Como já se viu, é a consagração do princípio da não afetação, isto é, nenhum imposto pode esvaziar seu conteúdo com destinação específica. Outrora, sob a égide da Constituição de 1946, era comum a vinculação de produto de arrecadação, o que implicava mutilação das receitas. Agora, apenas pode haver vinculação de taxas e contribuições de melhoria, em matéria tributária, além dos empréstimos compulsórios e contribuições parafiscais que têm destinação específica. As exceções estão previstas no próprio corpo do dispositivo transcrito.

Apenas há a possibilidade das vinculações previstas no corpo da própria Constituição: destinação de recursos à educação, nos exatos termos do art. 212, e à saúde, tal como disposto pela EC nº 29/2000.

A EC nº 109/2021 abre algumas exceções à proibição da não vinculação de receitas. Receitas tributárias podem ser vinculadas ao pagamento de débitos com a União e para prestar-lhe garantia ou contragarantia (parágrafo 4º do art. 167 da CF).

O STF tem declarado a inconstitucionalidade de leis que insistem em prever, ao arrepio da vedação constitucional, vinculação orçamentária.[76]

Poderia haver destinação de verbas transferidas? Entendemos que não. A maior parte das receitas municipais é de verbas transferidas por operação financeira da União e dos Estados. Provêm de arrecadação de impostos. Logo, não podem ser vinculadas.

Igualmente é vedada a "abertura de crédito suplementar ou especial sem prévia autorização legislativa e sem indicação dos recursos correspondentes" (inciso V do art. 167 da CF). Reforça-se o Legislativo e não se autoriza crédito suplementar ou especial sem a indicação de recursos.

No curso da execução orçamentária não pode haver "a transposição, o remanejamento ou a transferência de recursos de uma categoria de programação para outra ou de um órgão para outro, sem prévia autorização legislativa" (inciso VI do art. 167 da CF). Evidente está que, uma vez aprovado o orçamento, deve ele ser cumprido. Não pode o Executivo, a pretexto de melhor atendimento das necessidades públicas, alterar as categorias de programação, nem transferir verbas de um órgão para outro, porque

---

76 STF, ADI nº 1.848-RO, rel. Min. Ilmar Galvão; ADI nº 103-RO, rel. Min. Sydney Sanches; ADI nº 2.108-PE, rel. Min. Marco Aurélio, j. 17.12.1999; RE nº 190.678-2-SP, rel. Min. Ilmar Galvão, j. 16.12.1997.

estaria adulterando a definição das necessidades, dada pelo próprio Legislativo. Evidente está que poderá haver a alteração caso haja "prévia autorização legislativa", na forma prevista no texto. Afirmou Carlos Schmidt de Barros Jr. que "decreto não pode alterar os quantitativos constantes dos grupos de despesa discriminados nos quadros anexos do orçamento".[77]

É vedada "a concessão ou utilização de créditos ilimitados" (inciso VII do art. 167 da CF). Evidente o objetivo do texto. Crédito ilimitado não se pode dar a quem quer que seja, sob pena de quebra da seriedade do orçamento e de seu princípio básico, que é o equilíbrio.

Igualmente é vedada "a utilização, sem autorização legislativa específica, de recursos dos orçamentos fiscal e da seguridade social para suprir necessidade ou cobrir déficit de empresas, fundações e fundos, inclusive dos mencionados no art. 165, §5º" (inciso VIII do art. 167 da CF). Observe-se que o dispositivo fala em autorização legislativa *específica*. Nos demais incisos fala apenas em autorização legislativa, sem qualquer qualificação. É importante a previsão, porque é imperiosa a exigência de *lei*. Nos demais incisos basta mera previsão genérica, embora em texto de lei. Houve decisão no sentido de que "fere direito líquido e certo de Câmara Municipal a conduta de prefeito que edita desde logo lei de meios, sem consideração para com a emenda supressiva referente à verba para aumento do capital de entidade paraestatal, sujeita à aprovação do Legislativo, em razão de sua lei instituidora".[78]

Vedada é também "a instituição de fundos de qualquer natureza, sem prévia autorização legislativa" (inciso IX do art. 167 da CF). Mais restrição ao comportamento do órgão executivo.

O inciso X do artigo em comento, que foi acrescentado pela Emenda Constitucional nº 19/1998, dispõe serem vedadas a "transferência voluntária de recursos e a concessão de empréstimos, inclusive por antecipação de receita, pelos governos federal e estaduais e suas instituições financeiras, para pagamento de despesas com pessoal ativo, inativo e pensionista, dos Estados, do Distrito Federal e dos Municípios". Refere-se o dispositivo à transferência voluntária de recursos, o que elimina qualquer restrição em relação aos tributos transferidos, ou seja, os que pertencem a uma unidade federativa e são arrecadadas por outra. A transferência voluntária diz respeito a repasses para auxílio das entidades federativas menores, como, por exemplo, a ajuda para construção de prédio, para vacinação ou programas educacionais. Tais repasses não podem se destinar a pagamento com pessoal de qualquer espécie.

O inciso XI do art. 167 da CF, acrescentado pela Emenda Constitucional nº 20/1998, estabelece que é vedada "a utilização dos recursos provenientes das contribuições sociais de que trata o art. 195, I, 'a', e II, para a realização de despesas distintas do pagamento de benefícios do regime geral de previdência social de que trata o art. 201". O dispositivo introduzido é altamente salutar. Impede que as contribuições sociais do empregador sobre a folha de salários, receita ou faturamento e lucro e do trabalhador pobre sejam destinadas a outra finalidade que não o pagamento dos benefícios ao próprio trabalhador sujeito ao regime geral da previdência, tal como previsto no art. 201 da CF.

---

77 BARROS JR., Carlos Schmidt de. Orçamento – Natureza jurídica. *RDA*, 83/404.

78 *RT*, 560/97.

Novas restrições são feitas no §1º do art. 167 ao estabelecer que "nenhum investimento cuja execução ultrapasse um exercício financeiro poderá ser iniciado sem prévia inclusão no Plano Plurianual, ou sem lei que autorize a inclusão, sob pena de crime de responsabilidade". Impõe-se o planejamento no mundo atual. Não mais pode o agente dispor sobre as verbas públicas de acordo com a vontade pessoal do governante. Se a planificação impõe alguma obra que demande mais de um ano para sua execução, deve ela estar prevista no Plano Plurianual ou deve haver autorização legislativa específica para início da obra. A sanção é o crime de responsabilidade.

Dispõe o §2º do art. 167: "Os créditos especiais e extraordinários terão vigência no exercício financeiro em que forem autorizados, salvo se o ato de autorização for promulgado nos últimos 4 (quatro) meses daquele exercício, caso em que, reabertos nos limites de seus saldos, serão incorporados ao orçamento do exercício financeiro subsequente".

O §3º do art. 167 da CF estabelece: "A abertura de crédito extraordinário somente será admitida para atender a despesas imprevisíveis e urgentes, como as decorrentes de guerra, comoção interna ou calamidade pública, observado o disposto no art. 62". O art. 62 prevê as denominadas *medidas provisórias*. Em caso de relevância e urgência o Presidente da República poderá adotar medidas provisórias, que têm força de lei, e, uma vez expedidas, efetuará comunicação ao Congresso Nacional. Aprovadas, vigoram com força de lei. Não aprovadas, seja comissivamente, seja por mera não apreciação, têm-se por revogadas.

18.13 Recursos dos três Poderes

Dispõe o art. 168 da CF: "Os recursos correspondentes às dotações orçamentárias, compreendidos os créditos suplementares e especiais, destinados aos órgãos dos Poderes Legislativo e Judiciário, do Ministério Público e da Defensoria Pública, ser-lhes-ão entregues até o dia 20 de cada mês, em duodécimos, na forma da lei complementar a que se refere o art. 165, §9º". A Lei Complementar nº 101/2000 disciplinou o assunto. Obriga, todavia, o Executivo a repassar as verbas orçamentárias de cada órgão de Poder até o dia 20 de cada mês. A não liberação constitui exercício irregular de poder, e, pois, habilita o órgão preterido a ingressar em juízo para obter os recursos. No caso, o Executivo funciona apenas como órgão de arrecadação. A verba é do Judiciário, do Legislativo, do Ministério Público e da Defensoria Pública, sendo vedado ao Poder Executivo retê-la, seja a que título for.

18.14 Despesa com pessoal

Estabelece o art. 169 da CF: "A despesa com pessoal ativo e inativo da União, dos Estados, do Distrito Federal e dos Municípios não poderá exceder os limites estabelecidos em lei complementar". A Lei Complementar nº 101/2000 disciplinou o assunto. Evitam-se o empreguismo e o nepotismo, tão comuns no Brasil de hoje. Dá-se seriedade ao tratamento do funcionalismo público, evitando-se o inchamento dos quadros administrativos.

Dispõe o §1º: "A concessão de qualquer vantagem ou aumento de remuneração, a criação de cargos, empregos e funções ou alteração de estrutura de carreiras, bem como a admissão ou contratação de pessoal, a qualquer título, pelos órgãos e entidades da Administração direta ou indireta, inclusive fundações instituídas e mantidas pelo Poder Público, só poderão ser feitas: I – se houver prévia dotação orçamentária suficiente para atender às projeções de despesa de pessoal e aos acréscimos dela decorrentes; II – se houver autorização específica na Lei de Diretrizes Orçamentárias, ressalvadas as empresas públicas e as sociedades de economia mista".

Dispositivo com sentido moralizador. O administrador público é farto em admissões políticas e sem qualquer conteúdo público. Despe-se de sentimento do justo e da boa prestação de serviço público para inflar a máquina administrativa, com intuito eleitoreiro e inútil. Somente se houver prévia dotação orçamentária e autorização específica é que serão possíveis a admissão de pessoal ou o reajustamento de seus vencimentos. A propósito, veja-se o comentário à Lei Complementar nº 101/2000 no item 9.11.

18.15 O orçamento e o tributo nele não previsto

Discute-se a possibilidade da cobrança de tributo instituído ou aumentado após a aprovação da Lei Orçamentária sem que tivesse havido previsão. Decidindo sobre orçamento municipal, entendeu o STF que "a falta de previsão orçamentária municipal não constitui óbice à cobrança do imposto transferido aos Municípios por emenda constitucional, porque aquela exigência já estava atendida".[79] O Plenário do TJSP decidiu que "a Constituição Federal não exige que a lei tributária preceda à lei orçamentária; impõe, apenas, que ambas precedam ao exercício financeiro em que vão ser aplicadas".[80]

A matéria encontra-se resolvida pela Súmula 66 do STF: "É legítima a cobrança do tributo que houver sido aumentado após o orçamento, mas antes do início do respectivo exercício financeiro". Em relação ao empréstimo compulsório, a Súmula 418, atualmente sem eficácia, dispunha que "não é tributo, e sua arrecadação não está sujeita à exigência constitucional da prévia autorização orçamentária". A súmula mencionada perdeu validade por força do acórdão proferido no RE nº 111.954.[81] Vínhamos sustentando desde a 1ª edição deste livro o contrário do que dispunha a súmula, agora, em boa hora, superada.

O advento da Constituição de 1988 não alterou a solução que já havia sido dada. Sem razão, pois, Francisco Campos.[82]

O mero esquecimento da inclusão de arrecadação de algum tributo torna impossível sua cobrança? Imaginemos que já esteja instituído o tributo. Todavia, o agente, por mero equívoco material, esquece-se de colocar a previsão orçamentária de sua arrecadação. Isso o torna indevido?

Absolutamente, não. A exigência da cobrança do tributo limita-se à existência prévia da lei e que apenas venha a ser ele cobrado no exercício seguinte. Nada mais.

---

79 STF, rel. Min. Gonçalves de Oliveira, *RF*, 205/106.

80 TJSP, rel. Des. Hely Lopes Meirelles, *RT*, 356/477.

81 *RTJ*, 126/330.

82 CAMPOS, Francisco. Orçamento – Natureza jurídica. *RDA*, 71/324.

18.16 O direito ao auxílio ou subvenção

A matéria objeto deste item foi analisada detalhadamente em capítulo próprio (Capítulo 20). A ele remetemos o leitor.

18.17 Relatório

Após o encerramento de cada bimestre o Executivo publicará relatório resumido da execução orçamentária (art. 165, §3º, da CF). É mais uma forma de controle.

18.18 Norma constitucional transitória

À falta de norma legal disciplinando o processamento, a vigência e o encerramento do exercício financeiro, o §2º do art. 35 do ADCT dispôs que, "até a entrada em vigor da lei complementar a que se refere o art. 165, §9º, I e II, serão obedecidas as seguintes normas: I – o Projeto do Plano Plurianual, para vigência até o final do primeiro exercício financeiro do mandato presidencial subsequente, será encaminhado até 4 (quatro) meses antes do encerramento do primeiro exercício financeiro e devolvido para sanção até o encerramento da sessão legislativa; II – o Projeto de Lei de Diretrizes Orçamentárias será encaminhado até 8 (oito) meses e meio antes do encerramento do exercício financeiro e devolvido para sanção até o encerramento do primeiro período da sessão legislativa; III – o Projeto de Lei Orçamentária da União será encaminhado até 4 (quatro) meses antes do encerramento do exercício financeiro e devolvido para sanção até o encerramento da sessão legislativa".

Vê-se, pois, que a norma transitória estabeleceu prazos para vigência das disposições legais relativas ao orçamento. Este, como é documento político-financeiro fundamental na vida dos países modernos e respectivos Estados-membros, bem como Municípios, passa a ter disciplina rigorosa. A desobediência dos prazos, como já se viu, envolve crime de responsabilidade.

18.19 Desvinculação de Receita da União. A liberdade outorgada, por lei, ao chefe do Executivo

18.19.1 Emenda Constitucional nº 93/2016 – DRU. A EC nº 132/2023

A Emenda Constitucional nº 68/2011 reeditou disposição anteriormente estabelecida por diversas emendas constitucionais (Emendas 27/2000, 42/2003 e 56/2007), permitindo a desvinculação de um percentual das receitas obtidas pela União. O art. 76, *caput*, da ADCT estabelece que: "São desvinculados de órgão, fundo ou despesa, até 31 de dezembro de 2015, 20% (vinte por cento) da arrecadação da União de impostos, contribuições sociais e de intervenção no domínio econômico, já instituídos ou que vierem a ser criados até a referida data, seus adicionais e respectivos acréscimos legais". O §1º determina que: "O disposto no *caput* não reduzirá a base de cálculo das transferências a Estados, Distrito Federal e Municípios, na forma do §5º do art. 153, do inciso I do art. 157, dos incisos I e II do art. 158 e das alíneas 'a', 'b' e 'd' do inciso I e do inciso II do art. 159 da Constituição Federal, nem a base de cálculo das destinações a que se refere a alínea 'c' do inciso I do art. 159 da Constituição Federal". Tal dispositivo praticamente desvinculou as receitas nele mencionadas das finalidades para que estavam originariamente previstas. Evidente está que o Poder Legislativo abriu mão de dar a palavra final sobre a destinação dos gastos públicos, restringindo sua competência a 80% das receitas, relegando ao critério exclusivo do Executivo os restantes 20%. Excelente análise foi feita por Fernando Facury Scaff em "Direitos humanos e desvinculação das receitas da União – DRU".[83]

É verdade que as Emendas anteriores que cuidavam do assunto estabeleciam uma finalidade aos recursos liberados. No caso em tela, "sequer uma finalidade foi mencionada referente a esta massa de recursos despregada de qualquer vinculação a órgão, fundo ou despesa".[84]

Outorgou-se ao Executivo a faculdade totalmente descabida, ficando ao seu alvedrio a alocação de recursos, o que é incompatível com o todo constitucional. No entanto, a norma subsiste e desobriga de qualquer vinculação o comportamento do chefe do Executivo, tendo já sido decidido pelo STF que "não é inconstitucional a desvinculação de parte da arrecadação de contribuição social, levada a efeito por emenda constitucional".[85] Normalmente no âmbito das três entidades federativas há consenso no sentido de que o chefe do Executivo não pode ficar totalmente "amarrado" às previsões orçamentárias, devendo ser-lhe outorgada certa margem de discricionariedade para o emprego dos recursos públicos. Evidente está que podem ocorrer situações que necessitam melhor atendimento que outras, sendo imprescindível que haja certa discrição na liberação de recursos. É compreensível. As Casas Legislativas estabelecem um percentual (variável de 1% a 15%) para que o chefe do Executivo atenda a tais emergências.

Não se cogita, no entanto, de liberar o emprego de recursos de forma indiscriminada. Ao contrário, a tendência é o ajustamento parcial e progressivo de restrita liberdade ao chefe do Executivo, que fica obrigado a cumprir o que no orçamento se estabeleceu.

A Emenda Constitucional nº 59/2009 alterou dispositivos relativos à educação e previstos nos arts. 208, 211, 212 e 214 da CF, fixando a educação básica obrigatória e gratuita, que acontecerá dos 4 aos 17 anos. O objetivo é o atingimento da universalização. Traça, de seu turno, metas a serem atingidas e objetivos a serem alcançados.

De seu turno, acrescenta o §3º ao art. 76 do ADCT, para dispor: "§3º. Para efeito do cálculo dos recursos para manutenção e desenvolvimento do ensino de que trata o art. 212 da Constituição Federal, o percentual referido no *caput* será nulo". A cabeça do art. 76 do ADCT estabelecia a desvinculação das receitas da União de todos os impostos, contribuições sociais e de intervenção no domínio econômico até 2007. A Emenda Constitucional nº 56 alterou o período para até 2011. A Emenda 58/2011 prorrogou o período de desvinculação até 31.12.2015.

Pensou-se que a partir da última alteração os recursos retornariam à sua destinação de origem. Ocorre que a Emenda Constitucional nº 93/2016 prorrogou até 31.12.2023 a desvinculação da arrecadação da União relativa "às contribuições sociais, sem prejuízo do pagamento das despesas do Regime Geral da Previdência Social, às contribuições de intervenção no domínio econômico e às taxas, já instituídas ou que vierem a ser criadas até a referida data".

---

83 SCAFF, Fernando Facury. *RDA*, 236/33-50, abr./jun. 2004.

84 *Idem*, p. 40.

85 STF, RE nº 537.610, rel. Min. Cézar Peluso, *DJe*, 18.12.2009.

Insatisfeito com a insanidade, o art. 2º da mesma Emenda à Constituição passou a estender as DRUs a Estados e Distrito Federal, englobando todas as receitas. O parágrafo único do art. 2º efetuou exceções à desvinculação, e que se encontram enumeradas nos diversos incisos do mesmo dispositivo. De igual maneira, os Municípios também se beneficiaram da previsão, tal como se vê da redação dada ao art. 76-B do ADCT.

A matéria foi questionada junto ao Supremo Tribunal Federal e teve decisão na ADPF 523/DF, julgada em 8/2/2021, relatora a Min. Rosa Weber que entendeu inocorrer ofensa ao princípio federativo. Salientou que "ao decidir acerta da desvinculação ou não de determinada receita, o poder constituinte derivado está adstrito ao compromisso pétreo de não desfigurar a essência do pacto fundamental, a contemplar entre suas cláusulas, o federalismo, inclusive sob o aspecto fiscal".

Entendeu-se, por unanimidade inexistir agressão ao pacto constitucional. Acrescente-se que a EC nº 103/2019 excluiu da desvinculação as receitas das contribuições sociais destinadas ao custeio da seguridade social.

É pena. É a mutilação de toda a programação. Esperamos que quando advenha o longínquo 2023 cesse a insanidade de tal desvinculação. Receitas e despesas devem servir a um todo dentro da programação financeira dos entes federativos. A desvinculação quebra com a seriedade gerencial dos governos.

A EC nº 132 (reforma tributária) prorrogou a DRU até 31 de dezembro de 2032. Prorroga-se a inconstitucionalidade, sem prejuízo da decisão do STF (arts. 76-A e 76-B do ADCT). O art. 76-A cuida da receita dos Estados e do Distrito Federal e o 76-B da receita dos Municípios. Todas integram a DRU.

18.20 O orçamento participativo

A iniciativa tomada pela Prefeitura do Partido dos Trabalhadores/PT em Porto Alegre trouxe importante alteração no procedimento do Poder Executivo e no comportamento político moderno. A base, no dizer de Tarso Genro, foi um "novo tipo de descentralização".[86] Na sequência o mesmo autor esclarece que "foi criado um novo *centro decisório* que, juntamente com o Poder Executivo e o Legislativo, democratizaram efetivamente a ação política e integraram os cidadãos comuns num novo 'espaço público'".[87] Com tal orientação de convocar os cidadãos a participarem das decisões do governo municipal deu-se grande avanço. Busca-se um "novo tipo de cidadão".[88]

Em verdade, pensamos que a iniciativa traz grande evolução na participação da sociedade. O brasileiro, diz-se, é comodista. Com a convocação para que ele discuta suas necessidades básicas, seja no microcosmo que habita, seja no macrocosmo que é uma cidade com tantos problemas, passa ele a ser cidadão ativo, despertando novas lideranças políticas, novas ideias, e fazendo com que a democracia efetivamente se estabeleça. O brasileiro acha – e isso é encarado como um ônus – que democracia é votar, apenas. Democracia, porém, é participação, é discussão dos problemas e busca de soluções. Logo, não se esgota no ato de votar, que é mera escolha. O mais segue

86 GENRO, Tarso. *Orçamento participativo*: a experiência de Porto Alegre, *op. cit.*, p. 10.

87 *Idem*, p. 12.

88 *Idem*, p. 16.

depois, ou seja, a luta na busca de soluções e o confronto dialético de ideias. Como bem ressaltado no livro mencionado, é importante que o voto "não esgote a participação da sociedade, mas, ao contrário, permita iniciar um outro processo, gerando dois focos de poder democrático: um, originário do voto; outro, originário de instituições diretas de participação".[89]

A iniciativa poderia ser assim resumida: (a) busca a decisão descentralizada; (b) cria conselhos populares, o que enseja a produção de opinião pública independente; (c) faz com que o cidadão desloque seu centro de atenção para os problemas locais; (d) gera a consciência da participação do cidadão; (e) dá nascimento a dois focos de poder democrático: um, pelo voto; outro, pelas instituições diretas de participação; (f) objetiva criar condições para aprovação do orçamento e despertar a participação; (g) enseja a instauração de um processo aberto de discussão; (h) necessita de autorregulação interna, para disciplina do processo decisório e para que não nasça ele viciado.

Assim, a estrutura interna do processo decisório tem regras que criam pesos para as prioridades buscadas pelas pessoas em suas comunidades, bem como criam a representatividade dos cidadãos, que irão se apresentar perante os órgãos oficiais para discutir os problemas da cidade. Institui-se a discussão temática, que é dividida nos interesses locais, ou seja, educação, transporte, segurança, obras, etc. A partir do micro chega-se ao macro. As reuniões vão limitando o número dos interesses, até se chegar a uma composição efetiva, e, então, os cidadãos e as entidades representativas apresentam um documento através do qual indicam ao governo quais as prioridades que elegeram.

O fundamento constitucional da participação popular encontra-se no inciso XII do art. 29 da CF, que prevê a cooperação das associações representativas no planejamento municipal. De outro lado, os Municípios, como integrantes da Federação e como entes autônomos, possuem autonomia para cuidar de seus interesses, da forma que lhes aprouver (art. 30, VIII), e legislar sobre "assuntos de interesse local" (art. 30, I).

Ainda que assim não fosse, o conceito amplo de autonomia e de liberdade (o Poder Público, à luz do direito público, somente pode fazer aquilo que a legislação determinar) envolve o cidadão. Logo, como está ampliando a esfera de participação do cidadão nos interesses locais, inexiste qualquer impedimento à iniciativa do Executivo, independentemente de lei que a autorize.

Em tudo e por tudo é elogiável a iniciativa do Partido dos Trabalhadores. Surgem, no entanto, como não poderia deixar de ser, algumas dificuldades práticas, de vez que, como já se viu, nenhuma dificuldade jurídica existe.

Primeiramente, há que se estabelecer critérios seguros para que a busca da opinião da sociedade não seja manipulada. Em grandes centros o problema fica menor. Nas pequenas comunas, onde os conflitos políticos são maiores, pode haver a manipulação, seja na discussão, seja na decisão, para que a real vontade do povo não chegue ao governante. É o caso de líderes associativos que recebam propinas ou de cabos eleitorais tendenciosos que componham uma maioria fictícia e deem as ordens. É, pois, imperioso que se identifique uma forma de evitar a manipulação da vontade popular. Em segundo lugar, é essencial que, após identificadas as prioridades de determinada comunidade, se

[89] *Idem*, p. 19.

consiga controlar o gasto público. Assim, o metro do asfalto que numa via pública pode custar "x" em outra, de bairro próximo, pode custar "y". É imprescindível que exista uma central de preços de obras, materiais e serviços, para que se possa ter controle. Já não basta o controle dos gastos pelos Tribunais de Contas – é necessária a participação da sociedade na fiscalização dos gastos públicos.

Outro problema crucial é avaliar a sujeição do governante ao que foi decidido em reuniões com a comunidade. Está o prefeito obrigado a inserir no orçamento aquilo que foi deliberado pela sociedade? Caso não esteja, para que serve o orçamento participativo?

A lei não pode ser mera recomendação, nem conter preceitos de mera advertência. Sabe-se que toda norma jurídica tem de ser eficaz. Se há a instituição do orçamento participativo, que busca conhecer as prioridades da população das diversas regiões das cidades, parece claro que o que foi deliberado deve prevalecer. Evidente está que muitas sugestões serão inviáveis; outras, sem importância. No entanto, aquilo que for captado como real necessidade não pode ser desprezado pelo governante – deve ser incluído no orçamento e cumprido.

Como se percebe, a lei que obriga a participação popular produz efeitos, não sendo meramente lúdica. Se obriga, o governante é compelido a inserir no orçamento aquilo que foi debatido pela comunidade e, posteriormente, cumprir o orçamento, tal como previsto. Caso contrário estaríamos perante norma sem eficácia ou perante governos despidos de seriedade.

18.20.1 Orçamento participativo, espaço público, democracia e dominação

18.20.1.1 Espaço público

Discussão que se impõe é a importância do espaço público em relação ao orçamento participativo. Habermas está convencido de que a razão humana é essencial para alcançar a justiça pública. Isto só não basta. Surge, então, a categoria de espaço público como dimensão essencial para a manifestação do discurso político. Abre-se, então, na democracia um amplo espectro de debate de tudo aquilo que interessa à sociedade e ao Estado.

Em que circunstâncias a população pode debater assuntos de seu interesse? Evidente que já o faz através de seus representantes. No entanto, não é o problema da representação que nos incomoda. O conceito de representação, superado o mandato imperativo, limita-se a tê-lo como falar em nome da ação. Mera ficção política. O que é falar em nome da nação e ser o representante desta? É dizer pouco ou desconhecer como o mandato é utilizado.

Falar-se também na imitação da ágora grega é pretender muito nos dias de hoje. Ninguém consegue reunir-se em praça pública para deliberar a respeito dos interesses do governo. Isso apenas ocorre quando das rebeliões, em que a população se ajunta para depor o governo. Aí, no entanto, o que prevalece não é mais o interesse coletivo, mas uma demanda circunstancial de necessidades que leva a população à praça para mera rebeldia. Claro que terá também seus sentimentos misturados a interesses de poder que se esgotam em discursos falaciosos.

Deve-se pensar o espaço público como um teatro em que se realizam mediações entre o público e o privado, entre o Estado e a sociedade. Busca-se a organização do público como portador de opiniões que serão nele apresentadas e discutidas. Daí a dinamização do jogo democrático. Entendendo-se a democracia como o embate de posições que são apresentadas livremente no espaço público para obtenção de uma opinião que desemboca no consenso, a arena está preparada.

18.20.1.2 Só o Parlamento representa os anseios da população?

O que ocorre hoje, pois, é a pulverização ou a fragmentação dos espaços públicos. Desloca-se a discussão para as universidades, os teatros, as reuniões específicas sobre determinados assuntos, como casas de saber, fundações, etc. e, por fim, a imprensa. Esta, em si, denota apenas comunicados linguísticos, isto é, verbaliza opiniões de autores e atores sociais que têm alguma responsabilidade social. Mesmo a imprensa tem estado sob controle dos donos dos jornais e das emissoras de rádio ou televisão, de forma que, ao ter patrocínio de notícias do governo, fica vinculada à opinião "oficial" dos proprietários.

A distância que se abre em relação aos grandes temas nacionais leva à degeneração dos denominados espaços públicos. Tal circunstância leva ao distanciamento ou à desmobilização dos cidadãos dos interesses públicos.

O espaço público tem o condão de propiciar a um maior número de pessoas a discussão de todos os temas ligados à vida em comum, à democracia, à República, etc. Pode ser o menor espaço em determinado Município, até chegarmos a um espaço global. A temática que iria transbordar em cada espaço seria própria dos interesses em tela, ou seja, os respectivos assuntos pertinentes ao Município, ao Estado ou à União. As dimensões cresceriam na medida em que os interesses aumentassem.

18.20.1.3 O que é espaço público? A esfera discursiva

O importante para a comunicação é a fala. Uma arena institucionalizada de interação discursiva. Não significa que as manifestações seriam em prol do Estado. Ao contrário, todas as discussões seriam apropriadas.

Jürgen Habermas foi quem explorou bastante e colocou em termos adequados o que se denomina *esfera pública*: "A esfera pública pode ser descrita como uma rede adequada para a comunicação de conteúdos, tomadas de posição e opiniões; nela os fluxos comunicacionais são filtrados e sintetizados, a ponto de se condensarem em opiniões públicas enfeixadas em temas específicos".[90]

A esfera pública – prossegue o autor – "constitui principalmente uma estrutura comunicacional do agir orientado pelo entendimento, a qual tem a ver com o espaço social gerado no agir comunicativo, não com as funções nem com os conteúdos da comunicação cotidiana".[91]

---

90 HABERMAS, Jürgen. *Direito e democracia*. v. I. Rio de Janeiro: Tempo Brasileiro, 2010 (Biblioteca Tempo Universitário), p. 92.

91 *Idem, ibidem.*

O importante é que os atores sociais se reúnam em assembleia para cuidar de um ou de alguns assuntos de interesse de todos; e, após exposta a ideia que se pretende discutir, todos possam fazer uso da palavra, expressando suas opiniões. Devem tomar posição a propósito do tema declinado e assegurar que se cuida de tema aberto, para que haja pluralidade de posições a respeito dele. O próprio Habermas esclarece que pode haver diversas metáforas arquitetônicas nas quais o assunto será cuidado, quais sejam: foros, palcos, arenas, etc.

As pesquisas de opinião pública podem influenciar ou ajudar na tomada da decisão. Acrescenta Habermas que "o sucesso da comunicação pública não se mede *per se* pela 'produção de generalidade', e sim por critérios formais do surgimento de uma opinião pública qualificada".[92]

18.20.1.4 O credenciamento social de quem fala

Um dos problemas que surgem diz respeito à influência de certos atores sociais, digamos, qualificados. Surgem, ao longo do diálogo, pessoas autorizadas, ou seja, que gozem de determinado *status* social e que podem "conduzir" o diálogo ou a intersubjetividade comunicacional. Pode ocorrer, inclusive, que não sejam as mais capacitadas, mas que gozem de reconhecimento público, tais como artistas, esportistas, literatos, etc.

Normalmente os problemas tematizados na esfera pública política transparecem "inicialmente na pressão social exercida pelo sofrimento que se reflete no espelho de experiências pessoais de vida".[93]

Podemos mencionar em São Paulo, por exemplo, o caso das enchentes periódicas que não são solucionadas e remanescem como discurso político de responsabilidade a causas naturais. Ora, sabidamente, poderiam ser evitadas as ocupações indevidas e ilícitas de morros, sem qualquer segurança ou com desmatamento, o que leva ao deslizamento das encostas. Tais problemas não ocorrem por causa natural, mas por força de inapetência política de ação. O desprezo por políticas públicas consistentes e adequadas ao longo de anos ininterruptos leva a situações problemáticas.

A sociedade civil não se encontra aparelhada para denunciar, a tempo, a causa que levará à ocorrência de horríveis problemas de morte por afogamento e por deslizamento de encostas.

Não é só este o problema. São os reservatórios de águas, como represas de captação que têm suas margens invadidas por ocupação irregular e que se tornam problema insolúvel para o Poder Público. Como há construção ilegal, mas que, de qualquer maneira, tem que ser indenizada, com a consequente remoção da população para outra área, deve-se buscar uma solução a longo prazo. Enquanto tal, os problemas subsistem.

Na expressão de Habermas, as "esferas públicas auto-organizadas deveriam desenvolver uma combinação prudente entre o poder e a autolimitação inteligente que é requerida para sensibilizar os mecanismos de autorregulamentação do Estado e da economia em face dos resultados orientados para fins da formação radical da vontade".[94]

---

92 *Idem*, p. 47.

93 *Idem*, p. 97.

94 HABERMAS, Jürgen. *O discurso filosófico da modernidade*. Lisboa: Publicações Dom Quixote, 1990, p. 334.

A sociedade atual é de alta complexidade. A economia é inalcançável pelo conhecimento comum. Seus meandros são complicados, o que deixa a sociedade perplexa. O ângulo político é mais compreensível, mas a população, em sua absoluta maioria, se coloca como mera expectadora das tratativas que são acertadas aos sussurros e nos desvãos dos interesses públicos. O espaço público, então, funciona como ressonância dos anseios de todos.

Aponta Habermas que "o núcleo da sociedade civil forma uma espécie de associação que institucionaliza os discursos capazes de solucionar problemas transformando-os em questões de interesse geral no quadro de esferas públicas".[95]

Afirma Habermas que tais discussões nascem à luz do dia. Se todos tiverem plena liberdade de manifestar sua opinião, se ela seja for debatida, ou seja, que a ela se contraponham outros argumentos, certamente teremos um caminho para a sociedade. Os grandes problemas de cada esfera de comunicação, ao serem debatidos, encontram caminhos que podem ser seguidos. O importante é manter a interlocução em aberto e que haja o livre fluxo das ideias.

Seria o espaço público a solução para as diversas possibilidades que se apresentam? Se houver a institucionalização da discussão, pode ocorrer o desvirtuamento dos resultados.

"Irrelevante que a sociedade civil se componha de leigos. Constata-se que o fato de a comunicação pública se dar numa linguagem compreensível a todos não significa necessariamente um obscurecimento das questões essenciais ou das razões que levam a uma decisão."[96]

Tais afirmações levam à adequação do modelo buscado, qual seja, um grupo de pessoas, ainda que não qualificadas pelo ordenamento ou pela sociedade, que vão em busca de uma solução para seus problemas juntamente com pessoas devidamente qualificadas. Da discussão pode resultar a solução buscada.

Vejamos o que ocorre em relação ao orçamento participativo.

É ele fruto de tentativa de democratização da decisão. Os diversos segmentos sociais são chamados a intervir, expressam suas opiniões, há discussão e, ao final, na pureza dos acontecimentos, nasce uma solução, que deve ser acolhida pelo Estado.

Como isso ocorre? O Poder Público convoca a sociedade (ato de poder) para que ela venha até o espaço público para dizer o que pretende para sua comunidade (delimitação do espaço). Em dia aprazado, a autoridade legitimada pelo exercício funcional coloca as possibilidades em discussão. A partir daí, a sociedade se vê habilitada à discussão.

Digamos que o primeiro a fazer uso da palavra seja de composição política diametralmente oposta à situação político-partidária. Haverá, automaticamente, uma desqualificação do interlocutor. Aqueles que são a favor do governo ensaiarão vaias, movem-se nas cadeiras em sinal de desagrado, viram o rosto com manifesta desaprovação e já estão predispostos a rejeitar toda e qualquer proposta que advenha do interlocutor.

Na sequência, outro manifestante faz o contraponto, sustentando posição diametralmente oposta, desqualificando os argumentos apresentados pelo locutor anterior.

---

95 HABERMAS, Jürgen. *Direito e democracia*, *op. cit.*, p. 99.

96 *Idem*, p. 106.

Este contará com a aprovação dos presentes, que se manifestam ruidosamente em sinal de concordância com os dados expostos.

O que estará por trás de tudo isso?

18.20.1.5 A parrésia de Foucault

Em notável curso dado no *College de France, O Governo de Si e dos Outros* (1982), Foucault trabalha a hipótese do que denomina *parrésia*, ou seja, a liberdade de dizer coisas e de dizê-las de forma verdadeira. A questão é bastante importante e moderna. Anota o autor que a noção de parrésia é a de a pessoa dizer tudo, com fala franca, com liberdade da palavra.[97]

18.20.1.6 Análise de Íon, de Eurípedes, e dos discursos de Péricles aos atenienses

Na tragédia de Eurípides, Íon, em síntese, Íon é filho de Apolo com Creusa (estupro). Consumado o ato, nasce a criança, e Apolo manda Hermes recolher a criança e levá-la para sua casa (o templo de Delfos). Creusa é ateniense, e após a guerra entre Atenas e Esparta, vencida pelos primeiros, é oferecida a Xuto, comandante de exército aliado. Não têm filhos e vão ao oráculo buscar o vaticínio. É dito a Xuto que o primeiro que aparecer será o seu filho. Ele se depara com Íon, que, filho de Apolo, servia ao templo, sem saber quem são seus pais. Xuto o adota e o leva para Atenas. Creusa não identifica seu filho, mas mantém conversas com ele.

De volta a Atenas, Xuto irá entronizar Íon como seu filho e sucessor. Creusa se revolta (sem saber que ele é seu filho), e na festa da celebração faz um discurso contra Apolo, rejeitando a sucessão. Tenta envenenar Íon (ainda não sabendo que era o seu filho). Íon sai para matar Creusa, que se agarra no altar de Apolo. Entra, então, Atena, que salva tudo e esclarece que são mãe e filho. A partir daí escondem sua origem de Xuto, e domina a cidade.

De tal peça Foucault tira inúmeras conclusões. A verdade deve ser dita sempre. Durante todo o diálogo há meias-verdades (Xuto pensa que Íon é seu filho em decorrência de uma viagem que fez a Delfos). Creusa, para formular a pergunta ao oráculo, diz que sua irmã é quem teve um relacionamento com Apolo. Cada qual esconde sua parte da verdade do outro.

Revela-se, também, o confronto entre a fraca (Creusa) que lamenta em face do deus Apolo (o forte).

Há o questionamento sobre a democracia (governo do demos), isto é, do conjunto dos cidadãos. Para identificação da democracia, exige: (a) a liberdade, em face da independência da cidade; (b) obediência à lei e à tradição; (c) isonomia; e (d) igualdade de palavras. A igualdade da palavra é o essencial, isto é, "o direito de dar sua opinião, seja para uma decisão, seja também para a escolha dos chefes por meio do voto; a isegoria é, enfim, o direito de tomar a palavra, de dar sua opinião durante uma discussão, um debate".[98]

---

97 FOUCAULT, Michel. *O governo de si e dos outros*. São Paulo: Martins Fontes, 2010, p. 42.

98 *Idem*, p. 140.

Por que se deve dizer a verdade? Daí mostra que a parrésia "tem por função justamente poder delimitar o poder dos amos".[99] "A parrésia vai ser, portanto, a limitação da loucura do amo pelo dizer a verdade daquele que deve obedecer, mas que, diante da loucura do amo, se encontra legitimado a lhe opor a verdade."[100]

Dá como exemplo de parrésia os discursos de Péricles.[101] Também se refere a textos de Íon, como o do personagem título ao dizer que quer voltar a Atenas, mas apenas como tendo liberdade de palavra.

Daí reiterar que "a democracia só subsiste pelo discurso verdadeiro".[102] "Mas, por outro lado, na medida em que o discurso verdadeiro na democracia só abre caminho na liça, no conflito, no enfrentamento, na rivalidade, pois bem, o discurso verdadeiro é sempre ameaçado pela democracia."[103]

O poder, em princípio, é não relacional, isto é, ele se mantém sobranceiro à eminência das locuções em curso. Não se imiscui na discussão. Pode, eventualmente, apresentar argumentos pró ou contra os interlocutores, mas se mantém alheio a ela.

Pode-se também pensar o poder – que prefiro denominar, aqui, de direito ou de obrigação (dependendo da posição em que o interlocutor se insere) e que irá se desenvolver em determinada relação.

O poder manifesta-se não só numa relação preeminente, isto é, ausente da discussão em jogo, mas também em relações fluentes em que subsiste.

A estratégia será, então, apresentar não propriamente fundamentos justificadores (Foucault), mas trabalhar a situação de forma sub-reptícia para ganhar a discussão. Aqui se encontra o problema: vencer a discussão.

Podem ser apresentados argumentos mais ou menos convincentes. Remanescerá, sempre, uma ponta de fundamento em qualquer deles. Mas o que valerá, sem dúvida, é a apresentação de fatos que já foram previamente manipulados e apresentados como persuasão aos que irão decidir. Por exemplo: convidar o maior número de simpatizantes do governo; trazer pessoas que já se beneficiaram de algum favor da gestão; pedir aos que dela precisam para não incentivar a Oposição; fazer promessas de cargos, empregos, etc. Enfim, preparar o auditório.

De início, podemos contar com o que se denomina panoptismo, ou seja, no linguajar foucaultniano, o controle das cadeias que é feito de forma central e alcance global de visão. Daí o controle que se pode fazer como espiões dos comportamentos.

Importa notar que o diálogo será mantido por determinado rito através do que se chama de *atos de magia*. Alguém há de ser qualificado como referencial e se distingue de todos os demais por qualificações que se impõe ou que julga ter. Segundo Bourdieu: "Falar em rito de instituição é indicar que qualquer rito tende a consagrar ou a legitimar, isto é, a fazer desconhecer como arbitrário e a reconhecer como legítimo e natural um limite arbitrário, ou, melhor, a operar solenemente, de maneira lícita e extraordinária, uma transgressão dos limites constitutivos da ordem social e da ordem mental a serem

[99] *Idem*, p. 150.
[100] *Idem, ibidem.*
[101] TUCÍDIDES. *História da Guerra do Peloponeso*. São Paulo: UnB/Imprensa Oficial do Estado de São Paulo/IPRI, Livro I, 2001 p. 83-88; Livro II, p. 180-114 e 121-124.
[102] FOUCAULT. *O governo de si e dos outros, op. cit.*, p. 169.
[103] *Idem, ibidem.*

salvaguardados a qualquer preço, como no caso da divisão entre os sexos por ocasião dos rituais de casamento."[104] Acrescenta que "instituir é consagrar, ou seja, sancionar ou santificar um estado de coisas, uma ordem estabelecida, a exemplo precisamente do que faz uma Constituição no sentido jurídico-político do termo".[105]

Por fim, assevera que "a crença de todos, preexistente ao ritual, é a condição de eficácia do ritual".[106] Bourdieu finaliza com uma frase que faz pensar: "O verdadeiro milagre produzido pelos atos de instituição reside sem dúvida no fato de que eles conseguem fazer crer aos indivíduos consagrados que eles possuem uma justificação para existir, ou, melhor, que sua existência serve para alguma coisa".[107]

18.20.1.7 A dominação

Por aí bem se vê que a credencial da sociedade a determinadas pessoas disfarça uma violência ou arbitrariedade. A pessoa não tem qualificações intrínsecas. No entanto, pelo ritual da instituição, passa a ser credenciada, e, pois, pode usar da palavra em termos de superioridade. Cria uma ilusão coletiva do credenciamento social de pessoa que, na realidade, não possui credenciais.

O cotidiano passa a ser, então, um espaço de tensão, qual seja, de situações em confronto. As diversas circunstâncias que levam a buscar o controle da situação se retratam no subjacente das vontades.

Em primeiro plano, busca-se o disfarce da institucionalização da situação que se cria. Isto é, faz-se a pantomima do diálogo, embora já se saiba que ele será manipulado pelo dominante. Este cria a situação de discussão como mera forma para esconder a estrutura de dominação. O objetivo maior é a sujeição do outro, mas isto não pode ser dito. Impõe-se que se valha de uma estratégia para obtenção do consenso.

Em cada situação existem contornos bizarros que não são percebidos. Os agentes oficiais do Estado já fizeram ameaças subterrâneas, quais sejam: o asfalto não passará nas ruas onde residem os oponentes; a iluminação prevista para este exercício não mais será colocada; os empregos prometidos para moradores da região terão que ser adiados. Em suma, cria-se uma situação constrangedora para compelir os moradores a rejeitarem toda e qualquer proposta da Oposição.

Assim, o que deveria ser uma situação moderna de discussão de argumentos contraditórios passa a ser uma encenação. O micro diálogo já ocorreu na casa dos interessados, nas lojas, nos gabinetes externos do governante; enfim, já a solução foi encontrada. Não aquela desejada por todos, mas a manipulada por alguns.

Assim, o poder manifesta-se na dominação dos interlocutores. Os meandros do poder já sinalizaram o sentido da decisão. Os reais interesses dos debatedores não serão apreciados de forma isenta, ou, melhor, não serão sequer objeto de deliberação. A manipulação já ocorreu.

---

[104] BOURDIEU, Pierre. *A economia das trocas linguísticas*: o que falar quer dizer. 2. ed. São Paulo: Ed. USP, 2008, p. 98.

[105] *Idem*, p. 99.

[106] *Idem*, p. 105.

[107] *Idem*, p. 106.

A dominação, no linguajar weberiano, teve assento ou na estrutura racional do poder, ou pelo carisma de um dos integrantes do diálogo ou pela tradição, que também ocupa seu espaço.

Melhor analisado por Foucault, a estrutura do diálogo foi manipulada por todos os que dialogam. A estratégia utilizada pelo governante era de controlar o discurso. Era o de não deixar que aflorasse o real interesse público. Este tem que ser disfarçado, para não ser colocado em votação. O que vale é o interesse do governante, que não quer se submeter ao controle da Oposição.

18.20.1.8 Como buscar o sentimento real da população nos debates no orçamento participativo

Em relação ao orçamento participativo, em que o objetivo é descobrir qual o efetivo anseio da população em relação a seus interesses específicos em determinado espaço, haverá completa distorção dos discursos.

Qual o objetivo do orçamento participativo? Despertar na comunidade o desejo de participação da cidadania. É fazer com que a microcomunidade discuta o que ela quer e traga a reivindicação ao conhecimento do Estado. As reivindicações devem, então, ser discutidas, passando pelo crivo de todos os segmentos sociais que se fazem presentes, para, ao final, se tirar uma conclusão. Esta (que será a que corresponde ao que aquela microcomunidade quer), será, então, indicada à estrutura burocrática para ser atendida.

Conseguir-se-á o objetivo final proposto? É difícil, uma vez que haverá sempre o controle do espaço público. Este não terá a consequência de apuração da conclusão pretendida. Nem sempre se terá como resultado aquela pretensão inicial. Salvo se ela for a querida pelo Estado. Aí as pretensões convergem para obtenção de um resultado.

Nem por isso será menos manipulada. A estratégia utilizada pelos agentes do governo funcionou.

Funcionaria ainda que se chegasse a finalidades diferentes. O objetivo não é deixar que o espaço público possa retirar uma consequência que a todos atendesse. Ao contrário. É utilizar o panoptismo, isto é, o controle da situação para que o resultado fosse distorcido.

A pureza habbermasiana esmaece. Desqualifica-se pela manipulação da vontade dos participantes. Prevaleceu não o jogo do mais forte, mas daquele que soube ludibriar o jogo.

Em suma, o espaço público não cumpriu sua função, não atendeu às regras democráticas. Como sempre ocorre, houve o desvirtuamento da vontade coletiva.

18.21 Problemas e divergências doutrinárias a respeito do orçamento

18.21.1 Orçamento de competência e de caixa e os resíduos passivos

Há inúmeras dificuldades que os autores vêm discutindo a respeito do orçamento. Uma delas diz respeito a como se entender o que se denomina de *balanço de competência* e *balanço de caixa*. O primeiro diz respeito a todos os ingressos e saídas comprometidos durante o ano. Não se atende ao momento em que se fazem efetivos. É um sistema que prolonga o débito para o futuro. O segundo diz respeito ao período em que se realizam entradas e saídas.

Em verdade, o balanço de competência diz respeito a todas as despesas e receitas que têm que ser satisfeitas, independentemente do período de tempo. No de caixa presume-se que serão recebidas receitas e efetuadas despesas. Há limitação temporal.

No balanço de competência ficam resíduos; o que não ocorre no de caixa. Daí surge a distinção entre *ano* e *exercício financeiro*. O ano tem aspecto temporal, isto é, alcança o prazo de 12 meses. O exercício é a satisfação de todos os interesses positivos e negativos do ano. No Brasil a diferença é irrelevante, uma vez que o ano civil se confunde com o exercício financeiro.

É verdade que subsistem os *resíduos passivos*, isto é, o que não foi pago durante o exercício. É exemplo típico o não pagamento das dívidas decorrentes de precatórios judiciais. Da mesma forma, o não pagamento de dívida com fornecedores e empreiteiros de obras públicas.

18.21.2 Cobrança de tributos não previstos na Lei Orçamentária Anual

Problema que pode surgir diz respeito à cobrança de tributos não previstos na Lei Orçamentária. Em relação aos instituídos ou aumentados após a aprovação da Lei Orçamentária, já a Súmula 66 do STF deu a adequada interpretação. A dificuldade surge quando da existência de tributos não consignados na Lei Orçamentária Anual, mas existentes em face de lei anterior. Imaginemos que o redator do projeto de lei *esqueceu-se* de alocar um recurso tributário advindo de determinada lei. Não figura o recurso na lei que vem a ser aprovada. Ainda assim, aquele tributo pode ser exigido? Entendemos que a lei não é de mera previsão, mas de realidade efetiva, o que diminui o impacto da questão colocada. Para quem entende que se cuida de lei de previsão e não previsto o recurso, não poderia, em tese, ser exigido. No entanto, entendendo-se que se cuida de lei de cumprimento obrigatório, não há a perspectiva de eliminação da existência de tributo não previsto na Lei Orçamentária, mas devidamente instituído por lei anterior. Logo, entendemos devida a exigência, descabendo a alegação de não autorização, para se eximir do pagamento.

Seria o caso de repristinação da exigência no exercício seguinte? Assim não nos parece, uma vez que admitimos a cobrança no próprio exercício, ainda que não estabelecida em lei. A isso faz menção Gustavo Ingrosso.[108]

18.21.3 Alteração da Lei Orçamentária no curso do exercício

Ingrosso coloca difícil problema, qual seja: o de poder a lei ser alterada no curso do exercício. Esclarece que "a Lei de Orçamento, como é de todas as leis, pode ser modificada por nova lei".[109] No entanto, afirma que em relação ao orçamento tal hipótese é insustentável, até por impossibilidade material.

A questão merece análise detalhada. Não temos dúvida de que o Plano Plurianual pode ser alterado a qualquer tempo diante de circunstâncias novas. Como se destina

---

108 INGROSSO. *Diritto finanziario, op. cit.*, p. 61.

109 *Idem*, p. 67.

a viger por quatro anos, no Direito Brasileiro o mundo empírico é móvel, e, pois, pode sofrer alterações. Mudam os tempos, mudam as circunstâncias, mudam as situações. Por exemplo, sobreveio a Lei das Parcerias Público-Privadas (Lei nº 11.079/2004), e seu texto estabelece que apenas seriam possíveis as parcerias se previstas no Plano Plurianual. Evidente está que em tal caso há que se admitir seja o Plano alterado para prever as parcerias, sob pena de se criar circunstâncias de inalterabilidade de lei e de retrasar providências urgentes de desenvolvimento. Pode haver, em consequência, a alteração do Plano.

Diga-se o mesmo em relação à Lei de Diretrizes Orçamentárias. Havendo circunstância imperiosa, não descartamos a possibilidade de alteração do texto da lei no curso de sua vigência. É que não se pode impedir alterações que redundem em melhoria para a população. O fim não é a lei em si mesma, ou a lei não é um fim em si mesma. O que vale é a sociedade; e, à vista de empecilhos que possam surgir, nada mais razoável que pensar na alteração da lei.

Já o mesmo não se diga da Lei Orçamentária Anual. É que esta, ao lado da margem de remanejamento de recursos prevista em todas as leis, pode ser modificada mediante créditos adicionais, tal como prevê a Constituição. Logo, inadmissível falar em alteração de seu texto.

18.21.4 Iniciativa popular

Haveria a possibilidade de a Lei Orçamentária estar subordinada à iniciativa popular? Poderia haver tal iniciativa? Pode haver alteração na lei mediante iniciativa popular?

Não nos parece possível a permissão. É que o texto constitucional estabelece iniciativa exclusiva do chefe do Executivo em relação ao orçamento de tal Poder e, também, iniciativa das demais autoridades em relação ao orçamento do Judiciário, do Legislativo, Ministério Público e Defensoria Pública. Logo, exclui qualquer outro poder de iniciativa.

Poderia ser objeto de plebiscito ou referendo a Lei Orçamentária? Entendemos que não, diante da realidade. Poderia o povo ser consultado em relação a determinada iniciativa. Não no que toca a toda a proposta. É que não haveria tempo de consulta, e a matéria é excessivamente técnica para que se possa formular um quesito compreensível por toda a comunidade. Demais, no curso da execução orçamentária, sujeitá-la a consulta popular, via referendo, seria incongruente, uma vez que, rejeitada a lei, como ficaria a administração dos recursos?

18.21.5 Orçamento base zero

Outra questão diz respeito ao orçamento *base zero*. Significa que cada unidade deva zerar a receita em relação à despesa programada. A questão é gerencial, e não jurídica. É econômica, e não nos diz respeito.

O *Zero Base Budgeting*/ZBB foi introduzido em 1977 na administração Carter e consiste em serem as despesas "avaliadas em cada ano (ou de dois em dois anos, ou de cinco em cinco anos...) como se fossem feitas pela primeira vez, como se não tivessem existido no passado, como se o passado fosse zero. Isso para evitar que elas possam ser avaliadas rotineiramente com base nas despesas do ano anterior".[110]

Não há, assim, a recondução automática das autorizações de programa de um ano para outro.

18.21.6 Orçamento funcional. *Planning-Programming Budgeting System*/PPBS

Outra solução que vem sendo apontada é a *orçamento funcional* (*performance budget*). Ao invés de se efetuar a tradicional especificação de gastos, far-se-ia previsão global em favor de servidores encarregados de serviços estatais. A matéria é de opção política ou contábil, em vez de jurídica.

A introdução de tal tipo orçamentário deve-se a MacNamara no orçamento do Pentágono, para frear as despesas de certos serviços.

Os Estados Unidos inovaram ao instituírem o *Planning-Programming Budgeting System*/PPBS, ou seja, o orçamento passa a ser considerado como instrumento de controle de execução. A atividade administrativa é considerada por programas; efetua seleções estratégicas; estuda a continuidade do processo de decisão e analisa as medidas das realizações. Busca-se a otimização das despesas públicas. Vê-se que é mera técnica de aplicação do orçamento, o que em nada altera sua análise jurídica.

Eram ações planejadas em longo prazo, com base na análise de custo-benefício. A tentativa não foi bem aprovada e foi abandonada (v. as observações de José Joaquim Teixeira Ribeiro).[111]

Na França tomou o nome de RCB (*Rationalisation des Choix Budgétaires*). O orçamento por programa e de planejamento a longo prazo não se mostrou factível, e também foi abandonado.[112]

18.21.7 Orçamento de resultado

O que vai nos interessar neste tópico é seu aspecto econômico, ou seja, de intervencionismo na economia, para que possa produzir os resultados efetivos, e também a perspectiva administrativa de controle das despesas, de forma a atingi-los.

Outrora o que valia era o princípio do equilíbrio entre receitas e despesas. A regra era: não se gasta mais do que se arrecada. O equilíbrio pode ser desejável, mas não mais é a "regra de ouro" do orçamento. Fala-se na conveniência de um déficit sistemático. Pode haver necessidade de emissão de moeda a mais do que o previsto, pode o governo ter necessidade de assumir débitos além do previsto, porque se impõe o investimento (necessidade emergencial de construção de infraestrutura, por exemplo).

O que importa, por ora, é analisar a possibilidade de inserção no interior do orçamento de planos para atingir determinados objetivos definidos como importantes para o Estado. Por exemplo: ordem para que haja atendimento pleno e razoável na saúde. Logo, o plano pode estabelecer uma dotação global, pelos quatro anos do Plano

---

110 RIBEIRO, José Joaquim Teixeira. *Lições de finanças públicas, op. cit.*, p. 106, nota de rodapé 1, e 107.

111 *Idem*, p. 106, nota 1.

112 MEKHANTAR, Joël. *Finances publiques de l'État*: la LOLF et le Nouveau Droit Budgétaire de la France. Paris: Hachette Supérieur, 2007, p. 70.

Plurianual, obrigando-se o Congresso Nacional a alocar recursos durante tal prazo para que haja a melhoria efetiva dos serviços de saúde, o que evitaria intervenções frequentes do Poder Judiciário no atendimento de situações de emergência.

O centro de estudo será a planificação, de forma a que possa apresentar resultados efetivos para o bom desempenho das políticas públicas encampadas pelo governo.

Em alguns países surgiu a ideia de um novo tipo de orçamento que pudesse ser controlado não pela análise e verificação das despesas formais, mas por meio de aferição de resultados.

Recapitulando, nos anos 1960 o governo norte-americano começou a desenvolver algumas alternativas ao orçamento-programa. Surgiram o *Planning-Programming Budgeting System*/PPBS, o *Output Budget* e o *Zero-Base Budgeting*. Tais experiências resultaram no orçamento de desempenho ou de resultado.

O PPBS constituía-se na integração de gastos, entrelaçando informações e análise de dados. De tal ordem, propiciava que as decisões de gastos resultassem de bases científicas para alocação de recursos.

O *Output Budget*, como o nome diz, é o resultado através do gasto (*output*), decorrente de uma série de técnicas de programa orçamentário baseada em indicadores.

O *Zero-Base Budgeting* significa que as despesas são alocadas em um programa que deve ser cumprindo, independentemente do exercício financeiro. No orçamento tradicional a despesa se exaure com o último dia do exercício financeiro, independentemente do cumprimento do programa. No "zero" cada item do orçamento tem que ser aprovado, sem preocupação com o tempo, e deve ser cumprido até o último centavo.

Em verdade, a ideia central de todos é que há a alocação de recursos e o que se busca são os resultados do programa, gerando informações que municiarão os governantes e gestores para a tomada de decisão.

Nos Estados Unidos surgiu o que se denominou *Government Performance and Results Act of 1993*.

A inteligência muda de foco, ou seja, deixa de haver a preocupação com os mecanismos de controle e se passa a dar atenção ao resultado da aplicação e do exercício orçamentário.

O orçamento de resultado tem sido definido como um sistema no qual os aplicadores providenciam com certa flexibilidade a utilização dos recursos para atingir determinados resultados. O que se espera é que o aplicador dos recursos os use no perfil de obrigações de programas dentro de certos parâmetros.

Trata-se de sistema de planejamento orçamentário e avaliação que enfatiza o relacionamento entre o orçamento monetário e o resultado esperado.

O foco central é o resultado. Despesas inúteis e ineficiência em sua aplicação são afastadas.

Pode-se, assim, identificar no orçamento: (a) unificação das despesas em torno de um objetivo; (b) definição dos resultados – o que se pretende com aquela destinação; (c) verificação do desempenho; e (d) *accountability*, ou seja, responsabilidade do executor, assegurando sanções premiais ou punitivas.

18.21.7.1 Compatibilidade entre o atual orçamento e o de resultado

Há compatibilidade entre o tipo atual de orçamento com o orçamento de resultado? Com certeza. Ambos podem conviver. Podemos ter um orçamento que estipule recursos para a educação, por exemplo, no percentual estabelecido pela Constituição, e, ao mesmo tempo, dentro dos itens orçamentários destinados à educação, abrir programas específicos, como, por exemplo, verba para a erradicação do analfabetismo.

Estipula-se, pois, um programa. Fixa-se um prazo para atingir o objetivo, de, por exemplo, 10 anos. Fixa-se a verba adequada para tanto, independentemente do exercício financeiro. O programa, pela sua complexidade, imporá uma série de gastos, flexibilidade interna da destinação dos recursos e identificação de agentes para o empreendimento.

Ora, fácil será a identificação dos agentes e se estabelecerão sanções premiais e punitivas para os que atingirem e os que não atingirem as metas traçadas. Digamos: erradicação de 10% ao ano.

No interior do plano já seriam estipuladas as formas de controle, eventualmente com identificação do nome e endereço das pessoas, telefone, filiação, etc., o que permitiria entrevistas periódicas e aleatórias com os alfabetizados. Dependendo da *performance*, haveria desligamento do agente responsável ou seriam adotados mecanismos de aprimoramento do programa.

Em verdade, no tempo fixado o resultado deveria estar amplamente atendido. Nenhuma justificativa seria aceita pelo descumprimento das metas.

Os exemplos poderiam se multiplicar. Fácil será estabelecer prazo para erradicação de determinada moléstia, na saúde; de formação de mestres ou doutores, na educação; de plantio de determinado produto, na agricultura; de construção de quadras esportivas, no esporte; de replantio de florestas, no meio ambiente; etc.

Para todos eles serão fixados prazos de atingimento e recursos apropriados.

Tais possibilidades se abrem no interior do próprio orçamento-programa que temos. Podem ser estruturas destacadas, mas contidas no bojo das Leis de Diretrizes Orçamentárias e do Orçamento Anual.

Evidente que a definição do plano advém de uma decisão política. Será o Executivo, titular da decisão, que a incorporará no plano orçamentário. Após aprovação do Congresso Nacional, caberá ao Executivo indicar os agentes que serão responsáveis pelo programa. Pode um decreto do Presidente estabelecer a forma de seu cumprimento, o planejamento estratégico a ser implementado, os objetivos a atingir, os problemas que serão enfrentados e a forma de superação.

No item anterior afirmamos que o Plano Plurianual é mera lei, sem qualquer eficácia no mundo jurídico. No entanto, pode se transformar em poderoso instrumento para traçar os planos.

18.21.7.2 Plano Plurianual e análise de desempenho. Exigências para implementação

Como já referido logo acima, não obstante considerar-se usualmente o Plano Plurianual como mera lei formal, sem qualquer eficácia efetiva no mundo jurídico, tal diploma legislativo pode vir a se transformar em poderoso instrumento para traçar planos.

É este que estipula, "de forma regionalizada, as diretrizes, objetivos e metas da Administração Pública Federal para as despesas de capital e outras delas decorrentes e para as relativas aos programas de duração continuada" (§1º do art. 165 da CF/1988).

O prazo máximo é de quatro anos. Neste prazo é possível estruturar um plano de reforma individualizado em qualquer tópico das inúmeras necessidades titularizadas pelo Estado.

Há, então, que, estabelecido o plano, ser ele estruturado de forma a cumprir seu objetivo, no sentido de aumentar a racionalidade e a eficiência do gasto, ampliar a apuração dos resultados e resolver determinado setor de importância para o país.

Como primeira etapa, há que se definir o que se deseja em face de um valor relevante. Por exemplo, a recuperação da estrutura ferroviária do país. Em segundo lugar, alocar recursos para tanto, e em montante que viabilize a estratégia. Terceiro ponto é identificar qual a região ou quais as regiões e por força do que se toma a decisão (por exemplo, mecanismos para escoamento da safra de determinada região). Quarto item será definir quantos quilômetros serão necessários para o atingimento da finalidade. Por fim, determina-se a quem se atribui a execução do plano e quem será encarregado de controlá-lo.

Em verdade, o grande plano até agora elaborado foi o denominado "Bresser Pereira" e que foi o "Plano Diretor da Reforma do Aparelho do Estado". Buscou a reconstrução da Administração Pública em bases modernas e racionais.

O Plano teve começo, meio e fim. Buscava modernizar o Estado ao propor a mudança do paradigma de uma Administração patrimonialista para o modelo burocrático, avançando o processo até alcançar o modelo gerencial de gestão pública. No primeiro caso o aparelho do estado funciona nas mãos do soberano. Manda e dispõe dele como lhe aprouver. No segundo caso criam-se princípios orientadores da burocracia, tais como a carreira, a hierarquia, a impessoalidade e o formalismo que caracteriza o poder racional-legal. Foi bem analisado por Max Weber em *Sociedade e Estado*. Na terceira hipótese a Administração busca a definição de objetivos, o gerenciamento dos recursos humanos, materiais e financeiros, e institui mecanismos de controle.

A implantação de um programa pressupõe o atendimento a diversas etapas. Avaliação da viabilidade do programa, de sua implantação e dos resultados que apresenta.

Não foi outra coisa que pretenderam os Estados Unidos ao editar o Plano de 1993. Feita a análise inicial de que o gasto e a ineficiência prevaleciam nos programas americanos, buscou-se a reabilitação da máquina administrativa.

Na sequência, buscou-se: (a) despertar a confiança do povo na capacidade do governo; (b) iniciar programas por projetos-piloto, estabelecendo metas, e dar publicidade em seu andamento; (c) depurar a efetividade da responsabilidade, promovendo um novo foco nos resultados, qualidade e satisfação do usuário; (d) aprimorar a prestação dos serviços e divulgar seus resultados; (e) melhorar a decisão do Congresso através de municiamento de informações para sua decisão; (f) purificar a administração interna dos planos; (g) possibilitar a flexibilidade, (h) a inclusão da sociedade; (i) estabelecer sanções.

Deveria haver um organograma de iniciativas, despesas e apuração de resultados.

O poderoso instrumento, então, para que se viabilizem os programas orçamentários é o Plano Plurianual, que terá fatal interferência nas Leis de Diretrizes Orçamentárias e nos orçamentos anuais que se seguirão.

De tal sorte que, definidos os planos, há toda uma sorte de instrumentos que se devem seguir para a estruturação futura de implantação e controle.

A estrutura funcional, tal como consta de seu arcabouço, terá importância transcendental no controle dos planos que foram implementados. Não o controle meramente formal, mas de resultado. Já não se busca a papelada como atendimento burocrático. O que vale é a exibição de resultados.

Na hipótese de um reflorestamento, quantas árvores foram plantadas? Quantas não vingaram? Qual o tamanho da área do replantio? Quais os cuidados que foram tomados? Quem toma conta da área? Qual o tempo de crescimento para que as árvores atinjam a idade adulta? Foram utilizados adubos, inseticidas? Em que quantidade? O que mais é necessário ser utilizado para que as metas sejam atingidas?

Em suma: os órgãos de controle, de posse de todas as informações, devem repassá-las ao Congresso Nacional, ao Ministério competente e ao Tribunal de Contas.

Tais órgãos podem interferir no andamento da implantação do projeto? O que se pode é exigir o cumprimento da execução. Nada mais. Buscar alterar ou interferir não é adequado. As sugestões serão sempre bem-vindas, porque uma das características de tal tipo de orçamento é a flexibilidade na tomada de decisão.

A flexibilidade é caracterizada como uma alteração de rumos. A alocação de recursos pode ser alterada em sua finalidade se for importante para a melhoria da *performance*. Por exemplo, se está sendo utilizado um tipo de árvore no replantio e, de repente, por força de mutação genética (transformação do gene da planta, que fica alterada e melhora sua resistência aos insetos), a decisão de mudança poderá ser tomada pelo grupo encarregado da implantação do plantio.

Todo programa deverá ser também inclusivo, isto é, permitir que haja efetiva participação da sociedade. Se as entidades de classe podem auxiliar nas decisões ou se reunir com os agentes públicos para municiá-los de maiores ou melhores informações a respeito, porque não as admitir?

A inclusão deverá ser ampla e irrestrita, sem qualquer restrição a nomes, comunidades, entidades, etc.

18.21.7.3 Há necessidade de alterar a estrutura do atual orçamento para implantar o de resultado?

Negativo. Ambos podem conviver. Uma coisa é a estrutura atual do orçamento que prevê recursos vinculados, pagamento de precatórios, fundos de participação, recursos para pagamento de servidores públicos, etc. Outra parte da Lei Orçamentária é flexível, ou seja, deixa ao Executivo, depois ratificado pelo Congresso Nacional, a decisão de inúmeros gastos, através da discricionariedade política dos governantes.

O que vale notar é que determinados planos poderão ser definidos e identificados no bojo do próprio orçamento. Cabe ao governo estabelecer as metas que quer atingir durante os quatro anos de gestão. Eventualmente poderá deixar rastro para que suas decisões sejam seguidas.

Não haverá, pois, confronto entre as estruturas. Dentro de uma cabe a outra. O que vale é a definição prévia do que se pretende implementar, estabelecer as regras que disciplinarão o exercício, identificar os responsáveis pela implantação, dispor sobre os agentes de controle, fixar os resultados e alocar recursos. Pronto, estaremos diante de um plano que deve ser executado.

Aliomar Baleeiro chama a atenção para o que rotula de "leis de programa", ou seja, "diplomas legislativos que autorizam o governo a empenhar uma despesa em bloco de uma só vez, embora os pagamentos se devam fazer em parcelas anuais".[113]

O que irá se passar a partir da incorporação de planos no sistema atual será a designação de agentes que se encarregarão do cumprimento do quanto se contém na peça orçamentária.

18.21.7.4 Análise e conjecturas sobre o orçamento de programa. Flexibilidade e dispêndios

O orçamento de programa utiliza um horizonte temporal mais amplo. Estabelece uma análise de custo-benefício. Possui adequada disposição instrumental para alcançar os fins estabelecidos.

Existe escassez de recursos. Daí ser importante traçar planos e programas que o governo queira atingir. É alcançar objetivos políticos através de técnicas orçamentárias. Planificar significa eleger opções de ação diante da consideração de alternativas. Programar é determinar especificamente, eleita a opção de ação, os meios de atingir os fins.

J. M. Lozano analisa os elementos do orçamento: a estrutura, o processo analítico e o informativo.[114] A estrutura significa o atingir um fim; o procedimento analítico é o custo-benefício; e o aspecto informativo é o plexo de probabilidades com que se joga.[115]

O orçamento tradicional não nos ajuda a ter uma visão ordenada e racional do futuro. Vem ele traçado em termos de gasto por objetos (pessoas, matérias, etc.) e parte de unidades administrativas. O orçamento de programa busca uma planificação realista.

Em síntese: a diferença é que há uma definição de finalidades a alcançar e a alocação de recursos para atingir o fim traçado.

Constitui-se em avanço? Em parte, sim. Evidente que não se pode ter todo o orçamento em termos de obtenção de resultados. Por exemplo, quando se cuida do pagamento de servidores a estratégia é uma só: o valor do vencimento corresponde ao cargo ou função ocupados. Você pode, no entanto, instituir progressão meritória através da previsão de fatores específicos que permitam a ascensão funcional. Aí você cria o objetivo, ou seja, a ocupação de cargos e funções pelos que demonstrarem maior dedicação ao serviço ou que comprovarem serem os mais capazes.

Quando se fala, por exemplo, no pagamento dos precatórios, simplesmente aloca-se o recurso e deixa-se aos tribunais o pagamento na ordem sequencial. Nada mais.

---

113 BALEEIRO, Aliomar. *Uma introdução à ciência das finanças*, *op. cit.*, p. 433.

114 LOZANO, J. M. *Crisis del presupuesto tradicional*. Madri: Guadiana de Publicaciones/Biblioteca Universitaria de Economía, 1969.

115 *Idem*, p. 142-144.

Em relação aos fundos, no entanto, podem ser estabelecidos fins que devam ser atingidos. É o caso do Fundo de Erradicação da Pobreza. Quantos serão atingidos? Quais as áreas? Idade? Situação escolar? Pode-se perfeitamente definir o que se objetiva, ou seja, eliminar a pobreza em determinados setores da população ou em determinadas regiões mediante sólida inversão de recursos. Em tal hipótese o orçamento de resultado pode ser totalmente útil.

Importante é atribuir aos agentes instrumentos de flexibilidade para que possam utilizar as verbas públicas. Poderão remanejar dotações, facilitar licitações, alterar despesas, etc. Tudo em vista do fim a ser atingido.

Evidente que tudo estará sujeito a controle hierárquico ou será de responsabilidade exclusiva dos agentes encarregados de gerenciar os recursos afetados ao programa. O que não tem sentido é atribuir a finalidade, efetuar a dotação e restringir a ação dos agentes. Há que se confiar para que possam gerenciar, e bem, os recursos disponíveis, mas, ao mesmo tempo, não se pode abrir mão dos mecanismos de controle.

Nada se faz, evidentemente, sem o devido acompanhamento, sem controle, planificação e programação dos resultados.

18.21.7.5 Sanções

Imprescindível é que se estabeleçam sanções premiais ou punitivas aos encarregados da implantação dos planos.

Como se estabelecem fins a serem atingidos, a legislação pode estabelecer sanções. Umas podem ser premiais, isto é, atingidos que foram os objetivos fixados, os agentes encarregados do plano receberão aumento de vencimentos ou adicionais que se incorporação a seus vencimentos ou, também, uma elevação funcional que os distinga dos demais servidores. De outro lado, se os objetivos forem negligenciados, não atingidos por força do descaso funcional, da desídia com que agem os servidores públicos, há que se lhes impor sanções, tais como advertência, repreensão, multas, suspensões e, ao final, comprovados o efetivo desvio de recursos ou a manifesta má-fé no exercício de suas funções, caberá a demissão do serviço público.

Indagar-se-á se no orçamento clássico, não cumprido o que nele foi previsto, cabe alguma responsabilidade funcional. Evidente que sim, porque a negligência pode ocorrer em qualquer situação.

O que impende notar, no entanto, é que há uma natural acomodação nas diversas situações que se enfrentam. A fragilidade com que se enfrentam as diversas situações, a solidariedade, a mania de se acomodarem pequenos desvios de conduta, são frequentes e levam à não imposição de penalidades.

Impõe-se, igualmente, a mudança de mentalidade no exercício de cargos e funções públicos. O que se exerce não é um poder discricionário de aplicar ou não a sanção; é um dever vinculado, que impõe a penalidade em caso de comprovação de desvio funcional.

18.21.7.6 Conclusão

O orçamento de resultado (ou de desempenho) aponta interessante questionamento sobre o orçamento clássico. Não é, no entanto, a solução para problemas que se enfrentam na aplicação das despesas orçamentárias. É mais um instrumento colocado nas mãos dos agentes públicos para que possam desempenhar bem a função pública.

Por meio dele podem ser fixadas finalidades específicas de atingimento e estruturados os mecanismos para que possam ser alcançadas.

Mediante planejamento e planificação, aliados ao controle do cumprimento de metas, é que o orçamento de desempenho se constitui em poderoso instrumento no exercício da gestão pública.

Não se trata de orçamento diferente dos demais. É mera técnica de gestão para facilitar a consecução de finalidades específicas definidas pelos agentes.

18.22 Orçamento de Guerra (EC nº 106/2020)

Por iniciativa da Câmara dos Deputados foi apresentada Proposta de Emenda Constitucional (PEC nº 10/2020) que "institui regime extraordinário fiscal, financeiro e de contratações para enfrentamento da calamidade pública nacional decorrente de pandemia internacional". O objetivo é conceder ao Poder Executivo instrumentos institucionais suficientes e hábeis para enfrentar o problema do coronavírus em nosso território.

A proposta, originariamente, é acrescentar o art. 115 do ADCT e, pois, a norma é encaminhada para ter vigência restrita temporariamente. Aprovada na Câmara, a proposta foi encaminhada ao Senado, que efetuou uma série de alterações, tendo o projeto retornado à Câmara para apreciação das alterações. Daí resultou a Emenda Constitucional nº 106, promulgada e publicada em 8.5.2020.

Temos, pois, alteração constitucional que ficará "automaticamente revogada na data do encerramento do estado de calamidade pública reconhecido pelo Congresso Nacional" (art. 11 da EC nº 106/2020). O decreto legislativo aprovado (nº 6/2020 reconheceu a situação de calamidade até 31 de dezembro de 2020). Logo, a EC nº 106/2020 vigorará por cerca de sete meses.

Em primeiro lugar, é de se questionar a necessidade de se alterar a Constituição Federal para outorgar liberdade ao Executivo para dispor de recursos em tempo de vírus. É que, segundo ponto, os instrumentos legais já foram dados através do Decreto Legislativo nº 6/2020. Ademais, alterar-se a Constituição Federal por apenas sete meses é inconsequente. E se os efeitos da pandemia se protelar no tempo? Necessitaríamos de outra Mensagem, outro decreto legislativo e outra Emenda Constitucional? É insano.

O regime extraordinário que busca estabelecer já está contido no referido decreto.

A PEC aprovada pela Câmara e encaminhada ao Senado Federal previa a instituição de um Comitê de Gestão da Crise, que será formado pelo Presidente da República (inciso I do art. 115), por ministros de Estado que nomina (inciso II), por dois secretários de saúde, dois de fazenda e dois de assistência social, que serão escolhidos por entidades representativas (quais?) e "sem direito a voto" (inciso III). A todos acrescenta a presença de dois secretários de saúde, de fazenda e de assistência social de municípios, escolhidos por entidades representativas (?) e "sem direito a voto". E, por fim, quatro membros do Senado, quatro da Câmara, um do CNJ, um do CNMP e um do TCU, escolhidos "pelas respectivas instituições e sem direito a voto" (inciso V).

Em boa hora o Senado Federal retirou tal previsão do texto. É que o Comitê de Gestão da Crise seria composto para não funcionar. Para que colocar representantes dos Estados e Municípios se não podem votar? Se a decisão será dada no âmbito federal, dispensável é a presença de tais pessoas. Ademais, a matéria a ser apreciada é eminentemente técnica e deve ser tomada pelo Presidente da República com o auxílio de seus ministros. Claro que todos podem opinar, transmitir sugestões. Mais do que ninguém, os governadores ficam alijados do centro de decisão.

Em instância revisora, o Senado Federal entendeu de extinguir o tal Comitê de Gestão da Crise. Andou bem. Mais um órgão para não funcionar. Como disse Bobbio, as normas existem em demasia; o que importa é dar-lhe efetividade.

O parágrafo 3º do texto estabelecia que os "conflitos federativos decorrentes da aplicação deste artigo serão resolvidos exclusivamente pelo Supremo Tribunal Federal". Ora, a competência já é do STF, nos exatos termos da letra "f" do inciso I do art. 101 da Constituição Federal, ao dispor que cabe, originariamente, ao STF julgar "causas e conflitos entre a União e os Estados, a União e o Distrito Federal, ou entre uns e outros, inclusive respectivas entidades da administração indireta".

As decisões do Comitê Gestor (parágrafo 4º) seriam flexíveis e observariam processo simplificado que assegurasse a competição em igualdade de condições. O texto não traz novidades ante o que já consta do Decreto Legislativo nº 6.

Eventualmente aumento de despesa "e a concessão ou ampliação de incentivo ou benefício de natureza tributária da qual decorra renúncia de receita" (parágrafo 5º) igualmente já encontra respaldo no decreto legislativo mencionado. Pouco acrescenta. Ademais, a liberdade de que goza o Poder Executivo diante de momentos de crise e já reconhecida a calamidade pública, a margem de atuação é bastante ampla, de forma a dispensar exigências. Ainda que assim não fosse, a dispensa de formalidades pode ocorrer por lei ordinária.

Igualmente, as providências previstas nos parágrafos 6º e 7º já se encontram respaldadas pela vigência do Decreto Legislativo nº 93.

O texto foi alterado pelo Senado Federal, pelo relator Senador Anastasia. Não se enumera a emenda constitucional. Originariamente, havia acréscimo do art. 115 ao ADCT. A partir do Senado, a Emenda deixa de figurar no ADCT e passa a não ser um artigo específico, mas é Emenda de acréscimo. Para vigorar por tempo delimitado, a saber, durante a vigência do estado de calamidade instituído pelo Decreto Legislativo nº 6/2020.

O art. 1º é de confusa redação. Bastaria dizer: "Fica instituído o Regime Extraordinário Fiscal, Financeiro e de Contratações". Nada mais. Mas faz-se verdadeira peroração inútil.

O art. 2º igualmente era dispensável. Parece exposição de motivos e não texto que contém mandamento constitucional. A lei nunca traça propósito. Contém proibição, permissão ou obrigação. Jamais estabelece um propósito, como faz. Depois, estabelece que, diante do quadro problemático por que passa o país, o Poder Executivo "poderá adotar processos simplificados de contratação" de pessoal, obras, serviços e compras. Bastava dizer isso. O mais, está evidente que o Poder Executivo poderia contratar pessoal, obras, serviços e compras. Assegurar a competição já está no texto permanente da Constituição. E se é assim, preceito exceptivo, claro que dispensa observância de outros dispositivos constitucionais que versem sobre a mesma matéria.

A excepcionalidade da situação envolve excepcionalidade de solução. O parágrafo único do art. 2º é absolutamente dispensável.

O art. 3º igualmente contém exposição de motivos, o que é de péssima redação legislativa. Essencial: O Poder Executivo fica dispensado da observância das limitações legais quanto "a criação, expansão ou aperfeiçoamento de ação governamental que acarrete aumento de despesa e a concessão ou ampliação de incentivo ou benefício de natureza tributária da qual decorra renúncia de receita". A saber, dispensa formalidades na concessão dos incentivos. Redação confusa. Claro que não envolverá "despesa permanente", porque a vigência da emenda constitucional tem sua vida limitada ao término do estado de calamidade pública, como já consta do art. 1º.

O parágrafo único do artigo permite a contratação de empresas em débito com o sistema de seguridade social, pois determina não se aplicar o parágrafo 3º do art. 195 da Constituição Federal. É importante o parágrafo porque pode existir caso em que empresa devedora da seguridade social seja a única estruturada para fornecer o material de que o governo necessite. Período excepcional; solução excepcional.

Traduzindo o artigo. O Poder Executivo poderá conceder ampliação de incentivo ou benefício de natureza tributária. Durante o período do estado de calamidade. Suprime formalidades e limites.

O art. 4º suspende a incidência da vedação prevista no inciso III do art. 167 da Constituição Federal. Podem-se efetuar operações de créditos (dívidas) acima do montante das despesas de capital (investimentos). É a quebra da denominada *regra de ouro*. Supera-se o problema de caixa e fica o Executivo autorizado a suplantar a dificuldade que encontrava para liberar recursos. Pode efetuar operação de crédito que ultrapasse a despesa de capital.

A única exigência consta do parágrafo único, ou seja, a publicação de relatório, a cada trinta (30) dias, com valores e custos das operações realizadas.

O art. 5º determina que as autorizações de despesa constem de programações orçamentárias específicas e serem separadamente avaliadas na prestação de contas do Presidente da República, até o encerramento de cada bimestre, tal como determina o parágrafo 3º do art. 165 da CF.

O art. 6º permite que os recursos decorrentes de operações de crédito possam ser utilizados "para o pagamento de seus juros e encargos".

O art. 7º insiste em estabelecer período de vigência para seus dispositivos, o que já está previsto no art. 1º. A providência aí contida é importante. Autoriza o Banco Central a "comprar e vender" títulos de emissão do Tesouro Nacional, "nos mercados secundários, local e internacional". A providência é ótima, embora já tenha previsão constitucional (parágrafo 2º do art. 164), mas limitada a "regular a oferta de moeda ou a taxa de juros". Dá-se, aí, amplitude às atribuições do Banco Central. Medida importante neste momento de crise.

De outro lado (inciso II) do art. 7º, pode comprar e vender "os ativos, em mercados secundários nacionais no âmbito de mercados financeiros, de capitais e de pagamentos, desde que no momento da compra tenham classificação em categoria de risco de crédito no mercado local equivalente a BB – ou superior". As classificações são dadas pelas agências internacionais de classificação de risco (Standard & Poor's, Moody's Corporation, Fitch, etc.). Estas terão que estar acreditadas pelo Banco Central do Brasil.

Haverá preferência para títulos emitidos por "microempresas e por pequenas e médias empresas" (parágrafo 1º do art. 7º), obedecidas as mesmas exigências.

Cabe ao Banco Central do Brasil publicar as operações realizadas, de forma individualizada, com respectivas informações (parágrafo 2º do art. 7º).

Exige prestação de contas por parte do Presidente do Banco Central (parágrafo 3º) pelas operações que realizar, e tais operações devem ser publicadas com todas as informações que lhes deem publicidade e transparência. Princípios, aliás, que integram a atuação do Poder Público no Brasil.

O parágrafo 4º do art. 7º é importante, porque permite a venda de ativos passada a vigência do estado de calamidade, o que é evidente, porque se houve compra de títulos e não importa mais ao país mantê-los poderá desfazer-se deles, ainda que findo o período previsto na EC nº 106.

O art. 8º determina que o Banco Central edite regulamento sobre exigências e *contrapartidas* para o desempenho de suas atribuições. Os incisos I e II do mesmo artigo estabelecem vedações, tais como "pagar juros sobre o capital próprio e dividendos acima do mínimo obrigatório" e também aumentar a remuneração de diretores e membros de sociedades anônimas e dos administradores, no caso de sociedades limitadas.

O art. 9º atribuiu competência ao Congresso Nacional para sustar qualquer "decisão de órgão ou entidade do Poder Executivo relacionada às medidas autorizadas por esta Emenda Constitucional", nos casos de irregularidade ou descumprimento dos limites estabelecidos na emenda.

O art. 10 convalida atos de gestão praticados a partir de 20 de março, desde que compatíveis com o teor dessa emenda constitucional.

A emenda é oportuna e dá competência de gestão ao Poder Executivo no período de calamidade pública. Ademais, exonera-o de responsabilidade no caso de extrapolar gastos, desde que explicitados e comprovados relacionados à pandemia.

O texto sofreu importantes alterações pela pena do Senador Antonio Anastasia. Extinguiu o tal Conselho Gestor, que seria aberração jurídica em momento como o presente, e estabeleceu limites ao Banco Central do Brasil, embora tenha lhe alargado a competência. Não se pode permitir que opere no mercado secundária na aquisição e venda de quaisquer títulos sem qualquer limitação. O ilustre senador restringiu a atuação do Banco, exigindo uma série de cautelas e estabeleceu regramento para aquisição de títulos apenas de empresas qualificadas pelas entidades de fixação de risco.

Aí estão os instrumentos hábeis para que o Executivo opere com tranquilidade, uma vez suspendeu a regra de ouro. Nada justificará a inércia e incompetência do Executivo daqui em diante.

É verdade que a EC nº 106/2020 teve vigência temporal a partir de um exercício financeiro e adveio com o único objetivo de dar ao Executivo os instrumentos necessários para que resolvesse o problema da aquisição de insumos, seringas e vacinas. Não deu conta.

18.23 A inconstitucionalidade das emendas parlamentares, de bancada e do relator

18.23.1 O orçamento

Algumas ponderações são necessárias para ingressarmos na análise das emendas parlamentares. Antes de tudo, o orçamento é uma lei. Logo, impõe-se o cumprimento de todos seus itens. É norma de previsão de receitas e fixação de despesas (§8º do art. 165 da CF). As receitas são estimadas, porque não se pode adivinhar como irá se comportar a economia no exercício seguinte. São fixadas as despesas que deverão ser realizadas e faz-se uma *previsão de receitas*. Realizadas, cumpre-se o orçamento; não se concretizando, podem os gastos sofrer alteração.

O Estado tem que atender, obrigatoriamente, a determinadas finalidades ou objetivos traçados na Constituição Federal. O Estado assumiu, ao longo da história, uma série de deveres que, em princípio, não eram seus. Em sua origem, nasce para impedir conflitos e evitar a morte violenta.[116] Objetivo primeiro: garantir a segurança pública para que todos possam viver em paz. Surge através de consenso, de pacto ou pela dominação, dependendo a qual corrente se filie.

De qualquer forma, com a evolução da sociedade, o Estado assume inúmeros deveres. Passa de garantidor da segurança a prestador de serviços de saúde, transporte, educação, saneamento básico e outros. É o Leviatã.[117]

Por consequência, deve estabelecer normas para ter critérios de despesa. O que é mais importante em determinado momento histórico? Realiza, através do governo, uma seleção de prioridades e, então, prevê o montante da receita que será destinada a determinada atividade.

Nasce o orçamento (tem origem na Inglaterra, onde se portava *le budget* – uma pasta com as pretensões governamentais para o exercício seguinte). Passou-se a dar conta das despesas realizadas. Em seguida, constitui-se em documento obrigatório e democrático em todas as nações. O governante é obrigado a realizar as atribuições cabíveis ao Estado, efetuar despesas e prestar contas do que fez.

Canhestramente, assim é que se passam as coisas.

A lei orçamentária, então, é uma lei diferente das demais. Não só por seu conteúdo específico, mas por ser periódica e que pode envolver a não suspensão dos trabalhos parlamentares se não aprovada a tempo. Ademais, processa-se em Comissão Especial do Congresso Nacional e tem prazo para sua aprovação. Se o Presidente a descumpre, pode incorrer em crime de responsabilidade.

Vê-se que não é lei comum. Difere de todas as outras. É lei constitucionalmente prevista e essencial na vida republicana.

A indagação que se coloca como preliminar é: esta lei é de cumprimento obrigatório ou não.

---

[116] OLIVEIRA, Regis Fernandes de. *Gastos públicos*. São Paulo: Revista dos tribunais, 2012. GIRARD, René. *A violência e o sagrado*. Tradução de Martha Conceição Gambini. 3. ed. São Paulo: Paz e Terra, 1990.

[117] HOBBES. *Leviatã*.

18.23.2 Obrigatoriedade de seu cumprimento. Orçamento impositivo. O parágrafo 10 do art. 166 da CF

Bastaria dizer que se cuida de uma lei para que seja de cumprimento obrigatório. Mas autores no passado afirmaram que era apenas *lei de meios*, que era *mera peça de ficção*, chegando-se a afirmar que a lei não era cumprida e que não acarretava qualquer responsabilidade administrativa ou criminal aos que a descumprissem.

Seria o orçamento meramente autorizativo? Estariam estabelecidos gastos e receitas, mas estava o Congresso simplesmente autorizando o governo a realizar despesas ou obrigando-o?

Alguns diziam que é *lei meramente formal*, outros que se cuida de *lei em sentido material*, terceiros que se trata de *ato-condição*. A discussão já está esgotada. Como adverti, "já não se pode admitir um orçamento sem compromissos, apenas para cumprir determinação legal".[118]

Trata-se, como deixei claro, de lei estrutural. Afirmei: "O que importa e é relevante saber é que o orçamento se destina a estabelecer, prever, guiar, proteger, amparar e garantir os *direitos fundamentais*. Neste sentido, não é uma lei anódina, fraca, débil ou meramente formal. É lei estrutural e viabilizadora de todos os denominados direitos fundamentais. Estes estão consolidados no corpo da Constituição. Prenhes de conteúdo".[119]

Como disse ao início, bastaria ser lei para que fosse de cumprimento obrigatório. Evidente está que se *não se realizar a receita pretendida* não há como o Estado cumprir todas suas obrigações. Haverá um *gap*, uma falta de recursos para atender aquilo que estava previsto. Logo, não há como se cumprir o orçamento em sua inteireza. Para tanto, deve o governante expedir decreto esclarecendo o que ocorre. Ninguém se obriga ao impossível, é parêmia de razoabilidade. Não havendo recurso, tenho que escolher prioridade e atendê-las. Por consequência, outros interesses previstos ficarão prejudicados. De tudo deve a administração dar satisfação à população e à Comissão Mista de Orçamento do Congresso Nacional.

Dúvida não há, pois, em se ter o orçamento como peça de indisputável cumprimento. Obrigatório ao governante que pode se esquivar de determinadas finalidades. Fazendo-o dará conhecimento à comunidade jurídica e ao Congresso Nacional.

Daí, para minha compreensão, o orçamento sempre foi impositivo.

Para pôr termo a qualquer controvérsia, a nova redação do parágrafo 10 do art. 165 é taxativa: "A Administração tem o dever de executar as programações orçamentárias, adotando os meios e as medidas necessários, com o propósito de garantir a efetiva entrega de bens e serviços à sociedade".

A discussão que era meramente doutrinária deixa de ter sentido diante do estabelecimento da obrigatoriedade da execução orçamentária. O que sustentava parte da doutrina, de que o orçamento era meramente *autorizativo*, perde sustentabilidade diante do teor do dispositivo transcrito.

---

118 OLIVEIRA, Regis Fernandes de *Curso de direito financeiro*. 8. ed. São Paulo: Malheiros, p. 543, item 18.4.

119 *Ob. cit.*, p. 551, item 18.4.1.

Sem dúvida que, a partir de agora (para mim já o era antes do texto) o orçamento é inteiramente impositivo.

Não há que se distinguir entre emendas finalísticas ou não. Todas as verbas, uma vez realizadas as receitas, são de aplicação obrigatória por parte do ente público. Sem discussão ou controvérsias.

Pode-se indagar da obrigatoriedade do cumprimento na hipótese de haver descumprimento da meta fiscal ou que ultrapasse o teto de gastos estabelecido pela EC nº 95.

Ora, tal não acontecerá se houve o cumprimento rigoroso do orçamento. Evidente que há o controle da execução através dos anexos de metas e riscos. É verdade que durante a liberação das verbas, o governo deve efetuar seu controle. Se o não faz, podem surgir problemas, mas por incúria do governante e não por decorrência da aplicação dos dispositivos constitucionais.

A única dificuldade que surge diz respeito ao *contingenciamento*. Como já defendi, a única possibilidade de o governo contingenciar os recursos é diante da não realização de receitas. Como estas são previstas, podem não ocorrer, por força de *contingências* econômicas. Qualquer alteração que surja durante a execução orçamentária que envolva *risco*, pode o governo contingenciar verbas, o que implica, obrigatoriamente, o impedimento de liberar todas elas. Mas tal circunstância deve constar de decreto a ser baixado pelo Presidente da República. Tudo, então, deve ser esclarecido.

Restará ao Tribunal de Contas da União efetuar o controle pontual de todas as verbas em conexão com a Comissão Mista do Orçamento do Congresso Nacional. Mas há avanços indiscutíveis: a) planejamento, b) controle, c) limite ao contingenciamento.

De outro lado, indisputável que o conflito agônico tende a diminuir, embora possa haver resistência por parte do Executivo.

18.23.3 Destinação dos recursos

Para exame detalhado de se o orçamento tem cumprido as finalidades para que foi instituído convém ter uma visão sobre seus objetivos primeiros.

Antes de mais nada, o orçamento se destina a diminuir as desigualdades sociais. Sabidamente, nosso país é desequilibrado. Há uma pequena casta (1%) que fica com grande parte da receita, e a imensa maioria fica com quase nada. Há fome no país. A pobreza é uma realidade. As doenças se multiplicam. As discriminações não cessam. Os negros e mulatos não logram oportunidades. As mulheres são seviciadas. As crianças sofrem violência dentro de suas casas.

Nas grandes cidades, o saneamento básico atinge apenas 30% da sociedade, a saúde é prestada de forma precária. Desnecessário lembrar da cidade do Rio de Janeiro ou de outras cidades do Nordeste e Norte. A educação atinge a quase todos, formando um amontoado de analfabetos e analfabetos virtuais. O desemprego grassa por todos os lados. Indígenas estão afastados dos bens modernos da vida. A prostituição grassa. Os condenados são violentados no interior das cadeias e presídios. Facções criminosas dominam os presídios e boa parte da periferia das grandes cidades. Constituem-se em Estado dentro do Estado (é o direito de Pasárgada a que se refere Boaventura Santos).

O transporte é mal prestado. O asfalto não chega a todas as residências. Enfim, o Brasil é um país desequilibrado.

Consequência: não é possível elaborar uma peça orçamentária sem atentar a tais dados. Não se pode crer que o governante seja insensível a tantos descalabros, a não ser que tivessem a indiferença do governante de Bruzundanga. Diante de problemas por que passava a cidade, alguém indagou se queriam matar de fome o povo, ao que se respondeu: "Não há tal; mas, mesmo que viessem a morrer muitos, seria até um benefício, visto que o preço da oferta é regulado pela procura e, desde que a procura diminua com a morte de muitos, o preço dos gêneros baixará fatalmente".[120]

Bem se vê que destinar recursos ou suprimi-los não é problema para o governo.

Ainda que o Executivo possa enviar um projeto de lei orçamentária sem atentar a tais dados reais da sociedade, não pode o Congresso Nacional silenciar-se. Como tem o poder de revisão de todo o projeto e também gerenciando as emendas que possam ser apresentadas, tem o dever ético de acertar os ditames orçamentários.

Como se disse de início, o orçamento não é uma peça de ficção. É peça que deve retratar a realidade.

Bem por isso, ela deve ser alterada a cada exercício financeiro, porque a sociedade muda a cada ano. Os interesses se alteram, a relação real/dólar é modificada a todo instante, os problemas se relativizam, crescem ou diminuem, as necessidades atendem a determinado momento histórico. O que era importante em determinado exercício, já não o é no próximo.

Em sendo assim, não há como se engessar a previsão de receitas e muito menos a fixação das despesas. Um surto de doença, uma epidemia, pode obrigar o Estado a destinar recursos excepcionais para combatê-la.

Há um núcleo em que, obrigatoriamente, são destinadas as receitas. As verbas, no mais das vezes, são vinculadas. É verdade que a Constituição proíbe a vinculação de receitas (inciso IV do art. 167). Estabelece quais são as exceções (parte final do dispositivo). Ocorre que quase tudo é vinculado.

Estabelece recursos específicos para a educação. Depois, a saúde igualmente goza de tal prerrogativa. Não que se seja contra tais destinações, mas isso engessa o orçamento. A seguir, os Fundos ficam vinculados. Enfim, resta pouca margem deliberativa ao Governo e ao Parlamento.

O Executivo é quem elabora a peça orçamentária e como ele tem em suas mãos a grandeza dos recursos previstos para arrecadação, cabe estipular sua destinação. Mas tem suas mãos amarradas.

Tudo decorre de deliberações que envolvem o conflito existente entre os três órgãos de exercício do poder. A coberta é curta.

18.23.4 A luta pela dominação. O conflito agônico

A peça orçamentária impõe um braço de força entre governo e Parlamento. O Executivo objetiva o cumprimento do que entende importante. Nem sempre o Congresso pode estar sintonizado com os interesses e desejos do Executivo.

---

120 BARRETO, Lima. *Os Bruzundangas*. Capítulo I: Um grande financeiro. Porto Alegre: L&PM Pocket, p. 34.

Há um confronto não declarado. Sub-reptício. À sorrelfa. À socapa. Não se hostiliza. O trabalho é realizado com sapa.

Em verdade, na Grécia Antiga, a cultura da competição era um de seus alicerces. "O *agon* é uma luta na qual não há trégua nem fim; como é preciso que a luta perdure, para que as diferentes forças da vida se manifestem, os lutadores não podem chegar a um acordo; o que seria uma trégua, e nenhum deles pode ser aniquilado pelo outro, o que significaria o fim do combate. O combate não pode nem se tornar um extermínio, nem se resolver por meio de um acordo, ele deve ser manter, de modos distintos e diversos, em prol da conquista em si mesma, ou seja, do engrandecimento da vida, que é uma luta constante".[121]

O *agon* ao mesmo tempo que significa disputa exige que seja justa. Há respeito às condições previamente estabelecidas.

A palavra dá bem o significado do que ocorre hoje no confronto entre os poderes. É sem trégua. Permanente. Não posso eliminar o adversário. Nem fazer acordo. As ideias entram em colisão, discursos, acertos, acordos internos e externos, composições políticas, conversas de porão, tudo pode ocorrer. Impõe-se uma das vontades, mas a luta prossegue, animada por outras circunstâncias. Heráclito disse bem: o conflito é o pai de todas as coisas. A sabedoria grega é imensa.

Traduzindo a ideia grega para o Brasil. Cada governo que se instaura busca uma forma de conflito com os demais poderes. É muito comum falar-se em presidencialismo de coalizão, através do qual o Executivo busca cooptar um grupo de partidos para fazer passar as propostas que irá encaminhar. Da mesma forma, procura aproximar-se do Judiciário para abrir um canal de comunicação e postular a manutenção das decisões que toma, seja solitariamente, seja em conjunto com o Parlamento.

O Congresso Nacional, de seu turno, tenta assenhorear-se da vontade do Executivo indicando ministros para executar sua vontade. Surge o problema da apresentação de emendas parlamentares e, então, a cada período o governo abre suas burras para aliciar deputados e senadores. Impõe, no entanto, a aprovação de suas propostas retratadas em PECs ou projetos de leis complementares ou ordinárias.

O conflito ganha corpo, prossegue, não se exaure. E continuamente, o Congresso decide o que colocar na pauta para apreciação, podendo desconhecer ou procrastinar os projetos do Executivo para obter dele favores de todas as formas.

De seu turno, quando não se logra uma solução, surge o apelo ao Judiciário, que, de alguma forma irá selar a sorte de uma ou outra pretensão. Por vezes, ampara a pretensão do Executivo; em outras, a do Parlamento. É o pêndulo, mas que também entra no conflito que se perpetua. Ao final de um confronto outros já existem em pauta para seguir a luta permanente.

Daí surge a ideia das emendas parlamentares individuais e de bancada que instauram novos confrontos. A tendência é pacificá-los, mas novas divergências surgem. Sobrevêm as alterações constitucionais, estabelecendo o cumprimento obrigatório das emendas apresentadas.

---

[121] MOSÉ, Viviane. *O homem que sabe*. Rio de Janeiro: Civilização Brasileira, 2012, p. 86.

Vamos analisar como se procede hoje. Em verdade, apenas a pressão é que fez sua edição e o permanente confronto entre os órgãos de exercício do poder.

18.23.5 A Emenda Constitucional nº 86/2016

Antes da alteração constitucional, o que sucedia? Os parlamentares apresentavam emendas individuais ao orçamento, o que era legítimo. Ocorre que o Governo não liberava verba para seu pagamento. Assim, o deputado se comprometia com sua base eleitoral de enviar determinado recurso para obra de asfalto, por exemplo, ou para aquisição de um aparelho para o hospital local. Compromisso assumido, emenda apresentada, mas o Executivo orientava seus ministros a não liberarem a verba.

O que acontecia? O desprestígio. O prefeito comunicava à cidade a vinda dos recursos e eles não apareciam. O parlamentar desafora o ministro. Mas de vez em quando havia um projeto de absoluto interesse do Governo. Então, as verbas apareciam e eram liberadas tão logo o parlamentar votasse em favor do projeto encaminhado.

Criava-se, assim, perigoso jogo de "compra" de apoio. Odioso jogo de dominação. Nódoa democrática de forma a sujeitar o voto parlamentar à liberação de recursos, como se fosse corrupção dentro de determinadas balizas. Surge daí a famosa "operação mensalão".

Daí sobrevir um dispositivo como o da EC nº 86/2015, que simplesmente determinou o pagamento das emendas individuais dos parlamentares. O advento do texto era e é ocioso, mas para bom entendedor meia palavra *não basta*. O que era o óbvio – cumprimento do orçamento em todos seus termos por se cuidar de lei – passa a ser óbvio diante da emenda constitucional.

Para impedir tal jogo, sobreveio a Emenda Constitucional nº 86/2015. Estabeleceu o parágrafo 9º do texto que seriam aprovadas as emendas até 1,2% (um inteiro e dois décimos por cento) da receita corrente líquida do projeto orçamentário, sendo que metade das emendas deveria ser endereçada aos serviços públicos de saúde.

Tornando prático: a) os parlamentares inserem emendas individuais na execução do orçamento, o que a EC torna seu pagamento obrigatório; b) o máximo da disponibilidade por todos os parlamentares é o percentual fixado; c) metade do montante deve ser dirigido aos serviços de saúde (0,6%); d) cada parlamenta fica cingido em disponibilizar apenas a metade (inadmissível seria considerar o percentual no total das emendas apresentadas); não haverá execução obrigatório caso haja impedimento de ordem técnica. Vejamos do que cuida o último item.

De seu turno, o parágrafo 11 do mesmo artigo estabeleceu que "é obrigatória a execução orçamentária e financeira das programações a que se refere o parágrafo 9º deste artigo" até o montante do percentual previsto.

Tornou-se, então, *obrigatório o pagamento das emendas individuais*. Grande vitória do Parlamento. Foi a aprovação do texto aplaudido e comemorado como independência do Congresso Nacional.

O único impedimento para a liberação e pagamento dos recursos é "de ordem técnica" (parágrafo 13 do art. 166).

O que significa o impedimento de ordem técnica? Em primeiro lugar, pode ser qualquer problema de documentação que deixe de ser apresentada. Em segundo lugar, pode ocorrer a indisponibilidade de recursos (não se liquidou o que estava previsto). Ademais, pode ocorrer que a emenda apresentada não identifique com exatidão o destinatário, que desista da destinação ou que haja incompatibilidade com o objeto pretendido. Em tais hipóteses, não há como o Executivo atender a demanda. Haverá sobra orçamentária que deverá ser destinada a outro item por ato do Executivo.

Nesse caso, haverá exposição de justificativa dos motivos da impossibilidade da liberação dos recursos por parte do órgão demandado (inciso I do §14 do art. 166 da CF). O Legislativo indicará o remanejamento tão logo escoe o prazo de 120 (cento e vinte) dias.

Em tal hipótese, dispõe o inciso III do art. 166 que "até 30 de setembro ou até 30 (trinta) dias após o prazo previsto no inciso II, o Poder Executivo encaminhará projeto de lei sobre o remanejamento da programação cujo impedimento seja insuperável".

O dispositivo veio para complicar. Mais fácil e racional será que o parlamentar ou apresente nova emenda ou que o Executivo, tendo sido demonstrada a impossibilidade do cumprimento da emenda, lhe dê outra destinação, o que fará por ato do Executivo. É o que termina por dispor o inciso IV do §14 do art. 166 da Constituição Federal.

São comuns redações complexas. O que se poderia resolver através de lei ou de decreto exige disposição constitucional para sua solução. A matéria é bastante mesquinha para se situar na Lei Maior. Supõe-se que a Constituição disponha sobre a estrutura de poder e delibere sobre as garantias contra os excessos do poder, assegurando os direitos individuais, coletivos e sociais. Mas, infelizmente, nossa Constituição tornou-se um afluente de tudo e uma solução para nada.

Para viabilizar maior atendimento ao Parlamento, este resolveu, por conta própria, estender as emendas obrigatórias às que forem formuladas por bancadas. Entenda-se: bancada significa o grupo formado pelos parlamentares de um mesmo partido e também as bancadas de cada unidade federativa. A dicção normativa refere-se apenas às bancadas de Estado e do Distrito Federal (§12 do art. 166 da CF).

Como são alinhavadas as emendas de bancada? Normalmente o Governador do Estado e o Prefeito da Capital ou de grandes cidades solicitam, através do coordenador da bancada, uma reunião para discussão e exposição do que eles necessitam. Em tal reunião expõem o que precisam, e a bancada vota pela apresentação das emendas indicadas.

Analisemos o que vem disposto na Emenda Constitucional nº 100/2019.

18.23.6 A Emenda Constitucional nº 100/2019

Como vinha dizendo no item anterior, o Parlamento busca, a qualquer preço, sua independência. O que deveria ter partido de motivos nobres, ou seja, da simples liberação de todas as verbas destinadas aos fins previstos no orçamento, o Parlamento, por vias oblíquas, se protegeu. Motivo nobre: as receitas que ingressarem no orçamento têm sua destinação específica no que foi previsto e, pois, a despesa é obrigatória.

Insatisfeito com a orientação meramente dogmática, o Congresso Nacional busca sua autonomia com duas Propostas de Emenda à Constituição, buscando a vinculação de suas emendas. A primeira, EC nº 86/2015, e, depois, pela EC nº 100/2019. Verdadeira insanidade de uma constituição analítica e desvirtuada.

No entanto, vamos à sua análise.

A introdução do §10 ao art. 165 da CF consolidou a obrigatoriedade do cumprimento do orçamento em sua inteireza. Era dispensável, como já afirmei em diversas oportunidades, mas, agora, o texto é bastante claro "A Administração tem o dever de executar as programações orçamentários, adotando os meios e as medidas necessários, com o propósito de garantir a efetiva entrega de bens e serviços à sociedade".

Por si só o dispositivo dispensava todas as disposições do artigo inteiro. É dizer que uma lei é obrigatória e deve ser cumprida.

Insisto – todas as disposições orçamentárias, em relação à despesa, são obrigatórias, desde e na condição de que se realizem as receitas previstas.

A partir daí a emenda constitucional deu nova redação aos parágrafos 12 a 14 do art. 166 da Constituição Federal.

O parágrafo 11 do art. 166 da CF determina o cumprimento obrigatório da execução orçamentária e financeira. O parágrafo 12 fê-lo incidir sobre "todas as emendas de iniciativa de bancada de parlamentares de Estado ou do Distrito Federal". Restringiu o "montante de até 1% (um por cento) da receita corrente líquida realizada no exercício anterior". As emendas individuais podem alcançar até 1,2% da mesma base de cálculo.

Em suma: 2,2% da receita corrente líquida do exercício anterior estão comprometidos. Destinam-se ao pagamento das emendas.

O parágrafo 13 fala do impedimento por motivos de ordem técnica. Já comentamos o que isso seja no item anterior.

O parágrafo 14 trata de mera orientação a órgãos técnicos do governo para que analisem e verifiquem "eventuais impedimentos das programações e demais procedimentos necessários à viabilização dos respectivos montantes".

Com o advento da Emenda Constitucional nº 100/2019 completa-se um ciclo de braço de ferro entre Congresso Nacional x Executivo. Como ressaltei, o conflito agônico prossegue. Não termina.

O que pode acontecer daqui para frente? O Governo, sempre que entender possível, instituirá um *impedimento de ordem técnica* para deixar de liberar as verbas decorrentes de emendas individuais ou de bancada.

Observe-se que não foi estabelecido prazo para a liberação das emendas. Isto é, podem ser pagas durante exercício financeiro. Ou, é hipótese que deve ser aventada, quando da votação de projetos de emenda constitucional ou de lei que sejam importantes para o governo. O que pode suceder? Se o governo deixa para o final do exercício o pagamento das emendas individuais ou de bancada, pode ocorrer que os recursos previstos não se realizem. Em consequência, o Poder Público ver-se-á na contingência de baixar decreto de *contingenciamento*. Serão modos de deixar de cumprir a Constituição Federal de forma adequada e prevista em seu próprio texto.

Imaginemos que as verbas individuais dos partidos da oposição não tiveram qualquer liberação até o mês de outubro, por exemplo. Não se pode dizer o mesmo das emendas de bancada, porque estas têm deputados de diversos partidos, incluindo da oposição ao governo. Mas em relação às individuais, nada impede que o Ministério da Economia resolva postergar a liberação das receitas em relação à bancada de oposição. O que poderão fazer? Nada. É que o governo arguirá a dificuldade por *motivos técnicos*, cujo conteúdo procuramos indicar, mas sem dúvida é bastante fluido.

Poderia haver recurso ao Judiciário para liberação de verbas? Dificilmente, porque o Supremo Tribunal Federal terá dificuldade na análise do motivo invocado para a dilação de pagamento. É possível, no entanto.

Como se vê, avançou-se no pagamento de tais emendas, mas, ainda assim, podem surgir problemas em sua execução.

18.23.7 O problema da proibição do retrocesso

Muito se fala da proibição do retrocesso em matéria de direitos fundamentais. Podemos colocar o problema em face do confronto que se instaura entre os órgãos de exercício de poder do Estado?

A proibição do retrocesso significa impossibilidade, tendo atingido certo ponto o nível de exercício e garantia de direitos, de que haja revogação ou supressão do ponto em que avançou.

Ora, em primeiro lugar, é controvertido que se tenha a discussão da obrigatoriedade ou não do cumprimento do pagamento de verbas orçamentárias previstas em emendas individuais ou de bancada como avanço. Pode-se pensar no beneficiário dos recursos. Pessoas carentes e pobres que necessitam de verbas para saneamento básico, ensino e saúde, por exemplo. Teriam os recursos tais destinos? Não estariam melhor no âmbito da União, que as distribuiria com equidade?

Poderiam as emendas constitucionais que trouxeram tais inovações ser revogadas? Não se pode, desde logo, afirmar que as emendas teriam tais finalidades, embora esteja claro que metade de seu montante deve ser destinada a "ações e serviços públicos de saúde" (parte final do parágrafo 9º do art. 166, introduzido pela EC nº 86/2015). Se forem destinadas a serviços de saúde de comunidades carentes, sem sequer um posto de saúde ou uma unidade básica para socorrê-los, podemos entendê-las. No entanto, quem pode afirmar que a isso sejam destinadas? É avanço ou retrocesso?

O parágrafo 10 do art. 165 da EC nº 100/2019 tornou o orçamento uma peça obrigatória e vinculante. Seu cumprimento é obrigatório à Administração.

Nem se pode dizer que Administração é apenas o Executivo. Administração é o governo como todo, incluindo Legislativo e Judiciário, além dos demais órgãos com autonomia orçamentária, como o Ministério Público, a Defensoria Pública, o Tribunal de Contas. É o governo obrigado a seu cumprimento exaustivo.

Ocorre que ao elaborar a peça orçamentária o Executivo estimou suas receitas e destinou as despesas. Elaborou um mapa ideológico das necessidades e deu finalidade aos recursos que se auferirão ao longo do exercício financeiro. Ocorre que, com a destinação sendo transferida aos parlamentares, os planos elaborados pelo Executivo correm risco.

Continuamos, no entanto, com o problema: pode haver revogação dos dispositivos inovadores? Entendemos que sim. Não há retrocesso algum. Claro que o novo texto acalma um conflito permanente, qual seja, o de evitar que Legislativo e Executivo se confrontem a todo instante. Mas tal garantia não diz respeito a direitos fundamentais e, pois, não se aplica a doutrina que cuida da proibição do retrocesso.

É verdade que por ricocheteio os recursos podem beneficiar parte da população carente. Mas não creio que a teoria chegue a tal requinte.

18.23.8 Da transferência de recursos diretamente a outros entes federativos. A Emenda Constitucional nº 105/2019. A repactuação federativa. A EC nº 112/2021

Como complemento do advento do orçamento impositivo e para escapar da burocracia de apresentação de papéis dentro dos diversos ministérios, sobreveio a EC nº 105 para solucionar uma série de entraves na execução orçamentária.

A partir de então e com o advento do art. 166-A, "As emendas individuais impositivas apresentadas ao projeto de lei orçamentária anual poderão alocar recursos a Estados, ao Distrito Federal e a Municípios por meio de: I transferência especial; ou II – transferência com finalidade definida".

O que poderia e deveria figurar em lei ordinária ou complementar ganha *status* constitucional. Completa insanidade.

Os recursos que devam ser alocados a Estados, Distrito Federal e Municípios não integram a receita dos entes destinatários. Logo, ficam livres de limites da despesa com pessoal, bem como em relação ao endividamento.

A EC proíbe que os recursos transferidos sejam destinados a "despesas com pessoal e encargos sociais relativas a ativos e inativos, e com pensionistas" (inciso I) e "encargos referentes ao serviço da dívida" (inciso II).

A distinção entre a *transferência especial* e a *transferência com finalidade definida* diz respeito à indicação ou não da destinação da verba. Na primeira ocorre sua transferência, cabendo ao ente destinatário dar-lhe a finalidade que desejar. Há o repasse independentemente de convênio (inciso I do parágrafo 2º), cujo recurso passa a integrar as receitas dos entes beneficiários (inciso II) e a destinação da verba é dada por eles.

Como dispõe o inciso III do parágrafo 2º da EC nº 105/2019, 70% dos recursos deverão ser aplicados em *despesas de capital*. A definição do que sejam despesas de capital está no art. 12 da Lei nº 4.320/1964. Os recursos podem ser aplicados em aquisição de máquinas, equipamentos, instalações, material permanente ou obras.

Estados, Distrito Federal e Municípios poderão "firmar contratos de cooperação técnica para fins de subsidiar o acompanhamento da execução orçamentária na aplicação dos recursos" (parágrafo 3º do art. 166-A da EC nº 105/2019).

Na hipótese de *destinação com finalidade definida*, o parlamentar indica (inciso I do parágrafo 4º do dispositivo em análise) onde quer alocar o recurso. Pode ser para saúde, educação, saneamento básico ou outra finalidade, como também para finalidade cultural (festivais, músicas, rodeios). O inciso II contém restrição à liberdade de alocação dos recursos, ou seja, devem ser aplicados em "ares de competência constitucional da União".

Ora, a União tem um plexo de atribuições gigantesco e, pois, qualquer verba que for destinada aos demais entes federativos estará na competência concorrente da União.

De tal sorte que os recursos deverão ser enviados aos demais entes federativos e retirados do orçamento da União, sendo desnecessário apresentar projetos ou qualquer outro documento aos ministérios para liberação das verbas.

Antes de tal dispositivo, o parlamentar comunicava ao Governador ou Prefeito que havia alocado recurso orçamentário destinado à entidade federativa e esta era obrigada a apresentar um projeto acompanhado de uma série de documentos ao Ministério competente. Agora, está bastante simplificado: ou a verba é destinada ao ente federativo sem indicação de finalidade ou contém esta e, pois, vincula a ação do ente destinatário.

No primeiro semestre de aplicação da EC, 60% do montante dos recursos ficarão destinados à transferência especial.

O conteúdo da EC nº 105/2019 é bastante interessante. Melhor seria a repactuação federativa. É que a maioria dos recursos tributários pertence à União. Daí ela distribui os recursos aos demais entes federativos através das denominadas receitas transferidas tributárias ou, então, ficam eles dependentes das transferências denominadas voluntárias. Cria-se odiosa sujeição dos demais entes federativos à União. Melhor seria que houvesse uma discussão sobre as atribuições de cada ente, bem como uma partilha mais adequada dos recursos auferidos pela União.

A União fica com a parte do leão. Governadores e prefeitos ficam de chapéu na mão e se dirigem permanentemente a Brasília para pedir recursos, pois seus Estados e Municípios são inadimplentes. Pode ser fruto de má gestão, mas, em verdade, os recursos não são partilhados de acordo com as necessidades de cada ente. Estes não logram dar conta de suas atribuições constitucionais ou legais e são obrigados a pedir os Municípios aos Estados e todos à União que salve suas finanças.

Em próxima Constituinte Originária impõe-se uma discussão sobre as competências de cada ente federativo. Deverão ser verificadas as atribuições de cada qual e, então, estabelecer a partilha do bolo de recursos.

De qualquer maneira, o envio direto de verbas públicas através das emendas individuais para Estados, Distrito Federal e Municípios é mais um avanço que se dá em tornar impositivo o orçamento, mas mais do que isso, de dar efetiva vida ao federalismo.

Tenho afirmado que nosso Estado tem um sistema unitário descentralizado ao invés de se constituir em federação. Vício que vem do Brasil Colônia e do Brasil Império. Mesmo com a república não se conseguiu dar foros de autonomia efetiva aos Estados-membros, que ficam, ainda hoje, nas dependências da arrecadação tributária e não tributária da União.

Aos poucos, estamos avançando.

O Brasil vem passando por uma série de alterações no campo político. A federação vem sendo remodelada. Recentemente (27 de outubro) a Emenda Constitucional nº 112, de 27 de outubro de 2021, altera o art. 159 da Constituição Federal para determinar a transferência de percentual do imposto sobre a renda e dos produtos industrializados aos Municípios.

Certo é que todos os problemas e dificuldades localizam-se nos Municípios, base territorial onde tudo ocorre. Embora os recursos financeiros, em sua maioria, sejam arrecadados e sejam destinados à União, aos poucos está havendo sua descentralização para irem ter aos cofres dos Municípios.

Cuidemos, no entanto, de analisar as emendas até agora mencionadas do ângulo estritamente jurídico.

18.23.9 Inconstitucionalidade das emendas nºs 86/2016 e 100/2019 e das emendas secretas. A quebra da isonomia. A agressão à invasão da intimidade administrativa. Reserva administrativa

Há questão que deve ser enfrentada. As emendas apresentadas pelos parlamentares seriam inconstitucionais por beneficiarem a eles diretamente? Estaria rompido o princípio da igualdade de todos perante a lei? Ademais, se o orçamento é ato realizado pelo Poder Executivo e a ele cabendo sua livre execução (respeitadas as vinculações) não estaria o Legislativo se imiscuindo em esfera própria de outro poder? Estaria rompido o princípio da tripartição?

Parece-nos que, embora as emendas tenham servido para retirar a subjugação a que estavam sujeitos os parlamentares no sentido de obrigá-los a votar matéria de interesse do governo, criam disparidade constitucional em relação a todos os brasileiros que não são titulares de mandato.

O art. 5º da Constituição Federal estabelece que "todos são iguais perante a lei, *sem distinção de qualquer natureza*". O preceito tem um mínimo de conteúdo. Distinção de *qualquer* natureza é proibida. Será que não está criada uma distinção entre deputados e senadores de um lado e os demais eleitores e pretendentes aos mandatos de outro? E o que não se dizer das denominadas emendas de relator? Este é um privilegiado, e no direito romano teria direito a muitas estátuas além de ser recebido em Roma no apogeu da glória e com desfile cívico.

Como podem os que não são parlamentares concorrer em igualdade de condições com deputados e senadores se não têm a disponibilidade de emendas parlamentares para abastecer suas bases eleitorais? Isso não cria desigualdade em relação a eles? O parlamentar titular de emendas individuais pode regar seus correligionários, prefeitos e vereadores e deputados estaduais com recursos para que realizem obras, serviços, festas, inclusive de inspiração religiosa, o que lhes dará suporte eleitoral futuro. Evidente que todo aquele que atende a interesses locais ou regionais tende a se fortalecer junto a seus eleitores e admiradores. Isso cria distinção gritante entre o deputado ou senador que dispõe de tais recursos em relação a meros cidadãos e indivíduos que deles não podem fazer uso.

Celso Antônio ao enfocar o "Conteúdo jurídico do princípio da igualdade" ressalta que "o ponto nodular para exame da correção de uma regra em face do princípio isonômico reside da existência ou de correlação lógica entre o fator erigido em critério de discrímen e a discriminação legal decidida em função dele".[122]

Ora, o critério de discriminação eleito pelo legislador constituinte derivado é o fato de os beneficiados das emendas orçamentárias serem parlamentares, o que não guarda compatibilidade lógica com o que se quer discriminar, isto é, a distribuição de recursos públicos. Aliás, cria-se odiosa discriminação contra toda a população, contra possíveis pretendentes a um mandato eletivo e contra todos os brasileiros maiores e elegíveis.

Cria-se, sem dúvida, uma distinção repugnante entre brasileiros. Os que dispõem de verbas e os outros meros mortais.

---

[122] BANDEIRA DE MELLO, Celso Antônio. *O conteúdo jurídico do princípio da igualdade*, RT, 1978, p. 47.

De outro lado, a ordem constitucional transfere ao Poder Executivo a execução orçamentária. Nenhuma ressalva é feita. Daí se pergunta: Pode o Legislativo interferir e separar verbas para seu uso e disponibilidade? Ora, no sistema constitucional há o que se rotula de *reserva administrativa*, isto é, determinada matéria que incumbe exclusivamente ao Executivo. Há paliativos. Mas não se pode aceitar que o Legislativo se imiscua e retire da disponibilidade do governo verbas que a ele competem.

Sabidamente, o Executivo traça suas políticas públicas de atuação e, para tanto, necessita de verbas para consecução de seus objetivos. Na medida em que o Legislativo passa a dispor de tais verbas, rompe com tradição e com os preceitos da tripartição dos poderes.

Cremos que as emendas constitucionais que preveem a aplicação de recursos financeiros diretamente pelo Congresso Nacional, seja pelas emendas individuais, seja pelas emendas de bancada e também pelas de relator, são inconstitucionais. As duas primeiras por agredirem o princípio da igualdade de todos perante a lei e por permitirem indevida interferência no âmbito da intimidade de competência do Executivo (*reserva administrativa)* e a última por permitir que o relator do processo orçamentário possa dispor, a seu talante, dos recursos destinados ao Executivo.

Com certeza há interferência indevida do Legislativo nos afazeres administrativos do Executivo.

Poder-se-á argumentar que a Constituição pode alterar o que existia e alterar a titularidade e o destino das verbas tributárias ou patrimoniais. É verdade. Mas não pode, a tal pretexto, desajustar o equilíbrio entre os poderes do Estado, na forma distribuída e preconizada no art. 2º da Constituição Federal. A harmonia não pressupõe invasão ou restrição de competências estabelecidas em outros dispositivos. Sem dúvida que a Constituição é uma só e ela deve ser interpretada harmonicamente, com compatibilidade entre seus artigos.

Menos verdade não é, no entanto, que não se pode invejar o poema de Antonio Machado sobre a invasão do jardim, a retirada das rosas e, quando quiser o Executivo gritar a reclamar, já não terá garganta, porque foi cortada pelo invasor.

Mais gritante é a entrega de recursos públicos aos parlamentares para que os destinem a suas bases eleitorais em detrimento da igualdade que deve imperar entre parlamentares e cidadãos ou indivíduos. Não se pode invejar o livro *Fazenda de animais*, de Orwell, no qual os porcos, de dominados, passaram a dominadores, tão logo trocaram de posição com os patrões.

18.23.10 Emenda Constitucional nº 123, de 14.07.2022

A Constituição Federal é mais uma vez violentada. Não bastassem os desmandos, mudanças e conspurcações efetuados a toda hora, agora impingem em seu texto uma alteração ridícula, para dizer o mínimo. Mas, se as mudanças propostas atendem a parte do setor de serviços, deixam de lado outros tantos que se habilitarão a impugná-la junto ao Supremo Tribunal Federal.

Em primeiro lugar alega *Estado de emergência* a justificar "elevação extraordinária e imprevisível dos preços do petróleo, combustíveis e seus derivados e dos impactos sociais deles decorrentes" (art. 1º). Não há Estado de emergência que possa ser sentido.

Há *dificuldades financeiras*, o que é outra coisa e que podem ser superadas com a adoção de outras medidas (de plano sugeriria a vedação de emendas parlamentares, de bancada e secretas). Em segundo lugar, a redução do montante destinado aos partidos políticos para suportarem suas campanhas. Se o patrocínio é público (com o que concordamos), as verbas não precisam ser tão elevadas. Eventual remanejamento de verbas poderia ajudar.

Com tais medidas já teríamos grande parte dos problemas reduzidos, sem se apresentar desengonçada geringonça ao Plenário do Congresso Nacional.

Altera-se o ADCT com o acréscimo do art. 120. No inciso I se estabelece que as despesas serão atendidas por *crédito extraordinário*. A abertura deste, nos exatos termos do parágrafo 3º do art. 167 da Constituição Federal: "Somente será admitida para atender a despesas imprevisíveis e urgentes, como as decorrentes de guerra, comoção interna ou calamidade pública, observado o disposto no art. 62". O art. 62 cuida da adoção de medidas provisórias.

Verifica-se que o denominado *crédito extraordinário* apenas pode ser editado por decreto presidencial para atender a situações *imprevisíveis e urgentes*. Observe-se que os requisitos são dois, e não um. A urgência não basta. É necessária a imprevisibilidade. Ora, se a política nacional de combustíveis é acompanhar o mercado externo, nada havia de imprevisível, pois a variação de preços internacionais compõe o mercado. O dispositivo constitucional ainda especifica como os casos de "guerra, comoção interna ou calamidade pública". Não parece que o Brasil esteja em guerra, nem passe por comoção interna (não há problemas intestinos de forma a desestabilizar a República ou a democracia), nem há calamidade pública, que, como se viu, poderia ter os problemas resolvidos com outras medidas mais racionais.

A nova PEC supera, igualmente, o denominado *teto constitucional* introduzido pela Emenda Constitucional nº 95/2016, que introduziu o art. 107 ao ADCT.

A partir daí o texto passa a distribuir benesses eleitorais, que poderão ser editadas por medidas provisórias (de vez que independe da observância dos requisitos previstos no parágrafo 3º do art. 167 da CF). Assegura a extensão do Programa Auxílio Brasil (inciso I do art. 3º da PEC), propicia auxílio Gás dos Brasileiros (inciso II), concede auxílio de um mil reais (R$1.000,00) aos Transportadores Autônomos de Cargas, aporta aos entes federativos assistência financeira, entrega auxílio financeiro a Estados e Distrito Federal que outorgarem créditos tributários do ICMS aos produtores de etanol, concede a motoristas de táxi auxílio, assegura ao programa Alimenta Brasil a verba de 500 milhões de reais.

Há um esbanjamento geral de recursos para atender a situações específicas que poderiam ser atendidas de outro modo, sem ferir a Constituição e sem ter em mira o pleito eleitoral que se travará no dia 2 de outubro.

O que ocorre com a oposição? Cala-se envergonhada. Viu-se enlaçada por interesses mesquinhos e eleitoreiros. Por quê? É que a PEC assegura uma distribuição de recursos de forma indiscriminada e profundamente rasteira. Mas se opor a ela significaria suicídio político.

A partir de tais previsões, a Constituição adquire característica de norma regulamentar e passa a dispor como será feita a distribuição dos recursos, indicando órgãos habilitados a tanto.

O que se vê é um verdadeiro atentado à Constituição Federal. A pretexto de enfrentar uma situação de emergência, viola-se texto que deveria ser sagrado. É o mito fundador que é violentado. É o texto maior de uma civilização que deveria garantir direitos e assegurar a inviolabilidade da nação que passa a se constituir instrumento para atender a ocupantes provisórios do Palácio do Planalto.

Como salienta Heleno Torres, "as despesas lançadas em orçamento e aprovadas pelo Legislativo não obrigam a Administração a efetuar, concretamente, todo o gasto".[123] Se assim é, se nem a Administração está obrigada a efetuar todas as despesas, como pode o Legislativo sobrepujar o Executivo, a quem cabe a execução do orçamento, a efetuar as despesas estabelecidas para parlamentares? Acrescenta o autor que reconhecer o espaço de liberdade da Administração "não equivale a supor alguma discricionariedade para alocação de disponibilidades financeiras, cuja efetiva realização dependerá do tipo de despesa, da lei institutiva das despesas públicas, dos programas, metas ou políticas públicas e da situação concreta, contratação e outros".[124]

E o Congresso? Cabisbaixo, esconde-se com vergonha de seu ato desprezível.

Enfim, o Brasil assiste, pacífico, à violação de seu texto maior. É crime que se perpetua com a iniciativa do Presidente da República e com a aquiescência de todo o Congresso Nacional. Resta o Supremo Tribunal Federal que terá de sopesar muito as razões e os fundamentos da Emenda Constitucional, porque atende aos mais necessitados e garante verbas a taxistas e caminhoneiros.

É descalabro total com nossa tosca federação, com o arremedo de República e tristeza democrática.

18.23.11 A EC nº 126, de 2022. As emendas de relator. Lei Complementar nº 110/2024

A EC nº 126/2022 instituiu as emendas de relator que a mídia rotulou de secretas. O relator ficou autorizado a apresentar emendas para *a ampliação de dotações orçamentárias*, referidas no artigo.

Mais uma excrescência, como se vem afirmando. É o apoderamento que o Legislativo passa sobre o Executivo. Confronto de poderes.

Deixemos claro. Ao Executivo cabe a apresentação e execução do orçamento. Pode o Parlamento apresentar emendas com as limitações constitucionais. Quem tem o poder de iniciar o processo legislativo pode emendá-lo. Função típica do parlamentar. Só que, em relação ao orçamento, há restrições que me parecem óbvias. Quem tem o conhecimento total dos recursos públicos é o Executivo, a quem cabe implementar plano de políticas públicas determinadas pela Constituição Federal.

Há o que se rotula de *reserva administrativa*. Enquanto o ato típico do Judiciário é a produção de *coisa julgada* e o do Legislativo a *inovação primária do ordenamento jurídico*, ao Executivo cabe cumprir as leis emanadas do Parlamento. Para tanto edita atos que gozam de imperatividade, presunção de legalidade e, eventualmente, de executoriedade. Atos típicos dentro da reserva administrativa.

---

[123] TORRES, Heleno. *Direito constitucional financeiro*. São Paulo: Revista dos Tribunais, 2014. p. 408.

[124] *Idem, ibidem.*

O Parlamento, chamando a si a atribuição de execução orçamentária, invade, de forma inconstitucional, o espaço reservado ao Executivo, dentro da separação de poderes. Por isso são harmônicos e independentes (art. 2º da Constituição Federal) os órgãos de exercício do poder.

Descabe a qualquer dos poderes invadir o âmbito de atribuição exclusivo do outro. O que é fora de padrão é o "furto" sub-reptício de atribuições.

18.23.12 Conclusões

Pela análise que fizemos das três emendas constitucionais que deliberaram instituir, agora por escrito, o orçamento impositivo e permitir que as emendas individuais dos parlamentares cheguem diretamente aos Estados, Distrito Federal e Municípios constituíram-se alterações federativas importantes.

Em primeiro lugar, liberta o parlamentar de ficar mendigando ao Executivo a liberação de suas emendas. Em seguida, transfere os recursos diretamente ao ente beneficiário. Ademais, libera de apresentação de projetos inúteis e que apenas serviam para transação bancária interna entre pedinte e funcionários dos ministérios. Por último, garante às bancadas que se prestigiem junto ao governo local.

Só que o que poderia ser uma providência altiva é inconstitucional. Entende-se que se evita o confronto e subjugação dos parlamentares ao Executivo. Cria-se, de outro lado, distinções inaceitáveis do ângulo jurídico.

Avanços de um lado e retrocessos de outro. Os parlamentares ficam livres da ingerência do Executivo em relação à destinação de verbas, o que é interessante, mas ao mesmo tempo retiram deste a disponibilidade dos recursos para a realização das políticas que erige como objeto de sua atuação.

Do confronto e do conflito entre os interesses, de um lado há a facilitação na tramitação na execução das emendas; de outro, sua inconstitucionalidade.

A Ministra Rosa Weber, na Arguição de Preceito Fundamental nº 854/DF, atendeu a requerimento do PSOL e determinara a suspensão do cumprimento das emendas do relator. Posteriormente, acedendo a pedido dos Presidentes do Senado e da Câmara, tornou sem efeito sua decisão. Com isso evitou confronto entre os poderes, mas permitiu que a licenciosidade continuasse. O argumento foi o risco de prejuízo à continuidade na prestação de serviços essenciais à coletividade e à execução de políticas públicas.

É o que se rotula de orçamento secreto, pois não há identificação do parlamentar solicitante da emenda, seu montante e o destinatário dos recursos. Enfim, a caravana segue.

Na hipótese de prosseguirem tais emendas (que entendo inconstitucionais – as de bancada, de partido e do relator, fazendo ressalva às individuais e às de Comissão), deverá haver identificação do proponente, do destino da verba e de seu efetivo uso. O que não tem sentido é serem *secretas*.

Sobreveio a Lei Complementar nº 210, de novembro de 2024 que disciplinou a apresentação e liberação das emendas parlamentares. Os vícios de procedimento e conteúdo não foram superados. O STF, todavia, através da ADPF 854 liberou o processamento das emendas. As emendas RP 9 e as emendas Pix possuem vício insanável de inconstitucionalidade. Jamais poderiam ser liberadas pelo STF. No entanto, prevalece o "acordo" cujos termos não poderiam ter sido acolhidos. Pior, a decisão foi unânime.

A LEI Nº 4.320, DE 17.3.1964 (LEI GERAL DE ORÇAMENTO)

19.1 Considerações gerais

Dispõe o §9º do art. 165 da CF que lei complementar disporá sobre "o exercício financeiro, a vigência, os prazos, a elaboração e a organização do Plano Plurianual, da Lei de Diretrizes Orçamentárias e da Lei Orçamentária Anual" (inciso I), cabendo-lhe também "estabelecer normas de gestão financeira e patrimonial da Administração direta e indireta, bem como condições para a instituição e funcionamento de fundos" (inciso II).

Referida lei complementar ainda não sobreveio à Constituição de 1988, sendo certo que a Lei nº 4.320/1964, ainda que lei ordinária, mas de conteúdo complementar, foi recepcionada pela Constituição atual. É da competência da União a edição de normas gerais sobre direito tributário e financeiro (art. 24, *caput*, I e §1º, da CF), e a Lei nº 4.320/1964 estabelece, em cumprimento a preceito constitucional, normas gerais de direito financeiro para elaboração e controle dos orçamentos e balanços (art. 1º) – e, pois, de cumprimento obrigatório por Estados, Distrito Federal e Municípios.

Em relação ao orçamento, determina a discriminação de receitas e despesas, "de forma a evidenciar a política econômico-financeira e o programa de trabalho do governo" (art. 2º), devendo ser obedecidos os princípios da "unidade, universalidade e anualidade". A proposta orçamentária será instruída com alguns anexos, tal como discriminado no art. 2º. A Constituição Federal, em verdade, bem disciplinou o que deve constar do orçamento, suas exclusões e inclusões.

Não haverá qualquer dispositivo estranho à receita e à despesa, salvo "abertura de créditos suplementares" e "contratação de operações de crédito, ainda que por antecipação da receita" (§8º do art. 165 da CF). A norma é repetida pelo art. 7º da lei em comento.

19.2 Receita

A lei define *tributo* como receita derivada, "destinando-se seu produto ao custeio de atividades gerais ou específicas" (art. 9º). Classifica as receitas em *correntes* e *de capital*.

As receitas correntes são constituídas de: (a) tributos, alcançando as contribuições; (b) receitas patrimoniais (agropecuárias, industriais, de serviços e financeiras, recebidas de outras pessoas de direito público ou privado, quando destinadas a atender às despesas correntes). As de capital provêm da realização de recursos financeiros oriundos de: (a) dívidas; (b) conversão em espécie de bens e direitos; (c) recursos transferidos de outras pessoas de direito público ou privado, destinados a atender a despesas de tal ordem.

As *receitas tributárias* resultam do poder impositivo. As *patrimoniais* advêm da fruição do patrimônio, tal como estradas, "Zona Azul", zonas portuárias, aeroportuárias, etc.; da exploração agropecuária, envolvendo produção vegetal e animal, como venda de animais, plantas e árvores, sêmen, etc.; provêm também da receita industrial, tais como empresas que a tanto se dediquem. Assim, os serviços, tais como hotéis públicos, hospitais explorados por serviços sociais, etc. E, por fim, receitas transferidas as que são encaminhadas por outras entidades, tais como os tributos transferidos ou recursos provenientes de minerais, energia elétrica, etc.

19.3 Realização da receita

A realização da receita pressupõe lei anterior e prévia autorização orçamentária. No âmbito tributário, o ato que verifica a ocorrência do fato gerador da obrigação tributária bem como a pessoa devedora é o lançamento. Evidente está que o agente tributário deve fornecer recibo ou documento hábil do que arrecada.

19.4 Despesa

As despesas são: (a) despesas correntes (custeio e transferências correntes); (b) despesas de capital (investimentos, inversões financeiras, transferências de capital), na classificação do art. 12 da Lei nº 4.320/1964.

Despesas representam as saídas de recursos públicos. As de *custeio* são dotações para manutenção de serviços existentes e as "destinadas a atender a obras de conservação e adaptação de bens imóveis" (§1º do art. 12). Os imóveis a que se refere a lei são todos aqueles que integram o patrimônio público, independentemente da finalidade a que estejam momentaneamente servindo, sejam de uso comum do povo, dominais ou especiais. O *custeio* engloba o pagamento do pessoal, civil e militar, inclusive de terceiros, material de consumo e despesas de exercício anterior.

As *transferências correntes* implicam passagem de recursos de uma para outra pessoa jurídica. Destinam-se a hospitais, órgãos de previdência, fundos de participação e destinação, etc. São intragovernamentais (operacionais, econômicas, fundos, etc.). Aqui se localizam os Fundos de Participação de Estados e Municípios, bem como os demais fundos criados na Constituição ou nas leis; o pagamento de inativos, pensionistas, assistência médico-hospitalar, benefícios previdenciários, acidentes de trabalho, etc.; os encargos da dívida também aqui se incluem: juros, encargos, correção monetária, etc.; os juros de dívida contratada e juros do Tesouro; também as condenações judiciais.

As *subvenções* destinam-se a custear despesas de entidades beneficiárias. São *sociais* as que se destinam a entidades públicas ou privadas de caráter assistência ou cultural, sem finalidade lucrativa; e *econômicas* as destinadas a empresas públicas ou privadas de caráter industrial, comercial, agrícola ou pastoril (§3º do art. 12). A concessão de subvenções *sociais* visará à prestação de serviços de assistência social, médica e educacional, desde que a aplicação particular seja mais econômica (art. 16). Agora, há a prestação de serviços médicos através das entidades sociais, de natureza particular, aqui se enquadrando tal despesa. A subvenção apenas pode ocorrer a entidades cujo funcionamento tenha sido julgado satisfatório pelos órgãos administrativos (art. 17). As *subvenções econômicas* objetivam a "cobertura de déficits de manutenção das empresas públicas" (art. 18). Evidente que o objetivo é atender a dificuldades momentâneas das entidades públicas.

As *despesas de capital* englobam os investimentos, as inversões financeiras e as transferências de capital. Os *investimentos* são "dotações para o planejamento e a execução de obras, inclusive as destinadas à aquisição de imóveis considerados necessários à realização destas últimas, bem como para os programas especiais de trabalho, aquisição de instalações, equipamentos e material permanente e constituição ou aumento do capital de empresas que não sejam de caráter comercial ou financeiro" (§4º do art. 12).

As *inversões* financeiras são destinadas à aquisição de imóveis ou de bens de capital, de títulos representativos de capital de empresas de qualquer espécie e constituição ou aumento de capital de empresas que visem a objetivos comerciais ou financeiros, inclusive operações bancárias ou de seguros (incisos I a III do §5º do art. 12). Estão englobados os títulos de crédito, empréstimos, etc.

Transferências de capital são "dotações para investimento ou inversões financeiras que outras pessoas de direito público ou privado devam realizar, independentemente de contraprestação direta em bens ou serviço, constituindo essas transferências auxílios ou contribuições, segundo derivem diretamente da Lei de Orçamento ou de lei especial anterior, bem como dotações para amortização da dívida pública" (§6º do art. 12 da lei em comento). Aqui se localizam as contribuições a fundos e todas as transferências na partilha da receita, inclusive para organismos internacionais, a amortização da dívida, resgate de títulos, etc.

Há expressa vedação legal de ajuda financeira a empresa de fins lucrativos, salvo autorização em lei especial (art. 19 da Lei nº 4.320/1964). Pode ocorrer que determinada empresa esteja atravessando dificuldades momentâneas, mas, pelo exame de seus dados, seja viável, e seu possível fechamento vá ocasionar desemprego nocivo ao país; em tais casos torna-se admissível a ajuda financeira – como, por exemplo, no caso conhecido da "Parmalat" –, e pode haver interesse do governo em auxiliar a empresa.

19.4.1 Despesas sigilosas

Há um direito fundamental ao acesso à informação? Sim, e tal direito está previsto nos incisos XIV ("é assegurado a todos o acesso à informação e resguardado o sigilo da fonte, quando necessário ao exercício profissional") e XXXIII ("todos têm direito a receber dos órgãos públicos informações de seu interesse particular, ou de interesse coletivo ou geral, que serão prestadas no prazo da lei, sob pena de responsabilidade, ressalvadas aquelas cujo sigilo seja imprescindível à segurança da sociedade e do Estado") do art. 5º da Carta Magna, sendo este específico às informações sob o poder do Estado. Este direito fundamental veio a ser parcialmente efetivado através da edição da Lei nº 12.527/2011, conhecida como Lei de Acesso à Informação, na qual consta que "os procedimentos previstos nesta Lei destinam-se a assegurar o direito fundamental de acesso à informação e devem ser executados em conformidade com os princípios básicos da Administração Pública" (art. 3º).

Ocorre que todo Estado tem que ter um núcleo indevassável no qual toma medidas sigilosas em garantia de sua sobrevivência. Tudo que exerce e lhe cabe deve ser público, à exceção do que seja "imprescindível à segurança da sociedade e do Estado" (parte final do inciso XXXIII do art. 5º da CF).

Não se pode colocar sob tal expressão toda e qualquer despesa que se queira. Há de vir expressamente fundamentada e com autorização do Congresso Nacional. A garantia do Estado refere-se à sua segurança em face de outros Estados, como também diante de problemas intestinos que possam ocorrer (grave perturbação da ordem pública em que se busca a desqualificação do Estado). A garantia da sociedade diz respeito à ordem pública (cujo objetivo será perturbação momentânea, sem a desqualificação do Estado).

Quando o Exército é autorizado a intervir na segurança pública, como ocorreu quando da realização dos Jogos Pan-Americanos no Rio de Janeiro, a hipótese é de segurança da sociedade – no caso concreto, as guerras entre traficantes de diversas favelas não colocavam em risco a integridade do Estado, mas atingiam, como continuam atingindo, a segurança da sociedade.

O dispositivo constitucional mencionado permite, pois, que haja informações sigilosas, o que redunda ou pode redundar em despesas necessárias. Abre-se, pois, a oportunidade para que ocorram no Estado despesas que não podem e não devem ser reveladas à sociedade, ficando limitado seu conhecimento a um grupo especial de pessoas e, com certeza, ao Presidente da República.

O sigilo pode acobertar operações militares, segredos de movimentação de tropas, aquisição de equipamento de defesa, etc. O Brasil pode ter interesse em manter sob sigilo a aquisição de material radioativo, de processamento de urânio para fins pacíficos, extração de minerais estratégicos, etc. Não quer, por conveniência da segurança da sociedade ou do Estado, que países estrangeiros tenham conhecimento do que se passa em nosso interior, com objetivo de defesa. Inclusive em poderio militar. O valor maior da segurança da sociedade ou do Estado pode ser imprescindível para o desenvolvimento tecnológico de determinadas atividades.

O que importa é que as razões sejam delineadas em face de órgão nacional de segurança.

O Decreto-Lei nº 200/1967, ainda vigente parcialmente, estabelece em seu art. 86 que "a movimentação de créditos destinados à realização de despesas reservadas ou confidenciais será feita sigilosamente". Evidente que, se houver previsão legislativa autorizativa da despesa sigilosa, a movimentação deve ser feita de igual maneira. A LDO estabelece que a pré-condição do gasto sigiloso é que o órgão tenha tal caráter. Assim, a Agência Brasileira de Inteligência (ABIN) (criada por força da Lei nº 9.883, de 7.12.1999), que tem por finalidade planejar, executar, coordenar, supervisionar e controlar as atividades de inteligência, pode ter e tem interesse em que seus atos não sejam divulgados e sua atividade permaneça sob sigilo. Logo, as despesas que executa devem ter o mesmo caráter, salvo naquilo que for rotineiro.

A LDO estabelece, então, que as despesas não só da ABIN, mas também do Ministério da Defesa e das três Armas, sejam dotadas de tal caráter.

Cabe a manutenção do sigilo em face do órgão que tem o dever de fiscalizar as despesas, isto é, o TCU? Evidente está que o caráter sigiloso tem a ver com a divulgação de despesas que possam comprometer a segurança da sociedade e do Estado. Logo, não podem ser divulgadas. No entanto, tal situação não impede que o TCU tenha acesso a tais despesas. Na sua apreciação deverá, de igual maneira, efetuar um julgamento sigiloso, preservada a não divulgação de dados.

O sigilo da despesa não fica imune a verificação, fiscalização e julgamento do TCU. Eventualmente poderá haver sanções que devam ser aplicadas por desvio de conduta. Tudo ocorrerá também em sigilo. O art. 158 do Regimento Interno do TCU estabelece o julgamento sigiloso na apreciação de verbas reservadas.

Qual a participação do Poder Legislativo em tal comportamento? De igual maneira, haverá na Comissão Mista cautela para apreciação de tais verbas. Itens orçamentários específicos farão a dotação orçamentária, preservando a política que deva ser desenvolvida pelo órgão destinatário.

No Estado Democrático de Direito ninguém se furta às normas jurídicas vigentes. Todos os comportamentos sujeitam-se ao controle de qualquer autoridade. No entanto, em garantia mesma do Estado de Direito é que são permitidas despesas reservadas a determinados órgãos, cujo destino é garantir a integridade do Estado e da sociedade.

Há, pois, item orçamentário próprio para despesas sigilosas.

Como se vê, o uso de cartões corporativos não autoriza o sigilo. Despesas comuns, como de compras para o uso seja do Presidente da República, da Primeira Dama e dos Ministros de Estado, devem ser públicas. Eventualmente sob invocação de sigilo, mas fiscalizada pelo Tribunal de Contas, pode haver a liberação de item orçamentário para que se garanta determinado sigilo em situação específica. No entanto, como já se disse, no Estado Democrático de Direito a regra é a publicidade, que decorre do art. 37 da Constituição da República. O sigilo é exceção. Mesmo porque nenhuma dessas autoridades guarda compatibilidade lógica com o objetivo da preservação, ou seja, a segurança da sociedade e do Estado. Na eventualidade, deve haver a competente autorização legislativa e posterior controle do TCU.

Evidente está que tais despesas não prescindem de prestação de contas, que devem ser tomadas pelo TCU com a reserva necessária. As auditorias não podem ser limitadas. O resultado delas é que deve ser preservado, uma vez que o objetivo primeiro é a manutenção da sociedade e do Estado, que devem ser preservados pelo sigilo. No entanto, a verificação, a inspeção, a auditoria e a fiscalização não podem sofrer limites.

Não há, como se vê, qualquer quebra do princípio da publicidade dos comportamentos públicos. Preserva-se, simplesmente, o caráter sigiloso de determinados atos e condutas em garantia do Estado e da sociedade.

Caso ocorra algum abuso por parte de qualquer agente público, deve haver a escorreita análise e eventual reclassificação. Como bem assevera Fernando Facury Scaff, "quando constatada a realização de despesas sigilosas que não possuem este caráter, tanto o Tribunal de Contas quanto o Parlamento possuem o dever de reclassificá-las, tornando-as públicas de imediato".[1]

Com base nas disposições acima apresentadas, o TCU vem exercendo sua competência prevista constitucionalmente, e por vezes retira de algumas despesas a qualificação de sigilosas, tais como "referentes às naturezas de despesas hospedagem, fornecimento de alimentação, combustível e lubrificantes automotivos, serviços de telecomunicações, material de expediente, gêneros de alimentação, entre outros".[2]

Por outro lado, infelizmente, a atuação dos Tribunais de Contas nem sempre permite clara e devida análise do tema, tendo, por isso, sido identificado por Fernando Scaff que o TCU não atua de maneira uniforme na des(re)classificação das despesas sigilosas, que o Plenário do TCU, numa clara autolimitação, que impossibilita uma atuação mais proativa, desconsidera as razões apresentadas por outros órgãos integrantes da própria estrutura da Corte de Contas e que não existe clareza na regulamentação da matéria.[3]

19.5 Realização da despesa

Consuma-se a despesa em três fases: o empenho, a liquidação e o pagamento.

Antes de tudo, devem existir procedimentos para se aferir a necessidade da despesa. Realiza-se, nos casos em que é exigida, a licitação e, decidida a aquisição, a obra ou o serviço, deve ser efetuado o pagamento.

O *empenho* "é o ato emanado de autoridade competente que cria para o Estado obrigação de pagamento pendente ou não de implemento de condição" (art. 58 da Lei nº 4.320/1964). Na precisa lição de José Afonso da Silva, "consiste na reserva de recursos na dotação inicial ou no saldo existente para garantir a fornecedores, executores de obras ou prestadores de serviços pelo fornecimento de materiais, execução de obras ou prestação de serviços".[4] Materializa-se pela emissão de um documento que identifica a quem se deve pagar e quanto se paga. Anota Celso Bastos que "o empenho não cria a obrigação jurídica de pagar, como acontece em outros sistemas jurídico-financeiros. Ele consiste numa medida destinada a destacar, nos fundos orçamentários destinados à satisfação daquela despesa, a quantia necessária ao resgate do débito".[5]

A Lei de Responsabilidade Fiscal contém alguns limites para a realização de empenho, fixando diretrizes para o contingenciamento.

Nenhum empenho pode exceder o crédito previsto. Podem ser diversas as ordens de empenho, mas não podem exceder o montante da dotação. Demais, a Lei nº 4.320/1964 é taxativa no sentido de estabelecer ser "vedada a realização de despesa sem prévio empenho" (art. 60). Como bem anotam J. Teixeira Machado Jr. e Heraldo da Costa Reis, a nota de empenho "é simplesmente um mecanismo utilizado pelo Poder Público para materializar a garantia de pagamento assegurada pela relação contratual entre o

---

1 SCAFF, Fernando Facury. Direitos fundamentais e orçamento: despesas sigilosas e o direito à verdade. *In*: CONTI, José Maurício; SCAFF, Fernando Facury (Org.). *Orçamentos públicos e direito financeiro*. São Paulo: RT, 2011, p. 231.

2 TCU, Plenário, Ac. nº 2514/2010, rel. Min. Benjamin Zymler, *DOU*, 22.09.2010.

3 SCAFF, Fernando Facury. Direitos fundamentais e orçamento: despesas sigilosas e o direito à verdade, *op. cit.*, p. 229.

4 SILVA, José Afonso da. *Orçamento-programa no Brasil*. São Paulo: RT, 1973, p. 337-338.

5 BASTOS, Celso. *Curso de direito financeiro e tributário*. 9. ed. São Paulo: Celso Bastos Editor, 2002.

Estado e terceiros, ou ainda para cumprimento de obrigações de pagamentos oriundas de mandamentos constitucionais e de leis ordinárias".[6] Evidente está que há despesas que independem da emissão de nota de empenho, tais como despesas oriundas de mandamento constitucional, partilha de recursos pelos fundos, despesas contratuais, etc.

Não se confundem o *empenho* com a *nota de empenho*. *Empenho* é previsão de recursos para pagamento do débito, constituindo-se em garantia do credor no recebimento. É instrumento de programação. Daí não se poder empenhar depois de realizado o pagamento. *Nota de empenho* é o instrumento, é o documento que representa a autorização para pagamento.

Segue-se a *liquidação*, que consiste na verificação do direito do credor, tendo por base os títulos e documentos comprobatórios do crédito (art. 63 da Lei nº 4.320/1964). Examinam-se a origem do crédito, a importância exata a pagar e a quem se deve pagar. A origem encontra-se no contrato ou na nota de empenho ou nota fiscal. Tal ato nada cria, é simples verificação da legalidade e da obediência às formalidades legais.

Estando tudo em ordem, emite-se a *ordem de pagamento*, que é o "despacho exarado por autoridade competente, determinando que a despesa seja paga" (art. 64). A partir daí há a mera formalidade de emissão do cheque para o pagamento ou de ordem de transferência de saldo para a conta do credor.

Cuidando-se de pagamento de *precatórios*, basta a movimentação financeira, mediante depósito à disposição do juízo, que se encarrega do pagamento ao credor, mediante guia de levantamento.

A ordem de pagamento passou a ser, a partir da Lei de Responsabilidade Fiscal, ato de suma importância, porque identifica o responsável como *ordenador da despesa*. Este é o responsável pela verificação da realidade do gasto público.

19.6 Requisitos formais da proposta orçamentária

A proposta de lei orçamentária é composta de uma *mensagem*, que contém a exposição da situação econômico-financeira do país (ou do Estado ou do Município), com demonstração da dívida fundada e da flutuante, saldos, Restos a Pagar e outros compromissos financeiros exigíveis, bem como a política econômica que é adotada (art. 22, I, da Lei nº 4.320/1964), o próprio *projeto*, tabelas explicativas de receita e despesa, especificação dos programas a serem realizados (incisos II e III do art. 22).

Evidente que o *Projeto de Plano Plurianual* será mais amplo e genérico, contendo receitas e despesas de capital (art. 23 da Lei nº 4.320/1964). A proposta anual detalhará os investimentos, inversões financeiras e transferências (art. 26 da Lei nº 4.320/1964) e deverá guardar sintonia com a proposta do Plano Plurianual, bem como com a Lei de Diretrizes Orçamentárias, nos exatos termos do §7º do art. 165 da CF.

---

6 MACHADO JR., José Teixeira; REIS, Heraldo da Costa. *A Lei nº 4.320 comentada e a Lei de Responsabilidade Fiscal*. 31. ed. Rio de Janeiro: IBAM, 2003, p. 105.

19.7 Exercício financeiro

O exercício financeiro coincide com o ano civil (art. 34 da Lei nº 4.320/1964) e integram-no as receitas nele arrecadadas e as despesas nele legalmente empenhadas (art. 35). Os *Restos a Pagar* são as despesas empenhadas, mas não pagas até 31 de dezembro de cada ano.

19.8 Dívida ativa. Conceito. Crédito tributário e não tributário. Inscrição. Presunção de liquidez e certeza

Dívida ativa é o crédito, tributário ou não, escriturado como receita, esgotado o prazo para pagamento, e inscrito na forma da lei. Pode ser tributária e não tributária.

A "dívida ativa tributária é o crédito da Fazenda Pública dessa natureza, proveniente de obrigação legal relativa a tributos e respectivos adicionais e multas" (primeira parte do §2º do art. 39 da Lei nº 4.320/1964). A dívida ativa não tributária "são os demais créditos da Fazenda Pública, tais como os provenientes de empréstimos compulsórios, contribuições estabelecidas em lei, multas de qualquer origem ou natureza, exceto as tributárias, foros, laudêmios, aluguéis ou taxas de ocupação, custas processuais, preços de serviços prestados por estabelecimentos públicos, indenizações, reposições, restituições, alcances dos responsáveis definitivamente julgados, bem assim os créditos decorrentes de obrigações em moeda estrangeira, de sub-rogação de hipoteca, fiança, aval ou outra garantia, de contratos em geral ou de outras obrigações legais" (parte final do §2º do artigo mencionado).

Ressalva-se, hoje, a definição da parte final em relação aos empréstimos compulsórios e às contribuições que têm caráter tributário. Como a definição foi elaborada em 1964, evidentemente que a doutrina não estava a par dos últimos conceitos por esta elaborados.

Compreendem-se no crédito tributário atualização monetária, juros e multa de mora e demais encargos previstos em lei ou contrato (§2º do art. 2º da Lei nº 6.830/1980).

Vale a afirmação de que tudo que é tributário se encontra na primeira rubrica, e o que for entrada de outra natureza, na forma arrolada pela parte final do dispositivo, é receita não tributária.

O crédito deve ser inscrito. *Inscrição* é ato de controle de legalidade, que apura a liquidez e certeza do crédito. É ato formal de encerramento da apuração da cobrança e de constituição de título executivo que irá legitimar a execução.

Toda dívida inscrita goza de presunção de liquidez e certeza (art. 3º da Lei nº 6.830/1980). A presunção é *juris tantum*, isto é, admite prova em contrário. É presunção relativa que ampara a cobrança, mas pode ser destruída por documento contrário (parágrafo único do art. 3º). A Lei nº 6.830/1980 estabelece os requisitos do termo de inscrição (§5º do art. 2º).

Sendo a execução da dívida ativa afeta ao Poder Judiciário, pode-se permitir que seja sua cobrança realizada pela própria Administração Pública?

Em tal sentido apresentamos projeto de lei junto ao Congresso Nacional a fim de se permitir que a execução se faça por órgãos administrativos, e não em juízo. Evidente que na hipótese de lesão ou ameaça de lesão a qualquer direito constitucional não poderá ela ser subtraída à apreciação do Poder Judiciário, como determina nossa Constituição.

A hipótese de que se cogita é a de permitir que a execução se faça no nível administrativo, isto é, que a citação e a penhora se realizem através de funcionários públicos – e não por oficiais de justiça –, perante a própria Administração Pública, e não perante o Judiciário.

Ora, ainda que se trate de ato constrangedor do patrimônio individual, não há inconstitucionalidade no fato de se permitir que agentes administrativos realizem a penhora. É que a mera lavratura de tal ato se constitui, efetivamente, em ato administrativo. Produz o efeito de tornar indisponível o bem objeto da penhora, de iniciar prazo para que haja interposição de embargos, e inicia a controvérsia sobre o débito. Tais atos não são exclusivos do Poder Judiciário, porque, em princípio, não há qualquer ilegalidade. Em verdade, são atos de rotina. O que ocorre, a partir da hora em que o dever apresenta os embargos, o julgamento; aí, sim, somente pode ser feito perante o Judiciário.

No entanto, na hipótese de pagamento houve a autocomposição da lide. No caso de pagamento parcelado igualmente as partes estão se compondo, o que dispensa a intervenção do Judiciário. Este apenas intervém na hipótese de ameaça ou lesão a direito. É o quanto assegura a Constituição da República.

O STF entendeu na ADI nº 5.135 que é constitucional determinar o protesto da certidão de dívida ativa. Sustentou-se que a possibilidade de protesto consubstancia via alternativa de pagamento dos débitos tributários.

19.8.1 Crédito proveniente de decisão do Tribunal de Contas

Dispõe o §3º do art. 71 da CF que "as decisões do Tribunal de que resulte imputação de débito ou multa terão eficácia de título executivo".

O Tribunal de Contas, no exercício de sua missão constitucional, decide sobre a prestação de contas, fiscaliza a aplicação de recursos, fiscaliza contas de empresas públicas, autarquias, sociedades de economia mista, etc. No caso de apuração de débito ou de infração à legislação de que possa resultar imposição de sanção pecuniária, os atos que emana têm eficácia de título executivo.

Discute a doutrina se é necessária a inscrição do crédito como dívida ativa para que possa ser executada. Não é o que deflui da dicção do dispositivo constitucional, nem necessita ele de qualquer norma complementar. Seu entendimento deflui diretamente da norma e é bastante claro: se à decisão foi atribuída a eficácia de título executivo, dispensa-se a inscrição.

A única hipótese de constituição de título executivo de forma unilateral é o crédito público. Todos os demais títulos dependem de manifestação confluente de vontades para a formação do vínculo. Hipótese única é a constituição do crédito da Fazenda Pública. A inscrição do crédito terá o efeito de dar a ele a eficácia de transformação em título executivo. Ora, se a Constituição já estipulou o efeito das decisões dos Tribunais de Contas, desnecessário qualquer providência complementar para dar-lhes eficácia e, pois, dar-lhes forma de títulos executivos. A decisão do Tribunal é o título, tornando despicienda a inscrição na dívida ativa.

19.8.2 Administração indireta

As autarquias também têm o privilégio da constituição de seus próprios títulos. É o que estabelece o art. 1º da Lei nº 6.830/1980. As demais entidades da Administração indireta não o possuem.

Desde que a entidade tenha sido instituída por lei, sob forma de autarquia, que veste a mesma roupagem da Administração direta, indisputável que todos os seus créditos podem ser inscritos e gozarão da presunção de liquidez e certeza.

A Lei nº 9.649/1998 alterou a natureza das entidades de fiscalização profissional. A ADI nº 1.717 declarou inconstitucional o art. 58 da lei, retornando tais entidades à natureza de pessoas jurídicas de direito público. São autarquias corporativas que se destinam a organizar e fiscalizar o exercício profissional. É a chamada *política das profissões*.

19.8.3 Terceirização do crédito público proveniente de dívida ativa. Cessão de créditos tributários (Lei Complementar nº 208, de 2024)

É controversa a questão sobre a possibilidade de o Estado terceirizar a cobrança de sua dívida ativa. Como se sabe, há uma enorme divergência de opiniões a respeito. Normalmente os fundamentos pró e contra calcam-se em ordens subjetivas e corporativas.

Diz-se da impossibilidade com fundamento primeiro no §3º do art. 131 da CF, que estabelece: "Na execução da dívida ativa de natureza tributária, a representação da União cabe à Procuradoria-Geral da Fazenda Nacional, observado o disposto em lei". Não parece que seja este um argumento decisivo. É que o art. 131 está cuidando de dois órgãos que representam a Fazenda Pública federal em juízo e lhe cabia, como era devido, ainda que de matéria constitucional não se cuide, apartar as atribuições, o que evitaria confrontos posteriores. Está aí a chamada *norma de organização*, isto é, que apenas fixa atribuições, não dispondo sobre providências posteriores. Fica claro que não cabe à Advocacia-Geral da União sua representação em juízo quando se cuidar da cobrança da dívida ativa de caráter tributário. O dispositivo, ao lado de ser anômalo para figurar numa Constituição, é mera norma atributiva de competência, o que exclui as atribuições de outros órgãos. A matéria poderia ser estabelecida em lei.

O fato de ser o crédito tributário cobrado mediante atividade administrativa plenamente vinculada, tal como previsto no art. 3º do CTN, não tem o caráter de que seja ele cobrado apenas por integrantes do Poder Público. A vinculação aí aludida diz respeito à indelegabilidade da ação de constituição do crédito tributário, e o dispositivo está tão somente definindo o que seja o tributo.

O art. 7º do mesmo Código, ao estabelecer que a competência tributária é indelegável, está se referindo, como o artigo anterior, à instituição do crédito, que não pode ser constituído por entidade particular. É que a invasão da intimidade jurídica do particular apenas pode decorrer de norma vinculada, uma vez que se constitui na garantia da incolumidade jurídica do indivíduo. É norma garantidora do cidadão, e não prerrogativa de qualquer órgão integrante da estrutura burocrática do Poder Público. Não se pode olhar de forma vesga o texto. Quando se fixa norma estruturante da Administração Pública, tem ela o condão de efetuar limitação das atribuições do ente político ou administrativo, sem lhe outorgar qualquer privilégio. É norma que imuniza o cidadão contra ataques do particular. Gizados estão, com o advento da norma, os lindes de atuação dos órgãos públicos e respectivos agentes. Não significa conceder-lhes qualquer prerrogativa, como se ainda se cuidasse do Estado-Polícia. É este visto como plexo de competências estabelecido para garantir o cidadão, protegê-lo, dele cuidar, sem que signifique que se sinta beneficiado com atribuições que garantam qualquer privilégio constitucional ou legal. No confronto entre os interesses individuais e os do Poder Público não prevalecem sempre os deste. Apenas se pode ter tal visão quando está ele titularizando interesses da comunidade ou públicos; jamais garantindo benesses a órgãos ou agentes.

O argumento de que o Estado não consegue lograr a cobrança de seu crédito, devendo cedê-lo a particulares, constitui fundamento que não convence. Revela desconhecimento do assunto. Há uma estrutura que é insuficiente, o que não impede que seja melhorada e possa dar conta do problema. O mesmo se diga dos baixos vencimentos. Estes são fixados em lei e dependem da existência de receitas correntes, nos exatos termos da Lei de Responsabilidade Fiscal. Da mesma forma se pode argumentar com a insuficiência de servidores de apoio. Tal problema igualmente pode ser resolvido. De outro lado, não nos interessa a análise da inércia na cobrança de créditos com financiadores de campanha. Grandes empresas que financiam campanhas políticas de presidentes, senadores, governadores, prefeitos e deputados ficariam à margem da execução, pois não haveria *interesse* no prosseguimento dos feitos e praceamento de bens para satisfação do Erário, uma vez que poderia despertar a má vontade dos executados nas próximas campanhas. Este é argumento que apenas favorece a posição da terceirização dos créditos.

Em verdade, não estamos cuidando de matéria fática, e não podemos perder o argumento jurídico para cairmos em discussões sobre a falta de estrutura do Poder Público. O que vale é a discussão em termos jurídicos, a saber: se o ordenamento normativo admite, ou não, a cessão dos créditos a terceiros ou a terceirização da cobrança da dívida ativa, tributária ou não.

Ainda que se possa afirmar que não se pode terceirizar a cobrança do crédito público, os autores apontam soluções para sua consecução. Dentre elas a de estruturação dos órgãos de execução, a preferência pelos grandes devedores, melhor pagamento dos servidores.

O problema, aí, seria de mera opção política do Poder Público. Havendo uma definição de que o Estado pretende investir na cobrança da dívida, evidente que deverá reestruturar os órgãos de execução, reajustar vencimentos de servidores e adotar política de cobrança dos grandes devedores, anistiando créditos pequenos, cujo montante não justifica uma execução. Enfim, adotaria os mecanismos necessários para impor uma política ativa de cobrança.

Não podendo ou não querendo fazê-lo, caber-lhe-ia terceirizar ou ceder o crédito ou, então, entender o crédito como bem móvel e permitir a cessão onerosa a terceiros? Tal pretensão esbarraria em algum preceito constitucional ou legal?

Em primeiro lugar, impende analisar a cobrança do crédito como função de Estado, e, pois, indelegável. Entende-se que a constituição do crédito é indelegável. Em tal hipótese, a invasão da intimidade do indivíduo é privativa do ente público no que tange ao crédito tributário. O poder de tributar e o de punir são típicos do Estado, não em decorrência da competência outorgada à Procuradoria da Fazenda Nacional, mas em face do sistema tributário, e em especial do art. 146 da CF. Toda definição constitucional é da competência estrita da Constituição e das leis, a que cabe estabelecer o caminho reto da constituição dos créditos, atribuir-lhes privilégios (presunção de liquidez e certeza, instituição unilateral do título de crédito, etc.). Como cabe ao Estado a *instituição* de seus tributos, *alguém* tem que *cobrá-los*. Este alguém deve estar legitimado pela ordem jurídica para invadir a intimidade jurídica do obrigado tributário. O sujeito ativo do crédito e o passivo do débito devem estar plenamente identificados na norma atributiva, o mesmo se dizendo da qualificação específica daquele que interferirá na intimidade do devedor para compeli-lo ao pagamento do tributo.

Assenta-se uma primeira conclusão: apenas o agente público pode constituir o crédito tributário. A função de constituição e cobrança é função típica de Estado, ainda mais em face do inciso XXII do art. 37 da CF, com redação da Emenda Constitucional nº 42/2003. Referido dispositivo cuida da Administração Tributária, cuja essência vem delimitada pelos arts. 194 a 200 do CTN. Todos cuidam dos procedimentos relativos à constituição do crédito, atribuições para sua identificação, caráter investigativo sobre livros, arquivos, documentos, etc., diligências e forma de apuração do direito do Poder Público de haver seu crédito.

Outra coisa, bastante distinta, é a dívida ativa, tributária ou não. Não mais pode haver a invasão da esfera de intimidade do indivíduo. Em vez de alguém sem título específico, aqui temos um devedor. Não são todos os brasileiros; apenas o devedor. Por que teria este a garantia de apenas ser executado por agente público? Como já disse, a norma atributiva de competência é restritiva da ação do Estado e não se constitui em prerrogativa ou privilégio de órgãos ou agentes. Aqui já não se tem o obrigado tributário. Temos o devedor inadimplente. A atividade plenamente vinculada já se esgotou, desembocando na elaboração de um título de crédito, tendo a Fazenda Pública como credora e o não pagador como sujeito passivo da execução.

Já não está o devedor na situação de mero sujeito passivo da obrigação tributária, ainda sujeita a uma análise dos órgãos, à ocorrência do fato gerador, à possível exclusão do crédito tributário, etc. Do outro lado da linha há um devedor. A atividade administrativa plenamente vinculada dá origem a um título, fazendo cessar a atribuição da Administração Fazendária, dando origem a um título de crédito. Para que surja a dívida ativa, imprescindível é a inscrição do crédito (ou débito, dependendo da posição ativa ou passiva que se assume). "A inscrição, assim, é o ato de convolação do débito em dívida ativa em termos jurídico-processuais. Tem como pressuposto a existência de crédito da Fazenda Pública ou de pessoa a ela equiparada, vencido e inadimplido, cujo lançamento, entendido como a 'individualização do direito creditório da Fazenda' (cf. Luciano Benévolo de Andrade, ob. cit., *infra*, p. 148), quer de natureza tributária ou não tributária, tenha sido objeto de exame pelo órgão competente".[7]

Vê-se que são coisas diferentes. Uma é a constituição do crédito tributário que nasce com o lançamento (art. 142 do CTN). É atividade vinculada e obrigatória, absolutamente

[7] SOUZA, Maria Helena Rau de. *In*: FREITAS, Vladimir Passos de (Coord.). *Código Tributário Nacional comentado*. São Paulo: RT, 1999, p. 773.

necessária para a constituição do crédito. Uma fase é constitutiva, isto é, dá-se ao crédito existência material; outra é a integrativa de eficácia, em que se apuram os requisitos para criação do título executivo.

Uma vez inscrito o crédito tributário na dívida ativa, adquire ele eficácia executiva, e, pois, se trata de mera execução judicial. Aqui, desnecessários conhecimentos técnicos para aferição, verificação, análise dos fatos e, finalmente, a constituição do crédito. Basta o conhecimento jurídico restrito à matéria tributária ou não e ao conhecimento processual para execução.

A discussão sobre a terceirização de créditos públicos provenientes da dívida ativa apresenta crescente relevância prática, tendo em vista as práticas de securitização destes créditos adotadas nos últimos anos por diversos entes da Federação Brasileira.

Merece destaque a promulgação da Lei do Estado de São Paulo nº 13.723/2009, a qual autoriza o Poder Executivo deste ente a ceder, a título oneroso, os direitos creditórios originários de créditos tributários e não tributários, objeto de parcelamentos administrativos ou judiciais, relativos ao ICMS, ao ITCMD, ao IPVA, às taxas de qualquer espécie e origem, às multas administrativas de natureza não tributária, às multas contratuais, aos ressarcimentos e às restituições e indenizações. Tal cessão, esclarece o art. 1º, poderá ser feita à Sociedade de Propósito Específico disciplinada na mesma lei ou à Cia. Paulista de Parcerias/CPP ou, ainda, a fundo de investimento em direitos creditórios. A operação de securitização paulista compreende apenas os direitos autônomos ao recebimento dos créditos. Somente pode ser cedido a terceiros o produto de créditos tributários cujo fato gerador já tenha ocorrido e de créditos não tributários vencidos, efetivamente constituídos e inscritos na dívida ativa do Estado ou reconhecidos pelo contribuinte ou devedor mediante a formalização de parcelamento (§1º do art. 1º).

Além das considerações já apresentadas acima sobre a controvérsia que cerca a terceirização da cobrança de créditos públicos provenientes da dívida ativa, devem ser examinadas outras duas implicações desta terceirização especialmente relevantes no campo do direito financeiro.

A primeira dessas implicações diz respeito à possibilidade de a terceirização em tela caracterizar-se como "operação de crédito" nos termos Lei de Responsabilidade Fiscal. Conforme se explicará de modo detalhado em capítulo próprio adiante (Capítulo 23), esta lei traz requisitos e limitações para as operações de crédito, inclusive aquelas por antecipação de receita. Assim, caso se verifique tal caracterização, as normas específicas da Lei de Responsabilidade Fiscal hão de ser observadas na estruturação e na gestão das operações de securitização de créditos tributários.

A lei paulista, buscando evitar a caracterização da securitização como operação de crédito nos termos da Lei de Responsabilidade Fiscal, dispõe que a cessão "far-se-á em caráter definitivo, sem assunção, pelo Estado, perante o cessionário, de responsabilidade pelo efetivo pagamento a cargo do contribuinte ou de qualquer outra espécie de compromisso financeiro".[8]

---

[8] A tentativa do legislador paulista de contornar os requisitos e as limitações da Lei de Responsabilidade Fiscal é considerada inócua por alguns críticos da Lei nº 13.723/2009. Cite-se, nesse sentido, a posição de Márcio Sotelo Fellipe, para quem se está diante de efetiva operação de crédito, "uma vez que o Estado terá sempre que prestar

A segunda implicação relevante diz respeito aos eventuais problemas federativos que a referida securitização pode causar, uma vez que os créditos da dívida ativa cuja cobrança se procura terceirizar podem ser relativos a tributos que tenham suas respectivas receitas repartidas com outros entes da Federação. Nesses casos deve ser assegurada em qualquer operação de terceirização da cobrança de créditos tributários a adequada repartição das receitas.

No caso da lei paulista há previsão específica que visa à mitigação desse problema federativo, determinando que a cessão dos direitos creditórios tributários seja parcial, ficando excluídas as parcelas de receitas tributárias transferidas que pertencem aos Municípios (art. 5º). As respectivas receitas transferidas, conforme dispõe o parágrafo único desse dispositivo, serão entregues aos Municípios nos prazos e percentuais previstos na legislação financeira aplicável, no momento da concretização dos respectivos pagamentos pelos contribuintes.

Deduz-se do quanto se vem dizendo que, não se cuidando de atribuição típica de Estado, não será inconstitucional lei que estabeleça a cessão dos créditos tributários ou que outorgue a terceiros a possibilidade de execução dos títulos executivos constituídos. A cessão transfere ao cessionário todos os direitos e as obrigações decorrentes do título.

Evidente que a arrecadação tributária é sintoma de boa e responsável gestão fiscal (art. 11 da Lei de Responsabilidade Fiscal), o que não elimina – ao contrário, estimula – a terceirização dos créditos.

Em suma, parece-nos que a atividade de constituição do crédito nada tem a ver com sua cobrança, tendo ele sido instituído. São atividades diversas. Uma inicia-se com o lançamento e termina quando esgotados os meios de defesa; outra se inicia com a inscrição na dívida ativa, o que enseja a cobrança executiva judicial. Fases distintas com diferentes efeitos: a primeira, atividade típica de Estado, conforme demonstrado, porque, basicamente, invade a esfera jurídica do administrado; a segunda, mera operação jurídica de cobrança, que decorre da consolidação do crédito.

A Lei Complementar nº 208/2024 confirma o que vínhamos defendendo há tempos, isto é, a possibilidade de cessão dos créditos tributários. Através da lei, pode haver a cessão de direitos originados de créditos tributários e não tributários a pessoas jurídicas de direito privado ou a fundos de investimento.

A cessão mantém a natureza do crédito, suas garantias e privilégios. Por óbvio ninguém adquirirá crédito sem a manutenção de tais prerrogativas detidas pelo Estado. A cessão preserva a base de cálculo das vinculações constitucionais no exercício financeiro em que o contribuinte efetuar o pagamento. A cessão é considerada operação de venda definitiva de patrimônio público (parágrafo 5º do art. 1º da lei). A destinação da receita está amarrada na lei (parágrafo 6º). Pode haver a criação de entidade com propósito específico para os procedimentos de transferência.

O crédito público pode ser objeto de protesto judicial ou extrajudicial. É mais uma forma de reconhecer o crédito e seu não pagamento. Com tal providência, o Estado busca constranger o contribuinte ao pagamento.

---

garantia por força do Código Civil (art. 295), que não pode ser alterado por lei estadual" ("Devedor paulista pode lucrar com a própria dívida". Disponível em: http://nova.conjur.com.br/2009-out-02/cessao-titulos-sao-paulo-permite-compra-proprio-devedor. Acesso em: 14.12.2009).

O texto vem em boa hora para dar flexibilidade na cobrança dos créditos tributários e não tributários. O credor público ficou entupido de ações de execução fiscal sem lograr obter sequer o endereço do devedor. Elaborando pacotes com bons pagadores e devedores contumazes, pode alienar parte de seu ativo que não tem perspectivas de recebimento.

19.9 Créditos. Inadmissibilidade do uso de medida provisória para edição de crédito extraordinário

O crédito orçamentário é a dotação incluída na Lei Orçamentária para atender a qualquer despesa. Seu montante deve corresponder, efetivamente, ao do gasto. Caso seja insuficiente a previsão orçamentária ou não haja previsão, nasce a necessidade de obter autorização de *crédito adicional*. Divide-se este em *suplementar*, *especial* e *extraordinário*.

O *crédito suplementar* é destinado a reforço de dotação orçamentária (inciso I do art. 41 da Lei nº 4.320/1964). O *especial* destina-se a despesas para as quais não haja dotação orçamentária específica (inciso II). E o *extraordinário*, o destinado a despesas urgentes e imprevistas, em casos de guerra, comoção intestina ou calamidade pública (inciso III do art. 41).

O STF decidiu que descabe abertura de crédito extraordinário através de medida provisória, por violação do §3º do art. 167 da CF. É que a previsão constitucional admite o crédito extraordinário apenas para despesas urgentes e imprevistas, em casos de guerra, comoção intestina ou calamidade pública. Em tais hipóteses há que existir, no mundo empírico, o pressuposto da edição da medida provisória. Se o destino é para despesas de simples custeio ou investimentos triviais, é inconstitucional o uso da medida provisória.[9]

Em acórdão pioneiro do Min. Gilmar Mendes firmou-se a jurisprudência a respeito do assunto. Afirmou-se a possibilidade do controle abstrato das normas orçamentárias e a excepcionalidade da edição de medidas provisórias: "Ao contrário do que ocorre em relação aos requisitos de relevância e urgência (art. 62), a Constituição exige que a abertura do crédito extraordinário seja feita apenas para atender a despesas imprevisíveis e urgentes. Ao contrário do que ocorre em relação aos requisitos de relevância e urgência (art. 62), que se submetem a uma ampla margem de discricionariedade por parte do Presidente da República, os requisitos de imprevisibilidade e urgência (art. 167, §3º) recebem densificação normativa da Constituição. Os conteúdos semânticos das expressões 'guerra', 'comoção interna' e 'calamidade pública' constituem vetores para a interpretação/aplicação do art. 167, §3º, c/c o art. 62, §1º, I, e alíneas, da Constituição. 'Guerra', 'comoção interna' e 'calamidade pública' são conceitos que representam realidades ou situações fáticas de extrema gravidade e de consequências imprevisíveis para a ordem pública e a paz social, e que, dessa forma, requerem, com a devida urgência, a adoção de medidas singulares e extraordinárias. A leitura atenta e a análise interpretativa do texto e da exposição de motivos da Medida Provisória nº 405/2007 demonstram que os

---

9 STF, ADI nº 4.049, rel. Min. Carlos Britto, j. 05.11.2008.

créditos abertos são destinados a prover despesas correntes, que não estão qualificados pela imprevisibilidade ou pela urgência".[10]

Vê-se, pois, que o STF acertou em analisar a realidade da matéria fática que ensejou a edição de medida provisória para abertura de crédito extraordinário. Como as hipóteses previstas na Constituição são taxativas e de conteúdo empírico denso, a Corte não se furtou em analisar a inconstitucionalidade da medida provisória do ângulo do preenchimento de seu conteúdo, comparando-o com a realidade.

Impunha-se tal análise, efetuando-se a subsunção do fato à hipótese normativa. Evidente que não havia enquadramento da situação empírica à previsão constitucional.

Toda abertura de crédito depende de *lei* e é feita por *decreto*. Evidente que se pressupõe a disponibilidade de recursos (art. 43 da Lei nº 4.320/1964). O crédito extraordinário, diante dos pressupostos fáticos de sua ocorrência, é aberto, imediatamente, por decreto, dando-se conhecimento ao Poder Legislativo (art. 45). O ato de abertura de qualquer crédito deve indicar a importância, a espécie e a classificação da despesa.

Não há possibilidade de se abrir *crédito ilimitado* (inciso VII do art. 167 da CF).

O *recurso disponível* constitui-se em: *superávit* financeiro, excesso de arrecadação, anulação parcial ou total de dotação orçamentária ou de crédito adicional ou produto de operação de crédito (§1º do art. 43 da Lei nº 4.320/1964). Superávit é a diferença entre o ativo e o passivo financeiro. Excesso de arrecadação é o saldo positivo da previsão e realização da receita.

Nos exatos termos do inciso VI do art. 167 da CF, são vedados "a transposição, o remanejamento ou a transferência de recursos de uma categoria de programação para outra ou de um órgão para outro, sem prévia autorização legislativa". Segundo salienta Carlos Valder do Nascimento, "o texto diz respeito ao controle da programação da despesa por parte do Legislativo, a fim de permitir que o processo de execução orçamentária não logre distorções ao longo do exercício financeiro, em detrimento dos interesses maiores da sociedade. De fato, os programas concebidos não podem ser modificados no curso de sua execução, sob pena de mutilar o plano global de trabalho do governo e não efetivar a política econômico-financeira adotada".[11]

Em verdade, a lei orçamentária deve ser executada tal como aprovada. Sabidamente, todos os gastos públicos dependem de autorização legislativa, não podendo o Executivo ou o Judiciário alterar a proposta orçamentária sem prévia concordância do Legislativo. Logo, qualquer alteração, remanejamento ou transferência de recursos para outra destinação depende de autorização legislativa.

19.10 Controle e execução orçamentária

O controle da execução orçamentária compreende a verificação da legalidade dos atos que resultam tanto na arrecadação como na realização da despesa. Deve-se controlar não só a regularidade da entrada e da saída de recursos, como também o comportamento dos agentes e o cumprimento dos objetivos delineados pela Administração Pública.

---

10 STF, ADI/MC nº 4.048-DF, rel. Min. Gilmar Mendes, j. 14.05.2008.

11 NASCIMENTO, Carlos Valder do. *Curso de direito tributário*. 11. ed. Rio de Janeiro: Forense, 1999, p. 91.

"A fiscalização contábil, financeira, orçamentária, operacional e patrimonial da União e das entidades da Administração direta e indireta, quanto à legalidade, legitimidade, economicidade, aplicação das subvenções e renúncia de receitas, será exercida pelo Congresso Nacional, mediante controle externo, e pelo sistema de controle interno de cada Poder" (art. 70, *caput*, da CF).

O controle externo é exercido pelo Congresso Nacional com o auxílio do Tribunal de Contas, que tem sua disciplina prevista nos arts. 71 a 75 da CF. O tema foi analisado em outro capítulo. Aqui apenas interessa o controle *interno*. Dispõe o art. 74 que "os Poderes Legislativo, Executivo e Judiciário manterão, de forma integrada, sistema de controle interno". Destina-se a "avaliar o cumprimento das metas previstas no Plano Plurianual, a execução dos programas de governo e dos orçamentos da União" (inciso I do art. 74 da CF). O controle tem também por finalidade "comprovar a legalidade e avaliar os resultados, quanto à eficácia e eficiência, da gestão orçamentária, financeira e patrimonial dos órgãos e entidades da Administração Federal, bem como da aplicação de recursos públicos por entidades de direito privado" (inciso II do art. 74). Da mesma forma, objetiva "exercer o controle das operações de crédito, avais e garantias, bem como dos direitos e haveres da União" (inciso III), e, por fim, "apoiar o controle externo no exercício de sua missão constitucional" (inciso IV).

O controle pode ser *de mérito* e *de legalidade*. O de *legalidade* constitui-se em examinar a compatibilidade entre as normas. O ato inferior deve buscar respaldo no ato superior, isto é: em termos de despesa, o ato que a determina deve estar confortado em eventual contrato firmado com a Administração Pública, que, por seu turno, foi calcado em lei, e esta encontra fundamento na Constituição. Efetua-se rigoroso exame da compatibilidade da norma inferior com a superior. O de *mérito* significa o exame de oportunidade e conveniência da Administração Pública na prática do ato. Ambos buscam atender às diretrizes traçadas nas leis. A verificação da ilegalidade dos atos de execução orçamentária será prévia, concomitante e subsequente (art. 77 da Lei nº 4.320/1964).

O ato ilegal pode ser anulado; o válido, revogado, se inconveniente ou inoportuno. No exame de merecimento é que se verificam todas as ocorrências de economicidade, boa aplicação dos recursos, etc.

É dever dos responsáveis pelo controle interno, "ao tomarem conhecimento de qualquer irregularidade ou ilegalidade", dela darem "ciência ao Tribunal de Contas da União, sob pena de responsabilidade solidária" (§1º do art. 74 da CF). A solidariedade ocorre "quando na mesma obrigação concorre mais de um credor, ou mais de um devedor, cada um com direito, ou obrigado, à dívida toda" (art. 264 do CC). No caso, o vínculo de solidariedade provém da Constituição. Digamos que alguém efetuou uma dívida em nome do Poder Público e o ordenador da despesa, ao efetuar a liquidação, detecta que há total ilegalidade na ordem. Deve comunicar ao Tribunal de Contas respectivo ou, em despacho, comunicar à autoridade competente a ilegalidade da despesa. Deixando de fazê-lo, fica solidariamente obrigado ao pagamento, cabendo à pessoa jurídica de direito público credora exigir o pagamento de qualquer um dos obrigados solidários.

19.11 Prestação de contas

Todos aqueles que lidam com recursos públicos são obrigados à regular prestação de contas. Nos termos do parágrafo único do art. 70 da CF: "Prestará contas qualquer pessoa física ou jurídica, pública ou privada, que utilize, arrecade, guarde, gerencie ou administre dinheiros, bens e valores públicos ou pelos quais a União responda, ou que, em nome desta, assuma obrigações de natureza pecuniária". A prestação de contas realiza-se através de um ato ou de atos pelos quais o agente responsável pela gestão dos recursos relata os fatos financeiros ocorridos sob seu encargo. De outro lado, há a *tomada de contas*, contraface do ato de prestá-las. Deixando de fazê-lo, o órgão competente pode exigir a prestação ou realizar por sua conta seu exame. O órgão normalmente encarregado de tomar as contas é o tribunal competente. No entanto, a qualquer tempo a autoridade responsável pode exigir que alguém as preste.

A prestação de contas pode ser interna, quando exigida pela autoridade hierarquicamente superior, ou externa, na forma prevista pelo art. 71 da Constituição da República, pelo Tribunal de Contas. Segundo definido no art. 81 da Lei nº 4.320/1964, "o controle da execução orçamentária, pelo Poder Legislativo, terá por objetivo verificar a probidade da Administração, a guarda e legal emprego dos dinheiros públicos e o cumprimento da Lei de Orçamento".

O Poder Executivo anualmente prestará contas ao Poder Legislativo, nos exatos termos do inciso I do art. 71 da CF. O Tribunal de Contas dará parecer prévio, em 60 dias a contar do recebimento das contas.

O instrumento da prestação de contas é feito através da contabilidade, de forma a evidenciar a situação de todas as receitas e despesas, bem como através de balanços orçamentário, financeiro e patrimonial.

Todos que lidam com dinheiro público são obrigados à prestação de contas, seja a Administração direta, sejam as entidades da Administração indireta, na ampla definição do art. 107 da lei em comento; todos que tenham legitimidade ativa para cobrar qualquer tipo de tributo ou contribuição ou exigir qualquer receita não tributária.

20

A SUBVENÇÃO NO DIREITO BRASILEIRO

20.1 Subvenção. Precisão terminológica

Há certa confusão terminológica, seja na lei, seja na doutrina e mesmo na jurisprudência. Devemos, pois, para boa técnica da exposição, fixar o conteúdo dos conceitos, evitando confusões inúteis ou discussões em torno de palavras, o que tornaria ocioso e desnecessário o debate jurídico.

No inciso I do art. 19, o texto constitucional fala em subvenção, ao vedar qualquer ajuda aos cultos religiosos. Ao cuidar da fiscalização dos recursos públicos, no art. 70 fala também de subvenção e "renúncia de receita", que tem sido chamada por muitos como subvenção, também. No linguajar cotidiano fala-se em auxílio ou subvenção. Alguns falam em subsídio.

Hely Lopes Meirelles afirma que "os *auxílios e subvenções* concedidos pela União e pelo Estado, para fins especiais, ou em face de ocorrências excepcionais na vida do Município, constituem provisão extraordinária, que se integra na sua receita para a satisfação dos encargos a que é destinada".[1] Logo, emprega a expressão como repasse entre órgãos públicos. Modernamente, os autores e mesmo a Constituição da República falam, quando se cuida do relacionamento entre entes federativos, em "convênio, acordo, ajuste, ou outros instrumentos congêneres" (inciso VI do art. 71 da CF). O convênio é ajuste entre Poder Público e entidades públicas ou privadas para cumprimento de objetivos comuns. O consórcio é o ajuste entre duas ou mais pessoas jurídicas públicas do mesmo nível de governo, ou entre entidades da Administração indireta, para atingimento de objetivos comuns.

Logo, não se pode falar em auxílios ou subvenções apenas como os destinados pela União ou pelo Estado a Municípios.

Precisemos os conceitos. *Auxílio* não tem conteúdo específico no direito administrativo e no direito financeiro. Auxílio é qualquer tipo de ajuda, seja no campo do Direito, seja no campo do linguajar comum. É apoio, ajuda, esmola, subvenção, subsídio, etc. Não tem significado exato. É vocábulo do palavreado comum do povo. Logo, não o utilizaremos com caráter técnico.

---

1 MEIRELLES, Hely Lopes. *Finanças municipais*. São Paulo: RT, 1979, pp. 154-155.

O *subsídio* tomou novos conteúdos com o advento da Emenda Constitucional nº 19/1998, e passou a ser a remuneração dos agentes políticos (inciso XI do art. 37, com redação dada pela Emenda Constitucional nº 41/2003).[2] Deve, pois, ser abandonado como palavra identificadora do auxílio fornecido através de recursos orçamentários.

Diga-se o mesmo do emprego da palavra quando se cuida de *renúncia de receita*, ou seja, quando, de alguma forma, há o estímulo ou incentivo a fim de beneficiar pessoas físicas ou jurídicas com qualquer vantagem de cunho fiscal. Aplica-se a mesma conclusão quando se cuida de restituição fiscal. A renúncia de receita (*subsídio*) pode operar-se através da transferência de recursos do governo para os particulares, independentemente de qualquer bem ou serviço. Opera-se através de incentivos fiscais, como remissão, isenção, etc., ou, então, a título de financiamentos, etc.

Ao cuidarmos do auxílio propiciado a entes públicos ou privados, como forma de suplementação de recursos, nos campos especiais da assistência social, médica e educacional ou para cobrir insuficiência de caixa de entidades estatais, utilizaremos a *subvenção*.

No Direito Francês a subvenção é vista como "dirigida a empresas ou a programas de criação, extensão ou de localização de atividades acompanhadas da criação de empregos e de realização de investimento, e isso em função de zonas precisamente delimitadas sobre o território nacional".[3] No mesmo sentido a definição de Jacques Grosclaude e Philippe Marchessou ao afirmarem que se constitui em "uma ajuda ao funcionamento ou representa uma contribuição ao equilíbrio da empresa".[4] Acrescentam que pode se destinar "a ajudar a adquirir imóveis".[5]

No Direito Português vem com menor precisão, à diferença de nosso Direito, entendendo cuidar-se de "dádivas monetárias".[6] O vocábulo vem ligado à ideia de financiamento.

Na lição de Gaston Jèze, subvenção é "una suma de dinero que se entrega periódicamente o en su totalidad y que tiene por objeto facilitar el funcionamiento de la obra o establecimiento privado que persigue una finalidad de interés general".[7]

Podemos definir *subvenção* como o auxílio financeiro, previsto no orçamento público, para ajudar entidades públicas ou particulares a desenvolver atividades assistenciais, culturais ou empresariais. Não só a previsão ocorre no orçamento, mas leis específicas albergam novas formas de concessão de incentivos para as atividades mencionadas.

A subvenção é poderoso instrumento de ação do Estado de intervenção em inúmeros ramos de desenvolvimento. Claro que haverá perda de arrecadação, mas os incentivos bem concedidos garantem retorno social adequado.

---

2 O STF, na ADI nº 3.854-1 (*DJU*, 08.03.2007), concedeu liminar para, "dando interpretação conforme à Constituição ao art. 37, XI, e § 12, da Constituição da República, o primeiro dispositivo na redação da Emenda Constitucional nº 41/2003, e o segundo introduzido pela Emenda Constitucional nº 47/2005, excluir a submissão dos membros da Magistratura estadual ao subteto de remuneração (...)".

3 CRUCIS, Henry-Michel. *Finances publiques*. Paris: Montchrestien, 2003, p. 11.

4 GROSCLAUDE, Jacques; MARCHESSOU, Philippe. *Droit fiscal général*. 4. ed. Paris, Dalloz, 2001, p. 86.

5 *Idem*, p. 87.

6 RIBEIRO, José Joaquim Teixeira. *Lições de finanças públicas*. 5. ed. Coimbra: Coimbra Editora, 1997, p. 403.

7 JÈZE, Gaston. *Principios generales de derecho administrativo*. t. II. Trad. Millán Almagro. Buenos Aires: Depalma, 1949, 1ª Parte, p. 53.

20.2 As subvenções na lei. Subvenções sociais e econômicas

O §3º do art. 12 da Lei nº 4.320/164 define as subvenções como "as transferências destinadas a cobrir despesas de custeio das entidades beneficiadas". Podem ser de duas espécies: (a) *subvenções sociais*, "as que se destinem a instituições públicas ou privadas de caráter assistencial ou cultural, sem finalidade lucrativa"; e (b) *subvenções econômicas*, "as que se destinem a empresas públicas ou privadas de caráter industrial, comercial, agrícola ou pastoril". Tais noções são repetidas pelo Decreto nº 93.872/1986 (arts. 60 e 61).

O Direito Francês trata as subvenções com o rótulo de *aides économiques* ou *publiques*, e *constituem despesas importantes, pois elas têm por objetivo participar na sustentação e no desenvolvimento da economia nacional.*[8] Destinam-se *a empresas com o objetivo de programas de criação, extensão ou de deslocalização de atividades acompanhados da criação de empregos e da realização de investimentos, e estes em função de zonas delimitadas sobre o território nacional.*[9]

Trata-se de instrumento bastante utilizado pelo legislador e, como observa o autor, importante inclusive para a Comunidade Europeia.

As subvenções, de forma geral, somente servem para atender às despesas de custeio, que são dotações para manutenção de serviços, conservação de obras e de bens imóveis.

Evidente que descabe ao Estado, ainda que a educação seja um direito de todos e dever deste (art. 205 da CF), suportar todos os custos educacionais. Bem por isso é que a Constituição dispõe ser o ensino "livre à iniciativa privada" (art. 209), estabelecendo, tanto para a prestação direta da atividade estatal como para a suplementar realizada pelos particulares, algumas exigências (os deveres do Estado vêm disciplinados no art. 208, com as alterações da Emenda Constitucional nº 59/2009, e o dos particulares nos incisos do art. 209).

O Estado tanto pode investir os recursos destinados à educação (art. 212, com as alterações da Emenda Constitucional nº 59/2009) no que se denomina Administração direta, ou seja, quando ele próprio prestar o serviço, ou prestá-lo por suas entidades da Administração indireta (entidades autárquicas, universidades públicas, prestadores de serviço público de educação), ou pode transferir recursos a escolas comunitárias, confessionais ou filantrópicas, definidas em lei (art. 213).

Evidente será o caráter supletivo de tais transferências de recursos. É o que se denomina de *subvenção social*, uma vez que, no caso, a aplicação se destina a empresa privada de caráter cultural.

O art. 16 da Lei nº 4.320/1964 limita as entidades a que tais subvenções podem se destinar, e serão apenas as que visam à prestação de "serviços essenciais de assistência social, médica e educacional"; e estabelece uma restrição, ao prescrever que apenas ocorrerá a subvenção "sempre que a suplementação de recursos de origem privada, aplicados a esses objetivos, revelar-se mais econômica" (parte final do art. 16).

Dispõe o art. 17 da Lei nº 4.320/1964 que "somente à instituição cujas condições de funcionamento forem julgadas satisfatórias pelos órgãos oficiais de fiscalização serão concedidas subvenções". Verifica-se, pois, que, para que seja destinatária de recursos públicos, imprescindível é a análise prévia da situação de funcionamento da instituição.

---

8 CRUCIS, Henry-Michel. *Finances publiques, op. cit.*, p. 11.

9 *Idem, ibidem.*

Logo, ainda que haja solicitação de destinação de recursos orçamentários para auxílio a determinada instituição, imprescindível é que tenha havido exame anterior das condições de funcionamento e que tenham sido julgadas satisfatórias. Mesmo porque, se assim não for, sequer o recurso pode ser destinado.

Há, pois, uma fase prévia à previsão orçamentária, que depende do funcionamento da estrutura do exercício do poder de polícia do Estado. Para que o recurso venha a ser consignado como dotação orçamentária é condição a satisfação dos requisitos previstos em lei. Como salientam J. Teixeira Machado Jr. e Heraldo da Costa Reis, "não seria possível conceder subvenção a uma entidade cujo estado de precariedade de suas instalações não permitisse funcionamento adequado. Seria jogar fora dinheiro público".[10]

O Decreto-Lei nº 836/1969, revogado pelo Decreto-Lei nº 1.815/1980, estabelecia como condições: (a) constituir a entidade patrimônio de indivíduo; (b) fundação e organização no exercício anterior ao benefício; (c) que tenha prestado conta de subvenção anterior; (d) condições satisfatórias de funcionamento; e (e) prova de regularidade do mandato da diretoria.

O Decreto nº 93.872/1986, no §3º do art. 60, estabelece condições para a concessão da subvenção a instituições, a saber: (a) ter sido fundada em ano anterior e organizada até o ano da elaboração da Lei de Orçamento; (b) não constituir patrimônio de indivíduo; () dispor de patrimônio ou renda regular; (d) não dispor de recursos próprios suficientes à manutenção ou ampliação de seus serviços; (e) ter feito prova de seu regular funcionamento e de regularidade de mandato de sua diretoria; (f) ter sido considerada em condições de funcionamento satisfatório pelo órgão competente de fiscalização; (g) ter prestado contas de aplicação de subvenção ou auxílio anteriormente recebido, e não ter a prestação de contas apresentado vício insanável; h) não ter sofrido penalidade de suspensão de transferências da União, por determinação ministerial, em virtude de irregularidade verificada em exame de auditoria.

As *subvenções econômicas* podem ser direcionadas a empresas públicas ou privadas. Cabe um esclarecimento de caráter técnico. Quando da edição da Lei nº 4.320/1964, os conceitos em relação às entidades da Administração indireta ainda não estavam firmados. Precisa-se, pois, que a lei, ao falar em empresas públicas, se refere a quaisquer entidades da Administração indireta, seja autarquia, sociedade de economia mista, empresa pública e fundação.

O art. 18 da Lei nº 4.320/1964 fala do destino para cobrir déficit de manutenção das entidades estatais. Também são subvenções econômicas as destinadas a cobrir diferença de preços de mercado e de revenda de gêneros alimentícios ou outros materiais (alínea "a" do parágrafo único do art. 18) e dotações destinadas ao pagamento de bonificações a produtores de determinados gêneros ou materiais. Tais subvenções são excepcionais, e diziam respeito a período especial da vida institucional do país.

O art. 19 da lei em tela proíbe qualquer subvenção a "empresa de fins lucrativos, salvo quando se tratar de subvenções cuja concessão tenha sido expressamente autorizada em lei especial".

[10] MACHADO JR., J. Teixeira; REIS, Heraldo da Costa. *A Lei 4.320 Comentada e a Lei de Responsabilidade Fiscal*. 31. ed. Rio de Janeiro: IBAM, 2003, p. 62.

Ressalte-se, pois, do conjunto dos dispositivos, que a subvenção se destina a estimular, quando presentes os requisitos que a lei enumera.

De tal arte, a subvenção apenas pode ocorrer nos limites materialmente fixados pela lei, ou seja, nos serviços de (a) assistência social, (b) médica e (c) educacional. *Segundo* requisito é a economicidade da transferência corrente, ou seja, o critério da suplementação é mais econômico do que construir prédio próprio. *Terceira* exigência é a proporcionalidade, ou seja, o valor da receita deve guardar sintonia com o serviço que for prestado ou oferecido à comunidade, "obedecidos padrões mínimos de eficiência" (parágrafo único do art. 16 da Lei nº 4.320/1964). *Quarto* requisito para concessão da subvenção diz respeito à análise prévia das condições de funcionamento da instituição. *Quinta* exigência é que não tenha ela fins lucrativos (art. 19 da lei mencionada).

Satisfeitos tais requisitos, complementam-se as exigências legais para concessão de auxílios, evidente restando que às empresas de fins lucrativos apenas pode ocorrer subvenção quando a "concessão tenha sido expressamente autorizada em lei especial" (parte final do art. 19 da Lei nº 4.320/1964).

Como assinala Gaston Jèze "el procedimiento de la subvención puede resultar muy ventajoso para la Administración: infaliblemente, la subvención cuesta menos que la trasformación en servicio público propiamente dicho".[11] Assinala também que, dependendo de como andam as coisas, pode haver aumento ou redução do montante subvencionado.

A subvenção só é possível diante de previsão legal. Sem lei não há possibilidade do ato liberatório. De se ressalvar que não é ato de liberalidade, mas depende do atendimento de diversos requisitos, que geralmente são previstos pela lei ou em decreto regulamentar. Normalmente a autorização vem inserida na Lei Orçamentária.

Comumente a concessão de subvenção esgota-se em um só ato (previsto na Lei Orçamentária). Pode ocorrer, no entanto, que haja necessidade (análise de conveniência típica de polícia administrativa) de periodicidade da prestação, o que dependerá da situação fática e do critério exclusivo da Administração. Não se pode falar em subvenção perpétua, uma vez que ocorreria vinculação de recursos orçamentários, o que é vedado pela Constituição (inciso IV do art. 167).

Sem dúvida alguma, a subvenção não pode se destinar a criar vantagem indevida a quem quer que seja. Imperará, sempre, o interesse público, que é derrogatório do particular. É verdade que, no caso brasileiro, a Comissão Mista de Orçamento ou as Comissões Financeiras estaduais ou municipais dependem da interferência de parlamentar que apresente emenda. Caso não sobrevenha por emenda, há sempre a possibilidade de dotação própria, através de ato administrativo do chefe do Executivo ou de ministro de Estado e seus correspondentes nos Estados e Municípios. Sempre há disponibilidade de recursos para o atendimento de pessoas físicas e jurídicas que exercem atividade considerada de utilidade pública.

Pode acontecer que a verba venha concedida no corpo orçamentário, e, pois, torna-se identificável o beneficiário. Caso contrário ingressa com solicitação na repartição própria e sua concessão será apreciada pelo órgão ou agente competente.

---

11 JÈZE, Gaston *Principios generales de derecho administrativo, op. cit.*, t. II, p. 53.

20.3 Vedação constitucional de subvenção

A única vedação constitucional diz respeito à impossibilidade jurídica de subvencionar cultos religiosos ou igrejas (inciso I do art. 19 da CF). Como o Estado Brasileiro é laico, havendo separação dos interesses religiosos dos do Estado, não pode este, por qualquer forma, estabelecer ou estimular o funcionamento de qualquer culto, descabendo também embaraçar seu funcionamento. Vedado é ao Poder Público manter qualquer relação de dependência com os cultos ou com seus representantes, ressalvada, no entanto, a colaboração de interesse público.

20.4 Direito à subvenção

Estabelecida na Lei Orçamentária a destinação de recursos a determinada entidade, pública ou privada, nasce direito a seu recebimento? O STF entendeu que "o simples fato de ser incluída uma verba de auxílio a esta ou àquela instituição no orçamento não cria, de pronto, direito a esse auxílio, porque não chega a ser propriamente uma lei a chamada Lei Orçamentária, tão certo é que o seu objeto é a ordenação financeira do Estado, contendo autorização legislativa para a cobrança de impostos pelas várias leis anteriores existentes".[12] Embora se discorde da fundamentação, uma vez que a Lei Orçamentária é lei em sentido de generalidade e abstração bem como de inovação do ordenamento jurídico, a verdade é que não nasce direito a seu recebimento. É que há algumas exigências legais que devem ser superadas.

Em primeiro lugar, impõe-se saber se o instrumento da dotação orçamentária da subvenção é mais econômico que o investimento direto na prestação da atividade de assistência social, médica ou educacional. Depois, é imprescindível saber se a entidade beneficiária funciona em condições satisfatórias, o que deve ter sido previamente examinado pelos órgãos de fiscalização (art. 17 da Lei nº 4.320/1964).

Para que haja a previsão, pois, não depende da vontade do beneficiário. Ao contrário, deve formular requerimento.

Em verdade, há total imprudência dos órgãos públicos, seja do Legislativo, quando delibera inserir o benefício orçamentário, seja do Executivo, que não deveria ter liberado os recursos, sem antes analisar e fiscalizar a empresa beneficiária.

Em tal hipótese surge a responsabilidade do Estado. Em primeiro plano, do Poder Legislativo, em seu todo, uma vez que efetuou previsão sem as cautelas mais elementares. Em segundo lugar, do órgão de execução, que integra o Executivo, de vez que libera recursos sem as devidas cautelas e providências. A própria lei exige o *funcionamento satisfatório* (art. 17 da Lei nº 4.320/1964 e alínea "f" do §3º do art. 60 do Decreto nº 93.872/1986).

Se for possível falar em responsabilidade de alguém, esta é do Estado, que deixa de cumprir suas obrigações constitucionais, em primeiro lugar e, depois, libera recursos sem atendimento dos requisitos necessários e sem efetuar qualquer controle.

Pode-se afirmar, pois, sem sombra de dúvida, que não há direito à subvenção. É mera expectativa de direito, a depender seu exercício de circunstâncias empíricas e da

[12] STF, *RT* 282/859, rel. Min. Cândido Mota.

fiscalização do agente público encarregado não só da liberação dos recursos, mas de seu destino.

No mesmo sentido, outra decisão judicial entendeu que "a previsão de despesa, em Lei Orçamentária, não gera direito subjetivo a ser assegurado por via judicial".[13]

20.5 Não liberada a subvenção dotada, cabe responsabilidade do Estado?

Matéria de interessante análise diz respeito à perspectiva que cria na pessoa do beneficiário, pessoa física ou jurídica, de ver liberado o recurso objeto de dotação orçamentária. Depende da hipótese fática. Imaginemos que o governante tenha vindo a público, através da mídia, e informado a previsão orçamentária e que irá liberar os recursos. Tal atitude, calcada na seriedade do comportamento do agente, cria no beneficiário justa expectativa de que os recursos serão liberados.

Imaginemos, no entanto, que, para o uso apropriado dos recursos previstos, imprescindível era a realização de determinada obra, que, por convicção na palavra do agente público, é iniciada. Houve investimento, contratação de pessoal, etc. E, de repente, os recursos não são destinados e não vêm ao suposto beneficiário.

Diante da análise específica do fato, se havia seriedade nos elementos de convicção, se a situação era de absoluta correção e tudo indicava a liberação dos recursos, eventualmente, poderá haver a apuração da responsabilidade do agente público.

Não há direito à subvenção, mas quiçá se possa pensar em indenização na hipótese de previsão real e ausência de seriedade na intenção e no comportamento do governante.

20.6 Há prazo para aplicação das subvenções recebidas? Destinação a fim diverso

Bastante interessante é a hipótese que segue. Há um prazo para aplicação da subvenção recebida? Qual é ele? Devem a aplicação ou o uso dos recursos ser efetuados no exercício em que foi prevista e liberada a subvenção, ou pode ser utilizada em exercício posterior? É possível utilizar os recursos para outro fim, mas atendendo à mesma finalidade para a qual estava prevista a subvenção?

A matéria impõe uma composição de raciocínio. O fator *tempo* é importante para se saber da razoabilidade da dilação na aplicação da subvenção. Se a liberação dos recursos ocorre logo no mês de fevereiro do exercício em curso, razoável é supor que a verba será destinada ainda no mesmo exercício financeiro. Haverá tempo hábil e suficiente para que, no caso de concessão de bolsas de estudo, sejam elas liberadas e imediatamente haja a utilização da verba.

Imaginemos, no entanto, que os recursos apenas sejam liberados em dezembro para a mesma concessão de bolsas de estudo. Qual será o comportamento plausível e razoável do beneficiário? Aplicar os recursos naquilo que se lhe apresente mais urgente, mas dentro da finalidade encampada pelo ordenamento normativo, cumprindo a determinação constitucional na sequência imediata, ou não toca nos valores senão no

---

13 *RDP*, 28/187, rel. Min. Oswaldo Trigueiro. No mesmo sentido: *RDA*, 129/131, rel. Min. Rodrigues de Alckmin.

exercício vindouro e deixa de cumprir compromissos inadiáveis? Se a segunda opção significar um comprometimento de sua capacidade de potencializar os serviços sociais que se propõe a prestar, não tem outro comportamento possível e sério além de se colocar em melhores condições para atender ao objeto do investimento do Poder Público.

O que se deve buscar, em verdade, é o elemento subjetivo do agente conectado com o comportamento objetivo.

Caberia indagar, também, sobre a hipótese da destinação a fim diverso. Desviar da finalidade, na linguagem jurídica, é dar outro fim àquele originariamente buscado pela norma jurídica. O termo é bastante utilizado em desapropriação quando no decreto expropriatório se desapropria para instalação de uma escola e posteriormente, alterando, na realidade empírica, a necessidade, se destina a área para a construção de uma creche ou de um posto de saúde. Há violação da norma jurídica?

Os tribunais têm entendido que não há agressão ao ordenamento normativo em tal hipótese. É que a finalidade pública de qualquer sorte foi alcançada, independentemente da destinação específica. É a distinção que já fizemos entre fim e finalidade como elementos do ato administrativo. O primeiro é o fim imediato. O segundo, o valor encampado pelo ordenamento. Exemplifiquemos: a finalidade é educação (art. 205 da CF) como valor encampado. Para atender a tal finalidade pode o agente construir uma escola, comprar uniformes escolares, dar merenda, pagar melhor os professores. Desde que os recursos sejam destinados à finalidade educação, o fim é legítimo.

Possível é que o beneficiário de recursos públicos destine os recursos recebidos a outro fim, embora guarde a finalidade como limite de sua ação. Admissível é a alteração do fim dos recursos desde que atingida a finalidade preservada no texto constitucional ou legal.

Sendo possível destinar os recursos a finalidade diversa e também não havendo prazos fixados para o investimento, como equacionar o problema?

Diga-se: a aplicação da subvenção não tem prazo exato e que tenha termo. O que vale é a destinação efetiva. Logo, não há como exigir que os recursos sejam investidos no mesmo exercício em que recebidos, porque (a) pode não ter havido tempo hábil de liberação e (b) podem não existir condições empíricas para a efetiva aplicação da subvenção prevista.

O que dirige o raciocínio é a razoabilidade, princípio bastante importante e sempre presente no direito administrativo brasileiro.

O princípio da razoabilidade é entendido como o agir da Administração no exercício de sua discrição, tendo "que obedecer a critérios aceitáveis do ponto de vista racional, em sintonia com o senso normal de pessoas equilibradas e respeitosa das finalidades que presidiram a outorga da competência exercida".[14] O legislador, ao outorgar ao administrador a competência para fiscalizar, concedeu-lhe tal encargo para que enfrente as situações da forma mais plausível para cada situação. Também anota Celso Antônio que "fácil é ver-se, pois, que o princípio da razoabilidade fundamenta-se nos mesmos

[14] BANDEIRA DE MELLO, Celso Antônio. *Curso de direito administrativo*. 33. ed. 2. tir. São Paulo: Malheiros Editores, 2017, p. 111.

preceitos que arrimam constitucionalmente os princípios da legalidade (arts. 5º, II, 37 e 84) e da finalidade (os mesmos e mais o art. 5º, LXIX, nos termos já apontados").[15]

Imaginemos que houve previsão de subvenção para concessão de bolsas de estudo e o beneficiário aplica os recursos em imóveis ou móveis. Não existindo estrutura hábil quando da liberação da verba para a concessão das bolsas, razoável se afigura a destinação dos recursos a outro fim, sua aplicação em imobilização, o que garante a seriedade do investimento, para, depois, assegurarem-se as bolsas aos destinatários dos recursos.

Observe-se que a própria lei dá anteparo ao comportamento, uma vez que define subvenção como as "transferências destinadas a cobrir despesas de custeio das entidades beneficiadas" (§3º do art. 12 da Lei nº 4.320/1964). Ora, "despesas de custeio" define a própria lei como "as dotações para a manutenção de serviços anteriormente criados, inclusive as *destinadas a atender a obras de conservação e adaptação de bens imóveis*" (§1º do art. 12 da mesma lei).

20.7 Ética na concessão de subvenções. A CPI do Orçamento. Fiscalização

Bem anota Ricardo Lobo Torres que a concessão de subvenções deve calcar-se no aspecto ético.[16] Não basta, por consequência, a mera formalização do requerimento. Essencial é que o noticiado de fato exista e possa ser comprovada sua existência empírica.

É que a concessão da subvenção implica empobrecimento do Estado e enriquecimento da entidade que a recebe. Logo, a finalidade de auxílio à sociedade deve estar devidamente comprovada. Afirma o mesmo autor que "as subvenções, desde que afinadas com a ideia de justiça, são legítimas".[17]

Problema que surgiu no passado diz respeito à outorga de subvenções a entidades-fantasmas, ensejando a denominada "CPI do Orçamento", que redundou em nada, limitando-se a algumas renúncias de parlamentares. Nos Projetos de Leis Orçamentárias posteriores houve a previsão de que os recursos apenas poderiam ser destinados a entidades sem fins lucrativos. A Lei nº 10.934, de 11.8.2004, que introduziu a Lei de Diretrizes Orçamentárias, no âmbito federal, estabelece as restrições (arts. 29 a 34). Há algumas normas, pois, que restringem a concessão de subvenções. A matéria ainda vem disciplinada pelo Decreto nº 93.872, de 23.12.1986.

Em verdade, há um acordo partidário que permite a cada deputado ou senador inserir no teor do seu orçamento anual verbas destinadas à sua base eleitoral. Tal situação é absurda. Em primeiro lugar, beneficia o local em que é votado o deputado ou o senador, o que discrimina outros locais, que não tiveram o *privilégio* de eleger um parlamentar. É odiosa, porque ajuda a reeleição de deputados e senadores, que, sendo assim, ficam em posição de superioridade em relação a outros possíveis candidatos. Nada, eticamente, ampara tal providência anual ocorrida no Congresso Nacional.

Tal providência, aliás, leva à dependência dos parlamentares da base do governo à liberação posterior das verbas. Dependendo da matéria em votação, haverá ou não a

---

15 *Idem*, p. 112.

16 TORRES, Ricardo Lobo. *Tratado de direito constitucional financeiro e tributário:* o orçamento na Constituição. 3. ed. v. V. Rio de Janeiro: Renovar, 2003, p. 45.

17 *Idem*, p. 265.

liberação ministerial dos recursos, o que redundará no voto favorável do parlamentar à pretensão do governo.

Nada justifica este estado de coisas, cabendo à sociedade repudiar tal comportamento. O problema que ocorre é a pressão da base eleitoral para a liberação de recursos. Se o deputado não conseguir verbas para os Municípios que nele votaram, o parlamentar "não presta", "não tem força", e passa a ser desprestigiado.

A CPI do Orçamento deveria ter resultado em punições rigorosas, de cunho criminal, ao lado da mera renúncia do mandato. Com tal providência os deputados ficaram sem qualquer sanção, não havendo notícia de que tenha existido qualquer processo penal de punição ou civil de ressarcimento.

Evidente está que o Poder Público deve fiscalizar a destinação das subvenções concedidas. É que, como recursos públicos, apenas podem ter destino de interesse público. Se outorgadas para investimento em educação, saúde ou qualquer outro valor social, importante que haja a fiscalização no sentido de saber se foi dado o adequado destino ao recurso liberado.

Ninguém está isento de prestar contas do que recebeu do Poder Público. Como dinheiro do povo, é essencial que tenha destinação prevista na Lei Orçamentária e no ato de liberação. Como incentivo financeiro que é, deve resultar em benefício público.

20.8 Breve análise da Lei nº 14.789/2023

A lei dispõe sobre o crédito fiscal decorrente de subvenção para implantação ou expansão de empreendimento econômico. A pessoa jurídica tributada pelo *lucro real* que receber subvenção de qualquer ente federativo para implantar empreendimento econômico "poderá apurar crédito fiscal de subvenção para investimento" (art. 1º da lei).

Eventos pretéritos continuarão a ser tributados pela legislação anterior. Para os fatos ocorridos até a entrada em vigor da nova lei, nada se altera. A partir da vigência da lei é que incidem os novos fatos.

A incidência da nova lei criará bastantes conflitos doutrinários e jurisprudenciais. O STJ assentara (Tema STJ 1.182) ser impossível excluir benefícios fiscais relacionados a ICMS. Entendeu cuidar de incentivo fiscal, cujos valores estão excluídos da incidência de IRPJ e CSLL.

A Lei nº 14.789/2023 alterou as exigências. Mais problemas da pletora legislativa vigente no país. Novas interpretações. Novas decisões. Tudo a criar mais confusão no cipoal legislativo e interpretativo.

21

FISCALIZAÇÃO FINANCEIRA E ORÇAMENTÁRIA

21.1 Fiscalização financeira e orçamentária

Sob tal rubrica tem sido tratado o tema do controle dos gastos públicos. A Seção IX do Capítulo I do Título IV da Constituição Federal, que cuida do Poder Legislativo, tem como título "Da Fiscalização Contábil, Financeira e Orçamentária" (arts. 70 a 75).

A primeira Constituição republicana, de 24.02.1891, já previa o controle da legalidade pelo Tribunal de Contas (art. 89). A Constituição/1934 manteve o controle pelo órgão externo (arts. 99 a 102), o mesmo sucedendo com a Carta de 1937 (art. 114). A Constituição/1946 previu o sistema externo de controle nos arts. 76 e 77. A partir da Constituição Federal/1967 foram estabelecidos os tipos externo e interno de controle (arts. 71 a 73), sendo mantido o texto na Emenda 1/1969 (arts. 70 a 72).

A Constituição/1988 dispõe: "A fiscalização contábil, financeira, orçamentária, operacional e patrimonial da União e das entidades da Administração direta e indireta, quanto à legalidade, legitimidade, economicidade, aplicação das subvenções e renúncia de receitas, será exercida pelo Congresso Nacional, mediante controle externo, e pelo sistema de controle interno de cada Poder" (art. 70). A redação é mais complexa e emprega palavras que devem ser compreendidas em seu sentido, para que o dispositivo tenha congruência.

Por primeiro, fala-se em fiscalização *contábil*. A contabilidade, em verdade, é técnica que instrumentaliza o controle. De acordo com o disposto no art. 83 da Lei nº 4.320/1964 – que subsiste após a Constituição, por não a contrariar e porque acolhido o princípio da recepção –, "a contabilidade evidenciará perante a Fazenda Pública a situação de todos quantos, de qualquer modo, arrecadem receitas, efetuem despesas, administrem ou guardem bens a ela pertencentes ou confiados". "Todo ato de gestão financeira deve ser realizado por força do documento que comprove a operação e registrado na contabilidade, mediante classificação em conta adequada" (art. 77 do Decreto-Lei nº 200/1967). Não há incompatibilidade entre os dispositivos. Ao contrário, completam-se.

Como ensina José Afonso da Silva, "a contabilidade financeira tem por objeto registrar sistematicamente as transações a que dá lugar a execução do orçamento".[1]

Sendo assim, tem-se que a contabilidade é a técnica de que se valem o economista e o jurista para terem o controle sistemático das verbas arrecadadas e despendidas. É mera técnica de controle. É meio para que possa haver o controle meramente numérico dos gastos públicos.

Fala o texto em fiscalização *operacional*, o que diz respeito à obediência aos meios legais de liberação de verbas ou de sua arrecadação. A operacionalidade significa que deve haver rigoroso controle sobre as formas de procedimento da despesa, atendendo-se ao atingimento dos objetivos traçados.

A fiscalização *patrimonial* diz respeito à própria execução do orçamento. A saber: o patrimônio compõe-se dos bens (em sentido mais amplo) pertencentes ao Estado, sejam eles de cunho econômico ou não. As alterações patrimoniais devem ser fiscalizadas pelas autoridades públicas em benefício da preservação dos bens que integram o patrimônio público.

A fiscalização *financeira* diz respeito ao ingresso e à saída de dinheiro. A *orçamentária* incide sobre a correta aplicação da Lei Orçamentária, isto é, as verbas apenas podem ter a destinação prevista no texto da lei especial aprovada.

Cria a Constituição Federal rigorosos sistemas de controle financeiro e orçamentário, situações que nos interessam mais de perto.

A grande alteração havida no texto diz respeito ao fato de a fiscalização alcançar as *entidades da Administração direta e indireta*. No texto anterior apenas incidia a fiscalização sobre a União (art. 70 da CF/1967 com Emenda Constitucional nº 1/1969), ou seja, apenas sobre a Administração centralizada, aquela desenvolvida pela Presidência da República e pelos Ministérios, bem como por órgãos (não pessoas jurídicas) a eles vinculados e por autarquias. Era controle bastante restrito. Com a atual redação, alcança a fiscalização não só a Administração direta, mas também a indireta. Esta é a atividade desenvolvida por autarquias, sociedades de economia mista, empresas públicas e fundações. A entidade fundacional está incluída nas entidades da Administração indireta. Nem há como excluí-la de seu conceito, uma vez que a Administração direta é aquela que desenvolve serviços públicos, intervém no domínio econômico ou exerce atividade descentralizada, mas sempre em vinculação direta com o Poder Público, pelo controle ou tutela. Ademais, nenhum sentido teria subtrair as entidades fundacionais da fiscalização diante da amplitude do parágrafo único do art. 70 da CF/1988, que dispõe: "Prestará contas qualquer pessoa física ou jurídica, pública ou privada, que utilize, arrecade, guarde, gerencie ou administre dinheiros, bens e valores públicos ou pelos quais a União responda, ou que, em nome desta, assuma obrigações de natureza pecuniária".

O mesmo artigo, no *caput*, estabelece que a fiscalização se faz quanto "à legalidade, legitimidade, economicidade, aplicação das subvenções e renúncia de receitas".

A *legalidade* significa a verificação da obediência aos requisitos necessários para que pudesse ter ocorrido a despesa, bem como da previsão para que ela pudesse realizar-se. É a compatibilidade vertical do ato ensejador da despesa com a norma autorizadora.

---

[1] SILVA, José Afonso da. *Orçamento-Programa no Brasil*. São Paulo: RT, 1973, p. 363-364.

Toda norma jurídica, para subsistir no ordenamento normativo, necessita encontrar respaldo na norma superior que embasa não apenas sua vinda ao mundo jurídico, como também seu conteúdo.

A *legitimidade* diz respeito não à obediência formal do preceito superior, mas ao real atendimento das necessidades públicas, efetuando-se o contraste da norma com as finalidades encampadas no sistema financeiro, para se saber do atingimento do bem jurídico que se pretendeu alcançar. Passa a ser admitido o exame do mérito. Examina-se eventual desvio de poder. Filosoficamente, a legitimidade tem sentido axiológico, ou seja, apenas será legítimo aquilo que atende à natureza do homem. Teria aspecto crítico. Não é nesse sentido que a palavra foi empregada pelo legislador constituinte.

A *economicidade* diz respeito à obtenção da melhor proposta para a efetuação da despesa pública, isto é, se o caminho perseguido foi o melhor e mais amplo para chegar à despesa e se ela se fez com modicidade, dentro da equação custo-benefício.

As *subvenções* são auxílios que o Poder Público concede a entidades públicas ou privadas sem finalidade lucrativa para ajudá-las na consecução de finalidades tidas como relevantes ou de interesse público pelo Estado. Deve haver a fiscalização da destinação das verbas públicas atribuídas no orçamento a tais entidades.

Não se pode confundir tal subvenção com o auxílio que a União pode efetuar aos Estados e Municípios (denominado nos Estados Unidos *grants in aid*).

No regime federal cada unidade política deve bastar a si própria, sem necessitar de qualquer ajuda estranha. Todavia, criou-se a prática de as entidades políticas maiores auxiliarem as menores com subvenções, destinadas à aplicação dos recursos a um fim específico.

A exigência das receitas públicas, quando previstas em lei, é sempre obrigatória. Constitui-se em dever do Poder Público. Eventualmente, por política fiscal, pode haver a renúncia ao recebimento de determinada receita, como, por exemplo, uma isenção tributária. Mesmo em tal caso deve haver a fiscalização do Poder Público.

O sistema de controle instituído pela Constituição Federal foi o legislativo, isto é, o Congresso Nacional é o órgão controlador das receitas e despesas públicas, sem prejuízo do controle interno. Evidente está que todas as decisões poderão ser aferidas e reapreciadas pelo Poder Judiciário, naquilo que diz respeito à legalidade dos atos praticados.

21.2 Tipos de controle

Os tipos de controle são: interno e externo.

21.2.1 Controle interno

Dispõe a parte final do art. 70 da CF que a fiscalização é exercida "pelo sistema de controle interno de cada Poder". Estabelece o art. 74 que "os Poderes Legislativo, Executivo e Judiciário manterão, de forma integrada, sistema de controle interno com a finalidade de: I – avaliar o cumprimento das metas previstas no Plano Plurianual, a execução dos programas de governo e dos orçamentos da União; II – comprovar a legalidade e avaliar os resultados, quanto à eficácia e eficiência, da gestão orçamentária, financeira e patrimonial nos órgãos e entidades da Administração Federal, bem como da aplicação de recursos públicos por entidades de direito privado; III – exercer o controle das operações de crédito, avais e garantias, bem como dos direitos e haveres da União; IV – apoiar o controle externo no exercício de sua missão institucional".

Vê-se que o controle interno incumbe aos três órgãos de exercício do poder. De início, percebe-se que cada um deve manter um sistema de controle individual, de acordo com suas características próprias, e, ao mesmo tempo, integrar o sistema com o dos outros órgãos, a fim de que haja coordenação e uniformização de comportamentos e providências.

O art. 75 da Lei nº 4.320/1964, que guarda consonância com o diploma constitucional vigente, estabelece que o controle compreende: "I – a legalidade dos atos de que resultem a arrecadação da receita ou a realização da despesa, o nascimento ou a extinção de direitos e obrigações; II – a fidelidade funcional dos agentes da Administração, responsáveis por bens e valores públicos; III – o cumprimento do programa de trabalho expresso em termos monetários e em termos de realização de obras e prestação de serviços".

O controle interno será prévio, concomitante e subsequente em relação à legalidade dos atos praticados (art. 77 da Lei nº 4.320/1964). Dependendo da situação, poderá a legislação estabelecer sobre quais atos será realizado controle prévio. O controle concomitante ocorre durante a realização da despesa, e o subsequente permite saber, exatamente, a que se destinou a despesa e seu fundamento legal.

Ademais, poderá haver, a qualquer tempo, "levantamento, prestação ou tomada de contas de todos os responsáveis por bens ou valores públicos" (art. 78, parte final, da Lei nº 4.320/1964).

O controle também poderá ser de *legalidade*, hipótese em que o ato será anulado pelo agente hierarquicamente superior ou pelo próprio agente editor do ato uma vez constatado o vício; ou de *mérito*, em que se apura e afere a legitimidade, a conveniência ou a oportunidade da despesa (Súmula nº 473 do STF).

A lei dirá quais são os responsáveis pelo controle, fixando a competência. Estes, "ao tomarem conhecimento de qualquer irregularidade ou ilegalidade, dela darão ciência ao Tribunal de Contas da União, sob pena de responsabilidade solidária" (art. 74, §1º, da CF). Andou bem o constituinte ao estabelecer a responsabilidade solidária daquele que praticou a irregularidade ou ilegalidade e daquele a quem incumbe a fiscalização. Evita-se a prevaricação no serviço público.

Da mesma forma, avançou o texto da Constituição Federal ao dispor: "Qualquer cidadão, partido político, associação ou sindicato é parte legítima para, na forma da lei, denunciar irregularidades ou ilegalidades perante o Tribunal de Contas da União" (art. 74, §2º).

Evidente está que o dispositivo contém, ao lado da legitimidade ativa para denúncia de ilegalidades, um apelo ao exercício da cidadania. É claro que qualquer um, mesmo antes da existência do dispositivo, poderia denunciar irregularidades perante os órgãos públicos. Todavia, convém que haja expressa previsão, para evitar que algum servidor burocrata deixe de tomar qualquer providência sob a leviana alegação de que o denunciante não é parte legítima, embora constatada evidente ilegalidade ou manifesta irregularidade.

Está obrigada à prestação de contas toda e qualquer pessoa que lide com recursos públicos (art. 70, parágrafo único, da CF).

A Constituição anterior não esclarecia quem estava obrigado à prestação de contas. Entendia-se, então, que apenas se sujeitavam à determinação constitucional as entidades da Administração direta e as autarquias. Muitas foram as lutas para que todos aqueles que, de alguma forma, tocassem no dinheiro público ficassem obrigados à prestação de contas. A expressão utilizada pela Constituição Federal é bastante ampla, de forma a alcançar toda e qualquer pessoa, física ou jurídica, que de algum modo vê passar por suas mãos – seja diretamente, seja a título de subvenção, auxílio ou qualquer outra forma de ajuda – dinheiros ou valores públicos. Ninguém, genericamente, escapa da obrigação de prestar contas aos agentes públicos competentes ou ao Tribunal de Contas, tal como se verá posteriormente.

No âmbito da União Federal tem-se a Controladoria Geral da União/CGU, que desempenha o papel de controle interno deste ente federado.

O STF vem desempenhando importante papel no que toca a possibilitar que a CGU efetivamente realize o devido controle interno, inclusive em relação à aplicação de verbas federais em qualquer ente federado. Já decidiu o Supremo que "a Controladoria-Geral da União (CGU) pode fiscalizar a aplicação de verbas federais onde quer que elas estejam sendo aplicadas, mesmo que em outro ente federado às quais foram destinadas. A fiscalização exercida pela CGU é interna, pois feita exclusivamente sobre verbas provenientes do orçamento do Executivo".[2]

21.2.2 Controle externo

Como se disse, o controle pode ser, na classificação constitucional: *interno*, conforme já estudado; e *externo*, desenvolvido pelo Poder Legislativo, com o auxílio do Tribunal de Contas (art. 71 da CF). Este é objeto de análise em capítulo próprio (Capítulo 18, item 18.7).

21.3 O teto para as despesas públicas. Novo regime fiscal (Emenda Constitucional nº 95/2016). Alterações da EC nº 109/2021. A excepcionalidade do exercício financeiro de 2021

Diante da barafunda fiscal a que o país foi atirado, e para controlar o descontrole das despesas públicas, foi editada a Emenda Constitucional nº 95/2016 que instituiu *Novo Regime Fiscal*. O texto merece análise detalhada.

Por primeiro, diga-se que a providência difere de experiências estrangeiras, porque impede o aumento de gastos, mesmo se a economia voltar a crescer. Ter-se-á que fazer, então, nova emenda constitucional para permitir aumento de gastos.

2 STF, RMS nº 25.943, rel. Min. Ricardo Lewandowski, *DJe*, 02.03.2011.

O texto terá vigência pelo prazo de 20 exercícios financeiros, a começar por 2017. Foram instituídos limites para despesa de todas as pessoas jurídicas e órgãos públicos. A *despesa primária*, isto é, a que se destina a ser utilizada na execução de políticas públicas, excluídos os juros, foi corrigida, em 2017, em 7,2%. Para os exercícios seguintes (a partir de 2018) a correção será feita pelo INPCA (Índice Nacional de Preços ao Consumidor Amplo). Retiram-se dos próximos governos a autonomia orçamentária e a liberdade na decisão dos gastos. A liberdade apenas voltará em 2027 (art. 108), quando, então, se poderá, através de lei complementar, alterar o método de correção dos limites.

Os índices devem constar da proposta orçamentária de cada exercício. A finalidade é impor limitação a empenhos na movimentação de despesas primárias da União.

Em verdade, o objetivo primeiro da disposição constitucional foi estabelecer o que já existia, a saber, não se pode gastar mais do que se recebe. É princípio básico que até os gregos já conheciam (*oikos* e *nomos*). É o que qualquer dona de casa sabe: se gastar mais do que ganha, terá que buscar empréstimos, pagar juros, e o custo financeiro envolverá problema futuro de inadimplência. A norma sobreveio, então, para deter o administrador irresponsável e ímprobo.

Ademais, o texto não impõe qualquer limite às renúncias fiscais, que tanto têm prejudicado o país. Serve para estimular determinado setor em detrimento de outros.

Os instrumentos de que os agentes políticos se servem são (e aí estão os limites) o limite da dotação orçamentária e a imposição de contingenciamento, na hipótese de não realização das despesas.

Há algumas vertentes indicadas na Emenda Constitucional em análise: (a) vigência delimitada a 20 anos; (b) limitação das despesas primárias (§4º do art. 107 da ADCT); e (c) vedação de abertura de crédito suplementar.

O objetivo central é a limitação do crescimento do gasto público. Estabelecido o *teto* a ele estão vinculadas todas as despesas que ocorrerem nas pessoas jurídicas e órgãos.

O §6º do art. 107 do ADCT estabelece algumas exclusões na base de cálculo, quais sejam: as transferências constitucionais, os créditos extraordinários, as despesas com a Justiça Eleitoral e, por fim, as despesas com aumento de capital das estatais.

Acrescentou-se ao parágrafo 6º o inciso V para estabelecer que não se incluem no teto as transferências com os leilões dos volumes arrecadados com as receitas de exploração do petróleo. Também não se inclui a despesa da "revisão do contrato de cessão onerosa".

Evidente que os valores arrecadados podem ser bastante significativos e, pois, não pode ficar retido pelo teto a ser transferido.

Em verdade, nenhum serviço público, inclusive o de saúde, foi excluído da incidência do teto, o que pode levar a situações complicadas. Imaginemos um surto de uma doença transmissível em que haja necessidade de ação rápida e eficiente. Se o governo já estiver no teto de suas despesas, não terá condições de atender à demanda emergencial. Isso ferirá, com certeza, a preservação dos direitos inalienáveis da pessoa humana. Será causa humanitária que deverá ser desprezada, pela inoperância e ineficiência do governo.

A única atualização possível para tais serviços (saúde e educação) será a correção pelo INPC. Poderá ser suficiente. E se o não for? O governante ficará atrelado a tal limite, e sofrerá a população.

A amarração pretendida efetuou um corte linear, quando necessitaria ter atentado para situações específicas, que deveriam ficar ao largo do teto. A imprevidência e a sequência de más gestões levam o chefe do Executivo a ter que tomar atitudes rigorosas para punir os que o seguirão e que não poderão seguir na trilha do desmando com o dinheiro público.

No caso de aprovação da lei orçamentária, no âmbito das despesas sujeitas aos limites do art. 107 do ADCT, se a proporção for superior a 95%, aplicam-se as vedações agora estabelecidas pela nova redação dada ao art. 109 do ADCT pela EC nº 109/2021.

Há restrições de qualquer vantagem, reajuste ou aumento funcional de qualquer espécie aos membros do Poder ou órgão. Nenhum benefício pecuniário poderá ser estabelecido (inciso I do art. 109 do ADCT, com a redação dada pela EC nº 109/2021).

Da mesma forma, ficam vedadas a criação ou a expansão de programas e linhas de financiamento e a concessão ou ampliação de incentivo ou benefício de natureza tributária (§2º e incisos I e II do art. 109).

A restrição é genérica e pormenorizada nos incisos do art. 109 do ADCT com a nova redação. Com tais providências o governo busca superar os problemas fiscais surgidos em função da pandemia decorrente da Covid-19.

O art. 3º da EC nº 109/2021 estabeleceu uma série de providências a serem cumpridas no exercício financeiro de 2021. A excepcionalidade da situação impõe uma série de providências extraordinárias. Neste exercício fica superado o denominado *teto fiscal*. A saber, a despesa não ultrapassará o limite de quarenta e quatro bilhões de reais (44 bilhões) para fins de apuração da meta de resultado primário (inciso I). As operações de crédito igualmente se sujeitam ao limite estabelecido. Fica eliminada qualquer exigência e os créditos serão remanejados através de *crédito extraordinário*, sem os requisitos exigidos de imprevisibilidade e urgência, porque pressupostamente satisfeitos.

O art. 110 ora introduzido ao ADCT limita o gasto com saúde e manutenção e desenvolvimento do ensino. A restrição, ainda que economicamente possa ter justificativa, é odiosa. Diversos dispositivos da Emenda em análise foram impugnados perante o STF e pedidos de *amicus curiae* foram solicitados, sendo que ainda não houve decisão monocrática ou colegiada da Corte. Há diversas ações diretas de inconstitucionalidade propostas (nºs 5.633, 5.658, 5.680, 5.715 e 5.734) que questionam a inconstitucionalidade de diversos dispositivos, inclusive o art. 110 trazido pela EC nº 95/2016. A relatora é a Ministra Rosa Weber, que, por ora, mandou vir informações dos poderes Legislativo e Executivo.

O art. 110 do ADCT foi introduzido pela EC nº 95/2016 que fixou teto para os gastos públicos e instituiu novo regime fiscal. Em relação aos serviços de saúde, dispôs que a partir do exercício de 2018 os valores aplicados serão corrigidos pela variação do IPCA.

As chamadas emendas parlamentares, instituídas pelo rotulado *orçamento impositivo*, cuja análise já se fez em outro ponto, igualmente sofrerão limitações. É o mínimo que se poderia esperar de providência constitucional limitadora de verbas para saúde e educação.

As metas fiscais continuam de cumprimento obrigatório (art. 112).

O art. 113 do ADCT é ridículo diante do constante da Lei de Responsabilidade Fiscal. Os absurdos se sucedem. O art. 14 da Lei de Responsabilidade Fiscal determina que, para ocorrer a renúncia, exista estimativa do impacto e que não afetará as metas. Ora, para que constitucionalizar o que já está na lei? Isso melhora o controle judicial? Em nada. Tanto se realiza o controle procedimental interno legislativo como judicialmente.

Na Adin 5.816 o Ministro Alexandre de Moraes concedeu liminar para sustar o andamento de lei de Rondônia. O Tribunal de Justiça poderia ter tomado a mesma providência, se provocado, sem entupir ainda mais o STF.

O art. 114 é rebarbativo, para dizer o mínimo. A matéria é *interna corporis* do Congresso Nacional.

Em suma, ao cabo do exame dos dispositivos constitucionais inseridos no Ato das Disposições Constitucionais Transitórias, percebe-se que a medida se tornava imperiosa. A situação dos governos federal, estaduais e municipais é desastrosa diante da imprudência, incompetência e má-fé das diversas Administrações. Os débitos vinham se acumulando. O país, com suas contas sem qualquer controle, grassando a irresponsabilidade dos diversos governos (sem se fazer qualquer aferição ideológica), caminhava para os antípodas de desejos de todos. Próximo ao caos, as medidas tinham que ser tomadas.

Claro está que se pode discordar de uma ou outra providência, como a de limitação de gastos com saúde e educação; mas os desmandos foram tantos, que se impunha um freio à inconsequência de despesas.

Outros países tomaram caminhos diversos e realizaram o controle do endividamento (*debt rules)*, que tem sido evitado pela União, que não instituiu o *seu teto*.

Em suma, sem prejuízo de se fazer restrições à forma como advieram tais dispositivos, em verdade, se forem cumpridos, poder-se-á iniciar uma recuperação dos cofres públicos. Quem sabe se não se poderia incluir um dispositivo determinando que todo político deve ser honesto...

Os questionamentos jurídicos e políticos levam em conta a imperiosidade de cumprimento de diversos positivos da Constituição que determinam a prestação de serviços públicos em diversas áreas e que ficará prejudicada na hipótese de restrição de gastos.

22

A LEI DE RESPONSABILIDADE FISCAL

22.1 Generalidades

22.1.1 Os arts. 163 e 169 da CF

No Brasil disseminou-se a ideia de que prevalece, sempre, a impunidade. Tudo é permitido se não é descoberto. De outro lado, subsiste a ideia do "rouba, mas faz", o que identifica certo posicionamento político aceitável pela população: generaliza-se a ideia de que "todos roubam"; logo, que assuma um político que roube, mas que faça.

Adveio a Lei de Responsabilidade Fiscal por exigência do Fundo Monetário Internacional/FMI, que, por meio do Comitê Interino, entendeu que, "graças à sua experiência na área de gestão de finanças públicas e à universalidade de seus países-membros, o FMI está bem situado em liderar a promoção de uma maior transparência fiscal. Assim, o Comitê Interino procura estimular os países-membros a aplicarem o presente Código de Boas Práticas para a Transparência Fiscal". Sendo assim, no "pacote" de transações financeiras com o Brasil, o FMI exigiu a aprovação de texto normativo que desse visibilidade às contas públicas.

O texto básico foi o *Fiscal Responsability Act* da Nova Zelândia, e menciona níveis prudentes de atuação nas áreas orçamentária e fiscal.

A Lei Complementar nº 101/2000 veio sanar espaço punitivo contra o mau administrador público, pois estabelece ela requisitos imprescindíveis no âmbito financeiro público para cumprimento pelos administradores. O político que gerencia o ente estatal como se fosse coisa sua passará a ter problemas sérios. O desequilíbrio orçamentário, o gasto excessivo com pessoal, as operações irresponsáveis de crédito, o descuido com o patrimônio público, tudo passa a ser fiscalizado e sancionado pela lei.

Responsável é a pessoa que deve suportar a consequência de sua ação antijurídica, típica e punível.[1] "*Responsável principal* é quem pratica a ação ou omissão antijurídica e, em linha de princípio, deve sujeitar-se à sanção correspondente. Pode a lei, no entanto, atribuir a outrem, vinculado por alguma forma ao agente, a responsabilidade de suportar a sanção. Em tal caso, a *responsabilidade denomina-se subsidiária*".[2]

---

1 OLIVEIRA, Regis Fernandes de. *Infrações e sanções administrativas*. 3. ed. São Paulo: RT, 2012, p. 14.

2 *Idem, ibidem*.

A Lei Complementar nº 101/2000 veio disciplinar os arts. 163 e 169 da CF. Difere ela da ordinária, porque a Constituição, em alguns casos, expressamente a exige. A diferença está na previsão de *quorum* qualificado para sua aprovação. A primeira é aprovada pela maioria dos presentes; a segunda pede a maioria absoluta, nos exatos termos do art. 69 do texto da Lei Maior. A maioria absoluta exige a metade mais um do número de congressistas. A lei complementar apenas é necessária quando o texto constitucional expressamente assim estabelecer.

O inciso I do art. 163 da CF exige lei qualificada para disciplinar as "finanças públicas", a saber, o fenômeno financeiro, ou seja, a entrada e saída de dinheiro dos cofres públicos. Estabelecem-se, aí, o ingresso dos recursos públicos através dos tributos ou outras receitas e também o gasto público. Como o Estado encampa finalidades (atividades públicas em seu sentido mais amplo), deve ter disponibilidades financeiras para atendê-las. Os objetivos do Estado só podem ser alcançados se dispuser ele de recursos para, através de meios instrumentais – tais como prédios, móveis e pessoal –, cumprir as determinações constitucionais ou legais. O Estado tem que manter seu aparato, pagar seus prédios e servidores e fiscalizar suas próprias despesas. Enfim, toda entrada e toda saída de dinheiro revelam o fenômeno financeiro.

De outro lado, pode ter necessidade de buscar recursos com outras pessoas de direito público, seja interna ou externamente, ou mesmo valer-se de empréstimos comuns perante entidades bancárias ou financeiras. De qualquer maneira, fica devedor de terceiros. O Estado, entidade central, e os entes que por lei cria – quais sejam: autarquias, sociedades de economia mista, empresas públicas e fundações –, todos podem vincular-se contratualmente. O crédito ou débito público, dependendo da perspectiva em que se esteja, deve ser objeto de séria disciplina normativa (inciso II do art. 163).

Na tomada de empréstimos pode o credor exigir garantias para o pagamento das dívidas, o que, igualmente, deve ser objeto de regulamentação legal (inciso III).

Diga-se o mesmo quanto à emissão e ao resgate de títulos da dívida pública emitidos para auferir dinheiro (inciso IV).

É importante que a lei disponha sobre a fiscalização das instituições financeiras que operam no país (inciso V). A rigor, já houve disciplina quando da edição da lei sobre mercado de capitais. Aqui, em verdade, a regulação diz respeito às empresas privadas que exercem atividade financeira privada no país. Diferente é o estudo da lei em tela, que estabelece regras sobre as finanças públicas, como já se ressaltou. Pode-se discutir a respeito da necessidade, ou não, de ser disciplinado todo o art. 163 da CF. Seria admissível dispor em lei complementar, exigida no *caput* do artigo, e ao mesmo tempo separar a matéria, legislando separadamente? A questão foi debatida pelo STF na ADI nº 4-7-DF,[3] quando apreciou a vigência do art. 192 da CF (com redação posteriormente alterada pela Emenda Constitucional nº 40/2003). Em tese, seria inadmissível estabelecer distinções. No entanto, como se vê da leitura dos diversos artigos, há nítida separação de substância entre a matéria alinhavada no art. 163, ou seja, alguns incisos cuidam de "finanças públicas", enquanto outros se referem a instituições financeiras de caráter privado, o que admite tratamento legal diferenciado ou impõe a edição de dois diplomas

[3] *DJU*, 25.06.1993.

normativos. Se a matéria é diversa, nada impede que sobrevenham duas leis, cada qual cuidando de assunto próprio.

A Lei Complementar nº 101/2000 não disciplinou também as "operações de câmbio realizadas por órgãos e entidades da União, dos Estados, do Distrito Federal e dos Municípios" (inciso VI). Como as operações cambiais podem ser comuns entre as entidades, especialmente no que toca à busca de moeda estrangeira, é fundamental que o governo federal estabeleça regras que devem ser seguidas pelas entidades de direito público. O controle sobre a moeda nos contratos internacionais firmados é importante, porque dá a dimensão do endividamento e dos riscos na alteração cambial. Tal matéria não veio disciplinada pela lei em comento, entendendo-se que ela já estava regida pela Lei de Mercado de Capitais.

A lei poderia dispor também sobre "compatibilização das funções das instituições oficiais de crédito da União, resguardadas as características e condições operacionais plenas das voltadas ao desenvolvimento regional" (inciso VII). Deixou de fazê-lo, por se cuidar de assunto estranho ao conteúdo da lei.

O texto da Lei Complementar nº 101/2000 igualmente regulamenta o disposto no art. 169 da CF.

Na "Exposição de Motivos" utilizada para o encaminhamento do projeto à Câmara dos Deputados afirmou o Chefe do Executivo que disciplinava ele, "de forma inovadora e abrangente, o conjunto das principais questões referentes aos efeitos macroeconômicos e fiscais decorrentes do uso dos recursos públicos. Abrangente, porque tal disciplina é válida para as três esferas de governo e para cada um dos seus Poderes. Inovadora, porque foi desenvolvida a partir da fixação de princípios definidores de uma gestão fiscal responsável, experiência que não tem precedente na história brasileira e encontra poucos paralelos, ademais, todos recentes, em outros Países". Na mesma Mensagem os Srs. Ministros, ao encaminharem a proposta ao Sr. Presidente, afirmam que "é de ressaltar-se a obrigatoriedade para que Estados e Municípios fixem metas fiscais e assumam compromissos explícitos de desempenho fiscal nas suas respectivas Leis Orçamentárias, sendo que isto constitui fato altamente inovador e salutar para esses níveis de governo. Importa notar que essa exigência está totalmente restrita ao próprio ente da Federação, não significando, em nenhuma hipótese, qualquer ingerência de um ente relativamente ao outro, mesmo no que diz respeito à prestação de contas, exceto nos casos constitucionalmente previstos". Aplica-se, pois, a lei a todas as entidades federadas, bem como às por elas instituídas.

Dada a relevância da matéria é que resolvemos nos debruçar sobre o texto, para comentar seus principais aspectos.

A experiência brasileira, em todos os planos de governo, mostra que há verdadeiro descalabro no tocante à gestão da coisa pública. O dinheiro público é confundido com o particular. Políticos inescrupulosos cuidam do dinheiro oficial como coisa particular. Destinam-no aos mais diversos fins, longe daqueles de atingimento das finalidades públicas. O endividamento alcança as raias do absurdo. É comum que se onere o Município ou o Estado porque está em vias de terminar o mandato do governante. O outro que pague. Os Restos a Pagar sobejam nos orçamentos. A emissão de títulos dá-se acima dos limites permitidos. Aqui, constatam-se a inoperância dos Tribunais de

Contas, a irresponsabilidade do Senado da República, que, aliado à incompetência dos chefes do Poder Executivo da maioria dos Municípios brasileiros, levam a uma situação caótica em relação às contas públicas, o que resvala para a impunidade do administrador.

Daí a vinda da denominada Lei de Responsabilidade Fiscal (Lei Complementar nº 101/2000), que "pressupõe a ação planejada e transparente, em que se previnem riscos e corrigem desvios capazes de afetar o equilíbrio das contas públicas, mediante o cumprimento de metas de resultados entre receitas e despesas e a obediência a limites e condições no que tange à renúncia de receita, geração de despesas com pessoal, da seguridade social e outras, dívidas consolidada e mobiliária, operações de crédito, inclusive por antecipação de receita, concessão de garantia e inscrição em Restos a Pagar" (§1º do art. 1º).

A ação planejada pressupõe a identificação de objetivos, com o traçado dos rumos a seguir. Não deve haver mais a improvisação, o amadorismo, o "achismo". Impõe-se que seja apontado o objetivo e que se fixem rumos e caminhos a seguir. Deve estar presente um procedimento para o atingimento dos fins. A transparência decorre da exigência do disposto no art. 37 da CF. Nada pode ser feito às escuras, no recôndito da madrugada, nos desvãos sombrios. Tudo no Poder Público deve ser feito às claras, sob a luz do dia. A prevenção de riscos decorre do planejamento. Fixada a meta, o roteiro não pode ter desvios. A publicidade do que se está fazendo e do que se pretende fazer é decorrência natural do controle e da explicitação e superação de riscos. Se estiver ocorrendo alguma coisa de anormal e desviante, deve o administrador refazer o caminho, para manter o equilíbrio das contas públicas. Os excessos decorrentes dos desvios devem ser corrigidos a tempo e periodicamente, como manda a lei. Se os limites forem ultrapassados, é importante que se corrija o rumo e se retorne ao norte previamente delineado. A renúncia de receita pode existir, com a correspondente recuperação dos recursos ainda não previstos. A geração de despesa com pessoal pode ocorrer, mas com a correspondente receita e com os limites fixados na lei. A seguridade social tem que identificar recursos para suportar seu pagamento. A dívida tem que ser pagável e suportável pela Administração Pública, que somente pode celebrar operações de crédito mediante autorização do Senado Federal e nos limites por ele traçados.

Em suma, a legislação é rigorosa e tem orientação exuberante aos aplicadores das verbas públicas.

22.1.2 Vigência

Dispõe o art. 74 que a Lei Complementar nº 101/2000 entra em vigor na data de sua publicação. É verdade que alguns dispositivos impunham algum prazo para sua efetiva eficácia. Apenas aqueles que protraíssem os efeitos da norma é que passariam a produzir seus efeitos (eficácia) quando o termo *a quo* se consumasse. No mais, a lei seria vigente e eficaz imediatamente. O STF já decidiu que, tratando-se de normas que cuidam de finanças públicas – e, pois, de ordem pública –, têm vigência imediata, inclusive alcançando obrigações de trato sucessivo ou de execução diferida. Logo, a vigência independe de qualquer outro ato, passando a lei nova a reger todas as relações jurídicas que por ela foram disciplinadas de forma diversa.[4]

22.1.3 Conflito regimental na aprovação do texto

Tentou-se impugnar a lei em análise por inconstitucionalidade com o argumento de que quando de sua apreciação pelo Senado Federal houve algumas emendas não retornadas à Câmara para reapreciação. Entendeu o órgão revisor que houve apenas emenda de redação, desnecessário o retorno à Casa originária. No entanto, argumentou-se que uma análise mais detalhada apontava alterações da substância do texto, especialmente no tocante aos arts. 3º (vetado), 5º, 20 e 63. Ocorre que a discussão, a rigor, seria *interna corporis*, e não a ponto de deslegitimar o texto aprovado. É que o art. 118, §8º, do Regimento Interno da Câmara dos Deputados afirma que a emenda de redação é a que "visa sanar vício de linguagem, incorreção de técnica legislativa ou lapso manifesto". Não é a hipótese em tela, em que houve alteração de substância.

O STF, chamado a se pronunciar sobre o vício de tramitação, entendeu que não houve inconstitucionalidade a ser proclamada. O parágrafo único do art. 65 da CF determina que o texto alterado pela Casa Revisora deva retornar à Casa Iniciadora, para acolhimento da emenda ou rejeição. Através da unanimidade de seus membros, entendeu o STF que não houve descumprimento da norma constitucional.[5]

22.1.4 Objetivos

O objetivo primeiro da lei é fixar a responsabilidade fiscal como um dos princípios da gestão pública. Não se destina apenas à fixação do agente responsável. É muito mais que isto. É redefinir a cultura da atividade pública no país. É não apenas dar contorno jurídico ao comportamento político. É verdadeira evolução conceitual, de forma a que o agente público saiba que exerce não apenas um mandato ou uma função, mas que é integrante de uma ordem completa de preservação dos valores sociais.

Daí estabelecer o §1º do art. 1º da lei que há o pressuposto da ação planejada e transparente, em que se previnem riscos e corrigem desvios capazes de afetar o equilíbrio das contas públicas. Não mais os desmandos, a corrupção, os atos insensatos, o compadrio, o "filhotismo", o coronelismo a dar ordens aos agentes políticos. O agente eleito e o que exerce cargo ou função pública sabem que têm o dever de se comportar de forma digna, séria e proba. Não se podem dar ao luxo de tomar qualquer decisão: têm a obrigação de escolher o melhor caminho para cumprir suas atribuições. Termina a improvisação e nasce o planejamento, o atingimento de metas de resultados previamente definidos. Ademais, não podem gastar mais do que ganham. O que é experiência empírica parece não obstar aos passos insensatos de agentes irresponsáveis. Daí a sujeição vigorosa a limites previamente estabelecidos.

---

4 *RT*, 661/199, 673/184, 674/241 e 681/188.

5 STF, ADI nº 2.238, rel. Min. Ilmar Galvão.

Ao falar em gestão planejada e transparente não está pretendendo o legislador voltar à denominada economia planificada dos idos tempos da União Soviética, nem dos planos quinquenais antigos. A planificação é a busca de resultados pela via democrática. De idêntica forma, a transparência decorre do princípio democrático. Todos têm como decorrência a publicidade, a participação popular e a motivação, que legitimam os atos jurídicos. Como assinala Celso de Mello "os postulados constitucionais da publicidade, da moralidade e da responsabilidade – indissociáveis da diretriz que consagra a prática republicana do poder – não permitem que temas como os da destinação, da utilização e da comprovação dos gastos pertinentes a recursos públicos sejam postos sob inconcebível regime de sigilo. Não custa rememorar que os estatutos do poder, numa República fundada em bases democráticas, não podem privilegiar o mistério, eis que a legitimidade político-jurídica da ordem democrática, impregnada de necessário substrato ético, somente é compatível com um regime do poder visível, definido, na lição de Bobbio, como 'um modelo ideal do governo público em público'. Ao dessacralizar o segredo, a atual Constituição do Brasil restaurou o velho dogma republicano e expôs o Estado, em plenitude, ao princípio democrático da publicidade, cuja incidência – sobre repudiar qualquer compromisso com o mistério – atua como fator de legitimação das decisões e dos atos governamentais. O novo estatuto político brasileiro – que rejeita o poder que oculta e que não tolera o poder que se oculta – consagrou a publicidade dos atos e das atividades estatais como expressivo valor constitucional, incluindo-o, tal a magnitude desse postulado, no rol dos direitos, das garantias e das liberdades fundamentais".[6]

Vê-se, pois, que o princípio da transparência implica não só a publicidade dos atos e comportamentos da Administração Pública, bem como sua adequação à lei, a explicitação dos motivos que levam à prática do ato e, por fim, a racionalidade da solução tomada.

Em verdade, os princípios estão imbricados. Compõem um só todo, o da responsabilidade, transparência, publicidade, moralidade, etc.; todos integram o princípio republicano, que pressupõe a responsabilidade política, e, demais disso, decorrem também do princípio democrático, isto é, da explicitação da coragem política ao povo. Este, como centro de tudo, embasa todos os princípios. É em homenagem ao homem que os recursos devem ser empregados de forma correta e adequada. A democracia decorre da virtualidade do ser humano, uma vez que, como integrante de uma sociedade, dela participa na tomada de decisões e se submete a ela. O Estado não é de ninguém. É de todos. Os interesses comuns são definidos pelo constituinte para que os representantes do povo os persigam. Aqueles são mandatários deste e a este devem dar as razões de seu comportamento e se sujeitarem a seu julgamento. É assim que se constrói um grande país.

22.1.5 Lei nacional e não federal. A Federação Brasileira e as normas gerais de Direito Financeiro

Como lei nacional (não apenas federal, que atingiria apenas a União) que é, a Lei Complementar nº 101/2000 alcança todas as entidades públicas, União, Estados, Distrito Federal e Municípios (§2º do art. 1º). De seu turno, estão abrangidos os três Poderes,

---

6 Celso de Mello, voto no MS nº 24.725, *Informativo STF* n. 331.

bem como os Tribunais de Contas e o Ministério Público (alínea "a" do inciso I do §3º do art. 1º) e todas as estatais e respectivos fundos (alínea "b" do inciso I do §3º do art. 1º).

O art. 1º da CF dá nosso perfil governamental, estatuindo que somos uma República Federativa. República, que pressupõe os seguintes requisitos: (a) eleição dos governantes; (b) temporariedade de mandatos; e (c) responsabilidade dos agentes públicos. Aparta-se, assim, do sistema monárquico (normalmente não eletivo e hereditário). Ao se falar na temporariedade dos mandatos já se percebe que são eles outorgados pelo povo em eleição direta e secreta (art. 14 da CF). São duas formas de governo.

A Federação, de seu turno, é forma de Estado (e não de governo), conceito bem mais complicado que o primeiro, e pressupõe que a repartição política seja estabelecida na Constituição e que haja representação dos Estados-membros junto ao Estado Federal. Esclareçamos os conceitos: o Estado Federal é o todo que engloba a União, os Estados-membros, o Distrito Federal e os Municípios. A União é fruto de pacto político por meio do qual os Estados cedem parte de sua "soberania" para ser administrada por ela, que tem representação internacional. Teoricamente deveria ser assim, ainda que não se ignorem as diferenças de formação histórica entre a Federação Norte-Americana e a Brasileira. Aquela, originária da Constituição dos Estados Unidos da América em 1787, depois de acalorados debates oriundos da Confederação das originárias 13 Colônias. Formada de fora para dentro, possui características diferenciadas das nossas. Aqui, a Federação nasceu não de pacto, mas de mera repartição física da terra, tal como consignada na primeira Constituição da República. Éramos um país unitário, fruto do Reinado português, e tornamo-nos república por mero decreto, com repartição da área entre os Estados.

Daí a discussão sobre se os Municípios integram, ou não, o conceito de Federação. A leitura do art. 1º da CF leva-nos a conclusão positiva. Se entendermos Federação como repartição das competências políticas e financeiras no texto da Constituição, teremos a inclusão dos Municípios em sua definição. Caso, no entanto, afirmemos que é da essência do conceito de Federação que os Estados-membros se representem perante a União, então, eliminamos os Municípios do conceito, uma vez que apenas os Estados são representados, através do Senado. É o que ensina Dalmo Dallari.[7]

Temos como pressuposto de definição que haja uma repartição de competências entre as unidades federadas. Na Constituição brasileira é o que ocorre. A União tem sua competência definida no art. 21; os Municípios têm-na no art. 30; e os Estados detêm as atribuições subsidiárias (§1º do art. 25). As competências são não só em relação à política, mas também em relação a seus serviços, poder de polícia, intervenção no domínio econômico e ao aspecto tributário, destinado ao abastecimento de seus cofres.

Evidente, em Estado que mantém três ordens jurídicas, que possam surgir conflitos entre as normas editadas. Percebe-se que, de acordo com o art. 23 da CF, há competência comum em relação a diversas matérias, ao lado da competência concorrente para edição de leis sobre diversos assuntos. A competência comum diz respeito às atribuições de cada entidade federal, enquanto a concorrente relaciona-se à legislação que cabe a cada qual.

---

7 DALLARI, Dalmo. *Elementos de teoria geral do Estado*. São Paulo: Saraiva, 1977, p. 228.

De seu turno, ainda que, teoricamente, haja ordens jurídicas interligadas, ressente-se o país de um falso federalismo. Há notória preponderância da União sobre os Estados-membros e Municípios. O primeiro aspecto que impende ressaltar é o fato de não terem eles qualquer controle sobre suas respectivas economias. Toda tratativa econômica é cuidada pelo governo central. Este é que disciplina o comércio exterior, induz ou estimula entradas de produtos estrangeiros, limita ou incentiva a exportação, etc. A União, a seu turno, em face da relativa autonomia que possuem os Estados-membros, dá margem a disputas regionais (entre Estados) ou locais (entre Municípios), o que é ruim para a higidez da Federação.

De outro lado, os desequilíbrios regionais, que dividem os Estados em ricos e pobres, ensejam disputas pela busca de verbas federais, num conflito malvisto no sentido jurídico-político. Instaura-se odiosa guerra fiscal, com protecionismo, renúncia de receitas e busca do Judiciário para solução dos confrontos. Fatal o desgaste político.

Acresce-se a isso o confronto político, ou seja, a preponderância de acordos sobrepujando reais interesses localizados. Interferências espúrias sobre empréstimos federais, avais e outras vantagens e garantias dos governantes federais podem criar animosidade indesejável.

Evidente está que o excesso de concentração de recursos da União significa que Estados e Municípios ficam dependentes de recursos transferidos. Ao invés de instituirmos a descentralização ou desconcentração de Poderes, ficam as receitas concentradas na União, o que cria excrescências no seio das entidades federadas.

Em suma, a Federação carece de redefinição. O pacto federativo está equivocado, seja na proporcionalidade da representação política, seja na concentração de recursos nas mãos da União, o que empobrece Estados e Municípios. Desestabiliza-se o pacto, fruto de desvio na previsão de competências políticas estatuídas na Constituição.

Sempre que se tenta discutir a reforma tributária parte-se do fim, antes de se olhar para o início. Isto é, imprescindível efetuar um redimensionamento dos entes federativos e calcular o quanto cada qual necessita para sua subsistência, independentemente dos recursos dos demais. Apenas após tal redefinição, ou seja, a estipulação das competências dos Municípios e dos Estados, é que se pode discutir uma reforma tributária viável para o país e que irá evitar ou minimizar a guerra fiscal. Caso contrário institui-se uma odiosa forma de dominação, mediante violência simbólica, obrigando os entes menores a buscar recursos, de chapéu na mão, junto aos entes maiores ou mais bem agraciados pela Constituição.

O Brasil é um só, e não pode permanecer neste pacto federativo odioso, que serve de manipulação pelo partido político dominante. É frequente assistir à constante troca de partidos políticos. Por quê? Porque o governo privilegiará os políticos integrantes de partido ou dos que lhe são coligados. Há, assim, o controle das divergências, esvaziando o debate ideológico legítimo, que pode formar nossa mais brilhante cidadania. O STF firmou orientação no sentido de fidelidade partidária e garantiu aos partidos os mandatos obtidos nas urnas.

22.1.6 Terminologia

O art. 2º da lei comentada (Lei Complementar nº 101/2000) estabelece que, em relação às "entidades políticas", tratá-las-á apenas como "ente da Federação" (inciso I). Por "entidade controlada" entende-se a "sociedade cuja maioria do capital social com direito a voto pertença, direta ou indiretamente, a ente da Federação" (inciso II). Por "empresa estatal dependente" entende-se a "empresa controlada que receba do ente controlador recursos financeiros para pagamento de despesas com pessoal ou de custeio em geral ou de capital, excluídos, no último caso, aqueles provenientes de aumento de participação acionária" (art. 2º, III).

A explicitação pode dar a impressão de que autarquias e fundações bem como algumas empresas públicas estariam fora do alcance da norma. Assim não nos parece. Ao definir, o legislador quis dar a maior amplitude possível, sem praticar qualquer exclusão. Ao contrário, pretendeu ser abrangente. Nem por isso fica de fora qualquer entidade. Todas aquelas que compõem a Administração indireta e também a descentralizada, criadas por lei, ou aquelas que recebem recursos públicos, sem qualquer exceção, acham-se atingidas pelo texto. A propósito, a alínea "b" do inciso I do §3º do art. 1º é bastante clara. Ali estão incluídas as "respectivas Administrações diretas, fundos, autarquias, fundações e empresas estatais dependentes".

Interessante a questão de saber se a fundação governamental de direito privado também se submete ao regime instituído pela lei complementar em estudo. Ora, no precioso entender de Celso Antônio "as fundações de direito privado criadas pelo Poder Público submetem-se às regras do Código Civil pertinentes (...)".[8] A única exigência é sua criação por lei. No mais, estão elas livres de qualquer entrave. Observe-se que as fundações denominadas educacionais estão livres de qualquer sujeição à Lei Complementar nº 101/2000. É que o objetivo é específico e não buscam o atendimento à globalidade de ação do Estado. Ao contrário, têm finalidade própria e se submetem, no mais, às regras do Código Civil. Nem serve de interpretação o fato de a alínea "b" do inciso I do §3º do art. 1º falar em autarquias e fundações. É que a legislação costuma fazer diferença entre ambas. Em verdade, na teoria, tem prevalecido a opinião de Celso Antônio, ao lecionar que não há qualquer diferença entre a fundação de direito público e a autarquia.[9] Mera questão de rótulo, que não pode confundir o jurista. É que, tratando-se de pessoa jurídica de direito privado, seu enquadramento jurídico é diverso. Sujeita-se à fiscalização do Ministério Público e à supervisão de Ministério ou Secretaria, dependendo de qual entidade política a houver instituído, apenas quando receber subvenções. Não sendo assim, livre está em seu agir.

O inciso IV do art. 2º define o que entende por *receita corrente líquida*: É o "somatório das receitas tributárias, de contribuições, patrimoniais, industriais, agropecuárias, de serviços, transferências correntes e outras receitas também correntes, deduzidos (...)". A lei passa a enumerar o que deve ser abatido do conceito de receita corrente líquida. Na União, os valores que são transferidos, por previsão constitucional, a Estados e

---

[8] BANDEIRA DE MELLO, Celso Antônio. *Prestação de serviços públicos e administração indireta*. São Paulo: RT, 1973, p. 166.

[9] *Idem*, p. 145-166.

Municípios. É o que se denomina de *tributo transferido*, ou seja, aquele que tem por órgão arrecadador a União, mas destinatário dos recursos o Estado ou o Município. A Constituição prevê a distribuição da receita tributária. Como Estado Federal que é o Brasil, divide-se ele em Estados e Municípios (grassa dúvida sobre se este último integra, ou não, o conceito de Federação). Logo, há que existir partilha do bolo tributário entre *todos* os entes federais. Os arts. 157 a 162 da CF cuidam do assunto. Da mesma forma, há a repartição de receitas não tributárias, isto é, as recebidas em decorrência da exploração de petróleo, minerais, energia elétrica, etc., na exata dicção do §1º do art. 20 da CF.

É que a lei fala em *valores transferidos*, e não apenas em tributos, o que abarca toda e qualquer receita.

Também não integram o conceito de receita corrente líquida, na União, as contribuições incidentes sobre "a folha de salários e demais rendimentos do trabalho pagos ou creditados, a qualquer título, à pessoa física" (alínea "a" do inciso I do art. 195 da CF) que preste serviços a empregador, ainda que sem vínculo empregatício. Da mesma forma, não integra o conceito a contribuição "do trabalhador e dos demais segurados da previdência social, não incidindo contribuição sobre aposentadoria e pensão concedidas pelo regime geral de previdência social" (inciso II do art. 195 da Lei Maior). Também não compõe o conceito de receita corrente líquida a contribuição para o PIS, estabelecida no art. 239 da CF.

Como se vê, os tributos transferidos pela União a Estados e Municípios e as contribuições mencionadas não integram o conceito de receita corrente líquida da União. Da mesma forma as receitas não tributárias.

Em relação aos Estados, devem afastar-se os tributos transferidos aos Municípios, por determinação constitucional (alínea "b" do inciso IV do art. 2º).

No que toca às entidades federadas, não integra o conceito de receita corrente líquida a contribuição dos servidores para o custeio de seu respectivo sistema de previdência, na forma §9º do art. 201 da CF.

A lei também exclui outros itens menos relevantes e específicos (§§1º e 2º do art. 2º).

Por fim, dá a forma de apuração da receita corrente líquida, o que é feito "somando-se as receitas arrecadadas no mês em referência e nos 11 (onze) anteriores, excluídas as duplicidades". Estas se referem à escrituração contábil, uma vez que certas parcelas devem figurar na contabilidade de entes federados diversos.

O art. 159 da CF, com as alterações introduzidas pela Emenda Constitucional nº 55/2007, dá bem a ideia do que quis dizer a lei. Dispõe referido dispositivo que do produto de arrecadação dos impostos sobre a renda e proventos de qualquer natureza e sobre produtos industrializados (inciso I) a União entregará 48% da receita do imposto sobre a renda, sendo 21,5% ao Fundo de Participação dos Estados e Distrito Federal (alínea "a"); 22,5% ao Fundo de Participação dos Municípios (alínea "b"); 3% a programas de incentivos que estão identificados na alínea "c"; e 1% ao Fundo de Participação dos Municípios, que será entregue no decênio do mês de dezembro de cada ano (alínea "d"). Logo, há uma escrituração contábil. A União, ao receber a receita, deve transferir 10% do IPI aos Estados e ao Distrito Federal (art. 159, II) e estes devem repassar, do que receberem, 25% aos Municípios (§3º). Logo, há um jogo de contas, as denominadas duplicidades, a que se refere o texto. Não há mais recursos. É a partilha do bolo tributário.

Pode-se definir receita corrente líquida como a soma das receitas públicas, excetuadas as transferidas e a contribuição dos servidores para custeio do sistema de previdência e assistência social.

22.2 A Lei de Diretrizes Orçamentárias

O texto da Lei Complementar nº 101/2000 adicionou exigências ao disposto no §2º do art. 165 da CF. Exige do administrador que a Lei de Diretrizes Orçamentárias, ao lado de estabelecer metas e prioridades, oriente a Lei Orçamentária Anual, disponha sobre política de aplicação das agências financeiras oficiais de fomento e que tenha "equilíbrio entre receitas e despesas" (alínea "a" do inciso I do art. 4º). É verdade que o equilíbrio orçamentário, visto por alguns como princípio, deve ser *real*. Não mais se pode supor o equilíbrio formal, de maneira a servir de base a "maquiar" a receita e buscar novas operações junto ao Senado Federal, que contém exigências, através de resolução, para endividamento em relação ao produto da receita. O Legislativo também poderá ser envolvido em qualquer disfarce para iludir outros órgãos se não examinar com profundidade os valores que lhe são encaminhados. A tarefa do Legislativo não deve ser vista também como mera formalidade à aprovação do orçamento. Deve esmiuçar a proposta. Estudá-la, uma vez que se cuida de projeção futura, mas deve alicerçar-se em dados concretos e factíveis.

A Lei nº 10.257/2001, denominada "Estatuto da Cidade", contém precioso dispositivo a exigir nos Municípios a participação popular no Plano Plurianual, na Lei de Diretrizes Orçamentárias e no orçamento anual. Dispõe o art. 44 da lei mencionada: "No âmbito municipal, a gestão orçamentária participativa, de que trata a alínea 'f' do inciso III do art. 4º desta Lei, incluirá a realização de debates, audiências e consultas públicas sobre as propostas do Plano Plurianual, da Lei de Diretrizes Orçamentárias e do orçamento anual, como condição obrigatória para sua aprovação pela Câmara Municipal". Em verdade, a lei criou um requisito de validade das diversas Leis Orçamentárias. Caso não tenha havido audiências públicas e consultas populares, poderão as leis ser questionadas, em sua validade, perante o Judiciário.

Veja-se a importância do texto. Não mais decisões autoritárias, tomadas no interior de gabinetes. Tem o povo o direito de dizer o que quer. Tem que ser ouvido. É essencial que o seja, sob pena de invalidade da lei. O texto normativo diz que a realização de audiências públicas, debates e consultas é "condição obrigatória" para aprovação dos projetos de leis que dizem respeito ao orçamento. Condição obrigatória é requisito de validade. Logo, é obrigatória a oitiva popular.

A Lei de Diretrizes Orçamentárias deverá igualmente dispor sobre limitação de empenho. A obrigação de pagamento por parte do Poder Público decorre da lei ou de contrato. A lei fixa, por exemplo, o que se paga ao servidor público, após identificar seu cargo e a posição funcional em que se encontra. O contrato é o instrumento obrigacional decorrente de uma licitação ou de mera convergência de vontades, nas hipóteses em que a lei a dispensa. O empenho é, na lição de Hely Lopes Meirelles, "operação financeira de caráter contábil, visando à reserva de numerário para o pagamento da despesa comprometida, dentro da dotação específica".[10] A ser inteligente a lei, melhor seria falar em limitação de obrigações, uma vez que, se decorrentes a liquidação e o pagamento de obrigação legal ou contratual, não há como deixar de cumpri-la. O que se propõe, salvo engano, não é que não se realize a operação financeira, mas que se limite a possibilidade de vinculação pecuniária.

O que a lei está determinando é que a LDO estabeleça o critério de congelamento (contingenciamento) das dotações quando as receitas puderem comprometer o pagamento dos débitos assumidos. Qual é o critério escolhido pelo legislador? Sobre que situação e de que forma será efetuado o contingenciamento?

Deixar de expedir ato determinando limitação de empenho enseja responsabilidade administrativa (inciso III do art. 5º da Lei nº 10.028/2000). Como analisamos em outra parte, o contingenciamento só tem espaço na hipótese de não realização das receitas.

O que se veda, na verdade, não é o pagamento que decorre do empenho, mas a assunção de novas obrigações, não se podendo realizar operações de crédito que ultrapassem o limite do possível, em face das disponibilidades orçamentárias.

As exigências não se referem também ao contingenciamento ("congelamento") de dotações. "*Dotação*, em sentido amplo, é o recurso fixado no orçamento para atender às necessidades de determinado órgão, fundo ou despesa."[11] O contingenciamento significa o bloqueio de empenho, como diz a lei, em alguma unidade ou em elemento de despesa.

A mesma Lei de Diretrizes Orçamentárias deverá estabelecer "normas relativas ao controle de custos e à avaliação dos resultados dos programas financiados com recursos dos orçamentos" (alínea "e" do inciso I do art. 4º da Lei Complementar nº 101/2000). Deve fixar parâmetros para o administrador no sentido de que existam critérios para os custos que serão assumidos. Por exemplo, nenhum sentido tem que órgãos diversos de determinado Município possam adquirir bens de consumo ou remédios por preços diversos. Demais disso, o custo não pode ser sazonal. É comum na aquisição de alimentos que no dia da cotação, para fixação de preços licitados, haja elevação dos valores na CEAGESP, e no dia seguinte retornam eles a seu equilíbrio. Com tal providência o fornecedor aumenta seus lucros em detrimento do Poder Público, que passa a adquirir determinada mercadoria por preço acima daquele de mercado.

Da mesma forma, deve prever critérios para aferição de resultados de programas financiados com recursos orçamentários. Não tem sentido que se financie um programa qualquer – por exemplo, esportivo – e, depois não se tenha qualquer controle sobre ele. Os critérios apontam para uma administração proba.

A mesma lei deve dispor sobre outras "condições e exigências para transferências de recursos a entidades públicas e privadas" (alínea "f" do inciso I do art. 4º). É comum que normas orçamentárias transfiram recursos para outras entidades públicas ou mesmo de caráter privado. Normalmente as transferências ocorrem sem qualquer condição. Ora, ao transferir recursos que são públicos, o ente pode estabelecer requisitos para a remessa e, inclusive, quais as finalidades que impõe. De outro lado, pode fixar critérios

---

10 MEIRELLES, Hely Lopes. *Direito municipal brasileiro*. 18. ed. São Paulo: Malheiros, 2017, p. 305.

11 MEIRELLES, Hely Lopes. *Finanças municipais*. São Paulo: RT, 1979, p. 183.

meramente formais para a transferência, tais como destinação dos recursos, metas a serem atingidas, etc.

No que toca ao repasse a entidades públicas, isso pode ocorrer em relação às despesas que o Município possa suportar quando da realização de eleições, auxílio a funcionamento de fórum, etc.

Quando da realização da Assembleia Constituinte que decidiu pela introdução da Lei de Diretrizes Orçamentárias, até então inexistente no Brasil, houve tentativa da instituição do orçamento bianual, que não prevaleceu. Entendeu-se importante não só a discussão anual das propostas, como também que tal providência fortaleceria o exercício das atividades parlamentares. O Congresso deve debater de onde saem os recursos para fazer frente aos objetivos delineados pela Constituição a cada entidade federativa. Não só isso, ou seja, saber em quanto o povo brasileiro está sendo tributado, mas deixar amplitude para eventual redução da tributação, liberando recursos para ingresso na economia. De outro lado, ao estabelecer os gastos, fixa a efetiva política governamental. O Congresso, pois, é que deve, em sintonia estreita com o governo, estabelecer as prioridades, as obras, os serviços e o plexo de atividades que deve ser desenvolvido pelo Executivo.

Assim, introduziu-se um documento inicial de fixação das prioridades para, posteriormente, se estabelecerem as particularidades.[12] Afirma José Serra que a LDO "permitirá, durante o prazo adequado, um debate mais detido sobre as prioridades orçamentárias e os financiamentos concedidos por agências públicas, cujo papel é estratégico para o desenvolvimento brasileiro. Aliás, prazos adequados para analisar o orçamento não constituem um problema novo, como sugerem as palavras de Joaquim Nabuco, pronunciadas há 120 anos".[13]

A LDO não constitui novidade em outros países, como Alemanha e França, como noticia Ricardo Lobo Torres.[14]

Em verdade, a inovação não produziu melhorias nas discussões em torno da matéria orçamentária. Limitam-se os textos a repetir chavões estereotipados, sem qualquer alcance prático. Pode, eventualmente, servir de controle do conteúdo da Lei Orçamentária Anual. No entanto, não se pode dizer que trouxe grande vantagem em relação ao passado. O problema todo do orçamento está na responsabilidade de que se deve investir o legislador para elaborar peça à altura das necessidades da população. Não apenas um ato formal e burocrático, mas de orientação e direção das políticas públicas. Assim, Carlos Alberto Longo afirma ser "muito questionável a necessidade de uma lei específica para expor aquilo que normalmente já deveria constar do próprio orçamento, cuja hierarquia é idêntica".[15]

Ricardo Lobo Torres vê o problema do ângulo da introdução de uma inovação própria de regime parlamentarista, o que traz "mais distorções e desajustes que

---

12 SERRA, José. *Orçamento no Brasil*. 2. ed. São Paulo: Atual, 1994, p. 5.

13 *Idem, ibidem*.

14 TORRES, Ricardo Lobo. O orçamento na Constituição. *In*: *Tratado de direito constitucional financeiro e tributário*: o orçamento na Constituição. 3. ed. v. V. Rio de Janeiro: Renovar, 2003, p. 67-68.

15 LONGO, Carlos Alberto. O processo orçamentário: tendências e perspectivas. *Cadernos de Direito Tributário e Finanças*, 3, 257.

vantagens".[16] Marcos Nóbrega entende positiva a introdução, que busca "dar mais clareza e razoabilidade à elaboração da Lei Orçamentária".[17]

Sempre entendemos que o órgão apropriado para fixar as políticas públicas e dar-lhe as diretrizes é o Executivo. Este tem todos os dados em mãos, mantém em seu poder todo o plexo de informações sobre os recursos que possui e como irá empregá-los. Daí, sem sentido se afigura a transferência de tal discussão para o Parlamento. O Congresso pode e deve discutir o orçamento, como peça essencial, democrática e republicana. No entanto, não tem elementos para divergir, em essência, do governo. Nem pode, porque a execução caberá ao Executivo, que fixa as políticas públicas.

Convenhamos que não tem o Poder Legislativo, hoje, estrutura e conhecimentos específicos para alterar, na essência, a proposta da Lei de Diretrizes Orçamentárias e também a proposta de orçamento anual. Em discurso afigura-se bonito a defesa do Parlamento e seu dever de participar da elaboração da peça orçamentária. Na prática, os interesses são desfeitos, limitando-se às emendas parlamentares específicas.

Assim, o pré-orçamento deixa de ser uma vantagem, para se constituir em mero instrumento burocrático. A leitura da Lei nº 10.934/2004, por exemplo, que dispunha sobre as diretrizes orçamentárias para o exercício de 2005, é um amontoado de normas que podem ser perfeitamente repetidas no texto da futura lei dos anos seguintes. Nada que não pudesse figurar apenas no orçamento anual.

É o que acontece. Salvo ligeiras alterações pontuais, o texto das leis de diretrizes orçamentárias, que é anual, tende a se repetir.

De seu turno, ligeiras modificações em futuros planos que possam ser criados e instituídos pelo governante podem ter respaldo apenas na Lei Orçamentária Anual. Diga-se o mesmo da grande inovação que foi a instituição dos Anexos de Metas e Riscos. Estes podem, sem qualquer prejuízo, figurar apenas na lei anual de gastos. Não se pode desconhecer a importância de sua introdução no Direito Brasileiro. No entanto, cabem como hóspedes apenas em uma das leis.

O anexo de metas fiscais. Outro dado de importância é a exigência de Anexo de Metas Fiscais que deve acompanhar o Projeto de Lei de Diretrizes Orçamentárias. Como a Constituição exige que referida lei estabeleça as metas que devem ser atingidas pelo ente estatal, é importante que vá ela acompanhada do Anexo referido, para que essas metas fiquem definitivamente estabelecidas. Deve fixar as receitas e despesas, resultados nominal e primário e montante da dívida pública para o exercício a que se referirem e para os dois seguintes (§1º do art. 4º da Lei Complementar nº 101/2000). O Anexo refere-se, então, a três exercícios. É o triênio. Pode-se discutir a constitucionalidade de tal exigência, uma vez que a Constituição não estabeleceu a Lei de Diretrizes Orçamentárias como de previsibilidade futura. Tem como conteúdo o estabelecido no §2º do art. 165 da CF. Logo, não pode a lei complementar instituir novas exigências. Previu mais do que foi previsto no texto da Lei Maior.

---

[16] TORRES, Ricardo Lobo. O orçamento na Constituição. *In*: *Tratado de direito constitucional financeiro e tributário:* o orçamento na Constituição, p. 71.

[17] NÓBREGA, Marcos. *Lei de Responsabilidade Fiscal e Leis Orçamentárias*. São Paulo: Juarez de Oliveira Editor, 2002, p. 108.

O envio do projeto de lei sem as metas fiscais redunda em infração administrativa (inciso II do art. 5º da Lei nº 10.028/2000).

Por *resultado primário* entende-se a diferença entre receita e despesa, excluídos juros e o principal da dívida, tanto pagos como recebidos. O *resultado nominal* é a diferença de todas as receitas e despesas. Assim, para obtenção do resultado primário apura-se o quanto ingressou de receita, a qualquer título, abatendo-se eventuais operações de crédito, Restos a Pagar, receitas obtidas com aplicações financeiras e despesas empenhadas.

O Anexo ainda deverá conter "avaliação do cumprimento das metas relativas ao ano anterior" (inciso I do §2º do art. 4º da Lei Complementar nº 101/2000). A avaliação deverá conter dados objetivos. Não é mera opinião do Executivo. Deve conter dados objetivos que possam fundamentar qualquer análise. Avaliar pressupõe emissão de números, dados, estatísticas, etc. que possam embasar a análise do cumprimento das metas.

A lei passa a enumerar exigências, todas elas no sentido de robustecer dados para conferência do cumprimento dos objetivos traçados. Deve haver "memória e metodologia de cálculo que justifiquem os resultados pretendidos, comparando-as com as fixadas nos 3 (três) exercícios anteriores, e evidenciando a consistência delas com as premissas e os objetivos da política econômica nacional" (inciso II do §2º do art. 4º da Lei Complementar nº 101/2000).

Exige, também, a "evolução do patrimônio líquido, também nos últimos 3 (três) exercícios, destacando a origem e a aplicação dos recursos obtidos com a alienação de ativos" (inciso III do §2º do art. 4º da Lei Complementar nº 101/2000). O patrimônio líquido aí referido é o resultado patrimonial positivo, ou seja, aquilo que se incorporou ao patrimônio público. De seu turno, deve mencionar o que foi feito caso tenha havido alienação de qualquer bem integrante do patrimônio. Caso haja resultado patrimonial negativo (passivo real descoberto), também deve haver menção a ele. A alienação de ativos (patrimonial) é importante veículo para reduzir a dívida. É o que ocorre com a denominada privatização.

De igual maneira, o Anexo deve conter "avaliação da situação financeira e atuarial" (inciso IV do §2º do art. 4º da Lei Complementar nº 101/2000), "dos regimes geral de previdência social e próprio dos servidores públicos e do Fundo de Amparo ao Trabalhador" (alínea "a"), bem como "dos demais fundos públicos e programas estatais de natureza atuarial" (alínea "b"). Da mesma forma, a avaliação deve conter dados objetivos para análise do Poder Legislativo.

Por fim, o Anexo deve conter "demonstrativo da estimativa e compensação da renúncia de receita e da margem de expansão das despesas obrigatórias de caráter continuado" (inciso V do §2º do art. 4º). A renúncia de receita revela-se através de anistias, remissões, isenções, subsídios, etc., tudo de forma a impor a não entrada de recursos aos cofres públicos. Toda renúncia de receita deve ser compensada de alguma forma. É fundamental que a renúncia não frustre os objetivos propostos da Lei de Diretrizes Orçamentárias ou, então, que a perda da receita seja compensada com aumento da receita tributária própria (não se podendo computar a transferida). A compensação pode operar-se com a isenção a imóveis residenciais de pessoas de baixa renda ou com o aumento da alíquota ou dos valores da planta para imóveis de pessoas de alta renda.

A previsão da margem de expansão das despesas obrigatórias de caráter continuado diz respeito, por exemplo, a nomeações de servidores, elevação de padrão, progressividade funcional, aumento de vencimentos, reestruturação de planos de carreira. Tudo deriva de lei e sujeita o Poder Público a seu pagamento. Despesa obrigatória de caráter continuado tem natureza corrente, ou seja, é realizada com a manutenção dos equipamentos e com o funcionamento dos órgãos e decorre de lei, medida provisória ou de ato administrativo normativo, tendo como duração período superior a dois exercícios (art. 17 da Lei Complementar nº 101/2000). Constando da dicção legal que a obrigação é assumida por "período superior a 2 (dois) exercícios", evidente está que o mínimo é de três exercícios, porque superior a dois só pode ser três.

O descumprimento das metas sujeitará o infrator às penas estabelecidas no art. 5º da Lei nº 10.028/2000.

O Anexo de Metas é essencial para que se possa controlar a Administração Pública. Traçados os vetores, através da lei, os objetivos devem ser alcançados. Se a previsão é de duas creches, por exemplo, em Município de porte razoável, a divulgação dos relatórios bimestrais ou semestrais, seja perante a Câmara, seja perante a sociedade, vai dar ideia de como evoluem os investimentos que o ente está fazendo. Se deixa de investir, como deve, uma vez que há programação, valores adequados no período, tem a Oposição, a sociedade e qualquer do povo como exigir o cumprimento dos objetivos traçados. Tal divulgação, aliada ao Anexo de Riscos, é o instrumento exato para fiscalização dos gastos públicos e controle do atingimento das finalidades traçadas.

O anexo de riscos. O §3º do art. 4º da Lei Complementar nº 101/2000 dispõe que a Lei de Diretrizes Orçamentárias conterá o Anexo de Riscos Fiscais, "onde serão avaliados os passivos contingentes e outros riscos capazes de afetar as contas públicas, informando as providências a serem tomadas, caso se concretizem". Os riscos podem se constituir, por exemplo, em elevação excessiva de moeda estrangeira, o que alteraria o câmbio de forma desmesurada. Caso tenha o Município assumido obrigação em moeda estrangeira, há risco que pode afetar as contas públicas. Em tal caso, qual a providência que o Executivo tomará? De outro lado, pode haver o risco de perder determinada ação e sobrevir o precatório. Digamos que a condenação seja bastante elevada, de forma a comprometer o orçamento. O que fazer? Tais providências são importantes, e devem revelar a preocupação do governante na tomada de decisões.

A Lei Complementar nº 200, de 2023, acrescentou os parágrafos 5º, 6º, e 7º e dispôs sobre a exigência do Anexo de Metas na União. Instituiu a previsibilidade do quatriênio, isto é, as exigências de controle alcançam o primeiro período e os três seguintes "com o objeto de garantir sustentabilidade à trajetória da dívida pública" (inciso I do art. 5º). Estatui outras exigências importantes nos incisos seguintes. Deve efetuar, também, a estimativa do impacto fiscal e orienta que os demais entes federativos poderão adotar as recomendações constantes dos referidos incisos.

Dispõe, por fim, que a lei de diretrizes orçamentárias "não poderá dispor sobre a exclusão de quaisquer despesas primárias da apuração da meta de resultado primário dos orçamentos fiscal e da seguridade social" (parágrafo 7º introduzido pela Lei Complementar nº 200/2023).

Por último, a Lei de Diretrizes Orçamentárias da União deverá conter "os objetivos das políticas monetária, creditícia e cambial, bem como os parâmetros e as projeções para seus principais agregados e variáveis, e ainda as metas de inflação para o exercício subsequente". A exigência diz respeito apenas à União, diante dos termos legais que falam em "política monetária, creditícia e cambial", matérias afetas apenas à União, bem como à previsão da inflação, que diz respeito a tal entidade política.

Como se disse, pode haver o exato controle do gasto na combinação do Anexo de Metas com o Anexo de Riscos. Pode-se aferir o real investimento no período e também se pode justificar o não atingimento das metas em caso de ocorrência de qualquer risco não previsto. A variação cambial, um acontecimento imprevisível, um fato anormal, despesas extraordinárias que o Município teve que assumir, podem ser fatores que impedem o cumprimento das metas. De qualquer forma, o administrador probo tem que explicitar as razões de seu comportamento, até para justificá-lo perante os órgãos controladores e a sociedade.

A Lei de Diretrizes Orçamentárias deve conter as condições para subvencionar entidades públicas ou particulares. Trata-se de atender ao que se denomina de *Terceiro Setor*, isto é, entidades de interesse público que possam receber auxílios do Poder Público. Deverão os Municípios, também, estabelecer de que forma poderão auxiliar o Estado ou a União em forma de gastos no atendimento a delegacias de polícia, juizados, cartórios eleitorais, tiros de guerra, etc.

22.3 A Lei Orçamentária Anual. Pode o Judiciário determinar a realização de obras ou serviços? O confronto entre os direitos básicos e a interferência do Judiciário nas políticas públicas

Uma das regras orçamentárias é a anualidade. Por ela, o Poder Público deve estabelecer a previsão de receitas e despesas anualmente. A partir da Constituição/1988, que reestruturou a matéria orçamentária, instituindo o Plano Plurianual/PPA e a Lei de Diretrizes Orçamentárias/LDO, os governantes são obrigados a elaborar a lei anual, de acordo com o que foi fixado nas leis anteriores.

Interessante questão tem surgido a propósito de decisões judiciais que determinam a realização de alguma obra ou a prestação de alguns serviços. Tem o Ministério Público utilizado a ação civil pública para exigir o cumprimento de obrigação da Administração Pública. Como fazer para cumprir as determinações judiciais?

Releva notar que não pode o Judiciário impor ou obrigar a Administração Pública a praticar atos físicos de administração. Decisão do STJ assim entendeu: "As atividades de realização dos fatos concretos pela Administração dependem de dotações orçamentárias prévias e do programa de prioridades estabelecido pelos governantes. Não cabe ao Poder Judiciário, portanto, determinar as obras que deve edificar".[18] A tese foi acolhida por decisão do TJSP.[19]

18 STJ, *RSTJ* 114/99, rel. Min. José Delgado.

19 TJSP, ACi nº 126.386-5/8, rel. Des. Vanderci Álvares.

Na partilha das competências, remanesce à Administração Pública a definição de suas atribuições, de seus objetivos, de seus vetores, consolidando tudo nas leis orçamentárias. A definição de prioridades e de objetivos políticos a serem alcançados integra a intimidade da gestão administrativa, descabendo a outro Poder interferência sobre as atividades executivas. O controle restringe-se aos atos jurídicos produzidos pela Administração, e não sua executoriedade no mundo empírico. Distingue-se a atividade jurídica da Administração de sua atividade física, denominada atividade material. Como disse em outro trabalho, "os fatos em si, tal como acontecem no mundo fenomênico, não têm importância para o Direito, nem mesmo o valor a eles atribuído subjetivamente. O que importa para o Direito é como o fato, tal como acontecido no mundo das realidades empíricas, foi qualificado pela norma".[20] É que o controle do Judiciário incide sobre comportamentos e atos administrativos jurídicos da Administração. Não se lhe pode impor a prática de atos físicos, salvo se constantes de manifestação jurídica.

Logo, descabe ao Judiciário proferir decisões de tal quilate. No entanto, se o fizer, determinando, por exemplo, a construção de moradias, creches, etc., e transitada em julgado a decisão, outra coisa não cabe ao prefeito que cumprir a ordem. Para tanto, deverá incluir no orçamento do próximo exercício a previsão financeira. Esclarecerá à autoridade judicial a impossibilidade de cumprimento imediato da decisão com trânsito em julgado, diante da falta de previsão orçamentária, e obrigar-se-á a incluir recursos na futura Lei Orçamentária para o cumprimento da decisão.

Ressalte-se, no entanto, que a ordem será descabida, caracterizando manifesta interferência do Judiciário no Executivo. Os Poderes têm seus limites e devem ser respeitados, descabendo ao Judiciário interferir na intimidade da decisão administrativa.

De outro lado, não se pode desconhecer que há situações em que a interferência do Poder Judiciário se faz necessária. Há casos de manifesto descumprimento do que determina a Constituição da República. Nestes, em que as instâncias governamentais desobedecem aos preceitos, nasce a sanção pertinente; e, para que as normas sejam cumpridas, imprescindível é que outro Poder intervenha, em homenagem à harmonia que os disciplina e também em cumprimento a princípios e normas constitucionais. "Essa conduta estatal, que importa em um *facere* (atuação positiva), gera a inconstitucionalidade por ação. Se o Estado deixar de adotar as medidas necessárias à realização concreta dos preceitos da Constituição, em ordem a torná-los efetivos, operantes e exequíveis, abstendo-se, em consequência, de cumprir o dever de prestação que a Constituição lhe impôs, incidirá em violação negativa do texto constitucional. Desse *non facere*, e *non praestare*, resultará a inconstitucionalidade por omissão, que pode ser total, quando é nenhuma a providência adotada, ou parcial, quando é insuficiente a medida efetivada pelo Poder Público. A omissão do Estado – que deixa de cumprir, em maior ou em menor extensão, a imposição ditada pelo texto constitucional – qualifica-se como comportamento revestido da maior gravidade político-jurídica, eis que, mediante inércia, o Poder Público também desrespeita a Constituição, também ofende direitos que nela se fundam e também impede, por ausência de medidas concretizadoras, a própria aplicabilidade dos postulados e princípios da Lei Fundamental."[21]

---

20 OLIVEIRA, Regis Fernandes de. *Ato Administrativo*. 5. ed. São Paulo: RT, 2007, p. 44-45.

21 *RTJ*, 185/794-796.

Evidente está que não se incluem na órbita da competência do Poder Judiciário a estipulação nem a fixação de políticas públicas. No entanto, não se pode omitir quando o governo deixa de cumprir a determinação constitucional na forma fixada. A omissão do governo atenta contra os direitos fundamentais, e, em tal caso, cabe a interferência do Judiciário, não para ditar política pública, mas para preservar e garantir os direitos constitucionais lesados.

De seu turno, há que se ponderar que os recursos são finitos, devendo haver uma escolha política do executor e do legislador na fixação das prioridades. Daí a adequada ponderação de Ana Paula de Barcellos no sentido de que, diante das limitações financeiras, pois, "o mínimo existencial, como se vê, associado ao estabelecimento de prioridades orçamentárias, é capaz de conviver produtivamente com a reserva do possível".[22]

A equação que se coloca é a seguinte: disponibilidade de recursos *x* direito individual ou social tutelado pela Constituição. Acentua Celso de Mello que, "em princípio, o Poder Judiciário não deve intervir em esfera reservada a outro Poder para substituí-lo em juízos de conveniência e oportunidade, querendo controlar as opções legislativas de organização e prestação, a não ser, excepcionalmente, quando haja uma violação evidente e arbitrária, pelo legislador, da incumbência constitucional".[23] Ocorre – argumenta o eminente Ministro – que deve ficar superado o vetusto dogma da separação dos Poderes em relação ao controle dos gastos públicos e da prestação de serviços públicos básicos no Estado Social: "A negação de qualquer tipo de obrigação a ser cumprida na base dos direitos fundamentais sociais tem como consequência a renúncia de reconhecê-los como direitos" (decisão mencionada).

No mesmo sentido tem-se o acórdão prolatado quando do julgamento do RE nº 436.996-SP, no qual a 2ª Turma do STF assentou que, "embora resida, primariamente, nos Poderes Legislativo e Executivo a prerrogativa de formular e executar políticas públicas, revela-se possível, no entanto, ao Poder Judiciário determinar, ainda que em bases excepcionais, especialmente nas hipóteses de políticas públicas definidas pela própria Constituição, sejam estas implementadas pelos órgãos estatais inadimplentes, cuja omissão – por importar descumprimento dos encargos político-jurídicos que sobre eles incidem em caráter mandatório – mostra-se apta a comprometer a eficácia e a integridade de direitos sociais e culturais impregnados de estatura constitucional".[24]

Há, pois, que se fazer consideração a propósito da necessidade de que os direitos fundamentais sejam garantidos e não negligenciados pelo órgão governamental. Não pode haver substituição da vontade política pela vontade jurídica do juiz. No entanto, diante de realidades palpáveis e à vista do descumprimento de preceito fundamental por parte do órgão incumbido da implementação das políticas públicas, cabe a intervenção do Judiciário. Não deve ser sempre e em qualquer situação. Há que se examinar a situação específica, para se aquilatar o descumprimento de dever fundamental.

De outro turno, há o possível que pode ser feito pelo Poder Público. O importante é encontrar o pêndulo do razoável.

---

22 BARCELLOS, Ana Paula de. *A eficácia jurídica dos princípios constitucionais*. 2. ed. Rio de Janeiro: Renovar, 2008, p. 246.

23 STF, ADPF nº 45-DF, *DJU*, 04.05.2005, p. 12.

24 STF, 2. Turma, RE nº 436.996-SP, rel. Min. Celso de Mello, j. 22.11.2005, *DJU*, 03.02.2006.

Em caso curioso examinado pela Corte Suprema alemã no qual se buscava o ingresso em universidade, devendo o Estado fornecer a vaga, entendeu-se que descabia a tutela, uma vez que não se poderia colocar o direito individual sobre o coletivo, mesmo porque estaria a situação submetida "à reserva do financeiramente possível".[25]

Por fim, cabível a intervenção do Judiciário para atender a determinadas hipóteses em que houver, efetivamente, dano à pessoa pelo descumprimento do preceito, e desde que existam recursos para o atendimento da determinação.

22.3.1 Prazos de encaminhamento dos Projetos de Leis Orçamentárias

Em verdade, deveria ter sobrevindo lei complementar que dispusesse sobre as normas orçamentárias, nos exatos termos do §9º, I e II, do art. 165 da CF. Logo, os prazos de encaminhamento dos projetos ainda não estão definitivamente resolvidos. O projeto aprovado pelo Congresso Nacional da Lei Complementar nº 101/2000 cuidava dos prazos. O Sr. Presidente da República, no entanto, vetou os dispositivos que deles tratavam; prevalece, então, o disposto no §2º do art. 35 do ADCT, que estabelece, no inciso I do referido texto, que o Projeto do Plano Plurianual é encaminhado até "4 (quatro) meses antes do encerramento do primeiro exercício financeiro e devolvido para sanção até o encerramento da sessão legislativa". No primeiro exercício da legislatura não há, como seria de rigor, o encaminhamento seriado do Plano Plurianual, da LDO e, por fim, da LOA. É que para o primeiro exercício do mandato prevalece o Plano Plurianual do governante anterior. O Projeto da Lei de Diretrizes Orçamentárias deve ser encaminhado ao Congresso Nacional até 15 de abril e devolvido para sanção até o término do primeiro período da sessão legislativa (dia 30 de junho). O projeto de lei anual é encaminhado até 30 de agosto e devolvido para sanção até o encerramento da sessão legislativa.

22.3.2 Requisitos

O projeto encaminhado ao Congresso Nacional (Assembleias Legislativas e Câmaras Municipais e Distritais) conterá Anexo, "demonstrativo da compatibilidade da programação dos orçamentos com os objetivos e metas constantes do documento" (inciso I do art. 5º da Lei Complementar nº 101/2000) que consta da Lei de Diretrizes Orçamentárias, a saber, o Anexo de Metas Fiscais. Prevalece, aí, a regra geral, ou seja, que a Lei Orçamentária Anual deve guardar compatibilidade com a LDO. Logo, se nesta consta o Anexo de Metas e elas estão explicitadas, tal como determina o §1º do art. 4º da Lei Complementar nº 101/2000, a lei anual deverá conter anexo compatível. Se na primeira consta um superávit de 5%, a segunda obedecerá a tal determinação. Não pode haver divergência entre os textos.

No projeto deve haver a previsão do caráter compensatório entre a arrecadação e a renúncia de receita. Se houver isenção beneficiando um produto ou algum contribuinte ou grupo destes, deve haver a previsão do aumento de receita, com elevação da alíquota

[25] STF, Intervenção Federal 2.915-5-SP, rel. Min. Gilmar Mendes.

de determinado tributo. Diga-se o mesmo das receitas de caráter continuado. É o que dispõe o inciso I do art. 5º.

O inciso III do art. 5º da Lei Complementar nº 101/2000 estabelece a previsão de reserva de contingência (congelamento) para "atendimento de passivos contingentes e outros riscos e eventos fiscais imprevistos" (alínea "b" do inciso). A reserva de contingência destina-se a garantir pagamentos imprevistos (condenação judicial excessiva, por exemplo).

O Sr. Presidente vetou a alínea "a" do referido inciso, evitando, assim, que houvesse a previsão dos denominados "Restos a Pagar", ou seja, permitindo que houvesse assunção de responsabilidade fiscal acima das disponibilidades financeiras do exercício.

No §1º do art. 5º a lei reitera o princípio da universalidade, tal como estabelecido no §5º do art. 165 da CF. Referido princípio dispõe que todas as receitas e despesas devem estar previstas na lei. O texto da lei determina que todas as "despesas relativas à dívida pública, mobiliária ou contratual, e as receitas que as atenderão, constarão da Lei Orçamentária Anual".

Estabelece o §2º do art. 5º da Lei Complementar nº 101/2000 que deve o refinanciamento da dívida constar da Lei Orçamentária e das leis de crédito adicional. Os créditos adicionais são autorizações de despesas públicas não computadas ou insuficientemente dotadas no orçamento. São *três* as espécies de crédito: (a) o crédito *suplementar*, que se destina a reforço de dotação insuficiente; (b) o *especial*, destinado a despesas para as quais não haja dotação específica; (c) o *extraordinário*, destinado a atendimento de despesas urgentes e imprevisíveis, nos casos de subversão intestina ou externa ou no caso de calamidade pública.

A atualização monetária do principal da dívida mobiliária não poderá superar a variação do índice de preços previsto na LDO ou em legislação específica. É o que determina o §3º do art. 5º da lei complementar em análise.

A lei veda qualquer previsão de "crédito com finalidade imprecisa ou com dotação ilimitada" (§4º do art. 5º).

O §5º do art. 5º da lei repete normas já consagradas. O orçamento anual apenas admite norma para viger no mesmo exercício, salvo aquelas já constantes do Plano Plurianual. Como há a exigência de que a Lei Orçamentária Anual guarde sintonia e compatibilidade com o Plano Plurianual e com a Lei de Diretrizes Orçamentárias, não pode haver qualquer previsão de investimento com duração superior a um exercício financeiro.

O §6º do art. 5º repete outra exigência já estabelecida. Determina que todas as despesas do Banco Central devem integrar o projeto. Ora, pelo princípio da universalidade, todas as despesas e receitas, vedada qualquer exceção, devem ter previsão no projeto. Logo, a norma é redundante.

O art. 6º do projeto aprovado pelo Congresso foi vetado. Dispunha que se o orçamento não fosse sancionado até o final do exercício sua programação poderia ser executada "até o limite de dois doze avos do total de cada dotação, observadas as condições constantes da Lei de Diretrizes Orçamentárias". O argumento foi o de que a autorização de apenas 2/12 (dois doze avos) do total de cada dotação "poderá trazer sérios transtornos à Administração Pública, principalmente no que tange ao pagamento de salários, aposentadorias, ao serviço da dívida e às transferências constitucionais a Estados e Municípios". Em verdade, o que deveria ter sido estatuído na lei era a promulgação da proposta orçamentária encaminhada, no caso de não aprovação tempestiva ou rejeição do projeto. Poderia haver a alternativa da mera atualização do orçamento anterior ou a previsão de aprovação de cada receita individual. O que não tem sentido é ficar sem uma solução.

O art. 7º estabelece que "o resultado do Banco Central do Brasil, apurado após a constituição ou reversão de reservas, constitui receita do Tesouro Nacional, e será transferido até o décimo dia útil subsequente à aprovação dos balanços semestrais". Caso seja negativo o resultado, "constituirá obrigação do Tesouro para com o Banco Central do Brasil e será consignado em dotação específica no orçamento" (§1º do art. 7º). "O impacto e o custo fiscal das operações realizadas pelo Banco Central do Brasil serão demonstrados trimestralmente" (§2º), nos termos do que dispuser a LDO. O texto é bastante complexo. Atente-se ao disposto no inciso VII do art. 167 da CF, que estabelece ser vedada a concessão ou utilização de créditos ilimitados. Embora não se possa dizer inconstitucional o preceito, em verdade atribuiu poderes bastante amplos ao Banco Central, uma vez que admite que possa ele agir de forma irresponsável, gerando resultados negativos, o que é descabido.

Determina o §3º que "os balanços trimestrais do Banco Central do Brasil conterão notas explicativas sobre os custos da remuneração das disponibilidades do Tesouro Nacional e da manutenção das reservas cambiais e a rentabilidade de sua carteira de títulos, destacando os de emissão da União". A norma é estritamente financeira, e o art. 7º disciplina obrigatoriedade de comportamento do Banco Central. Não é importante em termos de responsabilidade do governante, mas objetiva fiscalizar o Banco Central, no uso de sua política financeira.

22.4 Execução orçamentária e cumprimento de metas. Intervenção do FMI

O art. 8º da Lei Complementar nº 101/2000 contém norma importantíssima. Determina que "até 30 (trinta) dias após a publicação dos orçamentos (...) o Poder Executivo estabelecerá a programação financeira e o cronograma de execução mensal de desembolso". A abrangência do dispositivo alcança os três órgãos de poder. A programação, agora, é mensal. O parágrafo único é taxativo no sentido de estabelecer que "os recursos vinculados a finalidade específica serão utilizados exclusivamente para atender ao objeto de sua vinculação, ainda que em exercício diverso daquele em que ocorrer o ingresso". A norma impõe rigor na aplicação dos recursos. Nada pode ser desviado de seu objetivo inicial. É o caso do Fundo de Manutenção e Desenvolvimento da Educação Básica e de Valorização dos Profissionais da Educação/FUNDEB, instituído pelo art. 60 do ADCT, com a redação dada pela Emenda Constitucional nº 53/2006. Ainda que os recursos sejam disponibilizados em exercício posterior, devem ser destinados ao mesmo Fundo. É a universalização do Fundo, ainda que haja ingresso de receitas após dezembro. É irrelevante. Os recursos continuam afetados ao denominado "Fundão".

Caso possa ocorrer algum problema na aplicação das verbas, indicando que a realização da receita poderá não comportar o cumprimento das metas estabelecidas, "os Poderes e o Ministério Público promoverão, por ato próprio e nos montantes necessários, nos 30 (trinta) dias subsequentes, limitação de empenho e movimentação financeira, segundo critérios fixados na LDO" (art. 9º da Lei Complementar nº 101/2000). A norma é providencial, e impõe rigorosa obediência no gasto público. Termina a irresponsabilidade do governante. Outrora fazia-se pedido de crédito suplementar, e mesmo inexistindo dotação própria o Poder Legislativo aprovava o pedido, distorcendo totalmente o objetivo orçamentário. Havia quebra do equilíbrio, tão importante para manter a seriedade das despesas públicas.

Havendo restabelecimento das receitas, ocorrerá a recomposição das limitações, na mesma proporção (§1º). Não poderão ser "objeto de limitação as despesas que constituam obrigações constitucionais e legais do ente, inclusive aquelas destinadas ao pagamento do serviço da dívida, as relativas à inovação e ao desenvolvimento científico e tecnológico custeadas por fundo criado para tal finalidade e as ressalvadas pela Lei de Diretrizes Orçamentárias" (§2º). Evidente que, cuidando-se de obrigação constitucional ou legal, não há como deixar de pagá-las. O que a norma está determinando é que no caso de desvio do cumprimento das metas haja redução daquilo que puder ser evitado ou da assunção de novos compromissos que possam comprometer as metas. Nesses casos deve haver o contingenciamento de parte das verbas. Se houve comprometimento orçamentário de apresentação de superávit de 1%, e, projetados os pagamentos a serem feitos, se verificar que não será possível o cumprimento da meta, deve haver o congelamento respectivo, para que a meta seja atingida.

No §2º do art. 9º da lei ora comentada há escandalosa interferência do FMI. Observe-se que não poderão ser objeto de "limitação as despesas (...) destinadas ao pagamento do serviço da dívida, (...)". Atendidas as despesas de caráter constitucional e legal, todas as demais, obviamente contratuais, podem ser objeto de suspensão de pagamento. No entanto, não pode ser objeto de limitação ou suspensão o pagamento da dívida. Aqui, os credores internacionais impuseram o preceito, o qual foi aceito pelo Executivo, que propôs o texto, e pelo Congresso Nacional. De seu turno, não há como aumentar a despesa, por exemplo, com contratação de pessoal para os serviços de saúde, mas não se pode deixar de efetuar o pagamento dos juros da dívida com banqueiros e com os entes financeiros internacionais. É aviltante a aceitação de tal dispositivo no Direito Brasileiro, significando ostensiva invasão da competência dos entes federativos para a sujeição ao pagamento de credores nacionais e internacionais. Mais uma vez impôs-se a exigência do pagamento da dívida ao Brasil, num tratamento mesquinho e degradante para nosso povo.

Aí reside a influência do FMI. Observe-se que é imperiosa a limitação de despesa, salvo "aquelas destinadas ao pagamento do serviço da dívida, (...)". Neste ponto, realmente, asseguram-se os interesses dos detentores do capital financeiro, colocando-os acima de qualquer outro interesse social. Esta é a lição de Gerson Lima, em seu trabalho "A ascendência monetária da Lei de Responsabilidade Fiscal".[26] Afirma que "o engessamento legal das políticas social e econômica assim praticado parece extravasar o que se classificaria como seriedade e rigor orçamentário".[27] Ao final de seu trabalho

---

[26] LIMA, Gerson. *RT*, São Paulo, Ed. RT, 784/96-104.

[27] *Idem*, p. 98.

afirma que os administradores "estão autorizados a gastar com juros o quanto quiserem, ou, melhor, quanto considerarem adequado para atingir as metas fixadas, beneficiando assim uma certa parcela da população. O que for gasto com juros será cortado das despesas com os Tribunais de Contas, com os serviços públicos, com a segurança, com as Forças Armadas, com as estradas, com os hospitais, com as escolas, com a pesquisa em economia, etc.".[28]

Este engessamento pode ser pernicioso ao país e a cada ente federal, uma vez que, enquanto beneficia o pagamento da dívida, que não pode ser objeto de limitação de despesa, os gastos públicos no âmbito social *devem*, se necessário, ser objeto de contingenciamento. Tal determinação cria soluções injustas e, com certeza, inconstitucionais, uma vez que desequipara valores, atingindo os encampados nos arts. 1º e 3º da CF.

O mesmo dispositivo tem interferência direta nos contratos firmados pela Administração Pública. Como, diante do fato de ter extrapolado as metas financeiras, o Poder Público tem que efetuar a limitação dos empenhos, como não pode deixar de cumprir as obrigações constitucionais e legais, bem como tem que cumprir com o pagamento da dívida, a solução será a suspensão do pagamento das obrigações contratuais. Seria interessante que uma cláusula de advertência passasse a constar de todos os contratos firmados pela Administração, para informar os contratantes.

Alguns entendem que o texto diz o óbvio, isto é, que deve haver o pagamento das despesas constitucionais e legais e o pagamento do serviço da dívida. Não se pode discutir que o governo tem que pagar o que foi contratado, seja mediante operação de crédito, seja em relação a obras ou serviços. O que se põe em xeque é a preferência pelo pagamento do serviço da dívida em detrimento, por exemplo, da colocação em funcionamento de hospitais e escolas, com a contratação de professores, médicos e enfermeiros. A opção legislativa é que pode e deve ser questionada.

Evidente está que o Poder Público tem que cumprir todas as obrigações assumidas, em face do princípio da boa-fé do contratante e da seriedade que deve prevalecer em todas as suas ações. O que não se pode aceitar é a preferência legislativa pelo pagamento da dívida com evidente prejuízo ao cumprimento de metas sociais.

O importante é saber quais os valores que a Constituição da República prestigiou. Quando se vê que o art. 1º, em seus incisos, elege como fundamentos do Estado a dignidade da pessoa humana, a cidadania, enquanto o art. 3º fala em construir uma sociedade livre, justa e solidária, em erradicar a pobreza e a marginalização e reduzir as desigualdades sociais, fez-se clara opção pelo campo social. A partir daí é que se há de interpretar o texto legal. O raciocínio jurídico interpretativo começa pelo teor da Constituição, irradiando-se pelas leis que dela promanam e que com ela devem guardar sintonia. Não o contrário. Não são as leis que ditam a ordem jurídica, mas o Texto Maior que lhes dá validade. Se assim é, o que se verifica em boa hermenêutica, pode-se dizer que a opção da lei em análise, ao privilegiar o pagamento da dívida em detrimento de outros valores, não se manteve em sintonia com a Constituição Federal.

O parágrafo 2º do art. 9º foi alterado pela Lei Complementar nº 177/2021, que acrescentou que não pode deixar de haver pagamento em despesas "relativas à inovação

---

28 *Idem*, p. 104.

e ao desenvolvimento científico e tecnológico custeadas por fundo criado para tal finalidade e as ressalvadas pela lei de diretrizes orçamentárias". Igualmente, não pode haver limitação de despesas que constituam obrigações constitucionais e legais do ente. Claro está porque seu inadimplemento implica responsabilidade do agente.

O acréscimo é bem-vindo. Quando as receitas financeiras entram em dificuldades, o primeiro a sofrer é o campo tecnológico e científico. É que não é área que propicia o direcionamento de votos. Normalmente, as áreas sociais são mais sensíveis. O preceito veio a garantir que não se retirem recursos do campo tecnológico e científico. Desnecessário ressaltar a importância desse setor para o país.

A mesma lei alterou o art. 1º da Lei nº 11.540/2007, que dispôs sobre o Fundo Nacional de Desenvolvimento Científico e Tecnológico, instituído pelo Decreto-Lei nº 719/1969 e restabelecido pela Lei nº 8.172/1991, para indicar o destino dos recursos do referido Fundo.

Em verdade, o agente político que opta pela questão social e a ela atende e dedica a inversão dos recursos públicos jamais poderá ser sancionado pela Lei de Responsabilidade Fiscal. Ao optar pelo funcionamento de uma creche ou de um hospital em detrimento do pagamento de uma dívida, ainda que legalmente assumida e devida, não poderá o gestor da coisa pública suportar os encargos punitivos de sua escolha.

No caso de os Poderes Legislativo e Judiciário e o Ministério Público não efetuarem o contingenciamento, o Poder Executivo deverá fazê-lo, "segundo os critérios fixados pela Lei de Diretrizes Orçamentárias" (§3º). É que o Poder Executivo detém os poderes de administrador do Erário, podendo fiscalizar; e, mais do que isso, é ele o órgão de arrecadação. Logo, tem as informações necessárias e o controle dos gastos, ao lado de ser obrigado ao repasse do duodécimo. Poder-se-ia entender estar havendo intromissão ou preponderância de um Poder sobre os demais. Não é o que parece. A norma encontra justificativa no fato de ser o Executivo o órgão que administra os recursos, arrecada-os, e que tem o controle do orçamento. Por tal motivo é que não há intromissão de um dos Poderes nos dois outros e no Ministério Público.

O STF suspendeu, por inconstitucional, tal dispositivo, através da ADI/MC nº 2.238-DF (rel. Min. Ilmar Galvão). Entendeu a Corte Suprema que o dispositivo mencionado viabiliza uma interferência do Executivo em domínio constitucionalmente reservado à atuação autônoma dos Poderes Legislativo e Judiciário. Reiteramos nosso posicionamento. Embora à primeira vista possa parecer que assim seja, a interferência indevida apenas ocorre no *indevido*, isto é, quando houver qualquer excesso, arbítrio ou abuso. No caso que se analisa, como o Executivo detém a arrecadação de todos os tributos, a ele cabe efetuar a análise periódica das receitas e despesas bem como do cumprimento das metas fiscais. A mesma incumbência cabe aos demais Poderes e ao Ministério Público. Se houve desvio das metas, ou se se constatar que "a realização da receita poderá não comportar o cumprimento das metas", cada unidade deve operar a limitação do empenho, por ato próprio. Tal comportamento deve ocorrer no prazo de 30 dias. Até aí, inadmissível qualquer interferência na intimidade dos Poderes e do Ministério Público. Caso não tiver sido realizada qualquer providência é que caberá ao Executivo efetuar a redução. Onde está a invasão? Não está o Executivo cumprindo a lei? Não estarão o Judiciário, o Legislativo ou o Ministério Público descumprindo a lei?

A interferência, a nosso ver, é a forma indevida, é a intromissão descabida; não a legal. No entanto, cabe à Corte Suprema manter os ditames constitucionais, sem embargo de se ter opinião diversa.

Em julgamento definitivo (ADI nº 2.238, rel. Min. Alexandre de Moraes) o Supremo Tribunal Federal confirmou a inconstitucionalidade porque o dispositivo estabelece "inconstitucional hierarquização subserviente em relação ao Executivo, permitindo que, unilateralmente, limite os valores financeiros segundo os critérios fixados pela Lei de Diretrizes Orçamentárias no caso daqueles outros dois Poderes e instituição não promoverem a limitação no prazo fixado no *caput*" (*Informativo* de 22 a 26 de junho de 2020, nº 983). Ficaram vencidos cinco ministros que partilhavam o que foi dito acima.

O Poder Executivo, igualmente, deve, até o final dos meses de maio, setembro e fevereiro, demonstrar e avaliar "o cumprimento das metas fiscais de cada quadrimestre, em audiência pública na Comissão Mista do Congresso Nacional e equivalente nas Casas estaduais e municipais" (§4º do art. 9º da Lei Complementar nº 101/2000).

No caso da União, o Banco Central do Brasil, no prazo de 90 dias após o encerramento de cada semestre, "apresentará, em reunião conjunta das comissões temáticas pertinentes do Congresso Nacional, avaliação do cumprimento dos objetivos e metas das políticas monetária, creditícia e cambial, evidenciando o impacto e o custo fiscal de suas operações e os resultados demonstrados nos balanços" (§5º do art. 9º).

O art. 10 da lei determina que na execução orçamentária e financeira sejam identificados os beneficiários do pagamento de sentenças judiciais, para que se cumpra a observância da ordem cronológica no pagamento dos precatórios. Não há necessidade de que a previsão orçamentária identifique os credores. A exigência é de que a escrituração os indique.

22.5 Da receita pública

22.5.1 Previsão e arrecadação

É requisito essencial da responsabilidade que o Poder Público institua, preveja e arrecade "todos os tributos de competência constitucional do ente da Federação", conforme o art. 11 da Lei Complementar nº 101/2000. O dispositivo tem sido questionado sobre sua constitucionalidade, em razão de não se poder obrigar o prefeito a encaminhar o projeto de instituição do tributo nem impor sua aprovação pela Câmara. Ora, o agente responsável tem que ter receita, para poder cumprir o orçamento elaborado. Logo, tem que exercitar sua competência tributária, instituindo ou aumentando tributos. Caso não o faça, a União está impedida de a ele repassar qualquer recurso transferido voluntário. Evidente que nada pode ficar de fora. Como é o agente público responsável pelo destino dos recursos arrecadados, deve ser responsável pela previsão da receita. Como a lei estabelece todos os recursos do ente federativo, deve ele exercer o poder tributário em toda a sua plenitude. Omitir-se na arrecadação também enseja responsabilidade. Pode-se obrigar o ente estatal a exercer sua competência tributária? Como exigir que o prefeito envie projeto de lei à Câmara para instituir determinado tributo? Como obrigar a Câmara a aprovar o projeto? Nada disso é possível juridicamente. Alguns juristas afirmam que lei nacional que exija do ente federativo menor tal comportamento é inconstitucional.

Assim não nos parece. É que, embora não possa haver a exigência física ou jurídica do comportamento, possível é a previsão da sanção de não envio de receita transferida voluntária. Isso porque o ordenador de despesa, um ministro de Estado, por exemplo, que auxilia um Município que não tenha exercido em sua plenitude sua competência tributária poderá ser sujeito passivo de infração político-administrativa e até infração penal.

Entende Betina Treiger Grupenmacher que não há qualquer dispositivo constitucional que obrigue o ente federativo a legislar positivamente. Afirma que, sendo "o exercício da competência tributária uma prerrogativa legislativa, e inexistindo mecanismos na Magna Carta constitucional que obriguem o Legislativo a criar tributos, a facultatividade é ilação necessária a que se chega da interpretação sistemática do texto constitucional, e por essa razão não se pode afirmar, em relação à competência tributária, que a inércia do legislador caracterizaria uma omissão inconstitucional".[29] Em face de tal assertiva, conclui que a previsão do art. 11 da lei ora comentada "afrontou irreversivelmente o texto constitucional, na medida em que estabeleceu restrição à prerrogativa constitucional das pessoas políticas de direito público (...)".[30] Tal posição vem avalizada por outros cultores do Direito.

Não é inconstitucional o texto. Bem esclarece Diogo de Figueiredo Moreira Neto que, "enquanto a instituição de tributos tem natureza política, e é reserva do legislador, a gestão da receita tributária tem natureza administrativa, e é cometida ao administrador público, enquanto gestor das finanças públicas".

"Não há, portanto, como responsabilizar o gestor fiscal por ato que é de competência exclusiva do legislador tributário, como esse de instituir ou não todos os tributos constitucionalmente possíveis, bem como pela fixação de suas respectivas cargas, também sob reserva legal, devendo-se estender que qualquer interferência na instituição política de tributos extrapola a competência do legislador complementar, nada se podendo imputar a respeito ao administrador, que tem apenas a missão de arrecadá-los e geri-los."[31] Acrescenta que "não existe qualquer obrigação constitucional de instituir tributos: há competências para fazê-lo, ainda porque existem aqueles que, conforme as circunstâncias, são econômica ou socialmente desaconselháveis".[32]

Uma vez instituídos os tributos, é dever do gestor recolhê-los e aplicá-los. O preceito, como se vê, refere-se à gestão fiscal, e não à imposição tributária. Esta precede aquela, mas ambas não se confundem e são atos sequenciais. Primeiro ponto é a instituição do tributo; depois, sua exigência mediante lançamento.

Caso o prefeito cumpra sua obrigação e envie projeto instituindo IPTU à razão de R$1,00 por propriedade ou posse, ou outro valor meramente simbólico, sendo ele aprovado pela Câmara, satisfeita estará a exigência tributária? Entendemos que não, uma vez que se cuidaria de desvio de poder, tanto do Executivo como do Legislativo.

---

29 GRUPENMACHER, Betina Treiger. Lei de Responsabilidade Fiscal: competência tributária, arrecadação e renúncia. *In*: ROCHA, Valdir de Oliveira (Coord.). *Aspectos relevantes da Lei de Responsabilidade Fiscal*. São Paulo: Dialética, 2001, p. 14.

30 *Idem*, p. 17.

31 MOREIRA NETO, Diogo de Figueiredo. *Considerações sobre a Lei de Responsabilidade Fiscal*. Rio de Janeiro: Renovar, 2001, p. 143-144.

32 *Idem, ibidem*.

Ambos têm competência para cumprir a lei e fazê-lo dentro dos ditames constitucionais; no entanto, não podem brincar com ela ou cumpri-la de forma grotesca ou ridícula.

Há alguns Municípios que por comodidade, por excesso de arrecadação ou por obterem muitas receitas transferidas deixam de instituir os tributos que lhes competem, não estabelecendo por lei a cobrança, por exemplo, do imposto sobre a propriedade territorial urbana. Muitas unidades deixam de cobrar taxas em decorrência da prestação efetiva ou potencial de serviços públicos ou pelo exercício do poder de polícia, bem como das contribuições de melhoria.

Se isso ocorrer, o parágrafo único do art. 11 da Lei Complementar nº 101/2000 veda a "realização de transferências voluntárias para o ente que não observe o disposto no *caput*, no que se refere aos impostos". Não há como confundir a transferência voluntária com a obrigatória, decorrente de previsão constitucional. A voluntária decorre de repasse de recursos entre níveis de governo, sem que haja imposição constitucional ou legal. Ocorre quando o governo do Estado remete recursos a determinado Município para que este realize evento cultural, por exemplo. Neste caso há vedação da remessa. Logo, as transferências realizadas por determinação constitucional ou legal não são passíveis de retenção ou de não envio. O art. 25 define o que se entende por *transferência voluntária*, constituindo-se na entrega de recursos correntes ou de capital a outro ente da Federação, "a título de cooperação, auxílio ou assistência financeira". Difere das obrigatórias, que estão previstas, mas constituem receitas próprias de um ente federado e arrecadadas por outro.

Segundo o art. 12 da Lei Complementar nº 101/2000, "as previsões de receita observarão as normas técnicas e legais, considerarão os efeitos das alterações na legislação, da variação do índice de preços, do crescimento econômico ou de qualquer outro fator relevante e serão acompanhadas de demonstrativo de sua evolução nos últimos 3 (três) anos, da projeção para os 2 (dois) seguintes àquele a que se referirem, e da metodologia de cálculo e premissas realizadas". A norma é sábia, no sentido de obrigar o chefe do Executivo e sua assessoria específica na área orçamentária e financeira, de forma a exigir que o projeto de lei reflita a realidade do momento. Não se pode elaborar projeto apenas para atender a uma formalidade legal. É importante que o agente administrativo visualize, a partir da vigência da Lei de Responsabilidade Fiscal, que não mais pode "brincar" ao elaborar a peça orçamentária. Agora é fundamental que reflita a realidade econômica, fixando alíquotas compatíveis, estabelecendo base de cálculo efetiva. A peça orçamentária deixa de ser mera formalidade a ser cumprida pelo Executivo e pelo Legislativo, passando a ser, além de um programa de governo, item fundamental na responsabilidade do agente público. Pode ocorrer, por exemplo, que tenha vindo a se estabelecer no Município poderosa empresa. A partir daí, a arrecadação sofrerá alteração, uma vez que contribuirá ela, e muito, para o aumento da arrecadação.

O uso de indexadores é comum, foi necessário durante muito tempo e chegou a ingressar na cultura do povo brasileiro. Mais recentemente, com a economia razoavelmente estabilizada, ainda dependente de fatores externos, os índices ainda são úteis para compensar a inflação do período, e pode variar a metodologia de cálculo. O que importa é que seja consistente.

Eventual "reestimativa de receita por parte do Poder Legislativo só será admitida se comprovado erro ou omissão de ordem técnica ou legal" (§1º do art. 12 da Lei de Responsabilidade Fiscal). Não pode ensejar mero esquecimento ou revelar descuido de quem elaborou a proposta. A previsão da receita é real, e não mais meramente formal.

O §2º contém vedação importante ao estabelecer que as receitas de operações de crédito não podem ser superiores às das despesas de capital constantes do Projeto de Lei Orçamentária. Referido dispositivo, no entanto, foi suspenso pelo STF por meio da ADI nº 2.238-5. Em julgamento definitivo, o STF entendeu que a proibição de que cuida o artigo não alcança operações de crédito autorizadas com o uso de créditos suplementares ou especiais, devidamente aprovadas pelo Legislativo por maioria absoluta (Adin nº 2238, rel. Alexandre de Moraes). As despesas de capital são as realizadas com o propósito de formar e/ou adquirir ativos reais, abrangendo ações, planejamento e execução de obras, compra e instalações de equipamentos, material permanente, títulos representativos de capital de empresas, amortizações de dívida e concessões de empréstimos, etc. Deve haver equilíbrio entre receita e despesa. Não pode haver receita transitória, como é a operação de crédito, mera entrada, uma vez que o recurso ingressa nos cofres públicos com destinação específica de saída, com despesas de capital. Daí a vedação.

Em tal passo, o Supremo Tribunal Federal deu interpretação conforme, entendendo que o artigo não abrange operações de crédito autorizadas mediante créditos suplementares ou especiais aprovados por maioria absoluta.

O Poder Executivo deve colocar à disposição dos demais Poderes e do Ministério Público, no mínimo 30 dias antes do encaminhamento das propostas orçamentárias, "os estudos e estimativas das receitas para o exercício subsequente, inclusive da corrente líquida, e as respectivas memórias de cálculo" (§3º do art. 12 da Lei Complementar nº 101/2000). De boa providência a cautela do dispositivo. É que apenas o Executivo detém o montante das receitas. Como os demais Poderes e o Ministério Público possuem legitimidade ativa para encaminhamento de suas propostas orçamentárias, justo é que fiquem sabendo, com antecedência mínima de 30 dias, qual a previsão da receita e sob que base se assenta. Os dados todos devem ficar à disposição dos demais Poderes, para que estes possam formular suas propostas com base em dados concretos.

Até 30 dias depois da publicação do orçamento as receitas previstas serão desdobradas, pelo Poder Executivo, em metas bimestrais de arrecadação, com especificação "em separado, quando cabível, das medidas de combate à evasão e à sonegação, da quantidade e valores de ações ajuizadas para cobrança da dívida ativa, bem como da evolução do montante dos créditos tributários passíveis de cobrança administrativa" (art. 13 da Lei Complementar nº 101/2000).

O Poder Executivo deve anunciar quais as medidas que tomará para combater a evasão e a sonegação. Por exemplo, a admissão de novos fiscais, novas técnicas de aferição da receita empresarial. Também é importante que se saiba o montante da dívida ativa, quais as providências para apressar sua cobrança, etc. A nomeação de novos procuradores, por exemplo, pode contribuir para o aumento da arrecadação. Novos locais de praças e leilões públicos, da mesma forma.

22.5.2 Renúncia de receita

O normal de qualquer governante é que diligencie o recebimento de todas as receitas. Com elas é que se podem atingir as metas a que se propôs e prestar bons serviços à coletividade a que deve servir. Ocorre que, por razões políticas, até importantes, o governante é levado a abrir mão de parte de sua arrecadação para estimular outras políticas. Por exemplo, a renúncia do IPTU para um Município, em relação à instalação de indústrias em seu território, pode redundar em aumento da mão de obra, redução do desemprego, maior consumo – o que beneficiará o Município. Assim, a renúncia de receita operada através de incentivos, como o não pagamento do IPTU, etc., pode significar importante passo no desenvolvimento de determinada localidade.

O art. 11 da Lei de Responsabilidade Fiscal estabeleceu que "constituem requisitos essenciais da responsabilidade na gestão fiscal a instituição, previsão e efetiva arrecadação de todos os tributos da competência constitucional do ente da Federação". Não creio que a norma esteja dizendo nada mais do que aquilo que tem que ser feito, ou seja, que cada ente federado exerça sua competência tributária, a fim de abastecer seus cofres, sem depender do das outras entidades.

Betina Treiger Grupenmacher afirma ser inconstitucional o dispositivo,[33] sustentando que, se a Constituição reservou aos entes federados a faculdade do exercício da competência tributária, "reservou-lhes por igual a possibilidade de deixar de exercê-la, e, ainda, de deixar de arrecadar as receitas dela decorrentes, inclusive renunciando aos respectivos recursos sem necessidade de adoção de providências compensatórias".[34] No mesmo sentido Edvaldo Brito,[35] por entender que o artigo hostiliza o contido no Código Tributário Nacional.

Em sentido contrário, Estevão Horvath afirma que se afigura "perfeitamente possível que a LRF diga o que disse com relação à renúncia fiscal, porquanto, em rigor, não impede que os benefícios sejam concedidos".[36]

Da mesma forma, não procedem os argumentos aduzidos, que são contrários ao dispositivo em comento. É que cabe à lei complementar "estabelecer normas de gestão financeira e patrimonial da Administração direta e indireta bem como condições para a instituição e funcionamento de fundos" (inciso II do §9º do art. 165 da CF), na exata conceituação de Rubens Gomes de Souza: "Isenção é o favor fiscal concedido por lei, que consiste em dispensar o pagamento de um tributo devido".[37] A isenção é um dos tipos de renúncia mais controvertidos, e merece análise à parte. No entanto, os argumentos desenvolvidos aplicam-se a todos os tipos de renúncia.

A lógica do conceito é anterior à incidência da regra. É princípio de política fiscal, uma vez que o legislador entende dispensável a cobrança do tributo. Tendo em vista que

---

[33] GRUPENMACHER, Betina Treiger. Lei de Responsabilidade Fiscal: competência tributária, arrecadação e renúncia, *op. cit.*, p. 23.

[34] *Idem*, p. 23-24.

[35] BRITO, Edvaldo. Lei de Responsabilidade Fiscal: competência tributária, arrecadação de tributos e renúncia de receita. *In*: ROCHA, Valdir de Oliveira (Coord.). *Aspectos relevantes da Lei de Responsabilidade Fiscal*. São Paulo: Dialética, 2001, p. 121.

[36] HORVATH, Estevão. *O princípio do não confisco no direito tributário*. São Paulo: Dialética, 2002, p. 2.

[37] SOUZA, Rubens Gomes de. *Compêndio de legislação tributária*. Ed. póstuma. São Paulo: Resenha Tributária, 1975, p. 97.

o legislador complementar pode estabelecer normas de gestão financeira, cabe-lhe dispor com aplicação a todos os entes federativos. Significa que cabe à norma complementar disciplinar a política fiscal, entendida como o conjunto de medidas financeiras que podem ser adotadas pelo Poder Público, diante de determinada conjuntura econômica, para promover o desenvolvimento. Como são objetivos fundamentais da República Federativa do Brasil (a) garantir o desenvolvimento nacional e (b) erradicar a pobreza e a marginalização e reduzir as desigualdades sociais e regionais (incisos II e III do art. 3º da CF), cabe à norma nacional criar condições para tanto. A renúncia de receita não tem conteúdo estritamente tributário, de forma a ser exercida apenas pela pessoa jurídica de direito público competente. É norma pré-jurídica, que antecede o nascimento da obrigação tributária; logo, de gestão financeira, e, pois, perfeitamente alinhada com os objetivos maiores da responsabilidade fiscal. Constitucional, ademais, porque admitida pelo preceito mencionado.

A *sanção* para o não exercício da competência tributária plena vem estabelecida no parágrafo único do art. 11 da Lei Complementar nº 101/2000, que estabelece ser vedada "a realização de transferências voluntárias para o ente que não observe o disposto no *caput*, no que se refere aos impostos". Ora, não está determinando nem compelindo o ente federativo a instituir o tributo. Simplesmente impõe o modal deôntico: é *vedada* a transferência voluntária àquele que não exercitar sua competência tributária, a fim de aguardar o envio de recursos do outro ente.

Entende Diogo de Figueiredo Moreira Neto que, "enquanto que a instituição de tributos tem natureza política, e é reserva do legislador, a gestão da receita tributária tem natureza administrativa, e é cometida ao administrador público, enquanto gestor das finanças públicas".[38] Acrescenta que "não há, portanto, como responsabilizar o gestor fiscal por ato que é de competência exclusiva do legislador tributário, como esse de instituir ou não os tributos constitucionalmente possíveis, bem como pela fixação de suas respectivas cargas, também sob a reserva legal, devendo-se entender que qualquer interferência na instituição política de tributos extrapola a competência do legislador complementar, nada se podendo imputar a respeito ao administrador, que tem apenas a missão de arrecadá-los e de geri-los".[39]

Quem pode isentar? Pode o integrante do Poder Legislativo propor isenção, ou cabe a iniciativa apenas ao chefe do Poder Executivo? Observe-se que a isenção não é matéria tributária. Constitui parte do planejamento financeiro de um ente. Logo, o poder de iniciativa pertence exclusivamente ao chefe do Executivo.[40]

Ocorre que tal providência política gerava crescente rivalidade entre Municípios e entre Estados, que renunciavam a parte da receita do ICMS, o que redundava em confrontos inconvenientes. A Lei de Responsabilidade Fiscal veio dar grande passo na limitação de possíveis conflitos. A renúncia de receita através de concessão ou ampliação de incentivo ou benefício de natureza tributária "deverá estar acompanhada de estimativa do impacto orçamentário-financeiro no exercício em que deva iniciar sua vigência e nos dois seguintes, atender ao disposto na Lei de Diretrizes Orçamentárias e a pelo menos

---

38 MOREIRA NETO, Diogo de Figueiredo. *Considerações sobre a Lei de Responsabilidade Fiscal, op. cit.*, p. 143.

39 *Idem*, p. 143-144.

40 TJSP, ADI nº 37.761-0-SP, rel. Des. José Cardinale, j. 11.03.1998.

uma das seguintes condições (...)" – que passa a descrever, é o que estatui o art. 14 da Lei de Responsabilidade Fiscal. De duas, uma: ou o ente federal efetua uma compensação, de forma a manter o atingimento das metas traçadas na LDO e que irá executar no âmbito da Lei Orçamentária Anual, ou elabora o estudo de impacto financeiro. Se pretende conceder isenção de IPTU para a vinda de empresas para o Município, pode fazê-lo desde que eleve, por exemplo, a alíquota de outras áreas. Diga-se o mesmo na isenção de IPTU para moradias de pequeno valor ou de determinada metragem; a contrapartida será a elevação de alíquota para outra região urbana.

Poderá, de outro lado, efetuar o estudo de impacto fiscal, ou seja, a análise da implantação do setor industrial; por exemplo, período de demora da instalação, resultado das operações industriais, celeridade das transações e imediatidade da arrecadação do ICMS, tudo levando à convicção de que haverá retorno renúncia-entrada de recursos. O estudo de impacto fiscal pode ser a grande saída para pequenos Municípios que pretendem crescer e, ao mesmo tempo, cumprir a lei em comento.

Para realizar a renúncia da receita é fundamental que haja "demonstração pelo proponente de que a renúncia foi considerada na estimativa de receita da Lei Orçamentária, na forma do art. 12, e de que não afetará as metas de resultados fiscais previstas no Anexo próprio da Lei de Diretrizes Orçamentárias" (art. 14, I, da Lei Complementar nº 101/2000). Tem fim a improvisação. Tudo há que estar estabelecido na lei e na demonstração por meio de mapas, estatísticas, dados concretos, etc. Ademais, deve estar acompanhada "de medidas de compensação, no período mencionado no *caput*, por meio de aumento de receita, proveniente da elevação de alíquotas, ampliação da base de cálculo, majoração ou criação de tributos ou contribuição".

Contudo, e apesar de sua enorme contribuição na limitação dos conflitos entre os entes federados, o dispositivo não contém qualquer novidade, uma vez que o §6º do art. 165 da CF estabelece que "o Projeto de Lei Orçamentária será acompanhado de demonstrativo regionalizado do efeito, sobre as receitas e despesas, decorrente de isenções, anistia, remissões, subsídios e benefícios de natureza financeira, tributária e creditícia".

Interessante hipótese foi analisada por Ives Gandra da Silva Martins. O caso era de Município que pretendia instaurar um polo industrial e iria conceder isenção de tributos municipais. O autor esclarece que há duas espécies de incentivos: os onerosos, "que causam impacto sobre a receita e o orçamento, aos quais podemos denominar 'incentivos onerosos para a entidade concedente'; e aqueles outorgados a 'custo zero', que não causam qualquer impacto sobre as finanças do ente federativo, implicando desenvolvimento da região e futuro crescimento de arrecadação, em face da geração de empregos e outros fatores de progresso decorrentes da estimulação fiscal concedida".[41]

Tem razão o parecerista. É que, se o imóvel é municipal, não está gerando receita. Logo, não há renúncia. De outro lado, se o benefício alcança o ISS, da mesma forma não há pagamento de que se possa desistir. Assim, se a empresa não se localizar no Município não gerará recursos, e se nele se instala não haverá redução da receita orçamentária.

---

[41] MARTINS, Ives Gandra da Silva. Inteligência do art. 14 da Lei de Responsabilidade Fiscal: estímulos sem impacto orçamentário não são pelos dispositivos abrangidos: opinião legal. *BDA – Boletim de Direito Administrativo*, São Paulo, NDJ, 7, 508, 1985.

Os incisos I e II do art. 14 da Lei Complementar nº 101/2000 são fortes na resistência a que haja renúncia indiscriminada de receita, de forma a evitar a concorrência predatória bem como a insuficiência de recursos por parte de Municípios ou Estados, de forma a levá-los à impotência para cumprimento de suas obrigações. Na sequência, o que era normal, buscam recursos nas esferas superiores para nivelar seu orçamento. Era a consagração máxima da incompetência ou da irresponsabilidade na gestão da coisa pública. Agora, para que haja um benefício tributário é imprescindível que o Executivo diga de onde tirará a compensação para manter o equilíbrio fiscal ou, então, por que meio irá compensar a perda de arrecadação com o incentivo dado.

O importante é que a renúncia não impeça o cumprimento dos objetivos previstos na Lei de Diretrizes Orçamentárias. Somente será possível se demonstrado o equilíbrio, bem como que haverá aumento da receita tributária própria.

Assinale-se que a renúncia pode alcançar qualquer forma, ou seja, isenções condicionadas, subjetivas, objetivas, etc. Irrelevante que se conceda isenção pessoal, em vista do sujeito passivo do tributo, ou real, em face de atos, bens ou serviços. Qualquer tipo de exclusão do crédito tributário obriga sua recuperação por outro ato (elevação de alíquota, por exemplo).

A *renúncia de receita* compreende a *anistia* (perdão da penalidade imposta ao contribuinte ou da própria infração – penas concedidas por lei), a *remissão* (perdão da dívida ou renúncia ao recebimento – pode ocorrer através de ato administrativo – art. 172 do CTN), o *subsídio* (forma de auxílio que se outorga a alguém para a prática de algum ato social), o *crédito presumido* (estimativa fixada pelo Poder Público em benefício de alguém, que fica dispensado de comprovação), a *concessão de isenção* (dispensa de pagamento do tributo, por força de lei). Há norma impeditiva da competência tributária em certas situações, em caráter geral, *alteração de alíquota* (parte, quota ou percentual que incide sobre a base de cálculo, fixando o montante a pagar) ou *modificação da base de cálculo* (ou base imponível, na lição de Geraldo Ataliba),[42] é a perspectiva dimensível do aspecto material da hipótese de incidência, com a finalidade de fixar critério para a determinação, em cada obrigação tributária concreta, do *quantum debeatur*.

Os benefícios mencionados devem levar à "redução discriminada de tributos ou contribuições, e outros benefícios que correspondam a tratamento diferenciado" (§1º do art. 14 da Lei Complementar nº 101/2000).

As formas de renúncia de receita podem levar a odiosas situações, normalmente em prejuízo do Erário. Objetivam, evidentemente, melhoria das condições locais. No entanto, as medidas são tomadas de forma atrabiliária e sem qualquer fundamento legal. Basta a elas o cunho político irresponsável. Agora, a lei corta quaisquer tentativas de benefício indevido, em detrimento de outro ente federativo ou mesmo em detrimento da União ou do Estado que, ao final, irá suportar a renúncia mediante repasse de seus recursos. Diga-se, de outro lado, que pode a renúncia de receita constituir-se em poderoso instrumento de política fiscal, criando incentivos fiscais que propiciem o desenvolvimento local, estadual e nacional. O que importa é que não haja manipulação em prejuízo da arrecadação e em benefício de setores privilegiados, em detrimento

---

42 ATALIBA, Geraldo. *Hipótese de incidência tributária*. 6. ed. 17. tir. São Paulo: Malheiros, 2018, p. 108.

da justa competição. Sem qualquer dúvida, a isenção, um dos tipos de renúncia, é instrumento de justiça social.

Todos querem usufruir dos benefícios propiciados pelo Poder Público. Não há o denominado *espírito público*, quando os indivíduos, diria melhor, os cidadãos resolvem dedicar-se ao interesse da coletividade sem esperar nada em contrapartida. Seria invocar o espírito romano dos grandes mestres da época, tal como Cícero. Mesmo este buscou o enriquecimento.

A renúncia de receita é o remédio perfeito para acalentar sonhos menos nobres e nada republicanos.

Caso haja explicitação da forma de compensação da renúncia com ingresso de outros recursos, o benefício "só entrará em vigor quando implementadas as medidas" (§2º do art. 14 da Lei Complementar nº 101/2000) compensatórias.

A renúncia de receita é ato partilhado pelo Legislativo e pelo Executivo. Há impedimento à renúncia? Não, o que há é que, como foram traçadas as metas que devem ser alcançadas, na hipótese de renúncia de tributo o que o legislador nacional fez foi exigir que o renunciante esclareça de onde tirará novos recursos para cumprir as metas. É ser sério. Só isso. O ato de renúncia de receita pode alcançar apenas uma pessoa ou diversas, coletivamente. O impedimento alcança todo e qualquer ato, indiscriminadamente.

Pode ocorrer, por exemplo, que o Município tenha necessidade de instituir determinado zoneamento e deva renunciar a determinada receita. Pode? Pode, de duas formas: ou elevando a alíquota de outro tributo, para efetuar a compensação, ou, então, efetuando o estudo de impacto fiscal. O que é isso? É uma análise sobre os incentivos que serão dados e por qual forma serão eles repostos. Se se obtém sucesso na imediata instalação de indústrias, começando elas a dar emprego, a produzir, comercializar, etc., tudo pode resultar em cobertura sobre o tributo que se deixou de receber, havendo plena compensação com a entrada de arrecadação, o que cobre a renúncia efetuada. Aí o problema é político, e assim deve ser tratado.

Não há diferença entre a renúncia tributária e a financeira. A renúncia de receita é sempre financeira, o que implica alteração do fator tributário, uma vez que envolverá a não incidência da norma instituidora.

As limitações ou exigências não se aplicam às alterações de alíquotas previstas no art. 153 da CF (imposto de importação, exportação, produtos industrializados e operações de crédito, câmbio e seguro ou relativas a títulos ou valores mobiliários, de acordo com os incisos I, II, IV e V, todos do art. 153). É o que dispõe o inciso I do §3º do art. 14 da Lei Complementar nº 101/2000.

Da mesma forma, não se aplicam "ao cancelamento de débito cujo montante seja inferior ao dos respectivos custos de cobrança" (inciso II do §3º). Evidente a norma, uma vez que se abre mão de crédito cuja cobrança poderá envolver quantia superior a seu montante.

A cobrança dos débitos existentes opera-se através da execução fiscal. Os créditos não pagos devem ser inscritos em livro próprio, transformando-se em dívida ativa, ou seja: o Poder Público cria seu próprio título, que o habilita a promover a execução em juízo (art. 201 do CTN). É o único caso de autoconstituição de título. No direito privado é imprescindível a convergência das vontades de duas pessoas. No direito público o Estado cria unilateralmente seu próprio título de crédito, dando origem à dívida ativa. A regular inscrição faz presumir sua liquidez e certeza, só afastáveis por prova inequívoca em contrário (art. 204 e parágrafo único do CTN).

22.6 Da despesa pública

22.6.1 Geração da despesa

Toda despesa deve encontrar respaldo constitucional ou legal. Todas devem gerar benefício ao Poder Público, seja como aumento patrimonial, seja como retribuição a serviços prestados ou compra de bens ou serviços, etc. Assim sendo, serão consideradas "não autorizadas, irregulares e lesivas ao patrimônio público a geração de despesa ou assunção de obrigação que não atendam ao disposto nos arts. 16 e 17" (art. 15 da lei em análise).

Bem anota Diogo Figueiredo Moreira Neto que "a presunção de lesividade não pode decorrer de simples irregularidade, ou seja, da mera insatisfação formal dos requisitos estabelecidos nos referidos arts. 16 e 17. É, pois, a combinação lesividade acrescida à irregularidade que dá causa à nulidade".[43] Não há a nulidade *in re ipsa*. Acentua o autor que "a existência de vícios formais, que decorreriam do mau processamento da despesa, por insatisfação dos requisitos processuais da despesa exigidos nos arts. 16 e 17, poderia até induzir uma intenção de lesividade, jamais, porém, caracterizar uma efetiva lesividade, como uma presunção absoluta".[44]

É que nem sempre se pode ter uma ou a mesma solução. Diante da hipótese concreta é que se poderá apreciar a incidência da norma.

Toda "criação, expansão ou aperfeiçoamento de ação governamental que acarrete aumento da despesa será acompanhado de estimativa do impacto orçamentário-financeiro no exercício em que deva entrar em vigor e nos 2 (dois) subsequentes" (art. 16 e inciso I da Lei Complementar nº 101/2000). "Ação governamental", na dicção da lei, é, no dizer exato de Ivan Barbosa Rigolin, "um programa diferenciado de governo, uma atividade nova de serviço à população, um projeto de atuação governamental que seja distinto e distinguível dos demais, ou, como bem informa o dispositivo, a expansão ou o aperfeiçoamento de algum deles, que significa a modificação, para mais onerosa, de qualquer uma daquelas ofensivas governamentais, que a própria lei".[45] Caso o governo delibere realizar qualquer atividade, deverá ter em mente o que isso gerará de despesa. Por exemplo, o prefeito do Município "X" resolve fornecer serviço de coleta de dados a outros Municípios. Necessita estimar o custo da iniciativa, por três anos, bem como verificar se há dotação para tanto. A exigência de estimativa do impacto deve vir acompanhada de "declaração do ordenador da despesa de que o aumento tem adequação orçamentária e financeira com a Lei Orçamentária Anual e compatibilidade

---

[43] MOREIRA NETO, Diogo de Figueiredo. *Considerações sobre a Lei de Responsabilidade Fiscal, op. cit.*, p. 157.

[44] *Idem, ibidem.*

[45] RIGOLIN, Ivan Barbosa. Que significa ação governamental, no art. 16 da Lei de Responsabilidade Fiscal?: sobre a necessidade de clareza das leis. *In*: NASCIMENTO, Carlos Valder do (Org.). *Lei de Responsabilidade Fiscal*: teoria e prática. Rio de Janeiro: América Jurídica, 2002, p. 120.

com o Plano Plurianual e com a Lei de Diretrizes orçamentárias" (inciso II do art. 16). Por aí se fixa quem é o responsável, evitando-se colocar em dúvida quem é o sujeito passivo da infração.

As exigências têm interferência imediata nas licitações realizadas pelo Poder Público. Observe-se que não basta apenas definir o objeto. É essencial que haja receita disponível, bem como é importante o estudo do impacto financeiro sobre os recursos. O ordenador da despesa, aí, adquire função relevante, uma vez que deve emitir declaração a respeito da suficiência de fundos.

A despesa há de estar adequada, ou seja, deve existir dotação específica e suficiente ou, existindo previsão genérica, há de estar acobertada entre as despesas realizadas e a realizar, não se ultrapassando os limites estabelecidos para o exercício (inciso I do §1º do art. 16 da Lei Complementar nº 101/2000). Deve ser compatível com o Plano Plurianual e com a Lei de Diretrizes Orçamentárias, adaptada às diretrizes, objetivos, prioridades e metas previstos nestes instrumentos e não infringir suas disposições (inciso II).

A estimativa prevista no inciso I deve estar acompanhada da metodologia de cálculo utilizada (§2º do art. 16).

Sobreleva notar a denominada *despesa irrelevante*, nos termos que a Lei de Diretrizes Orçamentárias dispuser (§3º). A Lei de Diretrizes Orçamentárias federal remete os valores à Lei nº 8.666/1993 (Lei de Licitações), que, em seu art. 24, cuida dos limites da dispensa de licitação. Deixamos de apontar os números, em Reais, uma vez que podem sofrer alterações, bastando a leitura de tal dispositivo para se ter o que é despesa irrelevante.

Sendo assim, classifica-se a despesa, de acordo com a lei, tendo em vista o critério de adequação, ou não, às leis anteriores, em (a) adequada, (b) compatível e (c) irrelevante.

As normas analisadas constituem condição prévia para: "I – empenho e licitação de serviços, fornecimento de bens ou execução de obras; II – desapropriação de imóveis urbanos a que se refere o §3º do art. 182 da Constituição" (§4º do art. 16 da Lei Complementar nº 101/2000).

O disposto nos incisos do art. 16, e especificamente em seu §4º, constitui dificuldades para o administrador. É que para as licitações e contratações deverão existir estudos de estimativa do impacto orçamentário no exercício em que deva entrar em vigor e nos dois subsequentes (inciso I do art. 16). Ora, deve haver o estudo do impacto e também a declaração do ordenador da compatibilidade da despesa com o Plano Plurianual, com a LDO e com a Lei Orçamentária Anual. É muita formalidade. Toda atividade do Estado é ação governamental.

Tratando-se de obra, é despesa de capital, e, pois, incidente a regra aqui analisada.

Outro impacto forte nas licitações e contratos advém do contido nos arts. 9º e 31, II, da Lei nº 8.666/1993, que determinam a redução dos montantes em caso de impossibilidade de cumprimento de metas. Ora, o contratante nada tem com isso, e, pois, fica obrigado a aceitar a redução ou não pagamento, em decorrência da incúria do administrador. Se a Administração não pode limitar as despesas de origem constitucional ou legal àquelas destinadas ao pagamento do serviço da dívida, pode-se concluir que o mais é passível de redução ou de não pagamento. A limitação recairá sobre as obrigações contratuais assumidas.

Aquele que vem a contratar com a Administração Pública deve ficar atento ao preceito, pois pode sofrer dissabores, contratando seriamente e vindo a ser prejudicado posteriormente.

Em item específico faremos análise detalhada do impacto da lei nas licitações e contratos administrativos.

Veja-se que a lei contém rigor reiterado em suas diversas disposições. Em relação à despesa exige compatibilidade vertical com normas anteriores, ao lado de ter previsão de impacto não apenas no exercício que deva entrar em vigor, mas nos dois seguintes. Apenas após atendidos tais requisitos é que pode haver empenho e licitação, bem como a desapropriação de imóveis urbanos.

22.6.2 Despesa obrigatória de caráter continuado

A despesa de caráter continuado é despesa corrente derivada de lei, medida provisória ou ato administrativo normativo que fixem para o ente a obrigação legal de sua execução por um período superior a dois exercícios (art. 17 da Lei Complementar nº 101/2000). A grande vergonha por que passa o país em sua estruturação dos Poderes, diz respeito à edição de medidas provisórias. São atos do Executivo, com força de lei, que podem ser expedidos em caso de relevância e urgência, nos exatos termos do art. 62 da CF. Ocorre que o Executivo tem extrapolado sua competência constitucional, em detrimento do Legislativo. A população já não pode mais suportar esta excrescência constitucional. Impõe-se que o STF restrinja o Executivo a seus limites. De seu turno, o Legislativo deve, com urgência, instituir mecanismo de aferição imediata dos requisitos constitucionais e rejeitar a medida provisória que não se adequar ao texto constitucional. Observe-se que o legislador já aceita a medida provisória como geradora de despesa, independentemente da lei conversora do Congresso Nacional.

Imprescindível que a despesa deva ocorrer por mais de três exercícios, uma vez que a lei fala em período superior a dois exercícios, o que dá três.

Os atos que criarem ou aumentarem despesa deverão ser instruídos com a estimativa do impacto orçamentário-financeiro e demonstrar a origem dos recursos para seu custeio (§1º do art. 17 da Lei Complementar nº 101/2000). Deve haver também a demonstração de que a despesa não afetará as metas de resultados fiscais previstas no Anexo da Lei de Diretrizes Orçamentárias. O efeito da despesa deverá ser compensado com aumento permanente de receita ou pela redução permanente da despesa (§2º do art. 17, com a redação dada pela LC nº 176/2020). Para este efeito, considera-se aumento permanente da receita "o proveniente da elevação de alíquotas, ampliação da base de cálculo, majoração ou criação de tributo ou contribuição" (§3º do art. 17 - LC nº 176/2020). Não se pode incluir aí o combate à elisão fiscal e à sonegação fiscal. Este decorre de obrigação que tem o Fisco de assim proceder. Os recursos devem entrar nos cofres públicos. Se há o comportamento contrário à previsão normativa, o problema deve ser resolvido pela própria Administração, com seus fiscais e com a estrutura própria da fiscalização. Tal trabalho não pode ser considerado como aumento de receita; ao contrário, o que não houve foi perda. A distinção é sutil, mas real.

Como bem anota Diogo Figueiredo Moreira Neto, as despesas obrigatórias de caráter continuado têm regras distintas das despesas em geral, uma vez que estão previstas em subseção.[46] Quando se tratar de reajustamento de despesa com pessoal e do serviço da dívida não há necessidade de observância do §1º do art. 17. Daí estarem dispensados "da comprovação da origem dos recursos para seu pagamento".[47]

Centra-se o problema no nascimento de novas despesas. Para as que forem regulares, isto é, destinam-se ao pagamento da dívida e aos servidores, já estão identificadas no orçamento. Para assunção de novas despesas, e que englobem mais de um exercício, é que se torna imperioso apontar os recursos. Por exemplo, se o chefe do Executivo tenciona implantar programa de combate à dengue, à malária, etc.

Tudo deve estar previsto em planilha, contendo premissas e metodologia de cálculo utilizadas, "sem prejuízo do exame de compatibilidade da despesa com as demais normas do Plano Plurianual e da Lei de Diretrizes Orçamentárias" (§4º do art. 17 da Lei Complementar nº 101/2000 – redação da LC nº 176/2020). Sua implementação apenas ocorrerá após comprovação das compensações.

O §6º do art. 17 da Lei Complementar nº 101/2000 excetua da restrição contida no §1º as despesas destinadas ao serviço da dívida ativa e ao reajustamento de remuneração de pessoal (inciso X do art. 37 da CF).

O §7º considera aumento de despesa a "prorrogação daquela criada por prazo determinado".

22.6.3 Despesa com pessoal

Todas as restrições a despesas com pessoal passaram a ser disciplinadas pela lei ora comentada. O art. 18 considera despesa com pessoal de cada ente federativo os gastos: (a) com ativos, inativos e pensionistas; (b) relativos a mandatos eletivos, cargos, funções ou empregos civis, militares; (c) membros de Poder de quaisquer espécies remuneratórias, tais como vencimentos e vantagens, fixas e variáveis, subsídios, proventos de aposentadoria, reformas e pensões, inclusive adicionais, gratificações, horas extras e vantagens pessoais de qualquer natureza; (d) encargos sociais e contribuições recolhidas pelo ente às entidades de previdência; e, por fim, (e) os valores de contratos terceirizados de mão de obra (§1º) substitutiva de servidores.

A lei extrapolou da Constituição da República para efeito da compreensão da despesa total com pessoal. Nela incluiu os inativos, que não figuram no art. 169. Neste artigo se lê, no *caput*, que "a despesa com pessoal *ativo e inativo* da União, dos Estados, do Distrito Federal e dos Municípios não poderá exceder os limites estabelecidos em lei complementar" (grifos nossos). Observe-se que a Constituição não inseriu os inativos. Assim, não podem ser considerados para os limites de gastos com pessoal. Não estão eles a serviço do Poder Público, e, pois, não podem ser considerados para referidos limites.

Da mesma forma, os pensionistas não estão incluídos na dicção constitucional. Poderia a lei aumentar a numeração da composição para efeito de fixação dos limites?

---

46 MOREIRA NETO, Diogo de Figueiredo. *Considerações sobre a Lei de Responsabilidade Fiscal*, *op. cit.*, p. 162.

47 CRUZ, Flávio da (Coord.); VICCARI JR., Adauto *et al. Lei de Responsabilidade Fiscal comentada*. 3. ed. São Paulo: Atlas, 2002, p. 61.

Parece-nos que não. Caso a Constituição não tivesse delimitado o conceito do que é despesa com pessoal, a norma complementar a integraria. No entanto, como houve prévia fixação, não pode a lei extrapolar.

A despesa é apurada nos 12 meses (no exercício em que apurada e nos 11 imediatamente anteriores – §2º do art. 18 da Lei Complementar nº 101/2000). A redação é dada pela lei complementar n. 178/2021. Independe do empenho.

Curiosa a determinação legal, que faz com que os valores dos contratos de terceirização de mão de obra possam substituir os servidores e empregados públicos. Até a Emenda Constitucional nº 19/1998 o regime jurídico dos servidores era único, e, pois, descabido falar em terceirização de serviços, salvo de contratação de pessoal temporário para atender a necessidade temporária de excepcional interesse público (inciso IX do art. 37 da CF). No entanto, a partir daí tornou-se possível a transferência de atividades governamentais a particulares.

De duas, uma: ou o serviço é de caráter permanente, e a lei criou cargos vocacionados para provimento efetivo – e, pois, descabido falar na substituição deles por terceiro –, ou não há criação de tais cargos – e, pois, lícita a admissão de terceiros para prover as necessidades de pessoal do ente federativo. Se o cargo estiver vago, como ele se destina a ser provido, haverá desvio de competência se houver contratação por mais de ano. Em tal período tem o Poder Público o dever de prover o cargo, realizando concurso, sob pena de apuração de responsabilidade do governante.

Questão controversa diz respeito à terceirização de serviços. O texto apenas determina que, havendo terceirização de mão de obra, os serviços "que se referem à substituição de servidores e empregados públicos serão contabilizados como *outras despesas de pessoal*" (grifamos). Terceirizado o serviço, estaria ele incluído no item "despesa com pessoal", para efeito das limitações legais? Como computar os serviços que podem envolver, eventualmente, fornecimento de materiais, como os de limpeza, por exemplo?

O problema deve ser focalizado à luz do que dispõe a Constituição Federal. Estabelece o inciso II do art. 37 que a investidura em cargo ou emprego público depende de aprovação prévia em concurso público. Faz ressalva aos denominados *cargos em comissão*, de livre nomeação e exoneração. A criação de cargos e empregos decorre de lei. No caso de necessidade temporária de excepcional interesse público pode haver a contratação por tempo determinado (inciso IX do mesmo artigo).

Os serviços estatais devem ser prestados por servidores públicos, ou seja, subordinados a vínculo estatutário com o Poder Público. A exceção é a prestação de serviços por particulares e em decorrência de contrato ou de vínculo empregatício.

A estrutura burocrática há de ser definida em lei. Se a norma legal estabeleceu a composição do funcionamento de determinado órgão, criando os cargos, funções ou empregos, hierarquizando-os, fixando-lhes a competência e a forma de sua organização, não há como quebrar a previsão normativa. A repartição de competências, a fixação de atribuições, tudo decorre de previsão legal.

Evidente está, no entanto, que não há vedação constitucional de contratação de serviços de terceiros. É o que decorre do inciso XXI do art. 37 da CF ao estabelecer a possibilidade de contratação de serviços. Estes são definidos pelo inciso II do art. 6º da Lei 8.666/1993, e são os de "demolição, conserto, instalação, montagem, operação, conservação, reparação, adaptação, manutenção, transporte, locação de bens, publicidade, seguro ou trabalhos técnico-profissionais". Evidente que a previsão é meramente estipulativa, não esgotando todas as possibilidades.

Uma primeira evidência já se pode ter. É que os serviços próprios não podem ser terceirizados, a saber, os típicos de Estado (Judiciário, Legislativo, Executivo, aqueles decorrentes de fiscalização, representação diplomática, tarefas auxiliares de cada qual, ou seja, diretamente vinculados à prestação dos serviços, tais como escreventes, auxiliares do Parlamento, etc.).

Pode a lei ter criado cargos para serviços complementares, tais como limpeza, transporte, manutenção, etc. Sendo assim, inadmissível será a abertura de licitação para contratação de serviços de terceiros. Imaginemos que exista em determinada repartição quadro próprio, criado por lei, para prestação de serviços de transporte (motoristas ou agentes de segurança, seja qualquer denominação que se lhes dê). Não pode a autoridade competente determinar abertura de licitação para contratação de terceiros.

Se não há serviços de alimentação, por exemplo, em determinada unidade, poderia haver a abertura de licitação para admissão de pessoal apropriado para tais serviços? Parece-nos que sim. É que a vontade do Estado ainda não se havia manifestado em lei. Se há quadro próprio, não há como ser alterado mediante mera terceirização da mão de obra. Eventualmente, na hipótese de insuficiência de pessoal se pode admitir a provisória admissão de terceiros.

A norma em tela refere-se, pois, a contratos de terceirização de mão de obra, e não a serviços. A contratação de serviços terceirizados tem amparo constitucional (inciso XXI do art. 37) e legal (art. 6º da Lei nº 8.666/1993).

Curiosa é a repartição de receitas com organizações sociais ou as denominadas organizações da sociedade civil de interesse público (OSCIPs). Pode haver transferência a elas? Serão considerados terceiros, para efeito de limite de gasto? O Poder Público deve ter o controle total de seus recursos, e devem ser fiscalizados e controlados não só pelas instituições formais, mas também pela sociedade. Pode-se pensar na limitação dos gastos com pessoal, separando-os dos custos dos serviços.

Caso isso ocorra, haverá manifesto desvio de poder (ou de competência, ou de finalidade). O desvio de poder revela-se quando o agente tem competência para praticá-lo e, no entanto, busca atingir outra finalidade. A competência só é outorgada ao agente para que ele pratique determinados atos, tendo em vista certas finalidades. Se exerce a atribuição que lhe foi dada para atingimento de outros fins, desvia-se dos objetivos que lhe foram traçados por lei.

Os atos assim praticados encontram-se maculados por vício de nulidade. O que é nulo não pode subsistir no ordenamento normativo. Logo, passível será de invalidação ato que simplesmente terceiriza determinados serviços para evitar que as despesas atinjam seus limites máximos. Objetivando não o atingimento dos interesses públicos, mas contornar os ditames legais, age o servidor com manifesto desvio de poder. Busca burlar os ditames legais, e não satisfazer os interesses públicos.

Os limites para despesas com pessoal, a que alude o art. 169 da CF, são de 50% para a União e 60% para Estados, Distrito Federal e Municípios (art. 19, I a III, da Lei Complementar nº 101/2000) de sua receita corrente líquida. Aí não serão computadas despesas: "I – de indenização por demissão de servidores e empregados; II – relativas a incentivos à demissão voluntária; III – derivadas da convocação extraordinária do Congresso Nacional; IV – decorrentes de decisão judicial e da competência de período anterior aos 11 (onze) meses a que alude o §2º do art. 18; V – com pessoal custeado com recursos transferidos pela União ao Distrito Federal e aos Estados do Amapá e Roraima; VI – com inativos e pensionistas, ainda que por intermédio de unidade gestora única ou fundo previsto no art. 249 da Constituição Federal, quanto à parcela (redação dada pela LC nº 178/2021), custeadas por recursos provenientes de: a) arrecadação de contribuições dos segurados; b) da compensação financeira do cômputo recíproco de tempo de serviço (art. 201, §9º, da CF); c) de transferências destinadas a promover o equilíbrio atuarial do regime de previdência, na forma definida pelo órgão do Poder Executivo federal responsável pela orientação, pela supervisão e pelo acompanhamento dos regimes próprios de previdência social dos servidores públicos" (com a redação dada pela LC nº 178/2021).". É o que estabelece o §1º do art. 19 da lei em análise.

As condenações decorrentes de sentenças judiciais serão computadas, salvo as que excederem os 11 meses anteriores ao período do mês de competência, nos exatos termos do §2º do art. 18 da Lei Complementar nº 101/2000.

"Na verificação o atendimento aos limites definidos neste artigo, é vedada a dedução da parcela custeada com recursos aportados para a cobertura do déficit financeiro dos regimes de providência (parágrafo incluído pela LC nº 178/2021).

O que pode ocorrer se a Administração Pública, em processo administrativo, reconhecer sua responsabilidade? Da mesma forma, não estará o montante alcançado pela restrição. É que para atendimento de um direito não há necessidade de que o Poder Judiciário assim determine. Basta que haja o reconhecimento formal por parte da Administração Pública. É razoável; é correto e decente.

A repartição dos limites globais será fixada de acordo com percentuais para cada Poder (art. 20). No âmbito *federal* fica assim a distribuição dos recursos: 2,5% para o Legislativo, incluído o TCU; 6% para o Judiciário; 40,9% para o Executivo, incluindo o Poder Judiciário, Ministério Público e a Defensoria Pública do Distrito Federal (inciso XIII do art. 21 da CF), o pessoal do Amapá e Roraima (art. 31 da EC nº 19/1998); e 0,6% para o Ministério Público (alíneas "a" a "d" do inciso I do art. 20).

Na esfera *estadual* a distribuição é feita da seguinte forma: "a) 3% para o Legislativo, incluído o Tribunal de Contas, onde houver; b) 6% para o Judiciário; c) 49% para o Executivo; d) 2% para o Ministério Público" (alíneas "a" a "d" do inciso II do art. 20).

No *Município*, 54% pertencem ao Executivo e 6% ao Legislativo, incluído o Tribunal de Contas, onde houver (inciso III do art. 20).

Há perspectiva de confronto entre o determinado neste dispositivo e o contido no art. 29-A da CF (modificado pela Emenda Constitucional nº 58/2009), que estabelece percentuais de despesa do Poder Legislativo Municipal. Dispõe referido dispositivo: "O total da despesa do Poder Legislativo Municipal, incluídos os subsídios dos vereadores e excluídos os gastos com inativos, não poderá ultrapassar os seguintes percentuais, relativos ao somatório da receita tributária e das transferências previstas no §5º do art. 153 e nos arts. 158 e 159, efetivamente realizado no exercício anterior: (...)". O texto passa a dispor sobre percentuais ao Legislativo Municipal, o que não nos interessa, agora, examinar. Vale atentar para o §1º, que dispõe: "A Câmara Municipal não gastará mais de 70% (setenta por cento) de sua receita com folha de pagamento, incluído o gasto com o subsídio de seus vereadores".

Em Município de menos de 100 mil habitantes, cuja arrecadação seja de R$500.000,00, o total da despesa deverá ser de 7%, ou seja, R$35.000,00. Como não pode gastar mais de 70% com pessoal, poderá despender R$24.500,00, incluídos subsídios de vereadores e excluídos gastos com inativos. Veja-se aqui uma diferença essencial: é que a Lei de Responsabilidade Fiscal inclui, em qualquer hipótese, o pagamento dos inativos (art. 18), embora em confronto com a Constituição (art. 169).

Aplicando-se a Lei de Responsabilidade Fiscal, observa-se que em Município que tenha como receita líquida os mesmos R$500.000,00 o gasto máximo com pessoal será de 6%, ou seja, R$30.000,00, pouco acima do percentual já mencionado, só que, aqui, incluída a despesa com o pagamento dos inativos.

Pode haver casos – e com certeza existirão – de dificuldades de aplicação da Lei de Responsabilidade Fiscal. Para mim não há dúvida possível: aplica-se o art. 29-A da CF, introduzido pela Emenda Constitucional nº 25/2000 e alterado pela Emenda Constitucional nº 58/2009.

A matéria será mais matemática que jurídica, uma vez que texto legal jamais pode contradizer norma constitucional.

Importante questão, que irá servir de base para muitas discussões, diz respeito à possibilidade aberta a que a lei complementar fixe percentuais com despesa de pessoal, impondo-os a Estados e Municípios. Não há agressão ao princípio federativo? No âmbito da legislação concorrente (art. 24 da CF) a competência da União para legislar para todos os entes federais esgota-se na edição de normas gerais. Abre-se ardorosa discussão sobre o que sejam *normas gerais*. Para mim, são princípios. Como já disse, há princípios de diversos escalões: alguns que alcançam toda a Humanidade; outros que alcançam determinados ordenamentos normativos; e terceiros, que vinculam certas instituições. No caso presente estamos à vista de princípios do segundo tipo, ou seja, daqueles que disciplinam a ordem jurídica de determinado sistema. Como temos o princípio federativo, evidente está que a competência da União para expedição de normas gerais (princípios) se exaure na inviabilidade de fixação de percentuais. Evidente está que estabelecimento de percentual não é instituir norma geral.

Há manifesta agressão ao princípio federativo (inciso I do §4º do art. 60 da CF), uma vez que em matéria de direito financeiro compete à União, apenas e tão somente, o estabelecimento de normas gerais. É natural a dificuldade em se estabelecer o que se entende por norma geral, uma vez que se vale a Constituição da denominada linguagem natural, ou seja, não teorética. Conforme escrevemos em trabalho anterior, evidente está que "um governo não pode limitar a ação do outro. A União não pode interferir nos Estados, sob pena de agredir a autonomia que lhes é assegurada. Logo, apenas preceitos amplos e genéricos poderão obrigar as unidades federadas".[48] Apenas estão sujeitos Estados e Municípios aos princípios equiparados às normas gerais. O princípio é norma que orienta a elaboração de outras normas de primeiro grau, extraída, por

[48] OLIVEIRA, Regis Fernandes de; HORVATH, Estevão. *Manual de direito financeiro*. 3. ed. São Paulo: RT, 2000, p. 26.

dedução, do ordenamento normativo, operando limitação das próprias normas e autointegração do sistema. Logo, em direito financeiro a União não pode, ainda que por lei complementar (não basta dizer que é complementar a lei para que nela possa caber qualquer norma limitadora das demais entidades federativas), fixar limites específicos a Estados e Municípios. Na medida em que estabelece percentuais da receita para definir limites de gasto com pessoal, descendo a minúcias de cada órgão de poder, a lei agride o princípio da Federação. Por mais moralizadora que seja a norma, não pode invadir a esfera íntima de Estados e Municípios. Se se entende que fazem parte da estrutura do Estado Federal, têm que ter sua intimidade preservada.

Diogo de Figueiredo Moreira Neto ensina que "normas gerais, para os efeitos do estabelecimento da competência concorrente limitada, são aquelas em que a União, sem distinguir entre entes públicos e sem descer a detalhes particularizantes, estabelece diretrizes e regras jurídicas gerais que devem atuar como orientação e limites, sob cuja consideração os Estados-membros legislarão direta, específica e exaustivamente".[49]

Parece evidente que a Lei Complementar nº 101/2000, ao descer a detalhes, especificando percentuais e impondo-os a Estados e Municípios, extrapolou a norma de competência estabelecida no §1º do art. 24 da CF, invadindo, pois, atribuições próprias das entidades federativas menores. Logo, inconstitucionais, não podendo prevalecer. Por maior boa vontade que se tenha no entendimento de que a norma é moralizadora, antes de mais nada, deve o jurista respeito aos princípios cardeais do sistema jurídico constitucional. Não podemos transigir com – qualquer que seja – a invasão das competências no Estado Federal Brasileiro. Qualquer agressão aos princípios jurídicos, por menor que seja, é atentatória a princípio maior, que é a Federação.

O STF (ADI nº 2.250, rel. Min. Ilmar Galvão) entendeu constitucional o art. 20 da lei ora comentada, por seis votos a cinco. Pelo resultado vê-se a dificuldade do problema. No entanto, para nós não há como entender constitucional o dispositivo no que vincula Estados e Municípios, impondo-lhes restrições, bem como no que alcança os Poderes Judiciário e Legislativo. A norma nacional complementar apenas pode dispor sobre "normas gerais", e, positivamente, assim não se podem entender aquelas que descem a detalhes sobre percentuais de aplicação obrigatória. Reconhece-se que o STF é um Tribunal político, e, como tal, amoldou-se à exigência ética da norma. Jamais poderia ter entendido o dispositivo como aplicação de "norma geral".

Pode-se, pois, entender a regra que fixa os percentuais como mera recomendação aos entes federativos, e não como *norma* (no sentido kelseniano ou da doutrina egológica do Direito). Logo, o descumprimento não ensejará qualquer sanção, no sentido jurídico do termo.

Continuamos entendendo que a fixação de percentuais em lei complementar para obediência por Estados e Municípios, em Estado Federal, é inconstitucional. Caso ficasse em estabelecer os 60% respeitantes ao gasto com pessoal, ainda, com boa vontade, se poderia aceitar o dispositivo. Os entes federativos menores poderiam, dentro de seus limites, e a cada ano, alterar os percentuais dentro de seus órgãos e poderes, de forma

---

[49] MOREIRA NETO, Diogo de Figueiredo. Comissão de licitação: regras para constituição: normas gerais, conceitos e limites. *Boletim de Licitações e Contratos – BLC* 6/290, n. 7, jul. 1993.

a atendê-los. No entanto, estabelecer percentuais rigorosos é inconstitucional, por ferir de frente o princípio federativo.

De outro lado, possível é ao ente federativo repartir, dentro de suas competências, os percentuais, fixando-os anualmente de forma diversa. Assim, o excesso de um suprirá a carência de outro. Não hostiliza tal comportamento o ditame normativo. Caso haja excesso no Legislativo, por exemplo, pode ele ser repassado para o Judiciário. É próprio da harmonia entre Poderes no interior da esfera federativa.

Ademais disso, há que se cumprir o inciso X do art. 37 da CF, que assegura "revisão geral anual". Como compatibilizar os dispositivos? Evidente que a norma constitucional está acima do disposto em lei, ainda que complementar. Esta é submissa àquela. A obrigatoriedade da revisão geral anual impõe, eventual e provisoriamente, o descumprimento da norma legal, até futura adequação. É que a norma legal não pode limitar o cumprimento do preceito constitucional, nem impedir sua aplicação.

Nos Poderes Legislativo e Judiciário os limites são repartidos de acordo com a média das despesas com pessoal verificada nos três exercícios financeiros imediatamente anteriores à publicação da lei analisada (§1º do art. 20 da Lei Complementar nº 101/2000).

A lei esclarece o que entende por "órgão" para efeito da repartição da receita líquida. É o Ministério Público, o Legislativo, aí incluído o Tribunal de Contas (alíneas "a" a "d" do inciso II do art. 20 da Lei Complementar nº 101/2000) e o Judiciário, com todos os seus tribunais, federais e estaduais (inciso III, "a" e "b", do artigo em comento).

No Judiciário os limites são estabelecidos pelo §1º do art. 20 da Lei Complementar nº 101/2000. Nos Estados em que houver Tribunal de Contas do Município os percentuais serão acrescidos ou reduzidos em 0,4%, conforme o §4º do mesmo artigo.

Os recursos dos Poderes Judiciário e Legislativo, bem como do Ministério Público, chamados duodécimos (1/12 da arrecadação), são entregues a cada dia 20 do mês, nos exatos termos do art. 168 da CF, ficando claro que os percentuais são calculados de acordo com os critérios definidos no art. 20.

Interessante problema que deve ser analisado diz respeito ao mandato do chefe dos Poderes e do Ministério Público. É que eventuais aumentos que possam ser concedidos alcançam o chefe do Executivo, cujo mandato é de quatro anos, e no período final de sua gestão. Nos demais Poderes, o mandato é de dois anos, o que complica ainda mais sua situação. A dificultar o problema, o art. 42 da lei em comento proíbe assunção de qualquer despesa que não possa ser satisfeita até o final do exercício.

Em contra-argumento, poder-se-ia dizer que não há mandato em relação à presidência dos chefes dos Poderes Judiciário e Legislativo e no Ministério Público. Ocupam cargo, e não são titulares de mandato. Não se está referindo ao mandato do parlamentar, apenas em relação ao cargo de presidente da Casa.

Norma transitória assegurava que o Poder ou o órgão que estivesse descumprindo os limites teriam que se enquadrar nos limites em "até 2 (dois) exercícios, eliminando o excesso, gradualmente, à razão de, pelo menos, 50% (cinquenta por cento) ao ano, mediante adoção das medidas previstas nos arts. 22 e 23" (art. 70 da Lei de Responsabilidade Fiscal).

Determinou o art. 70 que quem tivesse ultrapassado os limites no exercício anterior ao da publicação da lei, ou seja, em 1999 (a lei foi publicada em 4.5.2000), deveria enquadrar-se "em até 2 (dois) exercícios", eliminando o excesso gradualmente em até 50%. Ora, a situação foi fotografada e incidiu sobre o exercício de 1999, como termo de referência da incidência da norma. A eficácia (produção de efeitos) apenas eclodiu a partir da vigência da lei. Logo, os entes federativos tiveram até 4.5.2002 para efetuar a redução determinada. O exercício anterior serviu apenas e tão somente como referencial, ou seja, como termo de análise para a configuração do excesso. A exigibilidade, no entanto, só ocorreu com o ingresso da norma no mundo jurídico. Caso a lei viesse a lume em 2001, esse seria o exercício-base para cálculo do excesso. No entanto, ficou claro que o termo de referência foi o exercício de 1999, e os dois anos foram os seguintes à vigência da norma, isto é, 2001 e 2002.

Tornou-se imperioso que todos os entes se adaptassem aos novos tempos. É imprescindível que haja disponibilidade de recursos para investimento. Não podem Estados e Municípios ter como objetivo sustentar servidores públicos, como se isso fosse seu próprio fim. Destina-se o Estado a dar bem-estar às pessoas, prestando-lhes serviços de saúde, segurança, educação, justiça, etc., e jamais a manter servidores. Foi fundamental, pois, que houvesse a redução aos limites fixados na lei, e no prazo mais curto possível. Não se enquadrando, restou a aplicação de sanções, tal como prevê a lei (parágrafo único do art. 70).

Questão ponderável é o confronto entre o dispositivo que limita o gasto com pessoal e o inciso X do art. 37 da CF. Dispõe ele que "a remuneração dos servidores públicos e o subsídio de que trata o §4º do art. 39 somente poderão ser fixados ou alterados por lei específica, observada a iniciativa privativa em cada caso, *assegurada revisão geral anual, sempre na mesma data e sem distinção de índices*" (grifamos). Pode-se observar que a revisão geral anual é assegurada pela Constituição. A norma é de eficácia plena e de cumprimento efetivo. Como fazer quando a norma legal limita o gasto com servidor e, ao mesmo tempo, a norma constitucional obriga à revisão anual?

Se a norma constitucional é obrigatória, vincula ela o comportamento administrativo. Norma legal alguma pode descumprir a Constituição, nem limitar seus efeitos. Se é ela eficaz, o agente público a quem cabe a iniciativa da lei deve propô-la, ainda que estabelecendo índice meramente referencial ou repositivo de eventual inflação no período. O que não se pode é deixar de cumprir o texto.

A solução jurídica para o impasse é que o administrador reveja o índice, propondo o projeto, até que os limites dos gastos sejam compatíveis com os índices de despesa estabelecidos em lei. Deve propor o reajuste, limitando-o nos exercícios seguintes, reduzindo pessoal, na forma determinada na Constituição. O que não pode é descumprir o preceito constitucional.

Ressalvados os aumentos gerais de vencimentos, até o término do terceiro exercício financeiro seguinte à entrada em vigor da lei ora analisada a despesa total com pessoal não poderia ultrapassar, "em percentual da receita corrente líquida, a despesa verificada no exercício imediatamente anterior, acrescida de até 10% (dez por cento), se esta for inferior ao limite definido na forma do art. 20" (art. 71 da Lei Complementar nº 101/2000). A determinação legal poderia invadir a esfera íntima dos Municípios. Se há disponibilidade financeira, não há como a lei federal limitar o gasto. Agressão frontal à autonomia do Município.

De seu turno, a despesa com serviço de terceiros não pôde exceder, em percentual da receita corrente líquida, a do exercício anterior à entrada em vigor da lei ora comentada, até o término do terceiro exercício seguinte (art. 72). Deve-se ressaltar que o STF, na ADI nº 2.238-5[50] conferiu, liminarmente, interpretação conforme a Constituição quanto ao art. 72 da Lei Complementar nº 101/2000, para que se entendam como "serviços de terceiros" os serviços permanentes.

22.6.4 Do controle da despesa total com pessoal. Alterações das Leis Complementares nºs 164/18, de dezembro de 2018, e 173, de 27 de maio de 2020

A lei estabelece casos de nulidade de ato que provoque aumento de despesa com pessoal (art. 21 da Lei Complementar nº 101/2000). A invalidade pressupõe que o ato foi praticado em desobediência a preceito constitucional ou legal. As normas traçam regras de competência, bem como exigências de forma ou de conteúdo que devem ser satisfeitas pelo agente administrativo. Caso as descumpra, o ato carece de fundamento e deve ser retirado do mundo jurídico. A falta de compatibilidade vertical entre o ato e a norma que lhe dá amparo impõe que seja ele eliminado do mundo do Direito. Torna-o viciado, e, pois, não pode subsistir.

Pela novidade introduzida pela Lei Complementar nº 173/2020, que dá nova redação ao art. 21 da Lei de Responsabilidade Fiscal, são *nulos* os atos que descreve em seus diversos incisos e letras. O nulo não produz efeitos. É determinação categórica. É nulo o ato que provoque aumento de despesa com pessoal e não atenda às exigências dos arts. 16 e 17 da lei.

Qualquer aumento de despesa com pessoal que desobedeça aos arts. 16 e 17 da lei em análise – ou seja, quando não existir prévio estudo do impacto financeiro ou faltarem dados para sua análise – será ato viciado. Diga-se o mesmo daquele que estabelecer qualquer vinculação, descumprindo o disposto no inciso XIII do art. 37 da CF, ou que desobedecer ao §1º do art. 169 do mesmo texto (inciso I, letra "a" do art. 21 da Lei Complementar nº 101/2000, com redação dada pela LC nº 173/2020).

Será nulo também o ato que não atender ao "limite legal de comprometimento aplicado às despesas com pessoal inativo" (inciso II). Deve-se dizer que tal limite, de acordo com o STF,[51] deve ser interpretado conforme a Constituição Federal, para que se entenda como "limite legal" aquele previsto em lei complementar. A disposição atual torna sem efeito anterior orientação do STF no sentido de não considerar inconstitucional ou nula a lei que institui vantagem ou aumento funcional sem previsão expressa na Lei de Diretrizes Orçamentárias. Entendeu a colenda Corte que "a ausência de autorização específica, na Lei de Diretrizes Orçamentárias, de despesa alusiva a nova vantagem funcional não acarreta a inconstitucionalidade da lei que a instituiu, face à norma do art. 169, parágrafo único, II, da CF, impedindo tão somente a sua aplicação" (decisão anterior à Emenda Constitucional nº 19/1998, que extraiu o parágrafo único do art. 169).[52] Agora,

---

[50] *DOU* 19.2.2003, acórdão publicado no *DJe*, 12.09.2008.

[51] STF, ADI nº 2.238-5, *DOU*, 19.2.2003 e *DJe*, 12.09.2008.

[52] *Jurisprudência do Supremo Tribunal Federal/JSTF* 205/91 (rel. Min. Ilmar Galvão).

não havendo sintonia e absoluta compatibilidade entre a lei específica ou o orçamento anual com a LDO, a lei complementar estabelece sua nulidade absoluta, ou seja, de pleno direito (art. 21). Não há como fugir do rigor do texto. Havendo descumprimento da norma, fica o Poder Executivo autorizado a não a cumprir, uma vez que não há respaldo legal para que o beneficiário do texto possa invocar qualquer direito em juízo.

Igualmente, padece de *nulidade de pleno direito* "o ato de que resulte aumento da despesa com pessoal expedido nos 180 (cento e oitenta) dias anteriores ao final do mandato do titular do respectivo Poder ou órgão referido no art. 20" (inciso II do art. 21 da Lei Complementar nº 101/2000, com a nova redação da lei nº 173/2020). Altamente ético o conteúdo do preceito. Evita que o administrador busque "fazer média" com os servidores à custa dos cofres públicos e, ainda, que onere o próximo governante. Agora, prevalece a planificação na Administração Pública.

O Tribunal de Contas do Rio Grande do Sul deu a adequada intelecção ao parágrafo único do art. 21 ao entender que a Lei de Responsabilidade Fiscal "visa a coibir a prática, pelo administrador, de atos atentatórios ao interesse público, mas jamais a paralisação da Administração".[53] Acrescenta a decisão do Tribunal gaúcho que "a regra geral da proibição de aumento de despesas com pessoal no período circunscrito pelo parágrafo único do art. 21 da LRF não veda a mera prática de atos administrativos vinculados, que apenas concretizam comandos legais, caracterizando poder-dever do administrador de realizar os fins essenciais da Administração Pública".[54]

A Administração Pública é dinâmica, e não pode ser paralisada por incompreensão ou má compreensão do texto normativo. O que vale é buscar sua adequada e correta intelecção, que não impede a evolução natural de suas atividades.

De se observar que Judiciário, Legislativo e Ministério Público não possuem mandato, mas são órgãos, na definição do §2º do art. 20 da Lei de Responsabilidade Fiscal. Com uma diferença: têm exercício apenas por dois anos, enquanto no Executivo o mandato é de quatro anos. Só se pode interpretar o dispositivo computando-se o exercício que coincida com o mandato do chefe do Executivo. Qualquer outra ilação esbarraria em tratar de forma diversas situações iguais. Significa que o presidente de tribunal, de Assembleia ou Câmara e o chefe do Ministério Público que exerceram a presidência ou cargo equivalente em período não coincidente com o do chefe do Executivo estão liberados do cumprimento de tal dispositivo. É de bom-senso e de boa exegese do parágrafo único. Regra de hermenêutica é tratar de forma igual situações iguais.

O dispositivo objetiva impedir a utilização demagógica de aumentos irresponsáveis. A distinção não guarda pertinência lógica com o bem jurídico que objetiva tutelar: a salutar preservação da ética no exercício de cargos públicos.

O inciso III do art. 21 (acrescido ao texto pela Lei Complementar nº 173/2020) prevê a nulidade de atos que produzam efeito no mandato seguinte, mesmo que em parcelas "a serem implementadas em períodos posteriores ao final do mandato do titular de Poder ou de órgão referido no art. 20". Nenhuma despesa pode ser transferida para o

---

[53] Citado por BRUNO, Reinaldo Moreira. Final de mandato dos atuais prefeitos à luz da Lei de Responsabilidade Fiscal. *RDA*, Rio de Janeiro, 236, 340, abr./jun. 2004.

[54] *Idem, ibidem.*

exercício seguinte ao último do mandatário que efetua a alteração. Regra moralizadora também. Evita o cinismo político.

Outrora, era comum que o governante buscasse complicar a vida de seu sucessor, especialmente se de partido diferente. Onerava o orçamento futuro e deixava-o em situação complicada. A regra inova e moraliza.

O inciso IV (introduzido pela Lei Complementar nº 173/2020) traz interessante alteração. Estabelece: "a aprovação, a edição ou a sanção, por Chefe do Poder Executivo, por Presidente e demais membros da Mesa ou órgão decisório equivalente do Poder Legislativo, por Presidente de Tribunal do Poder Judiciário e pelo chefe do Ministério Público, da União e dos Estados, de norma legal contendo plano de alteração, reajuste e reestruturação de carreiras do setor público, ou a edição de ato, por esses agentes, para nomeação de aprovados em concurso público quando: a) resultar em aumento de despesa com pessoal ou nos 180 (cento e oitenta) dias anteriores ao final do mandato do titular do Poder Executivo; ou b) resultar em aumento da despesa com pessoal que preveja parcelas a serem implementadas em períodos posteriores ao final do mandado do titular do Poder Executivo".

O objetivo é impedir que haja qualquer reajuste ou reestruturação de carreiras em período posterior a 180 (cento e oitenta) dias anteriores ao final do mandado do governante. O mesmo ocorre se esses efeitos pecuniários forem pagos em parcelas.

Era comum que o governante em fim de mandato concedesse aumento, reestruturação de carreira, elevação funcional e transferia a obrigação de pagamento para o que se seguiria. Isso levou a inúmeros absurdos, a situações constrangedoras e comprometedoras do erário. Fazia "média" com os eleitores e sufocava o orçamento futuro, causando transtornos ao sucessor.

Caso isso ocorra, o governante pode editar decreto suspendendo os pagamentos e anulando atos que os deferiram. A *nulidade de pleno direito* prescinde de maiores formalidades. É simplesmente a autoridade competente editar ato desconstituindo os efeitos gerados.

As restrições de que tratam os incisos II, III e IV do artigo "I – devem ser aplicadas inclusive durante o período de recondução ou reeleição para o cargo de titular do Poder ou órgão autônomo" (redação dada pela Lei Complementar nº 173/2020). Na recondução de presidente de Mesa Diretora de qualquer Casa parlamentar ou de órgão autônomo identificado no parágrafo 2º, incisos I a III do art. 20 da lei em comento, a nulidade produz efeitos e impede a prática de atos de condescendência com o dinheiro público.

O inciso II do parágrafo 1º do art. 21, com a redação dada pela Lei Complementar nº 173/2020, institui uma restrição e não alcança a todas as autoridades, mas apenas as "ocupantes de cargo eletivo dos Poderes". Ora, todos os dirigentes de Poder ou de órgão autônomo, tal como definido na Lei de Responsabilidade Fiscal são eleitos. Como entender o dispositivo?

Estarão isentos do cumprimento da lei aqueles que não forem reconduzidos ou reeleitos. A saber, se a providência alcançá-los no meio do mandato para que foram eleitos. Só assim é possível compreender a suspensão da vedação.

O dispositivo, no entanto, alcança todas as autoridades nominadas no parágrafo 2º do art. 20.

O parágrafo 2º do art. 21 dispõe: "Para fins do disposto neste artigo serão considerados atos de nomeação ou de provimento de cargo público aqueles referidos no parágrafo 1º do art. 169 da Constituição Federal ou aqueles que, de qualquer modo, acarretem a criação ou aumento de despesa obrigatória" (incluído pela LC nº 173/2020).

A providência impõe cautela. O parágrafo 1º do art. 169 não identifica cargos. Cuida de vantagem, aumento de remuneração, criação de cargos, empregos e funções ou alteração da estrutura de carreiras, bem como admissão ou contratação de pessoal a qualquer título. Assim, haverá limitação de outorga de qualquer vantagem que possa acarretar "aumento de despesa obrigatória".

A restrição é importante. Procura impedir, a qualquer custo, que se concedam vantagens patrimoniais aos funcionários públicos em geral, alcançando mesmo quem não seja titular de cargo. Todos estão atingidos pelas restrições patrimoniais e estipendiárias. As vantagens advêm ou do curso do tempo (que surgem por inércia com o desempenho do cargo ou função) ou são adquiridas por elevação funcional. Qualquer ato que gere despesa é inadmissível.

A nulidade estabelecida no texto é absoluta. Como já escrevemos, "o ato nulo é o que não pode, de acordo com a regra de Direito, produzir os efeitos a que estava preordenado".[55] A nulidade no direito público é diferente daquela do direito privado, ou seja, não admite convalidação ou sanatória,[56] nem admite prescrição.[57] A denominada nulidade absoluta independe de declaração formal do Poder Judiciário, podendo ser declarada pela própria Administração. Aliás, tem ela o dever de retirar o ato do mundo jurídico, impedindo que produza qualquer efeito. De outro lado, não gera direito em favor dos supostos beneficiários.

O objetivo único é impedir que, durante estado de calamidade pública possa haver, por *movimentação* funcional, qualquer aumento de despesa.

A verificação dos limites de pagamento dos agentes públicos é obrigatória a cada quadrimestre (art. 22 da Lei Complementar nº 101/2000). Se a despesa com pessoal ultrapassar 95% do limite, é vedada a qualquer dos Poderes e ao Ministério Público a "concessão de vantagem, aumento, reajuste ou adequação de remuneração a qualquer título, salvo os derivados de sentença judicial ou de determinação legal ou contratual, ressalvada a revisão prevista no inciso X do art. 37 da CF" (inciso I do parágrafo único). Também é vedada a "criação de cargo, emprego ou função (inciso II). Aqui não se houve com acerto a lei: criar cargo, emprego ou função não significa aumento de despesa, o que não se pode aceitar é a nomeação. A mera criação de postos de trabalho não agride a inteligência do texto. A lei não aceita a "alteração de estrutura de carreira que implique aumento de despesa" (inciso III). Vedados o "provimento de cargo público, admissão ou contratação de pessoal a qualquer título, ressalvada a reposição decorrente de aposentadoria ou falecimento de servidores das áreas de educação, saúde e segurança" (inciso IV). O que se pretende é que não haja aumento na despesa. Mera reposição não atinge o Erário. A última vedação legal diz respeito à contratação de hora extra, salvo

---

[55] OLIVEIRA, Regis Fernandes de. *Ato Administrativo, op. cit.*, p. 118.

[56] *Idem*, p. 120.

[57] *Idem*, p. 122-126.

a convocação extraordinária do Congresso ou "situações previstas na Lei de Diretrizes Orçamentárias" (inciso V).

No caso de omissão no determinar ou promover a redução de despesa com pessoal o agente sujeitar-se-á à apenação por infração administrativa, na forma do inciso IV do art. 5º da Lei nº 10.028/2000.

Ressalte-se que o STJ consagrou o entendimento de que "os limites previstos nas normas da Lei de Responsabilidade Fiscal (LRF) – mormente os relacionados às despesas com pessoal de ente público – não são aptos a justificar o descumprimento dos direitos subjetivos do servidor público, como é o recebimento de vantagens asseguradas por lei (cf. art. 22, parágrafo único, da Lei Complementar nº 101/2000)",[58] bem como nos casos de despesas com pessoal decorrentes de decisões judiciais.[59] Cabe ao Tribunal de Contas advertir o Poder quando ultrapassar o limite de 90% (inciso II do §1º do art. 59 da Lei Complementar nº 101/2000).

Interessante a questão de saber se, diante de reiteradas condenações sofridas pelo Poder Público em relação a matéria de reajuste de vencimentos, podem o Município, o Estado ou a União celebrar acordo com os credores para pagamento de débitos decorrentes de decisão que já transitou em julgado para alguns e ainda não o fez para outros. O comportamento do agente público que aceita a transação, a nosso ver, não agride o ordenamento jurídico nem a lei ora em análise, mesmo porque a transação pressupõe renúncia recíproca de direitos, o que beneficia ambas as partes. Logo, ainda que no período eleitoral ou mesmo nos seis meses que antecedem o término do mandato do chefe do Executivo, não vemos por que manter o rigor da norma, de vez que haverá concessão recíproca de direitos. O importante que deflui da norma legal é que o governante aja com responsabilidade, e jamais com o intuito eleitoreiro ou político de prejudicar o governante que tomará posse no mandato seguinte. Não mais pactua a lei com a alicantina, com os desvãos no comportamento ou com a malícia típica do brasileiro. Quer, agora, decência, retidão e seriedade no comportamento da coisa pública. Se demonstrado que o acordo (ou transação) foi conveniente para o Poder Público e atendeu a justos anseios dos servidores, o ato merece subsistir.

Caso haja excesso na despesa com pessoal, deverá haver a redução aos limites estabelecidos na lei nos dois quadrimestres seguintes, sendo pelo menos um terço no primeiro, podendo adotar-se a exoneração de estáveis, tal como previsto nos §§3º e 4º do art. 169 da CF (art. 23 da Lei Complementar nº 101/2000). Detectado o excesso, o chefe do Poder deverá tomar providências para redução dos percentuais, até o atingimento dos limites permitidos. Em primeiro lugar, deve haver redução de despesas com cargos em comissão e funções de confiança (inciso I do §3º do art. 169 da CF). Ambos dizem respeito a servidores de livre nomeação e livre exoneração. No cargo em comissão há o posto de trabalho criado por lei; na função inexiste o cargo, meras atribuições são destinadas ao servidor. Este é um dos maiores cancros da Administração Pública brasileira. Embora devam existir, porque são mais bem remunerados e destinam-se a provimento por pessoas capacitadas, os políticos deturparam os denominados cargos

---

[58] STJ, 5. Turma, AgR no RMS nº 30.359-RO, rel. Min. Marco Aurélio Bellizze, j. 04.10.2012, *DJe*, 11.10.2012; AgR no RMS nº 30.451-RO, rel. Min. Maria Thereza de Assis Moura, j. 19.06.2012, *DJe*, 29.06.2012.

[59] STJ, 6. Turma, AgR no AgIn nº 1.217.796-MA, rel. Min. Sebastião Reis Jr., j. 08.05.2012, *DJe*, 23.05.2012.

em comissão ou de confiança. É que ali são colocados apaniguados políticos e todo tipo de pessoa que só irá servir para trabalhar politicamente, com manifesto prejuízo para a Administração Pública e a seriedade das coisas do Estado. Apregoaria que, em primeiro lugar, houvesse drástica redução dos cargos ou funções de confiança. Em segundo lugar, devem ser exonerados os não estáveis. Os *não estáveis* são os servidores não atingidos pelo disposto no art. 19 do ADCT, isto é, aqueles que não possuíam mais de cinco anos de exercício quando da entrada em vigor da Constituição/1988 – em outras palavras, a saber, todos os servidores que não tinham mais de cinco anos de exercício antes da entrada em vigor da Constituição não foram declarados estáveis. Também são não estáveis aqueles que, embora tendo prestado concurso público, ainda não completaram o estágio probatório de três anos. Ora, se já se sabe que irá haver excesso na despesa, ultrapassando os limites legais, não pode haver nomeação. O curioso é que se decreta a nomeação para, dali um tempo, descobrir que não poderia ela ter ocorrido e exonerar o não estável. Sabidamente, a estabilidade é adquirida após três anos de efetivo exercício para os "nomeados para cargo de provimento efetivo em virtude de concurso público" (art. 41 da CF).

Apenas após tais providências é que pode ser atingido o estável, e nos termos dos §§4º e 5º do art. 169 da CF. Ainda assim tem aplicação a Lei nº 9.801/1999 (menor tempo de serviço, maior remuneração, menor idade, etc.).

Interessante solução dá Luciano Ferraz ao cuidar da exoneração do servidor estável.[60] Entende o autor que, quando da extinção do cargo, o servidor estável fica em disponibilidade, "com remuneração proporcional ao tempo de serviço, até seu adequado aproveitamento em outro cargo" (§3º do art. 41 da CF). No caso de a necessidade de exoneração do estável para alcançar o limite máximo permitido por lei, impõe-se a exoneração. Logo, pode haver sua exoneração e, ao invés de receber o vencimento que lhe cabe por lei, receberá proporcionalmente ao tempo de serviço, operando-se, assim, a redução do montante, atendendo-se à lei. É o denominado "congelamento" do servidor e de seu vencimento até que haja outra solução e possa ele ser aproveitado em cargo compatível, retornando ao serviço público. É orientação que deve ser adotada, mesmo porque o §3º do art. 41 fala em extinção do cargo ou declaração de sua desnecessidade, enquanto o §4º do art. 169 fala em perda do cargo – o que, em última análise, é solução assemelhada.

Assinale-se que para os servidores federais adveio a Lei nº 9.801/1999, que disciplina a forma de exoneração do servidor estável. A norma é tão vaga que dificilmente terá aplicação.

No caso de dispensa dos ocupantes de cargos ou funções em comissão, pode haver sua extinção ou redução dos valores recebidos (§1º do art. 23 da Lei Complementar nº 101/2000), ficando permitida a redução da jornada de trabalho, com adequação dos vencimentos à nova carga horária (§2º). Referidos dispositivos foram declarados inconstitucionais pelo STF na ADI nº 2.238 (rel. Min. Ilmar Galvão). É que os vencimentos são irredutíveis (inciso XV do art. 37 da CF). A providência alcança aqueles que não

[60] FERRAZ, Luciano. Lei de Responsabilidade Fiscal e medidas para a redução das despesas com pessoal: perspectiva de respeito aos direitos dos funcionários públicos estáveis". *In*: ROCHA, Valdir de Oliveira (Coord.). *Aspectos relevantes da Lei de Responsabilidade Fiscal*. São Paulo: Dialética, 2001, p. 197-217.

possuem "vínculo efetivo com a Administração Pública" (*Informativo* nº 983, de junho de 2020).

A matéria foi reiterada, agora, por decisão majoritária, sendo relator o Min. Alexandre de Moraes, que ficou vencido. Prevaleceu a orientação de que a Constituição ampara a irredutibilidade de vencimentos (inciso XV do art. 37 da CF), mas não a redução da jornada de trabalho.

Caso não seja alcançada a redução legal, o ente não poderá receber transferências voluntárias (inciso I do §3º do art. 23 da Lei Complementar nº 101/2000), nem obter garantia, direta ou indireta, de outro ente (inciso II), nem "contratar operações de crédito, ressalvadas as destinadas ao refinanciamento da dívida mobiliária e as que visem à redução das despesas com pessoal" (inciso III – (redação dada pela LC nº 173/2020).

São restrições coercitivas para obrigar o ente a se adaptar às exigências legais. Acabou-se a brincadeira com a coisa pública. O administrador, agora, ou é sério, ou não poderá candidatar-se ou irá para a cadeia. Mais séria ainda é a punição estabelecida no §2º do art. 169 da CF, que, no caso de descumprimento das reduções, impede o repasse não apenas das transferências voluntárias, mas também dos tributos transferidos. Caso descumprido o preceito de não reduzir os gastos com pessoal, "serão imediatamente suspensos todos os repasses de verbas federais ou estaduais aos Estados, ao Distrito Federal e aos Municípios que não observarem os referidos limites" (§2º do art. 169, com redação da Emenda Constitucional nº 19/1998). Séria discussão haverá quando a União resolver aplicar o dispositivo. Os recursos a quem pertencem? É a União mera recebedora dos recursos, devendo transferi-los, ou é titular deles? Os tributos não pertencem (são titulares) aos Estados, Distrito Federal e Municípios, e, pois, ninguém pode retê-los, seja a que pretexto for? Parece-nos que é possível a retenção, diante da expressa previsão constitucional e pelo fato de ser norma de forte efeito moral. Visa a eliminar a imprudência e, mesmo, o comportamento calamitoso do agente público. Deve ele, a partir da vigência do texto legal, ou se comportar de acordo com ele ou se sujeitar a sérias sanções. Melhor seria se o texto estabelecesse a intervenção nos Estados e Municípios. O interventor assumiria, cumpriria a norma, reduzindo o excesso, e devolveria o cargo a seu titular. Seria séria lição ética. No entanto, como está, talvez a influência política possa servir para contornar a incidência do texto.

As restrições previstas nos incisos do §3º do art. 23 da Lei Complementar nº 101/2000 têm aplicação imediata se a despesa total com pessoal exceder o limite no primeiro quadrimestre do último ano do mandado dos titulares do Poder ou órgãos já mencionados no art. 20 (§4º do art. 23).

As disposições relativas às despesas com pessoal são e devem ser severas. Há Municípios que se endividam ou fazem política mesquinha de inchaço dos quadros públicos na expectativa sórdida de "fazer média" utilizando os recursos públicos. A prática remonta ao coronelismo, dando margem ao surgimento do compadrio, do "filhotismo" e do nepotismo, o que arruína os cofres públicos. Municípios vivem na expectativa de repasses de verbas dos Estados e da União. Como os tributos transferidos já se mostram insuficientes, efetuam nomeações irresponsáveis, gerando obrigação dos entes maiores de socorrer os menores. Tal prática termina. A gerência pública é coisa bastante séria para ficar em mãos menores.

Observe-se que não há qualquer impedimento para que haja aumento de vencimentos ou subsídios para servidores e agentes. Desde que se obedeça aos tetos fixados, livre está o Poder Público para conceder reajuste para o funcionalismo em geral. Da mesma forma, não devem os chefes de Executivo ser mesquinhos com seus servidores. Deve haver equilíbrio, o que não significa que se deva estar no teto nem que, a pretexto de não se aproximar dele, se evite o reajuste. O servidor tem direito a ser bem remunerado, para que possa desempenhar bem suas atribuições.

A Lei Complementar nº 164/2018 alterou o parágrafo 5º do art. 23 da Lei Complementar nº 101/2000 e deu-lhe nova redação, estabelecendo que as restrições do parágrafo 3º "não se aplicam ao Município em caso de queda de receita real superior a 10% (dez por cento), em comparação ao correspondente quadrimestre do exercício financeiro anterior, devido a: I – transferências recebidas do Fundo de Participação dos Municípios decorrente de concessão de isenções tributárias pela União; e II – diminuição das receitas recebidas de *royalties* e participações especiais".

A lei impõe rigor em relação às despesas com pessoal. Ocorre que existem situações distintas e que merecem tratamento legal diverso. A situação financeira dos entes federativos tem sofrido bastante com a balbúrdia tributária do país. Todos devem se sujeitar à adaptação da situação anômala que atravessa o Brasil.

Assim, diante da redução dos recursos, os Municípios passam a suportar restrição de arrecadação. Com a dificuldade também sofrida pela União e Estados-membros, reduzem-se as receitas transferidas. Logo, os Municípios ficam estrangulados.

Em tais hipóteses e suportando o Município queda da receita real, as sanções a eles aplicáveis são adiadas. Não são eliminadas, mas transferidas até a regularização das receitas.

O parágrafo 5º só se aplica "caso a despesa total com pessoal do quadrimestre vigente não ultrapasse o limite percentual previsto no art. 19 desta lei complementar, considerada, para este cálculo, a receita corrente líquida do quadrimestre correspondente do ano anterior atualizada monetariamente".

O art. 19 mencionado estabelece os percentuais que não podem ser ultrapassados pelas esferas federativas. A base de cálculo é dada pelo preceito analisado.

Em suma, a lei exige seriedade no trato financeiro dos Municípios, mas não pode estrangulá-los.

A alteração do art. 29-A feita pela EC nº 109/2021 determina que se incluam no cálculo total da despesa do Poder Legislativo Municipal os gastos com "pessoal inativo e pensionistas" e com tal inclusão não se pode ultrapassar os percentuais identificados em seguida.

22.6.5 Despesas com seguridade social

Determina o art. 24 da Lei Complementar nº 101/2000 que "nenhum benefício ou serviço relativo à seguridade social poderá ser criado ou majorado ou estendido sem a indicação da fonte de custeio total". O texto é repetição do contido no §5º do art. 195 da CF. De seu turno, os limites e condições estão estabelecidos na Lei nº 9.717/1998.

Em relação aos Municípios, caso não estipulem em lei própria outros percentuais, poderão seguir os limites da lei federal, 12% da receita líquida corrente.

Dispensa-se a compensação referida no art. 17 do diploma legal em análise se o aumento de despesa decorre de "concessão a quem satisfaça as condições de habilitação prevista na legislação pertinente" (inciso I do art. 24), "expansão quantitativa do atendimento e dos serviços prestados" (inciso II) e "reajustamento de valor do benefício ou serviço, a fim de preservar o seu valor real" (inciso III). Os três incisos são lógicos. Se o pedido é legal, como rejeitá-lo? Se houver aumento dos serviços prestados, é óbvio que pode haver maior repasse, e mera atualização dos valores para preservação de seu valor real não é aumento, o que dispensa compensação. São dispositivos lógicos, dispensáveis, mas importantes num mundo em que tudo se faz para superar exigências legais e encontrar "furos" para superação das exigências.

O preceituado no artigo atinge os benefícios de saúde, previdência, assistência social, inclusive os destinados a servidores públicos e militares, ativos e inativos, e aos pensionistas (§2º do art. 24).

Em relação aos Municípios com fundo previdenciário, os gastos líquidos com aposentados e pensionistas não poderão superar os 12% da receita líquida. O gasto líquido é a diferença entre os gastos previdenciários e a contribuição dos segurados. De acordo com o *Manual Básico e Instruções* editado pelo Tribunal de Contas do Estado de São Paulo, os Municípios com fundo previdenciário devem obediência às seguintes regras: (1) o texto de contribuição dele, enquanto empregador, será, no máximo, o dobro da parcela que cabe ao servidor-segurado; (2) a cobertura dos déficits previdenciários será autorizada, todas as vezes, por lei específica; (3) o sistema próprio de previdência, fundo ou autarquia não emprestará dinheiro à Prefeitura e nem tampouco aos servidores; (4) o sistema próprio manterá contas bancárias específicas, distintas das do Tesouro Municipal; (5) o regime próprio não aplicará seus recursos em títulos da dívida estadual ou municipal nem em ações de empresas controladas pela própria Municipalidade; (6) os servidores participarão dos conselhos de administração e fiscal; (7) auditorias atuariais serão periodicamente realizadas; (8) o movimento financeiro do Sistema constará de orçamento e balanços próprios. Caberá ao Tribunal de Contas alertar o Poder infrator quando este despender com os inativos e pensionistas mais que 12% da receita corrente líquida (inciso IV do §1º do art. 59 da lei ora analisada).

22.7 Das transferências voluntárias

Por *transferência voluntária,* define a lei, entende-se a "entrega de recursos correntes ou de capital a outro ente da Federação, a título de cooperação, auxílio ou assistência financeira, que não decorra de determinação constitucional, legal ou os destinados ao Sistema Único de Saúde" (art. 25).

A Constituição da República, diante do caráter federativo de nosso Estado, atribui competência tributária aos quatro entes que integram a Federação: União, Estados-membros, Distrito Federal (que acumula competências reservadas a Estados e Municípios) e Municípios. A cada qual dá legitimidade ativa para instituição de tributos. No entanto, diante da maior arrecadação da União e dos Estados, determina o texto da

Lei Maior que haja transferência de parte de alguns tributos aos entes menores. Tais transferências tributárias são obrigatórias e compulsórias, descabendo a qualquer deles impedir ou evitar o repasse. A eles não pertence o tributo, mas àquele que é dele titular, cabendo apenas ao que arrecada tal tarefa. Não se torna titular do tributo pelo fato de arrecadá-lo, exercendo mera atividade material. Logo, descabe retê-lo a qualquer título, salvo exceções constitucionalmente previstas.

Diferentemente as transferências voluntárias – que, como o próprio nome está dizendo, não são cogentes, mas dependem da manifestação da vontade do órgão titular da arrecadação. Estando claro que não se cuida da receita transferida obrigatória, mas da que é transferida em face de ajuda de um ente a outro – como, por exemplo, a União repassa recursos ao Estado para promover evento cultural, para construir uma creche, etc. Não há necessidade de convênio, uma vez que o inciso II do §1º do art. 25 da Lei nº 101/2000 foi vetado pelo Presidente da República.

Para que possa haver a transferência voluntária é imprescindível "dotação específica" (inciso I do §1º do art. 25), não podendo ser para pagamento de pessoal, se descumpridos os limites legais (inciso III), e comprovação, por parte do beneficiário: (a) de que se acha em "dia quanto ao pagamento de tributos, empréstimos e financiamentos devidos ao ente transferidor, bem como quanto à prestação de contas de recursos anteriormente recebidos"; (b) de "cumprimento dos limites constitucionais relativos à educação e saúde"; (c) de "observância dos limites das dívidas consolidada e mobiliária, de operações de crédito, inclusive por antecipação de receita, de inscrição em Restos a Pagar e de despesa total com pessoal"; e (d) de "previsão orçamentária de contrapartida" (alíneas "a" a "d" do inciso IV do art. 25).

Normalmente a receita transferida dirige-se à celebração de algum convênio entre os entes estatais, cuja exigência foi eliminada, à luz do veto ao inciso II do §1º do art. 25. Logo, ao lado de exigir a satisfação de todas as exigências, é imprescindível que exista verba para a contrapartida, ou seja, para a parte financeira que lhe cabe. O ente que irá receber a receita deve estar em dia com todos os pagamentos constitucionais e legais que lhe cabem, e deve demonstrá-los ao outro. Caso contrário não haverá possibilidade do acordo de vontades e não haverá a transferência.

O STJ, atento à realidade da grande maioria dos pequenos Municípios espalhados pelo nosso país continental e sabedor da dificuldade dos prefeitos de tais Municípios, já decidiu que: "O art. 25, §1º, IV, da Lei Complementar nº 101/2000 não ampara a recusa do Estado em transferir verbas públicas a determinado Município cuja administração passada descumpriu o limite constitucional mínimo de aplicação nas áreas de educação e saúde, uma vez que as irregularidades cometidas pelos governantes anteriores não podem causar gravames à nova gestão que buscou efetivamente reverter a situação ilegal e punir os responsáveis, inclusive com o oferecimento de **notitia criminis** ao Ministério Público Estadual".[61]

Para aplicação das sanções de suspensão das transferências voluntárias "excetuam-se aquelas relativas a ações de educação, saúde e assistência social" (§3º do art. 25). As sanções são independentes; o descumprimento de determinado preceito não invalida

[61] STJ, 2. Turma, REsp nº 1.027.728-ES, rel. Min. Castro Meira, j. 19.03.2009, *DJe*, 23.04.2009.

outra sanção estabelecida em outro mandamento legal. São comportamentos desviantes independentes, que sofrem sanções também distintas. A incidência de uma sanção não invalida ou não impede a aplicação de outra.

22.8 Da destinação de recursos públicos para o setor privado

Apenas é permitida a destinação de recursos para cobrir necessidades de pessoas físicas ou déficits de pessoas jurídicas quando: (a) autorizada por lei específica; (b) atender às condições estabelecidas na Lei de Diretrizes Orçamentárias; e (c) estar prevista no orçamento ou em seus créditos adicionais (art. 26 da Lei Complementar nº 101/2000).

Evidente está que o auxílio a pessoas físicas ou jurídicas fora da Administração Central somente pode ocorrer por meio de lei.

A vedação alcança as entidades estatais, "exceto, no exercício de suas atribuições precípuas, as instituições financeiras e o Banco Central do Brasil" (§1º do art. 26 da Lei Complementar nº 101/2000).

Dispõe o §2º do art. 26 da Lei Complementar nº 101/2000 que se compreende "incluída a concessão de empréstimos, financiamentos e refinanciamentos, inclusive as respectivas prorrogações e a composição de dívidas, a concessão de subvenções e a participação em constituição ou aumento de capital".

Em suma, qualquer previsão de recursos para terceiros deve submeter-se a toda a exigência legal.

Já Hely Lopes Meirelles assinalava que "as *subvenções* e os *auxílios financeiros*, sendo atos de liberalidade do Município, devem também ser autorizados por lei local, discutida e votada com as cautelas especiais previstas na legislação local e no Regimento Interno da Câmara. Tais subvenções e auxílios só devem ser liberalizados para a realização de obras, serviços e atividades de interesse público, e não para atendimento de interesses particulares de munícipes".[62]

Interessante questão que se coloca é sobre saber se há direito ao recebimento de montante previsto no orçamento. O STF entendeu que "o simples fato de ser incluída uma verba de auxílio a esta ou àquela instituição no orçamento não cria de pronto direito a esse auxílio, porque não chega a ser propriamente uma lei a chamada Lei Orçamentária, tão certo é que o seu objetivo é a ordenação financeira do Estado, contendo autorização legislativa para a cobrança de impostos pelas várias leis anteriores existentes".[63] No mesmo sentido, o mesmo Colegiado entendeu que "a previsão de despesa, em Lei Orçamentária, não gera direito subjetivo a ser assegurado por via judicial".[64] O TJSP entendeu devida a verba, assegurando seu recebimento a Santa Casa de Misericórdia através de mandado de segurança,[65] embora não se garantindo o direito a qualquer correção monetária, uma vez que não havia obrigatoriedade no repasse.[66]

---

[62] MEIRELLES, Hely Lopes. *Direito municipal brasileiro, op. cit.*, p. 727.

[63] *RT*, 282/859 (rel. Min. Cândido Mota).

[64] *RDP*, 28/187 (rel. Min. Oswaldo Trigueiro).

[65] TJSP, 9. Câmara de Direito Público, ACi nº 93.646-5, rel. Des. Ricardo Lewandowski, j. 15.12.1999.

[66] TJSP, 6. Câmara Civil, ACi nº 227.306-1, rel. Des. Ernani de Paiva, j. 25.05.1995.

Em verdade, os recursos previstos na Lei Orçamentária Anual constituem mera previsibilidade de pagamento futuro. Geram mera expectativa de direito, e não direito. Dependem eles de outras atribuições afetas ao Poder Público. As verbas são públicas e, embora possam vir no auxílio de particulares, depende o traspasse de recursos de ato volitivo do governante. Se existir a verba, ou alterado o conceito de orçamento, poder-se-ia pensar em direito do beneficiário. Até lá continua ela a ser mera expectativa de gasto, e, pois, de direito. Eventualmente pode-se admitir eventual indenização se, comprovado suficientemente o gasto para o recebimento da verba, se demonstrar prejuízo decorrente do comportamento do Poder Público. Comprovado o dano, nasce o direito ao ressarcimento.

"Na concessão de crédito por ente da Federação a pessoa física, ou jurídica, que não esteja sob seu controle direto ou indireto, os encargos financeiros, comissões e despesas congêneres não serão inferiores aos definidos em lei ou ao custo da captação" (art. 27 da Lei Complementar nº 101/2000). Difícil a hipótese, uma vez que o ente da Federação, tratando-se da Administração direta, órgão central, não tem competência para tanto. Caso se cuide de entidade financeira, evidentemente que não pode ela fugir das leis de mercado. Veda-se, aí, que o ente estatal de cunho financeiro possa gerir tresloucadamente seus recursos, que, no fundo, são do Poder Público, e, pois, da população.

Tais operações, ademais, necessitam de lei específica (parágrafo único), bem como as "prorrogações e composições de dívidas decorrentes de operações de crédito, e a concessão de empréstimos ou financiamentos em desacordo com o *caput*, sendo o subsídio correspondente consignado na Lei Orçamentária".

O art. 28 da lei contém norma de excepcional moralização do setor público. Estabelece que, "salvo mediante lei específica, não poderão ser utilizados recursos públicos, inclusive de operações de crédito, para socorrer instituições do Sistema Financeiro Nacional, ainda que mediante a concessão de empréstimos de recuperação ou financiamentos para mudança de controle acionário". A norma vem a calhar. Impede-se, com isso, que os recursos públicos sejam utilizados para socorrer entidades financeiras. Quem não souber gerenciar estabelecimentos bancários ou financeiros deve suportar os ônus da liquidação, sujeitando-se à lei própria, que estabelece responsabilidade pessoal bem como indisponibilidade de seus bens e pagamento do débito apurado com seu próprio patrimônio. A atividade financeira de cunho particular tem, como em qualquer empreitada ou outra atividade empresarial, embutido em sua dinâmica o risco. Este é inerente a ela, e, pois, seus custos, desvios, incompetência administrativa e gerencial devem ser suportados pela pessoa física ou jurídica, sem quaisquer ônus para os cofres públicos. A desídia, a má gestão, a imprudência, tudo é levado à conta do patrimônio do empresário. Inclusive, deve aplicar-se o que se denomina *disregard of legal entity*, ou seja, a "desconsideração da pessoa jurídica", de forma a alcançar o patrimônio particular do empresário que deu margem à malversação ou à incompetência administrativa.

Para salvar tal tipo de empresa o Sistema Financeiro Nacional tem seus recursos, ficando o atendimento a cargo de fundos ou outros mecanismos instituídos em lei (§1º do art. 28 da Lei Complementar nº 101/2000).

O estabelecido acima não impede que o Banco Central do Brasil conceda "às instituições financeiras operações de redesconto e de empréstimos de prazo inferior a 360 (trezentos e sessenta) dias" (§2º).

O que importa é que as operações financeiras se submetam ao regime próprio daquele Sistema.

No caso, apenas se deve analisar os recursos destinados a pessoas físicas ou jurídicas que prestem serviços importantes ao Poder Público.

22.9 Da dívida e do endividamento. Definições. As "pedaladas" fiscais

Assinala Oliveira Salazar haver "estreita relação entre os empréstimos públicos e a dívida pública, visto que é daqueles que resulta esta".[67] No mesmo texto assinala que a dívida financeira "deriva da administração financeira do Estado, tendo por fim obter recursos para satisfazer as despesas públicas. Esta dívida é que é a dívida pública propriamente dita e tem como fonte única os empréstimos públicos".[68] Ao falar em dívida pública queremos nos referir apenas às assunções de débito, que ocorrem de forma voluntária, uma vez que as obrigações decorrentes de preceitos constitucionais ou legais (exemplo: pagamento de servidores, manutenção de prédios, etc.) em tal conceito não se compreendem.

A propósito dos débitos assumidos, já escrevia Pimenta Bueno que "as dívidas legitimamente contraídas pelo Estado constituem uma obrigação sagrada, que deve ser exatamente cumprida nas épocas e termos correspondentes; é um dever de rigorosa justiça, um empenho da honra, fé e crédito público".[69]

O legislador entendeu que deveria definir determinadas expressões. Assim, *dívida pública consolidada ou fundad***a** é o "montante total, apurado sem duplicidade, das obrigações financeiras do ente da Federação, assumidas em virtude de leis, contratos, convênios ou tratados e da realização de operações de crédito, para amortização em prazo superior a 12 (doze) meses" (inciso I do art. 29 da Lei Complementar nº 101/2000). O artigo demanda alguns esclarecimentos. A dívida consolidada é a decorrente de financiamentos ou empréstimos, celebrados por qualquer instrumento válido, para amortização em prazo superior a um ano. Se houver sido celebrada operação de crédito para pagamento em prazo *inferior* a 12 meses, mas constando as receitas do orçamento, igualmente entra no conceito de dívida consolidada (§3º do art. 29). Da mesma forma, se os títulos tiverem sido emitidos pelo Banco Central e de sua responsabilidade, integram o mesmo conceito (§2º). A lei equipara à operação de crédito "a assunção, o reconhecimento ou a confissão de dívidas pelo ente da Federação", atendidas as exigências dos arts. 15 e 16 (§1º).

Há inovação ao considerar dívida consolidada operações de crédito de prazo inferior a 12 meses (§3º) desde que tenham constado do orçamento. A lei ignorou a distinção até então feita entre dívida *fundada* e dívida *flutuante*, sendo que esta tem

[67] SALAZAR, Oliveira. *Lições de finanças*. Comp. de João Pereira Netto. Coimbra: Coimbra Editora, p. 299.

[68] *Idem*, p. 257.

[69] BUENO, Pimenta. *Direito público brasileiro e análise da Constituição do Império*. Rio de Janeiro: Tip. Imp. e Const. de J. Villeneuve e D., 1857, p. 100.

a característica de vencimento em termos brevíssimos, como meses ou um ano, no máximo, enquanto aquela se caracteriza por prazos bastante longos. Observe-se que a distinção ou classificação em razão do tempo é meramente econômica, nada tendo a ver com o direito financeiro, tal como já anotava Geraldo Ataliba.[70] O mesmo autor define como dívida consolidada "aquela que corresponde a um investimento de capital, a um incremento do patrimônio público ou a uma inversão de qualquer forma duradoura, que apresente um saldo positivo – ou financeiro, ou patrimonial – para o Estado, ou, pelo menos, equilíbrio entre a quantia que fica o Estado devendo e o benefício que ela produz ou propicia".[71] Por *dívida flutuante* entende "aquela levantada a curto prazo e que se destina a aplicar em serviços transitórios ou eventuais, no socorro de necessidades passageiras ou no pagamento das chamadas despesas correntes, comuns, consumindo-se desta forma e como que desaparecendo economicamente".[72]

A lei efetuou distinção entre dívida consolidada ou fundada e dívida mobiliária. A primeira decorre de obrigações assumidas em decorrência de lei, contrato, convênio ou tratado e de operações de crédito, para amortização em prazo superior a 12 meses. A mobiliária é a representada por títulos federais emitidos. Logo, no conceito da primeira não está a garantia por emissão de títulos governamentais, tratando-se de dívida federal. Em relação a Estados, Distrito Federal e Municípios ao conceito original soma-se a emissão de títulos.

A dívida consolidada decorre de obrigações para realização de obras e prestação de serviços, seja em decorrência de empréstimos com instituições financeiras, seja em razão de contratos precedidos de licitação ou pagamento de pessoal (decorrente de lei). A dívida mobiliária, agora, é a decorrente de títulos emitidos, no caso federal. É que, aí, a disciplina decorre de lei, enquanto no mais prevalece a regulamentação através de resolução do Senado Federal.

A dívida não paga por qualquer razão, seja por falta de caixa, seja por discussão sobre sua origem, não deixa de figurar como dívida consolidada. Não quitada tempestivamente, continua em tal conceito.

Em verdade, a inovação é mera exceção à regra, uma vez que persiste a orientação de que a dívida consolidada é a feita para ultrapassar mais de um exercício ou mais de 12 meses.

Há também inovação em considerar que os precatórios judiciais não pagos durante a execução do orçamento em que houverem sido incluídos integram a dívida consolidada, para fins de aplicação dos limites (§7º do art. 30).

Dívida pública mobiliária é a "representada por títulos emitidos pela União, inclusive os do Banco Central, Estados e Municípios" (inciso II do art. 29).

Operação de crédito define a lei como "compromisso financeiro em razão de mútuo, abertura de crédito, emissão e aceite de título, aquisição financiada de bens, recebimento antecipado de valores provenientes da venda a termo de bens e serviços, arrendamento mercantil e outras operações assemelhadas, inclusive com o uso de derivativos financeiros" (inciso III do art. 29).

---

70 ATALIBA, Geraldo. *Empréstimos públicos e seu regime jurídico*. São Paulo: RT, 1973, p. 81-94.

71 *Idem*, p. 99.

72 *Idem, ibidem*.

A operação de crédito é figura contratual que pressupõe agente capaz, objeto lícito e forma prescrita ou não defesa em lei, nos exatos termos do art. 104 do CC. Guarda peculiaridade, no caso de contratos públicos, pelo fato de que um dos contratantes é ente federativo. Trata-se de compromisso em razão de um empréstimo, gerando crédito e débito. Como salienta Geraldo Ataliba, "tanto é operação de crédito o levantamento direto de um empréstimo em dinheiro quanto a aquisição de bens e serviços para pagamento a médio ou longo prazo".[73] No mesmo sentido a opinião de Aliomar Baleeiro.[74]

A Lei Complementar nº 101/2000 estabelece, no inciso III do art. 29, casos de equiparação com a operação de crédito. Em verdade, não há equiparação. São casos de operação efetiva. Caso o governo aceite qualquer título, assumiu a satisfação do débito. Caso adquira bens por meio de financiamento, realiza operação de crédito. E diga-se o mesmo se recebe antecipadamente valores da venda de bens ou serviços a termo. Se efetua arrendamento mercantil ou operação assemelhada, tudo caracteriza operação de crédito na definição normativa.

A má compreensão do dispositivo levou ao *impeachment* da Presidente da República, em processo traumático para o país. O fato ficou conhecido como "pedaladas fiscais", ou seja, artimanhas ou disfarces contábeis com que o governo busca esconder problemas com suas contas.

Cabe ao TCU a emissão de parecer sobre as contas do chefe do Executivo e ao Congresso Nacional julgá-las (arts. 71 e 49 da CF). Claro fica que o parecer não é vinculante.

As leis fiscais são absolutamente importantes para que se comprove a idoneidade do agente político no uso das verbas públicas. Não apenas na sua eficiência, mas também na adequação horizontal à norma superior.

No caso do *impeachment* ocorrido, houve operação de crédito indevida. O que aconteceu? Diante da falta momentânea de caixa, a União solicitou à autarquia que *bancasse* as despesas decorrentes de programas sociais. A saber, a Caixa Econômica Federal *adiantou* recursos à União para que cumprisse obrigações sociais assumidas. Tal providência caracteriza uma *operação de crédito ilegal*. Se a União deixou de transferir à Caixa a parcela que lhe cabia, para cumprir obrigações assumidas, realizou conduta ilegal. A Caixa suportou despesas que não eram suas, mas da União.

De outro lado, ocorreram adiantamentos concedidos pelo FGTS à União para cobertura de despesas do programa *Minha Casa, Minha Vida*, o que igualmente configura operação de crédito ilegal.

O TCU, na oportunidade, apontou a falta de contingenciamento. Neste passo, minha compreensão é divergente. É que o contingenciamento apenas ocorre na hipótese de não realização de despesas (tal como comento em outro ponto). Ora, para aferir tal circunstância há que se aguardar trimestralmente se receitas se realizaram ou não. A partir daí é que se pode aferir a situação financeira para editar decreto de contingenciamento. Ademais, é mera situação política que se apresenta ao chefe de governo para tomar

---

73 ATALIBA, Geraldo. *Empréstimos públicos e seu regime jurídico*, *op. cit.*, p. 42.

74 BALEEIRO, Aliomar. *Uma introdução à ciência das finanças*. 16. ed. atualizada por Dejalma de Campos. Rio de Janeiro: Forense, 2004, p. 488.

providências que o caso requer. Aí não vi infração política de forma a ensejar qualquer procedimento contra o chefe do Executivo.

A Corte de Contas não tinha outra opção senão rejeitar as contas prestadas. Já estava passada a hora de tomar providências mais rigorosas em relação aos governantes.

Muita gente ignora, mas a Constituição é claríssima a identificar como crime de responsabilidade do Presidente da República o descumprimento da "Lei Orçamentária" (inciso VI do art. 85).

A decisão do TCU veio em boa hora para alertar os agentes políticos da imperiosidade no cumprimento da legislação fiscal. Ela norteia a prática dos bons costumes financeiros e administrativos.

Entende-se por *concessão de garantia* o "compromisso de adimplência de obrigação financeira ou contratual assumida por ente da Federação ou entidade a ele vinculada" (inciso IV do art. 29). Se uma autarquia, por exemplo, ou se um Município assume uma dívida e o Estado ou o Município em relação à autarquia se obriga a satisfazer o débito, concede a garantia de honrar o pagamento.

Por *refinanciamento da dívida mobiliária* entende-se a "emissão de títulos para pagamento do principal acrescido da atualização monetária" (inciso V do art. 29). O refinanciamento da dívida opera-se através de sua substituição, ou seja, remaneja-se o débito anterior, mediante emissão de títulos.

22.9.1 Dos limites da dívida pública e das operações de crédito

De acordo com o inciso VI do art. 52 da CF, compete ao Senado Federal "fixar, por proposta do Presidente da República, limites globais para o montante da dívida consolidada da União, dos Estados, do Distrito Federal e dos Municípios". Também compete ao Senado "dispor sobre limites globais e condições para as operações de crédito externo e interno da União, dos Estados, do Distrito Federal e dos Municípios, de suas autarquias e demais entidades controladas pelo Poder Público Federal" (inciso VII do art. 52 da CF). Cabe-lhe, igualmente, "dispor sobre limites e condições para a concessão de garantia da União em operações de crédito externo e interno" (inciso VIII), bem como "estabelecer limites globais e condições para o montante da dívida mobiliária do Estado, do Distrito Federal e dos Municípios" (inciso IX do art. 52). As Resoluções 40 e 43 do Senado Federal, ambas de 2001, disciplinam os limites das operações e do montante da dívida pública dos entes federados. Em relação aos prazos de vigência dos dispositivos legais, a Resolução 20 do Senado Federal, de 2003, estabeleceu que a partir de 1.5.2005 os Estados, o Distrito Federal e os Municípios "deverão estar ajustados aos limites fixados no §3º ou à trajetória de redução da dívida definida no art. 4º, ambos da Resolução nº 40/2001" (inciso II do parágrafo único do art. 1º da Resolução 20/2003 do Senado Federal). A partir daí é que os entes federativos ficaram obrigados ao cumprimento dos níveis de endividamento fixados na lei ora comentada.

O instrumento normativo hábil, pois, foi a resolução do Senado Federal que passou a disciplinar quais os limites da dívida pública para os entes federados e suas respectivas entidades estatais.

Atente-se a que incumbe ao Senado disciplinar a dívida consolidada dos entes federais, enquanto cabe ao Presidente encaminhar projeto de lei sobre a dívida mobiliária federal.

O Presidente da República deveria também ter encaminhado, em 90 dias, ao "Congresso Nacional: projeto de lei que estabeleça limites para o montante da dívida mobiliária federal a que se refere o inciso XIV do art. 48 da CF, acompanhado da demonstração de sua adequação aos limites fixados para a dívida consolidada da União, atendido o disposto no inciso I do §1º deste artigo" (inciso II do art. 30 da Lei Complementar nº 101/2000). Essa exigência não foi cumprida. Nem há previsão, porque a União prefere manter aberta a assunção desmedida de dívidas.

A impropriedade do comportamento dos Presidentes da República de não cumprirem o texto constitucional é inaceitável. Obriga Estados e Municípios e deixa a União livre para assumir quaisquer obrigações e sem limites.

Mediante resolução do Senado da República disciplina-se a dívida dos entes federativos; mediante lei regulamenta-se a dívida mobiliária federal. É que compete ao Congresso Nacional legislar sobre o "montante da dívida mobiliária federal", nos exatos termos do inciso XIV do art. 48 da CF. Como já se viu, a dívida mobiliária é a representada por título da dívida pública, exclusivamente, tal como definido no inciso II do art. 29. Após obtida autorização do Senado Federal, pode haver emissão de títulos representativos da dívida e de livre circulação e venda no mercado financeiro, inclusive internacional.

A resolução e o projeto de lei devem guardar coerência com a política fiscal e com os rigores da Lei Complementar nº 101/2000 (inciso I do §1º do art. 30). Devem conter as estimativas de impacto dos limites (inciso II), as razões de eventuais limites diferenciados (inciso III) e a metodologia para apurações dos resultados primário e nominal (inciso IV). As propostas mencionadas nos incisos I e II podem ser apresentadas em termos de dívida líquida (§2º) e os limites de que tratam referidos incisos serão fixados em percentual da receita líquida corrente para cada esfera de governo (§3º), devendo os valores ser apurados ao final de cada quadrimestre (§4º). Os valores dos precatórios não pagos no exercício serão incluídos na dívida consolidada, para aplicação dos limites (§7º).

Poderão ocorrer alterações nos limites sempre que haja mudança da situação econômica do país ou da política monetária, o que dependerá de nova proposta do Presidente encaminhada ao Senado ou ao Congresso Nacional (§6º). Evidente que a análise e a verificação da situação fática são de competência do Presidente da República. Mediante análise especificada dos fatos, pode propor a alteração em exame.

22.9.2 Da recondução da dívida aos limites

Ultrapassando a dívida os limites fixados pelo Senado Federal, "deverá haver recondução a seu valor, até o término dos 3 (três) quadrimestres subsequentes, reduzindo o excedente em pelo menos 25% (vinte e cinco por cento) no primeiro" (art. 31 da Lei Complementar nº 101/2000).

A norma é bastante rigorosa e evita que o administrador público assuma dívida acima dos limites fixados pelo órgão competente. Caso haja excesso, deve haver a recondução.

Como anotam Carlos Motta, Jorge Jacoby Fernandes, Jair Santana e Léo Alves, "o dispositivo anterior tornar-se-ia certamente inócuo sem os mecanismos previstos neste, para recondução da dívida de cada ente da Federação aos limites estabelecidos. A verificação quadrimestral é, novamente, o ponto-chave do controle (art. 54), expondo os excessos e ensejando sanções".[75]

Ultrapassados os limites, o ente federado "estará proibido de realizar operação de crédito interna ou externa, inclusive por antecipação de receita, ressalvadas as para pagamento de dívidas imobiliárias"" (inciso I do §1º do art. 31 da Lei Complementar nº 101/2000, com a redação dada pela LC nº 178/2021). Deve promover limitação de empenho (inciso II do §1º do art. 31).

Tem sido rotineiro que novas Administrações efetuem o contingenciamento de determinado montante da previsão orçamentária, a propósito de limitação do endividamento. Efetuam, pois, limitação de empenho.

Caso vencido o prazo e enquanto perdurar o excesso, estará proibido o recebimento de transferências voluntárias (§2º do art. 31). A incidência é imediata se "o montante da dívida exceder o limite no primeiro quadrimestre do último ano do mandato do chefe do Poder Executivo" (§3º do art. 31).

O Ministério da Fazenda divulgará mensalmente a relação dos entes que tenham ultrapassado os limites das dívidas consolidada e mobiliária (§4º do art. 31).

As normas são aplicáveis "nos casos de descumprimento dos limites da dívida mobiliária e das operações de crédito internas e externas" (§5º do art. 31).

Como as normas são bastante claras e instrumentos de procedimento interno, descabe qualquer comentário para esclarecê-las. Além do mais, governador ou prefeito poderão ser enquadrados em crime de responsabilidade contra a Lei Orçamentária no caso de aprovação de lei futura, mas se sujeitarão à Lei de Improbidade.

No caso de calamidade pública reconhecida pela Assembleia Legislativa (art. 65 da Lei Complementar nº 101/2000) o prazo de conformação ficará suspenso. Havendo baixo crescimento do PIB o prazo dobra para 24 meses (art. 66).

22.10 Das operações de crédito. A regra de ouro das finanças

22.10.1 Da contratação. Venda de recebíveis é operação de crédito?

A operação de crédito pode ter diversos instrumentos. De qualquer forma, constitui-se em obrigação bilateral. O ato de autorização do empréstimo pode ser unilateral, uma vez que decorre de ato típico do Estado. De outro lado, para que surja a operação, é ela contratual, e necessita de vínculo bilateral. Como já esclareci, cuida-se de contrato de direito público, porque: (a) deve haver prévia previsão orçamentária; (b) exige disposição legal específica; (c) há obrigatoriedade de autorização e controle do Senado; (d) necessária a finalidade pública; (e) é possível alteração unilateral de

---

[75] MOTTA, Carlos; FERNANDES, Jorge Ulisses Jacoby; SANTANA, Jair; ALVES, Léo. *Responsabilidade fiscal*. Belo Horizonte: Del Rey, 2000, p. 410.

determinadas cláusulas, se assim foi previsto na lei; (f) há sujeição a prestação de contas; (g) há inviabilidade de execução específica; (h) pode ocorrer rescisão unilateral.[76]

O art. 32 da Lei Complementar nº 101/2000 defere ao Ministério da Fazenda o controle do cumprimento dos limites e das condições das operações de crédito. Para que possa efetuar a operação, deve o ente formular seu pleito, fundamentando-o em parecer de seus órgãos técnicos e jurídicos, "demonstrando a relação custo-benefício, o interesse econômico e social da operação" (§1º) e o atendimento de algumas condições. O parecer, aqui, não tem caráter vinculativo, mas é importante para evitar qualquer sanção administrativa, uma vez que o TCU já decidiu que descabe pena se alguém age sob orientação.[77]

Poder-se-ia questionar se é constitucional a submissão de Estados e Municípios ao atendimento de exigências perante o Ministério da Fazenda. Nada há de inconstitucional, uma vez que funcionará ele como mero órgão encarregado do processamento do pedido. Evidentemente que cabe a ele o exame do atendimento das exigências, podendo exigir os documentos legais. O primeiro requisito para exame é a existência de "prévia e expressa autorização para a contratação, no texto da Lei Orçamentária, em créditos adicionais ou lei específica" (inciso I do §1º do art. 32 da Lei Complementar nº 101/2000). Sabidamente, a decisão de efetuar o gasto público é eminentemente política.[78] Todas "as despesas têm que estar devidamente autorizadas pelo Congresso Nacional quando da aprovação da Lei Orçamentária".[79] É possível que a autorização esteja contida na lei anual de orçamento ou em lei específica. O importante é que não existe despesa pública que ocorra sem a devida autorização do Poder Legislativo. Ressalta Aliomar Baleeiro que "nenhuma autoridade, sem exceção sequer do Presidente da República, pode ordenar ou efetuar despesas sem autorização do Poder Legislativo, ou acima dos limites desta, nem também desviar para fins diversos, ainda que úteis e indispensáveis, os créditos concedidos para aplicações específicas".[80]

O segundo requisito é a "inclusão no orçamento ou em créditos adicionais dos recursos provenientes da operação, exceto no caso de operações por antecipação de receita" (inciso II do §1º do art. 32 da Lei Complementar nº 101/2000). Outra condição imprescindível é o atendimento das exigências de resolução do Senado (inciso III do §1º). Cuidando-se de operação crédito externo, imprescindível a autorização específica do Senado (inciso IV do §1º). Caso a operação exceda "o montante das despesas de capital, ressalvadas as autorizadas mediante créditos suplementares ou especiais com finalidade precisa, aprovados pelo Poder Legislativo por maioria absoluta" (inciso V do §1º do art. 32 da Lei Complementar nº 101/2000, c/c o inciso III do art. 157 da CF), neste caso, haverão de ser atendidas as exigências dos incisos I e II do §3º do art. 32 da Lei Complementar nº 101/2000. Mera operação contábil, que dispensa comentário jurídico. É importante, no entanto, que os requisitos sejam atendidos. Por fim, necessária a satisfação dos requisitos exigidos na Lei Complementar nº 101/2000.

---

76 Cf. OLIVEIRA, Regis Fernandes de. Empréstimo público. *In*: OLIVEIRA, Régis Fernandes de; HORVATH, Estevão. *Manual de direito financeiro*. 3. ed. São Paulo: RT, 2000, p. 128.

77 *RDA*, 186/292.

78 OLIVEIRA, Regis Fernandes de; HORVATH, Estevão. *Manual de direito financeiro, op. cit.*, p. 65.

79 *Idem*, p. 66.

80 BALEEIRO, Aliomar. *Uma introdução à ciência das finanças, op. cit.*, p. 81.

Neste passo impõem-se algumas observações sobre o que se rotula a *regra de ouro* das finanças públicas. Advém do inciso III do art. 167 da CF, ao dispor que é vedada "a realização de operações de créditos que excedam o montante das despesas de capital, ressalvadas as autorizadas mediante créditos suplementares ou especiais com finalidade precisa, aprovados pelo Poder Legislativo por maioria absoluta". O ponto de toque é que possa haver operação de crédito acima do montante das despesas de capital. Estas são os investimentos, inversões financeiras e transferências de capital.

Os diversos governos, diante dos déficits que apontam, vêm sendo levados a tomar emprestado para pagar despesas correntes. O que importa é que não possa o governo endividar-se para pagar despesas do dia a dia. Tais recursos devem ser utilizados para investimentos públicos ou para amortização da dívida.

Ninguém pode gastar mais do que recebe. É comezinha regra de economia. Pior, ainda, tomar empréstimos para pagar tais despesas, porque o débito aumenta com o pagamento de juros.

Tratando-se de operação relativa à dívida mobiliária federal, desde que autorizada no texto da Lei Orçamentária ou na de crédito adicional, o processo será simplificado (§2º do art. 32 da Lei Complementar nº 101/2000).

Quando do recebimento do pedido far-se-á seu registro eletrônico (§4º do art. 32), tornando acessíveis ao público as informações, que incluirão os encargos e as condições da contratação (inciso I do §4º), os saldos atualizados e limites relativos às dívidas consolidada e mobiliária, operações de crédito e concessão de garantias.

É fundamental a publicidade – aliás, atributo do administrador público, nos exatos termos do **caput** do art. 37 da CF. Numa República é importante que os atos sejam públicos, para que possam ser controlados não só pelo órgão formalmente competente – no caso o Ministério da Fazenda –, mas também pelo Tribunal de Contas respectivo, pelo Legislativo, por suas duas Casas, por qualquer parlamentar, pelo Judiciário, sendo provocado, e, por fim, pelo controle social. Este a cada dia aumenta sua importância, seja através das ONGs, de associações ou sindicatos, seja por qualquer do povo. A fiscalização é inata ao princípio republicano, que estabelece a responsabilidade do governante. Mais que isso: num Estado Democrático de Direito, como é o Brasil, nos exatos termos do art. 1º da CF, não há como admitir a ocorrência de atos secretos ou sigilosos. Tudo há que ser público, como atributo da legitimidade dos atos praticados pelo agente público.

A lei impede a compensação automática de créditos e débitos nas operações de crédito externo (§5º do art. 32 da Lei Complementar nº 101/2000). Tal fato deve-se, em primeiro lugar, à ausência de liquidez que possa existir em algum fator de atualização ou que dependa da ocorrência de qualquer fato. Em segundo, pode surgir discussão sobre juros, amortizações, etc., o que podem levar a disputa arbitral ou judicial. É cláusula que não pode figurar no contrato. Norma de ordem pública que invade a esfera de livre disposição dos contratantes.

O prazo para tal verificação será de noventa e duzentos e setenta dias (90 a 270), a critério do Ministério da Fazenda (incluído pela Lei Complementar nº 159/2017).

A LC nº 178/2021 incluiu o parágrafo 7º ao texto para permitir alteração de finalidade na operação de crédito, desde que haja prévia e expressa autorização no texto da lei orçamentária anual.

O art. 33 da Lei Complementar nº 101/2000 contém imposição às entidades financeiras particulares. Devem elas exigir do ente federado a comprovação de que a operação atende às condições e aos limites legais, exceto quanto à dívida mobiliária ou à externa.

No caso de infringência dos dispositivos da lei em análise a operação é considerada nula, com retorno ao *status quo ante*, ou seja: as partes contratantes voltam à situação original, com devolução de eventuais valores já recebidos. Não se pagarão juros e demais encargos financeiros. Embora possa parecer simples a aplicação do dispositivo, demanda muita atenção. É que as exigências nem sempre são de simples atendimento ou pode ter passado despercebido pelo Ministério, seus agentes ou órgãos qualquer detalhe. De outro lado, quem se sentir prejudicado poderá ir ao Judiciário, prolongando-se a pendenga.

Caso não haja o desfazimento do contrato no mesmo exercício, "será consignada reserva específica na Lei Orçamentária para o exercício seguinte" (§2º do art. 33). Enquanto não efetuado o cancelamento, a amortização ou constituída reserva de que trata o parágrafo 2º aplicam-se ao ente as restrições previstas no parágrafo 3º do art. 23 (redação dada pela LC nº 178/2021), isto é, o ente fica impedido de receber quaisquer benefícios de outro, inclusive as transferências voluntárias.

Deve haver a constituição de reserva, no montante equivalente ao excesso, se não atendido o inciso III do art. 167 da CF, consideradas as disposições do §3º do art. 32 da Lei Complementar nº 100/2001 (§4º do art. 33).

A contratação de operação de crédito ao arrepio das normas ora vigentes tipifica crime, nos exatos termos do art. 359-A do CP, com a redação do art. 2º da Lei nº 10.028/2000.

Interessante questão foi posta em discussão. Como Estados e Municípios estão sujeitos aos limites do endividamento, sobreveio a ideia da venda de ativos para permitir folga orçamentária e de investimentos aos entes federativos.

Tal comportamento agride a Lei de Responsabilidade Fiscal? Em nada. É lícito aos entes federados negociarem ativos financeiros mobiliários ou imobiliários, tributários ou não, e patrimoniais, para robustecer seus cofres. Não se trata de operação de crédito. Como há crédito dos entes federativos, como, por exemplo, os da dívida ativa, os decorrentes de receitas patrimoniais, nada obsta à sua alienação para, com tais receitas, atenderem a finalidades estabelecidas.

Pode-se vender o crédito da dívida ativa, por exemplo. Não se trata de operação de crédito, porque não nasce obrigação de Estados e Municípios de suportarem qualquer pagamento em vista de tal comportamento.

Os recebíveis não constituem receita. Receita futura, talvez, e meramente virtual. Pode ser efetuado um leilão, por lotes, da dívida ativa, e os recebíveis entram para o Estado/Município, sem que se constitua operação de crédito. Há ingresso e não há qualquer responsabilidade do Estado caso o adquirente não logre receber o montante adquirido ou parte dele. Há um risco na operação, que é todo do adquirente. Nem o Estado responde por qualquer parcela.

Não há, como se vê, agressão à Lei de Responsabilidade Fiscal. A operação é legítima e busca receita nova, em face das dificuldades que os entes federativos estão enfrentando. Trata-se de realização legítima de receitas.

Vê-se que não há qualquer compromisso financeiro. Entendemos que não há necessidade de o credor (Estado) permanecer como titular na relação creditícia. Pode alienar o crédito.

A cessão de crédito tributário não representa e não se caracteriza como operação de crédito que deva merecer qualquer restrição da Lei de Responsabilidade Fiscal.

22.10.2 Das vedações a operações

O Banco Central ficou impedido de emitir títulos da dívida pública a partir de 5.5.2002 (art. 34 da Lei Complementar nº 101/2000). O art. 35 estabelece que "é vedada a realização de operação de crédito entre um ente da Federação, diretamente ou por intermédio de fundo, autarquia, fundação ou empresa estatal dependente, e outro, inclusive suas entidades da Administração indireta, ainda que sob a forma de novação, refinanciamento ou postergação de dívida contraída anteriormente". A lei proíbe qualquer operação de crédito entre entes federados. A vedação alcança as entidades estatais e respectivos fundos. O dispositivo teve sua constitucionalidade questionada perante o STF. Este rejeitou a arguição, entendendo que se cuida de norma de gestão financeira (inciso II do §9º do art. 165 da CF), e, pois, inserido na competência da União.[81] O argumento que fundamentava a arguição era o de que o dispositivo fere o princípio federativo, por subtrair dos entes federados autonomia para realização de operações de seu interesse.

Ressalte-se que o que a lei vedou foi *operação de crédito*. Nada mais. Logo, não há qualquer impedimento a que se renegocie dívida junto ao INSS ou a dívida do FGTS. A operação de crédito vem definida no inciso III do art. 29 da lei e não alcança nenhuma transação ou novação que os entes federados procurem obter. Têm as transações caráter tributário (contribuições) e não há qualquer ato negocial. Decorre a obrigatoriedade de seu pagamento de lei, e, pois, no caso de inadimplemento, não ficam os entes federados proibidos de efetuar qualquer negociação para repactuar o débito. Seria absurda a solução contrária, mesmo porque agrediria a própria noção de pessoa jurídica, na liberdade de seu comportamento. A lei foi bastante clara ao vetar o endividamento excessivo, que torne inviável o ente federal.

Pode a lei complementar fiscal invadir a intimidade de Estados e Municípios proibindo tais operações de crédito, limitando ou cerceando a liberdade de contratação? Embora o controle do crédito público seja da competência do Senado Federal, e, pois, em tese, seja possível a limitação imposta, há sérias dúvidas sobre a possibilidade mesmo de lei complementar retirar um dos atributos maiores do ente federativo (Estado e Município), de gerir seus próprios interesses. Pode a lei, ainda que complementar, limitar a dimensão de pessoa de direito público dos entes federados? Como estamos em uma Federação, descabe à lei federal, ainda que complementar, retirar dos entes federados menores um de seus maiores atributos, que é o de se vincularem contratualmente.

---

[81] STF, ADI nº 2.238-5, rel. Min. Ilmar Galvão.

Respeitada a competência da União, no sentido de manter a integridade do território e de inadmitir a secessão, não há falar em qualquer restrição ao ente federado. Dentro das restrições impostas ao crédito externo e aos limites da dívida, na forma deferida ao Senado Federal (inciso V do art. 52 da CF), descabe à lei efetuar qualquer outra restrição de cunho financeiro. Fazendo-o, incide em inconstitucionalidade o dispositivo. A premissa é verdadeira, e a fundamentação também. Só que, no caso específico, o §9º do art. 165 da CF ampara as limitações e exigências estabelecidas na lei complementar. Não se retirou dos entes federados a possibilidade de vinculação contratual, e arranhada não ficou a dimensão de assunção de dívidas. Ao contrário, a própria lei admite e aceita tal perspectiva política dos entes federativos menores. Impõe-lhes, no entanto, algumas restrições, em homenagem ao prosseguimento de sua saúde financeira, instituindo normas de gestão, que encontram amparo na própria Constituição da República. Daí sua higidez normativa.

É que a dimensão jurídica de tais entes é dada não por alguns dispositivos da Constituição, mas pela sua globalidade. Não é boa regra de hermenêutica a leitura de algum item ou artigo isolado da Lei Maior. O jurista deve lê-la por inteiro, o que lhe permitirá a interpretação em sua complexa estrutura. A plenitude da visão é que pode dar a inteireza exegética. E não o contrário.

Assim sendo, o perfil jurídico dos Municípios e dos Estados não se encontra apenas em um ou alguns dispositivos do Texto Maior, mas no total das previsões constitucionais. Nem se pode argumentar que o §9º do art. 165 não se aplica aos demais entes federados. Lei complementar que é, seus dispositivos, se não contrariarem outros preceitos constitucionais e com eles forem compatíveis, têm plena eficácia e constitucionalidade garantida.

Não pode o Estado gerir um fundo que financie o desenvolvimento de determinada região? É isso possível? Ora, ou estamos em Estado Federal, ou não. Devemos apurar que tipo de Estado Federal é esse, tal como consta de nossa CF no art. 1º. Para ser imperativo e eficaz referido dispositivo, temos que reconhecer que a autonomia de Estados é pressuposto da existência do Estado Federal. Sem ela temos Estado Unitário, no qual as normas provêm do centro e se espargem pelas bordas, obrigando seu cumprimento a todos. Embora não possamos afirmar a existência de um Estado Federal puro, em sua conceituação básica, menos verdade não é que o conceito de Federação pressupõe unidades territoriais autônomas, gozando de competência mais ou menos ampla, de acordo com o que dispuser a Constituição do Estado Federal. Aliás, o próprio conceito admite que no texto da Constituição já estejam explicitados os princípios que orientarão o Estado. As competências dos Estados-membros são hauridas, pois, na própria Constituição da República, inaceitável sendo que leis menores, ainda que complementares, que de outras se distinguem apenas e tão somente por sua matéria, possam impor restrições aos Estados-membros.

Ora, se o Estado-membro entende que pode e deve operar seus recursos financeiros para desenvolver determinada região, não pode a lei federal, ainda que de âmbito nacional, como é a lei complementar, restringir sua esfera de incidência. Embora os Estados sofram a pressão das normas federais, a que devem obediência, não podem estas, a pretexto de disciplinar normas constitucionais de eficácia contida, jugular as unidades federativas menores. Caso o façam, padecem do vício de inconstitucionalidade. O que se passa na entranha do Estado é de competência deste, descabendo à União expedir normas específicas que possam violentar políticas locais.

Como ensina Oswaldo Aranha Bandeira de Mello, em obra clássica sobre o assunto, "autonomia, como a própria palavra indica, significa governo próprio. Chama-se autônoma, portanto, toda coletividade pública que, dentro do círculo prefixado pela coletividade superior, tem a capacidade de provimento próprio dos cargos governamentais e a faculdade de organização própria dos assuntos que lhe forem delegados como do seu peculiar interesse".[82] Ora, o interesse próprio da coletividade menor é a disponibilidade daquilo que melhor atenda a seus interesses. Se tem uma operadora financeira, cabe-lhe gerenciá-la ou dar-lhe a orientação que melhor lhe aprouver. Se possui agência de fomento, de igual maneira, cabe dar-lhe a destinação que estiver à sua disposição. Nenhum sentido tem, pois, que seja impedida de exercer qualquer atividade de crédito com suas entidades da Administração indireta. Tal restrição agride a autonomia do Estado-membro. É verdade que tais afirmações em tese são válidas, mas devemos compatibilizá-las com as demais normas e princípios que compõem o todo da Constituição Federal. Normas de gestão financeira aplicam-se a todos os entes federativos, nos exatos dizeres do inciso II do §9º do art. 165 da CF.

O próprio texto excetua as operações entre instituição financeira estatal e outro ente da Federação que não se destinem a "financiar, direta ou indiretamente, despesas correntes, ressalvadas as operações destinadas a financiar a estruturação de projetos ou a garantir contraprestações em contratos de parceria público-privada ou de concessão para o ente da federação afetado pelo estado de calamidade pública reconhecido pelo Congresso Nacional de que trata o art. 65" (inciso I do §1º do art. 35 da Lei Complementar nº 101/2000, com a redação dada pela LC 206/2024) e "refinanciar dívidas não contraídas junto à própria instituição concedente" (inciso II). Logo, um banco de entidade financeira pode operar com outro ente federado. Assim, a Caixa Econômica do Estado pode operar com um Município. Pode, também, comprar títulos da União "como aplicação de suas disponibilidades" (§2º do art. 35 da Lei Complementar nº 101/2000). Não pode haver financiamento para despesas de custeio. Importante esta regra, porque os financiamentos só servirão para engrandecimento do patrimônio; nunca para gasto imediato de consumo.

Há expressa ressalva na lei para o financiamento de recuperação de Estados ou Municípios alcançados por calamidade pública reconhecida pelo Congresso Nacional. O Estado do Rio Grande do Sul é exemplo típico decorrente das enchentes que assolaram o Estado ou, mais recentemente, os Estados alcançados por incêndios. É verdade que a dicção legal fala em calamidade pública *reconhecida pelo Congresso Nacional*. Mas a interpretação jurídica leva a outros patamares para estender o conceito a outras situações parelhas à das inundações.

Necessário observar que o STF já entendeu que era inadmissível lei exigir projeto de viabilidade econômica de entidade da Administração indireta, sob o argumento de que o controle a que se submetem tais entidades é apenas o controle financeiro.[83]

---

82 BANDEIRA DE MELLO, Oswaldo Aranha. *Natureza jurídica do Estado Federal*. São Paulo: Prefeitura do Município de São Paulo, 1948, p. 95.

83 *RT*, 646/178.

Parece-nos admissível que haja tal restrição, uma vez que, ao lado do controle financeiro, deve haver o atingimento de metas, e para que estas sejam atingidas é imprescindível o controle efetivo sobre as estatais. Na redação atual da Constituição da República parece-nos imprescindível que haja amplo controle. Não podem elas pairar soltas no espaço jurídico. Necessário o exercício da tutela que admite, também, a exigência de projeto de viabilidade, tal como faz a Lei Complementar nº 101/2000.

Proíbe também a lei que haja operação de crédito entre uma instituição financeira estatal e o ente da Federação que a controla, na qualidade de beneficiário do empréstimo (art. 36 da Lei Complementar nº 101/2000). Assim, o Banco do Brasil não pode operar com a União, o mesmo acontecendo com a Caixa Econômica Federal em relação à sua controladora. A regra é a mesma para o governo de São Paulo e sua Caixa Econômica. A regra "não proíbe instituição financeira controlada de adquirir, no mercado, títulos da dívida pública para atender investimento de seus clientes, ou títulos da dívida de emissão da União para aplicação de recursos próprios" (parágrafo único do art. 36 da Lei Complementar nº 101/2000).

O art. 37 da Lei Complementar nº 101/2000 equipara a operações de crédito e proíbe a "captação de recursos a título de antecipação de receita de tributo ou contribuição cujo fato gerador ainda não tenha ocorrido" (inciso I). Tal regra não inibe o §7º do art. 150 da CF, com a redação dada pela Emenda Constitucional nº 3/1993, que estabelece: "A lei poderá atribuir a sujeito passivo de obrigação tributária a condição de responsável pelo pagamento de imposto ou contribuição, cujo fato gerador deva ocorrer posteriormente, assegurada a imediata e preferencial restituição da quantia paga, caso não se realize o fato gerador presumido". Sem prejuízo do absurdo da norma, é o que ela dispõe.

Igualmente é equiparável a operação de crédito "recebimento antecipado de valores de empresa em que o Poder Público detenha, direta ou indiretamente, a maioria do capital social com direito a voto, salvo lucros e dividendos, na forma da legislação" (inciso II do art. 37).

Também é vedada a assunção de emissão, aceite ou prestação de aval a papéis emitidos por particulares (inciso III do art. 37). A restrição não se aplica a empresas estatais dependentes.

Por fim, veda a lei a assunção de obrigação "com fornecedores para pagamento *a posteriori* de bens e serviços" (inciso IV do art. 37 da Lei Complementar nº 101/2000), salvo se houver autorização orçamentária.

22.10.3 Operações de crédito por antecipação de receita orçamentária

Na definição de Hely Lopes Meirelles, "as operações de crédito por antecipação de receita são atos praticados pelo Executivo, em qualquer mês do exercício financeiro, para atender às insuficiências de caixa".[84] Era a definição da própria Lei nº 4.320/1964. A lei tem a mesma dicção. No dizer de Geraldo Ataliba, como o nome o diz, "a operação de crédito por antecipação da receita é um tipo de empréstimo que o Poder Público faz com a exclusiva finalidade de suprir eventuais quedas de arrecadação, ou para enfrentar determinados períodos em que as suas receitas ordinárias são de tal forma baixas, que

[84] MEIRELLES, Hely Lopes. *Finanças municipais*, *op. cit.*, p. 192.

não cobrem os dispêndios normais e ordinários".[85] Destina-se a operação a atender a insuficiência de caixa (art. 38). Deve haver o mesmo requerimento para qualquer outra operação. Somente pode ocorrer a partir do dia 10 de janeiro de cada exercício (inciso I do art. 38). O pagamento integral deve ocorrer até o dia 10 de dezembro de cada ano (inciso II). Não poderá ser cobrado qualquer encargo, salvo a taxa de juros da operação (inciso III). Está proibida qualquer outra operação antes de resgatada a anterior (inciso IV, "a"), bem como no último ano de mandato do presidente, governador ou prefeito (alínea "b" do inciso IV).

Não se pode falar em emissão de precatório para pagamento de débito assumido em decorrência de operação de crédito por antecipação de receita orçamentária/ARO. Já decidiu o extinto 1º TACivSP que, "tratando-se de empréstimo oriundo de operação de crédito por antecipação de receita orçamentária, é dispensável a emissão de precatório, o que só seria exigido de execução forçada em virtude de inadimplemento do contrato e que, sendo contra a Fazenda Pública, deverá atender ao disposto nos arts. 730 e 731 do CPC e, em consequência, à exigência do art. 100, §1º, a CF" (decisão anterior à Emenda Constitucional nº 62/2009).[86] Acrescenta o mesmo acórdão que "a Municipalidade, ao contratar financiamento de antecipação de receita orçamentária, obriga-se a pagar os débitos nas condições pactuadas; assim, figura como parte contratante em relação de financiamento sob regras de direito privado. Portanto, não lhe é lícito, para furtar-se à responsabilidade, invocar nulidade de cláusula de contrato de mandato e tampouco cláusulas abusivas quanto aos encargos contratados".[87]

Deixar de liquidar a operação agora constitui crime (n. 8 do art. 10 da Lei nº 1.079/1950 e inciso XIX do art. 1º do Decreto-Lei nº 201/1967, com a redação dada pela Lei nº 10.028/2000).

As restrições são amplamente salutares, éticas, e beneficiarão enormemente o Erário público de cada ente federado. São normas que tendem aos reclamos de seriedade no exercício de mandato público, especialmente o de chefe do Executivo. Limitam a ação dispersiva e irresponsável que impera no país.

As operações ARO não serão computadas para efeito da restrição do inciso III do art. 167 da CF desde que liquidadas no prazo definido no inciso II do ***caput*** (§1º do art. 38 da lei ora comentada – Lei Complementar nº 101/2000).

Não pode o agente público escolher com quem irá efetuar a operação. Determina a lei que a escolha do agente financeiro decorra de processo competitivo eletrônico junto ao Banco Central (§2º do art. 38 da Lei Complementar nº 101/2000).

O Banco Central controlará o saldo em aberto bem como a observância dos limites (§3º do art. 38), cabendo-lhe a aplicação de sanções.

---

85 ATALIBA, Geraldo. *Empréstimos públicos e seu regime jurídico, op. cit.*, p. 105.

86 *RT*, 742/278, rel. Juiz Correia Lima.

87 *Idem, ibidem.*

22.10.4 Operações com o Banco Central. Cessão de créditos tributários ou não (secutirização)

O Banco Central é o agente financeiro máximo e controlador de todas as operações. Como tal, não pode comprar títulos na data de sua colocação no mercado (inciso I do art. 39 da Lei Complementar nº 101/2000); não pode efetuar permuta de título da dívida de ente da Federação por título da dívida pública federal, ou operação de compra e venda, a termo, daquele título, cujo efeito final seja semelhante à permuta (inciso II do art. 39). O Banco Central não pode dar garantia (inciso III).

Os §§1º a 4º do art. 39 contêm vedações operacionais de caráter financeiro, o que dispensa comentários, bastando a leitura dos dispositivos.

Como observa Diogo de Figueiredo Moreira Neto, o texto caminha "na linha de depuração do Banco Central, para concentrá-lo, cada vez mais, em sua missão precípua de agência tutelar da moeda, o que o aproxima de seus similares mais avançados".[88]

Trava-se discussão sobre a necessidade, ou não, da autonomia do Banco Central. Como dirigente da política monetária, alguns postulam sua independência, à imagem dos Estados Unidos; outros advogam sua sujeição às políticas públicas do governo. A matéria, ainda cheia de controvérsias, deve ser mais bem analisada, à luz do momento histórico por que passa o país. No entanto, pode-se afirmar que uma entidade monetária distante das emoções em jogo, em determinada turbulência institucional, pode ser mais madura para enfrentar tumultos momentâneos. O amadurecimento da Nação levará à instituição de um órgão livre de pressão política ocasional.

O advento da Lei Complementar nº 208, de 02 de julho de 2024, veio a atender uma lacuna existente no direito brasileiro. O Estado mantém em aberto um imenso crédito de dívidas não pagas por contribuintes. Insta-os ao pagamento e, não satisfeito o crédito, são inscritos na Dívida Ativa.

O Estado cria seu próprio título e o inscreve. A partir daí tem presunção de veracidade, positividade e executoriedade. Pode invadir a esfera jurídica dos devedores e compeli-los ao pagamento sob pena de penhora.

Até recentemente havia um vácuo legislativo. Não se sabia se o Estado podia ou não ceder seus créditos a terceiros para cobrança. A superveniência da Lei Complementar nº 208/2024 supriu a falta.

A lei em tela acrescentou o art. 39-A à Lei nº 4.320/64 (lei nacional orçamentária) e estabeleceu que os entes públicos podem ceder onerosamente, "direitos originados de créditos tributários e não tributários, inclusive quando inscritos em dívida ativa, a pessoas jurídicas de direito privado ou a fundos de investimento regulamentados pela Comissão de Valores Mobiliários".

O crédito cedido deve manter a mesma natureza, garantias e privilégios (inciso I do parágrafo 1º do art. 39-A).

A denominação é equivocada. Toma a denominação de *securitização*, mas não tem nada de seguro. É que, originariamente, a ideia era a de manter uma companhia de seguro como intermediária da relação. Daí o nome. Mas nada tem de seguro. Trata-se

---

88 MOREIRA NETO, Diogo de Figueiredo. *Considerações sobre a Lei de Responsabilidade Fiscal, op. cit.*, p. 226.

da alienação de créditos já constituídos e lançados ou não na dívida ativa. São *recebíveis de longo prazo*.

Para os governos é uma tragédia. Mantém uma imensidade de execuções fiscais ocupando espaço e tempo de juízes e funcionários, sendo que o recebimento é pífio. Não se cuida, de outro lado, de *ativos podres*. São créditos de empresas de boa estrutura financeira ou não.

O Estado pode reunir num "pacote" um bloco de devedores e alienar seus créditos englobadamente.

De outro lado, o Estado não fica credor. A alienação é definitiva. É venda definitiva de patrimônio público, o que compatibiliza o artigo 39-A com o art. 44, ambos da Lei nº 4.320/64.

Para a venda, há um deságio que deve ser verificado caso a caso ou de blocos de crédito. Daí o "desconto" ou *spread*.

O crédito alienado preserva a natureza originária e mantém garantias e privilégios. A previsão legal é de duvidosa constitucionalidade. Como é possível transferir privilégios de créditos tributários da União a particulares?

Evidente está que cada ente federativo apenas pode ceder créditos próprios, descabendo ceder créditos de outra pessoa jurídica.

Nenhuma instituição financeira pode adquirir títulos do ente federativo alienante.

A ação de cobrança pode ser interrompida por protesto judicial ou extrajudicial, nos termos do inciso II do parágrafo único do art. 174 do Código Tributário Nacional (Lei nº 5.172/1966.

22.10.5 Garantia e contragarantia. A exceção dos precatórios

Os entes podem ser compelidos a dar garantia do adimplemento das obrigações assumidas. Pode ela ser *pessoal* ou *real*. A garantia pessoal normalmente reflete-se num aval; a real, em hipoteca.

Dispõe o art. 40 da lei em análise, com a redação dada pela LC nº 178/2021: "Os entes poderão conceder garantia em operações de crédito internas ou externas, observados o disposto neste artigo, as normas do art. 32 e, no caso da União, também os limites e as condições estabelecidos pelo Senado Federal e as normas emitidas pelo Ministério da Economia acerca da classificação de capacidade de pagamento dos mutuários".

O dispositivo enseja uma série de observações. É o confronto que se instaura entre os entes federativos diante dos limites impostos pela Constituição Federal e explicitados na lei complementar. Até que ponto os Estados-Membros são livres para deliberar a respeito de suas finanças e até que ponto as regras federativas podem neles interferir, juntamente com as Resoluções emitidas pelo Senado Federal. É o que se examina.

Discussão que se colocou foi a de poder dar em garantia a vinculação de receita tributária. Segundo Francisco Campos, "não pode o Estado dar em garantia de empréstimo a cláusula de hipoteca de determinados impostos ou de sua execução imediata, nem pode outorgar procuração para recebê-los. Tal disposição significaria a possibilidade de abdicação de poderes como unidade de Poder Público e, pois, de sua própria existência como Estado, o que seria inadmissível".[89] No mesmo sentido a posição de Celso Antônio ao afirmar que "são nulas – e de nulidade manifesta – autorizações legislativas da Câmara para que a Prefeitura vincule, em garantia de empréstimos, cotas de participação do Município no imposto de circulação de mercadorias. Donde, igualmente nulas – e de aberrante nulidade – são cláusulas de contrato que invistam os mutuantes no poder de nelas saciarem seus créditos, à data dos vencimentos ou quando atrasada a quitação, diretamente na instituição depositária dos valores que o Estado transfere ao Município em conta das sobreditas cotas".[90] Fonrouge assevera que a afetação agrediria a soberania do Estado devedor.[91]

As EC nº 94/2016 e 99/2017 abriram exceção ao rigor da regra da não vinculação, como se vê em seguida.

Ainda quando Desembargador do TJSP tivemos oportunidade de proferir acórdão cuja ementa é a seguinte: "A autonomia municipal não pode ser sacrificada em prol da satisfação de interesses privados. Podem os credores e devem ter garantia no patrimônio público. Todavia, não podem esvaziar o conteúdo jurídico do princípio da autonomia municipal, agredindo o princípio da não afetação das receitas públicas. Não pode, assim, subsistir a cláusula vinculante da arrecadação das receitas transferidas do ICM".[92]

Tanto a EC. 94/2016 como a EC nº 99/2017 admitiram a realização de empréstimos para pagamento de precatórios sem aplicação do inciso IV do art. 167 da CF. Encontrando-se em débito com o pagamento de precatórios, o ente federativo que se enquadrar no *regime especial* previsto no art. 101 do ADCT pode obter financiamento junto a bancos para satisfazer referidas obrigações.

Na hipótese, pode haver a vinculação de receitas públicas para pagamento do credor fiduciário. É exceção aberta à regra da não vinculação.

É verdade que há decisões admitindo a garantia para pagamento de empréstimo caucionado com o produto a ser arrecadado.[93]

De acordo com o §4º do art. 167 da CF, introduzido pela Emenda Constitucional nº 3/1993, "é permitida a vinculação de receitas próprias geradas pelos impostos a que se referem os arts. 155 e 156, e dos recursos de que tratam os arts. 157, 158 e 159, I, 'a' e 'b', e II, para a prestação de garantia ou contragarantia à União e para pagamento de débitos para com esta". Ao abrir o permissivo constitucional, pode-se concluir que não havia a possibilidade de vinculação de tais receitas. A saber: os entes federativos são absolutamente livres para dispor de seus recursos, não os podendo vincular, todavia. Apenas poderão fazê-lo para prestar garantia ou contragarantia à União. É o que decorre do artigo em comento. Em qualquer hipótese, no entanto, é vedada a retenção das receitas tributárias transferidas obrigatórias, não se podendo operar qualquer restrição à entrega, nos exatos dizeres do art. 160 da CF. Pode apenas ocorrer o condicionamento

---

89 CAMPOS, Francisco. Empréstimos como garantias de impostos. *In*: *Direito e Constituição*. v. 1. Rio de Janeiro: Freitas Bastos, 1956, p. 222.

90 BANDEIRA DE MELLO, Celso Antônio. Empréstimo público: garantias: parcela de ICM do município. *RDP*, São Paulo, RT, 91/87-94.

91 FONROUGE. *Derecho financiero*. 7. ed. v. 2, Buenos Aires: Depalma, 2001, p. 1.129.

92 TJSP, 8. Câmara Cível, *Julgados do Tribunal de Justiça* 144/42 (rel. Des. Regis de Oliveira).

93 *RT*, 742/278.

da entrega dos recursos (parágrafo único do art. 160). Condicionar não significa reter. É criar condições, apenas.

Realmente, deve ser ressaltado que tal garantia não pode ser dada a particular. Este não pode ter qualquer privilégio em relação à cobrança de seu crédito, ainda que isso tenha sido ajustado. É que, como se viu, a cláusula é nula. A lei abre exceção à admissibilidade no caso de entes federados e apenas cuidando-se de receitas que devam ser transferidas a entidades menores, podendo retê-las e "empregar o respectivo valor na liquidação da dívida vencida" (inciso II do §1º do art. 40 da Lei Complementar nº 101/2000). Tal previsão legal reforça a tese de que não é devida a retenção de recursos por parte da União em relação aos Estados e destes em relação aos Municípios no pertinente ao produto tributário auferido e que deva ser transferido a esferas políticas menores. Apenas mediante convênio é que pode haver a retenção. O preceito, em sua parte final, ao permitir a outorga de poderes ao garantidor para "retê-las", ou seja, reter as receitas tributárias diretamente arrecadadas e empregar o respectivo valor na liquidação da dívida vencida, extrapola o texto constitucional. A única exceção, ainda discutível, é o contido no §4º do art. 167, introduzido pela Emenda Constitucional nº 3/1993. No mais, tal providência acautelatória de exigência de contragarantia é inconstitucional.

Poder-se-ia argumentar que o inciso II do §1º do art. 40 da Lei Complementar nº 101/2000 prevê a concordância do ente devedor e que recebe a garantia. É apertar a jugular do Estado ou do Município devedor. Ninguém faz dívidas porque quer, mas porque se vê compelido a isto. Necessidades momentâneas obrigam a comportamentos excepcionais. Eventualmente, a necessidade da realização de uma obra ou de um serviço obriga à assunção de débitos. Nem por isso pode haver a disponibilidade das receitas dos entes para com o garantidor do pacto. A Constituição não permite a vinculação de tributos, mesmo cuidando-se das receitas transferidas de caráter tributário ou não. A forma normal da cobrança dos créditos é a via suasória ou, esgotadas as possibilidades, é a ida ao Poder Judiciário. Entre os entes públicos não pode ser diferente.

Será exigida contragarantia de igual valor ou superior à garantia oferecida (§1º do art. 40). Não pode ser exigida de órgãos e entidades do próprio ente. Por exemplo, uma autarquia federal não necessita de contragarantia do Banco do Brasil.

Dar garantia sem exigir contragarantia é crime (art. 359-E do CP, na redação do art. 2º da Lei nº 10.028/2000).

A União pode ser chamada a dar garantia no caso de operação junto a organismo internacional, devendo exigir contragarantia de Estados, Municípios ou demais entes mencionados na lei (§2º do art. 40 da Lei Complementar nº 101/2000). No caso de empréstimo internacional, pode a entidade financeira externa exigir garantia do governo brasileiro, embora mutuário seja o governo de Estado. No entanto, para garantir o recebimento de seu crédito, uma vez adimplida a obrigação no exterior, pode o governo federal exigir que o Estado prometa o cumprimento de sua obrigação, assegurando parte de sua arrecadação para o pagamento daquele empréstimo contraído.

Toda garantia dada acima dos limites permitidos pelo Senado Federal é nula (§5º do art. 40).

As entidades estatais não podem conceder garantia, o mesmo se aplicando a suas empresas controladas e subsidiárias (§6º).

O disposto no parágrafo anterior não se aplica (§7º do art. 40) a "empresa controlada a subsidiária ou controlada sua, nem à contragarantia nas mesmas condições" (inciso I do §7º). Também não incide sobre "instituição financeira a empresa nacional, nos termos da lei" (inciso II do §7º).

Excetua-se da vedação prevista no artigo a garantia prestada por instituições financeiras estatais, que se submetem às mesmas regras das instituições financeiras privadas (inciso I do §8º). O §1º do art. 173 da CF é bastante claro ao estabelecer que as empresas estatais que explorem atividade econômica submetem-se ao mesmo regime jurídico de direito privado das demais empresas particulares, inclusive no tocante à matéria trabalhista e tributária. Logo, não poderia a lei criar qualquer obstáculo ao livre funcionamento de tais entidades, se a Constituição não o fez.

Igualmente, a restrição não se aplica à União pela garantia dada "a empresas de natureza financeira por ela controladas, direta e indiretamente, quanto às operações de seguro de crédito à exportação" (inciso II do §8º do art. 40 da Lei Complementar nº 101/2000). Eventual limitação poderia prejudicar as exportações brasileiras, uma vez que o importador pode exigir a garantia do governo federal.

Quando ente da Federação honrar dívida de outro, pode este condicionar as transferências constitucionais ao ressarcimento do pagamento efetuado (§9º).

Caso o pagamento tenha sido pela União ou pelo Estado garantidor, em decorrência de garantia prestada em operação de crédito, "terá suspenso o acesso a novos créditos ou financiamentos até a total liquidação da mencionada dívida" (§10).

A LC nº 178/2021 acrescentou o parágrafo 11, que assim dispõe: "A alteração da metodologia utilizada para fins de classificação da capacidade de pagamento de Estados e Municípios deverá ser precedida de consulta pública, assegurada a manifestação dos entes".

O dispositivo é bastante controverso a começar por saber o que se entende por *consulta pública*. É norma tendente à inaplicabilidade. Qual será o ente consultado? Far-se-á consulta mediante votos? Consulta a algumas entidades de classe? Vamos aguardar para ver quando e como o dispositivo será aplicado.

Como se vê, as regras agora estabelecidas são bastante rigorosas, inclusive no que toca à garantia. Ao avalista ou prestador de qualquer tipo de segurança para realização de operação financeira fica assegurado o ressarcimento. Não pode, evidentemente, satisfazer seu crédito de forma incivilizada ou ao arrepio das normas legais; no entanto, terá seu crédito garantido, uma vez que tem meios coercitivos para compelir o ente menor ao ressarcimento do débito.

Acrescente-se que "os títulos da dívida pública, desde que devidamente escriturados em sistema centralizado de liquidação e custódia, poderão ser oferecidos em caução para garantia de empréstimos, ou em outras transações previstas em lei, pelo seu valor econômico, conforme definido pelo Ministério da Fazenda" (art. 61 da Lei Complementar nº 101/2000).

22.10.6 Restos a Pagar

Segundo o magistério de Hely Lopes Meirelles, "os pagamentos, em geral, devem ser efetuados até o último dia do ano financeiro, sob pena de caírem em *exercício findo ou exercício encerrado*, mas as despesas empenhadas e não pagas até 31 de dezembro são classificadas como *Restos a Pagar*, podendo ser realizadas e quitadas em qualquer tempo, enquanto não se verificar a prescrição quinquenal em favor da Fazenda Pública".[94] Com os vetos apostos aos itens e parágrafos do art. 41, subsistiu apenas o art. 42 a cuidar do assunto. Subsiste, assim, o entendimento fixado pelo art. 36 da Lei nº 4.320/1964, que entendeu como Restos a Pagar "as despesas empenhadas, mas não pagas até o dia 31 de dezembro, distinguindo-se as processadas das não processadas". Constituem-se, pois, despesas já aceitas pelo Poder Público. São despesas que devem ser pagas, uma vez que já houve o reconhecimento do débito. A expedição da nota de empenho significa que há uma obrigação de pagamento. A fase seguinte e de controle é a liquidação, seguindo-se o pagamento. A distinção entre processados e não processados é desnecessária.[95]

A proposta original previa a inadmissibilidade de transferir para outro exercício qualquer verba não paga, salvo as de dezembro. Ocorre que, no curso da tramitação legislativa, o Parlamento limitou-se a admitir em Restos a Pagar as despesas empenhadas e liquidadas, mas não pagas, bem como as despesas empenhadas e não liquidadas que correspondessem a compromissos efetivamente assumidos. Em verdade, o objetivo era o descabimento de empurrar pagamentos para o exercício seguinte ou de um governo para outro, quando em final de mandato. Essa era a regra moralizadora. No entanto, o Sr. Presidente da República apôs veto, entendendo que o objetivo era não transferir despesa de um exercício para outro sem a correspondente fonte de receita. Como isso não prevaleceu, entendeu o governo de vetar o dispositivo.

Com o advento da Lei 101/2000, inúmeros chefes de Executivo anularam as ordens de empenho ou não mais as emitiram, com receio de sofrerem processo político ou criminal. Ora, se a dívida existia e estava conforme a lei, não havia qualquer dúvida em efetuar seu pagamento. Nos casos de anulação de empenho nada impede que haja expedição de novo empenho. Em primeiro lugar, porque não se anula ato válido e, em segundo lugar, deve ser efetuado o pagamento dos débitos existentes.

Observe-se que a prática de remeter os credores ao Judiciário para ali efetuar o pagamento dos débitos ou simplesmente pretender protelá-los é perniciosa. Chefe de Poder responsável paga seus débitos. O que pode fazer é pedir remanejamento, solicitar abatimento do montante, postular parcelamento, etc.

Dúvida não há de que deve haver o pagamento dos débitos legais e contratuais assumidos pela Administração Pública. Irrelevante que tenha sido a dívida assumida em gestão anterior. O que vale é que a obrigação é do Município, e não do partido "A", "B" ou "C", nem do prefeito "X".

O art. 42 da lei em análise contém rigorosa restrição. Estabelece ser "vedado ao titular de poder ou órgão referido no art. 20, nos últimos 2 (dois) quadrimestres de seu mandato, contrair obrigação de despesa que não possa ser cumprida integralmente dentro dele, ou que tenha parcelas a serem pagas no exercício seguinte sem que haja suficiente disponibilidade de caixa para este efeito" (redação dada pela LC nº 178/2021). A limitação alcança, como se vê da dicção do artigo, a obrigações que possam ser assumidas

---

[94] MEIRELLES, Hely Lopes. *Finanças municipais, op. cit.*, p. 182.

[95] MACHADO JR., J. Teixeira; REIS, Heraldo da Costa. *A Lei 4.320 comentada e a Lei de Responsabilidade Fiscal*. 31. ed. Rio de Janeiro: IBAM, 2003, p. 96.

nos meses de maio em diante, antes do término do mandato. Logo, a partir de 1º de maio o governante não mais pode assumir compromissos que não possa cumprir no próprio exercício financeiro.

Evidente está que, se a assunção de obrigação decorre de contratos licitamente celebrados, decorrentes de licitação e em virtude de disposição orçamentária, não há questionamento possível. Os entes federais não podem paralisar suas atividades a partir de maio. A vida continua, e, como tal, a satisfação das obrigações assumidas. O que a lei veda é a assunção de obrigações transitórias, provisórias, e não aquelas já previstas no orçamento.

Imaginemos que quando do advento da lei, os agentes pagadores determinaram a sustação das notas de empenho ou deixaram de efetuar o pagamento de suas dívidas. O que fazer? Efetuar o pagamento, evidentemente, emitindo novas notas de empenho. Se a dívida é lícita, deve haver o pagamento.

Qual o critério para adimplir as obrigações? A solução será política, a saber: o agente pagador deve renegociar o montante a pagar, deve solicitar redução dele, etc. O que não tem sentido é o que muitas Prefeituras estão fazendo, orientar que as pessoas ingressem com ação em juízo, para ali efetuar o pagamento. É fugir de responsabilidade. Se a dívida é existente, o agente público deve convocar o credor, solicitar-lhe redução do montante ou parcelar a dívida para adimplemento mensal.

Tal determinação não impede que obrigações assumidas antes de tal período possam passar de um exercício para outro, o que vem se constituindo em prática nefasta para a gestão pública. O débito deve ser satisfeito com todo rigor, não se podendo aceitar, como parece exigir a lei, que possa ser "rolado" permanentemente, em manifesta lesão aos cofres públicos e à seriedade dos atos governamentais. Como ressaltado na mensagem presidencial que acompanhou o encaminhamento do projeto, os Restos a Pagar "deveriam ficar limitados às disponibilidades de caixa como forma de não transferir despesas de um exercício para outro sem a correspondente fonte de receita" (Mensagem 627, de 4.5.2000, comunicadora do veto).

Esclarece Ivan Barbosa Rigolin que "se, portanto, o Município contratar uma despesa em 2000 que venha a ser liquidada inteiramente em 2000, então, precisará pagá-la toda em 2000, ou de outro modo reservar verba descompromissada para o próximo mandatário político pagá-la após assumir seu cargo, o que se chama 'dinheiro carimbado'. Se a despesa ora contratada for liquidável apenas em 2001, então, pode livremente ser contratada, sem a preocupação de se atender ao art. 42 da LRF".[96] Diogo Figueiredo Moreira Neto esclarece que não há a vedação da assunção de obrigações em três hipóteses: "1 – sobre despesas que sejam necessárias para garantir a *continuidade* de atividades que venham sendo conduzidas e que não possam ser interrompidas, porque neste caso não haverá obrigação *nova* nem *ampliação*; 2 – sobre despesas que derivem de obrigações constitucionais e legais do ente, o que inclui as destinadas ao pagamento do serviço da dívida e as ressalvadas pela DO (art. 9º, 2º); 3 – se existir suficiente *disponibilidade de caixa* para satisfazer a obrigação contraída, mesmo que seja

[96] RIGOLIN, Ivan Barbosa. O art. 42: despesas liquidáveis em 2000. *In*: NASCIMENTO, Carlos Valder do (Org.). *Lei de Responsabilidade Fiscal*: teoria e prática. Rio de Janeiro: América Jurídica, 2002, p. 99.

nova ou ampliada, considerando-se, na determinação dessa disponibilidade de caixa, os encargos e despesas compromissadas a pagar até o final do exercício".[97]

Em suas razões de veto ao art. 41 a Presidência da República afirmou que "o sentido original da introdução de uma regra para Restos a Pagar era promover o equilíbrio entre as aspirações da sociedade e os recursos que esta coloca à disposição do governo, evitando déficits imoderados e reiterados. Neste intuito, os Restos a Pagar deveriam ficar limitados às disponibilidades de caixa como forma de não transferir despesa de um exercício para outro sem a correspondente fonte de despesa". A restrição básica era a relação entre a disponibilidade financeira e a autorização orçamentária. Asseveram as razões que o dispositivo como ficou redigido e foi vetado permite que "sejam assumidos compromissos sem a disponibilidade financeira necessária para saldá-los", o que cria transtornos para a execução do orçamento e "ocasiona o crescimento dos Restos a Pagar que equivale, em termos financeiros, a crescimento de dívida pública".

Vê-se, pois, que o texto, tal como ficou, não impede que haja assunção de novas obrigações, transferindo sua liquidação para o exercício seguinte. O texto tem uma incidência temporal. Obrigação *nova* pode ser assumida, a partir de abril, desde que seja cumprida até o final do exercício. Obrigações de despesa contínuas (obras em andamento, serviços que já vêm sendo prestados, pagamentos de servidores, os débitos com saúde e educação, estes não podem ser paralisados em qualquer hipótese) prosseguem normalmente, sem qualquer interrupção. Se houver assunção de *obrigação nova ou que signifique ampliação de obrigação anterior* nos últimos dois quadrimestres do término do mandato, deve ela ser satisfeita (cumprida) no mesmo exercício. Havendo, em face de tais obrigações novas ou ampliativas de anteriores, parcelas que tenham que ser pagas no exercício seguinte, deve haver disponibilidade suficiente de caixa. É o denominado *dinheiro carimbado*, isto é, já vem ele predeterminado ao pagamento daquele compromisso.

Bem ressaltam os autores da *Lei de Responsabilidade Fiscal Comentada*[98] que o parágrafo único da lei "alerta para a necessidade de, antes de serem assumidos novos compromissos, serem considerados os encargos e despesas já compromissadas a pagar até o final do ano (...)". Acrescentam um exemplo prático no caso de a Administração ter assinado "um contrato no dia 28 de abril, para execução de uma obra cujo cronograma físico-financeiro avance até o dia 31 de março do exercício seguinte, a parcela a ser paga nos três meses do próximo ano não precisaria constituir disponibilidade de caixa 31 de dezembro, pois o ato que a originou não ocorreu nos últimos dois quadrimestres".[99]

Se houve assunção de obrigação *nova* depois de abril do exercício em curso e as parcelas se estenderem ao exercício seguinte, digamos, até maio, o chefe do Executivo deverá ter disponibilidade de caixa, o valor correspondente ao pagamento das cinco prestações subsequentes no exercício seguinte. O dia da disponibilidade é o último dia de mandato.

O que se pode denominar *período suspeito* é o de oito meses finais antes do término do exercício do mandatário. Até o último dia de abril está livre para assumir obrigações.

---

[97] MOREIRA NETO, Diogo de Figueiredo. *Considerações sobre a Lei de Responsabilidade Fiscal, op. cit.*, p. 232.

[98] CRUZ, Flávio da (Coord.); Adauto VICCARI JR. *et al.*, *Lei de Responsabilidade Fiscal Comentada, op. cit.*, p. 129.

[99] *Idem, ibidem.*

A partir do dia 1º de maio apenas pode assumir *nova* obrigação se efetuar o pagamento integral dentro do exercício ou, ultrapassado o exercício e havendo parcelas a serem pagas, deverá deixar disponibilidade correspondente ao valor do número de parcelas que devam ser pagas.

Imaginemos que o percentual que deva ser investido em educação e saúde ainda não tenha sido utilizado. Em maio instaura-se procedimento licitatório para construção de uma escola prevista e com recursos existentes, inclusive, que obrigatoriamente devem ser gastos para se exaurir o cumprimento constitucional de recursos destinados à saúde ou educação. Há alguma infração legal? Evidente que não. Há seu efetivo cumprimento. E as parcelas que se vencerem no exercício seguinte? Já é problema do novo chefe do Executivo, uma vez que contará com recursos orçamentários também vinculados à construção de escolas. E o pagamento do serviço da dívida? Deve ser satisfeito para cumprir o contido na Lei de Responsabilidade Fiscal? E o pagamento dos servidores? Da mesma forma.

De outro lado, não se pode aceitar o engessamento das atividades públicas. A Administração é essencialmente dinâmica. O objetivo do preceito é evitar desmandos governamentais, abusos, assunção de obrigações novas irresponsáveis para complicar a gestão do sucessor. Eliminados tais riscos, não há como sancionar o administrador responsável que cumpriu os objetivos legais. Nem se pode eliminar a existência ou a presença da vontade livre e consciente no descumprimento do preceito normativo. Não é qualquer comportamento que implica o rigor da norma: é o desobediente à norma, é a renitência do político que teima em não aceitar os novos rumos da gestão pública, é o irresponsável – o falastrão.

Nem será admissível o uso de cancelamento de empenho para evitar a incidência da norma. Um comportamento irregular não valida outro; aliás, cancelar ou anular empenho de obra já feita ou de serviço já prestado é irregular e enseja apuração de responsabilidade. Se não houve a obra ou o serviço, não há falar em empenho. Pior o cancelamento se o empenho já foi liquidado, o que pressupõe a existência de ato de controle. A única possibilidade de anulação é a existência de vício que possa macular o ato.

E no caso de ter existido cancelamento (anulação) ilegal? Deve ser efetuado o novo empenho, que significa a convalidação do ato anterior.

A prática distorcida do cancelamento do empenho deve ser afastada, conforme noticia e analisa Reinaldo Moreira Bruno.[100]

Esclarece o parágrafo único do art. 42 da Lei de Responsabilidade Fiscal que "na determinação da disponibilidade de caixa serão considerados os encargos e despesas compromissadas a pagar até o final do exercício".

Agora, deixar de ordenar, de autorizar ou de promover o cancelamento do montante de Restos a Pagar inscrito em valor superior ao permitido em lei é crime (art. 359-F do CP, com redação do art. 2º da Lei nº 10.028/2000).

---

[100] BRUNO, Reinaldo Moreira. Final de mandato dos atuais prefeitos à luz da Lei de Responsabilidade Fiscal, *op. cit.*, *RDA*, 236/351-361.

22.11 Da gestão patrimonial

22.11.1 Das disponibilidades de caixa

"As disponibilidades de caixa da União serão depositadas no Banco Central; as dos Estados, do Distrito Federal, dos Municípios e dos órgãos ou entidades do Poder Público e das empresas por ele controladas, em instituições financeiras oficiais, ressalvados os casos previstos em lei" (§3º do art. 164 da CF). Essa é a regra geral, que vem repetida no art. 43 da Lei Complementar nº 101/2000.

Instituição oficial é apenas a estatal. Não é a que obtém o credenciamento do Banco Central para funcionamento. Todos os ativos financeiros dos entes federativos apenas podem ser depositados em estabelecimento oficial de crédito, o que vale dizer em banco estatal. Ressalte-se que o dispositivo apenas obriga porque repete dispositivo constitucional. No mais, todos agem em pé de igualdade, uma vez que não podem ter privilégios, ainda que interventores no domínio econômico.

Cuidando-se de disponibilidades de caixa da Previdência Social, geral e próprio dos servidores públicos, "ficarão depositadas em conta separada das demais disponibilidades de cada ente e aplicadas nas condições de mercado, com observância dos limites e condições de proteção e prudência financeira" (§1º do art. 43). Determina, pois, a lei que a Previdência tenha conta separada. Era comum que em situação de aperto financeiro o governo central se utilizasse de recursos da Previdência para determinada obra ou atividade; com tal providência dificulta-se, embora não impeça, a providência.

Em seu §2º o artigo veda – e o faz bem – a aplicação das disponibilidades da Previdência em "títulos da dívida pública estadual e municipal, bem como em ações e outros papéis relativos às empresas controladas pelo respectivo ente da Federação" (inciso I). A providência é salutar, porque evita risco de aplicação em títulos de menor expressão; de outro lado, impede também que os recursos sejam aplicados em "empréstimos, de qualquer natureza, aos segurados e ao Poder Público, inclusive a suas empresas controladas" (inciso II). O disposto no inciso II é importante vedação, pois com isso se evita que o Poder Público crie entidade previdenciária, que, como se sabe, ao início de sua existência tenha bastante sobra de caixa e que possa o ente instituidor utilizar-se dos recursos, inclusive a título de empréstimo.

Saliente-se, em especial no que toca a regime previdenciário próprio de servidores públicos, que são os recursos dos próprios servidores, e, fatalmente, se destinam a garantir a aposentadoria e pensão deles quando da inatividade ou do falecimento, descabendo ao Estado ou ao Município utilizá-los, ainda que a título de empréstimo. O governante irresponsável manipula as disponibilidades, empregando-as em obras faraônicas, e depois perde seu controle, a pretexto de manter a garantia dos cofres públicos. Estes, como garantem o empréstimo, servem de artifício, de argumento para o pedido de empréstimo. A regra é, pois, bem recebida, como moralizadora de costumes políticos.

22.11.2 Da preservação do patrimônio público

Outra norma importante vem contida no art. 44 da Lei Complementar nº 101/2000. Proíbe "a aplicação da receita de capital derivada de alienação de bens e direitos que integram o patrimônio público para o financiamento de despesa corrente, salvo se destinada por lei aos regimes de previdência social, geral e próprio dos servidores públicos". O patrimônio público é formado pelo conjunto de bens de qualquer espécie, corpóreos ou não, imóveis, móveis, semoventes, créditos, direitos e ações que pertençam, a qualquer título, ao Estado ou a suas entidades estatais – o conceito foi buscado em Hely Lopes Meirelles.[101]

Desde que um bem seja classificado como bem de capital, poderá haver aplicação do resultado da alienação de bem imóvel. O que objetiva a lei é que não se consuma o produto da alienação de bens e direitos em despesa corrente. Se a lei classifica o bem como de capital, pode haver a aplicação sobre ele.

Com o passar do tempo o Brasil passou a ter, ainda que ao arrepio de norma constitucional, forte intervenção no domínio econômico. De mero indutor de riquezas, passou a ser produtor de bens, dominando o mercado e disputando com os particulares o centro econômico. Como tal, amealhou diversos interesses, nas mais diversas áreas. Criou-se um "mastodonte" econômico, a ponto de o governo ter que eliminar da Constituição da República inúmeros dispositivos que entravavam a livre circulação de capitais. Começou-se um desmonte da pesada intervenção do Estado, liberando, aos poucos, a economia para a participação privada. Daí o ingresso de capitais no Brasil, bem como a vinda de grandes empresas, operando-se a privatização de diversos setores, tais como mineração, telefonia, comunicações, exploração de petróleo, seguros, etc. Foi feita uma forte reforma constitucional, cumprindo-se, assim, o disposto no art. 173 da CF.

Evidente resta que, caso o Estado resolva aplicar os recursos apurados com a privatização na despesa corrente, aos poucos, aliena-se o patrimônio e nada resta em seu lugar, consumindo-se os recursos em pagamento de servidores, por exemplo. A norma legal, ao não admitir que o uso dos recursos decorrentes da alienação de bens e direitos para o financiamento de despesa corrente, trouxe determinação salutar. Assim, os recursos conseguidos pela venda de ações, de veículos usados, de prédios, servirão para amortizar a dívida ou realizar investimentos. A baixa de um ativo (venda de um imóvel) será compensada pelo pagamento de uma dívida ou pela criação de outro bem (realização de obra).

A exceção aceita de destinação de recursos "aos regimes de previdência social, geral e próprio dos servidores públicos" foi analisada por Ivan Barbosa Rigolin.[102] Requisito contido no art. 44 da Lei Complementar nº 101/2000 é que exista lei a respeito, cuja exigência é dispensada pelo autor.[103]

Não podendo a Lei Orçamentária consignar dotação para investimento com duração superior a um exercício financeiro que não esteja previsto no Plano Plurianual ou em lei que autorize sua inclusão, só poderão ser incluídos novos projetos após atendidos os em andamento e contempladas as despesas de conservação do patrimônio público (art. 45). O *Manual* editado pelo Tribunal de Contas do Estado de São Paulo faz distinção entre projeto e atividade.

Por *projeto* entende uma operação limitada no tempo (tem começo e fim), resulta num produto final e concorre para a expansão ou aperfeiçoamento da atuação do setor

---

[101] MEIRELLES, Hely Lopes. *Direito administrativo brasileiro*. 43. ed. São Paulo: Malheiros, 2018, p. 661.

[102] RIGOLIN, Ivan Barbosa. O art. 42: despesas liquidáveis em 2000. *op. cit.*, p. 101.

[103] *Idem*, p. 102.

público. Já, a atividade é contínua e permanente. Exemplo de projeto é a obra pública. Exemplo de atividade é o serviço de saúde. O rigor orçamentário é de ser seguido, evitando-se frequentes desacertos no acúmulo de obras políticas sem que tenha havido o pagamento de contratos relativos a obras anteriores.

O parágrafo único do art. 45 da Lei Complementar nº 101/2000 determina que, até o envio dos Projetos de Leis de Diretrizes Orçamentárias, o Executivo encaminhará relatório com as informações necessárias à verificação do cumprimento de que não houve inversão de recursos em despesa corrente, dando-se ampla divulgação pela mídia.

O ato de desapropriação de imóvel urbano feita sem prévia e justa indenização em dinheiro ou prévio depósito judicial do valor da indenização é nulo (art. 46). Outrora era comum que agentes públicos irresponsáveis desapropriassem bens de qualquer maneira, e, como a lei exigia apenas o depósito do valor venal, sem possibilidade de o juiz aferir, através de avaliação, o correto montante, os desapropriados ficassem espoliados em seu patrimônio. Como as desapropriações demandavam longo tempo, de vez que exigem a realização de prova pericial, os expropriados jamais recebiam a tempo o valor real da retirada compulsória de seu bem, de outro lado, nasce o problema do pagamento por meio de precatórios que não são cumpridos pelo Poder Público. Agora, no entanto, a lei exige o depósito efetivo "do valor da indenização". Terminam as desapropriações irresponsáveis ou de cunho meramente político.

22.11.3 Das empresas controladas pelo setor público

Empresa controlada, como estabelece o inciso II do art. 2º da Lei Complementar nº 101/2000, é a "sociedade cuja maioria do capital social com direito a voto pertença, direta ou indiretamente, a ente da Federação". Observe-se que, no caso em análise, a lei cuida de *qualquer* empresa controlada, e não apenas das prestadoras de serviço público. Basta que a maioria do capital social com direito a voto pertença a ente federado. Independe de seus objetivos. Na empresa estatal que preste serviços públicos nem sempre o objetivo de lucro estará presente, o que pode não acontecer na interventora no domínio econômico e que persiga o lucro. Aquela, ao contrário, pode até ser obrigada, dependendo dos objetivos que deva alcançar, a praticar preços políticos, por exemplo. Imaginemos uma empresa ferroviária que realize serviços de transporte coletivo e que, em face do custo da passagem, se veja obrigada a manter o preço do transporte abaixo do custo real de mercado: a esta deve ser reservado tratamento diferenciado.

Para ela, firmado contrato de gestão que estabeleça objetivos e metas de desempenho, "disporá de autonomia gerencial, orçamentária e financeira" (art. 47 da Lei Complementar nº 101/2000), sem prejuízo de ter seu orçamento de investimento incluído no orçamento geral da União (inciso II do §5º do art. 165 da CF).

Deverá ela incluir nota explicativa em seus balanços trimestrais (parágrafo único do art. 47 da Lei Complementar nº 101/2000), informando o "fornecimento de bens e serviços ao controlador" (inciso I), os recursos recebidos (inciso II do parágrafo único do art. 47 da Lei Complementar nº 101/2000) e a "venda de bens, prestação de serviços ou concessão de empréstimos e financiamentos com preços, taxas, prazos ou condições diferentes dos vigentes no mercado" (inciso III do parágrafo único do art. 47 da Lei Complementar nº 101/2000).

22.12 Gestão fiscal. Da transparência, controle e fiscalização

22.12.1 Da transparência

A forma pela qual se opera a gestão fiscal deve ter a mais absoluta transparência, com ampla divulgação, cumprindo, até, o que dispõe o art. 37 da CF. Como ensina Celso Antônio, consagra-se no princípio da publicidade "o dever administrativo de manter plena transparência em seus comportamentos. Não pode haver em um Estado Democrático de Direito, no qual o poder reside no povo (art. 1º, parágrafo único, da Constituição), ocultamento aos administrados dos assuntos que a todos interessam, e muito menos em relação aos sujeitos individualmente afetados por alguma medida".[104] Na precisa orientação de Hely Lopes Meirelles, "*publicidade* é a divulgação oficial do ato para conhecimento público e início de seus efeitos externos".[105]

A publicidade é requisito de eficácia e de moralidade dos atos administrativos. Por meio dele transparece o comportamento da Administração Pública, especialmente no tocante ao aspecto financeiro. Já não mais se admite qualquer ato que possa burlar comandos normativos ou servir de impedimento a que qualquer pessoa tenha acesso à conduta do agente público. Este não só tem que ser honesto, mas tem o dever de se mostrar como tal. A publicidade assegura a possibilidade de controle.

Seria possível ao juiz determinar, mediante ação civil pública proposta pelo Ministério Público, ao chefe do Executivo que executasse alguma obra ou prestasse algum serviço? Têm sido comuns casos em que o Ministério Público ingressa com ação para obrigar o prefeito a construir uma creche, a prestar serviço de alimentação, etc. Ora, o comando a ser expedido seria manifesta intromissão do Judiciário no Executivo. O juiz tem competência para acolher ação contra atos ou comportamentos ilegais do Poder Público. Jamais lhe é dada competência jurisdicional para impor decisões políticas ao Executivo.

A construção de obras ou a prestação de serviços são típico exercício do poder político, afeto ao Poder Executivo. A este cabe decidir qual a melhor solução, dentro dos critérios de oportunidade e conveniência, e inserir previsão de verbas no orçamento anual. Descabe ao magistrado imiscuir-se na intimidade do chefe do Executivo, determinando a este que atenda a determinados serviços que a ele competem. A solução política é insindicável. A competência do magistrado encontra barreiras na discricionariedade política do agente público. A decisão de realizar uma obra ou um serviço é fruto da análise de outros elementos que não se inserem na competência do juiz. Mesmo porque o ato discricionário é ato de vontade do agente público, enquanto a sentença judicial é ato de interpretação jurídica, e não manifestação volitiva do juiz. As situações não se confundem.

No campo do direito financeiro a transparência é assegurada mediante planos, orçamentos e Leis de Diretrizes Orçamentárias; as prestações de contas e o respectivo parecer prévio; o relatório resumido da execução orçamentária; e o relatório da gestão

---

[104] BANDEIRA DE MELLO, Celso Antônio. *Curso de direito administrativo*. 33. ed. 2. tir. São Paulo: Malheiros, 2017, p. 117.

[105] MEIRELLES, Hely Lopes. *Direito administrativo brasileiro, op. cit.*, p. 98.

fiscal, bem como as versões simplificadas de tais documentos (art. 48), podem ser divulgados através da Internet.

Em 28.5.2009, foi promulgada a Lei Complementar nº 131, que alterou a Lei de Responsabilidade Fiscal (Lei Complementar nº 101/2000) para acrescentar dispositivos relacionados à transparência "(...) a fim de determinar a disponibilização, em tempo real, de informações pormenorizadas sobre a execução orçamentária e financeira da União, dos Estados, do Distrito Federal e dos Municípios".[106] Posteriormente, a Lei Complementar nº 156/2016 alterou a redação, acrescentando diversos dispositivos.

O parágrafo 1º dispõe que a transparência será assegurada mediante os instrumentos descritos nos incisos seguintes (redação da LC nº 156/2016) I, II, e III, isto é, incentivo à participação popular (LC nº 131/2009), liberação ao pleno conhecimento da sociedade em tempo real (inciso II) e adoção de sistema integrado de administração financeira (inciso III).

A Lei Complementar nº 156/2016 introduziu os parágrafos 2º a 6º ao art. 48, a fim de tornar explícita a disponibilização de informações. O instrumento é o meio eletrônico de amplo acesso ao público (parágrafo 2º). Os entes federativos devem encaminhar todas as informações ao Ministério da Fazenda para constituição de registro eletrônico centralizado e atualizado das dívidas interna e externa (parágrafo 3º). A inobservância sujeita a penalidades (parágrafo 4º).

Caso assim procedam, cumprem o dever de ampla divulgação (parágrafo 5º). "Todos os poderes e órgãos devem utilizar sistemas únicos de execução orçamentária e financeira mantidos e gerenciados pelo Poder Executivo" (parágrafo 6º).

Em verdade, os textos introduzidos pela Lei Complementar nº 156/2016 apenas dizem o seguinte: devem os poderes e órgãos públicos manter informações unificadas que deem informações seguras ao público. Não basta ser sério, têm que demonstrar sê-lo, como a mulher de César.

Outra novidade foi a inserção do art. 48-A, que estabelece a disponibilização de dados de receita e despesa (introduzido pela LC nº 131/2009). Eis a redação do dispositivo: "Art. 48-A. Para os fins a que se refere o inciso II do parágrafo único do art. 48, os entes da Federação disponibilizarão a qualquer pessoa física ou jurídica o acesso a informações referentes a: I – quanto à despesa: todos os atos praticados pelas unidades gestoras no decorrer da execução da despesa, no momento de sua realização, com a disponibilização mínima dos dados referentes ao número do correspondente processo, ao bem fornecido ou ao serviço prestado, à pessoa física ou jurídica beneficiária do pagamento e, quando for o caso, ao procedimento licitatório realizado; II – quanto à receita: o lançamento e o recebimento de toda a receita das unidades gestoras, inclusive referente a recursos extraordinários".

A transparência na gestão da coisa pública decorre do princípio republicano. Este pressupõe temporariedade de mandatos e responsabilidade. Nem por outro motivo é que o art. 37 da CF estabeleceu que a Administração Pública deve obedecer a alguns princípios, dentre eles o da publicidade. Com ele dá-se transparência ao comportamento do Poder

---

[106] Cf. a ementa da Lei Complementar nº 131/2009.

Público; a publicidade pressupõe controle, e este propicia o exercício democrático dos mecanismos de funcionamento dos Poderes.

Transparência significa que nada pode ficar escondido e às escuras. Tudo deve ser público e subordinado aos procedimentos formais e sociais de controle. Transparência é fundamentar as decisões e atos que se seguem, é motivar os comportamentos, é não agir de forma tresloucada, é utilizar-se de raciocínio persuasivo, é demonstrar as razões de sua conduta, é subordinar suas decisões aos controles instituídos na Constituição e nas leis, é buscar demonstrar os fundamentos das razões invocadas, é respeitar o diálogo, é aceitar a dissensão, é buscar o consenso pelo dissenso.

A transparência é reflexo e consequência dos princípios republicano e democrático. É sujeição à legalidade, à legitimidade e à moralidade. A transparência aceita a crítica, buscando a eficiência.

De outro lado, deve o Poder Público incentivar a participação popular e a realização de audiências públicas durante o processo de elaboração e discussão dos planos, Lei de Diretrizes Orçamentárias e orçamentos anuais. O dispositivo incita o Poder Público a se abrir à comunidade. Não há outro caminho para a moderna Administração Pública. O sigilo, o segredo, as reuniões reservadas, nada disso faz mais parte do agente público. Deve mostrar-se permeável à participação popular. Aliás, já de há muito se encontra superada a Administração autoritária, em que as decisões são tomadas nos gabinetes, sem ouvir o clamor das ruas. Impõe-se a gestão participativa com a sociedade. Os diversos segmentos da comunidade devem ser ouvidos, devem ter assento nos órgãos diretivos e fiscais das diversas entidades. Inadmissível a existência do agente público que desconheça os reais anseios da sociedade. Deve ouvi-la para, após, decidir.

Para tanto é imprescindível que haja audiências públicas em todos os procedimentos deliberativos que possam atingir a comunidade. Durante a tramitação dos Projetos de Leis Orçamentárias deve a comunidade ser chamada a opinar, seja por meio do denominado orçamento participativo, seja mediante reuniões frequentes em repartições públicas. Assim, deliberará a sociedade civil sobre seus interesses específicos, tais como asfalto, iluminação, creches, escolas, prontos-socorros, etc.

Importante notar que a Lei nº 10.257/2001 deu novas diretrizes à política urbana, exigindo "gestão democrática por meio da participação da população e de associações representativas dos vários segmentos da comunidade na formulação, execução e acompanhamento de planos, programas e projetos de desenvolvimento urbano" (inciso II do art. 2º). Referida lei veio em boa hora exigir que haja participação da população na gestão da coisa pública. Leis locais definirão a forma de participação da comunidade, mas é essencial que ela exista. Vai longe o sistema autoritário de Administração. Chega o sistema democrático. Superada está a fase em que as decisões eram tomadas em gabinetes; agora, devem emanar de manifestação livre da população.

O Estatuto da Cidade contém precioso dispositivo ao determinar: "No âmbito municipal, a gestão orçamentária participativa de que trata a alínea 'f' do inciso III do art. 4º desta Lei incluirá a realização de debates, audiências e consultas públicas sobre as propostas do Plano Plurianual, da Lei de Diretrizes Orçamentárias e do orçamento anual, *como condição obrigatória para sua aprovação pela Câmara Municipal*" (art. 44).

Estamos entendendo *condição obrigatória* como requisito de validade de aprovação dos textos orçamentários. Superada a fase do orçamento autoritário, resolvido dentro de quatro paredes, por autoridades e especialistas na área. Sem audiência do povo, inadmissível a aprovação do orçamento, que pode ser questionado em juízo. Assim, a audiência popular é requisito de validade para vigência do orçamento.

As contas prestadas pelo chefe do Executivo devem ficar disponíveis, durante todo o exercício, no respectivo Legislativo e no órgão técnico responsável pela sua elaboração, para consulta e apreciação pelos cidadãos e instituições da sociedade (art. 49 da Lei Complementar nº 101/2000). É outra boa inovação, em que a consulta popular deixa de ser mera recomendação para uma saudável Administração moderna e passa a ser determinação legal. O que era ético passa a ser incorporado pelo Direito, tornando-se obrigação legal ao governante. No preciso dizer de Geraldo Ataliba, "o princípio democrático, por nós adotado tradicionalmente – com grande ênfase, a ponto de se colocar em posição de relevo no sistema constitucional –, supõe necessariamente a prestação de contas de todo e qualquer agente público, sem exceção, em toda e qualquer matéria: política, administrativa, financeira e técnica".[107]

A prestação de contas da União deve ser a mais detalhada possível, com dados financeiros, todos os empréstimos e financiamentos concedidos com recursos dos orçamentos fiscal e da seguridade social e, no caso das "agências financeiras, avaliação circunstanciada do impacto fiscal de suas atividades no exercício" (parágrafo único do art. 49 da Lei Complementar nº 101/2000).

22.12.2 Da escrituração e da consolidação das contas

As normas aqui colocadas são de contabilidade pública, o que dispensa comentários de conteúdo de direito financeiro. São normas formais, de cumprimento obrigatório, evidentemente, mas que dão retrato meramente contábil da gestão financeira. O art. 50 da Lei Complementar nº 101/2000 contém normas de contabilidade, ressaltando a importância de que a Administração deva manter "sistema de custos que permita a avaliação e o acompanhamento da gestão orçamentária, financeira e patrimonial" (§3º do art. 50). Haverá relatório contábil, comunicando as disponibilidades de caixa (fundos, etc.), demonstração de variação patrimonial, terceirização de mão de obra, precatórios não pagos, etc.

Importante medida é tomada pelo art. 51 ao determinar que a União promova até o dia 30 de junho, data em que terminava o primeiro período legislativo (alterada para 17 de julho pela Emenda Constitucional nº 50/2006), e para cada esfera de governo, a consolidação das contas dos entes da Federação relativas ao exercício anterior e faça sua divulgação para o público.

Estados e Municípios devem encaminhar suas contas ao Poder Executivo da União. Os Estados até o dia 31 de maio, e os Municípios, com cópia para o Executivo do Estado, até o dia 30 de abril (incisos I e II do §1º do art. 51 da Lei Complementar nº 101/2000).

O dispositivo é salutar. Serve para mostrar à comunidade como um todo qual o real e efetivo débito público. Quanto deve o Brasil e quais as perspectivas de crescimento

---

[107] ATALIBA, Geraldo. *Empréstimos Públicos e seu Regime Jurídico*, *op. cit.*, p. 50.

inercial ou real da dívida. É importante também para que o mundo, na economia globalizada, saiba da saúde financeira do país. Inclusive facilita a vinda de novos investimentos, que os grandes conglomerados financeiros saibam quanto deve o Brasil, qual a situação financeira de cada Estado e de cada Município.

A República Federativa do Brasil tem como predisposição constitucional a integração com os demais Estados do Globo. Tendência efetiva é a busca de "integração econômica, política, social e cultural dos povos da América Latina, visando à formação de uma comunidade latino-americana de Nações" (parágrafo único do art. 4º da CF). Clara tendência de integração entre os países da América Latina. No entanto, tal providência é insuficiente, pois se nota que o Brasil no âmbito internacional se rege por princípios como a prevalência dos direitos humanos (inciso II do art. 4º), pela igualdade entre os Estados (inciso V do mesmo artigo) e pela cooperação entre os povos para o progresso da Humanidade.

É palpável, pois, o caminho traçado pelo Brasil de integração mundial. Nem poderia ser diferente, uma vez que a globalização, que não é fenômeno recente, mas adquiriu novos foros no mundo de hoje, atropela as resistências não integrativas. Logo, o Brasil deve apresentar-se no concerto mundial das Nações como país transparente, que quer receber outros povos, quer integrar-se.

No entanto, não basta apenas dizer; deve provar, deve ser absolutamente aberto para que receba novos investimentos e capitais, deve explicitar intenções e estabelecer não só a estabilidade de suas instituições, mas sua eficiência. Um dos pontos cruciais para a integração é a transparência fiscal. A gestão democrática dos recursos públicos gera confiança nos investidores. Aspecto positivo é a disponibilidade de informações seguras, sérias e confiáveis sobre o emprego dos recursos, sobre a limpidez dos negócios e instrumentos decentes de controle da Administração Pública.

Em consequência, a consolidação nacional das contas dos entes federativos é instrumento essencial para propiciar o acesso de investidores em todos os setores da vida pública e particular. Nem por outro motivo é que o FMI tem por política de empréstimos públicos a adoção de medidas limitativas e de obtenção de metas. Os bancos internacionais apenas fornecerão empréstimos a quem demonstrar sua higidez financeira. Daí nascem entidades não governamentais/ONGs que buscam a Transparência Internacional.

Assim, é essencial que as estruturas governamentais funcionem a contento, claramente, e que existam mecanismos céleres de solução de conflitos. A separação dos Poderes e instituições deve ser clara. As instituições devem estar solidamente consolidadas e abertas não apenas aos controles institucionais como sociais.

Em relação ao gasto público, o orçamento deve ser abrangente e decidido livremente pelo Parlamento. Todos os tributos devem ter base legal. Todo comportamento deve ser ético. Os Poderes e todos os órgãos públicos devem elaborar seus orçamentos equilibrados e mostrar, publicamente, todos os documentos que os embasam, inclusive a exposição de motivos. Todos os dados orçamentários relativos a despesa e receita devem estar disponíveis e ser críveis. Mecanismos de controle são imprescindíveis.

Em suma, a providência da consolidação de um texto é fundamental para o cumprimento do princípio da transparência que deve imperar no direito financeiro.

Poderemos, a partir daí, raciocinar em termos reais em nossa economia. Não mais em cálculos provisórios ou precários, mas em cima de informações detalhadas e efetivas; tais dados propiciarão maior segurança nas operações financeiras internacionais e darão credibilidade a nosso país.

O descumprimento da determinação legal impede o recebimento de transferências voluntárias e proíbe a realização de operações de crédito, "exceto as destinadas ao refinanciamento do principal atualizado da dívida mobiliária" (§2º do art. 51 da Lei Complementar nº 101/2000 com a redação dada pela LC nº 178/2021).

O STF, na ADI nº 2.250 (rel. Min. Ilmar Galvão), entendeu constitucional a aplicação de sanções aos entes federativos que deixarem de enviar os dados para a consolidação da dívida.

22.12.3 Do relatório resumido da execução orçamentária

Determina o §3º do art. 165 da CF que "o Poder Executivo publicará, até 30 (trinta) dias após o encerramento de cada bimestre, relatório resumido da execução orçamentária". Este relatório alcança todos os Poderes e o Ministério Público (art. 52 da Lei Complementar nº 101/2000). O balanço identificará as receitas por fonte (IPTU, IPVA, etc.), despesas por grupo de natureza (pessoal, etc.), especificando a despesa liquidada e o saldo (alíneas "a" e "b" do inciso I).

Questão que se coloca é o que se entende por *publicação*. É obrigatória a publicação no Diário Oficial ou em jornal de grande circulação ou, nos pequenos Municípios, em jornal local, diário, hebdomadário ou mensal, ou basta a afixação no quadro de avisos da Prefeitura? A publicação em jornal pressupõe a disponibilidade de recursos. Demais, como se cuida de matéria estritamente técnica, seria inútil exigir a divulgação do relatório, ainda que resumido, da execução orçamentária em jornal de grande circulação, porque de pouca utilidade seria. Isto em relação a Municípios menores e de pouca renda. Em relação aos grandes Municípios não há dúvida que deve haver a publicação.

Para outros, no entanto, ou logram obter a divulgação gratuita em jornal local, ou basta a afixação no denominado placar da Prefeitura.

O que se contém de essencial na previsão legal é a divulgação do que foi feito, para que se propicie seu conhecimento (presumido) da população e que permita o controle eventual do nele contido.

A publicação é o mesmo que divulgação? A publicação é a inserção do relatório em ato oficial do Poder Público. *Divulgar* significa levar ao conhecimento de todos, mediante qualquer meio disponível, um ato ou comportamento. Por exemplo, a divulgação pelos instrumentos eletrônicos, por panfletos, por faixas, etc.

Pela publicação ou divulgação é que se faz o controle efetivo pelo Parlamento, por ONGs e pelo público em geral da efetiva aplicação dos recursos públicos. Analisa-se, pelo Anexo de Metas, o cumprimento do estabelecido e, pelo Anexo de Riscos, eventuais deslizes na realização da despesa.

Como já se disse acima, as normas são estritamente financeiras e contábeis, de forma a dispensar comentários jurídicos. Meras regras formais de contabilidade e explicitação financeira.

O art. 53 da Lei Complementar nº 101/2000 contém normas semelhantes, ou seja, de cunho estritamente contábil. O relatório resumido é acompanhado de: (a) apuração de receita corrente líquida; (b) receitas e despesas previdenciárias; (c) resultados nominal e primário; (d) despesas com juros; e (e) Restos a Pagar. O mesmo relatório conterá as operações de crédito, projeções atuariais dos regimes de previdência social, geral e dos servidores públicos, variação patrimonial (incisos I a III do §1º do art. 53).

Quando for o caso, serão apresentadas justificativas da limitação de empenho (inciso I do §2º) e da "frustração de receitas, especificando as medidas de combate à sonegação e à evasão fiscal, adotadas e a adotar, e as ações de fiscalização e cobrança" (inciso II do §2º).

Os Municípios com população inferior a 50 mil habitantes poderão divulgar o Relatório da Gestão Fiscal a cada semestre, bem como o respectivo demonstrativo (art. 63).

22.12.4 Do Relatório da Gestão Fiscal

Ao final de cada quadrimestre – dispõe o art. 54 da Lei Complementar nº 101/2000 – será emitido o Relatório de Gestão Fiscal, assinado pelo chefe do Poder Executivo (inciso I do art. 54), presidente e demais membros da Mesa Diretora do Legislativo (inciso II), presidente de tribunal e demais membros do conselho de administração (inciso III), chefe do Ministério Público, da União e dos Estados (inciso IV). A cada quatro meses publica-se o Relatório, que deve ser assinado não só pelas autoridades mencionadas, como também pelos agentes que cuidam da parte financeira dos respectivos Poderes e órgãos.

O Relatório de Gestão Fiscal revela a realização de despesas sujeitas a limite (pessoal, ARO, Restos a Pagar, etc.) e a posição da dívida e é elaborado pelos titulares dos Poderes. Já, o Relatório Resumido da Execução Orçamentária é uno, contém dados de todos os Poderes e órgãos e é global. O Relatório de Gestão Fiscal é específico por Poder e do Ministério Público, enquanto o Relatório Resumido da Execução Orçamentária contém dados englobados de todos os Poderes, o que permite o confronto de números, programas e planos, para controle efetivo das receitas e despesas.

O Relatório de Gestão Fiscal conterá comparativo com os limites dos seguintes montantes: (a) despesa total com pessoal, distinguindo inativos e pensionistas; (b) dívidas consolidada e mobiliária; (c) concessão de garantias; e (d) operações de crédito, inclusive por antecipação de receita (alíneas "a" a "e" do inciso I do art. 55 da Lei Complementar nº 101/2000). Conterá também "medidas corretivas adotadas ou a adotar, se ultrapassado qualquer dos limites" (inciso II), e demonstrativos das disponibilidades, Restos a Pagar, despesas liquidadas, empenhadas e não liquidadas, não inscritas, etc. (nºs 1 a 4 da alínea "b" do inciso III do art. 55 da Lei Complementar nº 101/2000).

O Relatório deve ser publicado após 30 dias do encerramento do período a que corresponder e deve ter amplo acesso ao público, inclusive por meio eletrônico (§2º do art. 55 da Lei Complementar nº 101/2000).

O acompanhamento e a avaliação da política e da operacionalidade da gestão fiscal serão feitos por um Conselho constituído por representantes de todos os Poderes e esferas de governo, do Ministério Público e de entidades técnicas representativas da sociedade (art. 67 da Lei Complementar nº 101/2000), visando a: "I – harmonização e coordenação entre os entes da Federação; II – disseminação de práticas que resultem em maior eficiência na alocação e execução do gasto público, na arrecadação de receitas, no controle do endividamento e na transparência da gestão fiscal; III – adoção de normas de consolidação das contas públicas, padronização das prestações de contas e dos relatórios e demonstrativos de gestão fiscal de que trata esta Lei Complementar, normas e padrões mais simples para os pequenos Municípios, bem como outros necessários ao controle social; IV – divulgação de análises, estudos e diagnósticos".

Em tese, está claro, o texto e é importante. O problema é colocá-lo em prática. Necessita, evidentemente, de nova lei, uma vez que é imprescindível identificar os integrantes do Conselho, nos exatos termos do §2º do art. 67. Poderia o texto ter deixado a organização e a composição dele para mero decreto conjunto entre os Poderes, dispensando nova lei.

O Conselho instituirá formas de premiação e reconhecimento público aos que alcançarem resultados meritórios (§1º do art. 67).

22.12.5 Das prestações de contas

As contas dos três Poderes e do Ministério Público serão encaminhadas juntamente com a do chefe do Poder Executivo. Não dispõe a lei como deve isso ocorrer. Supõe-se que, se devem ser encaminhadas em conjunto, cada órgão de Poder pode encaminhá-las separadamente, cabendo ao Tribunal de Contas sua organização e sua apreciação, emitindo parecer prévio e separado (art. 56). Descabe à lei determinar que os chefes dos Poderes Legislativo e Judiciário remetam suas contas ao chefe do Executivo. Cada qual é independente para encaminhar suas peças diretamente ao Tribunal de Contas. Seria burocracia desnecessária e que agrediria o princípio da separação dos Poderes. Na União, cabe ao STF juntar suas contas com as dos demais tribunais superiores. Não há hierarquia. É mera exigência formal.

O inciso I do art. 71 da CF apenas dispôs que o denominado controle externo cabe ao Tribunal de Contas, cabendo-lhe "apreciar" as contas prestadas anualmente pelo Presidente da República. Não dispõe sobre os demais chefes de Poder. A Lei de Responsabilidade Fiscal aumenta a exigência constitucional, de forma a englobar as contas dos três Poderes e do chefe do Ministério Público. É de bom alvitre. É cautela que se impõe. Em verdade, o dispositivo constitucional ficou omisso em relação às contas dos demais Poderes, uma vez que o inciso I do art. 71 apenas alcança o Presidente da República e o inciso II já fala nas entidades da Administração indireta. Logo, supriu-se a omissão constitucional pela lei. A apreciação significa seu exame e a emissão de parecer. Não se cuida de qualquer julgamento.

A competência para julgar as contas apenas vem prevista no inciso II do art. 71 da CF. O inciso I fala apenas em apreciação das contas, mediante parecer prévio.

A emissão do parecer deve ser desmembrada para cada órgão de poder e do Ministério Público. O parecer conjunto, englobando todos os prestadores de contas, pode dificultar sua análise e exame posterior para apuração de responsabilidades. Como cada órgão teve execução orçamentária própria, razoável entender que cada um deve receber apreciação específica.

Em relação às contas dos Tribunais de Contas, no que toca à União, cabe à Comissão Mista proferir o parecer, no prazo de 60 dias, a contar do recebimento. Nos Estados, à Comissão própria da respectiva Assembleia; e nos Municípios que tenham Tribunal de Contas, à Comissão específica da Câmara dos Vereadores. Dar-se-á a elas a mais ampla publicidade.

Os Tribunais de Contas devem emitir parecer em 60 dias a contar do recebimento (art. 57 da Lei Complementar nº 101/2000),[108] não podendo entrar em recesso caso exista parecer a emitir.

Nos Municípios com mais de 200 mil habitantes o prazo é de 180 dias (§1º do art. 57).

Na emissão do parecer o tribunal deverá ressaltar o desempenho da arrecadação, quais as providências que foram adotadas para evitar a sonegação e para aprimorar a fiscalização, bem como as ações para recebimento do crédito, seja no âmbito administrativo, seja no jurisdicional. Por fim, deverá revelar quais as medidas adotadas para incrementar o aumento das receitas tributárias (art. 58 da Lei Complementar nº 101/2000).

22.12.6 Da fiscalização da gestão fiscal. O papel dos Tribunais de Contas

Sobre o assunto escrevemos trabalho inserto na *Revista de Direito Público*.[109] É verdade que foi ele redigido à luz de normas já não vigentes. No entanto, subsiste, pelos conceitos teóricos ali emitidos. A fiscalização da gestão fiscal é desempenhada pelo controle interno de cada Poder, na forma do art. 70 da CF, e pelo Poder Legislativo, com auxílio do respectivo Tribunal de Contas (art. 57).

O art. 59 com a redação dada pela LC nº 178/2021 estabeleceu a forma de controle a ser realizada pelos Tribunais de Contas e a respectiva padronização metodológica.

A atividade do Tribunal de Contas foi bem resumida pelo órgão do Estado de São Paulo, a saber: (a) As metas anunciadas na LDO foram cumpridas? As AROs foram contratadas e liquidadas corretamente? A inscrição em Restos a Pagar sujeitou-se às condições da lei em tela? Estados e Municípios ajustaram sua despesa de pessoal e sua dívida consolidada? Não houve desvio na aplicação de recursos obtidos com a alienação de bens e ações e prédios? Os sistemas de previdência dos servidores estão sendo avaliados? As Câmaras de Vereadores estão obedecendo aos limites de gastos fixados na Constituição e na lei fiscal? Cabe ao Tribunal de Contas alertar os Poderes ou órgãos sobre se as receitas evoluíram abaixo do previsto; (b) A dívida consolidada supera a 90% o limite máximo da Resolução do Senado?; (c) A despesa de pessoal ultrapassa 90% do limite máximo estabelecido na lei. E, por fim, os gastos com inativos e pensionistas superaram o limite da Lei nº 9.717/1998.

Vê-se, pois, que a função dos Tribunais de Contas continua a ser meramente preventiva e fiscalizadora, descabendo-lhes tomar qualquer medida de sustação de despesa ou de contratos que entende viciados. Apenas teremos um Tribunal de Contas com dignidade quando a ele for atribuída a competência para exame prévio de contratos e efetuar seu registro, examinando o procedimento licitatório em todas

---

108 V.: ADI nº 2.238-5 (*DOU* e *DJU*, 17.08.2007 – publ. *DJU*, 12.09.2008).

109 OLIVEIRA, Regis Fernandes de. Fiscalização financeira e orçamentária. *RDP*, São Paulo, ano 24, n. 96, p. 213-223, out./dez. 1990.

as suas dimensões, seja de legalidade, seja de conveniência. Até lá, terá e continuará tendo atribuições limitadas. Embora possa fiscalizar, não pode impedir o desmando.

Dificuldade que se coloca é se pode o Poder Legislativo, à luz da dicção contida no art. 59 da Lei de Responsabilidade Fiscal, diretamente e sem o auxílio do Tribunal de Contas, realizar qualquer ato de fiscalização. Devemos separar as situações. As competências vêm discriminadas na Constituição Federal. Cabe ao Congresso Nacional, diretamente, "julgar anualmente as contas prestadas pelo Presidente da República e apreciar os relatórios sobre a execução dos planos de governo" (inciso IX do art. 49). Cabe-lhe fiscalizar e controlar "os atos do Poder Executivo, incluindo os da Administração indireta" (inciso X do art. 49), e sustar atos normativos que exorbitem da competência regulamentar do Executivo e dos limites de delegação legislativa (inciso V do art. 49).

A qualquer das Casas Legislativas cabe convocar ministros para lhes tomar informações (art. 50 da CF) e pedir informações e esclarecimentos, por escrito (§2º do art. 50 da CF).

É competência exclusiva da Câmara proceder "à tomada de contas do Presidente da República, quando não apresentadas ao Congresso Nacional, dentro de 60 (sessenta) dias após a abertura da sessão legislativa" (inciso II do art. 51 da CF).

Assim, temos que cada órgão de poder e o Ministério Público têm seus sistemas internos de controle, que devem ser exercitados para o cumprimento da Lei de Responsabilidade Fiscal. Externamente, as atribuições do Poder Legislativo estão fixadas no art. 71 da CF, o que exerce com o auxílio do Tribunal de Contas, que teve sua competência discriminada nos incisos do art. 71; logo, é titular de competências próprias, como órgão auxiliar do Legislativo, não pode haver exercício cumulativo de competências, pois poderiam entrar em choque. Como a Constituição traçou o perfil do Tribunal de Contas e lhe atribuiu competências próprias, não as pode ver usurpadas pelo Poder Legislativo. A este cabe, diretamente, o que ficou acima mencionado. Nada mais. Não pode exercer fiscalização de forma direta, passando por cima do Tribunal de Contas.

A competência para o exercício direto da fiscalização por parte do Legislativo vem prevista na Constituição, reservando-se ao Tribunal de Contas, como órgão auxiliar, atribuições próprias, que não podem ser exercidas por outro órgão, por mais nobre que seja. Sendo assim, o que está estabelecido no art. 71 da CF é da *exclusiva* competência do órgão de contas, não podendo exercê-las o Poder Legislativo.

As atribuições previstas no art. 59 da Lei de Responsabilidade Fiscal são de exclusiva responsabilidade do Tribunal de Contas; cabe-lhe, pois, fiscalizar a gestão fiscal dos três Poderes e do Ministério Público.

22.13 Disposições finais e transitórias da Lei de Responsabilidade Fiscal

22.13.1 Aplicação a Estados e Municípios. Estado de calamidade pública. Alteração pela EC nº 109/2021

A lei estadual ou a municipal poderá fixar limites inferiores aos previstos na lei nacional para as dívidas consolidada e mobiliária, operações de crédito e concessão de garantias (art. 60 da Lei Complementar nº 101/2000). É que, nos exatos termos do art. 24

da CF, a legislação sobre direito financeiro é de competência concorrente entre União, Estados e Distrito Federal, competindo à União legislar sobre normas gerais (§1º do art. 24 da CF). Impõe-se observar que descabe a diminuição das exigências e dos valores. Pode haver maiores restrições.

O art. 61 da Lei Complementar nº 101/2000 dispôs que os títulos da dívida pública, escriturados em sistema centralizado de liquidação e custódia, "poderão ser oferecidos em caução para garantia de empréstimo, ou em outras transações previstas em lei, pelo seu valor econômico, conforme definido pelo Ministério da Fazenda". Como se vê, não é o valor que será definido pelo Ministério da Fazenda, mas a forma do oferecimento dos títulos que forem ofertados em garantia.

Nos termos do art. 62 da Lei de Responsabilidade Fiscal, "os Municípios só contribuirão para o custeio de despesas de competência de outros entes da Federação se houver: I – autorização na Lei de Diretrizes Orçamentárias e na Lei Orçamentária Anual; II – convênio, acordo, ajuste ou congênere, conforme sua legislação".

A lei não foi técnica. Ao invés de definir o que sejam os atos vinculativos entre entes políticos, preferiu a enumeração. Desnecessário definir o que cada um seja. Basta o liame que estabeleça quais as obrigações que cada qual assume em relação ao interesse comum, ou seja, o rótulo é irrelevante: o que vale é a intenção das pessoas jurídicas de direito público e o que se convenciona por meio do ato.

A Lei nº 11.107/2005 dispõe sobre normas gerais de contratação de consórcios públicos. Destinou-se à realização de objetivos comuns entre os entes federativos.

Os prefeitos deverão estar atentos a tal preceito. Não mais podem emprestar servidores a outros Poderes, inclusive de outro ente federal. A ajuda à instalação de Varas e serviços, a cessão de pessoal, a cessão de móveis e prédios para instalação de fóruns ou de residência de juízes e promotores, tudo isso deve ser tratado com mais cautela. O conserto de viaturas policiais e a ajuda para manutenção de quaisquer serviços de outros entes federativos já não mais são possíveis sem qualquer cuidado. Em primeiro lugar, é imperativo que haja previsão na Lei Orçamentária. Em segundo plano, imprescindível que se firme convênio, acordo, ajuste ou qualquer outro tipo de avença em que haja concordância do Executivo, em cumprimento à lei.

Sendo assim, imperiosas a lei autorizativa e a manifestação de vontade. Apenas então é que pode haver a "contribuição para o custeio de despesas" para outro ente federal.

Eventualmente, diante de circunstâncias especiais, pode ocorrer que algum Município pretenda socorrer outro ou ajudá-lo por alguma forma. Isso apenas pode ocorrer não só se houver autorização orçamentária, mas se tiver sido celebrado ato bilateral de vontade.

Os Municípios com menos de 50 mil habitantes poderão ter maior flexibilidade no tocante às exigências fiscais. Apenas estiveram obrigados à audiência pública para expor o cumprimento do previsto na LDO a partir de 2006, em períodos semestrais (inciso III do art. 63 da Lei de Responsabilidade Fiscal), até 30 dias do encerramento do semestre (§1º). Descumprido o preceito, submetem-se aos mesmos prazos que os demais Municípios. É a sanção.

A União deverá prestar assistência técnica e cooperação financeira aos Municípios, consistente no treinamento e no desenvolvimento de recursos humanos, na transferência de tecnologia (§1º do art. 64 da Lei Complementar nº 101/2000) e na doação de valores e bens e financiamento através de instituições financeiras federais, bem como repasse de recursos oriundos de operações externas (§2º).

22.13.2 Estado de calamidade pública. A Lei Complementar nº 173, de 27 de maio de 2020, e a EC nº 109/2021. Flexibilização das regras

A pandemia mundial que se originou na China e se alastrou por todo o globo levou todos os países a tomar providências excepcionais. Início titubeante e confronto entre a presidência, governadores e prefeitos levaram a uma perplexidade em relação à tomada de posição de cada qual. Mas, entendida a gravidade da situação, os entes federativos foram se adequando à urgência das medidas que deveriam ser tomadas.

Uma delas foi a Mensagem (nº 93/2020) encaminhada pela Presidência da República ao Congresso Nacional solicitando o reconhecimento do estado de calamidade pública, o que envolveria uma série de ações interligadas. Sobreveio o Decreto Legislativo nº 6/2020 que reconheceu a situação de calamidade e permitiu ao governo a tomada de providências.

No caso de calamidade pública "serão suspensas a contagem de prazo e as disposições estabelecidas nos arts. 23, 31 e 70" (inciso I do art. 65), bem como "serão dispensados o atingimento dos resultados fiscais e a limitação de empenho prevista no art. 9º".

Calamidade pública identifica determinada situação anormal de perigo decorrente de fatos da natureza. Vendaval, epidemia, secas duradouras, geadas que possam destruir plantações, pandemia virótica, etc. São situações perturbadoras da normalidade que afetam a comunidade, privando-a do atendimento de suas necessidades básicas. O que surgiu no Brasil foi o advento do coronavírus, transmissível pelo perdigoto e pela proximidade das pessoas.

Em tais hipóteses, o Chefe do Poder Executivo encaminha uma mensagem ao Congresso Nacional pedindo a declaração de calamidade pública. Reconhecida, edita-se um Decreto-Legislativo (instrumento hábil pelo qual o Congresso Nacional formaliza seus atos) em parte ou na integralidade do território nacional e enquanto perdurar a situação. Pode estabelecer prazo fatal de vigência (no caso concreto, a vigência foi até 31.12.2020). Esgotado o ato, mas persistindo seus efeitos, novo ato deverá ser editado.

Declarada a calamidade, os poderes e órgãos estão dispensados dos limites e quaisquer outras restrições para: "a) contratação e aditamento de operações de crédito; b) concessão de garantias; c) contratação entre entes da Federação e d) recebimento de transferências voluntárias" (inciso I do parágrafo 1º do art. 65).

Avulta, aqui, a urgência no atendimento à situação calamitosa. Os protocolos são dispensados e as formalidades suprimidas, porque o objetivo fundamental é o atendimento da população que se vê assolada pela atuação da natureza.

Todas as dificuldades devem ser afastadas, restrições a exercício de direitos e sanções impostas que ficam suspensas.

Em verdade, passa o governo a operar *dois orçamentos*. O original e o efêmero; o normal e o excepcional. Apenas estarão dispensados das exigências os atos relacionados à calamidade.

No caso que viveu o país e para enfrentar a pandemia de Covid-19, houve o reconhecimento da calamidade, mas também se aprovou a Emenda Constitucional nº 106, de 7 de maio de 2020.

Por ali, se tomaram uma série de providências que estão comentadas no espaço próprio (item).

Fora de dúvida que os órgãos de poder e entidades da administração descentralizada necessitam do levantamento de todos os impedimentos e dificuldades para facilitar o atendimento aos problemas enfrentados pela população.

Diante de tal situação, os prazos não se aplicam e o cumprimento das metas fica dispensado.

A Lei Complementar nº 173/2020 alterou o art. 65 para, uma vez reconhecido o estado de calamidade pública pelo Congresso Nacional, "serão dispensados os limites, condições e demais restrições aplicáveis" (inciso I do parágrafo 1º) aos entes federativos. Poderão contratar e aditar operações de crédito (letra), conceder garantias (letra b), contratar ente os entes (letra c) e receber transferências voluntárias (letra d). Abre-se imensa possibilidade de dispensa de formalidades e vedações que seriam vedadas em período de estabilidade.

Em situações excepcionais, as soluções têm que ser excepcionais, e para obviá-las a alteração se impunha, fruto da experiência com o coronavírus.

Ficaram dispensadas as limitações dos arts. 35, 37 e 42 da Lei Complementar nº 101/2000 (inciso II do parágrafo 1º do art. 65), ou seja, ficam liberadas operações de crédito entre entes federativos e outras pessoas jurídicas; deixa de haver equiparação a operações de crédito (art. 37) e a possibilidade de concessão de garantias em operações de crédito (art. 40).

Igualmente ficarão "afastadas as condições e as vedações previstas nos arts. 14, 16 e 17", ou seja, pode haver incentivo ou benefício de natureza tributária (art. 14), pode haver aumento de despesa (art. 16), e não se considera a despesa de caráter continuado (art. 17).

Como se disse, diante do clamor social e governamental no enfrentamento de crise provocada por situação extraordinária, determinados dispositivos cedem ante a gravidade da pandemia.

O parágrafo 2º do art. 65 limita o âmbito de incidência da norma excepcional e se aplica às unidades federadas atingidas enquanto perdurar o período reconhecido da calamidade (letra "a") e recaem apenas aos atos de gestão orçamentária financeira necessários ao atendimento das despesas. Claro está que o administrador não pode se valer da medida excepcional e passar a dispensar exigências em situação normal democrática.

A dispensa das formalidades ocorre apenas onde existe a calamidade e em matéria a ela relacionada. O agente público tem que se ater, sob pena de responsabilidade, ao âmbito de incidência dos dispositivos. As atitudes tomadas para resolução das dificuldades criadas não afastam exigências relativas à "transparência, controle e fiscalização".

Não há carta branca para o agente público fazer o que quer. Não. Subordina-se à norma, embora com base nela possa liberar uma série de exigências. Mas sujeito está ao cumprimento estrito do ordenamento normativo.

Na hipótese de haver aditamento de operações de crédito garantidas pela União, não será necessária a alteração dos contratos (parágrafo 3º do art. 65).

Em suma, a lei abre um período de exceção para atender a uma situação calamitosa e para tanto dispensa uma série de exigências meramente formais (ainda que essenciais, em períodos de bonança). Não pode o agente ultrapassá-las. Deve ater-se aos estritos limites da exceção.

Agora, a sistemática será outra com o advento da EC nº 109/2021. Por ela, cabe ao Presidente da República propor a decretação do Estado de Calamidade Pública (acréscimo do inciso XXVIII ao art. 84 da CF). Na sequência, cabe ao Congresso Nacional decretar tal situação no âmbito nacional.

Constitucionalizou-se o que estava no campo legal.

Ao lado de estabelecer as competências para decretar o estado de calamidade e vê-lo reconhecido por lei, a EC nº 109/2021 determinou quais seriam as providências adotadas. O regime fiscal será extraordinário e se destina exclusivamente a atender medidas ligadas ao problema reconhecido (art. 167-B).

Durante o período, haverá processo simplificado para contratação de pessoal, bem como para contratação de obras, serviços e compras, assegurada a competição e sem prejuízo de sujeição aos sistemas de controle instituídos (art. 167-C).

As proposições legislativas e atos do Poder Executivo dirigidos à superação da situação social ficam dispensados das limitações legais quanto à "criação, à expansão ou ao aperfeiçoamento de ação governamental que acarrete aumento de despesa e à concessão ou à ampliação de incentivo ou benefício de natureza tributária da qual decorra renúncia de receita" (167-D).

Todas as providências devem guardar relação de pertinência com os objetivos a serem perseguidos, quais sejam, os de superação da crise e pacificação social.

Dada a gravidade da situação, pessoas jurídicas em débito com o sistema de seguridade social podem ser contratadas, mesmo que sujeitas à aplicação de penalidade.

Da mesma forma e com o mesmo objetivo não se aplica a limitação do inciso III do art. 167, isto é, pode haver celebração de operação de crédito em montante superior ao das despesas de capital (art. 167-E).

No mesmo período (vigência do estado de calamidade pública) ficam dispensados os limites de a União efetuar contratação de operações de crédito (inciso I do art. 167-F) e o superávit eventual pode ser utilizado para cobertura de despesas realizadas com a mesma finalidade (inciso II do art. 167-F).

Lei complementar explicitará com mais detalhes as dispensas referidas.

Evidente que as liberações não alcançam as denominadas receitas transferidas (inciso I do parágrafo 2º do art. 167-F), nem as vinculações e as destinadas ao registro de doações, empréstimos ou transferências de recursos (incisos II e III do mesmo dispositivo).

Os dispositivos acrescidos à Constituição têm o único objetivo de facilitar (ou restringir) a vida dos entes federativos durante estado excepcional de pandemia. À situação excepcional surgem soluções excepcionais. Como o Brasil enfrentou estado de calamidade pública, como todos os países do mundo, as decisões têm que ser facilitadas e há que se tomar providências imediatas e urgentes.

A LC nº 195/2022 acrescentou o art. 65-A ao texto da Lei de Responsabilidade Fiscal para cuidar ainda das situações de calamidade pública. Evidente que, diante da calamidade de Estado-Membro, a União a socorre com verbas e com todo aparato material de ajuda. Tais ajudas não serão contabilizadas na meta de resultado primário.

22.13.3 Estado de defesa e de sítio

O dispositivo que determinava a aplicação do estado de calamidade aos estados de defesa e de sítio foi revogado. Mantém-se, no entanto, o comentário, a título de ilustração ao leitor.

Diga-se o mesmo no caso de estado de defesa ou de sítio decretado na forma da Constituição (parágrafo único do art. 65 da Lei Complementar nº 101/2000). O estado de defesa, na exata conceituação de José Afonso da Silva, *"consiste na instauração de uma legalidade extraordinária, por certo tempo, em locais restritos e determinados, mediante decreto do Presidente da República, ouvidos o Conselho da República e o Conselho de Defesa Nacional, para preservar a ordem pública ou a paz social ameaçadas por grave e iminente instabilidade institucional ou atingidas por calamidades de grandes proporções na natureza"*.[110] O estado de sítio, de seu turno, afirma o mesmo autor, consiste na *"instauração de legalidade extraordinária, por determinado tempo e em certa* área (que poderá ser o território inteiro), *objetivando preservar ou restaurar a normalidade constitucional, perturbada por motivo de comoção grave de repercussão nacional ou por situação de beligerância com Estado estrangeiro"*.[111] O ato de seu reconhecimento é feito por decreto do Presidente da República.

22.13.4 Baixo crescimento do PIB

No caso de baixo crescimento do Produto Interno Bruto/PIB, inferior a 1% no período correspondente a quatro trimestres, os prazos legais de atendimento fiscal podem ser duplicados (art. 66 e §1º da Lei Complementar nº 101/2000). A taxa será apurada pela Fundação IBGE (§2º) ou órgão que venha a substituí-la. Em tal hipótese prevalece a exigência dos limites de despesa com pessoal (§3º). No caso de mudança drástica nas políticas monetária e cambial os prazos serão ampliados em até quatro quadrimestres (§4º).

Fábio Nusdeo entende por *produto bruto* "o valor do conjunto de todos os bens e serviços produzidos por um sistema econômico ao longo de um dado período, normalmente de um ano".[112] O PIB referido na lei é o total de mercadorias e serviços finais produzidos no país durante determinado período. Difere do Produto Interno Nacional, que é o PIB menos a renda enviada para fora do país, em face de pessoas físicas e jurídicas estrangeiras que remetem *royalties* para o exterior.

---

[110] SILVA, José Afonso da. *Curso de direito constitucional positivo*. 41. ed. São Paulo: Malheiros, 2018, p. 778.

[111] *Idem*, p. 782.

[112] NUSDEO, Fábio. *Curso de economia*. São Paulo: RT, 1997, p. 338.

22.13.5 Fundo Geral da Previdência Social. Regimes próprios de entes federados

A lei criou um Fundo para a Previdência Social, vinculado ao Ministério da Previdência e Assistência Social, com a finalidade de "prover recursos para o pagamento dos benefícios do regime geral da previdência social" (art. 68 da Lei Complementar nº 101/2000). É o Fundo constituído de "bens móveis e imóveis, valores e rendas do Instituto Nacional do Seguro Social não utilizados na operacionalização deste" (inciso I do art. 68); de "bens e direitos que, a qualquer título, lhe sejam adjudicados ou que lhe vierem a ser vinculados por força de lei" (inciso II); de "receita das contribuições sociais para a seguridade social, previstas na alínea 'a' do inciso I e no inciso II do art. 195 da Constituição" (inciso III); e de "recursos provenientes do orçamento da União" (inciso VI). A gerência do Fundo é do INSS (§2º do art. 68).

O ente da Federação que instituir "regime próprio de previdência social para seus servidores conferir-lhes-á caráter contributivo e o organizará com base em normas de contabilidade e atuarial que preservem seu equilíbrio financeiro e atuarial" (art. 69 da Lei Complementar nº 101/2000).

Evidente está que o sistema previdenciário somente subsiste se firmado em base de equilíbrio atuarial, e deve ter caráter contributivo. O antigo sistema de contagem de tempo de serviço era absurdo, porque o servidor não pagava por aquilo que faria jus a receber quando da aposentadoria e era aposentado com vencimentos integrais, onerando a grande massa da população. Era sistema iníquo. O de caráter contributivo é justo e leva em conta a contribuição para o sistema.

22.13.6 Sanções civis, administrativas, políticas e penais

A lei, em seu art. 73, dispõe que as infrações a seus ditames serão punidas através dos seguintes diplomas legais: Código Penal, Lei nº 1.079, de 10.4.1950; Decreto-Lei nº 201, de 27.2.1967; Lei nº 8.429, de 2.6.1992. O art. 73-A da lei em comento, inserido pela Lei Complementar nº 131/2009, estabelece que "qualquer cidadão, partido político, associação ou sindicato é parte legítima para denunciar ao respectivo Tribunal de Contas e ao órgão competente do Ministério Público o descumprimento das prescrições estabelecidas nesta Lei Complementar".

O Código Penal (Decreto-Lei nº 2.848, de 7.12.1940) é o mais antigo texto sancionador de comportamentos desviantes de agentes públicos.

O STF já entendeu que o emprego irregular de verbas públicas em aplicação diversa da prevista no orçamento e aprovado por decreto não caracterizava crime, constituindo-se mera irregularidade administrativa.[113]

A Lei nº 10.028/2000 tipificou os comportamentos que passam a ser crimes. Já não haverá mera infração administrativa no caso de descumprimento das determinações legais. Passa o comportamento do agente público a ter tal relevância no setor financeiro que o descumprimento das normas estabelecidas na Lei de Responsabilidade Fiscal não só enseja sanção civil como passa, agora, a constituir crime. Sendo assim, há a infração

---

[113] *RT*, 617/396.

política, que pode ensejar o *impeachment*, mediante julgamento pelo Legislativo, bem como há a infração civil, que enseja indenizações e cassação de mandato, através do Judiciário, bem como passa a existir o crime de caráter financeiro.

A Lei nº 10.028/2000 deu nova redação ao art. 339 do CP e acrescentou o Capítulo IV ao Título XI do mesmo Código, sob a seguinte rubrica: "Dos Crimes Contra as Finanças Públicas". Qualquer irregularidade em relação às operações de crédito, o descumprimento da lei ou de resolução do Senado da República, o ultrapassar o limite da dívida consolidada, tudo caracteriza crime. Diga-se o mesmo em relação a: inscrição de despesas não empenhadas em Restos a Pagar; assunção de obrigação no último ano de mandato; ordenar despesa não autorizada; prestação de garantia graciosa; não cancelamento de Restos a Pagar; aumento de despesa total com pessoal no último ano do mandato ou legislatura; oferta pública ou colocação de títulos no mercado – tudo, agora, passa a tipificar crime do agente público.

Ressalte-se: o que era mera infração administrativa ou política ou, ainda, civil passa a ser crime – o que agrava a situação daquele que gerencia a coisa pública de forma irresponsável.

Ao lado da incorporação das normas de finanças públicas ao Código Penal, o legislador ampliou outros diplomas legais.

A Lei nº 1.079, de 10.4.1950, estabeleceu os crimes e o processo de julgamento do *impeachment* do Presidente da República, diploma legal que foi aplicado quando do julgamento do ex-Presidente Fernando Collor de Mello.

A Lei nº 10.028, de 19.10.2000, deu nova redação ao art. 10 da Lei nº 1.079, passando a tipificar o descumprimento de normas financeiras como crime passível de sanção ao Presidente da República e aos que lhe são equiparados. O art. 39-A da lei entende como sujeito ativo do crime o Presidente do STF e os demais presidentes dos tribunais superiores e dos tribunais dos Estados, bem como os juízes diretores de foro.

O art. 40-A alcança o chefe do Ministério Público da União e dos Estados, bem como o Advogado-Geral da União.

O art. 41-A permite a todo cidadão o oferecimento de denúncia.

Não deixando prefeitos e vereadores de fora, a Lei nº 10.028 deu nova redação ao Decreto-Lei nº 201, de 27.2.1967, que dispõe sobre a responsabilidade de prefeitos e vereadores. Este diploma normativo, em seu art. 4º, define as infrações político-administrativas imputáveis a eles, enquanto o art. 1º define os crimes de responsabilidade. A lei penal financeira deu nova redação ao art. 1º, tipificando como crimes os comportamentos ali descritos. As normas posteriores fixam o procedimento da cassação, e o art. 2º fixa as regras processuais a respeito. No caso de ausência de repasse de verbas do Executivo para o Legislativo, especialmente o duodécimo, havendo discussão sobre os valores a serem repassados, não se pode entender caracterizado qualquer crime, uma vez que, sendo ele doloso, não estaria tipificado.

Descabem, aqui, comentários específicos sobre os crimes financeiros. Ao estudioso do direito penal caberá detalhar onde há a caracterização do crime e onde haverá a infração administrativa, política ou civil. Aqui, basta a menção ao fato de que, agora, as condutas administrativas podem caracterizar crime, na forma do que dispôs a lei.

Merece menção a Lei nº 7.347, de 24.7.1985, que introduziu no Direito Brasileiro a ação civil pública, outorgando legitimidade ativa ao Ministério Público bem como a entidades que insiram em seu estatuto social regra específica de defesa do patrimônio e da moralidade administrativa. Outro diploma legal que é de ser lembrado é a Lei nº 8.137/1990, que define os crimes contra a ordem tributária, econômica e de relações de consumo.

Por fim, a Lei nº 8.429, de 2.6.1992, que dispõe sobre as sanções aplicáveis aos agentes públicos nos casos de enriquecimento ilícito no exercício de mandato, cargo, emprego ou função na Administração Pública, direta, indireta ou fundacional. O art. 9º prevê o que constitui ato de improbidade administrativa importando enriquecimento ilícito, enquanto o art. 10 arrola os atos de improbidade que causam lesão ao Erário. O art. 11 estabelece os casos que atentam contra os princípios da Administração Pública; o art. 12 tipifica as penas a que se sujeitam os respectivos agentes.

Por último, a Lei nº 10.028, de 19.10.2000, especificou, em seu art. 5º, o que mais caracteriza a infração administrativa, fixando que o órgão competente para a punição é o respectivo Tribunal de Contas (§2º) e a sanção é de multa de 30% dos vencimentos anuais do agente, ficando certo que o pagamento da multa é de sua responsabilidade pessoal (§1º).

Em excelente estudo a respeito das sanções instituídas pela Lei de Responsabilidade Fiscal, Misabel Abreu Machado Derzi sustenta sua inconstitucionalidade, apontando a agressão ao ordenamento jurídico nas seguintes previsões: (a) retenção e expropriação de receitas de impostos, como execução de contragarantia; (b) suspensão das transferências voluntárias de recursos a Estados e Municípios; (c) proibição de contratação de operações de crédito; e (d) proibição de obtenção de garantia de outro ente federado.[114] Entende inconstitucionais tais previsões, uma vez que a lei não pode "sufocar, amesquinhar, reduzir ou anular a autonomia inerente às pessoas políticas estatais".[115] Prossegue, afirmando que "sanções desta natureza, que visam ao próprio ente federado, inviabilizam a prestação de serviços públicos e a continuidade das demais atividades administrativas, e se mostram, já à primeira vista, ilegítimas, pois que atingem diretamente o povo, a população destes entes".[116]

Divergimos da douta opinião. É que, como já se mencionou, o conceito e o perfil dos entes federados não são dados por um só artigo. Defluem do todo da Constituição, e, como tais, há normas de gestão fiscal que dimanam de leis complementares que integram o ordenamento jurídico. Assim, se é constitucional a previsão de obrigações e direitos, não os há, para que subsistam no mundo jurídico, sem as correspondentes sanções. Estas é que completam a estrutura da norma, dando-lhe o preceito complementar ao mandamento, que capta os fatos do mundo empírico. Como tais, isto é, como normas de gestão financeira, encontram respaldo e conforto constitucional no próprio corpo

---

[114] DERZI, Misabel Abreu Machado. Da inconstitucionalidade das sanções institucionais impostas pela Lei de Responsabilidade Fiscal. *In*: NASCIMENTO Carlos Valder do (Org.). *Lei de Responsabilidade Fiscal*: teoria e prática. Rio de Janeiro: América Jurídica, 2002, p. 191.

[115] *Idem*, p. 237.

[116] *Idem, ibidem*.

da Lei Maior. Ainda que, politicamente, gostaríamos de concordar com as afirmativas, não encontramos fundamento jurídico para a assertiva.

Diplomas legais existem. Resta sua efetiva aplicação, para que os agentes públicos não exerçam mandato eletivo e todos os demais possam ter rigor na apuração das infrações por eles cometidas.

Punições previstas para os administradores descuidados com dinheiro público[117]

Alterações no Código Penal	
Crimes	**Punição**
• Ultrapassar os limites de endividamento fixados pelo Senado	Prisão de 1 a 2 anos
• Deixar para o ano seguinte o pagamento de despesas, a não ser que haja recursos em caixa	Detenção de 6 meses a 2 anos
• Transferir para o sucessor despesas feitas no último ano de mandato ou legislatura	Prisão de 1 a 4 anos
• Aumentar despesas de pessoal no último ano de mandato ou legislatura	Prisão de 1 a 4 anos
• Emitir títulos da dívida pública sem lei específica e sem registro em sistema centralizado de liquidação e de custódia	Prisão de 1 a 4 anos

<table>
<tr><th colspan="2">Alterações na Lei Orçamentária</th></tr>
<tr><td>• Refinanciar dívidas</td><td rowspan="5">Perda de cargo com inabilitação de até oito anos para o exercício de qualquer função pública</td></tr>
<tr><td>• Deixar de cortar despesas quando os limites de endividamento fixados pelo Senado estiverem ultrapassados</td></tr>
<tr><td>• Tomar dinheiro emprestado quando os limites de endividamento fixados pelo Senado estiverem ultrapassados</td></tr>
<tr><td>• Propor Leis de Diretrizes Orçamentárias anuais sem as metas fiscais para o período de três anos</td></tr>
<tr><td>• Usar recursos da emissão de títulos da dívida pública para finalidades diferentes daquelas estabelecidas em lei</td></tr>
</table>

117 Extraído de *O Estado de S.Paulo*, 25.10.2000, p. A7.

<table>
<tr><th colspan="2">Alterações na legislação
dos crimes de responsabilidade dos prefeitos</th></tr>
<tr><td>• Não reduzir as despesas de pessoal para enquadrar a folha nos tetos (60% das receitas dos Estados e Municípios e 50% no caso da União)</td><td>Pagamento pessoal de multa correspondente a 30% dos vencimentos anuais</td></tr>
<tr><td>• Deixar de reduzir a dívida quando o total ultrapassar o montante permitido</td><td rowspan="4">Perda de cargo com inabilitação de até 5 anos para o exercício de qualquer função pública</td></tr>
<tr><td>• Deixar de cortar despesas para compensar o aumento de gastos de pessoal e de aposentadorias e pensões dos inativos</td></tr>
<tr><td>• Deixar de pagar empréstimos com antecipação de receitas de arrecadação futura de tributos (operações ARO) até o final do exercício financeiro</td></tr>
<tr><td>• Usar recursos da emissão de títulos da dívida pública para finalidades diferentes daquelas autorizadas em lei</td></tr>
</table>

LICITAÇÕES E CONTRATOS ADMINISTRATIVOS NA LEI DE RESPONSABILIDADE FISCAL

23.1 A Lei de Licitações (Lei nº 8.666/1993 revogada pela Lei nº 14.133/2021)

A Lei nº 14.133/21 disciplina de forma completa e, pois, revoga a de nº 8.666/93. Preservando, no entanto, licitações e contratos celebrados sob a égide da primeira, revogou os arts. 89 a 108 na data da publicação da lei, subsistindo os demais dispositivos por dois anos (art. 193 da nova lei).

Disciplinando o inciso XXI do art. 37 do texto constitucional que exige lei integrativa, sobreveio a Lei nº 8.666, de 21.6.1993 (Lei de Licitações), agora revogada pela Lei nº 14.133/21, que estabelece normas gerais sobre licitações e contratos para todas as obras, os serviços, compras, alienações e locações do Poder Público. A lei alcança não só a Administração direta, mas também a indireta e todas as empresas controladas e dependentes do Poder Público.

Todos os atos mencionados sujeitam-se a licitação, que desembocará na celebração de um contrato, definido pela lei como todo e qualquer ajuste entre órgãos ou entidades da Administração Pública e particulares, em que haja um acordo de vontade para a formação de vínculo e a estipulação de obrigações recíprocas, seja qual for a denominação utilizada.

A nova lei é bastante completa e estabelece em detalhes o procedimento a seguir. Deu novo instrumento de capacitação aos agentes públicos para escolher correta e adequadamente seus parceiros na prestação das atividades públicas.

23.2 Licitação. Procedimento

Um dos princípios que ornamentam e caracterizam a Administração Pública é o da obrigatoriedade da licitação. O que era uma disputa teórica entre os autores passa a ser princípio insculpido em norma constitucional. Realmente, dispõe o inciso XXI do art. 37 da CF que, "ressalvados os casos especificados na legislação, as obras, serviços, compras e alienações serão contratados mediante processo de licitação pública que assegure igualdade de condições a todos os concorrentes, com cláusulas que estabeleçam obrigações de pagamento, mantidas as condições efetivas da proposta, nos termos da lei, o qual somente permitirá as exigências de qualificação técnica e econômica indispensáveis à garantia do cumprimento das obrigações". Fala-se em *princípio* porque o texto constitucional impõe a licitação como regra.

Ressalva seja feita ao texto quando é mencionado "processo de licitação pública", uma vez que se cuida, mais precisamente, de *procedimento de licitação pública*, pois, na espécie, trata-se de sequência de atos conectados entre si, sendo que o anterior obriga à edição do seguinte – ou seja: há uma série interligada de atos, que desembocam em um ato final. O processo é necessariamente contencioso, isto é, há partes que estão em conflito (por exemplo, no processo administrativo instaurado contra servidor ou para apurar infração cometida por contribuinte, contra quem se lavra um auto, etc.).

23.2.1 O procedimento como princípio

Como procedimento, a licitação destina-se a garantir a observação do princípio da isonomia e a "selecionar a proposta mais vantajosa para a Administração", e será realizada em estrita conformidade com os princípios "da legalidade, da impessoalidade, da moralidade,, da publicidade, da eficiência, da segregação de funções, da motivação, da vinculação ao edital, do julgamento objetivo, da segurança jurídica, da razoabilidade, da competitividade, da proporcionalidade, da celeridade, da economicidade e do desenvolvimento nacional sustentável" (art. 5º). A lei prevê o que se denomina de *princípios da licitação*. Entendo equivocado falar-se em princípios. Mais adequado é tratar de regras, conforme já esclareci em outro ponto.

Quando a decisão tomada pelo Poder Público puder atingir terceiros é imprescindível que haja um procedimento, como garantia de todos. No caso em tela, haverá limitação de possíveis concorrentes ou limitação de recursos. No caso de aumento de interessados o raciocínio jurídico é o mesmo, ou seja, se se irá celebrar um contrato que pode atingir terceiros, deve haver a mesma providência, a instauração de um procedimento.

Há uma fase preparatória (art. 18 da nova lei) que antecede a produção de efeitos. É fase de planejamento em que se delibera, inclusive, sobre o montante a ser despendido e quem será o ordenador da despesa (inciso IV e inciso VI do parágrafo 1º).

23.2.2 O chamamento

O *edital* (art. 25 da nova lei), como ato convocatório por excelência, não pode conter qualquer cláusula que importe afastamento de possível concorrente e surge após o término da fase preparatória (art. 53). O caráter competitivo é da essência do procedimento licitatório, e qualquer item inibitório *anula* o ato de convocação. De igual maneira, não pode haver discriminação entre empresa brasileira e empresa estrangeira; o que se admite, havendo empate, é a preferência ao brasileiro ou empresa brasileira, a bens produzidos no país e bens produzidos ou serviços prestados por empresas brasileiras – mas, frise-se, somente no empate das propostas é que o critério poderá ser o de nacionalidade.

Pode ser realizada audiência pública anterior à divulgação do edital e pode ser utilizada a forma eletrônica (art. 21).

23.2.3 O sigilo e a moeda na licitação. O procedimento

A licitação é procedimento público, ou seja, nenhuma informação pode ser sonegada aos participantes. O único sigilo permitido é a proposta do licitante. O restante do certame é público. Desse modo, qualquer cidadão pode acompanhar o procedimento, desde que não perturbe o andamento dos trabalhos.

Como regra, a moeda de formulação das propostas será o Real. No entanto, nas licitações internacionais poderá haver cotação em moeda estrangeira, previamente assentada no edital, com cotação em reais.

A nova lei dispõe sobre as modalidades de licitação (art. 28), os critérios de julgamento (art. 33), ao lado de estabelecer regras para diversos setores – compras (art. 40), obras e serviços de engenharia (art. 45), serviços em geral (art. 47), locação de imóveis (art. 51) e licitações internacionais (art. 52).

Divulgado o edital, surgem as propostas ou lances (art. 55) e segue-se o julgamento (art. 59).

Paralelamente, tramita a habilitação dos licitantes (art. 62). Na ausência de recursos, o procedimento é encaminhado para adjudicação, homologação e celebração do contrato.

23.3 A influência da Lei de Responsabilidade Fiscal nos contratos administrativos

Os contratos administrativos válidos decorrem de procedimento administrativo igualmente válido. Se houve tramitação regular e a Administração Pública escolheu a melhor proposta ou aquela que lhe convinha, de acordo com os critérios especificados no edital, homologa o procedimento, entendendo-o regular e válido, e *adjudica o objeto da licitação*, isto é, ao lado de entender que o objeto interessa, aquela é a melhor proposta e esta está de acordo com o que a Administração Pública pretende. Como já decidiu o STF, "adjudicar não é contratar. Não se confundem o direito à adjudicação com o eventual direito de contratar. O vencedor da concorrência, em hipótese onde sua proposta reponta, segundo os critérios do edital, a um só tempo como a mais vantajosa e a mais satisfatória, tem direito à adjudicação, e não apenas interesse legítimo".[1]

Encerrada tal fase, celebra-se o contrato, que deve também seguir os termos especificados no edital, ou seja, deve consolidar o acordo a que chegaram os interessados.

Entende-se *contrato* como o ajuste de vontades que tem o objetivo de criar, modificar ou extinguir relações jurídicas. Dele nascem direitos e obrigações. A diferença entre o contrato de direito público e o de direito privado é que naquele uma das partes é a Administração Pública. Ao lado de tal detalhe subjetivo, há outros itens que lhe dão identidade própria. As diversificações devem constar do instrumento do contrato, ou seja: forma de pagamento, prazos, hipóteses de rescisão, direitos e garantias, penalidades, legislação aplicável, a exata identificação do objeto, etc.

O contrato deve ser cumprido em sua totalidade. Hipóteses, no entanto, podem ocorrer que impeçam seu cumprimento.

---

[1] STF, RE nº 107.552, rel. Min. Francisco Rezek, j. 28.04.1987.

Há hipóteses de inexigibilidade de licitação (art. 73) quando inviável a competição. Surgem hipóteses de dispensa (art. 75).

Ao final do procedimento licitatório, celebra-se o contrato (art. 89).

Há enumeração de itens que tornam impossível o cumprimento contratual, como, por exemplo, o caso fortuito e a força maior, a interrupção ou diminuição do ritmo de trabalho, atraso da Administração, fato de terceiro, etc.

A Administração pode alterar unilateralmente o contrato (inciso I do art. 104 da nova lei), bem como fiscalizar seu cumprimento e aplicar sanções (incisos III e IV do art. 104). O contrato deve ser executado fielmente pelas partes, de acordo com as cláusulas avençadas (art. 115).

Pode haver alteração dos contratos (art. 124). Não se pode alterar a cláusula econômico-financeira. No entanto, as denominadas cláusulas administrativas podem ser alteradas sem que possa "transfigurar o objeto da contratação" (art. 126).

Tendo em vista tal panorama, no sentido de que o contrato obriga as partes na forma do que convencionaram, a Lei de Responsabilidade Fiscal contém alguns dispositivos que podem dificultar o cumprimento do contrato. Um deles é o já mencionado art. 42, que veda ao titular de Poder ou órgão citado no art. 20 da mesma lei, nos últimos dois quadrimestres do seu mandato, "contrair obrigação de despesa que não possa ser cumprida integralmente dentro dele, ou que tenha parcelas a serem pagas no exercício seguinte sem que haja suficiente disponibilidade de caixa para este efeito". Em outros termos, o dispositivo impede qualquer nova contratação a partir do mês de maio relativo ao último exercício do término do mandato do chefe do Executivo. Tal dispositivo já de início traz uma dificuldade para o Judiciário: no Poder Executivo o mandato é de quatro anos, no Poder Legislativo opera a mesma situação, com exceção do Senado Federal, ainda que o ocupante da chefia seja trocado. Já, no Poder Judiciário o chefe do Poder deixa-o a cada dois anos, o que causa transtornos.

O art. 42 mencionado traz o que se denomina "Restos a Pagar". A ideia é que não seja comprometido o orçamento do exercício vindouro. Se a despesa deve ser paga no exercício, não há como assumir obrigação acima de tal período. O que me parece lógico é que as despesas sejam aquelas para as quais não há previsão específica. Por exemplo, se se vai construir uma escola e os recursos estão disponíveis não há obstáculo, uma vez que se cuida de obra prevista na Lei Orçamentária e há recursos disponíveis. O dispositivo alcança reajustes de vencimentos, por exemplo. Mesmo em relação a estes, caso haja recurso suficiente, nada impede um aumento.

Observe-se que o art. 57 da Lei de Licitações estabelece que: "A duração dos contratos regidos por esta Lei ficará adstrita à vigência dos respectivos créditos orçamentários". Se a obrigação é de trato sucessivo, nada obsta a que o pagamento seja feito no último dia do ano. Ultrapassando o período, não haverá responsabilidade do governante, uma vez que assumiu obrigação adequada e oportuna. Impõe-se ressaltar que *a lei não considera Restos a Pagar as despesas assumidas em contratos de longo prazo*, mesmo porque tais despesas surgem atreladas às respectivas receitas de longo prazo.

O parágrafo único do art. 42 da Lei de Responsabilidade Fiscal dispõe que "na determinação da disponibilidade de caixa serão considerados os encargos e despesas compromissadas a pagar até o final do exercício". Ora, o que vale é o volume total das despesas. Não pode o governante assumir compromissos e efetuar cálculo a menor apenas para efeito de poder assumir o débito.

Bem se vê, por aí, que a Administração Pública, ao autorizar alguma obra (compra ou aquisição de serviço), deve estudar bem os encargos que advirão.

Outro dispositivo que alcança os contratos em curso é o §2º do art. 9º da Lei de Responsabilidade Fiscal, ao estabelecer que "não serão objeto de limitação as despesas que constituam obrigações constitucionais e legais do ente, inclusive aquelas destinadas ao pagamento do serviço da dívida, e as ressalvadas pela Lei de Diretrizes Orçamentárias". O dispositivo, que teve o dedo inequívoco do FMI, determina que sejam satisfeitas as obrigações constitucionais (educação e saúde), as legais (pagamento dos servidores) e o pagamento da dívida (contraída em forma de financiamento) e, eventualmente, as ressalvadas pela Lei de Diretrizes Orçamentárias. O mais pode ser objeto de contingenciamento ou limitação, ou seja, pode haver a suspensão do pagamento das despesas assumidas contratualmente. Importante verificar se há compatibilidade, na hipótese concreta, com o previsto no Plano Plurianual.

Em face de tal dispositivo, a Administração Pública deve cumprir os pagamentos decorrentes da Constituição e da lei e deve atender ao pagamento do serviço da dívida. Logo, os demais contratos firmados com a Administração – quais sejam, os de fornecimento de obra, serviços e compras – podem ter o pagamento sustado.

Em consequência, nasce uma série de dificuldades, dentre elas a decorrente do princípio da continuidade da prestação dos serviços públicos. Até que ponto é o contratado obrigado a suportar os encargos financeiros do contrato sem receber o pagamento correspondente?

No efetivo contingenciamento o maior prejudicado será sempre o fornecedor contratado. Se há obrigação de efetuar o pagamento com as despesas constitucionais e legais, ao lado de outras vinculações orçamentárias existentes (fundos, orçamento participativo, precatórios, serviços públicos, etc.), no caso de insuficiência de caixa sobrará "nas costas" do fornecedor o não pagamento. E ademais, observe-se, com respaldo legal o seu pagamento será suspenso. Eventual prejuízo poderá ser objeto de ação indenizatória.

Dispositivo que deve merecer atenção em relação aos contratos é o §5º do art. 5º da Lei de Responsabilidade Fiscal, que dispõe: "A Lei Orçamentária não consignará dotação para investimento com duração superior a 1 (um) exercício financeiro que não esteja previsto no Plano Plurianual ou em lei que autorize a sua inclusão, conforme disposto no §1º do art. 167 da Constituição". Neste diapasão, o art. 45 da mesma lei permite que novos projetos sejam postos em prática apenas depois de contemplados os projetos em andamento e despesas de conservação do patrimônio. Tais dispositivos, combinados, envolvem a não abertura de procedimento licitatório sem tais providências, além de impedirem a celebração de contratos.[2]

De igual maneira, os contratos são afetados pela exigibilidade por parte da Administração Pública da instituição e da cobrança de todos os tributos. Caso deixe de exercer, na plenitude, sua competência tributária, não haverá repasses de recursos

---

2 Interessante abordagem foi feita por Mauro Roberto Gomes de Mattos, em artigo intitulado "Licitação e a Lei de Responsabilidade Fiscal", *RDA*, 230/357-387.

voluntários transferidos por parte dos entes federativos maiores. Logo, haverá dificuldade no pagamento dos serviços, obras e compras contratados.

23.3.1 O orçamento e sua influência nos contratos

O orçamento é um só, do ângulo formal (princípio da unidade), como deve conter todas as receitas (princípio da exclusividade – incisos I a III do §5º do art. 165 da CF). É o que dispõe o art. 3º da Lei nº 4.320/1964: "A Lei de Orçamentos compreenderá todas as receitas, inclusive as de operações de crédito autorizadas em lei".

Os contratos a serem celebrados pela Administração Pública envolvem despesas com fornecedores (rotuladas despesas correntes de custeio) ou destinam-se a obras, classificadas como despesas de capital. As despesas correntes mantêm o funcionamento dos serviços públicos. As de capital constituem-se em bens que contribuirão para a geração de outros bens e integram o patrimônio público.

São efetuados os pagamentos através do empenho (art. 58 da Lei nº 4.320/1964), definido como "ato emanado de autoridade competente que cria para o Estado obrigação de pagamento pendente ou não de implemento de condição". Somente pode haver despesa mediante empenho (art. 60), que posteriormente se documenta em nota de empenho (art. 61), passando pela liquidação (arts. 62 e 63), que compreende a origem do débito, confere a importância a pagar e a quem pagar. Na sequência, é feito o pagamento.

23.3.2 O contingenciamento

Os contratos podem ser fundamentalmente abalados através do contingenciamento. Contingenciar é limitar o gasto. É restringir as despesas em relação a determinado item orçamentário ou em relação a alguns de forma global.

Em princípio, entendemos o contingenciamento como forma útil de delimitação de gastos que, eventualmente, podem extrapolar ou dificultar o alcance de metas definidas. No entanto, não pode o chefe do Executivo ou os que têm verba própria efetuar, de forma indiscriminada, a limitação de gastos que foram aprovados no orçamento. É que, se o orçamento é peça impositiva, como se admite, não há como ficar a critério de um dos ordenadores de despesas efetuar o corte na aplicação dos recursos. O que foi aprovado pelo Legislativo deve ser cumprido como tal, salvo hipóteses emergenciais declinadas em decreto restritivo.

Dispõe o §2º do art. 9º da Lei de Responsabilidade Fiscal que: "Não serão objeto de limitação as despesas que constituam obrigações constitucionais e legais do ente, inclusive aquelas destinadas ao pagamento do serviço da dívida, e as ressalvadas pela Lei de Diretrizes Orçamentárias". O dispositivo contém uma opção do agente político. Evidente está que não pode descumprir as obrigações de caráter constitucional, nem deixar de cumprir obrigações decorrentes de lei. No entanto, fez uma opção pelo pagamento do serviço da dívida. Daí já ter afirmado que o dispositivo "tem interferência direta nos contatos firmados pela Administração Pública. Como, diante do fato de ter extrapolado as metas financeiras, o Poder Público tem que efetuar a limitação dos empenhos, como não pode deixar de cumprir as obrigações constitucionais e legais, bem como tem que cumprir com o pagamento da dívida, a solução será a suspensão do pagamento das obrigações contratuais. Seria interessante que uma cláusula de advertência passasse a constar de todos os contratos firmados pela Administração, para informar os contratantes".[3]

Eventual contingenciamento pode atingir os contratos em curso e, aí, têm incidência as hipóteses previstas no art. 137 e seguintes da nova lei.

Evidente está que, ao efetuar a satisfação das obrigações assumidas em decorrência do endividamento público, se o corte de gastos for necessário, fatalmente os sacrificados serão os fornecedores e contratantes da Administração Pública. Já que não pode deixar de cumprir as obrigações assumidas, por força do §2º do art. 9º da Lei de Responsabilidade Fiscal, a única incidência a ser sacrificada será a dos demais contratantes do Poder Público.

23.4 Efeitos da Lei de Responsabilidade Fiscal nas licitações e contratos administrativos

23.4.1 A fase interna do procedimento licitatório. A influência da Lei de Responsabilidade Fiscal no procedimento da licitação

Os arts. 18 a 27 da Lei nº 14.133/2021 dispõem sobre a fase preparatória da licitação e contemplam o que se denomina de *fase interna da licitação*. De início, deve-se anotar que é fundamental a existência de previsão no Plano Plurianual (inciso IV do §2º do art. 7º) para que seja realizada a licitação. Diante da obrigatoriedade desta, impõe-se que a fase interna deve ser analisada à luz da Lei de Responsabilidade Fiscal (Lei Complementar nº 101/2000), que dispõe expressamente que a gestão responsável pressupõe "ação planejada e transparente" (§1º do art. 1º). Essencial, também, que haja previsão da despesa na Lei de Diretrizes Orçamentárias, que deve guardar sintonia com o Plano Plurianual. É que, de acordo com a sistemática orçamentária da Constituição da República, os recursos orçamentários devem estar em harmonia com as três leis, ou seja, as previsões do (1) Plano Plurianual devem refletir-se na (2) Lei de Diretrizes Orçamentárias e estas duas é que vão orientar e disciplinar os gastos anuais que estarão previstos na (3) Lei Orçamentária Anual.

Impõe-se ressaltar, ainda, que a Lei de Responsabilidade Fiscal deu força integrativa aos princípios da moralidade e da eficiência, previstos no art. 37 da CF, e da economicidade, previsto no art. 70 do mesmo texto. Não é por outra razão que a regra do mencionado inciso (inciso IV do §2º do art. 7º da Lei nº 8.666/1993) deve estar contemplada no Plano Plurianual de que trata o art. 165 da CF, com a suavização final "quando for o caso". Conclui-se, portanto, que toda e qualquer despesa deve estar prevista nas três leis orçamentárias, salvo exceções legais.

O *projeto básico*, para ser aprovado, deverá estar em consonância com os recursos orçamentários, com sua previsão e sua compatibilização com o Plano Plurianual e com a Lei de Diretrizes Orçamentárias.

Primeiro ponto que se deve ressaltar é que, ao se definir *o que* se busca (obra, serviço, compra, etc.), há que existir um valor para que se opte pela modalidade de

---

[3] OLIVEIRA, Regis Fernandes de. *Responsabilidade fiscal*. 2. ed. São Paulo: RT, 2002, p. 39.

licitação. Em outros termos: o parâmetro para adoção da modalidade licitatória é o valor do que se pretende.

Em segundo lugar, para que se verifique a existência de recursos, imprescindível é saber *quanto* irá custar o objeto pretendido (serviço, obra, etc.).

Será possível, indaga-se, que já no âmbito interno possa haver impugnação de valores, da real necessidade da Administração Pública ou da estimativa de valor econômico pelo qual se pretende licitar?

A resposta é pela admissibilidade do direito de intervenção do indivíduo, dentro do âmbito democrático de participação popular, que se aceite a ingerência externa, de pessoas ou organizações não governamentais, para discutir a correção das medidas que estão sendo tomadas. Nada pode impedir sua participação. Por que seria necessário aguardar o edital para posteriormente impugná-lo, quando convém que ele venha hígido para o mundo jurídico?

Aliás, qualquer cidadão pode acompanhar o seu *procedimento* licitatório, sendo certo também que qualquer cidadão pode requerer à Administração Pública os quantitativos das obras e preços unitários do objeto da licitação executada. Ora, de que lhe valerá ter acesso a tais dados senão para impugnar um novo procedimento que será instaurado? Inclusive, o STF decidiu que "a incidência imediata das garantias constitucionais referidas dispensaria previsão legal expressa de audiência dos interessados; de qualquer modo, nada exclui os procedimentos do Tribunal de Contas da aplicação subsidiária da lei geral do processo administrativo federal (Lei nº 9.784/1999), que assegura aos administrados, entre outros, o direito a 'ter ciência da tramitação dos processos administrativos em que tenha a condição de interessado, ter vista dos autos' (art. 3º, II), formular alegações e apresentar documentos antes da decisão, os quais serão objeto de consideração pelo órgão competente".[4]

Enfim: vê-se, pois, à exaustão, que é possível e plenamente aceitável que haja participação de qualquer pessoa, demonstrado o interesse, no procedimento preparatório à instauração do certame.

De outro lado, em relação aos recursos orçamentários incidem os incisos I e II do art. 167 da CF. Em primeiro lugar, somente podem ter início programas ou projetos que estejam incluídos na Lei Orçamentária Anual (inciso I do art. 167); logo, se não houve previsão legal orçamentária nada se pode iniciar, o que obsta a qualquer estudo preliminar ou posterior sobre o início do procedimento licitatório e sobre o objeto da licitação. Demais disso, é vedada qualquer despesa ou assunção de obrigação que exceda o crédito orçamentário ou adicional (inciso II do art. 167).

Decidiu o STJ que "a dotação consignada no orçamento, para o fim de efetivação de despesa, seja de qual natureza for, obriga os órgãos da Administração, sob pena de incorrer em desvio de verbas. A realização de despesa está adstrita às regras de previsão da Lei Orçamentária (e Lei de Diretrizes Orçamentárias). Ao administrador não é dado realizar despesa sem previsão na lei de meios, a não ser com prévia autorização legislativa, em que se indique, desde logo, a disponibilidade financeira específica".[5]

---

4 STF, Pleno, MS nº 23.550-DF, rel. Min. Marco Aurélio, j. 04.04.2001.

5 STJ, rel. Min. Demócrito Reinaldo, *RDA*, 205/266.

Caso se cuide de mera irregularidade, não há falar em nulidade;[6] o mesmo se dizendo de imprecisões do edital, desde que não prejudiquem nem lesem o Estado ou terceiros.[7]

Importante ressaltar: se há contratação de serviços que poderiam ser prestados por servidores públicos sem necessidade de licitação, há lesividade ao patrimônio público.[8] Assim, releva a importância do aspecto da prévia definição do objeto e da economicidade.

Sempre há a necessidade de licitação, ainda que seja em caso de transporte urbano, assim como qualquer norma[9] que admita venda direta de imóveis a servidores é inconstitucional.[10] A regra é: prevalecerá sempre o interesse público.

Aqui, a Lei de Responsabilidade Fiscal atinge em cheio a obrigatoriedade da licitação, no sentido de exigir a *estimativa do impacto orçamentário-financeiro*, não só no exercício em que a despesa será realizada, mas nos dois seguintes (inciso I do art. 16 da Lei de Responsabilidade Fiscal). Além disso, haverá a "declaração do ordenador da despesa de que o aumento tem adequação orçamentária e financeira com a Lei Orçamentária Anual e compatibilidade com o Plano Plurianual e com a Lei de Diretrizes Orçamentárias" (inciso II do art. 16 da Lei de Responsabilidade Fiscal). *Adequada* é a despesa objeto de dotação específica e que seja suficiente ou que, abrangida por crédito genérico, não ultrapasse o limite estabelecido para o exercício (inciso I do §1º do art. 16). *Compatível* é a despesa prevista e adequada com o Plano Plurianual e com a Lei de Diretrizes Orçamentárias e não infringente de suas disposições (inciso II do §1º do art. 16).

Categórico é o inciso I do §4º do art. 16 da Lei de Responsabilidade Fiscal ao dispor que o atendimento às normas anteriores é condição prévia para "o empenho e licitação de serviços, fornecimento de bens ou execução de obras". Nada mais categórico.

De outro lado, o art. 15 dispõe que "serão consideradas não autorizadas, irregulares e lesivas ao patrimônio público a geração de despesa ou assunção de obrigação que não atendam o disposto nos arts. 16 e 17". Logo, o cuidado no cumprimento interno das normas mencionadas é de mister.

Ordenador de despesa, nos exatos termos do §1º do art. 80 do Decreto-Lei nº 200/1967, é "toda e qualquer autoridade de cujos atos resultem emissão de empenho, autorização de pagamento, suprimento ou dispêndio de recursos da União ou pela qual esta responda". Este será o responsável, ao final, pelo pagamento quando houver qualquer infringência das normas anteriores.

No exato dizer de Marçal Justen Filho, ao comentar o art. 38 da Lei de Licitações agora revogada, "é imperiosa a prática de atos anteriores à 'abertura do processo' de licitação. A própria autorização para a licitação, a que se refere o mesmo art. 38, não é o momento propriamente inicial do procedimento licitatório. Há atos anteriores, condicionantes da validade do procedimento subsequente. Antes de cogitar de qualquer autorização para a licitação, a Administração Pública deverá apurar a necessidade de sua

---

6 *RDA*, 203/145, rel. Min. Moreira Alves.

7 STJ, RMS nº 3.920, *BLC* 12/627.

8 STF, RE nº 160.381-SP, rel. Min. Marco Aurélio, j. 29.03.1994.

9 STF, RE nº 140.989, rel. Min. Octávio Gallotti, j. 16.03.1993.

10 STF, ADI nº 651-TO, rel. Min. Ilmar Galvão, j. 29.06.1992.

realização e definir os termos em que será realizada".[11] Prossegue o autor afirmando que "os defeitos quanto a esses atos anteriores se refletem em desvios maléficos no momento subsequente".[12]

Observe-se que o inciso IV do art. 37 da Lei de Responsabilidade Fiscal veda a assunção de obrigações sem autorização orçamentária com fornecedores para pagamento *a posteriori* de bens e serviços.

Tem razão o autor. O procedimento licitatório inicia-se na *fase interna*, em que: (1) é definido o objeto pretendido; (2) estima-se seu valor; (3) estipula-se o montante a gastar; (4) estuda-se a peça orçamentária, para tomar ciência sobre a existência de recursos; (5) elabora-se o edital, a fim de prevenir qualquer nulidade futura em relação ao afastamento de licitantes ou à preferência por algum deles. Tudo isso é absolutamente necessário e dá certeza, seriedade e validade à *fase* posterior, *externa*, no exato instante em que se publica o edital ou se enviam as cartas-convite, a fim de que acorram os interessados.

Há, ainda, a fase *financeira*, que se passa no interior da Administração e na qual se coligem dados, se examina a existência de recursos e se postula a denominada *autorização*, ou seja, o ato que determina ou libera os efeitos da fase externa da licitação; e a fase *administrativa*, em que regras do direito administrativo incidem, para o fim de disciplinar a oferta pública do contrato a ser buscado. Ressalte-se que qualquer ação governamental que acarrete aumento de despesa é condição prévia para o empenho e licitação de serviços, fornecimento de bens ou execução de obras (inciso I do §4º do art. 16 da Lei de Responsabilidade Fiscal).

Não há erro em qualquer destas posições, pois tudo depende de como se olham as coisas. Mas não se pode duvidar de que as fases são distintas.

De outro lado, não se pode negar a influência do art. 17 na fase interna da licitação, uma vez que, se a despesa for de caráter continuado, os atos que a criarem ou aumentarem deverão ser instruídos com a estimativa do impacto orçamentário-financeiro e demonstração da origem dos recursos para seu custeio (§1º do art. 17 da Lei de Responsabilidade Fiscal). De outro lado, haverá necessidade de demonstrar que o atendimento do objeto da despesa não afetará as metas de resultados fiscais previstas no Anexo de Metas. A permissão da despesa apenas ocorrerá no caso de haver compensação. Na hipótese de aumento permanente de despesa é obrigatório o aumento permanente da receita.

Em suma: são de grande influência os arts. 15 a 17 da Lei de Responsabilidade Fiscal na parte interna da licitação. É importante que exista a *possibilidade real de pagamento*.

Ainda a influenciar fortemente o procedimento licitatório está o art. 42 da Lei de Responsabilidade Fiscal, como já se viu. Esta norma impede que o titular de Poder ou órgão mencionado no art. 20 da mesma lei, nos últimos dois quadrimestres de seu mandato, contraia obrigação de despesa que "não possa ser cumprida integralmente dentro dele, ou que tenha parcelas a serem pagas no exercício seguinte sem que haja suficiente disponibilidade de caixa para este efeito".

No caso de se verificar que o pagamento não ocorrerá no mesmo exercício ou até o final do mandato, a obrigação poderá ser anulada. O Ministério Público, ONG

---

11 JUSTEN FILHO, Marçal. *Comentários à Lei de Licitações e Contratos Administrativos*. 9. ed. São Paulo: Dialética, 2002, p. 361-362.

12 *Idem, ibidem.*

que tenha em seu estatuto a defesa da probidade administrativa, partidos políticos ou mesmo pessoas ou entidades diretamente envolvidas no procedimento instaurado poderão buscar a nulidade do ato ou sua suspensão.

23.5 Moderna visão dos contratos. Contratos modernos

A ideia do contrato clássico tem cedido espaço a outras parcerias administrativas. A evolução do Estado que se abre para novas exigências sociais permite o nascimento de outros tipos contratuais. Exemplo é o §8º do art. 37, introduzido pela Emenda Constitucional nº 19/1998 (a denominada "Reforma Administrativa"). Diz referido texto: "A autonomia gerencial, orçamentária e financeiras dos órgãos e entidades da Administração direta e indireta poderá ser ampliada mediante contrato, a ser firmado entre seus administradores e o Poder Público, que tenha por objeto a fixação de metas de desempenho para o órgão ou entidade, cabendo a ele dispor sobre: I – o prazo de duração do contrato: II – os controles e critérios de avaliação de desempenho, direitos, obrigações e responsabilidade dos dirigentes; III – a remuneração do pessoal".

Introduziu-se no Direito Brasileiro o que se denomina de *contrato de gestão*. É ajuste entre a Administração Pública e entidades da Administra indireta ou entidades privadas que tenha por objeto o atingimento de metas de desempenho. Tem por base o princípio da eficiência e admite o controle do cumprimento das metas.

Despido das exigências clássicas, no sentido de que o contrato deve privilegiar a Administração Pública, que tem o dever de perseguir finalidades públicas, o contrato abre-se a um equilíbrio entre as partes contratantes. Não apenas o equilíbrio financeiro, mas de objetivos que devem ser atingidos. De um lado, o Estado, que deve ser operante, mas não mais se apropriando exclusivamente da tutela de interesses públicos. Deve compartilhá-los com a entidade privada. Esta prestará atividades típicas do Poder Público, mas de acordo com seu gerenciamento, isto é, disciplinado pelas regras de direito privado. A gestão é, pois, dirigida pelos objetivos de lucro sem perder de vista objetivos públicos. A relação contratual é regida por interesses paritários.

Por consequência, nasce maior liberdade do Estado na contratação do parceiro privado. Eventualmente pode dispensar a licitação, admitindo-se a provocação do interessado na partilha de conveniências. O terceiro deixa de ser contratado para ser parceiro em colaboração. Não mais a Administração Pública é titular de poderes especiais na revisão contratual. Deve atender ao que ficou contratado, não lhe cabendo rescindir o pactuado movida por seus interesses.

Diante da complexidade social moderna, os escaninhos mentais anteriores já não abarcam todo o complexo de fatos que nascem no interior das comunidades em mutação.

Daí nascer o *contrato de meta* ou *de plano*. A saber: as empresas ficam liberadas de controle excessivo do Estado, tendo liberação em relação a prazos contratuais e preços, desde que atinjam as metas combinadas. O plano deve ser seguido, cabendo à Administração Pública apenas e tão somente o controle das metas.

De seu turno, surge necessidade da ação de colaboração entre os entes federativos. As parcerias públicas objetivam interesses que estão acima de problemas locais dos Municípios e dos Estados ou destes em relação àqueles. Visam a coordenar a ação de diversos entes federativos. Nenhuma restrição pode ser oposta a tal atuação, uma vez que há interesses prevalecentes da comunidade como um todo que não podem ceder diante de pressão ou de conveniências locais momentâneas.

Originam-se de tal dispositivo constitucional as denominadas *organizações sociais* e as *organizações da sociedade civil de interesse público*. As Leis 9.637/1958 e 9.790/1999 regulamentam-nas. São entidades privadas que se qualificam perante o Poder Público e, se admitidas, executarão contratos em determinadas áreas. A elas são destinados recursos orçamentários e eventual afetação de bens e cessão de servidores públicos, para seu correto desenvolvimento.

23.6 *Blockchain* e moedas virtuais

O mundo está em constante e rápida mutação. Especialmente no tocante às comunicações e informações. O desenvolvimento tecnológico leva a inúmeras inovações que difícil é acompanhar diariamente as modificações introduzidas. Mas tanto o mercado como o Poder Público não podem ficar arredios e indiferentes a elas.

Blockchain é, em tradução livre, uma cadeia de blocos que constitui um sistema de registro de transações já efetuadas. Há, pois, uma massa de informações que são catalogadas e inseridas em sistema computacional. A tecnologia vai sendo incorporada ao dia a dia de profissionais de toda ordem e também às estruturas do Estado.

Documentos que ali ingressam não podem ser modificados, o que dá segurança em relação a seu conteúdo. Outros a ele vêm se juntar, formando bloco de informações que são solidificadas para propiciar dados seguros.

A técnica é de grande ajuda em matéria de licitação e contratos. Mecanismos indevassáveis podem restringir a prática da corrupção, embora não possa haver segurança absoluta de que não sejam invadidas. Até poderosos sistemas americanos e russos sofrem violações. Não estamos imunes a sofrer tais ataques cibernéticos.

Ocorre que as novas técnicas vão melhorando os aparelhos de controle. Propiciam ao Poder Público a manutenção e permanente inviolabilidade dos dados inseridos. Não há remoção dos registros. Permite a delegação na tomada de decisões. Na hipótese de eventual violação, acende-se sinal vermelho de alerta, o que impõe imediatas providências.

Na hipótese de leilão público, prefixa lances mínimos. Em termos de urgência grava todos os dados anteriores e permite solução rápida por parte das autoridades. Os contratos virão impressos com todos os dados neles inseridos e poderão ser alterados até formatação final.

O Estado não pode ficar à margem dos progressos tecnológicos.

O Estado não vai poder se furtar de analisar hipóteses de celebrar contratos com moedas virtuais, aceitá-las e transacionar com elas. É verdade que ainda não têm lastro. Mas na medida em que se lhe atribuir determinado valor, poderemos evoluir para tal tipo de celebração contratual.

Não se pode desconhecer que a realidade virtual é uma realidade tão palpável como a real. Não há dois mundos. Ambos hão que estar conectados. O Estado não pode se colocar de costas para tal realidade.

Como as coisas irão se operar não se pode prever, mas é inafastável que tais situações existem, ocorrem e hão que ser disciplinadas pelo Poder Público.

Hoje, dificilmente se poderia celebrar um contrato tendo por referência qualquer moeda virtual, mas brevemente isso passará a fazer parte de nosso dia a dia. Importante é que o Estado incorpore em texto normativo a disciplina da fluência de tais moedas no direito brasileiro. A economia, sem dúvida, dará resposta a isso.

As criptomoedas já começam a preocupar as autoridades financeiras e econômicas do país. O Banco Central estuda como disciplina-las, projetos já surgem perante o Parlamento, junto ao Judiciário aparecem os primeiros casos.

No Brasil, ainda não há legislação a respeito, mas não se pode ignorar a presença das moedas no meio econômico brasileiro, tanto que se pode comprá-las real ou virtualmente.

Ainda é cedo para falarmos em contratos que contenham como valor de referência as criptomoedas, mas é bom ficarmos atentos, porque elas medram nos escaninhos políticos e econômicos.

24

A RESPONSABILIDADE FISCAL E AS PARCERIAS PÚBLICO-PRIVADAS

24.1 Introdução

O advento da Lei nº 11.079/2004 com as alterações da Lei nº 13,097/2015 trouxe uma série de indagações e dúvidas sobre sua incidência e repercussões na Lei de Responsabilidade Fiscal. Toda norma nova traz expectativas e causa preocupações em relação à sua aplicação.

A gestão pública tem sofrido fortes impactos da prevalência do capital como impulsionador da economia e da falência de Estados em propiciar incentivo decisivo e eficaz na produção de riquezas e na boa prestação de serviços públicos. Os países esgotaram a possibilidade de tributar os particulares. Estes estão exauridos em suas disponibilidades para contribuir com o Poder Público. A sociedade está debilitada, e a excessiva tributação das riquezas está matando a "galinha dos ovos de ouro".

Remanesce um grupo ainda rico em possibilidades de investimentos, que são os empresários e os fundos particulares. Em regime de livre iniciativa há empresas que não só se agigantam na produção de bens particulares, mas que se especializam na prestação de serviços públicos e na construção de obras. São, aliás, empresas de outros países, que têm capital, mas não têm mais onde investir dentro de seus países. Logo, buscam outros campos mais rentáveis dos Estados em desenvolvimento, que lhes podem pagar mais, porque precisam de tais capitais.

Estados que não mais têm possibilidade de tributar a sociedade, diante tanto da sobra de capitais em mãos de empresas nacionais ou multinacionais quanto da urgente necessidade de atendimento de prioridades sociais, encontraram a solução de se unir a parceiros na condução de empreendimentos públicos.

Há grande margem de carência em diversos serviços e obras públicas: são hospitais mal gerenciados, que geram descontentamento da maioria da população; são serviços de transporte público que desatendem à coletividade; são obras necessárias que deixam de ser feitas, deixando de oferecer boa infraestrutura aos países, como portos e ferrovias.

Chega-se à conclusão de que é possível adaptar o modelo privado para aplicá-lo à gestão pública, com a obtenção de melhor resultado. O exaurimento dos modelos conhecidos (concessões, permissões) e a necessidade de flexibilização das normas aplicáveis a investimentos privados de interesse público levam ao caminho do compartilhamento dos interesses privados e públicos.

De seu turno, o capital é sempre capital, buscando lucro. Não há capital bom ou ruim. Todo capitalista tem por mira não a previdência, a caridade ou a benemerência, mas o investimento com o fito do lucro. O Poder Público, de seu turno, tem o dever de prestar serviços e realizar obras públicas. Busca o bem-estar da comunidade. Como juntar coisas tão dessemelhantes?

É o desafio legal de encontrar um ponto de equilíbrio que una o interesse do capital particular e os interesses públicos. Noções tão antitéticas que podem ser somadas para o bem-estar da sociedade. Será impossível pensar na conjugação de tais fatores para obter soluções sociais?

24.2 Antecedentes e dúvidas

A matéria não é desconhecida do Direito Brasileiro, que é permeável à participação de particulares na Administração Pública, admitindo concessões e permissões (parágrafo único do art. 175 da CF), as organizações sociais (Lei nº 9.637/1998), as organizações da sociedade civil de interesse público (OSCIPs – Lei nº 9.790/1999), os serviços sociais autônomos. São formas de organização da sociedade para a prestação de atividades públicas. São modelos gerenciais que passam para o Poder Público.

De um lado, o Poder Público necessita do investimento particular em seus objetivos. No entanto, deve dar garantias para obtê-lo. Quais garantias pode oferecer? De caráter tributário? Seria isso legítimo? Poderá haver pagamento de preços ao capital particular? Quais as restrições orçamentárias existentes? Qual a prudência que deve ser adotada na previsão de destinação de recursos a custear o ente privado? Quais os limites que podem ser aplicados em tais parcerias? Quais os níveis de repartição dos encargos? Quais os limites constitucionais de assunção de risco? Como fiscalizar o desenvolvimento das atividades? Quais estruturas estariam dispostas à racionalização, previsibilidade e legitimação da despesa pública? Quais os problemas na estruturação financeira? Como controlar a eficiência e a plena satisfação das necessidades da sociedade? Como apurar e dividir responsabilidades? Quais os requisitos para deflagrar o procedimento que redundará na celebração do contrato?

Poucos podem duvidar da maior eficiência da empresa privada na consecução de seus objetivos. Não porque o Poder Público seja, por definição, um mau administrador. É que não está infenso às ingerências políticas momentâneas. Sempre surgem solicitações políticas de compadrio, de "filhotismo" ou de coronelismo, a exigir das magras receitas públicas que se tornem elásticas no atendimento de nomeações indevidas. Quase irresistível o canto da sereia no desmantelamento de empresas públicas para atendimento de situações pessoais ou particulares. Poucos põem cera para tapar os ouvidos e não serem seduzidos na malversação dos recursos públicos. Ulisses (ou Odisseu) é só uma lenda cantada da *Odisseia*.

Tais ingerências levam a expressões como "quebrei o Estado, mas elegi o sucessor", "rouba, mas faz", etc., típicas de uma política que ainda não cresceu em colocar sobre os interesses dos indivíduos os da população carente, dos quais provém o poder constitucional.

Diante de tal quadro, que não foi pintado pelo diabo, mas que é fruto de nossa realidade, nasce a expectativa de que os legisladores consigam criar um texto combinando capital privado com interesses públicos, a fim de dar solução a novas necessidades que surgem na sociedade. Pode-se pensar em incentivos fiscais com despesas ambientais ou sociais que estimulem os empresários a investir.

24.3 Tipos

Daí o advento da lei rotulada de *Lei das Parcerias Público-Privadas*, que tem sido aplicada com eficiência em alguns países e não deu resultado em outros. Daí nascerem dois tipos de participação, que podem ser assim resumidos: (a) contratos em que há contraprestação do parceiro público ao privado ou (b) contratos em que a Administração é usuária direta ou indireta dos serviços, ainda que envolvam prestação de mão de obra ou fornecimento e instalação de bens.

Foge-se, assim, da concessão tradicional, em que os serviços ou obras não envolvem prestação pecuniária do parceiro público ou privado.

Os contratos passam a ter longa duração, pois envolvem grandes investimentos. Exigem forte equilíbrio financeiro e de risco entre os parceiros. Buscam garantias recíprocas.

Em hipótese alguma o Poder Público abre mão (nem pode) da titularidade da prestação dos serviços ou da obrigação de realizar a obra pública. É o titular do interesse, e a qualquer tempo pode intervir. Mantém-se fiscal do conteúdo do contrato, devendo buscar eficiência e lisura nas atividades prestadas. Não se pode perder de vista que o titular do interesse é o povo, e este é quem pode permitir tais prestações. Da mesma maneira que continua titular do interesse, pode desinteressar-se pela prestação particular da atividade.

Nem por isso deixa em desgraça seu parceiro. Deve assegurar a partilha do risco e, tendo havido investimento, deve garantir a equação econômico-financeira do particular.

Em suma, a parceria público-privada não é um pecado em si mesmo, mas um benefício público que redunda de um investimento privado. O que interessa é como o Estado ditará as regras necessárias à captação dos recursos privados e saber investi-los no interesse público. O ponto de equilíbrio é a virtude, como diria Sócrates.

A legislação submete-se, por consequência, a um plexo de exigências constitucionais e legais que restringem a possibilidade da parceria, em termos financeiros. O Estado não pode agir como particular. Por isso está sujeito a uma série de limitações financeiras impostas pela ordem jurídica.

24.4 Restrições orçamentárias

Antecedendo a qualquer indagação, a despesa deverá vir prevista no Plano Plurianual (inciso I do art. 165 da CF). A este cabe estabelecer os objetivos e metas da Administração Federal para as despesas de capital e outras delas decorrentes e "para as relativas aos programas de duração continuada" (§1º do art. 165 da CF). Taxativamente, a lei dispõe que o objeto do contrato deve "estar previsto no Plano Plurianual em vigor no âmbito onde o contrato será celebrado" (inciso V do art. 10 da Lei nº 11.079/2004).

Evidente está que, se deve constar do Plano Plurianual, deverá figurar na Lei de Diretrizes Orçamentárias e no orçamento anual, que decorrem daquele. A compatibilidade vertical de ambos com o Plano é decorrência lógica da estrutura orçamentária brasileira. O orçamento anual somente pode conter o que já foi estipulado na Lei de Diretrizes Orçamentárias (§2º do art. 165) e no Plano (§7º do mesmo artigo), enquanto a Lei de Diretrizes Orçamentárias está sujeita ao mesmo Plano.

São três leis que se encaixam – o que leva a um antecedente jurídico, isto é, a parceria deve estar prevista nas Leis Orçamentárias (art. 4º da Lei de Responsabilidade Fiscal – Lei Complementar nº 101/2000).

De outro lado, torna-se imprescindível a elaboração do estudo de impacto orçamentário-financeiro nos exercícios em que deva vigorar o contrato de parceria público-privada (inciso II do art. 10 da Lei nº 11.079/2004). Impõe-se a análise de quanto haverá de oneração no orçamento, de onde sairão as receitas, quais os eventuais objetivos que serão prejudicados ou parcialmente prejudicados, que programas poderão deixar de ser atendidos, etc.

24.5 Vinculação de impostos para pagamento das obrigações decorrentes da parceria. Outros tributos e as receitas não tributárias

A primeira restrição que se pode fazer é a impossibilidade de vinculação de impostos a garantir tais contratos. Há expressa vedação constitucional (inciso IV do art. 167 da CF). Demais disso, a única possibilidade de vinculação é a de receitas próprias de alguns impostos para prestação de "garantia ou de contragarantia à União e para pagamento de débitos para com esta" (§4º do art. 167). Não há impedimento de oferecimento de garantia de taxas, já que a contribuição de melhoria está limitada ao valor do despendido na obra pública. As contribuições, de seu turno, acham-se vinculadas ao objetivo para o qual são criadas. Logo, remanesceria a possibilidade de vinculação de taxas.

Pode haver a contraprestação de créditos não tributários (inciso II do art. 6º da Lei nº 11.079/2004). Estes são oriundos da exploração do patrimônio público, seja industrial, comercial, exploração de seus bens, de serviços concedidos ou, por fim, de receitas provenientes da exploração de recursos minerais, petróleo ou energia elétrica, nos termos do §1º do art. 20 da CF.

24.6 Exigências em relação à União

Em relação à União há que se exigir prévio parecer do Ministério da Fazenda sobre a viabilidade da concessão da garantia e sua forma (inciso II do §3º do art. 14 da Lei nº 11.079/2004), à vista dos riscos para o Tesouro Nacional e do limite do endividamento (art. 22).

Como se cuida de despesas de caráter continuado, isto é, irão fluir por mais de dois exercícios (definição contida no art. 17 da Lei de Responsabilidade Fiscal), para que haja a autorização da despesa é imprescindível o atendimento de todas as exigências previstas nos parágrafos do art. 17 da Lei de Responsabilidade Fiscal. Assim, os atos que criarem ou aumentarem a despesa deverão estar instruídos com a estimativa, através do estudo de impacto e a demonstração da origem dos recursos para seu custeio (§1º do art. 17). De seu turno, o comprometimento da receita deverá ser de molde a não criar qualquer obstáculo ao cumprimento das metas fiscais.

24.7 Limites do endividamento

O limite do endividamento vem estabelecido com rigor no art. 22 da Lei nº 11.079/2004, isto é, não ter sido excedido 1% da receita corrente líquida no exercício anterior. A receita corrente líquida vem definida no inciso IV do art. 2º da Lei de Responsabilidade Fiscal, isto é, a soma das receitas totais, salvo as transferidas e a contribuição dos servidores para o custeio de seu sistema de previdência. Em suma, tudo que entra em caráter definitivo aos cofres públicos, exceto a parcela repassada a Estados e Municípios e daqueles a estes, além das contribuições previdenciárias, está englobado no conceito de corrente líquida. Ultrapassado tal limite, há o óbice de celebrar novas parcerias no exercício presente. No seguinte, superado o obstáculo, pode haver nova contratação. Da mesma forma, há o impedimento de nova assunção de despesas no caso de projeto de 10 anos, em que não pode haver o comprometimento da receita corrente líquida projetada para tais exercícios.

24.8 Receita corrente líquida

No conceito de receita corrente líquida ingressam todas as entradas rotuladas de definitivas, isto é, que vêm aos cofres públicos para constituírem disponibilidade de caixa. Esclareça-se que não são apenas as tributárias, mas todas as que ingressam na condição de recursos patrimoniais, industriais, agropecuários, serviços, transferências, exploração do subsolo, minerais, petróleo, energia elétrica, etc. Nada foge ao conceito de receita corrente líquida. Daí se extraem as receitas transferidas obrigatoriamente de um ente político a outro, de caráter tributário ou não, bem como as parcelas e contribuição dos servidores para o custeio de seu programa de previdência e assistência social e respectivas compensações.

A receita corrente líquida é apurada mediante a soma das receitas arrecadadas no mês em referência e nos 11 anteriores, excluídas as duplicidades.

24.9 Contraprestação da Administração Pública

A contraprestação pode ocorrer mediante "outorga de direitos sobre bens públicos dominicais" (inciso IV do art. 6º da Lei nº 11.079/2004). O patrimônio público pode e deve ser explorado pelo Poder Público. Em consequência, se for conveniente para firmar o contrato de parceria público-privada, poderá o Poder Público dispor de seus bens dominiais ou dominicais, isto é, os que constituem parte de seu patrimônio disponível. A saber: não são bens de uso comum do povo, nem estão destinados a qualquer finalidade (bens de uso especial). Como tal, constituem o que se rotula de patrimônio disponível do Poder Público. Daí poder dá-los em concessão ou permissão de uso, autorizar sua exploração e autorizar que deles sejam extraídos frutos civis.

24.10 Limites fiscais. Responsabilidade do ordenador. Previsão de fluxo de despesas

A contratação da parceria público-privada será precedida de licitação, na modalidade concorrência, sujeita às exigências financeiras que seguem. Em primeiro lugar, é imprescindível saber se as despesas criadas ou aumentadas, já superado o obstáculo do limite, não afetarão as metas fiscais. A Lei de Responsabilidade Fiscal exige a divulgação, a previsão e a publicação do denominado Anexo de Metas, o qual deve acompanhar a Lei de Diretrizes Orçamentárias, que servirá de base à Lei Orçamentária Anual. Nele se prevê a busca de resultados esperados. No caso de comprometimento da meta não pode haver a previsão da contratação.

Qualquer imprevisão deverá ser resolvida nos exercícios seguintes, mediante compensação "pelo aumento permanente de receita ou pela redução permanente de despesa" (alínea "b" do inciso I do art. 10 da Lei nº 11.079/2004). Mais uma vez está o legislador exigindo responsabilidade fiscal do ordenador da despesa. Pode investir, pode contratar, pode agir livremente, desde que atente para as exigências da gestão responsável. De duas, uma: ou aumenta a receita ou reduz a despesa. Deve e tem que tomar tal providência, para evitar incidir em responsabilidade ou crime fiscal.

Na hipótese de ser imprescindível a realização de operação de crédito, deverá haver rigorosa observância do contido na Lei de Responsabilidade Fiscal, em seus arts. 29, 30 e 32. Os limites a tais operações encontram-se estabelecidos nas Resoluções nºs 40 e 43, ambas de 2001, do Senado da República, com alterações das Resoluções nºs 2/2009, 29/2009, 47/2008, 48/2008, 49/2007, 6/2007, 32/2006, 40/2006, 21/2006, 67/2005, 19/2003 e 3/2002, como será analisado nos Capítulos 27 e 28.

Imprescindível é que haja declaração do ordenador da despesa de que as obrigações contraídas pela Administração Pública no decorrer do contrato são compatíveis com a Lei de Diretrizes Orçamentárias e estão previstas na Lei Orçamentária Anual (inciso III do art. 10 da Lei nº 11.079/2004). Tal providência é de molde a fixar a responsabilidade fiscal. Alguém deve ser o responsável pela liberação dos recursos ou pela afirmativa de que há recursos disponíveis e previstos no orçamento para que possam ser comprometidos. De tal ordem, é importante que se fixe quem autorizou a despesa, para posterior chamamento à responsabilidade.

Ao lado da providência anterior, deve haver a previsão do fluxo de recursos para suportar a execução do contrato (inciso IV do art. 10 da Lei nº 11.079/2004). Evidente está que pode haver qualquer problema na fluência do contrato, o que envolverá sua revisão ou modificação de suas cláusulas, inclusive no que diga respeito a seu cumprimento. No entanto, imprescindível saber-se, quando de sua eclosão, que há recursos disponíveis e suficientes para o cumprimento do contrato.

24.11 Empenho

Na execução contratual e para satisfação das obrigações pecuniárias decorrentes, determina a lei específica (Lei nº 4.320/1964) que deve haver a expedição de nota de empenho em nome do credor. A lei específica (Lei nº 11.079/2004) admite a emissão de empenho "em nome dos financiadores do projeto em relação às obrigações pecuniárias da Administração Pública" (inciso II do §2º do art. 5º). Curiosa a norma, uma vez que normalmente a nota de empenho é emitida em nome do credor. O credor é quem presta o serviço ou realiza a obra. Financiador é mero mutuante em contrato de empréstimo. Portanto, sem qualquer vínculo com as partes contratantes. É terceiro interessado no cumprimento do contrato e que haja o pagamento por parte da Administração Pública. No entanto, tem direito de receber qualquer parcela diretamente desta. Para que se possa cumprir o dispositivo é imprescindível que haja concordância expressa do credor, ou seja, do parceiro. Pode ele, no entanto, ceder seu crédito, apresentando-se, então, o financiador como credor do Poder Público. A permissão do texto torna imprescindível a concordância ou anuência do parceiro privado.

24.12 Fundo Garantidor

Criou-se um Fundo Garantidor de Parceria Público-Privada/FPG, que tem por finalidade a garantia das obrigações pecuniárias assumidas pelos entes federativos. Referido Fundo é dotado de personalidade jurídica de direito privado, sendo seu patrimônio formado por cotas e eventual aporte de bens e direitos (art. 16, §§1º e 2º, da Lei nº 11.079/2004). As cotas poderão ser atendidas por dinheiro, títulos da dívida pública, bens imóveis dominicais, bens móveis, inclusive ações.

As operações de crédito efetuadas por empresas públicas e sociedades de economia mista da União não poderão exceder a 70% do total das fontes de recursos financeiros da sociedade de propósito específico, sendo que para as áreas das regiões Norte, Nordeste e Centro-Oeste onde o Índice de Desenvolvimento Humano/IDH for inferior à média nacional a participação não poderá exceder a 80%.

24.13 Estados e Municípios

O art. 28 da Lei nº 11.079/2004 estabelece que a União não poderá conceder garantia e realizar transferência voluntária aos Estados, Distrito Federal e Municípios se a soma das despesas de caráter continuado derivadas do conjunto das parcerias já contratadas por esses entes tiver excedido, no ano anterior, a 5% da receita corrente líquida do exercício ou se as despesas anuais dos contratos vigentes nos 10 anos subsequentes excederem a 5% da receita corrente líquida projetada para os respectivos exercícios (redação determinada pela Lei nº 12.766/2012).

A regra estabelece sanção à União, e não aos demais entes federativos. Fica a União impossibilitada, juridicamente, de conceder garantia no caso de Estados, Distrito Federal e Municípios terem ultrapassado os limites fixados em lei para comprometimento em parcerias público-privadas.

Da mesma forma, não poderia repassar receitas transferidas voluntárias. Já se sabe que as receitas transferidas obrigatórias não as pode reter a União. No entanto, as voluntárias não as pode repassar no caso de descumprimento dos limites estabelecidos no art. 28 da lei em comento.

Há obrigatoriedade de todos os entes federativos de encaminhar as contratações que tiverem feito ao Senado Federal e à Secretaria do Tesouro Nacional.

Tais dispositivos, advindos ao ordenamento jurídico através de lei ordinária, são constitucionais. Já se tentou neles ver inconstitucionalidade, porque não teriam vindo ao mundo jurídico através de lei complementar e, depois, por alcançar entes federativos. Ora, cuida-se de norma de mera gestão financeiras. Demais, a sanção, como se vê, é imposta à União, e não aos entes federativos.

De outro lado, para efeito de obtenção de empréstimos mediante operações de crédito internas ou externas é imprescindível que estejam tanto a Secretaria do Tesouro Nacional como o Senado Federal informados das operações, uma vez que a eles caberá prestar informações e autorizar referidas operações de crédito.

O §2º do art. 28 estabelece que no cálculo do montante deverão ser computadas as despesas de todas as entidades da Administração direta e indireta, excluídas as empresas estatais não dependentes (redação determinada pela Lei nº 12.024/2009).

Respeitados os limites legais fixados, os entes federativos e suas entidades da Administração indireta são livres para realizar quaisquer operações, naquilo que melhor lhes convenha.

É imprescindível no âmbito dos Estados que editem suas próprias leis, liberando a pessoa jurídica de direito público para aplicação imediata da lei. Possibilitar-se-á, assim, maior celeridade na obtenção das parcerias, podendo acelerar as obras e serviços imprescindíveis para seu desenvolvimento.

Não se pode fazer um juízo precipitado sobre o valor da lei. Aplicá-la é imprescindível para que tenhamos uma visão global dos benefícios ou malefícios que possa trazer.

24.14 O art. 42 da Lei de Responsabilidade Fiscal e a contratação de parcerias público-privadas

A leitura apressada do art. 42 da Lei de Responsabilidade Fiscal pode sugerir a inadmissibilidade da celebração de qualquer contrato mediante parceria público-privada.

A vedação legal apenas alcança contratações "sem que haja suficiente disponibilidade de caixa para este efeito". A cláusula abre espaço para que a vedação apenas alcance assunção de obrigações se não houver recursos no caixa (disponibilidades).

Há hipóteses de não cumprimento de contrato por parte de fornecedor, e, pois, o pagamento não se realizar até o final do exercício. Entregue o bem no exercício seguinte, evidente que deve haver o pagamento. O "Resto a Pagar" tem fundamento legal.

Ademais, se o contrato será celebrado no final do exercício financeiro e seu pagamento ocorrerá nos exercícios seguintes, não há qualquer impedimento legal a que seja efetuada a avença.

O que é importante deixar claro é que não pode haver assunção de nova obrigação ao final do exercício quando se pressentir ou estiverem presentes a chicana, o desvirtuamento de verbas, a assunção indevida de compromissos, isto é, quando as paixões superarem os interesses públicos. Não há qualquer proibição de contração de despesas futuras.

25

TRIBUNAL DE CONTAS

25.1 Tribunal de Contas. Histórico

O Tribunal de Contas surgiu no Brasil por meio do Decreto nº 966-A, de 07.09.1890.

Decorre a necessidade de sua criação do fato de ser o Brasil uma República Federativa (art. 1º da CF). Após excelente análise sobre a República, finaliza Celso Antônio Bandeira de Mello dizendo que, "se o Estado de Direito supõe que todas as condutas estatais mantenham-se aprisionadas aos parâmetros pré-traçados que lhe regulam os comportamentos, para que o princípio da legalidade se imponha como um todo íntegro, sem fissuras, é indispensável não apenas sua submissão ao controle judicial, quando sua conduta seja agressiva aos direitos subjetivos, mas é requisito também que exista um *mecanismo controlador* de toda a ação estatal, graças ao que possa ser reconduzido à legalidade, mesmo quando de sua conduta não haja resultado violação de direito individual".[1] Ensina que decorrência lógica e necessária do Estado de Direito é a existência de um órgão controlador de toda a atividade estatal, ou seja, que nada escape ao controle de mecanismos destinados a evitar a ilegalidade. Ao lado de controles estruturais de comportamentos institui-se, também, controle de *contas*. Todas as despesas devem estar sujeitas ao controle de um órgão. É ele, no Brasil, o Tribunal de Contas.

Em acórdão, o STF[2] afirmou a essencialidade da instituição. Asseverou que "os Tribunais de Contas tornaram-se instrumentos de inquestionável relevância na Administração Pública e o comportamento de seus agentes, com especial ênfase para os princípios da moralidade administrativa, da impessoalidade e da legalidade".

É próprio do ser humano o erro. Todos, num Estado de Direito, devem sujeitar-se às determinações emanadas pelo Estado. O próprio Estado está subordinado às normas que edita. Logo, a sujeição de todos significa que alguém tem que controlar o comportamento, para sabê-lo adaptado às normas jurídicas. Sem prejuízo do controle jurisdicional, que é constituído por um dos órgãos do Poder, em relação às contas, todos se sujeitam ao controle dos Tribunais de Contas.

1 BANDEIRA DE MELLO, Celso Antônio. Funções do Tribunal de Contas. *RDP*, São Paulo, RT, 72/133.

2 STF, SS nº 1.308-9-RJ, rel. Min. Celso de Mello, *DJU*, Seção I, 19.10.1998, p. 26.

Modernamente, diante da relevância que adquire o Tribunal de Contas como órgão essencial à República e à democracia, tem-se analisado sua natureza jurídica não mais da ótica de mero órgão auxiliar do Poder Legislativo, mas de órgão com estatura constitucional. Ressalte-se, em primeiro lugar, que o TCU não é órgão do Poder Legislativo. O que o art. 71 da CF atribuiu foi o controle externo ao Congresso Nacional *com o auxílio* do Tribunal de Contas da União. Logo, órgão com dignidade constitucional. Marçal Justen Filho chega a afirmar que os Tribunais de Contas seriam um poder autônomo, pois tudo que caracteriza um "poder" encontra-se presente nessas Cortes.[3]

Na precisa lição do Min. Carlos Ayres Britto, referido Tribunal "não é órgão auxiliar do Parlamento Nacional, naquele sentido de inferioridade hierárquica ou subalternidade funcional".[4] Prossegue afirmando que se posta "como órgão da pessoa jurídica União, *diretamente*, sem pertencer a qualquer dos três Poderes federais".[5]

A seguir, aponta algumas características: (a) julgamento sob critério objetivo e da técnica jurídica; (b) força de irretratabilidade, que é própria das decisões judiciais.

Na exaustiva análise que efetua, conclui que se cuida de órgão de grandeza constitucional e administrativa, possuindo competência política.

Não se pode deixar de concordar com referida análise. Não é o Tribunal de Contas órgão meramente auxiliar, tanto que dotado de estrutura própria e de competência especificada na Constituição da República. Ainda que sua atribuição seja o estrito exame das contas públicas, sua dignidade é ínsita na estrutura republicana e democrática. Prestação de contas decorre de outros princípios, e dá a imprescindível garantia jurídica do exercício adequado e probo das funções públicas. Integra, em tal sentido, a natureza da República.

Em consequência, o Tribunal de Contas é órgão constitucional ao qual cabem: fiscalização e controle das contas de todas as pessoas jurídicas e físicas que lidam com recursos públicos, apreciação da legalidade dos serviços funcionais, podendo impor sanções em casos de infração. Não é órgão integrante de qualquer Poder, possuindo dignidade político-administrativa própria.

Pode parecer que tal afirmação quebra o princípio da tripartição de Poderes. Evidente que a teoria na pureza concebida por Montesquieu não mais existe. Continua a afirmação de que o poder é uno e incindível, uma vez que é visto como possibilidade jurídica de intervenção na esfera jurídica de outrem, criando direitos ou obrigações. O que se coloca em xeque hoje é o centro de seu exercício, que não mais se triparte nos tradicionais Poderes.

Por isso é que se pode dizer que o Tribunal de Contas atende a uma matriz constitucional, sendo órgão politicamente essencial. Guarda, pois, dignidade constitucional em sua organização, sua independência administrativa e financeira, bem como tem atribuições fixadas na Lei Maior. O STF decidiu que a competência do TCU "não é, necessariamente, a de mero auxiliar do poder legislativo". Por isso a Câmara Municipal

---

[3] JUSTEN FILHO, Marçal. *Curso de direito administrativo*. 8. ed. Belo Horizonte: Fórum, 2012, p. 92.

[4] BRITTO, Carlos Ayres. O regime constitucional dos Tribunais de Contas. *Cadernos de soluções constitucionais*. São Paulo: Malheiros, 2003, p. 22.

[5] *Idem*, p. 22-23.

não pode "rever ato do Tribunal de Contas que nega o registro de admissão de pessoal" (RE 576920, Min. Rel. Edson Fachin, 09.11.2020).

Daí é que nasce a afirmação de que o Poder Legislativo não pode exercer, concomitante ou exclusivamente, funções que foram atribuídas aos Tribunais de Contas. São competências próprias e inalienáveis.

Nada obsta, pois, a que se veja o Tribunal de Contas com autonomia constitucional, órgão dotado de competências próprias e não subordinado a qualquer dos tradicionais Poderes do Estado.[6]

Não é pelo fato de exercer função de controle, parte da atividade parlamentar, que é dela ancilar.

25.2 Organização

O Tribunal de Contas compõe-se de nove ministros, tem sede no Distrito Federal, "quadro próprio de pessoal e jurisdição em todo o território nacional" (art. 73 da CF).

Vê-se, de início, que tem autonomia administrativa, uma vez que possui quadro próprio de pessoal.

25.3 Sistemas de controle. O papel da Câmara de Vereadores na apreciação das contas

Em relação ao *órgão* de controle, pode ele ser: *legislativo*, composto por uma só pessoa (Inglaterra, Estados Unidos e Suíça); *jurisdicional*, caracterizado por ser um órgão colegiado, sem dependência do Parlamento ou do Executivo, subordinando-se ambos, inclusive o Judiciário, a tal órgão (França, Itália, Portugal e Brasil); e *político-partidário*, caracterizado por contabilidade separada e órgão partidário único, como ocorria na antiga União Soviética. A classificação é feita por Aliomar Baleeiro.[7]

No Brasil o controle das contas é feito pelo Congresso Nacional (art. 71 da CF), auxiliado pelo Tribunal de Contas, sem caráter jurisdicional. A circunstância de exercer o controle das contas e auxiliando o Congresso Nacional não o torna a este submisso. Referido órgão não auxilia apenas o Congresso, mas também pode realizar auditorias a pedido do Executivo e do Judiciário.

Em relação ao *momento* do controle, pode-se dizer que há os tipos de controle *prévio*, *concomitante* e *posterior*. Até a Constituição/1946 o controle foi prévio, uma vez que era imprescindível o registro do contrato para posterior realização da despesa. A recusa do registro não autorizava a execução do contrato. Estabelecia mais: que qualquer ato que envolvesse obrigação de pagamento pelo Tesouro Nacional estaria sujeito a registro prévio ou posterior, conforme determinasse a lei (art. 77, §§1º e 2º, da CF/1946).

Na Constituição atual o controle é *concomitante* e *posterior*. Não há mais o controle prévio. A despesa é realizada: se detectada a ilegalidade no curso ou na execução do

---

6 A propósito, excelente estudo de MOREIRA NETO, Diogo de Figueiredo. Algumas notas sobre órgãos constitucionalmente autônomos: um estudo de caso sobre os Tribunais de Contas no Brasil, *RDA*, 223/1-24.

7 BALEEIRO, Aliomar. *Uma introdução à ciência das finanças*. 16. ed. atual. por Dejalma de Campos. Rio de Janeiro: Forense, 2004, p. 420.

contrato, podem ocorrer a fiscalização e a sustação. Examinaremos posteriormente os diversos incisos do art. 71, enfocando os diversos momentos de controle de todos os atos.

Interessante questão surgiu mais recentemente, qual seja, a de terem sido as contas aprovadas pelo Tribunal respectivo e serem rejeitadas pela Câmara dos Vereadores. Seria cabível instaurar-se junto à Câmara o contraditório, assegurando-se a ampla defesa?

A matéria foi objeto de análise pelo STF. Há, efetivamente, o controle das contas pela Câmara, com o auxílio do Tribunal de Contas (art. 31, §1º, da CF). A doutrina já vinha se manifestando pela necessidade de se instaurar o contraditório perante a Câmara, assegurando-se ao ex-prefeito a garantia da plenitude da defesa.[8]

Qual a decisão definitiva? Do Tribunal de Contas ou da Câmara? O STF decidiu que é exclusivamente à Câmara dos Vereadores que cabe a decisão sobre contas do governo (REs nºs 848826, rel. Min. Roberto Barroso e 729744).

Em relação ao julgamento junto aos Tribunais de Contas, prevalece a Súmula Vinculante nº 3: "Nos processos perante o Tribunal de Contas da União asseguram-se o contraditório e a ampla defesa quando da decisão puder resultar anulação ou revogação de ato administrativo que beneficie o interessado, excetuada a apreciação da legalidade do ato de concessão inicial de aposentadoria, reforma e pensão".

Em suma, quando a decisão do Tribunal de Contas ferir direito, há que se abrir o contraditório. Diga-se o mesmo junto às Câmaras de Vereadores nos julgamentos dos prefeitos.

É certo que cabe à Administração Pública anular seus próprios atos (Súmula nº 473), mas quando o ato invadir esfera de particular, há que assegurar o contraditório e ampla defesa (ARE nº 899816 AgR, rel. Min. Dias Toffoli, *DJe* 57, 24.03.2017).

Os argumentos são os de que a competência da Câmara para apreciação das contas demanda julgamento proferido dentro de processo regular, cuja condução deve atender às exigências constitucionais. O direito de defesa não se esgota perante o Tribunal de Contas.

A ampla defesa não alcança apenas o processo penal, mas também o administrativo, nos exatos termos do que dispõe o art. 5º, LV, da CF. Assim, a Constituição não limita o contraditório e a ampla defesa aos processos administrativos punitivos em que haja acusados, mas estende as garantias a todos os processos administrativos não punitivos, ainda que não haja acusados, mas apenas litigantes. A propósito do assunto, o STF editou a Súmula Vinculante nº 3, do seguinte teor: "Nos processos perante o Tribunal de Contas da União asseguram-se o contraditório e a ampla defesa quando da decisão puder resultar anulação ou revogação de ato administrativo que beneficie o interessado, excetuada a apreciação da legalidade do ato de concessão inicial de aposentadoria, reforma e pensão". A lição vale para os demais Tribunais de Contas do país, nas esferas estadual e municipal.

A matéria recebeu análise do STF em decisão monocrática do Min. Celso de Mello, que afirmou: "Não se pode perder de perspectiva, neste ponto, considerada a

[8] CASTRO, José Nilo de. Julgamento das Contas Municipais. 2. ed. Belo Horizonte: Del Rey, 2000, itens 1 e 2, p. 26-29; BOTTALLO, Eduardo. Julgamento de contas de prefeito e princípio da ampla defesa. *In*: BANDEIRA DE MELLO, Celso Antônio (Org.). *Estudos em Homenagem a Geraldo Ataliba 2: direito administrativo e constitucional*. São Paulo: Malheiros, 1997, p. 334-338.

essencialidade da garantia constitucional da plenitude de defesa e do contraditório, que a Constituição da República estabelece que ninguém pode ser privado de sua liberdade, de seus bens ou de seus direitos sem o devido processo legal, notadamente naqueles casos em que se estabelece uma relação de polaridade conflitante entre o Estado, de um lado, e o indivíduo, de outro".[9]

Em outro tópico assevera que o "respeito efetivo à garantia constitucional do *due process of law*, ainda que se trate de procedimento político-administrativo, condiciona, de modo estrito, o exercício dos poderes de que se acha investida a Pública Administração, sob pena de descaracterizar-se, com grave ofensa aos postulados que informam a própria concepção do Estado Democrático de Direito, a legitimidade jurídica dos atos e resoluções emanados do Estado, especialmente quando tais deliberações importarem graves restrições à esfera jurídica do cidadão por elas afetado".

Importante tal decisão, que assegura aos acusados, em seu mais amplo conceito, o contraditório e o direito de defesa, que pode ser exercido, no caso em análise, tanto no âmbito do Tribunal de Contas como também perante o Legislativo, em relação a suas contas.

25.4 O Tribunal de Contas como fiscal da biopolítica. Os órgãos internos de controle. Tolerância zero

A quem cabe a fiscalização das despesas decorrentes da denomina biopolítica? Em primeiro lugar, ao "controle interno de cada Poder" (parte final do art. 70 da CF/1988). Cada um dos Poderes do Estado institui formas de exercício de controle. Cada Poder designa servidores que irão exercer competências de fiscalização das despesas públicas.

Qual é o campo de atuação de tais agentes públicos? Deve ser o mais amplo possível, a saber, incidindo sobre todo e qualquer gasto. O uso de qualquer remédio no interior de hospital público merece ser controlado. As modernas máquinas eletrônicas propiciam recursos suficientes e hábeis para uso dos agentes para que exerçam suas atribuições.

Não há como negar que isso, hoje, é possível. Nada pode escapar à vigilância dos agentes de controle.

Em segundo plano, não em ordem de subordinação, os Tribunais de Contas teriam competência para o exame imediato de toda e qualquer despesa, por menor que seja? Com certeza sim, a partir da generosa interpretação do inciso IV do art. 71 da CF/1988.

Ora, se cabe ao TCU realizar inspeções e auditorias "contábil, financeira, orçamentária, operacional e patrimonial" (inciso IV do art. 71) em quaisquer unidades administrativas, como recusar a interpretação de que cabe a ele impor a tolerância zero ao gasto público?

Se não age é porque não quer. Ademais, incumbem-lhe também a fiscalização e a aplicação de "quaisquer recursos repassados pela União mediante convênio, acordo, ajuste ou outros instrumentos congêneres, a Estado, ao Distrito Federal ou a Município" (inciso VI do art. 71 da CF/1988).

---

[9] STF, RE nº 235.593-MG, *Informativo STF* 19.4.2004.

Desnecessária qualquer outra análise de dispositivos constitucionais para saber que no interior da competência afeta ao TCU estão contidas atribuições sólidas no sentido de poder examinar todo e qualquer documento.

Só documento é que pode ser examinado? Positivamente, não. Toda e qualquer atuação dos agentes públicos pode ser objeto de investigação dos tribunais administrativos. Quanto mais aqueles dotados de dimensão constitucional, como é o Tribunal de Contas. Dentro de cada esfera federativa, têm competência para examinar o que quiserem.

Não é caso de descer a detalhes sobre competências formais. Nossa preocupação e nosso objeto de estudo incidem sobre a vida como ela é, e não sobre atribuições institucionais.

Aplica-se no campo do direito financeiro o que se rotula em relação à política pública de segurança de *tolerância zero*, ou seja, um centavo de Real que se retire do Poder Público é um desmerecimento à seriedade que deve imperar em relação à despesa pública.

Temos que crescer em termos de consciência histórica. As competências estão fixadas legalmente. Resta exercê-las em sua plenitude. O que vale é mudar o enfoque da análise jurídica.

Deixemos de lado a relação *sintática*, a significar mero vínculo entre normas, para se estudar as competências constitucionais e sua conformidade vertical com a Constituição. Também temos que abandonar a relação *semântica*, ou seja, o estudo dos signos enquanto representativos de situações jurídicas e incidentes sobre a realidade.

O que vale em nosso estudo, agora, é o relacionamento *real* das receitas em relação ao seu destino específico, qual seja, o atendimento da população. De que forma? De forma absoluta e integral. Não apenas na discussão entre equilíbrio orçamentário, em princípios orçamentários que nada dizem (como, por exemplo, o da unicidade, etc.). Nada disso diz respeito àquele a quem a norma é dirigida.

Os mecanismos de controle devem incidir sobre as relações mais elementares da vida humana, como o atendimento hospitalar do ser humano, as condições de educação encontradas, a iluminação pública, para que não ocorram estupros; em vias públicas adequadas para evitar colisões, em creches onde as crianças recebam tratamento correto.

Será que isto está fora da fiscalização do Tribunal de Contas? Entendemos que não. Pode e deve exercer sua competência em sua plenitude. Todo e qualquer dinheiro público não pode ser subtraído a seu controle.

É que ali estará a vida. Esta, em todos os seus aspectos. Como diz Foucault, "a norma é o que pode tanto se aplicar a um corpo que se quer disciplinar quanto a uma população que se quer regulamentar".[10]

Logo, é imperioso que os Poderes se exercitem em direção àquele que deles necessita. Aquele que tem posição destacada na vida prescinde de qualquer atuação do governo. O que dele necessita é o despossuído, o carente, o abandonado, o afastado da vida.

Podemos falar, aqui, na denominada *vida nua* a que se refere Agamben, ou seja, a vida vivida nas ruas, nas favelas, nos grotões do país, nos cortiços e, enfim, em todos os recantos mais empobrecidos do país. Diga-se o mesmo também da vida dos ricos,

---

10 FOUCAULT. *Nascimento da biopolítica*. São Paulo: Martins Fontes, 2008, p. 302 (Coleção Tópicos).

dos abastados, dos empresários, dos altos agentes políticos e públicos. Enfim, de todos que vivem bem (nem sempre em condições melhores).

A vida nua existe em todos os lugares. No entanto, falamos é dos primeiros, isto é, daqueles que nada têm e estão completamente desassistidos.

25.5 A atenção sobre o gasto mínimo. A legitimidade e a economicidade

O que vale na exposição e na pesquisa que estamos desenvolvendo é a atenção redobrada sobre o *gasto mínimo*. Temos que nos debruçar sobre o que é destinado ao homem do povo. Aquele que mais necessita da atenção do Estado. O que não tem condições de ter um plano de saúde. Quanto ele custa para o Estado? Quanto o Estado desembolsará com ele quando de seu internamento? Como é feito este gasto? Quanto ele utilizará de mertiolate? Quantos centímetros de gaze serão necessários para uma atadura ou para uma ferida? Quantas drágeas serão utilizadas no combate à gripe, a uma moléstia mais grave ou a um tratamento de recuperação? Quanto custará a realização de uma cirurgia de extração de um órgão?

É este o gasto sobre o qual o controlador terá que se debruçar.

Controlando o gasto mínimo é que teremos condições de chegar aos grandes gastos das grandes obras.

Pode-se pensar, aqui, na denominada Teoria do *Mínimo Existencial*, ou seja, o que é substancial para que o ser humano tenha o mínimo para sua subsistência. Já não se pensa em bens para existência digna, mas naquela essência para a existência, ou seja: (a) alimentação, (b) andrajos, (c) água potável, (d) calçado (pode ser a sandália de plástico) e (e) higiene básica (banho e limpeza de dentes), ao lado de assistência mínima à saúde. Estamos pensando, aqui, no adulto. Já, a criança teria que ter também uma escola onde, ao menos, se alimente.

Não estamos cogitando das declarações de direitos da ONU ou nas declarações de cada país. Pensamos no ser em si, desapegado de qualquer norma. É aquele que simplesmente existe. Não estamos tratando também dos direitos que lhe são assegurados, mas daqueles de que minimamente possa usufruir.

Para este ser humano há que ter recursos públicos imprescindíveis para que se lhe dê o mínimo existencial.

É disto que se cogita: teria o Tribunal de Contas alguma influência em orientar tais gastos ou ao menos fiscalizá-los? Com certeza, sim. É o que dispõe o *caput* do art. 70 da CF/1988. Ali se lê que cabe a fiscalização em relação à *legitimidade* e também no que diz respeito à *economicidade*. São termos que devem ser interpretados à luz das competências explicitadas na Constituição.

A *legitimidade* tem a ver com a eficiência na aplicação dos recursos. Difere da mera legalidade, que é conformidade vertical com a norma constitucional. A legitimidade é muito mais que isso. Diz respeito à circunstância de estar, ou não, o dispêndio público sendo aplicado onde ele se faz necessário. É a consagração da seriedade e da correção da eleição dos valores estampados no ordenamento jurídico. Não pode o administrador público ter qualquer conduta. Válida é apenas aquela aferida como a melhor. Dentre as opções que tem o agente político, ele não pode escolher a pior. Nem a apenas razoável, mas aquela através da qual irá atingir os interesses públicos. Daí se pode aferir a legitimidade de seu comportamento. Não é qualquer conduta, mas apenas aquela exigida pela norma.

De outro lado, a *economicidade* significa a apuração, no caso concreto, da obtenção do melhor proveito com o mínimo de despesa. Não se trata de apurar o preço mais baixo, mas o mais adequado à circunstância do gasto. Pode não ser o menor preço, mas aquele condizível com a situação real. Levam-se em conta, aqui, os inúmeros aspectos da realidade fática para comprovação de que houve economia na aplicação dos recursos.

Não se fala de *princípios*, uma vez que se cuida de meras regras de gestão pública. O gasto, em tal hipótese, é pertinente e atinge seus objetivos últimos, quais sejam, os de satisfazer interesses realmente encampados no ordenamento.

Não tem o Tribunal de Contas competência para ditar políticas públicas. No entanto, suas decisões poderão ser poderoso instrumento para orientá-las. Na medida em que se profere um julgamento sobre determinado gasto e este é considerado indevido, ilegítimo ou antieconômico, tais decisões devem ser remetidas aos órgãos de controle das decisões sobre a despesa pública, para que sejam levadas em consideração. Caso desdenhada a orientação do Tribunal, este poderá não aprovar despesas decididas em desacordo com o que foi traçado. Daí a riqueza que envolve a solução a ser dada. Daí o critério que deve ser utilizado na aplicação de tais recursos.

25.6 Função "jurisdicional" do Tribunal de Contas. O Tribunal de Contas da União tem força jurisdicional em relação aos demais?

Alguns autores de tomo consideraram que o Tribunal de Contas tinha e tem função *jurisdicional*. Entendo jurisdicional o julgamento de litígios que venha a operar *coisa julgada*. O mais, ou seja, aquilo que pode ser revisto e reapreciado por outro órgão, não julga definitivamente, e, pois, a decisão que produz é administrativa. Suas decisões têm caráter de irretratabilidade ou estabilidade. Nesse sentido, apenas se vê competência administrativa no Tribunal de Contas. A expressão contida no inciso II do art. 71 fala em "julgar" as contas dos administradores, e passou a ser vista, tanto quanto nas Constituições anteriores, como de conteúdo jurisdicional. É a opinião de Pontes de Miranda,[11] Castro Nunes[12] e Seabra Fagundes.[13] Afirma este último que tem força jurisdicional a decisão do Tribunal de Contas "não bem pelo emprego da palavra 'julgamento', mas sim pelo sentido definitivo da manifestação da Corte, pois, se a regularidade das contas pudesse dar lugar a nova apreciação (pelo Poder Judiciário), o seu pronunciamento resultaria em mero e inútil formalismo. Sob esse aspecto restrito (o criminal fica à Justiça da União), a Corte de Contas decide conclusivamente. Os órgãos do Poder Judiciário carecem de jurisdição para examiná-lo".[14]

---

[11] MIRANDA, Pontes de. *Comentários à Constituição de 1967, com a Emenda nº 1, de 1969*. t. 3. São Paulo: RT, 1971, p. 241-262.

[12] NUNES, Castro. *Teoria e prática do Poder Judiciário*. Rio de Janeiro: Forense, 1943. p. 32-33.

[13] FAGUNDES, Seabra. *O controle dos atos administrativos pelo Poder Judiciário*. 5. ed. Rio de Janeiro: Forense, 1979, p. 136.

[14] *Idem*, p. 137-138.

Mais do que nunca é definitivo: (a) o Tribunal de Contas é órgão auxiliar dos três Poderes, mas embutido no Poder Legislativo, uma vez que está incluído no Capítulo I do Título IV da CF, que cuida do Poder Legislativo; (b) ao falar o inciso II do art. 71 em *julgar* as contas, isso significa que as aprecia com o "significado de avaliá-las, entendê-las, reputá-las bem ou mal prestadas, jamais no sentido de sentenciar, de decidir a respeito delas", no dizer de Oswaldo Aranha Bandeira de Mello.[15] Apenas se faz ressalva à expressão do grande e saudoso Mestre quando afirma que não se deve entender o verbo como "decidir a respeito delas" (contas). Decide, evidentemente, seja sob o aspecto formal, seja sob o aspecto de merecimento. A diferença é uma só, ou seja: a matéria decidida pelo Tribunal de Contas pode ser reapreciada pelo Poder Judiciário. Solidifica o entendimento o §2º do art. 31 da CF, que dispõe sobre a rejeição do parecer sobre as contas anuais dos prefeitos, que pode ser realizada por dois terços dos membros da Câmara Municipal. De acordo com o inciso XXXV do art. 5º da CF, "a lei não excluirá da apreciação do Poder Judiciário lesão ou ameaça a direito", além do que "não haverá juízo ou tribunal de exceção" (inciso XXXVII). O legislador constituinte de 1988 manteve o monopólio da atividade jurisdicional em mãos do Poder Judiciário, ou seja, a última palavra sobre qualquer dano a direito de quem quer que seja somente poderá ser dada pelo Poder Judiciário, e eventualmente pelo juiz arbitral, se a ele foi submetida a pendência.

Ademais, o Tribunal de Contas não compõe o Poder Judiciário, como já se viu. Deu apenas a seus componentes, os ministros, os mesmos direitos e deveres *funcionais* e vinculou seus vencimentos aos dos ministros do STJ. As garantias destinam-se a assegurar julgamentos equidistantes e independentes. Nada mais. É a posição de Oswaldo Aranha Bandeira de Mello, que afirma: "O Tribunal de Contas não exerce função jurisdicional e tão somente administrativa de tomada de contas".[16] No mesmo sentido José Afonso da Silva[17] e José Cretella Jr.[18]

Para falar em caráter jurisdicional do Tribunal de Contas é fundamental que os autores se acertem no que denominam "função jurisdicional". Aqui a expressão é utilizada em seu sentido técnico, ou seja, proferir decisões com força de definitividade, isto é, inapreciáveis por qualquer outro órgão. Firmado tal conceito, afirma-se, categoricamente, que o Tribunal de Contas tem função apenas administrativa.[19]

Em suma, os Tribunais de Contas não têm função jurisdicional, como já ficou assentado na Súmula nº 6 do STF. É ela bastante clara ao estabelecer: "A revogação ou anulação, pelo Poder Executivo, de aposentadoria ou qualquer outro ato aprovado pelo Tribunal de Contas não produz efeitos antes de aprovada por aquele Tribunal, *ressalvada a competência revisora* do Judiciário" (grifos nossos).

Dispõe a Súmula nº 347 do STF: "O Tribunal de Contas, no exercício de suas atribuições, pode apreciar a constitucionalidade das leis e dos atos do Poder Público".

---

15 BANDEIRA DE MELLO, Oswaldo Aranha. *Princípios gerais de direito administrativo*. v. 2. Rio de Janeiro: Forense, 1974, p. 169.

16 *Idem*, p. 180.

17 SILVA, José Afonso da. *Orçamento-programa no Brasil*. São Paulo: RT, 1973, p. 374.

18 CRETELLA JR., José. Natureza das decisões do Tribunal de Contas, *RDA*, 166/1-16.

19 Não discrepam de tal orientação os acórdãos constantes das *RTJ*, 45/756, 47/654, 48/353 e 49/376, lembrados por Roberto Rosas (Aspectos dos Tribunais de Contas, *RDA*, 101/47).

Nem por isso deixa de ser jurisdição administrativa, uma vez que seus atos são revisáveis pelo Poder Judiciário.[20]

Interessante questão que se pode colocar é a sobrevinda de alguma determinação constitucional no sentido de que as decisões proferidas pelo Tribunal de Contas da União em determinadas matérias passem a ser vinculativas aos demais Tribunais Estaduais ou Municipais.

Haveria inconstitucionalidade por força do princípio federativo? Parece que não. A organização judiciária é una, o mesmo sucedendo com a dos Tribunais de Contas. Embora numa federação possa ocorrer decisões diferentes, em verdade a unidade jurisdicional impõe coerência entre elas.

Ademais, deve haver uma coerência interna em decisões que digam respeito ao país, ainda que afetas aos tribunais locais. Como descabe recurso das decisões dos tribunais locais para o da União, é de boa cautela e juridicamente admissível, que o Tribunal de Contas possa decidir com força vinculativa, o que impõe que os locais sigam a mesma orientação.

Nenhum sentido tem que cada tribunal local, em face de *matéria federal*, possa decidir de forma divergente de outro da mesma competência. Tal fato leva instabilidade nas relações jurídicas.

25.7 Requisitos para provimento do cargo de ministro do TCU

É imprescindível que seja brasileiro (art. 73, §1º, da CF) e que possua mais de 35 e menos de 70 anos de idade (inciso I do §1º do art. 73 da CF, redação dada pela EC 122, de 2022), além de possuir idoneidade moral e reputação ilibada (inciso II do §1º), bem como notórios conhecimentos jurídicos, contábeis, econômicos e financeiros ou de administração pública (inciso III do §1º). Impõe-se, ainda, que possua "mais de 10 (dez) anos de exercício de função ou de efetiva atividade profissional que exija os conhecimentos mencionados no inciso anterior" (inciso IV). Os requisitos são os mesmos da antiga Constituição. Houve apenas detalhamento deles. Se dentre os auditores não houver número mínimo de três que atendam aos requisitos de idade para indicação, será atendida a exigência constitucional com apenas um nome.[21]

Pela Constituição anterior, o Presidente da República indicava a pessoa que, a seu ver, preenchia os requisitos exigidos. Uma vez aprovada a escolha pelo Senado Federal, era ela nomeada. Agora houve alteração. São eles assim escolhidos: "um terço pelo Presidente da República, com aprovação do Senado Federal, sendo 2 (dois) alternadamente dentre auditores e membros do Ministério Público junto ao Tribunal, indicados em lista tríplice pelo Tribunal, segundo os critérios de antiguidade e merecimento" (art. 73, §2º, I, da CF) e "dois terços pelo Congresso Nacional" (inciso II do mesmo dispositivo).

"A Constituição Federal, ao estabelecer indicação mista para a composição do TCU, não autoriza adoção de regra distinta da que instituiu."[22] Sendo assim, "o preenchimento

---

20 *RDA*, 47/182, 48/307 e 63/215; *RT* 224/341, 253/330 e 357/466.

21 STF, MS nº 23.968-DF, rel. Min. Néri da Silveira.

22 STF, ADI nº 2.117-DF, rel. Min. Maurício Corrêa.

de suas vagas obedece ao critério de origem de cada um dos ministros, vinculando-se cada uma delas à respectiva categoria a que pertencem".

A composição melhorou. A indicação livre de pessoa escolhida pelo Presidente da República normalmente significava que era indicado alguém de confiança do Presidente, que iria, posteriormente, julgar suas próprias contas. Alto conteúdo de suspeição ingressava no julgamento. Ademais, nem sempre era pessoa das mais qualificadas tecnicamente. Agora, foge a indicação do Presidente da República e passa a ser do Congresso Nacional. Torna-se mais autêntica a indicação, sujeitando-se a ser inquirido o indicado pelo Senado Federal. É mais difusa a escolha. Pode concentrar-se, em tese, em pessoa mais preparada e mais independente para desempenho do cargo.

25.7.1 Equivalência de impedimentos e vantagens com os ministros do STJ

Dispõe o §3º do art. 73 da CF: "Os ministros do Tribunal de Contas da União terão as mesmas garantias, prerrogativas, impedimentos, vencimentos e vantagens dos ministros do Superior Tribunal de Justiça, aplicando-se-lhes, quando à aposentadoria e pensão, as normas constantes do art. 40". O dispositivo é assemelhado ao anterior. O STF deixou assentado que "é legítima a equiparação de juízes do Tribunal de Contas, em direitos e garantias, aos membros do Poder Judiciário" (Súmula nº 42). Houve julgado que estabeleceu que os impedimentos incidentes sobre os magistrados alcançam os componentes dos Tribunais de Contas.[23] São eles vitalícios.[24] Os portugueses poderão ocupar tal cargo (art. 12, §1º, da CF), se tal possibilidade for aberta aos brasileiros.

Dispõe o §4º do art. 73 da CF: "O auditor, quando em substituição a ministro, terá as mesmas garantias e impedimentos do titular e, quando no exercício das demais atribuições da judicatura, as de juiz de Tribunal Regional Federal". Deu o texto constitucional novo *status* ao auditor. É ele o substituto do ministro e deve figurar na lista de indicação do Presidente da República, obrigatoriamente. Equipara-se, quando no exercício de "judicatura", ao juiz de TRF.

É passagem paulatina para que o Tribunal de Contas venha a compor, em futura alteração constitucional, o Poder Judiciário.

25.8 Competência. Parecer prévio

Neste campo ocorreram as maiores alterações em relação à organização constitucional anterior, fortalecendo-se o Tribunal de Contas.

Cabe ao Tribunal o controle difuso de constitucionalidade (Súmula nº 347 do STF), o que vem afirmado e analisado por Roberto Rosas.[25]

(a) A competência primeira é a de apreciar, mediante parecer prévio, as contas do Presidente da República (art. 71, I, da CF). Tem este o dever de apresentar contas perante o Congresso Nacional nos 60 dias seguintes à abertura da sessão legislativa (art. 84, XXIV, da CF), em relação às contas do exercício anterior. A primeira sessão legislativa ocorre

---

[23] *RDA*, 109/178.

[24] *RF* 235/92.

[25] ROSAS, Roberto. *Direito sumular*. 14. ed. São Paulo: Malheiros, 2012, p. 172-173.

em 2 de fevereiro (art. 57, *caput*, da CF, com redação dada pela Emenda Constitucional nº 50/2006). Por volta de 2 de abril o Presidente deve apresentar suas contas. Recebidas estas, tem o Tribunal de Contas o prazo de 60 dias para emitir parecer prévio (até 2 de junho, mais ou menos). É trabalho rigorosamente técnico. Como diz Roberto Rosas, "não há possibilidade de parecer sem conclusão. Constitui a terceira fase do silogismo".[26] É imprescindível, pois, que o Tribunal emita parecer conclusivo sobre as contas. No entanto, é peça meramente opinativa.[27] Não é vinculante do comportamento do Congresso, mas será de valioso subsídio. O parecer prévio demanda apresentação de defesa, uma vez que pode resultar em formulação de eventual acusação.

Sendo essencial para validade formal de aprovação das contas a emissão prévia de parecer, não há como se permitir ao órgão legislativo que emita qualquer decisão sobre as contas na ausência do parecer.[28]

Nem pode o parecer, de outro lado, ser impeditivo de qualquer atuação política do agente até que haja manifestação do órgão legislativo.

Evidente que o ato (parecer prévio) tem conteúdo opinativo, mas deve ser fundado em elementos que são trazidos à apreciação do Tribunal.

Caberia, então, recurso contra o parecer? A recorribilidade é ínsita em atos de que possa resultar, em princípio, qualquer dano a quem é deles destinatário. Não é ato final do procedimento. No entanto, se contém possível lesividade jurídica a alguém, pode-se, desde logo, questioná-lo no âmbito administrativo ou até mesmo em juízo.

O parecer há que se fundar em dados concretos. Será questionável em suas conclusões se não se assentarem em documentos que o embasem.

Ademais, o chefe do Executivo tem dupla função, qual seja, como figura política e como ordenador de despesa. São duas faces da mesma pessoa. Em um momento atua como agente político executor do orçamento; de outra banda, exerce atividades de gestão administrativa. No primeiro caso submete-se ao crivo do Legislativo; no segundo, ao julgamento do Tribunal de Contas. A matéria já foi apreciada pelo STJ no RMS nº 11.060-GO (rel. Min. Paulo Medina). Deixou-se, então, afirmado que, "se o prefeito municipal assume a dupla função, política e administrativa, respectivamente, a tarefa de executar orçamento e o encargo de captar receitas e ordenar despesas, submete-se a duplo julgamento. Um político, perante o Parlamento, precedido de parecer prévio; o outro, técnico, a cargo da Corte de Contas".

No rol de suas atribuições, ao Congresso Nacional incumbe "julgar anualmente as contas prestadas pelo Presidente da República" (art. 49, IX, da CF).

E se o Presidente da República não encaminhar as contas tempestivamente? Incumbe ao Tribunal a comunicação ao Presidente do Congresso Nacional para as providências que entender devidas. Cabe à Câmara dos Deputados "proceder à tomada de contas do Presidente da República, quando não apresentadas ao Congresso Nacional dentro de 60 (sessenta) dias após a abertura da sessão legislativa" (inciso II do art. 51). Evidente está que poderá o Presidente praticar crime de responsabilidade (art. 85, V, da CF).

---

26 ROSAS, Roberto. Aspectos dos Tribunais de Contas, *op. cit.*, *RDA*, 101/47.

27 STJ, RMS nº 2.622-0-BA, rel. Min. Peçanha Martins, *DJU*, Seção I, 10.06.1996.

28 STF, ADI nº 261-SC, rel. Min. Gilmar Mendes.

A Constituição anterior estabelecia que, não apresentadas as contas no prazo, "o fato será comunicado ao Congresso Nacional, para os fins de direito, devendo aquele Tribunal, em qualquer caso, apresentar minucioso relatório do exercício financeiro encerrado" (art. 70, §2º, parte final, da CF/1967, com redação da Emenda nº 1/1969). A Constituição atual não diz qual o procedimento a ser adotado. Todavia, nada impede que seja o mesmo. Como órgão auxiliar do Congresso Nacional, o Tribunal de Contas deve comunicar o fato ao Congresso, para que este tome as providências que entender devidas. O comportamento omissivo do Presidente pode caracterizar crime de responsabilidade (art. 85, VI, da CF), por atentar contra a Lei Orçamentária. Em relação aos governadores dos Territórios, a determinação é a mesma e a consequência será idêntica (art. 33, §2º, da CF).

(b) O inciso II do art. 71 da CF estabelece que incumbe ao Tribunal de Contas "julgar as contas dos administradores e demais responsáveis por dinheiros, bens e valores públicos da Administração direta e indireta, incluídas as fundações e sociedades instituídas e mantidas pelo Poder Público Federal, e as contas daqueles que derem causa a perda, extravio ou outra irregularidade de que resulte prejuízo ao Erário público". Tal procedimento, resultando em lesão ao patrimônio público, enseja a propositura de ação de indenização por improbidade administrativa.

Como já se viu, o julgamento é apenas administrativo e de cunho técnico. O alcance do inciso é vasto, de forma a alcançar todos os que detenham, de alguma forma, dinheiro público, em seu sentido mais amplo. Não há exceção, e a interpretação deve ser a mais abrangente possível, diante do princípio republicano, que fixa a responsabilidade do agente público. A Constituição anterior apenas mencionava a Administração Central e as autarquias (art. 70, §5º, da CF/1969).

Com base nesse preceito normativo constitucional, o STF já decidiu que "ao TCU incumbe atuar relativamente à gestão de sociedades de economia mista – Nova inteligência conferida ao inciso II do art. 71 da CF, ficando superada a jurisprudência que veio a ser firmada com o julgamento dos MS nºs. 23.627-2-DF e 23.875-5-DF".[29]

Ademais, a Corte Suprema brasileira também já decidiu que "as empresas públicas e as sociedades de economia mista, entidades integrantes da Administração indireta, estão sujeitas à fiscalização do Tribunal de Contas, não obstante a aplicação do regime jurídico celetista aos seus funcionários – Precedente. *[MS nº 25.092, rel. Min. Carlos Velloso,* DJU *17.3.2006]* 2. A circunstância de a sociedade de economia mista não ter sido criada por lei não afasta a competência do Tribunal de Contas. São sociedades de economia mista, inclusive para os efeitos do art. 37, XIX, da CB/1988, aquelas – anônimas ou não – sob o controle da União, dos Estados-membros, do Distrito Federal ou dos Municípios, independentemente da circunstância de terem sido criadas por lei. Precedente".[30] *[MS nº 24.249, de que fui Relator,* DJU *3.6.2005]*

E em outro interessante julgado restou assentado que descabe ao TCU fiscalizar "sociedade de economia mista sob controle acionário de ente da Federação distinto da União".[31]

---

[29] STF, MS nº 25.181-DF, rel. Min. Marco Aurélio, *DJU*, 10.11.2005.

[30] STF, MS nº 26.117-DF, rel. Min. Eros Grau, *DJU*, 20.05.2009.

[31] STF, MS nº 24.423-DF, rel. Min. Gilmar Mendes, *DJU*, 10.09.2008.

(c) Estabelece o inciso III do art. 71 da CF que compete ao Tribunal de Contas "apreciar, para fins de registro, a legalidade dos atos de admissão de pessoal, a qualquer título, na Administração direta e indireta, incluídas as fundações instituídas e mantidas pelo Poder Público, excetuadas as nomeações para cargo de provimento em comissão, bem como a das concessões de aposentadorias, reformas e pensões, ressalvadas as melhorias posteriores que não alterem o fundamento legal do ato concessório". A dicção do artigo é bem mais ampla que a do texto anterior. Toda e qualquer admissão ao serviço público deve ser apreciada pelo Tribunal de Contas. Levará ele em conta se houve o concurso público, quando necessário (art. 37, II, da CF), ou se o candidato preenche os requisitos exigidos em lei, quando existentes, ou se obedecido o número imprescindível de cargos para provimento por deficientes físicos (art. 37, VIII). A única ressalva diz respeito ao pessoal ocupante de cargo de provimento em comissão. Este é o cargo que se destina a provimento provisório, por se tratar de pessoal de confiança e exonerável a qualquer tempo.

Assentou o STF que o Tribunal de Contas não pode efetuar "qualquer inovação no título jurídico de aposentação submetido a seu exame. Constatada a ocorrência de vício de legalidade no ato concessivo de aposentadoria, torna-se lícito ao TCU – especialmente ante a ampliação do espaço institucional de sua atuação fiscalizadora – recomendar ao órgão ou entidade competente que adote as medidas necessárias ao exato cumprimento da lei, evitando, desse modo, a medida radical da recusa do registro".[32] Posteriormente, manifesta-se, em definitivo, sobre o registro, devendo comunicar ao interessado a diligência. Assim sendo, trata-se de análise técnica e jurídica.

A conversão do julgamento em diligência não obriga a autoridade administrativa, que pode divergir da orientação do Tribunal de Contas. A orientação não obriga à revisão do ato, uma vez que a autoridade emanante do ato não é executora material das recomendações daquele.[33]

Descabe também ao Tribunal de Contas impor suspensão de qualquer pagamento, ainda que contrário a jurisprudência pacífica, uma vez que tal atribuição não lhe foi atribuída.[34]

Da mesma forma, embora o dispositivo possa dar entendimento diverso e duvidoso, são exigidos o registro e, por consequência, a apreciação do Tribunal de Contas dos atos de aposentadoria, reforma e pensão. Excetua-se qualquer alteração que não envolva fundamento legal do ato concessório.

Em suma, todo ingresso e toda saída de pessoal devem ser controlados pelo Tribunal de Contas.

(d) O inciso IV do art. 71 da CF estabelece a competência que se pode denominar fiscalização propriamente dita, ou seja, incumbe ao Tribunal de Contas realizar inspeções e auditorias de natureza contábil, financeira, orçamentária, operacional e patrimonial em qualquer das unidades administrativas de qualquer espécie dos três órgãos de Poder ou nas entidades mencionadas no inciso II.

---

[32] STF, MS nº 21.466-DF, rel. Min. Celso de Mello, *RTJ* 153/151.

[33] *RTJ*, 158/92.

[34] STF, MS nº 23.665-DF, rel. Min. Maurício Corrêa, *DJU*, 20.09.2002.

São as denominadas "auditorias", ou "correições" ou "fiscalizações", que são determinadas pelos agentes hierarquicamente superiores aos subalternos, exigindo documentos ou comprovação das despesas. *É fundamental que as inspeções não se limitem ao mero exame formal dos documentos exibidos.* Aí haveria mero exame contábil ou financeiro. É imprescindível que os auditores se vistam da competência que a Constituição lhes outorgou e fiscalizem o efetivo destino das verbas públicas. Devem ultrapassar o mero exame contábil ou documental. *Devem ingressar no próprio merecimento da despesa.* Somente assim é que se poderá realizar efetivo desempenho de fiscalização.

(e) O inciso V do art. 71 determina a fiscalização das "contas nacionais das empresas supranacionais de cujo capital social a União participe, de forma direta ou indireta, nos termos do tratado constitutivo". É dispositivo que reforça o disposto no parágrafo único do art. 70. É que todos os que tenham guarda de dinheiro público ou as entidades que possuam qualquer participação econômica ou financeira do Poder Público ficam obrigados a prestar contas bem como, por força, agora, de dispositivo constitucional, estão obrigados a se sujeitar à fiscalização do Tribunal de Contas. É mais força de que foi dotado o Tribunal para o exercício de sua missão constitucional.

Incumbe também ao TCU a fiscalização da "aplicação de quaisquer recursos repassados pela União mediante convênio, acordo, ajuste ou outros instrumentos congêneres, a Estado, ao Distrito Federal ou a Município" (art. 71, VI).

Por força do presente dispositivo, o Tribunal de Contas pode exercer fiscalização sobre verbas públicas federais repassadas a Estado, Distrito Federal ou Município. São os denominados "auxílios e subvenções" (*grants in aid*). Não são reembolsáveis, e, pois, podem ser fiscalizados pelo TCU.

Como órgão auxiliar do Congresso Nacional, o Tribunal de Contas tem o dever de "prestar as informações solicitadas pelo Congresso Nacional, por qualquer de suas Casas, ou por qualquer das respectivas Comissões, sobre a fiscalização contábil, financeira, orçamentária, operacional e patrimonial e sobre resultados de auditorias e inspeções realizadas" (art. 71, VII, da CF). Mais que ninguém, o Congresso Nacional deve manter-se informado sobre todas as despesas e suas aplicações efetivas, na forma destinada no orçamento. Daí o dever que tem o Tribunal de Contas de atender, prioritariamente, a qualquer solicitação dos órgãos componentes do Congresso Nacional.

Incumbe ao Tribunal de Contas "aplicar aos responsáveis, em caso de ilegalidade de despesa ou irregularidade de contas, as sanções previstas em lei, que estabelecerá, entre outras cominações, multa proporcional ao dano causado ao Erário" (art. 71, VIII). Evidente está que a todo órgão que tem o poder de fiscalizar incumbe o de aplicar sanções ante a presença de infração administrativa. A lei estabelecerá a graduação. A Constituição Federal estabeleceu, desde logo, a de multa, que deverá ser proporcional ao dano causado ao Erário. O dispositivo necessita de lei para ser aplicado. Em matéria punitiva exigem-se a legalidade e a tipicidade das infrações e sanções.[35]

Incumbe também ao Tribunal e Contas "assinar prazo para que o órgão ou entidade adote as providências necessárias ao exato cumprimento da lei, se verificada ilegalidade" (art. 71, IX, da CF). Caso típico de controle concomitante. Enquanto se

---

[35] A propósito, v. nosso *Infrações e Sanções Administrativas*. 3. ed. São Paulo: RT, 2012.

realiza a despesa, detecta o órgão a ilegalidade da despesa. Se verificada a possibilidade de solução administrativa da "ilegalidade", haverá sanação do ato. Conforme escrevi, "o que o ato denominado de saneador ou convalidador perpetra é o refazimento do anterior, dando-lhe, então, condições de validade no campo jurídico. E a eficácia será, agora, retroativa, de modo a validar alguns dos efeitos da ação anterior".[36]

Nesse caso, cabe ao Tribunal sujeitar o problema ao crivo do contraditório, permitindo ampla defesa do interessado. Tratando-se de contrato administrativo (§1º do art. 71 da CF), não podendo sustá-lo, deve tomar providências para que se supere a ilegalidade detectada. Em tal hipótese ficam assegurados o contraditório e a ampla defesa.[37]

A denominada ilegalidade pode ser absoluta ou relativa, na terminologia dos autores, ou se pode falar em atos sanáveis ou insanáveis, ou convalidáveis e inconvalidáveis. Se se pode refazer o ato e pode ele vir a ser válido, através do novo comportamento, então, haverá convalidação. Como ensina Celso Antônio Bandeira de Mello, "a *convalidação* é o suprimento da invalidade de um ato com efeitos retroativos".[38]

Se houve impossibilidade de conserto do ato administrativo, deve o Tribunal de Contas sustar a execução, nos termos do inciso X do art. 71. Se puder aproveitar o ato, deverá ser refeito o procedimento emanatório, validando-se o comportamento administrativo.

Suponha-se uma licitação em curso que deveria ter sido efetuada pelo procedimento da concorrência e o foi pelo da tomada de preços. Apurada a ilegalidade, porque existe vinculação, dependendo do montante da obra, compra ou serviço, poderá haver a anulação e o refazimento do ato pelo procedimento adequado.

Poderá o Tribunal de Contas "sustar, se não atendido, a execução do ato impugnado, comunicando a decisão à Câmara dos Deputados e ao Senado Federal" (inciso X do art. 71). Dependendo da gravidade do procedimento antijurídico do inspecionado, poderá o Tribunal dar prazo para que sejam supridas as falhas administrativas ou, então, sustar, desde logo, a execução do ato. Em tal caso deve comunicar a solução às duas Casas do Congresso.

Incumbe, por fim, no rol dos incisos do art. 71 da CF, "representar ao Poder competente sobre irregularidades ou abusos apurados" (inciso XI). Se em determinada inspeção sobre qualquer unidade administrativa de qualquer dos Poderes for apurada determinada irregularidade ou abuso, deverá o Tribunal comunicar ao Poder competente sobre a falha apontada.

Como se vê pelo rol das competências, foi aumentada em muito a competência do Tribunal. Ainda não se chegou ao ponto institucional desejado, com toda a dignidade que mereceria tal órgão. Todavia, aproximou-se do feixe de competências necessário para que pudesse haver efetiva fiscalização sobre os gastos públicos.

A sustação terá eficácia imediata. O Tribunal de Contas poderá sustar a execução de ato impugnado. No caso de se cuidar de contrato, e havendo representação do

---

36 V. nosso *Ato administrativo*. 5. ed. São Paulo: RT, 2007, p. 121.

37 STF, MS nº 23.550-DF, rel. Min. Sepúlveda Pertence, *DJU*, 31.10.2001, p. 6.

38 BANDEIRA DE MELLO, Celso Antônio. *Curso de direito administrativo*. 33. ed., 2. tir. São Paulo: Malheiros, 2017, p. 490.

Tribunal ao Congresso, poderá este efetuar ou decretar a sustação da execução do contrato. A competência é exclusiva do Congresso para sustar a execução de contrato. Cabe-lhe, como poder maior, determinar a sustação diretamente. Em seguida, para plena harmonia dos poderes, solicita, "de imediato, ao Poder Executivo, as medidas cabíveis" (art. 71, §1º, parte final).

Nada deliberando a respeito, passa-se à determinação contida no §2º do mesmo dispositivo constitucional: "Se o Congresso Nacional ou o Poder Executivo, no prazo de 90 (noventa) dias, não efetivar as medidas previstas no parágrafo anterior, o Tribunal decidirá a respeito".

Grande foi a alteração operada aqui. Pela Constituição anterior, o Tribunal de Contas, ao se deparar com alguma irregularidade ou invalidade na execução de contrato, deveria efetuar a comunicação ao Poder Legislativo. Caso este silenciasse no prazo de 30 dias, haver-se-iam como insubsistente a impugnação do Tribunal de Contas e válida a despesa operada.

Faz-se assim a distinção: cuidando-se de ato, pode haver a sustação, com comunicação posterior ao Congresso; cuidando-se de contrato, deve haver a representação. Ciente da ilegalidade na execução do contrato, o Poder Legislativo susta seu cumprimento. Poderá deixar de sustá-lo, com manifestação sobre a legalidade, falecendo, aí, competência ao Tribunal de Contas para divergência, uma vez que o órgão principal se manifesta pela legalidade. Caso não haja providência ou se "não efetivar as medidas previstas no parágrafo anterior", ou seja, não tomar qualquer providência a propósito do contrato impugnado, "o Tribunal decidirá a respeito" (art. 71, §2º).

Importante a alteração havida. Antes, diante do silêncio, haveria a rejeição da impugnação ofertada pelo Tribunal de Contas. Agora, no silêncio, retorna a competência plena para o Tribunal decidir sobre a providência administrativa que deve ser adotada.

O §3º do art. 71 estabelece que "as decisões do Tribunal de que resulte imputação de débito ou multa terão eficácia de título executivo". O dispositivo poderia deixar de figurar na Constituição Federal. Qualquer dispositivo legal poderá outorgar condição de título executivo extrajudicial às decisões sobre débito ou multa imposta pelo Tribunal de Contas. Isso significa que se forma o título de crédito unilateralmente, podendo haver cobrança pela via de execução. Não há necessidade sequer de registro perante o livro de dívida ativa para que se constitua em título de crédito. Basta certidão expedida pelo próprio Tribunal.

Importante, no entanto, o efeito jurídico estabelecido. Não há necessidade de outra força para dar executividade à decisão do Tribunal. Haveria necessidade de inscrição na dívida ativa? Não. A dicção do artigo não deixa dúvida: as decisões têm eficácia. Logo, prescindível o registro da decisão para que venha a adquirir a força outorgada pela inscrição da dívida.

Descabe, no entanto, ao Tribunal executar suas decisões, seja diretamente, seja através do Ministério Público que perante ele atua. "A ação de cobrança somente pode ser proposta por intermédio de seus procuradores que atuam junto ao órgão jurisdicional competente."[39]

[39] STF, RE nº 223.037, rel. Min. Maurício Corrêa, *DJU*, 02.08.2002.

Tem o Tribunal de Contas o dever de encaminhar trimestralmente e anualmente ao Congresso Nacional relatório de suas atividades (art. 71, §4º, da CF). É aquele que fiscaliza tendo obrigação de prestar contas ao órgão a quem auxilia.

Já, no texto constitucional anterior, que não continha referido dispositivo ou outro de conteúdo semelhante, entendeu o STF que, "não obstante o relevante papel do Tribunal de Contas no controle financeiro e orçamentário, como órgão eminentemente técnico, nada impede que o Poder Legislativo, exercitando o controle externo, aprecie as contas daquele, que, no particular, situa-se como órgão auxiliar".[40]

Tal decisão aplica o princípio republicano da responsabilidade no exercício de cargos públicos e significa que não há ninguém acima das normas constitucionais. Aplicam-se elas a todos os cidadãos, sujeitando-os igualmente aos ditames do ordenamento jurídico.

O Projeto de Lei Orçamentária encaminhado anualmente ao Congresso Nacional, relativo ao Plano Plurianual e às diretrizes orçamentárias, será apreciado pelas duas Casas do Congresso Nacional, incumbindo a uma Comissão Mista Permanente o exame de todos os projetos (art. 166, §2º, da CF). Esta mesma Comissão, "diante de indícios de despesas não autorizadas, ainda que sob a forma de investimentos não programados ou de subsídios não aprovados, poderá solicitar à autoridade governamental responsável que, no prazo de 5 (cinco) dias, preste os esclarecimentos necessários" (art. 72). A autoridade responsável pode prestar os esclarecimentos ou deixar de fazê-lo. Em tal caso, ou sendo eles considerados "insuficientes, a Comissão solicitará ao Tribunal pronunciamento conclusivo sobre a matéria, no prazo de 30 (trinta) dias" (art. 72, §1º).

O parecer do Tribunal retorna ao Congresso Nacional e, sendo de opinião que a despesa é irregular, a "Comissão, se julgar que o gasto possa causar dano irreparável ou grave lesão à economia pública, proporá ao Congresso Nacional sua sustação" (art. 72, §2º).

Reveste-se, assim, o Congresso Nacional do poder de sustar despesas irregulares. Toda e qualquer despesa deve ter expressa previsão orçamentária. Não a tendo, incumbe ao Tribunal denunciar a irregularidade ou ilegalidade ao Congresso, que, então, tomará as providências previstas no art. 72 da CF.

Merece destaque o poder normativo do Tribunal de Contas. Em primeiro lugar, convém esclarecer que diferem *função legislativa* e *função normativa*. A primeira é típica e privativa do Poder Legislativo, no sentido de instituir comandos primários. A segunda é difusa em todos os Poderes e órgãos institucionais da estrutura governamental ou não.

Evidente está que para criar ou extinguir direitos é imprescindível a lei. Só que em micro-organismos, disciplinados pela lei, remanesce margem de competência para criar ou instituir outros direitos. Por exemplo, o comando primário prevê a criação das pessoas jurídicas, dando-lhes a forma de sua atuação no mundo jurídico. Com base nela, forma-se uma associação (clube esportivo, por exemplo, ou uma escola particular). Para gerir a disciplina interna de tal entidade, prescindível é o comando originário. Tem ela atribuição para se estruturar da forma que queira e criar novos direitos e obrigações e respectivas sanções. No caso de uma infração à regra interna, sofre-se a sanção interna, como uma pena pecuniária, de suspensão de frequência nas atividades

40 *RTJ*, 110/476.

do clube, da escola, etc. Há evidente invasão na intimidade jurídica da pessoa, de forma absolutamente constitucional.

Pode-se estender tal raciocínio à competência do Tribunal de Contas. Fixada a norma originária de suas atribuições, tem ele o poder normativo de dispor sobre a forma como obrigar ou impor aos entes sob seu controle as regras de comportamento. Não se pode falar em delegação legislativa. A competência é própria do autopoder de se conformar a seus ditames. Se o Tribunal de Contas tem a competência estabelecida na Constituição, pode dispor, normativamente, sobre a forma como irá aplicar a lei e a forma com que os entes fiscalizados sofrerão a fiscalização. Logo, cabe-lhe estatuir sobre prazos de apresentação de documentos, forma como deverão ser exibidos, maneira como serão feitas as fiscalizações, etc.

De outro lado, não se vê o poder normativo ou regulamentador como instrumento de poder arbitrário do Tribunal de Contas. Ao contrário, na medida em que são expedidas normas, desde que constitucionais, são elas limitantes das atribuições estatuídas. Se o Tribunal se outorga maiores competências, será o ato inconstitucional. Se repete normas existentes, será inútil. Apenas pode, pois, expedir normas para disciplinar o exercício de suas atribuições, sem que nelas se possa entrever comportamento inconstitucional.

25.9 Sigilo bancário

Surgiram dúvidas na legislação anterior sobre a possibilidade de o Tribunal de Contas requisitar informações sigilosas aos bancos sobre situação individual ou despesas em relação a dados que tenham interesse para a aferição da regularidade das contas. A Lei Federal nº 4.595/1964 disciplinou o sigilo das instituições financeiras. A quebra do sigilo significava a possibilidade de infração penal. Só não prevalecia o sigilo diante de: (a) determinação judicial; (b) solicitação provinda de Comissão Parlamentar de Inquérito; e (c) solicitação de agentes fiscais da União e dos Estados.

Entende José Celso de Mello Filho que é possível ao Tribunal a requisição de informações sigilosas.[41]

O art. 38 da Lei Federal nº 4.595/1964 foi revogado pela Lei Complementar federal nº 105/2001, tendo esta norma estabelecido que "dependem de prévia autorização do Poder Judiciário a prestação de informações e o fornecimento de documentos sigilosos solicitados por Comissão de Inquérito administrativo destinada a apurar responsabilidade de servidor público por infração praticada no exercício de suas atribuições, ou que tenha relação com as atribuições do cargo em que se encontre investido" (art. 3º), e facultando ao Poder Legislativo Federal a possibilidade de requisitar informações sigilosas, desde que de maneira fundamentada apresente a necessidade de tais informações para a busca de suas finalidades constitucionais e seja aprovado pelo Plenário da Câmara, do Senado ou da Comissão Parlamentar de Inquérito (art. 4º, §§1º e 2º).

A competência gizada na Constituição Federal ficaria mutilada ou cerceado seu exercício se não pudesse haver a requisição de informações aos bancos. Eventual confronto de dados será imprescindível para a verificação do correto gasto e uso das

[41] MELLO FILHO, José Celso de. *Constituição Federal anotada*. São Paulo: Saraiva, 1986, p. 238.

verbas públicas. Entende-se decorrente das atribuições previstas no art. 71 da CF a competência para requisição de dados bancários, uma vez comprovada sua necessidade no caso concreto.

A propósito do tema, quando de meu primeiro mandato como deputado federal, tive oportunidade de exarar parecer, na Comissão de Constituição e Justiça da Câmara, sobre a inadmissibilidade de quebra do sigilo bancário de qualquer pessoa por entes administrativos.[42] A única alternativa é o requerimento ao juiz para que libere os documentos, diante de instauração de procedimento administrativo ou judicial. A matéria, à época, foi aprovada.

A superveniência da LC nº 105/2001 fez os interessados irem ao Supremo para questionar sua constitucionalidade. O art. 6º da lei mencionada permite a quebra do sigilo pelo Fisco. O STF apreciou as ADIs nºs 2310, 2397, 2386 e 2859, com relatório do Min. Dias Toffoli e um RE relatado pelo Ministro Edson Fachin e, em todos, declarou-se a constitucionalidade da lei que reconheceu a competência do Fisco para obter dados bancários sigilosos.

Mantém-se o sigilo, mas os dados podem ser obtidos em juízo ou pela fiscalização. Razões de ordem pública prevalecem sobre a individualidade do sigilo.

A Suprema Corte brasileira vem consolidando o entendimento de que "o TCU, a despeito da relevância das suas funções, não está autorizado a requisitar informações que importem a quebra de sigilo bancário, por não figurar dentre aqueles a quem o legislador conferiu essa possibilidade, nos termos do art. 38 da Lei n. 4.595/1964, revogado pela Lei Complementar n. 105/2001. Não há como admitir-se interpretação extensiva, por tal implicar restrição a direito fundamental positivado no art. 5º, X, da Constituição".[43]

25.10 O Tribunal de Contas dos Estados e dos Municípios

Dispõe o art. 75 da CF: "As normas estabelecidas nesta Seção aplicam-se, no que couber, à organização, composição e fiscalização dos Tribunais de Contas dos Estados e do Distrito Federal, bem como dos Tribunais e Conselhos de Contas dos Municípios".

Não podem os Estados atribuir outras competências aos Tribunais de Contas ou diminuí-las,[44] o que redunda na inconstitucionalidade de preceito que atribua competência ao Tribunal de Contas de Estado para pedir intervenção estadual em Município.[45]

O STF já decidiu que "é obrigatório o modelo federal para a composição dos Tribunais de Contas dos Estados".[46]

Todas as disposições constantes dos arts. 70 a 74 são aplicáveis aos Estados, devendo o constituinte estadual obediência a suas determinações.

De outro lado, dispõe o parágrafo único do art. 75: "As Constituições Estaduais disporão sobre os Tribunais de Contas respectivos, que serão integrados por 7 (sete)

---

[42] O parecer foi publicado na *Revista de Direito Mercantil, Industrial, Econômico e Financeiro – RDM*, ano XXXIV, n. 99, p. 89-104, jul./set. 1995.

[43] STF, MS nº 22.934-DF, rel. Min. Joaquim Barbosa, *DJe*, 09.05.2012.

[44] STF, ADI nº 2.546-RO, rel. Min. Sydney Sanches; ADI nº 461, rel. Min. Carlos Velloso, *DJU*, 06.09.2002.

[45] STF, ADI nº 2.631-PA, rel. Min. Carlos Velloso.

[46] *RDA*, 126/341; *RTJ*, 46/442, 50/245, 52/520, 54/542 e 65/305.

conselheiros". "No Tribunal de Contas estadual, composto por sete conselheiros, quatro devem ser escolhidos pela Assembleia Legislativa e três pelo chefe do Poder Executivo Estadual, cabendo a este indicar um dentre auditores e outro dentre membros do Ministério Público, e um terceiro à sua livre escolha" (Súmula nº 653 do STF).

Não pode o governador indicar dois nomes dentre auditores e membros do Ministério Público, ao lado de terceiro de sua livre escolha. Se é o Tribunal de Contas do Estado integrado por sete conselheiros, três devem ser escolhidos pelo governador e quatro pela Assembleia Legislativa.[47]

Vê-se, desde logo, a distinção de tratamento. Enquanto os componentes do TCU têm o título de ministros, os dos Estados têm o de conselheiros. Estes deverão ter a mesma qualificação profissional prevista no §1º do art. 73 da CF e as vagas serão preenchidas na forma do §2º do mesmo artigo. Deve haver obediência aos critérios de merecimento e antiguidade.[48]

Em relação aos Municípios há também o controle externo, que é exercido pelas Câmaras Municipais com "o auxílio dos Tribunais de Contas dos Estados ou do Município ou dos Conselhos ou Tribunais de Contas dos Municípios, onde houver" (art. 31, §1º, da CF).

Não há possibilidade de apreciação de contas dos Municípios sem o prévio parecer do Tribunal de Contas.[49]

O aparente tumulto terminológico deve-se ao fato de alguns Municípios, antes das restrições instituídas pelo §3º do art. 16 da CF anterior, terem instituído Tribunais de Contas. No Estado de São Paulo existe apenas o Tribunal de Contas do Município da Capital. Os demais Municípios sujeitam-se e são obrigados à prestação de contas ao Tribunal do Estado. Nada impede que os Estados criem Cortes de Contas só para os Municípios. Estas emitirão o parecer prévio às contas prestadas anualmente pelos prefeitos. Na omissão da remessa, incumbirá ao Tribunal a comunicação à Câmara competente, para as providências que entender devidas, ou seja, o impedimento do prefeito. Apenas deixará de prevalecer o parecer do Tribunal de Contas contrário às contas do prefeito "por decisão de dois terços dos membros da Câmara Municipal" (art. 31, §2º, da CF).

No caso de aprovação das contas pelo Tribunal de Contas e sua rejeição pela Câmara de Vereadores, em juízo político, é obrigatório assegurar-se a ampla defesa, com intimação do prefeito, bem como a instauração do contraditório.[50]

De acordo com o §4º do art. 31 da CF, "é vedada a criação de Tribunais, Conselhos ou órgãos de Contas Municipais". A disposição é constrangedora à autonomia dos Municípios. Aqueles que já possuem Tribunal de Contas podem mantê-los. Todavia, não mais é permitida sua criação, inclusive em Capitais que não o possuam ou em que não esteja instituído.

---

[47] STF, ADI nº 2.013, rel. Min. Maurício Corrêa, *RDA*, 218/218, outubro-dezembro/1999.

[48] STF, ADI nº 2.209-PI, rel. Min. Maurício Corrêa, j. 19.3.2003, *DJU*, 25.04.2003.

[49] STF, ADI nº 261-SC, rel. Min. Gilmar Mendes, 14.11.2002, *DJU*, 28.02.2003, p. 7.

[50] STF, RE nº 261.885, rel. Min. Ilmar Galvão, *DJU*, 16.3.2001.

Importante destacar que o Tribunal de Contas não pode dar determinações aos Municípios. A competência esgota-se no auxílio às Câmaras e na emissão de parecer prévio às contas do prefeito.

Interpretando o dispositivo, o STF decidiu que "a vedação contida no §4º do art. 31 da CF só impede a criação de órgão, Tribunal ou Conselho de Contas, pelos Municípios, inserido na estrutura destes. Não proíbe a instituição de órgão, Tribunal ou Conselho, pelos Estados, com jurisdição sobre as contas municipais".[51]

[51] STF, *RDA*, 185/127 (rel. Min. Octávio Gallotti).

26

PRECATÓRIO

26.1 Relevância do tema e previsão constitucional

O tema dos precatórios tem despertado a argúcia dos intérpretes diante de tantos e tantos fatos trazidos à baila a partir do caso conhecido como "Escândalo dos Precatórios" (que ganhou notoriedade entre 1995 e 1997), que pôs em xeque governadores e prefeitos.

Ademais, com o crescimento do país e com o aprofundamento do Estado Democrático de Direito, a temática concernente às formas pelas quais o Estado orienta o pagamento de suas dívidas judiciais tornou-se questão de preocupação republicana, não merecendo o tratamento superficial que era dado ao problema até meados do século XX.

A matéria vinha disciplinada no art. 100 da CF, com a redação que lhe foi dada pela Emenda Constitucional nº 62/2009. Submetida à apreciação do STF, foi declarada sua inconstitucionalidade parcial, com modulação dos efeitos, na ADI nº 4.357-DF. Sobreveio a Emenda Constitucional nº 94/2016, alterada pela Emenda Constitucional nº 99/2017, que deu a seguinte redação ao art. 100 da CF:

> Art. 100. Os pagamentos devidos pelas Fazendas Públicas Federal, Estaduais, Distrital e Municipais, em virtude de sentença judiciária, far-se-ão exclusivamente na ordem cronológica de apresentação dos precatórios e à conta dos créditos respectivos, proibida a designação de casos ou de pessoas nas dotações orçamentárias e nos créditos adicionais abertos para este fim (redação dada pela EC 62/2009).
>
> §1º. Os débitos de natureza alimentícia compreendem aqueles decorrentes de salários, vencimentos, proventos, pensões e suas complementações, benefícios previdenciários e indenizações por morte ou por invalidez, fundadas em responsabilidade civil, em virtude de sentença judicial transitada em julgado, e serão pagos com preferência sobre todos os demais débitos, exceto sobre aqueles referidos no §2º deste artigo.
>
> Os débitos de natureza alimentícia cujos titulares, originários ou por sucessão hereditária, tenham 60 (sessenta) anos de idade, ou sejam portadores de doença grave, ou pessoas com deficiência, assim definidos na forma da lei, serão pagos com preferência sobre todos os demais débitos, até o valor equivalente ao triplo fixado em lei para os fins do disposto no parágrafo 3º deste artigo, admitido o fracionamento para essa finalidades, sendo que o restante será pago na ordem cronológica de apresentação do precatório (redação dada pela EC 94/2016 (revogado)

§3º. O disposto no *caput* deste artigo relativamente à expedição de precatórios não se aplica aos pagamentos de obrigações definidas em leis como de pequeno valor que as Fazendas referidas devam fazer em virtude de sentença judicial transitada em julgado.

§4º. Para os fins do disposto no §3º, poderão ser fixados, por leis próprias, valores distintos às entidades de direito público, segundo as diferentes capacidades econômicas, sendo o mínimo igual ao valor do maior benefício do Regime Geral de Previdência Social.

§5º. É obrigatória a inclusão no orçamento das entidades de direito público, de verba necessária ao pagamento de seus débitos, oriundos de sentenças transitadas em julgado, constantes de precatórios judiciários apresentados até 2 de abril, fazendo-se o pagamento até o final do exercício seguinte, quando terão seus valores atualizados monetariamente (redação da EC nº 114/2021).

§6º. As dotações orçamentárias e os créditos abertos serão consignados diretamente ao Poder Judiciário, cabendo ao presidente do tribunal que proferir a decisão exequenda determinar o pagamento integral e autorizar, a requerimento do credor e exclusivamente para os casos de preterimento de seu direito de precedência ou de não alocação orçamentária do valor necessário à satisfação do seu débito, o sequestro da quantia respectiva.

§7º. O presidente do tribunal competente que, por ato comissivo ou omissivo, retardar ou tentar frustrar a liquidação regular de precatórios incorrerá em crime de responsabilidade e responderá, também, perante o Conselho Nacional de Justiça.

§8º. É vedada a expedição de precatórios complementares ou suplementares de valor pago, bem como o fracionamento, repartição ou quebra do valor da execução para fins de enquadramento de parcela do total ao que dispõe o §3º deste artigo.

§9º. Sem que haja interrupção no pagamento do precatório e mediante comunicação da Fazenda Pública ao Tribunal, o valor correspondente aos eventuais débitos inscritos em dívida ativa contra o credor do requisitório e seus substituídos deverá ser depositado à conta do juízo responsável pela ação de cobrança, que decidirá pelo seu destino definitivo (redação da EC nº 113/2021)

§10. Antes da expedição dos precatórios, o tribunal solicitará à Fazenda Pública devedora, para resposta em até 30 (trinta) dias, sob pena de perda do direito de abatimento, informação sobre os débitos que preencham as condições estabelecidas no §9º, para os fins nele previstos.

§11. É facultada ao credor, conforme estabelecido em lei do ente federativo devedor, com auto aplicabilidade para a União a oferta de réditos líquidos e certos que originalmente lhe são próprios ou adquiridos de terceiros reconhecidos pelo ente federativo ou por decisão transitada em julgado para (redação dada pela EC nº 113/2021):

I – quitação de débitos parcelados ou débitos inscritos em dívida ativa do ente federativo devedor, inclusive em transação resolutiva de litígio, e, subsidiariamente, débitos com a administração autárquica e fundacional do mesmo ente;

II – compra de imóveis públicos de propriedade do mesmo ente disponibilizados para venda;

III – pagamento de outorga de delegações de serviços públicos e demais espécies de concessão negocial promovidas pelo mesmo ente;

IV – aquisição, inclusive minoritária, de participação societária, disponibilizada para venda, do respectivo ente federativo; ou

V – compra de direitos, disponibilizados para cessão, do respectivo ente federativo, inclusive, no caso da União, da antecipação de valores a serem recebidos a título do excedente em óleo em contratos de partilha de petróleo

§12. A partir da promulgação desta Emenda Constitucional, a atualização de valores de requisitórios, após sua expedição, até o efetivo pagamento, independentemente de sua natureza, será feita pelo índice oficial de remuneração básica da caderneta de poupança,

e, para fins de compensação da mora, incidirão juros simples no mesmo percentual de juros incidentes sobre a caderneta de poupança, ficando excluída a incidência de juros compensatórios.
§13. O credor poderá ceder, total ou parcialmente, seus créditos em precatórios a terceiros, independentemente da concordância do devedor, não se aplicando ao cessionário o disposto nos §§2º e 3º.
§14. A cessão de precatórios, observado o disposto no parágrafo 9º deste artigo, somente produzirá efeitos após comunicação, por meio de petição protocolizada, ao Tribunal de origem e ao ente federativo devedor (redação dada pela EC nº 113/2021).
§15. Sem prejuízo do disposto neste artigo, lei complementar a esta Constituição Federal poderá estabelecer regime especial para pagamento de crédito de precatórios de Estados, Distrito Federal e Municípios, dispondo sobre vinculações à receita corrente líquida e forma e prazo de liquidação.
§16. A seu critério exclusivo e na forma de lei, a União poderá assumir débitos, oriundos de precatórios, de Estados, Distrito Federal e Municípios, refinanciando-os diretamente.
§17. A União, os Estados, o Distrito Federal e os Municípios aferirão mensalmente, em base anual, o comprometimento de suas respectivas receitas correntes líquidas com o pagamento de precatórios e obrigações de pequeno valor.
§18. Entende-se como receita corrente líquida, para os fins de que trata o §17, o somatório das receitas tributárias, patrimoniais, industriais, agropecuárias, de contribuições e de serviços de transferências correntes e outras receitas correntes, incluindo as oriundas do §1º do art. 20 da Constituição Federal, verificado no período compreendido pelo segundo mês imediatamente anterior ao de referência e os 11 (onze) meses precedentes, excluídas as duplicidades, e deduzidas: I – na União, as parcelas entregues aos Estados, ao Distrito Federal e aos Municípios por determinação constitucional; II – nos Estados, as parcelas entregues aos Municípios por determinação constitucional; III – na União, nos Estados, no Distrito Federal e nos Municípios, a contribuição dos serviços para custeio de seu sistema de previdência e assistência social e as receitas provenientes da compensação financeira referida no §9º do art. 201 da Constituição Federal.
§19. Caso o montante total dos débitos decorrentes de condenações judiciais em precatórios e obrigações de pequeno valor, em período de 12 (doze) meses, ultrapasse a medida do comprometimento percentual da receita corrente líquida nos 5 (cinco) anos imediatamente anteriores, a parcela que exceder esse percentual poderá ser financiada, excetuada dos limites de endividamento de que tratam os incisos VI e VII do art. 52 da Constituição Federal e de quaisquer outros limites de endividamento previstos, não se aplicando a esse financiamento a vedação de vinculação de receita prevista no inciso IV do art. 167 da Constituição Federal.
§20. Caso haja precatório com valor superior a 15% (quinze por cento) do montante dos precatórios apresentados nos termos do §5º deste artigo, 15% (quinze por cento) do valor deste precatório serão pagos até o final do exercício seguinte e o restante em parcelas iguais nos 5 (cinco) exercícios subsequentes, acrescidas de juros de mora e correção monetária, ou mediante acordos diretos, perante Juízos Auxiliares de Conciliação de Precatórios, com redução máxima de 40% (quarenta por cento) do valor do crédito atualizado, desde que em relação ao crédito não penda recurso ou defesa judicial e que sejam observados os requisitos definidos na regulamentação editada pelo ente federado
Parágrafo 21. Ficam a União e os demais entes federativos, nos montantes que lhes são próprios, desde que aceito por ambas as partes, autorizados a utilizar valores objeto de sentenças transitadas em julgado devido a pessoa jurídica de direito público para amortizar dívidas, vencidas ou vincendas (redação dada pela EC nº 113/2021):

> I – nos contratos de refinanciamento cujos créditos sejam detidos pelo ente federativo que figure como devedor na sentença de que trata o *caput* deste artigo;
> II – nos contratos em que houve prestação de garantia a outro ente federativo;
> III – nos parcelamentos de tributos ou de contribuições sociais;
> IV – nas obrigações decorrentes do descumprimento de prestação de contas ou de desvio de recursos.
> Parágrafo 22. A amortização de que trata o parágrafo 21 deste artigo:
> I – nas obrigações vencidas, será imputada primeiramente às parcelas mais antigas;
> II – nas obrigações vincendas, reduzirá uniformemente o valor de cada parcela devida, mantida a duração original do respectivo contrato ou parcelamento.

Em parecer publicado na *RT*, 794/111-135, por conta do advento da Emenda Constitucional nº 30/2000, havíamos entendido que emendas constitucionais daquela natureza são inconstitucionais, porque não está dentro da competência do poder constituinte derivado o poder para alterar cláusulas pertencentes ao núcleo intangível da CF, no qual incluímos o art. 100.

Voltamos a repetir o assunto, visto que ainda hoje temos que lidar com situações diversas que versam sobre precatórios: (1) aqueles firmados sob o texto original da Constituição Federal; (2) os que ainda persistem após a Emenda Constitucional nº 30/2000; e (3) os que serão orientados normativamente após a Emenda Constitucional nº 62/2009. Voltemos, portanto ao tema.

Nossa posição restou inalterada diante do advento da Emenda Constitucional nº 94/2016 e também em face da Emenda Constitucional nº 99/2017.

Na lição do Min. Celso de Mello, convém "ressaltar que mesmo as emendas à Constituição Federal não estão excluídas da possibilidade de virem a constituir objeto de controle, abstrato ou concreto, de constitucionalidade. O Congresso Nacional, no desempenho de sua atividade constituinte derivada e no desempenho de sua função reformadora, está juridicamente subordinado à decisão do poder constituinte originário, que, a par de restrições de ordem circunstancial, inibitórias do poder reformador (CF, art. 60, §1º), identificou, em nosso sistema constitucional, um núcleo temático intangível e imune à ação revisora da instituição parlamentar. As limitações materiais explícitas, definidas no §4º do art. 60 da CF, incidem diretamente sobre o poder de reforma conferido ao Poder Legislativo da União, inibindo-lhe o exercício nos pontos ali discriminados. A irreformabilidade desse núcleo temático, acaso desrespeitada, pode legitimar o controle normativo abstrato, e mesmo a fiscalização jurisdicional concreta, de constitucionalidade. Emendas à Constituição – que são as normas constitucionais originárias – podem, assim, incidir, elas próprias, no vício da inconstitucionalidade, configurado pela inobservância de limitações jurídicas superiormente estabelecidas no texto constitucional por deliberação do órgão exercente das funções constituintes primárias ou originárias".[1]

Vê-se, pois, que é possível emenda constitucional ser declarada inconstitucional por vício de conteúdo. No exercício do poder constituinte originário, impossível falar em texto inconstitucional. No exercício do poder constituinte derivado pode ocorrer que

[1] STF, ADI nº 4.662-600, Serviço de Jurisprudência, *DJU*, 10.05.2001, *Ementário* 1.619-1.

formal e materialmente possam sobrevir normas inconstitucionais, por contrariarem o que está contido como pétreo no texto originário.

Com base nestes mesmos argumentos, pudemos afirmar, e o fizemos da tribuna da Câmara Federal, que a Emenda Constitucional nº 62/2009, tanto quanto a anterior, era inconstitucional, e assim foi decidido pelo STF na ADI nº 4.357-DF.

A ela me opus violentamente com voto em separado de 24 páginas no qual expus as razões da divergência. Tanto na Comissão de Justiça como em Plenário ergui minha voz, vivamente, para combater o texto constitucional. Fi-lo não apenas na condição de deputado, mas de professor, entendendo com plena convicção a inadmissibilidade da apresentação da Emenda Constitucional, por agressão a cláusulas pétreas. Vencido, agora, por outra EC, permanece a convicção de que estava certo. No entanto, resta o pronunciamento do STF. De qualquer forma, devemos comentar o texto. É que o que se faz.

Trata-se de mais uma emenda constitucional inconstitucional. É imperioso que se enxugue o texto da Carta brasileira, para que nela apenas permaneça o que tiver caráter de pacto. Somos partidários de um corpo de leis que traduza nova convivência jurídica e política entre governante e governados. Deve-se buscar o que é materialmente constitucional (a saber, a estrutura do poder, suas competências, modos de ação e restrições e, de outro lado, os direitos e garantias individuais, como força de limite ao exercício do poder). O mais deverá figurar em leis ordinárias e complementares (dependendo de seu conteúdo).

O texto que comentaremos, em seu todo, é lastimável. Contém uma série de inconstitucionalidades e fere direitos de toda ordem. A começar pelo princípio da segurança jurídica. Imaginemos que o indivíduo, confiante de que tem um Poder Judiciário que exerce, em toda sua dimensão, os poderes que lhe são conferidos, e de posse de um título que lhe foi por ele outorgado, busca receber o crédito nele consignado. Não logrará satisfazer seu desejo, porque o título expedido pelo Judiciário não terá valor ou o montante nele consignado não valerá perante o Executivo.

Há manifesta agressão ao princípio da tripartição dos Poderes. Em princípio todos funcionam no pleno exercício das atribuições constitucionais. Só que sobrevém Emenda que retira de um deles todas as virtualidades. O título deixa de ter o valor nele consignado, para valer menos ou atribuir que seja negociado por valor menor, de forma obrigatória. Já se disse que, por ser valor patrimonial, pode ser negociado e transacionado. Não é verdade. Uma coisa é o exercício pelo credor de uma faculdade de transação. Outra é obrigá-lo à transação. O ato, que era volitivo, passa a ser compulsório. Em relações particulares prevalece a vontade do titular do direito. A partir da vigência do texto constitucional o que era facultativo passa a ser obrigatório.

O Poder Judiciário fica esvaziado em uma de suas mais nobres funções, qual seja, a de garantir o princípio da segurança jurídica. Não mais se pode confiar no título expedido pelo Poder Judiciário.

Ademais, a coisa julgada fica flexibilizada. Já se disse também que essa garantia constitucional pode ser alterada por emenda constitucional. Estabelece o inciso XXXVI do art. 5º da CF que "a lei não prejudicará o direito adquirido, o ato jurídico perfeito e a coisa julgada". Tais garantias constituem-se em cláusulas pétreas da Constituição, isto é, situações consolidadas às quais o legislador constituinte atribuiu imunidade contra alterações posteriores. Argumenta-se em sentido contrário que a Constituição fala em "lei", e, pois, norma de segundo grau. Por conseguinte, a norma de primeiro grau, isto é, a Constituição, poderia hostilizar o ato jurídico perfeito, a coisa julgada e o direito adquirido.

Postamo-nos contra tal situação, salvo, evidentemente, o ato jurídico formado de maneira irregular, a coisa julgada viciada ou o direito adquirido manifestamente injusto. Imaginemos um montante de indenização por desapropriação direta que extrapola, em muito, o valor da área. Eventual rediscussão do assunto poderia levar ao valor real. É justo e razoável que se reabra a discussão, ainda em fase executória, para que haja nova avaliação do imóvel, para apurar seu efetivo montante. A coisa julgada em tal caso agride o ordenamento jurídico, e, pois, admite revisão por parte do Judiciário. Não por força de alteração constitucional.

A Emenda Constitucional nº 62/2009 agride, de forma simultânea, (a) o princípio da segurança jurídica, (b) o pacto federativo (uma vez que onera de forma diferente o orçamento das entidades federativas), (c) a tripartição dos Poderes, (d) o ato jurídico perfeito, (e) a coisa julgada, (f) o direito adquirido, (g) o princípio da igualdade de todos os credores perante a Administração Pública.[2] De uma só vez, "joga no lixo" (foi a expressão que usei da tribuna da Câmara) parte do ordenamento normativo e os direitos nele consagrados e obtidos ao longo de anos de consolidação democrática.

Como afirmei anteriormente, na condição de deputado federal proferi voto escrito e fui à tribuna para criticar e entender inconstitucional sua propositura e posterior aprovação.

O STF declarou parcialmente sua inconstitucionalidade.[3] Não se declarou a invalidade total da Emenda, mas o Supremo declarou a invalidade jurídico-constitucional da limitação da preferência a idosos que completem 60 anos até a expedição do precatório. Reconheceu a discriminação e a violação à isonomia. Deu pela inconstitucionalidade da compensação de débitos inscritos em precatórios em proveito exclusivo da Fazenda Pública. Reconheceu o embaraço à efetividade da jurisdição, desrespeito à coisa julgada material e à separação dos Poderes e ultraje à isonomia entre Estado e particular. Deu pela impossibilidade jurídica da utilização do índice de remuneração da caderneta de poupança como critério de correção monetária. Entendeu violado o direito de propriedade. Reconheceu a inconstitucionalidade da utilização do rendimento da caderneta de poupança como índice definidor dos juros moratórios dos créditos inscritos em precatórios quando oriundos de relações jurídico-tributárias. Discriminação arbitrária e violação à isonomia entre devedor público e privado. Da mesma forma, deu por inconstitucional o regime especial de pagamento. Entendeu ter havido ofensa à cláusula do Estado de Direito, ao princípio da separação dos Poderes, à isonomia, ao devido processo legal, ao direito adquirido e à coisa julgada.

A saber, o Supremo Tribunal Federal liquidou a EC anterior. Agora, temos a EC nº 99/2017, que inclui artigos ao ADCT, que está em discussão.

---

2 STF, ADI nº 584-PR, rel. Min. Celso de Mello.

3 STF, ADI nº 4.357, rel. Min. Luiz Fux.

Kiyoshi Harada aponta como agredido também o princípio da moralidade administrativa no instante em que "o Estado-devedor coage seu credor a vender-lhe o seu crédito representado por precatório por meio de um 'leilão' e pelo critério do maior deságio".[4]

Entendemos como matéria alternativa que poderia ser colocada à disposição dos entes públicos a solução que foi dada pelo próprio art. 33 do ADCT da Constituição/1988. Permitiu-se, por tal dispositivo, que o Estado emitisse títulos da dívida pública, até o montante exato de seu débito, para o pagamento de precatórios, e não seriam eles levados em conta para caracterização da dívida do ente. Tal solução envolveria maior endividamento dos Estados e Municípios, mas, paralelamente, se admitiria a negociação individual com os credores, com o que se obteria desconto importante e não se agrediriam os credores na forma ora proposta.

O inteiro teor da Emenda Constitucional nº 94/2016 é um desastre que nada dignifica o Poder Legislativo. Remendos, consertos, costuras, emendas, retrocesso, tudo está errado em reformar-se a Constituição a cada período legislativo para permitir que os entes federativos voltem a dar novo calote em seus credores. Administrações desastrosas, governos irresponsáveis, "lambança" com o dinheiro público, apenas isso justifica a edição de tais monstros jurídicos.

Assim, se poderia pensar na emissão de títulos da dívida pública e negociação direta como dois mecanismos hábeis a permitir a rápida quitação dos créditos decorrentes de precatórios judiciais. No entanto, sobreveio a Emenda.

A Emenda nº 94/2016 não resolveu os problemas das dificuldades financeiras dos entes federativos. Sobrevém, então, a Emenda Constitucional nº 99, de 14.12.2017. Faremos sua análise à frente.

26.2 Precatório: conceito, características, cabimento

Precatório ou ofício precatório é a solicitação que o juiz da execução faz ao presidente do tribunal respectivo para que ele requisite a verba necessária ao pagamento de credor de pessoa jurídica de direito público em face de decisão judicial transitada em julgado. O §5º do art. 100 da CF, ao mencionar a obrigatoriedade da inclusão no orçamento "das entidades de direito público", aí inseriu todas as que prestam serviços públicos, inclusive sociedades de economia mista ou empresas públicas. Neste mesmo sentido já caminhava o entendimento do STF.[5]

Ressalte-se, por último, que as empresas públicas exploradoras de atividade econômica estão excluídas do regime dos precatórios, ou seja, seus credores devem promover *execução comum* para haver seus respectivos créditos.

Quando alguém entende ter um direito perante o Poder Público e – estando exauridas as vias administrativas para seu reconhecimento e satisfação – ingressa no Poder Judiciário com a necessária ação, uma vez resolvida esta e condenada a Fazenda Pública, o mecanismo de satisfação do crédito é o precatório. Liquidada a condenação, apurado seu *quantum*, o juiz expede ofício ao presidente do tribunal, comunicando

---

4 Disponível em: jus.uol.com.br/revista/autor/kiyoshi-harada. Acesso em: 08 dez. 2009.

5 STF, RE nº 230.051-SP, rel. Min. Maurício Corrêa, *DJU*, 08.08.2003.

seu montante e solicitando a ele que requisite a quantia necessária ao pagamento do crédito. É que descabe a execução mediante penhora de bens públicos. Estes são impenhoráveis. Logo, o caminho para satisfação do crédito contra a Fazenda Pública é a fila dos precatórios.

O Conselho Nacional de Justiça, órgão integrante do Poder Judiciário e que tem a responsabilidade de controlar a atuação administrativa e financeira do Poder Judiciário, editou, no exercício de sua competência constitucional, a Resolução 115/2010 para dar cumprimento à Emenda Constitucional nº 62/2009. Deixou ali estabelecido que, "para o efeito do disposto no *caput* do art. 100 da Constituição Federal, considera-se como momento de apresentação do precatório o do recebimento do ofício perante o tribunal ao qual se vincula o juízo da execução" (art. 4º da Resolução 115/2010).

A referida resolução estabelece os requisitos formais para a expedição do precatório.

As providências deverão ser tomadas não só pelo presidente do tribunal, mas por um comitê gestor (art. 8º da resolução). Dentre as providências que devem tomar está a de instituir um sistema de informação para "a organização e controle das listagens de credores de precatórios, decorrentes de sentenças judiciárias estabelecidas em seu âmbito" (art. 9º da resolução).

26.3 Atribuições e responsabilidade do presidente do tribunal

Antes da Emenda Constitucional nº 62, o chefe do tribunal, ao receber o ofício denominado "precatório", autuava-o, numerava-o e comunicava à Fazenda Pública respectiva para que efetuasse o pagamento.

A partir da Emenda há mudança substancial em relação ao texto constitucional anterior. É que até então o que valia era a mera *comunicação feita ao chefe do Executivo do montante* que deveria ser alocado no orçamento para pagamento *integral* dos precatórios. O chefe do Executivo o colocava só que, em verdade, não cumpria a obrigação de pagamento.

Agora, dá-se atribuição ao presidente do tribunal de conferir a alocação de recursos para saber se ela corresponde, efetivamente, ao montante que deverá ser pago. Só que, agora, o comprometimento dos recursos orçamentários corresponderá a um percentual sobre a receita corrente líquida.

Em verdade, os credores não receberão no exercício seguinte, como era previsto. Somente receberão até o limite do comprometimento orçamentário. Este é mais um dos absurdos previstos na reforma constitucional.

Interessante questão surge quando da ocorrência de incidente processual nos autos da execução do precatório. A quem cabe decidi-lo? Parece-nos que falece competência ao presidente do tribunal para decidir qualquer questão incidental sobre ele, inclusive índices eventuais que devam incidir. O juiz da ação é o da execução; logo, todo e qualquer problema que surja na tramitação do precatório deve ser devolvido ao juiz de primeiro grau para solução. O presidente tem apenas função administrativa e de fiscalização para efeito de sequestro – o que, evidentemente, não tem o condão de alcançar as partes.

Saliente-se, ainda, que o §7º do art. 100 da CF foi alterado apenas para estabelecer que o presidente do tribunal responderá por crime de responsabilidade e se sujeitará também ao Conselho Nacional de Justiça/CNJ. Criou-se aí duplicidade de jurisdição administrativa, isto é, o presidente não mais será processado por seus pares, mas estará sujeito também ao órgão administrativo. É absoluta inversão de valores. Sabidamente, o CNJ é composto por diversas autoridades não integrantes do Judiciário, e o presidente a ele estará sujeito, também por força de atribuição administrativa. Pode-se observar que, hoje, já há a competência do CNJ, uma vez que tem este competência controladora e fiscalizadora de caráter financeiro e administrativo. O texto, pois, nada acrescenta ao que já existia na Constituição.

26.4 Créditos constituídos por sentença judicial

Os precatórios terão por fundamento créditos líquidos e certos, devidamente constituídos perante o Poder Judiciário por sentença, e que digam respeito a débitos do Poder Público em virtude de descumprimento ou revisão de contratos firmados com terceiros, oriundos de pensões, aposentadorias, salários de servidores públicos, ou devidos a título de ressarcimento por dano (material ou moral, ou ambos), desapropriação, etc.

Como se vê, há duas espécies de pagamento de débito que devem ser cumpridas pelo Poder Público: de um lado ficam os denominados *créditos alimentares (alimentícios)* e de outro os *créditos não alimentares (não alimentícios ou de outra natureza)*.

26.4.1 Créditos alimentícios

São os valores imprescindíveis à subsistência do credor e de sua família. O §1º do art. 100 da CF dispõe sobre os débitos de natureza alimentícia, que compreendem: salários, vencimentos, proventos, pensões e suas complementações, benefícios previdenciários e indenizações por morte ou invalidez, fundadas em responsabilidade civil. Pela redação dada ao §1º pela Emenda Constitucional nº 62/2009 manteve-se a preferência sobre todos os demais débitos, "exceto sobre aqueles referidos no §2º deste artigo".

O §2º, acima referido, traz direito de preferência de pagamento do crédito alimentício ao idoso, aos portadores de doença grave ou pessoas com deficiência. Mas a "bondade" do constituinte derivado não foi muito longe: limita a preferência até o triplo do fixado em lei para os denominados débitos de pequeno valor, admitido o fracionamento, "sendo que o restante será pago na ordem cronológica de apresentação do precatório".

Julgamento do STF nas ADI nº 4.357 e 4.425 declarou inconstitucional a expressão "na data de expedição", constante do §2º do art. 100 da CF antes da Emenda Constitucional nº 62/2009, porque cria diferença de tratamento entre os credores, e que foi retirada na atual redação.

O credor de mais de 60 anos recebe três 3 o valor do débito de pequeno valor, e o resto será pago na ordem cronológica. Isto é, o restante será pago a seus pósteros.

A preferência também é dada aos que completaram 60 anos até a data da promulgação da Emenda (§18 do art. 97 do ADCT).[6]

---

6 A Emenda Constitucional nº 62, de 11.11.2009, foi promulgada em 09.12.2009 e publicada no *DOU*, 10.12.2009.

O §2º também menciona os "portadores de doenças graves", cuja definição pode ser a do rol do art. 69-A da Lei nº 9.784, de 29.1.1999, que dispõe: "Terão prioridade na tramitação, em qualquer órgão ou instância, os procedimentos administrativos em que figure como parte ou interessado: (...); II – pessoa portadora de deficiência, física ou mental; (...); IV – pessoa portadora de tuberculose ativa, esclerose múltipla, neoplasia maligna, hanseníase, paralisia irreversível e incapacitante, cardiopatia grave, doença de Parkinson, espondiloartrose anquilosante, nefropatia grave, hepatopatia grave, estados avançados da doença de Paget (osteíte deformante), contaminação por radiação, síndrome de imunodeficiência adquirida, ou outra doença grave, com base em conclusão da Medicina especializada, mesmo que a doença tenha sido contraída após o início do processo".

O Conselho Nacional de Justiça, na ausência de norma reguladora, editou o art. 13 da Resolução 115/2010, com a redação da Resolução 123/2010, que supre a lacuna. Evidente que outras podem ali ser acostadas. É verdade que o texto administrativo se baseou na legislação federal invocada no dispositivo comentado.

26.4.2 Créditos não alimentícios

Por exclusão, são todos os créditos que não estejam incluídos na categoria dos créditos alimentícios. Para eles mantém-se rígida a ordem cronológica da apresentação dos precatórios para pagamento.

26.4.3 Crédito de pequeno valor. Critérios para aferição

A Emenda Constitucional nº 30/2000 já havia acrescentado o §3º do art. 100, dispondo que o procedimento sobre precatórios não se aplica "aos pagamentos de obrigações definidas em lei como de pequeno valor que a Fazenda Federal, Estadual, Distrital ou Municipal deva fazer em virtude de sentença judicial transitada em julgado".

Desde aquele momento este dispositivo apontava para o sentido lógico de aceitar que, havendo precatório de grande monta na ordem de pagamento e inexistindo recursos suficientes para pagá-lo, criava-se uma situação de injustiça porque o credor detentor de pequeno valor era obrigado a aguardar mais tempo na fila para receber seu pagamento – em outros termos, havia grave injustiça no texto original do art. 100, de modo que a Emenda veio atender àquele que, sendo portador de pequeno crédito, não pode ficar indefinidamente esperando a liberação de recursos por conta de impossibilidade de pagamento de outro precatório maior que esteja na sua frente.

A norma acertadamente foi mantida após a Emenda Constitucional nº 62/2009. Os créditos de pequeno valor, tal como forem definidos em lei de cada unidade federativa (§4º), não serão pagos em forma de precatório (§3º). Basta a comunicação, pelo juízo da execução, do trânsito em julgado da sentença, instruído com os documentos pertinentes, à Secretaria competente – conforme entendemos ao exarar o parecer publicado na *RT*, 794/111-135 –, para que haja o pagamento imediato (evidente que os órgãos públicos necessitam de um período razoável, de 30 a 60 dias, por exemplo, para o exame da documentação e pagamento respectivo).

A unidade federativa levará em conta, na fixação do que se entende por "pequeno valor", sua capacidade econômica, "sendo o mínimo igual ao valor do maior benefício do regime geral da previdência social" (parte final do §4º).

O STF Federal já decidira que cabe ao ente federado estabelecer o pequeno valor "de acordo com sua capacidade orçamentária".[7]

Enquanto cada unidade federada não publicar a lei que fixa o valor, será de 40 salários-mínimos para Estados e Distrito Federal e 30 salários-mínimos para os Municípios (é o que se vê dos incisos I e II do §12 do art. 97 do ADCT).

Evidente está que o texto deu o parâmetro, o que não impede que o ente federativo estipule outro, de acordo com diferentes capacidades. Com a alteração, o texto tornou-se autoaplicável, de aplicação imediata, não se impedindo que os entes federados menores editem norma integrativa, adaptando-o às circunstâncias locais.

26.4.4 Ordem dual de pagamento

Não há, pois, falar em *precatório* para o pagamento dos créditos de pequeno valor. Estes, como se viu, variam de acordo com a lei local do ente federativo.

Instaurou-se a partir da Emenda nº 30/2000 a ordem dual de pagamentos, isto é, abre-se a sequência de precatórios não alimentares (desapropriação de imóveis, por exemplo) e alimentares (na forma definida no texto). A Súmula nº 655 do STF consagrou a bipartição: "A exceção prevista no art. 100, *caput*, da Constituição, em favor dos créditos de natureza alimentícia, não dispensa a expedição de precatório, limitando-se a isentá-los da observância da ordem cronológica dos precatórios decorrentes de condenações de outra natureza". O mesmo consta da Súmula nº 144 do STJ.

26.5 Atualização monetária

O art. 100 original continha disposição excrescente. A pretexto de manter hígido o orçamento, que poderia sofrer desequilíbrio caso pudesse haver atualização monetária, determinava que seriam os precatórios apresentados até o dia 1º de julho, "data em que terão atualizados seus valores". Assim sendo, se houvesse atualização até o dia 1º de julho do ano em curso, para pagamento até o final do exercício seguinte, teríamos um lapso de cerca de ano e meio sem que o débito fosse corrigido. Evidente que isso obrigaria a nova atualização, nova conta do contador, expedição de novo precatório. Trata-se de insanidade já analisada por Kafka em seu famoso livro *O Processo*. O surrealismo da dicção significava que os feitos executórios não tinham fim, o que deixava desesperados os atores judiciais e abismadas as partes, que não entendiam os escaninhos da Justiça e a mística que orientava seus atos e comportamentos.

Na redação atual do texto, introduzida pela Emenda Constitucional nº 30/2000 e mantida pela Emenda nº 62/2009, a situação se altera, possibilitando que a atualização monetária ocorra quando do pagamento, e não no dia exato de 1º de julho. Dispõe o texto que os precatórios apresentados até 1º de julho serão pagos "até o *final do exercício*

[7] STF, ADI nº 2.868-PI, rel. Min. Carlos Britto.

seguinte, quando terão seus valores atualizados monetariamente" (grifamos). A atualização monetária somente pode ocorrer no dia da liberação da verba, ou seja, quando houver disponibilidade dos recursos para pagamento do precatório. Importantíssima a alteração havida e absolutamente justa, e não contraria qualquer dispositivo constitucional em relação às disponibilidades orçamentárias.

Celso Agrícola Barbi já apontava o equívoco da assertiva, afirmando que "a correção naquela data é apenas para efeito de cálculo da despesa na proposta orçamentária, porque os precatórios já estão desatualizados naquele dia".[8] Sendo assim, havendo recursos, pode haver o pagamento atualizado. Não há impedimento a isso. O que não se admite é ser excedido o montante da previsão, nada impedindo também que haja pedido de crédito suplementar.

Com a modificação do texto constitucional, o §12, detalhista ao extremo, de modo a macular a Constituição com norma espúria, estabelece que a atualização dos valores "será feita pelo índice oficial de remuneração básica da caderneta de poupança e, para fins de compensação da mora, incidirão juros simples no mesmo percentual de juros incidentes sobre a caderneta de poupança, ficando excluída a incidência de juros compensatórios".

O STF declarou a impossibilidade jurídica da utilização do "índice de remuneração básica da caderneta de poupança" e "independentemente de sua natureza" (ADI nº 4357, rel. Min. Ayres Brito e redator do acórdão Min., Luiz Fux). A primeira expressão significa que pode faltar à expressão econômica do pagamento sua atualização efetiva. A segunda atinge a Constituição, porque não fica claro que os índices são os mesmos dos precatórios tributários em relação aos créditos da mesma ordem.

Aqui, no referido §12, peca-se até no Português. Há repetição indevida de palavra. O verbo "incidir", com "incidentes" e "incidência", em apenas um texto de parágrafo. O detalhe é tanto que se olvidou de uma boa revisão na redação final. Tudo redigido para beneficiar o devedor. É a consagração de que ao mau pagador, desde que público e que possa influenciar no Congresso Nacional com sua vontade, tudo pode ser obtido. Até com infração do vernáculo.

A matéria ficou resolvida com o julgamento do RE nº 870.947, em que se discutiu sobre os juros e correção monetária a serem aplicados nas hipóteses de condenação contra a Fazenda Pública. A Taxa Referencial foi afastada, prevalecendo o índice adotado pelo IPCA-E – Índice de Preços ao Consumidor Amplo Especial, considerado mais adequado.

A tese assentada sobre os juros foi adotada pelo Min. Luiz Fux,[9] vazada nos seguintes termos: "O art. 1º-F da Lei nº 9.494/1997, com a redação dada pela Lei nº 11.960/2009, na parte em que disciplina os juros moratórios aplicáveis a condenações da Fazenda Pública, é inconstitucional ao incidir sobre débitos oriundos de relação jurídico-tributária, aos quais devem ser aplicados os mesmos juros de mora pelos quais a Fazenda Pública remunera seu crédito tributário, em respeito ao princípio constitucional da isonomia (CRFB, art. 5º, *caput*); quanto às condenações oriundas de relação jurídica não tributária, a fixação dos juros moratórios segundo o índice de remuneração da

[8] BARBI, Celso Agrícola. O precatório na Constituição de 1988. *In*: *Estudos de direito econômico*. São Paulo: Instituto Brasileiro de Ciência Bancária, 1993, p. 107.

[9] STF, RE nº 870.947, publicado nas *Notícias STF* em 20.9.2017.

caderneta de poupança é constitucional, permanecendo hígido, nesta extensão, o disposto no art. 1º-F da Lei nº 9.494/1997, com a redação dada pela Lei nº 11.960/2009".

Em relação à atualização monetária ficou assentado que: "O art. 1º-F da Lei nº 9.494/1997, com a redação dada pela Lei nº 11.960/2009, na parte em que disciplina a atuação monetária das condenações impostas à Fazenda Pública segundo a remuneração oficial da caderneta de poupança, revela-se inconstitucional ao impor restrição desproporcional ao direito de propriedade (CRFB, art. 5º, XXII), uma vez que não se qualifica como medida adequada a capturar a variação de preços da encomia, sendo inidônea a promover os fins a que se destina".

26.6 Sequestro de verbas públicas

A inclusão de verba para o pagamento dos precatórios é obrigação constitucional (§5º do art. 100 da CF) e deverá ter seu valor atualizado monetariamente, quando do pagamento (parte final do §5º).

O §6º do art. 100 determina o pagamento *integral* (como se já o devesse ser anteriormente), e cabe ao presidente do tribunal, no caso de preterimento do direito de precedência "ou de não alocação orçamentária do valor necessário à satisfação do seu débito", determinar o sequestro da quantia respectiva. Houve o acréscimo da obrigatoriedade de o presidente conferir se o recurso alocado no orçamento corresponde ao percentual estabelecido na Constituição.

Durante o período de pagamento dos precatórios pelo regime especial descaberá o sequestro de valores (§13 do art. 97 do ADCT). Apenas será possível o sequestro no caso de não liberação tempestiva dos recursos para as contas especiais.

A primeira discussão que se coloca é: qual a quantia necessária? Será aquela que foi paga com infração do dispositivo constitucional, ou pode haver o sequestro de qualquer quantia disponível de propriedade do Poder Público? A orientação jurisprudencial prevalecente é no sentido de que pode haver o sequestro sobre qualquer quantia pública. Em verdade, não pode haver benefício ao credor que rompeu, por qualquer motivo, a ordem dos precatórios. No entanto, tendo tal fato ocorrido, é conveniente que o sequestro incida sobre a própria verba desviada. Se não encontrada ou já tendo o credor "beneficiário" com ela desaparecido, pode haver o sequestro de qualquer dinheiro público. Nem teria sentido o contrário, porque, ao lado de beneficiar o infrator, isso seria deixar o credor inerme e à mercê do Poder Público. Poderá ser realizado sequestro de qualquer quantia pública e imediato pagamento para o credor preterido.

Pode haver acordo com qualquer dos credores? Significaria tal providência quebra na ordem dos pagamentos, de forma a permitir o sequestro? A matéria foi apreciada pelo STF, que decidiu: "1. Ordem de sequestro fundada na existência de preterição do direito de precedência – Motivo suficiente para legitimar o saque forçado de verbas públicas. 2. Quebra da cronologia de pagamentos comprovada pela quitação de dívida mais recente por meio de acordo judicial. A conciliação não possibilita a inobservância, pelo Estado, da regra constitucional de precedência, com prejuízo do direito preferencial dos precatórios anteriores".[10]

26.7 Formas indiretas de extinção do precatório

O pagamento do crédito é a forma principal e direta de extinção dos precatórios. Entretanto, a Emenda Constitucional nº 62/2009 abriu a possibilidade de extinção por meios indiretos de pagamento, a que passamos a fazer remissão.

26.7.1 Compensação

Outra agressão ao texto constitucional foi introduzida no §9º do art. 100, qual seja, o abatimento, *independentemente de regulamentação*, do montante do precatório, de valor "correspondente aos débitos líquidos e certos, inscritos ou não em dívida ativa e constituídos contra o credor original pela Fazenda Pública devedora, incluídas parcelas vincendas de parcelamentos, ressalvados aqueles cuja execução esteja suspensa em virtude de contestação administrativa ou judicial". A que título tal ocorrerá? A título de compensação.

Efetua-se, assim, um *acerto de contas* de caráter constitucional entre o devedor público e seu credor. Como o devedor faz da mesma forma que o Estado, isto é, foge do pagamento dos débitos, o Estado, por ato de força, exige a *compensação*, isto é, os valores reciprocamente devidos são acertados.

A compensação é forma de extinção de débitos. Assim, "se duas pessoas forem ao mesmo tempo credor e devedor uma da outra, as duas obrigações extinguem-se até onde se compensarem" (art. 368 do CC). O Código Civil estabelece uma série de requisitos para que se opere a compensação. O Código Tributário a prevê no inciso III do art. 156 como forma de extinção do crédito tributário. Como ensina Luciano Amaro, o "sujeito passivo da obrigação tributária tem, pois, a faculdade legal de extingui-la por compensação, nos termos do que for previsto em lei".[11]

O que era faculdade do devedor passa a ser obrigação decorrente da Constituição. É forma confortável de haver créditos tributários, independentemente de qualquer reconhecimento judicial. Ao devedor tributário fica suprimido o acesso ao Judiciário para discutir seu débito. É que estarão inscritos ou não e já poderão ser *descontados* ou abatidos, como diz o texto, do montante a ser pago pelo Poder Público. É verdade que a parte final do artigo estabelece que a exceção diz com os débitos "cuja execução esteja suspensa em virtude de contestação administrativa ou judicial". Ora, em que fase poderá haver a compensação? Se o texto fala em débitos ainda não inscritos, sequer há certeza da dívida, uma vez que, nos exatos termos do art. 201 do CTN, a dívida ativa apenas ocorre depois de "esgotado o prazo fixado para pagamento, pela lei ou por decisão final proferida em processo regular". A inscrição da dívida se constitui em ato de controle, e pode haver sua impugnação até o final.

---

[10] STF, Rcl nº 1.893-RN, rel. Min. Maurício Corrêa, *DJU* 25.5.2002. No mesmo sentido: Rcl 2.335-SP, rel. Min. Ellen Gracie, j. 19.08.2003.

[11] AMARO, Luciano. *Direito tributário brasileiro*. 13. ed. São Paulo: Saraiva, 2007, p. 389.

É verdade que o §10 do art. 100 da CF estabelece "cautela" de que se deve servir o tribunal, que solicitará à Fazenda Pública a informação sobre se os débitos preenchem "as condições estabelecidas no §9º, para os fins nele previstos". É o credor que fornecerá a informação para que se efetue a compensação. O devedor sequer é ouvido, o que causa manifesto desequilíbrio entre as partes.

Felizmente os §§9º e 10 do texto foram declarados inconstitucionais pela Suprema Corte (ADI nº 4357/DF). Mantém-se o texto do que escrevi anteriormente, para bem se ter os argumentos pelo descabimento e absurdo do que se continha na proposta de emenda constitucional (62/09) parcialmente anulada. A prerrogativa dada à Fazenda Pública agredia o devido processo legal, o contraditório e a isonomia e a separação dos Poderes. Os absurdos eram tantos, mas agora o STF eliminou o que agredia a Constituição Federal.

O art. 6º da EC nº 62/2009 estabelece a convalidação de todas as compensações de precatórios com tributos vencidos até 31.10.2009 e realizadas antes da promulgação da Emenda.

Em tais hipóteses deve ter havido a concordância do credor do precatório, uma vez que depende de ato seu a consolidação da compensação.

26.7.2 Da compra de imóveis

Interessante inovação foi introduzida pelo §11 do art. 100 da CF, qual seja, a possibilidade de o credor dar o valor do precatório "para compra de imóveis públicos do respectivo ente federado". A norma não é *autoaplicável*, exigindo lei ordinária para complementar o comando constitucional de cada entidade federativa.

Provavelmente a hipótese jamais se tornará viável, uma vez que o ente federativo poderá não querer receber seu próprio título de débito em pagamento de imóvel seu.

26.7.3 Cessão do crédito

O §13 do art. 100 da CF dispõe sobre a cessão, total ou parcial, dos créditos constantes de precatórios. Cria-se e institucionaliza-se o mercado paralelo de mendigos. Pobres credores do Estado que se vêm espoliados em seus direitos e vão buscar duas formas de recebimento de seus créditos: (a) ou negociam o título no mercado, com redução abrupta de seus valores, ou (b) aguardam o leilão de seu título. De qualquer forma, abrirão mão de direitos reconhecidos pelo Poder Judiciário, em flagrante agressão aos direitos fundamentais.

O §14 exige a comunicação ao tribunal e à entidade devedora da transação efetuada. Só que não haverá rebaixamento do crédito para o de pequeno valor (§2º), nem transmite condições personalíssimas do credor originário (§3º).

O art. 5º da EC nº 62/2009 convalida todas as cessões de precatórios efetuadas antes de sua promulgação, independentemente da concordância da entidade devedora.

Com tal providência, os negócios que foram realizados até o advento da Emenda são válidos (como se o não tivessem sido, pois se cuida de crédito patrimonial, e, portanto, disponível pelo credor).

26.8 Demais considerações sobre o regime dos precatórios após Emenda Constitucional nº 62/2009 e na vigência da Emenda Constitucional nº 94/2016

26.8.1 Limite de vinculação orçamentária

O §15 do art. 100 do texto permanente consagra a maior agressão aos direitos dos credores, qual seja, lei complementar estabelecerá o limite da vinculação orçamentária de montante destinado ao pagamento dos precatórios. Vamos ver a fraude quando da análise do art. 97 do ADCT.

Os artigos apontados de inconstitucionais assim foram reconhecidos pelo STF por força da ADI nº 4.357. Mantém-se a afirmação contida no parágrafo anterior para que se veja que o comentário é anterior à declaração de inconstitucionalidade.

O §19 da EC nº 94/2016 fez de tudo para retirar a responsabilidade do chefe do Executivo.

26.8.2 Assunção de débitos pela União

O §16 do art. 100 da CF estabelece a possibilidade de assunção de débitos de precatórios de Estados, Municípios e Distrito Federal pela União, "refinanciando-os diretamente".

Decorre do texto do inciso a necessidade de lei para regular tal situação.

A norma tem como claro objetivo diminuir juros e tornar possíveis acordos de solução das dívidas entre entes federativos.

Há o perigo de se tornar motivo para barganhas políticas indesejáveis.

26.9 Precatório: emendas impregnadas de inconstitucionalidades

26.9.1 Casos precedentes: art. 33 do ADCT e art. 78 do mesmo texto, inserido pela Emenda Constitucional nº 30/2000, e a Emenda Constitucional nº 37/2002

26.9.1.1 Introdução

Após longa e sofrida evolução, a Humanidade logrou submeter o absolutismo ao império da lei. Alcançou o chamado *governo da lei* em oposição ao *governo dos homens*. Imaginou-se, na *superação do arbítrio*, a concretização do ideal de liberdade democrática ansiosamente sonhada, de vez que a observação do princípio da legalidade *parecia* garantir, em um regime democrático, os direitos e garantias fundamentais. Paulo Bonavides averbou, a propósito, que "o que aí se deve saudar é um progresso da razão humana libertadora, ainda em nossos dias, e não o credo morto de uma doutrina, a fossilização de um princípio arcaico".[12]

[12] BONAVIDES, Paulo. *Reflexões*: política e direito. 3. ed. São Paulo: Malheiros, 1998.

A conquista honra e satisfaz a sociedade, que não se sente mais ameaçada com o arbítrio dos governantes, pois é possível repousar com tranquilidade sob a proteção da norma constitucional, desde que o direito positivo seja capaz de prover o indispensável para que o Judiciário mantenha sob peia forte os desvios e excessos de competência dos agentes do poder.

O fetiche da lei e a fórmula vazia de alegação de interesse público toleram pequenas inconstitucionalidades e o cerceamento do poder geral de cautela conferido ao magistrado desde que se ofereça, aos milhares de prejudicados, a possibilidade abstrata de controle difuso. O método vem funcionando a contento para os governantes, ainda que os prejudicados aguardem anos nas intermináveis batalhas judiciais. A possibilidade abstrata de satisfação, ainda que tardia, satisfaz moralmente aqueles que se dispõem ao confronto desigual. Poder-se-ia lembrar, nesse conformismo, *A Peste*, de Albert Camus, no qual o autor relata a necessidade dos habitantes de uma cidade de abstraírem os horrores de uma epidemia para tentar seguir uma vida normal, como se nada estivesse acontecendo. O mesmo sentido de sobrevivência anima os poucos cidadãos que possuem recursos financeiros para aguardar os frutos de uma decisão final demorada. Todos aceitam a promessa de justiça tardia, diante da impossibilidade material e física de os tribunais lidarem com uma carga de processos impossível de administrar. Nesse diapasão, a quase totalidade dos habitantes do país vê os princípios constitucionais se transformarem em postulados de um discurso quase que exclusivamente moral. O que os mantém convictos de sua própria cidadania é o respeito à lei, a possibilidade sempre presente de serem socorridos pela Justiça! A ilusão do ordenamento normativo protetor mantém o conformismo de um povo sofrido e pacífico.

Entretanto, a fênix que se acreditava morta renasce das cinzas do passado *sob as vestes da legalidade*. Em assuntos cruciais, de suma importância, os governantes seduzem, influenciam e utilizam a barganha política para impor um arbítrio de aparente legalidade! Em uma imoral adaptação aos mecanismos de controle implantados para conter os desmandos do Executivo, *o ato arbitrário não precisa mais ser praticado diretamente pelos governantes*. Utilizam a sua maioria no Parlamento para aprovar medidas decididas sem discussão nas bancadas e impostas pela orientação do partido situacionista. As bases políticas de sustentação do governo digladiam com a Oposição, permanentemente, transformando questões técnicas, sociais e econômicas em disputas ideológicas. O chamado *voto de confiança* emprestado à política governamental afasta e menospreza a consulta à opinião pública, praticando o avesso da democracia, que reclama, justamente, maior amplitude da participação popular.

A ação é bem engendrada porque, em um país de Constituição rígida como a nossa, a aprovação de uma emenda constitucional é acompanhada de uma sacralização de difícil reversão, o que potencializa os efeitos danosos da norma ilegítima. Como bem disse o Min. Celso de Mello, a Constituição "não pode submeter-se à vontade dos poderes constituídos e nem ao *império dos fatos e das circunstâncias*. A supremacia de que ela se reveste, *enquanto for respeitada*, constituirá a garantia mais efetiva de que os direitos e as liberdades não serão jamais ofendidos. A esta Corte incumbe a tarefa, magna e eminente, de velar por que essa realidade não seja desfigurada".[13]

Na estratégia do Executivo, transmitida ao Legislativo em apocalíptica visão, os meios determinam os fins e justificam a exigência do apoio incondicional de seus aliados para a manutenção da estabilidade econômica. O Min. Celso de Mello, na ação direta de inconstitucionalidade mencionada, evidenciou a colocação do Executivo: "Não me preocupa a relação dilemática por alguns proposta, que chega até mesmo a proclamar, pelo alegado *receio da destruição* da ordem econômico-social, a virtual possibilidade de *desrespeito ao ordenamento constitucional como condição de êxito* do plano econômico".

Nada obstante, a simples esperança de que o próximo governo fosse obedecer à ordem do Tribunal para pagamento dos precatórios confortava o credor, que, no fundo, sabia que deveria aguardar quase o mesmo prazo da moratória criada na Emenda. Ele sentia que podia lutar contra o calote, utilizar a força de seu voto para moralizar a Administração Pública e sanear as finanças do ente federativo devedor. Sua resignação não era desprovida de esperança, do sonho de ver cumprida a Constituição e a autoridade da Justiça. Essa chama mantinha seu otimismo, embalado pela promessa abstrata de respeito e dignidade, que poderia fazer assomar, da multidão sofrida e espezinhada, a sua identidade própria.

De credor injustiçado, de uma penada legal, com a edição da Emenda nº 30/2000, passou a contestador do regime democrático, bradando contra um Estado (agora) pontual e protegido pela mais elevada legislação. Aí reside a sua *desesperança*! Após anos de luta, com uma situação jurídica absolutamente resolvida e um direito que deixou de ser uma expectativa desde o trânsito em julgado da decisão que lhe concedeu a ordem de pagamento, o credor comum surpreende-se com a reviravolta legal, totalmente inesperada. A ação do Estado deveria estar sempre sujeita a regras previamente determinadas. O particular sempre precisa saber o que esperar do Estado, desde que sua conduta esteja claramente estabelecida no diploma básico.

Não basta o Parlamento apresentar sua competência e seus títulos de legitimidade, fundados nos valores que justificam seu poder. Deve ele, em qualquer oportunidade, demonstrar sua integral submissão aos parâmetros constitucionais no exercício do mandato popular recebido. Este é um ônus que deve ser satisfeito diariamente, sob pena de se desviar da finalidade imposta no instrumento constitucional, pois legalidade e legitimidade não se confundem.

Ensina Eros Grau que "podemos afirmar que a norma jurídica é *legítima* – dotada de *legitimidade* – quando existir correspondência entre o comando nela substanciado e o sentido admitido e consentido pelo todo social, a partir da realidade coletada como justificadora do preceito normatizado. *A legitimidade é um conceito material, ao passo que a legalidade é um conceito formal*".[14]

---

[13] STF, ADI nº 293-7/600-DF, Serviço de Jurisprudência, *DJU*, 16.04.1993, *Ementário* 1.699-1.

[14] GRAU, Eros. *O direito posto e o direito pressuposto*. 9. ed. São Paulo: Malheiros, 2014, p. 86.

26.9.1.2 A Emenda Constitucional nº 30/2000, os arts. 33 e 78 do ADCT. Hipóteses diversas. Constituinte originário e derivado

A norma fundamental imposta pelo constituinte originário calca-se em um poder de fato que independe de legitimação jurídica. Ao contrário, legitima-se na sua própria efetividade, no fato de ser efetivamente obedecida. A norma produzida pelo legislador reformador legitima-se também com a obediência, mas pressupõe antes, necessariamente, sua legitimação no sistema originário, na circunstância de ser por ele tolerada. Se não se amoldar perfeitamente à obra original, não será por ela recepcionada, aí permanecendo, como um corpo estranho, até sua expulsão. Caso ela não consiga penetrar, como uma linfa, o texto original, nunca conseguirá integrar-se ao sistema, em uma antinomia irremissível. O princípio da legalidade, em matéria constitucional, não prescinde de legitimidade, ou seja, de ser aceito pela massa das consciências.

Nas palavras de Paulo Bonavides, "o novo Estado de Direito pertence aos direitos fundamentais e primacialmente às garantias e salvaguardas que a Constituição ministra pelas vias processuais; é mais o *Estado da legitimidade* do que propriamente o da legalidade em sua versão clássica. Um *Estado em busca de meios* com que aparelhar fins"[15] (grifamos).

Desde seu advento perquirimos se a Emenda Constitucional nº 30, que alterou a redação do art. 100 da CF e acrescentou o art. 78 ao ADCT, referentes ao pagamento dos precatórios judiciários, era inconstitucional ou podia modificar livremente o disposto no art. 33 do ADCT, *com o mesmo poder ilimitado do constituinte originário*.

De fato, todas as objeções que hoje são feitas à Emenda Constitucional nº 30, de maltrato às normas intangíveis do art. 60, §4º, da CF, foram igualmente assacadas contra o art. 33 do ADCT e, como veremos adiante, também com relação à Emenda Constitucional nº 62/2009. A mesma ofensa à coisa julgada, ao direito adquirido, aos direitos e garantias fundamentais, à isonomia e aos princípios expressos e implícitos consagrados nas disposições permanentes era possível visualizar na moratória instituída naquela norma de direito transitório. Com a publicação do Ato das Disposições Constitucionais Transitórias as providências necessárias à adaptação da ordem revogada ao texto da "Nova República" estabeleceram normas de transição e algumas normas transitórias de caráter permanente, *todas, porém, emanadas do mesmo poder originário*.

Nas alegações de inconstitucionalidade apreciadas pelo STF declarou-se ele competente para julgar, à luz do art. 60 e §§, as disposições de emendas provenientes do poder constituinte estabelecido. A emenda à Constituição é procedida dentro dos limites impostos pelo constituinte originário. A atividade do constituinte derivado, dito reformador, só é concebida se exercida em absoluta fidelidade ao permissivo constitucional. Substancialmente limitado, seu poder decorre da Constituição. Nutre-se da ordem estabelecida e só inova se não ultrapassar o limite imposto pela vontade do legislador originário, pois seu poder justifica-se, em última análise, no diploma que vai reformar.

Caso a reforma seja tão profunda, a ponto de deformar ou descaracterizar a essência da lei que lhe dá a competência reformadora, borrando horizontes materiais, circunstanciais e temporais, o constituinte estabelecido deverá ter um poder político

[15] BONAVIDES, Paulo. *Curso de direito constitucional*. 33. ed. São Paulo: Malheiros, 2018, p. 20.

próprio do legislador original. Se não tiver esse respaldo, não ostentará competência para o ato, que apresentará a marca indelével do desvio de finalidade. A alteração pode acrescentar algo de novo ao corpo da Constituição desde que preserve a essência da matriz. Essa integração deve ser avaliada segundo a coerência geral do sistema e a importância da fuga aos contornos idealizados pelo poder originário. Não há de ser nem tão sensível que engesse as mutações feitas para acompanhar a mobilidade da vida, da realidade, nem tão profunda que se oponha à eficácia dos seus pilares de sustentação. Não se exige, também, que a mudança seja considerada como revolucionária.

A expressão "tendente a abolir", empregada no §4º do art. 60 da CF, não deve ser entendida como ablação definitiva ou alteração descaracterizadora e irreversível de elemento básico do sistema, mas simples suspensão dos efeitos que deve, ininterruptamente, irradiar. Assim, basta a restrição, ainda que temporária, de um direito fundamental, ou garantia essencial, para ocorrer efetiva ofensa à cláusula imutável. Entendimento diverso, capaz de só alcançar a literal extinção do objeto da proteção originária, levaria à inutilidade prática da fórmula imaginada para manter a rigidez constitucional desejada pelo constituinte originário.

O Min. Celso de Mello, em ação direta de inconstitucionalidade, esclarece que basta a simples exceção imposta a determinada garantia para sujeitar a emenda ao controle concentrado de constitucionalidade. Ao garantir a observância do princípio da anterioridade tributária, positivado no art. 150, III, "b", da CF, assim se expressou: "Admitir que a União, no exercício de sua competência residual, ainda que por emenda constitucional, pudesse *excepcionar* a aplicação desta garantia individual do contribuinte implica em conceder ao ente tributante poder que o constituinte expressamente lhe subtraiu ao vedar a deliberação de proposta de emenda à Constituição tendente a abolir os direitos e garantias individuais constitucionalmente assegurados".[16] Nessa mesma ação os Mins. Carlos Velloso e Marco Aurélio consideraram *imodificáveis* os direitos e garantias sociais, ampliando, desse modo, os direitos e garantias individuais previstos no art. 5º da CF.[17]

Gilmar Ferreira Mendes também enfatiza que as reformas não podem comprometer a integridade da Constituição: "Em qualquer hipótese, os limites do poder de revisão não se restringem, necessariamente, aos casos expressamente elencados nas 'garantias de eternidade'. Tal como observado por Bryde, a decisão sobre a imutabilidade de determinado princípio não significa que outros postulados fundamentais estejam submetidos ao poder de revisão (Bryde, *Verfassungsentwicklung*, p. 237). O efetivo significado dessas cláusulas de imutabilidade na práxis constitucional não está imune a controvérsias. Se se entender que elas contêm uma 'proibição de ruptura de determinados princípios constitucionais' (*Verfassungsprinzipien durchbrechungs verbot*), tem-se de admitir que o seu significado *é bem mais amplo do que uma proibição de revolução* ou de destruição da própria Constituição (*Revolutions – Verfassungsbeseltigungsverbot*). É que, nesse caso, a proibição atinge emendas constitucionais que, sem suprimir princípios fundamentais, acabam

---

16 STF, ADI nº 939-7, Serviço de Jurisprudência, *Ementário* 1.730-10.

17 *Idem.*

por lesá-los topicamente, deflagrando um processo de erosão da própria Constituição (Bryde, *Verfassungsentticklung*, p. 242)".[18]

As limitações ao poder reformador que as emendas devem observar não se resumem somente àquelas materiais, circunstanciais e formais, expressas no art. 60 da CF, mas a inúmeras outras vedações implícitas espalhadas por toda a Constituição.

Embora não haja graus de hierarquia entre as normas constitucionais, *é forçoso reconhecer a diversidade do poder que as gerou*. O poder constituinte originário não presta submissão a nenhuma norma de direito positivo; ao revés, justifica-se na necessidade de rompimento do sistema estabelecido. O poder derivado, reformador, aufere sua competência diretamente da Constituição, que deve preservar. A reforma, em verdade, só é admitida para aprimoramento e coesão do ordenamento constitucional. Se sua autoridade deriva do poder criado pela Lei Magna, seria insensato aceitar uma atuação contrária aos postulados que lhe dão coerência e unidade.

Nesse sentido, muito se discutiu sobre a inconstitucionalidade do art. 33 do ADCT. Era evidente a exceção imposta a princípios nucleares escritos ou deduzidos do sistema constitucional, tais como os da isonomia (art. 5º, *caput*, da CF), do direito adquirido (art. 5º, XXXVI), da justa indenização (art. 5º, XXIV) e do pagamento dos precatórios judiciários (art. 100); entretanto, a antinomia era apenas aparente, pois o Ato das Disposições Constitucionais Transitórias é obra do mesmo constituinte originário da parte permanente da Constituição, inexistindo desnível hierárquico entre as normas. Invocou-se, na época, a supremacia da norma permanente em face da disposição transitória, porém o STF entendeu, tranquilamente, que, *embora as disposições fossem antagônicas*, o Ato das Disposições Constitucionais Transitórias continha mera exceção aos princípios e às normas gerais dispostas na área permanente da Constituição, o que poderia ser resolvido pelo princípio da especialidade. Isso conferia constitucionalidade à moratória prescrita no art. 33. É dizer: como o Ato das Disposições Constitucionais Transitórias era criação do poder constituinte originário, e como esse poder não se submetia a nenhum controle, ainda que de direito suprapositivo (conforme entendimento da mais alta Corte de Justiça do país), a Constituinte podia estabelecer as exceções que bem entendesse, o que efetivamente fez no art. 33 do ADCT.

O Min. Moreira Alves expressou, em ação direta de inconstitucionalidade, o entendimento do STF no sentido de que esse colendo Tribunal não tem jurisdição para fiscalizar o poder constituinte originário; portanto, "não pode ele distinguir as exceções que, em seu entender, sejam razoáveis das que lhe pareçam desarrazoadas ou arbitrárias, para declarar estas inconstitucionais. E isso sem considerar que a restrição admitida por Bachof é incongruente, pois quem é livre para fixar um princípio o é também para impor-lhe exceções. Por outro lado, as cláusulas pétreas *não* podem ser invocadas para a sustentação da tese da inconstitucionalidade de *normas constitucionais inferiores em face de normas constitucionais superiores*, porquanto a Constituição *as prevê apenas como limites ao poder constituinte derivado* ao rever ou ao emendar a Constituição elaborada pelo poder constituinte originário, e não como abarcando normas cuja observância se imponha ao próprio poder constituinte originário com relação às outras que não sejam

---

18 *Ajuris*, 60/215, mar. 1994.

consideradas como cláusulas pétreas, e, portanto, possam ser emendadas. Como observa Gilmar Ferreira Mendes,[19] a admissão dessas cláusulas decorre de concepção que foi desenvolvida por Carl Schmidt na vigência da Constituição de Weimar e que não se coaduna com a aceitação da tese da hierarquia entre normas constitucionais: 'As emendas constitucionais haveriam de pressupor uma Constituição e seriam válidas em virtude desta Constituição', e, portanto, 'nesse sentido, uma mudança da Constituição seria apenas possível se preservasse a identidade e a continuidade do texto constitucional como um todo'. Daí acentuar Schmidt:[20] 'Las decisiones políticas fundamentales de la Constitución son asuntos propios del poder constituyente del pueblo alemán y no pertenecen a la competencia de las instancias autorizadas para reformar y revisar las leyes constitucionales. Aquellas reformas dan lugar a un cambio de Constitución; no a una revisión constitucional', para mais adiante tirar esta conclusão: 'Si por una expresa prescripción legal-constitucional se prohíbe una cierta reforma de la Constitución, esto no es más que confirmar tal diferencia entre revisión y supresión de la Constitución'".[21]

O Min. Celso de Mello, igualmente a propósito, assim se manifestou: "Convém ressaltar neste ponto, por necessário, que mesmo as emendas à Constituição Federal não estão excluídas da possibilidade de virem a constituir objeto de controle, abstrato ou concreto, de constitucionalidade. O Congresso Nacional, no desempenho de sua atividade constituinte derivada e no desempenho de sua função reformadora, está juridicamente subordinado à decisão do poder constituinte originário, que, a par de restrições de ordem circunstancial, inibitórias do poder reformador (CF, art. 60, §1º), identificou, em nosso sistema constitucional, um núcleo temático intangível e imune à ação revisora da instituição parlamentar. As limitações materiais explícitas, definidas no §4º do art. 60 da Constituição da República, incidem diretamente sobre o poder de reforma conferido ao Poder Legislativo da União, inibindo-lhe o exercício nos pontos ali discriminados. A irreformabilidade desse núcleo temático, acaso desrespeitada, pode legitimar o controle normativo abstrato, e mesmo a fiscalização jurisdicional concreta, de constitucionalidade. Emendas à Constituição – que não são normas constitucionais originárias – podem, assim, incidir, elas próprias, no vício da inconstitucionalidade, configurado pela inobservância de limitações jurídicas superiormente estabelecidas no texto constitucional por deliberação do órgão exercente das funções constituintes primárias ou originárias".[22]

Fábio Konder Comparato precisa bem a limitação imposta ao poder reformador, justamente por se tratar de uma competência constitucional: "Hoje, já ninguém põe em dúvida que a reforma ou revisão de uma Constituição em vigor distingue-se, nitidamente, do poder de instituir *ex novo* uma ordem constitucional completa. Toda Constituição nova resulta de uma vontade política livre de qualquer vinculação constitucional anterior, vontade, essa, que representa o mais importante atributo da soberania. O poder de reforma constitucional, diversamente, só existe quando previsto ou regulado pela própria Constituição reformanda e aparece, por isso mesmo, como autêntico poder

---

19 MENDES, Gilmar. *Jurisdição constitucional*. 6. ed. 2014, p. 120.

20 SCHMIDT. *Teoría de la Constitución*, p. 122-123.

21 STF, ADI nº 815-3-DF, Serviço de Jurisprudência, *DJU*, 10.05.1996, *Ementário* 1.827-02.

22 STF, ADI nº 4.662-600, Serviço de Jurisprudência, *DJU*, 10.05.1991, *Ementário* 1.619-1.

constituído. Mais precisamente, trata-se de uma função pública, isto é, um poder-dever delimitado normativamente e vinculado a uma finalidade de interesse comum a todos os que a ele se submetem".[23]

Tão poderosa é a submissão do poder constituinte derivado às vedações do art. 60 da CF que o STF já concluiu que é perfeitamente viável a utilização do *writ* para os casos em que a disposição constitucional veda a deliberação congressual, como se verifica deste trecho da ementa do acórdão prolatado: "Cabimento de mandado de segurança em hipóteses em que a vedação constitucional se dirige ao próprio processamento da lei ou da emenda, vedando a sua apresentação (como é o caso previsto no parágrafo único do art. 57 *[da CF/1967 com Emenda Constitucional nº 1/1969]*) ou a sua deliberação (como na espécie). Nesses casos, a inconstitucionalidade diz respeito ao próprio andamento do processo legislativo, e isso porque a Constituição não quer – em face da gravidade dessas deliberações, se consumadas – que sequer se chegue à deliberação, proibindo-a taxativamente. A inconstitucionalidade, se ocorrente, já existe antes de o projeto ou de a proposta se transformar em lei ou em emenda constitucional, porque o próprio processamento já desrespeita, frontalmente, a Constituição".[24]

Por essas razões, o art. 33 – análogo ao art. 78 adicionado ao ADCT – é *constitucional, ao passo que o art. 78* – quase uma reprise daquele – é *formal* e *materialmente inconstitucional*. Este é obra do poder constituinte derivado; aquele, criação do poder constituinte originário. É o que sustenta, também, Jorge Miranda: "No interior da mesma Constituição originária, obra do mesmo poder constituinte (originário), não divisamos como possam surgir normas inconstitucionais. Nem vemos como órgãos de fiscalização instituídos por esse poder seriam competentes para apreciar e não aplicar, com base na Constituição, qualquer das suas normas. É um princípio de identidade ou de não contradição que o impede. Pode haver inconstitucionalidade por oposição entre normas constitucionais preexistentes e normas constitucionais supervenientes, na medida em que a validade destas decorre daquelas; não por oposição entre normas feitas ao mesmo tempo por uma mesma autoridade jurídica. *Pode haver inconstitucionalidade da revisão constitucional, porque a revisão funda-se, formal e materialmente, na Constituição*; não pode haver inconstitucionalidade da Constituição".[25]

Sobre os limites materiais da reforma, o mesmo Jorge Miranda ensina: "O problema dos limites materiais da revisão reconduz-se, no fundo, ao traçar de fronteiras entre o que vem a ser a função própria de uma revisão e o que seria já convolação em Constituição diferente. Por detrás dele encontra-se uma iniludível tensão dialética entre transformação e subsistência e entre aquilo que se oferece mutável e aquilo que imprime caráter e razão de ser à Constituição. É um problema que se põe diante de qualquer Constituição e até diante do sistema jurídico em geral. Porque, em toda e qualquer Constituição, *a revisão consiste em adotar preceitos sem bulir com os princípios*, ele surge haja ou não disposições que enumeram, mais ou menos significativamente, certos e determinados limites".[26]

---

23 COMPARATO, Fábio Konder. *Direito público*: estudos e pareceres. São Paulo: Saraiva, 1996, p. 26.

24 STF, MS nº 20.257-2-DF, rel. Min. Moreira Alves, Serviço de Jurisprudência, *DJU*, 17.06.1981, *Ementário* 1.201-2.

25 MIRANDA, Jorge. *Manual de direito constitucional*. 2. ed. v. 2, 2014. Coimbra: Coimbra Editora, n. 72, p. 291.

26 *Idem*, p. 173-174.

O Ato das Disposições Constitucionais Transitórias faz parte da Constituição e é produto do mesmo constituinte originário. Isso fez o STF considerar constitucional o art. 33. Os mesmos argumentos que utilizou para chancelar este artigo deveriam levá-lo, por coerência, a declarar inconstitucional o art. 78 (assim como o art. 79, como veremos posteriormente)! Ora, se o atrito daquele artigo com postulados consagrados na Constituição era apenas aparente, pois fora concebido como mera exceção aos princípios e às normas gerais dispostos na área permanente da Constituição, e se esse poder quase ilimitado de excepcionar só é conferido ao constituinte originário, resta claro que o legislador da Emenda Constitucional nº 30, como também no caso da Emenda Constitucional nº 62/2009, desbordou de sua competência.

26.9.1.3 Do abuso do Poder Legislativo

A regra de Direito não é norma que prescinde de justificação, ela não basta a si própria e não se fundamenta no direito positivo. Ela não é superficial, apenas uma ínfima parte de seu conteúdo é positivada, como a ponta de um *iceberg* cuja base se oculta nas profundezas do oceano. Black, a propósito, salientou que o ditame implícito na lei "é tanto parte de seu conteúdo como o que nela vem expresso".[27]

O Direito é captado na realidade social. O comportamento é trazido, qual ímã, para o mundo do Direito. Duguit, nesse sentido, disse: "Longtemps avant que la notion de loi positive se soit formée dans les esprits et ait réalisée par l'établissement d'une législation écrite, il y avait des règles de Droit. Longtemps avant qu'on ait démandé aux gouvernants de rédiger des lois, on leur a demandé d'assurer d'une manière regulière et permanente la sanction de telle ou telle règle. La fonction juridictionelle a apparu dans les sociétés bien longtemps avant la fonction législative".[28]

A lei constitucional, mais do que qualquer outra norma jurídica, busca sua legitimidade no "Direito pressuposto", conforme bem se apercebeu Eros Grau:

> Assim, o Direito pressuposto brota da (na) sociedade, à margem da vontade individual dos homens, mas a prática jurídica modifica as condições que o geram.
>
> (...).
>
> O Direito que o legislador não pode criar arbitrariamente – insisto – é o direito positivo. O Direito pressuposto condiciona a produção do Direito posto (positivo). Mas o *Direito posto* transforma sua (dele) própria base.
>
> Isso significa – afirmo-o em outros termos – que *o Direito pressuposto condiciona a elaboração do Direito posto (direito positivo), mas este modifica o Direito pressuposto*.[29]

A regra de direito positivo não se impõe sem a base sólida da regra de direito normativo para repousar. Uma lei pode estar conforme à legalidade, considerada como um conceito formal, mas se for ilegítima, materialmente falando, não será uma instância da realidade. Isso porque o direito positivo não se justifica somente no sistema, ainda

[27] BLACK. *Construction and interpretation of law*. Saint Paul: West Publishing, 1896, p. 62.

[28] DUGUIT. *Traité de droit constitutionnel*. t. I. Paris: Boccard, 1911, p. 111-112.

[29] GRAU, Eros. *O direito posto e o direito pressuposto, op. cit.*, p. 64-65.

que estribado na Lei Fundamental, bastante a si próprio; ao contrário, sempre precisará de justificação social.

O poder derradeiro não pertence ao Estado, é-lhe atribuído pelo poder de fato do povo, que não necessita de nenhuma norma autorizadora. Por isso que o legislador não pode criar arbitrariamente o direito positivo. Mesmo positivado, faltar-lhe-á legitimidade. Duguit é contundente na análise: "Une règle de Droit repose toujours sur un besoin social et sur le sentiment de l'équité tel qu'il existe à un moment donné dans la conscience des hommes. Une règle qui n'est pas conforme à l'équité n'est jamais une règle de Droit. Une règle légale peut ne pas être conforme à l'équité: mais alors elle n'ést pas une règle de Droit".[30]

O legislador não deveria aceitar senão uma consciência mais vasta e abrangente da realidade, independentemente de posições políticas e fidelidade partidária, porque os fatos, a História, as experiências, as ideias, estão também em nós, plasmando uma consciência social em cada cidadão. A essência e o fundamento do Direito são feitos na vida, de nada adiantando aprofundar a generalidade político-econômica se não levarmos em conta a particularidade dos fatos reais, medidos uns pelos outros. Nessa concreção do Direito, a consciência do legislador deve dirigir-se para a totalidade do conhecimento, empiricamente testando e avaliando o mundo exterior em relação a si mesmo, para avaliar a verdadeira necessidade da Nação. Ihering disso se apercebeu bem: "Não é, pois, o conteúdo abstrato das leis, nem a justiça escrita no papel, nem a moralidade das palavras, que decidem o valor de um Direito; a sua realização objetiva na vida, a energia, por meio da qual o que é conhecido e proclamado, como necessário, se atinge e executa – eis o que consagra ao Direito o seu verdadeiro lugar".[31]

É a vida que devemos concretar na construção da norma abstrata! Mas não foi isso que o constituinte reformador fez na elaboração das Emendas Constitucionais 30/2000 e 62/2009.

A realidade das injustiças, dos sofrimentos, das experiências de vida, na sua mais completa significação genérica, da morte nos corredores de hospitais à fome dos mendigos de rua, mostra-nos que a solução legislativa simplista, que pretende servir de remédio para todos os males, não está servindo, em verdade, para nenhum caso.

Não basta precisar o problema da falta de recursos para cumprir os deveres indeclináveis do Estado – é indispensável avaliar o fato social e a consequência do inadimplemento estatal. Para elegermos a resposta que merece ser positivada na regra de Direito é preciso analisar todos os dados exaustivamente, ao mesmo tempo em que explicamos para nós mesmos o que é e o que deve ser. Parece insuficiente o legislador exibir o título de nomeação decorrente da procuração outorgada, expressa nos milhões de votos, pelos eleitores aos seus mandatários. Esse é o título formal de habilitação para exercer o poder em nome do povo, é a simples escolha dos seus representantes. As cláusulas do instrumento de mandato estão contidas na Constituição Federal. A legitimidade inicial do parlamentar deve ser reafirmada e solidificada dia após dia, na atividade legiferante da Casa das Leis.

---

30 DUGUIT. *Traité de droit constitutionnel*, cit., t. I, p. 183.

31 IHERING. *O espírito do direito romano*. v. 3. Tradução de Rafael Benaion. Rio de Janeiro: Alba, 1943, p. 17.

É incompreensível que a atividade democrática se esgote nas eleições gerais; resulta insano circunscrever a participação popular ao momento eleitoral. Os eleitores julgam seus mandatários de modo subjetivo e se expressam das mais variadas maneiras para manifestar sua aprovação ou repulsa; mas a avaliação que interessa ao Direito é aquela feita, objetivamente, nos tribunais. O cidadão, isolada ou coletivamente, provoca o Judiciário e expõe seu descontentamento com os mandatários que excederam os poderes conferidos. Essa avaliação é feita objetivamente, analisada em face da forma por que o mandato é passado. Para a evidência do poder excessivo, portanto, somente se faz mister a verificação dos poderes outorgados na Constituição Federal, pois que da existência ou inexistência de poderes conferidos é que se conclui a suficiência ou insuficiência do mandato parlamentar.

O abuso de poder, pois, funda-se na existência de uma cláusula restritiva de poderes que o mandante fez inserir na Constituição (art. 60). Essa cláusula garante os limites que devem ser observados pelo constituinte reformador, e só pode ser ilidida na presença de extrema excepcionalidade...

Caso não se aceite essa versão, de todos conhecida, é forçoso admitir, então, que o inadimplemento decorreu de extrema incompetência ou ... benevolência da sociedade. Os governantes acostumaram-se à inadimplência e se escudam na prevalência do bem comum para penalizar o particular que mendiga seu crédito. Esquecem-se, todavia, da seguinte advertência: o bem comum é a soma do bem coletivo com cada bem individual.

Parece irrisão querer justificar a suficiência de poderes diante dos termos do art. 60 da CF, do art. 5º e de tantos outros dispositivos constitucionais. A lei editada fora dos limites do mandato é radicalmente nula em relação ao mandante, deduzindo-se daí que basta o Judiciário pronunciar-se no controle concentrado ou difuso de constitucionalidade para fulminar o excesso ou desvio de poder. Falta à legitimidade da lei o sopro vital: o consentimento do mandante, que foi expressamente ressalvado no art. 60 da CF, e sem esse consentimento, que lhe dá autoridade, a lei não ganha força para que a ela se vincule o mandante.

Não pode, assim, a Justiça permanecer inerte e aceitar a vazia argumentação de que a sobrevivência da política econômica depende do sacrifício de todos nós, como expresso pelo Min. Celso de Mello: "Não me preocupa a relação dilemática por alguns proposta, que chega até mesmo a proclamar, pelo alegado *receio da destruição* da ordem econômico-social, a virtual possibilidade de *desrespeito ao ordenamento constitucional como condição de êxito* do plano econômico".[32]

Paulo Bonavides, oportunamente, lembra a célebre decisão do Tribunal Constitucional da Alemanha, no "Caso Elfes", relativa à inconstitucionalidade material de leis: "'As leis, para serem constitucionais, não basta que hajam sido formalmente exaradas. Devem estar também materialmente em consonância com os superiores valores básicos da ordem fundamental liberal e democrática, bem como com a ordem valorativa da Constituição, e ainda hão de guardar, por igual, correspondência com os princípios elementares não escritos da Lei Maior, bem como com as decisões tutelares

[32] STF, ADI nº 293-7/600-DF, Serviço de Jurisprudência, *DJU* 16.4.1993, *Ementário* 1.699-1.

da Lei Fundamental, nomeadamente as que entendem com o axioma da estatalidade jurídica e o princípio do Estado Social'".[33]

26.9.1.4 A inconstitucional moratória de 2000

O art. 78, acrescentado ao ADCT pela Emenda Constitucional nº 30/2000, foi editado com a finalidade específica de adiar o pagamento de dívidas imoderadamente acumuladas por todos os entes federativos, que nunca demonstraram a menor boa vontade em saldá-las. Abstraindo-se o fato de que não havia competência formal para o ato, em razão da expressa disposição constante do art. 60, §4º, IV, da CF, averiguamos que o fim almejado não encontrava apoio no Texto Maior. O Poder Legislativo somente pode exercer sua liberdade discricionária na apreciação e regramento de fatos e necessidades sociais se se conformar à estrita finalidade do ato. Essa finalidade não pode, de nenhuma maneira, confundir-se com o móvel menos nobre de desonrar compromissos assumidos.

Na interpretação concreta do art. 78 do ADCT era preciso ter em mente as consequências previsíveis da manutenção ou repúdio da exceção imposta à isonomia, ao direito adquirido, à coisa julgada, à justa e prévia indenização nas desapropriações e no pagamento da dívida judiciária do Estado com o particular.

Muitos precatórios que não foram pagos no escalonamento de dívidas feito pelo art. 33 do ADCT passaram pela Emenda Constitucional nº 30 (tempo em que foi promulgada também a Emenda Constitucional nº 62/2009) e até agora não foram quitados. Não foram pagos nem aqueles precatórios, nem parte dos emitidos na década retrasada. Esse precedente demonstra claramente qual o prognóstico verdadeiro para o atual parcelamento de dívidas judiciárias. É de conhecimento geral o descontrole do Executivo nos gastos públicos, empregados na realização de obras faraônicas e distribuição de verbas destinadas à manutenção do poder político dos governantes. Mesmo acumulando dívidas monstruosas, não vemos diminuir os escândalos e investimentos supérfluos, sem nenhuma contenção de gastos. O que percebemos, com assiduidade, são os governos de todos os níveis federativos frequentando as manchetes dos diários sensacionalistas. Não há disposição séria, continuada, para a austeridade. Nesse meio tempo, escândalos novos foram motivo de vergonha nacional, como o escândalo dos cartões corporativos, escândalos no Senado, etc.

É evidente que há honrosas exceções, mas a Administração saneadora não encontra prosseguimento nos governos seguintes. Desse modo, o prognóstico não pode deixar de ser feito, não se utilizando para isso mais que fatos notoriamente conhecidos. Não há como negar que a primeira, adiando o pagamento de dívidas por 8 anos, e a segunda por 10 anos (Emenda Constitucional nº 30/2000), não tiveram o desenrolar anunciado e esperado pela constituinte de 1988. Ao revés, a facilidade com que os maus pagadores se livraram da dívida estimulou a inadimplência oficializada. Nesse sentido, de correção de fatos e prognoses legislativos, o Min. Gilmar Ferreira Mendes ensina que "uma vinculação estrita do órgão judicial aos fatos e prognoses legislativos fixados pelo legislador acabaria, em muitos casos, por nulificar o significado do controle de constitucionalidade. Não é preciso ressaltar também que a negativa do Tribunal de examinar, com todos os

[33] BONAVIDES, Paulo. *Curso de direito constitucional, op. cit.* 33. ed., p. 432.

elementos disponíveis, a correção dos fatos e prognoses estabelecidos pelo legislador pode corresponder a uma vinculação, ainda que não estritamente consciente, aos fatos legislativos pressupostos ou fixados pelo legislador. Em outras palavras, tal postura poderá significar, em verdade, uma renúncia à possibilidade de controle de legitimidade da lei propriamente dita. Ou, o que se revela igualmente inadequado e grave, a não adoção de processos racionais de apreciação dos fatos e prognoses legislativos poderá ensejar decisões lastreadas apenas em bases intuitivas".[34]

Ainda que não seja possível ir além do prognóstico, é necessário dar a devida atenção à história recente. De qualquer forma, a exceção aos postulados constitucionais levada a efeito pelo constituinte originário, embora colocasse o credor da Fazenda Pública em posição genuflexa, era legal, ao passo que o constituinte atual não tem competência para excepcioná-los. Sabe-se que esse procedimento, em tese, só pode ser admitido ao poder reformador em casos de magnânima excepcionalidade, que, *data venia*, não se apresenta neste caso. Repugna ao bom-senso e à moral a banalização da exceção por motivo tão pouco dignificante, pois a grave situação de inadimplência foi conscientemente provocada pelos próprios governantes. A atual moratória, que equivale quase a um perdão, estimulará, certamente, seguidas concessões e a certeza de que as dívidas públicas não devem ser honradas. O panorama sempre sombrio e catastrófico apresentado todas as vezes que se quer exigir o cumprimento das obrigações do Estado e a condescendência de todos nós, que permitimos a suplantação de inafastáveis princípios de Direito em nome de interesses mesquinhos e sazonais, garantirão a perpetuidade da imoralidade na Administração Pública.

Desde a edição da Emenda Constitucional nº 30/2000 e a inclusão do art. 78 no ADCT até o momento atual e a Emenda Constitucional nº 62/2009, o constituinte reformador, inspirado na facilidade com que o art. 33 parcelara a dívida contida nos precatórios judiciários, abriu uma janela para o passado e imaginou-se investido em alguns dos poderes do constituinte originário. A um só tempo, imitando o legislador de 1988, desvencilhou-se dos rigores do art. 60 da CF e desprezou a isonomia (art. 5º, *caput*, da CF), a coisa julgada e o direito adquirido (art. 5º, XXXVI, da CF), a justa indenização (art. 5º, XXIV, da CF), o pagamento dos precatórios judiciários (art. 100 da CF) e o princípio da segurança jurídica.

26.9.1.5 Da violação do direito adquirido e da coisa julgada

Ninguém exprimiu melhor a dor e a insegurança daquele que se sentia protegido pelas situações consolidadas no tempo, mas viu reacenderem-se todos os temores e todas as angústias da incerteza provocada pela iniquidade de uma legislação retroativa do que Portalis: "O homem, que não ocupa senão um ponto no tempo e no espaço, seria o mais infeliz dos seres se não se pudesse julgar seguro nem sequer quanto à sua vida passada. Por essa parte de sua existência, já não carregou todo o peso de seu destino? O passado pode deixar dissabores, mas põe termo a todas as suas incertezas. Na ordem da natureza, só o futuro é incerto, e esta própria incerteza é suavizada pela esperança,

[34] MENDES, Gilmar. Controle de constitucionalidade: hermenêutica constitucional e revisão de fatos e prognoses legislativos pelo órgão judicial, *RT*, São Paulo, RT, 766/27.

a fiel companheira de nossa fraqueza. Seria agravar a triste condição da Humanidade querer mudar, através do sistema da legislação, o sistema da natureza, procurando, para o tempo que já se foi, fazer reviver as nossas dores, sem nos restituir as nossas esperanças".[35]

A norma de Direito, que normalmente se projeta para o futuro, pode alcançar as situações passadas desde que respeite o direito adquirido, o ato jurídico perfeito e a coisa julgada, nos termos do art. 5º, XXXVI, da CF. A garantia do direito adquirido foi frontalmente violada pelas Emendas Constitucionais 30/2000 e 62/2009. Findo o processo de conhecimento e de execução, sob a lei de seu tempo, é expedido o precatório para pagamento até o final do exercício seguinte.

Fica, assim, o credor da Fazenda Pública certo de que, em tese, até 30 de dezembro do exercício seguinte ao da apresentação a ordem judicial deve ser obedecida. O fato de o Estado desobedecer à determinação judicial em nada altera o direito adquirido pelo credor, que tem significado econômico e ingressa no patrimônio do titular. Não mais se trata de expectativa de direito, mas de direito adquirido, com significação econômica, que não pode mais, sem lesão, ser excluído ou alterado pela lei superveniente.

Carlos Ayres Britto e Valmir Pontes Filho também esclarecem que "a permanência ou não de um direito já adquirido é matéria que se equaciona, antes de tudo, em face do originário Texto Maior. E não das emendas, porque as emendas constitucionais são padecentes de inferior hierarquia jurídica, se confrontadas com a primitiva Constituição. É sempre necessário ver se existe no assoalho da própria Constituição um regime pronto e acabado para o instituto do direito adquirido. E o fato é que esse regime existe, nos marcos da nossa atual experiência constitucional, a partir da altissonante regra de que 'a lei não prejudicará o direito adquirido, o ato jurídico perfeito e a coisa julgada' (art. 5º, inciso XXXVI)". Ressaltando que a possibilidade de desconsideração desses institutos fragiliza notavelmente o princípio da segurança jurídica, que dá consistência e estabilidade ao Direito, enfatizam que "a derrubada de um direito adquirido também possibilitaria o abate do ato jurídico perfeito e da coisa julgada, pelo mesmo fato de que esses dois outros institutos foram consagrados na mesmíssima regra constitucional de reconhecimento do primeiro. A justificativa para guilhotinar um deles é a mesma para a derruição dos outros dois, e aí já não se tem como escapar à conclusão de que as emendas assim apresentadas tendem efetivamente à abolição da garantia individual da segurança".[36]

Acresce notar que essa lei superveniente, no caso, não regula todos os casos presentes e futuros, mas somente os precatórios passados, provenientes de ações intentadas até 31.12.1999. É, portanto, *uma lei voltada para o passado*, para remendar uma insolvência crônica do Estado.

O *princípio da isonomia* também ficou irremediavelmente violentado com a diferença de tratamento entre os titulares de precatórios. Há alguma razão plausível para essa distinção, para considerar que apenas os credores portadores de precatórios vencíveis

[35] PORTALIS, *apud* RÁO, Vicente. *O direito e a vida dos direitos*. v. 1, t. II. São Paulo: Max Limonad, 1960, p. 428.

[36] BRITTO, Carlos Ayres; PONTES FILHO, Valmir. Direito adquirido contra as emendas constitucionais. *In*: BANDEIRA DE MELLO, Celso Antônio (org.). *Estudos em homenagem a Geraldo Ataliba* 2: Direito Administrativo e Constitucional. São Paulo: Malheiros, 1997, p. 154.

até o fim de 2001 deveriam receber seu crédito em 10 anos? Por que os que ajuizaram as ações a partir de 2000 podem receber os pagamentos à vista, conforme a regra geral? A resposta é óbvia: porque o Estado diz não poder pagá-los, por mera conveniência, e porque a Emenda estabeleceu uma exceção à regra geral, prevista no art. 100 da CF. O argumento utilizado pelos parlamentares que integram a base política do governo, de que o princípio da igualdade não foi agredido, porque todos os que se encontravam na mesma situação de credores da Fazenda Pública foram alcançados pela mesmo escalonamento de dívidas e de que o parcelamento era um benefício para que não aguardassem 10 ou 20 anos sem nada receber até lá, lembra a cáustica observação de Anatole France, trazida por Nagib Slaibi Filho: "Em sua majestade, a todos a lei trata da mesma forma, dando direito aos ricos e aos pobres de, no inverno, dormirem sob as pontes de Paris (...)".[37] Trata-se, por certo, "de uma igualdade à moda do porco de Orwell (...), no bojo da qual havia – como há – os 'iguais' e os 'mais iguais' ('All animals are equal, but some animals are more equal than others')".[38]

Dessa forma, como vimos, o poder reformador não podia alterar a disposição constitucional, porque o princípio do pagamento dos precatórios judiciários estava amparando situações consolidadas de direito adquirido pelos seus titulares, fundadas em decisões judiciais irreversíveis.

A legitimidade da reforma, em última análise, depende da legitimidade do constituinte. Se a reforma tivesse peso exatamente igual ao da norma originária, e aceitando-se que não há antinomia entre normas originárias, estas poderiam ser suplantadas, eventualmente, na interpretação dos tribunais. Não haveria nunca, também, antinomia entre normas originais e derivadas. Ora, nessa linha de pensamento, o substrato básico da Constituição iria aos poucos se alterando, até a desfiguração completa, o que – convenhamos – não foi intenção do constituinte originário. Como a função legislativa, mesmo a do constituinte derivado, é essencialmente vinculada à norma que o instituiu, seria impensável considerá-las iguais. Se o poder reformador se submete à norma constitucional – que lhe deu competência para a reforma –, por outro lado, o originário pressupõe a necessidade de alterá-la em sua essência, pois se a alteração fosse apenas superficial bastaria reformá-la. Por isso que o poder originário rompe com todos os laços da Constituição superada, exatamente porque o poder reformador não tinha competência para a modificação na profundidade pretendida.

Se é, em resumo, imprescindível a correspondência entre o preceito consubstanciado na norma jurídica e o consenso social de que esse preceito merece ser positivado, e isso se faz com o assentimento dos princípios jurídicos, é indisputável que o consenso da massa das consciências individuais só pode ser avaliado sob a luz da Moral e da Ética. Elas não produzem diretamente o Direito, mas são a sua medida e fundamento original. Afinal, são os princípios morais que determinam, no ápice da consulta aos princípios jurídicos, qual deles será superado pelo outro, e em que proporção.

Dessa forma, o calote aplicado indistintamente a todos os credores com ações ajuizadas até 31.12.1999 – e que novamente acometerá o país com a Emenda Constitucional nº 62/2009 –, sem fundamentação convincente, não é moralmente aceitável e estimula

---

[37] SLAIBI FILHO, Nagib. *Ação declaratória de constitucionalidade*. 2. ed., 2. tir. Rio de Janeiro: Forense, 1997, p. 20.

[38] GRAU, Eros. *O direito posto e o direito pressuposto*, *op. cit.*, p. 161.

o mais temível arbítrio, o arbítrio legal, que se infiltra no mais profundo alicerce da pirâmide normativa.

Já foi dito que o homem moderno vive na servidão consentida das leis. Se o Legislativo não observa, ele próprio, a Lei Maior, o pacto acordado no transcorrer dos séculos é rompido, e os temores que a geração atual não conhece senão nos livros, mas que carrega atavicamente nos cantos escuros da mente, são despertados para o sobressalto da desconfiança e da revolta. Quando o Direito é imposto às pessoas, causando-lhes prejuízo sem um motivo ético ponderoso, afasta e exclui a participação popular capaz de dar o arrimo imprescindível a um plano econômico. Esse retrocesso não aproveita a ninguém, nem ao Estado, que perde o respaldo do verdadeiro mandante, nem ao povo, que descobre que nada conquistou.

26.9.1.6 Análise da Emenda Constitucional nº 30/2000: por razões históricas

Admitindo-se – apenas para seguir o raciocínio – a constitucionalidade da antiga Emenda nº 30/2000, passemos ao exame de seu conteúdo.

Com a Emenda Constitucional nº 30/2000 sérias dúvidas surgiram em relação à aplicação e ao cumprimento das ordens expedidas pelos tribunais em decorrência de sentença judicial transitada em julgado.

O sentido do precatório é o de requisitar alguma coisa a alguém. Uma vez transitada em julgado determinada decisão proferida, em execução por quantia certa, contra a Fazenda Pública, o MM. Juiz deve expedir o ofício requisitório ao Sr. Presidente do tribunal competente. Este, de seu turno, expede o precatório ao Poder Executivo, para que reserve numerário suficiente para pagamento do montante que lhe foi solicitado.

Algumas das modificações são válidas para o texto constitucional consolidado com a Emenda Constitucional nº 62/2009, razão pela qual mantemos o raciocínio. Questões mais específicas serão tratadas no item oportuno, reservado apenas para a referida emenda.

À exceção dos créditos de natureza alimentícia, os pagamentos fazem-se "exclusivamente na ordem cronológica de apresentação dos precatórios" e "à conta dos créditos respectivos".

É obrigatória a inclusão de recursos para pagamento dos referidos créditos no orçamento das entidades de direito público. Os ofícios requisitórios são apresentados até o dia 1º de julho de cada ano, "fazendo-se o pagamento até o final do exercício seguinte, quando terão seus valores atualizados monetariamente".

A primeira mudança que já se notava era a alteração da ordem da oração, o que protrai o termo *a quo* da atualização monetária. Na redação anterior estava escrito que o pagamento ocorria para os precatórios judiciários "apresentados até 1º de julho, *data em que terão atualizados seus valores*, fazendo-se o pagamento até o final do exercício seguinte".

A Emenda Constitucional nº 30/2000 alterou o texto, passando o pagamento a ocorrer com os precatórios judiciais "apresentados até 1º de julho, fazendo-se o pagamento até *o final do exercício seguinte, quando terão seus valores atualizados monetariamente*". Enquanto na redação original a atualização se operava no dia 1º de julho de cada ano, para pagamento até o final do exercício seguinte, com a atual redação a atualização monetária se opera no final do exercício seguinte, ou seja, no dia final do pagamento, no termo *ad quem*.

É evidente a justiça dessa redação. Evitar-se-ia, doravante, a expedição de inúmeros ofícios à data de atualização. A atualização era feita no momento do pagamento, até o final do exercício seguinte. Não mais deverão existir os precatórios de precatórios, as infindáveis atualizações de cálculos do contador para expedição de novos ofícios suplementares. A loucura terá fim. Kafka pode dormir tranquilo, que o país deu exemplo de não mais imperar, aqui, a insanidade no pagamento dos débitos de natureza pública.

Apurado o cálculo final, o presidente do tribunal determina o pagamento, enviando o numerário ao juiz de onde se encontra o processo de execução, a quem caberá, então, a autorização do levantamento da quantia devida.

No caso de existência de preterição no pagamento dos precatórios, deverá o presidente do tribunal "autorizar, a requerimento do credor, e exclusivamente para o caso de preterimento de seu direito de precedência, o sequestro da quantia necessária à satisfação do débito" (antigo art. 100, §2º). O sequestro é determinação moralizadora e acauteladora do direito de preferência. Não é satisfativa, porque não objetiva o pagamento do credor prejudicado, mas busca resguardar, apenas e tão somente, a ordem dos precatórios. Daí por que é inviável qualquer acordo que possa prejudicar ou frustrar o pagamento na ordem estabelecida.

A Emenda em comento inovou ao introduzir no Direito Brasileiro o pagamento de "obrigações definidas em lei como de pequeno valor" (antigo art. 100, §3º, com a redação dada pela Emenda Constitucional nº 30/2000). A Emenda Constitucional nº 37 estipulou, na ausência de lei própria do ente federativo, em 40 salários-mínimos o montante para identificar o pequeno valor para Estados e Distrito Federal, e em 30 salários-mínimos para os Municípios. Como o texto é transitório (transitório que persiste 10 anos depois), é imprescindível a edição de lei local, estadual ou municipal, que defina o que se entende como "pequeno valor", devendo-se levar em conta "as diferentes capacidades das entidades de direito público" (§5º, parte final, modificado).

A Emenda, ao final, estabeleceu o crime de responsabilidade do presidente do tribunal que, "por ato comissivo ou omissivo, retardar ou tentar frustrar a liquidação regular de precatório" (antigo art. 100, §6º).

Percebe-se já a existência de: (a) precatórios não alimentares; (b) precatórios alimentares; e (c) pagamentos de pequeno valor, independentemente de precatório.

Para complicar o problema, há ainda, oriundo dessa Emenda Constitucional, o art. 78 do ADCT, que assim ficou: "Ressalvados os créditos definidos em lei como de pequeno valor, os de natureza alimentícia, os de que trata o art. 33 deste Ato das Disposições Constitucionais Transitórias e suas complementações e os que já tiverem os seus respectivos recursos liberados ou depositados em juízo, os precatórios pendentes na data da promulgação desta Emenda e os que decorram de ações iniciais ajuizadas até 31 de dezembro de 1999 serão liquidados pelo seu valor real, em moeda corrente, acrescido de juros legais, em prestações anuais, iguais e sucessivas, no prazo máximo de 10 (dez) anos, permitida a cessão dos créditos".

A complexidade da redação e a dificuldade de compreensão levaram credores e o próprio Estado à perplexidade.

26.9.1.7 O pagamento de condenações de pequeno valor

Devendo-se aguardar a lei que definirá o que é crédito de pequeno valor, em cada unidade federativa, haverá um ofício para requisição do montante e pagamento imediato, pelo valor real. Ao juiz da execução caberá expedir o mandado (precatório) para satisfação do crédito, independentemente de qualquer ordem. A Emenda Constitucional nº 37/2002 estipulou o que entende por pequeno valor, até a edição de lei própria de cada ente federativo. Para a Fazenda dos Estados e do Distrito Federal será ele de 40 salários-mínimos, e de 30 perante a Fazenda dos Municípios (art. 87 do ADCT). À lei caberá cumprir o julgado. À Fazenda Pública caberá providenciar, prontamente, a liberação das verbas, de acordo com a disponibilidade orçamentária. Descabe ao presidente do tribunal controlar tais pagamentos, uma vez que foram eles destacados da ordem geral dos precatórios.

Poder-se-ia indagar qual o prazo para cumprimento da ordem emanada pelo juiz. O prazo razoável é de 30 dias a contar do recebimento do mandado pela Procuradoria Geral competente. É verdade, no entanto, que a lei ordinária que sobrevier é que dará contornos definitivos ao procedimento. No entanto, o descumprimento da ordem no prazo fixado poderá caracterizar desobediência à ordem legal de funcionário público e, pois, tipificar o respectivo crime. O problema da liberação imediata de recursos é matéria interna do Poder Público, e, pois, descabida sua análise no presente estudo.

Sem embargo de a Constituição exigir lei (federal, estadual e municipal), o Conselho Nacional de Justiça editou a Resolução nº 122, de 29/10/2010 estabelecendo valores, que são adotados, nas execuções contra a Fazenda Nacional. Nada obstante, em relação aos demais entes federativos ou há lei própria ou se adota os critérios da Resolução do CNJ.

Não se tem dúvida em afirmar que a competência é do juiz da execução, independentemente de qualquer formalidade. Apurado o montante do crédito (mediante liquidação), expede-se ofício, determinando o pagamento.

Leis próprias poderão exigir que haja requerimento do credor para pagamento. Seria excessiva formalidade. No entanto, está dentro da competência de cada Estado e Município dispor sobre a forma de execução e estabelecer prazo razoável para pagamento.

Pode-se afirmar, sem medo de errar, que não haverá precatórios a serem controlados pelo presidente do tribunal competente. A ordem de pagamento (que também se pode denominar de precatório, sendo a questão de mera terminologia) é dada diretamente pelo magistrado que preside o processo de execução, para cumprimento imediato.

Frustrado o pagamento da condenação de pequeno valor, sendo ele retardado indefinidamente ou não cumprindo o Poder Público com o prazo estipulado em lei, caberia o sequestro de verba? Indiscutível que a hipótese se afigura prevista no §4º do art. 78 do ADCT. Deixando de efetuar o pagamento tempestivo do que é devido, cabe ao juiz determinar o sequestro de numerário suficiente para satisfação do credor. Há disposição constitucional a respeito? *Ubi eadem ratio, ibi eadem dispositio.* "Onde a mesma razão, a mesma disposição." A saber: se cabe ao presidente do tribunal sequestrar recursos no caso de não pagamento no prazo, ao juiz é dado efetuar o sequestro no caso de não satisfação do crédito.

26.9.1.8 Os precatórios alimentícios

À imagem dos precatórios para satisfação de obrigações decorrentes de sentenças transitadas em julgado, os alimentares também exigem tal providência para sua satisfação (cf. Súmula nº 655 do STF). Depois de ampla discussão firmou-se a orientação no sentido de que "não se acham dispensados do regime de pagamento por meio de precatórios os créditos de natureza alimentícia, nem contraria serem eles dispostos em ordem própria, com prioridade sobre os de natureza geral".[39] É verdade que sofreu a solução dura crítica do próprio STF,[40] redundando na suavização da regra, através de decisão relatada pelo eminente Min. Celso de Mello, ao deixar decidido que "a imprescindibilidade da submissão dos créditos alimentares ao regime dos precatórios, contudo, não impede – considerada a *ratio* subjacente ao preceito inscrito no art. 100 da Carta Política – que as entidades estatais, agindo nos limites de sua competência legislativa, veiculem regramento jurídico destinado a favorecer os credores do Poder Público nas execuções patrimoniais que tenham por objeto a satisfação de prestações de natureza alimentícia".[41] Neste sentido a Súmula nº 144 do STJ: "Os créditos de natureza alimentícia gozam de preferência, desvinculados os precatórios da ordem cronológica dos créditos de natureza diversa".

Vê-se, pois, que o crédito alimentar há de ser pago, inclusive, com preferência sobre os outros, ainda mais agora, que deve haver o pagamento parcelado em 10 vezes, uma vez reconhecida a constitucionalidade da Emenda Constitucional nº 30/2000 (RE nº 612707) e a prioridade do pagamento dos créditos alimentares.

O §1º do art. 100, com a redação dada pela Emenda Constitucional nº 30/2000, entendeu como débitos de natureza alimentícia "aqueles decorrentes de salários, vencimentos, proventos, pensões e suas complementações, benefícios previdenciários e indenizações por morte ou invalidez, fundadas na responsabilidade civil, em virtude de sentença transitada em julgado". Observe-se que a enumeração não foi taxativa, mas meramente exemplificativa, o que implica a inclusão de outros pagamentos assemelhados.

Poder-se-á discutir sobre se os honorários advocatícios estão englobados no sentido de precatório alimentar. Há evidência de que sim. Como se sabe, constituem-se eles em verba autônoma e titularizada pelo advogado, que não está englobada na eventual condenação do devedor ou do sucumbente. É o que dispõe o art. 23 da Lei nº 8.906/1994 (Estatuto da OAB). Logo, englobam-se no conceito de salários.

De outro lado, a interpretação não pode ser literal, mas presa ao sistema de valores encampados pelo ordenamento normativo. O advogado tem o fruto de seu trabalho representado pelos honorários (de honra). Em verdade, o que a Emenda nº 30/2000 deixou explicitado é que a quantia representativa do esforço de alguém, ou de seu trabalho, que gera sua subsistência, é que seria alcançada pelos precatórios alimentícios. O próprio conceito de alimentos pressupõe recursos necessários e imprescindíveis para a sobrevivência de alguém. O advogado vive de seus honorários. Logo, não há como se entender que os honorários advocatícios não estejam compreendidos nos precatórios

[39] *RTJ*, 143/289.

[40] STF, ADI nº 571, rel. Min. Sepúlveda Pertence, *RTJ* 144/145.

[41] STF, RE nº 171.811-1-SP.

alimentares. É o entendimento do STF, para o qual os honorários advocatícios têm natureza alimentar: "Os honorários advocatícios incluídos na condenação pertencem ao advogado, consubstanciando prestação alimentícia cuja satisfação pela Fazenda ocorre via precatório, observada a ordem especial restrita aos créditos de natureza alimentícia".[42] É o que se poderia denominar de interpretação corretiva. Sem nos preocuparmos em arrolar todos os métodos de interpretação já estudados pelos diversos autores, pode-se afirmar que a interpretação restritiva não tem sentido quando é redutiva de conceitos. A interpretação ampliativa é que deve ser a regra quando se cuida de beneficiar categorias e pessoas.

Parece-nos indiscutível que no conceito da norma constitucional estão incluídos, para efeito de precatórios alimentícios, os honorários de advogado.

Superada tal questão, pode-se afirmar que o art. 78 do ADCT (introduzido pela Emenda Constitucional nº 30/2000) dividiu os pagamentos em: (a) créditos de pequeno valor (que independem do controle do tribunal); (b) alimentícios; (c) os alcançados pelo art. 33 do ADCT, isto é, aqueles que, quando do advento da Constituição/1988, tiveram seu pagamento parcelado em oito anos ou vezes; (d) as complementações dos já mencionados; (e) os precatórios do tipo das letras "c" e "d", que "já tiverem os seus respectivos recursos liberados ou depositados"; (f) os precatórios pendentes na data de promulgação da Emenda Constitucional nº 30/2000; e (g) os que decorram de *ações iniciais* ajuizadas até 31.12.1999.

Os dois últimos "serão liquidados pelo seu valor real, em moeda corrente, acrescido de juros legais, em prestações anuais, iguais e sucessivas, no prazo máximo de 10 (dez) anos, permitida a cessão dos créditos".

Por aí bem se percebe a confusão que grassa no cumprimento da Emenda Constitucional ora analisada. Já se percebe a ausência de técnica do legislador constituinte derivado ao falar em "ações iniciais", o que há de corresponder, em linguagem técnica, à petição inicial já ajuizada até 31.12.1999. Evidente está que o dispositivo diz respeito ao processo de execução, e não ao de conhecimento ou cautelar. É que só enseja a expedição de precatório o processo de execução, e, pois, não se pode falar em outro tipo de ação para incidência da norma constitucional. Demais disso, o art. 78 do ADCT regula a forma de execução por quantia certa contra a Fazenda Pública. O precatório é expedido ao final de tal tipo de processo. Logo, a petição inicial (ação inicial, na linguagem do texto transitório) da execução é que já deve ter sido proposta, e não o processo de conhecimento ou cautelar. Por fim, para argumentar, a petição inicial em outro tipo de processo pode nunca chegar a formar a execução, e, pois, jamais será petição inicial apta a ensejar a expedição de precatório. Em suma, refere-se o texto ao processo de execução.[43]

Antes de cuidarmos do cumprimento, vejamos como ficam os precatórios de créditos alimentícios.

---

42 STF, RE nº 470.407-2, rel. Min. Marco Aurélio, j. 09.05.2006.

43 A questão foi bem examinada por Fernão Borba Franco em dissertação de Mestrado aprovada na USP em Banca de que participei juntamente com os ilustres professores Carlos Alberto Carmona e Vicente Greco Filho.

Em relação ao precatório alimentar, dúvida não há de que deve ser ele pago integralmente, de uma só vez e devidamente atualizado. É bom que se diga que o precatório alimentício não entrou na moratória pública.

Para cumprimento do precatório alimentar basta que se obedeça à sua ordem cronológica de apresentação e sejam os valores pagos imediatamente, tão logo exista numerário suficiente. Em diversas oportunidades o STF foi chamado a se pronunciar a respeito, e sempre decidiu que os precatórios alimentícios devem ser pagos integralmente, de uma só vez e de forma atualizada.[44] Considerações especiais sobre o §2º do art. 100, modificado pela Emenda Constitucional nº 62/2009, serão feitas em local adequado.

Evidente que o art. 100 da CF, ao cuidar do pagamento das condenações impostas à Fazenda Pública, apenas exige a inclusão, nos orçamentos das entidades públicas, de verba para pagamento dos requisitórios e a atualização dos valores. Não diz como nem em que circunstâncias serão pagos os créditos.

Lembre-se que o art. 24 da CF outorga competência concorrente aos Estados para legislar sobre direito financeiro (inciso I). Se assim é, nada mais razoável do que deixar à intimidade de cada Estado-membro dispor como queira a respeito do cumprimento de seus débitos, respeitado o que consta do texto constitucional.[45]

Como os precatórios alimentícios quedaram fora da moratória constitucional, não há como duvidar de que devem eles ser pagos na "boca do caixa", como se diz, ou seja, de uma só vez, de forma integral e atualizada.

Percebe-se, pelo raciocínio que vem sendo desenvolvido, que não há como falar em complementação de pagamento, uma vez que devem os precatórios ser satisfeitos de forma integral e sem maiores delongas.

De outro lado, devem ser pagos com preferência em relação aos demais. O ideal é que houvesse no orçamento duas ordens de previsões. Como tal pode não se dar, a orientação do STF é no sentido de reconhecer "a possibilidade jurídica de se estabelecerem duas ordens distintas de precatórios, com *preferência absoluta* dos créditos de natureza alimentícia (ordem especial) sobre aqueles de caráter meramente comum (ordem geral)".[46] No mesmo sentido a decisão relatada pelo Min. Octávio Gallotti, de que os precatórios alimentares têm ordem própria, mas "com prioridade sobre os de natureza geral".[47] Do mesmo teor o acórdão relatado pelo Min. Moreira Alves ao decidir que a Constituição não dispensa os precatórios alimentares, "mas se limita a isentá-los da observância da ordem cronológica em relação às *dívidas de outra natureza, porventura mais antigas*".[48]

Diante das regras introduzidas, seria possível fracionar o pagamento dos precatórios, expedindo-se diversos ofícios, alguns que ultrapassem o pequeno valor e outros de valor superior? É bastante comum que tramitem ações com inúmeros autores em litisconsórcio ativo, buscando alguma compensação financeira. São servidores públicos que se unem para buscar alguma vantagem pecuniária que não lhes foi reconhecida ou diversos credores motivados por interesses comuns que formam litisconsórcios. Ao transitar em

---

44 STF, RE nº 189.942-5, rel. Min. Sepúlveda Pertence.

45 A matéria já havia sido resolvida na ADI nº 446, relator o eminente Min. Paulo Brossard. De igual teor a decisão proferida no RE nº 172.703-9-SP, rel. Min. Sydney Sanches.

46 STF, RE nº 181.599-0-SP, j. 25.04.1999.

47 *RTJ*, 143/289.

48 *RTJ*, 149/648.

julgado a decisão que reconhece seu direito, haverá obrigação de expedição de apenas um precatório, ou pode haver concerto na expedição de diversos, cada qual de um valor? A hipótese de fracionamento foi admitida pela Min. Ellen Gracie.[49] Logo, não há que se expedir apenas um precatório pelo montante do crédito de todos os exequentes, admitindo-se que haja envio de diversos precatórios em pequenos montantes, para obter execução imediata.

Em suma, os precatórios alimentícios preferem os de natureza comum, conforme farta orientação jurisprudencial.

26.9.1.9 Os precatórios não alimentares

A confusão instaurada com o advento da Emenda Constitucional nº 30/2000 foi total. Para ordenar o raciocínio, afirme-se, desde já, que a referida moratória irá alcançar apenas "os precatórios pendentes na data da promulgação desta Emenda e os que decorram de ações iniciais *[sic]* ajuizadas até 31 de dezembro de 1999, *[que]* serão liquidados pelo seu valor real, em moeda corrente, acrescido de juros legais, em prestações anuais, iguais e sucessivas, no prazo máximo de 10 (dez) anos, permitida a cessão dos créditos" (art. 78 do ADCT, acrescentado pela Emenda Constitucional nº 30/2000). Sendo assim, existem os precatórios já alcançados pelo art. 33 do ADCT e que em muitos casos ainda estão pendentes de pagamento. *Estes devem ser pagos atualizadamente e em sua inteireza, uma vez já superado o prazo previsto na Constituição/1998.*

Pode (pois ainda hoje há precatórios pendentes) o credor optar por decompor as parcelas (art. 78, §1º), desde que o pagamento ocorra no exercício em tela.

Caso não haja o pagamento integral do décimo permitido, terá o montante do crédito poder liberatório para pagamento de tributos da entidade devedora (art. 78, §2º). Se o credor tem direito ao recebimento de qualquer valor, pode efetuar o pagamento de tributos da entidade devedora, caso deva a ela.[50]

No caso de precatório de desapropriação de imóvel residencial de credor, desde que único na época da imissão na posse, o prazo de 10 anos é reduzido para 2 (art. 78, §3º).

O §4º do art. 78 do ADCT cuida da competência do presidente do tribunal para requisitar ou sequestrar recursos financeiros da entidade executada, suficientes à satisfação da prestação.

Os precatórios de que estamos cuidando admitem algumas "filas".[51]

A *primeira* é a dos sujeitos ao art. 33 do ADCT, que devem ser pagos de imediato, com correção monetária até a data de seu pagamento. Como a Constituição/1988 concedeu – o que era admissível, por se cuidar do exercício do poder constituinte originário – uma moratória de oito anos, todos os créditos então existentes já deveriam ter sido quitados. Se o não foram, abre-se ensejo à intervenção federal no Estado e processo-crime por responsabilidade do chefe do Poder Executivo. Lembre-se que, para efeito de satisfação

---

49 STF, AC nº 194-3-RO, j. 20.02.2004.

50 Em 2008, o STF reconheceu a existência de *repercussão geral* referente a recurso extraordinário cujo objeto está na compensação tributária do § 2º do art. 78 do ADCT (RE nº 566.349-MG, rela. Min. Carmen Lúcia) e nas discussões sobre juros de mora (RE nº 590.751-1, rel. Min. Ricardo Lewandowski).

51 Em novembro de 2009, a repercussão geral também foi reconhecida em casos de discussão sobre o parcelamento previsto no art. 78, §4º, do ADCT (STF, RE nº 597.092-RJ, rel. Min. Ricardo Lewandowski).

do total dos créditos pendentes de pagamento à época, os governos poderiam "emitir, em cada ano, no exato montante do dispêndio, títulos de dívida pública não computáveis para efeito do limite global de endividamento" (art. 33, parágrafo único, do ADCT).

De duas, uma: (a) ou houve incompetência dos chefes do Executivo para pagamento, uma vez que poderiam ter solicitado autorização para emissão de títulos da dívida pública para quitação do montante dos débitos então existentes; ou (b) houve descumprimento da norma constitucional, o que enseja responsabilidade política e, eventualmente, criminal.

O que não tem sentido é ficarem os credores desprovidos de qualquer satisfação por parte do Poder Público.

A *segunda* (fila) *ordem de precatórios* diz respeito às complementações. O raciocínio desenvolvido para a análise anterior serve agora. É que as complementações devem ser pagas de imediato e pelo valor atualizado quando da liquidação do débito. Não há mais o que discutir, uma vez que os credores já foram suficientemente esbulhados pelo Poder Público. A decência do governante implica a quitação dos débitos, à imagem do que deve ocorrer no relacionamento entre os particulares. Assim dispunha o §4º do art. 100 quando acrescentado pela Emenda Constitucional nº 37/2002.

A *terceira ordem de precatórios* diz respeito àqueles que já tiveram seus respectivos recursos liberados ou depositados. Em tal caso resta efetuar a remessa dos recursos ao juiz de origem, para que ele libere o levantamento.

Supõe-se, pois, que, nesses casos, as ordens contidas nos precatórios se exauram em pouco tempo, uma vez que deve ocorrer o pagamento imediato e até o final deste exercício.

Os demais (*quarta ordem de pagamento*), ou seja, aqueles que decorram de ações de execução ajuizadas até 31.12.1999 e os precatórios pendentes à data da promulgação da Emenda nº 30/2000, poderão ser pagos, ressalvada a eiva de inconstitucionalidade da Emenda, em "prestações anuais, iguais e sucessivas, no prazo máximo de 10 (dez) anos, permitida a cessão dos créditos".

Em tais casos, e concomitantemente com as demais previsões, deverão a União, os Estados, o Distrito Federal e os Municípios iniciar o pagamento dos precatórios, atualizando-os a cada ano.

Está fora de dúvida que a dicção constitucional, ao invés de ajudar os entes federados, como era sua intenção, acabou por criar obstáculo de difícil transposição. É que, ao lado de ter de efetuar o pagamento dos precatórios anteriores à vigência da Emenda nº 30/2000, fixou o início da satisfação dos precatórios a serem pagos em 10 anos, criando cumulatividade quase insuportável pelos diversos Erários. No entanto, *legem habemus*, e, pois, outra coisa não resta senão exigir seu cumprimento.

26.9.1.10 Da Lei de Responsabilidade Fiscal e suas consequências administrativas, civis, políticas e criminais

Desnecessário ressaltar que o descumprimento dos precatórios na ordem rigorosa de apresentação por parte dos chefes de Poder Executivo enseja sua responsabilidade civil e criminal.

Como se tal não bastasse, tem vigência a Lei Complementar nº 101/2000, denominada Lei de Responsabilidade Fiscal, que cria maiores problemas aos agentes políticos, pois eles têm de cumpri-la à risca.

Observe-se, inicialmente, que a Lei Complementar nº 101/2000 foi publicada em 4.5.2000, isto é, ainda a tempo de ser corrigido o Projeto de Lei de Diretrizes Orçamentárias, em mensagem aditiva, para adaptá-la ao cumprimento das ordens emanadas de tal diploma legal. Deveria ter havido a inclusão de verbas suficientes para a satisfação dos precatórios emitidos, bem como previsão no Anexo de Metas (art. 4º, §1º) e no Anexo de Riscos (art. 4º, §3º). É óbvio que o conteúdo da Lei de Diretrizes Orçamentárias repercutirá na Lei Orçamentária Anual, que, em última análise, cumpre os vetores naquela previstos. Importante notar que "todas as despesas relativas à dívida pública, mobiliária ou contratual, e as receitas que as atenderão constarão da Lei Orçamentária Anual" (art. 5º, §1º).

Desnecessário recordar que a Lei de Responsabilidade Fiscal determina fiel atendimento do orçamento na execução, o que significa que todos os recursos previstos na Lei Orçamentária Anual para pagamento da dívida pública, inclusive para satisfação dos precatórios, devem ter rigoroso destino, dele não podendo ser desviados. É que, caso constatado qualquer desvio no comportamento das metas de resultado primário ou nominal, deverá haver o retorno à estreita bitola das metas traçadas, nos exatos termos do art. 9º da mencionada lei. Observe-se, ademais, que "não serão objeto de limitação as despesas que constituam obrigações constitucionais e legais do ente, inclusive aquelas destinadas ao pagamento do serviço da dívida (...)" (art. 9º, §2º). Logo, o pagamento da dívida não se encontra sujeito ao contingenciamento, uma vez que o pagamento de precatórios é obrigação decorrente de preceito constitucional.

De outro lado, a Lei de Responsabilidade Fiscal dispôs que se constitui em despesa obrigatória a de caráter continuado que ultrapasse mais de dois exercícios financeiros (art. 17). É o caso em análise.

Em suma, a Lei de Responsabilidade Fiscal obriga o administrador público a seu cumprimento, sob pena de responsabilidade civil e criminal. Aliás, a Lei nº 10.028/2000 deu nova redação ao Código Penal, à Lei nº 1.079/1950 e ao Decreto-Lei nº 201/1967 e estabeleceu diversas sanções de caráter administrativo aos agentes públicos que infringirem suas normas (art. 5º da Lei nº 10.028/2000).

O chefe do Poder Executivo está sujeito ao crime de responsabilidade por atos que atentarem contra a Lei Orçamentária (art. 85, VI, da CF). É comportamento de suma gravidade e previsto na Lei Maior da Federação. Evidente que a previsão alcança o Presidente da República, mas se reflete ela nos demais entes federados, atingindo os governadores e os prefeitos.

A Lei de Responsabilidade Fiscal não instituiu um tipo penal a identificar a infração pelo não pagamento do precatório alimentar. Logo, não há crime comum. Subsiste, no entanto, o crime de responsabilidade, nos exatos termos do art. 85, VI, da CF. A consequência do comportamento contrário àquele comportamento determinado na lei é a sanção política, e não a sanção criminal, à ausência de tipo penal.

O descumprimento da Lei Orçamentária identifica crime funcional (de responsabilidade), apurado, em juízo de admissibilidade, pela Câmara dos Deputados e processado e julgado perante o Senado da República, na forma da Lei nº 1.079/1950. O crime de responsabilidade é verificado em processo político-administrativo. Como não houve tipificação da infração como crime comum, a apuração limita-se à esfera política de competência.

Curioso notar, aqui, o papel do Tribunal de Contas. Nesse passo não houve qualquer alteração de sua competência originária, tal como prevista no art. 71 da CF. Aqui a lei não inovou, nem instituiu qualquer direito novo. Cabe-lhe, apenas e tão somente, cumprir o inciso XI do art. 71, ou seja, "representar ao Poder competente sobre irregularidades ou abusos apurados". Nada mais. Entendendo que houve preterição no pagamento de qualquer precatório ou quebra em sua ordem, nada pode fazer senão comunicar o fato ao presidente do tribunal, prevenindo-o de eventual deslize.

26.9.1.11 Do sequestro introduzido pela Emenda Constitucional nº 30/2000

No caso de preterição de direito do credor, deve o presidente do tribunal, no caso de ter havido reclamação, determinar o "sequestro da quantia necessária à satisfação do débito" (art. 100, §2º, parte final, da CF). Do mesmo teor o contido no §4º do art. 78 do ADCT, com a redação dada pela Emenda Constitucional nº 30/2000, acrescentado o caso de omissão orçamentária e de vencimento de prazo para pagamento. Em tais hipóteses o presidente do tribunal, sob pena de responsabilidade criminal, deverá "requisitar ou determinar o sequestro de recursos financeiros da entidade executada, suficientes à satisfação da prestação".

O Min. Celso de Mello deixou decidido que "a Constituição da República não quer apenas que a entidade estatal pague os seus débitos judiciais. Mais do que isso, a Lei Fundamental exige que o Poder Público, ao solver a sua obrigação, respeite a ordem de precedência cronológica em que se situam os credores do Estado".[52]

Inaceitável, em consequência, que qualquer credor, por mais importante que seja, se beneficie da quebra da ordem, fazendo acordo com o Poder Público, recebendo antecipadamente seu crédito. Nesse sentido é o entendimento do STF, "quebra de cronologia de pagamentos comprovada pela quitação de dívida mais recente por meio de acordo judicial". A conciliação não possibilita a inobservância pelo Estado de regra constitucional de precedência, com prejuízo do direito preferencial dos precatórios.[53] Irrelevante, de seu turno, que tenha havido novação da dívida ou abatimento de seu montante. O atendimento a credor mais recente em detrimento de outro que se encontra aguardando o pagamento da ordem dos precatórios não encontra guarida no ordenamento jurídico. A instituição da ordem cronológica dos precatórios teve em vista, exatamente, que ninguém seja protegido, ninguém seja beneficiado, em detrimento de outros. Atende-se ao princípio da isonomia. É critério que tem de ser observado, e nada justifica a quebra da fila dos precatórios. A regra é moralizadora e cumpre o contido no art. 37 da Constituição da República, com ela guardando harmonia. Beneficiar terceiro em detrimento de quem se encontra aguardando o pagamento dá ensejo ao sequestro da importância paga.

---

[52] *RTJ*, 159/943.

[53] STF, Rcl nº 2.251, rel. Min. Carlos Velloso, j. 07.03.2003.

Imorais e incompreensíveis os acordos sob o pálido e vesgo argumento de que se estaria beneficiando a Fazenda Pública com a redução do valor pago. Deve-se, então, a se aceitar o argumento, propor o acordo a todos os credores precedentes, que, querendo, poderão abrir mão em benefício de terceiro. Tal solução não encontra guarida no todo do ordenamento normativo, uma vez que seria obrigar o credor preferencial a aceitar, forçosamente, uma proposta de acordo. Não se pode jamais beneficiar quem não está na ordem de pagamento. Efetuar pagamento a credor com quebra da ordem constitui afronta ao princípio da moralidade administrativa, com hostilidade a princípios ético-jurídicos que embasam o comportamento do agente público.

O descumprimento da ordem dos precatórios permite a qualquer credor preterido buscar o presidente do tribunal competente para que autorize o sequestro. Não haverá o pagamento do credor preterido, mas do primeiro da fila. Logo, o credor exerce *munus* público, ou seja, investe-se na condição de fiscal do cumprimento da ordem. Reconhecida a quebra da ordem, o sequestro dar-se-á sobre rendas públicas suficientes para pagamento do primeiro credor, e não do credor reclamante. Sua natureza é cautelar, e não satisfativa. Se assim fosse isso importaria pagar ao credor reclamante. Se for pago àquele que não reclama, não tem o pedido natureza satisfativa, mas meramente cautelar, não de um direito, mas de um dever com a ordem pública. Evidente está que, se o reclamante for o primeiro da fila e, efetuado o sequestro das verbas, é ele pago, há satisfação do crédito. Veja-se como é falsa a discussão. O credor reclamante exerce, em verdade, encargo público, sendo sua função a de um agente público, ou seja, aquele que exige o cumprimento da Constituição.

De outro lado, o sequestro recairá sobre as receitas públicas (e não no montante pago, "da quantia necessária à satisfação do débito" – art. 100, §2º, parte final). Se o primeiro credor tem direito a R$ 1.000,00 e foram desviados R$ 300,00 para pagamento do segundo beneficiário, o sequestro deverá recair sobre R$ 1.000,00, que é o necessário para satisfação do débito, na dicção constitucional. Mas daí surge outra questão: o sequestro é só para o primeiro da fila que foi preterido? Por que não sequestrar montante adequado para pagamento de todos os credores acima daquele que foi beneficiado? É que, satisfeito o primeiro credor, mantém-se a ordem dos credores, e a norma de ordem pública foi respeitada. Atendido o primeiro credor, alivia-se a fila, gerando melhor e maior expectativa no pagamento dos beneficiários sequenciais.

Entende-se, pois, que o débito a ser satisfeito é o do primeiro credor e se impõe limitação para os recursos da Fazenda Pública.

Se o presidente do tribunal percebe que houve descumprimento da ordem dos credores, pode, de ofício, determinar o sequestro? Entendemos que não. Em primeiro lugar porque há expressa previsão constitucional de que deva haver requerimento do credor (art. 100, §2º, da CF), e em segundo lugar porque se cuida de benefício patrimonial, que pode ser objeto de transação entre os credores, significando o silêncio que estão de acordo com o que houve.

Ao fiscalizar a ordem dos precatórios, o presidente do tribunal exerce função administrativa. A partir daí, quando ordena o pagamento, exigindo da parte sucumbente no feito judicial a efetiva satisfação do julgado, está exercendo função jurisdicional.[54]

Ao exercer atividade jurisdicional, o presidente do tribunal pode caracterizar a infração político-administrativa da autoridade executiva e determinar seja ela processada pelo descumprimento da ordem dos precatórios. Presidente, governador, prefeito e presidentes de estatais, todos estão sujeitos ao cumprimento das ordens judiciais, podendo cometer, em tese, ato de improbidade administrativa ou crime que possa ser tipificado.

Curiosamente, ao invés de tipificar, no campo dos crimes comuns, o comportamento do chefe do Poder Executivo, a quem cabe a liberação dos recursos para pagamento dos precatórios, a Emenda Constitucional nº 30/2000 instituiu o crime de responsabilidade do presidente do tribunal que, "por ato comissivo ou omissivo, retardar ou tentar frustrar a liquidação regular de precatório" (art. 100, §6º, da CF).

Se os precatórios alimentícios preferem aos demais, é importante notar que, não ocorrendo o pagamento dos referidos precatórios, cabe o pedido de sequestro. Há, como já se disse, duas ordens de precatórios (que se subdividem em outras, como se viu anteriormente), a dos alimentares e a dos não alimentares. Ordens independentes. A dotação orçamentária deverá atribuir valores distintos a cada um deles. Agora houve interessante alteração. Na redação anterior a dotação era consignada ao Judiciário, "recolhendo-se as importâncias respectivas à repartição competente". Tal previsão deixou de existir. O atual texto reza que "as dotações orçamentárias e os créditos abertos serão consignados diretamente ao Poder Judiciário (...)" (art. 100, §2º, da CF). Logo, ao Poder Judiciário é que cabe observar o cumprimento da liberação das verbas.

Não havendo o pagamento dos precatórios, cabe o sequestro de verbas na hipótese de preterimento do direito de precedência.

No caso do art. 78 do ADCT, as hipóteses de sequestro são três: (a) vencido o prazo de pagamento; (b) no caso de omissão no orçamento; e (c) preterição do direito de preferência.

Cumpre que nos detenhamos sobre a primeira hipótese. O pagamento a que se refere o dispositivo transitório é o do décimo, tal como previsto no art. 78 do ADCT. Não havendo o pagamento até o último dia de cada exercício previsto pela norma transitória, cabe o sequestro das verbas.

Mais dificultosa ainda para o chefe do Poder Executivo será a hipótese seguinte: estando pendente o pagamento das atualizações do art. 33 do ADCT, haverá obrigatoriamente o pagamento de tais precatórios. De outro lado, impõe-se o pagamento da primeira parcela do décimo. Caso ocorra em primeiro lugar a satisfação do décimo, não haveria quebra da preferência aos credores que aguardam a adimplência com base no art. 33? Parece-nos evidente que em primeiro lugar têm de ser pagos os credores enquadrados no art. 33. Depois os do art. 78. Só que com um detalhe: ambos têm de ser pagos até o dia 31.12.2001.

[54] Intervenção Federal/IF 139-1/150-SP, rel. Min. Sepúlveda Pertence.

O STF entendeu que não houve, com a alteração constitucional, a introdução de nova forma de sequestro.[55] Como salientamos, o art. 78 do ADCT, introduzido pela Emenda Constitucional nº 30/2000, instituiu novas modalidades de sequestro, dentre as quais a omissão orçamentária e o término do prazo para pagamento. Não podemos ler de outra maneira o §4º do artigo mencionado, onde as hipóteses são tripartidas.

Não há escolha possível. Como os devedores de precatórios quando do advento da Constituição/1988 poderiam ter pedido autorização ao Senado da República para emitir títulos da dívida pública para quitação dos precatórios, de duas, uma: (a) ou o fizeram, e deveriam ter quitado todas as dívidas e são responsáveis criminais e civis pelo desvio de verbas; ou (b) não postularam a emissão de títulos, e, pois, são incompetentes e se sujeitam, por omissão, à responsabilidade política.

Em verdade, todos os créditos constantes de precatórios anteriores teriam de ser pagos até o final do exercício de 2001 (termo *ad quem* estabelecido pelo dispositivo transitório), sob pena de crime de responsabilidade do chefe do Executivo competente. É que, tendo de efetuar o pagamento dos precatórios emitidos em decorrência do permissivo do art. 33 do ADCT, também tem de pagar os precatórios devidos em face do cumprimento do art. 78 do ADCT, introduzido pela Emenda Constitucional nº 30/2000. É, pois, o fim da irresponsabilidade do governante. É a sanção ao comportamento contrário ao permitido.

Observamos que tal conduta independe de governos passados. Irrelevante se o governante é outro. O que importa é o Estado devedor.

O que parece evidente é que o credor do Erário com base no art. 33 do ADCT prefere ao credor do décimo do art. 78 do ADCT.

Veja-se que situação jurídica o constituinte derivado criou para a população e para o governo. É incrível a situação kafkiana. Kafka não teria sido tão prolífico em ideias para inventar tal situação.

Caso haja preterição, justifica-se o pedido de sequestro, nos exatos termos do art. 100, §2º, da Constituição da República.

Evidente se nos afigura que os credores de precatórios alimentícios terão preferência sobre os demais, independentemente do exercício orçamentário. Não será quebrada a ordem cronológica. Importante notar que o precatório alimentar prefere a outro, em razão de sua natureza. O correto é que o legislador consigne créditos separados a cada um deles. Deixando de fazê-lo, e caindo eles em vala comum, tem o crédito alimentício preferência sobre os demais, em face de sua natureza, que se destina à subsistência do credor. Os créditos não alimentares são tidos como meramente patrimoniais, o que impõe sejam tratados de forma não menos importante, mas secundária.

A hipótese de omissão de recursos no orçamento merece análise mais detalhada. Como já se viu, o presidente do tribunal pode ser responsabilizado pelo descumprimento da ordem dos precatórios. Imaginemos que o presidente, quando do envio da proposta orçamentária, detecta enorme omissão de recursos para pagamento dos precatórios. Como deve agir? De imediato, oficiar ao chefe do Executivo correspondente sobre a falta de provisão para pagamento do montante que lhe foi indicado. É que, sabidamente,

[55] STF, Rcl nº 2.874, rel. Min. Joaquim Barbosa, *DJU*, 26.11.2004; Rcl nº 1.270, rel. Min. Maurício Corrêa, *DJU*, 16.04.2004; e Rcl 2.189, rel. Min. Gilmar Mendes, *DJU*, 07.11.2003.

haverá omissão orçamentária. Destarte, já é responsável, independentemente da caracterização da falta futura de recursos. Se não há dotação, sabidamente, o chefe do Executivo não efetuará o pagamento a que está obrigado. Logo, é dever do presidente adverti-lo, fixando a responsabilidade do chefe do Executivo.

26.9.2 Da intervenção federal nos Estados e destes nos Municípios

Dispõe a alínea "a" do inciso V do art. 34 da CF que cabe a intervenção federal na unidade federativa que "suspender o pagamento da dívida fundada por mais de 2 (dois) anos consecutivos, salvo motivo de força maior". De igual teor o art. 35, que, em seu inciso I, estabelece a intervenção dos Estados-membros nos Municípios pelo mesmo motivo.

Ora, evidente está que, tendo o Poder Judiciário reconhecido o crédito de alguém e deixando a unidade federada de pagá-lo, resta a intervenção.

A dívida fundada, nos exatos termos da Lei de Responsabilidade Fiscal, é o "montante total, apurado sem duplicidade, das obrigações financeiras do ente da Federação, assumidas em virtude de leis, contratos, convênios ou tratados e da realização de operações de crédito, para amortização em prazo superior a 12 (doze) meses" (art. 29, I). Sendo assim, a dívida decorrente de condenação judicial provém de lei, e, pois, motiva o pedido de intervenção quando inadimplida.

Há discussão sobre a obrigatoriedade, ou não, do cumprimento de decisão judicial no caso de ter sido acolhido pedido de intervenção em Município por parte do governador, quando do julgamento pelo Tribunal de Justiça do Estado. Parece-nos que a decisão não pode remanescer à discrição do governador. É verdade que a alínea "a" do inciso V do art. 34 da CF fala em intervenção, "salvo motivo de força maior". Ocorre que quem tem o dever de provar a ocorrência do fato impeditivo é o Município, e não pode ficar a critério do chefe do Executivo Estadual a livre disponibilidade de decretar ou não a intervenção. Caso contrário a decisão do Poder Judiciário será inútil e de nenhuma valia, o que não se pode admitir em pleno Estado de Direito. O ato jurisdicional tem de produzir efeito concreto, sob pena de se admitir uma decisão sem qualquer consequência jurídica. A provisão do Judiciário tem caráter mandamental, e não meramente declaratório. A dicção do art. 35 é bastante clara: "O Estado *não* intervirá em seus Municípios (...) exceto quando (...)"; ou seja: *intervirá* no caso de não pagamento da dívida fundada por mais de dois anos consecutivos (inciso I do art. 35). Não nos parece haver outro entendimento possível. A harmonia entre os Poderes (art. 2º da CF) pressupõe sintonia entre eles, de forma a um não desconsiderar o outro. Se o Judiciário decidiu pela intervenção, não caberá ao Executivo optar por sua decretação. Cuida-se de ordem, e não de mera declaração da presença dos pressupostos constitucionais.

Em suma, presentes os pressupostos da intervenção, deve o Poder Judiciário reconhecer, no mundo jurídico, as condições para tanto, cabendo ao Executivo cumprir a determinação judicial.

Diga-se de passagem que, conforme deixou decidido o STF, "possíveis dificuldades financeiras não são de molde a afastar a intervenção decorrente do descumprimento de ordem judicial".[56] No fundamento de seu voto afirma o eminente Ministro que, "enquanto o particular tem 24 horas para solver o débito, a Fazenda goza de sistema iniludivelmente de estatura maior, porque constitucional, a revelar prazo de 18 meses". Em outro julgado o mesmo Ministro afirma que "é tempo de adotar-se posição rigorosa visando a afastar o ciclo vicioso da projeção indefinida do cumprimento pelas pessoas jurídicas de direito público das obrigações, especialmente as retratadas em título judicial trânsito em julgado. A intervenção mostra-se como forma coercitiva de inegável valor".[57]

Entendeu o STF que é necessária a presença do dolo ou culpa do governante para que se defina a intervenção.[58] A ementa da segunda decisão é a seguinte: "O descumprimento voluntário e intencional de decisão transitada em julgado configura pressuposto indispensável ao acolhimento do pedido de intervenção federal. A ausência de voluntariedade em não pagar precatórios, consubstanciada na insuficiência de recursos para satisfazer os créditos contra a Fazenda Estadual no prazo previsto no §1º do art. 100 da Constituição da República, não legitima a medida drástica de subtrair temporariamente a autonomia estatal, mormente quando o ente público, apesar da exaustão do Erário, vem sendo zeloso, na medida do possível, com suas obrigações derivadas de provimentos judiciais". No primeiro caso o Relator entendeu que não restava "configurada uma atuação dolosa e deliberada" do Estado no descumprimento do pagamento de precatórios.

Divergimos frontalmente da opinião majoritária, acompanhando a opinião do Min. Marco Aurélio, para quem basta o elemento objetivo, ou seja, o não pagamento. Em verdade, o credor não pode suportar a carga de más gestões que levaram o Estado ao não pagamento. Tem o devedor que dispor de recursos para assumir suas obrigações. Fazendo-o de forma irresponsável, o governante de plantão deve suportar o encargo da incúria de governos anteriores. O argumento de que o mero afastamento do chefe do Executivo é desnecessário, uma vez que o interventor não terá recursos disponíveis, é falho e caolho. O agente político deve suportar a sanção. O técnico designado deve procurar resolver o problema. Demais, não se pode prolatar decisões formais, sem qualquer cunho de constrangimento. As sentenças judiciais são mandamentais, neste caso.

Em suma, não há como deixar de cumprir a norma constitucional. Caso surja uma das hipóteses previstas no §4º do art. 78 do ADCT, cabe ao presidente do tribunal competente, agora sob pena de incorrer em crime de responsabilidade, determinar o sequestro. Observe-se que cabe também ao presidente do tribunal observar se houve a inclusão no orçamento das entidades de direito público de recursos *satisfatórios* para o efeito de pagamento dos precatórios. Já não mais se cuida de atitude jurídica de complacência ou de análise, mas de atitude positiva de exame e verificação da caracterização da omissão do Poder Público.

---

56 STF, AgR em AgIn 246.272-7-SP, rel. Min. Marco Aurélio.

57 STF, AgR na Pet. nº 1.266-6-SP.

58 STF, IF nº 2.915-5, rel. Min. Gilmar Mendes; AgR na IF nº 3.124, rel. Min. Maurício Corrêa, *DJU*, 28.05.2004.

26.9.3 A Emenda Constitucional nº 37, de 12.6.2002

Insatisfeito o constituinte originário em conceder nova moratória para pagamento de precatórios, adveio a Emenda Constitucional nº 37/2002, que acrescentou o §4º ao art. 100, com a seguinte redação: "São vedados a expedição de precatório complementar ou suplementar de valor pago, bem como fracionamento, repartição ou quebra do valor da execução, a fim de que seu pagamento não se faça, em parte, na forma estabelecida no §3º deste artigo e, em parte, mediante expedição de precatório".

É a seguinte a atual redação do §4º do art. 100 da CF: "Para os fins do disposto no §3º, poderão ser fixados, por leis próprias, valores distintos às entidades de direito público, segundo as diferentes capacidades econômicas, sendo o mínimo igual ao valor do maior benefício do regime geral de previdência social" (redação dada pela Emenda Constitucional nº 62/2009).

Incrível a inserção do comando normativo. Procurou-se evitar a alicantina, ou seja, a maestria do brasileiro em superar obstáculos, o que poderia causar complicações ao Erário público. É que, caso remanescessem pequenos débitos, poderiam os juízes determinar o imediato pagamento de pequenos valores, abreviando, assim, sua satisfação. É inadmissível que se faça uma emenda constitucional para evitar tais hipóteses, remotas, mas possíveis.

A Constituição impede a expedição de precatório complementar ou suplementar, o que já foi apreciado pelo STF. Apenas no caso de erro material, aritmético ou inexatidão nos cálculos é que se pode falar em precatório complementar. Agora, no caso de insuficiência, há que se expedir novo precatório,[59] incluído em nova proposta orçamentária. Dispensa-se nova citação.[60]

Poder-se-ia indagar se é possível o pagamento de parte incontroversa do precatório, ficando o remanescente para satisfação posterior. O STJ entendeu que é possível expedir precatório para a parte incontroversa do crédito.[61]

Assim tem sido aniquilada a Constituição brasileira. Aos poucos. Lentamente. Padece ela de agonia irremediável, com o constituinte derivado abusando do direito de emenda, transformando um texto notável em soluções precárias, imediatistas, casuístas, deformando o que parecia ser excelente diploma político.

Ademais, a mesma Emenda Constitucional nº 37/2002 acrescentou ao ADCT os arts. 86 e 87.

O *caput* do art. 86 é do seguinte teor: "Serão pagos conforme disposto no art. 100 da Constituição Federal, não se lhes aplicando a regra de parcelamento estabelecida no *caput* do art. 78 deste Ato das Disposições Constitucionais Transitórias, os débitos da Fazenda Federal, Estadual, Distrital ou Municipal oriundos de sentenças transitadas em julgado, que preencham, cumulativamente, as seguintes condições: I – ter sido objeto de emissão de precatórios judiciários; II – ter sido definidos como de pequeno valor pela lei de que trata o §3º do art. 100 da Constituição Federal ou pelo art. 87 deste Ato das

[59] STF, AI nº 456.195-SP, rel. Min. Cézar Peluso, *DJU*, 16.12.2004, p. 50; AI nº 500.382, rel. Min. Eros Grau, *DJU*, 15.12.2004, p. 23.

[60] STJ, REsp/ED nº 417.833, rela. Min. Eliana Calmon, *DJU*, 06.12.2004, p. 246.

[61] STJ, REsp nº 661.841, rel. Min. Hamilton Carvalhido, *DJU*, 13.12.2004, p. 474.

Disposições Constitucionais Transitórias; III – estar, total ou parcialmente, pendentes de pagamento na data da publicação desta Emenda Constitucional".

O §1º estabelece: "Os débitos a que se refere o *caput* deste artigo, ou os respectivos saldos, serão pagos na ordem cronológica de apresentação dos respectivos precatórios, com precedência sobre os de maior valor".

O objetivo do texto foi o de retirar da ordem dos precatórios aqueles de pequeno valor, dando-lhes preferência no pagamento. A situação poderia ter sido contornada com mera orientação dos tribunais. Elaborar uma emenda constitucional para permitir alteração na ordem dos precatórios é escandalosamente absurdo. Equívoco do constituinte derivado, que não pode se perder na solução de artimanhas jurídicas, nem de mesquinhas pretensões.

Fez-se o seguinte: se algum precatório estava para ser pago e era de pequeno valor, na forma estabelecida no intrometido art. 87 do ADCT, deve ele ser retirado da ordem e colocado na frente dos outros, de maiores valores.

Prossegue o §2º do art. 86: "Os débitos a que se refere o *caput* deste artigo, se ainda não tiverem sido objeto de pagamento parcial, nos termos do art. 78 deste Ato das Disposições Constitucionais Transitórias, poderão ser pagos em duas parcelas anuais, se assim dispuser a lei".

Neste caso, o dispositivo constitucional permite que, em vez das 10 parcelas previstas na Emenda nº 30, haja o pagamento em duas parcelas.

É negócio instituído através de emenda constitucional. Como se dois amigos estivessem conversando ao redor de uma mesa e estabelecessem critérios para pagamento de seus débitos, negociando-os.

O §3º do mesmo dispositivo estabelece: "Observada a ordem cronológica de sua apresentação, os débitos de natureza alimentícia previstos neste artigo terão precedência para pagamento sobre todos os demais". Incorporou-se a jurisprudência pacífica da Suprema Corte. Sempre o pagamento dos precatórios alimentares precede os demais. Não há novidade. Caso o alimentar seja de pequeno valor, tem preferência sobre os de outra natureza.

O art. 87 foi mais longe em estultícia. Como a Emenda anterior não fixara o limite do que seria o pequeno valor, o constituinte, "preocupado" com as soluções jurídicas que pudessem advir, resolveu estabelecê-lo como sendo aquele igual ou inferior a "40 (quarenta) salários-mínimos, perante a Fazenda dos Estados e do Distrito Federal" (inciso I), e "30 (trinta) salários-mínimos, perante a Fazenda dos Municípios" (inciso II).

Como se cuida de direito patrimonial, o legislador constituinte resolveu transigir com o direito dos outros, e, no caso de o valor da execução não ultrapassar os montantes estabelecidos neste artigo, fica "facultada à parte exequente a renúncia ao crédito do valor excedente, para que possa optar pelo pagamento do saldo sem o precatório, na forma prevista no §3º do art. 100" (parágrafo único).

Vejam a que requinte desceu o constituinte, a ponto de "permitir" que o credor abra mão de seus direitos para poder receber rapidamente seu crédito.

É inacreditável que se possa macular o texto da Lei Maior para cuidar de coisas pequenas e alterar, a todo instante, dispositivos importantes, diminuindo a grandeza da Constituição da República.

26.10 A repetição do atavismo: a inconstitucionalidade do art. 97 do ADCT

O art. 97 do ADCT consagra a mais vil ignomínia em face dos credores da Fazenda Pública.

O mencionado artigo foi declarado inconstitucional pelo STF na ADI nº 4.357, o mesmo sucedendo com o art. 100, §15, do ADCT. Todos consagravam agressão violenta aos direitos dos credores. O texto em que se analisou o vício que maculava tais artigos fica consignado, para que o leitor apure os desmandos que grassam no Congresso Nacional, que buscou "acomodar" a situação de Estados maus pagadores e Municípios que não honram seus débitos.

O que fazer agora? É cumprir, rigorosamente, o texto anterior, que mandava saber dos tribunais o quanto se devia a título de precatório e efetuar a disponibilidade de recursos para o pagamento dos credores.

Não se desconhece que os recursos são finitos e os pagamentos que devem ser satisfeitos superam os limites de arrecadação. Podem ser oferecidos descontos, respeitada a ordem cronológica, para os credores. Pode-se impedir que novas despesas aumentem os débitos não pagos. Pode-se reestruturar a dívida pública. Pode-se admitir que sejam emitidos títulos da dívida pública para pagamento a longo prazo com o objetivo exclusivo de pagamento dos precatórios. Há hipóteses inventivas. Basta que os economistas se sentem à mesa e dialoguem com o Poder Público e que haja vontade política em se libertar do enorme volume dos débitos públicos.

Todos os entes federativos que estejam em mora no pagamento de seus débitos, inclusive seus entes administrativos (autarquias, sociedades de economia mista, fundações públicas, empresas públicas e agências), farão esses pagamentos na forma de "regime especial". O que é o regime especial?

Abrir-se-á uma conta especial onde se depositará 1/12, mensalmente, do valor calculado sobre as receitas correntes líquidas apuradas no segundo mês anterior ao pagamento. Qual o percentual das receitas correntes líquidas que será depositado?

Para os Estados das Regiões Norte, Nordeste, Centro-Oeste e o Distrito Federal, 1,5% no caso de o débito corresponder a até 35% do total da receita corrente líquida (alínea "a" do inciso I do art. 97 do ADCT). Tal critério inclui as Administrações direta e indireta.

Atente-se a que o montante está bem abaixo do que ocorreria na hipótese de permanecer a regra até então vigente. Isto é, pelo critério anterior o pagamento deveria ocorrer de todos os débitos existentes e conhecidos até 1º de julho de cada exercício. O que se exigia para alocação orçamentária era o montante do débito, como ocorre com qualquer pessoa física ou jurídica. Isto é, os meros mortais devem efetuar uma previsão orçamentária dos débitos que possuem para pagá-los durante o ano seguinte. É o normal de qualquer comportamento. O Estado e suas entidades da Administração direta e indireta passam a ter o privilégio odioso de apenas comprometerem, em seu orçamento, se integrantes das Regiões mencionadas, 1,5% de suas receitas correntes líquidas para pagamento de seus débitos. Claramente: muitos credores, a maioria, não receberão seus débitos. Tomarão, literalmente, o que se acostumou designar como *calote*. Nem por outro motivo é que ficou cognominada como "PEC do Calote".

Os Estados das demais Regiões – quais sejam, Sul e Sudeste –, arcarão com apenas 2% se o estoque pendente corresponder a mais de 35% da receita corrente líquida (alínea "b" do inciso I do art. 97 do ADCT).

Observe-se como há tratamento diferenciado para distintas Regiões do país, o que agride o princípio federativo. Criam-se credores diferentes em face de entes federativos. Alguns terão mais crédito sobre o qual satisfazer seus débitos, o que hostiliza princípio pétreo.

Em relação aos Municípios os índices de comprometimento da receita diminuem. Aos integrantes das Regiões indicadas na alínea "a" do inciso II o percentual é de 1% da mesma base de cálculo e para os das Regiões Sul e Sudeste de 1,5%.

Com a fixação de percentuais incidentes sobre a receita corrente líquida (no termos do §3º do art. 97 do ADCT, define-se *receita corrente líquida* pelo "somatório das receitas tributárias, patrimoniais, industriais, agropecuárias, de contribuições e de serviços, transferências correntes e outras receitas correntes, incluindo as oriundas do art. 1º do art. 20 da Constituição Federal, verificado no período compreendido pelo mês de referência e os 11 (onze) meses anteriores ...") há evidente prejuízo aos credores. Pela disciplina constitucional anterior os entes federativos e as entidades da Administração direta e indireta de cada qual eram obrigados a alocar recursos suficientes para o pagamento de todos os débitos alimentares ou não. Assim, em tese, haveria pagamento dos precatórios.

Agora, pelo atual texto, há limitação do comprometimento das receitas correntes líquidas, isto é, apenas haverá obrigação de pagamento de precatórios até o limite de 2% ou 1,5%. A saber: os credores, atingido o percentual depositado na conta especial, não receberão, sendo encaminhados ao exercício seguinte.

Pasmem os leitores, e poderíamos traduzir em linguagem comum o contido no dispositivo constitucional: devo, mas pagarei apenas determinado limite do meu débito. Quem garante o calote? A Constituição Federal.

Ademais, como se tal não bastasse, chega-se ao requinte de definir o que é receita corrente líquida na própria Constituição. É despautério inconcebível.

A definição constitucional é absolutamente desnecessária, uma vez que o conceito já consta do inciso IV do art. 2º da Lei de Responsabilidade Fiscal (Lei Complementar nº 101/2000). Aquilo que não se compreende no conceito também é excluído, exatamente na forma da redação da Lei Complementar nº 101/2000. A definição é mais completa, uma vez que acrescenta os *royalties* como integrantes de seu conceito. No entanto, afigura-se absurdo consignar uma definição no texto constitucional.

Somente se compreende tal comportamento com o amesquinhamento da própria Constituição. Ao invés de se constituir em pacto consagrador da estrutura do Estado, sua forma de organização e declaração dos direitos, passa a ser um amontoado de normas legais que ganham *status* constitucional. É incrível como se despreza um pacto social e político para nele fazer figurar deboches e homizio de maus pagadores.

26.10.1 As contas especiais

Serão as contas especiais administradas pelo Tribunal de Justiça local (§4º do art. 97 do ADCT) e os recursos ali depositados não poderão retornar aos entes federativos (§5º).

A administração das contas significa que ao presidente do respectivo tribunal incumbe zelar por sua higidez financeira, evitar que haja aplicações financeiras, emitir cheques para pagamento dos precatórios, determinar sequestro de recursos, quando for o caso, determinar o pagamento de 1/12 por parte dos entes federativos e entidades das Administrações direta e indireta, exigir o pagamento de juros por força de depósito, etc.

26.10.2 O pagamento dos precatórios

Pelo menos 50% dos recursos depositados serão utilizados para pagamento na ordem cronológica de apresentação dos precatórios, respeitadas as preferências aos créditos alimentares dos idosos e o pagamento de créditos de pequeno valor.

Observe-se que parte dos recursos destinados a tal conta já será absorvida nas preferências e no pagamento dos créditos de pequeno valor.

No caso de precatórios chegados no mesmo dia a preferência é para o de menor valor (§7º do art. 97 do ADCT).

Quem estabelece o percentual a ser pago de tal forma? O Executivo ou o presidente do tribunal? Caberá à lei determinar. No entanto, é mais razoável que o Executivo estipule o percentual a ser despendido no pagamento dos precatórios na ordem de chegada ou no leilão, que se comentará em seguida.

O restante (tirado o percentual destinado ao pagamento dos precatórios alimentares e não alimentares e também ao pagamento dos idosos e os débitos de pequeno valor) será destinado ao pagamento dos créditos licitados em leilão público. A opção é feita pelo ente federativo em relação ao pagamento dos precatórios não pagos na forma do §6º e do inciso I, "em ordem única e crescente de valor por precatório".

Pode ocorrer também o pagamento por acordo direto com os credores, tal como estabelecer lei própria de cada unidade federativa, podendo prever a existência de Câmara de Conciliação.

É forma massacrante de impor ao credor sua sujeição ao devedor. A Câmara discutirá sobre o desconto a ser dado em relação ao crédito, a forma de pagamento, etc. É o direito que se deixa de exercer para transacionar, por força de imposição constitucional.

26.10.3 O leilão

Se o credor não recebeu seu crédito na ordem estabelecida na chegada dos precatórios e também não o recebeu diretamente, resta a ele a ida ao leilão de seu crédito juntamente com todos os demais credores, mediante habilitação.

Será efetuado por meio de sistema eletrônico (inciso I do §9º do art. 97 do ADCT) pela Comissão de Valores Mobiliários ou pelo Banco Central. Evidente está que a sujeição a tal leilão depende não apenas de norma legal, mas também de norma regulamentar dos respectivos órgãos indicados.

O inciso II do §9º é repetitivo de norma constante do texto permanente. Concorrerão ao leilão os credores titulares de precatórios por seu valor integral ou parcial, desde que inexista qualquer pendência administrativa ou judicial, podendo o Executivo determinar a compensação com débitos líquidos e certos, inscritos ou não na dívida ativa. Se o título foi transacionado, pode haver o abatimento em relação ao título contra o devedor originário. Se o débito do credor do precatório estiver com exigibilidade suspensa não poderá haver a compensação. Diga-se o mesmo se o título já tiver sido objeto de abatimento de outra dívida de igual força.

O credor, para concorrer ao leilão, há de ser habilitado pelo respectivo ente federativo devedor (inciso III). A habilitação será automática se não houver qualquer impedimento previsto no inciso II (inciso IV).

Os leilões se repetirão tantas vezes quantas necessário em face do valor disponível (inciso V).

"A competição por parcela do valor total ocorrerá a critério do credor, com deságio sobre o valor desta" (inciso VI), isto é, o deságio incidirá sobre o valor total.

Como se vê, todas as disposições constitucionais visam a beneficiar apenas um ente, "Sua Excelência o devedor", em manifesta quebra do princípio da igualdade de todos perante a Administração Pública.

O requinte do detalhamento consta do inciso VII, ao dispor que "ocorrerão na modalidade deságio, associado ao maior volume ofertado cumulado ou não com o maior percentual de deságio, pelo maior percentual de deságio, podendo ser fixado valor máximo por credor, ou por outro critério a ser definido em edital".

O mecanismo de formação de preço constará nos editais publicados para cada leilão (inciso VIII). Absurdo terrível. Evidente que tudo tem que constar do leilão, já que, como disse Hely Meirelles, o edital é a "lei interna da licitação",[62] as regras devem estar nele devidamente estabelecidas. O credor, ao se incluir na licitação, tem que saber quais as regras que incidirão sobre seu relacionamento com a Administração Pública. Não temos dúvida de que será pago aquele que der o maior deságio e o credor do menor montante.

O inciso IX contém dispositivo curioso. Estabelece que a quitação parcial dos precatórios será homologada pelo respectivo tribunal. Ora, se há homologação, que é ato de controle, pressupõe-se que possa ter havido ilegalidade. Se já houve o leilão e o pagamento do preço, para que a homologação? Qual seu sentido, se o leilão não será feito pelo Poder Judiciário?

Caberá intervenção do Judiciário no leilão realizado pela Comissão de Valores Mobiliários ou pelo Banco Central? Se o órgão controlador for o Tribunal de Justiça do Estado, como poderá ter interferência em órgãos federais, como são os indicados na Emenda Constitucional? Se houver pendência entre credor e devedor, a quem caberá solucionar? À autoridade judiciária federal ou estadual? Evidente que, se o sujeito passivo de possível impetração de mandado de segurança for qualquer dos entes apontados como leiloeiros, a competência será da Justiça Federal. No entanto, e se a autoridade controladora dos recursos for o Tribunal de Justiça do Estado? Terá a autoridade judiciária estadual competência para determinar comportamentos de entes federais?

26.10.4 Sequestro

Se não houver a liberação tempestiva dos recursos para as contas especiais, caberá o sequestro de recursos. Em relação a Estados, Distrito Federal e Municípios a ordem

[62] MEIRELLES, Hely Lopes. *Direito administrativo brasileiro*. 43. ed. São Paulo: Malheiros, 2018, p. 346.

partirá do presidente do Tribunal de Justiça local até o limite não liberado (inciso I do §10 do art. 97 do ADCT). Ora, a redação é pecaminosa. Primeiro, porque, se o ente devedor for cada um dos apontados, é evidente que o sequestro somente poderá ser determinado pelo presidente do tribunal local. Segundo, que não pode ultrapassar o limite não liberado. Ninguém pensa em sequestrar mais do que o devido. O limite é, exatamente, o montante a ser pago e já objeto de cálculo anterior.

Os TRFs podem determinar o sequestro? Quando a Emenda fala em "Tribunal de Justiça" a expressão alcança os Tribunais federais? Quer-nos parecer que sim, porque caso contrário abrir-se-ia uma lacuna.

Têm entendido os tribunais que descabe a incidência da Emenda Constitucional nº 62/2009 a precatórios expedidos antes de sua vigência.

26.10.5 Compensação com tributos devidos

Constituir-se-á direito líquido e certo, autoaplicável e independentemente de regulamentação, à compensação automática com débitos líquidos lançados pelos entes federativos contra os credores e, havendo saldo em favor do credor, "o valor terá automaticamente poder liberatório do pagamento de tributos de Estados, Distrito Federal e Municípios, até onde se compensarem" (inciso II do §10 do art. 97 do ADCT).

É o seguinte o texto legal: "constituir-se-á, alternativamente, por ordem do Presidente do Tribunal requerido, em favor dos credores de precatórios, contra Estados, Distrito Federal e Municípios devedores, direito líquido e certo, autoaplicável e independentemente de regulamentação, à compensação automática com débitos líquidos lançados por esta contra aqueles, e, havendo saldo em favor do credor, o valor terá automaticamente poder liberatório do pagamento de tributos de Estados, Distrito Federal e Municípios devedores, até onde se compensarem".

Ainda que possa parecer vantagem ao credor, dá-se a ele apenas a possibilidade de, querendo, quitar tributos que tenha em face dos entes federativos.

O TJSP tem concedido a compensação independentemente de qualquer outra exigência, salvo a existência de precatório.[63] O STJ, ainda na vigência das Emendas Constitucionais 30 e 37, entendia da necessidade de lei que disciplinasse o problema, e, pois, negava a compensação.[64]

26.10.6 Responsabilidade do chefe do Poder Executivo

Caso deixe de efetuar a liberação dos recursos, de efetuar os depósitos tempestivamente ou de efetuar a alocação orçamentária de recursos, na forma prevista no texto, o chefe do Poder Executivo estará sujeito às penas previstas na Lei de Responsabilidade Fiscal e também na Lei de Improbidade Administrativa.

Dispositivo desnecessário, uma vez que ambos os textos já contêm dispositivos suficientes para prever responsabilidade do governante relapso, tanto no âmbito administrativo como no criminal.

---

63 TJSP, Ag. de Inst. 0532172.89.2010.8.26.0000, de 06.04.2011.

64 STJ, AgR no Ag nº 1.367.821, rel. Min. Arnaldo Esteves, j. 24.3.2011; AgR no Ag nº 1.349.827, rel. Min. César Rocha, *DJe*, 16.03.2011.

A sanção em decorrência do não cumprimento das normas constitucionais sujeitará o ente federativo a: (a) não contrair empréstimo externo ou interno; e (b) ficará impedido de receber transferências voluntárias.

26.10.7 Retenção de repasses constitucionais

Estabelece o inciso V do §10 do art. 97 do ADCT que pode a União reter os repasses relativamente ao Fundo de Participação dos Estados e do Distrito Federal e ao Fundo de Participação dos Municípios, depositando-os "nas contas especiais referidas no §1º, devendo sua utilização obedecer ao que prescreve o §5º, ambos deste artigo".

A norma afronta o princípio federativo. Admite execução de um ente federativo sobre outro. Agride também o princípio do monopólio jurisdicional. É que no campo federativo cada ente é autônomo e independente, descabendo qualquer ingerência de um sobre o outro. Ainda que se trate da União, não tem ela supremacia jurídica ou política sobre Estados e Municípios. A União é um complexo de entes competentes. Cada qual dentro de sua esfera de atribuições. Caso um deles não cumpra seus deveres constitucionais, cabe a interferência do Poder Judiciário, para determinar o cumprimento das obrigações que lhe cabem. No entanto, permitir que a União seja parte e árbitro ao mesmo tempo é subverter a ordem das competências constitucionais.

Tal discussão já se colocou quando da interpretação do §4º do art. 167 da CF, por força da redação dada pela Emenda Constitucional nº 3/1993. Por ali se permitiu à União satisfazer seu crédito por força de garantia dada a outro ente federativo.

Entende-se que tal dispositivo, introduzido pelo legislador constituinte derivado, não tem a força de alterar o pacto federativo. Em tal caso a previsão é mais gritante e atentatória ao referido pacto. É que permite, por ato próprio, que a União invada a intimidade de Estados e Municípios para deixar de lhes repassar recursos tributários constitucionais que não pertencem à União, mas a Estados, Distrito Federal e Municípios.

Na ordem tributária cada ente tem sua competência para arrecadação dos tributos, em face das atribuições que lhe cabem, também por força de dispositivo constitucional. Para objetivar a distribuição das receitas, a Constituição expressamente prevê a partilha dos recursos (arts. 157 e ss.). Vê-se, pois, que o arrecadado pela União não lhe pertence, salvo na sua cota. Diga-se o mesmo dos Estados-membros em relação aos Municípios que compõem seu território. O bolo das receitas não é do Estado, mas cabe-lhe apenas a arrecadação e, por força dos preceitos constitucionais, efetuar a partilha. As cotas tributárias, pois, são dos Estados e dos Municípios, e não da União, que tem apenas competência arrecadatória. Uma vez ingressada a receita em seus cofres, tem o dever de repartir o bolo. Descabe ficar com qualquer parcela. O recurso pertence a cada uma das unidades federativas.

Se é assim, como se admitir que a União invada a intimidade jurídica e política de cada ente para, imiscuindo-se em suas atribuições, deixar de lhe repassar os recursos que pertencem a cada um e depositá-los em conta vinculada ao pagamento dos precatórios?

O inciso V do §10 do art. 97 do ADCT é manifestamente inconstitucional, por quebra do princípio federativo.

26.10.8 Litisconsórcio de credores

No caso de credores cumulativos em face de um ente federativo pode haver o desmembramento do valor, isto é, expedirem-se diversos precatórios, cada um de determinado valor, não podendo, no entanto, cair para o crédito de pequeno valor.

O dispositivo constitui-se em limitação ao direito individual. Ora, cada credor tem um montante de seu crédito. O litisconsórcio foi admitido apenas pelo princípio da economia processual. Como o direito é igual e pertencente a diversas pessoas, a lei processual admite que possa haver a união delas em apenas um processo, para obtenção de apenas uma decisão. No entanto, o direito continua sendo individual.

Ora, como aplicar uma proibição, que, de fato se constitui em sanção, para que não possa ele separar-se do litisconsórcio e exercer sozinho seu direito, ainda que se constitua em crédito de pequeno valor?

Mais uma vez nos parece que o texto é inconstitucional, por ferir direito líquido e certo na individualidade de um crédito. O direito é individual, e não coletivo, ainda que una os litigantes um só objeto. No entanto, as relações que se instauram são independentes, uma vez que pode o juiz determinar a separação do litisconsórcio, acolher a ação em relação a apenas alguns dos litisconsortes, etc. Os direitos não se confundem, e não pode haver limitação constitucional de seu respectivo exercício.

26.10.9 Duração do regime especial

Como dispositivo do Ato das Disposições Constitucionais Transitórias que prevê o pagamento através de contas especiais o constituinte estabeleceu um prazo de vigência. Vigorará enquanto o valor dos precatórios devidos for superior ao valor dos recursos vinculados (os percentuais estabelecidos em relação aos entes federativos) ou pelo prazo fixo de 15 anos, no caso da opção por tal forma de pagamento (§14 do art. 97).

Vejam os leitores que o constituinte já previu que o pagamento dos precatórios em atraso não ocorrerá antes de 15 anos. Isto é, uma *moratória* de mais 15 anos, ao lado das já concedidas anteriormente.

O art. 22 da Resolução 115/2010 do CNJ disciplinou o assunto. O STF suspendeu a execução do referido texto pela ADI nº 4.465 (rel. Min. Marco Aurélio). Para o Relator o CNJ ingressou em área própria de execução de débito da Fazenda Pública, o que não é possível através de atuação normativa de tal órgão.

No §15 se encontra a confissão explícita de que os pagamentos de precatórios a partir de 1988, isto é, quando da vigência da atual Constituição, ainda não foram satisfeitos. É que estabelece que os precatórios parcelados na forma do art. 33 (do ADCT – que acompanhou a Constituição/1988) e do art. 78 (também do ADCT, introduzido pela Emenda Constitucional nº 30/2000) ingressarão no regime especial "com o valor atualizado das parcelas não pagas relativas a cada precatório, bem como o saldo dos acordos judiciais e extrajudiciais".

O §16, embora tenha redação bastante longa, busca impedir a incidência de juros compensatórios. Estes são destinados ao pagamento do que a pessoa deixou de receber em face da expropriação de seu bem. Incidem em 12% ao ano, enquanto os juros legais são de 6%. Cumulados, dão juros de 18% ao ano, o que eleva em muito o montante dos créditos. O dispositivo busca impedir a incidência de tais juros. Ocorre que eles decorrem de sentença judicial transitada em julgado, e, pois, de obrigatório cumprimento pelas pessoas jurídicas de direito público.

26.10.10 Começo e fim do regime especial

Estabelece o art. 3º da EC nº 62/2009, em exame, que a implantação do regime por ela criado "deverá ocorrer no prazo de 90 (noventa) dias contados da data da publicação desta Emenda Constitucional".

Evidente que entra em vigor aquilo que não exigir lei que suplemente o comando. Há dispositivos que deverão ser implementados para que possam ser plenamente eficazes. Aquilo que não depende de legislação ordinária estará em vigência.

De outro lado, a entidade federativa volta ao regime normal do art. 100 desde que "o valor dos precatórios devidos for inferior ao dos recursos destinados ao seu pagamento" (inciso I do art. 4º). Evidente a hipótese. Se não há o que pagar, o que se imagina possa acontecer, não haverá necessidade de vinculação de recursos para pagamento de precatórios, uma vez que sobrevirá norma regular de apenas se efetuar a dotação orçamentária do montante que esteja pendente de pagamento.

Também cessará o regime especial passados 15 anos se esta foi a fórmula adotada pelo ente federativo (inciso II do art. 4º).

26.10.11 As Emendas Constitucionais nºs 94/2016 e 99/2017 e 109/2021

A balbúrdia é tamanha que a cada período se altera o art. 100 da CF, a ele se acrescem incisos e muda-se o Ato das Disposições Constitucionais Transitórias para atender a Estados e Municípios que deixam reiteradamente de cumprir suas obrigações constitucionais. Remenda-se a Constituição. A Emenda Constitucional nº 62/2009, ou o que sobrou dela depois de exame pelo STF, foi alterada pela Emenda nº 94/2016. Com as contínuas lamúrias dos governantes, sobreveio a Emenda nº 99/2017, que está em vigor.

Ao início do cumprimento da Constituição Federal havia apenas um regime para pagamento dos precatórios. Com o passar do tempo percebeu-se seu descompasso com a realidade. Foram criados, então, *regimes especiais*. A Emenda Constitucional nº 30/2000 instituiu o regime de pagamento em 10 parcelas anuais. A Emenda nº 62/2009 permitiu o pagamento em 15 anos. A Emenda nº 94/2016 determinou o pagamento até 2020. Por fim, a Emenda nº 99/2017 alterou o prazo e permitiu o pagamento até dezembro/2024.

O regime especial para satisfação dos precatórios introduzido pela EC nº 94/2016 teve por objetivo aliviar a dura situação em que se encontravam os Estados e Municípios e propiciar a expectativa de recebimento por parte dos credores. A EC nº 99/2017 limitou-se a aprimorar o texto alterado.

O primeiro passo era identificar os devedores que se enquadram nas exigências constitucionais, o mesmo ocorrendo com os credores.

Condição prevista no *caput* do art. 101 do ADCT era que os Estados, o Distrito Federal e os Municípios que, "em 25 de março de 2015, estiverem em mora com o pagamento de seus precatórios" poderiam pagá-los até 2020 e, depois, até 2024 com a redação dada pela EC nº 99/2017.

O cumprimento das normas ocorre mediante depósito mensal na conta dos respectivos Tribunais de Justiça de 1/12 (um doze avos) do valor calculado do débito.

Os respectivos depósitos *quitam* parcialmente os débitos.

As alterações introduzidas pela EC nº 94/2016 foram substanciais. O parágrafo 2º do art. 100 introduziu outros beneficiários da prioridade no recebimento dos valores apurados nos precatórios. A redação atendeu ao contundente acórdão do STF relatado pelo Min. Luiz Fux (ADIn nº 4.425/DF), que detectou uma série de inconstitucionalidades na redação da EC nº 62/2009. Atendendo às recomendações ali contidas, o legislador acolheu na ordem das prioridades outras pessoas. Além do credor originário, existem os sucessores, os maiores de sessenta (60) anos, os alcançados por moléstias graves (inciso XIV do art. 6º da Lei nº 7.713/1988, com a redação dada pela Lei nº 11.052/2004), e os credores de pequeno valor, tal como definido na lei.

Foram acrescidos ao art. 100 alguns parágrafos, que deram nova dimensão ao texto. Assim, o parágrafo 17 determina que os entes públicos afiram, mensalmente, o *comprometimento* das receitas correntes líquidas com o pagamento dos precatórios e obrigações de pequeno valor.

O parágrafo 18 define o que são *receitas correntes líquidas*. O dispositivo não inova, já que reproduz o que consta do parágrafo 3º do art. 97 da ADCT.

Dispositivo importante foi introduzido pelo parágrafo 19 da EC nº 94/2016, ao permitir o financiamento de parte do débito. Vejamos como isso ocorre. A oneração dos cofres públicos com precatórios e obrigações de pequeno valor pode ultrapassar *a média do comprometimento percentual da receita corrente liquida*. Em tal hipótese, pode haver o *financiamento* da parcela que exceder o percentual. O mais importante vem a seguir, não se aplicam a tal financiamento as restrições constantes inciso IV do art. 167 da CF. Supera-se também a restrição dos incisos VI e VII do art. 52 da CF, ou seja, não se aplicam os limites do endividamento estabelecidos pelo Senado Federal.

A inovação é importantíssima para Estados e Municípios porque podem, a partir daí, gerenciar com mais prudência e exatidão o montante de suas dívidas. Podem obter financiamento seja por meio de entidades financeiras nacionais ou internacionais.

Surge questão importante. Na hipótese de obtenção de financiamento junto aos bancos comerciais ou financeiros, quais são as garantias que podem ser ofertadas ao órgão financiador?

Nenhum órgão irá financiar precatórios a Estados ou Municípios se não tiver a garantia do recebimento de seu crédito. Ao lado da obrigatória inserção de dotação orçamentária para o pagamento do montante financiado, é possível garantir o credor com a execução de seu montante?

Imaginemos que o ente estatal não insira na Lei de Diretrizes Orçamentárias ou na Lei Orçamentária Anual o montante para pagamento das parcelas do financiamento, cabe ação para obrigar o Município a inseri-las?

A resposta há de ser positiva. Ao lado das verbas obrigatórias previstas na Lei de Responsabilidade Fiscal, os entes federativos sérios têm o dever de pagar as obrigações assumidas, seja com fornecedores, seja com financiadores de sua dívida. O Judiciário não poderá determinar quantias, mas caberá a inserção de verbas para pagamento do débito. O que presume é que o ente estatal será sério no cumprimento das obrigações assumidas. Não pode distender o pagamento da dívida o quanto queira. Há limites que se não forem previstos na lei cabe ao Judiciário intervir para determinar o cumprimento da obrigação.

Outro problema é a execução do montante com realização de penhora. Sabidamente descabe execução do patrimônio público bem como execução de bens de ente estatal. Logo, não poderá excutir seu crédito.

O parágrafo 20 inserido pela EC nº 94/2016 estabelece regra prudencial. Na hipótese de crédito vultuoso que não caiba nos recursos financeiros do ente, deverá haver o pagamento de 15% de seu montante e o restante em cinco parcelas nos exercícios seguintes.

A providência permite que os credores que se seguem a tal crédito possam receber seus valores, não ficando impedidos por quantia bastante grande. Propicia-se redução de seu valor mediante acordo.

O art. 2º da EC nº 94/2016 deu nova redação ao art. 101 do ADCT. Sobreveio, no entanto, a EC nº 99/2017 que alterou por completo referido dispositivo.

Observa-se que a EC nº 94 não teve vigência senão por um ano, tendo sido alterada em seu teor pela que sobreveio.

Primeira alteração sobreveio com o *caput*, que passou o termo final do pagamento dos precatórios de 2020 para 2024. Nova moratória na curiosa engenharia do não pagamento de débitos decorrentes de precatórios. Em apenas um ano os entes ganharam fôlego de quatro anos para pagamento.

A EC nº 109/2021 alterou, de novo, o termo final para o pagamento dos precatórios. Passa a ser 2029 (dois mil e vinte e nove). Mais um absurdo inominável em relação aos credores dos entes públicos.

Como se viu, o parágrafo 1º define o que seja *receita corrente líquida*, que, como já vimos, a definição foi levada para o texto permanente da Constituição (parágrafo 18 do art. 100 da CF).

O parágrafo 2º do art. 101 do ADCT modificou totalmente a forma de pagamento dos precatórios, permitindo o uso de *depósitos judiciais e administrativos*. O inciso I alcança apenas os depósitos de recursos financeiros nos quais seja parte o Estado e suas entidades estatais. Bem fez em deixar de fora depósitos efetuados em juízo, em que o litígio diga respeito apenas a particulares.

A nova redação deixa claro que se admite a utilização dos recursos em depósito judicial, como fonte suplementar das receitas correntes líquidas.

Infelizmente, e de forma inconstitucional, o inciso II atinge *demais depósitos judiciais*, "mediante a instituição de fundo garantidor".

Os recursos são rateados pelos entes federativos dentro da circunscrição judiciária. A distribuição será proporcional à respectiva população.

O inciso III do art. 101 do ADCT possibilita a obtenção de *empréstimos* que estarão fora dos limites estabelecidos pelo Senado Federal (incisos VI e VII do art. 52 da CF), bem como não se aplica "a vedação de vinculação de receita prevista no inciso IV do *caput* do art. 167 da Constituição Federal".

Abre-se aqui nova expectativa para os entes federativos, qual seja, a obtenção de financiamento com possibilidade de *vinculação de receita*.

Quais as consequências de tal dispositivo? Primeiro, o ente federativo pode contrair empréstimo mediante financiamento em bancos ou entidades financeiras. Segundo, terá a garantia de recebimento. Terceiro, pode o ente estatal vincular parte de suas receitas ao pagamento do financiamento recebido. O contrato celebrado valerá como título de crédito e pode ser executado compulsoriamente.

O inciso IV do art. 101 do ADCT cuida dos precatórios não pagos até 2009 e não levantados pelos credores. A requisição pode ser renovada pelos respectivos juízos.

Os recursos dos depósitos judiciais serão depositados em conta especial junto ao Tribunal de Justiça. Claro que referida conta tem que ter acompanhamento cauteloso, porque, dependendo das decisões judiciais, terão os recursos que ser encaminhados aos respectivos credores. Deve haver contabilidade própria. É o que determina o parágrafo 3º do art. 101 do ADCT.

A estrutura de destinação de recursos de depósitos judiciais abrirá linha de crédito especial para o pagamento de créditos (parágrafo 4º do art. 101 do ADCT). Referida verba se destina ao pagamento dos precatórios, nos termos do parágrafo 12 do art. 100 da CF. O pagamento é feito em parcelas mensais. Para referidos empréstimos não se aplica também a restrição dos incisos VI e VII do art. 52 da Constituição Federal, ou seja, não se submetem aos limites traçados pelo Senado Federal.

O parágrafo 2º do art. 102 do ADCT inova em relação ao pagamento das pessoas com idade avançada, com saúde debilitada e deficientes, que receberão até o valor do quíntuplo fixado em lei.

O parágrafo único do art. 103 do ADCT proíbe que sejam desapropriados bens na dependência do estoque de precatórios a pagar.

Por fim, o art. 105 foi alterado, prevendo a regulamentação pelos Estados, Distrito Federal e Municípios do contido no *caput* do artigo. Não regulamentado o dispositivo, os credores podem exercer a opção de pagamento de débitos tributários com os créditos dos valores dos respectivos precatórios. Referida opção é direito subjetivo do credor.

Requisito essencial é que o ente federativo esteja em atraso. Se estiver em dia não pode aderir ao novo regime especial. Deve satisfazer aos requisitos do regime comum e prosseguir no pagamento dos precatórios em atraso.

O STF já consolidou entendimento no sentido de que alterar os prazos previstos no art. 100 da CF é inconstitucional.[65] A Emenda Constitucional nº 99/2017 altera prazos para pagamento dos precatórios. Há o risco de questionamento em juízo dos dispositivos modificados.

Assim, a atual redação do art. 101 do ADCT aumentou o prazo para pagamento (agora para 2029, de acordo com a EC nº 109/2021) e estabeleceu índices de atualização (IPCA-E) – o que está em sintonia com o decidido pelo STF. A mesma Emenda não prevê a incidência de juros, mas a Súmula Vinculante 17 estabelece a fluência de juros quando do não pagamento dos precatórios.

Os depósitos mensais são feitos com recursos orçamentários próprios advindos da receita corrente líquida do ente federativo (§2º do art. 101 do ADCT), contando com adicionais de depósitos judiciais até 75% de processos judiciais ou administrativos,

[65] STF, ADI nº 2.356, 2.362, 4.357 e 4.425.

tributários ou não, de que sejam partes Estados, Distrito Federal e Municípios e respectivas entidades estatais (inciso I). De igual maneira, poderão acrescer até 30% dos demais depósitos judiciais. Instituir-se-á um fundo garantidor.

Sustento que a disponibilidade pelo Estado dos recursos judiciais de terceiros depositados em contas próprias é inconstitucional. Se os recursos advêm de depósitos em que se discute montante de tributo a pagar, garantidores de instância ou de verbas para seu pagamento, pode haver a disponibilidade deles. Diverso é o entendimento se os recursos provêm de depósitos de litígios particulares; não há como se aceitar a determinação prevista na Constituição. Mas é o que estabelece o inciso II do §2º do art. 101 do ADCT, com a redação dada pela Emenda Constitucional nº 99/2017. Em verdade, a Constituição estabeleceu a distinção pela origem dos depósitos judiciais, limitando-os àqueles provindos de litígios em que é envolvida a Fazenda Pública.

Essa foi a linha seguida na ADI nº 5476/RN, rel. Min. Edson Fachin em que se decidiu: "O tratamento orçamentário preconizado aos recursos provenientes dos depósitos judiciais não-tributários diverge da sistemática especial de pagamento de débitos judiciais da Fazenda Pública, porquanto não é dado ao Poder Público realizar gastos públicos com ingressos meramente transitórios". Prossegue a decisão: "Há ofensa ao direito de propriedade dos jurisdicionados que litigam na espacialidade do Estado –membro. Nesse sentido, a custódia de patrimônio alheio pelo ente estatal não permite a este desvirtuar a finalidade do liame jurídico, para fins de custear suas despesas públicas. Ação direta de inconstitucionalidade conhecida a que se dá procedência"

A alínea "b" estabelece a partilha dos recursos entre Estados e Municípios, na medida em que os depósitos estão à disposição de uma ou outra entidade política.

Empréstimos também podem ser utilizados para compor o montante dos depósitos (inciso III), com as observações constantes da redação do dispositivo.

Igualmente podem compor o valor dos depósitos aqueles que não foram levantados, os que foram objeto de cancelamento de requisitórios e a baixa das obrigações.

Todos os recursos são destinados à conta do Poder Judiciário encarregado do pagamento dos precatórios (§3º do art. 101 do ADCT). O parágrafo 4º do art. 101 do ADCT foi revogado pelo art. 2º da ED 109/2021.

O §2º do art. 102 do ADCT aumentou de três para cinco vezes a Requisição de Pequeno Valor para as pessoas idosas, atento ao estado de saúde e à deficiência. O §3º do art. 100 da parte permanente estabelece o pagamento do que se rotula "pequeno valor". A alteração constitucional aumenta o montante a ser liberado.

Em verdade, o que não se faz pelo bom-senso do governante obriga o constituinte derivado a se valer de emenda constitucional para impedir sua vaidade, seu erro, sua improbidade ou sua imperícia. Evidente que, se há estoque de precatório a ser pago, não pode o governante efetuar novas desapropriações, que irão exigir disponibilidade financeira (que inexiste).

O art. 4º da EC nº 99/2017 dá nova reação aos §§2º e 3º do art. 105 do ADCT. Obriga Estados, Distrito Federal e Municípios a regulamentar o contido na referida Emenda. A determinação diz respeito à *compensação* dos precatórios com tributos devidos a cada ente federativo. É salutar a providência, porque permite ao devedor tributário saldar seus débitos com o pagamento de precatórios. Compensação que de há muito já deveria ter sido autorizada e prevista em lei. Agora os entes políticos estão obrigados a tomar a providência. Pena que apenas alcança uma fotografia do momento.

O que se deduz é que, se não for editada a regulamentação, os credores de precatórios e devedores de tributos poderão efetuar a compensação.

26.10.12 O C.N.J. e as regras para pagamento

Cada Tribunal, em face das disposições constitucionais, determinava um procedimento para pagamento das verbas decorrentes das condenações executadas através dos precatórios. Em consequência, foi editada a Resolução 303/18/12/2019 do Conselho Nacional de Justiça que uniformizou o procedimento.

Estabeleceu-se a prioridade, de forma a dar preferência ao crédito alimentar. São artigos que irão nortear o trabalho de todos os tribunais. Uma das novidades é a padronização dos índices de correção monetária. Respeita-se o determinado na legislação processual em relação aos débitos de pequeno valor.

Presta o Conselho Nacional de Justiça relevante serviço administrativo/financeiro ao disciplinar tais pagamentos.

26.11 As Emendas Constitucionais nºs 113 e 114 de 2021

Todo o capítulo 26 é dedicado ao estudo dos precatórios. Agora outras páginas são acrescidas.

Em rigor, explicar o precatório é bastante simples. Dívida pública decorrente de decisões judiciais transitadas em julgado. Após o trânsito em julgado, o juiz comunica à Presidência do Tribunal respectivo o montante da condenação e esta efetua a ordem cronológica dos ofícios enviados até julho de cada exercício financeiro. A partir daí o Tribunal comunica ao órgão fazendário do Executivo (ou Legislativo) para reservar numerário para pagamento dos débitos comunicados até então.

É simples assim? Não. A matéria é disciplinada pelo art. 110 da Constituição Federal, já alterada algumas vezes. De seu texto originário nada sobra, tanto que foi modificado por diversas emendas constitucionais. A primeira alteração se deu pela EC nº 30/2000. Outra ligeira foi feita pela EC nº 37/2002.

Àquela sucederam-se outras. Com a Emenda Constitucional nº 62/2009 começou a insanidade, declarada parcialmente inconstitucional pelo STF na Adin nº 4.357-DF. Nesta ação, o STF entendeu a inconstitucionalidade da "sistemática de compensação de débitos inscritos em precatórios em proveito exclusivo da Fazenda Pública". Entendeu ter havido desrespeito à coisa julgada material, à separação dos poderes e ultraje à isonomia entre o Estado e o particular, violação ao direito fundamental da propriedade, além de outros problemas.

A esse respeito emiti parecer publicado na *RT* 794, p. 111-135 entendendo da inconstitucionalidade das previsões constitucionais. Sobreveio a EC nº 94/2016 e, posteriormente, a EC nº 99/2017. A posição permaneceu inalterada.

Escrevi à época, mas é importante repetir: "O texto que comentaremos, em seu todo, é lastimável. Contém uma série de inconstitucionalidades e fere direitos de toda ordem. A começar pelo princípio da segurança jurídica".[66] Prossigo: "Há manifesta agressão ao princípio da tripartição dos poderes".[67] "O Poder Judiciário fica esvaziado em uma de suas mais nobres funções, qual seja, a de garantir o princípio da segurança jurídica". Depois, acrescento: "Ademais, a coisa julgada fica flexibilizada".[68] Na sequência afirmo: "A Emenda Constitucional 62/2009 agride, de forma simultânea: a) o princípio da segurança jurídica, b) o pacto federativo (uma vez que onera de forma diferente o orçamento das entidades federativas), c) a tripartição dos poderes, d) o ato jurídico perfeito, e) a coisa julgada, f) o direito adquirido, g) o princípio da igualdade de todos os credores perante a administração pública". De uma só vez, "'joga no lixo' (foi a expressão que usei na tribuna da Câmara) parte do ordenamento normativo e os direitos nele consagrados e obtidos ao longo de anos de consolidação democrática" (item 26.1).

Sustentei, igualmente, o *abuso do poder legislativo* (26.9.1.3). Afirmei: "Não basta precisar o problema da falta de recursos para cumprir os deveres indeclináveis do Estado – é indispensável avaliar o fato social e a consequência do inadimplemento estatal" (idem, ibidem). "Não pode, assim, a Justiça permanecer inerte e aceitar a vazia argumentação de que a sobrevivência da política econômica depende do sacrifício de todos nós".[69]

Reiterei os argumentos quando da apreciação da EC nº 30/2000. Novamente insisti na violação do direito adquirido e da coisa julgada (item 26.9.1.5).

Sobreveio a EC nº 37/2002. Igualmente desprovida de sentido. Em seguida, houve a alteração do art. 97 do ADCT, que consagrava, como afirmei, "a mais vil ignomínia em face dos credores da Fazenda Pública" (item 26.10). O texto caiu ante o STF.

Daí advieram as ECs nºs 94/2016 e 99/2017. Da mesma forma, foram apreciadas pelo STF. Reiteração dos mesmos argumentos e declaração de inconstitucionalidade confirmada.

No julgado proferido na Adin nº 4.425/DF, o STF entendeu inconstitucionais diversos artigos, tal como apontamos da Tribuna da Câmara dos Deputados. A compensação dos débitos da Fazenda Pública "embaraça a efetividade da jurisdição, desrespeita a coisa julgada material, vulnera a separação dos poderes e ofende a isonomia entre Poder Público e particular" (ementa). A atualização pelos índices da caderneta de poupança agride o direito de propriedade, porque não capta a inflação do período. Do mesmo teor a Adin nº 4.357.

O art. 33 do ADCT estabeleceu o prazo MÁXIMO de oito anos para pagamento de todos os precatórios. O parágrafo único tem a seguinte redação: "Poderão as entidades devedoras, para o cumprimento do disposto neste artigo, emitir, em cada ano, no exato montante do dispêndio, títulos de dívida pública não computáveis para efeito do limite global de endividamento".

O governo federal, dizendo-se surpreendido com o montante das despesas com pagamento de precatórios (R$89,1 bilhões) propôs Emenda Constitucional (PEC nº 23) para evitar o colapso financeiro e o esvaziamento completo dos recursos discricionários.

---

[66] *Curso de direito financeiro*. 8. ed. p. 782.

[67] *Idem, ibidem*.

[68] *Idem, ibidem*.

[69] p. 802

Buscou: a) evitar que a parcela das preferências escape da previsibilidade orçamentária, b) permitir o depósito à disposição do juiz da execução quando o credor for devedor da Fazenda Pública, c) que a providência anterior ocorra mesmo no caso de cessão do precatório, d) estabelecer o parcelamento de precatórios vultosos quando exceder o percentual da Receita Corrente Líquida, e) autorizar a compensação de valores devidos por entidades de direito público interno e f) atualizar o foro nacional.

Paralelamente, institui um Fundo de Liquidação de Passivos da União, suas autarquias e fundações com o objetivo de permitir a antecipação de precatórios utilizando-se o patrimônio da União, tais como alienação de imóveis, participações societárias, parcela de resultado líquido de dividendos e eventuais recursos decorrentes da redução de gastos tributários.

A PEC nº 23 foi bipartida e converteu-se na Emenda Constitucional nº 113, de 8 de dezembro de 2021, e na de nº 114, de 16 de dezembro de 2021, tendo sido a primeira promulgada parcialmente, abstraídos textos que foram alterados no Senado Federal. Posteriormente, o texto foi aprovado do que resultou a EC nº 114. Com a urgência que o governo tinha para pagamento de auxílio aos desfavorecidos, resolveu-se cindir o texto e publicá-lo fatiado. Nada há de incompatível com o ordenamento jurídico. A decisão é ato *interna corporis* do Congresso Nacional.

26.11.1 Análise da Emenda Constitucional nº 113/2021

O artigo 1º altera o parágrafo 9º do art. 100 da CF e determina que o depósito ocorra no juízo de cobrança de dívida ativa. O que se busca é propiciar a imediata execução de créditos existentes do credor e compensá-los com o pagamento do precatório. Faz-se, de tal forma, um encontro de contas do credor entre seu crédito e seu débito perante o Poder Público. A providência apenas alcança os credores que sejam devedores e que estejam sendo executados pelo Fisco.

Indaga-se: é constitucional tal procedimento? O credor vê apurado seu crédito perante o Poder Público. Deve a ele ao mesmo tempo. Qual a providência? Deposita-se o valor do precatório perante o juiz da ação de cobrança e a ele caberá: a) autorizar o levantamento do montante depositado ou b) efetuar compensação de valores.

É constitucional a providência. Simples encontro de débito e crédito. O dispositivo alterado dispunha a compensação imediata. Com a alteração, a compensação passa a ser conferida e verificada pelo juiz da execução do crédito. Poderá examinar eventual prescrição do crédito fazendário, sua decadência, eventual concessão de anistia. Inexistindo qualquer alteração no montante a pagar, o magistrado determina simples cálculo para efetuar a compensação.

A decisão anterior proferida na Adin nº 4.357/DF declarou a inconstitucionalidade do artigo porque estabelecia a *compensação* em *proveito exclusivo da Fazenda Pública*. Não é o caso da nova redação do dispositivo que atribui ao juiz da execução da dívida ativa o destino dos recursos. Haverá, pois, efetiva apreciação por parte do Poder Judiciário de comandar ou não a *compensação*.

O parágrafo 11, acrescido ao art. 100, permite que, mediante lei da entidade federativa devedora, os credores de precatórios possam utilizar os valores na quitação de débitos (inciso I), compra de imóveis públicos (inciso II), pagamento de outorga de delegações de serviços públicos (III), aquisição de participação societária (IV), compra de direitos do ente federado e antecipação de valores a serem recebidos em contratos de partilha de petróleo (V).

Todas as situações são plenamente factíveis e facilita o encontro de contas entre os entes federativos. Ademais, permite que sejam utilizados créditos perante a União (com autoaplicabilidade).

Não se divisa qualquer eiva de inconstitucionalidade, uma vez que aumenta as possibilidades dos credores em relação ao Poder Público no tocante a transações que queiram efetuar.

O parágrafo 14, igualmente acrescido ao art. 100, determina que a cessão de precatórios somente produzirá efeitos após comunicação ao tribunal. É importante a providência, mas observe-se que em nada altera a cessão já feita. O ato é de mera recepção por parte do Tribunal, que não pode interferir na celebração de acordos. A determinação não impede que se realizem cessões de crédito; limita-se a atribuir efeito à cessão após a comunicação ao Tribunal.

Os parágrafos 21 e 22 acrescidos ao art. 100 estabelecem regras na hipótese de entes federativos serem reciprocamente credor e devedor. Podem utilizar créditos para amortizar dívidas vencidas e vincendas. Relacionam-se a contratos de refinanciamento, aqueles em que houve prestação de garantia, parcelamento de tributos ou contribuições e relativas a obrigações decorrentes do descumprimento de prestação de contas ou desvio de recursos. A amortização alcança parcelas vencidas mais antigas e nas vincendas reduz o valor da parcela devida.

Tais providências, que poderiam ser acertadas entre os entes federativos mediante convênio, buscam solução constitucional. Ridículo, mas verdadeiro. É incrível valer-se o governo de proposta de emenda constitucional para resolver assuntos administrativos que ligam as diversas esferas federativas.

Chega ao requinte de estabelecer que "nas obrigações vencidas, será imputada primeiramente às parcelas mais antigas" (inciso I do parágrafo 22). É terrível verificar como o texto constitucional tem servido a tais disposições. Os acertos se podem operar pelas próprias entidades federativas.

A alteração contida no parágrafo 2º do art. 160 permite à União e aos Estados condicionar a transferência de recursos obrigatórios ao desconto de débitos existentes com tais entes. É forma de União e Estados receberem seus créditos. Da mesma forma, o artigo exige a inserção de cláusulas autorizativas de dedução de valores. Matéria exclusivamente administrativa inserida no bojo constitucional. É a desmoralização absoluta do que seja uma Constituição. Tantos e tão bons autores escreveram sobre a teoria da Constituição. Ninguém pensou na possibilidade de ela ser amesquinhada por interesses menores. O que deveria se constituir em um pacto social, um acordo de convivência entre todos, na disciplina do exercício de poderes e na garantia de direitos consagrados pela conquista civilizatória, passa a ser um amontoado de normas de pequeno quilate e de providências administrativas.

Insisto, matéria exclusivamente administrativa. Supõe-se que a União esteja tendo dificuldades em manobrar seus débitos/créditos com os demais entes públicos.

O art. 2º da EC nº 113/2021 passa a alterar o ADCT. Altera o parágrafo 5º do art. 101 para estabelecer que os empréstimos obtidos por força do inciso III do parágrafo 2º deste artigo "poderão ser destinados, por meio de ato do Poder Executivo, exclusivamente ao pagamento de precatórios por acordo direto com os credores", na forma do previsto pelo inciso III do parágrafo 8º do art. 97 do ADCT.

Não se divisa inconstitucionalidade no dispositivo. É inovação que permite ao Poder Executivo efetuar acordos com deságio. Cada unidade federativa terá disponibilidade de efetuar acordos. O acordo direto tem amparo constitucional (inciso III do parágrafo 8º do art. 97 do ADCT). A isonomia é garantida pelo chamamento que aceita o acordo se quiser. De forma alguma lesa o recebimento dos créditos alimentícios previstos no parágrafo 2º do art. 100 do corpo permanente da Constituição.

O inciso II do parágrafo 1º do art. 107 recebe nova redação para determinar que o pagamento dos precatórios atenda ao Índice Nacional de Preços ao Consumidor Amplo (IPCA), publicado pela FIBGE ou outro índice que vier a ser estabelecido.

A previsão normativa não mais busca amparo nos índices de remuneração da caderneta de poupança, que foi declarada inconstitucional pelo STF na Adin nº 4.357 e no RE nº 870.947, tema 810 da Repercussão Geral de relatoria do Min. Luiz Fux. Prevê o IPCA, que guarda sintonia com a atualização monetária dos débitos.

A alteração alcança, no entanto, outro dado, que é o período de incidência que deve ser levado em conta. Pela redação anterior, o índice incide no período de "doze meses, encerrado em junho do exercício anterior a que se refere a lei orçamentária".

Altera-se aqui o limite do *teto*, ou seja, ao distender o período de incidência do IPCA.

O parágrafo 12 acrescido ao art. 107 do ADCT altera o ponto central da incidência do termo inicial dos precatórios em relação à lei orçamentária. O parágrafo 5º do art. 100 prevê a obrigatória inclusão dos precatórios até o dia 1º de julho, "fazendo-se o pagamento até o final do exercício seguinte, quando terão seus valores atualizados monetariamente". Agora, para fins de "elaboração do projeto de lei orçamentária anual" será considerado o "valor realizado até junho" e o valor "estimado até dezembro desse mesmo ano". É o que dispõe o parágrafo 12 do art. 107 do ADCT.

Observe-se que o dispositivo integra o ADCT. Logo, disposição transitória. Não alcança todos os períodos nem revoga o parágrafo 5º do art. 100, que continua em vigor. Logo, o preceituado no parágrafo 12 vale para o exercício de 2022. Assim dispõe o art. 5º da EC nº 113/2021. Diminui-se o prazo de contagem do montante a pagar. Suavizam-se as contas públicas. Não se antevê inconstitucionalidade no dispositivo.

O parágrafo 13 incluído no art. 107 do ADCT é meramente burocrático. Os dados serão elaborados pelo Poder Executivo e encaminhados à Comissão Mista do Congresso Nacional. A esta caberá dar eficácia ao dispositivo, acolhendo ou não os dados enviados pelo Poder Executivo.

O resultado da diferença das projeções dos parágrafos 12 e 13 será trabalho do Executivo e encaminhado aos demais poderes. Mera disposição administrativa.

O art. 115 acrescido ao ADCT permite o parcelamento de contribuições previdenciárias dos Municípios, sob atendimento de determinados requisitos. Um deles é a alteração do regime previdenciário municipal. Além deste, outros poderiam tranquilamente figurar em lei.

O art. 116 é idêntico ao anterior e alcança parcelas com vencimento até outubro de 2021. Haverá redução de percentuais ali estabelecidos.

Os arts. 115 e 116 estariam mais bem alocados em lei. Pobre Constituição.

O pagamento das contribuições devidas à previdência social sempre foram problema para os Municípios. No mais das vezes, premidos por outras despesas urgentes e necessárias, deixam de efetuar o pagamento. Abre-se, então, um rombo. Mas os pagamentos da Previdência aos beneficiários não podem sofrer solução de continuidade. Daí a premência de que os entes federativos estejam em dia com os pagamentos. A providência é propiciar regularização. Sendo assim, as entidades poderão regularizar sua situação e obter novos atendimentos.

Requisito básico: terem alterado a legislação do regime próprio. Deve estar adequado ao regime do art. 40 da Constituição Federal e estrita obediência ao disposto nos diversos artigos da Emenda Constitucional nº 103/2019.

Caberá ao Ministério do Trabalho e Previdência a definição dos critérios para o parcelamento.

O art. 116 autoriza o parcelamento dos débitos dos Municípios junto à Previdência, mesmo já em fase de execução, em duzentas e quarenta (240) prestações mensais. Todos devem atender às exigências previstas no art. 115. Os débitos sofrem redução em seu montante. O parágrafo 4º é pitoresco e estabelece que "não constituem débitos dos Municípios aqueles considerados prescritos ou atingidos pela decadência". É estranho que alguém insira texto desse teor no âmbito da Constituição Federal. Óbvio é que o que está prescrito ou já decorrido o prazo decadencial já não mais é débito ou crédito.

O art. 117 estabelece o termo final para celebração do acordo, que é o dia 30 de junho de 2022. Há aprovação condicionada à autorização de vinculação ao Fundo de Participação dos Municípios para fins de pagamento. A saber, o Município deverá autorizar que seja descontado do que lhe é repassado mensalmente o valor da contribuição devida à Previdência. Há a ordem de preferência prevista nos incisos I a III.

O art. 3º da EC nº 113/2021 estabelece que, nas condições que envolvam a Fazenda Pública, haverá a incidência do índice da taxa referencial do Sistema Especial de Liquidação e Custódia (Selic) acumulado mensalmente.

Questiona-se, nesse passo, a incidência da taxa SELIC, argumentando-se que o Supremo Tribunal Federal já entendeu inconstitucional a aplicação de índice de remuneração da caderneta de poupança (Adins nºs 4.357 e 4.425) por ofensa ao direito de propriedade (art. 5º, XXII, da Constituição Federal) e à isonomia entre Poder Público e particular, porque deve incidir em tais relações a mesma taxa referencial de ajustamento.

O problema que surge é que os créditos fazendários são acrescidos de juros de 1% ao mês (12% ao ano), enquanto a remuneração pela taxa SELIC alcança, eventualmente, 9 a 9,30% ao ano. Com tal incidência, haverá prejuízo ao contribuinte, pois, além de ter tido seu patrimônio expropriado, suportará taxa remuneratória menor que o que é recebido pela Fazenda Pública. Quebra-se o princípio da isonomia e o direito de propriedade, que se vê depreciada. Aqui, a matéria é inconstitucional por prever taxa menor que a que deve incidir sobre os pagamentos do Poder Público.

O art. 4º da EC nº 113/2021 estabelece que os limites resultantes da aplicação do inciso II do parágrafo 1º do art. 107 do ADCT serão aplicáveis a partir de 2021. Estabelece um limite que é destinado ao combate à Covid-19 (parágrafo 1º).

O parágrafo desse artigo abre exceção à regra prevista no inciso III do *caput* do art. 167. A saber, pode o Estado efetuar operações de crédito que excedam o montante das despesas com capital. O instrumento adequado para *furar o teto* é a obtenção de *crédito extraordinário* (art. 167, parágrafo 3º, da Constituição Federal). Estes só podem ser abertos para atender despesas imprevisíveis e urgentes. A Constituição instituiu um desses casos em relação à pandemia que assola o país e o mundo.

A abertura de créditos extraordinários está liberada de atender ao que se rotula *teto constitucional*. É o que dispõe o parágrafo 4º do art. 4º da EC nº 113/2021.

Nem bem entrou em vigor o texto já é modificado pelo art. 3º da Emenda Constitucional nº 114/2021. Acrescenta o parágrafo 5º ao art. 4º para estabelecer que os recursos que serão destinados ao pagamento de atendimento à vacinação contra a Covid-19 poderão ser utilizados para "o programa de transferência de renda", criado pelo parágrafo único do art. 6º da Constituição Federal.

Acrescentou-se também o parágrafo 6º dispondo que o aumento do limite que exceder o *teto* será destinado "somente ao atendimento das despesas de ampliação de programas sociais de combate à pobreza e à extrema pobreza".

O dispositivo objetivou complementar e dar vida ao previsto no parágrafo único do art. 6º da Constituição. É medida importante.

O art. 5º da EC nº 113/2021 estabelece que as alterações relativas ao pagamento de precatórios aplicam-se aos requisitórios já expedidos, inclusive no orçamento fiscal e da seguridade social.

Essas foram as alterações procedidas pela Emenda Constitucional nº 113/2021. Como se viu, a Câmara dos Deputados havia aprovado a PEC nº 23 em sua totalidade. Enviado o projeto ao Senado da República, sofreu algumas alterações. Por força de determinação do art. 65, o texto alterado deve voltar à Casa iniciadora para apreciação das modificações feitas. É verdade que a Constituição Federal apenas dispôs sobre as alterações feitas em *projetos de lei*. Surge dúvida se as alterações constitucionais seguem a mesma regra. É que o art. 60 nada dispõe a respeito.

Ocorre que o prazo para aprovação do texto devia ocorrer ainda em 2021 ou no início de 2022. Daí resolveu-se politicamente o *fatiamento* da PEC para que, onde houvesse consenso, fosse promulgada imediatamente. O restante ficaria para apreciação posterior da Câmara dos Deputados, que cumpriu o acordo e aprovou as alterações formuladas pelo Senado Federal.

Passa-se à apreciação da Emenda Constituição nº 114/2022.

26.11.2 Análise da Emenda Constitucional nº 114/2021

O primeiro dispositivo insere parágrafo único no art. 6º do texto permanente, estabelecendo que "todo brasileiro em situação de vulnerabilidade social terá direito a uma renda básica familiar, garantida pelo poder público em programa permanente de transferência de renda, cujas normas e requisitos de acesso serão determinados em lei, observada a legislação fiscal e orçamentária".

O parágrafo único atende a uma demanda social antiga, ou seja, que o governo propicie *renda básica* aos vulneráveis. Há necessidade que venha uma lei que defina o que é a pessoa em *situação de vulnerabilidade*. Qual será o critério? Exame efetivo das condições sociais do indivíduo e sua família? Percepção de ganho inferior a suas necessidades? Ausência mínima de sobrevivência pelo esforço pessoal? Um critério de relação com o valor do salário-mínimo? Apenas a legislação superveniente é que determinará qual o critério para identificar o vulnerável.

O art. 100 do texto permanente foi modificado para prever no parágrafo 5º a alteração do período de encaminhamento e fechamento do dia do último precatório apresentado. Outrora o prazo era até o dia 1º de julho para pagamento até o final do exercício seguinte, quando terão seus valores atualizados. Agora, o termo final da apresentação dos precatórios ao Tribunal competente é o dia 2 de abril para pagamento até o final do exercício seguinte com valores atualizados.

Houve uma alteração de ganho de três meses. O termo final, que era 1º de julho, passa a ser 2 de abril.

O art. 203 do texto permanente foi alterado para guardar sintonia com o previsto no parágrafo único do art. 6º. Introduziu-se o inciso VI ao art. 203 que estabelece que a assistência social será prestada a quem dela necessitar, independentemente de contribuição à seguridade social, e tem por objetivo "a redução da vulnerabilidade socioeconômica de famílias em situação de pobreza ou extrema pobreza".

A combinação do parágrafo único do art. 6º com o inciso VI do art. 203, ambos da Constituição, guardam perfeita sintonia. A preocupação que surge ao intérprete diz respeito a sua efetivação. Até que ponto as alterações serão letra morta? Claro, entende-se que as normas constam da Constituição da República e devem ser cumpridas. Mas estará disposto o legislador a, primeiro, elaborar a lei prevista e, segundo, assegurar efetivamente a subsistência mínima aos vulneráveis? Haverá vontade política para tanto?

Espera-se ansiosamente que o texto não seja letra morta. Apenas com a redução das desigualdades sociais é que se poderá construir um país digno. A pobreza é impeditiva da liberdade. A fome é a mais aguda das amarguras por que passa o ser humano. A pobreza extrema retira a dignidade do indivíduo e de sua família. A fome faz com que os seres humanos cresçam subdesenvolvidos e tenham problemas durante toda a vida.

É imperioso, pois, que o Estado cumpra com sua obrigação e envie texto imediatamente para definir o cumprimento da norma.

O art. 2º acrescentou o art. 107-A ao ADCT. Estabelece o dispositivo que até o fim de 2026 fica estabelecido um limite para alocação na proposta orçamentária para pagamento de precatórios, equivalente ao valor da despesa paga no exercício de 2016. Haverá atualização em seus valores em dezembro de cada exercício. A diferença que se apurar entre o valor dos precatórios expedidos e o respectivo limite será destinada ao programa de atendimento aos vulneráveis previsto no parágrafo único do art. 6º da Constituição.

Os incisos I a III estabelecem as diferenças nos respectivos exercícios de 2022 a 2026. Serão elas destinadas ao cumprimento do disposto no parágrafo único do art. 6º já mencionado.

Os limites incidentes devem respeitar o pagamento de precatórios de pequeno valor para o mesmo exercício (parágrafo 1º do artigo 107-A). Os precatórios que não forem pagos, por força da incidência dos limites, terão prioridade para pagamento nos exercícios seguintes.

A mixórdia é completa. O que se pretende é salvar a higidez financeira dos diversos entes federativos devedores de precatórios. O que deveria ser uma obrigação intangível em sua origem (retirada da propriedade de alguém que deve ser composta pelo Poder Público) passa a se constituir em obrigação dependente de teto para recebimento integral da indenização.

Assim vem ocorrendo com o mutilado art. 100 da Constituição e suas alterações constantes do ADCT. A todo instante se dá uma moratória aos maus pagadores. União, Estados e Municípios não pagam suas dívidas advindas de decisões judiciais transitadas em julgado, não pagam a Previdência Social e agora, por vontade legislativa, recebem o perdão constitucional e se opera um calote indecoroso.

O credor que não receber seu crédito poderá optar por recebê-lo mediante acordo junto ao juízo com redução de quarenta (40%) por cento (parágrafo 3º do art. 107-A).

O Conselho Nacional de Justiça deve regulamentar o dispositivo (parágrafo 4º).

Não se incluem nas limitações as atualizações necessárias para representar o montante do crédito (parágrafo 5º). Há a faculdade de compra de imóveis públicos que podem ser satisfeitos com precatórios (parágrafo 11 do art. 100). De igual maneira, poderá haver o recebimento de créditos mediante composição amigável. Caso haja acordo e para quitação deles, poderão ser abertos créditos adicionais durante o exercício de 2022 (parágrafo 7º).

O parágrafo 8º abre uma nova escala de pagamentos. A saber, os de pequeno valor (inciso I), os de natureza alimentícia dos que tenham mais de sessenta (60) anos, os portadores de doença grave ou com deficiência receberão até o triplo do montante fixado em lei para o pequeno valor (inciso II). Os demais precatórios de natureza alimentícia, até o triplo do pequeno valor (inciso III). Os que superem o triplo do pequeno valor (inciso IV) e os outros precatórios (V).

A disposição se afigura completamente inconstitucional. É que as ordens judiciais constantes dos precatórios são expedidas no exato instante do trânsito em julgado das decisões. Os juízes de primeiro grau de qualquer esfera do Judiciário expedem os denominados *ofícios requisitórios* dirigidos ao Presidente do respectivo Tribunal. Este as recebe em rigorosa ordem de chegada. No mês de junho (agora alterado para 2 de abril) de cada exercício há a totalização e a comunicação ao Poder Executivo do montante a pagar. Não há, pois, como represar. É direito inconcusso do credor ver seu crédito comunicado ao Executivo para que este aloque recursos suficientes para o pagamento.

É inconstitucional porque impede que o Judiciário exerça sua função precípua que é a de julgar e executar suas decisões. Mais, atinge de frente a coisa julgada, o ato jurídico perfeito e o princípio da segurança jurídica implícito no direito brasileiro, como se constata do parágrafo 2º do art. 5º da Constituição Federal. Rompe-se a harmonia entre os poderes, cláusula fundamental prevista no art. 2º da Constituição Federal.

O dispositivo busca assegurar que os créditos de pequeno valor sejam satisfeitos. Os demais serão pagos até determinado limite. Os que não receberem terão prioridade no exercício seguinte. Os demais poderão ser pagos com redução de quarenta por cento (40%) de seu montante até o fim do exercício seguinte.

Dispositivo estabelece desnecessariamente a função do Conselho Nacional de Justiça na disciplina do pagamento dos precatórios. Regra inútil destinada a regulamentar a atuação dos Presidentes dos Tribunais.

Não repetirei toda a catilinária que já desfilei em alterações anteriores. Remeto os leitores para os itens 26.9 e 26.10 do texto deste Curso. Ali expus posição adequada a respeito de temas que voltam à tela jurídica.

Para não ser ocioso em repetir os argumentos já expostos nos itens mencionados, basta dizer que a disposição constante deste art. 107-A agride o princípio da separação dos poderes (art. 2º da CF), o princípio da razoável duração do processo, da segurança jurídica, do direito de propriedade, da isonomia, da moralidade administrativa.

O art. 118 do ADCT, acrescido ao texto transitório, estabelece que deverão ser disciplinadas normas de acesso e demais requisitos para definir o atendimento ao vulnerável, na forma de lei e regulamento até o dia 31 de dezembro de 2022. Fica dispensada observância de limitações legais quando "à criação, à expansão ou ao aperfeiçoamento de ação governamental que acarrete aumento de despesa no referido exercício".

A norma não recebeu qualquer rejeição por parte do Parlamento, que agora terá obrigação constitucional de prever, em norma legal, o atendimento aos vulneráveis, apontar as receitas disponíveis para tal atendimento, alterar a proposta orçamentária para previsão de recursos, definir quem são os que merecerão atendimento público, quantias a serem pagas.

Aguardemos o cumprimento da determinação constitucional.

Prossigamos com as alterações desimportantes. Nem bem entrou em vigor a Emenda Constitucional nº 113/2021 já foi alterada pela 114/2021. Assim, o art. 3º da Emenda Constituição nº 114/2021 alterou o art. 4º da Emenda Constitucional nº 113/2021, acrescentando dois parágrafos (5º e 6º). Ambos estabelecem o destino do excesso do limite previsto no inciso III do art. 107 do texto permanente para os programas sociais de combate à pobreza e à extrema pobreza, como já anotamos no comentário ao art. 4º da EC nº 113/2021.

O art. 4º da Emenda Constitucional nº 114 parcela a verba destinada ao Fundef (Fundo de Manutenção e Desenvolvimento do Ensino Fundamental e de Valorização do Magistério). A União deve a alguns Estados, que ingressaram em juízo para obtenção da diferença de valores então pagos. Obtiveram ganho de causa e foram expedidos precatórios. Como a União não tem, agora, recursos para pagamento integral do Fundef aos Estados que foram a juízo, o artigo em comento determinou o parcelamento, conforme incisos I a III do art. 4º. Referidas parcelas foram retiradas do *teto* constitucional.

Os recursos destinados ao pagamento do Fundef não estão incluídos no *teto*, diante de expressa exceção prevista no inciso I do parágrafo 6º do art. 107 do ADCT. Desnecessária a ressalva prevista no parágrafo único do art. 4º da EC nº 114/2021.

O art. 5º contém dispositivo também inútil. Determina que as receitas repassadas pela União a Estados e Municípios por força de ações judiciais que discutam verbas do Fundef devem ser aplicadas, no mínimo, de 60% (sessenta por cento) no ensino fundamental público e na valorização do magistério. Prevê abono a aposentados e pensionistas, sem que possa ocorrer incorporação.

O art. 6º da EC nº 114/2021 prevê a constituição, no Congresso Nacional, de uma comissão mista para exame analítico dos atos, dos fatos e das políticas públicas com maior "potencial gerador de precatórios e de sentenças judiciais contrárias à Fazenda Pública da União".

A instituição de tal comissão é absolutamente ociosa. O Conselho Nacional de Justiça e os Tribunais do país têm tais dados. Aos Tribunais cabe receber todos os precatórios enviados pelos inúmeros juízes. Recebem-nos em ordem cronológica de protocolo. É só efetuar a leitura do art. 100 da Constituição. Basta oficiar a cada tribunal do país e o Congresso Nacional terá tais dados, independentemente de qualquer outro ato. Pode, então, efetuar dados analíticos e fornecer dados ao Executivo. Aliás, o Poder Executivo pode se antecipar e recolher, ele mesmo, todas as informações de que necessitar.

A referida comissão cabe "examinar os mecanismos de aferição de risco fiscal e de prognóstico de efetivo pagamento de valores" (parágrafo 2º do art. 6º). É ridículo constar tal dispositivo da Constituição Federal. É amesquinhá-la, no mínimo.

Não direi que o dispositivo é inconstitucional, mas é ocioso, tautológico e periférico. A competência do recebimento de precatórios, como se lê do art. 100 da CF é dos Tribunais. Instituir outra instância para aferir os mesmos dados é redundante.

Ademais, nada cabe ao Supremo Tribunal Federal e ao Superior Tribunal de Justiça "para adoção de medidas de sua competência" (parágrafo 3º do art. 6º). Nenhum dos dois órgãos tem competência administrativa para determinar qualquer providência aos Tribunais. Esta pertence ao Conselho Nacional de Justiça, que figura aqui como órgão de "cooperação", em manifesto detrimento a suas atribuições constitucionais.

Em suma, o artigo é um desastre.

Ademais, o que significa "exame analítico dos atos, fatos e das políticas públicas com maior potencial gerador de precatórios" (*caput* do art. 6º da EC nº 114/2021)? Nenhuma possibilidade há de adentar no exame de atos que competem ao Poder Judiciário. A análise de dados que possam ter maior potencial gerador de precatórios significa interferência nas políticas públicas de Estados e Municípios. A eles cabe a desapropriação de áreas para definir suas políticas, bem como expropriação de documentos, patentes, ou qualquer outro objeto de valor. Isso gera condenações judiciais que resultarão em precatórios.

Como fica a *separação de poderes* com a criação de tal órgão? Ele não terá qualquer competência para imiscuir-se nas funções próprias do Poder Judiciário. Logo, se não é inútil, é inconstitucional.

Não há se falar também em "políticas públicas" que decorrem de precatórios ou que os tenham como causa. Decorrem de decisões judiciais transitadas em julgado.

Se coubesse ao Supremo Tribunal Federal apreciar ao lado das inconstitucionais os dispositivos inúteis, ociosos, desastrosos e ridículos, este seria derrubado com certeza. Mas veremos a decisão do Tribunal Maior da nação.

O último dispositivo da EC nº 114 prevê sanção para o descumprimento do previsto na Lei Complementar nº 156/2016, que estabeleceu o Plano de Auxílio aos Estados e ao Distrito Federal e medidas de estímulo ao reequilíbrio fiscal. Muitos entes federativos assinaram acordos; outros não. Aos que tiverem descumprido os acordos firmados poderiam ter firmado termo aditivo. Se o deixaram de fazer, deverão restituir à União os valores diferidos por força do prazo adicional proporcionalmente à quantidade de prestações remanescentes.

Trata-se de providência "interna" que pode ser resolvida por acordo entre as entidades federativas. O dispositivo era dispensável.

O que se vê de nosso legislador provocado pelo Poder Executivo nos faz pensar em rever os versos de John Milton em seu notável "Paraíso perdido", que no Canto I entrevê "o Pandemônio unir-se" e fica a salvo no Canto final, o XII, dizer que "verão que as leis descobrem os pecados, porém que removê-los não conseguem".

É triste verificar a pobreza intelectual das modificações constitucionais. O que sobra da EC nº 114 é realmente a instituição do auxílio aos vulneráveis. O resto... É silêncio. Como diria Guimarães Rosa – "todo caminho da gente é resvaloso".

Análise feita pelo STF sobre ambas as emendas. O STF apreciou a ADIN nº 7.065/DF (rel. min. Luiz Fux) sobre a constitucionalidade de ambas as emendas. Reiterou a possibilidade de apreciar a inconstitucionalidade de emendas constitucionais. Afirma que é imprescindível a análise sob a ótica dos momentos vividos pela sociedade brasileira e que a postergação do pagamento dos valores relativos aos precatórios que excederam o teto fixado em emenda à Constituição ensejou o sacrifício de direitos individuais do cidadão titular de um crédito em face do poder público.

A Adin nº 7.065/DF foi julgada parcialmente procedente para declarar a inconstitucionalidade dos incisos II e III do art. 107-A, bem como dos parágrafos 3º, 5º e 6º do mesmo artigo. Foi declarada também a inconstitucionalidade do art. 6º da EC nº 114/2021, do art. 100, parágrafo 9º e do art. 101, parágrafo 5º do ADCT com a redação dada pelo art. 1º da EC nº 113/2021.

Na sequência, foi deferido o pedido de abertura de crédito extraordinário para quitação dos precatórios expedidos de 2022 a 2026, quando excedentes do subteto fixado pelo art. 107-A do ADCT.

Mais uma vez fica confirmada a fluidez das decisões do Congresso Nacional que busca, em quaisquer circunstâncias, atender ao governante de plantão. Sem recursos para suportar o pagamento dos precatórios, deu-se uma moratória indecente, descabida e inconstitucional. Tudo isso se faz nas barbas das mais inocentes pretensões de surrupiar a docilidade do brasileiro. Resta o Supremo Tribunal Federal, por enquanto.

27

EMPRÉSTIMO PÚBLICO

27.1 Introdução

O tema de que se vai tratar tem suscitado inúmeras divergências. Primeiro, porque há mescla de conceitos da ciência das finanças com os jurídicos, o que leva a uma natural perplexidade; segundo, porque se analisam os institutos em desconsideração do que o ordenamento jurídico dispõe a respeito da matéria. Daí a complexidade da matéria.

Em relação aos empréstimos, há que se fazer uma distinção: os adquiridos perante sujeito determinado e os adquiridos no mercado anônimo de capitais.

O empréstimo obtido diante de pessoa determinada não oferece maior dificuldade, resolvendo-se pelos mecanismos de direito comercial ou civil. Surgem os problemas quando o Estado oferece títulos ao público. Aí, o nascimento, a modificação e a extinção são mais complexos, dando origem a diversos questionamentos jurídicos.

Genericamente, empréstimo público é o contrato administrativo pelo qual o Estado recebe determinado valor que se obriga a pagar, na forma por ele estipulada.

A definição é meramente convencional, ou seja, delimita, para certos fins, o campo de ação de uma palavra.

A vontade do indivíduo de contratar com o Estado é fundamental para que se evitem discussões sobre o denominado empréstimo compulsório, que é tributo.

Analisaremos os empréstimos públicos a partir da sua natureza jurídica.

27.2 Natureza jurídica do empréstimo público

Algumas teses foram apresentadas para apontar a natureza jurídica do empréstimo público. Giuliani Fonrouge faz detalhada identificação das diversas teorias.[70] Há a posição que identifica como: (a) *ato de soberania;* (b) *natureza contratual.*

A *natureza jurídica* é tipicamente contratual. Originariamente o empréstimo era tido como ato de *soberania,* ou seja, o Estado assume a obrigação por ser Estado. Giuliano

[70] FONROUGE, Giuliani. *Derecho financiero*. 7. ed. v. 2. Buenos Aires: Depalma, 2001, p. 1111.

Fonrouge[71] faz quadro geral da discussão e salienta que o ato de soberania se constituiria em obrigação unilateral de direito público. Esta foi a tese de Luis Maria Drago.[72]

Analisemos as teorias mencionadas.

27.2.1 Ato de soberania

Na primeira teoria, há a soberania como obrigação unilateral de direito público e como ato de soberania do Legislativo. Na segunda, o contrato seria de direito privado ou de direito público.

Rejeitamos, desde logo, as doutrinas que entendem cuidar-se de contrato *sui generis* ou contrato coletivo ou ordinário.

Em verdade, há uma controvérsia fundamentada entre a doutrina que entende ser ato de soberania, e, pois, unilateral, e a que sustenta ser um contrato de direito público. Ora, embora tenha sua posição histórica, o empréstimo não pode ser ato de soberania pelo só fato de que depende de duas vontades: a do mutuante e a do mutuário.

27.2.1.1 A tese de Drago

Drago era Ministro argentino em Washington e entrou em discussão o caso de inadimplência da Venezuela. Entendia que a dívida pública externa era assumida por força do poder soberano do Estado e autorizada pelo Poder Legislativo. A relação não seria meramente contratual, mas em decorrência do governo devedor. Essa dívida, segundo Drago, "no da ni puede dar lugar a acciones judiciales, según quedó explicado, porque los bonos o fondos públicos que la constituyen salen a la circulación como papel-moneda, y su servicio se atiende o es suspendido en virtud de actos de soberanía, e perfectamente caracterizados como tales".[73]

Em 1902 uma esquadra mista de Inglaterra, Alemanha e Itália fez demonstrações na Costa da Venezuela pretendendo ameaçar o governo para que pagasse o débito então existente. Drago sustentou que o ato agredia a soberania daquele país. O débito resultava de danos causados por revoluções e por *coupons* em atraso.

A doutrina Drago sustentou, então, que nenhum país poderia ser invadido ou ameaçado por dívidas não pagas. Restou induvidoso que as divergências entre Estados se resolvem através de acordos internacionais em tribunais internacionais, e jamais através de qualquer tipo de força.

Capitaneada por Drago, ex-Ministro da Argentina, como já se viu, e que sustentou que o Estado assume empréstimo por força de sua soberania. Entendeu que os títulos são emitidos por força de ato soberano do Estado e por força de autorização legislativa. Tratar-se-ia, pois, de obrigação unilateral e autônoma.

Situação semelhante viveu o México quando Juarez era o Presidente da República (1861-1865). Diante de pesados encargos financeiros, suspendeu o pagamento da dívida

---

71 *Idem*, Título II, p. 1212.

72 DRAGO, Luis M. *Discursos y escritos*. Compilação de Mariano V. Drago. Buenos Aires: El Ateneo, 1938, t. II, p. 49-51.

73 DRAGO, Luis M. *Discursos y escritos*, t. II. Buenos Aires: El Ateneo, 1938, p. 138-139.

por dois anos. Sob tal pretexto, Espanha, Inglaterra e França resolveram intervir naquele país.[74]

Há no empréstimo dois momentos; dois atos jurídicos autônomos. O primeiro é a lei ou ato que autoriza a realização; outro é a contratação, isto é, a livre manifestação da vontade.

Os momentos não se podem confundir. O ato soberano é individual, incontrastável e indiscutível no âmbito de validade externo; o segundo ato que corporifica a celebração respeita regras internas.

O constrangimento militar é inaceitável no concerto internacional dos Estados.

27.2.2 Tese contratualista

Outra corrente entende que a dívida é assumida por força de ato voluntário do Estado, no exercício de sua personalidade jurídica, e nada mais. Age, assim, como qualquer pessoa jurídica, e, pois, centro de imputação de normas, sem qualquer prerrogativa de Estado.

Não se trata de contrato *sui generis*, como querem alguns; e tal rótulo só é aceito quando não se encontra uma posição jurídica para o que de novo entra no ordenamento normativo.

Alberto Deodato sustenta tratar-se de contrato submetido ao direito privado.[75] A maioria entende ser contrato de direito público.

Esta é a opinião que tem prevalecido. O empréstimo voluntário tem tal caráter, não o tendo o denominado *empréstimo compulsório*.

Trata-se de contrato, porque se cuida de ato voluntário através do qual se assumem obrigações comutativas de pagamento a termo.

Trata-se de um *contrato público*. Seja quando se lavra, efetivamente, o instrumento de contrato, na hipótese de se cuidar de mútuo, seja quando o Estado busca recursos através de lançamento de títulos da dívida, firma com os mutuários ou credores um contrato.

Em sua caracterização tudo dependerá dos termos em que for lavrado o contrato ou daqueles estipulados na venda ao público. É contrato *bilateral, oneroso e comutativo* (a prestação de cada qual está determinada e são equivalentes), *formal* (ou há o instrumento do contrato ou há o título de crédito).

Não se pode falar do que a doutrina francesa rotula de *cláusulas exorbitantes do direito privado*. É que são cláusulas próprias de direito público, o que afasta a incidência de regras de direito privado. Não há nada de exorbitante. Cada ramo do Direito tem suas características.

A Lei de Responsabilidade Fiscal (Lei Complementar nº 101/2000) equipara à operação de crédito "a assunção, o reconhecimento ou a confissão de dívidas pelo ente da Federação (...)" (§1º do art. 29). Evidente está que se o Estado, por força de ato que encontra respaldo legal, assume dívida e a reconhece como devida, este ato é equiparado à operação de crédito. Tal circunstância reforça o princípio da aparência. É que, se o

---

74 LINARES, Fernando Orozco. *Historia de México*. México: Panorama Editorial, 1992, p. 228-229.

75 DEODATO, Alberto. *Manual de ciência das finanças*, p. 253.

Estado, por força de seus representantes ou de quem o represente institucionalmente, assume uma dívida e a reconhece como tal, ela tem a força de operação de crédito.

O que nos interessa são alguns aspectos da obrigação contratualmente assumida. Enquanto as relações se passam entre pessoas jurídicas razoavelmente equipolentes ou equivalentes, ou seja, que têm o mesmo poder aquisitivo ou que estão em nível razoável de igualdade, o problema não se coloca com agudez.

Se unirmos, no entanto, os *vícios dos negócios jurídicos* com o desequilíbrio das partes, com os interesses em jogo, com a vilania e com a sordidez de comportamentos, poderemos ver como referidas operações podem ser adulteradas.

Convenhamos que o regramento jurídico disciplina como *as coisas devem ser* e não como *efetivamente são*. Daí é que os interesses devem ser harmônicos e confluentes para o mesmo objetivo, que deve ser o de produção de resultado satisfatório para as partes contratantes.

De outro lado, a corrente que sustenta tratar-se de contrato de direito público entende da necessidade, para a formação do vínculo, de duas vontades convergentes.

Fonrouge rejeita a teoria contratualista e adere à teoria de ato de soberania.[76]

Nossa posição é a de que o empréstimo é contrato de direito público. Evidente que se distancia do de direito privado por uma série de razões: (a) um de seus partícipes é o Estado (pessoa jurídica de direito público); (b) é necessário autorização legislativa; (c) ainda que o Estado devedor imponha suas regras, elas são aceitas pelo cocontratante; (d) a vontade de cada um deve ser livremente manifestada; (e) sujeição às regras livremente aceitas.

A doutrina do ato de soberania apenas serve para se assegurar que não pode haver a execução mediante coação, ou seja, por força militar ou invasão no Estado devedor.

Manuel De Juano afirma compartir do critério de que o empréstimo público "es un contrato de derecho público regido por normas constitucionales y administrativas, especialmente por las leyes del crédito público, por las leyes de contabilidad y otras disposiciones atinentes a la materia".[77]

Há o relato contundente da dívida assumida pela Venezuela, e os títulos emitidos estavam em poder de capitalistas ingleses e alemães. Diante do não pagamento, esses logo se dispuseram a utilizar a força para amedrontar a Venezuela e obrigá-la ao pagamento. Luis Maria Drago, então Secretário das Relações Exteriores da Argentina, posicionou-se no sentido de que todos os Estados, independentemente da força que possuam, são entidades de Direito perfeitamente iguais. A cobrança compulsória traria a ruína das Nações mais fracas.

Embora não tivesse havido intervenção de outros países, firmou-se que descaberia qualquer invasão para cobrança de dívida não paga, garantindo-se a satisfação da exigência através de mecanismos jurídicos e políticos.

O texto fala no uso de "derivativos financeiros". Estes derivam do mercado futuro. As operações realizadas *derivam* daí a origem da expressão, de fatores alheios e futuros.

Hoje a matéria parece insuscetível de discussão. O empréstimo público é um contrato público. Rejeita a incidência de normas particulares pelo só fato de se tratar

---

76 FONROUGE, Giuliani. *Derecho financeiro*. 2. ed. Depalma, 1970, v. II, p. 1110-1119.

77 DE JUANO, Manuel. *Curso de finanzas y derecho tributario*. t. I. Rosário: Molachino, 1972, p. 117.

do Estado como um dos polos do relacionamento. Daí há toda uma sorte de regras que incidem sobre este tipo de contrato. Em primeiro lugar, o Estado tem que fundamentar sua pretensão na obtenção de um crédito. Em segundo, deve formular o pedido calcado numa série de documentos, e apresentá-lo ao Senado Federal. Este diligenciará para comprovar as necessidades, se foram atendidos os requisitos legais e se houve obediência às exigências previstas na resolução geral que prevê as exigências para obtenção do empréstimo. Poderá determinar diligências. Ao final, mediante resolução também, autorizará, ou não, o contrato.

Anteriormente o governo já deliberou qual será o aporte de recursos de que necessita, como será feito o lançamento dos títulos no mercado interno ou externo, incidência ou não de juros, forma de resgate, prazo de quitação, etc.

Poderá também estabelecer que haverá possibilidade de reversão dos títulos, de vencimento antecipado ou substituição de títulos por outros, com prazos diferenciados.

De tudo, evidentemente, deverão estar a par não apenas o Senado Federal como também os adquirentes dos títulos, se houver venda no mercado, ou o cocontratante, se for celebração pactuada com Estado estrangeiro ou banco internacional.

Para coordenação do raciocínio é bom que classifiquemos os créditos e analisemos os instrumentos que podem gerá-lo, passando pelos contratos de financiamento.

27.3 Classificação de créditos e seus instrumentos

O crédito pode ser representado por títulos da dívida pública e por contratos. Ambos repousam na confiança que o mutuário possa ter por parte do mutuante.

Como ensina Genaro Carrió, as classificações em Direito "no son ni verdaderas ni falsas, son *serviciales* o *inútiles*; sus ventajas o desventajas están supeditadas al interés que guía a quién las formula, y a su fecundidad para presentar un campo de conocimiento de una manera más fácilmente comprensible o más rica en consecuencias prácticas deseables".[78]

O importante é que tenhamos em mira o *critério* de discriminação para apartarmos o material objeto de estudo. Em relação à *pessoa jurídica* que obtém o crédito, podemos classificá-lo em federal, estadual ou municipal, na medida em que pode ser obtido pela União, pelos Estados, pelos Municípios ou pelo Distrito Federal. Analisa-se, aí, o polo subjetivo do contrato.

Em relação ao *local de pagamento* do crédito, as dívidas dividem-se em *internas* e *externas*. A interna é emitida e resgatada dentro do mercado de um país, independentemente de serem os mutuários brasileiros ou estrangeiros. A externa não tem caracterização pela moeda de pagamento, mas pela transferência de divisas ao exterior, e, pois, o que importa é o local ou a praça em que o pagamento deva ser feito. Como esclarece Fonrouge, "lo que importa, si, es el lugar de pago de la deuda".[79] José Afonso da Silva ensina que a dívida externa "é a contraída fora do país ou fora da comunidade do governo contratante".[80] Trotabas afirma que "cette expression évoque exclusivement

---

[78] CARRIÓ, Genaro. *Notas sobre derecho y lenguaje*. Buenos Aires: Abeledo-Perrot, 1973, p. 72.

[79] FONROUGE. *Derecho financiero*. 7. ed. v. 1. Buenos Aires: Depalma, 2001, p. 1095.

[80] SILVA, José Afonso da. *Tributos e normas de política fiscal na Constituição do Brasil*. São Paulo: RT, 1968, p. 143.

les crédits en avances que l'État a reçu des gouvernements étrangers ou d'organismes internationaux et les emprunts émis sur les marchés étrangers".[81]

Observa-se que a utilização de uma ou outra forma de empréstimo depende de fatores políticos ou econômicos, e não jurídicos.

A terceira classificação que tem relevo jurídico é a que aponta a dívida como *flutuante* e *fundada* ou *consolidada*. Geraldo Ataliba profere violenta crítica sobre a classificação, que é, antes, da ciência das finanças, e não do direito financeiro.[82]

O critério seria o de *prazo de duração*. Segundo Aliomar Baleeiro, o critério é *arbitrário*. Realmente, o critério não oferece segurança. Qual seria o prazo? Alguns dias, meses, um ano, mais anos? Fica o jurista perplexo diante de tal realidade. Baleeiro acha mais racional considerar a diferença em relação a embaraços de tesouraria.[83] Em verdade, é a dívida flutuante resgatada a curto prazo, antes de um exercício financeiro. É o que se deduz, *a contrario sensu*, do §3º e do inciso V do art. 29 da Lei de Responsabilidade Fiscal.

A dívida *flutuante* é adquirida para suprir deficiência de caixa, e deve ser resgatada a curto prazo. É situação provisória. Como diz Massimo Severo Giannini, o débito flutuante "dovrebbe essere un debito a breve termine – al massimo annuale – volto a sopperire deficienze di cassa".[84] A dívida *consolidada* ou *fundada* tem prazo longo e se destina a investimento. O nome vem do Direito Inglês – *consolidated* ou *funded*: lançado nos livros a partir de 1715, foi adotado na França em 1793, na Itália em 1819 e no Brasil em 1827, por lei de 15 de novembro.

Na Constituição há um exemplo, apenas, de dívida flutuante, a saber, aquela adquirida "por antecipação de receita", tal como previsto no §8º do art. 165. Diversamente, o texto anterior previa as operações de crédito por antecipação da receita (inciso I do art. 60 da CF/1967, com a redação dada pela Emenda nº 1/1969), que não poderiam exceder "a quarta parte da receita total estimada para o exercício financeiro e, até 30 (trinta) dias depois do encerramento deste, serão obrigatoriamente liquidadas" (art. 67 da CF/1967, com a redação dada pela Emenda 1/1969).

O texto não foi reproduzido na Constituição atual. Pergunta-se, então: deixou-se de estipular prazo e requisitos para a operação de crédito por antecipação de receita? O entendimento não pode ser esse, uma vez que cairá por terra a própria classificação e não haverá como compreender o que significa tal operação. Com a não reprodução do texto, a única interpretação plausível e razoável, na expressão de Recaséns Siches, será a de que, tendo o administrador de explicitar qual o destino do empréstimo obtido por tal operação e que a receita se refere à antecipação, pode-se presumir que, tão logo ingressem nos cofres públicos os recursos originalmente propostos na previsão orçamentária, deve haver o pagamento. Assim, se a Constituição anterior fixava como termo final o dia 30 de janeiro do exercício financeiro seguinte, a atual estipula que o pagamento ocorra no mesmo instante em que ingressa a receita cuja antecipação se efetuou. Logo, o pagamento deve ocorrer no mesmo exercício financeiro da obtenção do empréstimo. A Lei de Responsabilidade Fiscal pôs termo a qualquer dúvida, uma

---

81 TROTABAS. *Finances publiques*. 3. ed. Paris: Dalloz, 1969, p. 276.

82 ATALIBA, Geraldo. *Empréstimos públicos e seu regime jurídico*. São Paulo: RT, 1973, p. 81-94.

83 BALEEIRO, Aliomar. *Direito tributário brasileiro*. 11. ed. Rio de Janeiro: Forense, 2004, p. 491-492.

84 GIANNINI. *Diritto amministrativo*. v. 1. Milão: Giuffrè, 1970, p. 78.

vez que estabeleceu que somente poderá haver a tomada de recursos a partir do dia 10 de janeiro (art. 38, I) e deverá ocorrer o pagamento até o dia 10 de dezembro do mesmo exercício financeiro.

Tampouco se reproduziu no texto o limite anteriormente previsto. Deve ser o necessário para o suprimento do caixa, para satisfação das despesas imprescindíveis à manutenção e prestígio do crédito público. Pode destinar-se ao pagamento de servidores, de alugueres, de obrigações assumidas com prazo, etc.

É este o único exemplo que se tem de dívida flutuante. O termo de pagamento é curto e se destina a suprir eventual e momentânea insuficiência de caixa. Esclarece Afonso Alonso que "il debito fluttuante é quello che il Tesoro contrae per un breve periodo di tempo, normalmente non superiore ad un anno; per provvedere a momentanei bisogni di cassa".[85]

De outro lado, a dívida *fundada* é adquirida através de operações de emissão de títulos no mercado, com resgate a longo prazo.

Em relação à operação por antecipação de receita, pode-se afirmar que se cuida de um contrato, mas de direito comum, uma vez que o Poder Público vai às instituições financeiras buscar dinheiro para satisfazer suas necessidades; já, os demais empréstimos caracterizam contratos públicos, na forma explicitada. É o que nos apresenta o Direito posto.

O art. 98 da Lei nº 4.320/1964 fixa que "a dívida fundada compreende os compromissos de exigibilidade superior a 12 (doze) meses". A dívida flutuante, tal como se deduz do §3º do art. 29 da Lei de Responsabilidade Fiscal, é a assumida para pagamento antes de 12 meses. No entanto, entra no conceito de dívida consolidada para apuração do montante de responsabilidade do ente público.

Em relação à dívida fundada, emitem-se títulos de renda "corrispondenti al debito pubblico 'consolidato', che è un debito a lunga scadenza (detto redimibile) o senza scadenza (detto irredimibile, o rendita perpetua)".[86]

Vê-se que o título emitido pode conter seu termo de extinção, quando deve ser resgatado; pode ser a prazo, quando é amortizado parcialmente; ou, por fim, perpétuo, produzindo renda mensal ao titular. Como diz Aliomar Baleeiro, "o empréstimo dito perpétuo é contratado por período indefinido, obrigando-se o Estado apenas a pagar os juros, de sorte que o resgate fica à discrição do Tesouro, que o fará quando lhe parecer oportuno".[87]

O inciso I do art. 29 da Lei de Responsabilidade Fiscal diz o que é dívida pública consolidada ou fundada: "montante total, apurado sem duplicidade, das obrigações financeiras do ente da Federação, assumidas em virtude de leis, contratos, convênios ou tratados e da realização de operações de crédito, para amortização em prazo superior a 12 (doze) meses". Como a operação ARO (Operação por Antecipação de Receita) somente pode ser realizada a partir do dia 10 de janeiro e paga até o dia 10 de dezembro, pode-se dizer que se fixaram limites para a denominada dívida flutuante.

---

[85] ALONSO, Afonso. Verbete Debito pubblico. *In*: *Enciclopedia del diritto*. v. 11. Giuffrè editore, 1962, p. 750.

[86] *Idem*, p. 751.

[87] BALEEIRO, Aliomar. *Uma introdução à ciência das finanças*. 16. ed., atual. por Dejalma de Campos. Rio de Janeiro: Forense, 2004, p. 514.

Ataliba arrola os seguintes instrumentos da realização do crédito: (a) cambiais ou títulos de crédito; (b) compras a prazo; e (c) contratos de abertura de crédito em bancos, financeiras ou de governo a governo.[88]

Os denominados *títulos do Tesouro Nacional* são emitidos, após a competente autorização do Senado Federal, livremente no mercado. São títulos ao portador. São adquiridos no mercado livre. Servem para fazer dinheiro (realizar crédito), com o qual se financia a dívida ou para disciplinar o mercado financeiro.

Os títulos têm prazo de vencimento e forma de remuneração previamente definidos. Ademais, o risco de comprar títulos do governo é pequeno.

Há diversas espécies de títulos. Mencionemos alguns: LFTs (Letras Financeiras do Tesouro). Remunerados pela taxa Selic. Os recibos de depósito bancário (CDBs) ou interbancário (CDIs) servem de parâmetro para a remuneração e acompanham a taxa Selic. Tais títulos têm bastante liquidez.

Há as LTNs (Letras do Tesouro Nacional), que têm valor fixo, pelo qual são resgatadas. As NTNs-F (Notas do Tesouro Nacional – o "F" significa a série), com juros semestrais. Não são atrativas, porque tributáveis. As NRNs-B (o mesmo, com outro número de série) são indexadas à inflação e corrigidas pelo IPCA. Há outras séries, cada qual com suas características. Não é o caso de dissertar sobre todas, uma vez que se cuida de matéria financeira. O que vale para o Direito é sua emissão, a forma de resgate e eventual inadimplemento por parte do governo.

Há outros tipos de títulos. Mais recentemente o Tesouro lançou a compra direta, que possibilita a qualquer cidadão adquirir títulos mediante intervenção de entidade bancária credenciada.

As cambiais (ou letras de câmbio, ou notas promissórias) rareiam no mercado. Existem, mas perdem vez a cada tempo.

Cabe ao Banco Central "comprar e vender títulos de emissão do Tesouro Nacional, com o objetivo de regular a oferta de moeda ou a taxa de juros" (§2º do art. 164 da CF). Quem divulga a taxa de juros no mercado é o Banco Central. O mercado primário refere-se à primeira venda. O secundário significa as transações seguintes.

A matéria vem exaustivamente prevista nos arts. 233 e 420 do CC, o mesmo ocorrendo com os contratos (arts. 421 e 926 do mesmo Código).

Evidente está que tais dispositivos disciplinam as relações entre os particulares. As regras são as mesmas em face do Estado, mas há alterações pertinentes em face da só presença do Estado e dos interesses que titulariza.

27.3.1 Venda antecipada de título no Tesouro Direto

Foi instituída a venda direta de títulos pelo Tesouro. O programa foi desenvolvido pelo Tesouro com a participação da BOVESPA. O investidor escolhe a opção que mais lhe convém e adquire a quantidade de títulos que desejar. Pode ocorrer também que o investidor queira efetuar o resgate antecipado, o que também é possível.

[88] ATALIBA, Geraldo. *Empréstimos públicos e seu regime jurídico, op. cit.*, p. 78.

27.4 O empréstimo patriótico

Como diz Héctor B. Villegas, "el empréstito *patriótico* es aquel que se ofrece en condiciones ventajosas para el Estado y no es enteramente voluntario, pues se configura en el caso una especie de coacción".[89]

Pode-se dizer que tal tipo de empréstimo é verdadeira fraude. Quando governos incompetentes não conseguem lograr o cumprimento de suas obrigações, realizam gestão calamitosa e, pois, se vêm a ponto de declarar moratória internacional, valem-se e exploram os sentimentos da população. Apela-se, então, ao sentimento patriótico dos cidadãos para que acorram com recursos aos cofres públicos.

O Brasil teve caso significativo durante o período ditatorial com o apelo "Dê Ouro para o Bem do Brasil", e a população acorreu às ruas para doar ouro e objetos preciosos para o governo a título de recuperar as finanças públicas. Era cômico e dramático ao mesmo tempo assistir a toda a população enfrentar longas filas para fazer doações ao governo.

O fato foi noticiado pela imprensa da época (1964) e foram arrecadados quilos e quilos de ouro, bem como dinheiro, através de doações em moeda ou em cheques. Todos recebiam uma aliança de metal com os dizeres: "Legionários da Democracia". Houve verdadeira vigília cívica, com a presença de todas as altas autoridades civis e militares.

A contribuição patriótica é arrecadação de fundos para atendimento a necessidades prementes do Estado, jogando-se com o sentimento nacional. Aliomar Baleeiro chama-a de *chantagem cívica*.[90] Trotabas menciona exemplos de 1789, de Necker, e famoso discurso de Mirabeau, sobre "la banqueroute, la hideuse banqueroute est là (...)".[91]

Na França visou-se a forçar "les riches, les égoïstes et les indifférents".

Verdadeira fraude afetiva. Por vezes fazem valer empréstimos compulsórios.

27.5 Empréstimo compulsório

Manuel De Juano fala do empréstimo compulsório como "la requisión de dinero fijada unilateralmente por los Estados con la obligación de rembolsar y pagar un interés".[92]

A CF, em seu art. 148, prevê a possibilidade de a União, "mediante lei complementar", "instituir empréstimos compulsórios" em duas hipóteses: "I – para atender a despesas extraordinárias, decorrentes de calamidade pública, de guerra externa ou sua iminência" e "II – no caso de investimento público de caráter urgente e de relevante interesse nacional, observado o disposto no art. 150, III, 'b'".

Cuida-se, pois, de tributo que depende da ocorrência das situações mencionadas nos dois incisos transcritos. Em verdade, nem é empréstimo, porque este depende de manifestação bilateral de vontades, nem é compulsório, porque depende da concordância

---

89 VILLEGAS, Héctor B. *Manual de finanzas públicas*. Buenos Aires: Depalma, 2000, p. 350.

90 BALEEIRO, Aliomar. *Uma introdução à ciência das finanças*, *op. cit.*, p. 477.

91 TROTABAS, Louis. *Institutions financières*. 3. ed. Dalloz, 1960, n. 120, p. 283/284.

92 DE JUANO, Manuel. *Curso de finanzas y derecho tributario*, *op. cit.*, t. I, p. 118.

do devedor. É verdade que, previsto o fato em lei e ocorrida a hipótese fática, a norma incide imediatamente, resultando a obrigação de pagar.

Houve controvérsia sobre sua natureza. O STF entendeu que se trata de tributo.[93] Tal natureza foi reconhecida, ainda que haja devolução dos recursos arrecadados,[94] e estes devem ser entregues em dinheiro.

A calamidade pública é situação regionalizada e depende da ocorrência fática de pressupostos reconhecidos em decreto do Poder Executivo. Ainda que regional o fato excepcional, a cobrança pode incidir sobre todos os brasileiros. A guerra externa, evidentemente, alcança a tudo e a todos, e sua iminência também. A hipótese prevista no inciso II do art. 148 da CF guarda sintonia com o "caráter urgente e de relevante interesse nacional". Da mesma forma, depende de reconhecimento da autoridade competente.

O parágrafo único do art. 148 da CF estatui que "a aplicação dos recursos provenientes de empréstimo compulsório será vinculada à despesa que fundamentou sua instituição". Não há, pois, possibilidade de destinar recursos a outra situação que não àquela para a qual foi instituído o tributo.

Problema que ocorre diz respeito à anterioridade tributária, que deve ser respeitada, expressamente, por força do disposto na parte final do art. 148 da CF.

Os contratos nascem, vigem e se exaurem. Vejamos como isso se passa.

27.6 Efeitos prodrômicos e colaterais do crédito

Evidente está que não se pode estudar o crédito público sem fazer alguma divagação sobre o que leva o agente à prática do ato e, uma vez editado, quais os efeitos colaterais que daí decorrem.

O efeito prodrômico é o que ocorre anteriormente à celebração do contrato. Eles, os efeitos, podem ser da mais variada forma. O que leva o governo a firmar um contrato? Quais os interesses que o impulsionaram? Quais as vantagens ou desvantagens que daí advirão? Em suma, o que se busca através de tal análise é saber em que condições ou quais os motivos que levaram a Administração Pública a firmar o empréstimo.

A análise serve, inclusive, para apurar não apenas a legalidade, mas também a legitimidade do contrato. A legislação contém dispositivos sobre a anulabilidade ou a nulidade dos atos de vontade. Para perquirição de sua higidez é essencial que tenha havido a obediência a toda a tramitação procedimental exigida. No caso de um contrato celebrado com instituição financeira externa, é imprescindível que tenha havido uma deliberação anterior sobre a conveniência do que vier a ser pactuado. A aprovação legislativa se faz necessária. Em decorrência dela deflagram-se outros efeitos, quais sejam, o requerimento ao Senado da República para que defira o pedido. Este, de seu turno, ouvirá o Banco Central. Providenciará diligências, explicações, vinda de novos documentos, etc. Tudo a ensejar a adequada apreciação do pedido.

Cabe também a pesquisa de quais os interesses envolvidos. Foi a vontade do requerente viciada por interesses escusos, por promessas mesquinhas ou por menosprezáveis cobiças? Houve promessa ao agente público de alguma vantagem

---

93 STF, Tribunal Pleno, RE nº 1.382.894, rel. Min. Carlos Velloso, j. 1º.07.1992.

94 STF, RE nº 121.336, rel. Min. Sepúlveda Pertence.

desonesta? Foi o senador-relator seduzido por alguma vantagem material? Os agentes do Banco Central firmaram a possibilidade do crédito de forma equivocada? O que os motivou a emitir o parecer favorável? Todas são especulações possíveis no pacto a ser celebrado. A ocorrência de alguma delas pode levar à anulação seja da resolução do Senado, seja do comportamento administrativo dos agentes públicos. Eventualmente, caberá a apuração de responsabilidade pelo comportamento de qualquer um.

Aprovados o crédito e a celebração do contrato, ocorrem os denominados efeitos colaterais. Não se está falando, aqui, do efeito principal, ou seja, a própria obtenção do crédito, mas daqueles que decorrem deste e alcançam ou podem alcançar terceiros ou interesses outros.

De igual maneira pode defluir o que se rotula de "vícios privados, benefícios públicos", da obra de Mandeville.[95] A sedução para a prática do ato pode resultar em benefício público, mas decorrente de um vício privado. A dominação exercida sobre o agente público, que de princípio não queria a prática do ato, mas acaba praticando-o motivado por interesse menos nobre, corrupto.

27.7 Disciplina constitucional do crédito público. Menção a Alexandre Dumas e O Conde de Monte Cristo. Conceito. Hanna Arendt e a intervenção judia

No entendimento comum, crédito refere-se à confiança que é dada a alguém ou que alguém possui, dependendo da situação em que se encontra. Alexandre Dumas, em *O Conde de Monte Cristo* – livro em que conta a vingança de Dantès contra os que o colocaram na prisão por muitos anos –, em determinado trecho afirma que "o crédito de um banqueiro é a sua vida física e moral, que o crédito sustenta o homem como a respiração anima o corpo, e um dia desses o Sr. de Monte Cristo me fez um discurso sobre isso que nunca esqueci. Aprende-se que, à medida que o crédito se retrai, o corpo torna-se um cadáver, e isso deve atingir em pouquíssimo tempo o banqueiro que tem a honra de ser pai de uma filha tão lógica" (é a fala de Eugénie sobre seu pai, o banqueiro Danglars).

A competência constitucional para legislar sobre direito financeiro é *concorrente* entre União e Estados (art. 24, I, da CF). Neste caso, a competência da União limita-se a estabelecer *normas gerais* (§1º do art. 24). Aos Estados cabe a competência *suplementar* (§2º). Não existindo lei federal, os Estados *exercerão a competência legislativa plena* (§3º). Sobrevindo lei federal sobre normas gerais ocorre a suspensão da eficácia da lei estadual onde houver conflito (§4º).

O controle da assunção da dívida pública e a disciplina de seus limites são dados pelo Senado Federal (incisos I a IX do art. 52 da CF). A competência do Senado Federal será analisada em capítulo próprio.

Cabe ao Congresso Nacional dispor por lei sobre a matéria financeira (inciso XIII do art. 48) e, especificamente, sobre "operações de crédito, dívida pública" (inciso II do art. 48).

---

95 *A fábula das abelhas*. Ed. Unesp, 2018.

Ao Tribunal de Contas incumbe realizar inspeções e auditorias de natureza *financeira* (inciso IV do art. 71) e representar ao Poder competente "sobre irregularidades ou abusos apurados" (inciso XI do art. 71).

Cabe à lei complementar dispor sobre "finanças públicas" (inciso I do art. 163), "dívida pública externa e interna" (inciso II), "concessão de garantias pelas entidades publicas" (inciso III), "emissão e resgate de títulos da dívida pública" (inciso IV) e "fiscalização financeira da Administração Pública direta e indireta" (inciso V do art. 163).

O alcance das normas nacionais que envolvem Estados e Municípios decorre da possibilidade de lei complementar "estabelecer normas de gestão financeira e patrimonial da Administração direta e indireta" (inciso II do §9º do art. 165).

Sendo assim, o conjunto das normas que dispõem sobre a matéria financeira que cabe ao Estado Federal forma um todo, um sistema congruente e fechado.

27.7.1 Conceito

Crédito público é a possibilidade que o Estado tem de receber capital de terceiros mediante a promessa de reembolso. O pressuposto é a confiança que deve existir por parte do devedor em face dos credores.

Para Gabriel Franco, "el crédito público se define tradicionalmente como la confianza de que goza el Estado en el cumplimiento de sus obligaciones".[96]

Manuel De Juano diz que "se entiende por crédito la entrega voluntaria de dinero, riqueza o bienes hecha por una persona a otra, confiando en sus condiciones morales y materiales como prenda de su reintegro en la forma e término convenidos".[97]

O crédito repousa na capacidade do Estado de cumprir suas obrigações.

Hannah Arendt faz interessantes observações a propósito da intervenção do judeu no âmbito das políticas estatais. De início avessos a qualquer participação pública, os judeus foram crescendo em termos de participação, porque passaram a ser financistas. Não participavam das tensões Estado-sociedade.

Tudo segue até a ascensão da Casa Rothschild. Inicia-se "sua espetacular carreira a serviço financeiro do Príncipe de Hessen".[98] Acrescenta que "quando, após a derrota de Napoleão, a Europa inteira precisava de elevados empréstimos para reorganizar suas máquinas estatais e reconstruir estruturas financeiras, os Rothschild detinham quase o monopólio da gestão dos empréstimos estatais".[99]

Em verdade, no Estado feudal não surge o problema dos financiamentos públicos. As rendas eram esparsas entre a nobreza, os senhores feudais e os vassalos. Preponderava o senhor, mas a força de trabalho era dos trabalhadores das terras.

Com o surgimento dos Estados monárquicos nasce a necessidade dos financiamentos. É que esse modelo de Estado nada produziu. Vivia da cobrança de tributos cada vez maiores. Finitos, o que obrigava os reis a se valerem de financistas, que

---

96 FRANCO, Gabriel. *Principios de hacienda pública*. Madri: Editorial de Derecho Financiero, 1967, Capítulo XIV, p. 183.

97 DE JUANO, Manuel. *Curso de finanzas y derecho tributario*. v. 1. Rosário: Molachino, 1969, p. 66.

98 ARENDT, Hannah. *Origens do totalitarismo*. São Paulo: Cia. das Letras, 2012, p. 55.

99 *Idem, ibidem*.

garantiam suas guerras. Estes eram os judeus. Hannah Arendt imagina que esse foi um dos motivos do ódio antissemita, porque os prejudicados pelo Rei imaginavam que os males advinham dos que detinham o dinheiro, e estes eram os judeus. A identificação da "erva daninha" nasce com a assimilação que era feita entre o Rei e seu financiador.

Assim, diz Hannah Arendt, "devido à sua relação íntima com as fontes do poder do Estado, os judeus eram invariavelmente identificados com o próprio poder e, devido ao seu desligamento da sociedade e à sua concentração no fechado círculo familiar, eram suspeitos de maquinarem – mancomunados com o poder, mas separados da sociedade – a destruição desta sociedade e de suas estruturas".[100] O banqueiro era visto como usuário e parasita. O banqueiro gerava dinheiro com dinheiro, sem produzir. Logo, começou a ser visto como um parasita social.

Com o nascimento do Estado-Nação deixa de existir a força do financista. O Estado começa a produzir riquezas e a intervir na economia. Assim, o Estado intervencionista passa a depender menos do dinheiro dos financistas.

Hoje o empréstimo passa a ser de extrema utilidade quando bem manejado, quando solicitado nas ocasiões oportunas, para investimentos em obras que redundem em benefícios sociais.

Feita esta breve digressão histórica, vamos à análise do assunto que se busca examinar.

Devemos mencionar as normas gerais, para que nos aproximemos do tema central.

27.7.2 Normas gerais. Conceito

A competência concorrente é estabelecida pelos entes federativos maiores (União e Estados), não havendo possibilidade de confronto, porque no que diz respeito à competência para legislar sobre *normas gerais* a União tem legitimidade exclusiva.

As normas gerais correspondem a *princípios*. O que isso significa? Antígona, quando confrontada com Creonte, seu tio, e com Jocasta, pretendeu enterrar seu irmão Polinice. O Rei em exercício, Creonte, proibiu e decretou deixá-lo como comida para os abutres. Antígona, então, invocando o direito dos antepassados e dos deuses, afirmou que jamais poderia um decreto de mortal revogar o direito dos deuses.

O princípio, assim, encontra-se acima das meras regras. Um critério interessante para definir o princípio diz respeito à *maior agressão aos direitos*. O mais é mera regra (procedimentos, etc.). O princípio está em nível superior e orienta a formação das demais normas.

A teoria do princípio foi por nós desenvolvida em outro tópico.

O princípio disciplina limite e conteúdo. A regra limita a ação.

Rubens Gomes de Souza afirma que Carvalho Pinto tentou conceituar as normas gerais através do critério negativo. Assim, *não são normas gerais*: (a) as que objetivem especialmente uma ou algumas pessoas; b) as que visem a particularidades de situações;

---

[100] *Idem*, p. 589.

e (c) as que se afastem de aspectos fundamentais básicos.[101] Ao final de seu texto entende não ter como fazer uma definição apriorística de normas gerais.[102]

Diogo de Figueiredo Moreira Neto aponta as características mais comuns indicadas pelos doutrinadores e afirma: "Normas gerais são declarações principiológicas que cabe à União editar, no uso de sua competência concorrente limitada, restrita ao estabelecimento de diretrizes nacionais sobre certos assuntos, que deverão ser respeitadas pelos Estados-membros na feitura das suas respectivas legislações, através de normas específicas e particularizantes que as detalharão, de modo que possam ser aplicadas, direta e imediatamente, às relações e situações concretas a que se destinam em seus respectivos âmbitos políticos".[103] Na sequência, disse o conceito dado.

Cretella Jr. entendeu que as normas estaduais devam funcionar como *regulamentos* das normas federais.[104] Tal posição está solteira na doutrina. Há ou não a competência exclusiva ou concorrente? Em tal hipótese, a competência da União se destina a dispor sobre normas gerais; a dos Estados, sobre normas específicas.

Tércio Sampaio Ferraz Jr. avança um pouco ao afirmar que a "distinção há de se reportar ao interesse prevalecente na organização federativa".[105]

Em verdade, não há como precisar o conceito de *normas gerais* pelo só fato de se cuidar de palavras vagas, abertas ao mundo empírico. Agustin Gordillo foi quem assim concluiu, porque são conceitos fluidos.[106]

As palavras em Direito ou são teoréticas (precisas) ou são fluidas. Na primeira hipótese o legislador logra identificar, com exatidão, o comando normativo. Na segunda, exatamente pelo fato de o Direito se dirigir ao mundo das realidades é que se torna impossível, de maneira fática e jurídica, abarcar todos os comportamentos nos limites das normas. Estas incidem sobre fatos, e, pois, somente a abstração e a amplitude dos conceitos é que podem regrar a vida em sociedade.

Sendo assim, o legislador constituinte, ao empregar a expressão "normas gerais", equiparou-as aos princípios. Princípio é "norma que orienta a elaboração de outras normas de primeiro grau, extraída, por dedução, do sistema normativo, operando limitação das próprias normas e autointegração do sistema" (Capítulo 7 desta obra). Decompondo: (a) o princípio é norma, porque capta fatos da realidade e lhes atribui um comando; (b) orienta a elaboração de outras, mediante limitação de seu conteúdo; (c) as outras normas lhe são inferiores não em conteúdo, mas em eficácia e vigência; (d) é de primeiro grau, porque superior às demais, não em termos de hierarquia, mas em conteúdo; (e) a norma geral fecha o sistema e integra as demais normas limitadas no todo do ordenamento jurídico.

---

[101] SOUZA, Rubens Gomes de. Normas gerais de direito financeiro, *RF*, 155/12.

[102] *Idem*, p. 16.

[103] MOREIRA NETO, Diogo de Figueiredo. Competência concorrente limitada: o problema da conceituação das normas gerais. *Revista de Informação Legislativa*, n. 100, 25/127, out./dez. 1988.

[104] CRETELLA JR., José. *Comentários à Constituição brasileira de 1988*. Forense Universitária, 1992. v. 7, p. 1579-1583.

[105] FERRAZ JR., Tércio Sampaio. Normas gerais e competência concorrente: uma exegese do art. 24 da Constituição Federal. *Revista da Faculdade de Direito da USP*, São Paulo, 90, p. 245-251, 1995.

[106] *Tratado de Derecho Administrativo*. 5. ed. Buenos Aires: Fundación de Derecho Administrativo, 1998. t. I, parte general, 7.3.2 a 7.4.

A regra geral é, pois, um princípio identificado pelo legislador. Normalmente são normas nacionais que incidem sobre as demais esferas federativas, limitando seu conteúdo e seu alcance, mas operam, ambas em sintonia normativa, a autointegração do sistema jurídico nacional.

No Estado Federado temos que analisar como as coisas ocorrem e como se compatibilizam nas três dimensões espaciais.

27.7.2.1 As disposições legais e sua aplicação a Estados e Municípios

Quando da entrada em vigor da Lei de Responsabilidade Fiscal (Lei Complementar nº 101/2000) muito se discutiu sobre sua constitucionalidade naquilo que alcançaria Estados e Municípios.

Chamado a se pronunciar, o STF declarou, à exceção de alguns dispositivos, constitucional todo o texto da lei.[107]

A lei é absolutamente constitucional no que alcança os demais entes federativos. Em primeiro lugar, a Lei nº 4.320/1964 foi recepcionada pela Constituição atual, uma vez que o STF entendeu que, embora editada sob forma de lei ordinária, continha normas de lei complementar, e, pois, continuaria vigente e alcançaria, até que fosse revogada, as relações financeiras de Estados e Municípios.

Com o advento da Lei de Responsabilidade Fiscal muitos dispositivos cuidaram de finanças estaduais e municipais, e também dispôs sobre a gestão financeira. Fê-lo com base nos incisos I e II do §9º do art. 165 da CF.

A lei prevista no inciso I do referido dispositivo constitucional é, exatamente, a que virá em substituição à Lei nº 4.320/1964. Hoje, esta é que contém normas gerais de direito financeiro. Há diversos projetos de leis em andamento no Congresso Nacional para atualização da lei mencionada. Embora recepcionada pela Constituição Federal/1988, como decidiu o STF, contém termos e expressões desatualizados e os prazos de encaminhamento das Leis Orçamentárias já não são disciplinados por ela, mas pelo art. 35, §2º, do ADCT. Convém que se reorganize o Direito Brasileiro para atender à defasagem atual encontrada.

Em relação ao inciso II do §9º do art. 165, que estabelece caber à lei complementar "estabelecer normas de gestão financeira e patrimonial da Administração direta e indireta, bem como condições para a instituição e funcionamento dos fundos", o dispositivo tem caráter geral e abstrato, de forma a alcançar os entes federativos.

Tirante a parte que cuida dos fundos, que não cabe examinar no âmbito deste trabalho, as normas de *gestão financeira* e *patrimonial* da Administração direta e indireta são disposições que têm o condão de disciplinar, de forma nacional, a parte financeira dos entes políticos federativos.

Ora, o Brasil é um só Estado Federativo composto de unidades autônomas. Deve ter normas que sejam uniformes no que tange a seu comportamento financeiro. Embora se possa dizer que em outras Federações assim não seja (Estados Unidos da América do Norte, por exemplo), o argumento padece de solidez jurídica. É que cada Estado Federal tem sua configuração jurídica e sabe da medida em que a União transfere aos

[107] STF, ADI nº 2.328, rel. Min. Ilmar Galvão.

Estados-membros ou estes à União suas competências. Tal decorre do pacto que é firmado na Constituição Federal.

No Brasil a *gestão financeira e patrimonial* foi eleita pelo constituinte originário de tal forma importante que as normas genéricas seriam de atribuição de lei complementar. Uniformiza-se, pois, a gestão financeira e patrimonial dos entes federativos. É dispositivo salutar, e não invade a competência específica de Estados e Municípios, que têm autonomia no âmbito federal. Só que quem fixa referida autonomia é a própria Constituição Federal.

É, pois, constitucional a Lei de Responsabilidade Fiscal, e alcança Estados e Municípios em seu âmbito de validade.

Se a intervenção federal é admitida para "reorganizar as finanças da unidade da Federação" (inciso V do art. 34 da CF), cabível a disposição complementar para dispor sobre a gestão financeira e patrimonial dos entes federativos.

Passemos, agora, ao estudo jurídico do crédito no Brasil.

27.8 O crédito público no ordenamento brasileiro. Crédito é receita?

Um dos princípios que se pode apontar é o da *legalidade*, isto é, toda ação é disciplinada por lei (inciso II do art. 5º da CF). Esta é a garantia maior do Estado brasileiro, a limitar o comportamento do Estado.

Geraldo Ataliba, em obra clássica,[108] arrola uma série de princípios que devem ser obedecidos para a higidez do crédito.

Na Constituição a palavra "crédito" não foi utilizada com requintes de tecnicismo. Ao contrário, tem diversas acepções. Por vezes é autorização legislativa; em outras é o ato de empréstimo, podendo, ainda, ter acepção de dotação orçamentária. Faremos análise sobre elas.

Vem do Latim *creditum*, de *credere*, que significa "crer", "ter confiança". A base é, pois, a confiança que o credor desperta junto a determinada comunidade e a confiança que o devedor tem no credor. Confia o credor que o devedor lhe restituirá a quantia emprestada. Há dois aspectos. Em primeiro lugar, o devedor é tido como bom pagador, já deu demonstração de seu anterior comportamento, e, de outro lado, tem patrimônio suficiente para responder pela dívida que assume.

É o *crédito público* "que, segundo Veiga Filho, dá ao Estado o poder ou a faculdade de dispor do capital alheio, isto é, do empréstimo, mediante promessa de reembolso".[109]

O crédito é público quando se trata de pessoa jurídica de direito público, seja o Estado, seja entidade por ele criada que tenha tal caráter. O crédito público significa a confiança que o Estado desperta na comunidade com que interage.

O *crédito público* não representa *receita*, porque esta é conceituada como entradas definitivas para os cofres públicos. Os empréstimos ingressam para em seguida saírem, através do pagamento. Logo, não são tidos como receitas, mas como meras operações de caixa.

---

108 ATALIBA, Geraldo. *Empréstimos públicos e seu regime jurídico*, cit.

109 DEODATO, Alberto. *Manual de ciência das finanças*. São Paulo: Saraiva, 1974, p. 234.

Ataliba é taxativo: "Só a lei pode autorizar qualquer espécie de operação de crédito".[110] Dela é que nascem o crédito e o débito nas situações determinadas.

Como os governos aplicam o crédito e como o investem?

27.9 A política de crédito. Justiça social

O inciso VII do art. 22 da CF estabelece competir à União a *política de crédito*. O dispositivo diz mais respeito às atividades bancárias que em relação ao direito financeiro. No entanto, ao falar em *política de crédito* está a significar o uso de medidas de caráter financeiro (público). É a política *fiscal*, que engloba gastos, uso extrafiscal do imposto, crédito público e administração financeira. O que nos interessa são os créditos (disponibilidades financeiras) que possam ser utilizadas pela União e demais entes estatais para dinamizar a economia. Basicamente, a política de financiamento.

O dispositivo constitucional, ao falar de *política*, já nos remete a um conceito prenhe de conteúdos controversos. O que significa isso? O governo, tão logo instalado, define uma forma de atuação e de ação no mundo. Diante de disponibilidades financeiras, o governante deve definir onde e como despender os recursos.

Em primeiro lugar, há que agir para cumprir promessas de campanha. Na sequência, levantar as necessidades públicas, não apenas as definidas na Constituição Federal, como também aquelas existentes na realidade. Uma coisa é o que está escrito; outra, a realidade vivenciada. Depois, conhecer os recursos existentes e, então, dentro das possibilidades (finitude de recursos), estabelecer as prioridades do gasto.

É certo que a CF brasileira traça no art. 1º o que entende por "fundamentos da República Federativa do Brasil". Ali está estabelecido que a soberania (inciso I), a cidadania (inciso II), a dignidade da pessoa humana (inciso III) são objetivos primeiros que o Estado tem que atender. Ao lado de tais *fundamentos*, há os *objetivos fundamentais* do país, e dentre eles a construção de "uma sociedade livre, justa e solidária" (inciso I do art. 3º), o erradicar a "pobreza e a marginalização e reduzir as desigualdades sociais e regionais" (inciso III do art. 3º). Ademais, também tem como objetivo "promover o bem de todos" (inciso IV do art. 3º).

Ora, o norte do comportamento do agente político está plenamente delimitado e traçado. São palavras de forte teor *político*. Mas por elas deve o agente público traçar seu comportamento. Sabidamente, todas as normas jurídicas são eficazes. Por consequência, obrigam e trazem consequências na hipótese de seu descumprimento.

Fazer política significa exercer o poder. Este tem o significado de interferência na esfera jurídica do outro. Tem poder e o exerce quem pode, legitimamente, invadir a esfera jurídica do outro, impondo-lhe consequências. Jurídicas, ressalte-se. Por aí se afasta a possibilidade do bando assassino que apenas age com poder, mas o faz com violência. Na esfera do Estado o agente cumpre determinação constitucional ou legal. Como tal, tem que exercer o poder nos limites traçados pelo ordenamento jurídico, que se constitui de normas, e não de meras regras. Tais normas, na hipótese de seu descumprimento ou no caso de excesso de poder, resultam em sanção para a ação descabida.

---

110 ATALIBA, Geraldo. *Empréstimos públicos e seu regime jurídico*, *op. cit.*, p. 42.

No caso que se analisa, a política de crédito significa dispor dos recursos fiscais que estão à disposição nos cofres públicos para cumprir os objetivos finais encampados pelo constituinte originário.

A decisão é do agente. Está ele legitimado, por força de preceito legal que delimitou sua competência, para tomar atitudes na perseguição dos fins traçados. Ressalte-se: uma coisa é o agente; outra o executor da ordem. O servidor dotado de competência para decidir é quem tem que agir no momento adequado; o outro é apenas o cumpridor da ordem dada.

Como já disse, "a política outra coisa não significa senão o domínio do mais forte".[111]

O agente não está isento de sofrer toda e qualquer influência de fatores externos. Há uma estrutura que determina onde ocorrerá o gasto. O dominante (partido ou grupo de partidos que ocasionalmente exercer o poder) determinará como ocorrerá a despesa pública. No caso de financiamentos, contratos, venda de títulos, tudo atende a determinados objetivos, não apenas os públicos declinados na Constituição, mas os particulares estabelecidos pelo grupo dominante.

Como disse em outro texto, "o poder se constitui na preponderância de determinados interesses de um grupo".[112] Em outro tópico: "É verdade que os interesses públicos estão previstos na Constituição ou, eventualmente, nas leis. Ocorre que eles estão previstos de forma abstrata. A concretização em ação (poderíamos equiparar a situação à de *potência* e *ato*, na teoria aristotélica) depende da vontade integrativa do agente. Este é que concretizará a ação, ou seja, dará cumprimento ao conteúdo genérico da norma constitucional ou legal".[113]

Vê-se, pois, que a vontade prevista na lei se tornará realidade quando da atuação concreta do agente.

Há manifesta diferença entre a declaração de direitos prevista na Constituição e a vontade formalizada pelo agente que atende a uma ordem menos nobre.

Daí a precisa afirmação de Horacio Guillermo Corti, quando busca o significado da política fiscal, assinalando que é "un medio más de ejercicio del poder de unos sobre otros".[114]

Evidente está que a política fiscal dependerá, igualmente, da ideologia de quem está no poder. Se impera o liberalismo, as consequências podem resultar em obras e financiamentos públicos para reformas e estruturas monumentais; se os ideais são avançados ou revolucionários, a população mais pobre será atendida, seja mediante discursos vazios, seja com a concretização de políticas efetivas de desenvolvimento.

Impossível, pois, falar de política fiscal sem a análise efetiva de quem a executa. Imperioso que sejam examinados os motivos que influenciam o agente na tomada de decisão. Forçoso estudar qual a ideologia prevalente no governo. Obrigatória a perquirição dos interesses em jogo e que estão por detrás da tomada de decisão.

Apenas com tais cautelas é que se terá, efetivamente, uma noção das decisões a serem tomadas pelos agentes.

---

111 OLIVEIRA, Regis Fernandes de. *Gastos públicos*. São Paulo: RT, 2012, p. 125.

112 *Idem*, p. 129.

113 *Idem*, p. 130.

114 CORTI, Horacio Guillermo. *Derecho financiero*. Buenos Aires: Abeledo-Perrot, 1997, p. 409.

O crédito apenas será aberto aos que fizerem parte da estrutura do governo ou com ele assumirem compromissos políticos, eventualmente sociais, e de financiamento de campanhas futuras.

Não nos enganemos, nem sejamos ingênuos. A manipulação do poder é real, e leva ao benefício daqueles compromissados com determinados interesses dos grupos dominantes.

É assim que se deve entender a política de crédito. Há o recurso. Ele deve ser destinado ao atendimento das finalidades traçadas na Constituição e nas leis, mas a execução pertence ao grupo que detém momentaneamente o poder. A destinação dos recursos, então, a forma pela qual se farão os contratos, o endividamento, a celebração de pactos, tudo dependerá da determinação do grupo dominante.

Podemos acrescentar que a política de crédito está intimamente ligada ao que se entende por justiça social. Em tese, a obtenção de empréstimo que envolverá dívida governamental significa que ele se deve unicamente à perseguição de finalidades públicas. Normalmente atenderá a situações de urgência em face da carência da população.

Deve ser levado em conta o benefício que eventual construção de determinada obra terá na vida das pessoas. São palpáveis os benefícios? Como anota Manuel De Juano, "el uso del crédito público, a través de cuanto hemos dicho, implica un sentido de responsabilidad histórica en los gobernantes y un sentido de responsabilidad en el empleo de tales fondos, que afecta en especial a los ciudadanos desde que, del cumplimento que se dé a las obligaciones crediticias contraídas, dependerá el buen nombre y el sentido de confianza que el país puede inspirar a los demás Estados".[115]

Não pode o governante responsável efetuar qualquer tipo de empréstimo nem efetuar o lançamento de títulos sem que haja, para tanto, um plano efetivamente organizado para a obtenção e o emprego das verbas. A destinação específica dos recursos é essencial para que haja perfeito controle da despesa pública e do efetivo emprego do dinheiro público em benefício da população.

Lloyd George, em discurso na Câmara dos Comuns em 17.11.1914, disse que "a hipoteca sobre a posteridade é a suprema covardia financeira".

Pode-se comparar a carga relegada para gerações seguintes equiparando-a com a herança. Apenas pode ser transferido para a geração vindoura o que estiver dentro dos limites da disponibilidade do falecido. O Estado não pode, então, assumir encargos superiores à força do que lega a seus descendentes. Os posteriores receberão, então, as vantagens das obras realizadas (energia elétrica, por exemplo) por força de empréstimos assumidos pelo governante atual.

Somente através da perseguição de objetivos públicos é que se concretiza a noção do bom governante ou do governante virtuoso. Como vimos, no entanto, nem sempre o governante age em prol da população. Pode atuar por motivos egoísticos, vergonhosos, desviando-se das finalidades públicas encampadas no ordenamento normativo.

De qualquer maneira, há como efetuar o controle dos gastos, tendo em vista sua equiparação com a justiça social pretendida. O exame da *causa,* ou seja, a adequação dos motivos ao conteúdo do ato, deve estar atendido para que os órgãos controladores

---

[115] DE JUANO, Manuel. *Curso de finanzas y derecho tributario, op. cit.*, 1964, p. 80.

possam aferir o investimento, a destinação dos recursos e o atendimento dos interesses maiores da população brasileira.

É verdade, como já se disse, que nem sempre o governante age em tal sentido. É que as paixões imperam em sua alma, e ele pode utilizar de todo seu poder (competência) para a prática de abusos, desmandos, corrupção, etc.

27.9.1 Responsabilidade do agente tomador da dívida

É verdade que a Constituição Federal impõe uma série de formalidades para obtenção de um empréstimo público. Em primeiro lugar há o pedido, que se formaliza e deve ser instruído com uma série de documentos. Em segundo, a sujeição do pedido ao Senado Federal. Este, de seu turno, remete o pedido instruído ao Banco Central, para que emita parecer. Posteriormente autoriza ou não, mediante resolução, a formalização do empréstimo.

Vê-se que há uma série de providências que devem ser tomadas para que se consume o empréstimo.

Apesar disso, cabe a responsabilidade do agente solicitante (Presidente da República, governador de estado, prefeito Municipal ou presidente de entidades públicas, federativas ou não)?

Poderíamos falar em responsabilidade na hipótese do uso de documentos falsos ou inexatos, que pudessem iludir os serviços do Banco Central ou os próprios senadores encarregados de emitir parecer e autorizar o contrato.

No mais, afigura-se difícil identificar alguém que possa fraudar a boa-fé dos agentes públicos. No entanto, não se descarta a hipótese de utilização de documentos adulterados que pudesse ilaquear a conduta autorizativa. Trotabas já entrevia uma responsabilidade *peu eficace*.[116]

Sem dúvida alguma, no entanto, é de se imputar a responsabilidade ao agente que, posteriormente à obtenção do empréstimo, frauda a aplicação dos recursos obtidos.

Diante dos desencontros que ocorrem, impõe-se uma análise sobre como solucionar os problemas em momento de crise.

27.9.2 Situação de crise

Normalmente a dogmática apenas prevê situações de normalidade no interior dos Estados. E, em situação de crise, como encaminhar problemas que devam ser resolvidos.

Pode-se prever determinada situação. Por vezes os agentes políticos têm a perspicácia de detectar fatos anormais na vida dos Estados. Daí, tomam soluções que possam minorar os efeitos de eventuais anomalias econômico-financeiras.

Se a situação caminha normalmente, tem-se crédito e débito, aprovação orçamentária, e a vida segue, com o pagamento regular dos débitos constitucionais e os previstos em lei, tais como pagamento de servidores públicos, e são cumpridos os contratos firmados pelo Poder Público. O problema surge na emergência não prevista.

---

116 TROTABAS. *Finances publiques, op. cit.*. 3. ed., n. 149, p. 292.

No mundo globalizado qualquer desestruturação de um país poderoso causa reflexo nos demais. Assistimos há pouco o problema do *sub prime* nos Estados Unidos, em que o excesso de crédito envolveu o não pagamento dos débitos, ocasionando poderosa crise. O reflexo dela expandiu-se por todo o mundo. O *default* grego igualmente fez balançar as estruturas da comunidade europeia. Todos rezam para que a China continue seu crescimento, para prosseguir na compra e venda de bens e minerais do mundo todo.

Os contratos e as políticas públicas se desenvolvem normalmente, com o regular cumprimento das obrigações assumidas perante tais países.

O problema que surge diz respeito a um desses países de poderosa economia começar a não cumprir o que fora pactuado ou deixar de comprar matéria-prima de países que vivem dela.

O ordenamento jurídico não dá solução a tais questões.

Em situações de emergência as soluções são de emergência. Isto é, nasce a premência de obtenção de créditos internacionais, seja junto aos Estados, seja junto a banqueiros ou demais instituições bancárias. Evidentemente, os juros se agigantam.

Logo, há que se fazer uma readequação dos recursos, destiná-los ao pagamento das dívidas internacionalmente assumidas. E daí surge um conflito poderoso: o que privilegiar, o pagamento do débito assumido legalmente ou deixar de pagar para atender a imperiosas necessidades internas?

Como assinala Horacio Corti, "se entiende por *crisis fiscal* la tendencia del gasto público a aumentar más rápidamente que los ingresos".[117] Nasce uma situação prosaica: falta dinheiro para o pagamento das despesas correntes.

A primeira decisão a tomar é decidir, economicamente, como aumentar as receitas e diminuir as despesas. Diminuir onde? Tirar de quem? Evidente está que o aumento das receitas passa pelo acréscimo de tributos ou receitas não tributárias. As primeiras dependem de lei e têm que obedecer ao que se rotula de *princípio da anterioridade*, ou seja, o tipo tributário deve estar em vigor antes da exigência do tributo. É garantia constitucional que atende ao princípio da previsão das despesas por parte da população. O corte de despesas incidirá sobre o que e sobre quem?

Como já falamos sobre a dominação que grupos detentores do poder exercem sobre a maioria da população através de discursos fáceis, persuasivos, depois traindo tais comprometimentos, burlando as leis e procurando ganhar corruptamente vantagens pecuniárias, o prejudicado será, fatalmente, a população. Esta, como é fácil massa de manobra, poderá suportar até determinado ponto. Daí em diante a tendência é que se revolte. Mas há o que se rotula de *regras de calibração*, e, pois, tudo se faz para que, em situações-limite, se tenda a suavizar quando se chega a extremos.

A crise pode se localizar em diversos pontos. Vivemos no Brasil uma crise de caráter, em face da corrupção que grassa em todos os setores da vida pública. Mas pode ela provir das diferenças sociais, por exemplo. O distanciamento das classes, uma ilha de riqueza ao lado de um mar de pobreza. Situação tal pode levar ao conflito social, que impactará uma crise. Pode ela ser também econômica: má aplicação de recursos, carência no atendimento médico e educacional. Procede também da economia, que

117 CORTI, Horacio. *Derecho financiero, op. cit.*, p. 433.

deixa de gerar recursos e divisas para o país. Safras gigantescas que alimentavam o país podem sofrer forte perda por força do clima e criar dificuldades. A infraestrutura aeroportuária que não dá vazão à produção.

Os exemplos dados tornam aguda a vida política do país, podendo redundar em motins, revoltas, rebeliões e manifestações que abalam a normalidade institucional.

Tempos de crise, que demandam soluções novas e inspiração política para solucioná-la. E temos que estar cientes de que os descompassos podem surgir a qualquer tempo.

Por vezes, como ocorreu no Brasil recentemente, há uma eclosão de sentimento negativo contra a estrutura institucional. É falta de resposta política a necessidades públicas sentidas. É a indiferença do governante, que não percebe o momento de explosão social.

Em tais momentos é comum que o agente político se valha de empréstimos públicos para buscar sanear setores da vida social.

27.10 Disciplina constitucional do crédito

Ensina Hans Kelsen que o fato tem seu significado sensorialmente perceptível: "O que transforma (...) *[um]* facto num acto jurídico (lícito ou ilícito) não é a sua facticidade, não é o seu natural, isto é, o seu ser tal como determinado pela lei da causalidade e encerrado no sistema da natureza, mas o sentido objetivo que está ligado a esse acto, a significação que ele possui".[118] Acrescenta: "O sentido específico, a sua particular significação jurídica, recebe-a o facto em questão por intermédio de uma norma que a ele se refere com o seu conteúdo, que lhe empresta a significação jurídica, por forma que o acto pode ser interpretado segundo esta norma. A norma funciona como esquema de interpretação".[119]

Afirma Lourival Villanova que "o sistema normativo de direito positivo é-o em direção da realidade social da conduta humana. Ora, o universo de conduta humana é série interligada de ações e omissões no contexto do espaço físico e do espaço social: é uma série quantitativamente indeterminável e qualitativamente inexaustiva. Há multiplicidade extensiva e intensiva no mundo social da conduta".[120] E continua: "Partindo disso, compreende-se que nem tudo desse universo poderá estar como termo de referência do sistema normativo". E prossegue: "O direito positivo, dos possíveis conteúdos (fatos, fins, valores), seleciona somente alguns, isto mesmo segundo o *processo tipificador*".

Daí ser importante a conexão do fato (empréstimo) e saber o que sobre ele dispõe o texto constitucional. Estabelece a Constituição que lei complementar disporá sobre "dívida pública externa e interna, incluída a das autarquias, fundações e demais entidades controladas pelo Poder Público" (art. 163, II, da CF).

Ao lado da norma complementar, compete à União, privativamente, legislar sobre *política de crédito* (art. 22, VII, da CF). As regras básicas sobre emissão de título, forma,

---

[118] KELSEN. *Teoria pura do direito*. 3. ed. Coimbra: Arménio Amado Editor, 1974, p. 20.

[119] *Idem, ibidem.*

[120] VILLANOVA, Lourival. *As estruturas lógicas e o sistema de direito positivo*. São Paulo: RT, 1977, p. 149.

prazo, etc. competem à União. Além de emitir comandos genéricos, cabe-lhe fiscalizar "as operações de natureza financeira, especialmente as de crédito" (art. 21, VIII, da CF).

Cabe à União ditar política a respeito dos empréstimos públicos, bem como fiscalizar as operações realizadas. É crucial aos interesses do país a disciplina política de tal matéria. As dívidas interna e externa poderiam ter sido mais bem disciplinadas se tivessem tido, ao longo do tempo, maior severidade em seu tratamento.

Demais disso, à União compete, concorrentemente com os Estados e o Distrito Federal, legislar sobre direito financeiro (art. 24, I, da CF). Na competência concorrente cabe à União apenas estatuir "normas gerais" (art. 24, §1º, da CF). A competência suplementar dos Estados é plena enquanto inexistir legislação nacional (art. 24, §3º, da CF), podendo ser exercida mesmo quando há legislação federal, naquilo que for específico. A eficácia da lei estadual fica suspensa no que for contrária à legislação nacional (art. 24, §4º, da CF).

A legislação cabe ao Congresso Nacional, dispondo sobre operações de crédito e dívida pública (art. 48, II, da CF).

A propósito, Geraldo Ataliba tece acerbas críticas à redação do dispositivo.[121] Deve haver lei que discipline a dívida pública como um todo. Ao lado das disposições orçamentárias, sejam as constantes do Plano Plurianual, sejam as do orçamento anual ou as da Lei de Diretrizes Orçamentárias, cabe à lei dispor sobre o endividamento público. Não é só através dos empréstimos que se cria a dívida pública. Pode, pois, esta ser disciplinada por mecanismos legais. Da mesma forma, cabe a disciplina normativa das operações de crédito. Pode a lei estabelecer sobre títulos de crédito que devam ser emitidos, seus prazos, forma de resgate, extinção do débito. Enfim, pode dispor sobre mecanismos aptos a que o Estado adquira *crédito* no mercado e no meio circulante da moeda.

Ao lado da norma genérica sobre operações de crédito, que tem, no exato entender de Geraldo Ataliba, conteúdo amplo, ou seja, tanto "é operação de crédito o levantamento direto de um empréstimo em dinheiro quanto a aquisição de bens e serviços para pagamento a médio ou longo prazo",[122] há necessidade de que o Senado Federal fixe os limites globais para o montante da dívida *consolidada* da União, dos Estados, do Distrito Federal e dos Municípios (art. 52, VI, da CF), o que deve fazer por proposta do Presidente da República.

Abaixo da legislação genérica, pois, há um ato de resolução que fixa o limite da dívida consolidada.

A operação só pode realizar-se após ato de *aprovação* emitido pelo Senado Federal, nos exatos termos do inciso V do art. 52 da CF. A autorização tem cunho precário e compreende o exercício de atividade material. A aprovação é mais técnica, e significa o ato de controle que faculta a execução de outro ato. É o ensinamento de Oswaldo Aranha Bandeira de Mello.[123]

---

121 ATALIBA, Geraldo. *Empréstimos públicos e seu regime jurídico, op. cit.*, p. 41.

122 *Idem*, p. 42.

123 BANDEIRA DE MELLO, Oswaldo Aranha. *Princípios gerais de direito administrativo*. 3. ed. 2. tir. v. 1. São Paulo: Malheiros, 2010, p. 519-520.

Além disso, cabe ao Senado Federal "dispor sobre limites globais e condições para as operações de crédito externo e interno da União, dos Estados, do Distrito Federal e dos Municípios, de suas autarquias e demais entidades controladas pelo Poder Público Federal" (art. 52, VII, da CF).

José Afonso da Silva critica o dispositivo, dizendo que é uma séria restrição a prevista no inciso VII do art. 52 da CF aos Estados, Municípios e Distrito Federal, ao prever competência ao Senado para dispor sobre os limites das dívidas dos entes federados. Da mesma forma, cabe "estabelecer limites globais e condições para o montante da dívida mobiliária dos Estados, do Distrito Federal e dos Municípios".[124]

Ao mesmo tempo, cabe ao Senado Federal dispor sobre os limites e condições para a concessão de garantia da União em operações de crédito externo e interno (art. 52, VIII, da CF).

Não se pode tributar "a renda das obrigações da dívida pública dos Estados, do Distrito Federal e dos Municípios (...)" (inciso II do art. 151 da CF). É caso de imunidade tributária.

Consoante ensina Duguit, a primeira categoria corresponde aos atos que "sont faits avec l'intention qu'il se produise une modification dans les règles de Droit. Ce sont les actes que nous appelons de *actes-règles*".[125]

A segunda categoria não cria regras aplicadas a toda a comunidade, "mais seulement à ceux qui se trouvent dans certaines conditions, à ceux qui seront déterminés par un acte qui détermine un individu. Tout acte qui détermine un individu, de telle manière qu'une norme juridique qui ne lui était pas antérieurement applicable lui devienne applicable, tout acte à la suite duquel naît pour un individu un statut qu'il n'avait pas auparavant, rentrent dans une catégorie nouvelle d'actes juridiques".[126] São os *atos-condição*. De outro lado, "un acte se produit à la suite duquel apparaît à la charge d'un sujet une obligation spéciale, concrète, individuelle, momentanée, que n'était créé par le droit objectif, qui n'existerait point à la charge de cet individu par l'application d'une règle quelconque du droit objectif".[127] São os *atos subjetivos*.

A teoria tem aplicação, uma vez que há o ato-regra, a lei, o ato-condição, a resolução do Senado, e o ato subjetivo, que é o contrato firmado.

Como, por força do princípio da universalidade orçamentária, nenhuma despesa pode ficar fora do orçamento (art. 165, §5º, da CF), já se vê que nenhuma despesa poderá ocorrer se não tiver expressa previsão, devendo sua fixação constar expressamente do orçamento (art. 165, §8º, da CF).

Vê-se que o ato contratual deve estar capilarmente vinculado à disposição legislativa. Não pode dela fugir. Se o fizer, será ilegal.

Observe-se que é vedada qualquer operação de crédito que exceda "o montante das despesas de capital" (inciso III do art. 167 da CF), salvo as autorizadas por créditos suplementares ou especiais "com finalidade precisa, aprovados pelo Poder Legislativo por maioria absoluta".

---

[124] SILVA, José Afonso da. *Tributos e normas de política fiscal na Constituição do Brasil*, *op. cit.*, p. 139.
[125] DUGUIT. *Droit constitutionnel*. 3. ed. Paris: Boccard, 1927, p. 327.
[126] *Idem*, p. 328.
[127] *Idem*, p. 329.

De outro lado a EC nº 109/2021 acrescentou o parágrafo 6º do art. 167 para determinar que o limite estabelecido no inciso III do mesmo artigo "somente serão consideradas no exercício financeiro em que for realizada a respectiva despesa".

Não se pode ultrapassar o limite do exercício em que o débito foi assumido. Se a operação foi realizada em dado exercício é nele que se apura a compatibilidade com o endividamento do ente federativo.

27.11 Nulidade do contrato

Interessante questão surge a propósito da celebração de contrato sem autorização legislativa. Estaria o Estado obrigado a respeitar o contratado, ainda que tivesse sido firmado de forma ilegal?

Pontes de Miranda sustenta que "o ato de empréstimo externo que se lançou sem autorização do Senado inexiste e nenhuma responsabilidade por ele assumiu o Estado-membro, o Distrito Federal ou o Município".[128]

Trotabas afirma que, "juridiquement, la question est simple: cet emprunt n'est pas valable".[129]

Entende Aliomar Baleeiro que "o Estado deve ser condenado a restituir o quanto recebeu, se o produto do empréstimo foi investido em sua utilidade. O princípio secular e universal de que a ninguém é lícito locupletar-se com alheia jactura aplica-se também à dívida pública oriunda de contrato defeituoso por falta de autorização legislativa".[130]

Pode-se afirmar que prevalecem o princípio da boa-fé, já antes mencionado, como também o princípio da aparência, a saber: se alguém contratou com o Estado, através de seu servidor, fê-lo crendo que era ele seu representante. Fê-lo de boa-fé. Logo, não pode sofrer qualquer prejuízo.

27.11.1 Repúdio

Houve repúdio à dívida pelos Estados Unidos (por obrigações assumidas por Estados Federados), pela Grã-Bretanha (por dívidas da República da África do Sul) e pela antiga União Soviética (pelas dívidas do czarismo). A soberania do Estado devedor faz com que o Estado prejudicado, ou o credor internacional, intente a cobrança por meios jurídicos internacionais, valendo-se das Cortes Internacionais de Justiça ou pacificação do conflito por arbitragem de país neutro ou pela cobrança através dos tribunais nacionais do devedor. Não há como fazê-lo pela conquista militar.

Pode haver *moratória* unilateral, em que o governo deixa de pagar o débito, ou a *bancarrota*, em que há insuficiência dos meios de pagamento. Em qualquer caso se impõe a renegociação.

Forma satisfatória para a composição dos interesses em conflito é a arbitragem, seja nacional, seja internacional. Em qualquer hipótese, superado o repúdio, há a execução através dos tribunais regulares.

---

128 PONTES DE MIRANDA. *Comentários à Constituição de 1967, com a Emenda n. 1 de 1969*. t. 3. São Paulo: RT, 1971, p. 85.

129 TROTABAS. .*Finances publiques, op. cit.*. 3. ed., p. 291.

130 BALEEIRO, Aliomar. *Uma introdução à ciência das finanças, op. cit.*, p. 462.

No Brasil não haveria como fazer uma distinção entre o débito do Estado e o débito do regime. Nem se admitiria a falência *sournoise*, ou seja, hipócrita, em que se inovam pretextos para o não pagamento. Nem tal rejeição seria admissível no direito internacional. É que, se alguém contrata com agente do Estado, *confia* (princípio básico no crédito público) que o empréstimo está sendo devidamente firmado, que há lei, que houve regular provimento do agente no cargo público e que o título representa uma parcela do Erário e que será resgatado nos prazos e condições nele explicitados.

Trotabas afirma que com o advento do novo Estado não houve repulsa da dívida do *Ancien Régime*.[131]

27.12 O crédito estadual, o municipal e o do Distrito Federal e a intervenção federal e estadual

Como já se viu, Estados, Municípios e Distrito Federal podem, da mesma maneira que a União, contrair empréstimos, mediante emissão de títulos. Toda disciplina normativa consta de lei federal e os limites e condições são estabelecidos pelo Senado Federal, através de resolução (art. 52, VII, da CF).

Ocorre que, em consequência de má gestão patrimonial ou administrativa, podem as entidades políticas menores deixar de pagar a dívida fundada por mais de dois anos, o que enseja, em relação aos Estados e ao Distrito Federal, a intervenção da União. Dispõe o art. 34 da CF que "a União não intervirá nos Estados nem no Distrito Federal, exceto para: (...); V – reorganizar as finanças da unidade da Federação que: a) suspender o pagamento da *dívida fundada* por mais de 2 (dois) anos consecutivos, salvo motivo de força maior; (...)".

De início observa-se que o não pagamento da dívida flutuante não enseja a intervenção, o que vem reforçar o entendimento de que se cuida de contrato de direito privado.

O Estado Federativo, que é nosso modelo, inadmite outras possibilidades, salvo as expressamente previstas na Constituição.

Pode ocorrer a intervenção do Estado nos Municípios pelo mesmo motivo (art. 35 da CF). As diferenças estão em que: no primeiro caso (intervenção pela União) basta a *suspensão* do pagamento, enquanto no segundo (intervenção pelo Estado) basta *deixar de pagar*; e na intervenção nos Estados é necessário o não pagamento *por mais* de dois anos consecutivos, bastando na intervenção estadual nos Municípios os *dois anos* consecutivos.

As diferenças são sutis, mas existem. No primeiro caso está ocorrendo o pagamento, mas é ele suspenso. No segundo basta que não se pague nos primeiros dois anos. Na intervenção federal já se ingressou no terceiro ano.

A única hipótese de exclusão é a força maior devidamente demonstrada. Descabe a análise do que seja força maior no âmbito deste trabalho, bastando a afirmação de que serão causas que tenham impossibilitado o Estado, o Município ou o Distrito Federal de cumprirem as obrigações assumidas, o que redundou no não pagamento da dívida consolidada. Nos termos da legislação civil, a força maior é o "fato necessário, cujos efeitos não era possível evitar, ou impedir" (art. 393, parágrafo único, do CC).

---

131 TROTABAS. *Finances publiques, op. cit.*, 3. ed., p. 291.

Tratando-se de decisão que depende de mera verificação material do atraso, tem o Presidente da República ou o governador do Estado o *dever* de agir e decretar a intervenção. Não fica ao seu alvedrio ou discricionariedade política a emissão do decreto. É que, se o fato é empiricamente demonstrado e verificável mediante mera constatação material, não têm eles escolha de comportamento. Devem agir, uma vez que o que está em jogo é a própria disciplina da regularidade das atividades administrativas do Estado ou do Município. Sem razão, assim, decisão do STF que entendeu essa atividade como discricionária do Presidente da República.[132] A única escusa é a ocorrência de motivo de força maior.

27.13 Garantias

Dispõe o inciso VIII do art. 52 da CF que cabe ao Senado Federal "dispor sobre limites e condições para a concessão de garantia da União em operações de crédito externo e interno".

Vê-se que o credor pode exigir garantias. Para evitar que se comprometa o patrimônio do país, o Senado Federal deve dispor sobre o montante da garantia e sua forma, o que fez através da Resolução nº 43, de 21.12.2001.

Normalmente basta a palavra do governo para assegurar o cumprimento da dívida ou o porte de documento mercantil (letra, bônus, etc.) para satisfazer o credor. Pode, entretanto, ser exigida garantia pessoal ou real.

Como garantia pessoal pode ser exigido o aval de um banco ou do próprio governo federal, no caso de empréstimo a Estado, Distrito Federal ou Município. A garantia real pode ser uma hipoteca.

Já se exigiu a afetação de determinados ingressos, normalmente tributários, para o pagamento da dívida, ou, então, procuração para recebimento do tributo. Segundo Francisco Campos, "não pode o Estado dar em garantia de empréstimo a cláusula de hipoteca de determinados impostos ou de sua execução imediata, nem pode outorgar procuração para recebê-los. Tal disposição significaria a possibilidade de abdicação de poderes como unidade de Poder Público e, pois, de sua própria existência como Estado, o que seria inadmissível".[133] Do mesmo teor a lição de Celso Antônio Bandeira de Mello ao afirmar que "são nulas – e de nulidade manifesta – autorizações legislativas da Câmara para que a Prefeitura vincule, em garantia de empréstimos, cotas de participação do Município no imposto de circulação de mercadorias. Donde, igualmente nulas – e de aberrante nulidade – são cláusulas de contrato que invistam os mutuantes no poder de nelas saciarem seus créditos, à data dos vencimentos ou quando atrasada a quitação, diretamente na instituição depositária dos valores que o Estado transfere ao Município em conta das sobreditas cotas".[134] A CF estabelece, no art. 167, §4º, que "é permitida a vinculação de receitas a que se referem os arts. 155 e 156, 157, 158 e as alíneas "a", "b", "d" e "e" do inciso I e o inciso II do *caput* do art. 159 desta Constituição para pagamento

---

132 *RDA*, 40/441.

133 CAMPOS, Francisco. Empréstimos como garantias de impostos. *In*: *Direito e Constituição*. v. 1. Rio de Janeiro: Freitas Bastos, 1956, p. 222.

134 BANDEIRA DE MELLO, Celso Antônio. *Empréstimo público*: garantias: parcela de ICM do Município, *RDP*, São Paulo, RT, 91, p. 87-94.

de débitos com a União e para prestar-lhe garantia ou contragarantia" (redação dada pelo parágrafo 4º do art. 167 pela EC nº 109/2021). Logo, a única possibilidade de vinculação de receitas advém do corpo da Constituição, ficando vedada qualquer outra (de vez que a exceção é a única prevista no texto da Lei Maior).

Afirma Fonrouge que a admissão da afetação possibilitaria (ao credor) a fiscalização e o controle das receitas, e estes lesam "la soberanía de los Estados deudores y resultan imposibles en la época actual, aun respecto de los países más alejados y débiles".[135]

Pode ser oferecida a garantia da não depreciação.[136] A correção monetária, aliás, garante o equilíbrio econômico-financeiro do contrato, tornando-se admissível seu oferecimento. O melhor é a contratação em moeda forte ou no que nela se possa expressar. A garantia de câmbio tem sido comum em contratos internacionais. Também se tem aceitado a chamada *cláusula ouro*, isto é, apura-se o valor do grama de ouro, quando da liquidação do débito, e ele é utilizado para cálculo.

Em suma, é possível fornecer qualquer tipo de garantia, em especial quando se cuida de empréstimo em dinheiro. Quando se cuida da captação de moeda através de venda de títulos da dívida pública o normal é a adesão dos particulares ao papel, que contém a descrição das condições para seu resgate.

A Lei de Responsabilidade Fiscal dispôs sobre as garantias e contragarantias que podem ou devem ser exigidas, inclusive sob a responsabilidade do agente público (art. 40 da Lei Complementar nº 101/2000).

27.14 Controle, fiscalização e prestação de contas

No direito público vigora o princípio da indisponibilidade dos interesses públicos. Acentua Celso Antônio Bandeira de Mello que essa indisponibilidade "significa que, sendo interesses qualificados como próprios da coletividade – internos ao setor público –, não se encontram à livre disposição de quem quer que seja, por inapropriáveis".[137] Logo, em relação aos contratos firmados pela Administração Pública vigora a regra da fiscalização estabelecida nos arts. 70 e ss. da CF, ao lado do controle externo e interno de cada órgão de poder.

Além do controle e da fiscalização, tem o agente político o dever de prestar contas. Como ensina Geraldo Ataliba: "No Estado Democrático e de Direito todos os agentes públicos, até mesmo os mais qualificados, são meros gestores da coisa pública. Ora, é princípio elementar da relação de administração que o gestor deve prestar contas ao *dominus*, no caso, o povo, titular da *res publica*".[138]

Perante a União, cabe ao Tribunal de Contas apreciar as contas do Presidente da República (art. 71, I, da CF) e julgar as dos demais administradores (art. 71, II). As normas de prestação de contas aplicam-se a Estados, Municípios e Distrito Federal (art. 75 da CF). Em relação aos Municípios a não prestação de contas, na forma da lei, é motivo para intervenção do Estado (art. 35, II, da CF).

---

135 FONROUGE. *Derecho financiero*, *op. cit.*, v. 1, p. 1.129.

136 V., de Antonio Amorth, Professor de Modena/Itália, excelente artigo sobre o assunto in *RDA* 70, p. 62-79.

137 BANDEIRA DE MELLO, Celso Antônio. *Curso de direito administrativo*. 33. ed., 2. tir. São Paulo: Malheiros, 2017, p. 76.

138 ATALIBA, Geraldo. *Empréstimos públicos e seu regime jurídico*, *op. cit.*, p. 50.

27.15 Extinção

Nasce a possibilidade do empréstimo com a previsão legal autorizativa da emissão de títulos, vindo nela estabelecidos todos os requisitos. A venda pode dar-se por bancos, Bolsas ou mediante subscrição pública interna ou externa.

Equipara-se, como diz J. L. Ferreiro Lapatza, "a la figura de la oferta de contrato".[139] Cuidar-se-ia do edital de chamamento, através do qual se chamam os interessados a manifestarem seus interesses. Firmado o contrato, tem ele sua vida normal e tende a se extinguir.

Opera-se a extinção do débito pelas seguintes formas: resgate (à vista ou por amortização), conversão, consolidação e prescrição.

O *resgate* cabe à vista, o que é normal nos empréstimos a curto prazo ou por amortização paulatina, ou seja, o pagamento vai ocorrendo de acordo com o estabelecido (por exemplo: 6% de juros e 2% de amortização). O Estado pode reservar-se o direito de efetuar o pagamento antes do prazo ou alterar o montante dos juros. Pode ocorrer o resgate mediante sorteio, ou seja, em determinadas épocas há o sorteio dos títulos que deverão ser pagos. Cabe a compra às Bolsas.

De qualquer maneira, com o resgate extingue-se a dívida, ou vai ela sendo amortizada.

Também pode dar-se a *conversão*. Segundo Ingrosso, "la converzione consta di due negozi giuridici: la creazione di un nuovo debito, la estinzione di un antico".[140] Também há conversão, para Giorgio Stefani, "allorquando lo Stato emette un nuovo prestito ed accetta in pagamento i titoli del vecchio prestito".[141]

Pela conversão dá-se ao credor uma opção de resgatar o título por juro menor ou mantê-lo. Quando o devedor não dá opção, rompe com o contrato, rescindindo-o unilateralmente, o que enseja responsabilidade contratual do Estado. Tem de assegurar a opção ou deve seguir o que havia sido combinado no pacto financeiro. A doutrina italiana fala em conversão *forçada*, em que há a redução dos juros por ato unilateral; *livre*, em que o credor pode ou não aceitar a redução; e *facultativa*, em que o Estado propõe aceitar a modificação ou o reembolso dos títulos.[142] Indaga Amílcar de Araújo Falcão se a conversão, denominada forçada ou unilateral, ao Estado para efetuar o resgate antecipado atingiria direito do credor ou implicaria quebra do contrato, e responde: "Certamente não. Já se viu que a antecipação do resgate é faculdade do Estado, só eliminada pela cláusula de inconvertibilidade".[143] É evidente que isso dependerá dos termos da lei e do que constar do instrumento ou título da dívida. Normalmente ressalva-se ao Estado o pagamento antecipado, dependendo do funcionamento de suas finanças.

O que não tem sentido é o Estado pretender obrigar o credor a aceitar outro tipo de pagamento (dinheiro por ações ou por outro título, se consta o pagamento em dinheiro), ou, então, constranger o credor a aceitar o pagamento com juros menores.

---

139 LAPATZA, Ferreiro. Dívida pública, *RDP*, São Paulo, RT, 84/18.

140 INGROSSO. *Istituzioni di Diritto Finanziario*. 2. ed. Nápoles: Jovene, 1954, p. 683.

141 STEFANI, Giorgio. *Corso di finanza pubblica*. Pádua: CEDAM, 1970, p. 324.

142 BOMPANI, Vito. Debito pubblico. *In: Novissimo digesto italiano*. v. 5. Turim: UTET, 1957, p. 201-230, especialmente p. 203.

143 FALCÃO, Amílcar de Araújo. Natureza dos empréstimos públicos, RDP, São Paulo, RT, 13/9.

Como afirma Alberto Allegrini, tal comportamento, exigindo obrigação "in cui la libertà non sia rispettata, mentre toglie credito allo Stato, rappresenta una coazione legislativa, che può anche condurre all'assurda implicita dichiarazzione del diritto dello Stato all'inadempimento degli obblighi assunti, per legge, verso i suoi creditori, i quali, in si fatta crisi del credito, non sono che contribuenti a una gestione fallimentare".[144]

Pode haver a *consolidação* do débito, na exata concepção de Paul Leroy Beaulieu – ou seja, a transformação de dívida flutuante em dívida fundada. Afirma o autor que "le procédé de la consolidation consiste à transformer les dettes de la seconde catégorie en dettes de la première, à rendre perpétuelles ou tour au moins à long terme les dettes qui étaient à court terme ou même exigibles à la volonté du créancier".[145]

Apenas admitimos a consolidação facultativa, ou seja, aquela que propicia escolha ao credor. Jamais pode o Estado obrigar à alteração, o que constituiria rompimento do contrato, dando ensejo a indenização.

Não se cuida, propriamente, de forma de extinção do débito, mas de novação objetiva, em que se extingue a dívida antiga, dando lugar ao surgimento de nova dívida.

A *prescrição* gera a extinção do débito, com a concomitante perda do direito de crédito.

27.16 Execução

Tornando-se o Estado inadimplente, pode o credor executar seu crédito perante os tribunais do país, observando o lugar de pagamento ou foro de eleição. Não se cuidando de crédito de pequeno valor aplica-se o art. 100 da CF, com as alterações introduzidas pelas Emendas Constitucionais nºs 30/2000, 37/2002 e 62/2009, que determina que os pagamentos, após executados, sejam realizados na ordem cronológica – ressalvados os créditos de natureza alimentícia cujos titulares tenha 60 anos ou mais ou sejam portadores de doença grave definida em lei – de apresentação dos precatórios. Caso a decisão tenha sido proferida por tribunal estrangeiro, é imprescindível sua homologação pelo STJ (alínea "i" do inciso I do art. 105 da CF, com a inclusão dada pela Emenda Constitucional nº 45/2004).

Descabe a execução comum, uma vez que os bens públicos são inalienáveis e impenhoráveis, além de imprescritíveis. Sendo assim, não se pode falar na denominada execução forçada, a saber, a que principia com a penhora dos bens do devedor.

Tramita o feito pela forma ordinária, e ao final, condenado o Estado, expede-se ofício requisitório para inclusão do montante devido ao credor na ordem dos precatórios.

---

[144] ALLEGRINI, Alberto. *Il debito pubblico*. 3. ed. Roma: Jandi Sapi, 1960, p. 14.

[145] BEAULIEU, Paul Leroy. *Traité de la Science des Finances*. 8. ed. v. 2. Paris: Felix Alcan, 1912, p. 312.

DÍVIDA PÚBLICA E OPERAÇÕES DE CRÉDITO

28.1 Dívidas externa e interna. O FMI

Ricardo Lobo Torres conceitua dívida pública esclarecendo que ela "abrange apenas os empréstimos captados no mercado financeiro interno ou externo, através de contratos assinados com os bancos e instituições financeiras ou do oferecimento de títulos ao público em geral".[146] Quando a assunção de compromissos financeiros ocorre com pessoa jurídica ou física do exterior fala-se em endividamento externo. De outro lado, quando o credor é pessoa sediada no Brasil diz-se que se cuida de dívida interna. O endividamento externo foi e tem sido responsável por impressionante transferência de recursos de países pobres para ricos. Eventualmente traz alguma vantagem imediata; a médio e longo prazos é desastroso.

O Brasil por muito tempo recorreu a credores externos, num expediente que teve início desde os tempos do Brasil-Império (no tempo da Colônia eventuais dívidas deveriam ser satisfeitas, em tese, pelo devedor originário, que era Portugal, embora transferisse os encargos para sua Colônia). No entanto, foi a partir dos anos 70 do século passado que o país começou a se endividar pesadamente, passando a dívida externa, de 1973 a 1977, de 6,2 para 24,8 bilhões de Dólares.[147]

Com efeito, durante o Regime Militar (1964 em diante) a dívida cresceu para cerca de 100 bilhões de Dólares. Houve a Resolução nº 63/1967 do Banco Central, que, ilusoriamente, permitia obtenção de empréstimos a juros supostamente baixos. Por muito tempo a dívida aumentou brutalmente. Chegou a R$1 trilhão e 480 milhões de Reais o total das dívidas interna e externa.[148] Nos últimos anos a situação se alterou, e desde 2008, após um longo processo, a dívida externa foi internalizada, caindo para

---

146 TORRES, Ricardo Lobo. *Curso de direito financeiro e tributário*. 10. ed. Rio de Janeiro: Renovar, 2003, p. 195.

147 FURTADO, Celso. *ABC da dívida externa*. Rio de Janeiro: Paz e Terra, 1989, p. 19-20.

148 Disponível em: www.folha.uol.com.br/folha/dinheiro.

cerca de 200 bilhões de Dólares,[149] e o Brasil se tornou credor externo, "ou seja, todas as reservas internacionais e ativos que o país possui são maiores que a dívida externa".[150]

Por muito tempo o governo brasileiro obtinha créditos por meio de operações junto ao Fundo Monetário Internacional (FMI), entidade criada em 1944, em Bretton Woods, pelos países lá reunidos, com o objetivo de efetuar a recuperação de países em crise, mediante empréstimos públicos, impondo diretrizes para a recuperação da economia local.

O FMI foi criado como instituição encarregada de preservar o funcionamento do sistema monetário internacional. Os países que ratificaram os estatutos do Fundo obrigam-se a garantir a estabilidade de sua moeda. A todos é legítimo socorrerem-se do Fundo. Outras instituições foram criadas, tais como o Banco Mundial (através do BIRD – Banco Internacional para Reconstrução e Desenvolvimento e a AID – Associação Internacional de Desenvolvimento), que se destina à reconstrução e desenvolvimento dos países. Enquanto o FMI fornece recursos de curto prazo para reequilibrar a balança de pagamentos, o Banco Mundial fornece ajuda a longo prazo nos projetos de investimento. O FMI busca a recuperação de países em crise; o Banco Mundial financia empreendimentos. Posteriormente, em substituição ao GATT (*General Agreement on Tariffs and Trade*), também foi instituída a OMC (Organização Mundial do Comércio). Tem por finalidade a derrubada de tarifas protecionistas e a redução de tarifas aduaneiras. O objetivo inicial do FMI era a fiscalização do câmbio. No entanto, percebe-se que o câmbio passa a ser flutuante na maioria dos países, o que não mais legitimaria a instituição, que foi criada exatamente para ter câmbios estabilizados.

Em 1988 ganha força a ideia de Nicholas Brady de que deveria haver redução da dívida dos países mais endividados. Não mais prevalece a ideia de que o Banco deva virar as costas para os grandes devedores; ao contrário, deve buscar formas e fórmulas para redução do montante de sua dívida. Passa, então, o FMI a conceder créditos sem garantias dos bancos comerciais. Em 1989 o México é o primeiro país a obter tal financiamento e reestruturação da dívida. Seguem-se Costa Rica, Filipinas, Marrocos, Venezuela, Uruguai, Nigéria e Moçambique. Em 1995 há novo socorro ao México. Em 1997, eclode a crise asiática. Em 1998, surge a crise russa, e posteriormente, em 1999, socorrem-se do Fundo o Brasil, a Turquia e a Argentina.

Ao longo dos tempos, o FMI vem alterando sua razão de ser e adaptando-se aos novos tempos. A partir de 1996, surge o plano para socorro a países pobres muito endividados.[151] Institui-se um critério sobre o grau de endividamento dos países, o que passa pela evolução do Fundo, uma vez que seu objetivo não mais decorre do sistema de câmbio fixo, mas cada país tem liberdade de escolher seu sistema. Segundo Patrick Lenain, "os princípios teóricos adotados pelo Fundo ficaram a salvo dessas críticas,

---

149 Dívida externa estimada para agosto sobe a US$ 204 bilhões. Disponível em: http://www.valoronline.com.br/?online/contas/17/5836393/divida-externa-estimada-para-agosto-sobe-a-us-204-bilhoes. Acesso em: 24 set. 2009.

150 Brasil passou a ser credor externo: reservas são suficientes para pagar a dívida. Disponível em: http://oglobo.globo.com/economia/mat/2008/02/21/brasil_passou_ser_credor_externo_reservas_sao_suficientes_para_pagar_divida-425756868.asp. Acesso em: 28 fev. 2008.

151 LENAIN, Patrick. *O fundo monetário internacional*. Barueri/SP: Manole, 2004, p. 59.

pois foram continuamente adaptados, alterados, para se conformarem de modo mais exato à realidade".[152]

Nos últimos anos o Brasil tem exercido posição de liderança nas discussões de reforma e expansão da atuação do FMI, intensificadas em face da crise financeira internacional iniciada em 2008. O país, aliás, formalizou no primeiro semestre de 2009 a intenção de disponibilizar recursos para o financiamento das operações de empréstimo conduzidas pelo FMI, passando da condição histórica de devedor para a de credor desse Fundo.

O FMI é dirigido pelo Conselho Diretivo, investido de todos os poderes. Como somente há reuniões excepcionalmente, há delegação de atribuições ao Conselho Administrativo e à sua frente encontra-se um diretor-geral. Há dois Comitês, o Monetário e o Financeiro Internacional, bem como o Comitê de Desenvolvimento, cada um tendo 24 membros. A força de cada país no órgão é dada de acordo com a cota-parte, isto é, a aquisição de cotas do Fundo. Atualmente, os Estados Unidos possuem 17,67%, enquanto o Brasil tem 1,783%. O segundo membro mais forte em votações é o Japão, com 6,556%. Os dados foram colhidos na homepage (www.imf.org).

Os últimos dados dão o Brasil como o 10º maior cotista do FMI (2,32%) em termos de participação (*Valor*, de 22.02.2016, no site www.valor.com.br/finanças/4448184).

Ao longo de sua história o FMI sofreu inúmeras críticas, seja por ser manipulado pelos Estados Unidos, seja porque tem visão estritamente monetarista, deixando de lado os aspectos sociais das crises. Por vezes é visto como organismo que sufoca os países pobres; outras, como último bastião de garantia da recuperação econômica.

A partir daí nasceram duas correntes ideológicas. Uma que entende ser o FMI entidade isenta, baseada exclusivamente em princípios econômicos, e, como todo credor que empresta dinheiro, quer vê-lo garantido e segue diretrizes que lhe são fixadas por sua Diretoria. Outra que entende ser o Fundo opressor, intervindo na intimidade de Estados, quebrando sua soberania, impondo regras, o que agride, na essência, o bem-estar da população, que tem que pagar a dívida, a qualquer custo.

A óptica não pode ser esta, ideológica, mas meramente econômica. Não é o problema de gostar ou não do FMI. O problema é mais delicado, uma vez que age ele como qualquer empresário que investe recursos e quer tê-los em retorno. Na situação globalizada (que sempre houve, desde o início da história da Humanidade, passando pelas invasões dos povos e pelo ciclo dos descobrimentos marítimos, até os tempos de hoje) é imprescindível que o Estado possa propiciar aos investidores garantias de um bom negócio. Caso contrário ninguém aplicará no país que necessita de recursos públicos e privados para seu crescimento.

O problema que se coloca, pois, não é de agressão à soberania, uma vez que ao firmar um contrato externo o país exercita sua soberania. O problema está em rediscutir ou repactuar os contratos anteriores, obtendo melhoria em seu pagamento, juros menores, prazos maiores, etc.

Celso Furtado afirma que se deve fazer uma renegociação, o que pressupõe alongar-se o período de pagamento, baixarem-se as taxas de juros e reduzir-se a

[152] *Idem*, p. 81.

pressão sobre o Tesouro.[153] Termina por afirmar que se deve chegar "a uma moratória negociada".[154]

28.2 O endividamento. Por que a dívida?

Por que um Estado se endivida? Quais as vantagens ou desvantagens de tal comportamento? No que isso auxilia o país a colocar seus interesses nos eixos? Há interesses escusos em tal conduta? Ajuda a economia?

Tais questões devem ser objeto de análise. A dívida, que se consubstancia em créditos e débitos, espécie de conta corrente entre países ou empresas, tem a vantagem de propiciar, se bem negociada, a consolidação do sistema financeiro. A emissão de títulos públicos no mercado financeiro pode ajudar o saneamento de problemas imediatos ou, então, beneficiar o país devedor na construção de obras que possam interessar a todo um povo. Usinas de fornecimento de água, grandes fontes energéticas, barragens que forneçam energia elétrica, usinas atômicas, tudo que pode ser de interesse de um país pode ser construído por contratos internacionais ou nacionais.

Entretanto, menos verdade não é que tais providências devem ser cuidadosamente analisadas pelos agentes públicos e ser controladas pelos órgãos de fiscalização (Senado Federal, Tribunal de Contas) e pelos mecanismos internos de controle, na forma prevista no art. 70 da CF/1988.

Daí a relevância de se estudar o crédito público, que, ao lado de ter o caráter de fidúcia, revela a potencialidade de investimento do governo como tomador de débitos. A credibilidade do governo decorre dos fundamentos econômicos, da política fiscal, desindexação monetária e cambial praticados.

Procedimento importante foi a desindexação da dívida. Antes era uma contínua tapeação de progresso. As vantagens eram atualizadas, mas os débitos também, e a inflação campeava sem qualquer controle.

A liberação do câmbio e o uso da taxa Selic foram bastante úteis não apenas no combate à inflação, como na racionalização da dívida pública e da economia brasileiras. A diminuição da inflação e sua adequação a patamares razoáveis e de padrões internacionais deram credibilidade ao país.

A menção histórica da qual tudo surge vale como uma espécie de introdução ao estudo do tema. É o que se passa a fazer.

28.3 Breve relato da dívida pública

O Tesouro não é banqueiro, como bem diz Henry Laufenburger,[155] mas, dependendo das circunstâncias, pode contrair dívida para suprir seu caixa ou, então, investir no que entender viável. A emissão de títulos para venda no mercado interno ou internacional é também um dos meios de que se vale o governo para atender a suas necessidades, de acordo com a legislação vigente.

---

153 FURTADO, Celso. *Em busca de novo modelo.* 2. ed. Rio de Janeiro: Paz e Terra, 2002, p. 24-25.

154 *Idem*, p. 26.

155 LAUFENBURGER, Henry. *Finances comparées*, Paris, Librairie du Recueil Sirey, 1947, p. 313.

Na Antiguidade, havia confusão entre o Tesouro do governo e o do imperador ou rei. Houve, é verdade, uma distinção em Roma, quando se separou o fiscus do aerarium. Aquele atendia às necessidades do imperador; este, às do Império.

Durante a Idade Média, as dívidas do Estado se confundem com as do príncipe e dos senhores feudais: "Los reyes contraían deudas para hacer la guerra o bien para mantener el lujo o fausto de su Corte".[156] Os empréstimos se faziam a curto prazo em condições onerosas.

A história do Erário papal era fantástica. Os papas se enfiavam em guerras e depois tinham que fazer tudo para pagar os empréstimos que eram obrigados a realizar. No mais das vezes, vendiam indulgências e títulos honoríficos da Igreja para abastecer seus cofres. Muitos viraram cardeais, bispos e padres à custa de financiamento das empreitadas do papa. Como diz Gabriel Franco, "los papas, entre otros expedientes, recurrieron a la venta de empleos para procurarse recursos y a la colocación de rentas temporales y vitalicias".[157]

Cidades italianas, holandesas e francesas recorreram a empréstimos para sua subsistência, guerras de conquista e guerras defensivas.

A situação se repete quando do surgimento dos Estados nacionais.

Como ressalta Gabriel Franco, "la separación de la Hacienda del Estado del patrimonio de la Corona va seguida de otro hecho trascendental: la reforma del sistema impositivo".[158]

Com o aparecimento das grandes revoluções e guerras o crédito público toma outro caráter. Crescem os tributos e também os empréstimos.

Modernamente os Estados se veem compelidos a buscar financiamentos internos e internacionais para manter seus investimentos em benefícios públicos e em obras. Com tal providência tornam-se devedores, e devem satisfazer o pagamento das dívidas assumidas.

Tendo-se noção da dívida no mundo, convém uma apreciação sobre a brasileira.

28.3.1 Breve história da dívida pública brasileira

No Brasil-Colônia a dívida se interpenetrava com dívida de governantes. D. João VI assumiu as dívidas então existentes e mandou pagá-las (Carta Régia de 24.10.1800). Com a vinda da família real para o Brasil, em 1808, criou-se o Banco do Brasil (Alvará de 12.10.1808). Emitiram-se, então, títulos para o financiamento dos gastos crescentes no Brasil por parte da Coroa portuguesa.

Com a desconsideração pela seriedade, o Banco foi fechado em 11.12.1829. Com a volta de D. João VI a Portugal a situação se complicou, porque o Rei levou todos os ativos financeiros existentes. Ouro e prata foram levados para Portugal. D. Pedro afirma que a Colônia ficara em ruínas.

No Brasil-Império (1822-1889) procurou-se resolver o problema do débito crônico. Apesar das dificuldades, o Império logrou efetuar o pagamento das dívidas e financiar,

---

156 FRANCO, Gabriel. *Principios de hacienda pública*. Madri: Editorial de Derecho Financiero, 1967, p. 136.

157 *Idem*, p. 137.

158 *Idem*, p. 139.

ao mesmo tempo, empreendimentos. D. Pedro designa uma comissão para disciplinar o crédito. "Pela primeira vez na história *[do]* país executava-se uma medida com a finalidade de institucionalizar a dívida pública interna, dar-lhe caráter de dívida nacional, pela qual toda a Nação é responsável, desvinculando-a do caráter de dívida pessoal do governante".[159]

A Lei de 15.11.1827 disciplinou o problema no Brasil. Com 75 artigos, houve o reconhecimento da dívida anterior, que foi consolidada (art. 1º), criou-se o Grande Livro da Dívida do Brasil (art. 3º), e no caso das dívidas das Províncias há o Livro Auxiliar do Grande Livro (art. 5º) e lança-se a primeira dívida fundada do país, de 12 mil Contos de Réis (art. 19).

Cria-se a Caixa de Amortização (art. 40), cuja administração era independente do Tesouro. O cofre da Caixa teria três chaves (vejam as minúcias da lei e o cuidado na guarda dos títulos). Nunca seria aberto o cofre sem a presença de três claviculários (art. 71).

Houve, então, emissão de títulos, e ao final do Império a dívida interna era de 435 mil e 500 Contos e a externa de 270 mil Contos de Réis.

Quinze empréstimos foram contraídos, inclusive um no valor de Libras 1.400.000, já próximo à proclamação da República, que fora contraído por Portugal através da Casa Rothschild & Sons.

Diversos empréstimos foram assumidos, e há excelente relatório no livro de V. Bouça, História da Dívida Externa.[160]

Na República (1889-1963) houve fragmentação da dívida e troca de títulos. Tais fatos são relatados em estudo organizado por Anderson Caputo Silva, Lena Oliveira de Carvalho e Otávio Ladeira Medeiros.[161] O estudo é bastante percuciente, detalhado, e fornece todas as informações necessárias para o conhecimento da dívida pública brasileira.

Diversas tentativas de consolidação foram feitas (em 1956 e em 1962). Como anotam os autores mencionados: "O governo lançou os chamados Títulos de Recuperação Financeira para unificar a dívida interna da União, substituindo todos os títulos da Dívida Interna Funda Federal, excetuadas as obrigações de Reaparelhamento Econômico".[162]

Campos Sales fez o primeiro funding loan, ou seja, um empréstimo para consolidação e saneamento da República, com a emissão de milhões de Libras Esterlinas. Posteriormente outros foram feitos. A partir daí foram feitas novas negociações para o enquadramento e a racionalização da dívida.

A partir de 1964 houve novas tratativas para o equacionamento. Como anotado no estudo feito: "Segundo a literatura econômica, existem quatro objetivos básicos pelos quais é economicamente justificável a existência de dívida pública: (i) financiar o déficit público; (ii) propiciar instrumentos adequados à realização da política monetária (no caso específico da dívida interna); (iii) criar referencial de longo prazo para financiamento do setor privado, uma vez que as emissões públicas, dados seu alto volume e menor

---

[159] SILVA NETO, Alfredo Lopes da. *Dívida pública interna federal*: uma análise histórica e institucional do caso brasileiro. Brasília: UnB, 1980.

[160] BOUÇA, V. *História da dívida externa*. 2. ed. Rio de Janeiro: Financeiras, 1950.

[161] SILVA, Anderson Caputo; CARVALHO, Lena Oliveira de; MEDEIROS, Otávio Ladeira (Org.). *Dívida pública*: a experiência brasileira. Brasília: Secretaria do Tesouro Nacional, 2009.

[162] *Idem*, p. 48.

risco de crédito, servem como referência para a precificação de dívida privada; e (iv) propiciar a alocação de recursos entre gerações, na medida em que (a depender do prazo dos instrumentos de financiamento) à geração futura caberá o pagamento das despesas realizadas no presente com recursos oriundos do endividamento".[163]

O regime militar tentou engendrar um padrão sustentável de desenvolvimento. Dificuldades sem par e problemas econômicos levaram ao não equacionamento da dívida brasileira.

Como anotado à p. 63 do mesmo estudo, "o insucesso das políticas levadas a cabo pelo governo até então para o combate à inflação conduziu o governo a tentativas mais 'heterodoxas', que acabaram por influenciar as estratégias de administração da dívida nos anos seguintes".

A situação apenas melhora a partir de 2003, com o advento da responsabilidade fiscal, queda da inflação, controle do câmbio e indexação à taxa Selic.

A história da dívida neste período vem assim resumida no mesmo trabalho: "(1) de 1964 até o final da década seguinte, período de forte acumulação da dívida, tendo em vista o crescimento do país, até culminar com os choques do petróleo; (2) os anos 1980, com a sucessão de tentativas buscando corrigir os desequilíbrios construídos com base na política anterior, até chegar ao Plano Brady, no início dos anos 1990; (3) a fase seguinte, com a volta das emissões soberanas, em 1995, e a relativa tranquilidade na administração do passivo externo a despeito das crises internacionais enfrentadas a partir da segunda metade da década de 1990; (4) a nova política de emissões qualitativas a partir de 2006".[164]

Feitas a introdução e a síntese de como surge a dívida, vejamos como o crédito é tratado no Direito brasileiro.

Quando a Coroa portuguesa se transferiu para o país, fugindo da invasão de Bonaparte, trouxe uma dívida contraída perante a Inglaterra. Posteriormente, quando da independência, a Inglaterra exigiu a assunção pelo Brasil de parte da dívida portuguesa, para o reconhecimento de país independente (3 milhões de Libras, em 1824). Novos pactos serviram para cobrir dívida anterior e cerca de 40% destinavam-se ao pagamento da dívida. Com a Guerra do Paraguai cresce o débito, uma vez que a Inglaterra forneceu navios e empréstimos. Anota Aliomar Baleeiro que "a cada aperto do Tesouro, os solícitos prestamistas abriam a bolsa e novos títulos brasileiros apareciam em Londres. Guerras, como as de Rosas e López, repressão a revoluções, crises e déficits crônicos foram as causas das sucessivas operações com esses capitalistas. Muitas vezes, parte de um empréstimo se destinava ao serviço do pagamento do principal e juros dos anteriores".[165]

Na Primeira República, Campos Salles renegociou dívida com o banqueiro Rothschild, com suspensão temporária do pagamento dos juros. Novos empréstimos foram feitos para garantir a produção cafeeira (compra e estocagem). Em 1929 houve disputa com a França, porque se exigia o pagamento em ouro, tencionando o Brasil pagar em Francos, que estavam desvalorizados. Foi o Brasil condenado perante a Corte

---

[163] *Idem*, p. 58.

[164] *Idem*, p. 69-70.

[165] BALEEIRO, Aliomar. *Uma introdução à ciência das finanças*. 16. ed. atual. por Dejalma de Campos. Rio de Janeiro: Forense, 2004, p. 405.

Internacional de Justiça. Em 1931 há a primeira moratória fundada em decisão unilateral do Brasil, sucedendo-se outra em 1943, quando, através do Decreto-lei nº 6.019/1943, o Brasil deu aos credores a alternativa de receber o valor original ou com redução de 50%, em relação aos títulos dos Estados e de 20% aos da União.[166]

Posteriormente aumenta o endividamento durante os governos Vargas e Kubitschek, com a Rodovia Transamazônica, a Ponte Rio-Niterói, usinas nucleares, etc. Houve crescimento da dívida no regime militar para compra de supérfluos (geladeiras, secadores de cabelo, automóveis, etc.). Em 1982, ao término do ciclo militar, o governo Figueiredo devia 100 bilhões de Dólares.

Os empréstimos eram obtidos junto a empresas multinacionais ou perante governos, com a alteração do credor, da Inglaterra para os Estados Unidos. A partir de 1944, com a criação do FMI e do Banco Mundial, os créditos passaram a ser financiados por tais instituições, sem prejuízo de obtenção de financiamento junto a outros bancos e também perante diversos governos.

Com a elevação do preço do petróleo, por conta do embargo da OPEP após a Guerra do Yom Kippur e a Revolução Iraniana de 1979, aumenta a dívida em petrodólares, e a partir daí fica ela dolarizada.

Pode-se precisar que houve alguns fatores para a elevação da dívida: (a) câmbio flutuante entre as moedas; (b) ampla oferta de crédito internacional; (c) política monetarista; (d) fuga de capitais nacionais; (e) emissão de títulos da dívida pública com garantia de alteração cambial.

A dívida interna evolui a partir de empréstimos obtidos por governadores. Durante a II Grande Guerra houve emissão de títulos de subscrição compulsória, que eram descontados dos vencimentos e salários. A partir de 1982 o governo priorizou o financiamento interno do déficit. Para atrair os investimentos, acena com pagamento de juros elevados, o que faz aumentar o débito.

Hoje, o montante das dívidas interna e externa soma cerca de 1 trilhão e 300 bilhões de Reais. Aproxima-se de 43,1% do PIB, o que é bastante grave.[167] Em 2018 estamos com uma dívida de 3,78 trilhões. Encerramos 2017 com 3.559 trilhões.

O débito acha-se representado, seja em contratos, seja no lançamento de títulos da dívida em Bônus do Tesouro Nacional, Obrigações do Tesouro Nacional, Letra Financeira do Tesouro Nacional, Nota do Banco Central e Letra do Tesouro Nacional.

28.4 Dívida pública. O peso do Estado

Observa-se que o texto é imperfeito, porque, ao se falar em operações de crédito, o legislador já disciplinou a dívida. Os conceitos estão estreitamente conectados. Entende, então, que o texto constitucional, ao falar em dívida, refere-se às normas genéricas e abstratas, e ao falar de operação cuida de autorizações que devem ser dadas em cada caso.

---

166 *Idem*, p. 468.

167 Dívida líquida do setor público encerra 2009 em 43% do PIB. Disponível em: www.valoronline.com.br/?online/contas/17/6076835/divida-liquida-do-setor-publico-encerra-2009-em-43%-do-pib. Acesso em: 28.1.2010.

Veiga Filho, em seu *Manual da Sciencia das Finanças*,[168] define *dívida pública* como "todo e qualquer compromisso pecuniário contrahido pelo Estado sob promessa de reembolso" (obs.: assim mesmo, tanto o título do livro como o verbo contrair).

Como diz Richard A. Musgrave: "El gobierno no se ve jamás forzado a solicitar préstamos en el mercado ni a mantener y servir la deuda pendiente. Existe siempre la opción de monetizar la deuda, es decir, imprimir dinero y comprar las obligaciones pendientes".[169] É que, ao assumir dívida, envolve sempre a obrigação de pagar juros, o que é encargo para o governo. O problema é monetizar a dívida sem ter lastro. Daí o empréstimo como importante instrumento de abastecimento dos cofres públicos para atendimento seja de situação emergencial, seja destinando-o para investimento em obras e serviços.

O endividamento através de empréstimos tem forte conotação política. Se o Estado tem a confiança internacional, a obtenção de créditos (que decorrem da fidúcia) opera facilmente. Tudo depende da estabilidade da moeda, do funcionamento dos Poderes, da normalidade institucional, etc.

O Estado, modernamente, renunciou à obtenção forçada de empréstimos (os denominados empréstimos compulsórios e também os patrióticos), e os obtém no mercado livre e com os preços garantidores do crédito que possui no sistema financeiro internacional. É o que afirmam Michel Bouvier, Marie-Christine Esclassan e Jean-Pierre Lassale.[170] A providência da gestão da dívida envolve a forma de lançamento dos títulos, a divulgação internacional da venda e a obtenção do menor custo possível para o Estado. Com credibilidade o Estado obtém a venda de seus títulos por juros maiores e com maior prazo para pagamento.

Tudo se assenta na confiança para recorrer ao ahorro dos particulares.[171]

A dívida pública, como já se observou, é a decorrente apenas de assunções de obrigações financeiras por parte do Estado. A dívida não alcança as demais obrigações decorrentes da Constituição, do Estado e as provenientes de contratos para o desenvolvimento normal das obrigações do Estado (fornecedores, etc.).

No contexto, crédito e débito são relativos aos empréstimos que o Estado contrai. Alguns entendem que constitui a denominada dívida pública apenas a decorrente de emissão de títulos. Não é o que deflui tanto da noção corrente de dívida como também da definição ampla dada pelos incisos I e II do art. 29 da Lei de Responsabilidade Fiscal (Lei Complementar nº 101/2000).

Cabe à lei complementar dispor sobre "dívida pública externa e interna, incluída a das autarquias, fundações e demais entidades controladas pelo Poder Público" (inciso II do art. 163 da CF/1988). Da mesma forma, cabe a ela dispor sobre "concessão de garantias pelas entidades públicas" (inciso III) e "emissão e resgate de títulos da dívida pública" (inciso IV) e, por fim, "fiscalização financeira da Administração Pública direta e indireta" (inciso V do art. 163).

---

168 VEIGA FILHO, João Pedro da. *Manual da sciencia das finanças*. São Paulo: Espíndola & Cia., 1906.

169 MUSGRAVE, Richard A. *Teoría de la hacienda pública*. Valência: Aguilar, 1968, p. 614.

170 BOUVIER, Michel ; ESCLASSAN, Marie-Christine ; LASSALE, Jean-Pierre. *Finances publiques*. 8. ed. Paris: LGDJ, 2006, p. 498 e ss.

171 VILLEGAS, Héctor B. *Manual de finanzas públicas*. Buenos Aires: Depalma, 2000, p. 317.

Haveria incompatibilidade entre este dispositivo e os incisos do art. 52 da CF/1988, que dispõem sobre a competência do Senado Federal?

Nenhuma. Uma coisa é a lei estabelecer regras que devam ser atendidas por todas as entidades federativas; outra é examinar, no caso concreto, o atendimento dos requisitos.

A exigência que consta do art. 163 é o advento de lei complementar em estrita sintonia com o §9º do art. 165 da CF/1988. Neste passo, o alcance atinge todos os entes federados.

Originariamente dispunha sobre o assunto a Lei nº 6.024/1964. Sobreveio, então, a Lei Complementar nº 101/2001, que cuidou das boas regras em gestão financeira e que foi reconhecida como constitucional pelo STF.[172]

As finanças públicas devem ser disciplinadas e rigorosamente controladas.[173]

Evidente que deve haver compatibilidade entre os textos do Congresso e os do Senado.

No conceito não entram outros débitos estatais. Como anota Dídimo da Veiga, "a obrigação que o Estado contrai por meio do empréstimo é o que constitui a dívida pública".[174]

Realmente, ao se falar em dívida pública, fala-se em "obrigação assumida pelo Poder Público através de empréstimos obtidos, no exterior ou internamente, mediante contratos em que o governo recebe dinheiro de instituições financeiras ou o consegue pela venda de títulos ao público, com a obrigação de devolvê-lo com o pagamento de juros". De qualquer maneira, trata-se de ato contratual, e, pois, voluntário.

O empréstimo pode atender a razões temporárias para mero suprimento de caixa (necessidade monetária) ou a objetivos financeiros de investimento.

As demais despesas que o Estado tem em decorrência de norma constitucional (saúde, educação e fundos constituídos), norma legal (pagamento de servidores) ou contratos de obras, fornecimento e serviços não entram no conceito geral de dívida.

Daí afirmar Geraldo Ataliba que no conceito de dívida "não se compreendem outras relações jurídicas em que o Estado seja devedor, como é o caso dos pagamentos que deve a seus servidores, fornecedores, etc.".[175]

Não se pode dizer que o débito em decorrência de decisões judiciais e existentes mediante expedição de precatórios se inclua na dívida pública.

28.4.1 O peso da dívida. A dívida intergeracional

O crédito impõe sua utilização pelo Estado, que está habilitado a ir ao mercado e buscar recursos para suas conveniências. Estas são de exclusiva responsabilidade política do governante. Sabe que tem necessidade de recurso e, obtida a autorização do Senado Federal, emite títulos. Estes são negociados na forma e condições estabelecidas. O montante da compra e venda é realizado através de uma operação de crédito. Daí resulta a dívida pública.

---

172 STF, ADI nº 2.238, rel. Min. Ilmar Galvão.

173 STJ, MS nº 6.646-DF, rel. Min. Hamilton Carvalhido.

174 VEIGA, Dídimo da. *Ensaios de ciência das finanças*. Rio de Janeiro: Jacintho Ribeiro dos Santos Editor, 1927, p. 315.

175 ATALIBA, Geraldo. *Empréstimos públicos e seu regime jurídico*. São Paulo: RT, 1973, p. 14.

Dentro de tal equação se pode questionar: a quem serve a obtenção dos recursos? Evidentemente que o governo que obteve o crédito o utilizará para pagamento de outra dívida ou em investimentos necessários para o país.

Ocorre que, dentro de nossa teoria da dominação do Estado, o empréstimo será utilizado da forma que for conveniente para os governantes dominadores do momento. Seja quem for, impõe sua vontade, obtém a venda dos títulos e utilizará os recursos da forma que pretender.

Surge daí uma questão crucial: quem suportará o peso da dívida? Ela tem vencimento a curto prazo, e, pois, será o próprio governante quem a irá resgatar, ou o peso será transmitido a gerações futuras?

Como bem anota José Joaquim Teixeira Ribeiro, "os empréstimos contraídos pelo Estado são um processo de transferir da geração presente para as gerações vindouras o ônus das despesas com ele financiadas".[176]

Se o governante tiver agido de má-fé ou com paixão, se usufruir algum benefício pessoal ou funcional, emitirá títulos de longo prazo e não se importará com as gerações futuras que sofrerão o encargo de tal empréstimo.

Imaginemos um governante que busca empréstimo no exterior com a finalidade de recuperação de fauna e flora tropicais. Houve o desmatamento e o desaparecimento de espécies animais de determinada região, e se pretende reflorestar a área e, ao mesmo tempo, devolver a fauna nativa. Evidente que o objetivo é o melhor possível, amparado nos mais puros propósitos. Ocorre que, posteriormente à consumação do empréstimo, o governante resolve explorar a área mineral e, assim agindo, deteriora mais ainda o meio ambiente.

Evidente que os recursos deverão ser pagos ao credor internacional e o empréstimo não se destinou ao objetivo fundamental.

Houve, aí, mudança da destinação do investimento que se pretendera originariamente, e o empréstimo fora concedido com o objetivo único e exclusivo da recuperação do meio ambiente. Ocorre que houve desvirtuamento do investimento.

A geração vindoura é que suportará o ônus de tal incúria.

De outro lado, cabe ao Senado Federal controlar os limites da dívida pública, como se estuda em outro lugar deste trabalho. Estes limites são proporcionais à possibilidade de as gerações futuras suportarem os encargos assumidos.

Constitui irresponsabilidade o fato de o governante assumir dívida e não a pagar. Dependendo de seu montante, pode ocorrer que o aproveitamento dos frutos futuros seja usufruído por outra geração. No entanto, tudo deve ser esclarecido à Nação (em seu sentido sociológico).

Até que ponto uma riqueza natural pode ser aproveitada imediatamente pela atual geração? Conta-se que na Irlanda uma pessoa descobriu turfa em seu terreno e guardou-a para aproveitamento futuro. Só que, com o passar do tempo, ela nada mais valia, e a riqueza que poderia ter sido explorada imediatamente se perdeu. De igual maneira, não se pode admitir que a riqueza seja toda usufruída por uma geração, esgotadas as riquezas mineral ou natural, em detrimento de pósteros. Como assinala

176 RIBEIRO, José Joaquim Teixeira. *Lições de finanças públicas*. 5. ed. Coimbra: Coimbra Editora, 1997, p. 228.

Hannah Arendt, "o crescimento econômico algum dia pode se revelar uma maldição, e não uma bênção, e em nenhuma hipótese ele pode levar à liberdade ou constituir prova de sua existência".[177]

John Crawls enfrenta o problema e considera a questão da justiça entre gerações.[178] A investigação sobre o tema parece estar vinculada ao princípio que o autor rotula de "princípio da diferença", ou seja: não se pode desconhecer a presença na sociedade de pessoas que estão em posição econômica inferior à dos demais. O princípio da justiça, segundo o autor, encontra-se vinculado ao da diferença: "Ao aplicarmos o princípio da diferença, a expectativa adequada é a de que as perspectivas a longo prazo dos menos favorecidos se estenda às gerações futuras".[179] E conclui: "Cada geração deve não apenas preservar os ganhos de cultura e civilização e manter intactas aquelas instituições justas que foram estabelecidas, mas também poupar a cada período de tempo o valor adequado para a acumulação efetiva de capital real".[180]

Do ponto de vista moral, não há motivos "para que se deprecie o bem-estar futuro",[181] e, pois, "as maiores vantagens das gerações futuras serão suficientemente grandes para superar em valor quase todos os sacrifícios presentes".[182]

A indagação moral que se coloca é a seguinte: estará a geração presente disposta a suportar o ônus de dificuldades atuais em benefício da geração futura? Será que os da geração atual suportariam fome, carestia, falta de recursos, em nome de um povo futuro que sequer se encontra na obrigação de ser grato? Acumulação de riquezas ou poupança? A decisão é racional ou foge dela para ser meramente afetiva?

Conclui Rawls que "as pessoas de diferentes gerações têm deveres e obrigações em relação umas às outras exatamente como as têm as pessoas que vivem numa mesma época".[183] "A geração atual não pode fazer o que bem entender, mas é obrigada, por princípios que seriam escolhidos na posição original, a definir a justiça entre as pessoas que vivem em épocas diferentes."[184]

Podem surgir questionamentos notáveis a respeito do assunto. Nossa Constituição estabelece a preservação do meio ambiente "para as presentes e futuras gerações" (art. 225 da CF/1988). Até que ponto é permitido à atual geração explorar as riquezas ambientais em seu benefício, e até que medida deve preservá-las para as gerações futuras? Não há resposta predeterminada, nem que possa ser medida. É o bom-senso, a prevalência do equilíbrio que imponha as restrições no aproveitamento exacerbado e, também, a prudência que dará a medida do usufruto atual.

Mais. Se há uma geração de famintos e se descobre uma grande riqueza material, é legítimo explorá-la em benefício da atual geração e transformá-la em rica e próspera, ainda que sob risco do desaparecimento da riqueza?

---

177 ARENDT, Hannah. *Sobre a revolução*. São Paulo: Cia. das Letras, 2011, p. 277.

178 RAWLS, John. *Uma teoria da justiça*. São Paulo: Martins Fontes, 2002, n. 44, p. 314-324.

179 *Idem*, p. 315.

180 *Idem, ibidem*.

181 *Idem*, p. 316.

182 *Idem, ibidem*.

183 *Idem*, p. 323.

184 *Idem*, p. 324.

A partir de tais indagações, é legítima a assunção de dívidas internacionais para imediata exploração da riqueza em detrimento do que possa ocorrer posteriormente? Eleva-se o nível de vida dos atuais habitantes de determinado país, esgotando-se a riqueza, em prejuízo do que possa vir depois?

O futuro é sempre incerto e alterável. É imprevisível. Como manter o sacrifício de uma geração para o benefício de outra com risco do desaparecimento da riqueza ou da perda de seu valor econômico? Quem pode garantir, diante do aceleramento e da modernização da ciência, que o que é uma riqueza hoje pode ser um incômodo, amanhã?

Em suma, parece-nos legítima a exploração ampla de toda riqueza do solo e do subsolo em benefício daqueles que estão presentes neste momento. É deles o que for encontrado por obra do Estado. Este, de seu turno, tem o dever de propiciar a todos o melhor dos destinos. O futuro... Quem pode garanti-lo?

Não se pode desconhecer que deve haver uma repartição de encargos e benefícios. No entanto, não posso sacrificar o certo pelo possível. Caberá a cada qual, pois, e não ao Estado, garantir o futuro de cada núcleo familiar. Não pode o Estado substituir o indivíduo em suas decisões. Como disse e se vem repetindo, o Estado não é tutor do indivíduo nem do cidadão. Cabe-lhe gerir os interesses coletivos, mas não tomar toda e qualquer decisão em lugar de todos.

Para concluir: não há decisão apriorística sobre qual a decisão que deve tomar a geração presente em relação à futura. Tudo dependerá dos interesses e desejos que prevalecerem no momento da decisão. Inconformados podem ir às ruas para discutir o assunto, manifestando sua divergência em relação à decisão que será tomada; outros apresentarão argumentos em prol e contra. Mas a decisão final será alicerçada na conveniência do governante. Com certeza, atenderá aos interesses econômicos prevalecentes.

A solução, no entanto, demanda maior indagação em outro trabalho.

Tanto quanto em relação aos empréstimos, convém classificar a dívida.

28.5 Classificação da dívida

Em relação à origem a dívida pode ser interna e externa. Na primeira os credores são do mercado interno, e na segunda são internacionais.

Em relação à natureza a dívida pode ser contratual ou mobiliária. A primeira decorre de contratos firmados pelo país, seja com credores nacionais ou internacionais, e que decorrem de obrigações assumidas. A segunda advém da emissão de títulos. A forma pode ser por oferta pública, através de leilão, ou direta, para atender a determinação legal. Podem ser letras financeiras do Tesouro, Letras do Tesouro ou Notas do Tesouro Nacional.

Segundo a extensão da obrigação, a dívida pode ser consolidada ou flutuante. A primeira é de longo prazo; a segunda deve ser liquidada no mesmo exercício, e, pois, de curto prazo. A consolidada ou fundada vem definida no inciso I do art. 29 da Lei de Responsabilidade Fiscal como "montante total, apurado sem duplicidade, das obrigações financeiras do ente da Federação, assumidas em virtude de leis, contratos, convênios ou tratados e da realização de operações de crédito, para amortização em prazo superior a 12 (doze) meses". Vê-se que o requisito para que a dívida seja considera consolidada ou fundada é ter sido obtida para amortização em mais de 12 meses. É levada em conta a dívida de cada unidade federada e que pode ter sido assumida por lei, contrato, convênio ou tratado ou decorrente de operação de crédito.

A lei dispõe que "também integram a dívida pública consolidada as operações de crédito de prazo inferior a 12 (doze) meses cujas receitas tenham constado do orçamento" (§3º do art. 29). A solução é evidente. Como a dívida flutuante vem definida posteriormente e alcança operações de curto prazo e adquiridas e pagas no mesmo exercício financeiro, aquela que já constar do orçamento, e, pois, assumida em exercício anterior ou prevista no orçamento para pagamento, independentemente de assunção de nova obrigação, é enquadrada como dívida consolidada.

A chamada dívida flutuante é a advinda de operação de crédito por antecipação de receita orçamentária, tal como prevê o art. 38 da Lei de Responsabilidade Fiscal. Ela somente pode ser adquirida a partir do décimo dia do exercício (inciso I do referido artigo) e "deverá ser liquidada, com juros e outros encargos incidentes, até o dia 10 (dez) de dezembro de cada ano" (inciso II do mesmo artigo).

A dívida pública pode ser consolidada ou fundada e flutuante. A classificação tem caráter de finanças públicas. Com o advento da Lei de Responsabilidade Fiscal tomou caráter jurídico. A dívida fundada ou consolidada é a contraída por longo prazo. A flutuante destina-se a suprir eventual deficiência de caixa e deve ser paga no mesmo exercício em que assumida. Vê-se, pois, que nada há de jurídico em tal classificação, que se limita a coabitar com conceitos de finanças públicas ou economia.

Geraldo Ataliba faz longa análise sobre a assunção jurídica de conceitos financeiros.[185] "Até certa medida – diz ele –, o direito positivo brasileiro acolheu a classificação financeira, entre dívida fundada e flutuante".[186] A assertiva consuma-se com o advento da Lei de Responsabilidade Fiscal, que, taxativamente, adotou a classificação, como já o houvera feito a Lei nº 4.320/1964.

A operação de crédito relativa à dívida flutuante tem previsão constitucional, como se vê do §8º do art. 165 da CF/1988, uma vez que se cuida de exceção que deva figurar na Lei Orçamentária Anual. De outro lado, o não pagamento da dívida fundada enseja a intervenção federal nos Estados e dos Estados nos Municípios (alínea "a" do inciso V do art. 34 e inciso I do art. 35, ambos da CF/1988).

A dívida consolidada ou fundada decorre de investimento de capital de forma duradoura. A flutuante decorre de necessidades transitórias. A caracterização da dívida parece ficar limitada aos empréstimos públicos. Ricardo Lobo Torres define: "abrange apenas os empréstimos captados no mercado financeiro interno ou externo, através de contratos assinados com os bancos e instituições financeiras ou do oferecimento de títulos ao público em geral".[187]

Distingue-se a dívida líquida do governo geral, que compreende todas as obrigações do governo federal de todos os setores, dos governos estaduais e municipais com o setor privado não financeiro e financeiro. É o total da dívida.

---

185 ATALIBA, Geraldo. *Empréstimos públicos e seu regime jurídico*, *op. cit.*, p. 94-101.

186 *Idem*, p. 100.

187 TORRES, Ricardo Lobo. *Curso de direito financeiro e tributário*, *op. cit.*, p. 195.

A dívida pública federal alcança apenas o que é de responsabilidade do governo federal.

Como se percebe, a classificação nunca é certa ou errada. É útil ou inútil, na medida em que logra identificar o objeto apontado como importante. Depende, basicamente, do critério eleito para a identificação do objeto.

Problemas surgem no cumprimento dos contratos e no pagamento da dívida. Por vezes os Estados não honram suas obrigações.

28.6 O default ou o não pagamento da dívida. Repúdio. Consequências. O estado de exceção de Agamben

Há discussões bastante interessantes sobre a possibilidade de Estados, Estados-membros ou Municípios irem à falência.

Em 2013, o Município de Detroit pediu falência por não suportar mais a dívida existente e não poder emitir qualquer título para saneamento de suas finanças. Anteriormente alguns países chegaram à beira da insuficiência financeira e, pois, declararam o não pagamento de seus débitos.

Más Administrações fazem com que se criem situações de absoluta insolvência de Estados e Municípios. Sem quaisquer condições de suportar o pagamento das dívidas assumidas, seja por empréstimos, seja em decorrência de emissão de títulos, e após diversas tentativas de equacionar o débito existente, mas não logrando sucesso, as administrações chegam ao extremo de suspender o pagamento de suas dívidas. As consequências são as mais terríveis. Corte de crédito, insolvabilidade, suspensão de compras e vendas, descrédito total, tudo leva a unidade política a crítica situação financeira.

Não há como decretar intervenção na unidade federada. A única exceção é o não pagamento da dívida fundada por mais de dois anos, tal como prevê a alínea "a" do inciso V do art. 34 da CF/1988, cuidando-se de Estado-membro, e também pelo fato de não entregar aos Municípios receitas tributárias dentro dos prazos legais (alínea "b" do mesmo dispositivo). A intervenção dos Estados-membros nos Municípios igualmente pode ocorrer na primeira hipótese (inciso I do art. 35 da CF/1988).

Entre Estados soberanos a situação toma aspecto complicadíssimo. Juridicamente, nenhum país pode intervir no outro para cobrança da dívida. Situações anteriores eram resolvidas com ataques de guerra e ocupação de territórios. Modernamente, com o advento do direito internacional, não mais se justifica qualquer beligerância na cobrança de dívidas. As pendências resolvem-se por mecanismos jurídicos de cobrança no interior do país devedor ou pelos mecanismos arbitrais existentes no mundo.

Podemos analisar o problema sob a óptica do repúdio ou da moratória ou bancarrota. No primeiro caso há um ato unilateral do governo devedor que nega a dívida proveniente de um empréstimo. Tais fatos foram notórios quando da Revolução Bolchevique e da Independência dos Estados Unidos. Países que, uma vez alterado o regime de governo ou declarada sua independência, deixaram de reconhecer a dívida assumida pelo regime anterior. Na segunda hipótese há insuficiência de fundos para atender ao pagamento das obrigações.

O *repúdio* é "dichiarazione unilaterale dello Stato di non intendere piú di pagare, in tutto od in parte, il capitale o gli interesi del debito pubblico".[188]

Na Revolução Francesa houve a redução de dois terços do débito público[189] e se criou o grande livro do débito público.

Outra maneira de repúdio diz respeito à redução drástica dos juros. Pode ser integral ou parcial. O repúdio integral ocorre quando o país comunica que nada irá pagar, porque o débito foi assumido em condições de inferioridade ou sob exploração do credor; o parcial, quando se anuncia que o débito não será pago em sua integralidade.

Veiga Filho chama de bancarrota a "cessação do pagamento dos compromissos pecuniários contrahidos pelo Estado. A bancarrota caracteriza-se pela insolvabilidade, pelo desaparecimento periódico ou definitivo do crédito do Estado e de ordinário determina, no primeiro caso, uma concordata entre credores e, no segundo, a intervenção de outras Nações estrangeiras em favor dos interesses de seus súditos, implicados naquela terrível situação do país falido".[190]

Noticia Veiga Filho que a primeira bancarrota foi declarada pelo Senado romano depois da primeira guerra púnica.[191]

Aliomar Baleeiro é quem nos explica o que significa a denominada falência sournoise, ou seja, hipócrita, "em que o Estado faltoso invoca pretextos, usa de circunlóquios ou lança mão de expedientes indiretos para evadir-se total ou parcialmente de seus compromissos".[192]

No Direito brasileiro a matéria se resolve com base no art. 100 da CF/1988. Tal dispositivo já foi alterado diversas vezes. Os Poderes Públicos teimam em não pagar a dívida assumida. Há, outrossim, algumas formas de adimplemento da obrigação: (a) pagamento, com o que se resolve o débito; (b) transação, através do que as partes aproximam seus débitos e créditos e chegam a um resultado que atenda a ambos; (c) novação, hipótese em que resolvem dispor novos parâmetros para o débito, desfazendo-se do anterior e criando uma nova relação jurídica; (d) dação em pagamento, solução que deve contar com a aquiescência das partes e que envolve a entrega de bens para a satisfação do débito.

Não ocorrendo a solução pacífica da relação, com o que se compõe a dívida, e através de um acordo que resolva a lide, a solução no âmbito interno é a cobrança judicial. Termina o processo com a expedição do que se rotula *precatório*. Há depósito anual de recursos financeiros à disposição do Judiciário para que ele efetue o pagamento dos débitos na ordem de apresentação dos títulos creditícios.

Aqui também o descrédito do Poder Público é total. Não paga. Protela por todas as formas a satisfação de seus débitos. Verdadeira vergonha nacional.

O problema, no entanto, que se coloca é a possibilidade de o Estado ou o Município pedirem a antiga concordata, ou a atual recuperação da empresa. Cabe tal solução no Direito brasileiro?

---

188 EINAUDI. *Principi di scienza delle finanze*. 4. ed. Giulio Einaudi Editore, 1949, n. 555, p. 465.

189 *Idem, ibidem*.

190 VEIGA FILHO, João Pedro da. *Manual da sciencia das finanças, op. cit.*, p. 407-408.

191 *Idem*, p. 408.

192 BALEEIRO, Aliomar. *Uma introdução à ciência das finanças*. 16. ed. atual. por Dejalma de Campos. Rio de Janeiro: Forense, 2004, p. 490.

Tenho que o problema se resolve na base do art. 34 da CF/1988, isto é, o não pagamento da dívida fundada por mais de dois anos envolve a intervenção federal nos Estados e dos Estados nos Municípios. Em tal hipótese, a intervenção, que envolve o afastamento do agente político, apenas ocorre pelo tempo necessário para o saneamento das finanças públicas.

Caberá a intervenção judicial para a venda de ativos? Afigura-se-nos possível tal comportamento do Judiciário. Imaginemos que o governador do Estado decrete a intervenção estadual em determinado Município. Não há recursos disponíveis, salvo os destinados ao pagamento dos débitos constitucionais e legais. E os demais credores, como ficam? Ocorre que o Município tem bens imobiliários e, mesmo, obras de arte que podem redundar em dinheiro. Cabe o pedido ao juiz para que autorize a venda de imóveis ou obras de arte ou outros objetos que possam redundar em recursos e com estes efetuar o pagamento de débitos?

A autoridade judiciária poderá, diante de circunstâncias dramáticas que estejam destruindo as finanças municipais, com o abandono da cidade pela população, a destruição de bens públicos, a total deterioração das vias públicas, visível comprometimento dos serviços e pela aniquilação de servidores e contratos, autorizar a venda de bens móveis e imóveis para suportar o pagamento dos débitos.

O interventor, evidentemente, prestará contas de toda a sua atividade e fará jus a remuneração por seu trabalho, que será fixada pelo juiz, quando este intervier. No caso de a intervenção se limitar ao decreto do governador, caberá a este a fixação de honorários e ao Tribunal de Contas competente a tomada de contas do administrador ad hoc.

Como escreve Baleeiro, "quando um Estado repudia sua dívida pública, porque não a paga ou porque não paga no tempo e pelo modo e condições pactuados, costuma-se dizer que faliu ou quebrou, à semelhança do negociante mal-aventurado".[193]

Pode ocorrer que o Estado realmente não tenha condições de adimplir o pactuado. Nesta hipótese, ou há a cobrança da dívida ou, como era anteriormente, a execução compulsória, com a invasão do Estado. O que é estranho e destoa do concerto de Nações é a falência hipócrita, a saber, o Estado tem condições, mas, maldosamente, e com o objetivo declarado de não pagar, afirma não ter recursos.

Pode invocar, de outro lado, a cláusula rebus sic stantibus, ou seja, alteração violenta, dramática e abrupta, que impede qualquer previsibilidade, na economia internacional, que impeça o pagamento do débito. Aí a justificativa deverá ser declarada pelos meios diplomáticos e por estes resolvida. Frustrado o acordo, abre-se a possibilidade da cobrança judicial.

28.6.1 O estado de exceção de Agamben

Giorgio Agamben fez excelente estudo sobre o estado de exceção. Calca-se em Carl Schmitt, que, em sua *Teologia Política*,[194] afirma: "Soberano é quem decide sobre o estado de exceção". Prossegue Schmitt: "O soberano se coloca fora da ordem jurídica

---

[193] *Idem, ibidem*, Capítulo V, n. 48.5.

[194] SCHMITT, Carl. *Teologia política*. Belo Horizonte: Del Rey, 2006, p. 7.

normalmente vigente, porém a ela pertence, pois ele é competente para a decisão sobre se a Constituição pode ser suspensa in toto".[195]

O ato do soberano significa retirar do mundo jurídico determinada situação. O exemplo máximo é o campo de concentração analisado por Hannah Arendt e também por Agamben. Em relação à exceção, o autor italiano afirma que "a exceção é aquilo que não se pode reportar".[196] Quem declara a exceção está excluído da ordem, mas ao mesmo tempo se inclui. Diz, em seguida: "A exceção é uma espécie de exclusão".[197] E conclui: "Mas o que caracteriza propriamente a exceção é que aquilo que é excluído não está, por causa disto, absolutamente fora da relação com a norma".[198]

Que orientação se tira de tais lições? Na medida em que o Estado rompe o compromisso assumido, ela instaura, para si, uma exceção. Mas, ao mesmo tempo em que o faz, ele continua incluído nos demais relacionamentos que daí decorrem. Ele continua no concerto dos Estados. Prossegue mantendo com todos os demais tratativas de toda ordem – comerciais, diplomáticas, etc. Pode, ainda, lograr obter novos financiamentos e novas operações de crédito, que até permitirão que prossiga com o restabelecimento de suas finanças.

Logo, não está excluído, mas se exclui de novas operações com o mesmo Estado e com aqueles que ao credor são vinculados.

Os contratos internacionais devem ser cumpridos, não apenas em função da seriedade que deve imperar em tais relacionamentos, como também em face do direito internacional a que todos devem obediência e, por fim, pela fidúcia de que todos os Estados gozam na medida em que cumprem suas obrigações, especialmente as de caráter financeiro.

Com o rompimento da ordem, o Estado inadimplente se coloca como sacro, ou seja, está matável (todos podem aplicar-lhe qualquer tipo de sanção e afastá-lo dos demais relacionamentos diplomáticos e contratuais), e, ao mesmo tempo, é insacrificável, ou seja, está fora do relacionamento entre os países, e pode ser morto por qualquer um deles (mediante sanções comerciais ou diplomáticas, evidentemente).

O inadimplemento contratual, rotulado default, por parte de um Estado coloca-o exatamente na situação figurada por Agamben. Ele, país, se declara fora da ordem a que se devera submeter e, ao mesmo tempo, busca ficar nela. O Estado exerceu a soberania, tal como definida por Schmitt ("a ordem jurídica, como toda ordem, repousa em uma decisão e não em uma norma").[199] Decidiu que, por qualquer circunstância, não honraria seus compromissos. Assim o fazendo, entrou em estado de exceção.

O estado de exceção guarda sintonia com a denominada teoria da necessidade. Esta não é nova. Foi introduzida por Graciano (monge e jurista que viveu no século XII) e cunhou a seguinte frase: necessitas legem non habet, ou seja, "a necessidade não precisa ou não tem lei".

---

[195] *Idem*, p. 8.
[196] Agamben, *Homo Sacer*, Minas Gerais, UFMG, 2010, p. 22.
[197] *Idem*, p. 24.
[198] *Idem, ibidem.*
[199] SCHMITT, Carl. *Teologia política*. Belo Horizonte: Del Rey, 2006, p. 11.

A necessidade pode obrigar o Estado a decretar o default, mas o obriga a responder por isso e suportar as consequências da ação. A necessidade, realmente, não está sujeita à lei. Está fora dela, mas paralisa seus efeitos quando reconhecida soberanamente pelo governo.

Alguns autores questionaram se a necessidade não seria fonte primária da lei. No direito penal exclui-se a ilicitude quando do estado de necessidade (inciso I do art. 23 do CP).

No direito financeiro o estado de necessidade pode ser invocado para inadimplir obrigação contratual assumida? Em verdade, não há disposição legal que assim o defina. No entanto, o estado de necessidade, ainda que não tenha previsão em lei, decorre do todo jurídico. Não há lei que o preveja. Mas, se existente na realidade fática, ele torna inarredável o descumprimento da norma ou abre exceção. É medida aceitável e perfeitamente constitucional, porque guarda sintonia com a estrutura jurídica. Ninguém se obriga ao impossível, diz parêmia antiga. Ora, ninguém se obriga a cumprir o que não pode.

Tal argumento deu margem a que alguns Estados invocassem a necessidade do povo para não pagar a dívida com o sacrifício da fome, e deu margem a intensos discursos políticos no sentido de que não se pode pagar a dívida pública assumida através de contrato internacional com o sacrifício da população, que pode passar fome ou ficar privada de bens essenciais à vida, tais como saúde, educação e obras de infraestrutura.

Evidente está que o conteúdo do conceito é fluido. Fica ao alvedrio de situações imponderáveis.

Claro é que o Direito não se esgota na lei. O fato de inexistir lei estabelecendo que se possa invocar o estado de necessidade não significa que ele não possa ser trazido como fundamento do não pagamento. Se houvesse cláusula contratual a respeito poucos Estados assumiriam o risco de emprestar dinheiro ao Estado que exigisse a inserção de tal item no contrato ou que o tivesse previsto em seu ordenamento positivo.

Como aferição subjetiva do governante, cabe a invocação do estado de necessidade diante de situações que devem ser apontadas e levadas ao mutuante.

Situação mais complexa se afigura quando houver a venda pública de títulos. Seus detentores não têm como avaliar a realidade da situação necessária invocada como fundamento do não pagamento no termo.

Evidente que o não pagamento decorrente do estado de necessidade quebra o acordado, rompe o contrato e desqualifica o Estado no concerto das Nações ou perante os credores de títulos da dívida pública.

Muitas vezes, pode ocorrer que o Estado não cumpra as obrigações assumidas por força de não poder pagá-las, o que gera problemas no relacionamento diplomático; mas não se pode efetuar o pagamento da dívida à custa da fome do povo. Por outras vezes, o governante assume a dívida com maldade e malícia para transferir o ônus para gerações futuras, o que redunda em sacrifício imoderado da população. É o que se analisa.

28.7 Empréstimo obtido sem autorização legislativa

Juridicamente, responde Louis Trotabas: "la question est simple: cet emprunt n'est pas valable".[200] O mesmo autor faz uma distinção entre dívida do Estado e dívida do regime. A dívida do Estado entende-se aquela que foi adequada e legalmente assumida; a do regime está relacionada a determinada ideologia ou forma de governo que cai.

De qualquer forma, a dívida do Estado tem que ser paga, ainda que assumida ao arrepio das leis. Tal posição admite temperamentos. Em primeiro lugar, deve ser analisada a situação política do momento. Por exemplo, quando o governo bolchevique assumiu o governo na antiga Rússia czarista recusou-se ao pagamento do débito. O mesmo fizeram os Estados Unidos quando da independência, por força de ter entendido que a Inglaterra já os havia explorado bastante mediante tributação onerosa.

A irregularidade, no entanto, em comparecer como mutuário em contrato de empréstimo não elimina a obrigação do pagamento. Houve a entrada de dinheiro, e deve haver o pagamento. O problema é que se pode caracterizar dívida política, o que justifica, em tese, a recusa no pagamento.

Por vezes as parábolas auxiliam na compreensão da matéria. É do que se irá cuidar. Marx vê o problema da alienação, ou seja, o produto se distancia do operário, e ele não tem qualquer possibilidade de controlar seu destino. No caso dos contratos é bom que se saiba quem os assumiu, quem os assinou, quem autorizou sua realização, qual o destino foi dado aos recursos, etc. Tudo tem que ser como o oleiro e não pode haver a alienação marxista, para não se apontar o responsável pelo financiamento.

A dívida poderá revestir-se de caráter implacável para situações futuras e inconsequentes para pessoas que deverão arcar com herança odiosa.

28.8 Dívida pública arbitrária ou odiosa

Pode-se falar em dívida pública arbitrária? Este é tema recorrente na história política dos povos. Em inúmeras oportunidades os governos assumem dívidas por força de comportamento corrupto e lucram os agentes com tais empréstimos. Não importa a taxa com que tomam o empréstimo. Assumem compromissos que, sabidamente não vão cumprir (podemos imaginar um governo em fim de gestão e os dirigentes sabem que não se reelegerão ou que o presidente, ou governador ou prefeito será cassado ou, por qualquer razão, afastado) e assumem empréstimos desarrazoados. A quem caberá o pagamento? É legítimo recusar o pagamento no caso de arbítrio do governante? O que é tal arbítrio, e como caracterizá-lo? Como fica a situação do mutuante? Se for outro governo, quais as providências cabíveis?

Há países que se veem na iminência de conflitos internos e, obrigando-se a assumir dívidas no exterior, chegam a situações em que não têm condições de satisfazê-las, tornando-se devedores do montante pactuado.

A assunção da dívida faz parte da vida normal dos países. Obrigam-nos investimentos duradouros, tais como construções de usinas energéticas para produção de energia elétrica ou atômica, abertura de infraestrutura aeroportuária, etc. Em determinadas

---

200 TROTABAS. *Finances publiques*. 3. ed. Paris: Dalloz, 1969, p. 291.

épocas históricas, os Estados, pretendendo alavancar o desenvolvimento do país e não tendo disponibilidades financeiras, se veem obrigados a assumir dívida com Estados ou com instituições financeiras no exterior.

No mais das vezes, e em situações normais, tais débitos devem ser satisfeitos, uma vez que fazem parte da confiança que cada Estado desperta no concerto internacional das Nações.

Pode ocorrer, no entanto, que determinados Estados dominados por grupos momentâneos e não preocupados com o bem-estar de seu povo, mas pretendendo beneficiar-se enquanto se sustentam no governo, assumam dívidas pesadas para se apropriarem dos recursos obtidos. Por vezes, países deflagram revoluções através de grupos rebeldes que se não conformam com a situação então vigente. Ocorre também que guerras intestinas implicam a saída de governantes corruptos que assumem dívidas sem se preocuparem com o que ocorre no interior do país. Mistificam, iludem, tergiversam, tapeiam a comunidade, sob alegação da necessidade de empréstimos externos, e, tão logo obtidos, apropriam-se do dinheiro público, deixando de dar finalidade adequada aos recursos obtidos.

Tais situações são anômalas na vida de um Estado.

Como um contrato (empréstimo público) não se realiza sem a fidúcia que impera entre os contratantes e o mutuante, sabedor dos conflitos intestinos no país que demanda o empréstimo, ainda assim celebra o empréstimo, quer parecer que assumiu o risco de sua incúria.

Pode ocorrer que o empréstimo obtido tenha sido feito com obediência das formalidades legais, mas ao arrepio do que demanda a coletividade. Esta está faminta, sustenta um governo corrupto, luta na clandestinidade ou em foros oficiais para a queda do governo e não consegue. Há verdadeiro descompasso entre o interesse público e a conveniência egoísta de uns poucos. O país que se torna credor sabe de tais fatos. Entretanto, empresta a quantia solicitada, na confiança de que o grupo dominador se manterá no poder.

Observe-se que tais situações fogem da vida normal de determinado país. Não há a estabilidade institucional que enseja o merecimento da confiança internacional. São convulsões internas que tiram tal caráter. O mundo inteiro está ciente de que aquele país trocará de governo em breve. Nada obstante, se concede empréstimo. Na mudança do governo há o risco do não cumprimento do pactuado.

A Convenção de Viena sobre o Direito dos Tratados, assinada em 23.5.1969, foi incorporada ao direito positivo brasileiro por força do Decreto presidencial 7.030, de 14.12.2009. Nele há toda uma previsão de situações que envolvem a nulidade do contrato firmado entre Estados.

São causas de nulidade o erro (art. 48 do Pacto), o dolo (art. 49), a corrupção do representante do Estado (art. 50), a coação sobre o representante do Estado (art. 51) e a coação sobre um Estado pela ameaça ou pelo emprego da força (art. 52).

Ao lado das causas de nulidade, pode o Estado invocar a cláusula rebus sic stantibus para o inadimplemento da obrigação assumida (art. 62).

É verdade que o próprio Tratado de Viena contém uma série de procedimentos para que tal nulidade possa ser reconhecida. Deixemos a parte procedimental para os especialistas. Limitemo-nos a examinar o que nos convém, ou seja: pode haver o não cumprimento do contrato com base em vício sustentado e provado, para que se rotule a dívida de odiosa e não seja ela cumprida?

Em primeiro lugar, há requisitos que devem ser atendidos. A dívida contraída deve estar em descompasso ostensivo com a aprovação dos cidadãos. A saber: a sociedade não deseja mais ser sufocada com dívidas, e, nada obstante, o governo solicita a dívida para pagamento de servidores, por exemplo. Em segundo lugar, os recursos obtidos não beneficiam os indivíduos; ao contrário, oneram-nos ainda mais. Em terceiro lugar, o mutuante sabe dos problemas que o Estado mutuário está vivendo e de seus conflitos internos.

Os Estados Unidos foram o primeiro país, na Modernidade, a deixar de pagar uma dívida. Em 1898 um conflito com a Espanha levou o país americano a assumir Cuba. Esta tinha uma dívida com a Espanha. Os norte-americanos recusaram-se ao pagamento.

No México ocorreu situação semelhante. Ao destituírem o Imperador Maximiliano, os revolucionários decidiram pelo não pagamento da dívida contraída pelo ex-soberano.

No mesmo sentido, a União das Repúblicas Socialistas Soviéticas não cumpriu obrigações assumidas pelo período czarista.

Em dezembro de 2002, os Estados Unidos invadem o Iraque, destituem Saddam Hussein, e, como assumiram o poder e a gestão do Estado, deveriam cumprir as obrigações assumidas pelo governo. No entanto, entenderam que não deveriam pagar a dívida nacional então existente.

Em verdade, não se pode falar bem em nulidade do contrato. Para que assim fosse, teríamos que analisar a teoria das nulidades e invocar erro, dolo, coação, etc. Não se trata disso. O que se poderá invocar é a situação social do país ou a dramaticidade política vivida naquele momento histórico. É mais que isso.

Ao falar em dívida odiosa estamos cuidando de dívidas assumidas de forma arbitrária por grupos governantes, exploradores da população. Esta se encontra em situação de fome, como ocorre em diversos países africanos e também da América Latina.

Vê-se, pois, que não se encaixa exatamente a teoria das nulidades dos atos ou dos contratos jurídicos, ainda que esta possa ser invocada na hipótese do não pagamento e satisfação das obrigações assumidas. O que se analisa aqui é o pagamento famélico da dívida.

Nem se cuida, também, de obrigação assumida com infração da ordem jurídica interna, hipótese que examinamos em outro tópico deste trabalho.

Aqui, o que vale pensar é a solução política a ser dada à dívida assumida, ainda que de forma legal, mas ao arrepio dos interesses maiores da população.

Por vezes regimes inteiros estão sendo dirigidos ao arrepio dos mais comezinhos princípios de direito internacional ou em desconhecimento da Convenção dos Direitos do Homem de 1948. É comum que o mundo assista passivamente a toda uma sorte de agressões aos direitos mínimos do homem, tais como o genocídio operado em Ruanda e na Sérvia e guerras civis toleradas, como na Síria e no Egito.

A tudo a comunidade internacional – inclusive os denominados países fortes – assiste e nenhuma intervenção resolve ter. Assiste a tudo como se nada estivesse acontecendo, e, pois, pretende cobrar dívida de tais países.

Não se pode pagar a dívida, embora existente, à custa da fome do povo. Nem se pode exigir qualquer coisa em vista da deficiência de serviços básicos, quais sejam: saúde, infraestrutura urbana e logística, educação, etc.

É muito comum em tais situações que a prática de estupros seja frequente, famílias inteiras dizimadas, encarceramento sem qualquer defesa e julgamento, lesões corporais, prisões, etc., tudo em atentado aos direitos mais corriqueiros do ser humano. Os países ficam mudos e indiferentes, como se aquilo não fosse com eles.

De repente, restabelecida a normalidade constitucional, querem receber o que emprestaram, ainda que tendo ciência de tais fatos. É a alegação da própria torpeza, que não pode ser invocada em tais situações.

O comportamento torpe, canalha, do rogue State, no preciso dizer de Derrida,[201] não pode ser deduzido como razão para cobrança do débito.

Quem deu forma definitiva à teoria da dívida odiosa foi Alexander Nahum Sack,[202] que foi Professor em São Petersburgo e posteriormente na Europa. Ele esclarece: se um poder despótico assume um débito não no interesse da população, mas para reforçar o regime, para reprimir a população, este caracteriza um débito odioso. Este não é um débito para a Nação, mas pessoal. Cai o débito com a queda do regime. Sobre o trabalho, vale a pena a menção ao livro de Patricia Adams, *Odious Debts*, Capítulo 17, "The Doctrine of Odious Debts".

Não é débito da Nação, mas do regime.

O débito é, então, assumido para subjugar a população. É criado, pois, em caráter pessoal, e não governamental.

O débito legitimado decorre do cumprimento não apenas das formalidades internas para sua assunção, como também do consentimento da Nação. Claro que é difícil demonstrar tal circunstância. No entanto, os acontecimentos políticos levam a isso. Os Estados monitoram outros Estados, sabem em que situação institucional estão, têm ciência sobre se há ou não regularidade da vida socioeconômico-política.

Evidente que se devem prevenir de abusos que podem cometer governantes inescrupulosos. Assumem dívida que depois não será paga sob alegação de instabilidade política. Não se está a postular a prevalência da hipocrisia, ou da falsidade ou da canalhice do governante. Tudo há de ser sopesado.

O que não se aceita é a assunção de dívida em detrimento da fome da população. Cada caso merecerá solução adequada ao montante da dívida e em face das circunstâncias em que foi assumida.

Foi Chamberlain (Neville), Ministro do Tesouro da Grã-Bretanha, quem disse que, "quando nos dizem que os contratos devem ser sagrados, e que não podemos, de forma alguma, violar as obrigações que assumimos, não se deve esquecer que temos outras obrigações e responsabilidades; obrigações não apenas para com nossos concidadãos, mas também para com muitos milhões de seres humanos pelo mundo afora, cuja felicidade

201 DERRIDA. *La Bête et le Souverain*. v. I. Paris: Galilée, 2008.

202 The doctrine of odious debt. In: Unconstitucional regimes and the validity of soverein debt: a legal perspective. Sabine Michalovski, 2007, Ashgate.

ou miséria podem depender do quanto se insista no cumprimento dessas obrigações, por um lado, e o quanto se cumpra, de fato, por outro lado", citado por E. H. Carr.[203]

E. H. Carr sustenta, ao final, que não é o Direito que dá a medida da política, mas que deve haver um equilíbrio desejado politicamente. Não se pode descumprir o pacto, mas também não se pode sacrificar um povo.

Daí, é importante estudar como democratizar a dívida.

28.9 Democratização da dívida

O Estado brasileiro instituiu há pouco tempo a compra direta de títulos da dívida. É o que se denomina de democratização da dívida pública. Ao invés de lançamento no mercado internacional ou emissão de títulos a longo prazo e de valor alto, o governo resolve lançar compra direta, através de instituições financeiras, de títulos de curto prazo de vencimento e de menor valor. Possibilita, assim, que grande parte da população possa adquirir títulos, sabendo qual seu valor, o montante dos juros, forma de amortização e quitação.

Como diz José Joaquim Teixeira Ribeiro, "a dívida pública tende a democratizar-se, tende a espalhar-se pelas mãos de todos os contribuintes".[204]

Uma das formas transparentes e úteis para equilibrar a dívida é realizar uma política de assumir dívida perpétua.

28.10 A denominada dívida perpétua

Aliomar Baleeiro[205] menciona a dívida perpétua, que é entendida como decorrente de emissão de títulos de crédito garantidos pelo governo que não podem ser resgatados. Os títulos não têm prazo definido para resgate. Os adquirentes ficam com direito ao recebimento permanente (anual) de juros. Eventual resgate fica a critério do governo.

Luigi Einaudi menciona dois tipos de renda perpétua: "L'una *è perpetua in senso stretto,* poichè lo Stato, oltre a non aver l'obbligo di rimborso, il che costituisce un vantaggio per lui, non há facoltà di rimborso, il che per lui a onere. Questo tipo de rendita perpetua si può anche dire non denunciabile per indicar la imposibilità per lo Stato di liberarsene offrendo il rimborso del capitale".[206] "La seconda maneira di rendita perpetua è quella per cui lo Stato ha sempre la facoltà e non ha mai l'obligo di rimborsare il capitale corripondente alla rendita."[207] É o *denunciável*. O segundo tipo é mais conveniente que o primeiro, porque deve pagar a prestação anual, mas pode denunciar a qualquer tempo.

Tudo dependerá da conveniência do Estado no momento de lançamento dos títulos. Ele define qual título será posto à venda pública e estabelece as condições de resgate ou não.

---

[203] Discurso proferido por Chamberlain na Câmara dos Comuns em 14.12.1932, *op. cit.* por CARR, E. H. *Vinte anos de crise*: 1919/1939. 2. ed. Brasília: UnB, 2001, p. 241.

[204] RIBEIRO, José Joaquim Teixeira. *Lições de finanças públicas*. 5. ed. Coimbra: Coimbra Editora, 1997, p. 220.

[205] BALEEIRO, Aliomar. *Uma introdução à ciência das finanças, op. cit.*, item 50.10, p. 513.

[206] EINAUDI. *Principi di scienza delle finanze, op. cit.*, n. 468, p. 385.

[207] *Idem, ibidem.*

José Joaquim Teixeira Ribeiro define os empréstimos perpétuos como "aqueles que o Estado contrai obrigando-se a pagar um certo juro anual, mas não a proceder ao reembolso".[208] Ressalta a vantagem de tal tipo de empréstimo perpétuo remível porque ao Estado cabe decidir "do pagamento do capital e do momento oportuno para o fazer".[209]

A renda perpétua pode sofrer – o que é risco do capitalista investidor – desgaste monetário ao longo do tempo. Pode resultar em sérias perdas na hipótese de o Estado ter qualquer risco em sua saúde financeira. Em tempos de estabilidade ou de menos crescimento econômico o investimento pode resultar proveitoso.

Os empréstimos têm que ser pagos ou amortizados.

28.11 Amortização

Quando há empréstimo com prazo certo de resgate, há formas para que ocorra. Pode ser pago à vista no vencimento. Podem ser sorteados títulos para resgate, se tal foi previsto quando da emissão. Pode ser amortizado anualmente o capital, com o que haverá diminuição dos juros até que se chegue ao final. Pode ser comprado o título em Bolsa.

Amortização é o pagamento parcial do débito até a extinção da dívida.

Segundo Luigi Einaudi, a palavra ammortamento significa "il rimborso fatto dallo Stato dela somma mutuata".[210] Segundo o mesmo autor, a amortização cumpre três objetivos: (a) diminui os ônus dos juros para os débitos antigos e dá ao orçamento maior robustez; (b) evita transmitir às gerações futuras os encargos da geração atual; e (c) evita gravar gerações futuras com eventuais erros cometidos pela presente.

Veiga Filho anota que a amortização significa a redução do capital emprestado até a extinção da dívida.[211]

Manuel de Juano diz que a amortização "es uno de los procedimientos de que se vale el Estado para disminuir el peso de las deudas públicas".[212]

O mesmo autor, citando Lord Grenville em *Ensaio sobre a Amortização*, publicado em 1827, anota que a amortização somente pode funcionar bem quando: (a) há um claro excedente de receitas em confronto com as despesas; (b) não servir de pretexto para que o Estado assuma outro empréstimo; e c) há paz, não devendo ocorrer na guerra.

Trotabas faz detalhada análise das diversas formas sob as quais pode ocorrer a amortização.[213]

Discorrendo sobre os processos clássicos de amortização, Henry Laufenburger afirma que, diferentemente da dívida perpétua, que não comporta obrigação de reembolso, "a dívida amortizável exige que se disponha de um contingente anual de restituição de conformidade com as convenções e com os planos de reembolso".[214]

---

208 RIBEIRO, José Joaquim Teixeira. *Lições de finanças púbicas, op. cit.*, p. 189.

209 *Idem, ibidem.*

210 EINAUDI. *Principi di scienza delle finanze, op. cit.*, Capítulo VII, n. 523, p. 440.

211 VEIGA FILHO. *Manual da sciencia das finanças, op. cit.*, p. 440.

212 DE JUANO, Manuel. *Curso de finanzas y derecho tributario.* t. I. Rosário: Molachino, 1964, p. 89.

213 TROTABAS. *Finances publiques, op. cit.*, n. 161, p. 307-309.

214 LAUFENBURGER, Henry. *Finanças comparadas.* Rio de Janeiro: Financeiras, 1952, p. 340.

Pode ocorrer que o Estado resolva amortizar por sorteio. Opta e escolhe um número constante ou variável de títulos, tirados à sorte, e os amortiza, tornando certa a quitação.

Pode-se também converter a dívida.

28.12 Conversão

O Tesouro pode oferecer a aquisição dos títulos vencidos em troca de outros, por juros menores e com prazo diverso. Pode ocorrer que o governo não tenha condições de efetuar o resgate do título ou pagá-lo. Oferece, então, ao credor uma forma de quitação, na qual ele aceita a substituição (conversão) por outros títulos com juros inferiores e de maior prazo de quitação.

No dizer de Veiga Filho, dá-se a "conversão de um empréstimo público toda vez que o Estado substitui os títulos de sua dívida por outros do mesmo valor e sob novas condições, quanto aos juros e prazo de reembolso primitivamente estipulados".[215]

Pode haver muita variação em tal proposta. Normalmente, a conversão ocorre em países em que a situação financeira não está consolidada ou com problemas financeiros para quitação de suas dívidas.

A conversão, para Manuel de Juano, "es en esencia la transformación de una deuda en otra de menor interés".[216]

Como diz Einaudi, por *conversão* "si intende la riduzione, compiuta col consenso dei creditori, dell'interesse sui titoli di debito pubblico dal tasso convenuto ad un tasso minore".[217]

Em verdade, deve haver a concordância do credor. Se, quando do lançamento dos títulos, se estabeleceu que eles poderiam ser conversíveis quando do vencimento, o credor não pode reclamar se houver o pagamento parcial dos juros e renovação do contrato por maior tempo, com pagamento de juros por taxa menor. Em hipótese contrária não há o direito de converter, mas apenas oferta do reembolso do capital.[218]

Trotabas tratou exaustivamente do assunto.[219]

Se o Estado, implícita ou explicitamente, renunciou à conversão, não mais pode fazê-lo, salvo concordância do credor. O que não pode é alterar unilateralmente o que fora contratado quando da aquisição dos títulos pelo adquirente.

O Estado, entretanto, deve precaver-se e sempre estabelecer a possibilidade da conversão. Nunca se sabe o que pode acontecer no futuro. Daí, como adverte Einaudi, a cautela da enunciação da conversão quando do lançamento dos títulos.[220]

O que irá disciplinar o crédito: normas federais de cunho geral ou as resoluções do Senado?

215 VEIGA FILHO. *Manual da sciencia das finanças, op. cit.*, §124, p. 436.
216 DE JUANO, Manuel. *Curso de finanzas y derecho tributario, op. cit.*, t. I, p. 89.
217 EINAUDI. *Principi di scienza delle finanze, op. cit.*, Capítulo 9, n. 562, p. 470.
218 *Idem*, p. 471.
219 TROTABAS. *Finances publiques, op. cit.*, n. 160, p. 306-307.
220 EINAUDI. *Principi di scienza delle finanze, op. cit.*, p. 476.

28.13 Compatibilidade entre a competência da lei complementar prevista no art. 163 e a do Senado Federal disposta nos incisos V a IX do art. 52, todos da CF

Os artigos mencionados não se excluem. Compatibilizam-se. Aliás, é dever do exegeta evitar antinomias e harmonizar o sistema.

Na hipótese, a lei complementar tem todo o foco de abrangência da matéria financeira. Cabe, assim, à lei complementar dispor sobre finanças públicas, o que engloba, por seu conteúdo, tudo que diga respeito às receitas e despesas públicas, seu respectivo controle, destinação, operações de crédito, dívida, órgãos de controle, etc.

Não satisfeita com tal previsão ampla, a Constituição especifica, isto é, estabelece, no inciso II do art. 163, que cabe ao Congresso dispor sobre "dívida pública externa e interna, incluída a das autarquias, fundações e demais entidades controladas pelo Poder Público". A previsão é da edição de normas gerais e abstratas sobre o tema. No caso do inciso V do art. 52 percebe-se que a competência do Senado é de autorizar as operações externas de natureza financeira de interesse dos entes federativos. Uma coisa é dispor sobre, isto é, legislar através de norma complementar; outra é autorizar, ou seja, editar ato administrativo denominado resolução, após exame da documentação apresentada com o pedido da realização da operação de crédito. Um é ato genérico e abstrato; outro, específico e concreto. O ato genérico alcança série indeterminada de comportamentos e atinge determinando grupamento social; o ato específico atinge determinada pessoa, agente ou entidade. O ato abstrato predispõe-se à repetição diante da similaridade de situações; o ato concreto esgota-se em sua realização.

À lei complementar cabe dispor sobre "concessão de garantias" que devam ser prestadas pelas entidades públicas (inciso III do art. 163 da CF/1988). O inciso VIII do art. 52 da CF/1988 estabelece incumbir ao Senado dispor sobre limites e condições para a concessão de garantias da União em operações de crédito externo e interno. A saber: genericamente, a lei estabelece quais as garantias que podem ser dadas, sua extensão, seus limites, etc. No caso concreto, diante do pedido formulado pelos entes federativos que devam ter a garantia da União, cabe ao Senado estabelecer quais as garantias que naquele caso específico são cabíveis, seus limites e em que condições podem ser dadas.

O inciso IV do art. 163 da CF/1988 estabelece ser da competência da lei complementar dispor sobre "emissão e resgate de títulos da dívida pública". Solicitada pelo ente federativo a emissão de títulos para venda no mercado aberto ou com direção determinada, cabe ao Senado estipular quais os limites, formas, e, então, autorizar a realização da operação (inciso V do art. 52 da CF/1988), bem como fixar limites globais para o montante da dívida consolidada dos entes federativos.

Todo o endividamento ocorrerá através ou de contratos ou de emissão de títulos. Em ambos os casos a previsão genérica e abstrata encontra previsão em lei complementar; o deferimento específico e concreto terá amparo em resolução do Senado Federal.

Quando a Constituição outorga ao Senado Federal a competência para estabelecer limites ao endividamento, ele é que detém dados e informações, que também podem ser levantados juntos às autoridades financeiras e econômicas do governo, para dispor sobre tais limites. Diga-se o mesmo em relação à dívida mobiliária prevista no inciso IX do art. 52 da CF/1988. Para que se emitam títulos, o Senado há de estar informado sobre o montante global da dívida, quanto se pede de emissão, qual sua finalidade, e, então, saber do percentual de endividamento que será aumentando e saber de sua compatibilidade com a dívida já existente.

Percebe-se, pois, que não há qualquer incompatibilidade ou antinomia entre os dispositivos constitucionais. Ao contrário, harmonizam-se. Ao Congresso Nacional cabe a edição de lei complementar dispondo sobre a matéria financeira. Ao Senado, a identificação do ato concreto, seja de caráter contratual, seja de caráter de emissão de títulos da dívida pública.

Na apuração efetiva do ato de endividamento cabe a participação privativa do Senado Federal.

Os dispositivos, como se vê, não se excluem. Ao contrário, se harmonizam.

Harmonizados, como pode alguém obter empréstimo sem autorização legislativa e como resolver o problema?

Pode ocorrer, de outro lado, que o Estado necessite ou diga necessitar de celebrar contratos sem que os queira divulgar para a sociedade. Daí os contratos secretos.

28.14 Contratos secretos. Foucault e a razão de Estado. A Lei nº 12.527/2011

Nos dias que correm, em que há grande divulgação dos interesses dos Estados e a facilidade que a globalização trouxe em termos de relacionamento mundial, indaga-se da possibilidade de os Estados que mantêm o controle sobre os interesses coletivos e públicos celebrarem ou não contratos secretos. O interesse dos Estados está acima dos individuais? Há conflito de interesses entre Estados? Há conveniência em manter contratos ou determinadas cláusulas sigilosas? Até que ponto os direitos individuais podem ser sacrificados em prol dos públicos?

Tais indagações ficam no ar quando se cuida de estudar o endividamento público. Há direito público em saber quanto o país deve? Ou tal matéria é exclusiva do conhecimento dos governantes?

Todos os atos praticados pelo governo são públicos. Não há nada que possa ser secreto e retirado do conhecimento da sociedade. A única exceção vem tratada no inciso XXXIII do art. 5º da CF/1988. Lá está previsto que todos têm direito de receber informações de seu interesse ou do interesse coletivo, "ressalvadas aquelas cujo sigilo seja imprescindível à segurança da sociedade e do Estado".

O acesso a tais dados vem previsto no inciso II do §3º do art. 37 e será disciplinado por lei.

Adveio a Lei nº 12.527, de 18.11.2011, que disciplinou o tema em nosso Direito. Os documentos que digam respeito aos interesses exclusivos do Estado e excluídos do conhecimento de todos podem ser ultrassecretos, secretos e reservados (art. 24 da lei mencionada).

O Estado lida sempre com pessoas e com suas emoções. Como disse Foucault, "nunca se governa um território, nunca se governa uma estrutura política. Quem é governado são sempre pessoas, são homens, são indivíduos ou coletividades".[221]

[221] FOUCAULT. *Segurança, território, população*. 2. tir. São Paulo: Martins Fontes, 2009, p. 164.

Advirta-se – e fique claro – que estamos sempre lidando com seres humanos, não com coisas ou imaginações. Por força de tal premissa, os cuidados se redobram. Quem decide como e de que forma governar? Não são seres angélicos ou espirituais. Simplesmente, são homens. Daí o fundamento de que determinadas decisões devem ficar alheias à coletividade. Um grupo ou alguém decide o que pode e o que não pode ser divulgado a todos. Daí nasce o que se rotula a razão de Estado.

Foucault vai entender a razão de Estado, com base em Chemntiz, como "certo cuidado político que se deve ter em todos os negócios públicos, em todos os conselhos e em todos os desígnios, e que deve tender unicamente à conservação, à ampliação e à felicidade do Estado, para o que há que empregar os meios mais fáceis e mais prontos".[222] Na sequência, vai definir o golpe de Estado: "É a afirmação – (a razão de Estado) que afirma que o Estado deve ser salvo de qualquer maneira, quaisquer que sejam as formas que forem empregadas para salvá-lo".[223]

Veja-se que tanto a razão de Estado como o golpe de Estado não dizem respeito à sociedade. É a preservação do próprio Estado pelo grupo governante. Pode-se dizer, claramente, que a razão de Estado é a razão do grupo governante e com ela se confunde. Pode, inclusive, ser contra a sociedade. O que se busca preservar é o funcionamento do Estado, e preservá-lo em mãos daqueles que detêm o poder naquele instante.

Em determinadas circunstâncias há situações que não podem ser divulgadas. No relacionamento intersubjetivo da mesma forma. Para subsistência de diálogo a dois, algumas coisas podem ser reservadas. Imagine se todos os fatos da vida de alguém fossem revelados. Tal vida seria insuportável. Há determinados incômodos ou preocupações que devem ficar na reserva mental de um dos comunicantes. O mesmo se passa em relação ao Estado. As preocupações e incômodos que tem o Estado podem afetar um grupo muito maior de pessoas que o mero contato entre duas individualidades.

Daí por que o Estado tem que manter sob sigilo determinados problemas e soluções que deve tomar. Encontrar um limite exato é impossível. Depende das circunstâncias e das situações. Sempre que surgirem situações delicadas o Estado pode e deve tomar decisões que fiquem sob sigilo, em face da conservação e preservação da tranquilidade da população. Evidente que deve empregar os meios mais suaves que puder.

Ressalte-se que o que se está tentando não é a dignidade pessoal de quem quer que seja, nem avanços de instituições que podem se dirigir contra a sociedade. O que se busca manter é o domínio do Estado em mãos de quem manda naquele determinado momento histórico.

Já se tentou entrever nas razões de Estado a proteção do próprio Estado. É verdade que o grupo que se acomodou no governo busca nele se manter, fundando-se em todos os tipos de razão e de fundamento. É como salienta Foucault: "a razão de Estado é uma relação do Estado consigo mesmo, uma automanifestação na qual o elemento população está esboçado, mas não presente, esboçado, mas não refletido".[224]

Não se pode aceitar, por óbvio, a suspensão ou interrupção da situação institucional. Aí se estaria defronte a uma quebra da legalidade ou da regularidade constitucional.

---

222 *Idem*, p. 343.

223 *Idem*, p. 350.

224 *Idem*, p. 370.

Cuidar-se-ia do golpe de Estado, e não frente a uma situação em que se possa invocar a razão de Estado. A diferença fundamental é que na suspensão ou interrupção institucional se estará perante uma situação de anomalia no exercício dos poderes constitucionais. Há a quebra da regularidade e dos procedimentos institucionais. Na invocação da razão de Estado há obediência e sujeição ao denominado Estado de Direito. A exceção se passa no interior do ordenamento jurídico. A situação se equipara à formulada por Carl Schmitt quando diz caber ao soberano a decisão sobre o "estado de exceção".[225] O problema, como colocado, é a exceção se tornar a regularidade.

Mas voltemos ao caso em análise, deixando tais indagações para estudos posteriores. O que importa é o questionamento sobre até que ponto é possível sonegar informações à Nação.

Como esclarece Foucault, "a finalidade do Estado é o próprio Estado, mas o próprio Estado na medida em que esse Estado deve ser feliz, deve ser próspero, etc., pode-se dizer que a população como sujeito ou objeto dessa felicidade é ligeiramente esboçada".[226]

Assim, até que ponto a finalidade do Estado para si próprio é o objeto principal ou se tem como sujeito a população?

Assim, vê-se que a razão de Estado pode ser invocada para manutenção do próprio Estado, e não em benefício da população. Neste passo distanciam-se Estado e sociedade. São sujeitos diferentes. O Estado pode contrapor-se à sociedade. Como diz Bobbio, "por sociedade civil entende-se a esfera das relações sociais não reguladas pelo Estado".[227] Os interesses da sociedade podem contrapor-se aos do Estado. A deliberação de uma guerra, por exemplo, pode ser de interesse do Estado, mas a sociedade não quer se envolver. Deliberações sobre o montante da dívida podem ser um questionamento do Estado, mas podem desagradar à sociedade. Esta pode querer relacionamento com determinados países que não são do gosto do grupo dominante. Enfim, os interesses podem estar em permanente confronto. O que importa é que fique claro que sociedade civil e Estado não são a mesma coisa.

O Estado busca sua preservação e obedece ao momentâneo domínio de determinado grupo ou facção política. Suas ideias, sua ideologia, podem ser dominantes em alguns grupos e divergentes de outros. Confrontados, um deles prevalece, e este se impõe na direção do Estado. Este grupo que dele se assenhora nem sempre está em sintonia com os reais desejos da sociedade civil. Esta se forma através dos diversos segmentos que formam o todo. São sindicatos, associações, lideranças carismáticas, entidades profissionais, universidades, etc. que formam uma parcela pensante e ativa fora do Estado. Estão em seu interior, mas com ele não se confundem. O Estado significa a estrutura burocrática que tem o poder da decisão em determinado momento histórico.

Pode ocorrer que haja necessidade de que irrompa o direito à desobediência. Isso ocorre quando as decisões do Estado não apenas confrontam com as da sociedade civil, mas tomam rumo diverso dos reais interesses desta. Surge o direito de resistência diante de situações em que a sociedade é vilipendiada e em que se desconhece, ou se ignora ou se abandona a vontade popular.

---

225 SCHMITT, Carl. *Teologia política, op. cit.*, p. 7.

226 FOUCAULT. *Segurança, território, população, op. cit*, p. 309.

227 BOBBIO. *Estado, governo, sociedade.* Rio de Janeiro: Paz e Terra, 1987, p. 33.

Assim, as decisões que possam envolver os atos ou contratos secretos devem ser as mais específicas e devidamente justificadas. A Lei nº 12.527, de 18.11.2011, dispõe, em seu art. 23, quais os atos considerados "imprescindíveis à segurança da sociedade ou do Estado", e, pois, passíveis de vedação à divulgação e que impõem acesso restrito. São: (a) os que podem pôr em risco a defesa e a soberania nacionais ou a integridade do território; (b) os que põem em risco negociações internacionais; (c) os que põem em risco a vida, a segurança ou a saúde da população; (d) os que ofereçam risco à estabilidade financeira, econômica ou monetária do país; (e) os que possam pôr em risco operações militares; (f) os que possam prejudicar pesquisa científica ou tecnológica ou que possam causar risco a instalações ou áreas de interesse estratégico; (g) os que possam pôr em risco a segurança de instituições, de autoridades nacionais e estrangeiras e seus familiares; e (h) os que possam comprometer atividades de inteligência.

O que interessa especificamente a nosso estudo diz respeito ao "elevado risco à estabilidade financeira, econômica ou monetária do país" (inciso IV do art. 23).

Alguns contratos podem ser tidos como secretos, de forma a subtraí-los do conhecimento da sociedade civil. Para tanto deverá ter a autoridade competente (que integra, por suposto, o alto comando dos interesses do Estado) declarado aquele ato ou contrato de interesse do Estado ou da sociedade, para que possa ser tido como reservado. Ninguém a ele poderá ter acesso. Apenas a esfera íntima da alta cúpula do governo é que dele pode ter conhecimento e saber de seu conteúdo.

Evidente que o sigilo imposto não é perpétuo. Tem um tempo de privacidade. Posteriormente é liberado ao conhecimento de todos. A lei em análise prevê tais prazos. Sua análise agora é despicienda.

O que nos vale, por ora, é saber da existência de tais contratos, a declaração de que seu conteúdo deverá ser secreto e, pois, justificar sua existência no mundo jurídico em preservação da integridade nacional, de seus governantes ou do envolvimento de poderosos interesses de Nações estrangeiras.

Indaga-se se o volume financeiro da operação pode ser motivo para se declarar secreto o contrato. Evidente que não. O só montante de um acordo de vontades é insuficiente para que se o tenha por secreto, porque o que vale não é a quantia de dinheiro em discussão, mas o valor a ser protegido. O valor, aqui, no sentido de interesse protegido, e não do montante da operação.

Pode-se cuidar de um contrato de pequena monta, mas que envolva poderosos interesses de países ou que a contratação se faça em detrimento de um terceiro país que não deve ter conhecimento daquela tratativa. Em tais casos, como se disse, o que vale é o conteúdo do contrato, e não sua quantia, que deve estar a salvo do conhecimento de terceiros e também da sociedade.

As Diretivas (2004/18/CE e 2004/17/CE) emitidas pela Comunidade Europeia igualmente preveem os contratos públicos declarados secretos e respeitantes aos interesses essenciais de um Estado. A primeira cuida dos contratos de obras públicas e a segunda (2004/17/CE) prevê a cautela em contratos de água, energia e serviços postais.

Eventualmente, algum assunto comum para um Estado pode ser essencial a outro. Vê-se, pois, que não é possível identificar todas as hipóteses em artigos de lei. Ao contrário, deve-se explicitar em palavras vagas e de conteúdo amplo para que possam ser aplicadas na prática.

Não há necessidade, hoje, de se invocar a razão de Estado para que se torne sigiloso ou secreto um contrato. Os fundamentos da doutrina da razão de Estado estão embutidos na declaração do segredo de determinado contrato. Basta que o governo, por seus agentes políticos ocupantes de postos de relevo, declare aquele contrato de seu alto interesse para que ele seja posto ao abrigo da lei denominada de Acesso à Informação.

Hoje, em face da facilidade de comunicação e dos meios próprios de divulgação, com o risco da presença de hackers e de pirataria eletrônica de toda ordem, os governos têm que manter sob sigilo absoluto determinadas informações. O risco que correm é que os servidores qualificados para cuidarem de tal assunto possam, rompendo o elo de confiança que os une ao Estado, divulgar tais dados. Alguns países têm enfrentado tal problema.

Evidente está que não pode haver qualquer abuso no exercício de tal direito. Daí caber recurso contra decisão que reconheça como sigilosa a despesa. Quem for legitimado a discutir o assunto poderá pedir a reabertura de tal decisão ou, então, recorrer ao Poder Judiciário para que tal segredo seja quebrado.

Ainda que possam existir contratos secretos e, pois, afastados do conhecimento da sociedade quando esta ou o Estado precisarem de tal proteção, tal circunstância impediria o exame e a fiscalização por parte dos órgãos internos e externos de controle (art. 70 da CF/1988)?

Ora, na medida em que cabe ao TCU "apreciar as contas prestadas anualmente pelo Presidente da República" (inciso I do art. 71 da CF/1988), seria inadmissível que o fizesse sem ter acesso a todas as despesas realizadas pelo órgão da Presidência da República.

Uma coisa é o sigilo de determinado ato ou contrato. Outra é o controle que deve ser exercido, sob o aspecto financeiro da despesa realizada. Não se ter qualquer ato fora de controle ou de fiscalização por parte do órgão competente. Não lhe cabe alterar a solução dada (a matéria é de mérito e atribuída ao agente político), mas pode alterar o reconhecimento do sigilo de determinados gastos, como já o fez.[228] Na oportunidade entendeu-se que despesas correntes de hospedagem, alimentação, combustível, etc. não podem ser enquadradas como gastos sigilosos.

Vê-se, pois, que numa democracia, em que todos são responsáveis por seus comportamentos (o que decorre do conceito de República), ainda que o governante possa invocar o sigilo de seu ato acobertado por dispositivo constitucional e com base em lei dele defluente, não pode sonegar a prestação de contas e ter sua responsabilidade apreciada pelos órgãos competentes (Poder Judiciário e Tribunal de Contas).[229]

28.15 O empréstimo como ato simbólico. A parábola do artesão

Em excelente texto sobre os símbolos, Ernst Cassirer afirma que "sinais e símbolos pertencem a dois universos diferentes de discurso: um sinal faz parte do mundo físico do

[228] TCU, Pleno, Ac. nº 2.514/2010, *DOU* 24.9.2010.

[229] Análise foi feita por SCAFF, Fernando Facury. Direitos fundamentais e orçamento: despesas sigilosas e o direito à verdade. *In*: CONTI, José Maurício; SCAFF, Fernando Facury (Org.). *Orçamentos públicos e direito financeiro*. São Paulo: RT, 2011, p. 231.

ser; um símbolo é parte do mundo humano do significado".[230] Em seguida garante que "o conhecimento humano é por sua própria natureza um conhecimento simbólico".[231] Assinala que, ao invés de definir o homem como animal racional, deveríamos defini-lo como animal symbolicum.[232]

Dentro de tal universo, podemos focalizar o empréstimo como ato de múltipla significação. Simboliza, sem dúvida, o exercício da soberania do Estado. De início pareceu que pelo fato de se submeter a um contrato (por exemplo, o financiamento através do FMI, em que o país se submete a coordenação da entidade financeira) praticamente imposto haveria quebra da soberania do Estado. O que ocorre, em realidade, é a manifestação explícita da soberania. O fato de o Estado se submeter a certos parâmetros econômicos instituídos pela entidade bancária não significa que abre mão de sua soberania, mesmo porque o contrato tem que ser aprovado pelos órgãos de representação internos.

Segundo ponto de interesse no estudo do símbolo como incorporado às razões ou à administração do Estado diz respeito à sua economia interna. Adotemos, aqui, o conceito de economia explicado por Giorgio Agamben.[233] O autor buscou ao longo da História o significado de oikonomia no mundo religioso, e em especial na Trindade cristã. Originariamente o termo tem o caráter de "administração da casa". Carl Schmitt é quem afirma que "todos os conceitos decisivos da moderna doutrina do Estado são conceitos teológicos secularizados".[234]

Em decorrência do afirmado, Agamben busca no conceito da Trindade (Pai, Filho e Espírito Santo) o problema de gestão da economia divina. A economia da casa é equiparada à do governo. Como diz, o conceito de economia passa a ser visto como de administração. Economia, ou seja, repartição dos encargos, atribuições de ação, solução dos problemas, tudo leva à administração governamental.

Foucault irá comentar a administração governamental como a administração pastoral. O governo das almas repercute no governo dos corpos.

Sendo assim, o empréstimo público outra coisa não significa senão a economia gerenciada pelo governo no caso de necessidade de recursos para investimento em alguma matéria relevante. Ninguém irá buscar empréstimo e endividar-se se não houver um objetivo público em vista, salvo hipóteses odiosas que estudamos. O normal da Administração é a regular busca da boa administração (oikonomia).

Não pode haver na Administração o contrato simbólico. A alienação de coisas e bens pode ser simbólica (na hipótese de uma alienação feita em leilão público, em que os valores vão sendo ofertados a um arrematante que recolhe as propostas e, em gesto simbólico de bater o martelo, fecha o contrato). Agamben estudou os gestos[235] como autênticos e, pois, produtores de efeitos jurídicos. Os feixes igualmente podem ter significados. Igualmente, a aclamação pode estar repleta de significado jurídico constitucional, tal como estudado pelo autor, que invoca a autoridade de Kantorowicz.[236]

---

230 CASSIRER, Ernst. *Ensaio sobre o homem*. São Paulo: Martins Fontes, 2005, p. 58.

231 *Idem*, p. 96.

232 *Idem*, p. 50.

233 AGAMBEN. *O reino e a glória, Homo Sacer II*. São Paulo: Boitempo, 2011.

234 SCHMITT, Carl. *Teologia política, op. cit.*, Capítulo 3.

235 AGAMBEN. *O reino e a glória, Homo Sacer II, op. cit.*, p. 199.

236 *Idem*, p. 211.

Ora, os contratos de financiamento não admitem a forma simbólica. Devem estar formalizados em documento escrito, nele contendo todas as cláusulas sobre o cumprimento, ou não, do convencionado e prevendo sanções na hipótese de infração.

Não há solenidade teúrgica, mas mera obediência à lei.

Os atos administrativos podem tomar a forma acústica (apito do guarda de trânsito) ou visual (semáforo) e os contratos podem ser consumados pelo bater do martelo do leiloeiro ou pelo sinal de esgotamento de tempo na hipótese de leilão eletrônico.

O contrato público simboliza, em verdade, o acordo de vontades a que chegaram os interessados estatais. De qualquer forma, há toda uma simbologia que está por detrás dos acordos, mesmo que sejam contratos firmados por constrangimento sobre a vontade do governante ou por malícia. Mas valem para representar a concordância em torno de determinada quantia que sai de um bolso estatal para outro, que se torna responsável pela dívida.

28.15.1 A parábola do artesão

Na Idade Média foi muito comum o uso do potier, isto é, do oleiro que relata ao interlocutor como ele manipula o barro e não se importa com as coisas que dali surgem. O que nasce de suas mãos toma vida própria. De outro lado, quem dá a forma é o oleiro. Da mesma forma o relojoeiro, tão explorado por Voltaire. A montagem da aparelhagem tem sempre seu autor. Não deixa impressão digital ou deixa, querendo.

Na elaboração de peças fiscais, orçamento, contratos e financiamento, o autor jamais aparece. As tratativas são feitas de forma sub-reptícia, de forma sorrateira, nos desvãos. Conciliábulos.

O projeto de lei ou o esboço do contrato aparecem subscritos por alguém. No entanto, ficam não identificados os autores dos acertos financeiros.

O importante é que se saiba quem celebrou o contrato, quem são seus autores e artífices, para que todos possam ser chamados a prestar contas.

28.16 Prestação de contas. Intervenção federal e estadual

É inarredável do exercício republicano de cargos públicos a prestação de contas. O Presidente da República é obrigado a prestar as contas (inciso XXIV do art. 84 da CF/1988), anualmente, do exercício anterior, e para isso tem o prazo de 60 dias após a abertura da sessão legislativa.

Elas são julgadas pelo TCU (inciso IX do art. 49).

Todo agente público que lide com dinheiro público fica obrigado a prestar contas de sua administração. O agente deve ser como a mulher de César: não apenas parecer sério, mas demonstrar que o é.

Consequência lógica do disposto no art. 37, de que a Administração Pública se rege pelo princípio da moralidade, ao lado de outros ali estampados, é a obrigação de dar satisfação do que faz. Como lida com dinheiro público que advém, em sua maioria, da cobrança de receitas tributárias à população, deve ter a hombridade, a seriedade, a ética, de prestar contas do que faz e onde alocou os recursos a ela deferidos.

A União deve respeitar os Estados, mas neles pode intervir para assegurar a observância da "prestação de contas da Administração Pública, direta e indireta" (alínea "d" do inciso VII do art. 34 da CF/1988).

O Estado-membro também pode intervir nos Municípios que não prestarem "contas devidas, na forma da lei" (inciso II do art. 35 da CF/1988).

O princípio democrático – diz Ataliba – "supõe necessariamente a prestação de contas de todo e qualquer agente público, sem exceção, em toda e qualquer matéria: política, administrativa, financeira, técnica e jurídica".[237]

No âmbito federativo é essencial o papel do Senado Federal como controlador e autorizador dos empréstimos. É importante seu estudo.

28.16.1 Plano de refinanciamento de dívida de Estados e Distrito Federal e sua recuperação fiscal (breve análise das Leis Complementares nºs 156, de 28.12.2016, e 159, de 19.5.2017)

Os desmandos administrativos e financeiros dos entes federativos levaram-nos a um endividamento acima do que estabelece a Lei de Responsabilidade Fiscal e bem além do permitido constitucionalmente. Num Estado Federativo, em tese, cada unidade deve cuidar de seus recursos, adequando a despesa à receita. Má gestão pública, gerência da unidade de acordo com interesses políticos e uso atrabiliário dos interesses públicos levaram Estados, Distrito Federal e Municípios à impossibilidade de arcar com seus compromissos fiscais.

A União, entidade que ainda não tem definidos seus limites de endividamento e o teto de seus compromissos, delibera, então, estabelecer um plano de auxílio aos demais entes federativos. Edita a Lei Complementar nº 156, de 28.12.2016.

O art. 1º do mencionado texto legal permite à União que adote nos contratos de abertura de crédito com os Estados a celebração de termo aditivo, permitindo o prazo adicional de 240 meses para o pagamento das dívidas refinanciadas.

O que se passa, então, é a consolidação das dívidas de Estados, Distrito Federal e Municípios, e o prazo anteriormente mencionado passa a ser de 360 meses. A União foi expressamente autorizada a conceder "redução extraordinária da prestação mensal das dívidas" (art. 3º da Lei Complementar nº 156/2016).

De outro lado, diante da lavratura do acordo, afastou-se a incidência de encargos por inadimplemento e não se lança o nome do Estado e do Distrito Federal nos cadastros negativos (§6º do art. 3º).

Os acordos alcançam eventuais ações já propostas junto ao STF (art. 5º), e a União pode receber parcelas de dívida vencidas e não pagas.

Instam-se os entes federativos à venda de bens, direitos e participações acionárias em sociedades empresárias controladas pelos Estados e pelo Distrito Federal (art. 6º). Viu-se em tal dispositivo ingerência de uma unidade federativa em outra, de forma a macular seu nascimento.

A matéria está em discussão no STF (ADI nº 5.807, min. Rel. Gilmar Mendes) que concedeu liminar ao Estado da Bahia.

---

[237] ATALIBA, Geraldo. *Empréstimos públicos e seu regime jurídico, op. cit.*, p. 52.

Todas as operações de crédito deverão ter supervisão.

Os acordos alcançarão dívidas relacionadas ao FGTS perante a Caixa Econômica Federal.

O controle de tudo é feito pela Comissão Mista de Orçamento, a que cabe fiscalizar o andamento da execução orçamentária, sem prejuízo da competência do Senado Federal (incisos VIII e IX do art. 52 da CF).

Como sempre, socorro aos desmandos financeiros de Estados e Distrito Federal. Administradores e agentes políticos de qualquer Poder negligenciam, são imprudentes e imperitos na gestão dos cofres públicos, manuseando-os de acordo com interesses nem sempre nobres. Resulta nisso. Intervenção branca em suas contas.

Na sequência dos desmandos das unidades federativas foi instituído o Regime de Recuperação Fiscal dos Estados e do Distrito Federal pela Lei Complementar nº 159/2017. A lei outra coisa não faz senão afirmar a inconsequência dos regimes fiscais até então implantados nas unidades referidas, sua ineficiência, e como fazer para recuperar sua saúde fiscal.

O objetivo é – dentro outros – incitar à alienação de bens de diversos setores (energia, saneamento, etc.) para quitação de passivos. Obrigação dos entes federativos de adotar responsabilidade em face do regime previdenciário deficitário. Outra providência é a redução dos incentivos, que tem eliminado dos cofres públicos muita receita. Proíbe-se, igualmente, a realização de saques em depósitos judiciais (de constitucionalidade inquietante).

A lei estabelece uma série de exigências para que haja adesão ao Regime de Recuperação Fiscal (art. 3º da Lei Complementar nº 159/2017).

Apresentados documentos que atendam à higidez fiscal do ente federativo, efetuar-se-á sua homologação e será o acordo supervisionado pela União.

Na fluência do acordo – e daí nascem questionamentos fundados – impõe-se uma série de restrições aos Estados-membros e ao Distrito Federal, dentre elas a concessão de vantagens a servidores públicos, restrição de criação de cargos, contratações, etc. (art. 8º).

Em contrapartida, a União concede redução extraordinária de prestações relativas aos contratos de dívidas (art. 9º).

O texto normativo suspende a aplicação de dispositivos da Lei de Responsabilidade Fiscal, o que já demonstra a *superação política* dos óbices instituídos em referidas leis complementares (art. 10).

Durante o Regime de Recuperação algumas operações de crédito podem ser contratadas (art. 11 da Lei Complementar nº 159/2017).

Em suma, as leis complementares vão abrindo exceções às exceções, em indigesta profanação de princípios constitucionais e saudáveis normas de responsabilidade fiscal. Tudo em detrimento da saúde financeira dos entes federativos. Normas excepcionais não para viabilizar sua recuperação, mas para firmar prestígio de personalidades políticas.

As leis devem ser de cumprimento obrigatório e inadmitir qualquer exceção. Apenas assim é que se recuperam as finanças públicas das unidades federadas. A cada dificuldade abrem-se exceções, e a não recuperação prossegue, em detrimento da seriedade na condução dos governos.

28.17 O papel do Senado Federal no controle financeiro. Operação para antecipação de receita. Resoluções

Toda a parte orçamentária cabe ao Congresso Nacional (inciso II do art. 48 da CF/1988). Diga-se o mesmo em relação a "matéria financeira, cambial e monetária, instituições financeiras e suas operações" (inciso XIII do art. 48). O último dispositivo diz respeito a finanças privadas e controle cambial, monetário e controle sobre instituições financeiras, bem como às operações que realiza. Não se cuida, propriamente, do que se trata neste texto.

Orçamento é, pois, matéria que cabe ao Congresso Nacional. Legisla, estabelece as regras, estima recursos, define gastos, etc.

Ao Senado Federal cabem atribuições diferentes. A ele compete "autorizar operações externas de natureza financeira, de interesse da União, dos Estados, do Distrito Federal, dos Territórios e dos Municípios" (inciso V do art. 52 da CF). A competência é privativa, ou seja, apenas ao Senado cabe autorizar tais operações. São empréstimos que os entes federativos buscam no mercado internacional ou nacional.

Por vezes há necessidade de grandes financiamentos para obras públicas como interesses de Estados-membros ou Municípios que precisam ser atendidos com recursos externos ou internos.

A República Federativa do Brasil tem que controlar o fluxo dos recursos em relação aos entes federativos. Daí a fixação da competência ao Senado Federal, que é o órgão representativo da Federação.

Toda operação externa de caráter financeiro realizada por qualquer dos entes federativos tem que ser autorizada pelo Senado Federal. Emite, então, após análise da pretensão, uma resolução, que é o instrumento através do qual o Senado delibera sobre tais assuntos.

O Senado Federal edita resoluções disciplinadoras, que estabelecem requisitos para o deferimento das pretensões que a ele chegam, dispõe sobre seu procedimento interno e, ao final, edita resolução deliberativa, isto é, autorizando ou não a operação solicitada.

A autorização é sempre prévia, evidentemente, à contratação. A autorização não está sendo utilizada, aqui, em seu sentido técnico. Autorização é ato administrativo discricionário, unilateral, pelo qual se faculta o exercício de determinada atividade. Não calha bem com o que se descreve. Seria a superação de alguma dificuldade que existe. Em verdade, o exame é mais de caráter formal e de análise das condições em que se encontra o ente federativo que postula a operação.

Melhor se diria aprovação. É a prática de ato administrativo (na hipótese, o Senado da República está exercitando função atípica, ou seja, atribuição de outro Poder, mas que por disposição constitucional a ele é fixada) discricionário, unilateral, de controle de outro ato jurídico, "pelo qual se faculta a sua prática ou, se já emanado, se lhe dá eficácia".[238]

De qualquer maneira, o ato é de controle e, verificado o atendimento das formalidades exigidas, bem como entendendo o Senado que o ente federativo satisfaz as

[238] BANDEIRA DE MELLO, Oswaldo Aranha. *Princípios gerais de direito administrativo*. 3. ed. 2. tir., v. I. São Paulo: Malheiros, 2010, p. 562.

exigências por ele próprio estabelecidas, cabe-lhe deferir a realização da operação. Caso contrário, nega-a.

A celebração do contrato sem a autorização torna-o nulo? A negação da autorização impede a formalização da operação. Ainda que Estados, Distrito Federal e Municípios sejam pessoas jurídicas de direito público, e, pois, com competência própria dentro do ordenamento nacional, estão sujeitos à norma constitucional. Esta atribuiu competência autorizatória ao Senado Federal, e, pois, se ele impede, após analisado o caso e explicitadas as razões do indeferimento, a operação externa de natureza financeira, descabe aos entes federativos celebrar o pacto.

Evidente que se a decisão padecer de legalidade, ou seja, se decorrer de deliberação política de caráter persecutório contra determinado ente federativo, pode ele valer-se das vias judiciais para discutir o tema.

Com a autorização opera-se a garantia do cumprimento da obrigação assumida e se garante o prestígio do crédito nacional.

É verdade, no entanto, que a autorização para que ocorra a operação internacional não garante o aval da União. Se solicitado e concedido, então, a operação estará garantida. Mas mesmo para tais providências outras exigências devem ser satisfeitas.

Cabe ao Senado, também, "fixar, por proposta do Presidente da República, limites globais para o montante da dívida consolidada da União, dos Estados, do Distrito Federal e dos Municípios" (inciso VI do art. 52 da CF/1988).

Trata-se do controle do montante da dívida dos entes federativos. No texto anterior não havia limites ao endividamento da União. Agora, a norma alcança todas as pessoas políticas. O controle só incide sobre a dívida consolidada, ou seja, a assumida para cumprimento além de 12 meses (§3º do art. 29 da Lei de Responsabilidade Fiscal).

Normalmente há um percentual que é estabelecido em resolução do Senado sobre o grau de disponibilidade financeira do ente federativo e em face das obrigações anteriormente assumidas.

A análise deve envolver, em primeiro lugar, uma classificação dos entes federativos. Não tem sentido estabelecer percentuais iguais para entes diferentes e de riqueza diversa. Não pode ser dado o mesmo tratamento também a Municípios enormes e pequenos Estados. As situações também são diversas. O Município de São Paulo, que tem uma das maiores receitas do país, não pode ser tratado de forma diversa de Estados de porte médio. Enfim, o Senado há de encontrar critérios objetivos para que faça incidir a norma constitucional.

De igual maneira, deve levar em conta as necessidades efetivas de cada unidade. Cada qual pode ter peculiaridades que devam receber maior ou menor atenção financeira que outras. Cidades-sede de portos de grande movimentação não podem ter o mesmo tratamento de outra cidade interiorana e de pouco movimento.

Enfim, os critérios devem ser bastante objetivos, para evitar protecionismo ou perseguição; mas não podem ser injustos, de forma a aprisionar Municípios e Estados em camisa de força.

Da mesma forma, incumbe ao Senado "dispor sobre limites globais e condições para as operações de crédito externo e interno da União, dos Estados, do Distrito Federal e dos Municípios, de suas autarquias e demais entidades controladas pelo Poder Público

Federal" (inciso VII do art. 52 da CF/1988). São dois pontos a ressaltar: o limite global e as condições para as operações financeiras de caráter externo ou interno. É bom salientar que a regra alcança todas as entidades controladas pelo Poder Público Federal.

Resolução do Senado estabelece os limites e as condições exigidas para aprovação do mesmo órgão federativo em face de operações que se pretenda realizar.

Inclui-se na competência senatorial, também, dispor "sobre limites e condições para a concessão de garantia da União em operações de crédito externo e interno" (inciso VIII do art. 52 da CF/1988).

Evidente está que instituições financeiras de caráter internacional e mesmo as instituições que operam no Brasil queiram garantir, da melhor maneira possível, o recebimento de seu crédito. Para tanto, não basta que o Estado-membro ou os Municípios ofereçam garantias. Normalmente os credores nacionais e internacionais exigem garantia oferecida pela União. Pode ser meramente fidejussória, mas exigem o aval da União.

Surge discussão sobre se podem, ou não, os entes federativos oferecer em garantia percentual sobre a arrecadação tributária.

Por fim, incumbe ao Senado "estabelecer limites globais e condições para o montante da dívida mobiliária dos Estados, do Distrito Federal e dos Municípios" (inciso IX do art. 52).

Das competências mencionadas, apenas a estabelecida no inciso VI do art. 52 é que depende da iniciativa do Presidente da República. No mais a competência do Senado é incondicionada. Delibera livremente sobre a matéria constante dos demais incisos e publica a resolução à qual todos os entes federativos estão obrigados.

28.17.1 Os limites da dívida pública e das operações de crédito

O art. 30 da Lei de Responsabilidade Fiscal dispõe sobre o assunto. O Presidente da República até hoje não enviou qualquer projeto de proposta ao Senado Federal para que este fixe o limite do endividamento da União. Já, em relação a Estados, Distrito Federal e Municípios existem as Resoluções nºs 40/2001 e 43/2016 do Senado Federal. Ambos os textos apenas se referem aos demais entes federativos que não a União.

A situação é escandalosa. É que em relação à União não há limites fixados em resolução, tal como determinado, nem projeto de lei que estabeleça limites para o montante da dívida consolidada da União, como exige o inciso VI do art. 52 da CF/1988.

O §1º do art. 30 da Lei de Responsabilidade Fiscal estabelece requisitos para o conteúdo da lei, mas também estão sem qualquer vigência.

Vê-se que tanto a norma constitucional como a lei não foram cumpridas pelo Presidente da República desde o ano 2000.

É a única entidade federativa que ainda não tem limites para onerar seu patrimônio. Qual a sanção a que se submetem os presidentes que deixaram de encaminhar o projeto? A nosso ver, descumpriram a Lei Orçamentária, e, assim, estão enquadrados no inciso V do art. 85 da CF/1988, e, pois, praticaram crime de responsabilidade, nos exatos termos do art. 85, caput, da Lei Maior do país.

É verdade que existem parâmetros que devem ser obedecidos. Por exemplo, devem ser levados em conta percentuais sobre a receita corrente líquida de cada ente federativo.

Tal controle, provisoriamente, pode ser estipulado pelos Tribunais de Contas. No entanto, nenhum efeito produz eventual deliberação de tal órgão, por falta de força coercitiva.

Quem detém o poder de iniciativa e não o exerce tempestivamente perde competência para o encaminhamento de projeto? Se o Presidente da República, a quem cabe o encaminhamento tanto de projeto de resolução como de projeto de lei, não exerce sua competência, pode ser substituído por outro iniciador? A saber: pode o Senado Federal editar resolução ao arrepio do titular do poder de iniciativa? Pode qualquer deputado ou senador propor projeto de lei sobre assunto que tenha iniciativa do Presidente da República (§1º do art. 61 da CF/1988)?

O impulso inicial daquele que quer ver todas as normas previstas na Constituição editadas, e, pois, impedir que haja lacunas, é de admitir tal possibilidade. Se há mora do titular da propositura do projeto, este perde o poder de iniciativa, diante de sua inércia.

Pode-se fazer paralelo com a omissão do chefe do Executivo em encaminhar a proposta de Projeto de Lei Orçamentária. Perde sua competência, e pode esta ser exercida por outro?

A doutrina dá respostas bem diversas.

Em verdade, se a competência é privativa, não há como ser exercida por outrem, por mais categorizado que seja. Daí surge o problema das lacunas no Direito. A saber, a ausência de norma que discipline especificamente o assunto ou trace o comportamento adequado para determinadas situações. Fica a lacuna, a saber, uma anomia jurídica.

Pode-se procurar uma série de fórmulas para sanar a falha. Mas não há como suprir a omissão do titular da competência privativa.

Tal fato não impede, no entanto, que o órgão que deva aplicar a medida inexistente tenha e crie soluções de restrição para o ente federativo que ultrapassa os limites do bom-senso.

Pode, por exemplo, fazer incidir o prazo quadrimestral para verificar os limites do endividamento da União (§4º do art. 30 da Lei de Responsabilidade Fiscal).

Como cabe ao TCU "apreciar as contas prestadas anualmente pelo Presidente da República" (inciso I do art. 71 da CF/1988), pode inserir, ali, exigência de cumprimento obrigatório e propor a rejeição das contas. Seria bom instrumento constrangedor para compelir ao exercício da competência própria.

Evidente está que qualquer alteração pode ser objeto de nova proposta. Também parece claro que os limites devem ser fixados de acordo com a situação econômica, suas alterações e movimentos internacionais que possam modificar o panorama sociopolítico do país.

28.17.2 Redução da dívida a seus limites

A matéria já foi por nós examinada nesta obra. Desnecessário repeti-la, deixando ao leitor sua ida até o referido texto (item 22.11.2).

28.17.3 Operação de crédito para antecipação de receita

Esta hipótese de operação está isenta de qualquer intervenção do Senado Federal.

O §8º do art. 165 da CF estabelece que a lei orçamentária não contém dispositivo estranho à receita e despesa, matéria específica do orçamento, salvo "contratação de operações de crédito, ainda que por antecipação de receita, nos termos da lei". Deduz-se, pois, que tais operações independem de autorização do Senado da República, mas dependem de lei.

É que podem e devem figurar na Lei Orçamentária. A Constituição abre exceção a tal hipótese. Aí não entra a competência privativa do Senado em matéria de operações de crédito, prevalecendo a competência legislativa.

28.17.4 Resoluções do Senado Federal

A competência do Senado, como já se deixou claro, exclui qualquer outra. Por isso é privativa. A competência privativa do Senado exterioriza-se pela resolução. É a denominação que recebe. Não tem conteúdo. É mera forma de surgimento do ato no mundo jurídico. Nem o Banco Central nem o Conselho Monetário Nacional têm atribuição sobre a matéria que foi deferida ao Senado.

A resolução é o instrumento de que se vale o Senado para expedir suas orientações, restrições e exigências que devem ser cumpridas pelas entidades federativas para celebração de operações financeiras. É o ato administrativo editado pelo Plenário do Senado Federal no exercício de sua competência constitucional privativa.

Os entes federativos, ao pleitearem autorização para celebração de operação financeira, devem apresentar garantias do pagamento da dívida.

O Senado Federal deve emitir parecer, na tramitação do pleito, analisando os requisitos da contração postulada. Prazo, limites de endividamento do ente público, possibilidade de garantias do mutuante e cumprimento das exigências, garantias que possam ser solicitadas.

Tais exigências aplicam-se a Estados e Municípios, que devem ter o montante de sua dívida controlada pelo Senado não apenas em relação à possibilidade de pagamento e endividamento, como também quanto à suficiência de recursos para suportar o pagamento das obrigações assumidas.

Os contratos podem ocorrer não apenas com Estados estrangeiros, como também com entidades particulares, tais como bancos e instituições financeiras ou, mesmo, empresas particulares que possam ter estrutura para suportar contratos.

Tem o Senado Federal, como se vê, enorme importância na disciplina e no controle sobre as operações de crédito praticadas pelas entidades federativas.

Uma vez prestadas as contas e enquanto elas não ocorrem, assume importância a fiscalização de todas as operações financeiras realizadas.

28.18 Fiscalização de operações financeiras e sua tributação

Trata-se de competência administrativa da mais alta importância. Daí por que cabe à União "fiscalizar as operações de natureza financeira, especialmente as de crédito (...)" (inciso VIII do art. 21 da CF/1988). A competência normativa para dispor sobre o assunto é exclusiva da União. Nem cabe qualquer delegação a órgão ou pessoa jurídica por ela instituídos.

O limite da União é a fiscalização. Descabe-lhe tributar "a renda das obrigações da dívida pública dos Estados, do Distrito Federal e dos Municípios" (inciso II do art. 151 da CF/1988). Eventual renda das pessoas físicas ou jurídicas que contratem com Estados, Distrito Federal e Municípios pode ser tributada. Não as receitas auferidas pelo Poder Público.

Quem celebra contrato e empresta a qualquer pessoa no interior do Estado quer garantir o recebimento de seu crédito.

28.19 Garantias do crédito tributário. Vinculação de tributos para pagamento

Estabelece a Constituição que cabe à lei complementar dispor sobre "concessão de garantias pelas entidades públicas" (inciso III do art. 163) e cabe ao Senado Federal dispor sobre "limites e condições para a concessão de garantia da União em operações de crédito externo e interno" (inciso VIII do art. 52).

Os dispositivos, como já se viu, não são excludentes. São harmônicos. À lei complementar cabe estabelecer tipos, formas e modos pelos quais podem as entidades públicas oferecer garantia em face dos empréstimos que efetuam. De outro lado, ao Senado cabe estabelecer os limites e condições para que o ato se consume. Ao Senado cabe, diante da formulação (adequada à lei) que lhe é apresentada, examinar se a garantia não ultrapassa o limite do endividamento da União e também quais as condições para que ela oferte ao garante.

Se o empréstimo foi efetuado através de contrato ou de emissão de cambial ou promissória, pode o credor exigir que a fiança ou o aval sejam lançados no contrato ou no título de crédito. A garantia real dificilmente é dada pelo Poder Público. A afetação de imóvel para garantir dívida não é prática no Direito brasileiro. No entanto, o aval ou a fiança podem ser exigidos, dependendo da situação e de autorização do Senado Federal.

Problema mais grave que surge diz respeito ao empréstimo assumido por ente federativo em que é oferecida garantia específica de tributos que venham a ser por ele recebidos. No direito financeiro, e diretamente em relação ao orçamento, há o denominado princípio da não afetação (inciso IV do art. 167 da CF/1988). Significa que nenhum recurso orçamentário pode estar vinculado a qualquer obra, fundo ou despesa, ressalvadas verbas estabelecidas para atendimento dos serviços de educação e saúde. Posteriormente foi acrescentada a parte final do mencionado inciso, para ali excepcionar "a prestação de garantia às operações de crédito por antecipação de receita, previstas no art. 165, §8º, bem como o disposto no §4º deste artigo".

Ora, o dispositivo cuida apenas da garantia de vinculação de impostos para "antecipação de receita". São as denominadas operações ARO e que atendem, de forma imediata e transitória, às necessidades do caixa do ente político. O pagamento deve ocorrer no mesmo exercício financeiro. Logo, o que se arrecada no período de um exercício financeiro pode ser destinado para garantir o pagamento da denominada dívida flutuante. É razoável que assim se passe, porque os fatos são imediatos e não podem ficar na dependência de burocracia. A necessidade do ente político é imediata, está com dificuldades de caixa – imaginemos para argumentar, para pagamento de seus servidores. Logo, não há o que fazer. Ademais, trata-se de débito legalmente previsto e que deve ser atendido no exercício, além de ser dívida alimentar.

De outro lado, o artigo transcrito cuida do disposto no §4º do art. 166, cujo teor é o seguinte: "É permitida a vinculação de receitas próprias geradas pelos impostos a que se referem os arts. 155 e 156, e dos recursos de que tratam os arts. 157, 158 e 159, I, 'a' e 'b', e II, para a prestação de garantia ou contragarantia à União e para o pagamento de débitos para com esta" (grifamos).

A própria dicção do artigo é mais complexa. Os impostos a que se refere o texto são os impostos dos Estados e dos Municípios, bem como as receitas transferidas pela União a Estados e Municípios e também as dos Estados a Municípios, para garantia ou contragarantia à União e para pagamento de débitos para com esta.

A União adquiriu, por força de tal dispositivo, situação invejável de proeminência em face dos demais entes federativos. Quero crer que com o advento do dispositivo a matéria não ficou sanada. É que a inserção de tal artigo no ordenamento jurídico envolveu tendência de abolição do princípio federativo, o que é vedado pelo inciso I do §4º do art. 60 da CF/1988.

Analisemos o problema. Estados-membros ou Municípios podem passar por dificuldades financeiras. Legítimo se afigura que assumam dívida e o façam através de empréstimos obtidos junto a entidades financeiras. Estas têm todo interesse e legítimo direito de emprestar o dinheiro, desde que tenham a garantia do recebimento. Assim funciona a fidúcia no Direito. Alguém, claro que com risco, empresta dinheiro e busca amparar-se com garantias para que o receba. É assim que funciona o regime capitalista instituído pelo Estado (art. 173 da CF/1988).

A garantia pode ser dada pelo aval (tipicamente garantia fiduciária), que assegura o pagamento do débito. A garantia, no entanto, pode ser real, isto é, imobiliária (através de hipoteca, por exemplo) ou dada através de vinculação de tributos.

Dir-se-á que todos têm a garantia de recebimento de seus créditos perante o Estado através de cobrança pelas vias processuais e futura quitação de precatórios emitidos em decorrência de condenação judicial transitada em julgado. Ora, bem já se viu que o precatório é um nada. O recebimento é incerto. O art. 100 da CF/1988 já foi alterado quatro vezes, e declarou-se a inconstitucionalidade parcial da Emenda Constitucional nº 62/2009. A saber: o pagamento de precatório nada garante. Todos os que vão ao Judiciário para receber créditos ou para constituí-los sabem que não receberão.

Dir-se-á também que não pode haver credor privilegiado, isto é, se todos vão ao Judiciário contra o Poder Público e adquirem o direito de receber seu crédito de forma igual (princípio da isonomia), não pode haver credores privilegiados que satisfaçam seus créditos tendo por garantia os impostos arrecadados.

É verdade que a ninguém é dado romper a ordem dos credores de precatórios, e qualquer tentativa em tal sentido envolve a possibilidade de sequestro de verbas públicas (§6º do art. 100).

Daí a indagação que segue, necessariamente: o empréstimo público é um contrato a que ambas as partes aderem voluntariamente; estabelecem suas condições, fixam os valores que tencionam transacionar; examinam a legitimidade das partes e de seus representantes para figurarem nos polos ativo e passivo da relação contratual; estabelecem a forma de pagamento; exigem garantias; se é assim, e se o credor do empréstimo exige a vinculação de recursos tributários, ainda assim a cláusula contratual seria nula?

É interessante saber como o assunto foi tratado pela literatura.

28.20 O empréstimo público em Goethe

O direito financeiro não se esgota na mera leitura dos artigos da Constituição que dele cuidam, nem nas leis que dispõem sobre o assunto. Embora seja certo que a norma no Direito adquire importância transcendental, não se podendo falar em Direito sem ela, como disciplinadora das condutas humanas, não se pode reduzir o conceito a ela. Seria amesquinhar todo o conteúdo humano que desborda da regra jurídica.

O conteúdo do direito financeiro pode ser analisado à luz da Economia, da Sociologia, da Psicologia e também pela óptica da Literatura. Neste passo vale a releitura dos clássicos, para saber o que dele se contém neles.

28.20.1 O tema em Fausto, de Goethe

É interessante notar como a Literatura cuida da economia e de outros temas. Das sensações nem se diga. Dos afetos. Das emoções. Mas também de outras coisas que sequer imaginamos. É o caso da Economia, que mereceu um livro de Hans Christoph Binswanger intitulado *Dinheiro e Magia*.

O texto mereceu acurado estudo de Gustavo H. B. Franco, que foi publicado pela Zahar em 2010.

28.20.1.1 Origem do mito

O mito nasce em 1480, em Knittlingen/Alemanha. O Dr. Fausto era um homem dado à Medicina, à Alquimia, à hipnose, inteligente e provavelmente dado à pederastia. Ao seu redor cria-se a lenda de que era aprazado com o diabo.

Muitos autores escreveram seu *Fausto*. Marlowe foi um deles. Thomas Mann também. Goethe tomou o tema e teria demorado toda sua vida para compô-lo. Publicou a primeira parte e deixou a segunda apenas para depois de sua morte.

28.20.1.2 A primeira parte

A primeira parte trata do aparecimento de Fausto, seu envolvimento com Mefistófeles, e transacionam sua alma. O primeiro quer aproveitar a vida, ter todo o conhecimento possível, e, em contrapartida, quando de sua morte o diabo fica com sua alma.

Surge a figura de Gretchen ou Margarida, por quem Fausto se apaixona e quer possuir. Acontece a Noite de Walpurgis, carnaval satânico, a representar a vida dissoluta de Fausto, que é obrigado a se defrontar com o irmão de Margarida, a quem mata.

Na sequência, após o episódio de Margarida, Fausto, guiado por Mefistófeles, intromete-se na Corte do Imperador. Produz o papel-moeda, induz o desenvolvimento e toma posse de todas as áreas que pretende.

A peça retrata bem o que se denomina como desenvolvimento. É o que se propõe ao Imperador e prossegue com a ação.

Em *Fausto*, a economia é explicada como processo alquímico: a busca do ouro artificial. A Alquimia origina-se no Egito. O ouro era a imagem do sol. "Sendo este uma divindade, atribuía-se também ao ouro uma natureza divina."[239] Prossegue Binswanger na análise afirmando que "a pedra filosofal não é, portanto, a substância da qual o ouro é feito, mas o aditivo essencial, o fermento ou catalisador que efetua a transmutação (ou transformação) de metal comum em precioso".[240] Busca, através da alquimia, escapar do tempo, porque o ouro é símbolo da permanência.

28.20.1.3 A segunda parte

A segunda parte do *Fausto* busca o ouro artificial, ou seja, o dinheiro, a começar pela criação do papel-moeda na Corte do Imperador. A edição a que se faz menção é: Goethe, Fausto II, (34. ed. v. II. Tradução de Jenny Klabin Segall. São Paulo, 2011).

O Chanceler apregoa a Justiça (n. 4.771) e garante que "até o homem de bem à adulação cede, ao suborno" (4.803). O Tesoureiro avisa que o governo está sem dinheiro (4.832 e 4.840). O Intendente-Mor garante que "tributos e contribuições dão ainda entrada regular" (4.860), mas as contas do governo estão arruinadas.

Daí a afirmação de Mefistófeles de que o dinheiro está enterrado (4.890), cabendo achá-lo. É o ouro que se busca. "O ouro lá jaz: como se há de extraí-lo?" (4.929). E garante: "o Imperador que o pegue, é dele a terra" (4.938).

A substância original é negra e contém os quatro elementos básicos: terra, ar, fogo e água. Reduzindo a sua essência, apura-se a quintessência.

A moderna Alquimia transforma papel em dinheiro.

28.20.1.4 O papel-moeda

Como diz Binswanger, na segunda parte da obra, há o plano de criar papel-moeda. Mefistófeles (o diabo) submete tal criação ao Imperador, para tirá-lo dos apertos financeiros: "É um projeto de emitir notas de dinheiro que serão lastreadas pelos recursos em ouro enterrados, legalizadas pela assinatura do Imperador".[241]

O Intendente-Mor anuncia que "saldadas vês contas e notas, neutralizadas garras dos idiotas, livre estou do infernal tormento; nem no céu há maior contento" (6.040 e ss.). O Chanceler anuncia a emissão das notas: "Saiba o país para os devidos fins; este bilhete vale mil florins. Garante a sua soma real o vulto do Tesouro imperial no solo oculto. Dele se extrai logo a riqueza imensa com que o valor do papel se compensa" (6.057 a 6.062). O Tesoureiro ri, contente, porque os milhões foram multiplicados. "Vês prontas notas de dez, vinte, cem, surpreende como o povo isso fez bem" (6.075).

Mefistófeles ri: "Cômodo é enfiar no seio o papelucho" (6.104). Em seguida afirma: "Papel, em vez de ouro e de prata, é um bem" (6.119).

---

239 BINSWANGER, Hans Christoph. *Dinheiro e magia, op. cit.*, p. 54.

240 *Idem*, p. 55.

241 *Idem*, p. 63.

O plano, de início, dá certo, e todos se dispõem a aceitar as notas. A criação do dinheiro é chamada de Química. A ideia é de emissão do dinheiro com o pedido ao Imperador para que retire o recurso mineral enterrado debaixo do solo e honrar as notas.

28.20.1.5 O lastro

A garantia é o ouro ainda virtual, enterrado. A palavra do Imperador, cuja efígie está representada na nota, é a garantia como o Imperador assina o papel, adquire validade e garante o pagamento. Como diz Binswanger, "a recusa a aceitá-lo seria um insulto a Sua Majestade".[242]

Na peça, a única pessoa racional é o Bobo. De um lado está o diabo, que dirige Fausto. De outro, a Corte, que a tudo assiste sem participar. O Imperador é dócil instrumento de manipulação. O Bobo indaga: "Mas no papel há o que o valor garanta?" – e contempla o papel. Com ele pode comprar terras, casa e gado, castelo com mata e reserva de caça, além de riacho piscoso.

O Arcebispo pede a parte da Igreja.

No quinto ato há a descrição da construção do porto e a fundação de uma empresa de transporte marítimo. Mefistófeles exclama: "Vencemos, pois, com brilho a prova. Alegres, se o amo a empresa aprova. Com duas naus desamarramos, no cais com vinte hoje atracamos" (11.171).

28.20.1.6 Dívida pública e garantia

Fausto alude à obra máxima que, no campo da Economia, é a criação de um valor monetário artificial. Como descreve Binswanger: "A substância primordial, ou prima matéria, da criação alquímica de valor é o tesouro áureo contido na terra. A quintessência desse ouro, que aparece em todos os estágios do processo alquímico, é o valor monetário – o valor monetário do papel-moeda (mercúrio filosofal), o valor monetário da propriedade (enxofre filosofal) e o valor monetário do capital real (sal filosofal)".[243]

Prossegue o livro: "À medida que não serve à dívida do Estado de uma maneira puramente inflacionária, o papel-moeda é posto em circulação por meio de créditos".[244]

A ideia de Goethe foi tomada, originariamente, pelo inglês John Law, que auxiliou o rei Luís XIV. O experimento de Law fracassou em 1720 porque não estava lastreado.

Segundo Fausto, "a ação é tudo". A Economia moderna é uma continuação do processo de criação. Diz Fausto ao Imperador que os profusos tesouros que, petrificados, repousam no solo profundo de suas terras estão ociosos. Apurados, "ganham ilimitada confiança no ilimitado".

Goethe identifica três áreas em que o homem se mostra desastrosamente desorientado. A primeira é a perda da beleza; a segunda, a perda da segurança; e a terceira, a incapacidade de desfrutar da riqueza que cria.

---

242 *Idem*, p. 66.

243 *Idem*, p. 79.

244 *Idem*, p. 80.

28.20.1.7 Interpretação

Curiosa a interpretação que o Senhor dá quando dialoga com o diabo sobre o pacto. Afirma que, enquanto ele viver nesta terra, que nada lhe seja vedado. Erra o homem enquanto a algo aspira. Fausto diz: "Pouco me interessa o além. A ambição maior é por dinheiro".

Na Alquimia, são dois pontos fulcrais. O mercúrio, em que os opostos se atraem. O homem, então, reprime sua vida de sentimentos e afirma a razão. O enxofre, por sua cor amarela, é o sentido infernal do símbolo. É a luz que se tornou treva.

A alma para Goethe tem existência indiscutível. Diz Fausto: "E o que é dado à Humanidade toda, quero gozar em meu íntimo ser".

Para Goethe há três caminhos para o homem superar o tempo e a transitoriedade: (a) a Ciência; (b) a Arte; e (c) a Economia. Na Noite de Walpurgis todo o mal se reúne. É criado o homúnculo. Faz-se um ser humano. Diz Wagner: "Valha-me Deus! A procriação, como antes era moda, hoje a consideramos folguedos vãos". É a ontogênese que se duplica em filogênese.

Surge, então, a eternidade do dinheiro (pedra filosofal da Economia). Ele se transforma, mas pode ser consumido. Diz Binswanger: "O mundo moderno é determinado pela vitória da economia sobre o tempo".[245] A transformação de bens em valores monetários supera a passagem do tempo. O dinheiro supera o tempo.

Existem dois tipos de Economia: a de subsistência e a das finanças e da indústria. Esta é perene; aquela, extinguível.

28.20.1.8 Término

A peça termina com Filêmon e Baucis, que representam a economia de subsistência. A morte deles representa a invasão da economia industrial que vai prevalecer. Anota Gustavo Franco: "Filêmon e Baucis, cujo pequeno pedaço de terra está no caminho por onde devem passar os ambiciosos planos de desenvolvimento. Filêmon e Baucis são figuras mitológicas, um casal que os deuses resolveram salvar do dilúvio, mas que, nesse contexto, terão seu papel invertido. Mefisto, tal como grileiro cercado de capangas, se encarrega de liquidá-los, queimando choupana, capela e tílias, provocando irritação apenas momentânea em Fausto".[246]

28.20.1.9 "Posfácio" de Gustavo Franco

No "Posfácio", Gustavo Franco assinala: "A ideia nova e revolucionária – segundo a qual o dinheiro é mera convenção estabelecida em leis, um pedaço de papel assinado por uma autoridade, uma promessa vaga, nem sequer associada ao poder de compra do instrumento – resulta em criar incomensurável tentação nos poderosos do tempo, uma tensão insolúvel entre meios, supostamente diabólicos, posto que inovadores, e fins até nobres, como os que ocorrem aos soberanos esclarecidos".[247]

---

245 *Idem*, p. 139.

246 *Idem*, p. 48 (Introdução).

247 *Idem*, p. 178.

28.20.1.10 O pacto e o Estado

O pacto fáustico passa a ser mera decisão do Estado. É o caso do golpe de caneta "com o qual o soberano cria valor através do papel-moeda, a metáfora que utiliza a Alquimia se mostra especialmente poderosa".[248] Mefisto, aí, personifica o dinheiro, que nada tem de sobrenatural. É o Estado que assume o papel de gerenciá-lo.

Em verdade, o papel-moeda como representante de valor nasce com Law, a representar o patrimônio imobiliário do Rei. Não deu certo, porque a cédula passou a criar filles, como mères. Têm origem nos chamados assignats, que foram emitidos para financiar o governo. No começo tratava-se de dívida flutuante. Os bens nacionais serviam de lastro.

Por fim, o papel-moeda se desvinculou de toda e qualquer garantia e também de valor intrínseco.

No Brasil, assinala Gustavo Franco, foram três decretos que definiram o curso de tais títulos, o que ocorreu em 1933: definiram a moeda fiduciária de curso forçado, a consolidação dos controles cambiais e a estatização do crédito pela Lei da Usura.

28.20.1.11 Fausto e o direito financeiro

Sendo assim, tem-se que a peça *Fausto* de Goethe é bastante rica para ser estudada à luz não apenas da economia, mas à luz das finanças públicas. Primeiro a instituição de uma moeda-padrão que teria lastro em prováveis minas de ouro. Segundo, a garantia dada pelo governo. Terceiro, que conteria valores transferíveis. De sua emissão gera caixa para que o governo financie o desenvolvimento, que não pode encontrar óbices. Ao encontrá-los, devem ser removidos (Filêmon e Baucis).

De outro lado, o pacto infernal que permite o usufruir permanente dos prazeres da vida com o preço na entrega da alma. É verdade que, ao final, o diabo não leva vantagem, porque o Senhor afirma a Mefistófeles que pode tomar conta de Fausto e que "enquanto ele viver nesta terra, que nada te seja vedado". Com a morte de Fausto o diabo não leva vantagem.

Deixa, no entanto, a peça a experiência rica de que houve a criação do papel-moeda como coisa diabólica.

O direito financeiro tem mecanismos de financiamento do Estado. São os denominados empréstimos públicos. O Estado pode endividar-se. No Estado Federal o mesmo ocorre, e inclusive com os entes federativos Estados e Municípios. Todos podem assumir empréstimos para pagamento futuro. A garantia são as receitas públicas e, eventualmente, nos contratos, garantias fiduciárias.

Havendo riqueza patrimonial (petróleo, energia elétrica, minerais de toda espécie), pode o Estado dar a riqueza futura como garantia de empréstimos. É o caso do pré-sal, que serve como garantia do Estado brasileiro no pagamento de dívida futura.

Vê-se, pois, o exemplo de Mefistófeles, que logra o apoio do Imperador para emitir papel-moeda dando em garantia o ouro, que poderá ou deverá ser extraído do subsolo. A assinatura do Imperador aposta na nota é a garantia fiduciária do pagamento.

---

248 *Idem, ibidem.*

A matéria demanda maior estudo por parte dos especialistas na área, para bem apreender as ideias do grande autor alemão.

Feita breve digressão na Literatura, vejamos como pode ocorrer o perdão de dívida.

28.21 Perdão de dívida pública

O Brasil perdoou dívidas nas quais é credor de diversos países africanos. Consta que foi perto de 1 bilhão de Dólares, incluindo renegociações. As críticas foram acrescidas de que tal comportamento acabou beneficiando ditaduras que se eternizam à frente de alguns países. Os países beneficiados foram Moçambique, Nigéria, Cabo Verde, Suriname. Em contrapartida, teria havido compensação com as exportações brasileiras, que teriam aumentado em volume considerável.

Seria tal perdão uma "doação maquiada"?

O denominado perdão da dívida de que se trata nada tem a ver com as formas de exclusão – art. 175 do CTN – ou de extinção – art. 156 do mesmo Código. Ambos cuidam do crédito tributário.

O crédito de que estamos cuidando é o decorrente de contratos firmados pela Administração Pública. Logo, as normas incidentes não são as previstas no Código Tributário Nacional.

Já vimos que quem exerce o controle sobre a dívida e o endividamento público é o Senado Federal. Por força do inciso V do art. 52 da CF, cabe ao Senado "autorizar operações externas de natureza financeira". Operação é todo e qualquer acordo celebrado contratualmente pelo Poder Público. Da mesma forma tem aplicação o inciso VII do mesmo dispositivo, ao estabelecer a competência senatorial para dispor sobre "condições para as operações de crédito externo e interno da União". Por consequência, ao Senado Federal compete a última e decisiva palavra sobre o possível perdão da dívida.

28.21.1 A Lei nº 9.665/1998

No campo federal a matéria vem disciplinada pela Lei nº 9.665, de 19.6.1998. É texto de apenas três artigos, e estabelece que "fica o Poder Executivo autorizado a conceder o seguinte tratamento a créditos externos da União em relação a outros países ou garantidas por estes: I – conceder remissão parcial, em consonância com parâmetros estabelecidos nas atas de entendimentos originadas do chamado 'Clube de Paris' ou em memorandos de entendimentos decorrentes de negociações bilaterais; II – negociar a valor de mercado os títulos representativos dos créditos referidos no caput deste artigo; III – receber em pagamento títulos da dívida externa do Brasil e de outros países".

O art. 2º dispôs sobre o foro competente ou arbitragem internacional. O art. 3º estabelece a competência do Ministro da Fazenda para firmar a renegociação, podendo delegar para o Procurador-Geral da Fazenda Nacional, a procuradores da Fazenda Nacional ou a representantes diplomáticos do país.

28.21.1.1 Constitucionalidade da lei ou sua inutilidade

Como se apura, a competência do Senado Federal é privativa (art. 52, caput, da CF) para cuidar da matéria ali disciplinada. Logo, qualquer interferência legislativa é inconstitucional ou inútil. É que, cuidando-se de competência privativa, que afasta qualquer outra, qualquer texto normativo que venha a dispor sobre o mesmo assunto ou é inconstitucional ou é inútil. Inconstitucional porque atinge competência de órgão fracionário do Poder Legislativo. Inútil porque o Senado Federal pode dispor da forma que queira a respeito do tema.

Embora cuidada sob a rubrica perdão da dívida, juridicamente se fala em remissão, ou seja, ato de vontade que extingue a dívida.

Ora, se cabe ao Senado Federal "autorizar operações externas de natureza financeira", a ele cabe estipular os requisitos para que tal ocorra. O Poder público interessado (entes federativos) solicita a autorização para a celebração da operação dentro de condições que cabe ao Senado fixar. De outro lado, ao "dispor sobre limites globais e condições para as operações de crédito externo" (inciso VII do art. 52 da CF), é a ele, Senado, que incumbe estabelecer em que circunstâncias e sob que condições autorizará a operação solicitada.

O objetivo primeiro é a defesa do patrimônio público. O Poder Público pode conceder favores, mas deverá sempre ter em mira o interesse público. Jamais pode haver o desvio das intenções do governante. Não poderá conceder remissão sem qualquer condição ou dependendo do humor diário do governante. Para tanto, deverá demonstrar, em justificativa, o atendimento dos interesses brasileiros. Pode ocorrer, inclusive, que o empréstimo ou sua remissão redundará em proveito financeiro para o país, por força de comércio que ficará revigorado em virtude do perdão. Ademais, pode também se fundamentar em razões humanitárias. País que atravessa difícil fase de sua vida institucional, com fome de seu povo, doenças inúmeras que atingem a vida da população local e outros motivos podem fundamentar o perdão da dívida.

Pode também significar que o país devedor, liberando-se do débito com o Brasil, possa se recompor financeiramente, de forma a prosseguir em outras tratativas financeiras, industriais e comerciais, com o que virá o Brasil a se beneficiar futuramente do perdão concedido.

O importante é que o governo brasileiro exponha suas razões, demonstre-as e exiba documentos comprovadores do que diz.

Evidente que em termos de representação internacional a competência exclusiva é do Poder Executivo. A ele cabe aquilatar as necessidades do país com o qual se negocia ou os interesses brasileiros em jogo, sem que possa haver qualquer interferência do Poder Legislativo. Apresentadas as razões do comportamento político-institucional, a competência desloca-se para o Poder Legislativo, e especialmente para o Senado da República, ao qual caberá dar a última palavra a respeito do tema.

Não se trata, diga-se, de mera anuência do Senado. É ele o órgão competente para dispor sobre as operações e para autorizá-las. Competência privativa. Não é mero coadjuvante no ato. É parte principal. Trata-se do denominado *ato complexo*, ou seja, do que necessita da manifestação de duas vontades para sua formação.

É irrelevante a discussão sobre se a Lei nº 9.665/1998 alcança apenas as operações em que o Brasil seja devedor ou tomador de empréstimos. É que, como dissemos, a lei é absolutamente irrelevante para a solução do problema, de vez que a competência do Senado Federal afasta qualquer outra e é privativa, nos exatos termos do art. 52, caput, da CF.

Observe-se que a matéria vem disciplinada na Resolução nº 50/1993 do Senado Federal, o que dispensa qualquer legislação a respeito.

Importante salientar que a operação de remissão da dívida não pode ter cláusula de natureza política atentatória à soberania nacional e à ordem pública, nem contrária à Constituição e às leis brasileiras.

Se o Brasil é beneficiário de remissão de dívida que possua com país estrangeiro, também se faz necessária a participação do Senado. É que o conceito de operações de crédito é amplo, alcançando toda e qualquer operação que envolva crédito ou débito em face do patrimônio brasileiro. E, neste caso, a competência do Senado é privativa. Ainda que o Poder Executivo se posicione de forma favorável e trate, ao nível das relações internacionais, da forma de aceitação do perdão de dívida que o Brasil possua com Estado estrangeiro, é imprescindível a participação do Senado Federal. É que, como se disse, a Constituição exigiu a prática de ato complexo, ou seja, de dois Poderes ou órgãos de poder, para que se consume a vontade do Estado brasileiro.

Observe-se que o governante, ainda que eleito para a chefia do Executivo e que represente externamente o Estado brasileiro, não é dotado de poderes absolutos. Tem as limitações que lhe impõe o ordenamento jurídico. Neste passo, o Estado é formado pela união de todos os Estados-membros, e, como tal, sua figuração jurídico-política recai sobre o Senado Federal. É este que, no caso, representa a união de todos os Estados.

Embora a todo instante os parlamentares de ambas as Casas congressuais apresentem proposições no sentido de disciplinar as operações de crédito, tais projetos de leis são inconstitucionais, porque invadem a competência privativa do Senado Federal. A este cabe dispor e autorizar toda e qualquer operação de caráter financeiro, especialmente a externa.

Sendo assim, sem sombra de dúvida que cabe ao Senado Federal, no exercício pleno de sua competência, autorizar toda e qualquer operação de natureza financeira – o que engloba a remissão de créditos que o Brasil tenha com qualquer país estrangeiro.

A remissão vem prevista no art. 385 do CC, e "extingue a obrigação", e tem o mesmo efeito no inciso IV do art. 156 do CTN em relação à obrigação tributária.

O perdão (remissão) da dívida em que o Brasil figura como credor tem o efeito de extinguir a dívida do país devedor. Se figura o Brasil como devedor tem o mesmo efeito, liberando o país do encargo assumido.

Bom lembrar de que no caso de o tratado, o acordo ou qualquer ato internacional celebrado pelo Brasil envolver "encargos ou compromissos gravosos ao patrimônio nacional" impõe-se a aprovação do Congresso Nacional (inciso I do art. 49 da CF).

Em tal hipótese a participação não será apenas de uma das Casas, no sistema fracionado, mas do Congresso em sua inteireza. A saber: o tratado ou acordo, uma vez celebrado com o país estrangeiro, depende de participação da Câmara Federal, que o aprecia através de suas Comissões (Relações Exteriores e Constituição e Justiça), e também do Senado Federal, por suas Comissões competentes.

Sendo assim, é cabível, sem dúvida, a remissão da dívida que o Brasil tenha com Estado estrangeiro, desde que atendidas as exigências constitucionais.

É bom lembrar que não apenas a remissão é objeto de resolução do Senado Federal, mas também a reestruturação da dívida originária deve ser por ele autorizada. É que pode não convir à política externa brasileira simplesmente conceder o denominado perdão da dívida, mas pode ser mais interessante que se autorize a recomposição da dívida em termos que permitam o adimplemento do débito.

O governo, em qualquer hipótese, deve expor ao Senado Federal a conveniência de seu comportamento e demonstrar a necessidade da aprovação.

Descabe ao Senado Federal apreciar a conveniência política do ajuste. O juízo de conveniência é exclusivo do governo brasileiro. A ele cabe aquilatar os interesses financeiros e políticos em jogo. A decisão do Senado é eminentemente técnica, e, atendidos os requisitos legais ou previstos em resolução por ele editada, descabe a negativa. Trata-se de ato vinculado, isto é, não resta margem de discricionariedade ao Senado Federal. Uma vez atendidos as exigências, outra coisa não resta ao Senado que expedir resolução autorizativa. Negá-la enseja o caminho judicial para que o governo receba a concordância através do Poder Judiciário.

Evidente que, em tais casos, prevalece o bom-senso, e politicamente as coisas se resolvem. Mas, caso haja conflito político entre Senado e Presidência da República, não há remédio senão invocar a solução judicial.

Entretanto, como se cuida de ato vinculado e atendidas as exigências previstas, a emissão da resolução autorizativa se impõe.

A dívida tem seu ciclo e seu fim. Extingue-se, pois.

28.22 Execução do contrato

Todos os contratos destinam-se a serem cumpridos. Quem assume obrigação deve adimpli-la nos termos e no tempo a que se obrigara. A forma mais comum da extinção da obrigação ocorre com o pagamento. Se o Estado firmou contrato ou lançou títulos, obrigou-se a pagar o exato montante na data aprazada. Normalmente, há juros que são pagos e que são previamente determinados.

Pode ocorrer, no entanto, que, por uma série de razões, o Estado não consiga adimplir sua obrigação. Desde logo se afirme que não há possibilidade de cobrança compulsória do montante devido; no concerto atual das Nações, nenhum Estado pode invadir o outro ou se apossar de seus bens para se pagar de dívida vencida. Não há a cobrança manu militari. O que resta é a composição do conflito através de tribunais internacionais ou por arbitramento.

De outro lado, esgotadas todas as possibilidades, resta a cobrança através de execução judicial.

Durante o período de cobrança o contrato enseja a fluência de juros.

A celebração contratual de empréstimo gera a dívida pública.

28.23 Extinção da dívida pública

Diz-se que nunca há o desaparecimento da dívida. O que se rotula de "extinção" são formas de amortização, resgate ou pagamento dos débitos assumidos.

Dá-se, originariamente, pelo pagamento do débito, na hipótese de se cuidar de contrato formalizado.

De outro lado, cuidando-se de títulos emitidos, pode haver o resgate, já estudado, e a amortização, que é o pagamento parcial, até seu término.

28.24 Princípios (regras) gerais de Direito incidentes sobre os débitos externos

O primeiro princípio a que se pode fazer referência é o pacta sunt servanda, ou seja, a obediência ao que foi contratado. Os contratos devem ser cumpridos tal como pactuados. As partes signatárias sujeitam-se a suas cláusulas. De outro lado, para compensar o que fica escrito nos contratos há a cláusula rebus sic stantibus, ou seja: ocorrendo bruscas transformações na situação fática, que tornem difícil ou impossível o cumprimento do pactuado, deve haver a reformulação do contratado. A situação fática tornando-se insuportável ou excessivamente onerosa para uma das partes obriga à revisão do que fora firmado.

Pode-se fazer menção aos princípios da boa-fé e da boa-fé objetiva. É a presença da ética na relação contratual, que pressupõe uma relação de mútua confiança. Pressuposto é que as partes tenham plena liberdade de contratar e vedada é a usura. Fala-se também no beneficium competentiae, ou seja, a não redução do devedor ao estado de necessidade. Este, no pacto entre Estados soberanos, deve ser cláusula prioritária, ou seja, não pode o credor, valendo-se de sua posição de superioridade, impor exigências exorbitantes ou de difícil cumprimento. Não se pode impor obrigações que possam atingir os direitos humanos do devedor. Deve haver o mínimo de cooperação internacional. Logo, é dever de todas as Nações respeitar os povos mais fracos ou os Estados em crise institucional ou desequilíbrios socioeconômicos. Pode-se invocar o favor debitoris, isto é, a parte mais fraca deve ser tutelada, de modo a tornar mais suave o cumprimento de suas obrigações.

De ressaltar, igualmente, que não pode haver alteração unilateral das cláusulas firmadas. A ninguém é lícito modificar o que foi livremente aceito. Mesmo porque, prevalece a equivalência das condições de onerosidade, o que significa que não pode haver enriquecimento sem causa.

O essencial é que ninguém pode se enriquecer à custa da fome ou das necessidades básicas de qualquer povo. O limite de assunção de compromissos é a possibilidade de pagamento ou de endividamento do povo. Ao mesmo tempo em que há a responsabilidade pelo pagamento dos débitos, há, de outro lado, a responsabilidade do Estado credor, que tem que saber dos limites de seu empréstimo, uma vez que é corresponsável, se emprestou mal. Se conhece as dificuldades do país devedor de honrar seus compromissos, também assume o risco de não receber caso tenha efetuado o empréstimo sem tomar as cautelas devidas, de saber da saúde financeira do Estado tomador. Como diz Jacob Dolinger, "é princípio aceito hoje pelos economistas, inclusive americanos e ingleses, que a responsabilidade por empréstimos é mútua, e que os credores são substancialmente responsáveis por empréstimos arriscados".[249]

---

[249] *DOLINGER, Jacob. A dívida externa brasileira*: solução pela via arbitral. Rio de Janeiro: Nova Fronteira, 1988, p. 119.

Tendo em vista tais princípios, que devem nortear toda e qualquer pactuação entre Estados, é importante que os povos sejam respeitados em sua individualidade, e nada pode ser imposto que cause grave perturbação social ou que implique efetuar o pagamento do débito à custa do sacrifício de toda a população. Princípios de garantia da prevalência dos direitos humanos devem sobrepor-se ao cumprimento do contrato a qualquer custo.

28.25 Requisitos e limites da operação externa de natureza financeira. Análise das resoluções do Senado Federal

Ainda que já tenhamos feito referência às resoluções do Senado Federal, convém efetuar análise mais detalhada delas. É o que se fará ao longo dos itens que seguem.

Toda pessoa, física ou jurídica, tem capacidade para obter empréstimos e deles necessita para sua sobrevivência. O crédito revela-se por meio da fidúcia, que está presente no relacionamento humano. Se entre as pessoas físicas tal afirmativa é verdadeira, diga-se o mesmo entre as pessoas jurídicas, e especialmente entre as pessoas jurídicas de direito público. Logo, os Estados, para sua sobrevivência, dependem de financiamentos de toda ordem, para cumprir seus objetivos e finalidades. Não só buscam recursos junto a instituições financeiras, bem como perante outras pessoas jurídicas de direito público. Da mesma forma, procuram receitas financeiras no âmbito interno do Estado, como também o fazem internacionalmente, seja perante entidades financeiras, seja perante outros Estados. Em suma, é da vida normal dos entes públicos que estes se relacionem e busquem recursos perante outros, para a subsistência dos Estados e para desenvolvimento de suas atividades.

Ocorre que, enquanto no âmbito privado o crédito funciona de acordo com a fidúcia que cada entidade tem, fornecendo, evidentemente, garantias, bastando para a formação do vínculo a manifestação da vontade, no âmbito público há toda uma sorte de exigências preliminares. Antes de tudo, imprescindível se faz prévia autorização legislativa para que possa o Estado se vincular a um débito. Depois, necessário que haja a representação do ente público, fixando-se garantias, prazos de vencimento, formas de resgate, etc.

No Direito brasileiro o órgão encarregado de autorizar e fiscalizar as obrigações financeiras dos entes públicos é o Senado Federal (art. 52, V, da CF). Em relação ao endividamento público, pode ele "fixar, por proposta do Presidente da República, limites globais para o montante da dívida consolidada da União, dos Estados, do Distrito Federal e dos Municípios" (inciso VI do art. 52 da Constituição da República). Em primeiro lugar, ressalte-se que a autorização ocorre apenas em relação às operações externas (art. 52, VII, da CF). Alcança ela todos os entes federativos. Nenhum ente público pode realizar qualquer operação externa sem a autorização do Senado.

Evidente está que o texto – ao falar em operação financeira de interesse da União, Estados, Distrito Federal e Municípios – engloba na exigência os três entes federativos da Administração indireta.[250]

---

[250] FERREIRA FILHO, Manoel Gonçalves. *Comentários à Constituição brasileira de 1988*. v. 2. São Paulo: Saraiva, 1992, p. 38.

A Constituição/1891 admitia que Estados e Municípios realizassem operações externas independentemente de controle do Senado, o que causou inúmeros inconvenientes, por falta de pagamento ou impontualidade. A partir da Constituição/1934 vedou-se tal prática (art. 19, V), o que também ficou consignado nos textos posteriores. Segundo Pinto Ferreira, a expressão "operações financeiras" tem alcance mais amplo que "empréstimo", a incluir "empréstimos, operações ou acordos. Como somente a União pode manter relações diplomáticas, os acordos são apenas com relação a empréstimos ou operações financeiras. O empréstimo toma a denominação de mútuo, que em geral é o empréstimo de dinheiro, ou comodato, como empréstimo gratuito de coisa não fungível. As operações referem-se às formas de reconhecimento e pagamento dos empréstimos, enquanto os acordos dizem respeito aos adiantamentos e protelações da liquidação do empréstimo. Os acordos são acessórios, porque dependem do principal, que é o empréstimo".[251]

A operação de crédito foi definida na Lei de Responsabilidade Fiscal (art. 29, III, e §1º). Na Resolução nº 43/2001 do Senado Federal foi conceituada como "os compromissos assumidos com credores situados no país ou no exterior, em razão de mútuo, abertura de crédito, emissão e aceite de título, aquisição financiada de bens, recebimento antecipado de valores provenientes da venda a termo de bens e serviços, arrendamento mercantil e outras operações assemelhadas, inclusive com o uso de derivativos financeiros" (art. 3º). O inciso I do §1º do art. 3º da Resolução SF-43/2001 equipara à operação de crédito "o recebimento antecipado de valores de empresa em que o Poder Público detenha, direta ou indiretamente, a maioria do capital social com direito a voto, salvo lucros e dividendos, na forma da legislação". O mesmo ocorre com a "assunção direta de compromisso, confissão de dívida ou operação assemelhada, com fornecedor de bens, mercadorias ou serviços, mediante emissão, aceite ou aval de títulos de crédito"; também assim se considera a "assunção de obrigação, sem autorização orçamentária, com fornecedores para pagamento a posteriori de bens e serviços" (incisos II e III do §1º do art. 3º). O §1º do art. 29 da Lei de Responsabilidade Fiscal equipara à operação de crédito "a assunção, o reconhecimento ou a confissão de dívidas pelo ente da Federação, sem prejuízo do cumprimento das exigências dos arts. 15 e 16".

Os conceitos em foco diferem.

Discute-se se a compra externa, com pagamento à vista, depende de autorização do Senado. Não é o caso. Compra e venda que se esgote imediatamente, à vista, não necessita de autorização do Senado. Possuindo o ente federal disponibilidade de recursos, tendo autorização do respectivo órgão legislativo e efetuando-se operação à vista, dispensa-se autorização.

De outro lado, a autorização não implica responsabilidade da União pela operação externa. Eventualmente pode ser que a pessoa mutuante externa exija garantia fiduciária, tal como o aval do Estado brasileiro. Em tal hipótese a garantia pode ser solicitada e dada. No entanto, "a autorização dada pelo Senado não empresta a responsabilidade da União às operações dos Estados-membros, do Distrito Federal, dos Municípios.

---

251 PINTO FERREIRA. *Comentários à Constituição brasileira.* v. 2. São Paulo: Saraiva, 1990, p. 614.

Trata-se de simples formalidade habilitante ou integrativa", no exato dizer de Pontes de Miranda.[252]

No entender de Celso Bastos o dispositivo ora em comento está de acordo com o regime federativo, "já que tudo o que repercute internacionalmente deve ter o assentimento da União".[253]

Sobreleva notar que a operação interna não fica alcançada pelo dispositivo. Em relação a esta incide o inciso VII do art. 52 da CF.

A matéria vem disciplinada pela Resolução nº 43/2001 do Senado da República. Após definir o que se entende por "entes federativos" (art. 2º, I), "empresa estatal dependente" (inciso II), "dívida pública consolidada" (inciso III), "dívida pública mobiliária" (inciso IV) e "dívida consolidada líquida" (inciso V), define o que é "operação de crédito" (art. 3º).

A resolução alcança os entes federativos (União, Estado, Distrito Federal e Município). A empresa dependente é a controlada por ente federal "que tenha, no exercício anterior, recebido recursos financeiros de seu controlador, destinados ao pagamento de despesas com pessoal, de custeio em geral ou de capital, excluídos, neste último caso, aqueles provenientes de aumento de participação acionária e tenha, no exercício corrente, autorização orçamentária para recebimento de recursos financeiros com idêntica finalidade" (inciso II do art. 2º).

A dívida pública consolidada é o montante total dos débitos assumidos em decorrência de obrigações financeiras, inclusive emissão de títulos, por qualquer forma assumida, e de operações de crédito, para amortização acima de 12 meses. Abaixo daí se diz a dívida flutuante (na Lei de Responsabilidade Fiscal o conceito de dívida flutuante é outro, ou seja, aquela assumida a partir de 10 de janeiro e que deve ser pago até o dia 20 de dezembro, durante o mesmo exercício financeiro): é o que se conclui da análise conjunta dos incisos I e II do art. 38 da Lei de Responsabilidade Fiscal. Também aí se incluem precatórios não pagos e operações, ainda que inferiores a 12 meses, que tenham constado como receitas.

A dívida pública mobiliária é a representada por títulos emitidos pelos entes federativos (inciso IV do art. 2º da Resolução nº 43/2001 do Senado Federal).

A dívida consolidada líquida é a que tem deduzidas as disponibilidades de caixa, as aplicações financeiras e os demais haveres financeiros (inciso V do art. 2º da Resolução nº 43/2001).

Receita corrente líquida é o somatório das receitas tributárias, de contribuições patrimoniais, industriais, agropecuárias, de serviços, transferências correntes e outras receitas, deduzidas as receitas transferidas dos Estados para os Municípios por determinação constitucional, a contribuição dos servidores estaduais e municipais a seu sistema de custeio de previdência e as receitas provenientes da compensação financeira prevista no §9º do art. 201 da CF.

A resolução veda qualquer operação que implique endividamento sem o cumprimento de determinações e sem previsão orçamentária (art. 5º).

Os entes federais, para obtenção do empréstimo, devem encaminhar os pedidos ao Ministério da Fazenda, acompanhados de: (a) pareceres técnico e jurídico, demonstrando

[252] PONTES DE MIRANDA. *Comentários à Constituição de 1946*, t. 1. São Paulo: Max Limonad, 1953, p. 286.

[253] BASTOS, Celso. *Comentários à Constituição do Brasil*. v. 4. São Paulo: Saraiva, 1995, p. 170.

a relação custo-benefício, o interesse econômico e social da operação e o cumprimento dos limites do endividamento; (b) autorização legislativa; (c) comprovação de inclusão, no orçamento, de recursos provenientes da operação buscada; (d) certidão do Tribunal de Contas sobre o cumprimento das imposições da Lei de Responsabilidade Fiscal; (e) declaração do chefe do Poder Executivo de que as contas ainda não analisadas estão conformes; (f) comprovação da Secretaria do Tesouro de que não há débitos com a União relativos a financiamentos ou garantias fornecidas; (g) em relação aos Municípios, certidão da Secretaria de Finanças de que não há débito ou da inexistência de qualquer débito que não tenha sido honrado; (h) certidão do INSS, PIS, PASEP, FINSOCIAL e FGTS; (i) cronograma de dispêndio com dívidas externa e interna; (j) relação de todas as dívidas, em valores atualizados, inclusive e eventualmente vencidos e não pagos; (k) balancetes mensais consolidados, assinados pelo chefe do Poder Executivo e pelo Secretário de Finanças; (l) comprovação do encaminhamento das contas à União, para fins de consolidação, na forma da Lei de Responsabilidade Fiscal; (m) comprovação das publicações exigidas pelos arts. 52 e 55 da Lei de Responsabilidade Fiscal; (n) Lei Orçamentária do exercício em curso; e, por fim, (o) da Lei de Diretrizes Orçamentárias em curso.

Em relação a pedidos de empréstimos para operações de crédito por antecipação de receita impõe-se o atendimento ao art. 22 da resolução ora comentada, instruídos com os incisos I, II, IV a VIII e XI a XIII do art. 21, além de solicitação da instituição financeira que realizará a operação de crédito e documento assinado pelo chefe do Poder Executivo discriminando as condições da proposta.

No caso de aval ou garantia da União para qualquer operação de crédito interno ou externo, deverão conter (art. 23 da resolução em análise, alterado pela Resolução nº 3/2002 do Senado): (a) exposição de motivos do Ministro da Fazenda; (b) pareceres da Procuradoria-Geral da Fazenda Nacional e da Secretaria do Tesouro Nacional; e (c) a documentação prevista no art. 21 da resolução. No caso de necessidade de complementação de recursos impõem-se esclarecimentos sobre o demonstrativo físico-financeiro dos desembolsos ocasionados e esclarecimento sobre o alcance das metas (art. 23, IV, da Resolução nº 43/2001, acrescentado pela Resolução nº 3/2002).

Detectada qualquer irregularidade, devolve-se o procedimento. Apurada alguma ilegalidade, haverá punição aos culpados.

Os pleitos serão encaminhados pelo Ministério da Fazenda ao Senado, em até 30 dias úteis. No caso de operação externa, mediante mensagem do Presidente da República (parágrafo único do art. 23). Apurada eventual falha nos documentos, haverá pedido de complementação. Desatendidas as exigências, o pleito será indeferido.

Sujeitam-se a autorização específica as seguintes operações: (a) crédito externo; (b) decorrentes de convênios para aquisição de bens e serviços no exterior; (c) emissão de títulos da dívida pública; (d) emissão de debêntures ou assunção de obrigações por entidades controladas pelos Estados, pelo Distrito Federal e pelos Municípios que não exerçam atividade produtiva ou não possuam fonte própria de receitas (incisos I a IV do art. 28 da Resolução nº SF-43/2001).

Se o pedido contiver todas as exigências regulamentares, é encaminhado à apreciação do Senado; caso contrário, após diligências, será devolvido ao interessado.

As operações de antecipação da receita orçamentária serão autorizadas mediante processo competitivo eletrônico, pelo Banco Central do Brasil, perante todo o sistema financeiro. Apresentadas as propostas, poderá haver sua melhoria (art. 37 e parágrafos da Resolução nº 43/2001), cujo resultado será divulgado. Há restrições a juros.

Os pedidos de autorização para lançamento, oferta pública ou colocação no mercado de títulos da dívida pública destinados a refinanciar títulos vincendos devem ser encaminhados com antecedência de 60 dias (art. 38 da Resolução nº 43/2001). A venda dos títulos será realizada em leilões eletrônicos pelo Banco Central ou por entidade autorizada pela Comissão de Valores Mobiliários/CVM (art. 39).

O Ministério da Fazenda é obrigado a informar, mensalmente, ao Senado a posição do endividamento de todos os entes federados e respectivas entidades da Administração indireta (inciso I do art. 41) e as respectivas operações realizadas.

O ato final do deferimento, ou não, por parte do Senado Federal vem ao mundo jurídico através de resolução.

O controle posterior da aplicação de recursos é competência do TCU e, eventualmente, do Estado e do Município, onde houver.

A Resolução nº 43/2001 do Senado não se aplica às autarquias financeiras, como dispõe o art. 50 de referido diploma.

28.26 Operações de crédito interno

O controle efetivo cabe ao Ministério da Fazenda (art. 32 da Lei de Responsabilidade Fiscal). A operação interna não necessita de autorização do Senado Federal (inciso V do art. 52 da CF, c/c o inciso IV do §1º do art. 32 da Lei de Responsabilidade Fiscal). No entanto, imprescindível que atenda a diversos requisitos, que deverão ser atendidos quando da formulação do pleito perante o Ministério da Fazenda. Pressupõe autorização legislativa para a contratação, previsão orçamentária, sujeição às normas para o endividamento global, tal como disposto na Resolução nº 43/2001 do Senado.

A operação ocorrerá perante entidade financeira, que deverá exigir comprovação do atendimento às exigências legais e da resolução do Senado. A desobediência dos requisitos estabelecidos em lei importará sua nulidade (§1º do art. 33 da Lei de Responsabilidade Fiscal).

A Lei de Responsabilidade Fiscal (art. 35) impede operações de crédito entre entes da Federação. A matéria foi objeto de análise no quando cuidamos das operações de crédito.

Equiparam-se a operações de crédito e também estão vedadas a captação de recursos, a título de antecipação de receita de tributo ou contribuição cujo fato gerador ainda não tenha ocorrido, o recebimento antecipado de valores de empresa de que seja o Poder Público sócio majoritário, assunção direta de compromissos e assunção de obrigação sem autorização orçamentária (art. 37 da Lei de Responsabilidade Fiscal).

É muito importante que as normas legais ou constantes da resolução não atinjam a intimidade – autonomia prevista na forma federativa – de Estados, Distrito Federal e Municípios, uma vez que podem impor limites inconstitucionais. A propósito do assunto o STF já julgou que a norma não pode impor "determinadas destinações da receita local, como condição prévia ao exame das operações de crédito sujeitas à aprovação da Câmara Alta".[254]

28.27 Dos limites globais para o montante da dívida pública

De se observar que o inciso VII do art. 52 da Constituição da República estabelece que o Senado deve dispor sobre os limites globais de crédito externo e interno dos entes federativos. As dívidas públicas consolidadas e mobiliárias sujeitam-se aos ditames da Resolução SF nº 40/2001, só que não há previsão em relação à União. Apenas dispôs sobre os demais entes federativos. As definições dos entes federais e das entidades a eles vinculadas, bem como os conceitos de dívida, receita corrente líquida, etc., todos já foram analisados quando do estudo da resolução anterior.

A dívida consolidada líquida dos Estados, do Distrito Federal e dos Municípios, a partir do décimo quinto exercício financeiro, contado de 2001, não poderá exceder, no caso de Estados e Distrito Federal, a duas vezes a receita corrente líquida (art. 3º da Resolução nº 40/2001). No caso de Municípios o limite do excesso é de um inteiro e dois décimos da receita corrente líquida.

Os prazos estabelecidos foram suspensos, nos termos da Resolução nº 20/2003, que dispensou do cumprimento da obrigatoriedade dos limites no período de janeiro/2003 a 30.4.2005. A partir daí recomeçou a sujeição de redução anual.

Os limites, no prazo de transição, serão de 1/15 a cada exercício financeiro, nos termos do art. 4º, I, da Resolução nº 40/2001 do Senado.

Todos os entes federados deverão atualizar seus dados junto ao Ministério da Fazenda, para efeito de seu controle.

Durante o período de ajuste os entes federativos ficam impedidos de efetuar operações.

Ainda que o texto não se refira às entidades da Administração descentralizada, resta evidente que estão elas alcançadas pela dicção do inciso VII do art. 52 da CF.

28.28 Autorizações para operações externas

Pretendendo os entes federativos realizar qualquer operação externa de natureza financeira, deverão obter autorização do Senado. Ressalte-se que apenas as operações externas é que necessitam de autorização. No entanto, como cabe ao Senado verificar se as condições para o endividamento estão presentes, significa que o Senado deve manifestar-se sobre o nível de endividamento, o que, por consequência, impõe a sua participação.

Estabelece o inciso V do art. 52 da CF que cabe ao Senado Federal "autorizar operações externas de natureza financeira, de interesse da União, dos Estados, do Distrito Federal, dos Territórios e dos Municípios". O dispositivo foi regulamentado pela Resolução nº 48/2007 do Senado, que subordina as "operações de crédito interno e externo da União, inclusive a concessão de garantias" (art. 1º), às exigências que prevê.

---

[254] STF, ADI/MC nº 1.728-DF, rel. Min. Octácio Gallotti, *DJU*, 14.12.2001, p. 22.

A Resolução nº 48/2007 do Senado Federal dispôs sobre matéria que há muito tempo era reclamada, qual seja, os limites globais para as operações de crédito externo e interno da União. Realmente, apenas Estados e Municípios eram disciplinados normativamente em suas operações. A União não tinha limites.

O art. 2º redefine conceitos, tais como "União", "empresa estatal dependente" e "dívida consolidada". Define dívida consolidada como o "montante total, apurado sem duplicidade, das obrigações financeiras da União, inclusive as decorrentes da emissão de títulos, assumidas em virtude de leis, contratos, convênios ou tratados, da realização de operações de crédito para amortização em prazo superior a 12 (doze) meses, dos precatórios judiciais emitidos a partir de 5 de maio de 2000 e não pagos durante a execução do orçamento em que hajam sido incluídos e das operações de crédito que, embora de prazo inferior a 12 (doze) meses, tenham constado como receitas no orçamento" (inciso III do art. 2º). Das obrigações financeiras do Banco Central serão incluídas na dívida consolidada as decorrentes de emissão de títulos de sua responsabilidade (§1º do art. 2º). A dívida consolidada não inclui operações entre a Administração direta e respectivas entidades que integram a União.

O art. 3º cuida e disciplina as operações de crédito. O art. 4º trata da receita corrente líquida. O art. 5º estabelece as vedações em relação ao recebimento antecipado de valores, assunção direta de compromissos, concessão de subsídios ou incentivos (incisos I a IV).

O art. 7º dispõe sobre limites e condições para a realização de operações de crédito, e nelas a União ficará restringida ao montante global das operações, que não poderá ser superior a 60% da receita corrente líquida (inciso I). O montante da dívida consolidada não poderá exceder o teto estabelecido pelo Senado em resolução específica (inciso II).

Os contratos não poderão conter cláusula: (a) de natureza política; (b) atentatória à soberania nacional; (c) contrária à Constituição e às leis brasileiras; e (d) que implique compensação automática de débitos e créditos (incisos I a IV do art. 8º).

Não poderá a União prestar garantia acima de 60% da receita corrente líquida (art. 9º). Para outorga de qualquer garantia se há de atender aos requisitos previstos no art. 10.

O art. 11 estabelece a forma dos requerimentos e dos documentos necessários à sua instrução.

O art. 12 dispõe sobre operações decorrentes de acordo internacional específico aprovado pelo Congresso Nacional.

O art. 13 contém dispositivo questionável referente à autorização "de forma global" sobre operações de crédito de interesse da União "de caráter não reembolsável, assim caracterizadas as doações internacionais e outras da espécie". É que as doações deveriam ser controladas pelo Senado da República, uma vez que gratuitas, salvo as de caráter humanitário.

Todos os pedidos de operações de crédito externo "mediante emissão de títulos da República no mercado financeiro internacional, que não estejam inseridos em programas aprovados em resolução específica do Senado Federal deverão ser encaminhados ao Senado Federal, (...)" (art. 14) informando sobre o montante das emissões, objetivos e destinação dos recursos.

28.29 Diretrizes gerais para consolidação e reescalonamento das dívidas dos entes federativos e dos entes estatais

A Lei nº 8.388, de 30.12.1991, estabeleceu a forma de reescalonamento dos débitos dos entes estatais e paraestatais. A constitucionalidade da lei foi questionada perante o STF pela ADI nº 686 (rel. Min. Ilmar Galvão), movida pelo PSDB. Assentou a Corte Constitucional que a lei era constitucional, na medida em que cuida de lei que cogita da consolidação e do reescalonamento de dívidas dos Estados e Municípios junto a órgãos e entidades controladas pela União, isto é, "débitos já existentes, e não de contratações que resultem em aumento da dívida pública de tais entes, essas, sim, sujeitas ao controle do Senado Federal e a disciplina por meio de lei complementar".

Em verdade, assim é. Cuidou o texto normativo mencionado de permitir à União a assunção de dívidas internas decorrentes de operação de crédito. A União assumiria as dívidas (§1º do art. 1º da Lei nº 8.388/1991, regulamentada pelo Decreto nº 456/1992) contraídas junto a entes federais, bem como as representadas por títulos da dívida pública. Autorizou a lei o refinanciamento em até 80 vezes. A lei disciplina a forma da apuração do montante da dívida, bem como estrutura o mecanismo de refinanciamento e pagamento.

Como a lei autorizou o refinanciamento do débito anterior a seu advento, não houve contrariedade ao texto constitucional. Caso contrário estaria o Executivo, mediante lei, a exercer competências e atribuições reservadas ao Senado Federal. Em suma, houve uma consolidação do débito, autorização para que o governo federal assumisse os débitos dos entes federativos e respectivas entidades da Administração indireta. Apurou-se o montante do débito e o Executivo Federal assumiu o montante da dívida.

Em verdade, é norma que exauriu seu conteúdo, diante do fato de já ter sido aplicada e alcançar os débitos anteriores a 1991.

28.30 Limites para prestação de garantias da União para operações de crédito externo e interno. O problema nos Estados e Municípios

Estabelece o inciso VIII do art. 52 da CF que cabe ao Senado dispor "sobre limites e condições para a concessão de garantia da União em operações de crédito externo e interno". A União não pode servir de avalista ou de garantidora, por qualquer forma, das dívidas de outros entes federativos. A assunção de responsabilidade não pode ser ato exclusivamente político e submetido à discrição do chefe do Executivo. A Constituição impõe controle do Legislativo sobre atos de mera liberalidade do Presidente. Assim sendo, o Senado expede resolução impondo restrições e limites para que possa haver a garantia por parte do Executivo.

Os demais entes federados estão livres, salvo exigência que possa existir em relação à obtenção de concordância do Legislativo, para fornecer aval ou fiança. Nada obriga a sujeição à exigência de autorização do Senado.

Nos casos de locação ou celebração de qualquer outro contrato, salvo operação de crédito, não há necessidade de autorização, uma vez que não se cuida de assunção de dívida. Trata-se de relação bilateral e comutativa, gerando obrigações recíprocas. Como escreveu Arnoldo Wald, "o Estado, para conceder contragarantia a fiador de locação, não necessita de autorização federal, realizando operação de sua economia interna não sujeita à interferência do Senado Federal".[255]

28.31 Limites globais e condições para o montante da dívida mobiliária de Estados, Distrito Federal e Municípios. A EC nº 109/2021

O inciso IX do art. 52 da CF estabelece a competência do Senado para impor limitações e condições para a dívida mobiliária dos entes federados, excluída a União. A Resolução SF nº 40/2001 dispõe a respeito. Dívida mobiliária é a representada por títulos emitidos. A dívida total de Estados e Distrito Federal não pode ultrapassar duas vezes a receita corrente líquida e a dos Municípios não pode exceder em um inteiro e dois décimos a receita corrente líquida (art. 3º). Entende-se por *receita corrente líquida* "o somatório das receitas tributárias, de contribuições, patrimoniais, industriais, agropecuárias, de serviços, transferências correntes e outras receitas também correntes" (art. 2º, caput), sendo que daí devem ser deduzidas as parcelas tributárias e previdenciárias entregues aos Estados e Municípios. Salienta-se, ainda, que o inciso II do art. 2º da Resolução nº 40/2001 assim dispõe: "II – nos Estados e nos Municípios, a contribuição dos servidores para o custeio do seu sistema de previdência e assistência social e as receitas provenientes da compensação financeira citada no §9º do art. 201 da Constituição Federal".

A EC nº 109/2021 alterou a forma de acompanhamento da dívida pública inserindo o inciso VIII ao art. 163 da CF de forma a exigir o que rotula de *sustentabilidade da dívida*. Os entes federativos perderam o controle de suas negociações e se endividaram de forma imprudente. Exigia-se uma providência. Esta adveio com a EC 109/2021.

Deverão ser apontados "indicadores" que permitam o controle do montante e eles deverão ser compatíveis com os resultados fiscais. Será importante acompanhar a trajetória. Quais as obrigações assumidas? Qual o percentual do orçamento comprometido? Haverá problema com o cumprimento das políticas públicas assumidas pelo ente federativo? Em caso positivo, quais as providências a serem tomadas?

Se for o caso, deve ser a entidade alienar ativos (imóveis, empresas estatais) para reequilibrar as receitas com as obrigações assumidas.

Sobrevirá lei complementar para disciplinar as providências que deverão ser tomadas, para "manter a dívida pública em níveis sustentáveis" (é o que dispõe o art. 164-A advindo com a EC nº 109/2021).

O objetivo do governo foi o de, primeiro, identificar a dívida assumida pelos entes federativos, saber seu montante, sabê-la compatível com as receitas. Evitar-se-á assim o descontrole do montante da dívida que é o que tem acontecido com Estados e Municípios. As exigências de sustentabilidade aplicam-se também à União, no caso de calamidade pública (art. 167-G da CF).

Como estabelece o parágrafo único do art. 164-A da CF a elaboração orçamentária deve refletir "a compatibilidade dos indicadores fiscais com a sustentabilidade da dívida".

É isso que se objetiva: o controle da dívida a parâmetros razoáveis. Com isso se demonstra responsabilidade fiscal.

---

[255] WALD, Arnoldo. Dívida em Estados: Limites: Senado Federal (parecer), *RDA*, 164/461-468, FGV, abr./jun. 1968.

De outro lado, o art. 5º da EC 109/2021 dispôs sobre a amortização da dívida, devendo o "superávit financeiro das fontes de recursos dos fundos públicos" ser destinado a ela.

28.32 Operações de crédito por antecipação de receita orçamentária

Referidas operações vêm disciplinadas no art. 14 da Resolução SF-43/2001. A competência do Senado da República restringe-se, em relação às operações de crédito internas, ao mero controle e à análise dos limites globais de endividamento. Em relação às operações de crédito por antecipação de receita orçamentária, independem de qualquer autorização do Senado. Somente podem ocorrer a partir do dia 10 de janeiro e devem ser pagas até o dia 10 de dezembro, limitando-se ao montante do empréstimo e juros. Não poderá haver a mesma operação enquanto não quitada a anterior, e na pendência desta não cabe uma outra. As normas aplicam-se às três esferas de poder e aos três níveis federativos. Se o Senado, no entanto, aprovar a operação de crédito, vem limitada a 120 dias antes do final do mandato.

No dizer de Geraldo Ataliba, "a operação de crédito por antecipação da receita é um tipo de empréstimo que o Poder Público faz com a exclusiva finalidade de suprir eventuais quedas de arrecadação, ou para enfrentar determinados períodos em que as suas receitas ordinárias são de tal forma baixas, que não cobrem os dispêndios normais e ordinários".[256] O art. 38 da Lei Complementar nº 101/2000 (Lei de Responsabilidade Fiscal) disciplina a matéria e a ARO (Antecipação de Receita Orçamentária) deverá ser comandada pelo Banco Central do Brasil.

28.33 Lei complementar

Dispõe o inciso II do art. 163 da CF que cabe à lei complementar dispor sobre "dívida pública externa e interna, incluída a das autarquias, fundações e demais entidades controladas pelo Poder Público". A lei complementar a que alude o texto constitucional é a denominada Lei de Responsabilidade Fiscal (Lei Complementar nº 101/2000).

Prevê o art. 30 da Lei de Responsabilidade Fiscal o envio, pelo Presidente da República, de proposta para a fixação dos limites globais do endividamento, tal como prevê o inciso VI do art. 52 da CF, vindo a lume, em decorrência, a Resolução nº 40/2001 do Senado da República.[257]

Caso o montante da dívida seja ultrapassado, a lei estrutura mecanismos para sua recondução aos limites, indicando caminhos para que isso se opere.

28.34 Eficácia dos títulos públicos como garantia de débitos. Títulos emitidos há longo tempo e sua validade. Possibilidade de penhora de seu valor

Emitido o título, representa ele parcela da dívida pública. Pelo seu valor de face é o Estado responsável. No entanto, como a garantia é o próprio do Estado, depende de

256 ATALIBA, Geraldo. *Empréstimos públicos e seu regime jurídico*, *op. cit.*, p. 105.

257 A matéria disposta na referida lei encontra-se analisada em nosso livro: *Responsabilidade fiscal*. 2. ed. São Paulo: RT, 2002.

sua situação perante o concerto das Nações, para estimativa de seu valor real. Depende do risco-país, depende do endividamento externo, depende do cumprimento anterior de seus compromissos internacionais, para que se tenha o valor efetivo do título representativo da dívida.

Serve ele para oferecimento no procedimento de privatização, por exemplo, podendo destinar-se ao pagamento parcial do valor ofertado. O Presidente da República pode impor restrições e limites para a aceitação de tais títulos. Como a privatização cuida de venda e compra, cabe ao vendedor impor suas exigências. Estas consubstanciam-se em decreto. Não é que os títulos não valham ou valham menos que o valor de mercado, ou que não se constituam em moeda corrente. O que vale é que o vendedor pode impor restrições e limitações sobre a forma como efetuará a venda. Os títulos podem e devem ser aceitos pelo Poder Público, especialmente por seu emitente. No entanto, em processo de privatização legítimo é impor limitações à sua aceitação.[258]

Os entes federados e suas respectivas entidades estatais ficam desobrigados de constituir pecúlio para atender às condenações civis.[259] A determinação anterior é que fossem os entes da Administração indireta obrigados a emitir títulos da dívida para o pagamento das condenações judiciais. Os tribunais entenderam que bastava a inclusão na folha de pagamento para satisfação do julgado condenatório.

Os títulos da dívida pública representam dinheiro. Como obrigação do Tesouro Nacional, são imprescritíveis, servindo para toda e qualquer garantia. Eventual ausência de resgate não significa que perdem eles seu valor. O que pode acontecer se houver publicação de edital para que os portadores de tais obrigações ou títulos se apresentem ao Tesouro para receber o que lhes é devido? Os que atenderem ao chamado recebem seu valor. Os que deixarem passar o prazo perdem seu direito? Entendemos que não, uma vez que posso deixar de exercer o direito, por não postular o resgate. No entanto, nem por isso perco o direito que se acha consubstanciado em título emitido pelo governo e que tem obrigação de honrar. Poder-se-ia argumentar que todas as relações jurídicas têm prazo decadencial ou prescricional, em homenagem à segurança e à pacificação jurídicas. No entanto, quando de sua emissão há um compromisso de pagamento do próprio Estado. Se no título não há prazo de vencimento, pode ser apresentado à repartição própria para pagamento a qualquer tempo. Se há prazo, a obrigação ficou limitada no tempo, e, pois, há, rigorosamente, prazo decadencial ou prescricional, dependendo da hipótese.

Não se segue daí que possam ser dados em penhora. A jurisprudência já se assentou no sentido de que títulos emitidos há longo tempo, de validade controvertida e de difícil liquidez, não servem para garantia da execução.[260] Embora sejam, teoricamente, títulos válidos e ainda não prescritos, não se pode concluir que sejam hábeis a garantir execução, e, pois, descabida a incidência de penhora sobre eles. Em outro julgado o título era de

---

258 STF, Pleno, MS nº 22.509-SP, rel. Min. Marco Aurélio, j. 26.9.1996, *DJU*, 04.12.1996, p. 48.194.

259 STF, Pleno, RE nº 73.405-GB, rel. Min. Oswaldo Trigueiro, j. 27.9.1973.

260 STJ, AGA-RS nº 463.482, rel. Min. Castro Meira, *DJU*, 28.10.2003, p. 265; STJ, AGA nº 490.093-SC, rel. Min. Teori Albino Zavascki, *DJU*, 06.10.2003.

1 Conto de Réis, emitido de acordo com decreto de 1926. O acórdão entendeu descaber a substituição da penhora.[261]

Bem de ver que títulos emitidos durante a Guerra do Paraguai ainda subsistem, uma vez que o perdão concedido em 1943 em nada alterou a situação jurídica dos portadores dos títulos de dívida contraída pela União.[262]

São considerados válidos, mas há resistência em sua aceitação e seu reconhecimento pelo Estado.

De outro lado, os títulos podem ser expedidos para efeito de pagamento de desapropriação para fins de reforma agrária.[263] No caso da reforma agrária é possível expedir títulos da dívida agrária (art. 184, caput, da CF), resgatáveis em até 20 anos. É possível, de seu turno, ao Município efetuar pagamento de desapropriação sobre a propriedade urbana subtilizada, não utilizada ou não edificada, podendo expedir títulos da dívida pública para pagamento em até 10 anos (inciso III do §4º do art. 182 da CF). Os TDAs, por não terem cotação em Bolsa, igualmente não garantem débitos judiciais.[264]

O STJ entendeu que os títulos da dívida pública com cotação em Bolsa não servem para suspender a exigibilidade do crédito tributário.[265] A Súmula nº 112 do mesmo STJ deixa claro que apenas o depósito em dinheiro é que susta a exigibilidade do crédito.

Em verdade, os títulos emitidos pelo governo de um país consagram uma obrigação de seu resgate. Pode acontecer que haja o repúdio do débito com a alteração do governo, por exemplo. Quando do governo bolchevique houve repúdio do débito dos czares; os Estados Unidos repudiaram os débitos havidos com a Inglaterra em face das antigas Colônias. Há diversos exemplos. O que importa é que pode ter havido chamamento para resgate e não terem os portadores atendido à convocação. Teriam caducado do direito de exigir o pagamento, e prescrito o direito de havê-lo.

Ora, em princípio, os títulos (obrigações, letras, etc.) consubstanciam e representam dinheiro. Como tal, perderam seu valor de face diante do chamamento efetuado e da não apresentação dos títulos para resgate.

Todas as obrigações prescrevem. Não há direitos imprescritíveis, em homenagem ao princípio da segurança jurídica. A pacificação social impõe que os direitos não exercidos tempestivamente deixem de existir, não mais podendo ser exigidos, pessoalmente ou perante a esfera judicial.

Sendo assim, não tendo o credor atendido ao chamado de apresentação dos títulos para resgate ou deixando escoar o prazo de exigência, não há mais que se falar em receber a quantia representada.

O problema se complica no caso de não ter havido chamamento ou de não constar prazo para resgate. Haveria prescrição? Neste caso, e apenas nesta hipótese, é que a obrigação subsistirá no tempo, podendo ser exigida a qualquer momento. Instado ao pagamento, o Tesouro Nacional deve efetuar imediato resgate do título.

---

[261] *RSTJ*, 130/373, rel. Min. Ruy Rosado de Aguiar.

[262] STF, RE nº 29.720, rel. Min. Afrânio Costa, convocado, *DJU*, 03.01.1957, p. 34.

[263] STF, RE nº 86.046-SP, rel. Min. Décio Miranda, *DJU*, 23.11.1979, p. 8.777.

[264] STJ, REsp nº 253.940, rel. Min. Peçanha Martins, *DJU*, 09.09.2002.

[265] STJ, REsp nº 474.100-RS, rel. Min. Luiz Fux, *DJU*, 08.09.2003.

Ocorre a mesma circunstância quando se muda a moeda de um país. Havendo troca nas cédulas ou nas moedas, fixa-se um prazo para que sejam trocadas perante o banco oficial do país. Superado o prazo, a moeda ou a cédula passa a ter apenas valor histórico e não mais representativo de uma quantia em dinheiro e exigível a qualquer tempo. É o caso da introdução do Euro nos países que passaram a integrar a União Europeia. As moedas ainda tiveram validade por cinco anos, podendo ser apresentadas aos bancos oficiais de quaisquer dos países para seu resgate ou troca por moeda corrente (o Euro). Deixando escoar-se o prazo, não mais têm validade e não podem ser exigidas perante os tribunais.

A LEI Nº 13.655/2018 (ACRESCENTA OS ARTS. 20 A 30 À LEI DE INTRODUÇÃO ÀS NORMAS DO DIREITO BRASILEIRO) E OS CRITÉRIOS DE INTERPRETAÇÃO (NO ÂMBITO DO DIREITO FINANCEIRO)

29.1 Introdução

O advento da Lei nº 13.655, de 25.04.2018, trará importantes alterações para todo o Direito, e particularmente para os acordos e decisões administrativos e judiciais que digam respeito à Administração Pública. Logo, trará reflexos para o direito financeiro.

Como ela altera a Lei de Introdução às Normas do Direito Brasileiro, alguns falam em *sobredireito*. Isso não existe. Seu objetivo foi explicitar normas sobre "segurança jurídica e eficiência na criação e na aplicação do direito público", tal como dispõe sua epígrafe.

Há substancial modificação nos critérios de interpretação. Deve ela centrar-se sobre o mundo das realidades, deixando de lado a abstração. O que importa é o que de fato acontece. O apego ao empírico é que deve prevalecer, não sob forma de visualização do mundo, mas de sua realidade.

29.2 A realidade como critério

O art. 20 acrescido à Lei de Introdução às Normas do Direito Brasileiro estabelece que nas esferas administrativa, controladora e judicial "não se decidirá com base em valores jurídicos abstratos sem que sejam consideradas as consequências práticas da decisão". Toda esfera de decisão dentro da estrutura estatal não levará em conta valores inseridos no Direito Brasileiro, como se estivessem desapegados das consequências que acarretarão no mundo das realidades. Convenhamos que é comum que administradores e juízes de qualquer esfera decidam sem atentar para a realidade vivida.

Hans-Georg Gadamer, em *Verdade e Método*, adverte que há que se considerar sempre o *fenômeno*, isto é, como o fato se apresenta ao intérprete, que deve analisar o *vivido* e suas circunstâncias. O perfil que é sentido por ele. Aqueles que solucionam as lides que a eles se apresentam deverão, agora, levar em conta a realidade percebida e suas *consequências*. A quem a decisão atinge? Quem são eles, ricos ou pobres, empresários ou empregados, superior ou subalterno, contratante e contratado, em suas relações econômicas e sociais?

O *círculo hermenêutico* é condicionado pela História, pela objetividade, pelas pré-concepções, pela notoriedade dos intérpretes, pela compreensão de entendimento.

O Poder Judiciário vem decidindo de forma a implementar políticas públicas e torná-las efetivas. É o caso da saúde, em que o Poder Público tem sido condenado a internações, entrega de remédios, cirurgias, etc. Evidente que a intervenção do Judiciário na esfera pública, impondo obrigações específicas, deve ser vista com cuidado, uma vez que atende a uma pessoa e deixa de atender a outro tanto de pessoas. O STF tem sido pródigo em impor condenações de satisfação pessoal.[1]

Os *valores abstratos* tornam-se satisfação concreta, mas a obrigação tem que ser atendida.

O ato decisório deve ser motivado, e deverá demonstrar a "necessidade de adequação da medida imposta ou da invalidação de ato, contrato, ajuste, processo ou norma administrativa, inclusive em face das possíveis alternativas" (parágrafo único do art. 20 da Lei de Introdução às Normas do Direito Brasileiro). Se produz efeitos nocivos ou viciados de qualquer maneira, se puder atingir desabrigados, abandonados da sorte, pobres, etc., deverá o julgador administrativo ou judicial bem atentar para a invalidação do ato e que efeitos produzirá sua retirada do mundo jurídico. Estabelecer se a medida é adequada à providência a ser tomada.

Caso isso não ocorra a decisão poderá ser anulada e devolvida ao juízo originário, para nova aferição. Isso obriga o juízo a ser proferido a atentar para a adequação da medida que toma. É essencial, pois, que o julgador sinta a realidade, imiscua-se nela, possa aferir as consequências de seu ato. Dele provirão efeitos. Quais? Quem serão os atingidos? Quais as consequências que produzirá?

Aumenta, e muito, a responsabilidade do julgador. Este, que era *irresponsável* por seus atos, passa a ser responsável pelas consequências que causa.

29.3 A motivação

Por isso, a *motivação* adquire nova relevância no mundo jurídico. Os *motivos* são os acontecimentos fáticos que levam à emanação do ato. A *motivação* consiste nos fundamentos utilizados para adequar os motivos à decisão. Defini por *motivo* "o pressuposto de fato, as circunstâncias objetivas que autorizam a prática do ato".[2] A motivação é a explicitação dos fundamentos que levam à prática do ato. Como disse, "a necessidade de motivação e correção desta é fundamental num Estado Democrático de Direito. É dever obrigatório para a Administração e direito essencial dos administrados".[3]

A motivação é necessária e fundamental para que o administrado possa aferir a legalidade do procedimento administrativo ou judicial. Através dela é que se pode medir a correção da prática do ato.

1 Vaga em creche – RE nº 956.475; entrega de medicamento – RE nº 429.903.

2 OLIVEIRA, Regis Fernandes de. *Ato administrativo*. 6. ed. São Paulo: RT, 2014, p. 82.

3 *Idem*, p. 83.

O legislador fala em *demonstração da necessidade e a adequação da medida*. A saber: é imprescindível que sejam declinados os fundamentos que levaram o julgador a entender necessárias a medida bem como sua adequação. Dentro de alternativas possíveis, o julgador opta por uma delas. Deve, então, justificar sua opção diante da necessidade fática encontrada.

29.4 Indicação dos efeitos produzidos pelo ato invalidado

O art. 21 da Lei de Introdução às Normas do Direito Brasileiro complementa a norma anterior ao determinar que a decisão que "decretar a invalidação de ato, contrato, ajuste, processo ou norma administrativa deverá indicar de modo expresso suas consequências jurídicas e administrativas". Agora já não será possível decidir simplesmente adotando razões formuladas por uma das partes ou pelo Ministério Público. É imprescindível a explicitação dos fundamentos do convencimento do julgador. Especialmente se a determinação for de retirada do ato do mundo jurídico por força de inadequação vertical com a norma superior.

Deve o julgador explicitar as consequências jurídicas e administrativas que ocorrerão por força da invalidade decretada. Retira-se a possibilidade de o ato produzir efeitos válidos. Os atos podem ser eficazes, mas não produzirão consequências válidas no mundo jurídico.

29.5 Proporcionalidade dos danos

Na sequência do julgado, a decisão deverá indicar "as condições para que a regularização ocorra de modo proporcional e equânime e sem prejuízos dos interesses gerais, não se podendo impor aos sujeitos atingidos ônus ou perdas que, em função das peculiaridades do caso, sejam anormais ou excessivos" (parágrafo único do art. 21 da Lei de Introdução às Normas do Direito Brasileiro).

A decisão deverá indicar eventual preservação de efeitos. Disciplinará sobre terceiros eventualmente alcançados. Garantirá o recebimento de possível indenização. Analisará a boa-fé dos envolvidos. Em suma, não deixará os integrantes da relação jurídica sem a solução de suas pendências, de forma a envolver outra demanda para esclarecimento do que ficou sem análise.

Os dispositivos até então analisados impõem aos julgadores administrativo e judicial maior responsabilidade na apreciação dos feitos que lhes são submetidos.

29.6 Interpretação sobre gestão pública

O art. 22 da Lei de Introdução às Normas do Direito Brasileiro estabelece que, "na interpretação de normas sobre gestão pública, serão considerados os obstáculos e as dificuldades reais do gestor e as exigências de políticas públicas a seu cargo, sem prejuízo dos direitos dos administrados". A interpretação é ato intelectivo que busca a compreensão do fenômeno ocorrido. Deverão ser considerados os obstáculos e dificuldades do gestor em face de exigências de políticas públicas e dosá-las em face dos direitos dos administrados.

O administrador, antes de tudo, deve ser probo. Exigência pressuposta de quem exerce cargo ou função pública. Logo, deve zelar pelo estrito cumprimento de seus deveres. Ocorre que no exercício de suas atribuições podem acontecer obstáculos e dificuldades. Aumento excessivo de preços de mercadorias, negligência dos contratados para obras e serviços, negligência de terceiros. Enfim, uma série de problemas pode surgir. Diante de tais circunstâncias, o julgador deve ponderar sobre isso. É comum em pequenos Municípios, por exemplo, o administrador ter dificuldades em boa assessoria para o desempenho de políticas. Tais fatos devem ser levados em consideração. Um prefeito que se vale da orientação do procurador municipal, que o orienta mal ou de forma deficiente, não pode ser responsabilizado por incompetência de seu servidor.

Cada Município tem especificidades. Um Município considerado estância terá outras preocupações do que aquele que não o é. Outro que tem enorme empresa nele sediada terá dificuldades diversas dos que não a têm. Se a empresa auxilia o Município, outro não terá as mesmas vantagens.

Embora se possa criticar o dispositivo, porque tais fatores devem sempre ser levados em conta, não é de se olvidar que simplifica o problema o fato de tal orientação se encontrar explicitada em norma. Deixando de realizar o cumprimento de uma obrigação que se afigura óbvia, o brasileiro gosta de sustentar que não há norma obrigatória. Então, sempre é de boa cautela deixar claro o texto normativo.

A realidade é variada, em função de diversas vertentes. Cada Município brasileiro e cada Estado têm peculiaridades. Estas devem ser levadas em conta na aplicação da norma. É isso que o dispositivo está salientando e tornando obrigatório.

Não se está afirmando que o Direito cede ante a realidade. Mas as normas jurídicas têm que estar adaptadas a ela. Se muda a realidade, o Direito deve acompanhá-la. Imaginemos a "cracolândia". O Direito pode dar instrumentos para que seja ela resolvida. Mas não há resolução sem estudo, preocupação, planejamento diante do que se vê. Não é que o Direito deva ceder, mas encarar o problema e buscar mecanismos de solução.

29.7 Consideração sobre a realidade

A ação do agente é sempre delimitada e limitada pelas circunstâncias que encontra. Nem por outro motivo é que o §1º do art. 22 do Decreto-Lei nº 4.657/1942 estabelece que "em decisão sobre regularidade de conduta ou validade do ato, contrato, ajuste, processo ou norma administrativa, serão consideradas as circunstâncias práticas que houverem imposto, limitado ou condicionado a ação do agente". A saber: para agir na "cracolândia", o agente público está condicionado pela situação fática que encontra. Dura realidade. Verdadeiros zumbis. A ação não pode ser de polícia. Ao contrário, há de existir conjunção de políticas de saúde, assistência social, psicológicas, eventualmente até religiosas, para estudar a complexidade da situação encontrada.

29.8 Sanções

O §2º do art. 22 da Lei de Introdução às Normas do Direito Brasileiro cuida das sanções. Em sua aplicação devem ser consideradas "a natureza e a gravidade da infração cometida, os danos que dela provierem para a Administração Pública, as circunstâncias agravantes ou atenuantes e os antecedentes do agente".

É regra geral que a sanção é proporcional à gravidade. Exacerbar a sanção de forma indevida é tornar inviável o cumprimento da obrigação. A regra de talião, "dente por dente, olho por olho", é que envolve a dosagem das sanções. A lei de talião não significa que se deva fazer a interpretação meramente gramatical ou literal. Ao contrário, a leitura inteligente de sua disposição significa que a um gravame de determinada ordem cabe uma resposta do ordenamento jurídico da mesma ordem. A proporcionalidade, aí, é impositiva. Como já disse anteriormente, "o princípio da razoabilidade e o da proporcionalidade funcionam como verdadeiros guias para a dosimetria da sanção, a fim de se evitar eventual desvio de finalidade do ato sancionador".[4]

Neste passo, de se seguir a orientação dos antigos: "há de se procurar pelo julgador que não determine coisa alguma com mais dureza, ou com mais lenitivo, que o que requer a causa; porque não se há de aspirar à glória da severidade ou da clemência, senão que se há de determinar com maduro juízo, segundo requer cada caso".[5]

Diz o §3º do art. 22 que "as sanções aplicadas ao agente serão levadas em conta na dosimetria das demais sanções da mesma natureza e relativas ao mesmo fato".

Diante do caso concreto, há de se ponderar a situação do infrator bem como a do agente público. Ambos devem ser tratados de forma equânime. Sem agruras e sem leniência, mas com o justo peso.

29.9 Consequências de nova interpretação

O art. 23 da Lei de Introdução às Normas do Direito Brasileiro estabelece: "A decisão administrativa, controladora ou judicial que estabelecer interpretação ou orientação nova sobre norma de conteúdo indeterminado, impondo novo dever ou novo condicionamento de direito, deverá prever regime de transição quando indispensável para que o novo dever ou condicionamento de direito seja cumprido de modo proporcional, equânime e eficiente e sem prejuízo aos interesses gerais".

Uma primeira observação se impõe: o que é *norma de conteúdo indeterminado*? Queremos interpretar como sendo a lei que utiliza termos vagos. A *vaguedad* ou vagueza dos conceitos, deve ser a isso que a lei se refere. O conteúdo indeterminado da norma é dado pela utilização de palavras imprecisas.

A norma contém alta dose de prudência. Se a Administração ou o Judiciário estiverem dando interpretação a determinada questão jurídica e resolverem alterá-la, impondo orientação diversa, de que decorra "novo dever" ou "novo condicionamento de direito", deve haver a previsão de *regime de transição*. Evita-se a surpresa que pode acometer as partes interessadas. O Direito não pode conter imprevistos e surpresas. Ao

---

4 OLIVEIRA, Regis Fernandes de. *Infrações e sanções administrativas*. 3. ed. São Paulo: RT, 2012, p. 121.

5 *Digesto*, XLVIII, Título XIX, n. 11, com o comentário de Marciano.

contrário. O denominado princípio da *segurança jurídica* é imprescindível em sociedade democrática. O indivíduo não pode ser colhido por incertezas. Se ele tem a garantia de que seu comportamento guarda compatibilidade com a norma jurídica e com as decisões reiteradas dos órgãos administrativos ou judiciais, não pode ter surpresa com mudança de orientação.

Nada impede a mudança de orientação na interpretação jurídica da norma. Situações cambiáveis fazem alterar a percepção do fenômeno. Com alteração fática do momento, a interpretação necessita de adaptação à nova realidade. Mas os indivíduos não podem ser surpreendidos com a alteração. Prudentemente, a norma estabelece um *regime de transição*, de forma a que o novo dever ou condicionamento de direito seja cumprido.

A previsibilidade dos comportamentos é uma constante no Direito. A expectativa não pode ser frustrada se ela é compatível com a interpretação até então dada pelos julgadores. De outro lado, nada impede a alteração dos julgados. Mas se há de preservar os interessados da alteração do entendimento até então prevalecente.

Devem ser evitados prejuízos que resultem da nova interpretação.

29.9.1 Modulação dos efeitos

É o que se rotula de *modulação dos efeitos*, situação já prevista no §3º do art. 927 do CPC ao dispor que: "Na hipótese de alteração de jurisprudência dominante do Supremo Tribunal Federal e dos Tribunais Superiores ou daquela oriunda de julgamento de casos repetitivos, pode haver modulação dos efeitos da alteração no interesse social e no da segurança jurídica".

A disposição é mais clara, e alcança todas as situações. O que se denomina de *regime de transição* outra coisa não é que a *modulação de efeitos*, expressão já consagrada na jurisprudência do STF.

Como a previsão codificada apenas atinge os julgadores judiciais, o dispositivo da nova lei é mais amplo, ao garantir também a mesma solução para as decisões administrativas.

Ambos os dispositivos objetivam assegurar as expectativas.

29.10 Preservação de situações consolidadas

O art. 24 do Decreto-Lei nº 4.657/1942 (Lei de Introdução às Normas do Direito Brasileiro) estabelece: "A revisão, nas esferas administrativa, controladora ou judicial, quanto à validade de ato, contrato, ajuste, processo ou norma administrativa cuja produção já se houver completado levará em conta as orientações gerais da época, sendo vedado que, com base em mudança posterior de orientação geral, se declarem inválidas situações plenamente constituídas".

O dispositivo acautela e protege o administrado da morosidade com que os pleitos são decididos. Pode ocorrer – o que não é incomum – que um pleito levado à Administração ou no âmbito judicial possa demorar anos. Os costumes, os usos, os hábitos, mudam rapidamente. Quando a matéria for decidida o julgador deverá levar em conta "orientações gerais" da época. Em matéria de sexualidade, por exemplo, os costumes têm se alterado com bastante rapidez. O que não se pensava admissível há

10 anos é, hoje, corriqueiro. Separações de casais não eram comuns há cerca de 30 anos. Hoje ninguém mais se importa com isso. Casamento homossexual, adoção por parte de casais masculinos ou femininos, o próprio registro do casamento, que apenas existia na literatura, passa a ser habitual.

A parte final do dispositivo é bastante óbvia. Não se podem desconstituir situações plenamente constituídas com base em mudança de orientação. É a irretroatividade, que busca alcançar situações constituídas de boa-fé. Há situações que não podem ser alteradas, ainda que constituídas de forma irregular. Imaginemos um loteamento que foi aprovado, registrado, lotes alienados e erigidas construções. Subitamente se descobre que o imóvel onde foi feito o loteamento era terreno público. Depois de 20 anos as situações estavam totalmente constituídas sob o manto da boa-fé, da lisura e da correção de comportamento de todos os proprietários. O que fazer? Nada. Nem anulação, nem perspectiva de discussão sobre a propriedade. Situação consolidada. Eventualmente, alguns reajustes de preços, para que tudo permaneça como está.

29.11 Orientações gerais

O parágrafo único do art. 24 estabelece: "Consideram-se orientações gerais as interpretações e especificações contidas em atos públicos de caráter geral ou em jurisprudência judicial ou administrativa majoritária, e ainda as adotadas por prática administrativa reiterada e de amplo conhecimento público".

As *orientações gerais* devem referir-se à *jurisprudência* já firmada em face de dada situação jurídica. A orientação deve obedecer ao entendimento da época em que foi emitido o julgamento.

Se houve o pagamento de um tributo de acordo com orientação então dada, pode haver repetição do indevido? Não. E o contrário? Se não era devido o tributo, e passa a ser por nova orientação? Igualmente, não pode o Fisco exigi-lo. As relações já se estabeleceram. Estão consolidadas, e, pois, não podem ser alteradas.

O texto da lei padece do uso exagerado de palavras vagas. É muito comum que o legislador se valha de palavras imprecisas. Nem tudo do universo da realidade pode ser alcançado ou abarcado pelo universo da linguagem. Esta é menor que o mundo. Ocorre, eventualmente, que as situações possam ser descritas com palavras exatas ou teoréticas. Estas são precisas. Por exemplo: o funcionário se aposenta aos 75 anos. Não há dúvida. A baixa do decreto de aposentadoria se impõe de qualquer maneira. Mesmo que alguém coloque uma arma na cabeça do presidente, governador ou prefeito e o compila à prática do decreto, o ato é válido. É que o administrador não tem outra alternativa senão editar o decreto de aposentadoria. Mas não é sempre assim.

O normal é o emprego de palavras vagas. A abstração das situações é captada por palavras que não têm correspondência exata com o mundo empírico.

Quando de reiteradas decisões firmam-se orientações gerais, ou seja: diante da manifestação recorrente de situações fáticas, o julgador administrativo ou judicial vai consolidando determinada orientação. Esta dá garantia ao administrado. Podem ser expedidas, então, súmulas que servem de orientação para todos. Dão segurança jurídica.

29.12 Convalidação

Eventualmente os atos podem ser convalidados. Como já escrevi, "o que o ato denominado saneador ou convalidador perpetra é o refazimento do anterior, dando-lhe, então, condições de validade no campo jurídico. E a eficácia, será, agora, retroativa, de modo a validar alguns dos efeitos da ação anterior".[6] Respingados vícios que não sejam causa de anulação ou insuperáveis, cabe o saneamento. A relação jurídica há de ser de trato contínuo. Os efeitos ainda não se esgotaram. Aí é possível convalidar o ato e salvar as consequências jurídicas dele advindas.

Não será possível validar o inválido, mas podem ser preservados efeitos já produzidos ou saneado o ato se os vícios não forem de tal ordem que descaiba sua salvação. Por exemplo, nomear um filho do superior hierárquico quando a lei expressamente o proíba. Os atos que ele tenha praticado são válidos, mas o ato de nomeação não será passível de convalidação.

Não se declarará válido o que for possível sanear. É a regra que advém do art. 24 e de seu parágrafo único da Lei de Introdução às Normas do Direito Brasileiro.

29.13 Consultas públicas

O art. 25 foi vetado. O art. 26 estabelece: "Para eliminar irregularidade, incerteza jurídica ou situação contenciosa na aplicação do direito público, inclusive no caso de expedição de licenças, a autoridade administrativa poderá, após oitiva do órgão jurídico e, quando for o caso, após realização de consulta pública, e presentes razões de relevante interesse geral, celebrar compromisso com os interessados, observada a legislação aplicável, o qual só produzirá efeitos a partir de sua publicação oficial".

O dispositivo cuida da convalidação ou saneamento do ato. Repetindo: se o ato foi produzido com alguma irregularidade, incerteza jurídica ou situação contenciosa, pode haver a recuperação do ato, sem necessidade de anulá-lo. O órgão público constata a irregularidade, mas ela não é de molde a invalidar o ato. Para superação do problema realiza-se consulta e, sendo possível, faz-se compromisso com os interessados e se refaz o ato.

O texto ajuda não apenas na interpretação, mas também na preservação de direitos já explicitados no mundo jurídico. O ato em que se apure alguma irregularidade do qual advieram efeitos pode ser sanado com sua retificação.

A providência acauteladora para superar a irregularidade deve buscar solução "proporcional, equânime, eficiente e compatível com os interesses gerais" (§1º, I, do art. 26 da Lei de Introdução às Normas do Direito Brasileiro). O legislador buscou compatibilizar o interesse público (*interesses gerais*) com os interesses individuais envolvidos. Todos têm interesse na superação de problemas criados por descuido, imprudência, negligência, imperícia ou até dolo do administrador. O objetivo é alcançar paz jurídica entre todos.

Descaberá a desoneração permanente de alguma obrigação em decorrência do ato. No "acordo" deverá haver a previsão com clareza das obrigações das partes, do prazo para seu cumprimento e das sanções aplicáveis em cada caso (inciso IV do §1º do art.

---

6 OLIVEIRA, Regis Fernandes de. *Ato administrativo, op. cit.*, p. 143.

26). Em decorrência da convalidação não pode haver qualquer benefício indevido ou prejuízo anormal ou injusto. Para que se celebre o acordo é imprescindível que todos os envolvidos sejam ouvidos.

29.14 Responsabilidade do agente

O art. 28 da Lei de Introdução às Normas do Direito Brasileiro estabelece a responsabilidade do agente público. Dispõe: "O agente público responderá pessoalmente por suas decisões ou opiniões técnicas em caso de dolo ou erro grosseiro". O dispositivo vem preencher lacuna interpretativa existente. É bastante comum que engenheiros, arquitetos, advogados e outros profissionais emitam pareceres opinando pela prática, ou não, de determinado ato. Por exemplo, um procurador entende dispensável a licitação para contratação de um parecer ou de outro profissional para prática de atos jurídicos. Não há responsabilidade possível. Agora, se o lançamento de opinião pela dispensa de licitação decorreu de dolo ou erro grosseiro cabem a apuração da responsabilidade do agente e a aplicação de sanção.

Imaginemos que um engenheiro emita opinião dolosamente para que haja compra de material mais barato na construção de uma obra e esta venha a ruir. Se o profissional agiu com dolo (até mesmo eventual, de correr o risco de sua ação) ou o fez por erro grosseiro, deixando de calcular o peso que poderia ser suportado pelo teto, em tais hipóteses, e apenas nelas, é que haverá o indiciamento do profissional e eventual condenação.

Evidente que, por força de dispositivo constitucional, a responsabilidade será do Estado, que, em ação regressiva, aciona o servidor (§6º do art. 37 da CF). É que, como o servidor age em nome da pessoa jurídica de direito público, esta é pessoalmente responsável pelo dano causado. O servidor apenas é responsável em ação de regresso.

A conduta dolosa ou advinda de erro grosseiro deverá ser devidamente comprovada pelo Estado para que obtenha o ressarcimento da indenização paga a terceiros.

Não há abrandamento da conduta do servidor. A Constituição fala em dolo ou culpa. Aqui fala-se em dolo e erro grosseiro, que têm maior amplitude do que as condutas tidas como culposas.

Há discussão doutrinária sobre se pode ser o agente acionado diretamente ou em conjunto com o Estado. O STF já afastou tal possibilidade no RE nº 593.525.

Surge imediatamente a discussão sobre o âmbito de alcance do dispositivo. Quem são os *agentes públicos*? Estão aí incluídos magistrados, membros do Ministério Público, conselheiros dos Tribunais de Contas? Descabe dar tal alcance à norma jurídica, embora tenha caráter de norma geral. É que esta é suplantada por normas especiais, e magistrados e membros do Ministério Público bem como conselheiros dos Tribunais de Contas, que são equiparados aos magistrados, têm *regime jurídico próprio*. Estão, pois, excluídos da incidência do novo dispositivo.

Tanto o magistrado (Lei Orgânica da Magistratura – Lei Complementar nº 35/1979) como o membro do Ministério Público (art. 181 do CPC), o integrante da Defensoria Pública (art. 187 do CPC) e o conselheiro dos Tribunais de Contas (subordinados à mesma lei regente do comportamento dos magistrados) sujeitam-se a regramento próprio, não podendo incidir sobre eles os ditames da nova lei.

O parecerista estava fora do alcance de qualquer lei.[7] Agora, se conduzir seu parecer com dolo ou erro grosseiro poderá ser responsabilizado.

O art. 29 estabelece a *consulta pública*. Dispõe: "Em qualquer órgão ou Poder, a edição de atos normativos por autoridade administrativa, salvo os de mera organização interna, poderá ser precedida de consulta pública para manifestação de interessados, preferencialmente por meio eletrônico, a qual será considerada na decisão". Trata-se de uma limitação à Administração Pública. Há *atos normativos* de alcance interno. Por exemplo, forma de traje dentro da repartição, horário de ponto, tramitação de atos procedimentais, tudo é possível, desde que tais atos não produzam efeitos externos. Se atingirem os administrados, deverá o hierarca proceder a *consulta pública*, preferencialmente por meio eletrônico, para colher opinião dos interessados. Dificilmente haverá qualquer manifestação.

Tal providência será obrigatória. Não há prazo para tanto. Mas o §1º estabelece que a convocação deverá conter a minuta do ato normativo e prazo e demais condições da consulta pública.

É interessante tal dispositivo, embora tenhamos em conta que dificilmente terá qualquer efeito. Conhecemos a população brasileira, e ela é desinteressada do que se passa na Administração Pública. A população desincumbe-se de seu compromisso de cidadania exercendo o direito ao voto. Só. No dia seguinte já não se interessa por qualquer decisão que advenha dos agentes públicos. Tem na cabeça que não vale a pena se preocupar com isso, ou está tão preocupada com sua subsistência que não pensa em discutir assuntos públicos.

Ocorre que pode o ato normativo ser de tal importância (disciplina movimentação urbana, por exemplo, que pode afetar transeuntes, motoristas, prestadores de serviços públicos, etc.) que haverá interessados em participar das discussões e apresentar sua opinião à Administração Pública. A providência é importante inclusive para fazer com que os particulares participem da atuação administrativa.

Inúmeros autores afirmam que a democracia tem que ser exercitada reiteradamente e que é de sua prática que se vão aperfeiçoando os instrumentos e métodos para o aprimoramento da participação-cidadã. Aos poucos se constrói verdadeiro regime político.

A providência vem em boa hora.

29.15 Normas gerais. Regulamentos

Por fim, o art. 30 da Lei de Introdução às Normas do Direito Brasileiro estabelece: "As autoridades públicas devem atuar para aumentar a segurança jurídica na aplicação das normas, inclusive por meio de regulamentos, súmulas administrativas e respostas a consultas". A segurança jurídica é essencial para a estabilidade das relações. Dá a garantia no cumprimento dos pactos. Os contratos que serão firmados entre Administração Pública e particulares (nas PPPs, por exemplo) deverão não apenas garantir seu cumprimento, mas aumentar a expectativa de que as normas serão cumpridas.

Ao responder a uma consulta formulada, a Administração tem que garantir que a decisão proferida no caso concreto servirá de paradigma para outros casos que se

---

7 STF, MS nº 27.867.

seguirão, não podendo mudar seu convencimento a todo instante. Caso queira fazê-lo, terá que garantir o administrado, na forma do art. 23, acima comentado.

Os regulamentos, embora devam ser modificados para atender a novas situações ou explicitar a aplicação de comportamentos anteriores, devem garantir a inalterabilidade das decisões anteriormente adotadas. De igual maneira, para fortalecer a segurança dos administrados, podem emitir súmulas que consubstanciem a orientação predominante em dado momento histórico.

Evidente está que as situações se alteram, e as providências que deva tomar a Administração Pública em face de novos fatos impõem novas soluções. Mas os atos expedidos em razão de orientação dada através de súmula ou resposta a consultas terão *caráter vinculante* (parágrafo único do art. 30 da Lei de Introdução às Normas do Direito Brasileiro) em relação ao órgão emitente ou entidade a que se destinam, *até ulterior revisão*.

Reitere-se: os atos destinam-se a garantir segurança jurídica nas orientações e interpretações efetuadas pela Administração Pública. Mas nada impede que sejam revistos diante de fatos novos. A atuação administrativa é bastante dinâmica e tem que enfrentar, a cada momento, novos problemas. Por exemplo, a migração urbana e rural é fato que causa profundas transformações sociais, de saúde e de segurança. O Estado de Roraima passa por situação jamais vista pela imigração provinda da Venezuela. Ora, o chefe do Executivo tem que tomar atitudes a toda hora para disciplinar o fluxo migratório e garantir a segurança e a saúde de todos os habitantes. Tem que agir. Pobre do agente que se omite. Comete o pior dos crimes. A inação não é própria do agente político.

O inteiro teor da Lei nº 13.655/2018 é de efeito imediato, conforme dispõe seu art. 2º. Apenas o art. 29 da Lei de Introdução às Normas do Direito Brasileiro é que tem eficácia retida, somente entrando em vigor em 180 após a vigência da lei. O art. 29 impõe à Administração Pública (órgão ou poder) a consulta pública.

A nova lei inova bastante em termos de relacionamento entre o Poder Público e os administrados. Impõe atribuições explicativas aos órgãos administrativos, deles exigindo maior compartilhamento com a população, maior cautela na edição de atos, sua revisão, interpretação, e propicia enormes garantias ao cidadão. Este, como partícipe da cidadania, fica mais resguardado em sua intimidade.

29.16 As consequências para o Direito Financeiro

No *direito financeiro* as relações igualmente tendem à estabilidade. Normas que vêm sendo reiteradamente praticadas em detrimento de particulares ou em seu prol tendem a se consolidar. Importante inovação é a *modulação dos efeitos*. Empréstimos ocorridos à luz de determinada norma jurídica não podem ser alterados.

Se houver alteração do entendimento até então expendido pela autoridade administrativa deverá haver a *vacatio* para que possa ser aplicada a nova orientação. Os efeitos poderão ser disciplinados em decisão administrativa. Novas interpretações poderão ser explicitadas, respeitada a modulação.

O objetivo é não apenas dotar a Administração Pública de maior flexibilidade na aplicação da lei, mas também reforçar garantias dadas aos administrados.

As normas são dirigidas a todos os agentes públicos. Inclusive aqueles que lidarão com o direito financeiro, especialmente os Tribunais de Contas. Importante ponto de aplicação das normas em comento diz respeito às que concederem qualquer renúncia de receita. É que trazem sérias consequências para a normalidade das contas do Estado. Vimos nos comentários gerais ao direito financeiro que há obrigatoriedade da exigência de todos os tributos instituídos em lei e também a obrigação de cumprimento das despesas no atendimento dos interesses da população, tal como estabelecidos em lei.

Toda e qualquer dispensa de ingressos deve ser precedida de estudos, ponderações, pareceres, consequências no âmbito do atendimento das finalidades públicas, etc. Apenas a partir daí é que poderá ocorrer qualquer decreto ou lei que envolva renúncia de receitas. A cautela aplica-se especialmente em face das receitas tributárias, que constituem o maior volume de verbas. Mas não devem ser desprezadas, no entanto, as receitas não tributárias ou patrimoniais.

Importante observar toda e qualquer manobra de corrupção que pode redundar em prejuízo para o montante das receitas e, por consequência, o não atendimento das finalidades públicas estabelecidas no ordenamento.

De igual maneira o *contingenciamento*. Se cautelas se impunham, agora, mais do que nunca, ressalta a responsabilidade do agente político que atuar de forma imprudente.

Onde a nova lei terá forte incidência será em relação aos gastos públicos. São obrigatórios diante das previsões normativas. Só não deve haver o gasto se não houver ingressos das receitas. Não se realizando ou havendo receitas menores que as estipuladas, poderá haver alteração nas decisões administrativas.

Nesse passo, os Tribunais de Contas terão suas competências aprimoradas em seus julgamentos. Já não se pode decidir em abstrato. Todas as decisões deverão esclarecer suas consequências. Impõe-se, agora, importância substancial às decisões administrativas e também judiciais. Não é decidir e pronto, cumpriu-se a determinação jurisdicional. O julgador administrativo e judicial tem que apontar as consequências de seu ato. Se invalida ato, contrato ou qualquer tipo de ajuste, não pode apenas determinar seu desfazimento, mas apontar quais suas consequências. Renasce a responsabilidade da função judicial.

O julgador também deverá levar em conta as dificuldades do gestor. É fácil determinar a nulidade de um ato administrativo. Difícil será avaliar as dificuldades do gestor público. Deve examinar as circunstâncias *práticas* que dificultaram o comportamento do agente político.

Em suma, nasce a *responsabilidade* do julgador administrativo e judicial. Ambos já não podem julgar desapegados das circunstâncias reais e efetivas que embasam sua decisão. Há que sopesá-las.

Em face de mudança de orientação (o que é admissível) o julgador deverá fundamentar e estabelecer regime de transição, efetuando modelação de efeitos.

29.17 O juiz e as normas sobre hermenêutica

Em face da lei em questão, surge nova modalidade de se apreciar a decisão judicial. Não é só o agente público ou o conselheiro dos Tribunais de Contas que estão subordinados aos efeitos da nova lei. A grande novidade é que os magistrados de todas as instâncias são chamados a concretizar suas decisões. Não podem, a partir de agora, simplesmente decidir de forma abstrata a matéria trazida à sua apreciação.

A motivação da decisão deve ser explicitada. O decreto de invalidação de um ajuste qualquer sujeita o juiz a "indicar de modo expresso suas consequências jurídicas e administrativas" (art. 21 da Lei de Introdução às Normas do Direito Brasileiro). Deverá sopesar as dificuldades que o agente público teve no desempenho de suas funções. Caso altere sua convicção, deverá explicitar os fundamentos, bem como efetuar a modulação dos efeitos. Levará em conta as orientações gerais da época da consumação do ajuste. Indicará ou determinará compensação por benefícios indevidos.

Disso resulta eventual responsabilidade administrativa, civil ou criminal dos juízes?

A resposta é dada em parte: (a) no âmbito administrativo, sem dúvida. Em sua função administrativa, o juiz deve sujeitar-se a todos os ditames legais ora incorporados ao ordenamento jurídico brasileiro. Inclusive realizar consultas para expedição de resoluções (âmbito de disciplina de cartórios, estabelecimento prisionais, serviços internos, etc.). Por eventual ilegalidade responde perante os órgãos próprios (Corregedoria-Geral ou Conselho Nacional de Justiça); (b) no âmbito civil, poderá ter sua responsabilidade apurada por órgãos internos de controle e, eventualmente, no caso de má-fé ou dolo, ser sancionado; (c) não há responsabilidade no âmbito penal.

30

DIREITO E TEMPO

30.1 Introdução: o tempo mitológico. A eternidade. O tempo em Agostinho

No início não havia o tempo. Era a eternidade, até que Cronos "do pai o pênis ceifou com ímpeto e lançou-o a esmo para trás".[1] Com grito horripilante, Urano deixa o coito primordial sobre Gaia (a terra) e dela se separa, dando origem ao céu e à terra e, em consequência, ao tempo.

O tempo é o momento que passa; a eternidade não tem tempo. É o silêncio. Nada parece mover-se. No tempo, tudo se move. Cada instante já é passado. E o futuro não chega, porque quando chega é presente e, em seguida, já é passado.

O direito, como disciplinador de comportamentos, submete-se ao tempo. Sujeita-se a ele para que possa produzir efeitos.

Há diversos tempos. Há o tempo subjetivo (ou da consciência); aquele que se passa no indivíduo. Ele é quem dosa o tempo e perfaz sua distância. Há o tempo objetivo, que nos é mostrado pelos relógios e faz nascer ou perecer direitos. Subjetivamente, cada um tem seu tempo. Objetivamente, ele conta para todos.

No primeiro caso, há o tempo da angústia, da espera, da paixão, do prazer, da nostalgia, do desespero. No segundo, há o tempo dosado em oito horas, como o do trabalho. Há o tempo de espera no consultório médico, na antessala dos julgamentos, da sustentação oral, do trajeto do ônibus.

Para o direito, o tempo é fundamental para impulsionar os processos. Os prazos são fixados em dias ou horas (no procedimento eleitoral). Dias úteis ou não. O passar do tempo pode criar direitos (usucapião) ou perdê-los (prazos).

Por isso é fundamental compreendermos como isso funciona.

30.1.1 A eternidade

O primeiro passo é distanciá-lo da eternidade. Segundo Platão, o demiurgo, ao criar o cosmo, resolveu produzir uma "imagem móvel" da eternidade[2] e criou uma

1 HESÍODO. *Teogonia*: a origem dos deuses. Tradução Jaa Torrano. São Paulo: Iluminuras, 2007, p. 111, verso 180.

2 *Timeu*, 37 d.

"imagem eterna" da eternidade que permanece na unidade. Essa imagem se movia de acordo com o número. "De fato, simultaneamente, à criação do céu, ele concebeu a produção de dias, noites, meses e anos, os quais não existiam antes de o céu (universo) ter sido gerado".[3]

Há dois mundos. O transcendente, em que estão as formas (ideias) e o imanente (transitório). O segundo é imagem daquele. O eterno é imutável. Paira acima das coisas. Daí a eternidade que existe e é inalcançável pelos mortais. Não compreendem as ideias ou formas; no mundo só existe o efêmero, o mutável e, por consequência, o tempo. A eternidade foi, é e será.

Aristóteles define o tempo como "o número do movimento segundo o antes e o depois".[4]

30.1.2 O tempo em Agostinho

Agostinho também se perguntou o que é o tempo e diferenciou-o da eternidade. "Então veria que a sucessão dos tempos não é feita senão de uma sequência infindável de instantes, que não podem ser simultâneos; que, pelo contrário, na eternidade, nada é sucessivo, tudo é presente, enquanto o tempo não pode ser de todo presente".[5]

A seguir, questiona-se para dizer o que é o tempo e responde: "Se ninguém pergunta, eu sei; mas se quiser explicar a quem indaga, já não sei"[6]. É que antes da criação não existia o tempo.

Indaga-se: "Como então podem existir esses dois tempos, o passado e o futuro, se o passado já não existe e se o futuro ainda não chegou?".[7] E se o presente não passasse não seria tempo, mas eternidade.

Sua conclusão é magistral e afirma que não há futuro nem passado. Talvez fosse mais correto dizer que há "O presente do passado, o presente do presente e o presente do futuro".[8] Prossegue: "O presente do passado é a memória; o presente do presente é a percepção direta; o presente do futuro é a esperança".[9]

A eternidade é a que não passa, não há horas, minutos ou segundos. Nem dias, meses ou anos. Nada. É o imutável. Onde habitam os deuses. Imortais e eternamente jovens. O tempo nasce com Cronos, o deus que mata o próprio pai (Urano) e come seus filhos.

Como início de indagação e possível resposta, podemos dizer que não há o direito na eternidade. Nem vem a invocar Antígona ao dizer que o decreto de um mortal não poderia revogar o direito dos deuses.[10] No eterno, só os deuses são senhores da

---

3 *Timeu*, 37 e.

4 *Física*, IV, 11, 218 b 30.

5 *Confissões*. Livro Décimo primeiro, capítulo XI.

6 Livro décimo primeiro, capítulo XIV.

7 Livro XI, capítulo XIV.

8 Livro XI, capítulo XX.

9 *Idem, ibidem*.

10 SÓFOCLES. *Antígona*.

eternidade. Não a transmitiram aos mortais. Nem mesmo Ulisses (Odisseu) quis aceitar a eternidade e morar com os deuses, como lhe propôs Calipso.[11]

Tudo passa, tudo passará, como diz a música de Nelson Ned.

30.2 O tempo na filosofia

No nosso mundo, tudo que existe, existe no tempo. Tudo que acontece, acontece no tempo. Tudo se passa no tempo. Não temos a eternidade, ainda que possamos jurar amor eterno. Mesmo este passa.

Bem, afastemos a possibilidade de nos situarmos na eternidade. Vivemos no tempo e ele passa. O direito a ele se submete. Se é assim, podemos viver em nosso tempo subjetivo realizando todo tipo de maquinações possível, mas irremediavelmente ele passa e absorve nossos pensamentos. Ao clarear a manhã, acordamos, olhamos o relógio e ele nos olha de forma implacável, sinalizando o tempo de levantar, de tomar banho, de tomar café, de ir para o trabalho, de trabalhar todo o dia, de almoçar, de trabalhar, de jantar, de assistir televisão e de dormir de novo. É o implacável sinalizar do relógio que nos empurra o dia todo.

Quando temos um compromisso prazeroso, o tempo passa muito rápido; se estamos em um congestionamento, o tempo não passa jamais. No encontro com o ser amado, o tempo voa; com o ser desagradável o tempo parece deter-se.

Como diz André Comte-Sponville, "se só há sujeito no tempo, o tempo tem que existir fora do sujeito. Se todo sujeito é temporal (histórico), o tempo não pode ser unicamente subjetivo".[12]

O ser só existe no tempo e, por consequência, o tempo está fora do sujeito. O tempo não é agregado do ser.

Dizem que o passado não interessa, porque já não existe mais. Não é verdade, o passado vive no presente. Não somos desapegados dele. Como diz Walter Benjamin, "O passado traz consigo um índice misterioso, que o impede à redenção. Pois não somos tocados por um sopro do ar que foi respirado antes? Não existem, nas vozes que escutamos, ecos de vozes que emudeceram? Não têm as mulheres que cortejamos irmãs que elas não chegaram a conhecer? Se assim é, existe um encontro secreto, marcado entre as gerações precedentes e a nossa. Alguém na terra está à nossa espera. Nesse caso, como a cada geração, foi-nos concedida uma frágil força messiânica para a qual o passado dirige um apelo".[13]

Trazemos o passado ao presente. Não nos desvinculamos dele. Ninguém vive no passado, mas este sempre está nos influenciando, dando-nos caminhos, revivendo tempos adoráveis ou tristes, mas somos apanhados pelo passado.

Os poetas são melhores cantadores do tempo do que os filósofos. Vinicius de Moraes demonstrou sua verve no "Soneto da fidelidade" ao dizer do amor "que não seja imortal, posto que é chama, mas que seja infinito enquanto dure". O posto que é chama dá a fragilidade da passagem terrena. Dura pouco, frágil, apaga-se rapidamente.

---

11 Versos 210 e 220 do canto V da *Ilíada*.

12 *O ser-tempo*. Martins Fontes, 2006, p. 43.

13 *Sobre o conceito de história*. Brasiliense, 1985, p. 223.

Mas, enquanto durar, que seja infinito, de imensa duração. Mas, de qualquer modo, de duração *temporal*. Ao poeta é dado versificar ou versejar o tempo de qualquer maneira, o que não é permitido ao filósofo. Muito menos ao jurista, que lida com ele nas relações intersubjetivas.

Nas relações humanas que se refletem nas jurídicas, o tempo é implacável em desfazer ou refazer direitos e obrigações. Aqui se distinguem direitos e obrigações de deveres e poderes. Estes não são relacionais e não desaparecem com o uso. O poder do juiz é exercido permanentemente e não desaparece. Há o exercício do poder. De outro lado, o dever de voto é exercido e igualmente não se consome. De outra maneira, as relações se extinguem. Quem é vinculado a um contrato, ao seu término ele termina com as obrigações e direitos assumidos.

Na legislação processual (civil, comercial ou penal), o procedimento que é regido pelo tempo vai eliminando etapas na medida em que elas se vão cumprindo. Assim, surgem os prazos decadenciais (extinção do direito) ou prescricionais (exercício da tutela no interior do processo). O não exercício em determinado prazo para constituir o crédito tributário faz com que o Poder Público veja reconhecida sua decadência em fazê-lo. Mas, não exercendo seu direito de ação de execução do título que possui, igualmente perde o direito da execução.

Há casos de *imprescritibilidade* no direito. Mesmo na exceção aberta pela cobrança de indenização por parte do Poder Público contra atos de improbidade, em nossa ótica, consuma-se a prescrição quinquenal. O Supremo Tribunal Federal, por seis votos a cinco, entendeu a prevalência da imprescritibilidade, o que não está correto. A norma constitucional é inconstitucional porque está em desarmonia com o todo do ordenamento.

Todos os direitos entram em relação. São intersubjetivos. Não há direito em relação às coisas. Estas são objeto do direito e não são pessoas jurídicas de forma a entreter-se em relacionamentos.

30.2.1 A distensão em Agostinho, Bergson e Heidegger

Há três momentos: a) longa espera do futuro, b) longa recordação do passado e c) o presente. Isso nos leva ao conceito agostiniano de *distensão*, tão bem analisada por Paul Ricoeur.[14]

Diz Agostinho, "medimos o tempo; mas não o tempo que ainda não existe, nem o que já não existe, nem o que não tem duração alguma, nem o que está passando. Não é, portanto, nem o futuro, nem o passado, nem o presente, nem o que não tem limites que medimos: e, contudo, medimos o tempo".[15]

Nós vivemos no tempo. Podemos vê-lo de forma subjetiva, ou seja, o que passa para mim, desde o nascimento até a morte. Podemos acompanhá-lo no dia a dia, por nossas ações e pela deterioração contínua e permanente do corpo. É o pensamento que acompanha tudo. Objetivamente, analisamos outros corpos que se deterioram, a morte dos animais, as ações construtivas e destrutivas da sociedade, a alteração legislativa e

[14] *Tempo e narrativa*. Tomo I. Campinas: Papirus, 1994, p. 39.
[15] *Confissões*. São Paulo: Martin Claret, 2002, p. 279, Livro XI, capítulo XXVII.

dos costumes. Também a tudo acompanhamos. Sabemos que o tempo passa e que não posso detê-lo.

Como diz Henri Bergson, "mudo, portanto, incessantemente".[16] A memória empurra algo do passado. Diz o autor que "nossa duração não é um instante que substitui um instante".[17] "A duração é o progresso contínuo do passado que rói o porvir e que incha ao avançar".[18] A memória não é uma gaveta de arquivos do passado. O passado conserva-se a si mesmo. Ele nos segue a todo instante. Assim sendo, não somos feitos de instantes, mas de duração continuada, ou seja, da *distensão* a que se referia Agostinho.

Bergson esclarece, então, que "nós criamos continuamente a nós mesmos".[19]

Pode-se dizer, pois, que o tempo não depende mais da minha vontade ou do meu estado psicológico, mas de algo vivido na distensão do tempo. Daí o élan vital. É a natureza em sua multiplicidade. É a fluência da vida.

O tempo jamais para. Ele flui continuamente e nos toca, alterando-nos a todo instante. Somos tocados pelo mundo e estamos em contínuo contato com ele.

Podemos dizer, em suma, que há o *tempo subjetivo*, ou seja, o que é a duração de um acontecimento para mim. Se preso no congestionamento, o tempo demora a passar; se estou em relacionamento amoroso, o tempo passa muito rápido. A duração de um beijo depende do tesão que une as bocas. Há o *tempo objetivo*, que passa para os outros e nos rodeia permanentemente e passa para mim de forma como examino meu corpo. Há o *tempo do tempo*, que é a fluência do mundo. O tempo que passa à nossa frente. Não o observo nem psicologicamente, nem de forma objetiva, mas vejo-o passar impenitente. Não há como segurá-lo.

Comte-Sponville entende que "o tempo é o presente".[20] "O ser é tempo: o tempo é a presença do ser".[21] Indaga: o que é o tempo? E responde: "É o devir em via de devir: é a continuação mutável do presente, é a mudança continuada do ser".[22]

Templo é fluência e, como tal, alcança uma série de situações que se desenvolvem junto à sociedade, instituindo direitos, extinguindo-os, suspendendo ou dilatando prazos.

Martin Heidegger, ao falar no *Dasein* como o ser-aqui, não o pode deixar fora do tempo. "Todo comportamento do *Dasein* deve ser interpretado a partir de seu ser, isto é, a partir da temporalidade".[23] Na teoria do autor, apenas se pode compreender o ser como ser-aí. É o ser de um ente.[24] Mas é o ser colocado no mundo. E este ser só pode ser compreendido na *temporalidade*. Não há ser fora disso. A linguagem do autor é típica. Vejamos este trecho: "em cada agora é agora e, em cada agora, o agora também já desaparece. Em cada agora, o agora é agora e está, pois, constantemente presente como ele mesmo".[25]

---

16 *A evolução criadora*. São Paulo: Martins Fontes, 2005, p. 1.

17 *Op. cit.*, p. 5.

18 *Idem, ibidem*.

19 *Op. cit.*, p. 7.

20 *Op. cit.*, p. 139.

21 *Idem, ibidem*.

22 *Op. cit.*, p. 140.

23 *Ser e tempo*. Campinas: Unicamp/Vozes, 2014, p. 1095.

24 *Op. cit.*, p. 51.

25 *Op. cit.*, p. 1141.

Vê-se que o tempo é uma sequência de *agoras* que não para e já é passado. Mas ao mesmo instante é presente. Aí vive o ser. No tempo.

É este o tempo que se reflete no direito. Vamos ver como isso se processa.

30.3 O tempo no direito

O direito integra uma série indeterminada e indeterminável de relações que colocam as pessoas em constante contato. Dessa união resultam os mais diversos tipos de comportamento. Os homens vão se afetando mutuamente. São afetados pelo mundo e afetam o mundo. Daí resultam divergências e convergências. Quando estas ocorrem inexiste o conflito. No entanto, quando as pessoas entram em conflito em razão de algum *bem da vida*, impõe-se discipliná-lo.

Há o tempo físico e o social. O primeiro decorre da só existência do cosmo. O segundo é recortado pela sociedade que lhe dá formas. O físico é a sucessão dos segundos. O social é o acolhido por todos para permitir que a vida imponha limites.

O tempo disciplina as relações que nascem entre as pessoas. A hipótese de Robinson Crusoé (livro de Daniel Defoe) é absoluta exceção. Diga-se o mesmo de pessoas especiais que vivem fora do tempo. Aquele que é excepcional e não vive no tempo, este para ele não significa nada.

Urge saber do que se trata quando as pessoas estão e vivem criando relacionamento com os demais. Tudo surge com o escambo. Meras trocas de mercadorias necessárias a cada qual. Posteriormente, as situações ficam complexas e exigem normas disciplinadoras. Surgem os contratos a unir as partes. Nasce a noção de posse primeiro e, depois, a de propriedade. Institui-se o Estado, seja por forma voluntária (Platão, Aristóteles), seja por vontade de Deus (Agostinho e Aquino), que lhe dá fundamento teológico, seja por dominação.[26]

As relações jurídicas ficam bastante complexas e a cada dia ainda mais difíceis. Os contratos que eram escritos, e com muito rigor formal, passam a ser epistolares, mas não por cartas, mas por meras mensagens trocadas pela *internet*. A compra e venda que era igualmente formalizada mediante escritura pública ou particular passa a ser feita por aquisição mediante pagamento por cartão de crédito ou *pix*, inclusive para compras realizadas no exterior. O câmbio é feito de forma imediata.

Os Estados exigem o pagamento de tributos para sua subsistência e para que possa cumprir seus deveres com a população. A Constituição estabelece as finalidades dos entes federativos e estes se vêm envolvidos numa pluralidade de conexões tributárias, de políticas públicas, de deveres funcionais, de relações com seus servidores, com os agentes políticos.

30.3.1 Criação e extinção de direitos

Todo relacionamento, enfim, vincula as pessoas seja entre si seja em relação ao Estado. Tais situações ou *criam ou extinguem* direitos.

---

[26] Ver meu livro *Indagação sobre os limites da ação do Estado*. RT/Thomson Reuters.

A legislação processual instituiu os diversos procedimentos que serão utilizados para fazer valer os direitos postulados junto ao Judiciário ou nas conciliações ou arbitragens. O procedimento tem uma sequência de atos para que possa chegar ao final almejado pelos interessados, a saber, ganhei ou perdi.

O procedimento é um roteiro que segue determinações legais. É o instrumento utilizado pelos interessados para realizar seus direitos. Toma o nome de processo quando há interesses em conflito.

Todo processo é subordinado a prazos, que significam o lapso temporal dentro do qual o ato pode ser praticado. Há um início (termo *a quo*) e um final (termo *ad quem*). Em determinado dia (aspecto meramente temporal) inicia-se o prazo para que determinado direito possa ser exercido. É o começo do prazo. Decorrido este, o direito ou foi exercido ou se perde.

Imaginemos um prazo de apresentação de resposta numa ação cível. Iniciado o prazo, ele passa a fluir até alcançar o termo final. Se foi exercido o direito dentro do prazo, o procedimento prossegue para receber decisões. Caso contrário, se não apresentada a resposta, o réu passa a ser revel, e sanções podem ser aplicadas. Diga-se o mesmo do prazo de apelação. Decorrido sem apresentação da peça, perde a parte o direito de fazer subir os autos para apreciação de segundo grau.

São prazos *extintivos* da relação processual. Perde-se uma prerrogativa processual ou um direito que deixou de ser exercido. Em consequência, há sanção a ser aplicada.

De outro lado existem prazos *criadores* de direito. Imaginemos o prazo para aquisição de propriedade mediante usucapião. Decorrido o período estabelecido para o exercício de direito, este já se consumou. O art. 40 da Constituição Federal estabelece prazo para aposentadoria compulsória de setenta e cinco anos (inciso II). Prazo aquisitivo de direito e, ao mesmo tempo, impeditivo de prosseguimento com a prestação do serviço público. Estabelece também prazos para aquisição do direito à aposentadoria (art. 40, inciso III).

30.3.2 Direito adquirido

Convém distinguirmos entre *direito adquirido* e *prazo de seu exercício*. O direito que, como vimos, está subordinado a prazo seja para funcionar no sentido material, seja no aspecto formal, pode fazer nascer o direito que se incorpora ao patrimônio do beneficiário. Daí o direito adquirido. Por exemplo, se o funcionário público já adquiriu o direito a se aposentar e a lei vem a instituir prazo maior, o direito já se incorporou a seu patrimônio jurídico e, pois, pode exercê-lo mesmo depois do advento da lei modificadora. A Constituição Federal assegura o direito adquirido (art. 5º, inciso XXXVI).

Há direitos que não prescrevem. Os princípios basilares do Estado brasileiro não prescrevem. Todos os direitos insertos no art. 5º da Constituição Federal não prescrevem. Claro que as relações deles decorrentes podem sujeitar-se a ela.

A única hipótese de imprescritibilidade prevista na Constituição Federal diz respeito à ação de ressarcimento de prejuízos causados ao erário (parágrafo 5º do art. 37 da Constituição). Já manifestei opinião contrária à interpretação literal do artigo.[27]

---

[27] OLIVEIRA, Regis Fernandes de. *Infrações e sanções administrativas*. 3. ed. São Paulo: RT, 2012, p. 172-177, item 27.1.

Vê-se que é sempre o tempo que rege a criação e a extinção dos direitos.

O Judiciário é regido por prazos. Deve observá-los adequadamente. Mesmo quando se cuida da prolação de sentenças e decisões colegiadas, as leis estabelecem prazos para sua realização. Não são só as partes que se sujeitam ao imperioso tempo. Os serviços públicos e os agentes políticos também.

30.3.3 Razoabilidade da duração do processo

A postulação das partes junto ao Judiciário demanda tempo razoável para que este dê resposta às pretensões a ele levadas (art. 5º, inciso LXXVIII, da Constituição) que assegura a todos "no âmbito judicial e administrativo" "a razoável duração do processo".

Os atos processuais e procedimentais têm prazos que devem ser cumpridos. Por ora e dependendo da capacidade física dos agentes públicos, torna-se quase impossível seu cumprimento. Assim, é justo que não se apliquem sanções sobre os servidores. Mas, se a falha decorre da má-fé, da desídia e da má prestação dos serviços, os governantes têm que ser implacáveis.

A consequência do não cumprimento das obrigações devidas e de atos não praticados é a sanção. Quando o servidor tem a obrigação de praticar o ato e não o faz, age com negligência, imprudência ou imperícia e, pois, pelo comportamento contrário ao determinado na lei deve sofrer a repulsa do ordenamento normativo.

Isso vale não só nas relações com o Poder Público. Nas relações particulares, quem tiver culpa no não cumprimento da obrigação, seja qual for sua causa, arcará com as consequências de seu inadimplemento. As obrigações assumidas perante terceiros destinam-se a seu cumprimento. Descumprida a obrigação, o ordenamento jurídico reage e impõe ao inadimplente uma consequência mais ou menos grave e compatível com a gravidade da infração cometida.

Há uma obrigação de o Judiciário dar resposta aos litigantes em tempo razoável. A razoabilidade não se mede no tempo. É critério de ponderação da dificuldade do processo e de um prazo de maturação na produção e colheita de provas para que o juiz possa decidir. A sentença deve advir em prazo *razoável*, isto é, o que permite a ampla defesa e a produção de provas. Nada mais. Em seguida, o juiz deve proferir sentença para permitir revisão na segunda instância. Não é o que acontece. O excesso de burocracia e a "descoberta" do Poder Judiciário levaram as partes a irem a ela por qualquer coisa. Isso entupiu as pautas e agendas dos juízes bem como seu tempo de preparação de despachos e decisões. O princípio ficou sem aplicação prática.

30.3.4 O processo legislativo

O processo legislativo igualmente tem seu procedimento e obriga o cumprimento de sua tramitação. As medidas provisórias que valem (entram em vigência) de imediato devem ser apreciadas pelo Congresso Nacional em sessenta (60) dias, prorrogáveis por igual período, e se não forem apreciadas no período, perdem sua eficácia (parágrafo 3º do art. 62 da Constituição da República).

O processo legislativo para apreciação das proposições por todos os deputados e senadores entra também na engrenagem do possível. São tantas as proposições que o gargalo não dá conta. Apenas alguns projetos são apreciados e mesmo assim quando desperta interesse do governo ou dos líderes partidários ou, ainda, quando há situação de emergência ou tragédia na sociedade que faz acionar o botão verde nos canais burocráticos. Então, os projetos são aprovados.

No caso de responsabilidade do Presidente da República, cabe seu afastamento (art. 86 da Constituição), mas se o julgamento não estiver concluído em cento e oitenta (180) dias, cessa o afastamento.

Vê-se, pois, que toda atividade pública está submetida a prazos, em qualquer das esferas de exercício do poder.

Diga-se o mesmo nas relações de caráter privado em que prepondera a vontade dos participantes.

Tudo submetido ao *tempo*.

30.3.5 Os prazos

Os prazos podem ser legais, ou seja, definidos em lei. Judiciais, quando fixados pelo juiz diante de permissão legal (art. 218, parágrafo primeiro do CPC de 2015). Caso não haja prazo estabelecido, entende-se como sendo de cinco dias (art. 218, parágrafo 3º, do CPC). Podem ser também dilatórios, quando é possível serem ampliados ou diminuídos em razão de conveniência das partes (suspensão do processo – art. 313, II, do CPC), ou peremptórios, quando descabe tal providência.

Vê-se que o passar do tempo pode criar situações jurídicas ou extingui-las.

30.4 Prescrição e decadência. Preclusão

Daí as noções de *prescrição* e *decadência*. As pessoas vão, ao longo da vida, relacionando-se. Criam amizades, entram em casos amorosos e se casam, têm filhos, negociam bens da vida, celebram contratos, divorciam-se, enfim, ingressam numa série de interações que criam ou extinguem direitos. Ao criar um *direito*, podem exercê-lo. Para tanto, as relações são mediadas pelo direito positivo que institui prazos para que o direito seja exercitado. Não o fazendo, perdem o direito de fazê-lo. A decadência significa a perda do direito. A Fazenda do Estado tem cinco (5) anos para *constituir seu crédito tributário*. Não o fazendo, perde o direito de execução. Tem também o prazo de cinco (5) anos para ingressar com a ação de execução para cobrar o valor do débito. Se deixa passar os cinco anos, prescreve o direito de execução, porque não o exerceu a tempo.

Vê-se, pois, que são coisas diferentes.

Há direitos, no entanto, que são *imprescritíveis*. A Súmula nº 149 do STF garante a imprescritibilidade da pretensão à investigação de paternidade. Normalmente, os denominados direitos de personalidade não são alcançados pela prescrição. É que fazem parte dos direitos indisponíveis.

Antes da reforma de 2002 havia muita confusão entre as hipóteses de prescrição e decadência. Agora, o Código Civil elenca os casos de prescrição. O mais é prazo decadencial.

Fala-se também em *preclusão*, que é a perda de direito processual. Ultrapassado o prazo de interpor apelação, ficou precluso o direito de a parte apresentar o recurso.

30.4.1 Direito potestativo

O *direito potestativo* remanesce à disposição do titular. Não pode ser violado, pois depende exclusivamente de sua vontade. Pleitear o divórcio, por exemplo. Deixar uma sociedade. A vontade exclusiva que leva à possibilidade da produção de efeitos na esfera jurídica de outra pessoa.

A fluência dos direitos é permanente. O homem entra em contato com o mundo e com outros a todo instante. A reciprocidade de ações e interações obriga o ser humano a estar em contato na sociedade. Mas as relações não podem ser perpétuas. Todas tendem à extinção em benefício da seriedade das situações e de seu término. Nada é perpétuo, salvo a concessão de túmulos nos cemitérios. Mesmo estes podem ser removidos se houver necessidade pública.

A estagnação dos negócios. A sedimentação das situações não é benéfica à sociedade, porque tende a imobilizar os negócios jurídicos. Tende-se, assim, à pacificação das relações jurídicas. Nesse passo, a prescrição e a decadência ajudam na solução dos conflitos. A inexistência de tais institutos levaria à perpetuidade de inconformidades, de decepções, de desavenças patrimoniais, tudo em prejuízo da pacificação social.

Outrora, não podia o magistrado reconhecer a prescrição de ofício. A situação se alterou com o advento da Lei nº 11.280/2006, que permite a declaração da perda do direito ou de seu exercício de ofício pelo juiz.

Houve alteração do entendimento de que o juiz não poderia agir de ofício. Embora não deva, mas há situações em que o legislador entende que possa existir maior atividade do juiz, para impedir exatamente o prolongamento da conflituosidade.

Existem causas interruptivas e suspensivas da prescrição que estão taxativamente descritas em norma legal. Há uma série de situações em que pode haver a interrupção ou suspensão da prescrição. Não vem a pelo identificá-las, porque estão previstas em lei.

30.5 O termo inicial e final dos prazos

Os *prazos* de decadência e prescrição estão previstos em lei. Ela estabelece o *termo inicial* e *o termo final*.

Em suma, o relacionamento humano faz nascer uma série de *direitos* e *obrigações*. Aqueles se destinam a ser exercidos, e aquelas estão subordinadas à vontade do titular do direito. Diferem do *dever* e *do poder*. Estes não são relacionais. Não se esgotam pelo exercício e ensejam uma série indeterminada de relações não decorrente diretamente deles, mas por força das obrigações e direitos. Estes são relacionais. Exemplifiquemos para deixar claro: a assinatura de um contrato obriga os signatários. Uma vez satisfeita a obrigação, extingue-se o contrato. O poder é exercido de forma permanente e não se exaure. O juiz, ao proferir sentenças, exerceu seu poder, que não se extingue. O legislador, ao elaborar uma lei, exerce seu poder, alterando situações jurídicas, mas não extingue seu direito de continuar legislando. Diga-se o mesmo do Executivo quando administra as coisas. Interfere na intimidade jurídica dos outros, sem esgotar sua atribuição.

O direito disciplina relações humanas prevendo sanções no caso de não cumprimento das obrigações instituídas. As sanções também se sujeitam à prescrição. É que a sociedade é dinâmica e não pode ficar obstruída por soluções intermináveis. A sociedade impõe uma série de relações recíprocas. Quase todas alcançadas pela prescrição ou pela decadência.

Vê-se que o direito não foge do tempo. Nem pode. O tempo o alcança em todas as suas manifestações.

O homem igualmente é a ele sujeito. Independe de nossa vontade. Não é o tempo cósmico, nem o das divindades. É o tempo do aqui e agora. Só que ele disciplina relações intersubjetivas.

30.6 A segurança jurídica

Para segurança das relações jurídicas, o direito as submete ao tempo. Entretanto, não podem perder direitos ou deveres a todo instante. Deve haver certa estabilidade no relacionamento humano. A incerteza no exercício de direitos leva ao desatendimento de obrigações. A segurança jurídica, isto é, a confiança que podem ter os indivíduos nas condições em que são feitos os negócios e o conhecimento antecipado das consequências, leva à estabilidade das relações jurídicas. Dá garantia aos interessados.

Os negócios são celebrados dentro do tempo. Contratos que instituem obrigações recíprocas de pagamento mensal e entrega do objeto do contrato em determinado período levam à segurança nos tratos.

As relações jurídicas não se exaurem em chama, como as amorosas do poeta, mas devem ser cumpridas pelo período previsto. Poetas podem pensar na lua, mas não serviriam para se submeter às agruras do direito.

30.7 Conclusões

Vivemos regidos pelo tempo. Em tudo e para tudo há um tempo certo. Nascemos, vivemos, casamo-nos, reproduzimos, amamos e morremos. Há um circuito temporal para tudo, e a vida nos obriga incessantemente a cumprir etapas. O fatiamento das obrigações assumidas, a ânsia de cumprirmos obrigações, a sujeição a prazos, tudo nos leva à angústia descrita por Sartre. Como temos que decidir a todo o tempo para não perdermos o tempo e os prazos previstos, caímos na angústia da decisão diuturna.

O tempo é implacável. Não retroage. Não há acordo de preterição ou postergação. Tudo vem de sobrepasso.

Se de um lado nos sufoca, de outro nos garante.

Nunca pensamos no tempo. Para os amantes ele tem uma dada fluência que não é mesma para os angustiados. Os amantes curtem o tempo. Os angustiados se desesperam ao passar dos minutos. O bolero tem frase saborosa: "Reloj no marques las horas, porque voy a enloquecer". "Y tu tic-tac me recuerda mi irremediable dolor". E termina com grito angustiante: "Reloj detén tu camiño". "Detén el tiempo en tus manos".

É o tempo subjetivo. O que não está no cosmo, mas em nosso interior. Nós dosamos o tempo. Vemo-lo passar com maior ou menos rapidez. A celeridade depende de nosso sentimento. Nossas afecções é que vão distendê-lo ou não.

O tempo objetivo é que limita nosso comportamento. Todas as nossas ações estão delimitadas por ele.

No direito ainda prevalece a parêmia latina *tempus regit actum*. É o direito vigorante na época da realização do ato que incide sobre ele e rege sua previsão e seus efeitos. Não há incidência de lei anterior. Se esta foi revogada, não vigora. O futuro está fora de seu alcance e, pois, é o presente que vale. Sponville indaga: "O que é o tempo? É o devir em via de devir: é a continuação mutável do presente, é a mudança continuada do ser".[28] Prossegue o autor: "O presente continua presente; é por isso que ele dura, é por isso que ele é o tempo".[29]

O tempo poético não nos importa. O tempo passado também não. O futuro igualmente é desprezado. Logo, o que vale é o tempo presente em que os atos são praticados e sob o presente é que surtem efeito.

Para o direito, pois, o tempo é o presente. Isso é o que importa. O passado já produziu seus efeitos que se esgotaram. Não se pode desquerer o querido. Não se pode voltar para desfazer efeitos. Posso até anular atos hoje produzindo efeitos retroativos que desfazem os efeitos produzidos. O ato subsiste, mesmo ineficaz. É o acontecimento que fica no mundo.

Em suma, neste ponto filosofia e direito se aproximam. Quase se tocam. São parelhos. No presente é que tudo se passa. A produção de efeitos pode ter começado no passado (termo inicial da usucapião, por exemplo), mas é no presente que ela se consuma.

O tempo que regeu a vigência do ato pode estar no passado, mas os efeitos repercutem no futuro que é o presente. Como disse Heidegger há uma sequência de agora. É este que incide sobre a relação jurídica e que a disciplina. É o tempo agindo no direito.

---

[28] *Op. cit.*, p. 140.

[29] *Op. cit.*, p. 142.

31

A VEDAÇÃO AO RETROCESSO NO DIREITO FINANCEIRO

31.1 O problema do não retrocesso

Inúmeros autores falam em *proibição ao retrocesso*, como se isso fosse algo novo no mundo jurídico. Mas sem dúvida que a discussão chegou agora. Desde o homem selvagem até o homem civilizado ocorreram avanços inegáveis na sociedade. Ninguém mais pretende o retorno à barbárie.

É certo que Rousseau foi quem entendeu que o desenvolvimento da ciência e das artes leva ao retrocesso. Firmou a tese de que as grandes civilizações decaem sob o peso de seus avanços científicos e artísticos.[1] Segundo Robert Wokler,[2] o discurso de Rousseau "traz a primeira grande proposição de filosofia da história – de que nosso aparente avanço cultural e social tem levado apenas à nossa real degradação moral".

O grande autor francês assenta seu raciocínio em três teses: a) a humanidade decaiu da inocência de seu estágio primordial; b) a arte e a ciência originária são moralmente superiores às nações refinadas; e c) as grandes civilizações entraram em decadência após o avanço cultural.

É curiosa a tese de Rousseau. Dela não compartilhamos, embora não se possa de todo afastar suas afirmativas.

Em verdade, a humanidade caminhou. Grandes descobertas científicas se fizeram. A compreensão do mundo é outra. O tempo de vida aumentou graças a novas invenções. O conhecimento agigantou-se. A vida de boa parte das pessoas passou a ser mais confortável.

Tudo isso é verdade. Mas, de outro lado, há que se ponderar que a criação do Estado não levou igualdade a todos. O mesmo autor, em outro texto,[3] afirma que reconhece dois tipos de desigualdades: a primeira decorrente de causas naturais e a segunda, que rotula moral ou política, porque depende de um tipo de convenção "et que'elle est établie ou Du moins autorisée par le consentement des hommes".[4]

---

1 ROUSSEAU, Jean-Jacques. *Discours sur les sciences et les arts*. Paris: GF Flammarion, 1071, p. 34.

2 *Rosseau*. Porto Alegre: L&M Pocket, 2012, p. 37.

3 *Discours sur l'origine, et les fondements de l'inegalité parmi les hommes*. Paris: GF Flammarion, 1971

4 *Op. cit.*, p. 167.

Pode-se dizer, pois, que o progresso não diminui o homem, mas levou a se estabelecer, entre eles, uma terrível desigualdade.

31.2 A discussão sobre os limites

Assentada tal premissa, os autores debruçam-se sobre este problema e tentam estabelecer limites ao Estado e à sociedade para que todos possam viver em um clima de segurança e igualdade. Declarados ficaram os direitos em Constituições escritas ou não por todo o mundo. Houve ondas de reconhecimento de gerações de direitos. Os burgueses, os sociais e os difusos. Todos garantem um mínimo de segurança para que todos possam conviver de forma pacífica.

Nas modernas democracias constitucionais com texto escrito, há um rol de direitos e garantias. São limitações ao exercício do poder do Estado. Já se disse que a Constituição em sentido material deveria conter apenas a estrutura do poder do Estado e os meios de os indivíduos dele se defenderem. Este o conflito eterno.

As sociedades avançaram no estabelecimento de suas garantias. Bobbio afirmou que a era dos direitos já era passada. Agora, restava garantir sua eficácia.

Um dos problemas modernos que se põe é sobre a *proibição ao retrocesso*. A matéria tem sido debatida longamente em seminários, na doutrina, chegando a ser colocada à decisão dos tribunais.

O que isso significa? Tendo a sociedade chegado ao ponto de estruturar os direitos e estabelecer formas e instrumentos para sua garantia, não pode o Estado retirá-los ou diminuí-los em seu exercício. Como a sociedade evolui de forma a propiciar ao ser humano uma determinada situação de garantias e de consagração de direitos inatos do ser humano, não pode o Estado voltar à situação menor.

Como será que se pode ponderar adequadamente para dar contornos factíveis à proibição de retrocesso.

Os direitos existem e estão consagrados em normas constitucionais. Este é o pacto estabelecido entre os homens. Será que os mesmos homens não podem alterá-los? Como ficam gerações futuras se os recursos que forem despendidos com a geração atual forem a elas prejudiciais?

Sem dúvida alguma, os direitos individuais estabelecidos no art. 5º da Constituição Federal constituem *cláusula pétrea*. Não podem, por conseguinte, ser abolidos, ainda que por emenda constitucional. Mas, daí, gerar a afirmativa de que os recursos determinados para sua garantia também sejam cláusula pétrea vai um longo caminho.

Não se desconhece nem se infirma que os direitos consagrados devam ser protegidos? Mas são? Todos os direitos e deveres individuais e coletivos e respectivas garantias (LXXVIII, ou seja, 78 dispositivos) são efetivamente assegurados? Isso sem falar em outros direitos (sociais e difusos) esparsos ao longo da Constituição.

Estamos de acordo num sentido: os recursos públicos arrecadados da população e empresas se destinam a garanti-los. Mas a partir daí dizer que tendo o legislador assegurado determinados recursos a um deles não possa diminuir seu montante ou alterá-los vai distância grande.

É que os recursos são finitos e as necessidades inexauríveis. E a cada dia que passa, a sociedade se desenvolve, surgindo novas necessidades individuais e coletivas o que obriga à arrecadação de mais recursos, o que onera a sociedade como um todo.

Como garantir, de forma absoluta, que não haverá retrocesso?

Analisemos.

31.3 O que é avanço e retrocesso no direito

Bourdieu, em notável livro que tem o título *Qu'est ce que parler veut dire?*, busca analisar o verdadeiro sentido das palavras. O que quer dizer, exatamente, proibição de retrocesso?

Evidentemente, que a humanidade evoluiu. Nos primórdios, era a barbárie. Violência. Morte de lado a lado entre as tribos. Aos poucos, fez-se luz e os homens traçaram limites e passaram a respeitá-los. Evidente que não se pode voltar a estágios primários.

Daí surge a pergunta angustiante? Até que ponto tudo constitui avanço humano e até que ponto posso restringir direitos? Há uma fímbria que não de todo delimitada.

As Declarações de Direito que resultaram em manifestações da ONU buscaram traçar um mínimo do que significa a preservação de direitos. Há um núcleo inatacável que não pode ser destruído. Há uma concordância implícita sobre isso.

Ocorre que as palavras que garantem tais direitos são vagas e, pois, interpretáveis. Não são palavras teoréticas que delimitam o objeto com exatidão.

As modernas democracias deixaram registrado em suas Constituições (art. 5º de nossa Constituição) os denominados *direitos constitucionais, direitos inalienáveis ou direitos da pessoa humana*. De outro lado, consagrou-se que não seriam objeto sequer de emenda constitucional que tendesse a aboli-los (parágrafo 4º do art. 60 da CF).

Esse é o núcleo indevassável. Não há possibilidade de que sejam tais direitos alterados ou diminuídos em sua essência. São intocáveis.

31.4 Como o Direito Financeiro os garante?

Para garantir os direitos assegurados na Constituição, não apenas no art. 5º, mas em dispositivos esparsos, o Estado deve garantir recursos suficientes para ampará-los e garanti-los.

Isso ocorre? Não. Em verdade, os direitos são inúmeros. A Constituição Federal colocou-os em diversos capítulos e artigos. Mas ao lado dos *direitos negativos* que são assegurados mediante omissão ou não ação do Estado existem os *direitos positivos*, na terminologia de Isaiah Berlin, que são garantidos por sua atuação. Para tanto, é imprescindível que sejam respaldados por recursos públicos.

Há que existir um aparato burocrático que os garanta (saúde, por exemplo, necessita de hospitais, médicos, enfermeiros, remédios, aparelhos).

Ocorre que os recursos são *finitos*, enquanto as necessidades são *infinitas*. Logo, não há recursos para atendê-los. Tudo dependerá, então, das *políticas públicas* desempenhadas pelo governo. Isso quer dizer que eles são *relativos* e não *absolutos*. É que, dependendo da ideologia do governo, serão mais ou menos atendidos, uma vez que elege prioridades que nem sempre são as que queremos.

Em consequência, o orçamento deve ser equilibrado, mas obedece às orientações ideológicas traçadas pelo governo que irá aplicá-lo. A saber, fica ao sabor das *paixões* e das *emoções* que predominam em determinado momento histórico.

De outro lado, o Judiciário não pode dar guarida a tudo, mesmo porque não tem a disponibilidade das verbas orçamentárias. Nem sobre elas pode decidir, de vez que se cuida de decisão política e não jurídica.

A garantia dos recursos é, pois, volúvel, fluida e não se pode medi-la. Fica ao sabor dos embates e confrontos agônicos entre os órgãos de exercício do poder.

32

O INVISÍVEL E O VULNERÁVEL NO DIREITO FINANCEIRO. A RENDA BÁSICA (EC Nº 114)

32.1 Introdução

Em notável livro, Raph Ellison escreve: "Sou um homem invisível. Não, não sou espectro como aqueles que assombravam Edgar Allan Poe; nem sou um ectoplasma do cinema de Hollywood. Sou um homem com substância, de carne e osso, fibras e líquidos, e talvez até se possa dizer que possuo uma mente. Sou invisível – compreende? – simplesmente porque as pessoas se recusam a me ver".[1]

O homem invisível do texto é a metáfora da situação do negro norte-americano. Mas será que é apenas nos Estados Unidos que há homens invisíveis? O livro retrata a questão racial naquele país. Haile Selassié, ex-imperador da Etiópia proferiu em 1936, antiga Liga das Nações, um poderoso discurso que foi transformado em música por Bob Marley, denominada "War".

É o brado de pessoas que são invisíveis e querem se tornar aparentes, não espíritos, como os ectoplasmas. Não querem ficar soterrados. Querem se fazer ouvir e serem vistas. Passa-se situação semelhante com os artistas quando vão interpretar. Incorporam-se em seus personagens. Já não são mais eles, mas são outros. O artista não nasce um só. Ele é diverso. Como disse Rimbaud "eu é um outro". As pessoas realmente nascem para representar papéis. Incorporam-se neles.

No subsistema social, as pessoas nascem para se aperfeiçoarem. Rousseau a isso denominou *perfectibilidade*. Ocorre que a maioria tem carimbo. Ao nascerem em determinado meio, a ele ficam grudadas. Não conseguem vislumbrar nada melhor, abaixam a cabeça, resignam-se, submetem-se e ficam a vida toda estigmatizadas em determinada escala social. São inermes.

A desigualdade sempre fez parte do dia a dia das pessoas. Alguns nascem em berço de ouro; outros em situações intermediárias e a maioria em situações difíceis.

A população é dividida. Os ricos obtêm as melhores escolas e universidades, o que as ajuda a se manterem ricos e na mesma situação. Os pobres dependem de creches, escolas, hospitais e nem sempre deles dispõem. Estão condenados a viver assim por

---

1 *Homem invisível*. José Olympio, 2013, p. 25, início do Prólogo.

suas vidas. Separados, não são vistos pela outra sociedade. Mesmo a classe média deles não quer falar. Há um silêncio gritante. Não temos tempo para o *outro*.

O silêncio nos leva a situações anquilosadas. Ficamos pasmos diante dos desacertos existenciais. Ignoramos que somos da mesma carne e do mesmo osso. Parece que existe diferença de cor, pele, cabelos, tipo sanguíneo, olhos, boca. Mas todos somos iguais. Do mesmo genoma. Vivemos no mesmo cosmo. O espaço sideral não é diverso. As línguas são diversas, mas os seres humanos não. Há um modelo que impôs determinada morfologia. Pesquisas antropológicas mostram que os homens são iguais (não idênticos) em postura e sentimentos. A etnografia aponta para diferenças de costumes. A arqueologia demonstra diversos desenvolvimentos culturais. No entanto, o homem é um ser humano.

Por que, então, existem tantas diferenças e enquanto 1% dos mais ricos ficam com quase metade do PIB dos países, a maciça maioria passa fome? O mundo de famélicos que não desenvolvem sequer raciocínio e morrem logo que nascem, especialmente na África negra, é enorme. Sem o mínimo de infraestrutura urbana, sem água potável e sem alimentos, constituem um mundo de famintos.

As diferenças socioculturais se agigantam em todos os países, com pouca margem de um para outro. Em verdade, há alguns que já entenderam a importância da diminuição das diferenças; outros teimam em negá-las ou insistem em mantê-las.

A verdade é que as desigualdades sociais são imensas. O 1% mais rico da população detém quase o que os outros 50% possuem. Não quero, agora, demonstrar isso estatisticamente, mas adiante o farei. Por ora basta a afirmação de que a desigualdade é gritante, fruto talvez do desenvolvimento de escravidão, colonização e do sistema de castas instaurado nas diversas sociedades.

A propósito, o livro da jornalista Isabel Wilkerson[2] retrata bem, com dados e notícias dolorosas, o estigma que atravessa as sociedades indiana e norte-americana e a Alemanha nazista.

Os *dalits* indianos e os negros e indígenas norte-americanos dão bem ideia do que a autora quer dizer. Instituiu-se, através da história, um sistema de separação. Esclarece a autora que "um sistema de castas é uma construção artificial, uma classificação do valor humano fixada e arraigada que estabelece a suposta supremacia de um grupo contra a suposta inferioridade de outros, com base na ancestralidade em traços muitas vezes inalteráveis, traços que seriam neutros no plano abstrato, mas que recebem um significado de vida ou morte numa hierarquia que favorece a classe dominante concebida pelos antepassados".[3]

O livro bem retrata o que estamos denominando de *os invisíveis* no direito financeiro.

Em uma sociedade bem estruturada, as diferenças sociais, embora existentes, não se fazem sentir de forma gritante. Em uma sociedade ainda em desenvolvimento, elas são notadas com facilidade. Basta um giro pelas cidades ou, então, na periferia ou, ainda, nos sertões. Analisemos alguns dos *invisíveis* no Brasil.

---

2 *Casta*: as origens de nosso mal-estar. Rio de Janeiro: Zahar, 2021.

3 *Op. cit.*, p. 30.

32.2 O indígena

No Brasil, a situação não foi diferente. O início do Brasil descoberto significou o genocídio indígena. Os livros não trazem informações detalhadas e os que as contêm buscam dar um ar amistoso com os indígenas[4] dizendo que o índio foi auxiliar "operoso" e que não houve uma "repulsa a intentos de piratas e corsários" nem "guerra contra os intrusos". Affonso d'E. Taunay[5] fala do "extermínio dos autóctones pelas epidemias, os maus-tratos e a dureza do cativeiro". Em seguida, afirma que seria "néscia infantilidade pretender ocultar que o bandeirantismo se incorpora ao panorama de violência que caracterizou o apossamento da América pelos europeus".[6]

Em verdade, os índios foram colocados em situação degradante e assim se encontram até hoje. Ao serem criadas as reservas indígenas para que estes prosseguissem na preservação de sua cultura, houve a violência de invasões pelo garimpo, pelo desmatamento das florestas, pela aculturação, pela corrupção dos costumes por bebidas, cigarros e destruição da religião. Mesmo a medicina indígena, que deveria ser preservada até para conhecimento e aproveitamento da flora brasileira, tem sido negligenciada e desconhecida.

Como diz Gilberto Freyre, "a história do contato das raças chamadas superiores com as consideradas inferiores é sempre a mesma. Extermínio ou degradação".[7]

O indígena é um dos *invisíveis* do direito financeiro. Embora a ele tenha sido dada terra para manutenção de tabas, ocaras e ocas, a corrupção do índio prossegue. Políticas de manutenção de sua cultura não são levadas a sério. O índio vira subproduto da "civilização".

32.3 A mulher

A mulher foi, durante muito tempo e ainda o é, discriminada, passando-se por invisível. Foram ridicularizadas nas tragédias gregas. Eurípides, em *Hipólito*, indaga de Zeus: "Ó, Zeus, por que este fraudulento mal aos homens, as mulheres, à luz do sol instituíste".[8] Em Roma, não podiam ir à praça pública (ágora), pois seu trabalho era em casa e não podia velar os deuses lares e penates. Na Idade Média, eram somente instrumento de reprodução. Nunca foram reconhecidas como preparadas para exercer o sacerdócio pela Igreja Católica.

Em todas as situações, o homem é o paradigma. Na modernidade, Bourdieu as vê como ligadas apenas à feminilidade e são totalmente dependentes.[9] Conclui: "Como em certos tipos de racismo, ela assume, no caso, a forma de uma negação de sua existência pública, visível".[10]

---

4 POMBO, Rocha. *História do Brasil*. 6. ed. Melhoramentos, 1952, p. 34-35.

5 *História das bandeiras paulistas*. São Paulo: Melhoramentos, [19--], vol. 1, p. 20.

6 p. 21.

7 *Casa grande e senzala*: o indígena na formação da família brasileira. São Paulo: Livraria José Olympio Editora, 1933, p. 142.

8 Versos 616-617.

9 BOURDIEU, Pierre. *A dominação masculina*. 8. ed. Rio de Janeiro: Bertrand Brasil, 2010, p. 82.

10 *Op. cit.*, p. 144.

Agnes Heller confirma o preconceito que existe contra a mulher.[11] John Stuart Mill escreveu notável livro apontando os preconceitos contra a mulher e indicando sua possível liberação e que o sistema desigualitário "jamais resultou de uma deliberação ou reflexão prévia".[12]

Mulheres notáveis surgiram ao longo da história. Enumero algumas: na Antiguidade: Safo, Macrina, Edesia, Asclepigenia, Sosípatra e, finalmente, a maior, Hipátia de Alexandria; no Egito, algumas chegaram a ser consideradas rainhas, como Cleópatra. Posteriormente, Flora Tristán, Louise Michel, Rosa Luxemburgo, Frida Kahlo e Simone de Beauvoir, para mencionar algumas. Grandes escritoras surgiram, participação na vida política e ativistas sociais como Angela Davis, Judith Butler e Nbozi Adichi Chimamanda, para mencionar algumas.

A mulher torna-se, aos poucos, visível e nada silenciosa.

32.4 O negro

De outro lado, no Brasil tivemos também o subproduto civilizatório, que é o negro, e assim foi tratado ao longo do período escravagista, já que foi o último país a extingui-la (1888). Como disse Joaquim Nabuco "em primeiro lugar o mau elemento da população não foi a raça negra, mas essa raça reduzida ao cativeiro".[13] Gilberto Freyre ressalva o aspecto sexual de sua miscigenação com o branco, bem como a feitiçaria, a magia e a gastronomia.[14] O preconceito grassa.[15]

O crime contra a humanidade foi cometido. É passado concreto que não se pode perder de vista para que não cometamos equívocos futuros. A hediondez foi praticada durante séculos e mereceu forte reação à época, inclusive de um dos nossos maiores poetas. Castro Alves produziu, chocado pela barbárie, um de seus mais notáveis poemas "O navio negreiro", em que, ao seu final pede para que se arranque o pendão dos ares (a bandeira que servia ao povo de mortalha) e que Colombo fechasse a porta dos mares.

Como diz Laurentino Gomes, "a escravidão no Brasil foi uma tragédia humanitária de proporções gigantescas".[16] O Brasil é o segundo maior país de população negra ou de origem africana do mundo. A descrição trágica do sequestro dos africanos no interior de diversas comunidades (hoje países), seu agrilhoamento, o transporte nos navios negreiros com toda sorte de insalubridade. A maior parte morria na espera do transporte, pela dramática situação de abandono ou morriam no interior dos navios, pela má qualidade de vida oferecida. Por fim, morriam de inúmeras doenças, como disenteria, febre amarela, varíola e escorbuto. Quando sobreviviam a tudo isso, morriam de *banzo*, surto de depressão, como anota Laurentino Gomes.[17]

Resta nossa desonra de ter sido o último país a terminar com a escravidão. Vive-se hoje das lendas em torno de Ganga Zumba, Dandara e Zumbi, morto em Palmares.

---

11 *O cotidiano e a história*. 8. ed. Paz e Terra, 2008, p. 71.
12 *A sujeição das mulheres*. Coimbra: Almedina, 2006, p. 40.
13 FREYRE. *Casa grande e senzala*, p. 336.
14 *Op. cit.*, p. 344.
15 *Op. cit.*, p. 432.
16 *Escravidão*. 8. reimpr. Rio de Janeiro: Globo Livros, 2021. v. 1, p. 34.
17 *Op. cit.*, p. 48.

Ainda hoje, sem embargo das ações afirmativas, ainda não se pagou o devido pela dívida imensa que temos com a etnia negra. Sempre foi desconhecida e ignorada. Agora, surgem iniciativas positivas para incluir o negro nas universidades e perante a elite econômica e social.

O negro é outro que figura como *invisível*. Sempre foi relegado a segundo plano por uma sociedade branca. Vive hoje nas favelas. É verdade que se mesclou e a mistura das raças resultou no moreno, cor que identifica nossa nacionalidade.

32.5 O grupo LGBTQI+

Outro ramo dos *invisíveis* é o LBGTQI+. Fiquei tão impressionado com o preconceito existente em nossa sociedade que, em debate na Câmara dos Deputados, propus o reconhecimento do casamento homossexual, da possibilidade de adoção e outros direitos então perseguidos. Não prosperamos, mas ficou a briga pela conquista, tanto que o Conselho Nacional de Justiça e, posteriormente, o Supremo Tribunal Federal acabarem de acolher os direitos de tal grupo social.

Escrevi, à época o livro sobre a "homossexualidade".[18] A Constituição garante a dignidade da pessoa humana. Então, escrevi: "Este preceito não pode ser lido sem qualquer conteúdo semântico. A dignidade envolve não apenas a realização dos direitos ditos negativos, isto é, que independem de qualquer atividade do Estado para sua consecução, como também os rotulados de positivos, isto é, aqueles que posso ou devo exigir do Estado um determinado comportamento para que os possa exercitar".[19]

No mesmo texto afirmei que "a dignidade não tem limites. Abarca toda dimensão do ser humano. É inclusiva e ampliativa dos direitos que se exercem no interior da sociedade. Dignidade significa que, respeitados os limites constitucionais ou legais, o indivíduo possa comportar-se na sociedade de todas as formas. Sem outros limites causados por preconceitos e por normas também válidas, mas de outra espécie que não sejam aquelas provindas das instituições formais".[20]

Em suma, todos são iguais, respeitadas as desigualdades físicas. O homem não pode criar outras desigualdades morais dentro da sociedade.

32.6 Os imigrantes

Não menos inquietante é a situação dos imigrantes. Outrora eram recebidos com festa e com ansiedade, porque o Brasil necessitava de braços para a lavoura e utilizava a *expertise* que traziam de seu país de origem. Agora, o país recebe onda de imigrantes fugidos de seus países, seja por fome, por revoluções ou descontrole. Como exemplos, os venezuelanos, haitianos, sírios, congoleses e outros de diversos países da África e do continente asiático.

Todos vêm com esperança de renascimento em outra vida. De reconstrução da vida rompida. Buscam recompor a expectativa que tinham em outros lugares do mundo.

---

18 OLIVEIRA, Regis Fernandes de. 2. ed. RT, 2013.

19 P. 239.

20 *Op. cit.*, p. 239.

Diversos países da América Latina vivem problemas sociais e econômicos. Diga-se o mesmo de países da África. Todos que se sentem desesperançosos com seu lar buscam migrar para outros lugares onde possam sorrir de novo. Vêm com filhos, com pais, mães, todos desiludidos em seus países de origem, buscam no Brasil uma centelha de nova vida.

Aos poucos percebem que trocaram um inferno por outro. Aqui, perspectivas mínimas de educação, saúde e segurança lhes são negadas. De início, não conseguem trabalho. Passam a viver de doações ou da caridade particular. Acesso às políticas públicas lhes são negadas. Passam a viver como párias e marginais.

O governo pouca atenção lhes dá. Já não dá conta das dificuldades por que passam os nativos e votantes. Não se iriam preocupar com estrangeiros que aqui aportam. A vida lhes é madrasta.

Constituem-se em mais um bando de excluídos, de *invisíveis, de excluídos*.

32.7 O silêncio

Um dos pontos mais angustiantes do direito é o *silêncio*. Não me refiro ao que produz efeitos jurídicos e que serviu a Cristo para não aceitar o desafio que lhe foi feito para se dizer o rei. É que o silêncio, como afirmou Alain Corbin[21] "não é somente ausência de ruído". Como diz Valery, citado por Corbin, "ouça este barulho sutil e constante que é o silêncio. Escute o que escutamos quando nada se faz ouvir".[22]

O silêncio a que me refiro é o dos vulneráveis, dos abandonados, dos excluídos e ignorados pelo Estado e pela sociedade. É a massa periférica que circunda os arranha-céus e os palacetes. É o pedinte da rua. É o que vive nas ruas por não ter aonde ir. É o que estende as mãos em gesto de súplica.

Esses são os invisíveis do direito. As normas, quando sobrevêm, não se preocupam com ele. Minto. Referem-se a eles, mas não resolvem os problemas. Por vezes, gesto demagógico redunda em algum avanço legislativo.

32.8 A proteção dos vulneráveis. A EC nº 114/2021

É o que ocorreu com o advento da Emenda Constitucional nº 114/2021. O artigo 6º foi acrescido de parágrafo único que assim dispôs: "Todo brasileiro em situação de vulnerabilidade social terá direito a uma renda básica familiar, garantida pelo poder público em programa permanente de transferência de renda, cujas normas e requisitos de acesso serão determinados em lei, observada a legislação fiscal e orçamentária".

O dispositivo, se levado a sério, trará profundas mudanças em nossa realidade. É que todo aquele que não dispõe de uma renda mínima, passará a tê-la. Instituiu-se a denominada *renda básica*. A saber, é uma garantia mínima dada pelo orçamento do governo para a subsistência, ao menos, das famílias desamparadas.

---

21 CORBIN, Alain. *História do Renascimento*. Vozes, 2021, p. 9.

22 *Op. cit.*, p. 13.

Também como norma *programática*, mas dotada de eficácia, estabelece o art. 203 da Constituição que a ação governamental na área de assistência social tem como um dos objetivos "VI – a redução da vulnerabilidade socioeconômica de famílias em situação de pobreza ou de extrema pobreza". É o que foi introduzido pela Emenda Constitucional nº 114/2021 através de alteração do art. 203 do texto fixo da Constituição.

O legislador constituinte derivado foi além. Ao lado de estabelecer a garantia de renda mínima, determinou, como se vê do art. 118 do ADCT, que lei e regulamento disciplinador da renda deverá vir à tona até o dia 31 de dezembro de 2022.

De outro lado, fechando o circuito, a EC nº 114 acresceu o parágrafo 5º ao art. 4º da Emenda Constitucional nº 113/2021 para dispor que o aumento do limite previsto no inciso II do parágrafo 1º do art. 107 do ADCT será destinado a despesas de ampliação de programas sociais de combate à pobreza e à extrema pobreza. O que sobejar das verbas de combate à pandemia de Covid-19 terá destino certo.

Vê-se que mesmo no silêncio o grito dos vulneráveis é ouvido.

Por isso é que o vulnerável é invisível. Ele não tem sequer forças para reclamar, para ir às ruas. Quem o faz são os estudantes, os ativistas, os conscientes de seus direitos, as entidades organizadas, os sindicatos, os partidos políticos. A grande massa fica alheia às reivindicações, porque não tem sequer como se movimentar. É o *lumpemproletariado* marxista. Só que os ativistas quando se manifestam não estão preocupados com os vulneráveis. Normalmente têm pautas próprias de reivindicação. São melhor nível de ensino, melhores salários, voto consciente, direitos trabalhistas, abertura política. Em nenhuma delas está o atendimento ao abandonado.

Por força da pandemia, ficaram eles piores do que estavam. Inermes, apenas sabem estender as mãos, aguardando esmola que lhes possa abrandar a fome. Filas enormes os aguardam nos postos de saúde; não obtêm remédios; não têm como saciar a fome; não têm leite para alimentação dos filhos menores; não têm escolas e quando as têm, falta-lhes qualidade; não têm roupas adequadas, especialmente para enfrentar o frio.

O que se buscou fazer pela iniciativa constitucional é propiciar a inclusão social. Tais seres sempre foram ignorados pelo direito. Passaram ao largo de bondades legislativas efetuadas ao longo dos tempos. De vez em quando vem uma iniciativa legislativa para atenuar a consciência dos que estão conscientes. Mesmo conscientes, se esquecem de olhar para o lado e para a frente. Desviamos, normalmente, o olhar para não visualizarmos a brutalidade da desigualdade social.

O Supremo Tribunal Federal teve oportunidade de instituir a chamada "renda básica de cidadania". Por força da Lei nº 10.835/2004 instituiu-se a denominada *renda básica*, só que houve a omissão do Executivo, o que motivou o acionamento do Poder Judiciário para suprir a omissão. Estabeleceu-se que a falta de norma disciplinadora "enseja o conhecimento do *writ* apenas quando há implementação da renda básica para pessoas em situação de vulnerabilidade socioeconômica (pobreza e extrema pobreza)" (Mandado de Injunção 7.300/DF, rel. Min. Marco Aurélio e relator para o acórdão o min. Gilmar Mendes).

O Supremo Tribunal Federal determinou, a partir de tal decisão, que os poderes Legislativo e Executivo "adotem as medidas administrativas e/ou legislativas necessárias à atualização dos valores dos benefícios básicos e variáveis do programa Bolsa Família (lei 10.836/2004), isolada ou conjuntamente e, ainda para que aprimorem os programas sociais de transferência de renda atualmente em vigor, mormente a lei 10.835/2004, unificando-os, se possível".

A ordem foi concedida, resultando na efetiva introdução, no direito brasileiro, da denominada renda básica de que ora se cuida. É fundamental que os poderes efetivem os dispositivos legais e regulamentares para garantir aos que se encontrem em situação de pobreza e extrema pobreza a subsistência humana.

A decisão introduz no ordenamento jurídico o efetivo amparo a tais pessoas que se encontram abandonadas e afastadas de todo os bens da vida.

32.9 As políticas públicas necessárias. O ser humano vivo no mundo

Muito se fala em políticas públicas sem que se defina exatamente sobre a que se referem. Constituem-se em ações do Estado para propiciar à população mecanismos mínimos de existência. Por força de determinações constitucionais, o Estado assume e ainda mais no Estado moderno, um plexo de atribuições. Todas definidas na Constituição Federal. Há um remanescente que sobra ao indivíduo. Mas, muitas de suas necessidades devem ser satisfeitas pelo Estado.

Na federação, como as unidades têm competências próprias, o organograma constitucional prevê o que a cada um cabe fazer e realizar. Diversas competências são cumulativas; outras privativas. A concorrência de atividades, por vezes, confunde o intérprete, mas, de qualquer maneira, como a ação foi colocada na Constituição como atribuição do Estado, cabe a um dos entes federativos prestar a atividade.

Inúmeras vezes, descabendo fazer aqui a identificação de cada qual, as competências são concorrentes, ou seja, cabe às três entidades realizá-la. É o que ocorre com a saúde, a educação, a preservação do meio ambiente.

De qualquer forma, ou haverá uma prestação positiva, ou seja, a atividade que cabe ao Estado depende de uma ação, como saúde, por exemplo, em que lhe cabe providenciar acomodação em hospitais públicos, fornecer remédios, exames, internações ou de uma prestação negativa, como no caso de garantir a liberdade intelectual de pensamento ou de ideias, em que o Estado deve silenciar, isto é, não pode intervir.

Assim se caracterizando as políticas públicas, é importante que nos refiramos à noção de *biopolítica*. A ação do Poder Público já não é a de matar, mas a de garantir a vida, como salienta Foucault. Não mais se pode realizar guerras como se fez no passado, em que a obrigação do indivíduo era matar o outro, inimigo de guerra. Agora, a obrigação é salvar a vida, preservá-la.

Governar, agora, é garantir a vida em todas suas dimensões. A vida, excluída a análise de sua ontologia e de indagações metafísicas, é fenômeno natural de seu ciclo. Nascimento, ciclo vital e morte. Há nela dois aspectos, o *bios*, que é a vida social, e a *zoé*, a vida em seu estado puro. O ingresso da *zoé* como objeto do Estado é introduzido por Foucault e desenvolvido por outros autores. Agamben salienta que "a politização da vida nua como tal constitui o evento decisivo da modernidade, que assinala uma transformação radical das categorias político-filosóficas do pensamento clássico".[23]

A essa altura, nasce o *biopoder* a quem cabe cuidar da vida. Foucault o define como "o conjunto dos mecanismos pelos quais aquilo que, na espécie humana, constitui suas características biológicas fundamentais vai poder entrar numa política, numa estratégia política, numa estratégia geral de poder".[24] O poder, na visão do autor, não é hierarquizado, mas "um conjunto de mecanismos e de procedimentos que tem como papel ou função e tema manter – mesmo que não o consigam – justamente o poder".[25] Os mecanismos de poder são circulares, e não hierarquizados.

Em outra obra, Foucault analisa diversos conceitos de poder esclarecendo que não é uma instituição, nem estrutura, mas "é o nome dado a uma situação estratégica complexa numa sociedade determinada".[26]

Fica claro, agora, que a vida em seu estado natural passa a ser uma preocupação do Estado, que deve voltar a ela seus olhares. Como diz Agamben "a vida nua tem, na política ocidental, este singular privilégio de ser aquilo sobre cuja exclusão se funda a cidade dos homens".[27]

Daí a preocupação básica do Estado, por sua diversificada estrutura: a manutenção e preservação da vida. As políticas públicas que deve desenvolver, a partir de tal raciocínio, é armar dispositivos para garantir a vida. Mas somente a sobrevivência? Não. É mais que isso. O Estado tem que se estruturar para garantir a *sobrevivência mínima*.

Nem por outro motivo é que Agamben vê as declarações de direitos "como o local em que se efetua a passagem da soberania régia de origem divina à soberania nacional".[28] Esta envolve o cuidado com o ser humano em sua existência. O ser jogado no mundo (o *Das-sein* de Heidegger). Assim, há um redirecionamento das políticas estatais do homem social para o ser humano vivo.

Daí afirmar Roberto Esposito, ao estudar a biopolítica e o biopoder, "entendendo pelo primeiro uma política em nome da vida e pelo segundo uma vida submetida ao comando da política".[29]

Como compreender tal posicionamento filosófico e trazê-lo para a área jurídica. Ora, os brasileiros e estrangeiros residentes no país têm garantida a "inviolabilidade do direito à vida" (art. 5º da Constituição Federal). De outro lado, o Brasil tem como um dos fundamentos "a dignidade da pessoa humana" (inciso III do art. 1º) e tem como um de seus objetivos "erradicar a pobreza e a marginalização e reduzir as desigualdades sociais e regionais" (inciso III do art. 3º).

Sabidamente tais normas não são meras recomendações, nem normas de cunho estritamente moral, mas são jurídicas. Como tal, possuem, na hipótese do descumprimento de seu comando, uma sanção. Como diz Norberto Bobbio, a sanção jurídica se

---

23 AGAMBEN, Giorgio. *Homo sacer*: o poder soberano e a vida nua I. 2. ed. Belo Horizonte: Ed. UFMG, 2010, p. 12.

24 FOUCAULT, Michel. *Segurança, território, população.* Martins Fontes, 2009, p. 3.

25 *Op. cit.*, p. 4.

26 *História da sexualidade*: a vontade de saber. v. 1. 20. reimp. Graal, 2010, p. 103.

27 *Op. cit.*, p. 15.

28 *Op. cit.*, p. 125.

29 *Bios*: biopolítica e filosofia. Lisboa: Ed. 70, 2018, p. 32.

distingue da moral e da social por ser *externa e institucionalizada*.[30] Norma sem sanção não é norma. Sempre prevê uma determinada reação do ordenamento jurídico em face da lesão produzida.

Se assim é e se a vida é protegida em todas as instâncias jurídicas, a política pública só pode ter um direcionamento: preservar e garantir a vida.

A vida passa a ter relevância institucional e prevalente sobre todos os demais valores protegidos pela ordem jurídica. A vida nua, real, vivida em todos os meios da sociedade.

Como a vida não é igual a todos e as desequiparações sociais permeiam seu seio, é essencial afirmar que a vida protegida é de todos, sem ter em conta da posição que ocupa na hierarquia dos vivos. Poucos podem se proteger independentemente do Estado. Melhor, não precisam do Estado. Podem viver sem ele e, muitas vezes, o Estado atrapalha. De outro lado, há os que precisam do Estado apenas para que possam manter suas atribuições normais, trabalho, emprego, assistência social, circulação e aquisição de bens de consumo. Por fim, o terceiro estágio é o pior, isto é, é composto daqueles que não têm como sobreviver sem o Estado. Dele dependem, seja na subsistência básica, na saúde, na educação, no transporte.

Como se viu, o Estado deve garantir a todos, sem se preocupar em que degrau estão na hierarquia social. Há, como se vê, um grupo que não se ocupa do Estado e não constitui problema para ele em termos de auxílio. Outro necessita muito.

Uma visão estreita do direito financeiro leva-nos a uma estrutura burocrática e meramente normativa em seu estudo. Direito, repita-se, não é apenas norma. Esta é uma de suas vertentes, mas se esgota em seu conhecimento. Mesmo porque as normas têm conteúdo e este se relaciona com a realidade social semanticamente. A semântica do direito é que traz para a norma os inúmeros sociais captados pela subsunção através dos conceitos.

Não há como deixar de lado o *ser humano*, legítimo destinatário de seus comandos. Este é que merece a atenção tanto do legislador, como do administrador. O primeiro capta as realidades através dos dispositivos normativos e estabelece a respectiva sanção na hipótese do descumprimento de seu comando. O segundo aplica e executa o contido na norma. Mero executor? Não. Tem igual responsabilidade e decide à luz da incidência fática. É como o soldado no *front*. É o primeiro a combater as desigualdades sociais e tem uma determinação a seguir.

Como se isso não bastasse, mas não basta, existe o Judiciário, a quem cabe recompor a ordem jurídica lesada. Se o legislador não edita a norma, pode compeli-lo por inconstitucionalidade por omissão. Se o administrador não cumpre ou realiza com desídia o comando normativo, o Judiciário tem como compeli-lo através das inúmeras ações de responsabilidade que podem se constituir em atos de improbidade ou crimes comuns.

Vê-se que o direito se compõe de uma estrutura organizada de instrumentos constitucionais e legais para que o homem comum se sinta amparado em seus direitos. Por que isso não ocorre? Pela desídia dos governantes. Por má-fé ou incompetência,

---

30 *Teoria da norma jurídica*. 5. ed. Edipro, 2014, p. 159.

mas de qualquer maneira deixa o ser humano à margem da lei. Deixa de garantir o que determina a Constituição Federal.

Assim, em última e extrema análise, o que o governo tem que garantir é a *vida* em sua integral compreensão. Não só garantir o nascimento com vida, mas também zelar por ela em toda sua extensão temporal. Não se quer dizer que há uma garantia absoluta da vida. É o acaso que é inevitável. Mas dentro da normalidade da atividade social e política, o Estado tem que garantir a sobrevivência dos seres humanos.

Roberto Esposito ao cuidar da *imunidade* assevera que ela não é "apenas a relação que liga a vida ao poder, mas o poder de conservação da vida".[31] Explica que a *imunidade* é o contraposto de *communitas*.[32] A comunidade é a relação que une os membros de uma sociedade. A imunidade não exclui, mas volta-se a si própria. Assim, a política deve buscar não apenas garantir a imunidade e, nessa perspectiva, "a política não é senão a possibilidade, ou o instrumento de conservar a vida".[33]

Vê-se que o essencial, hoje, não é apenas a vida na comunidade e na obediência a seus preceitos, dogmas, autoridades, normas e princípios. É também a manutenção da vida em toda sua dimensão. Garantia de segurança, moradia, higiene, saúde, educação, infraestrutura urbana. Enfim, o Estado, através de seus agentes, deve diligenciar e estruturar políticas públicas que assegurem a *vida digna*.

Karl Marx já divisara esse problema desde quando fizera crítica à filosofia idealista hegeliana. Ao escrever a *Crítica da filosofia do direito de Hegel*, Marx assinala que o representante alemão do Estado moderno "não toma em conta o *homem real*, só foi possível porque e na medida em que o próprio Estado moderno não atribui importância ao *homem real* ou unicamente satisfaz o homem *total* de maneira ilusória".[34]

O grande revolucionário à época já antevia para onde o Estado deveria lançar suas vistas para resolver seus problemas. Era o homem real. O homem de carne e osso. O homem vivo. Em outro texto, Marx fala também dos "homens reais atuantes".[35]

32.10 A partilha orçamentária

O grande trabalho das denominadas *políticas públicas* é olhar para o homem real, de carne e osso. De pouco importa traçar planos em gabinetes fechados e com ar-condicionado sobre papéis intermináveis. As ideias são importantes, necessárias e essenciais em qualquer atividade. Mas desde que destinadas à solução de problemas existentes e cruciais. O homem vive no mundo das realidades, e não onírico. Seu sofrimento, sua angústia é também real.

É curioso como todos os estudiosos jamais se debruçam sobre o *ser humano* existente e real. Teses são desenvolvidas em todos os cantos; leis se produzem aos montes; decisões judiciais se preocupam com firmar teses; o administrador perde-se em iniciativas e execuções desatentas à realidade.

---

31 *Op. cit.*, p. 74.

32 P. 80.

33 *Op. cit.*, p. 74.

34 Boitempo editorial, 2005, p. 151.

35 MARX, Karl; ENGELS, Friedrich. *A ideologia alemã*. Martins Fontes, 2008, p. 19.

O importante é o *ser humano global*, isto é, o todo da população brasileira e, nos diversos países, com sua própria população. O olhar dos governantes deve ser sobre o todo; jamais sobre parcelas (ainda que importantes). É que, em verdade, no caso, as partes são maiores que o todo. O que isso significa? Cada segmento social é importantíssimo. Deve merecer do governo toda a atenção. Só que o governo não se pode distanciar do todo. E o faz frequentemente. Assim, num país como o nosso, composto originariamente por indígenas, posteriormente, pelo branco, que veio como conquistador, e a vinda dos negros trazidos por violência e agrilhoados e, ulteriormente, os estrangeiros, que vieram em ondas. Todos formam o todo. Daí não é possível que o governo apenas olhe um segmento.

Ocorre que, quando delibera sobre o que fazer e onde aplicar os recursos financeiros de que dispõe, através do orçamento, tem que ter o olhar no todo, mas irá segmentar sua decisão para o atendimento de partes. Não pode desconhecer que deve dar atenção aos mais ricos, mantendo bom asfalto nas vias que eles usam, nem descurar e propiciar-lhes vegetação para respiração, lagos artificiais, embelezamento das vias com obras de arte, especialmente esculturas, segurança nos espaços públicos, iluminação pública, água e gás canalizado. À classe média, igualmente, deve propiciar os mesmos recursos. Todos são contribuintes e merecem serviços de boa qualidade.

O problema surge no terceiro segmento. O abandonado. Asfalto precário, área interrompida, postos de saúde distantes, hospital sem recursos, sem remédios, nada de paisagismo ou plantação de árvores, sem lagos, sem gás (só o por tambor), ruas sem asfalto, nada de obras de arte nas ruas. Enfim, aí não entra o detalhamento fácil dos primeiros segmentos.

Aí é que entra o que se rotula de *decisões trágicas*. O político não pode perder nem desconsiderar os setores mais ricos da sociedade, nem subestimar a classe média, formadora de opinião. Tem que lhes assegurar uma cidade digna. Aí é que entra o *resto*. Não em termos de renda mínima, agora inserida no parágrafo único do art. 6º da Constituição Federal, mas em termos de propiciar a todos o *mínimo existencial*.

O denominado *povão*, a *massa, a ralé*, fica fora das benesses governamentais. Cristalizou-se a opinião de que a *periferia* é foco de bandidos. Identifica-se o infrator, o meliante e o bandido com o mulato, o crioulo e o negro. Raças e mistura de raças que ficam estigmatizadas só pelo fato de habitarem a periferia. O olhar do governante passa a ser refratário. A dedicação maior será com os empreendedores, com os empresários, com os políticos de toda ordem, com o rico, em suma.

Em verdade, o administrador, de início, (o Poder Executivo) e, em seguida, o legislador (Poder Legislativo) terão que efetuar a denominada *escolha trágica*, a saber, o cobertor das receitas é bastante curto enquanto a necessidade do dispêndio (despesas) é gigantescamente ampla. Onde alocar os recursos para atender razoavelmente as necessidades públicas? Aí se verifica o desequilíbrio da distribuição dos recursos. É que a denominada classe dos ricos não admite ficar para trás e exige que seus interesses sejam atendidos (asfalto, luz, água e segurança), como requisitos básicos. Os pobres, sem ter a quem endereçar suas queixas e necessitando de tudo, ficam postados à margem da alocação de recursos.

REFERÊNCIAS

ABRAHAM, Marcus. *Curso de direito financeiro brasileiro*. 6. ed. Rio de Janeiro: Forense, 2021.

ABRAHAM, Marcus. *Lei de Responsabilidade Fiscal comentada*. 3. ed. Rio de Janeiro: Forense, 2021.

ADAMS, Patricia. *Odious debts*. Earthcans Publications, 1991

AGAMBEN, Giorgio. *Homo sacer*. São Paulo: Boitempo, 2010; Minas Gerais, UFMG, 2010.

AGAMBEN, Giorgio. *Homo sacer*: o poder soberano e a vida nua I. 2. ed. Belo Horizonte: Ed. UFMG, 2010.

AGAMBEN, Giorgio. *Nudità*. 2. ed. Roma: Nottetempo, 2013

AGAMBEN, Giorgio. *O que resta de Auschwitz*. São Paulo: Boitempo, 2010.

AGAMBEN, Giorgio. *O reino e a glória, Homo sacer II*. São Paulo: Boitempo, 2011.

AGAMBEN, Giorgio. *Profanazione*. Roma: Nottetempo, 2005.

AGOSTINHO, Santo. *Confissões*. São Paulo: Martin Claret, 2002.

AGUALLO AVILÉS, Angel. Necesidad de un análisis constitucional del derecho financiero. *Revista Española de Derecho Financiero*, Madri, Civitas, 109-110/50, maio/jun. 2001.

AGUALLO AVILÉS, Angel. *Tasas y precios en el ordenamiento jurídico español*. Madri: Instituto de Estudios Fiscales/Marcial Pons, 1991.

AGUALLO AVILÉS, Angel. Un criterio jurídico para delimitar tasas y precios. *In*: *Tasas y precios en el ordenamiento jurídico español*. Madri: Instituto de Estudios Fiscales/Marcial Pons, 1991.

AGUIAR, Joaquim Castro. *Regime jurídico das taxas municipais*. Rio de Janeiro: IBAM, 1982.

ALESSI, Renato. *Principi di diritto anmministrativo*. v. 1. Milano: Dott. A. Giuffrè, 1974.

ALEXY, Robert. *Teoría de los derechos fundamentales*. Madri: Centro de Estudios Constitucionales, 1997.

ALEXY, Robert. *Tres escritos sobre los derechos fundamentales y la teoría de los principios*. Tradução de Carlos Bernal Pulido. Bogotá: Universidad Externado de Colombia, 2003.

ALLEGRINI, Alberto. *Il debito pubblico*. 3. ed. Roma: Jandi Sapi, 1960.

ALLIX, Edgar. *Traité élémentaire de science des finances et de législation financière française*. 6. ed. Paris: Librairie Arthur Rousseau/Roussesau & Cie., 1931.

ALONSO, Afonso. Debito pubblico. *In*: *Enciclopedia del Diritto*. v. 11. Milano: Giuffrè Editore, 1962.

ALVES, Léo; FERNANDES, Jorge Ulisses Jacoby; MOTTA, Carlos; SANTANA, Jair. *Responsabilidade fiscal*. Belo Horizonte: Del Rey, 2000.

AMARO, Luciano. *Direito tributário brasileiro*. São Paulo: Saraiva, 1997; 13. ed. São Paulo: Saraiva, 2007.

AMED, Fernando José; NEGREIRO, Plínio José Cabriola de Campos. *História dos tributos no Brasil*. São Paulo: SINAFRESP, 2000.

AMORTH, Antonio. *In*: *RDA*, 70, p. 62-79.

AMORTH, Antonio. Prezzi (disciplina dei). *Enciclopédia del diritto*. v. XXXV. Varese: Giuffrè, 1986.

ARAGÃO, Alexandre Santos de. O contrato de concessão de exploração de petróleo e gás. *RDA*, 239. FGV, jan./mar. 2005.

ARDANT, Gabriel. *Histoire de l'impôt*. Paris: Fayard, 1971.

ARENDT, Hannah. *A promessa da política*. 2. ed. Rio de Janeiro: DIFEL, 2009.

ARENDT, Hannah. *Origens do totalitarismo*. São Paulo: Cia. das Letras, 2012.

ARENDT, Hannah. *Sobre a revolução*. São Paulo: Cia. das Letras, 2011.

ARISTÓTELES. *Ética a Nicômaco*. São Paulo: Atlas, 2009.

ARISTÓTELES. *Metafísica*. São Paulo: Martin Claret, 2007; 2. ed. São Paulo: Edipro, 2012.

ARISTÓTELES. *Metafísica*. São Paulo: Martin Claret, 2018.

ARISTÓTELES. *Política*. 2. ed. São Paulo: Edipro, 2012.

ARRUDA ALVIM, J. M. de. *Código de Processo Civil comentado*. São Paulo: RT, 1975. v. 2.

ATALIBA, Geraldo. *Apontamentos de ciências das finanças, direito financeiro e tributário*. São Paulo: RT, 1969.

ATALIBA, Geraldo. *Aspectos da hipótese de incidência*. 4. ed. São Paulo: RT, 1990.

ATALIBA, Geraldo. Considerações em torno da teoria jurídica da taxa. *RDP*, São Paulo, 9, p. 43-54.

ATALIBA, Geraldo. Convênios interestaduais. Separata da *RDP*, São Paulo, RT, 67/5.

ATALIBA, Geraldo. *Empréstimos públicos e seu regime jurídico*. São Paulo: RT, 1973.

ATALIBA, Geraldo. *Hipótese de incidência tributária*. 6. ed. 17. tir. São Paulo: Malheiros, 2018.

ATALIBA, Geraldo. IPTU e progressividade. *RDP*, São Paulo, RT, 93.

ATALIBA, Geraldo. *República e Constituição*. 3. ed. São Paulo: Malheiros, 2011.

ATALIBA, Geraldo. SABESP: Serviço público: Delegação a empresa estatal: imunidade a impostos: regime de taxas. *RDP*, São Paulo, 92, p. 70-95, 1989.

ATALIBA, Geraldo. Taxa de estacionamento em via pública. *RDP*, São Paulo, 69.

AZEVEDO, Eurico de Andrade. Pedágio: natureza jurídica: constitucionalidade: legalidade. *RDP*, São Paulo, 16, p. 410-414.

BAKHTIN, Mikhail. *Marxismo e filosofia da linguagem*. 14. ed. São Paulo: Hucitec, 2010.

BALEEIRO, Aliomar. *Direito tributário brasileiro*. 5. ed. Rio de Janeiro: Forense, 1973; 11. ed. Rio de Janeiro: Forense, 2004.

BALEEIRO, Aliomar. *Uma introdução à ciência das finanças*. 14. ed. Rio de Janeiro: Forense, 1984; 15. ed. Rio de Janeiro: Forense, 2001; 16. ed., atualizada por Dejalma de Campos. Rio de Janeiro: Forense, 2004.

BALLADORE PALLIERI, G. *Diritto costituzionale*. 11. ed. Milão: Giuffrè, 1976.

BALTAZAR, Ezequiel Antônio Ribeiro. *Federalismo fiscal*. Manole, 2004.

BANDEIRA DE MELLO, Celso Antônio (Org.). *Estudos em homenagem a Geraldo Ataliba 2*: Direito Administrativo e Constitucional. São Paulo: Malheiros, 1997.

BANDEIRA DE MELLO, Celso Antônio. *Curso de direito administrativo*. 33. ed., 2. tir. São Paulo: Malheiros, 2017.

BANDEIRA DE MELLO, Celso Antônio. *Elementos de direito administrativo*. São Paulo: RT, 1980.

BANDEIRA DE MELLO, Celso Antônio. Empréstimo público: garantias: parcela de ICM do município. *RDP*, São Paulo, 91, p. 87-94.

BANDEIRA DE MELLO, Celso Antônio. Funções do Tribunal de Contas. *RDP*, São Paulo, 72/133.

BANDEIRA DE MELLO, Celso Antônio. Natureza jurídica do zoneamento: efeitos. *Estudos de Direito Público – Revista da Associação dos Advogados da Prefeitura do Município de São Paulo*, São Paulo, ano 1, p. 3-21, 1982.

BANDEIRA DE MELLO, Celso Antônio. *O conteúdo jurídico do princípio da igualdade*. São Paulo: RT, 1978.

BANDEIRA DE MELLO, Celso Antônio. *Prestação de serviços públicos e administração indireta*. São Paulo: RT, 1973.

BANDEIRA DE MELLO, Celso Antônio. *Princípios gerais de direito administrativo*. 3. ed., 2. tir., v. I. São Paulo: Malheiros, 2010; v. 2. Rio de Janeiro: Forense, 1974.

BANDEIRA DE MELLO, Celso Antônio. Tarifa de água. *RDP*, São Paulo, 20, p. 365-378.

BANDEIRA DE MELLO, Celso Antônio. Taxa de serviço. *RDTributário*, São Paulo, p. 9-10.

BANDEIRA DE MELLO, Oswaldo Aranha. *Natureza jurídica do Estado Federal*. São Paulo: Prefeitura do Município de São Paulo: 1948.

BARBI, Celso Agrícola. O precatório na Constituição de 1988. *In*: *Estudos de Direito Econômico*. São Paulo: Instituto brasileiro de Ciência Bancária, 1993.

BARCELLOS, Ana Paula de. *A eficácia jurídica dos princípios constitucionais*. 2. ed. Rio de Janeiro: Renovar, 2008.

BARCELLOS, Ana Paula de; BARROSO, Luís Roberto. O começo da história. A nova interpretação constitucional e o papel dos princípios no Direito brasileiro. *In*: *A nova interpretação constitucional*. Rio de Janeiro: Renovar, 2003.

BARRETO, Lima. *Os bruzundangas*. Capítulo I – Um grande financeiro. L&M Pocket, p. 34.

BARROS JR., Carlos Schmidt de. Orçamento: natureza jurídica. *RDA*, 83/404.

BARROS, Theotônio Monteiro de. *As taxas e seus principais problemas teóricos*. São Paulo, EGRT.

BARROSO, Luís Roberto. *O direito constitucional e a efetividade de suas normas*. 7. ed. Rio de Janeiro/São Paulo: Renovar, 2003.

BARROSO, Luís Roberto; BARCELLOS, Ana Paula de. *A nova interpretação constitucional*. Rio de Janeiro: Renovar, 2003.

BARTUSCHAT, Wolfgang. *Espinosa*. 2. ed. Porto Alegre: Artmed, 2010.

BASTOS, Celso Ribeiro. *Comentários à Constituição do Brasil*. v. 4. São Paulo: Saraiva, 1995.

BASTOS, Celso Ribeiro. *Curso de direito financeiro e tributário*. 9. ed. São Paulo: Celso Bastos Editor, 2002.

BATISTA, Antenor. *Corrupção*: fator de desenvolvimento?. São Paulo: Letras e Letras, 1991.

BEAULIEU, Paul Leroy. *Traité de la science des finances*. 8. ed., v. 2. Paris: Felix Alcan, 1912.

BECKER, Alfredo Augusto. *Teoria geral do direito tributário*. 2. ed. São Paulo: Saraiva, 1972.

BENJAMIN, Walter. *Escritos sobre mito e linguagem*. São Paulo: Editora 34, São Paulo, 2011.

BENJAMIN, Walter. *Sobre o conceito de história*. São Paulo: Brasiliense, 1985.

BERGSON, Henri. *A evolução criadora*. São Paulo: Martins Fontes, 2005.

BERLIRI, A. *Principi di diritto tributario*. 2. ed. v. 1. Milão: Giuffrè, 1967.

BEVILÁQUA, Clóvis. *Comentários ao Código Civil*. v. 3. ed. Francisco Alves, 1958.

BINSWANGER, Hans Christoph. *Dinheiro e magia*. Rio de Janeiro: Zahar, 2010.

BLACK, Henry Campbel. *Construction and interpretation of law*. Saint Paul: West Publishing, 1896.

BOBBIO, Norberto. *A era dos direitos*. Rio de Janeiro: Campus, 1992.

BOBBIO, Norberto. *Contribución a la teoría del derecho*. Valência, Fernando Torres, 1980.

BOBBIO, Norberto. *Estado, governo, sociedade*. Rio de Janeiro: Paz e Terra, 1987.

BOBBIO, Norberto. *Teoria da norma jurídica*. 5. ed. Edipro, 2014, p. 159.

BODIN, Jean. *Los seis libros de la República*. 3. ed. Tradução de Pedro Bravo Gaba. Madri: Tecnos, 1997.

BOMPANI, Vito. Debito pubblico. *Rivista di Diritto Pubblico*, II/144, 1925; *In*: *Novissimo Digesto Italiano*. v. 5. Turim, UTET, 1957.

BONAVIDES, Paulo. *Curso de Direito Constitucional*. 33. ed. São Paulo: Malheiros, 2018.

BONAVIDES, Paulo. *Reflexões*: política e direito. 3. ed. São Paulo: Malheiros, 1988.

BOTTALLO, Eduardo. Julgamento de contas de prefeito e princípio da ampla defesa. *In*: BANDEIRA DE MELLO, Celso Antônio (Org.). *Direito administrativo e constitucional*: estudos em homenagem a Geraldo Ataliba 2. São Paulo: Malheiros, 1997.

BOUÇA, V. *História da dívida externa*. 2. ed. Rio de Janeiro: Financeiras, 1950.

BOURDIEU, Pierre. *A dominação masculina*. 8. ed. Rio de Janeiro: Bertrand Brasil, 2010.

BOURDIEU, Pierre. *A economia das trocas linguísticas*: o que falar quer dizer. 2. ed. São Paulo: EDUSP, 2008.

BOURDIEU, Pierre. *O poder simbólico*. 11. ed. Rio de Janeiro: Bertrand Brasil, 2007.

BOUVIER, Michel, ESCLASSAN, Marie-Christine; LASSALE, Jean-Pierre. *Finances publiques*. 8. ed. Paris: LGDJ, 2006.

BRANCO, Paulo G. G., COELHO, Inocêncio M.; MENDES, Gilmar Ferreira. *Curso de direito constitucional*. 4. ed. São Paulo: Saraiva, 2009.

BRANDÃO, Junito de Souza. *Mitologia grega*. 22. ed. Petrópolis: Vozes, 2010.

BRITO, Edvaldo. Lei de Responsabilidade fiscal: competência tributária, arrecadação de tributos e renúncia de receita. *In*: ROCHA, Valdir de Oliveira (Coord.). *Aspectos relevantes da Lei de Responsabilidade Fiscal*. São Paulo: Dialética, 2001.

BRITTO, Carlos Ayres. O regime constitucional dos Tribunais de Contas. *Cadernos de Soluções Constitucionais*, São Paulo, Malheiros, v. 1, 2003.

BRITTO, Carlos Ayres; PONTES FILHO, Valmir. Direito adquirido contra as emendas constitucionais. *In*: BANDEIRA DE MELLO, Celso Antônio (Org.). *Estudos em homenagem a Geraldo Ataliba 2*: direito administrativo e constitucional. São Paulo: Malheiros, 1997.

BRUNO, Reinaldo Moreira. Final de mandato dos atuais prefeitos à luz da Lei de Responsabilidade Fiscal. *RDA*, Rio de Janeiro, 236, p. 337-367, abr./jun. 2004.

BUARQUE DE HOLANDA, Sérgio. *Raízes do Brasil*. 11. ed. Rio de Janeiro: José Olympio, 1977.

BUCHANAN, James H. *Hacienda pública*. Madri: Editorial de Derecho Financiero, 1968.

CALMON, Eliana. *In*: FREITAS, Vladimir Passos de (Coord.). *Código Tributário Nacional comentado*. São Paulo: RT, 1999.

CAMARGO, Guilherme Bueno de. A guerra fiscal e seus efeitos: autonomia *x* centralização. *In*:

CONTI, José Maurício (Coord.). *Federalismo fiscal*. Barueri: Manole, 2003.

CAMPOS, Francisco. Empréstimos como garantias de impostos. *In*: *Direito e Constituição*. v. 1. Rio de Janeiro: Freitas Bastos, 1956.

CAMPOS, Francisco. Orçamento: Natureza jurídica. *RDA*, 71/324.

CAMPOS, Francisco. Tributação de bens, rendas e serviços da União, dos Estados e dos Municípios: impostos e taxas. *In*: *Direito constitucional*. v. 1.

CANOTILHO, J. J. Gomes. *Direito constitucional*. Coimbra, Livraria Almedina, 1991.

CARR, E. H. *Vinte anos de crise*: 1919-1939. 2. ed. Brasília: UnB, 2001.

CARR, E. H. *Vinte anos de crise*: 1919-1939. Brasília: UnB, 1981.

CARRAZZA, Roque Antonio. *Curso de direito constitucional tributário*. 31. ed. São Paulo: Malheiros, 2017.

CARRAZZA, Roque Antonio. *Natureza jurídica da compensação financeira pela exploração de recursos minerais*: sua manifesta inconstitucionalidade. São Paulo: Max Limonad, 1995.

CARRAZZA, Roque Antonio. *O sujeito ativo da obrigação tributária*. São Paulo: Resenha Tributária, 1977.

CARRAZZA, Roque Antonio. *Princípios constitucionais tributários e competência tributária*. São Paulo: RT, 1986.

CARRAZZA, Roque Antonio. Remuneração pelo estacionamento de veículos em logradouros públicos: natureza tributária: taxa. *RDTributário*, São Paulo, RT, 4/292-299.

CARRAZZA, Roque Antonio. Renúncia à receita tributária, em face da nova Lei de Responsabilidade Fiscal. *RDTributário*, São Paulo, Malheiros, 85/99-108.

CARRIÓ, Genaro. *Notas sobre derecho y lenguaje*. Buenos Aires: Abeledo-Perrot, 1973.

CARRIÓ, Genaro. *Principios jurídicos y positivismo jurídico*. Buenos Aires: Abeledo-Perrot, 1970.

CARVALHO, Lena Oliveira de; MEDEIROS, Otávio Ladeira; SILVA, Anderson Caputo (Org.). *Dívida pública*: a experiência brasileira. Brasília: Secretaria do Tesouro Nacional, 2009.

CARVALHO, Paulo de Barros. *Curso de direito tributário*. 4. ed. São Paulo: Saraiva, 1991; 22. ed. São Paulo: Saraiva, 2010.

CARVALHO, Paulo de Barros; MARTINS, Ives Gandra da Silva. *Guerra fiscal*: reflexões sobre a concessão de benefícios no âmbito do ICMS. São Paulo: Noeses, 2012.

CARVALHOSA, Modesto. *Considerações sobre a Lei Anticorrupção das Pessoas Jurídicas*: Lei 12.846, de 2013. São Paulo: RT, 2015.

CASSIRER, Ernst. *Ensaio sobre o homem*. São Paulo: Martins Fontes, 2005.

CASSIRER, Ernst. *Linguagem e mito*. São Paulo: Perspectiva, 2000.

CASSIRER, Ernst. *O mito do Estado*. São Paulo: Codex, 2003.

CASTRO NUNES, José de. *Teoria e prática do Poder Judiciário*. Rio de Janeiro: Forense, 1943.

CASTRO, José Nilo de. *Julgamento das contas municipais*. 2. ed. Belo Horizonte: Del Rey, 2000.

CATARINO, João Ricardo. *Finanças públicas e direito financeiro*. Coimbra, Livraria Almedina, 2012.

CAVALCANTI, Amaro. *Elementos de finanças*. Imprensa Nacional, 1896

CAVALCANTI, Themístocles Brandão. *Tratado de direito administrativo*. v. 2. Rio de Janeiro: Freitas Bastos, 1964.

CHAUÍ, Marilena. *Convite à filosofia*. São Paulo: Ática, 2002.

CIRNE LIMA, Ruy. *Princípios de direito administrativo brasileiro*. 2. ed. São Paulo: RT, 1982.

COELHO, Inocêncio M.; BRANCO, Paulo G. G.; MENDES, Gilmar Ferreira. *Curso de direito constitucional*. 4. ed. São Paulo: Saraiva, 2009.

COÊLHO, Sacha Calmon Navarro. *Comentários à Constituição de 1988*: sistema tributário. 5. ed. Rio de Janeiro: Forense, 1993.

COÊLHO, Sacha Calmon Navarro. *Curso de direito tributário brasileiro*. 3. ed. Rio de Janeiro: Forense, 1999.

COÊLHO, Sacha Calmon Navarro. *In*: MARTINS, Ives Gandra da Silva (Org.). *Caderno de Pesquisas Tributárias*, São Paulo, Resenha Tributária/CEEU, 10 (Taxa e Preço Público), 1991.

COMPARATO, Fábio Konder. *A afirmação histórica dos direitos humanos*. São Paulo: Saraiva, 1999.

COMPARATO, Fábio Konder. *Direito público*: estudos e pareceres. São Paulo: Saraiva, 1996.

COMPARATO, Fábio Konder. Ética: direito, moral e religião no mundo moderno. 3. ed. São Paulo: Cia. das Letras, 2011.

COMPARATO, Fábio Konder. *O seguro de crédito*. São Paulo: RT, 1968.

COMTE-SPONVILLE, André. *O ser-tempo*. São Paulo: Martins Fontes, 2006.

COMTE-SPONVILLE, André. *Tratado do desespero e da beatitude*. São Paulo: Martins Fontes, 2006.

CONTI, José Maurício. (Coord.). *Federalismo fiscal*. Barueri/SP, Manole, 2003.

CONTI, José Maurício. *Federalismo fiscal e fundos de participação*. São Paulo: Juarez de Oliveira Editor, 2001.

CONTI, José Maurício; SCAFF, Fernando Facury (Org.). *Orçamentos públicos e direito financeiro*. São Paulo: RT, 2011.

CORAIL, Jean-Louis. *La crise de la notion juridique de service public en droit administratif français*. Paris: LGDJ, 1954.

CORBIN, Alain. *Uelli*. Petrópolis: Vozes, 2021.

CORTI, Horacio Guillermo. *Derecho financiero*. Buenos Aires: Abeledo-Perrot, 1997.

COSTA, Alcides Jorge. *ICM na Constituição e na lei complementar*. São Paulo: Resenha Tributária, 1979.

COSTA, Alcides Jorge. Imposto sobre serviços. Não incidência sobre serviços notariais. *RDP*, São Paulo, RT, 4.

COSTA, Alcides Jorge. *In*: MARTINS, Ives Gandra da Silva (Org.). *Caderno de Pesquisas*.

COSTA, Alcides Jorge. Natureza jurídica dos empréstimos compulsórios. *RDA*, 70/1.

COSTA, Maria D'Assunção. *Comentários à Lei do Petróleo*: Lei Federal n. 9.478, de 6.8.1997. 2. ed. São Paulo: Atlas, 2009.

COSTA, Ramón Valdés. *Curso de derecho tributario*. v. 1. Montevidéu: Uruguaya Combino, 1970.

COSTA, Regina Helena. *Curso de direito tributário*. 2. ed., 2. tir. São Paulo: Saraiva, 2012.

COSTA, Regina Helena. *In*: FREITAS, Vladimir Passos de (Coord.). *Código Tributário Nacional comentado*. São Paulo: RT, 1999.

COTTERET, Jean-Marie. *Droit Fiscal*. 3. ed. Paris: Dalloz, 1969; Paris: Dalloz, 1973.

COTTERET, Jean-Marie; TROTABAS, Louis. *Droit budgetaire et comptabilité publique*. 5. ed. Paris: Dalloz, 1995.

COULANGES, Fustel de. *A cidade antiga*. 12. ed. São Paulo: Hemus, 1996.

CRETELLA JR., José. *Comentários à Constituição brasileira de 1988*. v. 7. Forense Universitária, 1992.

CRETELLA JR., José. Natureza das decisões do Tribunal de Contas. *RDA*, 166, p. 1-16.

CRETELLA JR., José. *Tratado de direito administrativo*. t. III. Rio de Janeiro: Forense, 1966.

CRISTO, Alessandro. Municípios vão à Justiça contra isenções fiscais. Disponível em: www.conjur.com.br/2009-out-02/decisao-stf-leva-municipios-justica-reducao-ipi-ir. Acesso em: 12 dez. 2009.

CRUCIS, Henry Michel. *Finances Publiques*. Paris: Montchrestien, 2003.

CRUZ, Flávio da (Coord.); VICCARI JR., Adauto *et al*. *Lei de Responsabilidade Fiscal comentada*. 3. ed. São Paulo: Atlas, 2002.

DALLARI, Dalmo. *Elementos de teoria geral do Estado*. São Paulo: Saraiva, 1977.

DAMÁSIO, Antônio R. *O erro de Descartes*. 2. ed. São Paulo: Cia. das Letras, 2010.

DE JUANO, Manuel. *Curso de finanzas y derecho tributario*. t. I. Rosário: Molachino, 1964; t. III. Rosário: Molachino, 1972.

DE LA GARZA, Sergio Francisco. *Derecho financiero mexicano*. 4. ed. México: Editorial Porrúa, 1969.

DE PLÁCIDO E SILVA. *Noções de finanças e direito fiscal*. 3. ed. Curitiba: Guaíra, 1941

DEODATO, Alberto. *Lições de finanças*. 13. ed. São Paulo: Saraiva, 1974.

DEODATO, Alberto. *Lições de finanças*. 5. ed. São Paulo: Saraiva, 1954.

DERRIDA, Jacques. *Força da lei*. São Paulo: Martins Fontes, 2007.

DERRIDA, Jacques. *La bête et le souverain*. v. I. Paris: Galilée, 2008.

DERUEL, François. *Finances publiques*. Paris: Dalloz, 1967.

DERUEL, François. Natureza jurídica da propina. *In*: BANDEIRA DE MELLO, Celso Antônio (Org.). *Estudos em homenagem a Geraldo Ataliba 2*: Direito Administrativo e Constitucional. São Paulo: Malheiros, 1997.

DERZI, Misabel Abreu Machado. Da inconstitucionalidade das sanções institucionais impostas pela Lei de Responsabilidade Fiscal. *In*: NASCIMENTO, Carlos Valder do (Org.). *Lei de Responsabilidade Fiscal*: teoria e prática. Rio de Janeiro: América Jurídica, 2002.

DI PIETRO, Maria Sylvia Zanella. *Direito administrativo*. São Paulo: Atlas, 2003

DI PIETRO, Maria Sylvia Zanella. *Uso privativo de bem público por particular*. São Paulo: Atlas, 1983.

DI PIETRO, Maria Sylvia Zanella. *Uso privativo de bem público por particular*. 3. ed. São Paulo: Atlas, 2014.

DINIZ, Maria Helena. *Curso de direito civil brasileiro*. v. 6. São Paulo: Saraiva, 2010.

DINIZ, Maria Helena. Um breve estudo filosófico-jurídico sobre a natureza jurídica da propina. *In*: BANDEIRA DE MELLO, Celso Antônio (Org.). *Estudos em homenagem a Geraldo Ataliba 2*: Direito Administrativo e Constitucional. São Paulo: Malheiros, 1997.

DOLINGER, Jacob. *A dívida externa brasileira*: solução pela via arbitral. Rio de Janeiro: Nova Fronteira, 1988.

DRAGO, Luiz María. *Discursos y escritos*. t. II. Buenos Aires: El Ateneo, 1938.

DRAGO, Luiz María. Les emprunts d'État et leurs rapports avec la politique internationale. *Revue générale de droit international Public*, Paris, XIV. 1907.

DUGUIT, Léon. *Droit constitutionnel*. 3. ed. Paris: Boccard, 1927.

DUGUIT, Léon. *Traité de droit constitutionnel*. t. I. Paris: Boccard, 1911.

DUVERGER, Maurice. *Finances publiques*. Paris: PUF, 1963.

DUVERGER, Maurice. *Les finances publiques*. Paris: PUF, 1964 (Collection Que Sais-Je?).

DWORKIN, Ronald. *Levando os direitos a sério*. São Paulo: Martins Fontes, 2010.

EINAUDI, Luigi. *Principi di scienza delle finanze*. 4. ed. Giulio Einaudi Editore, 1949.

EISLER, Rudolf. *Psicologia das massas*. 2. ed. 1912.

ELLIOT, Kimberly Ann (Org.). *A corrupção e a economia global*. Tradução de Marsel Nascimento Gonçalves de Souza. Brasília: UnB, 2002.

ELLISON, Ralph. *Homem invisível*. São Paulo: José Olympio, 2013.

ENRIQUEZ, Eugene. *Da horda, ao Estado*: psicanálise do vínculo social. Rio de Janeiro: Jorge Zahar Editor, 1990.

ESCLASSAN, Marie-Christine; BOUVIER, Michel; LASSALE, Jean-Pierre. *Finances publiques*. 8. ed. Paris: LGDJ, 2006.

ESPOSITO. Roberto. *Bios*: biopolítica e filosofia. Lisboa: ed. 70, 2018.

FALCÃO, Amílcar de Araújo. Natureza dos empréstimos públicos. *RDP*, 13/9. São Paulo: RT.

FALCÓN Y TELLA, Ramón. La finalidad financiera en la gestión del patrimonio. *Civitas – Revista Española de Derecho Financiero*, 35. 1982.

FAORO, Raymundo. *Os donos do poder*. 8. ed. v. 1. Porto Alegre: Globo, 1989.

FAUSTO, Boris. *História concisa do Brasil*. São Paulo: EDUSP, 2001.

FAZZIO JR., Waldo. *Corrupção no poder público*. São Paulo: Atlas, 2002.

FELLIPE, Márcio Sotelo. Devedor paulista pode lucrar com a própria dívida. Disponível em: http://nova.conjur.com.br/2009-out-02/cessao-titulos-sao-paulo-permite-compra-proprio-devedor. Acesso em: 14 dez. 2009.

FERNANDES, Jorge Ulisses Jacobi. *Responsabilidade fiscal*. Belo Horizonte: Del Rey, 2000.

FERNANDES, Jorge Ulisses Jacoby; ALVES, Léo; MOTTA, Carlos; SANTANA, Jair. *Responsabilidade fiscal*. Belo Horizonte: Del Rey, 2000.

FERNÁNDEZ, Mariano Abad. *Tasa y precios públicos en el ordenamiento jurídico español*. Madri: Instituto de Estudios Fiscales/Marcial Pons, 1991.

FERRAZ JR., Tércio Sampaio. *Função social da dogmática jurídica*. São Paulo: RT, 1980.

FERRAZ JR., Tércio Sampaio. Fundamentos e limites constitucionais da intervenção do Estado no domínio econômico. *RDP*, 47-48/270. São Paulo: RT, julho-agosto/1978.

FERRAZ JR., Tércio Sampaio. Normas gerais e competência concorrente: uma exegese do art. 24 da Constituição Federal. *Revista da Faculdade de Direito da USP*, São Paulo, 90/245-251, 1995.

FERRAZ, Luciano. Lei de Responsabilidade Fiscal e medidas para a redução das despesas com pessoal: perspectiva de respeito aos direitos dos funcionários públicos estáveis. *In*: ROCHA, Valdir de Oliveira (Coord.). *Aspectos relevantes da Lei de Responsabilidade Fiscal*. São Paulo: Dialética, 2001.

FERREIRA FILHO, Manoel Gonçalves. A corrupção como fenômeno social e político. *RDA*, 185, p. 1-18, jul./set. 1991.

FERREIRA FILHO, Manoel Gonçalves. *Comentários à Constituição brasileira de 1988*. v. 1. São Paulo: Saraiva, 1993; v. 2. São Paulo: Saraiva, 1992.

FERREIRA FILHO, Manoel Gonçalves. Corrupção e democracia. *RDA*, 226.

FERREIRA FILHO, Manoel Gonçalves. *Curso de direito constitucional*. 18. ed. São Paulo: Saraiva, 1990.

FERREIRA, José Rodrigues; OLIVEIRA, Regis Fernandes de. *Processo legislativo*: uma contribuição ao debate. Brasília, Centro de Documentação e Informação da Câmara dos Deputados, 1996.

FERREIRA, Renata Marques; FIORILLO, Celso Antônio Pacheco. *Curso de direito da energia*. São Paulo: Saraiva, 2009.

FERREIRO LAPATZA, José Juan. *Curso de derecho financiero español*. 9. ed. Madri: Marcial Pons, 1987.

FERREIRO LAPATZA, José Juan. Derecho financiero: dinero público y política fiscal. *RDTributário*, São Paulo, Malheiros, 100, p. 79-85, 2008.

FERREIRO LAPATZA, José Juan. Dívida pública. *RDP*, São Paulo, RT, 84/10.

FERREIRO LAPATZA, José Juan. Tasas y precios: los precios públicos. *In*: *Tasas y precios en el ordenamiento jurídico español*. Madri: Marcial Pons, 1991.

FIGUEIREDO, Marcelo. *Probidade administrativa*: comentários à Lei 8.429/92 e legislação complementar. 6. ed. São Paulo: Malheiros, 2009.

FIORILLO, Celso Antônio Pacheco; FERREIRA, Renata Marques. *Curso de direito da energia*. São Paulo: Saraiva, 2009.

FONROUGE, Carlos M. Giuliani. *Derecho Financiero*. 2. ed., v. 1. Buenos Aires: Depalma; 7. ed., v. 1 e 2. Buenos Aires: Depalma, 2001.

FONSECA, Eduardo Giannetti. *Vícios privados, benefícios públicos?*. São Paulo: Cia. das Letras, 1994.

FOUCAULT, Michel. *Do governo dos vivos*. São Paulo: Martins Fontes, 2014.

FOUCAULT, Michel. *Em defesa da sociedade*. 4. tir. São Paulo: Martins Fontes, 2005.

FOUCAULT, Michel. *Estratégia, poder-saber*: ditos e escritos. v. IV. Rio de Janeiro: Forense Universitária, 2010.

FOUCAULT, Michel. *História da sexualidade*. v. 1. Rio de Janeiro: Graal, 2010.

FOUCAULT, Michel. *La grande étrangère*. Paris: Éditions EHESS, 2013 (Coleção Audiographei, v. 7).

FOUCAULT, Michel. *Nascimento da biopolítica*. São Paulo: Martins Fontes, 2008 (Coleção Tópicos).

FOUCAULT, Michel. *O governo de si e dos outros*. São Paulo: Martins Fontes, 2010.

FOUCAULT, Michel. *Os anormais*. São Paulo: Martins Fontes, 2010.

FOUCAULT, Michel. *Segurança, território, população*. 2. tir. São Paulo: Martins Fontes, 2009.

FOUCAULT. *História da sexualidade*: a vontade de saber. v. 1. 20. reimp. Graal, 2010, p. 103.

FRAGOLA. *Gli atti amministrativi*. 2. ed. Jovene, 1964.

FRANCO, Gabriel. *Principios de hacienda pública*. Buenos Aires: Ciencias Económicas, SRL, 1957; Madri: Editorial de Derecho Financiero, 1967.

FRANCO, Gustavo. *Shakespeare e a economia*. Rio de Janeiro: Zahar, 2009.

FREIRE, Paulo. *Pedagogia do oprimido*. Rio de Janeiro: Paz e Terra, 1997.

FREITAS, Juarez. *Estudos de direito administrativo*. 2. ed. São Paulo: Malheiros, 1997.

FREITAS, Juarez. O controle social do orçamento público. *Revista Interesse Público*, Sapucaia do Sul, Notadez, 11/13-26.

FREITAS, Mário Sebastião Nogueira de. Uma releitura do orçamento público sob uma perspectiva histórica. *Bahia Análise & Dados*, 12/9-24 (Finanças públicas – Desafios e perspectivas), n. 4, mar. 2003.

FREITAS, Vladimir Passos de (Coord.). *Código Tributário Nacional comentado*. São Paulo: RT, 1999.

FREUD. *O mal-estar na civilização*. v. XXI. Rio de Janeiro: Imago, 1996.

FREUD. *Psicologia das massas e análise do eu*. Porto Alegre, L & P Pocket, 2013

FREYRE, Gilberto. *Casa grande e senzala*: o indígena na formação da família brasileira. São Paulo: Livraria José Olympio Editora, 1933.

FRIEDMAN, Milton. *Capitalismo e liberdade*. Rio de Janeiro: Artenova, 1977.

FUENTES, Carlos. *El espejo enterrado*. México: Taurus, 1992.

FURTADO, Celso. *ABC da dívida externa*. Rio de Janeiro: Paz e Terra, 1989.

FURTADO, Celso. *Em busca de novo modelo*. 2. ed. Rio de Janeiro: Paz e Terra, 2002.

FURTADO, J. R. Caldas. *Direito financeiro*. 3. ed. Belo Horizonte: Fórum, 2012.

GADAMER, Hans. *Verdade e método*. São Paulo, Vozes, 2013

GALEANO, Eduardo. *As veias abertas da América Latina*. Rio de Janeiro: Paz e Terra, 1978.

GARCÍA DE ENTERRÍA, Eduardo. *Hacia una nueva justicia administrativa*. Madri: Civitas, 1989.

GARCÍA DE ENTERRÍA, Eduardo. Sobre la naturaleza de la tasa y las tarifas de los servicios públicos. *Revista de Administración Publica*, 12, 1953.

GARCIA, Plínio Gustavo Prado. *Taxa ou preço público*: a defesa do consumidor. São Paulo: Resenha Tributária, 1985.

GARRIDO FALLA, Fernando. *Tratado de derecho administrativo*. Madri: Instituto de Estudios Políticos, 1976.

GENÉ, Miguel Carrobé. La base imponible en las tasas y precios públicos. *In*: *tasas y precios públicos en el ordenamiento jurídico español*. XV Jornadas Latinoamericanas de Derecho Tributario. Madri: Ministerio de Economía y Hacienda, Instituto de Estudios Fiscales/Marcial Pons, Ediciones Jurídicas y Sociales, 1991.

GENRO, Tarso. *Orçamento participativo*: a experiência de Porto Alegre. Porto Alegre: Fundação Eliseu Abramo, 1997.

GIACOMONI, James. *Orçamento público*. São Paulo: Atlas, 2010.

GIANNINI, Achille Donato. *Istituzioni di diritto tributario*. Milão: Giuffrè, 1968.

GIANNINI, Massimo Severo. *Diritto amministrativo*. v. 1. Milão: Giuffrè, 1970.

GIORGETTI, Armando. *Lezioni di scienza delle finanze e di Diritto Finanziario*. v. 1. Pádua, CEDAM, 1972.

GIRARD, René. *A violência e o sagrado*. 2. ed. São Paulo: Paz e Terra, 1998 e 2002.

GLYNN, Patrick; KOBRIN, Stephen J.; NAIM, Moisés. A globalização da corrupção. *In*: ELLIOT, Kimberly Ann (Org.). *A corrupção e a economia global*. Brasília: UnB, 2002.

GOMES, Laurentino. *Escravidão*. Rio de Janeiro: Globo Livros, 2021-2022. 3 v.

GOMES, Orlando. *Contrato de adesão*. São Paulo, Ed. RT, 1972

GONZÁLEZ PÉREZ, Jesús. *El Principio general de la buena fe en el derecho administrativo*. 2. ed. Madri: Civitas, 1983.

GONZÁLEZ PÉREZ, Jesús. *La Ética en la Administración Pública*. 2. ed. Madri: Civitas, 2000.

GONZÁLEZ, Eusebio; PÉREZ DE AYALA, José Luis. *Curso de Derecho Tributario*. v. 1. Madrid, EDERSA (Editoriales de Derecho Reunidos), 1975.

GORDILLO, Agustín. *Introducción al Derecho Administrativo*. 2. ed. Buenos Aires: Abeledo-Perrot, 1966.

GORDILLO, Agustín. *Princípios gerais de direito público*. São Paulo: RT, 1977.

GORDILLO, Agustín. *Tratado de derecho administrativo*: parte general. t. II. Buenos Aires: Macchi-Lopez, 1975.

GRAU, Eros Roberto. *A ordem econômica na constituição de 1988*. 19. ed. São Paulo: Malheiros, 2018.

GRAU, Eros Roberto. *O direito posto e o direito pressuposto*. 9. ed. São Paulo: Malheiros, 2014.

GRAU, Eros Roberto. Taxa e serviço público. *RDTributário*, São Paulo, RT, 52/86-96.

GRECO, Marco Aurélio. *Dinâmica da tributação e procedimento*. São Paulo: RT, 1979.

GRECO, Marco Aurélio. *Norma jurídica tributária*. São Paulo: Saraiva, 1974.

GRECO, Marco Aurélio. Tributos e preços públicos. *RDTributário*, São Paulo, RT, 11-12/276-283.

GRECO, Marco Aurélio; SOUZA, Hamilton Dias de. *A natureza jurídica das custas judiciais*. São Paulo: Resenha Tributária/OAB, 1982.

GRIZIOTTI, Benvenuto. *Principios de la ciencia de las finanzas*. 6. ed. Tradução italiana de Dino Jarach. Buenos Aires: Depalma, 1959.

GRIZIOTTI, Benvenuto. *Principios de política, derecho y ciencia de la hacienda*. Madri: Reus, 1935.

GROSCLAUDE, Jacques; MARCHESSOU, Philippe. *Droit fiscal general*. 4. ed. Paris: Dalloz, 2001.

GRUPENMACHER, Betina Treiger. Lei de Responsabilidade Fiscal: competência tributária, arrecadação e renúncia. *In*: ROCHA, Valdir de Oliveira (Coord.). *Aspectos relevantes da Lei de Responsabilidade Fiscal*. São Paulo: Dialética, 2001.

GUIZOT, François, *et al*. *Histoire de la Revolution d'Angleterre 1625-1660*. Paris: Gallimard, 1997.

HABERMAS, Jürgen. *Direito e democracia*. v. I. Rio de Janeiro: Tempo brasileiro, 2010 (Biblioteca Tempo Universitário).

HABERMAS, Jürgen. *O discurso filosófico da modernidade*. Lisboa: Publicações Dom Quixote, 1990.

HALLER, Heinz. *Política financiera*. Tradução de Fernando Sáinz Moreno. Madri: Editorial de Derecho Financiero, 1963.

HAMILTON. *El federalista*. México: Fondo de Cultura Económica, 1957.

HARADA, Kiyoshi. *Direito Financeiro e Tributário*. 11. ed. São Paulo: Atlas, 2003.

HEIDEGGER, Martin, *Ser e tempo*. Campinas: Vozes/Unicamp 2014.

HELLER, Agnes. *O cotidiano e a história*. 8. ed. Rio de Janeiro: Paz e Terra, 2008.

HERRERA MOLINA, Pedro Manuel. *Metodología del derecho financiero y tributario*. México: Editorial Porrúa, 2004.

HESÍODO. *Teogonia*. São Paulo: Iluminuras 2007.

HIRSCHMAN, Albert O. *Les passions et les intérêts*. Paris: Quadrige, 2011.

HOBBES, Thomas. *Leviatã*. São Paulo: Ícone, 2000 (Coleção Fundamentos do Direito).

HOLMES, Stephen; SUNSTEIN, Cass R. *El costo de los derechos*: por qué la libertad depende de los impuestos. Buenos Aires: Siglo Veintiuno, 2011.

HOMERO. *Ilíada*. São Paulo: Schwacz S/A., Cia das Letras, 2014.

HOMERO. *Odisseia*. São Paulo: Schwacz S/A, Cia. das Letras, 2014.

HORVATH, Estevão. *O princípio do não confisco no direito tributário*. São Paulo: Dialética, 2002.

HORVATH, Estevão; OLIVEIRA, Regis Fernandes de. *Manual de direito financeiro*. 3. ed. São Paulo: RT, 2000.

HUME. *Ensaios políticos*. São Paulo: Martins Fontes, 2003. (Clássicos Cambridge de Filosofia Política).

HUME. *Tratado da natureza humana*. 2. ed. São Paulo: UNESP, 2009.

HUTINGTON, Samuel P. *A ordem política nas sociedades em mudança*. Rio de Janeiro: Forense Universitária, 1975.

IHERING, Rudolf von. *O espírito do direito romano*. v. 3. Tradução de Rafael Benaion. Rio de Janeiro: Alba, 1943.

INGROSSO, Gustavo. *Corso di finanza pubblica*. Napoles: Jovene, 1969.

INGROSSO, Gustavo. *Diritto finanziario*. Nápoles: Jovene, 1956.

INGROSSO, Gustavo. *Istituzioni di diritto finanziario*. 2. ed. Nápoles: Jovene, 1954.

JÈZE, Gaston. *Cours élémentaire de finances publiques*. Paris: LGDJ, 1937.

JÈZE, Gaston. *Cours elémentaire de science des finances et législation financière française*. Paris: V. Giard & E. Brière, 1909; 5. ed. Paris: Giard, 1912.

JÈZE, Gaston. *Cours: Théorie générale du budget*. Paris: Giard, 1922.

JÈZE, Gaston. *Principios generales de derecho administrativo*. t. II. Tradução de Millán Almagro. Buenos Aires: Depalma, 1949.

JOHNSTON, Michael. Agentes públicos, interesses particulares e democracia sustentável: quando política e corrupção se unem. *In*: ELLIOT, Kimberly Ann (Org.). *A corrupção e a economia global*. Tradução de Marsel Nascimento Gonçalves de Souza. Brasília, UnB, 2002.

JUDT, Tony. *O mal ronda a terra*. São Paulo: Objetiva, 2010.

JUSTEN FILHO, Marçal. *Comentários à Lei de Licitações e Contratos Administrativos*. São Paulo: Dialética, 1998; 9. ed. São Paulo: Dialética, 2002.

JUSTEN FILHO, Marçal. *Curso de direito administrativo*. 8. ed. Belo Horizonte: Fórum, 2012.

KANTOROWICZ. *Mourir pour la Patrie*. Paris: PUF, 1984 (Collection Pratiques Théoriques).

KELSEN, Hans. *Teoria pura do direito*. 3. ed. Coimbra: Arménio Amado Editor, 1974.

KELSEN, Hans. *Teoria pura do direito*. Coimbra: Arménio Amado Editor, 1960.

KOBRIN, Stephen J.; GLYNN, Patrick; NAIM, Moisés. A globalização da corrupção. *In*: ELLIOT, Kimberly Ann (Org.). *A corrupção e a economia global*. Brasília: UnB, 2002.

KRELL, Andreas J. *Direitos sociais e controle judicial no Brasil e na Alemanha*: os (des)caminhos de um direito constitucional comparado. Porto Alegre: Sérgio Antônio Fabris Editor, 2002.

LAFER, Celso. *A reconstrução dos direitos humanos*. São Paulo: Cia. das Letras, 1988.

LARENZ, Karl. *Base del negocio jurídico y cumplimiento de los contratos*. Editorial Comares, 2003.

LASSALE, Jean-Pierre; BOUVIER, Michel; ESCLASSAN, Marie-Christine. *Finances publiques*. 8. ed. Paris: LGDJ, 2006.

LASSALLE, Ferdinand. *Que es una Constitución?*. Buenos Aires: Siglo Veinte, 1987.

LAUBADÈRE, André de. *Manuel de droit administratif spécial*. Presses universitairees de France, 1977.

LAUBADÈRE, André de. *Traité théorique et pratique des contrats administratifs*. t. I. Paris: LGDJ, 1956.

LAUFENBURGER, Henri. *Finanças comparadas*. Rio de Janeiro: Financeiras, 1952.

LAUFENBURGER, Henri. *Finances comparées*. Paris: Librairie du Recueil Sirey, 1947.

LAUFENBURGER, Henri. *Traité d'économie et de législation financières*: dette publique et richesse privée. Paris: Sirey, 1948.

LEAL, Victor Nunes. *Coronelismo, enxada e voto*. São Paulo: Alfa-Ômega, 1975.

LEAL, Victor Nunes. *Problemas de direito público*. Rio de Janeiro: Forense, 1960.

LENAIN, Patrick. *O Fundo Monetário Internacional*. Barueri/SP, Manole, 2004.

LÊNIN. O *Estado e a revolução*. Rio de Janeiro: Vitória, 1961.

LÊNIN. *O que fazer* – Obras escolhidas. Lisboa: Avante, 1981.

LESSA, Carlos. *Quinze anos de política econômica*. 4. ed. São Paulo: Brasiliense, 1983.

LEVI, F. Imprese pubbliche e servizi pubblici esenziali tra l'art. 23 e Fart. 43 Cos. *Giurisprudenza Costituzionale*.

LEVINAS, Emmanuel. *Totalidade e infinito*. Lisboa: Edições 70, 2008.

LIMA BARRETO, Afonso Henriques. *Os bruzundangas*. L&M Pocket, 2010.

LIMA, Gerson. A ascendência monetária da Lei de Responsabilidade Fiscal. *RT*, São Paulo, 784, p. 96-104.

LOCKE, John. *Ensaio sobre a verdadeira origem, extensão e fim do governo civil*. Lisboa: Edições 70, 1999. (Textos Filosóficos).

LONGO, Carlos Alberto. O processo orçamentário: tendências e perspectivas. *Cadernos de Direito Tributário e Finanças*, 3.

LOZANO, J. M. *Crisis del presupuesto tradicional*. Madri: Guadiana de Publicaciones/Biblioteca Universitaria de Economia, 1969.

LUCRÉCIO. Da natureza. *In*: *Epicuro, Lucrécio, Cícero, Sêneca e Marco Aurélio*. São Paulo: Abril Cultural, 1980 (Coleção Os Pensadores).

MACHADO JR., José Teixeira. *A Lei 4.320 comentada e a Lei de Responsabilidade Fiscal*. 31. ed. Rio de Janeiro: IBAM, 2003.

MACHADO JR., José Teixeira; REIS, Heraldo da Costa. *A Lei 4.320 comentada*. 28. ed. Rio de Janeiro: IBAM, 1997.

MACHADO, Hugo de Brito. *Curso de direito tributário*. Rio de Janeiro: Forense, 1981.

MARCHESSOU, Philippe; GROSCLAUDE, Jacques. *Droit fiscal general*. 4. ed. Paris: Dalloz, 2001.

MARIENHOFF, Miguel S. *Tratado de Derecho Administrativo*. t. III-b. Buenos Aires: Abeledo-Perrot, s/d.

MARTINS, Ives Gandra da Silva. (Org.). *Caderno de Pesquisas Tributárias*, São Paulo, Resenha Tributária/CEEU, 10 (Taxa e Preço Público), 1991.

MARTINS, Ives Gandra da Silva. *Comentários à Constituição do Brasil*. São Paulo: Saraiva, 1990. v. 6. t. I e II.

MARTINS, Ives Gandra da Silva. Inteligência do art. 14 da Lei de Responsabilidade Fiscal: estímulos sem impacto orçamentário não são pelos dispositivos abrangidos: opinião legal. *BDA/Boletim de Direito Administrativo*, São Paulo, NDJ, n. 17, 7/503-509, 1985.

MARTINS, Ives Gandra da Silva; CARVALHO, Paulo de Barros. *Guerra fiscal*: reflexões sobre a concessão de benefícios no âmbito do ICMS. São Paulo: Noeses, 2012.

MARX, Karl. *Crítica da filosofia do direito de Hegel*. São Paulo: Boitempo, 2005.

MARX, Karl; ENGELS, Friedrich. *A ideologia alemã*. Martins Fontes, 2008, p. 19.

MARX. *Crítica da filosofia do direito de Hegel*. Boitempo editorial, 2005, p. 151.

MATARELLA, Bernardo Giorgio. Il problema della povertà nel diritto amministrativo. *Rivista Trimestrale di Diritto Pubblico* 2/359-386. Milão: Giuffrè, 2012.

MATTOS, Mauro Roberto Gomes de. Licitação e a Lei de Responsabilidade Fiscal. *RDA*, 230/357-387.

MAURO, Paolo. Os efeitos da corrupção sobre crescimento, investimentos e gastos do governo: uma análise de países representativos. *In*: ELLIOT, Kimberly Ann (Org.). *A corrupção e a economia global*. Brasília, UnB, 2002.

MEDEIROS, Otávio Ladeira; CARVALHO, Lena Oliveira de; SILVA, Anderson Caputo (Org.). *Dívida pública*: a experiência brasileira. Brasília: Secretaria do Tesouro Nacional, 2009.

MEIRELLES, Hely Lopes. *Direito administrativo brasileiro*. 43. ed. São Paulo: Malheiros, 2018.

MEIRELLES, Hely Lopes. *Direito municipal brasileiro*. 18. ed. São Paulo: Malheiros, 2017.

MEIRELLES, Hely Lopes. *Estudos e pareceres de direito público*. RT. v. 1.

MEIRELLES, Hely Lopes. *Finanças municipais*. São Paulo: RT, 1979.

MEIRELLES, Hely Lopes. *Finanças públicas*. São Paulo: RT, 1979.

MEIRELLES, Hely Lopes. Pedágio: condições para sua cobrança. *In*: *Estudos e pareceres de Direito Público*. v. 1. RT.

MEKHANTAR, Joël. *Finances publiques de l'État*: la LOLF et le Nouveau Droit Budgétaire de la France. Paris: Hachette Supérieur, 2007.

MELLO FILHO, José Celso de. *Constituição Federal anotada*. São Paulo: Saraiva, 1986.

MENDES, Gilmar Ferreira. Controle de constitucionalidade: hermenêutica constitucional e revisão de fatos e prognoses legislativos pelo órgão judicial. *RT*, São Paulo, RT, 766/11.

MENDES, Gilmar Ferreira. *Jurisdição constitucional*. 6. ed. São Paulo: Saraiva, 2014.

MENDES, Gilmar Ferreira. Limites da revisão: cláusulas pétreas ou garantias de eternidade. Possibilidade jurídica de sua superação. *Ajuris*, 60, mar. 1994.

MENDES, Gilmar Ferreira; BRANCO, Paulo G. G.; COELHO, Inocêncio M. *Curso de direito constitucional*. 4. ed. São Paulo: Saraiva, 2009.

MENDONÇA, José Vicente Santos de. Uma teoria do fomento público: critérios em prol de um fomento público democrático, eficiente e não paternalista. *Revista de Direito da Procuradoria-geral*, Rio de Janeiro, v. 65, 2010.

MILL, John Stuart. *A sujeição das mulheres*. Coimbra: Almedina, 2006.

MIRANDA, Jorge. *Manual de direito constitucional*. 2. ed. v. 2. Coimbra, Coimbra Editora. 2014

MITCHEL, J. D. B. *The contracts of public authorities*: a comparative study. Londres: G. Bell and Loris, 1954.

MOMMSEN, Theodor. *Compendio del Derecho Público Romano*. Tradução de P. Dorado. Jiménez Gil, editor, Madri: 1999.

MONTAIGNE, *Ensaios III*. São Paulo: Martins Fontes, 2001.

MORAES, Alexandre de. *Direito constitucional*. 3. ed. São Paulo: Atlas, 1998.

MORAES, Bernardo Ribeiro de. *Doutrina e prática das taxas*. São Paulo: RT, 1976.

MORAES, Bernardo Ribeiro de. *Sistema tributário da Constituição de 1969*. Rio de Janeiro: Forense, 1960.

MORBIDELLI, Janice Helena Ferreri. *Um novo pacto federativo para o Brasil*. São Paulo: Celso Bastos Editor, 1999.

MOREIRA BRUNO, Reinaldo. Final de mandato dos atuais prefeitos à luz da Lei de Responsabilidade Fiscal. *RDA*, 236, abr./jun. 2004.

MOREIRA NETO, Diogo de Figueiredo. Algumas notas sobre órgãos constitucionalmente autônomos: um estudo de caso sobre os Tribunais de Contas no Brasil. *RDA*, 223, p. 1-24.

MOREIRA NETO, Diogo de Figueiredo. Comissão de licitação: regras para constituição: normas gerais, conceitos e limites. *Boletim de Licitações e Contratos/BLC*, 6, n. 7, jul. 1993.

MOREIRA NETO, Diogo de Figueiredo. Competência concorrente limitada: o problema da conceituação das normas gerais. *Revista de Informação Legislativa*, n. 100, 25/127-162, out./dez. 1988.

MOREIRA NETO, Diogo de Figueiredo. *Considerações sobre a Lei de Responsabilidade Fiscal*. Rio de Janeiro: Renovar, 2001.

MORSELLI. *Corso di scienza della finanza pubblica*. Pádua: CEDAM, 1949.

MOSÉ, Viviane. *O homem que sabe*. Rio de Janeiro: Civilização brasileira, 2012.

MOSSÉ, Claude. *Alexandre, o Grande*. Tradução de Anamaria Skinner. São Paulo: Estação Liberdade, 2004.

MOTTA, Carlos; ALVES, Léo; FERNANDES, Jorge Ulisses Jacoby; SANTANA, Jair. *Responsabilidade fiscal*. Belo Horizonte: Del Rey, 2000.

MUNRO, Colin R. *Studies in constitutional law*. 2. ed. Londres, Butterworths, 2002.

MUSGRAVE, P.; MUSGRAVE, Richard A. *Hacienda pública teórica y aplicada*. México: McGraw Hill, 1992.

MUSGRAVE, Richard A. *Teoría de la hacienda* pública. Valência: Aguilar, 1968.

NAIM, Moisés; GLYNN, Patrick; KOBRIN, Stephen J. A globalização da corrupção. *In*: ELLIOT, Kimberly Ann (Org.). *A corrupção e a economia global*. Brasília, UnB, 2002.

NASCIMENTO, A. Theodoro. *Preços, taxas e parafiscalidade*. Rio de Janeiro: Forense, 1977

NASCIMENTO, Carlos Valder do. (Org.). *Lei de Responsabilidade Fiscal*: teoria e prática. Rio de Janeiro: América Jurídica, 2002.

NASCIMENTO, Carlos Valder do. *Comentários à Lei de Responsabilidade Fiscal*. 4. ed. São Paulo: Saraiva, 2009.

NASCIMENTO, Carlos Valder do. *Curso de direito tributário*. 11. ed. Rio de Janeiro: Forense, 1999.

NEGREIRO, Plínio José Cabriola de Campos; AMED, Fernando José. *História dos tributos no Brasil*. São Paulo: SINAFRESP, 2000.

NÓBREGA, Marcos. *Lei de Responsabilidade Fiscal e leis orçamentárias*. São Paulo: Juarez de Oliveira Editor, 2002.

NOGUEIRA, Ruy Barbosa. Contribuição de melhoria e taxa de iluminação pública. *Revista da Faculdade de Direito da USP*, LXXVI/278, jan./dez. 1981.

NUSDEO, Fábio. *Curso de economia*. São Paulo: RT, 1997.

OLIVEIRA, Odília Ferreira da Luz. Situação jurídica do usuário do serviço público. *RDP*, São Paulo, RT, 69, p. 45-46.

OLIVEIRA, Regis Fernandes de *Curso de direito financeiro*. 8. ed. Malheiros, p. 543.

OLIVEIRA, Regis Fernandes de. *Ato Administrativo*. 6. ed. São Paulo: RT, 2014, p. 140.

OLIVEIRA, Regis Fernandes de. *Curso de direito financeiro*. 9. ed. São Paulo: RT, 2015.

OLIVEIRA, Regis Fernandes de; FERREIRA, José Rodrigues. *Processo legislativo*: uma contribuição ao debate. Brasília, Centro de Documentação e Informação da Câmara dos Deputados, 1996.

OLIVEIRA, Régis Fernandes de; HORVATH, Estevão. *Manual de direito financeiro*. 3. ed. São Paulo: RT, 2000.

OLIVEIRA, Regis Fernandes. A proteção da boa-fé no direito administrativo. *RT*, São Paulo, RT, 688/267.

OLIVEIRA, Regis Fernandes. A retrocessão no Direito brasileiro. *RDP*, São Paulo, RT, 77/47; *RDA*, 166/17.

OLIVEIRA, Regis Fernandes. *Ato administrativo*. 2. ed. São Paulo: RT, 1980; 4. ed. São Paulo: RT, 2001; 5. ed. São Paulo: RT, 2007; 6. ed. São Paulo: RT, 2014.

OLIVEIRA, Regis Fernandes. *Comentários ao Estatuto da Cidade*. 2. ed. São Paulo: RT, 2005.

OLIVEIRA, Regis Fernandes. Fiscalização financeira e orçamentária. *RDP*, São Paulo, ano 24, 96, p. 213-223, out./dez. 1990.

OLIVEIRA, Regis Fernandes. *Gastos públicos*. São Paulo: RT, 2012.

OLIVEIRA, Regis Fernandes. *Homossexualidade*. 2. ed. São Paulo: RT, 2013.

OLIVEIRA, Regis Fernandes. *In*: *RDP*, 79, p. 195-197.

OLIVEIRA, Regis Fernandes. *Infrações e sanções administrativas*. 3. ed. São Paulo: RT, 2012. São Paulo: RT, 1985.

OLIVEIRA, Regis Fernandes. Lacuna e sistema normativo. *RJTJSP*, 53, p. 13-30.

OLIVEIRA, Regis Fernandes. Lacuna e sistema normativo. *RTDP*, São Paulo, 24, p. 34-53, 1998.

OLIVEIRA, Regis Fernandes. *Licitação*. São Paulo: RT, 1981.

OLIVEIRA, Regis Fernandes. Limpeza de terreno, taxa ou preço?. *RDTributário*, São Paulo, RT, 44/70 e 71. São Paulo: RT, 1988.

OLIVEIRA, Regis Fernandes. *Receitas não tributárias (taxas e preços públicos)*. 2. ed. São Paulo: Malheiros, 2003.

OLIVEIRA, Regis Fernandes. *Responsabilidade fiscal*. 2. ed. São Paulo: RT, 2002.

OLIVEIRA, Regis Fernandes. *Taxas de polícia*. 2. ed. São Paulo: RT, 2004.

OLIVEIRA, Yonne Dolácio de. *A natureza jurídica das custas judiciais*. Resenha Tributária, 1982.

OROZCO LINARES, Fernando. *História do México*. México: Panorama Editorial, 1992.

PALAO TABOADA, Carlos. Precios públicos: una nueva figura de ingresos públicos en el derecho tributario español. *Revista Española de Derecho Financiero*, 111/445-460. 2001.

PAPI, Giuseppe Ugo. Prezzi (economia e scienza delle finanze). *In*: *Novissimo Digesto Italiano*. v. 13. Turim, UTET, 1976.

PAZ, Octavio. *El laberinto de la soledad*. 3. ed. México: Fondo de Cultura Económica, 1990.

PÉREZ DE AYALA, José Luis; GONZÁLEZ, Eusebio. *Curso de derecho tributario*. v. 1. Madrid, EDERSA, 1975. (Editoriales de Derecho Reunidos).

PIMENTA BUENO. *Direito público brasileiro e análise da Constituição do Império*. Rio de Janeiro: Tip. Imp. e Const. de J. Villeneuve e D., 1857.

PINTO FERREIRA. *Comentários à Constituição brasileira*. v. 2. São Paulo: Saraiva, 1990.

PINTO FERREIRA. *Curso de direito constitucional*. São Paulo: Saraiva, 2001.

PINTO FERREIRA. Educação e constituinte. *Revista de Informação Legislativa*, 92.

PIOVESAN, Flávia. *Direitos humanos e o direito constitucional internacional*. São Paulo: Max Limonad, 1996.

PIRES, Adilson Rodrigues; TÔRRES, Heleno Taveira. *Princípios de direito financeiro e tributário*. Rio de Janeiro: Renovar, 2006.

PLATÃO. *Protágoras*. São Paulo: Edipro. São Paulo, 2007.

POMBO, Rocha. *História do Brasil*. São Paulo: Melhoramentos, 1952.

PONTES DE MIRANDA, F. C. *Comentários à Constituição de 1946*. t. 1. São Paulo: Max Limonad, 1953.

PONTES DE MIRANDA, F. C. *Comentários à Constituição de 1967, com a Emenda n. 1 de 1969*. t. 3. São Paulo: RT, 1971.

PONTES FILHO, Valmir. Loterias: sua exploração por particulares. *RTDP*, São Paulo, 22, p. 40-45, 1998.

PONTES FILHO, Valmir; BRITTO, Carlos Ayres. Direito adquirido contra as emendas constitucionais. *In*: BANDEIRA DE MELLO, Celso Antônio (Org.). *Estudos em homenagem a Geraldo Ataliba 2*: Direito Administrativo e Constitucional. São Paulo: Malheiros, 1997.

PUGLIESE, Mario. *Le tasse nella scienza e nel diritto positivo italiano*. Pádua, CEDAM, 1930.

RÁO, Vicente. *O direito e a vida dos direitos*. v. 1, t. II. São Paulo: Max Limonad, 1960.

RAUCH, James E.; RODRIK, Dani. *In*: KIMBERLY, Ann Elliott (Org.). *A corrupção e a economia global*. Brasília: UnB, 2002.

RAWLS, John. *Uma teoria da justiça*. São Paulo: Martins Fontes, 2002.

REALE, Miguel. *Filosofia do Direito*. v. 1. São Paulo: Saraiva, 1957.

REIS, Heraldo da Costa. *A Lei 4.320 comentada e a Lei de Responsabilidade Fiscal*. 31. ed. Rio de Janeiro: IBAM, 2003.

REIS, Heraldo da Costa; MACHADO JR., José Teixeira. *A Lei 4.320 comentada*. 28. ed. Rio de Janeiro: IBAM, 1997.

RIBEIRO, José Joaquim Teixeira. *Lições de finanças públicas*. 5. ed. Coimbra: Coimbra Editora, 1997.

RICOEUR, Paul. *Tempo e narrativa*. Campinas: Papirus, 1994. t. I.

RIGOLIN, Ivan Barbosa. Que significa ação governamental, no art. 16 da Lei de Responsabilidade Fiscal? Sobre a necessidade de clareza das leis. *In*: NASCIMENTO, Carlos Valder do (Org.). *Lei de Responsabilidade Fiscal*: teoria e prática. Rio de Janeiro: América Jurídica, 2002.

ROCHA POMBO. *História do Brasil*. v. 2. Rio de Janeiro: W. M. Jackson Inc., 1935.

ROCHA, Valdir de Oliveira (Coord.). *Aspectos relevantes da Lei de Responsabilidade Fiscal*. São Paulo: Dialética, 2001.

RODRIK, Dani; RAUCH, James E. *In*: KIMBERLY, Ann Elliott (Org.). *A corrupção e a economia global*. Brasília, UnB, 2002.

ROMANO, Santi. *Principi di diritto amministrativo*. Publisher Società editrice Libraria, 1906

ROMANO, Santi. *Princípios de direito constitucional geral*. Tradução de Maria Helena Diniz. São Paulo: RT, 1977.

ROSA JR., Luiz Emydio F. da. *Direito financeiro e direito tributário*. 16. ed. Rio de Janeiro: Renovar, 2002.

ROSAS, Roberto. Aspectos dos Tribunais de Contas. *RDA*, 101/47.

ROSAS, Roberto. *Direito sumular*. 14. ed. São Paulo: Malheiros, 2012.

ROSE-ACKERMAN, Susan. A economia política da corrupção. *In*: ELLIOTT, Kimberly Ann (Org.). *A corrupção e a economia global*. Brasília, UnB, 2002.

ROSE-ACKERMAN, Susan. *Corruption and government*: Causes, Consequences and Reform. Cambridge University Press, 1999.

ROSS, Alf. *Tû-Tû*. Buenos Aires: Abeledo-Perrot, 1976.

ROUSSEAU, Jean Jacques. *A origem da desigualdade entre os homens*. São Paulo: Escala.

ROUSSEAU, Jean Jacques. *Discours sur l'origine et les fondements de l'inegalité parmi les hommes*, GF Flammarion, 1972.

ROUSSEAU, Jean Jacques. *Discours sur les sciences et les arts*, GF. Flammarion, Paris: 1971

ROUSSEAU, Jean Jacques. *Discurso sobre a origem e os fundamentos da desigualdade entre os homens*. Paris: Flammarion, 2008.

RUBINSTEIN, Flavio. *Boa-fé objetiva no direito financeiro e tributário*. São Paulo: Quartier Latin, 2009.

SÁ FILHO. Natureza jurídica dos empréstimos públicos. *RDA*, 4/15.

SAINZ DE BUJANDA, Fernando. *Hacienda y derecho*. v. 1. Madri: Instituto de Estudios Políticos, 1962.

SAINZ DE BUJANDA, Fernando. *Notas de derecho financiero*. v. 2, t. 1. Madri: Universidad de Madri: 1967.

SALAZAR, Oliveira. *Lições de finanças*. Comp. de João Pereira Netto. Coimbra, Coimbra Editora.

SANTANA, Jair; ALVES, Léo; FERNANDES, Jorge Ulisses Jacoby; MOTTA, Carlos. *Responsabilidade fiscal*. Belo Horizonte: Del Rey, 2000.

SANTOS, Joaquim Felício dos. *Memórias do Distrito Diamantino da Comarca de Serro Frio*. Rio de Janeiro: Nova Edição, 1924.

SARTRE. *Les Mots*. Paris: Gallimard, 1964.

SARTRE. *O existencialismo é um humanismo*. Petrópolis: Vozes, 2010.

SAY, J. B. *Traité d'économie politique*. v. 2. Montchestien, Paris: 1814.

SAYAGUÉS LASO, Enrique. *Tratado de derecho administrativo*. Facultad de Derecho y Ciencias Sociales, Barreiros y Ramos. 3. ed. Montevidéu, 1974.

SCAFF, Fernando Facury. Direitos fundamentais e orçamento: despesas sigilosas e o direito à verdade. *In*: CONTI, José Maurício; SCAFF, Fernando Facury (Org.). *Orçamentos públicos e direito financeiro*. São Paulo: RT, 2011.

SCAFF, Fernando Facury. Direitos humanos e desvinculação das receitas da União: DRU. *RDA*, 236/33-50, abr./jun. 2004.

SCAFF, Fernando Facury. *Orçamento republicano e liberdade igual*. Belo Horizonte: Fórum, 2018.

SCAFF, Fernando Facury. Reserva do possível, mínimo existencial e direitos humanos. *In*: PIRES, Adilson Rodrigues; TÔRRES, Heleno Taveira. *Princípios de direito financeiro e tributário*. Rio de Janeiro: Renovar, 2006.

SCAFF, Fernando Facury; CONTI, José Maurício (Org.). *Orçamentos públicos e direito financeiro*. São Paulo: RT, 2011.

SCHMIDT. *Teoría de la Constitución*. Madri: Alianza editorial, 2011.

SCHMITT, Carl. *Teologia política*. Belo Horizonte: Del Rey, 2006.

SCHOPENHAUER. *O mundo como vontade e como representação*. 2. ed. São Paulo: UNESP, 2005.

SEABRA FAGUNDES, Miguel. *O controle dos atos administrativos pelo Poder Judiciário*. 5. ed. Rio de Janeiro: Forense, 1979.

SEABRA FAGUNDES, Miguel. Pedágio: constitucionalidade: Legalidade. *RDP*, São Paulo, 18, p. 330-334.

SEIXAS FILHO, Aurélio Pitanga. Natureza jurídica da compensação financeira por exploração de recursos minerais. *In*: *Grandes questões atuais de direito tributário*. São Paulo: Dialética, 1998.

SELIGMAN, Edwin R. A. *Essais sur l'impôt*. t. II. Paris: M. Giard & E. Brière, 1914.

SEN, Amartya. *A ideia de justiça*. São Paulo: Cia. das Letras, 2011.

SEN, Amartya. *Desenvolvimento como liberdade*. São Paulo: Cia. das Letras, 2002.

SENELLART, Michel. *As artes de governar*. São Paulo: Editora 34, 2006.

SERRA, José. *Orçamento no Brasil*. 2. ed. São Paulo: Atual, 1994.

SILVA, Anderson Caputo; CARVALHO, Lena Oliveira de; MEDEIROS, Otávio Ladeira (Org.). *Dívida pública*: a experiência brasileira. Brasília: Secretaria do Tesouro Nacional, 2009.

SILVA, José Afonso da. *Comentário contextual à Constituição*. 9. ed. São Paulo: Malheiros, 2014.

SILVA, José Afonso da. *Curso de direito constitucional positivo*. 5. ed. São Paulo: RT, 1989; 41. ed. São Paulo: Malheiros, 2018.

SILVA, José Afonso da. *Direito urbanístico brasileiro*. 7. ed., 2. tir. São Paulo: Malheiros, 2015.

SILVA, José Afonso da. *Orçamento-programa no Brasil*. São Paulo: RT, 1973.

SILVA, José Afonso da. Parecer. *RDA*, 146/273-289.

SILVA, José Afonso da. *Tributos e normas de política fiscal na Constituição do Brasil*. São Paulo: RT, 1968.

SILVA, Marcos Fernandes da. The political economy of corruption in Brazil. *Revista de Administração de Empresas*, FGV, n. 3, 39/26-41, set. 1999.

SILVA NETO, Alfredo Lopes da. *Dívida pública interna federal*: uma análise histórica e institucional do caso brasileiro. Brasília: UnB, 1980.

SLAIBI FILHO, Nagib. *Ação declaratória de constitucionalidade*. 2. ed., 2. tir. Rio de Janeiro: Forense, 1997.

SMITH, Adam. *Teoria dos sentimentos morais*. São Paulo: Martins Fontes, 2002.

SOUSA, Domingos Pereira de. *Finanças públicas*. Lisboa: Instituto Superior de Ciências Sociais e Políticas, 1992.

SOUTO MAIOR BORGES, José. *Introdução ao direito financeiro*. São Paulo: Max Limonad, 1998.

SOUTO MAIOR BORGES, José. *Lei complementar tributária*. São Paulo: RT, 1975.

SOUZA, Hamilton Dias de; GRECO, Marco Aurélio. *A natureza jurídica das custas judiciais*. São Paulo: Resenha Tributária/OAB, 1982.

SOUZA, Maria Helena Rau de. *In*: FREITAS, Vladimir Passos de (Coord.). *Código Tributário Nacional comentado*. São Paulo: RT, 1999.

SOUZA, Rubens Gomes de. *Compêndio de legislação tributária*. Ed. póstuma. São Paulo: Resenha Tributária, 1975.

SOUZA, Rubens Gomes de. Direito financeiro. Normas gerais: conceituação genérica de tributo: Classificação tripartida das espécies tributárias: Revisão do conceito de taxa. *RDA*, 26, p. 364-372.

SOUZA, Rubens Gomes de. Normas gerais de direito financeiro. *RF*, 155/21.

SOUZA, Rubens Gomes de. Parecer. *RDA*, 26, p. 364-385.

SPINOZA, Baruch de. Ética. Belo Horizonte: Autêntica, 2009.

SPINOZA, Baruch de. *Tratado político*. São Paulo: Ícone, 1994.

SPINOZA, Baruch de. *Tratado teológico-político*. 2. ed. São Paulo: Martins Fontes, 2008.

STEFANI, Giorgio. *Corso di finanza pubblica*. Pádua : CEDAM, 1970.

STOURM, René. *Le budget*. 7. ed. Paris: Librairie Félix-Alcan, 1912.

STOURM, René. *Los presupuestos*. v. I. Madri: La España Moderna, s/d.

SUNSTEIN, Cass R.; HOLMES, Stephen. *El costo de los derechos*: por qué la Libertad Depende de los Impuestos. Buenos Aires: Siglo Veintiuno, 2011.

TÁCITO, Caio. Improbidade administrativa como forma de corrupção. *Revista Diálogo Jurídico*, Bahia, ano 1, 1, nov. 2001.

TÁCITO, Caio. Parecer. *RDA*, 146, p. 265-272.

TÁCITO, Caio. Taxa, imposto e preço público: tarifa: preço público no serviço concedido: direito do concessionário à renda do serviço: desvio de poder. *RDA*, 44/518-534, abr./jun. 1956.

TAUNAY, Affonso d'E. *História das bandeiras paulistas*. São Paulo: Melhoramentos, [19--]. v. 1.

TAVARES, André Ramos. *Curso de direito constitucional*. 2. ed. São Paulo: Saraiva, 2003.

TEIXEIRA, J. H. Meirelles. *Estudos de direito administrativo*. v. 1. Procuradoria Administrativa do Município, 1949.

THEODORO JR., Humberto. *Digesto de processo*. v. 2.

THOMAS, Vinod. *O Brasil visto por dentro*: desenvolvimento em uma terra de contrastes. São Paulo: José Olympio Editor, 2005.

TIIHONEN, Seppo (ed.). *the history of corruption in central government*. Amsterdã: IOS Press, Seppo, 2003.

TÔRRES, Heleno Taveira (Org.). *Direito tributário ambiental*. São Paulo: Malheiros, 2005.

TÔRRES, Heleno Taveira. A compensação financeira devida na exploração de petróleo e recursos minerais e na geração de energia elétrica. *RDTributário*, São Paulo, RT, 74/52-89 (Cadernos de Direito Tributário).

TÔRRES, Heleno Taveira. *Direito constitucional financeiro*. São Paulo: RT.

TÔRRES, Heleno Taveira. *Direito constitucional tributário e segurança jurídica*. 3. ed. São Paulo: RT.

TÔRRES, Heleno Taveira; PIRES, Adilson Rodrigues. *Princípios de direito financeiro e tributário*. Rio de Janeiro: Renovar, 2006.

TORRES, Ricardo Lobo. *Curso de direito financeiro e tributário*. 10. ed. Rio de Janeiro: Renovar, 2003.

TORRES, Ricardo Lobo. O mínimo existencial como conteúdo essencial dos direitos fundamentais. *Revista Fórum de Direito Econômico e Financeiro*, Belo Horizonte, Fórum, 1, ano 1, 2012.

TORRES, Ricardo Lobo. *Tratado de direito constitucional financeiro e tributário*: o orçamento na Constituição. 2. ed. Rio de Janeiro: Renovar, 2002; 3. ed., v. V. Rio de Janeiro: Renovar, 2003.

TROTABAS, Louis. *Droit fiscal*. 3. ed. Paris: Dalloz, 1969; Paris: Dalloz, 1973.

TROTABAS, Louis. *Finances publiques*. 3. ed. Paris: Dalloz, 1969.

TROTABAS, Louis. *Précis de science et législation financières*. 10. ed. Paris: Dalloz, 1950.

TROTABAS, Louis; COTTERET, Jean-Marie. *Droit budgetaire et comptabilité publique*. 5. ed. Paris: Dalloz, 1995.

TUCÍDIDES. *História da Guerra do Peloponeso*. São Paulo: UnB/Imprensa Oficial do Estado de São Paulo/IPRI. Livros I e II.

VALERY, Paul. *Le bilan de l'intelligence*. Paris: Allia, 2012.

VALLADÃO, Haroldo. *RDA*, 20/351-361.

VEIGA, Dídimo da. *Ensaios de ciência das finanças*. Rio de Janeiro: Jacintho Ribeiro dos Santos Editor, 1927.

VEIGA FILHO, João Pedro da. *Manual da sciencia das finanças*. São Paulo: Espíndola & Cia., 1906.

VICCARI JR., Adauto; CRUZ, Flávio da (Coord.) *et al*. *Lei de Responsabilidade Fiscal Comentada*. 3. ed. São Paulo: Atlas, 2002.

VILANOVA, Lourival. *As estruturas lógicas e o sistema de direito positivo*. São Paulo: RT, 1977.

VILLEGAS, Héctor B. *Curso de finanzas, derecho financiero y tributario*. Buenos Aires: Depalma, 1972.

VILLEGAS, Héctor B. *Manual de finanzas públicas*. Buenos Aires: Depalma, 2000.

VOLTAIRE. *Traité sur la tolérance*. Paris: Gallimard, 1975.

WALD, Arnold. Da natureza do fundo imobiliário. *RDM*, São Paulo, RT, 80/15-23.

WALD, Arnold. Dívida em estados: limites: Senado Federal. *RDA*, FGV, 164, p. 461-468, abr./jun. 1968.

WALINE, Marcel. *Droit administratif*. Paris: Montchrestien, 1969.

WALINE, Marcel. *Traité élémentaire de droit administratif*. 6. ed. Paris: Recueil Sirey, s/d.

WALINE, Marcel. Vicissitudes récentes de la notion de service public. *Revue Administrative*, Paris, PUF, 5/23, 1948.

WEBER, Max. *Economía y sociedad*. 2. ed. México: Fondo de Cultura Económica.

WILKERSON, Isabel. *Casta*: as origens de nosso mal-estar. Rio de Janeiro: Zahar, 2021.

WOCKLER, Robert. *Rousseau*. Porto Alegre: L.&M Pocket, 2012

XAVIER, Alberto. *Do lançamento*. São Paulo: Resenha Tributária, 1977.

XAVIER, Alberto. *Manual de direito fiscal*. *v*. 1. Lisboa: Tipografia Guerra, 1974.

XAVIER, Alberto. Natureza jurídica da compensação financeira pela exploração de recursos minerais. *Revista Dialética de Direito Tributário*, São Paulo, 29.

YOSHIDA, Consuelo Yatsuda Moromizato. A efetividade e a eficiência ambiental dos instrumentos econômico-financeiros e tributários. Ênfase na prevenção. A utilização econômica dos bens ambientais e suas implicações. *In*: TÔRRES, Heleno Taveira (Org.). *Direito tributário ambiental*. São Paulo: Malheiros, 2005 (p. 527-564).

ZANOBINI, Guido. *Corso di diritto amministrativo*. 4. ed., t. I. Milão: Giuffrè, 1945; t. IV. Milão: Giuffrè, 1958; t. V. Milão: Giuffrè, 1952.

ZANOBINI, Guido. *Le sanzioni amministrative*. Turim: Fratelli Bocca, 1924; Milão: Giuffrè, 1936.

ÍNDICE ALFABÉTICO-REMISSIVO

(Os números indicam os itens dos respectivos capítulos.)

E

R

S

Esta obra foi composta em fonte Palatino Linotype, corpo 10
e impressa em papel Offset 63g (miolo) e Supremo 250g (capa)
pela Gráfica Forma Certa.